Thomas Coelen · Hans-Uwe Otto (Hrsg.)

# Grundbegriffe Ganztagsbildung

Thomas Coelen
Hans-Uwe Otto (Hrsg.)

# Grundbegriffe Ganztagsbildung

## Das Handbuch

VS VERLAG FÜR SOZIALWISSENSCHAFTEN

Bibliografische Information der Deutschen Nationalbibliothek
Die Deutsche Nationalbibliothek verzeichnet diese Publikation in der Deutschen Nationalbibliografie; detaillierte bibliografische Daten sind im Internet über <http://dnb.d-nb.de> abrufbar.

1. Auflage 2008



Lektorat: Stefanie Laux

VS Verlag für Sozialwissenschaften ist Teil der Fachverlagsgruppe Springer Science+Business Media.
www.vs-verlag.de



Umschlaggestaltung: KünkelLopka Medienentwicklung, Heidelberg
Satz: ITS, Anne Fuchs, Bamberg
Druck und buchbinderische Verarbeitung: Krips b.v., Meppel
Gedruckt auf säurefreiem und chlorfrei gebleichtem Papier
Printed in the Netherlands

ISBN 978-3-531-15367-4

# Systematisches Verzeichnis

# Inhaltsverzeichnis

### 2.3 Handlungsfelder und Schnittstellen



## 3 Lernwelten, Institutionen und Perspektiven

### 3.1 Lernwelten und Bildungsorte

### 3.2 Institutionen und Organisationen

#### 3.2.1 Kinder- und Jugendhilfe



#### 3.2.2 Schulen

### 3.2.3 Vernetzungen und Kooperationen



### 3.3 Verbindende Perspektiven

# 4 Personal, Professionen und Teams

## 4.1 Pädagogisches Personal



## 4.2 Multiprofessionelle Teams



# 5 Theorien, Evaluationen und Planungen

## 5.1 Theoretische Rahmungen

## 5.2 Evaluation und Berichterstattung



## 5.3 Planung und Politik



## Epilog

# Einleitung

# Zur Grundlegung eines neuen Bildungsverständnisses

*Thomas Coelen / Hans-Uwe Otto*

Die Bezeichnung „Ganztagsbildung" dient als Chiffre für einen gesellschaftstheoretisch fundierten Konzeptvorschlag, der Möglichkeiten zur Identitätsentwicklung und Ausbildung von Kindern und Jugendlichen u. a. in Jugendeinrichtungen und Schulen auf Basis der institutionellen Eigenheiten – und damit ihrer bildungsrelevanten Strukturprinzipien – im Rahmen einer räumlich begrenzten, regionalen oder lokalen Bildungslandschaft fasst. „Ganztagsbildung" ist deshalb weder der Theorierahmen zur Organisationsform Ganztagsschule, noch transportiert der Begriff den Anspruch, jegliche signifikante Lernerfahrung zu bündeln. Mit ihm ist stattdessen der Ansatz verbunden, die über den ganzen Tag hinweg, d. h. zu unterschiedlichen Zeiten vorfindbaren vielfältigen Lernkonstellationen und Bildungsangebote nach Bedarf und Neigung für die Entwicklung subjektiver Handlungsbefähigung und die Entfaltung von Möglichkeitspotenzialen verfügbar zu machen. Es geht jedoch nicht darum, den ganzen Tag unter ein „Bildungs-Kuratel" zu stellen und letzte mögliche freie Zeiten gegen alle Einsichten und Wünsche von Kindern und Jugendlichen zu verplanen. Dass durch die nun offensichtliche, aus unterschiedlichen Gründen allmähliche Hinwendung des schulischen Lernens und einer immer stärker geforderten verlässlichen Betreuung von Kindern und Jugendlichen zu Ganztagsinstitutionen eine neue dynamische Situation in der Organisation und Definition von Erziehung und Bildung entstehen kann, wird als Schubkraft für die Forcierung einer Bildungsdebatte aufgefasst, die ihren Ausgangspunkt in dem zentralen Leitsatz sieht, dass Bildung mehr ist als Schule (vgl. BJK 2002; Deutscher Städtetag 2007).

Es ist daher Anliegen der Herausgeber des vorliegenden Handbuches, die traditionelle Konflikthaltung insbesondere zwischen Schul- und Sozialpädagogik, aber auch zu anderen sozio-kulturellen Angeboten mit der Entwicklung des Begriffs und des Konzepts der „Ganztagsbildung" produktiv zu überwinden. Die akademischen Disziplinen wie auch die zugehörigen Professionen sind somit aufgerufen, diesen bildungstheoretischen und -politischen Perspektivenwechsel unter dem Anspruch der Verwirklichungsgerechtigkeit als Chance insbesondere für bislang sozial- und bildungsbezogen benachteiligte Kinder und Jugendliche zu ergreifen.

Dies war bereits Anliegen und Ergebnis eines Redaktionsworkshops,[1] in dem eine ungewöhnlich konstruktive Atmosphäre unter 20 einschlägigen Kollegen und Kolleginnen aus den beteiligten Disziplinen (Schul-, Sozial- und Allgemeine Pädagogik), Ländern (Deutschland, Schweiz, Österreich) und Organisationen (Universitäten, Fachhochschulen, Gewerkschaften) zur konsensuellen Vereinbarung von Grundausrichtung, Systematik und

1 Am 12.01.2007 an der Universität Bielefeld (gefördert durch die Max-Traeger-Stiftung und den Verlag für Sozialwissenschaften).

Schlagworten dieses ersten Handbuchs der Ganztagsbildung führte: Es möge bilanzierend und interdisziplinär, theoretisch einordnend und pädagogisch begründend, Perspektiven eröffnend und politisch eingreifend sein.

## Zur Konzeption und Systematik des Handbuchs

Das Handbuch systematisiert einen neuen erziehungswissenschaftlichen und pädagogisch-praktischen Bereich, der sich in seiner Dynamik bisher sowohl als kreativ, als auch begrifflich verwirrend und häufig in der Sache als unübersichtlich darstellt. Mit dem vorliegenden Handbuch wird daher beabsichtigt, den Stand der äußerst vielfältigen und intensiv geführten Debatte der letzten sieben Jahre seit Veröffentlichung von PISA 2000 aufzuarbeiten, systematisch zu ordnen und in theoretische bzw. empirische Kontexte zu stellen, um für die nächsten entscheidenden Jahre Lehrenden, Studierenden und pädagogischen Leitungskräften in Schulen, Jugendhilfeinstitutionen und sozio-kulturellen Einrichtungen sowie in politischen Gremien besonders auf regionaler und kommunaler Ebene Orientierung und Unterstützung zu bieten. Mit dem Handbuch soll ein erster systematisierender Anspruch umgesetzt werden, daher ist es weder wie ein Sammelband noch wie ein Lexikon konzipiert. Im Unterschied zu einem Lexikon wurde bei der Erstellung versucht, nicht additiv, sondern integrativ vorzugehen, d. h. die oft getrennt verlaufenden Debatten in Schul-, Sozial- und Allgemeiner Pädagogik sowie in anderen sozialwissenschaftlichen Bereichen zusammenzuführen oder doch zumindest weitgehend aufeinander zu beziehen. Jeder einzelne Artikel liefert hierzu einen arbeitsteiligen Beitrag, der sich in seinen jeweiligen Bezügen in den systematischen Kontext der Ganztagsbildung einfügt. In vielen Fällen lohnt es sich daher, Artikel zu ähnlichen Stichworten vergleichend zu lesen, um die mehrperspektivische Anlage des Handbuches zu nutzen. Dabei kommt es dann auch wie selbstverständlich zu einer Dekonstruktion von gewohnten Begrifflichkeiten.

Das Handbuch hat keinen expliziten praxisbezogenen Schwerpunkt, sondern konturiert begriffsbezogen theoretische und empirische Zugänge unter teilweiser Berücksichtigung internationaler und politischer Bezüge. Daneben haben einige wenige Beiträge einen ausgewiesen programmatischen Plädoyer- oder einen pädagogischen Empfehlungscharakter. Die Grundkategorien *Gender,* Klasse/Schicht, Ethnie und Generation werden nicht nur eigenständig, sondern aus grundsätzlichen Erwägungen durchgängig berücksichtigt. Über diesen Zugang spannt der Band ein innovatives Spektrum auf, vor dessen Hintergrund

- disparate Felder zusammengedacht
- getrennte Organisationen zusammengeführt
- Schülerinnen und Schüler als Kinder und Jugendliche bzw. Adressatinnen und Adressaten unterschiedlicher Bildungssphären wahrgenommen
- unterschiedliche Theorieansätze und empirische Zugänge in ihrem jeweiligen Ergebnisbezug geklärt
- bildungspolitische und konzeptionelle Entwürfe in ihrer Reichweite erkannt
- erfahrungsbezogene Modellvorhaben aus dem In- und Ausland vergleichend herangezogen werden können.

Die Grundausrichtung des Handbuches ist von den Akteuren und Akteurinnen her gedacht, d. h. von den Kindern und Jugendlichen bzw. Schülerinnen und Schülern, den Eltern sowie deren Verständigung mit den beteiligten Professionellen und dem weiteren

Personal. Von daher gelangt man, angesichts gesamtgesellschaftlicher Veränderungen und familienpolitischer Aspekte sowie einer reflexiven Erziehungswissenschaft, zu einem Blick auf die ggf. kooperierenden Institutionen und bisher mehr oder weniger verbundenen Lernorte. Probleme der Entgrenzung von Institutionen und Professionen sowie die Kompetenzherausforderungen durch Vernetzung sind mitgedacht. Im Zentrum steht dabei die Kontroverse um öffentliche, gemeinnützige und private Anteile an der Gestaltung von Erziehung, Betreuung und Bildung. Aus dieser Intention ergibt sich folgende Gliederung:

1. Adressaten, Kategorien und Prozesse
2. Anlässe, Themen und Handlungsfelder
3. Lernwelten, Organisationen und Perspektiven
4. Personal, Professionen und Teams
5. Theorien, Evaluationen und Planungen

Diese Systematik soll dreierlei leisten:

- aus der Perspektive von Kinder und Jugendlichen deren Lern- und Sozialisationsprozesse als Ausgangspunkt zu nehmen
- aus diesem Blickwinkel Themen und Felder sowie Rahmungen und Institutionen des Aufwachsens zu betrachten und die Struktur des vorhandenen und ggf. benötigten Personals zu erörtern
- die Ebenen der Schul(entwicklungs)forschung und der Jugend(hilfe)forschung zusammenzuführen.

## Zur Rezeption des Begriffs „Ganztagsbildung"

Wie sein Gegenstand, so sind auch die bisherigen Auffassungen über den Begriff „Ganztagsbildung" vielfältig und uneinheitlich. Deshalb sind im Folgenden einige Verwendungsweisen in verschiedenen wissenschaftlichen und sonstigen öffentlichen Kontexten zusammengestellt. Im Vordergrund steht die Wortverwendung, d. h. die Diskussion und Praxis des bezeichneten Gegenstandes ist hier in den Hintergrund gerückt.[2]

Die Bezeichnung „Ganztagsbildung" wurde in der wissenschaftlichen Debatte erstmals einige Wochen nach Veröffentlichung der ersten PISA-Studie (im November 2001) angesichts der sich abzeichnenden Debatte verwendet (Coelen 2002b; vgl. Stecher 2005), und zwar als Chiffre für einen theoretisch fundierten Konzeptvorschlag, der Aus- und Identitätsbildung von Kindern und Jugendlichen auf Basis der bildungsrelevanten Strukturprinzipien bestehender Institutionen unter Berücksichtigung sozialräumlicher Bezüge fasst (und deshalb auch als „Kommunale Jugendbildung" bezeichnet wurde). Dieser Konzeptvorschlag wurde in der Rezeption auf der einen Seite als programmatischer Hinweis und professionspolitische Forderung oder als theoretische Initiative (vgl. Andresen 2004 bzw. 2005) verstanden, die den aktuellen gesellschaftlichen Dynamiken gerecht werde und zudem helfen könne – z. B. in Form eines „Netzwerks Bildung" – formelle und nicht-formelle Bildung institutionell zu verankern (Bock/Andresen/Otto 2006). Auf der anderen

2 Der folgende kurze Abriss der Begriffsverwendung wurde zu Beginn der konzeptionellen Überlegungen zum Handbuch vor zwei Jahren (im Juni 2006) zusammengestellt (die Herausgeber danken Rosa Bracker, Hamburg, für ihre in diesem Abschnitt erfolgte Zuarbeit); für weitergehende Analysen zur Begriffsverwendung im Zeitraum bis Ende 2007 siehe den Beitrag von Dzierzbicka/Horvath im vorliegenden Handbuch.

Seite wurde er entweder als konfliktträchtiger Gegenbegriff der Sozialpädagogik gegenüber der Schulpädagogik (Wunder 2006) oder als Mittel zur Aufteilung von pädagogischen Einflusszonen wahrgenommen (Bolay/Flad/Gutbrod 2005) oder aber als „unbefriedigend" abgelehnt, da er „unterschwellig einen hegemonialen Anspruch auf Kinder und Jugendliche transportiert und den gesamten Tageslauf dem Primat der Bildung unterordnet" (BMFSFJ 2005: 487).

Weitgehend unabhängig vom erwähnten konzeptionellen Vorschlag und seiner so verschiedenartigen wissenschaftlichen Rezeption zeigt sich in der breiteren öffentlichen Debatte eine äußerst heterogene Verwendung des Wortes „Ganztagsbildung": So wird es beispielsweise im Kontext des „Investitionsprogramms Zukunft Bildung und Betreuung" (IZBB) z. T. synonym mit Ganztagsschule verwendet (z. B. Zickgraf 2005) oder als Theorem für die Organisationsform Ganztagsschule aufgefasst (z. B. Olk 2004). Insgesamt lässt die Rezeption von Ganztagsbildung bislang eine zweifellos stimulierende, aber auch oft relativ unscharfe Begriffsbildung erkennen; wohl deshalb spricht Andresen (2005: 7) – unter Verwendung einer Bezeichnung aus der Kunsttheorie – von einem „fuzzy concept".

Gemeint war und ist jedenfalls ein Institutionen verbindender Ansatz: Anders als Ganztagsschulen, die oft einzelne außerschulische Akteure zur Gewährleistung informeller Lern-*Settings* in den Schulbetrieb einbinden, verbinden sich nach dem Grundgedanken der Ganztagsbildung mindestens zwei eigenständige Institutionen (z. B. eine Schule und eine Jugendeinrichtung), um gemeinsam und arbeitsteilig ein drittes, neues Angebot hervorzubringen. Dabei bleiben auch andere, z. T. bildungswirksame Institutionen stets im Blick (wie z. B. Familien, *Peergroups,* Medien, sozio-kulturelle Initiativen etc.). Von besonderer Relevanz ist der Terminus daher angesichts der aktuellen Entwicklungen von Ganztagsschulen auf der einen Seite und des Wandels der Jugendhilfe – insbesondere der Kinder- und Jugendarbeit – auf der anderen Seite. Der folgende Abschnitt des Rezeptionsumrisses fokussiert deshalb die bildungstheoretischen Aspekte des Verhältnisses von Schule und Jugendhilfe:

In den Bänden „Die andere Seite der Bildung" (Otto/Rauschenbach 2004)[3], „Grundbegriffe der Ganztagsbildung" (Otto/Coelen 2004)[4] und „Zeitgemäße Bildung" (Oelkers/Otto 2006) wird nicht nur nach dem Verhältnis von Schule und Jugendarbeit gefragt, vielmehr kreist die Frage vor allem um ein angemessenes Bildungsverständnis in einer zugleich demokratischen wie kapitalistischen Gesellschaft. Neben der Re-Aktualisierung eines nicht allein auf Verwertungszusammenhänge konzentrierten Verständnisses (Scherr 2004; Stolz 2006; Vogel 2004 und 2006) werden Tendenzen der Entgrenzung im Bildungsbereich (Höhne 2004; Overwien 2004) und die Frage nach sozialer Gerechtigkeit behandelt (Diehm 2004; Larcher 2006; Treptow 2004; Scherr 2006; Sting 2004; Sünker 2004a und 2006; Thiersch 2006).

Anhand der empirischen Forschungslage zeigt sich zudem, dass im Rahmen von Ganztagsbildung Schule und Jugendarbeit unterschiedliche Bildungspraktiken und -verständnisse haben. Während jedoch über die Lernleistungen von Schule vielfältige Erkenntnisse vorliegen, ist die empirische Bildungsforschung in Bezug auf Jugendarbeit erst im Entstehen begriffen (BMBF 2004a; BMFSFJ 2005; Konsortium Bildungsberichterstattung 2006; Lindner 2008).

3 Auf Basis einer Tagung, gleich zu Beginn der Ganztags-Debatte Anfang 2002 an der Universität Bielefeld.

4 Nach einer internationalen Tagung Ende 2003 an der Universität Bielefeld.

Eine Zentrierung auf die Schule wird deutlich sowohl in pädagogischen Begründungen (Tillmann 2004; Holtappels 2005 und 2006; selbst bei Olk 2004 und Fuchs 2005), als auch in der – bis vor wenigen Jahren – geringen Beachtung von außerschulischer Bildung (Burow/Pauli 2004; JMK/KMK 2004; BMBF 2004b; BMFSFJ 2005; Fitzner/Schlag/Lallinger 2005a). Diese selektive Wahrnehmung wird von Seiten der Sozialpädagogik auffällig kritischer wahrgenommen (Delmas/Lindner 2004; Thiersch 2006; Vogts 2005) als die Zuschreibung eines defizitorientierten Erziehungs- und Bildungsauftrags (JMK/KMK 2004; Holtappels 2005; Thimm 2005a).

Für die Realisierung von Ganztagsbildung in Zusammenarbeit zwischen verschiedenen Lern-, Erziehungs- und Bildungsorten werden eine Reihe von Schwierigkeiten thematisiert: So steht die Eigenständigkeit der Jugendarbeit weit mehr in Frage als die der Schule (Delmas/Lindner 200; BMFSFJ 2005; Deinet 2005, Fuchs 2005, Schweitzer 2005, Thimm 2005a). Ein asymmetrisches Verhältnis zeigt sich auch in Bezug auf das gesellschaftliche Ansehen und die materielle Ausstattung (Pauli 2005; Thimm 2005a; Nörber 2006; Thiersch 2006). Diese Sichtweisen haben sich ihm Zuge des Ausbaus von Ganztagsschulen weiter verschärft (BJK 2004; JMK/KMK 2004; BMSFSJ 2005; Pauli 2005; Nörber 2006). Hinzu kommt eine zunehmend kritische Auseinandersetzung in der allgemeinen bildungstheoretischen Debatte (Sünker 2006; Winkler 2006; Vogel 2006).

Ganztagsbildung wird schließlich fast einvernehmlich im Kontext neu zu schaffender kommunaler Bildungslandschaften gesehen (Coelen 2002a; Meyer 2003; Olk 2004; BMFSFJ 2005; Pauli 2005; Thimm 2005a; AGJ 2006; Bock/Andresen/Otto 2006). Die in diesem Zusammenhang notwendigen grundsätzlichen Änderungen sind jedoch von Seiten der Schul- und Jugendpolitik bisher kaum auf den Weg gebracht worden (BJK 2004; BMFSFJ 2005; Nörber 2006). Hierin steckt großes Potenzial, welches ebenfalls wiederum begrifflich gefasst werden müsste, um aufzuzeigen, wie durch eine Dekodierung tradierter Strukturen eine neue Bildungspolitik entwickelt werden könnte. „Ganztagsbildung" dient dabei als ein so genannter sozialwissenschaftlicher *umbrella term,* der einen analytisch klaren, heuristischen Entwurf darstellt, mit dem aber kein exklusiver Theorieanspruch verbunden wird: Er ist nicht gegen irgendetwas gerichtet, sondern steht für etwas, nämlich für die Förderung von Bildung und den Abbau von Benachteiligungen aller Kinder und Jugendlichen.

## Bildungspolitischer Ausblick

Damit geht es um nichts Geringeres als um die Entwicklung von Handlungsbefähigung und um die Sicherstellung von Verwirklichungschancen unter der Prämisse von Wohlergehen in einer positiven Auffassung von Freiheit, um Kinder und Jugendliche in die Lage zu versetzen, ihren subjektiven Vorstellungen von einem guten Leben in einem erweiterten Optionsrahmen nachgehen zu können. Hierfür gilt es, neue Ansätze durch eine innovative und zugleich verfügbare Bündelung von Lern-, Betreuungs-, Erziehungs- und Bildungsmöglichkeiten zu schaffen. Mit dem Konzept der „Ganztagsbildung" wird eine bildungstheoretische, -ökonomische und -politische Diskussion forciert, die das Primat der individuellen Entwicklung mit einer neuen, Gerechtigkeit begründenden Definition von Fähigkeiten und Möglichkeiten für Kinder und Jugendliche verbinden will. Das Handbuch macht hierfür einen, in dieser Breite bislang noch nicht gebündelten, interdisziplinären und interprofessionellen Anfang, der von allen Akteuren ein kritisches Denken ihrer bisherigen Handlungsprämissen im Kontext einer neuen sozial- und bildungspolitischen Perspektive erfordert, um den nachwachsenden Generationen weitergehende Möglichkeitsräume zur Selbstverwirklichung verfügbar zu machen und darüber auch zur Stärkung eines zivilgesellschaftlichen Gemeinwesens beizutragen.

## Danksagungen

Wir danken den Autorinnen und Autoren für ihr großes Engagement und für ihre ungewöhnliche Bereitschaft, sich auf eine solche Konzeption eingelassen zu haben. Wir sind stolz darauf, nicht nur Disziplinen verbindend, sondern auch Institutionen übergreifend (Universitäten und Fachhochschulen, Institute und Akademien, Ministerien und Verbände u. a. m.) insgesamt 35 Autorinnen und 76 Autoren im Alter zwischen 27 und 72 Jahren versammelt zu haben.

Wir danken dem Verlag für Sozialwissenschaften, insbesondere Frau Laux, für die stete Unterstützung der redaktionellen Arbeit. Besonders danken wir den studentischen Hilfskräften Janina Decker, Yvonne Klein und Miriam Pott (Universität Siegen), vor allem aber Kathleen Veit (Universität Rostock), ohne deren äußerst zuverlässige und korrekte Tätigkeit dieses Projekt nicht so schnell und reibungslos hätte fertiggestellt werden können.

### *Literatur*

AGJ (2004) – Arbeitsgemeinschaft für Jugendhilfe: Jugendhilfe und Bildung – Kooperation von Schule und Jugendhilfe. Berlin.

AGJ (2006) – Arbeitsgemeinschaft für Kinder- und Jugendhilfe: Handlungsempfehlungen zur Kooperation von Jugendhilfe und Schule. Berlin.

Andresen, Sabine (2004): ‚Bildung' als fragile Denkfigur im 20. Jahrhundert: Zur bildungstheoretischen Reduzierung von Komplexität. In: Otto/Coelen 2004: 41-50.

Andresen, Sabine (2005): Bildung vor neuen Herausforderungen in Ganztagssystemen. In: Sozialextra (29. Jg.), H. 9: 6-10.

Arbeitsstab Forum Bildung (2001): Empfehlungen des Forum Bildung. Bonn.

Berge, M./Ringelau, R./Oseroserianz, H. (1966): Die Pionierorganisation in der ganztägigen Bildung und Erziehung. In: Lindner, Werner: Beiträge zur ganztägigen Bildung und Erziehung. Berlin (Ost): 222-231.

Bettmer, Franz/Prüß, Franz (2001): Schule und Jugendhilfe. In: Otto/Thiersch 2001: 1552-1539.

BJK/BMFSFJ (2001) – Bundesjugendkuratorium/Bundesministerium für Familie, Senioren, Frauen und Jugend (Hg.): Zukunftsfähigkeit sichern! Für ein neues Verhältnis von Jugendhilfe und Schule. Berlin.

BJK (Bundesjugendkuratorium)/Sachverständigenkommission für den Elften Kinder- und Jugendbericht/AGJ (Arbeitsgemeinschaft für Kinder- und Jugendhilfe) (2002): Leipziger Thesen. In: www.bmfsfj.de/RedaktionBMFSFJ/Abteilung5/Anlagen__binaer/PRM-2237 3-Leipziger-Thesen-zur-aktuellen,property=blob.doc (Download am 20.08.2006).

BJK (2004) – Bundesjugendkuratorium: Neue Bildungsorte für Kinder und Jugendliche. In: www.dji.de/bjk/bjk_neue20%bildungsorte_broschuere.pdf (Download am 20.07.2006)

BMBF (o. J.) – Bundesministerium für Bildung und Forschung (Hg.): Ganztagsschulen. Zeit für Mehr. Bonn.

BMBF (2004a) – Bundesministerium für Bildung und Forschung (Hg.): Konzeptionelle Grundlagen für einen Nationalen Bildungsbericht – Non-formale und informelle Bildung im Kindes- und Jugendalter. Berlin.

BMBF (2004b) – Bundesministerium für Bildung und Forschung (Hg.): Startkonferenz zum Investitionsprogramm Zukunft Bildung und Betreuung. Bildungsreform Bd. 5. Berlin.

BMBF (2005) – Bundesministerium für Bildung und Forschung: Interview mit Dr. Wolfgang Zacharias. In: www.digitale-chancen.de/content/stories/index.cfm/aus.10/key.1969/secid.50/secid2.88 (Download am 01.07.2006).

BMFSFJ (2005) – Bundesministerium für Familie, Senioren, Frauen und Jugend) (Hg.): Zwölfter Kinder- und Jugendbericht. Bericht über die Lebenssituation junger Menschen und die Leistungen der Kinder- und Jugendhilfe in Deutschland. Berlin.
BMJFFG (1990) – Bundesminister für Jugend, Familie, Frauen und Gesundheit) (Hg.): Achter Jugendbericht. Bericht über die Lebenssituation junger Menschen und die Leistungen der Kinder- und Jugendhilfe in Deutschland. Bonn.
Bock, Karin/Andresen, Sabine/Otto, Hans-Uwe (2006): Zeitgemäße Bildungstheorie und zukunftsfähige Bildungspolitik. In: Oelkers/Otto 2006: 332-347.
Bolay, Eberhard/Flad, Carola/Gutbrod, Heiner: Schulsozialarbeit – Impulse für die Ganztagsschule. In: Spies/Stecklina 2005, Bd. 1: 22-34.
Brenner, Gerd (2004): Bildung und Jugendarbeit. In: deutsche jugend (52. Jg.), H. 5: 223-231.
Brenner, Gerd (2005): Bildung und Jugendarbeit (I). In: deutsche jugend (53. Jg.), H. 3: 128-135.
Bulmahn, Edelgard (2004): Rede zur Startkonferenz zum Investitionsprogramm Zukunft Bildung und Betreuung. In: BMBF 2004a:
Burow, Olaf-Axel/Pauli, Bettina (2004): Ganztagsbildung. In: www.uni-kassel.de/fb1/burow/downloads/studie.pdf (Download am 21.08.2006).
Coelen, Thomas (2002a): Kommunale Jugendbildung. Raumbezogene Identitätsbildung zwischen Jugendarbeit und Schule. Frankfurt a. M.
Coelen, Thomas (2002b): ‚Ganztagsbildung' – Ausbildung und Identitätsbildung von Kindern und Jugendlichen durch die Zusammenarbeit von Schulen und Jugendeinrichtungen. In: neue praxis (32. Jg.), H. 1/2002: 53-66.
Coelen, Thomas (2006): Ausbildung und Identitätsbildung. Theoretische Überlegungen zu ganztägigen Bildungseinrichtungen in konzeptioneller Absicht, in: Oelkers/Otto 2006: 131-148.
DaKS (Dachverband Berliner Kinder- und Schülerläden) (2004): Halbtagsschule gefährdet Ganztagsbildung. In: www.schuelerlaeden.de/positionen/daks/halbtagsschule/index.html (Download am 19.06.2006).
Deinet, Ulrich (2005): Außerschulische Jugendbildung und ihr Beitrag zur Debatte um Ganztagsbildung. In: Fitzner/Schlag/Lallinger 2005a.: 377-401.
Deller, Ulrich (2003): Jugendarbeit – der Ort, an dem auf nicht-affirmative Weise Bildung entsteht. In: deutsche jugend (51. Jg.), H. 7/8, 324-329.
Delmas, Nanine/Lindner, Werner (2004): Ganztagsschule oder Ganztagsbildung? In: Jugendhilfe (42. Jg.), H. 6, 287-291.
Deutscher Kulturrat (2004): Chancen der Kulturellen Bildung nutzen! Stellungnahme des Deutschen Kulturrates zum Ausbau der Ganztagsschulen. In: www.kulturrat.de/pdf/211.pdf (Download am 06.02.2006).
Deutscher Städtetag (2007): Aachener Erklärung anlässlich des Kongresses „Bildung in der Stadt" am 22./23. November 2007. In: www.deutscherstaedtetag.de/imperia/md/content/veranstalt/2007/58.pdf (Download am 27.01.2008).
Diehm, Isabell (2004): Ganztagseinrichtungen als Inklusionshilfe für ethnische Minderheiten: Nicht-formelles und informelles Lernen in der Einwanderungsgesellschaft. In: Otto/Coelen 2004.:
Fitzner, Thilo/Schlag, Thomas/Lallinger, Manfred W. (Hg.) (2005): Ganztagsschule – Ganztagsbildung. Politik – Pädagogik – Kooperation. Bad Boll.
Fuchs, Manuel (2005): Jugendarbeit und Schule in Kooperation. Konstanz.
Hafeneger, Benno/Schröder, Achim (2001): Jugendarbeit. In: Otto/Thiersch 2001: 840-850.
Hentig, Hartmut v. (1993): Die Schule neu denken. München.
Heuckmann, Wolfgang (2005): Dimensionen der Ganztagsbildung ‚Schule in Bewegung? – Gelingende Kooperation von Sport und Schule'. In: Fitzner/Schlag/Lallinger 2005: 484-493.
Höhne, Thomas (2004): Über das Wissen (in) der Wissensgesellschaft und einige Konsequenzen für die Pädagogik. In: Otto/Coelen 2004: 133-148.
Holtappels, Heinz Günther (2005): Ganztagsbildung in ganztägigen Schulen – Ziele, pädagogische Konzeption, Forschungsbefunde. In: Fitzner/Schlag/Lallinger 2005: 48-85.
Hübner, Peter (2005): Kinder entwerfen ihr Schulhaus. In: Fitzner/Schlag/Lallinger 2005: 211-217.
JMK/KMK (2004) – Jugendministerkonferenz / Kultusministerkonferenz: Zusammenarbeit von Schule und Jugendhilfe zur ‚Stärkung und Weiterentwicklung des Gesamtzusammenhangs von Bildung, Erziehung und Betreuung'. In: www.kultur-macht-schule.de/40.0.html (Download am 20.07.2006).
Jürgens, Eiko (2006): Ganztagsschule in Zeiten der ‚Standardisierung' schulischer Bildung. In: Oelkers/Otto 2006: 191-205.
Konsortium Bildungsberichterstattung (Hg.) (2006): Bildung in Deutschland. Bielefeld.
Krüger, Heinz-Hermann (2004): Allgemeine Pädagogik und ganztägige Bildungseinrichtungen. In: Otto/Coelen 2004: 203-205.
Larcher, Sabina (2006): Feminisierung des Lehrberufs und die Frage der Ganztagsbildung. In: Oelkers/Otto 2006: 275-286.

Liebich, Heimo (2005): Ganztagsbildung. In: Schmid, Helmut/SPD-Stadtratsfraktion München (Hg.): Münchner Post aus dem Rathaus. www.spd-rathaus-muenchen.de/newsletter/mp-rathaus-schule0501.pdf (Download am 21.08.2006).
Lindner, Werner (2005): Der Worte sind genug gewechselt... In: deutsche jugend (53. Jg.), H. 7/8, 339-342.
Lindner, Werner (Hg.) (2008): Kinder- und Jugendarbeit wirkt. Aktuelle und ausgewählte Evaluationsergebnisse der Kinder- und Jugendarbeit. Wiesbaden.
LJR B.-W. (2005) – Landesjugendring Baden-Württemberg: Ganztagsbildung. Ergebnisse des Vorstandes. In: http://jukinet.de/jugendarbeit/service/documents/landesjugendring.doc (Download am 01.08.2006).
LJR B.-W. (Landesjugendring Baden-Württemberg)/Akademie Jugendarbeit Baden-Württemberg/GEW B.-W. (Gewerkschaft Erziehung und Wissenschaft Baden-Württemberg) (2006): Auf dem Weg zu einer Ganztagsbildung in Kooperation. In: www.gew-bw.de/schulentwicklung.html (Download am 06.02.2006).
Ludwig, Harald (2004): Die geschichtliche Entwicklung der Ganztagsschule in Deutschland. In: Otto/Coelen 2004: 209-219.
Marotzki, Winfried (2004): ‚Virtual Communities': Zum Verhältnis von Wissen, Bildung und Vergemeinschaftung. In: Otto/Coelen 2004: 99-109.
Meyer, Meinert A. (2003): Kommunale Schulpädagogik für Europa? Ein problemgeschichtlicher Rückblick auf das pädagogische Werk Friedrich Daniel Ernst Schleiermachers. In: Peters/Coelen/Mohr (Hg.): Kommune heute. Lokale Perspektiven der Pädagogik. Festschrift zum 60. Geburtstag von Helmut Richter, Frankfurt a. M.: 119-131.
Naturfreundejugend (Hg.) (2005): ganztags! Bildung. Remagen.
Oelkers, Jürgen (2006): Öffentliche Bildung und die Chance, sie wahrzunehmen In: Oelkers/Otto, 238-246.
Oelkers, Jürgen/Otto, Hans-Uwe (Hg.) (2006): Zeitgemäße Bildung. Herausforderungen für Erziehungswissenschaft und Bildungspolitik. München: Reinhardt.
Olk, Thomas (2004): Jugendhilfe und Ganztagsbildung. In: neue praxis (34. Jg.), H. 6/2004: 532-542.
Olk, Thomas/Bathke, Gustav-Wilhelm/Hartnuß, Birger (2000): Jugendhilfe und Schule. Weinheim, München.
Otto, Hans-Uwe/Coelen, Thomas (Hg.) (2004): Grundbegriffe der Ganztagsbildung. Beiträge zu einem neuen Bildungsverständnis in der Wissensgesellschaft. Wiesbaden.
Otto, Hans-Uwe/Rauschenbach, Thomas (Hg.) (2004): Die andere Seite der Bildung. Zum Verhältnis von formellen und informellen Bildungsprozessen. Wiesbaden.
Overwien, Bernd (2004): Internationale Sichtweisen auf ‚informelles Lernen' am Übergang zum 21. Jahrhundert. In: Otto/Coelen 2004: 51-73.
Pauli, Bettina (2005): Kooperation Schule und Jugendarbeit – neue Bildungsvielfalt durch ganztägige Bildungs- und Betreuungsangebote. In: Die Ganztagsschule H. 2/3, www.ganztagsschulverband.de/download/kooperation.pdf (Download am 01.08.2006).
Rauschenbach, Thomas/Otto, Hans-Uwe (2004): Die neue Bildungsdebatte. In: Otto/Rauschenbach 2004: 9-29.
Reinhardt, Klaus (1992): Öffnung der Schule. Weinheim.
Rother, Ulrich (2005): Leitfragen zur Ganztagsschulentwicklung – Zwischenbilanz und Perspektiven. In: Fitzner/Schlag/Lallinger 2005: 476-483.
Scherr, Albert (2004): Subjektbildung. In: Otto/Coelen 2004: 85-98.
Scherr, Albert (2006): Schulische und außerschulische Bildung in der Einwanderungsgesellschaft. In: Oelkers/Otto 2006: 247-260.
Schweitzer, Friedrich (2005): Ganztagsbildung und der Stellenwert der Religion für eine wertvolle Schulkultur: Perspektiven im Anschluss an die EKD-Stellungsnahme ‚Ganztagsschule – in guter Form'. In: Fitzner/Schlag/Lallinger 2005: 86-95.
SPD-Fraktion Baden-Württemberg (2003): Positionspapier Bildungspolitik: Ganztagsschulen rasch ausbauen. In: www.norbertzeller.de/BayerGTS12-03.pdf (Download am 06.02.2006).
Spies, Anke/Stecklina, Gerd (Hg.) (2005): Die Ganztagsschule – Herausforderungen für Schule und Jugendhilfe (2 Bde.). Bad Heilbrunn.
Stecher, Ludwig (2005): Ganztagsbildung in der Ganztagsschule – Eine Sammelbesprechung. In: Erziehungswissenschaftliche Rundschau Nr. 5, www.klinkhardt.de/ewr/ueberblick2003-6.html (Download am 19.06. 2006).
Sting, Stephan (2004): Soziale Bildung. In: Otto/Coelen 2004: 77-83.
Stolz, Heinz-Jürgen (2006): Dezentrierte Ganztagsbildung: Diskurskritische Anmerkungen zu einer aktuellen Debatte. In: Oelkers/Otto 2006: 144-1??.
Sünker, Heinz (2004a): Kindheitsforschung und Bildungsforschung – Kinderpolitik und Bildungspolitik. In: Otto/Coelen 2004: 149-161.
Sünker, Heinz (2004b): Sozialpädagogik und Ganztagsbildung. In: Otto/Coelen 2004: 199-205.
Sünker, Heinz (2006): Bildung und Zukunft. In: Oelkers/Otto 2006: 90-112.
Thiersch, Hans (2006): Leben lernen, Bildungskonzepte und sozialpädagogische Aufgaben. In: Oelkers/Otto 2006: 21-36.

Thimm, Karl-Heinz (2005a): Jugendarbeit im Ganztag der Sek. I-Stufe. Herausgegeben von der Deutschen Kinder- und Jugendstiftung. Arbeitshilfe 01. Bonn.
Thimm, Karl-Heinz (2005b): Ganztagspädagogik in der Zusammenarbeit von Schule und Jugendhilfe – Perspektiven der Jugendhilfe. In: Appel, Stefan u. a. (Hg.): Jahrbuch Ganztagsschule 2006: Schwalbach: 21-37.
Tillmann, Klaus-Jürgen (2004): Schulpädagogik und Ganztagsschule. In: Otto/Coelen 2004: 193-198.
Treptow, Rainer (2004): Bildung und Soziale Arbeit. In: Otto/Coelen 2004: 111-130.
Vogel, Peter (2004): Zum Gebrauch des neuhumanistischen Wortes ‚Bildung'. In: Otto/Coelen 2004: 33-39.
Vogel, Peter (2006): Bildungstheoretische Optionen zum Problem der Ganztagsbildung. In: Oelkers/Otto 2006: 14-20.
Vogts, Ute (2005): Ein kritischer Zwischenruf! Bildung von Kindern und Jugendlichen fängt nicht am Schultor an ... und sie hört auch nicht dort auf. In: Fitzner/Schlag/Lallinger 2005: 402-407.
Winkler, Michael (2006): Bildung mag zwar die Antwort sein – das Problem aber ist Erziehung. In: Zeitschrift für Sozialpädagogik (4. Jg.), H. 2: 182-201.
Wunder, Dieter (2005): Ganztagsschule oder Ganztagsbildung? In: Die Deutsche Schule (97. Jg.), H. 3/2005: 294-301.
Wunder, Dieter (2006): Ganztagsschule und demokratisches Lernen. Teil der Schriftenreihe des BLK-(Bund-Länder-Kommission-)Programms „Demokratie lernen & leben" (hrsg. v. Wolfgang Edelstein und Peter Fauser). In: www.demokratie-lernen.de (Download am 19.06.2006).
Zickgraf, Peer (2005): Rheinland-Pfalz oder die Schule der Ganztagsbildung. In: www.ganztagsschulen.org/3016.php (Download am 19.06.2006).

# 1

# Adressaten, Kategorien und Prozesse

# 1.1

# Adressaten und Akteure

# Kinder

*Christine Hunner-Kreisel*

Im Zentrum der Diskussion um Ganztagsbildung steht u. a. die Frage nach der Gestaltung des außerunterrichtlichen Schulangebots, das qualitativ hochwertig einen Beitrag zur „Stärkung der gesamten Persönlichkeit" leisten soll (Coelen/Otto 2004: 8). Gleichzeitig sind mit der Institutionalisierung von Ganztagsschulen Ansprüche auf eine erhöhte Leistungsentwicklung verbunden. Sowohl besonders leistungsstarke als auch leistungsschwache Schüler(innen) sollen eine spezifische Förderung erfahren, soziales Lernen aller Schüler(innen) soll positiv beeinflusst werden (Radisch u. a. 2007: 227).

Die Diskussion über Ganztagsbildung in Deutschland kann mit einem Fokus auf Kinder als Adressaten der Ganztagschule auch vor dem Hintergrund von gesellschaftlichen Fragen „ob Kinder nicht nur von ihren Familien, sondern auch in den Bildungsinstitutionen das Richtige lernen, ja: ob sie überhaupt noch das lernen, was man von ihnen erwartet" (Honig 1999a: 7), auch dahingehend kritisch in den Blick genommen werden, was heute („alles") von Kindern erwartet wird und „wie wir uns eigentlich das Leben von Kindern (...) vorstellen" (Wunder 2005: 298).

Dabei wäre aus einer pädagogisch-advokatorischen und reformpädagogischen akzentuierten Perspektive (vgl. Tillmann 2004: 195) heraus weiter zu fragen, welchen Beitrag Ganztagsschulen für die Lebenszufriedenheit und das „Glück" von Kindern leisten können. Im Folgenden soll vor dem Hintergrund dieser Fragen, nach einer Differenzierung der Begriffe Kindheit und Kind ein knapper Überblick über ausgewählte empirische Studien gegeben werden, die (u. a.) untersucht haben, was Kinder selbst als Bestandteil ihres psychosozialen Wohlbefindens ansehen und was sie im Hinblick auf das Thema Schule bzw. außerunterrichtliche Angebote am Nachmittag als wichtig für sich und ihr subjektives Befinden erachten.

## 1 Differenzierung der Begriffe „Kindheit" und „Kind"

Im folgenden Kapitel wird das Verständnis von „Kindheit" als einem gesellschaftlichen und sozialen Konstrukt aufgezeigt und die Entstehung von Vorstellungen von „moderner Kindheit" im historischen Kontext dargestellt. Davon wird im Weiteren das „Kind" als Akteur unterschieden, das sich aktiv mit seiner Umwelt auseinandersetzt. Zuletzt wird das Zusammenbringen dieser Definitionen von „Kindheit" und „Kind" unter dem sozialkonstruktivistischen Paradigma thematisiert.

## 1.1 Kindheit als gesellschaftliche Konstruktion

Auf die gesellschaftliche Konstruktion von Kindheit, d. h. auf die Tatsache, dass die Phase der Kindheit nicht ausschließlich als anthropologische Grundkonstante (siehe zur Unterscheidung von „natürlicher" und „sozialer" Kindheit bei Alanen 1992: 59; Oelkers 1994: 195-199) zu sehen ist, hat der oftmals als Pionier einer historischen Betrachtungsweise von Kindheit bezeichnete, französische Historiker Philippe Ariès in seinem 1960 erschienen Buch „L'enfant et la vie familiale sous l'ancien régime" hingewiesen. Ariès (1975: 92) konstatiert im Zusammenhang mit seiner These, dass „Kindheit" in der Zeit des Ancien Régime neu entdeckt wurde, einen Rückschritt mit Blick auf Kinder, da die Renaissance des Gedankens der Erziehung die Kinder unfrei gemacht habe. Indem die Schule und die Familie das Kind mit vereinten Kräften aus der Gemeinschaft der Erwachsenen zerrten, sei dem Kind ab diesem Zeitpunkt die „Offenheit, Indifferenz und Sozialität" (Ariès 1975: 562), die es zur Zeit des Mittelalters genossen habe, versagt worden.

Der Begriff der Kindheit beschreibt heute im allgemeinen Sprachgebrauch und -verständnis (Honig 1999a: 172-176) eine Zeit des Lebenslaufs, in der das kindliche Subjekt noch nicht erwachsen ist und sich in einem „Schonraum" befindet, d. h. es ist von den Pflichten eines Erwachsenen wie etwa der Erwerbsarbeit entbunden (Honig u. a. 1996: 9). Auf das Euphemistische in der Vorstellung eines „Schonraums" haben verschiedene Autor(inn)en der Kindheitsforschung hingewiesen mit zum Beispiel dem Argument, dass auch Kinder „arbeiten" müssen (Stichwort „Schularbeit"). Für ihre Arbeitsleistung können sie jedoch von Seiten der Gesellschaft keine dem Status und der Entlohnung der Erwerbsarbeit gleichwertige Anerkennung erwarten und stehen damit in dieser Perspektive in einem teilweise einseitig bestimmten, in einem negativen Sinne paternalistischen Verhältnis zur Erwachsenenwelt (Qvortrup 1991: 14-17).

Die in unserer Gesellschaft (vgl. dazu Vorstellungen von Kindheit in kulturvergleichender Perspektive bei Warnock Fernea 1995; Boehnke 2002; Schäfer 2002; Helmke/Hesse 2002) übliche Sichtweise auf Kinder als Menschen, die sich in einem Entwicklungsprozess befinden und in diesem von Seiten der Familie, der Gesellschaft und dem Staat volle Unterstützung in emotionalen und sozialen Belangen erfahren sollten, ist das Ergebnis eines gesellschaftlichen Wandels in der Betrachtungsweise auf Kinder und Kindheit, der im Wesentlichen im 20. Jahrhundert stattfand, das sich nach einem Buchtitel der Reformpädagogin Ellen Key (1849-1926) auch als das „Jahrhundert des Kindes" versteht (Baader u. a. 2000; Honig 1999a: 7).

Obwohl Kindheit im 20. Jahrhundert eine „normative Eigenständigkeit" erlangt hat, hat sich das „Kinderleben (...) entstandardisiert (...). Heute dürfte es unmöglich sein, einen universalen Standard ‚normaler' Kindheit zu setzen" (Honig 2002: 325), denn Kindheit als Konstrukt ist Bestandteil von gesellschaftlichen und sozialen Prozessen und Kindheit damit historisch und kulturell sowie mit Bezug auf die soziale Schicht und das Geschlecht invariant. Vor dem Bewusstsein der sozialen Konstruiertheit von Kindheit können aktuelle Tendenzen und spezifische Besonderheiten analysiert werden, die Auswirkungen auf Kinder und Kinderleben heute haben. Demzufolge wird im Zusammenhang mit „moderner" Kindheit in der Kindheitsforschung häufig von einer Emotionalisierung und Sakralisierung von Kindern in ihrer Funktion als qualitativer Bereicherung des Lebens der Erwachsenen gesprochen (siehe in diesem Zusammenhang auch zum „Mythos Kind" bei Honig 1996: 10-15). Weitere Schlagworte, die im Zusammenhang mit „moderner" Kindheit sowohl im Bereich der wissenschaftlichen Auseinandersetzung als auch im öffentlich-medialen Bereich fallen und deren tatsächlicher „Wahrheitsgehalt" (bzw. die mitschwingende kulturkritische Bewertung) einer fundierten Analyse oftmals nicht standhält, sind Institutionalisierung und Pädagogisierung durch Schule und andere Bildungsinstitutionen (siehe dazu den Überblick bei Wellendorf 2004: 738-739), Destabilisierung und Egalisierung innerhalb der Familie und durch neue Familieformen (Mansel 1996: 12; Beck-Gernsheim 1998) sowie Isolierung, Verhäuslichung und Mediatisierung von Kindheit: eine Liste, die sich „beliebig verlängern" (Göppel 1997: 364) ließe.

## *1.2 Kinder als Akteure*

Wurden Kindern früher oftmals ausschließlich als Educanden, d. h. als „zu Erziehende" verstanden, auf die gleichsam eindimensional von Seiten der Erwachsenen eingewirkt wird, werden Kinder heute als Subjekte begriffen, die aktiv ihre Umwelt gestalten und dabei Einfluss auf diese nehmen (siehe auch zur kindlichen *agency* bei Kaltenborn 2001: 502). Ihre Welt wird nun als eigener, dem Erwachsenen fremder, kultureller Raum begriffen, den es kennen zu lernen gilt (Schäfer 1999: 115; Beck/Scholz 2000: 157-161). Empirische Forschungen fokussieren dabei beispielweise auf den (Schul-)Alltag von Kindern, ihre sozialen Beziehungen und Interaktionen (Krappmann/Oswald 1995; Breidenstein/Kelle 1998; Bois-Reymond u. a. 1994; Behnken/Zinnecker 2001; Zeiher/Zeiher 1994). Verbindendes Element dieser Studien ist das Ziel, „den Standpunkt der Kinder selbst" zu erfassen und eine Forschung „vom Kinde aus" zu betreiben. Im Zuge dessen erfolgt im Kontext der Kindheitsforschung eine Elaboration methodischer Zugänge, die sich mit einem spezifisch kindgerechten Zugang zu Fragen der Datenerhebung auseinandersetzen (Heinzel 2000: 17).

## *1.3 Kindheits- und Kinderforschung unter dem sozialkonstruktivistischen Paradigma*

Während der Fokus der Kindheitsforschung lange Zeit auf entwicklungspsychologisch und soziologisch geprägte Fragestellungen gerichtet war (Alt 2005b: 7), rücken – im Zuge einer Kritik daran –, Kinder als Akteure und damit das kindliche Leben an sich sowie die Perspektive von Kindern auf ihr Leben und ihre Erfahrungen in den Mittelpunkt einer sozialwissenschaftlich orientierten Kindheitsforschung. Seit den frühen 1980er Jahren vollzieht sich dieser „vermeintliche" Perspektivenwechsel auf die Betrachtung von Kindern und Kindheit (Honig u. a. 1996: 10). Honig macht in diesem Zusammenhang darauf aufmerksam, dass die Wahrnehmung und Anerkennung von Kindern als „Personen aus eigenem Recht" (Skolnick 1989, zit. n. Honig 1999b: 33) nicht neu sei, sondern genuiner Bestandteil pädagogischen Denkens und schon in Rousseaus Erziehungsroman „Emile oder über die Erziehung" (*Emile ou de l'éducation*; veröffentlicht 1759/60) herausgestellt worden ist. Vielmehr sei im Zuge von Forderungen die fremde Lebenswelt oder „Eigenwirklichkeit der Kinder" zu entdecken und zu repräsentieren, die systematische Analyse der je spezifischen Perspektivität von Bedeutung, durch die Wirklichkeit erst hergestellt wird (Honig 1999b: 33-35).

Vor dem Hintergrund dieser Probleme wird die Notwendigkeit der Beibehaltung der Strukturkategorien „Kind" und „Kindheit" betont, um die jeweiligen institutionellen und gesellschaftlichen Einflüsse auf Kinder und Kinderleben in ihrer Wechselwirksamkeit auf die aktive Gestaltung ihres Lebens durch Kinder selbst analysieren zu können. Kinder als Akteure sind dabei in der Interdependenz zwischen „Subjektivität der Kinder" und der gesellschaftlichen „Form ‚Kindheit'" zu verorten und zu untersuchen (Honig 2000: 2). Die neue sozialwissenschaftliche Kindheits- und Kinderforschung ist demzufolge in das sozialkonstruktivistische Paradigma eingebettet (Andresen/Diehm 2006: 10). Dadurch wird deutlich, dass „Kinder nicht nur Kinder" sind, sondern „Kinder bestimmter Eltern, (...) Jungen und Mädchen, Kinder aus Migrantenfamilien; (...)" (Honig 2002: 326).[1]

## 2 Studien zur Lebenssituation von Kindern: Welche Gedanken bewegen Kinder im Zusammenhang mit Schule?

Im Folgenden sollen überblicksartig zwei aktuelle Studien vorgestellt werden, die die Darstellung der Lebenssituation von Kindern zum Inhalt haben. Beide Studien sind im Hinblick auf ihr methodisches Design mit dem primären Ziel konzeptioniert, die Kinder selbst zur Sprache kommen zu lassen. Die hier vorgestellten Ergebnisse aus den Studien sind mit dem thematischen Schwerpunkt auf der Gedankenwelt von Kindern im Zusammenhang mit Schule ausgewählt, insbesondere wenn diese Gedanken von Interesse für das Thema Ganztagsschule sind.[2]

### *2.1 Das LBS-Kinderbarometer*

Das so genannte „LBS-Kinderbarometer" wurde von der „LBS-Initiative Junge Familien" in Zusammenarbeit mit dem Ministerium für Schule, Jugend und Kinder des Landes Nordrhein-Westfalen in Anlehnung an das Politbarometer entwickelt und hat zum Ziel, die Wünsche und Einstellungen und Meinungen sowie das psychosoziale Wohlbefinden von Kindern in NRW zu ermitteln (LBS-Kinderbarometer NRW 2004: 5). Primäres Ziel der Erhebung ist es, den „Kindern selbst eine Stimme zu geben" (ebd.: 5). Die Studie ist auf mehrere Jahre angelegt, die folgenden Daten stammen aus der sechsten Erhebung, die im Jahre 2003 abgeschlossen wurde. Als Methode der Datenerhebung diente ein Fragebogen, dieser enthielt ein bestimmtes Repertoire an Fragen, die zu den Themenbereichen Familie, Freunde, Schule und Wohnumfeld gestellt wurden. Bei der sechsten Erhebung wurde dabei das Basis-Set an Fragen zugunsten von Fragen zu aktuellen Themen (wie z. B. der Einfluss des Irakkriegs auf das Wohlbefinden der Kinder; ebd.: 16) reduziert. Das Alter der Kinder rangierte zwischen 9 und 14 Jahren, dabei wurden in 100 Schulen in den vierten bis siebten Klassen 2 400 Kinder befragt.

1 Siehe z. B. zu Mädchenkindheit und weiblicher Jugend im Kontext von Migration: Boos-Nünning/Karakaşoğlu (2005).

2 Hingewiesen werden soll an dieser Stelle auch auf die *World Vision* Kinderstudie von 2007 (Hurrelmann/Andresen), die nicht mehr in diesen Beitrag aufgenommen werden konnte. Die Studie hat das Ziel, einen repräsentativen Überblick über die Lebenssituation, die Wünsche, Bedürfnisse und Interessen der „jüngsten Generation in Deutschland" zu geben und will „Kindern damit eine Stimme geben". Die Studie, die 1 592 Kinder im Alter von acht bis elf Jahren befragte, stellt einen ersten Auftakt zu in regelmäßigen Abständen geplanten weiteren Studien dar.

Nach ihren Angaben ist die Schule insgesamt der Ort, der im Hinblick auf das psychosoziale Wohlbefinden der Kinder am schlechtesten abschneidet: 14 % aller Kinder fühlen sich in der Schule schlecht. Ein Fünftel aller Kinder (20 %) fühlt sich „sehr gut" in der Schule, eine Gruppe von 30 % fühlt sich immerhin gut und 22 % fühlen sich „eher gut" (ebd.: 92). Die selbst eingeschätzte Leistung in der Schule hat einen großen Einfluss auf das Wohlbefinden der Kinder. Dabei variieren die Selbstbeurteilungen je nach Schulform. Die Zahl der Gymnasiast(inn)en, die ihre Leistungen (im Vergleich zur übrigen Klasse) als gut bewerten, ist größer als die Zahl der Gesamt-, Real- und Hauptschüler(innen) (ebd.: 94). Damit zeigt sich, dass die Schulform einen Einfluss auf die Selbstbeurteilung der eigenen Leistungen und damit auf das eigene Wohlbefinden hat.

Im Weiteren wurden die Kinder zu folgenden Aspekten mit Bezug auf die Schule befragt: Verhältnis zu den Lehrer(inne)n, Beurteilung des Unterrichts, Disziplin und Ordnung, Leistungsdruck und Ablenkung, Unterrichtsfortschritt und -aktualität, Klassenklima und Umgang mit Nichtwissen. Aus der Perspektive „Gedankenwelt der Kinder im Zusammenhang mit Schule" sind interessante Ergebnisse der Befragung, dass die Mehrheit der Kinder mit Schule „Freundschaft" assoziiert und dass Kinder die Meinung vertreten, dass Spaß und Spannung das schulische Wohlbefinden erhöhen (ebd.: 103). Diese Assoziation und der Wunsch nach Spaß und Spannung der Kinder an Schulen können im Hinblick auf die Gestaltung von Nachmittagsangeboten der Ganztagsschulen mitgedacht werden. Die befragten Kinder geben weiter an, dass sie sich im Hinblick auf Nachmittagsangebote an der Schule vor allem Sport, Zeit zum Ausruhen und Spielen, aber auch Projektunterricht, gemeinsames Bearbeiten der Hausarbeiten und die Besprechung von Problemen wünschen (ebd.: 105). Den Nachmittag würden die Kinder dabei am liebsten mit Kleingruppen aus der eigenen Klasse verbringen (ebd.: 107).

Ein Gedanke, der fast einem Viertel aller Kinder (22 %) im Zusammenhang mit „Angst" einfällt, ist die Schulangst, genauer gesagt, die Angst, in der Schule zu versagen (ebd.: 24). Diese Angaben überschneiden sich mit den Ergebnissen der vorherigen Erhebungen und sind nur vor dem Hintergrund von „Kriegsängsten" der Kinder zu relativieren, dass heißt bei einer starken Medienpräsenz von Krieg (z. B. dem Irakkrieg) oder terroristischen Anschlägen (z. B. auf das *World Trade Center* in New York) überwiegt die Kriegsangst gegenüber der Schulangst.

## *2.2 Das Kinderpanel des Deutschen Jugendinstituts*

Das Kinderpanel des Deutschen Jugendinstitutes ist eine Studie zum Aufwachsen von Kindern in Deutschland und nimmt dabei die Perspektive der Kinder ein (Alt 2005a; Alt 2007a). Untersucht werden dabei „Familie, *Peers* und Schule als zentrale Dimensionen des kindlichen Wohlbefindens" (Alt 2007b: 7). Dabei liegen der Studie Fragestellungen zu Grunde, die im Wesentlichen darauf abzielen, durch die Befragung insbesondere der Kinder (aber auch der Mütter und teilweise der Väter) Chancen und Risiken ihres körperlichen Aufwachsens und ihrer seelischen Entwicklung aufzuzeigen. Das Kinderpanel ist als Längeschnittstudie konzipiert und sieht eine Erhebung von Daten in drei Wellen vor. Im Folgenden werden mit Blick auf das Thema Schule die Analysen der Daten aus der ersten und zweiten Erhebungswelle auszugsweise vorgestellt. Die Daten der ersten Welle wurden im Herbst 2002 erhoben, die der zweiten im Jahr 2004. Insgesamt wurden bei der ersten Welle 2 190 Familien, bei der zweiten Welle 1 493 Familie in die Studie miteinbezogen.

Die Kinder (und deren Mütter) der älteren Kohorte (8 bis 13 Jahre) wurden mündlich befragt, für die jüngeren Kinder (5 bis 8 Jahre) gaben die Mütter Auskunft. Die Väter der befragten Kinder wurden schriftlich befragt, ihre Teilnahme war optional. Die jüngeren Kinder waren zum Zeitpunkt der Befragung bereits seit einem halben Jahr in der Grundschule, die Kinder der älteren Kohorte befanden sich mehrheitlich in der vierten Klasse.

Die Bedeutung, die der Schule von den Kindern im Hinblick auf ein zukünftig erfolgreiches (Berufs-)Leben beigemessen wird, ist groß. Dabei konnte das Kinderpanel erneut bestätigen, dass die Grundschule beziehungsweise die letzten Jahre der Grundschule für viele Kinder einen wichtigen Lebensabschnitt darstellen, weil mit dem Übergang in eine weiterführende Schule entscheidende Vorgaben in der Bildungsbiografie verbunden sind und – was noch viel wichtiger ist – diese „Weichenstellung" von den Kindern selbst sehr bewusst wahrgenommen wird (Stecher 2005: 185, 195). Der zum Teil hohe Leistungsdruck, der sich aus der Bedeutsamkeit der Schule für die Kinder ergibt, steht in einem engen Zusammenhang zur Schulangst. In Übereinstimmung mit den Ergebnissen des LBS-Kinderbarometers schneidet die Schule, verglichen mit anderen Lebensbereichen, am schlechtesten im Hinblick auf das kindliche Wohlbefinden ab. Während die Analysen des LBS-Kinderbarometers einen Zusammenhang zwischen der Schulform und dem Wohlbefinden der Kinder deutlich machten, geben die Auswertungen der Ergebnisse des Kinderpanels Aufschluss über eine Korrelation des Wohlbefindens mit den Faktoren Geschlecht, Persönlichkeit und Herkunft: Mädchen fühlen sich dahingehend häufiger wohl als Jungen in der Schule, ebenso Kinder mit einem positiven Selbstbild und Kinder, die sich als sozial akzeptiert in der Klassengemeinschaft beschreiben. Weniger wohl fühlen sich Kinder, die „durch die Schule mehrfach belastet sind. Mehrfachbelastete Kinder kommen verstärkt aus niedrigeren sozialen Schichten" (Schneider 2005: 227-228).

Die Ergebnisse der ersten Erhebungswelle werden durch die Daten der zweiten Welle im Hinblick auf das schulische Wohlempfinden dahingehend relativiert, dass sich nach der subjektiven Meinung der Grundschulkinder nach Ablauf des ersten Schuljahres

> „die Schule unerwartet und im Widerspruch zu den Erkenntnissen der IGLU-Studie (im Hinblick auf Chancengleichheit) (...) ihre Aufgabe erfüllt. Schüler fühlen sich unabhängig vom sozialen Status, von der Einkommenslage und vom Äquivalenzeinkommen der Eltern sowie unabhängig vom Migrationshintergrund gleich wohl" (Gisdakis 2007: 131).

Des Weiteren haben Kinder aus armen Familien sogar das Gefühl, dass die Schule es schafft, Konsequenzen der Armut zu kompensieren. Jedoch bleibt gleichzeitig die Erkenntnis bestehen, dass ein Kind über umso mehr Chancen in der Schule verfügt, je größer seine mitgebrachten Ressourcen sind. Über die genannten Faktoren hinaus wurden im Kontext der Auswertung der Daten der zweiten Welle deutlich, dass Partizipation der Kinder an der Unterrichtsgestaltung ein überaus bedeutsamer Faktor ist, der zum schulischen Wohlbefinden der Kinder beiträgt (ebd.: 118). Dabei zeigen die Ergebnisse der zweiten Welle des Kinderpanels, dass Partizipation und Wohlergehen in einem Verhältnis der Wechselseitigkeit stehen: Partizipation steigert das schulische Wohlergehen und schulisches Wohlergehen wiederum Partizipation. Insbesondere mit Blick auf die Kompetenz und die Fähigkeit zur Partizipation macht sich die soziale Herkunft der Kinder bemerkbar, wobei Kinder aus der untersten sozialen Schicht weniger häufig über eine überdurchschnittliche Partizipation berichten (Bacher u. a. 2007: 292-293).

Zuletzt sollen mit einem Blick auf das außerunterrichtliche Angebot der Ganztagsschule noch die Ergebnisse des Kinderpanels zur Freizeitgestaltung von Kindern zusammengefasst werden. Die ausgewerteten Daten der zweiten Erhebungswelle zeigen, dass Freizeit den Kindern Spaß macht und ihr Wohlbefinden steigert. Nicht nur beschäftigen sie sich in der Freizeit mit Dingen, die sie selbst interessieren und beschreiben damit diesen Lebensbereich indirekt als einen Ort informellen Lernens (Zerle 2007: 268). Die Aussagen der Kinder zum Thema Freizeit machen auch deutlich, dass eine Mitgestaltung von außerunterrichtlichen Angeboten im Kontext der Ganztagsschule von Seiten der Kinder wesentlich zum motivierten Nutzen dieser Angebote beitragen kann.

## 3 Partizipation von Kindern an der Gestaltung von Angeboten der Ganztagsschule

Zu Beginn dieses Artikels wurde gefragt, was die Ganztagsschule als Beitrag zum subjektiven Wohlergehen und Glücksempfinden von Kindern leisten kann. Die in Auszügen vorgestellten Studien zeigen, dass Kinder Wünsche im Hinblick auf ein außerunterrichtliches Angebot im Kontext von Schulen haben. Dabei nehmen Raum und Zeit zur gemeinsamen Arbeit und zum Sport und Spiel mit Freunden einen wichtigen Platz ein. Zudem zeigen die Studien den Wunsch der Kinder nach Mitgestaltung an den Angeboten innerhalb und außerhalb des Unterrichts. Im Sinne einer kindheitstheoretischen Sichtweise auf Kinder als Akteure, die in wechselseitiger Auseinandersetzung mit ihrer Umwelt ihr Leben aktiv gestalten und gestalten wollen, kann eine konzeptionalisierte Partizipation von Kindern zum einen deren Befähigung zur Teilhabe fördern/beüben (Bacher u. a. 2007: 293) und zum anderen ihr Befinden im Lebensbereich Ganztagsschule erhöhen.

### *Literatur*


Alanen, Leena (1992): Modern Childhood? Exploring the „Child Question". In: Sociology. University of Jyväskylä. Institute of Educational Research. Research Reports. Bd. 50.

Alt, Christian (Hg.) (2005a): Kinderleben – Aufwachsen zwischen Familie, Freunden und Institutionen. Bd. 2. Wiesbaden: VS Verlag für Sozialwissenschaften.

Alt, Christian (2005b): Das Kinderpanel: Eine Einführung. In: Ders. (Hg.) (2005a): 7-23.

Alt, Christian (Hg.) (2007a): Kinderleben – Start in die Grundschule. Schriften des deutschen Jugendinstitutes: Kinderpanel. Bd. 3: Ergebnisse aus der zweiten Welle. Wiesbaden: VS Verlag für Sozialwissenschaften.

Alt, Christian (2007b): Die Grundschulkinder im Kinderpanel. In: Ders. (Hg.) (2007a): 7-17.

Andresen, Sabine/Diehm, Isabell (2006): Kinder, Kindheiten, Konstruktionen: Erziehungswissenschaftliche Perspektiven und sozialpädagogische Verortungen. Wiesbaden: VS Verlag für Sozialwissenschaften.

Ariès, Philippe (1960/1975). L'enfant et la vie sous l'ancien regime. München: Hanser.

Baader, Meike Sophia/Jacobi, Juliane/Andresen, Sabine (Hg.) (2000): Ellen Keys reformpädagogische Vision. „Das Jahrhundert des Kindes" und seine Wirkung. Weinheim: Beltz.

Bacher, Johann/Winklhofer, Ursula/Teubner, Markus (2007): Partizipation von Kindern in der Grundschule. In: Alt (Hg.) (2007a): 271-299.

Beck, Gertrud/Scholz, Gerold (2000): Teilnehmende Beobachtung von Grundschulkindern. In: Heinzel (Hg.): 147-171.

Beck-Gernsheim, Elisabeth (1998): Was kommt nach der Familie? Einblick ein neue Lebensformen. München: Beck.

Behnken, Imbke/Zinnecker, Jürgen (Hg.) (2001): Kinder. Kindheit. Lebensgeschichte. Ein Handbuch. Kempten: Kösel GmbH.

Boehnke, Klaus (2002): Kindheit und Jugend in Lateinamerika. In: Krüger/Grunert (Hg.): 403-417.

Bois-Reymond, Manuela du/Büchner, Peter/Krüger, Heinz-Hermann/Ecarius, Jutta/Fuhs, Bernhard (1994): Kinderleben. Modernisierung von Kindheit im interkulturellen Vergleich. Opladen: Leske + Budrich.

Boos-Nünning, Ursula/Karakaşoğlu, Yasemin (2005): Viele Welten leben: Zur Lebenssituation von Mädchen und jungen Frauen mit Migrationshintergrund. Münster: Waxmann.

Breidenstein, Georg/Kelle, Helga (1998): Geschlechteralltag in der Schulklasse. Ethnographische Studien zur Gleichaltrigenkultur. Weinheim: Juventa.

Coelen, Thomas/Otto, Hans-Uwe (2004): Auf dem Weg zu einem neuen Bildungsverständnis: Ganztagsschule oder Ganztagsbildung? In: Otto/Coelen (Hg.): 7-19.

Gisdakis, Bettina (2007): Oh, wie wohl ist mir in der Schule ... Schulisches Wohlbefinden – Veränderungen und Einflussfaktoren im Laufe der Grundschulzeit. In: Alt (Hg.) (2007a): 107-137.

Göppel, Rolf (1997): Kinder als „Kleine Erwachsene“? Wider das Verschwinden der Kindheit in der modernen Kindheitsforschung. In: Neue Sammlung (37. Jg.) 1997: 357-376.

Heinzel, Friederike (Hg.) (2000): Methoden der Kindheitsforschung: Ein Überblick über Forschungszugänge zur kindlichen Perspektive. Weinheim: Juventa.

Helmke, Andreas/Hesse, Hermann-Günter (2002): Kindheit und Jugend in Asien. In: Krüger/Grunert (Hg.): 439-475.

Holtappels, Heinz Günter/Klieme, Eckhard/Rauschenbach, Thomas/Stecher, Ludwig (Hg.) (2007): Ganztagsschule in Deutschland: Ergebnisse der Ausgangserhebung der „Studie zur Entwicklung von Ganztagsschulen“ (StEG). Weinheim: Juventa.

Honig, Michael-Sebastian (1996): Normative Implikationen der Kindheitsforschung. In: Zeitschrift für Sozialisationsforschung und Erziehungssoziologie (16. Jg.) H. 1/1996: 9-26.

Honig, Michael-Sebastian (1999a): Entwurf einer Theorie der Kindheit. Frankfurt a. M.: Suhrkamp.

Honig, Michael-Sebastian (1999b): Forschung „vom Kinde aus“? Perspektivität in der Kindheitsforschung. In: Dies. (Hg.) (1999a): 33-51.

Honig, Michael-Sebastian (2000): Kindheit in der generationalen Ordnung. Eine Forschungsperspektive. Vortrag beim 30. Kongress der Deutschen Gesellschaft für Soziologie in Köln der Sektion Kindheitssoziologie „Die gute Gesellschaft – Zur Konstruktion generationaler Ordnung“: überarbeitete Fassung.

Honig, Michael-Sebastian (2002): Geschichte der Kindheit. In: Krüger/Grunert (Hg.): 309-333.

Honig, Michael-Sebastian/Lange, Andreas/Leu, Hans Rudolf (Hg.) (1999): Aus der Perspektive von Kindern? Zur Methodologie der Kindheitsforschung. Weinheim: Juventa.

Honig, Michael-Sebastian/Leu, Hans-Rudolf/Nissen, Ursula (1996): Kindheit als Sozialisationsphase und als kulturelles Muster: Zur Strukturierung eines Forschungsfeldes. In: Dies. (Hg.): 9-29.

Honig, Michael-Sebastian/Leu, Hans-Rudolf/Nissen, Ursula (Hg.) (1996): Kinder und Kindheit: Soziokulturelle Muster – sozialisationstheoretische Perspektiven. Weinheim: Juventa.

Hurrelmann, Klaus/Andresen, Sabine (u. a.) (2007): Kinder in Deutschland 2007: 1. World Vision Kinderstudie. Frankfurt a. M.: Fischer Taschenbuch.

Kaltenborn, Karl-Franz (2001): Aufwachsen mit familialen Übergängen: Expertenwissen und kindliche *agency* in posttraditionellen Gesellschaften. In: Behnken/Zinnecker (Hg.): 502-521.

Krappmann, Lothar/Oswald, Hans (1995): Alltag der Schulkinder. Beobachtungen und Analysen von Interaktion und Sozialbeziehungen. Weinheim: Juventa.

Krüger, Heinz-Hermann/Grunert, Cathleen (Hg.) (2002): Handbuch Kindheits- und Jugendforschung. Opladen: Leske + Budrich.

LBS-Kinderbarometer NRW (2004): Stimmungen, Meinungen, Trends von Kindern in Nordrhein-Westfalen. Ein Projekt der „LBS-Initiative Junge Familie“ in Zusammenarbeit mit dem Ministerium für Schule, Jugend und Kinder des Landes NRW. Münster. In: www.lbs.de/west/lbs/pics/upload/tfmedia1/HBXAATAaqOj.pdf (Download am 31.08.2007).

Lenzen, Dieter (Hg.) (2004): Pädagogische Grundbegriffe. Bd. 1. Reinbek: Rowohlt.

Mansel, Jürgen (Hg.) (1996): Glückliche Kindheit – Schwierige Zeit? Über die veränderten Bedingungen des Aufwachsens. Opladen: Leske + Budrich.

Oelkers, Jürgen (1994): Neue Seiten der „Pädagogischen Anthropologie“. In: ZfPäd (40. Jg.) H. 2/1994: 195-199.

Otto, Hans-Uwe/Coelen, Thomas (Hg.) (2004): Grundbegriffe der Ganztagsbildung. Beiträge zu einem neuen Bildungsverständnis in der Wissensgesellschaft. Wiesbaden: VS Verlag für Sozialwissenschaften.

Qvortrup, Jens (1991): Childhood as a Social Phenomenon: An Introduction to a Series of National Reports. Eurosocial Reports (Vol. 36). Hungary: Publicitas.

Qvortrup, Jens/Christofferson, Morgens, N. (1991): Childhood as a Social Phenomenon. National Report Denmark. Eurosocial Reports (Vol. 36). Hungary: Publicitas.

Radisch, Falk/Stecher, Ludwig/Klieme, Eckhard/Kühnbach, Olga (2007): Unterrichts- und Angebotsqualität aus Schülersicht. In: Holtappels/Klieme/Rauschenbach/Stecher (Hg.): 227-259.

Schäfer, Alfred (2002): Kindheit und Jugend in Afrika. In: Krüger/Grunert (Hg.): 417-439.

Schäfer, Gerd E. (1999): Fallstudien in der frühpädagogischen Bildungsforschung. In: Honig/Lange/Leu (Hg.): 113-133.

Schneider, Susanne (2005): Lernfreude und Schulangst. In: Alt (Hg.) (2005a): 199-230.

Stecher, Ludwig (2005): Schule als Familienproblem. In: Alt (Hg.) (2005a): 183-199.
Tillmann, Klaus-Jürgen (2004): Schulpädagogik und Ganztagsschule. In: Otto/Coelen (Hg.): 193-199.
Warnock Fernea, Elizabeth (Ed.) (1995): Childhood in the Muslim Middle East. Austin: University of Texas Press.
Wellendorf, Franz (2004): Institution. In: Lenzen (Hg.): 732-740.
Wunder, Dieter (2005): Ganztagsschule oder Ganztagsbildung? Kritische Überlegungen anhand dreier Neuerscheinungen. In: Die Deutsche Schule (97. Jg.) H. 3/2005: 294-302.
Zeiher, Hartmut/Zeiher, Helga (1994): Orte und Zeiten der Kinder. Soziales Leben im Alltag von Großstadtkindern. Weinheim: Juventa.
Zerle, Claudia (2007): Wie verbringen Kinder ihre Freizeit? In: Alt (Hg.) (2007a): 243-271.

# Jugendliche

*Christine Hunner-Kreisel*

In Anbetracht der vielfältigen Lebensformen und -welten von Jugendlichen kann davon ausgegangen werden, dass die Ganztagsbildung mit ihrem Ziel, schulische und außerschulische Bildungsorte zusammenzubringen (Coelen 2006: 131), für Jugendliche die Möglichkeit bereit hält, an „komplementären Orten" (ebd.) Bildungsprozesse sowohl ausbildungsbezogener als auch identitätsbildender Art zu durchlaufen und zu bewältigen. Steht doch die Jugendarbeit „mitten im Leben" (ebd.: 134), so kann angenommen werden, dass ihre Anziehungs- und damit auch Wirkungskraft im Hinblick auf die Entfaltung von – aus einer pädagogisch-emanzipatorischen Sicht wünschenswerten Eigenschaften wie – z. B. eigenständigen Denkweisen und Weltsichten für Jugendliche größer ist als die der (Ganztags-)Schule, die in einem engeren Zusammenhang mit der Notwendigkeit der Erbringung von Leistung steht (Shell 2006: 68-69, 357).

Es wird daher im Folgenden nach einer überblicksartigen Klärung der Begriffe „Jugendlicher" und „Jugend" und der Darstellung von Aspekten der Jugendforschung, die Frage aufgeworfen, welche Konsequenzen eine Ganztagsbildung für den einzelnen Jugendlichen hat. Dabei wird der Aspekt der „Identitätsbildung" als zentrales Merkmal vieler jugendtheoretischer Überlegungen in den Mittelpunkt der Betrachtung gestellt. Diese Fokussierung von Identitätsbildung ist auch vor dem Hintergrund zu rechtfertigen, dass sie als wesentlich distinguierendes Element in den Diskurs von Ganztagsbildung vs. Ganztagsschule (vgl. z. B. Coelen 2006: 139) eingebracht wurde. Es wird kurz angedacht, in welcher Hinsicht sich Prozesse der Identitätsbildung für Jugendliche verändern könnten, deren Lebensalltag durch Angebote der Ganztagsbildung eine zunehmende Institutionalisierung erfährt.

## 1 Begriffliche Anmerkungen

Im Folgenden werden theoretische Überlegungen zu den Begriffen „Jugendlicher" und „Jugend" in sozialwissenschaftlicher Perspektive dargestellt. Im Anschluss daran wird das Jugendalter unter dem Fokus der „Identitätsbildung" in den Blick genommen.

### *1.1 Jugendlicher / Jugend*

Hinter dem Begriff des Jugendlichen verbirgt sich eine Vielzahl unterschiedlicher junger Menschen, deren verbindendes Element zum Teil nur ihr Lebensalter ist, das gesamtgesellschaftlich unter dem Label der „Jugend" zusammengefasst wird (Münchmeier 2001: 816). Die Jugend gibt es jedoch nicht. Mit dem Begriff kann „eine Alterskohorte, eine ontogenetische Entwicklungsphase oder eine soziale Gruppe gemeint sein" (Dudek 2002: 333). Andresen (2005: 12-15) spricht von Jugend als einer wirksamen „historischen Denkfigur". Erst durch bestimmte gesellschaftliche Prozesse im 19. und 20. Jahrhundert wird das Nachdenken über sich selbst und damit die Konzeptualisierung einer „Zeit der Jugend" als einer Periode der durchlaufenen Krisen und Erfahrungen, die zu einem inneren Reifungsprozess beitragen, üblich. Wichtiges Resultat dieser „Denkfigur" ist mit Blick auf die gegenwärtige Betrachtung von Jugend in unserer Gesellschaft eine oftmals implizite Vorstellung von einer krisenbehafteten Übergangszeit, die von den Jugendlichen selbst ausgestaltet wird und in der spezifische Entwicklungsaufgaben und Identitätsbildungsprozesse von dem/der Jugendlichen bewältigt werden sollen. Dabei kursieren unterschiedlichste Bilder von Jugendlichen (Dudek 2002: 333; Griese/Mansel 2003: 24) und ihren Lebensstilen, die zum einen tatsächlicher Ausdruck der Vielfältigkeit von jugendlichen Lebensformen sind, zum anderen aber auch Zeugnis der gesellschaftlichen Vorstellungen davon sind, dass Jugend als „Normalitätskonstruktion" (Andresen 2005: 14) existiert und es „Bilder" (Münchmeier 2001: 816) bzw. Vorstellungen davon gibt, wie Jugend bzw. der/die Jugendliche ist und/oder zu sein hat.[1]

Metaphern von Jugend erfahren Veränderungen „in Abhängigkeit von gesamtgesellschaftlichen Entwicklungen, Verunsicherungen, Herausforderungen (...), je nachdem wurde Jugend damit zum Hoffnungsträger, zur ‚strategischen' Gruppe oder zur Projektionsfläche kollektiver Ängste" (Stauber/Walther 2002: 125). Die sozialwissenschaftliche Forschung spricht deshalb auch von einem „Konstrukt Jugend" (Berger/Luckmann 2003). Dieses soziale Konstrukt ist Bestandteil von gesellschaftlichen und sozialen Wandlungsprozessen und variiert demnach in Abhängigkeit von historischen und kulturellen Faktoren, sowie von sozialer Schicht- und Geschlechtszugehörigkeit (Oswald 1997: 383; Münchmeier 2001: 816-817).

## *1.2 Jugendalter und Identitätsbildung*

Die Annahme, dass das Jugendalter eine besondere Bedeutung für Prozesse der Identitätsbildung habe, fand ihren Ausgangspunkt in den jugendtheoretischen Studien des von der Psychoanalyse geprägten Forschers Erikson (Andresen 2005: 97). Die Entstehung von Identität bzw. deren „Wahrung", „Aufrechterhaltung" oder „Behauptung" (Krappmann 2004: 715) ist ein Prozess, der in der Auseinandersetzung des Subjekts mit seiner Umwelt stattfindet. Dabei findet in der Antizipation von gesellschaftlichen Erwartungen ein intrapsychischer konflikthafter Abgleich mit den eigenen Bedürfnissen statt. Identität ist in diesem Sinne auch als „Ergebnis" (ebd.) des Sozialisationsprozesses zu sehen:

> „So ist der Identitätsbegriff der Interpretationsrahmen einer Sozialisationsforschung, die als Kriterium ‚gelungener' Sozialisation die Entwicklung einer Subjekts betrachtet, das trotz wi-

1 In einer historisch-kulturvergleichenden Perspektive zeigen sich mannigfache „Bilder" hinsichtlich der Vorstellungen von Jugend und Jugendlichen (Levi/Schmitt 1995). War beispielsweise eine positiv besetzte Form männlichen Jungseins in der ersten Hälfte des 20. Jahrhunderts noch mit Vorstellungen von „strenger Fabrikdisziplin, durch Exerzieren, Marschieren und durch kriegerischen Kampf" besetzt (Zinnecker 1995: 460), wandelten sich diese Bilder in Europa und es entsteht u. a. ein neuer Typus des männlichen Jugendlichen, der dem Modus „der körperbezogenen Selbstrepräsentation junger Stadtbürger in Angestelltenkultur oder neuer Dienstleistungsklasse entstammt" (ebd.: 463).

dersprüchlicher Normen und nur teilweiser Befriedigung der Bedürfnisse mit anderen zu kommunizieren und zu interagieren vermag" (Krappmann 2004: 716).

„Identität entsteht in der Interaktion" schreibt Brumlik (2002: 167-168) und hebt dabei hervor, dass insbesondere im Erziehungsprozess die Möglichkeit für den Educanden bestehen muss, dass er seine Eigeninteressen und Eigentätigkeiten einbringen kann. Die in der Interaktion mit anderen erlernte Fähigkeit, in reflektierter Weise die Anteile der eigenen Person zu „wählen" und zu konsolidieren, war für Erikson gleichbedeutend mit dem Erwerb von Autonomie und stellte einen wesentlichen Schritt des Identitätsbildungsprozesses im Jugendalter dar. Dieser Entwicklungsschritt geht Erikson (1966/1973: 131) zu Folge jedoch immer mit einer Krise einher, die im Rahmen eines (psychosozialen) Moratoriums (= zeitlicher Aufschub/Intervall zwischen Kindheit und Erwachsenen-Status) bewältigt werden soll. Von Interesse an Eriksons theoretischen Überlegungen mit Blick auf eine zunehmende Institutionalisierung des Lebensalltags von Jugendlichen durch eine Ganztagsbildung ist die Bedeutung, die er dabei Moratorien als unabdingbaren Bestandteil menschlicher Entwicklung einräumte und hinter denen in den Augen von Erikson „das Bedürfnis nach Ritualen, Freiräumen und Entpflichtungen (steht), die in der modernen Gesellschaft kaum noch gegeben sind, die aber prinzipiell zum Prozess des Aufwachsens gehören" (Andresen 2005: 108).

# 2 Jugendforschung

Im Folgenden werden jugendtheoretische Zugänge der Forschung am Beispiel des „Moratoriumskonzept" vorgestellt. Weiterhin wird ein knapper Überblick über Felder der Jugendforschung gegeben.

## *2.1 Theoretische Ansätze und Überlegungen*

Eine Möglichkeit, die Jugendphase theoretisch zu konzeptionalisieren ist die Charakterisierung mit dem Begriff des (psychosozialen oder auch Bildungs-)Moratoriums (Bühler 1922: 69; Erikson 1966/1973: 138). Moratorium beschreibt in diesem Zusammenhang eine Zeit der Verzögerung oder des Aufschubs des Eintretens in die Phase des Erwachsenen-Seins (Andresen 2005: 85) und definiert die Jugendphase als einen eigenständigen Lebensabschnitt (Zinnecker 2003: 52-59; Reinders/Wild 2003: 23-27), in der die/der Jugendliche verschiedene Formen des sozialen, kulturellen und politischen Lebens ausprobieren kann.

In den westlichen Gesellschaften bildet sich eine Jugendphase, die von strukturellen Merkmalen wie der Idee der „Ausbildung von Autonomie" und der Vorstellung als „Zeit der Entpflichtung" (Andresen 2005: 107) geprägt ist, im 19. Jahrhundert heraus (Tillmann 1999: 190). Davon kann Jugend als eine Zeit des Übergangs, als Transition, ins Erwachsenenalter „ohne zwingende, sozialisatorische Tiefenwirkung" (Zinnecker 1991: 10; vgl. Reinders/Wild 2003: 16-19) abgegrenzt und als Zeitabschnitt charakterisiert werden, in dem junge Menschen den Erwachsenen und ihren Institutionen nachgeordnet sind und die soziale Position von Neulingen und Anfänger(inne)n einnehmen. Eine Jugendphase, die sich im Sinne einer Transition charakterisieren lässt, ist eher als Element einer traditionelleren Gesellschaftsstruktur zu finden (Mahdi 2003: 1-5). Es sind jedoch keine Generalisierungen möglich, da Gesellschaften und Personen heterogen sind und eine Phase der Jugend sowohl im Hinblick auf eine Gruppe als auch auf ein Individuum von beiden Merkmalen zur gleichen Zeit geprägt sein kann (Schelsky 1957/1960: 39; Zinnecker 1991: 10; Wensierski 2007: 75-78).

In dem Bestreben, ein verbindendes, strukturelles Merkmal von theoretischen Überlegungen zur Jugendphase zu finden, könnte der Begriff der „Vorbereitung" (Oswald 1997: 384) im weitesten Sinne als ein konzeptionelles Element zur theoretischen Erfassung und Beschreibung eines Zeitraums dienen, in dem sich junge Menschen auf unterschiedliche Art und Weise und hinsichtlich je spezifischer Aspekte auf die Zeit des Erwachsenen-Seins einstellen können und sollen. Einschränkend muss jedoch hinzugefügt werden, dass der Vorbereitungsstatus einer Jugendphase dann obsolet wird, wenn

> „die Krisen im Erwerbsarbeitssektor, Arbeitslosigkeit, Globalisierung, Rationalisierung und Abbau oder Verlagerung von Beschäftigung (...) nicht mehr ‚bloß' Belastungen des Erwachsenenlebens (sind). (...) Sie haben inzwischen vielmehr das Zentrum der Jugendphase erreicht, indem sie ihren Sinn in Frage stellen" (Münchmeier 2001: 818).

Eine weitere Einschränkung des Konzepts Jugend muss dahingehend vorgenommen werden, dass die theoretische Verwendung des Konzepts „Moratorium" oder auch eines „Schonraums" im Zusammenhang mit Jugend zwar weiterhin Berechtigung besitzt für eine „erste Jugendphase" (Münchmeier 2001: 825), die überwiegend in der Institution Schule verbracht wird. Jedoch können für eine „nachschulische Jugendphase" die „typischen" Merkmale einer Jugendphase nur begrenzt zur Charakterisierung herangezogen werden (ebd.). Aus dieser Problematik sind neue theoretische Konzeptionalisierungen der Jugendphase wie die so genannten „Post-Adoleszenz" hervorgegangen. Eine einfache Möglichkeit der Unterscheidung von „Jugendphasen" bzw. der verschiedenen Lebenslagen junger Menschen manifestiert sich im Sprechen von „Jugendlichen" vs. „Jungen Erwachsenen" (Stauber/Walther 2002: 113-115), wobei junge Erwachsene im Gegensatz zu Jugendlichen „gleichzeitig persönlichkeitsbezogene Entwicklungsaufgaben und soziale Existenzfragen (...) (und) besonders verkomplizierte Berufseinmündungen" bewältigen müssen (Münchmeier 2001: 826).

## *2.2 Felder der Jugendforschung*

Empirische Untersuchungen zu jugendlichen Lebensformen sind ein wesentlicher Bestandteil der Jugendforschung. Themen der Jugendforschung, die aufgrund ihrer großen Spannbreite an dieser Stelle nur exemplarisch aufgeführt und mit Literaturverweisen versehen werden können, rangieren von der Untersuchung von Jugendlichen im Kontext von sozialen Problemlagen, wie z. B. Jugendarmut (Mansel u. a. 1998; Palentien 2004), Risikoverhalten Jugendlicher (z. B. Gebrauch von Drogen: vgl. Hurrelmann 1997), Gewalt und Rechtsextremismus bei Jugendlichen (Heitmeyer 2006; Heitmeyer/Günter 2002; Möller 2000; Möller/Schuhmacher 2007), Jugendarbeitslosigkeit (Lutz 2003) und Herausforderungen der gesellschaftlichen Institutionen durch „schwierige" Jugendliche (Witte/Sander 2006). Weitere Themen der Jugendforschung sind Jugend bzw. Jugendliche vor dem Hintergrund von spezifischen biographischen Herausforderungen, wie Sexualität (Müller 2006; Neubauer 2002) und geschlechtlicher Identität (geschlechtertheoretische

Ansätze der Jugendforschung im Überblick bei Hagemann-White 2002), von Freundschaft und *Peergroups* (Hurrelmann 2005; Noack/Haubold 2003; Krappmann 1998; Fend 1998; Bohnsack u. a.: 1995), von Familie und Partnerschaft (Hurrelmann 2005; Langness u. a. 2006) sowie von gesellschaftlichen Herausforderungen durch die Wiedervereinigung (Andresen u. a. 2003; Gaiser u. a. 2002); durch Aussiedlung (Schmitt-Rodermund/Silbereisen: 2002; Strobl/Kühnl 2000) und Aufwachsen in Migrationskontexten (Boos-Nünning/Karakaşoğlu 2005; Wensierski/Lübcke 2007; Gerlach 2006) sowie durch Fragen der Globalisierung (Villányi u. a. 2007; Blossfeld u. a. 2005). Weitere Felder der Jugendforschung sind Jugend im Umgang mit Medien, Musik, Mode und Sport (siehe zu einem Überblick bei Ferchhoff 2007: 174-235), in Auseinandersetzung mit Religion und Formen spiritueller Sinnsuche (Feige 2002; Gensicke 2006), um hier nur einige Themenbereiche zu nennen.

Eine wichtige Rolle im Kontext der Jugendforschung spielen jugendliche Vergemeinschaftungsformen, so genannte „Jugendkulturen“ (Ferchhoff 2007; Müller-Bachmann 2002: 48; King 2002; Baake 1999). Im Positiven werden Jugendkulturen als Ausgangspunkte für die Entstehung von Neuem innerhalb der Gesellschaft angesehen und als „Raum“ betrachtet, indem aufgrund der spezifischen Grundgegebenheiten des Jugendalters wie der „psychischen Destabilisierung und Entstrukturierung (...) der Adoleszenz“ (Andresen 2005: 137-138) kreatives Potenzial zur Um- und Neugestaltung von Gesellschaften freigesetzt werden kann (King 2002; Baacke 1999; Ferchhoff 2007). Im Negativen wird jedoch in von Normen und Werten sowie Gesetzen abweichendem Verhalten im Kontext jugendkultureller Aktivitäten oftmals eine Gefährdung der Gesellschaft durch Jugendliche und deren Kulturen gesehen. Die Erforschung von politischen Haltungen und deren Demokratieverbundenheit bzw. -feindlichkeit stellt demzufolge einen thematischen Schwerpunkt in der europäischen Jugend(kultur)forschung dar (Bois Reymond 2002: 377).

Als größer angelegte Jugendstudien in Deutschland sind die Shell-Studien, der Jugendsurvey des Deutschen Jugendinstitutes (DJI) und die Studien des Instituts für Praxisorientierte Sozialforschung zu Jugendlichen und jungen Erwachsenen in Deutschland zu nennen (IPOS). Die wohl prominenteste (Langzeit-)Studie ist die 1953 zum ersten Mal vorgelegte Shell-Jugendstudie, die von der Deutschen Shell AG mit dem Ziel in Auftrag gegeben worden war, die „Situation deutscher Jugend im Bundesgebiet“ zu untersuchen (siehe zu einer ausführlichen Darstellung der interessanten Geschichte und Fortentwicklung der Studie: Andresen 2005: 120-128). In den Befragungen der Shell-Studien ging und geht es um die Einstellung und die Sichtweisen von Jugendlichen aus allen Bereichen der Bevölkerung zu den Lebenswelten Familie, Schule, Freizeit und Beruf sowie um ihre Zukunftsvorstellungen und -wünsche; des weiteren werden die politischen Einstellungen der Jugendlichen auf der Basis der erhobenen (quantitativen und qualitativen) Daten analysiert. In der neusten (15.) Studie von 2006 bei der insgesamt 2 500 Jugendliche befragt wurden, sind zusätzlich die Einstellungen von Jugendlichen zu Fragen der Globalisierung, zum demografischen Wandel und zu Generationenverhältnissen sowie zur Religion in die Untersuchung mit einbezogen worden (Shell 2006: 13).

Eine große Schwierigkeit der Jugendforschung ist das Fehlen eines konsensuellen theoretischen Fundamentes (Scherr u. a. 2003: 9). Es besteht das Problem, dass

> „Jugend- und Jugendkulturforschung (...) es mit vielfältigen empirischen Ausprägungen von Jugend zu tun (hat). Eine um genaue empirische Deskription ihres Gegenstandes bemühte Jugend(kultur)forschung ist zudem mit einer erheblichen Veränderungsdynamik konfron-

tiert. (...) Jugendkulturstudien sind bereits zum Zeitpunkt ihrer Veröffentlichung, wieder veraltet" (ebd.; für einen Überblick über jugendtheoretische Diskurse siehe auch Griese/ Mansel 2003: 11-30).

# 3 Ganztagsbildung und ihre Bedeutung für Jugendliche

Am Ende dieses Beitrags soll angedacht werden, welche Folgen eine Institutionalisierung des Alltags von Jugendlichen für deren Prozesse der Identitätsbildung haben könnte. Zieht man die theoretischen Überlegungen zur Jugendphase als einer Zeit des Moratoriums heran und vergegenwärtigt sich die Annahme, dass damit eine „Zeit der Entpflichtung" (Andresen 2005: 85) einhergeht, in der Jugendliche verschiedene Formen des sozialen, kulturellen und politischen Lebens ausprobieren können, dann stellt sich die Frage, ob und inwieweit institutionalisierte Formen von außerunterrichtlichen Angeboten am Nachmittag dieses „Ausprobieren" begrenzen und „Inhalte" von jugendkulturellen Aktivitäten zumindest eine „gewisse Bahnung" erfahren.

Eine zunehmende Institutionalisierung kann eine Einschränkung von Freizeit bedeuten und damit die Zeitspanne verringern, die Jugendliche z. B. mit Freunden verbringen können. Allerdings werden insbesondere *Peergroups* von Jugendlichen als eine der wichtigsten Sozialisationsinstanzen genannt (Göppel 2007: 246). Und zur Bedeutung des Freizeitverhaltens für Jugendliche heißt es in der aktuellen Shell-Studie: „Der Freizeitsektor bietet für Jugendliche ein soziales Übungsfeld für den Umgang mit der unendlich groß erscheinenden Fülle an Wahl- und Verhaltensmöglichkeiten der Lebensgestaltung" (Shell 2006: 77). Dabei gehören 18 % zur Gruppe der „geselligen Jugendlichen", und ein weiteres Viertel zur so genannten „kreativen Freizeitelite" (Langness u. a. 2006: 77-78).

Eine Ganztagsbildung muss dem Wunsch nach Geselligkeit und Kreativität bzw. der Gestaltung von Freiräumen nicht im Wege stehen, hat sie doch zumindest theoretisch den Anspruch, durch Jugendarbeit am Nachmittag die einzelnen Teilbereiche *Peergroups*, Schulen, Vereine/Verbände miteinander zu verknüpfen (vgl. Coelen 2006: 135). Dies könnte sogar isolierten Jugendlichen eine Chance bieten, in Gruppen von Gleichaltrigen zu partizipieren sowie bei einseitig an Konsum und Medien interessierten Jugendlichen – ein weiteres Viertel der Jugendlichen zählt laut den Ergebnissen der Shell-Studie zu den Kauflustigen und 32 % zu den „Technikfreaks" (Langness u. a. 2006: 77) – ein Interesse an sozio-politischen Fragen im Sinne der durch die Ganztagsbildung angestrebten „Demokratiebildung" wecken (Coelen 2006: 139).

Allgemein kann konstatiert werden, dass Jugendliche je nach Person und Geschlecht, nach familialer und sozialer Herkunft auf unterschiedliche Art und Weise von Angeboten der Ganztagsbildung profitieren können bzw. nicht können.[2] Die Befunde des vom Deutschen Jugendinstitut durchgeführten Kinderpanels legen nahe, dass hinsichtlich des Übergangs von informeller zu formaler Bildung für Kinder aus

> „Milieus mit umfangreichen Kapitalressourcen formale Bildungsprozesse als Weiterführung des schon Bekannten lediglich an anderen Bildungsorten angesehen werden kann. Hingegen

2 Demzufolge nehmen beispielsweise sowohl Kinder als auch Jugendliche mit Migrationshintergrund stärker als diejenigen ohne Migrationshintergrund (bei gleicher sozioökonomischer Ausgangslage) an, dass ihnen die Angebote der Ganztagsschule von Nutzen sind, und dies sowohl im Hinblick auf den sozialen Nutzen als auch im Hinblick auf eine Verbesserung ihrer Schulleistungen (Radisch u. a. 2007: 254).

lässt sich der Übergang zwischen formaler und informeller Bildung bei Kindern, die in Milieus mit geringerer Kapitalausstattung aufwachsen, eher als Bruch mit den bekannten und bewährten Bildungspraktiken und -erfahrungen beschreiben" (Betz 2007: 181).

Vor dem Hintergrund dieser Erkenntnisse kann angenommen werden, dass die Angebote einer Ganztagsbildung auch von Jugendlichen gemäß ihrer „Kapitalressourcen" genutzt werden und die Gestaltung von Bildungs- und Identitätsbildungsangeboten demgemäß strukturiert werden müssen (Otto/Coelen 2004: 8; Sting 2004: 77-78). Dementsprechend muss – insbesondere aufgrund des Prinzips der Freiwilligkeit bei der Partizipation von Angeboten der Jugendarbeit – im Zuge der Ausarbeitung von Konzepten zur Ganztagsbildung überlegt werden, wie Jugendliche aus allen Milieus angesprochen werden können sowie im Hinblick auf Prozesse der Identitätsbildung bedacht werden, wie institutionelle Zwänge und Beschränkungen von Jugendlichen vermieden werden und „Moratorien" gewahrt werden können.

## *Literatur*


Andresen, Sabine (2005): Einführung in die Jugendforschung. Darmstadt: WBG.

Andresen, Sabine/Bock, Karin/Brumlik, Micha/Otto, Hans-Uwe/Schmidt, Mathias/Sturzbacher, Dietmar (Hg.) (2003): Vereintes Deutschland – geteilte Jugend: Ein politisches Handbuch. Opladen: Leske + Budrich.

Baake, Dieter (1999): Jugend und Jugendsubkulturen. Darstellung und Deutung. Weinheim: Juventa.

Berger, Peter/Luckmann, Thomas (2003): Die gesellschaftliche Konstruktion der Wirklichkeit: eine Theorie der Wissenssoziologie. Frankfurt a. M.: Fischer.

Betz, Tanja (2007): Formale Bildung als „WeiterBildung" oder „Dekulturation" familialer Bildung? In: Alt, Christian (Hg.) (2007a): Kinderleben – Start in die Grundschule. Schriften des Deutschen Jugendinstitutes: Kinderpanel. Wiesbaden: VS Verlag für Sozialwissenschaften: 163-189.

Blossfeld, Hans-Peter/Klijzing, Eric/Hofmeister, Heather/Kurz, Karin (Eds.) (2005): Globalization, Uncertainty and Youth in Society. London: Routledge.

Bohnsack, Ralf/Loos, Peter/Schäffer, Burkhard/Städtler, Klaus/Wild, Bodo (1995): Die Suche nach Gemeinsamkeit und die Gewalt der Gruppe: Hooligans, Musikgruppen und andere Jugendcliquen. Opladen: Leske + Budrich.

Bois-Reymond, Manuela du (2002): Kindheit und Jugend in Europa. In: Krüger/Grunert (Hg.): Handbuch Kindheits- und Jugendforschung. Opladen: Leske + Budrich: 371-391.

Boos-Nünning, Ursula/Karakaşoğlu, Yasemin (2005): Viele Welten leben: Zur Lebenssituation von Mädchen und jungen Frauen mit Migrationshintergrund. Münster: Waxmann.

Brumlik, Micha (2002): Bildung und Glück: Versuch einer Theorie der Tugenden. Berlin: Philo.

Bühler, Charlotte (1922): Das Seelenleben des Jugendlichen. Jena: Fischer.

Coelen, Thomas (2006): Ausbildung und Identitätsbildung: Theoretische Überlegungen zu ganztägigen Bildungseinrichtungen in konzeptioneller Absicht. In: Otto/Oelkers (Hg.): Zeitgemäße Bildung. Herausforderung für Erziehungswissenschaft und Bildungspolitik. München: Reinhardt: 131-148.

Dudek, Peter (2002): Geschichte der Jugend. In: Krüger/Grunert (Hg.): Handbuch Kindheits- und Jugendforschung. Opladen: Leske + Budrich: 333-353.

Erikson, Erik H. (1966/1973): Identität und Lebenszyklus. Frankfurt a. M.: Suhrkamp.

Feige, Andreas (2002): Jugend und Religion. In: Krüger/Grunert (Hg.): Handbuch Kindheits- und Jugendforschung. Opladen: Leske + Budrich: 805-819.

Fend, Helmut (1998): Eltern und Freunde. Soziale Entwicklung im Jugendalter. Bern: Huber.

Ferchhoff, Wilfried (2007): Jugend und Jugendkulturen im 21. Jahrhundert. Wiesbaden: VS Verlag für Sozialwissenschaften.

Gaiser, Wolfgang/Gille, Martina/Krüger, Winfried/Rijke, Johann de (Eds.) (2002): Satisfied – Critical – Detached: Attitudes of Young East and West Germans towards Democracy. In: German Youth Institute (Ed.): Growing up in Germany. Living Conditions, Problems and Solutions. München: Eigenverlag DJI: 23-38.

Gensicke, Thomas (2006): Jugend und Religiosität. In: Shell Deutschland Holding (Hg.): 203-241.

Gerlach, Julia (2006): Zwischen Pop und Dschihad: Muslimische Jugendliche in Deutschland. Berlin: Ch. Links Verlag.

Griese, Hartmut M./Mansel, Jürgen (2003): Jugendtheoretische Diskurse. In: Mansel/Griese/Scherr (Hg.): 11-31.

Göppel, Rolf (2007): Aufwachsen heute: Veränderungen der Kindheit – Probleme des Jugendalters. Stuttgart: Kohlhammer.
Hagemann-White, Carol (2002): Geschlechtertheoretische Ansätze. In: Krüger/Grunert (Hg.): Handbuch Kindheits- und Jugendforschung. Opladen: Leske + Budrich: 143-165.
Heitmeyer, Wilhelm/Günter, Albrecht (Hg.) (2002): Internationales Handbuch der Gewaltforschung. Wiesbaden: Westdeutscher Verlag.
Heitmeyer, Wilhelm (Hg.) (2006): Gewalt: Beschreibung, Analysen, Prävention. Bonn: BpB.
Holtappels, Heinz Günter/Klieme, Eckhard/Rauschenbach, Thomas/Stecher, Ludwig (Hg.) (2007): Ganztagsschule in Deutschland: Ergebnisse der Ausgangserhebung der „Studie zur Entwicklung von Ganztagsschulen" (StEG). Weinheim: Juventa.
Hurrelmann, Klaus (Hg.) (1997): Drogengebrauch – Drogenmissbrauch: eine Gratwanderung zwischen Genuss und Abhängigkeit. Darmstadt: WBG.
Hurrelmann, Klaus (2005): Lebensphase Jugend. Eine Einführung in die sozialwissenschaftliche Jugendforschung. Weinheim: Juventa.
Hurrelmann, Klaus/Ulich, Dieter (Hg.) (1998): Handbuch der Sozialisationsforschung. Weinheim: Beltz.
King, Vera (2002): Die Entstehung des Neuen in der Adoleszenz. Individuation, Generativität und Geschlecht in modernisierten Gesellschaften. Opladen: Leske + Budrich.
Krappmann, Lothar (1998): Sozialisation in der Gruppe von Gleichaltrigen. In: Hurrelmann/Ulich (Hg.): 355-375.
Krappmann, Lothar (2004): Identität. In: Lenzen, Dieter (Hg.): Pädagogische Grundbegriffe. Reinbek: Rowohlt: 715-719.
Langness, Anja/Leven, Ingo/Hurrelmann, Klaus (2006): Jugendliche Lebenswelten: Familie, Schule, Freizeit. In: Shell Deutschland Holding (Hg.): 49-100.
Levi, Giovanni/Schmitt, Jean-Claude (Hg.) (1995): Geschichte der Jugend: Von der Antike bis zum Absolutismus. Bd. 1. Frankfurt a. M.: Fischer.
Levi, Giovanni/Schmitt, Jean-Claude (Hg.) (1995): Geschichte der Jugend: Von der Aufklärung bis zur Gegenwart. Bd. 2. Frankfurt a. M.: Fischer.
Lutz, Ronald (2003): Jugendarbeitslosigkeit. In: Andresen/Bock/Brumlik/Otto/Schmidt/Sturzbacher (Hg.): 413-429.
Mahdi, Ali Akbar (2003): Introduction: Teens, Islam, and the Middle East. In: Mahdi, Ali Akbar (Ed.): Teen Life in the Middle East. Westport: Greenwood: 1-13.
Mansel, Jürgen/Brinkhoff, Klaus-Peter (Hg.) (1998): Armut im Jugendalter: Soziale Ungleichheit, Gettoisierung und die psychosozialen Folgen. Weinheim: Juventa.
Mansel, Jürgen/Griese, Hartmut M./Scherr, Albert (Hg.) (2003): Theoriedefizite in der Jugendforschung. Weinheim: Juventa.
Melzer, Wolfgang/Heitmeyer, Wilhelm/Liegle, Ludwig/Zinnecker, Jürgen (Hg.) (1991): Osteuropäische Jugend im Wandel. Ergebnisse vergleichender Jugendforschung in der Sowjetunion, Polen, Ungarn und der ehemaligen DDR. Weinheim: Juventa.
Möller, Kurt (2000): Rechte Kids: Eine Langzeitstudie über Auf- und Abbau rechtsextremistischer Orientierungen bei 13-15jährigen. Weinheim: Juventa.
Möller, Kurt/Schuhmacher, Nils (2007): Rechte Glatzen: rechtsextreme Orientierungs- und Szenezusammenhänge – Einstiegs-, Verbleibs- und Ausstiegsprozesse von Skinheads. Wiesbaden: VS Verlag für Sozialwissenschaften.
Müller, Annette (2006): Die sexuelle Sozialisation in der weiblichen Adoleszenz: Mädchen und junge Frauen deutscher und türkischer Herkunft im Vergleich. Münster: Waxmann.
Müller-Bachmann, Eckart (2002): Jugendkulturen Revisited. Musik- und Stilbezogene Vergemeinschaftungsformen (Post-)Adoleszenter im Modernisierungskontext. Münster: Waxmann.
Münchmeier, Richard (2001): Jugend. In: Otto, Hans-Uwe/Thiersch, Hans (Hg.): Handbuch Sozialarbeit, Sozialpädagogik. Neuwied: Luchterhand: 816-830.
Neubauer, Georg (2002): Kindheit, Jugend, Sexualität. In: Krüger, Heinz-Hermann/Grunert, Cathleen (Hg.): Handbuch Kindheits- und Jugendforschung. Opladen: Leske + Budrich: 865-879.
Noack, Peter/Haubold, Stefan (2003): Peereinflüsse auf Jugendliche in Abhängigkeit von familienstrukturellen Übergängen. In: Reinders/Wild (Hg.): 137-159.
Oswald, Hans (1997): Der Jugendliche. In: Lenzen, Dieter (Hg.): Erziehungswissenschaft: Ein Grundkurs. Reinbek: Rowohlt: 383-406.
Otto, Hans-Uwe/Coelen, Thomas (2004): Auf dem Weg zu einem neuen Bildungsverständnis: Ganztagsschule oder Ganztagsbildung? In: Otto/Coelen (Hg.): 7-19.
Otto, Hans-Uwe/Coelen, Thomas (Hg.) (2004): Grundbegriffe der Ganztagsbildung. Beiträge zu einem neuen Bildungsverständnis in der Wissensgesellschaft. Wiesbaden: VS Verlag für Sozialwissenschaften.
Palentien, Christian (2004): Kinder- und Jugendarmut in Deutschland. Wiesbaden: VS Verlag für Sozialwissenschaften.

Radisch, Falk/Stecher, Ludwig/Klieme, Eckhard/Kühnbach, Olga (2007): Unterrichts- und Angebotsqualität aus Schülersicht. In: Holtappels/Klieme/Rauschenbach/Stecher (Hg.): 227-259.
Reinders, Heinz/Wild, Elke (Hg.) (2003): Jugendzeit – Time out? Zur Ausgestaltung des Jugendalters als Moratorium. Opladen: Leske + Budrich.
Schelsky, Helmut (1957/1960): Die skeptische Generation. Eine Soziologie der deutschen Jugend. Düsseldorf: Diederichs.
Scherr, Albert/Griese, Hartmut M./Mansel, Jürgen (2003): Einleitung: Jugendforschung – und das Theoriedefizit? In: Mansel/Griese/Scherr (Hg.): 7-11.
Schmitt-Rodermund, Eva/Silbereisen, Rainer K. (2002): Psychosoziale Probleme bei jungen Aussiedlern – Eine Längsschnittstudie. In: Zeitschrift für Entwicklungspsychologie und Pädagogische Psychologie H. 2/2002: 63-71.
Shell – Shell Deutschland Holding (Hg.) (2006): Jugend 2006: Eine pragmatische Generation unter Druck. 15. Shell Jugendstudie. Frankfurt a. M.: Fischer.
Stauber, Barbara/Walther, Andreas (Hg.) (2002): Junge Erwachsene. In: Schröer, Wolfgang/Struck, Norbert/Wolff, Mechthild (Hg.): Handbuch Kinder- und Jugendhilfe. Weinheim: Juventa: 113-147.
Sting, Stephan (2004): Soziale Bildung. In: Otto/Coelen (Hg.): 77-83.
Strobl, Rainer/Kühnel, Wolfgang (2000): Dazugehörig und Ausgegrenzt. Analysen von Integrationschancen junger Aussiedler. Weinheim: Juventa.
Tillmann, Klaus-Jürgen (1999): Sozialisationstheorien. Eine Einführung in den Zusammenhang von Gesellschaft, Institution und Subjektwerdung. Reinbek: Rowohlt.
Villányi, Dirk/Witte, Matthias D./Sander, Uwe (Hg.) (2007): Globale Jugend und Jugendkulturen: Aufwachsen im Zeitalter der Globalisierung. Weinheim: Juventa.
Wensierski, Hans-Jürgen v. (2007): Die islamisch-selektive Modernisierung – Zur Struktur der Jugendphase junger Muslime in Deutschland. In: Wensierski/Lübcke (Hg.): 55-85.
Wensierski, Hans-Jürgen v./Lübcke, Claudia (Hg.) (2007): Junge Muslime in Deutschland: Lebenslagen, Aufwachsprozesse und Jugendkulturen. Opladen: Budrich.
Witte, Matthias D./Sander, Uwe (Hg.) (2006): Erziehungsresistent? „Problemjugendliche" als besondere Herausforderung der Jugendhilfe. Baltmannsweiler: Schneider.
Zinnecker, Jürgen (1991): Jugend als Bildungsmoratorium. Zur Theorie des Wandels der Jugendphase in west- und osteuropäischen Gesellschaften. In: Melzer/Heitmeyer/Liegle/Zinnecker (Hg.): 9-26.
Zinnecker, Jürgen (1995): Metamorphosen im Zeitraffer: Jungsein in der zweiten Hälfte des 20. Jahrhunderts. In: Levi/Schmitt (Hg.): 460-505.
Zinnecker, Jürgen (2003): Jugend als Moratorium. Essay zur Geschichte und Bedeutung eines Forschungskonzepts. In: Reinders/Wild (Hg.): 37-65.

# Eltern

*Martina Richter / Vera Müncher / Sabine Andresen*

Bildungs- und Lernprozessen von Kindern in Familien kommt gegenwärtig in bildungstheoretischen und -politischen Debatten, aber auch vermehrt in der Schul- und Jugendhilfeforschung, eine besondere Aufmerksamkeit zu. Infolge der PISA-Befunde, aber auch bereits im Elften Kinder- und Jugendbericht, wurde der Stellenwert informeller Bildungsprozesse in Familien hervorgehoben und damit neben der Bedeutung der Schule auch die Bedeutung nicht-schulischer Lernorte für das Aufwachsen von Kindern betont (vgl. Baumert u. a. 2001; BMFSFJ 2002). Die Familie als Bildungsort sowie ihre Leistungen im Bereich gesellschaftlicher Reproduktion, Erziehung und Sozialisation nachfolgender Generationen ist vor diesem Hintergrund wieder ins Zentrum des öffentlichen Interesses gerückt (vgl. BMFSFJ 2005a; Holtappels u. a. 2007). Diesen Erkenntnissen soll vor allem in Modellen der Ganztagsbildung Rechnung getragen werden. Beabsichtigt ist eine systematische Zusammenführung von Familien, Schule und Jugendhilfe als bislang weitgehend unabhängig voneinander agierenden gesellschaftlichen Bildungsorten. Insbesondere soll eine stärkere Öffnung hin zu familialen Lebenswelten und eine vermehrte Beteiligung und Mitwirkung von Eltern erreicht werden (vgl. BMFSFJ 2005b).

Ausgangspunkt dieses Beitrags ist zunächst eine Annäherung an ein zeitgenössisches Verständnis von Familie als Lebensform, die sich in einem Spannungsverhältnis aus individualisierten Lebensmustern und -praktiken, sozialen Netzwerken, institutionellen Kontexten und gesellschaftlichen, auch ideologisch geprägten Strukturierungen, konkretisiert (vgl. Bronfenbrenner 1976; Ecarius 2007).

## 1 Zum zeitgenössischen Verständnis von Familie

Familie als zumeist lebenslange Beziehung zwischen Kindern und Eltern ist ein Kulturprodukt bzw. das „evolutionär höchst folgenreiche ‚Resultat' von Prozessen der Institutionalisierung" (Tyrell 1978: 615). Institutionalisierung meint hierbei, dass sich in einem sozialen Interaktionszusammenhang verbindliche Handlungsmuster und -erwartungen ausbilden und verfestigen (vgl. Huinink/Konietzka 2007), die im Verlauf der Zeit durch rechtliche Regelungen „gewissermaßen explizit gemacht, damit extern abgestützt und erheblich profiliert" (Tyrell 1978: 612) werden. Familienformen und die Zahl der Nachkommen sind stets geprägt durch historisch gegebene soziale und kulturelle Lebensbedingungen. Daher gab es zu jeder Zeit eine große Vielfalt familialer Lebensweisen. Die heutige Pluralität von Lebens- und Familienformen ist historisch betrachtet also nichts Neues (vgl. Hill/ Kopp 2002; Huinink/Konietzka 2007).

In der Mitte des 20. Jahrhunderts setzte sich das Modell der bürgerlichen oder modernen Familie mit einer geschlechtsspezifischen Aufgabenzuweisung weitgehend durch (vgl. Rendtorff 2007) und wurde im so genannten „Golden Age of Marriage" unhinterfragt als kulturelle Selbstverständlichkeit von großen Teilen der Bevölkerung gelebt. Diese Konstellation ist historisch einzigartig. In gegenwärtigen politischen und auch wissenschaftlichen Diskussionen um den Wandel der Familie wird diese Einsicht nicht selten vernachlässigt (vgl. Fuhs 2007). Mit einer Orientierung an dem spezifischen Modell der bürgerlichen, modernen Kleinfamilie werden einige Familienformen vollständig ausgeblendet oder sie erscheinen als defizitär (bspw. Einelternfamilien) (vgl. Hartmann 2002). Vielmehr ist demgegenüber hervorzuheben, dass sich jenseits dieses historisch einmaligen Zeitraumes Familien als flexible, bewegliche und den gesellschaftlichen und sozialen Wandlungsprozessen anpassungsfähige Gebilde zeigen (vgl. Bock 2000), an deren „Ursprung (...) nicht die einzige Form (steht), sondern ihre prinzipielle Pluralität" (Lüscher 1995: 60).

Als nahezu unstrittige Bestimmung von Familie wird die Generationenfolge als konstitutives Merkmal angeführt. Familie in diesem Sinne ist als ein gegenseitig aufeinander bezogenes Miteinander von mindestens zwei Generationen zu begreifen, wobei mindestens eine Person einer älteren Generation zu mindestens einer Person einer jüngeren Generation in einer Elternfunktion steht (vgl. Lenz 2002; Ecarius 2002; Böhnisch 2005; Rendtorff 2007). Mit dieser weit gefassten Definition soll der Vielfalt familialer Lebensformen Rechnung getragen werden und es soll Berücksichtigung finden, dass unter Familie nicht nur die biologische Kernfamilie zu fassen ist. An dieses Verständnis schließt die Konzeptionierung von Familien als „soziale Netzwerke" an. Hier definiert das Subjekt über die biologischen Verwandtschaftslinien hinausgehend, wer eine familienähnliche Funktion erfüllt und aufgrund eines spezifischen wechselseitigen Kooperations- und Solidaritätsverhältnisses als zugehörig zum familialen Wahlnetzwerk verstanden wird (vgl. Nestmann 1997; Bertram/Hollstein 2003; Vorheyer 2005).

„Familienerziehung ist mehr als ein Stil, der in konkreten Situationen praktiziert wird" (Ecarius 2007: 138). Zur Erziehung gehören das soziale Umfeld, die Interaktionsmuster zwischen Kindern und Eltern, das soziale Milieu, das Geschlecht und gesellschaftliche Voraussetzungen (vgl. ebd. unter Verweis auf Mollenhauer u. a. 1975). Die Beziehungen zwischen Eltern und Kindern konkretisieren sich insofern in einem Spannungsfeld aus individuellen Erwartungen und Bedürfnissen sowie gesellschaftlichen Normen und Strukturen, die den Familienalltag zu einem komplexen Unterfangen mit vielfältigen und häufig widersprüchlichen Anforderungen werden lässt. Besteht heutzutage einerseits ein geringerer Zwang zur Konformität mit Blick auf die Ausgestaltung von Familienleben, nimmt andererseits der gesellschaftliche Druck auf Eltern in Bezug auf Versorgungs-, Bildungs- und Erziehungsverantwortung gegenüber ihren Kindern zu. Sie sehen sich vor immense Herausforderungen gestellt, die sie nur unter günstigen Umständen bewältigen können. Zugleich ist die elterliche Bereitschaft, ihnen nachzukommen, seit der zweiten Hälfte des 20. Jahrhunderts stärker denn je entwickelt (vgl. Büchner 2002).

Unter dem Stichwort „Informalisierung" werden gegenwärtig die seit Mitte der 1960er Jahre sich verändernden zwischenmenschlichen Umgangsformen bezeichnet, die auch die Eltern-Kind-Beziehungen betreffen. Während in den 1950-60er „das traditional-autoritäre Erziehungsleitbild ‚Gehorsam und Unterordnung' (...) als wichtiges Erziehungsziel angegeben" wurde (Peuckert 2005: 165), orientieren sich Eltern heutzutage eher an demokratischen und egalitären Grundwerten. Auf der Beziehungsebene wird daher eine Entwicklung vom „Befehlshaushalt" zum „Verhandlungshaushalt" zwischen Eltern und Kindern konstatiert (Büchner u. a. 1996; Ecarius 2007). Um diesem Prinzip des Verhandlungshaushalts gerecht zu werden, stehen Mütter und Väter vor der Herausforderung, ihren Kindern einerseits Halt und Orientierung zu bieten und ihnen andererseits Aushandlungsmöglichkeiten zu gewähren. Insofern zeigt sich heute eine Verschiebung „von der Elternzentriertheit des Kindes zur Kindorientierung der Eltern" (Wissenschaftlicher Beirat für Familienfragen 2005: 26).

# 2 Familie als Bildungsort

Insbesondere mit den internationalen Vergleichsuntersuchungen (z. B. PISA), die darauf verweisen, dass in Deutschland die soziale Herkunft sehr viel mehr als in anderen Ländern über Bildungsmöglichkeiten und -zugänge von Kindern entscheidet, dynamisiert sich eine Debatte um Familie als eigenständiger Bildungsort (vgl. BMFSFJ 2005b; Büchner/Brake 2006). Die Familie wird als erste und wesentliche Instanz von Erziehungs-, Sozialisations- und Bildungsprozessen begriffen. Sie stellt einen zentralen Lebensbereich für Heranwachsende und einen Ort informeller Bildung dar, wenngleich sie auch nicht den einzigen gesellschaftlichen Ort darstellt, an dem dies geschieht (vgl. Stecher/Zinnecker 2007). Informelle Bildungsprozesse beinhalten das implizite, beiläufige Lernen und werden auch als Formen „wilden Lernens" (vgl. Böhnisch/Schröer 2001) oder als „chaotische Momente" (vgl. Bock 2004) bezeichnet, da sie sich ungeplant im Alltag von Kindern realisieren. Familien können in diesem Sinne auch als „bildungsbiographische Möglichkeitsräume" (Büchner/Brake 2006: 13) verstanden werden.

Obschon Wissen und Fähigkeiten in Form alltäglicher familialer Interaktions- und Vermittlungsprozesse in generationalen Zusammenhängen an Kinder weitergegeben werden (vgl. Büchner/Brake 2006; Stecher/Zinnecker 2007), ist zu reflektieren, dass diese Bildungsarrangements Teil eines komplexen, familienübergreifenden soziokulturellen Kontextes darstellen. Insbesondere die sozialstrukturellen Voraussetzungen werden häufig in ihrer Wirkmächtigkeit für die Etablierung und Entfaltung familialer Bildungsmöglichkeiten verkannt (vgl. Richter 2007). Bildungsleistungen und -chancen von Familien stünden in einem anderen gesellschaftlichen Licht, „wenn man nicht länger (...) von der Familie als relativ geschlossener Einheit mit entsprechend rückbeziehbaren Bildungsfunktionen" ausginge (Böhnisch 2005: 288), was oftmals in aktuellen politischen, aber auch wissenschaftlichen Diskursen dazu führe, dass die „Wirkungsdimension der Bildungskraft der Familie ideologisch (...) überzogen" (ebd.: 286) diskutiert werde.

## *2.1 Familie und Bildungsungleichheit*

Zunehmend mehr Familien mit Kindern sind von sozialer Randständigkeit betroffen, bei denen vorhandene materielle Defizite im Familienalltag nicht hinreichend kompensiert werden können und dadurch entsprechende kindliche Entwicklungsprozesse beeinflusst werden (vgl. Grundmann u. a. 2004; Bittlingmayer u. a. 2005). Soziale Benachteiligung in Familien ist dabei oftmals gekennzeichnet durch eine Verengung des Sozial- und Erfahrungsraumes von Kindern, geringeren Chancen und Möglichkeitsräume der Entwicklung von Interessen und Begabungen sowie qualitative und quantitative Einschränkungen in Bezug auf Gleichaltrigenbeziehungen (vgl. Andresen 2007). Es zeigen sich nicht selten benachteiligende Entwicklungsbedingungen in den Familien aufgrund von unzureichenden materiellen Ressourcen, die den Familienmitgliedern zur Verfügung stehen. Diese sind wesentliche Voraussetzungen, dass Kinder in einem weniger anregenden und fördernden Klima aufwachsen (vgl. Chassé u. a. 2003).

Infolge der materiellen Ausstattung und gezielten Förderung im Elternhaus gelingt es Kindern aus Familien mit höherem Sozial- und Bildungsstatus eher, spezifische Fähigkeiten und Wissensvorräte zu entwickeln, die ihnen beim Eintritt in den Primarbereich deutliche Vorteile eröffnen (vgl. Becker/Lauterbach 2004). Denn diese Fertigkeiten und Kenntnisse sind mit den formellen, das heißt strukturierten und verpflichtenden Bildungssettings in der Schule sehr viel kompatibler als diejenigen, die Kindern aus Familien mit niedrigerem Bildungsstatus mehrheitlich vermittelt werden. Dieses Phänomen ist nicht zuletzt dadurch begründet, dass Schule als kulturell durch Habitusformen herrschender Milieus geprägte Institution deren Kinder begünstigt und die Handlungsweisen anderer Kinder eher sanktioniert (vgl. Bittlingmayer u. a. 2005). In der Schule kommen spezifische Sprachcodes, Autoritäts- und Hierarchiemuster zur Anwendung, die Kindern mit höherem Sozial- und Bildungsstatus oftmals bereits durch ihren Sozialisationsprozess vertrauter sind (vgl. Lareau/Shurman 1996; Lareau 2003). Die Ausformung und Vermittlung milieuspezifischer Kenntnisse und Fertigkeiten sowie elterlicher Sinn- und Anerkennungsstrukturen (vgl. Grundmann u. a. 2004) stellen somit ein relevantes Ressourcenpotenzial für Kinder dar und können als kulturelles und soziales Kapital definiert werden (vgl. Bourdieu/Passeron 1971; Bourdieu 2001).

# 3 Eltern als Akteure in ganztägigen Bildungs-*Settings*

In Konzepten ganztägiger Bildung im Elementar- und Primarbereich werden die Bedeutung der Eltern und damit eine stärkere Öffnung hin zu familialen Lebenswelten hervorgehoben (vgl. BMFSFJ 2005b). Eltern geraten als Akteure in den Blick, das heißt als kompetente Subjekte, die sich die institutionalisierten Ganztags-*Settings* als physisch-materiellen Ort und auch als sozialen Raum erschließen und aneignen. Aneignung meint die eigentätige Auseinandersetzung eines Individuums mit seiner materiellen und symbolischen Kultur, die – immer auch im Kontext gesellschaftlicher Macht- und Herrschaftsverhältnisse – räumlich vermittelt stattfindet (vgl. Andresen 2004; Abeling/Ziegler 2004). Räume ganztägiger Bildung werden in dieser Perspektive nicht lediglich als äußerliche, vorgelagerte und objektiv fassbare Gegebenheiten begriffen. Vielmehr sind sie prozessuale Produkte; das Erzeugnis eines spezifischen menschlichen Tuns (vgl. ebd.). Insofern kann Aneignung des Ganztags-*Settings* auch als (sozialräumliche) Konstitutionsleistung von Eltern verstanden werden. Als handelnde Individuen erzeugen sie vor dem Hintergrund eigener biographischer Bewältigungsaufgaben, in Relation zu den Bedeutungen, die sie der physisch-materiellen und der sozialen Welt beimessen und in Beziehung zu anderen sozialen, gesellschaftlichen Akteuren diese sozialen Räume (vgl. Deinet/Reutlinger 2004).

## *3.1 Elterliche Erwartungen und Akzeptanz*

Erste Erfahrungen mit außerfamilialen Betreuungs- und Bildungs-*Settings* machen Eltern gemeinhin mit der Krippe oder dem Kindergarten. Dabei erwarten Eltern von einem Kindergarten andere „Leistungen" als von der Schule. Während sich der öffentliche Diskurs in Bezug auf den Kindergarten um den Ausbau der Betreuungsplätze (vor allem für die unter

3-jährigen Kinder) und um die Steigerung der Qualität von Bildung (meist durch Sprachförderung) rankt, setzen Eltern offensichtlich andere Qualitätsmaßstäbe mit Blick auf einen „guten Kindergarten". Eltern schreiben dem Kindergarten eine öffentliche Betreuungs- und Sozialisationsfunktion zu und legen höchste Priorität auf das subjektive Wohlbefinden ihres Kindes in der Einrichtung (vgl. Honig u. a. 2004; Bien u. a. 2007). Insbesondere Familien mit höherem Sozial- und Bildungsstatus sehen in dem Defizit an Betreuungsplätzen vor allem ein Defizit an Bildungs- und Fördermöglichkeiten für ihre Kinder und stellen daher aktiv einen Betreuungs-Mix aus öffentlichen und privaten Angeboten her. Zugleich stellen diese Eltern gerade nicht den Anspruch an den Kindergarten, dass dieser die Vorbereitung ihrer Kinder auf die Schule zu leisten habe. Demgegenüber formulieren Eltern mit niedrigerem Sozial- und Bildungsstatus die Erwartung, dass der Kindergarten – auch mit Blick auf die gestellten Anforderungen im Primarbereich – stärker kompensatorisch wirkt (vgl. Honig u. a. 2004; Tietze u. a. 2005).

Mit Blick auf die Entwicklung von Ganztagsschulen zeigt sich, dass die Akzeptanz bei Eltern von Kindern im schulpflichtigen Alter generell gestiegen ist. Besonders bei berufstätigen Müttern ist eine stärkere Nachfrage nach Ganztagsangeboten zu verzeichnen und hier vor allem bei Kindern im Grundschulalter (vgl. Züchner 2007). Als entlastendes Element ganztägiger *Settings* heben Eltern vor allem die Betreuung von Hausaufgaben hervor, deren Bewerkstelligung im familialen Alltag oftmals mit einem hohen Konfliktpotenzial verbunden ist (vgl. Wahler u. a. 2005). Auch zeigt sich in neueren Studien, dass Eltern, deren Kinder am „Ganztag" teilnehmen, sich hinsichtlich Erziehungsfragen und -problemen unterstützt fühlen (Züchner 2007).

## *3.2 Zur Programmatik der Bildungs- und Erziehungspartnerschaft*

Mit der Einführung ganztägiger Bildungsarrangements werden – neben bildungsreformerischen Zielsetzungen (z. B. individuelle Förderung von Kindern) – auch familienpolitische Prämissen verfolgt. Angestrebt wird eine verbesserte Vereinbarkeit von Familie und Beruf. Durch eine Ausweitung von verlässlichen Betreuungszeiten von Kindern sollen Väter und Mütter die Möglichkeit erhalten, ihrer Berufstätigkeit nachzugehen und die Tagesorganisation flexibler zu gestalten (vgl. Honig 2007; Holtappels u. a. 2007).

Konzeptionell sehen Ganztags-*Settings* eine engere Kooperation mit Eltern vor. Die Realisierung dieser vermehrten Zusammenarbeit von Eltern mit den Lehr- und/oder anderen (sozial)pädagogischen Fachkräften in der Ganztagsschule oder aber im Kindergarten wird gegenwärtig im Rahmen so genannter „Bildungs- und Erziehungspartnerschaften" (vgl. Wissenschaftlicher Beirat für Familienfragen 2005) diskutiert. Gemeint ist die Herstellung eines kommunikativen Verhältnisses der an der Erziehung von Kindern beteiligten Personen und Institutionen. Formen verstärkter Elternarbeit und -partizipation in Ganztags-*Settings* werden in diesem Zusammenhang als Möglichkeit positiv hervorgehoben, Familien- und Schulalltag enger zusammenzuführen. Zugleich werden Bestrebungen der Öffnung gegenüber Eltern von der Befürchtung begleitet, einer zunehmenden „Familialisierung" von Bildungs-*Settings* Vorschub zu leisten. Elterliche Partialinteressen könnten damit stärker in schulische *Settings* eingreifen und die Durchsetzung persönlicher Vorteile verfolgen. Insofern gelte es, die Distanz zwischen Familiärem und Bildungs-*Setting* nicht grundlegend aufzugeben (vgl. Helsper/Busse 2004).

Mit dem zeitlich erweiterten Bildungs- und Betreuungsangebot werden in ganztägigen Bildungsarrangements Reproduktionsleistungen, die bisher traditionell den Familien zugeschrieben wurden bzw. insbesondere den Müttern, teilweise stärker öffentlich institutionalisiert und verantwortet wie z. B. das Mittagessen oder die Hausaufgabenbetreuung (vgl. Kraft 2006). Die Zuständigkeiten werden damit offensichtlich stärker an öffentlich verantwortete Bildungsorte delegiert (vgl. Züchner 2007). Diese Verschiebungen werden auch als „Entgrenzung des Schulischen" diskutiert, verbunden mit der Annahme, dass sich die Konfiguration von Sozialisationsinstanzen (wie die der Familie) verändere (vgl. Kolbe 2006). Vermutet wird, dass sich eine tendenzielle „Neujustierung" von Zuständigkeiten und Verantwortlichkeiten zwischen Familie und Schule vollziehe, „worin gerade Chancen für Kinder aus belasteten Familien liegen" (Züchner 2007: 314) könnten.

Letzteres jedoch zeigt sich in aktuellen Studien (beispielsweise zur Offenen Ganztagsgrundschule in Nordrhein-Westfalen) nicht ohne weiteres. Vielmehr bildet sich tendenziell eine selektive Nutzung der Angebote am Nachmittag zugunsten von Familien mit höherem Bildungsstattus ab, während Familien beziehungsweise Kinder aus sozial benachteiligten Milieus von den Angeboten weniger erreicht werden (vgl. Beher u. a. 2005; Beher/Prein 2007). Auch zeigt sich mit Blick auf die Mitwirkung von Eltern in der Ganztagsbildung, dass vor allem Mütter und Väter mit höherem Bildungsstatus erreicht werden und sich eher beteiligen (können) (vgl. Züchner 2007). Damit kann offensichtlich bislang im Rahmen von Bildungs- und Erziehungspartnerschaften der Heterogenität von elterlichen Bedürfnissen und Erwartungen sowie ihren Ängsten und Befürchtungen (noch) nicht in gewünschter Weise begegnet werden.

# 4 Diskussion und Perspektiven

Die familiale Dimension ist im Kontext ganztägiger Bildungs-*Settings* im Elementar- und Primarbereich von hoher Bedeutung. Bisher wird ihr im Bereich der Schul- und Jugendhilfeforschung jedoch nur unzureichend Rechnung getragen. So konstatieren Beher u. a. (2005) vor dem Hintergrund ihrer Begleitstudie zur Offenen Ganztagsschule im Primarbereich in Nordrhein-Westfalen, dass die sich überlappenden Lebenswelten zwischen Familien und Ganztags-*Settings* bislang kaum empirisch aufgegriffen werden. Systematische und tiefer gehende Erkenntnisse in Hinblick auf das Beziehungsgeflecht zwischen Ganztagsschule und Familie erscheinen umso dringlicher, da vorliegende Untersuchungen mit Blick auf elterliche Mitwirkung darauf aufmerksam machen, dass Eltern in Schulen oftmals Kommunikations- und Informationsdefizite beklagen und die Beteiligungsmöglichkeiten als unzureichend empfinden (vgl. Melzer 1997; Wild 2003; Kolbe 2006).

Ob und inwieweit mit der Implementierung von ganztägigen *Settings* eine stärkere Öffnung zum Schulumfeld und zu den familialen Lebenswelten gelingt und sich die Akzeptanz von Eltern im Zuge dessen modifiziert, bleibt empirisch (noch) weitgehend unbeantwortet, insbesondere, da die Frage der Kooperation mit Eltern bisher in der Schul- und Bildungsforschung ein wenig systematisch bearbeitetes Forschungsfeld darstellt. Nicht zuletzt wird der bildungsreformerische Erfolg von Ganztags-*Settings* deutlich davon abhängen, inwieweit Familien – und im Primarbereich insbesondere die Eltern – die ganztägig ausgerichteten *Settings* akzeptieren. Weitgehend unberücksichtigt bleiben bislang zudem Forschungen zu dem Wechselverhältnis zwischen formellen (schulischen), nicht-formellen und informellen (familialen) *Settings* aus der Perspektive von Kindern als Akteuren in Ganztags-*Settings* (siehe Heinzel 2002 und Beher u. a. 2007).

## Literatur


Abeling, Melanie/Ziegler, Holger (2004): Governance des sozialen Raums. Räumlichkeit und soziales Kapital in der Sozialen Arbeit. In: Kessl, Fabian/Otto, Hans-Uwe (Hg.): Soziale Arbeit und soziales Kapital. Wiesbaden: VS Verlag für Sozialwissenschaften: 269-289.

Andresen, Sabine (2004): Schnittstellen zwischen Kindheits- und Kinderforschung im Begriff der Aneignung. In: Deinet, Ulrich/Reutlinger, Christian (Hg.): „Aneignung" als Bildungskonzept der Sozialpädagogik. Wiesbaden: VS Verlag für Sozialwissenschaften: 93-108.

Andresen, Sabine (2007): Soziale Spaltung und soziale Mobilität. Herausforderungen der Erziehungswissenschaft. In: Casale, Rita/Horlacher, Rebekka (Hg.): Bildung und Öffentlichkeit. Jürgen Oelkers zum 60. Geburtstag. Weinheim: Beltz: 32-44.

Baumert, Jürgen/Klieme, Eckhard/Neubrand, Michael/Prenzel, Manfred/Schiefele, Ulrich/Schneider, Wolfgang/Stanat, Petra/Tillmann, Klaus-Jürgen/Weiß, Manfred (Hg.): PISA 2000. Opladen: Leske + Budrich.

Becker, Rolf/Lauterbach, Wolfgang (Hg.) (2004): Bildung als Privileg? Erklärungen und Befunde zu den Ursachen der Bildungsungleichheit. Wiesbaden: VS Verlag für Sozialwissenschaften.

Beher, Karin/Haenisch, Hans/Hermens, Claudia/Liebig, Reinhard/Nordt, Gabriele/Schulz, Uwe (2005): Offene Ganztagsschule im Primarbereich. Weinheim: Juventa.

Beher, Karin/Haenisch, Hans/Hermens, Claudia/Nordt, Gabriele/Prein, Gerald/Schulz, Uwe (2007): Die offene Ganztagsschule in der Entwicklung. Weinheim, München: Juventa.

Beher, Karin/Prein, Gerald (2007): Wie offen ist der Ganztag? In: DJI-Bulletin Nr. 78 H. 1: 15-16.

Bertram, Hans/Hollstein, Betina (2003): Soziale Beziehungen und soziale Netzwerke. In: Berliner Journal für Soziologie Nr. 13: 147-151.

Bien, Walter/Rauschenbach, Thomas/Riedel, Birgit (Hg.) (2007): Wer betreut Deutschlands Kinder? Berlin: Cornelsen.

Bittlingmayer, Uwe/Bauer, Ullrich/Ziegler, Holger (2005): Grundlinien einer politischen Soziologie der Ungleichheit und Herrschaft. In: Widersprüche H. 98 Nr. 4: 13-28.

BMFSFJ (2002) – Bundesministerium für Familie, Senioren, Frauen und Jugend: Elfter Kinder- und Jugendbericht. Bericht über die Lebenssituation junger Menschen und die Leistungen der Kinder- und Jugendhilfe in Deutschland: Aufwachsen in öffentlicher Verantwortung. Berlin.

BMFSFJ (2005a) – Bundesministerium für Familie, Senioren, Frauen und Jugend: Siebter Familienbericht. Familie zwischen Flexibilität und Verlässlichkeit. Perspektiven für eine lebenslaufbezogene Familienpolitik. Berlin.

BMFSFJ (2005b) – Bundesministerium für Familie, Senioren, Frauen und Jugend: Zwölfter Kinder- und Jugendbericht. Bericht über die Lebenssituation junger Menschen und die Leistungen der Kinder- und Jugendhilfe in Deutschland: Bildung, Betreuung und Erziehung vor und neben der Schule. Berlin.

Bock, Karin (2000): Politische Sozialisation in der Drei-Generationen-Familie. Eine qualitative Studie aus Ostdeutschland. Opladen: Leske + Budrich.

Bock, Karin (2004): Entwürfe zum Bildungsbegriff. Fragen für die Kinder- und Jugendhilfeforschung. In: Otto, Hans-Uwe/Rauschenbach, Thomas (Hg.): Die andere Seite der Bildung. Zum Verhältnis von formellen und informellen Bildungsprozessen. Wiesbaden: VS Verlag für Sozialwissenschaften: 91-105.

Böhnisch, Lothar (2005): Familie und Bildung. In: Tippelt, Rudolf (Hg.): Handbuch Bildungsforschung. Wiesbaden: VS Verlag für Sozialwissenschaften: 283-292.

Böhnisch, Lothar/Schröer, Wolfgang (2001): Pädagogik der Arbeitsgesellschaft. Weinheim: Juventa.

Bourdieu, Pierre (2001): Wie die Kultur zum Bauern kommt. Hamburg: VSA.

Bourdieu, Pierre/Passeron, Jean-Claude (1971): Die Illusion der Chancengleichheit. Stuttgart: Klett.

Bronfenbrenner, Urie (1976): Ökologische Sozialisationsforschung – Ein Bezugsrahmen. In: Ders. (Hg.): Ökologische Sozialisationsforschung. Stuttgart: Klett: 199-220.

Büchner, Peter (2002): Kindheit und Familie. In: Krüger, Heinz-Hermann/Grunert, Cathleen (Hg.): Handbuch Kindheits- und Jugendforschung. Opladen: Leske + Budrich: 475-496.

Büchner, Peter/Brake, Anna (2006): Bildungsort Familie. Wiesbaden: VS Verlag für Sozialwissenschaften.

Büchner, Peter/Fuhs, Burkhard/Krüger, Heinz-Hermann (Hg.) (1996): Vom Teddybär zum ersten Kuß. Opladen: Leske + Budrich.

Chassé, Karl-August/Zander, Margherita/Rasch, Konstanze (2003): Meine Familie ist arm. Wiesbaden: VS Verlag für Sozialwissenschaften.

Deinet, Ulrich/Reutlinger, Christian (2004): Einführung. In: Deinet, Ulrich/Reutlinger, Christian (Hg.): „Aneignung" als Bildungskonzept der Sozialpädagogik. Wiesbaden: VS Verlag für Sozialwissenschaften: 7-15.
Ecarius, Jutta (2002): Familienerziehung im historischen Wandel. Opladen: Leske + Budrich.
Ecarius, Jutta (2007): Familienerziehung. In: Dies. (Hg.): Handbuch Familie. Wiesbaden: VS Verlag für Sozialwissenschaften: 137-156.
Fuhs, Burkhard (2007): Zur Geschichte der Familie. In: Ecarius, Jutta (Hg.): Handbuch Familie. Wiesbaden: VS Verlag für Sozialwissenschaften: 17-35.
Grundmann, Matthias/Bittlingmayer, Uwe/Dravenau, Daniel/Groh-Samberg, Olaf (2004): Bildung als Privileg und Fluch. In: Becker/Lauterbach (Hg.): 41-68.
Hartmann, Jutta (2002): Vielfältige Lebensweisen. Dynamisierungen in der Triade Geschlecht-Sexualität-Lebensform. Opladen: Leske + Budrich.
Heinzel, Friederike (2002): Kindheit und Grundschule. In: Krüger, Heinz-Hermann/Grunert, Cathleen (Hg.): Handbuch Kindheits- und Jugendforschung. Opladen: Leske + Budrich: 541-565.
Helsper, Werner/Busse, Susann (2004): Schule und Familie. In: Helsper, Werner/Böhme, Jeanette (Hg.): Handbuch der Schulforschung. Wiesbaden: VS Verlag für Sozialwissenschaften: 439-464.
Hill, Paul B./Kopp, Johannes (2002): Familiensoziologie. Wiesbaden: Westdeutscher Verlag.
Holtappels, Heinz Günter/Klieme, Eckard/Rauschenbach, Thomas/Stecher, Ludwig (Hg.) (2007): Ganztagsschule in Deutschland. Weinheim: Juventa.
Honig, Michael-Sebastian (2007): Kann der Ausbau der institutionellen Kinderbetreuung das Vereinbarkeitsproblem lösen? Rückfragen an den familienpolitischen Konsens. In: Lettke, Frank/Lange, Andreas (Hg.): Generationen und Familien. Frankfurt a. M.: Suhrkamp: 354-377.
Honig, Michael-Sebastian/Joos, Magdalena/Schreiber, Norbert (2004): Was ist ein guter Kindergarten? Weinheim: Juventa.
Huinink, Johannes/Konietzka, Dirk (2007): Familiensoziologie. Frankfurt: Campus.
Kolbe, Fritz-Ulrich (2006): Institutionalisierung ganztägiger Schulangebote – eine Entgrenzung von Schule? In: Oelkers, Jürgen/Otto, Hans-Uwe (Hg.): Zeitgemäße Bildung. München: Reinhardt: 160-177.
Kraft, Volker (2006): Erziehung zwischen Ausdifferenzierung und Entdifferenzierung am Beispiel der Ganztagsschule. In: Oelkers, Jürgen/Otto, Hans-Uwe (Hg.): Zeitgemäße Bildung. München: Reinhardt: 149-160.
Lareau, Annette (2003): Unequal Childhoods. Class, Race, and Family Life. Berkeley: B&T.
Lareau, Annette/Shumar, Wesley (1996): The Problem of Individualism in Familiy-School Policies. In: Sociology of Education (Vol. 69): 24-39.
Lenz, Karl (2002): Familien. In: Schröer, Wolfgang/Struck, Norbert/Wolff, Mechthild (Hg.): Handbuch Kinder- und Jugendhilfe. Weinheim: Juventa: 147-175.
Lüscher, Kurt (1995): Generationenbeziehungen in „postmodernen" Gesellschaften. Konstanz: Universitätsverlag.
Melzer, Werner (1997): Elternhaus und Schule – ein Beispiel misslungener und gelungener gesellschaftlicher Partizipation von Familie. In: Böhnisch, Lothar/Lenz, Karl (Hg.): Familien. Eine interdisziplinäre Einführung. Weinheim: Juventa: 299-310.
Mollenhauer, Klaus/Brumlik, Micha/Wudtke, Hubert (1975): Die Familienerziehung. München: Juventa.
Nestmann, Frank (1997): Familie als soziales Netzwerk und Familie im sozialen Netzwerk. In: Böhnisch, Lothar/Lenz, Karl (Hg.): Familien. Eine interdisziplinäre Einführung. Weinheim: Juventa: 213-234.
Peuckert, Rüdiger (2005): Familienformen im sozialen Wandel. Wiesbaden: VS Verlag für Sozialwissenschaften.
Rendtorff, Barbara (2007): Geschlechteraspekte im Kontext von Familie. In: Ecarius, Jutta (Hg.): Handbuch Familie. Wiesbaden: VS Verlag für Sozialwissenschaften: 94-111.
Richter, Martina (2007): Familien und Bildung. In: Böllert, Karin (Hg.): Von der Delegation zur Kooperation. Bildung in Familie, Schule und Kinder- und Jugendhilfe. Wiesbaden: VS Verlag für Sozialwissenschaften: 33-46.
Stecher, Ludwig/Zinnecker, Jürgen (2007): Kulturelle Transferbeziehungen. In: Ecarius, Jutta (Hg.): Handbuch Familie. Wiesbaden: VS Verlag für Sozialwissenschaften: 389-405.
Tietze, Wolfgang/Roßbach, Hans-Günther/Grenner, Katja (2005): Kinder von 4 bis 8 Jahren. Zur Qualität der Erziehung und Bildung in Kindergarten, Grundschule und Familie. Weinheim: Beltz.
Tyrell, Hartmann (1978): Die Familie als „Urinstitution" – Neuerliche spekulative Überlegungen zu einer alten Frage. In: Kölner Zeitschrift für Soziologie und Sozialpsychologie (30. Jg.) H. 30/1978: 611-651.
Vorheyer, Claudia (2005): Wer gehört zur Familie? In: Alt, Christian (Hg.): Kinderleben – Aufwachsen zwischen Familie, Freunden und Institutionen. Bd. 1: Aufwachsen in Familien. Wiesbaden: VS Verlag für Sozialwissenschaften: 23-44.
Wahler, Peter/Preiß, Christine/Schaub, Günther (2005): Ganztagsangebote an der Schule. Erfahrungen – Probleme – Perspektiven. München: Eigenverlag DJI.
Wild, Elke (2003): Einbeziehung des Elternhauses durch Lehrer: Art, Ausmaß und Bedingungen der Elternpartizipation aus der Sicht von Gymnasiallehrer. In: Zf Päd H. 4/2003: 513-533.

Wissenschaftlicher Beirat für Familienfragen (2005): Familiale Erziehungskompetenzen. Beziehungsklima und Erziehungsleistungen in der Familie als Problem und Aufgabe. Weinheim: Juventa.
Züchner, Ivo (2007): Ganztagsschule und Familie. In: Holtappels u. a. (Hg.): 314-332.

# 1.2

# Kategorien und Herausforderungen

# Heterogenität

*Nadia Kutscher*

Kinder und Jugendliche als Adressat(inn)en des Schul- und Sozialsystems zeichnen sich durch Unterschiede hinsichtlich z. B. Alter, sozialer Herkunft, Erstsprache, kultureller Prägung, Religion, Ethnie, Geschlecht, sexueller Orientierung, Lernleistungen, physischer Möglichkeiten etc. aus. Diese Unterschiede werden unter dem Stichwort „Heterogenität" thematisiert. Es geht um Verschiedenartigkeiten, die aufgrund der institutionellen Verfasstheit insbesondere des bundesdeutschen Schulsystems problematisiert werden: Heterogenität wird hier vor allem unter der Perspektive leistungsbezogener oder didaktischer Ausdifferenzierung erörtert. In diesem institutionellen *Setting* wird die heterogene Adressat(inn)engruppe zur Herausforderung, wenn unterschiedliche Voraussetzungen für die Teilhabe an Bildungsprozessen vorliegen. Im schulbezogenen Diskurs sind darüber hinaus Fragen des institutionellen Umgangs mit Diversität angesprochen, denen mittlerweile der Status eines Konzepts zugeschrieben wird (vgl. Prengel 1995; Steenbuck 2001; Schnell/Sander 2004; Boller u. a. 2007) und die in der Regel ausschließlich den Unterrichtskontext fokussieren. Auch in non-formellen und informellen Bildungskontexten zeigen sich ähnliche Fragen, wenn Bildungsteilhabe und Partizipationsmöglichkeiten hinsichtlich ihrer Ausgangsbedingungen ungleich ausgestatteter Zielgruppen in den Blick kommen.

In der Auseinandersetzung mit Ganztagsbildung ist das Thema Heterogenität der Zielgruppen elementar, da es eine zentrale Grundlage der Herausforderungen an alle Bildungsinstitutionen darstellt. Sofern Anlässe, Themen, Handlungsfelder, Lernorte, institutionelle Strukturen, professionelle und bildungspolitische Aspekte sowie Forschungsperspektiven aus Adressat(inn)enperspektive analysiert und bestimmt werden sollen, kann dies letztlich erst in der Auseinandersetzung mit den verschiedenen Dimensionen von Heterogenität geschehen.

Heterogenität wird in der Literatur z. B. als Herausforderung für Schule, als Gewinn oder als zu bewältigendes Problem thematisiert. Homogenität wird teilweise als wünschenswert, in der Regel aber als unerreichbar diskutiert. Die Problematik bzw. der „pädagogische Wert" von Heterogenität auf subjektorientierter, didaktisch-methodischer, institutioneller und gesellschaftsbezogener Ebene wird im Folgenden ausgehend von einem subjektbezogenen Bildungsverständnis angesichts schulischer Strategien analysiert und in Bezug auf eine akteurszentrierte Gestaltung von informellen[1], non-formellen[2] und formellen Bildungsorten und -gelegenheiten diskutiert.

---

1 Mit informellen Bildungsprozessen sind hier Aneignungsprozesse gemeint, die auf den individuellen (allerdings sozial bedingten) Präferenzen der Handelnden beruhen und nicht in einer zielgerichteten, arrangierten oder gar qualifikationsorientierten pädagogischen Situation, sondern in einem „selbstgesteuerten" Kontext (mit allen damit verbundenen Problemen) außerhalb formalisierter Lehr-Lernsituationen stattfinden. Vor dem Hintergrund der jeweils subjektiv verfügbaren Ressourcen kann als informelle Bildung somit auch eine relativ begrenzte Bandbreite an Aneignung beschrieben werden, die u. U. in Hinsicht auf den Grad der Selbststeuerung kritisch reflektiert werden müsste.

2 Mit non-formeller Bildungsstrukturen sind an dieser Stelle arrangierte *Settings* und Strukturen gemeint, die

In den Überlegungen zu Heterogenität spiegelt sich, dass Bildung seit der bürgerlichen Enteignung der ursprünglichen Idee Humboldts, eine allgemein bildende Schule für alle einzurichten, zu einem programmatischen Konzept geworden ist, das jeweils von einem Kontext sozialer Differenz ausgeht (vgl. Vogel 2004: 36-37). Ähnlich wie in Humboldts Begriff der allgemeinen Bildung liegt diesem Artikel jedoch ein Bildungsbegriff zugrunde, der als Ziel nicht nur leistungsbezogene Qualifikation und Wissensvermittlung versteht, sondern vielmehr die Entfaltung der gesamten Person, um „Subjektbildung, Identitätsfindung und die Fähigkeit zu einer selbstbestimmten Lebensführung, aber auch Beziehungskompetenz, Solidarität, Gemeinsinn oder die Fähigkeit zur Übernahme sozialer Verantwortung" zu ermöglichen (Otto/Rauschenbach 2004: 23). Vor diesem Ziel scheint das bundesdeutsche Schulsystem allerdings – folgt man den Befunden von Picht bis PISA, aber auch anderen neueren empirischen Untersuchungen und Berichten zu Bildungsverläufen und -chancen – weitgehend zu versagen, wenn das Ziel für alle Kinder und Jugendlichen gelten soll (vgl. UN 2006; OECD 2007; Becker/Lauterbach 2007). Die Frage von Bildung und des Umgangs mit Verschiedenartigkeit wird somit zur Gerechtigkeitsfrage (vgl. Bock u. a. 2006: 341).

## 1 Strategien des deutschen Schulsystems im Umgang mit Heterogenität

Luhmann (1996) beschreibt die widersprüchliche Aufgabe des Schulsystems einerseits mit Erziehung als Ermöglichung von Chancengleichheit und gesellschaftlicher Teilhabe und andererseits Selektion als Herstellung bzw. Reproduktion von Ungleichheit. Da Erziehung auf eine „eigenständige, familienunabhängige Berufstätigkeit vorbereiten" soll (ebd.: 20), ist eine Zukunftsorientierung der Funktion der Pädagogik insbesondere im Verhältnis zum Wirtschaftssystem logische Konsequenz (vgl. ebd.: 24; Bock u. a. 2006: 333). Vor diesem Hintergrund erklärt sich die selektierende Funktion des Schulsystems, die unter dem Primat einer Gleichbehandlung aller zur (Re-)Produktion ungleicher Chancen führt. Mit dem Ziel, eine „Idee des ‚funktionierenden' Bürgers durchzusetzen" (Wenning 2004: 567) wird somit Standardisierung zur „‚heimlichen' Aufgabe" des Schulwesens (ebd.: 574).

Schule zeichnet sich durch eine zentrale Paradoxie aus: Sie behandelt Kinder und Jugendliche mit ungleichen Ausgangsbedingungen gleich, d. h. vor dem Hintergrund sozialisationsbedingter ungleicher sozialer, kultureller und ökonomischer Ressourcen werden ebendiese ungleichen Voraussetzungen institutionell durch Gleichheitsannahmen ersetzt, um dann wiederum als schulleistungsbezogene Ungleichheiten bewertet und sanktioniert zu werden (vgl. ebd.: 569-574; Luhmann 1996: 25). Auf diese Weise versucht Schule als Institution, mit Heterogenität durch Homogenisierungsstrategien umzugehen, indem Homogenitätsannahmen – als Basis des heterogenisierenden Selektionsprinzips – mit einem Normalkonzept von Leistung und Entwicklung begründet werden.

Dieser Ansatz homogenisierend mit Unterschieden umzugehen, findet sich auch in der Gliederung des Schulwesens in Deutschland in verschiedene Formen (Förderschule, Hauptschule, Realschule, Gymnasium)[3] bzw. auch durch die Regelung des „Sitzenblei-

im Gegensatz zu formellen Bildungskontexten nicht an einem bestimmten Lernziel ausgerichtet sind, sondern sich primär an den Interessen, Fähigkeiten und Möglichkeiten der Adressat(inn)en orientieren.

3 An dieser Stelle werden Gesamtschulen nicht berücksichtigt, da sich durch die Parallelität von dreigliedrigem

bens“: Funktioniert die Homogenisierung innerhalb einer Klasse oder Schulform nicht, tritt eine Heterogenitätsannahme in Kraft, die die Ausdifferenzierung unterschiedlicher Jahrgangsstufen (gleichgesetzt mit Entwicklungs- bzw. Leistungsstufen) oder Schultypen rechtfertigt und dazu führt, dass nicht innerhalb der gleichen Klasse oder Schule ausdifferenziert, sondern entweder zurückgestuft oder an eine andere Schule verwiesen wird. Dies gilt sowohl für „Begabte“ als auch für „Benachteiligte“.

Diese Gleichzeitigkeit von Homogenisierung und Heterogenisierung begründet sich durch die Verpflichtung der Institutionen im Schulwesen auf die Realisierung von Individualität und bürgerlicher Gleichstellung als institutionalisierte Werte moderner Gesellschaften (Wenning 2004: 572-574). Insgesamt kann somit Homogenisierung als prinzipielle Strategie von Schule im Umgang mit Heterogenität bezeichnet werden.

## 2 Reproduktion von ungleichen Bildungschancen bei heterogenen Ausgangsbedingungen

Offensichtlich lösen diese Strategien das Problem heterogener Ausgangsbedingungen in Bezug auf das Ziel gleicher gesellschaftlicher und bildungsbezogener Teilhabe nicht, sie verstärken vielmehr die Problematik ungleicher Chancen (vgl. UN 2006: 22-24). Dies kommt u. a. in der frühen Selektion zum Tragen:

> „Die Zerschlagung sozial gemischter Peergroups, wie sie v. a. den Übergang von der Primarstufe in die Sekundarstufe I charakterisiert, dynamisiert einen Prozess sozialer Auslese und forciert damit nicht nur einen in sozialer Ungleichheit wurzelnden Ausschließungszirkel, sondern legitimiert diesen auch institutionell. Darauf deutet auch die Mehrheit der bisherigen schulpädagogischen und bildungspolitischen Reaktionen auf die Erkenntnisse der PISA-Studie hin. Das schlechte Abschneiden der 15-jährigen Schülerinnen und Schüler bundesrepublikanischer Schulen findet weit mehr Interesse und Betroffenheit als der deutlich attestierte systematische Prozess sozialer Ausschließung“ (Kessl u. a. 2004: 30).

Durch Homogenisierung der Lernumgebungen und Entwicklungsmilieus von Kindern und Jugendlichen in separaten institutionellen Kontexten werden den Adressat(inn)en unterschiedliche Erfahrungsräume eröffnet, die keine oder nur sehr eingeschränkte Übergänge im Vergleich zu den Ausgangsbedingungen und den damit verbundenen Mobilitätschancen und Ressourcen zulassen. Dies wird verstärkt durch die Herausbildung „schulformspezifischer Aspirationsniveaus“, die entscheidend durch die institutionellen Rahmenbedingungen beeinflusst sind (vgl. Solga/Wagner 2007: 192-193). In besonders prekärer Weise zeigt sich diese Homogenisierungswirkung in Bezug auf Hauptschulen: als sozial homogenste Schulform (Baumert/Schümer 2001: 371) kumuliert hier ein bindendes kulturelles Kapital, das bildungsbezogene Benachteiligung durch Herkunft, *Peers* und institutionelle Möglichkeiten verfestigt (vgl. Trautwein u. a. 2007: 5).

Grundschulen werden in der Debatte um Schulformen häufig als Ort der Heterogenität thematisiert (vgl. Martschinke/Kammermeyer 2003: 257). Allerdings zeigen Untersuchungen zu Bildungsverläufen, dass herkunftsbedingte Ungleichheiten sich beim Übergang auf weiterführende Schulen weiterhin durchsetzen. Ursache hierfür sind sowohl elterliche Bildungsentscheidungen als auch lehrerabhängige Empfehlungen sowie die Chance der Kin-

Schulsystem und Gesamtschule mögliche Vorteile der Binnendifferenzierung in Gesamtschulen nur bedingt strukturell auswirken.

der, einen guten Notendurchschnitt zu erreichen, die wiederum mit der Verfügbarkeit herkunftsbedingter Ressourcen zusammenhängt (vgl. Becker 2007: 164, 180).

Zusammenfassend kann somit festgestellt werden: Es ist – zunächst systemimmanent – zu bezweifeln, ob Homogenität von Bildungsräumen (in der Schule: Klassen bzw. Schulformen) aufgrund der Schulempfehlungen am Ende der Grundschule erreicht werden kann[4]. Darüber hinaus stellen empirische Studien den Sinn homogener Lerngruppen in Frage (vgl. Tillmann/Wischer 2006: 46; Müller-Benedict 2007: 408; Martschinke/Kammermeyer 2003: 261-264), und die deutsche Schulgeschichte zeigt mittlerweile deutlich, dass der Versuch, über institutionelle Ausdifferenzierung Homogenität zu erreichen, ungleiche Bildungschancen verstärkt.

# 3 Internationale Perspektiven auf den Umgang von Schulsystemen mit Heterogenität

Während Deutschland ähnlich wie Österreich, Niederlande und Griechenland zu Ländern mit einer frühen Leistungsdifferenzierung durch die Verteilung von Kindern und Jugendlichen auf unterschiedliche Schulformen gerechnet werden kann, wechseln Schüler(innen) in Ländern wie Finnland oder Neuseeland erst spät auf unterschiedliche, nach Leistung differenzierende Schulen (Trautwein u. a. 2007: 3).

Ein Beispiel für einen multiinstitutionellen Umgang mit Heterogenität als Chance und Vorteil für Bildungsprozesse ist Finnland. Mit der Betreuung durch *Neuvola*, eine Familienberatungsstelle, die alle Familien begleitet und mit Teams aus Ärzt(inn)en, Gesundheitspfleger(inne)n, Sprach- und Physiotherapeut(inn)en, Psycholog(inn)en und neuerdings auch Sozialarbeiter(inne)n besetzt ist, ab Beginn der Schwangerschaft bis zur Unterstützung durch multiprofessionelle *oppilashuolto-ryhmä*-Teams während der Schulzeit wird dort jedes einzelne Kind mit einem flexiblen und ausdifferenzierten Fördersystem innerhalb und außerhalb der Schule begleitet. Während bei *Neuvola* die Begleitung der jungen Familie im Vordergrund steht und in der Vorschule sprachlicher Ausdruck und Interesse am Erkunden von Welt angeregt werden, gilt in den, Anfang der 1970er Jahre gegründeten, Gemeinschaftsschulen das Grundprinzip, dass jedes Kind in seiner altershomogenen Klasse bleibt. Um das zu ermöglichen, erhalten die Schüler(innen) auf der Basis individueller Lernpläne Unterricht in flexiblen Lernformen (vgl. Linderoos 2006).

Großbritannien hat unter der New Labour Regierung in der Fortsetzung der konservativen output-orientierten Schulpolitik den Weg einer nationalen Verpflichtung von Bildungsinstitutionen auf allgemeine Standards eingeschlagen und verbindet dies mit dem Ziel Ungleichheit zu überwinden, indem *high standards for all* gelten. In diesem Zusammenhang werden die Schulen dazu verpflichtet, Verantwortung dafür zu übernehmen, dass alle Schüler(innen) unabhängig von sozialer Herkunft die Standards erreichen. Durch Veränderungen in der vorschulischen Erziehung (z. B. mit dem Programm *Sure Start),* Qualitätsüberprüfung von Schulen und Vorgaben für Unterrichtsgestaltung und die Einführung von *National (literacy and numeracy) strategies* sollen Kinder mit unterschiedlichen Lernvoraussetzungen gefördert werden. Verbunden wird dies mit einem Monitoring von so genannten *underachieving groups* (Benachteiligtengruppen), das weitere Erkenntnisse für

4 Klemm (2006: 78-80) beschreibt in diesem Zusammenhang Mechanismen der Pseudo-Homogenisierung.

bildungspolitische Maßnahmen erbringen soll (Fürstenau 2007). Diese Programme fokussieren die Kinder vor allem aus dem Blickwinkel einer leistungsbezogenen Teilhabe.

Diese beiden Beispiele zeigen vor dem Hintergrund des jeweiligen schulpolitischen Gesamtprogramms unterschiedliche Positionen im Umgang mit heterogenen Ausgangsbedingungen von Kindern und Jugendlichen im Kontext formeller Bildungsinstitutionen.

# 4 Schulpolitische Rahmenbedingungen

In Deutschland führt die Ent-Kontextualisierung von Unterschieden in den formellen Bildungsinstitutionen und die damit verbundene implizite These des schulischen Systems, durch Nicht-Bearbeitung von Unterschieden für Gleichheit zu sorgen, zu einer faktischen Individualisierung der Verantwortung für Bildungsteilhabe (vgl. Solga/Wagner 2007: 209). Sie steht in enger Verbindung mit dem Bild des selbstlernenden Subjekts, das ungeachtet existierender Ressourcenunterschiede für sein „lebenslanges Lernen" als souveräner Akteur zu sorgen habe (vgl. Bremer 2004). Humankapitaltheoretische Ansätze fordern hier eine stärkere Aktivierung der einzelnen Subjekte und weniger institutionelle Veränderungen aufgrund sozialstruktureller Ungleichheiten (vgl. Diefenbach 2007: 226-236).

Die oben angesprochenen Paradoxien aber auch aktivierende Ansätze des „Förderns und Forderns" bilden sich ebenfalls in Beschlüssen der Kultusministerkonferenz zum Sekundarbereich ab: „Jedem Kind muss – ohne Rücksicht auf Stand und Vermögen der Eltern – der Bildungsweg offen stehen, der seiner Bildungsfähigkeit entspricht" (KMK 2003, zit. n. Ditton 2007: 244). In dieser Formulierung verbindet sich der Anspruch auf herkunftsunabhängige Förderung mit der Negation des Zusammenhangs von Herkunft und Bildungsfähigkeit und wirft somit u. a. die Frage auf, inwiefern das Schulsystem mögliche Einschränkungen der Bildungsfähigkeit überwindet (vgl. ebd.).

Prinzipiell ist also die implizite Verantwortungsverlagerung auf die einzelnen Subjekte bildungspolitisch angelegt. Dies erklärt bisherige Strategien des individualisierenden Umgangs mit Heterogenität bzw. der Negation von Heterogenität innerhalb eines institutionellen Zusammenhangs auch auf politischer Ebene als konsequente Realisierung der Idee eines strukturell ungleichen Bildungssystems, das auf Ressourcenvoraussetzungen aufbaut, die in die Verantwortung der Einzelnen gelegt werden.

# 5 Institutionenübergreifende Ansätze zum Umgang mit Heterogenität

Das formelle Bildungssystem in Deutschland produziert in einer langen Tradition durch die verschiedenen genannten Prozesse und Strukturen eine herkunftsabhängige Homogenisierung und subkulturelle Differenzierung (vgl. Coleman 1965, 1966; Bourdieu/Passeron 1971; Klemm 1991; Baumert u. a. 2003; OECD 2007). Gleichzeitig ist es, wie auch der informelle Bereich, von zentraler Bedeutung für die gesellschaftlichen Teilhabechancen der nachwachsenden Generation:

> „Für die Befähigung und Anerkennung von Kindern und Jugendlichen spielen informelle Bildungsprozesse eine entscheidende Rolle. Für die Beteiligungs- und Nutzungsmöglichkeiten sind formale Bildungsprozesse grundlegend. Im Rahmen der entstehenden Wissensge-

> sellschaft wird aber deutlich, dass nur ein komplementäres Zusammenspiel beider Bildungsorte weiterführend sein kann. Denn die alleinige Fokussierung auf formale Bildungsprozesse steht in der Gefahr, ungleiche Verteilungen von Befähigungschancen, wie sie sich im informellen Bereich vollziehen, zu reproduzieren. Umgekehrt können informelle Bildungsprozesse die sozialen Ausschließungszirkel nicht durchbrechen. Denn Beteiligungschancen sind primär von formalen Bildungsabschlüssen und soziokulturellen Ressourcen abhängig" (Kessl u. a. 2004: 30).

Ein Zusammenspiel von formellen und informellen Mechanismen führt dazu, dass sich institutionelle Strukturen, pädagogische Kultur (z. B. der Habitus der Lehrenden) und die Strategien der Herkunftsmilieus problematisch für Kinder und Jugendliche mit heterogenen Voraussetzungen auswirken (vgl. Vester 2004: 48).

Bourdieu (2001: 10) plädiert in Bezug auf Schule angesichts der beschriebenen Problematiken für eine „rationale Pädagogik", die an den Zielen „Gerechtigkeit" und „Emanzipation" orientiert, die Schaffung eines klassenspezifischen Habitus kritisch reflektiert. Die Herausforderungen liegen jedoch nicht ausschließlich im formellen Bildungssystem. Es stellt sich vielmehr die Frage, wie unterschiedliche Sozialisations- und Bildungsbedingungen von Kindern und Jugendlichen in verschiedenen lebensweltlichen Kontexten bearbeitet werden. Wenn also Ganztagsbildung die Bildungsprozesse und -strukturen von Kindern und Jugendlichen aus deren Adressatenperspektive fokussieren will, so bedeutet dies, den Umgang mit Heterogenität ebenfalls in allen Bildungszusammenhängen zu betrachten.

Eine solche institutionenübergreifende Perspektive stellt somit die logische Konsequenz dar, indem sie den Lebensalltag und die Erfahrungs- und Bildungsräume der Kinder und Jugendlichen aus deren Akteursperspektive begreift und gestaltet. Eine alleinige Fokussierung auf formelle Strukturen erscheint wenig sinnvoll, da sie – wenngleich verstärkend wirkend – nicht die Ursachen für heterogene Ausgangsbedingungen schaffen (vgl. Anger u. a. 2007: 43); es gilt „das ganze Dorf" (Hurrelmann/Andresen 2007: 361-383) einzubeziehen. Darüber hinaus ermöglicht eine Verknüpfung unterschiedlicher Bildungskontexte die Verbindung verschiedener Perspektiven auf Bildung sowohl unter enkulturierenden Leistungs-/Qualifikationsaspekten als auch als Begleitung des Subjekts bei dem jeweils eigenen Weg der Aneignung von Welt (vgl. Winkler 2004; Bock 2004). Diese Aneignungsperspektive erweitert den Blick auf weitere lebensweltliche Dimensionen und Bildungsorte: die Aneignung von Räumen (vgl. Scherr 2004; Deinet 2004; Chassé 2004), die Interaktion im *Peer*-Kontext (vgl. Sting 2004a/b) und die Sozialisationszusammenhänge von Familien und Medien als informellen sowie Jugendhilfeeinrichtungen als non-formellen Bildungsorten (vgl. Bock u. a. 2006: 336). Ziel heterogenitätssensibler Bildung wäre hier nicht die Bearbeitung von Leistungsdefiziten, sondern die Ermöglichung der Bildungsteilhabe aller und damit ein anderer Zugang zu unterschiedlichen Kompetenzbereichen. Dies erfordert eine stärkere Vernetzung der verschiedenen Felder, ein „Zusammenbringen der ‚kleinen Lebenswelten'", d. h. aller Orte, an denen Kinder und Jugendliche in soziales Handeln eingebettet sind (Bock u. a. 2006: 339-340; BMFSFJ 2002 und 2005).

Jugendhilfe ist in diesem Zusammenhang zwar nur *ein* Bildungsort im Gesamtraum aller Bildungsorte (siehe Abbildung), sie hat jedoch vor dem Hintergrund ihrer subjektbezogenen und sozial kontextualisierenden Perspektive und als institutionelle Kooperationspartnerin von Schule das Potenzial, eine Rolle als „Übersetzerin" (vgl. Bock u. a. 2006: 340) zwischen institutionellen Kontexten und heterogenen subjektbezogenen Ressourcenungleichheiten einzunehmen.

*Abbildung 1: Gesamtraum der Bildungsorte*

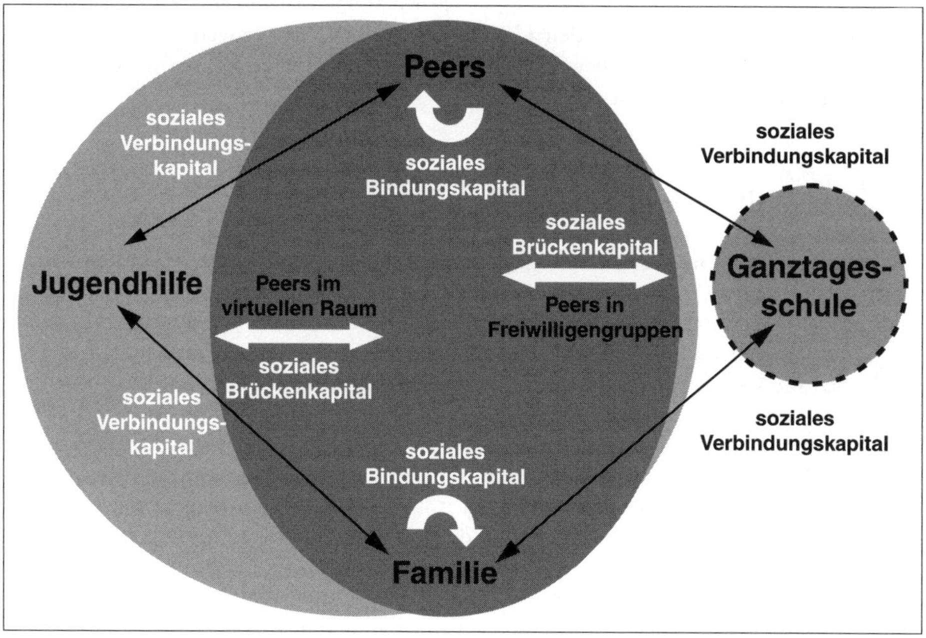


*Quelle:* Kessl u. a. (2004: 33)

In Abbildung 1 wird deutlich, welche unterschiedlichen Potenziale in Form von sozialem Kapital durch die verschiedenen Bildungsräume Jugendhilfe, Familie und (Ganztags-) Schule verfügbar werden: Verbindungskapital ist in sozialen Netzwerken zumeist auf Gruppen mit gleichem ökonomischen, Bildungs- und sozialem Status und den eigenen lokalen Nahraum beschränkt und führt somit zur Homogenisierung von sozialen Netzwerken; Brückenkapital eröffnet durch heterogene Netzwerke den Zugang zu erweiterten Ressourcen, ist jedoch für Akteure in marginalisierten Lebenslagen aufgrund ungleicher Teilhabe schwer bzw. nicht zugänglich. Durch eine institutionsübergreifende Perspektive und die Eröffnung unterschiedlicher Kapitalressourcen in den verschiedenen Bildungsraumbezügen könnten somit Übergänge geschaffen und Homogenisierungstendenzen und damit verbundene Benachteiligungen überwunden werden (vgl. Kessl u. a. 2004: 25-28).

Jugendhilfe und Schule haben in der Bundesrepublik eine getrennte Entwicklungsgeschichte;[5] in der Kritik durch Hornstein (1971) am Schulsystem wird das Verhältnis der beiden institutionellen Felder erstmals zueinander thematisiert (vgl. Bettmer/Prüß 2005: 1534). Durch die unterschiedlichen, teils sich widersprechenden Aufträge und Handlungslogiken der beiden Institutionen ist das Verhältnis primär jedoch vor allem durch einen „negativen Kompetenzkonflikt" (Richter 1994, zit. n. Bettmer/Prüß 2005: 1535) geprägt. Vor diesem Hintergrund werden die Vernetzung von Lernorten und die Entgrenzung von Institutionen als Möglichkeiten des Umgangs mit Ungleichheiten zu einer Fra-

5 In der DDR war die Jugendhilfe als Instanz zur Homogenisierung und Bearbeitung von Abweichung größtenteils dem Schulsystem zugeordnet und strukturell und inhaltlich assimiliert (vgl. Bettmer/Prüß 2001: 1533).

ge, die sich bis heute stellt. Es geht also um eine „Auflösung der bisherigen Trennung von schulischer und außerschulischer Bildung" (Nörber 2003: 17), um die Bildungs- und Erfahrungsräume der nachwachsenden Generationen lebensweltbezogen zu gestalten (vgl. Böllert u. a. 2004) und dabei bewusst Unterschiede und Ungleichheiten in den Bildung ermöglichenden Strukturen zu reflektieren.

## 6 Heterogenität reflektierende Arrangements

Um soziale Bildungsprozesse zu ermöglichen, die nicht nur homogene Strukturen voraussetzen – und damit für Ressourcenbenachteiligte zu weiteren Hindernissen in Bezug auf Bildungsteilhabe führen – kann eine konzeptionell beabsichtigte institutionelle „Inszenierung" von Heterogenität in den verschiedenen Kontexten des Alltags von Kindern und Jugendlichen die Chance eröffnen, unterschiedliche Möglichkeiten und Fähigkeiten einzubeziehen und Bildungszugänge zu erweitern (vgl. Kutscher/Otto 2005). Ein Angebot von „kontingenten Bildungsarrangements" auf institutioneller sowie didaktisch-methodischer Ebene trägt der Heterogenität der Adressat(inn)en und den damit verbundenen unterschiedlichen „Bildungsweisen" Rechnung. In institutioneller Hinsicht bedeutet dies, über die jeweiligen Institutionslogiken hinaus zu denken und zu handeln und über diese Grenzen hinaus im Sinne „transversaler Bildungsprozesse" (May 2003: 119) die Adressatenperspektive nicht nur mitzureflektieren, sondern jeweils Räume für die Artikulation unterschiedlicher Interessen und Bedürfnisse der Kinder und Jugendlichen sowie die Realisierung wirkmächtiger Beteiligungsstrukturen innerhalb der Institutionen zu schaffen. In Bezug auf didaktisch-methodische *Settings* bedeutet die Reflexion von Heterogenität, unterschiedliche Angebotsformen zu arrangieren, die verschiedenen Aneignungsweisen weiterführender als im Sinne der Lernstile entgegenkommt (vgl. z. B. Felder/Silverman 2002).

Eine Reflexion von heterogenen Bildungsbedingungen bedarf darüber hinaus der Analyse von Ursachen auf Mikro-, Meso- und Makroebene, d. h. hinsichtlich der Sozialisations- und informellen Bildungsbedingungen der Subjekte, der institutionellen Prozesse im Bildungssystem sowie der gesamtgesellschaftlichen und -wirtschaftlichen Dynamiken und Wirkmechanismen. Die Realisierung einer Heterogenität reflektierenden Bildungsumgebung für die nachwachsende Generation erfordert institutionenübergreifende materielle und personelle Ressourcen (vgl. Böllert 2004: 221; Anger u. a. 2007: 43) und die gleichberechtigte Berücksichtigung aller lebensweltlichen Kontexte von Kindern und Jugendlichen: Familie, Institutionen frühkindlicher Bildung und familiärer Unterstützung, *Peers*, Jugendhilfe und Schule.

### *Literatur*

Anger, Christina/Plünnecke, Axel/Seyda, Susanne (2007): Bildungsarmut – Auswirkungen, Ursachen, Maßnahmen. In: Aus Politik und Zeitgeschichte H. 28/2007: 39-45.

Baumert, Jürgen/Schümer, Gundel (2001): Familiäre Lebensverhältnisse, Bildungsbeteiligung und Kompetenzerwerb. In: Deutsches PISA-Konsortium (Hg.): PISA 2000: Basiskompetenzen von Schülerinnen und Schülern im internationalen Vergleich. Opladen: Leske + Budrich: 323-407.

Baumert, Jürgen/Watermann, Rainer/Schümer, Gundel (2003): Disparitäten der Bildungsbeteiligung und des Kompetenzerwerbs: Ein institutionelles und individuelles Mediationsmodell. In: ZfE (6. Jg.) H. 1/2003: 46-71.

Becker, Rolf (2007): Soziale Ungleichheit von Bildungschancen und Chancengerechtigkeit. In: Becker, Rolf/ Lauterbach, Wolfgang (Hg.): 157-185.
Becker, Rolf/Lauterbach, Wolfgang (Hg.) (2007): Bildung als Privileg. Wiesbaden: VS Verlag für Sozialwissenschaften.
Bettmer, Franz/Prüß, Franz (2005): Schule und Jugendhilfe. In: Otto, Hans-Uwe/Thiersch, Hans (Hg.): Handbuch Sozialarbeit Sozialpädagogik: 1532-1539.
BMFSFJ (2002): Elfter Kinder- und Jugendbericht. Bericht über die Lebenssituation junger Menschen und die Leistungen der Kinder- und Jugendhilfe in Deutschland. Berlin.
BMFSFJ (2005): Zwölfter Kinder- und Jugendbericht. Bericht über die Lebenssituation junger Menschen und die Leistungen der Kinder- und Jugendhilfe in Deutschland. Berlin.
Bock, Karin (2004): Einwürfe zum Bildungsbegriff. Fragen für die Kinder- und Jugendhilfeforschung. In: Otto/ Rauschenbach (Hg.): 91-105.
Bock, Karin/Andresen, Sabine/Otto, Hans-Uwe (2006): Zeitgemäße Bildungstheorie und zukunftsfähige Bildungspolitik. Ein „Netzwerk Bildung" als Antwort der Kinder- und Jugendhilfe. In: Otto/Oelkers (Hg.): 332-247.
Boller, Sebastian/Rosowski, Elke/Stroot, Thea (Hg.) (2007): Heterogenität in Schule und Unterricht. Weinheim: Beltz.
Böllert, Karin (2004): Aufwachsen in öffentlicher Verantwortung. Zur Bildungsidee des 11. Kinder- und Jugendberichts. In: Otto/Rauschenbach (Hg.): 209-222.
Böllert, Karin/Jordan, Erwin/Nüsken, Dirk/Schneider, Karin/Schnurr, Johannes/Schulz, Uwe/Wagenblass, Sabine (2004): Aktuelle Entwicklungen und neue Ansätze in der Kinder- und Jugendhilfe in Nordrhein-Westfalen. Expertise zum 8. Kinder- und Jugendbericht der Landesregierung Nordrhein-Westfalen. Düsseldorf.
Bourdieu, Pierre (2001): Wie die Kultur zum Bauern kommt. Hamburg: VSA.
Bourdieu, Pierre/Passeron, Jean-Pascal (1971): Die Illusion der Chancengleichheit. Stuttgart: Klett.
Bremer, Helmut (2004): Der Mythos vom autonom lernenden Subjekt. Zur sozialen Verortung aktueller Konzepte des Selbstlernens und zur Bildungspraxis unterschiedlicher Milieus. In: Engler, Steffani/Krais, Beate (Hg.): Das kulturelle Kapital und die Macht der Klassenstrukturen. Weinheim: Juventa: 189-213.
Chassé, Karl August (2004): Aneignungsstrukturen von benachteiligten Kindern. In: Deinet/Reutlinger (2004): 149-160.
Coleman, James (1965): Adolescents and the Schools. New York: Basic Books.
Coleman, James (1966): Equality of Educational Opportunity. Washington D.C.: US Government Printing Office.
Deinet, Ulrich (2004): „Spacing", Verknüpfung, Aneignung von Räumen – als Bildungskonzept sozialräumlicher Jugendarbeit. In: Deinet/Reutlinger (Hg.): 175-190.
Deinet, Ulrich/Reutlinger, Christian (Hg.) (2004): „Aneignung" als Bildungskonzept der Sozialpädagogik. Wiesbaden: VS Verlag für Sozialwissenschaften.
Diefenbach, Heike (2007): Bildungschancen und Bildungs(miss)erfolg von ausländischen Schülern oder Schülern aus Migrantenfamilien im System schulischer Bildung. In: Becker/Lauterbach (Hg.): 217-242.
Ditton, Hartmut (2007): Der Beitrag von Schule und Lehrern zur Reproduktion von Bildungsungleichheit. In: Becker/Lauterbach (Hg.): 243-271.
Felder, Richard M./Silverman, Linda K. (1988/2002): Learning and Teaching Styles in Engineering Education. In: Engineering Education (Vol. 78) No. 7: 674-681 (Überarbeitungskommentar von Richard M. Felder Juni 2002).
Fürstenau, Sara (2007): Bildungsstandards im Kontext ethnischer Heterogenität. In: ZfPäd (52. Jg.) H. 1/2007: 16-33.
Hornstein, Walter (1971): Bildungsplanung ohne sozialpädagogische Perspektiven. In. ZfPäd (17. Jg.) H. 2/ 1972: 285-314.
Hurrelmann, Klaus/Andresen, Sabine (2007): Kinder in Deutschland 2007 (Herausgegeben durch World Vision e. V.). Frankfurt a. M.: Fischer.
Kessl, Fabian/Kutscher, Nadia/Otto, Hans-Uwe/Ziegler, Holger (2004): Bildungsprozesse im sozialen Kontext unter dem Aspekt der Bedeutung des Sozialraums für das Aufwachsen von Kindern und Jugendlichen. Expertise zum 8. Kinder- und Jugendbericht der Landesregierung Nordrhein-Westfalen. Düsseldorf: Ministerium für Schule, Jugend und Kinder.
Klemm, Klaus (1991): Jugendliche ohne Ausbildung. Die „Kellerkinder" der Bildungsexpansion. In: ZfPäd (37. Jg.) H. 6: 887-898.
Klemm, Klaus (2006): Was wissen wir über ein gutes Schulsystem? In: Pädagogik (58. Jg.) H. 7-8/2006: 76-80.
Kutscher, Nadia/Otto, Hans-Uwe (2005): Ermöglichung durch kontingente Angebote. Bildungszugänge und Internetnutzung. In: Tully, Claus J. (Hg.): Lernen in flexibilisierten Welten. Wie sich das Lernen der Jugend verändert. Weinheim: Juventa: 95-109.
Lauterbach, Wolfgang/Becker, Rolf (2007): Die immerwährende Frage der Bildungsungleichheit im neuen Gewand – abschließende Gedanken. In: Becker/Lauterbach (Hg.): 417-433.

Linderoos, Petra (2006): Der finnische Weg des lebenslangen Lernens (Ms.).
Luhmann, Niklas (1996): Das Erziehungssystem und die Systeme seiner Umwelt. In: Luhmann, Niklas/Schorr, Karl-Eberhard (Hg.): Zwischen System und Umwelt. Frankfurt a. M.: Suhrkamp: 14-52.
Martschinke, Sabine/Kammermeyer, Gisela (2003): Jedes Kind ist anders. Jede Klasse ist anders. Ergebnisse aus dem KILIA-Projekt zur Heterogenität im Anfangsunterricht. In: ZfE (6. Jg.) H. 2/2003: 257-275.
May, Michael (2003): Lebenslagenbezogene Bildung von Jugendlichen. In: Lindner, Werner/Thole, Werner/Weber, Jochen (Hg.): Kinder- und Jugendarbeit als Bildungsprojekt. Opladen: Leske + Budrich: 119-135.
Müller-Benedict, Volker (2007): Intendierte und nicht intendierte Folgen von Bildungspolitik – eine Simulationsstudie über die sozialstrukturellen Grenzen politischer Einflussnahme. In: Becker/Lauterbach (Hg.): 381-415.
Nörber, Martin (2003): Brückenschlag zwischen Schule und Jugendarbeit. Die Relevanz von bildungspolitischen Tendenzen für die Kooperation von Jugendarbeit und Schule. In: Sozial extra (27. Jg.) H. 2-3/2003: 17-20.
OECD (2007): Vorabergebnisse OECD-Studie PISA 2006: Finnland weiter Spitzenreiter bei der PISA-Studie 2006. In: www.bildungsklick.de/pm/57150/vorabergebnisse-oecd-studie-pisa-2006/ (Download am 02.12. 2007).
Otto, Hans-Uwe/Oelkers, Jürgen (Hg.) (2006): Zeitgemäße Bildung. Herausforderungen für Erziehungswissenschaft und Bildungspolitik. München: Reinhardt.
Otto, Hans-Uwe/Rauschenbach, Thomas (2004): Die neue Bildungsdebatte: Chance oder Risiko für die Kinder- und Jugendhilfe? In: Otto/Rauschenbach (Hg.): Die andere Seite der Bildung. Zum Verhältnis von formellen und informellen Bildungsprozessen. Wiesbaden: VS Verlag für Sozialwissenschaften.
Prengel, Annedore (1995): Pädagogik der Vielfalt. Verschiedenheit und Gleichberechtigung in Interkultureller, Feministischer und Integrativer Pädagogik. Opladen: Leske + Budrich.
Scherr, Albert (2004): Rückzugsräume und Grenzüberschreitungen. Überlegungen zu subjekt- und bildungstheoretischen Perspektiven sozialräumlicher Jugendarbeit. In: Deinet/Reutlinger (Hg.): 161-174.
Schnell, Irmtraud/Sander, Alfred (Hg.) (2004): Inklusive Pädagogik. Bad Heilbrunn: Klinkhardt.
Solga, Heike/Wagner, Sandra (2007): Die Zurückgelassenen – die soziale Verarmung der Lernumwelt von Hauptschüler(inn)en und Hauptschülern. In: Becker/Lauterbach (Hg.) (2007): 187-216.
Steenbuck, Olaf (2001): Heterogenität. Sind Subjekte nur vielfältig und verschieden oder auch je besonders? In: EWiReport Nr. 24/2001. In: www.erzwiss.uni-hamburg.de/ewi-Report/EWI24/berichte/steenbuck.pdf (Download am 23.11.2007).
Sting, Stephan (2004a): Soziale Bildung. In: Otto, Hans-Uwe/Coelen, Thomas (Hg.): Grundbegriffe der Ganztagsbildung. Beiträge zu einem neuen Bildungsverständnis in der Wissensgesellschaft. Wiesbaden: VS Verlag für Sozialwissenschaften: 77-84.
Sting, Stephan (2004b): Aneignungsprozesse im Kontext von Peergroup-Geselligkeit. In: Deinet/Reutlinger (Hg.): 139-147.
Tillmann, Klaus-Jürgen/Wischer, Beate (2006): Heterogenität in der Schule. In: Pädagogik (58. Jg.) H. 3/2006: 44-48.
Trautwein, Ulrich/Baumert, Jürgen/Maaz, Kai (2007): Hauptschulen = Problemschulen? In: Aus Politik und Zeitgeschichte H. 28/2007: 3-9.
UN (2006) – Umsetzung der UN-Resolution 60/251: Rat für Menschenrechte vom 15. März 2006. Bericht des Sonderberichterstatters für das Recht auf Bildung, Vernor Muñoz.
Vester, Michael (2004): Die Illusion der Bildungsexpansion. Bildungsöffnungen und soziale Segregation in der Bundesrepublik Deutschland. In: Engler, Steffani/Krais, Beate (Hg.): Das kulturelle Kapital und die Macht der Klassenstrukturen. Weinheim: Juventa: 13-53.
Vogel, Peter (2004): Zum Gebrauch des neuhumanistischen Wortes „Bildung". In: Otto, Hans-Uwe/Coelen, Thomas (Hg.): Grundbegriffe der Ganztagsbildung. Beiträge zu einem neuen Bildungsverständnis in der Wissensgesellschaft. Wiesbaden: VS Verlag für Sozialwissenschaften: 33-39.
Wenning, Norbert (2004): Heterogenität als neue Leitidee der Erziehungswissenschaft? Zur Berücksichtigung von Gleichheit und Verschiedenheit. In: ZfPäd (50. Jg) H. 4/2004: 565-582.
Winkler, Michael (2004): Aneignung und Sozialpädagogik – einige grundlagentheoretische Überlegungen. In: Deinet/Reutlinger (Hg.): 71-91.

# Soziale Ungleichheit

*Christine Wiezorek / Roland Merten*

Das Thema „Bildung und Ungleichheit" hat in der bundesdeutschen Geschichte Ende der 1950er Jahre eine breitenwirksame Bedeutung erlangt. Mit dem „Sputnik-Schock" wurde 1957 ins öffentliche Bewusstsein gerufen, dass die Entwicklung der modernen Gesellschaft wesentlich an die intellektuellen Ressourcen ihrer Mitglieder gebunden ist. So hat Picht (1965) im Anschluss an dieses Ereignis in seiner Schrift „Die deutsche Bildungskatastrophe" für Deutschland einen Bildungsnotstand mit verheerenden Folgen diagnostiziert:

> „Bildungsnotstand heißt wirtschaftlicher Notstand. Der bisherige wirtschaftliche Aufschwung wird ein rasches Ende nehmen, wenn uns die qualifizierten Nachwuchskräfte fehlen, ohne die im technischen Zeitalter kein Produktionssystem etwas leisten kann. Wenn das Bildungswesen versagt, ist die ganze Gesellschaft in ihrem Bestand bedroht" (Picht 1965: 10).

Mit dem Blick auf die ganze Gesellschaft wurde die Frage der Bildungsbeteiligung aller sozialen Schichten relevant. Damit war zugleich – jenseits von wirtschaftlichen Verwertungsinteressen – das Thema Bildungschancen und Bildungsgerechtigkeit zum Problem erhoben. Peisert (1967) lieferte zudem empirische Befunde völlig ungleicher Bildungsbeteiligung und -chancen, während dazu korrespondierend Dahrendorf (1966) unter gerechtigkeitstheoretischen Gesichtspunkten auf Bildung als Bürgerrecht abhob: Bildung solle demnach ermöglichen, allen Menschen in der Gesellschaft, unabhängig von ihrer sozialen oder ethnischen Herkunft oder ihres Geschlechtes, die gleichen Chancen zur Leistungsentfaltung einzuräumen. Dies nun bedeutet zweierlei: einerseits die Definition eines (inhaltsbezogenen) Mindeststandards, der über den Schulbesuch realisiert werden soll, andererseits, dass es „keine systematische Bevorzugung oder Benachteiligung bestimmter Gruppen auf Grund leistungsfremder Merkmale wie Herkunft oder wirtschaftlicher Lage geben" darf (Dahrendorf 1966: 24). Es soll ausschließlich die individuelle Leistung bei der Vergabe von Bildungstiteln ausschlaggebend sein und damit von Chancen, gesellschaftliche Positionen zu besetzen. In diesem Sinne gehört die Bildung zu den Bürgerrechten: „Das *Bürgerrecht auf Bildung* ist zunächst ein soziales Grundrecht aller Bürger, das gleichsam den Fußboden absteckt, auf dem jeder Staatsbürger stehen darf und muss, um als solcher tätig zu werden" (Dahrendorf 1966: 23-24, Herv. d. A.).

Das Thema Bildung erlangte in der Folge einen starken Aufschwung mit entsprechenden bildungspolitischen Bemühungen, die in der „Bildungsexpansion" ihren Niederschlag gefunden haben. Die Begriffe der Bildung wie der Bildungsexpansion bezogen sich dabei auf die institutionalisierten Prozesse schulischer (und beruflicher) Bildung, also auf (formale) Bildungslaufbahnen, an deren Ende Bildungszertifikate stehen, durch die eine gerechte Verteilung gesellschaftlicher Positionen ermöglicht werden sollte. Bildung in dieser Perspektive fokussiert vor allem Ausbildung und gesellschaftliche Qualifikation (Allmendinger/Leibfried 2003, weniger berührt sie Fragen der Bildung als Identitätsbildung, die sich – weitergefasst als formale Bildungsprozesse – fortwährend lebensweltlich, nicht-institutionalisiert und nicht-standardisiert – also non-formal und informell – vollzieht. Mit der erneut aufgeflammten öffentlichen Diskussion um die offensichtliche Bildungsungleichheit in Deutschland geraten seit dem Erscheinen der ersten PISA-Studie (Deutsches PISA-Konsortium 2001) zunehmend Fragen der Angemessenheit eines derartigen – auf schulische Bildung verkürzten – Bildungsverständnisses in den Blick; die Diskussion um Ganztagsschule und Ganztagsbildung zeugt davon.

In vorliegenden Artikel werden zentrale Facetten sozialer Ungleichheit im Bildungskontext erläutert, die sich unter dem Stichwort der „Bildungsungleichheit" vereinen lassen. Anschließend wird eine Perspektive angedeutet, die den auf Institutionen zentrierten Fokus der Bildungsdebatte zugunsten eines individuumsbezogenen verschiebt. Damit kann zugleich die Relevanz des Konzeptes der Ganztagsbildung, das Bildung über unterschiedliche (pädagogische) Institutionen und Orte gesellschafts- und bildungstheoretisch fundiert, aufgezeigt werden.

## 1 Soziale Ungleichheiten – Begriffsbestimmung und Erklärungsmodelle

Die Bestimmung sozialer Ungleichheiten hebt auf zentrale menschliche Daseinsbedingungen ab, d. h. auf die qualitative und quantitative Ausstattung mit Ressourcen, die das Leben des Einzelnen im Ganzen wesentlich beeinflussen. Es handelt sich dabei

1. um bestimmte Güter, die im Rahmen einer Gesellschaft als „wertvoll" gelten,
2. um bestimmte Vorstellungen darüber, wie diese „wertvollen Güter" verteilt sein müssen, um als „ungleich" zu gelten sowie
3. nur um diejenigen „wertvollen Güter", die in gesellschaftlich strukturierter, vergleichsweise beständiger und verallgemeinerbarer Form zur Verteilung kommen (vgl. Hradil 2005: 28-29).

Soziale Ungleichheiten haben also zu tun mit (normativen) Wertsetzungen, mit (intersubjektiven) Verteilungsvorstellungen und mit (sozialen) Positionsbeschreibungen. Und gerade der letzte Gesichtspunkt ist zur Bestimmung sozialer Ungleichheiten besonders relevant, denn ihre „Bindung an relativ konstante gesellschaftliche Beziehungen und Positionen unterscheidet soziale von anderen Ungleichheiten" (ebd.: 29). Und: „Durch nichts wird (...) soziale Ungleichheit stärker akzentuiert als durch die Wahrnehmung, dass sie kollektiv gebündelt ist" (Schulze 1992: 398).
Die Dimensionen sozialer Ungleichheit lassen sich wie folgt systematisieren:

*Abbildung 1: Ungleichheitsdimensionen*

| **Merkmalsausprägung** | ***kategorial-exklusiv*** | ***graduell-quantitativ*** |
|---|---|---|
| ***stabil*** | Geschlecht, Hautfarbe | Vermögen |
| ***instabil*** | Beruf, Arbeitsplatz | Einkommen, Bildung |

*Quelle:* vgl. Berger (1989: 54)

Für die Mitglieder moderner Gesellschaften ist charakteristisch, dass zu einer angemessenen Bestimmung ihrer sozialen Platzierung unterschiedlichste Merkmale zueinander in Beziehung gesetzt werden können und müssen. Folglich gestalten sich auch soziale Ungleichheiten differenzierter und fordern zu ihrer Erklärung ein breiteres Instrumentarium als eine alleinige Bestimmung anhand von Einkommen und formaler Bildung.

Bereits die wenigen hier vorgestellten sozialen Merkmale eröffnen unterschiedlichste Kombinationsmöglichkeiten, sodass auch einfache Erklärungsmodelle und Beschreibungsansätze zur Bestimmung der modernen Gesellschaft unter Ungleichheitsgesichtspunkten nicht mehr ausreichen. Die wirtschaftliche Entwicklung und die sozialstaatliche Expansion haben in der zweiten Hälfte des 20. Jahrhunderts zudem dazu beigetragen, dass sich die Ungleichheitsstrukturen in Deutschland verändert haben. Auf diesen Umstand hat auch die Theoriebildung reagiert: Dominierten bis Mitte der 1980er Jahre noch Ansätze, die soziale Ungleichheiten klassen- und schichttheoretisch primär über Einkommen und Bildung bestimmten, so hat sich die Perspektive in den Folgejahren deutlich erweitert (Berger/Hradil 1990). Dabei zeigt sich, dass die Beschreibung der Gesellschaft als Klassengesellschaft nicht mehr angemessen ist. Vielmehr zeitigten Prozesse der Individualisierung der Lebensführung sowie der Pluralisierung von Lebenslagen ein verändertes Bild gesellschaftlicher Gruppen und damit der sozialen Ungleichheiten. Bolte (1990: 45) hat die Veränderungen mit dem Begriff der „pluraldifferenzierten und wohlfahrtsstaatlichen Wohlstandgesellschaft" pointiert charakterisiert.

Auf diesen Umstand wurde mit veränderten Beschreibungs- und Erklärungsansätzen reagiert, die neben den klassischen Dimensionen sozialer Ungleichheit (Einkommen, Bildung) neue bzw. vielfältigere Aspekte herangezogen haben. So treten neben diese objektiven Momente der Lebenslage zugleich über den Begriff des Lebenslaufs die zeitlichen Dimensionen sozialer Ungleichheiten in den Blick sowie in der Ausgestaltung von Lebensstilen kulturell-subjektiven Aspekte in den Vordergrund:

> „Lebenslagen, Lebensläufe und Lebensstile können (...) begriffen werden als neue Formen individueller und institutioneller ‚Lösungen' für die Integrationsprobleme moderner Gesellschaften, die sich ‚jenseits' von Stand, Klasse und Schicht auftun" (Berger/Hradil 1990: 20).

Die systematische Zusammenführung dieser Dimensionen hat sich im Wesentlichen in Milieu-Ansätzen vollzogen (ebd.; Schulze 1992; Vester u. a. 1993; Neugebauer 2007; Vogel 2007: 81-85).

Trotz der feststellbaren Veränderungen im Ungleichheitsgefüge kann jedoch nicht davon ausgegangen werden, dass damit soziale Stratifizierungen in ein Oben und Unten der Gesellschaft aufgehoben wären; vielmehr hat die wirtschaftliche und wohlfahrtsstaatliche Entwicklung einen Formenwandel eingeleitet:

> „Die Besonderheit der sozialstrukturellen Entwicklung in der Bundesrepublik ist der ‚Fahrstuhl-Effekt': Die ‚Klassengesellschaft' wird insgesamt eine Etage höher gefahren. Es gibt – bei allen sich neue einpendelnden oder durchgehaltenen Ungleichheiten – ein kollektives Mehr an Einkommen, Bildung, Mobilität, Recht, Wissenschaft, Massenkonsum. In der Konsequenz werden subkulturelle Klassenidentitäten und -bindungen ausgedünnt oder aufgelöst" (Beck 1986: 122).

Die pluralen, wohlfahrtsstaatlich flankierten Differenzierungen innerhalb der modernen Gesellschaft führen dazu, dass sich die unterschiedlichen Dimensionen sozialer Ungleichheit differenziert bei den Individuen zusammenfügen.

> „Wenn der Status eines Menschen in verschiedenen Dimensionen sozialer Ungleichheit ähnlich hoch ist (...), dann spricht man von ‚Statuskonsistenz'. Wenn dagegen der Status eines Individuums in unterschiedlichen Dimensionen auseinanderklafft, wird diese Lage als ‚Statusinkonsistenz' bezeichnet" (Hradil 2005: 33).

Für die moderne Gesellschaft ist es so gesehen charakteristisch, dass sie von vielfältigen Statusinkonsistenzen durchzogen ist, während Statuskonsistenzen im Wesentlichen als Merkmale im oberen sowie im unteren Bereich der gesellschaftlichen Verteilung anzutreffen sind.

## 2 Die Illusion der Chancengleichheit – Exemplarische Befunde zu Bildungsungleichheiten

Vor allem Bourdieu/Passeron (1971) haben in der Hochphase der Bildungsexpansion herausgearbeitet, dass der Reproduktionsmechanismus sozialer Ungleichheit in den modernen (post-)industriellen Gesellschaften stark über Bildung verläuft. In ihrer Studie über das französische Bildungswesen haben die beiden aufgezeigt, dass schulische Bildung im Sinne der Konkretion des (chancengleichen) Rechtes auf Bildung eine „Illusion" ist.

Trotz aller bildungspolitischen Bemühungen seit den 1960er Jahren ist auch in Deutschland der enge Zusammenhang zwischen der sozialen Herkunft von Kindern und Jugendlichen, ihrer Bildungsbeteiligung und ihrem Schulerfolg immer wieder nachgewiesen worden (Blossfeld/Shavit 1993; Henz/Maas 1995; Krais 1996). Schließlich haben die Ergebnisse der PISA-Studien – wiederholt – bestätigt, dass die herkunftsbedingte Bildungsungleichheit für die Bundesrepublik Deutschland das stabile Charakteristikum in allen Bundesländern geblieben ist (Baumert/Schümer 2001; Ehmke u. a. 2004). Unterschiede in der Bildungsbeteiligung sowie im schulischen Erfolg Heranwachsender bestehen demnach im Hinblick auf die soziale Herkunft, die ethnische Zugehörigkeit und das Geschlecht. Hinzu kommen z. T. erhebliche regionale Unterschiede, die durch die Organisation des Bildungswesens in Hoheit der Länder geprägt sind (vgl. Deutsches PISA-Konsortium 2002: 293-295). Insgesamt hat die nach dem Ende des Zweiten Weltkrieges beginnende und in den späten 1960er Jahren verstärkt einsetzende Bildungsexpansion ein „paradoxes Ergebnis produziert: Sie hat die Bildungschancen aller Schichten verbessert, ohne gleichzeitig gravierende schichttypische Ungleichheiten zu beseitigen" (Geißler 2002: 350).

Im Hinblick auf die regionalen Unterschiede zeigt sich, dass die Leistungsfähigkeit schulischer Bildungsarbeit von den jeweils bundeslandesspezifischen wirtschaftlichen Rahmenbedingungen abhängt: So spiegelt sich z. B. die wirtschaftliche Leistungsfähigkeit der westdeutschen Bundesländer in den PISA-Befunden zur Lesekompetenz wider, und diese stehen zugleich mit sozioökonomischer Belastung wie Sozialhilfebezug oder Arbeitslosenquote in negativem Zusammenhang (Merten 2004: 47-48). Durch die (Nur-)Zweigliedrigkeit des Schulwesens in den ostdeutschen Bundesländern ist demgegenüber die strukturelle Benachteiligung von Jugendlichen nicht so deutlich ausgeprägt wie im Westen Deutschlands: Während zwischen 1992 und 2003 in den alten Bundesländern 29 % der 14-Jährigen die Hauptschule und 31 % die Realschule besuchten, waren dies in den neuen Ländern nur 11 %, die den Hauptschulbildungsgang und 48 %, die den Realschulbildungsgang an ihrer Schule besuchten (vgl. Statistisches Bundesamt 2006: 477).

Bezüglich des Geschlechtes haben sich die einstigen Unterschiede zwischen Mädchen und Jungen in den letzten vierzig Jahren eher umgekehrt: Im Besuch höherer Schulformen und in den schulischen Leistungen haben die Mädchen die Jungen überholt (56 % der gymnasialen Schülerschaft sind Mädchen, gegenüber 45 % an den Hauptschulen und 31 % an den Sonderschulen, vgl. Stanat/Kunter 2001: 258; Budde 2008).

Im Hinblick auf den Einfluss der sozialen Herkunft auf die Bildungsbeteiligung bestehen vor allem für Angehörige aus Arbeitermilieus und unteren sozialen Schichten deutliche Barrieren im Zugang zu höherer Bildung: So besuchen ca. 50 % der 15-Jährigen, die aus Familien der oberen Dienstklasse[1] entstammen, das Gymnasium, während dies nur ca. 15 % von Facharbeiterkindern und 10 % von Jugendlichen aus Familien von un- und angelernten Arbeiter(inne)n tun (Baumert/Schümer 2001: 355-356). Umgekehrt besuchen ca. 10 % der Kinder aus der oberen Dienstklasse gegenüber ca. 35 % der Facharbeiterkinder sowie mehr als 40 % aus der Gruppe der an- und ungelernten Arbeiter die Hauptschule (ebd.; ferner Lehmann 2008).

Zudem stellt der Migrationsstatus einen Einflussfaktor für Bildungsbeteiligung dar. So ist die Chance eines Jugendlichen mit Migrationshintergrund, das Gymnasium zu besuchen, bei vergleichbarem schulischen Leistungsstand um ungefähr das Zweieinhalbfache geringer als bei seinem deutschen Altersgenossen (Berlin-Institut für Bevölkerung und Entwicklung 2006: 13, 186). Dabei folgt die Bildungsbenachteiligung von Migrantenjugendlichen anderen Selektionsmechanismen als die deutscher Kinder und Jugendlicher aus unteren sozialen Milieus. Hier erweist sich einerseits die Beherrschung der deutschen Sprache als „die entscheidende Hürde" (Baumert/Schümer 2001: 374), andererseits scheint die ethnisierende und kulturalisierende Wahrnehmung von Menschen mit Migrationshintergrund in der Öffentlichkeit dazu zu führen, dass in der Schule die schulische Leistungsfähigkeit nicht unabhängig vom ethnischen Hintergrund bewertet wird (Badawia u. a. 2003; Diefenbach 2004; Lehmann 2008: 97-100).

Empirische Studien, die sich mit Mikroprozessen schulischer Bildung und schulischer Sozialisation befassen, machen darüber hinaus deutlich, dass auch die schulische Bildung selbst nicht voraussetzungsfrei passiert, sondern sich im Sprachcode, in den Umgangsformen sowie den Erwartungshaltungen – eurozentristisch – an den Werten und Normen der Mittelschicht orientiert bzw. diese voraussetzt (Bourdieu/Passeron 1971; Willis 1979; Prengel 1993; Wiezorek 2005). Das bedeutet, dass zwar der berufliche, sozioökonomische Status sowie der ethnisch-kulturelle Hintergrund der Eltern ein bedeutsamer Indikator für die Bildungsbeteiligung ist, dass er aber dennoch den Bildungserfolg der Kinder nicht einfach deterministisch bestimmt. Vielmehr spielen hier die mikrostrukturellen Rahmungen des schulischen Bildungsprozesses, die familial grundgelegten Bildungsorientierungen, die Interaktionen zwischen Schule und Familie, die schulischen Anerkennungsbeziehungen eine bedeutsame Rolle (Helsper/Hummrich 2005: 114). Soziale oder ethnische Herkunftsmerkmale erscheinen dabei zum einen als Charakteristika, die einer typisierenden Wahrnehmung durch die Lehrenden Vorschub leisten. Diese führen beispielsweise dazu, dass Kinder von den Lehrenden – gemessen an den tatsächlichen Leistungen – zu schlecht bei unterer, zu gut bei oberer Milieuzugehörigkeit bewertet werden oder dass Kinder aus divergierenden sozialen Milieus bei vergleichbaren Leistungen unterschiedliche Bildungsempfehlungen erhalten (Ditton 2004: 270). Zum anderen liegt in der mittelschichtsbezogenen Engführung der schulischen Bildungsansprüche eine Ursache für Bildungsungleich-

1 Mit „oberer Dienstklasse" wird in der PISA-Studie die Sozialschichtzugehörigkeit der Eltern bezeichnet, zu der „die Angehörigen von freien akademischen Berufen, führende Angestellte und höhere Beamte, selbständige Unternehmer mit mehr als zehn Mitarbeitern und alle Hochschul- und Gymnasiallehrer" gehören (Baumert/Schümer 2001: 339; Allmendinger/Nikolai 2006; Ehmke/Baumert 2007: 315-320).

heit: Für Kinder, die diesen Milieus nicht entstammen, geht mit dem Eintritt in die Schule und der Orientierung an den schulischen Erwartungshaltungen eine Entfremdung von den in der Herkunftsfamilie erworbenen, lebensweltlich geprägten Erfahrungen und Handlungskompetenzen einher (Garlichs/Leuzinger-Bohleber 1999; Grundmann u. a. 2004; Wiezorek 2005).

Im Gutachten von Helsper/Hummrich (2005: 120) zum Zwölften Kinder- und Jugendbericht werden zusammenfassend folgende Konstellationen festgehalten, nach denen für Kinder und Jugendliche

- „schulischer Erfolg selten und der Zugang zu höheren Bildungsabschlüssen zwar nicht ausgeschlossen, aber statistisch sehr unwahrscheinlich ist:
- Migrantenjugendliche und auch Aussiedlerjugendliche, deren Familien durch Bildungsferne gekennzeichnet sind und in deren Familie nicht deutsch gesprochen wird;
- männliche Jugendliche aus un- und angelernten Arbeiterkontexten, die wiederum durch Bildungsferne, fehlende Bildungsaspirationen sowie mangelnde schulische Unterstützung durch die Eltern charakterisiert sind;
- Kinder und Jugendliche, die in Multiproblemfamilien mit hoher psychosozialer Problembelastung sowie hohem Armutsrisiko leben" (ebd.: 120).

## 3 Ganztagsschule und Ganztagsbildung

Nimmt man die Ergebnisse der empirischen Bildungsforschung ernst, so kommt es im Zusammenhang mit der Diskussion um Ganztagsschule darauf an, das Spektrum der Debatte zu erweitern und verstärkt das Thema „Ganztagsbildung" ins Zentrum der Aufmerksamkeit zu führen. Denn wie sich vor dem Hintergrund des wiederholt empirisch bestätigten Zusammenhangs zwischen Bildungserfolg und sozialer Herkunft gezeigt hat, ist Schule bisher nicht bzw. nur höchst unzureichend in der Lage, diesen Nexus aufzubrechen. Sollen aber die Bedingungen sozialer Benachteiligung nicht *ad infinitum* – in der und durch die Schule – fortgeschrieben werden, dann bedarf es des systematischen Einbezugs der lebensweltlichen Kontexte und der darin enthaltenen Bildungspotenziale aller Kinder in den Bildungsbereich.

Ganztagsschulen bieten die Chance, hier eine Öffnung in die Lebenswelt der Schüler(innen) vorzunehmen und auf diese Weise zugleich den verengten Horizont schulischen Lernens auf formale Bildung aufzusprengen. Im Unterschied zur bildungspolitischen Indifferenz (jenseits von arbeitsmarktpolitischen Kompatibilitätsdiskussionen: vgl. Deutscher Bundestag 2005: 307) kommt es also darauf ein, ein umfassendes Verständnis von Bildung zugrunde zu legen, wie es im Zwölften Kinder- und Jugendbericht entfaltet wurde, das sowohl informelle und non-formale als auch formale Bildungsformen systematisch zusammenführt, um auf diese Weise „Bildung in ihrer Einheit aus Ausbildung und Identitätsbildung" (Coelen 2004: 247) zu ermöglichen.

Ein derart entfaltetes Verständnis von Bildung ist damit zugleich anschlussfähig an die reformpädagogische Tradition der Erziehungswissenschaft, die in ihrer inhaltlichen Zentrierung von Bildung die Perspektive der Kinder und Jugendlichen privilegiert und den Institutionen zentrierten Fokus (schulischer bzw. formaler) Bildung sekundär stellt. Diese Diskussion um Ganztagsbildung ist, sofern ihr eine konkrete pädagogische Ausgestaltung entsprechen wird, ein wirklicher Paradigmenwechsel in der Bildungsdiskussion, weil mit ihr zugleich die Gleichwertigkeit unterschiedlicher Bildungsorte und -formen anerkannt wird. Dies ist notwendig, weil den Lebensbedingungen aller Kinder und Jugendlichen Rechnung getragen werden muss. Ob dies in Zukunft Realität wird, wird sich letztlich an veränderten PISA-Ergebnissen – festgemacht an der Nagelprobe der Lösung des Zusammenhangs zwischen sozialer Herkunft und Bildungserfolg – zeigen müssen.

## *Literatur*

Allmendinger, Jutta/Leibfried, Stephan (2003): Bildungsarmut. In: Aus Politik und Zeitgeschichte, B 21-22/ 2003: 12-18.
Allmendinger, Jutta/Nikolai, Rita (2006): Bildung und Herkunft. In: Aus Politik und Zeitgeschichte, B 44-45/ 2006: 32-38
Badawia, Tarek/Hamburger, Franz/Hummrich, Merle (Hg.) (2003): Wider die Ethnisierung einer Generation. Beiträge zur qualitativen Migrationsforschung. Frankfurt a. M: IKO.
Baumert, Jürgen/Schümer, Gundel (2001): Familiäre Lebensverhältnisse, Bildungsbeteiligung und Kompetenzerwerb. In: Deutsches PISA-Konsortium (Hg.): PISA 2000. Basiskompetenzen von Schülerinnen und Schülern im internationalen Vergleich. Opladen: Leske + Budrich: 323-407.
Beck, Ulrich (1986): Risikogesellschaft. Auf dem Weg in eine andere Moderne. Frankfurt a. M.: Suhrkamp.
Berger, Peter A. (1989): Ungleichheitssemantiken. Graduelle Unterschiede und kategoriale Exklusivitäten. In: Archives européennes de sociologie (30. Jg.) H. 1/1989: 48-60.
Berger, Peter A./Hradil, Stefan (1990): Die Modernisierung sozialer Ungleichheit – und die neuen Konturen ihrer Erforschung. In: Dies. (Hg.): Lebenslagen, Lebensläufe, Lebensstile. (Soziale Welt: Sonderband 7). Göttingen: Schwartz: 3-24.
Berlin-Institut für Bevölkerung und Entwicklung (2006): 2006: Die demografische Lage der Nation: Wie zukunftsfähig sind Deutschlands Regionen? München: dtv.
Blossfeld, Hans-Peter/Shavit, Yossi (1993): Dauerhafte Ungleichheiten. In: ZfPäd (39. Jg.) H. 1/1993: 25-52.
Böhnisch, Lothar (1999): Abweichendes Verhalten. Weinheim: Juventa.
Bolte, Karl Martin (1990): Strukturtypen sozialer Ungleichheit. Soziale Ungleichheit in der Bundesrepublik Deutschland im historischen Vergleich. In: Berger/Hradil (Hg.): 27-50.
Bourdieu, Pierre/Passeron, Jean-Claude (1971): Die Illusion der Chancengleichheit. Stuttgart: Klett.
Budde, Jürgen (2008): Bildungs(miss)erfolge von Jungen und Berufswahlverhalten bei Jungen/männlichen Jugendlichen. [Bildungsforschung Band 23, hg. v. BMBF]. Bonn/Berlin: Eigenverlag.
Coelen, Thomas (2004): „Ganztagsbildung" – Integration von Aus- und Identitätsbildung durch die Kooperation zwischen Schulen und Jugendeinrichtungen. In: Otto/Coelen (Hg.): Grundbegriffe der Ganztagsbildung. Wiesbaden: VS Verlag für Sozialwissenschaften: 247-267.
Dahrendorf, Ralf (1966): Bildung ist Bürgerrecht. Plädoyer für eine aktive Bildungspolitik. Hamburg: Wegner.
Deutscher Bundestag (2005): Bericht über die Lebenssituation junger Menschen und die Leistungen der Kinder- und Jugendhilfe in Deutschland. Zwölfter Kinder- und Jugendbericht. Berlin.
Deutsches PISA-Konsortium (Hg.) (2001): PISA 2000. Basiskompetenzen von Schülerinnen und Schülern im internationalen Vergleich. Opladen: Leske + Budrich.
Deutsches PISA-Konsortium (Hg.) (2002): PISA 2000 – Die Länder der Bundesrepublik Deutschland im Vergleich. Opladen: Leske + Budrich.
Diefenbach, Heike (2004): Bildungschancen und Bildungs(miss)erfolg von ausländischen Schülern oder Schülern aus Migrantenfamilien im System schulischer Bildung. In: Becker, Rolf/Lauterbach, Wolfgang (Hg.) (2004): Bildung als Privileg? Erklärungen und Befunde zu den Ursachen der Bildungsungleichheit. Wiesbaden: VS Verlag für Sozialwissenschaften: 225-249.
Ditton, Hartmut (2004): Der Beitrag von Schule und Lehrern zur Reproduktion von Bildungsungleichheit. In: Becker, Rolf/Lauterbach, Wolfgang (Hg.): Bildung als Privileg? Erklärungen und Befunde zu den Ursachen der Bildungsungleichheit. Wiesbaden: VS Verlag für Sozialwissenschaften: 251-279.
Ehmke, Timo/Baumert, Jürgen (2007): Familiäre Lebensverhältnisse und Kompetenzerwerb. In: PISA-Konsortium Deutschland (Hg.): PISA '06. Die Ergebnisse der dritten internationalen Vergleichsstudie. Münster u. a.: Waxmann: 309-335.
Ehmke, Timo/Hohensee, Fanny/Heidemeier, Heike/Prenzel, Manfred (2004): Familiäre Lebensverhältnisse, Bildungsbeteiligung und Kompetenzerwerb. In: PISA-Konsortium Deutschland (Hg.): PISA 2003. Der Bildungsstand der Jugendlichen in Deutschland – Ergebnisse des zweiten internationalen Vergleichs. Münster: Waxmann: 225-253.
Garlichs, Ariane/Leuzinger-Bohleber, Marianne (1999): Identität und Bindung. Die Entwicklung von Beziehungen in Familie, Schule und Gesellschaft. Weinheim: Juventa.

Geißler, Rainer (2002): Die Sozialstruktur Deutschlands. Die gesellschaftliche Entwicklung vor und nach der Vereinigung. Bonn: BpB.
Grundmann, Matthias/Bittlingmayer, Uwe H./Dravenau, Daniel/Groh-Samberg, Olaf (2004): Bildung als Privileg und Fluch – zum Zusammenhang zwischen lebensweltlichen und institutionalisierten Bildungsprozessen. In: Becker, Rolf/Lauterbach, Wolfgang (Hg.): Bildung als Privileg? Erklärungen und Befunde zu den Ursachen der Bildungsungleichheit. Wiesbaden: VS Verlag für Sozialwissenschaften: 41-68.
Helsper, Werner/Hummrich, Merle (2005): Erfolg und Scheitern in der Schulkarriere: Ausmaß, Erklärungen, biografische Auswirkungen und Reformvorschläge. In: Grunert, Cathleen/Helsper, Werner/Hummrich, Merle/Theunert, Helga/Gogolin, Ingrid (Hg.): Kompetenzerwerb von Kindern und Jugendlichen im Schulalter. Materialien zum Zwölften Kinder- und Jugendbericht. Bd. 3. München: Eigenverlag DJI: 95-173.
Henz, Ursula/Maas, Ineke (1995): Chancengleichheit durch Bildungsexpansion? In: Kölner Zeitschrift für Soziologie und Sozialpsychologie (47. Jg.) H. 4/1995: 605-633.
Hradil, Stefan (2005): Soziale Ungleichheit in Deutschland. Wiesbaden: VS Verlag für Sozialwissenschaften.
Krais, Beate (1996): Bildungsexpansion und soziale Ungleichheit in der BRD. In: Heinz, Walter R./Bolder, Axel/Heid, Helmut/Rodax, Klaus (Hg.): Die Wiederentdeckung der Ungleichheit. Jahrbuch Bildung und Arbeit '96. Opladen: Leske + Budrich:118-147.
Lehmann, Rainer (2008): Bildung und Bildungschancen: Wo bleibt die Zukunft unserer Kinder? In: Bertram, Hans (Hg.): Mittelmaß für Kinder. Der UNICEF-Bericht zur Lage der Kinder in Deutschland. München: C. H. Beck: 82-103.
Merten, Roland (2004): Die soziale Seite der Bildung. Ein sozialpädagogischer Blick auf PISA und PISA-E. In: Otto, Hans-Uwe/Rauschenbach, Thomas (Hg.): Die andere Seite der Bildung. Wiesbaden: VS Verlag für Sozialwissenschaften: 41-79.
Neugebauer, Gero (2007): Politische Milieus in Deutschland. Die Studie der Friedrich-Ebert-Stiftung. Bonn: Dietz.
Peisert, Hansgert (1967): Soziale Lage und Bildungschancen in Deutschland. München: Piper.
Picht, Georg (1965): Die deutsche Bildungskatastrophe. München: dtv.
Prengel, Annedore (1993): Pädagogik der Vielfalt. Opladen: Leske + Budrich.
Prenzel, Manfred/Carstensen, Claus H./Zimmer, Karin (2004): Von PISA 2000 zu PISA 2003. In: PISA-Konsortium Deutschland (Hg.): PISA 2003. Der Bildungsstand der Jugendlichen in Deutschland – Ergebnisse des zweiten internationalen Vergleichs. Münster: Waxmann: 355-369.
Schulze, Gerhard (1992): Die Erlebnisgesellschaft. Kultursoziologie der Gegenwart. Frankfurt a. M.: Campus.
Stanat, Petra/Kunter, Mareike (2001): Geschlechterunterschiede in Basiskompetenzen. In: Deutsches PISA-Konsortium (Hg.): PISA 2000. Basiskompetenzen von Schülerinnen und Schülern im internationalen Vergleich. Opladen: Leske + Budrich: 251-269.
Statistisches Bundesamt (2006): Datenreport 2006. Zahlen und Fakten über die Bundesrepublik Deutschland. Bonn: BpB.
Vester, Michael/Oertzen, Peter von/Geling, Heiko/Herrmann, Thomas/Müller, Dagmar (1993): Soziale Milieus im gesellschaftlichen Strukturwandel. Zwischen Integration und Ausgrenzung. Köln: Bund.
Vogel, Berthold (2007): Die Staatsbedürftigkeit der Gesellschaft. Hamburg: Hamburger Edition.
Wiezorek, Christine (2005): Biographie, Schule und Anerkennung. Eine fallbezogene Diskussion der Schule als Sozialisationsinstanz. Wiesbaden: VS Verlag für Sozialwissenschaften.
Willis, Paul (1979): Spaß am Widerstand. Gegenkultur in der Arbeiterschule. Frankfurt a. M.: Syndikat.

# Generationsbeziehungen und Generationenverhältnisse

*Karin Bock*

Im Jahre 1964 schrieb Klaus Mollenhauer in seiner Einführung in die Sozialpädagogik:

> „Das Verhältnis der Generationen zueinander ist ein allgemeines pädagogisches Problem. Für den Bereich der Sozialpädagogik indessen ist es von besonderer Wichtigkeit. Fast alle in diesem Verhältnis auftauchenden Probleme und Konfliktmöglichkeiten sind im Bereich der Schule und der Familie institutionell gebunden, überformt durch die Einrichtung und die starren Gruppierungen im einen Fall, im anderen entscheidend modifiziert durch den partikularen Charakter der Familie als Intimgruppe. Dagegen ist das Generationenproblem im variationsreichen Zwischenfeld der Sozialpädagogik vom Beginn ihrer Entwicklung an konstitutiv gewesen. Hier konnte es sich entfalten, da die Erziehungswege nicht durch traditionsreiche Institutionen vorgeformt waren und der Anspruch einer jungen Generation unvermittelt auf die Welt der Erwachsenen traf" (Mollenhauer 1964: 30).

Deutlich wird an dieser Auslegung des Generationenproblems, dass es sich zwar um eine traditionsreiche, aber zugleich äußerst schwer einzugrenzende theoretische Kategorie handelt: Traditionsreich deshalb, weil „Generation" eine zentrale Begrifflichkeit bei den pädagogischen Klassiker(inne)n war; äußerst schwer einzugrenzen, weil „Generation" grundsätzlich auf mehrdimensionale Fragestellungen zielt (Familie, Schul- und Sozialpädagogik: Ältere und Jüngere; Generationenverhältnisse, -beziehungen, -konflikte; Institutionen, Erziehung etc.) und insofern nicht ohne weiteres auszudifferenzieren ist. Dies hat auch viel mit der eigentümlichen Geschichte des Generationenbegriffs selbst zu tun: Bis in die 1930er Jahre war er ein erziehungswissenschaftlicher Grundbegriff, um dann bis in die 1990er Jahre völlig unbeachtet zu bleiben.

Mollenhauers Versuche (1964 und 1972; Mollenhauer u. a. 1975), den Generationenbegriff systematisch wieder in die sozialpädagogische Theoriebildung der 1960er und 70er Jahre einzuführen, blieben ohne größere Resonanz (vgl. aber: Hornstein 1983): Zwar wurde der Generationsbegriff immer wieder als Schlagwort benutzt, um bestimmte, zum Teil herausragende Kohorten medial wirksam zu etikettieren (z. B. die APO-Generation, die Generation der 68er, die Null-Bock-Generation, Generation Golf, Generation kick.de; neuerdings: Generation abgeschoben und Generation Praktikum). Allerdings ziel(t)en diese Etikettierungen nur auf eine (marginale) Dimension des Generationsbegriffs, der Begriff selbst blieb systematisch unbeachtet.

Erst zu Beginn der 1990er Jahre erlebte der Generationenbegriff eine ungeahnte, dafür umso heftigere theoretische Wiederbelebung, die schlussendlich dazu geführt hat, dass sich „Generation" (wieder) in den Kanon erziehungswissenschaftlicher Grundbegriffe einreihte (Krüger/Helsper 1995; Büchner 1995). Gleichwohl bleiben die traditionsreichen und zugleich theoretisch schwierigen, weil mehrdimensionalen, Bezüge auch gegenwärtig bestehen. Lässt man sich darauf ein, mit der Kategorie Generation grundlagentheoretisch zu arbeiten, dann begibt man sich in ein wissenschaftliches Abenteuer mit ungewissem Ausgang. Genau hierin liegt aber gleichsam die große Herausforderung und der Reiz des Begriffs, genauer: das wissenschaftliche „Problem der Generationen".

## 1 Generation, historische Gestalt und das Konzept der politischen Generationen

Der Generationsbegriff lässt sich zunächst etymologisch genauer bestimmen: Im 17. Jahrhundert wurde der Begriff der Generation aus dem lateinischen *generatio* entlehnt, das für Zeugung bzw. Zeugungsfähigkeit stand. Abgeleitet von *genus* – Geschlecht, Art, Gattung oder auch Gesamtheit der Nachkommenschaft – und insofern quasi identisch mit dem griechischen *genos* steht Generation seither im allgemeinen Sprachgebrauch für die „Gesamtheit aller etwa zur gleichen Zeit geborenen Menschen bzw. Menschenalter" (vgl. Kluge 2002: 345).

Dieser auf die biologische Abfolge von Menschen in einem sozialgeschichtlichen Kontext fixierte Generationsbegriff hat schon relativ früh Eingang in philosophisch-pädagogische Betrachtungen über Aufwachsen, Lernen, Erziehung und Bildung gefunden, die als recht eindringliche Hinweise auf den (biologischen) Generationsbegriff gelesen werden können (z. B. Rousseau, Schleiermacher, Dilthey, Litt, Spranger, Nohl, Bernfeld; vgl. etwa Bock 2000). Die generative Abfolge von Älteren und Jüngeren stellte hier nicht mehr nur eine nicht hintergehbare anthropologische Grundtatsache dar, sondern wurde als Basis für Betrachtungen über Lernen, Erziehung, Bildung und gesellschaftlichen Fortgang grundgelegt. Dreh- und Angelpunkt dieser Überlegungen war die „gesellschaftliche Entwicklungstatsache": Ältere und Jüngere stehen in einem Erziehungs- und Lernverhältnis, das sich aus der Endlichkeit des Lebens, des Werdens und Vergehens, der Nachkommenschaft, des Miteinanders von Jungen und Alten gleichsam erschließt. Genau durch diese Lesart des Generationsbegriffs als anthropologisch-pädagogischer Grundbedingung formulierte Schleiermacher (1826/1983: 38) auf der Suche nach einer erzieherischen Kunstlehre seine beiden (berühmten) Fragen: „Was will denn die ältere Generation mit der jüngeren? Wie wird die Tätigkeit dem Zweck, wie das Resultat der Tätigkeit entsprechen?". Auch Diltheys Gedanken kreisten um eben diese Fragen, die er im Hinblick auf die Geschichtlichkeit des Menschen auslotete; er diskutierte (1875/1961: 37) intra- und intergenerative Verhältnisse zwischen den Lebensaltern und verstand einerseits eine Generation als „Zeitraum (...) von der Geburts- bis zu derjenigen Altersgrenze, an welcher durchschnittlich ein neuer Jahresring am Baum der Generation sich ansetzt"; andererseits betrachtete er Generation als „Bezeichnung für ein Verhältnis der Gleichzeitigkeit von Individuen; diejenigen, die gewissermaßen nebeneinander emporwuchsen". Hieraus ergebe sich quasi naturwüchsig und biografisch wie historisch folgenreich das Verhältnis der Generationen zueinander. Ebenso argumentierte Bernfeld (1928: 49), der das Interesse an Erziehung mit einem Interesse an der anderen Generation gleichsetzte und Erziehung als „die Summe der Reaktionen einer Gesellschaft auf die Entwicklungstatsache" definierte.

Im Kontext soziologischer Theoriebildung war es Mannheim (1928), der die ideengeschichtlich-philosophischen Überlegungen zum Generationenverhältnis der pädagogischen Klassiker aufnahm und neu dimensionierte: Er verknüpfte kunsthistorische Ausführungen mit den geisteswissenschaftlichen Betrachtungen von Dilthey und beschrieb das „Problem der Generationen" als analytische Gesellschaftskategorie, die durch die „Ungleichzeitigkeit des Gleichzeitigen" geprägt war. Mannheim definierte weiter den Generationsbegriff als klassenlagen- und kulturakkumulierende Strukturkategorie und wies ihm damit einen gesellschafts(er)klärenden Charakter zu. Er arbeitete heraus, dass jede Generation ganz spezifische Erfahrungszusammenhänge habe und deshalb eine ganz bestimmte historische Gestalt besitzen müsste. Diese „historische Gestalt" beschrieb er als Generationsschicksal, das sich aus dem sozialgeschichtlichen Erfahrungszusammenhang der etwa Gleichaltrigen gleichsam ergibt. Somit wird erklärbar, dass jedes Mitglied einer Generation eine Zugehörigkeit zu einer bestimmten gesellschaftlichen Gruppe entwickelt, was er als „generationsspezifische soziale Lagerung" beschrieb. Über diese gleichartigen Zugehörigkeitsgefühle und Erfahrungszusammenhänge, der generationsspezifischen sozialen Lagerung, konnte Mannheim eine Generation genauer beschreiben und von anderen Generationen abgrenzen. Denn Angehörige verschiedener Generationen wären dann nach ihren jeweils andersartigen Lebens- und Weltgefühlen unterscheidbar. Wenn also Individuen historische Ereignisse durchleben, aber diese erlebten Ereignisse nach anderen Gesichtspunkten ihres Erfahrungszusammenhangs reflektieren, gehören sie nicht mehr derselben Generation an. Zwei aufeinander folgende Generationen entwickeln somit ein jeweils anderes Verständnis für historisch-sozialgeschichtliche Probleme und „bekämpfen einen jeweils anderen Gegner in der Welt und in sich. Während die Alten etwas noch in sich oder in der Außenwelt bekämpften und alle ihre Gefühls- und Willensintentionen, aber auch die Begriffserklärungen auf diesen Gegner hin orientierten, ist dieser Gegner für die Jugend verschwunden" (ebd.: 181).

Mit diesen beiden Traditionslinien war zunächst der Begriff der Generation ausgelotet, denn er verweist auf zwei zentrale Dimensionen: Zum einen lassen sich mit der Generationenkategorie als anthropologisch-pädagogischer Grundbedingung Erziehungs- und Beziehungsprozesse zwischen den Generationen bzw. innerhalb einer Generation begründen und theoretisch wie praktisch gestalten, zum anderen verweist die Generationenkategorie mit ihrem gesellschaftserklärenden bzw. -analysierenden Charakter auf dynamische Wandlungsprozesse innerhalb einer Gesellschaft, worüber sich sozialgeschichtliche, biographietheoretische wie historische Zusammenhänge ausweisen und erklären lassen.

Seit dem Versuch, Generationen als historische Gestalten zu beschreiben, haben sich viele Sozialwissenschaftler(innen) damit befasst, Bilder für einzelne Generationen nachzuzeichnen. Dabei konzentrierte sich die empirische Sozialforschung auf die Analyse einer (mehr oder weniger) herausragenden Generation und etikettierte sie mit einprägsamen Modebegriffen, um die jeweilige Jugendgeneration in ihren historischen Rahmen einzuordnen oder/und Wandlungen in Normen und Werten sowie den Status der jeweiligen Generation innerhalb der gesellschaftlichen Positionierung zu verdeutlichen (vgl. Nave-Herz 1989).

In engem Zusammenhang mit dem Etikett, das „herausragenden" Generationen zugeschrieben wird, steht auch der Entwurf des Konzepts der politischen Generationen, das Fogt (1982) auf der Grundlage des Mannheim'schen Generationenkonzepts entwickelt und Herrmann (1987) für die historische Sozialisationsforschung aufgegriffen hat. Unter einer politischen Generation versteht Fogt

> „diejenigen Mitglieder einer Altersgruppe oder Kohorte, die – mit bestimmten Schlüsselereignissen konfrontiert – zu einer gleichgesinnten bewussten Auseinandersetzung mit den Leitideen und Werten der politischen Ordnung gelangten, in der sie aufwuchsen. Diese Auseinandersetzung pflegt in einer politischen formativen Lebensphase der politischen

> ‚Normalbiographie' der Generationszugehörigen stattzufinden und diese zu einer langfristig stabilen Neuorientierung ihrer politischen Grundhaltungen zu bewegen. Politische Generationen weisen einen Grundbestand gemeinsamer Einstellungen, Verhaltensdispositionen und Handlungspotenziale auf, von Normen und Werten, die politisch von Relevanz und Einfluss sind" (Fogt 1982: 21).

Obwohl das Konzept der politischen Generationen quasi als moderner Nachweis für die Mannheim'sche Generationenkonzeption gelesen werden kann, wirft es auch immense Probleme aus erziehungswissenschaftlicher Sicht auf: So ging Fogt davon aus, dass innerfamiliale und schulische Sozialisationsprozesse nur bedingt bedeutsam für die Entstehung einer politischen Generation seien, da für ihn vor allem *Peers* politische Lernprozesse prägen und deshalb als entscheidende Sozialisationsinstanz angesehen werden. Familie und Schule schüfen zwar wichtige Voraussetzungen für die Phase der Selbstverantwortung, hätten aber nur eine orientierungsbildende Funktion: Um eigene Positionen artikulieren und ausformulieren zu können, seien die in dieser Zeit unmittelbaren Erfahrungen und die Verarbeitung der politischen Ereignisse einer Gruppe von Gleichaltrigen ausschlaggebend. Hierbei leiste die Kommunikation und Repräsentation politischer Ereignisse in den Massenmedien einen direkten Beitrag als Sozialisationsinstanz (vgl. ebd.).

Allerdings bleibt aus erziehungswissenschaftlicher Sicht unklar, wie sich nun genau Erziehungs- und Bildungsprozesse zwischen Jüngeren und Älteren sowie innerhalb einer Generation beschreiben und analysieren lassen, welche jeweils historischen Zusammenhänge damit überhaupt erfasst und kanalisiert werden können und worin genau der Vorteil liegt, wenn man mit der Generationenkategorie als theoretischem Bezugshorizont arbeitet. Ungeklärt war lange Zeit außerdem, wie sich institutionelle und private Generationenbezüge theoretisch herstellen und systematisch analysieren lassen und welche Unterscheidungsmerkmale sich hieraus ergeben könnten. Zudem wird bislang nicht deutlich, auf welcher Ebene sich das Generationenkonzept bewegt, denn es macht einen Unterschied, ob man sich mit gesellschaftlichen oder mit lebens- und alltagsweltlichen Fragen im Horizont des Generationenkonzepts bewegt. Festzuhalten bleibt bis hierhin, dass der Generationsbegriff grundsätzlich mehrdeutig angelegt ist, weil sich in ihm komplexe Zugangsweisen zu den Fragen verbergen, die sich sowohl im alltäglichen Zusammenleben als auch im Kontext gesellschaftlicher Entwicklung jeder Generation neu stellen (vgl. Lüscher 1993).

## 2 Generationsbeziehungen und Generationenverhältnisse

Um diese Mehrdimensionalität des Generationenkonzepts erfassen zu können, hat Kaufmann (1993) in Anlehnung an Leisering (1992) vorgeschlagen, künftig zwischen Generationsbeziehungen und Generationenverhältnissen zu differenzieren: Mit dieser Unterscheidung eröffnete Kaufmann eine mikro- und eine makrotheoretische Ebene, die sich nicht nur im Forschungskontext, sondern auch im alltäglichen Sprachgebrauch widerspiegeln. Generationenverhältnisse, angesiedelt auf der makrotheoretischen Ebene, beschreiben danach die „für die Beteiligten nicht unmittelbar erfahrbaren, im wesentlichen durch Institutionen des Sozialstaats vermittelten Zusammenhänge zwischen den Lebenslagen und kollektiven Schicksalen unterschiedlicher Altersklassen und Kohorten" (Kaufmann 1993: 97). Dagegen charakterisieren Generationsbeziehungen auf der mikrotheoretischen Ebene die „beobachtbaren Folgen sozialer Interaktionen zwischen Angehörigen verschiedener, in der Regel familial definierter Generationen" (vgl. ebd.).

Die Kategorien der Generationsbeziehungen und Generationenverhältnisse hat dann Rauschenbach (1998) aufgegriffen und um eine teilnehmende und eine beobachtende Perspektive erweitert. Die Betrachtung von Generationsbeziehungen und -verhältnissen in der folgenden Abbildung 1 kann sowohl auf die Beschreibung von generationsspezifischen Gemeinsamkeiten (synchrone Perspektive) als auch auf die Herausarbeitung von Unterscheidungsmerkmalen zwischen den Angehörigen verschiedener Generationen (diachrone Perspektive) gerichtet sein (vgl. auch Nave-Herz 1989; Büchner 1995):

*Abbildung 1: Perspektiven der Kategorie Generation*

| | **Mikroperspektive** | | **Makroperspektive** | | |
|---|---|---|---|---|---|
| | **Teilnehmer** | **Beobachter** | **Teilnehmer** | **Beobachter** | |
| **Synchrone Perspektive** | (1a) „meine Schwester, meine Freunde“ | (1b) Geschwister, Gleichaltrige | (2a) „meine Generation“ | (2b) „Kriegs-generation“, „68er Generation“ | **Intra-generativer Horizont** |
| **Diachrone Perspektive** | (3a) „mein(e) Vater/ Mutter, mein(e) Sohn/Tochter“ | (3b) Großeltern, Eltern, Kinder etc. | (4a) „unsere Großeltern-generation“ | (4b) generativer, epochaler Wandel | **Inter-generativer Horizont** |
| | *= Generationsbeziehungen* | | *= Generationenverhältnisse* | | |

*Quelle:* Rauschenbach (1998: 19)

In Abbildung 1 findet sich zugleich diejenige Zeitdimension wieder, die Mannheim als „Ungleichzeitigkeit des Gleichzeitigen“ ausformuliert hatte und in der sich das Neben- und zugleich Miteinanderleben der verschiedenen Generationen innerhalb des gesellschaftlichen Kontextes deutlich erkennen lässt. Zugleich können mit diesen Generationsperspektiven intra- wie intergenerative Horizonte deutlicher als bislang systematisch erfasst werden, die insbesondere für erziehungswissenschaftliche Generationsfragen bedeutsam sind.

Allerdings haben diese Generationsperspektiven einen Nachteil: Institutionelle Generationsverstrickungen werden mit diesen kategorialen Unterscheidungen nur indirekt erfasst. Will man also im Horizont von Ganztagsbildung den Blick stärker auf diejenigen Verhältnisse und Beziehungen lenken, die sich aus dieser Perspektive auf die Adressat(inn)en ergeben, so müssen die bislang aufgezeigten mehrdimensionalen Generationenbezüge stärker auf die institutionell organisierten Erziehungs- und Bildungsprozesse hin ausgearbeitet werden.

## 3 Pädagogische Generationenbezüge im Kontext von Ganztagsbildung

Wendet man nun den Blick gewissermaßen zurück nach vorn, d. h. mit dem Wissen um die „alte“ Generationendebatte über die innerfamilialen Generationsverstrebungen hin zur Frage, wie Generationenbezüge im Kontext von Ganztagsbildung systematisiert werden könnten, so lässt sich zunächst eine Brücke zu den Ideen von Bernfeld schlagen, der festgestellt hatte, dass Erziehung gleichsam die Lösung des (gesellschaftlichen) Generationenproblems ist:

> „Kindheit, in einer Erwachsenenwelt verlaufend, das ist die Voraussetzung von Erziehung (...) die Gesellschaft (...) hat irgendwelche Einrichtungen, die nur wegen der Entwicklungstatsache bestehen (...) Die Kindheit ist irgendwie im Aufbau der Gesellschaft berücksichtigt. Die Gesellschaft hat irgendwie auf die Entwicklungstatsache reagiert. Ich schlage vor, diese Reaktionen der Gesellschaft in ihrer Gänze Erziehung zu nennen. Die Erziehung ist danach die Summe der Reaktionen einer Gesellschaft auf die Entwicklungstatsache" (Bernfeld 1973: 51).

Diese (institutionell-organisierten) Reaktionen der Gesellschaft auf die Entwicklungstatsache galten im nunmehr älteren sozialpädagogischen Diskurs als ein zentraler Ansatzpunkt für das „Feld der Sozialpädagogik", denn

> „die Kinder- und Jugendhilfe hat auch zu sehen, dass Generationen sich nicht mehr umstandslos als Kohorten beschreiben lassen und dass – noch wichtiger – ihre Relation einerseits das Problem der personalen Beziehung zwischen Erwachsenen und Kindern in sich birgt, andererseits aber auch als gesellschaftlich-strukturelles Verhältnis der generativen Reproduktion (...) den politisch-ökonomischen Rahmen absteckt, innerhalb dessen Jugendhilfeprobleme im Kontext des Sozialstaates fungieren" (Mollenhauer 1998: 35).

Die Verschränkung zwischen öffentlich organisierten (professionellen) Generationsbeziehungen und den nicht wegzudenkenden familialen Strukturen inter- und intragenerativen Verwobenseins stellt also eines der zentralen Bezugsnetze im Horizont öffentlich organisierter wie privat verantworteter Erziehung und Bildung dar. Allerdings verkomplizieren sich im Kontext von Ganztagsbildung (zumindest theoretisch) diese Generationenbezüge, da nicht mehr wie bislang strukturell zwischen den gesellschaftlich organisierten (Erziehungs-)Institutionen Familie, Schule und Kinder- und Jugendhilfe unterschieden werden kann. Zwar lassen sich nach wie vor Generationsverstrebungen zwischen Angehörigen einer Generation als auch zwischen Vertreter(inne)n verschiedener, jeweils aufeinander treffender Generationen unterscheiden (vgl. Bock 2002). Aber die Organisation von Erziehung, Lernen und Bildung erlangt intra- wie intergenerationell im Kontext von Ganztagsbildung eine neue Qualität: Im Zentrum stehen nun nicht mehr die jeweiligen Eigen- und Systemlogiken der Sozialisationsinstanzen, sondern ihr Zusammenwirken mit Blick auf Erziehungs- und Bildungsprozesse. Im Horizont der Generationenfrage formuliert: Primäre (also: ursprüngliche, meist familial organisierte) und sekundäre (d. h. institutionell hervorgebrachte) Generationenverhältnisse und -beziehungen[1] sowie intra- und intergenerationelle Differenzen, die bislang charakteristisch für die verschiedenen Eckpfeiler öffentlich organisierter wie privat unvermittelt entstehender Erziehungs- und Bildungsinstanzen waren, überlagern sich und verschmelzen zeitweise ineinander zugunsten von Ganztagsbildung:

1 Zur Frage von primären und sekundären Generationsbeziehungen als „sorgende" Unterstützungsleistungen innerhalb der Erziehungswissenschaft vgl. Zinnecker (1997).

*Abbildung 2: Bezugsfelder und Generationsverstrebungen von Familie, Schule und Kinder- und Jugendhilfe im Kontext der Ganztagsbildung*

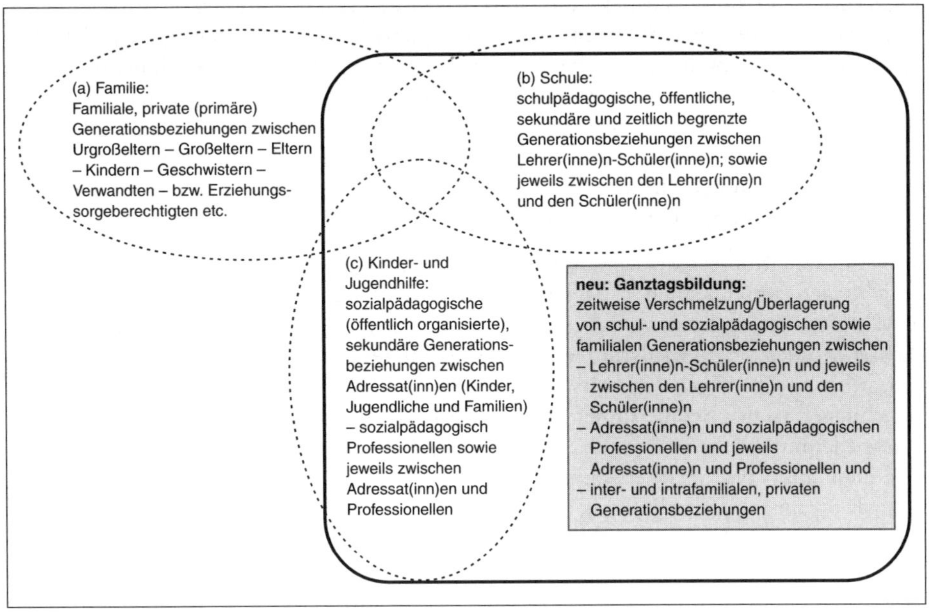


Wichtig ist an dieser Stelle zu betonen, dass die intra- und intergenerationellen Verstrebungen der traditionellen Sozialisationsinstanzen Familie und Schule weiterhin bestehen bleiben und in die Ganztagsbildung einfließen. Schwieriger wird es, wenn man sich die bislang bestehenden öffentlich organisierten Generationenbezüge innerhalb der Kinder- und Jugendhilfe genauer betrachtet: Sie werden durch die Ganztagsbildung zeitweise durchbrochen bzw. müssen jeweils neu inszeniert werden, weil sie nunmehr im Sog der Schule stehen.[2] Die familialen, schulischen wie sozialpädagogischen Generationsbeziehungen lassen sich im Horizont der Ganztagsbildung wie folgt differenzieren:

a) Familie: Nach wie vor lassen sich die familialen Generationsbeziehungen als (relativ) stabiles intergeneratives Miteinander verschiedener Generationen beschreiben (vgl. Böhnisch/Lenz 1997). Wer zu diesem intergenerativen Miteinander gehört und wie man Angehörige/r einer Familie wird, sind jeweils gesellschaftlich legitimierte Rekrutierungsmechanismen (vgl. Tyrell 1990). Die familialen Generationsbeziehungen können zudem als *unity of interacting persons* (vgl. Mollenhauer u. a. 1975) charakterisiert werden, denn innerhalb des familialen Miteinanders finden wir ein i. d. R. alltägliches, (relativ) unvermitteltes Zusammenleben verschiedener Generationen, die in einem kontinuierlichen Interaktionszusammenhang stehen (vgl. Rauschenbach 1998). Das pädagogische Verhältnis zwischen Älteren und Jüngeren entsteht relativ unvermittelt. Dennoch ist das familiale Miteinander kein (ausschließlich) biologischer, sondern in erster Linie ein sozialer Sinnzusammenhang, der stets neu über innerfamiliale Sinnwelten hergestellt werden muss (vgl. Bock

2 Der umgekehrte Fall ist relativ unwahrscheinlich, weil Ganztagsbildung nicht der Systemlogik der Kinder- und Jugendhilfe folgt, wenn man sich ihre Realisierung in der Ganztagsschule vergegenwärtigt (vgl. hierzu auch Bock/Otto 2007).

2000). Insofern lassen sich diese innerfamilialen Generationsverstrebungen auch als intergenerative Interaktionsbeziehungen beschreiben, die im Bereich der privaten Lebenswelt angesiedelt sind. Innerhalb des innerfamilialen Miteinanders eröffnen sich zwei Ebenen von Generationsbezügen: die Ebene der intergenerativen Verstrebungen (verschiedene Generationen einer Familie, etwa Drei- oder inzwischen auch Vier-Generationen-Familien) und die Ebene des sozialgeschichtlichen Kontextes (Angehörige verschiedener historischer Generationen). Es bestehen klare Berührungspunkte zum Bezugsfeld der Ganztagsbildung, die zum Teil erheblich in das familiale Zeitgefüge eingreifen. Allerdings sind die familialen Generationsbeziehungen innerhalb des privaten Systems angesiedelt und somit weitestgehend der „Intimgruppe Familie" vorbehalten.

b) Schule: Im Kontext der Schule finden wir i. d. R. auf der Ebene intergenerationeller Beziehungen ausschließlich pädagogische Generationsbezüge, die zeitlich begrenzt sind (etwa durch die Schulzeit) zwischen Angehörigen verschiedener historischer Generationen (Lehrer-Schüler); hier wiederum ergeben sich interessante Konstellationen, etwa wenn Lehrer(innen) als Angehörige verschiedener historischer Generationen in pädagogischen Beziehungen zu den Schüler(innen) treten. Unter den Kindern und Jugendlichen ergeben sich wiederum sowohl intra- (*Peers*) als auch intergenerationelle Verstrebungen. Allerdings sind diese inter- und intragenerationellen Bezüge zeitlich begrenzt (Schulbesuch) und öffentlich organisiert (Schulpflicht). Sie lassen sich als öffentlich-pädagogische, zeitlich befristete Generationsbeziehungen (jenseits familialer Verstrebungen) innerhalb des (gesellschaftlich angelegten) Ausbildungsmoratoriums betrachten. Der intra- und intergenerationelle Schulkontext kann zudem jeweils auf sozialgeschichtliche Ereignisverläufe im Horizont der Generationenverhältnisse betrachtet werden. Berührungspunkte zu familialen Generationsbeziehungen bestehen ebenso wie zum Feld der Kinder- und Jugendhilfe (z. B. im Kontext der Schulsozialarbeit) und werden im Kontext von Ganztagsbildung viel stärker einbezogen als bislang. Doch nach wie vor sind diese Generationenbezüge ausschließlich an die Institution Schule gebunden.

c) Kinder- und Jugendhilfe: Innerhalb der Kinder- und Jugendhilfe lassen sich zunächst sowohl intra- als auch intergenerative Generationsverstrebungen identifizieren, die öffentlich organisiert und inszeniert sind: Öffentlich organisiert, wenn sie (meist institutionenförmig organisierten) Praxisfeldern zugeordnet werden (etwa in Kindertageseinrichtungen, der Hilfeplanung, der Jugendgerichtshilfe etc.) und öffentlich inszeniert, wenn das Zustandekommen der Verstrebungen in weiten Teilen aktiv hergestellt werden muss (z. B. durch die Mitgliedschaft in einem Jugendverband oder den Besuch von Freizeiteinrichtungen). Zudem bestehen weitere Generationsverstrebungen, weil sich aus den gesetzlich verankerten Aufgaben eine strukturell angelegte Generationsproblematik ergibt: Denn spätestens wenn sich Kinder und Jugendliche an Sozialpädagog(inn)en wenden, werden diese mindestens zu professionellen Beobachter(inne)n, häufiger jedoch zu Begutachter(inne)n von innerfamilialen und/oder schulpädagogischen Generationenbezügen.

Vor dem Hintergrund dieser Bezüge lassen sich dann die inter- und intragenerativen Perspektiven der Ganztagsbildung neu formulieren, weil sie im Schnittfeld von Kinder- und Jugendhilfe, Familie und Schule eröffnet und anders als bislang akzentuiert werden können. Im Zentrum stehen nun nicht mehr die einzelnen Instanzen, sondern die Frage danach, wie Erziehungs- und Bildungsprozesse von Kindern, Jugendlichen und auch ihren Familien öffentlich organisiert und verantwortet werden können. Hier rücken dann die Berührungspunkte zwischen den einzelnen Bezugsfeldern mit ihren jeweiligen Generationsverstrebungen ins Zentrum, und zwar (a) zwischen Schüler(inne)n und Lehrer(inne)n, (b) zwischen Familienmitgliedern und (c) zwischen Sozialpädagog(inn)en und den Kindern, Jugendlichen und ihren Familien als Adressat(inn)en der Kinder- und Jugendhilfe sowie jeweils zwischen den Angehörigen der jeweiligen Generationen. Hier sind jeweils die intra- und intergenerationellen Beziehungen von allen drei Bezugsfeldern eingelagert und mit- bzw. ineinander verwoben – und zwar jeweils mit Blick auf die Erziehungs- und Bildungsprozesse der nachwachsenden Generation(en). Insofern eröffnen sich zumindest aus der Generationenperspektive neue, innovative Bezüge im Kontext von Ganztagsbildung, die viel stärker als bislang die Adressat(inn)en ins Zentrum rücken.

## *Literatur*

Bernfeld, Siegfried (1928/1973): Sisyphos oder die Grenzen der Erziehung. Leipzig: Psychoanalytischer Verlag.

Bock, Karin (2000): Politische Sozialisation in der Drei-Generationen-Familie. Eine qualitative Studie aus Ostdeutschland. Opladen: Leske + Budrich.

Bock, Karin (2002): Generationsbeziehungen im Kontext der Kinder- und Jugendhilfe. In: Schweppe, Cornelia (Hg.): Generation und Sozialpädagogik. Weinheim: Juventa: 283-300.

Bock, Karin/Otto, Hans-Uwe (2007): Die Kinder- und Jugendhilfe als Ort flexibler Bildung. In: Harring, Marius/Rohlfs, Carsten/Palentien, Christian (Hg.): Perspektiven der Bildung. Wiesbaden: VS Verlag für Sozialwissenschaften: 203-217.

Böhnisch, Lothar/Lenz, Karl (1997): Zugänge zu Familien – ein Grundlagentext. In: Böhnisch, Lothar/Lenz, Karl (Hg.): Familien. Weinheim: Juventa: 9-58.

Büchner, Peter (1995): Generation und Generationsverhältnis. In: Krüger, Heinz-Hermann/Helsper, Werner (Hg.): Einführung in Grundbegriffe und Grundfragen der Erziehungswissenschaft. Opladen: Leske + Budrich: 237-246.

Dilthey, Wilhelm (1875/1961): Über das Studium der Geschichte der Wissenschaften vom Menschen, der Gesellschaft und dem Staat. In: Ders. (Hg.): Gesammelte Schriften. Bd. 5: Die geistige Welt. Einleitung in die Philosophie des Lebens. Stuttgart: Teubner.

Fogt, Helmut (1982): Politische Generationen. Empirische Bedeutung und theoretisches Modell. Opladen: Leske + Budrich.

Herrmann, Ulrich (1987): Das Konzept der „Generation". Ein Forschungs- und Erklärungsansatz für die Erziehungs- und Bildungssoziologie und die Historische Sozialisationsforschung. In: Neue Sammlung H. 27/1987: 364-377.

Hornstein, Walter (1983): Die Erziehung und das Verhältnis der Generationen heute. In: ZfPäd 18. Beiheft: 59-79.

Kaufmann, Franz Xaver (1993): Generationsbeziehungen und Generationenverhältnisse im Wohlfahrtsstaat. In: Lüscher, Kurt/Schultheis, Franz (Hg.): Generationenbeziehungen in „postmodernen" Gesellschaften. Konstanz: UVK: 95-108.

Kluge, Friedrich (2002): Etymologisches Wörterbuch der deutschen Sprache (bearbeitet von E. Seebold). Berlin: de Gruyter.

Krüger, Heinz-Hermann/Helsper, Werner (Hg.) (1995): Einführung in Grundbegriffe und Grundfragen der Erziehungswissenschaft. Opladen: Leske + Budrich.

Leisering, Lutz (1992): Sozialstaat und demographischer Wandel. Wechselwirkungen – Generationenverhältnisse – politisch-institutionelle Steuerung. Frankfurt a. M.: Campus.

Lüscher, Kurt (1993): Generationenbeziehungen – Neue Zugänge zu einem alten Thema. In: Lüscher, Kurt/Schultheis, Franz (Hg.): Generationenbeziehungen in „postmodernen" Gesellschaften. Konstanz: UVK: 17-49.

Mannheim, Karl (1928): Das Problem der Generationen. In: Vierteljahreszeitschrift für Soziologie Bd. 6/1928: 157-185 und 311-330.

Mollenhauer, Klaus (1964): Einführung in die Sozialpädagogik. Weinheim: Juventa.

Mollenhauer, Klaus (1972/1982): Theorien zum Erziehungsprozess. München: Juventa.

Mollenhauer, Klaus/Brumlik, Micha/Wudtke, Hubert (1975): Die Familienerziehung. München: Juventa.

Nave-Herz, Rosemarie (1989): Jugend: Historische Gestalt, Generation. In: Nave-Herz, Rosemarie/Markefka, Manfred (Hg.): Handbuch der Familien- und Jugendforschung. Bd. 2. Frankfurt a. M.: Luchterhand: 135-144.

Rauschenbach, Thomas (1998): Generationenverhältnisse im Wandel. Familie, Erziehungswissenschaft und soziale Dienste im Horizont der Generationenfolge. In: Ecarius, Jutta (Hg.): Was will die jüngere mit der älteren Generation? Generationsbeziehungen und Generationenverhältnisse in der Erziehungswissenschaft. Opladen: Leske + Budrich: 13-40.

Schleiermacher, Friedrich D. E. (1826/1983): Ausgewählte pädagogische Schriften. Paderborn: Schöningh.

Tyrell, Hartmann (1990): Deinstitutionalisierung und Institutionalisierung. In: Lüscher, Kurt/Schultheis, Franz/Wehrspaun, Michael (Hg.): Die „postmoderne" Familie. Familiale Strategien und Familienpolitik in einer Übergangszeit. Konstanz: UVK: 183-251.

Zinnecker, Jürgen (1997): Sorgende Beziehungen zwischen Generationen im Lebensverlauf. Vorschläge zur Novellierung des pädagogischen Codes. In: Lenzen, Dieter/Luhmann, Niklas (Hg.): Bildung und Weiterbildung im Erziehungssystem: Lebenslauf und Humanontogenese als Medium und Form. Frankfurt a. M.: Suhrkamp: 199-227.

# Gender und Koedukation

*Gerd Stecklina / Anke Spies*

Die Kategorie Geschlecht begleitet schon immer die sozialpädagogische Theorie und Praxis in ihrer disziplinären und professionellen Präsenz und wird, ebenso wie die Diskussionsstränge um Koedukation im schulischen Kontext, immer wieder in Theorie- und Praxiszusammenhänge eingebracht. Jedoch hält sich trotz des Wissens um diese Traditionen eine auffällig stabile, durchgängige Randständigkeit der Geschlechterfrage in der Auseinandersetzung um pädagogische Forschung und Theoriebildung: Geschlecht als „Konstitutionsbedingung der Professionalisierung" (Lenz 2003: 53) wird zwar in einem auf hohem Niveau vorhandenen, ausdifferenzierten, geschlechtsbezogenen Fachdiskurs (vgl. Hartwig 2002: 965) verhandelt, aber meistens als „Spezialwissen in Sachfragen" wahrgenommen (ebd.: 959). Spezialdiskurse lassen sich ebenso in schulpädagogischen Kontexten mit Blick auf Koedukation und Geschlechterfragen finden, wenngleich die OECD-Leistungsvergleichsstudien im Sinne moderner Sozialwissenschaften Geschlecht neben Ethnie, Schicht/Klasse zu einer der signifikanten Kategorien bei der Erforschung sozialer Zusammenhänge erklären.

Durch die Verknüpfung mit weiteren identitätsbildenden und (gesellschaftlich) positionsbestimmenden Kategorien wird die Analysekategorie Geschlecht zu einer schwierigen und sperrigen, nichtsdestoweniger unumgänglichen Verständigungsgrundlage für die praktische und theoretische Auseinandersetzung mit ganztägigen Bildungsangeboten. Die Notwendigkeit intersektionaler Analysen wird von Connolly (1998) in seiner Studie zu Rassismus, *Gender* und sozialen Beziehungen von Grundschulkindern detailliert, indem er „their active role in negotiating their identities through drawing upon discourses on ‚race', class, gender and age" (ebd.: 9) als zentral anzeigt. *Gender* ist eine Kategorie neben anderen:

> „‚Gender identitiy' is a central component in identity construction as a whole, conversly, identities of various kinds (ethnic, class, geographical etc.) are deeply infiltrated by gender issues" (Frosh u. a. 2002: 5).

Parallel und quer zur Kategorie Geschlecht sind – mit Bezug auf das international gängige Konzept von *Diversity* – mittels intersektionaler Analysen also stets weitere Kategorien (wie z. B. Alter, sozialer Status, Migrationshintergrund, soziale Ungleichheit, Kapitalausstattung, Ressourcen, sexuelle Orientierung, Gesundheit/Krankheit, Religion, Weltanschauung) bei der Betrachtung von Entwicklung und gesellschaftlicher Positionierung von Individuen mitzudenken (vgl. Spindler 2006). Eine hochkomplexe „Denkaufgabe", die sich zunehmend auch in der schulbezogenen Forschung wieder findet (vgl. Weber 2003), deren Umsetzung in der praktischen Gestaltung von Geschlechterdemokratie fördernden Bildungsangeboten aber noch aussteht. Zwar liegen für die *Gender*-Perspektive und deren Verknüpfung mit anderen Kategorien eine Reihe von konstruktiven Vorschlägen vor (vgl. Braun/Wetzel 2006: 159), die aber angesichts einer dem Egalitätsprinzip folgenden, vereinfachenden Praxis der nachdrücklichen Betonung bedarf: Wenngleich sich Jugendhilfe seit geraumer Zeit mit der Strategie des *Gender Mainstreaming* auseinandersetzt und Schule auf Bildungsbenachteiligungen qua Geschlecht zu reagieren versucht, ist zeitgleich ein (kooperativer) Praxistrend zu beobachten, der u. a. in Berufsorientierungsprogrammen (vgl. Niehaus 2006) oder in so genannten „Elternpraktika" auf vertiefende Reflexionen zur Kategorie Geschlecht weitgehend verzichten zu können glaubt (vgl. Spies 2008). Das ist eine angesichts der medialen Inszenierungen von geschlechtsrollenstereotypen Identifikationsschemata (wie sie z. B. die Filmreihen „Wilde Kerle" und „Wilde Hühner" transportieren) doppelt problematische Entwicklung, da hierdurch Stereotype und Ungleichheiten verfestigt werden können. Ungleichheiten, die dem Qualitätskriterium der bestmöglichen Förderung aller widersprechen, Mädchen und Jungen aber in ungleicher Weise betreffen (Faulstich-Wieland 2006: 263) und für *gender*-sensible Koedukationskonzepte in ganztägigen Bildungs-*Settings* eine fachliche Herausforderung auf allen pädagogischen Ebenen darstellen.

Im vorliegenden Beitrag sollen die schulpädagogische Koedukationsdebatte und die (tendenziell) monoedukativ konnotierte sozialpädagogische Mädchen- und Jungenarbeit aufeinander bezogen werden, wobei die zu erörternden Diskussionsstränge in Anlehnung an Rose (2007) von einer Doppelfrage bestimmt sind. Wie müssen schul- und sozialpädagogische Angebote konzipiert und realisiert sein, dass sie für Mädchen und (junge) Frauen bzw. für Jungen und (junge) Männer „erfolgreich Hilfe, Unterstützung, Problemlösung und gesellschaftlichen Anschluss bieten" (ebd.: 17)? Diese Fragestellungen sollten u. E. auch die Verständigungsgrundlage für künftige, an intersektionalen Gesichtspunkten ausgerichtete Überlegungen, passgenaue(re) Konzeptionen, Forschungen und Reflexionen in und für ganztägige Bildungsangeboten sein. Geschlecht als zentrale soziale Grundkategorie reflexiv zu thematisieren, steht hierbei unter dem Fokus, eine möglichst differenzierte Deskription von pädagogischen wie bildungs- und sozialpolitischen Entwicklungsbedarfen zu erreichen sowie sämtliche Kontexte so weit wie möglich „durchzu*gendern*", wie dies z. B. die Sachverständigenkommission für den Elften Kinder- und Jugendbericht (BMFSFJ 2002), aber auch Braun/Wetzel (2006: 171) in ihren Überlegungen zu Funktion(en) und Rolle(n) Sozialer Arbeit in der Schule eingefordert haben.

## 1 Koedukation

Trotz der andauernden Koedukationsdebatte zeigen Studien der Schulforschung nach wie vor eine weitgehende „Gleichsetzung der Geschlechterfrage mit der Frauenfrage", die „Leugnung von Informations- und Fortbildungsbedarf in der Geschlechterfrage" seitens der Institution Schule und des Lehrpersonals sowie die Skepsis bei den Schüler(inne)n gegenüber der *Gender*-Thematik, die sich für Klein-Uerlings (2002: 172) aus dem noch nicht abgeschlossenen Prozess der Identitätsfindung bei den Schüler(inne)n sowie der Thematisierung der Geschlechterfrage von oben her speist. Des Weiteren verweisen Studien auf *Doing Gender*-Effekte in schulischen Kontexten, die dazu führen, dass Geschlechtsrollenstereotype über pädagogisches Handeln und institutionelle Strukturen reproduziert werden (vgl. Faulstich-Wieland u. a. 2004; Budde 2005; Budde u. a. 2008).

Erst seit der PISA-Studie (2000) werden – nach einer „gewissen Mädchenlastigkeit" der Forschungsaufmerksamkeit – die zuvor kaum wahrgenommenen Bildungsbenachteiligungen von Jungen (vgl. Neubrand 2004) reflektiert. Nun wird der Blick der Forschung auf den besonderen Förderungsbedarf von Jungen bei Lese- und Rechtschreibekompetenzen (Schümer u. a. 2004), ihre angeblich nur bedingt entwickelten sozialen Basiskompetenzen und das Konflikthandeln von Jungen gelenkt (vgl. Boldt 2004; Neider 2007; Hurrelmann/Andresen 2007). Insgesamt lassen sich in der aktuellen schulbezogenen Thematisierung von Geschlecht sieben zentrale Forschungsstränge extrahieren:

Unter einer sozialkonstruktivistischen Perspektive wird auf *Doing Gender*, auf Konstruktionen durch „institutionelle Reflexivität" und symbolische Zuschreibungen in schulbezogenen Zusammenhängen verwiesen (Faulstich-Wieland u. a. 2004: 175-177) sowie Geschlecht als Ausdrucksmittel bei der Identitätsfindung beschrieben (Budde 2005; Weber 2003). Die Perspektive des *Doing Gender* verweist auf die Gegebenheit, dass das soziale und kulturelle Geschlecht täglich in den Beziehungen zwischen Menschen, Organisationen und Institutionen hergestellt wird und die Verhältnisse zwischen den Geschlechtern nicht von der Natur vorgegeben, sondern gesellschaftlich konstruiert sind und die Chance besteht, diese zu verändern.

Durch PISA und andere Studien wird die Frage nach dem Beitrag von *Gender* zu den prüfungsrelevanten Schulleistungen von Mädchen und Jungen aufgeworfen und eine *Gender*-Aspekte stärker wahrnehmende Unterrichtsgestaltung – bis hin zu geschlechterdifferenzierenden Lern- und Betreuungsangeboten – gefordert (Kaiser 2005). Mit Blick auf Mädchen und jungen Frauen wird hierbei die Frage diskutiert, inwieweit Lehrpläne und didaktische Konzepte dazu beitragen, berufliche Aufstiegschancen von Mädchen zu fördern, die Berufswahl gezielter in Richtung technische Berufsfelder zu lenken bzw. bei Mädchen ein stärkeres Interesse für Naturwissenschaften zu wecken (Willems 2007). Ausgangspunkt hierfür ist die Annahme einer Technik- und Naturwissenschaftsabstinenz von Mädchen und jungen Frauen (Kreienbaum/Metz-Göckel 1992), wobei ein Zusammenhang mit Sozialisationsbedingungen angenommen wird, der dazu führe, dass Mädchen weniger als Jungen naturwissenschaftliche Fächer als Neigungs- und Leistungskurse wählen (Hannover 2002). Bei Jungen und jungen Männern geht es den Forscher(inne)n im Gegensatz dazu besonders um Sachverhalte wie die Förderung der Team- und Konfliktfähigkeit sowie die Verbesserung der Lese- und Rechtschreibkompetenz durch jungenspezifische Angebote (Neider 2007).

In der Diskussion um Koedukation wird zunehmend auch die Rolle und der Beitrag des Schulpersonals (Lehrkräfte und ihre Kompetenzen) sowie der Institution Schule zu Geschlechterrollenkonstruktionen von Mädchen und Jungen thematisiert. Dabei geht es um den Sachverhalt, inwieweit Lehrer(innen) dazu beisteuern, auf der Basis des eigenen Geschlechterrollenverhaltens Erwartungen in Bezug auf geschlechterdiffenzierendes Verhalten an die Schüler(innen) heranzutragen bzw. die eigenen Stereotype zu übernehmen (Kugelmann 1999; Faulstich-Wieland u. a. 2004). Jedoch ist zugleich zu konstatieren, dass Fragen der *Gender Mainstreaming*-Strategie – die Fragen nach Geschlechterhierarchien und der Ungleichbehandlung von Frauen und Männern durch die Institution Schule sowie nach den geschlechterverdeckenden Blicken von Lehrer(inne)n aufwirft –, bisher nur ansatzweise Eingang in den schulischen Alltag gefunden haben.

Zunehmend wird – gestützt von einer medialen Inszenierung – die Frage nach sozialen Kompetenzen von Jungen und jungen Männern diskutiert, ohne deren Ressourcen, die sich aus der männlichen Sozialisation bzw. ihrem individuellen Junge- und Mann-Sein ergeben, anzuerkennen, zu reflektieren und in die eigene Arbeit einzubeziehen. Hierzu gehört auch, dass Fragen nach den Ursachen von aggressiven, abwertenden Verhaltensweisen und Gefühlsferne kaum berücksichtigt und jene nach zentralen Prinzipien männlicher Sozialisation kaum aufgeworfen werden (vgl. Boldt 2004; Neumann/Süfke 2004; Böhnisch/ Winter 1997).

Die Koedukationsdebatte und die Diskussionen um die Geschlechterverhältnisse in der Schule zeigen zugleich, dass ein dichotomes Geschlechterbild in der Schule der Vielfalt des individuellen Mädchen- und Jungeseins nicht gerecht werden kann. Didaktische Differenzierung müsste deshalb stärker als bisher auf die Heterogenität der Individuen im Klassenverband und die damit verbundenen Anforderungen reagieren können. Unter dem Label „reflexiver Koedukation" sollen Mädchen und Jungen deshalb Raum erhalten, einerseits ihren geschlechterspezifischen Bedürfnissen entsprechend in geschlechtshomogenen *Settings* agieren zu können, andererseits aber auch geschlechtsheterogene Lernarrangements zu erhalten. Cornelißen u. a. (2003: 236) gelangen in diesem Sinne in ihrer Studie zu der Annahme, dass „neuere Unterrichtskonzepte (...) zumeist auf den Annahmen der reflexiven Koedukation (basieren) und (...) im koedukativen Unterricht (versuchen) – z. T. mit monoedukativen Phasen im Anfangsunterricht – durch eine reflektierte geschlechtergerechte Unterrichtsgestaltung gleiche Chancen für Mädchen und Jungen im Unterricht zu schaffen" (Cornelißen u. a. 2003: 236). Autorinnen wie Faulstich-Wieland/Horstkemper (1995) warnen allerdings vor einer Dramatisierung von Geschlecht im Kontext der Debatten um *gender*-gerechten Schulunterricht sowie vor Schulformen, die koedukativen Unterricht radikal in Frage stellen.

Die *Gender*-Perspektive in der Schul- und Unterrichtsforschung bezieht sich im Koedukationsdiskurs inzwischen auf eine Reihe von Untersuchungsschwerpunkten, z. B. Unterrichtsmaterialien, Interaktion von Schüler(inne)n untereinander bzw. zwischen Lehrer(inne)n und Schüler(inne)n (vgl. Enders-Dragässer/Fuchs 1993), Lernfelder (vgl. Pech 2006), Didaktik und methodische Grundsätze sowie Berufswahl, wobei die Analysen ihren Ausgang zumeist bei den Mädchen bzw. Jungen nehmen.

In der Schul- und Unterrichtsforschung – aber auch in der aktuellen Geschlechterforschung – zeigt sich zugleich eine Lücke, die „wechselseitige Abhängigkeit von gesellschaftlich-objektiven und lebensgeschichtlich-subjektiven Gegebenheiten" (Hanses 2004: 8) abzubilden und die zunehmende Bedeutung subjektiver Lebenskonzepte für den eigenen Identitätsfindungsprozess wahrzunehmen. Die Dimension Geschlecht verlangt hierbei eine Aufmerksamkeit, die in den *Gender*-Debatten im Kontext von Schule bisher nur bedingt thematisiert wird: Geschlecht wird von Individuen (z. B. Schüler(inne)n, Lehrer(innen)n) als ein Mittel wahrgenommen, die eigene Person zu repräsentieren und Geschlecht als Komponente der Selbstdarstellung bzw. des eigenen Selbstverständnisses zu sehen. Individuelles Mädchen- und Junge-Sein bzw. Frau- und Mann-Sein können sich dabei an den konventionellen Entwürfen des Frauseins- und Frauwerdens bzw. Mannseins- und Mannwerdens brechen, wobei traditionelle Männlichkeits- und Weiblichkeitsstereotype gleichzeitig einem Wandlungsprozess unterworfen sind.

## 2 *Gender*-Fragen

Die Themen der zumeist auf Koedukation bezogenen schulpädagogischen *Gender*-Debatte finden sich auch in den Diskussionen rund um die vielfach monoedukativ angelegte sozialpädagogische Mädchen- und Jungenarbeit, denn „Geschlecht ist (...) eine gesellschaftliche Ordnungskategorie, mit der Strukturen des Zusammenlebens und der verhandelbaren sozialen Tatsachen geregelt werden und Symbolsysteme erzeugt und aufrechterhalten werden, die dichotome Umgangsweisen mit Differenz nahe legen" (Bitzan 2003: 145). Dabei hat die sozialpädagogische Mädchen- und Jungenarbeit zu beachten, dass die Kinder- und Jugendarbeit vorwiegend koeduaktive Praxis ist.

Braun/Wetzel (2006) verweisen in diesem Sinne mit Nachdruck auf die Gegebenheit, dass eine koedukative Praxis nicht nur für die Unterrichtsgestaltung, sondern auch für die sozialpädagogische Profilbildung eine klassische Querschnittsaufgabe darstellt: a) als generelle Aufgabenstellung und b) als spezifischer Beitrag der Mädchenarbeit und spezifischer Beitrag der Jungenarbeit (vgl. ebd.: 170-172). Zugleich machen die Autor(inn)en aktuell einen Bedeutungsgewinn für die Jungenarbeit fest und sehen in der zielgerichteten Arbeit mit Jungen eine „besondere soziale und pädagogische Herausforderung", da Jungen die Modernisierungsverlierer seien (ebd.: 175).

## *2.1 Handlungsbedarf: geschlechtsbezogene Arbeit mit Mädchen*

Dennoch werden geschlechterrelevante Fragestellungen im Diskurs um die Entwicklung ganztägiger Bildungs-*Settings* bislang immer noch eher randständig und als Sonderthema verhandelt. Dabei offenbaren Studien zur Entwicklung von Sitzenbleiberquoten, dass es einen signifikanten Anstieg der Sitzenbleiberquoten von Mädchen in bestimmten Klassenstufen gibt und Mädchen mit Migrationshintergrund häufiger Klassen wiederholen müssen (Schümer u. a. 2004). Auch schicht- und ethnisch bedingte Benachteiligungen und Bedarfslagen von Mädchen bleiben in der schulischen Wahrnehmung unberücksichtigt, obwohl sich die Schichtzugehörigkeit als die entscheidende Variable für den Schulerfolg erweist. Selbstbild und Kompetenzerwerb bestimmende *Doing Gender*-Prozesse verfestigen bei den Mädchen Zuschreibungen auf tradierte Weiblichkeitsentwürfe und materielle Abhängigkeiten (Weber 2003). Mädchenförderung im Bildungssystem scheint also ein „blinder Fleck" zu sein (vgl. Spies 2005), dem u. a. eine systematisch in konzeptionellen Rahmungen verankerte sozialpädagogische Mädchenarbeit in ganztätigen Angeboten begegnen könnte. Dafür müsste sie – mit ihren eigenen methodischen Zugängen – als kooperativer und leistungsrelevanter Bestandteil eines geschlechtsbewussten, umfassenden Bildungsangebots Themen wie Fremdzuschreibungen, ungleiche Chancen, weibliche Selbstkonzepte, Lebensentwürfe, Lebenspläne und Kinderwünsche adressatenbezogen und an Nachhaltigkeit orientiert reflektieren und zur Grundlage der individuumsbezogenen Arbeit mit Mädchen machen. Mädchenarbeit kommt u. E. in ganztätigen Bildungs- und Erziehungsangeboten fünf Aufgaben zu:

- die Auseinandersetzung mit tradierten Geschlechterstereotypen
- die Erkennung und Bearbeitung der individuellen Problemlagen und -konstellationen von Mädchen (z. B. Selbstbewusstseinsentwicklung, das Verhältnis zu Jungen, soziale Umwelteinflüsse, Gewaltthematik, soziale und ökonomische Benachteiligungen, Ressourcen)
- die Ermöglichung des Zugangs zu den Hilfe- und Unterstützungsangeboten und die Niedrigschwelligkeit der Angebote
- die Thematisierung der Mädchen benachteiligenden Bildungsschere zwischen erworbenen Abschlüssen und möglichen Umsetzungen in Ausbildung und Berufswege
- die Stützung von Bildungskarrieren, die aufgrund von Problemkumulationen bei Mädchen aus bildungsfernen Familien zu scheitern drohen.

Die Verankerung von einer an professionellen Standards orientierten, „genderqualifizierten" Mädchenarbeit (Rose 2007: 152) – zunächst gleichgültig, ob als schulbezogenes, kooperatives oder additives Angebot – in ganztägigen, kleinräumigen und ressourcenorientierten Schulkonzepten kann hierfür Lösungsmöglichkeiten bieten und dazu beitragen, Entwicklungsprozesse zu bewältigen und trotz widriger Umstände einen Zugewinn an Handlungsfähigkeit und gesellschaftlichen Teilhabechancen für ganz unterschiedliche Adressatengruppen aufbauen helfen (vgl. Spies 2005).

## *2.2 Handlungsbedarf: geschlechtsbezogene Arbeit mit Jungen*

Geschlechtsbezogene Arbeit mit Jungen im schulischen Kontext – sowohl im Hinblick auf die Bildungs- und Erziehungsaufgaben von Schule als auch den Bildungs-, Erziehungs- und Betreuungsaufgaben von Sozialer Arbeit – wird erst seit wenigen Jahren die Aufmerksamkeit zuteil, die ihr eigentlich auf Basis der Erkenntnisse zur männlichen Sozialisation im Allgemeinen sowie der Bedeutung von Schule für den Identitätsfindungsprozess von Jungen im Speziellen zukommt. Dabei besteht, wie Koch-Priewe (2002: 11) bzw. Neider (2007) konstatieren, ein nicht unerheblicher Handlungsbedarf in dieser Frage, auch und gerade in Hinsicht auf eine *gender*-orientierte Pädagogik von Schule sowie vor dem Hintergrund der politischen Vorgaben zur Verankerung der *gender mainstreaming*-Leitlinien in Schulen. Nachfolgend soll deshalb – etwas ausführlicher als in Bezug auf Mädchenarbeit – auf Fragen der Arbeit mit Jungen in ganztätigen Angeboten eingegangen werden.

Der nicht zu leugnende Handlungsbedarf in Bezug auf die spezifische Arbeit mit Jungen im schulischen Kontext bzw. im Kontext von Ganztätigen Angeboten findet seine Begründung

- in den Anforderungen geschlechterdemokratischer Grundsätze
- den Erfordernissen der Herstellung der Chancengleichheit von Frauen und Männern bzw. Mädchen und Jungen
- den sich wandelnden kulturellen Vorstellungen von Männlichkeit und Männlichkeitsbildern
- der Existenz unterschiedlicher Männlichkeitsbilder und -entwürfe in einer von kultureller Vielfalt geprägten Gesellschaft
- in der Herstellung von Männlichkeit – zumeist in Abgrenzung zu Weiblichkeit – in der Institution Schule
- den wachsenden Anforderungen an Jungen im Bezug auf die Herstellung ihres individuellen Mann-Seins und dessen Integration in die eigene Identität.

Während diese Annahmen eher von (sozial-)pädagogischer und schulsozialarbeiterischer Seite vertreten werden, werden von Schulpädagog(inn)en und Entwicklungspsycholog(inn)en andere Problematiken für eine geschlechtsbezogene Arbeit mit Jungen als virulent erachtet. Koch-Priewe (2002: 14) definiert als zentrale Aufgaben der Arbeit mit Jungen im schulischen Kontext „Jungen für geschlechtsuntypische Berufe zu motivieren" und „bei den Jungen den ‚Überlegenheitsimperativ' zu verhindern oder einzuschränken". Im Gegensatz dazu sehen Kindlon/Thompson (2001: 60-64) als die vordringliche Aufgabe für einen auf Geschlechtergerechtigkeit basierenden schulischen Alltag darin, überhaupt erst einmal die entwicklungsbedingten Unterschiede von Mädchen und Jungen anzuerkennen und für die methodische Unterrichtsgestaltung produktiv zu machen. Denn für die Autoren existieren „zwei Welten in einem Klassenzimmer". Die entwicklungsbedingten Unterschiede von Mädchen und Jungen begünstigen ihrer Meinung nach „im Durchschnitt Mädchen und benachteiligen Jungen" (ebd.: 64). Als wesentliche Kriterien unterschiedlicher Entwicklung von Mädchen und Jungen werden von ihnen ein langsamerer Reifungsprozess bei Jungen, der stärkere Bewegungsdrang (Impulsivität) von Jungen sowie die differente „soziale Interaktion" von Jungen und Mädchen benannt.

## 3 Perspektiven

Spätestens seit den Ergebnissen der PISA-Studien können wir uns der öffentlichen Aufmerksamkeit darüber gewiss sein, dass a) Förder-/Sonderschulen überproportional von Jungen besucht werden, b) quantitativ ein Rückgang des Anteils von Jungen und jungen Männern in Gymnasien in den letzten Jahren feststellbar ist, c) Jungen über 50 % der Sitzenbleiberquote bilden, d) die berufsfördernden Maßnahmen für benachteiligte Jugendliche zu zwei Dritteln von Jungen besucht werden, e) Schüler mit Migrationshintergrund eher traditionellen Männlichkeitsstereotypen verhaftet sind (vgl. Stecklina 2007). Diese Diskussionen machen eher von außen auf die Problematik aufmerksam und werden auf der Theorie- bzw. Theorie-Praxis-Ebene um das individuelle Junge- und Mannsein, um die Herstellung männlicher Identität, um männliches *Gendering* sowie um das System hegemonialer Männlichkeiten geführt. Daneben ist die Offene Jungenarbeit und ein Beratungsnetz für Jungen entstanden, welche sich den unterschiedlichsten Aspekten von Junge- und Mann-Sein, den Schulproblematiken von Jungen sowie Fragen der Aggressivität von Jungen und sexueller Gewalt an/von Jungen annehmen.[1]

Im schulischen Bereich, ob im Kontext der Verankerung geschlechtsbezogener Projekte in Schulprogrammen oder im Rahmen ganztätiger Angebote konnte Jungenarbeit bisher über einzelne Modellprojekte oder über Einzelinitiativen von Lehrer(inne)n hinaus nur bedingt Fuß fassen. Die Schwierigkeit der Sicherung von Jungenarbeit in ganztätigen Angeboten ist mit einer Reihe von Aufgabenstellungen verbunden: der Reflexion der eigenen geschlechtsstereotypischen Handlungsweisen durch die Pädagog(inn)en (Klein-Uerlings 2002: 173), dem Freiwilligkeitsprinzip der ganztätigen Angebote (Gembus 2002: 139), dem Abbau der Vorbehalte seitens der Jungen gegenüber der Jungenarbeit (vgl. Böhnisch/Funk 2003). Jungenarbeit kommt u. E. in ganztätigen Bildungs- und Erziehungsangeboten sechs Aufgaben zu:

- Jungenarbeit sollte die Auseinandersetzung mit der männlichen Identität und tradierten Geschlechterrollenstereotypen fördern
- die sexuelle Entwicklung der Jungen begleiten sowie den Umgang mit dem eigenen und dem anderen Geschlecht thematisieren (Mädchen als gleichberechtigte Partnerinnen anzunehmen)
- Konfliktbewältigungsstrategien und Gewalthandeln von Jungen erörtern sowie kooperative Fähigkeiten bei Jungen entwickeln und sie dazu anhalten, Konflikte ohne verbale und körperliche Gewalt zu regulieren
- Jungen bei der Berufswahl unterstützen

1 Vgl. Heft 3 der Zeitschrift „Forum Erziehungshilfen" von 2004, und „Betrifft Mädchen", Heft 1 von 2005.

- Jungen in individuellen Krisensituationen sowie bei Schul- und familialen Problemlagen beraten
- Jungen an Tätigkeiten und Aktivitäten heranführen, die als „unmännlich" konnotiert sind (soziale Kompetenzen, bei Konflikten zu vermitteln, hauswirtschaftliche Arbeiten).

Deutlich wird im vorliegenden Beitrag, dass *Gender-* und Koedukationsfragen in ganztägigen Bildungsangeboten zu diskutieren und in praktische Angebote zu integrieren, „eine ernsthafte, notwendige und schwierige Aufgabe" ist (Rose 2007: 152), die aufgrund ihrer Doppelung mehr noch als die diskutierten komplexen Anforderungen und Entwicklungsaufgaben für eine *gender*-qualifizierte Soziale Arbeit einen Balanceakt darstellen, zugleich aber vielleicht einen Ansatzpunkt für einen konstruktiven Ausweg aus dem „selbstreferentiellen System" zeigen und den nötigen dynamischen, dauerhaften partizipativen *work in progress* befördern könnten.

## *Literatur*


Bitzan, Maria (2003): Geschlechtsbezogene Bildung in der Kinder- und Jugendarbeit. Subjektbezug oder kategorialer Ansatz – die falsche Alternative. In: Lindner, Werner/Thole, Werner/Weber, Jochen (Hg.): Kinder- und Jugendarbeit als Bildungsprojekt. Opladen: Leske + Budrich: 139-152.

BMFSFJ (2002) – Bundesministerium für Familie, Senioren, Frauen und Jugend: Elfter Kinder- und Jugendbericht. Bericht über die Lebenssituation junger Menschen und die Leistungen der Kinder- und Jugendhilfe in Deutschland. Berlin.

Böhnisch, Lothar/Funk, Heide (2003): Soziale Arbeit und Geschlecht. Weinheim: Juventa.

Böhnisch, Lothar/Winter, Reinhard (1997): Männliche Sozialisation. Weinheim: Juventa.

Boldt, Uli (2004): Ich bin froh, dass ich ein Junge bin. Materialien zur Jungenarbeit in der Schule. Baltmannsweiler: Schneider.

Braun, Karl-Heinz/Wetzel, Konstanze (2006): Soziale Arbeit in der Schule. München: Reinhardt.

Budde, Jürgen (2005): Männlichkeit und gymnasialer Alltag. Doing Gender im heutigen Bildungssystem. Bielefeld: Transcript.

Budde, Jürgen/Scholand, Barbara/Faulstich-Wieland, Hannelore (2008): Geschlechtergerechtigkeit in der Schule. Weinheim: Juventa.

Connolly, Paul (1998): Racism, Gender Identities and Young Children: Social Relations in A Multi-Ethnic, Inner-City Primary School. London: Routledge.

Cornelißen, Waltrud/Stürzer, Monika/Roisch, Henrike/Hunze, Annette (2003): Dreißig Jahre Forschung zu Geschlechterverhältnissen in der Schule – Versuch einer Bilanz. In: Stürzer, Monika/Roisch, Henrike/Hunze, Annette/Cornelißen, Waltraud (Hg.): Geschlechterverhältnisse in der Schule. Opladen: Leske + Budrich: 217-243.

Enders-Dragässer, Uta/Fuchs, Claudia (1993): Interaktionen der Geschlechter. Sexismusstrukturen in der Schule. Weinheim: Juventa.

Faulstich-Wieland, Hannelore (2006): Reflexive Koedukation als zeitgemäße Bildung. In: Otto, Hans-Uwe/Oelkers, Jürgen (Hg.): Zeitgemäße Bildung. Herausforderung für die Erziehungswissenschaft und Bildungspolitik. München: Reinhardt: 261-274.

Faulstich-Wieland, Hannelore/Horstkemper, Marianne (1995): „Trennt uns bitte, bitte nicht!". Koedukation aus Mädchen- und Jungensicht. Opladen: Leske + Budrich.

Faulstich-Wieland, Hannelore/Weber, Martina/Willems, Katharina (2004): Doing Gender im heutigen Schulalltag. Empirische Studien zur sozialen Konstruktion von Geschlecht in schulischen Interaktionen. Weinheim: Juventa.

Frosh, Stephen/Phoenix, Ann/Pattman, Rob (2002): Young masculinities: Understanding boys in contemporary society. London: Palgrave.

Gembus, Christian (2002): Ein geschlechtergerechtes Schulprogramm ist mit Leben gefüllt – und bezieht die Jungenarbeit mit ein. In: Koch-Priewe, Barbara (Hg.): 131-141.

Hanses, Andreas (Hg.) (2004): Biographie und Soziale Arbeit. Baltmannsweiler: Schneider.

Hannover, Bettina (2002): Das dynamische Selbst. Zur Kontextabhängigkeit selbstbezogenen Wissens. Bern: Huber.

Hartwig, Luise (2002): Spezialisierung versus Entspezialisierung. In: Schröer, Wolfgang/Struck, Norbert/Wolff, Mechthild (Hg.): Handbuch Kinder und Jugendhilfe. Weinheim: Juventa: 959-970.

Hurrelmann, Klaus/Andresen, Sabine (2007): Kinder in Deutschland 2007. 1. World Vision Kinderstudie. Frankfurt a. M.: Fischer.
Kaiser, Astrid (2005): Koedukation und Jungen. Soziale Jungenförderung in der Schule. Weinheim: Beltz.
Klein-Uerlings, Birgit (2002): Im Dschungel der Widerstände. In: Koch-Priewe, Barbara (Hg.): 170-181.
Kindlon, Dan J./Thompson, Michael (2001): Was braucht mein Sohn? Wie Eltern die emotionale Entwicklung fördern können. Frankfurt a. M.: Krüger.
Koch-Priewe, Barbara (Hg.) (2002): Schulprogramme zur Mädchen- und Jungenförderung. Die geschlechterbewusste Schule. Weinheim: Beltz.
Kreienbaum, Maria Anna/Metz-Göckel, Sigrid (1992): Koedukation und Technikkompetenz von Mädchen. Der heimliche Lehrplan der Geschlechtererziehung und wie man ihn ändert. Weinheim: Juventa.
Kugelmann, Claudia (1999): Koeduaktion im Sportunterricht oder: Mädchen und Jungen gemeinsam in Spiel, Sport und Bewegung unterrichten – ein altes Thema neu betrachtet. In: www.sportpaedagogik-online.de/koedu.htm (Download am 19.12.2007).
Lenz, Gaby (2003): Genderperspektiven – Eine Notwendigkeit in der Sozialen Arbeit. In: Beinzinger, Dagmar/Diehm, Isabell (Hg.): Frühe Kindheit und Geschlechterverhältnisse. Konjunkturen in der Sozialpädagogik. Frankfurt a. M.: Goethe Universität: 53-70.
Neider, Andreas (Hg.) (2007): Brauchen Jungen eine andere Erziehung als Mädchen. Stuttgart: Verlag Freies Geistesleben.
Neubrand, Michael (Hg.) (2004): Mathematische Kompetenzen von Schülerinnen und Schülern in Deutschland. Vertiefende Analysen im Rahmen von PISA 2000. Wiesbaden: VS Verlag für Sozialwissenschaften.
Neumann, Wolfgang/Süfke, Björn (2004): Den Mann zur Sprache bringen. Psychotherapie mit Männern. Tübingen: dgvt.
Niehaus, Mathilde (2006) Externe Evaluation des Modellversuches „Hand-Werk-Lernen": Einschätzungen nachschulischer Akteure. In: www.hrf.uni-koeln.de/de/arbeitreha/content/492.htm (Download am 14.8. 2007).
Pech, Detlef (2006): Jungen und Fußball? Jungen und Fußball! In: Grundschulzeitschrift H. 194/2006: 20-22.
Rose, Lotte (2007): Gender und Soziale Arbeit. Annäherungen jenseits des Mainstreams der Genderdebatte. Hohengehren: Schneider.
Schümer, Gundel/Tillmann, Klaus-Jürgen/Weiß, Manfred (2004): Die Institution Schule und die Lebenswelt der Schüler. Wiesbaden: VS Verlag für Sozialwissenschaften.
Spies, Anke (2005): Mädchen – Ein blinder Fleck mit weit reichenden Folgen? In: Spies/Stecklina (Hg.): 58-71.
Spies, Anke (2008): „Liebe auf dem Arbeitsblatt?" – Von der problematischen Praxis, Elternschaft über Babysimulationen als schulisches Lernthema zu etablieren". Wiesbaden: VS Verlag für Sozialwissenschaften. (i. E.).
Spies, Anke/Stecklina, Gerd (Hg.) (2005): Die Ganztagsschule. Bd. 2. Bad Heilbrunn: Klinkhardt.
Spindler, Susanne (2006): Corpus delicti. Männlichkeit, Rassismus und Kriminalisierung im Alltag jugendlicher Migranten. Münster: Unrast.
Stecklina, Gerd (2007): „Kleine Jungs mit zu großen Eiern". Männlichkeitsstereotype über junge männliche Migranten. In: Munsch, Chantal/Gemende, Marion/Weber-Unger Rotino, Steffi (Hg.): „Eva ist emanzipiert, Mehmet ist ein Macho". Weinheim: Juventa: 74-90.
Weber, Martina (2003): Heterogenität im Schulalltag: Konstruktion ethnischer und geschlechtlicher Unterschiede. Opladen: Leske + Budrich.
Willems, Katharina (2007): Schulische Fachkulturen und Geschlecht. Physik und Deutsch – natürliche Gegenpole? Bielefeld: Transcript.

# Ethnie und Migration

*Isabell Diehm*

Im internationalen Vergleich zeigt die Leistungsfähigkeit des deutschen Schulsystems keine Spitzenposition an, sondern weithin sichtbar und kontinuierlich dokumentiert ist vielmehr, dass es eine Vorreiterrolle in lediglich einer Hinsicht innehat: nämlich bezogen auf seine hohe Selektivität und die Tatsache, dass diese einen strikten Zusammenhang zur sozialen Herkunft, auch zu einem eventuellen Migrationshintergrund der Schüler(innen) aufweist. Von einer evidenten Ungleichverteilung von Bildungschancen und -möglichkeiten im deutschen Schulsystem muss daher gesprochen werden. Als signifikant benachteiligt erweisen sich Kinder aus den unteren sozialen Schichten – dies schließt häufig die Kinder mit Migrationshintergrund, d. h. Kinder der zweiten und dritten Zuwanderergeneration, weitgehend kollektiv ein. Schüler(innen) mit Migrationshintergrund werden – und dies kommt in der Mehrheitsgesellschaft fast einem Automatismus gleich – zumeist den so genannten „bildungsfernen Milieus“ und mithin einer Risikogruppe zugerechnet.

Vor diesem Hintergrund herrscht gesellschafts- und bildungspolitisch wie pädagogisch der Konsens, dass alle Anstrengungen zu einem Abbau dieses offensichtlichen Missstandes, zu einer gerechteren Verteilung der Bildungschancen und einer zügigen Erhöhung der Partizipationsmöglichkeiten durch Erziehung und Bildung führen müssten. Die Diskussionen um die Ganztagsschule (vgl. z. B. Ladenthin/Rekus 2005; Spies/Stecklina 2005; Holtappels 2006) ebenso wie um Ganztagsbildung (vgl. Coelen 2002; Otto/Coelen 2004) sind in diesem Zusammenhang anzusiedeln.

Unterzieht man diese aktuelle Debatte samt den dazu inzwischen vorliegenden Forschungsergebnissen einer genaueren und kritischen Betrachtung, so zeigt sich in dreierlei Hinsicht ein hohes Maß an Vagheit, was den konkreten Aussagegehalt der vorgetragenen Argumente und empirischen Daten angeht.

Erstens: Die Mehrzahl der publizierten Texte zu den sozial-, familien- und bildungspolitischen, sozial-erzieherischen, schulischen und unterrichtlichen Funktionen ganztägiger Beschulung und Betreuung bleiben tendenziell einem normativ-programmatischen sowie spekulativen Duktus verhaftet. Es werden überwiegend Vermutungen zu Sinn, Zweck und Nutzen von Ganztagsschule bzw. -bildung angesichts der neuen Anforderungen formuliert, die sich an die so genannte Wissensgesellschaft unter globalisierten Bedingungen knüpfen. Mithin sind es allererst Aspirationen, die sich hier in weitaus überwiegendem Maße Ausdruck verschaffen und auf der Ebene pädagogischer Semantik angesiedelt sind.

Dies steht zweitens in direktem Zusammenhang zur insgesamt doch noch recht unbefriedigenden Datenlage, die bislang keine Aussagen macht zu Qualität und Wirkung von Ganztagsschulen (vgl. Holtappels 2006).

Drittens: Was mögliche positive Effekte von Ganztagsbeschulung bzw. -bildung in Bezug auf den Abbau migrationsbedingter Bildungsbenachteiligung angeht, so stößt man ebenfalls eher auf Wunschkommunikation als auf aussagekräftige empirische Befunde. Eine Befragung zu schulischen Ganztagsangeboten in NRW ergibt, dass seitens der Schulen die interkulturelle Verständigung als ein sozial- und freizeitpädagogisches Ziel benannt, aber gerade im Hinblick auf eine Steigerung der Sprachkompetenz von Migrant(in-n)en wenig Wirkung zu verzeichnen ist. Gleichzeitig sagt die Studie aus, dass seitens der befragten Eltern mit Migrationshintergrund insbesondere Erwartungen auf eine Verbesserung der Hausaufgaben formuliert werden (vgl. Haenisch 2003, zit. n. Holtappels 2006: 17). Eine Sekundäranalyse zu Daten der IGLU-Studie, der ein Vergleich von Grundschulen mit und ohne Ganztagsangebot zugrunde liegt, macht deutlich, dass sich hinsichtlich des Leseverständnisses kein Zusammenhang zum sozialen oder migrantischen Hintergrund der Schüler(innen) ergibt (vgl. Radisch u. a. 2006). Gleichwohl durchziehen vor allem implizite Hinweise auf die vermeintlich förderlichen Effekte von Ganztagsangeboten für die Adressatengruppe der Schüler(innen) mit Migrationshintergrund die einschlägigen Publikationen. Da Ganztagsangeboten generell u. a. eine kompensatorische Funktion zugeschrieben wird (vgl. Holtappels 2006: 11), überträgt sich diese Annahme auf die beiden derzeit ausgemachten Risikogruppen: die Kinder aus sozial schlecht gestellten Familien und Kinder mit Migrationshintergrund. Gerade im hiesigen Diskurs um Migration lässt sich unter gesellschafts- wie bildungspolitischen, aber auch pädagogischen Gesichtspunkten von einer seit Jahrzehnten ausgeprägten „methodologischen Defizitorientierung" sprechen; insofern wundert es nicht, dass Ganztagsschule bzw. Ganztagsbildung als Projektionsfläche für ungelöste soziale wie Integrations- oder Bildungsprobleme fungiert.

Im Folgenden wird es daher darum gehen, jene „methodologische Defizitorientiertung" in ihrem Zusammenhang zur evidenten Bildungsbenachteiligung von Kindern und Jugendlichen mit Migrationshintergund zu klären, sowie die aktuelle Integrationsdebatte in groben Zügen zu rekonstruieren, um schließlich der Frage nachzugehen, welchen Stellenwert Ganztagsbildung im Kontext von Erziehung, Bildung, Einwanderung und Integration bzw. Inklusion haben kann.

## 1 Die methodologische Defizitorientierung im Kontext von Migration und Erziehung

Die Bildungsbenachteiligung von Kindern und Jugendlichen mit Migrationshintergrund im deutschen Schulsystem ist mittlerweile weithin statistisch belegt:

> „Unter den europäischen Staaten mit Arbeitsmigration ist Deutschland dasjenige Land, dessen Zuwanderer sich hinsichtlich Bildungshintergrund und sozialem Status am meisten von der übrigen Bevölkerung unterscheiden. Eine Besonderheit ist auch, dass die 1. Generation, mit relativ vielen Aussiedlern, bei Kompetenzmessungen in Sekundarschulen besser dasteht als die 2. Generation, in der Jugendliche mit türkischem Hintergrund stärker vertreten sind,"

heißt es im ersten nationalen Bildungsbericht, der im Frühjahr 2006 im Auftrag der Ständigen Konferenz der Kultusminister der Länder und des Bundesministeriums für Bildung und Forschung vorgelegt wurde (vgl. Konsortium Bildungsberichterstattung 2006: 179).[1]

1 Die statistische Erfassung der Zuwanderung erfuhr in diesem Bildungsbericht eine weitreichende Umstellung vom so genannten Ausländer- zum Migrationskonzept, was zu einer gravierenden Verschiebung der den offiziellen Statistiken zugrunde gelegten Daten führte. Als Datenbasis für die Erhebungen diente der Mikrozensus 2005, der den Migrationshintergrund (über die bloße Staatsangehörigkeit hinaus) in seinen vielfältigen Erscheinungen (Geburtsort in oder außerhalb Deutschlands, Zuzugsjahr, Einbürgerung) exakt berücksich-

Ein Blick auf die Verteilung von Schüler(innen) mit und ohne Migrationshintergrund auf die verschiedenen Schulformen im dreigliedrigen (bzw. vier- oder fünfgliedrigen)[2] Schulsystem macht diese evidente Benachteiligung nachvollziehbar. Auf der Grundlage der PISA-Befunde von 2000 finden sich im Bildungsbericht (vgl. ebd.: 151ff.) die folgenden Befunde: Schon am Übergang von der Grundschule in die weiterführenden Schulen zeigt sich, dass Schüler(innen) mit Migrationshintergrund vor allem in Haupt- und Realschulen anzutreffen sind, wobei von den türkischen Schüler(inne)n fast jede(r) zweite eine Hauptschule, aber nur jede(r) achte eine Gymnasium besucht. Demgegenüber finden sich Schüler(innen) ohne Migrationshintergrund überwiegend in Realschulen oder Gymnasien. Für die erstgenannte Gruppe ergeben sich im Laufe der Schulzeit deutlich weniger Aufstiegschancen, d. h. einmal getroffene Übergangsentscheidungen werden später seltener korrigiert als bei Schüler(inne)n ohne Migrationshintergrund. Vielmehr steigen 20 % mit Migrationshintergrund während ihrer Zeit in der Sekundarstufe I in die Hauptschule ab, im Vergleich dazu liegt die Quote derjenigen ohne Migrationshintergrund bei lediglich 10 %. Signifikant ist mithin die Differenz zwischen beiden Schüler(innen)gruppen, was ihren Zugang zu höheren Schulformen betrifft ebenso wie die realen Chancen, sich dort dann auch zu halten. Auch im Hinblick auf Zurückstellung und/oder Klassenwiederholungen – das Wiederholungsrisiko ist bei Kindern mit Migrationshintergrund in den Jahrgangsstufen 1 bis 3 viermal höher – unterscheiden sich die beiden Gruppen, was Auswirkungen auf die Dauer der Schulzeit hat. Verzögerungen in der Schullaufbahn erweisen sich in einigen Bundesländern bei Kindern mit Migrationshintergrund um das Doppelte erhöht. Was die Lesekompetenz betrifft, so gehören „über 40% der Jugendlichen beider Zuwanderergenerationen, aber nur 14 % der Jugendlichen ohne Migrationshintergrund (...) zur so genannten Risikogruppe mit (geringen Kompetenzen)" (ebd.: 179). Im Übergang von der Schule ins Beschäftigungssystem setzt sich die Benachteiligungssituation der Jugendlichen mit Migrationshintergrund dramatisch fort. Deshalb wird im Bildungsbericht beklagt, dass sich zwar „nach mehreren Jahrzehnten der Diskussion über Migration und Bildung in Deutschland (...) die Defizite (...) schärfer benennen (lassen) als je zuvor", gleichwohl lägen kaum verlässliche Daten vor, die Aussagen darüber ermöglichten, „welche Art von Förderung bei welchen Personen welche Wirkung entfaltet." Konstatiert wird „der Mangel an Wissen über erfolgreiche institutionelle und pädagogische Strategien", die Abhilfe angesichts dieser Problemlage versprechen (ebd.). Diese Beschreibung deckt sich mit aktuellen Ergebnissen, welche die empirische Bildungsforschung im Anschluss an die erste PISA-Untersuchung verstärkt hervorbrachte. Zusammenfassend lautet das Fazit von Stanat (2006: 114): „Die Effektivität von Maßnahmen, die zur Förderung von Schülerinnen und Schülern mit Migrationshintergrund in deutschen Schulen zur Anwendung kommen, ist weitgehend ungeprüft (...)."

Unterschiedliche Ursachen und Gründe, die den kontinuierlich festgestellten Bildungsmisserfolg[3] von Kindern und Jugendlichen mit Migrationshintergrund zu erklären be-

tigt. So gelangte man zu vergleichsweise differenzierteren Einsichten über die Komplexität und Heterogenität der hiesigen Zuwanderungskonstellationen. Nach dem Mikrozensus 2005 „weist fast ein Fünftel der deutschen Bevölkerung (18,6 %) individuelle oder familiale (von mindestens einem Elternteil) Zuwanderungserfahrung auf. Die Population mit Migrationshintergrund ist somit fast doppelt so groß, wie nach der bisherigen Statistik mit Hilfe der Staatsangehörigkeit ausgewiesen wurde. Noch höher ist der Anteil bei den Kindern und Jugendlichen im besonders bildungsrelevanten Alter (unter 25 Jahre). Hier liegt er bei 27,2 % der gleichaltrigen Bevölkerung. Mit anderen Worten: Mehr als jedes vierte Kind und jeder vierte Jugendliche in Deutschland hat einen Migrationshintergrund" (Konsortium Bildungsberichterstattung 2006: 178).

2 Hier sind Sonder- und Gesamtschulen einbezogen.

3 Die erste PISA-Studie im Jahr 2001 markierte insofern einen Wandel in der Bildungslandschaft als sie die

anspruchen, sind inzwischen ebenfalls ausgetauscht und kontrovers diskutiert (vgl. Diefenbach 2007). Die vorgebrachten Erklärungsansätze unterscheidet Radtke (2004: 635) entlang zweier Theorielinien: zum einen nach denjenigen, die einer ätiologischen Perspektive folgen, indem „sie nach Merkmalen (Risikofaktoren) in den benachteiligten bzw. erfolgreichen Schüler- bzw. Bevölkerungsgruppen und ihren Lebensbedingungen suchen und dazu Sozialisationstheorien in Anspruch nehmen", zum anderen nach solchen Ansätzen, „welche die Institution Schule und ihre Umgangsweisen mit den (Migranten-)Kindern in den Fokus der Untersuchung rücken und dazu auf Organisationstheorien zurückgreifen". Die Erklärungen der ätiologischen Theorielinie sind in der deutschen Debatte um Migration, Erziehung und Bildung seit Jahrzehnten überrepräsentiert. In ihrer anhaltenden Dominanz begründen und perpetuieren sie, was hier als „methodologische Defizitorientierung" bezeichnet wird. Diese hat ihre systematisch-konzeptionelle und praktisch-pädagogische Verankerung in der Ausländerpädagogik der 1970er Jahre und entfaltet – ganz entgegen der geläufigen Semantik – bis heute ihre Wirkung (vgl. Diehm/Radtke 1999: 125-161). Migration erscheint seither unweigerlich gebunden an defizitäre Erfahrungen und Auswirkungen. Migrant(inn)en werden ebenso wie ihre Kinder, ja sogar noch ihre Enkel als Defizitträger wahrgenommen, deren sprachliche, kulturelle und religiöse „Differenz" als Integrationshemmnis gesehen wird und sie selbst psychisch in Dauerkonflikte („Kulturkonflikt", „Identitätskonflikt", „Leben zwischen zwei Kulturen") stürze. Von pädagogischer Seite wurde den „migrationsbedingten Defiziten" – und wird heute wieder verstärkt – mit kompensatorischen Anstrengungen begegnet, die lange Zeit in Form segregativer Maßnahmen organisiert waren, weil sich die pädagogischen Bemühungen einseitig an die Zuwanderer(kinder) richteten. Die programmatische Umstellung von der Ausländerpädagogik zur Interkulturellen Pädagogik ab Mitte der 1980er Jahre, die deklaratorisch eine Abkehr von jener Defizitorientierung markierte und pädagogisch-konzeptionell („Bereicherungs- und Begegnungsansatz") wie organisatorisch (gemeinsames Lernen von Mehr- und Minderheitenangehörigen) einige Veränderungen mit sich brachte, bewirkte vor allem auf der Ebene der pädagogischen Semantik, dass von „migrationsbedingten Defiziten" nur mehr selten gesprochen wird. Jedoch ist es trotz dieser semantischen Umsteuerungsversuche nicht gelungen, den Risiko- und Belastungsdiskurs, der die Migrationsdebatte wie ein Schatten von Anfang an kontinuierlich begleitet, zu überwinden. Insbesondere qualitative empirische Befunde liefern Belege dafür, dass Laufbahnentscheidungen, die im Falle von Schüler(inne)n mit Migrationshintergrund vom pädagogischen Personal der Schulen getroffen werden, tendenziell auch weiterhin einer „methodologischen Defizitorientierung" verhaftet sind. So stellt etwa Weber (2005) fest,

> „(...), dass auch LehrerInnen der gymnasialen Oberstufe ihre SchülerInnen mit Migrationshintergrund trotz deren faktischen Bildungserfolgs aus einer defizitorientierten Perspektive beurteilen. Schwierigkeiten von allochthonen SchülerInnen werden vor allem in deren außerschulischer Lebenswelt verortet, die ethnisch-kulturell markiert wird. Die Sicht der Ausländerpädagogik dominiert die Alltagstheorien und routinierten Beurteilungspraxen der Lehrkräfte an den untersuchten Schulen" (Weber 2005: 151).

Weitere Studien bekräftigen jene behauptete „methodologische Defizitorientierung" (vgl. Gomolla/Radtke 2007; Hummrich 2002), welche die Pädagogik der Einwanderungsgesell-

---

Wahrnehmung für die Bildungsbenachteiligung von Schüler(inne)n mit Migrationshintergrund deutlich schärfte. Neu waren die Befunde, welche die Misere damals erstmals öffentlichwirksam belegten, allerdings keineswegs. Vielmehr weist die Bildungsforschung seit zwei Jahrzehnten die anhaltende Ungleichheit in deutschen Schulsystem aus (vgl. im Überblick: Radtke 2004), nur interessierte sie nicht.

schaft Bundesrepublik Deutschland seit Jahrzehnten charakterisiert. Zugleich weist sie über den Zuständigkeits- und Geltungsbereich von Pädagogik und Erziehung hinaus, indem sie Verbindungen und Zusammenhänge zur Integrationspolitik erkennen lässt: Sowohl unter pädagogischen wie unter integrationspolitischen Gesichtspunkten zeitigt die „methodologische Defizitorientierung" ein und den selben Effekt: Sie erlaubt es, dass schulische und/oder soziale Probleme immer den Zuwanderern oder ihren Nachkommen selbst zugeschrieben werden können und sich die Aufnahmegesellschaft durch eine solche Individualisierung von Ursachenzuschreibungen entlastet. Ein „methodologischer Individualismus", der als Prämisse eines meritokratisch orientierten Bildungssystems zu gelten hat, scheint im Falle der Schüler(innen) mit Migrationshintergrund außer Kraft gesetzt zu sein.

## 2 Integration als Aufgabe von Politik und Pädagogik

Die politische und gesellschaftliche Debatte um die Integration[4] von Migrant(inn)en und ihren Nachkommen in die deutsche Gesellschaft ist – vergleichbar der beschriebenen Situation im Bildungsbereich – ebenfalls von „methodologischer Defizitorientierung" kennzeichnet, wobei sie sich hier eher vermittelt zeigt. Für Bade (2007: 34) erwies sich die Integrationspolitik in Deutschland rückblickend als „konzeptionslos"; sie habe sich jahrzehntelang durch Versäumnisse ausgezeichnet, die vor allem nach dem Anwerbestopp im Jahr 1973 als Arbeitsmarktpolitik (weniger als Sozial- oder Bildungspolitik) hervortrat und die Zuwanderer durch allerhand „Brüskierungen", Abwehr und Mangel an Akzeptanz zur „Selbstabgrenzung" provoziert habe. Auf Seiten der Mehrheitsgesellschaft und ihrer Politik „fehlte es lange an der Bereitschaft zur Akzeptanz der gesellschaftlichen Realität" (ebd.: 34). Diese hätte bedeutet anzuerkennen, dass Deutschland längst zu einem Einwanderungsland geworden ist – wie andere europäische Gesellschaften auch. Demgegenüber konstatiert Bade (ebd.: 35) einen wirklichkeitsfremden und folgenschweren „Dementi-Konsens", der mit der sturen Haltung: „Die Bundesrepublik ist kein Einwanderungsland" notwendige integrationspolitische Entwicklungen auf beiden Seiten der Betroffenen, der Mehrheitsgesellschaft wie den Einwanderern, blockiert habe. Erst seit den 1990er Jahren ließe sich eine sukzessive Überwindung jener Abwehrhaltung beobachten, die sich in rechtlichen Schritten Ausdruck verschaffte: der Reform des Ausländerrechts im Jahr 1990, der Reform des Staatsangehörigkeitsrechts im Jahr 2000 sowie die Verabschiedung des Zuwanderungsgesetzes im Jahr 2005, das Integration erstmals als staatliche Aufgabe festschreibt (vgl. ebd.: 36). Vor dem Hintergrund dieser rechtlichen Innovationen spricht zwar auch Bommes (2006: 10) von „Prozessen der institutionellen Normalisierung", zugleich aber sieht er diese in den letzten beiden Jahren von einer „an Dynamik gewinnenden Gegenbewegung begleitet":

4 Um die Debatte über die Integration von Migrant(inn)en rekonstruieren zu können, findet entsprechend dem gängigen Sprachgebrauch in diesem Text der Integrationsbegriff Verwendung. Gleichwohl wäre es unter begriffstheoretischen Gesichtspunkten korrekter von Inklusion zu sprechen, wenn es – wie hier – um die Eingliederung von Einwanderern in ein Teilsystem der Aufnahmegesellschaft, nämlich das der Erziehung geht, andere Teilsysteme (wie der Arbeitsmarkt oder das Gesundheitssystem) erweisen sich für Migrant(inn)en als ebenso relevant (vgl. Diehm 2004).

> „(...) in dem Maße, in dem Migration und Integration und ihre angemessene rechtliche, politische, wissenschaftliche und erzieherische Bearbeitung unabweisbar wurden (...), wurden sie im Widerstand dagegen in der Perspektive von Gefahr und Bedrohung entworfen und mit Forderungen verknüpft, die in verschiedenen Hinsichten die Anpassungsfähigkeit und politische Loyalität von Migranten unter Verdacht stellen (...)" (Bommes 2006: 10).

Mit einem „Elan der Aufbruchstimmung" angesichts der Fortschritte im Bereich der Gesetzgebung einerseits, wie einem langsam sich verändernden Selbstverständnis als Einwanderungsgesellschaft und der „Kommunikation von Migration und Integration als Gefahr" andererseits, lässt sich nach Bommes (ebd.: 10) die Ambivalenz beschreiben, welche die politischen (und sozialen) Migrations- und Integrationsverhältnisse in Deutschland aktuell ausmachen. Rückblickend war es jedoch die von Bade rekonstruierte Abwehr- und Verweigerungshaltung, die dominierte und in regelmäßigen Abständen bis heute (zumeist von Wahlkampf zu Wahlkampf) zur Feststellung einer so genannten „Integrationsunwilligkeit" auf Seiten der Einwanderer führte – auch bezeichnet als „Abschottungspraxis", als „Ghettobildung" oder als Neigung zur Bildung von „Parallelgesellschaften", dabei wurde notorisch mit deren Ablehnung argumentiert, die Zweitsprache Deutsch lernen zu wollen. Integrationsschwierigkeiten wurden und werden bis heute auf diese Weise vor allem den Einwanderern selbst angelastet, was diese unweigerlich mit Defiziten ausstattet: der mangelnden Bereitschaft, sich einzugliedern, indem der Erwerb der Verkehrssprache verweigert werde – so das geläufigste Argument. Also auch im Hinblick auf die Integrationspolitik findet sich, vermittelt über einen institutionalisierten Belastungsdiskurs, eine tief verankerte und alles, was im Kontext von Migration zur Debatte steht, von vornherein einfärbende Defizitorientierung. Sie setzt sich nicht nur, wie unter dem vorangegangenen Punkt ausgeführt, im engeren Kontext der schulischen Qualifizierung von Kindern und Jugendlichen mit Migrationshintergrund mit verheerenden Auswirkungen fort, sondern durchzieht ebenso den bildungspolitischen und schulisch-administrativen Umgang mit Migration seit Jahrzehnten. Widersprüchlichkeiten, Ambivalenzen und schwankendes Engagement lassen sich seit der Institutionalisierung der „Ausländerpädagogik" in den 1970er Jahren verzeichnen. Integrationsbestrebungen versuchte man über eine „Fördermaßnahmenpädagogik" oder auch „Sonderpädagogik für Ausländerkinder" zu realisieren[5] und folgte damit ebenfalls der Logik der Kompensation von Defiziten, blieb aber insofern wirkungslos, als es nicht gelang, die Bildungsungleichheit der eingewanderten Kinder und Jugendlichen nachweisbar auszugleichen.

## 3 Ganztagsbildung als Integrationshilfe?

Bildungsmisere und integrationspolitische Defizite im Kontext von Migration nähren die Hoffnung, dass ein ganztägiger Schulbetrieb integrative Wirkung für Kinder und Jugendliche mit Migrationshintergrund von einer neuen, bisher nicht gekannten Qualität entfalten könnten. Der Eindruck vom „Allheilmittel" oder „Breitbandantibiotikum Ganztagsschule" drängt sich auf (vgl. Toppe 2005: 130), denn als Projektionsfläche für ganz unterschiedliche Erwartungen eignet sich das Projekt Ganztagsschule allemal.

5 So und ähnlich lauteten die kritischen Bilanzierungen als die „Ausländerpädagogik" durch die sogenannte „Interkulturelle Pädagogik" ab Mitte der 1980er Jahre abgelöst wurde (vgl. Diehm/Radtke 1999).

Sowohl Schul- als auch Sozialpädagogik, sowohl Schule als auch Jugendhilfe, aber ebenso die Eltern mit Migrationshintergrund[6] verbinden mit dem Ganztagsschulbetrieb ein Angebot, das zusätzliche Förderung im Sinne einer Intensivierung von Unterricht und mithin ein Mehr an Qualifikation verspricht – aus der Sicht der Eltern ganz besonders im Bereich der Zweitsprachenförderung. Demgegenüber gibt es, wie eingangs angesprochen, derzeit jedoch (noch) keinerlei empirische Evidenz für die leistungs- und kompetenzsteigernde Wirkung von ganztägiger Beschulung und Betreuung. Die insbesondere in der sozialpädagogischen Fachdebatte gehegte Hoffnung, eine Ausweitung schulischer Ganztagsangebote könne den strikten Zusammenhang zwischen sozialer Herkunft und schulischer Kompetenzentwicklung lockern oder gar aufbrechen, weist Olk (2004: 538) zurück, denn gerade die „additiven" Ganztagsschulmodelle stünden in der Gefahr, die Förderaktivitäten der Jugendhilfe am Nachmittag auf die „klassische, als überwunden geglaubte Reparatur- und Ausgleichsfunktion für den vormittäglichen Unterricht" zu reduzieren (ebd.: 537). Diese als „Sozial-Pädagogisierung" zu bezeichnende Reaktion auf sozial-politische und schulische Probleme schließt die Kinder und Jugendliche mit Migrationshintergrund ein; sie werden als so genannte „Risikogruppe" von den Befürworter(inne)n der Ganztagsschule mit dem Hinweis auf erhöhte Förder- und Integrationschancen eigens adressiert, ohne dass die beschworene positive Wirkung solcher Maßnahmen geklärt wäre. Auch hier fehlt es an empirisch gesicherten Aussagen. Die Erfahrungen, die mit den kompensatorischen Maßnahmen während der Ausländerpädagogik der 1970er und -80er Jahre gesammelt wurden, lassen sogar befürchten, dass im Hinblick auf die von Olk erwähnte Gefahr eine weitere hinzuzukommen droht: die der Segregation in Verbindung mit Förderung.

Positive, empirisch signifikante Effekte zeitigt der ganztägige Schulbetrieb lediglich im Bereich des sozialen Lernens und des Schulklimas (vgl. Holtappels 2006; Radisch/Klieme 2004). So bedeutsam dies unter pädagogischen Gesichtspunkten auch sein mag, zur Herstellung von Bildungsgerechtigkeit und Integration im Kontext von Migration reicht das nicht aus. Vielmehr ist Toppe (2005: 144) zuzustimmen, wenn sie feststellt, dass der gesellschaftlich verursachten Ungleichheit durch Ganztagsschule und -bildung nicht umfassend zu begegnen sei, diese ließe sich damit höchstens abmildern. Bildungsbenachteiligung, wie sie im bundesdeutschen Schulsystem sowohl in Zusammenhang mit der sozialen wie der migrantischen Herkunft der Heranwachsenden nachgewiesen ist, hat – so jedenfalls ist man sich vor allem außerhalb der nationalen Grenzen einig (vgl. OECD 2006) – eine zentrale Ursache in der Struktur des Bildungssystems. Probleme im (Bildungs-)System, die in dieser Weise strukturell verankert sind, lassen sich jedoch, so auch Holtappels (vgl. 2006: 12), durch die flächendeckende Einführung von Ganztagsschulen – seien sie qualitativ noch so hoch einzuschätzen – nicht lösen. Für die Klientel der im Bildungssystem benachteiligten Kinder und Jugendlichen mit Migrationshintergrund wäre deshalb als ein erster und wesentlicher Schritt der Abbau jenes gravierenden strukturellen Defizits des Schulsystems zu erreichen: seine Mehrgliedrigkeit. Ein solcher Schritt hätte zur Folge, dass der gängigen Aussonderungspraxis von Schüler(inne)n und ihrer Verteilung auf unterschiedliche Schulformen zur Herstellung leistungshomogener Lerngruppen (vgl. Diehm/Radtke 1999) der Boden entzogen wäre. Die Institutionalisierung einer Ganztagsbildung, die Schule und Jugendhilfe als symmetrische und sich ergänzende Systeme Realität werden

6 Laut der Studie zur Entwicklung von Ganztagsschuzlen (StEG) nutzen Migrantenkinder die Ganztagsschule im Primarbereich im selben Maße wie Kinder ohne Migrationshintergrund; im Sekundarbereich nutzen sie die Ganztagsangebote zu einemleicht höheren Anteil (vgl. Züchner u. a. 2007: 114-115).

lässt, bildete sodann die notwendige Voraussetzung, um pädagogische Qualität und die Qualifizierung der Heranwachsenden sowohl im Hinblick auf Kompetenzerwerb als auch im Hinblick auf die Ermöglichung von Bildungsprozessen zu garantieren.

## Literatur


Bade, Klaus J. (2007): Integration: versäumte Chancen und nachholende Politik. In: Aus Politik und Zeitgeschichte H. 22-23/2007: 32-38.

Bommes, Michael (2006): Einleitung: Migrations- und Integrationspolitik in Deutschland zwischen institutioneller Anpassung und Abwehr. In: Bommes, Michael/Schiffauer, Werner (Hg.): Migrationsreport 2006, Fakten – Analysen – Perspektiven. Frankfurt a. M.: Campus: 9-25.

Coelen, Thomas (2002): „Ganztagsbildung". Ausbildung und Identitätsbildung von Kindern und Jugendlichen durch die Zusammenarbeit von Schulen und Jugendeinrichtungen. In: neue praxis H. 1/2002: 53-66.

Diefenbach, Heike (2007): Kinder und Jugendliche im deutschen Bildungssystem: Erklärungen und empirische Befunde. Wiesbaden: VS Verlag für Sozialwissenschaften.

Diehm, Isabell (2004): Ganztagseinrichtungen als Inklusionshilfe für ethnische Minderheiten: Nicht-formelles und informelles Lernen in der Einwanderungsgesellschaft. In: Otto, Hans-Uwe/Coelen, Thomas (Hg.): Grundbegriffe der Ganztagsbildung. Beiträge zu einem neuen Bildungsverständnis in der Wissensgesellschaft. Wiesbaden: VS Verlag für Sozialwissenschaften: 179-189.

Diehm, Isabell/Radtke, Frank-Olaf (1999): Erziehung und Migration. Eine Einführung. Stuttgart: Kohlhammer.

Gomolla, Mechtild/Radtke, Frank-Olaf (2007): Institutionelle Diskriminierung. Die Herstellung ethnischer Differenz in der Schule. Wiesbaden: VS Verlag für Sozialwissenschaften.

Holtappels, Hans Günther (2006): Stichwort: Ganztagsschule. In: ZfE (9. Jg.) H. 1/2006: 5-29.

Hummrich, Merle (2002): Bildungserfolg und Migration: Biographien junger Frauen in der Einwanderungsgesellschaft. Opladen: Leske + Budrich.

Konsortium Bildungsberichterstattung (2006): Bildung in Deutschland. Ein indikatorengestützter Bericht mit einer Analyse zu Bildung und Migration. Im Auftrag der Ständigen Konferenz der Kultusminister der Länder in der Bundesrepublik Deutschland und des Bundesministeriums für Bildung und Forschung. Bielefeld: Bertelsmann.

Ladenthin, Volker/Rekus, Jürgen (Hg.) (2005): Die Ganztagsschule. Alltag, Reform, Geschichte, Theorie. Weinheim: Juventa.

OECD (2006): Where Immigrant Students Succed. OECD Briefing Note for Germany, Paris. In: www.oecd.org/document/44/0,2340,en_32252351_32236173_36599916_1_1_1_1,00.html (Download am 26.7. 2007).

Olk, Thomas (2004): Jugendhilfe und Ganztagsbildung. Alte Rollenzuweisungen oder neue Perspektiven? In: neue praxis H. 6/2004: 532-542.

Otto, Hans-Uwe/Coelen, Thomas (Hg.) (2004): Grundbegriffe der Ganztagsbildung. Beiträge zu einem neuen Bildungsverständnis in der Wissensgesellschaft. Wiesbaden: VS Verlag für Sozialwissenschaften.

Radisch, Falk/Klieme, Eckhard (2004): Wirkungen ganztägiger Schulorganisation. In: Die Deutsche Schule (96. Jg.) H. 2/2004: 153-169.

Radisch, Falk/Klieme, Eckhard/Bos, Wilfried (2006): Gestaltungsmerkmale und Effekte ganztägiger Angebote im Grundschulbereich. Eine Sekundäranalyse zu Daten der IGLU-Studie. In: ZfE (9. Jg.) H. 1/2006: 30-50.

Radtke, Frank-Olaf (2004): Schule und Ethnizität. In: Helsper, Werner/Böhme, Jeanette (Hg.): Handbuch Schulforschung. Wiesbaden: VS Verlag für Sozialwissenschaften: 625-646.

Spies, Anke/Stecklina, Gerd (Hg.) (2005): Die Ganztagsschule (2 Bände). Bad Heilbrunn: Klinkhardt.

Stanat, Petra (2006): Disparitäten im schulischen Erfolg: Forschungsstand zur Rolle des Migrationshintergrunds. In: Unterrichtswissenschaft. Zeitschrift für Lernforschung (34. Jg.) H. 2/2006: 98-124.

Toppe, Sabine (2005): Soziale (Un-)Gleichheit in der Schule. Neue Chancen für Kinder und Eltern in Ganztagsschule?! In: Spies, Anke/Stecklina, Gerd (Hg.): Die Ganztagsschule. Bd. 1. Bad Heilbrunn: Klinkhardt: 130-148.

Weber, Martina (2005): Apartheid im Schulhaus? Konstruktion ethnischer und geschlechtlicher Grenzen im Schulalltag. In: Spies, Anke/Stecklina, Gerd (Hg.): Die Ganztagsschule. Bd. 1. Bad Heilbrunn: Klinkhardt: 149-171.

Züchner, Ivo/Arnoldt, Bettina/Vossler, Andreas (2007): Kinder und Jugendliche in Ganztagsangeboten. In: Holtappels, Heinz Günter/Klieme, Eckhard/Rauschenbach, Thomas/Stecher, Ludwig (Hg.): Ganztagsschule in Deutschland. Ergebnisse der Ausgangserhebung der „Studie zur Entwicklung von Ganztagsschulen" (StEG). Weinheim/München: Juventa: 106-122.

# 1.3

# Prozesse und Verhältnisse

# Entwicklungsaufgaben

*Karl-Heinz Braun*

Das systematische Konzept der Entwicklungsaufgaben geht auf den US-amerikanischen Lehrer, Erziehungswissenschaftler und Soziologen Robert J. Havighurst (1900-1991) zurück, der es zwischen 1930 und 1945 begründet hat. Er verband damit den Anspruch, zwischen den gesellschaftlichen Anforderungen und den individuellen Entwicklungsdynamiken der Heranwachsenden zu vermitteln, also die sich in Stufen entfaltende und in soziale Milieukontexte eingelassene Trias von physischer Reife, kulturellen Erfordernissen und personalen Zielsetzungen und Wertentscheidungen in eine entwicklungsoffene Balance (im Sinne eines „mittleren Weges“) zu bringen (wobei er für die jeweiligen Entwicklungsaufgaben von optimalen Zeitfenstern und verschiedenen Realisierungsniveaus ausging). Das bot ihm die Möglichkeit, zwischen individuellem Lernen und institutionalisierten Lernangeboten (besonders in der Schule) zu differenzieren und zugleich – wenn auch nicht in dieser Terminologie – zwischen formellen, nicht-formellen und informellen Lernangeboten zu unterscheiden und in reformpädagogischer, pragmatischer Absicht für deren Koordination zu plädieren (was ihn schon in eine Nähe zur aktuellen Ganztagsbildungsdebatte bringt).[1]

Dieser Ansatz ist dann – zumindest im deutschsprachigen Raum – zunächst von der Entwicklungs- und Pädagogischen Psychologie aufgenommen und mit empirischen Untersuchungen verschränkt worden, um so die jeweils formulierten Entwicklungsaufgaben auf ihre theoretische Schlüssigkeit und Erfahrungsfundierung hin zu überprüfen.[2] In die Erziehungswissenschaft hat er besonders Eingang gefunden durch die Arbeiten der Forschungsgruppe um Herwig Blankertz (1927-1983), wobei hier das Zentrum in den latenten Sinnrelationen von Berufsbildung, politischer Bildung und Identitätsbildung bestand, woraus dann auch eine Kritik am traditionellen Fächerkanon der Schule begründet wurde.[3] Diese Arbeiten hat seit den späten 1990er Jahren das Hamburger Graduiertenkolleg „Bildungsgangsforschung“ aufgenommen und die Entwicklungsaufgaben auf die gesamte Bildungsbiografie und ihre Verortung im Lebenslauf ausgeweitet und eine Balance gesucht zwischen Zukunfts- und Gegenwartsorientierung sowie Makro- und Mikroebene. Ferner wurde der thematische Kern der einzelnen Aufgabenstellungen sowie ihre Anzahl im Jugendalter immer wieder erörtert und überarbeitet (besonders bezogen auf die Neugestaltung schulischer Unterrichtprozesse).[4]

1) Vor diesem problemgeschichtlichen Hintergrund muss die Begründung der Entwicklungsaufgaben von der Gleichursprünglichkeit objektiver und subjektiver Strukturen

1 Vgl. dazu insbesondere Havighurst (1953, Teil 2, 3 u. 5; 1972, Kap. 3-5).
2 Vgl. Fend (1994, Kap. 4); Dreher/Dreher (1985); Oerter (1995, Kap. 5).
3 Vgl. dazu allgemein Blankertz (1986, Kap. 2.1 und 2.3); Gruschka/Kutscha (1983), bezogen auf die Kompetenz- und Identitätsentwicklung von Schüler(innen); die Erzieher(innen) werden ausführlich in Gruschka (1985, Teil I, Kap. 3.1 u. 3.2) behandelt; daran haben später angeschlossen Hericks/Kunze (2004).
4 Vgl. zum kontroversen Stand dieser Bemühungen Trautmann (2004).

ausgehen; zwischen gesellschaftlichen Ursachen und subjektiven Gründen besteht somit kein Ableitungs-, sondern ein Vermittlungszusammenhang. Er ist Medium und Folge der Unmittelbarkeitsdurchbrechung zwischen gesellschaftlicher und individueller Reproduktion im gleichen Zuge und begründet die zentrale Bedeutung der Ich-Perspektive. Damit gewinnen diejenigen bildungstheoretisch-philosophischen Traditionen eine besondere Relevanz, die das Selbst ins Zentrum ihrer Reflexionen stellen.[5]

2) Die Gleichursprünglichkeit von Anforderungen und Bedürfnissen führt deshalb nicht zum Individualismus, weil die Menschen qua ihrer biologischen Ausstattung (im streng naturwissenschaftlichen Sinne!) auf die Gesellschaft hin „angelegt" sind, also ein „unstillbares" Bedürfnis nach sozialer und systemischer Integration haben. In dem Maße, wie sie die Bedingungen der Bedürfnisbefriedigung – auch durch motivierte Anstrengung – gestalten können, bewerten sie diese Situation und Perspektive emotional positiv und entwickeln so Glückserwartungen; in dem Maße wie sie davon – mehr oder weniger radikal – ausgeschlossen werden, bewerten sie das emotional negativ und entwickeln so latente oder manifeste Ängste (die sie ggf. psychodynamisch abwehren, so dass sie vor- oder unbewusst werden).[6] Daraus resultiert die grundsätzliche Möglichkeit der Menschen, gesellschaftliche Anforderungen dann begründet zu subjektivieren, wenn sie tatsächlich ihre Handlungs-, Reflexions- und Genussfähigkeiten und -bereitschaften auszuweiten vermögen.

3) Insofern beinhaltet die Formulierung von Entwicklungsaufgaben immer eine normative Perspektive wünschenswerter personaler Entwicklungen (sie sind in den Konzepten von „Kindheit" und „Jugend" enthalten), wie auch eine empirisch-rekonstruktive Erforschung faktisch sich vollziehender Prozesse des Aufwachsens von Kindern und Jugendlichen (womit sich hier wichtige Bezüge zur Sozialisationsforschung auftun; vgl. Beer 2004). Daraus resultiert das Bemühen, jene Minimalanforderungen zu benennen, die nachvollziehbar machen, wie die Heranwachsenden (und Erwachsenen) zu mündigen Menschen, also kritischen Wirtschafts- und Staatsbürger(innen) werden können, welche zugleich ein befriedigendes Alltagsleben führen.

4) Bildungsprozesse können auf diese Weise als doppelseitig aufschließende Entwicklungs- und Lernprozesse verstanden und gestaltet werden, die sowohl Einsichten in die objektiven Oberflächen- und Tiefenstrukturen der gesellschaftlichen Wirklichkeit, wie auch die Verarbeitung der subjektiven Erfahrung mit ihnen anregen und unterstützen (z. B. zu gefühlsdominierter Einstellung, zu reinem Erfahrungswissen, zur verallgemeinerter Erfahrung, zu wissenschaftlich reflektierter Erfahrung).

5) Entgegen den ursprünglichen Konzepten kann ein zeitgemäßes Verständnis der Entwicklungsaufgaben nur von der Unabschließbarkeit ihrer Realisierung ausgehen. Darauf verweisen nicht nur pragmatische Begriffe wie „Lebenslanges Lernen", sondern auch die Tatsache, dass das „Projekt Moderne" (Habermas) selber nicht abschließbar ist, es also gesellschaftlicher und personaler Reflexivität bedarf, um schrittweise verwirklicht werden zu können.

6) Nicht zuletzt ist die Konzentration auf Entwicklungsaufgaben für die Ganztagsbildung interessant, weil sie ein Bestandteil der Allgemeinen Didaktik darstellen, welche keineswegs auf Unterricht reduziert werden kann, sondern das Bemühen beinhaltet, für alle pädagogischen Institutionen, Felder und Interaktionsformen Erfahrungs- und Ge-

5 Vgl. Frank (1991) und Taylor (1996); begrifflich werden diese Konzepte im Weiteren aufgenommen und die Entwicklungsaufgaben gedeutet als solche der Entfaltung der verschiedenen Dimensionen des Selbst.

6 Vgl. zur Bedeutung des Glücks als Bildungsperspektive Brumlik (2002, Kap. VI und VII).

staltungswissen über diese nicht-linearen Beziehungen zwischen ihren Zielen, Inhalten, Sozialformen, technischen Medien und Rückmeldeverfahren zu erarbeiten und anzubieten.

Von diesem Verständnis ausgehend sollen nun – ohne Anspruch auf Vollständigkeit und ohne, dass die Reihenfolge eine Rangfolge impliziert – fünf Entwicklungsaufgaben (und ihre konstitutiven Widersprüchlichkeiten) vorgestellt werden: Selbstvertrauen, -bestimmung, -verständigung, -bewusstheit und -verwirklichung, die in besonderer Weise dazu geeignet sind, eine übergreifende Verständigungsgrundlage für die Professionen und Disziplinen zu bieten, die sich am Projekt Ganztagsbildung beteiligen.[7]

## 1 Selbstvertrauen: Autonomie und Rückhalt

Zu den bedeutsamen Veränderungen der letzten 20 Jahre gehört der Übergang vom Befehls- zum Verhandlungshaushalt in der Mehrheit der Familien in Deutschland und in Österreich. Damit haben sich für die Kinder und Jugendlichen die Chancen verbessert, sich selbst als Ursprung und Initiator(inn)en des eigenen Handelns zu erfahren, sich selber Entwicklungsaufgaben und Lernziele zu stellen und relativ eigenständig zu realisieren und somit Vertrauen zu den eigenen Entwicklungs- und Lernfähigkeiten durch schrittweise Erweiterung der personalen Autonomie aufzubauen (deshalb sind subjektivierte Entwicklungsaufgaben aus der Ich-Perspektive formulierbar). Ausdruck und Element dieser erweiterten Möglichkeiten, ein eigenes Leben zu führen und somit eine gewisse soziokulturelle Eigenständigkeit zu erlangen, ist auch der Sachverhalt, dass ehemals exklusive Handlungsweisen nun bereits im Jugendalter, z. T. auch schon von den Kindern, realisiert werden (z. B. sexuelle Beziehungen einzugehen, die Freizeitaktivitäten selbst zu bestimmen oder eine eigenständige Konsumentenrolle zu übernehmen).

Die Herausbildung eines Autonomie fördernden Selbstvertrauens bedarf aber auch weiterhin der Unterstützung von Erwachsenen, die personal unmittelbar präsent sind, die sich auf die Heranwachsenden verstehend einlassen und die den Respekt vor der entwicklungsoffenen Autonomie der Kinder und Jugendlichen bereit und in der Lage sind, mit anspruchsvollen Herausforderungen zu verbinden (z. B. bei der Verarbeitung von Konflikt- und Krisenerfahrungen in Freundschaftsbeziehungen).

Auch wenn die Familie heute noch der bevorzugte Ort des Aufwachsens ist, so wurde doch zugleich durch die technologische und wirtschaftliche Modernisierung (u. a. Flexibilisierung der Arbeitsverhältnisse, Arbeitsorte und Arbeitszeiten) die Kontinuität der familiären Sozialbeziehungen labilisiert und teilweise ausgehöhlt. Damit fehlen bei vielen interpersonalen Familienkonstellationen in bedeutsamen Umfang die gemeinsamen Aktivitäten als Grundlage für die Herausbildung eines begründeten Vertrauens. Die so entstehenden hilflosen Freiräume (weniger Kontrolle, aber auch weniger Unterstützung) begünstigen die

7 Aus Platzgründen wird an dieser Stelle pauschal auf die im Weiteren verarbeitete Literatur verwiesen: Brumlik (2007), Bude/Willisch (2006), Butz/Reinders (2001), Braun (2003; 2007), Fraser/Honneth (2003), Giddens (1991, Kap. 4-7), Honneth (2007), Klafki/Braun (2007, Kap. 7.2), Leu/Krappmann (1999), Oehme/Beran/Krisch (2007, Kap. I, V und VI), Reinders (2002) und Sennett (2002, Kap. 2 und 8). Dabei werden Teil- und Zwischenresultate des vom Jubiläumsfonds der Österreichischen Nationalbank unter Nr. 12347 geförderten Projektes „Soziale Desintegrationsprozesse von Kindern und Jugendlichen in Österreich: Gesellschaftliche Ursachen und pädagogische Interventionsmöglichkeiten" (Projektträger: Österreichisches Institut für Kinderrechte und Elternbildung) verwendet.

Entstehung von Ängsten vor Alleinsein, Einsamkeit und Überforderung. Das impliziert die Gefahr, dass diese emotionale Verunsicherung zur Einschränkung des Selbstvertrauens führt und dieses in ungünstigen Fallkonstellationen die Form der Selbstmanipulation annimmt (Die subjektivierten Entwicklungsaufgaben sind im Folgenden aus der Ich-Perspektive formuliert). Dann versuche ich als Kind/Jugendliche(r) meine Autonomie- und Unterstützungsbedürfnisse auf die Weise umzudeuten, dass ich auf sie „um des lieben Friedens willen" scheinbar freiwillig verzichte, um mir so die „problemlose" Anerkennung und emotionale Zuwendung der Eltern bzw. anderer bedeutsamer Erwachsener, aber auch Kinder/Jugendlicher zu sichern.

Aufgrund dieser in die Modernisierungsprozesse eingelassenen Strukturveränderungen der Bedingungen des Aufwachsens und ihren interaktiven wie psychodynamischen Verarbeitungsweisen steht die Ganztagsbildung insgesamt vor der sozialen und pädagogischen Notwendigkeit funktionale Äquivalente für diesen Verlust familiärer Erziehungskompetenzen einzurichten, also familienunterstützende und -ergänzende, in manchen Fällen sogar familienersetzende Aufgaben mit zu übernehmen, also Lebens- und Erfahrungsräume zu schaffen, die auch Orte des anspruchsvollen sozialen Lernens sind.

## 2 Selbstbestimmung: Vielfalt und Ungleichheit

Als Folge der soziokulturellen Enttraditionalisierung sowie der internationalen und z. T. globalen Migrationsbewegungen hat sich die Tendenz zur Pluralisierung der Ziele und Formen der eigenen Lebensführung und der damit verbundenen Möglichkeit, die eigenen Vorstellungen vom gelingenden und glücklichen Leben auch experimentierend und selbstkorrigierend zu realisieren, immer mehr durchgesetzt. Deshalb sind die eigenen Lebenswege immer weniger vorgeschrieben und deshalb auch eröffnet diese Vervielfältigung der Vielfalt auch den Kindern/Jugendlichen neue Selbstbestimmungschancen. Gleichzeitig stellen wir eine Entgrenzung und Vertiefung der sozialen Gefährdungslagen (speziell prekäre Lebenslagen und Armut) fest, die verbunden ist mit der Polarisierung zwischen Modernisierungsgewinner(inne)n und -verlierer(inne)n und einer Segmentierung im Sinne des strukturellen Ausschlusses (es entsteht die soziale Gruppe der „Überflüssigen").

Die daraus resultierenden sozialen Konfliktlagen zeigen sich im Schulalltag der Kinder und Jugendlichen in der zunehmenden Konkurrenz (bis hin zum *Mobbing)* um Punkte, Noten, Versetzungen, Abschlüsse und Zugangsberechtigungen, die sich mit steigender Jahrgangsstufe immer mehr verdichten und in gravierender Weise nicht nur die Selbstbestimmungsmöglichkeiten, sondern auch das Vertrauen in die eigene Lern- und Bildungsfähigkeit in der Gefahr stehen, einzuschränken und auszuhöhlen. Seine besondere Schärfe erhält dieses Entwicklungsproblem dadurch, dass höhere Abschlüsse zwar das Arbeitslosenrisiko senken (eine internationale Tendenz), aber keineswegs ausschließen. Zugleich macht ein Teil der Kinder und Jugendlichen (besonders in den Hauptschulen, ganz zu schweigen von den Sonderschulen) schon in der Schulzeit und/oder bei der Lehrstellensuche die Erfahrung, zu den Modernisierungsverlierer(inne)n – vielleicht sogar zu den „Überflüssigen" – zu gehören. Aufgrund dessen ist die das Selbstvertrauen untergrabende latente oder manifeste Schulangst für etwa die Hälfte der Schüler(innen) zu einem wesentlichen, alltäglichen Element ihrer Befindlichkeit geworden.

Während die soziokulturellen und ethnisch-religiösen Pluralisierungen generell, also auch für die Ganztagsbildung einen erhöhten und die Autonomie fördernden Kommunikationsbedarf zwischen den Kindern und Jugendlichen, aber auch mit den Erwachsenen hervorbringen, weil das meiste ausgehandelt werden muss, bringen die Polarisierungs- und Segmentierungsprozesse die entgegengesetzte Tendenz hervor: Sie legen es nahe, dass bestimmte Gruppen, die sozial nicht dazupassen und/oder finanziell nicht mithalten können, unbefragt ausgeschlossen werden, und dass diejenigen, die dazugehören wollen und können, sich genauso unbefragt den Gruppenstilen und -einstellungen unterzuordnen haben, also vereinnahmt werden (was sich auch in fast allen Einrichtungen und Gruppen der Offenen und Verbandlichen Kinder- und Jugendarbeit feststellen lässt). Das beinhaltet die erhebliche Gefahr, dass die subjektiven Selbstbestimmungsansprüche objektiv den Charakter der Selbstbehauptung annehmen. Sie manifestiert sich in einem ich-zentrierten Selbst- und Weltbild, welches die Gesellschaft nur nach Maßgabe der je eigenen Bedürfnisse und Interessen zu handhaben versucht. Zur Lebensachse wird die individualistisch verstandene Selbstbestimmung und -verwirklichung, bei der nur ich und nur ich mir gegenüber für alle Entscheidungen verantwortlich bin. Diese Art von scheinbarer „Autonomie" hat zu ihrer Voraussetzung, dass die Koexistenz von Fremdbestimmtheit und Selbstbestimmung hingenommen wird, d. h. sie ist in sich selbst immer auch gebrochen und leidvoll sowie der ständigen Gefahr ausgesetzt, entleert zu werden. So tritt an die Stelle eines verständigungsbegründeten Vertrauens eine strukturelle Gleichgültigkeit allen und allem gegenüber.

Aufgrund dieser Problemlage stehen alle Institutionen und Handlungsfelder der Ganztagsbildung einerseits vor der Aufgabe, die Anerkennung der soziokulturellen und ethnisch-religiösen Vielfalt durch Respekt vor den unverwechselbaren Subjekten zu fördern und andererseits Solidarität zu unterstützen mit denjenigen, die leiden unter Verletzungen ihres Körpers (durch Hunger, Erschöpfung und Krankheit), an den Kränkungen ihrer Person (durch Erniedrigung, Unterwerfung und Angst) oder an existenzieller Verzweiflung (durch Einsamkeit und innere Leere).

## 3 Selbstverständigung: Alltagsroutinen und Sinn-Entwürfe

Alle kennen den Stress, die alltäglichen Anforderungen in einigermaßen akzeptabler und befriedigender Weise zu bewältigen. Dieser hat eine doppelte Ursache: Zum einen ist die alltägliche Lebensführung der Ort, wo alle gesellschaftlichen Anforderungen und Veränderungen quasi zusammenkommen und irgendwie bewältigt werden müssen, wenn die relative psychosoziale Handlungs-, Reflexions- und Genussfähigkeit erhalten bleiben soll. Zum anderen haben die arbeitsorganisatorisch verursachten Zeitverknappungen und Handlungsverdichtungen sich auf (fast) alle Lebensbereiche ausgedehnt und verselbständigt. Die Labilisierung und z. T. Erosion der Familienformen hat auch dazu beigetragen, dass der relative Schutzraum, also das Moratorium, das Kinder/Jugendliche vor solchen Alltagsanforderungen begrenzt abschirmt, durchlässiger geworden ist; zugleich sind Heranwachsende selbst Teil der alltäglichen Lebensbewältigungsprobleme der Erwachsenen (wenn sie z. B. aufgrund der Verinselung der Lebensweise zu bestimmten Freunden oder Sport- und Kulturangeboten hingefahren werden wollen/müssen). So bin ich als Kind/Jugendliche(r) einbezogen in die Dynamik (und manchmal auch Dramatik) der Alltagsorganisation meiner Eltern und muss die daraus resultierenden zwischenmenschlichen und psychischen Konflikte selbst verarbeiten und die entsprechenden Anforderungen im eigenen Alltagsleben einigermaßen „auf die Reihe kriegen". Wenn ich dabei nicht auf die Unterstützung von Erwachsenen begründet vertrauen kann, dann entsteht die erhebliche

Gefahr, dass ich als Kind/Jugendliche(r) die für eine relativ befriedigende Lebensführung notwendigen Kompetenzen und alltagspraktischen Gewohnheiten nicht erwerbe, dass mir die Alltagsanforderungen „über den Kopf wachsen".

Diese Überlastungen sind deshalb entwicklungspsychologisch so gravierend, weil nämlich die Alltagsroutinen nicht nur eine Entlastungsfunktion besitzen, sondern zugleich den Raum schaffen, „den Kopf freizumachen" für „ganz andere Dinge". Die zyklische Wiederholung der Alltagshandlungen ist nämlich immer auch beengend, kann immer auch zum Trott werden und provoziert die existenzielle Frage, ob das denn nun schon das „ganze", das „eigentliche" Leben sei. Diese erweiterte Fragestellung und Öffnung für einen neuen Anspruchshorizont, also die Transition, ist gerade für den Übergang von der Kindheit zur Jugend charakteristisch, wenn nämlich die eingewöhnten Beziehungsmuster in der Familie, im unmittelbaren sozialen Umfeld, in der Schule sowie der Kinder- und Jugendarbeit zunehmend praktisch-kritisch hinterfragt werden und damit die eigentliche Phase der Identitätsentwicklung eröffnet wird. Die damit verbundenen Ausbruchversuche sind entwicklungsnotwendig, weil ich nur im experimentierenden Erproben der verschiedenen Handlungsweisen, Lebensformen, Beziehungsarten, Lerninteressen und Zukunftsoptionen herausfinden kann, was ich als befriedigend und subjektiv bedeutsam empfinde und was ich in keinem Falle machen und werden will (das geht von der Ausgestaltung der Freundschaften und der Suche nach wirklich befriedigenden sexuellen Beziehungen über die Frage, wie ich mir das Zusammenleben in der Gemeinde oder dem Stadtteil vorstelle bis hin zur Klärung meiner Neigungen in Bezug auf bestimmte Unterrichtsfächer, Tätigkeitsfelder und Berufsbereiche). Es liegt in der Logik solcher biografisch bedeutsamer Suchbewegungen, dass sie die vorhandenen Grenzen überschreiten – und zwar nicht nur die der eigenen, sozial eingebundenen Alltagsroutinen, sondern auch diejenigen, welche festlegen was „üblich"/„normal" bzw. was juristisch erlaubt ist.

Solche Probehandlungen mit Ernstcharakter kann und sollte die Ganztagsbildung dadurch fördern, indem sie sich selbst als einen psychosozialen Bewältigungsraum und ein entwicklungspädagogisches Experimentierfeld und „Laboratorium" begreift und damit ein funktionales Äquivalent schafft für die abnehmenden Möglichkeiten existenzieller Selbstverständigung und Zukunft eröffnender Sinnfindung.

## 4 Selbstbewusstheit: Vergegenwärtigte Vergangenheit und zukünftige Gegenwart

Die Bedeutung und die Schwierigkeiten der biografischen Selbstverortung werden nochmals dadurch erhöht, dass die Kinder/Jugendlichen in einer Zeit aufwachsen, in der das Verhältnis von Vergangenheit, Gegenwart und Zukunft unsicher ist. Das tangiert die Begründungen und Ausrichtungen des pädagogischen Handelns deshalb zentral, weil ihm performativ eine Zukunftsorientierung innewohnt, ja ein Zukunftsversprechen, dass nämlich die aktive Nutzung der pädagogisch organisierten Lernangebote (z. B. in der Schule und in der Jugendarbeit) die eigene Selbstbewusstheit fördert und Möglichkeiten der erweiterten Selbstbestimmung, Selbstverständigung und Selbstverwirklichung für die Zukunft eröffnet und damit auch das Selbstvertrauen in die eigene und gesellschaftliche Zukunft stärkt. Aber diese Zukunft ist gegenwärtig ungesichert, und zwar nicht nur deshalb, weil in der Moderne der gegenwartsüberschreitende Erwartungshorizont den historisch gewordenen Erfahrungsraum qualitativ übersteigt, sondern auch weil die enge Verbindung von Zivilisation und Barbarei im europäischen Forschrittskonzept vielen Menschen, gerade der jungen Generation bewusster geworden ist. Zugleich wird die Aneignung von Traditionen, in welche die Menschen hineingeboren werden und in denen ich als Kind/Jugendliche(r) aufwachse aufgrund der Enttraditionalisierung sowie der zunehmenden ethnisch-religiösen Vielfalt komplizierter und konfliktreicher. Diese doppelte Offenheit – sowohl gegenüber den Vergangsheitsdeutungen wie den Zukunftsentwürfen – impliziert einen Bedeutungszuwachs der Selbstbewusstheit in der individuellen Lebensführung auch der Kinder/Jugendlichen als Teilmoment der Herausbildung einer (erheblich) erweiterten sozialen und gesamtgesellschaftlichen Reflexivität.

Angesichts der labilisierten Unterstützung der personalen Autonomieentwicklung und der Überformung der Selbstbestimmungsansprüche durch Selbstbehauptungsbemühungen ist es nachvollziehbar, dass diese neue Offenheit bei einem relevanten Teil der Kinder/Jugendlichen (aber auch der Erwachsenen) als Orientierungslosigkeit und Sinnkrise empfunden wird („Wofür lohnt es sich schon zu leben, und wofür soll ich mich engagieren?"), die latente und manifeste Ängste vor den alltäglichen Anforderungen und der gesellschaftlich vermittelten biografischen Zukunft fördern bzw. auslösen. Dies begünstigt die Tendenz zur Entmutigung der Heranwachsenden bei ihrer Selbst- und Weltaufklärung, bei der Suche nach einem sozial anerkannten und emotional befriedigenden „Platz in der Welt". Verunsicherungstendenz zeigt sich in gegensätzlichen Ausprägungen: entweder als dogmatische Suche nach einfach strukturierten Wissensformen und präreflexiven Orientierungsmustern oder als Neigung zur Beliebigkeit, bei der die Erfahrungen und Erkenntnisse der älteren Generation für mein eigenes Selbst- und Weltverständnis weitgehend unwichtig sind, weil nun angeblich „ein ganz neues Zeitalter" anfängt.

Diesen Gefahren und Tendenzen zur Entmutigung der Kinder/Jugendlichen bei der Suche nach einer lebbaren Gegenwart und Perspektiven eröffnenden Zukunft kann und sollte die Ganztagsbildung dadurch entgegenarbeiten, dass sie sich als Geschichts- und Zukunftswerkstatt und damit als Teil der Herausbildung einer lernfähigen, reflexiven Infrastruktur im Sinne institutionalisierter Anerkennungsverhältnisse begreift und gestaltet. Dazu gehört dann auch die Frage nach der Unabgegoltenheit historischer Emanzipationsentwürfe (z. B. bezüglich des Sozialstaatsgedankens und seiner Idee eines Lebens ohne Angst vor sozialem Ausschluss) und ihre Aktualisierung für die zeitgenössischen Zukunftsdebatten, also die Wiederbelebung und Erweiterung des zusammenhangserschließenden und utopischen Denkens, in dessen Zentrum stets die Frage nach der menschlichen Selbstverwirklichung gestanden hat.

## 5 Selbstverwirklichung: Sozialintegration und Systemintegration

Bereits in der Familie erleben die meisten Kinder, dass es Zusammenhänge gibt, die in ihren unmittelbaren Lebenskontexten nicht präsent sind, darauf aber einen erheblichen Einfluss haben (z. B. die Abwesenheit und Überlastung der Eltern durch die Arbeitsbedingungen), und dass sie die Probleme des Zusammenlebens (also der Sozialintegration), eigentlich nur verstehen können, wenn sie diese weit entfernten systemintegrativen Ursachen kennen und berücksichtigen lernen (z. B. die der Arbeitsorganisation), um perspektivisch sogar auf sie Einfluss zu gewinnen. Kinder/Jugendliche stehen somit vor der Entwicklungsaufgabe, den eigenen Alltagsraum zu überschreiten und die übergreifenden gesellschaftlichen Strukturzusammenhänge zu erkennen, zu beachten und zu gestalten, ohne allerdings ihren Alltag verlassen zu können. Das wird durch die verschiedenen Institutionen der Ganztagsbildung aufgrund ihrer Platzierung in den gesellschaftlichen Mesostrukturen ermöglicht und auch nahe gelegt. Diese Potenziale werden aber nur dann auch genutzt, wenn sie sich öffnen für zivilgesellschaftliche Bewegungen und Strukturen, also die – jugendspezifischen – Milieus, Netzwerke und Basisöffentlichkeiten. Sie sind ein privilegierter Ort der aktiven Sozialintegration, weil hier die Rangordnungskonflikte (um benachbarte soziale Positionen), Verteilungskonflikte (um knappe Güter, wie Arbeitsplätze und Wohnungen) und Regelkonflikte (um anerkennungswürdige Werte und Normen) ausgetragen werden (können). Dadurch wird der Zusammenhang von positionaler Anerkennung (für die Kinder und Jugendlichen gerade in Bezug auf formelle Bildungsgänge und -abschlüsse) und moralischer Anerkennung für die Entwicklung der eigenen Selbstverwirklichungsperspektiven subjektiv relevant. Wenn diese Wechselbeziehungen von System- und Sozialintegration auseinander gerissen werden und besonders die systemische Funktion der verallgemeinerten Lebensvorsorge für relevante Teile der Heranwachsenden/Erwachsenen spürbar einschränkt wird, dann mache ich als Kind/Jugendliche(r) Erfahrungen mit Deprivationsprozessen (weil die gesellschaftlichen Güter nicht nach dem Prinzip der Fairness verteilt werden), mit dem Mangel an Normenakzeptanz (weil Interessenkonflikte nicht solidarisch bearbeitet und gerecht gelöst werden) und mit emotionalen Verunsicherungen (weil nicht mehr ausreichender psychosozialer Rückhalt besteht).

Dominieren die Gefahren und Tendenzen zu sozialem Ausschluss und politischer Entmündigung, dann legen sie bereits mir als Kind/Jugendlichem nahe, dass ich mich nicht an den anspruchsvollen, konfliktreichen und immer auch mit Enttäuschungen, aber auch Erfolgserlebnissen verbundenen Verfahren der lokalen, regionalen, nationalen und z. T. auch internationalen Willensbildung und darauf gegründeten Zusammenschlüssen (z. B. in NGOs wie Greenpeace oder amnesty international) beteilige, sondern vielmehr versuche, meine eigenen Interessen auf Kosten anderer Menschen, anderer sozialer, ethnischer und religiöser Gruppen, anderer Generationen usw. durchzusetzen. Dann nehmen meine Selbstverwirklichungsansprüche den Charakter der Fremd- und Selbstunterdrückung an. Für sie ist das strukturelle Misstrauen anderen Individuen sowie besonders anderen sozialen, ethnischen und religiösen Gruppen gegenüber eine bestimmende Orientierung im alltäglichen Umgang und zentraler psychodynamischer „Mechanismus" zur regressiven Bearbeitung der dabei gemachten Erfahrungen und dies fördert das Syndrom der „gruppenbezogene Menschenfeindlichkeit" (Heitmeyer 2006). Durch die Unterdrückung anderer werden mir nicht nur diese fremd, sondern ich entfremde mich auch von mir selber und meinen Entwicklungsmöglichkeiten und das ruft offene oder verdeckte Leidensprozesse hervor.

Angesichts gerade von Krise und Umbau der Arbeitsgesellschaft muss die Ganztagsbildung einerseits verstärkt neue Wege der Bildungs- und Beschäftigungsförderung der Jugendlichen suchen, wo diese in sinnstiftenden Tätigkeiten Selbstwirksamkeit erfahren können und damit auch neue soziale und systemische Integrationsmöglichkeiten geschaffen werden. Andererseits und damit zusammenhängend haben alle pädagogischen Institutionen und Handlungsfelder die Aufgabe, eine aktive, eingreifende Menschenrechtsbildung zu fördern (also das Recht auf individuelle und politische Freiheit, auf soziale Teilhabe und auf gesellschaftliche Entwicklung), denn das Recht (sowohl in seiner „harten", positivierten, wie auch in seiner „weichen", moralischen Gestalt) vermittelt als Anerkennungsmedium zwischen Lebenswelt und System. Gerade deshalb kann die Menschenrechtssolidarität den Heranwachsenden (aber auch den Erwachsenen) eine demokratische Verständigungsgrundlage und Lösungsperspektive bieten, für die sich in Zukunft noch verstärkenden sozialen, ethnischen und religiösen Konflikte (wofür z. B. das „Projekt Weltethos" steht; vgl. Küng 1992).

## *Literatur*


Beer, Raphael (2004): Sozialisation und Normativität. In: Zeitschrift für Soziologie der Erziehung und Sozialisation (24. Jg.) H. 1/2004: 4-16.

Blankertz, Herwig (Hg.) (1986): Lernen und Kompetenzentwicklung in der Sekundarstufe II. Teil 1. Soest: Soester Verlagskontor.

Braun, Karl-Heinz (2003): Lebensführung in der „zweiten Moderne". In: neue praxis (33.Jg) H. 5/2003: 401-421.

Braun, Karl-Heinz (2007): Kooperation von Schule, Elternhaus und Kinder- und Jugendhilfe. In: Pfundtner, Raimund (Hg.): Grundwissen Schulleitung. Neuwied: Luchterhand: 262-278.

Brumlik, Micha (2002): Bildung und Glück. Berlin: Philo.

Brumlik, Micha (Hg.) (2007): Vom Missbrauch der Disziplin. Weinheim: Beltz.

Bude, Heinz/Willisch, Andreas (Hg.) (2006): Das Problem der Exklusion. Hamburg: Hamburger Edition.

Butz, Petra/Reinders, Heinz (2001): Entwicklungswege Jugendlicher zwischen Transition und Moratorium. In: ZfPäd (47. Jg.) H. 6/2001: 913-928.

Dreher, Eva/Dreher, Michael (1985): Wahrnehmung und Bewältigung von Entwicklungsaufgaben im Jugendalter: Fragen, Ergebnisse und Hypothesen zum Konzept einer Entwicklungs- und Pädagogischen Psychologie des Jugendalters. In: Oerter, Rolf (Hg.): Lebensbewältigung im Jugendalter, Weinheim: VCH: 30-61.

Fend, Helmut (1994): Die Entdeckung des Selbst und die Verarbeitung der Pubertät. Bern: Huber.

Frank, Manfred (Hg.) (1991): Selbstbewußtseinstheorien von Fichte bis Sartre. Frankfurt a. M.: Suhrkamp.

Fraser, Nancy/Honneth, Axel (2003): Umverteilung oder Anerkennung? Frankfurt a. M.: Suhrkamp.

Giddens, Anthony (1991): Modernity and Self-Identity. Cambridge: Polity Press.

Gruschka, Andreas (1985): Wie Schüler Erzieher werden. Wetzlar: Büchse der Pandora.

Gruschka, Andreas/Kutscha, Günter (1983): Berufsorientierung als „Entwicklungsaufgabe" der Berufsausbildung. In: ZfPäd (29. Jg.) H. 6/1983: 877-891.

Havighurst, Robert J. (1953): Human Development and Education. New York: Longmans Green.

Havighurst, Robert J. (1972): Developmental Tasks and Education. New York/London: Longman.

Heitmeyer, Wilhelm (Hg.) (2006): Deutsche Zustände. Folge 5. Frankfurt a. M.: Suhrkamp.

Heitmeyer, Wilhelm/Imbusch, Peter (Hg.) (2005): Integrationspotenziale einer modernen Gesellschaft. Wiesbaden: VS Verlag für Sozialwissenschaften.

Hericks, Uwe/Kunze, Ingrid (2002): Entwicklungsaufgaben von Lehramtsstudierenden, Referendaren und Berufseinsteigern. In: ZfE (5. Jg.) H. 3/2002: 401-416.

Honneth, Axel (2007): Pathologien der Vernunft. Frankfurt a. M.: Suhrkamp.

Klafki, Wolfgang/Braun, Karl-Heinz (2007): Wege pädagogischen Denkens. München: Reinhardt.

Küng, Hans (1992): Projekt Weltethos. München: Piper.

Leu, Hans Rudolf/Krappmann, Lothar (Hg.) (1999): Zwischen Autonomie und Verbundenheit. Frankfurt a. M.: Suhrkamp.

Oehme, Andreas/Beran, Christina M./Krisch, Richard (2007): Neue Wege in der Bildungs- und Beschäftigungsförderung für Jugendliche. Wien: Verein Wiener Jugendzentren.

Oerter, Rolf (1995): Kultur, Ökologie und Entwicklung. In: Oerter, Rolf/Montada, Leo (Hg.): Entwicklungspsychologie. Weinheim: Psychologie Verlags Union: 84-127.

Otto, Hans-Uwe/Oelkers, Jürgen (Hg.) (2006): Zeitgemäße Bildung. München: Reinhardt.

Reinders, Heinz (2002): Entwicklungsaufgaben – Theoretische Positionen zu einem Klassiker. In: Merkens, Hans/Zinnecker, Jürgen (Hg.): Jahrbuch Jugendforschung 2/2002. Opladen: Leske + Budrich: 13-37.

Sennett, Richard (2002): Respekt im Zeitalter der Ungleichheit. Berlin: Berliner Taschenbuch Verlag.

Taylor, Charles (1996): Quellen des Selbst. Frankfurt a. M.: Suhrkamp.

Trautmann, Matthias (Hg.) (2004): Entwicklungsaufgaben im Bildungsgang. Wiesbaden: VS Verlag für Sozialwissenschaften.

# Bildung, Lernen, Erziehung, Sozialisation

*Peter Vogel*

In einem Handbuch zum Thema „Ganztagsbildung" ist es sicherlich zwingend, dem Zentralbegriff „Bildung" etwas Aufmerksamkeit zukommen zu lassen: Im Diskurs um Ganztagsbildung treffen eine als krisenhaft gedeutete Entwicklung im Bildungssystem und eine traditionelle und – mindestens in der Moderne – gleichwohl wirkmächtige Legitimationsfigur – die Teilhabe an Bildung als Menschenrecht – aufeinander. Die Beschreibung der anstehenden pädagogischen Aufgabe als „Bildungs"-Aufgabe (und nicht etwa als notwendigen „Lern"-Prozess) stellt den Bildungsbegriff in den Fokus; dennoch ist es hilfreich, die Nachbarbegriffe Lernen, Erziehung und Sozialisation als Folie zu benutzen, auf der man die Leistungen und Grenzen des Bildungsbegriffs präziser bestimmen kann. Dies gilt umso mehr, als alle vier Begriffe einerseits nicht trennscharf zueinander sind und andererseits das Schicksal vieler erziehungswissenschaftlicher Grundkonzepte teilen: Sie sind keine theoretisch definierten Fachtermini, sondern Begriffe, die auch und zunächst in alltagsweltlichen Kontexten gebraucht werden; selbst „Sozialisation" ist als Konzept mittlerweile in die Alltagswelt diffundiert (vgl. z. B. Grundmann 2006: 9).

Aufgabe des Folgenden ist es also, Leistung und Grenzen des Bildungsbegriffs in Abgrenzung zu den anderen Begriffen zu diskutieren (im Sinne einer „Kategorialanalyse": vgl. Tenorth 1984). Dabei geht es neben dem Begriffsumfang vor allem um die Implikationen des Begriffsgebrauchs: Begriffe erzeugen Differenzen und konfigurieren das Begriffene, und die vermeintlich gleichen Gegenstände/Vorstellungen unterscheiden sich, je nachdem, ob man z. B. von Lern- oder von Bildungsprozessen redet. Durch die Großzügigkeit im Begriffsgebrauch, der sich zwangsläufig durch die Kommunikationsstruktur der Alltagssprache ergibt, ist es nahe liegend, dass sich diese Ungenauigkeit auf den wissenschaftlichen Begriffsgebrauch überträgt; dann entstehen theoretische Missverständnisse und Analysen wie Legitimationsdiskurse werden wertlos. Nach Lage der Dinge geht es also nicht darum, in direktiver Absicht Regeln über den angemessenen Begriffsgebrauch zu verfügen, sondern eher darum, deutlich zu machen, was man gewissermaßen mit einkauft, wenn man sich eines Begriffs im wissenschaftlichen Diskurs bedient. Das wissenschaftslogische Zentralproblem wird dabei sein, dass Begriffe, die im Kern aus unterschiedlichen epistemologischen Perspektiven entstammen (Lernen und Sozialisation aus der Beobachterperspektive, Erziehung und Bildung aus der Legitimations-/Handlungsperspektive), gleichsam metaphorisch für alle Perspektiven verwendet werden; damit belastet man aber einerseits die Analyse mit der Last der schon erwähnten Implikationen, und es entstehen andererseits zusätzlich zu den schon vorhandenen begrifflichen Überschneidungen weitere, die den Gegenstand endgültig unbestimmbar machen.

# 1 Lernen, Erziehung, Sozialisation

Zunächst werden die „Konkurrenzbegriffe" von „Bildung" vorgestellt und in der oben beschriebenen Weise diskutiert, bevor auf dieser Basis der Bildungsbegriff behandelt wird.

## *1.1 Lernen*

Lernen ist nach Auskunft eines gängigen Psychologie-Lehrbuchs „ein Prozess, der als Ergebnis von Erfahrungen relativ langfristige Änderungen im Verhaltenspotenzial erzeugt" (Koch 2008: 369). In der pädagogischen bzw. erziehungswissenschaftlichen Literatur wird der Begriff i. d. R. (die wenigen Ausnahmen sind Versuche, einen erziehungswissenschaftlich fundierten Lernbegriff gegen den psychologisch-allgemeinen abzugrenzen: vgl. Göhlich u. a. 2007) in einer vergleichbaren Allgemeinheit gebraucht; „Lernen" ist der abstrakteste Begriff für das, was ein Mensch in jeder Lebensspanne an Wissen, Kompetenzen, Haltungen, Einsichten usw. erwirbt. Der Begriff kann sowohl aus der Beobachterperspektive genutzt werden (z. B. Lernergebnisse) oder aus der Handlungsperspektive (z. B. Lernziele). Er ist nicht moralisch aufgeladen; sowohl kriminelle Praktiken wie Altruismus kann man lernen, und man kann nicht nicht lernen: „A common sense view would be that learning, like breathing, is something everyone does all of the time – ‚you are never too old to learn' – even if they do not realize that they are doing it" (Tight 2002: 23). Auch wer als Schüler(in) von den Inhalten einer Unterrichtsstunde nicht profitiert und insofern nicht das gelernt hat, was er/sie sollte, hat vielleicht gelernt, Langeweile auszuhalten oder die Lehrkraft hinters Licht zu führen.

Für anspruchsvollere theoretische oder legitimatorische Zwecke taugt der Begriff dann, wenn er in ein pädagogisches bzw. erziehungswissenschaftliches bzw. bildungspolitisches Konzept eingebunden wird: Die letzte bildungstheoretische Leitvorstellung, die politisch und theoretisch auf breite Akzeptanz stieß und die den Kern der Legitimation der letzten großen Bildungsreform ausmachte, war „Wissenschaftsbestimmtes Lernen". Im „Strukturplan für das Bildungswesen" des Deutschen Bildungsrats (1970) war zu lesen:

> „Wissenschaftsorientierung der Bildung bedeutet, daß die Bildungsgegenstände, gleich ob sie dem Bereich der Natur, der Technik, der Sprache, der Politik, der Religion, der Kunst oder der Wirtschaft angehören, in ihrer Bedingtheit und Bestimmtheit durch die Wissenschaften erkannt und entsprechend vermittelt werden. Der Lernende soll in abgestuften Graden in die Lage versetzt werden, sich eben diese Wissenschaftsbestimmtheit bewußt zu machen und sie kritisch in den eigenen Lebensvollzug aufzunehmen" (Deutscher Bildungsrat 1970: 33).

„Lernen" ist zwar der Begriff, der das Inhaltsverzeichnis des Strukturplans dominiert, aber sowohl analytisch wie programmatisch wirkungsvoll wird er erst in den begrifflichen Verbindungen („Wissenschaftsbestimmtes Lernen", „Frühes Lernen", „Soziales Lernen").

## *2.2 Erziehung*

Der Kern des Denkmodells „Erziehung" in der traditionellen Erziehungstheorie betrifft – jenseits des vielfach beklagten uneinheitlichen Begriffsgebrauchs (vgl. z. B. Brezinka 1990:

23-24) – die Qualität besonderer Absichten menschlicher Handlungen. Die spezifischen Intentionen sind auf die Einstellungen, Haltungen, Überzeugungen des Zöglings gerichtet, die entstehen, verstärkt, gefördert oder abgebaut, verhindert werden sollen. Diese Intentionalität wird gebrochen durch die Intentionalität des Zöglings, der die Gehalte der Absichten der Erziehung in einem aktiven Prozess zu seinen eigenen machen soll. Ausgeklammert kann hier die Frage bleiben, ob nur Intentionen, die bestimmte ethische Qualitätsstandards erfüllen, zu Recht als Erziehung gelten dürfen; bejaht man die Frage, wird es z. B. möglich, die Erziehung zum perfekten Hitlerjungen als Nicht-Erziehung zu deklarieren.

Deutlich wird aus diesem Beispiel, dass die Leistungen des Denkmodells vor allem im Bereich der Legitimation von Intentionen liegen: Das Denkmodell „Erziehung" erlaubt es, die moralische Qualität von pädagogischen Zielvorstellungen zu diskutieren, das Problem der Differenz von gesellschaftlich erwünschten und pädagogisch legitimierbaren Intentionen zu behandeln, die Differenz von „Erziehung" gegenüber Anpassung, Indoktrination, Gewöhnung, Manipulation, Werbung usw. theoretisch zu bearbeiten, die pädagogische Verantwortung und professionsethische Standards pädagogischer Berufe zu diskutieren, die Suche nach pädagogisch-immanenten Kriterien zur Entscheidung pädagogischer Legitimationsfragen zu betreiben, bis hin zu der Grundsatzfrage, ob Erziehung überhaupt sittlich erlaubt ist (vgl. Flitner 1979). Das Denkmodell impliziert auch eine gefestigte Position des Zöglings: Er ist nicht nur Objekt von pädagogischen Intentionen, sondern auch Subjekt des Vollzugs der ihm angesonnenen moralischen Orientierungen. Als Konsequenz ergibt sich, dass die Frage, ob bei einer Handlung „Erziehung" vorliegt, grundsätzlich nur als Frage nach Absichten und der Argumentation zur Legitimation von Absichten gestellt und entschieden werden kann, aber keine Frage ist, die ein(e) externe(r) Beobachter(in) nur aufgrund von Beobachtung entscheiden könnte: An der Ohrfeige selbst erkennt man nicht, ob sie dem Abbau von Frustration des Erziehers oder einer pädagogischen Absicht dient, und schon gar nicht, ob das Opfer etwas gelernt hat und ggf. was.

Der meta-theoretische Untergrund des Denkmodells „Erziehung", auf den Begriffe wie „Intention" oder „Handlung" verweisen, sind Annahmen über die prinzipielle Intentionalität und Reflexivität menschlichen Handelns. „Intentionalität" meint die Fähigkeit des Menschen, sein Handeln an selbst gewählten Sinnsetzungen zu orientieren, „Reflexivität" bedeutet die Fähigkeit, sich mit Sinnsystemen argumentativ auseinandersetzen und aus Einsicht seine Sinnorientierung ändern zu können. Beide Merkmale implizieren praktische Freiheit und moralische Zurechenbarkeit. Nach dieser Auffassung sind Intentionalität und Reflexivität dem menschlichen Handeln grundsätzlich zuzuschreiben, ungeachtet dessen, dass im alltäglichen Handlungsvollzug häufig von der Reflexionsmöglichkeit kein Gebrauch gemacht wird, z. B. aus Gründen der Entlastung bei Routinehandlungen (vgl. Vogel 1990: 26).

Die Grenzen des Denkmodells „Erziehung" – auch zu verstehen als die Anschlussprobleme, die die Konfiguration des Denkmodells erzeugt – liegen zunächst in der Position des Zöglings, dessen moralische Autonomie einerseits erst entstehen soll (sonst wäre Erziehung überflüssig) und andererseits mindestens partiell vorausgesetzt werden muss (sonst wäre Erziehung im beschriebenen Sinne unmöglich). Diese scheinbare Paradoxie scheint jedoch durch Denkfiguren wie „Pädagogischer Bezug" (Nohl), „Dialogische Führung" (Petzelt), „Erziehung als Interaktion" (Mollenhauer u. a.) oder „Nicht-affirmative Erziehung" (Benner) grundsätzlich zu bewältigen zu sein.

Deutlich schwieriger ist das Problem zu lösen, dass mit dem Denkmodell „Erziehung“, das ja dem Zögling zu den richtigen Einstellungen, Haltungen usw. verhelfen will, alle die Anlässe zur Haltungsbildung beim Zögling theoretisch nicht zu erfassen sind, die nicht durch pädagogische Intentionen entstehen: Gerade wenn man dem Zögling eine grundsätzliche Aktivität zugesteht, muss man damit rechnen, dass er auch noch – und ehrlicherweise wird man einräumen müssen, weit überwiegend – Angebote zur Haltungsbildung und moralischen Orientierung aus dem täglichen Umgang mit Eltern, Geschwistern, Gleichaltrigen, Medien usw. wahrnimmt, die keineswegs pädagogisch intendiert sind. An einem systematischen Erziehungsbegriff orientierte Pädagog(inn)en haben sich mit diesem Problem schon lange auseinandergesetzt (vgl. die Hinweise bei Dolch 1966: 215-216 und Brezinka 1990: 65-96).

Vor dem Siegeszug der Sozialisationstheorie diente das Denkmodell der „Funktionalen Erziehung“ zur Bearbeitung des Problems. Der Begriff wurde geprägt von Krieck (1927) als „unbewusste, bloß funktionale Erziehung“, die die „Unterstufe aller höheren und planmäßigen Erziehung“ darstellt; der „Erziehungsvorgang ist also auch nicht an ein solches Schema gebunden, wie es die Pädagogik voraussetzt. Man darf vielmehr sagen: in der Gemeinschaft erziehen sich alle Glieder gegenseitig“ (ebd.: 28-29). Die theoretische Leistungsfähigkeit dieses Konzepts war in der Folgezeit umstritten; meist wurde diese Lösung des Problems der nicht-intentionalen Einflüsse auf die Haltungsbildung scharf zurückgewiesen, ohne eine plausiblere Alternative anbieten zu können. Man darf aus der Diskussion um funktionale Erziehung den vorläufigen Schluss ziehen, dass die Betrachtung von Erziehung von ihren Effekten her unter Verzicht auf pädagogische Intentionen das Denkmodell „Erziehung“ sprengt; die „so formulierte Verallgemeinerung des Erziehungsbegriffs ist zugleich seine Auflösung“ (Schwenk 1989: 437). Es bleibt die paradoxe Einsicht, dass man „Erziehung“ zwar von den Absichten her definieren kann, damit aber zugleich über die Kontrolle der Effekte, deren Wünschbarkeit ja den pädagogischen Zugriff eigentlich rechtfertigt, nicht verfügen kann. Insofern ist das Scheitern von Erziehung (der Zögling nimmt die angesonnenen Haltungen nicht an) nicht ohne weiteres auf das Konto von verfehlten Erziehungsabsichten oder misslungenen Erziehungsmaßnahmen zu buchen, sondern einfach eine der strukturell möglichen Alternativen (vgl. Vogel 1996).

## *2.3 Sozialisation*

Der Kern des Denkmodells „Sozialisation“ ist die Annahme der „Entstehung und Bildung der Persönlichkeit aufgrund ihrer Interaktion mit einer spezifischen materiellen, kulturellen und sozialen Umwelt“ (Geulen 2004: 101). Dabei ist impliziert, dass „in der Genese der Persönlichkeit, und zwar im Prinzip aller Bereiche, Umweltbedingungen notwendig und entscheidend mitwirken und dass diese Bedingungen ihrerseits gesellschaftlich vermittelt sind“ (Geulen 2005: 1409); insofern grenzt sich der Sozialisationsbegriff „von der Auffassung ab, daß die menschliche Person im Metaphysischen wurzele und von empirischen Bedingungen unabhängig sei“ (ebd.: 1410). Erziehung ist also ein Unterbegriff von Sozialisation und „konzentriert sich auf die absichtsvolle Interaktion zwischen Eltern/Pädagogen und Kindern in Familie, Kindergarten, Schule und Hochschule, wobei die Wissens- und Motivebenen im Vordergrund stehen“ (Hurrelmann 2006: 17).

Die Leistungen des Denkmodells „Sozialisation“ liegen zweifellos in dem Anspruch, Persönlichkeitsentwicklung insgesamt zu erklären und deren Determinanten aufzudecken;

nur durch Wissen über empirische Zusammenhänge ist es möglich, z. B. durch Veränderungen im Bildungssystem strukturbedingte Hemmnisse für eine optimale Persönlichkeitsentwicklung abzubauen, erst durch Kenntnis der Ursachen werden gezielte und Erfolg versprechende pädagogische Interventionen bei drohenden devianten Sozialisationsverläufen möglich. Zugleich können die pädagogischen Absichten professioneller Erziehung und ihrer Institutionen mit ihren Effekten konfrontiert werden.

Die Grenzen des Denkmodells liegen da, wo die unbezweifelbare „Abhängigkeit" der Persönlichkeitsentwicklung von gesellschaftlichen Lebensbedingungen ergänzt wird durch die „Auseinandersetzung" des Subjekts mit diesen Bedingungen. Diese Ergänzung gegenüber früheren Fassungen des Sozialisationskonzepts (stark vereinfacht: Der Mensch ist das Produkt seiner Verhältnisse), die Unterstellung einer „komplexe(n) Wechselwirkung, in der das Subjekt selbst aktiv beteiligt ist und in der es sich auch zu einem individuellen bildet" (Geulen 2005: 1409), steht bisher nur als meta-theoretisches Postulat im Raum, das auf der Ebene der (Objekt-)Theoriebildung noch nicht eingelöst worden ist; die Protagonist(inn)en dieser Konzeption sprechen eher zurückhaltend von Modellvorstellungen, die durch die Kombination von Elementen aus unterschiedlichen (Objekt-)Theorien zu plausiblen Erklärungen führen (vgl. Hurrelmann 2006: 19-23, 124-126).

# 3 Bildung

Vor diesem Hintergrund stellt sich dann die Frage, welche besondere theoretische Leistung, die über die von Lernen, Sozialisation und Erziehung hinausgeht, mit dem Bildungsbegriff verbunden ist. Auch in diesem Abschnitt geht es um Leistungen und Grenzen, besonders auch im Hinblick auf „Ganztagsbildung".

## *3.1 Geschichte*

Ein Blick auf die Geschichte des Bildungsbegriffs ist insofern unerlässlich, als sowohl die Legitimationsleistung des Konzepts wie seine Implikationen Hypotheken seiner geschichtlichen Entwicklung sind:

a) Die Frage, ab wann der Bildungsbegriff in seiner modernen Bedeutung benutzt wird, ist nicht so einfach zu beantworten, weil die spezifische Bedeutung: „Bildung als ein Prädikat, das nur dem Menschen zukommt, der in einer besonderen Weise durch Kenntnisse, Urteilsvermögen und aktives Handeln seine Welt versteht und gestaltet", aus einer allgemeineren Bedeutung hervorgegangen ist. Um 1800 ist Bildung auch noch ein Begriff, der allgemeine Entwicklungsprozesse und ihr Ergebnis beschreibt: die Charakteristika eines Naturgegenstandes, eines Artefakts, einer Landschaft, einer Krankheit, als Prozess die Entwicklung dorthin. Das gilt auch für die Bildung des Menschen: Es geht um die spezifische Ausformung seiner körperlichen und geistigen Merkmale, aber noch ohne die normative Aufladung des Begriffs. Jeder Mensch hat irgendeine charakteristische Ausformung von Merkmalen, also ist jeder irgendwie gebildet. Es ist nicht immer deutlich auszumachen, ob in den Jahren nach 1800 noch der allgemeine oder schon der spezifische Begriff von Bildung gebraucht wird. Wenn etwa Hegel den Prozess der Selbsterfahrung des Geistes mit dem Begriff „Bildung" beschreibt, geht der heutige Leser davon aus, Hegel würde den (modernen) Begriff der Individualbildung eines Menschen als Metapher für den Entwicklungsprozess des Weltgeistes verwenden, und deshalb beschreibt z. B. Schwanitz (1999: 338) in seinem Bestseller Hegels Philosophie als „Bildungsroman" der Weltgeschichte. Die Pointe ist gut, aber vielleicht falsch, weil für Hegel „Bildung" wahrscheinlich noch viel mehr als für den heutigen Leser mit der Konnotation eines allgemeinen Formierungsprozesses belegt war und die Bildung sowohl des Individuums wie die des Geistes dann Anwendungsfälle wären. Wenn also um 1800 von einem „gut gebildeten Jüngling" gesprochen wird, ist nicht unbedingt von einem jungen Mann mit Hochschulreife die Rede, sondern vielleicht von einem jungen Mann mit einer guten Figur.

b) Der semantische Kern des modernen Verständnisses von Bildung entstammt der pädagogischen Theorie des Neuhumanismus, in der idealtypischen Form bei Humboldt:

> „Der wahre Zwek des Menschen – nicht der, welchen die wechselnde Neigung, sondern welchen die ewig unveränderliche Vernunft ihm vorschreibt – ist die höchste und proportionirlichste Bildung seiner Kräfte zu einem Ganzen. Zu dieser Bildung ist Freiheit die erste und unerlaßliche Bedingung. Allein außer der Freiheit erfordert die Entwikkelung der menschlichen Kräfte noch was andres, obgleich mit der Freiheit eng verbundenes, Mannigfaltigkeit der Situationen. (...) Die letzte Aufgabe unseres Daseyns: dem Begriff der Menschheit in unsrer Person, sowohl während der Zeit unseres Lebens, als auch noch über dasselbe hinaus, durch die Spuren des lebendigen Wirkens, die wir zurücklassen, einen so großen Inhalt, als möglich, zu verschaffen, diese Aufgabe löst sich allein durch die Verknüpfung unseres Ichs mit der Welt zu der allgemeinsten, regesten und freiesten Wechselwirkung" (Humboldt 1965: 5, 25).

Diese nahezu individual-extremistische Position Humboldts lässt sich zunächst erklären als deutliche Abgrenzung zu den eher anspruchslosen Konzepten bürgerlichen Lebens und bürgerlicher Erziehung in der deutschen Aufklärung: Der Anspruch auf die Ausformung der Kräfte ist bei den deutschen Aufklärungspädagogen begrenzt durch die pragmatische Frage, wie in einem bestimmten Stand in einer bestimmten Gesellschaft die Kräfte so einzusetzen sind, dass durch die Leistung für die Gesellschaft soziale Anerkennung erlangt wird, aus der wiederum die individuelle Glückseligkeit entsteht. Unnütz, sozial nicht anerkannt und unzufrieden ist nach diesem Bild sowohl der ungelernte Gelegenheitsarbeiter wie der reiche Erbe, der außer Geldausgeben nichts gelernt hat, aber auch derjenige, dessen Bildung die Möglichkeiten seines Standes übersteigt und der als unzufriedener promovierter Droschkenkutscher sein Leben fristen muss. Dagegen setzt Humboldt ein Bildungsverständnis, das – auf jeden Fall in erster Linie – radikal am einzelnen Individuum orientiert ist und den Umstand, dass Menschen immer in unterschiedlichen gesellschaftlichen Lagen leben, hintanstellt.

Humboldt ist kein Schwärmer, der nicht wahrnimmt, dass nicht alle Menschen in Preußen in Schlössern aufgewachsen sind, wie er und sein Bruder; darum entwirft er den Plan einer allgemein bildenden Schule für alle, die wir heute – ihrer Struktur und ihrer Funktion nach – als typische Gesamtschule einordnen würden, darum verbannt er alle berufs- und lebensnützlichen Inhalte aus dieser Schule und lässt nur die Inhalte zu, die der Allgemeinen Bildung dienen:

> „Dieser gesammte Unterricht kennt daher auch nur Ein und dasselbe Fundament. Denn der gemeinste Tagelöhner, und der im Feinsten Ausgebildete muß in seinem Gemüth ursprünglich gleich gestimmt werden, wenn jener nicht unter der Menschenwürde roh, und dieser nicht unter der Menschenkraft sentimental, chimärisch, und verschroben werden soll (...) Bleibt man fest dabei stehen, Zahl und Beschaffenheit der Unterrichtsgegenstände nach der

> Möglichkeit der allgemeinen Bildung des Gemüths in jeder Epoche zu bestimmen, und jeden Gegenstand immer so zu behandeln, wie er am meisten und besten auf das Gemüth zurückwirkt, so muß eine ziemliche Gleichheit herauskommen. Auch Griechisch gelernt zu haben könnte auf diese Weise dem Tischler ebenso wenig unnütz sein, als Tische zu machen dem Gelehrten" (ebd.: 112-113).

c) Was Humboldt nicht voraussehen konnte, war die Funktionalisierung der allgemein bildenden Schule durch die neu entstandene soziale Kraft des Bürgertums im Sinne der Erzeugung einer neuen ständischen Privilegierung durch Bildungszertifikate statt durch Adelspatente. Aus Humboldts allgemein bildender Schule wurde das Humanistische Gymnasium des 19. Jahrhunderts, die Kaderschmiede für die „Gebildeten Stände", die gesellschaftlichen und politischen Eliten, die sich – durch ihre Bildungspatente – vom „gemeinen Volk" gut unterscheiden ließen. Bis zum Ende des 19. Jahrhunderts ist mit dem Bildungsbegriff etwas passiert, das sich in einem mehrstufigen Syllogismus darstellen lässt:

1. Der wahre Zweck des Menschen ist die harmonische Bildung seiner Kräfte zu einem Ganzen.
2. Das impliziert: Wer an dieser Aufgabe nicht arbeitet, oder wem sie misslingt, der verfehlt den eigentlichen Zweck des Menschen.
3. Der Ort, an dem man zu dieser Bildung gelangt ist das Humanistische Gymnasium; nur wer den Abschluss des Gymnasiums, das Abitur und die Studierfähigkeit erlangt, hat diesen Bildungsprozess auch wirklich abgeschlossen.
4. Aus 1, 2 und 3 folgt: Nur wer Abitur hat, ist gebildet und hat den wahren Zweck der Menschheit erfüllt; und das impliziert wiederum:
5. Wer diesen Zweck nicht erreicht hat – wer kein Abitur hat, wer nicht zu den „Gebildeten Ständen" zählt –, lebt gewissermaßen unterhalb der Möglichkeiten der Menschengattung, ist im letzten und vollsten Sinne eigentlich kein richtiger Mensch.

Dieses Ergebnis eines sozialgeschichtlichen Ausdifferenzierungs- und Ausgrenzungsprozesses ist bereits theoretisch angelegt bei den neuhumanistischen Chefideologen: In dem gerne zitierten Artikel von Evers, einem neuhumanistisch inspirierten Gymnasialdirektor, mit dem Titel: „Über die Schulbildung zur Bestialität" (1807/1962) setzt sich der Autor in polemischer Weise mit der oben beschriebenen eher kleinformatigen, standes- und nützlichkeitsbezogenen pädagogischen Theorie der Aufklärungszeit mit der eindeutigen These auseinander, dass eine nicht an höchsten Bildungsidealen orientierte Schulbildung den humanen Anspruch der Menschengattung unterbietet und insofern zur Bestialität führt, als es zu einem bloß bürgerlichen, aber – in seinem Sinne – ungebildeten Leben führt.

d) Diese Dichotomie zwischen dem Anspruch, durch Bildung für Alle ein Verhältnis zwischen allen Angehörigen einer Gesellschaft zu ermöglichen, bei dem Statusdifferenzen zwar nicht aufgehoben sind, aber den Wert der Menschen insofern nicht beeinträchtigen können, weil alle Menschen durch allgemeine Bildung gewissermaßen auf der gleichen Augenhöhe interagieren einerseits, und „Bildung" als Zertifikat und Habitus als hartes Instrument gesellschaftlicher Differenzierung andererseits bestimmt auch den Verlauf des bildungspolitischen Diskurses im 20. Jahrhundert, von der Ideologie der „Volkstümlichen Bildung", mit der man nach dem Ersten Weltkrieg das einfache Volk, immerhin über 90 % der Bevölkerung, davon überzeugen wollte, dass es durch die Volksschule auch allgemein gebildet würde, wenn auch auf andere Weise als die wissenschaftlich Gebildeten, die das Gymnasium absolvieren bis hin zur Konzeption der Bildungsreformzeit nach 1965 –

nämlich „Bildung durch Wissenschaft" für Alle. In dieser Dichotomie steht auch – ob gewollt oder nicht – die Diskussion um „Ganztagsbildung".

## *3.2 Leistung und Implikationen*

a) Bildung ist kein neutraler Begriff, der Zustände beschreibt, sondern er ist normativ aufgeladen; Bildung impliziert immer Höher-Bildung. Im Bildungsbegriff steckt der Anspruch auf ein optimales Verständnis der materialen und sozialen Umwelt und der eigenen Rolle in dieser Welt, auf die Fähigkeit zur Reflexion darüber und auf dieser Basis auf die Möglichkeit der aktiven Auseinandersetzung. Dieses implizite Versprechen des Bildungsbegriffs macht es so nahe liegend, ihn zu benutzen, wenn es um soziale Differenzen geht, die die Einlösung dieses Versprechens be- oder verhindern; der Bildungsbegriff (und nicht der Lern-, Erziehungs- oder Sozialisationsbegriff) bildet die Schnittstelle zur Gerechtigkeitsdebatte und zum bildungspolitischen Diskurs.

b) Wer „Bildung" im theoretischen Kontext gebraucht, gebraucht ihn in jedem Fall immer in einem – wie immer gearteten – Kontext von sozialer Differenz. Humboldt wollte durch Bildung soziale Differenz nicht aufheben, aber weniger relevant machen, weil es jenseits der sozialen Differenzen eine tiefe Gemeinsamkeit zwischen dem ärmsten Tagelöhner und dem am feinsten ausgebildeten Großbürger geben sollte: die allgemeine Menschenbildung. In der Folgezeit wurde Bildung zu einem mächtigen sozialen Differenzbegriff: als Zertifikat, das Karriere- und Lebensmöglichkeiten eröffnet oder verschließt und als Habitus: inkorporierte Bildung, die „feinen Unterschiede", wie jemand spricht, wie er sich über Kunst äußert, welche Filme er mag, wie er sich selbst repräsentiert, wie er sein Wohnzimmer einrichtet, welche Bilder er an der Wand hängen hat und welche Musik im CD-Player liegt (vgl. z. B. Bourdieu 1984). Die Folie der sozialen Differenzierung durch Bildung kauft jeder mit ein, der über Bildung redet, auch über nicht-formale, und über diese Dimension muss man theoretisch Rechenschaft geben können (vgl. Andresen 2004).

## *3.3 Ganztagsbildung: formelle, nicht-formelle, informelle Bildung?*

Der Begriff „Ganztagsbildung" enthält die Fokussierung auf die Bildungsangebote und -prozesse, die über schulische Bildung hinausgehen; er zielt auf „Institutionalisierungsformen (...), die formelle Bildung (Unterricht) und nicht-formelle Bildung (Jugendarbeit und andere außerschulische Bereiche) auf der Basis eines transversalen Prozesses verbinden und unter subjekttheoretischen Überlegungen zusammenführen" (Otto/Coelen 2004: 8).

Die Differenzierung in formelle und nicht-formelle Bildung wird im Diskurs in der Regel ergänzt um „informelle Bildung": Um einen formellen Bildungsprozess handelt es sich, wenn ein/e Schüler/in im Informatikunterricht lernt, die Logik eines Datenbankprogramms zu verstehen und mit ihm zu arbeiten, der Lernerfolg überprüft wird und in die Benotung eingeht, die zum Bestehen eines Abschlusses führt; nicht-formelle Bildung ist es, wenn sie diese Fähigkeiten in der Computer-AG im Nachmittagsprogramm (dessen Besuch freiwillig ist) einer Ganztagsschule erwirbt; informell wäre der Bildungsprozess, wenn er/sie einem/r Freund/in beim Anlegen ihrer privaten CD-Datenbank hilft und dabei lernt, mit dem Programm umzugehen und es zu verstehen.

Hier interessiert nur die Differenzierung in formelle/nicht-formelle/informelle Bildung und ihre Plausibilität. Von seiner theoretischen Funktion her ist „Bildung" ursprünglich ein Konzept aus dem Bereich der Programmatik, nicht aus der Beobachterperspektive, obwohl es auch zu Beschreibung von Effekten von Bildungskonzepten verwendet wird. Die normativ-programmatische Perspektive ist als Konnotation immer dabei, die empirische nur manchmal. Das lässt sich gut zeigen an der tragenden Differenz von formeller/nicht-formeller und informeller Bildung. Bei formeller Bildung sind beide Elemente dabei: die Programmatik des Bildungssystems und seine Effekte. Bei nicht-formeller Bildung kann man eindeutig die programmatische Seite identifizieren; wie man ggf. Effekte erkennt, ist eine offene Frage. Wenn unter informeller Bildung aber „ungeplante und nicht-intendierte Bildungsprozesse" verstanden werden, „die sich im Alltag von Familie, Nachbarschaft, Arbeit und Freizeit ergeben, aber auch fehlen können" (Bundesjugendkuratorium 2002: 165), dann wird das Problem mit Händen greifbar: Was da beschrieben ist, heißt in der üblichen Theoriesprache „Sozialisation", nicht Bildung, und ein „Bildungs"-Prozess, der zufällig und von alltäglichen Lernerfahrungen nicht zu unterscheiden ist, ist ein Widerspruch in sich – ein Widerspruch zu dem normativen Anteil des Bildungsbegriffs, einer seiner historischen Implikationen. Coelen (2006: 133) schlägt deshalb vor, „informelle und nicht-formelle Bildung synonym zu verwenden". Jedoch ist das Adjektiv „informell" nur solange theoretisch sinnvoll, wie man mit „Lernen" als Hauptbegriff operiert (vgl. Overwien 2004) – bei „Bildung" nicht –, weil auch das englische *learning*, wie das deutsche „Lernen", kein normativ aufgeladener Begriff ist.

## *3.4 Offene Fragen*

Der Gang der Überlegungen hat mindestens gezeigt, dass man den Begriffen nicht ohne Weiteres trauen kann; da man Trennschärfe und Eindeutigkeit nicht durch Vorschriften zum Begriffsgebrauch erzwingen kann, empfiehlt es sich, jeweils zu definieren, was im Text mit welchem Begriff gemeint ist; hilfreich zur Selbstkontrolle kann auch die Überlegung sein, was sich am propositionalen Gehalt einer Aussage verändern würde, wenn man „Bildung" durch „Lernen" ersetzt oder umgekehrt. So lassen sich mit Hilfe der kategorialanalytischen Überlegungen Fragen an das Konzept der Ganztagsbildung stellen:

- Was ist eigentlich – nicht inhaltlich, sondern auf Ebene der Theorietechnik – damit gemeint, wenn aus Anlass der Ganztagsschul-Diskussion gefordert wird, ein neues Bildungsverständnis zu entwickeln (vgl. z. B. Otto/Coelen 2004: 8)? Geht es darum, eine neue Zielsetzung, eine neue Aufgabe politisch-normativ zu begründen oder wenigstens zu plausibilisieren, oder geht es darum, durch die Erweiterung des Begriffs um neue Bedeutungen einen neuen Begriffsgebrauch zu etablieren, um die immer schon unterstellte Legitimationsleistung des Bildungsbegriffs für die neue Aufgabe zu nutzen?
- Wie verhält sich nicht-formale Bildung zum Problem der sozialen Differenz? Werden durch nicht-formale Bildung Statusdifferenzen eingeebnet, werden die Chancen für formale Bildung (im Sinne von Bildungsabschlüssen) erhöht, oder geht es um eine Art von Bildung, die versucht, Statusdifferenzen im Bereich der menschlichen Kommunikation irrelevant werden zu lassen? Dann wäre man einerseits wieder nahe bei Humboldt, aber andererseits im Widerspruch zu der in 200 Jahren gewachsenen Selektions- und Distinktionsfunktion von Bildung.

– Gerät man nicht in eine argumentative Falle, wenn man mit dem Argument: Schule vermittelt nicht die ganze Bildung – das sieht man an den Effekten – etwas dagegen setzt, nämlich nicht-formelle Bildung, ohne Auskunft geben zu können, worin die Effekte von nicht-formellen Bildungsprozessen bestehen? Wie misst man eigentlich einen Zuwachs an „Lebenskompetenz"? Merkt man, ob nicht-formelle Bildungsprozesse stattgefunden haben – vielleicht an einer Änderung des Habitus, wenn es schon keine Zertifikate gibt? Woran könnte man erkennen, dass ein Programm der Ganztagsbildung – das ja schließlich eine erhebliche gesellschaftliche Kraftanstrengung erfordert – erfolgreich war?

## *Literatur*


Andresen, Sabine (2004): „Bildung" als fragile Denkfigur im 20. Jahrhundert. In: Otto, Hans-Uwe/Coelen, Thomas (Hg.): Grundbegriffe der Ganztagsbildung. Beiträge zu einem neuen Bildungsverständnis in der Wissensgesellschaft. Wiesbaden: VS Verlag für Sozialwissenschaften: 42-50.

Bourdieu, Pierre (1984): Die feinen Unterschiede. Frankfurt: Suhrkamp.

Brezinka, Wolfgang (1990): Grundbegriffe der Erziehungswissenschaft. München: Reinhardt.

Bundesjugendkuratorium (2002): Zukunftsfähigkeit sichern! Für ein neues Verhältnis von Bildung und Jugendhilfe. In: Münchmeier, Richard/Otto, Hans-Uwe/Rabe-Kleberg, Ursula: (Hg.): Bildung und Lebenskompetenz. Opladen: Leske + Budrich: 159-173.

Coelen, Thomas (2006): Ausbildung und Identitätsbildung. Theoretische Überlegungen zu ganztägigen Bildungseinrichtungen in konzeptioneller Absicht. In: Otto, Hans-Uwe/Oelkers, Jürgen (Hg.): Zeitgemäße Bildung. München: Reinhardt: 131-148.

Deutscher Bildungsrat (Hg.) (1970): Strukturplan für das Bildungswesen. Stuttgart: Klett.

Dolch, Josef (1966): Der Erfahrungsbegriff der Erziehung – Versuch einer Explikation. In: ZfPäd (12. Jg.) H. 1/1966: 213-237.

Evers, Ernst August (1807): Über die Schulbildung zur Bestialität. In: Joerden, Rudolf (Hg.): Dokumente des Neuhumanismus I. Weinheim: Juventa: 46-87.

Flitner, Wilhelm (1979): Ist Erziehung sittlich erlaubt? In: ZfPäd (25. Jg.) H. 4/1979: 499-504.

Geulen, Dieter (2004): Sozialisation. In: Lenzen, Dieter (Hg.): Erziehungswissenschaft – Ein Grundkurs. Reinbek: Rowohlt: 99-132.

Geulen, Dieter (2005): Sozialisation. In: Lenzen, Dieter (Hg.): Pädagogische Grundbegriffe. Bd 2. Reinbek: Rowohlt: 1409-1416.

Göhlich, Michael/Wulf, Christoph/Zirfas, Jörg (Hg.) (2007): Pädagogische Theorien des Lernens. Weinheim: Juventa.

Grundmann, Matthias (2006): Sozialisation. Konstanz: UVK.

Humboldt, Wilhelm v. (1965): Bildung und Sprache (hrsg. v. Clemens Menze). Paderborn: Schöningh.

Hurrelmann, Klaus (2006): Einführung in die Sozialisationstheorie. Weinheim: Beltz.

Koch, Iring (2008): Konditionieren und implizites Lernen. In: Müsseler, Jochen (Hg.): Allgemeine Psychologie. Berlin: Spektrum: 338-374.

Krieck, Ernst (1927): Grundriß der Erziehungswissenschaft. Leipzig: Quelle & Meyer.

Otto, Hans-Uwe/Coelen, Thomas (2004): Auf dem Weg zu einem neuen Bildungsverständnis: Ganztagsschule oder Ganztagsbildung? In: Dies. (Hg.): Grundbegriffe der Ganztagsbildung. Beiträge zu einem neuen Bildungsverständnis in der Wissensgesellschaft. Wiesbaden: VS Verlag für Sozialwissenschaften: 7-16.

Overwien, Bernd (2004): Internationale Sichtweisen auf „informelles Lernen" am Übergang zum 21. Jahrhundert. In: Otto/Coelen (Hg.): Grundbegriffe der Ganztagsbildung. Beiträge zu einem neuen Bildungsverständnis in der Wissensgesellschaft. Wiesbaden: VS Verlag für Sozialwissenschaften: 51-73.

Schwanitz, Dietrich (1999): Bildung. Frankfurt a. M.: Eichborn.

Schwenk, Bernhard (1989): Erziehung. In: Lenzen, Dieter (Hg.): Pädagogische Grundbegriffe. Bd. 1. Reinbek: Rowohlt: 429-439.

Tenorth, Heinz-Elmar (1984): Berufsethik, Kategorialanalyse, Methodenreflexion. Zum historischen Wandel des „Allgemeinen" in der Pädagogik. In: ZfPäd (30. Jg.) H. 1/1984: 49-68.

Tight, Malcolm (2002): Key concepts in adult education and training. London: Falmer.

Vogel, Peter (1990): Kausalität und Freiheit in der Pädagogik. Studien im Anschluß an die Freiheitsantinomie bei Kant. Frankfurt a. M.: Lang.

Vogel, Peter (1996): Scheinprobleme der Erziehungswissenschaft: Das Verhältnis von „Erziehung" und „Sozialisation". In: ZfPäd (42. Jg.) H. 4/1996: 481-490.

# Informelles Lernen

*Bernd Overwien*

Der Begriff des informellen Lernens gewinnt in der deutschen erziehungswissenschaftlichen Debatte an Bedeutung. Die damit verbunden Prozesse sind Teil eines in sich differenzierten pädagogischen Verständnisses von Lernen geworden (vgl. Göhlich u. a. 2007). Neben dem formal organisierten Lernen in Schulen und Universitäten und der nonformal[1] arrangierten Aneignung von Wissen, Fertigkeiten und Fähigkeiten in Kursen, geraten angesichts des ökonomischen wie technischen Strukturwandels Lernfelder in den Blick, die bis vor kurzem zu wenig gesehen wurden: Das Lernen am Arbeitsplatz, in sozialen Bewegungen, im Bereich neuer Medien, im Freizeitbereich findet zunehmend Beachtung. Diese Tendenz wird durch die Schwierigkeit verstärkt, die sich erweiternde Vielfalt von Lerngegenständen innerhalb der „Wissensgesellschaft" noch curricular zu erfassen.

Das Lernen im Alltag (etwa am Arbeitsplatz, im Rahmen von Multimedia-Anwendungen oder im Internet, in familialer Kommunikation, das informelle Lernen in Museen oder mit Büchern und anderen Lernmaterialien oder über Expertenbefragungen) findet nun also auch in Deutschland Eingang in bildungspolitische Debatten. Anschließend an den ursprünglich in der Erwachsenenbildung angesiedelten Diskurs zum lebenslangen Lernen fordern politische Instanzen wie die Europäische Kommission (1996) die Förderung von Schlüsselkompetenzen durch informelles Lernen, arbeiten an Zertifizierungsmodi für „informal and prior learning" (vgl. Bjørnåvold 1999). In einigen europäischen Ländern gibt es bereits Anerkennungsprozeduren, die auch bisher eher versteckte, beruflich relevante Kompetenzen transparent werden lassen. Dies ist für die Wirtschaft interessant, kann aber auch denjenigen Menschen nützen, die innerhalb formaler Lernwege Probleme hatten und für sich alternative Lernwege gefunden haben (vgl. Field/Spence 2000: 32).

## 1 Zur Begriffsgeschichte und -debatte

Beim informellen Lernen handelt es sich um eine Kategorie, die ursprünglich zum Begriffsinventar John Deweys und später dann der US-amerikanischen Erwachsenenbildung gehörte, wobei lange Zeit teils von *informal education*, teils von *informal learning* die Rede war (vgl. Knowles 1951). Dies unterscheidet sich vom formalen (schulischen) und nonformalen Lernen (z. B. Kurse der Erwachsenenbildung). Die Faure-Kommission der UNESCO forderte schon Anfang der 1970er Jahre, dass formale Bildungsprozesse an informellem Lernen anschließen sollen (Faure 1972).

Informelles Lernen wird bis heute nicht eindeutig definiert (vgl. Overwien 2005a). Einige Definitionen setzen an der Organisationsform des Lernens an und bezeichnen diejeni-

1 Die Bezeichnungen „formal" und „nonformal" werden hier in sehr ähnlichem Sinne verstanden wie in anderen Texten „formell" bzw. „nicht- oder non-formell".

gen Lernprozesse als informell, die ihren Platz außerhalb formaler Institutionen oder non-formaler Kursangebote haben und auch nicht von dieser Seite finanziert werden.

Als ein Teil informellen Lernens wird inzidentelles Lernen gesehen (Watkins/Marsick 1990: 12-15).[2] Im Kontext dieser Debatten formulieren Watkins/Marsick Bedingungen, unter denen informelles und inzidentelles Lernen zielgerichtet eingebunden werden kann. Eine dieser Bedingungen nennen sie „proactivity", d. h. die Bereitschaft, Initiative zu ergreifen. Hierbei spielen Autonomie und Empowerment[3] eine besondere Rolle. Besonders Freires pädagogischer Ansatz sei geeignet, im Rahmen einer dialogischen und Problem diskutierenden Herangehensweise von Reflexion und Aktion, Empowerment zu fördern (vgl. Watkins/Marsick 1990: 28-29). Sie unterziehen ihre Sichtweise des informellen Lernens auf der Grundlage einer Reihe von Studien einer gründlichen Revision und Präzisierung, wobei sie nun der Lernumgebung eine stärkere Rolle zuweisen (vgl. Cseh u. a. 1999: 350). Zusammenfassend gesagt, wird informelles und inzidentelles Lernen als ein Lernen gesehen, das durch folgende Faktoren gekennzeichnet ist (Marsick/Volpe 1999: 90):

- integriert in die Arbeit und tägliche Routine
- durch inneren und äußeren Anstoß ausgelöst
- kein sehr bewusster Prozess
- oft zufällig veranlasst und beeinflusst
- beinhaltet einen induktiven Prozess von Reflexion und Aktion
- ist mit dem Lernen anderer verbunden

Dieses Lernen kann durch verschiedene Maßnahmen unterstützt werden (ebd.: 91):

- Zeit und Raum für Lernen schaffen
- Umfeld auf (Lern-)Gelegenheit überprüfen
- Aufmerksamkeit auf Lernprozesse lenken
- Reflexionsfähigkeit stärken
- Klima von Zusammenarbeit und Vertrauen schaffen

Aus einer anderen Denktradition kommt die Begriffsbestimmung von Livingstone, der in Kanada ein größeres Forschungsprojekt zu informellem Lernen im Rahmen lebenslangen Lernens leitet. Er findet einen pragmatischen und mehr am Konzept des selbstgesteuerten Lernens orientierten Zugang. Er definiert informelles Lernen differenzierter, zugleich aber auch etwas kompliziert:

> „(...) jede mit dem Streben nach Erkenntnissen, Wissen oder Fähigkeiten verbundene Aktivität außerhalb der Lehrangebote von Einrichtungen, die Bildungsmaßnahmen, Lehrgänge oder Workshops (...). Die grundlegenden Merkmale des informellen Lernens (Ziele, Inhalt, Mittel und Prozesse des Wissenserwerbs, Dauer, Ergebnisbewertung, Anwendungsmöglichkeiten) werden von den Lernenden jeweils einzeln oder gruppenweise festgelegt. Informelles Lernen erfolgt selbständig, und zwar individuell oder kollektiv, ohne dass Kriterien vorgegeben werden oder ausdrücklich befugte Lehrkräfte dabei mitwirken. Informelles Lernen unterscheidet sich von Alltagswahrnehmungen und allgemeiner Sozialisierung insofern, dass die Lernenden selbst ihre Aktivitäten bewusst als signifikanten Wissenserwerb einstufen.

2 Die Begriffe „implizites Lernen" und „inzidentelles Lernen" werden teils in ähnlicher Absicht verwendet. Sie werden hier so wiedergegeben, wie sie im jeweiligen Kontext der referierten Positionen verwendet werden. Implizites Lernen wird von Lernenden nicht bewusst wahrgenommen, inzidentelles Lernen ist ein beiläufiges Lernen, bei dem neben den intendierten auch noch andere Inhalte gelernt werden.

3 Zu Begriff und internationaler Begriffsgeschichte von „Empowerment" siehe Herriger (2002).

> Wesensmerkmal des informellen Lernens ist die selbständige Aneignung neuer signifikanter Erkenntnisse oder Fähigkeiten, die lange genug Bestand haben, um im Nachhinein noch als solche erkannt zu werden" (Livingstone 1999: 68-69).

Man könnte hier also von kollektiven und individuellen Lernprojekten sprechen. Diese Sichtweise vernachlässigt allerdings das implizite Lernen, was im Kontext des kanadischen Forschungsprojektes auch diskutiert wurde (Schugurensky 2000). Livingstone (2006: 205) liefert nun Vorschläge zur Ordnung des definitorischen Feldes von informellem Lernen und von informeller Bildung. Letztere finde immer dann statt, wenn von professionellem Personal Lernsituationen gestaltet werden, ohne dass Bezug auf ein Curriculum genommen wird. Das hier stattfindende Lernen lasse sich allerdings kaum vom selbstgesteuerten informellen Lernen unterscheiden.

Die Europäische Kommission (2001: 9, 32-33) hat festgelegt, welche Definition für informelles Lernen in der Bildungsdiskussion der EU gelten soll:

- Formales Lernen: Lernen, das üblicherweise in einer Bildungs- oder Ausbildungseinrichtung stattfindet, (in Bezug auf Lernziele, Lernzeit oder Lernförderung) strukturiert ist und zur Zertifizierung führt. Formales Lernen ist aus der Sicht des Lernenden Ziel gerichtet.
- Nicht formales Lernen: Lernen, das nicht in Bildungs- oder Berufsbildungseinrichtungen stattfindet und üblicherweise nicht zur Zertifizierung führt. Gleichwohl ist es systematisch (in Bezug auf Lernziele, Lerndauer und Lernmittel). Aus Sicht der Lernenden ist es Ziel gerichtet.
- Informelles Lernen: Lernen, das im Alltag, am Arbeitsplatz, im Familienkreis oder in der Freizeit stattfindet. Es ist (in Bezug auf Lernziele, Lernzeit oder Lernförderung) nicht strukturiert und führt üblicherweise nicht zur Zertifizierung. Informelles Lernen kann Ziel gerichtet sein, ist jedoch in den meisten Fällen nichtintentional (oder inzidentell/beiläufig).[4]

Eine im deutschsprachigen Bereich weit verbreitete Definition kommt aus der Erwachsenenbildung: Formales Lernen ist danach institutionell geprägtes, planmäßig strukturiertes Lernen mit anerkannten Zertifikaten. Nicht-formales Lernen oder nonformales Lernen in Kursen etc. hat dagegen seinen Platz außerhalb dieser Sphäre. Informelles Lernen findet ungeregelt im Lebenszusammenhang statt. Zusätzlich gibt es inzidentelles oder implizites Lernen, ein unbewusstes Gelegenheitslernen, das Nebenprodukt anderer Tätigkeiten ist (Dohmen 2001: 18-19).

Dehnbostel betrachtet das informelle Lernen prozesshaft im Kontext des betrieblichen Erfahrungslernens. Dort sei es eine wichtige Lernart im Gesamt der betrieblichen Lern- und Wissensarten. Beim Erfahrungslernen werden Erfahrungen in Reflexionen eingebunden und führen zu Erkenntnissen. Dies setze allerdings voraus, dass die Handlungen nicht repetitiv erfolgen, sondern in Probleme, Herausforderungen und Ungewissheiten eingebunden sind und entsprechend auf den Handelnden einwirken. In dynamischen Arbeitsprozessen und Umwelten ist dies zumeist der Fall (Dehnbostel 2000: 103-104).

Die hier kurz skizzierten Definitionen informellen Lernens widersprechen sich nicht zwangsläufig: Dohmen und die EU-Definition fassen es in allgemeiner Form, Dehnbostel sieht das prozesshafte betriebliche Lernen, wobei der Rahmen m. E. auch ein anderer sein

4 Eine weitere mögliche Perspektive auf informelles Lernen ist die eines Kontinuums: Orientiert an Watkins/Marsick sehen Sommerlad/Stern (1999) informelles und formales arbeitsbezogenes Lernen als Endpunkte eines Kontinuums.

könnte, und wieder andere weisen mit dem Blick auf ein Kontinuum zwischen formellem und informellem Lernen auf Schnittbereiche und unterstützende pädagogische Aktivitäten hin (Sommerlad/Stern 1999). Allgemein kann daraus gefolgert werden, dass informelles Lernen unterstützt werden kann, indem anregende Lernumgebungen konstruiert werden und/oder die Fähigkeit zur Selbststeuerung gestärkt wird. Dabei wird es zwangsläufig formaler.

## 2 Informelles Lernen in der internationalen Forschung

Die meisten im internationalen Kontext entstandenen Studien richten sich auf arbeitsbezogenes Lernen (vgl. Overwien 2006). Eine der frühen Studien zum informellen Lernen im Arbeitskontext stammt von Watkins/Marsick (1990). Sie untersuchen informelles Lernen am Beispiel der Managerausbildung in Schweden, an *Community education*-Programmen in Nepal und auf den Philippinen oder anhand der Lernbiographien universitärer Kursteilnehmer. Wichtig ist den Autoren in ihrer Definition der nicht-routinemäßige Charakter des Lernens, da aus nicht von vornherein determinierten, sondern eher unsystematischen und unkontrollierten Situationen heraus gelernt wird. Am Arbeitsplatz lernende Menschen betreiben ein „problem framing": Gegenwärtige Probleme werden über die erneute Interpretation vorhergehender Erfahrungen in einem Problem bestimmten Rahmen bearbeitet. Die Autoren weisen überdies auch auf die Abhängigkeit entsprechender Aktionen vom kulturellen Zusammenhang der Lernenden hin (Marsick/Watkins 1990: 18-20).

Henze (1992) untersucht im Rahmen einer ethnographischen Studie informelle Lernprozesse im griechischen Dorfkontext. Es geht um Lernepisoden innerhalb der Familien, Gemeinden und im Rahmen von Aktivitäten durch Kulturgruppen. Bei der Frage nach der Rolle kultureller Einflüsse beim informellen Lernen, findet sie eine Reihe von Argumenten, die deutlich machen, dass informelle Lehr-/Lernstrukturen die Erfolgsaussichten von Schüler(inne)n im Rahmen des formalen Schulsystems durchaus beeinflussen.

Livingstone (1999) hat eine der umfangreichsten Studien zum informellen Lernen vorgelegt. Offenbar sind danach Kommunikationsprozesse während der Arbeit besonders bei den jüngeren Befragten und dann, gemessen am Alter, kontinuierlich abnehmend wichtig. Schulungen durch Arbeitgeber spielen eine weniger ausgeprägte Rolle, was aber nicht heißt, dass sie in bestimmten Bereichen nicht eine Schlüsselrolle spielen können. Auffällig ist weiter der Anstieg des Anteils selbständiger Lernbemühungen mit dem Alter.

Die Studien des Forschungsnetzwerkes NALL um David Livingstone werden seit 2004 fortgesetzt.[5] Eine zentrale Studie geht auf der Grundlage von 8 000 Interviews unter Einbeziehung von Gender-Fragen und anderen möglicherweise diskriminierenden Faktoren Fragen der Beschäftigungsbedingungen nach, wie beispielsweise nach der Umgestaltungen des Arbeitsumfeldes und damit verbundener Bildungs- und Ausbildungsfragen. Erste Ergebnisse der Studie zeigen erneut, dass informelles Lernen in einer Gesellschaft mit einer insgesamt stark durch den Markt gesteuerten beruflichen Bildung, einen hohen Stellenwert hat. Nach Selbsteinschätzung verbringen formal schlechter qualifizierte Arbeitnehmer 15 Wochenstunden mit informellem Lernen, das sich auf Arbeit bezieht und höher quali-

5 Das Forschungsnetzwerk heißt jetzt „The Changing Nature of Work and Lifelong Learning in the New Economy: National and Case Study Perspectives" (siehe: http://www.wallnetwork.ca/).

fizierte Erwachsene etwa 13 Stunden. Dies sind Zahlen, die die o. g. kanadischen Untersuchungen auf breiter empirischer Grundlage bekräftigen.

Eine Reihe von weiteren internationalen Untersuchungen geht informellen, sozialen und kollektiven Lernprozessen in sozialen Bewegungen und Freiwilligenorganisationen nach (vgl. Overwien 2005b). Darüber hinaus liegen vereinzelt Studien zum Lernen in der Gemeinde vor (McGivney 1999). Dabei geht es der Autorin um einen Blick auf die „Natur“ informellen Lernens und die Art und Weise, wie Menschen sich in diese Lernprozesse hineinbegeben. Sie geht der Frage nach, wie Verbindungen zwischen informellem Lernen in der Gemeinde und organisierten Bildungsformen gefunden werden können. McGivney untersucht fördernde und hemmende Faktoren informellen Lernens und identifiziert Unterstützungsbedarfe für derartige Lernprozesse. Nicht zuletzt diskutiert sie die Frage, wie informelles Lernen im Gemeindezusammenhang zum lebenslangen Lernen, zu erweiterter Partizipation und zum Kampf gegen soziale Exklusion beitragen kann (vgl. ebd.: xi).

## 3 Überblick über Untersuchungen zum informellen Lernen in Deutschland

Im deutschen Kontext gibt es in den letzten Jahren vermehrt Studien, die explizit den Begriff des informellen Lernens verwenden. Auch im Rahmen der Bildungsberichterstattung (BMBF 2004b) und im Zwölften Kinder- und Jugendbericht wird ausdrücklich auf informelle Bildungsprozesse auch in non-formalen *Settings* hingewiesen, wobei fließende Übergänge zwischen formellen und informellen Lernprozessen zugrunde gelegt werden. Das Zusammenspiel unterschiedlicher Bildungsorte und Lernwelten müsse in den Blick genommen werden, damit Bildung für Kinder- und Jugendliche angemessen zu begreifen sei (BMFSFJ 2005: 129-130, 139). Prozesse informeller Bildung fänden an vielen Orten und im Rahmen verschiedener Lernwelten statt. Neben der Schule gelte es, auch Lernorte und Lernumgebungen wie die Kinder- und Jugendarbeit, Vereine, Kultur und Freizeit, den Umgang mit Medien oder familiäre Aktivitäten zu beachten (ebd.: 141, 197-199). Kommerzielle Lern- und Erlebniswelten werden in die Betrachtungen aufgenommen (ebd.: 225), auch Angebote des Umweltlernens sind hier zu nennen (vgl. Wohlers 2001). Selbst die Schule sei zum Teil „Ort des informellen Bildungsgeschehens“ geworden (BMBF 2005: 202), etwa in den Pausen, auf Klassenfahrten, innerhalb schulischer Freizeitangebote oder von Angeboten im Ganztagsbereich. Schulsozialarbeit komme die Chance zu, Brücken zwischen formellen und informellen Lernweisen zu bauen (ebd.: 410). Dieses Feld ist im Sinne eines weiter gefassten Bildungsbegriffes neu zu vermessen (ebd.: 471-472), wobei im Rahmen von Ganztagsangeboten auch die Gefahr einer zunehmenden Pädagogisierung informeller Lernräume diskutiert wird. Letztendlich gehe es um eine Ausschöpfung der Lernressourcen vielfältiger Bildungsorte und um ein sinnvolles Zusammenspiel (ebd.: 533-534).

Der Zwölfte Kinder- und Jugendbericht setzt insofern ein Zeichen für die Wahrnehmung und Nutzung von Lernweisen und -orten, die bisher nicht in einem Zusammenhang gesehen wurden. Es geht um ein sinnvolles Zusammenspiel informeller Lernorte und um ein definiertes Verhältnis zum formellen Lernen. Die hier liegenden vielfältigen Gestaltungsmöglichkeiten werden hervorgehoben. Dabei wird auch das professionelle Selbstverständnis von Lehrkräften angesprochen. Das Zusammenspiel von Lernorten verschiedenster Art müsse Teil professioneller Erwägungen und Handlungsweisen werden (ebd.: 536).

Auch in der beruflichen Bildung und der Weiterbildungsdiskussion wird in den letzten Jahren verstärkt über informelles Lernen nachgedacht. In den „Konzeptionellen Grundlagen für einen Nationalen Bildungsbericht" (BMBF 2004a: 133-134) etwa werden Möglichkeiten der Erfassung informellen Lernens diskutiert. Hierbei konstatieren die Autoren u. a. verschiedene Lücken in der Datenerhebung und die Notwendigkeit einer erweiterten systematischen empirischen Forschung. Erheblicher Forschungsbedarf wird auch bezogen auf die Qualität des Erlernten gesehen. Erreicht werden müsse auch eine Anerkennung und Gleichstellung informell erworbener Kompetenzen.

Die meisten Untersuchungen zum informellen Lernen richten sich im deutschen Kontext bisher auf arbeitsbezogenes Lernen. Eine erste qualitative Studie von Kirchhöfer (2000) zeichnet informelles Lernen in alltäglichen Lebensführungen anhand von Tageslaufprotokollen nach.

Schiersmann/Strauß (2003) gehen Lernerfahrungen in informellen und formalen Lernkontexten nach und verbinden ihre Fragestellung mit Einstellungen der repräsentativ Befragten zur Weiterbildung. Die Studie ergibt die wesentliche Bedeutung „informeller Lernkontexte" für eine große Gruppe von Menschen im Erwerbsalter. Es handelt sich hier allerdings eher um diejenigen, die mit formalisierter Weiterbildung kaum in Berührung gekommen sind. Es entsteht hier der Eindruck, informelles Lernen sei in erster Linie etwas für die weniger formal qualifizierten Erwerbstätigen.

Unter Bezug auf einen eher lernorganisatorischen Begriff des informellen Lernens stehen die Freizeitinteressen und die damit verbundenen informellen Lernfelder von Schüler(inne)n im Mittelpunkt einer DJI-Studie (Lipski 2000). Eine wesentliche Kategorie dieser Untersuchung ist das Lerninteresse, die Lernmotivation der Kinder und Jugendlichen, in Abgrenzung zum schulischen Lernen. Die Ergebnisse deuten auf eine Verbindung von Interessenwahrnehmung und dem Bedürfnis nach aktivem Handeln hin. Die Befragten suchen Herausforderungen und verbinden vielfach bewusst Spaß mit Leistung. Fast zwei Drittel der Kinder und Jugendlichen orientieren sich in der Wahrnehmung ihrer Freizeitinteressen überdies an manchmal vagen, doch erkennbaren beruflichen Zukunftswünschen (ebd.: 35).

Gerzer-Sass (2004) befasst sich mit der Frage, wie informell in der Familienarbeit erworbene Handlungskompetenz in die Arbeitswelt übertragen werden kann und wie mögliche Anerkennungsprozeduren aussehen könnten. Die Familie wird als ein wesentlicher Lernort begriffen, an dem informell eine Vielzahl von Kompetenzen erworben werden können und müssen. Solche Kompetenzen sind nicht allein zweck- und ortsgebunden, sondern lassen sich auf betriebliche Arbeitssituationen transferieren. In verwandtem Kontext untersucht Schmidt-Wenzel (2007) im Rahmen einer qualitativen Studie Lernprozesse, die Müttern und Vätern aus ihrer Eigenschaft als Eltern erwachsen. Lernprozesse innerhalb der Familie werden mit der Frage nach der Reproduktion sozialer Ungleichheit untersucht (Büchner/ Wahl 2005; Stecher 2005).

Eine Untersuchung zum informellen Lernen in Klein- und Mittelbetrieben der IT-Branche, legten Dehnbostel u. a. (2003) vor. Im Mittelpunkt der Lernaktivitäten stehen hier kommunikative Prozesse, wie etwa der kontinuierliche Austausch über Arbeitsaufgaben und -probleme mit Kollegen. Molzberger (2007) untersucht daran ansetzend genauer die Lernstrukturen und denkt über unterstützende und fördernde Aspekte nach; Rohs (2007) entwickelt Konzepte der Lernbegleitung in IT-Betrieben.

Derzeit schließt das DJI zusammen mit der Universität Dortmund eine Studie über das informelle Lernen von Jugendlichen im Ehrenamt ab (dazu Rauschenbach u. a. 2006; Düx u. a. 2008). Zu dieser Untersuchung, die direkt an internationale Arbeiten anschließt, wurden umfassende Resultate vorgelegt (siehe Düx 2006; Sass 2006). Ergebnisse der Explorationsstudie zeigen, wie Jugendliche ihre Erfahrungen in Greenpeace-Gruppen, der Evangelischen Jugend, dem Sozialistischen Jugendverbund Die Falken, der Freiwilligen Feuerwehr, der Gewerkschaftsjugend oder dem Technischen Hilfswerk bewerten. Es bestätigte sich, dass Lernerfahrungen besonders den sozialen und persönlichkeitsbildenden Bereich betreffen. Darüber hinaus werden auch politische, fachliche, mediale oder organisatorische Kompetenzen erworben (Düx 2006: 234-236). Eine Zertifizierung ihrer Lernerfahrungen halten die befragten Jugendlichen je nach Situation für mehr oder weniger hilfreich. Es stellt sich auch die Frage, inwieweit dadurch nicht auch der Charakter der Tätigkeit verändert würde und Spaß und Freiwilligkeit verloren gingen (Sass 2006: 265-266).

Eine weitere Arbeit befasst sich mit informeller Weiterbildung von Lehrpersonen (Heise 2007). Dieser ungewöhnliche Ansatz, der auf Lehrer(innen) und deren informelles Lernen zielt, findet sich im Übrigen auch in einer kanadischen Studie (vgl. Overwien 2004: 205).

# 4 Offene Fragen

Die hier zusammengefassten Debatten und Untersuchungen zum informellen Lernen lassen eine Reihe von Fragen offen: Nicht zufällig liegt ein Schwerpunkt der Diskussion beim arbeitsbezogenen Lernen. Bei zunehmender Komplexität der Arbeitsinhalte werden in Zukunft Konzepte der Begleitung informellen Lernens für bestimmte Sektoren in Produktion und Dienstleistung zu erarbeiten sein. Gleichzeitig sind für die große Zahl der nicht in den Arbeitsmarkt integrierten Menschen neue Weiterbildungskonzepte wichtig, die informelles Lernen berücksichtigen und bereits erworbene Kompetenzen anerkennen.

Lernanforderungen der Wissensgesellschaft erfordern offenbar eine Neubewertung eines außerschulischen Kompetenzerwerbes und ein intensives Nachdenken über Verbindungslinien zwischen Lernarten und -formen. Dabei sind soziale Lerngrenzen mit zu beachten, aber auch Strategien der Menschen, diese Grenzen zu überschreiten. Trotz der Grenzen der sozial ausgleichenden Funktion von Schule darf dieser Anspruch nicht aufgegeben werden. Dies ist aber nur möglich, wenn hier neue Lernräume geschaffen werden, in denen sich formales und informelles Lernen treffen, in denen eigenständiges Lernen kulturell und sozial sensibel begleitet wird. Ganztagsbildung kann dazu beitragen, dieses Ziel zu verwirklichen (Coelen 2006). Pädagogische Konzepte müssen dazu nicht neu erfunden, sondern kreativ angepasst werden (Overwien 2003). In diesem Rahmen muss es auch um die notwendige Professionalität der Lernbegleiter(innen) gehen, denn eine Ganztagsbildung, die sich nicht neuen professionellen Herausforderungen stellt und stattdessen die reformresistente Schule verlängert oder nur eine anspruchsarme Aufbewahrung vorhalten würde, wäre eine Veranstaltung, die informelles Lernen eher behindert. Debatten und Aktivitäten um eine „neue Lernkultur" in der Schule lassen zumindest Hoffnung aufkeimen, dass auch von dieser Seite etwas in Bewegung kommt.

## Literatur

Bjørnåvold, Jens (1999): Identification, assessment and recognition of non-formal learning. In: Dehnbostel, Peter/Markert, Werner/Novak, Hermann (Hg.): Workshop. Erfahrungslernen in der beruflichen Bildung – Beiträge zu einem kontroversen Konzept. Neusäß: Kieser: 254-280.

BMBF (2004a): Konzeptionelle Grundlagen für einen Nationalen Bildungsbericht – Berufliche Bildung und Weiterbildung/Lebenslanges Lernen. Bonn.

BMBF (2004b): Konzeptionelle Grundlagen für einen Nationalen Bildungsbericht – Nonformale und informelle Bildung im Kindes- und Jugendalter. Berlin.

BMFSFJ (2005): Zwölfter Kinder und Jugendbericht. Bericht über die Lebenssituation junger Menschen und die Leistungen der Kinder- und Jugendhilfe in Deutschland. Bildung, Betreuung und Erziehung vor und neben der Schule. Bonn.

Büchner, Peter/Wahl, Katrin (2005): Die Familie als informeller Bildungsort. In: ZfE H. 3/2005: 356-373.

Coelen, Thomas (2006): Ausbildung und Identitätsbildung. Theoretische Überlegungen zu ganztägigen Bildungseinrichtungen in konzeptioneller Absicht. In: Oelkers/Otto (Hg.): Zeitgemäße Bildung. Herausforderungen für Erziehungswissenschaft und Bildungspolitik. München und Basel: Reinhardt: 131-148.

Cseh, Maria/Watkins, Karen E./Marsick, Victoria J. (1999): Re-conceptualizing Marsick and Watkins' Modell of Informal and Incidental Learning in the Workplace. In: Kuchinke, K. Peter (Ed.): Academy of Human Resource Conference Proceedings, Arlington, VA, No. 3-7/1999: 349-356.

Dehnbostel, Peter (2000): Erfahrungslernen in der beruflichen Bildung – Ansatzpunkt für eine neue Lernkultur? In: Dehnbostel, Peter/Novak, Hermann (Hg.): Arbeits- und erfahrungsorientierte Lernkonzepte. Bielefeld: Bertelsmann: 103-114.

Dehnbostel, Peter/Molzberger, Gabriele/Overwien, Bernd (2003): Informelles Lernen in modernen Arbeitsprozesse dargestellt am Beispiel von Klein- und Mittelbetrieben der IT-Branche. Berlin: BBJ.

Dewey, John (1997): Democracy and Education. New York: Free Press.

Dohmen, Günther (2001): Das informelle Lernen. Die internationale Erschließung einer bisher vernachlässigten Grundform menschlichen Lernens für das lebenslange Lernen aller. Bonn: BMBF.

Düx, Wiebken (2006): „Aber so richtig für das Leben lernt man eher bei der freiwilligen Arbeit". In: Rauschenbach, Thomas/Düx, Wiebken/Sass, Erich (Hg.): Informelles Lernen im Jugendalter eine vernachlässigte Dimension in der Bildungsdebatte. Weinheim: Juventa: 205-240.

Düx, Wiebken/Sass, Erich/Prein, Gerald (2008): Kompetenzerwerb im freiwilligen Engagement. Eine empirische Studie zum informellen Lernen im Jugendalter. Wiesbaden: VS Verlag für Sozialwissenschaften.

Europäische Kommission (1996): Weißbuch zur Allgemeinen und Beruflichen Bildung. Lehren und Lernen auf dem Weg zur Kognitiven Gesellschaft. Brüssel.

Europäische Kommission (2001): Einen europäischen Raum des Lebenslangen Lernens schaffen. Brüssel.

Faure, Edgar E. et al. (1972): Learning to Be: The World of Education Today and Tomorrow. Paris: UNESCO.

Field, Frank/Spence, Lynda (2000): Informal Learning and Social Capital. In: Coffield, Frank (Ed.): The Necessity of Informal Learning. Bristol: University of Bristol: 32-42.

Gerzer-Sass, Annemarie (2004): Familienkompetenzen als Potenzial einer innovativen Personalpolitik. In: Hungerland, Beatrice/Overwien, Bernd (Hg.): Kompetenzerwerb außerhalb etablierter Lernstrukturen. Modelle für eine künftige Lernkultur? Wiesbaden: VS Verlag für Sozialwissenschaften: 87-108.

Göhlich, Michael/Wulf, Christoph/Zirfas, Jörg (Hg.) (2007): Pädagogische Theorien des Lernens. Weinheim: Beltz.

Henze, Rosemary C. (1992): Informal Teaching and Learning. A Study of Everyday Cognition in a Greek Community. Hillsdale, New Jersey: Erlbaum.

Heise, Maren: Professionelles Lernen jenseits von Fortbildungsmaßnahmen. Was tun Lehrkräfte im Vergleich zu anderen akademischen Berufsgruppen? In: ZfE H. 4/2007: 513-531.

Herriger, Norbert (2002): Empowerment in der sozialen Arbeit. Stuttgart: Kohlhammer.

Kirchhöfer, Dieter (2000): Informelles Lernen in alltäglichen Lebensführungen. Chance für berufliche Kompetenzentwicklung. Berlin (Quem-Report Nr. 66). In: www.abwf.de/content/main/publik/report/2000/Report-66.pdf (Download am 24.9.2003).

Knowles, Malcolm S. (1951): Informal Adult Education. A Guide for Administrators, Leaders and Teachers. New York: Association Press.

Lipski, Jens (2000): Für das Leben lernen – aber wo? Anmerkungen zum Verhältnis zwischen informellem und schulischem Lernen. In: Deutsches Jugendinstitut (Hg.): Informelles Lernen in der Freizeit. Erste Ergebnisse des Projektes „Lebenswelten als Lernwelten". München: 25-40. In: www.dji.de/6_leblern (Download am 24.9.2003).

Livingstone, David W. (1999): Informelles Lernen in der Wissensgesellschaft. In: Arbeitsgemeinschaft Qualifikations-Entwicklungs-Management (QUEM) (Hg.): Kompetenz für Europa – Wandel durch Lernen – Lernen im Wandel. Referate auf dem internationalen Fachkongress Berlin: 65-92. (In englischer Sprache in: www.oise.utoronto.ca/depts/sese/csew/nall/res/cjsaem.pdf (Download im März 2000).

Livingstone, David W. (2006): Informal Learning: Conceptual Distinctions and Preliminary Findings. In: Bekerman, Zvi/Burbules, Nicholas C./Silberman-Keller, Diana (Eds.): Learning in Places. The Informal Education Reader. New York: Lang: 202-226.

Marsick, Victoria J./Volpe, Marie/Watkins, Karen E. (1999): Theory and Practice of Informal Learning in the Knowledge Era. In: Marsick, Victoria J./Volpe, Marie (Eds.): Informal Learning on the Job. (Advances in Developing Human Resources). Baton Rouge, San Francisco: 80-95.

Marsick, Victoria J./Watkins, Karen E. (2001): Informal and Incidental Learning. In: New Directions for Adult and Continuing Education No. 89/2001: 25-34.

McGivney, Veronika (1999): Informal Learning in the Community. Leister: NIACE.

Molzberger, Gabriele (2007): Rahmungen informellen Lernens. Zur Erschließung neuer Lern- und Weiterbildungsperspektiven. Wiesbaden: Deutscher Universitätsverlag.

Overwien, Bernd (2003): Das lernende Subjekt als Ausgangspunkt – Befreiungspädagogik und informelles Lernen. In: Wittwer, Wolfgang/Kirchhof, Steffen (Hg.): Informelles Lernen und Weiterbildung: Neue Wege zur Kompetenzentwicklung. Neuwied: Luchterhand: 43-70.

Overwien, Bernd (2004): Arbeiten und Lernen. Ein kanadischer Forschungsverbund geht neue Wege. In: GdWZ H. 5/2004: 203-206.

Overwien, Bernd (2005a): Stichwort: Informelles Lernen. In: ZfE H. 3/2005: 339-355.

Overwien, Bernd (2005b): Lernen in sozialen Bewegungen. In: Ders. (Hg.): Von sozialen Subjekten. Kinder und Jugendliche in verschiedenen Welten. Frankfurt a. M.: IKO: 345-364.

Overwien, Bernd (2006): Informelles Lernen in der internationalen Diskussion. In: Rauschenbach/Düx/Sass (Hg.): 35-62.

Rauschenbach, Thomas/Düx, Wiebken/Sass, Erich (Hg.) (2006): Informelles Lernen im Jugendalter. Vernachlässigte Dimensionen der Bildungsdebatte Weinheim: Juventa.

Rohs, Matthias (2007): Zur Theorie formellen und informellen Lernens in der IT-Weiterbildung. Dissertation. Hamburg: Helmut-Schmidt-Universität der Bundeswehr.

Sass, Erich (2006): „Schule ist ja mehr Theorie...". In: Rauschenbach/Düx/Sass (Hg.): 241-270.

Schiersmann, Christiane/Strauß, Hans Christoph (2003): Informelles Lernen – der Königsweg zum lebenslangen Lernen? In: Wittwer, Wolfgang/Kirchhof, Steffen (Hg.): Informelles Lernen und Weiterbildung. Neue Wege der Kompetenzentwicklung. Neuwied: Luchterhand: 145-167.

Schmidt-Wenzel, Alexandra (2007): Wie Eltern Lernen. Eine empirisch-qualitative Studie zum innerfamilialen Kompetenzerwerb. Opladen: Budrich.

Schugurensky, Daniel (2000): The Forms of Informal Learning: Towards a Conceptualization of the Field. Draft Working Paper October. NALL Working Papers 19/2000. In: www.oise.utoronto.ca/depts/sese/csew/nall/res/ (Download 15.08.2003).

Sommerlad, Elizabeth/Stern, Elliot (1999): Workplace Learning, Culture and Performance. London: Institute of Personnel and Development.

Stecher, Ludwig (2005): Informelles Lernen bei Kindern und Jugendlichen und die Reproduktion sozialer Ungleichheit. In: ZfE H. 3/2005: 374-393.

Watkins, Karen E./Marsick, Victoria (1990): Informal and Incidental Learning in the Workplace. London: Routledge.

Wohlers, Lars (2001): Informelle Umweltbildung am Beispiel der deutschen Nationalparke. Aachen: Shaker.

# Subjekt- und Identitätsbildung

*Albert Scherr*

Im Folgenden werden Grundannahmen eines sozialwissenschaftlich fundierten Bildungsbegriffs dargestellt, der Bildung als Selbstbildung zum Subjekt fasst, als Anregung, Ermöglichung und Unterstützung von Prozessen der Entwicklung individueller Subjektivität.[1] Dabei soll aufgezeigt werden, dass ein solcher Bildungsbegriff[2] dazu befähigt, Ansatzpunkte für eine Programmatik schulischer und außerschulischer Bildung zu benennen, die nicht allein bzw. primär darauf ausgerichtet ist, Lernprozesse zu optimieren, die auf die Förderung funktionaler, tatsächlich oder vermeintlich arbeitsmarktrelevanter Kompetenzen zielen. Mit der Konturierung eines solchen Bildungsbegriffs ist jedoch keineswegs die Wiederbelebung eines bildungsbürgerlichen Verständnisses von Bildung als selbstzweckhafter, vermeintlich jenseits gesellschaftlicher Erfordernisse und Auseinandersetzungen situierter Praxis beabsichtigt. Denn eine Bildung, die politische und moralische Bildung mit einer umfassenden Persönlichkeitsbildung verbindet, ist nicht zuletzt gesellschaftspolitisch von erheblicher Bedeutung. Denn sie kann zur Stärkung lebenspraktischer Eigenverantwortlichkeit und zur politischen Urteils- und Artikulationsfähigkeit beitragen sowie zur Kritik von Vorurteilen, Feindbildern und Ideologien befähigen.

## 1 Bildung in der Wissensgesellschaft

Zentraler Ausgangspunkt des aktuellen Bildungsdiskurses ist eine politische Programmatik, die von der Annahme eines grundlegenden Wandels der ökonomisch-technischen Infrastruktur ausgeht, der zur Herausbildung einer so genannten „Wissensgesellschaft" führen wird. Als eine zentrale Folge der diagnostizierten bzw. prognostizierten Entwicklung wird angenommen, dass die optimale Qualifizierung des lebendigen Arbeitsvermögens für die Mitgliedsstaaten der Europäischen Union als entscheidender Standortfaktor in der sich

1 Hintergrund ist die Programmatik einer Kritischen Bildungstheorie, wie sie klassisch – in unterschiedlichen Varianten – bei Hans-Joachim Heydorn, Theodor W. Adorno und Paolo Freire entwickelt wurde; zu diesen Grundlegungen und ihrer Weiterentwicklung siehe z. B. Grubauer u. a. (1992), Gruschka (1994), Hafeneger/Henkenborg/Scherr (2002), Höffer-Mehlmer (2003), Liessmann (2006), Marotzki/Sünker (1992), Meueler (1993), Pongratz (1988), Scherr (1997), Sünker (1989).

2 Dass Bildung zunehmend als ein Container-Terminus verwendet wird, der alle intendierten und nicht-intendierten Lernprozesse bezeichnet, die im so genannten Bildungssystem, aber auch in der Jugendhilfe, in Gleichaltrigengruppen usw. geschehen, trägt wenig zur analytischen Klarheit bei. Für politische Debatten um den Qualifikationsbedarf in der Wissensgesellschaft ist eine damit einhergehende Verwischung der Unterscheidungen von Qualifizierung, Kompetenzerwerb, Erziehung und Bildung möglicherweise nicht nur nicht störend, sondern gerade Bedingung dafür, dass ein Diskurs ermöglicht wird, in dem sehr unterschiedliche Akteure mit der Annahme operieren können, sie „säßen in einem Boot und ruderten in die gleiche Richtung". Dagegen ist die Unterscheidung von Bildung und Erziehung sowie von Bildung und Qualifizierung m. E. von erheblicher Bedeutung, wenn es darum gehen soll zu bestimmen, mit welchen Herausforderungen Pädagogik gegenwärtig konfrontiert ist und worin ihre Potenziale liegen.

globalisierenden Ökonomie betrachtet werden müsse. Die damit einhergehende Ausrichtung des Bildungsdiskurses war und ist Gegenstand einer Kritik, die mit unterschiedlicher Akzentuierung auf die Problematik eines verkürzten Verständnisses von Bildung als Erwerb verwertbarer Kompetenzen hinweist (Liessmann 2006; Scherr 2003).

Demgegenüber wird von Protagonisten des wissensgesellschaftlichen Diskurses argumentiert, dass die technisch-ökonomische Entwicklung selbst eine Nachfrage nach solchen Qualifikationen erzeuge, die eine umfassende Förderung der Entfaltung individueller Kompetenzen voraussetzen sowie ein lebenslanges Lernen erforderlich werden lasse, das kognitive, emotionale und soziale Dimensionen gleichermaßen umfasst (siehe dazu Europäische Kommission 2000: 12-15; Expertengruppe Forum Bildung 2001a und b; Stroß 2001; BMFSFJ 2005). Dies verschafft dann solchen Formulierungen Plausibilität, die Bildung – und eben nicht Erziehung, Disziplinierung, Qualifizierung usw. – als „Schlüssel einer zukunftsoffenen, sozialen und ökonomisch erfolgreichen Entwicklung von Gesellschaft und Individuum" (Bundesjugendkuratorium 2002: 179) bestimmen und damit in Abkehr vom neuhumanistischen Bildungsidealismus (siehe dazu Liebau 2002) annehmen, dass eine umfassende Bildung aller Individuen zugleich gesellschaftlich, insbesondere ökonomisch nützlich und unverzichtbar sei.[3] Angenommen wird hier eine Auflösung des Widerspruchs zwischen Bildung und Qualifizierung.

Die Plausibilität dieser Argumentationslinie ist hier nicht detailliert zu prüfen. Hinzuweisen ist jedoch darauf, dass es durchaus gute Gründe für die Annahme gibt, dass eine umfassende und freie Entfaltung individueller Fähigkeiten keineswegs geradlinig den ökonomischen Erfordernissen der so genannten Wissensgesellschaft entspricht: Denn zum einen sind es auf absehbare Zeit nur bestimmte, quantitativ begrenzte Arbeitsmarktsegmente, in denen überwiegend nicht disziplinierte Routinearbeit, sondern wissensbasierte kreative Problemlösungskompetenzen in kooperativen, nicht-hierarchisierten Arbeitsgruppen nachgefragt werden (siehe dazu Willke 2001: 21-29). Zum anderen fördern selbst hochqualifizierte Teilarbeitsmärkte keineswegs die umfassende und freie Entfaltung der individuellen Subjektivität. Individueller Eigensinn, etwa im Sinne der Weigerung, gewachsene Lebenszusammenhänge und einen darauf bezogenen Lebensentwurf nicht den Erfordernissen zeitlicher und räumlicher Flexibilität zu opfern, ist ersichtlich keineswegs ökonomisch funktional (siehe dazu Sennett 1998). Insofern genügt es nicht, für die Begründung der Aktualität einer Programmatik der Subjekt-Bildung primär auf ökonomisch-technische Erfordernisse zu verweisen.

Gesellschaftspolitische Relevanz beanspruchen kann eine solche Programmatik aber dann, wenn nach den Bedingungen der gesellschaftlichen und der individuellen Bewältigung derjenigen Herausforderungen gefragt wird, die mit Stichworten wie „Krise der politischen Repräsentation und Erosionstendenzen der verfassten Demokratie", „soziale Spaltung und neue Armut", „Rechtspopulismus, Rechtsextremismus und Rassismus", „Strukturwandel der Geschlechterverhältnisse und der Familie" oder „Krisen der privaten Lebensführung unter den Bedingungen von Unsicherheit und Flexibilisierungszumutungen" benannt werden können. Denn diese und andere Stichworte weisen darauf hin, dass die gesellschaftliche Veränderungsdynamik mit widersprüchlichen Anforderungen, Umbrüchen und Krisen einher geht, deren nicht-regressive Bewältigung auf Individuen angewiesen ist, die in der Lage sind, sich mit ihren gesellschaftlichen Lebensbedingungen sowie mit den Brüchen und Verwerfungen ihrer eigenen Lebensgeschichte bewusst auseinander

3 Für eine solche Sichtweise siehe den Zwölften Kinder- und Jugendbericht (BMFSFJ 2005).

zu setzen und die über eine entwickelte Reflexionsfähigkeit sowie eine differenzierte politische und moralische Urteilsfähigkeit verfügen. Eine zentrale und gesellschaftspolitisch hoch relevante Aufgabe einer nicht ökonomistisch verstandenen Subjekt-Bildung besteht folglich darin, zu solchen Prozessen beizutragen, in denen Individuen zu einer bewussten Auseinandersetzung mit demokratischen und menschenrechtlichen Prinzipien und den Erfordernissen einer sozial und ökologisch verantwortbaren Gesellschaftsgestaltung, mit fremdenfeindlichen, nationalistischen und rassistischen Ideologemen und Ideologien sowie mit den Möglichkeiten und Schwierigkeiten der Entwicklung eines verantwortlichen Lebensentwurfs unter dem Bedingungen der Gegenwartsgesellschaft befähigt werden.

## 2 Bildung als Subjektbildung

Ein gemeinsamer Focus unterschiedlicher Bildungstheorien, die in den Traditionslinien des Neuhumanismus und der Kritischen Theorie formuliert wurden liegt darin, dass sie das Verhältnis von Sozialität (Kultur, Religion, Ökonomie, Politik, Familienstrukturen usw.) und individueller Lebenspraxis in einer Perspektive in den Blick nehmen, in der analytisch-deskriptive und normative Aspekte in spezifischen Weise ineinander verschränkt sind: Analytisch wird davon ausgegangen, dass Individualität und Subjektivität nicht als quasi vor- oder außersoziale menschliche Eigenschaften postuliert werden können, sondern Individuierung und Vergesellschaftung Momente eines Prozesses sind (Habermas 1988; Scherr 2008). Im Unterschied zu klassischen Sozialisationstheorien ist für Bildungstheorien dabei nicht nur die Frage relevant, welchen gesellschaftlichen Formierungsprozessen die individuelle Subjektivität in jeweiligen sozialen Kontexten unterliegt. Darüber hinausgehend befassen sich Bildungstheorien mit Prozessen der Individuierung zum selbstbestimmungsfähigen Subjekt, also mit der Entwicklung von Potenzialen individueller Autonomie gegenüber gesellschaftlichen Erwartungen und Zwängen.[4] Auf dieser Basis wird postuliert, dass Individuen zu einer selbstbewussten und selbstbestimmten Gestaltung ihrer Lebenspraxis befähigt werden sollen (Krüger 1999; Scherr 1992; Vogel 1992).

Kritische Bildungstheorien orientieren sich damit implizit oder explizit an einem für das Selbstverständnis moderner Gesellschaften grundlegenden Subjektmodell – dem Modell des zwar keineswegs von anderen unabhängigen, aber eigenverantwortlich handlungs-, entscheidungs- und urteilsfähigen Individuums. Sie beanspruchen dieses so weiterzuentwickeln, dass es sich als Bezugspunkt für die Formulierung von Kriterien eignet, die als Maßstab für die Analyse sozialer Strukturen und pädagogischer Praktiken verwendet werden können. Die Leitfragen subjekttheoretisch fundierter Analysen lauten also:

- Welche Ermöglichungen, Formierungen und Begrenzungen von Subjektivität gehen mit je konkreten gesellschaftlichen Lebensbedingungen einher?
- Wie sind diese mit Strukturen sozialer Ungleichheit, mit Macht- und Herrschaftsverhältnissen, mit gesellschaftlichen Geschlechterverhältnissen sowie mit Fremd- und Selbstzuordnungen zu kollektiven Identitäten verknüpft?
- Wie kann Pädagogik Prozesse der Distanzierung und Überschreitung im Verhältnis zu gesellschaftlich auferlegten Subjektivitätsformen ermöglichen?

4 Dies gilt auch für Sozialisationstheorien, wie sie seit der Rezeption der Theorien von G. H. Mead und J. Piaget formuliert wurden; siehe dazu Scherr (2008).

Eine sozial- und bildungstheoretisch fundierte Beanspruchung des Subjektbegriffs ist dann möglich, wenn Subjektivität (im Sinne von Selbstbewusstseins- und Selbstbestimmungsfähigkeit) nicht als eine selbstverständliche Eigenschaft von Individuen unterstellt, sondern als ein Potenzial begriffen wird, dessen Entwicklung und Realisierung von angebbaren sozialen Voraussetzungen und Bedingungen abhängig ist (siehe dazu etwa Ritsert 2001; Sünker 1989). Einer sozialwissenschaftlich begründeten Bildungstheorie und -forschung stellt sich entsprechend die Aufgabe zu untersuchen, welche Bedingungen der Entstehung jeweiliger Formen von Selbstwahrnehmung, -bewusstsein und -bestimmungsfähigkeit förderlich bzw. hinderlich sind und worin der tatsächliche und der mögliche Beitrag schulischer und außerschulischer Pädagogik zur Ermöglichung individueller Bildungsprozesse liegt.

Der so skizzierte programmatische Kern Kritischer Bildungstheorien nimmt Prämissen in Anspruch, die hoch umstritten sind. Dies gilt insbesondere für das zu Grunde liegende Subjektmodell, dessen theoretische Tragfähigkeit wiederkehrend in Frage gestellt worden ist – insbesondere durch den (Post-)Strukturalismus sowie Systemtheorien (etwa Butler 2001; Luhmann 1997: 1016-1035; Nassehi 1999: 94-104; Nassehi 2003: 93-100).[5] Vor jeder Auseinandersetzung mit dieser Kritik ist es zunächst erforderlich zu klären, was gemeint ist, wenn Bildung spezifisch als Subjekt-Bildung gefasst wird?[5]

1. Der Begriff Subjektbildung verweist terminologisch darauf, dass die Prozesse, in denen Individuen sich Wissensbestände sowie Wahrnehmungs-, Deutungs-, Handlungs- und Bewertungsmuster sozialisatorisch aneignen, nicht als einseitige Prägungs- und Beeinflussungsvorgänge verstanden werden können, sondern konstitutiv als eine Eigenleistung des sich bildenden Individuums zu analysieren sind, die dessen Eigentätigkeit voraussetzen. Selbst-Bildung kann folglich als eine „komplizierte zukunftsoffene Konstruktionsleistung" (Oevermann 2003: 75) verstanden werden, die dadurch gekennzeichnet ist, dass sie an den krisenhaften Verlauf der humanen Ontogenese gebunden ist, mit der Entstehung eines individuell-besonderen Selbst- und Weltverständnisses einhergeht und strukturelle Bedingungen „für die systematische Erzeugung des Neuen" (ebd.), also die Hervorbringung bislang nicht verfügbarer Interpretationen, Ausdrucksformen und Handlungsweisen beinhaltet. Der damit angegebene Gesichtspunkt hat zur Konsequenz, dass systematisch zu unterscheiden ist zwischen der Absicht einer pädagogischen Vermittlung von Wissen, Kompetenzen, Werten, Normen usw. einerseits und dem durch pädagogische Programme (Didaktiken und Methoden) nicht determinierbaren Prozess der subjektiven Aneignung (siehe dazu Holzkamp 1993).
2. Versteht man Subjektbildung in dieser Weise als sozial voraussetzungsvolle Eigenleistung von Individuen, dann impliziert dies, dass Angebote der schulischen und außerschulischen Pädagogik keineswegs selbstverständlich der privilegierte und primär bedeutsame Ort von Bildungsprozessen sind. Für Bildung gilt vielmehr das gleiche wie für Sozialisation: Sie sind sozial, zeitlich und räumlich nicht eingrenzbar, sondern geschehen der Möglichkeit nach immer dann, wenn Individuen an Kommunikations- und Handlungszusammenhängen teilnehmen, die dazu geeignet sind, Veränderungen im Individuum anzuregen. Damit legt der Begriff der Subjektbildung nahe, Strukturen und Praktiken organisierter Pädagogik als nicht-exklusive Kontexte zu untersuchen, die Bildungsprozesse ermöglichen und unterstützen, aber auch erschweren können.
3. Die bislang angegebenen Gesichtspunkte genügen nicht, um den Begriff der Subjektbildung einzugrenzen, also Bildung von anderen Formen des Lernens zu unterschei-

5 Siehe dazu ausführlicher Meueler (1993), Scherr (1992, 1997 und 2002), Vogel (1992).

den. Dazu ist es sinnvoll, von Subjektbildung spezifisch im Hinblick auf solche Lernprozesse zu sprechen, in denen sich die Grundstrukturen des individuellen Selbst- und Weltverständnisses konturieren, verfestigen bzw. verändern (Marotzki 1990). So gefasst haben Bildungsprozesse eine andere Qualität als solche Lernprozesse, die als Erwerb eines funktional abrufbaren Wissens und Könnens beschrieben werden können, das für das identitätsstiftende Selbst- und Weltverständnis von Individuen jedoch im Übrigen irrelevant ist. Zwar sind funktionales Lernen und Subjektbildung realiter nicht voneinander unabhängig, sondern ineinander verwoben. Ob jedoch die Vermittlung von Kenntnissen und Fertigkeiten (etwa von Wissen über Prinzipien repräsentativer Demokratie) Bildungsprozesse anstößt oder nicht (also etwa über den Aufbau eines stabilen Selbstverständnisses als Bürger eines demokratischen Gemeinwesens), das hängt wesentlich von den Bedingungen und Formen der subjektiven Aneignung ab.[6]

4. Bildungsprozesse sind dadurch gekennzeichnet, dass Individuen in unterschiedlichen Dimensionen ein reflexives Selbstverhältnis entwickeln können, d. h. ihr Selbst(wert-)gefühl, ihr identitätsstiftendes Selbstbewusstsein,[7] ihre ästhetischen, moralischen und politischen Überzeugungen, ihre aktuelle Lebenspraxis und ihren Lebensentwurf zum Gegenstand der Reflexion erheben. Dies setzt die Fähigkeit und Bereitschaft voraus, zu den eigenen subjektiv-selbstverständlichen lebensweltlichen Gewissheiten Distanz einzunehmen, sie gegen mögliche Alternativen abzuwägen sowie nach ihrer biografischen Genese und ihren sozialen Geltungsbedingungen zu fragen. Erst ein solches reflexives Sich-zu-sich-Verhalten eröffnet kognitive Potenziale der Selbstbestimmung: Erst dann, wenn das eigene Wahrnehmen, Deuten, Bewerten und Handeln sich nicht mehr als alternativlos darstellt, wenn andere Möglichkeiten in den Blick kommen, erschließen sich Entscheidungsmöglichkeiten und ergeben sich Begründungszwänge. Gesellschaftlich verfügbare Wissensbestände – etwa kodifizierte Moralen, politische Theorien, historische Untersuchungen und gesellschaftstheoretische Analysen, aber auch literarische Texte oder musikalische Ausdrucksgestalten – sind nur dann relevant für Prozesse der Subjektbildung, wenn sie den Möglichkeitsraum solcher Reflexivität erweitern, also Alternativen zu eingespielten Wahrnehmungs-, Deutungs-, Bewertungs- und Handlungsmustern aufzeigen sowie zu einer sachlichen Fundierung und zur Differenzierung der Kategorien der Selbst- und Weltwahrnehmung beitragen.
5. Für eine pädagogische Theorie und Praxis der Subjektbildung ist es schließlich wichtig, den inneren Zusammenhang der emotionalen, kognitiven und handlungspraktischen Dimensionen von Subjektivität zu berücksichtigen. Die Fähigkeit und Bereitschaft, sich Wissensbestände, Ausdrucksformen und Reflexionsangebote anzueignen, hängt – wie sich auch empirisch nachweisen lässt (siehe dazu Bourdieu 1984: 601-726; Scherr 1985) – davon ab, ob bzw. in welchem Maß Individuen ein Selbstwertgefühl und Kompetenzbewusstsein entwickelt haben, auf dessen Grundlage sie sich als jemanden wahrnehmen, der/die über die Fähigkeit zu kompetenter Auseinandersetzung mit hochkulturellen Produkten verfügt. So sind politisches Interesse und politische Hand-

6 Selbst ein solcher Lerngegenstand wie der historische Nationalsozialismus erzeugt nicht zwangsläufig politische und moralische Bildungsprozesse, sondern kann als subjektiv irrelevanter Schulstoff gelernt und vergessen werden (siehe dazu Hormel/Scherr 2005).

7 Dass Identität nicht als ein Zustand der inneren Widerspruchsfreiheit aufgefasst werden kann, hat nicht zuletzt die poststrukturalistische Kritik gezeigt. Gleichwohl ist das Konzept Identität unverzichtbar, um analysieren zu können, wie Individuen in der Lage sind, ein Bewusstsein eigener Bedürfnisse und Interessen zu entwickeln und handlungsfähig zu werden (siehe dazu Menrath 2003: 21-29).

lungsbereitschaft gebunden an das Gefühl, zu einem Verstehen des Politischen in der Lage zu sein und zum Kreis derjenigen zu gehören, denen politische Mitwirkung zugetraut wird. Die soziale Genese und die sozial ungleiche Formierung von Selbstwertgefühlen sowie von subjektiven Kompetenz- und Inkompetenzgefühlen sind deshalb als Ermöglichungsbedingung und Blockierung von Bildungsprozessen theoretisch und praktisch von erheblicher Relevanz.

6. Angedeutet ist damit, dass eine Theorie der Subjektbildung darauf verwiesen ist, nach den sozialen Bedingungen der Entwicklung, Stabilisierung und Veränderung von Selbst(wert)gefühl, Selbstachtung, Selbstbewusstseins- und Selbstbestimmungsfähigkeit zu fragen, also etwa danach, wie an soziale Positionen gebundene Erfahrungen und Eigenschaftszuschreibungen auf individuelle Bildungsprozesse einwirken. Denn Subjektivität entwickelt sich in ihren unterscheidbaren Dimensionen in Abhängigkeit von sozialen Prozessen, die strukturierend auf den individuellen Bildungsprozess einwirken. Diesbezüglich sind Anerkennungstheorien relevante Einsichten zu entnehmen: Es lässt sich nachweisen, dass Strukturen der wechselseitigen Anerkennung von fundamentaler Bedeutung für die sozialisatorische Genese und die lebenspraktische Realisierung von Subjektivität sind (siehe dazu Habermas 1988; Scherr 2002; Honneth 2005).

Eine sozialwissenschaftlich fundierte Bildungstheorie kann sich also nicht auf die quasi-anthropologische Postulierung individueller Subjektivität zurückziehen und auch nicht auf eine bloß normative Beanspruchung von Begriffen wie Selbstbestimmungsfähigkeit und Mündigkeit. Sie ist vielmehr darauf verwiesen, die sozialen Bedingungen und Formierungen zu analysieren, die den Möglichkeitsraum von Prozessen der Subjektbildung konturieren, wobei nicht zuletzt zu berücksichtigen ist, wie die jeweiligen Bildungsbedingungen abhängig sind von Strukturen sozialer Ungleichheit.

## 3 Bildungspraxis ohne Subjektbegriff?

Die analytische und programmatische Beanspruchung eines subjekttheoretisch fundierten Bildungsbegriffs ist mit unterschiedlichen Varianten des Einwands konfrontiert, dass der Subjektbegriff Postulate beanspruche, die einer näheren Betrachtung nicht standhielten, eine in sich problematische normative Setzung vornähmen, die nur kontrafaktische Geltung für sich beanspruchen könne. So wird seitens der neueren systemtheoretischen Soziologie, die damit das Erbe des Strukturalismus antritt, die Annahme konstitutiver Subjektivität dezidiert zurückgewiesen (siehe dazu Luhmann 1997: 1016-1035; vgl. aber inzwischen Nassehi 2006: 69-108). Aus den unbestreitbaren Einsichten, dass das Individuum sich nicht selbst zu Grunde liegt und dass das Soziale „nicht vom Subjekt her zu begreifen ist" (Luhmann 1997: 1030) sowie dass die Idee einer selbstbestimmten Lebensführung jenseits sozialer Bedingungen und Einschränkungen nicht plausibel ist, wird die Konsequenz einer generellen Verabschiedung des Subjektbegriffs gezogen.

Wie Hall (1999) zusammenfassend aufgezeigt hat, lassen sich – bei allen Unterschieden der jeweiligen Theoriearchitektur – die Theorien von Marx und Althusser, Freud, de Saussure, Derrida und Foucault als unterschiedliche Formen der Infragestellung der Vorstellung lesen, Individuen verfügten als voneinander unabhängige und mit sich selbst identische Einzelne über die Ursachen und Gründe ihres Empfindens, Denkens und Handelns. Denn das individuelle Empfinden, Denken und Handeln ist in gesellschaftlich vorgegebene soziale Strukturen und Beziehungen eingebettet und ohne deren Berücksichtigung in seiner Entstehung und Entwicklung nicht verständlich. Taylor (1996: 71) argumentiert folglich, dass das Selbst nur „in Geweben des sprachlichen Austausches" existieren kann und es für den Einzelnen unmöglich sei, ohne einen sozialen Rahmen auszukommen.

Die Frage, in welchem Sinne und mit welchen Einschränkungen vor diesem Hintergrund gleichwohl noch ein Subjektbegriff beansprucht werden kann, wird in den erwähnten Theorien durchaus unterschiedlich beantwortet und eine prinzipielle Verabschiedung des Subjektbegriffs folgt daraus keineswegs als zwingende Konsequenz (siehe dazu etwa Foucault u. a. 1993; Wacquant 1996). Man muss diejenigen Kritiken eines Subjektbegriffs, der problematische Postulate und Selbsttransparenz impliziert, nicht prinzipiell zurückweisen, um dennoch geltend machen zu können, dass der Begriff Subjektivität auf ein bestimmbares und graduierbares Potenzial menschlichen Erlebens, Denkens und Handelns verweist. So ist Subjektivität begrifflich keineswegs notwendig mit individueller Autonomie im Sinne umfassender Unabhängigkeit von sozialen Bedingungen gleich zu setzen. In der Tradition der Kritischen Theorie der Frankfurter Schule bezeichnet der Begriff Subjektivität deshalb nicht Losgelöstheit von sozialen Lebensbedingungen, sondern vielmehr den sozialwissenschaftlich nicht plausibel zu bestreitenden Sachverhalt, dass menschliche Individuen in ihrem Erleben, Denken und Handeln nicht allein durch angeborene Instinkte oder sozialisatorische Prägungen determiniert sind, sondern vielmehr ein reflexives und offenes Verhältnis zu sich selbst und ihren sozialen Lebensbedingungen einnehmen können. Es ist insofern keineswegs obsolet, einen solchen Subjektbegriff bildungstheoretisch zu beanspruchen, der Selbstbewusstsein und Selbstbestimmungsfähigkeit nicht als individuelle Qualitäten setzt und totalisiert, sondern als graduierbare Potenziale und empirisch beschreibbare Dimensionen von Lebenspraxis fasst.

## 4 Kann Subjektbildung organisiert werden?

Fasst man Bildung als Eigenleistung des sich bildenden Subjekts und sieht eine Aufgabe von schulischer und außerschulischer Pädagogik darin, Individuen zu einer selbstbewussteren und selbstbestimmteren Lebenspraxis zu befähigen, dann genügt es nicht, pädagogische Programmatiken zu analysieren. In einer sozialwissenschaftlichen Perspektive ist es dann vielmehr unverzichtbar, nach den Ermöglichungen und Begrenzungen von Bildungsprozessen zu fragen, die in jeweiligen organisatorischen Strukturen enthalten sind, also danach, welche Bildungsmöglichkeiten durch die Strukturen von Schulen und außerschulischen Einrichtungen bereit gestellt und verschlossen werden. Hierauf ist in schulsoziologischen Analysen immer wieder hingewiesen worden (siehe Bernstein 1971; Dreeben 1980; Holzkamp 1993; Oevermann 2003).

Schulorganisatorische Fragen sind also bildungstheoretisch von erheblicher Bedeutung. Insofern ist es auch jenseits oberflächlicher Leistungsmessungen durchaus sinnvoll, internationale Vergleiche anzustellen, die untersuchen, welche Organisationsstrukturen die jeweiligen Bildungssysteme charakterisieren. Im Kontext der aktuellen Debatte über den Reformbedarf des Bildungssystems und den Sinn der Einrichtung von Ganztagsschulen in Deutschland ist jedoch darauf hinzuweisen, dass die bloße zeitliche Dauer des Schulbesuchs unter bildungstheoretischen Gesichtspunkten betrachtet keineswegs von ausschlaggebender Bedeutung ist: Ganztagschulen sind Bildungsprozessen nicht notwendig förderlicher als Halbtagsschulen.

Für einen an bildungstheoretischen Gesichtspunkten orientierten internationalen Vergleich von Schulsystemen sind nicht nur und primär Kompetenzmessungen relevant. Zu untersuchen ist vielmehr, ob und welche Gelegenheiten und Anstöße jeweilige Formen der Schulorganisation zur Wissensaneignung, zur Reflexion und zu selbst gestalteten Prozessen bieten, in denen sich Individuen die Chance bietet, in eine Auseinandersetzung mit den für sie aktuell lebenspraktisch relevanten Problemen und Fragen einzutreten und dabei ihre Reflexionsfähigkeit und ihre Artikulationsmöglichkeiten weiterzuentwickeln. Ein Qualitätsmerkmal von Ganztagsschulen als Bildungsorganisationen ist entsprechend darin zu sehen, in welchem Umfang und in welchen Formen sie solche Lerngelegenheiten bereit stellen, die auf curriculare Festlegungen von Themen und lehrerzentrierte Prozessstrukturen verzichten, also offene Lernchancen anbieten, die als attraktive Angebote für Eigenaktivitäten erfahren werden.

Solche Ganztagsschulkonzepte, die nicht als Ausweitung des Schulzwangs angelegt sind, sondern als Eröffnung von Chancen zur Selbstbildung, sind auch als Grundlage für die Kooperation von Schulen mit der Jugendarbeit geeignet. Denn die professionelle Kompetenz in der Jugendarbeit besteht ganz zentral darin, pädagogische Arbeitsbündnisse unter Bedingungen der Freiwilligkeit herzustellen. Folglich könnte die Auseinandersetzung mit Theorie und Konzeption der „Ganztagsbildung" in Kooperation zwischen Jugendarbeit und Schule (Coelen 2002) ein relevantes Element von Schulentwicklung und Jugendhilfeplanung sein, die sich an bildungstheoretischen Gesichtspunkten und nicht ausschließlich an arbeitsmarktorientierten Kompetenzprofilen orientieren.

## *Literatur*


Adorno, Theodor W. (1956): Individuum. In: Institut für Sozialforschung (Hg.): Soziologische Exkurse. Frankfurt a. M.: Europäische Verlagsanstalt: 40-49.

Bernstein, Basil (1971): Der Unfug mit der kompensatorischen Erziehung. In: Bernstein, Basil u. a. (Hg.): Lernen und soziale Struktur. Amsterdam: de Munter: 34-47.

BMFSFJ (2005): Zwölfter Kinder- und Jugendbericht der Bundesregierung. Berlin.

Bundesjugendkuratorium (2002): Zukunftsfähigkeit sichern! Für ein neues Verhältnis von Bildung und Jugendhilfe. In: Münchmeier, Richard/Otto, Hans-Uwe/Rabe-Kleberg, Ursula (Hg.): Bildung und Lebenskompetenz. Opladen: Leske + Budrich: 159-174

Butler, Judith (2001): Einleitung. In: Dies. (Hg.): Psyche der Macht. Das Subjekt der Unterwerfung. Frankfurt a. M.: Suhrkamp: 7-34.

Coelen, Thomas (2002): „Ganztagsbildung" – Ausbildung und Identitätsbildung von Kindern und Jugendlichen durch die Zusammenarbeit von Schulen und Jugendeinrichtungen. In: neue praxis H. 1/2002: 53-66.

Dreeben, Robert (1980): Was wir in der Schule lernen. Frankfurt a. M.: Suhrkamp.

Europäische Kommission (2000): Memorandum über lebenslanges Lernen. Brüssel.

Expertengruppe Forum Bildung (2001a): Förderung von Chancengleichheit. Bericht der Expertengruppe des Forums Bildung. Bonn.

Expertengruppe Forum Bildung (2001b): Kompetenzen als Ziele von Bildung und Qualifikation. Bericht der Expertengruppe des Forums Bildung. Bonn.

Foucault, Michel u. a. (1993): Technologien des Selbst. Frankfurt a. M.: Fischer.

Grubauer, Franz/Ritsert, Jürgen/Scherr, Albert/Vogel, Martin (Hg.) (1992): Subjektivität – Bildung – Reproduktion. Weinheim: Deutscher Studien Verlag.

Gruschka, Andreas (1994): Bürgerliche Kälte und Pädagogik. Wetzlar: Büchse der Pandora.

Habermas, Jürgen (1988): Individuierung durch Vergesellschaftung. In: Ders.: Nachmetaphysisches Denken. Frankfurt a. M.: Suhrkamp: 187-241.

Hafeneger, Benno/Henkenborg, Peter/Scherr, Albert (Hg.) (2002): Pädagogik der Anerkennung. Schwalbach/Ts.: Wochenschau.

Hall, Stuart (1999): „Ein Gefüge von Einschränkungen". In: Jan Engelmann (Hg.): Die kleinen Unterschiede. Der Cultural-Studies-Reader. Frankfurt a. M.: Campus: 99-122.

Höffer-Mehlmer, Markus (Hg.) (2003): Bildung: Wege zum Subjekt. Hohengehren: Schneider.

Holzkamp, Klaus (1993): Lernen. Eine subjektwissenschaftliche Grundlegung. Frankfurt a. M.: Campus.
Honneth, Axel (2005): Verdinglichung. Frankfurt a. M.: Campus.
Hormel, Ulrike/Scherr, Albert (2005): Aus der Geschichte lernen? Die pädagogische Auseinandersetzung mit Nationalsozialismus und Holocaust im Kontext einer veränderten Erinnerungskultur. In: neue praxis H. 4/ 2005: 293-306.
Krüger, Heinz-Hermann (1999): Entwicklungslinien und aktuelle Perspektiven kritischer Erziehungswissenschaft. In: Sünker, Heinz/Krüger, Heinz-Hermann (Hg.): Kritische Erziehungswissenschaft am Neubeginn? Frankfurt a. M.: Suhrkamp: 162-183.
Liebau, Eckart. (2002): Jugendhilfe, Bildung. Teilhabe. Bildung als Teilhabefähigkeit. In: Münchmeier, Richard/Otto, Hans-Uwe/Rabe-Kleberg, Ursula (Hg.): Bildung und Lebenskompetenz. Opladen: Leske + Budrich: 19-32.
Luhmann, Niklas (1997): Die Gesellschaft der Gesellschaft. Frankfurt a. M.: Suhrkamp.
Liessmann, Konrad Paul (2006): Theorie der Unbildung. Wien: Zsolnay.
Marotzki, Winfried (1990): Entwurf einer strukturalen Bildungstheorie. Biographietheoretische Auslegung von Bildungsprozessen in hochkomplexen Gesellschaften. Weinheim: Deutscher Studien Verlag.
Marotzki, Winfried/Sünker, Heinz (Hg.) (1992): Kritische Erziehungswissenschaft – Moderne – Postmoderne. Weinheim: Deutscher Studien Verlag.
Mead, George Herbert (1968): Geist, Identität und Gesellschaft. Frankfurt a. M.: Suhrkamp.
Menrath, Stefanie (2003): Represent what. Performativität von Identitäten im HipHop. Berlin: Argument.
Meueler, Erhard (1993): Die Türen des Käfigs. Stuttgart: Klett-Cotta.
Nassehi, Armin (1999): Differenzierungsfolgen. Opladen: Westdeutscher Verlag.
Nassehi, Armin (2003): Geschlossenheit und Offenheit. Frankfurt a. M.: Suhrkamp.
Nassehi, Armin (2006): Der soziologische Diskurs der Moderne. Frankfurt a. M.: Suhrkamp.
Oevermann, Ulrich (2003): Zur Behinderung pädagogischer Arbeitsbündnisse durch die gesetzliche Schulpflicht. In: Rihm, Thomas (Hg.): Schulentwicklung durch Lerngruppen. Opladen: Leske + Budrich: 69-96.
Pongratz, Ludwig (1988): Bildung und Subjektivität. Weinheim: Beltz.
Richter, Arnd (2006): Gefährliche Pädagogik. Kritische Bildung in neoliberalen Zeiten. In: Widersprüche (26. Jg.) H. 102/2006: 99-112.
Ritsert, Jürgen (2001): Soziologie des Individuums. Darmstadt: WBG.
Scherr, Albert (1992): Das Projekt Postmoderne und die pädagogische Aktualität kritischer Bildungstheorie. In: Marotzki, Winfried/Sünker, Heinz (Hg.): Kritische Erziehungswissenschaft – Moderne – Postmoderne. Weinheim: Deutscher Studien Verlag: 101-150.
Scherr, Albert (1997): Subjektorientierte Jugendarbeit. Weinheim: Juventa.
Scherr, Albert (2000): Individualisierung – Moderne – Postmoderne. In: Kron, Thomas (Hg.): Individualisierung und soziologische Theorie. Opladen: Leske + Budrich: 185-202.
Scherr, Albert (2003): Subjektbildung als Distanzierung. Elemente einer kritischen Bildungstheorie in Zeiten der funktionalen Aktivierung des Subjekts. In: Höffer-Mehler, Markus (Hg.): Bildung: Wege zum Subjekt. Hohengehren: Schneider: 85-93.
Scherr, Albert (2005): Vergesellschaftung und Subjektivität. Rückfragen an die Theorie reflexiver Modernisierung. In: Hafeneger, Benno (Hg.): Subjektdiagnosen. Schwalbach/Ts.: Wochenschau: 11-24.
Scherr, Albert (2006): Schulische und außerschulische Bildung in der Einwanderungsgesellschaft. Erfordernisse einer offensiven Auseinandersetzung mit Ungleichheiten, Diskriminierungen und Heterogenität. In: Otto, Hans-Uwe/Oelkers, Jürgen (Hg.): Zeitgemäße Bildung. München: Reinhardt: 247-260.
Scherr, Albert (2008): Sozialisation, Person, Individuum. In: Korte, Hermann/Schäfers, Bernhard (Hg.): Einführung in die Hauptbegriffe der Soziologie. Opladen: Leske + Budrich: 45-69.
Sennett, Richard (1998): Der flexible Mensch. Die Kultur des neuen Kapitalismus. Berlin: Berlin Verlag.
Stroß, Annette Miriam (2001): Die „Wissensgesellschaft“ als bildungspolitische Norm. In: Sozialwissenschaftliche Literaturrundschau H. 1/2001: 84-100.
Sünker, Heinz (1989): Bildung, Alltag und Subjektivität. Weinheim: Deutscher Studien Verlag.
Taylor, Charles (1996): Quellen des Selbst. Frankfurt a. M.: Suhrkamp.
Vogel, Martin Rudolf (1992): Bildung zum Subjekt – Selbst und gesellschaftliche Form. In: Grubauer, Franz/ Ritsert, Jürgen/Scherr, Albert/Vogel, Martin. (Hg.): Subjektivität – Bildung – Reproduktion. Weinheim: Deutscher Studien Verlag: 10-40.
Wacquant, Loic (1996): Auf dem Weg zu einer Sozialpraxeologie. In: Bourdieu, Pierre/Wacquant, Loic (Hg.): Reflexive Anthropologie. Frankfurt a. M.: Suhrkamp: 17-94.
Willke, Helmut (2001): Atopia. Studien zur atopischen Gesellschaft. Frankfurt a. M.: Suhrkamp.

# Bewältigung

*Wolfgang Mack*

Bewältigung wird als Begriff und Konzept zuerst in der Psychologie verwendet; darauf aufbauend, in Ansatz und Reichweite erweitert, findet der Begriff auch in der Sozialpädagogik Verwendung; in einer sozialisationstheoretischen Zuspitzung wird Bewältigung auch auf das Aufwachsen von Jugendlichen in prekären Lebenslagen bezogen. In einem allgemeinen Verständnis wird mit Lebensbewältigung eine Aufgabe bezeichnet, die das Aufwachsen in der Moderne generell bestimmt, eine Anforderung für alle Heranwachsenden. Es ist ein Charakteristikum der Moderne, dass sich die Lebenslagen der Menschen individualisieren. Der Einzelne wird freigesetzt von herkunfts- und standesbezogenen Bindungen. Individualisierung kennzeichnet in der Moderne auch den Prozess des Aufwachsens: In der Jugendphase muss die doppelte Aufgabe der Subjektwerdung und der Eingliederung in die Gesellschaft bewältigt werden. In diesem Sinne ist Lebensbewältigung ein Grundphänomen der Jugendphase in der Moderne (vgl. Fend 1996).

## 1 Bewältigung als psychologischer Begriff

In der Psychologie wird Bewältigung in unterschiedlichen Kontexten verwendet. Verbreitet ist in der deutschsprachigen psychologischen Literatur auch der englische Begriff des *Coping.*[1] In der psychologischen Theorie und Forschung wird das Konzept der Bewältigung vielfach gebraucht, dennoch gibt es keine einheitliche Definition des Begriffs. Gegenstand von Bewältigung und Bewältigungsstrategien werden in der psychologischen Forschung unterschiedlich definiert und operationalisiert, eine eindeutige begriffliche Klärung ist auch angesichts der theoretischen und methodischen Offenheit des Konzepts nicht möglich (vgl. Weber 1997).

Trotz unterschiedlicher Anwendungen und Konzeptualisierungen können gemeinsame Merkmale von Bewältigung benannt werden (vgl. Weber 1997): Bewältigung bezieht sich auf Situationen und Ereignisse, die als belastend oder fordernd empfunden werden, von einer unterstellten Normalität abweichen und Handlungen und Verhaltensweisen der betroffenen Individuen erfordern, die in der Regel mit erheblichem Aufwand oder Anstrengung verbunden sind. Dabei sind in der Regel unterschiedliche Optionen für individuelle Handlungen und Verhaltensweisen möglich (vgl. ebd.: 9). Gegenstand von Bewältigung können damit sowohl langfristige Entwicklungsprozesse wie der Prozess des Aufwachsens im Kindes- und Jugendalter oder der Prozess des Alterns sein als auch kritische Ereignisse und Situationen.

---

1 Beide Begriffe werden in der psychologischen Literatur synonym gebraucht, in diesem Beitrag wird der Begriff Bewältigung verwendet.

Begriff und Konzept der Bewältigung werden u. a. in der Stress-Forschung verwendet. Gefragt wird dabei nach der Bewältigung von belastenden Situationen und Ereignissen. Lazarus/Folkman (1984) haben eine wichtige Differenzierung in Bezug auf die Bewältigung von Stress eingeführt, indem sie zwischen problemzentrierten und emotionszentrierten Strategien unterscheiden. In der ersten Form von Bewältigung wird versucht, durch unterschiedliche Handlungen und Anstrengungen dem Auslöser und Verursacher von Stress entgegenzuwirken und so den Stress zu vermindern, in der zweiten Form erfährt das Stress auslösende Ereignis eine Umwertung, um auf diese Weise die Belastung durch Stress zu reduzieren.

In der Entwicklungspsychologie wird Bewältigung in einem umfassenderen Sinn thematisiert und erforscht. Der Jugendphase wird dabei die Aufgabe zugeschrieben, altersspezifische Entwicklungsaufgaben zu bewältigen. Bewältigung wird dabei auf allgemeine Entwicklungsaufgaben und auf kritische Lebensereignisse bezogen (vgl. Oerter 1985). Die Grundannahme der entwicklungspsychologischen Bewältigungs-Theorie besagt, dass Entwicklung im Jugendalter – als ein interaktiver Selbstfindungs- und Verständigungsprozess – im Allgemeinen relativ stabil verläuft, gekennzeichnet durch die sukzessive Bearbeitung von Entwicklungsaufgaben. Allerdings kommt eine kleine, dennoch nicht unbeträchtliche Gruppe von Jugendlichen mit diesen Bewältigungsaufgaben nicht zurecht und sucht Auswege in Form von aggressivem, gewaltförmigem, gesundheitlich ruinösem und anderem sozial abweichendem Verhalten (Engel/Hurrelmann 1993).

Seiffge-Krenke (1989: 210) unterscheidet in Bezug auf die Bewältigung jugendspezifischer Anforderungen drei Bewältigungsstrategien: Die erste Strategie bezeichnet sie als „aktive Bewältigung unter Nutzung sozialer Ressourcen“. Dazu gehören „Austausch mit Betroffenen, die Diskussion mit Erwachsenen oder Gleichaltrigen oder die Nutzung instrumenteller Hilfe (Arbeitsamt, Beratungsstelle)“ (ebd.: 210-211). Als zweite Gruppe fasst sie „internale Bewältigungsstrategien“, sie „verbinden kognitive Prozesse bei der Lösungsfindung mit der Einsicht in Realitäten und der Bereitschaft zur Kompromißbildung“ (ebd.: 211). In der dritten Gruppe des „problemmeidenden Verhaltens“ sind Strategien zusammengefasst, die durch Abwehr und Problemmeidung gekennzeichnet sind (ebd.: 212). Insgesamt überwiegen, so das Ergebnis der Studie zu Bewältigungsstrategien von Jugendlichen, aktive und internale Bewältigungsformen bei weitem gegenüber problemmeidendem Verhalten.

Der Fokus der psychologischen Forschungen zu Bewältigung richtet sich auf den Prozesscharakter von Bewältigung. Dabei werden Bewertungen vermieden. Als Bewältigung werden alle Handlungen und Bemühungen bezeichnet, Entwicklungsaufgaben, belastende Situationen oder kritische Ereignisse zu bearbeiten, auch wenn die Strategien wenig effizient sein mögen und nicht zur Lösung des Problems oder der Veränderung des Umgangs mit dem Problem beitragen.

Im Vordergrund steht somit die Frage, wie der Prozess der Bewältigung verläuft. Bewältigung ist „als dynamischer Prozeß zu verstehen, bei dem eine ständige Wechselwirkung zwischen situativem Geschehen, kognitiver Beurteilung der Situation durch die betreffende Person und situationsveränderndem Bewältigungshandeln stattfindet“ (Laux 1997: 68). Dabei wird ein breites Spektrum von Bewältigungsleistungen in den Blick genommen. Sie umfassen konstruktiv-lösungsorientierte Strategien ebenso wie Strategien der Umbewertung, expressive Formen der Bewältigung und Formen der Abwehr und Vermeidung. Flammer (2003: 242) benennt drei Klassen von Bewältigungsstrategien, die sich mehr oder weniger in allen Ergebnissen der psychologischen Forschungen widerspiegeln: aktive Problemlösung, kognitive Umbewertung sowie Verunsicherung und Abwehrreaktionen.

In Bezug auf entwicklungsbezogene Bewältigungsleistungen unterscheiden Rothermund/Brandstätter (1997) assimilative und akkommodative Bewältigungsstrategien. Sie gehen dabei von einer Diskrepanz zwischen angestrebten Zielen und individuellen Ressourcen und Dispositionen zur Erreichung dieser Ziele aus. Der assimilative Modus der Bewältigung versucht, diese Diskrepanzlücke so zu schließen, dass die Ausgangsvoraussetzungen zur Erreichung der Ziele verbessert werden, indem z. B. zusätzliche Kompetenzen erworben und neue Ressourcen mobilisiert werden, der akkommodative Modus setzt an den Zielen an und versucht, sie so umzubewerten und neu zu definieren, dass auf diese Weise die Diskrepanz zwischen Ziel und Erreichbarkeit mit den zur Verfügung stehenden Mitteln geschlossen wird.

> „Assimilative Prozesse sind durch Versuche zur aktiven Veränderung der gegebenen Situation in Richtung auf Sollsetzungen (Ansprüche, Ziele, Aspekte eines ‚gewünschten Selbst' etc.) und insofern auch durch ein Festhalten an diesen Sollorientierungen gekennzeichnet. Das Charakteristikum akkommodativer Prozesse liegt dagegen in der flexiblen Anpassung solcher normativer Orientierungen und Bewertungsfunktionen an gegebene situative Beschränkungen" (Rothermund/Brandstätter 1997: 122).

Assimilative und akkommodative Prozesse werden in diesem „Zwei-Prozeß-Modell" der Bewältigung (vgl. Rothermund/Brandstätter 1997) nicht als unvereinbare und sich gegenseitig ausschließende Strategien gesehen, vielmehr wird mit diesem Modell nach einer Balance von assimilativen und akkommodativen Prozessen gesucht. In diesem Modell werden Randbedingungen der Bewältigungssituation in den Prozess mit einbezogen; intersubjektive Verständigung und emotionale Entlastung stellen wichtige Kriterien für eine Entscheidung über Bewältigungsstrategien dar.

## 2 Bewältigung im sozialpädagogischen Diskurs

Sozialpädagogisches Handeln ist darauf gerichtet, (junge) Menschen bei der Bewältigung ihrer Entwicklungsaufgaben, von individuellen Krisen und von prekären Lebenslagen zu unterstützen. Diese sozialpädagogische Perspektive nimmt damit die entwicklungspsychologische Konzeptualisierung von Bewältigung auf. In der entwicklungspsychologischen Dimension bleibt Bewältigung allerdings stark auf das einzelne Individuum zentriert, mit der sozialpädagogischen Perspektive kommen nun auch gesellschaftliche Bedingungen von Bewältigung in den Blick.

### *2.1 Lebensbewältigung in der alltags- und lebensweltorientierten Sozialpädagogik*

Alltagsorientierte Sozialpädagogik ist der Versuch, „die institutionellen und professionellen Ressourcen zu nutzen, um mit ihrer Hilfe Adressaten zu einem gelingenderen Alltag zu helfen und dabei die in der Form moderner Sozialarbeit angelegten Gefahren zu unterlaufen, die dieses Ziel immer wieder desavouieren" (Thiersch 1986: 42). Der Autor fragt dabei, welchen spezifischen Beitrag Soziale Arbeit leisten kann, um im Alltag der Adressat(inn)en, in dem manches gelingen mag, vieles jedoch nicht, neue Formen zu entwickeln, damit manches besser gelingen kann, ohne damit beanspruchen zu wollen, alle Probleme und Schwierigkeiten beseitigen zu können: dies wird mit der Bezeichnung „gelingenderer Alltag" zum Ausdruck gebracht. Dabei spielen Fragen der Öffnung zum Alltag der Adressat(inn)en und die Kooperation mit ihnen eine besondere Rolle. Alltag kann in seiner Bedrohung und Krise erkannt werden, vor dem Hintergrund gesellschaftlicher Individualisierungsprozesse verbunden mit radikalisierter sozialer Ungleichheit und gesellschaftlichen Spaltungs- und Desintegrationsprozessen. Alltag und Alltäglichkeit kann nicht aus sich heraus verstanden werden, sondern nur als „Schnittstelle objektiver Strukturen und subjektiver Verständnis- und Bewältigungsmuster" (Thiersch 1992: 47).

In der alltagsorientierten bzw. lebensweltorientierten Sozialpädagogik spielt der Aspekt der Lebensbewältigung eine wichtige Rolle. In Ansatz und Anspruch alltagsorientierter Sozialpädagogik, Probleme und Schwierigkeiten im Alltag konstruktiv zu bearbeiten und zu lösen, von einem bornierten und belastenden zu einem „gelingenderen" Alltag zu gelangen, wird diese Bewältigungsperspektive sichtbar. Lebensweltorientierte Soziale Arbeit bietet Hilfen zur Lebensbewältigung an und unterstützt die einzelnen in ihrem Bewältigungshandeln:

> „Lebensweltorientierte Soziale Arbeit agiert in Bezug auf Zeit, Raum und soziale Beziehungen im besonderen *Respekt vor den alltäglichen, eher unauffälligen Bewältigungsaufgaben:* Hilfe bedeutet z. B. in der Familienhilfe, Überschaubarkeit und Ordnung in oft ‚verwahrlosten' räumlichen und zeitlichen Strukturen zu finden und auch in den kleinen Aufgaben das ‚Nebenher' für Beziehungsklärungen zu nutzen. In der Beratungsarbeit des ASD geht es häufig um die Verworrenheit finanzieller und sozialer Probleme im Alltag und um die Ermutigung, sie anzugehen. In Wohngemeinschaften oder Wohngruppen geht es ebenso wie z. B. im sozialpsychiatrischen Dienst um die Transparenz und Klarheit in den Alltagsvollzügen, z. B. beim Aufstehen, Essen und in der Freizeit, also um die pädagogische Strukturierung elementarer Regeln im Umgang mit Raum, Zeit, mit anderen und mit sich" (Grunwald/Thiersch 2005: 1142, Herv. i. Orig.).

Lebensweltorientierte Soziale Arbeit richtet ihr Handeln an den alltäglichen Erfahrungen der Menschen aus. Diese alltäglichen Erfahrungen sind durch ihre gesellschaftliche Situation bestimmt, sie bildet die Bühne für ihr konkretes Bewältigungshandeln. Diese gesellschaftliche Bedingtheit – die soziale Lage der Adressat(inn)en und ihre verfügbaren Ressourcen – stellt den Hintergrund dar, vor dem Soziale Arbeit versucht, einen gelingenderen Alltag zu ermöglichen.

## *2.2 Lebensbewältigung als Grundbegriff der Sozialpädagogik*

Böhnisch (2002) bezeichnet den Begriff „Lebensbewältigung" als Grundbegriff der Sozialpädagogik. Er sieht darin einen Modus der Sozialisation, der einen Gegensatz zu dem der Sozialintegration ausdrückt. Diese Perspektive ist bereits von Böhnisch/Schefold (1985) in den 1980er Jahren konturiert worden und von Böhnisch weiter ausgearbeitet worden.

> „Lebensbewältigung drückt den besonderen Zugang der Sozialpädagogik aus: das Interesse für das alltägliche Zurechtkommen der Kinder und Jugendlichen mit den Problemen des Aufwachsens. (...) Sozialintegration verweist darauf, daß dieses Aufwachsen vor allem ein Hineinwachsen in die gesellschaftlichen Anforderungs- und Normstrukturen ist, mit der Erwartung, daß sich die Kinder und Jugendlichen in die vorgegebene gesellschaftliche Norma-

> lität, in die durchschnittlichen Muster des Lebens und Arbeitens einpassen und eingliedern (‚integrieren') lassen“ (Böhnisch 1993: 11).

Lebensbewältigung und Sozialintegration bezeichnen damit ein für die Sozialpädagogik konstitutives Spannungsverhältnis: „Bewältigungsperspektiven der Jugendlichen und Integrationsvorgaben der Gesellschaft decken sich oft nicht“ (ebd.). Lebensbewältigung heißt zunächst „über die Runden kommen“, wobei offen bleibt, in welcher Richtung und in welchen Formen dies geschieht, wie also der Prozess der sozialen Integration aussieht (vgl. Böhnisch/Schefold 1985: 76).

> „Das Konzept Lebensbewältigung signalisiert somit den Abschied von der Vorstellung, die Widersprüche und Disparitäten des gesellschaftlichen Lebens könnten von einzelnen Menschen in fortlaufenden Akten der Balance, des Vereinbarmachens, der Versöhnung bewältigt werden – die integrierte Gesamtpersönlichkeit um jeden Preis“ (ebd.: 77).

Böhnisch thematisiert mit dem Begriff der Lebensbewältigung in einer „gesellschaftlichen Perspektive das *sozialstrukturelle Problem der Freisetzung*“, das in der Perspektive der Subjekte die Frage nach der „*Handlungsfähigkeit* des Menschen in solchen ambivalenten Situationen“ aufwirft (Böhnisch 2005: 1119, Herv. i. O.). Bewältigungsprobleme entstehen in der modernen Gesellschaft als „Folge gesellschaftlich bedingter sozialer Desintegration“ (ebd.). Da das Problem der sozialen Desintegration ein Strukturmerkmal der modernen arbeitsteiligen Gesellschaft darstellt, braucht die Gesellschaft eine institutionalisierte Form der Bearbeitung der damit aufgeworfenen Probleme und Bewältigungsaufgaben. Sozialpädagogik/Sozialarbeit stellt insofern eine gesellschaftliche Reaktion und institutionalisierte Form der Antwort auf dieses Bewältigungsproblem dar (vgl. ebd.). In der Perspektive der Subjekte bedeutet Lebensbewältigung das Aufrechterhalten oder Wiedergewinnen von Handlungsfähigkeit.

> „Sozialstrukturelle Probleme sozialer Desintegration vermitteln sich in biographischen Integrations- und Integritätskrisen und damit verbundenen kritischen Lebensereignissen. Lebensbewältigung meint also in diesem Zusammenhang das Streben nach subjektiver Handlungsfähigkeit in kritischen Lebenssituationen, in denen das psychosoziale Gleichgewicht – Selbstwert und soziale Anerkennung – gefährdet ist. Lebenskonstellationen werden von den Subjekten dann als kritisch erlebt, wenn die bislang verfügbaren personalen und sozialen Ressourcen für die Bewältigung nicht mehr ausreichen“ (ebd.: 1119).

Lebensbewältigung in dieser Bedeutung kann als Versuch aufgefasst werden, Handlungsfähigkeit in den Widersprüchen des Alltags aufrecht zu halten, es ist eine Form von Normalisierungshandeln in anomischen Situationen. Normalisierungshandeln ist eine Bewältigungsstrategie, mit der „das Individuum psychosoziale Handlungsfähigkeit, die Erhaltung des eigenen Selbstwerts und die Anpassung an anomische Sozialstrukturen gleichermaßen zu erreichen sucht. Verfügt der Einzelne dabei nicht über sozialintegrative Mittel, welche diese Handlungsfähigkeit in einem positiven Bezug zur herrschenden Normalität setzen können, wird dieses Bewältigungsmuster gesellschaftlich nicht anerkannt, bzw. negativ zensiert und sanktioniert“ (Böhnisch 1994: 183-184).

> „Im Mittelpunkt des sozialpädagogischen Interesses steht dabei die misslungene Balance zwischen psychischem Selbst und sozialer Umwelt, aus der heraus das ‚soziale Selbst' soziale Aufmerksamkeit in dissozialen bis sozial- oder selbstdestruktiven Aktionen sucht. Selbstwertstabilisierende Handlungsfähigkeit wird also gerade um den Preis der Normverletzung gesucht und steht – entsprechend der Logik des Bewältigungsverhaltens – vor der Norm“ (Böhnisch 2005: 1120).

In dieser Konzeptualisierung wird der Bewältigungs-Begriff um eine sozialisationstheoretische Perspektive erweitert. Gesellschaftliche Widersprüche und aus ihnen resultierende Exklusions- und Marginalisierungsprozesse lassen ein einfaches Festhalten an der Vorstellung einer normalen sozialen Integration für viele junge Menschen nicht mehr zu. Lebensbewältigung verweist somit auf einen Modus der Vergesellschaftung an den Rändern der Gesellschaft, das in biographischer Perspektive von Böhnisch als „Normalisierungshandeln" zu fassen versucht wird. Sozialpädagogik müsse deshalb Unterstützung und Hilfe anbieten, sie könne das Normalisierungshandeln junger Menschen in marginalisierten Lebenslagen jedoch nicht an dem normativen Bezugspunkt einer integrierten „normalen" Biographie messen. Vielmehr müsse sie ihre Angebote und Unterstützungsleistungen immer wieder neu an einer schwierig herzustellenden Balance zwischen Normalisierungshandeln, gesellschaftlicher Akzeptanz und der Minimierung von Risiken orientieren.

## *2.3 Sozialpädagogischer Begriff der Bewältigung – Entwicklung, Krise und Risiko*

Der Begriff Bewältigung beschreibt vielfältige und höchst unterschiedliche Aufgaben und Ansprüche. In einer umfassenden Weise kann der Begriff auf Aufgaben im Prozess des Aufwachsens bezogen werden, in diesem Sinne bezeichnet Lebensbewältigung ein Grundmuster der Jugendphase in der modernen Gesellschaft und gilt universell für alle Heranwachsenden. Krisen und Probleme im Alltag stellen dagegen spezielle Bewältigungsaufgaben für die betroffenen Subjekte dar; Soziale Arbeit bietet Hilfen und Unterstützungsleistungen bei der Bewältigung solcher Krisen und Schwierigkeiten. Eine weitere Dimension von Lebensbewältigung bezieht sich auf widersprüchliche gesellschaftliche Erwartungen und Zumutungen an die einzelnen Subjekte. Lebensbewältigung bezeichnet dabei einen Modus der Vergesellschaftung und in biographischer Perspektive das Bemühen, psychosoziale Handlungsfähigkeit zu erlangen.

Bewältigung als sozialpädagogischer Begriff bezieht sich auf drei Typen von Bewältigung, die als „Entwicklung", „Krise" und „Risiko" gefasst werden können (vgl. Mack 1999): Bewältigung im Typus „Entwicklung" ist eine Aufgabe, die allen jungen Menschen in der modernen Gesellschaft abverlangt wird, Bewältigung im Typus „Krise" bezieht sich auf prekäre und krisenhafte Situationen im Alltag, Bewältigung im Typus „Risiko" bezeichnet einen riskanten Prozess der Vergesellschaftung, in dem in Form von Normalisierungshandeln eine biographische Balance in anomischen Strukturen zu erreichen versucht wird. Bewältigung in diesem Sinne nimmt somit Ansätze und Traditionen der Entwicklungspsychologie, wie sie im Modell der Bewältigung von Entwicklungsaufgaben formuliert sind, und der psychologischen Bewältigungsforschung auf, die sich mit der Bewältigung von belastenden und krisenhaften Ereignissen und Situationen befasst. Der Begriff bezieht sich auf sozialpädagogische Zugänge der Bewältigung von Krisen im Alltag und auf sozialstrukturelle Dimensionen der Lebensbewältigung.

Bewältigung in diesem sozialpädagogischen Verständnis steht in einem dialektischen Verhältnis zu Bildung. Dabei kann für die pädagogische Arbeit in Schule und Sozialer Arbeit diese Dialektik produktiv genutzt und gestaltet werden, da sie auf Begrenzungen und Widersprüche der jeweiligen Begriffe und der mit ihnen verbundenen Konzepte und Ansprüche aufmerksam macht. Der Bewältigungsbegriff begründet eine Gegenposition zum Bildungsbegriff. Bildung verweist auf einen normativen Kulturbegriff, Bewältigung auf den Bereich der Alltagskultur. Mit dem Bildungsbegriff wird ein universalistischer, auf Perfektibilität angelegter Anspruch markiert, demgegenüber wird mit dem Bewältigungsbegriff eine relativistische Position vertreten. „Im Horizont von Bewältigung geht es um das Verstehen und Optimieren von Alltagspraxis von Menschen in gegebenen, bestenfalls langsam zu ändernden Lebenslagen" (Mack 1999: 273-274). Mit beiden Begriffen werden somit zwei völlig unterschiedliche Ansprüche an die Subjekte und an pädagogische Aufgaben bezeichnet, sie sind nicht aufeinander rückführbar. Bildung braucht die Distanz zum Alltag; mit dem antiutilitaristischen Anspruch entzieht sich Bildung notwendig immer auch ein Stück weit alltagsbestimmten Verwertungsinteressen. Bewältigung dagegen ist notwendig auf Alltag bezogen. Eine gelungene Bewältigung von Entwicklungsaufgaben, Krisen und prekären Lebenssituationen eröffnet jedoch auch Perspektiven für Bildungsprozesse, in diesem Sinne kann Bewältigung auch im Horizont von Bildung reflektiert werden.

Der mit dem Bildungsbegriff vertretene universalistische Anspruch muss auf konkrete, individuelle und kollektive Lebenslagen bezogen werden. Das relativistische Prinzip, das mit dem Bewältigungsbegriff eingenommen wird, muss auf universalisierbare Prinzipien bezogen werden können. Damit markieren Bildung und Bewältigung ein dialektisches Verhältnis, das als produktive Spannung pädagogisch genutzt und konkretisiert werden kann (Mack 1999: 273-278).

## 3 Bildung und Lebensbewältigung in Schule und Jugendhilfe

Bildung und Lebensbewältigung markieren Perspektiven für Schule und Schulentwicklung. Um Schule so zu entwickeln, dass Bildung in einem umfassenden Sinne der allseitigen Entwicklung und Entfaltung der Persönlichkeit möglich wird und dass Schule ein Ort ist, der Kinder und Jugendliche in ihren Bewältigungsstrategien in Bezug auf Entwicklungsaufgaben, Krisensituationen oder riskante und prekäre Lebenslagen unterstützt, ist eine grundlegende Reform der Schule nötig. Mit den beiden Begriffen Bildung und Lebensbewältigung wird es möglich, Schule als sozialen Ort zu begreifen, an dem Kinder und Jugendliche ihre eigenen Fragen und Probleme bearbeiten und lösen können (vgl. Mack 2004). Das bedeutet, die Verengung des Verständnisses und Auftrags von Schule auf Unterricht und Wissensvermittlung zu überwinden und Schule als Ort für Kinder und Jugendliche zu gestalten, an dem neben Erziehung und Bildung ein breites Spektrum sozialer Dienstleistung angesiedelt ist.

Schule als sozialen Ort für Kinder und Jugendliche zu begreifen und zu gestalten, heißt, ihnen Möglichkeiten in der Schule zu bieten, Erfahrungen von Ausgrenzung und Entfremdung, Entwurzelung und Enttäuschung durch gegenläufige Erfahrungen auszugleichen. Das Konzept des sozialen Ortes, an dem bildende Erfahrungen möglich sind und belastende und stigmatisierende Erfahrungen überwunden werden, spielt in der Sozialpädagogik eine wichtige Rolle. Bereits Siegfried Bernfeld hatte in den 1920er Jahren in seinen jugendpsychologischen und sozialpädagogischen Arbeiten darauf aufmerksam gemacht. In der Schule ist dieses Prinzip bisher noch wenig beheimatet. Schule als sozialen Ort zu gestalten, stellt eine Herausforderung und Chance dar, um Kindern und Jugendlichen, insbesondere in benachteiligten Lebensverhältnissen, mit individuellen Schwierigkeiten und in riskanten Lebenslagen Wege zu Bildung zu eröffnen. Diese Herausforderung kann mit schul- und mit sozialpädagogischen Mitteln angegangen werden.

## 3.1 Die Bedeutung des sozialen Ortes in der Sozialpädagogik

Aufgabe der Pädagogik ist es, einen sozialen Ort zu konstituieren, in dem Erfahrungen von Ausgrenzung und Entwurzelung revidierbar werden, an dem Kinder und Jugendliche zu sich finden können, ungelöste Konflikte und verdrängte, belastende und überfordernde Erfahrungen zulassen und bearbeiten können. Bernfelds Konzept des sozialen Ortes ist gerade darin für die Sozialpädagogik bedeutsam, wie Müller (1992) hervorgehoben hat.

Auch wenn Bernfelds Konzept lange nicht zur Kenntnis genommen wurde, ist doch längst „Ort" eine unverzichtbare Kategorie im sozialpädagogischen Denken, so gründet z. B. Winkler seine „Theorie der Sozialpädagogik" (1988) auf die beiden zentralen Begriffen „Subjekt" und „Ort". Sozialpädagogisches Denken, so Winkler (ebd.: 279), „beginnt, wo überlegt wird, wie ein Ort beschaffen sein muß, damit ein Subjekt als Subjekt an ihm leben und sich entwickeln kann, damit er auch als Lebensbedingung vom Subjekt kontrolliert wird. Sozialpädagogisches Handeln stellt somit Räume zur Verfügung, in welchen sich die Individuen wieder bewegen und miteinander als Subjekte verkehren, zugleich auch sich selbst bilden können." Das Konzept des sozialen Ortes öffnet damit den Blick von der engen Begrenzung auf Fragen der direkten Interaktion in pädagogischen Bezügen auf Fragen der Gestaltung von Räumen als Herausforderung für pädagogisches Denken und Handeln.

## 3.2 Schule als sozialer Ort

Schule begreift sich traditionell nicht als sozialer Ort des Aufwachsens von Kindern und Jugendlichen, sondern vornehmlich als Einrichtung zur Vermittlung von Wissen und Fertigkeiten, als Institution für die Bildung und Erziehung der heranwachsenden Generation. Dabei ist Schule als sozialer Ort immer schon durch die äußeren Bedingungen und Gegebenheiten, ihre Räume, Ausstattung und Einrichtung, und durch die Beziehungen und Interaktionen bestimmt. In der Schulpädagogik wird die Frage nach der Schule als sozialem Ort bislang kaum bearbeitet, der Begriff des sozialen Ortes ist noch kein selbstverständlicher Grundbegriff der Schulpädagogik.

Erforderlich sind insbesondere Überlegungen und Konzepte, wie Schule ein sozialer Ort für Kinder und Jugendliche in schwierigen und benachteiligten Lebenslagen sein kann, an dem Erfahrungen der Ausgrenzung und Entwurzelung, der Stigmatisierung und des Scheiterns überwunden werden können. Wie aber kann Schule zu einem solchen Ort werden? Sie kann es, wenn sie erstens über sozialpädagogische Kompetenz verfügt, wenn sie zweitens ihre schulpädagogischen Aufgaben als Möglichkeit zur Herstellung eines solchen sozialen Ortes begreift und dies drittens zum Thema und zur Aufgabe von Schulentwicklung macht.

Mit dem Ausbau von Ganztagsschulen und ganztägigen Bildungsangeboten wird es umso mehr erforderlich, Schule auch als sozialen Ort zu begreifen und zu gestalten. Das „Projekt Ganztagsschule" (Deutscher Bundestag 2005) bedeutet mehr als einen quantitativen Ausbau ganztägiger Angebote an Schulen, es geht vielmehr darum, ein neues Verhältnis zwischen Schule und Familie, Schule und Jugend sowie zwischen Schule und Jugendhilfe zu entwickeln. Dabei kann das Konzept des sozialen Ortes Perspektiven für die Entwicklung und Gestaltung von Ganztagsschulen und ganztägigen Bildungsangeboten eröffnen.

## Literatur


Böhnisch, Lothar (1993): Sozialpädagogik des Kindes- und Jugendalters. Weinheim: Juventa.

Böhnisch, Lothar (1994): Gespaltene Normalität. Lebensbewältigung und Sozialpädagogik an den Grenzen der Wohlfahrtsgesellschaft. Weinheim: Juventa.

Böhnisch, Lothar (2002): Lebensbewältigung. Ein sozialpolitisch inspiriertes Paradigma für die Soziale Arbeit. In: Thole, Werner (Hg.): Grundriss Soziale Arbeit. Opladen: Leske + Budrich: 199-213.

Böhnisch, Lothar (2005): Lebensbewältigung. In: Otto, Hans-Uwe/Thiersch, Hans (Hg.): Handbuch Sozialarbeit/Sozialpädagogik. München: Reinhardt: 1119-1121.

Böhnisch, Lothar/Schefold, Werner (1985): Lebensbewältigung. Soziale und pädagogische Verständigungen an den Grenzen der Wohlfahrtsgesellschaft. Weinheim: Juventa.

Deutscher Bundestag (Hg.) (2005): Bericht über die Lebenssituation junger Menschen und die Leistungen der Kinder- und Jugendhilfe in Deutschland. Zwölfter Kinder- und Jugendbericht – und Stellungnahme der Bundesregierung. Drucksache 15/6014. Berlin.

Engel, Uwe/Hurrelmann, Klaus (1993): Was Jugendliche wagen. Eine Längsschnittstudie über Drogenkonsum, Streßreaktionen und Delinquenz im Jugendalter. Weinheim: Juventa.

Fend, Helmut (1996): Sozialgeschichte des Aufwachsens. Frankfurt a. M.: Suhrkamp.

Flammer, August (2003): Entwicklungstheorien. Psychologische Theorien der menschlichen Entwicklung. Bern: Huber.

Grunwald, Klaus/Thiersch, Hans (2005): Lebensweltorientierung. In: Otto, Hans-Uwe/Thiersch, Hans (Hg.): Handbuch Sozialarbeit/Sozialpädagogik. München: Reinhardt: 1136-1148.

Laux, Lothar (1997): Streßbewältigung und Wohlbefinden in der Familie. Hg. vom Bundesministerium für Familie, Senioren, Frauen und Jugend. Stuttgart: Kohlhammer.

Lazarus, Richard S./Folkman, Susan (1984): Stress, Appraisal and Coping. New York: Springer.

Mack, Wolfgang (1999): Bildung und Bewältigung. Vorarbeiten zu einer Pädagogik der Jugendschule. Weinheim: Deutscher Studien Verlag.

Mack, Wolfgang (2004): Die Tantalus-Situation und der soziale Ort der Schule. In: Baur, Werner/Mack, Wolfgang/Schroeder, Joachim (Hg.): Bildung von unten denken. Aufwachsen in erschwerten Lebenssituationen – Provokationen für die Pädagogik. Bad Heilbrunn: Klinkhardt: 337-348.

Müller, Burkhard (1992): Sisyphos und Tantalus – Bernfelds Konzept des „Sozialen Ortes" und seine Bedeutung für die Sozialpädagogik. In: Hörster, Reinhard/Müller, Burkhard (Hg.): Jugend, Erziehung und Psychoanalyse. Zur Sozialpädagogik Siegfried Bernfelds. Neuwied: Luchterhand: 75-88.

Oerter, Rolf (1985): Lebensbewältigung im Jugendalter. Weinheim/Deerfield Beach: VCH.

Rothermund, Klaus/Brandstätter, Jochen (1997): Entwicklung und Bewältigung: Festhalten und Preisgeben von Zielen als Formen der Bewältigung von Entwicklungsproblemen. In: Tesch-Römer, Clemens/Salewski, Christel/Schwarz, Gudrun (Hg.): Psychologie der Bewältigung. Weinheim: Psychologie Verlags Union: 120-133.

Seiffge-Krenke, Inge (1989): Bewältigung alltäglicher Problemsituationen: Ein Coping-Fragebogen für Jugendliche. In: Zeitschrift für Differentielle und Diagnostische Psychologie (10. Jg.) H. 4/1989: 201-220.

Thiersch, Hans (1986): Die Erfahrung der Wirklichkeit. Perspektiven einer alltagsorientierten Sozialpädagogik. Weinheim: Juventa.

Thiersch, Hans (1992): Lebensweltorientierte Soziale Arbeit. Aufgaben der Praxis im sozialen Wandel. Weinheim: Juventa.

Weber, Hannelore (1997): Zur Nützlichkeit des Bewältigungskonzeptes. In: Tesch-Römer, Clemens/Salewski, Christel/Schwarz, Gudrun (Hg.): Psychologie der Bewältigung. Weinheim: Psychologie Verlags Union: 7-16.

Winkler, Michael (1988): Eine Theorie der Sozialpädagogik. Über Erziehung als Rekonstruktion der Subjektivität. Stuttgart: Klett-Cotta.

# Spiel

*Ulrich Baer*

Jedes Spiel ist eine eigene erfundene Welt, mit bestimmten Regeln, Personen und Handlungen. Dabei ist es egal, ob es sich um ein Brettspiel, ein Rollenspiel, ein Computerspiel oder das Spiel mit Puppen und Bauklötzen handelt. Spiel ist „so tun als ob", d. h. im Spiel wird eine eigene Wirklichkeit in den Gedanken und Handlungen der Spielenden konstruiert. Und annehmen und sich ausdenken kann man alles bis zu den Grenzen der Fantasie. Das Spiel ist der große Freiraum zum Experimentieren, zum Erproben, zum Ausleben, zum Erholen von den Begrenzungen der alltäglichen Realität. Im Spiel kann man schalten und walten, wie man mit den fiktiven Symbolen aus der Realität will. Diese Freiheit gibt es sonst nur noch in der literarischen und audiovisuellen Fiktion, im Traum und in der Meditation, dort jedoch nicht aktiv beeinflussbar und nicht selbst bestimmbar.

Der Form nach betrachtet, kann man das Spiel also zusammenfassend eine freie Handlung nennen, die als „nicht so gemeint" und außerhalb des gewöhnlichen Lebens stehend empfunden wird und trotzdem den Spieler völlig in Beschlag nehmen kann, an die kein materielles Interesse geknüpft ist und mit der kein Nutzen erworben wird, die sich innerhalb einer eigens bestimmten Zeit und eines eigens bestimmten Raums vollzieht, die nach bestimmten Regeln ordnungsgemäß verläuft und Gemeinschaftsverbände ins Leben ruft, die sich ihrerseits gern mit einem Geheimnis umgeben oder durch Verkleidung als anderes als die gewöhnliche Welt herausheben (Huizinga 1954: 52).

Wie sieht diese Spielwelt aus? Sie ist meistens angereichert mit Materialien oder Symbolen aus der realen Umwelt: Spielzeugautos und Puppen, Material zum Bauen und Experimentieren. Dabei benutzen Kinder die vorgefertigten Spielzeuge oder verwenden Alltagsgegenstände und Materialien in ihrem Sinne. Sie selbst spielen oft auch in dieser ausgedachten Welt mit – in vielen Fällen kopieren sie dabei Aktivitäten und Rollen von Erwachsenen. Im Spiel bilden Kinder symbolisch und vereinfacht einen Ausschnitt aus dem komplizierten Erwachsenenleben nach. Und deshalb ist Spiel so schwer zu definieren – ebenso schwer wie das Leben selbst. Worum geht es in diesen Spielwelten? Kinder spielen, um sich das Leben handhabbar zumachen, um die vielen tagtäglichen neuen Eindrücke zu verarbeiten, um sich das Leben durch Wiederholung mit eigenen Mitteln zu Eigen zu machen. „Zu Eigen machen" heißt: es selbst zu beherrschen und nicht von fremden und unbegriffenen Mächten beherrscht zu werden. Spiel ist für Kinder ein Hilfsmittel auf dem langen Weg in ein selbständiges Leben, also ein richtiges „Lebens-Mittel". Spiel ist damit für Kinder ein wesentlicher Sozialisationsprozess.

Im Spiel geht es immer um die Bewältigung von (oft selbst gesetzten oder von Erwachsenen abgeschauten) Aufgaben: Es wird Leben nachgespielt. Und zwar auf einem mittleren Spannungsniveau, d. h.: Die Probleme und Aufgaben im Spiel werden gelöst und bewältigt, das Ziel wird erreicht, aber es bleibt das Risiko des Scheiterns – genau das macht jedes Handeln im Spiel so spannend, interessant und lustvoll. Diese Dynamik ist ein weiteres wichtiges Kennzeichen des Spiels (neben der erwähnten „als-ob-Realität"): Erscheinen die zu bewältigenden Aufgaben zu leicht, verliert das Spiel an Spannung und wird als langweilig bezeichnet. An- und Entspannung wechseln durch Herausforderung und Bewältigung, durch eigene Aktivität, durch die Eigendynamik des Spiels und durch die Konfrontation mit der Umwelt (dem Spielmaterial, den Mitspielenden, der Natur).

Schauen wir uns noch weitere Merkmale des Kinderspiels an: Spielen ist eine in den meisten Fällen freiwillige Handlung – vielfach ohne ein vorzeigbares Ergebnis: Nicht ein Produkt ist das Ziel, sondern die Aktivität, der Ablauf selbst verschafft Befriedigung und wird deshalb auch gerne oft wiederholt und geübt, solange, bis die Bewältigung der Aufgaben zu leicht fällt und keine spannende Herausforderung mehr darstellt. Das Spiel macht Spaß, es wird von angenehmen Gefühlen begleitet oder ruft sie hervor. Die meisten Spiele beanspruchen den ganzen Menschen, seine kognitiven, psychischen und motorischen Ressourcen, weshalb die Spieltätigkeit auch als ganzheitlicher Prozess betrachtet wird. Beim Zusammenspiel mit anderen kommt es grundlegend auf die sozialen Fähigkeiten zur Kooperation und auf die besondere Fähigkeit zu einer gemeinsamen Fantasie bei allen Mitspielenden an. Im Einzelspiel kann sich jeder ausdenken, was er will, aber beim Zusammenspiel in der Gruppe wird eine hochkomplexe Kommunikations- und Interaktionsfähigkeit benötigt. Die Spieltheoretiker Fritz (2004), Einsiedler (1999) und van der Kooij (1983) sind sich in den vorgenannten Eigenschaften des Spielprozesses einig.

## 1 Was lernen Kinder in Spielprozessen?

Um zu klären, ob das Spiel – traditionell beheimatet im Freizeitbereich der Kinder außerhalb der Schule – in der Ganztagsbildung eine nützliche Rolle spielen kann, müssen wir zunächst diagnostizieren, was im Spiel gelernt wird oder unter bestimmten Bedingungen gelernt werden kann. Bestimmte Lernbereiche werden wegen der speziellen Eigenschaften von Spielprozessen besonders gut gefördert:

- *Soziales Verhalten:* Viele Spiele geschehen in Gruppen; das legt nahe, dass soziales Verhalten dadurch besonders viele Erprobungsmöglichkeiten besitzt; unterstützt wird das aber noch durch eine spieltypische Eigenschaft: die relative Sanktionsarmut von Spielhandlungen, d. h. im Spiel können leicht Verhaltensweisen ausprobiert werden, für die man im „richtigen Leben" gleich bestraft werden würde. Tabus können probeweise verletzt und Handlungsgrenzen ausgelotet werden, denn ohne Gesichtsverlust können sich die Spieler(innen) schnell wieder mit der Bemerkung, es sei ja nur Spiel, zurückziehen. Rücksichtnahme, Durchsetzung, Bestimmen und bestimmt werden – alle diese Regelungsweisen des Zusammenlebens lernen Kinder im Spiel, beim Spiel, durch das Spiel.
- *Wahrnehmung und Geschicklichkeit:* Bei jedem spielerischen Umgang mit Material beobachten, erforschen, planen, experimentieren Kinder. Ob sie „Ich sehe was, was du nicht siehst" oder mit einem Metallbaukasten spielen – die Wahrnehmung mit allen Sinnen wird trainiert, ausdifferenziert und neu erschlossen. Augenfällig ist ferner, dass alle Bewegungsspiele Fein- und Grobmotorik üben und verbessern.[1]

1 In einem zweijährigen Modellprojekt der Akademie Remscheid mit dem Titel „Ganzheitliche Frühförderung kultureller Intelligenz" wurden vor allem fachübergreifende, spielerische Methoden erarbeitet, erprobt und publiziert, die durch Wahrnehmung und anschließende Gestaltung kulturelle Bildungsprozesse ermöglichen (Baer 2007b).

- *Ausdrucksfähigkeit:* Ob im Rollenspiel, Schattenspiel, Theater oder Pantomime, aber auch beim Sing- oder Malspiel wird ständig die Ausdrucksfähigkeit mit Bewegungen, Sprechen, Singen, Malen, Materialgestaltung usw. geübt und verbessert. Während in den entsprechenden Schulfächern oder gar in der Berufsausbildung die Darstell- und Ausdrucksfähigkeiten in den meisten Fällen individuell geübt werden, geschieht es im Kinderspiel in der Gruppe. Die gemeinsame Gestaltung steht hier im Vordergrund, sich in der Darstellung einigen, sich aufeinander beziehen, zusammenarbeiten etc. Günstig für Lernklima und Lernerfolg wirkt sich beim Spiel auch aus, dass nicht systematisch und nur selten spartengetrennt gelernt wird. Im ganzheitlich beanspruchenden darstellenden Spiel werden Kunstsparten noch nicht künstlich getrennt und das experimentelle und oft aktionistische Tun wird dem systematisch erarbeiteten ästhetischen Produkt vorgezogen.
- *Fantasie und Kreativität:* Die vor allem von der Spielwarenindustrie oft strapazierte Behauptung, dass ihre Spiele die Kreativität anregten, muss sehr differenziert betrachtet werden. Ob ein Spiel Fantasie und Kreativität fördert, hängt von Spielablauf, -regel und -inhalt ab. Viele Spielprozesse haben überhaupt nichts mit Kreativität zu tun, sind zufallsgesteuerte Brettspiele, sind die Absolvierung vorgeregelter Geschicklichkeitsleistungen, sind Leistungswettbewerb nach vereinbarten festen Regeln. Es gibt jedoch Spiele, Spielformen und -weisen, bei denen kreatives Verhalten nötig ist und also dabei geübt und gelernt werden kann. Das sind vor allem Spiele, bei denen neue Lösungswege gesucht werden müssen. Ein besonders treffendes Beispiel ist das weiter unten beschriebene ABC-Rollenspiel. Der in diesem Spiel notwendige Rollenwechsel führt zu einer neuen Sichtweise auf das Problem, alternative Lösungsmöglichkeiten können im Schonraum ohne reale Sanktionen durchprobiert werden. Verschiedenste Ideen für Lösungen kommen auf, weil mehrere Gruppen das gleiche Problem simultan spielen und die Nähe zur Alltagswirklichkeit der Spielenden fördert die soziale Kreativität.

Neben diesen vorgenannten Lernbereichen transportieren die verschiedensten Spielformen Wissen: Informationen über die gesellschaftliche Wirklichkeit, über naturwissenschaftliche Zusammenhänge und technische Prozesse. In den weiter unten aufgeführten besonders für den Ganztag zu empfehlenden Spielformen werden weitere Förderbereiche genannt.

## 2 Spielen in der Ganztagsschule

Spiel bewirkt Bildung: Die Details der Lernwirkungen von Spielprozessen wurden im vorangegangenen Abschnitt ausgeführt. Die Wesensmerkmale des Spiels stehen jedoch mit der traditionellen Organisationsform der Schule im Konflikt. Zugespitzt sollen hier einige Unterschiede zwischen formellen Lernformen im Schulunterricht und Lernsituationen bei Spielaktivitäten gegenüber gestellt werden, um sich die zu überwindenden Differenzen klar vor Augen zu führen, will man mehr kreative Prozesse und kulturelle Bildung in die Ganztagsschule integrieren.[2]

An Spielprozessen wird freiwillig teilgenommen, sie können auch spontan vereinbart werden, die Regeln für Interaktion und Kommunikation sind flexibel und werden teilwei-

2 Die Ganztagsschule wird im Folgenden ins Zentrum der Betrachtungen gestellt, obwohl sie nur eine Institution im Rahmen von Ganztagsbildung ist. Das Spiel ist selbstverständlich von mindestens ebenso zentraler Funktion in der Kindertagesbetreuung und in der Jugendarbeit u. Ä.

se von den Spielenden im Prozess entwickelt und verändert. Im Vordergrund steht für die Spielenden der Spaß an der Geselligkeit, am unernsten Wettkampf und am unterhaltenden Zeitvertreib; Bildung vollzieht sich bei Spielaktivitäten in den meisten Fällen als unbewusster Nebeneffekt, der jedoch hoch wirksam und nachhaltig abläuft, weil er bei einer intrinsisch motivierten und angenehm erlebten Tätigkeit stattfindet. Die Einhaltung der Spielregeln und die Bewertung der Spielleistungen werden von der Spielgruppe selbst kontrolliert und sanktioniert. Ein im Spiel entstehendes Produkt oder Ergebnis sowie die Leistungsbewertung hat zwar auf Selbstwertgefühl und die psychische Stimmung der Spielenden eine erhebliche (jedoch nicht sehr lang andauernde) Wirkung, stellt aber für ihre reale Entwicklung keine gravierenden Weichenstellungen oder Störungen dar. Allerdings haben Spielprozesse Auswirkungen auf die soziale Stellung, Rolle und Handlungsspielräume des/der Einzelnen in formellen und informellen Gruppenstrukturen. Diese Wirkung wird gruppenpädagogisch vor allem durch den Einsatz von Kennenlernspielen, Rollen- und Konfliktspielen genutzt.

Am Unterricht wird nicht freiwillig teilgenommen, und die Abläufe sind im Vergleich zu Spielprozessen strenger geregelt und von den Schulgesetzen und Verordnungen vorgegeben. Die Gruppenzusammensetzung ist vorgegeben und die Interaktion wird durch die sozialen Rollen „Lehrer" und „Schüler" in hohem Maße vorher bestimmt. Im Vordergrund steht für alle die Lernleistung, die u. a. durch Benchmarking kontrolliert wird, was bedeutet, dass der individuelle Lernfortschritt weniger als die vergleichende Messung in die Bewertung eingeht. Die Motivation zur Leistung erfolgt häufig extrinsisch und die standardisierten Kontrollen sind nicht selten angstbesetzt. Formen und Inhalte des Schulunterrichts haben bekanntlich erhebliche nachhaltige Auswirkungen auf Leistungsvermögen, Motivation, Fähigkeiten, Wertvorstellungen, Interessen und Meinungen der Schüler(innen) und auf ihre späteren beruflichen und sozialen Chancen. Die Ganztagsschule bietet vielfältige Gelegenheiten für Spielprozesse:

– Lernspiele im Fachunterricht
– Spielaufgaben in Vertretungsstunden
– Spielaktivitäten in Arbeitsgemeinschaften (z. B. Theater-AG)
– Spielaktionen in Projektwochen
– Spiele auf Klassenfahrten und bei „Wandertagen" o. Ä.
– Brett- und Computerspielausleihmöglichkeiten
– Bewegungsspielangebote auf dem Schulgelände
– Spielaktionen in Kooperation mit außerschulischen Einrichtungen (z. B. Museum)
– Regelmäßig angebotene Spielkurse im Rahmen der Nachmittagsbetreuung

Spielaktivitäten werden zukünftig immer seltener an den Montag- bis Freitagnachmittagen im Hort, im Jugendzentrum oder Jugendverband oder im selbstorganisierten Nachbarschafts- und Freundeskreis in der Freizeit stattfinden, sondern zunehmend in der Ganztagsschule. Je nach Bundesland und einzelner Schule werden die Betreuungsangebote an den Nachmittagen von sehr unterschiedlich qualifiziertem Personal durchgeführt. Eine pädagogische Kompetenz wird vorausgesetzt, eine besondere Qualifizierung findet nur selten statt, oftmals schließt die einzelne Schule Verträge mit Sportverbänden oder Musikschulen ab. Politik und Administration fordert eine Begegnung der Fachkräfte mit der Lehrerschaft „auf Augenhöhe" – allerdings bei höchst unterschiedlicher Honorierung bzw. Besoldung. Im Idealfall besitzen die Betreuungskräfte eine spielpädagogische Kompetenz und sprechen die Aktivitäten mit dem unterrichtenden Lehrerkollegium so ab, dass aus der Ganztagsbetreuung eine integrierte Bildungsveranstaltung wird, die mit dem Unterricht und sonstigen Schulleben im Zusammenhang steht. Eine Integration von Spielprozessen in der Ganztagsschule hat Vor- und Nachteile, die es abzuwägen gilt, wenn über inhaltliche Konzepte für die Ganztagsschule und deren Realisierung nachgedacht wird. Spiel ist – wie oben ausgeführt – ein deutlich anderer Prozess als Unterricht. Ich möchte hier die Vor- und Nachteile der Aktionsform „Spiel" im Ganztag noch einmal stichwortartig zusammenfassen, damit die Argumentation für spielpädagogische Konzepte realistisch begründet werden kann: Für die Integration von Spielprozessen in die Ganztagsschule sprechen folgende Pluspunkte: Spielaktivitäten werden von Kindern und Jugendlich als angenehme und unterhaltende Tätigkeit empfunden, weil sie mit relativ viel Bewegung, großen Selbststeuerungsanteilen, hochfrequenter Interaktivität und abwechslungsreicher Erlebnisqualität einhergeht. Oft steht – zumindest bei koalitiven und kooperativen Spielen – eine Gruppenleistung und nicht die Einzelbewährung im Vordergrund und eine Lernleistung ist bei Spielen nicht der postulierte Zweck, sondern wird fast unbemerkt nebenbei erbracht. Spiel fördert auf angenehme Weise soziale Kompetenzen und die Allgemeinbildung der Beteiligten. In der außerschulischen Kinder- und Jugendarbeit hat sich eine große Formenvielfalt von Spielmethoden entwickelt, bei denen diese Wirkungen auch für pädagogisch intendierte Fördervorhaben genutzt werden. Diese Spielformen können an den Nachmittagen in den Ganztagsschulen für eine wirkungsvolle Ganztagsbildung initiiert werden, und wenn sie in ein Bildungskonzept integriert werden, das den ganzen Schultag umfasst, werden diese Spielformen auch einen schulreformerischen Einfluss auf die Unterrichtsgestaltung in vielen Fächern haben können.

## 3 Vorbehalte, Skepsis, Gegenargumente

Derartigen Spielaktivitäten werden seitens einiger Mitglieder der Schulverwaltung und der Lehrerschaft Vorbehalte entgegen gebracht: Spiele würden schnell eine gewisse Eigendynamik entwickeln und die Schülergruppe sei dann schwieriger „zu bändigen". Spiel sei oft mit viel Lärm und Unordnung verbunden und beanspruche große Raum- und Flächenkapazitäten. Spiel sei als Unterhaltung und Kompensation zu Unterrichtsaktivitäten „okay", meinen einige, brächte jedoch nichts für die Förderung einzelner Schüler(innen) oder für die systematische Stoffvermittlung. Selbst thematische Spielaktionen, hören Spielanimateure oft als Einwand, seien im Verhältnis zu ihrer Bildungswirkung viel zu aufwändig in der Vorbereitung, und wenn es sich dann um große oder mehrere Spielgruppen handele, müsse ja ein Team von spielpädagogisch ausgebildeten Fachkräften die Leitung übernehmen, das jedoch an der Schule nicht verfügbar sei. Und wenn solche Spielaktivitäten in das Bildungskonzept der Schule wirkungsvoll eingebunden werden sollen, komme man um viele Vorbereitungssitzungen und die Arbeitszeit der Lehrerschaft belastende Planungsgremien nicht herum.

Diese durchaus richtigen Einwände werden nicht immer offen ausgesprochen und müssen deshalb umso klüger einkalkuliert werden, wenn mehr Spiel in Ganztagsschulkonzepte integriert werden soll. Wenn spielpädagogisch ausgebildete Fachkräfte (z. B. aus der mit einer Ganztagsschule kooperierenden Jugendeinrichtung) zusammen mit traditionell schulpädagogisch ausgebildeten Lehrer(innen) gemeinsam ein Konzept für die Ganztagsbildung an der Schule erarbeiten, sind gravierende Hürden nicht Organisations- oder Finanzierungsschwierigkeiten, sondern die Mühe, die es macht, gemeinsam die pädagogische

Fantasie für die enorm unterschätzte Bildungswirkung von Spielprozessen zu entwickeln: Spiel sei nur Spaß, Ablenkung, wenn nicht sogar Flucht vor dem Ernst des Lebens. Da werde nichts richtig gelernt, denn „richtiges" Lernen habe mit Befriedigungsaufschub zu tun – alle diese daraus resultierende Skepsis muss in den Konzeptgruppen aufgearbeitet werden, sonst kommt es nur zu einer Duldung von Spielaktivitäten in der Nachmittagsbetreuung, aber nicht zu einer Kooperation mit dem Vormittagsunterricht. Wenn jedoch die Hausaufgabenbetreuung und die angeleiteten Spielaktionen und das „freie" Spiel zunehmend nicht mehr im Jugendzentrum, im Hort, im Jugendverband und auf der Straße passieren, sondern unter dem Dach der Schule, dann muss die Chance zu einer integrierten Ganztagsbildung genutzt werden. Und dann ist es notwendig, Schulleitung und Lehrerschaft davon zu überzeugen, dass es sich beim Spiel von Kindern nicht nur um „Spielerei" handelt, sondern um eine etwas andere Art des Lernens und der Persönlichkeitsbildung. Ort für diese Überzeugungsarbeit ist die regionale Fortbildung, in der Spielaktivitäten von den Fortbildungsteilnehmenden selbst geplant und „am eigenen Leib" erprobt werden. In diesen Seminaren muss es vor allem darum gehen, die Vorstellungskraft von Pädagog(in-n)en für die Bildungswirkung der einzelnen Spiele und Spielformen zu erweitern, damit sie dem Spiel in ihrer Schule einen seriösen Stellenwert mit selbst erarbeiteten Gründen beimessen können. Sobald die Sinnhaftigkeit der Spiele für die Ganztagsbildung selbst erfahren wird, fällt es leicht, die organisatorischen Unwägbarkeiten und den zusätzlichen Aufwand von Spielaktionen hinzunehmen – und auch der Elternschaft die Bildungswirkung der Spielaktivitäten zu vermitteln.

## 4 Planung von Spielaktivitäten

Die Schule und ihre professionellen Mitarbeiter(innen) haben einen gesellschaftlichen Auftrag und leiten daraus ihre Ziele ab. Und eine spielpädagogische Fachkraft, die sich in ihrem Beruf Ziele steckt, wäre eine dem Zufall ausgelieferte Ignorantin, wenn sie sich nicht auch Gedanken über die Erreichung der Ziele machen würde. Weil aber Spiel eine freiwillige Tätigkeit ist, weil es Spaß machen soll und in sich selbst prozessorientiert ist – aus allen diesen Gründen gelten für die pädagogische Planung zwei Kriterien ganz besonders: die Berücksichtigung der Bedürfnisse und Interessen der Gruppe und das Prinzip der offenen Planung mit der Respektierung und Förderung von Anregungen, Varianten, spontanen Alternativen und die Vermeidung jeder rigiden Lernziel-Taxonomie und -kontrolle. Dennoch wird ein didaktisches Konzept benötigt, das in das Ganztagsbildungskonzept der Schule und der mit ihr kooperierenden Einrichtungen im Stadtteil eingebunden sein sollte. Die Qualifikation der spielpädagogischen Fachkräfte liegt einerseits in einer präzisen kooperativen Planung und andererseits im souverän-flexiblen Umgang mit ihr.

Das Spiel in der Schule, ob im Unterricht oder im Schulnachmittag, unterliegt anderen Bedingungen als das Spiel in außerschulischen Einrichtungen der Kinder- und Jugendarbeit. Kreative Prozesse verunsichern die traditionelle Rolle von Lehrer(innen), geraten zuweilen in einen Konflikt mit fachdidaktisch abgeleiteten Zielen und irritieren manchmal Schulorganisation, -ordnung und -verwaltung. Deshalb sind für die Planung, Durchführung und Evaluation von Spielangeboten im Ganztagsbetrieb die bereits vor Jahren gemachten praktischen Erfahrungen aus Spielaktionen in Schulen besonders hilfreich.[3] Die

3 Im Jahresheft „Spielzeit" (Friedrich-Verlag, Seelze 1995) und im Heft 5/6 2007 der Zeitschrift „gruppe &

systematische Konzepterarbeitung für Spielprojekte mit diesem Programm eignet sich besonders für pädagogische Teams.

Die Frage, ob die Institution, die die Spielprojekte und -aktionen im Ganztag durchführt, die Schule selbst, von der Schule beauftragte Spielanimateure oder mit der Schule kooperierende Jugendarbeitseinrichtungen sein sollten, lässt sich pauschal nicht beantworten, da die örtlichen Verhältnisse zu verschieden sind. Aber für eine integrierte Ganztagsbildung aus einem Guss ist bei der kooperativen Lösung in jedem Fall eine sehr gute und häufige Zusammenarbeit zwischen Lehrerschaft und den Fachkräften der Kinder- und Jugendeinrichtung notwendig.

# 5 Spielformen und ihre Bildungswirkungen

Als Spielaktivitäten im Ganztag eignen sich besonders jene Spielformen, die im Zusammenhang mit Unterrichtsfächern stehen und jene Spielprojekte, die in Kooperation mit außerschulischen Einrichtungen und in der Schulumgebung durchgeführt werden. Durch derartige auf Kooperation angelegte Spielkonzepte wird einer auf die isolierte Nachmittagsbetreuung reduzierte Bildung durch Spiel vorgebeugt:

Rollen- und Planspiele ermöglichen den Spielenden praktische Erfahrungen, für die im Wirtschaftskunde- und Politik-Unterricht keine Zeit bleibt. Bei einem Planspiel wird ein Konfliktablauf oder eine Streitfrage in mündlicher oder schriftlicher Interaktion von Spielgruppen durchgespielt. Ein Planspiel kann im Unterricht vor- und nachbereitet werden, während das eigentliche Spiel zwischen zwei Stunden und mehreren Tagen an Nachmittagen oder in Projektwochen durchgeführt werden kann. Die Spielform ist sowohl für die Primar- wie die Sekundarstufe geeignet, wird in der Grundschule aber eher als komplexes Rollenspiel gespielt (Themenbeispiele: Schuluniform ja oder nein?; Wiedereinführung von Samstagsunterricht; Konflikt um die Lehrerbenotung auf der Schüler-Homepage; Wirtschaftssimulationen). Eine Sonderform stellt das ABC-Rollenspiel dar, in dem ein Konflikt in drei kurzen Spielabschnitten von mehreren Gruppen simultan durchgespielt wird und damit mehrere Lösungsvarianten erbringt. Dies ist ebenfalls der wirkungsvolle Vorzug des Forumtheaters – eine theatrale Methode aus der politischen Bildung – ursprünglich entwickelt von Augusto Boal in Südamerika.

Thematische Großspielaktionen sind sozusagen Super-Rollenspiele, in denen ein ganzes Stadtleben simuliert wird, und zwar nicht online mit die Spielenden repräsentierende grafische Figuren wie in „Second Life“ oder im Computerspiel „Die Sims“, sondern real in einer Kinderstadt. Den Ursprung dieser höchst bildungswirksamen Spielform bildete das mehrwöchige Ferienspiel „Mini-München“ der Pädagogischen Aktion, inzwischen jährlich wiederholt und in anderen Städten nachgemacht. Ein gespieltes Arbeitsamt verteilt Berufsrollen und dann wird ein ganz normales Stadtleben gespielt und von Stadtzeitung oder -TV dokumentiert, einschließlich Bürgermeisterwahlen, Streiks und Festveranstaltungen. Bei einem derartigen Simulationsspiel sammeln die Kinder durch ihre Eigentätigkeit und die gleichermaßen in das Spiel eingebauten Reflexionsphasen höchst wirkungsvoll Erfah-

spiel“ (Kallmeyer-Verlag, Seelze) wurden die wichtigsten spieldidaktischen Konzepte und Erfahrungen für das Spiel in der Schule ausgeführt. Für die Planung von Kinder- und Jugendkulturprojekten steht das Computerprogramm „ju-pro-plan“ ab Version 4.0 für Schulprojekte aktualisiert zur Verfügung (Baer 2007a), mit der die pädagogischen und organisatorischen Fragestellungen für größere Spielprojekte bearbeitet und zu einem Projektkonzept zusammengefügt werden können.

rungen zur Kommunalpolitik, über Wirtschaftsabläufe, über Kommunikation und soziale Rollen. In Varianten dieser Spielaktion kann auch das Leben zu anderen Zeiten und an anderen Orten simuliert werden. Der geschichtliche und geografische Bildungseffekt versteht sich von selbst.

Lern-, Rate- und Brettspiele oder Spielgeräte selber herstellen kann ein eigenes Spielprojekt sein oder auch im Werk-, Kunst- und Deutschunterricht durchgeführt werden. Mit älteren Schülergruppen lassen sich sogar kleine Computerspiele selbst erarbeiten, z. B. Varianten der Quiz-Fernsehsendung „Wer wird Millionär?" mit dem kostenlos auf Lehrerplattformen im Internet bereit gestellten Programm „Quillionär". Die einigen Modellschulen zur Verfügung gestellte „Bewegungsbaustelle" (Großspielgeräte) könnte beispielsweise von Schülergruppen selbst erstellt werden (vgl. Miedzinski/Fischer 2006). Zweck dieser Produktionsprojekte sollte immer die Nutzung in jüngeren Klassen, Kursen oder Gruppen sein. Durch die eigene, aktive Erarbeitung der Spiele und Spielmaterialien für die jüngeren Jahrgänge lernen die Kinder die Ziele, Inhalte, Gestaltungsprinzipien und Mechanismen der von ihnen gebauten Lernspiele kennen und erleben den Nutzwert ihres Bildungsprozesses durch die Verwendung ihrer Produkte in der Schule hautnah. Bei einem solchen Spielprojekt ebenso wie bei thematischen Spielaktionen ist der Effekt für viele Gebiete der kulturellen und der naturwissenschaftlich-technischen Bildung offensichtlich.

Orientierungsrallye und Stadtforscherspiele sind in der Kinder- und Jugendarbeit bewährte Spielformen, die das Spielgelände um die direkte Umgebung der Schule bzw. den Stadtteil erweitern. Zu dieser Geländespielgruppe gehören auch die Schnitzeljagd und Schatzsuche, auch deren moderne Varianten mit Digitalkameras, Handys und Navigationsgeräten („geocaching"). Je nach Art und Inhalt der dabei zu bewältigenden Spielaufgaben steht die Informationsrecherche oder die Übung der Wahrnehmungs- und Orientierungsfähigkeit zusammen mit Kooperationsleistungen im Vordergrund der Bildungswirkungen. Das gilt auch für die Spielvariante „Stadtteilforscher", bei der auf spielerische Weise z. B. die Geschichte des Stadtteils oder die für Kinder interessanten Angebote und Einrichtungen erkundet werden. Als Ziel der Aktion kann sogar ein Kinderstadtplan auf CD-ROM erarbeitet werden. Auch mit dieser Spielform vermitteln sich den Kindern – ähnlich wie bei thematischen Großspielaktionen – Einsichten in die Zusammenhänge der gesellschaftlichen Alltagswirklichkeit. Weitere, besonders für die Ganztagsbildung geeignete Spielformen sind die Kooperativen Abenteuerspiele (Gilsdorf/Kistner 1995 und 2002), alle Figurentheaterspielformen und Medienspielprojekte (Baer 1994 und 2007c).

# 6 Zusammenfassende Thesen und Hinweise

Eine pädagogische Spielpraxis in Ganztagsschulen kann die Kooperation zwischen Vormittagsunterricht, Nachmittagsbetreuung und außerschulischen Jugend- und Kultureinrichtungen fördern. Dazu müssen alle Spielaktivitäten in ein umfassendes Ganztagsbildungskonzept eingebunden sein. Zahlreiche Spielformen können als ideale Bildungsmethode im Ganztag genutzt werden, weil Lernprozesse bei ihnen „nebenbei", intrinsisch motiviert und unterhaltsam ablaufen. Eine pädagogische Spielpraxis kann durch ihre ganzheitliche Bildungswirkung zur individuellen Förderung und zum Chancenausgleich in der schulischen Sozialisation beitragen.

Dabei ist die Andersartigkeit dieser Lernprozesse (fachübergreifend, unsystematisch, selbstgesteuert, kreativ) in einer reformierten Ganztagsdidaktik bzw. einer neuen Schulkultur zu berücksichtigen: Pädagogische Fachkräfte sollten sich mit Spielmethodik und -didaktik vertraut machen, um Spielprozesse für die individuelle, ganzheitliche Förderung der Lernenden im Ganztag gewinnbringend einsetzen zu können. In mehrphasigen Fortbildungskursen (www.akademieremscheid.de) und mit dem Besuch der drei deutschen Spielmärkte (www.spielmarkt.de) können sich pädagogische Fachkräfte auf allen didaktischen und methodischen Gebieten der Spielpädagogik weiterbilden.

## *Literatur*

Baer, Ulrich (1994): 666 Spiele für jede Gruppe – für alle Situationen. Seelze: Kallmeyer.

Baer, Ulrich (2007a): ju-pro-plan. Computerprogramm für die Planung von Kinder- und Jugendkulturprojekten, (mit CD-ROM: Version 4.2). In: Zeitschrift gruppe & spiel H. 1/2007, Beilage.

Baer, Ulrich (Hg.) (2007b): entdecken – gestalten – verstehen. Kreative Bausteine für die kulturelle Bildung in Kita, Hort und Grundschule. Münster: Ökotopia.

Baer, Ulrich (2007c): Spielpraxis. Doppelheft 5+6/2007 der Zeitschrift gruppe & spiel. Seelze: Kallmeyer.

Einsiedler, Wolfgang (1999): Das Spiel der Kinder. Bad Heilbrunn: Klinkhardt

Fritz, Jürgen (2004): Das Spiel verstehen. Eine Einführung in Theorie und Bedeutung. Weinheim/München: Juventa

Gilsdorf, Rüdiger/Kistner, Günter (1995): Kooperative Abenteuerspiele 1. Praxishilfe für Schule, Jugendarbeit und Erwachsenenbildung. Seelze: Kallmeyer.

Gilsdorf, Rüdiger/Kistner, Günter (2001): Kooperative Abenteuerspiele 2. Praxishilfe für Schule, Jugendarbeit und Erwachsenenbildung. Seelze: Kallmeyer.

Huizinga, Johan (1956): Homo Ludens. Vom Ursprung der Kultur im Spiel. Reinbek: Rowohlt.

Kooij, Rimmert van der (1983): Die psychologischen Theorien des Spiels. In: Kreuzer, Karl Josef (Hg.): Handbuch der Spielpädagogik. Bd. 1. Düsseldorf: Schwann: 297 – 236.

Miedzinski, Klaus/Fischer, Klaus (2006): Die Neue Bewegungsbaustelle. Lernen mit Kopf, Herz, Hand und Fuß. Modell bewegungsorientierter Entwicklungsförderung. Dortmund: Borgmann-Media.

# Erwerb sozialer Kompetenzen

*Uwe H. Bittlingmayer / Ullrich Bauer*

In Ganztagsschulen sollen die Kompetenzen – vor allem die sozialen Kompetenzen – der Kinder und Jugendlichen (weniger des pädagogischen Personals) wesentlich gestärkt werden. Dieser bildungspolitische „Schlachtruf" ist die Konsequenz des schlechten Abschneidens der deutschen Schüler(innen) in den internationalen Vergleichstests und passt sehr gut in den Zeitgeist. Denn der Kompetenzbegriff (bzw. das englische Pendant: *skill)* ist seit mindestens einem Jahrzehnt zur dominanten Orientierung in so unterschiedlichen Bereichen wie der theoretischen und empirischen Bildungsforschung, in *Public Health*-Untersuchungen, Studien der Kindheits- und Jugendforschung, Studien zur (angewandten) Sozialpädagogik und Sozialarbeit, ferner in theoretischen und empirischen Untersuchungen der Sozialpsychologie oder der Sozialisationsforschung aufgestiegen. Mittlerweile wird von einem Kompetenzparadigma gesprochen, das Konsequenzen für die Wahrnehmung und wissenschaftliche Beschreibung des schulischen und außerschulischen Alltags von Kindern und Jugendlichen mit sich bringt und gleichzeitig Lösungswege vorstrukturiert, die in aller Regel in so genannten *Empowerment*-Strategien der als wenig kompetent erachteten sozialen Gruppen bestehen.

Der insgesamt leistungsfähige und erklärungskräftige Kompetenzbegriff hat in den letzten Jahren eine begriffliche Überdehnung erfahren und fungiert häufig als *Catch-All*-Term. Es existiert keine individuelle Handlung mehr, die nicht auf spezifischen Kompetenzen (oder eben deren Mangel) aufruhen würde. Wenn der Kompetenzbegriff aber zu stark ausgedehnt wird, verliert der Begriff seine analytische Schärfe. Vor diesem Hintergrund versucht der Beitrag zu zeigen, ob die allgemeine Forderung, bei Schüler(innen) soziale Kompetenzen durch Ganztagsbeschulung fördern und stärken zu müssen, differenziert genug und sinnvoll ist.[1]

## 1 Begriffliche Klärungen: Was sind soziale Kompetenzen?

Wenn im Zuge einer Ganztagsschule soziale Kompetenzen gestärkt werden sollen, dann ist zunächst Klarheit darüber erforderlich, was soziale Kompetenzen – bei Schüler(innen) – überhaupt bezeichnen. Der Begriff findet gegenwärtig in allen bildungspolitischen Stellungnahmen weite Verbreitung (VBW 2003; WHO 2000). Ganz allgemein werden soziale Kompetenzen als Unterkategorie der allgemeinen Lebenskompetenzen *(life skills)* verstanden und prinzipiell auf Interaktionsverhältnisse im Gegensatz zu unmittelbar persona-

1 Der Beitrag ist die Kurzfassung einer Expertise für das BLK-Verbundprojekt „Lernen für den GanzTag". Die vollständige Fassung findet sich unter http://www.ganztag-blk.de/cms/upload/pdf/bremen/Bittlingmeyer_soziale_Kompetenzen1.pdf sowie http://www.ganztag-blk.de/cms/upload/pdf/bremen/Bittlingmeyer_soziale_Kompetenzen2.pdf.

len Ressourcen bezogen. Teilweise wird dies benannt, aber nicht weiter erläutert (BMBF 2002; VBW 2003). Häufig werden die Ausführungen zu diesem Begriff so allgemein gehalten, dass kaum eine auf Interaktionen bezogene personale Eigenschaft nicht darunter subsumiert werden kann (vgl. WHO 2000). Dem entgegen gesetzt ist eine dritte Variante, die soziale Kompetenzen sozialtechnologisch bestimmen und beispielsweise als Überwindung von Schüchternheit, als Anwendung effektiver Kommunikation und Vermeidung von Missverständnissen oder als Wahrnehmung von Handlungschancen operationalisiert (Botvin 1998). Hierunter sind auch Ansätze zu subsumieren, die soziale Kompetenzen vor allem als Fertigkeiten zur Eingliederung in einen Handlungskontext verstehen, also einen integrativen Schwerpunkt besitzen.

Diese Auflistung verdeutlicht bereits, dass es erstens kein einheitliches Verständnis vom Begriff und vom Gegenstandsbereich sozialer Kompetenzen gibt, dass zweitens kaum eine klare analytische Trennung von allgemeinen Lebenskompetenzen erfolgt und dass drittens soziale Kompetenzen selbst einen Sammelbegriff bezeichnen, der weiter aufzufächern ist: Um den Begriff der sozialen Kompetenzen konkreter zu fassen und für eine veränderte pädagogische Praxis anschlussfähiger als bislang zu gestalten, differenzieren wir vier Dimensionen: sozialkognitiv, sozialmoralisch-kognitiv, interaktiv und reflexiv.

Die sozialkognitive Dimension bezieht sich auf die Fähigkeit, Situationen und die Dynamiken von Interaktionen und sozialen Kontexten zu erfassen. Diese Dimension ist die grundlegendste Handlungsressource und kann als fundamentaler „sozialer Sinn" (Bourdieu 1987) bezeichnet werden. Kinder und Jugendliche (aber auch Erwachsene) erfassen in aller Regel sehr schnell soziale Handlungskontexte und entwickeln ein Verständnis für die Situationen. Ein zweiter zentraler Bestandteil der sozialkognitiven Dimension ist die Fähigkeit zur Empathie und die Wahrnehmung von Handlungserwartungen, die von anderen Personen zumeist implizit ausgehen. Diese Handlungserwartungen können mit den jeweiligen Funktionsrollen der Personen zusammenhängen: z. B. Lehrer(innen), die Aufmerksamkeit und Konzentration ihrer Schülerklientel voraussetzen, sich aber auch auf nicht-formelle Handlungszusammenhänge beziehen, z. B. Eltern, die voraussetzen, dass ihr Kind ihnen Respekt entgegen bringt oder enge Freunde, die davon ausgehen, dass sie in die Nachmittags- oder Abendgestaltung mit einbezogen werden.

Von dieser grundlegenden Wahrnehmungsebene abzugrenzen ist die sozialmoralisch-kognitive Dimension der sozialen Kompetenzen. Hier geht es um das analytisch zu trennende normative Bewerten der wahrgenommenen Situationen. Im Zentrum steht insbesondere die Legitimität von Handlungserwartungen und vollzogenen Handlungen. Zwischen der wahrgenommenen Situation etwa in Klassenverbänden und ihrer normativen Einordnung besteht ein wichtiger Unterschied. So kann ein Schüler das Verhalten einer Mitschülerin oder des Lehrers richtig antizipieren, sich aber nicht einverstanden zeigen mit den daran anschließenden Handlungen und sie deshalb normativ anders bewerten. In Frage kommende sozialmoralische Normen, die in den Lebenswelten der Kinder und Jugendlichen eingebettet sind und die in der Regel kaum einen Bestandteil der schulisch-institutionellen Leistungskontrolle darstellen, sind Gleichheitsnormen in der Gleichaltrigengruppe, aber auch Normen der Reziprozität (vgl. hierzu Krappmann/Oswald 1995; Grundmann/Keller 1999; Nunner-Winkler 1999).

Die dritte Dimension der sozialen Kompetenzen markiert die konkreten Interaktionen und Handlungen der Individuen und ist insofern die soziale Dimension im engeren Sinne. Neben den bisherigen sozialkognitiven Fähigkeiten werden auf dieser Ebene zunächst interaktionsbezogene Fähigkeiten virulent. Eine Schlüsselstellung nimmt hier sicherlich die

Fähigkeit ein, sich adäquat sprachlich ausdrücken zu können, um seine Wahrnehmungen, Bewertungen, aber auch die eigenen Emotionen anderen mitzuteilen. Die Formen konkreter Konfliktlösungsmuster (zurückziehen, diskutieren, zuschlagen) zählen ebenso hierzu wie die Fähigkeit, andere Situationseinschätzungen und Positionen wahrzunehmen und als ernstzunehmende Perspektiven anzuerkennen. Schließlich ist hier noch ein Aspekt zentral, der auf die Verknüpfungen von Kognitionen und Handlungen abhebt. Es ist keineswegs selbstverständlich, dass Schüler(innen), Eltern oder das pädagogische Personal in konkreten Situationen ihren eigenen sozialkognitiven Einschätzungen und Bewertungen gemäß handeln. Statt dessen werden beispielsweise Handlungsroutinen oder Gewohnheiten in der Erziehung, im Schulalltag oder in der Freizeitgestaltung mit der Gleichaltrigengruppe fortgeführt, auch wenn die Einsicht vorhanden ist, dass die Praktiken nicht sinnvoll oder rational sind und sogar ein Wille zur Veränderung des eigenen Verhaltens vorliegt.

Die bisherigen Dimensionen sozialer Kompetenzen gelten prinzipiell gleichermaßen für Kinder und Jugendliche wie für Erwachsene. Die reflexive Dimension sozialer Kompetenzen ist hingegen als besonders relevant für das pädagogische Personal einzuschätzen; sie ist vergleichbar mit dem, was Bourdieu als Sozio-Analyse bezeichnet hat (vgl. Bourdieu u. a. 1997; siehe als deutsche Vergleichsstudie Schultheis/Schulz 2005). Es geht zunächst um die Reflexion der eigenen Funktionsrolle bzw. um die Distanz zur eigenen Rolle. Noch bedeutsamer ist hier aber die Einsicht in die alltäglichen Kämpfe um Anerkennung, um die Wahrnehmung des eigenen Anerkennungsstrebens – im Kollegium, im Gespräch mit den Eltern und vor der Klasse –, um die Sicht auf das eigene und auf fremdes Streben nach Distinktion. Ferner geht es in der reflexiven Dimension um die Einsicht in die eigenen idiosynkratisch besetzten Personentypen und in Begründungsmuster der Sympathie bzw. Antipathie sowie um die Einsicht in die Mechanismen der eigenen Zuteilung von Anerkennung in Interaktionen. Denn das pädagogische Personal steht nicht etwa als bloßer Beobachter oder bloße Bewertungsinstanz kindlichen und jugendlichen Verhaltens außerhalb des Distinktions- und Anerkennungskontextes der Schüler(innen), sondern ist dessen integraler Bestandteil. Diese Dimension der sozialen Kompetenzen ist sehr voraussetzungsreich und das pädagogische Personal sollte in dieser Hinsicht aufgrund ihrer pädagogischen Ausbildung über mehr Handlungsressourcen verfügen als die Schülerklientel. Aus vielen Studien der empirischen Bildungsforschung wissen wir, dass eine schulisch-pädagogische Praxis, die an reflexive soziale Kompetenzen anknüpft, kaum gegeben ist (vgl. u. a. Gomolla/Radtke 2002; Sahrai 2003; Bauer 2005). Tabelle 1 fasst die unterschiedlichen Dimensionen der sozialen Kompetenzen zusammen.

Die vier Dimensionen sozialer Kompetenzen äußern sich unterschiedlich, je nachdem in welchem Handlungskontext sie zur Anwendung kommen. Diese Bereichsspezifizität sozialer Kompetenzen wird häufig unterschätzt. Dabei manifestieren sich individuelle soziale Kompetenzen anders, wenn sie in der Familie, in der Gleichaltrigengruppe oder in der Schule auftreten. Das gilt vor allem für die sozialmoralische sowie für die interaktionistische Dimension. Entscheidend ist hierbei, dass erfolgreiche Handlungsstrategien, die auf sozialen Kompetenzen basieren, sich in einem Fall in Übereinstimmung mit dem Handlungskontext befinden können, im anderen Fall aber nicht, obwohl sich an den individuellen Handlungsstrategien nichts ändert. Wenn beispielsweise ein Kind in einer Klassenarbeit ein anderes Kind wohlwollend und ohne Zwang abschreiben lässt, so lässt sich das als Umsetzung von solidarischen Normen sozialer Unterstützung interpretieren, die sich in der kindlichen Lebenswelt in der Regel sehr positiv als soziale Anerkennung in der Gleichaltrigengruppe auswirken. Im leistungsbezogenen und in dieser Hinsicht zwangsindividua-

*Tabelle 1: Dimensionen sozialer Kompetenzen*

| Dimension | Handlungsebene | Fähigkeiten |
|---|---|---|
| sozialkognitiv | subjektiv; zumeist unbewusst | sozialer Sinn; Situationssensibilität; Empathie etc. |
| sozialmoralisch-kognitiv | subjektiv; eher unbewusst, aber nicht zwingend | normative Bewertung von sozialen Interaktionen; Rollenübernahme etc. |
| interaktiv | intersubjektiv; teilweise habitualisiert, teilweise überlegt | kommunikative Kompetenzen; Handlungsbefähigungen (nach Maßstäben und Präferenzen) |
| reflexiv | subjektiv; bewusst | Sozioanalyse; umfassende Reflexion der eigenen Person und Rolle |

lisierenden Kontext der Schule hingegen kann es dazu führen, dass eine solche prinzipiell begrüßenswerte Handlung zu unmittelbaren Sanktionen führt. Eine zu allgemeine und generalisierte Bestimmung sozialer Kompetenzen übersieht also, dass in den unterschiedlichen Lebensbereichen sich die Entwicklung und Umsetzung sozialer Kompetenzen in Übereinstimmung oder teilweise sogar in Konkurrenz zu schulisch geforderten Handlungen befinden kann (Willis 1979; Grundmann u. a. 2003).

Ein zweiter, zentraler Aspekt der Bereichsspezifizität von sozialen Kompetenzen bezieht sich darauf, dass Kinder und Jugendliche (aber auch Erwachsene), die in einem speziellen Bereich über ein hohes Maß an sozialen Kompetenzen verfügen, nicht automatisch in anderen Lebensbereichen angemessene Handlungsstrategien verfügbar haben. So sind Kinder in schwierigen Familien bekannt dafür, dass sie ein sensibles innerfamiliales Konfliktmanagement aufweisen und häufig zur Entspannung von Situationen des sozialen Stresses und sogar zur Aufrechthaltung von Sozialität insgesamt beitragen. Gleichzeitig sind es teilweise dieselben Kinder, die den Unterricht und das Klassenklima stören, so dass sie aus der Perspektive der Institution Schule oder der Perspektive des pädagogischen Personals ausschließlich als Kinder mit Defiziten im sozialen Verhalten konstruiert werden. Aus der Perspektive der Bereichsspezifizität erscheint die Forderung, bei Schüler(innen) soziale Kompetenzen zu erhöhen, wenig hilfreich, wenn sie allgemein bleibt.

## 2 Milieuspezifische Kompetenzdifferenzen bei Kindern und Jugendlichen

Die ohnehin schon komplexe Frage nach dem Zusammenhang zwischen sozialen Kompetenzen und Ganztagsbildung, sofern sie nach Dimensionen gefasst und zugleich bereichsspezifisch unterschieden wird, erfährt noch einmal eine bedeutende Steigerung der Komplexität, wenn der konkrete soziale Handlungskontext der Kinder, Jugendlichen und Erwachsenen mit in die Betrachtung der Kompetenzgenese und -umsetzung eingeht. Wir gehen – wie oben bereits angedeutet – davon aus, dass die Folie einer individualisierten Gesellschaft unterkomplex ist und nur für bestimmte soziale Gruppen in Deutschland im Alltag überhaupt zutrifft (Bittlingmayer/Kraemer 2001). Stattdessen ist in Deutschland nach wie vor mit sozialen Milieus zu rechnen (maßgeblich hierzu Vester u. a. 2001), die unterschiedlich dicht an den in der Schule vermittelten Wissensformen und Verhaltensweisen liegen (Grundmann u. a. 2006). Das bedeutet, dass in den schulbildungsfernen

Milieus andere alltägliche Wissensformen und Kompetenzstrukturen vorhanden sind, die in der Schule allerdings bislang keine Anerkennung oder Aufmerksamkeit finden. Die Abbildung 1 zeigt ein sozialstrukturelles und mentalitätstypisches Milieumodell der alltäglichen Lebensführung, das den weiteren Ausführungen zugrunde gelegt wird.

Wie in der Abbildung ersichtlich, existieren in Deutschland abgrenzbare soziale Großgruppen, die sich in ihrer alltäglichen Lebensführung, in den als normal angesehenen Verhaltensweisen, in der Wertschätzung individueller Eigenschaften und in den verfügbaren Handlungsressourcen systematisch voneinander unterscheiden. Diese Systematik hat eine sozialstrukturelle und eine lebensweltliche, alltägliche Seite. Die abgebildeten Milieus repräsentieren in Hinblick auf den schulischen Bildungserfolg unterschiedliche Wahrscheinlichkeiten der schulischen Laufbahnen. Während etwa in den oberen drei Milieus mittlerweile ein Hochschulstudium die Regel ist, so sind in den untersten drei Milieus mit Abstand am häufigsten Schulabbrecher zu finden. Aus einer sozialstrukturellen Perspektive liegt hier also zunächst ein Erklärungsmodell der Stabilität von sozialen Bildungsungleichheiten vor (ausführlich hierzu Vester 2004).

Für die Frage nach dem Zusammenhang von sozialen Kompetenzen und sozialen Milieus ist zunächst die Perspektive auf den milieuspezifischen Alltag und die daraus folgenden Konsequenzen für eine schulbildungsnahe oder schulbildungsferne Alltagspraxis bedeutsamer als die angedeutete sozialstatistische Dimension der sozial ungleichen Bildungschancen. In Hinblick auf allgemeine Sozialisationsprozesse repräsentieren soziale Milieus verdichtete Erfahrungs- und Handlungsräume (Bittlingmayer 2006; Bauer/Vester 2008). Jedes soziale Milieu besitzt demnach unterschiedliche Normalitäten, in jedem sozialen Milieu gibt es Differenzen darüber, was als normal gilt und welche Handlungen, Strategien und konkreten Kompetenzen besonders wünschenswert sind. Die Wahrnehmung milieuspezifischer Hintergründe verdeutlichen, dass sich die konkreten Kompetenzen der Kinder und Jugendlichen unterscheiden, weil dieselben Verhaltensweisen und Praktiken je nach Milieu anerkannt oder aber negativ sanktioniert werden.

Wiederum sehr allgemein lässt sich sagen, dass Kinder und Jugendliche in Unterschichtmilieus sehr früh ein verhältnismäßig hohes Maß an Selbstständigkeit und Selbstorganisation in außerschulischen Handlungskontexten erreichen. Freundschaftskonzepte innerhalb der Gleichaltrigengruppe stabilisieren sich vor allem über gegenseitige alltägliche Unterstützung in der ressourcenarmen Lebenswelt. In diesen Milieus werden im Alltag Wissens- und Praxisformen erlernt und erprobt, die im bisherigen Regelunterricht in der Schule nicht anschlussfähig sind, sondern im Zweifelsfall abgewertet werden. Während Kinder aus Oberschicht- und Mittelschichtmilieus die Schule häufig als einfache Verlängerung der elterlichen Sprachpraxis erfahren, so erleben Kinder aus Unterschichtmilieus die Schule in der Regel als Bruch mit ihren bisherigen Erfahrungen. Das bezieht sich sowohl auf scheinbar banale Verhaltensweisen wie z. B. stillsitzen zu können, aber auch auf allgemeine sprachliche Fähigkeiten und damit auf die interaktive Dimension der sozialen Kompetenzen. Kinder aus Unterschichten müssen in der Regel schon in der Grundschule eine gegenüber dem Elternhaus neue Grammatik lernen. Trotzdem ist davon auszugehen, dass sie dasselbe Komplexitätsniveau auf der Dimension der sozialkognitiven sozialen Kompetenzen erreichen, weil sie ebenso schnell Situationen einschätzen können wie andere Kinder – nur zumeist nach anderen Maßstäben und Rationalitäten (Grundmann u. a. 2003).

Kinder aus den mittleren Milieus haben demgegenüber Kompetenzmuster, die wesentlich weniger schulbildungsfern, auch wenn hier – insbesondere in der Traditionslinie der Arbeitnehmer(innen) – ebenfalls vielfältige soziale Kompetenzen in der Sozialisation erwor-

*Abbildung 1: Milieus alltäglicher Lebensführung*

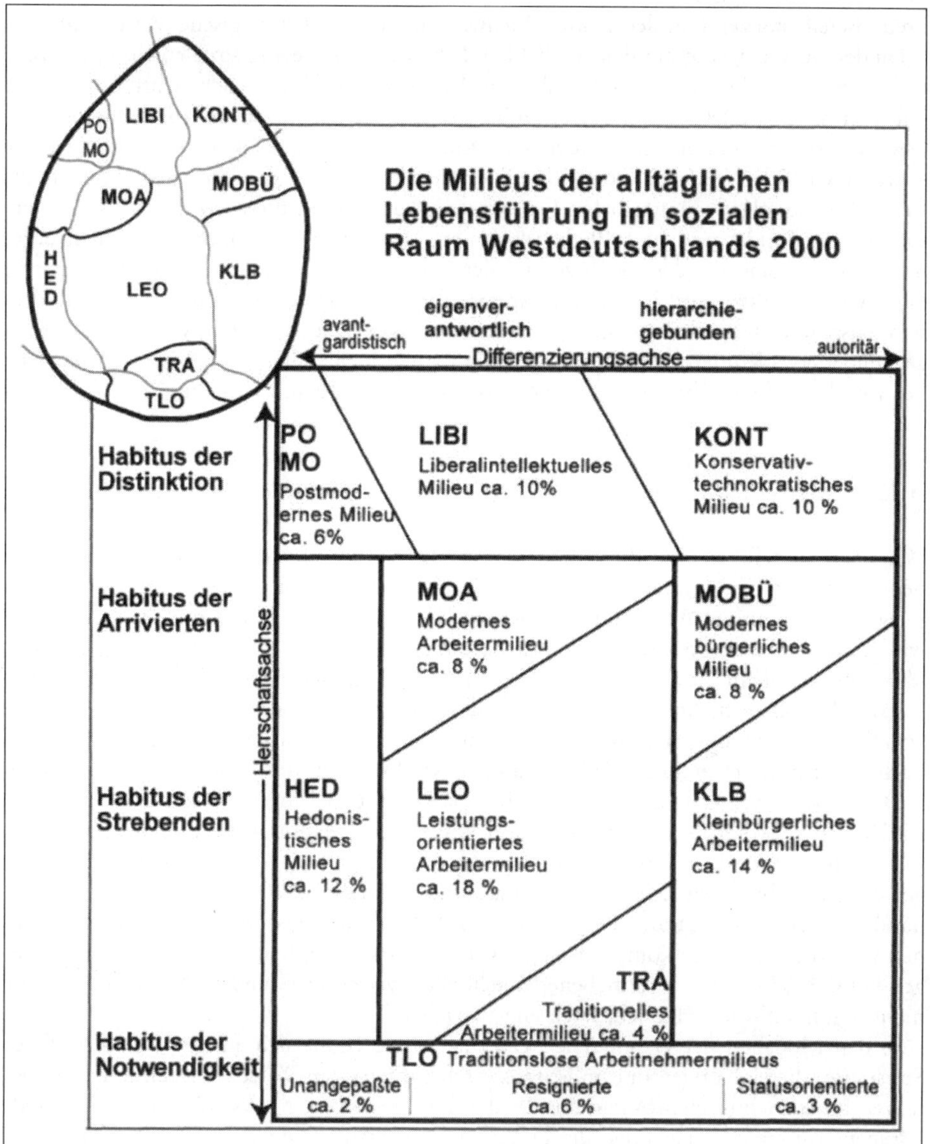


*Quelle:* Vester (2002: 84)

ben werden, die bislang kaum in der Schule zur Geltung kommen. Dazu gehören sportliche und körperbezogene Fähigkeiten, die hier im Verlauf der späteren jugendlichen Sozialisation besonders ausgeprägt werden (siehe Willis 1979). Vor allem die Kinder und Jugendlichen aus den kleinbürgerlichen Milieus haben darüber hinaus eine Reihe von schulbezogenen sozialen Kompetenzen, die in der konkreten Unterrichtspraxis in der Regel von Vorteil sind. Neben den Fähigkeiten, die für den schulischen Unterricht wichtig sind

(z. B. Konzentrationsvermögen) ist ein bestimmtes Maß an Disziplin und Leistungsorientierung für die Struktur der sozialen Kompetenzen charakteristisch. Deshalb weisen auch Freundschaftskonzepte in den Mittelschichtmilieus zum Teil strategische Muster auf.

Kinder aus Oberschichtmilieus schließlich haben eine Reihe von sozialen Kompetenzen, die sie in schulischen und außerschulischen Kontexten befähigen, sich selbstbewusst und selbstwirksam zu erleben. Auf der Grundlage einer elterlichen und milieuspezifischen Lebenswelt, die privilegiert ist, werden hier Kompetenzen akkumuliert, die entlang einer eher „stillen Pädagogik" verläuft und weniger offensiv, ehrgeizigen elterlichen Plänen folgt. Beispielsweise folgen die normalen Freundschaftskonzepte in diesen Milieus aus der Perspektive der Kinder und Jugendlichen kaum strategischen Erwägungen, sondern sie ergeben sich zwanglos aus der Verlängerung der Lebenswelten. Der souveräne Umgang mit kulturellen Inhalten wird in der Lebenspraxis früh angeeignet, und Eltern werden in diesem Zusammenhang als kompetente Partner der eigenen Entwicklung wahrgenommen – gegenüber etwa Kindern und Jugendlichen in Unterschichtmilieus, die sich wesentlich früher von ihren Eltern abgrenzen und emanzipieren (Grundmann u. a. 2006).

## 3 Stärkung sozialer Kompetenzen durch Ganztagsbildung?

Wie oben ausgeführt, sind die Kompetenzen, die Kinder und Jugendliche in der Schule benötigen, zum Teil andere als solche, für die sie in ihrem sozialen Nahraum (Eltern und Gleichaltrigengruppe) Anerkennung erfahren. Durch die verschiedenen Ganztagsmodelle wird diese Differenz vermutlich reduziert, ohne jedoch ganz verschwinden zu können. Wenn die Schule in die Nachmittage der Kinder und Jugendlichen eingreift, dann können stärker als bislang nicht unmittelbar leistungsbezogene Bereiche im schulischen Kontext verankert werden. Die Stärkung der sozialen Kompetenzen in der Ganztagsschule hat je nach zu Grunde gelegtem Modell eine andere Reichweite und Potenzialität.

Die Modelle der Offenen Ganztagsschule verlegen dabei die nicht-leistungsbezogenen Aktivitäten strikt in den Nachmittag und konservieren dadurch die Differenz zwischen schulbezogenen und außerschulischen sozialen Kompetenzen – trotz der Ausdehnung der gemeinsam verbrachten Zeit. Das kann man negativ interpretieren, oder aber positiv: Weil nämlich solche Kooperationen außerunterrichtliche „pädagogische Orte" erhalten, an denen eben diese anderen Kompetenzen eingebracht und erworben werden können. Hingegen könnte das folgend beschriebene Modell alles „verschulen" und so die Spielräume für nicht-schulkonformes Handeln noch enger machen.

In den Modellen der Gebundenen Ganztagsschule ergibt sich ein bedeutend größerer Spielraum, die vielfältigen und milieuspezifisch variierenden Wissensformen und Kompetenzen in den schulischen Alltag unmittelbar zu integrieren, so dass hier aus einer sozialkompensatorischen Perspektive die bisher nicht anschlussfähigen sozialen Kompetenzen der schulbildungsfernen Milieus aufgewertet werden könnten.

Damit sich auch Kinder und Jugendliche aus schulbildungsfernen Milieus in schulisch-institutionellen Kontexten als handlungsfähige Subjekte erfahren können, benötigen sie eine Vorstellung darüber, welche Wissensformen, Kompetenzen und Alltagspraktiken ihnen zur Verfügung stehen, die nicht alle anderen Kinder und Jugendlichen ebenfalls aufweisen. Das heißt, sie benötigen zunächst weniger die Stärkung spezifischer sozialer Kompetenzen wie Empathiefähigkeit, ideale Rollenübernahme usw., sondern die Herausbildung eines allgemeinen Bewusstseins über ihre eigenen verfügbaren Handlungskompetenzen. Alle Kinder und Jugendlichen brauchen ein „Kompetenzbewusstsein" (Scherr 2004: 92). Wenn ein solches persönliches Kompetenzbewusstsein in ausreichendem Maße vorhanden ist, dann ist die Ausbildung weiterer Kompetenzen, ob als soziale oder allgemeine Handlungskompetenzen gefasst, wenig problematisch.

Die Ganztagsschule (egal ob in offener oder gebundener Form) sollte Räume ermöglichen, die Kinder und Jugendliche unabhängig von ihren konkreten schulischen Leistungen als kompetente Akteure begreifen lassen. In der Ganztagsschule liegen Möglichkeiten, die milieuspezifischen Differenzen der Schulbildungsnähe in der Lebenswelt der Kinder und Jugendlichen zu reduzieren, weil sie stärker mit nicht-leistungsbezogenen Wissensformen und Praktiken in Kontakt kommen können, die im Herkunftsmilieu tendenziell fremd sind. Hier sind milieuübergreifende Lernprozesse zumindest denkbar. Zudem können Möglichkeiten im schulischen Kontext bereit gestellt werden, solche milieuspezifischen Wissensformen und sozialen Kompetenzen aufzuwerten, die bislang in der Schule noch keinen Eingang gefunden haben. Die Ganztagsbeschulung ist dabei keine neutrale Form der pädagogischen Betreuung, sondern steht in einer besonderen Verantwortung, weil sie in die bestehende kindliche und jugendliche Lebenswelt durch die zeitliche Ausdehnung der Schulzeit direkt eingreift. Aus der hier eingenommenen Perspektive der normativen Verurteilung sozial ungleicher Entwicklungen von Kindern und Jugendlichen ist die bloße Steigerung der zeitlichen Dauer des Schulbesuchs nicht von ausschlaggebender Bedeutung (vgl. Scherr 2004).

Die Einführung der Ganztagsschule setzt bei der beabsichtigten Reduktion der Bildungsungleichheit in Deutschland an der richtigen Einsicht an, dass sich vorrangig Schulstrukturen ändern müssten, wenn hier Erfolge in die richtige Richtung erzielt werden sollen (Bittlingmayer/Hurrelmann 2005). Nicht am Verhalten der Schüler(innen) bzw. an ihrer Kompetenzausstattung, sondern in den schulstrukturellen Verhältnissen liegen die zentralen Veränderungspotenziale. Genau hier bleiben die gegenwärtigen bildungspolitischen Strategien aber stecken. Die Offene Ganztagsschule könnte zur kontraproduktiven stärkeren Selektion im Sinne eines „Mätthaus-Effekts" („Wer da hat, dem wird gegeben!") der bereits verhältnismäßig leistungsstarken Kinder und Jugendlichen führen; die Gebundene Ganztagsschule hat Potenziale, die aber an der deutschen Schulformhierarchie ihre Grenze finden. Die Stärkung der sozialen Kompetenzen bei Schüler(innen) – so wünschenswert sie auch ist, sofern sie hinreichend milieuspezifisch differenziert wird – trifft auf soziale Milieus einerseits und auf eine deutsche Schulformhierarchie andererseits, die je für sich starke Tendenzen zur Eigenreproduktion aufweisen. Eine politisch ernst gemeinte Reduktion des empirischen Zusammenhangs zwischen sozialer Herkunft und schulischem Erfolg wird – und auch dann nur begrenzt – erfolgen durch die Einführung von Ganztagsarrangements bei gleichzeitiger Abschaffung des mehrgliedrigen Schulsystems.

## *Literatur*

Bauer, Ullrich (2005): Das Präventionsdilemma. Potenziale schulischer Kompetenzförderung im Spiegel sozialer Polarisierung. Wiesbaden: VS Verlag für Sozialwissenschaften.

Bauer, Ullrich/Vester, Michael (2008): Soziale Ungleichheit und soziale Milieus als Sozialisationskontexte. In: Hurrelmann, Klaus/Grundmann, Matthias/Walper, Sabine (Hg.): Handbuch Sozialisationsforschung. Weinheim/Basel: Beltz Verlag: 184-202.

Bittlingmayer, Uwe H. (2006): Grundzüge einer mehrdimensionalen sozialstrukturellen Sozialisationsforschung. In: Grundmann, Matthias/Dravenau, Daniel/Bittlingmayer, Uwe H./Edelstein, Wolfgang (Hg.): Handlungsbefähigung und Milieu. Zur Analyse milieuspezifischer Alltagspraktiken und ihrer Ungleichheitsrelevanz. Münster: Lit: 37-55.

Bittlingmayer, Uwe H./Hurrelmann, Klaus (2005): Präventionsstrategien für sozial Benachteiligte. Das Beispiel der schulischen Suchtprävention und Skillförderung. In: Kirch, Wilhelm/Badura, Bernhard (Hg.): Prävention. Ausgewählte Beiträge des Nationalen Präventionskongresses. Berlin: Springer: 173-192.

Bittlingmayer, Uwe H./Kraemer, Klaus (2001): Klassenlosigkeit als Konstrukt. Anmerkungen zum Wandel kollektiver symbolischer Sinnwelten. In: Rademacher, Claudia/Wiechens, Peter (Hg.): Geschlecht – Ethnizität – Klasse. Zur sozialen Konstruktion von Hierarchie und Differenz. Opladen: Leske + Budrich: 275-296.

Botvin, Gilbert J. (1998): Preventing adolescent drug abuse through life skills training. Theory, Methods, and Effectiveness. In: Crane, Jonathan (Ed.): Social programs that really work. New York: Russel sage Foundation: 225-257.

Bourdieu, Pierre (1982): Die feinen Unterschiede. Kritik der gesellschaftlichen Urteilskraft. Frankfurt a. M.: Suhrkamp.

Bourdieu, Pierre (1987): Sozialer Sinn. Kritik der theoretischen Urteilskraft. Frankfurt a. M.: Suhrkamp.

Bourdieu, Pierre u. a. (1997): Das Elend der Welt. Zeugnisse und Diagnosen alltäglichen Leidens an der Gesellschaft. Konstanz: UVK.

BMBF (2002) – Bundesministerium für Bildung und Forschung: Kompetenzen fördern – Berufliche Qualifizierung für Zielgruppen mit besonderem Förderbedarf. Bonn.

Deutsches PISA-Konsortium (2001): PISA 2000. Basiskompetenzen von Schülerinnen und Schülern im internationalen Vergleich. Opladen: Leske + Budrich.

Gomolla, Mechthild/Radtke, Frank-Olaf (2002): Institutionelle Diskriminierung. Die Herstellung ethnischer Differenz in der Schule. Opladen: Leske + Budrich.

Grundmann, Matthias/Dravenau, Daniel/Bittlingmayer, Uwe H. (2006): Handlungsbefähigung und Milieu. Zur Analyse milieuspezifischer Alltagspraktiken und ihrer Ungleichheitsrelevanz. Münster: Lit.

Grundmann, Matthias/Groh-Samberg, Olaf/Bittlingmayer, Uwe H./Bauer, Ullrich (2003): Milieuspezifische Bildungsstrategien in Familie, Jugend und Kindheit. In: ZfE (6. Jg.) H. 1: 25-45.

Grundmann, Matthias/Keller, Monika (1999): Perspektivität, soziale Kognition und die (Re-)Konstruktion sozialisationsrelevanter Handlungsstrukturen. In: Ders. (Hg.): Konstruktivistische Sozialisationsforschung. Frankfurt a. M.: Suhrkamp: 118-148.

Krappmann, Lothar/Oswald, Helmut (1995): Alltag der Schulkinder. Weinheim: Juventa.

Nunner-Winkler, Gertrud (1999): Sozialisationsbedingungen moralischer Motivation. In: Leu, Hans-Rudolf/ Krappmann, Lothar (Hg.): Zwischen Autonomie und Verbundenheit. Bedingungen und Formen der Behauptung von Subjektivität. Frankfurt a. M.: Suhrkamp: 299-329.

Sahrai, Diana (2003): Ethnische Ungleichheit im deutschen Bildungssystem. Eine komparativ-kritische Analyse differenter Erklärungsmodelle. Münster: Magisterarbeit.

Scherr, Albert (2004): Subjektbildung. In: Otto, Hans-Uwe/Coelen, Thomas (Hg.): Grundbegriffe der Ganztagsbildung. Beiträge zu einem neuen Bildungsverständnis in der Wissensgesellschaft. Wiesbaden: VS Verlag für Sozialwissenschaften: 85-98.

Schultheis, Franz/Schulz, Kristina (Hg.) (2005): Gesellschaft mit beschränkter Haftung. Zumutungen und Leiden im deutschen Alltag. Konstanz: UVK.

VBW (2003) – Vereinigung der Bayerischen Wirtschaft e. V: Bildung neu denken. Das Zukunftsprojekt, erstellt von Prognos AG (Gesamtredaktion Dieter Lenzen) In://www.vbw-bayern.de/agv/data/media/_stories/523/ Bildung%20neu%20denken_Das% 20Zukunftsprojekt.pdf (Download am 5.9.2005).

Vester, Michael (2002): Das relationale Paradigma und die politische Soziologie sozialer Klassen. In: Bittlingmayer, Uwe H. u. a. (Hg.): Theorie als Kampf. Zur politischen Soziologie Pierre Bourdieus. Opladen: Leske + Budrich: 61-121.

Vester, Michael (2004): Die Illusion der Bildungsexpansion. Bildungsöffnungen und soziale Segregation in der Bundesrepublik Deutschland. In: Engler, Steffani/Krais, Beate (Hg.): Das kulturelle Kapital und die Macht der Klassenstrukturen. Sozialstrukturelle Verschiebungen und Wandlungsprozesse des Habitus. Weinheim: Juventa: 13-51.

Vester, Michael/Oertzen, Peter von/Geiling, Heiko/Hermann, Thomas/Müller, Dagmar (2001): Soziale Milieus im gesellschaftlichen Strukturwandel. Zwischen Integration und Ausgrenzung. Frankfurt a. M.: Suhrkamp.

World Health Organization (WHO) (2000): Healthy Settings. Regional Office for South-East Asia. New Delhi. In: whqlibdoc.who.int/2000/SEA_EH_532.pdf (Download am 14.6.2005).

Willis, Paul (1979): Spaß am Widerstand. Gegenkultur in der Arbeiterschule. Frankfurt a. M.: Syndikat.

# Förderung

*Michael Winkler*

Förderung wird von Eltern und zunehmend in professionellen Handlungszusammenhängen erwartet. Allerdings weisen einschlägige Fachlexika weder den Begriff nach, noch zeigen sie spezifische Praktiken. Tatsächlich ist der Begriff eigentlich unsinnig. Denn alle Erziehung und jede Organisation von Bildungsprozessen fördert den Entwicklungsgang eines jungen Menschen, indem sie sein Lernen unterstützt und eine Erweiterung seiner Handlungsmöglichkeiten und Fähigkeiten erreichen will. Wie jedes pädagogische Handeln richtet sich Förderung auf das konkrete Individuum in seiner Besonderheit und Eigentümlichkeit. Sie rechnet mit einem auf Autonomie angelegten Subjekt und unterstellt diese immer schon als gegeben, selbst dort, wo sie nicht unmittelbar in Evidenz zu erkennen ist und des Erwerbs spezifischer Handlungsmittel noch bedarf.

## 1 Grundlagen von Förderung

Förderbedarf entsteht einerseits, weil und wenn Heranwachsende aufgrund organischer, physiologischer und neuronaler Ausfälle Kompetenzen nicht erworben haben, die sie für ihre Existenz benötigen. Andererseits erleben junge Menschen durch soziale Lebensbedingungen nachhaltige Deprivationen. Das kann durch Depravation, also einer Störung der sozialen Bindungen entstehen, dann durch Ausschluss von Lebens- und Lernmöglichkeiten, wie sie aufgrund von Armut und Verelendung – zunehmend auch von Migration – entstehen, allzumal wenn Resilienzpotenziale fehlen. Entwicklungsbehinderungen können dauerhaft oder nur vorübergehend eintreten, in Phasen etwa der Pubertät, oder durch Lebenssituationen wie Trennung der Eltern, Tod eines nahen Angehörigen. Förderbedarf besteht zudem für Kinder, die besondere Begabungen auszeichnen. Sie sind – meist spezifisch – hochgradig leistungsfähig, finden jedoch keine Anregung, um sie weiter zu entwickeln.

Förderbedarf lässt sich stets rekonstruieren als ein Mangel der Vermittlung zwischen individuellen, schon „gebildeten“ Entwicklungsstrukturen und in diesen gründenden Aktivitätspotenzialen einerseits, den gesellschaftlich-kulturellen Möglichkeiten andererseits, welche menschliches Handeln bestimmen (vgl. Winkler 2006). Grundlegend zeigt schon Wygotski (vgl. 1974, 1985, 1987, 1992), wie solche Vermittlung höhere psychische Funktionen bedingt (vgl. Tomasello 2002). Fehlt sie, entsteht eine Verfasstheit des Subjekts als „Modus der Differenz“ (Winkler 1988: 154-167). Ein solcher Modus verlangt pädagogische Unterstützung, wenn er sich nicht verhärten soll und das Leben einer Person dann einschränkt. Förderung meint also erhöhte pädagogische Aufmerksamkeit für solche Differenzzustände. Meist wird sie aber durch Nicht-Konformität bzw. eine Abweichung von Durchschnitten oder durch besondere Ambitionen ausgelöst, Lernprozesse zu optimieren.

Das jüngere Verständnis von Förderung hat jedoch wenig mit Pädagogik zu tun. Zum einen antwortet es auf eine Notsituation des öffentlichen Bildungswesens. Dieses führt Lehrprozesse nur hochgradig formalisiert und vereinheitlicht durch, während die individuellen Lernvorgänge unbeachtet bleiben oder allein zum Anlass von Selektionen werden. Zunehmend kollidieren solche Lehrprozesse mit einer sozialen und kulturellen Lebenswelt, welche different und plural geworden ist, so dass sie Kinder nur unzureichend auf die Schule vorbereiten: Je mehr soziale und kulturelle Heterogenität eintritt, umso stärker wächst der Förderbedarf. Förderung soll dann Normalisierung als Voraussetzung eines regulären Schulunterrichts leisten. Sie soll zudem den Besonderheiten und unterschiedlichen Möglichkeiten gerecht werden, welche die unter heterogenen Bedingungen aufwachsenden jungen Menschen entwickeln. Zum anderen überlagern sozialpolitische Vorstellungen die Debatte. Förderung thematisiert nämlich eine – ökonomisch motivierte – Zuweisung von Finanzmitteln. Sie versucht, strukturelle Disparitäten auszugleichen, welche Teilhabe an ökonomischen Entwicklungen verhindern. Daran schließt sich die Ideologie einer liberal eingestellten und kontrollpolitisch interessierten Vorstellung von Sozialpolitik an, wie sie in der Parole „Fordern und Fördern" zum Ausdruck kommt. Leistungen zur Existenzsicherung werden als Förderung der individuellen Initiative verstanden und verlangen vom Einzelnen Anstrengungen auf dem Arbeitsmarkt, um seinen Unterstützungsanspruch zu rechtfertigen. Die Soziale Arbeit leistet dieser Rhetorik mit Konzepten des *Empowerment* Vorschub.

## 2 Geschichte und Theorie der Förderung

In der pädagogischen Theorie deutet erstmals Pestalozzi ein Konzept von Förderung an. Er nimmt nämlich in die häusliche Erziehung Elemente formalisierter Bildungstätigkeit auf. Wenn „Gertrud ihre Kinder lehrt" (vgl. Pestalozzi 1932), verdeutlicht sie Maximen für eine sittliche Lebensbewältigung und leistet erste Schritte der Elementarpädagogik. Sie führt Lesen, Schreiben und Rechnen nach einem eigenen Plan ein. Damit sieht Gertrud das Kind als bildungsfähiges Wesen an, das sich übersteigen kann: Pädagogisch hat Förderung demnach mit der Anthropologie des Lernens zu tun. Sie spricht das Mehr an Entwicklungsmöglichkeiten an, über welches bildungsfähige Subjekte verfügen und das sie selbst noch steigern können. Darin klingt das Aufklärungsprinzip der perfectibilité an. Förderung wäre demnach Pädagogik, die über das Gegebene hinausgreift, wie es durch den aktuellen Entwicklungsstand des Kindes oder durch gesellschaftliche und kulturelle Verhältnisse festgelegt scheint.

Zwar betreiben seit dem 19. Jahrhundert Hilfsschulen Förderung (vgl. Klein 2005). Doch kennen selbst zu Beginn des 20. Jahrhunderts die Fachlexika den Begriff der Förderung kaum: Wilhelm Reins „Enzyklopädie" nimmt ihn nicht auf, und das von Nohl/Pallat herausgegebene „Handbuch der Pädagogik" verzichtet auf ihn. In den 1920er Jahren entwickelt der Mannheimer Stadtschulrat Andreas Sickinger das „Fördersystem" als Antwort auf die Sitzenbleiberproblematik: Zwischen den Hilfsschulen und dem „Normalsystem" wurden anstelle eines Nachhilfeunterrichts Förderklassen für die „schwach Begabten" eingerichtet (Weigl 1913: Sp. 569), welche „nicht als krank anzusehen" sind und in kleineren Klassen – vorgesehen waren 35 Schüler – mit spezifischen Lehrplänen unterrichtet werden sollten. Die „Ausscheidung der Kinder" für die Förderklassen (ebd.: Sp. 570) folgte sozialen und psychischen Indikatoren: „Armut, Unklarheit, Zusammenhangslosigkeit des Vorstellungslebens, langsames Auffassen, Verknüpfen u. Schließen, schlechtes Gedächtnis, mangelhaftes Denken, schnelle Ermüdbarkeit, schwacher Wille" (Wiegand 1930: Sp. 777).

Als ein eigener Terminus findet sich „Förderung" interessanterweise in der 1941 erschienenen, die Pädagogik des Nationalsozialismus spiegelnden zweiten Auflage von Hehlmanns „Pädagogisches Wörterbuch": „Förderung der Besten und Tüchtigsten ist eine wichtige Aufgabe der Staatsförderung und insbesondere der Erziehungseinrichtungen. Die Grundlage der F. bildet im Deutschen Reich heute nicht mehr die geistige Begabung allein, sondern die Tüchtigkeit in charakterlicher, leiblicher und geistiger Hinsicht". Förderung solle demnach jedem nach seiner „Leistungsfähigkeit" zukommen, um „damit die für das Volksganze beste Gesamtleistung zu erzielen. Der Förderung dienen u. a. die Förderungs- und Auslesemaßnahmen der NSDAP und ihrer Gliederungen (...)" (Hehlmann 1941: 108).

Wenngleich der Begriff somit kontaminiert erscheint, fasst der 1959 vom Deutschen Ausschuss für das Erziehungs- und Bildungswesens erarbeitete „Rahmenplan zur Umgestaltung und Vereinheitlichung des allgemein bildenden öffentlichen Schulwesens" die 5. und 6. Jahrgangsstufe als „Förderstufe". Demgegenüber präferiert der Deutsche Bildungsrat 1968 in seinem „Strukturplan für das Bildungswesen" den Begriff der „Orientierungsstufe". Er stützt sich auf Gutachten, die Begabung als sozial konstituiert erkennen. Sie hänge von sozialen Bedingungen, konkret von der ökonomischen, materiellen und kulturellen Lage der Familien ab. Sollen breitere Schichten an weiterführenden Bildungsprozessen teilhaben, so seien Kinder insbesondere bei ihrer Sprachentwicklung auf gezielte und frühe Förderung angewiesen, wie die Befunde der Soziolinguistik und die Konzepte der kompensatorischen Erziehung gezeigt hätten. „Begabung und Lernen" löste in der wissenschaftlichen Pädagogik einen paradigmatischen Wechsel aus, bildungspolitisch blieb der Erfolg verwehrt.

Durchgesetzt hat sich jedoch der Gedanke der (frühen) Förderung in der Sonder-, Behinderten- und Integrationspädagogik. Konsequent argumentiert der an Wygtoski anschließende, materialistisch begründete Ansatz von Jantzen (1978, 1979), und mit Bleidicks Theorie (vgl. Bleidick 1999) wird Förderung nicht mehr ätiologisch, an Kausalitäten oder Defiziten ausgerichtet, sondern subjekttheoretisch und ökologisch definiert. Zunehmend differenzieren sich spezifische Methoden aus, welche auf die besondere Lebenslage eines behinderten Kindes reagieren. Förderung und Förderbedarf stehen in einem engen Zusammenhang als

> „Handlungen oder Qualitäten, die gemäß eines impliziten oder expliziten Förderkonzepts auf die Anregung und Begleitung einer an Bildungszielen orientierten, für wertvoll gehaltenen Veränderung individueller Handlungsmöglichkeiten von Menschen in ihren Lebensgemeinschaften und an den sozialen Folgen von Benachteiligungen und Behinderungen ausgerichtet sind. Pädagogischer Förderbedarf ist dabei das, was ein Individuum in seiner Lern- und Lebensgemeinschaft benötigt, um die intendierten Ziele zu erreichen" (Schuck 2001: 63).

Förderung begegnet mit besonderer Aufmerksamkeit und gezielter Unterstützung Lern- bzw. Entwicklungsbehinderungen (Klein 2005), sie erfolgt möglichst frühzeitig im nahen familiären Erfahrungsraum eines Kindes. Sie wird insbesondere notwendig, wenn Einschränkungen von Körperfunktionen und Lernfähigkeit dazu führen, dass gesellschaftlich und kulturell gegebene Normalangebote für das Aufwachsen nicht genügen, damit Kinder und Jugendliche ihre Entwicklungsaufgaben bewältigen. Förderung bedeutet dann, dass einerseits kompensatorisch oder auf Umwegen gestaltete Potenziale und Handlungsweisen erworben und eingeübt werden. Andererseits dient Förderung dazu, behinderte, aufgehaltene oder verzögerte Entwicklungsprozesse zu initiieren oder in Gang zu halten, indem sie gegenüber sozialen und kulturellen Zeitordnungen die individuell subjektive Eigenzeit des Lernens und der Entwicklung zum Maßstab des pädagogischen Handelns macht.

Die jüngeren Debatten verlangen allerdings – verengend und verkürzend – Förderung zunehmend allein bei vornehmlich unzureichenden kognitiven Lernleistungen. Dies ist jedoch unzulässig. Förderung bezieht sich auf alle Domänen menschlich-personaler Existenz, mithin auf kognitive ebenso wie auf emotional-affektive und auf motorische Leistungs- und Handlungsfelder, zumal diese sich gegenseitig beeinflussen. Menschliche Existenz muss umfassend in Betracht bleiben, wenn Lern- und Entwicklungsbehinderungen zu lösen sind. Insofern steht im Zentrum aller fördernden Tätigkeiten, dass die heranwachsende und sich entwickelnde Person eine bislang nicht erworbene Form der Selbstsorge, des Umgangs mit sich selbst gewinnt. Selbstvertrauen, Aufmerksamkeit auf sich selbst, Fähigkeiten und Metakompetenzen gegenüber allen Bereichen des eigenen Tuns stellen das eigentliche Thema einer jeden Förderung dar.

Genau darin liegen allerdings auch Paradoxa von Förderung: Sie ist – erstens – keine besondere Pädagogik, sondern bewältigt nur mit höherer Aufmerksamkeit das pädagogische Geschehen, wie es im Allgemeinen geschieht oder geschehen soll. Förderung als spezifische Handlungsintention entsteht – zweitens – grundsätzlich nur unter der Bedingung institutionalisierter pädagogischer Prozesse, welche einem äußeren Regime (etwa durch das Jahrgangsklassensystem) unterliegen und gegenüber größeren Gruppen vollzogen werden, deren Mitglieder in einer relevanten Wettbewerbssituation stehen. Förderung wird also nötig, wenn in der Beurteilung von Lernleistungen die individuelle und die sachliche Bezugsnorm überschattet werden von einer Positionierung gegenüber der Gruppe, die ihrerseits über soziale Teilnahmechancen entscheidet. Damit deutet sich – drittens – an, dass Förderung stets mit Maßstäben von Normalität und Abweichung verbunden ist. Darin liegt das entscheidende Problem: Wo kein allgemeinpädagogisches Verständnis von Förderung gegeben ist, spielen Defizitdiagnosen eine entscheidende Rolle. Förderung wird dann abhängig gemacht von gesellschaftlichen Erwartungen, welche durch das Kind selbst unrealisiert bleiben. In solchen Defizitzuschreibungen spielen strukturelle Perspektiven kaum mehr eine Rolle.

## 3 Phänomenologie der Förderung als pädagogischer Praxis

Die Normativität in den Entscheidungen über Förderbedarf wird selbst dann kaum wahrgenommen, wenn „pädagogische Diagnostik" verlangt wird. Diese wird neuerdings als Grundkompetenz von Lehrern gefordert, denn „Fördern heißt diagnostizieren" (Horstkemper 2006). Diagnose meint Beobachtung und Durchführung von Stärken-Schwächen Messungen an Heranwachsenden, welche sich auf deren aktuellen Status bzw. auf Prozesse beziehen, über deren Fortgang und Steuerung entschieden werden muss; vornehmlich richtet sich die Aufmerksamkeit auf Lese- und Schreibfähigkeiten (vgl. Becker u. a. 2006). Die schulpädagogische Debatte verengt dabei Diagnose häufig auf Testverfahren, wie sie in der empirischen Bildungsforschung zur Anwendung kommen. So gerät die Komplexität von Lebenssituationen aus dem Blick. Die in der Sozialpädagogik entstandenen biographischen Modelle für Diagnosen werden kaum zur Kenntnis genommen. Vor allem bleiben die Konsequenzen für das pädagogische Handeln weitgehend offen.

Welche Merkmale zeichnen nun – phänomenologisch betrachtet – Förderung als pädagogisches Handeln aus? Formal lassen sich sechs Handlungstypen unterscheiden, nämlich:

- ein entdeckendes Fördern, das geahntes, vielleicht aufgrund sozialer und kultureller Konventionen erwartetes Handeln des kindlichen Subjekts aufsuchen und entdecken will
- ein initiierendes Handeln, das Anstoß zu bestimmten Tätigkeiten gibt, zuweilen nur in lockerem Impuls, zuweilen mit nachdrücklichem Verlangen
- ein stützendes Handeln, das angedeutete Aktivitäten bestärkt
- ein übendes Handeln, das durch Wiederholung Fähigkeiten sichert und Fertigkeiten entwickelt
- ein erweiterndes Handeln, das vorhandene Kompetenzen ausdifferenziert
- ein restituierendes Handeln, das behinderte und eingeschränkte Handlungsmöglichkeiten „umgeht" und durch neue Handlungsformen ersetzt, wie etwa die Gebärdensprache als Ersatz für die natürlichen Sprechorgane.

Pädagogische Förderung stellt immer Exklusivität für das in seiner Besonderheit anerkannte Kind her: Es erfährt Aufmerksamkeit, die ihm allein gilt. Das birgt Ambivalenzen. Förderung im familiären Kontext belastet daher Eltern, weil der umfassende Lebenszusammenhang des Familienzusammenhangs zwar benötigt wird, aber sich nicht dezentriert als Milieu auf Entwicklungsprozesse auswirkt, sondern auf das förderbedürftige Kind ausgerichtet wird. Dieses bestimmt nun die Lebensvollzüge, während die eigenen Maßstäbe der Eltern keine Geltung mehr haben (vgl. Klein 1979: 147). Gegenüber dem sozialen Zusammenhang etwa der Gleichaltrigengruppe wertet Förderung das einzelne Kind auf und schließt es zugleich aus: Es erlebt Anerkennung, verliert aber den Zusammenhang mit den Gleichaltrigen. Aus der integrativen Arbeit mit mehrfach und schwerstbehinderten Kindern ist aber bekannt, dass diese durch die gleichaltrigen nicht-behinderten Kinder unterstützt werden. Eine Herauslösung des förderungsbedürftigen Kindes aus einem Zusammenhang entzieht soziale Ressourcen, die im Miteinander gewonnen werden. Sinnvoll scheint es daher, der Förderung bedürftige Kinder im Gruppenzusammenhang zu belassen, spezifische Förderung wird dann parallel zum laufenden Unterricht erteilt.

Pädagogische Förderung beginnt also regelmäßig mit einer Veränderung in der raumzeitlichen Rahmung des Geschehens. Förderung vollzieht sich entweder außerhalb des gewöhnlichen Lernkontexts als schulexterne Therapie, außerhalb der Klasse, aber in der Schule, oder jedoch in der Klasse durch eine zweite pädagogische Fachkraft (vgl. May 1997). Der räumliche Kontext wird verdichtet, um ihn als besonderen Raum erlebbar zu machen, der für das förderungsbedürftige Kind Ruhe und Ordnung bietet; Ablenkung wird vermieden, Vorordnung und ein auf den pädagogischen Prozess hin gestalteter Arbeitsplatz erlauben Konzentration. Diese Veränderung in der raumzeitlichen Rahmung kann faktisch oder fiktiv, genauer: imaginativ geschehen: Die pädagogische Fachkraft begibt sich auf die Höhe des Kindes, beugt sich hinunter oder nimmt eine hockende Haltung ein, senkt die Stimme und erzielt den Eindruck eines gemeinsamen Zusammenhangs. Ebenfalls grundlegende Bedeutung hat die Veränderung der Zeitstrukturen. Förderung nimmt eine neue Interpunktion der Zeitsequenzen vor, welche den pädagogischen Prozess gliedern. Sie werden abgelöst vom Takt, welchen die Institution oder der Klassenverband vorgeben, und angebunden an den eigenen Arbeits-, Lern- und Entwicklungsrhythmus des Kindes.

Arbeitsökonomisch verlangt Förderung immer einen erhöhten Personaleinsatz, der im Extremfall zu einer Eins-zu-eins-Relation führen kann. Förderung ist ein singuläres Geschehen, wenngleich eine pädagogische Fachkraft mehrere förderungsbedürftige Kinder betreuen kann. Gleichwohl muss das Kind unmittelbar und sofort die persönliche Zuwendung erhalten, wenn es Bedarf an solcher hat. Zugleich lassen die räumlich vorstrukturierte Situation und der personalisierte Zeitrahmen dichte soziale Beziehungen entstehen; ein enger pädagogischer Bezug konkretisiert sich als Zuwendung. Sie erzeugt eine Verhandlungssituation, aus der heraus Verbindlichkeit entsteht. Auch wenn – beispielsweise auf kognitiver Ebene – davon ausgegangen wird, dass Förderung eine individualisierte und intensivere Zuwendung zum Lehrstoff ermöglicht, klingt zumindest stets an, dass die größere Anstrengung in der Lernarbeit der fördernden Person „zuliebe" geleistet wird. Das Kind kann sich der pädagogischen Fachkraft kaum entziehen. Kontrolltheoretisch muss dies in Betracht gezogen werden, damit die Situation weder totalitär noch personalisiert wird.

Ein weiteres methodisches Merkmal besteht darin, dass der Förderungsgegenstand (also der Unterrichtsinhalt, spezifische Verhaltensweisen, moralische Reflexion, dann motorische Aktivitäten, endlich Selbstaktivitäten) in ein von üblichen pädagogischen Verhältnissen unterschiedenes Distanzverhältnis gestellt und objektiviert wird. Lerngegenstände werden Kindern nämlich in der Regel unhinterfragt geboten; die Minderjährigen müssen sich mit den gegebenen Herausforderungen auseinandersetzen. Während im familiären Leben Kindern eine fragende Haltung auch gegenüber Grundsätzlichem gestattet wird, prägt die unhinterfragte Aufgabenstellung das Unterrichtsgeschehen. Mit der – erzwungenen – Teilnahme am Unterricht verpflichtet man sich die Lehrstoffe aufzunehmen, wie unsinnig sie objektiv sein mögen. Förderung entzieht sich keineswegs dieser Verbindlichkeit; sachlich geht es ihr um relevantes Weltwissen, dann um jene Grundkompetenzen, welche als Allgemeinbildung gelten. Dennoch werden in der Fördersituation die anzueignenden Unterrichtsgegenstände besonders vor Augen gestellt oder hervorgehoben. Sie werden Thema von Überlegungen, welche schon der Bedeutung des Gegenstandes gelten; aktuell spricht man dies unter dem Stichwort Problemlösung an (May 1987). Unterrichtstheoretisch gesprochen vollzieht sich die Artikulation des Gegenstandes also schon im Blick auf seine Relevanzprämissen; Förderung überzeugt Kinder und erzeugt somit die für Lernprozesse erforderliche Aneignungsdisposition (vgl. Sünkel 1996: 77). Die Verständigung über den Gegenstand objektiviert diesen, so dass er tendenziell abgelehnt werden kann, zugleich wird ihm die Gefährlichkeit genommen, welche er in der Unterrichtssituation der Schule hat. Während in dieser beispielsweise Mathematik als ein „Buch mit sieben Siegeln" erscheint, wird sie in der Fördersituation plausibel und verständlich. Umgekehrt findet in der Fördersituation häufig eine Entmystifizierung statt, weil deutlich wird, dass und wie bestimmte Elemente eines Gegenstandes „einfach auswendig gelernt" werden müssen. Lernprozesse können nämlich durch eine überzogene Verstehenserwartung blockiert werden, wenn sich Inhalte als schlicht konventionell festgelegt erweisen. Vor allem aber artikuliert Förderung den Gegenstand kleinteiliger. Die Lernarbeit vollzieht sich in kleineren Schritten, welche häufiger mit Wiederholungsphasen verbunden sind. Übung und Wiederholung machen dabei die Prozessstruktur aus, wobei die Übung nicht von vornherein auf Erfolg zielen muss. Guter Förderunterricht enthält in der Regel spielerische Phasen, in welchen die Unterrichtsgegenstände gleichsam unsinnig eingebunden sind; Kinder und Jugendliche erleben dies als Lernspaß.

In der Regel vollzieht sich mit dieser Auseinandersetzung über den Gegenstand eine Änderung in der Positionierung der an der Fördersituation Beteiligten. Fördersituationen gehen mit einer Abkehr von einer frontalen Lehrsituation einher. Die pädagogische Fachkraft nimmt gegenüber dem Kind zunächst eine Art „Über-Eck"-Position ein, um dann neben dem Kind zu sitzen und parallel mit diesem am Gegenstand zu arbeiten, mit raschen Hinweisen auf das jeweils Erarbeitete. Förderung zeichnet also eine gemeinsame Hand- und Kopfarbeit aus.

## 4 Förderung im Bildungszusammenhang

Förderaktivitäten sollten zielführend bestimmt und evaluiert werden. Trotz der Fülle an Fördermaterialien fehlen empirische Nachweise für deren Wirksamkeit; häufig liegen nicht einmal sinnvolle Konzepte vor (vgl. Klicpera/Gasteiger-Klicpera 1995), meistens handelt es sich gar nicht um genuinen Förderunterricht, sondern allein um Ergänzungsunterricht. Oft wiederholen Förderformen nur den Unterricht, an dem Schüler vorher gescheitert sind; Förderung verstärkt dann noch, was sie nicht leisten konnten, und etabliert – insbesondere als kommerzieller Nachhilfeunterricht – eine Art regelmäßigen Parallelunterricht. Jede Förderungssituation sollte demgegenüber überprüfbar bleiben. Lern- und Entwicklungsschritte müssen dokumentiert werden, sinnvoller Weise von allen Beteiligten: Kinder müssen sich Rechenschaft darüber abgeben können, welche Leistungsfortschritte sie an sich selbst beobachten können.

Förderung sollte zudem in Systemen erfolgen, welche selbst noch integriert sind – hierin liegt eine Gemeinsamkeit von Behinderten- und sonderpädagogischen Zugängen mit solchen der Sozialpädagogik. Zudem zeigen sich an Förderaktivitäten struktur- und personenbezogene Dimensionen. Strukturbezogene Förderung bezieht sich – sozialökologisch – auf den Lebensraum eines Kindes, mithin auf den familiären Kontext wie auf sozialräumliche Zusammenhänge. Personbezogene Aktivitäten arbeiten mit Kompetenzen und Entwicklungsdynamiken, welche auf Aneignungsgegenstände und versachlichte Themen ausgerichtet werden.

Weil ein distinktes methodisches Instrumentarium fehlt, spielen individuelle professionelle Erfahrungen bei der Ausbildung von einschlägigen Handlungsformen eine wichtige Rolle. Deshalb werden die „Techniken" der Förderung häufig individuell entwickelt, aber nicht in ihrer Qualität überprüft; allerdings ist Wirksamkeitsmessung dann fragwürdig, wenn sie auf den Vergleich der Effekte bei unterschiedlichen Kindern ausgerichtet ist. Die starke Individualisierung des Fördergeschehens sowohl auf Seiten des Erziehers wie des Kindes, impliziert also Unklarheit darüber, was als wirksam anzusehen ist. Es kann nicht ausgeschlossen werden, dass in der Intimität der Fördersituation die erziehende Person als solche eine ausschlaggebende Rolle spielt. Deshalb fällt es schwer, Methoden und Techniken der Förderung selbst zu vermitteln und insofern zur Qualifizierung des Personals beizutragen. Wie in der Jugendhilfe zeigen sich bei Förderungsansätzen Versäulungstendenzen und somit eine Art Verselbständigung von Angeboten und Leistungen, so dass über Flexibilisierung und Integration von Hilfeangeboten nachgedacht werden muss (vgl. Heimlich 1999).

Durchaus offen bleibt, ob die jüngere Aufmerksamkeit auf Förderung nicht dazu führt, politisch und ökonomisch induzierte Gebrechen eines allgemein bildenden Schulsystems zu partikularisieren. So nimmt die Konzentration auf Förderung Familien und Eltern in die Pflicht, wobei diese damit rechnen müssen, an Kosten der Förderung beteiligt zu werden. Vor allem verlagert Förderung, insbesondere in ihrer Bindung an Diagnose die durch das Schulsystem miterzeugten Belastungen und Leistungsdefizite erst recht auf die Kinder. Diese erleben sich als Opfer des Schulsystems und werden nun durch die Diagnose eines Förderbedarfs zusätzlich stigmatisiert. Dabei führen systematisierte Förderungsformen zu einer Verantwortungsentlastung von Schule und Unterricht. Wenngleich die Anforderungen an Schüler(innen) steigen, unterbleibt die nötige Individualisierung von Lernprozessen, weil sowohl die Lehrplanvorgaben wie die Lehrer(innen) selbst mögliche Nachzügler ignorieren, um sie an Fördersysteme zu delegieren. Zusätzliche Dilemmata entstehen, wenn Förderung normalisiert wird. Die Verallgemeinerung von Förderungsangeboten lässt die Aufmerksamkeit schwinden, auf welche behinderte Kinder angewiesen sind; weil alle Kinder aufgrund sozialer und kultureller Bedingungen Förderung benötigen, rücken die Problemlagen in den Hintergrund, die besondere Unterstützung unabweisbar machen. Zwar erzwingt eine gegenüber den Ansprüchen von Lernenden ignorante Kultur des Aufwachsens besondere Förderung als Normalfall. Doch kann einer solchen Situation, wie sie offensichtlich in den modernen Gesellschaften der Gegenwart zunehmend eintritt, nur durch eine grundlegende, allgemeine Revision des gesamten Erziehungs- und Bildungswesens begegnet werden, nicht durch Etablierung von spezifischen Techniken – allzumal wenn diese gar nicht als solche ausgewiesen werden können.

Das Instrument der Förderung sollte eher vorsichtig betrachtet werden, sofern mit diesem eine konzeptionelle und pragmatische Sonderstellung im pädagogischen Prozess verbunden sein soll. Sinnvoller wäre eine Binnendifferenzierung des Unterrichts. In jedem Fall aber muss Förderung in ein Bildungskonzept eingefügt sein, das neben einer rhythmisierten Ganztagspädagogik (und nicht bloß Ganztagsschule) über die Inhalte hinausgeht, welche in Lehrplänen standardisiert sind. Förderkonzepte lassen sich nicht auf solche Leistungsdomänen beschränken, welche durch formalisierte Diagnosen und standardisierte Tests zu erfassen sind. Sie gelingen nur als pädagogische Organisation eines umfassenden Erfahrungs- und Erlebnisfeldes, das den lebensweltlichen Hintergrund von Kindern aufnimmt und die Aufmerksamkeit auf den ganzen Prozess biographischer Entwicklung richtet. Förderung ist nichts anderes als das ganz normale Alltagsgeschäft der Pädagogik: nicht mehr, aber auch nicht weniger!

## *Literatur*

Becker, Gerold/Horstkemper, Marianne/Risse, Erika/Stäudel, Lutz/Werning, Rolf/Winter, Felix (Hg.) (2006): Diagnostizieren und Fördern. Stärken entdecken – Können entwickeln. Friedrich Jahresheft XXIV 2006. Seelze: Kallmeyer.

Bleidick, Ulrich (1999): Behinderung als pädagogische Aufgabe. Behinderungsbegriff und behindertenpädagogische Theorie. Stuttgart: Kohlhammer.

Deutscher Ausschuss für das Erziehungs- und Bildungswesen (1959): Rahmenplan zur Umgestaltung und Vereinheitlichung des allgemein bildenden öffentlichen Schulwesens. Stuttgart: Klett.

Deutscher Bildungsrat (Hg.) (1968): Begabung und Lernen. Gutachten und Studien der Bildungskommission. Bd. 4. Stuttgart: Klett.

Deutscher Bildungsrat (1973): Empfehlungen der Bildungskommission. Strukturplan für das Bildungswesen. Taschenausgabe. Stuttgart: Klett.

Hehlmann, Wilhelm (1941): Pädagogisches Wörterbuch. Stuttgart: Kröner.

Heimlich, Ulrich (Hg.) (1999): Sonderpädagogische Fördersysteme. Auf dem Weg zur Integration. Stuttgart: Kohlhammer.

Horstkemper, Marianne (2006): Fördern heißt diagnostizieren. In: Becker u. a. (Hg.): 4-7.

Jantzen, Wolfgang (1978): Behindertenpädagogik, Persönlichkeitstheorie, Therapie. Vorbereitende Arbeiten zu einer materialistischen Behindertenpädagogik. Köln: Pahl-Rugenstein.

Jantzen, Wolfgang (1979): Grundriß einer allgemeinen Psychopathologie und Psychotherapie. Köln: Pahl-Rugenstein.

Klein, Ferdinand (1979): Die häusliche Früherziehung des entwicklungsbehinderten Kindes. Ein Beitrag zur pädagogischen Praxis. Bad Heilbrunn: Klinkhardt.

Klein, Gerhard (2005): Förderschule. In: Otto, Hans-Uwe/Thiersch Hans (Hg.): Handbuch Sozialarbeit/Sozialpädagogik. München: Reinhardt: 548-561.

Klicpera, Christian/Gasteiger-Klicpera, Barbara (1995): Psychologie der Lese- und Schreibschwierigkeiten. Weinheim: Psychologie Verlags Union.

May, Peter (1987): Lesenlernen als Problemlösen: Gesichtspunkte für Diagnose und Förderung. In: Balhorn, Heiko/Brügelmann, Hans (Hg.): Welten der Schrift in der Erfahrung der Kinder. Konstanz: Faude: 92-102.

May, Peter (1997): Merkmale des (Förder-) Unterrichts und Lernerfolg im Rechtschreiben. Vergleich verschiedener Formen des Klassen- und Förderunterrichts. Referat auf der 6. Jahrestagung für Grundschulforschung am 19. 09. 1997 in der Universität Potsdam.

Pestalozzi, Johann Heinrich (1932): Wie Gertrud ihre Kinder lehrt. In: Buchenau, Arthur/Spranger, Eduard/Stettbacher, Hans (Hg.): J. H. Pestalozzi: Sämtliche Werke. Bd. 13. Berlin: de Gruyter: 181-392.

Schuck, Karl Dieter (2001): Fördern, Förderung, Förderbedarf. In: Antor, Georg/Bleidick, Ulrich (Hg.): Handlexikon der Behindertenpädagogik. Schlüsselbegriffe aus Theorie und Praxis. Stuttgart: Kohlhammer: 63.

Sünkel, Wolfgang (1996): Phänomenologie des Unterrichts. Grundriß der theoretischen Didaktik. Weinheim: Juventa.

Tomasello, Michael (2002): Die kulturelle Entwicklung des menschlichen Denkens. Frankfurt a. M.: Suhrkamp.

Weigl, Franz (1913): Mannheimer System. In: Roloff, Ernst/Willmann, Otto (Hg.): Lexikon der Pädagogik. Bd. 3. Freiburg i. Br.: Herder: 577-570.

Wiegand, Albert (1930): Förderklassen. In: Deutsches Institut für wissenschaftliche Pädagogik (Hg.): Lexikon der Pädagogik der Gegenwart. Bd 1. Abendgymnasium bis Kinderfreunde. Freiburg i. Br.: Herder: 776-778.

Winkler, Michael (1988): Eine Theorie der Sozialpädagogik. Stuttgart: Klett-Cotta.

Winkler, Michael (2006): Kritik der Pädagogik. Der Sinn der Erziehung. Stuttgart: Kohlhammer.

Wygotski, Lew (1974): Denken und Sprechen. Frankfurt a. M.: Fischer.

Wygotski, Lew (1985): Ausgewählte Schriften. Bd. 1. Arbeiten zu theoretischen und methodologischen Problemen der Psychologie. Köln: Pahl-Rugenstein.

Wygotski, Lew (1987): Ausgewählte Schriften. Bd. 2. Arbeiten zur psychischen Entwicklung der Persönlichkeit. Köln: Pahl-Rugenstein.

Wygotski, Lew (1992): Geschichte der höheren psychischen Funktionen. Münster: Lit.

# 2

# Anlässe, Themen und Handlunsgfelder

# 2.1

# Anlässe und Aufgaben

# Vereinbarkeit von Familie und Beruf

*Karin Böllert*

Die These, die durch den Begriff „Ganztagsbildung" transportiert wird, lautet:

> „Wenn sich moderne, d. h. gesellschaftliche Bildung überhaupt organisieren lässt, dann nicht durch eine Ausweitung von Schule als Unterricht und auch nicht durch eine angehängte Betreuung, sondern nur durch die Integration von formellem und nicht-formellem Lernen, also vor allem durch eine neue institutionalisierte Zusammenarbeit von Schule und Jugendhilfe unter Einbeziehung von Eltern und Familien. (...) Gesellschaftliche Bildung ist keine allgemeine Zurüstung auf eine vielfach beschriebene – und ebenso oft favorisierte – bildungsbürgerliche Grundausstattung, sondern immer auch und insbesondere die Umsetzung zivilgesellschaftlicher Voraussetzungen im Kontext von Lernen, Erziehung und Wissen" (Otto/Coelen 2004: 8-9).

Die durch den so genannten PISA-Schock in der Bundesrepublik ausgelöste Bildungsdebatte konzentriert sich nun aber weniger auf die Möglichkeiten der Umsetzung eines solchen Verständnisses von Ganztagsbildung, sondern ist eher dadurch charakterisiert, dass im schulischen Bereich – unter Beibehaltung des dreigliedrigen Schulsystems – auf die Schaffung von Ganztagsschulen gezielt wird. Die in der aktuellen Bildungsdebatte stattfindende Auseinandersetzung mit der Bedeutung frühkindlicher Bildungsmöglichkeiten und -erfahrungen führt außerdem zum Ausbau ganztägiger Angebote auch im vorschulischen Bereich, insbesondere im Kontext der Angebote für die unter 3-Jährigen. Beiden Strategien ist gemeinsam, dass somit explizit ganztägige Bildungsangebote für Kinder und Jugendliche institutionalisiert werden (sollen), implizit aber auch weitere Zielsetzungen folgen. Eine dieser weiteren Zielsetzungen, um die es im Folgenden gehen wird, ist die Ermöglichung der Vereinbarkeit von Familie und Erwerbstätigkeit, womit zusätzlich zum gleichberechtigten Zugang von Frauen zum Erwerbsarbeitsmarkt die Erhöhung des Haushaltseinkommens von Familien und damit wiederum der Abbau familialer Armut angestrebt wird.

## 1 Möglichkeiten der Vereinbarkeit von Familie und Beruf im internationalen Vergleich

Ein Blick auf die Beschäftigungsquote von Frauen in Deutschland macht deutlich, dass insbesondere Frauen mit kleineren oder mehreren Kindern erhebliche Schwierigkeiten haben, Beruf und Familie miteinander zu vereinbaren. Bei Vergleichen der Situation von Familien in unterschiedlichen westeuropäischen Ländern schneidet Deutschland am schlechtesten ab: die Geburtenrate ist hier die niedrigste, das Armutsrisiko für Alleinerziehende und Kinder am zweitgrößten, der Lohnabstand zwischen den Geschlechtern ist am höchsten und die Erwerbschancen von Müttern sind die niedrigsten (vgl. Gerzer-Sass

2006; Rüling 2007; Rüling/Kassner 2007), wohingegen z. B. in Schweden die Vereinbarkeit von Beruf und Familie wesentlich besser gelingt:[1] In Deutschland liegt die Beschäftigungsquote von Frauen ohne betreuungsbedürftige Kinder (unter 15 Jahren) bei 77 %, mit einem Kind bei 70 % und mit zwei oder mehr Kindern bei 56 %. Hingegen lauten die vergleichbaren Zahlen für Schweden: 82 % (ohne Kinder), 81 % (mit einem Kind) und 82 % (mit zwei oder mehr Kindern).

Zwar hat in den letzten Jahren die Intensität der Forschung über die Möglichkeiten der Vereinbarkeit von Beruf und Familie zugenommen, dennoch herrscht zwischen der normativen Forderung und den tatsächlich gelebten Verhältnissen eine nicht unerhebliche Grauzone. Fragen danach, wie weit gegenwärtig die Vereinbarkeit von Familie und Beruf verwirklicht ist, wie die entsprechenden Wünsche und Vorstellungen von Frauen und Männern aussehen, was die gelebte Form für das Wohlbefinden des Einzelnen bedeutet, lassen sich annäherungsweise mit dem DJI-Familiensurvey beantworten (vgl. Bien 2006). Dabei wird nachvollziehbar, dass sich die Situation der Verbindung von Familie und Erwerbstätigkeit in Deutschland stark ausdifferenziert hat – insgesamt zählt der Familiensurvey etwas über 250 unterschiedliche Familiensituationen –, dennoch kann empirisch nachgewiesen werden, dass kleinere Kinder in Familien immer noch mit einer Hausfrauentätigkeit einhergehen und mit wachsendem Alter der Kinder diese durch eine Teilzeitbeschäftigung der Frauen und Mütter ergänzt wird. Und auch wenn keine Unterschiede im Familienklima zwischen denjenigen feststellbar sind, die ihre Idealvorstellungen von Familie und Beruf realisiert haben und denjenigen, denen dies nicht gelingt, bleibt festzuhalten, dass die in Deutschland dominante Form der geschlechtsspezifischen Arbeitsteilung nicht vorrangig das Resultat individueller Wünsche und Bedürfnisse ist. Im Gegenteil: Das die geschlechtsspezifische Arbeitsteilung dominierende Modell des männlichen Familienernährers ist einerseits jenes Modell, das mit großem Abstand gegenüber anderen Lebensmodellen nicht gewünscht wird, und es veranschaulicht andererseits im europäischen Vergleich, dass die Diskrepanz zwischen gewünschten und realisierbaren Vereinbarkeitsmöglichkeiten in Deutschland am größten ist (Abbildung 1).

Ursache für diese Diskrepanz sind dabei weniger subjektive Einstellungen und Orientierungen, auch wenn es nach wie vor nicht unerhebliche Unterschiede zwischen den Geschlechtern in Hinblick auf das Vereinbarkeitsproblem gibt. So hat Sardei-Biermann (2007) herausarbeiten können, dass z. B. die Gruppe der Studierenden selten traditionelle und stattdessen häufiger moderne Lebenskonzepte verfolgt, als dies für die Gruppe derjenigen gelten kann, die nicht studieren. Damit geht nun aber keinesfalls auch eine größere Homogenität der Orientierungen zwischen den Geschlechtern einher: Zwar sind auf der einen Seite geschlechtsspezifische Unterschiede bezogen auf die Merkmale von Arbeit und Beruf (interessante Tätigkeit, gutes Betriebsklima, sicherer Arbeitsplatz etc.) über alle Befragtengruppen hinweg kaum noch feststellbar, auf der anderen Seite wird das männliche Hauptverdienermodell und die weibliche Verantwortlichkeit für den Haushalt von jungen Frauen immer noch deutlich stärker abgelehnt als dies junge Männer tun. Herkömmlichen Geschlechterprofilen entspricht in beiden Befragtengruppen außerdem, dass Männer einen Beruf wünschen, der mit einem hohen Einkommen, Aufstiegschancen sowie Leitungs- und Führungsaufgaben verknüpft ist, wohingegen junge Frauen einen Beruf anstreben, bei dem man anderen helfen kann und der genügend Zeit für die Familie lässt.

1 Siehe Hans-Böckler-Stiftung (2007: 4), mit Bezug auf Zahlen der OECD von 2002.

*Abbildung 1: Arbeitsteilung in der Familie*

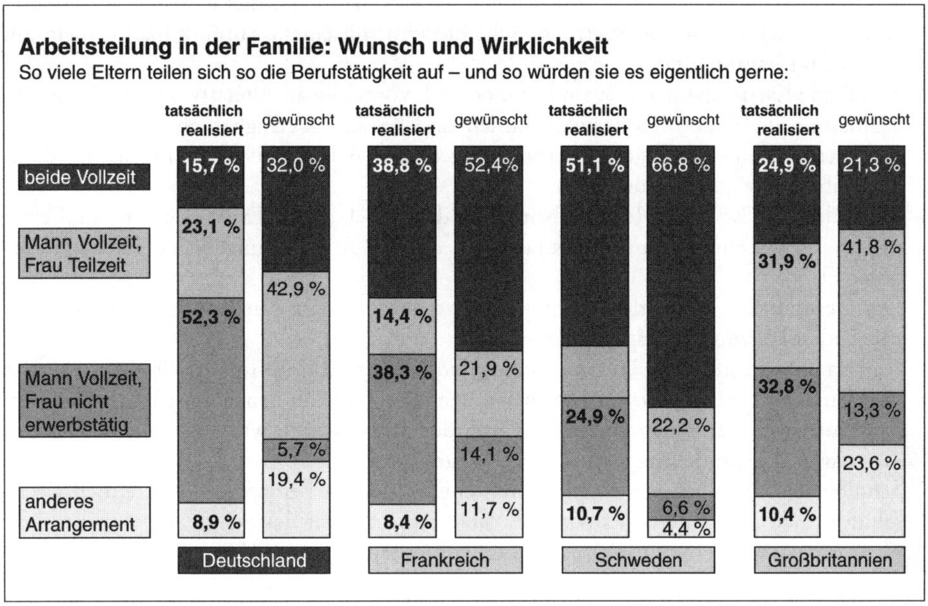


Paare mit Kindern bis sechs Jahre.
*Quelle:* nach OECD (2001)

Insgesamt kann darüber hinausgehend konstatiert werden, dass die Zustimmung zum bzw. die Ablehnung des traditionellen Familienmodells zunehmend eine Generationenfrage darstellt. So zeigen die Shell-Jugendstudien der letzten Jahre für weibliche Jugendliche bereits seit den 1980er Jahren den Wunsch, berufstätig sein zu können und gleichzeitig eine Familie zu gründen. Mit einer gewissen zeitlichen Verzögerung beginnt auch bei den männlichen Jugendlichen, die Orientierung an Familie und Kindern eine stärkere Rolle zu spielen. Auch der Siebte Familienbericht (BMFSFJ 2006) verweist darauf, dass die Zustimmung zur Hausfrauen-Ehe bei der Mehrzahl der Bevölkerung schwindet und insbesondere bei jüngeren Bevölkerungsgruppen nur noch von einer Minderheit befürwortet wird. Neben altersgruppenspezifischen Differenzierungen verweist der Bericht zusätzlich auf Unterschiede zwischen Ost- und Westdeutschland. So meinen im Jahr 2002 immerhin noch 66 % aller westdeutschen Frauen, dass Kleinkinder unter der Berufstätigkeit der Mütter leiden (gegenüber 87 % im Jahr 1982), während dies nur von 39 % der ostdeutschen Frauen vertreten wird (1991: 57 %). Sowohl in Ost- als auch in Westdeutschland ist somit die Zustimmung dabei in den letzten Jahren deutlich geringer geworden, die Unterschiede im Zustimmungsgrad zwischen den Geschlechtern sind in Westdeutschland allerdings deutlich größer als in Ostdeutschland (ebd.: 72).

Fragt man nun nach den Gründen, die dafür ausschlaggebend sind, dass dem Wunsch nach einem veränderten Lebenskonzept die Lebensrealität der Mehrzahl der betroffenen Bevölkerungsgruppen nicht entspricht, dann ist unverkennbar, dass dem die Praxis der zentralen Institutionen der Alltagsgestaltung im Lebenslauf, zu denen auch die Bildungsinstitutionen gehören, strukturell zuwiderläuft:

- Die Normalarbeitszeit der Erwerbsarbeitsgesellschaft konzentriert sich auf eine Kernzeit, die zeitversetzte Betreuungsarrangements erschwert, da die Partner entweder gleichzeitig arbeiten müssen oder zeitversetzt im Schichtdienst mit einem Minimum an gemeinsam verbrachter Familienzeit.
- Berufliche Karrierelaufbahnen sind immer noch vorrangig an Altersstrukturen, Leistung, Teilnahme an Weiterbildungsmaßnahmen und flexibler Verfügbarkeit der Arbeitskraft orientiert. Familienbedingte Unterbrechungen oder Arbeitszeitverkürzungen sind demgegenüber nicht karriereförderlich.
- Die Lohnhöhe ist in der Regel so bemessen, dass durch sie die Existenz einer Familie gesichert ist, was eine Arbeitskraft voraussetzt, die von Familienaufgaben weitgehend entlastet ist.
- Das Gesundheits- und Pflegesystem ist so organisiert, dass von familiär erbrachten ergänzenden Leistungen ausgegangen wird.
- Kindertagesstättenplätze sind nur bedingt vorhanden; ihre Öffnungszeiten sind in der Regel an den Arbeitszeiten der Erzieher(innen) und nicht an denen der Eltern orientiert. Angebote für unter 3-Jährigee sind in Westdeutschland nach wie vor kaum vorhanden; Ganztagsplätze werden insgesamt zu wenig angeboten.
- Schulen zeichnen sich weitgehend durch einen flexiblen Beginn und ein zeitlich wechselndes Ende des Unterrichts aus, was die Kompatibilität der Schul- mit Arbeitszeiten ohne zusätzliche Betreuungsleistungen erheblich erschwert (BMFSFJ 2006: 71-74).

Die von den unterschiedlichen Institutionen der Alltagsgestaltung des Lebenslaufs erbrachten bzw. erwarteten Leistungen sind deshalb in ihren Funktionen auf begleitende und unterstützende Leistungen der Familie angewiesen, was mit der normativen Erwartung einhergeht, dass Männer sich auch weiterhin an dem Familienernährermodell orientieren und in dieses Zeit für Familie einfügen, während Frauen bereit sein sollen, ihre Erwerbstätigkeit auf die Familienbelange abzustimmen.

## 2 Vereinbarkeit von Familie und Beruf durch Ganztagsbetreuung und Ganztagsschulen

Inwieweit die Alltagsgestaltung im Lebenslauf durch ganztägige institutionelle Betreuungs- und Bildungsangebote so beeinflusst werden kann, dass den gewünschten Lebenskonzepten auch die gelebte Lebensrealität entspricht, kann z. Zt. erst ansatzweise beantwortet werden, da der Ausbau entsprechender Angebote noch am Anfang steht. Per Kabinettsbeschluss vom im 2007 und in erster Lesung des Bundestages am 11.10.2007 sind entscheidende Weichen in Richtung eines Ausbaus der Kindertagesstättenangebote gestellt worden. So soll bis 2013 für jedes dritte Kind unter 3 Jahren ein Betreuungsplatz in Krippen, altersgemischten Gruppen, Tagesstätten, betrieblichen Angeboten oder in der Kindertagespflege entstehen. Für das Jahr 2013 ist ein Rechtsanspruch auf frühkindliche Förderung in einer Tageseinrichtung oder bei einer Tagesmutter oder bei einem Tagesvater vorgesehen. Angesichts bisher ungeklärter Finanzierungsfragen muss gegenwärtig offen bleiben, ob dieses ehrgeizige Ziel tatsächlich in der vorgegebenen Zeitspanne umgesetzt werden kann.

Bislang wird mit Stichtag vom 15.03.2006 von 14 % aller unter 3-Jährigen eine Kindertagesbetreuung in Anspruch genommen (Ostdeutschland: 40 %, Westdeutschland: 8 %),

Kinder mit Migrationserfahrungen sind dabei deutlich unterrepräsentiert (Lange 2007; Lange/Schilling 2007; Rauschenbach u. a. 2007). Aus den Inanspruchnahmezahlen der öffentlichen Kindertagesbetreuung kann allerdings nicht geschlussfolgert werden, dass alle anderen Kinder zu Hause von Ihren Müttern betreut würden. So hat die DJI-Kinderbetreuungsstudie ergeben, dass 43 % aller Kinder unter 3 Jahren regelmäßig von anderen (Privat-)Personen als den Eltern betreut werden. Diese privat und familiär organisierte Betreuungssituation setzt erhebliche materielle und immaterielle Ressourcen voraus, über die sozioökonomisch schlechter gestellte Familien und solche aus sozial belasteten Verhältnissen in aller Regel nicht verfügen (Bien u. a. 2006).

Einen ersten Schub hat die Diskussion über die Notwendigkeit des Ausbaus der Kindertagesbetreuung für die unter 3-Jährigen durch das Tagesstättenausbaugesetz (TAG) erhalten, das 2005 verabschiedet worden ist. Dort heißt es:

> „Für Kinder unter drei Jahren sind mindestens Plätze in Tageseinrichtungen und in Kindertagespflege vorzuhalten, wenn die Erziehungsberechtigten oder, falls das Kind nur mit einem Erziehungsberechtigten zusammenlebt, diese Person einer Erwerbstätigkeit nachgehen oder eine Erwerbstätigkeit aufnehmen, sich in einer beruflichen Bildungsmaßnahme, in der Schulausbildung oder Hochschulausbildung befinden oder an Maßnahmen zur Eingliederung in Arbeit im Sinne des Vierten Gesetzes für moderne Dienstleistungen am Arbeitsmarkt teilnehmen oder ohne diese Leistungen eine ihrem Wohl entsprechende Förderung nicht gewährleistet ist; (...) Der Umfang der täglichen Betreuungszeit richtet sich nach dem individuellen Bedarf im Hinblick auf die in Satz 1 genannten Kriterien" (TAG § 24, Abs. 3).

Deutlich wird hierdurch, dass die Inanspruchnahme institutioneller Kindertagesbetreuung für die unter 3-Jährigen bislang rechtlich voraussetzt, dass die Vereinbarkeit von Familie und Beruf entweder schon vollzogen worden ist oder aber wesentliche Schritte in Richtung Erwerbstätigkeit unternommen werden. Mit Ausnahme der Gefahr einer Kindeswohlgefährdung wird somit zum einen etwas vorausgesetzt, was häufig erst möglich ist, wenn eine geregelte Kinderbetreuung gewährleistet ist, zum anderen schließen diese Regelungen potenziell alle die jungen Kinder von der Inanspruchnahme öffentlicher Bildung und Erziehung aus, deren Erziehungsberechtigte nicht erwerbtätig sind, und potenzieren dadurch bereits existierende Ungleichheiten.

In Bezug auf die vergleichbare Situation der Ganztagsbetreuung in Schulen zeichnen die ersten vorliegenden empirischen Daten ein etwas differenzierteres Bild: Spätestens seit den Impulsen durch das „Investitionsprogramm Zukunft Bildung und Betreuung" (IZBB), mit dem noch bis Ende 2008 Bundesmittel für den Ausbau von Ganztagsschulen zur Verfügung gestellt werden, sind in allen Bundesländern – allerdings in unterschiedlicher Intensität – Ganztagsschulen zu einem Schwerpunkt der Bildungspolitik geworden. Neben der passgenaueren und erfolgreichen Förderung der Schüler(innen) auf der Basis diagnostizierter Kompetenzdefizite, der thematischen Ausweitung von Bildungsinhalten und Lernformen und einer verbesserten Integration von sozial benachteiligten Kindern, vor allem mit Migrationshintergrund gilt als ein weiteres Motivbündel auch hier die Ermöglichung der Vereinbarkeit von Familie und Beruf durch eine bedarfsangemessene öffentliche Erziehung, Betreuung und Bildung (Rauschenbach 2007). Vor diesem Hintergrund ist zunächst von besonderem Interesse, dass bundesweit aufgrund der Daten der „Studie zur Entwicklung von Ganztagsschulen" (StEG) zwei zentrale Befunde festgehalten werden können: In den Ganztagsgrundschulen, die von 90 % ihrer Schüler(innen) in der Offenen Form besucht werden, sind Kinder aus Familien mit niedrigem Sozialprestige – die vom

Anspruch her besonders gefördert werden sollen und für deren Eltern die Teilhabe am Arbeitsmarkt die Verbesserung der materiellen Lebenssituation bewirken soll – signifikant unterrepräsentiert. Hingegen nehmen in der Sekundarstufe bundesweit mehr Kinder aus sozial schwächeren Familien ein Ganztagsschulangebot wahr, was in erster Linie durch den verstärkten Umbau von Gesamt- und Hauptschulen zu Ganztagsschulen erklärt werden kann (Arnoldt u. a. 2007; Holtappels u. a. 2007). Für die Vereinbarkeit von Familie und Beruf insbesondere für die Mütter spielt vor allem die Primarstufe eine hervorgehobene Rolle: Von erwerbstätigen Müttern nehmen etwa 50 % der Kinder an dem Ganztagsangebot der Grundschule teil, von den nicht-erwerbstätigen Müttern nehmen zwei Drittel der Kinder dieses Angebot nicht wahr. Vollzeiterwerbstätig sind Mütter zudem dann am häufigsten, wenn ihre Kinder das Ganztagsangebot regelmäßig und an vielen Tagen der Woche nutzen (Züchner 2007).

Die Ergebnisse einer Befragung von Eltern, deren Kinder in Nordrhein-Westfalen eine Offene Ganztagsgrundschule besuchen, liefern hier wichtige ergänzende Erkenntnisse. Für 90 % dieser Eltern spielt die Vereinbarkeit von Familie und Beruf bei der Entscheidung für diese Schulform eine zentrale Rolle. Schichtenspezifisch betonen Eltern aus niedrigeren Schichten zusätzlich die Bedeutung des Förderaspektes, wohingegen der Betreuungsaspekt bei den Eltern aus höheren Schichten eine größere Relevanz hat. Insgesamt scheint die Offene Ganztagsgrundschule die Vereinbarkeit von Familie und Beruf tatsächlich zu begünstigen. So ist der Anteil Alleinerziehender, deren Kinder diese Schule besuchen, mehr als doppelt so hoch wie der aus Partnerhaushalten. 44 % der Kinder aus Familien, in denen beide Eltern erwerbstätig sind, besuchen eine Offene Ganztagsgrundschule; bei Familien, in denen nur eine Person vollzeiterwerbstätig ist und die andere Person keiner Beschäftigung nachgeht, liegt dieser Anteil bei nur 7 %. Somit wird die Offene Ganztagsgrundschule in Nordrhein-Westfalen in einem erheblichen Umfang von erwerbstätigen Eltern als Möglichkeit der Vereinbarkeit von Familie und Beruf genutzt. Dies kann aber nicht darüber hinwegtäuschen, dass der Zugang zur Offenen Ganztagsgrundschule sozial selektiv ist: 15 % der Ganztags-Kinder kommen aus Haushalten mit niedrigem sozioökonomischen Status; der Anteil der Kinder aus Familien mit mittlerem und hohem sozialen Status beträgt demgegenüber 24 %. Selbst wenn aus den unterschiedlichen sozialen Gruppen jeweils beide Elternteile erwerbstätig sind, bleibt diese Differenz bestehen. Ein entscheidender Grund sind hierfür die Kosten der Nutzung des Ganztagsangebotes: 14 % der befragten Haushalte mit hohem sozialen Status gaben dies als Grund für die Nicht-Nutzung des Angebotes an, während dies bei 36 % der Familien mit niedrigem sozialen Status der Fall war. Was die Zugangsbedingungen zu den Ganztagsangeboten anbelangt, existiert ein nicht zu unterschätzender Entwicklungsbedarf (Beher/Prein 2007).

## 3 Vereinbarkeit von Familie und Beruf durch Ganztagsbildung

Auch wenn die Vereinbarkeit von Familie und Beruf als angestrebtes Teilziel des Ausbaus unterschiedlicher Angebote der Ganztagsbetreuung bislang nicht umfassend genug erreicht wird und auch im Kontext des Ausbaus von Kindertagesstätten und Ganztagsschulen strukturelle Benachteiligungen weiter wirken und die Nutzung der entsprechenden Angebote negativ beeinflussen, so stellen verlässliche Betreuungszeiten für Kinder dennoch eine unhintergehbare Voraussetzung für die Erwerbstätigkeit vor allem von Müttern dar. Ob damit aber auch den Ansprüchen an eine Ganztagsbildung genüge getan wird, muss zumindest offen bleiben. Schließlich ist die zeitliche Ausdehnung von Betreuungszeiten allein noch kein Garant dafür, dass es dadurch auch zu einer qualitativen Veränderung der Bildungsinhalte und der Lernformen auf der einen Seite und zu einer Kooperation unterschiedlicher Bildungsträger und Bildungsverantwortlichkeiten und damit letztendlich zu einer neuen Verhältnisbestimmung von informellen, nicht-formellen und formellen Bildungsprozessen kommt (Böllert 2008).

Ganztagsbildung bedeutet in diesem Kontext, die Frage nach der Vereinbarkeit von Familie und Beruf nicht auf die Möglichkeiten der Erwerbstätigkeit von Eltern zu beschränken. Würde man beispielsweise an den bisherigen Regelungen zur Bedarfsangemessenheit der Kindertagesstättenangebote festhalten, dann wäre Ganztagsbildung ein Privileg nur für diejenigen Kinder, deren Eltern bereits erwerbstätig sind oder sich in (Ausbildungs-)Maßnahmen zum Erwerb der Teilhabefähigkeit am Arbeitsmarkt befinden. Bleiben Ganztagsschulangebote in einer Form kostenpflichtig, die sozioökonomisch schlechter gestellte Familien von deren Nutzung ausgrenzt, dann wäre Ganztagsbildung nur für solche Schüler(innen) nutzbar, deren Eltern in der Lage sind, den Preis dafür zu bezahlen.

Wenn aber Ganztagsbildung für alle Kinder und Jugendliche gesellschaftliche Teilhabechancen eröffnen und sie dazu befähigen soll, diese auch zu nutzen, dann muss Ganztagsbildung konzeptionell und institutionell so begründet sein, dass ihre Inanspruchnahme unabhängig von der Erwerbsbeteiligung der Eltern gelingen kann. Die Frage nach der Vereinbarkeit unterschiedlicher Lebensbereiche, Interessen und Bedürfnisse bleibt dann nicht mehr nur eine Frage nach der Vereinbarkeit von Familie und Beruf, sondern wird stattdessen erweitert durch eine Perspektive, die zusätzlich auch Fragen nach der Vereinbarkeit von Bildungsinstitutionen und Familie in den Blick nimmt. Die vor diesem Hintergrund vom Wissenschaftlichen Beirat für Familienfragen (2006) eingeforderten Bildungs- und Erziehungspartnerschaften zwischen Schule und Familie wären dementsprechend zu erweitern auch auf Bildungspartnerschaften zwischen außerschulischen Angeboten und Familie. Ganztagsbildung ist schließlich Ausdruck eines Bildungsverständnisses, das auf der einen Seite grundlegend durch partnerschaftliche Beziehungen unterschiedlicher Bildungsträger und darüber hinausgehend auf der anderen Seite durch die gleichberechtigte Teilhabe an Bildungsprozessen von zu Bildenden und Bildenden charakterisiert ist.

## *Literatur*

Arnoldt, Bettina/Quellenberg, Holger/Züchner, Ivo (2007): Ganztagsschulen verändern die Bildungslandschaft. In: DJI Bulletin 78 H. 1/2007: 9-14.

Beher, Karin/Prein, Gerald (2007): Wie offen ist der Ganztag? In: DJI Bulletin 78 H. 1/2007: 15-16.

Bien, Walter (2006): Familie zwischen Wunsch und Wirklichkeit, zwischen Ideologie und Realität. Expertise zum „Wandel und Entwicklung familialer Lebensformen". In: Bertram, Hans/Krüger, Helga/Spieß, C. Katharina (Hg.): Wem gehört die Familie der Zukunft? Expertisen zum 7. Familienbericht der Bundesregierung. Opladen: Budrich: 259-278.

Bien, Walter/Rauschenbach, Thomas/Riedel, Birgit (Hg.) (2006): Wer betreut Deutschlands Kinder? DJI-Betreuungsstudie. Weinheim: Beltz.

Böllert, Karin (2008): Bildung ist mehr als Schule – Zum kooperativen Bildungsauftrag von Familie, Schule, Kinder- und Jugendhilfe. In: Böllert, Karin (Hg.): Von der Delegation zur Kooperation. Bildung in Familie, Schule, Kinder- und Jugendhilfe. Wiesbaden: VS Verlag für Sozialwissenschaften: 7-32.

BMFSFJ (2006): Siebter Familienbericht. Familie zwischen Flexibilität und Verlässlichkeit. Perspektiven für eine lebenslaufbezogene Familienpolitik. Berlin.

Gerzer-Sass, Annemarie (2006): Blick über den Zaun – Familienpolitik in Europa. In: DJI Bulletin 74 H. 1/2006: 10-13.

Hans-Böckler-Stiftung (2007): Gleichstellung. Das beste Mittel gegen Kinderarmut. In: Böcklerimpuls H. 8/ 2007: 4-5.

Holtappels, Heinz Günter/Klieme, Eckhard/Rauschenbach, Thomas/Stecher, Ludwig (Hg.) (2007): Ganztagsschulen in Deutschland. Ergebnisse der Ausgangserhebung der „Studie zur Entwicklung von Ganztagsschulen" (StEG). Weinheim: Juventa.

Lange, Jens (2007): Migration – die Achillesferse der Kindertagesbetreuung? In: KOMDAT (10. Jg.) H. 1/ 2007: 5-7.

Lange, Jens/Schilling, Matthias (2007): Neu sichtbar werdende Realitäten – Kindertagesbetreuung in Deutschland. In: KOMDAT (10. Jg.) H. 1/2007: 2-5.

Otto, Hans-Uwe/Coelen, Thomas (2004): Auf dem Weg zu einem neuen Bildungsverständnis: Ganztagsschule oder Ganztagsbildung? In: Dies. (Hg.): Grundbegriffe der Ganztagsbildung. Beiträge zu einem neuen Bildungsverständnis in der Wissensgesellschaft. Wiesbaden: VS Verlag für Sozialwissenschaften: 7-18.

Rauschenbach, Thomas (2007): Deutschland – auf dem Weg zur Ganztagsschule. In: DJI Bulletin 78 H. 1/ 2007: 6-8.

Rauschenbach, Thomas/Lange, Jens/Riedel, Birgit (2007): Pionierstimmung in der Kindertagesbetreuung. Ehrgeizige Ziele im Lichte aktueller Entwicklungen. In: KOMDAT (10. Jg.) H. 1/2007: 1-2.

Rüling, Anneli (2007): Vereinbarkeit von Familie und Beruf und die Gleichstellung der Geschlechter im europäischen Vergleich. In: WSI Mitteilungen (60. Jg.) H. 10/2007: 538-545.

Rüling, Anneli/Kassner, Karsten (2007): Familienpolitik aus gleichstellungsorientierter Perspektive. Ein europäischer Vergleich. Berlin: Friedrich-Ebert-Stiftung.

Sardei-Biermann, Sabine (2007): Familien- und berufsbezogene Orientierungen von Studierenden und anderen jungen Erwachsenen. In: Cornelißen, Waltraud/Fox, Katrin (Hg.): Studieren mit Kind. Die Vereinbarkeit von Studium und Elternschaft: Lebenssituationen, Maßnahmen und Handlungsperspektiven. Wiesbaden: VS Verlag für Sozialwissenschaften: 13-32.

Wissenschaftlicher Beirat für Familienfragen (2006): Ganztagsschulen. Eine Chance für Familien. Wiesbaden: VS Verlag für Sozialwissenschaften.

Züchner, Ivo (2007): Ganztagsschule und Familie. In: Holtappels/Klieme/Rauschenbach/Stecher (Hg.): 313-332.

# Demographischer Wandel

*Ludwig Stecher / Sabine Maschke*

Wie in zahlreichen Publikationen der letzten Jahre immer wieder hingewiesen und öffentlichkeitswirksam diskutiert, wird sich die demografische Bevölkerungsstruktur in Deutschland – wie allgemein in den industrialisierten Ländern – in den nächsten Jahrzehnten deutlich verändern (vgl. Lutz u. a. 2006). Dies betrifft etwa das steigende Durchschnittsalter der Bevölkerung (die „alternde Gesellschaft").[1] Hintergründe hierfür sind u. a. die niedrige Geburtenrate und die in den letzten Jahrzehnten drastisch angestiegene Lebenserwartung (Vaupel/Kistowski 2007). Während diese Entwicklung in der öffentlichen Diskussion häufig mit Blick auf deren Bedeutung für die sozialen Sicherungssysteme bzw. für das Verhältnis der Generationen zueinander diskutiert wird (vgl. etwa Schirrmacher 2004), ist festzustellen, dass die Konsequenzen, die sich daraus für das Bildungssystem und deren Institutionen ergeben können, demgegenüber bislang nur wenig thematisiert wurden.

Der vorliegende Beitrag ist als Versuch zu sehen, einige der grundlegenden demografischen Entwicklungslinien aufzuzeigen und auf einige der möglichen Konsequenzen für das Bildungssystem hinzuweisen. Drei Aspekte des Zusammenhangs zwischen demografischer Entwicklung und Bildung sollen dabei im Mittelpunkt stehen: erstens die niedrige Geburtenzahl und deren Konsequenzen für das Schulsystem, zweitens die alternde Gesellschaft und deren Herausforderung an ganztägige Bildung im höheren und hohen Erwachsenenalter und drittens geht es schließlich darum, die Perspektive zu wechseln und die Frage aufzuwerfen, wie (individuelle wie gesellschaftliche) Bildungsprozesse ihrerseits die demografische Entwicklung beeinflussen.

## 1 Die Entwicklung der Geburtenrate und der Rückgang der Schülerzahlen

Zu den bedeutendsten demografischen Entwicklungen, die sich (mindestens) seit der Nachkriegszeit in Deutschland abzeichnen, gehört der Rückgang der Geburten (siehe Abbildung 1).

Abbildung 1 zeigt die Entwicklung der Anzahl der Geburten zwischen 1950 und 2005 in Deutschland (gesamt) bzw. in Ost- und Westdeutschland. Für die westdeutschen Bundesländer ergibt sich eine zweigipfelige Verteilung der Geburten, die ihren Höhepunkt in der ersten Hälfte der 1960er-Jahre und – auf deutlich niedrigerem Niveau – etwa eine Generation später zu Beginn der 1990er-Jahre erreicht. Die Entwicklung in der DDR bzw.

1 Andere demographische Entwicklungen, die in diesem Zusammenhang zu diskutieren wären, sind Zuwanderung und die insgesamt abnehmende Bevölkerungszahl („schrumpfende Gesellschaft", Kaufmann 2005). Darauf können wir hier lediglich verweisen.

*Abbildung 1: Anzahl der Geburten 1950 bis 2005 in Ost- und Westdeutschland bzw. Deutschland (gesamt)*

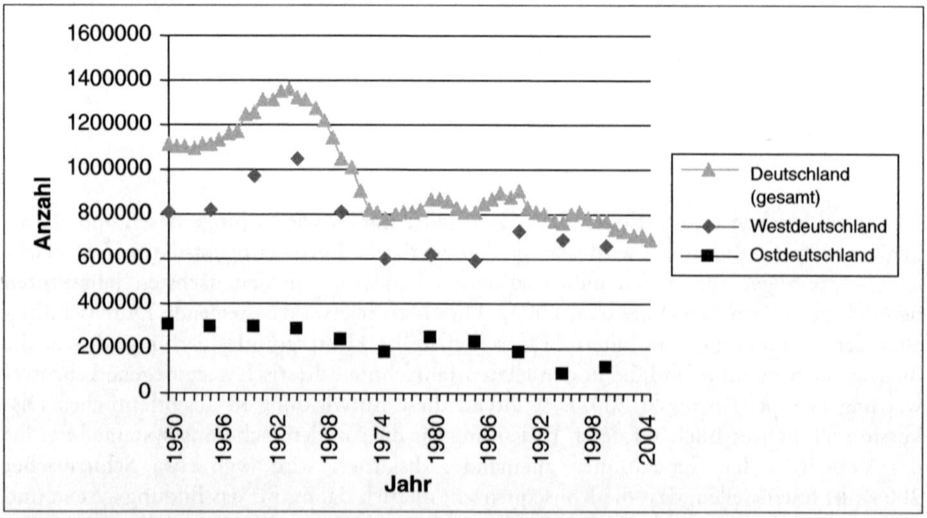


*Quelle für Gesamtdeutschland:* Statistisches Bundesamt 2006, VI-A „Zusammenfassende Übersichten, 1. Eheschließungen, Geborene und Gestorbene, 1.1 Deutschland – Grundzahlen"
*Quelle für Ost- und Westdeutschland:* Bildungsbericht für Deutschland (Avenarius u. a. 2003: 22).

den Neuen Bundesländern verlief anders: Sehen wir einmal von einem kurzen Rückgang der Geburten Mitte der 1970er-Jahre ab, entwickelte sich die Geburtenzahl dort nahezu linear – mit einem leichten Trend nach unten. Einen tiefen Einschnitt in der Zahl der Geburten erlebten die Neuen Bundesländer zu Beginn und Mitte der 1990er-Jahre, das heißt während der ersten Jahre im wiedervereinigten Deutschland (vgl. Klein u. a. 1996).

Die teilweise gegenläufigen Entwicklungen in den beiden deutschen Landesteilen ergeben auf der Ebene Gesamtdeutschlands eine Entwicklung, die sich in drei große Phasen einteilen lässt:

- dem Geburtenboom zu Beginn der 1960er-Jahre und dem sich anschließenden enormen Rückgang der Geburten bis zur Mitte der 1970er-Jahre;
- der Stabilisierung der Geburtenzahlen etwa von der Mitte der 1970er-Jahre bis zum Beginn der 1990er-Jahre;
- dem nahezu linearen Rückgang der Geburtenzahlen seit Beginn der 1990er-Jahre.

Der Rückgang der Geburtenzahlen ist dabei allerdings kein deutsches Phänomen, sondern lässt sich (mindestens) seit den 1970er-Jahren in allen Ländern der Europäischen Union beobachten.[2]

Eine der unmittelbaren Auswirkungen, die sich aus der Entwicklung der Geburtenzahlen für das Bildungssystem ergibt, bezieht sich u. a. auf die Zahl der Schüler(innen) im allgemein bildenden Schulsystem. Abbildung 2 enthält über die Zahlen zur realen Entwicklung zwischen 1950 und 2005 hinaus die prognostizierte Entwicklung der Schülerzahlen bis zum Jahr 2020.

2 Dies gilt sowohl für die 15 Länder der Europäischen Union vor 2004 als auch für die 2004 neu hinzugekommenen zehn Länder (vgl. Cordón 2006).

*Abbildung 2: Anzahl der Schüler(innen) in allgemein bildenden Schulen 1950 bis 2020 in Ost- und Westdeutschland bzw. Deutschland (gesamt)*

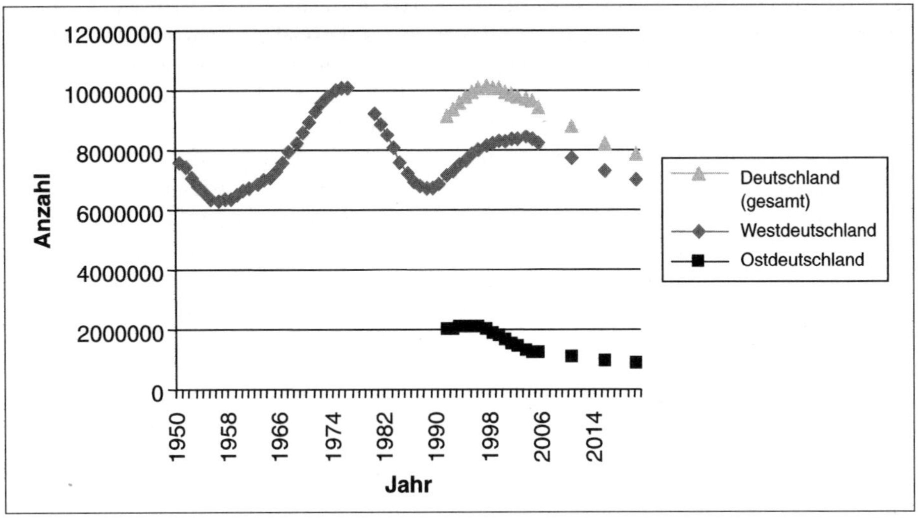


*Quellen:*

*1950 bis 1960:* Ständige Konferenz der Kultusminister der Länder in der Bundesrepublik Deutschland, Sechster Bericht der Arbeitsgruppe Bedarfsfeststellung, Dokumentation: Schüler-Klassen-Lehrer 1950 bis 1964, Allgemein bildende Schulen; eigene Berechnungen: Zusammenfassung der Zahlen für Grund- und Hauptschulen (Volksschulen; Tabelle I, 3); Sonderschulen (Tabelle II, 3); Realschüler(innen) (incl. Aufbauklassen an Volksschulen; Tabelle III, 3); Abendrealschüler(innen) (Tabelle VI, A, 2 – ab 1958); Gymnasien (incl. berufliche Gymnasien; Tabelle IV, 3); Abendgymnasien (Tabelle VI, B, 2 – ab 1958); Kollegs (Tabelle VI, C, 2 – ab 1958). Bis einschließlich 1957 ohne Saarland.

*1961 bis 1970:* Ständige Konferenz der Kultusminister der Länder in der Bundesrepublik Deutschland, Sechster Bericht der Arbeitsgruppe Bedarfsfeststellung, Dokumentation: Schüler-Klassen-Lehrer 1961 bis 1972, I. Allgemein bildende Schulen; eigene Berechnungen: Zusammenfassung der Zahlen für Grund- und Hauptschulen (Volksschulen; Tabelle B 1, 1.1); Sonderschulen (Tabelle B 2, 2.1); Realschüler(innen) (Tabelle B 3, 3.1); Abendrealschüler(innen) (Tabelle B 4, 4.1); Gymnasien (incl. berufliche Gymnasien; Tabelle B 7, 7.1); Abendgymnasien (Tabelle B 8, 8.1); Kollegs (Tabelle B 9, 9.1); ab 1969 Integrierte Gesamtschulen (incl. Waldorfschulen; Tabelle B 10, 10.1.5).

*1971 bis 1976:* Statistische Veröffentlichungen der Kultusministerkonferenz, Dokumentation Nr. 54 – September 1977: Schüler-Klassen-Lehrer 1973 bis 1976, Tabelle A 1, S. VII (nur Westdeutschland); eigene Berechnung: Primarbereich; Sekundarbereich I; Gymnasium Sekundarbereich II (incl. Integr. Gesamtschule, Abendgymn./ Kolleg); übergreifende Formen (Sonderschule, incl. Freie Waldorfschulen).

*1980:* Statistische Veröffentlichungen der Kultusministerkonferenz, Dokumentation Nr. 93 – Juli 1985: Schüler(innen), Klassen, Lehrer(innen) und Absolvent(inn)en der Schulen 1975 bis 1984, Tabelle A 1, 1.1, S. 9 (nur Westdeutschland); eigene Berechnung: Primarbereich; Sekundarbereich I; Gymnasium Sekundarbereich II (incl. Integr. Gesamtschule, Abendgymn./Kolleg); übergreifende Formen (Sonderschule, incl. Freie Waldorfschulen).

*1981 bis 1990:* Statistische Veröffentlichungen der Kultusministerkonferenz, Dokumentation Nr. 119 – Dezember 1991: Schüler(innen), Klassen, Lehrer(innen) und Absolvent(inn)en der Schulen 1981 bis 1990, Tabelle B I 1a), S. 109 (Westdeutschland).

*1991 bis 1994:* Statistische Veröffentlichungen der Kultusministerkonferenz, Dokumentation Nr. 134 – November 1995: Schüler(innen), Klassen, Lehrer(innen) und Absolvent(inn)en der Schulen 1985 bis 1994, Tabelle B I 1a), S. 75 (West- und Ostdeutschland, eigene Berechnung).

*1995 bis 2004:* Statistische Veröffentlichungen der Kultusministerkonferenz, Dokumentation Nr. 179 – Januar 2006: Schüler-Klassen-Lehrer und Absolvent(inn)en der Schulen 1985 bis 1994, Tabelle B I 1a), S. 88 (West- und Ostdeutschland, eigene Berechnung).

*Prognose für West- und Ostdeutschland:* eigene Berechnung. Ausgangspunkt: Anteil der ostdeutschen Schüler sinkt von 2005 13 % in den Jahren bis 2020 auf 11 % als Fortschreibung der Entwicklung zwischen 1991 und 2005.)

Deutlich sind Parallelen zwischen Abbildung 1 und Abbildung 2 zu erkennen. Mit einer Zeitverzögerung von etwa sechs bis sieben Jahren folgt die Entwicklung der Schülerzahlen im allgemein bildenden Schulsystem der Geburtenentwicklung. Dass sich allerdings die Entwicklung der Schülerzahlen nicht unmittelbar aus der Geburtenentwicklung ableiten lässt, ergibt sich – zumindest mittelfristig – aus der Tatsache, dass im gleichen Zeitraum die Beteiligung von Kindern und Jugendlichen an höheren und damit zeitintensiveren Bildungsgängen zugenommen hat. So stieg das durchschnittliche Eintrittsalter in die berufliche (Erst-)Ausbildung in den letzten 30 Jahren von 16,6 Jahren (1970) auf 19 Jahre (in 2000; Wahler 2004: 15). Unabhängig von diesen gegenläufigen Entwicklungen ist für die Jahre ab 1997 und fortlaufend bis 2020 ein deutlicher Rückgang der Schülerzahlen zu erkennen bzw. weiter zu erwarten. Während 1997 10,1 Mio. Schüler(innen) gleichzeitig das allgemein bildende Schulsystem durchliefen, beträgt diese Zahl 2020 voraussichtlich noch etwa 7,9 Mio. Schüler(innen) werden also in Zukunft zur „Mangelware". Im besonderen Maße betrifft dies die Neuen Bundesländer. Hier wird im Jahre 2020 die Schülerschaft mit knapp 900 000 Schüler(innen) um mehr als die Hälfte gegenüber 1997 (2 Mio.) zurückgegangen sein. Für Sachsen – um ein länderbezogenes Beispiel herauszugreifen – ist die Zahl der Schüler(innen) in der Grundschule allein in der Zeit von 1991 bis 2004 von 240 000 um mehr als die Hälfte auf 104 000 zurückgegangen (siehe hierzu die Quellenangaben zu Abbildung 2).

Eine Konsequenz – die in den ostdeutschen Bundesländern bereits seit einigen Jahren zu beobachten ist – ist die Schließung und Zusammenlegung von Schulen. Beispielsweise existieren von den 968 Schulen des Jahres 1992 in Mecklenburg-Vorpommern 15 Jahre später nur noch 627 Schulen (Postel 2007). Das entspricht einem Rückgang von etwa einem Drittel. Die dadurch abnehmende Versorgungsdichte mit wohnnahen Schulstandorten bedeutet für die Kinder und Jugendlichen teilweise erheblich verlängerte Schulwege.[3] Verlängerte Schulwege haben zur Folge, dass die Kinder und Jugendlichen mehr Zeit für schulbezogene Aktivitäten aufbringen müssen, ohne dass sich lernbezogene Zeiten ebenfalls verlängern würden. Gleichzeitig reduzieren sich zusätzlich – unter sonst gleichen Bedingungen – die Zeiten für außerschulische Bildungsaktivitäten.

Darüber hinaus schränkt die Schließung einzelner Schulstandorte die Wahl der Eltern in Bezug auf die Einzelschule ihrer Kinder ein. Wie aus der Schulwahl-Forschung bekannt ist, spielt die räumliche Nähe einer bestimmten Schule für die Entscheidung in der Familie eine relevante Rolle (vgl. Clausen 2006). Es ist nicht auszuschließen, dass parallel zur Ausdünnung der Schulstandorte die Wahl für einen bestimmten Bildungsgang damit in verstärktem Maß von dessen geographischer Erreichbarkeit abhängig gemacht wird, da erreichbare Alternativen ausscheiden. So ist beispielsweise bekannt, dass Familien auf dem Lande häufiger einen Sekundarschultyp wählen, der keinen Ortswechsel notwendig macht („Transportwiderstand" der Familien: vgl. Sauer/Gamsjäger 1996: 344).

Darüber hinaus ist es plausibel anzunehmen, dass die Wohnortentscheidungen von Familien zunehmend an die Erreichbarkeit geeigneter Schulen gekoppelt werden. Dies bevorzugt jene Familien, die ökonomisch dazu in der Lage sind, die Wohnortwahl nach bildungsstrategischen Überlegungen auszurichten. Die Bemühungen zur Verminderung des Zusammenhangs zwischen Herkunft und Bildungserfolg, die als eine der bildungspoli-

3 In diesem ZEIT-Artikel wird von Schüler(inne)n berichtet, in deren Landkreis es durch Schulschließungen und -zusammenlegungen nur noch drei Gymnasien gibt und von denen das nächstgelegene 35 Kilometer entfernt ist: Bis zu 2 ½ Stunden verbringen sie täglich im Schulbus (ebd.).

tischen Herausforderungen spätestens seit PISA 2000 immer wieder diskutiert werden, könnten durch eine solche Entwicklung z. T. konterkariert werden.

Auf der Ebene der Einzelschulen können drohende Schulschließungen zu einem erhöhten Wettbewerb zwischen den Schulen führen. Wird der Erfolg in diesem Wettbewerb über die öffentliche Attraktion der Einzelschule definiert, ist jedoch offen, ob dies in verstärkten Bemühungen zur Optimierung der organisatorischen und pädagogischen Qualität gipfelt, oder ggf. in der Absenkung leistungsbezogener Barrieren und Anforderungen.

Kurz- und mittelfristig führt die Entwicklung der Schülerzahlen auch zu einem Überhang an Lehrkräften. Gehen wir davon aus, dass sich der Gesamt-*Workload* aller Lehrkräfte eines Bundeslandes annähernd u. a. über die Zahl der zu beschulenden Klassen bestimmen lässt,[4] so zeigt sich etwa für Sachsen – erneut als Beispiel für die ostdeutschen Bundesländer –, dass dieser *Workload* sich zwischen 1991 und 2004 beispielsweise im Grundschulbereich halbiert hat. Während 1991 das sächsische Schulsystem 11 805 Klassen in der Primarstufe umfasste, sind dies 13 Jahre später nur noch 5 571 Klassen (bei darüber hinaus einem leichten Rückgang der durchschnittlichen Schülerzahl je Klasse in der Primarstufe von 22,1 in 1992 auf 18,7 in 2004).[5] In Mecklenburg-Vorpommern wurde 1995 zur Abfederung des Lehrkräfteüberhangs ein so genanntes „Lehrerpersonalkonzept“ vereinbart, das dazu dienen soll, den Mindestbeschäftigungsumfang für Lehrer(innen) zu regeln. Zehn Jahre nach Einführung dieses Konzeptes liegt der Mindestbeschäftigungsumfang für Lehrkräfte in der Primarstufe dieses Bundeslandes (im Schuljahr 2004/2005) bei 70 % (vgl. MBWK 2005: 6). Über die möglichen Folgen eines solchen Überhangs, der – z. B. mit Blick auf eine sinkende Neigung junger Menschen in den Neuen Bundesländern, ein Lehramtsstudium aufzunehmen – langfristig gesehen zu einer Verschärfung des vor allem für die westdeutschen Bundesländer zu konstatierenden Lehrkräftemangels beitragen kann, könnte hier nur spekuliert werden (vgl. Schraml 2005).

## 2 Die alternde (Bildungs-)Gesellschaft

Ein weiterer Trend, der im Zusammenhang mit Fragen der ganztägigen Bildung eine zentrale Rolle spielt, bezieht sich auf das langfristig angestiegene und voraussichtlich weiter steigende Durchschnittsalter der Bevölkerung (vgl. Vaupel/Kistowski 2007). Vorausberechnungen zeigen deutlich das zahlenmäßige Anwachsen älterer Bevölkerungsgruppen in den nächsten etwa 50 Jahren, bei gleichzeitig abnehmenden Anteilen jüngerer Bevölkerungsgruppen. Während im Jahr 2000 die Zahl der über 65-Jährigen (also desjenigen Anteils der Bevölkerung jenseits des formalen Rentenalters) in Deutschland bei 11,3 Mio. lag, wird diese Zahl bis zum Jahr 2050 auf etwa 21,7 Mio. anwachsen. Der Anteil der über 65-Jährigen an der Gesamtbevölkerung betrug 1990 15 %, bis 2050 wird dieser Anteil auf mehr als 28 % ansteigen (vgl. Schirrmacher 2004: 44, 47).

Diese Entwicklung ergibt sich u. a. aus dem Rückgang der Geburtenzahlen wie wir ihn im vorangegangenen Abschnitt beschrieben haben, andererseits aus der allgemein gestiegenen Lebenserwartung in der Gesamtbevölkerung (vgl. Vaupel/Kistowski 2007). Während die alternde Gesellschaft und ihre Folgen vornehmlich mit Bezug auf das Verhältnis der Generationen und die sozialen Sicherungssysteme diskutiert werden, sind die Folgen, die

4 Bei sonst gleichem Umfang des Curriculums und der numerischen Schüler-Lehrer-Relation.
5 Quelle für 1991-1994: KMK Statistik Nr. 134: 93; Quelle für 1995-2004: KMK Statistik Nr. 179: 106.

sich daraus für Fragen der Bildung ergeben können, bislang nur sehr wenig erforscht (vgl. Staudinger/Baumert 2007).

Abbildung 3 enthält den Anteil der Einwohner(innen) mit Hochschulreife (zusammengefasst Fachhochschul- und Allgemeine Hochschulreife) und einem akademischen Abschluss an einer Hochschule (incl. Fachhochschulabschluss). Zu erkennen ist, dass das durchschnittliche Bildungsniveau bezüglich des Schulabschlusses nahezu linear von Geburtskohorte zu Geburtskohorte anwächst. Von den heute (2004) 65- bis 69-Jährigen verfügen etwas mehr als 10 % über die Hochschulreife, dieser Anteil beträgt bei den 40- bis 44-Jährigen über 25 % und steigt bei der Bevölkerungsgruppe, bei der die Schulzeit am kürzesten zurückliegt, den 20- bis 25-Jährigen, auf knapp 40 % an (Konsortium Bildungsberichterstattung 2006: 224-225).

*Abbildung 3: Anteil der Einwohner(innen) Deutschlands mit (Fach-)Hochschulreife bzw. (Fach-)Hochschulabschluss nach Altersgruppen (2004)*

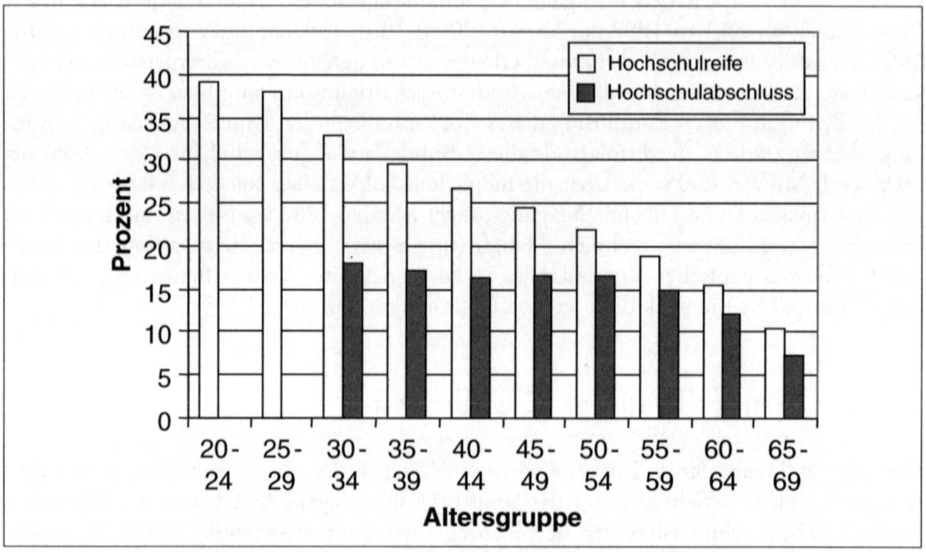


*Quelle:* Konsortium Bildungsberichterstattung (2006: 224-225, Tabelle B3-1A, B3-2A)

Die Entwicklung in Bezug auf Hochschulabschlüsse unterscheidet sich von der eben beschriebenen Entwicklung der Schulabschlüsse. Der Anteil der Akademiker(innen) steigt zwar von den 65- bis 69-Jährigen zu den 50- bis 54-Jährigen, bleibt allerdings von da an etwa konstant in den jüngeren Altersgruppen. Die steigende Beteiligung an höheren schulischen Bildungsgängen setzt sich nicht in der Studienneigung – bzw. genauer: im Studienerfolg – fort (vgl. ebd.: 30). Die Stagnation im tertiären Bereich ist u. a. darauf zurückzuführen, dass der Anteil der Studienabbrecher(innen) in Deutschland besonders hoch liegt (vgl. Klemm/Weegen 2000).

Im Zusammenhang des vorliegenden Beitrags gilt es jedoch, den Blick auf einen anderen Aspekt des steigenden (schulischen) Bildungsniveaus zu lenken. Auf der Basis der in Abbildung 3 eingetragenen Anteile, ist es möglich, die (absolute) Zahl derjenigen über 65-Jährigen zu berechnen, die über die Hochschulreife bzw. einen Hochschulabschluss

*Abbildung 4: Anzahl der über 65-jährigen Einwohner(innen) in Deutschland mit (Fach-)Hochschulreife bzw. (Fach-)Hochschulabschluss 2005, 2025 und 2050 (Prognosen)*

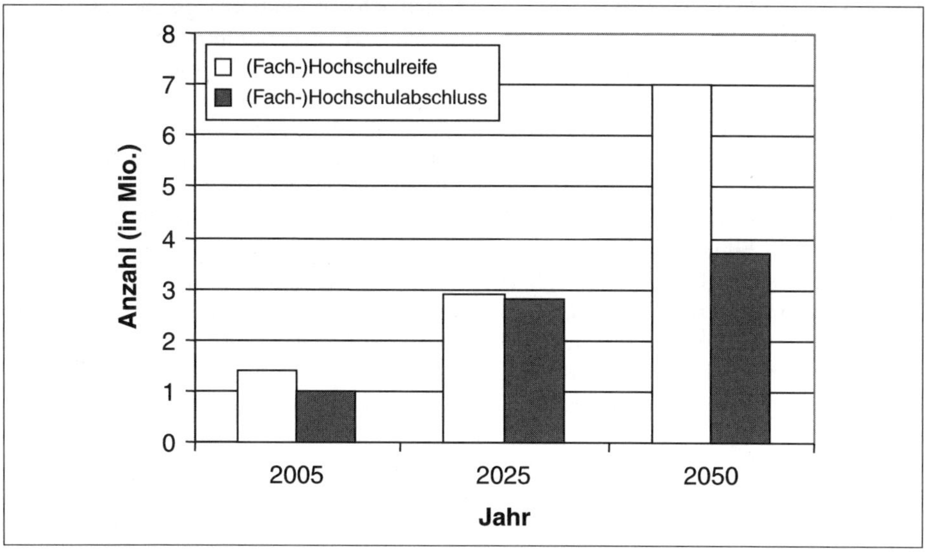


*Quelle:* Schirrmacher (2004: 47); Konsortium Bildungsberichterstattung (2006); eigene Berechnungen

verfügen, und wie sich diese Zahl – unter ansonsten gleich bleibenden gesellschaftlichen Bedingungen – bis ins Jahr 2050 in etwa entwickeln wird (siehe Abbildung 4).

Die Anzahl von über 65-Jährigen mit Hochschulreife wird von 1,4 Mio. in 2005 auf ungefähr 7 Mio. im Jahr 2050 anwachsen. Im gleichen Zeitraum wird die Anzahl der Akademiker(innen) in dieser Altersgruppe von knapp einer Mio. auf knapp 4 Mio. sich fast vervierfachen. Die Anzahl dieser schulisch (bzw. universitär) hoch gebildeten Bevölkerungsgruppe jenseits der aktiven Arbeitsphase steigt damit enorm an. Um die Konsequenzen einschätzen zu können, dies sich daraus für Fragen der (ganztägigen) Bildung ergeben, ist es zunächst zweckmäßig, einen Blick auf die bildungsniveauabhängige Bildungsbeteiligung im Erwachsenenalter zu werfen. Hierzu gehören sowohl die Weiterbildungsneigung als auch informelle Lerntätigkeiten.

Betrachten wir die in diesem Zusammenhang vorliegenden Daten seit Beginn der 1990er-Jahre, so zeigt sich durchgängig, dass sowohl mit steigendem Schulabschluss als auch mit steigendem beruflichem Ausbildungsniveau die Neigung zu allgemeiner und beruflicher Weiterbildung steigt (vgl. Fend 2006: 45). Die Weiterbildungsquote für Abiturient(inn)en liegt 2003 bei etwa 38 % mit Blick auf allgemeine Weiterbildungsangebote, bei 39 % mit Blick auf berufliche Weiterbildungsangebote (vgl. Konsortium Bildungsberichterstattung 2006: 125, Tabelle G1-2). Für Personen mit mittlerer Schulbildung betragen beide Quoten 29 bzw. 32 %, für Personen mit oder ohne Hauptschulabschluss ungefähr 18 bzw. 17 %. Die Differenzen in Bezug auf die Teilnahme an beruflichen Weiterbildungen fallen hinsichtlich des erreichten Ausbildungsabschlusses zum Teil noch deutlicher aus: So beträgt der Anteil von Hochschulabsolventen, die sich „im letzten Jahr" beruflich weitergebildet haben, 2003 39 %, bei Personen ohne Berufsausbildung liegt dieser Anteil bei gerade einmal 7 % (ebd.).

Barz/Tippelt (2003) können darüber hinaus anhand der Daten der Münchener Weiterbildungsstudie nicht nur belegen, dass Erwachsene mit formal höherer Bildung häufiger an Weiterbildungsmaßnahmen teilnehmen als Erwachsene mit formal niedrigeren Bildungsabschlüssen, sondern auch dass sich die inhaltlichen Schwerpunktsetzungen unterscheiden: Während Erwachsene mit höherer Schulbildung häufiger Weiterbildungsangebote aus den Bereichen „Literatur, Geschichte, Kunst, Religion und Länderkunde" wählen, besteht bei Erwachsenen mit formal niedrigerer Bildung vor allem ein Interesse an „Kursen mit praktischen Inhalten und alltagsverwertbaren Kenntnissen" (ebd.: 335).

Im Erwachsenenalter wird ein erheblicher Teil beruflicher und allgemein bildender Lerninhalte in informellen Lern-*Settings* erworben. Auf der Basis des Zusatzmoduls „lebenslanges Lernen" der Arbeitskräfteerhebung von EUROSTAT (im Jahr 2003), berichtet das Konsortium Bildungsberichterstattung über die Teilnahmequote von Erwachsenen an Formen des informellen Lernens (vgl. 2006: 286, Tabelle G3-5A).[6] Informelles Lernen kommt bei Personen mit hoher schulischer Ausbildung mit einer Quote von knapp 60 % am häufigsten vor, während Erwachsene mit niedriger Schulbildung nur zu ca. 18 % an Formen des informellen Lernens partizipieren.

Geht man von den genannten Zahlen zur Weiterbildung und zum informellen Lernen aus und geht man gleichzeitig davon aus, dass sich das (vor allem informelle) Bildungsverhalten der Erwachsenen zumindest z. T. auch in der Phase nach dem aktiven Arbeitsleben fortsetzt,[7] ist von einer deutlich zunehmenden Nachfrage nach Bildungsangeboten für ältere Bevölkerungsgruppen in Zukunft auszugehen. Das Bildungssystem der Zukunft muss auf diese Nachfrage reagieren. Sei dies etwa auf der Basis verbesserter Angebote im privaten Sektor – wie etwa den Volkshochschulen oder mediale Lernangebote – oder auch beispielsweise auf akademischer Ebene durch ein erhöhtes Angebot an Seniorenstudien (vgl. Forum Bildung 2001: 4-5). Gerade mit Blick auf Konzepte wie lebenslanges Lernen ist in Zukunft eine verstärkte wissenschaftliche Auseinandersetzung mit dem Lernen im Alter – vor allem auch jenseits der Berufsphase – zu fordern (vgl. Staudinger/Baumert 2007).

## 3 Der Einfluss von Bildung auf demographische Entwicklungen

Wurden in den vorangegangenen Abschnitten die Folgen demografischer Entwicklung für die Bildung und die Bildungssysteme – seien sie schulischer oder informeller Art – diskutiert, soll in diesem Abschnitt kurz auf den rückwirkenden Einfluss der Bildung bzw. des Bildungsniveaus auf demographische Entwicklungen hingewiesen werden:

Die steigende Lebenserwartung der Bevölkerung lässt sich als ein Motor der Entwicklung hin zur alternden Gesellschaft sehen. Je Generation steigt die durchschnittliche Lebenserwartung um etwa fünf Jahre (vgl. Staudinger/Baumert 2007: 240). Dabei ist die Erhöhung der Lebenserwartung nicht alleine auf die Verbesserung des medizinischen Wis-

6 Unter informelles Lernen fällt nach der Definition von EUROSTAT: „selbstständiges Lernen aus Büchern und anderen gedruckten Unterlagen, internet- und computergestütztes Lernen, Lernen mit Hilfe von Bildungssendungen in Rundfunk und Fernsehen oder Besuch von Bibliotheken" (Konsortium Bildungsberichterstattung 2006: 126, methodische Erläuterungen).

7 Staudinger/Baumert (2007) zeigen, dass die Weiterbildungsneigung mit steigendem Alter abnimmt. Es ist damit zwar nicht davon auszugehen, dass sich das Bildungsverhalten der noch erwerbstätigen Erwachsenen auch nach der Verrentung unvermindert fortsetzen wird. Dennoch ist anzunehmen, dass eine im Laufe des Lebens – aufgrund des erreichten Bildungsniveaus – etablierte Bildungspraxis zu einem erheblichen Teil auch im Alter bestehen bleibt.

sens und der Technik zurückzuführen, sondern auch wesentlich vom Gesundheitsverhalten der Bevölkerung abhängig. So zeigt beispielsweise Becker (1998) auf Basis der Daten des Sozioökonomischen Panels (SOEP), dass mit steigendem Bildungsniveau das relative Mortalitätsrisiko sinkt: Menschen mit höherem Schulabschluss leben also länger.

Die Wirkung von Bildung ist dabei auf zwei Wegen interpretierbar: Zum einen begünstigt ein höheres Bildungsniveau die Einmündung in Berufe mit geringeren Gesundheitsrisiken, zum anderen ist mit höherer Bildung ein umfassenderes Wissen über gesundheitliche Risiken und z. B. gesunde Ernährung (Wirkung von Bewegung, Risiko durch Rauchen etc.) verbunden.

> „So korreliert der Bildungsstand mit der individuellen Bedeutung, die die Vorsorge für und Investitionen in die (gesundheitliche) Zukunft haben. Auch Einstellungen gegenüber der Gesundheit und das Gesundheitsverhalten unterscheiden sich nach dem Bildungsstand: Männer mit Abitur sind deutlich seltener starke Raucher als Männer mit einem Hauptschulabschluss, die auch nur halb so häufig sportlich aktiv sind" (Konsortium Bildungsberichterstattung 2006: 187).

Im Bildungsbericht wird dies als höhere „Gesundheitskompetenz" der besser qualifizierten Bildungsschichten bezeichnet (ebd.: 188). Diese Befunde belegen, dass mit steigendem Bildungsniveau der Bevölkerung auch von einem sich verbessernden Gesundheitsverhalten auszugehen ist, welches wiederum als einer der Faktoren anzusehen ist, der für die steigende Lebenserwartung verantwortlich ist.

Die Steigerung der Lebenserwartung ist aber nur einer der Aspekte, der hinsichtlich des Zusammenhangs von Bildung und Bevölkerungsentwicklungen zu diskutieren ist. Weitere Aspekte beziehen sich etwa auf den Einfluss der Bildung auf das generative Verhalten: Mit höherer formaler Bildung bleiben Erwachsene häufiger kinderlos (vgl. Onnen-Isemann 2003: 111). Wenn sie Kinder bekommen, bekommen sie diese später im Leben und auch in durchschnittlich geringerer Anzahl als Erwachsene mit formal niedrigerer Bildung. Hier beeinflusst das Bildungsniveau über seine Auswirkungen auf die Geburtenrate demographische Entwicklungsprozesse.

# 4 Ausblick

Wenngleich der zukünftige Weg der Gesellschaft nur schwer zu prognostizieren und von vielen gegenwärtig noch nicht vorhersehbaren Ereignissen abhängig ist, wird im Lichte der in diesem Beitrag aufgeworfenen Entwicklungen offensichtlich, dass sich aus den demographischen Veränderungen, die für die nächsten Jahrzehnte zu erwarten sind, ernstzunehmende Folgen für die Bildung und deren Institutionen ergeben werden. Zwei der gewichtigsten Folgen werden dabei der Rückgang der Schülerzahlen sein und die Zunahme (formal) hoch gebildeter Altengenerationen, die auch außerhalb und nach ihrer aktiven Arbeitsphase Bildungsangebote nachfragen werden. Eine der zentralen Aufgaben der Bildungsforschung ist es, in den nächsten Jahren hierzu verstärkt Forschungen anzustrengen. Dies gilt auch für die Rückwirkung von Bildung – bzw. dem steigenden durchschnittlichen Bildungsniveau – auf demographische Prozesse. Hier haben wir kurz auf die Bedeutung formaler Bildung auf das Gesundheitsverhalten und damit auf die Verlängerung der durchschnittlichen Lebenserwartung hingewiesen. In allen genannten Bereichen ist der Zusammenhang zwischen Demographie und Bildung vertieft zu untersuchen.

## *Literatur*

Avenarius, Hermann/Ditton, Hartmut/Döbert, Hans/Klemm, Klaus/Klieme, Eckhard/Rürup, Matthias/Tenorth, Heinz-Elmar/Weishaupt, Horst/Weiß, Manfred (2003): Bildungsbericht für Deutschland – Erste Befunde. Opladen: Leske + Budrich.

Barz, Heiner/Tippelt, Rudolf (2003): Bildung und soziales Milieu: Determinanten des lebenslangen Lernens in einer Metropole. In: ZfPäd (48. Jg.) H. 3/2003: 323-340.

Becker, Rolf (1998): Bildung und Lebenserwartung in Deutschland. In: Zeitschrift für Soziologie (27. Jg.) H. 2/1998: 133-150.

Clausen, Marten (2006): Warum wählen Sie genau diese Schule? Eine inhaltsanalytische Untersuchung elterlicher Begründungen der Wahl der Einzelschule innerhalb eines Bildungsganges. In: ZfPäd (52. Jg.) H. 1/2006: 69-90.

Cordón, Juan Antonio Fernández (2006): Low Fertility and the Scope for Social Policy: Understanding the Context. In: Lutz, Wolfgang/Richter, Rudolf/Wilson, Chris (Eds.): The New Generations of Europeans. Demography and Families in the Enlarged European Union. London: Earthscan: 29-58.

Fend, Helmut (2006): Mobilität der Bildungslaufbahnen nach der 9. Schulstufe: Koppelung und Entkoppelung von Bildungsverläufen und Berufsausbildung an die Schulformzugehörigkeit – neue Chancen oder alte Determinanten? In: Georg, Werner (Hg.): Soziale Ungleichheit im Bildungssystem. Eine empirisch-theoretische Bestandsaufnahme. Konstanz: UVK: 265-290.

Forum Bildung (2001): Lernen – ein Leben lang. Materialien 9. Berlin: Bildung Plus: online Bibliothek. In: www.blk-bonn.de/papers/forum-bildung/band09.pdf (Download am 11.02.2008).

Kaufmann, Franz-Xaver (2005): Schrumpfende Gesellschaft. Vom Bevölkerungsrückgang und seinen Folgen. Frankfurt: Suhrkamp.

Klein, Thomas/Niephaus, Yasemin/Diefenbach, Heike/Kopp, Johannes (1996): Entwicklungsperspektiven von Elternschaft und ehelicher Stabilität in den neuen Bundesländern seit 1989. In: Bien, Walter (Hg.): Familie an der Schwelle zum neuen Jahrtausend. Wandel und Entwicklung familialer Lebensformen. Opladen: Leske + Budrich: 60-81.

Klemm, Klaus/Weegen, Michael (2000): Wie gewonnen, so zerronnen. Einige Anmerkungen zum Zusammenhang von Bildungsexpansion und Akademikerangebot. In: Rolff, Hans-Günter/Bos, Wilfried/Klemm, Klaus/Pfeiffer, Hermann/Schulz-Zander, Renate (Hg.): Jahrbuch der Schulentwicklung (IFS). Weinheim: Juventa: 129-150.

Konsortium Bildungsberichterstattung (2006): Bildung in Deutschland. Ein indikatorengestützter Bericht mit einer Analyse zu Bildung und Migration. Bielefeld: Bertelsmann.

Lutz, Wolfgang/Richter, Rudolf/Wilson, Chris (Eds.) (2006): The New Generations of Europeans. Demography and Families in the Enlarged European Union. London: Earthscan.

MBWK – Ministerium für Bildung, Wissenschaft und Kultur des Landes Mecklenburg-Vorpommern (2005): Informationsbroschüre 6: zur weiteren Umsetzung des Lehrerpersonalkonzeptes, Schwerin: Ministerium für Bildung, Wissenschaft und Kultur des Landes Mecklenburg-Vorpommern. In: www.kultus-mv.de/_sites/bibo/broschueren/lehrerpersonalkonzept.pdf (Download am 17.12.2007).

Onnen-Isemann, Corinna (2003): Kinderlose Partnerschaften. In: Bien, Walter/Marbach, Jan H. (Hg.): Partnerschaft und Familiengründung. Ergebnisse der dritten Welle des Familien-Survey. Opladen: Leske + Budrich: 95-137.

Postel, Tonio (2007): Ein Bus wird kommen ..., in: DIE ZEIT, 9/2007. In: www.zeit.de/2007/09/C-Schulweg (Download am 30.12.2007).

Sauer, Joachim/Gamsjäger, Erich (1996): Ist Schulerfolg vorhersagbar? Göttingen: Hogrefe.

Schirrmacher, Frank (2004): Das Methusalem-Komplott. München: Blessing.

Schraml, Petra (2005): Neue Lehrer braucht das Land. In: Bildung + Innovation. In: www.dbs.schule.de/innovationsportal/bildungplus.html?artid=481& (Download am 17.12.2007).

Staudinger, Ursula M./Baumert, Jürgen (2007): Bildung und Lernen jenseits der 50: Plastizität und Realität. In: Gruss, Peter (Hg.): Die Zukunft des Alterns. München: Beck: 240-257.

Vaupel, James W./Kistowski, Kristin G. von (2007): Die Plastizität menschlicher Lebenserwartung und ihre Konsequenzen. In: Gruss, Peter (Hg.): Die Zukunft des Alterns. München: Beck: 51-78.

Wahler, Peter (2004): Jugendphase als Zeit des Lernens. In: Wahler, Peter/Tully, Claus J./Preiß, Christine (Hg.): Jugendliche in neuen Lernwelten. Wiesbaden: VS Verlag für Sozialwissenschaften: 11-35.

# Kompetenzen

*Wolfgang Nieke*

Zur Beschreibung des angestrebten oder tatsächlichen Standes von Fähigkeiten und Fertigkeiten eines Menschen und ihres reflektierten Einsatzes in Verwendungssituationen werden im Allgemeinen und im erziehungswissenschaftlichen Diskurs besonders verschiedene Termini verwendet: u. a. Bildung, Qualifikation, Kompetenz. Dabei ist keineswegs immer geklärt, was genau damit bezeichnet wird und ob es Bedeutungsdifferenzen zwischen ihnen gibt oder aus theoretischen Gründen geben sollte. Gegenwärtig überwiegt die Verwendung von „Kompetenz" (zumeist im Plural verwendet), womit auf verschiedene Bereiche eines Bündels aus Fähigkeiten, Fertigkeiten und ihres reflektierten Einsatzes verwiesen wird.

Mit diesem Terminus wird es auch möglich, das für wünschenswert Gehaltene grundsätzlich unabhängig vom Weg seines Erwerbs und Aufbaus zu beschreiben. Das ist nicht nur bedeutsam für Flexibilisierungen in der Berufsbildung, sondern auch für den Diskurs über Ganztagsbildung. Hier wird ja u. a. angestrebt und erwartet, dass die Verlängerung der institutionell verantworteten Lernzeit nicht einfach durch die Verlängerung der Unterrichtszeit ausgefüllt wird, sondern dass andere und neue Wege des Kompetenzerwerbs angeboten und neu konzipiert werden. Die Ziele von Ganztagsbildung lassen sich deshalb nur schwer mit den geläufigen Kategorien von Bildung und Lernen beschreiben. Vor allem die Differenzierung zwischen formellen und informellen Lernwegen auf dem Weg zum Aufbau einer im Einzelnen beschriebenen Kompetenz verweist auf neue Lernformen, die nur durch das erreicht werden können, was mit Ganztagsbildung angesprochen wird. Schulische Bildung konzentriert sich bisher auf das Unterrichtsgeschehen und erwartet von ihm die Erreichung der Bildungs- oder Lernziele und dies vor allem über Festlegungen der Zeit- und Inhaltsstrukturen, d. h. über formale Bildungs- und Lernformen; eine neu zu gestaltende Ganztagsbildung bezieht darüber hinaus informelle Wege mit ein, auf denen nicht nur die geläufigen Ziele umfassender und wirksamer erreicht werden können, sondern mit denen auch neu in den Blick genommene Kompetenzen aufgebaut werden können, die bisher nicht Aufgabe schulischen Lernens gewesen sind, aber aus gesellschaftlichen Gründen nun einer institutionellen Verantwortung und Förderung unterstellt werden sollen.

## 1 Der gegenwärtige Diskurs über Kompetenzen: Erwachsenenbildung und internationaler Schulvergleich

Der Begriff „Kompetenz" taucht in den letzten fünfzehn Jahren im deutschen Schrifttum zunächst in der Berufsbildung und Erwachsenenbildung auf und tritt dort an die Stelle des Begriffs „Qualifikation", ohne dass zumeist deutlich wird, was die Differenz ist oder sein sollte. Entsprechend der Aufteilung von Teilqualifikationen finden sich hier beliebig viele Kompetenzen, die entweder Fähigkeiten oder Fertigkeiten oder Kombinationen aus beiden im Blick auf spezifische Verwendungssituationen in Beruf und Erwerbstätigkeit bezeichnen. Die vereinzelt vorgeschlagenen Systematisierungsversuche (z. B. Erpenbeck/Heyse 1999) sind bisher nicht allgemein aufgenommen worden.

Der aktuelle Diskurs fokussiert auf informell erworbene Kompetenzen, mit denen die formelle Bildung und Berufsbildung ergänzt wird oder werden kann. In einem Projekt des Deutschen Jugendinstituts (*Informal Competencies and their Validation* – ICOVET 2007) wird versucht, solche Kompetenzen, die vorwiegend dem Bereich der sozialen Kompetenzen zugeordnet sind, faktisch aber wesentlich auch Selbstkompetenzen umfassen, valide zu erfassen und in einen „Europass" für die Berufsbildung einzutragen, um die Chancen formal gering qualifizierter Jugendlicher auf dem Arbeitsmarkt der Europäischen Union zu verbessern. Entsprechendes wird auch mit der Sprachkompetenz, vor allem der fremdsprachlichen oder mehrsprachigen, versucht.

Seit etwa zehn Jahren findet sich im allgemeinen und erziehungswissenschaftlichen Diskurs ein Terminus von Kompetenz, der von der Rezeption der international vergleichenden Schulleistungsstudien der OECD mit dem Akronym PISA (vgl. Deutsches PISA-Konsortium 2001) geprägt ist. Hier findet sich ein Konstrukt von Kompetenz, das aus der angelsächsischen Psychologie übernommen wurde. Es beschreibt kohärente Komplexe von Fähigkeiten und Fertigkeiten, die vorhanden sein müssen und im kognitiven Selbstmanagement effektiv eingesetzt werden können, um vorgegebene Aufgaben zu lösen. Bemerkenswerterweise setzt sich gegenwärtig eine Gleichsetzung von „Kompetenz" mit dem englischen *competence* durch und nicht mit *competency.* Die semantische Konnotation von *competency* führt stärker auf den psychologischen Begriff der Fähigkeit, *competence* hingegen verweist stärker auf die juristische Sphäre der Zuständigkeit. Im Deutschen hat der Terminus beide Bedeutungshöfe. Die Zusammenführung von Fähigkeit und Zuständigkeit (oder Befähigung und Befugnis) erklärt sich vielleicht aus dem inhärenten Gedanken, dass nur jemand als zuständig erklärt wird (oder werden sollte), dem die entsprechende Fähigkeit zugetraut wird.

Als Beispiel sei die Kompetenz *literacy* angeführt, übersetzt als Literalität, mit der weitaus mehr als das elementare Lesenkönnen gemeint ist, nämlich die Fähigkeit, einem vorgegebenen Text – wobei Text weit verstanden wird und auch Fahrpläne oder Klimatabellen umfasst – die aus bestimmten Perspektiven und Fragestellungen heraus als relevant bestimmten Informationen zuverlässig entnehmen zu können. Zur Messung dieser Kompetenz sind standardisierte Testaufgaben entwickelt worden, die eine Zuordnung der Antworten zu fünf Kompetenzniveaus ermöglichen, welche aus dem normativ zugrunde gelegten theoretischen Konstrukt der Literalität heraus definiert worden sind.

Die Befürworter dieses Ansatzes verweisen darauf, dass damit erstmals ein präziser internationaler Leistungsvergleich von Schulsystemen durch eine Outputmessung möglich geworden sei und dass hier nicht mehr, aber auch nicht weniger, als so etwas wie eine elementare Überlebenskompetenz gemessen werde, die man jedem/r Schulabgänger/in des allgemein bildenden Schulwesens in jedem Industrieland abverlangen müsse. Da der Auftraggeber und Finanzier, die OECD, satzungsgemäß an der wirtschaftlichen Entwicklung der Mitgliedsländer interessiert ist, liegt der Schwerpunkt auf den Anforderungen der Wirtschaftssphäre und klammert alle darüber hinausgehenden Zielsetzungen von kultureller Allgemeinbildung aus.

Gegen dieses Konstrukt von Kompetenz richtet sich der kritische Blick mancher Erziehungswissenschaftler(innen), die dahinter zum einen die Gefahr eines Rückschritts zu den Lernziel-Taxonomien der 1970er Jahre vermuten und zum anderen das Wirken von ökonomischen Verwertungsinteressen an Bildung, welche diese darauf reduziere und alles für irrelevant erklären könne, das sich nicht diesem Kompetenzkonzept und seiner Messbarkeit füge.

## 2 Die Anfänge: das Konzept von Kompetenz bei Heinrich Roth

Es lohnt sich, daran zu erinnern, dass bereits 1971 Heinrich Roth in seiner damals breit rezipierten „Pädagogischen Anthropologie" im zweiten Band, in dem er eine normative Theorie der Erziehungs- und Bildungsziele entfaltet, ein Konzept von Kompetenz vorgestellt hat, das zwar auf ein psychologisches Konzept des amerikanischen Motivationspsychologen White zurückgreift, aber eigenständig, auf seiner pädagogischen Anthropologie aufbauend, genau drei Bereiche von Orientierungs-Kompetenzen ausdifferenziert, nämlich Sachkompetenz, Sozialkompetenz und Selbstkompetenz. Damit werden Bereiche kohärenter Könnensformationen beschrieben, die jeweils innerhalb zusammenhängen und sich kategorial gegeneinander abgrenzen lassen. Diese drei Orientierungsbereiche sind die Grundlage für „Handlungskompetenz" nach außen und nach innen.

So gut wie alle später vorgestellten Taxonomien von Kompetenz weisen diese drei Grundbereiche auf und reichern sie mit zusätzlichen an, wie z. B. einer Methodenkompetenz, die entweder als Unterabteilung der Sachkompetenz gedacht wird, die aus Fach- und Methodenkompetenz zusammengestellt ist, oder als eine alle drei Bereiche übergreifende Generalkompetenz wie etwa die Fähigkeit, den eigenen Lernprozess erfolgreich zu managen – oft auch als „Lernen des Lernens" bezeichnet und damit eine so genannte Schlüsselqualifikation aus dem berufspädagogischen Diskurs der 1970er Jahre aufgreifend. Einzelstudien beziehen sich überwiegend auf die Beschreibung und Erfassung der Sachkompetenz für verschiedene Anforderungskonstellationen von der normativ festgelegten Allgemeinbildung bis hin zu berufsspezifischen Fähigkeitserwartungen.[1] Ein zweiter Schwerpunkt liegt auf der Sozialkompetenz (z. B. Kanning 2003). Weniger Ausführliches und Fundiertes gibt es zur Selbstkompetenz und zu den Methodenkompetenzen sowie zur Handlungskompetenz.[2]

Dieses Denken in Kompetenzen löst allmählich die ältere, bis in die Antike zurückreichende Dreiteilung von Kopf, Herz und Hand ab, die sich in moderner Form als kognitive, affektive und konative Dimension von Lernen präsentiert hat. Die meisten vorliegenden Sammlungen oder Konzepte von Einzelkompetenzen lassen sich ohne weiteres auf die drei Grundkompetenzen und die dadurch fundierte Handlungskompetenz zurückführen. Lediglich die Sprachkompetenz – gefasst als Kombination einer generalisierten allgemeinen Sprachkompetenz und der Kompetenz in verschiedenen Sprachdomänen in einer einzelnen oder in mehreren Sprachen – kann als eigenständige Querstruktur zu dieser Grund-

1 Hier wird auf Verweise auf spezialisierte Einzelstudien verzichtet, da es dazu zahlreiche Titel gibt, in denen aber der Begriff nicht explizit verwendet oder gar begründet wird, sondern einfach nur „Kompetenz" für bisher „Lernziel" oder „Qualifikationsziel" gesetzt wird, ohne jede Reflexion über Dimensionen und Kohärenzen, was jedoch das Besondere des Kompetenzbegriffs ausmacht.

2 In den allgemeinen Kompetenzkonzepten gibt es den Bezug auf Handlungskompetenz erstaunlich selten, obwohl gerade in der Berufsbildung Fähigkeit und Fertigkeit immer zusammen genannt werden.

struktur diskutiert werden, denn die weitaus meisten Orientierungsmuster in ihnen sind sprachlich codiert. Deshalb kann Sprachkompetenz nicht einfach als Sachkompetenz gefasst werden.

## 3 Kompetenz zwischen Qualifikation und Bildung

Das Konzept von Kompetenz zur Beschreibung des Zielzustandes für methodisch reflektierte Arrangements von Lernen steht zwischen den behavioristisch geprägten Konzepten operationaler Lernzielbestimmungen und daran angelehnter Qualifikationsbeschreibungen einerseits und den komplexen Beschreibungen von Bildung als Prozess und als Ergebnis eines weitgehend selbstgesteuerten, selbstverantworteten und von außen nur mittelbar zu beeinflussenden Prozess der Personwerdung. Damit kann es spezifische Beschränkungen und Einseitigkeiten dieser beiden bisherigen Versuche überwinden, den Zielzustand von arrangiertem Lernen zu beschreiben und zu erfassen. Das wird in der folgenden Tabelle (Tabelle 1) nur angesprochen, nicht im Einzelnen erläutert und begründet:

*Tabelle 1: Bildung, Kompetenz, Qualifikation*

| Bildung | Kompetenz | Qualifikation |
|---|---|---|
| philosophische und theoretische Begründung | anthropologische (philosophische und empirische) Begründbarkeit | heteronome Entscheidung: Dezisionismus |
| Ziel z. B. mündige Persönlichkeit | anthropologisch begründete Taxonomie von Teilkompetenzen | Katalog von beliebigen Zielen auf unterschiedlichen Niveaus |
| Nachteil: mangelnde Operationalisierbarkeit | Subsumption von operationalisierbaren Lernzielen | Operationalisierbar: Zielerreichung ist an Indikatoren messbar.<br>Nachteil: Ob das Gemessene komplexeren Zielvorstellungen entspricht, bleibt unklärbar. |

## 4 Kompetenz und Performanz

Gelegentlich findet sich in der Literatur über Kompetenz als Beschreibungskategorie für das Ergebnis von pädagogisch arrangiertem Lernen das Begriffspaar von „Kompetenz“ und „Performanz“, das auf den Linguisten Chomsky zurückgeht (vgl. dazu Baacke 1973). Damit ist angesprochen, dass die jeweils vorhandene Sprachfähigkeit – Kompetenz genannt – sich nie vollständig in Sprachhandlungen – die Performanz – realisieren könne, weil stets hindernde Einwirkungen von innen und von außen dies verhindern. Das gelte nicht nur für Sprachfähigkeit und -fertigkeit, sondern grundsätzlich für alle Kompetenzen. Die Konsequenz ist, dass Kompetenzen grundsätzlich nicht gemessen werden könnten, sondern nur Performanzen. Diese lägen in ihrer Ausprägung und ihrem Niveau stets unter der vorhandenen Kompetenz, und das könne in Abhängigkeit von den hindernden Einwirkungen in erheblichem Ausmaß der Fall sein. Die gemessenen Performanzen seien also nur Leistungs-Untergrenzen einer anzunehmenden Kompetenz. Nur Messverfahren mit unterschiedlichen Realisationen und zu unterschiedlichen Zeitpunkten könnten also eine begründete Vermutung über die tatsächliche Kompetenz eines Individuums liefern. Für Messungen bei großen Populationen, wie bei den international vergleichenden Schulleistungsstudien, spielt diese Einschränkung jedoch keine Rolle, weil hier Mittelwerte von kollektiven Performanzerbringungen miteinander verglichen werden und dies zum Maßstab für die Leistungsfähigkeit von Bildungssystemen gemacht wird.

Am Beispiel der vieldiskutierten Medienkompetenz lässt sich zeigen, dass solche Einzelkompetenzen sich dem triadischen Grundmodell aus Sach-, Sozial- und Selbstkompetenz zuordnen lassen, auf denen dann die Handlungskompetenz basiert. Das geschieht innerhalb des Diskurses über Medienkompetenz selbst. Der Anteil an Sachkompetenz besteht danach in „Medienkunde", der Anteil an Selbstkompetenz in „Medienkritik" und der Anteil an Handlungskompetenz in kundiger instrumenteller und informativer „Mediennutzung" und in kreativer „Mediengestaltung" (vgl. Groeben/Hurrelmann 2002; Treumann u. a. 2007; Nieke 2007).

## 5 Alle Bildung ist Kompetenzaufbau – und Altern ist Kompetenzabbau

In der hier herausgearbeiteten Begriffsverwendung ist jeder Kompetenzaufbau ein Prozess und ein Ergebnis von Lernen. Dieses Lernen geschieht zum Teil unsystematisch, aber kaum ganz unbegleitet und unüberlegt. Deshalb kann festgehalten werden, dass jeder Kompetenzaufbau in einem Prozess von Bildung geschieht, sei sie nun formell, non-formell oder informell. Umgekehrt lässt sich also Bildung definieren als Kompetenzaufbau, und damit ist das Zusammenwirken von äußerer Einwirkung und innerer Verarbeitung und Gestaltung gemeint, was mit dem allgemeinen Begriff des Lernens, der aus Biologie und Psychologie entstammt, nur unzureichend erfasst werden kann.

Das Insgesamt aller Kompetenzen eines Menschen verändert sich im Lebenslauf fortwährend und unvermeidlich. Nicht genutzte Kompetenzteile werden wieder vergessen; nur wiederholte Aktivierung erhält die Kompetenzen. Ständig werden also neue Kompetenzteile aufgebaut, vorhandene durch Nutzung erhalten, gestärkt, erweitert und nicht genutzte abgebaut.

In Abhängigkeit von einem üblicherweise zu erreichenden und erwartbaren Befähigungs-/Kompetenzniveau – etwa im Bereich der Selbstkompetenz als Selbstdisziplin, als Einsicht in die Folgen des eigenen Tuns – werden dem Kind, Jugendlichen oder Heranwachsenden allmählich weitergehende Befugnisse zugeordnet, juristisch ausgedrückt in der zunehmenden Geschäftsfähigkeit. Komplementär dazu nimmt auch die zugeschriebene Verantwortlichkeit für die Folgen des Handelns zu, realisiert in den verschiedenen Stufen der Strafmündigkeit. Die Abhängigkeit der gesellschaftlich zugeschriebenen Befugnisse von der im Lebenslauf sich aufbauenden Kompetenz zeigt sich auch in den Altersmindestgrenzen für das aktive und passive Wahlrecht, wobei die in der juristischen Kodifikation angegebenen Altersgrenzen mehr aus einer Zahlenmystik entstanden sind als aus empirischen Erfahrungen und Erhebungen mit dem durchschnittlich zu erwartenden Befähigungs-/Kompetenzniveau für den jeweiligen Befugnisbereich.

Im höheren Lebensalter überwiegt der Abbau den Neuaufbau und auch die Erhaltung durch Nutzung, was mit den Degenerationsprozessen im physischen Korrelat des Kompetenzsystems, nämlich dem zentralen Nervensystem erklärt wird. Altern lässt sich also als unvermeidlicher Kompetenzabbau beschreiben – und das kann auch den schrittweisen Entzug von Befugnissen im Alter mittels Altershöchstgrenzen erklären. Auch wirkt – ebenso wie bei den Altersmindestgrenzen – eher eine Zahlenmystik als eine Empirie des durchschnittlich zu erwartenden Kompetenzabbaus.

# 6 Aktivierung als Mobilisierung von vorhandenem Kompetenzpotenzial: Möglichkeiten und Grenzen

Da Kompetenzen erlernt werden müssen und nur durch ständige Nutzung erhalten bleiben, hängen der Kompetenzaufbau und die Erhaltung des Kompetenzniveaus von einer Aktivierung von außen und von innen ab, die das ermöglicht. Dabei wirken Aktivierungen von außen und von innen von Anfang an zusammen – oder blockieren sich auch.

Die pädagogischen Erfahrungen und Theorien über diese Erfahrungen sind sich übereinstimmend dieses Zusammenwirkens bewusst. Das heißt: Kompetenzen können nicht zuverlässig durch äußere Einwirkung aufgebaut werden, sondern nur im Zusammenwirken mit komplementären inneren Aktivierungen, die in der pädagogischen Erfahrung mit Begriffen wie Aufnahmebereitschaft, Interesse, Motivation, Lernanstrengung etc. beschrieben werden: Bildung ist in ihrem Ergebnis grundsätzlich unverfügbar, kann nur angeregt und ermöglicht, nicht aber zuverlässig hergestellt werden. Zwang kann nicht zu Kompetenzaufbau führen.

Diese Einsicht bedeutet aber auch, dass sich Kompetenz nicht von allein herstellt, weil sie der äußeren Aktivierung bedarf. Das ist mit der Rede von der anregungsreichen Umwelt gemeint, die indirekt z. B. in Angeboten arrangiert werden kann oder auch systematisch z. B. in Form von Unterricht zubereitet werden darf.

# 7 Pädagogische Kompetenz

So wie mit den Konzepten von Kompetenz jedwede Zielbestimmungen für Lernen beschrieben werden können, lassen sie sich auch speziell auf die Kompetenz für pädagogisches Handeln konkretisieren; es lässt sich also eine spezifische pädagogische Kompetenz bestimmen. Das kann auf den drei Niveaustufen oder in den Teilbereichen geschehen: 1. allgemein, 2. beruflich, 3. professionell.

1. Allgemeine pädagogische Kompetenz beschreibt das Bündel von Fähigkeiten, Fertigkeiten und darauf bezogenes Selbstmanagement für die Steuerung von Lernen im Alltag, für welche keine weitere spezialisierte Lernleistung erwartet wird, also vor allem für das Erziehen von Kindern durch ihre Eltern. Das Vorhandensein einer solchen Erziehungskompetenz (vgl. dazu z. B. Butzmann 2000) wird allen Eltern zunächst ungefragt unterstellt. Erst wenn äußerlich sichtbar das Kindeswohl gefährdet scheint, darf diese Erziehungskompetenz in einem kontrollierten Verfahren etwa durch das Jugendamt und das Familiengericht in Frage gestellt werden, und damit können dann Eingriffe in die grundgesetzlich verbürg-

ten Elternrechte begründet werden, womit ein Kind vorübergehend oder längerfristig der elterlichen Einflussnahme entzogen werden kann, um schädliche Einflüsse zu unterbinden.

Die allgemeine Verunsicherung nachdenklicher Eltern über die Richtigkeit ihres Erziehungshandelns und die entsprechende Nachfrage nach Ratgeberliteratur und Elternkursen bis hin zu der gelegentlich erhobenen Forderung nach so etwas wie einem obligatorischen Elternführerschein zeigen, dass auch für eine solche allgemeine pädagogische Kompetenz inzwischen immer mehr systematische, methodisch kontrollierte Lernprozesse die bisherige alltägliche Erfahrungsweitergabe zwischen den Generationen werden ersetzen müssen.

2. Berufliche pädagogische Kompetenz wird im deutschen Bildungssystem durch das Absolvieren einer schulischen Berufsausbildung zum/r Erzieher/in erworben und befähigt zu so unterschiedlichen Tätigkeiten wie der Arbeit in Kindertagesstätten oder in der Heimerziehung, was nicht bildungstheoretisch oder erziehungswissenschaftlich begründet werden kann, sondern allein berufshistorische Gründe hat. Ebenso unbegründet und zufällig ist die deutsche Tradition, für diese Tätigkeiten keine professionelle pädagogische Kompetenz zu fordern, die auf einer Hochschulausbildung basiert, wie es in vielen anderen Staaten seit langem üblich ist. Als Basis für die allgemeine und die berufliche pädagogische Kompetenz wird in einigen Bundesländern – und in vielen Staaten der Welt bereits seit längerem – ein Pädagogikunterricht in die Allgemeinbildung für alle eingefügt (vgl. dazu etwa Beyer u. a. 2002).

3. Professionelle pädagogische Kompetenz ist durch eine Hochschulausbildung definiert und findet sich in Deutschland an Fachhochschulen in Studiengängen der Sozialpädagogik (und Sozialarbeit, wobei die Identität oder Differenz beider Ausbildungsprofile intern strittig ist) und an Universitäten im auslaufenden Diplomstudiengang Erziehungswissenschaft mit unterschiedlichen institutionenbezogenen Schwerpunktmöglichkeiten (vgl. Nieke 1989; Böllert/Nieke 2002).[3]

Professionen mit einer wissenschaftlichen Ausbildung bilden sich für solche beruflichen Handlungsfelder heraus, in denen umfangreiche nicht-alltägliche Wissensbestände zur Bewältigung der Aufgaben erforderlich oder nützlich sind und in denen nicht-routinisierbare komplexe Aufgabenstrukturen ein eigenständiges, ständig innovatives Handeln erfordern, so dass eine Außenkontrolle der Qualität dieses Berufshandelns unmöglich ist und deshalb der Kontrolle der Gleichqualifizierten *(Peer review)* überantwortet wird. Von Professionellen muss deshalb die interne Bindung der beruflichen Handlungsentscheidungen an eine spezifische professionelle Ethik erwartet werden, weil alle Außensteuerungen unvermeidlich versagen müssen.

Pädagogische Aufgaben erfordern eine solche Professionalisierung in immer mehr Feldern, wie sich am gegenwärtigen Diskurs über die Akademisierung des Personals von Kindertagesstätten zeigen lässt, wenn dem Betreuungsauftrag dieser Einrichtungen ein vorschulischer Bildungsauftrag hinzugefügt wird, für dessen Realisierung in Schulen eine Professionalisierung seit zweihundert Jahren ganz unstrittig ist.

3 Zur Entstehung des Modells professioneller pädagogischer Handlungskompetenz siehe Nieke (1981, 1984 und 2002a).

## Literatur


Baacke, Dieter (1973): Kommunikation und Kompetenz. München: Juventa.

Bauer, Karl-Oswald (1997): Professionelles Handeln in pädagogischen Feldern. Ein Übungsbuch für Pädagogen, Andragogen und Bildungsmanager. Weinheim: Juventa.

Beyer, Klaus/Knöpfel, Eckehardt/Storck, Christoph (Hg.) (2002): Pädagogische Kompetenz – die Basiskompetenz im 21. Jahrhundert. Hohengehren: Schneider.

Böllert Karin/Nieke, Wolfgang (2002): Qualifikationsprofil: Diplom-Pädagogin. In: Otto, Hans-Uwe/Rauschenbach, Thomas/Vogel, Peter (Hg.): Erziehungswissenschaft: Professionalität und Kompetenz. Opladen: Leske + Budrich: 65-77.

Butzmann, Erika (2000): Sozial-kognitive Entwicklungstheorien in der Praxis. Grundlagen für ein Konzept zur Förderung elterlicher Erziehungskompetenz in der gegenwärtigen gesellschaftlichen Umbruchsituation. Beltz: Deutscher Studien Verlag.

Deutsches PISA-Konsortium (Hg.) (2001): PISA 2000. Basiskompetenzen von Schülerinnen und Schülern im internationalen Vergleich. Opladen: Leske + Budrich.

Deutsches Jugendinstitut (2007): Informal Competencies and their Validation – ICOVET 2007. München: DJI.

Erpenbeck, John/Heyse, Volker (1999): Die Kompetenzbiographie. Strategien der Kompetenzentwicklung durch selbstorganisiertes Lernen und multimediale Kommunikation. Münster: Waxmann.

Groeben, Norbert/Hurrelmann, Bettina (Hg.) (2002): Medienkompetenz. Weinheim: Juventa

Kanning, Uwe Peter (2003): Diagnostik sozialer Kompetenzen. Göttingen: Hogrefe.

Löwisch, Dieter-Jürgen (2000): Kompetentes Handeln. Bausteine für eine lebensweltbezogene Bildung. Darmstadt: WBG.

Max, Charles (1999): Entwicklung von Kompetenz – ein neues Paradigma für das Lernen in Schule und Arbeitswelt. Frankfurt a. M.: Lang.

Nieke, Wolfgang (1981): Das Konzept der professionellen Handlungskompetenz für das außerschulische Erziehungs- und Sozialwesen. In: Keil, Siegfried/Bollermann, Gerd/Nieke, Wolfgang (Hg.): Studienreform und Handlungskompetenz im außerschulischen Erziehungs- und Sozialwesen. Darmstadt: Luchterhand: 15-44.

Nieke, Wolfgang (1984): Zum Begriff der professionellen pädagogischen Handlungskompetenz. In: Müller, Siegfried/Otto, Hans-Uwe/Peter, Hilmar/Sünker, Heinz (Hg.): Handlungskompetenz in der Sozialarbeit/Sozialpädagogik II: Theoretische Konzepte und gesellschaftliche Strukturen. Bielefeld: AJZ: 129-145.

Nieke, Wolfgang (1989): Erziehungswissenschaft (Studium). In: Lenzen, Dieter (Hg): Pädagogische Grundbegriffe. Bd. 2. Reinbek: Rowohlt: 525-535.

Nieke, Wolfgang (2002a): Kompetenz. In: Otto, Hans-Uwe/Rauschenbach, Thomas/Vogel, Peter (Hg.): Erziehungswissenschaft: Professionalität und Kompetenz. Opladen: Leske + Budrich: 13-27.

Nieke, Wolfgang (2002b): Aktuelle Reformdiskussion der Lehrerbildung – und ein Vorschlag für ein Strukturmodell zur professionellen didaktischen Kompetenz als Kernkompetenz der LehrerIn. In: Hansel, Toni (Hg.): Lehrerbildungsreform. Leitbilder einer alltagstauglichen Lehrerbildung. Herbolzheim: Centaurus: 190-214.

Nieke, Wolfgang (2007): Allgemeinbildung durch informationstechnisch vermittelte Netzinformation und Netzkommunikation. In: Gross, Friederike v./Marotzki, Winfried/Sander, Uwe (Hg.): Internet – Bildung – Gemeinschaft. Wiesbaden: VS Verlag für Sozialwissenschaften: 145-167.

Oser, Fritz/Renold, Ursula (2005): Kompetenzen von Lehrpersonen – über das Auffinden von Standards und ihre Messung. In: Gogolin, Ingrid/Krüger, Heinz-Hermann/Lenzen, Dieter/Rauschenbach, Thomas (Hg.): Standards und Standardisierungen in der Erziehungswissenschaft. ZfE 8. Beiheft 4/2005 Wiesbaden: VS Verlag für Sozialwissenschaften: 118-140.

Rapold, Monika (Hg.) (2006): Pädagogische Kompetenz, Identität und Professionalität. Baltmannsweiler: Schneider.

Roth, Heinrich (1971): Pädagogische Anthropologie. Bd. 2. Entwicklung und Erziehung. Hannover: Schroedel.

Treumann, Klaus-Peter/Meister, Dorothee/Sander, Uwe/Burkatzki, Eckhard/Hagedorn, Jörg/Kämmerer, Manuela/Strotmann, Mareike/Wegener, Claudia (2007): Medienhandeln Jugendlicher. Mediennutzung und Medienkompetenz. Bielefelder Medienkompetenzmodell. Wiesbaden: VS Verlag für Sozialwissenschaften.

Wollersheim, Heinz-Werner (1993): Kompetenzerziehung. Befähigung zur Bewältigung. Frankfurt a. M.: Lang.

# Partizipation

*Franz Bettmer*

Der Partizipationsgedanke gewinnt schon seit geraumer Zeit an Bedeutung und steht inzwischen in breitem Umfang auf der Agenda. Partizipation wird nicht nur als Gestaltungsprinzip des gesellschaftlich-politischen Raums verstanden, sondern auch für die Organisation von Institutionen und Einrichtungen, insbesondere im Bereich sozialer Dienstleistungen eingefordert. Die Gründe für diese Entwicklungen können zum einen in der Bildungsexpansion gesucht werden, die zu wachsenden Beteiligungsansprüchen der Individuen geführt hat. Wesentlich sind zum anderen aber auch die Probleme des Sozialstaats, die mittels stärkerer Aktivierung der Bürger für gesellschaftliche Aufgaben gelöst werden sollen sowie gesellschaftliche Steuerungsprobleme, die eine verstärkte Mitwirkung der jeweils Betroffenen erfordern (vgl. Fatke u. a. 2006). Die Ausweitung des Partizipationsgedankens ist also nicht einfach den politischen Forderungen von Entscheidungsbetroffenen geschuldet. Sie ist vor allem eine Reaktion auf Partizipationsdefizite, die eine demokratische Regierung erschweren (vgl. Fach 2004).

Die Notwendigkeit von Partizipation wird in zunehmendem Maße auch für Kinder und Jugendliche unterstrichen. In der Kinder- und Jugendhilfe gilt die Beteiligung der Adressat(inn)en an den Angeboten und Hilfeverfahren als grundlegendes Prinzip und auch im Bereich der Schule haben partizipative Elemente Einzug gehalten. Nicht zuletzt wird zunehmend auch eine stärkere Beteiligung von Kindern und Jugendlichen im politischen Raum gefordert (vgl. Olk/Roth 2007). Insbesondere die UN-Kinderrechtskonvention aus dem Jahre 1989 hat dazu einen wesentlichen Anstoß gegeben, auch wenn ihre Umsetzung eher schleppend erfolgt (vgl. Swiderek 2003). Immerhin wird der Partizipationsgedanke in steigendem Maße in politischen Programmen auf Landes- und Bundesebene thematisiert, so etwa im „Nationalen Aktionsplan" der Bundesregierung (BMFSFJ 2005). In solchen Programmen wird Partizipation jedoch häufig als ein Ziel unter anderen benannt, das zudem eher als diffuse Aufforderung formuliert wird, weil die Zuständigkeiten für eine konkrete Umsetzung auf anderen Ebenen liegen. Partizipation wird damit tendenziell zu einer allfälligen Forderung, die weder bereichsspezifisch eingegrenzt werden kann, noch zur Herausbildung verbindlicher Verfahren führt. Der Begriff findet inzwischen in den unterschiedlichsten Kontexten und mit unterschiedlichsten Konnotationen Verwendung. Entsprechend gibt es eine „nahezu unendliche Liste von Definitionen" (van Deth 2003: 170).

Der Partizipationsgedanke wird dabei auch anfällig für Instrumentalisierungen. Beteiligungsverfahren stellen sich in der Praxis nicht selten als „Einweg-Inszenierungen ‚von oben'" dar (Olk/Roth 2007: 19). Sie dienen dann nur noch der Legitimation von Entscheidungen, auf welche die Beteiligten faktisch keinen Einfluss ausüben können. Nicht zuletzt vor diesem Hintergrund wird regelmäßig die Einhaltung von Qualitätsstandards für Partizipation gefordert (vgl. etwa Sturzenhecker 1998; Herrmann 1998; Knauer/Sturzenhecker 2005).

# 1 Demokratietheoretische Grundlagen

Die Qualitätsstandards beziehen sich primär auf die Gestaltung von Partizipationsverfahren. Sie lassen sich auf fünf zentrale Bedingungen zurückführen, unter denen gemeinsam geteilte Entscheidungen zustande kommen können:

- Die Inklusion aller Betroffenen
- gleich verteilte und wirksame Chancen der Teilnahme am politischen Prozess
- gleiches Stimmrecht bei Entscheidungen
- das gleiche Recht zur Wahl der Themen, überhaupt zur Kontrolle der Tagesordnung und schließlich
- eine Situation von der Art, dass alle Beteiligten im Lichte hinreichender Informationen und guter Gründe ein artikuliertes Verständnis der regelungsbedürftigen Materien und der strittigen Interessen ausbilden können (Habermas 1992: 383).

Diese Gesichtspunkte formulieren grundlegende Bedingungen für eine diskursive Meinungs- und Willensbildung. Partizipation basiert damit auf den Voraussetzungen einer deliberativen Politik, also einer demokratischen Verfahrensform des Abwägens, Beratens und Aushandelns (vgl. Habermas 1992; Lösch 2005).

In dieser allgemeinen Bestimmung hat der Begriff der Partizipation keine eindeutige Referenz auf gesellschaftliche Sachverhalte. Partizipation ist damit also nicht von vornherein auf bestimmte Anwendungsbereiche begrenzt. Grundsätzlich könnten alle politisch relevanten Fragen im Wege partizipativer Verfahren entschieden werden. Bei der Frage nach der konkreten Umsetzung solcher Ansprüche stellt sich allerdings die Frage, ob alle gesellschaftlich relevanten Entscheidungen über entsprechend gestaltete Verfahren erreicht werden können. Argumentationen für eine Begrenzung von Partizipation können vor diesem Hintergrund eine „kognitive Überforderung" ins Feld führen, die darin besteht, dass „(...) eine nach demokratischen Verfahren ablaufende diskursive Meinungs- und Willensbildung zu wenig komplex ist, um das *operativ notwendige* Wissen aufnehmen und verarbeiten zu können" (Habermas 1992: 389, Herv. i. Orig.). Das administrative System übernimmt deshalb Steuerungsaufgaben, mit denen der deliberative Modus überfordert wäre.

Wenn solche Steuerungsaufgaben an partizipative Verfahren zurück übertragen werden sollen, enthält dies immer auch eine Zumutung: Die Beteiligten sind aufgefordert, sich die notwendigen Kompetenzen und Wissensbestände anzueignen. Dies kann sehr kostenintensiv sein und mit sonstigen individuellen Interessen angesichts begrenzter zeitlicher und anderer Ressourcen in Konflikt geraten. Gleichwohl können aus solchen Argumentationen aber keine sachlich bestimmten Grenzen abgeleitet werden. Sie verweisen lediglich auf die Möglichkeiten des Scheiterns, denen partizipatorische Verfahren in kontingenten Zusammenhängen ausgesetzt sind. Angesichts gesellschaftlich gegebener Bedingungen ist es dabei zwar realistisch davon auszugehen, dass die Qualitätskriterien für Partizipation nicht in idealer Weise erreicht werden können. Sie können aber sinnvollerweise als Kontrastfolie verstanden werden, um eine kritische Perspektive gegenüber den vorfindbaren Bedingungen zu begründen (vgl. Habermas 1992: 395-396). Die Etablierung von Partizipationsverfahren erzeugt immer ein Spannungsverhältnis zwischen dem Sein der gesellschaftlichen Gegebenheiten und dem Sollen der Partizipationskriterien.

In diesem Sinne argumentieren partizipatorische Demokratietheorien auf der Grundlage, dass die Etablierung von Partizipationsverfahren eine Demokratisierung befördert, die als unabgeschlossener – und unabschließbarer – Prozess zu verstehen ist. Dies basiert wesentlich auf der Grundannahme, dass die Präferenzen der Bürger(innen) dem politischen Willensbildungsprozess nicht vorgelagert sind, sondern in diesem Prozess erst entstehen und entwickelt werden. Gleiches gilt auch für die notwendigen Kompetenzen zur Beteiligung. Soweit sie nicht schon vorliegen, werden sie durch eine entsprechend partizipative Organisation der Prozesse entwickelt. Demokratie bzw. Partizipation haben in dieser Perspektive eine pädagogische Funktion: Mit ihrer Realisierung werden erst die Voraussetzungen dafür geschaffen, dass die Bürger die notwendigen Kompetenzen für die Teilnahme entwickeln können. Diese Perspektive kontrastiert das Argument der „kognitiven Überforderung", indem Partizipation den Bürger(inne)n einen Zugang zu den Quellen des Steuerungswissens nicht nur zumutet, sondern auch eröffnet. Zu den Voraussetzungen partizipatorischer Demokratietheorien gehört in dieser Hinsicht das Moment der Gleichheit. Gesicherte Bürgerrechte, die gleiche Zugangs- und Beteiligungschancen verbürgen, nehmen eine zentrale Stellung ein (vgl. Schmidt 2000: 259). Für die Kommunikationen in den Verfahren ist es unerlässlich, dass die Beteiligten sich wechselseitig als Träger solcher Rechte anerkennen und entsprechend moralische Zurechnungsfähigkeit unterstellen.

Zur Standardkritik an partizipatorischen Demokratietheorien gehört demgegenüber der Vorwurf eines zu optimistischen Menschenbildes: Sie würden die Bereitschaften und die Kompetenzen der Individuen überschätzen (vgl. ebd.: 261-264). Zum einen kann auf starke Motive einer Durchsetzung höchst individueller Interessen verwiesen werden. Damit sind Machtungleichgewichte angesprochen, die auch in Partizipationsverfahren relevant werden können. Zum anderen enthält eine konkrete Gestaltung von Partizipationsverfahren immer auch Anforderungen an bereits vorliegende kognitive und moralische Kompetenzen der Beteiligten. Es gilt deshalb als Qualitätsmerkmal, dass die Gestaltung der Verfahren den Eingangsvoraussetzungen der Beteiligten angemessen ist. Damit gerät aber die pädagogische Funktion in ein Spannungsverhältnis zur politischen Funktion der Herbeiführung von relevanten und real wirksamen Entscheidungen. Eine zu starke Orientierung an den Eingangsvoraussetzungen der Beteiligten würde die politischen Einsatzmöglichkeiten von vornherein beschränken, eine Vernachlässigung dagegen die politische Wirksamkeit beeinträchtigen.

## 2 Partizipation von Kindern und Jugendlichen

Für die Diskussionen zur Partizipation von Kindern und Jugendlichen bildet das Spannungsverhältnis zwischen der politischen und der pädagogischen Dimension den zentralen Referenzrahmen. Bei der konkreten Gestaltung der unterschiedlichen Formen kann die „Entwicklungstatsache" als Besonderheit des Kindes- und Jugendalters nicht ausgeblendet werden. Die Aufgabe, kognitive und moralische Kompetenzen zu entwickeln, stellt sich hier in besonderem Maße. Das darf allerdings nicht dazu führen, die politische Funktion nicht mehr ernst zu nehmen und Partizipation lediglich als „politische Frühförderung" misszuverstehen (vgl. Schruff 2001). Eine offensichtlich unzureichende Form stellen z. B. Anhörungsverfahren dar, in denen Kinder und Jugendliche sich lediglich als Expert(inn)en in eigener Sache artikulieren können und dieses „Expert(inn)enwissen" in gesonderten, nicht-partizipativen Entscheidungsverfahren nach Maßgabe dort herrschender Kriterien berücksichtigt – oder eben nicht berücksichtigt – wird. Solche spezifischen Rollenkonzeptionen lassen sich mit den Zielen von Partizipation nicht vereinbaren (vgl. Danner 2001). Wenn man davon ausgeht, dass nicht-partizipative Steuerungs- und Koordinationsleistungen nicht vollständig durch Partizipationsverfahren ersetzt werden können, weil letztere „kognitiv überfordert“ wären, dann muss jeweils darauf geachtet werden, dass Partizipation nicht instrumentalisiert wird. Die verschiedenen Formen, wie etwa Kinder- und Jugendparlamente als repräsentative Formen oder Kinderbüros und Kinderanwälte als Vertretungsformen sind in unterschiedlichem Maß und in unterschiedlicher Weise darauf eingerichtet, die „Zumutungen“ an Kinder und Jugendliche zu reduzieren. Sie reduzieren aber gleichzeitig auch die Möglichkeiten der Willensbildung und Artikulation und sie koppeln diese von den eigentlichen Entscheidungsprozessen ab. Für die aktuellen Diskussionen ist es deshalb eine Leitfrage, inwieweit und ab welchem Alter Kindern und Jugendlichen die kognitiv-moralischen Fähigkeiten zugerechnet werden können, dass sie subjektive Rechte im Partizipationsverfahren gebrauchen, um vernünftige Ergebnisse zu erzielen. Dabei muss gleichzeitig berücksichtigt werden, dass sich pädagogische Effekte nur einstellen, wenn Partizipation auch politisch ernst genommen wird.

## 3 Entwicklung moralischer Kompetenzen und Formen der Anerkennung

Partizipation als Ausübung von Beteiligungsrechten setzt die Fähigkeit voraus, von eigenen Interessen abstrahieren zu können, um gemeinsame Regeln zu erzeugen und zu akzeptieren. Die grundlegenden Erkenntnisse zur Entwicklung dieser Fähigkeiten im Kindes- und Jugendalter werden insbesondere mit Bezug auf die Arbeiten von Kohlberg rezipiert (vgl. Colby/Kohlberg 1986). Eine feste Zuordnung der Entwicklungsstadien zu Altersstufen lässt sich zwar nicht durchhalten, auch nachfolgende Studien haben aber gezeigt, dass eine autonome Moral im Sinne einer Selbstverpflichtung auf gemeinsam erzeugte Regeln bereits im Alter von 8 bis 10 Jahren eintreten kann (vgl. Burdewick 2003: 37-46; Keller 2003). Man kann davon ausgehen, dass ein Teil der Kinder mit etwa 12 Jahren einen moralischen Entwicklungsstand erreicht hat, der auch von den meisten Erwachsenen nicht überschritten wird. Insgesamt können auch bei Erwachsenen nur selten moralische Argumentationen festgestellt werden, die sich auf dem postkonventionellen Niveau bewegen, also auf der Fähigkeit beruhen, unterschiedliche Perspektiven vorurteilslos zu integrieren (Stadium 5). Die Erkenntnisse zur Moralentwicklung zeigen also, dass die individuell-personalen Voraussetzungen für Partizipation auch bei Kindern und Jugendlichen in weitgehendem Maße und schon relativ früh vorhanden sein können. Vorbehalte gegen eine Einbeziehung von Kindern und Jugendlichen in partizipatorische Anerkennungsverhältnisse verlieren damit ihre Grundlage.

Anerkennung tritt nach Honneth (2003) in den Formen der Liebe, des Rechts und der Solidarität auf, wobei vor allem die letzten beiden eine entscheidende Rolle für Partizipationsverfahren spielen. Die Anerkennungsform des Rechts bezieht sich auf die moralische Zurechnungsfähigkeit. Sie unterstellt die Fähigkeit zu einer rational begründeten Begrenzung des eigenen individuellen Willens bzw. Interesses. Die Anerkennungsform der Solidarität bezieht sich auf die Werthaltigkeit von Leistungen. Sie betrachtet auch solche Leistungen als wertvoll für die Gemeinschaft bzw. Gesellschaft, die anders sind als die eigenen. Während die Anerkennungsform des Rechts die kognitiv-moralischen Voraussetzungen der Verfahrensbeteiligung absichert, wird mit der Anerkennungsform der Solidarität die Möglichkeit eröffnet, dass auch die Artikulation von Partialinteressen im Prozess der Willensbildung dazu führen kann, dass diesen Partialinteressen eine allgemeine Geltung zugesprochen wird. Die Form der Solidarität enthält zudem den deutlichen Hinweis, dass Partizipation nicht auf möglichst harmonische Abläufe eingestellt werden kann, sondern von vornherein Konfliktpotenziale enthält und auch offen legen sollte. Anerkennung kann nicht gänzlich als eine Voraussetzung der Teilnahme „verliehen" werden, sie muss teilweise innerhalb der Prozesse erkämpft werden.

Die Theoriegrundlage ist nicht nur geeignet, entsprechende Bedingungen für Partizipationsverfahren zu begründen. Sie zeigt darüber hinaus auch die pädagogischen Effekte bei den beteiligten Individuen auf. Denn eine Anerkennung in der Form des Rechts bietet die Möglichkeit, Selbstachtung (als Rechtssubjekt) zu entwickeln und die Anerkennung in der Form der Solidarität ist Grundlage für eine individuelle Selbstschätzung (als jemand, der besondere und wertvolle Leistungen für die Gemeinschaft beitragen kann). Zusammen mit dem Ergebnis des Selbstvertrauens, das mit der Anerkennungsform der Liebe erreicht werden kann, sind damit die wesentlichen Ziele einer Pädagogik benannt, die eine subjektive Autonomie ihrer Adressat(inn)en anstrebt.

## 4 Partizipation in pädagogischen Institutionen

Eine solche Funktion von Partizipation wird vor allem in pädagogischen Institutionen handlungspraktisch relevant, also besonders in der Schule und der Jugendhilfe. Unterscheidet man drei Ebenen der Partizipation, nämlich individuelle Beziehungen, Strukturen pädagogischer Einrichtungen sowie Politik und Verwaltung (vgl. Knauer/Brandt 1998), so lassen sich zwei grundlegende Probleme erkennen: Zum einen stellt sich die Frage, inwieweit Partizipationsverfahren innerhalb von Institutionen durch externe Vorgaben begrenzt werden. Zum anderen ist zu prüfen, wieweit die individuellen Beziehungen innerhalb von Institutionen „zwanglos" als Anerkennungsverhältnisse konstituiert werden können. Hier muss von vornherein eine Machtasymmetrie zwischen den Professionellen und den Kindern und Jugendlichen berücksichtigt werden, die sich auch durch partizipative Strukturen nicht vollständig aufheben lässt.

Institutionen sind in gesellschaftliche Funktionszusammenhänge eingebunden. Dies schlägt sich in rechtlichen Regelungen der institutionellen Strukturen und Prozesse nieder, mit denen auch die Möglichkeiten der Partizipation vorbestimmt sind. Umgekehrt können aber Partizipationsverfahren, die innerhalb und für einzelne Einrichtungen bzw. Organisationen eingerichtet sind, keinen unmittelbaren Einfluss auf die eigenen rechtlichen Voraussetzungen nehmen, besonders wenn diese als gesetzliche Grundlage für alle Organisationen im jeweiligen institutionellen bzw. Funktionsbereich gelten. Entscheidend wäre deshalb, dass der Partizipationsgedanke zunehmend in rechtliche Grundlagen einfließt, indem Gestaltungsspielräume innerhalb der Organisationen und Einrichtungen erweitert werden.

Für den Bereich der Jugendhilfe hat das SGB VIII den Partizipationsgedanken bereits grundsätzlich aufgenommen. Auch für die Schule sind entsprechende Entwicklungen angestoßen worden. Der Deutsche Bildungsrat hatte bereits Anfang der 1970er Jahre deutlich herausgestellt, dass Partizipation und eine verstärkte Autonomie der Einzelschule nicht voneinander zu trennen sind und entsprechende Empfehlungen ausgesprochen (vgl. Deutscher Bildungsrat 1973). Es geht hier also um Mitgestaltungsrechte der Adressat(inn)en, die nur dann wirksam werden können, wenn organisations- und einrichtungsübergreifende rechtliche Gestaltungsvorgaben gelockert und damit die Möglichkeiten von Partizipationsverfahren erweitert werden. Dies dürfte aber nicht nur bereichsspezifisch geschehen. Partizipation wäre in möglichst allen relevanten Zusammenhängen von Praxis und Politik zu etablieren.

Zunehmende Gestaltungsspielräume in einzelnen Organisationen und Einrichtungen führen – im Sinne einer „Öffnung" – notwendigerweise auch zu vermehrten Berührungspunkten mit der Umwelt. Dies muss dann auch in den Partizipationsverfahren thematisch werden. Damit stellt sich die Herausforderung, eine Verbindung zwischen den Partizipationsverfahren in den verschiedenen Organisationen und Bereichen herzustellen. Dies wäre gerade im Bildungsbereich besonders für die Kooperation von Jugendhilfe und Schule verstärkt zu bedenken. Insgesamt betrachtet wachsen den Partizipationsverfahren damit nicht nur bereichsspezifische Steuerungsaufgaben zu, sie sind auch zunehmend mit den Aufgaben und Problemen der bereichsübergreifenden Koordination, etwa in Planungszusammenhängen konfrontiert. Das Problem einer kognitiven Überforderung hinsichtlich gesellschaftlicher Steuerungserfordernisse kann also in doppelter Hinsicht entstehen.

Die Unaufhebbarkeit der Machtasymmetrie hängt mit der strukturellen Unvereinbarkeit bei gleichzeitiger Angewiesenheit von Politik und Pädagogik zusammen (vgl. Richter 1991). Auch in den historischen Modellen einer pädagogischen Praxis, die eine weitgehende Partizipation vorsahen, war dies den jeweiligen Pädagog(inn)en durchaus bewusst (vgl. Winkler 2000). Sie haben vor allem darauf geachtet, dass die unterschiedlichen Rollen in den Interaktionsbeziehungen mit gleichrangigen und gleichartigen Entscheidungskompetenzen ausgestattet waren. In der politischen Dimension wurde damit von den je individuellen Unterschieden, z. B. sozialen Eingangsbedingungen abstrahiert. Erst dies macht es möglich, den „pädagogischen Ort" als ein Gemeinwesen zu gestalten, dessen Organisation seiner pädagogischen Funktion entspricht. Die Abstraktion von Individuellem ist aber in der pädagogischen Dimension nicht möglich, denn hier geht es gerade darum, die Interaktionsbeziehungen so zu gestalten, dass es möglich wird, individuelle Entwicklungsnotwendigkeiten zu erkennen und zu bearbeiten. Aufgrund der „Entwicklungstatsache" sind Kinder und Jugendliche hierbei auf die Unterstützung von Erwachsenen angewiesen. Die hier entstehende Machtasymmetrie stellt die Pädagogik in ein Dilemma, denn sie führt dazu, dass man sich, „wenn man pädagogisch handeln will, gegen Pädagogik entscheiden und statt dessen politisch denken muss" (ebd.: 198). Dieses Dilemma lässt sich zwar austarieren, dies aber wesentlich unter der Bedingung, dass man in der Gestaltung der eigenen Organisation frei von äußeren Einflüssen bleibt. Entscheidend ist also, wieweit gesellschaftliche Funktionsanforderungen für die Organisationsbedingungen bestimmend werden.

## *4.1 Partizipation in Jugendhilfe und Schule*

Für die Jugendhilfe ist Partizipation – ungeachtet der Frage praktischer Umsetzung – bereits weitgehend als Funktionsvoraussetzung anerkannt und dienstleistungstheoretisch begründet (vgl. Schnurr 2001). Soweit das Verhältnis zur Schule betroffen ist, entstehen für weitere Entwicklungen in der praktischen Umsetzung aber neue Unsicherheiten. Insbesondere in den Debatten zum Bildungsanspruch der Jugendarbeit (vgl. Scherr 2002; Sturzenhecker 2002) geht es nicht zuletzt um eine Funktionalisierung für die Schule im Sinne kompensatorischer Aufgaben (vgl. Behrendt 2002). In dem Maße, wie Jugendarbeit für die Kompensation qualifikatorischer und sozialisatorischer Defizite der Schule eingesetzt werden soll, entsteht auch ein Druck in Richtung einer Assimilation an die Ordnungsbedingungen und Ordnungsziele der Schule.

Die institutionellen Bedingungen der Schule stehen aber den Anforderungen von Partizipation in vielen Aspekten entgegen. Schon die Schulpflicht widerspricht einem pädagogischen „Arbeitsbündnis", dessen Grundlage in der Zuschreibung von Autonomie an die Schüler(innen) liegt (vgl. Oevermann 1997). Partizipation ist dabei erst mit der Auflösung des „besonderen Gewaltverhältnisses" und der Geltung von Grundrechten für Schüler(innen) seit Beginn der 1970er Jahre überhaupt in den Bereich des Möglichen gerückt. Unter den Bedingungen weitgehender Reglementierung führt diese Entwicklung aber bisher nur zu einer „antinomischen Partizipationsaufforderung" (Helsper/Lingkost 2004).

Die Ergebnisse empirischer Untersuchungen sind entsprechend ernüchternd. Die Möglichkeiten der Partizipation werden bestenfalls dort als befriedigend empfunden, wo sie grundlegende Aspekte der Organisation von Schule nicht berühren (vgl. Melzer 2001). Dies gilt für die Beteiligung in Gremien ebenso wie für Fragen der Unterrichtsgestaltung (vgl. Meyer 2001; Schmidt 2001). In der Schule gerät Partizipation damit zu einer eher symbolischen Veranstaltung. Sie dient vor allem zur Begründung eines imaginären Bildes von Schule als eines demokratisch-sozialen Zusammenhangs (vgl. Helsper 2001). Wenn die Schule sich auf veränderte Lebensbedingungen von Kindern und Jugendlichen sowie auf veränderte und unsicherer gewordene Qualifikationsanforderungen einstellen will, muss sie Räume für „Selbstbildungsprozesse" (Bruner u. a. 2001: 32) öffnen. Das bedeutet vor allem, dass Schüler(innen) zunehmend an der Bestimmung und Gestaltung von Lerninhalten und Formen der Vermittlung beteiligt werden. Eine solche Beteiligung stößt aber von vornherein auf festgelegte Grenzen in den Strukturprinzipien des Bildungswesens. Dies schlägt sich in den Anerkennungsverhältnissen nieder (vgl. Helsper/Lingkost 2004). In den Auseinandersetzungen darüber, was jeweils als gleiches Recht aller Beteiligten, und vor allem, was als besondere Leistung anerkannt werden soll (Anerkennungsform der Solidarität), können schulische Partizipationsverfahren nicht völlig ergebnisoffen verlaufen. Die notwendige Durchsetzung formaler und inhaltlicher Vorgaben führt deshalb dazu, Partizipation lediglich als „Lernfeld" zu verstehen und damit auf die pädagogische Dimension zu verkürzen. Die politische Dimension des schulischen Systems bleibt weitgehend ausgeschlossen.

## *4.2 Partizipation und Ganztagsbildung*

Wenn es im Sinne einer Ganztagsbildung darum gehen muss, „unterschiedliche gesellschaftliche Lernorte als Bildungssphären miteinander zu verknüpfen" (Otto/Coelen 2004: 7), dann sind im Sinne von Kooperationen auch die Voraussetzungen jeweils anders organisierter Lernprozesse zu berücksichtigen – nicht zuletzt auch diejenigen eines informellen, selbstbestimmten Lernens. Damit stellt sich aber auch die Frage, wie dies in Partizipationsverfahren aufgegriffen werden kann, die sich wesentlich über organisationsspezifische Mitgliedschaften und Themen konstituieren. Es geht letztlich um die Möglichkeiten der Verbindung von Partizipationsverfahren bzw. um die übergreifende Frage, inwieweit die Entscheidungen im Bildungsbereich mit den Mitteln deliberativer Politik herbeigeführt werden können.

Angesichts der Problematik kognitiver Überforderung wäre darüber nachzudenken, wie die partizipativ zu gestaltenden Bereiche nicht nur ausgedehnt sondern auch überschaubar gehalten werden können. Ansatzpunkte dafür liegen möglicherweise im Bezug auf eine Kooperation von Jugendhilfe und Schule im politisch begrenzten Raum kommunaler Gestaltungsprozesse (vgl. Coelen 2002). Zweifellos ist damit die Problematik nicht erledigt. Der Blick würde aber verstärkt auf die politische Struktur des kommunalen Raums gelenkt. Die Diskussion um Ganztagsbildung müsste sich dann auch mit den Verlusten kommunaler Selbstverwaltung (vgl. Wohlfahrt/Zühlke 2005) und den unzureichenden Realisierungen kommunaler Partizipationsmodelle (vgl. Bogumil u. a. 2003) beschäftigen. Gerade der Bildungsbereich erscheint aber als prädestiniert, um den pädagogisch-demokratisierenden Funktionen von Partizipation den Boden zu bereiten.

## *Literatur*


Behrendt, Rainer (2002): „PISA" und die neue kompensatorische Aufgabe der außerschulischen Bildung. In: Außerschulische Bildung (33. Jg.) H. 3/2002: 177-182.

Bruner, Claudia Franziska/Winklhofer, Ursula/Zinser, Claudia (2001): Partizipation – ein Kinderspiel? Beteiligungsmodelle in Kindertagesstätten, Schulen, Kommunen und Verbänden. Hg. vom Bundesministerium für Familie, Senioren, Frauen und Jugend. München: Eigenverlag DJI.

BMFSFJ (2005): Nationaler Aktionsplan. Für ein kindergerechtes Deutschland 2005-2010. Berlin.

Bogumil, Jörg/Holtkamp, Lars/Schwarz, Gudrun (2003): Das Reformmodell Bürgerkommune. Leistungen – Grenzen – Perspektiven. Berlin: Sigma.

Burdewick, Ingrid (2003): Jugend – Politik – Anerkennung. Eine qualitative empirische Studie zur politischen Partizipation 11- bis 18-Jähriger. Opladen: Leske + Budrich.

Coelen, Thomas (2002): Kommunale Jugendbildung. Raumbezogene Identitätsbildung zwischen Schule und Jugendarbeit. Frankfurt a. M.: Lang.

Colby, Anne/Kohlberg, Lawrence (1986): Das moralische Urteil: Der kognitionszentrierte entwicklungspsychologische Ansatz. In: Bertram, Hans (Hg.): Gesellschaftlicher Zwang und moralische Autonomie. Frankfurt a. M.: Suhrkamp: 130-162.

Danner, Stefan (2001): Wie stimmig sind die Ziele von Beteiligungsaktionen mit Kindern und Jugendlichen in der Kommune? In: Aus Politik und Zeitgeschichte (51. Jg.) H. 44/2001: 24-30.

Deutscher Bildungsrat (1973): Empfehlungen der Bildungskommission. Zur Reform von Organisation und Verwaltung im Bildungswesen. Teil I: Verstärkte Selbständigkeit der Schule und Partizipation der Lehrer, Schüler und Eltern. Stuttgart: Klett.

Fach, Wolfgang (2004): Partizipation. In: Bröckling, Ulrich/Krasmann, Susanne/Lemke, Thomas (Hg.): Glossar der Gegenwart. Frankfurt a. M.: Suhrkamp: 197-203.

Fatke, Reinhard/Schneider, Helmut/Meinhold-Henschel, Sigrid/Biebricher, Martin (2006): Jugendbeteiligung – Chance für die Bürgergesellschaft. In: Aus Politik und Zeitgeschichte (56. Jg.) H. 12/2006: 24-32.

Habermas, Jürgen (1992): Faktizität und Geltung. Beiträge zur Diskurstheorie des Rechts und des demokratischen Rechtsstaats. Frankfurt a. M.: Suhrkamp.

Helsper, Werner (2001): Schülerpartizipation und Schulkultur – Bestimmungen im Horizont schulischer Anerkennungsverhältnisse. In: Böhme, Jeanette/Kramer, Rolf-Torsten (Hg.): Partizipation in der Schule. Theoretische Perspektiven und empirische Analysen. Opladen: Leske + Budrich: 37-48.

Helsper, Werner/Lingkost, Angelika (2004): Schülerpartizipation in den Antinomien modernisierter Schulkultur. In: Helsper, Werner/Kamp, Martin/Stelmaszyk, Bernhard (Hg.): Schule und Jugendforschung zum 20. Jahrhundert. Festschrift für Wilfried Breyvogel. Wiesbaden: VS Verlag für Sozialwissenschaften: 198-229.

Herrmann, Franz (1998): Jugendhilfeplanung als Balanceakt. Umgang mit Widersprüchen, Konflikten und begrenzter Rationalität. Neuwied: Luchterhand.

Honneth, Axel (2003): Kampf um Anerkennung. Zur moralischen Grammatik sozialer Konflikte. Frankfurt a. M.: Suhrkamp.

Keller, Monika (2003): Moralische Entwicklung als Voraussetzung für soziale Partizipation. In: Sturzbecher, Dietmar/Großmann, Heidrun (Hg.): Soziale Partizipation im Vor- und Grundschulalter. Grundlagen. München: Ernst Reinhardt: 143-172.

Knauer, Raingard/Brandt, Petra (1998): Kinder können mitentscheiden. Beteiligung von Kindern und Jugendlichen in Kindergarten, Schule und Jugendarbeit. Neuwied: Luchterhand.

Knauer, Raingard/Sturzenhecker, Benedikt (2005): Partizipation im Jugendalter. In: Hafeneger, Benno/Jansen, Mechtild/Niebling, Torsten (Hg.): Kinder- und Jugendpartizipation. Im Spannungsfeld von Interessen und Akteuren. Opladen: Budrich: 63-94.

Lösch, Bettina (2005): Deliberative Politik. Moderne Konzeptionen von Öffentlichkeit, Demokratie und politischer Partizipation. Münster: Westfälisches Dampfboot.
Melzer, Wolfgang (2001): Schülerpartizipation: Ansprüche, Realität und Möglichkeiten einer Beteiligung im Schulalltag. In: Güthoff, Friedhelm/Sünker, Heinz (Hg.): Handbuch Kinderrechte. Partizipation, Kinderpolitik, Kinderkultur. Münster: Votum: 172-187.
Meyer, Meinert A. (2001): Schülermitbeteiligung im Fachunterricht – Schülerpartizipation im Horizont (fach-) didaktischer Überlegungen. In: Böhme, Jeanette/Kramer, Rolf-Torsten (Hg.): Partizipation in der Schule. Theoretische Perspektiven und empirische Analysen. Opladen: Leske + Budrich: 49-58.
Oevermann, Ulrich (1997): Theoretische Skizze einer revidierten Theorie professionalisierten Handelns. In: Combe, Arno/Helsper, Werner (Hg.): Pädagogische Professionalität. Untersuchungen zum Typus pädagogischen Handelns. Frankfurt a. M.: Suhrkamp: 70-182.
Olk, Thomas/Roth, Roland (2007): Mehr Partizipation wagen. Argumente für eine verstärkte Beteiligung von Kindern und Jugendlichen. Gütersloh: Bertelsmann.
Otto, Hans-Uwe/Coelen, Thomas (2002): Auf dem Weg zu einem neuen Bildungsverständnis: Ganztagsschule oder Ganztagsbildung? In: Dies. (Hg.): Grundbegriffe der Ganztagsbildung. Beiträge zu einem neuen Bildungsverständnis in der Wissensgesellschaft. Wiesbaden: VS Verlag für Sozialwissenschaften: 7-16.
Richter, Helmut (1991): Der pädagogische Diskurs. Versuch über den pädagogischen Grundgedankengang. In: Peukert, Helmut/Scheuerl, Hans (Hg.): Wilhelm Flitner und die Frage nach einer allgemeinen Erziehungswissenschaft im 20. Jahrhundert (ZfPäd, 26. Beih.). Weinheim: 141-153.
Scherr, Albert (2002): Der Bildungsauftrag der Jugendarbeit. In: Münchmeier, Richard/Otto, Hans-Uwe/ Rabe-Kleberg, Ursula (Hg.): Bildung und Lebenskompetenz. Kinder- und Jugendhilfe vor neuen Aufgaben. Opladen: Leske + Budrich: 93-106.
Schmidt, Manfred G. (2000): Demokratietheorien. Opladen: Leske + Budrich.
Schmidt, Ralf (2001): Partizipation in Schule und Unterricht. In: Aus Politik und Zeitgeschichte (51. Jg.) H. 45/2001: 24-30.
Schnurr, Stefan (2001): Partizipation. In: Otto, Hans-Uwe/Thiersch, Hans (Hg.): Handbuch Sozialarbeit Sozialpädagogik. Neuwied: Luchterhand: 1330-1345.
Schruff, Thomas (2001): Kinder- und Jugendpartizipation: Beteiligung oder nur „politische Frühförderung"? Eine Suche nach Antworten in theoretischen Grundlagen und durch die Analyse des Schwalmstädter Kinder- und Jugendparlaments. Schwalmstadt-Treysa: Hephata.
Sturzenhecker, Benedikt (1998): Qualitätsanfragen an Jugendpartizipation. In: deutsche jugend (46. Jg.) H. 5/ 1998: 210-218.
Sturzenhecker, Benedikt (2002): Bildung. Wiederentdeckung einer Grundkategorie der Kinder- und Jugendarbeit. In: Rauschenbach, Thomas/Düx, Wiebke/Züchner, Ivo (Hg.): Jugendarbeit im Aufbruch. Selbstvergewisserungen, Impulse, Perspektiven. Münster: Votum: 19-59.
Swiderek, Thomas (2003): Kinderpolitik und Partizipation von Kindern: im Spannungsfeld von Vergesellschaftung und der Möglichkeit größerer Selbstbestimmtheit, Mündigkeit und dem Erlernen von Demokratie. Frankfurt a. M.: Lang.
van Deth, Jan W. (2003): Vergleichende politische Partizipationsforschung. In: Berg-Schlosser, Dirk/Müller-Rommel, Ferdinand (Hg.): Vergleichende Politikwissenschaft. Opladen: Leske + Budrich: 167-187.
Winkler, Michael (2000): Diesseits der Macht. Partizipation in „Hilfen zur Erziehung" – Annäherungen an ein komplexes Problem. In: Neue Sammlung (40. Jg.) 2000: 187-209.
Wohlfahrt, Norbert/Zühlke, Werner (2005): Ende der kommunalen Selbstverwaltung. Zur politischen Steuerung im „Konzern Stadt". Hamburg: VSA.

# Devianz und Delinquenz

*Hans-Joachim Plewig*

Ganztagsbildung hat als theoretisches und handlungsleitendes Konzept Bedeutung für Prävention und Intervention auch in Bezug auf Devianz und Delinquenz. Es könnte dazu beitragen, deviante Personen und ihre Verhaltensweisen nicht auszugrenzen, sondern in einen „normalen", d. h. integrierenden Zusammenhang zu behalten. Das ist unter den Gesichtspunkten „Entstigmatisierung" und „Sicherheitspolitiken" zu begrüßen. Der Umgang mit Devianz und Delinquenz hängt maßgeblich davon ab, aus welcher Perspektive diese Phänomene erklärt werden.

## 1 Abweichendes Verhalten

Devianz ist vor allem unter gesellschaftlich-historischen, sozialwissenschaftlichen, biologischen, pädagogischen (Devianzpädagogik: Plewig 2000) und neuerdings sozialwirtschaftlichen (Devianzmanagement: Maelicke 2006) Gesichtspunkten zu betrachten. Es gilt als jenes Verhalten von Individuen und Gruppen, das mit den als richtig und erwünscht angesehenen Normen und Werten einer Gesellschaft nicht in Einklang steht. Demnach kann abweichendes Verhalten nur im Verhältnis zu den sozialen Normen bestimmt werden. Unterschieden werden informelle (etwa Sitten, Gebräuche) und formal kodifizierte Normen. Das Maß an Verbindlichkeit, das den Normen zugesprochen wird, drückt sich im Grad ihrer Institutionalisierung und in der Härte der negativen Sanktionen aus, die im Falle einer entdeckten Normverletzung angewendet werden. Normen sind folglich von unterschiedlichem Gewicht, haben differierende Geltungsbereiche und sind historischem Wandel unterworfen.

Allgemein lässt sich geduldetes abweichendes Verhalten von nicht geduldetem unterscheiden. Die Eingriffsschwelle liegt dort, wo die Leitbilder eines geordneten Lebens, genauer der Stabilität gesellschaftlicher und wirtschaftlicher Ordnung zu sehr gestört erscheint (Boogaart/Plewig 2007). Was als nicht hinnehmbar angesehen wird, unter fällt öffentlicher Kontrolle. Zu diesen Phänomenen zählt insbesondere Kriminalität. Die wechselhafte, unüberschaubare Praxis trägt zur Desorientierungen und zu Diskrepanzen zwischen erwartetem und gezeigtem Verhalten bei, zumal bei jungen Menschen (Kinder- und Jugend-Delinquenz).

Devianz kommt in einer großen Bandbreite vor. Delinquenz ist ein Spezialfall davon. Der Begriff konkurriert mit dem der Kriminalität und steht für das Bestreben, Normverstößen junger Menschen das unangemessene Stigma „kriminell" zu ersparen (Plewig 2001). Die Handhabung von strafrechtlichen Normen und Reaktionen auf Regelverstöße ist nicht einheitlich, sondern unterliegt vielerlei Einflüssen. Ein wichtiger Gesichtspunkt ist die Berücksichtigung der Entwicklung (Kindheit, Jugendalter).

Mit diesen Fragen befasst sich systematisch die Devianzpädagogik (Plewig 2000). Ihre Aufgabe ist es, im Grenzbereich von Recht und Erziehung Leitlinien und Konzepte im Umgang mit abweichendem Verhalten bei jungen Menschen zu entwickeln. Dafür prüft sie zunächst den Hintergrund von Devianz.

## 2 Erklärungen von abweichendem Verhalten und Devianzpädagogik

Bei den Erklärungen für die Gründe abweichenden Verhaltens konkurrieren im Wesentlichen zwei Perspektiven, auf die sich die Teildisziplin der Devianzpädagogik in unterschiedlicher Weise bezieht.

### *2.1 Konkurrierende Perspektiven*

Die gesellschaftliche Reaktion auf Devianz und Delinquenz hängt von den Erklärungen zu deren Ursachen ab. Hierzu werden zwei Perspektiven unterschieden: Die individualisierende Sichtweise sieht die Verantwortung beim „Täter" und sucht Anhaltspunkt in Person, Verhalten und Umfeld (ätiologischer Ansatz: Warum wird er kriminell?). Die Gegenposition wechselt die Blickrichtung und untersucht die Wirkungen der Instanzen sozialer Kontrolle auf die als Abweichler oder gar Delinquente registrierte (Interaktionsansatz: Wie wird der Betroffene kriminalisiert?). Je nach Entscheidung für eines der beiden Paradigmen fallen die Schlussfolgerungen ganz unterschiedlich aus. Das hat entscheidenden Einfluss auf Konzepte, wie z. B. das der Ganztagsbildung.

Im Alltagsdenken tief verwurzelt ist die Überzeugung, dass es dem Devianten zuzuordnende „Ursachen" für sein abweichendes Verhalten gibt. Zur Diskussion stehen biologische, psychologische und soziologische Erklärungsansätze. Der ätiologische Ansatz geht von der Annahme aus, dass sich eine Kausalität zwischen Person und Handeln identifizieren lasse. Daran knüpft sich die Hoffnung, durch Einwirken auf die Person und Beeinflussung der als negativ erachteten „Ursachen" (Elternhaus, Kindheit, Schule/Ausbildung, Freizeit, *Peers*, Drogen usw.) zur zukünftigen Verhinderung von Abweichung bzw. Delinquenz beizutragen (Defizit-These).

Biologische Erklärungsansätze genießen derzeit keine nennenswerte Beachtung. Allerdings scheint die Hirnforschung inzwischen Erkenntnisse über Lernprozesse gewonnen zu haben, deren Übertragbarkeit auf den Bereich der Delinquenz zu prüfen sein wird (Braun 2007; Hüther 2004). Psychologische Ansätze entstammen vornehmlich der Entwicklungspsychologie (kognitive und soziale Kompetenzen; Stufen der Moralentwicklung). Die Psychoanalyse bietet sich unter dem Gesichtspunkt des Verhältnisses zwischen Trieben und Selbstkontrolle an, ebenso im Hinblick auf die Bedeutung der Prägungen in der Kindheit. Bevorzugt werden nach wie vor soziologische Erklärungsansätze (Anomie, differenzielles Lernen, Subkultur: Überblick bei Lamnek 2007). So unterschiedlich die theoretischen Modelle auch sein mögen, es eint sie der Anspruch der Anwender(innen), mit Hilfe von unterstellten Kausalitäten Lernprozesse bei dem Devianten bzw. Delinquenten auszulösen. Das Bezugswissen dazu entstammt der Psychologie und Pädagogik. Allerdings tabuisiert die Erziehungswissenschaft seit Jahrzehnten das Thema „Strafe in der Erziehung" (vgl. Plewig 2007/2008).

Das Interaktions-Paradigma in Form des *labeling approach* nimmt seinen Ausgangspunkt bei der Tatsache, dass einem relativ kleinen Hellfeld ein etwa sieben Mal so großes Dunkelfeld nicht registrierter Delikte gegenüber steht. Dies unterstreicht die Tatsache, dass abweichendes, auch delinquentes Verhalten (primäre Devianz) im Jugendalter bis zu einer bestimmten Grenze als normal anzusehen ist: Es erledigt sich nach einiger Zeit von alleine (Normalitäts-These). Folglich spielen selektive Entscheidungen und Vorgehensweisen eine wichtige Rolle. Die Instanzen sozialer Kontrolle (wie Schule, Jugendamt, Polizei und Justiz) sind in der Mitverantwortung für die Außenseiter-Karrieren von Devianten und Delinquenten. Ihre Reaktionen tragen zur sekundären, d. h. offiziell verfolgten Devianz bei (Lemert 1975). Normsetzung und Normdurchsetzung gehören zur Analyse des Problems dazu (Handlungsauftrag, Organisationsstrukturen, Definitionsmacht und Ermessensspielräume). Dieses Paradigma lenkt den Blick weg von den wesensmäßigen Eigenschaften der Betroffenen, hin zu den Wahrnehmungs- und Zuschreibungsprozessen des sozialen Umfeldes. Ausschlaggebend sind die Wechselbeziehungen zwischen Regelverletzern und Regelsetzern. Devianz gilt danach nicht als im Täter vorzufindende Qualität, sondern als Ergebnis eines auf Machtverhältnissen beruhenden Etikettierungsprozesses.

### 2.2 *Devianzpädagogik und Bezugswissenschaften*

Auszugehen ist vom Recht: Es gibt zwar kein einheitliches Jugendrecht, aber eine Reihe von Gesetzen, die speziell junge Menschen betreffen. Das Strafrecht mit seinen Tatbeständen wird ergänzt durch das Jugendgerichtsgesetz für Jugendliche und Heranwachsende. Es enthält vor allem jugendspezifische Sanktionen. Dazu kommen Jugendschutzgesetze und das Kinder- und Jugendhilfegesetz.

Dies Konzept des Jugendrechts gründet auf der Auffassung, dass die Betroffenen sich noch in der Entwicklung befinden. Die Pädagogik, speziell die Sozial- und Devianzpädagogik, ist die Disziplin, die in diesen Fällen zuständig ist. Konzepte im Umgang mit Gefährdeten und Gefährlichen, die die Devianten als Subjekte und somit Mitgestalter(innen) des sozialen Austausches betrachten, berücksichtigen gesellschaftliche Rahmenbedingungen und sonstige wirksame Zusammenhänge. Bezugswissenschaften sind Theorien zur Gesellschaft, Soziologie und Psychologie.

## 3 Gesetzlicher Rahmen

Dem Besonderen des Umgangs mit gefährdeten und delinquenten jungen Menschen liegen allgemeine Tatsachen zugrunde: Für alle drei Bereiche gibt es gesetzliche Grundlagen:

Zentrale Norm für Erziehung und Sozialisation ist Art. 6 GG. Dort ist geregelt, dass der Staat im Rahmen seines „Wächteramtes" über die Erziehung in den Familien wacht. Diese sozialstaatliche Festlegung konkretisiert sich insbesondere im Öffentlichen Recht durch das Kinder- und Jugendhilfegesetz (SGB VIII/KJHG). Gemäß § 1 hat „jeder junge Mensch ein Recht auf Förderung seiner Entwicklung und auf Erziehung zu einer eigenverantwortlichen und gemeinschaftsfähigen Persönlichkeit". Die Jugendhilfe soll u. a. die individuelle und soziale Entwicklung fördern, dazu beitragen, Benachteiligungen zu vermeiden bzw. abzubauen, Kinder und Jugendliche vor Gefahren für ihr Wohl schützen und an der Gestaltung positiver Lebensbedingungen mitwirken (Abs. 3). Das KJHG unterscheidet zwischen Leistungen, die z. T. freiwillig in Anspruch genommen werden können, und „Anderen Aufgaben" (§§ 42-60).

Ausdruck der Vermittlung demokratischer Kompetenzen ist das Recht der Minderjährigen, entsprechend ihrem Entwicklungsstand an Entscheidungen der öffentlichen Jugendhilfe beteiligt zu werden (§ 8). Weitere allgemeine Elemente der Förderung sind die Aufgaben, die unterschiedlichen Lebenslagen von Mädchen und Jungen zu berücksichtigen, Benachteiligungen abzubauen und die Gleichberechtigung zwischen Jungen und Mädchen zu fördern (§ 9, Abs. 3). Im Sinne einer prozesshaften Entwicklung sind die „wachsenden Fähigkeiten und Bedürfnisse zu selbständigem, verantwortungsbewusstem Handeln sowie die besonderen sozialen und kulturellen Bedürfnisse und Eigenarten junger Menschen" zu berücksichtigen (§ 9, Abs. 2). Grundpfeiler der Jugendhilfe sind die Jugendarbeit (§ 11) und die Jugendsozialarbeit (§ 13). Konkrete Hilfen zur Erziehung sind in den §§ 27-35 geregelt. Diesen weitgehend als präventiv zu klassifizierenden Leistungen steht nur *eine* im SGB VIII geregelte Intervention gegenüber: die Inobhutnahme gemäß § 42.

Gerade im Kontrast zum Vorläufergesetz des KJHG, dem JWG, werden zentrale Festlegungen deutlich: Erziehung, Sozialisation und Bildung sollen demokratisch, in Wechselbeziehung, mittels Aktivierung der Subjekte und deren Lernprozessen vonstatten gehen. Die Verantwortlichen der Jugendhilfe, so das Idealbild, stellen sich den Adressat(inn)en zur Verfügung, regen an und entscheiden möglichst im Konsens (vgl. die Vorgaben zum Hilfeplan in § 36). Es handelt sich um ein praktisch und theoretisch anspruchsvolles Konzept.

Für die straffällig gewordenen Jugendlichen und Heranwachsenden gilt ein Jugendstrafrecht, das dem Leitgedanken der „Erziehung" folgt. Dieser kommt im gesamten Gesetzeswerk des JGG zum Ausdruck. Vor allem die Erziehungsmaßregeln (§ 9) und dort die Weisungen (§ 10) charakterisieren den Anspruch. „Weisungen sind Gebote und Verbote, welche die Lebensführung der Jugendlichen Regeln und dadurch seine Erziehung fördern und sichern sollen" (§ 9, Abs. 1).

Zur Entscheidungsfindung bedient sich die Justiz einer speziell geschaffenen Institution: der Jugendgerichtshilfe (§ 38 JGG, § 52 KJHG). Während für Erwachsene das Strafziel Resozialisierung gilt und damit die Legalbewährung gemeint ist, strebt das JGG den „künftigen rechtschaffenen und verantwortungsbewussten Lebenswandel" an (§ 21 Strafaussetzung zur Bewährung; § 91 Aufgaben des Jugendstrafvollzuges).

## 4 „Fördern und Fordern"

Sowohl im Rahmen der Jugendhilfe wie auch im Jugendstrafrecht formuliert der Gesetzgeber nicht nur anspruchsvolle Aufgaben, der Staat stellt auch eine große Bandbreite von Dienstleistungen zur Verfügung (§§ 27-35 KJHG; § 10 JGG; Angebote im Jugendvollzug). Zugleich droht die Formel „Und bist Du nicht willig, so brauche ich Gewalt".

Die Erklärungen von Devianz und Delinquenz sowie die gesetzlichen Regelungen zum Umgang mit den Phänomenen eröffnen an dieser Stelle die Möglichkeit, sich mit den Aussichten, die jeweiligen Ziele zu erreichen, näher zu beschäftigen. Das Spannungsverhältnis zwischen Fördern und Fordern im Rahmen von Sozialisation, Erziehung und Bildung tritt hier besonders deutlich hervor. Das soll beispielhaft an den Institutionen Schule und Jugendvollzug verdeutlicht werden.

## *4.1 Schulversagen – Versagen der Schule*

Die Schule erfasst praktisch alle Kinder und Jugendlichen. Traditionelle wird Jugendalter mit Schülersein gleichgesetzt. Das derzeitige deutsche Schulsystem stellt eine Gefährdung all derjenigen Schüler(innen) dar, die nicht von vornherein bestimmte kognitive und sozial-kulturelle Eigenschaften mitbringen. Die Folgen der noch überwiegenden Dreiteilung in Haupt- und Realschulen sowie Gymnasien in Zeiten verschärften Leistungs- und Konkurrenzdrucks sind offenkundig. Es kommt zu Verdrängungsprozessen von oben nach unten. Diese wirken sich im Vorschulbereich ebenso aus wie in den Ausbildungsfeldern.

Die Schule steht vor zwei Herausforderungen. Orientiert an den Vorgaben der Wirtschaft muss sie Lehrpläne durchsetzen, die weder einem allgemeinen Bildungsbedarf entsprechen, noch – vor allem in der Hauptschule – die Lebenslagen vieler Schüler(innen) berücksichtigen. Daraus entstehen fortwährend Konflikte, die an manchen Orten noch tabuisiert werden. Zugleich sind vielfältige Reformansätze zu beobachten, die versuchen, den Realitäten besser zu entsprechen. Handlungsbedarf ist gegeben. Denn immer wieder signalisieren einzelne Vorfälle symptomatisch, dass unter der Oberfläche sich nicht nur individuelle Krisen zuspitzen.

Für diese neuen Herausforderungen sind die meisten Lehrer(innen) denkbar schlecht vorbereitet. Sie verfügen über eine traditionelle Ausbildung in den Fächern und Didaktik. Sozial- bzw. devianzpädagogische Qualifikationen dagegen fehlen fast völlig. Das sind schwere professionelle Mängel, die im Schulalltag die Lage verschärfen. Im Grunde ist seit Jahrzehnten bekannt, dass es einen stillschweigenden Pakt zwischen „lernunwilligen" Schüler(inne)n und deren Lehrer(inne)n gibt. Bleiben die Jugendlichen dem Unterricht fern, stellt dies eine Entlastung der Situation dar. Aus devianzpädagogischer Sicht ergeben sich aus diesen und anderen Konflikten mindestens zwei Probleme:

Die Schule bezieht ihren Auftrag aus dem jeweiligen Landesschulgesetz. Dies enthält auch Regelungen, wie bei Regelverstößen vorgegangen werden soll. Beziehungen werden autoritativ gelöst: Es gilt, die Ordnung wieder herzustellen. Erziehung kommt in solchen Auseinandersetzungen allenfalls begrenzt zustande, als Bestandteil von Sozialisation. Anstalten, die auf bloß rigide Einhaltung ihrer Vorschriften pochen, tragen zur Eskalation der Situation bei. Und sie praktizieren ein ungünstiges Vorbild gegenüber allen anderen Beteiligten. Die Handhabung der Schwierigkeiten wird als schlichter Machtkampf gestaltet.

## *4.2 Jugendstrafrechtliche „Blindversuche"*

Jugendrichter verfügen über keine spezielle (Zusatz-)Ausbildung. Devianzpädagogisches Wissen ist ihnen in aller Regel fremd. Sie üben ihre Tätigkeit üblicherweise vorübergehend aus. Die Jugendgerichtshilfe (§ 36 JGG; § 52 KJHG) kann dieses Defizit nur begrenzt ausgleichen (Plewig 2005b).

Es gibt kaum empirisch valide Studien über die Wirksamkeit von Sanktionen. Lediglich der Sherman-Report (1997) aus den USA hat die Kenntnisse über Zusammenhänge von

Personen, Konzepten und Effizienz der eingesetzten Mittel erhellt.[2] Danach darf als gesichert gelten, dass nur Maßnahmen die erhoffte langfristige Wirkung erreichen, die auf Dauer, Nähe und Vertrauen der Betroffenen aufbauen. In der Sozialarbeit ist dafür der Begriff „Interventionsberechtigung“ bekannt, aus der Erziehungswissenschaft der des „pädagogischen Bezuges“.

Dieses Wissen stärkt die Forderung nach integrativen Ansätzen. Dafür ist die Justiz in aller Regel weder zuständig noch professionell in der Lage. Deshalb lässt sich für das Jugendstrafrecht zusammenfassen: Fachlich nicht ausgebildete Jugendrichter probieren zufällig und willkürlich Sanktionen, deren Tauglichkeit wissenschaftlich nicht bestätigt ist, an Jugendlichen, deren Lebensprobleme (Mollenhauer/Uhlendorff 1992) nicht angemessen erkannt bzw. nicht einbezogen werden.

## *4.3 Lernen: Motivation und Entwicklung*

Deviante und Delinquente sollen – wie alle jungen Menschen – lernen bzw. umlernen. Lernen ist der Grundvorgang für Sozialisation, Erziehung und Bildung. Gemeint ist hier die relativ dauerhafte Verhaltensänderung auf Grund von Erfahrung, von Interaktionen eines lernenden Organismus mit der Umwelt.

### *4.3.1 Motivation*

In der Fachdiskussion, aber auch in der Öffentlichkeit, wird dabei an Inhalte gedacht: Wissen/Kompetenzen, Moralentwicklung, Sozialverhalten, Legalverhalten usw. Fast völlig fehlt dagegen die Reflexion darüber, wie entsprechende Inhalte „transformiert“ (Geissler 1982: 146-181) bzw. angeeignet werden. Lernaufgaben richten sich auch an die Motivation der Betroffenen, nicht nur an deren Verhalten. Es kommt somit auf die innere Seite jedes Menschen an, seine Persönlichkeit. Insgesamt umfassen Lernprozesse kognitive, emotionale, sensomotorische und motivationale Aspekte.

Die Unterscheidung von extrinsischer und intrinsischer Motivation ist auch in Alltagstheorien verbreitet. Wir wissen, wie wichtig die Zielvorstellungen der Adressat(inn)en zur Bewältigung von Aufgaben sind. Die Beachtung und Klärung ihrer Interessen verstärkt die Aussichten, die erwartete Motivation zu stärken. Um dem gerecht zu werden, bedarf es emotionaler Stützung und Wertschätzung (vgl. Holdynski/Oerter 2002).

Motivierung bedeutet Überzeugungsarbeit. Das Individuum muss davon überzeugt sein bzw. werden, dass es „selbstwirksam“ ist (Bandura 1977). Deviante und Delinquente haben vielfach und zunehmend die Erfahrung gemacht, dass sie nicht akzeptiert werden, intellektuell und emotional nicht integriert seien. Das kann ihr Selbstbewusstsein schwächen und ihr Misstrauen verstärken.

In dieser widersprüchlichen Konstellation stoßen Sozialisation, vor allem aber Erziehung und Bildung, auf deutlichen Widerstand. Das professionelle Geschick liegt darin, diese Hürde zu überwinden. Die jungen Menschen müssen erfahren, dass sie mit ihren (wahrgenommenen und unentdeckten) Fähigkeiten positive Handlungsziele erreichen können.

Zu dieser Grundsatzfrage gesellt sich ein zweiter wesentlicher Aspekt. Entwicklung besagt, dass wir – nach Alter und individuellem Stand – in Stufen bzw. Phasen lernen. Für die Jugendhilfe bedeutet das, die Hilfen zur Erziehung im Rahmen des Hilfeplanes danach zu unterscheiden, ob sie z. B. für einen zehn-, vierzehn- oder siebzehnjährigen jungen Menschen gedacht sind.

Diese Anforderungen werden noch deutlicher, wenn es um die Wahl der Maßnahme im Jugendstrafrecht geht. Für wen sind Betreuungsweisung, Sozialer Trainingskurs, Arbeitsleistung oder „Täter-Opfer-Ausgleich" in welchem Alter unter welchen Bedingungen geeignet? Im Strafrecht wird der Einzelne zur Verantwortung gezogen. Das ist – wenn es lediglich um die Tat und dessen Auswirkungen auf Dritte ginge – relativ unproblematisch. Das Jugendstrafrecht aber verfolgt einen „großen Plan": Es will aus Anlass der Straftat unter Berücksichtigung der bisherigen Lebensumstände eine „erzieherische" Sanktion finden, die für die Zukunft einen „rechtschaffenen Lebenswandel" (§ 21 JGG) erreicht. Das ist Hybris, aber auch realer Anspruch in der Praxis. Umso bemerkenswerter ist die Tatsache, dass über die inhaltlichen Grundlagen dieses Vermittlungsprozesses kaum eine Fachdiskussion stattfindet (Plewig 2007/2008).

Im Jugendvollzug gibt es die Tendenz, zwischen „Mitarbeitswilligen" und „Mitarbeitsunwilligen" zu unterscheiden. Erstere erhalten die im Gesetz vorgesehene Förderung, letztere spüren die Konsequenzen, indem ihnen Leistungen vorenthalten oder entzogen werden. Diese Denk- und Handlungslogik entspricht der Philosophie des Täterstrafrechts. Es unterscheidet zwischen „Erziehungswilligen und -fähigen" und den dafür – noch – Ungeeigneten. Es gewährt Vergünstigungen bei guter Führung (z. B. vorzeitige Entlassung), verknüpft dies aber mit geforderten Anpassungsleistungen. Es wird der Sozialisationsprozess beobachtet und bewertet. Das eröffnet der Manipulation Tür und Tor (Arbeiterwohlfahrt 1993; Plewig 1994).

Diese Sichtweise entstammt kriminalpädagogischem Denken (Plewig 2005a), wonach die Angebote „gut" und der Adressat möglicherweise „schlecht" ist. Zu berücksichtigen ist aber, ob die Betroffenen die in sie gesetzten Erwartungen überhaupt bzw. schon erfüllen können. Der Jugendvollzug ist verfassungsrechtlich dazu aufgerufen, die Motivation der Gefangenen immer wieder versuchsweise zu stärken. Manch einer, der als „unwillig" erscheint, ist nur noch nicht reif für die Bewältigung der Aufgabe.

### *4.3.2 Entwicklungsstufen*

Empirische Erkenntnisse, wie Kinder und Jugendliche in komplexen persönlichen Angelegenheiten – und dazu zählen auch Konflikte einschließlich Straftaten – entscheiden, sind kaum vorhanden. Heckhausen schlug 1987 ein Modell der Willensbildung vor. Wünschen und Wollen sind vom formal-operationalen Denkvermögen mit entsprechender Hypothesenbildung abhängig. Anspruchsvolle Abwägungsprozesse, die das Spannungsverhältnis von „Es, Über-Ich und Ich" betreffen, können kaum vor dem zwölften Lebensjahr erbracht werden. Diese Tatsache betrifft eine zentrale Frage des Jugendstrafrechts: Für welches Alter soll es gelten? Gegenwärtig eröffnet § 105 JGG die Möglichkeit, auch „Heranwachsende" mit den Sanktionen des JGG zu bedenken (Walter 2007). Dagegen erheben sich Einwände, vornehmlich aus der Politik. Volljährige sollten die Pflichten des Erwachsenenstatus spüren; das JGG sende die falschen, zu „milde" Signale.

Diese Logik der Gleichbehandlung überzeugt nur vordergründig. Aus der Kriminologie wissen wir seit Jahrzehnten, dass fast alle strafrechtlich erfassten jungen Menschen (überwiegend Männer) am Anfang des dritten Lebensjahrzehntes nicht mehr registriert werden: Da hat sich etwas erledigt. Deshalb spricht einiges für ein „Jungtäterrecht" bis zum 25. Lebensjahr. Ein derartiges Konzept wird in der Schweiz praktiziert. Dort verzichtet man weitgehend auf Gefängnisse für diese Personen. Etwas Anderes wird dort erkennbar: Die „jungerwachsenen“ Strafgefangenen zeichnen sich durch eine beachtliche Lernbereitschaft aus. Sie zeigen Motivation und erreichen Ausbildungsziele, wie es bei jüngeren Gefangenen viel seltener beobachtet wird.

## 5 Sicherheitspolitiken

Deviante und Delinquente werden zu oft lediglich als Störer(innen) wahrgenommen. Ihnen gelten Ordnungsmaßnahmen in der Hoffnung, Sozialisationsziele durchsetzen zu können. Sie bringen – als „Symptomträger“ – mit ihrer Einstellung und ihrem Verhalten aber auch zum Ausdruck, was in der Gesellschaft nicht „stimmt“. Der interaktionistische Blickwinkel lehrt, mit bloß äußerlicher sozialer Kontrolle zurückhaltend zu verfahren. Institutionen gefährden mit Stigmatisierungen und Prozessen der Ausgrenzung die Entwicklung der Betroffenen. Diese Perspektive legt nahe, Devianz und Delinquenz nicht einseitig zu betrachten.

Das betrifft die Frage der Sicherheit allgemein. Die Definitionsmacht darüber liegt weitgehend bei der Innenpolitik. Die Polizei, gerade auch im Jugendbereich, zeichnet sich durch eine Vielfalt von Maßnahmen (Freizeitangebote) aus, für die originär die Jugendhilfe zuständig ist. Sie macht es sich zur Aufgabe, an den Schulen präsent zu sein. Sie erwartet Anzeigen von Lehrer(inne)n und Schüler(inne)n, um vor allem „die Gewalt in den Griff zu bekommen“. Schulministerien verfügen zunehmend, der Justiz in dieser Form zuzuarbeiten.

Eine Gesellschaft, die eine derartige Ausrichtung duldet und fördert, betrachtet auffällige junge Menschen als Risiko, als Störer(innen), als Gegner(innen). Das fällt umso leichter, wenn Erwachsene keine Vorstellung von Zukunft haben (Arbeiterwohlfahrt 1993). Die Gestaltung der Gegenwart beschränkt sich dann auf Fragen der Disziplin. Damit ist keine Stabilisierung gesellschaftlicher Verhältnisse zu erreichen. Gefordert ist stattdessen ein integriertes Konzept „Sicherheitspolitiken“: Familien-, Jugend- und Sozialpolitik stellen die vorrangigen Garanten „sicherer Verhältnisse“ dar. Innenpolitik kann dies nur flankieren. In der Praxis zeigt sich allerdings, dass dafür das Bewusstsein noch fehlt; Gegentendenzen sind selten. Konzepte wie Sozialraumorientierung stellen Ausnahmen dar. Kriminalpräventive Räte stehen in aller Regel unter der Führung von Polizei und Einzelhandel. So bleibt es zunächst theoretischen Überlegungen überlassen, schützende und stabilisierende Strukturen zu schaffen.

## 6 Kommunalpädagogik und Ganztagsbildung

In einer hochgradig arbeitsteiligen, „globalisierten“ Welt müssen wir mit spezifischen Formen der Entfremdung leben. Das erschwert es jungen Menschen, eine stabile und zugleich flexible Identität zu entwickeln. Im Konzept der „Kommunalpädagogik“ werden solche Zusammenhänge mit dem Ziel einer politisch-kulturellen Identität erkannt: Um an der demokratischen Willensbildung mitwirken zu können, bedürfe es eines tragfähigen vorpolitischen Konsenses. Die Kommune könne dazu beitragen, zwischen Arbeit (Lohnerwerb) und Beziehungen zu vermitteln. Damit treffen sich Pädagogik und Politik. Die Pointe dieses Ansatzes liegt darin, dass er alle Mitglieder eines Sozialraumes nicht nur als „freie" Individuen mit Rechten und als Adressat(inn)en von Sozialisationsprozessen erachtet, sondern sie zugleich als Urheber(innen) von Rechtsnormen und politischen Entscheidungen versteht. Darin kann ein wichtiger Hinweis für eine anders geartete Vergesellschaftung allgemein und Sozialisation, Erziehung und Bildung von Devianten speziell liegen. Sozialpädagogik ist nicht nur dazu da, „Defizite" bei ihrer Klientel zu beseitigen und sie zu einsatzbereiten Lohnarbeiter(inn)en zu machen, und Devianzpädagogik hat nicht die Aufgabe, jungen Menschen lediglich Legalverhalten anzutrainieren.

Devianz und Delinquenz sind Phänomene, die unter den Gesichtspunkten Prävention und Intervention betrachtet werden müssen. Eingriffe wie beispielsweise schulische Selektion oder strafrechtliche Maßnahmen gegenüber Devianten und Delinquenten sind tendenziell kontraproduktiv. Interventionen müssen positiv motivieren, um die geforderten Lernprozesse erfolgreich zu gestalten. Dafür ist ein differenziertes professionelles Wissen erforderlich. Abweichendes Verhalten ist nicht vorrangig ein ordnungsrechtliches Problem.

Nachhaltige Sicherheit in der Gesellschaft entsteht am ehesten, wenn Familien-, Jugend- und Sozialpolitik das Aufwachsen junger Menschen realitätsgerecht fördern. Das bedeutet die Stärkung struktureller Prävention. Das ist eine Konsequenz aus dem Stigmatisierungsansatz (Normalitäts-These). Ein bildungstheoretisches Konzept, das schulische und außerschulische Bildungsprozesse sowie formelles und informelles Lernen miteinander verbindet, besitzt dafür viel versprechende Bedeutung. Es kann im Allgemeinen zur Förderung des Aufwachsens von jungen Menschen beitragen. Soweit es den öffentlichen Bereich betrifft, ist die Zusammenarbeit zwischen Schule und Jugendhilfe sinnvoll, sofern nicht die Denk- und Handlungslogik des Schulsystems vorherrscht. Das Konzept der „Kommunalpädagogik" (Richter) kann hier vermittelnd wirken.

Zwischen Devianzpädagogik und Ganztagsbildung entsteht im Bereich der ambulanten und stationären Maßnahmen eine viel versprechende Option: Ausgangspunkt ist die Straffälligkeit. Es gibt ein berechtigtes Interesse der Gesellschaft an angemessener Sozialisation. Ganztagsbildung kann die Perspektive von Sozialisation und Bildung im Rahmen von Disziplinar- und Erziehungsstrafen herausarbeiten. Handlungstheoretische Perspektiven sind gegenüber anderen Paradigmen (Ethnomethodologie, Systemtheorie usw.) abzuwägen.

Woran können (deviante/delinquente) Kinder und Jugendliche den Vorteil dieses Ansatzes erkennen? Er basiert auf einem Bild von Staat und Gesellschaft, in der einer Instrumentalisierung des Menschen gezielt begegnet wird. Er signalisiert advokatorische Hilfe für die „Aushandlungsschwachen" und stützt sie, indem ihre Lebenswelt, ihre Kompetenzen und ihre Sichtweisen systematisch beachtet und gefördert werden. Er sucht die Auseinandersetzung auf der Basis vertrauenswürdiger Beziehung, zu der die erworbene Interventionsberechtigung gehört. Die – teilweise idealistischen oder gar nur rhetorischen – Bezüge zu Subjekt-Theorien in der Fachdiskussion könnten materielle Substanz bekommen, wenn Deviante und Delinquente konsequent als Träger von Mitverantwortung für ihr Verhalten gesehen werden, nicht als bloße Störer(innen) oder Täter, sondern Zukunft mitgestaltende Mitglieder ihrer Kommune. Es liegt auf der Hand, dass die angestrebte Kultur abhängig ist von den herrschenden ökonomischen und politischen Verhältnissen.

## *Literatur*


Arbeiterwohlfahrt (Hg.) (1993): Jugend ohne Zukunft. Befähigen statt strafen. Positionspapier. Bonn.

Bandura, Albert (1977): Self-efficacy: Towards a unifying theory of behavioral change. In: Psychological Review (Vol. 84) No. 2/1977: 191-215.

Boogaart, Hilde van den/Plewig, Hans-Joachim (2007): Devianz. In: Deutscher Verein für öffentliche und private Fürsorge (Hg.): Fachlexikon der sozialen Arbeit. Baden-Baden: Nomos: 199-200.

Braun, Anna-Katharina (2007): Wie Gefühle unser Gehirn verändern oder: Was Hänschen nicht lernt, lernt Hans nimmermehr. In: Forum Loccum H. 4/2007: 7-11.

Fatke, Reinhard/Merten, Roland (Hg.) (2006): Bildung über die Lebenszeit. Vorwort. Wiesbaden: VS Verlag für Sozialwissenschaften.

Fend, Helmut (1977): Gesellschaftliche Bedingungen schulischer Sozialisation. Weinheim: Juventa.

Geissler, Erich (1982): Erziehungsmittel. Bad Heilbrunn: Klinkhardt.

Heckhausen, Heinz (1987): Perspektiven einer Psychologie des Wollens. In: Heckhausen, Heinz/Gollwitzer, Peter M./Weinert, Franz E. (Hg.): Jenseits des Rubikons: Der Wille in den Humanwissenschaften. Berlin: Springer: 121-142.

Holdynski, Manfred/Oerter, Rolf (2002): Motivation, Emotion und Handlungsregulation. In: Oerter, Rolf/ Montada, Leo (Hg.): Entwicklungspsychologie. Weinheim: Beltz: 551-589.

Hüther, Gerald (2004): Die Bedeutung sozialer Erfahrung für die Strukturierung des menschlichen Gehirns. In: ZfPäd (50. Jg.) H. 4/2004: 487-495.

Lamnek, Siegfried (2007): Theorien abweichenden Verhaltens. München: Fink.

Lemert, Edwin (1975): Der Begriff der sekundären Devianz. In: Lüderssen, Klaus/Sack, Fritz (Hg.): Seminar: Abweichendes Verhalten I. Frankfurt a. M.: Suhrkamp: 433-476.

Ludwig, Peter (2000): Einwirkung als unverzichtbares Konzept jeglichen erzieherischen Handelns. In: ZfPäd (46. Jg.) H. 4/2000: 585-600.

Maelicke, Bernd (2006): Devianzmanagement. Konzept eines wissenschaftlichen Weiterbildungsstudienganges. Universität Lüneburg.

Mollenhauer, Klaus/Uhlendorff, Uwe (1992): Sozialpädagogische Diagnosen. Bd 1. München: Juventa.

Plewig, Hans-Joachim (1994): Thesen zum Jugendstrafrecht. In: DVJJ-Journal H. 3-4/1994: 227-229.

Plewig, Hans-Joachim (2000): Devianzpädagogik. In: Stimmer, Franz (Hg.): Lexikon der Sozialpädagogik und Sozialarbeit. München: Oldenbourg: 138-144.

Plewig, Hans-Joachim (2001): Delinquenz. In: Otto, Hans-Uwe/Thiersch, Hans (Hg.): Handbuch Sozialarbeit, Sozialpädagogik. Neuwied: Luchterhand: 243-252.

Plewig, Hans-Joachim (2005a): Von der Kriminal- zur Devianzpädagogik und zurück? In: Richter, Helmut/Plewig, Hans-Joachim (Hg.): Dialogisches Verstehen. Festschrift für Horst Scarbath. Frankfurt a. M.: Lang: 139-155.

Plewig, Hans-Joachim (2005b): Jugendgerichtshilfe. In: Kreft, Dieter/Mielenz, Ingrid (Hg.): Wörterbuch Soziale Arbeit. Weinheim: Juventa: 463-467.

Plewig, Hans-Joachim (2007/2008): Neue deutsche Härte. Die „Konfrontative Pädagogik" auf dem Prüfstand. In: Zeitschrift für Jugendkriminalität und Jugendhilfe H. 4/2007: 363-369 und H. 1/2008: 52-59.

Reiserer, Markus/Mandl, Heinz (2002): Individuelle Bedingungen lebensbegleitenden Lernens. In: Oerter, Rolf/ Montada, Leo (Hg.): Entwicklungspsychologie. Weinheim: Beltz: 923-993.

Sherman, Lawrence/Gottfredson, Denise/MacKenzie, Doris/Eck, John/Reuter, Peter/Bushway, Shawn (Eds.) (1997): Preventing Crime: What Works? What doesn't Work? What's Promising? A Report to the United States Congress. Department of Criminology and Criminal Justice. University of Maryland. In: www.ncjrs.gov/works/wholedoc.htm (Download am 17.12.2007).

Walter, Michael (2007): Heranwachsende als kriminalrechtliche Problemgruppe. In: Goltammer's Archiv für Strafrecht H. 9/2007: 503-517.

# Schulaversion und Schulabsentismus

*Hermann Rademacker*

„Schulaversion" bezeichnet alle Formen des Sich-Nicht-Einlassens auf Schule und ihre Erwartungen oder auch der Ablehnung oder Abkehr von Schule, schulischem Lernen und schulischen Anforderungen. Ausdrucksformen der Schulaversion können Störungen des Unterrichts ebenso wie Nicht-Beteiligung an schulischen und unterrichtlichen Aktivitäten, Zu-spät-kommen, Schulpflichtverletzungen und gehäufte Schulversäumnisse sein. „Schulversäumnis" oder auch „Schulabsenz" meint die physische Abwesenheit eines Schülers oder einer Schülerin von der Schule unabhängig davon, ob diese Abwesenheit gerechtfertigt ist. Im Unterschied dazu bezeichnet „Schulabsentismus" die Abwesenheit von der Schule dann, wenn Anwesenheit schulischen Normen entspräche. Derartiges Verhalten wird gelegentlich auch als „Schuldistanz" (Senatsverwaltung für Bildung, Jugend und Sport 2003) oder „Schulvermeidung" (Kampe 2006) bezeichnet. Der zeitweise oder befristete Ausschluss vom Schulbesuch ist eine Absenz, aber kein Absentismus, denn dieses Fernbleiben von der Schule erfolgt im Einklang mit heute als Erziehungs- und Ordnungsmaßnahmen in den Schulgesetzen verankerten schulischen Normen.

Der vor allem in der öffentlichen Debatte, aber auch in Teilen der Fachdiskussion (vgl. Thimm 2000; Schreiber-Kittl 2001) verbreitet benutzte Begriff der „Schulverweigerung" wird hier auf solche Fälle begrenzt, in denen tatsächlich eine bewusste Entscheidung des schulpflichtigen jungen Menschen oder seiner Sorgeberechtigten gegen den Schulbesuch vorliegt. Beispiele für Schulverweigerung aufgrund elterlicher Entscheidung finden sich aktuell vor allem bei christlichen Gruppierungen, deren „fundamentalistisch geprägtes Weltbild (...) sich nicht mit dem Meinungs- und Wertepluralismus (verträgt), der eines der Grundprinzipien des öffentlichen Schulwesens darstellt" (Achilles 2006: 39).

Fragwürdig ist die Bezeichnung all derjenigen schulpflichtigen Jugendlichen als „Schulverweigerer", die die Schule kaum noch oder gar nicht mehr besuchen und in entsprechenden Maßnahmen und Projekten der Jugendhilfe aufgefangen werden. Die ihnen mit der „Verweigerung" zugeschriebene Entscheidung gegen den Schulbesuch ist kaum ausreichend belegt und überprüft. Die Zuschreibung einer bewussten Entscheidung gegen den Schulbesuch ist vor allem deshalb bedenklich, weil damit Maßnahmen und Initiativen mit dem Ziel, diese Jugendlichen in die Schule zu reintegrieren, als pädagogisch fragwürdig erscheinen müssen, denn sie müssten gegen den Willen der jungen Menschen erfolgen.

## 1 Schulaversion und die soziale Funktion von Bildung

Schulaversion und Schulabsentismus sind für Schulentwicklung, Bildungspolitik und Bildungsforschung unter der Fragestellung der sozialen Integration individuell beeinträchtigter oder sozial benachteiligter junger Menschen von erheblicher Bedeutung. Angesichts der fortgeschrittenen Entwicklung zur Bildungsgesellschaft ist Bildung zu einer unabdingbaren Voraussetzung gesellschaftlicher Integration und Teilhabe geworden. Schulaversion und Schulabsentismus sind unter diesen Bedingungen als Indikatoren eines erheblichen Risikos schulischen Scheiterns zugleich auch Risikomarker für soziale Ausgrenzung (Nicaise 2000; Ehmann/Rademacker 2003; Williams/Pritchard 2006). Diese Sichtweise kennzeichnet den bildungspolitischen Diskurs wie auch die Forschung zu Schulaversion und Schulabsentismus in den angelsächsischen Ländern seit mindestens zwei Jahrzehnten (Sommer 1985; Social Exclusion Unit 1998). In Deutschland zeigt sich ein verstärktes Interesse an dem Thema erst seit Mitte der 1990er Jahre, als schulabsente Jugendliche in Projekten der berufsbezogenen Jugendhilfe in Erscheinung traten (Schäfer 1996; Thimm 1998). Thematisiert wurden Schulversäumnisse hier bis dahin vor allem in der sonderpädagogischen (Klauer 1963; Hildeschmidt u. a. 1979; Ricking/Neukäter 1997) wie auch in der kriminologischen Forschung (Wilmers u. a. 2001). Hier zeigt sich, „dass Delinquenz und Schulschwänzen zwar häufig zusammen auftreten, aber nicht in einer Ursache-Wirkungs-Beziehung stehen" (Grewe/Erdmann 2006: 8).

Schulaversion und Schulabsentismus sind eine Herausforderung für die pädagogische Gestaltung des schulischen Angebots unter Einbeziehung seiner sozialen Qualität (Landua/Großmann 2007). Die aktuelle Ausweitung von Ganztagsbildung bietet dafür mit ihren erweiterten Möglichkeiten der Einbeziehung sozialpädagogischer Leistungen und der Öffnung von Schule zu den Lebenswelten der Schüler(innen) und zur Arbeitswelt besondere Chancen. Der Vernetzung und Abstimmung des schulischen Handelns mit dem Handeln außerschulischer Akteure kommt dabei besondere Bedeutung zu. So zeigen Untersuchungen in den USA zum Dropout (vorzeitige Beendigung des Schulbesuchs ohne Abschluss), dass die Beziehungen zwischen Elternhaus und Schule von erheblicher Bedeutung sowohl für den regelmäßigen Schulbesuch wie für eine erfolgreiche Schullaufbahn insgesamt sind (Sutherland/MacMillan 2001; Volkman 1996). In Deutschland haben Schulze/Wittrock (2006) die Beziehungen zwischen Elternhaus und Schule zum Forschungsgegenstand gemacht und untersuchen die Bedingungen für die Zusammenarbeit dieser beiden wichtigsten Akteure des Bildungsgeschehens, deren Zusammenwirken für ein Gesamtkonzept von Bildung und Erziehung, wie es in den Leipziger Thesen gefordert wird (Bundesjugendkuratorium u. a. 2002), unverzichtbar erscheint.

Insbesondere in den angelsächsischen Ländern gilt die Präsenzquote der Schüler(innen) schon lange als ein Qualitätsmerkmal von Schule, in Deutschland greift ein solches Verständnis nur zögernd Platz. Beispiele für eine solche Wertung sind die – 2005 wieder aufgehobene – Hamburger „Richtlinie für den Umgang mit Schulpflichtverletzungen" (Behörde für Schule, Jugend und Berufsbildung 2001), die Berliner Handreichung zur Schuldistanz (Senatsverwaltung für Bildung, Jugend und Sport 2003) und hier insbesondere die regelmäßigen Erhebungen zu Schulversäumnissen und ihre Veröffentlichung im Rahmen von Schulportraits für jede Schule (Gabbei 2006), die in Schleswig-Holstein eingeleitete Initiative zur Reduzierung von Schulversäumnissen in Hauptschulen (Rat für Kriminalitätsverhütung in Schleswig-Holstein 2007) sowie das Niedersächsische Präventions- und Integrationsprogramm (Strauch 2006).

Absentismus ist nicht nur ein Risikoindikator für gesellschaftliche Ausgrenzung, sondern findet auch einen Teil seiner Erklärung in belasteten sozialen Herkunftsverhältnissen. Armut und ihre verbreiteten Begleiterscheinungen wie niedrige Bildung und Entfremdung von Schule mit ihren unterschiedlichen Erscheinungsformen werden weitgehend durch einen Prozess „sozialer Vererbung" über die Generationen weitergegeben (Williams/Pritchard 2006: 13-15). Zu den Belastungsfaktoren der Herkunftsverhältnisse können dabei auch die Haushaltsgröße, der Bildungsstand der Eltern, besonders der Mütter sowie die Bildungsaspiration der *Peers* gehören (Suh u. a. 2007). Eine ausführliche Darstellung von Formen und Erklärungsmustern schulaversiven Verhaltens findet sich bei Schulze/Wittrock (2001: 10-24).

## 2 Die Norm als Bedingung für den Normverstoß

Für Schulabsentismus sind durch die Regelungen zur Schulpflicht und die Vorschriften für das Verhalten bei Verhinderung des Schulbesuchs auf der rechtlichen Ebene klare Kriterien gesetzt. Für schulaversives Verhalten bei Anwesenheit in der Schule dagegen sind diese Kriterien sehr viel unklarer. Hier hängen die Bewertungsmaßstäbe vom Schulklima und den in der einzelnen Schule etablierten Normen des Verhaltens und des Umgangs ab. Dabei geht es etwa darum, ob und bei welchem Umfang oder welcher Häufigkeit das Zuspätkommen bei Unterrichtsbeginn, das zeitweise oder vorzeitige Verlassen des Klassenraums während des Unterrichts – Schulze/Wittrock (2001: 40) sprechen hier von „Unterrichtsabsentismus" – als Normverstöße bewertet werden, und welche Folgen sie haben. Noch schwieriger wird die Frage nach Bezugsnormen für schulaversives Verhalten im Unterricht. Wann gelten Zwischenrufe, Sich-Bewegen im Klassenraum, Gespräche mit den Nachbarn oder auch die Nichtbeteiligung am Unterricht – Tagträumen oder Abschalten – als Regelverstöße? Sie sind abzugrenzen sowohl gegen, möglicherweise im Einzelfall durchaus zweckmäßige und sinnvolle, Schülerstrategien der Bewältigung von Belastungen im Schulalltag wie auch gegen Reaktionen auf pädagogisch unangemessenes Lehrer(innen)verhalten.

### *2.1 Die Normen des Unterrichts und ihr Wandel – schulaversives Verhalten im Unterricht*

Die Maßstäbe für schulaversives Verhalten im Unterricht unterliegen dem Wandel, der in den vergangenen etwa fünf Jahrzehnten durch die Abkehr von der Schule als einem besonderen Gewaltverhältnis gekennzeichnet war. Diese Entwicklung war eingebettet in einen tief greifenden gesellschaftlichen Wandel, der auch die Beziehungen zwischen Erwachsenen und Kindern in der Familie, in der Öffentlichkeit wie auch in der Schule betraf. Verhaltensstandards haben sich weg vom Befehlen und Gehorchen hin zum Verhandeln und Überzeugen verändert (Büchner 1983). Parallel dazu haben sich die Maßstäbe für Unterricht verändert. So wird Frontalunterricht zunehmend kritisch gesehen, während Unterrichtsformen, die Lernenden die Rolle eigenverantwortlich handelnder Subjekte einräumen und sie in der Ausfüllung dieser Rolle unterstützen, favorisiert werden. Die Schulentwicklungsforschung stützt diese Entwicklung mit der Entdeckung der Einzelschule als der entscheidenden Handlungsebene für Schulqualität (Rutter u. a. 1980; Fend 1986). Die Bildungspolitik hat diese Entwicklung aufgegriffen, indem sie von Schulen die Formulierung schulspezifischer Programme und die Entwicklung eigener Schulprofile einfordert. Die angesichts solcher Entwicklungen pädagogisch zumindest in Grenzen durchaus wünschenswerte und notwendige Unbestimmtheit der Definition schulaversiven Verhaltens im Unterricht mag eine der Erklärungen dafür sein, dass „in der deutschsprachigen Fachliteratur (...) aktuell noch keine wissenschaftlich fundierte Systematisierung von schulaversiven Verhaltensweisen erfolgt" ist (Schulze/Wittrock 2001: 17).

Allgemeine Ziele, aus denen sich Maßstäbe sowohl für die pädagogische Qualität von Schule wie auch für schulaversives Verhalten herleiten lassen, sind allerdings benennbar. So sollte die Schule

- ein sicherer Ort für alle Schüler(innen) sein, an dem sie vor Gewalt, Erniedrigung und Gefährdung geschützt sind
- ein Ort der Verlässlichkeit sein, an dem junge Menschen Vertrauenspersonen als Ansprechpartner(innen) für ihre Sorgen und Nöte finden, die helfen können, vorhandene Probleme zu bewältigen oder die dafür nötigen Hilfen verfügbar zu machen.
- ein Ort des Lernens sein, an dem sie ihr Recht auf Bildung möglichst unbeeinträchtigt durch äußere Störungen und persönliche Belastungen, gefördert durch Anregung, Beratung und ggf. nötige Hilfe wahrnehmen können.

## *2.2 Schulpflicht und Schulabsentismus*

Auch die Maßstäbe setzenden Normen für Schulabsentismus unterliegen einem Wandel. So ist die Geschichte der öffentlichen Schule in Deutschland begleitet durch eine Entwicklung zur allgemeinen Durchsetzung der Schulpflicht und zur Verlängerung der Schulpflichtdauer. Wichtige Stationen auf diesem Weg waren die Einrichtung einer gemeinsamen Grundschule für alle und ihre Konkretisierung im Reichsgrundschulgesetz von 1920, das „an Stelle des bisher geltenden ‚Unterrichtszwangs' einen ‚Schulzwang', nämlich zum Besuch einer bestimmten Schule, der Grundschule, gesetzlich verankert", und „nur ausnahmsweise und in besonderen Fällen Privatunterricht und so genannten ‚Familienunterricht' vor(sieht)" (Zymnik 1989: 168), wie er zuvor insbesondere in so genannten „Vorschulen"[1] verbreitet war. Ihr endgültiger Abbau erfolgt allerdings erst 1936 durch Anordnung des Reichserziehungsministeriums. Erst „damit sind die letzten Reste der traditionellen privaten Einrichtungen für 6- bis 10-jährige schulpflichtige Kinder in Deutschland abgeschafft" (ebd.: 194). In vielen anderen Ländern wie auch z. B. im deutschsprachigen Österreich besteht bis heute lediglich eine Unterrichtspflicht. Österreich bietet damit den o. g. christlichen Gruppierungen die Möglichkeit, den Hausunterricht für ihre Kinder zu realisieren,[2] der ihnen in Deutschland verwehrt ist, wenngleich auch hier Ausnahmen gemacht werden. So ist der Religionsgemeinschaft „Zwölf Stämme", die ihre Kinder über viele Jahre der Schulpflicht entzogen hatte, vom Bayerischen Kultusministerium zugestanden worden, unter staatlicher Aufsicht eine private Ergänzungsschule mit eigenen Lehrer(inne)n zu betreiben.

Seit dem Ende des Zweiten Weltkriegs ist die Vollzeitschulpflicht ausgedehnt worden. In den meisten Bundesländern wurde sie bereits in den 1950er Jahren von acht auf neun Jahre angehoben. In Nordrhein-Westfalen, Berlin, Brandenburg und Bremen beträgt sie heute zehn Jahre. Auch die Polytechnische Oberschule der DDR hatte zehn Klassenstufen,

1 Schulgeldpflichtige Vorbereitungsschulen für den Besuch des Gymnasiums. Auf sie bezieht sich die Bestimmung des Grundgesetzes in Art.7 Abs. 6: „Vorschulen bleiben aufgehoben."

2 Nach einem Bericht der Süddeutschen Zeitung vom 31. August 2006 entzog sich eine Hamburger Familie den Bemühungen der Hamburger Behörden zur Durchsetzung des Schulzwangs durch die Emigration nach Österreich.

ein Abschluss nach acht Schuljahren blieb aber möglich. Im internationalen Vergleich eine Besonderheit ist die in Deutschland geltende Pflicht zum Besuch der Teilzeitberufsschule. Für Jugendliche ohne Ausbildungsplatz werden zunehmend vollzeitschulische Angebote als Berufsvorbereitungsjahre (BVJ) oder Berufsgrundbildungsjahre (BGJ) eingerichtet, was für diese Jugendlichen die Vollzeitschulpflicht weiter auf zehn, in einigen Bundesländern auch auf elf Jahre ausdehnt.

Allein diese Ausdehnung der Schulpflicht auf ältere junge Menschen kann zur Ausweitung von Schulabsentismus führen, wenn – wie zahlreiche Untersuchungen zeigen – die Häufigkeit von Schulpflichtverletzungen mit dem Alter (Hildeschmidt 1979: 90-91; Weiß 2002: 26; Ricking 2003: 80) bzw. mit der Klassenstufe (Senatsverwaltung für Bildung, Jugend und Sport/Senatskommission Berlin gegen Gewalt 2007: 3) steigt. Wenn diese Ausweitung der Schulpflicht, wie im Fall des BVJ, ganz überwiegend junge Menschen betrifft, die schon zuvor Erfahrungen des Scheiterns in ihrer Schullaufbahn angehäuft haben, ist die Konzentration von Schulversäumnissen gerade in diesen Klassen erklärlich. Zudem nimmt mit zunehmendem Alter auch die elterliche Kontrolle ab, die nachweislich zur Begrenzung von Schulpflichtverletzungen (ebenso wie schulische Kontrolle) beitragen kann (Wilmers u. a. 2001: 254).

### *2.3 Der Ausschluss vom Schulbesuch als Ordnungs- und Erziehungsmaßnahme*

Solange man Anlass hatte anzunehmen, dass der Ausschluss vom Schulbesuch als Entlastung von einer unangenehmen Pflicht und die damit gegebenen Möglichkeiten der Freizeit oder auch des Arbeitseinsatzes der Kinder etwa in der Landwirtschaft als vorteilhaft wahrgenommen wurden, kam der Ausschluss von der Schule als Erziehungs- und Ordnungsmaßnahme – früher Schulstrafe – nicht infrage. Voraussetzung dafür, dass der Ausschluss von der Schule die Funktion einer Sanktion bekommen konnte, war die fortgeschrittene Entwicklung zur Bildungsgesellschaft. In dieser Entwicklung verschiebt sich die bildungspolitische Debatte von der Frage der Durchsetzung der Schulpflicht zur Sicherung des Rechtes auf Bildung (Nicaise 2000: 53), wie es in Deutschland durchgängig erst in den Nachkriegsverfassungen oder Schulgesetzen der Bundesländer wie auch in der Verfassung der DDR (Art. 25) formuliert wurde.

## 3 Zum Umfang schulaversiven Verhaltens

Auch wenn die quantitative Erfassung von Schulversäumnissen in Deutschland noch in den Anfängen steckt und eine die einzelnen Schulen übergreifende Sammlung und Auswertung entsprechender Daten noch die Ausnahme ist, liegen inzwischen eine Reihe von Untersuchungen vor: In der Berliner Erhebung zur Schuldistanz für das Schuljahr 2001/02 (Senatsverwaltung für Bildung, Jugend und Sport 2003: 3) zeigt sich eine deutliche Konzentration der erfassten gehäuften Schulversäumnisse (elf und mehr Fehltage im Schulhalbjahr ohne Unterscheidung zwischen entschuldigtem und unentschuldigtem Fehlen) in den Haupt- (37,6 %) und Sonderschulen (32,9 %), während die Gymnasien (9 %) den niedrigsten Wert ausweisen.

Auch in den Untersuchungen des Kriminologischen Forschungsinstituts Niedersachsen, die als Dunkelfelduntersuchung das selbst berichtete „Schwänzen“, also das von den Schüler(inne)n als unerlaubt eingestandene Fernbleiben von der Schule in neun deutschen Städten und Landkreisen erfassen, zeigen sich für die Hauptschulen die höchsten (zwischen 24,4 % für Dortmund und 10,8 % für Peine; Sonderschulen sind nicht einbezogen) und für die Gymnasien die niedrigsten Werte der „Mehrfachschwänzer“ (fünf und mehr Tage im Halbjahr) zwischen 0,8 % für Lehrte und 8,8 % für München (Baier u. a. 2006).

Die Untersuchung der Schulversäumnisse an Hauptschulen in Schleswig-Holstein (Rat für Kriminalitätsverhütung in Schleswig-Holstein 2007: 47-59) zeigt neben einem Ansteigen des Schüler(innen)anteils mit „signifikanten Schulversäumnissen“ (mehr als 10 Tage im Schulhalbjahr) von 8,5 % in Klassenstufe 5 auf 17,9 % in Klassenstufe 10 (Jungen 15,7 %, Mädchen 20,5 %) auch Zusammenhänge zwischen der Größe der Schule (7,1 % in Schulen mit weniger als 100 Schüler(innen) auf 9,8 % in Schulen mit mehr als 250 Schüler(inne)n) sowie der Einwohnerzahl des Schulstandortes (von 5,2 % in Schulen an Schulstandorten mit unter 5 000 auf 17,7 % in Städten mit über 100 000 Einwohner(inne)n). Allerdings zeigen sich weit größere Unterschiede zwischen einzelnen Schulen innerhalb der nach diesen Kategorien gebildeten Gruppen. So liegt der Höchstwert des Schüler(innen)anteils mit „signifikanten Schulversäumnissen“ an Schulstandorten mit weniger als 5 000 Einwohner(inne)n bei 23,5 %, der niedrigste bei 1,5 %. Den höchsten Anteil von 33,3 % überhaupt weist eine Hauptschule einer Kleinstadt mit 5-10 000 Einwohner(inne)n und weniger als 100 Schüler(innen) auf, während in einer Großstadthauptschule mit 151-250 Schüler(inne)n Schulversäumnisse von mehr als 10 Tagen nur bei 1,7 % der Schüler(innen) vorkommen. Zur Erklärung solcher Unterschiede ist unbedingt das pädagogische Handeln der Schulen einzubeziehen. Im Unterschied zu anderen Untersuchungen fällt auf, dass die Schulversäumnisse der Mädchen an den Hauptschulen in Schleswig-Holstein in allen Klassenstufen deutlich über denen der Jungen liegen (26,3 % gegenüber 17,6 % in Klassenstufe 10), während die Werte für Jugendliche mit Migrationshintergrund zwar insgesamt, aber nicht in allen Jahrgangsstufen über dem Durchschnitt liegen.

Zum Umfang schulaversiven Verhaltens in der Schule liegen für Deutschland nur wenige Untersuchungen vor: In Mecklenburg-Vorpommern wurde schulaversives Verhalten in den Kategorien „Verspätungen“, „offene Unterrichtsverweigerung“ und „verdeckte Unterrichtsverweigerung“ erhoben (vgl. Schulze/Wittrock 2001: 66-76). Die Verteilung nach Schularten der Sekundarstufe I entspricht weitgehend den Erwartungen: Die entsprechenden Anteile sind im Gymnasium am niedrigsten und steigen über die Realschule, die verbundene Haupt- und Realschule und die Gesamtschule bis zur Hauptschule deutlich an.

Wagner, Dunkake und Weiß (2004: 474-476) untersuchen Zusammenhänge zwischen Merkmalen der sozialen Herkunft, des Schulerfolgs, abweichenden Verhaltens außerhalb der Schule einerseits und Schulversäumnissen andererseits. Durch Bezugnahme auf Theorien abweichenden Verhaltens gewannen sie Hinweise auf mögliche Ursache-Wirkungszusammenhänge. Sie konnten empirisch belegen, dass sowohl die Kontrolltheorie wie auch die Anomietheorie und die Theorie städtischer Subkulturen geeignet sind, Erklärungen für unerlaubte Abwesenheiten von der Schule beizutragen. Die Ergebnisse bestätigen weitgehend Erkenntnisse aus den Untersuchungen des Kriminologischen Forschungsinstituts Niedersachsen (KFN) zu Gewalterfahrung und Delinquenz bei Schüler(inne)n der 9. Klassenstufe in meist großstädtischen Regionen (Wilmers u. a. 2001). Es zeigen sich Zusammenhänge zwischen gehäuftem Schulschwänzen (fünf oder mehr Tage je Schulhalbjahr) und der Inkonsistenz elterlichen Erziehungsverhaltens wie auch der Gewalt in den Familien, die Jugendliche als Opfer oder als Zeugen von Partnergewalt erfahren (Wilmers/Greve 2002: 406-407). Schuljugendliche mit eingeschränkten Mitteln zur Erreichung von Bildungserfolgen fehlen umso häufiger, je intensiver sie anstelle des Bildungserfolgs Ziele außerhalb der Schule verfolgen. Eine besonders deutliche Korrelation zeigt sich zwischen Schulleistungen, insbesondere Klassenwiederholungen, und Schulabsentismus. Zudem gilt, dass „je verbreiteter das Schulschwänzen im eigenen Freundeskreis ist, desto höher das Risiko, die Schule zu verweigern" (Wagner u. a. 2004: 478-479).

## 4 Bildungspolitische Konzepte zur Reduzierung schulaversiven Verhaltens

Die bildungspolitischen Konzepte, um schulaversivem Verhalten zu begegnen, lassen sich als schwerpunktmäßig ordnungspolitisch, sozialpädagogisch oder schulpädagogisch orientiert unterscheiden:

Die ordnungspolitischen Konzepte sind gekennzeichnet durch Dienstanweisungen, die festlegen, welche Interventionen, Informationen an Schulleitungen, Eltern, Jugendhilfe oder Polizei in Abhängigkeit von der Ausprägung der Schulvermeidung zu ergreifen sind. Eine besonders deutliche Ausprägung erfährt die ordnungspolitische Orientierung im Hamburger Konzept zur Durchsetzung der Schulpflicht. Hier ist das Schulgesetz im Jahr 2005 um das Instrument des Schulzwangs ergänzt worden, das es erlaubt mit richterlichem Beschluss gewaltsam in Wohnungen einzudringen, um nach schulpflichtigen Kindern und Jugendlichen zu suchen und Fälle von Gefährdungen des Kindeswohls aufzudecken.

Die sozialpädagogischen Konzepte betrafen zunächst vor allem die Einrichtung von Tagesgruppen und die Öffnung von Maßnahmen der berufsbezogenen Jugendhilfe für schulabsente Jugendliche. Diese Projekte haben wesentlich dazu beigetragen, die öffentliche Aufmerksamkeit auf Schulversäumnisse zu lenken. Sie bilden allerdings insbesondere dann, wenn sie die Wiedereingliederung ihrer Jugendlichen in die Schule nicht leisten oder auch nicht anstreben, eine problematische Form der Aussonderung aus einem ohnehin übermäßig gegliederten Schulsystem. Sie laden zur Aussonderung von Risikoschüler(innen) aus den Regelschulen in diese Angebote der Jugendhilfe ein, können aber, zumal ihre Nutzung nicht verpflichtend ist, die Einlösung des Rechtes auf Bildung für alle schulabsenten Jugendlichen nicht sicherstellen (Rademacker 2006: 95). Dies setzt vielmehr voraus, dass die Verantwortung der Schule für diese jungen Menschen auch dann bestehen bleibt, wenn sie phasenweise Angebote außerhalb der Schule nutzen.

Auch schulpädagogische Konzepte gegen Absentismus sind, wie die Praxisklassen in Bayern und die SchuB-Klassen in Hessen, durch die Aussonderung der Risikogruppe der sowohl abschluss- wie anschlussgefährdeten Jugendlichen in Hauptschulen oder Hauptschulbildungsgängen in besonderen Gruppen gekennzeichnet. Ähnlich wie den Projekten der berufsbezogenen Jugendhilfe gelingt es ihnen, durch eine Öffnung der Schule zur Arbeitswelt Anforderungen zu erschließen, für deren Bewältigung sie Anerkennung finden (Gaup u. a. 2005). Für die Übertragung solcher Ansätze auf das schulische Regelangebot gibt es interessante Beispiele in Hamburg (Lumpe 2006).

Die bildungspolitische wie die schulpädagogische Bearbeitung von Schulaversion und Schulabsentismus steckt in Deutschland noch in den Anfängen. Es fehlt – von Ausnahmen abgesehen – die systematische Erhebung des Schulabsentismus und damit die Grundlage für die Einschätzung des Handlungsbedarfs. Der zeigt sich bisher eher in den beunruhigend hohen Quoten von Schulabgänger(inne)n ohne Abschluss und jungen Menschen ohne eine abgeschlossene Berufsausbildung sowie in der in Deutschland besonders engen Kopplung zwischen sozialer Herkunft und schulischer Kompetenzentwicklung. Zur Reduzierung von Schulabsentismus und damit zur Verbesserung der Schulerfolgschancen von Risikogruppen im Bildungswesen erscheint die Verbindung von schul- und sozialpädagogischem Handeln, flankiert durch ordnungspolitische Maßnahmen, durchaus Erfolg versprechend. Die erweiterten Handlungsmöglichkeiten im Rahmen von Ganztagsbildung bieten die Gelegenheit, solche Entwicklungen zu befördern und damit insbesondere die Bildungschancen Benachteiligter zu verbessern.

## *Literatur*

Achilles, Harald (2006): Schule und religiöser Fundamentalismus. In: Schulverwaltung spezial H. 2/2006: 39-41.

Baier, Dirk/Pfeiffer, Christian/Windzio, Michael/Rabold, Susann (2006): Schülerbefragung 2005: Gewalterfahrungen, Schulabsentismus und Medienkonsum von Kindern und Jugendlichen. Hannover: Kriminologisches Forschungsinstitut Niedersachsen.

Behörde für Schule, Jugend und Berufsbildung (2001): Richtlinie für den Umgang mit Schulpflichtverletzungen. In: Mitteilungsblatt der Behörde für Schule Jugend und Berufsbildung 1/46: 1-5.

Büchner, Peter (1983): Vom Befehlen und Gehorchen zum Verhandeln – Entwicklungstendenzen von Verhaltensstandards und Umgangsnormen seit 1945. In: Preuss-Lausitz, Ulf (Hg.): Kriegskinder, Konsumkinder, Krisenkinder. Weinheim: Beltz: 196-212.

Bundesjugendkuratorium/Sachverständigenkommission des Elften Kinder- und Jugendberichts/Arbeitsgemeinschaft für Jugendhilfe (AGJ) (2002): Bildung ist mehr als Schule. Leipziger Thesen zur aktuellen bildungspolitischen Debatte. Bonn/Berlin/Leipzig.

Ehmann, Christoph/Rademacker, Hermann (2003): Schulversäumnisse und sozialer Ausschluss. Bielefeld: Bertelsmann.

Fend, Helmut (1986): „Gute Schulen – schlechte Schulen" – die einzelne Schule als pädagogische Handlungseinheit. In: Die Deutsche Schule (78. Jg.) H. 3/1986: 275-293.

Gabbei, Bernd (2006): Schulversäumnisse erheben. Ein statistischer Ansatz und seine Ergebnisse am Beispiel Berlin. In: Schulverwaltung spezial H. 2/2006: 21-23.

Grewe, Norbert/Erdmann, Julia (2006): Schulversäumnisse aus kriminalpräventiver Sicht. In: Schulverwaltung spezial H. 2/2006: 8-10.

Gaup, Nora/Hofmann-Lun, Irene/Lex, Tilly/Reißig, Birgit (2005): Jugendliche in Bayerischen Praxisklassen – reelle Chancen auch ohne Schulabschluss? München: Eigenverlag DJI.

Hildeschmidt, Anne (1979): Verbreitung und Bedingungen unregelmäßigen Schulbesuchs. In: Hildeschmidt, Anne/Meister, Hans/Sander, Alfred/Schorr, Elisabeth (Hg.): Unregelmäßiger Schulbesuch. Verbreitung, Bedingungen, Interventionsmöglichkeiten. Weinheim: Beltz: 84-110.

Kampe, Heidrun (2006): Der Bremer Weg gegen Schulvermeidung. In: Schulverwaltung spezial 2/2006: 33-35.

Klauer, Karl Josef (1963): Das Schulbesuchsverhalten bei Volks- und Hilfsschulkindern. Ratingen: Henn.

Landua, Detlef/Großmann Heidrun (2007): Soziale Schulqualität und Schulverweigerung. In: Sturzbecher, Dietmar/Holtmann, Dieter (Hg.): Werte, Familie, Politik, Gewalt – Was bewegt die Jugend? Berlin: Lit: 82-124.

Lumpe, Alfred (2006): Lernen in Schule und Betrieb wirkt nicht nur gegen Schuldistanz. In: Schulverwaltung spezial H. 2/2002: 24-26.

Nicaise, Ides (Ed.) (2000): The right to Learn. Bristol: The Policy Press.

Rademacker, Hermann (2006): Schuldistanz – eine Herausforderung für Schule und Jugendhilfe. In: Recht der Jugend und des Bildungswesens H. 1/2006: 93-104.

Rat für Kriminalitätsverhütung in Schleswig-Holstein (Hg.) (2007): Schulabsentismus. Konzept zur Kriminalitätsverhütung. Kiel.

Ricking, Heinrich (2003): Schulabsentismus als Forschungsgegenstand. Oldenburg: Bibliotheks- und Informationssystem der Universität Oldenburg.
Ricking, Heinrich/Neukäter, Heinz (1997): Schulabsentismus als Forschungsgegenstand. In: Heilpädagogische Forschung H. 2/1997: 50-70.
Rutter, Michael/Maughan, Barbara/Mortimer, Peter/Ouston, Janet (1980): Fünfzehntausend Stunden. Weinheim: Beltz.
Schäfer, Heiner (1996): Schule für Schulverweigerer. Ein Lernangebot der Jugendhilfe. München: Eigenverlag DJI.
Schreiber-Kittl, Maria (2001): Alles Versager? München: Eigenverlag DJI.
Schulze, Gisela/Wittrock, Manfred (Hg.) (2001): Schulaversives Verhalten. Abschlussbericht zum Landesforschungsprojekt. Rostock: Universität Rostock.
Schulze, Gisela/Wittrock, Manfred (2006): Familien – vom Störfaktor zum Erziehungspartner. In: Schulverwaltung spezial H. 2/2006: 4-7.
Senatsverwaltung für Bildung, Jugend und Sport/Senatskommission Berlin gegen Gewalt (2003): Ergebnisse der Berliner Datenerfassung zur Schuldistanz. Berlin.
Senatsverwaltung für Bildung Jugend und Sport (2003): Schuldistanz. Eine Handreichung für Schule und Jugendhilfe. Berlin.
Sommer, Barbara (1985): Truancy and Early Adolescence. In: The Journal of Early Adolescence Vol. 5 No. 2/ 1985: 145-160.
Social Exclusion Unit (1998): Truancy and School Exclusion. London: The Stationary Office.
Strauch, Bernd (2006): Landesinitiativen gegen Schulschwänzen in Niedersachsen. In: Schulverwaltung spezial H. 2/2006: 46-47.
Suh, Suhyun/Suh, Jingyo/Houston, Irene (2007): Predictors of Categorical At-Risk High School Dropouts. In: Journal of Counseling and Development. Spring: 196-203.
Sutherland, Maura B./MacMillan, Robert C. (2001): Preventing High School Dropout Among Students with Mild Disabilities: A Literature Review. ERIC: ED456610. In: www.eric.ed.gov/ERICDocs/data/ericdocs 2sql/content_storage_01/0000019b/80/19/33/3c.pdf (Download am 27.11.2007).
Thimm, Karlheinz (1998): Schulverdrossenheit und Schulverweigerung. Berlin: Wissenschaft und Technik Verlag.
Thimm, Karlheinz (2000): Schulverweigerung. Münster: Votum.
Volkman, Beatrice (1996): You Can't Educate an Empty Chair: Increasing Student Attendance through Parent Involvement in regular Classroom Lessons. ERIC: ED415416. In: www.eric.ed.gov/ERICDocs/data/ericdocs2sql/content_storage_01/0000019b/80/15/23/42.pdf (Download am 27.11.2007).
Wagner, Michael/Dunkake, Imke/Weiß, Bernd/Heyden, Nina (2002): Verbreitung und Determinanten der Schulverweigerung in Köln. Köln: Forschungsinstitut für Soziologie, Universität zu Köln.
Weiß, Bernd (2002): Verbreitung des Schulschwänzens und der Schulverweigerung. In: Weiß, Bernd/Dunkake, Imke/Heyden, Nina/Wagner, Michael (Hg.): Verbreitung und Determinanten der Schulverweigerung in Köln. Erster Zwischenbericht für die GEW Stiftung Köln. Köln: Universität zu Köln: 17-40. In: www.uni-koeln.de/wiso-fak/fisoz/Forschung/schulver/material/zwischenbericht1.pdf (Download am 11.02.2008).
Wagner, Michael/Dunkake, Imke/Weiß, Bernd (2004): Schulverweigerung. Empirische Analysen zum abweichenden Verhalten von Schülern. In: Kölner Zeitschrift für Soziologie und Sozialpsychologie (56. Jg.) H. 3/ 2004: 457-489.
Williams, Richard/Pritchard, Colin (2006): Breaking the cycle of educational alienation. Maidenhead: Open University Press.
Wilmers, Nicola/Enzmann, Dirk/Schaefer, Dagmar/Herbers, Karin/Greve, Werner/Wetzels, Peter (2001): Jugendliche in Deutschland zur Jahrtausendwende: Gefährlich oder gefährdet? Hannover: Kriminologisches Forschungsinstitut Niedersachsen.
Wilmers, Nicola/Greve, Werner (2002): Schwänzen als Problem. In: Report Psychologie H. 7/2002: 404-413.
Zymek, Bernd (1989): Schulen. In: Langewiesche, Dieter/Tenorth, Heinz-Elmar (Hg.): Handbuch der deutschen Bildungsgeschichte Bd 5. 1918-1945. Die Weimarer Republik und die nationalsozialistische Diktatur. München: Beck: 155-208.

# (Gewalt-)Prävention

*Wolfgang Melzer / Wilfried Schubarth*

Ganztagsbildung, verstanden als bildungstheoretisch fundiertes Konzept, das schulische und außerschulische Bildungsprozesse sowie formelles und informelles Lernen miteinander verbindet, hat für die Prävention im Kindes- und Jugendalter besondere Bedeutung. Prävention soll künftige Störungen, Beeinträchtigungen oder Schädigungen von Kindern und Jugendlichen verhindern bzw. mindern (vgl. Schubarth 2000). Wenn eine Störung oder Problemlage als ein Ergebnis des gesamten Sozialisationsprozesses, vor allem der Nicht-Passung von individuellen Handlungskompetenzen und gesellschaftlichen Anforderungen, angesehen werden kann, so liegt die Folgerung nahe, dass wirksame Prävention frühzeitig und breit angelegt sein sollte. Die Vernetzung der an der Persönlichkeitsentwicklung von Kindern und Jugendlichen beteiligten Institutionen wird somit zu einer Leitlinie nachhaltiger Präventionsstrategien. In diesem Sinne könnte Ganztagsbildung als institutionenverbindendes Konzept neue Chancen für die Prävention bieten.

Neue Chancen für die Prävention ergeben sich auch aus dem erweiterten Bildungsverständnis von Ganztagsbildung. Bildung in diesem Sinne ist mehr als Schul- bzw. Ausbildung und schließt neben kognitiven Lernprozessen auch Aspekte sozialer und kultureller Bildung sowie vor allem der Subjektbildung ein (vgl. z. B. Sting 2004; Scherr 2004). Das hat auch Konsequenzen für das Verhältnis von Wissensvermittlung und Erziehung als zentrale Aufgaben von Schule und eröffnet mehr Möglichkeiten für soziales Lernen. Diese Hoffnung gründet sich auch auf empirische Studien zur Ganztagsschule, die den hohen Stellenwert des sozialen Lernens als pädagogisches Ziel belegen, wenngleich die Bereitstellung und Nutzung solcher sozialen Lernangebote, darin eingeschlossen spezieller Präventionsangebote, noch stark ausbaufähig sind (vgl. Holtappels 2004; Klieme u. a. 2007).

Auf welche theoretischen und empirischen Grundlagen sich Prävention im Kontext von Ganztagsbildung stützen und unter welchen Bedingungen bzw. in welcher Form sie gelingen kann, dem soll im vorliegenden Beitrag am Beispiel der schulischen Gewaltprävention nachgegangen werden. Der Zusammenhang von Gewaltprävention und Ganztagsbildung soll dabei systematisch aus mehreren Perspektiven beleuchtet werden: Erstens aus einer sozialisationstheoretischen Perspektive, zweitens aus der Perspektive der empirischen Gewaltforschung, drittens aus der Sicht der empirischen Bildungsforschung und viertens aus der Perspektive der Präventionskonzepte sowie der Präventionsprogramme. Den Abschluss bildet ein kurzes Fazit zu Perspektiven für die (Gewalt-)Prävention.

# 1 Erklärungsansätze für Gewalt – Folgerungen für die Ganztagsbildung

Ob und wann Gewalt auftritt, hängt – aus Sicht sozialisationstheoretischer Erklärungsansätze – sowohl von längerfristigen Sozialisationseinflüssen (z. B. Familie, Schule, *Peergroup*, Medieneinflüsse) als auch von situativen Faktoren und gesellschaftlichen Bedingungen ab. Zentral sind dabei folgende Aspekte (vgl. Schubarth 2000, 2004a):

- *Familie:* Aggressive und gewalttätige Kinder und Jugendliche werden nicht als solche geboren, sondern im Sozialisationsverlauf dazu „gemacht". Ein Schlüssel zum Verständnis liegt in der Familie als dem Bereich, in dem Gewalt entsteht und in dem sie sich manifestiert. Gewalttätige Menschen kommen überdurchschnittlich häufig aus schwierigen Familienverhältnissen, sind mitunter selbst Opfer familialer Gewalt gewesen („Kreislauf der Gewalt"). Ein hohes Risiko besteht bei der Kumulation ungünstiger Merkmale, wie: fehlende Zuwendung, Erziehungsuntüchtigkeit, eheliche Konflikte, soziale Probleme, beeinträchtigtes Selbstwertgefühl der Eltern (z. B. bei Arbeitslosigkeit, desolaten Wohnbedingungen, sozialer Isolation der Familie, Alkoholmissbrauch usw.).
- *Kindertagesbetreuung:* Gerade in den letzten Jahren ist die große Bedeutung einer modernen vorschulischen Bildung und Erziehung für eine gesunde Persönlichkeitsentwicklung erkannt worden. Kindergärten haben als erste öffentliche Erziehungseinrichtungen auch einen wichtigen Bildungsauftrag und bieten allen Kindern ein breites Anregungspotenzial, einschließlich für soziale Lernprozesse und den gewaltfreien Umgang mit Konflikten.
- *Schule:* Die Schule kann Fehlentwicklungen in der Familie nicht kompensieren – schulische Bedingungen haben aber Einfluss auf die Persönlichkeitsentwicklung. (z. B. durch Schulklima und Lernkultur, das Lehrer-Schüler-Verhältnis). Ein besonderes Risiko für Gewalthandeln besteht bei der Kombination von Leistungsversagen des Kindes, überhöhten Erwartungen der Eltern, sozialer Stigmatisierung und Anschluss an deviante *Peergroups.*
- *Jugendarbeit:* Jugendarbeit als weitere Sozialisationsinstanz kann Kinder und Jugendliche bei der Lebensbewältigung unterstützen, z. B. durch die Bereitstellung sozialemotionaler Räume zum Sich-Ausprobieren und zum Experimentieren ohne Leistungsdruck oder Konkurrenz. Es geht dabei auch um Bildungsprozesse, nicht im Sinne eines schulischen Kanons, sondern um die Förderung von Selbst- und Subjektbildung von Kindern und Jugendlichen.
- *Gleichaltrigengruppe: Peergroups* haben für die Identitätsentwicklung wichtige positive Funktionen. Ein besonderes Risiko ist jedoch dann gegeben, wenn Jugendliche mit geringer familiärer Bindung und Kontrolle über Gewalthandeln Anschluss an deviante Subgruppen suchen, um dort Anerkennung und emotionale Befriedigung zu finden.
- *Massenmedien:* Gewaltdarstellungen sind mit einem bestimmten Wirkungsrisiko verbunden, das umso größer ist, je weniger eigene konkrete Erfahrungen mit der entsprechenden Alltagssituation vorliegen. Besonders jüngere Jugendliche werden durch Mediengewalt beeinflusst, so dass es zu Nachahmungs-, Gewöhnungs- und Abstumpfungseffekten, zur Trivialisierung von Gewalt als „normalem" Problemlösungsmittel sowie zur Gewöhnung an primitive moralische Muster kommen kann.
- *Persönlichkeitsmerkmale:* Persönlichkeitsunterschiede (z. B. Temperament, Charakter) sind bei sozialisationstheoretischen Annahmen ebenfalls von Bedeutung. Diese Merkmale werden jedoch weniger statisch, sondern eher entwicklungsbezogen gesehen. So

kann es z. B. bei Kindern mit Hyperaktivitätsproblemen recht schnell zu problematischen Interaktionen mit den Eltern oder anderen Kindern und Jugendlichen kommen.
- *Situative Einflüsse:* Ob sich bio-psychosoziale Dispositionen in Gewalthandlungen niederschlagen, hängt auch von situativen Faktoren ab, wie z. B. Alkoholeinfluss, (verzerrte) Situationswahrnehmung, Ursachenzuschreibung (z. B. Fremde als Sündenbock), Gewalteskalation (z. B. durch Polizei), Grad der sozialen Kontrolle und des Entdeckungsrisikos, Reaktion des Umfelds und der Öffentlichkeit usw.
- *Gesellschaftliche und politische Einflüsse:* Hierbei geht es um die Frage, inwieweit gesellschaftliche Bedingungen und Krisenphänomene dazu beitragen, dass gewaltfördernde Einflüsse verstärkt werden. Nur auf einige Faktoren soll verwiesen werden, z. B. auf ungünstige ökonomische Lebenslagen (z. B. Lehrstellensituation, Arbeitslosigkeit, Wohnungsnot, Armut), auf Erfahrungen von Ausgrenzung, Desintegration und Benachteiligung sowie auf die prekären Berufs- und Lebensperspektiven.

Aus sozialisationstheoretischen Erklärungsansätzen lässt sich für die Ganztagsbildung schlussfolgern, dass es vielfältiger Maßnahmen bedarf, um entsprechende Handlungskompetenzen von Kindern und Jugendlichen zu fördern. Gefragt sind deshalb – bezogen auf die familiale Sozialisation – vor allem Hilfen und Unterstützung für (benachteiligte) Familien und eine Enttabuisierung von Gewalt in der Familie. Im Hinblick auf den Freizeitbereich sollten z. B. prosoziale Gruppenaktivitäten stärker gefördert werden. Beim Umgang mit den Gewaltdarstellungen in den Medien geht es um die Anerkennung des Problems auf allen Ebenen (Politiker(innen), Programmanbieter, Pädagog(inn)en, Eltern, Kinder) und um die Entwicklung von Medienkompetenz. Für den schulischen Bereich heißt das u. a., dass Schule neben der Wissensvermittlung verstärkt auch zur wertorientierten und emotionalen Erziehung beitragen sollte (Schule als „sozial-emotionaler Erfahrungsraum"), dass sie Leistung fördern, Schulversagen verhindern und sich stärker den Lebensproblemen der Schüler(innen) stellen sollte. Wichtig ist auch, die positiven Wirkungen der Schülerfreundschaften zu beachten und die Geschlechtersozialisation in den Blick zu nehmen. All diese genannten Aufgaben lassen sich nur im konstruktiven Zusammenwirken von Schule, Jugendhilfe und Elternhaus mit Erfolg realisieren. Darüber hinaus machen die veränderten Bedingungen des Aufwachsens von Kindern und Jugendlichen mehr individuelle, übergreifende Kompetenzen der Lebensbewältigung erforderlich.

## 2 Ergebnisse der empirischen Gewaltforschung – Folgerungen für die Ganztagsbildung

In zahlreichen Studien wurde ein differenziertes Bild von der Situation an Schulen gezeichnet und Folgerungen für die Prävention abgeleitet (vgl. z. B. Tillmann u. a. 1999; Schubarth 2000; Melzer u. a. 2004; Fuchs u. a. 2005). So konnte die besondere Bedeutung der Herkunftsfamilie nachgewiesen werden: Gestörte Familienbeziehungen, Gewalterfahrungen in der Familie, ein gewalttätig sanktionierender Erziehungsstil fördern die Gewaltaffinität, vor allem bei Jungen. Als besonderer Risikofaktor erweist sich ein restriktiver Erziehungsstil, der vermehrt in einfachen sozialen Schichten (niedrigeres Bildungsniveau und prekäre Beschäftigungssituation) anzutreffen ist. Die Mehrheit der „Täter" ist in einem ungünstigen Erziehungsmilieu aufgewachsen.

Auch der Einfluss der *Peergroup* ist beträchtlich: Hier erweist sich vor allem eine aggressive Werthaltung der Freundesgruppe als Gewalt begünstigend. Solche Gewalt bejahenden Werthaltungen, die vermehrt in reinen Jungengruppen und Freundschaftsdyaden auftreten, stehen wiederum in einem engen Zusammenhang mit einem restriktiven Erziehungsstil der Eltern der Jugendlichen in diesen Gruppen. Beim Medieneinfluss ist es besonders der Konsum von Horror-, Kriegs- und Sexfilmen, der in einem deutlichen Zusammenhang zur Schülergewalt, vor allem der physischen und vandalistischen Gewalt steht. Doch auch hierbei ist der enge Bezug zum elterlichen Erziehungsstil und zum sozialen Milieu offensichtlich: In unteren sozialen Schichten verfügen mehr Kinder über Video- und Fernsehgeräte und Konflikte um das Konsumverhalten werden stärker restriktiv ausgetragen.

Neben der Rolle bestimmter Persönlichkeitsmerkmale (z. B. Aggressionsbereitschaft, Stimulationsbedarf) haben die Studien auch den beachtlichen Einfluss schulischer Bedingungen und Faktoren nachgewiesen. Relevante Einflussfaktoren sind dabei vor allem die Lehrerprofessionalität, das Lehrer-Schüler-Verhältnis, die Möglichkeiten zur Partizipation an Schulen, ein schülerorientierter Unterricht und außerunterrichtliche Angebote. Als Risikofaktoren für Gewalt erweisen sich insbesondere ein „restriktives" Lehrer(innen)verhalten (z. B. abwertendes, etikettierendes, aggressives Lehrerhandeln) und die Desintegration in der Schülergruppe, während die Akzeptanz durch Lehrkräfte gewaltmindernd wirkt. In Schulen und Klassen mit einer guten Lernkultur und einem guten Sozialklima gibt es auch weniger Gewalt. Diese legt eine Abkehr von der traditionellen Unterrichtsschule und die Erhöhung der sozialen Qualität von Schulen nahe. Allerdings zeigen die Befunde auch, dass die Schule zwar „dämpfend" und „abfedernd" wirken kann, dass aber der schulische Einfluss auf die Gewaltgenese insgesamt recht begrenzt ist.

Für die Ganztagsbildung, vor allem für die Kooperation von Familie, Schule und Jugendhilfe, lässt sich festhalten:

- Unter sozialisationstheoretischer Perspektive verweisen die Befunde auf die Grenzen der Sozialisationsinstanz Schule beim Umgang mit Gewalt. Schule kann entsprechende Erziehungsdefizite nur teilweise kompensieren. Andere Einflussfaktoren, vor allem die Herkunftsfamilie, wirken stärker. Daraus ergibt sich die Notwendigkeit, das Verhältnis von Schule und außerschulischen Institutionen mit Blick auf die Sozialisation von Kindern und Jugendlichen neu auszutarieren und die Kooperation zwischen ihnen auszubauen.
- Aus der Sicht der Jugendhilfe ergibt sich angesichts wachsender Erziehungsanforderungen die Möglichkeit, ihren Stellenwert als gleichberechtigte Institution im Ensemble der Sozialisationsfelder neu zu bestimmen. Der Bedarf an sozialer bzw. sozialpädagogischer Arbeit im Sozialisationsraum Schule ist gerade am Beispiel der Gewaltproblematik offenkundig. Hier kann die Jugendhilfe – vor allem die Jugendarbeit – ihre Angebote offensiv vertreten und wertvolle, unverzichtbare Sozialisationsleistungen erbringen, angefangen von der Konfliktvermittlung über Einzelfallberatung und Gruppenarbeit bis zur Elternarbeit.
- Aus schultheoretischer Perspektive kann gefolgert werden, dass das Verhältnis von schulischer Selektion und sozialer Integration neu ausbalanciert und Prozesse der Persönlichkeitsentwicklung stärker in den Vordergrund gerückt werden sollten. In Zeiten zunehmender Individualisierung bedarf es vor allem sozial kompetenter Jugendlicher, die es gelernt haben, mit Problemen und Konflikten umzugehen.
- Schließlich kann aus Schulentwicklungsperspektive auf den engen Zusammenhang von Gewaltprävention, Schulqualität und Schulentwicklung verwiesen werden. Auch wenn

außerschulische Einflüsse auf die Gewaltgenese groß sind, so sind Schulen der Gewalt nicht hilflos ausgeliefert. Die identifizierten gewaltfördernden bzw. gewalthemmenden Bedingungen innerhalb der Schule belegen vielmehr, dass Gewaltprävention auch innerhalb der Institution Schule möglich ist. Erfolgreiche Schulentwicklung ist in diesem Sinne immer zugleich auch Gewaltprävention. Umgekehrt gelingt Gewaltprävention vor allem dann, wenn sie Elemente von Schulentwicklung (z. B. soziale und kommunale Öffnung) aufnimmt.

## 3 Der Zusammenhang von fachlichen und sozialen Kompetenzen – Folgerungen für die Ganztagsbildung

Das Konzept der Ganztagsbildung versucht – vor dem Hintergrund der Kontroversen um die Funktionen und die Leistungsfähigkeit der Schule – eine neue Balance zwischen fachlichen und sozialen Kompetenzen zu finden. Viele Studien belegen die Richtigkeit eines solchen Konzepts, indem sie z. B. die Relevanz von Sozialkompetenzen für den Erwerb eines hohen Leistungsstatus in der Schule nachweisen. So kann die PISA-Studie zeigen, dass bei der Entwicklung naturwissenschaftlicher Kompetenzen von Mädchen die fachlichen Selbstwirksamkeitsüberzeugungen eine wichtige Rolle spielen und die abweichende Orientierung (Schuldevianz, aggressives Verhalten) bei Jungen eine starke Einschränkung des Kompetenzerwerbs zur Folge hat (vgl. Deutsches PISA-Konsortium 2001: 500-505).

Auch unsere eigenen Studien bestätigen die Wechselwirkungen von fachlichen und sozialen Kompetenzen. So hat die Forschungsgruppe „Schulevaluation" den Zusammenhang der zentralen Dimensionen der Kompetenzentwicklung, der Fachleistungs-, Sozial- und Selbstkompetenzen, anhand von mehreren Repräsentativbefragungen mit jeweils über 3 000 Schüler(innen) untersucht (vgl. z. B. Forschungsgruppe Schulevaluation 1998; Melzer/Al-Diban 2001; Melzer 2005). In unseren Studien zeigen sich Konfigurationen mit fünf Gruppen zu den drei Kompetenzbereichen (vgl. Ehninger/Melzer 2005):

Gruppe 1 ist mit etwa 28 % die größte aller Gruppen und versammelt Schüler(innen), die in allen drei Kompetenzbereichen sehr erfolgreich sind; die Gymnasiast(inn)en sind stark und die Mädchen leicht überrepräsentiert. Gruppe 2 ist mit durchschnittlich 10 % die kleinste aller Gruppen und bildet den Gegenpol zur erstgenannten Gruppe. Die Mitglieder dieses zweiten Clusters haben überwiegend schulischen Misserfolg; es dominieren ganz stark die Hauptschüler(innen) (ca. 21 %) und insgesamt die Jungen. Gruppe 3 gehört etwa ein Viertel der Schülerschaft an; ihre Mitglieder haben trotz guter Noten und eines ausgeprägten prosozialen Verhaltens nur ein gering entwickeltes Selbstvertrauen. Mädchen sind doppelt so stark vertreten wie Jungen; der Typus ist in Gymnasien am stärksten vertreten. Gruppe 4 ist die Gruppe mit den stärksten Ausschlägen in den einzelnen Dimensionen; ihr gehören Schüler(innen) mit leicht unterdurchschnittlichen Noten, einem extrem negativen Sozialverhalten bei gleichzeitig starkem Selbstbewusstsein an. Wie bei Gruppe 2 zeigt sich hier eine Hauptschul- und Jungendominanz. Während die Gruppe 4 etwa 12 % der Befragten umfasst, sind es bei den Hauptschulen fast 26 % und bei den Jungen aller Bildungsgänge über 20 %. Gruppe 5 gehört etwa ein Viertel der Schülerschaft an und hat einen relativ niedrigen Leistungsstatus. Die ihr angehörenden Schüler(innen) können aber im Sozialverhalten und in Bezug auf das Selbstkonzept überdurchschnittlich positive Werte erzielen.

Im Hinblick auf die Kompetenzförderung bedeutet dies, dass lediglich die Schüler(innen) der zuletzt genannten Gruppe – also etwa ein Viertel – von der in Schulen präferierten Förderstrategie einer fachlichen Unterstützung, z. B. durch Lift- oder Förderkurse, profitieren. Während Schüler(innen) der Gruppe 1 (28 %) die Voraussetzungen für anspruchsvolles und selbsttätiges Lernen besitzen, müssten für die Mitglieder der Gruppen 2, 3 und 4, d. h. für knapp die Hälfte – und in unteren Schulformen die überwiegende Mehrheit der Lernenden – Maßnahmen zur Verbesserung der Sozial- und Selbstkompetenz zur Verfügung stehen. Die Beschränkung der Schule auf die Erfüllung des Lehrplans und der damit verbundene Zeitdruck sind Argumente, die gegen diese Fördernotwendigkeiten vorgebracht werden. Unter diesem Blickwinkel böten ganztägige Bildungseinrichtungen, allein schon aufgrund des Zeitfaktors, die prinzipielle Möglichkeit, dem formulierten Förderauftrag besser nachzukommen – und zwar sowohl für soziales als auch für fachliches Lernen.

Die Zusammenhänge von fachlichen und sozialen Kompetenzen sollen im Folgenden in einem theoretischen Modell dargestellt werden, das durch seinen mehrdimensionalen Ansatz von Kompetenzerwerb den Bildungserfolg recht breit beschreiben kann (vgl. Abbildung 1; vgl. Ehninger/Melzer 2005: 38).

Abbildung 1 verdeutlicht die engen Wechselwirkungen von Fach-, Sozial- und Selbstkompetenzen und deren Bedingungs- und Einflussfaktoren. Im Einzelnen ergeben sich folgende statistische Zusammenhänge: Die Korrelationen zwischen Sozialkompetenz und Leistungsstatus sowie zwischen Selbstkompetenz und Leistungsstatus fallen etwas stärker aus als die zwischen Sozial- und Selbstkompetenz. Alle drei Faktoren bilden aber einen statistisch abgesicherten Faktor zweiter Ordnung (Oberfaktor), den wir „Bildungserfolg"

*Abbildung 1: Theoretisches Modell des Bildungserfolges*

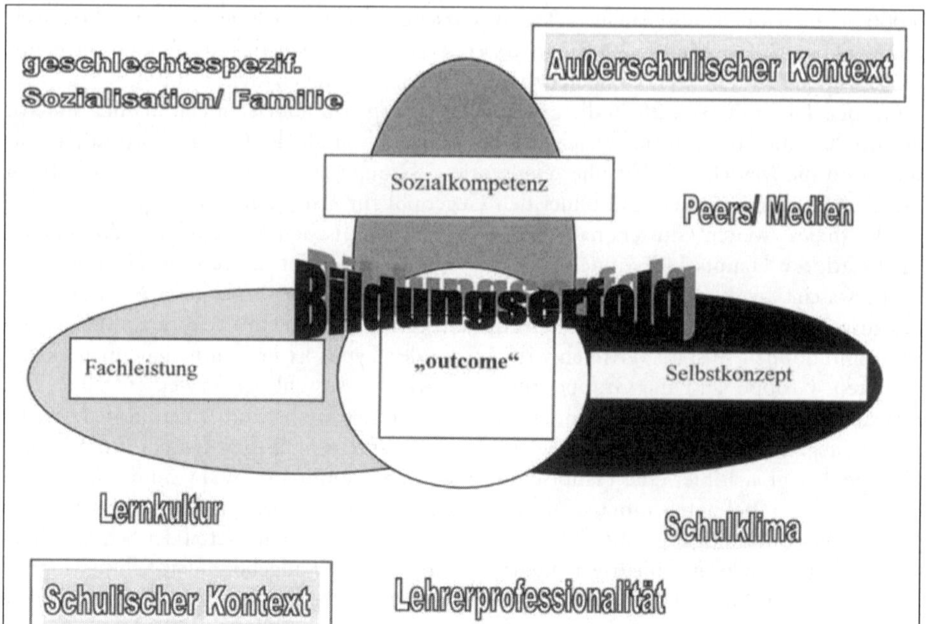

nennen. Bei diesem Faktor haben der Notendurchschnitt den höchsten, das prosoziale Verhalten einen sehr hohen und das allgemeine Selbstbild einen etwas niedrigeren statistisch gesicherten Einfluss. Wären unterrichts- und fachbezogene Selbstwirksamkeitsüberzeugungen gemessen worden, wäre der Zusammenhang zum Leistungsstatus wahrscheinlich noch deutlicher ausgefallen.

In weiteren, bivariaten Analysen haben wir die Einflussfaktoren dieser mehrschichtigen Kompetenzkonfigurationen untersucht und festgestellt, dass die familialen, schulischen und sonstigen Kontextbedingungen im Prinzip als Bedingungsfaktoren für alle drei Dimensionen gleichermaßen gelten und auf die dort ablaufenden Prozesse einwirken – allerdings mit unterschiedlichen Gewichtungen: Negative Sozialisationserfahrungen in der Familie weisen einen relativ stärkeren Zusammenhang zum Selbstkonzept und z. T. zum Sozialverhalten auf. Letzteres wird aber noch stärker durch Medienverhalten und *Peer*-Erfahrungen geprägt. Dieselbe Tendenz gilt etwas abgeschwächt für die Fachleistungen, die durch schlechten Umgang und negativen Medienkonsum beeinträchtigt werden können. Etwas unerwartet war, dass Aspekte der Lernkultur, der Unterrichtsgestaltung und der didaktischen Kompetenz der Lehrerschaft primär mit dem Sozialverhalten der Schüler(innen) zusammenhingen, sekundär mit dem Selbstkonzept und erst tertiär mit den Fachleistungen, wobei von wechselseitigen Beeinflussungen der drei Faktoren auszugehen ist.

Unsere Befunde haben für die Ganztagsbildung erhebliche Bedeutung: Die Analysen zum Zusammenwirken von Fachleistungen, Sozial- und Selbstkompetenzen legen nahe, dass es durch diesen Synergismus möglich ist, mittels Interventionen im Bereich des Sozialverhaltens auch die fachliche Leistungsfähigkeit zu fördern. Umgekehrt kann ein Fachunterricht, der an den Interessen der Schüler(innen) orientiert ist, auch deren Selbstwirksamkeitskonzepte entwickeln helfen, was der Persönlichkeitsentwicklung zugute kommt. Zugleich sprechen die Befunde für eine engere Kooperation von Schule und Jugendhilfe. Das hier entfaltete Bildungsverständnis erfordert ein verstärktes Bemühen der Schule, die Bildungs- und Vermittlungsanstrengungen breiter als bisher zu begreifen. In der Erweiterung der diagnostischen Fähigkeiten, einer methodisch-didaktisch vielfältigen Unterrichtsgestaltung und der Verbesserung der sozialen Beziehungsstrukturen liegen Entwicklungsmöglichkeiten auf der schulischen Seite. Die Vermittlung von Sozial- und Selbstkompetenz ist aber nicht nur eine schulische Aufgabe. Weitere Einflussbereiche, wie die Familie und die *Peers* sind für die Sozialisation und Kompetenzentwicklung von zentraler Bedeutung. Hinzu kommen Effekte aus anderen Feldern der Lebenswelt von Kindern und Jugendlichen (z. B. Freizeitinteressen, Medienkonsum). Hier hat vor allem die Jugendhilfe ein breites Betätigungsfeld.

## 4 Präventionskonzepte und Ganztagsbildung

Mit Blick auf mögliche Präventionskonzepte und Präventionsprogramme bildet die Idee der Ganztagsbildung den Rahmen für eine mehrdimensionale, institutionenübergreifende und vernetzende Gesamtstrategie, wie sie im folgenden Modell exemplarisch dargestellt ist (vgl. Abbildung 2; Melzer u. a. 2004: 159).

In dem Modell sind neben den allgemeinen Zielen der primären und sekundären Prävention sowie der Intervention die Zielgruppen bzw. Orte der Maßnahmen benannt. In allen Fällen sind die fünf Sozialisationsinstanzen Familie, Schule, Jugendhilfe, Medien und *Peers* zu berücksichtigen; bei der Primärprävention ist jedoch die Zusammenarbeit von

*Abbildung 2: Allgemeines Modell der (Gewalt-)Prävention und -intervention*

**Allgemeines Präventionsmodell**

<table>
<tr><th rowspan="2"></th><th rowspan="2">Intrapersonale Dimension</th><th colspan="3">Interpersonale Dimension</th><th rowspan="2">Strukturelle Dimensionen</th></tr>
<tr><th>Familie</th><th>Schule</th><th>Gleichaltrigengruppe</th></tr>
<tr><td rowspan="2">Primär-prävention</td><td rowspan="2">• Weckung, Förderung und Erhaltung des Urvertrauens und des Selbstwertgefühls<br>• Erziehung zum „Triebaufschub“ durch Anerkennung körperlicher Integrität des Kindes<br>• Verstärkung prosozialer Einstellungen und Motive<br>• Weckung, Förderung und Erhaltung der Fähigkeit, sich auszudrücken und zu sprechen</td><td colspan="2">• Gewaltlosigkeit als Erziehungsstil und Erziehungsziel<br>• Praxis gewaltfreier Austragung von Konflikten in Familie, Schule und Gesellschaft (Vorbildverhalten), Kooperation der Sozialisationsinstanzen</td><td rowspan="2">• Einbeziehung von Kinder- und Jugendgruppen in Entscheidungsprozes se (z. B. Wohnumwelt)<br>• Interkulturelle Kinder- und Jugendarbeit</td><td rowspan="2">• Realisierung der Gleichberechtigung der Frau<br>• Abschaffung des elterlichen Züchtigungsrechts<br>• Sozial- und Familienpolitik, Erziehungsgeld, Arbeitszeit, Kindertagesstätten, Patenelternschaften<br>• Reduzierung von Gewalt in den Medien<br>• Ausbau der Jugendhilfe</td></tr>
<tr><td>• Vernetzung von Familien</td><td>• Thematisieren von Gewalt und Aggression im Unterricht</td></tr>
<tr><td rowspan="2">Sekundär-prävention</td><td rowspan="2">• Immunisierung potenzieller Opfer und Täter durch Anti-Stress- und Anti-Aggressionstraining</td><td rowspan="2">• Hilfen für Drogen- und Alkoholabhängige<br>• Schutz von Behinderten<br>• Frauenhäuser<br>• Patenfamilien</td><td colspan="2">• Immunisierung potenzieller Opfer durch Verstärkung von Selbstbewusstsein im Erlernen von Selbstverteidigungstechniken</td><td rowspan="2">• Meldepflicht für Kindesmisshandlung<br>• Änderung von Tatgelegenheitsstrukturen (z. B. Beleuchtung)<br>• Normierung der Strafbarkeit von sexueller Gewalt in der Ehe<br>• Bekämpfung von Jugendarbeitslosigkeit<br>• Sicherstellung von Lehrstellen</td></tr>
<tr><td>• Vermeidung von Leistungsdruck<br>• Arbeit mit Schulversagern</td><td>• Kinderwohngruppen<br>• Kinderschutzzentren</td></tr>
<tr><td>Tertiär-prävention</td><td>• Verhaltenstherapie mit dem Ziel der Qualifizierung für den Umgang mit Problemsituationen</td><td>• Integration sozial isolierter Familien<br>• Hilfestellung bei Milieuveränderungen durch Wohnungswechsel</td><td>• Hilfestellung bei Umschulungen oder dem Nachholen von Schul- und Berufsabschlüssen</td><td>• Täter- und/oder Opfer-Selbsthilfe-gruppen</td><td>• Ausbau von Resozialisierungs-einrichtungen<br>• Maßnahmen des Opfer- und Täterausgleichs</td></tr>
</table>

Schule und Elternhaus von besonderer Bedeutung. Bei eher manifesten Verhaltensproblemen (z. B. Cliquengewalt, Alkoholmissbrauch u. Ä.), die eine direkte Bearbeitung erfordern, sind neben den schulischen Verhaltensweisen auch die Erfahrungen und mögliche Verstärkereffekte im Kontext der Gleichaltrigengruppe mit in Rechnung zustellen.

Auf der Ebene der Intervention ist zu bedenken, dass sich hier insbesondere die Frage nach professioneller Unterstützung stellt, was Kooperationen und entsprechende Kompetenzen erfordert. Innerhalb der Schule sind Vertrauens- und Beratungslehrer oder spezielle Präventionsprogramme (z. B. *Peer*-Mediation) hinzuzuziehen, als außerschulische Partner treten u. a. die Jugendhilfe, kommunale Einrichtungen, Präventionsräte, Vereine oder auch die Polizei in Erscheinung. Gerade in der Entwicklung kommunaler und regionaler Bildungslandschaften stecken große Potenziale.

Im Zusammenhang mit der Gewaltdebatte wurden in den letzten Jahren eine Reihe von Präventionskonzepten und -programmen entwickelt. Das gilt sowohl für die Schule (z. B. Konfliktschlichterprogramme, soziale Trainingsprogramme wie „Faustlos“, „Fit for Life“, das Konstanzer Trainingsmodell für Lehrer(innen) oder schulumfassende Interventionsprogramme) als auch für die Jugendarbeit (z. B. Konzept der akzeptierenden Jugendarbeit, Anti-Aggressivitäts-Training, Coolness-Training, interkulturelle und zivilgesellschaftliche Lernprojekte, geschlechtsspezifische Ansätze, Täter-Opfer-Ausgleich usw.). Insbesondere bei den schulbezogenen Programmen bildet die Verbesserung der innerschulischen Kommunikation und Interaktion den Hauptschwerpunkt. Hierzu gehören Aspekte der Schulkultur, des Schul- und Klassenklimas, des Lehrer-Schüler-Verhältnisses ebenso wie Fragen der Entwicklung von Wahrnehmungs- und Kommunikationskompetenzen. Damit im Zusammenhang stehen Maßnahmen, die auf die Persönlichkeitsbildung insgesamt gerichtet sind und insbesondere das Selbstwertgefühl der Schüler(innen) stabilisieren und entwickeln sollen – allesamt Aufgaben, die einen Ausbau der (sozial)pädagogischen Dimensionen von Schulen erfordern. Daneben geht es aber auch um übergreifende Schulentwicklungsprozesse und um die Kooperation mit außerschulischen Einrichtungen, vor allem der Jugendhilfe. Zu den Präventionsprogrammen, die auf die Kooperation von Schule, Jugendhilfe und z. T. auch Elternhaus setzen, gehören vor allem die Mediationskonzepte (vgl. Schubarth 2004a), die Netzwerkarbeit in der Gewaltprävention (vgl. Balser u. a. 1997), der Community-Education-Ansatz (vgl. Herz 1995) und die Schulsozialarbeit (vgl. z. B. Speck 2006). Gewaltprävention gelingt dann am besten, wenn sie mit Schulentwicklung und Netzwerkbildung einher geht (vgl. ausführlicher Melzer u. a. 2004: 246-252).

## 5 Fazit: Perspektiven einer systemischen (Gewalt-)Prävention

Das Konzept der Ganztagsbildung schafft durch seinen ganzheitlichen Ansatz neue Perspektiven für die (Gewalt-)Prävention. Sowohl die verschiedenen Theoriemodelle für die Gewaltgenese als auch zahlreiche empirische Ergebnisse der Gewalt- und Schulforschung verweisen auf die Notwendigkeit mehrdimensionaler und vernetzter Präventionsstrategien. Prävention hat nur Aussicht auf nachhaltigen Erfolg, wenn die Institutionen, in denen Kinder und Jugendliche aufwachsen, zusammenarbeiten. Ganztagsbildung erfordert in diesem Sinne einen neuartigen, systemischen (Gewalt-)Präventionsansatz. „Systemisch“ heißt in diesem Zusammenhang, dass das Zusammenwirken aller formellen und informellen Hilfs- und Unterstützungssysteme so gestaltet sein sollte, dass gewalttätiges Handeln von Kindern und Jugendlichen überflüssig wird. Das schließt neben der schulischen Ebene auch das Gemeinwesen und die gesellschaftlichen Rahmendingungen mit ein (vgl. Schubarth 2004b).

Der Erfolg der Ganztagsbildung ist auch im Präventionsbereich an bestimmte Voraussetzungen geknüpft, insbesondere an gesellschaftliche Investitionen in Bildung und Erziehung, an eine wachsende (soziale) Qualität und Professionalität in Schule und Jugendhilfe und an qualifizierte institutionelle Kooperationsstrukturen. Die Leitidee der Ganztagsbildung kann dabei – wenn sie ernsthaft betrieben wird – der seit längerem geforderten Entwicklung und Umsetzung übergreifender, gesamtgesellschaftlicher Präventionsstrategien neue Impulse verleihen.

## *Literatur*


Balser, Hartmut/Schrewe, Hartmut/Wegricht, Roland (1997): Regionale Gewaltprävention. Neuwied: Luchterhand.

Coelen, Thomas (2004): „Ganztagsbildung" – Integration von Aus- und Identitätsbildung durch die Kooperation zwischen Schulen und Jugendeinrichtungen. In: Otto/Coelen (Hg.): 247-267.

Deutsches PISA-Konsortium (Hg.) (2001): PISA 2000. Basiskompetenzen von Schülerinnen und Schülern im internationalen Vergleich. Opladen: Leske + Budrich.

Ehninger, Frank/Melzer, Wolfgang (2005): Der mögliche Beitrag der Ganztagsschule zur Kompetenzentwicklung von Schülerinnen und Schülern. In: Spies, Anke/Stecklina, Gerd (Hg.): Die Ganztagsschule. Bd. 1. Bad Heilbrunn: Klinkhardt: 35-54.

Forschungsgruppe Schulevaluation (1998): Gewalt als soziales Problem an Schulen. Opladen: Leske + Budrich.

Fuchs, Marek u. a. (2005): Gewalt an Schulen. 1994-1999-2004. Wiesbaden: VS Verlag für Sozialwissenschaften.

Herz, Otto (1995): Öffnen muss sich auch die Schule. Mit Community Education gegen Gewalt. In: Gewalt-Lösungen. Schülerheft '95. Seelze: Friedrich: 54-56.

Holtappels, Heinz Günter (2004): Ganztagsschule. In: Holtappels, Heinz Günter u. a.: Jahrbuch der Schulentwicklung. Bd. 13. Weinheim: Juventa: 253-289.

Klieme, Eckhard u. a. (2007): Ganztagsschule in Deutschland. Bilanz und Perspektiven. In: Holtappels, Heinz-Günter u. a. (Hg.): Ganztagsschule in Deutschland. Weinheim: Juventa: 354-381.

Melzer, Wolfgang (2005): Kompetenzentwicklung durch Projekte. Ergebnisse der Unterrichts- und Schulforschung als Begründung für Projektlernen. In: Wiesner, Gisela/Wolter, Andre (Hg.): Die lernende Gesellschaft. Weinheim: Juventa: 279-297.

Melzer, Wolfgang/Al-Diban, Sabine (2001): Vermittlung von Fachleistungs-, Sozial- und Selbstkompetenzen als zentrale Bildungsaufgabe der Schule. In: Melzer, Wolfgang/Sandfuchs, Uwe (Hg.): Was Schule leistet. Weinheim: Juventa.

Melzer, Wolfgang/Schubarth, Wilfried (2006): Gewalt als soziales Problem an Schulen. Opladen: Budrich.

Melzer, Wolfgang/Schubarth, Wilfried/Ehninger, Frank (2004): Gewaltprävention und Schulentwicklung. Bad Heilbrunn: Klinkhardt.

Otto, Hans-Uwe/Coelen, Thomas (Hg.) (2004): Grundbegriffe der Ganztagsbildung. Wiesbaden: VS Verlag für Sozialwissenschaften.

Schubarth, Wilfried (2000): Gewaltprävention in Schule und Jugendhilfe. Neuwied: Luchterhand.

Schubarth, Wilfried (2004a): Gewaltprävention durch die Kooperation von Jugendhilfe und Schule. In: Hartnuß, Birger/Maykus, Stefan (Hg.): Handbuch von Jugendhilfe und Schule. Berlin: Deutscher Verein: 476-492.

Schubarth, Wilfried (2004b): Schulsozialarbeit und Unterstützungsnetzwerke für Schulen – Perspektiven einer „systemischen Gewaltprävention/-intervention". In: Melzer, Wolfgang/Schwind, Hans-Dieter (Hg.): Gewaltprävention in der Schule. Baden-Baden: Nomos: 243-253.

Scherr, Albert (2004): Subjektbildung. In: Otto/Coelen: 85-98.

Speck, Karsten (2006): Qualität und Evaluation in der Schulsozialarbeit. Wiesbaden: VS Verlag für Sozialwissenschaften.

Sting, Stephan (2004): Soziale Bildung. In: Otto/Coelen: 77-84.

Tillmann, Klaus-Jürgen u. a. (1999): Schülergewalt als Schulproblem. Weinheim: Juventa.

# 2.2

# Themen und Inhalte

# Bewegung und Sport

*Ralf Laging*

Bewegungsaktivitäten gehören ganz selbstverständlich zu den Gestaltungsmöglichkeiten von (Ganztags-)Schulen. Dabei geht es nicht allein um sportliche Aktivitäten in Kooperation mit Vereinen, sondern um die Einbeziehung von Bewegungsaktivitäten in den ganzen Schultag.

## 1 Ganztagsschule und Bewegungsaktivitäten

Die folgenden Fragen zeigen beispielhaft, wie das Thema Bewegung, Spiel und Sport in die konzeptionellen Überlegungen zur Gestaltung von Ganztagsschule eingebunden ist:

- Wie kann die Schule einen rhythmischen Tagesablauf entwickeln, der ein ausgewogenes Verhältnis von konzentriertem Lernen und „bewegter Zerstreuung" ermöglicht?
- Wie lässt sich die zusätzliche Zeit für eine Lernförderung aller Kinder nutzen und in ganzheitliche Bildungsprozesse unter Einbeziehung der leiblichen Dimension einbinden?
- Wie kann der „reguläre" Unterricht bewegter und erfahrungsorientierter gestaltet werden?
- Wie kann es gelingen, die zusätzliche Zeit in Ganztagsschulen nicht allein zur Förderung kognitiver Leistungen in den Hauptfächern zu verwenden, sondern auch zur Förderung von Bewegungskompetenzen oder – allgemeiner – von ästhetischen Erfahrungen durch Sport, Kunst und Musik?
- Wie können (bewegungsorientierte) Freizeitaktivitäten, die einem sozial-ökonomischen Selektionsprozess mit Ungleichheiten in der Teilhabe unterliegen, in der ganztägig arbeitenden Schule für alle Kinder und Jugendlichen ermöglicht werden?

Mit diesen Fragen erweist sich die Problematik einer pädagogischen Gestaltung von Ganztagsschulen weit komplexer und differenzierter als dies die bloße Suche und Bindung von Kooperationspartnern zur Betreuung der Schüler(innen) in zusätzlichen Zeiten vordergründig vermuten lässt.

Grundsätzlich wächst der Ganztagsschule mit ihrem größeren Zeitbudget eine Verantwortung für den Umgang mit Körperlichkeit und Bewegung zu, die bei der Halbtagsschule am Nachmittag von den außerschulischen Einrichtungen wie Sportvereinen und kommerziellen Sport- und Fitnessanbietern oder den selbstorganisierten Bewegungsaktivitäten in informellen Räumen oder individualisiert im Wohnumfeld mit Freund(inn)en oder in der Familie übernommen wird. Diese Verantwortung muss sich konzeptionell in der Gestaltung der Ganztagsschule wiederfinden.

Im Alltag ganztägig arbeitender Schulen zeigt sich die Lösungssuche einerseits im Ausbau von nicht-formellen Bewegungsaktivitäten in Pausen und anderen freien Zeiten sowie andererseits in dem vermehrten Angebot von Sport-AGs am Nachmittag. Dies bestätigen auch die neuen Zahlen der StEG-Untersuchung (Holtappels u. a. 2007) noch einmal. Unter den Kooperationspartnern für die Ganztagsschule dominieren sowohl in den Grundschulen als auch in den Schulen der Sekundarstufe I deutlich die freien Sportanbieter (meist Sportvereine) mit 30 bis 37 % aller Angebote (Arnoldt 2007: 93-94). Solche Sportangebote sind an 90 bis 95 % aller Ganztagsschulen vorhanden (Holtappels 2007: 192). An 46 bis 52 % der Schulen findet dieses Angebot an 2 bis 3 Tagen, an 26 bis 35 % der Schulen sogar an 4 bis 5 Tagen in der Woche statt.

Kooperationen mit Sportvereinen sind jedoch nicht unproblematisch, da sie tendenziell mit leistungs-, alters- und interessenshomogenen Gruppen arbeiten und im Allgemeinen mit Selektions- und Spezialisierungsabsichten (Sieg-/Niederlage-Code) an der Vermittlung sportlicher Techniken einzelner Sportarten interessiert sind. Die Schule hingegen muss tendenziell daran interessiert sein, für *alle* Schüler(innen) ein Bewegungsangebot zu organisieren. Übungsleiter(innen) sind für diesen schulischen Rahmen mit seinen Bildungsabsichten in der Regel nicht qualifiziert, sie sehen sich mit neuen und ungewohnten Situationen der Bewegungsanleitung konfrontiert (vgl. Frommholz 2006; Klöpper 2006).[1]

Es kommt aber noch ein weiterer Aspekt hinzu, der eine vorwiegende Besinnung der Ganztagsschulen auf die Kooperation mit Sportvereinen als verkürzt erscheinen lässt. Die vereinsgebundenen Sportaktivitäten repräsentieren in Anbetracht der vielen selbstorganisierten und ungebundenen Sport- und Bewegungsaktivitäten nur einen Teil der jugendkulturellen Bewegungswelt (vgl. Balz/Kuhlmann 2004), so dass sich die Frage stellt, ob die Ganztagsschule nicht vermehrt auch nicht-formelle Bewegungsgelegenheiten bereit stellen muss. Auch können Vereine kaum die bewegungsbezogenen Anteile zum Lernen im Klassenraum und in Bewegungspausen des Unterrichts bzw. in bewegten Pausen auf dem Schulhof herstellen oder an einem rhythmisierten Schultag von morgens bis nachmittags durchgängig mitwirken.

Seit nunmehr 15 Jahren existiert neben den an vielen Schulen etablierten Kooperationsbeziehungen mit Sportvereinen eine vielfältige Praxis bewegter Schulgestaltung. Dabei geht es jeweils um ein über den Sportunterricht und auch den außerunterrichtlichen Schulsport (Sport-AGs, Sportwettkämpfe, Sportfeste u. a.) hinausreichendes, in den Schulalltag integriertes Bewegungsangebot. Die Bewegte Schule ist in einen Begründungshorizont im Rahmen reformorientierter Schulentwicklung eingebunden (vgl. Laging/Schillack 2007; Hildebrandt-Stramann 2007), der auf die Bedeutung von Bewegung für eine Öffnung von Schule und Unterricht verweist. Hier versteht sie sich als Motor einer veränderten Lern- und Schulkultur. Die Bewegte Schule ist dann eher ein Beitrag zur Gestaltung von Erziehungs- und Bildungsangeboten und weniger eine Kompensationseinrichtung für defizitäre Lebenssituationen, deren Ursachen eher außerhalb der Schule liegen. Die Bewegte Schule gewinnt mit dieser Konzeption eine Ausgangsposition, die Anschlüsse zur ganztägigen Schulentwicklung eröffnet.

1 Die klassische Sportvereinsarbeit steht in der Regel nicht im Horizont des Bildungsauftrags der Jugendhilfe. Daher wird beispielsweise in NRW daran gearbeitet, über das „Zwei-Säulen-Modell" (Schulsport und Vereinssport) hinaus Kooperationen und Netzwerke durch Sportvereinsangebote im Rahmen der Jugendhilfe in der (offenen) Ganztagsschule zu etablieren (Naul 2005, 2006; LSB NRW 2005).

## 2 Bewegung und Sport als Bildungsbeitrag

Bewegungsaktivitäten sind im hier gemeinten Verständnis selbstzweckhaft auf die Bewältigung von Bewegungsaufgaben gerichtet, z. B. wenn es darum geht, für sich mit dem Seil zu springen oder mit anderen eine Spielidee (z. B. Ball ins Tor) zu realisieren. Anders ist es, wenn es darum geht, einen Nutzen durch Bewegung zu erfüllen, wie z. B. schnell laufen, um den Bus zu erreichen. Die Selbstbezüglichkeit des Sich-Bewegens ist allerdings immer kontextgebunden und insofern situationsgestaltend. Daher finden Bewegungsaktivitäten nicht in einem gesellschafts- und kulturfreien Raum statt, sondern sie sind von vielfältigen Sinn- und Bedeutungsdimensionen durchzogen. Grundsätzlich geht es um „bewegungsthematisch gebundene, auf die Bewältigung und Gestaltung von Bewegungssituationen gerichtete Aufgaben“ (Scherer 2005: 126). Das dafür notwendige lösungsbezogene Tätigsein kann als intentionales Bewegungshandeln begriffen werden (vgl. Tamboer 1979; Trebels 1992).

Sich-Bewegen ist insofern nicht der physiologische Vorgang von Muskeltätigkeit, sondern ein dialogischer Prozess zwischen Mensch und Welt, zwischen Subjekt und sich stellender Aufgabe, wobei sich Mensch und Welt nicht gegenüber stehen, sondern relational verknüpft sind. Die Praxis des Bewegungshandelns kann daher als ästhetische Erfahrung leiblich-sinnlich erlebter Aufgabenbewältigung begriffen werden, wobei die Suche nach Lösungen immer eine Offenheit oder ein Stück Nicht-Beherrschbarkeit beinhaltet, auch wenn das Bewegungskönnen bereits ein hohes Niveau erreicht hat. Diese prinzipielle Offenheit der Bewegung hebt die grundsätzliche Funktionalität des Sich-Bewegens nicht auf, wohl aber unterscheiden sich die funktionellen Antworten. So geht es um den geschickten Umgang des Körpers mit Bewegungsherausforderungen oder um die gelingende gemeinsame Bewegungshandlung mit anderen. Bewegungen können auch das symbolische Spiel des Bewegungsausdrucks durch Rollenspiele und Gesten zeigen oder das Spüren des eigenen Körpers meinen. Immer steht ein intentionaler Weltzugang dahinter, der mit der Widerständigkeit von Welt im Horizont der eigenen Bewegungsmöglichkeiten umgehen muss (Funke-Wieneke 2004: 182).

Die Bedeutung von Bewegungsaktivität und Bewegungsförderung im pädagogischen Kontext lässt sich somit erst auf einer phänomenologisch-anthropologischen Grundlage erschließen (vgl. Trebels 1992 mit Bezug auf Merleau-Ponty 1966). Bewegungsaktivitäten können im schulischen Kontext zunächst einmal als fachlicher Gegenstand begriffen und im Unterricht vermittelt werden. Hier hat der schulische Sportunterricht seinen Kern, aber auch viele Nachmittagsangebote thematisieren in mehr oder weniger sportiver Weise diesen Kern als geformte und gestaltete Bewegung. Der pädagogische Kontext dieser fachlichen Vermittlungsbemühungen muss dabei die über Bewegungsaktivitäten ermöglichte Bildung im Sinn haben, die auf die Entwicklung der unterschiedlichen Funktionen des Sich-Bewegens gerichtet ist.

Gleichzeitig verweist das oben skizzierte Bewegungsverständnis darauf, dass Bewegung nicht nur in spezifischer Weise fachlich thematisiert werden kann, sondern grundlegend den Lebensalltag in Bezug auf Körpergeschick, sozialen Umgang, sensible Selbstwahrnehmung und leibliche Ausdrucksfähigkeit durchzieht. Im schulischen Kontext spielt demnach das Sich-Bewegen in allen Fächern und im Schulleben als überfachliche Dimension eine grundlegende Rolle. Schüler(innen) begegnen sich körperlich, gehen in Spielen und sportlichen Handlungen Bewegungsbeziehen in nicht-formellen und formellen Situationen ein, Spüren ihr Wohlbefinden oder Missbefinden leiblich, Lernen ganzheitlich in Bewegung und mit allen Sinnen und vieles mehr (vgl. die Beiträge in Hildebrandt-Stramann 2007).

Verstehen wir Bewegung als eine jenseits der sprachlichen Ebene liegende ebenfalls fundamentale Weise der Weltbegegnung im Sinne eines nicht-sprachlichen leiblich-sinnlichen Erlebens, dann liegt unterhalb der sprachlichen Reflexion über Welt eine über und in Bewegung vermittelte ästhetische Erfahrung mit einer anderen Ausdrucks- und Reflexionsstruktur vor (Franke 2003: 32). Ebenso wie die Sprache fundamental in einer zweifachen Vermittlungsleistung gesehen werden muss (Benner 1996: 268), nämlich als Lerngegenstand in ihrer Weltvermittlungsfunktion und als pädagogische Interaktion in ihrer kommunikativen Funktion, so muss auch – aber auf einer anderen Ebene liegend – die Bewegung als fundamental verstanden werden, da sie sowohl einen Lerngegenstand konstituiert als auch als Ausdruck einer sozial-leiblichen Bewegungsbeziehung fungiert.

Bewegung und Sport lassen sich nicht als „Sache" einem materialen Bildungsdenken in schulischer Tradition von Wissens- und Könnensbeständen unterordnen, denn Bildung ist „kein Arsenal, sondern ein Horizont" (Blumenberg 1998). Jedem Wissen und Können gegenüber kann erst dann von Bildung gesprochen werden, wenn eine Haltung hinzukommt, in der das Wissen/Können aufgehoben ist; eine Haltung zur Welt des Wissens, der Kunst, der Musik oder auch der menschlichen Bewegung. Es geht hier also nicht um Nützlichkeit und Machbarkeit, sondern um Prozesse der Selbstbildung. Es geht nicht um die naive, einem materialen Bildungsdenken folgende Behauptung, dass auch Sport wie alle anderen Fächer bilde, indem man sportlich etwas kann, sondern vielmehr darum, Bewegung als leiblich-sinnlichen Vorgang zu verstehen, der als leibliche Bildung auf der nicht-sprachlichen Ebene eine „andere Vernunft" (Franke 2005) darstellt. Die menschliche Bewegung mit ihren leiblich-sinnlichen Erfahrungsmöglichkeiten erweist sich in dieser wissenschaftlichen Betrachtung als eigene Erkenntnis- und Bildungsmöglichkeit.

## 3 Bewegungsorientierte Ganztagsbildung

Das Thema Ganztagsbildung wurde bisher über die Frage nach dem grundlegenden Bildungsbeitrag einer bewegungsbezogenen Weise des Weltzugangs erörtert. Damit steht nicht das institutionalisierte Bildungsangebot mit seinen unterschiedlichen Anforderungen und Möglichkeiten (hier Qualifizierung und dort Persönlichkeitsentwicklung) im Mittelpunkt, sondern das Sich-Bewegen als Weltzugang in unterschiedlichen formellen und nicht-formellen Lern- und Handlungssituationen einer ganztägig arbeitenden Schule. Dabei darf im Kontext der Ganztagsbildung aber die Ungleichheit in den Chancen auf Qualifizierung und auf Partizipation an Situations- und Lebensgestaltung nicht aus den Augen geraten. Formelle Bewegungsangebote und nicht-formelle Bewegungsgelegenheiten im Ganztag müssen die Differenzen und Benachteiligungen, aber auch die Besonderheiten von Kindern und Jugendlichen berücksichtigen, seien es Differenzen aufgrund von Geschlecht, Alter, Interesse oder kultureller Herkunft. Es bedarf der Reflexion von Angeboten und Räumen im Hinblick auf Jungen und Mädchen, Jüngere und Ältere, Kinder und Jugendliche mit und ohne Migrationshintergrund.

Die oben beschriebene überfachliche Vermittlungsleistung von Bewegung entfaltet ihre Möglichkeiten nun in Verbindung mit oder neben der Kooperation und Mitwirkung von außerschulischen Partnern bzw. anderen Professionen. Insofern werden Bewegungsaktivitäten als ein Gestaltungselement einer ganztägig arbeitenden Schule verstanden, einer

Schule, die Lernen und Unterricht sowie Schulleben anders und ganztägig arrangiert, damit die stoffbeladene Vormittagsschule nicht durch „more of the same" (Vogel 2006: 18) auf den Nachmittag ausgedehnt, sondern durch Entrümpelung „a different way of school" möglich wird. Unter Ganztagsbildung werden demnach hier ganztägig arrangierte bewegungsbezogene Erfahrungen in unterschiedlichen Handlungsräumen in der Schule verstanden, mit dem Ziel, allen Kindern und Jugendlichen Bildungsmöglichkeiten durch und mit Bewegung, Spiel und Sport zu eröffnen. Wie lässt sich nun eine solche Bewegungsbildung realisieren? Dazu ein Beispiel aus dem Projekt „StuBSS".[2]

Eine Gesamtschule beschließt die Realisierung einer Ganztagsschule, um einerseits die Weiterentwicklung der seit Jahren verfolgten Gesamtschulpädagogik auszubauen und andererseits den Anforderungen der verkürzten Gymnasialzeit gerecht zu werden. Zur Realisierung führt sie – von begründeten Ausnahmen abgesehen – die Doppelstunde als Regelunterrichtszeit ein, um intensiver und bewegungsorientierter mit Schüler(innen) Lernprozesse initiieren zu können, des Weiteren findet in der 5. und 6. Stunde kein Fachunterricht statt, sondern ein so genanntes „Ganztagsband" mit Wahlpflichtangeboten aus dem Bewegungs-, Kunst-, Musik- und Handwerksbereich, eingebunden ist hier in Verbindung mit der Pause nach der 4. oder 5. Stunde das Mittagessen. Die großen Pausen sind auf 20 Minuten verlängert worden. Am Nachmittag findet an drei Tagen in der 7. und 8. Stunde Pflichtunterricht statt, dem sich dann weitere Ganztagsangebote aus den Lern- und Freizeitbereichen anschließen. Darüber hinaus wird das Außengelände bewegungsorientiert umgestaltet und die Sportfläche für Ballspiele in den Pausen und am Nachmittag geöffnet. Damit versucht die Schule ihrer Verantwortung für Körper und Bewegung gerecht zu werden. Die Lehrkräfte haben an Fortbildungen zum „Bewegten Unterricht" teilgenommen, die verlängerten Pausen mit der kontinuierlichen Verbesserung der Ausstattung geben mehr Bewegungsgelegenheiten, das Ganztagsband in der 5. und 6. Stunde besteht immer zur Hälfte aus Bewegungsangeboten und die Nachmittagsangebote werden ebenfalls von Sport- und Spielaktivitäten dominiert.

Die Realisierung dieser Konzeption ist in Teilen auf die Kooperation mit außerschulischen Partnern (Sportvereinen) und Expert(inn)en anderer Professionen angewiesen. Das Beispiel verweist darauf, dass eine solche ganztägige Umgestaltung von Schule auf eine Neubestimmung sowohl der Profession des Lehrers bzw. der Lehrerin als auch der an Schulgestaltung mitwirkenden weiteren pädagogischen Professionen und außerschulischen Partner sowie eine Neubestimmung des Verhältnisses von Schule und außerschulischen Einrichtungen zur Folge hat. Vor diesem Hintergrund soll nun exemplarisch das Kooperationsverhältnis von Schule und Sportverein reflektiert werden.

2 „Studie zur Entwicklung von Bewegung, Spiel und Sport in der Ganztagsschule" – Verbundprojekt der Universitäten Marburg, Braunschweig und Jena. Gefördert vom BMBF und dem ESF für die Zeit von 2005 bis 2008. Projekthomepage: http://www.uni-marburg.de/fb21/ifsm/ganztagsschule.

# 4 Kooperationen zwischen Schulen und außerschulischen Partnern

Die Sportorganisationen arbeiten mit einem pädagogischen Konzept, das z. T. dem Gedanken der Kinder- und Jugendhilfe folgt. Danach verstehen sich Freie Träger, zu denen auch der gemeinnützig organisierte Sport gehört, als eigenständige Einrichtungen mit Bildungsabsichten, die daran mitwirken, die Entwicklung und Erziehung von Kindern und Jugendlichen zu einer „eigenverantwortlichen und gemeinschaftsfähigen Persönlichkeit" (§ 1 KJHG) zu fördern. Entsprechend verfolgen die Jugendverbände des Sports, wie z. B. in NRW, Schwerpunkte in der allgemeinen Freizeitpädagogik, in der Gesundheitsbildung, Umweltbildung, interkulturellen Arbeit oder der Sicherheitserziehung im Straßenverkehr (Grabs 2004: 106). Das Konzept ist auf die Offene Ganztagsgrundschule gerichtet und möchte „auf gleicher Augenhöhe" mit den Schulen in einem Kooperationsmodell mit Bildungsanspruch Kinder und Jugendliche bewegungs- und sportorientiert fördern. Entsprechend geht es auf diesem „dritten Weg" zwischen Schulsport (als Veranstaltung der Schule) und Vereinssport (als Veranstaltung des organisierten Sports) nicht ausschließlich um sportartbezogene Angebote, sondern um sportliche Aktivitäten, wie allgemeine Bewegungs- und Spielangebote, spezielle Förderangebote, Angebote mit (inter-)kulturellen Bezügen, Selbstverteidigungskurse, Sportwochen, aber auch Talentsichtung und -förderung umfassen (LSB NRW Sport im Ganztag 2005: 31). Ein solches Konzept steht neben dem schulsportlichen Angebot, so will es die Rahmenvereinbarung zur Kooperation von Schule und Verein in NRW.

## *4.1 Kooperationen in Arbeitsbündnissen*

Die Diskussion um das Verhältnis von Jugendbildung und Schule hat im Zusammenhang mit der Ganztagsschule zu einer neuen Debatte um den Bildungsanspruch der außerschulischen Jugendarbeit geführt. Vor diesem Hintergrund gewinnen differenzorientierte Ansätze (Helsper 2001; Coelen 2004) an Bedeutung, mit denen die bisherige Defizitorientierung der Jugendhilfe überwunden werden soll. Kritisiert werden in der Sozialpädagogik solche Kooperationen mit Schulen, die pragmatisch-funktionale Lösung von Betreuungs- und Problemsituationen darstellen. Insofern argumentiert auch Helsper für die Anerkennung der Differenz von „Schule und Jugendhilfe" (2001: 26) und plädiert für eine Trennung beider Bereiche mit je eigener Profession, um paradoxen Effekten und Entgrenzungen bei einer Sozialpädagogisierung von Schule zu entgehen – allerdings im Unterschied zu anderen Konzepten der sozialpädagogisch orientieren Jugendbildung, indem unterschiedliche Professionen in Arbeitsbündnissen eines pädagogischen Systems zusammenfinden.

Helspers Vorschlag einer gemeinsamen Arbeit innerhalb des pädagogischen Systems Schule hebt sich damit von der Vorstellung einer komplementär aufeinander bezogenen Ganztagsbildung ab, wie sie etwa Coelen als institutionalisierte „kommunale Jugendbildung in gemeinsamer, arbeitsteiliger Trägerschaft" im Sinne von so genannten „gemischten Systemen" versteht: „Darin würde wie bisher vormittags der verpflichtende Schulunterricht stattfinden und am späteren Nachmittag die freiwillige Jugendarbeit" (2004: 261). Ein solches Kooperationsmodell setzt das additiv-duale Modell einer Offenen Ganztagschule voraus, ja es würde eine grundlegende Veränderung von Schule geradezu verhindern, weil es die in der Schulpädagogik stark kritisierte Lernschule des Vormittags festschriebe. Eine so verstandene Ganztagsbildung würde zu Lasten der Entfaltungsmöglichkeiten ganztägiger schulischer Bildung gehen.

Helsper (2001) und andere Vertreter der Schulsozialarbeit, wie etwa Braun (2005: 66) oder Bolay u. a. (2005), verstehen dagegen Ganztagsbildung als integratives Konzept innerhalb der Schule. Braun (2005) sieht eine Chance für ein sozialpädagogisches Profil der Schule, in dem es um die „Gesamtheit der sozialen und pädagogischen Bemühungen, die Lernfähigkeit und -bereitschaft der Kinder/Jugendlichen" geht (ebd.: 67). Dazu gehöre, die Schule als Lebens- und Erfahrungsraum zu verstehen, Spielen und Lernen miteinander zu verbinden, Unterricht zu öffnen usw. Es gehe um die Chance einer „historisch erstmaligen egalitären Vermittlung der formellen und informellen Bildung" so Braun (2005: 67). Noch deutlicher formulieren Bolay u. a. (2005) ihren Einwand gegen die Ganztagsbildung aus der Sicht der Schulsozialarbeit. „Weder die Einbindung punktuell erbrachter jugendhilfespezifischer Leistungen im Schulkontext wird dies leisten können, noch das Konzept der Ganztagsbildung (...), in dem sich Schule und Jugendarbeit die Zeitquanten der Schüler(innen) ‚gütlich' aufteilen: Die Schule vormittags, die Jugendarbeit nachmittags" (ebd.: 39). Vielmehr müsse in einem „strukturell gesicherten und konzeptionell abgestimmten Ergänzungsverhältnis, das sich begrifflich als ‚Kooperation auf der Basis von Differenz' fassen lässt", gearbeitet werden (ebd.).

Eine solche veränderte ganztägig arbeitende Schule lässt sich m. E. schlüssig mit dem Ansatz von Helsper (2001) zur Schulkultur begründen. Schulkultur ist demnach als „Kultur einer inkonsistenten Systembildung" (ebd.: 28) zu verstehen. Dabei geht es darum, eine „Kultur der pädagogischen Vermittlung zu generieren, in der die Vermittlung von Inhalt und Person, die Generierung eines pädagogischen Arbeitsbündnisses und die Auseinandersetzung mit den zentralen professionellen Antinomien des Lehrerhandelns im Mittelpunkt zu stehen hätte" (ebd.). Eine kompensatorische Ausweitung der Schulkultur für andere Lebenssphären (wie Jugendkultur, Alltagskultur oder Unternehmenskultur) würde zu einer Allzuständigkeit der Schule führen. Eine Ausweitung im Sinne der Vertiefung „von Inhalten zur Generierung des psychisch Neuen" hingegen meint einen umfassenden Blick „auf die lebensweltlichen und biografischen Hintergründe, auf die inoffiziellen Weltversionen und Rahmungen der SchülerInnen" (ebd.: 29). Solche vertiefenden Vermittlungsprozesse gehen über einen fachlich engen Rahmen hinaus und bedürfen der Mitwirkung anderer Professionen. Dies erfordert aber, dass Schule sich als Teil eines pädagogischen Systems versteht, indem neben dem schulkulturellen auch das sozialpädagogische Handlungsfeld in Differenz zueinander hinsichtlich der sich zeigenden Problemkonstellationen zwischen schulischer und sozialpädagogischer Orientierung reflektiert wird.

Auf der Grundlage dieser Differenz macht Helsper (ebd.: 41) das Konzept des „Arbeitsbogens" von Fritz Schütze (1996) stark, das sich auf die Tätigkeit von Lehrkräften und Sozialpädagog(inn)en erstreckt. Beide Handlungsfelder werden als Teile eines gemeinsamen pädagogischen Systems verstanden. Dies hat interne Differenzierungen zur Folge, ohne den gesamten „professionellen Arbeitsbogen" aus dem Blick zu verlieren. Angesichts „komplexer Problemverschränkungen" müssen Professionelle „mit anderen Professionellen kooperieren (...). Dies gilt selbstverständlich auch für die ausdifferenzierten Handlungsfelder von Schule und Jugendarbeit" (ebd.). Lehrkräfte und andere Professionen, wie z. B. aus der sport- und bewegungsbezogenen Jugendbildung, müssen eingedenk ihrer jeweiligen Feldbegrenzung unter einem gemeinsamen pädagogischen Handlungsrahmen in Anerkennung der jeweiligen Differenzen kooperieren. Der Handlungsrahmen kann mit den beiden Polen von formeller und nicht-formeller Bildung, jeweils begleitet von der basalen lebensweltlich orientierten informellen Bildung, als Selbstbildung, also dem eigenständigen Bemühen der Bildungssubjekte in der Weltbegegnung, verstanden werden. Diesem Bildungsanspruch müssen also alle Professionen am pädagogischen System Schule verpflichtet sein. Ein solches Kooperationskonzept lässt sich vor allem auf der Grundlage integrativer Ganztagschulen in (teilweise) gebundener Form realisieren. Im besten Fall gehören Pädagog(inn)en unterschiedlicher Professionen zum „pädagogischen Arbeitsbogen" an einer Ganztagsschule.

### *4.2 Kooperationen von Schulen und Sportvereinen: Von der Addition zur Inklusion*

Die derzeit dominante Form der Kooperationsbeziehungen zwischen Schule und Sportverein kann mit dem additiv-dualen Kooperationsmodell beschrieben werden. Die Sportvereine bieten – oft auf der Grundlage langjährig existierender Kooperationen – am Nachmittag Sportaktivitäten im Sinne von Ganztagsangeboten zur Betreuung der Ganztagsschüler(innen) an, allerdings meist mit einer sehr viel breitsportlicheren Orientierung als dies die klassischen Kooperationsprogramme ermöglicht haben (vgl. Fessler u. a. 1999). Eine Verbindung zwischen den Sportangeboten der Vereine und dem Schulvormittag existiert in der Regel nicht. Wir haben es insofern mit einem additiven Kooperationsmodell zu tun, das noch nicht einmal einer gemeinsamen Ganztagsbildung, die arbeitsteilig angestrebt werden könnte, verpflichtet ist.

Einen „dritten Weg" gehen Konzepte, die die Notwendigkeit eines eigenständigen pädagogischen Angebots zwischen Schulsport und Vereinssport erkennen und sich der Jugendhilfe mit einem externen Bildungsangebot innerhalb der Schule verpflichtet fühlen (vgl. NRW LSB 2005). Gegenüber der Unverbundenheit von Schule und Jugendhilfe im ersten Modell geht es hier um eine additive Verbindung beider Einrichtungen zur Ganztagsbildung, in der zwischen Schulsport im weitesten Sinne und dem „Sport im Ganztag" (ebd.) eine Differenz in den Zielen, Inhalten und Methoden begründet und durch Zuteilung von Zeiteinheiten am Nachmittag (im Anschluss an die Vormittagsschule) ein eigenes sport- und bewegungsorientiertes Bildungsangebot realisiert wird. Da sich dieses Angebot nicht nur vom Schulsport, sondern auch vom Vereinssport abgrenzen muss, kann es beim Konzept „Sport im Ganztag" nicht primär um die Vermittlung von sportlichem Können oder der Kompensation von Bewegungsdefiziten gehen, sondern im Sinne der Jugendbildung um persönlichkeitsbildende Prozesse, um Gemeinschaftsorientierung und der symbolischen Reproduktion der Lebenswelt. Die Begrenzung dieses Kooperationsmodells besteht darin, dass Schule als Vormittagsschule bestehen bleiben und Ganztagsschule als Offene Form konzipiert werden muss.

Geht man nun von einem pädagogischen Arbeitsbündnis unterschiedlicher Professionen aus, so müssen Kooperationen innerhalb eines pädagogischen Systems zwischen Lehrkräften und inkludierten außerschulischen Professionen stattfinden. An der Generierung eines gemeinsamen pädagogischen Arbeitsbündnisses wirken dann aus je unterschiedlichen Perspektiven verschiedene Professionen zusammen. Übertragen auf die Entwicklung einer bewegungsorientierten Ganztagsschule heißt dies, dass sich Bewegungs- und Sportlehrkräfte sowie auch Lehrkräfte anderer Fächer gemeinsam mit anderen Professionen aus „Bewegung und Sport" (Übungsleiter der Vereine, bewegungskompetente Sozialpädagog(inn)en) um die Integration von Bewegungsaktivitäten in das Schulleben und den Unterricht kümmern. Dabei geht es aus der pädagogischen Perspektive des Arbeitsbündnisses um das Zusammenwirken hinsichtlich der überfachlichen (vielleicht auch der fachlichen) Bedeutung von Bewegung, Spiel und Sport für das schulische Bewegungsleben. Die von Helsper (2001) angesprochen Vertiefungen der Schulkultur könnten hier zur Wirkung gebracht werden. Bewegungsbezogene Bildungsprozesse, die „als öffnende Krisen bisheriger Sichtweisen, Deutungen, Erklärungen oder Weltbilder von SchülerInnen" (ebd.: 29) einen umfassenderen Blick auf das eigene Bewegen werfen, könnten hier im Sinne der Klärung des Selbstverhältnisses zum eigenen Bewegen deutlich verstärkt werden. Die Kooperationspartner sind demnach Teil des pädagogischen Systems Schule mit ihren je eigenen Zugängen zu Bewegung, Spiel und Sport, aber in gemeinsamer Verantwortung für eine Bewegungskompetenz im Interesse von bewegungsbezogener Selbstbildung.

## *Literatur*


Arnoldt, Bettina (2007): Öffnung von Ganztagsschule. In: Holtappels/Klieme/Rauschenbach/Stecher (Hg.): 86-105.

Balz, Eckart/Kuhlmann, Detlef (Hg.) (2004): Sportengagements von Kindern und Jugendlichen. Grundlagen und Möglichkeiten informellen Sporttreibens. Aachen: Meyer & Meyer.

Benner, Dietrich (1996): Allgemeine Pädagogik. Eine systematisch-problemgeschichtliche Einführung. Die Grundstruktur pädagogischen Denkens und Handelns. Weinheim: Juventa.

Blumenberg, Hans (1998): Begriffe in Geschichten. Frankfurt a. M.: Suhrkamp.

Bolay, Eberhard/Gutbrod, Heiner/Flad, Carola (2005): Schulsozialarbeit – Impulse für die Ganztagsschule. In: Spies, Anke/Stecklina, Gerd (Hg.): Die Ganztagsschule. Bd 2. Keine Chance ohne Kooperation – Handlungsformen und institutionelle Bedingungen. Bad Heilbrunn: Klinkhardt: 22-42.

Braun, Karl-Heinz (2005): Neue Lernkulturen in der Ganztagsschule. In: Spies, Anke/Stecklina, Gerd (Hg.): Die Ganztagsschule. Bd 1. Dimensionen und Reichweite(n) des Entwicklungsbedarfs. Bad Heilbrunn: Klinkhardt: 55-72.

Coelen, Thomas (2004): „Ganztagsbildung" – Integration von Aus- und Identitätsbildung durch die Kooperation zwischen Schulen und Jugendeinrichtungen. In: Otto, Hans-Uwe/Coelen, Thomas (Hg.): Grundbegriffe der Ganztagsbildung. Beiträge zu einem neuen Bildungsverständnis in der Wissensgesellschaft. Wiesbaden: VS Verlag für Sozialwissenschaften: 247-268.

Fessler, Norbert/Scheid, Volker/Trosien, Gerhard/Simen, Jürgen/Brückel, Frank (Hg.) (1999): Gemeinsam etwas bewegen! Sportverein und Schule – Schule und Sportverein in Kooperation. Schorndorf: Hofmann.

Fitzner, Thilo/Schlag, Thomas/Lallinger, Manfred W. (Hg.) (2005): Ganztagsschule – Ganztagsbildung. Politik – Pädagogik – Kooperation. Bad Boll: Evangelische Akademie.

Franke, Elk (2003): Ästhetische Erfahrung im Sport – ein Bildungsprozess? In: Franke, Elk/Bannmüller, Eva (Hg.): Ästhetische Bildung. Butzbach-Griedel: Afra: 17-37.

Franke, Elk (2005): Körperliche Erkenntnis – Die andere Vernunft. In: Bietz, Jörg/Laging, Ralf/Roscher, Monika (Hg.): Bildungstheoretische Grundlagen der Bewegungs- und Sportpädagogik. Baltmannsweiler: Schneider: 180-201.

Frommholz, Sarah (2006): Flexibel und gelassen. In: Sportpädagogik (30. Jg.) H. 5/2006: 18-19.

Funke-Wieneke, Jürgen (2004): Bewegungs- und Sportpädagogik. Baltmannsweiler: Schneider.

Grabs, Roland (2004): Was Jugendverbände können, können nur Jugendverbände – Die Sportvereine und ihre Sportjugenden vor Herausforderungen durch die offene Ganztagsgrundschule. In: Beckers, Edgar/Schmidt-Millard, Torsten (Hg.): Jenseits von Schule: Sportpädagogische Aufgaben in außerschulischen Feldern. Butzbach-Griedel: Afra: 105-112.

Helsper, Werner (2001): Die sozialpädagogische Schule als Bildungsvision? Eine paradoxe Entparadoxierung. In: Becker, Peter/Schirp, Jochen (Hg.): Jugendhilfe und Schule. Zwei Handlungsrationalitäten auf dem Weg zu einer? Münster: Votum: 20-45.

Hildebrandt-Stramann, Reiner (Hg.) (2007): Bewegte Schule – Schule bewegt gestalten. Baltmannsweiler: Schneider.

Holtappels, Heinz Günter (2007): Angebotsstruktur, Schülerteilnahme und Ausbaugrad ganztägiger Schulen. In: Holtappels/Klieme/Rauschenbach/Stecher (Hg.): 186-206.

Holtappels, Heinz Günter/Klieme, Eckhard/Rauschenbach, Thomas/Stecher, Ludwig (Hg.) (2007): Ganztagsschule in Deutschland. Ergebnisse der Ausgangserhebung der „Studie zur Entwicklung von Ganztagsschulen" (StEG). Weinheim: Juventa.

Klöpper, Christoph (2006): Zwei Welten treffen aufeinander. In: Sportpädagogik (30. Jg.) H. 5/2006: 51.

Laging, Ralf/Schillack, Gerhard (Hg.) (2007): Die Schule kommt in Bewegung. Baltmannsweiler: Schneider.

LSB NRW (2005): Sport im Ganztag 3. Schwerpunkte, Praxis, Perspektiven. Duisburg: LSB.

Merleau-Ponty, Maurice (1966): Phänomenologie der Wahrnehmung. Berlin: de Gruyter & Co.

Naul, Roland (2005): Bewegung, Spiel und Sport in offenen Ganztagsschulen. In: Sportunterricht (54. Jg.) H. 3/2005: 68-72.

Naul, Roland (2006): Sozialpädagogische und sportpädagogische Profession im Ganztag: Qualitätskriterien und Fortbildungsbausteine für Angebote mit Bewegung, Spiel und Sport. Expertise für das BLK-Verbundprojekt „Lernen für den GanzTag". Universität Duisburg-Essen.

Scherer, Hans-Georg (2005): Bewegung und Bildung – relationale Bildung im Bewegungshandeln. In: Bietz, Jörg/Laging, Ralf/Roscher, Monika (Hg.): Bildungstheoretische Grundlagen der Bewegungs- und Sportpädagogik. Baltmannsweiler: Schneider: 123-140.

Schütze, Fritz (1996): Organisationszwänge und hoheitsstaatliche Rahmenbedingungen im Sozialwesen. Ihre Auswirkungen auf die Paradoxien des professionellen Handelns. In: Combe, Arno/Helsper, Werner (Hg.): Pädagogische Professionalität. Untersuchungen zum Typus pädagogischen Handelns. Frankfurt a. M.: Suhrkamp: 183-275.

Tamboer, Jan (1979): Sich Bewegen – ein Dialog zwischen Mensch und Welt. In: Sportpädagogik (3. Jg.) H. 2/1997: 14-19.

Trebels, Andreas H. (1992): Das dialogische Bewegungskonzept. Eine pädagogische Auslegung von Bewegung. In: Sportunterricht (41. Jg.) H. 1/1992: 20-29.

Vogel, Peter (2006): Bildungstheoretische Optionen zum Problem der Ganztagsbildung. In: Otto, Hans-Uwe/Oelkers, Jürgen (Hg.): Zeitgemäße Bildung. Herausforderung für Erziehungswissenschaft und Bildungspolitik. München: Reinhardt: 14-20.

# Kunst und Kultur

*Rainer Treptow*

Dass die Auseinandersetzung mit Kunst nicht auf die Strukturen des schulischen Bildungssystems begrenzt werden kann, ergibt sich schon aus der gesellschaftlichen Strukturierung von Räumen, in denen Kunst einen privilegierten Ort zugewiesen bekommt. Es sind teils öffentliche, teils private Räume – Museen, Parks, Galerien, Theater, Musikhallen, soziokulturelle Zentren – jedenfalls keine auf Pflichtunterricht abgestellten Institutionen, deren Zeitrhythmus schulisch festgelegt ist. Zugleich folgt sie weder curricular fixierten Lernmodulen, noch den üblichen Leistungs- und Selektionsstandards der Schule, und der Zugang ist auch nicht auf bestimmte Altersgruppen begrenzt. Vielmehr bildet die Wertsphäre der Kunst wie kaum eine andere einen Querschnittsbereich, der die gesamte Spannbreite generationenübergreifender formeller, non-formaler und informeller Bildung umfasst (vgl. zu dieser Unterscheidung: Bundesjugendkuratorium 2002a, b; Bundesministerium für Familie, Senioren, Frauen und Jugend 2005).

Im Bereich formeller Bildung sind ihre Sparten Gegenstand organisierter Wissensvermittlung und praktischer Tätigkeit. Ästhetische Praxis – zwischen Musik, Theater, Schauspiel, Bildhauerei, Videoarbeit etc. – findet sich im Bildungsauftrag der Kindertageseinrichtungen, der Schulen und Hochschulen sowie der außerschulischen Institutionen wie Akademien, Jugendkunstschulen, Volkshochschulen und sonstigen privaten und öffentlichen Institutionen der Aus-, Fort- und Weiterbildung (vgl. Bundesvereinigung Kulturelle Jugendbildung 2001). Wenngleich oft in randständiger Position ist ihre curriculare Rahmung hier doch am stärksten ausgeprägt und korrespondiert punktuell mit Schule (vgl. Fuchs 2005). Üblich sind sporadische Besuche von Schulklassen in Museen oder Theatern; eher Ausnahmen bilden nachhaltige Kooperationsformen zwischen schulischem und nicht-schulischem Sektor, die über zeitlich begrenzte Projektinitiativen hinausreichen (Treptow 2007). Im Bereich informeller Bildung bietet sich also eine Fülle von Angeboten zur theoretischen und praktischen Auseinandersetzung mit Rezeption und Gestaltung künstlerischer Objekte und Prozesse. Im Feld non-formaler Bildung findet sich selbstorganisierte, teils auch zufällige Auseinandersetzung mit Kunst, wie sie z. B. durch Fernsehen oder Internet, durch Printmedien oder Veranstaltungen *(performances)* im öffentlichen und privaten Sektor möglich wird. Hier bieten sich situative Gelegenheiten, im öffentlichen oder privaten Raum unerwartet mit Kunst konfrontiert zu werden, sei es z. B. durch Begegnungen mit Skulpturen, Aufführungen oder Abbildungen, sei es durch spontane Konfrontation mit überraschenden Symbolisierungen aller Art (Barthes 1981).

Die damit erkennbaren, teils fließenden Übergänge zwischen Orten und Situationen, in denen Kunst Gelegenheit zur reflexiven Zuwendung bietet, liegen zwischen der Mediatisierung (Rötzer 1991; Liebau 1992; Niesyto 2003) und „Ästhetisierung" (Bubner 1989) der Lebenswelt – in die nicht selten auch Fragmente bzw. Zitate aus der Kunst in die Sphären alltäglicher Lebensführung hinein genommen werden – und den exklusiven Vermittlungsformen, die etwa durch kunstpädagogische Inszenierungen erzeugt werden. Sie bieten einen unterschiedlich nutzbaren Zugang zu den Objekten und Bilderwelten in Museen, Galerien, Kulturhäusern. Entsprechend vielfältig sind die Orte und Gelegenheiten.

# 1 Kulturelle Bildung: Wissen, Kompetenz, Kritik

Die Selbstbildung von Kindern, Jugendlichen und Erwachsenen ist auf Gegenstände und Anregungsmilieus angewiesen, in denen sie sich realisieren kann. In den „Welten der Bildung" (Liegle/Treptow 2002) ist Kunst einer ihrer Bestandteile. Unter Kunst ist die Gesamtheit von Ausdrucksformen und Gegenständlichkeiten zu verstehen, denen ästhetische Qualitäten zugerechnet werden. Dazu zählt nicht allein die Erfüllung anerkannter Formideale, sondern auch deren Durchkreuzung, Verletzung, Entzauberung. Dies zu erkennen ist abhängig von Wissen über Stile, Epochen, Funktionen von Kunst im Horizont kultureller und regionaler Kontexte (vgl.: Dewey 1975; Luhmann 1997; Henrich/Iser 1999; Ullrich 2005). Wissen zu vermitteln ist also eine Aufgabe kultureller Bildung. Die andere ist es, zur eigenständigen Urteilsfähigkeit beizutragen, um das Wissen selbst kritisch zu befragen. Allerdings wird mit Kunst die Begrenzung auf die kognitive Seite überschritten und die emotionale Seite angesprochen, also eine Korrespondenz zwischen Sinneserfahrung und Reflexion angestrebt (Selle 1990). Dies gehört zum Selbstverständnis Kultureller Bildung.

Was ist unter Kultureller Bildung zu verstehen? Der Begriff Kulturelle Bildung verbindet einen Veränderungsverlauf der Person mit besonderen strukturellen Rahmungen, in denen er stattfindet. Er umfasst also zweierlei, einen subjekttheoretischen und einen organisationstheoretischen Aspekt (vgl. Treptow 2005).

Subjekttheoretisch bezeichnet Kulturelle Bildung Gestaltungs- und Aneignungsverläufe von Menschen im Umgang mit Gegenständen, mit Körperlichkeit und mit symbolischem Ausdruck. Typisch ist dabei die Verbindung von Selbsttätigkeit und Verständigung mit anderen: Selbsttätigkeit im aktiven Mitvollziehen und Gestalten, Verständigung in Koordinierung und Vergleich von Ähnlichkeit und Differenz. Durch die Erfahrung der Veränderung von Dingen, Bewegungs- und Ausdrucksformen sowie durch das Verstehen von Unterschieden werden subjektive Wahrnehmungs-, Deutungs- und Wissensbestände differenziert. Ästhetische Urteilsfähigkeit, kritischer Vergleich und Erweiterung eigener Gestaltungsfähigkeiten tragen so zur Grundlegung menschlicher Bildung bei. Sie wird verstanden als Vermögen, das Selbst im Horizont kultureller Praxis urteils- und handlungsfähig werden zu lassen. Es kann dadurch am gesellschaftlichen Leben teilhaben und eben jene kulturellen Rahmungen beeinflussen, in denen es sich befindet („Bildung als Lebenskompetenz", vgl. Bundesjugendkuratorium 2002).

Organisationstheoretisch bezeichnet Kulturelle Bildung die Gesamtheit der Orte, Gelegenheiten und Formen, in denen die Auseinandersetzung mit Gegenständen, Körperlichkeit und symbolischem Ausdruck geschieht. Das Spektrum reicht von den klassischen Institutionen ästhetisch-medialer Praxis (Opern, Theater, Museen u. a.) bis hin zu den vergleichsweise flüchtigen Gelegenheitsstrukturen einzelner Events, Initiativen und Projekte. Kinder, Jugendliche oder Erwachsene können beteiligt sein, indem sie selbst gestaltend tätig und/oder Rezipienten sind. Der Anteil der mit Begleitungs- und Lehraufgaben betrauten professionell ausgebildeten Fachkräfte unterscheidet sich ebenso wie der Grad der Formalisierung, die das Geschehen strukturell rahmt. Hier reicht das Spektrum von hochgradig formalisierten bis zu non-formalen *Settings* der Selbstorganisation. Kurz: es erstreckt sich von akademisch erworbener Professionalität der Ausbildung in klassischen Sparten bis zu autodidaktisch erworbener Kompetenz, wobei Hierarchien unterschiedlich durchlässig sind.

Diese breite Streuung spielt in die Deutung und kritische Würdigung von Objekten und Formen bildender und darstellender Kunst hinein. Denn der Status der öffentlichen Anerkennung von Kunstwerken lässt sich entlang der Unterscheidung zwischen „legitimer" und „illegitimer Kunst" (Bourdieu 1981) beschreiben: was als legitime – und damit auch in offizieller Weise förderungswürdige – Kunst gilt, ist das Ergebnis von begründeten Festlegungen, die einem Expertenwissen entstammen. Sie werden beispielsweise auf dem Kunstmarkt relevant, nicht zuletzt um Echtheit und Fälschung unterscheiden zu können. Zugleich wandeln sich aber auch entsprechende Zuschreibungen. Durch neue, teils populäre Geschmacksurteile, die in den Kriterienbestand von Expert(inn)en eindringen, erweitern sich überlieferte Wissensbestände. Sie ebnen ungewöhnlichen – „unerhörten" – Symbolisierungsformen den Weg, die ihren Ursprung in sub- und gegenkulturellen Kontexten haben.

## 2 Fremdheit, Vertrautheit, Kompetenz

Dadurch wird eine Dynamik erzeugt, die für einen Bildungsprozess konstitutiv ist: nämlich mit Fremdheit umzugehen – sei es Fremdheit in Gestalt der Objekte (Gemälde, Skulpturen, Masken u. Ä.), sei es Fremdheit in der Gestalt der Darstellungsformen und Handlungsverläufe oder der musikalischen oder szenischen Ausdrucksformen (Treptow 2001). Zwischen der Formensprache der Kunst und den Deutungen der Betrachter(innen) entsteht so die Herausforderung, eigenes Vertrautheitswissen und individuelle Wahrnehmungsgewohnheiten gleichsam einem Test auszusetzen, es zu bestätigen, zu modifizieren, zu ändern – oder aber auf Dauer ratlos zu bleiben. Insbesondere für Kinder ist diese Erfahrung eine interessante Möglichkeit, eigene Fragen zu stellen, den Wechsel zwischen Bekanntheit und Vertrautheit, Ähnlichkeit und Unterschied durchzuspielen. Denn die durch das Fremderlebnis entstehende Differenz bietet zugleich die Chance, Grenzen des eigenen Verstehens zu bemerken und es – die Neugier unterstützend – zu erweitern.

Das Spektrum reicht vom zustimmenden Nachvollziehen vorgefundener Formgebungen bis zum Umgang mit Irritation und Provokation. Es enthält die Zumutung, sich durch Mehrdeutigkeiten und Ungewissheiten zu Suchprozessen anregen zu lassen – auch in Konfrontation mit einer Formenwelt, die sich durch Abweisung, Hässlichkeit, ja durch Aggressivität mit Konventionen nicht einverstanden erklärt, sich durch Chiffrierung und Verbergen selbst zum Rätsel macht und so das Publikum vor die Aufgabe stellt, gerade in der Verweigerung rascher Verständlichkeit einen Sinn zu entschlüsseln. Die Wertsphäre der Kunst wartet mit einer Vielfalt an Negationen und Positionen auf, deren Unvereinbarkeit keinen Grund für Ablehnung, sondern im Gegenteil ein Elixier für Differenzierung, Steigerung, Reibung und Konflikt bildet. Präsentiert werden imaginäre Möglichkeiten, die gegebene Wirklichkeitserfahrungen überschreiten (Bloch 1977). Im gleichen Raum und zur gleichen Zeit können die vollendete Harmonie und die krasseste Dissonanz zusammen treffen – und darin ebenso Zustimmung wie Ablehnung hervorrufen. Auf diese Wertsphäre können sich Subjekte einlassen, um die Vielfalt von Möglichkeiten mit ihren Wünschen nach Eindeutigkeit zu konfrontieren, aber sie können es auch ignorieren. Lassen Subjekte sich auf Auseinandersetzung ein, entscheiden sie sich für ein Feld, das neben der Bereitschaft zur Aneignung neuen Wissens, zur Beurteilung von Form und Mitteilung zugleich die Fähigkeit zur Selbstbeobachtung erforderlich macht.

Im Horizont der neueren Diskussion zum Kompetenzerwerb in Bildungsprozessen (Bundesministerium für Jugend 2005) lässt sich die Auseinandersetzung mit Kunst auf die Entwicklung von vier Kompetenzen beziehen:

1. Selbstkompetenz, weil die Selbstbeobachtung des Subjekts sich auf die Wahrnehmung eigener Erlebnisformen richtet, die durch Bestätigungen oder Irritationen des eigenen Geschmacks entstehen. Dies ist eine wichtige Voraussetzung für Denken, für die Versprachlichung von und die reflexive Zuwendung zu Gefühlen;
2. Kulturelle Kompetenz, weil Kunst im Horizont zeitgeschichtlicher Epochen und regionaler Unterschiede einen Wissenserwerb über kulturell überlieferte Symbolisierungsformen erforderlich macht und zugleich das Verständnis für interkulturelle Wechselbeziehungen und Einflüsse gefördert wird;
3. Soziale Kompetenz, weil Rezeption und aktive Beteiligung an der Hervorbringung von Kunstwerken auch in Verständigungsprozessen mit anderen geschieht und die Auseinandersetzung mit differenten Geschmacksurteilen und konfligierenden Wahrnehmungsmustern ermöglicht;
4. Instrumentelle Kompetenz, weil die Kenntnis der materiellen Basis von Kunstwerken immer auch das Wissen über technische Konstruktion und Funktionsabsicht einschließt – soweit sie sich enthüllen lässt.

## 3 Absichtslosigkeit, Absicht; Kunstgeschichte

Über Gegenstände der Kunst bestehen und entstehen also Geschmacksurteile, die teils professionellen Kriterien, teils der Pragmatik von Lebenswelten folgen. Kunst selbst aber zielt nicht immer auf Bildungsprozesse. Sie kann sich von pädagogischen Zwecksetzungen unabhängig machen, kann sie geradezu unterlaufen und sich Erwartungen an Absichtlichkeit entziehen. Oder sie entwickelt in eigentümlicher Mischung von Absicht und Unabsichtlichkeit Chiffren, die der Bilderlosigkeit, dem Unsagbaren, dem Nichterreichbaren, gar „Erhabenen“ einen Stellenwert einräumen (z. B. religiöse Kunst), um symbolische Orte für die Differenz menschlicher und kosmischer Horizonte zu markieren. Dass dieses wiederum durch bewusste Profanisierungen, ironische Zitate und Hinwendungen auf das Alltägliche, Reproduktive, scheinbar wenig Sensationelle konterkariert wird (z. B. Pop-Art), ist einer von vielen Belegen der Kunstgeschichte, in der gegen- und parallelläufige Strömungen zwischen Spiritualität und Säkularisierung über die Jahrhunderte hinweg nichts Ungewöhnliches sind (vgl. Benjamin 1980; Hauser 1983; Pfeiffer 1986).

Als Gesamtheit durchaus widersprüchlicher Präsentationen und Aktionen kann Kunst aber auch Bildungsprozesse beabsichtigen, und zwar in der Verbindung moralischer Einsichten, kognitiver Schlussfolgerungen und emotionalen Erlebens (Brecht 1993; Schiller 1784/1954; Rittelmeyer 2005). Obwohl Kunst Bildung voraussetzt, nämlich bei denjenigen, die sie hervorbringen, also bei Kunstschaffenden, und bei denjenigen, die sie wahrnehmen, also bei den Rezipienten, spricht sie darüber hinaus ausdrücklich solche Dimensionen des persönlichen Erlebens an, die durch alle Bildungsgeschehnisse hindurch zu greifen scheinen, um einer Unmittelbarkeit willen, die die „Authentizität“ des Kunstwerks nicht erst über kenntnisreiche Reflexion erfasst. Dazu zählen beispielsweise Gegensätze wie

Leben und Tod, Versöhnung und Krieg, Liebe und Hass, Schuld und Unschuld, Gerechtigkeit und Ungerechtigkeit, Erfahrungen von Hoffnung und Enttäuschung, Freude und Leid, Weggehen und Ankommen etc. So wird eine Universalisierung des thematischen Bezugsrahmens von Kunst möglich, die es von raumzeitlicher Gebundenheit ablöst und in den kollektiven Symbolgehalt des gattungsgeschichtlichen Gedächtnisses Eingang findet.

Gleichwohl ist, was unter Kunst verstanden wird – abgesehen von solchem Konsens – nicht eindeutig festgelegt. Zwar hat man sich im Rahmen des Weltkulturerbes auf einen Kanon unbestritten anerkannter Kunstwerke geeinigt, denen stetig neue hinzugefügt werden (vgl. UNESCO 2007); dennoch unterliegt die Bewertung ihrer Bedeutung sowohl einem historischen Wandel wie auch sich modernisierenden kulturellen Symbolsystemen und nicht zuletzt kulturpolitischen Interessen (vgl. Kulturpolitische Gesellschaft 2007). Damit sind auch die Rahmenbedingungen vorgegeben, die Auswahl und Auseinandersetzung mit Gegenständen beeinflussen, die der Kunst zugerechnet werden oder eben nicht. Wer abstrakte Malerei nicht für einen legitimen Bestandteil von Kunst hält, und auch nicht als „illegitime Kunst" (Bourdieu) interessant findet, wird ihr kaum die Aufmerksamkeit entgegenbringen, die für eine entsprechende Auseinandersetzung angemessen ist. Immer jedoch verlangt dies vom Rezipienten Bereitschaften, deren Grundlegung lebensgeschichtlich erworben wird.

Damit verweist Kunst immer auch auf ein teils historisch-originäres kulturelles Umfeld, teils auf diejenigen Deutungsformen, die sich im zeitlichen Ablauf gewandelt haben und Kunstwerke „in einem anderen Licht" erscheinen lassen. So wurden etwa Objekte der griechischen und römischen Antike in der Renaissance neu kontextualisiert und als Zeichen einer zukunftsweisenden Ästhetik verwendet: Zukunft aus der Vergangenheit (Hentig 1987; Mollenhauer 1996). Oder es werden in zeitgenössischen Gebäuden Symbolelemente aus ganz unterschiedlichen Epochen und Weltregionen „zitiert", so dass – wie es die Postmoderne beansprucht – eine Kontextualisierung ganz eigener Art beginnt. Deren Herausforderung besteht darin, dass die zeitgenössischen Formen eine Enthierarchisierung überlieferter Rangordnungen anbieten und sich damit dem Einwand aussetzen, Beliebigkeiten zu erzeugen, an deren Ende die Gleichgültigkeit stehen könnte.

## 4 Kulturelle Vielfalt und sozialer Anspruch

Sofern kulturelle Bildung nicht als spontanes, von niemand strukturiertes Angebot verstanden wird, sondern Personal, Material, Räume und Zeitstrukturen bietet, und dieses Angebot außerdem noch finanziell gefördert wird, bedarf es der Begründung, der Legitimation, der Beschreibung und der Dokumentation. Kulturelle Jugendbildung bezieht sich keineswegs nur auf ihre Adressaten, Mädchen und Jungen, nicht nur auf Eltern oder andere Erziehungsberechtigte, sondern muss ihre Tätigkeit legitimieren. Auch hier steht sie in einem mehrfachen Bezugsrahmen. Kulturelle Jugendbildung hat:

1. den Aneignungs- und Bildungsprozessen im Interessenshorizont pluraler jugendlicher Lebenswelten Rechnung zu tragen und niemanden auszuschließen: der soziale Anspruch als Integrationsaufgabe in interkultureller Praxis;
2. die Förderungsbedingungen durch Legitimation sicherzustellen, die in der Beschäftigung mit Kunst und Ästhetik einen Sinn sieht, der Zustimmung erhält: der soziale Anspruch als ethisch-moralische Legitimation;

3. den Eigensinn künstlerisch-ästhetischer Praxis zugleich zu vertreten, ohne dass er aufgeht in politischen, wirtschaftlichen oder sonstigen Instrumentalisierungen und dabei dennoch genau diese Einbettung nicht auszuschließen: Kunst war immer schon Ware, aber sie weist über ihren Warencharakter hinaus (vgl. Benjamin 1980): der soziale Anspruch als das Aufklären über Unabhängigkeit und Verstrickung von Kunst und Ästhetik.

## *4.1 Der soziale Anspruch als Integrationsaufgabe in interkultureller Praxis*

Der Begriff der Kulturellen Bildung eröffnet über seinen Bezug zu ästhetisch-medialer Praxis hinaus Anschlussmöglichkeiten zu Prozessen, die diese Praxis mit biographischen Verläufen sozialer Integration verbinden. Es ist bekannt, dass die Auseinandersetzung Jugendlicher mit den Formen ästhetischer Praxis nicht selten flankiert, mitunter sogar überlagert wird von Bedürfnissen nach sozialer Vergemeinschaftung, nach Gruppenerlebnissen, die dem/n Einzelnen die Sicherheit von Zugehörigkeit und Anerkennung vermitteln. Hier scheinen sich die Ansprüche kulturelle Bildung, sich an Formprinzipien des gekonnten ästhetischen Ausdrucks abzuarbeiten, mit dem der „Einbeziehung des Anderen" in soziale Gruppenprozesse zu verbinden (Lowinski 1997). Dabei besteht aber das Risiko, dass sich die Individualisierung radikalisiert und durch Wettbewerbs- und Leistungsstrukturen nicht nur Hierarchien verfestigen, sondern auch soziale Ausgrenzungen Jugendlicher begründet werden: Wer dem Diktat der Form als Leistungsergebnis nicht genügt, gerät an den Rand. Andererseits besteht die Chance, Jugendlichen die Erfahrung von Selbstbestätigung und Selbstwirksamkeit zu ermöglichen, die sonst eher im Schatten Älterer oder körperlich Stärkerer standen: Wer im *Break-Dance* kaum mithalten kann oder will, kann im *poetry-slam* oder am Schlagzeug oder in der *Jonglage* etc. gut rauskommen. Soll die Balance zwischen Formbeherrschung und differenzierter sozialer Gemeinschaft aufrechterhalten werden, bedarf es einer sorgfältigen Beachtung der Gruppenprozesse und einer behutsamen Vermittlung der Anforderungen durch kulturelle Produktivität. Hier besteht auch die Chance, Jugendliche aus unterschiedlichen sozialen Herkunftsmilieus zur Verständigung herauszufordern.

## *4.2 Der soziale Anspruch als ethisch-moralische Legitimation*

Diese inzwischen für selbstverständlich gehaltene Begründung ästhetischer Praxis über den differenzierten Nachweis einer Fülle von Kompetenzen, ja Schlüsselkompetenzen birgt auch Stoff für Kontroversen. Geschichtlich gesehen wurde zwar der künstlerischen Praxis immer auch ein gesellschaftlicher Zweck zugewiesen – Schillers und Brechts Aufgabenzuweisung an das Theater zwischen moralischer Anstalt und Ort der sozialwissenschaftlichen Erkenntnis – aber es gibt doch zugleich die Position, die Welt der Ästhetik als „autonome Wertsphäre" zu begreifen, die sie eben nicht auf Partikularzwecke hin eng zu führen bereit ist. Vielmehr hat sie eine Art Existenzrecht aus sich selbst und ihrer Ausdifferenzierung – über die Geschichte der Menschheit hinweg. Und sie sieht die Begründung für diesen Abstand zu sozialen Zwecksetzungen aus der Eigentümlichkeit ihrer Formen und Formensprachen: Tanz um des Tanzens willen, Theater um des Spielens willen („Der Mensch spielt nur, wo er in voller Bedeutung des Worts Mensch ist, und er ist nur da ganz

Mensch, wo er spielt": Schiller 1954: 63), Musik, Literatur, Malerei, kurz: darstellende und bildende Kunst um ihrer selbst willen. Und das ist der zweite Sinnkontext, in dem die Frage nach der Unterscheidung zwischen Sozialem und Ästhetischem aufscheint.

Diese letztere, immer wieder auch als illusionäre, bürgerlich befangene, ja naive Auffassung von „Zweckfreiheit" (Kant 1974) künstlerischer Tätigkeit kritisierte Position steht also einer Auffassung gegenüber, die auch noch die letzte Irritation durch ein Kunstwerk einem Rechtfertigungsdruck aussetzt, auf den die Künstler(innen) unterschiedlich reagieren: Sie setzen sich gerne mit dieser Zumutung auseinander und erklären ihre Arbeiten verbal – oder sie entziehen sich schweigend. Hier also die Selbstbehauptung der Kunst als kultureller Ausdruck *sui generis*, dort die zweck- und zielgerichtete Legitimation durch soziale Begründung und Funktionszuschreibung der ästhetischen Praxis für das gesellschaftliche Zusammenleben.

Für die Praxis kultureller Jugendbildung zeigt sich das Problem in den Begründungen für die Angebote, die sie macht: „Soziale Kompetenz" solle die Tanzpraxis, der Bildhauerkurs, die musikalische Gemeinschaft bieten, „Prävention" solle kulturelle Bildung erzeugen, mitunter „Konfliktfähigkeit" erhöhen oder gar der „Aggressionsbewältigung" dienen. Die in solchen Begründungen zum Ausdruck gebrachte Verknüpfung legitimiert ästhetische Praxis nicht allein aus der Auffassung heraus, es genüge, den Eigensinn von Tanz, Musik, Theater usw. als Formensprachen zu entwickeln – und sonst nichts weiter –, sondern nimmt hier eine soziale Funktionszuschreibung vor, als ob es einer Rechtfertigung über das Medium des Sozialen bedürfe, wenn die Kunst anerkannt werden wolle: Anerkennungsgewinn ästhetisch-kultureller Praxis durch „Einbettung" in sozial legitimierten Nutzen (vgl.: Hoffmann/Israel 1999; Lowinski 2007; Hill/Josties 2007). Dass und auf welche Weise ästhetische Praxis sozial akzeptable Ziele erreichen kann, ist vermutlich aus einer bestimmten Auffassung vom Ästhetischen heraus eine begrüßenswerte Möglichkeit. Ob sich diese Möglichkeit tatsächlich verwirklicht – also tatsächlich soziale Kompetenz erhöht wird, tatsächlich Kommunikationsfähigkeit entwickelt und kreative Ausdruckspotenziale herausgefordert werden – dies alles soll in einer Zeit, die auf Kontrolle, oder anders formuliert: auf Evaluation von Effizienz und Effektivität der eingesetzten Personal- und Sachmittel nicht mehr nur behauptet, sondern nachgewiesen werden. Aus diesem Grund – aber auch, um die Anpassung, ja Gewöhnung von Kindern und Jugendlichen an kontrollierte Rückmeldungen über ihre Aktivitäten zu steigern und um ihnen zu ermöglichen, zertifizierte Kenntnisse außerhalb der Schule für ihren weiteren Lebenslauf verwertbar zu machen – ist es nachvollziehbar, wenn die Anstrengungen verstärkt werden, so genannte Kompetenznachweise zu erstellen (vgl. Bundesvereinigung Kulturelle Jugendbildung 2005).

## *4.3 Der soziale Anspruch als Aufklärung über Unabhängigkeit und Instrumentalisierung von Kunst und Ästhetik*

Den altmodischen und heute ganz unzeitgemäßen Begriff der Aufklärung zu verwenden, oder mehr noch, den der Aufklärungspflicht kultureller Jugendbildung, erinnert daran, dass ästhetische Praxis auch eine Funktion übernimmt, die sie teils in kritischen, unabhängigen Abstand zu den Zwecksetzungen bringt, für die sie dienstbar gemacht werden soll – die Welt zu „verschönern", Konflikte zu harmonisieren oder sichtbar zu machen usw. – und die zugleich Jugendlichen deutlich macht, dass Kunst sowohl anfällig ist gegen Vereinnahmung, propagandistische Zwecke, ja manipulative Interessen, aber auch zu Differenz ermutigen kann, zur Verständigung und Aufdeckung eben jener Interessen, die sich der Kunst lediglich bedienen. Wenn der schulische Kunstunterricht dies nicht leistet und auch nicht die sprachlichen und geschichtlichen Fächer, sind solche Einrichtungen gefordert, denen nicht nur die Eröffnung von Zugängen zur Kunst, sondern auch ihre kritische, historisch-reflexive Vergewisserung ein Anliegen ist. Wo und wann sonst soll denn deutlich werden, was mit den Künstler(inne)n geschah, deren Werke unterdrückt und vernichtet und die selbst bedroht und vertrieben wurden? Denn dass die Auseinandersetzung mit Objekten der Kunst letztlich auch auf die Lebensläufe der Kunstschaffen verweist, auf die Wechselbeziehung zwischen Kunst, Staat, Gesellschaft – dies gehört mindestens ebenso zu einer zeitgemäßen Kulturellen Bildung wie die kritische Befragung des schönen Scheins nach seinen Auftraggeber(inne)n, nach den Folgekosten. Mag sein, dass es für die ästhetische Beurteilung z. B. eines Bauwerkes unerheblich ist, wie viele Sklav(inn)en, arme Bauern/Bäuerinnen und Arbeiter(innen) ihren Tribut zollen mussten – kulturelle Bildung hat auch die Aufgabe, die sozialen Kontexte nicht unerwähnt zu lassen, die sowohl für die Ausprägung kultureller Symbolsysteme im Horizont von Macht und Herrschaft, als auch für entsprechende Gegenbewegungen verantwortlich waren und es noch sind (Bloch 1935/1973; Weiss 1975; Bourdieu 1987).

Für Kinder und Jugendliche wird durch die thematische Verbindung kultureller und ästhetischer Interessen mit sozialen Fragen ein Themen- und Erfahrungsspektrum aufgespannt, das umfangreicher nicht sein kann. Zwischen der Unmittelbarkeit gegebener Objekte und der Rekonstruktion ihrer Entstehungskontexte werden Entdeckungsmöglichkeiten eröffnet, die den Horizont im Hinblick auf das Kennenlernen zeitgeschichtlicher Geschehnisse erweitern.

## *Literatur*


Barthes, Roland (1981): Mythen des Alltags. Frankfurt a. M.: Suhrkamp.

Benjamin, Walter (1980): Das Kunstwerk im Zeitalter seiner technischen Reproduzierbarkeit. In: Ders. (Hg.): Gesammelte Schriften. Unter Mitwirkung von Theodor W. Adorno und Gershom Scholem. Bd. 1 (hrsg. v. Rolf Tiedemann und Hermann Schweppenhäuser). Frankfurt a. M.: Suhrkamp: 435-508.

Bloch, Ernst (1935/1973): Erbschaft dieser Zeit. Frankfurt a. M.: Suhrkamp.

Bloch, Ernst (1977): Weisungen des utopischen Inhalts. In: Ders. (Hg.): Tübinger Einleitung in die Philosophie. Frankfurt a. M.: Suhrkamp: 90- 104.

Bourdieu, Pierre (1981): Eine illegitime Kunst. Die sozialen Gebrauchsweisen der Fotografie. Frankfurt a. M.: Suhrkamp.

Bourdieu, Pierre (1987): Die feinen Unterschiede. Kritik der gesellschaftlichen Urteilskraft. Frankfurt a. M.: Suhrkamp.

Brecht, Berthold (1993): Kleines Organon für das Theater. Schriften zum Theater: Über eine nicht-aristotelische Dramatik. Frankfurt a. M.: Suhrkamp.

Bubner, Rüdiger (1989): Ästhetisierung der Lebenswelt. In: Ders. (Hg.): Ästhetische Erfahrung. Frankfurt a. M.: Suhrkamp: 143-156.

Bundesjugendkuratorium (Hg.) (2002a): Jugend – Bildung – Lebenskompetenz. Opladen: Leske + Budrich: 73-84.

Bundesjugendkuratorium/Sachverständigenkommission des Elften Kinder- und Jugendberichts/Arbeitsgemeinschaft für Jugendhilfe (2002b): Bildung ist mehr als Schule. Leipziger Thesen zur aktuellen bildungspolitischen Debatte. In: www.bmfsfj.de/bmfsfj/generator/Kategorien/aktuelles,did=5420.html (Download am 01.08.2007).

Bundesministerium für Familie, Jugend, Senioren, Frauen und Jugend (Hg.) (2005): Zwölfter Kinder- und Jugendbericht. Bericht über die Lebenssituation junger Menschen und die Leistungen der Kinder- und Jugendhilfe in Deutschland. Bonn.

Bundesvereinigung Kulturelle Jugendbildung (Hg.) (2001): Kultur, Jugend, Bildung. Kulturpädagogische Schlüsseltexte. Remscheid: Eigenverlag BKJ.
Bundesvereinigung Kulturelle Jugendbildung (Hg.) (2002): Kultur leben lernen. Bildungswirkungen und Bildungsauftrag der Kinder- und Jugendkulturarbeit. Remscheid: Eigenverlag BKJ.
Bundesvereinigung Kulturelle Jugendbildung (Hg.) (2005): Kompetenznachweis Kultur. Remscheid: Eigenverlag BKJ.
Dewey, John (1975): Kunst als Erfahrung. Frankfurt a. M.: Suhrkamp.
Fuchs, Max (2005): Kulturpädagogik und Schule im gesellschaftlichen Wandel. Alte und neue Herausforderungen für die Theorie und Praxis von Bildung und Erziehung – Ein Versuch. Remscheid: Eigenverlag BKJ.
Habermas, Jürgen (1988): Der philosophische Diskurs der Moderne. Zwölf Vorlesungen. Frankfurt a. M.: Suhrkamp.
Hauser, Arnold (1983): Sozialgeschichte der Kunst und Literatur. München: Beck.
Henrich, Dieter/Iser, Wolfgang (Hg.) (1999): Theorien der Kunst. Frankfurt a. M.: Suhrkamp.
Hentig, Hartmut v. (1987): Ergötzen, Belehren, Befreien. Schriften zur ästhetischen Erziehung. Frankfurt a. M.: Fischer.
Hill, Burkhard/Josties, Elke (Hg.) (2007): Jugend, Musik und Soziale Arbeit. Anregungen für die sozialpädagogische Praxis. München: Juventa.
Hoffmann, Christel/Israel, Annett (Hg.) (1999): Theater spielen mit Kindern und Jugendlichen. Konzepte, Methoden und Übungen. München: Juventa.
Kant, Immanuel (1974): Kritik der Urteilskraft. Frankfurt a. M.: Suhrkamp.
Kulturpolitische Gesellschaft (Hg.) (2007): Beheimatung durch Kultur – Kulturorte als Lernorte interkultureller Kompetenz. Essen: Klartext.
Liebau, Eckard (1992): Kultivierung des Alltags. Das pädagogische Interesse an Bildung, Kunst und Kultur. München: Juventa.
Liegle, Ludwig/Treptow, Rainer (Hg.) (2002): Welten der Bildung in der Pädagogik der frühen Kindheit und in der Sozialpädagogik. Freiburg i. Br.: Lambertus.
Lowinski, Felicitas (2007): Bewegung im Dazwischen. Ein körperorientierter Ansatz für kulturpädagogische Projekte mit benachteiligten Jugendlichen. Bielefeld: Transcript.
Luhmann, Niklas (1997): Die Kunst der Gesellschaft. Frankfurt a. M.: Suhrkamp.
Mollenhauer, Klaus (1996): Grundfragen ästhetischer Bildung. Weinheim: Juventa.
Niesyto, Horst (Hg.) (2003): Video-Culture – Video und interkulturelle Kommunikation. Grundlagen, Methoden und Ergebnisse eines internationalen Forschungsprojekts. München: Ko-Paed.
Niehaus, Max (1954): Ballett. München: Prestel.
Pfeiffer, Karl Ludwig (1986): Produktive Labilität. Funktionen des Stilbegriffs, In: Gumbrecht, Hans-Ulrich/ Pfeiffer, Karl-Ludwig (Hg.): Stil. Geschichten und Funktionen eines kulturwissenschaftlichen Diskurselements. Frankfurt a. M.: Suhrkamp: 685-725.
Rittelmeyer, Christian (2005): Über die ästhetische Erziehung des Menschen. Eine Einführung in Friedrich Schillers pädagogische Anthropologie. Weinheim: Juventa.
Rötzer, Florian (Hg.) (1991): Digitaler Schein. Ästhetik der elektronischen Medien. Frankfurt a. M.: Suhrkamp.
Schiller, Friedrich (1954): Die Schaubühne als eine moralische Anstalt betrachtet (1784). In: Ders.: Ausgewählte Werke (hrsg. u. eingeleitet v. E. Müller): Schriften zum Theater, zur Philosophie der Ästhetik und der Geschichte. Darmstadt: 7-18.
Selle, Gerd (Hg.) (1990): Experiment Ästhetische Bildung. Aktuelle Beispiele für Handeln und Verstehen. Reinbek: Rowohlt.
Treptow, Rainer (2001): Erleben und Urteilen. Wie anstrengend darf Kultur sein? In: Ders.: Kultur und Soziale Arbeit. Münster: Votum: 128-144.
Treptow, Rainer (2003): Kinder- und Jugendkulturarbeit in der Wissensgesellschaft. In: Bundesvereinigung Kulturelle Jugendbildung (Hg.): Kultur leben lernen. Bildungswirkungen und Bildungsauftrag der Kinder- und Jugendkulturarbeit. Remscheid: Eigenverlag BKJ: 111-118.
Treptow, Rainer (2005): Vor den Dingen sind alle Besucher gleich. Kulturelle Bildungsprozesse in der musealen Ordnung, In: ZfPäd (51. Jg.) H. 6/2005: 797-809.
Treptow, Rainer (2007): Von der Wissensvermittlung zur Bildung. Ästhetische Bildung und die Bedingungen und Bedürfnisse von Kindern und Jugendlichen heute. In: Ermert, Karl (Hg.): Kulturelle Bildung und Schule – Netzwerke oder Inseln? Herausforderungen für Praxis, Theorie und Politik. Bundesakademie für Kulturelle Bildung. Wolfenbüttel.
Ullrich, Wolfgang (2005): Was war Kunst? Biographien eines Begriffs. Frankfurt a. M.: Fischer.
UNESCO (2007): Weltkulturerbe. In: www.unesco-welterbe.de/de/index.html (Download am 12.07.2007).
Weiss, Peter (1975): Ästhetik des Widerstands. Frankfurt a. M.: Suhrkamp.

# Ethik und Religion

*Friedrich Schweitzer*

Die Begriffe Ethik und Religion bezeichnen jeweils eigenständige Aufgaben oder Dimensionen von Bildung (Nipkow 1998). Ethische Bildung kann ohne Bezug auf Religion begründet werden und soll auch praktisch, zum Teil sogar programmatisch, ohne Berücksichtigung religiöser Aspekte ausgestaltet werden (Edelstein 2001). Im Ethikunterricht der Schule darf aus rechtlichen Gründen kein Bekenntnisbezug vorausgesetzt werden, weil dieser Unterricht allein vom weltanschaulich neutralen Staat verantwortet wird. Dies schließt allerdings weder die Auseinandersetzung mit religiös fundierten Ethiken noch eine allgemeine, nicht bekenntnismäßige Ausrichtung an der so genannten abendländischen, besonders vom Christentum und Judentum geprägten Kultur- und Wertetradition in Europa aus (Joas/Wiegandt 2005).

Religion und religiöse Bildung dürfen auch ihrem eigenen Selbstverständnis zufolge nicht einfach mit Ethik und ethischer Bildung gleichgesetzt werden: „Mit dem Bezug auf Gott geht die Wahrheitsfrage allen Werten voraus. Werte folgen aus dem Glauben" (EKD 2007: 6). Damit ist zugleich ein enger Zusammenhang zwischen religiöser und ethischer Bildung benannt: Religiöse und weltanschauliche Orientierungen begründen immer auch Werthaltungen und ethische Auffassungen. Eine ethische Bildung, die sich auf den Zusammenhang zwischen Ethik und Religion oder Weltanschauung nicht einlässt, bleibt gegenüber allen Formen der gelebten Moral (Ethos, Sittlichkeit) abstrakt und verliert die Verbindung zu den Motivationsstrukturen, auf die sie jedoch im Blick auf die verpflichtende, Kinder und Jugendliche auch in ihrem Handeln bestimmende Kraft angewiesen bleibt.

Während die Schule mit dem Religions- oder Ethikunterricht sich weithin darauf beschränkt, Ethik und Religion als Unterrichtsinhalte aufzunehmen, leuchtet eine solche Zugangsweise lern- oder sozialisationstheoretisch insofern nicht ohne Weiteres ein, als Ethik und Religion konstitutiv auf alltägliche Lern- und Lebenszusammenhänge bezogen sind und biographisch eine übergreifende Dimension von Entwicklung und Sozialisation bezeichnen (Schweitzer 2007). Auch eine Beschränkung entsprechender Bildungsaufgaben auf Schule oder Schulalter ist daher nicht möglich. Ethische und religiöse Bildungsaufgaben beziehen sich ebenso auf die Frühe Kindheit wie auf das Erwachsenenalter, auf unterschiedliche Lernorte und Handlungsfelder von Kindern, Jugendlichen und Erwachsenen. Ein entsprechendes Verständnis von Ganztagsbildung kann dem erst dann Rechnung tragen, wenn es konsequent von der Perspektive der Kinder und Jugendlichen ausgeht (Schweitzer 2006a: 197-252). Umgekehrt wird die mit dem Begriff der Ganztagsbildung verbundene Entgrenzung den Zusammenhängen von ethischer und religiöser Bildung insofern besonders gerecht, als sich die entsprechenden Bildungsprozesse institutionell nicht festlegen lassen. Hinsichtlich der religiösen Bildung spielen allerdings neben der Institution Schule andere Institutionen durchaus eine wichtige Rolle: Angebote der religiösen Bildung haben in den Kindertagesstätten einen festen Ort (besonders in den Einrichtungen in kirchlicher Trägerschaft). Die kirchlich oder konfessionell ausgerichtete Kinder- und Jugendarbeit mit ihren Gruppen und Verbänden (als aktuelle Studie vgl. Fauser u. a. 2006a, 2006b; Corsa 2007) spielen zumindest für einen Teil der Kinder- und Jugendlichen (ca. 15 %) eine wichtige Rolle, und dazu kommen die von den Kirchen selbst unterhaltenen Angebote etwa der Familienbildung, des Kindergottesdienstes, der Erstkommunionsvorbereitung und der Konfirmandenarbeit, an denen sich noch immer fast alle evangelischen und katholischen Kinder und Jugendlichen (also etwa knapp zwei Drittel aller Kinder und Jugendlichen in Deutschland) beteiligen.

## 1 Ethische und religiöse Bildungsaufgaben aus der Perspektive von Kindern und Jugendlichen

In der Vergangenheit wurden ethische und religiöse Bildungsaufgaben häufig in erster Linie von gesellschaftlichen, staatlichen und kirchlichen Vorgaben und Interessen her bestimmt. Im Vordergrund stand dann ein entsprechender Bedarf, der sich u. a. in schulischen Lehrplänen, aber auch in Bestimmungen für die Jugendhilfe und Sozialarbeit niederschlug. Demgegenüber hat die neuere Diskussion deutlich gemacht, dass sich ethische und religiöse Bildungsaufgaben auch von den Kindern und Jugendlichen her ergeben und dass sie, angesichts des Wandels von Gesellschaft, Kirche und Sozialisation, zumindest unter konstitutiver Berücksichtigung von deren Perspektiven zu konzipieren und auszugestalten sind. Die gesellschaftliche, kulturelle, religiöse und weltanschauliche Pluralisierung und Individualisierung haben es zunehmend unwahrscheinlich werden lassen, dass institutionelle und individuelle Perspektiven einfach ineinander greifen.

Besonders plastisch tritt die Perspektive von Kindern und Jugendlichen heute in der Diskussion über religiöse Bildung hervor. Im Zusammenhang der Kinderrechtsbewegung des 20. Jahrhunderts wird das Recht des Kindes auf Religion und religiöse Begleitung hervorgehoben (Schweitzer 2005). In neueren kirchlichen Stellungnahmen wird ausdrücklich ein „Perspektivenwechsel“ von den Erwachsenen hin zu den Kindern gefordert (Synode der EKD 1995: 49-57). Demnach müssen die Bedürfnisse und Wünsche von Kindern und Jugendlichen – etwa im Blick auf Geborgenheit, Vergewisserung, Hoffnung, Lebensorientierung – den Ausgangspunkt für religiöse Bildung darstellen. Dies entspricht auch den Einstellungen besonders von Jugendlichen, für die, anders als von herkömmlichen Säkularisierungstheorien her zu erwarten wäre, Religion zwar nach wie vor in vielen Fällen eine wichtige Rolle spielt, die sich aber zugleich von Kirche und religiösen Institutionen distanzieren (Überblick: Schweitzer 1998). Auf die Situation der religiösen Individualisierung müssen deshalb alle Bildungsangebote bezogen sein, die die Jugendlichen erreichen wollen.

Auch ethische Bildungsaufgaben lassen sich keineswegs allein gesellschaftlich oder institutionell definieren. Ebenso sinnvoll lassen sich die entsprechenden Bildungsaufgaben von den Kindern und Jugendlichen her begründen. Im Vordergrund stehen dann nicht die staatlichen oder gesellschaftlichen Interessen an einer wirksamen Legitimation bestehender Ordnungen, sondern das Bildungsziel wird bestimmt durch das Streben nach individueller Handlungsfähigkeit sowie nach moralischer Selbstbestimmung (Oser/Althof 1992). Eine solche Selbstbestimmung erwächst nicht aus dem Verzicht auf ethische Bildung, sondern ist als mögliches Resultat biographiebezogener Bildungsprozesse zu verstehen, die eine Aneignung von Normen und Werten ebenso einschließen wie die kritische Auseinandersetzung mit ihnen – mit dem Ziel der persönlichen Urteilsfähigkeit. Individuelle und gesellschaftliche Interessen können dabei in vieler Hinsicht miteinander kollidieren, sollten aber nicht einfach gegeneinander ausgespielt werden. Individuelle Handlungs- und Urteilsfähigkeit können sich nur im Medium des Sozialen entwickeln, und die individuelle Lebensgestaltung gelingt nur im gesellschaftlichen Zusammenhang.

Beide Bildungsaufgaben – ethische und religiöse – gewinnen angesichts der gesellschaftlichen Pluralisierungs- und Individualisierungsprozesse in der Gegenwart eine neue Dringlichkeit. Immer weniger kann vorausgesetzt werden, dass sich die entsprechenden Bildungsprozesse gleichsam automatisch, aufgrund der gesellschaftlich gelebten und damit vorgegebenen Formen von Ethik und Religion vollziehen würden. In dem Maße, in dem sich das Ethos als gelebte Form von Ethik sowie die Glaubensüberzeugungen im Plural darstellen, können nur noch bewusst gestaltete Bildungsangebote eine sonst zu erwartende ethische und religiöse Diffusität oder andere als individuell und sozial abträglich einzuschätzende Formen von Religion und Moral (Fundamentalismus, Relativismus, Ethnozentrismus usw.) verhindern helfen. Ein auf die Pluralität bezogenes Angebot des interkulturellen und interreligiösen Lernens stellt deshalb einen unverzichtbaren Bestandteil ethischer und religiöser Bildung dar.

## 2 Ethische und religiöse Bildung in institutionellen Zusammenhängen: empirische Befunde

Ethische und religiöse Bildung sind empirisch vor allem unter entwicklungspsychologischen Aspekten sowie im Rahmen der Biographieforschung untersucht worden (Überblick: Schweitzer 2007). Auf die entsprechenden Befunde kann hier nur pauschal verwiesen werden, im Sinne eines allgemeinen Hintergrunds für das Verständnis von Ganztagsbildung. Besonders interessant ist die neuerdings kontrovers geführte Diskussion, ob sich für die Gegenwart noch ein Zusammenhang zwischen ethischer und religiöser Bildung behaupten lasse. Die plakative These von der „weitgehend säkularen Selbstreproduktion der Werte" in der heutigen Generation von Jugendlichen, wie sie von der Shell-Studie 2006 formuliert wurde (Gensicke 2006: 239), erweist sich allerdings als wenig begründet. Sie steht im Widerspruch zu den Befunden selbst etwa der Shell-Studie 2000, die auf weitreichende Unterschiede zwischen muslimischen (türkischen) Jugendlichen einerseits und im weitesten Sinne christlich geprägten Jugendlichen andererseits verwies (Fuchs-Heinritz 2000). Spezialuntersuchungen zu Religion im Jugendalter machen deutlich, dass die Konfessions- oder Religionszugehörigkeit allein zwar keine Bedeutung für ethische Orientierungen habe, dass sich aber die individuellen Glaubensüberzeugungen durchaus auch mit bestimmten Normen und Werten verbinden (Ziebertz u. a. 2003: 263-292).

Im Blick auf die Ganztagsbildung sind empirische Befunde zur institutionellen Vermittlung ethischer und religiöser Bildung von besonderem Interesse. Als moralpädagogisch wirksam erweisen sich nicht nur der Unterricht oder einzelne Interaktionsformen, sondern auch die institutionelle Dimension etwa der Schule (Schulethos, Schulklima; vgl. Rutter u. a. 1980; Fend 1977). Am besten untersucht sind moralpädagogisch-institutionelle Zusammenhänge im Umkreis der Versuche, Schulen, aber auch Einrichtungen der Jugendhilfe im Sinne „gerechter Gemeinschaften" *(just communities)* auszugestalten. Dabei handelt es sich um pädagogische Reformen im Sinne einer Demokratisierung von Einrichtungen (Schulen, Jugend-Strafanstalten usw.), die von dem amerikanischen Moralpsychologen und -pädagogen Lawrence Kohlberg initiiert wurden und die weltweit zu ähnlichen Vorhaben geführt haben (Überblick: Oser/Althof 1992: 337-458). Im Vergleich zu auf den Unterricht beschränkten Ansätzen der ethischen Bildung erwiesen sich die *just community*-Modelle mehrfach als erfolgreicher. Besonders wichtig sind dabei die Möglichkeiten eines erfahrungsbezogenen Lernens, der Partizipation, der praktischen Verantwortungsübernahme usw. (vgl. Oser/Althof 2001).

Es steht zu vermuten, dass institutionelle Zusammenhänge für die religiöse Bildung ähnlich bedeutsam sind wie für die ethische Bildung. Allerdings liegen dazu noch kaum empirische Befunde vor (zur Jugendarbeit vgl. Fauser u. a. 2006a, 2006b). Im Bereich der Schule kann auf das Beispiel von Schulen in evangelischer Trägerschaft verwiesen werden. Im Vergleich zu Schulen in staatlicher Trägerschaft weisen solche Schulen bzw. die Schüler(innen) an solchen Schulen ein höheres Maß an christlicher Bindung auf (Standfest u. a. 2005: 87-96). Auch wenn diese Werte nicht monokausal auf den Einfluss der Institution (evangelische) Schule zurückgeführt werden können, dürfte darin doch ein empirischer Hinweis auf eine solche institutionelle Vermitteltheit auch der religiösen Bildung liegen, zumal qualitative Studien diese Erwartung weiter stützen (Standfest u. a. 2005: 97-178). Befunde aus Schottland (Rhymer/Francis 1993) oder aus den Niederlanden (Bakker 2001) unterstreichen zugleich die Notwendigkeit, nicht nur die formale Trägerschaft von Schulen oder anderen pädagogischen Einrichtungen in den Blick zu nehmen. Offenbar kommt es auf Profil und (religiöse) Atmosphäre jeder einzelnen Einrichtung an, wenn bestimmte Ziele der religiösen Bildung erreicht werden sollen. Empirische Untersuchungen belegen hier (zumindest in den Niederlanden) ein weit höheres Maß an Vielfalt, als es die Trägerschaftsverhältnisse als solche vermuten lassen, wobei im Blick auf die Situation in den Niederlanden mitzubedenken ist, dass sich hier – international singulär – zwei Drittel aller Schulen in freier, meist konfessioneller Trägerschaft befinden.

Ein besonderes Desiderat stellen empirische Untersuchungen zur Wirksamkeit interkulturellen und interreligiösen Lernens dar. Sofern zutrifft, dass ethische und religiöse Bildung nicht mehr abgesehen von den Herausforderungen der Pluralität wahrgenommen werden können, liegt hier derzeit wohl das größte Defizit der Forschung.

## 3 Ethische und religiöse Bildung als Zukunftsherausforderung

Die Anforderungen ethischer und religiöser Bildung rufen exemplarisch ins Bewusstsein, dass die Frage, woran sich die Notwendigkeit und Ausgestaltung von Ganztagsangeboten bemessen sollen, eigens mit bildungstheoretischen Argumenten beantwortet werden muss. Der heute so geläufige Verweis lediglich auf die durch PISA – angeblich – belegte Wirksamkeit von Ganztagsschulen bleibt dabei noch viel zu unspezifisch. Die Qualität von Schule ist letztlich immer daran zu bemessen, welche Lern-, Erziehungs- und Bildungserfahrungen eine Schule tatsächlich ermöglicht. Das Verständnis von Ganztagsbildung muss deshalb so entwickelt und entfaltet werden, dass es Kriterien entbindet, die eine Beurteilung von Ganztagsangeboten erlauben. Ethische und religiöse Bildung sind dabei nicht als Spezialbereiche oder gar als isolierbare thematische Domänen in Anschlag zu bringen, sondern als Dimensionen von Bildung insgesamt (Schweitzer 2003: 107-155).

Diese Forderung nach einer konsequenten Berücksichtigung von Ethik und Religion als übergreifenden Dimensionen von Bildung gewinnt ihre Dringlichkeit besonders durch die aktuellen Entwicklungen im Bereich der Schule, soweit sie zur Ganztagsschule ausgebaut wird. Wenn u. a. in der erziehungswissenschaftlichen Tradition Bildungsaufgaben im Blick auf Ethik und Religion dem außerschulischen Bereich zugeordnet wurden, so leuchtet dies angesichts einer immer weiteren zeitlichen Ausdehnung von Schule kaum mehr ein. Für diesen Fall einer nicht auf einen mehr oder weniger eingegrenzten Teil des Tages beschränkten Schule wählt z. B. Friedrich Schleiermacher den Begriff „Erziehungsanstalt" und fordert, dass solche Anstalten dann „auch hierin", d. h. im Blick auf die religiöse Erziehung oder Bildung, „die Stelle der Familie vertreten" müssen (Schleiermacher 1966: 340). Insofern kann formuliert werden, dass mit der Ganztagsschule der traditionelle Ausnahmefall nun zunehmend zum Normalfall wird und entsprechende Konsequenzen gezogen werden müssen, d. h. Ethik und Religion müssen als durchgängige Dimension von Ganztagsbildung oder auch Ganztagsschulen als eigene Aufgabe wahrgenommen werden. Damit ist nicht gemeint, dass nun überall und zu jeder Zeit religiös erzogen werden sollte. Sichergestellt sein muss jedoch, dass Kinder und Jugendliche im Rahmen von Ganztagsbildung auch tatsächlich religiöse und ethische Bildungsmöglichkeiten finden, die ihren eigenen Bedürfnissen, aber auch denen der Gesellschaft gerecht werden.

Die Forderung, im Rahmen von Ganztagsbildung auch ethische und religiöse Bildungsaufgaben verstärkt wahrzunehmen, darf keineswegs so ausgelegt werden, als eigneten sich herkömmliche schulische Organisations- und Interaktionsformen oder der Unterricht ohne weiteres auch dazu, ethische und religiöse Bildung im hier geforderten Sinne zu realisieren. Vielmehr zeigen die konzeptionellen sowie die empirischen Überlegungen und Befunde, dass diese Bildungsaufgaben Lernformen und Handlungsmöglichkeiten erforderlich machen, wie sie eher aus der Jugendhilfe und besonders der Jugendarbeit vertraut sind. Dies unterstreicht die Notwendigkeit einer engen Kooperation zwischen Schule und Jugendhilfe, so wie dies in zahlreichen Stellungnahmen und Konzeptionspapieren etwa der Arbeitsgemeinschaft der Evangelischen Jugend in der Bundesrepublik Deutschland (aej) oder anderer Vereinigungen in den einzelnen Bundesländern deutlich zum Ausdruck gebracht wird (Überblick: Spenn/Fischer 2005). Empirische Befunde zeigen allerdings, dass bislang lediglich die Sportvereine eine namhafte Rolle als Partner von Ganztagsschulen spielen, während besonders Jugendverbände und Kirchengemeinden nur selten in dieser Hinsicht aktiv sind (Arnoldt 2007: 89). Dies signalisiert aktuellen Handlungsbedarf.

Zur weiteren Konkretion seien zum Schluss fünf beispielhafte Bereiche genannt, in denen sich ethische und religiöse Bildung mit einander verbinden und die deshalb besondere Relevanz für die Praxis von Ganztagsbildung besitzen:

1. Verantwortungsübernahme in Vorhaben sozialen und diakonischen Lernens: Als besonders wirksam für ethische Bildung kann die Verbindung zwischen unterrichtlichen Lernprozessen und außerschulischen Erfahrungen gelten, wie sie bei Sozialprojekten (Zusammenarbeit von Schule und Einrichtungen für Menschen mit Behinderung, Praktika usw.) dann erreicht werden kann, wenn solche Projekte im Unterricht vorbereitet, begleitet und nachbereitet werden. Besonders bekannt geworden sind hier Projekte zu „Compassion – Sozialverpflichtetes Lernen und Handeln" (Kuld/Gönnheimer 2000) sowie zum so genannten diakonischen Lernen (das aus dem Griechischen übernommene Wort „Diakonie" bedeutet „Dienst" und wird heute etwa im Zusammenhang christlicher Sozialarbeit und als Bezeichnung für deren Trägerinstitutionen verwendet; erst in neuerer Zeit ist das darauf bezogene Konzept des „diakonischen Lernens" entwickelt worden; vgl., auch mit em-

pirischen Befunden, Hanisch/Schmidt 2004). Kennzeichnend ist für solche Arbeitsformen vor allem die Möglichkeit, dass Kinder und Jugendliche jedenfalls auf Zeit selbst Verantwortung für andere Menschen sowie für bestimmte Aufgaben übernehmen.

2. Interkulturelles und interreligiöses Lernen: Während sich Ansätze des interkulturellen Lernens in der Vergangenheit weithin nicht auf die Herausforderungen der religiösen Pluralisierung einließen (Auernheimer 1990; Diehm/Radtke 1999), wird das Erfordernis einer auch konsequent interreligiösen Bildung inzwischen immer deutlicher erkannt (Fischer u. a. 1996; Schreiner u. a. 2005). Ganztagsangebote sollten die entsprechenden Bildungsaufgaben ebenfalls nicht aussparen, sondern konsequent die Chancen einer Situation nutzen, in der Kinder und Jugendliche mit unterschiedlichen kulturellen und religiösen Prägungen nicht nur im (Vormittags-)Unterricht beisammen sind.

3. Mediation: Formen der Mediation werden inzwischen in vielen Schulen sowie im Rahmen anderer pädagogischer Programme und Einrichtungen praktiziert (vgl. Schröder/ Merkle 2007). Im Zusammenhang von Ganztagsbildung können sie insofern eine weiterreichende Bedeutung gewinnen, als hier der Bearbeitung von Konflikten mehr Raum und Zeit eingeräumt werden kann, als dies etwa in einer Halbtagsschule der Fall ist. Gleichzeitig wächst auch die Notwendigkeit, Konflikte nicht nur still zu stellen oder in andere, beispielsweise außerschulische Bereiche abzudrängen. Ganztagsbildung ohne pädagogischen Umgang mit Konflikten bliebe unvollständig. Für die ethische Bildung bieten Erfahrungen mit Mediation ein wichtiges Erfahrungsfeld. Welche Rolle dabei die strukturelle Einbettung von Mediationsverfahren spielen kann, zeigt eindrücklich das nächste Beispiel:

4. Demokratisierung in „gerechten Gemeinschaften“ *(just communities):* Die oben bereits erwähnten Projekte zur Ausgestaltung von Schulen oder anderen pädagogischen Einrichtungen zu „gerechten Gemeinschaften“ erwachsen aus dem Anliegen einer Bildung zur Demokratie sowie allgemein einer erfahrungsbezogenen Form der ethischen Bildung. Im Zentrum steht die Übernahme von Verantwortung durch Kinder und Jugendliche, verbunden mit demokratischen Entscheidungsformen u. a. in Gestalt von Schülerparlament oder Vollversammlungen, die in pädagogisch reflektierter Weise durch Gruppen und Ausschüsse vorbereitet werden. Eine Verbindung zur Ganztagsbildung besteht insofern, als solche Ansätze sich besonders gut im Rahmen von Ganztagsangeboten realisieren lassen.

5. Bewusste Ausbildung eines Schulethos: Als Schulethos wird das Gesamt von Werten, Normen, Überzeugungen, Weltanschauungen, Glaubensweisen usw. bezeichnet, das von den einer Schule Angehörigen geteilt wird. Ein solches Ethos gilt als Grundlage für die ethische und religiöse Bildung (Schweitzer 2006b). Angesichts der gesellschaftlichen, kulturellen und religiösen Pluralität erweist es sich jedoch als immer schwieriger, ein solches Ethos für die Schule zu bestimmen. Ein substanzielles, von einer bestimmten religiösen Tradition geprägtes Ethos kann in der Situation der Pluralität nicht mehr einfach für alle verbindlich gemacht werden. Zugleich kann aber auch der Versuch, eines allein diskursethisch begründeten (säkularen) Ethos insofern nicht überzeugen, als sich dieses mit Kindern und Jugendlichen kaum erreichen lässt. Zudem fehlt es einem solchen, von allen gelebten Formen der Religion und Sittlichkeit bewusst abstrahierenden Ethos an motivationsbildender Kraft. Die entscheidende Herausforderung kann deshalb in der Suche nach einem dialogischen Ethos gesehen werden (Schweitzer 2006b), das auf einem bewussten Umgang mit Pluralität und Differenz beruht.

Je mehr sich die Perspektive von Erziehungswissenschaft im Sinne der Ganztagsbildung öffnet, desto stärker kommen auch ethische und religiöse Bildungsaufgaben in den Blick. In kulturell und religiös pluralen Kontexten bedeutet dies zugleich, dass die entsprechenden Lernaufgaben konsequent im Sinne eines interkulturellen und interreligiösen Lernens ausgelegt werden müssen – zugunsten eines Lebens und Zusammenlebens in Frieden, Freiheit und Toleranz.

## *Literatur*


Arnoldt, Bettina (2007): Öffnung von Ganztagsschule. In: Holtappels u. a. (Hg.): 86-105.

Auernheimer, Georg (1990): Einführung in die interkulturelle Erziehung. Darmstadt: WBG.

Bakker, Cok (2001): School as a Place of Diversity. In: Heimbrock/Scheilke/Schreiner (Hg.): 203-221.

Corsa, Mike (Hg.) (2007): Praxisentwicklung im Jugendverband. Prozesse – Projekte – Module Jugend im Verband. Bd. 3. Opladen: Budrich.

Deutsche Shell (Hg.) (2000): Jugend 2000. Bd. 1. Opladen: Budrich.

Diehm, Isabell/Radtke, Frank-Olaf (1999): Erziehung und Migration. Eine Einführung. Stuttgart: Kohlhammer.

Edelstein, Wolfgang (2001): Gesellschaftliche Anomie und moralpädagogische Intervention. Moral im Zeitalter individueller Wirksamkeitserwartungen. In: Edelstein/Oser/Schuster (Hg.): 13-34.

Edelstein, Wolfgang/Oser, Fritz/Schuster, Peter (Hg.) (2001): Moralische Erziehung in der Schule. Entwicklungspsychologie und pädagogische Praxis. Weinheim: Beltz.

EKD (Evangelische Kirche in Deutschland) (2007): Religion, Werte und religiöse Bildung im Elementarbereich. 10 Thesen des Rates der EKD. Hannover.

Fauser, Katrin/Fischer, Arthur/Münchmeier, Richard (Hg.) (2006a): Jugendliche als Akteure im Verband. Ergebnisse einer empirischen Untersuchung der Evangelischen Jugend (Jugend im Verband Bd.1). Opladen: Budrich.

Fauser, Katrin/Fischer, Arthur/Münchmeier, Richard (Hg.) (2006b): „Man muss es selbst erlebt haben..." Ergebnisse einer empirischen Untersuchung der Evangelischen Jugend (Jugend im Verband Bd.2). Opladen: Budrich.

Fend, Helmut (1977): Schulklima: Soziale Einflussprozesse in der Schule. Weinheim: Beltz.

Fischer, Dietlind u. a. (1996): Auf dem Weg zur Interkulturellen Schule. Fallstudien zur Situation interkulturellen und interreligiösen Lernens. Münster: Waxmann.

Francis, Leslie J./Lankshear, David W. (Eds.) (1993): Christian Perspectives on Church Schools. A Reader. Leominster.

Fuchs-Heinritz, Werner (2000): Religion. In: Deutsche Shell 2000 (Hg.): 157-180.

Gensicke, Thomas (2006): Jugend und Religiosität. In: Shell Deutschland Holding (Hg.): 203-240.

Grunder, Hans-Ulrich/Schweitzer, Friedrich (Hg.) (2006): Gemeinschaft – Ethos – Schule. Eine praxisnahe Einführung für Ausbildung und Fortbildung. Weinheim: Beltz.

Hanisch, Helmut/Schmidt, Heinz (Hg.) (2004): Diakonische Bildung. Theorie und Empirie. Heidelberg.

Heimbrock, Hans-Günter/Scheilke, Christoph Th./Schreiner, Peter (Eds.) (2001): Towards Religious Competence: Diversity as a Challenge for Education in Europe. Münster: Lit.

Holtappels, Heinz Günter/Klieme, Eckhard/Rauschenbach, Thomas/Stecher, Ludwig (Hg.) (2007): Ganztagsschule in Deutschland. Ergebnisse der Ausgangserhebung der „Studie zur Entwicklung von Ganztagsschulen" (StEG). Weinheim: Juventa.

Joas, Hans/Wiegandt, Klaus (Hg.) (2005): Die kulturellen Werte Europas. Frankfurt a. M.: Fischer.

Kuld, Lothar/Gönnheimer, Stefan (2000): Compassion. Sozialverpflichtetes Lernen und Handeln. Stuttgart: Kohlhammer.

Nipkow, Karl Ernst (1998): Bildung in einer pluralen Welt. Bd. 1: Moralpädagogik im Pluralismus. Bd. 2: Religionspädagogik im Pluralismus. Gütersloh: Gütersloher Verlagshaus.

Oser, Fritz/Althof, Wolfgang (1992): Moralische Selbstbestimmung. Modelle der Entwicklung und Erziehung im Wertebereich. Stuttgart: Klett-Cotta.

Oser, Fritz/Althof, Wolfgang (2001): Die Gerechte Schulgemeinschaft: Lernen durch Gestaltung des Schullebens. In: Edelstein/Oser/Schuster (Hg.): 233-268.

Rhymer, Joseph/Francis, Leslie J. (1993): Roman Catholic secondary schools in Scotland and pupil attitude towards religion. In: Francis/Lankshear (Eds.): 466-473.

Rutter, Michael u. a. (1980): Fünfzehntausend Stunden. Schulen und ihre Wirkung auf die Kinder. Weinheim: Beltz.

Schleiermacher, Friedrich (1966): Die Vorlesungen aus dem Jahre 1826. Pädagogische Schriften. Hg. v. Theodor Schulze/Erich Weniger. Bd. 1. Düsseldorf/München.
Schreiner, Peter/Sieg, Ursula/Elsenbast, Volker (Hg.) (2005): Handbuch Interreligiöses Lernen. Gütersloh: Gütersloher Verlagshaus.
Schröder, Achim/Merkle, Angela (2007): Leitfaden Konfliktbewältigung und Gewaltprävention. Pädagogische Konzepte für Schule und Jugendhilfe. Schwalbach/Ts.: Wochenschau.
Schweitzer, Friedrich (1998): Die Suche nach eigenem Glauben. Einführung in die Religionspädagogik des Jugendalters. Gütersloh: Gütersloher Verlagshaus.
Schweitzer, Friedrich (2003): Pädagogik und Religion. Eine Einführung. Stuttgart: Kohlhammer.
Schweitzer, Friedrich (2005): Das Recht des Kindes auf Religion. Ermutigungen für Eltern und Erzieher. Gütersloh: Gütersloher Verlagshaus.
Schweitzer, Friedrich (2006a): Religionspädagogik. Gütersloh: Gütersloher Verlagshaus.
Schweitzer, Friedrich (2006b): Wie viel Gemeinschaft braucht die Schule? Möglichkeiten und Grenzen von Schulethos und Wertorientierung in der pluralen Gesellschaft. In: Grunder/Schweitzer (Hg.): 10-30.
Schweitzer, Friedrich (2007): Lebensgeschichte und Religion. Religiöse Entwicklung und Erziehung im Kindes- und Jugendalter. Gütersloh: Gütersloher Verlagshaus.
Shell Deutschland Holding (Hg.) (2006): Jugend 2006. Eine pragmatische Generation unter Druck. Frankfurt a. M.: Fischer.
Spenn, Matthias/Fischer, Dietlind (2005): Ganztagsschulen gemeinsam entwickeln. Ein Beitrag zur evangelischen Bildungsverantwortung. Münster: Comenius-Institut Münster.
Standfest, Claudia/Köller, Olaf/Scheunpflug, Annette (2005): leben – lernen – glauben. Zur Qualität evangelischer Schulen. Eine empirische Untersuchung über die Leistungsfähigkeit von Schulen in evangelischer Trägerschaft. Münster: Waxmann.
Synode der EKD (Evangelische Kirche in Deutschland) (1995): Aufwachsen in schwieriger Zeit – Kinder in Gemeinde und Gesellschaft. Gütersloh: Gütersloher Verlagshaus.
Ziebertz, Hans-Georg/Kalbheim, Boris/Riegel, Ulrich (2003): Religiöse Signaturen heute. Ein religionspädagogischer Beitrag zur empirischen Jugendforschung. Gütersloh: Herder.

# Beruf und Arbeit

*Anke Spies*

Analog zu den in fast allen Bildungsgängen verankerten Maßnahmen und Erlassen zur beruflichen Orientierung[1] beziehen sich die folgenden Ausführungen in erster Linie auf schulische Rahmungen, da deren formale Zuständigkeit für berufliche Fragen durch die Rahmenvereinbarungen zwischen Kultusministerkonferenz und Bundesagentur für Arbeit gegeben ist. Allerdings fokussiert der Beitrag, mit Blick auf die biografischen Transitionsrisiken in erster Linie sozial, bildungs- oder marktbedingt benachteiligter Jungen und Mädchen,[2] die sozialpädagogische Unterstützung benötigen, um aus niedrig qualifizierenden Bildungsgängen in Erwerbsarbeit zu gelangen.[3]

Während Unterrichtsinhalte als Bildungsthemen zunehmend an den Schüler(innen) „abprallen" (vgl. Nentwig-Gesemann u. a. 2005: 70), führen Berufsfrühorientierungsprojekte[4] wie Schülerfirmen (vgl. ebd.) oder schul-sozialpädagogische Wegeplanung (vgl. Spies 2006a) zu erstaunlichen, intrinsischen Motivationsschüben und bieten berufsbiografische und persönlichkeitsbildende Entwicklungsanreize, die im traditionellen Schulunterricht selten, aber für biografierelevante Entscheidungen unabdingbare Vorraussetzung sind.[5] Die Maßgaben des Arbeitsmarktes erfordern, dass Jugendliche sowohl mit einer extremen Fremdbestimmung hinsichtlich ihrer Wahlmöglichkeiten, aber auch mit Konstrukten wie dem der so genannten „Ausbildungsreife" (vgl. kritisch dazu Rebmann/Tredop 2006) umzugehen lernen und Grundlagen für Kompetenzüberzeugungen, Eigenmotivation und Selbständigkeit entwickeln müssen – ein höchst anspruchsvolles Unterfangen, auf das besonders diejenigen in niedrig qualifizierenden Bildungsgängen „im Strudel der Marginalisierung" (Münchmeier 2005: 36) mit Verunsicherung,[6] Resignation (vgl. Prager/Wieland 2005) und Selbststigmatisierung (vgl. Pfahl 2006) reagieren.

Die pädagogische Vernachlässigung von Berufsorientierung, als Prozess der individuellen, biografischen Verortung in arbeitsweltbezogener Lebensplanung (vgl. Wensierski

1 Beispielsweise „Berufswahlpass" oder „BerufswahlSIEGEL" (vgl. Icking 2006).

2 Zum Engagement von Wirtschaft in der Girls'Day-Konzeption für Zugänge zu weiblichen Arbeitskräften und ihrer Segregation hinsichtlich niedrig qualifizierender Bildungsgänge vgl. Wentzel (2006).

3 Sicher ist es angesichts der zunehmend unsicherer und temporärer werdenden Beschäftigungsverhältnisse auch nötig, Zugänge zu „anderen Formen sinnstiftender und gesellschaftlich nützlicher wie interpersonal anerkannter Tätigkeiten" (Braun/Wetzel 2006: 185) zu eröffnen – ein Diskussionsstrang, den Krafeld bereits 1989 mit Blick auf das Aufgabenspektrum der Jugend- und Bildungsarbeit erörtert hat.

4 Fast allen Projekten gemeinsam ist die projektierte Befristung und damit einhergehend die Dopplung der existenziellen Verunsicherung von Adressat(inn)en und pädagogisch verantwortlichen Fachkräften – zwei Bremsklötze, die durch eine feste institutionelle Verankerung in ganztägiger Bildung beseitigt werden könnten.

5 Gleiche Effekte zeigen individualisierte gegenüber standardisierten Verfahren beruflicher Förderung nach Beendigung der Pflichtschulzeit (vgl. Skrobanek 2007).

6 Fast ein Fünftel der Hauptschüler(innen) wird durch die Girls'Day-Teilnahme vom erprobten Berufsfeld abgeschreckt (vgl. Wentzel 2006: 185), wenngleich doch hier ausdrücklich Zugangschancen eröffnet werden sollen.

2005: 123) steht im Kontrast zur früh einsetzenden, identitätsbildenden Auseinandersetzung von Kindern und Jugendlichen mit Fragen der beruflichen Orientierung.[7] Auch Braun/Wetzel (2006) kritisieren die unzureichende Berücksichtigung von berufsbiografischen Gestaltungskompetenzen im gesamten Kontext öffentlicher Erziehung und verweisen gleichfalls auf die Chancen ganztägiger Bildungskonzepte, dieses Versäumnis zu korrigieren. Hier gilt es mit Blick auf die Bedarfslagen Jugendlicher, „traditionelle Systemgrenzen zwischen Schule, Beruf und Sozialpädagogik" (Wensierski u. a. 2005: 213) zu überwinden und berufsbezogene Jugendbildung in den Facetten „handlungsorientierte Berufserfahrung", „allgemeine berufsorientierende Jugendbildung", „individualisierte berufsbiografische Reflexion" und „allgemeine Jugendbildung" als miteinander zu synthetisierende Bildungsangebote zu konzipieren, zum „Regelangebot der Jugendbildung" (vgl. Wensierski 2005: 138-139) zu machen und als „Teil der sozialpädagogischen Profilbildung" (Braun/Wetzel 2006: 183) im Bildungsdiskurs zu verankern.

Neben institutionellen Systemgrenzen pädagogischer Praxis und einer Reihe polarer Spannungsverhältnisse zwischen Bildungs- und Beschäftigungsbelangen (vgl. Braun/Wetzel 2006: 185), kennzeichnen auch disziplinäre Diskursgrenzen und -überschneidungen (vgl. Spies/Tredop 2006) die anspruchsvollen Gestaltungsfragen, die ganztägige Bildungsangebote unter berufs- und arbeitsweltbezogenen Gesichtspunkten tangieren. Für die Auseinandersetzung mit den Belangen der von Marginalisierung bedrohten und betroffenen Jugendlichen, die durch Ganztagsschule z. B. einen Zugewinn an Bildungs- und Lerngelegenheiten im Freizeitbereich erfahren (vgl. Züchner 2007), schlägt Bojanowski (2006) zur Markierung der gemeinsamen Zuständigkeit als transdisziplinäres erziehungswissenschaftliches Theorem die Etablierung einer „beruflichen Förderpädagogik" vor.

# 1 Adressat(inn)en

Die Relevanz der Themen „Beruf und Arbeit" werden, empirischen Erhebungen von Braun/Wetzel (2006: 185-203) zufolge, in schulischen Kontexten von Lehrkräften vielfach unterschätzt. Befunde aus Sachsen-Anhalt belegen eine „strukturelle Distanz der LehrerInnen zu den Lebenswelten der Heranwachsenden" (ebd.: 189). Deren größte Angst sei es, keinen Ausbildungsplatz zu bekommen, während ihre Lehrer(innen) glaubten, dass sie Berufsausbildung, Erwerbstätigkeit und soziale Sicherheit der Relevanz von Unterhaltungselektronik unterordnen würden (vgl. ebd.: 187-188). Auch für die von Schumann, Sack und Schumann (2006) befragten Frankfurter Jugendlichen, die Unterstützung zu diesem Thema bei einer konzeptionell explizit an biografischen Bewältigungskompetenzen und sozialräumlicher Verankerung ausgerichteten Schulsozialarbeit suchen (vgl. ebd.: 82) oder für die nach Wensierski u. a. (2005) in sechs unterschiedliche Entscheidungstypen zu klassifizierenden Jugendlichen in Mecklenburg-Vorpommern, scheinen Fragen der Transitionsunterstützung die mithin letzte Chance, die von Ziehe (2005a) beschriebenen drei „Schlüsselschwierigkeiten" schulischer Lernkultur zu überwinden und sowohl „Verwertungssinn" als auch „Strukturierungsdefizite" und „Motivationskonflikte" (vgl. ebd.: 283-287) zu bearbeiten.[8]

7 Eine Einsicht, der mittlerweile die Konzeption des Girls'Day mit den Angeboten für Mädchen ab der fünften Klasse folgt (vgl. Wentzel 2006: 176).

8 Gleiches gilt für die von Rützel (2003) in drei Gruppen differenzierten schulverweigernden Jugendlichen im FAUB-Praktikumsprojekt.

Bildungsrelevant sind hier wie dort entgegen der gängigen Praxis aber weniger Trainingsmaßnahmen zur Entwicklung von Arbeitstugenden, sondern vielmehr eine Gestaltung entlang der drei von Ziehe (2005a: 288-290) identifizierten Komponenten „Zugänge zu anderen Welten", „Erfahrung von Strukturiertheit" und „Lockerung motivationaler Selbstfestlegungen". Letztere thematisiert die „Neigung, in vermeidender und defensiver Weise die eigene Nichtmotiviertheit zu registrieren und die eigenen widerstrebenden Motive als gegeben hinzunehmen" (ebd.: 289). Prager/Wieland (2005) weisen als Gründe für solche Resignationshaltungen eine massive Verunsicherung hinsichtlich beruflicher Zukunftsperspektiven nach, die – wiederum nach Ziehes Analyse – einer Erhöhung der „Auswahlmöglichkeiten des Ichs" (ebd.: 289) bedürfen. Übersetzt in Angebote, Maßnahmen und Modelle der beruflichen Orientierung und Übergangsbegleitung, bestätigen sowohl diese Einschätzung, als auch die Befunde aus Evaluationen von Unterstützungsmodellen, dass Berufsorientierung und Arbeitsthemen in ganztägigen Schul- und Bildungsformaten (vgl. Grosch 2006) den insgesamt in ihrer gesellschaftlichen Anschlussgewissheit verunsicherten Jugendlichen (vgl. Münchmeier 2005) auch eine „semiotische Heimat" (vgl. Ziehe 2005b) im Sinne eines „symbolischen Zuhauses" geben müssen und insofern stabilisierender Bildungsanlass und -gegenstand sind bzw. wären.

Ziehes Analyse der auch jugendkulturell[9] zu erörternden „Schlüsselschwierigkeiten" von Schule als Sozialisationsinstitution, als Bildungsinstitution und als öffentliche Institution, deren Strukturen und Wissensformen aber aus Sicht der Schüler(innen) „jegliche Evidenz" (ebd.: 282) fehle, lenkt den Blick auf sozialpädagogische Modelle der Berufsorientierung und Übergangsstrukturierung, die erstaunlichen Zuspruch finden (vgl. z. B. Schumann u. a. 2006: 218; Spies 2006a und b). Trotz arbeitsmarktabhängiger Schwierigkeiten legen sie ungenutzte Chancen offen, verdeutlichen aber gleichzeitig die blinden Flecken hinsichtlich intersektional zu reflektierender Diversity-Aspekte (vgl. Leiprecht/Lutz 2005) – denn die Bedarfslagen und pädagogischen Handlungsoptionen unterscheiden sich durchaus sowohl nach ethnischer Herkunft als auch nach Geschlecht (vgl. Spies 2006b). Frosh, Phoenix und Pattman (2002: 2) betonen in ihrer Studie über männliche Jugendliche die grundsätzliche Notwendigkeit eines intersektionalen Ansatzes: „Developing an understanding (...) is made especially complex by the fact that masculinities are racialised and expressed through social class positions."

Ganz gleich, ob die Modelle und Programme von außerschulischen Trägern angeboten werden oder zum Aufgabenbereich der Schulsozialarbeit gehören – sie erreichen die Jugendlichen zwar besonders gut am Ort der Schule, aber auch an außerschulischen Bildungsorten, wenngleich für letztere eine bereits vorhandene Berufsvororientierung eindeutig schwellensenkend wirkt (vgl. Wensierski 2005: 127). Dieser Befund verweist für die Konzeption entsprechender Kooperationen in ganztägigen Bildungszusammenhängen – speziell mit Blick auf diejenigen, die kaum oder keine Berufsorientierung aus eigenem Antrieb leisten können – auf die organisatorische Verortung im schulischen *Setting* und die inhaltliche Verortung im Aufgabenbereich der Kontexte von Schulsozialarbeit, da sie nachweislich einen guten Zugang zur Zielgruppe hat. Mit der individuellen Berufsberatung und der Vermittlung von Handlungswissen durch sozialpädagogische Fachkräfte „stationärer" Schulsozialarbeit geht für die Jugendlichen im Orientierungsprozess ein Zugewinn an Selbstvertrauen einher, der intrinsische Motivationslücken aktivierend ausglei-

9 Ziehes Erklärung des Peer-Bezugs verweist außerdem auf die Ausbaunotwendigkeit von *Peerteaching*-Strategien für die Berufsorientierung (vgl. Goy 2005).

chen kann, von den Jugendlichen durchaus als Wettbewerbsvorteil wahrgenommen wird und in dieser Form hinsichtlich der notwendigen fachlichen und zeitlichen Ressourcen keineswegs von schulpädagogischen Akteuren geleistet bzw. angenommen werden kann (vgl. Schumann u. a. 2006: 218; Spies 2006b: 162-164).

Neben niedrigschwellig zugänglichen, verlässlichen, fach- und sachkompetenten Ansprechpartnern sind Eltern als Motivations- und Orientierungsinstanz für Zugänge zum Themenkomplex „Beruf und Arbeit" von außerordentlicher Wichtigkeit. In Familien, wo diese Orientierungsleistung nicht möglich ist, kann ihre Position durch Angebote wie die der Berufsfrühorientierung vertreten werden (vgl. Wensierski 2005: 131). Aber Eltern lassen sich dort, wo ein passgenaues Angebot vorgehalten wird, gerne in ihrer Rolle als Unterstützungshilfe beraten, sofern eine entsprechende, „neutrale" Instanz die von Helsper/ Busse (2007) beschriebene Distanz zwischen Schule und Elternhaus überbrückt (vgl. Spies 2006c), denn Eltern haben einen hohen Informationsbedarf, der gedeckt werden muss, weil sie trotz der für die Entwicklungsphase typischen Konflikte im Elternhaus der wichtigste Gesprächpartner für die Jugendlichen in Fragen der eigenen beruflichen Zukunft sind (vgl. Braun u. a. 2006: 318). Auf diese Weise von „Ko-Akteuren" (Bolay u. a. 2005: 32) begleitet, können Jugendliche ihren Handlungsdruck umsetzen und werden an ihren Handlungsgrenzen unterstützt. Elternarbeit ist dann keinesfalls allein „Lehrersache", sondern im Gegenteil ein konzeptioneller Bestandteil von berufs- und lebensplanerischen Bildungsangeboten am Übergang von der Schule in den Beruf (vgl. Arnold u. a. 2005: 81-82).

Aber Jungen und Mädchen in wenig qualifizierenden Bildungsgängen scheinen zur erfolgreichen Transitionsbewältigung auch auf handlungsorientierte Lernarrangements bzw. Erfahrungsräume und auf Vermittlungskontakte zu Ausbildungsbetrieben angewiesen zu sein. Die pädagogische Praxis versucht, diesen Bedarf mit unterschiedlichsten Modellen curricular verankerter oder freiwilliger Praktika, mit Kombinationsmodellen wie „Betrieb und Schule" für schulaversive Jugendliche oder vereinzelt auch mit Modellen wie „Jugendschule" (vgl. Schroeder 2006) oder „Produktionsschule" (vgl. Gentner 2005) zu decken. Wenngleich erste Zweifel aufkommen, ob das handlungsorientierte Lernen in Betrieben ungeachtet z. B. der Differenzlinie Geschlecht tatsächlich so profitabel ist, wie angenommen. So betont Niehaus (2006) die negativen Effekte einer Werkstatt-Schule-Kombination auf die Motivation junger Frauen und die insgesamt nicht eindeutige Nachweisbarkeit, „dass der Übergang ins Arbeitsleben bei Jugendlichen aus Förderschulen mit dem Schwerpunkt Lernen mit dem Modell HWL (Hand-Werk-Lernen) besser gelingt, als bei Jugendlichen aus Schulen mit dem Alternativprogramm" (ebd.: § 5).

Die schulbezogenen Modelle der Transitionsgestaltung haben mit den nachschulischen Maßnahmen der Jugendberufshilfe gemeinsam, dass sie in ihrer Orientierung am „Situierten Lernen" (vgl. dazu differenzierend Moschner 2003) einen methodisch-didaktischen Gegenentwurf zu tradierten Formen abstrakter Vermittlungsbestrebungen verfolgen. Sowohl für Petersen (2005: 216) ist „Situiertes Lernen" ein „Gütekriterium" für ihre international vergleichende Untersuchung von Berufsvorbereitungsansätzen in Deutschland und Großbritannien, als auch für Niemeyer (2004), die neben „Kooperation", „Reflexion" und „Inklusion" das „Situierte Lernen" im Rahmen der transnationalen und transkulturellen Analyse von Berufsintegrationsmaßnahmen für junge Menschen in Finnland, Großbritannien, Belgien, Portugal, Griechenland und Deutschland als ein an Persönlichkeitsbildung und nachhaltiger sozialer Integration orientiertes Qualitätskriterium auflistet.

Im Rahmen von Praktika zeigen allerdings auch einige Schüler(innen) Schwierigkeiten mit der Rückkehr vom außerschulischen zum schulischen Lernort (vgl. Spies 2008). Eine Beobachtung, die kombinierte Konzepte mit wöchentlichen Praxistagen an außerschulischen Lernorten bestätigt – und gegen Praktikumsblöcke spricht, die offensichtlich das Risiko schulischen Scheiterns auch erhöhen können. Hier mögen sich die beabsichtigten persönlichkeitsbildenden Effekte (vgl. Schudy 2002) konträr zu den schulischen Anforderungen verhalten und geeignete didaktische Instrumentarien zur curricularen Einbindung der angestrebten Ich-Bildungs-Prozesse (vgl. Meier 2002) noch ausstehen.

## 2 Kooperationen

Angesichts pädagogischer und institutioneller Hilfelücken, curricularer Vorgaben, individueller Beratungsbedarfe und nötiger Kooperationsebenen zur betrieblichen Praxis, soll als Modell für abgestimmte, bzw. miteinander verzahnte schulische und außerschulische Berufsorientierungskooperationen in Anlehnung an die von Bolay (2004: 1032) vorgelegte „Vier-Felder-Matrix" zur Qualitäts- und Kooperationsstruktur von Schulsozialarbeit die an neun Schulen erprobte „wegeplanende" Arbeit von sozialpädagogischen Berufsberatungsfachkräften mit zielorientierter Einbindung in die Struktur einer Einzelschule (vgl. Spies 2007) skizziert werden.

*Abbildung 1: „Wegeplanende" Arbeit von sozialpädagogischen Berufsberatungsfachkräften*

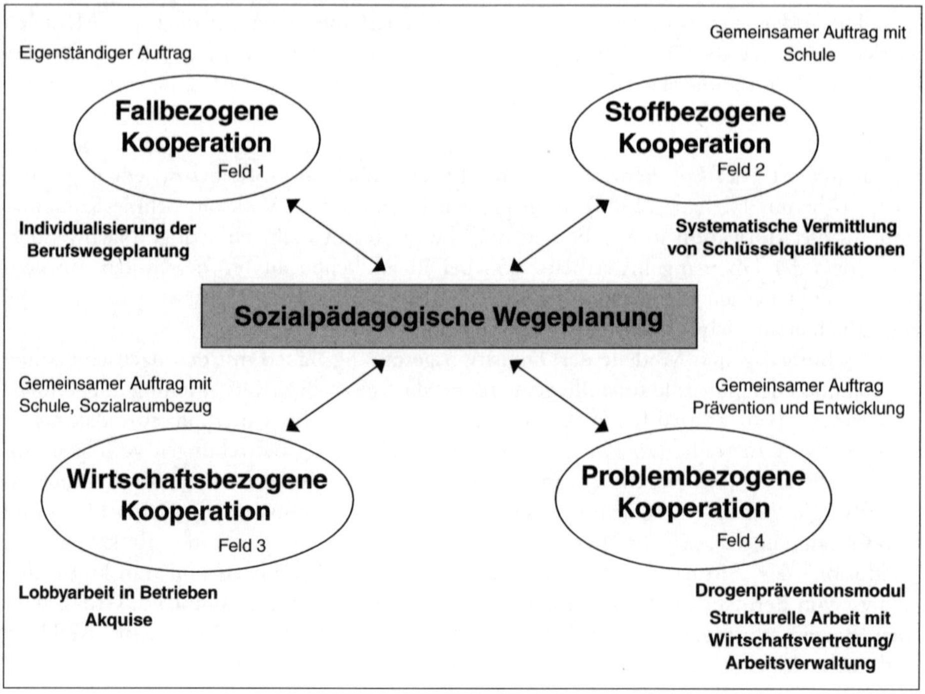

Die fallbezogene, individuelle Beratungsarbeit (Feld 1) integriert das bildungsbiografisch notwendige Aufarbeiten von vergangenen und aktuellen Schwierigkeiten im Bildungssystem in die Berufs- und Lebensplanung, ist gleichwertig zu Unterricht positioniert und leistet aktive Hilfe bei der Orientierung in der „Zwischenwelt" zwischen Schule, Praktikum und Ausbildung (vgl. Spies 2006b). In stoffbezogener Kooperation (Feld 2) werden Themen der Berufseinmündung mit regulärem Unterricht und seinen Inhalten verzahnt. Sie dienen als gemeinsame Aufgabe von Schule und Wegeplanung der aktivierenden Vermittlung von Schlüsselqualifikationen und ergänzenden Übergangshilfen. In Abstimmung mit schulischen Akteuren wird wirtschaftsbezogene Kooperation auf den Sozialraum bezogen und vermittelt als Berufsberatungsinstanz der Einzelschule über Akquise- und Lobbyarbeit zwischen Schüler(inne)n und Wirtschaftsbetrieben (Feld 3). Die problembezogene Kooperation (Feld 4) entwickelt präventive Stützsysteme in einer Bandbreite, die von Drogenprävention bis zur Anerkennung von qualifizierenden Praktikumsstrukturen durch Wirtschaft und Arbeitsverwaltung reicht.[10]

# 3 Perspektiven

Methodische, personelle und zeitliche Ressourcenlücken von Schule (vgl. Bohl 2002) und der Mangel an qualifizierten Lehrkräften zur Betreuung von Betriebspraktika (vgl. Schudy 2002: 199) sprechen für die Verstetigung solcher o. ä. sozialpädagogischer Modelle im Kontext ganztägiger Bildung. Dafür ist zwischen Lehrkräften, Schulleitung, Arbeitsverwaltung, Jugendhilfe, Wirtschaftsvertretern und Betrieben ein sowohl fallbezogen als auch strategisch abgestimmtes Übergangsmanagement und insofern ein regionaler, kooperativer Spagat in mehrere Richtungen nötig, damit auf Basis von strukturierendem und moderierendem „Netzwerkmanagement" (Walther 2000: 390) ein „institutionalisierter Begleitschutz" (Otto 2006: 369) in den schulischen Alltag integriert wird.

Ein Entwicklungsbereich, der einerseits mit den von Meier (2002) vorgeschlagenen curricularen Einbindungsmöglichkeiten von biografisch orientierter Berufswahlvorbereitung konform geht, aber andererseits die von Karl/Schröer (2006) betonte Gefahr der Entkräftung sozialpädagogischer Optionen enthält, da eine „begriffliche Entdifferenzierung von Bildungsprozessen und Kompetenzentwicklung, die die Spannung zwischen Ökonomie und Bildung aufgibt und die rhetorische Reduzierung von Bildungsprozessen auf Selbstregulation oder Selbstorganisation, (...) dazu beitragen (können), dass die Möglichkeiten sozialpädagogischer Fachlichkeit ungenutzt bleiben oder ihre Kraft einbüßen" (ebd.: 53).

Das für künftige Gestaltungen des Themenfeldes „Beruf und Arbeit" in ganztägigen Bildungskontexten entscheidende methodische Szenario ist eine der Institution Schule teilweise angepasste und teilweise konträr gegenübergestellte Zugangsweise zu den Adressat(innen): Neben biografischem Lernen in individueller Beratung mit gleicher Relevanz wie Unterricht, ermöglichen zugehende, unterrichtsverzahnte Angebote der Gruppenarbeit sowie berufspraxisbezogene Lernformen die sozialräumliche Schulaktivierung und Schulentwicklung. Konfliktlösekompetenz und Employability fördernde Programme können in eine derartige Infrastruktur konzeptionell ebenso eingebunden werden, wie jugendkulturelle oder freizeitpädagogische Angebote.[11] Daraus entstehende Soft-Skill-Zertifizierun-

10 Zur Erläuterung der Vier-Felder Matrix am Beispiel von Praktika siehe Spies (2008).
11 Zu Einschätzung und Nachweis entsprechender Effekte vgl. auch Heydenreich (2007).

gen, wie z. B. Konfliktlösefähigkeit (vgl. Nentwig-Gesemann u. a. 2005), sind Hinweise für Arbeitgeber, die z. B. Wert auf Gruppenfähigkeiten oder Kommunikationskompetenzen legen. Internationale Standards bestätigen derart differenzierte Makro-, Meso- und Mikrobenen der organisatorischen und inhaltlichen Strukturierung im Themenfeld „Beruf und Arbeit“, betonen aber auch die nationalen Spezifika, wie z. B. das stark strukturierte Berufsbildungssystem in Deutschland (vgl. Niemeyer 2004).

Angesichts der komplexen Probleme im Themenfeld „Beruf und Arbeit“ scheint Schulsozialarbeit gegenüber ehrenamtlichen Patenprojekten oder Zuständigkeitsverlagerungen in die Arbeitsverwaltung das fachlich ausgewiesene, international anschlussfähige Handlungsfeld (vgl. Homfeldt/Schneider 2007; Reischach 2006) für die nötige passgenaue[12] strukturelle Unterstützung zu sein. Ein anspruchsvolles *Setting*, dessen Ausbau mit der Einmischung in laufende Schul- und Arbeitsmarktreformprozesse verknüpft ist, das aber auch an die fachlichen Ressourcen der Jugendsozialarbeit und Jugendberufshilfe anschlussfähig ist. Hier ist die „Brücke“ (vgl. Moor 1976; Chapman/Sawyer 2001) zwischen den bislang zuständigen Institutionen Schule und Arbeitsverwaltung, die nach internationalen Standards (vgl. Otto 2006) in Formatentwicklungen zu Übergangsfragen eingebaut werden muss, damit trotz der unterschiedlichen Sinnstrukturen der beteiligten Institutionen die Interessen und Hilfebedarfe von am Arbeitsmarkt benachteiligten jungen Menschen als gemeinsames Ziel verfolgt werden können.

## *Literatur*

Arnold, Helmut/Böhnisch, Lothar/Schröer, Wolfgang (2005): Sozialpädagogische Beschäftigungsförderung. Lebensbewältigung und Kompetenzentwicklung im Jugend- und jungen Erwachsenenalter. In: Arnold, Helmut/Böhnisch, Lothar/Schröer, Wolfgang (Hg.): Sozialpädagogische Beschäftigungsförderung. Weinheim: Juventa: 9-117.

Bohl, Thorsten (2002): Ressourcen in Schulentwicklungsprozessen. In: Grunder, Hans-Ulrich (Hg.): Schulentwicklung durch Kooperation und Vernetzung. Schule verändern. Bad Heilbrunn: Klinkhardt: 207-224.

Bojanowski, Arnulf (2006): Auf der Suche nach tragenden Theoremen – zur Programmatik einer „beruflichen Förderpädagogik“. In: Spies, Anke/Tredop, Dietmar (Hg.): „Risikobiografien“ – Benachteiligte Jugendliche zwischen Ausgrenzung und Förderprojekten. Wiesbaden: VS Verlag für Sozialwissenschaften: 297-314.

Bolay, Eberhardt (2004): (Praxis-)Forschung in der Kooperation von Jugendhilfe und Schule: Standort- und Bedarfsbestimmung. In: Hartnuß, Birger/Maykus, Stephan (Hg.): Handbuch Kooperation von Jugendhilfe und Schule. Berlin: Klinkhardt: 1007-1035.

Bolay, Eberhardt/Gutbrod, Heiner/Flad, Carola (2005): Schulsozialarbeit – Impulse für die Ganztagsschule. In: Spies, Anke/Stecklina, Gerd (Hg.): Die Ganztagsschule – Schule und Jugendhilfe vor der Herausforderung gemeinsamen Handelns. Bd. 2: Keine Chance ohne Kooperation – Handlungsformen und institutionelle Bedingungen. Bad Heilbrunn: Klinkhardt: 22-42.

Braun, Frank/Gaupp, Nora/Hofmann-Lun, Irene (2006): Und sie bewegt sich doch, aber wohin? Strategien von Hauptschulen zur Prävention von Ausbildungslosigkeit. In: Otto, Hans-Uwe/Oelkers, Jürgen (Hg.): Zeitgemäße Bildung. Herausforderung für Erziehungswissenschaft und Bildungspolitik. München: Reinhardt: 316-331.

Braun, Karl-Heinz/Wetzel, Konstanze (2006): Soziale Arbeit in der Schule. München: Reinhardt.

Chapman, Mimi V./Sawyer, Jeffrey S. (2001): Bridging in the Gap for Students at Risk of School Failure: A Social Work-Initiated Middle High School Transition Program. In: Children & Schools No. 23/2001: 235-240.

12 Zu Problematik und Konsequenzen der nicht passgenauen Berufsberatung für Mädchen durch die Arbeitsverwaltung kommt Ostendorf (2006) in ihrer kritischen Analyse der Mädchenberatung durch die Berufsberatung der Bundesagentur für Arbeit zu dem Ergebnis, dass durch das dort praktizierte Beratungshandeln eine soziale Selektion anhand der Kategorie „Geschlecht“ Mädchen beim Einstieg in die Erwerbstätigkeit benachteiligt und aus der Breite der möglichen Berufsfelder ausgrenzt.

Frosh, Stephen/Phoenix, Ann/Pattman, Rob (2002): Young masculinities: Understanding boys in contemporary society. London: Palgrave.
Gentner, Cortina (2005): Produktionsschule – ein Angebot für Schulverweigerer? Aus einem Modellprojekt des BuntStift Kassel e. V. In: Bojanowski, Arnulf/Ratschinski, Günter/Strasser, Peter (Hg.): Diesseits vom Abseits. Studien zur beruflichen Benachteiligtenförderung. Bielefeld: Bertelsmann: 151-174.
Goy, Anja (2005): *Peerteaching* – Doppelt gelernt hält besser. In: Sozialmagazin (30. Jg.) H. 4/2005: 24-33.
Grosch, Anja (2006): Individuelle Förderung aller Kinder in innovativen Schulformaten. In: Spies, Anke/Tredop, Dietmar (Hg.): „Risikobiografien". Benachteiligte Jugendliche zwischen Ausgrenzung und Förderprojekten. Wiesbaden: VS Verlag für Sozialwissenschaften: 223-236.
Helsper, Werner/Busse, Susann (2007): Familie und Schule. In: Ecarius, Jutta (Hg.): Handbuch Familie. Wiesbaden: GWV: 321-341.
Heydenreich, Christina (2007): Effekte, Nutzen und Effizienz der Berufsbezogenen Jugendhilfe. In: Sozialmagazin (32. Jg.) H. 5/2007: 39-49.
Homfeldt, Hans Günter/Schneider, Marie (2007): Internationale Entwicklungen in der Schulsozialarbeit. In: Knapp, Gerald/Lauermann, Karin (Hg.): Schule und Soziale Arbeit. Perspektiven zur Reform der öffentlichen Erziehung und Bildung in Österreich. Klagenfurt: Hermagoras (i. E.).
Icking, Maria (2006): Unternehmen als Kooperationspartner der Schule. In: Deinet, Ulrich/Icking, Maria (Hg.): Jugendhilfe und Schule. Analysen und Konzepte für die kommunale Kooperation. Opladen: Budrich: 157-172.
Karl, Ute/Schröer, Wolfgang (2006): Fördern und Fordern – Sozialpädagogische Herausforderungen im Jugendalter angesichts sozialpolitischer Umstrukturierungen. In: Spies, Anke/Tredop, Dietmar (Hg.): „Risikobiografien" – Benachteiligte Jugendliche zwischen Ausgrenzung und Förderprojekten. Wiesbaden: VS Verlag für Sozialwissenschaften: 41-56.
Krafeld, Franz Josef (1989): Anders leben lernen. Von berufsfixierten zu ganzheitlichen Lebensorientierungen. Weinheim: Beltz.
Leiprecht, Rudolf/Lutz, Helma (2005): Intersektionalität im Klassenzimmer: Ethnizität, Klasse, Geschlecht. In: Leiprecht, Rudolf/Kerber Anne (Hg.): Schule in der Einwanderungsgesellschaft. Schwalbach/Ts.: Wochenschau: 218-234.
Meier, Bernd (2002): Biografisch orientierte Berufswahl. In: Schudy, Jörg (Hg.): Berufsorientierung in der Schule. Grundlagen und Praxisbeispiele. Bad Heilbrunn: Klinkhardt: 143-156.
Moor, Christine H. (1976): From School To Work. Effective Counselling and Guidance. London/Beverly Hills: Sage Publications: 169-170.
Moschner, Barbara (2003): Wissenserwerbsprozesse und Didaktik. In: Moschner, Barbara/Kiper, Hanna/Kattmann, Ulrich/Eichler, Wolfgang (Hg.): PISA 2000 als Herausforderung: Perspektiven für Lehren und Lernen. Hohengehren: Schneider: 3-64.
Münchmeier, Richard (2005): Entstrukturierung der Jugendphase – Chancen und Risiken für den Berufseinstieg. In: Deutsche Kinder- und Jugendstiftung (Hg.): Jung. Talentiert. Chancenreich? Beschäftigungsfähigkeit von Jugendlichen fördern. Opladen: Budrich: 29-45.
Nentwig-Gesemann, Iris/Streblow, Claudia/Bohnsack, Ralf (2005): Schlüsselerlebnisse und Lernprozesse Jugendlicher in zukunftsqualifizierender Projektarbeit. Eine programmübergreifende Analyse. In: Deutsche Kinder- und Jugendstiftung (Hg.): Jung. Talentiert. Chancenreich? Beschäftigungsfähigkeit von Jugendlichen fördern. Opladen: Budrich: 47-90.
Niehaus, Mathilde (2006): Externe Evaluation des Modellversuches „Hand-Werk-Lernen" Einschätzungen nachschulischer Akteure. In: www.hrf.uni-koeln.de/de/arbeitreha/content/492.htm (Download am 14.8. 2007).
Niemeyer, Beatrix (2004): Re-Integration. In: www.biat.uni-flensburg.de/biat.www/Projekte/Re-Integration/reccomm-deutsch.p df (Download am 24.08.2007).
Ostendorf, Helga (2006): Schlecht beraten auf dem Weg in die Arbeitswelt. Reform der Berufsberatung: Politische Steuerung nach „eigenem Recht" oder demokratisch legitimiert? In: www.fraktuell.de/ressorts/nachrichten_und_politik/dokumentation/?cnt=853897 (Download am 30.11.2006). Wiederabgedruckt in: Informationen für die Bildungs- und Berufsberatung (iBB) H. 16/2006: 30-33.
Otto, Ulrich (2006): Die „Standards for School Social Work Services" der NASW im Licht der deutschen Diskussion über schulbezogene Soziale Arbeit. In: Zeitschrift für Sozialpädagogik (4. Jg.) H. 4/2006: 360-382.
Petersen, Wiebke (2005): Berufsvorbereitungsansätze in Deutschland und Großbritannien im Vergleich. In: Bojanowski, Arnulf/Ratschinski, Günter/Strasser, Peter (Hg.): Diesseits vom Abseits. Studien zur beruflichen Benachteiligtenförderung. Bielefeld: Bertelsmann: 216-221.
Pfahl, Lisa (2006): Schulische Separation und prekäre berufliche Integration: Berufseinstiege und biographische Selbstthematisierung von Sonderschulabgänger/innen. In: Spies, Anke/Tredop, Dietmar (Hg.): „Risikobiografien" – Benachteiligte Jugendliche zwischen Ausgrenzung und Förderprojekten. Wiesbaden: VS Verlag für Sozialwissenschaften: 143-158.

Prager, Jens U./Wieland, Clemens (2005): Jugend und Beruf. Repräsentativumfrage zur Selbstwahrnehmung der Jugend in Deutschland. In: www.bertelsmann-stiftung.de/bst/de/media/Studie_Jugend_und_Beruf.pdf (Download am 24.08.2007).

Rebmann, Karin/Tredop, Dietmar (2006): Fehlende „Ausbildungsreife" – Hemmnis für den Übergang von der Schule in das Berufsleben? In: Spies, Anke/Tredop, Dietmar (Hg.): Risikobiografien. Benachteiligte Jugendliche zwischen Ausgrenzung und Förderprojekten. Wiesbaden: VS Verlag für Sozialwissenschaften: 85-100.

Reischach, Gerald von (2006): Bezüge von Jugendhilfe und Schule in der Bundesrepublik und im westlichen Ausland. Ein Blick über den eigenen Tellerrand. In: Sozialmagazin H. 4/2006: 52-59.

Rützel, Josef (2003): Das Praktikum. Eine Brücke zur Ausbildung und zur Selbständigkeit. In: berufsbildung. Zeitschrift für Praxis und Theorie in Betrieb und Schule (57. Jg.) H. 82/2003: 29-33.

Schroeder, Joachim (2006): Konzeptionelle Ansätze für die pädagogische Arbeit mit markt-, sozial- und rechtsbenachteiligten jungen Menschen. In: Spies, Anke/Tredop, Dietmar (Hg.): „Risikobiografien" – Benachteiligte Jugendliche zwischen Ausgrenzung und Förderprojekten. Wiesbaden: VS Verlag für Sozialwissenschaften: 207-221.

Schudy, Jörg (2002): Das Betriebspraktikum. Notwendige Optimierung eines Elements schulischer Berufsorientierung. In: Schudy, Jörg (Hg.): Berufsorientierung in der Schule. Grundlagen und Praxisbeispiele. Bad Heilbrunn: Klinkhardt: 191-206.

Schumann, Michael/Sack, Anja/Schumann, Till (2006): Schulsozialarbeit im Urteil der Nutzer. Evaluation der Ziele, Leistungen und Wirkungen am Beispiel der Ernst-Reuter-Schule II. Weinheim und München: Juventa.

Skrobanek, Jan (2007): Individualisierte vs. Standardisierte berufliche Förderung. In: ZfPäd (5. Jg.) H. 3/2007: 226-251.

Spies, Anke (2005): Kinder statt Beruf? – Zukunftsoptionen benachteiligter Mädchen am Übergang von der Schule in den Beruf. In: Unsere Jugend (57. Jg.) H. 12/2005: 522-532.

Spies, Anke (2006a): Schulbezogene Jugendsozialarbeit und Schulsozialarbeit – Scharnier(e) zwischen Disziplinen. In: Spies, Anke/Tredop, Dietmar (Hg.): „Risikobiografien" – Benachteiligte Jugendliche zwischen Ausgrenzung und Förderprojekten. Wiesbaden: VS Verlag für Sozialwissenschaften: 157-177.

Spies, Anke (2006b): „Unterricht ist eben nur ein kleiner Teil..." – Beratung für benachteiligte Mädchen, Jungen und ihre Eltern in der Berufsorientierungsphase. In: Spies, Anke/Tredop, Dietmar (Hg.): „Risikobiografien" – Benachteiligte Jugendliche zwischen Ausgrenzung und Förderprojekten. Wiesbaden: VS Verlag für Sozialwissenschaften: 237-254.

Spies, Anke (2006c): Elternarbeit – Motivationspotenzial und Förderungsressource. In: berufsbildung. Zeitschrift für Praxis und Theorie in Betrieb und Schule (60. Jg.) H. 102/2006: 16-19.

Spies, Anke (2008): Sozialpädagogische Wegeplanung – Schulformunabhängige Impulse für Benachteiligtenförderung und Schulentwicklung. In: Leiprecht, Rudolf (Hg.): Diversitätsbewusste Sozialpädagogik (i. E.).

Spies, Anke/Tredop, Dietmar (Hg.) (2006): „Risikobiografien" – Benachteiligte Jugendliche zwischen Ausgrenzung und Förderprojekten. Wiesbaden: VS Verlag für Sozialwissenschaften.

Walther, Andreas (2000): Spielräume im Übergang in die Arbeit. Junge Erwachsene im Wandel der Arbeitsgesellschaft in Deutschland, Italien und Großbritannien. München: Juventa.

Wensierski, Hans-Jürgen v. (2005): Berufsfrühorientierung und berufsorientierende Jugendbildung – Empirische Befunde und Perspektiven für die schulische und außerschulische Jugendbildung. In: Deutsche Kinder- und Jugendstiftung (Hg.): Jung. Talentiert. Chancenreich? Beschäftigungsfähigkeit von Jugendlichen fördern. Opladen: Budrich: 123-142.

Wensierski, Hans-Jürgen v./Schützler, Christoph/Schütt, Sabine (2005): Berufsorientierende Jugendbildung. Grundlagen, empirische Befunde, Konzepte. Weinheim: Juventa.

Wentzel, Wenka (2006): Der Girls'Day – Mädchen-Zukunftstag als Maßnahme zur geschlechterbezogenen Berufsorientierung. In: Deinet, Ulrich/Icking, Maria (Hg.): Jugendhilfe und Schule. Analysen und Konzepte für die kommunale Kooperation. Opladen: Budrich: 173-191.

Ziehe, Thomas (2005a): Die Eigenwelten der Jugendlichen und die Anerkennungskrise der Schule. In: Horster, Detlef/Oelkers, Jürgen: Pädagogik und Ethik. Wiesbaden: VS Verlag für Sozialwissenschaften: 277-291.

Ziehe, Thomas (2005b): „PostEnttraditionalisierung". In: Kursiv. Journal für politische Bildung H. 4/2005: 64-74.

Züchner, Ivo (2007): Ganztagsschule und die Freizeit von Kindern und Jugendlichen. In: Holtappels, Heinz Günter/Klieme, Eckhard/Rauschenbach, Thomas/Stecher, Ludwig (Hg.): Ganztagsschule in Deutschland. Ergebnisse der Ausgangserhebung der „Studie zur Entwicklung von Ganztagsschulen" (StEG). München: Eigenverlag DJI: 333-350.

# Gesundheit

*Stephan Sting*

Seit der Gründung der Weltgesundheitsorganisation (WHO) im Jahr 1948 haben vielfältige Versuche stattgefunden, „Gesundheit" in ihrer umfassenden Bedeutung für die soziale und individuelle Existenz des Menschen zu thematisieren. Die WHO definierte Gesundheit als den „Zustand des völligen körperlichen, seelischen und sozialen Wohlbefindens und nicht nur (als) Freisein von Krankheit und Gebrechen" (Hurrelmann 1994: 16). Auch wenn diese Definition aufgrund ihres statischen und idealistischen Charakters inzwischen von verschiedener Seite kritisiert worden ist, so bleiben einige ihrer Merkmale in der sozialwissenschaftlichen Gesundheitsdiskussion bis heute unumstritten: Gesundheit wird zu einem positiven Begriff erklärt, der die bloße Abwesenheit von Krankheit übersteigt und der mit Hilfe des Kriteriums des „Wohlbefindens" individuellen und sozialen Entwicklungen als Leitorientierung dienen kann. Zugleich ist Gesundheit durch ihren Bezug auf physische, psychische und soziale Aspekte in die Gesamtheit der Lebensweisen und -bedingungen von Menschen eingebettet. Gesundheit stellt eine biographisch bedeutsame Kategorie dar (vgl. Hanses 2002), die mit der Lebenswelt sozialer Akteure verschränkt ist (vgl. Filsinger/Homfeldt 2001: 706). Sie ist Bestandteil von Entwicklungs- und Bildungsprozessen im Kindes- und Jugendalter und somit prinzipiell ein relevantes Thema der Ganztagsbildung.

In der praktischen Arbeit von Schulen und Jugendhilfeeinrichtungen bleiben gesundheitliche Themen allerdings nach wie vor randständig. Aktivitäten zur Gesundheitsförderung bewahren in der Regel den Status des Besonderen, Außeralltäglichen und Zusätzlichen. So ist z. B. Gesundheit kein Themenschwerpunkt der deutschen Kultusministerkonferenz (KMK 2007). Ebenso wird im Kinder- und Jugendhilfegesetz „Gesundheit" bestenfalls peripher behandelt (vgl. Sting 2002: 413), und in den Kinder- und Jugendberichten der Bundesregierung kommt sie (mit Ausnahme des Elften Jugendberichts) bisher kaum vor (vgl. Homfeldt/Sting 2006: 182-183); hingegen macht der 13. Jugendbericht (2008) erstmals „Gesundheit" zum Schwerpunktthema.

Für diese Randständigkeit von Gesundheit im Kontext von Schule und Jugendhilfe lassen sich zwei Gründe anführen: Erstens ist es der sozialwissenschaftlichen Perspektive auf Gesundheit als Wohlbefinden bis heute nicht vollständig gelungen, sich gegenüber der biomedizinischen Sichtweise durchzusetzen, die Gesundheit als Aufgabenfeld des medizinischen Sektors begreift, in dem es um die Bekämpfung von Krankheiten und Krankheitssymptomen geht. Gesundheitsförderung wird gemäß dieser Sichtweise individualisiert und auf die Vermeidung krankmachender Risikofaktoren reduziert. Schulische Gesundheitsförderung wird zu einer Gesundheitsaufklärung oder -erziehung verkürzt, die als technologische „Medicopädagogik" bezeichnet werden kann und bei der die Beteiligten als „Handlanger zur Umsetzung medizinischer Expertokratie" instrumentalisiert werden (vgl. Hörmann 1999: 11). Zweitens scheint es nicht so einfach zu sein, „Gesundheit" neben anderen Handlungszielen wie ökonomischem Wohlstand oder Bildungserfolg als Handlungsziel zu etablieren. Gesundheit ist eher Voraussetzung als Ziel menschlichen Handelns (vgl. Ottawa-Charta zur Gesundheitsförderung 1995). Im Anschluss an Gehlen ist darauf hingewiesen worden, dass es sich bei Gesundheit um eine „sekundäre Zweckmäßigkeit" handelt, die dem Menschen unintendiert zuwächst und die kein direktes Handlungsmotiv darstellt. Gesundheit lässt sich demnach „nur über Umwege fördern", z. B. als Nebeneffekt von „Ich-Stärke, Sinnhaftigkeit, erwartungssicheren Sozialstrukturen etc." (Bauch/ Bartsch 2003: 5). Gesundheit vermischt sich also im Kontext von Ganztagsbildung mit anderen Bildungsaspekten, und sie tendiert dazu, im umfassenden Prozess der Persönlichkeitsbildung ihre Konturen zu verlieren.

# 1 Gesundheit als Aufgabe von Ganztagsbildung

In der Gesundheitsforschung ist inzwischen Konsens, dass der größte Teil gesundheitlicher Problemstellungen in der alltäglichen Lebenswelt bearbeitet wird. In Familien findet eine milieugebundene Vermittlung von gesundheitsrelevanten Einstellungen und Verhaltensweisen sowie körperbezogenen Praktiken statt. Durch Auseinandersetzung mit der somatischen Kultur der Gesellschaft bildet jede Familie im Hinblick auf Ernährung, Bewegung, Hygiene, Substanzkonsum usw. einen mehr oder weniger gesundheitsbezogenen Lebensstil aus (Campbell 2000: 226). Zugleich wird der allergrößte Teil der Krankheitserlebnisse (ca. 70-90%) in Familien und im sozialen Nahraum bewältigt, so dass das alltägliche Gesundheitshandeln als „eigenes Gesundheitssystem" betrachtet wird (Grunow 1994: 20; Faltermaier 1994: 62-63; Nestmann 2000: 128-133). Aus Sicht der Schule sind Familie und Alltag Orte der gesundheitlichen Reproduktion. Sie geht bisher weitgehend unhinterfragt davon aus, dass in der Privatsphäre eine Wiederherstellung der physischen, psychischen und sozialen Leistungsfähigkeit stattfindet, wodurch die Schüler(innen) immer wieder aufs Neue lernbereit und bildungswillig in der Schule antreten.

Während sozialepidemiologische Studien belegen, dass diese Gesundheitsaufgaben bisher schon in höchst unterschiedlichem Ausmaß bewältigt werden – dass Familien z. B. als Quelle von sozialer Unterstützung, aber auch als Quelle von Stress fungieren können (vgl. Schnabel 2001: 80-85; Sting 2007), kann eine ganztägige Schule, die sich über einen großen Teil des Tages erstreckt, die Bearbeitung der alltäglichen Gesundheitsaufgaben nicht mehr allein anderen sozialen Instanzen überlassen. Weder kann sie darauf setzen, dass die gesundheitliche Reproduktion in angemessener Weise außerhalb der Schule stattfindet, noch kann sie ihren Beitrag zur Herstellung gesundheitsbezogener Lebensweisen und Lebensstile ausblenden (vgl. Demmer u. a. 2005: 75). Über die Organisation von Essen und Bewegung oder über die zeitliche und räumliche Gestaltung des Schulalltags wird implizit oder explizit Stellung zu gesundheitlichen Fragen bezogen.

Darüber hinaus werden Kinder und Jugendliche zunehmend als gesundheitliche Problemgruppe betrachtet. Während die klassischen Kinderkrankheiten weitgehend zurückgedrängt worden sind, nehmen chronische Erkrankungen (z. B. Asthma, Allergien, Hauterkrankungen), psychische und psychosomatische Beeinträchtigungen (z. B. Kopfschmerzen, Magenverstimmungen) sowie Gesundheitsrisiken wie Essstörungen oder Substanzkonsum zu (vgl. Hurrelmann u. a. 2003). Derartige Gesundheitsbelastungen beeinflussen die Erfolgs- und Partizipationschancen in der Schule. Beispielsweise stellt Röder in einer empirischen Untersuchung unter 8- bis 12-jährigen Kindern fest, dass Asthma für betroffene Kinder ein stets präsenter Stressor in der Schule ist (vgl. Röder 2000). Ebenso sind

z. B. übergewichtige Kinder in der Schule von Stigmatisierung und sozialer Geringschätzung betroffen, was die physischen Belastungen um psychosoziale Belastungen erweitert (vgl. Homfeldt/Ritter 2005: 15-16).

Ein erheblicher Teil der Gesundheitsprobleme im Kindes- und Jugendalter gilt als Resultat eines über kollektive Lebensweisen vermittelten, eher kontingenten Fehlverhaltens, das durch soziale und individuelle Anstrengungen prinzipiell veränderbar erscheint. Da die frühen Lebensabschnitte für die Herausbildung handlungsbestimmender Lebensstile entscheidend sind und sich in dieser Zeit ein körperlicher Habitus sowie gesundheitsrelevante Verhaltensweisen und Einstellungen etablieren (vgl. Lohaus 1993: 25; Palentien u. a. 1998: 79), scheint die Berücksichtigung gesundheitlicher Themen im Rahmen von Ganztagsbildung unumgänglich. Die Internationale Arbeitsgemeinschaft für Jugendfragen (IAGJ) hat deshalb eine „öffentliche Verantwortung" für Gesundheitsprobleme von Kindern und Jugendlichen eingefordert, die in einem Bündnis aus Kindergarten, Schule und Jugendhilfe wahrgenommen werden soll (vgl. IAGJ 2004). Nur so könne das in der UN-Kinderrechtekonvention verankerte Recht jedes Kindes auf das erreichbare Höchstmaß an Gesundheit (vgl. UN-KRK, Art. 24, Abs. 1) umgesetzt werden. In den nachfolgenden Stellungnahmen und Diskussionen der Jugendhilfe in Deutschland findet diese Akzentuierung der Gesundheitsthematik jedoch bisher wenig Resonanz.

Schließlich sind Gesundheit und Körper in der deutschsprachigen Pädagogik generell unterschätzte Entwicklungs- und Bildungsthemen. Während z. B. im finnischen Bildungssystem das „Wohlbefinden" eine zentrale Leitkategorie für die Organisation von Schule und die Bereitstellung von schulischen Beratungs- und Unterstützungsangeboten darstellt, konzentrieren sich Reformdebatten in Deutschland auf die Beförderung unterschiedlicher, aus gesellschaftlichen Qualifikationsanforderungen abgeleiteter, kognitiver Kompetenzen. Demgegenüber spielt der Körper in Entwicklungsprozessen Heranwachsender von Beginn an eine zentrale Rolle. So öffnet z. B. im Kindesalter erst die Befriedigung körperlicher Bedürfnisse den Horizont für weiterführende Bildungs- und Selbstbildungsaktivitäten (vgl. Schäfer 2003). Im weiteren biographischen Verlauf hat Kracke (2003) am Beispiel männlicher Jugendlicher nachgewiesen, dass die extremen Körperereignisse in der Pubertät den Entwicklungsprozess stark beeinflussen können. Der Körper wird im Jugendalter zu einem wesentlichen Faktor der Identitätsbildung und des Gewinns von Selbstwert. Verstärkte Körperaufmerksamkeit und körperbezogene Selbstinszenierungen finden zwar vor allem in außerschulischen Kontexten im Rahmen von *Peer*-Interaktionen ihren Ausdruck (vgl. Höhn/Vogelgesang 1999). Die Bedeutung, die der Körper in der späten Kindheits- und Jugendphase einnimmt, kann von ganztätigen Bildungsangeboten nicht ignoriert werden, wenn sie ihrem Anspruch auf ein umfassendes Bildungsverständnis gerecht werden wollen.

Die Bedeutung der Bildungsthemen Körper und Gesundheit, die gesundheitlichen Probleme im Kindes- und Jugendalter, die Herausbildung gesundheitsbezogener Einstellungen und Praktiken, die Aneignung der somatischen Kultur und die Notwendigkeit der Institutionalisierung der gesundheitlichen Reproduktion sind Aspekte, die deutlich machen, dass Gesundheit in einem schulischen Kontext, der sich als Teil einer übergreifenden „Ganztagsbildung" versteht, nicht länger vernachlässigt werden kann.

## 2 Von der Gesundheitserziehung zur Gesundheitsförderung

Schon in den Anfängen eines allgemeinen Schulwesens gab es Bemühungen, Gesundheit als pädagogischen und schulischen Auftrag zu etablieren. In Fausts „Entwurf zu einem Gesundheits-Katechismus" wurde Ende des 18. Jahrhunderts mit Hilfe des Leitbegriffs der „Reinlichkeit" für eine sittlich-moralisch ausgerichtete Gesundheitserziehung plädiert (vgl. Labisch 1992: 94-96). In der Schulgesundheitspflege der Weimarer Republik wurden darüber hinausgehend schulorganisatorische Fragen unter gesundheitlichen Gesichtspunkten betrachtet. Schule sollte als Ort der gesundheitlichen Volksaufklärung zur Verbreitung „hygienisch" ausgerichteter Lebensmodelle beitragen: Fragen der Reinlichkeit, der Haltung und Ordnung, aber auch der Durchsetzung von Frei- und Schonräumen für die Erholung (Ferien, Pausenzeiten, Wandertage) sowie der Einführung von Leibesübungen bzw. Sport sollten bei der Gestaltung des Schulalltages Berücksichtigung finden und in die Bevölkerung ausstrahlen (vgl. Bennack 1990: 464-465).

Mit dem Aufstieg der Medizin setzte sich nach dem Zweiten Weltkrieg eine auf das Individuum zentrierte und verhaltensorientierte Gesundheitserziehung durch, in der expertenbasierte Verhaltensregeln und gesundheitliche Anweisungen verbreitet wurden. Das Verhalten der Heranwachsenden wie der Gesamtbevölkerung sollte sich an medizinischen Empfehlungen zur Krankheitsfrüherkennung, zur körperlichen und seelischen Hygiene und zur Unfallvermeidung ausrichten. Mit dem Anstieg chronisch-degenerativer Erkrankungen und dem Aufkommen des biomedizinischen Risikofaktorenkonzepts erweiterte sich die Perspektive der Gesundheitserziehung um Themen wie Rauchen, Übergewicht, Bewegungsmangel und Stress. Gesundheitserziehung sollte zur Entwicklung eines risikovermeidenden, gesundheitsbewussten Lebensstils beitragen. Zugleich wurde der Widerstand gegenüber diesen fremdbestimmten Verhaltensänderungen „dem Individuum als persönliche Schuld an nachfolgender Erkrankung zurückgespiegelt" (Franzkowiak/Wenzel 2001: 716-717; vgl. Naidoo/Wills 2003: 74). Gesundheitserziehung bewahrte damit bis in die 1980er Jahre ihren moralisierend-belehrenden Charakter.

Mit der Verabschiedung der „Ottawa-Charta zur Gesundheitsförderung" im Jahr 1986 bündelte die WHO Bemühungen, Gesundheit in einem breiteren sozialpolitischen Sinn zu thematisieren. Die Förderung von Gesundheit wurde jenseits der Vermeidung von Risiken und Krankheiten zu einer eigenständigen, positiven Aufgabe erklärt. Sie sollte die Menschen in ihren alltäglichen Lebenszusammenhängen ansprechen, auf die aktive Mitwirkung und Selbstbestimmung der Bevölkerung setzen, da jeder Experte seiner eigenen Gesundheit ist und Einfluss auf die Gesundheit in seiner unmittelbaren Umgebung nehmen kann, und sie sollte übergreifende Rahmenbedingungen von Gesundheit wie Chancengleichheit und soziale Gerechtigkeit, Frieden und Befriedigung von Grundbedürfnissen (z. B. Wohnen, Arbeit, Lebenssinn) einbeziehen (vgl. Ottawa-Charta zur Gesundheitsförderung 1995). Gesundheitsförderung wird in den Horizont sozialer Lebensbedingungen eingebettet und mit der Stärkung persönlicher Lebenskompetenzen und sozialer Ressourcen verknüpft. Sie ist nicht mehr nur Aufgabe des Individuums, sondern eine gesamtgesellschaftliche Querschnittsaufgabe unterschiedlicher Politik- und Handlungsfelder (vgl. Franzkowiak/Wenzel 2001: 718).

Die Schule ist zu einem bevorzugten Umsetzungsfeld der Gesundheitsförderung geworden. Zum einen sind in der Schule alle Heranwachsenden eines Altersabschnitts erreichbar, was eine große Breitenwirkung verspricht. Zum anderen wird eine „homogenisierende Wirkung" von Schule, *Peergroups* und Jugendkultur auf die herkunftsbedingten Differenzen der Lebensstile und Gesundheitschancen konstatiert, was generalistische, für alle gleich konzipierte Aktivitäten der Gesundheitsförderung Erfolg versprechend erscheinen lässt (vgl. Zurhorst 2000: 52; Naidoo/Wills 2003: 279). Ein Blick auf die praktische Umsetzung zeigt allerdings, dass sich schulische Gesundheitsförderung nur zögerlich aus der Tradition der Gesundheitserziehung befreien kann. Es überwiegen verhaltensorientierte, auf das Individuum zentrierte Zugänge mit Themen wie Suchtprävention, Ernährung, Bewegung, AIDS, Zahngesundheit und gesunde Lebensweise, wobei die wissensbasierte Gesundheitsbelehrung um Trainings zur Förderung sozialer und allgemeiner Lebenskompetenzen ergänzt worden ist (vgl. Schnabel 2004: 288-289; Sting 2003: 31). Zugleich herrschen insgesamt Kurzzeit-Projekte mit Ausnahmecharakter vor, die keine nachhaltige Wirkung entfalten können und deren Fokus auf die Gestaltung gesundheitsgerechter Verhältnisse sich auf mittelschichtsorientierte Perspektiven wie Schulhofbegrünung, Vollwertkiosk, Schönheitspflege oder Entspannung beschränkt (vgl. Barkholz/Homfeldt 1994: 178-180; Zurhorst 2000: 53).

Im Hinblick auf die Schule kann Gesundheit zu einem Kriterium für die „Schulentwicklung" werden (vgl. Homfeldt/Schulze-Krüdener 2001: 22-23), was durch den Zusammenhang von Gesundheit und Lernfähigkeit nahe gelegt wird. Schulerfahrungen beeinflussen die Entwicklung von Selbstwertgefühl und die Gesundheit der Schüler(innen) und umgekehrt scheinen gesunde Kinder schneller, umfassender und mit mehr Freude zu lernen (vgl. Naidoo/Wills 2003: 281). Schule kann zu einem Gesundheitsrisiko werden, da schulischer Leistungs- und Statusdruck Belastungen und Gesundheitsprobleme wie Substanzkonsum, Gewalt, negativ mentale Gesundheit oder psychosomatische Beschwerden hervorrufen kann (vgl. Richter 2005: 303-305; Paulus 2000: 243-246; Kardorff/Ohlbrecht 2007: 160-161). Das Schulklima (z. B. soziale Beziehungen in der Schule, Partizipations- und Mitbestimmungsmöglichkeiten, Atmosphäre in der Schulklasse), das Verhältnis der Schule zum kommunalen Umfeld (z. B. zu gesundheitlichen und sozialen Diensten) und die physische Schulumwelt (z. B. Architektur, baulicher Zustand, Infrastruktur) haben Einfluss auf die Gesundheit und wirken als „verdeckter Lehrplan" auf die Gestaltung des Lebensstils ein (vgl. Naidoo/Wills 2003: 285; Schnabel 2004: 287). Vor diesem Hintergrund gerät die Schule als gesamtes *Setting* in den Blick der Gesundheitsförderung, und die schulische Gesundheitsförderung erweitert sich zum Konzept der „gesundheitsfördernden Schule".

## 3 Das Konzept der „gesundheitsfördernden Schule"

Das Konzept der gesundheitsfördernden Schule wurde Anfang der 1990er Jahre vom Regionalbüro der Weltgesundheitsorganisation für Europa entwickelt. Auf dessen Grundlage haben sich mittlerweile in 43 europäischen Ländern Netzwerke gesundheitsfördernder Schulen mit einer Vielzahl von Projekten und Aktivitäten etabliert (WHO 2007). Neben der Förderung gesundheitsbezogener Einstellungen, Verhaltensweisen und Lebensstile geht es in diesem Ansatz darum, Schule als „gesunden Arbeitsplatz" zu betrachten und Ansätze aus der betrieblichen Gesundheitsförderung in die schulische Organisationsentwicklung einfließen zu lassen (z. B. Etablierung von Gesundheitszirkeln, Verbesserung der Kommunikationskultur, Teamarbeit, Mitbestimmungs- und Partizipationsmöglichkeiten; vgl. z. B. Kolbe 2004; Sommer 2004). Ausgehend von Bedürfnis- und Erwartungsanalysen der Beteiligten sollen gesundheitliche Anliegen herausgearbeitet werden und zur Erstellung eines „gesunden Schulprofils" führen (vgl. Paulus 2000: 241). In der Praxis finden sich dazu Aktivitäten zur Neugestaltung der schulischen Räumlichkeiten, zur Förderung von Bewegung, zum Einbetten von Ruhephasen in die schulische Zeitstruktur, aber auch zur Einbeziehung niedrigschwelliger Beratungsangebote in die Schulen.

Die Bemühungen um gesundheitsfördernde Schulen haben gezeigt, dass eine Veränderung von Schule in Richtung „gute Schule", die reformpädagogische und demokratische Überlegungen in die Schulentwicklung einbezieht, gesundheitsförderliche Auswirkungen hat. Eine Schule, in der Partizipation und Mitbestimmung aller Beteiligten eine entscheidende Rolle spielen, in der eine Beziehungskultur der Wertschätzung, des Respekts und der gegenseitigen Akzeptanz vorherrscht, in der eine integrative Schulgemeinschaft und ein positives Schulklima verbreitet sind, in der Unterstützung bei Problemen gewährt wird und die unterschiedlichen Potenziale der Beteiligten zur Geltung kommen können, deckt sich mit dem Anliegen der Gesundheitsförderung. Vor diesem Hintergrund plädiert z. B. Paulus (2004) für einen Perspektivwechsel, indem schulische Gesundheitsförderung nicht mehr von der Gesundheit aus gedacht wird („Schule im Dienste der Gesundheit"), sondern indem nach dem Beitrag der Gesundheitsförderung zur Erfüllung des schulischen Auftrags und zur Qualitätsverbesserung in der Schule gefragt wird („Gesundheit im Dienst der Schule"). In diese Richtung versucht die Initiative „anschub.de" Gesundheitsförderung und Schulentwicklung im Konzept der „guten gesunden Schule" zu verbinden – ein Programm, dem sich mittlerweile über 100 Schulen in Deutschland angeschlossen haben (BertelsmannStiftung 2007) und das vielfältige Überschneidungen mit dem Anliegen der Schulsozialarbeit aufweist (vgl. Homfeldt/Schulze-Krüdener 2001: 22-23).

In den bisherigen Projekten und Modellversuchen zur Entwicklung gesundheitsfördernder Schulen sind zahlreiche Erkenntnisse gewonnen worden, die zu einer Verbesserung der Schulqualität und zu einer neuen Kultur des Aufwachsens im Lebensraum Schule beitragen können. Allerdings ist bisher nicht zu sehen, dass sie in bildungspolitischen Bestrebungen und schulischen Reformen zum Ausbau von Ganztagsschulen aufgegriffen werden (vgl. Homfeldt/Sting 2006: 182). Gesundheitsförderung wird stattdessen als eine zusätzliche Aufgabe wahrgenommen, die die gesellschaftspolitische Überforderung der Schule tendenziell verstärkt. Ebenso wenig gelingt es gesundheitsfördernden Schulen, ihre gesundheitlichen Bestrebungen und die von ihnen propagierte Kultur des Aufwachsens gegen ein Umfeld durchzusetzen, in dem andere Prioritäten und Einflüsse dominieren. Gesundheitsfördernde Schulen können kein „Gegenpotential zum Leben" sein (vgl. Paulus 2000); die Schule ist keine „Insel", da es auf die Gesellschaft, das Lebensumfeld und dessen Lebensbedingungen bezogen bleibt (z. B. Infrastruktur, Milieus, sozioökonomische Rahmenbedingungen) und da die Beteiligten in weitere *Settings* einbezogen sind (z. B. Familien, *Peers*, Nachbarschaften, Einrichtungen der Kinder- und Jugendhilfe; vgl. Schnabel 2004: 281). Schließlich ist Schule schon im Innern durch tradierte Arbeitsweisen und Organisationsformen sowie durch rechtliche Vorgaben geprägt, die die Chancen einer gesundheitsförderlichen Organisationsentwicklung beschränken und Veränderungsprozesse oft auf Einzelinitiativen auf der Ebene von Klassen oder Unterrichtsfächern beschränken (vgl. Sommer 2004: 60; Schnabel 2004: 288-289).

# 4 Ausblick

Die Förderung von Gesundheit ist nicht das zentrale Anliegen von Schule, und ebenso wenig kann das Gesundheitsmotiv als Hebel für eine umfassende Schulreform genutzt werden. Schule enthält eine gesellschaftliche Funktionalität, die ihre Chancen zur Gesundheitsförderung begrenzen. Sie vermittelt gesellschaftliche Leistungsansprüche und Erwartungen und wird zu einem immer unausweichlicheren Nadelöhr, durch das Kinder und Jugendliche auf ihrem Weg zur gesellschaftlichen Integration hindurch müssen. Daraus resultieren psychosoziale und gesundheitliche Belastungen, die einer wirkungsvollen Gesundheitsförderung entgegenstehen und die den Einsatz anderer pädagogischer Institutionen wie Kindergärten oder außerschulische Jugendarbeit notwendig machen. Dennoch bleibt Gesundheit ein wichtiges Aufgabenfeld der Schule, dessen Bedeutung im Rahmen von Ganztagsbildung zunimmt. Schule ist ein gesundheitsrelevanter Erfahrungsraum, dessen Lehr-, Lern- und Lebensformen Einfluss auf die Gesundheit und die gesundheitsbezogenen Praktiken der Beteiligten nehmen und der deshalb einer Auseinandersetzung mit seinen gesundheitlichen Effekten bedarf.

Im gegenwärtigen Wandel der somatischen Kultur verlieren gesundheits- und körperbezogene Aspekte an Selbstverständlichkeit. Körper und Gesundheit werden zunehmend Gegenstände der Selbstthematisierung und (Selbst-)Reflexion sowie Produkte einer aktiven Herstellung und Gestaltung (vgl. Rittner 1999; Laaser/Hurrelmann 1998: 402). Die jugendkulturelle Vorliebe für „body modifications" wie Tätowierungen und Piercings (vgl. Kasten 2006), gesellschaftliche Zwänge zur Herstellung des „richtigen Körpers" und normative Erwartungen zur Förderung und Erhaltung von „Gesundheit" sind komplementäre Entwicklungen, die eine neue Form der Körperkultivierung und -disziplinierung andeuten. Vor diesem Hintergrund wird eine körper- und gesundheitsbezogene Bildungsarbeit zu einem unverzichtbaren Bestandteil von Ganztagsbildung. Diese muss den Rahmen der Schule überschreiten, da jugendkulturelle Körperpraktiken vor allem in außerschulischen *Settings* angesiedelt sind. Außerschulische Jugendarbeit, *Streetwork* und Erziehungshilfen sind pädagogische Zugänge und Orte, an denen die Freizeit- und Alltagsgestaltung in gesundheitsförderlicher Perspektive thematisiert werden können.

Die Erfahrungen aus der Gesundheitsförderung zeigen, dass „Wohlbefinden" eine zentrale Voraussetzung jeder gelingenden Bildungsarbeit ist (vgl. Sting u. a. 2006; Somatische Bildung: 4-5). Zugleich bringen Studien zum Zusammenhang von sozialer Ungleichheit und Gesundheit zum Vorschein, dass das Wohlbefinden in und außerhalb der Schule ungleich verteilt ist und dass – analog zur Bildungsungleichheit – ein linearer Zusammenhang zwischen sozialer und gesundheitlicher Ungleichheit besteht (vgl. Mielck 2000). Kardorff/Ohlbrecht (2007) betrachten in diesem Kontext psychosomatische Erkrankungen und Essstörungen als „soziosomatische Reaktionen" auf Erwartungs- und Statusstress, die mit Misserfolgen im Bildungssystem sowie mit Veränderungen in der Familienwelt einhergehen und die vor allem in sozial benachteiligten Milieus zu einer Kumulation von Belastungen führen (vgl. ebd.: 160-161). Bisherige Ansätze der schulischen Gesundheitsförderung, die Schüler(innen) mittels generalistischer, von der Homogenität der Schülerschaft ausgehender Zugänge ansprechen, verdoppeln die bestehenden Ungleichheiten. Bauer beschreibt dies als „Präventionsdilemma":

> „Obwohl Heranwachsende in sozial benachteiligter Lebenslage von einem erhöhten Risiko der Ausbildung selbst- und fremdschädigender Verhaltensweisen betroffen sind, ist die Er-

reichbarkeit dieser Klientel mit Angeboten der Gesundheitsförderung besonders defizitär" (Bauer 2005: 14).

Die gesundheitsbezogene Bildungsarbeit muss zukünftig stärker von der Heterogenität der Kinder und Jugendlichen ausgehen und die Diversität und Ungleichheit der Lebenswelten und somatischen Kulturen berücksichtigen. Unterschiedliche „Entwicklungspfade" erfordern „differentielle Maßnahmen zur Gesundheitsförderung" (Pinquart/Silbereisen 2004: 67). Schule erscheint dabei zwar prinzipiell als geeigneter Ort zur Auseinandersetzung mit gesundheitlicher Ungleichheit, da sie als für alle gesellschaftlichen Gruppen zugängliche Regelinstitution Chancen zur Bereitstellung nicht stigmatisierender gesundheitsbezogener Angebote hat (vgl. Schreiner-Kürten 2004). Zugleich aber können zielgruppenspezifische Angebote der Jugendhilfe wie z. B. szenebezogene Präventionsprojekte in der Sucht- und AIDS-Prävention in sehr differenzierter Weise spezifische Gruppen und Milieus ansprechen. Gesundheitsförderung sollte demnach weniger auf breitenwirksame Gesundheitskampagnen und verhaltensorientierte Präventionsprogramme setzen, sondern sich stattdessen stärker am *Setting*-Ansatz orientieren und die Kooperation zwischen Regelinstitutionen wie Schulen und Kindergärten und niedrigschwelligen, ressourcenorientierten Beratungs- und Unterstützungsangeboten intensivieren. Ganztagsbildung bietet dafür einen geeigneten konzeptionellen und organisatorischen Rahmen.

## *Literatur*


Barkholz, Ulrich/Homfeldt, Hans Günther (1994): Gesundheitsförderung im schulischen Alltag. Weinheim: Juventa.

Bauch, Jost/Bartsch, Norbert (2003): Gesundheitsförderung als Zukunftsaufgabe. In: Prävention (26. Jg.) H. 1/ 2003: 3-6.

Bauer, Ulrich (2005): Das Präventionsdilemma. Potenziale schulischer Kompetenzförderung im Spiegel sozialer Polarisierung. Wiesbaden: VS Verlag für Sozialwissenschaften.

Bennack, Jürgen (1990): Gesundheit und Schule. Zur Geschichte der Hygiene im preußischen Volksschulwesen. Köln: Böhlau.

BertelsmannStiftung (2007): Anschub.de. In: www.anschub.de/cps/rde/xchg/anschub (Download am 26.07. 2007).

Campbell, Thomas L. (2000): Familie und Gesundheit. Zum Stand der Forschung. In: Kröger, Friedebert/ Hendrischke, Askan/Mc Daniel, Susan (Hg.): Familie, System und Gesundheit. Systemische Konzepte für ein soziales Gesundheitswesen. Heidelberg: Carl-Auer-Systeme: 225-241.

Demmer, Marianne/Eibeck, Bernhard/Höhmann, Katrin/Schmerr, Martina (Hg.) (2005): ABC der Ganztagsschule. Schwalbach/Ts.: Wochenschau.

Faltermaier, Toni (1994): Gesundheitsbewußtsein und Gesundheitshandeln. Über den Umgang mit Gesundheit im Alltag. Weinheim: Juventa.

Filsinger, Dieter/Homfeldt, Hans Günther (2001): Gesundheit und Krankheit. In: Otto, Hans-Uwe/Thiersch, Hans (Hg.): Handbuch Sozialarbeit/Sozialpädagogik. Neuwied: Luchterhand: 705-715.

Franzkowiak, Peter/Wenzel, Eberhard (2001): Gesundheitserziehung und Gesundheitsförderung. In: Otto, Hans-Uwe/Thiersch, Hans (Hg.): Handbuch Sozialarbeit/Sozialpädagogik. Neuwied: Luchterhand: 716-722.

Grunow, Dieter (1994): Die Bedeutung der Familie für das Gesundheitsverhalten ihrer Mitglieder. In: Grunow, Dieter/Hurrelmann, Klaus/Engelbert, Angelika (Hg.): Gesundheit und Behinderung im familialen Kontext. München: Eigenverlag DJI: 9-66.

Hanses, Andreas (2002): Biographische Diagnostik als Veränderung professioneller „Interaktionsordnung". In: Dörr, Margret (Hg.): Klinische Sozialarbeit – eine notwendige Kontroverse. Baltmannsweiler: Schneider Hohengehren: 86-102.

Höhn, Marco/Vogelgesang, Waldemar (1999): Körper, Medien, Distinktion. Zum Körperkult und zur Körperkultivierung in Jugendszenen. In: Homfeldt, Hans Günther (Hg.): „Sozialer Brennpunkt" Körper. Baltmannsweiler: Schneider: 136-154.

Homfeldt, Hans Günther/Ritter, Annette (2005): Das dicke Kind. Herausforderungen für die Soziale Arbeit. Baltmannsweiler: Schneider.

Homfeldt, Hans Günther/Schulze-Krüdener, Jörgen (2001): Schulsozialarbeit: eine konstruktiv-kritische Bestandsaufnahme. In: neue praxis (31. Jg.) H. 1/2001: 9-28.
Homfeldt, Hans Günther/Sting, Stephan (2006): Soziale Arbeit und Gesundheit. Eine Einführung. München: Reinhardt.
Hörmann, Georg (1999): Stichwort: Gesundheitserziehung. In: ZfE (2. Jg.) H. 1/1999: 5-29.
Hurrelmann, Klaus (1994): Sozialisation und Gesundheit. Weinheim: Juventa.
Hurrelmann, Klaus/Klocke, Andreas/Melzer, Wolfgang/Ravens-Siebener, Ulrike (Hg.) (2003): Jugendgesundheitssurvey. Weinheim: Juventa.
IAGJ (Internationale Arbeitsgemeinschaft für Jugendfragen) (2004): Neue Gesundheitsrisiken bei Kindern als Herausforderung für die Kinder- und Jugendhilfe (Abschlusserklärung der 14. Arbeitstagung der IAGJ in Garderen/NL). In: www.agj.de (Download am 26.07.2007).
Kardorff, Ernst v./Ohlbrecht, Heike (2007): Essstörungen im Jugendalter – eine Reaktionsform auf gesellschaftlichen Wandel. In Diskurs Kindheits- und Jugendforschung (2. Jg.) H. 2/2007: 155-168.
Kasten, Erich (2006): Body-Modification. Psychologische und medizinische Aspekte von Piercing, Tattoo, Selbstverletzung und anderen Körperveränderungen. München: Reinhardt.
Kolbe, Martina (2004): gesund leben lernen – eine Kooperation für mehr Gesundheit in der Schule. In: Geene, Raimund/Halkow, Anja (Hg.): Armut und Gesundheit. Frankfurt a. M.: Mabuse: 53-54.
Kracke, Bärbel (2003): Erwachsen werden. Ein bio-psycho-sozialer Blick auf die Entwicklung männlicher Jugendlicher. In: Diskurs (13. Jg.) H. 3/2003: 10-17.
KMK (2007) – Kultusministerkonferenz: Themenschwerpunkte. In: www.kmk.org/schul/home.htm?schwerp (Download am 16.07.2007).
Laaser, Ulrich/Hurrelmann, Klaus (1998): Gesundheitsförderung und Krankheitsprävention. In: Hurrelmann, Klaus/Laaser, Ulrich (Hg.): Handbuch Gesundheitswissenschaften. Weinheim: Juventa: 395-424.
Labisch, Alfons (1992): Homo Hygienicus. Gesundheit und Medizin in der Neuzeit. Frankfurt a. M.: Campus.
Lohaus, Arnold (1993): Gesundheitsförderung und Krankheitsprävention im Kindes- und Jugendalter. Göttingen: Hogrefe.
Mielck, Andreas (2000): Soziale Ungleichheit und Gesundheit. Bern: Huber.
Naidoo, Jennie/Wills, Jane (2003): Lehrbuch der Gesundheitsförderung. Köln: BZgA.
Nestmann, Frank (2000): Gesundheitsförderung durch informelle Hilfe und Unterstützung in sozialen Netzwerken. Die Bedeutung informeller Hilfen im Alltag von Gesundheitssicherung und Gesundheitsförderung. In: Sting, Stephan/Zurhorst, Günther (Hg.): Gesundheit und Soziale Arbeit. Weinheim: Juventa: 128-146.
Ottawa-Charta zur Gesundheitsförderung (1995). In: Göpel, Eberhard/Schneider-Wohlfart, Ursula (Hg.): Provokationen zur Gesundheit. Frankfurt a. M.: Mabuse: 279-283 .
Palentien, Christian/Settertobulte, Wolfgang/Hurrelmann, Klaus (1998): Gesundheitsstatus und Gesundheitsverhalten von Kindern als Grundlage der Prävention. In: BZgA (Bundeszentrale für gesundheitliche Aufklärung) (Hg.): Gesundheit von Kindern. Epidemiologische Grundlagen. Köln: 79-89.
Paulus, Peter (2000): Gesundheitsfördernde Schulen als Gegenpotential zum Leben? In: Altgeld, Thomas/Hofrichter, Petra (Hg.): Reiches Land – kranke Kinder? Frankfurt a. M.: Mabuse: 235-259.
Paulus, Peter (2004): Anschub.de – Mit Gesundheit Schule machen! In: Geene, Raimund/Halkow, Anja (Hg.): Armut und Gesundheit: Strategien der Gesundheitsförderung. Frankfurt a. M.: Mabuse: 50-53.
Pinquart, Martin/Silbereisen Rainer K. (2004): Prävention und Gesundheitsförderung im Jugendalter. In: Hurrelmann, Klaus/Klotz, Theodor/Haisch, Jochen (Hg.): Lehrbuch Prävention und Gesundheitsförderung. Bern: Huber: 63-71.
Richter, Matthias (2005): Gesundheit und Gesundheitsverhalten im Jugendalter. Wiesbaden: VS Verlag für Sozialwissenschaften.
Rittner, Volker (1999): Körper und Identität. Zum Wandel des individuellen Selbstbeschreibungsvokabulars in der Erlebnisgesellschaft. In: Homfeldt, Hans Günther (Hg.) (1999): Sozialer Brennpunkt" Körper. Hohengehren: 104-116.
Röder, Irma (2000): Stress in children with asthma: coping and social support in school. Leiden (Ms.).
Schäfer, Gerd E. (2003): Bildung beginnt mit der Geburt. Weinheim: Beltz.
Schnabel, Peter-Ernst (2001): Familie und Gesundheit. Bedingungen, Möglichkeiten und Konzepte der Gesundheitsförderung. Weinheim: Juventa.
Schnabel, Peter-Ernst (2004): Gesundheitsförderung in Familien und Schulen. In: Hurrelmann, Klaus/Klotz, Theodor/Haisch, Jochen (Hg.): Lehrbuch Prävention und Gesundheitsförderung. Bern: Huber: 281-291.
Schreiner-Kürten, Karin (2004): GKV-Engagement in der schulischen Gesundheitsförderung am Beispiel der AOK. In: Geene, Raimund/Halkow, Anja (Hg.): Armut und Gesundheit. Frankfurt a. M.: Mabuse: 42-49.
Sommer, Dieter (2004): Gesunde Schule – Ein Pilotprojekt im Schulbezirk Cottbus. In: Geene, Raimund/Halkow, Anja (Hg.): Armut und Gesundheit. Frankfurt a. M.: Mabuse: 59-61.
Sting, Stephan (2002): Gesundheit. In: Schröer, Wolfgang/Struck, Norbert/Wolff, Mechthild (Hg.): Handbuch Kinder- und Jugendhilfe. Weinheim: Juventa: 413-426.

Sting, Stephan (2003): Gesundheit bei Kindern und Jugendlichen in Sachsen (Expertise zum Zweiten Sächsischen Kinder- und Jugendbericht). Dresden: Staatsministerium für Soziales.
Sting, Stephan (2007): Gesundheit. In: Ecarius, Jutta (Hg.): Handbuch Familie. Wiesbaden: VS Verlag für Sozialwissenschaften: 480-499.
Sting, Stephan/Kleber, Susanne/Klinger, Bettina/Pfeifer, Kristin (2006): Der Sächsische Bildungsplan – ein Leitfaden für pädagogische Fachkräfte in Kinderkrippen und Kindergärten. Weinheim: das netz.
World Health Organisation (WHO) (2007): European Network of Health Promoting Schools. In: www.euro.who.int/ENHPS (Download am 26.07.2007).
Zurhorst, Günther (2000): Armut, soziale Benachteiligung und Gesundheit. In: Sting, Stephan/Zurhorst, Günther (Hg.): Gesundheit und Soziale Arbeit. Weinheim: Juventa: 41-54.

# Nachhaltige Entwicklung

*Gerd Michelsen / Bernd Overwien*

Politische und wissenschaftliche Diskussionen seit den 1990er Jahren greifen zunehmend Problemstellungen auf, die mit Risiken der Globalisierung und den Chancen des Konzeptes der nachhaltigen Entwicklung zu tun haben. „Sustainable Development" oder „Nachhaltige Entwicklung", verbunden mit den Forderungen nach Verwirklichung der UN-Millenium-Development-Ziele[1] drohen allerdings mitunter zu politischen Kampfbegriffen zu werden, die vor allem in Sonntagsreden von Politiker(innen) eine herausragende Bedeutung einnehmen. Im deutschen Sprachgebrauch hat sich spätestens seit der Weltumweltkonferenz von Rio de Janeiro (1992) und der dort verabschiedeten Agenda 21 von den zahlreichen Übersetzungen für „Sustainable Development" inzwischen der Begriff „Nachhaltige Entwicklung" durchgesetzt.

## 1 Nachhaltigkeit als Herausforderung

Die Idee der nachhaltigen Entwicklung wird von je unterschiedlich akzentuierten gesellschaftlichen Diskussionen beeinflusst, die etwa Gerechtigkeit, Freiheit und Selbstbestimmung, das Wohlergehen aller Menschen oder die Zukunftsverantwortung mit jeweils unterschiedlicher Gewichtung einbringen. Von Regierungen, Wirtschaftsunternehmen, Nicht-Regierungs-Organisationen (NRO), Kommunen oder auch auf nationalen und internationalen Konferenzen wird Nachhaltigkeit als eine wichtige Zielsetzung formuliert, wobei häufig unterschiedliche Interessenlagen eine Rolle spielen. Gleichwohl: Wenn von nachhaltiger Entwicklung die Rede ist, wird meist an die Auffassung des Brundtland-Berichts angeknüpft, in dem nachhaltige Entwicklung als „eine Entwicklung, die die Bedürfnisse der Gegenwart befriedigt, ohne zu riskieren, dass künftige Generationen ihre eigenen Bedürfnisse nicht befriedigen können" (Hauff 1987: 46) verstanden wird. In Rio 1992 wurden dann in der Agenda 21 die einzelnen Aspekte des notwendigen Wandels differenziert und es wurde unterstrichen, dass Umwelt und Entwicklung als gemeinsame Perspektive von Nord- und Südhemisphäre zusammengehören.

Die Diskussionen um nachhaltige Entwicklung sind eingebettet in die kulturellen Wahrnehmungs- und Handlungsmuster (z. B. die Frage von Gerechtigkeit und Gleichheit). Die Mentalitäts- und Risikoforschung weist zudem darauf hin, dass die Wahrnehmung von Umweltphänomenen als Umweltprobleme abhängig ist von kulturellen Kontexten, womit auch Fragen nach kulturellen Differenzen und deren Reflexion eine wichti-

1 Hauptziele bis 2015: Bekämpfung von extremer Armut und Hunger, vollständige Primarschulbildung für alle Jungen und Mädchen, Förderung der Gleichstellung der Geschlechter und Stärkung der Rolle der Frauen, Reduzierung der Kindersterblichkeit, Verbesserung der Gesundheitsversorgung von Müttern, Bekämpfung von HIV/AIDS, Malaria und anderen schweren Krankheiten, ökologische Nachhaltigkeit, Aufbau einer globalen Entwicklungspartnerschaft.

ge Rolle spielen. Haan/Harenberg (1999) haben deutlich gemacht, dass mit dem Leitbild der Nachhaltigkeit die Vorstellung eines Modernisierungs- und Gestaltungskonzepts von Gesellschaft verbunden ist, welches ein stärkeres Engagement der Bürger(innen) erforderlich macht. Partizipation wird deshalb häufig als neue Herausforderung für die politische Kultur verstanden und eng mit nachhaltiger Entwicklung verknüpft.

Während die Idee der nachhaltigen Entwicklung mit dem Brundtland-Bericht und der Agenda 21 den Weg in die politische Arena gefunden hat, kann sich Nachhaltigkeit und nachhaltige Entwicklung in den Köpfen der Bevölkerung bislang nur mühsam festsetzen. Grundprinzipien der Nachhaltigkeit wie Gerechtigkeit, fairer Handel zwischen armen und reichen Ländern oder der sorgfältige Umgang mit natürlichen Ressourcen stoßen dagegen in der Bevölkerung auf hohe Zustimmung. Somit kann vermutet werden, dass in der Gesellschaft ein guter Resonanzboden für eine an dem Konzept der nachhaltigen Entwicklung orientierte Politik und entsprechende Bildungsansätze vorhanden ist (vgl. Grunenberg/Kuckartz 2003 und 2005).

Ein Antrag im Deutschen Bundestag zur „UN-Weltdekade Bildung für eine nachhaltige Entwicklung" ab 2005 nimmt entsprechende Diskussionen auf. Der mit Unterstützung aller Parteien gefasste Beschluss bringt zum Ausdruck, um welche inhaltlichen Verknüpfungen es gehen soll. Es komme darauf an, „(...) im Sinne eines umfassenden Nachhaltigkeitsbegriffs die Interdependenz von Ökologie, wirtschaftlicher Leistungsfähigkeit und sozialer Gerechtigkeit zu verdeutlichen. Bildung muss auf vernetztes, interkulturelles Lernen abzielen, insbesondere darauf, ein Bewusstsein für die globalen Auswirkungen des eigenen Handelns und die eigene Verantwortung beim Umgang mit natürlichen Ressourcen zu schaffen. Kulturelle Bildung und interkulturelles Lernen sind entscheidend, damit Verständigung gelingen kann" (Deutscher Bundestag 2004). Das Parlament betont überdies die notwendige Integration entwicklungspolitischer Aspekte.

## 2 Nachhaltigkeit und Bildung

In der Debatte darum, was Bildung für eine nachhaltige Entwicklung (BNE) konkret bedeutet, hat die Agenda 21 im Kapitel 36 (BMU o. J.), die auf der UN-Konferenz „Umwelt und Entwicklung" 1992 in Rio de Janeiro verabschiedet wurde, entscheidende Anstöße gegeben. Diese wurden während einer weiteren Weltkonferenz in Johannesburg 2002 konkretisiert und in einen Aktionsplan gefasst (Johannesburg 2002). Es wird betont, dass eine nachhaltige Entwicklung nicht allein durch politische Maßnahmen, durch die Unternehmen und neue Technologien zu realisieren sein werde, sondern dass es vielmehr auch darauf ankomme, einen globalen Mentalitätswandel durch neue Wissensbestände und -formen, veränderte Normen und Wertvorstellungen zu erreichen. Ausgehend vom Leitbild einer nachhaltigen Entwicklung erfordert Bildung die inhaltliche Auseinandersetzung mit dem ethischen Anspruch der inter- und intragenerationellen Gerechtigkeit.

Diese Perspektive auf traditionelle Bildungsthemen eröffnen neue Zusammenhänge: Die Ausrichtung einer an Menschenwürde und Demokratie orientierten Bildung wird erweitert um die Beachtung der natürlichen Lebensgrundlage, damit jede/r eine Chance hat, seine/ihre Welt zu verstehen und auf ihre Entwicklung Einfluss zu nehmen. Im Anschluss an Klafki (1995) unterscheidet Negt (1997: 227) mit Blick auf die Frage, was Menschen zur Bewältigung heutiger Lebens- und Umbruchsituationen wissen sollten, fünf gesellschaftliche „Schlüsselqualifikationen": Identitäts- und Gerechtigkeitskompetenz, technologische, ökologische und historische Kompetenz. Grundlegend dafür sei die Fähigkeit, Zusammenhänge herzustellen. Die epochaltypischen Schlüsselprobleme sind unter der Nachhaltigkeitsperspektive zu bearbeiten, zu ergänzen und zuzuspitzen. Die Einsicht, dass für Wege zu einer nachhaltigen Entwicklung die Beachtung des Prinzips der Vernetzung aller menschlichen Tätigkeiten und Erzeugnisse mit der sie tragenden Natur grundlegend ist, erfordert die Betrachtung von Fragestellungen und Entscheidungen unter Berücksichtigung ihrer Bedeutung für ökologische und soziale Verträglichkeit, ökonomische Sicherung und für den Respekt vor kultureller Eigenständigkeit (Stoltenberg/Michelsen 1999).

Der damit verbundene Anspruch wird auch in den verschiedenen Ansätzen Globalen Lernens aufgenommen. Globales Lernen ist eher ein Obergriff als ein kohärentes Konzept und integriert ältere Ansätze mit weltbürgerlicher Perspektive, etwa entwicklungspolitische Bildung, interkulturelles Lernen, Menschenrechtspädagogik oder Friedenserziehung. Eine entsprechende pädagogische Praxis entwickelte sich zunächst aus dem Bereich entwicklungspolitischer NRO heraus und von hier aus auch in den schulischen Unterricht hinein. Von Seiten der NRO wird bis heute unterstrichen, dass sich Globales Lernen zwar auf den Rio-Prozess und die Agenda 21 bezieht, aber zudem eigene zivilgesellschaftliche Verankerungen und Traditionslinien in einen gemeinsamen Prozess mit der Bildung für nachhaltige Entwicklung (BNE) eingebracht werden. Besonders betont wird in diesem Zusammenhang der Fokus auf weltweite soziale Gerechtigkeit und die Anbindung an entwicklungspolitische Handlungsebenen (VENRO 2005). Der Begriff des Globalen Lernens macht darauf aufmerksam, dass es um eine ganzheitliche und multiperspektivische Sicht auf Gegenstände von Unterricht und außerschulischer Bildung geht (Adick 2002: 399-400). Globales Lernen wird vielfach als Antwort auf Globalisierungsprozesse verstanden und soll auf den Umgang mit „globalen Entwicklungsherausforderungen" vorbereiten (Lang-Wojtasik/Lohrenscheit 2003: 14).

Die teils vorgenommene Trennung der Ansätze Globalen Lernens in handlungstheoretische auf der einen Seite (z. B. Selby/Rathenow 2003) und evolutions- und systemtheoretisch orientierte Ansätze auf der anderen Seite, wird eher kritisch gesehen und angezweifelt, dass eine Abgrenzung zu einer handlungstheoretischen Logik gelingen kann (Seitz 2002: 424-425). Wenn also angesichts der komplexen Weltgesellschaft aus evolutionsbzw. systemtheoretischer Sicht der Schluss gezogen wird, dass eine angemessene Reaktion in einer Erhöhung der Eigenkompetenzen oder in der Reduzierung von Komplexität bestehen kann, wird sich auch dieser Teil der Diskussion um Globales Lernen nicht von einer handlungstheoretischen Logik völlig entfernen können (vgl. Asbrand/Scheunpflug 2005). Die Unterschiede erschließen sich auf der Ebene der konkreten Bildungsarbeit sowieso kaum.

Ein weiterer Ansatz führt den Kompetenzbegriff eher induktiv ein (Selby/Rathenow 2003). Er bezieht sich auf reformpädagogische Wurzeln des Globalen Lernens und umreißt ein Modell von vier Dimensionen, dass allerdings in dieser oder ähnlicher Form in verschiedenen Ansätzen Globalen Lernens zu finden ist. Didaktische Entscheidungen sollen vor dem Hintergrund der Dimensionen des Raumes, der Themen/Inhalte, der Zeit und des Inneren getroffen werden. Der Ansatz nimmt für sich in Anspruch, einem „transformatorischen, ganzheitlichen und biozentrischen" Weg (ebd.: 10) zu folgen, in Abgrenzung zu anderen Zugängen Globalen Lernens, die kritisch als anthropozentrisch betrachtet werden.

Auf der grundsätzlichen bildungspolitischen Ebene scheinen frühere Differenzen zwischen Vertretern der BNE und des Globalen Lernens weitgehend überwunden (Haan/

Seitz 2001a und b; Schreiber 2005). Unterschiede finden sich hauptsächlich in der Betonung spezifischer Kompetenzen. Ein gemeinsames Kompetenzmodell gibt es bis heute nicht. Hinsichtlich didaktischer Prinzipien und Lernformen zeigen sich Konvergenzen, weitere Diskussionsprozesse sind aber wohl nötig (vgl. Schleich 2007: 65-67).

Innerhalb einer Bildung für eine nachhaltige Entwicklung ist das Ziel der Gestaltungskompetenz deutlicher definiert (Haan/Harenberg 1999). Dabei steht die Förderung solcher Kompetenzen im Vordergrund, die Menschen empathiefähig, kooperations- und aushandlungsfähig, mutig für eigenes Handeln auch auf neuen Wegen wie auch kritisch im Umgang mit ethischen Fragen macht. Bildung für eine nachhaltige Entwicklung kann zur Gestaltungskompetenz führen, wenn vorausschauendes Denken, Problem lösendes Verhalten gelernt und dabei Wissen aus unterschiedlichen Bereichen zugänglich gemacht und als fruchtbar für Problemlösungen erfahren wird. Die Arbeitsweisen und Methoden einer Bildung für eine nachhaltige Entwicklung sind so zu wählen, dass sie Erfahrung wie auch Reflexion ermöglichen. Die Sensibilisierung für die Nachhaltigkeitsproblematik (z. B. durch Förderung der Wahrnehmungsfähigkeit im Verhältnis von Mensch und Natur, durch die Erfahrung praktischer Solidarität mit ärmeren Menschen, durch Analyse der öffentlichen Kommunikation über diese Thematik oder durch ethische Reflexion) ist ein wichtiger Bestandteil dieser Auseinandersetzung. Erfahrungs- und erlebnisorientierte sowie ästhetische Zugänge haben hier ihre Bedeutung; auch das informelle Lernen außerhalb der schulischen oder universitären Sphäre oder formaler Weiterbildung gewinnt an Bedeutung (vgl. Overwien 2005; Rauschenbach u. a. 2006). Da nachhaltige Entwicklung hinsichtlich ihrer Ausgestaltung ein offenes Konzept darstellt, das in gesellschaftlichen Aushandlungsprozessen zu konkretisieren ist, sollte man – so Eigner-Thiel/Bögeholz (2004) – zudem lernen, mit offenen Fragen, mit Bewertungsproblemen, Risikoabwägung und Differenz umzugehen, um gemeinsam mit anderen Entscheidungen aushandeln zu können. Partizipationsfähigkeit gehört deshalb ebenso zum Bildungsziel der Gestaltungskompetenz. Und da man Partizipation nur durch Partizipation lernt, ist es sinnvoll, sich mit den nachhaltigkeitsrelevanten Fragen so auseinanderzusetzen, dass ein Bezug zum eigenen Leben hergestellt und sichtbar wird, dass eine Beteiligung an einer zukunftsfähigen Gestaltung möglich ist (Heinrichs 2005).

Bildungsprozesse im Kontext nachhaltiger Entwicklung (der ja immer ein globaler Kontext ist) erfordern eine komplexe, mehrperspektivische Sichtweise. So sind die Stadt, der Lebensraum, die beliebte Natur, die soziale Umwelt durch ökonomische, ökologische und soziale sowie die jeweilige kulturelle Perspektiven zu erschließen. Verständlich werden Probleme und Handlungsmöglichkeiten in diesen Bereichen erst durch eine gemeinsame Sicht dieser verschiedenen Aspekte.

Wirkungen von Handlungen können lokal, regional und global beschrieben werden. Globale Wirkungszusammenhänge werden durch internationale Kooperationen, aber auch durch die Betrachtung lokaler Fragen verständlich, was wiederum voraussetzt, dass Bildungseinrichtungen in eine Beziehung zu ihrem Umfeld treten. Diese Beziehung kann jedoch nicht nur in einer distanzierten Betrachtung und Analyse bestehen, vielmehr ist das lokale und regionale Umfeld als Ort für das Lernen und Praktizieren von Mitwirkung und Mitgestaltung von Bedeutung. Entscheidet sich das Team einer Bildungsinstitution, etwa der Ganztagsbildung dafür, die eigene Einrichtung und die Bildungsveranstaltungen im Sinne einer nachhaltigen Entwicklung zu neu zu konzipieren kommen verschiedene Kooperationspartner als beteiligte Akteure im Gemeinwesen in den Blick. Im Rahmen der „Bildung für eine nachhaltige Entwicklung" wird Kooperation weniger als Dienstleistung betrachtet, sondern vielmehr als partnerschaftliche Beziehung in einem gemeinsamen lokalen bzw. regionalen Handlungskontext. Versteht man das lokale und regionale Umfeld als Gestaltungsraum für eine nachhaltige Entwicklung, gerät auch in den Blick, dass Bildung für eine nachhaltige Entwicklung sich nicht nur auf Lernen in Institutionen richten kann. Lernen findet überall statt, so dass sich alle Bildungseinrichtungen unter der Perspektive einer nachhaltigen Entwicklung neu zu positionieren haben (Stoltenberg 2006).

## 3 „Bildung für nachhaltige Entwicklung" in der Schule

Es zeigt sich, dass unter der Perspektive einer BNE schulische und außerschulische Lernformen erhebliche Veränderungen erfahren müssen.[2] Bisher waren es nur relativ wenige Bundesländer, die BNE und Globales Lernen ausdrücklich in ihre Schulcurricula und andere Vorgaben integriert haben. So enthalten beispielsweise die Bildungspläne in Hamburg durchgängig wichtige Elemente einer BNE bis hin zum Ziel der Gestaltungskompetenz (Freie und Hansestadt Hamburg 2004). Auch die gültigen Rahmenlehrpläne des Landes Berlin nehmen in einigen Fächern Bezug auf Inhalte Globalen Lernens und einer BNE (Senatsverwaltung für Bildung, Jugend und Sport Berlin 2004). Derzeit scheint zusätzlich Bewegung in die Frage einer Integration von BNE in schulische Curricula zu kommen. Im Juni 2007 hat die Kultusministerkonferenz (KMK) zwei wichtige Empfehlungen verabschiedet: Zum einen handelt es sich um ein aus Diskussionen der UN-Dekade Bildung für nachhaltige Entwicklung entstandenes, gemeinsam mit der deutschen UNESCO Kommission entwickeltes Grundsatzpapier zur „Bildung für nachhaltige Entwicklung in der Schule" (KMK 2007a). Zum anderen geht es um einen „Orientierungsrahmen globale Entwicklung" (KMK 2007b), den die KMK gemeinsam mit dem Bundesministerium für wirtschaftliche Zusammenarbeit und Entwicklung (BMZ) erstellt hat.

Das erste Dokument richtet sich eher auf die gesamte Institution Schule und formuliert Konsequenzen, die aus der notwendigen Integration der BNE in schulisches Lernen erfolgen. Im Mittelpunkt steht der Ausgleich zwischen ökologischen, ökonomischen und sozialen Zielen menschlicher Entwicklung, der in schulischem Handeln auf möglichst allen Ebenen zum Ausdruck kommen soll. Es geht dabei um Kompetenzen für die Bewältigung des vielschichtigen „Zusammenhangs zwischen Globalisierung, wirtschaftlicher Entwicklung, Konsum, Umweltbelastungen, Bevölkerungsentwicklung, Gesundheit und sozialen Verhältnissen" (KMK 2007a: 2). Schüler(innen) sollen in die Lage versetzt werden, „(...) zur aktiven Gestaltung einer ökologisch verträglichen, wirtschaftlich leistungsfähigen und sozial gerechten Umwelt unter Berücksichtigung globaler Aspekte, demokratischer Grundprinzipien und kultureller Vielfalt (beizutragen)" (ebd.). Ausdrückliches Ziel ist es, das Konzept der BNE an den Schulen zu verankern. Betont wird die Einsatzmöglichkeit bereits entwickelter Unterrichtskonzepte und Materialien, auf deren verbreitete Anwendung es ankomme (ebd.).[3]

Der „Orientierungsrahmen Globale Entwicklung" richtet sich eher auf Veränderungen in schulischen Fächern sowie deren Verbindungen und beschäftigt sich darüber hinaus im

2 Die Ganztagsschule wird im Folgenden ins Zentrum der Betrachtungen gestellt, obwohl sie nur eine Institution im Rahmen von Ganztagsbildung ist. BNE ist selbstverständlich von mindestens ebenso zentraler Bedeutung in der Kindertagesbetreuung oder in der Jugendarbeit u. Ä.

3 Siehe www.bne-portal.de und www.globaleslernen.de

Querschnitt mit der Grundschule und der beruflichen Bildung (KMK 2007b). Der „Lernbereich globale Entwicklung" wird als ein wesentlicher Bestandteil der BNE gesehen und soll in seiner schulischen Realisierung Schüler(innen) eine zukunftsoffene Orientierung in einer sich globalisierenden Welt ermöglichen. Es geht um grundlegende Kompetenzen für eine aktive Gestaltung des persönlichen und beruflichen Lebens und um Mitverantwortung in der eigenen Gesellschaft und im globalen Rahmen. Die Vorschläge sind anschlussfähig an Kernlehrpläne und Bildungsstandards.

Beide Dokumente beziehen sich positiv auf die Weltdekade „Bildung für nachhaltige Entwicklung", die die Generalversammlung der Vereinten Nationen für die Jahre 2005 bis 2014 ausgerufen hat. Ziel dieser UN-Dekade ist es, Bildungschancen zu verbessern und die Aneignung von Kompetenzen zu ermöglichen, mit deren Hilfe Verhaltensweisen und Lebensstile entwickelt werden können, die zu einer nachhaltigen Entwicklung beitragen.

## 4 „Bildung für nachhaltige Entwicklung" und Gestaltungskompetenz

Bildung für eine nachhaltige Entwicklung (BNE) orientiert sich an dem Ziel, Möglichkeiten anzubieten, Gestaltungskompetenz zu erwerben (Haan/Seitz 2001a: 60). Mit diesem Verständnis wird auf der einen Seite der konstruktivistischen Erkenntnis Rechnung getragen, dass Kompetenzen von Individuen nur durch Selbsttätigkeit in der eigenen Lebenswelt erworben werden können. Auf der anderen Seite wird deutlich, dass das Nachhaltigkeitspostulat nur durch die aktive Gestaltung entsprechend kompetenter Bürger(innen) zu verwirklichen ist. Zwar ergeben sich ihre Teilkompetenzen auch aus der Notwendigkeit, sich in veränderten gesellschaftlichen, politischen und natürlichen Rahmenbedingungen zurechtzufinden, doch liegt der Fokus auf jener individuellen Kompetenz, diese Rahmenbedingungen eigenständig und in Kooperation mit anderen zu gestalten.

Um den Ansatz der Gestaltungskompetenz besser zu verstehen, wird er in die aktuelle Kompetenzdebatte eingeordnet (vgl. Barth 2008): Der Begriff „Kompetenz" spielt nicht nur in betrieblichen Kontexten oder im Zusammenhang mit Bildungsfragen, sondern auch im persönlichen und gesellschaftlichen Alltag eine zentrale Rolle. Die wachsende Bedeutung von Kompetenzen ist in erster Linie auf die stattfindenden Änderungen im Arbeitsleben, im Privatleben und im gesellschaftlichen Zusammenleben sowie nicht zuletzt auf die gravierenden Eingriffe des Menschen auf die Umwelt zurückzuführen. Mit dem immer schneller voranschreitenden gesellschaftlichen Wandel, dem technologischen Fortschritt und der Globalisierung gehen zudem neue Anforderungen einher, die es zu meistern gilt, wobei mit zunehmender Individualisierung und wachsender gesellschaftlicher Diversität sowie mit einer schnell anwachsenden Menge an Informationen und mit wachsenden Unsicherheiten umzugehen ist (Rychen 2001).

Kompetenzen lassen sich als Selbstorganisationsfähigkeiten charakterisieren, die unterschiedliche psychosoziale Komponenten umfassen, kontextübergreifend bestehen und sich jeweils kontextspezifisch realisieren. Sie lassen sich graduell in unterschiedlichen Stufen beschreiben und zeigen sich in erfolgreichen Handlungen. Bei dem Versuch, Kompetenzen weiter zu konkretisieren, lassen sich vier Klassen unterscheiden: Handlungs-, Fach- und Methodenkompetenz sowie personale und sozial-kommunikative Kompetenz (Erpenbeck/ Rosenstiel 2003). Diese im deutschsprachigen Raum verbreitete Unterscheidung ist auch international anschlussfähig, da die Kompetenzen mit den „vier Säulen der Erziehung und Bildung im 21. Jahrhundert" korrespondieren, wie sie im UNESCO-Report *Learning The Treasure within* herausgearbeitet wurden (Delors 1996). Danach beruht das Lernen auf den vier Aspekten *learning to know, to do, to live together, and to be* und lässt sich damit verstehen als Kompetenzerwerb im weitesten Sinne (Erpenbeck/Heyse 1999).

Im Zusammenhang mit der Klassifizierung von Kompetenzen ist zudem der Begriff der Schlüsselkompetenz von Bedeutung, mit dem eine qualitative Erweiterung des Begriffs einhergeht. Die Erweiterung weist damit zunächst einmal auf die besondere Bedeutung bestimmter Kompetenzen hin. Einen weit reichenden und umfassenden Ansatz zur Bestimmung von Schlüsselkompetenzen stellt das von der OECD initiierte Projekt *Defining and Selection of Competencies. Theoretical and Conceptual Foundations* (DeSeCo) dar. Ziel des Projektes war die Entwicklung eines konzeptionellen Rahmens und einer theoretischen Grundlage für die Bestimmung von Schlüsselkompetenzen, die für die persönliche und soziale Entwicklung der Menschen in modernen, komplexen Gesellschaften wesentlich sind.

Es lassen sich drei Kategorien von Schlüsselkompetenzen definieren (Rychen 2003): Der Fokus in der Kategorie „Interagieren in sozial heterogenen Gruppen" liegt auf der Interaktion mit anderen in der Gesellschaft. Die zweite Kategorie „Selbstständiges Handeln" umfasst Schlüsselkompetenzen, die Einzelne in die Lage versetzen, ihr Leben verantwortungsvoll und sinnvoll zu gestalten und eine eigene Identität aufzubauen. Die dritte Gruppe „Interaktive Nutzung von Werkzeugen" beinhaltet nicht nur notwendige technische Kenntnisse oder Fertigkeiten (zum Lesen von Texten, zum Nutzen eines Computers), sondern auch eine Vertrautheit mit dem Instrument selbst und die Fähigkeit zur kritischen Reflexion der damit verbundenen Möglichkeiten und Grenzen.

Mit den so definierten drei Kategorien von Schlüsselkompetenzen wird ein konzeptioneller Rahmen vorgeschlagen, in dem sich notwendige Kompetenzen für die Entwicklung persönlichen, sozialen und ökonomischen Wohlergehens als allgemein anerkanntes und konsensfähiges Oberziel verorten lassen. Je nach Ausdifferenzierung dieses normativen Rahmens sowie des Kontextes, in dem die Kompetenzen zur Entfaltung kommen sollen, variiert die Auswahl und Ausgestaltung solcher Schlüsselkompetenzen. Damit lassen sich die drei Kategorien als Dimensionen verstehen, die einen Raum aufspannen, in dem unterschiedliche Konstellationen der verschiedenen Schlüsselkompetenzen in unterschiedlichen Kontexten wirksam werden.

In der deutschen Diskussion über Bildung für eine nachhaltige Entwicklung wurden Kompetenzen definiert, von denen man erwartet, dass sie eine aktive, reflektierte und kooperative Teilhabe an dem Gestaltungsauftrag einer nachhaltigen Entwicklung ermöglichen. Dabei orientiert man sich an einem Bildungsverständnis, das durch die bildungstheoretischen Prämissen von Offenheit, Reflexivität und Zukunftsfähigkeit geprägt ist: Offenheit, weil sich Wissensbestände als subjektiv und relativierbar erwiesen haben; Reflexivität, weil Subjekt und Objekt einer dynamischen Wandlung unterliegen, die nur durch übergeordnete Reflexion zu erfassen ist; Zukunftsfähigkeit, weil in der zunehmenden Dynamik des globalen Wandels nur derjenige handlungsfähig bleiben kann, der gelernt hat, mit Unsicherheiten und Risiken verantwortungsbewusst umzugehen (Haan 2002). Als zentrales Bildungsziel wird der Erwerb von Gestaltungskompetenz benannt. Mit ihr wird das nach vorne weisende Vermögen beschrieben, „die Zukunft von Sozietäten, in denen man lebt, in aktiver Teilhabe im Sinne nachhaltiger Entwicklung modifizieren und modellieren zu können" (Haan/Harenberg 1999: 60).

Gestaltungskompetenz bildet eine „mehrdimensionale Kompetenzstruktur, die den Menschen zur Kommunikation und Kooperation in einem komplexen und dynamischen gesellschaftlichen und natürlichen Umfeld befähigt" (Haan/Seitz 2001b: 63) ab. Dazu zählt ein lebendiges, komplexes, interdisziplinäres Wissen, gekoppelt mit Phantasie und Kreativität in gleichem Maße wie die Fähigkeit des Selbstentwurfs und der Teilhabe an gesellschaftlichen Entscheidungsprozessen.

> „Das Konzept der Gestaltungskompetenz umfasst konkrete Teilkompetenzen und zeichnet sich somit besonders durch Kompetenzen aus, die eine zukunftsweisende und eigenverantwortliche Mitgestaltung einer nachhaltigen Entwicklung ermöglichen. Es liegt ein besonderes Augenmerk auf der Tatsache, dass nachhaltige Entwicklung für Notwendigkeit von Modernisierungsmaßnahmen impliziert. Diese müssen über die bloße Reaktion auf gegenwärtige Problemlagen hinausgehen – sie bedürfen vielmehr visionärer und innovativer Lebensentwürfe, die sich von bestehenden, eingeschliffenen Gewohnheiten und Denkansätzen abheben" (Haan 2004: 41-42).

Es wird deutlich, dass das Konzept der Gestaltungskompetenz anschlussfähig ist an solche Definitionen von Kompetenz, die im Hinblick auf gegenwärtige, veränderte globale Rahmenbedingungen erarbeitet wurden. Den Lernenden die Möglichkeit zu eröffnen, Gestaltungskompetenz zu erwerben, bedeutet, ihnen ein umfangreiches Repertoire an Möglichkeiten zu bieten, anschlussfähiges Wissen zu generieren und Selbstwirksamkeit im Handeln zu erfahren. Es erscheint offensichtlich, dass dabei eine Lernkultur zu praktizieren ist, in der vor allem überfachliche Lernarrangements, interdisziplinäres, projektbezogenes Lernen mit Praxisbezug und selbst gesteuerte Lernformen im Zentrum stehen.

## *Literatur*


Adick, Christel (2002): Ein Modell zur didaktischen Strukturierung des globalen Lernens. In: Bildung und Erziehung (55. Jg.) H. 4/2002: 397-416.

Asbrand, Barbara/Scheunpflug, Annette (2005): Globales Lernen. In: Sander, Wolfgang (Hg.): Handbuch politische Bildung. Schwalbach/Ts.: Wochenschau: 469-484.

Barth, Matthias (2008): Gestaltungskompetenz durch Neue Medien? Die Rolle des Lernens mit Neuen Medien in der Bildung für eine nachhaltige Entwicklung. BWV: Berlin (i. E.).

BLK – Bund-Länder-Kommission für Bildungsplanung und Forschungsförderung (2001): Bildung für eine nachhaltige Entwicklung. Bericht der BLK an die Regierungschefs von Bund und Ländern zur Umsetzung des Orientierungsrahmens. H. 94/2001. Bonn.

BMU (o. J.) – Bundesministerium für Umwelt, Naturschutz und Reaktorsicherheit: Umweltpolitik, Konferenz der Vereinten Nationen für Umwelt und Entwicklung im Juni 1992 in Rio de Janeiro. Dokumente – Agenda 21. Bonn.

Delors, Jacques (1996): Learning: The Treasure Within. Report to UNESCO of the International Commission on Education for the Twenty-first Century. Paris: Jacob.

Deutscher Bundestag (2004): UN-Weltdekade Bildung für eine nachhaltige Entwicklung (Drucksache 15/3472 vom 30.6.2004). In: www.dip.bundestag.de/btd/15/034/1503472.pdf (Download am 18.10.2007)

Eigner-Thiel, Swantje/Bögeholz, Susanne (2004): Bildung für nachhaltige Entwicklung aus Sicht von Multiplikator/innen außerschulischer Bildungsträger. In: Umweltpsychologie (8. Jg.) H. 2/2004: 80-100.

Erpenbeck, John/Heyse, Volker (1999): Kompetenzbiographie – Kompetenzmilieu – Kompetenztransfer. (Arbeitsgemeinschaft betriebliche Weiterbildungsforschung e. V.) QUEM-report H. 62/1999. Berlin.

Erpenbeck, John/Rosenstiel, Lutz von (Hg.) (2003): Handbuch Kompetenzmessung: Erkennen, Verstehen und Bewerten von Kompetenzen in der betrieblichen, pädagogischen und psychologischen Praxis. Stuttgart: Schaeffer-Poeschel.

Freie und Hansestadt Hamburg (Behörde für Bildung und Sport) (2004): Bildungsplan Gymnasiale Oberstufe, Rahmenplan Aufgabengebiete. Hamburg. In: www.bildungsplaene.bbs.hamburg.de (Download am 11.9. 2004).

Grunenberg, Heiko/Kuckartz, Udo (Hg.) (2003): Umweltbewusstsein im Wandel. Wiesbaden: VS Verlag für Sozialwissenschaften.

Grunenberg, Heiko/Kuckartz, Udo (2005): Umweltbewusstsein. Empirische Erkenntnisse und Konsequenzen für die Nachhaltigkeitskommunikation. In: Michelsen, Gerd/Godemann, Jasmin (Hg.): Handbuch Nachhaltigkeitskommunikation. Grundlagen und Praxis. München: oekom. 195-206.

Haan, Gerhard de (2002): Die Kernthemen der Bildung für eine nachhaltige Entwicklung. In: Zeitschrift für internationale Bildungsforschung und Entwicklungspädagogik (25. Jg.) H. 1/2002: 13-20.

Haan, Gerhard de (2004): Politische Bildung für Nachhaltigkeit. In: Aus Politik und Zeitgeschichte H. 7-8/2004: 39-46.

Haan, Gerhard de/Harenberg, Dorothee (1999): Bildung für eine nachhaltige Entwicklung. Gutachten zum Programm. In: BLK (Bund-Länder-Kommission für Bildungsplanung und Forschungsförderung) H. 72/1999. Bonn.

Haan, Gerhard de/Seitz, Klaus (2001a): Kriterien für die Umsetzung eines internationalen Bildungsauftrages. In: Zeitschrift „21 – Das Leben gestalten lernen" H. 1/2001: 58-62.

Haan, Gerhard de/Seitz, Klaus (2001b): Kriterien für die Umsetzung eines internationalen Bildungsauftrages. In: Zeitschrift „21 – Das Leben gestalten lernen" H. 2/2001: 63-66.

Hauff, Volker (1987): Unsere gemeinsame Zukunft – Der Brundtland-Bericht der Weltkommission für Umwelt und Entwicklung. Greven: Eggenkamp.

Heinrichs, Harald (2005): Kultur-Evolution: Partizipation und Nachhaltigkeit. In: Michelsen, Gerd/Godemann, Jasmin (Hg.): Handbuch Nachhaltigkeitskommunikation. München: oekom: 709-720.

Klafki, Wolfgang (1995): „Schlüsselprobleme" als thematische Dimension einer zukunftsbezogenen Allgemeinbildung – Zwölf Thesen. In: Münzinger, Wolfgang/Klafki, Wolfgang (Hg.): Schlüsselprobleme im Unterricht. Die Deutsche Schule 3. Beiheft. München: Juventa: 9-14.

KMK (2007a): Empfehlung der Ständigen Konferenz der Kultusminister der Länder in der Bundesrepublik Deutschland (KMK) und der Deutschen UNESCO-Kommission (DUK) zur „Bildung für nachhaltige Entwicklung in der Schule". Bonn.

KMK (2007b): Gemeinsames Projekt der Kultusministerkonferenz (KMK) und des Bundesministeriums für wirtschaftliche Zusammenarbeit und Entwicklung (BMZ): Orientierungsrahmen für den Lernbereich Globale Entwicklung im Rahmen einer Bildung für nachhaltige Entwicklung. Bonn.

Lang-Wojtasik, Gregor/Lohrenscheit, Claudia (2003): Entwicklungspädagogik, Globales Lernen und internationale Bildungsforschung: Diskurse und Perspektiven. In: Lang-Wojtasik, Gregor/Lohrenscheit, Claudia (Hg.): Entwicklungspädagogik – Globales Lernen – Internationale Bildungsforschung: 25 Jahre ZEP. Frankfurt a. M.: IKO: 9-30.

Negt, Oskar (1997): Kindheit und Schule in einer Welt der Umbrüche. Göttingen: Steidl.

Overwien, Bernd (2005): Stichwort: Informelles Lernen. In: ZfE (8. Jg.) H. 3/2005: 339-355.

Rauschenbach, Thomas/Düx, Wiebken/Sass, Erich (Hg.) (2006): Informelles Lernen im Jugendalter. Vernachlässigte Dimensionen der Bildungsdebatte. Weinheim: Juventa.

Rychen, Dominique S. (2001): Introduction. In: Rychen, Dominique S./Salganik, Laura H. (Eds.): Defining and selecting key competencies. Seattle: Hogrefe: 1-16.

Rychen, Dominique S. (2003): Key competencies: Meeting important challenges in Life. In: Rychen, Dominique S. (Eds.) (2003): Key competencies for a successful life and well functioning society. Göttingen: Hogrefe: 63-108.

Schleich, Katharina (2007): Zukunftssicherung durch Bildung? Zur Transformation des Konzeptes der „Nachhaltigen Entwicklung" in die deutsche Bildungspolitik. Universität Bielefeld: Diplomarbeit.

Schreiber, Jörg-Robert (2005): Kompetenzen und Konvergenzen. Globales Lernen im Rahmen der UN-Dekade „Bildung für nachhaltige Entwicklung". In: Zeitschrift für internationale Bildungsforschung und Entwicklungspädagogik (28. Jg.) H. 2/2005: 19-25.

Seitz, Klaus (2002): Bildung in der Weltgesellschaft. Gesellschaftstheoretische Grundlagen globalen Lernens. Frankfurt a. M.: Brandes & Apsel.

Selby, David/Rathenow, Hanns-Fred (2003): Globales Lernen: Praxishandbuch für die Sekundarstufe I und II. Berlin: Cornelsen.

Senatsverwaltung für Bildung, Jugend und Sport Berlin (Hg.) (2004): Rahmenlehrplanentwurf Geschichte. Berlin.

Stoltenberg, Ute (2006): Chancen des Konzepts der Bildung für nachhaltige Entwicklung für die Kooperation von Schule und außerschulischer (Umwelt-) Bildung. In: Loewenfeld, Marion/Kreuzinger, Steffi (Hg.): Fit für die Zukunft. München: oekom Verlag: 20-29.

Stoltenberg, Ute/Michelsen, Gerd (1999): Lernen nach der Agenda 21: Überlegungen zu einem Bildungskonzept für eine nachhaltige Entwicklung. In: NNA-Berichte (12. Jg.) H. 1/1999: 45-54.

UN Department of Economic and Social Affairs (2002): Johannesburg Plan of Implementation. In: www.un.org/esa/sustdev/documents/WSSD_POI_PD/English/POIToc.htm (Download am 11.9.2004).

VENRO (2005): Arbeitspapier Nr. 15: „Kurs auf eine nachhaltige Entwicklung – Lernen für eine zukunftsfähige Welt." Ein Diskussionsbeitrag von VENRO zur UN-Dekade „Bildung für nachhaltige Entwicklung".

# 2.3

# Handlungsfelder und Schnittstellen

# Pädagogik der Frühen Kindheit

*Anke König*

An konkreten didaktisch-methodischen Konzepten für die Pädagogik der Frühen Kindheit wird erst seit kurzem ernsthaft gearbeitet. Für die pädagogische Orientierung des erzieherischen Handelns spielten bisher vor allem spezielle Programme eine Rolle. Diese Programme lassen sich idealtypisch in Bildungs- und Präventionsprogramme unterteilen. Seit der Gründung der ersten Kinderbewahranstalten zu Beginn des 19. Jahrhunderts stehen die Einrichtungen der Pädagogik der Frühen Kindheit in dem Zwiespalt, dieser Doppelfunktion nachzukommen, d. h. sowohl Bildungs- als auch sozialfürsorgerische Aufgaben zu erfüllen.

Mit dem Strukturplan von 1970 wurden die vorschulischen Einrichtungen als erste Stufe des Bildungssystems in Deutschland anerkannt. Dadurch wurde der Präventionsansatz des Kindergartens formal durch einen eigenständigen Bildungsauftrag ergänzt. In den 1960er und frühen 70er Jahren wurde versucht, diesen vor allem durch die Curriculumsdiskussion näher zu bestimmen. Ein einheitlicher Bildungsbegriff für die Pädagogik der Frühen Kindheit konnte dadurch nicht expliziert werden (vgl. Fried 2002). Mitte der 1970er Jahre setzten sich situationsorientierte Bildungsprogramme im Kindergarten durch, die die Lebenssituation der Kinder ins Zentrum der pädagogischen Arbeit stellen. Diese Bildungsprogramme, die sich unter dem Begriff „Situationsansatz" subsumieren lassen, gehören ab den 1980er Jahren zu den leitenden Programmen des Kindergartens und bestimmen bis in die 1990er Jahre das Arbeiten in den Einrichtungen maßgeblich. Diese Programme zeichnen sich durch ein offenes Rahmencurriculum aus, mit dessen Hilfe Schlüsselthemen durch die je eigenen Interessen in der Kindergruppe erschlossen werden sollen.

Mit dem Inkrafttreten des Kinder- und Jugendhilfegesetzes (SGB VIII) wird erneut versucht, neben der Betreuung und Versorgung der Kinder das Augenmerk auf den Erziehungs- und Bildungsauftrag der Einrichtungen zu richten. Dieser Forderung wurde mit dem Beschluss der Jugend- und Kultusministerkonferenz von 2004 in der Weise nachgekommen, dass ein einheitlicher Bezugsrahmen für die Bildung in der Frühen Kindheit vorgelegt wurde. Damit wurde der Schritt unternommen, die informellen Bildungsziele im Kindergarten durch eine stärker an formellen Bildungsbereichen orientierte Lernumwelt zu ergänzen. In diesem Zusammenhang zeichnet sich derzeit eine Reform in der Elementarpädagogik ab. Nun stehen die Chancen gut, eine einheitliche Didaktik für die pädagogische Arbeit in der Elementarpädagogik in absehbarer Zeit zu entwickeln.

## 1 Elementarpädagogik

Spezifisch für die Elementarpädagogik ist ihre Doppelfunktion innerhalb des Gesellschaftssystems, gekennzeichnet durch den Präventions- und Bildungsanspruch, der an die

Einrichtungen gestellt wird. Seit der Institutionalisierung in der ersten Hälfte des 19. Jahrhunderts stehen die unterschiedlichen Programmtypen der Einrichtungen in Konkurrenz zueinander. Welcher Programmtyp jeweils bevorzugt wird, ist stark davon abhängig, welcher Stellenwert der Elementarpädagogik im Gesellschaftssystem zugesprochen wird. Die Programme dienen dazu, den Pädagog(inn)en spezifische Grundhaltungen zu vermitteln, an denen sich das Handeln ausrichten soll (vgl. Fried 2002). Mit den Programmen werden vor allem idealistische Erziehungsvorstellungen vermittelt. Diese romantischen Vorstellungen über die Entwicklung des Kindes führen häufig zu einer Überhöhung des Kindseins (Baader 2004) bzw. dazu, das kindliche Selbstbildungspotenzial stark zu überschätzen. Diese idealen Vorstellungen machen es den Erzieher(inne)n schwer, auf individuelle Entwicklungsbedürfnisse der Kinder zu reagieren bzw. diese angemessen zu unterstützen.

Seit den 1970er Jahren hat sich in der Pädagogik der frühen Kindheit ein wahrer Programmpluralismus ausgeprägt. Zu den Programmen zählen neben den klassischen Bildungsprogrammen von Fröbel, Montessori und der Waldorfpädagogik auch der Ansatz der Reggiopädagogik, der Situationsansatz sowie neuere Konzepte, wie der Waldkindergarten oder der Offene Kindergarten u. v. a. m. Durch die starke Konzentration darauf, mit einem Programm bzw. mit der darin implizierten Grundvorstellung optimale Aufwachsbedingungen für die Kinder in den Einrichtungen zu ermöglichen, wurde vernachlässigt, an einem konkreten Bildungs- und Erziehungsverständnis zu arbeiten, welches sich differenziert damit auseinandersetzt, wie die Lern- und Entwicklungsprozesse der Kinder begleitet, unterstützt und herausgefordert werden können.

Die Programme, die derzeit für die Arbeit im Kindergarten zur Verfügung stehen, lassen sich unter der Kategorie „Offene Rahmencurricula" fassen. Offene Curricula bestimmen die Kindergartenpädagogik in der BRD seit der Curriculumsdiskussion in den 1970er Jahren. Sie verweisen nicht auf einen einheitlichen Bildungskanon, sondern beschränken sich darauf, philosophische Grundorientierungen zu geben. Zu diesen Programmen zählt auch der Situationsansatz, welcher bis in die 1990er Jahre als leitendes Programm in den Kindergärten in der BRD galt. Unter dem Begriff „Situationsansatz" werden unterschiedliche Konzeptvarianten subsumiert, zu welchen auch das Curriculum „Soziales Lernen" von der „Arbeitsgruppe Vorschulerziehung" aus dem Jahr 1974 zählt (vgl. Fried 2002).

In der DDR wurde die Bildungswirklichkeit für die Vorschulkinder durch geschlossene Curricula bzw. einen festgelegten Bildungsplan bestimmt. Der Kindergarten (für 3- bis 6-Jährige) wurde bereits 1965 formal in das Bildungssystem integriert. Er galt in der breiten Bevölkerungsschicht der DDR als eigenständige pädagogische Institution mit gesellschaftlichem Auftrag (Rabe-Kleberg 2006).

Ausgelöst wurde die Diskussion um eine Neukonzeptualisierung der frühen Bildung in den vorschulischen Einrichtungen nach der Wiedervereinigung durch das Kinder- und Jugendhilfegesetz (SGB VIII), in dem neben den Betreuungs- und Versorgungsanspruch der Kinder auch der Bildungs- und Erziehungsauftrag der Einrichtungen herausgestellt wird. Diese veränderte Grundposition gegenüber der vorschulischen Erziehung und Bildung wird durch den 1996 kodifizierten Rechtsanspruch auf einen Kindergartenplatz intensiviert. Mit diesem Beschluss ist die Qualitätsdebatte eng verbunden, die im Bereich der Kindertagesstätten seitdem verstärkt geführt wird. Im Mittelpunkt der Qualitätsdebatte stehen die Erziehungs- und die Bildungsqualität im Elementarbereich. In den 1990er Jahren wurden dazu zwei große Qualitätsstudien durchgeführt: Eine Studie zur Erfassung der Qualität der Einrichtungen, unabhängig von deren pädagogischem Programm, und eine Studie zur Evaluation des Situationsansatzes in den neuen Bundesländern. Beide Studien belegen, dass die vorschulischen Bildungseinrichtungen insbesondere in Bezug auf die pädagogische Qualität zum großen Teil recht unbefriedigende Strukturen aufweisen (Tietze 1998). Dabei fällt u. a. in den Blickpunkt, dass für die Betreuungseinrichtungen der unter 3-Jährigen in Deutschland ein konzeptioneller Nachholbedarf besteht (Tietze/Viernickel 2002). Bei der Evaluation des Situationsansatzes werden die Schwachstellen des Ansatzes darin gesehen, dass es über weite Teile der pädagogischen Arbeit keinen Unterschied macht, ob nach dem Situationsansatz gearbeitet wird oder nicht (Wolf u. a. 1999).

Diese Untersuchungen zur Qualität in den Einrichtungen nähren die wachsende Unzufriedenheit mit den situationsorientierten Programmen, von denen heute angenommen wird, dass sie den Padagoginnen zu wenig Orientierung geben, um die Lern- und Entwicklungsprozesse der Kinder gut zu unterstützen. Im Zusammenhang mit den internationalen Leistungsvergleichstudien wird in Deutschland eine Reform der Bildungs- und Erziehungssituation in der Vorschulzeit gefordert.

## 2 Reformbewegungen in der Elementarpädagogik

Erste Anregungen, die zu einem differenzierten Verständnis über die Bildung und Erziehung in der Pädagogik der frühen Kindheit führen, wurden von Elschenbroich (1999) gegeben. Die Autorin setzte sich damit auseinander, welches Wissen Kinder bis ans Ende ihrer Vorschulzeit haben sollten. Damit wird der Blick auf die Anschlussfähigkeit von Kindergarten und Grundschule gelenkt und darüber nachgedacht, wie sich die informellen Bildungsprozesse des Kindergartens mit den formellen Leistungsanforderungen der Grundschule verbinden lassen.

Mit den Arbeitsergebnisse des Bundesmodellprojekts „Zum Bildungsauftrag von Kindertageseinrichtungen" wird ein erster Schritt unternommen, einen Bildungsbegriff für die Elementarpädagogik zu explizieren. Das von Laewen/Andres (2002) durchgeführte Projekt orientiert sich an dem klassischen Bildungsbegriff von Humboldt. Trotzdem verweisen die Autor(inn)en darauf, dass für eine Neubestimmung des Bildungsauftrags konkrete Bildungs- und Erziehungsziele unerlässlich sind. Der von Schäfer (2003) vorgelegte Bildungsbegriff für die Elementarpädagogik baut ausdrücklich auf dem Selbstbildungspotenzial auf. Das pädagogische Handeln wird durch offene Beobachtungsverfahren unterstützt und dient dazu, die Pädagog(inn)en für die Bildungsprozesse der Kinder zu sensibilisieren. Das vom Deutschen Jugendinstitut derzeit durchgeführte Projekt zum Bildungsansatz von Margret Carr stellt insbesondere die Lern- und Entwicklungsprozesse der Kinder heraus. Mit den Beobachtungsverfahren (*Learning Stories* bzw. Bildungs- und Lerngeschichten) werden die Lernschritte des Individuums gezielt wahrgenommen und dokumentiert. Auch das im Pestalozzi-Fröbel-Haus in Berlin derzeit umgesetzte Projekt schließt an diese Diskussion an. Hier wird versucht, das Konzept der britischen *Early-Excellence-Center* zu verwirklichen und präventive Maßnahmen für Eltern und Kinder mit der Bildungs- und Erziehungsarbeit zu verbinden.

In allen gegenwärtigen Reformmodellen, die zu einer Differenzierung in der Elementarpädagogik beitragen, zeigt sich, dass der Beobachtung und Dokumentation mit Hilfe von speziellen *Assessment*-Verfahren eine bedeutende Rolle für die Professionalisierung des pädagogischen Handelns zukommt. Nach Anning/Cullen/Fleer (2004) soll die Einführung von *Assessment*-Verfahren in der Praxis mit drei Zielen verbunden sein. Neben dem Aufbau einer Lerngemeinschaft zwischen *Peers*, Pädagog(inn)en und Eltern geht es darum, die

Kompetenzen der Lernenden durch eine genaue Beobachtung ihrer Entwicklung bewusst wahrzunehmen. Der kontinuierlichen Dokumentation dieser Beobachtung kommt dabei eine besondere Bedeutung zu, um die bereits erworbenen Kompetenzen der Lernenden herauszustellen, so dass die Pädagog(inn)en weiterführende Lernprozesse für das Kind herausfordern und unterstützen können (Nutbrown 2006).

## 3 Internationale Entwicklungen

In der *Starting Strong*-Studie (OECD 2001) wurden die vorschulischen Bildungssysteme von zwölf Staaten miteinander verglichen (ohne Daten der Bundesrepublik). Als Konsequenz dieser internationalen Bemühungen gelten die Bildungspläne, die in den letzten Jahren für den Elementarbereich in den einzelnen deutschen Bundesländern ausgearbeitet wurden. Mit den Bildungsplänen wird versucht, Anschluss an die internationalen Entwicklungen zu finden. International dreht sich die Diskussion vor allem um die Etablierung verschiedener Bildungsbereiche (wie z. B. Sprache, Naturwissenschaft, Musik, Bewegung etc.), die für die vorschulische Bildung als zentral angesehen werden. Generell werden diese Bildungsbereiche als Teil eines offenen und flexiblen Rahmencurriculums betrachtet. Lernprozesse in der Frühen Kindheit werden in den Berichten als ganzheitlich interpretiert und richten sich an sozialkonstruktivistischen Lernansätzen aus (vgl. Bertram/ Pascal 2002). Die Bildungspläne bzw. Curricula orientieren sich politisch an der Forderung, eine Lernkultur zu etablieren, die das „lebenslange Lernen“ als Motor versteht, sich den Herausforderungen der Zukunft zu stellen. Aufgrund dieser Entwicklung kann von einer Neubewertung des Stellenwerts der frühkindlichen Bildung gesprochen werden. Den Lernprozessen in der Frühen Kindheit wird heute eine große Bedeutung für die zukünftige Entwicklung der Individuen zugeschrieben (OECD 2004).

## 4 Gemeinsamer Rahmen der Bundesländer für die Frühe Bildung

Mit dem „Gemeinsamen Rahmen der Länder für die frühe Bildung in Kindertageseinrichtungen“ (Jugend- und Kultusministerkonferenz 2004) liegt eine umfassende Orientierung vor, die Bildungs- und Erziehungsarbeit in den Einrichtungen zu konkretisieren. Der Orientierungsrahmen verweist auf die Bedeutung der frühzeitigen Unterstützung von Lern- und Entwicklungsprozesse der Kinder (vgl. ebd.: 2). Das Bildungsverständnis orientiert sich an sozialkonstruktivistischen Theorien, die die Interaktion des Kindes mit seiner sozialen und materiellen Umwelt als zentral für den Lern- und Entwicklungsprozess herausstellen. Den Pädagog(inn)en wird dabei eine zentrale Rolle zugeschrieben. Die Entwicklung der Kinder soll ganzheitlich gefördert werden; die Bildungsbereiche dienen dazu, die Arbeit in den Kindertageseinrichtungen zu konkretisieren (vgl. ebd.: 3-4):

- Sprache, Schrift, Kommunikation
- Personale und soziale Entwicklung, Werteerziehung/religiöse Bildung
- Mathematik, Naturwissenschaft, (Informations-)Technik
- Musische Bildung/Umgang mit Medien

– Körper, Bewegung, Gesundheit
– Natur und kulturelle Umwelten

Für die Umsetzung der pädagogischen Arbeit wird die Projektarbeit empfohlen. Die Themen sollen an den Interessen der Kinder ausgerichtet sein und das selbst gesteuerte Lernen fördern (ebd.: 3). Die erstellten Rahmenpläne gelten als flexible Curricula; um die pädagogische Arbeit der Einrichtungen zu verbessern, wird Beobachtungs- und Dokumentationsverfahren eine bedeutende Rolle zugeschrieben, welche dazu dienen sollen, die Entwicklungsprozess der Kinder systematisch zu begleiten und zu unterstützen (ebd.: 5).

Derzeit wird eine auf sozialkonstruktivistischen Entwicklungs- und Bildungsvorstellungen aufbauende Lernumwelt für die Frühe Kindheit als zentral angesehen. Ein solches Erziehungsverständnis sieht die Interaktionsprozesse zwischen Erzieher(in) und Kind als Ausgangspunkt an, um Entwicklungs- und Lernprozesse angemessen zu unterstützen. Das pädagogische Handeln müsste sich nach diesen Vorstellungen an Dialog und Ko-Konstruktion ausrichten. Der einheitliche Rahmen der Länder bietet zum ersten Mal eine Grundlage dafür, eine Didaktik für das Handeln in der Elementarpädagogik zu entwerfen, die den Pädagog(inn)en konkrete Orientierungen geben kann, wie unterschiedliche Lernprozesse der Kinder angemessen unterstützt und angeregt werden können. Nach dem Hintergrundbericht der OECD-Studie fehlt es derzeit noch an „Möglichkeiten der systematischen Anregung und Begleitung der Bildung von Kindern, die auf der Vorstellung von Dialog und Ko-Konstruktion zwischen Kindern und Erwachsenen beruhen" (OECD 2004: 99). Im Folgenden wird deshalb exemplarisch aufgezeigt, wie eine Didaktik für die Elementarpädagogik aufgebaut werden kann, die sich an sozialkonstruktivistischen Lerntheorien ausrichtet.

# 5 Didaktik in der Frühen Kindheit

Die Disziplin, die sich mit der zentralen Frage der Pädagogik, dem „Wie" der Erziehung befasst, ist die Didaktik (Bartholomäus 1999). Idealtypisch für das didaktische Handeln ist die Orientierung am klassischen Dreischritt: Einstieg, Arbeitsphase und Abschluss. Straka/Macke (2002) sehen den Einstieg als „geplanten Ausgangspunkt des Lernens", die Arbeitsphase als „das Lernen anregende und unterstützende Handlungssituation" und den Abschluss als „intendierten Endpunkt des Lernens". Solch unmittelbar beobachtbares didaktisches Handeln bezeichnen Seidel u. a. (2004) als „Sichtstrukturen". Diese Grundformen des unterrichtlichen Handelns eröffnen den Lernenden die Möglichkeit mit ihren subjektiven Erfahrungen an den Prozess anzuknüpfen und diese ggf. zu erweitern. Die „Sichtstrukturen" der Lehrenden sind unmittelbaren mit den sich daraus ergebenden „Gelegenheitsstrukturen" für die Lernenden verbunden. Im Sinne von sozialkonstruktivistischen Lerntheorien geht es darum, den Lernenden ein Dialogfeld zu eröffnen, welches ein Anknüpfen und Erweitern an subjektiven Erfahrungen ermöglicht.

## *5.1 Die Bedeutungen von Aushandlungsprozessen und Ko-Konstruktionen*

Rogoff (1990) verweist auf die Aushandlungsprozesse zwischen Erzieher(in) und Kind, welche das Potenzial bergen, die kognitive Entwicklung der Kinder maßgeblich zu unterstützen. Wesentlich ist dabei, dass die Aushandlungsprozesse zu einem Prozess des *shared thinking* zwischen den Interagierenden führen. Diese Abläufe werden von Rogoff als Möglichkeit zur Unterstützung *(scaffolding)* des Kindes bei Lernprozessen bezeichnet *(guided participation)*. Verschiedene Untersuchungen belegen, dass dem wechselseitigen Bezug von Erziehenden und zu Erziehenden (Weinert 1996a und b) bei einer bewussten Unterstützung der Lernenden eine entscheidende Rolle zukommt. Die Aushandlungsprozesse gelten als Chance, sich dem Denken der Kinder zu nähern und dabei auch „Denkfehler" der Kinder aufzudecken. Das Hervorrufen von „kognitiven Konflikten" (Ireson/Blay 1999) führt zu neuen Denkstrukturen bzw. führt zu einem Transitionalstadium beim Kind; dies gilt als Phase höchster Lernbereitschaft des Subjekts (Fried 2005; Wilkinson 1982). Die Unterstützung *(scaffolding)* der Erwachsenen setzt hier an und soll das Kind dazu befähigen, den Schritt in die nächstfolgende Entwicklung wahrzunehmen. Durch das Konzept des *scaffolding* wird die Rolle der Pädagog(inn)en für den Kompetenzaufbau und die Erweiterung von Gedankengängen als zentral angesehen.

## *5.2 Anknüpfungspunkte für eine sozialkonstruktivistische Didaktik*

Lernformen, die sich an dem Prinzip der Ko-Konstruktion orientieren, bauen auf besonderen Interaktionsprozessen auf, welche sich durch ihre Orientierung an dem Konzept von *scaffolding* und *guided participation* auszeichnen. Mit diesen Handlungsformen wird vorausgesetzt, dass Lehrende und Lernende in gleicher Weise aktiv am Lernprozess beteiligt sind. Stremmel (1993; vgl. auch Kontos/Dunn 1993) stellt für einen erfolgreichen Interaktionsprozess zwischen Lehrenden und Lernenden das *responsive teaching* heraus, welches auf wechselseitigen Austauschprozessen zwischen den Subjekten basiert. Die wechselseitigen Austauschprozesse bzw. „dialogisch-entwickelnde Interaktionsprozesse" sind Grundvoraussetzung in der pädagogischen Interaktion, wenn es darum geht, sich dem Denken der Kinder anzunähern bzw. sich am bereits vorhandenen Wissen der Kinder zu orientieren. Im Folgenden werden diese Interaktionen, die sich durch Aushandlungen zwischen den Subjekten auszeichnen, als „dialogisch-entwickelnde Interaktionsprozesse" bezeichnet (König 2007).

Neben den „konstruktiven Momenten" kommt den „instruktiven Momenten" für den Lernprozess eine bedeutende Rolle zu. Die Theorie von Youniss (1994), welche sich auf die „symmetrische" und „komplementäre Reziprozität" bezieht, kann in dieser Hinsicht weiterführend sein. Wie verschiedene Studien belegen, praktizieren Vorschulkinder insbesondere in Rollenspielsituationen mit ihren *Peers* Aushandlungsprozesse, die zu Ko-Konstruktionsleistungen führen. Vor allem den kompetenteren *Peers* schreibt Youniss die „komplementäre Reziprozität" (ebd.), d. h. eine ergänzende Funktion zu, die zur Erweiterung von Gedankengängen führen kann. Dabei wechseln sich Phasen der „symmetrischen" und „komplementären Reziprozität" innerhalb des Interaktionsprozesses ab. Solche Interaktionsprozesse gilt es, auch in der Erzieher(in)-Kind-Interaktion zu evozieren. Dabei ist davon auszugehen, dass diese Prozesse fließend ineinander übergehen. Die Lehrenden werden dabei selbst zu Lernenden und *vice versa*. Eine solche „Lernkultur" lässt unmittelbar die Rollen der Lehrenden und Lernenden verschwimmen (vgl. Ruf/Badr Goetz 2005).

„Dialogisch-entwickelnde Interaktionsprozesse" grenzen sich zum „fragend-entwickelnden Unterrichtsgespräch" (vgl. Seidel 2003) durch die dialogische Form ab. Mit dem Begriff „dialogisch-entwickelnd" soll auf die wechselseitigen Austauschprozesse von Lehrenden und Lernenden verwiesen und das Involvement aller Beteiligten in den Interaktionsprozess als zentral ausgewiesen werden. „Dialogisch-entwickelnd" nimmt auch Bezug auf das Handlungsprinzip *guided participation* von Rogoff (1990), welches sich sowohl auf Orientierung als auch auf Teilhabe am Interaktionsprozess stützt. „Dialogisch-entwickelnde Interaktionsprozesse" bauen ferner auf dem Prinzip der „symmetrischen" und „komplementären Reziprozität" nach Youniss (1994) auf. Mit der Betonung des Dialogs wird auf die Befunde von Sylva u. a. (2003) Bezug genommen, die der dyadischen Interaktion zwischen Erzieher(in) und Kind die größte Bedeutung zuschreiben, wenn Kinder effektiv bei ihren Lern- und Entwicklungsprozessen unterstützt werden sollen.

## *5.3 Konkretisierung: sustained shared thinking*

In der Pädagogik der Frühen Kindheit muss eine angemessene Lernumwelt darauf ausgerichtet sein, sowohl vielfältige Möglichkeiten für das Spiel der Kinder zu bieten, als auch Interaktionserfahrungen zu ermöglichen, die die Kinder bewusst in ihren Lernprozessen weiterführen. Für einen didaktischen Ansatz eignet sich in einem sozialkonstruktivistischen Lernkontext kein geschlossenes Curriculum, welches darauf ausgerichtet ist, bestimmte Lerninhalte zu vermitteln, sondern eine Lernumwelt, die sich an offenen und flexiblen Curricula orientiert und darüber hinaus nicht vernachlässigt, dass eine förderliche Lernumwelt im Kindergarten damit verbunden ist, Lernprozesse zu initiieren und fortzusetzen. Durch die Bereiche der Bildungspläne werden Orientierungen für ein flexibles Curriculum gegeben, an dem sich die Anregung der Lernprozesse der Kinder ausrichten soll (siehe Abbildung 1).

*Abbildung 1: Didaktisch-methodische Orientierungen*

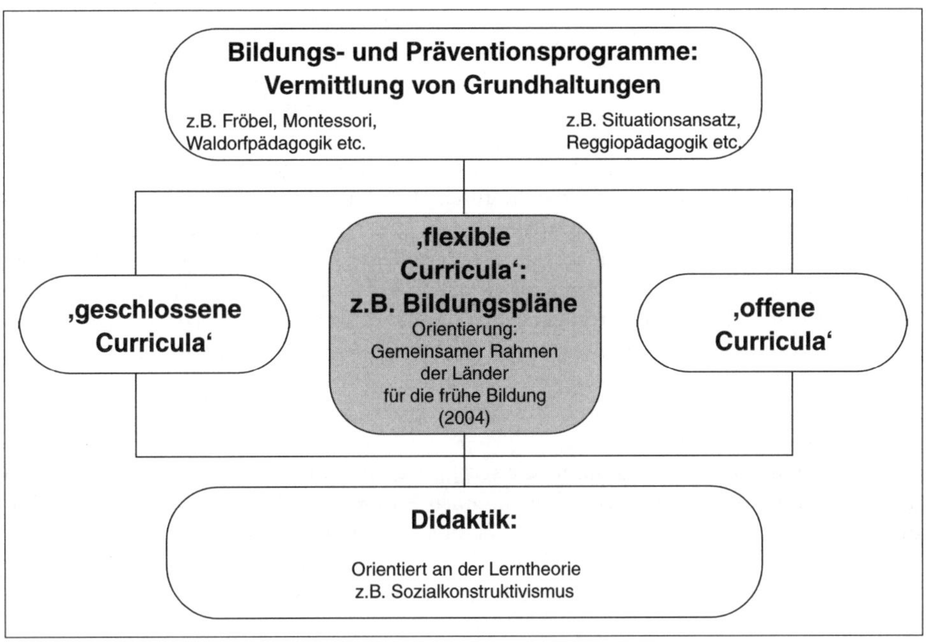

Mit der Interaktionsform *sustained shared thinking* stellen Sylva u. a. (2003; siehe auch Siraj-Blatchford u. a. 2002) ein didaktisches Handlungsmuster in den Mittelpunkt der Diskussion, das für die Lernumwelt des Kindergartens weiterführend ist. In dieser Lernform werden „konstruktive" und „instruktive" Momente des Handelns bewusst aufeinander bezogen und für eine Theorie der pädagogischen Interaktion zwischen Erzieher(in) und Kind genutzt. Dabei wird davon ausgegangen, dass Lernprozesse das Resultat kognitiver Konstruktionsleistungen sind, welche nur erreicht werden, wenn das Kind motiviert und in den Interaktionsprozess involviert ist. *Sustained shared thinking* ist vor allem zu beobachten, wenn Erzieher(in) und Kind in einer Dyade zusammenwirken und z. B. gemeinsam Probleme lösen oder Geschichten erfinden. Diese Form stützt sich auf „dialogisch-entwickelnde Interaktionen" (König 2007) und baut auf reziproken Handlungsprozessen auf. Das reziproke Handeln verweist auf das gegenseitige *Involvement* im Interaktionsprozess. Dabei darf der Gegenstand der Interaktion nicht vernachlässigt werden. Entwicklungsprozesse werden im Individuum nur dann angeregt, wenn es gelingt, mit dieser Interaktionsform auch Ko-Konstruktionsprozesse auszulösen. Die Interaktionsform des *sustained shared thinking* impliziert Ko-Konstruktionsleistungen bzw. die Entwicklung und Erweiterung von Gedankengängen im Interaktionsprozess. Um instruktiv wirken zu können, muss dieser Prozess bewusst von den Pädagog(inn)en begleitet werden, mit der Absicht gemeinsame Denkprozesse zu bewirken und weiterzuentwickeln. Diese Interaktionsform ist weiterführend für eine Didaktik in der frühkindlichen Erziehung, da sie sowohl alle Beteiligten einbezieht als auch instruktiv Ko-Konstruktionsprozesse auszulösen vermag.

## 6 Ausblick

Gegenwärtig geht es darum, die informellen Bildungsziele des Kindergartens durch eine Lernumwelt zu ergänzen, die die Lern- und Entwicklungsprozesse der Kinder in den Mittelpunkt stellen. Die Interaktionsform des *sustained shared thinking* verdeutlicht für den elementarpädagogischen Bereich exemplarisch, worauf eine interaktionistisch-konstruktivistische pädagogische Lernumwelt ausgerichtet sein muss, um Lernprozesse bei den Kindern in Gang zu setzen und zu erweitern (siehe Abbildung 2).

Als eine günstige Lernumwelt im Kindergarten wird demnach ein pädagogischer Interaktionsraum verstanden, der sich sowohl durch „konstruktive" als auch „instruktive" Momente im Interaktionsprozess auszeichnet, d. h. dass Lernprozesse herausgefordert und weitergeführt werden müssen. Dabei geht es darum, im Kindergarten gezielt Dialogfelder zu eröffnen, die „bewusst dialogisch-entwickelnde Denkprozesse" (König 2007) zwischen Erzieher(in) und Kind(-ern) ermöglichen. Diese Interaktionsform setzt ein Bewusstsein der Erzieher(innen) für die Interessen und das Denken der Kinder voraus, um gemeinsam Ideen entwickeln zu können. Mit der Einführung von Dokumentations- und Beobachtungsverfahren wurde bereits ein erster Schritt getan, um das pädagogische Handeln in diesem Aspekt zu professionalisieren.

Die unterschiedlichen Programme, die seit Jahrzehnten die Arbeit in den Einrichtungen unterstützen, können durch den „Gemeinsamen Rahmen der Länder" (Jugend- und Kultusministerkonferenz 2004) konkretisiert werden. Durch die Ausrichtung auf ein einheitliches Bildungsverständnis kann es gelingen, eine Didaktik für die Elementarpädagogik zu entwickeln, die den Pädagog(inn)en methodisches Wissen zur Verfügung stellt. Durch ein

*Abbildung 2: Dialogisch-entwickelnde Interaktionsprozesse*

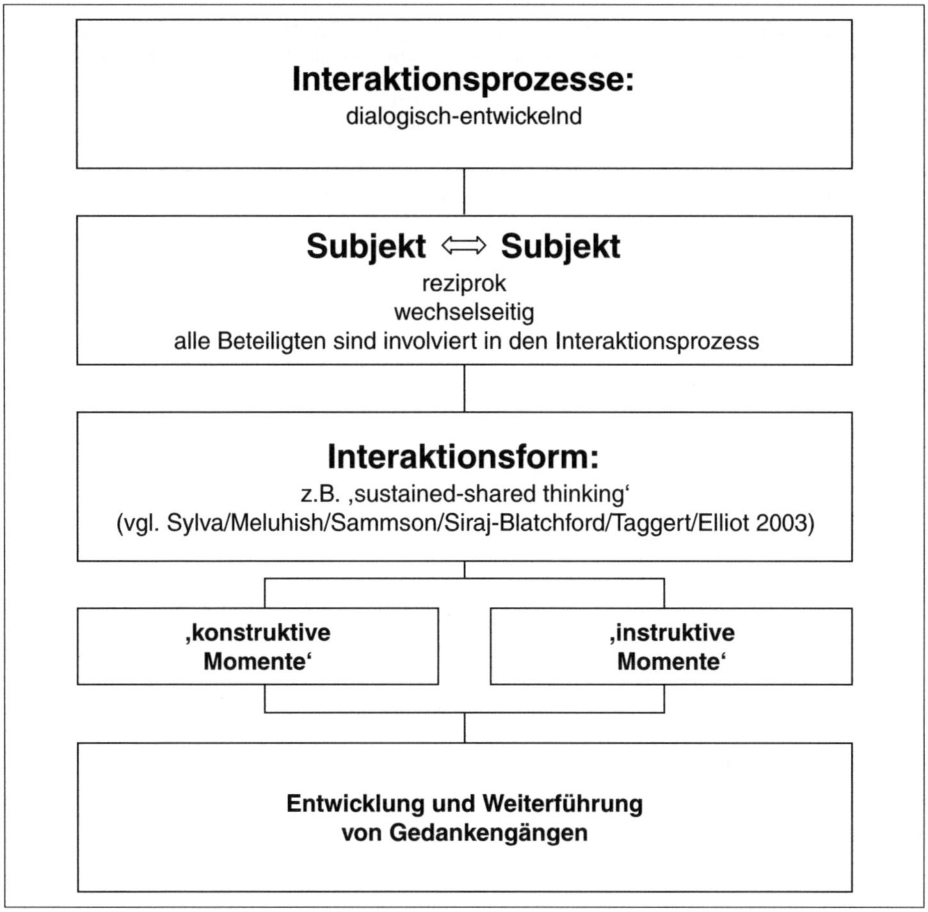


didaktisch-methodisches Vorgehen wiederum besteht die Möglichkeit die Lern- und Entwicklungsprozesse der Kinder gezielt zu begleiten, herauszufordern und zu unterstützen.

## *Literatur*

Anning, Angela/Cullen, Joy/Fleer, Marilyn (2004): Early Childhood Education. Society and Culture. London: SAGE Publications.

Baader, Meike Sophia (2004): Der romantische Kindheitsmythos und seinen Kontinuitäten in der Pädagogik und in der Kindheitsforschung. ZfE H 3/2004: 416-430.

Bartholomäus, Wolfgang (1999): Erziehung als Gestaltete Beziehung. Akzente einer intersubjektiven Pädagogik. In: Fuhr, Thomas/Schultheis, Klaudia (Hg.): Zur Sache Pädagogik. Untersuchungen zum Gegenstand der allgemeinen Erziehungswissenschaft. Bad Heilbrunn: Klinkhardt: 166-180.

Bertram, Tony/Pascal, Chris (2002): Early Years Education: An International Perspective. London: Research Report. In: www.inca.org.uk (Download am 01.01.2006).

Elschenbroich, Donata (1999): Qualität beginnt mit Erwartung an Qualität. Zur neueren Diskussion über die Erneuerung und inhaltliche Verbesserung von Erziehung in Kindergärten. In: Auernheimer, Richard (Hg.): Erzieherinnen für die Zukunft. Hohengehren: Schneider: 133-140.

Fried, Lilian (2002): Pädagogische Programme und subjektive Orientierungen. In: Fried, Lilian u. a. (Hg.): Einführung in die Pädagogik der frühen Kindheit. Weinheim: Beltz: 54-85.
Fried, Lilian (2005): Wissen als wesentliche Konstituente der Lerndisposition junger Kinder – Theorie, Empirie und pädagogische Schlussfolgerungen (Expertise im Auftrag des DJI). München: Eigenverlag DJI.
Ireson, Judith/Blay, Josepha (1999): Constructing Activity: Participation by Adults and Children. Learning and Instruction No. 9/1999: 19-36.
Jugend- und Kultusministerkonferenz (2004): Gemeinsamer Rahmen der Länder für die frühe Bildung in Kindertageseinrichtungen. Gemeinsamer Beschluss der Jugendministerkonferenz und Kultusministerkonferenz vom 13./14. Mai 2004. Gütersloh.
König, Anke (2007): Dialogisch-entwickelnde Denkprozesse. Eine Videostudie aus dem Alltag des Kindergartens. Dortmund: Diss. (In: www.dspace.hrz.uni-dortmund.de:8080/handle/2003/24563 (Downlaod am 04.10.2007).
Kontos, Susan/Dunn, Loraine (1993): Caregiver Practices and Beliefs in Child Care Varying in Developmental Appropriateness and Quality. Perspectives in Developmentally Practice. Advances in Early Education and Day Care No. 5/1993: 53-74.
Laewen, Hans-Joachim/Andres, Beate (Hg.) (2002): Bildung und Erziehung in der frühen Kindheit – Bausteine zum Bildungsauftrag von Kindertageseinrichtungen. Weinheim: Beltz.
Nutbrown, Cathy (2006): Key Concepts in Early Childhood Education & Care. London: SAGE Publications.
OECD (2001): Starting strong: early Childhood Education and Care. Paris.
OECD (2004) – Early Childhood Policy Review: 2002-2004 Hintergrundbericht. München: Eigenverlag DJI. In: www.bmfsfj.de/bmfsfj/generator/RedaktionBMFSFJ/Abteilung5/Pdf-Anlagen/oecd-hintergrundbericht, property=pdf,bereich=,sprache=de,rwb=true.pdf (Download am 11.02.2008).
Pramling, Ingrid (1996): Understanding and Empowering the Child as a Learner. In: Olsen, David R./Torrance, Nancy (Eds): Handbook of Education and Human Development. Oxford: Blackwell: 565-592.
Rabe-Kleberg, Ursula (2006): Mütterlichkeit und Profession – oder: Mütterlichkeit, eine Archillesferse der Fachlichkeit? In: Deutsches Jugendinstitut (Hg.): Reform oder Ende der Erzieherinnenausbildung? Beiträge zu einer kontroversen Fachdebatte. DJI-Fachforum Bildung und Erziehung. Bd. 4. München: 95-110.
Rogoff, Barbara (1990): Apprenticeship in Thinking: Cognitive Development in Social Context. New York: Cambridge Harvard University.
Ruf, Urs/Badr Goetz, Nadja (2005): Dialogischer Unterricht als pädagogisches Versuchshandeln. Instruktion und Konstruktion in einem komplexen didaktischen Arrangement. In: Voß, Reinhard (Hg.): Unterricht aus konstruktivistischer Sicht. Die Welten in den Köpfen der Kinder. Weinheim: Beltz: 66-84.
Schäfer, Gerd (2003): Bildung beginnt mit der Geburt. Weinheim: Beltz.
Seidel, Tina (2003): Lehr-Lernskripts im Unterricht. Münster: Waxmann.
Seidel, Tina/Prenzel, Manfred/Duit, Reinders/Lehrke, Manfred (Hg.) (2004): Technischer Bericht zur Videostudie „Lehr-Lern-Prozesse im Physikunterricht". Kiel: IPN.
Siraj-Blatchford, Iram et al. (2002): Researching Effective Pedagogy in Early Years (REPEY). Research Report No 356.
Straka, Gerald A./Macke, Gerd (2002). Lern-Lehr-theoretische Didaktik. Münster: Waxmann.
Stremmel, Andrew J. (1993): Responsive Teaching: A Culturally Appropriate Approach. In: Fu, Victoria R./ Stremmel, Andrew J./Trepte Carmen (Eds.): Papers from the European Forum for Child Welfare and NAEYC Conferences. Hamburg and Denver.
Sylva, Kathy et al. (2003): The Effective Provision of Pre-School Education Project. Findings from the Preschool Period. London: Institute of Education. University London.
Tietze, Wolfgang (1998): Wie gut sind unsere Kindergärten? Neuwied: Luchterhand.
Tietze, Wolfgang/Viernickel, Susanne (2002): Ein Nationaler Kriterienkatalog. Weinheim: Beltz.
Weinert, Franz E. (1996a): Lerntheorie und Instruktionsmodelle. In: Weinert, Franz E. (Hg.): Psychologie des Lernens und der Instruktion. Göttingen: Hogrefe: 1-48.
Weinert, Franz E. (1996b): Psychologie des Lernens und der Instruktion. In: Birbaumer, Nils u. a. (Hg.): Enzyklopädie der Psychologie. Göttingen: Hogrefe: 119-153.
Wilkinson, Alex C. (1982): Partial Knowledge and Self-Correction: Developmental Studies of a Quantitative Concept. Developmental Psychology no. 18/1982: 874-891.
Wolf, Bernhard u. a. (1999). Der Situationsansatz in der Evaluation. Landau: VEP.
Youniss, James (1994): Soziale Konstruktion und psychische Entwicklung. Frankfurt a. M.: Suhrkamp.

# Übergang Kindergarten – Primarschule

*Katharina Kluczniok / Hans-Günther Roßbach*

Der Eintritt in das formale Bildungssystem wird – national wie international – als bedeutsamer Entwicklungsabschnitt für die betroffenen Kinder und deren Familien gesehen (vgl. Griebel 2006; Fabian 2002), wobei empirische Belege für diese Behauptung eher dünn gesät sind (vgl. Petillon 1993). Es wird davon ausgegangen, dass eine erfolgreiche Bewältigung des Übergangs in die Grundschule die Kompetenz zur Bewältigung weiterer Übergänge, wie z. B. den Wechsel in weiterführende Schulen, stärke (vgl. z. B. Kienig 2002). Vielfach wird auch die These vertreten, dass ein gelungener Start in die Schule, an dem der Kindergarten[1] als abgebende sowie die Grundschule als aufnehmende Institution beteiligt sind, für die gesamte Lebensspanne eines Kindes von Bedeutung sei. Allerdings gibt es auch hierfür kaum empirische Belege, so dass die Bedeutung der frühen Übergänge nicht überschätzt werden sollte.

Das Thema „Übergang vom Kindergarten in die Schule" wird für ganztägige Bildungsangebote relevant, wenn Ganztagsbildung als institutionenverbindender Ansatz verstanden wird. Die beiden unterschiedlich geprägten Bereiche der Sozialpädagogik (Kindergarten) und der Schulpädagogik (Grundschule) stoßen bei der Einschulung das erste Mal aufeinander. Die an diesem frühen biografischen Übergang auftretenden Probleme können sich, so unsere These, auch in den nachfolgenden Bildungsphasen zeigen, wenn Jugendhilfe bzw. Sozialpädagogik und Schulpädagogik nicht in der Lebensperspektive, sondern wie bei Ganztagsbildungsangeboten täglich aufeinander treffen. Daher sind die Erfahrungen bei der frühzeitigen Verbindung der beiden unterschiedlichen Kulturen wichtige Ansatzpunkte für Ganztagsbildungsangebote.

## 1 Der Übergang vom Kindergarten in die Grundschule in Deutschland

In den folgenden fünf Abschnitten werden thematisiert: die historische Entwicklung des Übergangsproblems, theoretische Ansätze zur Transitionsforschung sowie aktuelle (programmatische) Ansatzpunkte zur Erleichterung der Einschulung. Anschließend werden internationale Beispiele zur Schnittstelle zwischen Kindergarten und Grundschule vorgestellt.

1 Der Begriff „Kindergarten" wird im Folgenden als Oberbegriff für die verschiedenen Formen institutioneller Bildung, Erziehung und Betreuung für Kinder ab etwa dem dritten Lebensjahr bis zum Beginn der Grundschule benutzt.

## 1.1 *Entstehungsgeschichte des Verhältnisses von Kindergarten und Grundschule*

Der Übergang vom Kindergarten in die Grundschule hat in der historischen Entwicklung der Frühpädagogik im Vergleich zu anderen institutionellen Übergängen, wie z. B. dem Eintritt in den Kindergarten, mehr Aufmerksamkeit auf sich gezogen. Das Verhältnis der beiden Institutionen kann rückblickend auf die letzten 200 Jahre eher durch Abgrenzungen als durch Annäherungen charakterisiert werden. Zwischen 1800 und 1830 wurden jüngere Kinder aus der Schule ausgegrenzt, um den Unterricht störungsfrei abzuhalten. Dadurch entstand für diese Kindergruppe ein neuer Betreuungsbedarf, der durch die Kleinkinderschulen ab ca. 1826 gedeckt wurde. In der Folgezeit zwischen 1826 und 1920 existierten diese Kleinkinderschulen, die ursprünglich als Bewahranstalten für Kinder aus ärmeren Verhältnissen gedacht waren, abgegrenzt von den Schulen. Im Gegensatz dazu richtete Friedrich Fröbel 1840 den ersten Kindergarten als eine vorschulische Bildungseinrichtung für alle Kinder ein. Der damalige Zustand der Schule veranlasste ihn dazu, die besonderen Bildungsaufgaben des Kindergartens zu betonen. Er fasste den Kindergarten als eine Art Vermittlungsschule auf, die den Übergang von kindlich naiver zu planmäßiger Bildung zur Aufgabe hatte. Diese Vorstellung kann als historisches Vorbild der Eingangsstufe der 1970er Jahre angesehen werden (siehe Abschnitt 2.2). In der Weimarer Reichsverfassung von 1919 wurde der Kindergarten aber nicht dem Bildungssystem zugeordnet, sondern dem Jugendhilfe-/Jugendpflegebereich. Gleichzeitig wurde durch das Reichsgrundschulgesetz von 1920 die heute vierjährige Grundschule als obligatorische Einrichtung für alle 6-Jährigen des Volkes beschlossen. Dadurch wurde die Trennung der beiden Institutionen besiegelt (vgl. Roßbach 2006).

Der geschichtliche Abriss zeigt, dass die Trennung zwischen Elementar- und Primarbereich kein neues Problem, sondern seit langem bekannt ist. Die beiden Bildungsbereiche sind heute nach wie vor zwei eigenständige Institutionen mit unterschiedlichen Aufgaben und Strukturen: So sind zum Teil verschiedene Ministerien für die beiden Bildungsbereiche zuständig. Der Kindergarten ist in einigen Bundesländern dem Sozialministerium unterstellt, die Schule dem Kultusministerium. Der Kindergarten legt seinen Schwerpunkt auf Sozialpädagogik, wohingegen die Schule durch Schulpädagogik geprägt ist. Daraus resultiert auch die unterschiedliche Struktur der Ausbildung des pädagogischen Personals im Kindergarten (Ausbildung an Fachschulen) und in der Grundschule (Hochschulstudium), die zurzeit heftig kritisiert wird.[2] Ein weiterer Unterschied zeigt sich in der Trägerschaft der beiden Institutionen: Der Kindergarten ist in freier (meist konfessioneller), öffentlicher oder privater Trägerschaft, wohingegen die Grundschule, bedingt durch Art. 7, Abs. 1 des Grundgesetzes, staatlich organisiert ist. Privatschulen sind eher selten. Daraus folgt auch die unterschiedliche Finanzierung von Kindergarten (Mischfinanzierung) und Grundschule (kostenlos für Eltern, wenn staatlich organisiert). Ferner unterscheiden sich die beiden Institutionen in ihrer didaktisch-methodischen Vermittlungsform bzw. Lernkultur. Das (Frei-)Spiel in altersheterogenen Gruppen gilt als typische Form des Lernens im Kindergarten, auf Seiten der Schule wird in altershomogenen Klassen nach einem festen Stundenplan unterrichtet.

2 In Diskussion steht die Neukonzeptualisierung der Ausbildung der Erzieher(innen) verbunden mit der Anhebung des formalen Niveaus der Ausbildung (vgl. ausführlich Schmidt 2005).

Der Übergang vom Kindergarten in die Grundschule stellt für einen Teil der Kinder eine Problemzone dar. Dies wird auch in den Zurückstellungszahlen deutlich: 4,8 % der Schulanfänger wurden im Schuljahr 2006/2007 in Deutschland vom Schulbesuch zurückgestellt (zum Vergleich: 7,1 % vorzeitige und 87,2 % fristgerechte Einschulungen) (vgl. Statistisches Bundesamt 2007).

## *1.2 Reformen und Modelle im Übergangsprozess*

Während der Bildungsreform in den 1970er Jahren wurden drei Modelle des Schulanfangs zur Erleichterung des Übergangs erprobt: Kindergarten, Vorklasse und Eingangsstufe. Durch diese Modellversuche sollte zum einen die Frage der Zuordnung und bestmöglichen Form der institutionellen Förderung der Fünfjährigen, zum anderen die strukturelle Verzahnung der beiden Bildungsbereiche Kindergarten und Grundschule geklärt werden. Nur die so genannten „Eingangsstufen" an Grundschulen, die das letzte Jahr vor der Schulpflicht und das erste Schuljahr umfassten, können als „echte ‚Brückeninstitutionen' zwischen Elementar- und Primarbereich" gelten (Faust 2006b: 137). Die Auswertung der drei Modellarten durch die Bund-Länder-Kommission für Bildungsplanung (BLK) ergab ein Patt in den Fördereffekten zwischen diesen Modellen. Allerdings gibt es auch Hinweise auf Vorteile von Nicht-Kindergartenmodellen (vgl. Fried u. a. 1992). Die Eingangsstufe setzte sich in der Praxis nicht durch, man entschied sich für das Kindergartenmodell. Ausschlaggebend war dabei vor allem die Frage, ob die Freien Träger im Elementarbereich ihren Einfluss auf die Fünfjährigen behalten würden. In den 1980er Jahren wurde anstatt der Forderung nach struktureller Verzahnung der beiden Bereiche eine (freiwillige) Zusammenarbeit zwischen Kindergarten und Grundschule gefordert. Es folgten Empfehlungen der Bundesländer zur Kooperation der beiden Institutionen. Seit Beginn der 1990er Jahre wird ein neues Modell der Schuleingangsstufe erprobt.[3]

Die neue Schuleingangsstufe stellt allerdings nur eine Reform innerhalb der Grundschule bzw. im Anfangsunterricht dar. Auf Zurückstellungen vom Schulbesuch soll dabei verzichtet werden. Alle Schüler(innen) sollen bei einer u. U. unterschiedlichen Verweildauer in der Eingangsstufe individuell gefördert werden (vgl. ausführlich Faust 2006a). Ein echter Brückenschlag zwischen beiden Bereichen bleibt auch nach den Schulversuchen der 1990er Jahre ein Desiderat (vgl. Faust 2006b). In Folge der Ergebnisse der PISA-Studie ist die Diskussion um die Schnittstelle zwischen Elementar- und Primarbereich neu entflammt. Man setzt besondere Erwartungen in die frühe Bildung und entwickelte in allen Bundesländern Bildungs-, Erziehungs- und Orientierungspläne für den Elementarbereich. Sie enthalten zum einen Inhaltsbereiche, mit denen sich die Kinder während ihrer Kindergartenzeit auseinandersetzen sollen, z. B. Vorläuferfähigkeiten für den Bereich des Schriftspracherwerbs und der Mathematik. Zum anderen wird in allen Plänen die Phase des Übergangs vom Kindergarten in die Schule explizit thematisiert und mit Vorschlägen zur Kooperation von Elternhaus, Kindergarten und Schule versehen. Ziel dieser Bemühungen ist es einerseits anschlussfähige, bereichsspezifische Bildungsprozesse zu ermöglichen, andererseits den Kindern und deren Eltern Bewältigungsstrategien („Transitionskompetenz": vgl. Griebel/Niesel 2004) für den Übergang in die Grundschule zu vermitteln. Eine weite-

3 Vgl. dazu den größten Modellversuch „Schulanfang auf neuen Wegen" aus Baden-Württemberg seit 1997 und Götz/Neuhaus-Siemon (1999).

re aktuelle Maßnahme, die eher den Einschulungszeitpunkt betrifft, ist die Flexibilisierung des Stichtags für die fristgerechte Einschulung in sechs Bundesländern (vgl. ausführlich Faust 2006a).[4] Durch die sukzessive Verschiebung des Stichtags an das Jahresende soll das in Deutschland im internationalen Vergleich relativ hohe Einschulungsalter (derzeit: 6,8 Jahre) gesenkt werden.

### *1.3 Der Transitionsansatz – ein Beispiel für ein theoretisches Modell zum Übergang in die Grundschule*

Der Übergang vom Kindergarten in das Schulsystem ist ein zentraler Forschungsbereich innerhalb der Transitionsforschung. Um den alltagssprachlichen Begriff „Übergang" von dem wissenschaftlichen Konzept abzugrenzen, wird von „Transition" gesprochen, um die damit verbundene spezifische theoretische Sichtweise zu betonen. „Transitionen bezeichnen demnach sozial prozessierte, verdichtete und akzelerierte Phasen in einem in permanenten Wandel befindlichen Lebenslauf" (Welzer 1993: 37).

Dies trifft auf die Einschulung zu, wenn das Kind Phasen beschleunigter Veränderungen und eine besonders lernintensive Zeit durchmacht. Währenddessen treten unterschiedliche Belastungsfaktoren auf, da Anpassung und Veränderung auf verschiedenen Ebenen geleistet werden müssen und innerpsychische Prozesse und Beziehungen zu anderen Personen neu gestaltet werden (vgl. Cowan 1991). Man spricht von einer erfolgreichen Transition in die Schule, wenn das Kind sich emotional, psychisch, physisch und intellektuell angemessen in der Schule verhält (vgl. Yeboah 2002). In den Transitionsansatz von Griebel/Niesel (2004) werden der ökopsychologische Ansatz (Bronfenbrenner), Ansätze der Stressforschung (Lazarus) und die Theorie der kritischen Lebensereignisse (Filipp) integriert. Der Übergang vom Kindergarten in die Schule wird als so genannter „ko-konstruktiver Prozess" entworfen, der von allen beteiligten Akteuren (Kind, Eltern, pädagogisches Personal in Kindergarten und Schule) gestaltet und begleitet wird. Dabei müssen von dem Kind und seinen Eltern auf drei Ebenen verschiedene Entwicklungsaufgaben bewältigt werden.

1. Auf der individuellen Ebene muss das Kind in seine neue Rolle als Schulkind hineinfinden. Ebenso müssen die Eltern den Wechsel zu Eltern eines Schulkindes bewältigen.
2. Auf der interaktionalen Ebene muss das Schulkind innerhalb der Klasse neue Beziehungen aufbauen. In der Familie muss das Kind die neue Rolle als Schulkind verbunden mit bestimmten Rollenerwartungen und -sanktionen übernehmen.
3. Auf der kontextuellen Ebene müssen Familie und Schule als zwei zentrale Lebensbereiche integriert werden. Kinder und Eltern müssen das tägliche Pendeln zwischen Familie und Schule und die damit gegebenen zeitlichen Einschränkungen bewältigen lernen, z. B. hinsichtlich der außerschulischen Betreuung und der Urlaubsplanung.

4 In den 1950er Jahren wurde in Anlehnung an Kern (1954), der einen engen Zusammenhang zwischen fehlender Schulreife und „Sitzenbleiberelend" bei Schuleintritt sah, das Einschulungsalter um fünf Monate erhöht, um den bei der Einschulung noch zu jungen Kindern Zeit zum „Nachreifen" zu geben. Allerdings konnte nachgewiesen werden, dass die Schulreife kein Reifungs-, sondern eher ein Lernproblem darstellt, d. h., Schulreife kann durch geeignete Fördermaßnahmen hergestellt werden (vgl. Kemmler/Heckhausen 1962). Daraufhin galt das Schulreifemodell von Kern als nicht mehr haltbar (für eine ausführliche Darstellung zum Thema „Schulfähigkeit" vgl. Kammermeyer 2000).

Auf allen drei Ebenen kann es sowohl für das Kind als auch für seine Eltern zu Diskontinuitäten in den Erfahrungen kommen. Diese werden im Transitionsansatz nicht als Probleme, sondern als mögliche Entwicklungsstimuli gesehen, die als Lernerfahrungen pädagogisch genutzt werden sollen. Den Eltern kommt im Transitionsansatz eine besondere Rolle zu: Zum einen begleiten sie – wie das pädagogische Personal im Kindergarten und in der Schule – ihr Kind beim Übergang in die Schule, zum anderen sind sie selbst – anders als das pädagogische Personal – aktiv von diesem Übergang betroffen und müssen ihn ebenfalls bewältigen. Der Verdienst des Ansatzes liegt darin, einen theoretischen Rahmen für verschiedene Übergänge im Bildungssystem zu bieten. Durch die strukturelle Trennung des Elementar- und Primarbereichs wird die kontinuierliche Bildung der Kinder über die Institutionen hinweg erschwert. Der Transitionsansatz kann daher als Instrument für die praxisbezogene Gestaltung pädagogischer Maßnahmen beim Übergangsprozess eingesetzt werden (vgl. dazu die Bildungspläne in Bayern, Berlin und Hessen).

In folgenden Punkten weist der Transitionsansatz allerdings Mängel auf: Offen bleibt zum einen die strukturelle Frage, welche institutionellen Übergänge im Bildungssystem notwendig sind oder ob nicht eine andere Strukturierung des Bildungssystems für die Bildungsprozesse der Kinder produktiver sein kann. Zum anderen ist der Ansatz für den Übergang vom Kindergarten in die Grundschule insofern unspezifisch, als er nur eingeschränkt auf die Besonderheiten der kumulativen Kompetenzentwicklung der Kinder eingehen und die entsprechenden didaktisch-methodischen Aspekte thematisieren kann (vgl. Roßbach 2006). Des Weiteren scheint die Stressbelastung beim Übergang in die Schule überbewertet zu werden (siehe weiter unten).

## *1.4 Empirische Forschung zum Übergang in die Grundschule*

Obwohl der Übergang vom Kindergarten in die Grundschule in der Öffentlichkeit stark thematisiert wird, existieren hierzu nur wenige (aktuelle) empirische Untersuchungen. Ein Teil der Studien konzentriert sich auf die Bewältigung des Übergangs bzw. den Übergangsprozess an sich. So untersucht Grotz (2005) an ca. 70 Kindern in einem einjährigen Längsschnitt die Bedeutung kind-, familien- und institutionenbezogener Schutz- und Risikofaktoren im Übergangsprozess. Die Autorin kommt zu dem Ergebnis, dass Risiko- und Schutzfaktoren kumulieren und sich gegenseitig nicht ausgleichen. Diese Studie geht von erheblichen Übergangsproblemen aus und stellt beim Übergang bei ca. einem Drittel der Kinder Anpassungsprobleme fest.

Beelmann (2000, 2006) ermittelt dagegen geringere Übergangsprobleme. Seine Studie befasst sich mit dem Eintritt in die Grundschule bei ca. 60 Kindern unter besonderer Berücksichtigung der dabei auftretenden Veränderungen der Lebenssituationen, der Art und des Ausmaßes von Belastungen, der Verläufe der kindlichen Anpassungsprozesse sowie der Bedingungsfaktoren. Er findet vier Übergangstypen: Kinder mit konstant geringen und mit konstant hohen Anpassungsstörungen sowie mit abnehmenden und zunehmenden Anpassungsproblemen. Nur 14 % der Kinder zeigen dabei zunehmende Anpassungsstörungen.

Beide Studien weisen eine geringe Stichprobengröße auf und beziehen nur eine relativ kurze Zeitspanne vor und nach dem Übergang ein, so dass hier Forschungsbedarf zu umfassenderen Längsschnittstudien besteht, die z. B. zusätzlich Aspekte der familialen und institutionellen Qualität berücksichtigen. Die interdisziplinäre Längsschnittstudie BiKS-3-8

(Bildungsprozesse, Kompetenzentwicklung und Selektionsentscheidungen im Vor- und Grundschulalter) leistet hierzu einen Beitrag. An einer Gruppe von 550 3-Jährigen wird bildungsstufenübergreifend untersucht, wie Kinder vom dritten bis zum achten Lebensjahr kognitive und sprachliche Kompetenzen erwerben, wie sie dabei in Kindergarten, Schule und Familie gefördert werden und wie sich auf dieser Basis die Einschulungsentscheidung formiert (vgl. www.biks-bamberg.de).

Ein weiteres Forschungsgebiet befasst sich mit der Kooperation von Kindergarten, Schule und Elternhaus beim Übergang in die Schule mit dem Ziel, Belastungen beim Übergang zu vermeiden. In einer umfangreichen Fragebogenstudie von Griebel und Niesel (2004) wurden 162 Eltern und Erzieher(innen) in Bayern zur Begleitung beim Übergang befragt. Im Rahmen dessen entstand auch ihr ko-konstruktives Transitionsprogramm zur Übergangsbewältigung.

Des Weiteren existiert eine Reihe von Modellversuchen, die sich mit inhaltlichen Abstimmungen zwischen Elementar- und Primarbereich beschäftigen. Ein Beispiel stellt das Modellprojekt KiDZ (Kindergarten der Zukunft in Bayern) dar. Dieses erprobt mit Hilfe von Teamarbeit von Erzieher(inne)n und Lehrkräften strukturelle Veränderungen beim Übergang sowie die Verknüpfung von Aspekten der Kindergarten- mit denen der Schulpädagogik. Ziel dieser Bemühungen ist eine frühe individuelle Förderung der 3- bis 6-Jährigen, die an den persönlichen Vorerfahrungen und Begabungen des einzelnen Kindes anknüpft (vgl. Roßbach/Frank/Sechtig 2007). In Bremen wurde das Projekt „Frühes Lernen – Kindergarten und Grundschule kooperieren" durchgeführt, welches die Zusammenarbeit zwischen Kindergarten und Grundschule verbessern will, indem u. a. die inhaltliche und pädagogische Arbeit der beiden Institutionen abgestimmt wird und Themenbereiche für unterschiedliche Entwicklungsstadien ausgearbeitet werden (vgl. Carle/Samuel 2006). Das Forschungs- und Entwicklungsprojekt „ponte" versucht ein modernes Lern- und Bildungsverständnis in beiden Institutionen zu realisieren, indem es den Situationsansatz im Kindergarten mit modernen Lernbereichsdidaktiken aus dem Primarbereich kombiniert (vgl. www.ponte-info.de). Als letztes Beispiel dient das BLK-Rahmen-Verbundprojekt „TransKiGs", welches in fünf Bundesländern ein gemeinsames, anschlussfähiges Verständnis von Bildung und Lernen im Elementar- und Primarbereich erprobt. Dieses Projekt hat sich zum Ziel gesetzt, die Bildungs- und Erziehungsqualität im Kindergarten und in der Schule zu stärken sowie den Übergang neu zu gestalten. Insbesondere soll es um die Entwicklung gemeinsamer Elemente einer Bildungskonzeption von beiden Institutionen sowie um eine Abstimmung der jeweiligen Bildungs- und Lehrpläne gehen (vgl. Knauf/Schubert 2006). Kritisch ist anzumerken, dass bei allen diesen Modellversuchen, mit Ausnahme von KiDZ, systematische empirische Evaluationen fehlen, die forschungsmethodischen Kriterien genügen.

## *1.5 Ansatzpunkte für pädagogische Maßnahmen*

Insgesamt können vier Ansatzpunkte zur Erleichterung des Übergangs unterschieden werden, die auch für die Errichtung von Ganztägigen Bildungsangeboten relevant sind: Strukturelle Gestaltung des Übergangs, Kooperationsbemühungen und Übergangsbegleitung, curriculare Abstimmungen zwischen beiden Bildungsbereichen sowie Aus- und Fortbildung des Fachpersonals.

Hinsichtlich der strukturellen Reformen im Übergang sind die Modelle zur Eingangsstufe aus den 1970er Jahren bzw. 1990er Jahren anzuführen. In der Eingangsstufe sollen die Kinder in einer Bildungsstufe vom spielorientierten zum schulischen Lernen geführt werden. Dadurch sollen die Friktionen, die möglicherweise beim Übergang bei getrennten Bildungsstufen entstehen, verringert und den Kindern der Übergang in die Schule erleichtert werden. Mit der Verbindung der beiden Institutionen, die bei den Modellen zur Eingangsstufe intendiert ist, soll die Trennung der beiden Kulturen überwunden werden.

Zu den speziellen Maßnahmen in der Phase des Übergangs lassen sich alle Bemühungen zuordnen, die eine verbesserte Zusammenarbeit zwischen Kindergarten, Schule und Elternhaus anstreben. Der Transitionsansatz leistet hier seinen Beitrag zur Systematisierung der verschiedenen Kooperationsformen. Ziel dieser Anstrengungen ist es, die Informationslage bei Kindern, Eltern und pädagogischem Personal über die jeweils anderen Institutionen und Partner zu verbessern. Eine elaborierte Informationspolitik zwischen Jugendhilfe und Schule ist gerade für ganztägige Bildungsangebote, die die Differenz zwischen diesen beiden Kulturen überwinden wollen, besonders wichtig. Ein weiterer Schwerpunkt der Transitionsforschung besteht in der Übergangsbegleitung von Kindern und deren Eltern.

Die Notwendigkeit curricularer Abstimmungen zwischen den beiden Bildungsbereichen resultiert auch aus der durch die PISA-Studie zunehmend wichtiger gewordenen Perspektive des lebenslangen Lernens. Die Bildungspläne für den Elementarbereich sowie diverse Projekte (wie z. B. ponte und TransKiGs) leisten dazu einen wichtigen Beitrag.

Schließlich kann die Neukonzeptualisierung der Aus- und Weiterbildung der Erzieher(innen) auch als Ansatzpunkt für die Erleichterung des Übergangs in die Grundschule gesehen werden. Dies betrifft neben der gemeinsamen Durchführung von Fortbildungen für pädagogisches Personal aus Kindergarten und Schule auch die Einrichtung von Studiengängen für das Personal im frühpädagogischen Bereich sowie die zumindest teilweise angedachte gemeinsame Ausbildung des Personals aus Elementar- und Primarbereich (vgl. Schmidt 2005). Gemeinsame Fortbildungen für das pädagogische Personal in ganztägigen Bildungsangeboten scheinen sinnvoll zu sein, gerade wenn Sozial- und Schulpädagogik bzw. Jugendhilfe und Schule im Rahmen von solchen Angeboten zusammenarbeiten sollen, um den Übergang vom schulischen zum außerschulischen Bereich für die betroffenen Kinder zu erleichtern.

## 2 Internationale Erfahrungen

Die folgenden internationalen Beispiele zur Verbindung der beiden Kulturen lassen sich in zwei Bereiche einteilen: Zusammenlegung des Elementar- und Primarbereichs zu einer Bildungsstufe und curriculare Abstimmungen des vorschulischen und schulischen Bereichs. In einigen Ländern ist der Elementar- und Primarbereich zu einer Bildungsstufe zusammengefasst worden. So existiert z. B. in den Niederlanden seit 1985 kein eigenständiger Vorschulbereich mehr: Fast alle Kinder gehen nach ihrem vierten Lebensjahr in die neunjährige *basisschol,* die in den ersten beiden Jahren die Kinder allmählich an das schulische Arbeiten heranführt. Die Vor- und Primarschulen sind also zu einer neuen Bildungseinrichtung für Kinder zwischen 5 und 12 Jahren strukturell zusammengefasst worden (vgl. Hacker 2001).

Das Konzept der Grund- und Basisstufe in der Schweiz (seit 1997) orientiert sich an diesem Modell. Dort besteht die Basisstufe aus je einer zweijährigen Kindergarten- und Primarschulzeit und umfasst insgesamt vier Jahre. Die Grundstufe dauert drei Jahre und verbindet zwei Jahre Kindergartenzeit und die erste Primarschulklasse (vgl. Faust-Siehl 2001).

Eine weitere Möglichkeit der Gestaltung des Übergangs wird in Ländern wie z. B. Schweden und Neuseeland durchgeführt. Dort entwickelte man gemeinsame Bildungspläne für den Elementar- und Primarbereich. In Schweden wurden 1998 freiwillige Vorschulklassen für 6-jährige Kinder eingerichtet, die zum Schulwesen gehören und von fast allen Sechsjährigen besucht werden. Zwischen den Bildungsbereichen wurden geregelte Formen der Zusammenarbeit eingeführt und gemeinsame institutionenübergreifende Bildungsziele im Sinne des lebenslangen Lernens formuliert. Die dreijährige Ausbildung der Vorschulpädagogen erfolgt auf Hochschulniveau (vgl. Oberhuemer 2006). Der neuseeländische Bildungsplan für unter 4-Jährige „Te Whäriki" („eine gewobene Matte") gilt mit seiner ausgewiesenen Verbindung zum Schulcurriculum als weltweit einzigartig. Er gibt nicht nur in Bezug auf Ziele und Inhalte, sondern auch auf methodische Prinzipien und das Handeln des pädagogischen Personals Hinweise zur curricularen Abstimmung zwischen Elementar- und Primarbereich. Dadurch werden die Langfristigkeit der kumulativen Bildungsprozesse, ihr früher Beginn und die Chancen für pädagogische Einflussnahme deutlich gemacht (vgl. May u. a. 2004).

Diese internationalen Entwicklungen geben wichtige Anregungen für die Gestaltung des Übergangs in Deutschland. Inwieweit diese auf das deutsche Bildungssystem übertragbar sind, ist allerdings zu prüfen.

# 3 Ausblick auf weitere Forschungen

Der Übergang vom Kindergarten in die Grundschule ist in der fachlichen Diskussion zum „Dauerthema" geworden, zuletzt infolge der Auswertungen der internationalen Vergleichsstudien. Als ein Problemsektor dabei wurde vor allem die vergleichsweise „unangemessen scharfe strukturelle, institutionelle und mentale Trennung zwischen Elementar- und Primarbereich" (Knauf/Schubert 2006: 150) herausgestellt, ohne deren Überwindung die Probleme beim Übergang nicht gelöst werden könnten. Im vorliegenden Beitrag wurden nationale wie internationale Vorschläge zur Verzahnung der beiden Bildungsbereiche genannt und diskutiert, allerdings fehlen weitere empirische Studien, die z. B. die Einflüsse der verschiedenen Umwelten (Kindergarten, Schule, Familie) beim Übergang in die Grundschule berücksichtigen. Erst auf dieser Basis können gesicherte Aussagen gemacht werden, welche Bedingungen den Übergang in die Schule begünstigen und welche sich eher nachteilig auswirken. Außerdem wurde versucht, die Bedeutung der Problematik der beiden getrennten Welten Kindergarten und Grundschule für die Errichtung von Ganztagsbildungsangeboten zu erklären. Gerade im Rahmen der Überlegungen zur Errichtung von ganztägigen Bildungsangeboten dürfte ein erfolgreicher Übergang in das formale Schulsystem von zentraler Bedeutung sein, der zukünftig weiterer Forschungsbemühungen bedarf.

## *Literatur*


Beelmann, Wolfgang (2000): Entwicklungsrisiken und -chancen bei der Bewältigung normativer sozialer Übergänge im Kindesalter. In: Leyendecker, Christoph/Horstmann, Tordis (Hg.): Große Pläne für kleine Leute – Grundlagen, Konzepte und Praxis der Frühförderung. München: Reinhardt: 71-77.

Beelmann, Wolfgang (2006): Normative Übergänge im Kindesalter: Anpassungsprobleme beim Eintritt in den Kindergarten, in die Grundschule und in die weiterführende Schule. Hamburg: Kovac.

Carle, Ursula/Samuel, Annette (2006): Frühes Lernen – Kindergarten und Grundschule kooperieren. Abschlussbericht der Wissenschaftlichen Begleitung. Bremen: Universität.

Cowan, Philip A. (1991): Individual and family life transitions: A proposal for a new definition. In: Cowan, Philip A./Hetherington Eileen Mavis (Eds.): Family transitions: Advances in family research. Hillsdale New Jersey: Lawrence Erlbaum: 3-30.

Fabian, Hilary (2002): Empowering children for transitions. In: Fabian, Hilary/Dunlop, Aline-Wendy (Eds.): Transitions in the early years. Debating continuity and progression for children in early education. London: Routledge Falmer: 123-134.

Faust, Gabriele (2006a): Zum Stand der Einschulung und der neuen Schuleingangsstufe in Deutschland. In: ZfE (9. Jg.) H. 3/2006: 328-347.

Faust, Gabriele (2006b): Die neue Schuleingangsstufe-Entstehung und aktueller Stand. In: Diskowski, Detlef/ Hammes-Di Bernardo, Eva/Hebenstreit-Müller, Sabine/Speck-Hamdan, Angelika (Hg.): Übergänge gestalten. Wie Bildungsprozesse anschlussfähig werden. Weimar: das netz: 136-149.

Faust-Siehl, Gabriele (2001): Die neue Schuleingangsstufe in den Bundesländern. In: Faust-Siehl, Gabriele/ Speck-Hamdan, Angelika (Hg.): Schulanfang ohne Umwege. Frankfurt: Arbeitskreis Grundschule e. V.: 194-252.

Fried, Lilian/Roßbach, Hans Günther/Tietze, Wolfgang/Wolf, Bernhard (1992): Elementarbereich. In: Ingenkamp, Karlheinz/Jäger, Reinhold S./Petillon, Hanns/Wolf, Bernhard (Hg.): Empirische Pädagogik 1970-1990. Eine Bestandsaufnahme der Forschung in der Bundesrepublik Deutschland. Bd. 1. Weinheim: Deutscher Studien Verlag: 265-324.

Götz, Margarete/Neuhaus-Siemon, Elisabeth (1999): Schulanfang auf neuen Wegen – Der Modellversuch in Baden-Württemberg: In: Vorstand des Grundschulverbandes (Hg.): Beiträge zur Reform der Grundschule, Sonderband S 60. Frankfurt am Main: Arbeitskreis Grundschule e. V.: 35-41.

Griebel, Wilfried (2006): Übergänge fordern das gesamte System. In: Diskowski, Detlef/Hammes-Di Bernardo, Eva/Hebenstreit-Müller, Sabine/Speck-Hamdan, Angelika (Hg.): Übergänge gestalten. Wie Bildungsprozesse anschlussfähig werden. Weimar: das netz: 32-47.

Griebel, Wilfried/Niesel, Renate (2004): Transitionen. Fähigkeiten von Kindern in Tageseinrichtungen fördern, Veränderungen erfolgreich zu bewältigen. Weinheim: Beltz.

Grotz, Tanja (2005): Die Bewältigung des Übergangs vom Kindergarten zur Grundschule. Zur Bedeutung kindbezogener, familienbezogener und institutionsbezogener Schutz- und Risikofaktoren im Übergangsprozess. Hamburg: Dr. Kovac.

Hacker, Hartmut (2001): Die Anschlussfähigkeit von Kindergarten und Grundschule. In: Faust-Siehl, Gabriele/ Speck-Hamdan, Angelika (Hg.): Schulanfang ohne Umwege. Frankfurt: Arbeitskreis Grundschule e. V.: 80-94.

Kammermeyer, Gisela (2000): Schulfähigkeit. Kriterien und diagnostische/prognostische Kompetenz von Lehrerinnen, Lehrern und Erzieherinnen. Bad Heilbrunn: Klinkhardt.

Kemmler, Lilly/Heckhausen, Heinz (1962): Ist die sogenannte „Schulreife" ein Reifungsproblem? In: Ingenkamp, Karlheinz (Hg.): Praktische Erfahrungen mit Schulreifetests. Basel: Karger: 52-89.

Kern, Artur (1954): Sitzenbleiberelend und Schulreife. Ein psychologisch-pädagogischer Beitrag zu einer inneren Reform der Grundschule. Freiburg i. Br.: Herder.

Kienig, Anna (2002): The importance of social adjustment for future success. In: Fabian, Hilary/Dunlop, Aline-Wendy (Eds.): Transitions in the early years. Debating continuity and progression for children in early education. Routledge Falmer: London: 23-37.

Knauf, Tassilo/Schubert, Elke (2006): Den Übergang vom Kindergarten in die Grundschule neu gestalten. Grundlagen, Lösungsansätze und Strategien für eine systemische Neustrukturierung des Schulanfangs. In: Diskowski, Detlef/Hammes-Di Bernardo, Eva/Hebenstreit-Müller, Sabine/Speck-Hamdan, Angelika (Hg.): Übergänge gestalten. Wie Bildungsprozesse anschlussfähig werden. Weimar: das netz: 216-229.

May, Helen/Carr, Margaret/Podmore, Val (2004): Te Whäriki: Neuseelands frühpädagogisches Curriculum 1991-2001. In: Fthenakis, Wassilios Emmanuel/Oberhuemer, Pamela (Hg.): Frühpädagogik international. Bildungsqualität im Blickpunkt. Wiesbaden: VS Verlag für Sozialwissenschaften: 175-189.

Oberhuemer, Pamela (2006): Von der Kita zur Schule: Bildungspolitische Initiativen in Europa. In: Diskowski, Detlef/Hammes-Di Bernardo, Eva/Hebenstreit-Müller, Sabine/Speck-Hamdan, Angelika (Hg.): Übergänge gestalten. Wie Bildungsprozesse anschlussfähig werden. Weimar: das netz: 48-53.

Petillon, Hanns (1993): Das Sozialleben des Schulanfängers. Die Schule aus der Sicht des Kindes. Weinheim: Psychologie Verlags Union.
Roßbach, Hans-Günther (2006): Institutionelle Übergänge in der Frühpädagogik. In: Fried, Lilian/Roux, Susanna (Hg.): Pädagogik der frühen Kindheit. Weinheim: Beltz: 280-292.
Roßbach, Hans-Günther/Frank, Angela/Sechtig, Jutta (2007): Der Modellversuch KiDZ – Die wissenschaftliche Einbettung von KiDZ. In: Stiftung Bildungspakt Bayern (Hg.): KiDZ – Das Handbuch. Wolters Kluwer: Kronach: 22-57.
Schmidt, Thilo (2005): Entwicklungen in der Ausbildung von Erzieherinnen. In: ZfPäd (51. Jg.) H. 5/2005: 713-730.
Statistisches Bundesamt (2007): Fachserie 11, Reihe 1, Einschulungen/Nichteinschulungen 2006/2007. Statistisches Bundesamt: Wiesbaden.
Welzer, Harald (1993): Transitionen. Zur Sozialpsychologie biographischer Wandlungsprozesse. edition diskord: Tübingen.
Yeboah, David Achanfuo (2002): Enhancing transition from early childhood phase into primary education: evidence from the research literature. In: Early Years No. 22/2002: 51-68.

# Spezielle Bildungseinrichtungen

*Joachim Schroeder*

In der Fachliteratur findet sich immer wieder der Hinweis, dass Sonderschulen in Deutschland (auch historisch) vorwiegend in Ganztagsform organisiert (worden) seien (vgl. beispielsweise BFSFJ 2005: 484). Implizit wird somit behauptet, die ganztägige schulische Betreuung von Risikokindern sei gleichsam der Normalfall. Denn es kennzeichne die deutsche Tradition, auf Probleme, die Schulen mit „schwierigen" Kindern und Jugendlichen haben, mit „Besonderung" zu reagieren und solche Mädchen und Jungen in Sonderschulen bzw. spezielle Einrichtungen „abzuschieben".

## 1 Ganztägige Sonderschulen – ein (wünschenswerter) Normalfall?

Statistisch zeigt sich jedoch, dass in keiner anderen Schulform der Anteil ganztägig betreuter Schüler(innen) so sehr schwankt wie bei den Sonderschulen: Ist in manchen Bundesländern (Thüringen, Sachsen) der Ganztagsbetrieb für diesen Schultyp obligatorisch, haben andere Bundesländer (Baden-Württemberg, Hessen, Hamburg) eine vergleichsweise niedrige Quote von Sonderschulen in Ganztagsform (KMK 2004: 22). Diese Unterschiede in Struktur, Umfang und Reichweite der ganztägigen schulischen Spezialeinrichtungen lassen sich u. a. auf besondere historische Entwicklungen in der Heil- und Sonderpädagogik zurückführen. Richtig ist, dass Sonderschulen in Deutschland seit ihrer verbreiteten Einführung am Ende des 19. Jahrhunderts vorwiegend als so genannte „Tagesanstalten" bzw. „Tagesheimschulen" organisiert wurden. Fast alle Kinder und Jugendlichen mit einer geistigen, körperlichen oder seelischen Behinderung waren in Ganztagsschulen untergebracht. Neben dem Unterricht am Vormittag boten diese Einrichtungen zumeist an fünf Nachmittagen in der Woche verschiedene Sonderveranstaltungen an, die von Nachhilfe über Arbeitsgemeinschaften zur Freizeitgestaltung bis hin zu erzieherischen und therapeutischen Maßnahmen reichten (Bachmann 1968). Eher selten beruhte die Teilnahme auf Freiwilligkeit, weitaus häufiger war sie verpflichtend, viele Heimsonderschulen wurden zudem als geschlossene Anstalten geführt. In ihren Konzepten sind sie bis heute vorwiegend therapeutisch orientiert, dies bedeutet, dass in solchen „heilpädagogischen" Schulen vor allem Pflegepersonal arbeitet.

Die einzigen Ausnahmen von der Regelhaftigkeit ganztägiger Sonderschulen sind die „Hilfsschulen" und die „Schulen für Verhaltensgestörte", also jene schulischen Einrichtungen, in denen Kinder und Jugendliche unterrichtet werden, die nach offiziellem Sprachgebrauch Beeinträchtigungen im Lernen bzw. im Verhalten aufweisen, von denen jedoch bekannt ist, dass es sich zumeist um soziokulturell benachteiligte Schüler(innen) handelt, die den schulischen Leistungs- und Verhaltensanforderungen sowie deren kulturellen Standards nicht gerecht werden können (Begemann 1970; Koch 2004). Die Hilfsschule wurde bis in die 1970er Jahre hinein vorwiegend von Arbeiterkindern besucht; die in Lernbehinderten- oder Erziehungshilfeschulen umbenannten Sonderformen haben seit mehr als drei Jahrzehnten in Westdeutschland außerdem eine beträchtliche Anzahl von Kindern und Jugendlichen mit einem Migrationshintergrund zu versorgen (Powell/Wagner 2001). Die Lernbehinderten- wie auch die Erziehungshilfeschulen waren bis Ende der 1990er Jahre fast ausnahmslos Halbtagsschulen (Petermann 1993; Möckel 2001), die sich lediglich durch kleinere Klassen, Verlangsamung des Unterrichtstempos und methodische Differenzierung vom Bildungsangebot der Regelschulen unterschieden.

Es fehlt nicht an Stimmen, die auch für lernbehinderte bzw. verhaltensauffällige Schüler(innen) die Ganztagsbetreuung fordern (Baier 1983; Nestle 1993; Ellinger 2002). Begründet wird dies zumeist mit dem Argument, dass Risikokinder mehr Unterricht benötigten als andere Schüler, dass die zeitliche Rhythmisierung in Unterrichts-, Aktivitäts- und Erholungsphasen im Ganztagsbetrieb pädagogisch angemessener gelingen könne, dass ein von der Schule angebotenes warmes Mittagessen gerade für diese Kinder wichtig wäre, und dass sozialisationsergänzende Freizeitangebote am Nachmittag bedeutsam seien für familiär vernachlässigte junge Menschen. Gleichwohl wird eine solche Sichtweise auch kritisiert, verbunden mit der Forderung, über alternative Modelle (ganztägiger) Bildungsangebote nachzudenken (Hiller 2005; Schroeder 2005) – um dieses Pro und Kontra zur ganztägigen Sonderschule soll es im Folgenden vornehmlich gehen.

## 2 Formen sonderpädagogischer Ganztagseinrichtungen

In der Geschichte der ganztägig geführten Sonderschulen lassen sich drei Entwicklungsstränge unterscheiden, die bis in die Gegenwart hinein die Organisation des Sonderschulwesens in Deutschland prägen: Da gibt es (1) die Spezialschulen für körper-, mehrfach- und schwerstmehrfach behinderte, traumatisierte oder delinquente, chronisch oder lebensbedrohlich erkrankte Kinder und Jugendliche, die vornehmlich als geschlossene Einrichtungen geführt und als solchermaßen „totale Institutionen" heftig kritisiert werden. In der Entwicklung sonderpädagogischer Institutionen finden sich (2) und gleichsam als Gegenentwürfe zu den geschlossenen Einrichtungen dezidiert lebensortnahe und individualisierte Lernangebote: In Straßen-, Bahnhofs- oder Werkstattschulen wird versucht, Kinder und Jugendliche, die den Schulbesuch verweigern oder von diesem ausgeschlossen worden sind, mittels niedrigschwelliger und „entschulter" Bildungskonzepte wieder an ein systematisches Lernen heranzuführen. Solche Lernwerkstätten entstehen vor allem dort, wo sich das öffentliche Schulwesen aus der Verantwortung zur Bereitstellung schulischer Angebote für junge Menschen zurückzieht oder diese nicht mehr erreichen kann. Die jüngere Geschichte der Sonderschulen ist (3) durch den Aufbau von Förderzentren gekennzeichnet, die in ihren Zielsetzungen, Organisationsformen und Arbeitsweisen dem am nächsten kommen, was in diesem Handbuch unter Zusammenwirken von Bildungsorten verstanden wird. Gleichwohl funktionieren auch diese Einrichtungen nicht ohne Schwierigkeiten.

## *2.1 Ganztagseinrichtungen als „totale Institutionen"*

Wie angedeutet, ist die über einhundertjährige Geschichte der ganztägigen „besonderen" Betreuungs-, Erziehungs- und Bildungseinrichtungen für „besondere" Kinder und Jugendliche eng verknüpft mit der Geschichte der „totalen Institutionen" (Goffman). An Gefängnisschulen und „Idiotenanstalten", Schulen für „verwahrloste" Kinder und „Armenschulen", an Fürsorgeanstalten und Behinderteneinrichtungen, Waisenhäusern und Internaten entwickelten Goffman (1973) und Foucault (1977) eine Kritik an erzieherischen und betreuenden Einrichtungen, in denen die Subjekte durch die Einbindung in pädagogische Macht-, Kontroll- und Disziplinarsysteme „allumfassend" vereinnahmt werden. Totale Institutionen sind durch die „totale Kontrolle" definiert, die sie über die Individuen, jedoch ohne direkte Machteinwirkung ausüben. Diese disziplinierenden Strategien wirken gleichsam durch die Betroffenen hindurch, welche die Kontrolle hinnehmen und damit jene institutionellen Machtmechanismen aufrechterhalten, denen sie wiederum selbst unterworfen sind.

Insassen totaler Institutionen – Patienten, Gefangene, Flüchtlinge, Behinderte – leben ständig in diesen Einrichtungen und haben allenfalls einen beschränkten Kontakt zur Außenwelt. Kennzeichnend für totale Institutionen ist, dass sie systematisch und umfassend die „Territorien des Selbst" (Goffman 1973: 29-30) der Insassen beschränken und besetzen: das persönliche Habe ist auf ein Minimum beschränkt und durch uniforme, standardisierte Anstaltsobjekte ausgetauscht; der Körper der Insassen, ihre Kleidung, der Schlafplatz werden routinemäßig durchsucht; die persönliche Post wird vom Personal gelesen und zensiert; Besuch muss in den öffentlichen Räumen der Anstalt empfangen werden. In totalen Institutionen steht das Verhalten der Insassen permanent zur Diskussion, Kritik und Sanktionen sind allgegenwärtig. Der Tagesplan ist minutiös vorgegeben und einer strengen Disziplin unterworfen. Bei den Insassen herrscht weitgehend das Gefühl, dass die in der Anstalt verbrachte Zeit verloren, vergeudet und nicht gelebt ist, sie muss irgendwie abgesessen, durchgestanden oder hinter sich gebracht werden (vgl. ebd.: 13-121).

In der Sonderpädagogik hat sich eine lange und systematische Kritik an den „geschlossenen" Einrichtungen und eine sozialpolitische Bewegung zur Humanisierung ganztägiger Bildungsinstitutionen herausgebildet. Seit den 1970er Jahren gibt es zahlreiche Versuche, die „Anstalten" zu öffnen, das reglementierte Leben der Betroffenen zu normalisieren, d. h. selbstbestimmte Lebensbedingungen und möglichst „normale" Lebensverhältnisse zu schaffen. Trotz solcher Bemühungen finden wir gegenwärtig den Typus der „totalen" schulischen Ganztagseinrichtung in den verschiedensten sonder- und sozialpädagogischen Handlungsfeldern: Die Schulen im Jugendstrafvollzug (vgl. Bundesarbeitsgemeinschaft der Lehrer im Justizvollzug 2001), die Lagerschulen in Sammelunterkünften für junge Flüchtlinge (Schroeder 2003) oder die Schulen der Kinder- und Jugendpsychiatrie (Harter-Meyer 1999) kennzeichnet immer noch das, was Goffman und Foucault beschrieben haben: Sie wirken überwiegend fremdbestimmend und „zwanghaft" sowohl auf die Kinder und Jugendlichen als auch auf das dort tätige pädagogische Personal.

Die pädagogischen Konzepte und erzieherischen Handlungsmöglichkeiten sind fast immer den Vorgaben der Justiz, Medizin und Therapie nach- und untergeordnet. Die ganztägige Betreuung, Erziehung und Bildung ist durch feste Strukturen reglementiert, sie ist selten in Bezug auf die Klienten und ihre Bedürfnisse konzipiert als vielmehr von der Logik bestimmt, die Abläufe in der Institution reibungslos zu halten. Auch die in geschlossenen Einrichtungen unterrichtenden Lehrkräfte sind dem Disziplinierungssystem unterworfen und erfüllen wichtige Kontrollaufgaben. Das Lernen findet nicht in „pädagogischer Freiheit" statt, vielmehr hat Erziehung zuvörderst eine Bestrafungs-, Verwahrungs- und Überwachungsfunktion. In totalen Institutionen sind die Menschen- und Bürgerrechte eingeschränkt, d. h. inhaftierten Jugendlichen wird – trotz Schulpflicht – Bildung nur angeboten, wenn die sächlichen und personellen Ressourcen in den Jugendgefängnissen dies erlauben; junge Flüchtlinge haben kein Bildungsrecht, weil die Asylgesetzgebung dies nicht vorsieht; bei psychisch kranken Schüler(innen) muss der Amtsarzt die Bildungsfähigkeit überhaupt erst feststellen, kurzum: Bildung ist nur dann möglich, wenn es die Justiz erlaubt.

An „totalen Schulen" können Extremformen institutionalisierter Ganztagsbildung diskutiert werden, verbunden mit der Frage, wie weit Bildungsinstitutionen in die Selbstbestimmung und in die Lebensverhältnisse der Subjekte vordringen dürfen. Es liegt in der Logik solcher Einrichtungen, dass sie Kinder und Jugendliche aus ihren lebensweltlichen Bezügen und ihrem „schädlichen Milieu" herausnehmen, um sie individuell zu bessern und sozial zu (re-)integrieren. Pädagogische Ansätze, in denen gefährdete junge Menschen vorwiegend in geschlossenen Institutionen auf eine Rückkehr in das Leben vorbereitet werden, können jedoch allenfalls geringe Erfolge verzeichnen. Dennoch tendiert die gegenwärtige Ganztagsdebatte dazu, dort, wo es um benachteiligte Kinder und Jugendliche geht – also vornehmlich im Sonderschulbereich – „stark auf kompensatorische, um nicht zu sagen um Rettung bemühte, Komponenten abzuheben" (Hiller 2005: 23), das heißt, die Schüler(innen) aus ihrem vertrauten Milieu herausreißen zu wollen, um die massiven Einflüsse, denen sie dort ausgesetzt sind, zurückzudrängen und ihnen sodann zeitlich befristete Alternativen anzubieten und solchermaßen „die Käseglocke der Besonderung" (ebd.) über Ganztagsschulen zu schließen.

## *2.2 Ganztagseinrichtungen als „Lernwerkstätten"*

Gleichsam als Gegenentwürfe zu „totalen Schulen" können solche (sonder-)pädagogischen Einrichtungen interpretiert werden, die dort Bildungsangebote unterbreiten, wo ausgegrenzte Kinder und Jugendliche ihren aktuellen Lebensmittelpunkt haben: Hierzu gehören die Straßenschule in Freiburg (Unkelbach 2005) und die Bahnhofsschule in Hamburg (Warzecha u. a. 2000; Herz 2006); auch etliche Einrichtungen für Schulverweigerer und Schulabbrecher (Reiser/Loeken 1993; Konopka 1996) und solche für junge Sinti und Roma (Hornberg 2000; Lindemann 2005) sind zu nennen. Obwohl diese Einrichtungen als „Schulen" gelten, bezeichnen sie sich selbst zumeist als „Lernwerkstätten", was die konzeptionellen Merkmale angemessener zum Ausdruck bringt. Diese Einrichtungen sind in der Regel ganztägig geöffnet (teilweise bis in die Abendstunden hinein), der Unterricht findet in Einzelbetreuung oder in Kleinstgruppen (max. sechs Schüler), betreut von ein bis zwei Erwachsenen) statt. Obwohl die Jugendlichen zumeist schulpflichtig sind, entscheiden sie selbst, ob sie die Angebote wahrnehmen. Die pädagogische Arbeit erfolgt oft im Projektansatz, d. h. es wird kein allgemein bildendes Pflichtpensum entlang eines Lehrplanes absolviert, sondern die Jugendlichen sollen z. B. in der Renovierung eines Bauwagens oder Erarbeitung einer Fotodokumentation über junge Menschen auf der Straße Bildungserfahrungen machen, die ihnen wieder Lernfreude vermitteln. Es sind niedrigschwellige, auf einem Höchstmaß an Freiwilligkeit und Bedürfnisorientierung beruhende pädagogische Konzepte, bei denen es fast nie um den Erwerb schulischer Zertifikate und Abschlüsse geht, sondern um eine behutsame Wiederheranführung an subjektiv bedeutsame und alltagsrelevante Lernangebote.

Diese „Jugendschulen" (vgl. Schroeder 2006) richten sich zumeist an Jungen und Mädchen ab 14 Jahren mit einem festgestellten Lern- oder Erziehungshilfebedarf, die von der Regelschule nicht mehr erreicht werden oder dort aufgrund ihres Verhaltens nicht mehr tragbar erscheinen, und bei denen die Gefahr besteht, dass sie endgültig den Kontakt zu Bildungs- und Betreuungsangeboten verlieren. Es sind junge Leute, die auf der Straße leben und in besonderem Maße Gefährdungen ausgesetzt sind (Drogen, Beschaffungskriminalität, Prostitution). Aufgrund ihrer Aggressivität oder Gewalttätigkeit gelten sie als schulisch „nicht integrierbar", etliche haben sich geschlossenen Einrichtungen entzogen (und werden dann Heimflüchtige genannt). Neben individuellen Ursachen gibt es auch im Schulsystem angelegte Gründe, weshalb solche „Ersatzschulen" (Herz 2006: 19) eingerichtet werden: Als beispielsweise in Hamburg die Schulen für Erziehungshilfe abgeschafft wurden, mussten neue Lernangebote konzipiert werden, nachdem sich zeigte, dass trotz Beratungs- und Unterstützungssystemen nicht alle Jugendlichen in die Regelschulen zurückgeführt und dort gehalten werden konnten. In vielen Sammelunterkünften für Asylsuchende werden Lernwerkstätten eingerichtet, weil Kinder und Jugendliche ohne gesicherten Aufenthaltsstatus nach deutscher Gesetzgebung häufig nicht schulpflichtig sind und somit kein Recht haben, eine staatliche Schule zu besuchen. Sinti- und Roma-Familien dagegen lehnen es oftmals ab, ihre Kinder in die öffentlichen Bildungseinrichtungen zu schicken, weil sie diese vornehmlich als diskriminierend und entfremdend empfinden. „Lernwerkstätten" entstehen dann, wenn sich die staatliche Regelschule der Verantwortung für die Bereitstellung von Bildungsangeboten entzieht oder Jugendliche mit den herkömmlichen Konzepten nicht mehr erreicht werden können. Solche „alternativen" Schulen werden zumeist von der Jugendhilfe eingerichtet, sie sind weder gesetzlich eindeutig reguliert, noch transparent.

Viele Ganztagsschulkonzepte unterstellen, dass Schüler(innen) nicht nur aufgrund der Schulpflicht zur Schule müssen, sondern dass sie es auch wollen. Unterrichtsverweigernde Kinder und Jugendliche entziehen sich jedoch dem Besuch der Halbtagsschule. Ob die Schule für sie durch Ganztagsangebote attraktiver wird, ist sehr fraglich, wenn sie allenfalls mehr Desselben bietet. Das heißt, in Bezug auf die „besonderen" Mädchen und Jungen stellt sich die Frage nach der Wünschbarkeit einer Ganztagsschule auch in einer allgemeinen Weise. Weiterführende pädagogische Impulse geben die „Lernwerkstätten" in ihrer konsequenten Orientierung am Ansatz der „Beziehungsarbeit", also dem Versuch, intensive und vertrauensvolle soziale Beziehungen zwischen den Jugendlichen und den Pädagogen aufzubauen, etwas, was die jungen Leute in der Regelschule häufig vermissen. Aufgrund von Versagens- und Misserfolgserlebnissen sind sie oft nicht beziehungs- oder gruppenfähig und zeigen dissoziale Verhaltensweisen. Persönliche Zuwendung, einfühlende und akzeptierende Haltungen, die bestimmt sind durch individualisierendes Eingehen auf Bedürfnisse, Interessen und Verhaltensweisen, sind wichtige Aspekte des pädagogischen Umgangs mit ihnen. Ein anderes Strukturmerkmal dieser Einrichtungen ist die Freiwilligkeit, mit der vor allem dem institutionellen Misstrauen der Jugendlichen begegnet werden soll. Die freiwillige Teilnahme schafft erst eine realistische Basis des Lehrer-Schüler-Verhältnisses, sie greift tief in das Selbst- und Arbeitsverständnis der Lehrenden ein, und ohne diese Beziehungskonstellation wären die Jugendlichen nicht zu erreichen. Die Lockerung des Strukturmerkmals „Zwangsanwesenheit" beinhaltet somit in einem positiven Sinne die

Möglichkeit, das Misstrauen gegen Schule abzubauen, sie setzt aber auch ein grundlegendes Vertrauen in die Selbstständigkeit von Lernenden voraus.

Aufgrund ihres starken Gegenwartsbezuges, verbunden mit situativer und konfliktorientierter Krisenintervention, und wegen der fehlenden Abschlussorientierung ist in solchen Angeboten allerdings oft nicht geklärt, was sich an die Teilnahme an den Lernwerkstätten anschließen wird und welche weiterführenden Zukunftsperspektiven entwickelt werden könnten. Auch ausgegrenzte Jugendliche werden volljährig und müssen irgendwann auf sich allein gestellt in ihren erschwerten Lebensbedingungen zurechtkommen. Weil jedoch die Reintegration in das reguläre Schul- und Berufsbildungssystem zumeist nicht gelingt, aber auch die „Ersatzschulen" häufig keine äquivalenten Angebote machen, bleibt offen, wie künftig ein Leben „weg von der Straße" gestaltet werden könnte.

## *2.3 Ganztagseinrichtungen als „Förderzentren"*

Seit den 1990er Jahren wird in den meisten Bundesländern die Umwandlung von Sonderschulen in so genannte sonderpädagogische Förderzentren systematisch vorangetrieben. Bildungspolitischer Hintergrund dieser Entwicklung ist die Kritik an den sonderpädagogischen Kategorien wie „Lernbehinderung" oder „Verhaltensstörung", die weder begrifflich trennscharf definiert noch diagnostisch widerspruchsfrei bestimmt werden können, wie auch die Zuordnung zu behinderungsspezifischen Schulformen realiter nicht gelingt. Reformimpulse kommen außerdem aus der Integrationspädagogik, also dem gemeinsamen Unterricht von behinderten und nicht-behinderten Schüler(inne)n, aus der rapide abnehmenden Akzeptanz von Sonderschulen seitens vieler Eltern sowie aus der Kritik an den stigmatisierenden Wirkungen der Sonderschulüberweisung (Opp 1995).

Unter einem „sonderpädagogischen Förderzentrum" wird eine schulische Organisationsform verstanden, die durch interdisziplinäre Kooperation pädagogischer, psychologischer und medizinischer Dienste gekennzeichnet ist und die eine enge Verzahnung zwischen den umliegenden allgemein- und berufsbildenden Regelschulen bzw. den sozialpädagogischen Beratungs- und Unterstützungssystemen anstrebt. Mit der Einrichtung von Förderzentren ist ein grundlegender Perspektivwechsel verbunden, indem nicht mehr die Kinder nach Behinderungsarten sortiert und entsprechenden Spezialschulen zugeordnet werden, sondern Lehrkräfte, therapeutisches, medizinisches und sozialpädagogisches Fachpersonal in „multiprofessionellen Teams" zur Verfügung stehen und gleichsam von den Schulen „abgerufen" werden können. Förderzentren versorgen regional Schüler(innen) mit erheblichen Schulschwierigkeiten, sie kooperieren mit den Grund- und Sekundarschulen eines Schulsprengels (Beratung, Diagnose, Förderung, Reintegration); das traditionell geschlossene Sonderschulkonzept wird geöffnet „hin zu einer ökologischen Einbindung des Zentrums in seine Umwelten der Kooperation mit der Allgemeinen Schule und der Anbindungen von Angeboten der Ganztagsbetreuung von Schülern" (ebd.: 523). Während die aktuelle Debatte um Ganztagsschulen vornehmlich auf die Verknüpfung von Schule und Jugendarbeit fokussiert ist, liegt im Förderzentrum eine (zumeist unbeachtete) institutionalisierte Organisationsform vor, in der systematisch die Zusammenarbeit zwischen Schule und sonderpädagogischen Beratungs- und Unterstützungssystemen entwickelt wird. Da sich die sozial- und sonderpädagogischen Bildungsangebote oftmals jedoch kaum unterscheiden, besteht die Gefahr, im Bildungssystem bzw. in den einzelnen Ganztagseinrichtungen institutionelle „Dubletten" zu erzeugen.

Ziel der Arbeit eines Förderzentrums ist der Erhalt des Förderorts Regelschule, d. h. zentral ist die Durchführung ambulanter Fördermaßnahmen an allgemeinen Schulen. Stellt die Regelschule fest, dass ihre pädagogischen Maßnahmen zur Förderung einzelner Kinder nicht ausreichen, so erfolgt mit Einverständnis der Eltern eine Meldung im zuständigen Förderzentrum. Dieses führt eine „Kind-Umwelt-Diagnose" durch, es stellt besondere Förderbedarfe fest und erarbeitet einen individuellen Förderplan. Die Kinder erhalten Beratung und Hilfsmittel, außerdem werden verschiedene Unterstützungsmöglichkeiten koordiniert. Trotz eines dezidiert präventiven Ansatzes, den Verbleib auch benachteiligter Kinder und Jugendlicher in den Regelschulen zu sichern, ergibt sich in fast allen Bundesländern – bei insgesamt leicht rückläufiger Gesamtschülerzahl – ein dramatischer Anstieg von Sonderschulüberweisungen, vor allem in den Förderbereichen Lernen und Verhalten. Zudem zeigen sich sozialräumliche Disparitäten: Zwischen vergleichbaren Städten oder Landkreisen können sich die Sonderschulquoten um ein Vielfaches unterscheiden. Die Gründe hierfür sind vermutlich in Unterschieden in den Richtlinien und Überweisungspraxen, der Zielsetzungen und Effektivität von Förderzentren, nicht zuletzt in den spezifischen Besonderheiten kommunaler Bildungspolitik zu suchen (vgl. Schroeder 2005).

Die Förderzentren kennzeichnen ähnliche Realisierungsprobleme, wie sie aus den Ganztagsschulen bekannt sind (vgl. Katzenbach/Schroeder 2007): Es ist schwierig, tragfähige, verlässliche und effiziente Verknüpfungen zwischen den verschiedenen Hilfs-, Beratungs- und Bildungssystemen zu erstellen; die Regelschulen wenden sich an die unterstützenden Dienste mit relativ unverhüllten Reparatur- und Delegationsaufträgen, sie erwarten, dass diese die Leistungsfähigkeit der Schüler(innen) wieder herstellen, sodass sie einem ansonsten unveränderten Unterricht wieder folgen können, oder aber es wird festgestellt, dass sie in einem anderen System besser untergebracht seien. Die Vorstellung, dass die begleitenden Dienste Lehrkräfte darin unterstützen, ein Unterrichtsangebot zu entwickeln, das den Lernmöglichkeiten und Lernbedürfnissen der Schüler(innen) besser entspricht, wird hingegen als Zumutung angesehen. So drohen sich die verschiedenen Unterstützungssysteme häufig in unnötigen Abgrenzungsdiskursen zu verschleißen, anstatt effektive Hilfen für in Not geratene Schüler(innen) zu bieten. Zudem verändert sich das Kompetenzprofil von Sonderpädagog(inn)en, sie bleiben nicht länger Expert(innen) für Lernen und Unterricht mit „schwierigen" Kindern und Jugendlichen und haben nicht nur auf Individuen zentrierte Beratungs-, Diagnostik- und Förderungsfunktionen zu übernehmen, sondern sie beteiligen sich auch an der sozialräumlichen Identifizierung von Ungleichheitslagen verbunden mit einer gezielten Gestaltung von Bildungslandschaften im Sinne einer Ausdifferenzierung von Lernorten.

Für die Diskussion um Ganztagsbildung kann aus der rund zwanzigjährigen Entwicklung von Förderzentren in Deutschland gelernt werden, dass die Aussonderungsquote an ganztägigen Einrichtungen ein zentraler Evaluationsindikator der pädagogischen Arbeit multiprofessioneller Teams ist. Im Detail wäre zu klären, weshalb Förderzentren scheitern, das konzeptionell gesetzte Ziel zu erreichen, Schüler(innen) an Regelschulen zu halten: trotz einer verbesserten Ressourcenausstattung, trotz multiprofessioneller Teams, trotz des Kompetenztransfers und trotz der Kooperationen mit Unterstützungssystemen. Es wäre aufschlussreich, auch Ganztagsarrangements genauer unter die Lupe zu nehmen, ob sie tatsächlich das tun, was sie zur Begründung der zeitlichen Ausweitung ihrer Angebote versprechen: Kinder und Jugendliche so zu fördern, dass diese im Regelschulwesen verbleiben können.

# 3 Bilanz

An drei Typen von Einrichtungen sonderpädagogischer Ganztagsbildung wurden Entwicklungen aufgezeigt, aus denen kritische Anfragen an die gegenwärtige Euphorie zur flächendeckenden Ausweitung von Ganztagseinrichtungen abgeleitet werden können: In den traditionell „geschlossenen“ Sonderschulen (2.1) bleibt die Klientel der institutionellen Handlungslogik ausgeliefert und aufgrund des Zwangscharakters ist das Lernen vorwiegend fremdbestimmt. In den offenen Spezialeinrichtungen (wie z. B. Lernwerkstätten: 2.2) dagegen zeigen sich die Grenzen der Beschulbarkeit sowie Tendenzen, sich im öffentlichen Erziehungs- und Bildungssystem einer schwierigen Klientel stillschweigend zu entledigen. Die Förderzentren (2.3) wiederum leisten bislang nicht, wofür sie eingerichtet wurden: Durch Beratung und Prävention die schulische Ausgrenzung von Kindern und Jugendlichen merklich zu mildern sowie spürbar zu einem Abbau von Bildungsbenachteiligungen beizutragen.

An ganztägigen Sonderschulen und speziellen schulischen Einrichtungen lassen sich die Grenzen von Ganztagsbildung ausloten. Sollen Ganztagseinrichtungen nicht zu „geschlossenen“ Institutionen werden, in denen die Schüler(innen) von allumfassenden pädagogischen Strukturen beherrscht werden, so ist die Ausweitung der Halbtags- auf eine Ganztagsschule kritisch zu überprüfen: Die vermehrte Inanspruchnahme der Zeit von Kindern und Jugendlichen für Bildungszwecke ist sogleich mit Bemühungen zu verknüpfen, entpädagogisierte Freiräume wiederzugewinnen und die durch Institutionen strukturierte und für Bildung zu verbrauchende Zeit im Tagesablauf zu begrenzen. Ebenso ist die im Ansatz der Ganztagsbildung angestoßene Debatte um die Kompensationsfunktion der Sonder- und Sozialpädagogik mit aller Dringlichkeit zu führen: Diese Disziplinen kommen in vielen Ganztagskonzepten vor allem dann ins Spiel, wenn Ausfallbürgschaften zu leisten sind – weil Kinder und Jugendliche der staatlichen Schule fernbleiben oder weil, wie im Falle der Flüchtlinge, ihnen der Zugang zur schulischen Bildung staatlich verwehrt bleibt. Es bedarf intensiver Bemühungen, Bildungsbenachteiligungen zu bearbeiten, denn wir können nicht einfach unterstellen, dass alle schwierigen Schüler(innen) in der Ganztagsschule willkommen sind oder eine solche attraktiv finden. Das Beispiel „Förderzentrum“ zeigt, dass die Frage nach der „Machbarkeit“ von „Bildungsnetzwerken“ noch lange nicht befriedigend beantwortet ist.

Die Behauptung, dass die Kinder und Jugendlichen in der gegenwärtigen Debatte um die Ganztagsbildung allenfalls mitbedacht werden, während die Diskussionen „nahezu ausschließlich aus Sicht der Erwachsenen geführt werden“ (Toppe 2005: 141), gilt in Bezug auf Risikokinder und -jugendliche in verschärften Weise (vgl. Ellinger u. a. 2007). Vermeintlich konsensfähige Überzeugungen durch provozierende Widerhaken zu irritieren, war schon immer die wichtigste Aufgabe der Sonderpädagogik.

## *Literatur*

Bachmann, Walter (1968): Sonderschulen als Ganztagesschulen. In: Zeitschrift für Heilpädagogik (19. Jg.) 1968: 353-364.

Baier, Herwig (1983): Notwendigkeit des Angebots einer schulischen Ganztagsbetreuung Lernbehinderter. In: Zeitschrift für Heilpädagogik (34. Jg.) 1983: 533-537.

Begemann, Ernst (1970): Die Erziehung der soziokulturell benachteiligten Schüler. Hannover: Schroedel.

BFSFJ – Bundesministerium für Familie, Senioren, Frauen und Jugend (2005): Zwölfter Kinder- und Jugendbericht. Berlin.

Bundesarbeitsgemeinschaft der Lehrer im Justizvollzug (Hg.) (2001): Justizvollzug und Pädagogik. Tradition und Herausforderung. Herbolzheim: Centaurus.
Ellinger, Stephan (2002): Risikokinder in der Ganztagesschule. Modellversuch zur Kooperation von Jugendhilfe und Schule für Erziehungshilfe. In: Vierteljahresschrift für Heilpädagogik und ihre Nachbargebiete (20. Jg.) 2/2002: 173-184.
Ellinger Stephan/Koch, Katja/Schroeder, Joachim (2007): Risikokinder in der Ganztagsschule. Stuttgart: Kohlhammer.
Foucault, Michel (1977): Überwachen und Strafen. Die Geburt des Gefängnisses. Frankfurt a. M.: Suhrkamp.
Goffman, Erving (1973): Asyle. Über die soziale Situation psychiatrischer Patienten und anderer Insassen. Frankfurt a. M.: Suhrkamp.
Harter-Meyer, Renate (1999): Das prekäre Verhältnis von Pädagogik und Kinder- und Jugendpsychiatrie aus der Sicht der Erziehungswissenschaft. In: Harter-Meyer, Renate u. a. (Hg.): Hilfen für psychisch kranke Kinder und Jugendliche. Münster: Lit: 7-40.
Herz, Birgit (Hg.) (2006): Lernen für Grenzgänger. Bildung für Jugendliche in der Straßenszene. Münster: Waxmann.
Hiller, Gotthilf Gerhard (2005): Förderschulen: Notwendige Ganztagesschulen?! In: Sonderpädagogische Förderung in Nordrhein-Westfalen. Mitteilungen 1/2005: 20-30.
Hornberg, Sabine (Hg.) (2000): Die Schulsituation von Sinti und Roma in Europa. Frankfurt a. M.: IKO.
Katzenbach, Dieter/Schroeder, Joachim (2007): „Ohne Angst verschieden sein können". Über Inklusion und ihre Machbarkeit. In: Zeitschrift für Heilpädagogik (58. Jg.) 6/2007: 202-213.
KMK (2004) – Kultusministerkonferenz: Bericht über die allgemein bildenden Schulen in Ganztagesform in den Ländern in der Bundesrepublik Deutschland – Schuljahr 2002/03 – Bonn.
Koch, Katja (2004): Die soziale Lage der Familien von Förderschülern – Ergebnisse einer empirischen Studie. In: Sonderpädagogische Förderung (49. Jg.) 2/2004: 181-200.
Konopka, Dieter (1996): Zehn Jahre Freie Schule Hamburg in der Honigfabrik. Eine Schule für postmoderne Zeiten. Rückblick und Vorblick. Wilhelmsburg: Eigendruck.
Lindemann, Florian (2005): „Schule muss schmecken!" Ermutigende Erfahrungen junger Roma im deutschen Bildungswesen. Weinheim: Beltz.
Möckel, Andreas (2001): Geschichte der besonderen Grund- und Hauptschule. Heidelberg: Winter.
Nestle, Werner (1993): Ganztagsschule als Notwendigkeit aus sonderpädagogischer Sicht. In: Die Ganztagsschule (33. Jg.) 2/1993: 35-48.
Opp, Günter (1995): Neue Modelle schulischer Förderung von Kindern und Jugendlichen mit Lern- und Verhaltensstörungen. In: Zeitschrift für Heilpädagogik (46. Jg.) 11/1995: 520-530.
Petermann, Ulrike (1993): Schule für Verhaltensgestörte: Analyse von Schulkonzepten. In: Sonderpädagogik (23. Jg.) 3/1993: 142-155.
Powell, Justin/Wagner, Sandra (2001): Daten und Fakten zu Migrantenjugendlichen an Sonderschulen in der Bundesrepublik Deutschland. Berlin: Max-Planck-Institut für Bildungsforschung.
Reiser, Helmut/Loeken, Hiltrud (1993): Das Zentrum für Erziehungshilfe der Stadt Frankfurt am Main. Kooperation von Schule und Jugendhilfe. Solms: Jarick Oberbiel.
Schroeder, Joachim (2003): Der Flüchtlingsraum als ein „totaler Raum". Bildungsinstitutionen und ihre Grenzen. In: Neumann, Ursula u. a. (Hg.): Lernen am Rande der Gesellschaft. Münster: Waxmann: 379-396.
Schroeder, Joachim (2005): Ganztagesschule: skeptische Anmerkungen aus Sicht der Benachteiligenpädagogik. In: Behindertenpädagogik (44. Jg.) 4/2005: 425-439.
Schroeder, Joachim (2006): Jugendschulen – Konzeptionelle Ansätze für die pädagogische Arbeit mit markt-, sozial- und rechtsbenachteiligten jungen Menschen. In: Spies, Anke/Tredop, Dietmar (Hg.): „Risikobiografien". Benachteiligte Jugendliche zwischen Ausgrenzung und Förderprojekten. Wiesbaden: VS Verlag für Sozialwissenschaften: 207-221.
Toppe, Sabine (2005): Soziale Ungleichheit in der Schule. Neue Chancen für Kinder und Eltern in der Ganztagsschule? In: Spies, Anke/Stecklina, Gerd (Hg.): Die Ganztagsschule. Bd. 1. Bad Heilbrunn: Klinkhardt: 130-148.
Unkelbach, Christian (2005): Freiburger StrassenSchule – mit Kindern und Jugendlichen Schulen neu denken. Freiburg i. Br.: StrassenSchule e. V.
Warzecha, Birgit (Hg.) (2000): Lehren und lernen an der Grenze. Ein Projekt am Hamburger Hauptbahnhof. Münster: Lit.

# Schulsozialarbeit

*Karsten Speck*

Die Schulsozialarbeit stellt sich in Deutschland durch die politische Instrumentalisierung für unterschiedlichste Ziele sowie die verschiedenen Zuständigkeiten, Träger und Fördermittelgeber und trotz mancher konzeptionellen Profilschärfung in den letzten Jahren (vgl. Olk u. a. 2000; Prüß u. a. 2000; Hollenstein 2000a; Homfeldt/Schulze-Krüdener 2001; Bolay u. a. 2005; Speck 2006) nach wie vor als ein äußerst heterogenes Arbeitsfeld dar. Im Folgenden soll in Anlehnung an vorliegende Begriffsklärungen unter „Schulsozialarbeit" ein Angebot der Jugendhilfe (im Sinne der §§ 11 und 13 SGB VIII/KJHG) verstanden werden, bei dem sozialpädagogische Fachkräfte kontinuierlich am Ort Schule tätig sind und mit Lehrkräften auf einer verbindlich vereinbarten Basis zusammenarbeiten, um junge Menschen in ihrer individuellen, sozialen, schulischen und beruflichen Entwicklung zu fördern, ferner dazu beizutragen, Bildungsbenachteiligungen zu vermeiden und abzubauen, Erziehungsberechtigte und Lehrer(innen) bei der Erziehung und dem erzieherischen Kinder- und Jugendschutz zu beraten und zu unterstützen sowie zu einer schülerfreundlichen Umwelt beizutragen. Diese Definition verdeutlicht eine gewünschte jugendhilfebezogene Verortung der Schulsozialarbeit, wenngleich die Praxis durchaus variantenreicher ist.

Unter Ganztagsbildung wird im Folgenden in Anlehnung an Coelens Ausführungen zu einer „Kommunalen Jugendbildung" (vgl. 2004) ein Konzept verstanden, bei dem Schulen, Träger der Jugendhilfe, aber auch andere Institutionen und Personen eines Sozialraumes (z. B. Ämter, Familieneinrichtungen, Theater, Unternehmen, Künstler etc.) dauerhaft und verbindlich unter Anerkennung der unterschiedlichen Ziele, Prinzipien, Inhalte und Methoden auf sozialräumlicher Ebene zusammenarbeiten, um ein Ganztagsangebot mit formellen, non-formalen und informellen Bildungsbestandteilen und -arrangements für und mit Kindern und Jugendlichen zu planen, umzusetzen und weiterzuentwickeln. Dieses Verständnis von Ganztagsbildung meint durch die gemeinsame und adressatenorientierte Abstimmung von Bildungsangeboten und -arrangements also mehr als die bloße Umsetzung einer Ganztagsschule und etwas anderes als eine über den ganzen Tag ausgedehnte, formale Ausbildung von Schüler(inne)n. Es impliziert – hier gibt es Differenzen zu Coelens Konzept – allerdings nicht die strikte, zeitliche Aufgabentrennung von Schule und Jugendhilfe mit vormittäglichem Unterricht und nachmittäglicher Jugendarbeit (additives Kooperationsmodell), aber auch nicht einen Austausch der Mitarbeiter(innen), bei dem beispielsweise Sozialpädagog(inn)en Projektunterricht in Schulen durchführen und Lehrer(innen) Förderangebote in einer Jugendeinrichtung anbieten, da hier Entgrenzungs- und Deprofessionalisierungseffekte sowie über kurz oder lang eine Verschulung der Jugendarbeit erwartet werden (vgl. Bolay u. a. 2005). Präferiert wird stattdessen eine Rhythmisierung des Alltags von Kindern und Jugendlichen und eine bildungsbezogene Abstimmung und Zusammenarbeit im Sozialraum unter konsequenter Wahrung der jeweiligen Differenzen und Kompetenzen der Partner und Institutionen.

Eine wichtige Steuerungsfunktion für eine solche Ganztagsbildung könnte die Schulsozialarbeit übernehmen. Voraussetzung hierfür wäre, dass die Schulsozialarbeit in Jugendhilfe und Schule als entscheidende Vermittlungsagentur anerkannt ist, an Ganztagsschulen eingerichtet und dort auch ausgeführt wird, eine starke Sozialraumorientierung beinhaltet, Steuerungsaufgaben übernimmt und nicht in schulischer Trägerschaft erfolgt. Die konzeptionellen Chancen für eine solche Schulsozialarbeit haben sich in den letzten Jahren zunächst verbessert: Erstens bietet der vollzogene Ausbau der (Gebundenen) Ganztagsschulen durch das umfassendere Bildungskonzept, die Zeitstruktur und die Rhythmisierung deutlich größere Chancen, aber auch Notenwendigkeiten für eine Kooperation zwischen Lehrer(inne)n und anderen pädagogischen Professionen am Ort Schule als herkömmliche Halbtagsschulen (vgl. Rademacker 2004; Olk 2004, 2005; Bönsch 2004; die Beiträge in Otto/Coelen 2004; Mack 2005; Spies/Stecklina 2005; BMFSFJ 2005; Kamski/Schnetzer 2007). Zweitens hat sich inzwischen das in den 1970er Jahren sehr angespannte Verhältnis zwischen Jugendhilfe und Schule deutlich entspannt (vgl. die Beiträge in Hartnuß/Maykus 2004). Drittens hat die Schulsozialarbeit fachpolitisch in Jugendhilfe und Schule sowie quantitativ hinsichtlich der Anzahl der Projekte an Bedeutung zugenommen.

## 1 Begründung von Schulsozialarbeit und ihre Vorteile für die Ganztagsbildung

Für die Etablierung von Schulsozialarbeit lassen sich, unabhängig davon, ob es sich um eine Halb- oder Ganztagsschule handelt, alltagspraktische Begründungsmuster auf der einen Seite und theoretische Begründungsmuster auf der anderen Seite unterscheiden: Die alltagspraktischen Begründungsmuster stellen oftmals eine pragmatische Grundlage für die Institutionalisierung von Schulsozialarbeit dar (z. B. Absicherung der Freizeitangebote und Nachmittagsbetreuung an Ganztagsschulen, Abbau von Verhaltensauffälligkeiten und des schuldevianten Verhaltens). Bei den tragfähigeren – projektübergreifenden, fachlich-konzeptionellen und empirisch abgesicherten – theoretischen Begründungsmustern für Schulsozialarbeit können unterschieden werden:

- sozialisations- und modernisierungstheoretische (Kompetenzförderung, Hilfen zur Lebensbewältigung und Schulerfolg)
- schultheoretische (Funktionstüchtigkeit von Schule sowie Schulreform und -entwicklung)
- transformationstheoretische (Verunsicherungen und Probleme bei Kindern und Jugendlichen durch Transformationsprozess)
- rollen- und professionstheoretische (Überforderung der Lehrer mit sozialpädagogischer Aufgabe und Rolle)

Im Rahmen des fachlich überzeugendsten sozialisations- und modernisierungstheoretischen Begründungsmusters hat die Schulsozialarbeit angesichts veränderter und riskanter Sozialisationsbedingungen die Aufgabe, Kinder und Jugendliche in ihrer Identitäts- und Persönlichkeitsentwicklung zu fördern, in ihrer schulischen und außerschulischen Lebensbewältigung zu unterstützen sowie in ihren sozialen Kompetenzen zu fördern bzw. durch die Verbesserung der Schulerfolgschancen die soziale Integration von Kindern und Jugendlichen langfristig zu erhöhen (vgl. Rademacker 2004).

Die skizzierten allgemeinen Begründungmuster für Schulsozialarbeit gelten ohne Zweifel auch für Ganztagsschulen und können auf Konzepte der Ganztagsbildung übertragen werden, müssen jedoch vor dem Hintergrund des Ganztagskontextes noch erweitert werden. In der aktuellen Ganztagsdiskussion lassen sich – stark vereinfacht – drei Begründungsmuster für die Kooperation mit anderen Professionen unterscheiden:

Erstens existiert ein eher pragmatisch-ressourcenorientiertes Begründungsmuster, in dem den Kooperationspartnern (z. B. den Schulsozialarbeiter(inne)n) tendenziell nur eine quantitative Bedeutung und kompensatorische Funktion zur Absicherung des Ganztagsbetriebs zugesprochen (z. B. Freizeiten, Aufsicht, Mittagessen, Betreuung) und ihr Eigensinn und -wert letztlich negiert werden (vgl. Bönsch 2004: 129-130; Ipfling 2005: 308; kritisch bereits: Tillmann 1982: 27).

Zweitens wird in einem konzeptionell anspruchvolleren, stärker schulpädagogischen Begründungsmuster auf eine neue Lehr- und Lernkultur an Ganztagsschulen, begrenzte Möglichkeiten und Kompetenzen von Lehrkräften sowie veränderte Bedingungen des Aufwachsens in Kindheit und Jugend verwiesen, die eine Öffnung nach innen und vor allem außen als notwendig und ertragreich erscheinen lassen (vgl. Appel 2004: 169-173; Tillmann 2004; Holtappels 1994, 1995).

Drittens existiert eher sozialpädagogisches Begründungsmuster, in dem sich im Interesse der Kinder und Jugendlichen (und auch der eigenen Fachdisziplin) für eine stärkere lebensweltliche und institutionelle Öffnung von Schule, eine Neubestimmung der Verantwortlichkeiten von Jugendhilfe, Schule und Eltern bei der Bildung und Erziehung sowie eine Verankerung von Ganztagsschulen im Gemeinwesen ausgesprochen wird (vgl. BMFSFJ 2002; Deinet/Icking 2005; Deinet 2005a; Mack 2005). Im Zentrum steht hier vor allem die sozialräumliche Verortung und Vernetzung der Bildungsangebote für Kinder und Jugendliche (z. B. „Ganztagsbildung“, „Gesamtsystem von Bildung, Erziehung und Betreuung“, „Kommunale Jugendbildung“, „Lokale Bildungslandschaften“, „Sozialraumorientierte Jugendbildung“) (vgl. Coelen 2002; Appel 2004; Otto/Coelen 2004; Deinet 2005b; Thimm 2005; Floerecke 2005; Holtappels 2006; Stolz 2006).

Die konkrete Konzeptualisierung von Schulsozialarbeit, die über den Einsatz an Ganztagsschulen hinausgeht und zu Konzepten zur Ganztagsbildung führt, erscheint gegenwärtig noch offen. Vorstellbar ist sowohl eine schulische Instrumentalisierung (z. B. als Lückenbüßer für die nachmittägliche Betreuung an Ganztagsschulen) als auch eine Schulsozialarbeit, die mit ihren Angeboten in ein rhythmisiertes Konzept eingebunden ist, zu einer Öffnung der Schulen für außerschulische Bildungspartner beiträgt und vor allem eine führende (Steuerungs-)Funktion bei der Entwicklung und Umsetzung sozialräumlicher bzw. kommunaler Konzepte der Ganztagsbildung ausübt. Die Schulsozialarbeit hat hier einige strategische Vorteile für eine gelingende Ganztagsbildung aufzuweisen, ist sie doch:

1. für die unterschiedlichen Akteure der Ganztagsbildung an einem Ort kontinuierlich präsent, ansprechbar und als Schnittstellenakteur bekannt (niedrigschwelliges Wirkungspotenzial)
2. in der Regel mit einem breiten Mandat und Konzept ausgestattet, die schulische Bildung und die Identitätsbildung von Kindern und Jugendlichen in Zusammenarbeit mit unterschiedlichen Akteuren in- und außerhalb der Schule zu fördern (konzeptionelles Wirkungspotenzial)
3. sowohl innerhalb der Schule als auch im Sozialraum im Umfeld der Schule (z. B. Jugendhilfe) verankert und mit einem institutionenübergreifenden Vermittlungswissen ausgestattet (doppeltes, institutionenbezogenes Wirkungspotenzial)

4. durch die räumliche Verortung in der Schule in der Lage, auf die Bildungsbiographien einer Vielzahl von Kindern und Jugendlichen Einfluss zu nehmen und
5. bei Kindern und Jugendlichen aufgrund einer anderen Rolle als Lehrer(innen) und jugendspezifischen Herangehensweise als kompetenter Ansprechpartner und Interessenvertretung anerkannt (adressatenbezogenes Wirkungspotenzial).

## 2 Empirische Befunde zur Verknüpfung von Schulsozialarbeit und Ganztagsschulen/Ganztagsbildung

Zu den vielfältigen Wirkungen der Schulsozialarbeit, aber auch den oftmals defizitären personellen, finanziellen, räumlichen, materiell-technischen und kooperationsbezogenen Rahmenbedingungen sowie den Kooperationsproblemen zwischen Lehrer(inne)n und Schulsozialarbeiter(inne)n liegen zahlreiche Studien vor (vgl. THMSG 1998a und b; Korus o. J.; Prüß u. a. 2000; Bolay u. a. 2003; Olk/Speck 2004; Bauer u. a. 2005; Speck 2006). Im Gegensatz zum allgemeinen Forschungsfeld Schulsozialarbeit existierten zur besonderen Situation von Schulsozialarbeit an Ganztagsschulen und sowie zur Tätigkeit von Schulsozialarbeiter(inne)n in schulischer Trägerschaft lange Zeit nur wenige empirische Befunde und Einschätzungen (GGG 1980: 35-63; Ipfling 1981: 76; Tillmann 1982; Deinet 1997). Die aktuelle, bundesweite „Studie zur Entwicklung von Ganztagsschulen“ (StEG) liefert zwar keine expliziten Befunde zur Schulsozialarbeit, jedoch Erkenntnisse zur Kooperation von Lehrer(inne)n und dem weiteren pädagogisch tätigen Personal an Ganztagsschulen (vgl. die Beiträge in Holtappels u. a. 2007). Die Studie zeigt, dass

- Wahrnehmungsunterschiede zwischen Schulleitungen, Lehrkräften und dem weiteren pädagogischen Personal über die Entwicklungsaktivitäten der Ganztagsschulen und die tatsächliche Partizipation der Beteiligten bestehen (vgl. Holtappels 2007a)
- die innerschulische Kooperation einen hohen Einfluss auf die Zufriedenheit der Schulleitungen und Lehrerschaft mit dem Ganztagsbetrieb hat (vgl. Rollett 2007)
- den Schulleitungen eine entscheidende Rolle bei der Organisation und Koordination des Ganztagsbetriebs zukommt (Dieckmann u. a. 2007).

Die Befunde von StEG deuten ferner darauf hin, dass an den Ganztagsschulen zwar eine Kooperation unterschiedlicher Berufskulturen stattfindet; diese berührt jedoch offensichtlich den Unterricht und die Schulorganisation nur am Rande. So sind der Unterricht und die sonstigen Angebote an den Ganztagsschulen oft wenig miteinander verbunden, gibt es eine relativ strikte, professionsbezogene Arbeitsteilung für den Unterricht (Lehrer) und die unterrichtsfernen Angebote (weiteres pädagogisches Personal) und existiert meist kein spezielles Ganztagsgremium (vgl. Holtappels 2007a: 149-151; Holtappels 2007b: 198-199; Dieckmann u. a. 2007). Einschränkend ist allerdings darauf hinzuweisen, dass die Organisationsform der Ganztagsschule einen entscheidenden Einfluss auf die Kooperation hat (vgl. Höhmann u. a. 2005; Holtappels 2007a: 151).

Qualitative Untersuchungen machen darüber hinaus auf gravierende strukturelle und konzeptionelle Probleme an Ganztagsschulen aufmerksam. Sie zeigen, dass

- oft additive Ganztagskonzepte mit einer strikten Trennung zwischen Unterricht (am Vormittag) und außerunterrichtlichen Angeboten (am Nachmittag) eingeführt wurden

- bei den sozialpädagogischen Fachkräften und Lehrkräften kaum inhaltliche Vorstellungen zur Verknüpfung zwischen Nachmittagsangeboten und Unterricht existieren
- durch die Hausaufgabenbetreuung eine Verschulung des Nachmittags stattfindet
- die Eltern eher als Problemverursacher, denn als Ressource wahrgenommen werden
- pädagogische Mitarbeiter(innen) im Nachmittagsbereich zum Teil als „Betreuer(in)" abgewertet werden (Kolbe u. a. 2005; Kolbe u. a. 2007; Fritzsche/Rabenstein 2007; Beher u. a. 2005; Beher/Rauschenbach 2006).

Zur tatsächlichen Verbreitung von Schulsozialarbeit an Ganztagsschulen oder gar ihrer Bedeutung in neueren Konzepten einer Ganztagsbildung existieren in Deutschland allenfalls fragmentarische Informationen (vgl. GGG 1980: 22; Raab u. a. 1987: 60-61). Eine aktuelle Untersuchung ermittelt auf der Basis von Schulleiter(innen)aussagen an 22 % der allgemein bildenden Schulen Projekte der Schulsozialarbeit und belegte zudem, dass Ganztagsschulen häufiger über Projekte der Schulsozialarbeit und Schulstationen verfügten (vgl. Behr-Heintze/Lipski 2005: 16, 25).

Die vorliegenden empirischen Befunde zu Ganztagsschulen deuten zusammenfassend allerdings auf einige Herausforderungen bei der Umsetzung von Konzepten der Ganztagsbildung hin. Empirische Befunde zur Bedeutung von Schulsozialarbeit in Konzepten einer Ganztagsbildung liegen – verständlicherweise – noch nicht vor.

## 3 Trägermodelle und -kompetenzen

In der Fachdiskussion zur Schulsozialarbeit gibt es seit der Institutionalisierung Debatten über das richtige Trägermodell (vgl. GGG 1980), hat dies doch einen entscheidenden Einfluss auf die Finanzierung, die Ausrichtung, die Dienst- und Fachaufsicht, die Gestaltungsspielräume der Schulsozialarbeiter(innen) und ihre Einbindung in die Schul- bzw. die Jugendhilfenetzwerke. Dies gilt besonders für Ganztagsschulen und Konzepte der Ganztagsbildung. Im Mittelpunkt der bisherigen Diskussion standen vor allem drei Modelle: a) schulische Träger (Schulbehörden), b) örtliche Jugendämter oder c) Freie Träger der Jugendhilfe. Ungeachtet aller empirischen Unsicherheiten wird in der sozialpädagogischen Fachliteratur zumeist entschieden für eine Jugendhilfeträgerschaft plädiert, wobei sich keine klare Präferenz für die Jugendämter oder Freien Träger abzeichnet. Das schulische Trägermodell hingegen wird – obwohl als Regeleinrichtung in zahlreichen Bundesländern weit verbreitet – äußerst kritisch betrachtet. Befürchtet wird eine Aufgabe sozialpädagogischer Ziele und Arbeitsprinzipien zugunsten schulischer Interessen (vgl. Wulfers 1998: 27; THMSG 1998a: 37; Hollenstein 2000a: 361; Olk/Speck 2004; Speck 2006). Für das schulische Trägermodell sprechen sich vorwiegend Schulvertreter(innen) aus, die sich dadurch weniger Reibungspunkte zwischen Lehrer(inne)n und Sozialpädagog(inn)en erhoffen (Vollmers 1997: 22; Schnell 1997: 24; Appel 2004: 191).

Über die drei skizzierten Trägermodelle hinaus werden seit einiger Zeit allerdings auch andere Lösungen der Trägerfrage vorgeschlagen, die mit Blick auf Ganztagsschulen bzw. Konzepte einer Ganztagsbildung diskutiert werden bzw. diesbezüglich von Bedeutung sind: Hollenstein (2000a: 361) fordert bei einer schulischen Trägerschaft die Einführung einer schulübergreifenden Fachberatung in den jeweiligen Schulbehörden, u. a. auch für die Konfliktregulierung. Versucht wird letztlich, eine Unabhängigkeit der Sozialpädagog(inn)en von schulischen Unterstellungsverhältnissen und Weisungsbefugnissen zu erreichen. Eine noch andere Akzentuierung setzt Nieslony (1997: 303-304), der sich – unter Bezug auf die niederländischen Erfahrungen – für ein interdisziplinäres Unternehmen von Psycholog(inn)en, Heilpädagog(inn)en, Logopäd(inn)en u. a. in Form einer privaten Vereinigung an Ganztagsschulen ausspricht, welches losgelöst von den traditionellen Trägerschaften „weisungsunabhängig auf vertraglicher Basis seine schulformbezogenen Dienstleistungen" erbringt (ebd.: 304). Coelen plädiert im Sinne der „Kommunalpädagogik" für eine Trägerschaft in Form eines institutionenverbindenden Vereins (vgl. 2004: 264-265).

Unabhängig vom Trägermodell sind jedoch die konkreten Kompetenzen der einzelnen Träger nicht unwichtig. Legt man die einschlägige Forschung zur Schulsozialarbeit zugrunde, sollten Träger der Schulsozialarbeit an Ganztagsschulen bzw. im Rahmen von Konzepten der Ganztagsbildung in der Lage sein, a) ein sozialpädagogisch fundiertes und tragfähiges Konzept zur Schulsozialarbeit zu entwickeln, b) die Schulsozialarbeit unter Beachtung entsprechender Qualitätsstandards in den Schulen zu implementieren, c) eine sozialpädagogische Umsetzung und fachliche Begleitung der Fachkräfte – auch bei Konflikten – sicherzustellen sowie d) eine Auswertung der Schulsozialarbeit mit den unterschiedlichen Beteiligten vorzunehmen.

# 4 Aktuelle Entwicklungen

Angesichts des Ausbaus der Ganztagsschulen, der Ausweitung der Bildungsdebatte im Jugendhilfe- und Kommunalbereich sowie der sozial- und bildungspolitischen Inpflichtnahme befindet sich das Arbeitsfeld Schulsozialarbeit z. Zt. in einer Aufbruchstimmung und einem Selbstvergewisserungsprozess. Diskutiert werden das Profil und die Ziele, der Bildungsauftrag, die Wirkungspotenziale und Effekte bei den Adressat(inn)en sowie geeignete Verfahren und Instrumente für Qualitätsstandards, die Qualitätsentwicklung und die (Selbst-)Evaluation in der Schulsozialarbeit (vgl. Hollenstein 2000a; Homfeldt/Schulze-Krüdener 2001; Speck 2007). Im Zentrum der Diskussion stehen zugleich konzeptionelle Fragen, die zum einen auf eine Einbindung der Schulsozialarbeit in Konzepte einer Kooperation von Schule und Jugendhilfe und zum anderen auf eine stärkere Sozialraumorientierung und Vernetzung der Schulsozialarbeit hinauslaufen (vgl. Deinet 2005a; Bolay u. a. 2005: 34-36). Sozialräumliche Konzepte von Schulsozialarbeit, bei den die innerschulischen, sozialpädagogischen Fachkräfte parallel mit einer zweiten Aufgabe und gesplitteten Deputaten auch im Stadtteil agieren bzw. sogar mehrere Schulen mit Angeboten der Jugendsozialarbeit versorgen sollen, gewinnen nicht zuletzt aus Kostengründen an Attraktivität. Untersuchungen zeigen hier allerdings, dass sich die eingeschränkten Präsenzzeiten an den Schulen – neben einigen Vorteilen – negativ auf die fachlich-inhaltliche Wirksamkeit der Schulsozialarbeit auswirken (vgl. Bolay u. a. 2003: 28, 44).

Entscheidenden Einfluss auf eine erfolgreiche Ausgestaltung der Schulsozialarbeit im Rahmen von Konzepten der Ganztagsbildung dürften zusammenfassend betrachtet folgende Faktoren haben: die konkrete Form der Ganztagsschule, die zugrunde liegenden Schulsozialarbeitskonzepte, die Träger der Schulsozialarbeit und ihre Kompetenzen, die Präsenz der Schulsozialarbeit an den Schulen sowie die sozialräumlichen Bildungsstrategien und -konzepte.

## Literatur


Appel, Stefan (2004): Handbuch Ganztagsschule. Konzeption, Einrichtung und Organisation. Schwalbach/Ts.: Wochenschau.

Bauer, Petra/Brunner, Ewald J./Morgenstern, Ines/Volkmar, Susanne (2005): Sozialarbeit an berufsbildenden Schulen. Das Thüringer Modell. Freiburg i. Br.: Lambertus.

Beher, Karin/Haenisch, Hans/Hermens, Claudia/Liebig, Reinhard/Nordt, Gabriele/Schulz, Uwe (2005): Offene Ganztagsschule Primarbereich. Begleitstudie zu Einführung, Zielsetzungen und Umsetzungsprozessen in Nordrhein-Westfalen. Weinheim: Juventa.

Beher, Karin/Rauschenbach, Thomas (2006): Die offene Ganztagsgrundschule in Nordrhein-Westfalen. Ein gelungenes Zusammenspiel von Schule und Jugendhilfe? In: ZfE (9. Jg.) H. 1/2006: 51-66.

Behr-Heintze, Andrea/Lipski, Jens (2005): Schulkooperationen. Stand und Perspektiven der Zusammenarbeit zwischen Schulen und ihren Partnern. Ein Forschungsbericht des DJI. Schwalbach/Ts.: Wochenschau.

Bolay, Eberhard/Flad, Carola/Gutbrod, Heiner (2003): Sozialraumverankerte Schulsozialarbeit. Eine empirische Studie zur Kooperation von Jugendhilfe und Schule. Bd. 7. Herausgegeben vom Landeswohlfahrtsverband Württemberg-Hohenzollern. Stuttgart: LWV-Eigenverlag.

Bolay, Eberhard/Gutbrod, Heiner/Flad, Carola (2005): Schulsozialarbeit – Impulse für die Ganztagsschule. In: Spies, Anke/Stecklina, Gerd (Hg.) (2005): Die Ganztagsschule. Keine Chance ohne Kooperation – Handlungsformen und institutionelle Bedingungen. Bd. 2. Bad Heilbrunn: Klinkhardt: 22-42

Bönsch, Manfred (2004): Kooperation von Jugendhilfe und Schule aus schulpädagogischer Sicht: Warum sollte sich Schule (auch) zur Jugendhilfe hin öffnen? In: Hartnuß, Birger/Maykus, Stephan (Hg.) (2004): Handbuch Kooperation von Jugendhilfe und Schule. Ein Leitfaden für Praxisreflexionen, theoretische Verortungen und Forschungsfragen. Berlin: Dt. Verein für öffentliche und private Fürsorge: 126-139.

BMFSFJ (2002) – Bundesministerium für Familie, Senioren, Frauen und Jugend: Elfter Kinder- und Jugendbericht – Bericht über die Lebenssituation junger Menschen und die Leistungen der Kinder- und Jugendhilfe in Deutschland. Berlin.

BMFSFJ (2005) – Bundesministerium für Familie, Senioren, Frauen und Jugend: Zwölfter Kinder- und Jugendbericht – Bericht über die Lebenssituation junger Menschen und die Leistungen der Kinder- und Jugendhilfe in Deutschland. Berlin.

Coelen, Thomas (2002): „Ganztagsbildung". Ausbildung und Identitätsbildung von Kindern und Jugendlichen durch die Zusammenarbeit von Schulen und Jugendeinrichtungen. In: neue praxis (32. Jg.) H. 1/2002: 53-66.

Coelen, Thomas (2004): „Ganztagsbildung" – Integration von Aus- und Identitätsbildung durch die Kooperation zwischen Schulen und Jugendeinrichtungen. In: Otto, Hans-Uwe/Coelen, Thomas (Hg.): Grundbegriffe der Ganztagsbildung. Beiträge zu einem neuen Bildungsverständnis in der Wissensgesellschaft. Wiesbaden: VS Verlag für Sozialwissenschaften: 247-267.

Deinet, Ulrich (Hg.) (1997): Schule aus – Jugendhaus? Praxishandbuch, Ganztagskonzepte und Kooperationsmodelle in Jugendhilfe und Schule. Münster: Votum.

Deinet, Ulrich (2005a): Ganztagsangebote durch die Kooperation von Jugendarbeit und Schule. In: Otto, Hans-Uwe/Coelen, Thomas (Hg.) (2005): Ganztägige Bildungssysteme. Innovation durch Vergleich. Münster: Waxmann: 145-154.

Deinet, Ulrich (2005b): Außerschulische Jugendbildung und ihr Beitrag zur Debatte um Ganztagsbildung. In: Fitzner, Thilo/Schlag, Thomas/Lallinger, Manfred W. (Hg.) (2005): Ganztagsschule – Ganztagsbildung. Politik – Pädagogik – Kooperationen. Bad Boll: Evangelische Akademie: 377-401.

Deinet, Ulrich/Icking, Maria (2005): Schule in Kooperation – mit der Jugendhilfe und mit weiteren Partnern im Sozialraum. In: Appel, Stefan/Ludwig, Harald/Rother, Ulrich/Rutz, Georg (Hg.) (2005): Jahrbuch Ganztagsschule 2006. Schulkooperationen. Schwalbach/Ts.: Wochenschau: 9-20.

Dieckmann, Katja/Höhmann, Katrin/Tillmann, Katja (2007): Schulorganisation, Organisationskultur und Schulklima an ganztägigen Schulen. In: Holtappels, Heinz Günter/Klieme, Eckhard/Rauschenbach, Thomas/Stecher, Ludwig (Hg.) (2007): 164-185.

Floerecke, Peter (2005): Quartiersbezogene Angebote der Kinder- und Jugendhilfe für die Ganztagsschule. In: Spies, Anke/Stecklina, Gerd (Hg.) (2005): Die Ganztagsschule. Keine Chance ohne Kooperation – Handlungsformen und institutionelle Bedingungen. Bd. 2. Bad Heilbrunn: Klinkhardt: 150-167.

Fritzsche, Bettina/Rabenstein, Kerstin (2007): „Häusliches Elend" und „Familienersatz": Symbolische Konstruktionen in Legitimationsdiskursen von Ganztagsschulen in der Gegenwart. In: www.lernkultur-ganztagsschule.de (Download am 05.08.2007).

GGG (Gemeinnützige Gesellschaft Gesamtschule) (1980): Schulsozialarbeit an Gesamtschulen, Arbeitsmaterialien 1, Ammersbek.

Hartnuß, Birger/Maykus, Stephan (Hg.) (2004): Handbuch Kooperation von Jugendhilfe und Schule. Ein Leitfaden für Praxisreflexionen, theoretische Verortungen und Forschungsfragen. Berlin: Dt. Verein für öffentliche und private Fürsorge.
Höhmann, Katrin/Holtappels, Heinz Günter/Schnetzer, Thomas (2005): Ganztagsschule in verschiedenen Organisationsformen – Forschungsergebnisse einer bundesweiten Schulleitungsbefragung. In: Appel, Stefan/ Ludwig, Harald/Rother, Ulrich/Rutz, Georg (Hg.) (2005): Jahrbuch Ganztagsschule 2006. Schulkooperationen. Schwalbach/Ts.: Wochenschau: 169-186.
Hollenstein, Erich (2000a): Kooperation in der Schulsozialarbeit. Über Grenzbereiche zwischen Schul- und Sozialpädagogik. In: Die Deutsche Schule (92. Jg.) H. 3/2000: 355-367.
Holtappels, Heinz Günter (1994): Ganztagsschule und Schulöffnung. Perspektiven für die Schulentwicklung. Weinheim: Juventa.
Holtappels, Heinz Günter (Hg.) (1995): Ganztagserziehung in der Schule. Modelle, Forschungsbefunde und Perspektiven. Opladen: Leske + Budrich.
Holtappels, Heinz Günter (2006): Stichwort: Ganztagsschule. In: ZfE (9. Jg.) H. 1/2006: 5-29.
Holtappels, Heinz Günter (2007a): Ziele, Konzepte, Entwicklungsprozesse. In: Holtappels, Heinz Günter/Klieme, Eckhard/Rauschenbach, Thomas/Stecher, Ludwig (Hg.) (2007): 139-163.
Holtappels, Heinz Günter (2007b): Angebotsstruktur, Schülerteilnahme und Ausbaugrad ganztägiger Schulen. In: Holtappels, Heinz Günter/Klieme, Eckhard/Rauschenbach, Thomas/Stecher, Ludwig (Hg.) (2007): 186-206.
Holtappels, Heinz Günter/Klieme, Eckhard/Rauschenbach, Thomas/Stecher, Ludwig (Hg.) (2007): Ganztagsschule in Deutschland. Ergebnisse der Ausgangserhebung der „Studie zur Entwicklung von Ganztagsschulen" (StEG). Weinheim: Juventa.
Homfeldt, Hans Günther/Schulze-Krüdener, Jörgen (2001): Schulsozialarbeit: eine kritisch-konstruktive Bestandsaufnahme. In: neue praxis, H. 2/2001: 9-28.
Ipfling, Heinz-Jürgen (1981): Modellversuche mit Ganztagsschulen und anderen Formen ganztägiger Förderung. Bonn.
Ipfling, Heinz-Jürgen (2005): Voraussetzungen und Bedingungen für die Errichtung von Ganztagsschulen. In: Ladenthin, Volker/Rekus, Jürgen (Hg.) (2005): Die Ganztagsschule. Alltag, Reform, Geschichte, Theorie. Weinheim: Juventa: 299-309.
Kamski, Ilse/Schnetzer, Thomas (2007): Innovation durch Ganztagsschulen. Strukturveränderungen und Innovationsprozesse. In: ZfPäd (59. Jg.) H. 1/2007: 44-47.
Kolbe, Fritz-Ulrich/Kunze, Katharina/Idel, Till-Sebastian (2005): Die Entwicklung der Ganztagsschulkonzeption und ihre Umsetzung an der einzelnen Schule. In: Kolbe, Fritz-Ulrich/Kunze, Katharina/Idel, Till-Sebastian (Hg.): Ganztagsschule in Entwicklung. Empirische, konzeptionelle und bildungspolitische Perspektiven. Mainz: 5-48. In: www.ganztagsschule.rlp.de/files/Tagungsband_Ganztagsschule_in_Entwicklung.pdf (Download am 11.09.2007).
Kolbe, Fritz-Ulrich/Reh, Sabine/Fritzsche, Bettina/Idel, Till-Sebastian/Rabenstein, Kerstin (2007): Ganztagsschule als Schule entwickeln. Eine Studie zu Lernkultur und Unterrichtsentwicklung an Ganztagsschulen. In: ZfPäd (59. Jg.) H. 5/2007: 36-40.
Korus – Beratung in Brandenburg BIUF e. V. (o. J.): Sozialarbeit an Schulen im Land Brandenburg, Ergebnisse der landesweiten schriftlichen Befragung 1999 im Auftrag des Ministerium für Bildung, Jugend und Sport. Potsdam.
Mack, Wolfgang (2005): Bildung in Schule und Jugendhilfe – Herausforderungen an Ganztagsschulen. In: Kolbe, Fritz-Ulrich/Kunze, Katharina/Idel, Till-Sebastian (Hg.): 87-94. In: www.ganztagsschule.rlp.de/files/ Tagungsband_Ganztagsschule_in_Entwicklung.pdf (Download am 11.09.2007).
Nieslony, Frank (1997): Schulsozialarbeit in den Niederlanden. Perspektiven für Deutschland? Reihe Focus Soziale Arbeit – Materialien 1. Opladen: Leske + Budrich.
Olk, Thomas (2004): Jugendhilfe und Ganztagsbildung – alte Rollenzuweisungen oder neue Perspektiven? In: neue praxis (23. Jg.) H. 6/2004: 532-542.
Olk, Thomas (2005): Kooperation zwischen Jugendhilfe und Schule. In: Sachverständigenkommission Zwölfter Kinder- und Jugendbericht (Hg.): Kooperationen zwischen Jugendhilfe und Schule. Materialien zum Zwölften Kinder und Jugendbericht. Bd. 4. München: Eigenverlag DJI. 9-100.
Olk, Thomas/Bathke, Gustav-Wilhelm/Hartnuß, Birger (2000): Jugendhilfe und Schule. Theoretische Reflexionen und empirische Befunde zur Schulsozialarbeit. Weinheim: Juventa.
Olk, Thomas/Speck, Karsten (2004): Trägerqualität in der Schulsozialarbeit. In: Archiv für Wissenschaft und Praxis der sozialen Arbeit (35. Jg.) H. 2/2004: 67-86.
Otto, Hans-Uwe/Coelen, Thomas (Hg.) (2004): Grundbegriffe der Ganztagsbildung. Beiträge zu einem neuen Bildungsverständnis in der Wissensgesellschaft. Wiesbaden: VS Verlag für Sozialwissenschaften.
Prüß, Franz/Bettmer, Franz/Hartnuß, Birger/Maykus, Stephan (2000): Forschungsbericht Entwicklung der Kooperation von Jugendhilfe und Schule in Mecklenburg-Vorpommern. Greifswald.

Raab, Erich/Rademacker, Hermann/Winzen, Gerda (1987): Handbuch Schulsozialarbeit. Konzeption und Praxis sozialpädagogischer Förderung von Schülern. Weinheim: Juventa.
Rademacker, Hermann (2004): Ganztagsangebote und Jugendhilfe. Neue Chancen für die Entwicklung öffentlicher Bildung in sozialer Verantwortung. In: Die Deutsche Schule (96. Jg.) H. 2/2004: 170-183.
Rollett, Wolfram (2007): Schulzufriedenheit und Zufriedenheit mit dem Ganztagsbetrieb und deren Bedingungen. In: Holtappels, Heinz Günter/Klieme, Eckhard/Rauschenbach, Thomas/Stecher, Ludwig (Hg.): 283-312.
Schnell, Herbert (1997): Wirkungen von Schulsozialarbeit aus dem Blickwinkel eines Landesministeriums. In: Hentze, Jürgen/Ludewig, Jürgen/Paar, Marion/Wulfers, Wilfried (Hg.) (1997): Wirkungen von Schulsozialarbeit: Dokumentation einer Fachtagung. Hamburg: AOL: 23-24.
Speck, Karsten (2006): Qualität und Evaluation in der Schulsozialarbeit. Konzepte, Rahmenbedingungen und Wirkungen. Wiesbaden: VS Verlag für Sozialwissenschaften.
Speck, Karsten (2007): Schulsozialarbeit. Eine Einführung. München: Reinhardt.
Spies, Anke/Stecklina, Gerd (Hg.) (2005): Die Ganztagsschule. Keine Chance ohne Kooperation – Handlungsformen und institutionelle Bedingungen. 2 Bde. Bad Heilbrunn: Klinkhardt.
Stolz, Heinz-Jürgen (2006): Dezentrierte Ganztagsbildung: Diskurskritische Anmerkungen zu einer aktuellen Debatte. In: Otto, Hans-Uwe/Oelkers, Jürgen (Hg.) (2006): Zeitgemäße Bildung. Herausforderung für Erziehungswissenschaft und Bildungspolitik. München: Reinhardt: 114-130.
Thimm, Karlheinz (2005a): Ganztagspädagogik in der Zusammenarbeit von Schule und Jugendhilfe – Perspektiven der Jugendhilfe. In: Appel, Stefan/Ludwig, Harald/Rother, Ulrich/Rutz, Georg (Hg.) (2005): Jahrbuch Ganztagsschule 2006. Schulkooperationen. Schwalbach/Ts.: Wochenschau: 21-37.
THMSG (Thüringer Ministerium für Soziales und Gesundheit) (1998a und b): Abschlussbericht der wissenschaftlichen Begleitung des Landesprogramms „Jugendarbeit an Thüringer Schulen“, Bd. 1+2, Teil A-C und D, Erfurt.
Tillmann, Klaus-Jürgen (Hg.) (1982): Schulsozialarbeit. Eine Einführung in Praxisansätze und Theoriekonzepte, In: Tillmann, Klaus-Jürgen (Hg.) (1982): Schulsozialarbeit. Problemfelder und Erfahrungen aus der Praxis. München: Juventa: 9-41.
Tillmann, Klaus-Jürgen (2004): Schulpädagogik und Ganztagsschule. In: Otto, Hans-Uwe/Coelen, Thomas (Hg.) (2004): 193-198.
Vollmers, Burkhard (1997): Zur Schulsozialarbeit aus der Sicht der Schulleitung, In: Hentze, Jürgen/Ludewig, Jürgen/Paar, Marion/Wulfers, Wilfried (Hg.) (1997): Wirkungen von Schulsozialarbeit: Dokumentation einer Fachtagung. Hamburg: AOL Verlag: 21-23.
Wulfers, Wilfried (1998): Trägerfrage und Schulsozialarbeit, In: Hentze, Jürgen/Ludewig, Jürgen/Paar, Marion/Wulfers, Wilfried (Hg.): Schulsozialarbeit mit Gütesiegel? Schulsozialarbeit braucht Qualitätsstandards und Qualitätssicherung: Dokumentation einer Fachtagung. Hamburg: AOL Verlag: 25-29.

# Politische Jugendbildung

*Benno Hafeneger*

Über Politische Jugendbildung in und außerhalb der Schule wurde im 20. Jahrhundert wiederholt nachgedacht, dabei ist sie in der jetzigen Form ein „Kind" der Bundesrepublik und hat eine lange Tradition mit unterschiedlichen zeitbezogenen politischen Interessen, Bedeutungen und Förderungsphasen (vgl. Kuhn u. a. 1993). Die Politische Jugendbildung hat sich in der Nachkriegsgeschichte – verbunden mit unterschiedlichen Entwicklungsphasen – etabliert und ist zu einem festen Bestandteil einer demokratischen schulischen und außerschulischen Erziehung, Bildung und Infrastruktur geworden. Sie wurde zunächst von den Alliierten – insbesondere der US-amerikanischen Besatzungsbehörde – für die außerschulische Jugendarbeit entwickelt und gefördert, dann von deutschen Institutionen, Behörden und Trägern übernommen sowie in schulische Lehrpläne aufgenommen und erfährt seit nunmehr 40 Jahren eine wissenschaftliche Grundlegung.

Der Politischen Jugendbildung geht es nach einem prinzipiellen und weitgehend konsensfähigen Selbstverständnis nicht lediglich um kognitive Wissensvermittlung, sondern zugleich um handlungsorientierte Lernprozesse mit der Perspektive, dass das gelernte Wissen auch im staatsbürgerlichen Handeln, in der biographischen Entwicklung und der politisch-sozialen Lebenswelt reflexiv bedeutsam und praktisch relevant ist bzw. wird. Unter Politischer Bildung werden die intentionalen schulischen (formellen) und außerschulischen (halb-formellen) Angebote für politisches Lernen verstanden. Dabei wird von einem weiten Verständnis von Politik ausgegangen, das auch wirtschaftliche, soziale, gesellschaftliche, kulturelle und rechtliche Entwicklungen, Fragen und Probleme einschließt. Weiter finden sich Prozesse von absichtsvollem politischen Lernen, die der informellen politischen Selbstbildung, politischen Information und Reflexion der Individuen zugehörig sind und ohne einen direkten Bezug zum Bildungssystem stattfinden, so etwa im politischen Gespräch, in Diskussionen in Familie und Arbeit sowie im Freundeskreis oder in der gezielten Nutzung von Medien (z. B. Internet).

In der englischsprachigen Diskussion ist der Begriff der *political education* weniger gebräuchlich, da er oftmals – nicht anders als zu früheren Zeiten auch in Deutschland – mit einer einseitigen politischen Beeinflussung assoziiert wird; häufiger finden sich die Begriffe *civic education, citizenship education* und *social studies*, die der Sache nach dem deutschen Begriff der Politischen Bildung korrespondieren.

## 1 Rahmen und Regelungen

Das Lernfeld der Politischen Bildung hat sich in der Geschichte der Bundesrepublik in drei Bereiche differenziert: politische Bildung als Fach (und Politikdidaktik) in der Schule, als freiwilliges Lernfeld in der außerschulischen Jugendbildung und in der Erwachsenenbildung. Mit dem Paradigma, dass in modernen Gesellschaften politische Sozialisation und politische Integration ein das ganze Leben währender Prozess ist, wird für deren Mitglieder (die junge Generation wie für Erwachsene) begründet, diesen kontinuierlich Angebote zu machen bzw. Teilnahme an Politischer Bildung zu ermöglichen. Die Vermittlung von Politik als Gegenstand und Lernprozess bedarf eigener institutionell, rechtlich und finanziell abgesicherter Orte und Zeiten; für die schulische Politische Bildung ist dies das Unterrichtsfach und für die außerschulische Politische Bildung sind dies über gesetzliche und administrative Vorgaben geregelte und von Trägern angebotene Orte und Zeiten in der Freizeit bzw. Weiterbildungszeit von Jugendlichen (und Erwachsenen).

Die demokratische schulische und außerschulische Politische Jugendbildung ist in unterschiedliche Gesetze und Strukturen, Vorgaben und *Settings* eingebunden; gemeinsam ist ihnen – bei allen Differenzen – die Jugendlichen bzw. Schüler(innen) zur eigenständigen Auseinandersetzung mit Politik und Gesellschaft zu befähigen. Die außerschulische Politische Jugendbildung ist in der Geschichte der Bundesrepublik zunächst Teil des Jugendwohlfahrtsgesetzes und der Förderung durch den Bundesjugendplan sowie durch Landesjugendpläne. Sie ist seit Beginn der 1990er Jahre Teil der Jugendarbeit und im Kinder- und Jugendhilfegesetz (KJHG = SGB VIII) geregelt; auf Bundesebene wird sie durch den Kinder- und Jugendplan (KJP) gefördert. Vor allem in den 1970er Jahren wurde die Politische Jugendbildung – im Rahmen von Bildungsreformen und einem Verständnis von Jugendarbeit als einer dritten Erziehungsinstanz – gesetzlich etabliert, professionalisiert und gefördert. So sind in dieser Zeit in den Bundesländern zahlreiche – und in der Folgezeit immer wieder novellierte – Gesetze für die außerschulische (politische) Jugendbildung in Kraft getreten (vgl. Hafeneger 2005).

Die wissenschaftliche Forschung, Beschäftigung und Ausbildung, Fragen des Lernens von Politik und des professionellen Handelns von Lehrer(inne)n in der Schule gehört ins Ressort der Politikdidaktik; in der außerschulischen politischen Jugendbildung ressortiert sie in den Diplom-Studiengängen „Pädagogik“ an den Universitäten und „Soziale Arbeit/Sozialpädagogik“ an den Fachhochschulen bzw. in den vielfältigen neuen Bachelor- und Master-Studiengängen.

## 2 Politikdidaktik

In der Schule ressortiert die Politische Jugendbildung im engeren Sinne im Fach Sozial-/Gemeinschaftskunde, Politik und Wirtschaft; hier geht es bei verschiedenen Grundmustern, Aufgabenbestimmungen und Legitimationen im Kern um die „politische Integration der jungen Generation als eine zentrale Aufgabe schulischen Lernens“ (Sander 2005: 14). Die wissenschaftlichen, politikdidaktischen Konzeptionen und handlungsorientierten Methoden der schulischen politischen Bildung haben sich als fachliche Fundierungen in der Bundesrepublik zunächst eher zögernd entwickelt (Sander 2005). So unterschiedlich die Denkstile, politischen Positionen und didaktischen Konzepte (z. B. Kategorien oder Konflikt als didaktisches Zentrum) auch waren, so folgten sie doch dem entwickelten fachdidaktischen Grundmuster, nach dem Politische Bildung im Kern Politik zum Gegenstand habe. Von Bedeutung geworden – und mit bestimmten Autor(inn)en verbunden – sind die Konzepte bzw. die Prinzipien, die unter den Stichworten der „kategorialen Didaktik“, des „genetischen Prinzips“, der „Problemorientierung“, der „Kontroversität“, der „Schüler- bzw. Teilnehmerorientierung“, der „Handlungsorientierung“, „Wissenschaftsorientierung", „Zukunftsorientierung", „Konstruktivistischen Didaktik" oder auch als „Kommunikative Fachdidaktik" begründet worden sind (vgl. Sander 2005).

In der Schule ist die Politische Bildung im Spannungsfeld der Profilelemente eines engen, spezifischen Fachunterrichts bzw. Unterrichtsfach, dann dem fächerübergreifenden Lernen und der Vernetzung sowie der Schulkultur und Schulentwicklung angesiedelt (vgl. Sander 2007). Während sich das didaktische Prinzip der Schülerorientierung auf den Sozialkunde- und Politikunterricht an allgemein bildenden Schulen bezieht, lautet der Parallelbegriff für den Bereich der außerschulischen Politischen Jugendbildung vor allem Teilnehmerorientierung. Beide Termini sind eng mit dem politikdidaktischen Anspruch der emanzipatorischen Bildung verknüpft. Einer so orientierten Politischen Jugendbildung geht es um Autonomie, Mündigkeit und Selbstverwirklichung der Individuen in sozialer Verantwortung, um Bewusstseinsbildung und Utopiefähigkeit sowie gesellschaftliche Mitbestimmung und Partizipation an demokratischen Prozessen und Vorhaben. Nach Sander (2007: 53) ist schulische Politische Bildung in der Demokratie „Anstiftung zu Freiheit. Sie vermittelt jenes Wissen und jene Kompetenzen, die es Menschen ermöglichen, ihre politischen Rechte selbstbewusst und mit der Chance auf Erfolg wahrzunehmen".

Politikdidaktik ist als Wissenschaft und Disziplin mit drei Dimensionen ausgewiesen:

- Sie befasst sich in theoretischer Reflexion mit den grundlegenden Fragen des Selbstverständnisses und der fachlichen Identität Politischer Bildung („Philosophie" des Faches).
- Sie entwickelt vor diesem Hintergrund und von ihm aus begründbar begriffliche und handlungsbezogene Werkzeuge, mit deren Hilfe sich Lernumgebungen für die politische Bildung planen und gestalten lassen *(tools).*
- Sie erforscht politisches Lernen empirisch entlang von Fragestellungen, die sich aus Problemen der Philosophie des Faches oder bei der Entwicklung von *tools* ergeben und deren Ergebnisse auf diese beiden Bereiche politikdidaktischer Wissenschaft zurückwirken (Lernforschung).

# 3 Außerschulische Politische Bildung

Die außerschulische Politische Jugendbildung folgt dem Prinzip der Freiwilligkeit, ist in Landesgesetzen geregelt und hat für die Jugendbildung eine Rahmenvorgabe im KJHG (§ 11, Abs. 3). Danach gehört zu den Schwerpunkten der Jugendarbeit die „außerschulische Jugendbildung mit allgemeiner, politischer, sozialer, gesundheitlicher, kultureller, naturkundlicher und technischer Bildung". Die Förderung erfolgt durch Landesgesetze und den KJP des Bundes; dieser fördert bundeszentrale Träger, schafft die Rahmenbedingungen für eine Infrastruktur und finanziert Modellprojekte, die neue Wege der Kinder- und Jugendhilfe bzw. -bildung aufzeigen können.

Politische Jugendbildung außerhalb der Schule ist ein nicht-formeller und freiwilliger Lernort, der den leitenden Prinzipien Freiwilligkeit, Aufklärung und Handlungsorientierung verpflichtet ist. Sie hat nach den gesetzlichen Vorgaben ihre eigenen Lernarrangements und -zeiten, sie findet sowohl in klassischen *Settings* im Rahmen von Tagungen, Seminaren, Kursen und Workshops, von Arbeitskreisen, Abend-, Tages- und mehrtägigen Veranstaltungen als auch in vielen kreativen *Settings* im Rahmen von Studienreisen, Exkursionen, Begegnungen, Projekten und ungewöhnlichen Lernorten statt. Angeboten wird sie zum kleineren Teil von öffentlichen Trägern (Volkshochschulen, staatlichen Jugendbildungsstätten, Bundeszentrale und Landeszentralen für politische Bildung, kommunaler Jugendarbeit/Bildungswerken) und zum größten Teil von einer Vielfalt von Freien Trägern der Jugend- und Erwachsenenbildung sowie deren Zusammenschlüssen (u. a. Gewerkschaften, Kirchen, Stiftungen, Bildungswerke, Akademien, Jugendverbände, lokale Lern- und Bildungsprojekte; vgl. Vorholt 2003; Hafeneger 2007).

Nach einer Evaluationsstudie (Schröder u. a. 2004) liegt die Motivation von Jugendlichen zur Teilnahme an Veranstaltungen der Politischen Bildung in erster Linie darin, dass sie ein gemeinsames Erleben in der Gruppe erwarten, die Begegnung mit Gleichaltrigen suchen und einen Freiraum für neue Erfahrungen jenseits des Alltags erhoffen. Der Erwerb von fachlichen Kompetenzen wird erst auf den hinteren Rängen genannt. Insofern kann man nach der Studie vermuten, dass außerschulische Politische Bildung bei den Jugendlichen zunächst nicht als ein spezielles fachliches Programm, sondern als anregender und neuer Lern- und Beziehungsraum begriffen und gesucht wird.

Von ihrer Wirkung her beurteilen die hauptberuflichen Bildner(innen) ihre Arbeit zu überwiegenden Teilen so, dass die Veranstaltungen zu biografischen Orientierungen verhelfen, was zugleich auf einen zentralen Bedarf an einer Positionsbestimmung des Feldes unter heutigen Lebensumständen bzw. Bedingungen des Aufwachsens verweist. Auch das Kennenlernen neuer Handlungsweisen und die Eröffnung von neuen persönlichen Perspektiven werden häufig genannt.

## 4 Prinzipien und Orientierungen

Leitend sind für die schulische und außerschulische Politische Bildung vor allem Fragen, wie Politik und gesellschaftliches Zusammenleben funktionieren; welche Strukturen, Interessen und Mechanismen ihnen zugrunde liegen; wie an politischen und gesellschaftlichen Prozessen teilgenommen und wie auf sie eingewirkt und wie sie gestaltet werden können. Begriffe wie Demokratie, Gerechtigkeit, Macht, Interesse und Konflikt, dann Entwicklung, Engagement und Handlungsfähigkeit zeigen das Spannungsfeld von Zusammenhängen und Merkmalen, mit denen sich Politische Jugendbildung befasst.

In der Geschichte der außerschulischen Politischen Jugendbildung hat sich eine Reihe von Prinzipien herausgebildet, die für die Disziplin typisch und die Handlungsfelder bedeutsam geworden sind. So haben sich in den 1960er und 70er Jahren zunächst Prinzipien wie Aufklärung und Nutzung des eigenen Verstandes (Kant), Aufklärung und Mündigkeit (Adorno), Emanzipation (Giesecke), Interessen- und Erfahrungsorientierung (Negt), dann seit den 1980er Jahren vor allem Lebenswelt- und Alltagsorientierung (Böhnisch/Münchmeier), Subjektorientierung (Scherr) sowie Sozialraumorientierung (Deinet; Müller) als konzeptionelle Sockel, Leitmotive und Prinzipien herausgebildet. Weitere Ziele sind:

> „Menschenrechtserziehung, Demokratieförderung, Stärkung der Zivilgesellschaft und Good Governance, die ausdrücklich als Fundamente demokratiepolitischer Bildung im Rahmen der Entwicklungszusammenarbeit formuliert werden“ (Frankenberger u. a. 2007: 25).

In der aktuellen Diskussion sind in der disziplinären wie pädagogisch-praktischen Legitimation und Verortung des Bildungsfeldes vor allem sieben Prinzipien identifizierbar:

## *4.1 Prinzip „Hoffnung"*

Die Veränderungen in den Orientierungen und der Paradigmenwechsel in der Bildung, dem Bereich des Sozialen und der Kultur betreffen auch die Politische Jugendbildung. Vor dem Hintergrund unsicherer (postmoderner) Gesellschafts- und Gegenwartsdiagnosen (z. B. Risikogesellschaft, Zweite Moderne, Wissensgesellschaft), im Spannungsfeld der Anpassung des Bildungssystems an die kapitalistische Dynamik bzw. den Strukturwandel der Arbeitsgesellschaft, der Entgrenzung von Gesellschaft und Politik sowie im Schatten der Globalisierung und neo-liberaler Politikentwürfe gibt es Tendenzen zu bildungsprogrammatischer Hoffnungslosigkeit und Resignation auf der eine Seite und eine konstruktivistische Radikalisierung subjektiver, individualistischer Biographiegestaltung auf der anderen Seite.

Der Suchprozess der disziplinären Verortung ist – bei allen ambivalenten Struktur- und Legitimationsproblemen – getragen vom „Prinzip Hoffnung" und damit einem Menschenbild bzw. Blick auf den Menschen, der sich – in der bildungstheoretischen und -optimistischen Tradition von Aufklärung und Humanismus – über Lernen und Bildung verändert; der in der Lage und fähig ist, sich und die Welt im Sinne von Solidarität und Gerechtigkeit, Humanität und Freiheit zu gestalten und zu verändern; der bereit und in der Lage ist, sich „ununterbrochen zu bilden" (Kessl/Richter 2006: 308).

## *4.2 Prinzip „biographische und lebensbegleitende Bildung"*

Die aktive Ermöglichung wiederkehrender und ununterbrochener Bildung wird für berufliche, betriebliche, allgemeine und auch Politische Jugendbildung reklamiert. Die eigenständigen und eigenwertigen Orte und Zeiten der Politischen Bildung in der Weiterbildung sind dabei Kategorien wie Partizipation, Selbst- und Mitbestimmung als Einübungsmerkmale einer aktiven Staatsbürgerschaft, biographischer Lebenskompetenz und Unterstützung eines lebenslangen bzw. -begleitenden, selbstorganisierten Lernens des demokratisch gebildeten Subjektes zugeordnet. Die biographische Perspektive und Nachhaltigkeit (als längerfristige Bedeutung von Politischer Bildung im biographischen Verlauf) wiederum ist mit der lebensweltlichen und altersspezifischen Passung der Angebote, mit einer jeweils individuell nachfragenden Entwicklungs- und Nutzenperspektive, Bildungs- und Integritätsorientierung sowie den Irritationen und Brüchen des Lebens verknüpft. Hier hat Politische Bildung den Anspruch, für den Lebenslauf etwas Sinnvolles und Brauchbares zu vermitteln und mit ihrer kommunikativen Struktur und ihren Lernarrangements attraktiv zu sein.

## *4.3 Prinzip „öffentliche Verantwortung"*

Die öffentliche Verantwortung für den Zustand der Gesellschaft, die demokratische Verfasstheit des Gemeinwesens und die Diskurse zur Lösung des zeitbezogenen Problemhaushaltes beinhaltet auch die ständige Auseinandersetzung mit der Frage, in welcher mentalen Verfasstheit sich die Mitglieder der Gesellschaft befinden. Dies wiederum ist abhängig von den Bildungsangeboten und -gelegenheiten, den Bildungsprozessen und Erfahrungsräumen, die ihnen in öffentlicher Verantwortung und pluralistischer Trägerschaft bereitgestellt und garantiert werden. Die relative Autonomie der vielen Träger und ihrer Programme, der unterschiedlichen Lehrformen und Angebote im Feld der Politischen Jugendbildung ist ein Charakteristikum für Ausgewogenheit und den Kampf um Deutungen sowie der „besseren" Lösungen.

## *4.4 Prinzipien „Subjektbildung", „Partizipation" und „Demokratie"*

Sie sind als inhaltlicher Kernzusammenhang der politischen Jugendbildung und als Beitrag zur absichtsvollen Subjekt- und Demokratieentwicklung zu verstehen (vgl. Hafeneger 2008). Subjektentwicklung zielt auf die politische und soziale Bildung der Persönlichkeit. In der Jugendbildung ist damit auch die Entwicklung von sozialen und personalen Kompetenzen gemeint, die „als Voraussetzung für die Vermittlung und die Bereitschaft von Engagement angesehen werden" (Schröder u. a. 2004: 35). Politische Bildung will Kompetenzen vermitteln und meint Subjektentwicklung anknüpfend an den Traditionsbestand einer gesellschaftskritischen und emanzipatorischen Jugendarbeit/-bildung die drei Grundbegriffe: „Subjektwerdung", „Selbstbewusstsein" und „Selbstbestimmung" (Scherr 1997: 45). Der Autor versteht selbstreflexive Subjektwerdung als einen unabschließbaren Prozess, und für die Politische Jugendbildung gilt, „Heranwachsende im Prozess ihrer Subjektwerdung zu unterstützen, d. h. Jugendlichen dabei zu helfen, ein selbstbewussteres und selbstbestimmteres Leben zu führen, als es ohne Teilhabe an der Praxis der Jugendarbeit (von der Politischen Bildung ein Teil ist) möglich wäre" (ebd.). Für die Praxis und pädagogisch reflektierten Angebote und Situationen heißt das, die Lernformen so zu gestalten, „dass sie ein entsprechendes Handeln anregen, fördern, ermöglichen und unterstützen" (ebd.: 61), dass sie sachlich anregen und emotional berühren.

Partizipation und Demokratie meint die immer wieder neu zu lernende praktische und mentale Befähigung und Ausstattung der Bürger(innen), die sie in die Lage versetzen, das Leben in der Demokratie als Staats- und Lebensform aktiv mitzugestalten; die sie Kompetenzen und gesellschaftliche Schlüsselqualifikationen entwickeln lässt und zu autonomer Urteilsfähigkeit und demokratischer Selbstbestimmung sowie vielfältigen Formen von Partizipation befähigt. Politische Jugendbildung ist somit ein Beitrag zur Sicherung und Weiterentwicklung der Demokratie und zugleich Akteur in der Subjektentwicklung, in der „Herstellung" des/r politisch gebildeten jungen Bürgers/in mit einer zivilgesellschaftlichen Verortung (*active citizenship*). Sie ist eine einübende Dienstleistung im Auftrag der Demokratie, die von den Teilnehmenden als Orte der Aktivierung, Begleitung und Reflexivität ihres Engagements geschätzt werden und die subjektiven Sinn generieren sowie praktische Impulse geben. Damit will sie junge Menschen befähigen, ihre politische Verantwortung als Teil des Souveräns wahrzunehmen und ihre politische Freiheit zu leben. Ihren Beitrag zur Stabilität und Weiterentwicklung der Demokratie leistet Politische Bildung damit auf eine indirekte, aber gleichwohl wichtige Weise: nicht durch Belehrung und Indoktrination, sondern durch die Befähigung der Bürger(innen), „Mitverantwortung für die gemeinsamen Angelegenheiten zu übernehmen, die politische Kultur der Freiheit mit Leben zu erfüllen und diese dadurch auch zu bewahren" (Sander 2007: 53).

## *4.5 Prinzip „Professionalität"*

Die Diskussion und empirischen Befunde zur Professionalität bzw. zum professionellen Habitus zeigen vor dem Hintergrund des vielschichtigen gesellschaftlichen Wandels und der Entgrenzungsprozesse des Politischen komplexe Aufgaben und Herausforderungen. Sie muss Aufgaben erfüllen, die für die Politische Jugendbildung so skizziert werden:

> „Flexible Reaktion auf sich schnell verändernde kulturelle Milieus; eine dem wandelnden Alltag der Jugendlichen gerecht werdende Themenfindung; Hilfen zur Entwicklung von persönlicher Stabilität (...); Entwicklung von angemessenen Methoden (...); Einsatz von geeigneten Sozialformen zur Förderung der kommunikativen Eigentätigkeit im Rahmen von Kurzzeitpädagogik" (Schröder u. a. 2004: 175).

In Abgrenzung zur Ehrenamtlichkeit hat die Professionalität ein spezifisches Tätigkeitsprofil und ausgewiesene Qualifikationen; sie ist neben der konkreten bildenden Tätigkeit vor allem auch „Drehpunkt" bzw. wichtiger Knotenpunkt in der Netzwerkentwicklung eines Verbandes, einer Institution, einer Gemeinde oder Region. Wie die Evaluationsstudien von Schröder u. a. (2004) für die Politische Jugendbildung und Fritz u. a. (2006) für die politische Erwachsenenbildung zeigen, wird die Qualität der Arbeit auf hohem fachlichen Niveau angeboten und gesichert, die sich sowohl auf Prinzipienorientierung, die pädagogisch-bildende Praxis mit ihren unterschiedlichen Lernorten (Seminare, Tagungen, Projekte u. a.) wie auch die Infrastruktur-/Netzwerkarbeit bezieht. Hier gehört zum ethnografischen Repertoire der Profession, sich als Lernende zu verstehen, um Zugänge zu den Lebenswelten (Lebensthemen) und lebensgeschichtlichen Erfahrungen der Adressat(inn)en zu finden; weil non-formelle und informelle Politische Bildung nicht erzwungen, sondern nur im Feld von Angeboten und Gelegenheitsstrukturen für die eigene Realitäts- und Selbsterfahrung gefördert und angeregt werden kann. Hier ist Politische Bildung mit ihren Gelegenheiten auch eine Form des (freiwilligen institutionellen) Zusammenlernens und -lebens, in denen mit Neugierde und Interesse neue kommunikative und anregende Realitäts- und Reflexionserfahrungen gemacht werden.

## *4.6 Prinzip „Prägender Akteur"*

Mit ihren Lernangeboten interveniert Politische Bildung in längerfristige Prozesse der politischen Sozialisation bei den Lernenden. Schüler(innen) oder Teilnehmende an Veranstaltungen der außerschulischen Politischen Bildung kommen nicht als *tabula rasa*, und ihre politische Sozialisation setzt sich neben und nach der Teilnahme an organisierten Lernangeboten fort. Im Gesamtfeld der Einflüsse, die das politische Denken und Handeln von Menschen beeinflussen, stellt Politische Bildung als eigenständiges Fach und Lernangebot einen relativ kleinen Ausschnitt dar. Diese Situation fordert Bescheidenheit in den Zielsetzungen und Reichweiten, der Markierung von Chancen, Wirkungen und Grenzen politischer Lernangebote. Mehr noch aber fordert sie von den Pädagog(inn)en die Fähigkeit zum genauen Hinsehen, zur genauen Wahrnehmung der politischen Sozialisationsvoraussetzungen der Lernenden und die Fähigkeit, didaktisch-methodische Entscheidungen so zu treffen, dass damit den konkreten Menschen mit ihrer konkreten politischen Lerngeschichte, mit denen sie in der Politischen Bildung arbeiten, tatsächlich Lernzuwächse ermöglicht und praxisbezogenen Kompetenzen vermittelt werden.

## *4.7 Prinzip „Begleitung"*

Politische Jugendbildung begleitet junge Menschen in einer sensiblen Phase ihrer Persönlichkeitsentwicklung. Ihr genereller Nutzen für Jugendliche liegt im Angebot der Lernbegleitung und Unterstützung auf dem Weg zum Erwachsensein in einem politischen Sinn, also auf ihrem Weg zur Mitgliedschaft in der Republik der Erwachsenen. Als Politische Bildung unterbreitet sie Angebote, die Jugendliche bei ihrer Orientierung in einer komplexen politischen Welt unterstützen und ihnen professionell begleitete Räume und Zeiten des Suchens und des Erprobens ihres je individuellen Selbstverständnisses als Bürger(innen) in einer demokratischen Gesellschaft anbietet und ermöglicht.

Hierzu gehören kommunikative Räume, die am Bedürfnis nach Kontakten und Beziehungen anknüpfen und Jugendlichen neue politische und soziale Erfahrungen in der Begegnung mit anderen Menschen ermöglichen – auch und gerade in der Konfrontation mit Differenz: von Jugendlichen, die sich verschiedenen Jugendkulturen zugehörig fühlen; von Menschen aus verschiedenen Generationen; mit kultureller und politischer Pluralität. Hierzu gehören ferner Räume, in denen Jugendliche sich selbst erproben können, u. a. auch in ästhetischen und spielerischen Formen, in denen Positionen gedanklich durchgespielt, Visionen entwickelt, neue Ausdrucksformen kennen gelernt werden können. Politische Jugendbildung muss deshalb auch die Verknüpfung mit ästhetischem Lernen, mit Medienpraxis und körperbetonten Ausdrucksformen suchen. Bei der Mehrheit der Jugendlichen, die in Ausbildung- und Arbeitsverhältnissen stehen, kann Politische Bildung darüber hinaus Gelegenheiten zur Reflexion dieser Erfahrungen im Wandel der Arbeitsgesellschaft bieten, die auch konkrete Anregungen und Hilfen für die persönliche, berufliche und politische Entwicklung einschließen können.

# 5 Aktuelle Herausforderungen

Neben dem disziplinären Prozess und der Profilierung der Politischen Jugendbildung „auf der Höhe der Zeit", ihrer Verortung im Kinder- und Jugendhilfesystem (insbesondere in der Jugendarbeit) und im Feld der formellen, nicht-formellen und informellen Bildung ist sie aktuell vor allem mit Legitimationsfragen konfrontiert. Bei der schulischen Politischen Bildung geht es um ihren Stellenwert im Lehrplan (und die Gefahr ihrer Integration in „Politik und Wirtschaft"); demgegenüber ist die außerschulische Politische Jugendbildung – wie die Soziale Arbeit, insbesondere die Kinder- und Jugendhilfe insgesamt – mit betriebswirtschaftlichem Denken, der Markt- und Ökonomisierungstendenz und einer *Output*-Orientierung sowie Instrumenten wie Evaluation, Zielvereinbarungen und *Controlling*-Verfahren konfrontiert. Mit öffentlichen Mitteln geförderte Bildungsmaßnahmen und Projekte unterliegen einer politisch-administrativen Kontrolle und dem Zwang, ihre Wirksamkeit und damit Legitimation zu beweisen. In den letzten Jahren sind mit Kosten- und Spargumenten zahlreiche Einrichtungen geschlossen worden, wurden Angebote reduziert und Träger haben neue Bildungsschwerpunkte gelegt; das Feld ist in eine neue politische und fachliche Legitimationsdebatte geraten. Hier lautet die Herausforderung: Will außerschulische Politische Jugendbildung ihre biografische und demokratiepolitische Bedeutung, ihre finanzielle Förderung sowie ihren öffentlichen Stellenwert erhalten und weiterentwickeln, wird sie bzw. werden ihre Träger zukünftig vor allem mit ausgewiesenen Verfahren partizipativer Evaluation und gehaltvoller Qualitätsentwicklung (Akkreditierungs- und Zertifizierungsverfahren) ihre Leistungen empirisch begründen und belegen müssen.

## *Literatur*

Frankenberger, Rolf/Frech, Siegfried/Grimm, Daniela (Hg.) (2007): Politische Psychologie und politische Bildung. Schwalbach/Ts.: Wochenschau.
Fritz, Karsten/Maier, Katharina/Böhnisch, Lothar (2006): Politische Erwachsenenbildung. Weinheim: Juventa.
Hafeneger, Benno (2005): Politische Bildung in der außerschulischen Jugendbildung. In: Sander, Wolfgang (Hg.) (2005): 282-299.
Hafeneger, Benno (2007): Politische Jugendbildung. In: Reinhardt, Volker (Hg.) (2007): Basiswissen Politische Bildung. Forschung und Bildungsbedingungen (Bd. 4). Hohengehren: Schneider: 215-223.
Hafeneger, Benno (2008): Politische Bildung. In: Tippelt, Rudolf (Hg.) (2008): Handbuch Bildungsforschung. Wiesbaden: VS Verlag für Sozialwissenschaften (i. E.).
Kessl, Fabian/Richter, Martina (2006): Lebenslanges Lernen oder ununterbrochene Bildung? In: neue praxis H. 4/2006: 308-323.
Kuhn, Hans-Werner/Massing, Peter/Skuhr, Werner (Hg.) (1993): Politische Bildung in Deutschland. Entwicklung – Stand – Perspektiven. Opladen: Leske + Budrich.
Sander, Wolfgang (Hg.) (2005): Handbuch politische Bildung. Schwalbach/Ts.: Wochenschau.
Sander, Wolfgang (2007): Politik entdecken – Freiheit leben. Didaktische Grundlagen politischer Bildung. Schwalbach/Ts.: Wochenschau.
Scherr, Albert (1997): Subjektorientierte Jugendarbeit. Eine Einführung in die Grundlagen emanzipatorischer Jugendpädagogik. Weinheim: Juventa.
Schröder, Achim/Balzter, Nadine/Schroedter, Thomas (2004): Politische Jugendbildung auf dem Prüfstand. Ergebnisse einer bundesweiten Evaluation. Weinheim: Juventa.
Vorholt, Udo (2003): Institutionen politischer Bildung in Deutschland. Eine systematische Übersicht. Frankfurt a. M.: Lang.

# Übergänge in den Beruf für benachteiligte Jugendliche

*Gerhard Christe*

Berufliche Bildung umfasst in Deutschland alle Formen der Berufs- und Berufsausbildungsvorbereitung, der beruflichen Erstausbildung und Weiterbildung, einschließlich Umschulung und Rehabilitation. Kennzeichnend für das deutsche System der Berufsbildung ist eine stark ausgeprägte institutionelle Abgrenzung und Verselbständigung ihrer verschiedenen Formen. Hinzu kommt, dass sich die einzelnen Bereiche durch eine große Heterogenität der Zuständigkeiten und curricularen Rahmenvorgaben, der Organisationsformen und Lernorte innerhalb der Teilbereiche auszeichnen (Kutscha 2004).

Im Rahmen des Gesamtsystems beruflicher Bildung kommt dem Dualen System nach wie vor eine Schlüsselrolle zu, als Regelsystem beruflicher Bildung ist es bislang das vorherrschende Modell zum Erwerb einer Berufsausbildung. Dies zeigt sich u. a. daran, dass nach wie vor der größte Teil eines Altersjahrgangs im Rahmen des Dualen Systems zu einer arbeitsmarktnahen Facharbeiterqualifikation gelangt (BMBF 2007; Konsortium Bildungsberichterstattung 2006). Allerdings ist es nicht allen Jugendlichen möglich, zu dieser Form der Berufsausbildung Zugang zu erhalten. Das Duale System der Berufsausbildung hat in Bezug auf die Integration von Jugendlichen ins Erwerbssystem erheblich an Leistungskraft eingebüßt, und nicht für alle Jugendlichen stellt die Duale Berufsausbildung den geeigneten Rahmen für den Erwerb einer beruflichen Ausbildung dar.

Vor diesem Hintergrund hat sich in der Bundesrepublik Deutschland in den letzten Jahrzehnten ein differenziertes Fördersystem herausgebildet, dessen Adressat(inn)en Jugendliche sind, denen – aus unterschiedlichen Gründen – im Anschluss an die Beendigung der allgemeinen Schulpflicht der Übergang in eine berufliche Ausbildung nicht gelingt. Das Duale System stellt inzwischen nur noch *ein* Teilsystem des Gesamtsystems beruflicher Ausbildung dar. Neben ihm und den vollzeitschulischen Berufsausbildungsgängen hat sich ein „Übergangssystem" etabliert, das einen erheblichen Teil derjenigen jungen Menschen auffängt, die keinen Ausbildungsplatz erhalten. Somit besteht das deutsche Berufsbildungssystem aus drei Teilsystemen, die jeweils unterschiedlich strukturiert und in unterschiedlichen Rechtskreisen verortet sind:

1. Das Duale System ist gekennzeichnet durch eine betriebliche Ausbildung mit begleitendem Berufsschulunterricht. Hier werden Jugendliche für einen anerkannten Ausbildungsberuf nach dem Berufsbildungsgesetz (BBiG) oder der Handwerksordnung (HandwO) ausgebildet.
2. Das Schulberufssystem bildet Jugendliche für einen gesetzlich anerkannten Beruf in vollzeitschulischer Form aus.
3. Das so genannte berufliche Übergangssystem besteht aus den unterschiedlichsten (Aus-)Bildungsangeboten, die einer beruflichen Ausbildung vorgelagert sind, selbst aber keine reguläre Berufsausbildung sind bzw. nicht zu einem anerkannten Ausbil-

dungsabschluss führen. Ziel dieser Angebote ist eine Verbesserung der individuellen Kompetenzen der Jugendlichen für die Aufnahme einer Ausbildung oder Beschäftigung, zum Teil ermöglichen sie auch das Nachholen eines allgemein bildenden Schulabschlusses (Konsortium Bildungsberichterstattung 2006).

Im Folgenden geht es vor allem um die berufliche Bildung bildungsferner bzw. benachteiligter Jugendlicher, für die sich als Synonym der Begriff der Benachteiligtenförderung durchgesetzt hat (BMBF 2002). Nach einem kurzen Überblick über die historische Entwicklung der Benachteiligtenförderung und einer kritischen Beleuchtung dieses Begriffs wird auf quantitative und qualitative Aspekte des Übergangssystems eingegangen, dabei bildet die Jugendberufshilfe als zentrales Element einen besonderen Schwerpunkt. Abschließend werden einige Folgerungen für die Weiterentwicklung der beruflichen Bildung bildungsferner Jugendlicher formuliert.

# 1 Zur Konzeptualisierung der beruflichen Bildung Benachteiligter

Der folgende Abschnitt zeigt nicht nur die besondere Rolle der beruflichen Bildung Benachteiligter und deren spezifische Konzeption, er macht auch deutlich, dass ihre begriffliche Fassung als Förderung Benachteiligter durchaus kritisch zu sehen ist.

## *1.1 Historischer Exkurs*

Für die „offizielle Berufsbildung", deren pädagogische Legitimation auf einer Bildungstheorie beruht, die ihr Leitbild im handwerklichen Berufsbegriff sieht, war die in der Tradition der „Jungarbeiterklassen" stehende berufliche Bildung Benachteiligter stets nur ein Sonderfall (Stomporowski 2007). Die Einrichtung des Benachteiligtenprogramms 1980, die vor dem Hintergrund wachsender Nachfrageüberhänge nach Ausbildungsstellen erfolgte und bildungspolitisch im Kontext der Debatte um Chancengleichheit stand („Berufsausbildung für alle!"), markiert deshalb eine Zäsur, zumindest in der staatlichen Förderpolitik.

Bereits seit Gründung der Bundesrepublik war die Problematik des Übergangs von Jugendlichen aus benachteiligten gesellschaftlichen Schichten aber Gegenstand sowohl der Erziehungswissenschaft als auch benachbarter Disziplinen wie Soziologie, Psychologie, vor allem der schichtspezifischen Sozialisationsforschung (Roth 1969). Hier wurde heraus gearbeitet, dass sich in der Übergangsproblematik zentrale gesellschaftliche Probleme sozialer Ungleichheit bündeln und die Frage des Übergangs von der Schule in Ausbildung und Berufstätigkeit auch im Kontext des Aufbaus biografischer Zielsetzungen und Perspektiven der Jugendlichen zu sehen ist (Bojanowski u. a. 2004; Brock 1991).

## 1.2 *Zum Begriff der Benachteiligung*

Mit dem Benachteiligtenprogramm wurde der Benachteiligtenbegriff in die berufspädagogische Diskussion eingeführt, doch ist dieser Begriff hier umstritten und gilt als unscharf und diskriminierend (Biermann/Rützel 1999). Seine zwischenzeitliche Ersetzung durch den Terminus „Jugendliche mit besonderem Förderbedarf" hat diese Problematik noch verschärft, da die Übergangsprobleme damit nun vollends den betroffenen Jugendlichen zugeschrieben werden (Enggruber 2004).

Kritisch diskutiert wird darüber hinaus Benachteiligung als soziales Konstrukt (Geßner 2004; Ulrich 2003), als soziale Zuschreibung in der Theorietradition des *Labeling approach* (Goffman 1975) und im Kontext von Exklusion und Inklusion (Kronauer 2002). Problematisiert wird auch die Frage von Integration als offizieller Zielsetzung von Benachteiligtenförderung (Christe 2004; Kipp 1981; Lex 2002). Kritisch zu sehen ist in diesem Zusammenhang auch die klassische deutsche Arbeitspädagogik, die stets die Ausbildung von Arbeitsleistung betont, gleichzeitig aber die gesellschaftliche Dimension des Arbeitsprozesses ausgeklammert und z. T. sogar die reibungslose Integration des Individuums in die nicht mehr hinterfragte Arbeitswelt zur Entwicklungsnotwendigkeit erhoben hat. Auch aktuelle berufs- und integrationspädagogische Konzepte der Benachteiligtenförderung sind von solchen Tendenzen durchaus nicht frei (Wende u. a. 2004).

Die für das deutsche Bildungswesen charakteristische institutionelle Trennung von Allgemeinbildung und Berufsbildung spiegelt sich noch einmal in besonderer Schärfe in der beruflichen Bildung Benachteiligter wider. Der Bildungsbegriff spielt hier kaum eine Rolle, die sozialpädagogisch orientierte Berufsausbildung versteht sich ausschließlich als berufliche „Qualifizierung" benachteiligter Jugendlicher (exemplarisch: BMBF 2002).

## 1.3 *Sozialpädagogisch orientierte Berufsausbildung*

Kernkonzept der beruflichen Bildung benachteiligter Jugendlicher ist die „Sozialpädagogisch orientierte Berufsausbildung" (BMBW 1992). Hier ist Sozialpädagogik ausdrücklich nicht als ein additives pädagogisches Element konzipiert (Enggruber 2003). Als Modell wie auch in seinen sozialpädagogischen Methoden unterscheidet sich dieses Konzept deutlich von anderen Konzeptualisierungen von Sozialpädagogik in der Berufsausbildung: von der additiven sozialpädagogischen Betreuung (sozialpädagogische Hilfen neben der eigentlichen Ausbildung), der ausbildungsbezogenen Sozialarbeit (Unterordnung der sozialpädagogischen unter die berufspädagogischen Zielsetzungen) und der teilintegrierten Sozialarbeit, wo die sozialpädagogischen Fachkräfte auf ausbildungsunterstützende Funktionen festgelegt bleiben (Eckert 1999).

Die sozialpädagogisch orientierte Berufsausbildung ist neben der Qualifizierung für bestimmte Arbeitsanforderungen auch auf Sozialisation, Sozialerziehung und gesellschaftliche Integration ausgerichtet, insofern ist sie auch Sozial- und Jugendpolitik (Christe 2003a, 2003b, 2004). Damit grenzt sich die „Sozialpädagogisch orientierte Berufsausbildung" von der betrieblichen Berufserziehung und auch von der berufsbildungstheoretischen Begründung der Arbeit in der Berufsschule ab, die Berufserziehung nie ausdrücklich als Sozialerziehung verstanden haben.

# 2 Das Übergangssystem

Vor dem Hintergrund der Ungleichgewichte auf dem Ausbildungsstellenmarkt hat sich in den letzten Jahrzehnten ein als „Übergangssystem" bezeichnetes Fördersystem etabliert, das diejenigen Jugendlichen, denen der Übergang in Ausbildung im Anschluss an die allgemein bildende Schule nicht sofort gelingt, auffangen und auf eine berufliche Ausbildung vorbereiten soll (Bonifer-Dörr/Vock 2003). Das Übergangssystem umfasst drei unterschiedliche Unterstützungssysteme zur beruflichen Integration: Arbeitsförderung, Berufsschule und Jugendhilfe. Auch wenn sich die Aufgabenbereiche und Ziele der drei Systeme oft vielfach überschneiden, beruht jedes von ihnen auf unterschiedlichen Zuständigkeiten und Rechtsgrundlagen.

## *2.1 Struktur*

Zu den wichtigsten Angeboten im Übergangssystem gehören das Berufsvorbereitungsjahr (BVJ), das Berufsgrundbildungsjahr (BGJ), Maßnahmen in Berufsfachschulen ohne beruflichen Abschluss, betriebliche Einstiegsqualifizierungen (EQJ) und betriebliche Praktika. Einen besonders großen Anteil haben die berufsvorbereitenden Maßnahmen, die im Auftrag der Bundesagentur für Arbeit durch nicht-staatliche Bildungsträger, in vielen Bundesländern auch an den berufsbildenden Schulen, durchgeführt werden. Gemeinsam ist allen Angeboten, dass sie zu keinem qualifizierten beruflichen Abschluss führen, sondern lediglich eine berufliche Vorbereitung, Grundbildung oder Teilqualifizierung vermitteln.

## *2.2 Quantitative und qualitative Dimension*

Im letzten Jahrzehnt hat die Quote der Neuzugänge ins duale System drastisch abgenommen, dagegen ist im Übergangssystem ein starker Anstieg zu beobachten (Ulrich 2004). Bislang gibt es weder eine einheitliche Berufsbildungsstatistik noch eine kohärente Datenerfassung für den Bereich der beruflichen Ausbildung. Man schätzt, dass sich derzeit rund 750 000 Jugendliche in den Fördermaßnahmen des Übergangssystems befinden (Goltz u. a. 2008). Der größte Teil der Neuzugänge entfällt auf berufsbildende Maßnahmen in Trägerschaft von beruflichen Schulen (BFS, BVJ, BGJ), wobei die Berufsfachschulen (BFS) den größten Anteil stellen. Hierzu gehören ein- und zweijährige Bildungsgänge der Berufsfachschulen, die der Erfüllung der Berufsschulpflicht dienen oder die Möglichkeit bieten, einen Realschulabschluss oder die Fachschulreife zu erwerben. Am zweithäufigsten sind die berufsvorbereitenden Bildungsmaßnahmen der Bundesagentur für Arbeit (BvB), die von außerschulischen Bildungsträgern durchgeführt werden. Es folgen BVJ und BGJ sowie sonstige an den beruflichen Schulen angesiedelte Bildungsmaßnahmen. Nicht berücksichtigt sind hierbei die zahlreichen projekt- und programmfinanzierten Maßnahmen zur Förderung der beruflichen Integration, deren Vielfalt kaum noch zu überschauen ist (Schierholz 2003).

Vor allem Jugendliche mit niedriger schulischer Vorbildung gelangen nach Beendigung der allgemein bildenden Schule ins Übergangssystem (mehr als vier Fünftel der Jugendlichen ohne Hauptschulabschluss und über die Hälfte der Schulabgänger(inne)n mit

Hauptschulabschluss). Inzwischen beginnt sogar jede(r) vierte Realschulabsolvent/in die berufliche „Karriere“ im Übergangssystem. Dies ist ein Indiz dafür, dass die Übergangsprobleme von Jugendlichen keineswegs pauschal auf mangelnde „Ausbildungsreife“ zurückzuführen sind, sondern es sich hierbei vor allem um ein Mengenproblem fehlender Ausbildungsmöglichkeiten und um das Resultat einer Verdrängungskonkurrenz handelt, die zu Lasten der Jugendlichen mit den geringsten Bildungsressourcen geht.

Insgesamt weist das berufliche Bildungssystem eine ausgeprägte Segmentierung auf: Jugendliche mit niedrigen Schulabschlüssen münden nach Schulaustritt überwiegend ins Übergangssystem; Jugendliche mit höheren Schulabschlüssen gehen überwiegend direkt in eine duale Ausbildung oder in das voll qualifizierende Schulberufssystem über.

## *2.3 Individuelle Bewältigung des Übergangs*

Für die Jugendlichen kommt erschwerend hinzu, dass sie für das erfolgreiche Durchlaufen ihrer Bildungsprozesse zunehmend selbst verantwortlich gemacht werden (Individualisierung) und die Standardwege des Übergangs brüchig geworden sind und sich oftmals als „YOYO-Übergänge“ erweisen (Walther 2004: 20).

Auch wenn nicht alle Jugendlichen die Übergangsprobleme durchweg als nur belastend empfinden und vielfältige individuelle Bewältigungsstrategien entwickelt haben (vgl. schon Alheit/Glaß 1986), fällt es den meisten Jugendlichen doch schwer, mit dieser Situation angemessen umzugehen oder sie gar als persönlich nützlich zu empfinden. Viele distanzieren sich tendenziell pauschal von Bildung und Lernen und übernehmen individualisierte Zuschreibungen ihres Scheiterns.

Die Entscheidung, etwas anderes als die gewünschte betriebliche Ausbildung zu beginnen und in Jobs auszuweichen oder zurück zur Schule zu gehen, treffen die wenigsten Jugendlichen freiwillig (CEDEFOP 2007), viele suchen weiterhin einen Ausbildungsplatz. Nur bei einem Drittel entspricht der alternative Verbleib in etwa den eigenen Bildungswünschen, ein Drittel arrangiert sich mit der jetzigen Situation und ein Drittel fühlt sich in einer regelrechten Notsituation.

> „Wirklich zufrieden mit ihrer Situation sind (...) nur die Jugendlichen, die sich in einer voll qualifizierenden Ausbildung befinden. Überwiegend positiv wird auch ein erneuter Schulbesuch bewertet. Berufsvorbereitende Maßnahmen, das schulische Berufsvorbereitungsjahr sowie Praktika sind dagegen bei den Jugendlichen nur selten erste Wahl. Dennoch werden sie von vielen – zumindest nach einiger Zeit – als sinnvolle Überbrückung akzeptiert. Sehr negativ werden alle Alternativen bewertet, die außerhalb des Bildungssystems liegen“ (CEDEFOP 2007: 8).

Eine reguläre Arbeitsstelle wird z. B. von rund zwei Drittel der Jugendlichen lediglich als Überbrückung, Notlösung oder Sackgasse empfunden.

## *2.4 Jugendberufshilfe*

Am weitesten ausdifferenziert sind die der Arbeitsförderung zuzurechnenden Fördermaßnahmen, die auch unter dem Begriff der Jugendberufshilfe zusammengefasst werden (Christe 2008). Jugendberufshilfe ist ein spezifisches Handlungsfeld der Jugendhilfe, sie gilt als zentrales Element des Übergangssystems. Ihre Rechtsgrundlage hat sie, ohne im Gesetz explizit erwähnt zu sein, im SGB VIII (Schwerpunkt: Jugendsozialarbeit) und im SGB III (Schwerpunkt: berufsvorbereitende Bildungsmaßnahmen, Berufsbildung benachteiligter Jugendlicher und beschäftigungswirksame Maßnahmen). Jugendberufshilfe beruht auf einem Mix verschiedener Politik- und Förderbereiche und ist insbesondere in der Jugend-, Bildungs- und Arbeitsmarktpolitik verortet (Fülbier/Münchmeier 2002).

Zu den von der Jugendberufshilfe angebotenen Projekten, Maßnahmen und sonstigen Hilfen, die junge Menschen beim Übergang von der Schule in die Berufsausbildung und beim Übergang von der Ausbildung in Berufstätigkeit unterstützen, zählen vor allem: Beratung, Förderung schulischer Abschlüsse, Berufsorientierung, Berufsvorbereitung, Berufsausbildung, berufliche Weiterbildung und Qualifizierung. Ziel der Jugendberufshilfe ist die Verbesserung der individuellen Voraussetzungen junger Menschen für den Zugang zu Ausbildung und Beschäftigung. Zielgruppe sind individuell beeinträchtigte und sozial benachteiligte junge Menschen im Alter bis 25 bzw. 27 Jahren (Fülbier 2002).

Ebenso wie die Förderansätze der Jugendberufshilfe unterschiedlichen Pädagogikbereichen entstammen – insbesondere der Berufs-, Schul- und Sozialpädagogik –, ist auch ihre institutionelle Verortung sehr heterogen. Berufliche Schulen, kommunale Träger der Wohlfahrtspflege und Bildungsträger sind hier die wichtigsten Institutionen. Diese institutionelle Verselbständigung und Heterogenität ist kennzeichnend für die berufliche Bildung Benachteiligter, die wie kein anderer Bereich der beruflichen Bildung geprägt ist durch die Unübersichtlichkeit der Bildungsangebote und der davon betroffenen Adressat(inn)enkreise, der beteiligten Kosten- und Durchführungsträger und der damit verbundenen Zuständigkeiten, der eingesetzten Ressourcen und der erbrachten Leistungen (Kutscha 2004). Diese Unübersichtlichkeit spiegelt sich auch in der Vielfalt der amtlichen und nicht-amtlichen Statistiken sowie der amtlichen und nicht-amtlichen Berichterstattungen wider (z. B. die vom BMBF bzw. BMFSFJ regelmäßig veröffentlichten Berufsbildungsberichte bzw. die Kinder- und Jugendberichte), so dass zuverlässige Aussagen über die quantitativen Dimensionen dieses Bereichs beruflicher Bildung nur schwer möglich sind (Brosi 2004; Fülbier 2002).

Mit ihrer Verankerung im Berufsbildungsgesetz (BBiG) ist die Berufsausbildungsvorbereitung inzwischen verbindlicher Bestandteil der Berufsbildung im Sinne des Berufsbildungsgesetzes geworden (§ 1, Abs. 1a BBiG) und hat damit den Status einer bildungspolitischen Daueraufgabe erhalten. Ergänzt durch die Möglichkeit der zertifizierten Qualifizierungsbausteine (§ 69 BBiG), das „Neue Fachkonzept" der Bundesagentur für Arbeit (Stern 2004) sowie die „Einstiegsqualifizierung für Jugendliche (EQJ)" sind damit in jüngster Zeit verschiedene Instrumente entwickelt worden, die dazu führen könnten, dass die seit Einführung der dualen Berufsausbildung nach BBiG existierende Parallelität des Systems der regulären Berufsausbildung im Dualen System und der Berufsvorbereitung und Berufsbildung für benachteiligte Jugendliche (Benachteiligtenförderung) sich aufzuweichen beginnt (BMBF 2007).

# 3 Folgerungen

Insgesamt wird „mit dem Ausbau des Übergangssystems (...) zwar eine hohe Integration gering qualifizierter Jugendlicher in das berufliche Bildungssystem erreicht, allerdings einhergehend mit einer stark institutionellen Ausgliederung (...) in ein Parallelsystem" (Wieck

2007: 123). Die Wahrscheinlichkeit, bereits nach einmaligem Durchlaufen einer Maßnahme einen Ausbildungsplatz zu erhalten, ist äußerst gering. Daher bedeutet die Expansion des Übergangssystems für Jugendliche eine drastische Erhöhung der Unsicherheit und die Gefahr, bereits beim Start ins Berufsleben zu scheitern. Viele marktbenachteiligte Jugendliche werden zudem durch nicht zu einem anerkannten Abschluss führende Angebote wie „Lernbeeinträchtigte" behandelt, was für ihr Selbstbewusstsein und ihre Motivation nicht förderlich ist.

Dennoch bietet für einen Teil der Jugendlichen (ca. 40% bis 50%) das Übergangssystem die Chance, den Übergang in eine Ausbildung doch noch zu schaffen. Für andere Jugendliche hat es aber genau die gegenteilige Wirkung (Christe/Wende 2007). Dies ist insbesondere dann der Fall, wenn sie aneinander gereihte Maßnahmen durchlaufen oder Maßnahmen und Phasen der Arbeitslosigkeit sich immer wieder abwechseln. Wenn Jugendliche bereits mehrfach an einer arbeitsmarkt- und/oder berufsbildungspolitischen Maßnahme teilgenommen haben und immer wieder arbeitslos geworden sind, hat dies negative Wirkungen auf den Übergangserfolg (Dietrich 2001, 2003; Christe 2006; Lex 1997). Mit steigendem Alter sinkt die Wahrscheinlichkeit des Übergangs in Ausbildung oder Beschäftigung, die Verweildauer in Arbeitslosigkeit nimmt zu (Ulrich 2007).

Angesichts der Misere des Berufsausbildungssystems sind verschiedene Vorschläge gemacht worden, die pragmatisch auf Veränderung zielen: Die Gewerkschaft Erziehung und Wissenschaft (GEW 2005) fordert eine bessere Kooperation von Schule und Jugendhilfe durch die Einrichtung dauerhafter Angebote zur Orientierung, Begleitung und Unterstützung junger Menschen in der entscheidenden Phase des Übergangs von der Schule in den Beruf. Sie verlangt die Weiterentwicklung der verschiedenen Maßnahmen zu einem sinnvollen und kohärenten System der Benachteiligtenförderung, das alle Bildungsbereiche umfasst. Auch die unter dem Begriff der „Ganztagsbildung" diskutierte Kooperation von Schule und Jugendhilfe gehört hierzu (AGJ 2006; BJK 2004; BMFSFJ 2005).

Für Baethge/Solga/Wieck (2007) sind die Probleme des Übergangs in die Berufsausbildung nicht ohne eine Reorganisation der Sekundarstufe I des allgemein bildenden Schulwesens, d. h. die Zusammenlegung von Haupt- und Realschule und der gymnasialen Mittelstufe zu lösen. Außerdem sei es notwendig, Ganztagsschulen auszubauen (vgl. DJI 2007) und Didaktik und Methodik des Unterrichts so zu ändern, dass der starken Bildungsbenachteiligung von Jungen und der Bildungsbenachteiligung von Kindern aus bildungsfernen Schichten und mit Migrationshintergrund nicht weiter Vorschub geleistet wird.

Einen weiteren Schritt sehen sie in der Reorganisation der Berufsbildung, z. B. durch die Schaffung flexibler Grundberufe und eine Modularisierung der Berufsbildung. Dadurch werde der Übergang ins voll qualifizierende Berufsbildungssystem wie auch der Übergang in anschließende Bildungsgänge erleichtert (Wieck 2007).

Auch der Aufbau eines lokalen Übergangssystems kann die Übergänge erleichtern. Darunter zu verstehen ist „die Gesamtheit aller Bildungs-, Ausbildungs- und Qualifizierungsgänge und Angebote, Berufsorientierungen, Beratungen und Unterstützungen (...), die Jugendlichen bzw. jungen Erwachsenen vor ‚Ort', von der Sekundarstufe I ausgehend, für die Integration in das Berufs- und Arbeitsleben zur Verfügung stehen" (Weinheimer Initiative 2007: 2). Ein solches Verständnis von „Übergangssystem" schließt ausdrücklich die schulischen Bildungsgänge der Sekundarstufe II ebenso ein wie die duale und vollzeitschulische Berufsausbildung, aber z. B. auch Arbeitsgelegenheiten, wie sie nach dem SGB II bereitgestellt werden.

Ausgangspunkt eines so verstandenen Übergangssystems ist die Perspektive der jungen Menschen und ihrer Übergangsbiografien sowie die Eröffnung von Entwicklungsoptionen. Königswege zur erfolgreichen Integration in die Berufs-, Arbeits- und Erwachsenenwelt gibt es nicht mehr, wir haben es mit einer zunehmenden Pluralisierung von Übergangsverläufen zu tun, die unterschiedlich chancenreich sind und damit zur Verfestigung sozialer Ungleichheit beitragen. Dieser Entwicklung entgegen zu wirken, muss auch Aufgabe einer neu konzipierten beruflichen Bildung sein.

## *Literatur*

AGJ (Arbeitsgemeinschaft Kinder- und Jugendhilfe) (Hg.) (2006): Handlungsempfehlungen zur Kooperation von Jugendhilfe und Schule. Berlin: AGJ.

Alheit, Peter/Glaß, Christian (1986): Beschädigtes Leben. Soziale Biographien arbeitsloser Jugendlicher. Frankfurt a. M.: Campus.

Baethge, Martin/Buss, Klaus-Peter/Lanfer, Carmen (Hg.) (2004): Expertisen zu den konzeptionellen Grundlagen für einen Nationalen Bildungsbericht – Berufliche Bildung und Weiterbildung/Lebenslanges Lernen. Berlin: BMBF.

Baethge, Martin/Solga, Heike/Wieck, Markus (2007): Berufsbildung im Umbruch. Signale eines fälligen Aufbruchs. Netzwerk – Bildung. Berlin: Friedrich-Ebert-Stiftung.

Biermann, Horst/Rützel Jupp (1999): Didaktik der beruflichen Bildung Benachteiligter. In: Beiträge zur Pädagogik für Schule und Betrieb H. 19/1999: 11-37.

BJK (Bundesjugendkuratorium) (2004): Neue Bildungsorte für Kinder und Jugendliche. Bonn: Bundesjugendkuratorium.

BMBF (2002) – Bundesministerium für Bildung und Forschung): Berufliche Qualifizierung Jugendlicher mit besonderem Förderbedarf. Benachteiligtenförderung. Bonn.

BMBF (2007) – Bundesministerium für Bildung und Forschung: Berufsbildungsbericht. Bonn.

BMBW (1992) – Bundesministerium für Bildung und Wissenschaft: Sozialpädagogisch orientierte Berufsausbildung. Empfehlungen und Informationen für die Praxis. Bonn.

BMFSFJ (2005) – Bundesministerium für Familie, Senioren, Frauen und Jugend Zwölfter Kinder- und Jugendbericht. Berlin.

Bojanowski, Arnulf/Eckardt, Peter/Ratschinski, Günter (2004): Forschung in der Benachteiligtenförderung. Sondierungen in einer unübersichtlichen Landschaft. In: Berufs- und Wirtschaftspädagogik – online, Nr. 6.

Bonifer-Dörr, Gerhard/Vock, Rainer (Hg.) (2003): Berufliche Integration junger Menschen mit besonderem Förderbedarf. Entwicklung. Stand. Perspektiven. Heidelberg: Hiba.

Brock, Dietmar (1991): Übergangsforschung. In: Brock, Dietmar/Hantsche, Brigitte/Kühnlein, Gertrud/Meulemann, Heiner/Schober, Karen (Hg.): Übergänge in den Beruf. Zwischenbilanz zum Forschungsstand. München: Deutsches Jugendinstitut: 9-26.

Brosi, Walter (2004): Anmerkungen zur Verfügbarkeit von Statistiken im Bereich der beruflichen Bildung als Basis für eine umfassende Bildungsberichterstattung. In: Baethge/Buss/Lanfer (Hg.): 103-127.

CEDEFOP (2007): Was machen Jugendliche ohne Ausbildungsplatz? In: cedefop info. Berufsbildung in Europa. H. 1/2007: 8.

Christe, Gerhard (2003a): Lebenslagen junger Menschen und Herausforderungen für die Jugendsozialarbeit in Niedersachsen. In: Grimm, Andrea (Hg.): Forum Jugendsozialarbeit. Bestandsaufnahme und Perspektiven für Niedersachsen. Rehburg-Loccum: Evangelische Akademie Loccum: 31- 54.

Christe, Gerhard (2003b): Fördern und Fordern – ein neues Konzept in der Jugendberufshilfe? In: Jugend Beruf Gesellschaft H. 2/2003: 81-86.

Christe, Gerhard (2004): Was brauchen Benachteiligte? Vortrag auf der Tagung „Wie viel Reform braucht die berufliche Bildung? Die Zukunft der Jugendberufshilfe zwischen Optimierung des Fördersystems und Bildungsreform." Rehburg-Loccum: Evangelische Akademie Loccum.

Christe, Gerhard (2006): Bewertung von Integrationserfolgen Berufsvorbereitender Bildungsmaßnahmen. Eine vergleichende Studie in den Modellversuchen Emden und Rostock der „Entwicklungsinitiative: Neue Förderstruktur für Jugendliche mit besonderem Förderbedarf". INBAS. Berichte und Materialien, Bd. 14. Offenbach: Institut für berufliche Bildung, Arbeitsmarkt- & Sozialpolitik GmbH.

Christe, Gerhard (2008): Jugendberufshilfe. In: Büchter, Karin (Hg.): Berufs- und Wirtschaftspädagogik. Bd. 4. Reihe: Lexikon Erziehungswissenschaft, hrsg. v.: Kemnitz, Heidemarie/Marotzki, Winfried/Sandfuchs, Jürgen. Bad Heilbrunn: Klinkhardt.

Christe, Gerhard/Wende, Lutz (2007): Kontinuität, Umbruch oder Crash? Ergebnisse des Forschungsprojekts „Jugendsozialarbeit im Wandel". In: Jugend Beruf Gesellschaft H. 2/2007: 131-139.

Dietrich, Hans (2001): Wege aus der Jugendarbeitslosigkeit – von der Arbeitslosigkeit in die Maßnahme? In: Mitteilungen aus der Arbeitsmarkt- und Berufsforschung H. 4/2001: 419-439.

Dietrich, Hans (2003): Förderung auf hohem Niveau. Das Jugendsofortprogramm zum Abbau von Jugendarbeitslosigkeit – 1999 bis 2002. IAB-Werkstattbericht 9/2003. Nürnberg: IAB.

Deutsches Jugendinstitut (2007): DJI Bulletin 78. Ganztagsschule H. 1/2007.

Eckert, Manfred (1999): Sozialpädagogisch orientierte Berufsausbildung. In: Biermann, Horst/Bonz, Bernhard/Rützel, Jupp (Hg.): Beiträge zur Pädagogik für Schule und Betrieb H. 19/1999: 56-75.

Enggruber, Ruth (2003): Sozialpädagogik in der beruflichen Integrationsförderung. In: Bonifer-Dörr/Vock (Hg.): 227-245.

Enggruber, Ruth (2004): Kritische Notizen zum „Neuen Fachkonzept für die Berufsvorbereitenden Bildungsmaßnahmen" der Bundesagentur für Arbeit. In: Jugend Beruf Gesellschaft H. 4/2004: 210-216.

Fülbier, Paul (2002): Jugendberufshilfe – quantitative und qualitative Dimensionen. In: Fülbier/Münchmeier (Hg.): 486-503.

Fülbier, Paul/Münchmeier, Richard (Hg.) (2002): Handbuch Jugendsozialarbeit. Münster: Votum.

Geßner, Thomas (2004): Was benachteiligt wen und warum? Versuch einer Präzisierung des Konstrukts „Benachteiligung". In: Zeitschrift für Sozialpädagogik H. 1/2004: 32-45.

GEW (Gewerkschaft Erziehung und Wissenschaft) (Hg.) (2005): Leitgedanken und Positionen für die Kooperation von Schule und Jugendhilfe. Frankfurt a. M.: GEW.

Goffman, Erving (1975): Stigma. Über Techniken der Bewältigung beschädigter Identität. Frankfurt a. M.: Suhrkamp.

Goltz, Marianne/Christe, Gerhard/Bohlen, Elise (2008): Chancen für Jugendliche ohne Berufsausbildung. Problemanalyse – Beschäftigungsfelder – Förderstrategien. Freiburg i. Br.: Lambertus.

Kipp, Martin (1981): Arbeit und Lernbeeinträchtigung. Zur beruflichen und sozialen Eingliederung einer Randgruppe. In: Immler, Hans (Hg.): Beiträge zur Didaktik der Arbeit. Bad Heilbrunn: Klinkhardt: 216-240.

Konsortium Bildungsberichterstattung (Hg.) (2006): Bildung in Deutschland. Ein indikatorengestützter Bericht mit einer Analyse zu Bildung und Migration. Bielefeld: Bertelsmann.

Kronauer, Martin (2002): Exklusion. Die Gefährdung des Sozialen im hoch entwickelten Kapitalismus. Frankfurt a. M.: Campus.

Kutscha, Günter (2004): Berufsvorbereitung und Förderung benachteiligter Jugendlicher. In: Baethge/Buss/Lanfer (Hg.): 165-196.

Lex, Tilly (1997): Berufswege Jugendlicher zwischen Integration und Ausgrenzung. Deutsches Jugendinstitut. München: Verlag Deutsches Jugendinstitut.

Lex, Tilly (2002): Individuelle Beeinträchtigungen und soziale Benachteiligung – eine empirisch fundierte Begriffsbestimmung. In: Fülbier/Münchmeier (Hg.): 469-485.

Roth, Heinrich (Hg.) (1969): Begabung und Lernen. Stuttgart: Klett.

Schierholz, Henning (2003): Strategien zur Integrationsförderung beim Übergang zu Ausbildung und Beschäftigung. Ein Überblick. In: Bonifer-Dörr/Vock (Hg.): 19-48.

Stern, Hans-Uwe (2004): Berufsvorbereitenden Bildungsmaßnahmen. Neues Fachkonzept der Bundesagentur für Arbeit. In: Jugend Beruf Gesellschaft H. 4/2004: 202-206.

Stomporowski, Stephan (2007): Pädagogik im Zwischenraum. Acht Studien zur beruflichen Bildung Benachteiligter an berufsbildenden Schulen. Paderborn: Eusl.

Ulrich, Joachim Gerd (2003): Benachteiligung – was ist das? Theoretische Überlegungen zur Stigmatisierung, Marginalisierung und Selektion. In: Lappe, Lothar (Hg.): Fehlstart in den Beruf. Jugendliche mit Schwierigkeiten beim Einstieg ins Arbeitsleben. München: VS: 21-35.

Ulrich, Joachim Gerd (2004): Wer ist schuld an der Ausbildungsmisere? Diskussion der Lehrstellenprobleme aus attributionstheoretischer Sicht. In: Berufsbildung in Wissenschaft und Praxis H. 3/2004: 15-19.

Ulrich, Joachim Gerd (2007): Herausforderungen für die Gestaltung beruflicher Integrationsprozesse. Vortrag auf der Tagung „Jugendsozialarbeit im Wandel" (www.iaj-oldenburg.de, Download am 06.11.2007).

Walther, Andreas (2004): Bewältigung von Übergängen in Arbeit. Potenziale der Partizipation und des informellen Lernens. In: Diskurs H. 2/2004: 20-28.

Weinheimer Initiative (2007): Lokale Verantwortung für Bildung und Ausbildung. Eine öffentliche Erklärung. Weinheim: Juventa.

Wende, Lutz/Reis, Claus/Christe, Gerhard (2004): Projekt Jugendsozialarbeit im Wandel – Auswirkungen der Reformen der Agenda 2010 auf die fachliche und organisatorische Ausgestaltung der Jugendsozialarbeit und Jugendberufshilfe. In: Jugend Beruf Gesellschaft H. 4/2004: 256-259.

Wieck, Markus (2007): Unbewältigte Übergangsprobleme in der Berufsbildung: Vertiefung sozialer Spaltungen. In: Jugend Beruf Gesellschaft H. 2/2007: 118-130.

# 3

# Lernwelten, Institutionen und Perspektiven

# 3.1

# Lernwelten und Bildungsorte

# Familien

*Werner Helsper / Merle Hummrich*

Mit der Etablierung und Durchsetzung der Schulpflicht im 19. Jahrhundert, der Universalisierung der Schule und der fortschreitenden Bildungsexpansion ist neben die Familie eine zweite zentrale Bildungs- und Erziehungsinstitution mit wachsender Bedeutung getreten.

## 1 Das Verhältnis von Familie und Schule – strukturtheoretische Bestimmungen

Die Schule hat zum einen von der Familie bedeutsame Bildungs- und Erziehungsbereiche übernommen, zum anderen aber auch durch die Institutionalisierung einer systematischen fachspezifischen Unterrichtung selbst neue Bildungs- und Erziehungsbereiche erzeugt. Parallel dazu zentriert sich die Familie zunehmend – mit deutlichen Differenzen je nach Familienmilieu und pluralen Familienformen – im Kern um Liebe und das einzigartige, unersetzbare Kind. Die Schule hat im Zusammenhang mit dieser eigenlogischen Ausdifferenzierung der beiden Erziehungs- und Bildungsinstitutionen – bis auf wenige, ökonomisch besonders kapitalstarke Familien – für die Zukunftsoptionen und sozialen Platzierungen der Kinder eine zentrale Bedeutung erhalten. Familien können in der Regel die Zukunftschancen ihrer Kinder nur über deren schulischen Erfolg sicherstellen, was Einflussmöglichkeiten und Macht der Schule gegenüber den Familien verstärkt. Tyrell (1987) hat so von einem Trend der „Überanpassung der Familie an die Schule" gesprochen.

Zugleich hat sich aber in Deutschland, im Unterschied zu den Schulsystemen anderer Länder, eine deutliche Trennung von Schule und Familie entwickelt, insbesondere auch hinsichtlich der Erziehungszuständigkeiten der Schule. Im Zuge allerdings der grundlegenden Wandlung der Familienformen seit den 1960er Jahren, der gewachsenen Erwerbstätigkeit von Frauen, der Ausweitung prekärer familiärer Lebenslagen mit hohen Armutsrisiken und Problemkumulationen für Kinder und Jugendliche (vgl. Chassé u. a. 2003), wird an die Schule zunehmend auch die Forderung herangetragen, sich an diese veränderte Familiensituation anzupassen: Schule und Lehrer(innen) können nicht einfach das schulkompatible Familienkind erwarten, sondern müssten unter Umständen schulisch auch die Voraussetzungen dafür schaffen, dass Heranwachsende den schulischen Bildungs- und Unterrichtsprozessen entsprechen können: Wenn etwa Kinder unversorgt, ohne Frühstück und vernachlässigt zur Schule kommen, und dies in sozialen Multiproblemstadtteilen nicht nur im Einzelfall, dann ist dies durchaus eine Aufgabe für die Kinder- und Jugendhilfe und die Kooperation verschiedener pädagogischer Professionen, aber auch für die damit konfrontierten Schulen. Wenn sich die familiären und Lebensbedingungen von Kindern und Jugendlichen verändern, dann resultieren daraus auch neue Anforderungen für die Lehrkräfte. In diesem Zusammenhang ist die Forderung der Einführung von Ganztagsschulen zu verorten. Allerdings bedarf es zuerst einer grundlegenden Bestimmung der Differenzen und Gemeinsamkeiten von Schule und Familie: Was vermag nur die Familie, was nur die Schule und wo gibt es gemeinsame Zuständigkeiten?

*Abbildung 1: Merkmale von Familie und Schule*

In diesem Schema werden Schule und Familie als im Kern unterschiedliche und nicht-ersetzbare Bildungsbereiche begriffen: Während die Familie um unkündbare Beziehungen auf intimer, emotionaler, diffuser, auf Nähe und Liebe gründender Basis verstanden wird, ist die Schule im Kern um die Vermittlung fachspezifischer Inhalte in stärker rollenförmig-universalistischen, spezifisch-distanzförmigen Unterrichtsbeziehungen zentriert. Dabei unterscheiden sich Familienmilieus und Schulkulturen allerdings deutlich darin, wie stark sie jeweils in die soziale Beziehungslogik und die Kernzuständigkeit des jeweils anderen Bildungsbereichs ausgreifen. Immer dann, wenn Familien oder Schüler(innen) von der Schule im Kern Familiäres erhoffen oder Schulen sich als im Kern familienanaloge Bildungsorte entwerfen bzw. die Familie zu viel Schulisches in ihren Kernbestand aufnimmt, entstehen mögliche Problem- und Konfliktzonen, systematische Widerspruchs- und Ambivalenzkonstellationen sowie Überforderungs- und Enttäuschungsrisiken. Dabei gibt es allerdings einen breiten Überlappungsbereich, in dem sich je nach spezifischen Passungen von Familie und Schule unterschiedliche Justierungen von Erziehungs-, Förderungs-, Stützungs- oder Bildungszuständigkeiten ergeben können, ohne dass dies notwendigerweise in übergriffsartige Interpenetrationen münden muss.

## 2 Veränderte Einstellungen von Eltern zur Ganztagsschule – ein Blick auf empirische Ergebnisse

Wie die Ergebnisse der repräsentativen Umfragen des Instituts für Schulentwicklungsforschung in Dortmund zeigen, stehen Eltern der Ausweitung schulischer Zuständigkeiten, wie sie sich im Rahmen der Ganztagsschule ergeben, immer weniger distanziert gegenüber (vgl. IFS 2004): Stimmten 1991 der Einrichtung von mehr Ganztagsschulen lediglich 39 % der Eltern zu, so 2004 mit 56 % deutlich mehr. Im selben Zeitraum ging die Ablehnung von 36 % auf 21 % zurück. Und der Aussage, dass beim Besuch der Ganztagsschule die Schule zu viel Einfluss auf die Erziehung gewinnt, stimmten 1981 49 % der Eltern und 2004 nur noch 34 % in Westdeutschland und 29 % in Ostdeutschland zu (ebd.: 39-40).

Auch Untersuchungen zur Einschätzung bestehender Ganztagsschulen durch die Eltern bringen überwiegend positive Resultate: So zeigt sich, dass Eltern von Ganztagsschüler(inne)n insbesondere das Betreuungsangebot und die stärkere Vereinbarkeit von Schule und Beruf hervorheben, in den Grundschulen stärker als in der Sekundarstufe I. Und in der Tendenz sehen Eltern eher positive Effekte hinsichtlich der Entlastung von Familien, etwa in der Hausaufgabenbetreuung und der familiär aufzubringenden „Schularbeit". Auch die Unterstützung bei erzieherischen Problemen wird von fast 30 % der Eltern hervorgehoben (vgl. Züchner 2007). Auch die Begleitstudie zur Umsetzung der Offenen Ganztagsschule im Primarbereich in Nordrhein-Westfalen kommt zu ähnlichen Ergebnissen: Auch hier steht bei den Eltern die verstärkte Betreuung, die Unterstützung bei den Hausaufgaben und die Möglichkeit für eine Berufstätigkeit im Zentrum. Allerdings erwarten auch um 60 % von der Ganztagsschule, dass das Kind selbstständiger und im Lernen gefördert werde sowie sich besser entwickeln könne. Und immer noch gut 30 % erhoffen Unterstützung und Beratung bei Erziehungsfragen (vgl. Beher u. a. 2007: 198-199). Dabei werden die personelle Ausstattung und die Qualität der pädagogischen Stützungsangebote, etwa der Hausaufgabenbetreuung, aber auch deutlich kritisiert, wobei die Eltern mit formal höheren Bildungsabschlüssen einen kritischeren Blick auf die Angebote werfen.

Insgesamt verdeutlichen diese Ergebnisse, dass ein größerer Teil der Eltern der Ausweitung schulischer Zuständigkeiten und damit einer Neubalancierung zwischen Schule und Familie positiv gegenüberstehen. Somit scheint sich – wenn auch stark aus pragmatischen Gründen der besseren Vereinbarkeit von Familie und Beruf und der besseren Kinderbetreuung – eine Neubalancierung von Schule und Familie anzudeuten, in der die Schule – wenn auch mit milieuspezifischen und familienstrukturellen Differenzen – tendenziell größere Zuständigkeiten zugesprochen erhält.

## 3 Bildungsungleichheit, Familie und Ganztagsschule

Übereinstimmend zeigt eine Vielzahl an Studien, dass die familiäre Herkunft und der schulische Erfolg eng miteinander verbunden sind (vgl. Schümer 2004; Baumert/Schümer 2001; Baumert u. a. 2006). Dabei konnte auch durch die Bildungsexpansion die soziale Benachteiligung nicht aufgehoben werden (Ditton 2004; Becker/Lauterbach 2004). Insbesondere der Zugang zum Gymnasium ist für Schüler(innen) aus unteren sozialen Lagen und vor allem auch aus Migrantenmilieus nach wie vor erschwert. Zudem weist Deutschland im internationalen Vergleich Spitzenwerte für die Kompetenzunterschiede zwischen Schüler(inne)n aus dem oberen und dem unteren Viertel der Sozialstruktur auf. Annahmen über Familiendefizite etwa bei Migrantenkindern – z. B. für die Entwicklung der Sprachkompetenz (Baumert/Schümer 2001) – stehen Thesen der institutionellen Diskriminierung dieser Heranwachsenden gegenüber (Gomolla/Radtke 2002; Radtke 2006). Für den Bildungsaufstieg von Migrationsjugendlichen finden sich zudem Hinweise auf deutliche familiäre Unterstützungsressourcen (Hummrich 2002; Hamburger/Hummrich 2007). Die familiär bedingte soziale Lage und die Milieuzugehörigkeit spielen also eine wichtige Rolle, wenn es um die Chancenverteilung in der Schule geht.

Die Relevanz der Familienstruktur (also z. B. Scheidungsfamilien, Ein-Eltern-Familien etc.) für den Schulerfolg hat sich in den letzten Jahren relativiert (Meier 2004; Tillmann/ Meier 2001), Allerdings weist eine Bamberger Studie darauf hin, dass Kinder aus „nicht-traditionellen" Familien im Gymnasium unterrepräsentiert sind, wobei hier insbesondere Mädchen benachteiligt scheinen (vgl. Schlemmer 2004), wodurch die Ergebnisse zur wachsenden Bildungsbenachteiligung von Jungen differenziert werden (vgl. Schümer 2004; Helsper/Hummrich 2005). Mikroanalytische Studien zu Bildungskarrieren können schließlich das komplexe Zusammenspiel individueller, interaktiver und institutioneller Ungleichheitsdimensionen als fallspezifisch wirksam werdende Ressourcen und Defizite verdeutlichen und so zur Überwindung subsumptionslogischer Annahmen für Bildungschancen beitragen (vgl. Grundmann u. a. 2004; Vester 2004; Hummrich 2002; zusammenfassend: Helsper/Hummrich 2005; Busse/Helsper 2007).

Angesichts der anhaltenden Chancenungleichheit im Bildungssystem scheint die Schule damit verstärkt vor der Herausforderung zu stehen, insbesondere Kinder und Jugendliche aus unterprivilegierten familiären Milieus bei der Bearbeitung schulischer Anforderungen zu unterstützen und in ihren Bildungsprozessen zu fördern, was unter Bedingungen der Halbtagsschule dadurch an Grenzen stößt, dass der Familie die „Schularbeit" der Kinder aufgelastet wird (vgl. Holtappels 1995; Holtappels u. a. 2007; Beher u. a. 2007). Ganztagsschulen erhalten somit die Aufgabe, „die Bildungsleistungen von Schule, Familie, außerschulischer Kinder- und Jugendhilfe sowie Gleichaltrigengruppe zu bündeln, miteinander zu verknüpfen und aufeinander zu beziehen, (so) dass eine umfassende Kompetenzentwicklung der Schülerinnen und Schüler ermöglicht wird und etwaige Benachteiligungen wegen ihrer sozialen Herkunft ausgeglichen werden können" (BMFSFJ 2006: 12).

Wiesen Radisch/Klieme (2004) bereits darauf hin, dass sich aufgrund der Forschungslage keine eindeutigen Belege für die Stärkung der Chancengleichheit finden, so geben auch die neueren Studien Anlass zu Skepsis. So zeigt sich zwar in den StEG-Daten, dass es keine Unterrepräsentierung von Kindern aus Migrations- und unteren sozialen Milieus im Ganztagsangebot gibt, aber in der aktiven Teilnahme und Mitwirkung in Ganztagsschulen dominieren wiederum die Familien mit hohem sozioökonomischem Status (Züchner 2007: 330; Beher u. a. 2007). Vor allem gibt es deutliche Kritik an der personellen Ausstattung der Ganztagsschulen und an der Qualifikation des pädagogischen Personals, das die außerunterrichtlichen Fördermaßnahmen und die Hausaufgabenbetreuung realisieren soll. Entscheidend für die Verringerung sozialer Bildungsungleichheit dürfte also nicht die organisatorische Einführung von Ganztagsschulen sein, sondern deren pädagogische Ausgestaltung im Sinn individueller Förderung und passförmig auf die familiären Hintergründe bezogener Stützung und deren Verknüpfung mit binnendifferenzierenden Förderungen im Unterricht. Dadurch könnten die mit der Ganztagsschule einhergehenden stärkeren positiven Schulbezüge der Heranwachsenden – eine wichtige Grundlage schulischer Motivation und Interessenentwicklung gerade für eher schuldistanzierte Jugendliche – für die Förderung schulischer Bildungsprozesse fruchtbar gemacht werden.

## 4 Integration und transfamiliäre Gemeinschaftsbildung – Möglichkeiten der Ganztagsschule?

Mit der Ganztagsschule ist auch das Ziel verbunden, Heranwachsende aus unterschiedlichen sozialen und ethnischen familiären Milieus verstärkt zusammenzuführen. Damit sind einerseits Hoffnungen auf politische Bildungsprozesse im Sinne eines reflexiven Umgangs mit Heterogenität und Differenz verbunden, denn die Schule – insbesondere die Ganztagsschule mit ihrem erweiterten schulischen Angebot – führt ansonsten lebensweltlich und milieuspezifisch eher voneinander separierte Heranwachsende zusammen und erhält damit eine politische Bildungsaufgabe, die Familien aufgrund ihrer milieuspezifischen Einbindung eher nicht übernehmen können. Andererseits kann die Bildungsforschung verdeutlichen, dass gerade Kinder aus schulferneren Milieus von heterogen zusammen gesetzten Lerngruppen am ehesten für ihre Lernprozesse profitieren können (Baumert u. a. 2006).

Indem Ganztagsschulen verstärkt die Möglichkeit zur Intensivierung sozialer Kontakte ansonsten separierter Heranwachsender eröffnen, besitzen sie erweiterte Möglichkeiten für soziale Integration und Gemeinschaftsbildung auf universalistischer Ebene sowie die Arbeit an Konflikten und Missachtungsproblemen zwischen unterschiedlichen Gruppen Heranwachsender, vor allem wenn die Ganztagsschule zugleich mit Öffnungen gegenüber dem Gemeinwesen einhergeht (vgl. Holtappels 1994). Dafür aber muss die familiäre Integration und Einbindung in partikulare Milieus – sofern sie stattfindet und die Familie mit ihren partikular-diffusen Gemeinschaftseinbindungen nicht ausfällt – durch die schulischen Erfahrungsräume auch relativiert und zum Fremden hin geöffnet werden. Diese Relativierung und auch Infragestellung partikularer familiärer Milieus kann von Familien und Jugendlichen als Übergriff und illegitime Einmischung verstanden werden, so dass hier verstärkt Elternarbeit und eine Intensivierung des Kontaktes zwischen Lehrer(inne)n und Eltern erforderlich ist.

Diese umfassendere Integration kann allerdings nur dann gelingen, wenn die erweiterten Beziehungsräume im Ganztagsbetrieb auch gleichermaßen von Kindern und Jugendlichen aus unterschiedlichen Milieus und familiären Hintergründen genutzt werden. Wenn insbesondere in den nicht-Gebundenen Formen des „Ganztags" im Laufe der Schulzeit eine Entmischung zwischen jugendlich-familiären Milieus entsteht, etwa wenn Jugendliche aus ressourcenstarken Familien vermehrt außerschulische Freizeit- und Bildungsmöglichkeiten nutzen, dann werden diese Möglichkeiten blockiert. Und diese Möglichkeiten können gar ins Gegenteil umschlagen, wenn eine verstärkte Zusammenführung zwar erfolgt, aber keine hinlänglichen pädagogischen Konzepte und professionellen Handlungsstrategien vorliegen, um die damit auch einher gehende stärkere Konflikthaftigkeit produktiv bewältigen zu können (vgl. Sandring 2006), die daraus resultieren kann, das ansonsten getrennte Jugendliche aus unterschiedlichen familiären und Jugendmilieus nun verstärkt, länger und intensiver in Beziehung gesetzt werden und sich weniger „aus dem Weg" gehen können.

## 5 Pädagogische „signifikante Andere" in der Schule? Arbeit an den Grenzen des Schulischen?

> „Betreuung (der Ganztagsschule) bedeutet in diesem Zusammenhang nicht allein die verlässliche Beaufsichtigung am Nachmittag, sondern umfasst in einem erweiterten Sinne den Aufbau und die Sicherung persönlicher Beziehungen und Bindungen und eine individualisierte Förderung der einzelnen Kinder und Jugendlichen" (BMFSFJ 2006: 4).

So formuliert der Wissenschaftliche Beirat für Familienfragen beim Bundesfamilienministerium. Hiermit ist ein Anspruch erhoben, der die Grenzen des Schulischen deutlich erweitert. Trotz der strukturellen Unterschiede von Familie und Schule (vgl. Oevermann 2001; Hummrich u. a. 2006), in der die Familie als die genuine Instanz persönlich-partikularer, intimisierter Beziehungen zu „signifikanten Anderen" entworfen wird, kann Nittel (1992) herausarbeiten, dass es in Fällen, in denen die Beziehung zum Elternhaus für Heranwachsende problematisch ausgestaltet ist, durchaus auch zur Ausbildung von Beziehungen im schulischen Rahmen kommen kann, die die Qualität von Beziehungen zu signifikanten Anderen annehmen. Ähnliche Muster findet auch Wiezorek (2006) in einer Hauptschule: Unter Bedingungen starker Schuldistanz des Elternhauses und multiproblembelasteter Jugendbiographien entstehen persönliche Bindungen zwischen Klassenlehrer(in) und Schüler(inne)n mit kompensatorischen Strukturen. Dabei können signifikante Andere innerhalb der Schule in verschiedenen Formen auftreten:

- Lehrer(innen) und Sozialpädagog(inn)en können als „Bildungsanwälte" für die Laufbahn und die Abschlüsse fungieren, insbesondere bei Jugendlichen aus schulfernen Familien mit fehlender Bildungsunterstützung (vgl. Nittel 1992).
- Lehrkräfte können zu inhaltlichen „Bildungsanwälten" werden, indem sie Jugendliche in Bildungsprozessen unterstützen und für die Interessenentfaltung und berufliche oder Studienorientierungen hoch bedeutsam werden.
- Lehrkräfte und Sozialpädagog(inn)en können in familiär oder durch Adoleszenzverläufe bedingten biographischen Krisenkonstellationen die Bedeutung begleitender Unterstützer und Berater gewinnen und durch fürsorgliche Begleitung Bildungsverläufe offen halten und in biographischen Krisen stabilisierend wirken (vgl. Wiezorek 2006).
- In Extremfällen können Pädagog(inn)en für Schüler(innen) auch zum Elternersatz werden, vor allem in Schulkulturen, in denen Nähe und Fürsorge im Zentrum stehen und entsprechende Hoffnungen bei derart „bedürftigen" Heranwachsenden geweckt werden, die zudem verstärkt auf derartige Schulen einmünden (vgl. Helsper/Ullrich u. a. 2007).

Die beiden letzten Varianten, insbesondere die vierte, sind jedoch als hoch ambivalente Beziehungsformen zu begreifen: Sie stellen bedeutungsvolle biographische Stabilisierungen bereit; zugleich bedeuten sie auch eine pädagogische Arbeit an und auch jenseits der Grenzen des Schulischen und neigen zu paradoxen Verstrickungen. Zudem werden damit Beziehungsversprechen gemacht, die für Enttäuschung und Desillusionierung hochgradig anfällig sind und damit zur Wiederholung bereits primärsozialisatorisch erzeugter Verletzungen und Enttäuschungen führen können, wenn die geweckten Hoffnungen nicht realisiert werden oder Beziehungen nicht aufrecht erhalten werden können (vgl. Helsper/Ullrich u. a. 2007). Zudem sind derartige pädagogische Haltungen auch mit der Gefahr einer übergriffsartigen Entgrenzung verbunden (vgl. Helsper/Ulrich u. a. 2007; Idel 2008).

Für die Ganztagsschule gilt es – gerade weil sie auf die „Sicherung persönlicher Beziehungen und Bindungen“ orientiert –, diese konträren Beziehungslogiken zu reflektieren. Insbesondere wenn unter Bedingungen problembelasteter Biographien und Familien für die Ganztagsschüler(innen) aufgrund des ausgeweiteten schulischen Beziehungsraumes schulische signifikante Andere verstärkt eine hohe individuelle Bedeutsamkeit erlangen können, müssen die damit einhergehenden Ambivalenzen und die dabei drohenden diffusen Entgrenzungen reflexiv gehandhabt werden. Und dies umso stärker, je deutlicher die Beziehung sich in Richtung einer diffusen Beziehungslogik bewegt, die zugleich reflexive Begrenzungen erfordert. Dabei müssen die Pädagog(inn)en im Ganztagsbetrieb die Balance halten zwischen einer Unterstützung und auch Entlastung von Familien – etwa durch pädagogisch und fachlich kompetente Hausaufgabenbetreuung, individuelle Förderung und auch Halt gebende Fürsorge – und einer dabei auch drohenden übergriffsartigen Einmischung in familiäre Belange, die im Extremfall auch zu einer Scholarisierung der Familie im Sinne eines pädagogisierenden Übergriffs führen kann, indem die Schule den Eltern vorgibt, wie die „richtige Erziehung“ auszusehen habe (vgl. zu einer Reformgesamtschule Hummrich/Helsper 2004).

## 6 Passungsverhältnisse zwischen Schülern, Schulen und Familien in ihrer Bedeutung für den Ganztag

Im vorhergehenden Abschnitt klang bereits die Spannung zwischen schulischer Integration und entgrenzendem Übergriff an, die sich im Anspruch der persönlichen Beziehungen ausgestaltet. Hierbei können unterschiedliche Beziehungskonstellationen geltend gemacht werden, die je spezifische Möglichkeitsräume für die Ausbalancierung von Nähe und Distanz eröffnen. Diese sind nicht nur abhängig von der jeweiligen Beziehung – dem Arbeitsbündnis – zwischen Schüler(in) und Lehrer(in), sondern auch von der Beziehung der Eltern zur Schule und ihrem Arbeitsbündnis mit dem/r Lehrer(in) (Oevermann 2001). Das familiale Milieu kann dabei grundlegend als das Bedingungsgefüge verstanden werden, in dem das Kind seinen primären Habitus ausbildet, mit dem es dann auf die Schule trifft, wo der sekundäre Habitus geformt wird. Bourdieu/Passeron (1973) bezeichnen die Beziehungskonstellation zwischen primärem und sekundärem Habitus als Passung. Diese darf jedoch nicht statisch verstanden werden, sondern gestaltet sich im Verlauf der Schülerbiographie aus und transformiert sich im Verhältnis zu je konkreten Schulkulturen (Kramer 2002). Allgemein ist der schulische Habitus bestimmt von einer durch Schrift und Buch bestimmten Lernumgebung (vgl. Leschinsky/Cortina 2003; Böhme 2006). Die Partikularität der lebensweltlichen Bezüge wird damit durch den universalistischen Anspruch der Schule gebrochen. Doch stehen auch die schulischen Akteure in Milieubindungen, die in die institutionellen Sinnwelten hineinragen und als „Institutionen-Milieu-Komplexe“ (Helsper 2006) pädagogische Sinnstrukturen kreieren, zu denen Habitusfigurationen wiederum in spezifischer Passungskonstellation stehen.

Schulische Chancen entstehen damit um so eher, je eher positive Passungskonstellationen ausgebildet werden können, das heißt: je deutlicher Jugendliche vor dem Hintergrund ihrer Familie schulhomologe Beziehungen ausformen können. Riskant oder antagonistisch werden Passungskonstellationen eher dann, wenn aufgrund der sozialisatorischen Bildungsmilieus der Familie schuldistanzierte Haltungen ausgeformt werden (vgl. Hummrich

2008). Das Dreieck „Familie-Schüler-Schule" ist also ein komplexes Bedingungsgefüge, das je spezifische Möglichkeitsräume der Bildung bereitstellt.

Auch Ganztagsschulen müssen als derartige Institutionen-Milieu-Komplexe verstanden werden, in denen harmonische und antagonistische Passungen zwischen unterschiedlichen familiären Milieus und der jeweiligen Schulkultur erzeugt werden. Besonders brisant wird dies für schuldistanzierte und -ferne Familienmilieus (vgl. Willis 1979; Combe/Helsper 1994; Wiezorek 2005): Wenn derartige Jugendliche sich intensiver und länger in der Schule aufhalten, kann eine Verschärfung der Schuldistanz nur dann verhindert werden, wenn der Unterricht und die Ganztagsangebote an die familiär ererbten kulturellen Praktiken der Schüler(innen) anzuschließen vermögen. Ähnliches gilt für schulkritische, gegenkulturelle familiäre Milieus: Jugendliche aus derartigen Milieus bedürfen verstärkt eines kritischen, partizipativen und für ihre jugendkulturellen Ausdrucksformen geöffneten schulkulturellen Umfeldes, damit ihre schulkritische Haltung nicht durch ein „Mehr" an Schule weiter verstärkt wird (vgl. Helsper 1989, 2008). Für Jugendliche aus den familiären Aufstiegsmilieus der „Strebenden" gilt, dass der schulische Status- und Leistungsdruck, dem sie familiär und schulisch unterliegen, durch eine Ausweitung des Schulischen im Ganztagsbereich auch potenziert werden kann, wenn ihnen dadurch außerschulische und außerfamiliäre Kompensationsräume, wie z. B. Angebote der Jugendarbeit, verloren gehen bzw. die Schule diese Kompensationsräume nicht zur Verfügung stellen kann (vgl. Fend 2000). Ganztagsschulen müssen also – weil sie Heranwachsende verstärkt in die Schule einbinden – besonders sensibel auf die Passungen zwischen den zentralen familiären Milieus ihrer Schüler(innen) und der jeweiligen Schulkultur achten.

# 7 Ausblick: Die Ganztagsschule zwischen Pädagogisierung und pädagogischer Zuständigkeit

Die Ganztagsschule – so lässt sich resümieren – verschiebt also die Bildungs-, Erziehungs-, Integrations- und Stützungszuständigkeiten tendenziell in Richtung des Schulischen. Dies muss allerdings – wie neuere Untersuchungen verdeutlichen (vgl. IFS 2004; Holtappels u. a. 2007; Beher u. a. 2007) – keineswegs notwendigerweise zu Spannungen oder Konflikten mit den Familien führen: Eltern stehen der Ganztagsschule zunehmend positiver gegenüber, Familien fühlen sich tendenziell entlastet, können Kinder und Beruf besser miteinander vereinbaren und die längere Anwesenheit der Kinder in der Schule führt offenbar auch nicht zu Störungen des Familienlebens (vgl. Züchner 2007). Die Ganztagsschule scheint also einerseits durchaus machbare und bedeutsame pädagogische Ansprüche aufzugreifen, denen sich die deutsche Schule allzu lange entzogen hat. Allerdings werden an die Ganztagsschule auch starke Anforderungen herangetragen, die in Richtung Halt gebender Stützung, persönlicher Bindung und des kompensatorischen Ausgleichs von Familiendefiziten weisen. Darin ruht andererseits auch die Gefahr einer überbordenden Pädagogisierung soziokulturell erzeugter – insbesondere auch familiärer – Problemlagen, die nun schulisch bearbeitet werden sollen. Damit werden Pädagog(inn)en in Ganztagsschulen stärker in die Ambivalenz spezifisch-universalistischer und diffus-partikularer Beziehungslogiken eingerückt, die es reflexiv zu handhaben gilt. Und hier liegen auch deprofessionalisierende Formen der Familialisierung des Schulischen und der Scholarisierung des Familiären nahe, die es reflexiv zu begrenzen gilt.

## *Literatur*


Baumert, Jürgen/Maaz, Kai/Watermann, Rainer (2006): Herkunftsbedingte Disparitäten im deutschen Bildungswesen. Wiesbaden: VS Verlag für Sozialwissenschaften.

Baumert, Jürgen/Schümer, Gundel (2001): Familiäre Lebenswelten, Bildungsbeteiligung und Kompetenzerwerb. In: Baumert, Jürgen/Klieme, Eckhard/Neubrand, Michael/Prenzel, Manfred/Schiefele, Ulrich/Schneider, Wolfgang/Stanat, Petra/Tillmann, Klaus Jürgen/Weiß, Manfred (Hg.): PISA 2000. Basiskompetenzen von Schülerinnen und Schülern im internationalen Vergleich. Opladen: Leske + Budrich: 323-408.

Becker, Rolf/Lauterbach, Wolfgang (Hg.) (2004): Bildung als Privileg? Erklärungen und Befunde zu den Ursachen der Bildungsungleichheit. Wiesbaden: VS Verlag für Sozialwissenschaften.

Beher, Karin/Haenisch, Hans/Hermens, Claudia/Liebig, Reinhard/Nordt, Gabriele/Schultz, Uwe (2007): Die offene Ganztagsschule in der Entwicklung. Empirische Befunde zum Primarbereich in Nordrhein-Westfahlen. Weinheim: Juventa.

BMFSFJ (2006) – Bundesministerium für Familie, Senioren, Frauen und Jugend: Ganztagsschule – eine Chance für Familien. Gutachten des Wissenschaftlichen Beirats für Familienfragen beim Bundesministerium für Familie, Senioren, Frauen und Jugend. In: www.bmfsfj.de/bmfsfj/generator/RedaktionBMFSFJ/Abteilung2/Pdf-Anlagen/ganztagsschule, property=pdf,bereich=,sprache=de,rwb=true.pdf (Download am 12.10.2007).

Böhme, Jeanette (2006): Schule am Ende der Buchkultur. Bad Heilbrunn: Klinkhardt.

Bourdieu, Pierre/Passeron, Jean Claude (1973): Grundlagen einer Theorie der symbolischen Gewalt. Frankfurt a. M.: Suhrkamp.

Busse, Susann/Helsper, Werner (2007): Familie und Schule. In: Ecarius, Jutta (Hg.): Handbuch Familienforschung. Opladen: Leske + Budrich: 321-341.

Chassé, Karl A./Zander, Margherita/Rasch, Konstanze (2003): Meine Familie ist arm. Wie Kinder im Grundschulalter Armut erleben und bewältigen. Wiesbaden: VS Verlag für Sozialwissenschaften.

Combe, Arno/Helsper, Werner (1994): Was geschieht im Klassenzimmer? Weinheim: Juventa.

Ditton, Hartmut (2004): Schule und sozial-regionale Ungleichheit. In: Helsper, Werner/Böhme, Jeanette (Hg.): Handbuch der Schulforschung. Opladen: Leske + Budrich: 605-625.

Fend, Helmut (2000): Entwicklungspsychologie des Jugendalters in der Moderne. Opladen: Leske + Budrich.

Gomolla, Mechthild/Radtke, Frank-Olaf (2002): Institutionelle Diskriminierung. Die Herstellung ethnischer Differenz in der Schule. Opladen: Leske + Budrich.

Grundmann, Matthias/Bittlingmayer, Uwe H./Dravenau, Daniel/Groh-Samberg, Olaf (2004): Bildung als Privileg und Fluch – Zum Zusammenhang zwischen lebensweltlichen und institutionalisierten Bildungsprozessen. In: Becker/Lauterbach (Hg.): 41-69.

Grunert, Cathleen (2005): Kompetenzerwerb von Kindern und Jugendlichen in außerunterrichtlichen Sozialisationsfeldern. In: Sachverständigenkommission Zwölfter Kinder- und Jugendbericht (Hg.): Kompetenzerwerb von Kindern und Jugendlichen im Schulalter. Bd. 3. München: Eigenverlag DJI: 9-94.

Hamburger, Franz/Hummrich, Merle (2007): Familie und Migration. In: Ecarius, Jutta (Hg.): Handbuch Familie. Wiesbaden: VS Verlag für Sozialwissenschaften: 112-136.

Helsper, Werner (1989): Jugendliche Gegenkultur und schulisch-bürokratische Rationalität. In: Breyvogel, Wilfried (Hg.): Pädagogische Jugendforschung. Opladen: Leske + Budrich: 161-185.

Helsper, Werner (2006): Elite und Bildung im Schulsystem – Schulen als Institutionen-Milieu-Komplexe in der ausdifferenzierten höheren Bildungslandschaft. In: Ecarius, Jutta/Wigger, Lothar (Hg.): Elite und Bildung. Wiesbaden: VS Verlag für Sozialwissenschaften: 162-188.

Helsper, Werner (2008): Schulkulturen als symbolische Sinnordnungen. In: ZfPäd (54. Jg.) H. 1/2008 (i. E.).

Helsper, Werner/Busse, Susann/Hummrich, Merle/Kramer, Rolf-Torsten (2008): Zur Bedeutung der Schule für Jugendliche – Ambivalenzen zwischen Schule als Lebensform und Schuldistanz. In: Münchmeier, Richard/Nordmann, Anja/Bingel, Gabriele (Hg.): Die Gesellschaft und ihre Jugend. Opladen: Leske + Budrich (i. E.).

Helsper, Werner/Hummrich, Merle (2005): Erfolg und Scheitern in der Schulkarriere: Ausmaß, Erklärungen, biografische Auswirkungen und Reformvorschläge. In: Sachverständigenkommission Zwölfter Kinder- und Jugendbericht (Hg.): Kompetenzerwerb von Kindern und Jugendlichen im Schulalter. Bd. 3. München: Eigenverlag DJI: 95-174.

Helsper, Werner/Ullrich, Heiner/Stelmaszyk, Bernhard/Höblich, Davina/Graßhoff, Gunther/Jung, Dana (2007): Autorität und Schule. Die empirische Rekonstruktion der Klassenlehrer-Schüler-Beziehung an Waldorfschulen. Wiesbaden: VS Verlag für Sozialwissenschaften.

Holtappels, Heinz Günter (1994): Ganztagsschule und Schulöffnung. Weinheim: Juventa.

Holtappels, Heinz Günter (1995): Ganztagserziehung in der Schule. Modelle, Forschungsbefunde und Perspektiven. Opladen: Leske + Budrich.

Holtappels, Heinz Günter/Klieme, Eckhard/Rauschenbach, Thomas/Stecher, Ludwig (2007) (Hg.): Ganztagsschule in Deutschland. Ergebnisse der Ausgangserhebung der „Studie zur Entwicklung von Ganztagsschulen“ (StEG). Weinheim: Juventa.

Hummrich, Merle (2002): Bildungserfolg und Migration. Biographien junger Frauen in der Einwanderungsgesellschaft. Opladen: Leske + Budrich.

Hummrich, Merle (2008): Die Öffnung der Schule als soziale Schließung. In: Breidenstein, Georg/Schütze, Fritz (Hg.): Paradoxien in der Reform der Schule. Ergebnisse qualitativer Sozialforschung: Wiesbaden: VS Verlag für Sozialwissenschaften (i. E.).

Hummrich, Merle/Helsper, Werner (2004): „Familie geht zur Schule“: Reformschule als Familienerzieher und die Einschließung der familiären Generationsbeziehung in eine schulische Generationsordnung. In: Idel, Till-Sebastian/Kunze, Katharina/Ullrich, Heiner (Hg.): Das Andere Erforschen. Opladen: Leske + Budrich: 235-248.

Hummrich, Merle/Helsper, Werner/Busse, Susann/Kramer, Rolf-Torsten (2006): Individuation in pädagogischen Generationsbeziehungen. In: ZBBS (9. Jg.) H. 1/2006: 25-46.

Idel, Till Sebastian (2008): Biographische Erfahrungen reformschulischer Entgrenzung – am Beispiel der Waldorfschule. In: Breidenstein, Georg/Schütze, Fritz (Hg.): Paradoxien der Schulreform. Wiesbaden: VS Verlag für Sozialwissenschaften (i. E.).

IFS (2004) – IFS-Umfrage: Die Schule im Spiegel der öffentlichen Meinung – Ergebnisse der 13. IFS-Repäsentativbefragung der deutschen Bevölkerung. In: Holtappels, Heinz Günter/Klemm, Klaus/Pfeiffer, Hermann/ Rolff, Hans Günter/Schulz-Zander, Renate (Hg.): Jahrbuch der Schulentwicklung. Bd. 13. Weinheim: Juventa: 13-51.

Kramer, Rolf-Torsten (2002): Schulkultur und Schülerbiographie. Rekonstruktionen zur Schulkultur II. Opladen: Leske + Budrich.

Leschinsky, Achim/Cortina, Kai S. (2003): Zur sozialen Einbettung bildungspolitischer Trends in der Bundesrepublik. In: Cortina, Kai S./Baumert, Jürgen/Leschinsky, Achim/Mayer, Karl Ulrich/Trommer, Luitgard (Hg.): Das Bildungswesen in der Bundesrepublik Deutschland. Strukturen und Entwicklungen im Überblick. Reinbek: Rowohlt: 20-51.

Meier, Ulrich (2004): Familie, Freundesgruppe, Schülerverhalten und Kompetenzerwerb. In: Schümer, Gundel/ Tillmann, Klaus-Jürgen/Weiß, Manfred (Hg.): Die Institution Schule und die Lebenswelt der Schüler. Vertiefende Analysen der PISA 2000-Daten zum Kontext von Schülerleistungen. Wiesbaden: VS Verlag für Sozialwissenschaften: 187-216.

Nittel, Dieter (1992): Gymnasiale Schullaufbahn und Identitätsentwicklung. Weinheim: Juventa.

Oevermann, Ulrich (2001): Die Soziologie der Generationsbeziehungen und der historischen Generationen aus strukturalistischer Sicht und ihre Bedeutung für die Schulpädagogik. In: Kramer, Rolf-Torsten/Helsper, Werner/Busse, Susann (Hg.): Pädagogische Generationsbeziehungen. Opladen: Leske + Budrich: 78-128.

Radisch, Falk/Klieme, Eckhard (2004): Wirkungen ganztägiger Schulorganisation. In: Die Deutsche Schule, H. 96/2004, 2: 153-169.

Radtke, Frank-Olaf (2006): Die Integration der Migrantenkinder durch Internationalen Vergleich: Aporien des Qualitätsmanagements in der Erziehung. In: Bommes, Michael/Schiffauer, Werner (Hg.): Migrationsreport 2006. Fakten – Analysen – Perspektiven. Frankfurt a. M.: Campus: 165-201.

Sandring, Sabine (2006): Die schlimmste Klasse der Schule – Inkonsistente Anerkennungsbeziehungen zwischen Stigmatisierung und pädagogischer Bearbeitung. In: Helsper, Werner/Krüger, Heinz-Hermann/Fritzsche, Sylke/Sandring, Sabine/Wiezorek, Christine/Böhm-Kasper, Oliver/Pfaff, Nicolle (Hg.): Unpolitische Jugend? Eine Studie zum Verhältnis von Schule, Anerkennung und Politik. Wiesbaden: VS Verlag für Sozialwissenschaften: 131-259.

Schlemmer, Elisabeth (2004): Familienbiografien und Schulkarrieren von Kindern. Theorie und Empirie. Wiesbaden: VS Verlag für Sozialwissenschaften.

Schümer, Gundel (2004): Zur doppelten Benachteiligung von Schülern aus unterprivilegierten Gesellschaftsschichten im deutschen Schulwesen. In: Schümer, Gundel/Tillmann, Klaus-Jürgen/Weiß, Manfred (Hg.): Die Institution Schule und die Lebenswelt der Schüler. Vertiefende Analysen der PISA 2000-Daten zum Kontext von Schülerleistungen. Wiesbaden: VS Verlag für Sozialwissenschaften: 73-117.

Tillmann, Klaus-Jürgen/Meier, Ulrich (2001): Schule, Familie und Freunde – Erfahrungen von Schülerinnen und Schülern in Deutschland. In: Baumert, Jürgen/Klieme, Eckhard/Neubrand, Michael/Prenzel, Manfred/ Schiefele, Ulrich/Schneider, Wolfgang/Stanat, Petra/Tillmann, Klaus-Jürgen/Weiß, Manfred (Hg.): PISA 2000. Basiskompetenzen von Schülerinnen und Schülern im internationalen Vergleich. Opladen: Leske + Budrich: 468-511.

Tyrell, Hartmann (1987): Die „Anpassung“ der Familie an die Schule. In: Oelkers, Jürgen/Tenorth, Heinz-Elmar (Hg.): Pädagogik, Erziehungswissenschaft und Systemtheorie. Weinheim: Beltz: 102-125.

Vester, Michael (2004): Die Illusion der Bildungsexpansion. Bildungsöffnungen und soziale Segregation in der Bundesrepublik Deutschland. In: Engler, Steffanie/Krais, Beate (Hg.): Das kulturelle Kapital und die Macht der Klassenstrukturen. Sozialstrukturelle Verschiebungen und Wandlungsprozesse des Habitus. Weinheim: Juventa: 13-55.
Wiezorek, Christine (2005): Schule, Biographie und Anerkennung. Wiesbaden: VS Verlag für Sozialwissenschaften.
Wiezorek, Christine (2006): Die Schulklasse als heimatlicher Raum und als Ort der Einübung in demokratische Haltungen. In: Helsper, Werner/Krüger, Heinz-Hermann/Fritzsche, Sylke/Sandring, Sabine/Wiezorek, Christine/Böhm-Kasper, Oliver/Pfaff Nicolle (Hg.): Unpolitische Jugend? Eine Studie zum Verhältnis von Anerkennung, Schule und Politik. Wiesbaden: VS Verlag für Sozialwissenschaften: 259-292.
Willis, Paul (1979): Spaß am Widerstand. Frankfurt a. M.: Syndikat.
Züchner, Ivo (2007): Ganztagsschule und Familie. In: Holtappels/Klieme/Rauschenbach/Stecher (Hg.) (2007): Ganztagsschule in Deutschland. Ergebnisse der Ausgangserhebung der „Studie zur Entwicklung von Ganztagsschulen" (StEG). Weinheim: Juventa: 314-331.

# Peergroups

*Heinz-Hermann Krüger / Cathleen Grunert*

Die umfassende Debatte um Ganztagsbildung in den vergangenen Jahren wird sehr stark aus einer System- und Organisationsperspektive geführt. Es geht um den verstärkten Ausbau von Ganztagsschulen und die damit einhergehenden Fragen der Neujustierung des Verhältnisses von Schule und Jugendhilfe oder um die Begründung neu zu schaffender kommunaler Bildungslandschaften (vgl. Bock u. a. 2006; Otto/Coelen 2004; Olk 2004). Seltener wird der Blick auf die Adressat(inn)en gerichtet und auf die Frage, welche Kompetenzen Kinder und Jugendliche im Verlaufe eines „ganzen Tages" im Rahmen von Bildungsprozessen in der Schule oder in den verschiedensten außerschulischen Bildungs- und Lernorten erwerben. Vor allem der Zwölfte Kinder- und Jugendbericht hat hingegen bei der Diskussion um Ganztagsbildung einen bildungsbiographischen Zugang und Ausgangspunkt gewählt und erst vor diesem Hintergrund Aspekte der notwendig werdenden Neujustierung verschiedener institutioneller *Settings* diskutiert (vgl. Rauschenbach 2007; Krüger/Rauschenbach 2007).

In diese Perspektive wird im Folgenden dargestellt, welche Kompetenzen Heranwachsende im Schulalter zwischen 6 und 16 Jahren in der Welt der *Peergroups* und *Peer*-Beziehungen in schulischen und außerschulischen Kontexten erwerben. Heinrich Roth (1966, 1971) unterschied drei Dimensionen der Persönlichkeitsentwicklung voneinander, die aufeinander aufbauen und sich wechselseitig bedingen (vgl. Grunert 2005: 12). Erkenntnis leitend ist für ihn die Annahme, dass das Subjekt in aktiver Auseinandersetzung mit den materiellen und kulturellen Gegebenheiten der Umwelt Sach- und Methodenkompetenzen und mit der sozialen Umwelt Sozialkompetenzen erwirbt. Diese Sach- und Sozialkompetenzen bilden gleichzeitig die Basis für die Auseinandersetzung mit sich selbst und der eigenen Innenwelt, durch die wiederum Selbstkompetenz erworben wird. Kompetenzen erschöpfen sich für Roth dabei nicht in der Aneignung von bestehenden Sachverhalten oder gesellschaftlichen Regeln, sondern sind immer als produktiver und kreativer Umgang mit diesen zu denken. Ein Blick auf dieses grob differenzierte Kompetenz-Tableau macht bereits deutlich, dass sich Persönlichkeitsbildung und Kompetenzerwerb nicht nur in der Schule vollzieht, die ihren Schwerpunkt in der Förderung von Sach- und Methodenkompetenzen hat, sondern in der gesamten Lebenswelt von Kindern und Jugendlichen. Einen zentralen Ausschnitt dieser Lebenswelt stellen auch die schulischen und außerschulischen Gleichaltrigenbeziehungen dar. Dazu gehören erstens *Peergroups* in Gestalt informeller Cliquen oder formalisierter Gruppen, zweitens Freundschaftsnetzwerke in Form größerer Interaktionsgeflechte und drittens Einzelfreundschaften mit spezifischen Bindungserfahrungen (vgl. Fend 2000; Krüger 2006).

Im Folgenden soll nun in einem ersten Schritt unter Bezug auf die Ergebnisse der Kindheits- und Jugendforschung genauer analysiert werden, wie stark Kinder und Jugendliche im Schulalter in solche verschiedenen *Peer*-Konstellationen eingebunden sind und welche Kompetenzen sie im Rahmen von Bildungsprozessen in Gleichaltrigengruppen und

Freundschaftsbeziehungen erwerben. In einem zweiten Schritt wird dann die Frage diskutiert, welche Konsequenzen sich aus diesen empirischen Befunden für die Neugestaltung der institutionellen *Settings* von Ganztagsbildung ergeben, welche Möglichkeiten bestehen, Formen des *Peerlearning* in Ganztagsschulen konstruktiv aufzugreifen, aber auch welche Risiken sich ergeben, wenn eine immer weitere Ausdehnung der alltäglichen Schulzeit den Heranwachsenden die Zeit für eigenständige Lernprozessen in *Peergroups* „stiehlt".

## 1 Bildungsprozesse und Kompetenzerwerb in *Peer*-Beziehungen

Mit zunehmendem Alter gehören Gleichaltrigenbeziehungen immer mehr zur Lebenswelt von Kindern und Jugendlichen. Dabei entstehen zunächst Einzelfreundschaften und größere Interaktionsgeflechte bzw. Freundschaftsnetzwerke, während im Jugendalter auch feste Cliquen oder formelle Gruppen einen größeren Stellenwert bekommen (vgl. Krüger 2006). Die Kindheitsforschung hat sich diesem Thema vor allem auf der Basis ethnographischer Studien gewidmet, die sich mit den sozialen Interaktionen innerhalb von Gleichaltrigengruppen meist im Kontext von Schulklassen beschäftigen (vgl. Krappmann/Oswald 1995; Breidenstein/Kelle 1998; Wulf u. a. 2004). Demgegenüber sind *Peergroups* in der Jugendforschung vor allem ein Feld, das außerhalb der Schule angesiedelt ist und bereits eine längere Tradition hat (vgl. z. B. Willis 1979). Im Zentrum stehen hier bisher weniger Fragen nach dem Kompetenzerwerb in *Peergroups*, sondern eher nach deren Einbindung in expressive jugendkulturelle Stilkontexte und Szenen.

Aus der Perspektive einer explizit bildungsorientierten Fragestellung wurden die Beziehungen zwischen Gleichaltrigen bislang kaum betrachtet. Dies ist umso erstaunlicher vor dem Hintergrund, dass die *Peer*-Beziehungen über die gesamte Schulzeit hinweg eine zentrale Rolle im Alltagsleben von Schüler(inne)n spielen und die dort verbrachte gemeinsame Zeit einen breiten Erfahrungsraum für Kinder und Jugendliche darstellt. Damit können sich zwar die folgenden Ausführungen zum Verbreitungsgrad und zum Stellenwert von *Peer*-Beziehungen bei Kindern und Jugendlichen auf eine breite empirische Basis stützen, jedoch gilt dies nicht für die anschließende Skizzierung der Bildungspotenziale und des Kompetenzerwerbs in Gleichaltrigengruppen, da zu diesem Themenfeld bislang nur wenige Untersuchungen vorliegen.

### *1.1 Der Stellenwert von Peer-Beziehungen bei Heranwachsenden im Schulalter*

Quantitativ orientierte Studien konnten in den letzten Jahren immer wieder die hohe informelle Vernetzung der Heranwachsenden nachweisen. So geben in der Shell-Studie 2000 fast alle (93 %) der 15- bis 24-jährigen Jugendlichen an, ihre Freizeit oft bzw. sehr oft mit Freunden zu verbringen (Fritzsche 2000: 207). Dabei spielen sowohl Einzelfreundschaften als auch Gruppen von Gleichaltrigen, Cliquen, eine Rolle (vgl. Mack u. a. 2003). Differenzierter zeigen etwa die Daten der Studie „Jugend und Demokratie in Sachsen-Anhalt", dass ca. 75 % der 1.446 befragten Jugendlichen der Klassenstufen 8, 9 und 11 einen besten Freund bzw. eine beste Freundin haben. Eine Zugehörigkeit zu einer Clique, die sich nicht aus den Klassenkameraden rekrutiert, gibt ca. die Hälfte an und fast 30 % zählen sich zu einer Clique, deren Mitglieder gleichzeitig dieselbe Klasse besuchen (Pfaff 2002: 170). Ebenso geben insgesamt 77 % der Befragten der PISA-Studie an, einer informellen Clique anzugehören (Tillmann/Meier 2001: 482). Bei den hier erfassten 15-Jährigen liegt der Anteil der Mädchen, die sich einer solchen *Peergroup* zurechnen sogar über dem der Jungen (83 % zu 71 %).

Als Motive für die Cliquenzugehörigkeit betonen die 13- bis 18-jährigen Mädchen vor allem die freundschaftlichen Beziehungen innerhalb der Gruppe (72 %, Jungen 39 %), für die Jungen sind eher gemeinsame Interessen von Bedeutung. Für beide Geschlechter spielt jedoch auch der gemeinsame Spaß und Stressabbau eine wichtige Rolle (je ca. 50 %) (Zinnecker u. a. 2002: 62)

Der Einfluss der Gleichaltrigen beginnt jedoch nicht erst in der Adoleszenz, vielmehr sind die *Peers* über das gesamte Kindesalter hinweg ein wichtiger Sozialisationsfaktor. Auch für die Jüngeren spielen soziale Kontakte außerhalb der Familie zunehmend eine wichtige Rolle. So konnten Zinnecker und Silbereisen (1996: 82-84) feststellen, dass fast alle der 10- bis 13-jährigen Befragten einen gleichgeschlechtlichen Freund bzw. eine gleichgeschlechtliche Freundin haben. Die Bedeutung fester Freundschaften geht also auch durch die vielen unterschiedlichen Sozialkontakte, die Kinder in der Schule, in Vereinen oder anderen betreuten Freizeitangeboten haben, nicht verloren. Einen wirklichen Freund bzw. eine wirkliche Freundin zu haben, ist für Kinder immer noch ein wichtiger Wert. Informelle Netzwerke, die durch einen Verbund mehrerer Gleichaltriger charakterisiert sind, stehen demgegenüber nicht allen Kindern zur Verfügung. So können nur jeweils ein Drittel der Jungen bzw. ein Viertel der Mädchen auf solche gleichgeschlechtlichen Gruppen zurückgreifen. Aber auch die Freizeit, die mit Gleichaltrigen des anderen Geschlechts verbracht wird, wird mit zunehmendem Alter immer wichtiger. So zeigen die Daten des Kinder-Surveys bereits einen Anteil an festen gegengeschlechtlichen Freundschaften, der um die 15 % beträgt. Ähnliches gilt für die Mitgliedschaft von Kindern in Cliquen, die sich sowohl aus Mädchen als auch aus Jungen zusammensetzen. Insgesamt sind in dieser Altersgruppe 42 % der Befragten Mitglieder einer Gruppe von Freunden.

Die geringere Bedeutung von Gleichaltrigengruppen im Kindesalter lässt sich auch durch diejenigen Untersuchungen bestätigen, die sich mit 6- bis 10-jährigen Kindern beschäftigen (vgl. Fölling-Albers/Hopf 1995). So wird deutlich, dass bei Grundschulkindern die Zweiergruppe, also die dyadische Beziehung, die wichtigste Form der Gleichaltrigenbeziehung darstellt. Dies gilt vor allem für die Mädchen, die laut Aussagen der Eltern zu 51 % am liebsten mit einem Kind spielen. Die Jungen tun dies nur zu 36 % und spielen zu 27 % am liebsten in der Gruppe, während Letzteres nur für 18 % der Mädchen gilt. Für die Jüngeren bildet in erster Linie das gemeinsame Spiel die Basis für Freundschaftsbeziehungen. Mit zunehmendem Alter gewinnen dann aber sozio-emotionale Faktoren, wie Geborgenheit, Verlässlichkeit oder Vertrauen, für die Zuweisung des Freundesstatus immer mehr an Gewicht (vgl. Salisch/Seiffge-Krenke 1996).

Freundschaftsbeziehungen bestehen dabei stärker innerhalb der eigenen Ethnie. So ergab eine Befragung von Hauptschüler(inne)n der Klassenstufen 7 bis 9, dass über 60 % der bestehenden Freundschaften nicht zwischen deutschen und ausländischen Jugendlichen vorkamen. Umgekehrt heißt dies aber auch, dass immerhin fast 40 % als inter-ethnische Freundschaften bezeichnet werden können (Reinders 2004: 9).

*Peer*-Beziehungen zu unterhalten bedeutet schon für die Grundschüler(innen) eine Erweiterung des Beziehungsnetzwerkes über die familialen Grenzen hinaus und sie bieten für die Älteren Unterstützungsleistungen für den Weg in die Jugendphase bzw. in das Erwachsenenalter. Insbesondere die Verselbständigung und Abgrenzung gegen die Erwachsenenwelt können als Bedingung für die Organisation in Cliquen vor allem im Jugendalter betrachtet werden (vgl. Wensierski 2003). Die Jugendlichen können sich so der Überwachung in den familiären oder sonstigen institutionellen Räumen entziehen und weisen damit auch gleichzeitig den Status des Kindes zurück. In dieser unbeobachteten und kontrollarmen Zone können sie sich der Bewältigung jugendspezifischer Entwicklungsaufgaben stellen, eigene Sozialräume gestalten, Beziehungsformen ausprobieren sowie kulturelle Zuordnung finden (vgl. Fend 2000).

Einige Untersuchungen zeigen jedoch auch, dass *Peers* vor allem in der Jugendphase nicht nur unterstützend und entwicklungsfördernd wirken. So haben *Peergroups* eine besondere Bedeutung für die Entwicklung gewaltaffiner Orientierungen und Verhaltensweisen (Pfaff/Krüger 2006: 142) und es ist keine neue Erkenntnis, dass sich in der gemeinsamen Bearbeitung jugendspezifischer Erfahrungen auch explizit lernfeindliche Haltungen oder zumindest schuldistanzierte Orientierungen entwickeln können (vgl. Hurrelmann 2004). Wensierski (2003: 454-456) erwähnt in diesem Zusammenhang auch die gravierende Bedeutung von problembelasteter familialer Sozialisation für die Cliquenzugehörigkeit. Jugendliche, deren Biographien auf eine defizitäre Familiensozialisation verweisen, suchen häufig in der Clique Lösungen für ihre familiären, sozialen und auch schulischen Probleme, die oft in deviante Verhaltensmuster münden.

*Peer*-Beziehungen können also sowohl in positiver als auch in negativer Hinsicht die Sozialisation der Heranwachsenden beeinflussen. Differenzierte Analysen darüber, wie sich unterschiedliche Wertorientierungen, Interessen und Aktivitäten in *Peergroups* auf den Kompetenzerwerb oder auch auf die Lernbereitschaft von Heranwachsenden auswirken, liegen bisher jedoch kaum vor.

## *1.2 Peer-Beziehungen und Kompetenzerwerb*

Das Besondere an Gleichaltrigenbeziehungen ist, dass sie – im Gegensatz zur Eltern-Kind- oder auch zur Lehrer-Kind-Beziehung – auf der Gleichrangigkeit der Interaktionspartner beruhen, so dass der Umgang miteinander von symmetrischer Reziprozität geprägt ist (vgl. Younnis 1982). Zwar existieren Statusunterschiede auch innerhalb von Gleichaltrigengruppen, jedoch sind diese Hierarchien weniger statisch und beruhen stärker auf Aushandlungsprozessen. Diese Spezifik der *Peer*-Beziehungen bildet gleichzeitig einen Rahmen, der Bildungsprozesse auf eine gänzlich andere Interaktionsgrundlage stellt als dies innerhalb der Familie und insbesondere auch im schulischen Unterricht der Fall ist.

Die zentrale Stellung der informellen *Peer*-Kontakte im Kindes- und Jugendalter verweist gleichzeitig darauf, dass Lernen in der Freizeit häufig auch Lernen von und mit Gleichaltrigen bedeutet. Bois-Reymond (2000) spricht in Anlehnung an Bourdieu davon, dass Jugendliche durch den Umgang mit Gleichaltrigen „*Peer*-Kapital" erwerben, das heute zunehmend biographische und gesellschaftliche Relevanz erhält. Informelles Lernen unter *Peers* bringt dabei spezifische Lernleistungen hervor, wie gegenseitige Anregungen durch kritische Rückmeldungen, den Erwerb sozialer Fähigkeiten zum Argumentieren und Aushandeln, den Zuwachs an Kreativität durch gemeinsame Denkanstrengungen u. a., die in hochmodernen Gesellschaften zunehmend wichtiger werden. Im Folgenden werden einige Studien noch einmal spezifisch danach befragt, welche Möglichkeiten der Kompetenzaneignung *Peer*-Beziehungen bieten; Bildungspotenziale können dabei in allen drei einleitend unterschiedenen Kompetenzbereichen gesehen werden:

### *1.2.1 Soziale Kompetenz*

Die bisherige Kindheitsforschung betont in erster Linie die entwicklungsstimulierende Kraft der Auseinandersetzungen unter Gleichaltrigen. Gerade der Austausch zwischen gleichrangigen Partnern, so Youniss (1994), ermöglicht die Ausbildung der Fähigkeit zur reziproken Perspektivenübernahme. Damit bietet die Sozialwelt der Gleichaltrigen aufgrund ihrer Anerkennungsstruktur Potenziale, die die Moralentwicklung der Heranwachsenden beeinflussen (Krappmann 2001). So konnte in verschiedenen Studien festgestellt werden, dass Kinder im Umgang mit anderen Gleichaltrigen Regeln nicht nur passiv übernehmen, sondern diese miteinander aushandeln. In diesem Prozess der *co-construction* (Youniss 1994) müssen die Heranwachsenden ihre eigenen Bedürfnisse und Ansichten hinterfragen, die Perspektive der anderen einnehmen, daraus Argumente entwickeln und austauschen und sich schließlich gemeinsam auf bestimmte Regeln und Wertmaßstäbe einigen. In diesem Sinne muss jedoch die Qualität der Beziehungen Berücksichtigung finden. Insbesondere lässt sich ein förderlicher Einfluss auf die soziale und moralische Entwicklung bei engen Freundschaften zwischen Kindern bestätigen (Krappmann/Oswald 1995: 103-104; Keller 2001: 127-130).

Das Eingehen von Beziehungen mit Gleichaltrigen erfordert und befördert auch die sozialen Fähigkeiten der Heranwachsenden in einer weiteren Hinsicht. *Peer*-Beziehungen im Kindes- und Jugendalter bilden einen spezifischen Erfahrungsraum, in dem über Austausch- und Aushandlungsprozesse ein Lernen darüber stattfindet, wie soziale Netzwerke aufgebaut, gefördert und aufrechterhalten werden können (Grundmann u. a. 2003: 28). Gleichaltrigenbeziehungen erfordern aufgrund ihrer Freiwilligkeit und Gleichberechtigung ein hohes Maß an Kooperations-, Verhandlungs- und Kritikfähigkeit. Dies vor allem deswegen, weil sie anders als die Einbindung in die Familie nicht auf Dauer gestellt sind, sondern jederzeit beendet werden können. Eine solche „Netzwerkkompetenz" kann also nur innerhalb der *Peergroup* und nicht in der Beziehung zu Eltern oder Lehrer(inne)n erworben werden (vgl. Hurrelmann 2004). Gleichwohl werden bereits in der familialen Sozialisation die Grundsteine für die Ausbildung sozialer Kompetenzen sowie für die Fähigkeit zur Beziehungsaufnahme gelegt.

Jedoch steht dieses Lernfeld – damit auch die Erfahrung sozialer Anerkennung, die mit der Integration in Freundschaftsnetzwerke verbunden ist – nicht allen Kindern und Jugendlichen offen. So haben einige Heranwachsende durchaus Probleme mit der sozialen Kontaktaufnahme. Fend (2000: 173) konnte feststellen, dass ca. 10 % aller Jugendlichen Opfer von Aggressionen und Stigmatisierungen in ihrer Gruppe werden, was zu sozialer Isolation führen kann. Von kontinuierlichen Diskriminierungen durch Gleichaltrige betroffene Kinder und Jugendliche definieren sich häufig selbst als Außenseiter und neigen zu sozialer Resignation, die ihnen auf Dauer wichtige soziale Kompetenzen in Bezug auf den Aufbau und die Aufrechterhaltung sozialer Netzwerke verwehrt.

### *1.2.2 Selbstkompetenz*

Kontakte zu Gleichaltrigen kommen heute immer weniger spontan zustande, sondern müssen von den Kindern in Eigeninitiative geplant und arrangiert werden. So verlangen *Peer*-Beziehungen auch eine enorme Kompetenz zur Selbstorganisation, die eine eigenständige Verabredungspraxis sowie eine Koordination mit anderen Freizeitaktivitäten erfordert. Zeit- und Terminmanagement sowie das Setzen eigener Prioritäten sind Fähigkeiten, die in diesem Zusammenhang entwickelt werden müssen (vgl. Bois-Reymond u. a. 1994; Preuss-Lausitz 1999).

Als soziale Anerkennungsbeziehungen haben Gleichaltrigenkontakte auch insofern Einfluss auf die Ausbildung bildungsrelevanter Kompetenzen, als sie die soziale Relevanz des eigenen Handelns spiegeln und darüber auf die Entwicklung des Selbstbildes der Kinder und Jugendlichen wirken (Valtin/Fatke 1997). Verbunden ist dies mit Erfahrungen der Selbstwirksamkeit, verstanden als „die subjektive Überzeugung, schwierige Aufgaben oder Lebensprobleme auf Grund eigener Kompetenz bewältigen zu können" (Schwarzer 1998: 159). Sich selbst als etwas wert, als bedeutsam und wichtig zu betrachten, hängt sehr stark von solchen Selbstwirksamkeitsüberzeugungen ab. Kinder und Jugendliche, deren Versuche der sozialen Integration misslingen oder die in sozialen Situationen eine eher passive Haltung zeigen, verfügen vermutlich über ein geringer ausgeprägtes Selbstwertgefühl im sozialen Bereich als andere. In der Studie von Roppelt (2003: 422) hatten immerhin ca. 40 % der Kinder Zweifel an der eigenen sozialen Position, betrachteten sich als wenig beliebt bei anderen Kindern und hatten Sorge, den Maßstäben der anderen nicht zu entsprechen. In diesem Sinne haben *Peer*-Beziehungen einen hohen Einfluss auf das Wohlbefinden und das Selbstbild der Heranwachsenden, so dass intakte Netzwerkbeziehungen auch die Schulfreude und die aktive und vielfältige Freizeitgestaltung von Kindern und Jugendlichen determinieren (vgl. Büchner 1998).

### *1.2.3 Sach- und Methodenkompetenz*

Gleichaltrige haben einen großen Einfluss auf die Ausbildung von inhaltlichen Interessen in der mittleren Kindheit, der den der Familie und vor allem den der Schule deutlich übersteigt. Anregung für die wichtigste Beschäftigung der 10- bis 14-jährigen Kinder gaben in einer Studie des DJI in erster Linie die *Peers*, nur 8 % der Kinder gaben an, durch Lehrer(innen) dazu motiviert worden zu sein (Lipski 2002: 122-123). Interessen im Kindes- und Jugendalter bilden sich also primär im Erfahrungsaustausch der Gleichaltrigen heraus und werden mehrheitlich auch gemeinsam mit anderen ausgeübt.

Gemeinsames, informelles Lernen in der Freizeit der Gleichaltrigen findet dabei auf der Grundlage symmetrischer Beziehungen statt. Ebenso wie bei der Entwicklung des moralischen Urteils durch gemeinsames Aushandeln von Regeln und Wertmaßstäben, bietet eine solche Beziehungsform einen anderen Rahmen für Lernprozesse als dies in asymmetrischen Beziehungen der Fall ist. So wirkt sich das gemeinsame Aushandeln von Lösungswegen und Verfahrensweisen positiv auf das Verstehen von Zusammenhängen und die Wissensaneignung aus, da diese auf begründeten Einsichten beruhen (Krappmann 2001).

Gerade im Bereich der Mediennutzung wird dieses informelle Lernen deutlich, das in erster Linie zwischen *Peers* stattfindet. Jugendliche Erfahrungswelten sind heute mehr denn je von Medien bestimmt und der Umgang mit ihnen ist für viele bereits selbstverständlich. Alltag von Jugendlichen bedeutet gegenwärtig in zunehmendem Maße Medienalltag, in dem neue Kommunikations- und Informationstechnologien eine wachsende Rolle spielen, deren Aneignung häufig in Form von informellem Lernen und *Peerlearning* stattfindet.

Insbesondere Kinder mit Migrationshintergrund betonen zudem, dass die *Peergroup* auch bessere Möglichkeiten als die Familie bietet, Sprachkenntnisse zu erproben und zu vertiefen (Roppelt 2003; Reinders u. a. 2000).

### *1.2.4 Fehlende Sozialkontakte als Ursache für eingeschränkten Kompetenzerwerb*

Insgesamt lässt sich feststellen, dass Gleichaltrige heute in breitem Maße Orientierungsfunktionen übernehmen und für die Sozialisation von Heranwachsenden von zentraler Bedeutung sind. Verwehrte Zugänge zu diesen informellen *Peer*-Netzwerken haben nicht nur soziale Isolation zur Folge, sondern verhindern auch die Ausbildung der damit verbundenen spezifischen Kompetenzen. Kinder, die aus der Gemeinschaft der Gleichaltrigen ausgeschlossen sind, haben häufig Defizite im Bereich der gemeinsamen Konfliktlösungs- und Aushandlungsstrategien oder auch auf dem Gebiet der Planungs- und Organisationskompetenzen (vgl. Chassé u. a. 2003). Vor allem Kinder aus Familien, die von materieller Armut betroffen sind, haben es oft schwer, Gleichaltrigenkontakte aufzubauen. Ökonomisch deprivierte Kinder und Jugendliche gehören dann auch deutlich seltener einer Clique an und fühlen in geringerem Maße in Gleichaltrigenbeziehungen eingebunden (Klocke 1996). Insbesondere die mit der finanziellen Lage verbundene, häufig beengte Wohnsituation sowie das Fehlen von kinder- und jugendkulturellen Symbolen (Markenkleidung, Fanartikel, Kommunikationsmedien) scheinen – den wenigen dazu vorliegenden Studien zufolge – Faktoren zu sein, die die kindlichen Sozialkontakte beeinflussen (vgl. Walper 1999; Büchner 1998). Fest steht jedoch, dass Kinder in der Gestaltung ihres Alltagslebens und ihrer Sozialkontakte in starkem Maße auf familiale Ressourcen angewiesen sind. Die Familie fungiert dabei als Ermöglichungs- und Vermittlungsinstanz, die nicht nur die Zugänge zur dinglichen, sondern auch zur sozialen Welt herstellt und die kindlichen Aneignungsweisen formt (Chassé u. a. 2003: 145). Mit zunehmendem Alter erlangen auch Kinder aus benachteiligten Familien größere Handlungsspielräume in der Gestaltung ihrer Freizeit und werden unabhängiger von den familialen Schranken. Gleichaltrigenkontakte können dann auch eine kompensatorische Funktion gegenüber der Familiensozialisation einnehmen und den Erwerb spezifischer Kompetenzen erst ermöglichen (Chassé u. a. 2003).

## 2 *Peergroups* und Ganztags-Arrangements

Fasst man die vorgestellten empirischen Befunde zu den Bildungsprozessen und dem Kompetenzerwerb von Kindern und Jugendlichen in *Peergroups* und Freundschaftsbeziehungen noch einmal zugespitzt zusammen, so lässt sich konstatieren, dass Gleichaltrigenbeziehungen ein wichtiges Lernfeld darstellen, in dem soziale Kompetenzen wie Kooperations- und Kritikfähigkeit, Selbstkompetenzen wie Erfahrungen der Selbstwirksamkeit, aber auch Sachkompetenzen (z. B. bei der Entwicklung gemeinsamer kultureller Freizeitinteressen) erworben werden. Bei aller positiven Einschätzung der Bildungspotenziale von

*Peergroups* dürfen jedoch auch die Schattenseiten dieser Lernwelt nicht übersehen werden, z. B. die Mitgliedschaft in aggressiven Straßencliquen, die sich auf gelingende Bildungsprozesse eher negativ auswirken können (vgl. Tillmann/Meier 2001). Zudem darf die Relevanz der *Peers* als Bildungswelt auch deshalb nicht überschätzt werden, weil die Familie im Kindes- und frühen Jugendalter der zentrale *Gatekeeper* ist, der Zugänge zu den Bildungspotenzialen unterschiedlicher *Peer*-Welten ermöglicht oder verhindert (vgl. Grunert 2005). Erst mit zunehmendem Alter erlangen die Heranwachsenden größere Handlungsspielräume und werden unabhängiger von den Einflüssen der Familie und deren Ressourcen. Gleichaltrigenbeziehungen können dann auch bei Jugendlichen aus sozial benachteiligten familialen Milieus eine kompensatorische Bedeutung bekommen und den Erwerb spezifischer Kompetenzen eröffnen.

Welche Möglichkeiten bestehen nun die produktiven Bildungspotenziale der *Peer*-Welten bei der Neugestaltung der Bildungslandschaft im Rahmen von Ganztagsschulen zu berücksichtigen? Zunächst gilt es Kinder und Jugendliche nicht nur als Schüler(innen) zu betrachten, die Kompetenzen ausschließlich im schulischen *Setting* erwerben. Vielmehr sind die vielfältigen Lernfelder der Heranwachsenden außerhalb von Schule und die hier erworbenen Fähigkeiten der Heranwachsenden ernst zu nehmen und deren Möglichkeiten auch für schulisches Lernen zu nutzen. Gerade die *Peer*-Forschung konnte zeigen, dass Lernen von und mit Gleichaltrigen durchaus effektiv und nachhaltig ist, basiert es doch auf Aushandlungs- und Kooperationsprozessen. Deshalb sollten im Unterricht in Ganztagsschulen neue Formen des *Peerlearning* genutzt werden, bei denen ältere Schüler(innen) Jüngeren oder leistungsstarke den -schwächeren Schüler(inne)n als Lernpaten zur Seite stehen und diese unterstützen (vgl. z. B. Prengel u. a. 2001). Möglich wäre ein solches *Peerlearning* auch in Fachkursen bzw. nachmittäglichen Arbeitsgemeinschaften, die nicht Lehrer(innen), sondern ältere, für das jeweilige Fachgebiet kompetente Schüler(innen) leiten oder durch den Einsatz von Schüler(inne)n als Mediator(inn)en bei der Lösung von Schulkonflikten.

Ganztagsschulen sollten nicht nur das Lernpotenzial von *Peer*-Beziehungen nutzen, sondern gleichzeitig auch Räume für die Entstehung und Entfaltung von informellen sozialen Kontakten zwischen den Heranwachsenden bereitstellen. Gerade vor dem Hintergrund der Ergebnisse der Kindheits- und Jugendforschung, die auf die zentrale Bedeutung der Schule für das Zustandekommen von Gleichaltrigenbeziehungen hinweisen und der sich für das nächste Jahrzehnt abzeichnenden demographischen Entwicklung, die die Relevanz der Schule als Treffpunkt für *Peers* noch erhöhen wird, kommt es darauf an, dass Ganztagsarrangements nicht nur Lernorte, sondern auch Lebensorte werden. Durch die Etablierung einer geeigneten räumlichen Infrastruktur (z. B. mit Internet-Cafés oder Diskos) könnten in Ganztagsschulen oder in kooperierenden Jugendeinrichtungen kommunikative Räume für Schüler(innen) bzw. Jugendliche geschaffen werden, die informelle Kontakte zu Gleichaltrigen ermöglichen.

Gleichzeitig darf dabei jedoch auch nicht die Gefahr übersehen werden, dass durch die mit der Ausweitung von Ganztagsangeboten einhergehende Ausdehnung der alltäglichen Schulzeit das Risiko erhöht wird, dass Ganztagsschulen dem außerschulischen eigenständigen *Peer*-Leben die „Zeit stehlen". Dieses Risiko scheint jedoch überschaubar zu sein. Denn erstens bieten viele neu gegründete (auch Gebundene) Ganztagsschulen in Deutschland nachmittägliche bildungs- und Freizeitveranstaltungen nur an drei Tagen pro Woche an. Und zweitens zeigt ein Blick in die Geschichte der Kindheit und Jugend in den vergangenen Jahrzehnten, dass sich die Heranwachsenden stets eigenständig und kreativ neue

Freiräume für informelle Kontakte und Erfahrungen auch jenseits pädagogisch kontrollierter *Settings* gesucht haben.

## Literatur


Breidenstein, Georg/Kelle, Helga (1998): Geschlechteralltag in der Schulklasse. Ethnographische Studien zur Gleichaltrigenkultur. Weinheim: Juventa.

Bock, Karin/Andresen, Sabine/Otto, Hans-Uwe (2006): Zeitgemäße Bildungstheorie und Bildungspolitik. In: Otto, Hans-Uwe/Oelkers, Jürgen (Hg.): Zeitgemäße Bildung. Wiesbaden: VS Verlag für Sozialwissenschaften: 332-346.

Büchner, Peter (1998): „Die woll'n irgendwie nich..." Wenn Kinder keinen Anschluss finden. In: Büchner, Peter/Bois-Reymond, Manuela du/Ecarius, Jutta/Fuhs, Burkhard/Krüger, Heinz-Hermann (Hg.): Teenie-Welten. Aufwachsen in drei europäischen Regionen. Opladen: Leske + Budrich: 261-272.

Chassé, Karl August/Zander, Margherita/Rasch, Konstanze (2003): Meine Familie ist arm. Wie Kinder im Grundschulalter Armut erleben und bewältigen. Opladen: Leske + Budrich.

Bois-Reymond, Manuela du (2000): Jugendkulturelles Kapital in Wissensgesellschaften. In: Krüger, Heinz-Hermann/Wenzel, Hartmut (Hg.): Schule zwischen Effektivität und sozialer Verantwortung. Opladen: Leske + Budrich: 235-254.

Bois-Reymond, Manuela du/Büchner, Peter/Ecarius, Jutta/Fuhs, Burkhard/Krüger, Heinz-Hermann (1994): Kinderleben. Modernisierung von Kindheit im interkulturellen Vergleich. Opladen: Leske + Budrich.

Fend, Helmut (2000): Entwicklungspsychologie des Jugendalters. Opladen: Leske + Budrich.

Fölling-Albers, Maria/Hopf, Arnulf (1995): Auf dem Weg vom Kleinkind zum Schulkind. Eine Langzeitstudie zum Aufwachsen in verschiedenen Lebensräumen. Opladen: Leske + Budrich.

Fritzsche, Yvonne (2000): Modernes Leben: gewandelt, vernetzt und verkabelt. In: Deutsche Shell (Hg.): Jugend 2000. Bd. 1. Opladen: Leske + Budrich: 181-220.

Grunert, Cathleen (2005): Kompetenzerwerb von Kindern und Jugendlichen in außerunterrichtlichen Sozialisationsfeldern. In: Sachverständigenkommission Zwölfter Kinder- und Jugendbericht (Hg.): Kompetenzerwerb von Kindern und Jugendlichen im Schulalter. Bd. 3. München: Juventa. 9-94.

Grundmann, Matthias/Groh-Samberg, Olaf/Bittlingmayer, Uwe H./Bauer, Ullrich (2003): Milieuspezifische Bildungsstrategien in Familie und Gleichaltrigengruppe. In: ZfE (6. Jg.) H. 1/2006: 25-45.

Hurrelmann, Klaus (2004): Lebensphase Jugend. Eine Einführung in die sozialwissenschaftliche Jugendforschung. Weinheim: Juventa.

Keller, Monika (2001): Moral in Beziehungen: Die Entwicklung des frühen moralischen Denkens in Kindheit und Jugend. In: Edelstein, Wolfgang/Oser, Fritz/Schuster, Peter (Hg.): Moralische Erziehung in der Schule. Weinheim: Beltz: 111-140.

Klocke, Andreas (1996): Aufwachsen in Armut. In: Zeitschrift für Sozialisationsforschung und Erziehungssoziologie (16. Jg.) H. 4/1996: 390-409.

Krappmann, Lothar (2001): Die Sozialwelt der Kinder und ihre Moralentwicklung. In: Edelstein, Wolfgang/Oser, Fritz/Schuster, Peter (Hg.): Moralische Erziehung in der Schule. Weinheim: Beltz: 155-173.

Krappmann, Lothar/Oswald, Hans (1995): Alltag der Schulkinder. Beobachtungen und Analysen von Interaktionen und Sozialbeziehungen. Weinheim: Juventa.

Krüger, Heinz-Hermann (2006): Peergroups und schulische Selektion. In: Werkstatthefte des ZSL: Diskurse zu Schule und Bildung H. 26/2006: 95-119.

Krüger, Heinz-Hermann/Rauschenbach, Thomas (2007): Bildung im Schulalter – Ganztagsbildung als eine neue Perspektive? In: ZfE 6. Beiheft: 97-109.

Lipski, Jens (2002): Schule und interessegeleitetes Lernen. In: Furtner-Kallmünzer, Maria Furtner-Kallmünzer, Maria/Hössl, Alfred/Janke, Dirk/Kellermann, Doris/Lipski, Jens (Hg.): In der Freizeit für das Leben lernen. Eine Studie zu den Interessen von Schulkindern. Opladen: Leske + Budrich: 113-124.

Mack, Wolfgang/Raab, Erich/Rademacker, Hermann (2003): Schule, Stadtteil, Lebenswelt. Eine empirische Untersuchung. Opladen: Leske + Budrich.

Olk, Thomas (2004): Jugendhilfe und Ganztagsbildung. In: neue praxis H. 6/2004: 532-542.

Otto, Hans-Uwe/Coelen, Thomas (Hg.) (2004): Grundbegriffe der Ganztagsbildung. Wiesbaden: VS Verlag für Sozialwissenschaften.

Pfaff, Nicolle (2002): Jugend-Freizeit – Politische Bildung am Nachmittag? In: Krüger, Heinz-Hermann/Reinhardt, Sibylle/Kötters-König, Catrin/Pfaff, Nicolle/Schmidt, Ralf/Krappidel, Adrienne/Tillmann, Frank (Hg.): Jugend und Demokratie – Politische Bildung auf dem Prüfstand. Eine quantitative und qualitative Studie aus Sachsen-Anhalt. Opladen: Leske + Budrich: 145-178.

Pfaff, Nicolle/Krüger, Heinz-Hermann (2006): Jugendkulturen, Cliquen und rechte politische Orientierungen. In: Helsper, Werner/Krüger, Heinz-Hermann/Fritzsche, Sylke/Sandring, Sabine/Wiezorek, Christine/ Böhm-Kasper, Oliver/Pfaff, Nicolle (Hg.): Unpolitische Jugend? Wiesbaden: VS Verlag für Sozialwissenschaften: 123-145.

Prengel, Annedore/Geiling, Ute/Carle, Ursula (2001): Schulen für Kinder. Flexible Eingangsphase und feste Öffnungszeiten in der Grundschule. Bad Heilbrunn: Klinkhardt.

Preuss-Lausitz, Ulf (1999): Schule als Schnittstelle moderner Kinderfreundschaften – Jungen und Mädchen im Austausch von Distanz und Nähe. In: Zeitschrift für Sozialisationsforschung und Erziehungssoziologie (19. Jg.) H. 2/1999: 163-187.

Rauschenbach, Thomas (2007): Bildung, Erziehung und Betreuung vor und neben der Schule. In: ZfE 6. Beiheft: 66-81.

Reinders, Heinz (2004): Freundschaften im Jugendalter. In: www.familienhandbuch.de/cms/Jugendforschung-Freundschaften.pdf (Download am 20.10.2007).

Reinders, Heinz/Hupka, Sandra/Karatas, Meral/Schneewind, Julia/Alizadeh, Farazaneh (2000): Individuation und soziale Identität – Kontextsensitive Akkulturation türkischer Jugendlicher in Berlin. Berlin: Freie Universität Berlin.

Roppelt, Ulrike (2003): Kinder – Experten ihres Alltags? Eine empirische Studie zum außerschulischen Alltag von 8- bis 11-jährigen Kindern aus dem Bleiweißviertel, Nürnberg. Frankfurt a. M.: Lang.

Roth, Heinrich (1966): Pädagogische Anthropologie. Bd. 1: Bildsamkeit und Bestimmung. Hannover: Schroedel.

Roth, Heinrich (1971): Pädagogische Anthropologie. Bd. 2: Entwicklung und Erziehung. Hannover: Schroedel.

Salisch, Maria v./Seiffge-Krenke, Inge (1996): Freundschaften im Kindes- und Jugendalter: Konzepte, Netzwerke, Elterneinflüsse. In: Psychologie, Erziehung, Unterricht (43. Jg.) H. 2/1996: 85-99.

Schwarzer, Ralf (1998): Themenheft Selbstwirksamkeit. Unterrichtswissenschaft (26. Jg.) H. 2/1998: 98-172.

Silbereisen, Rainer K./Vaskovics, Laszlo/Zinnecker, Jürgen (Hg.) (1996): Jungsein in Deutschland. Jugendliche und junge Erwachsene 1991 und 1996. Opladen: Leske + Budrich.

Tillmann, Klaus-Jürgen/Meier, Ulrich (2001): Schule, Familie und Freunde – Erfahrungen von Schülerinnen und Schülern in Deutschland. In: Deutsches PISA-Konsortium (Hg.): PISA 2000. Basiskompetenzen von Schülerinnen und Schülern im internationalen Vergleich. Opladen: Leske + Budrich: 468-509.

Valtin, Renate/Fatke, Reinhard (1997): Freundschaft und Liebe. Persönliche Beziehungen im Ost/West- und im Geschlechtervergleich. Donauwörth: Auer.

Walper, Sabine (1999): Auswirkungen von Armut auf die Entwicklung von Kindern. In: Lepenies, Annette/ Nummer-Winkler, Gertrud/Schäfer, Gerd E./Walper, Sabine (Hg.): Kindliche Entwicklungspotentiale. Normalität, Abweichung und ihre Ursachen. München: Eigenverlag DJI.

Willis, Paul (1979): Spaß am Widerstand. Gegenkultur in der Arbeiterschule. Frankfurt a. M.: Syndikat.

Wensierski, Hans-Jürgen v. (2003): Jugendcliquen und Jugendbiographien. Biografische und ethnografische Analysen der Mitgliedschaft in Jugendcliquen am Beispiel ostdeutscher Jugendlicher. Habilitationsschrift. Halle.

Wulf, Christoph, Althans, Birgit, Audehm, Kathrin (2004): Bildung im Ritual: Schule, Familie, Jugend, Medien. Wiesbaden: VS Verlag für Sozialwissenschaften.

Youniss, James (1994): Soziale Konstruktion und psychische Entwicklung. Frankfurt a. M.: Suhrkamp.

Zinnecker, Jürgen/Behnken, Imbke/Maschke, Sabine/Stecher, Ludwig (2002): null zoff & voll busy. Die erste Jugendgeneration des neuen Jahrhunderts. Opladen: Leske + Budrich.

Zinnecker, Jürgen/Silbereisen, Rainer K. (1996): Kindheit in Deutschland. Aktueller Survey über Kinder und ihre Eltern. Weinheim: Juventa.

# Medien(-Kontextualisierung)

*Sabine Maschke / Ludwig Stecher*

Eine der zentralen Lernwelten in Kindheit und Jugend stellt die Schule dar, die über den Erwerb von formeller Bildung und Abschlüssen die Ausgangspositionen für den Einstieg in die berufliche Welt wesentlich beeinflusst. Die Bildungsarbeit der Heranwachsenden beschränkt sich jedoch nicht allein auf das schulische Lernen: In dem Maße, in dem schulische Ausbildungsabschlüsse an relativem Wert verlieren, d. h. die Bildungsrenditen sinken (Handl 1996), wird der außerschulische Erwerb von spezifischen Fähigkeiten und Wissen – Bourdieu (1983) spricht hier allgemein von kulturellem Kapital – während der Kindheit und Jugend zunehmend bedeutsam. Durch kulturelles Kapital, das neben der Schule zusätzlich erworben wird, lassen sich im Wettkampf um begehrte Ausbildungs- und Arbeitsplätze individuelle Startvorteile aufbauen und sichern (Zinnecker 1994).

Betrachten wir das Lernen außerhalb der Schule näher, so lassen sich u. a. zwei wichtige Bereiche unterscheiden: Beim non-formalen Lernen handelt es sich um Lernsituationen, die nicht primär auf schulische Lerninhalte und -formen abzielen und deren Teilnahme in der Regel freiwillig ist, jedoch ähnlich der Schule ein pädagogisch vorstrukturiertes *Setting* aufweisen. Beispielhaft hierfür ist der Bereich der Jugendarbeit (Braun/Frieß 2004). Davon zu unterscheiden ist das – im Folgenden im Mittelpunkt stehende – informelle Lernen. Hierunter fällt Lernen, das nicht in einer eigens pädagogisch inszenierten Situation stattfindet und das „unmittelbar in den Realanforderungen aktueller Lebenssituationen gründet" (Lipski 2000: 43). Ein wesentlicher Bestandteil des informellen Lernens ist das Lernen in Alltagssituationen. Overwien (2004: 54) fasst – auf der Basis internationaler Arbeiten – die Kennzeichen informellen Lernens zusammen als:

- integriert in die Arbeit und tägliche Routine
- durch inneren und äußeren Anstoß ausgelöst
- kein sehr bewusster Prozess
- oft zufällig veranlasst und beeinflusst
- beeinhaltet einen induktiven Prozess von Reflexion und Aktion
- mit dem Lernen anderer verbunden.

An dieser konzeptionellen Sicht auf das informelle Lernen ist zu kritisieren, dass sie mit der Betonung auf routinisiertes, alltagsgesteuertes und mehr oder weniger zufällig stattfindendes Lernen dem aktiv lernenden Subjekt nur eine untergeordnete Rolle zuerkennt. Weitgehend unberücksichtigt bleibt darin, dass informelles Lernen auch zielgerichtetes, selbstbestimmtes und biografisch bedeutsames Lernen umfassen kann. Diese Perspektive, die wir im Folgenden in den Mittelpunkt stellen, wird auch von Livingstone betont: Er streicht als ein „Wesensmerkmal" informellen Lernens heraus, dass sich dieses von „allgemeiner Sozialisierung" unterscheidet, indem „die Lernenden selbst ihre Aktivitäten bewusst als signifikanten Wissenserwerb einstufen. Wesensmerkmal des informellen Lernens ist die selbstständige Aneignung neuer signifikanter Erkenntnisse oder Fähigkeiten, die lange genug Bestand haben, um im Nachhinein noch als solche erkannt zu werden" (Livingstone, zit. n. Overwien 2005: 344-345). Informelles Lernen ist damit – in dem Maße, in dem es Aneignungsprozesse einschließt – immer auch Teil dessen, was wir Bourdieu folgend mit der individuellen Bildungspraxis des Subjekts fassen wollen.[1]

Als Basis dieser Handlungspraxis, die dem Subjekt die Aneignung von Bildung ermöglicht, legen wir das Konzept des Habitus zu Grunde, das Bourdieu in seiner Theorie der Praxis (1979) umfassend vorgestellt hat. Kern dieser Theorie ist die dialektische Verknüpfung von Erfahrung und Handeln. Unter dem Habitus eines Menschen versteht der Autor das gesamte System von dauerhaften „organischen oder mentalen Dispositionen" (Bourdieu 1974: 40), die die Grundlage seines Handelns, Wahrnehmens und Denkens bilden. Der Habitus ermöglicht nicht nur die konsistente und kohärente Bewältigung alltäglicher Handlungsanforderungen, sondern auch spontanes und kreatives Handeln außerhalb des unmittelbaren Erfahrungsraums des Einzelnen. In Bezug auf die Aneignung von Bildung bezieht sich der Habitusbegriff auf eine weite Spanne von Persönlichkeitseigenschaften. Diese bestimmen die Art und Weise des Umgangs mit Lern- und Bildungssituationen bzw. -anforderungen und damit die Fähigkeit, sich die Ressourcen der jeweiligen bildungsrelevanten Umwelt zu erschließen und als Entwicklungspotenzial für sich zu nutzen.

Die individuellen (wie kollektiven) Bildungserfahrungen (vgl. hierzu ausführlich Maschke/Stecher 2006) organisieren und strukturieren den (Bildungs-)Habitus und bringen gleichzeitig damit ein spezifisches Bildungs-Aneignungsprinzip hervor, das bestimmte Bildungserfahrungen zulässt, andere übergeht oder ausschlägt. Zum Kern der Bildungspraxis gehört z. B., welche Informationen für den Einzelnen von Bedeutung sind, welche er auswählt, wie er sie einordnet und interpretiert etc. Gerade beim informellen Lernen spielen solche „Such- und Entscheidungsprozesse", wie sie Geulen bezeichnet (2005: 257), eine wesentliche Rolle. Lernsituationen und -inhalte sind hier weder (formal) klar vorgegeben, noch sind sie standardisiert und verpflichtend wie etwa beim schulischen Lernen. Dem Einzelnen wird damit eine stärkere Orientierungsleistung abgefordert als dies beim (vorgegebenen) Lernen in Institutionen der Fall ist.

# 1 Medien(-Kontextualisierung) als Teil der Bildungspraxis

Medien sind eine der wichtigsten Quellen für informelles Lernen in der Kindheits- und Jugendphase. Zum einen gehören die Medien zum Alltag und zur Lebenswelt von Kindern und Jugendlichen (vgl. u. a. Vollbrecht 2001) wie die Beschäftigung mit Computer und Internet, Fernsehen oder Lesen etc. (vgl. Rath/Marci-Boehncke 2004: 207). Andererseits befriedigen die Medien grundlegende Bedürfnisse der Heranwachsenden, die im Prozess der Identitätsbildung eine Rolle spielen: Neben den emotionalen, sozialen und kommunikativen Bedürfnissen zählen hierzu auch kognitive Bedürfnisse.

> „Hier geht es um Information und Orientierung über die Umwelt im weitesten Sinn, also vor allem auch um Dinge, über die man beispielsweise in der Schule wenig spricht. (...) Die Funktion der Medien besteht dabei darin, dass sie die unübersichtlich gewordene Umwelt für den Mediennutzer strukturieren und dieser so Sinn verleihen"
> (Bonfadelli u. a. 1986: 18).

1 Verweisen möchten wir hier auf das Konzept der signifikanten Lernerfahrungen von Antikainen u. a. (1996); siehe auch Stecher/Maschke (2007).

Wir stellen darüber hinaus die Frage, inwieweit durch den Umgang oder den Einbezug von Medien spezifische Bildungsprozesse beschrieben werden, die, gekennzeichnet durch Selbstständigkeit und Reflexivität – mit Blick auf die Bedeutung eines Lernprozesses für die eigene biografische Entwicklung – selbst sinngebend wirken.

Das Subjekt vollzieht die Auswahl von (medialen) Lernsituationen nicht allein auf der Basis seiner persönlichen habitualisierten Interessen und Potenziale, sondern auch auf der Basis der – ebenfalls Habitualisierungsprozessen unterworfenen – „Analyse der Realität", das heißt der Bewertung einer konkreten Situation als einer möglichen Lernsituation (vgl. Geulen 2005). Beides zusammen – Interesse und Realitätsanalyse – begründet jenen Zusammenhang, den wir in Anlehnung an die Arbeiten von Tully (2004: 37) als Kontextualisierung einer (potenziellen) Lernsituation umschreiben können. Dazu gehört, dass eine Situation überhaupt als Lernsituation, ein spezifischer Kontext vom Einzelnen überhaupt als Lernquelle wahrgenommen bzw. akzeptiert wird.

In einer anderen Arbeit zur Medien-Kontextualisierung (vgl. Stecher 2005) zeigte sich, dass die Entscheidung für spezifische Medien – unterschieden wird dort auf der Basis medien- und bildungstheoretischer Überlegungen zwischen Qualitätsmedien (Tageszeitungen, Nachrichten im Fernsehen etc.) und so genannten Boulevardmedien (Talkshows, Fernsehserien, Videoclips etc.) – deutlich mit soziodemografischen und herkunftsbezogenen Merkmalen der Heranwachsenden verknüpft ist: Ältere Mädchen am Gymnasium aus statushohen Familien betonten dabei im Besonderen das Lernpotenzial der Qualitätsmedien, jüngere Jungen, die die Haupt- oder Realschule besuchen und aus einer statusniedrigen Familie bzw. einer Migrantenfamilie stammen, betonen hingegen vergleichsweise stark das Potenzial der Boulevardmedien. Damit konnte gezeigt werden – im Sinne des Habitus- und Praxisbegriffs von Bourdieu –, dass Medien-Kontextualisierungen ihrerseits von den sozialisatorischen Herkunftsbedingungen der Heranwachsenden beeinflusst sind und – in dem Maße, in dem sie andererseits mit dem Schulerfolg (bezogen auf das Fach Deutsch) in Zusammenhang stehen – damit eine Rolle für die Reproduktion sozialer Ungleichheit spielen.

## 2 Medien als Lernquelle

Das Prinzip der Kontextualisierung lässt sich an einem Beispiel verfeinern und konkretisieren. Der nachfolgende Auszug stammt aus einer Gruppendiskussion[2] mit Gymnasiast(inn)en der Klassenstufe 11 über das Thema Lernen, Schule und Bildung (zur Studie Lern-Bild siehe weiter unten; die Teilnehmer sind zwischen 16 und 17 Jahre alt; M1 = Interviewerin; T1-3 = Teilnehmer 1 bis 3).

M1.: „Mmh (.) Gibt es besondere Mittel (...) mit denen ihr lernt oder die das vermitteln (.)"
T2.: „Ja, Bücher sind ganz wichtig für mich (.)"
T3.: „Ja, für mich"
T1.: „Bücher und Zeitschriften, also Zeitungen, hauptsächlich (.)" (...)
T1.: „ja, Tageszeitungen (.) auch mal Wochenzeitungen oder irgendwelche Magazine (.)"

2 Durchführung und Analyse der Gruppendiskussion erfolgten nach dem Verfahren der dokumentarischen Methode (siehe hierzu ausführlich Bohnsack 2003; Bohnsack/Nentwig-Gesemann/Nohl 2001; Maschke/Schittenhelm 2005).

T3.: „Das ist jetzt aber nur so was Weltgeschehen, wenn man jetzt Alltägliches lernen will, meistens durch irgendwelche Beispielsituationen in denen man sich befindet und man irgendwas erinnert, was man schon mal erlebt hat, oder schon mal gemacht hat, oder wenn man andere Leute bei irgendwas beobachtet (.) Also es ist wichtig rauszugehen dabei, oder bei uns im Sportverein lernen wir von vielen Leuten und äh (.) Je mehr Leute man kennen lernt, neue durch irgendwelche Vereine oder Freundschaften, desto mehr lernt man ja auch, im Prinzip weil alle ja unterschiedlich sind (.)"

Verschiedene Situationen werden als Lernsituationen identifiziert und danach differenziert, welche Lern-„Qualitäten" sie bieten. So kann man sich über das „Weltgeschehen" in den Printmedien informieren, „Alltägliches" jedoch lernt man dort nicht. Hier verweisen die Gesprächsteilnehmer(innen) auf die Bedeutung von Personen bzw. des sozialen Miteinanders für den Lern- und Bildungsprozess. Zusammengeführt werden auf der einen Seite Lernquellen (die Medien, Personen, der Verein) und auf der anderen Seite Lerninhalte (Weltgeschehen vs. Alltägliches). Medien-Kontextualisierung heißt in diesem Fall, dass die (Qualitäts-)Medien zwar hinsichtlich des Weltgeschehens als mögliche Lernquellen tauglich erscheinen, nicht aber zum Erlernen von Alltagskompetenzen. Zentral für die Kontextualisierung wird damit die Frage, welche Lernquelle für welchen Lerninhalt relevant erscheint.

Bevor wir uns jedoch mit dieser erweiterten Perspektive des Konzepts der Kontextualisierung auseinander setzen, wollen wir der Frage nachgehen, inwieweit differenzielle Quellen des Lernens – wie sie in der Gruppendiskussion prototypisch genannt werden – überhaupt unterschiedlich hinsichtlich ihres potenziellen Lerngehalts von den Heranwachsenden gewichtet werden – und welche Rolle dabei die Medien spielen. Wir greifen auf die Daten der Studie „LernBild" zurück, bei der 2003 knapp 2 000 nordrhein-westfälische Schüler(innen) zwischen 10 und 18 Jahren über ihre Einstellungen und Ansichten zur Schule, zum Lernen und zur Bildung befragt wurden (vgl. Behnken u. a. 2004). Auf das Eingangsstatement: „Lernen kann man nicht nur im Unterricht, sondern auch außerhalb der Schule", wurden die Schüler(innen) gebeten, folgende Frage jeweils in Bezug auf eine vorgegebene Liste von unterschiedlichen Lernsituationen zu beantworten: „Bei welchen der folgenden Tätigkeiten können Leute in deinem Alter auch etwas lernen? (Denke bitte bei dieser Frage nicht nur an dich selbst)." Die Antwortvorgaben reichten von „stimmt nicht" bis „stimmt völlig".

Die Einschätzung, die hier von den Befragten verlangt wurde, lenkt den Blick des Einzelnen auf die Handlungen (und Kontextualisierungen) der anderen Gleichaltrigen (als Kollektiv), zugleich aber auch auf persönliche, bereits erlebte, aktuelle oder vorstellbare Handlungen. Der Einzelne unterzieht diese (möglichen) Lerntätigkeiten und Kontexte einem vergleichenden Blick (Selbst und Kollektiv). Exploratorische Faktorenanalysen ergeben, dass sich die 36 einzelnen Lernsituationen, die in der Liste abgefragt wurden, in mehrere Bereiche unterteilen lassen (siehe ausführlich ebd.: 173-175):

Das intergenerationale Lernen bezieht Lernsituationen ein, bei denen Jüngere von Älteren (in der Familie) etwas lernen können, wie z. B., „sich von den Großeltern etwas von früher erzählen zu lassen", oder „mit den Eltern ein Problem besprechen".

- Zum Freizeitlernen gehören jugendtypische Lernsituationen und -kontexte wie z. B. „mit Freunden etwas (zu) besprechen", oder „sich einem Hobby (zu) widmen".
- Lernen durch biografische Krisen schließt u. a. die Fragen ein, inwieweit man als junger Mensch davon lernen kann, „die Scheidung der Eltern erlebt zu haben", „einen Todesfall in der Familie mit(zu)erleben", oder „in einen anderen Ort umzuziehen".

Medienlernen wird in LernBild anhand von zwei Dimensionen abgebildet:

- Zum einen wird erfasst, inwieweit „Qualitätsmedien" – wie „einen Roman (ein Buch) zu lesen" oder „Nachrichten im Fernsehen" zu sehen – als mögliche Lernquellen für junge Menschen eingeschätzt werden.
- Zum anderen wird erfasst, inwieweit „Boulevardmedien" – wie „eine Serie im Fernsehen an(zu)sehen" oder „Videoclips an(zu)sehen" – als mögliche Lernquellen anerkannt sind.[3]

Auf der Basis bildungstheoretischer Überlegungen zum Informationsgehalt der Medien ist davon auszugehen, dass Qualitätsmedien Bildungsgehalt den Boulevardmedien überlegen sind.

*Abbildung 1: Kontexte informellen Lernens für 10- bis 18-Jährige*

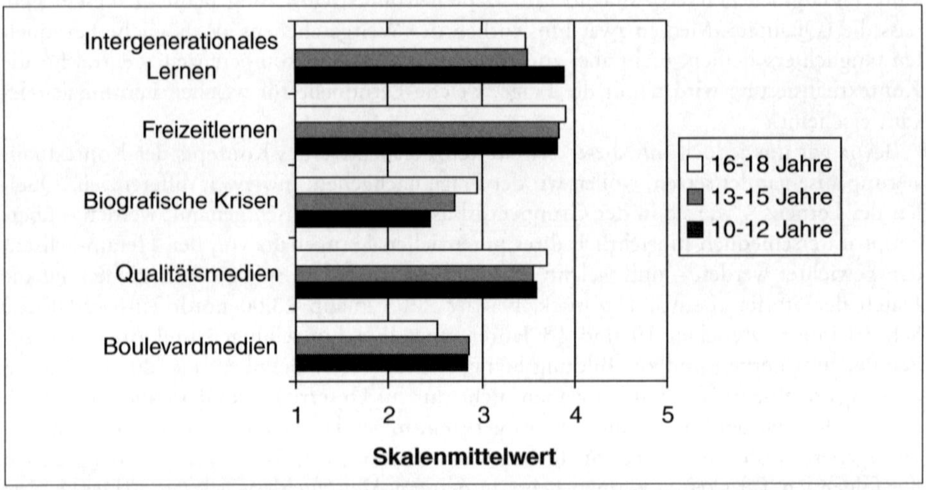


Der Score je Faktor wird durch Aufsummierung der zugehörigen Itemwerte geteilt und durch die Anzahl der (beantworteten) Items berechnet. Dadurch ist der Score innerhalb der Spannweite der Einzelitems (1 = starke Ablehnung, bis 5 = starke Zustimmung) interpretierbar.)

*Quelle:* LernBild-Studie 2003; eigene Berechnungen.

Die Befunde in Abbildung 1 zeigen, dass dem Lernen in der Freizeit (mit Freunden) über alle Altersgruppen hinweg das höchste Lernpotenzial zuerkannt wird. Die Skalenmittelwerte reichen hierbei nahe an die Kategorie 4 = „trifft eher zu". Ähnlich unabhängig vom Alter zeigt sich auch die Einschätzung des Lerngehalts der Qualitätsmedien. Sie rangieren mit einem Mittelwert von 3,6 auf dem zweiten Platz. Auch das Lernen von der älteren Generation in der Familie spielt – vor allem für die 10- bis 12-Jährigen – eine wichtige Rolle. Den geringsten Lerngehalt attestieren die jüngsten Befragten den biografischen Krisen (wobei davon auszugehen ist, dass die im Instrument abgefragten Krisensituationen in dieser Altersgruppe zahlenmäßig noch vergleichsweise selten auftreten). Das Lernpotenzial, das solche Situationen beinhalten, wird jedoch mit zunehmendem Alter mehr und mehr als bedeutsam erachtet. Im Vergleich zu den drei erstgenannten Kontexten wird den Bou-

3 Die Unterscheidung zwischen den beiden Medientypen der Qualitäts- und der Boulevardmedien ist in Stecher (2005) ausführlich beschrieben.

levardmedien eine nur geringe Bedeutung für das Lernen von jungen Menschen zuerkannt – dies gilt vor allem für die älteren Befragten zwischen 16 und 18 Jahren.

Damit lässt sich ein Hauptbefund der Analysen an dieser Stelle festmachen: die Medien stellen in Bezug auf die Dinge, die junge Menschen lernen können und müssen, nur einen möglichen Kontext unter anderen dar. Mit Blick auf verschiedene Medien(-gruppen) zeigen die Befunde darüber hinaus sehr deutlich, dass die Heranwachsenden das Lernpotenzial der Medien differenziert einzuschätzen wissen.

## *3.1 Kann man vom Lieblingssänger etwas Wichtiges lernen?*

Im Beispiel aus der Gruppendiskussion wurden neben den Medien und anderen Lern-*Settings* auch Personen als Lernquellen explizit benannt – seien dies die Freunde oder „andere Leute" aus der persönlichen Nahwelt der Heranwachsenden. Kontextualisierung bedeutet in diesem Fall, auch selbst einschätzen zu können, inwieweit man von bestimmten Personen lernen kann. Das Konzept der Kontextualisierung wird differenziert durch die Frage an die Kinder und Jugendlichen: „Manche Leute meinen, von den folgenden Personen könnten Kinder/Jugendliche sehr viele wichtige Dinge lernen. Stimmst du zu?" Die Antwortvorgaben reichten von 1 = „stimmt nicht" bis 5 = „stimmt völlig".

Vor allem von der Mutter – in vergleichbarem Umfang vom Vater (ohne Darstellung) –, so die Einschätzung der Befragten, könne man lernen. Dies ist am stärksten bei den Jüngsten, den 10- bis 12-Jährigen, ausgeprägt und bleibt auch bei den beiden höheren Altersgruppen konstant auf hohem Niveau. Ähnlich verhält es sich mit den Großeltern, denen der zweite Platz in der Rangfolge der relevanten Lern-Personen zukommt. Die beste Freundin und der beste Freund gewinnen im Laufe der Jugendjahre zunehmend an Bedeutung: Für die 16- bis 18-Jährigen spielen sie eine ebenso große Rolle wie die Personen aus der eigenen Familie. Mit Blick auf die Personen, die wir hinsichtlich der Mediennut-

*Abbildung 2: Personen informellen Lernens für 10- bis 18-Jährige*

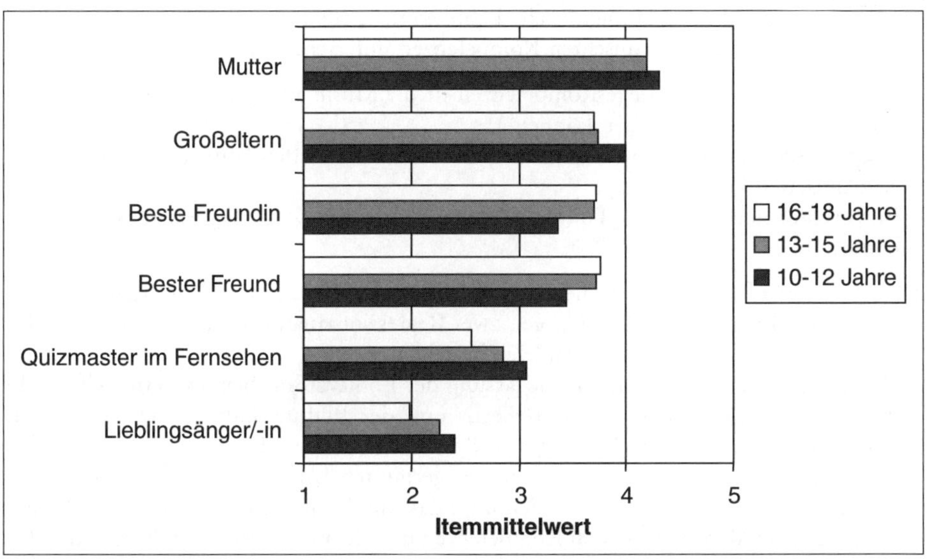

zung in die Liste aufgenommen haben, zeigt sich, dass weder der Quizmaster noch der/die eigene Lieblingssänger/in in dieser Hinsicht eine bedeutende Rolle spielen – und dies umso weniger, je älter die Heranwachsenden sind. Der Skalenmittelwert in der Beurteilung des/der Lieblingssänger/s/in als „Lernquelle" liegt mit 2,0 bei den 16- bis 18-Jährigen um mehr als die Hälfte niedriger als der Skalenmittelwert für die Beurteilung der Mutter mit 4,2.

Diese Ergebnisse sprechen für eine durchaus differenzierte Umgehensweise der Heranwachsenden mit den Medien. Personen, die die Jugendlichen aus den Medien kennen – und die im Falle des/der Lieblingssänger/in in vielen Fällen auch als Idole genannt werden (vgl. Zinnecker u. a. 2002: 53-56) –, werden nicht unreflektiert als Lern-Vorbilder akzeptiert. Eindeutige Priorität haben in dieser Hinsicht: die Familie und, wenn die Jugendlichen älter werden, die Freunde. Dies kann als weiterer Beleg für eine differenzielle Kontextualisierung der Medien als Lernquelle gelten.

### *3.2 Die Ordnung der persönlich wichtigen Lerninhalte*

Wie in der Gruppendiskussion angesprochen, gibt es nicht nur verschiedene Lern-*Settings* und -personen, die in ihrem Lerngehalt voneinander qualitativ unterschieden – das heißt kontextualisiert – werden können, sondern diese Kontextualisierung ist auch davon abhängig, was die Kinder und Jugendlichen als relevanten Lern*inhalt* ansehen. So sprachen die Diskussionsteilnehmer(innen) davon, dass die Medien zwar für das Weltgeschehen, nicht aber für das Alltagslernen als Lernquellen hilfreich seien. In diesem Abschnitt soll die Frage beantwortet werden, inwieweit die Kontextualisierung verschiedener Lernquellen – im Besonderen der Medien – davon abhängt, welche Lerninhalte die Heranwachsenden für sich als wichtig erachten. Dies gibt eine Antwort darauf, ob und inwieweit Kontextualisierungen von den spezifischen Neigungen der Heranwachsenden abhängen.

Die Kinder und Jugendlichen wurden in der Studie LernBild danach gefragt, welche Fähigkeiten und Fertigkeiten für sie persönlich wichtig sind. Ohne auf das Instrument hier im Einzelnen eingehen zu können (siehe Behnken u. a. 2004), lassen sich u. a. drei inhaltliche Dimensionen von erwünschten Kompetenzen unterscheiden:

- kinder- und jugendkulturelle Kompetenzen (u. a. „Musik auflegen können wie ein DJ", „neueste Geräte gut bedienen können"),
- biografische Kompetenzen (u. a. „eine gute Berufswahl treffen können", „seine Lebensziele umsetzen können"),
- Bürgerkompetenzen (u. a. „Politik verstehen können", „eine Tageszeitung verstehen können").

Den Zusammenhang zwischen diesen inhaltlichen Zielsetzungen und der lernbezogenen Kontextualisierung von Medien belegen zwei Regressionsanalysen, die jeweils die beiden Medienbereiche als abhängige Variable einbeziehen.

Die Befunde in Bezug auf die Einschätzung der Boulevardmedien als Lernquelle (siehe dazu Stecher 2005) zeigen: Das Geschlecht und der Bildungshintergrund spielen eine wichtige Rolle für die Einschätzung der Boulevardmedien: Mädchen und Gymnasiast(inn)en sprechen den Boulevardmedien den geringsten Lerngehalt zu. Im vorliegenden Zusammenhang ist vor allem von Bedeutung, dass die Kontextualisierung der Boulevardmedien auch von den erwünschten Kompetenzen der Heranwachsenden abhängt, und dies in deutlich stärkerem Maß als die erwähnten sozialstatistischen Merkmale Geschlecht und Bildungshintergrund. Lernen durch Boulevardmedien stellt einen bedeutsamen Lernkontext für all diejenigen dar, deren Handlungen und Interessen sich im Rahmen jugendkultureller Lebenswelten (wie: gut tanzen, Musik auflegen können etc.) bewegen.

Natürlich handelt es sich hierbei lediglich um einen ungerichteten Befund, der mehrere mögliche Interpretationen für die beobachtbaren Zusammenhänge zulässt. Zudem sagt er nichts über die tatsächliche Nutzung der Lernquellen aus. Erkennen können wir jedoch, dass diejenigen, die jugendkulturelle Kompetenzen für sich als Lernziel in Anspruch nehmen, gleichzeitig überdurchschnittlich der Meinung sind, dass relevante Lerninhalte über die Boulevardmedien transportiert werden.

*Tabelle 1: Regression der Einschätzung der Qualitätsmedien auf drei inhaltliche Lerndimensionen und Alter, Geschlecht und Schulbildung*

| Merkmal | B (unstand.) | Beta (stand.) | Signifikanz |
|---|---|---|---|
| Alter des/der Befragten in Jahren | ,02 | ,08 | ,023 |
| Kind/Jugendlicher besucht das Gymnasium (0 = nein; 1 = ja) | ,27 | ,17 | ,000 |
| Geschlecht (0 = weiblich; 1 = männlich) | –,15 | ,10 | ,004 |
| Betonung kinder- und jugendkultureller Kompetenzen (1 = niedrig; 5 = hoch) | –,12 | –,13 | ,001 |
| Betonung biografischer Kompetenzen (1 = niedrig; 5 = hoch) | ,27 | ,25 | ,000 |
| Betonung von Bürgerkompetenzen (1 = niedrig; 5 = hoch) | ,22 | ,23 | ,000 |

Tabelle 1 zeigt einerseits, dass vor allem ältere Befragte, Mädchen und Gymnasiast(inn)en den Qualitätsmedien den höchsten Lerngehalt zusprechen. Heranwachsende, die sich den kinder- und jugendkulturellen Lerninhalten zuwenden (im unteren Teil der Tabelle) attestieren den Qualitätsmedien nur vergleichsweise geringen Lerngehalt. Andererseits setzen diejenigen, die biografische und auf ihr Leben als Staatsbürger(in) bezogene Kompetenzen erwerben wollen, auf Qualitätsmedien. Wenngleich auch hier dieser Zusammenhang nicht im Sinne einer eindeutig gerichteten Hypothese zu formulieren ist, zeigt sich jedoch, dass die Medien als ein Instrument zu verstehen sind, das die Heranwachsenden entsprechend ihrer inhaltlichen Interessen nutzen.

Wir erhalten damit weitere Hinweise darauf, dass die Kontextualisierung spezifischer Lern-*Settings* – darunter die Medien – mit spezifischen inhaltlichen Schwerpunktsetzungen der Heranwachsenden in Zusammenhang stehen. Die Frage nach dem Lernpotenzial verschiedener Lern-*Settings*, insbesondere bezogen auf die Rolle der Medien, rückt damit zusätzlich die angestrebten Lerninhalte bzw. -kompetenzen in den Blick. In den Fokus geraten so die Eigenaktivität des Subjekts und die selbstgestalterischen Elemente der (informellen) Bildungspraxis.

Im Vergleich der Nutzung von Boulevard- und Qualitätsmedien zeigt sich zusammenfassend eine Polarisierung in Bezug auf die Betonung jugendkultureller Kompetenzen: Abgelehnt werden Kontexte mit konventionell-formalen Inhalten und Vorgaben (Qualitätsmedien: von Erwachsenen für Erwachsene gemacht), die, so eine Interpretationsmöglichkeit, den eigenen jugendkulturellen Erfahrungsraum stark vorstrukturieren und einengen.

Zuspruch erhalten hingegen Kontexte, die Raum für eigene Erfahrungen bieten, wie dies (aus Sicht der Jugendlichen) z. B. unkonventionelle und auf Unterhaltung setzende Sendeformate tun.

Ein weiterer Ausschnitt aus einer Gruppendiskussion zeigt noch einmal die Bedeutung der Einbindung von Medien für das informelle Lernen auf, weist aber auch auf eine Bildungspraxis hin, in der sich verschiedene informelle Lern-Bereiche überschneiden und wechselseitig ergänzen (Jugendliche, 16 bis 18 Jahre alt, in Lehrberufen, zwei besuchen noch die Hauptschule):

T1: „kommt gut"
T2: „mhm"
T1: „wenn man so sein eigenes Ding macht"
T3: „ja, genau, ist mal was anderes"
T1: „das kennt halt keiner"
T?: „wenn mans kann"
T1: „ja, manche saufen hier jedes Wochenende oder so, gehen jedes Wochenende in dieselbe Disko und manche machen halt en bisschen Aufnahme zu Hause. Schreiben en paar Texte, machen den Beat, also die Musik halt, den Beat und dann rappen die, oder manche gehen zum Tanzunterricht und so, manche machen sogar Ballet. Manche sagen, höh Ballet, voll langweilig. Aber im Endeffekt, also ich hab letztens in Ballet reingeguckt (uu) der Hammer"
T3: „Man sagt dann erst so, klassische Musik woh, nee. Hab ich überhaupt nix mit am Hut. Aber wenn man sich dann mit solchen Sachen dann erst mal beschäftigt so wie wir. Also zum Beispiel ich war so, ich hab gesagt wouh Klassik eh wouh, geh weg. Und halt, wenn man sich dann halt damit beschäftigt und dann mal sich Filme darüber anguckt oder so, is dann schon/"

Betont wird die Individualität und Selbstständigkeit: „sein eigenes Ding machen", etwas tun, das die anderen nicht kennen („kennt halt keiner") und das diese Tätigkeit aus dem Alltäglichen hervorhebt. Beschrieben werden vorab verschiedene Freizeittätigkeiten („Saufen" und „Disko") denen eines gemeinsam ist: Sie beschreiben Routinen, ständige Wiederholungen und Monotonie mit Exemplifizierungen wie „jedes Wochenende saufen" oder „jedes Wochenende in dieselbe Disko gehen". Zudem drückt sich in ihnen ein Konsumieren, ein passives Teilnehmen aus. „Manche", und damit wird das eigene Tun in den Vordergrund gerückt, werden aber auch aktiv. Im Gegensatz zu den beiden vorherigen Tätigkeiten stellt diese einen Ausbruch aus der Routine, aus Kontinuitäten dar. Texte werden geschrieben, der *Beat* gemacht und *gerappt.* Verschiedene außerschulische Lernmöglichkeiten stehen hier nebeneinander: die Tanzschule neben medialen Bearbeitungen und Nutzungen („Aufnahme zu Hause", Komponieren, u. a. am Computer, oder Filme und Fernsehsendungen: „Ich hab letztens in Ballet reingeguckt"). Signalisiert wird zudem Offenheit für Neues, und zwar über das Ballet (an anderer Stelle auch über Klassik), das nur auf den ersten Blick „voll langweilig" erscheint, sich aber dann bei näherem „Hinsehen" (vor allem über Filme) als „der Hammer" erweist.

Auf den Punkt gebracht, kann dieses Beispiel als ein informeller Bildungsakt verstanden werden, der den vorgegebenen Lernrahmen (im Sinne von Marotzki 1990) überschreitet und neue (individuelle wie kollektive) Bildungskontexte schafft. Zudem wird hier, gerade in der Abgrenzung zum passiven Tun (der anderen Gleichaltrigen), die eigene Individualität und Identität konturiert. Deutlich wird darüber hinaus auf der Ebene der „Ausstattung" der Lernrahmen oder Lernkontext-Bedingungen, dass verschiedene Lernfelder sich überschneiden. Genutzt wird, was dem Zweck des selbstständigen Kreierens von Musik und Tanz und damit der eigenständigen Bildungsaneignung dient: die Medien ebenso wie der Tanzkurs. Die Jugendlichen trennen nicht, sondern erschließen sich gerade in der Überschneidung verschiedener Lernbereiche neue informelle Lern- und Bildungsräume. Eine Perspektive in der Forschung zu ganztägiger Bildung, die es in zukünftigen Untersuchungen zum informellen Lernen und der Nutzung von Medien auszubauen gilt.

## *Literatur*


Antikainen, Ari/Houtsonen, Jarmo/Huotelin, Hannu/Kauppila, Juha (1996): Living in a Learning Society: Life-Histories, Identities and Education. London: The Falmer Press.

Behnken, Imbke/Beisenkamp, Anita/Hunsmann, Margita/Kenn, Silke/Klöckner, Christian/Kühn, Daniela/ Maschke, Sabine/Stecher, Ludwig/Wenzel, Leila/Zimmermann, Meik/Zinnecker, Jürgen (2004): Lernen, Bildung, Partizipation. Die Perspektive der Kinder und Jugendlichen. Abschlussbericht des Projektes Lernen und Bildung. Siegen: Universitätsdruck.

Bohnsack, Ralf (2003): Rekonstruktive Sozialforschung. Opladen: Leske + Budrich.

Bohnsack, Ralf/Nentwig-Gesemann, Iris/Nohl, Arnd-Michael (Hg.) (2001): Die dokumentarische Methode und ihre Forschungspraxis. Grundlagen qualitativer Sozialforschung. Opladen: Leske + Budrich.

Bonfadelli, Heinz/Darkow, Michael/Eckhardt, Josef/Franzmann, Bodo/Kabel, Rainer/Meier, Werner/Weger, Hans-Dieter/Wiedemann, Joachim (1986): Jugend und Medien. Eschborn: Ariel.

Bourdieu, Pierre (1974): Zur Soziologie der symbolischen Formen. Frankfurt a. M.: Suhrkamp.

Bourdieu, Pierre (1979): Entwurf einer Theorie der Praxis. Frankfurt a. M.: Suhrkamp.

Bourdieu, Pierre (1983): Ökonomisches Kapital, kulturelles Kapital, soziales Kapital. In: Kreckel, Reinhard (Hg.): Soziale Ungleichheiten. Göttingen: Schwartz: 183-198.

Braun, Dieter/Frieß, Berthold (2004): Außerschulische Jugendbildung. Einblicke in einen eigenständig wertvollen Ausschnitt der Bildungslandschaft. In: Schavan, Anette (Hg.): Bildung und Erziehung. Frankfurt a. M.: Suhrkamp: 262-275.

Geulen, Dieter (2005): Subjektorientierte Sozialisationstheorie. Sozialisation als Epigenese des Subjekts in Interaktion mit der gesellschaftlichen Umwelt. Weinheim: Juventa.

Handl, Johann (1996): Hat sich die berufliche Wertigkeit der Bildungsabschlüsse in den achtziger Jahren verringert? In: Kölner Zeitschrift für Soziologie und Sozialpsychologie (48. Jg.) H. 2/1996: 249-273.

Lipski, Jens (2000): Für das Leben lernen – aber wo? In: Deutsches Jugendinstitut (Hg.): Informelles Lernen in der Freizeit. Erste Ergebnisse des Projekts „Lebenswelten als Lernwelten". München: Eigenverlag DJI.

Marotzki, Winfried (1990): Entwurf einer strukturalen Bildungstheorie. Biographietheoretische Auslegung von Bildungsprozessen in hochkomplexen Gesellschaften. Weinheim: Deutscher Studien Verlag.

Maschke, Sabine/Schittenhelm, Karin (2005): Integratives qualitatives Forschungshandeln: Kombinierte Anwendungsformen der dokumentarischen Methode in den Sozial- und Erziehungswissenschaften. In: Zeitschrift für Soziologie der Erziehung und Sozialisation (26. Jg.) H. 3/2005: 325-335.

Maschke, Sabine/Stecher, Ludwig (2006): Strategie und Struktur, oder: Wie kommt man gut durch die Schule? In: Diskurs Kindheits- und Jugendforschung (1. Jg.) H. 4/2006: 497-516.

Overwien, Bernd (2004): Internationale Sichtweisen auf „informelles Lernen" am Übergang zum 21. Jahrhundert. In: Otto, Hans-Uwe/Coelen, Thomas (Hg.): Grundbegriffe der Ganztagsbildung. Beiträge zu einem neuen Bildungsverständnis in der Wissensgesellschaft. Wiesbaden: VS Verlag für Sozialwissenschaften: 51-76.

Overwien, Bernd (2005): Stichwort: Informelles Lernen. In: ZfE (8. Jg.) H. 3/2005: 339-355.

Rath, Matthias/Marci-Boehncke, Gudrun (2004): „Geblickt?" MedienBildung als Coping-Strategie. In: Schavan, Annette (Hg.): Bildung und Erziehung. Frankfurt a. M.: Suhrkamp: 200-229.

Stecher, Ludwig (2005): Informelles Lernen bei Kindern und Jugendlichen und die Reproduktion sozialer Ungleichheit. In: ZfE (8. Jg.) H. 3/2005: 374-393.

Stecher, Ludwig/Maschke, Sabine (2007): Bildung und Lebensverlauf in einer lernenden Gesellschaft. Gutachten für die Enquetekommission „Chancen für Kinder" des Landtags von Nordrhein-Westfalen zu den biografischen Folgen des gegenwärtigen Bildungssystems.

Tully, Claus J. (2004): Nutzung jenseits systematischer Aneignung – Informalisierung und Kontextualisierung. In: Ders. (Hg.): Verändertes Lernen in modernen technisierten Welten. Organisierter und informeller Kompetenzerwerb Jugendlicher. Wiesbaden: VS Verlag für Sozialwissenschaften: 27-55.

Vollbrecht, Ralf (2001): Einführung in die Medienpädagogik. Weinheim: Beltz.

Zinnecker, Jürgen (1994): Projekt Bildungsmoratorium. Zielsetzung und Untersuchungsdesign (Projektbroschüre Nr. 5). Siegen: Universitätsdruck.

Zinnecker, Jürgen/Behnken, Imbke/Maschke, Sabine/Stecher, Ludwig (2002): null zoff & voll busy. Die erste Jugendgeneration des neuen Jahrhunderts. Opladen: Leske + Budrich.

# Internet Communities

*Winfried Marotzki*

Die Orientierung an und Verortung in aktuellen zeitgeschichtlichen Lagen gehört zu einem Kernbestandteil pädagogischen Denkens. In diesem Sinne arbeitete bereits Flitner in seiner Allgemeinen Pädagogik die Aufgaben der wissenschaftlichen Pädagogik heraus: Am wichtigsten ist für ihn, sich des Sinngehalts einer historisch gegebenen Wirklichkeit zu vergewissern und einen Konsens über diese Sinnstruktur herbeizuführen, damit die Resultate der „Tatsachenforschung" (Flitner 1957/1966: 336), wie er es nennt, in sie eingeordnet werden können. Eine solche Zeitdiagnose ist auch heute in der Regel diskursiv, d. h. sie ist im Feld wissenschaftlicher und öffentlicher Auseinandersetzung strittig, wenngleich sich heute mehr oder minder deutliche Konturen abzeichnen, die mit bestimmten Schlagworten belegt werden: Industriegesellschaft, Dienstleistungsgesellschaft, postmoderne Gesellschaft, Informationsgesellschaft, Wissensgesellschaft etc.

Im Folgenden wird zunächst die Debatte um die Wissensgesellschaft aufgegriffen, um dann zweitens das Verhältnis von Wissen und Bildung zu erörtern. Im dritten Schritt wird gezeigt, dass Bildung und Vergemeinschaftung einen engen Zusammenhang bilden, und abschließend werden neue Vergemeinschaftungsformen in virtuellen Welten beleuchtet.

## 1 Wissensgesellschaft

Um jüngere Gesellschaftsentwicklungen zu beschreiben, ist seit Ende der 1990er Jahre der Begriff der Wissensgesellschaft populär geworden. Es ist zwar immer wieder festgestellt worden, dass im wissenschaftlichen Diskurs kein homogenes Konzept einer Wissensgesellschaft existiert (z. B. Stroß 2001: 89), trotzdem scheint diese Beschreibung mindestens im öffentlichen Diskurs tauglich, um einige charakteristische Entwicklungszüge der gegenwärtigen Gesellschaft zu skizzieren.

Schon immer wussten die Menschen, dass Wissen wichtig ist. Nicht umsonst gibt es das Sprichwort: „Wissen ist Macht". Aber wie ist es zu erklären, dass von aktuellen gesellschaftlichen Trends behauptet wird, sie würden zeigen, dass wir auf dem „Weg in eine Wissensgesellschaft" seien? Die These der „Dienstleistungsgesellschaft" konnte sich auf den Sachverhalt berufen, dass die Dienstleistungsarbeit auf Kosten der klassischen industriellen Güterproduktion immer mehr ansteigt: Mittlerweile arbeiten fast zwei Drittel aller Beschäftigten im Dienstleistungssektor (vgl. Deutscher Bundestag 2002: 260).

Die eigentliche Legitimation für die Bezeichnung „Wissensgesellschaft" liegt darin, „daß wissenschaftliches Wissen auf fast allen Gebieten des Lebens eine einflußreichere Rolle spielt" (Stehr 1994: 16). Der Einfluss von Wissenschaft und Technik wird größer, reicht sozusagen bis in den kleinsten Winkel der Lebenswelt hinein. Dies betrifft gleichermaßen die Formen des Wissens wie auch die Formen des Wissenserwerbs bzw. der Wissensvermittlung in den klassischen institutionalisierten Lernfeldern, beispielsweise Schule, aber auch die außerschulische Jugendbildung in Jugendarbeit, *Peergroups* und Medien. Wissen gilt inzwischen als vierter – und zudem bedeutendster – Produktionsfaktor neben Natur, Arbeit und Kapital. In einigen volkswirtschaftlichen Bereichen wird davon ausgegangen, dass 70 bis 80 % des wirtschaftlichen Wachstums auf neues oder verbessertes Wissen zurückgeführt werden könne (vgl. Haan/Poltermann 2002). Das heißt, die Bedeutung des Wissens für eine Volkswirtschaft wie auch für den/die Einzelne(n) hat zugenommen.

> „Die Erzeugung und Verteilung von Wissen werden künftig eine vorrangige Bedeutung in der Wertschöpfung und im gesellschaftlichen Bewusstsein einnehmen. Die Zukunft gehört der Wissensverarbeitung, den hochqualifizierten Tätigkeiten" (Deutscher Bundestag 2002: 260).

Das schlägt sich dann auch in der Verteilung der Beschäftigten nieder: Immer mehr Menschen sind in Berufen und Jobs tätig, in denen die Generierung, Aufbereitung, Präsentation und Zirkulation von Wissen im Vordergrund steht, so dass Willke (1999) von einem neuen Typ des Arbeiters spricht, nämlich vom Wissensarbeiter.

Innerhalb der Erziehungswissenschaft ist zunächst einmal darauf zu verweisen, dass es eine längere Auseinandersetzung und Selbstvergewisserung über die Frage gibt, was pädagogisches Wissen ist (vgl. König/Zedler 1989; Oelkers/Tenorth 1993). Daran anschließend ist die Doppelfrage, ob die Zeitdiagnose der Wissensgesellschaft zutreffend sei und was daraus folge, durchaus kontrovers diskutiert worden (allgemein: Höhne im vorliegenden Handbuch; für die Sozialpädagogik: Homfeldt/Schulze-Krüdener 2000; für die Erwachsenenbildung: Nolda 2001).

Mag sein, dass die Bezeichnung des Wissensarbeiters etwas überzeichnet ist, sie weist aber doch in eine Richtung, deren Vorzeichen nicht zu ignorieren sind: Die heranwachsende Generation wächst in eine Gesellschaft hinein, in der Arbeit (im Sinne von Erwerbsarbeit) überwiegend auf hohem Qualifikationsniveau zu haben sein wird. Dass dieses enorme Folgen für Fragen der sozialen Struktur einer Gesellschaft haben wird und jetzt schon hat, liegt auf der Hand. Dieses hohe Qualifikationsniveau muss, das sagt beispielsweise das Schlagwort des lebenslangen Lernens, ständig erhalten und erweitert werden. Insofern ist die Wissensgesellschaft auch eine Lerngesellschaft und deshalb ist auch deutlich, was diese Debatte um die Wissensgesellschaft mit Pädagogik und Erziehungswissenschaft zu tun hat: Das Bildungssystem steht vor der Aufgabe, Unterstützung und Hilfe zur Wissensbewältigung während des gesamten Lebenslaufs zu gewähren. In der Erziehungswissenschaft geht es ja darum, die nachfolgende Generation durch Prozesse der Erziehung, des Lernens und der Bildung in diese Gesellschaft einzuführen. Ob und wie das gelingt, davon sind die Lebenschancen dieser nachfolgenden Generation elementar abhängig.

## 2 Wissen, Reflexion und Bildung

Wissen ist nicht identisch mit Information, und das hat – erziehungswissenschaftlich gesehen – weit reichende Konsequenzen: Die Rede von der Informationsgesellschaft stellte auf der Grundlage der Beobachtung des rapiden Informationsanstiegs infolge der Verbreitung neuer Informationstechnologien die Problematik der Datenverarbeitung und des Datentransfers in den Vordergrund. Es wurde nach der Infrastruktur für effektive Informationsverbreitung, nach der Produktion und Verarbeitung von Information und nach der Bedeutung von (neuen) Zeichensystemen für die Formation von Gesellschaften gefragt.

Demgegenüber bezieht sich der Begriff der Wissensgesellschaft wesentlich stärker auf die Entwicklungspotenziale und biographischen Prozesse des einzelnen Menschen.

> „Im Unterschied zu diesem Begriff (der Informationsgesellschaft), der die gesellschaftliche und systemische Seite betont, ist das Konzept der Wissensgesellschaft stark auf das Individuum ausgerichtet, auf seine Rolle, Funktion, sein Potenzial und seine Bedeutung für die wissensbasierte Gesellschaft. Mit dem Begriff ‚Wissensgesellschaft' wird kenntlich gemacht, daß Informationen die Informationen von jemandem sind und daß diese Informationen eine Bedeutung haben" (Haan/Poltermann 2002: 8).

Aus Informationen wird Wissen dann, wenn sie von Menschen aufgenommen, in Zusammenhänge (Kontexte) eingeordnet, bewertet und auf zu lösende Probleme bezogen werden. Wissen ist sozusagen situierte Information, die auf soziale Handlungen im weitesten Sinne bezogen wird. So setzt einer der „Väter" der Debatte um die Wissensgesellschaft Wissen mit Handlungsfähigkeit gleich (vgl. Stehr 1994: 208). Soziale Handlungen sind eingebettet in eine soziale Gemeinschaft, in eine Kultur bzw. eine Gesellschaft. Insofern kann auch gesagt werden, dass der Wissensprozess in der „Teilnahme an den kulturellen Ressourcen der Gesellschaft" besteht (ebd.: 205). Die Fähigkeit zur Teilhabe (Methexis) und zur aktiven Teilnahme (Partizipation) an der jeweiligen Kultur setzt soziales Handeln voraus, und damit auch die Fähigkeit, sich zu orientieren. Böhme (2002) ist Recht zu geben, wenn er sagt, dass der Begriff der Wissensgesellschaft als Epochenbegriff zwar nicht tauge, jedoch wichtige aktuelle Tendenzen beschreibe und gegenüber dem Begriff der Informationsgesellschaft den subjektiven Faktor ernst nehme. Gerade von diesem subjektiven Faktor hängt die Erzeugung von Wissen aus Informationen ab. Dabei spielt die orientierende Reflexion eine zentrale Rolle. Mittelstrass (1982, 1989, 2001) hat seit den 1970er Jahren immer wieder den Sachverhalt reflektiert, dass in modernen Gesellschaften der Abstand zwischen einem Verfügungswissen (Faktenwissen) und einem Orientierungswissen gewachsen ist.

> „Verfügungswissen ist ein Wissen um Ursachen, Wirkungen und Mittel; es ist das Wissen, das Wissenschaft und Technik unter gegebenen Zwecken zur Verfügung stellen. Orientierungswissen ist ein Wissen um gerechtfertigte Zwecke und Ziele" (Mittelstrass 2002: 164).

Über Verfügungswissen eignet sich der Mensch die Dinge der Welt an und über Orientierungswissen tritt er in ein reflektiertes Verhältnis zu ihnen. Moderne Gesellschaften seien stark in der Akkumulation von Verfügungswissen und schwach in der Ausbildung von Orientierungswissen, so Mittelstrass. Was technisch möglich und moralisch nötig sei, lasse sich immer weniger miteinander vereinbaren. Für Erziehungswissenschaft und Pädagogik ist deshalb die Klärung des Verhältnisses von Verfügungs- und Orientierungswissen in hochkomplexen Gesellschaften m. E. zu einer zentralen Aufgabe geworden.

Insbesondere ist es das Gebiet der Bildungstheorie, das sich mit der Frage nach dem orientierenden Wert von Wissen beschäftigt. Denn die Frage, ob Wissen eine orientierende Funktion hat, ist identisch mit der Frage, ob es eine bildende Funktion hat. Orientierungswissen kann nicht durch eine Steigerung des Verfügungswissens erreicht werden.

> „Je reicher wir an Information und Wissen sind, desto ärmer scheinen wir an Orientierungskompetenz zu werden. Für diese Kompetenz stand einmal der Begriff der Bildung" (Mittelstrass 2002: 154).

Insofern kann gesagt werden, dass der Bildungsbegriff im klassischen wie im modernen Sinne den der Orientierung einschließt, insofern sich die Fähigkeit zur Teilhabe (Methexis) und zur aktiven Teilnahme (Partizipation) an der jeweiligen Kultur über soziales Handeln ausbilden kann. In der erziehungswissenschaftlichen Diskussion wird diesem Zusammenhang zwischen Wissen, Orientieren und Handeln eine entsprechend große Aufmerksamkeit zuteil:

> „Bewusst und sinnhaft handeln kann man nur auf der Basis reflektierter Auseinandersetzung mit Werten, Zielen und Visionen, die dem Handeln Orientierung bieten. Insofern ist das Wissenskonzept auch eng mit der Idee von Bildung verbunden. Bildung weist über Wissen insofern hinaus, als sich mit ihr Selbstreflexivität verbindet" (Haan/Poltermann 2002: 10).

Zusammenfassend kann also gesagt werden, dass die Folgen der sich anbahnenden Wissensgesellschaft gleichsam in den letzten Schichten der Lebenswelt der Menschen spürbar werden, denn sie beziehen sich auf die Art und Weise des Lernens und der Orientierungsleistungen. Das hat Auswirkungen auf den Aufbau von schulischen und beruflichen Qualifikationen. Menschen müssen angesichts der medial vermittelten Informationsvielfalt *(information overload)* Wissen für sich aufbauen, um handeln und um sich in einer komplexer werdenden Welt orientieren zu können. Es ist in der Debatte um die Wissensgesellschaft unter dem Stichwort neuer Subjektivierungsformen immer wieder darauf hingewiesen worden, dass eine elementare Folge darin besteht, dass immer mehr Verantwortung auf die einzelnen Menschen abgewälzt wird, die immer mehr verantwortlich für das eigene Lernen und für die eigene Qualifikation werden (vgl. Höhne 2003: 62-65). Ich schließe mich diesen Beobachtungen an. Sie stehen durchaus im Einklang mit basalen Befunden der Modernisierungsdebatte (Beck u. a. 1996; Giddens 1996 und 2001), möchte mich aber im Folgenden mit einem in diesem Zusammenhang eher vernachlässigten Problem beschäftigen, nämlich mit dem Sachverhalt, dass mit veränderten Subjektivierungsformen in der Regel auch veränderte Vergemeinschaftungsformen einhergehen.

## 3 Bildung und Vergemeinschaftung

Eigene Orientierungen, also das Wissen um gerechtfertigte Zwecke und Ziele des eigenen Handelns, bedürfen immer auch der intersubjektiven Anerkennung. Dieses geschieht traditioneller Weise über Kommunikation. Im Medium der Sprache finden Menschen für ihre biographischen Entwürfe, für ihre Selbst- und Welthaltungen Anerkennung, wie Honneth (1992) in seinem Buch „Kampf um Anerkennung" so schön beschrieben hat. Anerkennung wird in der Regel von Gleichgesinnten gezollt, also von jenen, die ähnliche Orientierungen aufgebaut und in der Regel einen inneren, gemeinschaftlichen Zusammenhalt untereinander ausgebildet haben. Tietz (2002) geht in seinem Werk „Die Grenzen des Wir" davon aus, dass sich Gemeinschaften gerade „über gemeinsam geteilte Werte und damit über gemeinsam geteilte Überzeugungen und Wünsche bestimmen lassen" (ebd.: 11). Die Pointe einer solchen nicht-substanzialistischen Gemeinschaftsauffassung besteht darin, dass eine Gemeinschaft nicht mehr über Traditionen begründet werden muss: Unter den Bedingungen der reflexiven Moderne hielten sich, so Tietz, nur solche Traditionen am Leben, an die sich die Menschen selbst binden würden. Insofern wäre es richtig zu sagen, dass sich im Kontext der reflexiven Moderne substanzialistisch aufgefasste Gemeinschaften auflösen, sich aber im Gegenzug nicht-substanzialistisch gefasste Gemeinschaften verstärkt bilden.

Für meinen hier zu entfaltenden Gedankengang sind dabei zwei Aspekte wichtig: Zum einen stellt die oben entwickelte These der erhöhten Subjektivierungsformen in der Wissensgesellschaft nur eine Seite der Medaille dar, die andere Seite der Medaille heißt: neue Vergemeinschaftungsformen. Innerhalb der Gruppe der neuen oder veränderten Vergemeinschaftungsformen hat eine in den letzten Jahren verstärkt die Aufmerksamkeit auf sich gezogen, nämlich virtuelle Gemeinschaften, so genannte *virtual communities.* Die Wahl dieser Vergemeinschaftungsformen erfolgt nicht willkürlich. Vielmehr spielt bei den Modernisierungsprozessen, die letztlich den Trend der Wissensgesellschaft begünstigt und wahrscheinlich auch beschleunigt haben, moderne Informationstechnologien eine zentrale Rolle. Neue Vergemeinschaftungsformen in virtuellen *Communities* sind ja solche, die allererst aufgrund der Entwicklung des Internet möglich geworden sind.

## 4 Neue Vergemeinschaftungsformen in virtuellen Welten

Virtuelle *Communities* bestehen aus Internetnutzer(inne)n, die sich zum Zwecke der Kommunikation, des Spielens, der Kollaboration, des Erfahrungsaustauschs, um nur einige Beispiele zu nennen, zu einer Gruppe im *World Wide Web* (oder auch im heute nur noch wenig bekannten *Usenet* mit seinen zehntausenden von Diskussionsforen) zusammengeschlossen haben.

> „Virtuelle Gemeinschaften sind soziale Zusammenschlüsse, die dann im Netz entstehen, wenn genug Leute die öffentlichen Diskussionen lange genug führen und dabei ihre Gefühle einbringen, so daß im Cyberspace ein Geflecht persönlicher Beziehungen entsteht" (Rheingold 1993: 16).

Gruppenleben – das gilt in realen wie auch in virtuellen Gruppen – ist um Kommunikation organisiert. Kommunikation bedeutet, gemeinsame Bedeutungen zu erzeugen und aufrecht zu erhalten. Gruppen bilden sich um Punkte der Übereinstimmung. Sie entwickeln Normen, bilden Grenzen, ein Innen und ein Außen. Es gibt Regeln, wie man in sie hineinkommt, Zugehörigkeit erwirbt und wie man ggf. wieder aus ihnen heraus kommt. Es bestehen gemeinsame Symbolbildungen, und vor allem: Es entsteht eine gemeinsame Geschichte und so etwas wie ein gemeinsames Gedächtnis. Diese Geschichtlichkeit wiederum hat sozial-strukturierende Funktion. Kurzum: Alle Merkmale, die wir gewohnt sind, für reale Gruppenbildungen zu nennen, gelten – mit der Ausnahme der *face-to-face*-Beziehung – auch für *Online-Communities* im Internet. Es existieren mittlerweile eine Fülle von Konzeptionalisierungen dieses Phänomens, teilweise unter verschiedener Begrifflichkeit, beispielsweise „virtual Community" (Rheingold 1993), „virtuelle Gruppen" (Thiedecke 2000), „soziale Netzwerke" (Gräf 1997) etc.

Die Forschung zu virtuellen *Communities* entwickelte sich parallel zur Entstehung des Internet. Während das ARPANET (Vorgänger des Internet) ursprünglich dafür entwickelt worden war, Computer miteinander zu verbinden, verdankte es seinen durchschlagenden Erfolg schließlich seiner nicht vorhergesehenen Fähigkeit, auch Menschen miteinander in Kontakt zu bringen. In der ersten virtuellen *Community* „The Well", die von Stewart Brand 1985 initiiert wurde (vgl. Hafner 2001), waren alle Internet-Protagonist(inn)en der ersten Stunde Mitglieder: Howard Rheingold, John Pierre Barlow, Sherry Turkle u. a. Spätestens seit Howard Rheingold seiner Hommage an „The Well" den Titel „The Virtual Community" (Rheingold 1993) gegeben hat, ist es üblich geworden, unter diesem Begriff

Gruppenbildungen im Internet zu bezeichnen, die zum Zwecke der Kommunikation, des Spielens und/oder Kollaboration entstehen.

Virtuelle *Communities* im Internet gibt es inzwischen unzählige, die auf unterschiedlichen technischen Niveaus realisiert werden. Sie bilden im Internet ein unüberschaubares Gewirr, das eine extreme Bandbreite umfasst: Partner/Kontakte, Fun, Jugend/Familie, Hobby (u. a. Computer), Gesundheit/Körper, Selbsthilfe, Glauben, Beruf/Ausbildung, TV/Radio/Printmedien, Städte/Reisen, Politik (um nur gängige Bereiche zu nennen). Untersucht man sie genauer, kommt man zu dem Resultat, dass in ihnen eine hohe Komplexität und Vielschichtigkeit kultureller Praxen zum Ausdruck kommt. Die Erziehungswissenschaft tut gut daran, sich sorgfältiger mit ihnen zu beschäftigen, weil die Teilnehmerzahlen von Jugend-*Communities* eine eigene Sprache sprechen: beispielsweise Funama 300 000, Cycosmos 400 000, Metropolis 1,2 Mio. Die Nutzerzahlen der neuen „Sozialen Netzwerke" (MySpace, Facebook etc.) übertreffen diese Zahlen sogar um ein Vielfaches. Über die Gründe dafür, warum so viele Menschen online gehen, warum sie dort Kontakte zu anderen herstellen und sich in Gemeinschaften bewegen, kann nur spekuliert werden. Rheingold sieht diesen Trend eng mit den Modernisierungsfolgen verknüpft:

> „Ich habe den Verdacht, daß die Erklärung für dieses Phänomen in dem wachsenden Bedürfnis nach Gemeinschaft liegt, das die Menschen weltweit entwickeln, weil in der wirklichen Welt die Räume für zwanglose soziale Kontakte immer mehr verschwinden" (Rheingold 1993: 17).

Ähnlich hat sich Barlow in einem Interview geäußert: Er sei in seinem Leben so häufig umgezogen, dass er nie eine wirkliche Chance hatte, mit seinen Nachbarn längeren Kontakt aufzubauen. Aber seine virtuelle Gemeinschaft im Netz sei geblieben, sie sei seine eigentliche Heimat geworden. Unabhängig davon, ob diese Erklärungen, Statements und Vermutungen nun stimmen oder nicht, bleibt die enorm große Zahl von Jugendlichen, die sich in virtuellen *Communities* tummeln, ein nicht leicht zu erklärendes Phänomen.

Auf der anderen Seite kennen wir einige gute Studien, die uns die Struktur und die Faszination aufschließen, die diese *Communities* auf Heranwachsende ausüben (vgl. Götzenbrucker 2001; allgemein: Döring 2003). Es hat sich in den letzten Jahren zwar auch im deutschsprachigen Raum eine Internet-Forschung etabliert (Marotzki 2003), trotzdem wissen wir zu wenig über diese für Kinder und Jugendlichen so wichtigen neuen Sozialisationsräume. Im Prinzip gilt die Feststellung von Howard Rheingold aus dem Jahre 1993 auch heute noch:

> „Und noch wissen wir wenig über die Auswirkungen, die diese neuen Medien für unser tägliches Leben, unser Bewußtsein, unsere Familien oder gar die Zukunft der Demokratie haben werden" (Rheingold 1993: 24).

Pädagogisch gesehen ginge es natürlich dann im nächsten Schritt auch darum, diese neuen Welten zu gestalten und die neuen kreativen Möglichkeiten des Internet zu nutzen. Auch dafür gibt es, beispielsweise in der Jugendarbeit, die ersten guten Beispiele (vgl. Schindler u. a. 2001; Moser/Dreyer 2002). Folgt man diesen Projekten und setzt man neue Medien ein (also z. B. das Internet), dann ist es allerdings wichtig, konsequent von Lernprozessen auf Bildungsprozesse umzufokussieren:

Eine lerntheoretische Perspektive thematisiert das Internet als Lern- und Informationsraum im Sinne einer rein instrumentellen Perspektive. Eine rein instrumentelle Verwendung des Internet liegt vor, wenn beispielsweise die Frage gestellt wird, wie das Internet Lernprozesse unterstützen kann: Schulen ans Netz, E-Learning, Telelearning (virtuelle

Universität) oder *computer aided learning* in betrieblichen Zusammenhängen wären dafür relativ erfolgreiche Beispiele, die sich dadurch auszeichnen, dass die Gedanken der Effizienzsteigerung und der Optimierung von Lernprozessen im Vordergrund stehen.

Eine bildungstheoretische Perspektive wird entfaltet, wenn das Internet als Kulturraum gesehen wird. Im Unterschied zu einer instrumentellen Sichtweise des Netzes, die eher Lernprozesse, kommunikative Austauschprozesse sowie die Abwicklung von Transaktionen über das Netz betont, konzentriert sich eine bildungstheoretische Perspektive darauf, was mit Menschen hinsichtlich ihrer Selbst- und Weltbezüge geschieht, wenn sie sich im Netz bewegen, und wie Menschen das Netz kreativ für eigene Präsentationen und Manifestationen nutzen können. Studiert man übrigens die Dokumente, die unter dem Stichwort des E-Learning auf europäischer Ebene verabschiedet worden sind (vgl. Europäische Kommission 1995; 1996; 2000), bemerkt man sehr schnell, dass der Leitgedanke beim E-Learning nicht so sehr eine andere Art des Lernens darstellt, sondern der Gedanke einer digitalen Kultur im Zentrum steht, in der Menschen sich kreativ bewegen können sollen.

Eine bildungstheoretische Perspektive eröffnet den Blick auf die hier stattfindenden neuen Vergemeinschaftungsformen, die Teilhabe (Methexis) und aktive Teilnahme (Partizipation) einschließen. Unter einer rein lerntheoretischen Perspektive hat man keine Chance zu verstehen, was Kinder und Jugendliche, aber auch zunehmend ältere Menschen an virtuellen Welten so faszinierend finden. Eine auf Lernoptimierung zielende Nutzung des Internet greift entschieden zu kurz. In einer bildungstheoretischen Perspektive kommen andere kulturelle Aktivitäten dieser *Communities* in den Blick, beispielsweise der hohe Grad an Deliberation (z. B. in vielen Usenet-Foren, in der Wikipedia sowie im Kontext des sog. „Web 2.0"; vgl. Marotzki 2007; Jorissen/Marotzki 2008), die Intensität sich wechselseitig stützender kommunikativer Prozesse in virtuellen Selbsthilfegruppen, die identitätsstiftenden Selbstpräsentationsaktivitäten in vielen *Communities* von Senior(inn)en, um nur einige Beispiele zu nennen. Virtuelle Communities und Soziale Netzwerke sind deshalb für Menschen so faszinierend, weil sie neue Formen der Vergemeinschaftung darstellen und somit auch neue identitätsrelevante Verortungen anbieten, die angenommen werden. Virtuelle *Communities* zeigen, dass Lernen in Vergemeinschaftungsformen eingebettet werden muss, wenn Bildung entstehen soll.

# 5 Schlussbemerkung

Wenn in Anlehnung an Flitner einleitend gesagt wurde, dass die pädagogische Reflexion sich der „Signatur des gegenwärtigen Zeitalters" vergewissern muss, um mit ihrer Arbeit beginnen zu können, dann stehen wir jetzt vor folgendem Resultat: Wer Lern- und Bildungsprozesse in der Wissensgesellschaft verstehen, moderieren und gestalten will, kommt nicht darum herum, sie als medial vermittelte zu verstehen. Mit anderen Worten: Die Frage, wie Menschen Wissen aufbauen, ist nicht mehr zu trennen von medialen und technischen Szenarien (vgl. Aufenanger 2001). Erhöhte Biographizität und neue Formen der Vergemeinschaftung bilden deshalb zwei entscheidende Grundkoordinaten, denn der Wissensprozess kann verstanden werden als die Teilnahme und Teilhabe des einzelnen Menschen an den kulturellen Ressourcen der Gesellschaft (um noch einmal abschließend Nico Stehr zu bemühen). Nur durch Teilnahme und Teilhabe an kulturellen Ressourcen wird Bildung als Aufbau eines Selbst- und Weltverhältnisses des Menschen letztlich möglich.

## *Literatur*


Aufenanger, Stefan (2001): Aufgaben der Erziehungswissenschaft in der Wissensgesellschaft. In: Herzig, Bardo (Hg.): Medien machen Schule. Grundlagen, Konzepte und Erfahrungen zur Medienbildung. Bad Heilbrunn: Klinkhardt: 255-266.

Beck, Ulrich/Giddens, Anthony/Lash, Scott (1996): Reflexive Modernisierung. Eine Kontroverse. Frankfurt a. M.: Suhrkamp.

Böhme, Gernot (2002): Strukturen und Perspektiven der Wissensgesellschaft. In: Zeitschrift für Kritische Theorie 14/2002: 57-65.

Deutscher Bundestag (2002): Schlussbericht der Enquete-Kommission Globalisierung der Weltwirtschaft – Herausforderungen und Antworten. Drucksache 14/9200. Berlin.

Döring, Nicola (2003): Sozialpsychologie des Internet. Die Bedeutung des Internet für Kommunikationsprozesse, Identitäten, soziale Beziehungen und Gruppen. Göttingen: Hogrefe.

Europäische Kommission (1995): Weißbuch zur allgemeinen und beruflichen Bildung: Lehren und Lernen. Auf dem Weg zur kognitiven Gesellschaft. Brüssel. In: www.europa.eu.int/comm/education/lb-de.pdf (Download am 05.01.2003).

Europäische Kommission (1996): Grünbuch „Leben und Arbeiten in der Informationsgesellschaft: Im Vordergrund der Mensch". In: www.europa.eu.int/comm/employmentsocial/soc-dial/infosoc/green/greende.pdf (Download am 27.11.1996).

Europäische Kommission (2000): E-Learning – Gedanken zur Bildung von Morgen. Brüssel. In: www.europa.eu.int/comm/elearning (Download am 4.1.2003).

Flitner, Wilhelm (1957/1966): Das Selbstverständnis der Erziehungswissenschaft in der Gegenwart. In: Gesammelte Schriften. Bd. 3. Paderborn: Schöningh: 310-349.

Giddens, Anthony (1996): Konsequenzen der Moderne. Frankfurt a. M.: Suhrkamp.

Giddens, Anthony (2001): Entfesselte Welt. Wie die Globalisierung unser Leben verändert. Frankfurt a. M.: Suhrkamp.

Götzenbrucker, Gerit (2001): Soziale Netzwerke und Internet-Spielewelten. Eine empirische Analyse der Transformation virtueller in realweltliche Gemeinschaften am Beispiel von MUDs. Wiesbaden: Westdeutscher Verlag.

Gräf, Lorenz (1997): Locker verknüpft im Cyberspace – Einige Thesen zur Änderung sozialer Netzwerke durch die Nutzung des Internet. In: Gräf, Lorenz/Krajewski, Markus (Hg.): Soziologie des Internet. Handeln im elektronischen Web-Werk. Frankfurt: Campus: 99-124.

Haan, Gerhard/Poltermann, Andreas (2002): Funktion und Aufgaben von Bildung und Erziehung in der Wissensgesellschaft. In: www.wissensgesellschaft.org/themen/bildung/bildungwissen.pdf (Download am 27.8.2003).

Herzig, Bardo (Hg.) (2001): Medien machen Schule. Bad Heilbrunn: Klinkhardt.

Hafner, Katie (2001): The Well. A Story of Love, Death & Real Life in the Seminal Online Community. New York: Carroll & Graf.

Höhne, Thomas (2003): Pädagogik der Wissensgesellschaft. Bielefeld: Transcript.

Homfeldt, Hans Günther/Schulze-Krüdener, Jörgen (Hg.) (2000): Wissen und Nichtwissen. Herausforderungen für Soziale Arbeit in der Wissensgesellschaft. Weinheim: Juventa.

Honneth, Axel (1992): Kampf um Anerkennung. Zur moralischen Grammatik sozialer Konflikte. Frankfurt a. M.: Suhrkamp.

Jörissen, Benjamin/Marotzki, Winfried (2008): Online-Communities und Social Networking. Neue Entwicklungsrichtungen im Rahmen des Web 2.0. In: Meyer, Thorsten u. a. (Hg.): Bildung im Neuen Medium. Wissensformation und digitale Infrastruktur. Münster/New York: Waxmann: 150-165.

König, Eckard/Zedler, Peter (Hg.) (1989): Rezeption und Verwendung erziehungswissenschaftichen Wissens in pädagogischen Handlungs- und Entscheidungsfeldern. Weinheim: Deutscher Studien Verlag.

Marotzki, Winfried (2003): Online-Ethnographie – Wege und Ergebnisse zur Forschung im Kulturraum Internet. In: Bachmeier, Ben/Diepold, Peter/Witt, Claudia de (Hg.): Jahrbuch Medienpädagogik 3. Opladen: Leske + Budrich: 149-166.

Marotzki, Winfried (2008): Weisen der Artikulation in bildungstheoretischer Perspektive am Beispiel von Web 2.0-Phänomenen (i. D.).

Mittelstrass, Jürgen (1982): Wissenschaft als Lebensform. Reden über philosophische Orientierungen in Wissenschaft und Universität. Frankfurt a. M.: Suhrkamp.

Mittelstrass, Jürgen (1989): Der Flug der Eule. Von der Vernunft der Wissenschaft und der Aufgabe der Philosophie. Frankfurt a. M.: Suhrkamp.

Mittelstrass, Jürgen (2001): Wissen und Grenzen. Philosophische Studien. Frankfurt a. M.: Suhrkamp.

Mittelstrass, Jürgen (2002): Bildung und ethische Masse. In: Killius, Nelson/Kluge, Jürgen/Reisch, Linda (Hg.): Die Zukunft der Bildung. Frankfurt a. M.: Suhrkamp: 151-170.

Moser, Sonja/Dreyer, Klaus (2002): Spuren im Netz. Kinder- und Jugendprojekte rund ums Internet. München: KoPäd.

Nolda, Sigrid (2001): Vom Verschwinden des Wissens in der Erwachsenenbildung. In: ZfPäd H. 1/2001: 101-120.

Oelkers, Jürgen/Tenorth, Heinz Elmar (Hg.) (1993): Pädagogisches Wissen. Weinheim: Beltz.

Rheingold, Howard (1993): The Virtual Community. New York: Addison-Wesley. (Deutsch: virtuelle Gemeinschaft. Soziale Beziehungen im Zeitalter des Computers (1994). New York: Addison-Wesley).

Schindler, Wolfgang/Bader, Roland/Eckmann, Bernhard (Hg.) (2001): Bildung in virtuellen Welten – Praxis und Theorie außerschulischer Bildung mit Internet und Computer. Frankfurt a. M. (Gemeinschaftswerk der Evangelischen Publizistik).

Stehr, Nico (1994): Arbeit, Eigentum und Wissen. Zur Theorie von Informationsgesellschaften. Frankfurt a. M.: Suhrkamp.

Stroß, Annette M. (2001): Die „Wissensgesellschaft" als bildungspolitische Norm? In: Sozialwissenschaftliche Literatur Rundschau (SLR) 42/2001: 84-100.

Tietz, Udo (2002): Die Grenzen des Wir. Eine Theorie der Gemeinschaft. Frankfurt a. M.: Suhrkamp.

Thiedecke, Udo (Hg.) (2000): Virtuelle Gruppen. Charakteristika und Problemdimensionen. Wiesbaden: Westdeutscher Verlag.

Willke, Helmut (1999): Die Wissensgesellschaft. In: Pongs, Armin (Hg.): In welcher Gesellschaft leben wir eigentlich? Bd. 1. München: Dilemma: 259-280.

# Nachhilfeangebote

*Eiko Jürgens*

Die Zahl der höher qualifizierenden schulischen Abschlüsse hat zwar in den zurückliegenden 30 Jahren deutlich zugenommen, die bekannten sozialen und regionalen Ungleichheiten bestehen jedoch grundsätzlich fort. Viel an Bewegung zwischen den gesellschaftlichen Gruppen, die vereinfachend einerseits als stärker „bildungsnah“ und andererseits als stärker „bildungsfern“ kategorisiert werden können (vgl. Schwippert u. a. 2003: 297), hat es nicht gegeben. Noch immer ist die Anzahl der Bücher im Elternhaus ein wichtigerer Faktor beim Übergang zu den weiterführenden Schulen als die gezeigte Schulleistung (vgl. Lehmann u. a. 1997). Kann man zwar konstatieren, dass die unbestreitbare Bildungsexpansion, die zu einer quantitativen Zunahme höherwertiger Schulabschlüsse geführt hat, auf eine ausgeprägte Aufstiegsorientierung der Eltern zurückzuführen ist, bleibt ebenso festzustellen, dass im deutschen Schulsystem soziale Disparitäten auftreten, die – gemessen am internationalen Vergleich – so hoch ausfallen, dass Deutschland eine unrühmliche Spitzenposition einnimmt. Dieser Schereneffekt, der sich als Zusammenhang zwischen sozioökonomischem Status und Schulerfolg abbildet, kann in der Grundschule noch vergleichsweise gering gehalten werden, verschärft sich allerdings drastisch im Verlauf der Bildungskarrieren im weiterführenden Schulsystem. Chancenungleichheit ist somit ein sowohl weiterhin bestehendes als auch höchst gravierendes Problem bundesdeutscher Schulrealität. Auch bei Kindern mit Migrationshintergrund zeigt sich ein signifikanter Zusammenhang zwischen kultureller Zugehörigkeit und individuellen Bildungsverläufen, der auf soziale Benachteiligung schließen lässt (vgl. Schwippert u. a. 2003).

## 1 Schulpädagogische Leitidee: Abbau von Chancenungleichheit

Erweiterte Schulzeit eröffnet vielfältige organisationsstrukturelle Möglichkeiten zur Rhythmisierung des (individuellen) Lernens durch und innerhalb variierbarer, über den Schultag verteilter Zeitplanung (vgl. Burk 2006). Die Erkenntnisse zum rhythmisierten Lernen gelten selbstverständlich ebenso für die Halbtagsschule und werden vielerorts im Zusammenhang des Wandels schulischer Lern- und Arbeitskulturen schon berücksichtigt (vgl. Jürgens 2006a). (Innere) Rhythmisierung des Wechsels von „Phasen der Anspannung und Phasen der Muße, sowie (äußere) Rhythmisierung als Wechsel von Phasen des aufgabenbezogenen Lernens und Phasen des erforschenden Lernens“ (Bildungskommission NRW 1995: 92) bestimmen dann systematisch die Strukturierung von Lehr- und Lernsituationen (vgl. Burk 2006: 97). Der zentrale Gesichtspunkt ist, dass Rhythmisierung einerseits der Gegebenheit individueller Eigenrhythmen (besser) Rechnung tragen kann, andererseits dazu beiträgt, durch den Wechsel von Unterrichtsformen den individuellen Lernbedürfnissen der Schüler(innen) gerecht werden zu können.

Zusätzliche Schulzeit durch den Ganztag eröffnet somit günstige Optionen zur Rhythmisierung des Unterrichtstages, zur „Entdichtung" von verfügbarer und genutzter Zeit sowie damit einhergehend zur Gewährung individueller Lernzeiten. Weil intensive Lernförderung und optimale Begabungsausschöpfung als hervorstechende pädagogisch-didaktische Maßnahmen zur Verbesserung von Chancengleichheit beurteilt werden, ist es nur folgerichtig, wenn die Forderung nach Ausbau des Ganztagsschulwesens auch heute noch mit dem unteilbaren Recht auf Bildung für alle Heranwachsenden verknüpft wird und dadurch „bestehende Ungleichheiten der Bildungschancen soweit wie möglich abgebaut werden" (sollen) (Deutscher Bildungsrat 1970: 30).

## 2 Nachhilfeunterricht und das Recht auf Bildung

Das Recht auf Bildung und „freie Entfaltung der Persönlichkeit führen zu dem Grundsatz, dass jeder so weit wie möglich zu fördern ist" (Deutscher Bildungsrat 1970: 31). Diese Auffassung, die u. a. aus den im Grundgesetz verbrieften Grundrechten abgeleitet wird, ist eindeutig und lässt keinen Spielraum. Das Schulsystem ist in der Pflicht, jedem Heranwachsenden „Optimalförderung" angedeihen zu lassen, um jederzeit gegenüber der Gesellschaft nachweisen zu können, dass einerseits tatsächlich die Grundrechte geschützt und ernst genommen werden, andererseits schulischer Unterricht in einer Art und Weise realisiert wird, die es jedem Schüler und jeder Schülerin ermöglichen, „möglichst oft und lange an seiner oberen Leistungsgrenze (zu) arbeiten und entsprechende Ziele (zu) erreichen, Hochleister ebenso wie Schüler mit ausgeprägten Lernschwächen" (Apel/Sandfuchs 2003: 6). Das lässt folgende zugespitzte Schlussfolgerung zu: Die Nachfrage nach Nachhilfeunterricht wird davon bestimmt, inwieweit es der Schule gelingt oder nicht gelingt, die vollkommen legitimen Ansprüche auf Bildung von allen Schüler(inne)n auf möglichst hohem Niveau zu realisieren. Dabei darf es keine Rolle spielen, ob der/die Heranwachsende die damit eröffneten (Schullaufbahn-)Chancen auch tatsächlich wahrnimmt oder nicht.

## 3 Wirksamkeit und Nachhaltigkeit von Nachhilfeunterricht

Insgesamt zeigt sich die gegenwärtige Forschungslage zur Praxis des Nachhilfeunterrichts als defizitär, obwohl diese Form außerschulischen Ergänzungs- und Zusatzunterrichts eine seit langem existierende gesellschaftliche Realität mit steigender Nachfragetendenz darstellt. Trotz allem liegen einige empirische Befunde zu zentralen Fragestellungen vor, die sich wie folgt zusammenfassen lassen:

- Der Anteil institutionellen (kommerziellen) Nachhilfeunterrichts liegt lediglich bei etwa 6 bis 15 % (vgl. Behr 1990; Abele-Brehm/Liebau 1996).
- Über Dauer und Umfang der Inanspruchnahme von Nachhilfeunterricht gibt es abweichende Befunde, die hauptsächlich auf theoretische und methodologische Differenzen zurückzuführen sind (vgl. Rudolph 2002; Langemeyer-Krohn/Krohn 1987; Schneider 2004; Kramer/Werner 1998; Haag/Kessel 1998). So wird Nachhilfeunterricht sowohl als Kurzfrist- als auch als Langfristhilfe nachgefragt. Im Durchschnitt erhält ungefähr die Hälfte der Nachhilfeschüler(innen) wöchentlich eine Stunde Zusatzunterricht, die andere Hälfte zwei Stunden, zumeist in einem oder zwei Fächern.

- Besonders häufig wird auf (kommerziellen) Nachhilfeunterricht in der Sekundarstufe I in den Jahrgangsstufen 7-9 des Gymnasiums, deutlich weniger an der Realschule oder der Gesamtschule und kaum an der Hauptschule zurückgegriffen, und zwar hauptsächlich in den Fächern Mathematik, Englisch und Deutsch (vgl. Abele/Liebau 1998; Rudolph 2002).
- Tendenziell korreliert die Inanspruchnahme (kommerziellen) Nachhilfeunterrichts positiv mit dem Sozialstatus (vgl. Rackwitz 2004; Hurrelmann 1995).
- Folgt man Kramer/Werner (1998), dann erhoffen sich Eltern von „gutem" Nachhilfeunterricht in erster Linie eine (unmittelbare) Verbesserung der Schulleistung ihres Kindes und den Ausgleich von Leistungsschwächen.

Aus erziehungswissenschaftlicher Perspektive wollen Jürgens/Diekmann (2007) Antworten auf Fragen erhalten, die sich im Kern allesamt auf den „Erfolg" nachhilfeunterrichtlicher Maßnahmen beziehen. Hauptsächlich geht es darum, herauszufinden, welchen pädagogischen und didaktischen Maßnahmen es die unmittelbar Betroffenen (d. h. die Nachhilfeschüler(innen) sowie deren Eltern) zuschreiben, dass Nachhilfeunterricht zu der gewünschten bzw. erwarteten Wirksamkeit führt.

Der Grad der Wirksamkeit des pädagogischen Handelns richtet sich danach, ob und inwieweit es einerseits gelingt, intendierte Effekte bzw. Wirkungen zu erzielen und dabei andererseits gegenläufige und/oder „ungewollte Nebenwirkungen" zu minimieren bzw. zu vermeiden (Leidenfrost u. a. 1999: 62; vgl. Levine/Lezotte 1990; Creemers/Scheerens 1994). Da mit dem Nachweis von Wirkungen und Wirksamkeit noch nichts darüber ausgesagt werden kann, ob es sich um kurzfristige, vorübergehende oder länger andauernde Einflüsse handelt, werden Aspekte der Dauerhaftigkeit und Zukunftsfähigkeit ebenfalls in die Untersuchung mit einbezogen.

Nachhaltiges Lernen ist im Anschluss an Müller (1999: 11) insbesondere durch zwei Merkmale gekennzeichnet: „Auf der einen Seite geht es um die Nachhaltigkeit des Lernverhaltens", die sich in der Fähigkeit und Bereitschaft zu lebenslangem und selbstständigem Lernen ausdrückt. „Zum anderen geht es um die Nachhaltigkeit der Lernergebnisse". Diese ist dann gegeben, wenn Lernergebnisse nicht nur mit einem kurzfristigen (individuellen) Gewinn verbunden sind, sondern wenn sich das Gelernte langfristig und in vielen verschiedenen Lebenssituationen anwenden lässt oder es weiteres Lernen ermöglicht und insofern einen Beitrag zur fortdauernden „Erweiterung der Handlungskompetenz im Hinblick auf den persönlichen Lebenserfolg" leistet.

Eine der Hauptfragen sollte demgemäß klären helfen, wie die Nachhilfeschüler(innen) die Effektivität der nachgesuchten Hilfe einschätzen. Dabei geht es vor allem darum zu erfassen, in welchem Umfang die jeweils mit dem Nachhilfeunterricht verbundenen Erwartungen erfüllt werden können (vgl. Jürgens/Diekmann 2007: 69-78). Aus den Antworten lassen sich Rückschlüsse auf die Qualität des Unterrichts bzw. das pädagogisch-didaktische und fachliche Lehrerverhalten in der (Halbtags-)Schule ziehen, weil die Befragten ebenfalls aufgefordert wurden, tätigkeitsrelevante Kompetenzen von Nachhilfe- und Fachlehrkräften vergleichend zu werten.

## 3.1 Definition des Gegenstandes

Um Nachhilfeunterricht von anderen Formen außerschulischer Lernhilfen und Unterstützungsleistungen abzugrenzen, haben Kramer/Werner (1998) einen konstruktiven Vorschlag unterbreitet: Ins Zentrum ihrer Definition stellen sie die Frage, ob und inwieweit die Nachhilfesituation jeweils durch spezifische Strukturmerkmale von Unterricht charakterisiert ist. In Anknüpfung an die Beschreibung von Unterricht als einer „besonderen Lernsituation", die „nicht zufällig, sondern bewusst beabsichtigt und (...) geplant, (...) nicht punktuell, sondern auf Dauer gestellt ist" (Horster/Rolff 2001: 19; vgl. Herrlitz u. a. 1984; Peterßen 1998: 17; Tulodziecki u. a. 2004: 69), zeichnet sich Nachhilfe – so verstanden – dadurch aus, dass sie „systematisch als laufender Nachhilfeunterricht" erfolgt (Kramer/Werner 1998: 18). (Institutioneller) Nachhilfeunterricht, wie er im Rahmen der genannten Untersuchung verstanden wird, ist insofern als ein Spezifikum der außerschulischen Lernhilfe zu kennzeichnen, als es „auf einem Kontinuum unterschiedlicher Formen einen besonders hervorgehobenen, (...) formalisierten Rang einnimmt" (Abele/Liebau 1998: 37) und auf diese Weise empirisch fassbar wird.

## 3.2 Untersuchungsdesign und Befragungsinstrumente

Die Untersuchung von Jürgens/Diekmann (2007) ist als Querschnittserhebung konzipiert worden. Die an ihr beteiligten Nachhilfeschüler(innen) des Studienkreises (des größten kommerziellen Anbieters von Nachhilfeunterricht) sowie deren Eltern wurden zum gleichen Zeitpunkt befragt. Die querschnittliche Anlage der Studie wird damit begründet, dass mit ihr einerseits das Ziel verbunden ist, zu Erkenntnissen zu gelangen, die eine Erweiterung der bisherigen Forschungslage zum Nachhilfeunterricht ermöglichen, sie jedoch andererseits – im Sinne einer Explorationsstudie – vor allem auch der Vorbereitung und Absicherung einer weiteren breiter angelegten und zugleich methodisch anspruchsvoller gestalteten Untersuchung dienen soll (vgl. Bortz/Döring 1995: 355-378).

## 3.3 Ergebnisse der Befragung

Schwerpunkte der nachfolgenden Darstellung sind Schulleistungseffekte im Nachhilfefach, Gründe und Ziele von Nachhilfeunterricht sowie professionsbasierte Qualifikationen und Kompetenzen der Nachhilfelehrkraft.

### 3.3.1 Nachhilfeunterricht: Klassenstufen und Schulformen

Die Befunde zur Inanspruchnahme von Nachhilfeunterricht bestätigen grundsätzlich die Ergebnisse bereits vorliegender Untersuchungen. Nachhilfeunterricht wird demnach von Schüler(inne)n aller Klassenstufen (der weiterführenden Schulformen) nachgefragt, wobei der Bedarf bis zur 9. Klasse ansteigt, um in den darauf folgenden Schuljahren wieder abzunehmen. Im Einklang mit der bisherigen Forschungslage steht auch der Befund, dass Schüler(innen) der Klassen 5 und 6 offenbar in größerem Umfang auf diese Form der außerschulischen Unterstützung zurückgreifen, als Schüler(innen) der Jahrgänge 12 und 13.

Mit Blick auf die jeweils besuchte Schulform ist festzustellen, dass zusammengenommen beinahe 80 % der befragten Nachhilfeschüler(innen) angeben, entweder ein Gymnasium oder eine Realschule zu besuchen, wobei der Anteil der Gymnasiast(inn)en an der Untersuchungsstichprobe mit knapp 50 % am weitaus größten ist. Schüler(innen) der Gesamt- und Hauptschulen nehmen das Angebot kommerzieller Nachhilfeinstitute, so hat es den Anschein, deutlich seltener in Anspruch. Sie machen jeweils nur 13 % bzw. 7 % aus.

### *3.3.2 Nachhilfefächer: Präferenzen*

Ermittelt man, für welche Fächer jeweils Nachhilfeunterricht nachgefragt wird, so bestätigen die erhobenen Schüler(innen)aussagen – die schon durch andere Untersuchungen gefundene – „Rangliste“ von Nachhilfefächern: Am weitaus häufigsten wird Hilfe für das Fach Mathematik nachgesucht, gefolgt von den Fächern Englisch und Deutsch. Allein auf diese drei Fächer entfallen gut 80 % aller Nachhilfe-Nennungen, wobei das Fach Mathematik beinahe doppelt so häufig genannt wird wie Englisch und etwa dreimal so häufig wie Deutsch. Ein vergleichsweise geringer Stellenwert kommt der jeweils zweiten Fremdsprache (Französisch/Latein) sowie den naturwissenschaftlichen Fächern Physik, Chemie und Biologie zu. Die in anderen Untersuchungen berichteten, geschlechtsspezifischen Unterschiede der Inanspruchnahme von Nachhilfeunterricht – insbesondere in den Fächern Deutsch und Mathematik (vgl. Rudolph 2002) – werden durch die Befunde der Befragung von Jürgens/Diekmann (2007) teilweise bestätigt. Deutlich mehr Schülerinnen als Schüler geben an, Nachhilfe in Mathematik zu erhalten. Bezogen auf das Fach Deutsch fällt der Geschlechtsunterschied allerdings sehr gering aus.

### *3.3.3 Schulfachliche Effekte: Leistungsentwicklung im Nachhilfeunterricht*

Knapp drei Viertel (74 %) der befragten Nachhilfeschüler(innen) geben an, dass sich ihre Leistungen bzw. Ziffernzensuren im Nachhilfefach verbessert haben, seitdem sie Nachhilfeunterricht erhalten. Knapp ein Viertel (24 %) der Schüler(innen) berichten davon, dass ihre Leistungen/Noten sich innerhalb des Nachhilfezeitraums nicht verändert haben, von einer sehr kleinen Gruppe (1 %) musste, eigenen Angaben zufolge, sogar eine Verschlechterung der Leistungen/Noten hingenommen werden.

Im Hinblick auf die Frage nach der Stärke bzw. dem Umfang der jeweiligen Leistungsentwicklung ergibt sich bei einem Vergleich der von den befragten Schüler(inne)n jeweils angegebenen Fachnoten für die Zeit vor Inanspruchnahme des Nachhilfeunterrichts und zum Zeitpunkt der Befragung folgendes Bild: Bei knapp der Hälfte (44 %) der Nachhilfeschüler(innen) ist während des Nachhilfezeitraums eine Verbesserung um bis zu einer Notenstufe eingetreten, etwa ein Viertel (24 %) der befragten Schüler(innen) berichtet von einer Leistungssteigerung von ein bis zwei Noten. Eine sogar darüber hinausgehende Verbesserung um bis zu drei Noten geben insgesamt 6 % der Schüler(innen) an.

Selbst diejenigen Schüler(innen), deren Noten sich im Nachhilfezeitraum nicht verändert haben, werten dies zum überwiegenden Teil trotzdem als Erfolg des Nachhilfeunterrichts. Gut drei Viertel (76 %) der betreffenden Schüler(innen) geben an, dass ihre Leistungen sich ohne die Nachhilfe vermutlich verschlechtert hätten. Einige der Schüler(innen) differenzieren vermutlich zwischen einer Leitungs- und Notenverbesserung: Sie spüren zwar eine Leistungssteigerung infolge des Nachhilfeunterrichts, die sich allerdings (noch) nicht in einer entsprechenden Verbesserung der Fachnote widerspiegelt. Anhand des Vergleichs des Zensurenspiegels vor Inanspruchnahme des Nachhilfeunterrichts und zum Zeitpunkt der Befragung wird deutlich, dass Notenverbesserungen schwerpunktmäßig im mittleren und unteren Schulleistungsbereich erzielt werden.

Betrachtet man die individuellen Notenentwicklungen, so berichten Nachhilfeschüler(innen) besonders häufig davon, dass ihre Leistungen, die vor Inanspruchnahme des Nachhilfeunterrichts im „Fünfer-Bereich" lagen, nun im „Vierer- bzw. Dreier-Bereich" anzusiedeln sind. Eine Verbesserung der Leistungen von einem „Ausreichend" zu einem „Befriedigend" liegt bei rund einem Fünftel der Befragten vor.

### *3.3.4 Zielsetzungen und Ursachen der Inanspruchnahme von Nachhilfeunterricht*

Zunächst ist festzustellen, dass der Vorbereitung auf Klassenarbeiten, dem Ausgleich von Wissenslücken und vor allem der Verbesserung der Noten jeweils ein besonderes Gewicht beigemessen wird, wenn auf Nachhilfeunterricht als außerschulisches Förderinstrument zurückgegriffen wird. Neben zahlreichen Übereinstimmungen in der Nennung von Nachhilfemotiven besteht eine unterschiedliche Bewertung zwischen Schüler(innen)- und Elternaussagen jedoch darin, dass die Schüler(innen) die Nachhilfe tendenziell als kurzfristige Soforthilfe bzw. Mittel zur Abwendung von Misserfolg begreifen (wollen), während die von Eltern genannten Intentionen sehr viel stärker auf eine längerfristige Erfolgsorientierung fokussieren (vgl. Jürgens/Diekmann 2007: 91-94).

Fragt man danach, durch welche schulischen Maßnahmen die Inanspruchnahme von Nachhilfeunterricht hätte vermieden werden können, dann ergibt sich ein konsistentes Antwortverhalten: Zwar mit unterschiedlicher Akzentuierung, jedoch *unisono,* verweisen sowohl die befragten Schüler(innen) als auch deren Eltern darauf, dass vor allem eine stärkere Individualisierung bzw. ein höherer Grad an Passung/Adaptivität des Schulunterrichts Nachhilfeunterricht überflüssig machen würde (ebd.: 74). Sicherlich war damit zu rechnen, dass der Schule der damit verbundene Vorwurf, das Förderprinzip am Alltagsgeschäft nicht hinreichend beachtet zu haben, schon allein deshalb gemacht wird, weil er nahe liegend ist, d. h. passend zu sein scheint. Denn dass die Schule sowohl in der Spitze als auch in der Breite zu wenig fördere, ist kein wohlfeiles Vorurteil, sondern vielfach belegte Realität (vgl. Bos u. a. 2003: 137). Von daher kann es kaum überraschen, wenn die Befragten der genannten Stichprobe ebenfalls auf diese Defizitsituation verweisen.

Was vordergründig allerdings wie ein Ausweichen auf Außenfaktoren erscheinen mag, indem individuelle Merkmale der Schüler(innen) als Auslöser für die Aufnahme(-notwendigkeit) von Nachhilfeunterricht vermeintlich ausgeblendet werden, stellt sich bei Hinzuziehung weiterer Untersuchungsergebnisse in einem anderen Licht dar, vor allem wenn auf motivationale Bedingungen eingegangen wird. Zusammengefasst lässt sich nämlich keineswegs die Annahme bestätigen, dass der Mehrzahl der Nachhilfeschüler(innen) mangelnde Anstrengungsbereitschaft oder ein grundsätzlich fehlendes Interesse am Nachhilfefach zu unterstellen wäre. Vielmehr scheint das Gegenteil die treffendere Vermutung zu sein (vgl. Jürgens/Diekmann 2007: 98). Diese lässt sich stützen durch Aussagen der befragten Nachhilfeschüler(innen) zur subjektiven Wertschätzung motivationaler Faktoren. Während nämlich der weitaus größte Teil eigene Lernprozesse und die eigene Anstrengungsbereitschaft vor allem durch die erwarteten Kompetenzzuwächse motiviert bzw. reguliert sieht (Sachorientierung), behauptet nur eine weitaus geringere Zahl von sich, hauptsächlich den sekundären Folgen schulischer Lernprozesse, wie z. B. Belohnungen/Sanktionen, höchste Aufmerksamkeit einzuräumen (Leistungsorientierung). Darüber hinaus nicht bestätigt werden kann die bisweilen in der Öffentlichkeit vertretene Meinung, kommerzielle Nachhilfeinstitute seien vielfach als Erfüllungsgehilfen „überzogener" elterlicher Leistungsansprüche gegenüber ihren Kindern zu kennzeichnen (vgl. ebd.: 93-94).

### *3.4.5 Qualifikation und Kompetenzen der Nachhilfelehrkräfte*

Eine der Grundannahmen, die im Anschluss an so genannte Angebots-Nutzungs-Modelle der Wirkungsweise von Unterricht getroffen werden können (vgl. Helmke 2005: 41), lautet, dass die Wirksamkeit und Nachhaltigkeit von (Nachhilfe-)Unterricht maßgeblich durch die Qualifikation und die jeweils vorhandenen Kompetenzen der Nachhilfelehrkräfte und Fachlehrer(innen) der Schule beeinflusst werden. Entgegen der vielfach geäußerten Kritik, dass „Lehrende in Nachhilfeinstituten (...) nur selten pädagogisch voll ausgebildet (seien)" (Rudolph 2002: 69) bzw. es sich häufig um „selbst ernannte Hobbypädagogen" (Rackwitz 2004: 18) handele, denen letztlich didaktische und fachliche Kompetenzen abgesprochen werden müssten, geben die befragten Nachhilfeschüler(innen) sowie deren Eltern in dieser Hinsicht ein ausgesprochen positives Urteil über die Nachhilfelehrkräfte des Studienkreises ab (vgl. Jürgens/Diekmann 2007: 101-111).

Im Hinblick auf die formale Qualifikation der Nachhilfelehrkräfte deuten die Befunde der Befragung von Jürgens/Diekmann (2007) darauf hin, dass Lehrkräfte, die über keinerlei pädagogische Ausbildung verfügen, vom Studienkreis allem Anschein nach nur in sehr wenigen Ausnahmefällen beschäftigt werden. Bei etwa einem Drittel bis der Hälfte der Lehrkräfte (Angaben der Schüler(innen) bzw. Eltern) scheint es sich sogar um voll ausgebildete Lehrer(innen) zu handeln.

Eine herausragende Beachtung verdient allerdings der Befund, dass die Befragten den Nachhilfelehrkräften – im Vergleich zur jeweiligen Fachlehrkraft – weitaus höher ausgeprägte Kernkompetenzen (hier: didaktische Kompetenz, Sach- und Klassenführungskompetenz) zuschreiben. Ein besonders großer Unterschied besteht – aus Sicht der Befragten – bezüglich der diagnostischen Kompetenzen. Nahezu alle befragten Schüler(innen) (97 %) und Eltern (95 %) trauen der Nachhilfelehrkraft zu, die Fähigkeiten ihrer Nachhilfeschüler(innen) jeweils treffend einzuschätzen. Der betreffenden Fachlehrkraft sprechen dagegen fast ein Drittel der befragten Schüler(innen) (31 %) und Eltern (29 %) diese Kompetenz entweder teilweise oder sogar vollständig ab. Besonders negativ fallen die Urteile der Nachhilfeschüler(innen) aus, wenn sie die diagnostische Kompetenz der Fachlehrkraft im Hinblick auf die Ursachenklärung von Lern- und Leistungsschwierigkeiten bewerten. Insgesamt 95 % sehen ihre Nachhilfekraft dazu imstande, Erfolge bzw. Misserfolge von Schüler(innen) zu erkennen und auf die zugrunde liegenden Faktoren zurückzuführen, während lediglich etwas mehr als die Hälfte (51 %) diese diagnostische Kompetenz bei ihrer Fachlehrkraft zu erkennen glaubt (vgl. ebd. 2007: 105).

Auch die vergleichende Einschätzung der psychosozialen Kompetenz bzw. berufsethischer Verhaltensweisen und Einstellungen (z. B. das wahrnehmbare Interesse der/des Lehrenden am Lernerfolg der Schüler(innen), die Unterstützungsbereitschaft etc.) fällt im Urteil der Befragten ganz eindeutig zugunsten der Nachhilfekräfte aus. Zwei Ergebnisse sollen diese Diskrepanz exemplarisch veranschaulichen: Während erstens der Nachhilfekraft von der großen Mehrheit (95 %) bescheinigt wird, ihre Lernprobleme ernst zu nehmen, will die Hälfte der befragten Nachhilfeschüler(innen) (46 %) dieses Verhalten ebenfalls den eigenen Fachlehrkräften einräumen. Offensichtlich damit im Zusammenhang stehend ist dann zweitens folgendes Ergebnis zu würdigen: Ein gutes Drittel der befragten Nachhilfeschüler(innen) vertritt die Überzeugung, ihrer Fachlehrkraft sei es ziemlich egal, wie viel die Schüler(innen) in ihrem Unterricht lernen (könnten). Hingegen nimmt dies mit Blick auf die Nachhilfekraft nur ein sehr kleiner Teil der Befragten an (6 %).

# 4 Fazit

Mit den Ergebnissen der explorativen Studie von Jürgens/Diekmann (2007) ergeben sich deutliche Hinweise darauf, dass (kommerzieller) Nachhilfeunterricht eine wichtige und offenbar recht erfolgreich wahrgenommene Chancenausgleichsfunktion zukommt. Unübersehbar gelingt diesem Unterricht das, was dem schulischen misslingt: Nämlich das vorhandene Lern- und Entwicklungspotenzial der Nachhilfeschüler(innen) „abzurufen" und soweit zu fördern, dass in drei Vierteln der Fälle Leistungssteigerungen in Form von verbesserten schulischen Zensuren erfolgen, also von derselben Instanz und Institution amtlich zertifiziert werden, die zuvor – gleichermaßen amtlich – pflichtgemäßen Förderbedarf nicht erkannt und/oder nötige Fördermaßnahmen nicht ergriffen hat.

Weil schulische Abschlüsse in der Regel auch Zugangsvoraussetzungen für weiterqualifizierende Bildungswege sind und somit Zugangsrechte begründen, gewinnt Nachhilfeunterricht für die Nutzer(innen) sowohl kurz- als auch langfristig große Bedeutung. Diese Form des außerschulischen Förderunterrichts dient der Verbesserung der Bildungschancen durch die Gewährung zusätzlicher Chancen und kann Benachteiligungen innerhalb des Schulsystems entgegenwirken.

Allerdings kommt nur ein mehr oder weniger kleiner Kreis von Kindern und Jugendlichen in den Genuss der auf diesem Wege (zusätzlich bzw. nachträglich) erlangten Wahrnehmung individueller „Chancenkorrektur". Dass dies letzten Endes eine doppelte Bildungsbenachteiligung derjenigen Schüler(innen) nach sich zieht, die – aus welchen Gründen auch immer – keinerlei oder lediglich mangelhafte außerschulische Zusatzangebote erhalten oder wahrnehmen können, darf keineswegs verschwiegen werden. Dieser Umstand kann jedoch, unter den gegebenen strukturellen, sozialen und individuellen Voraussetzungen, nicht den Anbietern von (kommerziellem) Nachhilfeunterricht angelastet werden. Diese reagieren lediglich auf die Nachfrage nach diesen Formen zusätzlichen Förderunterrichts bzw. drängen mit eigenen Bildungsangeboten auf den Markt, weil die elterlichen Erwartungen an schulische Bildung insgesamt hoch sind – zwangsläufig höher geworden sind, zumal in der Berufswelt heute formal höhere Bildungsabschlüsse verlangt werden und deshalb der mittlere Abschluss längst zur Mindestnorm geworden ist, „um beruflichen Einstieg und gesellschaftliche Teilhabe und Lebenschancen zu wahren" (Holtappels 2006: 13). Deshalb bleibt resümierend festzuhalten: Nachhilfeunterricht verbessert die Bildungschancen derjenigen, die von diesem Angebot Gebrauch machen können, und verhilft zudem dem Schulsystem, vor allem dem Gymnasium, zu besseren Leistungsbilanzen, als es den eigenen Anstrengungen und Verdiensten entspricht. Gleichzeitig werden Chancenunterschiede perpetuiert und „zementiert". Vermutlich wird die soziale Chancenungleichheit noch durch diese Form des Zusatzunterrichts vergrößert, weil hauptsächlich Gymnasialschüler(innen) auf dieses (kommerzielle) Angebot zurückgreifen, und es sich bekanntlich bei dieser Schülerschaft schon um eine Gruppe handelt, die mehrheitlich vom sozial selektiven Übergangsverfahren der Grundschule zu weiterführenden Schulformen profitiert. Die negativ ausgelesene Gruppe der Hauptschüler(innen), die zu den Hauptleidtragenden der sozialen Disparität des Schulsystems gehören, fragt (kommerziellen) Nachhilfeunterricht so gut wie gar nicht nach und kann zumindest auf diesem Wege keine „zweite Chance" ergreifen, um unentdeckte Talente und unausgeschöpfte Begabungspotenziale entgegen der schulischen Wahrnehmung zu entfalten. Da der Abbau von Chancenungleichheit sowohl frühzeitige als auch reich differenzierte Lern- und Förderangebote erforderlich macht, dokumentiert der Erfolg des Nachhilfeunterrichts gleichzeitig den Misserfolg der öffentlichen (Halbtags-)Schule, individuelle Ansprüche auf Bildung für alle Kinder und Jugendliche anzuerkennen und durch hinreichende Fördermaßnahmen zu realisieren.

Anders würde die Interpretation der Ergebnisse der Nachhilfestudie ausfallen (müssen), wenn zwar (kommerzielle) Angebote dieser Art nachgefragt würden, aber der Erfolg, beurkundet in der harten Währung schulischer Ziffernzensuren, gering wäre. Das nämlich würde mutmaßlich darauf hinweisen, dass die Schule den gesellschaftlichen Auftrag nach bestmöglicher Förderung jedes Einzelnen tatsächlich (weitestgehend) erfüllt. Weil von der Verwirklichung dieses Grundsatzes die öffentliche Halbtagsschule allerdings noch (mehr oder weniger) weit entfernt scheint, erweist es sich als notwendig und nützlich, nach Alternativen zu suchen. Die Ganztagsschule kann eine sein, eine viel versprechende zudem, jedoch nicht um jeden Preis und unter beliebigen Bedingungen.

Organisationsstrukturelle und schulkonzeptionelle bzw. -kulturelle Veränderungen sind nur umsetzbar, wenn einerseits die Ganztagsschule (durchgängig) Schule ist, d. h. vollständig dem staatlichen Erziehungs- und Bildungskonzept verpflichtet bleibt, was andererseits zur Konsequenz hat, dass ein „ganzheitliches" Projekt von Schule als Lern- und Lebensraum (vgl. Bildungskommission NRW 1995: 77) entsteht. Auch wenn es unbestreitbar in mancherlei Hinsicht erfolgreiche Zwischenschritte geben mag, eingelöst werden kann diese Grundsatzentscheidung allein in Vollgebundenen Ganztagsschulen (vgl. Jürgens 2006b: 196). Nur in diesen Schulen scheinen die strukturellen und curricularen Veränderungen, z. B. als Voraussetzungen für eine neu gefasste Rhythmisierung des Schultages wie für eine grundlegende Umorientierung des individuellen Lernens und Arbeitens, im hinreichenden Maße möglich zu sein, um tatsächlich einen entscheidender Schritt zum Abbau von (sozialer) Chancenungleichheit im Schulwesen zu gehen (vgl. Holtappels 2007: 142-151).

Betreuung und Schulöffnung haben zwar für alle Schulleitungen als Gründungsmotiv hohe Priorität, am stärksten ausgeprägt zeigt sich diese Tendenz an Offenen Ganztagsschulen. Dies bedeutet nichts anderes, als dass diese Schulen den Lern- und Unterrichtskulturwandel untergewichten, was allerdings auch kaum überrascht, handelt es sich doch häufig beim Offenen Ganztagsschultyp um eine strukturell und curricular unveränderte Halbtagsschule mit einem angehängten nachmittäglichen Betreuungs- und Freizeitangebot („Sozialpädagogisierung" außerunterrichtlicher Ergänzungsangebote), in welchem kognitives Lernen vornehmlich auf die Erledigung der Hausaufgaben konzentriert wird (Klieme u. a. 2007: 374). Wer von der Ganztagsschule die Leistung eines nennenswerten Beitrags zur Förderung und zur Chancengleichheit erwartet, der wird nicht umhin kommen, die Ganztagsschulentwicklung mit curricularen Reformen zu verknüpfen.

## Literatur


Abele, Andrea/Liebau, Eckart (1998): Nachhilfeunterricht. Eine empirische Studie an bayrischen Gymnasien. In: Die Deutsche Schule (90. Jg.) H. 1/1998: 37-49.

Abele-Brehm, Andrea/Liebau, Eckart (1996): Wie viel Nachhilfe brachen Schüler an bayerischen Gymnasien? In: FAU Unikurier Erlangen-Nürnberg (o. Jg.) H.12/1996: 52-53.

Apel, Hans Jürgen/Sandfuchs, Uwe (2003): Guter Unterricht. Sichtweisen, Befunde, Hinweise: In: Lernchancen (6. Jg.) H. 32/2003: 4-13.

Behr, Michael (1990): Nachhilfeunterricht. Verbreitung, pädagogische Bewertung und bildungspolitische Bewertung. In: Die Deutsche Schule (82. Jg.) H.1/1990: 81-94.

Bildungskommission NRW (Hg.) (1995): Zukunft der Bildung. Schule der Zukunft. Neuwied: Luchterhand.

Bortz, Jürgen/Döring, Nicola (1995): Forschungsmethoden und Evaluation für Sozialwissenschaftler. Berlin: Springer.

Bos, Wilfried/Lanker, Eva-Maria/Schwippert, Knut/Valtin, Renate/Voss, Andreas/Badel, Isolde/Plaßmeier, Nike (2003): Lesekompetenzen deutscher Grundschülerinnen und Grundschüler am Ende der vierten Jahrgangsstufe im internationalen Vergleich. In: Bos, Wilfried/Lankes, Eva-Maria/Prenzel, Manfred/Schiwppert, Knut/Walther, Gerd/Valtin, Renate (Hg.): Erste Ergebnisse aus IGLU. Schülerleistungen am Ende der vierten Jahrgangsstufe im internationalen Vergleich. Münster: Waxmann: 69-134.

Bruder, Susanne/Perels, Franziska/Schmitz, Bernhard (2004): Die Förderung selbstregulierten Lernens bei der Hausaufgabenbearbeitung. In: Doll, Jörg (Hg.): Bildungsqualität von Schule. Münster: Waxmann: 377-397.

Burk, Karlheinz (2006): Mehr Zeit in der Schule – der Rhythmus macht's. In: Höhmann, Katrin/Holtappels, Heinz Günter (Hg.): Ganztagsschule gestalten. Konzeption, Praxis, Impulse. Seelze-Velber: Kallmeyer: 92-105.

Creemers, Bert/Scheerens, Jaap (1994): Developments in the educational effectiveness research programs. In: International Journal of Educational Research (Vol. 21) No. 2/1994: 125-140.

Deutscher Bildungsrat (Hg.) (1970): Empfehlungen der Bildungskommission: Strukturplan für das Bildungswesen. Bonn: Klett.

Haag, Ludwig/Kessel, Martin van (1998): Außerunterrichtliche Schularbeiten – nur ein deutsches Phänomen? Eine empirische Vergleichsstudie. Frankfurt a. M.: Peter Lang.

Helmke, Andreas (2005): Unterrichtsqualität erfassen, bewerten, verbessern. Seelze-Velber: Kallmeyer.

Herrlitz, Hans-Georg/Hopf, Wulf/Titze, Hartmut (1984): Institutionalisierung des öffentlichen Schulsystems. In: Baethge, Martin/Nevermann, Knut (Hg.): Organisation, Recht und Ökonomie des Bildungswesens (Enzyklopädie Erziehungswissenschaft, Bd. 5). Stuttgart: Klett-Cotta: 55-71.

Holtappels, Heinz Günter (2006): Ganztagsschule – ein Beitrag zur Förderung und Chancengleichheit? In: Höhmann, Katrin/Holtappels, Heinz Günter (Hg.): Ganztagsschule gestalten. Konzeption, Praxis, Impulse. Seelze-Velber: Kallmeyer: 10-33.

Holtappels, Heinz Günter (2007): Ziele, Konzepte, Entwicklungsprozesse. In: Holtappels, Heinz Günter/Klieme, Eckhard/Rauschenbach, Thomas/Stecher, Ludwig (Hg.): Ganztagsschule in Deutschland. Ergebnisse der Ausgangserhebung der „Studie zur Entwicklung von Ganztagsschulen" (StEG). Weinheim: Juventa: 139-163.

Horster, Leonhard/Rolff, Hans-Günther (2001): Unterrichtsentwicklung. Grundlagen, Praxis, Steuerungsprozesse. Weinheim: Beltz.

Hurrelmann, Klaus (1995): Wird Bildung wieder zum Privileg? In: Neue Deutsche Schule (47. Jg.) H. 10/1995: 7-9.

Jürgens, Eiko (2006a): Lebendiges Lernen in der Grundschule. Weinheim: Beltz.

Jürgens, Eiko (2006b): Ganztagsschule in Zeiten der „Standardisierung" schulischer Bildung. In: Otto, Hans-Uwe/Oelkers, Jürgen (Hg.): Zeitgemäße Bildung. München: Reinhardt: 191-205.

Jürgens, Eiko/Diekmann, Marius (2007): Wirksamkeit und Nachhaltigkeit von Nachhilfeunterricht. Dargestellt am Beispiel des Studienkreises. Frankfurt a. M.: Lang.

Kramer, Wolfgang/Werner, Dirk (1998): Familiäre Nachhilfe und bezahlter Nachhilfeunterricht. Ergebnisse einer Elternbefragung in Nordrhein-Westfalen. Köln: Deutscher Instituts-Verlag.

Klieme, Eckhard/Holtappels, Heinz Günter/Rauschenbach, Thomas/Stecher, Ludwig (2007): Ganztagsschule in Deutschland. Bilanz und Perspektiven. In: Holtappels, Heinz Günter/Klieme, Eckard/Rauschenbach, Thomas/Stecher, Ludwig (Hg.): Ganztagsschule in Deutschland. Ergebnisse der Ausgangserhebung der „Studie zur Entwicklung von Ganztagsschulen" (StEG). Weinheim: Juventa: 354-381.

Langemeyer-Krohn, Rita/Krohn, Dieter (1987): Nachhilfe – Der Unterricht nach der Schule. Eine empirische Studie zu einem vernachlässigten Thema. In: Die Deutsche Schule (79. Jg.) H. 4/1987: 491-505.

Lehmann, Rainer H./Peek, Rainer/Gänsefuß, Rüdiger (1997): Aspekte der Lernausgangslage und der Lernentwicklung von Schülerinnen und Schülern der fünften Klassen an Hamburger Schulen. Bericht über die Untersuchung im September 1996. Hamburg: Behörde für Schule, Jugend und Berufsbildung, Amt für Schule.

Leidenfrost, Jana/Götz, Klaus/Hellmeister, Gerhard (1999): Persönlichkeitstraining im Management. München: Mehring.
Levine, Daniel U./Lezotte, Lawrence W. (1990): Unusually effective schools: A review and analysis of research and practice. Madison: National Center for Effective Schools Research and Development.
Müller, Kurt R. (1999): Das Bildungskonzept „Fallarbeit“ entwickeln und gestalten. München: Bayrisches Staatsministerium für Arbeit und Sozialordnung, Familie, Frauen und Gesundheit.
Petersen, Jörg/Reinert, Gerd-Bodo/Stephan, Erwin (1990): Betrifft: Hausaufgaben. Ein Überblick über die didaktische Diskussion für Elternhaus und Schule. Frankfurt a. M.: Lang.
Peterßen, Wilhelm H. (1998): Handbuch Unterrichtsplanung. München: Oldenbourg.
Rackwitz, Rüdiger-Philipp (2004): Bildungslücken bringen Umsatz. In: taz vom 1.12.2004: 18.
Rudolph, Margitta (2002): Nachhilfe – gekaufte Bildung? Empirische Untersuchung zur Kritik der außerschulischen Lernbegleitung. Bad Heilbrunn: Klinkhardt.
Schneider, Thorsten (2004): Nachhilfe als Strategie zur Verwirklichung von Bildungszielen. Berlin: Deutsches Institut für Wirtschaftsforschung.
Schwippert, Knut/Bos, Wilfried/Lankes, Eva-Maria (2003): Heterogenität und Chancengleichheit am Ende der vierten Jahrgangsstufe im internationalen Vergleich. In: Bos, Wilfried/Lankes, Eva-Maria/Prenzel, Manfred/ Schiwppert, Knut/Walther, Gerd/Valtin, Renate (Hg.): Erste Ergebnisse aus IGLU. Schülerleistungen am Ende der vierten Jahrgangsstufe im internationalen Vergleich. Münster: Waxmann: 265-297.
Tulodziecki, Gerhard/Herzig, Bardo/Blömeke, Sigrid (2004): Gestaltung von Unterricht. Eine Einführung in die Didaktik. Bad Heilbrunn: Klinkhardt.

# Freizeit, Freie Zeit, Muße und Geselligkeit

*Horst W. Opaschowski / Michael Pries*

Unser öffentliches Schulwesen geht in seiner inneren und äußeren Ausgestaltung auf Johann Amos Comenius' (1592-1671) erste umfassende Konzeption eines in sich geschlossenen Schulsystems zurück. Es kann daher nicht weiter verwundern, wenn Comenius in seinem Hauptwerk *Didactica magna* (1657) ausdrücklich auf die in der Schule vorhandene Polarisierung von Unterrichtszeit und Freizeit eingeht:

## 1 Pflichtschule als Geburtsstätte des Dualismus von Arbeit und Freizeit

Für den/die Schüler/in sei es zweckmäßig, ja notwendig, so meinte Comenius, neben den täglichen Arbeiten in der Schule Erholungspausen einzulegen, die mit geselliger Unterhaltung, Spiel, Musik und anderem ausgefüllt werden sollten (cap. XV/12). Dazu führte er weiter aus: „Recta igitur Scholarum institutionis bona pars erit, legitima Laborum et quietis, sive Operarum et Vacationum, atque Recreationum, disposito" (cap. XV/13). Andreas Flitner (1966: 85) übersetzte diese Stelle wie folgt: „Die ordentliche Einrichtung der Schulen wird deshalb zu einem guten Teil von der gesetzmäßigen Verteilung von Arbeit und Ruhe, Tätigkeit und Freizeit oder Ferien abhängen". Diese Forderung von Comenius – zunächst isoliert erscheinend – gewinnt vor dem Hintergrund der Diskussion um Ganztagsschule bzw. Ganztagsbildung an besonderer Bedeutung.

Weitere Anhaltspunkte zur Bedeutung der Freizeit finden sich in frühen Schriften zur Pädagogik und Erziehungswissenschaft. In Pestalozzis Tagebuch über die Erziehung seines Sohnes findet sich für das Jahr 1774 folgender Vermerk: „Lehrer, sei von dem Guten der Freiheit überzeugt (...). Dein Kind sei frei, so sehr es immer kann; schütze jede Möglichkeit, ihm Freiheit und Ruhe und Gleichmütigkeit zu geben" (1901: 50). Noch deutlicher kommt Pestalozzis Anschauung einer Erziehung in Freiheit, die dem/der Schüler/in der unterrichtsfreien Zeit vielfältige Möglichkeiten individueller Freizeitbeschäftigung gewährt, in der Tagesordnung von Iferten zum Ausdruck: „Eine Viertelstunde vor dem Mittagessen werden die Kinder freigelassen. Nach dem Essen können sie sich erholen bis um halb zwei Uhr; dann dauert der Unterricht bis halb vier Uhr, von der Zeit bis um fünf Uhr sind sie frei (...)" (ebd.: 35). Neben den täglichen Frei-Zeiten gab es für die Schüler(innen) so genannte „Bummeltage", in denen sie Gelegenheit zu Wanderungen, mehrtägigen Reisen, zum Spielen und Baden im See und im Winter zum Schlittschuhlaufen erhielten.

Im August 1805 besuchte der 23-jährige Fröbel zum ersten Mal Pestalozzi in Iferten, ehe er sich 1808 als Hauslehrer der drei Söhne der Familie von Holzhausen zwei Jahre lang dort aufhielt. In der Zusammenarbeit mit Pestalozzi, dem er eine „unglaubliche Freiheit" in der Ausführung seiner Unterrichtspraxis bescheinigte, gelangte Fröbel zu eigenen Ansichten über Menschenerziehung und bildete sich seine Auffassung von der selbsttätigen Entfaltung schöpferischer Kräfte des Kindes im Spiel. In seiner 1823 in Rudolstadt veröffentlichten Schrift „Fortgesetzte Nachricht von der allgemeinen deutschen Erziehungsanstalt in Keilhau" bringt er in dem Kapitel „Zeit zu freier Beschäftigung für die Zöglinge" eine erste Erläuterung und nähere Bestimmung des neuen Begriffs Freizeit:

> „Lehrer und Schüler, Zöglinge und Erzieher bedürfen nach Verlauf einer gewissen Anzahl von Monaten einer Zeit, wo der Gebrauch derselben für sie von der gewöhnlichen und strengen Folge losgesprochen und ihnen zur Anwendung nach ihren persönlichen und individuellen Bedürfnissen freigegeben ist, entweder zur Wiederholung oder zum Nachholen, zur Übung oder zur Vorbereitung. Durch die kirchliche oder bürgerliche Ordnung zerfällt uns das Jahr in fast vier gleiche Teile. In die Oster- und Michaeliszeit fällt gesetzmäßig der Anfang eines neuen durch die Jahreszeit bestimmten Unterrichtsganges. Hier wird fortgesetzterweise der geregelte Unterricht ungefähr vierzehn Tage unterbrochen, in welchem nach einiger ganz freier Erholungszeit die Lehrenden sich auf die Forderung des nächsten Halbjahres vorbereiten und die Lernenden den Unterricht des verflossenen nach Umständen zusammenfassend und vergleichend wiederholen. Die Sommerzeit ist zum Reisen bestimmt ... Die ersten Tage der Freizeit in den Weihnachten sind den Freuden gewidmet" (Fröbel 1823, zit. n. Sieler 1967: 36)

Fröbels pädagogische Schriften wurden von Wichard Lange (1826-1884) herausgegeben. Lange, Direktor einer privaten Realschule und in der Schulpolitik als Sprecher bei allgemeinen Lehrerversammlungen bekannt geworden, war in seinem pädagogischen Ideengut weitgehend von Fröbel beeinflusst. Viele Gedanken Fröbels finden sich daher in dem 1861 erschienenen Buch Langes „Zehn Jahre aus meiner pädagogischen Praxis. Ein Rückblick" wieder:

> „Muss der Knabe unnatürlich lange sitzen und sich zusammennehmen, so sticht ihn der Hafer von allen Seiten. Er wird unlustig und unaufmerksam und verfällt auf allerhand Thorheiten. Aber wenn er sich nach jeder Stunde einmal wieder frei ergehen und austummeln kann, so kann man nach der Freizeit die äußerste Kraftanstrengung, die straffste Haltung und die zäheste Aufmerksamkeit von ihm verlangen. Der Wechsel erfrischt alle Menschen, ganz vornehmlich aber die Jugend; darum muss auf äußerste Anpassung fortwährend gänzliche Abspannung und auf diese jene folgen ... Man erzielt einen freudigen und frischen Ton, wenn (...) in der Anstalt der Überbürdung kein Raum gegeben, sondern für stets ausreichende Erholung und für erfrischenden Wechsel gesorgt ist" (Lange 1861: 22).

Sanders benutzte 1865 Langes Text als Quellenbeleg für das von ihm erstmals in einem Wörterbuch der deutschen Sprache verzeichnete Wort „Freizeit". Damit wird deutlich, dass das Spannungsfeld von Unterricht und Freizeit seit drei Jahrhunderten Gegenstand schul- und sozialpädagogischer Erörterungen ist. Von der Ethik des asketischen Protestantismus beeinflusst, stellte die Unterrichts-Arbeit des 17. und 18. Jahrhunderts eine Vorwegnahme der Industrie-Arbeit des 19. und 20. Jahrhunderts dar.

In der Leistungsinstitution Schule wurde die folgenschwere Trennung von (Unterrichts-)Arbeit und Freizeit erstmals vollzogen, bildeten sich die Polarisierung von Pflicht und Neigung und der Gegensatz von Fremdbestimmung und Selbstbestimmung heraus. Die Industrialisierung hat später im Arbeitsbereich nur noch das verstärkt bzw. perfektioniert, was im Schulbereich mindestens seit dem 17. Jahrhundert ohnehin schon praktiziert wurde.

Dabei bleibt noch offen, ob nicht auch schon im 16. Jahrhundert die 1598 durch die Straßburger Kirchenordnung eingeführte gesetzliche Schulpflicht oder gar die im frühen Mittelalter in den Kloster-, Dom- und Kathedralschulen praktizierte Ausbildung von Mönchen und Priestern strukturelle Vorformen des Dualismus von (Unterrichts-)Arbeit und Freizeit aufwiesen. Die Existenz von Arbeit und Freizeit ausschließlich als ein Produkt der industriellen Revolution und als ein Problem der Arbeiter und des Arbeitnehmers anzusehen, ist sozialhistorisch falsch.

## 2 Der Freizeitbegriff

Das Freizeitverständnis hat sich grundlegend gewandelt, sowohl quantitativ als auch qualitativ unterscheidet sich die Freizeit heute von früheren Freizeitformen. Auch gegenwärtig findet Erholung von der Arbeit in der Freizeit statt, aber die Freizeit ist nicht mehr nur – wie in den 1950er Jahren – Erholungszeit. Für die überwiegende Mehrheit der Bevölkerung hat die Freizeit einen eigenständigen Wert bekommen. Mitte der 1990er Jahre vertraten nach einer Untersuchung des BAT Freizeit-Forschungsinstituts 70 % der Bevölkerung die Auffassung, dass Freizeit in erster Linie eine Zeit ist, in der man tun und lassen könne, was einem Spaß und Freude mache (BAT 1994: 38). Aus einem arbeitsabhängigen Zeitbegriff, der Freizeit negativ als Abwesenheit von Arbeit definierte, hat sich heute ein positives Freizeitverständnis entwickelt: Freizeit ist eine Zeit, in der man für etwas frei ist.

Über fünfzig Jahre Arbeitszeitverkürzungen sind an den Menschen und ihrer Einstellung zum arbeitsfreien Teil des Lebens nicht spurlos vorübergegangen. Freizeit ist mehr als eine Pause, in der man sich wieder für den nächsten Arbeitstag erholt. Freizeit koppelt sich von der Arbeit ab: Nur mehr für eine Minderheit der Bevölkerung ist Freizeit eine Zeit, die nicht mit Arbeit und Geldverdienen ausgefüllt ist. Bei Freizeit denken die meisten erst einmal an den eigenen Spaß. Freizeit ist daher mehr ein positives Lebensgefühl als eine arbeitsabhängige Zeitkategorie. Im subjektiven Empfinden der Menschen sind arbeitsfreie Zeit und Freizeit nicht mehr dasselbe. Mit dem Wandel des subjektiven Freizeitverständnisses ist auch eine gesellschaftliche Neubewertung der Freizeit notwendiger denn je.

Die gegenwärtige Fachdiskussion wird durch unterschiedliche freizeittheoretische Ansätze beeinflusst. Im Einzelnen lassen sich folgende Erklärungsansätze unterscheiden:

- Erholungstheorie: Erholung als zentrale Funktion der Freizeit
- Kompensationstheorie: Freizeit als Ausgleich von Mängeln und Versagungen
- Katharsistheorie: Freizeit als Befreiungselement für unterdrückte Emotionen
- Ventiltheorie: Freizeit als Ventil zum Abreagieren überschüssiger Energien
- Konsumtheorie: Freizeit als Mittel des Verbrauchs und Verschleißes
- Kontrasttheorie: Freizeit als deutlicher Gegensatz zur Arbeit
- Kongruenztheorie: Freizeit als arbeitsähnlicher Lebensbereich
- Absorptionstheorie: Freizeit als Aufsaug- und Kanalisationsinstrument für Arbeitsunzufriedenheit
- Selektionstheorie: Freizeit als Ausleseprodukt von biographischer Entwicklung und Lebensgeschichte

Voraussetzung für die Entstehung von Freizeit ist eine Aufteilung des Lebenszusammenhangs in relativ eigenständige Bereiche. Die Tatsache, dass es Freizeit – räumlich, zeitlich und handlungsbezogen – als klar abgrenzbaren Lebensbereich überhaupt gibt, macht das eigentliche Freizeitproblem aus. Die Entstehung von Freizeit ist immer mit der Einschränkung von Handlungsmöglichkeiten verbunden. Dazu gehören:

- die Einschränkung des Handlungsortes durch Trennung des Ortes der Existenzsicherung (z. B. Arbeitsstätte) vom Ort der Existenzerweiterung (z. B. Wohnstätte)
- die Einschränkung der Handlungszeit durch die Honorierung (z. B. Lohn, Gehalt) für die regelmäßig aufgewandte Zeit (z. B. festgesetzte Dienstzeit, Arbeitsstundenzahl) und nicht für zeitunabhängig erbrachte Leistungen (z. B. Arbeitsresultat)
- die Einschränkung der Handlungsart durch die Aufteilung des Gesamtlebens in einen mehr fremd bestimmten Handlungsbereich (z. B. Berufssphäre) und einen mehr selbstbestimmten Handlungsbereich (z. B. Privatsphäre).

Monokausale Erklärungsansätze reichen für die wissenschaftliche Analyse der gegenwärtigen und künftigen Freizeitentwicklung nicht mehr aus. Das Freizeitverhalten erklärt sich aus dem Zusammenhang einer Vielzahl von Beziehungen, Einflüssen und Wirkungen der gesellschaftlichen Bedingungen, der persönlichen Lebenssituation, der Massenmedien, der Arbeits-, Wohn- und Freizeitsituation. Die Arbeitssituation beeinflusst dabei das Freizeitverhalten ebenso wie das Freizeitverhalten Rückwirkungen auf das Verhalten am Arbeitsplatz hat. Den meisten freizeittheoretischen Ansätzen in der Fachliteratur liegt bisher die mehr oder minder starke Abhängigkeit vom Gegenpol Arbeit zugrunde. Die Funktionen der Freizeit erschöpfen sich in Re-Aktionen. Das Primat der Arbeit wird als schicksalhaft und unvermeidlich angesehen; innovative Impulse gehen von diesem Freizeitverständnis kaum oder gar nicht aus. Es fehlen Versuche, über die zweifellos vorhandene restriktive Arbeitssituation hinaus, Freizeit als Innovationschance zu beschreiben. Wenn die Theorie der Freizeit dem Menschen und der Gesellschaft, der Pädagogik und Politik nützliche Dienste leisten soll, muss die Einheit des Lebens Ausgangspunkt sein (ganzheitlich-holistischer Ansatz).

## *2.1 Freizeit und freie Zeit*

Weil Freizeit als ein Rahmenbegriff verstanden wird, der hinsichtlich seines Inhaltes wenig besagt, lassen sich auch eine Reihe von Tätigkeiten nicht eindeutig der Freizeit zuordnen. Eindeutig zur Freizeit gehören nach verschiedenen Untersuchungen z. B. Nichtstun, Ausspannen, Bummeln, Spaziergang, Ausflug, Unterhaltung, Zusammensitzen, Schwimmbad, Reise, Lokal- oder Cafebesuch, Ausgehen, Tanzen, Fernsehen, Besuche machen, Zeitung lesen, Sport, Radio hören und Vereinstreffen. Schon die Beschäftigung mit Kindern wird nicht mehr eindeutig als Freizeitbeschäftigung angesehen, weil diese Tätigkeit deutlich rollen- und geschlechtsspezifischen Beurteilungen unterliegt. Im Gegensatz zu den Männern (bzw. den berufstätigen Frauen) werten die Hausfrauen die Beschäftigung mit Kindern als Pflichtbeschäftigung und damit als eine nicht freizeitzugehörige Aktivität. Eindeutig negativ wird auch die Hausarbeit beurteilt.

Freizeit ist nicht gleich freie Zeit im Sinne von Freisein. Mit dem Verlassen des Arbeitsplatzes beginnt zwar die arbeitsfreie Zeit: Der Nachhauseweg läutet quasi den Feierabend oder das Wochenende ein. Frei verfügbare Zeit ist damit aber durchaus noch nicht entstanden. Arbeiten wie Einkaufen, Haushalt, Reparaturen usw. stehen auf dem Plan, arbeitsähnliche Alltagsverrichtungen mit Verpflichtungscharakter also. Und schließlich verlangt auch die Familie ihr Recht. Haben die Tätigkeiten zwischen Arbeit und Feierabend sowie die familiären und sozialen Verpflichtungen auch z. T. lästigen Charakter, können sie doch zur Freizeit dazugehörig empfunden werden: Sie sind im Gegensatz zur Berufsarbeit weniger fremdbestimmt. Die Pflichten im Haushalt müssen zwar erfüllt werden, aber der Einzelne ist eher in der Lage, Art, Zeit und Umfang zu bestimmen. Arbeit und Erholung sind leichter austauschbar.

Die Dominanz der Arbeit wird als weiterer wichtiger Grund für die Beeinträchtigung der Freizeit genannt. Die mit der Berufstätigkeit häufig verbundenen Faktoren wie beispielsweise ungünstige starre Arbeitszeiten und lange Anfahrtswege können die mögliche freie Zeit beschneiden. Besonders der normale Feierabend ist davon betroffen. Hier verbleibt kaum echte Freizeit. Hinzu kommt der vordergründige Erholungsaspekt des Feierabends. Man ist nicht frei für Neues, Anderes, sondern muss sich entspannen, regenerieren, die Arbeitskraft erhalten, um am nächsten Tag wieder fit zu sein. Nur selten bricht man aus dem Alltagstrott aus, schnell ruft man sich in die geordnete Welt zurück, ohne Eskapaden, gleicht sich dem stabilen Rhythmus wieder an und begnügt sich mit dem Gefühl, frei zu sein. Die konkreten Aktivitäten bewegen sich innerhalb sehr enger Bahnen und beziehen sich im wesentlichen auf Fernsehen, Lesen, Essen und Trinken. Das Bedürfnis nach Ruhe, Abschalten (also Passivität) steht im Vordergrund. Und die meisten fühlen sich eben hierbei durch Familie und Bekannte, Arbeit am Feierabend oder andere Faktoren, wie z. B. auch den Zwang zur Rücksichtnahme, gestört. Resümee: Viele sind oft viel zu eingespannt, um wirklich ausspannen zu können. Das gewünschte Freizeitideal: Außer-Haus-Aktivitäten, Sport, Hobbys, Zeiten zur Selbstentfaltung und Selbstverwirklichung bleiben dabei oft auf der Strecke.

Das gegenwärtige Freizeit-Problem ist das unbewältigte Problem der Überwindung von Freizeit, das künftige Ziel die Umwandlung der Freizeit in „Freie Zeit". Freizeit bezeichnet ein gesellschaftliches Phänomen, so wie es sich im Bewusstsein der heutigen Menschen und in der öffentlichen Meinung von Wissenschaft, Publizistik, Medien und Politik gegenwärtig (noch) widerspiegelt. „Freie Zeit" hingegen reicht über diesen Tatbestand hinaus und bezeichnet etwas Neues, das sich nur aus einem allgemeinen Bewusstseinswandel ergeben kann, z. B. aus einer veränderten Einstellung zur Arbeitszeit, die als Zeit der freien Arbeit morgen das sein kann, was wir heute Freizeit nennen. Die Überwindung der Freizeit zielt auf die Überwindung eines gesellschaftlichen Gesamtzustandes,

> „in dem wir die Zeit außerhalb der Arbeit in einem pathetischen Sinne als Zeit der Freiheit empfinden, weil wir die Arbeitszeit pathetisch oder nüchtern als Zeit des Zwanges erfahren. Offenbar drückt sich die fatale Abhängigkeit der heutigen Freizeit vom Arbeitszwang auch sprachlich in der Bildung des Kuppelwortes ‚Freizeit' aus, ein zweiter Grund, der ‚Freizeit' das Ziel zu setzen, sich in ‚freie Zeit' zu verwandeln" (Dirks 1957: 32).

Freie Zeit ist befreite Freizeit und steht am Ende eines langwierigen Umwandlungs- und Umwertungsprozesses. Die Polarisierung von Arbeit und Freizeit vom protestantisch-frühkapitalistischen Geiste geprägt, die sozialen Kämpfe des 19. Jahrhunderts widerspiegelnd und für die Lebensordnung arbeits- und leistungsorientierter Kriegs- und Nachkriegsgenerationen von existenzieller Bedeutung wird die Konsum- und Erlebnisgesellschaft am Beginn des 21. Jahrhundert nicht mehr repräsentieren können. „Ein sich unter der Leitidee der Emanzipation weltweit ausbreitendes Freizeitbewusstsein löst sich vom überholten Zustand des zweigeteilten Lebens und erzwingt die Setzung neuer Ziele und Werte" (Opaschowski 1974: 29).

Eine rigide Trennung und kategorische Aufteilung des Lebens in freie und unfreie Bereiche ist heute fast nicht mehr möglich. Damit verliert der traditionelle Wertbegriff Freizeit vom Namen und vom Anspruch her seinen Sinn. Das Erlebnis des Freiseins bleibt nicht auf die Freizeit beschränkt, sondern ist grundsätzlich zu jeder Zeit, in jeder Lebenssituation und in allen Lebensbereichen, auch und gerade in der Berufsarbeit möglich. Hat das Individuum aber erst einmal die Möglichkeit, Freiheit auch in der Arbeit zu verwirklichen und die Arbeitszeit z. Zt. der freien Zeit zu machen, bedarf es gar keines eigenen Freizeit-Lebensraumes mehr. Mit der sich wandelnden Berufsethik, den organisatorischen Veränderungen in der Arbeitswelt und der damit einhergehenden Flexibilisierung der Arbeit in Bezug auf Zeit, Ort und Dauer erweisen sich die überlieferten Begriffe Arbeit und Freizeit mit allen damit zusammenhängenden Wortbedeutungen und möglichen Assoziationen (z. B. sinnlose Arbeit/sinnvolle Freizeit) als semantische Fallen. Sie entsprechen nicht mehr der gesellschaftlichen Realität.

## *2.2 Freizeit und Muße*

Im Zentrum der freien Zeit steht die (zwanglose) Muße. Interessanterweise gibt es hinsichtlich der Bedeutung eine große Übereinstimmung zum griechischen *schole*, das „verfügbare Zeit“, „Zeit übrig haben“ und „Zeit für sich selbst haben“ bedeutete und dem heutigen „Schule“ zugrunde liegt. Nach Jünger (1968: 14-15) ist Muße „nicht ein bloßes Nichtstun, ein Zustand, der negativ bestimmt werden kann (...). Die Muße ist auch nicht, wie viele annehmen, die Arbeitspause, eine begrenzte Zeit; sie ist vielmehr ihrem Begriff nach unbegrenzt und unteilbar, und aus ihr geht alle sinnvolle Arbeit hervor. Muße ist die Vorbedingung jedes freien Gedankens, jeder freien Tätigkeit.“ Dass Muße ihrerseits ein Mindestmaß an materieller Sicherung voraussetzt, ehe sie in dieser Form gelebt werden kann, bleibt bei Jünger allerdings unausgesprochen. Die Sicherung der materiellen Existenz macht Muße erst möglich, macht frei für Muße und innere Selbstbesinnung.

Im Gegensatz zur zielgerichteten Beschäftigung, die notwendige oder wünschenswerte Ziele verfolgt, kann Muße – wie Aristoteles in *Politeia* schrieb – inneres Vergnügen, innere Glückseligkeit und innere Zufriedenheit sein. Muße ist in der Neuzeit – durch die historisch bedingte Assoziation zu Müßiggang – in Misskredit geraten und beinahe aus unserem Wortschatz verschwunden. Die Wiederentdeckung der Muße einschließlich des von Karl Marx' Schwiegersohn Paul Lafargue verteidigten „Rechts auf Faulheit“ steht noch aus.

Der Schweizer Sozialwissenschaftler Hanhart hat bereits in den 1960er Jahren auf experimenteller Basis versucht, den Erlebnisgehalt der Begriffe Spiel, Muße, Arbeit und Freizeit näher zu bestimmen und miteinander zu vergleichen (1964). Mit Hilfe der auf Osgood zurückgehenden Methode der „Semantical Differential“ gelangte er zu folgenden Ergebnissen:

- Spiel wird als etwas Frisches, Frohes, Gutes und Wildes betrachtet und als der Inbegriff von Lebensfreude und Lebenslust erlebt.
- Muße gilt als etwas Warmes, Rundes, Gelöstes und Tiefes und erscheint als der Inbegriff der Geborgenheit, Entspanntheit und Gelöstheit.
- Arbeit gilt (in der Rangfolge) als aktiv, voll, groß, stark, gesund, mutig, klar und gespannt. Arbeit wird somit als starker Gegensatz zu Spiel und Muße empfunden.
- Freizeit werden die Eigenschaften frisch, schön, gut, voll, gesund, froh, aktiv, mutig, stark, hoch, klar und warm zugeschrieben.

Verglichen mit den angegebenen Eigenschaften für Arbeit und Spiel fällt auf, dass die Freizeit weder eindeutig zum Spiel noch eindeutig zur Arbeit neigt. Freizeit wird vielmehr als ein Rahmenbegriff angesehen, der – im Gegensatz zu Muße – nicht schon auf konkrete Inhalte hinweist.

Zu ähnlichen Ergebnissen gelangte Hammerich (1971) in einer ganz anders gearteten empirischen Untersuchung über die semantische Struktur von Muße und Freizeit in freizeitpädagogischen Veröffentlichungen: Im Gegensatz zu Freizeit umfasst die semantische Struktur von Muße weniger Aktivitätselemente. Dagegen enthalten Freizeit-Themen viel deutlicher Handlungsimpulse. Stark verallgemeinert bedeutet Freizeit eine erst noch zu gestaltende Zeiteinheit, während mit dem Begriff Muße dieser Zustand als bereits erreicht unterstellt wird. Dies erklärt auch die in den Veröffentlichungen relativ häufig auftauchende Forderung nach „sinnvoller" Freizeit, hingegen wird von „sinnvoller" Muße nicht gesprochen.

Freizeit wird in der Bevölkerung vorwiegend als private Muße-Zeit und zweckfreie Tätigkeit verstanden. Die Neigung, eine Tätigkeit der Freizeit zuzurechnen, ist umso größer, je weniger die Tätigkeit Züge von Notwendigkeit, Zwang oder Verpflichtung trägt. Freizeit ist das, was die Mehrheit als Freizeit empfindet. Das kann jeweils die Mehrheit der Bevölkerung (= Bevölkerungsprofil) oder die Mehrheit einer Bevölkerungsgruppe (= Gruppenprofil) sein. So hat jede soziale Gruppe ihr eigenes Freizeitprofil. Einen Roman zu lesen, kann für Studenten Freizeitcharakter haben, für Industriearbeiter aber anstrengende Arbeit sein.

## *2.3 Freizeit und Geselligkeit*

Versteht man Freizeit in dem umfassenden Sinn als freie Zeit, die durch freie Wahlmöglichkeiten, bewusste Eigenentscheidung und soziales Handeln charakterisiert ist, so reichen der Hinweis auf den Gegensatz von Arbeit und Freizeit und die Einschätzung der Freizeit als arbeitsabhängige Rest-Zeit für die Kennzeichnung dieses Phänomens ebenso wenig aus, wie die verkürzte Darstellung der Freizeit als eines bloßen Reproduktions- und Erholungsproblems. Die positive Begriffsbestimmung geht davon aus, dass die Berufsarbeit ein zwar wesentlicher, aber eben nur begrenzter Ausschnitt des menschlichen Tätigkeitsfeldes darstellt. Zusammen mit anderen Lebenssegmenten wie z. B. Familie, Schule, Freundeskreis, Kultur, Natur, Umwelt und öffentliches Leben bildet sie einen zusammenhängenden Komplex, eine Lebenseinheit, die nur künstlich in eine Arbeitswelt und eine Freizeitwelt aufgeteilt werden kann. Daher werden die beiden irreführenden Gegenbegriffe Arbeit und Freizeit in dem freizeitpädagogisch reflektierten Erklärungsansatz durch einen einzigen ersetzt: den der Lebenszeit, die durch mehr oder minder große Dispositionsfreiheit charakterisiert ist. Je nach vorhandenem Grad an freier Verfügbarkeit über Zeit und entsprechender Wahl-, Entscheidungs- und Handlungsfreiheit lässt sich die gesamte Lebenszeit als Einheit von drei Zeitabschnitten kennzeichnen:

1. der frei verfügbaren, einteilbaren und selbstbestimmbaren Dispositionszeit (= „Freie Zeit" – Hauptkennzeichen: Selbstbestimmung)
2. der verpflichtenden, bindenden und verbindlichen Obligationszeit (= „Gebundene Zeit" – Hauptkennzeichen: Zweckbestimmung)
3. der festgelegten, fremdbestimmten und abhängigen Determinationszeit (= „Abhängige Zeit" – Hauptkennzeichen: Fremdbestimmung).

Determinationszeit liegt vor, wenn das Individuum zu einer Tätigkeit gezwungen bzw. in der Ausübung der Tätigkeit zeitlich, räumlich und inhaltlich festgelegt ist. Obligationszeit liegt vor, wenn sich das Individuum subjektiv zu einer bestimmten Tätigkeit verpflichtet fühlt bzw. objektiv aus beruflichen, familiären, sozialen, gesellschaftlichen u. a. Gründen an die Tätigkeit gebunden ist. Dispositionszeit liegt vor, wenn das Individuum über wahlfreie, selbst- und mitbestimmbare Zeitabschnitte verfügt. Die Dispositionszeit stellt eine qualitative Lebenszeit dar (disponible Zeit/freie Zeit).

Die Determinationszeit ist vorwiegend, aber nicht ausschließlich, mit Erwerbsarbeit (Beruf) ausgefüllt. Einerseits ist nicht jede Berufsarbeit festgesetzt und weitgehend organisiert und fremdbestimmt. Andererseits gibt es auch innerhalb der arbeitsfreien Zeit und speziell innerhalb des Familienlebens Zeitabschnitte, die determiniert, also durch einschränkende Umweltbedingungen (z. B. unzureichende Lage, Größe und Ausstattung der Wohnung) so festgelegt sind, dass sie das Individuum zwingen, sich dem Verhalten der anderen Familienmitglieder (z. B. beim Fernsehen) anzupassen. Außerdem können innerhalb der Familie oder des Freundeskreises bestimmte Rituale (z. B. Essenszeiten, Treffzeiten) so streng formalisiert sein, dass sie die Handlungszeit des Individuums fixieren.

Was die Obligationszeit betrifft, so kann beispielsweise ein zunächst freiwilliges Engagement in der Gemeinde, im Verein, in der Partei oder im Berufsverband mit der Zeit verpflichtenden Charakter annehmen und die Wahl- und Entscheidungsfreiheit des Handelns erheblich einschränken. Dies gilt ebenso für bestimmte Tätigkeiten im sozialen Bereich, erst recht in der Familie. Diese Tätigkeiten sind keineswegs in das Belieben des Handelnden gestellt. In der Obligationszeit liegt zwar ein gewisser Freiheitsgrad bzw. ein Grad an Disponibilität vor, der sich aber meist nur auf Art (z. B. Methode, Technik) und Zeit (z. B. Beginn, Dauer, Einteilung) bezieht. Pflichtcharakter und Zweckbindung bleiben davon unberührt.

Die Qualität im Hinblick auf das Freizeitempfinden können bei Tätigkeiten stark variieren: Beispielsweise kann eine als Arbeit definierte Tätigkeit auch freizeitkulturelle Züge haben (z. B. Kulturveranstaltung im Rahmen einer Geschäftsreise), eine als Freizeit definierte Aktivität kann Zwangscharakter haben und „unfrei" sein (z. B. regelmäßige Gartenarbeit). Die mit quantitativen Forschungsmethoden erhobenen, so genannten „Freizeitaktivitäten" der Bevölkerung (vgl. z. B. Freizeitmonitor des BAT Freizeit-Forschungsinstituts) sagen wenig über tatsächliche Freiheitsgrade des Verhaltens aus. Freie Zeit lässt sich nicht daran erkennen, was eine/r tut, sondern warum und wie er/sie es tut, aus welchen Beweggründen, mit welcher Zielsetzung und inneren Anteilnahme. Wurden bisher beispielsweise Fernsehen, Lesen oder Wandern als selbstverständliche Freizeit-Inhalte angesehen, so lassen sich erst aufgrund von Motivationsanalysen genaue Aussagen über Intensität und Qualität von Frei-Zeit- Tätigkeiten machen.

## 3 Ganztagsbildung als Aufhebung des Dualismus von Arbeit (Schule) und Freizeit (Kinder- und Jugendarbeit)

In der aktuellen gesellschaftlichen Diskussion um die bildungspolitischen Konsequenzen aus den Ergebnissen der PISA-Studie droht die Sinnfrage aus dem Blickfeld zu geraten. Die angebotene Problemlösung „Ganztagsbetreuung" oder „Ganztagsschule" lässt zunächst mehr Aufbewahrung als Bildung befürchten. Funktionale Gesichtspunkte stehen im Vordergrund und mögliche bildungspolitische Konzepte werden einseitig ökonomisch und politisch verwertbaren Interessen untergeordnet. Jedoch finden Lern- und Bildungsprozesse außerhalb von Bildungsinstitutionen statt, und auch die PISA-Studie belegt: Schüler(innen), die in ihrer Freizeit besonders aktiv sind, zeigen die besseren Leseleistungen; aktives Freizeitverhalten im sozialen Raum informeller Bildung fördert schulische Leistungen. Wird nun diese Bildungschance durch Ganztagsbetreuung vertan, indem den Schüler(inne)n Freizeit genommen und Schule daraus gemacht wird?

Mehr als bisher muss in den Bildungskonzepten die Individualität der Lernenden im Lebensverlauf sowie die Situiertheit im sozialen Raum informeller Bildung Berücksichtigung finden, und Elemente der Selbstorganisation bekommen in der Bildungsbiographie jedes Einzelnen eine größere Bedeutung, zumal sich das Bildungsziel Selbstständigkeit zur wichtigsten Lebenstugend entwickelt. Zu den zentralen Bildungsaufgaben der Zukunft gehört die Befähigung zu lebenslangem Lernen genauso wie die Vermittlung von Berufs- und Freizeitkompetenzen, damit sich die Menschen in ihrer Lebensplanung und Lebensgestaltung mit den sich dynamisch entwickelnden gesellschaftlichen Veränderungen aktiv auseinandersetzen können.

Den sich schon heute im Schulalltag stellenden Sinn-, Orientierungs- und Bewältigungsproblemen junger Menschen kann nur durch eine enge Kooperation von Schul-, Sozial- und Freizeitpädagogik wirksam begegnet werden. Notwendig wird eine pädagogische Kommunikation, die die Vielfalt schulischer Betreuungsformen bzw. Förderungsangebote methodisch und pädagogisch reflektieren und durch multiprofessionelle Teams vermitteln kann. Freizeitpädagogische Qualifikationen und Professionen (z. B. Sozial-, Kultur- und Sportpädagog(inn)en) sind in die schulische Betreuungsarbeit zu integrieren, damit die vorhandenen Netzwerke außerschulischer Pädagogik genutzt und nicht zerstört werden. Dabei geht es vor allem um die Ermutigung, Anregung und Aktivierung von selbstgesteuerten Bildungsprozessen und selbstbestimmtem Handeln im Berufs- und Freizeitleben. Erforderlich wird auch ein Mentalitäts- und Qualifikationswandel in der Lehrerschaft, die sich neben fachdidaktischen Kompetenzen mehr mit Methoden motivierender Bildungsarbeit vertraut machen muss, um Lernfreude und Leistungsbereitschaft bei den Schüler(inne)n zu wecken. Bezogen auf ein langes Leben in einer alternden Gesellschaft sind in Zukunft mehr als bisher ganz persönliche Fähigkeiten, insbesondere Eigenmotivation und Selbstkompetenz, kommunikative und soziale Kompetenzen sowie die Bereitschaft zur Übernahme von Verantwortung gefordert. Erfolgsfaktoren einer gelingenden Lebensgestaltung im Spannungsfeld zwischen Beruf und Freizeit werden neben Fachwissen und erforderlichen Leistungsnachweisen Persönlichkeitsbildung und Persönlichkeitsstärke sein.

Die Kommission Pädagogische Freizeitforschung innerhalb der Deutschen Gesellschaft für Erziehungswissenschaft (DGfE) hat sich vor diesem Hintergrund im Arbeitsjahr 2002 schwerpunktmäßig mit bildungspolitischen Fragen und Problemen der Ganztagsbetreuung auseinandergesetzt und eine Erklärung mit einem konkreten Forderungskatalog formuliert, der den Kultusministerien der Länder zur Stellungnahme zugesandt wurde. Die Reaktionen waren aufschlussreich und zum Teil ermutigend. Die bildungspolitische Erklärung der Kommission und die Stellungnahmen der Länderministerien machen deutlich: Beim „Bildungsauftrag Ganztagsbetreuung“ geht es nicht darum, den Schulunterricht einfach zu verlängern (= Schule statt Freizeit). Vielmehr muss die Schule intensiv mit der Kinder- und Jugendhilfe zusammenarbeiten und Lern-, Förder- und Freizeitangebote als bildungspolitisches Gesamtkonzept anbieten. Die Halbtagsschule steht auf dem Prüfstand, die Dominanz der Schule als Lehr- und Unterrichtsanstalt auch. Zur Ganztagsbildung gehören unterrichtliche und außerunterrichtliche Aktivitäten genauso wie schulische und außerschulische Angebote und Einrichtungen. Nur mit einer gelingenden schul-, sozial- und freizeitpädagogischen Integration lässt sich der staatliche Auftrag der Ganztagsbetreuung bildungspolitisch legitimieren.

## *Literatur*

BAT Freizeit-Forschungsinstitut (Hg.) (1980): Probleme im Umgang mit der Freizeit. Hamburg: BAT.

BAT Freizeit-Forschungsinstitut (Hg.) (1994): Schöne, neue Freizeitwelt? Wege zur Neuorientierung. Hamburg: BAT.

Dirks, Walter (1957): Die freie Zeit. In: Richard Becker (Hg.): Die freie Zeit (VI Europäisches Gespräch). Düsseldorf: DGB: 18-38.

Flitner, Andreas (Hg.) (1966): J. A. Comenius. Große Didaktik. Düsseldorf: Küpper.

Hammerich, Kurt (1971): Kritische Untersuchung zur Freizeitpädagogik. Ratingen: Henn.

Hanhart, Dieter (1964): Arbeit in der Freizeit. Bern: Huber.

Jünger, Friedrich Georg (1968): Die Perfektion der Technik. Frankfurt a. M.: Klostermann.

Lange, Wichard (1861): Zehn Jahre aus meiner pa_dagogischen Praxis ein Rückblick. Hamburg: Hoffmann und Campe.

Opaschowski, Horst W. (1974): Freie Zeit ist Bürgerrecht. In: Aus Politik und Zeitgeschichte. Beilage zur Wochenzeitung Das Parlament. 5. Oktober 1974, Bonn: 18-38.

Opaschowski, Horst W. (1996): Pädagogik der freien Lebenszeit. Opladen: Leske.

Opaschowski, Horst W. (2006): Einführung in die Freizeitwissenschaft. Wiesbaden: VS Verlag für Sozialwissenschaften.

Pestalozzi, Johann Heinrich (1901): Nachforschungen über den Gang der Natur in der Entwicklung des Menschengeschlechts. Sämtliche Werke. Hg. von Ludwig Wilhelm Seyffarth. Bd. 7. Liegnitz: Seyffarth.

Reinhardt, Ulrich (2005): Edutainment. Bildung macht Spaß. Münster: Lit.

Sieler, Wolfgang (1967): Was bewegt mein Kind, zu lernen? Berlin: Volk und Wissen.

# Ferieneffekte

*Hendrik Coelen / Jörg Siewert*

Die Bedeutung außerschulischer Faktoren für die Entwicklung von originär in der Schule erworbenen fachlichen Kompetenzen wird in der bildungspolitischen Diskussion unterschätzt:

> „Bildungsprozesse (...), so eine banale Einsicht, kennen – im Unterschied zu Bildungssystemen – keine zeitlichen, örtlichen und sozialen Grenzen; lediglich die Ermöglichung erfolgreicher Bildungsprozesse kann mithilfe gezielter institutioneller Bildungsangebote und lernbezogener Unterstützungen wahrscheinlicher gemacht werden" (Rauschenbach u. a. 2004: 21).

Daher verwundert umso mehr, dass als Reaktion auf die PISA-Veröffentlichungen (vgl. z. B. Baumert u. a. 2001) und die daran anschließenden Diskussionen fast ausschließlich auf der Ebene von Bildungsinstitutionen (und hier überwiegend in der Institution Schule) Interventionen durchgeführt werden. Denn selbst bezogen auf die PISA-Kriterien dürfen gemessene Kompetenzunterschiede nicht ohne weiteres der Qualität von Unterricht zugerechnet werden, lassen sie sich doch auch auf andere Faktoren wie z. B. Familie und Medien zurückführen. Soweit Schätzungen aus den unterschiedlichen Ländern veröffentlicht sind, lassen sich höchstens 5-15 % der Varianz in den PISA-Ergebnissen durch schulischen Einfluss erklären (vgl. Hopmann 2007: 390, mit Bezug auf die PISA-Auswertung von Watermann u. a. 2003).

Die Institution Schule selbst – deren primäres Kennzeichen formelle Bildung ist – schafft durch ihre Rahmenbedingungen Zeiten, in denen vorrangig nicht-formelle und informelle Bildung zum Tragen kommen kann: die Schulferien. Die Untersuchung dieser schulfreien Zeiten kann helfen, Lernbedingungen differenzierter zu erfassen, um auf dieser Grundlage mögliche Interventionen entwickeln zu können, und zwar – im Sinne der Ganztagsbildung – immer mit Blick auf schulische und außerschulische Bildungsmöglichkeiten.

## 1 Herkunftsbedingte Disparitäten

Die PISA-Studien, deren erste Veröffentlichungen gemeinsam mit den Veröffentlichungen der TIMSS-Studie die Reformbedürftigkeit des deutschen Schulsystems wieder in das Blickfeld der Politik und der Öffentlichkeit gerückt haben, weisen auf die enge Kopplung zwischen der sozialen Herkunft von Schüler(inne)n und ihrem Schulerfolg hin. Diese Erkenntnis ist nicht neu, sondern schon Jahrzehnte alt.[1] Neu allerdings ist, zu wissen, dass

1 Beispielsweise begleitet Hans-Günter Rolff mit seiner 1967 in erster Auflage erschienenen Analyse „Sozialisation und Auslese durch die Schule", die nach regelmäßigen Überarbeitungen letztmalig 1980 erschien und 1997 neu verlegt wurde, die gesamte Entwicklung der „Bildungsbenachteiligung" im deutschen Schulsys-

diese Kopplung – außer in Belgien und in Ungarn – in keinem anderen Land mit vergleichbarer Sozialstruktur so stark ausgeprägt ist wie in Deutschland[2] (vgl. Prenzel u. a. 2004: 248-251). Die von PISA gemessenen herkunftsbedingten Disparitäten im Schulwesen[3] bestehen auf der Ebene des Erwerbs von Schulabschlüssen (Bildungsbeteiligung) und auf der Ebene des Erwerbs fachlicher Kompetenzen. Letzteres heißt: Bei gleichen Intelligenzwerten ist die Chance eines Kindes, ein hohes Kompetenzniveau zu erreichen, um so größer, je höher sein ökonomischer, sozialer und kultureller Status (ESCS) ist.[4]

Zusätzlich hängt in einem mehrstufigen Schulsystem das Kompetenzniveau, das ein/e Schüler/in erwerben kann, auch vom Besuch der Schulform ab (vgl. Baumert/Köller 1998; Baumert u. a. 2000). Die Wahl der Schulform wiederum steht in engem Zusammenhang mit Merkmalen der sozialen Herkunft (vgl. u. a. Rolff 1997: 177-228; Geißler 2002: 345-359). Allerdings kann dieser Umstand allein allenfalls für Deutschland die im internationalen Vergleich auffallend starke Ausprägung der sozialen Disparitäten im Erwerb fachlicher Kompetenzen erklären. Als einziger Erklärungsansatz für ihre Existenz reicht aber auch dies nicht aus, da soziale Unterschiede auch in Ländern mit einem eingliedrigen Schulsystem auftreten (vgl. Prenzel u. a. 2004: 253).[5] Wir können also davon ausgehen, dass sich in Deutschland mit einer Aufhebung des mehrgliedrigen Schulsystems zu Gunsten „einer Schule für alle" soziale Disparitäten mittel- und langfristig vielleicht verringern ließen, eliminiert werden sie dadurch vermutlich nicht.

Das wirft die folgenden Fragen auf, die auf Grund des emanzipatorischen Anspruchs unserer demokratischen Gesellschaft und der ökonomischen Notwendigkeit, die Kinder der so genannten „Bildungsreserve" zu mobilisieren (vgl. Heymann 2007), neben der wissenschaftlichen auch eine gesellschaftspolitische Relevanz haben: Inwieweit lassen sich herkunftsbedingte Disparitäten im Erwerb fachlicher Kompetenzen auf Effekte der Schule und des Schulsystems oder auf Effekte außerschulischer Merkmale zurückführen? Durch welche konkreten a) schulischen Merkmale bzw. b) außerschulischen Merkmale lassen sie sich erklären?

tem. Im Vorwort zur Ausgabe von 1997 beurteilt Rolff die über die Jahrzehnte hinweg erzielten Gleichheitsgewinne als „ohnehin nicht erheblich" (ebd.: 6). Desweiteren skizziert Leschinsky (2005) die Parallelen (und die Unterschiede) der Reformbewegungen in den 1960er- und 1970er Jahren und heute.

2 Dabei übertrifft der durchschnittliche Kompetenzwert der Schüler(innen) in Belgien den der Schüler(innen) in Deutschland in Mathematik um 26 Punkte, was in der Lesart von PISA der Differenz eines halben Schuljahres entspricht.

3 In dem hier beschriebenen Zusammenhang geht der Begriff „herkunftsbedingte Disparitäten" auf Veröffentlichungen des Max-Planck-Instituts für Bildungsforschung, Berlin, zurück. „Herkunft" bezeichnet das „soziale Umfeld" eines/r Schülers/in, das bei PISA in Anlehnung an das Konzept von Bourdieu (1983) über Operationalisierungen des ökonomischen, kulturellen und sozialen Kapitals skaliert wurde (vgl. Baumert/Maaz 2006). In diesem Sinn werden die Begriffe „soziale Disparitäten" und „herkunftsbedingte Disparitäten" synonym verwendet.

4 Bei PISA 2003 wurde aus der in der dritten Fußnote genannten Variable „soziale Herkunft" der Index des *Economic, Social and Cultural Status* (ESCS) (vgl. Prenzel u. a. 2004: 239). Siehe dazu auch die Kritik an der Indexbildung von Watermann/Baumert (2006).

5 Zum Zusammenhang von früher Selektion und Bildungschancen vgl. auch Wössmann (2007). Ferner berichten Prenzel u. a. (2004: 245), dass sich soziale Disparitäten auch in den deutschen Gesamtschulen zeigen (vgl. dazu auch die Ausführungen zu unseren Forschungsergebnissen weiter unten). Das ist bemerkenswert, da die integrierten Gesamtschulen in Deutschland unter der Zielsetzung der „Chancengerechtigkeit" eingerichtet wurden, und kann sowohl für System- bzw. Konzeptionsfehler, als auch für die starke Bedeutung außerschulischer Einflüsse sprechen oder dafür, dass Gesamtschulen *innerhalb* eines gegliederten Schulsystems nicht die intendierten Effekte erzielen kann.

## 2 Untersuchungen der Wirkungen von Ferien

Es geht also um die Suche nach schulischen und außerschulischen Faktoren mit einem bedeutsamen Einfluss auf den Erwerb fachlicher Kompetenzen. Hierzu reicht ein Forschungsdesign, das die Kompetenz von Schüler(inne)n nur zu einem Messzeitpunkt erhebt, nicht aus. Selbst ein Längsschnitt-Design wie das der Erweiterungsstudie PISA-I-PLUS (vgl. Prenzel u. a. 2006), mit dem die Kompetenzentwicklung im Verlauf eines Schuljahres untersucht wird, ist hier nicht hilfreich, weil es darum geht, den Einfluss von Größen zu unterscheiden, die nahezu zeitgleich wirken und daher in ihrer jeweiligen Funktion nur schwer identifiziert werden können.

Ein Ansatz, dieses (Forschungsdesign-)Problem zu lösen, ist der Vergleich der Kompetenzentwicklung während der Schulzeit mit der während der Ferien, weil außerschulische Merkmale in der schulfreien Zeit vermutlich erheblich stärker wirken als schulische. Dafür werden Längsschnitt-Designs mit mindestens drei Messzeitpunkten benötigt; mit ihnen wird untersucht, was wir als „Ferieneffekt" diskutieren: Als Ferieneffekt in der Bildungsforschung bezeichnen wir den Kompetenzverlust (negativer Ferieneffekt) bzw. -zuwachs (positiver Ferieneffekt) bei Schüler(inne)n in schultypischen Leistungsdomänen (Lesen, Rechtschreiben, Mathematik etc.) während der unterrichtsfreien Zeit. Unterscheidet sich der Ferieneffekt in Abhängigkeit von Merkmalen des außerschulischen Umfelds einzelner Teilgruppen der Schülerschaft (z. B. sozioökonomischer Status, Bildungsniveau, soziales Milieu, Migrationshintergrund, Intelligenz), dann spricht man von einem schicht-, milieu-, migrations- bzw. intelligenzspezifischen Ferieneffekt (vgl. Coelen/Siewert 2008).

Es wird allgemein angenommen, dass die Ferien umso stärker wirken, je länger sie dauern. Daher konzentrieren sich entsprechende Studien auf den Effekt der „großen Ferien" im Sommer.[6] Das hat den Nachteil, dass die außerschulischen Merkmale, die die Kompetenzentwicklung in den Ferien beeinflussen, nicht identisch sind mit denen, die während der Schulzeit wirken. Diese Einschränkung gilt freilich nicht für (in der Regel mittel- bis langfristig konstante) strukturelle Merkmale der sozialen Herkunft, so dass wir von der Erforschung des Ferieneffekts grundlegende Antworten auf die genannten Fragen erwarten dürfen, zumindest im Zusammenhang mit Strukturmerkmalen.[7] Allerdings gilt diese Einschränkung für Prozessmerkmale in doppelter Form, da sich einerseits die Ferienaktivitäten (und die daraus resultierenden Erfahrungen) von den alltäglichen Freizeitaktivitäten unterscheiden können und da andererseits die in beiden Zeiträumen wirksamen Prozessmerkmale (z. B. Erziehungsstil, Kommunikation etc.) Unterschiede in ihrer Qualität und/ oder ihrer Quantität haben können. Das gilt insbesondere für die Sommerferien, die häufig durch „nicht-alltägliche" Aktivitäten (z. B. gemeinsame Aktivitäten aller Familienmitglieder, Urlaubsreisen) gekennzeichnet sind. Inwieweit Forschungen zum Ferieneffekt zur Beantwortung der oben entwickelten Fragen beitragen können, hängt also stark davon ab, wie detailliert und wie fundiert die in Frage kommenden außerschulischen Merkmale erhoben werden, sowohl während der Ferien als auch während der Schulzeit.

6 Die Entwicklung von Kompetenzen zu messen ist, was die Messinstrumente anbelangt, umso anspruchsvoller, je kürzer der zu erfassende Zeitraum ist. Die Konzentration auf die Sommerferien ist also auch ein Zugeständnis an die Messproblematik.

7 Zur Unterscheidung von Struktur- und Prozessmerkmalen bzw. ihrer Bedeutung für die Kompetenzentwicklung siehe Baumert/Maaz (2006) bzw. Watermann/Baumert (2006).

## *2.1 Der Ferieneffekt in den USA*

Anders als in Deutschland, wo die Erforschung des Ferieneffekts noch am Anfang steht, hat sie in der empirischen Bildungsforschung der USA eine langjährige Tradition. Das liegt nicht zuletzt an der Länge der Sommerferien, die dort drei Monate beträgt und seit ihrer flächendeckend verbindlichen Einführung zu Beginn des vergangenen Jahrhunderts kontrovers diskutiert wird. Einen Überblick über die Studien zum Ferieneffekt (*summer learning*) in den USA liefern Cooper u. a. (1996). Sie beziehen sich auf insgesamt 39 Studien, die in der Regel den Ferieneffekt in Mathematik und/oder in (Schrift-)Sprache untersuchen.[8] Dabei sprechen sie den Ergebnissen der ersten 26 Studien aus dem Zeitraum von 1906 bis 1973 lediglich eine inspirierende Bedeutung zu, da sie aufgrund fehlender methodischer Standards zu wenig präzise seien (ebd.: 236). Und dennoch lohnt sich ein kurzer Blick auf diese frühen Studien, weil er einen Perspektivwechsel in der US-amerikanischen Ferieneffektforschung erkennen lässt: Bis zum Ende der 1960er Jahre ging es den Wissenschaftler(inne)n weniger um die moderierende Rolle der sozialen Herkunft für den Ferieneffekt als vielmehr um die Quantifizierung des Ferieneffekts an sich bzw. um die Funktion der kognitiven Merkmale „Intelligenz“ (in elf Studien)[9] und „Ausgangs-Kompetenzniveau“ (in drei Studien) bei der Kompetenzentwicklung in den Ferien (ebd.: 233-241).[10]

Ein Zusammenhang zwischen herkunftstypischen Merkmalen und der Lernentwicklung in den Sommerferien (*summer learning*) wird 1969 zum ersten Mal untersucht: Hayes/Grether messen in den Leistungsdomänen „Lesen“ und „Wortschatz“ für Schulen mit einem hohen Anteil an Kindern aus sozial schwachen Familien im Durchschnitt einen Lernverlust, hingegen in Schulen mit einem hohen Anteil an Kindern aus sozial starken Familien einen Lernzuwachs (ebd.: 235-236). Knapp zehn Jahre später greift Heyns in einer differenzierten Studie die Untersuchung der Schichtspezifik des Ferieneffekts wieder auf. Sie erhebt neben der Wortschatzentwicklung von Schüler(inne)n der 6. und 7. Jahrgangsstufe während der Schulzeit und während der Ferienzeit, dem sozioökonomischen Status der Eltern und dem Intelligenzniveau der Kinder auch Daten zu den Ferienaktivitäten. Ihre Analyse zeigt einen sehr starken Einfluss der Herkunft auf die Lernentwicklung der Kinder (vgl. Heyns 1978: 195), der während der Sommerferien deutlich stärker ausgeprägt ist als während der Schulzeit (ebd.: 93). Dieser schichtspezifische Ferieneffekt wird nach Kontrolle des Intelligenzniveaus zwar geringer, er bleibt aber statistisch bedeutsam. Daneben hatte keine der von Heyns erfassten Ferienaktivitäten einen schichtunabhängigen Effekt auf das *summer learning* (ebd.: 192).

Die *Beginning School Study* (BSS) von Alexander/Entwisle (1996) – eine Längsschnittstudie, die die Lernentwicklung der Kinder über die ersten acht Schuljahre erfasst – bestätigt die Schichtspezifik des Ferieneffekts auch für die Domänen Mathematik und Lesen (vgl. auch Alexander u. a. 2004): Kinder aus höheren sozialen Schichten zeigen in den Sommerferien – wenn auch nicht so stark ausgeprägt wie in der Schulzeit – Lernzuwächse;

8 In einigen der älteren Studien wird auch nach Lernverlusten bzw. -zuwächsen in anderen Fächern geforscht.

9 Ein Zusammenhang zwischen der Ausprägung des Ferieneffekts und der Intelligenz konnte nicht widerspruchsfrei nachgewiesen werden (ebd.: 241).

10 Insgesamt gab es in dem frühen Zeitraum bereits drei Studien, die die Wirkung bestimmter Ferienprogramme (z. B. Programme der „kompensatorischen Erziehung“, vgl. ebd.: 234-236) auf die Entwicklung fachlicher Kompetenzen evaluierten. Die Erforschung des Ferieneffekts im Zusammenhang mit Interventionsstudien ist in den USA auch aktuell noch bedeutsam (siehe Boreman u. a. 2004).

dagegen ist bei Kindern aus unteren sozialen Schichten im Lesen eine Stagnation, in Mathematik sogar ein Verlust messbar. Fast noch bedeutsamer ist, dass die Daten von Alexander/Entwisle über die Kompetenzentwicklung während der Schulzeit keinen Hinweis auf eine Schichtspezifik geben. Das heißt, die Kompetenzlücke zwischen den Kindern aus den unterschiedlichen Sozialschichten (in Mathematik und in Lesen) entsteht ausschließlich während der Sommerferien; sie wird durch Schule und Unterricht nicht vergrößert, allerdings können die Unterschiede während der Schulzeit auch nicht kompensiert werden (Abbildung 1).

*Abbildung 1: Qualitative Darstellung der Entwicklung der Kompetenzlücke zwischen den Kindern aus unterschiedlichen Sozialschichten (SÖS = sozioökonomischer Status) in Mathematik und Lesen nach Alexander/Entwisle (1996)*

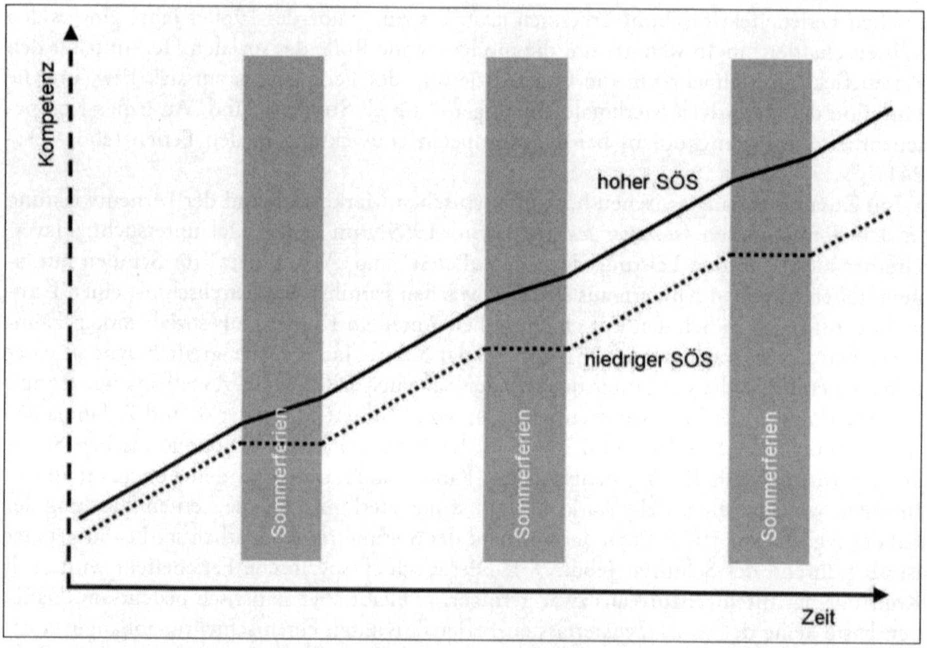


Die Ergebnisse der von Cooper u. a. (1996) durchgeführten Meta-Analyse der 13 jüngeren Studien (von 1975 bis 1994) bestätigen die Ergebnisse von Heyns und die von Alexander/Entwisle nicht in vollem Umfang:[11] Grundsätzlich ist der Ferieneffekt je nach Leistungsdomäne unterschiedlich stark ausgeprägt.[12] Bezogen auf alle Schüler(innen) ist der Verlust in Mathematik[13] und in Rechtschreiben am größten. In diesen Domänen ist er unabhän-

11 Obwohl sowohl die Daten der Studie von Heyns als auch die der ersten drei Jahre der Studie von Alexander/Entwisle in diese Meta-Analyse eingeflossen sind.

12 Cooper (2004: 5) spricht sogar von „dramatic differences in the effect or summer vacation on different skill areas".

13 Die Ausprägung des Ferieneffekts in Mathematik ist dann besonders stark, wenn es um Kompetenzen geht, die die Kenntnis mathematischer Fakten und ihre Anwendung voraussetzen. Dagegen erweisen sich mathematische Problemlösekompetenzen gegenüber den Ferien als stabiler (vgl. Cooper 2004: 5).

gig vom sozioökonomischen Status der Familien. Dagegen ist bei der Entwicklung der Lesekompetenz während der Sommerferien sehr wohl eine Schichtspezifik erkennbar: Unterschichtkinder lesen nach den Sommerferien durchschnittlich schlechter als davor, dagegen zeigen Mittelschichtkinder nach den Sommerferien sogar Zuwächse in der Lesekompetenz. Den starken Kompetenzverlust in Mathematik und in Rechtschreiben führen die Autor(inn)en auf die fehlende Übung dieser hauptsächlich schulisch vermittelten Kompetenzen zurück. Das erklärt nach ihrer Interpretation auch die schichtspezifische Entwicklung der Lesekompetenz während der Ferien, weil Mittelschichtkinder in ihrem häuslichen Umfeld einen leichteren Zugang zu Büchern und zu Lesegelegenheiten haben als sozial benachteiligte Kinder. Außerdem finden sich für alle Domänen Hinweise auf einen schwach ausgeprägten Einfluss des Intelligenzniveaus auf die Kompetenzentwicklung in den Ferien. Dagegen steht der Ferieneffekt in keinem Zusammenhang zum Geschlecht oder zu ethnischen Merkmalen. (vgl. ebd.: 253-265; Cooper 2004: 5).

## *2.2 Der Ferieneffekt in Deutschland*

In Deutschland wurden die Kompetenzentwicklungen von Schüler(inne)n während der Ferien bislang nur in wenigen Studien explizit in den Blick genommen: Es liegen Erkenntnisse vor aus der Evaluationsstudie zum „Jakobs-Sommercamp-Projekt" aus dem Jahr 2004, aus einer Studie, die im Zusammenhang mit der im Zeitraum 2003 bis 2005 durchgeführten Grundschuluntersuchung „ELEMENT" entstanden ist, und aus der Studie „Schichtspezifisches Lernen außerhalb von Unterricht (SCHLAU)" aus den Jahren 2004 bis 2006: Im Jakobs-Sommercamp-Projekt sind Wissenschaftler(innen) des Max-Planck-Instituts für Bildungsforschung, Berlin, mit Blick auf die Entwicklung sprachlicher Kompetenzen (zum Einsatz kamen Tests zur Grammatik, zum Sprachverständnis, zum Wortschatz und zum Lesen) von Schüler(inne)n während der Sommerferien u. a. der Frage nachgegangen, ob in Deutschland wie in den USA der Kompetenzverlust bei Kindern aus sozial benachteiligten Familien größer ist als bei Kindern aus sozial besser gestellten Familien (vgl. Stanat u. a. 2005: 868). Dabei fokussierten sie ihre Beobachtungen allerdings auf die Kompetenzentwicklung von Grundschüler(inne)n mit unterschiedlichen ethnischen Hintergründen. Ergebnisse des Sommercamp-Projekts, in dem ca. 150 Grundschüler(innen) in drei Wochen explizite und implizite Sprachförderung erhielten, sprechen dafür, dass der aus den USA bekannte *summer setback* in den untersuchten sprachlichen Leistungsdomänen in Deutschland nicht existiert. Stanat u. a. führen dies darauf zurück, dass die sechswöchigen deutschen Sommerferien zu kurz seien, um Effekte feststellen zu können (vgl. Baumert u. a. 2004; Baumgarten 2005; Limbird/Stanat 2006: 257-307).

Im Rahmen der Grundschuluntersuchung „ELEMENT" haben Becker u. a. (2008) untersucht, ob sich die Leistungsunterschiede im Bereich Lesen zwischen Kindern mit bzw. ohne Migrationshintergrund über die Sommerferien hinweg verändern. Die Ergebnisse der am Ende der 4. und Anfang der 5. Klassenstufe durchgeführten Untersuchung machen deutlich, dass die Gruppe der Kinder mit Migrationshintergrund (bei Kontrolle der Leistungen vor den Sommerferien) niedrigere Leistungen erzielen als Kinder ohne Migrationshintergrund. Diese Ergebnisse lassen sich weder auf den sozioökonomischen Status der Familien noch auf die in den Sommerferien hauptsächlich gesprochene Sprache zurückführen.

Die Studie „Schichtspezifisches Lernen außerhalb von Unterricht (SCHLAU)", die von 2004 bis 2006 von Brügelmann, Coelen, Heymann und Siewert (Universität Siegen) durchgeführt wurde, kommt für die Sekundarstufe in Teilen zu differenzierteren Ergebnissen: Ausgehend von der Frage, ob es in Deutschland einen – möglicherweise schichtspezifischen – Ferieneffekt gibt, wurden in einem Längsschnitt – die erste Erhebung fand im zweiten Halbjahr der 5., die letzte Erhebung zu Beginn der 7. Klasse statt – die Leistungsentwicklungen von ca. 750 Gesamtschüler(inne)n in Mathematik, Lesen und Rechtschreiben erhoben. Zusätzlich zur Leistungsmessung wurden mit Hilfe von Fragebögen für Eltern und Kinder sozial-statistische Daten, Daten zum kulturellen und sozialen Kapital sowie Daten zum Freizeit- und insbesondere zum Ferienverhalten erhoben, um differenzierter beschreiben zu können, wie die (schichtspezifisch) unterschiedlichen Erfahrungen und die ihnen zugrunde liegenden Aktivitäten aussehen, die fachliches Lernen außerhalb der Schule behindern oder befördern. Um Kompetenzentwicklungen während der Schulzeit mit denen während der Ferien vergleichen zu können, wurde regelmäßig jeweils zu Beginn und am Ende zeitkonstanter Beobachtungszeiträume (elf Wochen) der aktuelle Leistungsstand gemessen; die Beobachtungszeiträume unterscheiden sich in ihrem jeweiligen „Ferienanteil" (vgl. Abbildung 2). Unter der Annahme, dass die Zeit kurz vor und, mehr noch, die Zeit kurz nach den Sommerferien stark von diesen geprägt ist („Ferien-Korona"), wird z. B. im zweiten Beobachtungszeitraum eine Lernentwicklung gemessen, die so gut wie gar nicht von der Schule beeinflusst ist, während der erste Beobachtungszeitraum eine Phase „reiner" Schulzeit erfasst. Schließlich gibt es Phasen mit einem kleineren Ferienanteil, so dass der Effekt in dreifach gestufter Form überprüft werden kann.

*Abbildung 2: Das Design der Längsschnittstudie SCHLAU (KW = Kalenderwoche)*

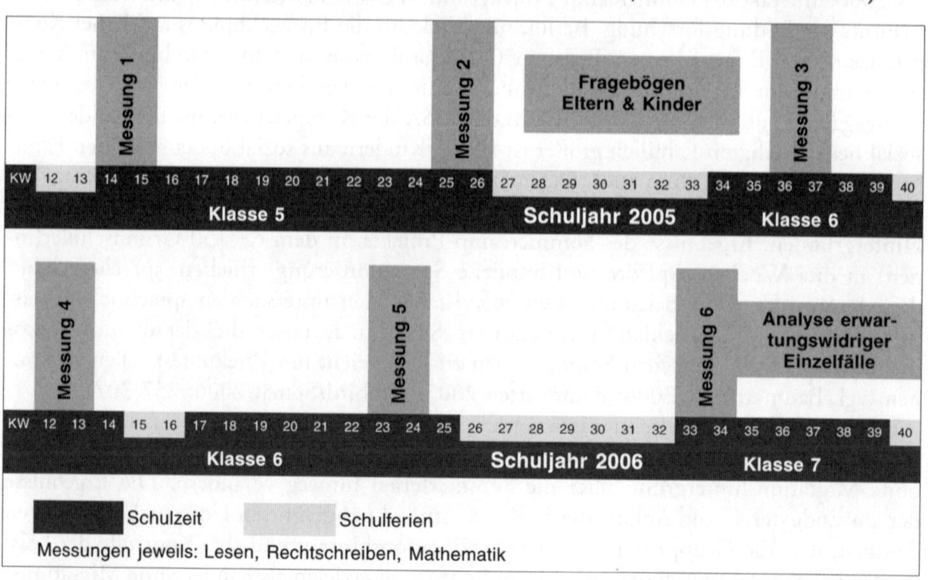


Als Ergänzung zu den standardisierten Erhebungen wurde eine interpretative Untersuchung von Einzelfällen durchgeführt, da nur so Hypothesen generiert werden können, die Hinweise für die unterschiedliche Entwicklung bestimmter (Gruppen von) Schüler(inne)n in den Ferien im Vergleich zur Schulzeit liefern können. Bei der Auswahl wurden besonders erwartungswidrige Fälle berücksichtigt, d. h. Kinder, die trotz ungünstiger sozialer Hintergründe positive Lernentwicklungen zeigten, bzw. umgekehrt solche, die sich trotz günstiger sozialer Hintergründe auffallend schlecht entwickelten. Diese aus der Gesamtstichprobe durch gezielte Auswahl gewonnenen Kinder wurden – zusätzlich zu den mit allen Kindern durchgeführten Tests – in Interviews zu ihrem Freizeit- und Ferienverhalten sowie retrospektiv zu ihrer bisherigen Lernbiografie befragt. Diese Fallstudien, in denen neben der Leistungsentwicklung die Perspektiven der Beteiligten und der Kontext dieser Entwicklung differenziert erfasst wurden, können über die sozial- und bildungsstatistischen Daten in der Gesamtstichprobe verortet werden, so dass beide Forschungsansätze einander ergänzen. Dieser qualitative Untersuchungsteil macht es möglich, den für Studien mit großen Stichproben üblichen Nachteil der eher groben Erfassung sozioökonomischer Indikatoren zu überwinden und Rückschlüsse auf die tatsächlich bedeutsamen Prozesse in den Familien zu ziehen.

Die Ergebnisse differieren in den untersuchten Leistungsdomänen (Mathematik, Lesen und Rechtschreiben). Im Bereich Mathematik wird ein insofern negativer Ferieneffekt nachgewiesen, als 60 % aller Schüler(innen) einen deutlichen Kompetenzverlust zeigen. Dieser Befund ist – wie der in der Meta-Analyse von Cooper u. a. (1996) – nicht schichtspezifisch. Es gibt also durchaus Effekte der Ferien auf die Entwicklung mathematischer Kompetenzen – aber über alle Teilgruppen hinweg. Erste Auswertungen der schriftsprachlichen Daten (unterschieden nach Satzleseverständnis, Textleseverständnis und Rechtschreibung) liefern Hinweise auf einen möglicherweise anderen Entwicklungsverlauf: Hier ist kein Unterschied zwischen der Kompetenzentwicklung in den Ferien und der in der Schulzeit messbar, weder für die gesamte Stichprobe noch für nach herkunftsspezifischen Strukturmerkmalen differenzierte Teilgruppen.

Die sechsmal erhobenen Leistungsdaten machen aber auf individueller Ebene sehr unterschiedliche Entwicklungen sichtbar. Von „stetigem Zuwachs" über „Verlust in der Schulzeit" und „Zuwachs in den Ferien" bis zu „stetigem Verlust" sind alle denkbaren Entwicklungsverläufe in bedeutsamer Anzahl vertreten (sowohl innerhalb der Gesamtstichprobe als auch innerhalb jeder einzelnen Schule). Insofern täuschen die Durchschnittswerte über besondere Auffälligkeiten in Teilgruppen hinweg. Die vielfältig erhobenen außerschulischen Einflussfaktoren lassen derzeit keine typischen Entwicklungsverläufe erkennen. Dieses Bild wird auch durch die Einzelfallanalysen bestätigt, die im Rahmen der qualitativen Ergänzungsstudie auf Grundlage von Schüler-, Eltern- und Lehrerinterviews erstellt wurden.

# 3 Fazit

Für Schüler(innen) in den USA ist ein stark ausgeprägter negativer Ferieneffekt in den Leistungsdomänen Mathematik, Rechtschreiben und Lesen nachgewiesen worden. Er ist insgesamt unabhängig von der ethnischen Herkunft, zeigt aber für das Lesen eine starke Kopplung mit dem sozioökonomischen Status der Eltern. Für die Bereiche Mathematik, Rechtschreiben und Wortschatzentwicklung sind die Ergebnisse zur Schichtspezifik des Ferieneffekts nicht widerspruchsfrei.

Für Schüler(innen) in Deutschland ist bisher nur in Mathematik ein negativer Ferieneffekt in der Form nachgewiesen, dergestalt dass die Anzahl der Schüler(innen) mit einem Kompetenzverlust während der Sommerferien doppelt so hoch ist wie die während der

Schulzeit (60 % gegenüber 30 %); ein Zusammenhang zu schichtspezifischen Merkmalen ist nicht zu erkennen. Im Lesen und Rechtschreiben zeigt sich kein statistisch bedeutsamer Einfluss auf die Kompetenzentwicklung: weder insgesamt noch in Bezug auf herkunftstypische Strukturmerkmale der Schüler(innen). Diese Ergebnisse sind mit großer Vorsicht zu interpretieren, da sie sich nur auf zwei Studien stützen (zumal die Daten der Studie SCHLAU noch nicht vollständig ausgewertet sind). Es bedarf weiterer Untersuchungen in anderen Schulformen (als – wie bislang – der Gesamtschule in NRW bzw. der Grundschule in Bremen), in anderen Jahrgängen (als den Jahrgängen 3 bzw. 5-7), in anderen Leistungsdomänen (als Mathematik, Lesen und Rechtschreiben) und über Landesgrenzen hinweg. Ferner müssen die standardisierten Messinstrumente so weiter entwickelt werden, dass sie noch präzisere Aussagen über Kompetenzentwicklungen während so kurzer Beobachtungszeiträume wie den Sommerferien in Deutschland erlauben.

## *Literatur*


Alexander, Karl L./Entwisle, Doris R. (1996): Schools and children at risk. In: Booth, Alan/Dunn, Judith F. (Eds.): Family-school links. How do they affect educational outcomes? New Jersey: Erlbaum: 67-88.

Alexander, Karl L./Entwisle, Doris R./Olson, Linda Steffel (2004): Schools, Achievement and Inequality: A Seasonal Perspective. In: Boreman, Geoffrey D./Boulay, Matthey (Eds.): Summer Learning. Research, Policies, and Programs. New Jersey: Erlbaum: 25-51.

Baumert, Jürgen/Köller, Olaf (1998): Nationale und internationale Schulleistungsstudien: was können sie leisten, wo sind ihre Grenzen? In: ZfPäd (50. Jg.) H. 6/1998: 12-18.

Baumert, Jürgen/Köller, Olaf/Schnabel, Kai (2000): Schulformen als differentielle Entwicklungsmilieus: eine ungehörige Fragestellung? Berlin: Max-Planck-Institut für Bildungsforschung.

Baumert, Jürgen u. a. (Deutsches PISA-Konsortium) (Hg.) (2001): PISA 2000. Basiskompetenzen von Schülerinnen und Schülern im internationalen Vergleich. Opladen: Leske + Budrich.

Baumert, Jürgen/Maaz, Kai (2006): Das theoretische und methodische Konzept von PISA zur Erfassung sozialer und kultureller Ressourcen der Herkunftsfamilie: Internationale und nationale Rahmenkonzeption. In: Baumert, Jürgen/Stanat, Petra/Watermann, Rainer (Hg.): Herkunftsbedingte Disparitäten im Bildungswesen. Differenzielle Bildungsprozesse und Probleme der Verteilungsgerechtigkeit. Vertiefende Analyse im Rahmen von PISA 2000. Wiesbaden: VS Verlag für Sozialwissenschaften: 11-29.

Baumert, Jürgen/Müller, Andrea/Stanat, Petra (2004): Förderung von deutschen Sprachkompetenzen bei Kindern aus zugewanderten und sozial benachteiligten Familien: Erste Ergebnisse des Jacobs-Sommercamp Projekts. In: www.mpib-berlin.mpg.de/de/forschung/eub/projek-te/Projektbeschreibung.pdf (Download am 09.12.2007).

Baumgarten, Jürgen (2005): Ferien auf gut Deutsch. Bildungsforschung. In: MaxPlanckForschung Nr. 3/2005: 7-8.

Becker, Michael/Stanat, Petra/Baumert, Jürgen/Lehmann, Rainer (2008): Lernen ohne Schule: Differentielle Entwicklung der Leseleistungen von Kindern mit und ohne Migrationshintergrund während der Sommerferien. In: Kölner Zeitschrift für Soziologie und Sozialpsychologie (i. Dr.).

Boreman, Geoffrey D./Boulay, Matthey (2004): Summer Learning. Research, Policies, and Programs. New Jersey: Erlbaum.

Bourdieu, Pierre (1983): Die feinen Unterschiede – Kritik der gesellschaftlichen Urteilskraft. Frankfurt a. M.: Suhrkamp.

Coelen, Hendrik/Siewert, Jörg (2008): Der Ferieneffekt – auch in Deutschland schichtspezifisch? In: Wagener, Matthea/Ramseger, Jörg (Hg.): Chancenungleicheit in der Grundschule – Ursachen und Wege aus der Krise. Jahrbuch Grundschulforschung. Bd. 12. Wiesbaden: VS Verlag für Sozialwissenschaften (i. Dr.).

Cooper, Harris (2004): Is the School Calendar Dated? Education, Economics, and the Politics of Time. In: Boreman, Geoffrey D./Boulay, Matthey (Eds.): Summer Learning. Research, Policies, and Programs. New Jersey: Erlbaum: 1-23.

Cooper, Harris/Nye, Barbara/Charlton, Kelly/Lindsay, James/Greathouse, Scott (1996): The effects of Summer vacation on Achievement Test Scores: A Narrative and Meta-Analytic Review. In: Review of Educational Research 66. Washington DC: American Educational Research Association: 227-268.

Geißler, Rainer (2002): Die Sozialstruktur Deutschlands. Wiesbaden: Westdeutscher Verlag.

Hayes, Donals P./Grether, Judith (1969): The school yesr and vacations: When do students learn? Paper presented at teh meeting of the Eastern Sociological Association. New York.

Heymann, Hans Werner (2007): Fragwürdige Umbaupläne. In: ZfPäd (59. Jg.) H. 9/2007: 32-39.

Heyns, Barbara (1978): Summer learning and the effects of schooling. New York: Academic Press.

Hopmann, Stefan Thomas (2007): Epilogue: No child, no school, no state left behind: Comparative research in the age of accountability. In: Hopmann, Stefan Thomas/Brinek, Gertrude/Retzl, Martin (Eds.): PISA zufolge PISA/PISA According to PISA. Wien: Lit: 363-415.

Leschinsky, Achim (2005): Vom Bildungsrat (nach) zu PISA. Eine zeitgeschichtliche Studie zur deutschen Bildungspolitik. In: ZfPäd (51. Jg.) H. 6/2005: 818-839.

Limbird, Christina/Stanat, Petra (2006): Sprachförderung bei Schülerinnen und Schülern mit Migrationshintergrund: Ansätze und ihre Wirksamkeit. In: Baumert, Jürgen/Stanat, Petra/Watermann, Rainer (Hg.): Herkunftsbedingte Disparitäten im Bildungswesen. Differenzielle Bildungsprozesse und Probleme der Verteilungsgerechtigkeit. Vertiefende Analyse im Rahmen von PISA 2000. Wiesbaden: VS Verlag für Sozialwissenschaften: 257-307.

Prenzel, Manfred u. a. (PISA-Konsortium Deutschland) (Hg.) (2004): PISA 2003 – Der Bildungsstand der Jugendlichen in Deutschland – Ergebnisse des zweiten internationalen Vergleichs. Münster: Waxmann.

Prenzel, Manfred u. a. (PISA-Konsortium Deutschland) (Hg.) (2006): PISA 2003. Untersuchungen zur Kompetenzentwicklung im Verlauf eines Schuljahres. Münster: Waxmann.

Rauschenbach, Thomas/Leu, Hans Rudolf/Lingenauber, Sabine/Mack Wolfgang/Schilling, Matthias/Schneider, Kornelia/Züchner, Ivo (2004): Non-formale und informelle Bildung im Kindes- und Jugendalter – Konzeptionelle Grundlagen für einen Nationalen Bildungsbericht (hrsg. v. BMBF). Berlin.

Rolff, Hans-Günter (1967): Sozialisation und soziale Auslese durch die Schule. Überarbeitete Neuausgabe. Heidelberg: Quelle & Meyer.

Rolff, Hans-Günter (1997): Sozialisation und soziale Auslese durch die Schule. Überarbeitete Neuausgabe. Weinheim: Beltz.

Stanat, Petra/Baumert, Jürgen/Müller, Andrea G. (2005): Förderung von deutschen Sprachkompetenzen bei Kindern aus zugewanderten und sozial benachteiligten Familien. Evaluationskonzeption für das Jacobs-Sommercamp Projekt. In: ZfPäd (51. Jg.) H. 6/2005: 856-875.

Watermann, Rainer/Baumert, Jürgen (2006): Entwicklung eines Strukturmodells zum Zusammenhang zwischen sozialer Herkunft und fachlichen und überfachlichen Kompetenzen: Befunde national und international vergleichender Analysen. In: Baumert, Jürgen/Stanat, Petra/Watermann, Rainer (Hg.): Herkunftsbedingte Disparitäten im Bildungswesen. Differenzielle Bildungsprozesse und Probleme der Verteilungsgerechtigkeit. Vertiefende Analyse im Rahmen von PISA 2000. Wiesbaden: VS Verlag für Sozialwissenschaften: 61-94.

Watermann, Rainer/Stanat, Petra/Kunter, Mareike/Klieme, Eckhard/Baumert, Jürgen (2003): Schulrückmeldungen im Rahmen von Schulleistungsuntersuchungen: Das Disseminationskonzept von PISA-2000. In: ZfPäd (49. Jg.) H. 1/2003: 92-111.

Wössmann, Ludger (2007): Letzte Chance für gute Schulen: Die 12 großen Irrtümer und was wir wirklich ändern müssen. München: Zabert Sandmann.

# 3.2

# Institutionen und Organisationen

## 3.2.1

## Kinder- und Jugendhilfe

# Geschichte der schulbezogenen Jugendhilfe

*André Richter*

Die Jugendhilfe betrachtet Schule als einen zentralen Lern- und Lebensort von Kindern und Jugendlichen, der über die reine Wissensvermittlung hinaus auch sozialpädagogische Unterstützungsleistungen integriert. Damit verbinden sich Aspekte eines ganzheitlichen pädagogischen Handelns, dessen Ursprünge schon im 18. Jahrhundert in der Entwicklung des Schulwesens sichtbar sind und in der Gegenwart erneut durch Rückbesinnung auf die gemeinsame Aufgabe öffentlicher Verantwortung für die Gestaltung allseitiger Entfaltungsmöglichkeiten von Kindern und Jugendlichen zwischen Schule und Jugendhilfe hervortreten.

Die folgende Darstellung versucht eine Skizzierung wesentlicher Entwicklungsabschnitte des gemeinsamen Weges von Schule und Jugendhilfe, dessen jeweilige epochale Bildungsaufgaben sie zugleich in unterschiedliche Leistungsbereiche gliederte, um diese erneut, vor den gesellschaftlichen Herausforderungen der Gegenwart, aufeinander zuzuführen. Hierbei spielten sowohl Gestaltungsnotwendigkeiten aufgrund spezifischer gesellschaftlicher Bedingungen als auch damit verbundene reform- und sozialpädagogische Bewegungen eine zentrale Rolle.

## 1 Die sozialpädagogische Schöpfung der Volksschule (1770-1840)

Pestalozzi wollte keine Schule. Das Ziel seines pädagogischen Handelns lag vielmehr in der Besserung und methodischen Durchdringung elterlicher Erziehung, denn als Ort der natürlichen und damit wirkungsvollsten Bildung des Menschen sah er die heimische „Wohnstube" der Heranwachsenden an (Pestalozzi 1801/1918). Sofern es sich nicht um höhere Bildungseinrichtungen handelte, galten die Winkel- und Armenschulen, aus denen die Volksschule entstand, im Verständnis des späten 18. Jahrhunderts auch unter anderen Pädagogen vielfach nur als ein Ersatz für die unzulängliche oder gar nicht vorhanden Ausbildung der Kinder und damit als eine sozialpädagogische Schöpfung. Preußen, ein Vorreiter dieser Entwicklung, bestimmte hierzu 1794 im Allgemeinen Landrecht, „dass es primär die Pflicht der Hausväter ist, für den Unterricht der Kinder zu sorgen, und dass nur der, welcher den nötigen Unterricht für seine Kinder in seinem Haus nicht besorgen kann oder will (...) schuldig (ist), dieselben nach zurückgelegtem fünftem Jahre zur Schule zu schicken" (zit. n. Tenorth 1992: 137). Der preußische Staat stellte sich damit einer öffentlichen Verantwortung für die Bildung seiner Landeskinder, jedoch war ihm Schule als öffentliche Einrichtung nur letztes Fürsorgeelement und Lückenbüßer für unwillige oder ungenügende häusliche Sozial- und Berufserziehung.

Gegenüber dem Gedanken öffentlicher Beschulung als Nothilfe trat seit 1770 ein ebenfalls an der Armenfürsorge ansetzender, aber der Aufklärungspädagogik entstammender Industrieschulgedanke, der in der Erziehung des gesamten Volkes zur „Industriösität" sowohl die Möglichkeit einer nachhaltigen Besserung der Lebensbedingungen unter den ärmsten Schichten der Gesellschaft als auch die Chance einer umfassenden Etablierung von Schulbildung in allen gesellschaftlichen Ständen sah. Hierbei trafen sich unterschiedlichste Weltbilder und Ansätze (u. a. von Kindermann, Salzmann und Rochow) um volkspädagogisch gestimmt, nicht nur der nachwachsenden Generation, sondern der gesamten einfachen Bevölkerung in den Schulen Formen der Erziehung angedeihen zu lassen, die sie befähigen sollten, aus eigenen Kräften eine sittlich-soziale Lebensführung aufrichten zu können und für die eigenständige Ernährung Sorge zu tragen. Der Bildungs- und der Fürsorgegedanke bildeten in diesen Zusammenhängen eine untrennbare Einheit. Zugleich verbanden sie sich zu Beginn des 19. Jahrhunderts (über das Wirken F. L. Jahns, C. W. Harnischs oder J. G. Fichtes) mit politisch-nationalen Motiven. Erst durch die Zersplitterung des deutschen Schulwesens und die damit verbundene Formalisierung von Volksschulstrukturen als „Lehranstalten" entwickelte sich zunehmend ein unabhängig von den Lebenszusammenhängen der Beschulten vertretenes verengtes Lehrverständnis, das zugleich die ursprünglichen Hoffnungen der Volksschulbildung entwertete (Blankertz 1992).

## 2 Halbtagsschule und Fürsorgeerziehung (1871-1900)

Mit dem Volksschul-Erlass von 1872 begann eine umfassende Reform der elementaren Schulbildung. Sie stärkte die zunehmend wirtschaftlich notwendige Realienbildung der künftigen Lohnarbeiter(innen) im neuen Deutschen Reich unter Abschwächung ihrer allgemein erzieherischen Funktion. Zugleich setzte sich ab 1892 auch an den Volksschulen die Halbtagsschule durch, deren Akzeptanz nicht nur durch die frei werdende Nachmittagszeit, sondern auch durch die Beseitigung der Schulgelderhebung und durch staatliche Zuschüsse für den schulischen Ausbau unterstützt wurde (Volkmer 1910: 227). Dabei verlor sie jedoch zunehmend an sozialerzieherischer Wirkung und überantwortete die maßgebliche Erziehungsverantwortung den milieubedingten Prägungen der Herkunftsfamilien. Im Kontext der ersten wirtschaftlichen Krisenerschütterungen des Kaiserreiches in den 1870er Jahren zeigten sich jedoch bald durch die wachsende Verarmung einfacher Bevölkerungsschichten eine aus bürgerlicher Sicht entstehende Verwahrlosung und politische Radikalisierung Heranwachsender, die „auf die Straße drängte". Sollte eine Revolution verhindert werden, waren Reformen also dringend geboten. Als natürliche Verbündete für die Aufgaben der Armenpflege und damit einhergehenden erzieherischen „Liebestätigkeit" galten hierbei private, meist kirchliche Einrichtungen der Erziehungsfürsorge. Die verstärkte Unterstützung ihrer Arbeit wurde nunmehr aus staatlicher Sicht notwendig und fand am 2. Juli 1900 im Fürsorgeerziehungsgesetz ihren umfassenden Ausdruck. Dadurch trennten sich jedoch zunehmend die Aufgabenbereiche zwischen öffentlicher Bildung und öffentlicher Erziehungsverantwortung. Die (halbtägige) Schule galt fortan als reine Unterrichtsanstalt. Die erzieherische Fürsorge wurde demgegenüber explizit außerschulischen Trägern zugeordnet und verrechtlicht. Damit verband sich zugleich eine wachsende Verberuflichung der sozialen Arbeitsfeldern, die in Bezug auf die Erziehungsfürsorge Analogien zur frühen Entwicklung des Schulwesens besaß.

# 3 Reformpädagogische Wende und Jugendwohlfahrt (1910-1930)

Der Beginn des 20. Jahrhunderts wurde durch eine vielfältige Diskussion um die soziale Funktion der Schule und die damit verbundenen Aufgaben außerschulischer Erziehungsinstanzen geprägt. Hierbei spielten vor allem gesundheitsfürsorgerische und jugendpflegerische Gesichtspunkte eine Rolle. Die zerstörerischen Effekte ungehemmter und ungeregelter Industrialisierung, Rationalisierung und Bürokratisierung und ihre Wirkungen, sichtbar in sozialer, sittlicher und gesundheitlicher Verelendung auch und gerade der heranwachsenden Jugend führte hierbei erneut zu einem breiten schul- und sozialpädagogischen Reformwillen, der Ausdruck in reformpädagogischen Schulkonzeptionen und der freien Gestaltung von außerschulischen Jugendbünden fand. Eine Reihe schul- und sozialpädagogischer Reformmodelle wurde dafür beispielgebend. Darüber hinaus gab es weitere, mehr oder weniger geförderte Schulreformbemühungen, die wiederum Anschluss an die „großen" reformpädagogischen Vorbilder suchten. Sie alle vereinte der pädagogische Anspruch, den strukturellen Formen und inhaltlichen Zielen einer vom Kinde ausgehenden und auf eine idealtypische Gemeinschaft gerichteten Bildungswirklichkeit zum Durchbruch zu verhelfen, die schulpädagogische und jugendpflegerische Elemente verband. Zugleich sollte die sozialpädagogische Funktion der Schule durch eine verstärkte Polytechnisierung des Unterrichtes und damit verbundene Ausrichtung auf die Berufsvorbereitung angestrebt werden. Die Schule sollte dem Kinde zu einer Art Heimat werden in der „nicht nur der Unterricht, sondern die gesamten Aufgaben der Jugenderziehung (...) zur gemeinsamen höchsten Angelegenheit werden" (Bäumer 1917: 26). Damit verbanden sich auch Forderungen einer engeren Kooperation zwischen Jungendwohlfahrt und Schule, die auf pädagogischer und sozialpolitischer Ebene durch H. Nohl, G. Bäumer oder H. Muthesius getragen wurden.

Für die angestrebte Kooperation boten sich über die im Juni 1920 tagende Reichsschulkonferenz und die damit verbundenen gesetzlichen Regelungen in Verbindung mit dem Reichjugendwohlfahrtsgesetz (1922) neue Möglichkeiten, denn einerseits sah man auf schuladministrativer Ebene zumindest für das elementare Schulwesen in den sozialpädagogischen Bestrebungen der Erziehungsfürsorge einen berechtigten, „aus dem Volksschulwesen hervorgegangenen Bildungsbereich" (Sachse 1933/1981: 415). Andererseits bedurfte es, mit Blick auf die durch Krieg und Nachkriegselend verschärften Milieubedingungen, eines zunehmenden, im Rahmen der Schule unterstützenden, gesundheitlichen und familienfürsorgerischen Wirkens und einer damit verbundenen Neugestaltung der Schulpflege. Seit Mitte der 1920er Jahre wurden deshalb vielfältige praktische Umsetzungsmöglichkeiten der Kooperation diskutiert, deren Realisierung allerdings kaum den Erwartungen an ein partnerschaftliches Wirken entsprach. Denn obzwar auch viele schulische Lehrkräfte an einer gemeinsamen Arbeit interessiert waren, galt eine „reinliche Scheidung" (Pottag 1926: 213) beider Seiten als notwendig, ergebe sich doch die reine Jugendpflege als selbstverständliche Aufgabe schulischer Erziehung, während die Jugendfürsorge als Bestandteil der Jugendwohlfahrt nachrangig gegenüber schulischen Aufgaben sei. Dieses, bis in die Gegenwart auf schulpädagogischer Seite noch häufig anzutreffende Selbstverständnis, verspielte indes die Möglichkeiten einer umfassenden Reform des deutschen Bildungswesens.

# 4 Die Überwindung der Schule: Soziale Erziehung im Nationalsozialismus (1933-1945)

Mit der Machtergreifung der NSDAP setzte in den Feldern von Schule und Jugendwohlfahrt ein Umbruch ein, der zu Beginn sowohl mit Hoffnungen als auch Ängsten begleitet wurde. Die radikale Kritik an der Paukschule und an verstaubten Lehrmitteln vor allem durch die Vertreter(innen) einer sich nationalsozialistisch gerierenden Pädagogik führte auch aus reform- oder sozialpädagogischer Perspektive in der ersten Zeit zum Glauben an einen Aufschwung reformerischen Wirkens. Während jedoch die exponierten Reformpädagog(in)en der Weimarer Zeit (z. B. Gustav Wynecken, Kurt Hahn) aus politischen bzw. rassistischen Gründen das Land verlassen mussten oder (z. B. Peter Petersen) nur unter politischer Anpassung ihre Schulprojekte weiterführen konnten, wurde das allgemeine Schulwesen, nach Verabschiedung des Gesetzes zur Wiederherstellung des Berufsbeamtentums und relevanten schulorganisatorischen Regelungen, die ab 1938 im Reichsschulpflichtgesetz ihren Ausdruck fanden, in seinen Erziehungsaufgaben zunehmend auf die reine Unterrichtstätigkeit beschränkt. Ziel nationalsozialistischer Bildungspolitik war die „Überwindung der Schule" zugunsten einer „organischen Lebensordnung (...) gewachsene(r) Bildung im Zusammenhang des persönlichen und des völkischen Wachsens zur Reife" (Krieck 1941: 119). In diesem Sinne wurde der außerschulischen Bildung und Erziehung in den Reihen der Hitlerjugend (HJ) auf vielfältige Weise Vorrang gegenüber schulischen Aufgaben eingeräumt und ihre Gliederungen zur primär anerkannten Erziehungsmacht im Deutschen Reich. Damit verbundene Fahrten, Heimabende, Arbeitsgemeinschaften und Formen der Selbstführung waren Versatzstücke sozial- und reformpädagogischer Konzeptionen der Weimarer Zeit, die jedoch unter klarer nationalpolitischer Ausrichtung vernutzt werden sollten und in offene Konkurrenz zu den bisherigen Erziehungsverantwortungen von Elternhaus und Schule gestellt wurden. Darüber hinaus entstanden mit den Nationalpolitischen Erziehungsanstalten und den Adolf-Hitler-Schulen einige nationalsozialistische Schulmodelle als politisch indoktrinäre, aber zugleich von den reformpädagogischen Intentionen einer umfassenden „Einheit der Erziehung" durchdrungene ganztägige Bildungseinrichtungen.

Die Bereiche der Jugendwohlfahrt hatten jedoch in all diesen Veränderungen keine Mitsprachemöglichkeit, denn die jugendpflegerischen Funktionen unterstanden zunehmend allein den parteiamtlichen Gliederungen der NSDAP, die diese über Jungvolk und HJ bis in die Felder des Landjahres und Arbeitsdienstes ausdehnten. Mit der Zwangsverpflichtung für Volksschulabgänger zum Landjahr und mit der Uniformierung des vormaligen Freiwilligen Arbeitsdienstes wurden zugleich genuin sozialpädagogische Einrichtungen der Weimarer Zeit in ein fast lückenloses System nationalsozialistischen Erziehungswillens eingegliedert. Durch all diese Maßnahmen endeten zugleich jegliche Formen kooperativen Wirkens zwischen Schule und Jugendwohlfahrt und verlagerten die noch bestehenden Rumpfbestände vormaliger Jugendfürsorge auf rein sozialarbeiterische Aufgaben im Rahmen der Nationalsozialistischen Volkswohlfahrt (NSV). Damit verbanden sich Zentralisierungen der Jugendamtsstrukturen und die Funktionalisierung der Jugendwohlfahrtspflege im Sinne charakterologischer, erbgesundheitlicher und rassischer Auslese und Förderung (Schnurr 1997).

## 5 Von der Notwendigkeit zum sozialpädagogischen Anspruch: Schule und Jugendhilfe in der BRD (1945-1989)

Nach Kriegsende sahen die alliierten Besatzungsmächte, im Verbund mit antifaschistischen Vertretern von Schule und Jugendwohlfahrt, eine wesentliche Aufgabe in der Schaffung demokratischer Bildungs- und Fürsorgestrukturen. Während hierzu jedoch in der Sowjetischen Besatzungszone schon ab 1946 ein eigenständiger Weg der Gestaltung einer „demokratischen Einheitsschule“ und damit verbundener sozialpädagogischer Erziehungsformen über den Jugendverband FDJ beschritten wurde, begann 1948 in den westlichen Besatzungszonen im Rahmen der 1. Kultusministerkonferenz eine umfassende Neugestaltung der Schullandschaften. Zu ihren ersten Festlegungen zählten Entwürfe neuer Schulgesetze und die Revitalisierung der Aufgabenstellungen nach dem RJWG. Zugleich entstanden bildungspolitische Überlegungen zur Gestaltung von ganztägigen Schulformen. Schwerpunkte der Arbeit bildeten indessen die Gesundheitspflege und die Wiedereingliederung der in sog. Umsiedlungslagern hausenden Kinder und Jugendlichen. Über Formen sozialer Beratung und Begleitung von betroffenen Flüchtlingsfamilien und der Integration des Nachwuchses in den Regelschulbetrieb, sollte eine „Normalisierung“ der Lebenssituationen erreicht werden. Darüber hinaus forderte die hohe Jugendarbeitslosigkeit nach Berufsbildungsmaßnahmen und der damit verbundenen Einbindung von Mio. nicht ausgebildeter jungen Menschen, die in der Zusammenarbeit zwischen Schule und Jugendhilfe durch die 1949 gegründete Bundesarbeitsgemeinschaft Jugendaufbauwerk getragen wurden. Damit verbunden entwickelten sich auch erneute Überlegungen zur Polytechnisierung schulischen Unterrichts, die Basiskenntnisse beruflicher Fertigkeiten vermitteln sollte und ab 1950, im Rahmen des Bundesjugendplanes, vor allem an den Volksschulen durch Berufsvorbereitungskurse unterstützt wurden (Bondy/Eyferth 1952; Steitz 1993).

Die soziale Reintegration entwurzelter Familienverhältnisse und daran verknüpfte Eingliederungsmaßnamen bildeten bis weit in die 1950er Jahre einen gemeinsamen Bezugspunkt schulischer und jugendfürsorgerischer Arbeit. Damit verband sich zugleich ein rigides Selbstverständnis der sozialen Aufgaben von Schule und Jugendhilfe bei der „Normierung“ und „Anpassung“ von Kindern und Jugendlichen, das zwar den Notwendigkeiten schnellstmöglicher Überwindung der nachkriegsbedingten Notsituationen zu entsprechen schien, aber in seiner pädagogischen Alltagpraxis vor allem in sozial benachteiligten Schichten ein potenziell gefährdetes und für die Gesellschaft gefährliches Potenzial sah. Das erklärte Ziel aller Bemühungen beider Erziehungsbereiche bildete deshalb ihre vollkommene Einbindung in die Gesellschaft. Der damit verbundene paternalistische Charakter rein sozialintegrativ orientierter Bestrebungen führte allerdings mit Beginn der 1960er Jahre zunehmend in Widersprüche, die sich zum einen aus den bildungsökonomischen Entwicklungsnotwendigkeiten ergaben und andererseits durch die Herausbildung eines zunehmenden gesellschaftskritischen Bewusstseins der nachwachsenden Generation entstanden. Gleichzeitig artikulierte sich ein wachsender kritisch-emanzipatorischer Anspruch der Jugendhilfe, auf dessen Erscheinungen in Formen offener Jugendarbeit die schulpädagogische Diskussion ambivalent reagierte. Vor allem im Gefolge des Sputnik-Schocks und einer Vitalisierung technisch-naturwissenschaftlicher Elitebildungsansprüche bestanden Widerstände gegenüber umfassenden schulischen Reformen (Hamann 1986: 186). Zugleich zeigten sich schulpädagogische Gremien gegenüber Forderungen verunsichert, die für eine innerschulische Erneuerung sozialpädagogischer Sinnelemente eintraten und dem Faktor außerschulischer Bildungsformen eine zunehmende Bedeutung zumaßen.

Geprägt durch ein „Unbehagen an den Herrschaftsmomenten des Erziehungsvorgangs, durch das Ärgernis der Chancenungleichheit (und) durch Parteinahme für den ‚Educandus'" (Mollenhauer 1971: 8) entwickelte sich demgegenüber aus sozialpädagogischer Perspektive seit Ende der 1960er Jahre der wachsende Anspruch, „aus der Rolle des ‚Räumkommandos', das die Schule vom Ballast auffällig gewordener oder milieubehinderter Schüler zu befreien hatte" herauszutreten (Iben 1976: 20) und in offensiver Praxis jenen repressiven Bedingungen und milieubedingten Widersprüchen zu begegnen, die soziale Desintegration verursachen und deviante Karrieren produzieren. Vor dem Hintergrund angloamerikanischer Erfahrungen in der schulbezogenen Sozialarbeit und im Gefolge der Einführung integrierter Gesamtschulen, entstanden erste Modellprojekte einer in der Schule verankerten „Schulsozialarbeit" unter dem Ansatz der „kritischen Integration", die über Schülerclubs oder Schülerläden die Interessen der Schüler(innen) und damit verbundene sozialpädagogische Lernprozesse zu unterstützen suchte und zur dauerhaften Form der strukturellen Zusammenarbeit zwischen Schule und Jugendhilfe erwuchs. Anfangs noch im Widerstreit gegenüber „repressiven" Schulstrukturen, entwickelte sich die Schulsozialarbeit in den 1970er Jahren im Balanceakt zwischen verschiedenen Modellen der Unterordnung, Kooperation oder Distanz, die durch die Form ihrer Trägerschaft und/ oder finanzielle, räumliche bzw. personelle Ausstattungen geprägt waren (Tillmann 1982).

Mit Beginn der 1980er Jahre wandelte sich die inhaltliche Diskussion von aktionstheoretischen Ansätzen schulbezogener Jugendhilfe zu handlungspragmatischen Überlegungen der Festigung und Gestaltung von Kooperationsformen zwischen Schule und Jugendhilfe. Dabei spielte zum einen die oft konflikthaft wahrgenommene Verhältnisbestimmung zwischen den Ansprüchen der Schule und den Aufgaben der Schulsozialarbeit eine Rolle, deren Manko zugleich in einem Defizit eigener fachpolitischer und -theoretischer Verortung gesucht wurde. Zu anderen verband sich mit dem Ende der Bildungseuphorie eine pragmatische Herangehensweise an die alltäglichen Aufgaben schul- und sozialpädagogischer Arbeit, die zugleich den milieubezogenen Sozialraum und kommunale Strukturen in den Blick nahmen. Die Schule wurde zunehmend auch aus schulpädagogischer Sicht als Erfahrungsraum von Schüler(innen) wahrgenommen. Projektarbeit, offener Unterricht und reformpädagogische Elemente von Freiarbeit und sozialem Lernen wurden zunehmend als Lehrformen in öffentlichen Schulen sichtbar (Tillmann 1989). Zugleich wandelte sich die Aufgabe schulbezogener Jugendhilfe im Kontext schulischer Gewalt- und Drogenprobleme verstärkt zu regulativ-integrativen Ansätzen. Darüber hinaus entstanden vor dem Hintergrund einer zunehmenden Krise auf dem Ausbildungs- und Arbeitsmarkt und wachsender Integrationsprobleme vor allem junger Migrant(inne)n an Haupt- und Sonderschulen schulbezogene Jugendhilfeprogramme, die über interkulturelle Arbeitsansätze und integrative Kooperationen zwischen Schule, Jugendhilfe und gewerblichen Einrichtungen an den Schulen den problembehafteten schulischen Bildungsprozessen und nachfolgenden Hürden in beruflichen Ausbildungssystemen zu begegnen suchten (Vahsen 2000).

# 6 Die Einheit der Volksbildung: DDR-Jugendhilfe als Maßnahme auf Zeit (1945-1989)

Die Geschichte von Schule und Jugendhilfe in der DDR ist eng mit dem Wirken von Eberhard Mannschatz verbunden. Als Abteilungsleiter im Ministerium für Volksbildung galt sein Hauptaugenmerk der Gestaltung einer Jugendhilfe unter sozialistischen Bedingungen. Dies meinte einerseits eine konsequente Fortführung der schon durch die sowjetische Administration begonnenen Umbaumaßnahmen tradierter Jugendhilfestrukturen und andererseits ihre klare ideologische Ausrichtung als Element einer der kollektiven Erziehung verpflichteten „Schaffung des neuen Menschen" unter dem Dach der neu geschaffenen sozialistischen Volksbildungsverwaltung

Schon zwei Jahre vor Gründung der DDR wurden die neu gebildeten Jugendämter in der Sowjetischen Besatzungszone (SBZ) im Sinne einer Zentralisierung der Erziehungsarbeit, in die Organe der Volksbildung überführt. Ebenso zählten die antifaschistischen Organe der Jugendarbeit, aus denen 1946 die FDJ hervorging, das Kindergartenwesen und die Kinderheime schon frühzeitig zum Arbeitsbereich der Deutschen Verwaltung für Volksbildung. Damit sollten alle pädagogischen, fürsorgerischen und sozialpolitischen Aktivitäten außerhalb der Schule, jedoch in Koordination und Kooperation mit schulischen Organen zusammengefasst und so eine zweite „Erziehungssäule" im Volksbildungsbereich geschaffen werden. Mit Gründung der DDR folgten für die Jugendhilfe weitere Veränderungen, denn die von den Jugendämtern getragene Erziehungsarbeit hatte für die SED hohe politische Bedeutung. Für kleinliches Ressourtdenken, eingeschränkt auf Einzelmaßnahmen für die Jugend, war nun die Zeit vorbei, vielmehr sollte Jugendpolitik „von der Jugend selbst getragen" werden (Mannschatz 1994: 33). Deshalb setzte die SED verstärkt auf Formen der Jugendförderung, die von ihr als gesamtgesellschaftliche Aufgabe aller Kräfte verstanden und propagiert wurde. Anleitende, koordinierende und kontrollierende Funktion sollte dabei das Anfang der 1950er Jahre gegründete Amt für Jugendfragen beim Ministerrat der DDR in engster Verbindung mit der nun zur staatlichen Jugendorganisation erwachsenen FDJ haben. Damit wurde zugleich die Einheit von Jugendförderung und -fürsorge aufgelöst und die Jugendämter ab 1950 zu Rumpf-Organen für Heimerziehung umstrukturiert. Nachdem Mitte der 1950er Jahre auch der Jugendschutz aus dem Verantwortungsbereich der Jugendhilfe herausgelöst wurde, reduzierte sich ihre Aufgaben zunehmend auf pädagogische Randgebiete und orientierte sich in den Folgejahren mehr und mehr nur noch auf Bereiche jugendfürsorgerischer Einzelfallbearbeitung unter der Fachaufsicht staatlicher Bildungsorgane (Richter 2005: 230).

Die DDR-Jugendhilfe geriet in den folgenden Jahrzehnten in ein einseitiges Unterstützungsverhältnis schulischer Erziehungsarbeit. Ihre Funktion bestand hierbei primär in der Absicherung einer sozialistischen Gestaltung des Lebens an der Schule und damit verbundener Eingriffsleistungen bei sog. Gefährdungen. Schwerpunkte bildeten hierbei die vorbeugende Bekämpfung sozialer Fehlentwicklungen Minderjähriger unter Nutzung eines Repertoires an Maßnahmen zur Überprüfung, Beratung, Beeinflussung, aber auch restriktiven Veränderung des familialen und schulischen Umfeldes von „auffälligen" Kinder und Jugendlichen. Die freizeitpädagogische Kinder- und Jugendarbeit wurde dem gegenüber durch die nahezu uneingeschränkte Monopolstellung der staatlichen Kinder- und Jugendorganisationen übernommen und zugleich als außerunterrichtliche Erziehung an den Raum der Schule gebunden. Hinzu trat die Verpflichtung aller gesellschaftlichen Kräfte zur Förderung von Kindern und Jugendlichen im Sinne des sozialistischen Staates. Hierbei reichte das Angebotsspektrum von betrieblichen Ferienlagern, über freizeitsportliche Einrichtungen des DDR-Sportbundes (DTSB) und der (wehrsportlichen) GST bis hin zu Jugendklubs. Das engere Arbeitsfeld der Jugendhilfe jedoch verblieb bis zum Ende der DDR im Bereich der pädagogischen Betreuung, Kontrolle und Sicherung spezifischer „Gefährdungslagen" Heranwachsender, denn nach offiziellem Selbstverständnis der stark schulzentriert ausgerichteten DDR-Pädagogik galt die Arbeit der Jugendhilfe als eine „Maßnahme auf Zeit", die sich im Laufe der Entwicklung der sozialistischen Gesellschaft und des damit verbundenen gesellschaftlichen Bewusstseins der Heranwachsenden nach und nach von selbst erledigen werde (Mannschatz 1994).

## 7 Lernprozesse und Weichenstellungen: Die Kooperation von Schule und Jugendhilfe vor neuen gesellschaftlichen Herausforderungen (1990-2003)

Im Rahmen der Vereinigung beider deutscher Staaten kam es zu einem radikalen Umbau und zur Neugestaltung des Jugendhilfesystems in den Neuen Bundesländern. Die damit verbundene Wiederherstellung einer Einheit der Aufgabenbereiche führte zugleich zu einer abrupten Abkopplung von der Schule und hinterließ nicht selten eine Lücke in der bisher im schulischen Rahmen angebotenen Freizeit- und Feriengestaltung. Gleichzeitig begann der Aufbau einer pluralisierten Jugendhilfelandschaft auf dem Gebiet der ehemaligen DDR. Der damit einhergehende Transformationsprozess „atemloser Selbsterneuerung" verband sich vielfach mit gewaltigen Mobilisierungs- und Verfachlichungsansprüchen, die oftmals verunsichernd als Entwertung der eigenen Berufsbiographie von pädagogisch Tätigen empfunden wurde. Die neuen Aufgaben indessen ergaben zum Beginn der 1990er Jahre einen hohen Bedarf an sozialpädagogischen Fachkräften, die sowohl über Nachqualifizierungen als auch über die Etablierung verstärkt akademisierter sozialpädagogischer Studiengänge an Hochschulen gewonnen wurden (Galuske/Rauschenbach 1994). In vergleichbarer Weise sahen sich auch die Lehrkräfte an den bisherigen einheitlichen Oberschulen mit der Notwendigkeit von Qualifikationsanpassungen, neuen Schulgesetzen, Lehrplänen und berufsbiographischen Verunsicherungen konfrontiert, wenngleich das Schulsystem im Rahmen staatlicher Oberaufsicht von den Entgrenzungserfahrungen einer sich wandelnden Trägerlandschaft verschont blieb. Die über neue Landesschulgesetze verabschiedete Konzentration der innerschulischen Aufgaben auf die reine Unterrichtstätigkeit führte indessen schon frühzeitig zu kritischen Wahrnehmungen, denn offener, als dies in den alten Bundesländern der Fall war, standen sich im Osten Schule und Jugendhilfe aufgrund einer aus DDR-Zeiten tradierten Vorstellung pädagogischer Verantwortung aller Erziehungstätigen gegenüber (Prüß/Bettmer 1997).

Mit Beginn der 1990er Jahre machten fremdenfeindliche Übergriffe in verschiedenen Städten und eine wachsende Gewalt an den Schulen von sich reden. Dies führte in den einzelnen Bundesländern zu einem Anschub in der Zusammenarbeit von Schule und Jugendhilfe. Während allerdings Schule und Gesellschaft nur nach einer „Feuerwehr" riefen, setzte die schulbezogene Jugendhilfe eher auf „Brandschutz". Prävention trat hierbei zunehmend neben die kompensatorische Funktion der Jugendhilfe. Zugleich begann sich die Schule vor dem Hintergrund neuer Anforderungen des Wissenserwerbs und der Kompetenzbildung einer wachsenden kommunalen Perspektive zu öffnen. Diskussionen um die Qualität der Schule und die Stärkung der Selbstständigkeit schulischen Handelns im kommunalen Raum mündeten in die grundlegende Einsicht, dass Schule nicht allein als Ort des Lernens, sondern als Lebensort begriffen werden müsse. Hierbei gewannen Formen schulbezogener Jugendhilfe allerdings meist nur in dem Maße an Bedeutung, wie die über Beschulung bestehenden zusätzlichen Aufgaben und Kompetenzen durch die bestehenden Lehrkräfte nicht oder nur bedingt abgedeckt werden konnten. Dennoch entwickelte die Diskussion um den Charakter künftiger Zusammenarbeit zwischen beiden Seiten eine neue Dynamik und schärfte die Wahrnehmungen der gegenseitigen und der gemeinsamen Interessenlagen. Während in den neuen Bundesländern dabei jedoch primär versucht wurde, auf diese Weise den Charakter der nachmittäglichen Hortbetreuung im Grundschulbereich zu erhalten und weiterzuentwickeln, verstärkte sich in den alten Bundesländern die Qualitätsdebatte der Zusammenarbeit und damit verbundene Aspekte gleichberechtigter Wirkungsformen und Transparenz. Zugleich korrelierten die im Achten und Neunten Jugendbericht manifestierten Paradigmen einer stärker lebensweltlich und sozialräumlich ausgerichteten Arbeit mit Kindern und Jugendlichen auch in der Schuldiskussion mit zunehmend wichtiger werdenden kommunalen Bezügen und Ressourcenorientierungen. Dabei erhielten die Kooperationsbemühungen beider Seiten neue Impulse und stärkten auf schulpolitischer und -pädagogischer Ebene zugleich reformpädagogisch orientierte Ansätze innerschulischer Arbeit.

Im September 2003 wurde mit dem IZBB-Programm der Bundesregierung der Beginn einer umfassenden Entwicklung ganztägiger Schulstrukturen eingeleitet. Damit verband sich die tagespolitische Notwendigkeit einer verstärkten Diskussion und Zusammenarbeit schul- und sozialpädagogischer Fachkräfte, in deren Ergebnis zunehmend die (erneute) Erkenntnis sichtbar wurde, dass Schulbildung unter den „epochalen Schlüsselproblemen" der Gesellschaft (Klafki 1996: 56) nicht mehr nur als Inhalt von Wissensvermittlung, sondern zugleich als Garant der Bearbeitungsfähigkeit von „Schlüsselproblemen der alltäglichen Lebensbewältigung" des/der einzelnen Schülers/-in verstanden werden muss (Braun/Wetzel 2000: 6). Der damit eingeschlagene Weg führt zurück zu den Wurzeln schulischen Selbstverständnisses und könnte erstmals zu einer echten Einheit von Schule und Jugendhilfe als Garanten einer gelingenden Bildungsarbeit im 21. Jahrhundert gerinnen.

## *Literatur*


Bäumer, Gertrud (1917): Die Verbindung zwischen Schule und sozialer Jugendpflege als Aufgabe des sozialpädagogischen Instituts in Hamburg. Teil 1. In: Die Lehrerin ( 34. Jg.) H. 18 Beiblatt A, Nr. 1: 25-27.

Blankertz, Herwig (1992): Die Geschichte der Pädagogik. Wetzlar: Büchse der Pandora.

Bondy, Curt/Eyferth, Klaus (1952): Bindungslose Jugend. Eine sozialpädagogische Studie über Arbeits- und Heimatlosigkeit. München: Steinbach.

Braun, Karl-Heinz/Wetzel, Konstanze (2000): Sozialpädagogisches Handeln in der Schule. Neuwied: Luchterhand.

Galuske, Michael/Rauschenbach, Thomas (1994): Jugendhilfe Ost. Entwicklung, aktuelle Lage und Zukunft eines Arbeitsfeldes. Weinheim: Juventa.

Hamann, Bruno (1986): Geschichte des Schulwesens. Bad Heilbrunn: Klinkhardt.

Iben, Gerd (1976): Das Verhältnis von Schule und Sozialpädagogik. In: Tillmann, Klaus-Jürgen (Hg.): Sozialpädagogik in der Schule. Neue Ansätze und Modelle. München: Juventa: 16-26.

Klafki, Wolfgang (1996): Neue Studien zur Bildungstheorie und Didaktik. Weinheim: Beltz.

Krieck, Ernst (1941): Nationalpolitische Erziehung. Leipzig: Armanen.

Mannschatz, Eberhard (1994): Jugendhilfe als DDR-Nachlaß. Münster: Votum.

Mollenhauer, Klaus (1971): Erziehung und Emanzipation. Polemische Skizzen. München: Juventa.

Pestalozzi, Johann Heinrich (1801/1918): Wie Gertrud ihre Kinder lehrt. Bielefeld: Velhagen & Klasing.
Pottag, Alfred (1926): Aufgaben und Stellung des Lehrers im Rahmen der Jugendwohlfahrtsarbeit. In: Deutsches Archiv für Jugendwohlfahrt (Hg.): Jugendwohlfahrt und Lehrerschaft. Berlin: Herbig: 213-225.
Prüß, Franz/Bettmer, Franz (1997): Schulbezogene Jugendhilfe. „Öffnung der Schulen" in der Hansestadt Greifswald. Universität Greifswald: Eigenverlag.
Richter, André (2005): Der Aufbruch in die Gegenwart. Schule und Jugendhilfe von 1945 bis 2003. In: Spies, Anke/Stecklina, Gerd (Hg.): Die Ganztagsschule. Bd. 1. Bad Heilbrunn: Klinkhardt: 222-240.
Sachse, o. A. (1933/1981): Die Entwicklung der Bildungsorganisation und ihr gegenwärtiger Zustand in Deutschland. In: Nohl, Herman/Pallat, Ludwig (Hg.): Handbuch der Pädagogik. Bd. 1: Die Theorie und die Entwicklung des Bildungswesens. Berlin/Weinheim: Beltz: 377-464.
Schnurr, Stefan (1997): Sozialpädagogen im Nationalsozialismus. Weinheim: Juventa.
Steitz, Walter (1993): Der Bundesjugendplan 1950 bis 1990. In: Jahrbuch für Jugendsozialarbeit XIV. Köln: Die Heimstatt: 49-133.
Tenorth, Heinz-Elmar (1992): Geschichte der Erziehung. Weinheim: Juventa.
Tillmann, Klaus-Jürgen (Hg.) (1982): Schulsozialarbeit. München: Juventa.
Tillmann, Klaus-Jürgen (Hg.) (1989): Was ist eine gute Schule? Hamburg: Bergmann & Helbig.
Vahsen, Friedhelm G. (2000): Migration und Soziale Arbeit. Neuwied: Luchterhand.
Volkmer, Franz (1910): Geschichte der Erziehung und des Unterrichts. Habelschwerdt: Wolf.

# Jugendvereins- und -verbandsarbeit

*Wibke Riekmann / Rosa Bracker*

Die aktuelle Debatte um Ganztagsbildung ist vor allem durch das bundesweite „Investitionsprogramm Zukunft Bildung und Betreuung“, seinerseits eine Reaktion auf die Ergebnisse der PISA-Studien, angestoßen worden. Ganztagsbildung grenzt sich jedoch explizit gegenüber Formen der Ganztagsschule und auch einer reinen Lösung des Betreuungsproblems ab (vgl. Otto/Coelen 2004: 8).

Jugendvereine und -verbände wiederum rücken in der aktuellen Entwicklung vor allem als Kooperationspartner von Schulen ins Blickfeld. Sie sehen sich durch den Ausbau von Ganztagsschulen mit der Ausweitung von schulisch belegter Zeit von Kindern und Jugendlichen, d. h. ihrer Mitglieder, konfrontiert. Allerdings lassen sich in dem genannten größten Investitionsprogramm im Bildungsbereich auf Bundesebene auch Möglichkeiten für die Veränderung des schulischen und – in Kooperation mit Trägern der Jugendarbeit – bildenden Alltags erblicken.

Um die Jugendvereine und -verbände in das Handlungsfeld Ganztagsbildung einzuordnen, werden wir zunächst mit Hilfe eines kritischen Bildungsbegriffs deren Potenziale für Bildungsprozesse entwickeln, um anschließend ihre demokratietheoretischen Möglichkeiten „im Ganztag“ hervorzuheben. Den theoretischen Grundlegungen schließt sich die Konzeption der Jugendvereins- und -verbandsarbeit[1] als Jugendbildung an, um im Anschluss an die Verdeutlichung der Mitgliedschaftszahlen auf ihre Rolle in der Ganztagsbildung zu sprechen zu kommen.

## 1 Hintergrund I: Kritischer Bildungsbegriff und Jugendverbandsarbeit

Der von Heydorn entwickelte kritische Bildungsbegriff wird in der Dialektik von Emanzipation und Herrschaft gefasst, die sich nicht aus einem überhistorischen Begriff von Bildung, sondern aus dessen Geschichte begründet. Bildung als „fortschreitende Befreiung des Menschen zu sich selbst“ (Heydorn 1980: 301) wird nicht als Abfolge unterschiedli-

1 Obwohl sich in der Literatur als allgemeine Bezeichnung Jugendverbandsarbeit durchgesetzt hat, ist hier mit dem Zusatz der Jugendvereinsarbeit noch einmal ein besonderer Akzent gesetzt: Vereine sind die Akteure vor Ort, während das Wort Verband korrekterweise den Zusammenschluss der lokalen Vereine auf Landes- oder Bundesebene bezeichnet. Mit der Bezeichnung Jugendvereins und -verbandsarbeit soll in diesem Artikel deutlich gemacht werden, dass unter Bildungsaspekten zumeist die Arbeit vor Ort in der Kommune, im Stadtteil oder in der Gemeinde gemeint ist, also der Verein und nicht der Verband der entscheidende Akteur ist. Um die Schreibweise aber abzukürzen, werden wir häufig auch – wie allgemein üblich – das Wort Jugendverbandsarbeit verwenden, bei dem die lokalen Untergliederungen immer mitgedacht werden müssen; *vice versa* müssen auch Jugendverbände mitgedacht werden, wenn von Vereinen gesprochen wird. Dabei kommt es nicht darauf an, ob Jugendverbände rechtlich ein eingetragener Verein sind, sondern ob sie den Vereinsprinzipien entsprechen (siehe weiter unten).

cher Ideen konzipiert. Vielmehr entwickeln sich die verschiedenen Bildungstheorien jeweils aus der Kritik und Reflexion der historisch vorangegangenen im Kontext der historisch-gesellschaftlichen Verhältnisse. Gesellschaftlich bedeutungsvoll ist Bildung seit der Entstehung bürgerlicher Gesellschaft, insbesondere mit Beginn des 19. Jahrhunderts. Seitdem lässt sich der Bildungsbegriff in der steten Dialektik von fortschreitender Befreiung und Anpassung an Herrschaft entwickeln. Für Jugendverbandsarbeit im Rahmen von Ganztagsbildung ist diese begriffliche Entfaltung vor allem auf zwei Ebenen relevant: Zum einen lässt sich der Widerspruch von Bildung und Herrschaft in Formen der Institutionalisierung und Organisation von Bildung aufzeigen. Zum anderen hat diese Dialektik Konsequenzen für die Ebene der Interaktion in Bildungsprozessen.

In Bezug auf die Institutionalisierung von Bildung ist vor allem das Verhältnis zum Staat entscheidend. Staatlicher Zugriff auf Bildungsprozesse impliziert auch einen herrschaftlichen Zugriff auf Bildung. Heydorn zeigt, dass die Entwicklung von Bildung mit der Entwicklung ihrer Institutionen einhergeht und letztere sachrationalen Zwängen der Gesellschaft unterliegen. Bildungsinstitutionen wurden staatlicherseits geschaffen und werden entsprechend reformiert, wenn ein Interesse an (veränderter) Bildung besteht. „Die in die Interdependenz eingebundene Determination institutionalisierter Bildung (hat) sich zwar historisch objektiviert, (ist) aber nicht objektivistisch zu interpretieren“ (Sünker 1992: 62), da alle Institutionen zwar Herrschaft beinhalten, aber ebenso hierin nicht aufgehen (vgl. Heydorn 1980: 331). In ihnen kann Bildung somit emanzipatorische Wirkung entfalten. Dennoch lässt sich Freiheit, zu der Bildung führen soll, auf diese Weise nicht institutionalisieren. Diese Argumentation verweist auf eine prozessual verstandene Aufklärung. Demnach lebte man weder zu Kants Zeiten noch heute in einem „aufgeklärten Zeitalter“, sondern in einem „Zeitalter der Aufklärung“.

Jugendverbände bieten vor diesem Hintergrund aufgrund ihrer staatlichen Unabhängigkeit besonderes Potenzial für die Realisierung emanzipatorischer Bildungsprozesse. Zwar sehen auch sie sich immer wieder mit Anforderungen zur Lösung „jugendpolitischer“ Probleme, wie Rechtsextremismus oder Jugendgewalt konfrontiert, sind jedoch aufgrund ihrer basisdemokratisch orientierten Organisation, dem Prinzip der Ehrenamtlichkeit und ihres Selbstverständnisses grundsätzlich unabhängig. Diese Organisationsstruktur bietet zudem auch auf der Ebene von Bildungsprozessen emanzipatorisches Potenzial. In diesen geht es auf der Ebene des Bewusstseins, um einen Prozess des Hinterfragens und Reflektierens. Auf praktischer Ebene zielt Bildung auf die Erweiterung von Handlungsfähigkeit, d. h. der subjektiven und gesellschaftlichen Realisierung von Mündigkeit. Innerhalb des Bildungsprozesses ist Mündigkeit aber nicht nur Ziel, sondern bereits Voraussetzung desselben Prozesses (vgl. Richter 1998: 52-70).

Zwar sind mit dieser Argumentation Bedingungen beschrieben, die Bildungsprozesse charakterisieren, dennoch ist es nicht möglich, hieraus eine Garantie für Bildung abzuleiten. Bildung ist die Eigenleistung des Subjektes, dessen Reflexion, dessen Aneignung von Welt und dessen Erweiterung von Handlungsmöglichkeiten. Es können also Bildungsanlässe und -begründungen angeboten werden. Es lässt sich jedoch kein didaktisches Arrangement ableiten, welches Bildung in Subjekten bewirkt.

## 2 Hintergrund II: Jugendvereine und -verbände und Demokratie

Die Organisationsstruktur von Jugendvereinen und -verbänden bietet – in Erweiterung des Potenzials für emanzipatorische Bildungsprozesse – ein Potenzial für demokratische Bildungsprozesse. Dass Demokratie und Bildung in einem engen Verhältnis stehen, wird zumeist nicht bestritten. Die Frage aber, wie und wo der Mensch zur Demokratin bzw. zum Demokraten wird, ist in der Erziehungswissenschaft erstaunlich oft ausgeblendet. So gibt es bisher kaum systematische Antworten, „was genau es heißen und auch nicht heißen soll, Demokratie und Bildung zu verbinden". Es „ist ein überraschend vage besetztes und eher vernachlässigtes Theorieproblem, das erst in den letzten Jahren, nicht zufällig angelsächsisch gesteuert, Auftrieb gefunden hat" (Oelkers 2000: 334).

Nun ausgerechnet Vereine mit Demokratie in Verbindung zu bringen, stößt auf Unverständnis. Zu stark wirkt das Bild der „Vereinsmeierei", und Vereine werden zumeist mit autoritären oder patriarchalen Strukturen assoziiert und nicht mit demokratischen Verfahren. Welche Bedingungen sind es also, unter denen Institutionen, respektive Vereinen, das Potenzial zugesprochen werden kann, demokratische Bildungsprozesse zu verwirklichen? Hier bedarf es zweier Perspektiven: zum einen den Blick auf die Interaktionsprozesse in den Institutionen, zum anderen aber auch die Fragerichtung, mit Hilfe welcher Strukturen die Interaktionen auf Dauer gestellt werden können, so dass auch im Konfliktfall ein demokratisches Vorgehen gesichert ist. Schwerpunkt der Beschäftigung wird an dieser Stelle die institutionelle Perspektive sein.

Um Vereinen ein demokratiebildendes Potenzial zuzusprechen, bedarf es zunächst einer demokratietheoretischen Einbindung, die Fragen von Institutionalisierungsprozessen nicht ausblendet, sondern explizit mit einbezieht. Habermas' deliberative Demokratietheorie basiert auf der Grundannahme, dass die Idee der Demokratie bereits in der Sprache selbst begründet ist und sich über das Prinzip der Öffentlichkeit mit konkreten Institutionen verbinden lässt. Im Kernpunkt seiner Demokratietheorie setzt Habermas auf die „Institutionalisierung entsprechender Verfahren und Kommunikationsvoraussetzungen" (1992/1998: 362), die im Zusammenspiel von Zivilgesellschaft, politischem System und organisierter Öffentlichkeit ihre Basis finden. Aus diesem Demokratieverständnis ergibt sich normativ die Forderung nach einer Gewichtverschiebung im Verhältnis jener drei Ressourcen Geld, administrative Macht und Solidarität, aus denen moderne Gesellschaften ihren Integrations- und Steuerungsbedarf befriedigen (ebd.: 363). Vor dem Hintergrund einer dezentrierten, pluralistischen Gesellschaft ist die Zivilgesellschaft für Habermas der Ort, in dem sich die kommunikative Macht souveräner Staatsbürger(innen) entfalten kann. Sie konkretisiert sich in Assoziationen, die ihr Handeln unter die Prämisse eines demokratischen Verfahrens stellen und damit rationale Diskurse sichern.[2]

Entscheidend für einen Demokratiebegriff, der sich für demokratische Bildungs- und Erziehungsprozesse eignet, ist jedoch, dass er auf einer demokratischen Öffentlichkeit beruht, die nicht als vermachtete Öffentlichkeit betrachtet, sondern als ein politischer und pädagogischer Ort angesehen werden kann, in dem und durch den selbstvergewissernde Diskurse entdeckt und geführt werden können. Was in der erziehungswissenschaftlichen

2 Auf die Kritikpunkte an Habermas' Demokratiemodell kann an dieser Stelle nicht genauer eingegangen werden (vgl. z. B. Jörke 2003: 231-233, Honneth 1999).

Diskussion in einem solchen Demokratiemodell noch fehlt, ist die Konkretisierung in einer demokratischen (Bildungs-)Institution, denn Bildung zur Demokratie muss bereits Demokratie voraussetzen.

## 3 Jugendverbände und Ganztagsbildung: Strukturprinzipien

Sturzenhecker (2002) hat die strukturellen Bedingungen von Jugendarbeit herausgearbeitet und ihre Funktionalität für demokratische Bildungsprozesse beschrieben. Die von ihm hervorgehobenen Strukturprinzipien von Jugendarbeit sind Freiwilligkeit, Offenheit, geringe institutionelle Macht, Beziehungsabhängigkeit sowie Diskursivität. Diese Prinzipien, die Sturzenhecker zunächst vor dem Hintergrund des Praxisfeldes der Offenen Jugendarbeit entwickelt, sie aber auf der Grundlage des § 11 KJHG für Jugendarbeit generell in Anspruch nimmt, sind gut mit den Prinzipien zu parallelisieren, die Jugendvereinen und -verbänden ein demokratisches Potenzial geben. Vereine basieren grundsätzlich auf den Prinzipien Freiwilligkeit, Mitgliedschaft, Ehrenamt, lokale Organisationsstruktur und Öffentlichkeit (vgl. Bühler u. a. 1978). Diese können als Vereinsprinzipien bezeichnet werden und gelten unabhängig von der Rechtsform „Verein“:

Freiwilligkeit garantiert die Teilnahme ohne Zwang: Jugendliche können ihre Mitgliedschaft jederzeit wieder beenden und die Institution verlassen ohne Konsequenzen zu befürchten. Verpflichtung wird hingegen durch das Prinzip der Mitgliedschaft gestärkt: Mit der Mitgliedschaft wird eine Bindung eingegangen, die sich in Rechten und Pflichten von Mitgliedern niederschlägt. Über die Mitgliedschaft können Kinder und Jugendliche auf die Gestaltung der Vereine und Verbände Einfluss nehmen. Ziele, Inhalte und Arbeitsweisen sind innerhalb der Strukturprinzipien immer wieder verhandelbar. Bereits die Mitgliedschaft, gerade aber auch das Ehrenamt, können in demokratisch strukturierten Vereinen als eine Bereitschaft verstanden werden, sich demokratisch zu engagieren. Das Ehrenamt stärkt das Prinzip der Solidarität, da es nicht auf der Grundlage von Lohn oder administrativer Macht ausgeübt wird. Die geringe institutionelle Macht und das Prinzip der Diskursivität weisen auf die lebensweltliche Verankerung von Jugendverbandsarbeit hin. Gesichert wird diese Verankerung durch das Prinzip der lokalen Organisationsstruktur. Die Verankerung in der Kommune respektive im Stadtteil impliziert gleichzeitig eine Distanzierung von der den Vereinen vielfach vorgeworfenen „Vereinsmeierei“, d. h. einer gleichsam familiär-blutsgebundenen Selbstrekrutierung immer derselben Personen. Zu einer solchen Distanzierung gehört ebenso, dass sich Vereine, respektive Jugendarbeit insgesamt ihrer lokalen Verankerung in der Kommune bzw. im Stadtteil bewusst sind und daher die dort ansässige Bevölkerung – sei sie männlich oder weiblich, deutsch oder ausländisch, behindert oder nicht – wegen ihrer Betroffenheit als Bezugsebene für ihre Aktivitäten und für die Mitgliedschaft anerkennen. Der Verein agiert demzufolge in der Öffentlichkeit und ist damit Teil der organisierten und nicht-vermachteten Öffentlichkeit der Kommune respektive des Stadtteils, der sich im Verein widerspiegelt.

Jugendarbeit besitzt aufgrund der o. g. Prinzipien ein hohes Potenzial, demokratiebildend tätig zu sein. Dabei geht es nicht nur um die Funktion einer „Schule der Demokratie“, d. h. es geht nicht nur um eine Vorbereitung auf etwas, was dann im „wirklichen Leben“ relevant wird. Jugendarbeit verwirklicht demokratisches Handeln bereits in der Lebenswelt, weil sie selber demokratisch ist. Dies greift die Erkenntnis Deweys auf, dass man nicht nur für etwas lernt, sondern auch durch etwas lernt, durch Erfahrungen nämlich (vgl. Dewey 1916/1944).[3]

Sowohl ein kritischer Bildungsbegriff als auch ein demokratietheoretischer Zugriff explizieren die Frage der Institutionalisierung, wie auch deren Konsequenz für Bildungsprozesse. Gemeinsam bilden sie im Folgenden die kritische Folie für die Beleuchtung von Jugendverbandsarbeit im Rahmen von Ganztagsbildung. Deutlich geworden ist, dass sich Bildung weder historisch in ihrer Entwicklung, noch konkret über die Frage der pädagogischen Perspektive auf Demokratie von Politik trennen lässt, ohne beides in eins zu setzen. So zeigt sich, dass sich in Perspektive der Weiterentwicklung und Realisierung eines Bildungsanspruchs die Frage nach der Organisation und den internen Strukturbedingungen ebenso stellt, wie in Perspektive einer fortschreitenden Demokratisierung. Es geht vor diesen beiden Hintergründen um die Realisierung von Eigenständigkeit und Mündigkeit.

## 4 Jugendbildungsarbeit in der Ganztagsbildung

Die dargestellten Strukturprinzipien der Jugendverbandsarbeit charakterisieren nicht nur die Institution, die sich kooperativ in Ganztagsbildung einbringt, sondern sie bilden auch den Rahmen für Bildungsprozesse und -potenziale. Jugendbildung ist im Kinder- und Jugendhilfegesetz als erster Schwerpunkt der Aktivitäten der Jugendarbeit gesetzt, in deren Kontext Jugendverbandsarbeit wiederum eine entscheidende Rolle spielt. Mit ihrer disziplinären Verankerung in der Sozialpädagogik steht sie als Sozialisationsinstanz neben Familie und Schule (vgl. Richter 1998: 17) und ist diesen nicht kompensatorisch zugeordnet, sondern hat die Aufgabe „jungen Menschen (...) die zur Förderung ihrer Entwicklung erforderlichen Angebote (...) zur Verfügung zu stellen. Sie sollen an den Interessen junger Menschen anknüpfen und von ihnen mitbestimmt und mitgestaltet werden, sie zur Selbstbestimmung befähigen und zu gesellschaftlicher Mitverantwortung und zu sozialem Engagement anregen und hinführen" (§ 11, Abs. 1 KJHG).

Im Laufe der Post-PISA-Debatte ist es zur starken Profilierung eines sozialpädagogischen Bildungsbegriffes gekommen, der sich insbesondere gegenüber Schulen bzw. einem formalen Bildungsverständnis abgrenzt. So geht es in der Jugendarbeit vor allem um strukturelle Potenziale für Bildungsprozesse und weniger um curriculares Lernen. Bildung in der Kinder- und Jugendarbeit ist vielmehr als eine Betrachtungsweise zu verstehen und weniger als Tätigkeit (vgl. Müller 2004: 40). Es geht dabei nicht in erster Linie um die Vermittlung von Kenntnissen und Wissen, sondern um „die gesamte Person und Persönlichkeit ... (um) Subjektbildung, Identitätsfindung" (Rauschenbach/Otto 2004: 23) mit dem Ziel der Ermöglichung von „Selbstachtung, Selbstbewusstsein und Selbstbestimmung" (Rauschenbach u. a. 2002: 11). Dies wird als Teil eines erweiterten Bildungsbegriffs verstanden (vgl. ebd.: 23). Dabei wird auf ein neuhumanistisches Bildungsverständnis zurückgegriffen und der darin enthaltene Grundgedanke der Persönlichkeitsbildung und der Freiheit für Bildung in der Jugendarbeit beansprucht. Ein so konzipiertes Bildungsverständnis für die Jugendarbeit setzt bei „Konflikten, Wünschen, Interessen und Bedürfnissen an, um davon ausgehend einen selbsttätigen Emanzipationsprozess anzusto-

3 Dass die Vereinsprinzipien in der Praxis häufig unterlaufen und damit von der Empirie in Frage gestellt werden, schmälert nicht ihre Bedeutung als kritische Folie, auf die immer wieder rekurriert werden kann.

ßen, der die Individuen zur selbstbestimmten Handlungsfähigkeit als Subjekte ihrer Lebenspraxis befähigen will" (Sturzenhecker 2002: 27).

Konkret zeigt sich jedoch, dass diese Möglichkeiten in der Praxis der Jugendarbeit noch nicht als realisiert betrachtet werden können. Vielfach begibt sich Jugendarbeit in die Situation, andere gesellschaftliche und politische Anforderungen zu erfüllen und somit emanzipatorisch-bildende Potenziale zu verschenken (vgl. ebd.: 29-31). Hinzu kommt, dass die Erforschung von Bildungsprozessen in der Kinder- und Jugendarbeit z. Zt. noch am Anfang steht. Dennoch zeigen neuere Ergebnisse das Potenzial bisher vernachlässigter Bildungsmöglichkeiten, wie z. B. die Entwicklung von demokratischem Bewusstsein und Handeln in freiwilligem Engagement (vgl. Düx/Sachs 2005: 402) sowie die Möglichkeit eigenständiger Persönlichkeitsentwicklung (vgl. Müller u. a. 2005).

Schulen und Jugendverbände sind somit Institutionen, die die Organisation von Bildungsprozessen von Jugendlichen anbieten. Jugendverbände orientieren sich dabei vor allem auf die Interessen und Lebenslagen von Kindern und Jugendlichen und haben ihren Schwerpunkt in der Persönlichkeitsbildung, während Schule vor allem gesellschaftliche Qualifikationsanforderungen erfüllt und erfüllen kann. Auf diese Weise werden in beiden Institutionen unterschiedliche Qualitäten von Bildung realisiert. Jugendverbände können aufgrund ihrer nicht-staatlichen Organisation Freiräume für emanzipatorische Bildung entfalten. Sie unterliegen keinen curricularen Anforderungen und können somit zur Interessenartikulation von Jugendlichen beitragen. Zudem haben sie die Möglichkeit, politische Konsequenzen aus Bildungsprozessen zu ziehen – d. h. die Grenzen einer Realisierung von Mündigkeit auch praktisch zu kritisieren.

## 5 Mitglieder in Jugendvereinen und -verbänden

Jugendlichen wird (spätestens seit den 1990er Jahren) nachgesagt, dass sie sich nicht mehr in Vereinen organisieren, geschweige denn engagieren wollten. Der für diese Aussage angelegte Maßstab für die Vereinszugehörigkeit von Jugendlichen stammt aus der Weimarer Republik, als Vereine einen großen Zulauf hatten und Erziehung sich zu einem öffentlichen Gut entwickelte. Nach einer Erhebung von 1927 galten 40 % der Jugendlichen als organisiert, 54 % der männlichen und 26 % der weiblichen Jugend (vgl. Krafeld 1984: 104). Seitdem werden Mitgliedschaft und Engagement von Jugendlichen als Gradmesser der Einbindung der jüngeren Generation in die Gesellschaft angesehen. Und zumindest bis zur Shell-Studie 2000, bevor es zu einer Neubewertung der Begriffe Mitgliedschaft und Ehrenamt in der empirischen Sozialforschung kam, wurde dies traditionell in den Jugendstudien abgefragt. Hingegen wurde in den Shell-Studien von 2002 und 2006 die Mitgliedschaft in Vereinen nicht mehr abgefragt, weshalb Schäfer (2006) die DJI-Jugendsurveys und die Shell-Studien 1992-2000 gewichtet und auf die gemeinsame Altersgruppe der 16- bis 24-Jährigen Jugendlichen bezogen hat (siehe Tabelle 1). Aus dieser Tabelle ist gut zu entnehmen, dass über die Jugendstudien der letzten Jahre (zumindest bis zur Erhebung der Shell-Studie 2000) von einer großen Stabilität der Mitgliedschaft Jugendlicher in Vereinen gesprochen werden kann.

Die Mitgliedschaft in Vereinen weist hinsichtlich der geschlechts- alters- und schichtspezifischen Differenzierung einige Merkmale auf: Zum einen ist die Mitgliedschaftsquote männlicher Jugendlicher in Vereinen generell höher – und dies insbesondere bei den Heimat- und Sportvereinen. Ebenfalls geschlechtsspezifisch geprägt, aber auch noch einmal

*Tabelle 1: Anteil der Jugendlichen, die in mindestens einem Verein Mitglied sind; 16- bis 24-jährige Jugendliche nach Landesteil und Geschlecht in Prozent*

| | Kategorie | | | | |
|---|---|---|---|---|---|
| Studie | **West** | **Ost** | **männl.** | **weibl.** | **Gesamt** |
| Shell 1992 | 43 | 26 | 44 | 33 | 39 |
| DJI 1992 | 47 | 28 | 52 | 34 | 43 |
| Shell 1997 | 42 | 27 | 44 | 34 | 39 |
| DJI 1997 | 44 | 31 | 47 | 35 | 41 |
| Shell 2000 | 44 | 29 | 48 | 33 | 40 |

*Quelle:* Schäfer (2006: 68)

durch Alterseffekte verstärkt, ist die Mitgliedschaft in denjenigen Organisationen, die im Zusammenhang mit der Arbeitsgesellschaft stehen (Gewerkschaften z. B.), denn hier steigt mit zunehmendem Alter die Beteiligungsquote. Auf der anderen Seite weisen Kinder in bestimmten Vereinen einen noch höheren Organisiertheitsgrad als Jugendliche auf. Der Survey „Kindheit in Deutschland" von 1998 hat die Vereinszugehörigkeit nach Alter und Geschlecht ausgewiesen:

*Tabelle 2: Vereinszugehörigkeit von Kindern; Angaben in Prozent nach Alter und Geschlecht*

| | **Alter: 10** | **Alter: 11** | **Alter: 12** | **Alter: 13** |
|---|---|---|---|---|
| Mädchen | 48 | 65 | 44 | 35 |
| Jungen | 46 | 65 | 64 | 48 |

*Quelle:* Zinnecker/Strozda (1998: 66-67)

Wie auch die Shell-Studie 1997 bestätigt, sind überdurchschnittlich viele der 12- bis 14-jährigen Jugendlichen in Sportvereinen organisiert. 1996 waren es 58 % (vgl. Jugendwerk der Deutschen Shell 1997: 357). Der Jugendsurvey 2006 nimmt die Altersgruppe der 12- bis 15-Jährigen in seine Untersuchung wieder mit auf und bestätigt diese Ergebnisse. Es ist allerdings anzumerken, dass nicht nach einer formalen Mitgliedschaft, sondern nach der „Aktivität" in Vereinen gefragt wurde, weswegen diese Ergebnisse leider nicht direkt vergleichbar sind.

Wenn man das formale Bildungsniveau als Indikator für eine Schichtzugehörigkeit betrachtet, wird hier erkennbar, dass Jugendliche, die kein Abitur haben, sich eher an Vereinen und Verbänden beteiligen, die traditionell im ländlichen Raum angesiedelt sind, wie die Jugendfeuerwehr, der Schützenverein oder der Trachtenverein. In Sportverbänden oder christlich-religiösen Vereinen sind eher junge Menschen mit höheren Bildungsabschlüssen beteiligt. Der DJI-Jugendsurvey 2006 identifiziert, dass 62 % der 16- bis 29-Jährigen mit Abitur in einem Verein Mitglied sind; mit mittlerem Abschluss sind es noch 54 % und nur noch 43 % mit geringerem Bildungsabschluss. Damit bestätigt der Survey auch die bereits von anderen Studien festgestellten Verknüpfungen von Bildungskapital und Sozialkapital (vgl. Gaiser/Rijke 2006: 226-227). Von einer generellen Organisationsmüdigkeit aber kann keinesfalls die Rede sein, wie die obigen Zahlen bestätigen. Da Vereine und Verbände also weiterhin für Jugendliche attraktiv zu sein scheinen, ist es nicht verwunderlich, dass diese für die Kooperation mit Schule ins Blickfeld geraten.

## 6 Jugendverbände und Ganztagsbildung: Ein spannungsreiches Verhältnis

Die Zusammenarbeit und Kooperation von Schule und Jugendarbeit lässt sich historisch vor allem als ein spannungsreiches Verhältnis beschreiben. Jugendarbeit wurde – entgegen ihres Selbstverständnisses – vielfach eine komplementäre Nothilfe-Funktion zugeschrieben, um soziale Problemlagen aufzufangen, die sich im Schulalltag äußerten (vgl. Olk u. a. 2000: 20). Für Jugendverbände kam spannungsreich hinzu, dass sie sich als Institution der Jugendbildung verstehen. Es wird also sowohl von Schulen als auch von Jugendverbänden „eine Bildungsfunktion beansprucht (...), die sich auf alle Jugendlichen bezieht" (Bettmer/ Prüß 2001: 1534). Aus diesem Grund wurden die Überlegungen der Bund-Länder-Kommission in der Zeit der Bildungsreform, „die außerschulische Jugendbildung verstärkt in den Funktionsbereich der Schule aufzunehmen, (...) von den Jugendverbänden als existenzielle Bedrohung aufgefasst" (ebd.). Bis in die 1990er Jahren haben sich die Jugendverbände deswegen deutlich gegenüber einer Kooperation mit Schule abgegrenzt. Seither ist jedoch eine stetige Zunahme von Kooperationsprojekten festzustellen, die vor allem im Rahmen der Offenen Ganztagsschule realisiert werden. Es gibt aber z. Zt. nur wenige umfangreiche empirische Erkenntnisse über die Kooperation von Schulen und Jugendverbänden. In der umfangreichen „Studie zur Entwicklung von Ganztagsschulen" (vgl. Holtappels u. a. 2007) findet sich, neben den Sportvereinen, keine explizite Ausweisung von Jugendverbänden als Kooperationspartner von Schule. In Bezug auf die Ausweitung schulisch belegter Zeit zeigt sich allerdings, dass fast ein Fünftel aller Kinder und Jugendlichen, die vor dem Besuch der Ganztagsschule Jugendgruppen besuchten, diese nun nicht mehr besuchen (Züchner 2007: 345). Es zeigt sich aber auch, dass die Übrigen weiterhin in Jugendverbänden aktiv sind und diese Aktivität nicht stark zeitlich einschränken. Gleichwohl lässt sich an den Abmeldungen erkennen, dass „bei regelmäßiger Teilnahme der Kinder und Jugendlichen an ganztägigen Schulangeboten die Abmeldequoten höher liegen, so dass auf Dauer eine regelmäßige Inanspruchnahme ganztägiger Angebote durch eine Vielzahl von Schülerinnen und Schülern noch weitergehende Auswirkungen auf die Vereins- und Verbandsaktivitäten haben könnte" (ebd.: 346). Über die Bewertung von Kooperationen seitens der Jugendverbände lässt sich jedoch aufgrund der Subsummierung unter die Kategorie „Jugendhilfe" auf Grundlage dieser Studie kaum eine Aussage treffen.

Jugendverbände und ihre Dachorganisationen selbst äußern sich bisher skeptisch über das Gelingen von Kooperationen, lassen sich jedoch auf diese ein (vgl. hierzu exemplarisch: DBJR 2005). Für sie ist vor allem die Gewährleistung einer Kooperation zwischen gleichberechtigten Partnern entscheidend (vgl. Voigts 2005: 406). Hierzu gehört auch die (finanzielle) Absicherung ihres originären Arbeitsfeldes. Da Schule bisher sowohl auf der konkreten Ebene vor Ort als auch in der Fachdebatte als der dominante Partner wahrgenommen wird, ist für Jugendverbände nicht nur ein selbstbewusstes Auftreten, sondern auch eine jugendpolitische Flankierung des weiteren Ausbaus von Ganztagsschule angebracht, damit diese als Ganztagsbildung weiterentwickelt und realisiert werden kann. Für diesen Zusammenhang lohnt es sich, über kreativere Institutionalisierungsformen als die der Ganztagsschule nachzudenken. So liegt im Konzept der „Kommunalen Jugendbildung" die Gestaltungs- und Ressourcenverantwortung bei einem Verein (Coelen 2002: 64), in dem u. a. Schulen und Freie Träger der Jugendarbeit Mitglieder sind. In der Fachdebatte wird vielfach die Gestaltung von kommunalen Bildungslandschaften angeregt. Ein weiterer Vorschlag legt den Schwerpunkt auf eine ressortübergreifende kommunale Bildungsplanung (vgl. BMFSFJ 2005: 536).

## *Literatur*

Bettmer, Franz/Prüß, Franz (2001): Schule und Jugendhilfe. In: Otto, Hans-Uwe/Thiersch, Hans (Hg.): Handbuch der Sozialpädagogik/Sozialarbeit. Neuwied: Luchterhand: 1532-1539.

BMFSFJ (2005) – Bundesministerium für Familie, Senioren, Frauen und Jugend: Zwölfte Kinder- und Jugendbericht. Berlin.

Bühler, Walter/Kanitz, Horst/Siewert, Hans-Jörg (1978): Lokale Freizeitvereine. Entwicklung, Aufgaben, Tendenzen. St. Augustin: Inst. für Kommunalwiss.

Coelen, Thomas (2002): Kommunale Jugendbildung. Raumbezogene Identitätsbildung zwischen Schule und Jugendarbeit. Frankfurt a. M.: Lang.

DBJR (2005) – Deutscher Bundesjugendring: Beispielhaft: Jugendverbände und Schule. Berlin: Schriftenreihe Deutscher Bundesjugendring.

Dewey, John (1916/1944): Democracy and Education. An Introduction to the Philosophy of Education. New York: Free Press.

Düx, Wibken/Sachs, Erich (2005): Lernen in informellen Kontexten. Lernpotenziale in Settings des freiwilligen Engagements. In: ZfE H. 3/2005: 394-411.

Gaiser, Wolfgang/Rijke, Johann de (2006): Kapitel 5: Gesellschaftliche und politische Beteiligung. In: Gille, Martina/Sardei-Biermann, Sabine/Gaiser, Wolfgang/Rijke, Johann de (Hg.): Jugendliche und junge Erwachsene in Deutschland. Lebensverhältnisse, Werte und gesellschaftliche Beteiligung. Wiesbaden: VS Verlag für Sozialwissenschaften: 213-275.

Habermas, Jürgen (1992/1998): Faktizität und Geltung. Beiträge zur Diskurstheorie des Rechts und des demokratischen Rechtsstaats. Frankfurt a. M.: Suhrkamp.

Heydorn, Heinz-Joachim (1980): Überleben durch Bildung. In: Ders.: Ungleichheit für alle. Frankfurt a. M.: Syndikat: 282-301.

Holtappels, Heinz-Günther/Klieme, Eckhard/Rauschenbach, Thomas (2007): Ganztagsschule in Deutschland. Ergebnisse der Ausgangserhebung der „Studie zur Entwicklung von Ganztagsschulen" (StEG). Weinheim: Juventa.

Honneth, Axel (1999): Demokratie als reflexive Kooperation. John Dewey und die Demokratietheorie der Gegenwart. In: Brunkhorst, Hauke/Niesen, Peter (Hg.): Das Recht der Republik. Frankfurt a. M.: Suhrkamp: 37-65.

Jörke, Dirk (2003): Demokratie als Erfahrung. John Dewey und die politische Philosophie der Gegenwart. Wiesbaden: Westdeutscher Verlag.

Jugendwerk der Deutschen Shell (Hg.) (1997): Jugend '97. Zukunftsperspektiven, gesellschaftliches Engagement, politische Orientierungen. Opladen: Leske + Budrich.

Krafeld, Franz Josef (1984): Geschichte der Jugendarbeit. Von den Anfängen bis zur Gegenwart. Weinheim: Beltz.

Müller, Burkhard (2004): Bildungsbegriffe in der Jugendarbeit. In: Sturzenhecker, Benedikt/Lindner, Werner (Hg.): Bildung in der Kinder- und Jugendarbeit. Weinheim: Juventa: 35-48.

Müller, Burkhard/Schmidt, Susanne/Schulz, Marc (2005): Wahrnehmen können. Jugendarbeit und informelle Bildung. Freiburg i. Br.: Lambertus.

Oelkers, Jürgen (2000): Demokratie und Bildung: Über die Zukunft eines Problems. In: ZfPäd (46.Jg.) H. 3/2000: 333-347.

Olk, Thomas/Bathke, Gustav-Wilhelm/Hatnuß, Birger (2000): Jugendhilfe und Schule. Weinheim und München: Juventa.

Otto, Hans-Uwe/Coelen, Thomas (2004): Auf dem Weg zu einem neuen Bildungsverständnis: Ganztagsschule oder Ganztagsbildung. In: Dies. (Hg.): Grundbegriffe der Ganztagsbildung. Wiesbaden: VS Verlag für Sozialwissenschaften: 7-16.

Rauschenbach, Thomas/Düx, Wiebken/Züchner, Ivo (2002): Kinder- und Jugendarbeit auf dem Weg in die Zukunft – eine Einführung. In: Dies. (Hg.): Jugendarbeit im Aufbruch. Münster: Beltz: 7-16.

Rauschenbach, Thomas/Otto, Hans-Uwe (2004): Die neue Bildungsdebatte. In: Dies. (Hg.) (2004): Die andere Seite der Bildung. Wiesbaden: VS Verlag für Sozialwissenschaften: 9-29.

Richter, Helmut (1998): Sozialpädagogik – Pädagogik des Sozialen. Grundlegungen – Institutionen – Perspektiven. Frankfurt a. M.: Lang.

Schäfer, Julia (2006): Sozialkapital und politische Orientierungen von Jugendlichen in Deutschland. Wiesbaden: VS Verlag für Sozialwissenschaften.

Sturzenhecker, Benedikt (2002): Bildung. In: Rauschenbach, Thomas/Düx, Wiebken/Züchner, Ivo (Hg.): Jugendarbeit im Aufbruch. Münster: Beltz: 19-60.

Sünker, Heinz (1992): Bildungstheorie als pädagogisch-politisches Paradigma. In: Marotzki, Winfried/Sünker, Heinz (Hg.): Kritische Erziehungswissenschaft – Moderne – Postmoderne. Bd. 1. Weinheim: Deutscher Studien Verlag: 59-74.

Voigts, Gunda (2005): Ein kritischer Zwischenruf! Bildung von Kindern und Jugendlichen fängt nicht am Schultor an ... ... und sie hört auch nicht dort auf. In: Fitzner, Thilo/Schlag, Thomas/Lallinger, Manfred W. (Hg.): Ganztagsschule – Ganztagsbildung. Bad Boll: Evangelische Akademie: 402-407.

Zinnecker, Jürgen/Strozda, Christiane (1998): Interessen, Hobbies und deren institutioneller Kontext. In: Zinnecker, Jürgen/Silbereisen, Rainer K. (Hg.): Kindheit in Deutschland. Aktueller Survey über Kinder und ihre Eltern. Weinheim: Juventa: 41-79.

Züchner, Ivo (2007): Ganztagsschule und die Freizeit von Kindern und Jugendlichen. In: Holtappels u. a. (Hg.): 333-352.

# Offene Kinder- und Jugendarbeit

*Ulrich Deinet*

Der erste Teil des Beitrags thematisiert die Entwicklung der Offenen Kinder- und Jugendarbeit als Feld der Jugendhilfe mit ihren typischen Einrichtungsformen und den aktuellen Entwicklungslinien, besonders in Bezug auf die Kooperation mit Schulen. Im zweiten Teil werden Ganztags- und Betreuungsangebote als klassische Form der Kooperation zwischen Jugendeinrichtungen und Schulen vorgestellt. Dabei geht es um zwei unterschiedliche Konzepte: zum einen in der Arbeit mit Kindern im Grundschulalter und zum anderen um Ganztags- und Betreuungsangebote für Jugendliche aus der Sekundarstufe I. Schon immer war die Ortsfrage eine grundsätzliche Frage bei Kooperationen zwischen Jugendeinrichtungen und Schulen, deshalb werden Chancen und Probleme von Ganztags- und Betreuungsangeboten in Einrichtungen der Offenen Kinder- und Jugendarbeit und am Schulstandort thematisiert. Der dritte Teil beschreibt den Übergang von Ganztagsangeboten zur Ganztagsbildung vor dem Hintergrund der Bildungsdebatte und den Strukturprinzipien von Jugendarbeit und Schule. Am Beispiel der jüngeren Jugendlichen werden dann konzeptionelle Konsequenzen für Ganztagsbildung gezogen, und zwar in Bezug auf Bedarfe, Angebotszeiten und die Ortsfrage, die Ambivalenz zwischen Verbindlichkeit und Freiwilligkeit und die Chancen von Partizipation und Beteiligung. Der vierte Abschnitt beschreibt den Ansatz der sozialräumlichen Offenen Kinder- und Jugendarbeit, der weit über die institutionenfixierten Blickwinkel hinausgeht, als große Chance für Kooperationen mit Schulen. Im letzten Teil wird die Bedeutung der Kooperation mit der Schule als zentrales Entwicklungsthema der Offener Kinder- und Jugendarbeit thematisiert.

## 1 Historische Entwicklung der Offenen Kinder- und Jugendarbeit

Die Offene Kinder- und Jugendarbeit hat sich in den westdeutschen Bundesländern nach dem Zweiten Weltkrieg insbesondere als Freizeitangebot für Kinder und Jugendliche nach der Schule entwickelt, nicht zuletzt als Unterstützung für Kinder und Jugendliche, die aufgrund ihrer familiären und sozialen Situation und ihres Wohnumfeldes auf eine öffentliche Förderung besonders angewiesen sind. Auch in der DDR gab es vergleichbare Offene Jugendeinrichtungen (als Jugendclubs etc.). Durch unterschiedliche jugendpoltische Bedingungen in den Bundesländern, besonders aber aufgrund kommunaler Rahmenbedingungen, hat sich das Feld sehr unterschiedlich entwickelt und konzeptionell differenziert. So gibt es große Unterschiede zwischen Jugendeinrichtungen in Kleinstädten, Mittelstädten, Großstädten und Landkreisen, bei gleichzeitig konzeptionellen Grundelementen, die überall zu finden sind.

Der Begriff Offene Kinder- und Jugendarbeit bezieht sich heute nicht mehr nur auf „stationäre“ Einrichtungen, die klassischen „Häuser der offenen Tür“, sondern auch auf mobile, aufsuchende Angebote. Die Grenzen der institutionellen Formen sind oft verwischt und sehr verschieden im Vergleich der Bundesländer, aber auch schon auf kommunaler Ebene. In allen Einrichtungs- und Projektformen der Offenen Kinder- und Jugendarbeit geht es fast immer um Räume als Rückzugs-, Erfahrungs-, Entfaltungs-, Aneignungs- und Bildungsgelegenheiten für Kinder und Jugendliche. Zu den Einrichtungsformen der Offenen Kinder- und Jugendarbeit gehören heute große und kleine Einrichtungen, Jugendtreffs im ländlichen Raum, Mädchentreffs, Kinder- und Jugendkulturarbeit in Jugendkunstschulen, soziokulturelle Zentren, Jugendzentren, Abenteuerspielplätze, Spielmobile und selbstverwaltete Jugendhäuser (vgl. Deinet/Sturzenhecker 2005).

Während es in der Kooperation zwischen der Jugendverbandsarbeit und Schulen meist um Projekte bzw. zeitlich befristete Angebote geht, wird die Zusammenarbeit zwischen Einrichtungen der Offenen Kinder- und Jugendarbeit und Schulen eher durch längerfristige und auf Dauer angelegte Ganztags- und Betreuungsangebote geprägt. Ein wesentlicher Anknüpfungspunkt ist hier die Offene Arbeit mit Kindern, die schon seit längerem eigene Betreuungsangebote und Hilfen bei den Schulaufgaben für Schüler(innen) durchführt.

Vor dem Hintergrund veränderter gesellschaftlicher Rahmenbedingungen und mit Blick auf die aktuellen Veränderungen der Schullandschaft (insbesondere hin zu Ganztagsschulen) stellt sich heute die Frage, wie sich die Offene Kinder- und Jugendarbeit in Zukunft entwickeln wird. Als kommunale Infrastruktur für Kinder und Jugendliche ist die Offene Kinder- und Jugendarbeit mit aktuellen Anforderungen konfrontiert, etwa im Bereich der Einrichtung von Ganztagsangeboten oder der Entwicklung von präventiven Konzepten. Die Entwicklung neuer Jugendszenen und die sich verändernden Bedürfnislagen von Kindern und Jugendlichen sind eine ständige Herausforderung für die Offene Kinder- und Jugendarbeit, die sich immer wieder flexibel auf neue Entwicklungen einstellen muss. Zu den Veränderungen gehören auch der demographische Wandel und die daraus abgleitete Herausforderung, z. B. aus Kinder- und Jugendeinrichtungen generationsübergreifende Einrichtungen zu entwickeln.

Die aktuellen Entwicklungen im Schulbereich bilden einen bedeutenden Hintergrund für Veränderungen der Offenen Kinder- und Jugendarbeit. Auf der Fachebene werden in diesem Zusammenhang grundlegende Fragen hinsichtlich der Richtung dieser Veränderungen aufgeworfen: Sollen Angebote der Offenen Kinder- und Jugendarbeit verstärkt in die neuen Formen von Ganztagsschulen oder in Formen geöffneter und erweiterter Schulen einbezogen werden? Oder ist es sinnvoller – im Sinne des Konzepts der Ganztagsbildung –, Offene Kinder- und Jugendeinrichtungen sowie andere Institutionen als außerschulische Lernorte mit ihren spezifischen Bildungsansätzen und Profilen im Rahmen einer umfassenden kommunalen Bildungsplanung weiter auszubauen, um in einer multiplen Lernkultur und mit unterschiedlichen Lernorten die Kinder und Jugendliche entsprechend fördern zu können?

## 2 Ganztags- und Betreuungsangebote als klassische Angebote von Kinder- und Jugendeinrichtungen

Der viel benutzte Begriff der Ganztagsangebote hat sich zwar eingebürgert, ist aber im Grunde genommen falsch, weil es in der Regel nicht um ein Angebot für den ganzen Tag, sondern um eine gewisse Zeit nach dem Ende des Unterrichts, d. h. über Mittag bis in den Nachmittag hinein geht. Ganztägige Betreuungsangebote existieren in Deutschland nur in Form der Ganztagsschulen und als Hort mit einem Frühdienst ab 7 Uhr und Öffnungszeiten bis 17 oder 18 Uhr. Daneben haben sich im Rahmen der Offenen Kinder- und Jugendarbeit in den letzten Jahren zahlreiche Betreuungsangebote entwickelt, die konzeptionell weniger dem Hortbereich, sondern eher einer offenen Freizeitarbeit mit Betreuungselementen zuzurechnen sind.

Hinsichtlich der Interessen und Bedürfnisse der Kinder und Jugendlichen ist es von Bedeutung, zwischen der Altersstufe der Kinder im Grundschulalter (6 bis 11 Jahre) und älteren Kindern bzw. jüngeren Jugendlichen zwischen 12 und 15 Jahren, die weiterführende Schulen besuchen, zu differenzieren. Auf dieser Basis können in der Praxis im Wesentlichen zwei Grundkonzepte von Ganztagsangeboten in der Kooperation von Offener Kinder- und Jugendarbeit und Schulen unterschieden werden:

- eine an Kindern im Grundschulalter orientierte Betreuung, die in der Zeit nach dem Ende der Schule bis zum Nachmittag ein für Kinder und Eltern verlässliches Angebot bereitstellt, meist mit fester Anmeldung. Es besteht der sichere Rahmen einer überschaubaren Kleingruppe (wenn die Standards stimmen!) mit verlässlichen Bezugspersonen (Fach- und Honorarkräfte). Elemente der Hortarbeit (Mittagessen, Schulaufgabenbetreuung) werden mit Ansätzen der Jugendarbeit (Bewegung, Erlebnis, Aktionen, Projekte auch in den Schulferien) verbunden;
- ein an jüngere Jugendliche (schulisch gesprochen: Sekundarstufe I) gerichtetes offenes Angebot, das mit den Prinzipien Freiwilligkeit und Offenheit und pädagogischen Ansätzen der Jugendarbeit ein Angebot an Schulen schafft, das einen nicht-formellen Bildungsraum zur Verfügung stellt, der insbesondere durch die Selbstorganisation und Partizipation der Jugendlichen gekennzeichnet ist. Diese oft in Form von Schülercafés durchgeführten „Stationen“ von Jugendarbeit an Schule bilden auch eine Brücke zu weiteren Angeboten der Jugendarbeit, die an den Lebenswelten von Kindern und Jugendlichen orientiert sind.

Die folgenden Einschätzungen beruhen auf den Ergebnissen verschiedener Evaluationsprojekte in diesem Bereich (vgl. Deinet/Icking 2006), jahrelanger Praxis als Fachberater des Landesjugendamtes Westfalen-Lippe sowie der wissenschaftlichen Begleitung einiger Modellprojekte des Jugendministeriums in NRW (deren Ergebnisse nicht alle veröffentlicht wurden).

Ganztagsangebote werden oft in Jugendfreizeitstätten angeboten, wenn diese in der Nähe von Schulen gelegen sind, aber auch direkt an Schulen. Die Frage des Ortes ist eine grundlegend konzeptionelle und hat auch mit der Öffnung von Schule zu tun. Man kann in der Kooperation grob zwei verschiedene Konzeptorientierungen unterscheiden: Alle Unterstützungsleistungen der Jugendhilfe, insbesondere die Angebote der Offenen Kinder- und Jugendarbeit, sollen am Ort Schule stattfinden (additives Modell), oder Schule öffnet sich in den Stadtteil bzw. Sozialraum und kooperiert mit diversen außerschulischen Institutionen, sodass Angebote auch dort stattfinden.

Angebote in Einrichtungen der Offenen Kinder- und Jugendarbeit zeichnen sich aus durch:

- oftmals gut ausgestattete Räumlichkeiten
- gute konzeptionelle Verbindung von offenen und geschlossenen Angeboten
- oft langjährige Erfahrungen in der Freizeit- und Erlebnispädagogik
- Möglichkeiten, Kindern und Jugendlichen Raum zum Ansprechen sensibler Themen außerhalb der Schule zu bieten
- Erreichbarkeit einer oft größeren und heterogenen Zielgruppe.

Innerschulische Angebote bieten den Vorteil, dass

- das Bild der Schule nach innen und außen an Qualität gewinnt
- sie von der Schule wahrgenommen und eher aktiv unterstützt werden
- es eine direkte örtliche und zeitliche Anbindung an die Schulen gibt
- die Kinder und Jugendlichen den Raum Schule in ihrer Freizeit erleben und kennen lernen können
- die Hausaufgabenhilfen qualitativ besser sind.

Bezogen auf das gesamte Feld der Kooperation von Schule mit außerschulischen Partnern kann man einer Studie des Deutschen Jugendinstituts in Bezug auf die Ortsfrage einige Befunde entnehmen: „53 % der Angebote finden sowohl in der Schule wie auch außerhalb statt, 25 % ausschließlich in Räumen der Schule und 20 % ausschließlich außerhalb der Schule“ (Deutsches Jugendinstitut 2003: 10).

Die genannten Aspekte müssen hinsichtlich der beiden unterschiedlichen Altersstufen (s. o.) differenziert werden: So ist die Schulnähe bzw. die Gestaltung von Ganztagsangeboten am Ort der Schule im Primarbereich von besonderer Bedeutung. Schon eine stark befahrene Straße zwischen einer Kinder- und Jugendeinrichtung und einer Grundschule kann die Zusammenarbeit erschweren. Fußläufige Erreichbarkeit ohne große Gefahren und Einbezug in den Nahraum sind unbedingte Voraussetzungen für die Kooperation in diesem Bereich. Bei jüngeren Jugendlichen aus der Sekundarstufe I, für die Schule oft zu den Orten ihrer „ökologischen Ausschnitte“ (Baacke 1984: 84) gehören, stellt sich die Situation grundsätzlich anders dar.

## 3 Von Ganztagsangeboten zur Ganztagsbildung

Mit den Prinzipien Offenheit und Freiwilligkeit sowie einem hohen Maß an Selbstorganisation und Beteiligung von Kindern und Jugendlichen baut die Kinder- und Jugendarbeit auf Paradigmen auf, die sich von denjenigen der Schule unterscheiden. Unter der gesellschaftlichen Notwendigkeit der Schaffung von Betreuungs- und Ganztagsangeboten besteht die Chance zur Kooperation unterschiedlicher Partner, die aus ihren jeweiligen Profilen interessante Konzepte von Ganztagsangeboten realisieren können, welche sich sowohl auf die schulische Entwicklung wie auch auf die Praxis der Jugendarbeit positiv auswirken können. Deshalb wurde vorgeschlagen, diese Chancen der Zusammenarbeit zwischen Jugendarbeit und Schule unter dem Begriff der „Ganztagsbildung“ zu fassen, „(...) in doppelter Abgrenzung zur formell dominierten Ganztagsschule als auch zu einer durch familiäre Betreuungsmängel induzierten Ganztagsbetreuung (...)" (Coelen u. a. 2004: 84). Da sich das Konzept auf eine sozialräumliche Grundlage und auf eine segementierte lokale Öffentlichkeit bezieht, spricht Coelen (2002) deshalb auch von „Kommunaler Jugendbildung".

Das Konzept und seine Theorie stützen sich auf die in der Praxis seit Jahren bestehenden Modelle der Zusammenarbeit von Schule und Offener Kinder- und Jugendarbeit. Deren Chance besteht darin, dass Ganztags- und Betreuungsangebote die Elemente der Offenen Kinder- und Jugendarbeit sehr deutlich betonen und im schulischen Umfeld alternative Lern- und Bildungssituationen schaffen können. Dies gilt besonders für Angabote an jüngere Jugendliche in der Sekundarstufe I.

Die mit dem Konzept der Ganztagsbildung intendierten weitreichenden Ziele der Schaffung eines umfassenden Betreuungs- und Bildungsangebotes können nur durch eine intensive Zusammenarbeit von Schule, Kinder- und Jugendarbeit und weiteren Bereichen der Jugendhilfe erreicht werden, die schon bei der Planung beginnen muss. Die Öffnung von Schule in den jeweiligen Sozialraum bildet auch zur Verwirklichung des Konzeptes einer Ganztagsbildung eine wesentliche Grundlage, etwa zur Erschließung von informellen und sozialen Bildungsmöglichkeiten, die großen Einfluss auf die Entwicklung der Persönlichkeit haben. Die reine Fixierung auf die Organisation eines Betreuungsangebotes an Schulen übersieht diese Möglichkeiten. Werden die Chancen einer intensiven Zusammenarbeit nicht genutzt, kann bestenfalls ein additives Betreuungsangebot zustande kommen.

Die besonderen Bedingungen für die Konzipierung von Ganztagsangeboten zwischen Jugendarbeit und Schule ergeben sich aus der Entwicklungsdynamik bei jüngeren Jugendlichen, die auch als „Zwischenaltersstufe" bezeichnet wird (Böhnisch 1993: 135). Aufgrund des Ausbaus von Ganztagsschulen ist zu erwarten, dass sich auch ein erhöhter Bedarf an Betreuungsangeboten im Bereich der Sekundarstufe I (insbesondere der Klassen 5 bis 7) ergeben wird. Für diese Altersstufe der jüngeren Jugendlichen zwischen 11 und 14 Jahren sind – nicht zuletzt wegen der oft unterschiedlichen Interessen von Eltern, Jugendlichen, Schule und Jugendarbeit – komplexe Anforderungen bei der Gestaltung von Ganztagsbildung zu berücksichtigen:

– *Bedarfe, Angebotszeiten und Orte:* Realistischerweise ist davon auszugehen, dass auch in Zukunft in vielen Fällen ein additives Modell die Kooperation zwischen Schule und Jugendarbeit und anderen Partnern bestimmt. Konkret bedeutet dies, dass die Unterrichtszeit primär am Vormittag stattfindet und gegen Mittag zu Ende ist, während Angebote der Kinder- und Jugendarbeit sowie anderer Bildungspartner am Nachmittag stattfinden werden. Es geht im Kern also um die Zeit zwischen 13 und 17 Uhr. Dass die Rhythmisierung von Schule, d. h. die Integration von Förder- und nicht-schulischen Bildungsangeboten in den Vormittag, nur schwer umgesetzt werden kann, hat Vorteile für die Jugendlichen. In der Trennung zwischen den schulischen Formen am Vormittag und den außerschulischen am Nachmittag besteht die Chance der bewussten Profilierung und Trennung unterschiedlicher Bildungsinhalte, die gerade für die Jugendlichen dieser Altersstufe entscheidend sind: Sie lehnen eine reine Verlängerung der Schule ab und präferieren Freizeit- und Bildungsangebote, die andere Rahmenbedingungen und Inhalte bieten. Dies kommt auch ihren Bedürfnissen entgegen, sich z. B. in der Gruppe der Gleichaltrigen zu platzieren, neue Beziehungen aufzunehmen, sich auszuprobieren und Cliquen- und Szeneorientierungen in ihr Handlungsrepertoire mit einzubeziehen (vgl. Österreichisches Institut für Jugendforschung 1995). Insofern ist das Konzept der Offenen Ganztagsschule mit den verschiedenen Kooperationspartnern für den Nachmittag auch im Hinblick auf die Bedürfnislage dieser Altersstufe durchaus interessant: keine feste Betreuung bis in den späten Nachmittag, sondern wechselnde Angebote mit unterschiedlichen Schwerpunkten.

- *Schulnähe/Erreichbarkeit:* Die Frage von Schulortnähe bzw. Erreichbarkeit wird von der Altersstufe der jüngeren Jugendlichen ambivalent beurteilt: Auf der einen Seite erwarten sie am Ort der Schule auch Freizeitangebote und nehmen diese gerne wahr, andererseits entziehen sie sich auch gerne dem Ort der Schule und versuchen, sich neue Räume anzueignen. Im Gegensatz zur Primarstufe ist also bei dieser Altersstufe nicht davon auszugehen, dass alle Angebote am Ort der Schule stattfinden müssen. Dem sozialräumlichen Aneignungsverhalten in diesem Alter entspricht es vielmehr, Handlungsräume zu erweitern und sich neue Räume zu erschließen. Diese müssen natürlich erreichbar sein (fußläufig, mit öffentlichen Verkehrsmitteln oder mit dem Fahrrad).
- *Verbindlichkeit/Freiwilligkeit:* Hier spielen heterogene Interessenlagen eine Rolle: Die Eltern von 11- bis 14-Jährigen wünschen sich – insbesondere dann, wenn sie berufstätig sind – eine kontinuierliche Betreuung ihrer Kinder und möchten das Gefühl haben, zu wissen, wo diese sich aufhalten. Die Jugendlichen dieser Altersstufe streben hingegen vermehrt nach neuen Erfahrungen, wollen sich nicht mehr so einbinden lassen wie im Grundschulalter und möchten viel stärker selbst entscheiden. Ein Kompromiss stellt das in dem Modellprojekt „Kooperationsmodell zwischen Jugendhilfe und Schule" (siehe Ministerium für Arbeit, Gesundheit und Soziales 1997) erprobte Konzept der Angebotsverlässlichkeit dar, die für ein Schulhalbjahr gegeben sein muss und ein gesichertes Gerüst unterschiedlicher Angebote am Nachmittag vorsieht. Innerhalb dessen besteht in den einzelnen Angeboten keine Teilnahmeverpflichtung, sondern hier gelten die Strukturprinzipien der Jugendarbeit, also u. a. Freiwilligkeit der Teilnahme und Offenheit. Eltern und Kinder finden die Verlässlichkeit vor, dass ein Angebot im Nachmittagsbereich, etwa eine Mädchengruppe, tatsächlich für ein Schulhalbjahr kontinuierlich angeboten wird. Die Jugendlichen müssen aber selbst entscheiden bzw. im pädagogischen Bezug zu den Betreuer(inne)n herausfinden, welchem dieser Angebote sie sich anschließen wollen. Die Jugendarbeit kann ihr Bildungsprofil nur entfalten, wenn ihre Arbeitsprinzipien Offenheit und Freiwilligkeit der Teilnahme im Nachmittagsbereich erhalten bleiben.
- *Partizipation/Beteiligung:* Die Offene Kinder- und Jugendarbeit bietet auf Grund ihrer institutionellen Rahmenbedingungen und Charakteristika ideale Rahmenbedingungen für eine partizipative Ausrichtung. Insbesondere die Strukturmerkmale der freiwilligen und wechselnden Teilnahme, der offenen Ziele, Inhalte, Arbeitsweisen, der Diskursivität sowie der geringen institutionellen Macht und Beziehungsabhängigkeit (Sturzenhecker 2002) bilden im Hinblick auf Bildungsprozesse den Hintergrund für die besonderen Chancen in der Offenen Kinder- und Jugendarbeit, informelle und nicht-formale Bildungsinhalte anzuregen und zu gestalten. Gerade in der Kooperation mit Schule bestehen Chancen der Gestaltung alternativer Bildungsorte an Schule oder in Verbindung mit Schule. Allerdings besteht auch die Gefahr, dass sich diese Chancen nicht realisieren lassen, wenn die Kinder- und Jugendarbeit zu sehr in schulische Bedingungen eingezwungen wird und ihre Charakteristika aufgeben muss. Aus Sicht der Jugendlichen wird sie so zur Schule und verliert an Attraktivität.

# 4 Sozialräumliche Orientierung als Chance einer breiten Kooperation zwischen Jugendhilfe und Schule

Eine sozialräumlich orientierte Kinder- und Jugendarbeit reflektiert mit ihrem lokalbezogenen Blick Aneignungsgelegenheiten als Bildungsmöglichkeiten von Kindern und Jugendlichen im öffentlichen Raum, aber auch in Institutionen (wie etwa der Schule). Sie entwickelt daraus ein Konzept, das auf die Steigerung und Schaffung von Aneignungsmöglichkeiten als Bildungsprozesse innerhalb der Kinder- und Jugendarbeit z. B. im öffentlichen Raum bzw. in der Schule zielt und versteht sich auf dieser Grundlage als Medium von Aneignung und Bildung.

Im Vergleich zu Schule und anderen Institutionen bietet die Kinder- und Jugendarbeit locker vordefinierte Orte, an denen deshalb eine selbsttätige, eigensinnige Raum-Bildung möglich ist. Die Gestaltung von Räumen, die Nutzung der Kinder- und Jugendarbeit als Aneignungsraum fördert die Selbstbildung von Kindern und Jugendlichen, ihre Kompetenzen zur Veränderung, zur Gestaltung eigener Situationen und damit zur Erweiterung ihres Handlungsrepertoires. Solche Bildungs-*Settings* können nicht pädagogisch durchstrukturiert werden, sonst hätten sie nicht mehr den Charakter der Selbstbildung. Die Kinder- und Jugendarbeit hat jedoch hervorragende Möglichkeiten, die Rahmenbedingungen für solche informellen Bildungsprozesse zur Verfügung zu stellen.

Daneben entwickelt die Kinder- und Jugendarbeit zielgerichtete Angebote, die Aneignungs- und Bildungsprozesse herausfordern. Hier ist ein breites Repertoire in unterschiedlichen Themenbereichen entwickelt worden: Didaktisiert in Form von Projekten, Kursen, Workshops, finden zahlreiche Lernangebote im Bereich der Medien (z. B. Internet-Kurse) und der Kultur- und Erlebnis-Pädagogik statt. Auch die Ferien- und Freizeitmaßnahmen stehen zumindest implizit unter einem Aneignungs- und Bildungsanspruch, z. B. im Rahmen interkultureller Begegnung oder der Erkundung neuer Lebensorte etc. Wegen der Freiwilligkeit und ihres Angebotscharakters gehören diese Bildungsbereiche zur nicht-formellen Bildung. Aus schulischer Sicht hat dieser Bereich den Vorteil, dass sein Bildungscharakter klar erkennbar und didaktisierbar ist. Kurse, Workshops und Projekte lassen sich relativ einfach in Kooperationsprojekte einbringen und der Bildungscharakter wird verständlicher und ist deutlich akzeptierter, als etwa der im offenen Bereich einer Jugendeinrichtung.

Eine sozialräumlich orientierte Kinder- und Jugendarbeit stellt auf mehreren Ebenen mit der Ermöglichung informeller und nicht-formeller Bildungsprozesse eine wichtige Ergänzung des überwiegend formellen Lernens in der Schule dar:

- Sie bietet Unterstützung bei der Bewältigung von Lebenssituationen durch Beratung und Einzelfallhilfe ebenso wie durch Übermittag-Betreuung, Schulaufgabenhilfe und Unterstützung beim Übergang zwischen Schule und Beruf.
- Durch gezielte Aneignungs- und Bildungsangebote schafft Kinder- und Jugendarbeit Räume, die Bildungsmöglichkeiten beinhalten, die – in Ergänzung zum schulischen Lernen – von den Lebenswelten der Kinder und Jugendlichen ausgehen können.
- Jugendarbeit unterstützt Aneignungs- und Bildungsprozesse auch außerhalb ihrer Orte, insbesondere im öffentlichen Raum. Mit ihrem sozialräumlichen Blick unterstützt sie Prozesse zur Revitalisierung öffentlicher Räume für Kinder und Jugendliche, die ihnen intensive Aneignungs- und Bildungsmöglichkeiten bieten.

Für die Ganztagsbildung bietet die skizzierte sozialräumliche Orientierung deshalb eine interessante Kooperationsgrundlage zwischen Jugendarbeit und Schule, weil lebensweltliche Themen von Kindern und Jugendlichen in Kooperationsprojekten aufgenommen und bearbeitet werden können (vgl. Coelen 2002).

## 5 Ganztagsbildung als Zukunftsperspektive der Offenen Kinder- und Jugendarbeit?

Aufgrund der sozialen Funktion von Schule für Kinder und Jugendliche spielt die Kooperation mit dieser Institution auch in den Konzepten der Offenen Kinder- und Jugendarbeit eine starke Rolle. Ob dies zu einer wirklichen Zusammenarbeit oder einer stärkeren Inpflichtnahme führt, hängt wesentlich vom Bildungsverständnis ab: Wenn ein erweiterter Bildungsbegriff die Grundlage der Zusammenarbeit ist, der „die Anregung aller Kräfte des Individuums, also nicht nur der kognitiven, sondern auch der sozialen, emotionalen und ästhetischen, die Aneignung der Welt, d. h. als eigenaktive Erschließung von Wirklichkeit sowie als Entfaltung der Persönlichkeit und Entfaltungsprozess des Subjekts" meint (Bundesjugendkuratorium 2002: 3-9), so gibt es gute Chancen dafür, dass die Offene Kinder- und Jugendarbeit mit ihren Angeboten ein geachteter Partner von Schule ist. Dieser Bildungsbegriff bezieht sich eben nicht nur auf unterrichtliche Inhalte wie in der „Nach-PISA-Diskussion", sondern auf die Entfaltung der Persönlichkeit in einem breiten Verständnis. So spielen Anerkennung, Selbstwirksamkeit und Selbstwertgefühl eine besondere Rolle in der Entwicklung von Kindern und Jugendlichen und haben auch Einfluss auf das schulische Lernen. Diese Elemente werden gerade im Rahmen der Offenen Kinder- und Jugendarbeit angesprochen. Hier gibt es Möglichkeiten zur Aneignung und Gestaltung ihres Lebensraums, motorische, bewegungsorientierte und auf die Gruppe hin orientierte Bildungsangebote. Insofern ist der Bildungsbegriff der Jugendarbeit sehr geeignet, eine Ergänzung zu und Erweiterung von schulischen Inhalten zu liefern. Aufgrund ihrer sozialräumlichen Ausrichtung im öffentlichen Raum der Kommune kann gerade die Offene Kinder- und Jugendarbeit die „Bildungslücke" zwischen einer zu stark im Schulsystem verhafteten Ganztagsschule und einer „kustodilalen" Ganztagsbetreuung schließen, so wie dies im Konzept der Ganztagsbildung entwickelt worden ist (vgl. Coelen 2002).

Die Öffnung von Schule in den Sozialraum und hin zu Kooperationspartnern ist vielleicht die entscheidende Zukunftsfrage der Offenen Kinder- und Jugendarbeit. Wenn die beschriebene Öffnung von Schule nicht geschieht, der Bildungsbegriff zu eng auf kognitives Lernen bezogen bleibt und sich die Offene Kinder- und Jugendarbeit nicht als eigenständiger Partner positionieren kann, wird es vorrangig um den Ausbau des Schulsystems gehen und um Ressourcen, die dafür zur Verfügung gestellt oder in Anspruch genommen werden können. Dazu würde dann insbesondere die Offene Kinder- und Jugendarbeit als kommunalpolitische Manövriermasse gehören.

## Literatur

Böhnisch, Lothar (1993): Sozialpädagogik des Kindes- und Jugendalters. Eine Einführung. Weinheim: Juventa.
Bronfenbrenner, Urie (1976): Ökologische Sozialisationsforschung. Stuttgart: Klett.
Bundesjugendkuratorium (2002): Zukunftsfähigkeit sichern! Für ein neues Verhältnis von Bildung und Jugendhilfe. In: neue praxis (32. Jg.) H. 1/2002: 3-9.
Coelen, Thomas (2002): Kommunale Jugendbildung. Raumbezogene Identitätsbildung zwischen Schule und Jugendarbeit. Frankfurt a. M.: Lang.
Coelen, Thomas/Hetz, Heidi/Wolf, Stefan (2004): Wer bildet die „Offene Ganztagsschule"? Bildungsanspruch und Bildungspraxis in der Kooperation von Grundschule und Jugendhilfeträger. In: Sturzenhecker, Benedikt/Lindner, Werner (Hg.): Bildung in der Kinder- und Jugendarbeit. Vom Bildungsanspruch zur Bildungspraxis. Weinheim: Juventa: 77-93.
Deinet, Ulrich/Icking, Maria (2006) (Hg.): Jugendhilfe und Schule. Analysen und Konzepte für die kommunale Kooperation. Opladen: Budrich.
Deinet, Ulrich/Sturzenhecker, Benedikt (Hg.) (2005): Handbuch Offene Kinder- und Jugendarbeit. Wiesbaden: VS Verlag für Sozialwissenschaften.
Deutsches Jugendinstitut (2003): Schule und soziale Netzwerke, erste Ergebnisse der Befragung von Kooperationspartnern allgemein bildender Schulen. Zwischenbericht. München: Eigenverlag DJI.
Ministerium für Arbeit, Gesundheit und Soziales (MAGS) NRW (1997): Kooperationsmodell zwischen Jugendhilfe und Schule zur ganztägigen Betreuung von Schülerinnen und Schülern der Sekundarstufe I einschließlich der Sonderschulen. Abschlussbericht. Düsseldorf.
Österreichisches Institut für Jugendforschung (Hg.) (1995): Abschied von der Kindheit – Die Lebenswelten der 11- bis 14-jährigen Kids. Wien.
Sturzenhecker, Benedikt (2002): PISA und die Offene Jugendarbeit. Thesen zur Diskussion. In: deutsche jugend H. 4/2002: 184-186.

# Didaktische Konzepte in der Kinder- und Jugendarbeit

*Uwe Uhlendorff / Nicole Rosenbauer*

Kinder- und Jugendarbeit umfasst alle pädagogisch gerahmten Sozialisationsfelder außerhalb von Familie, Schule und Erwerbsarbeit, in denen Kinder und Jugendliche ab dem Schulalter selbstständig, mit Unterstützung oder in Begleitung von ehrenamtlichen und beruflichen Mitarbeiter(inne)n in nichtkommerziellen und nicht berufsqualifizierenden Angeboten zum Zweck der Freizeit, Bildung und Erholung zusammen kommen können (vgl. Thole 2000: 23). Aus jugendhilferechtlicher Sicht soll die Jugendarbeit[1] an die Interessen junger Menschen anknüpfen, von ihnen mitbestimmt und mitgestaltet werden, sie zur Selbstbestimmung befähigen, zu gesellschaftlicher Mitverantwortung und zu sozialem Engagement anregen und hinführen (vgl. § 11 SGB VIII). Eine präzise Definition und scharfe Eingrenzung dieses Teilbereichs der Kinder- und Jugendhilfe – neben anderen Segmenten wie Erziehungshilfen, Jugendsozialarbeit und Jugendberufshilfe sowie Kindertagesbetreuung – erweist sich als schwierig, da sie unterschiedlichste institutionelle Arrangements umfasst: Jugendarbeit wird angeboten von Jugendverbänden, -gruppen und -initiativen, aber auch von freien sowie öffentlichen Trägern der Jugendhilfe, und sie findet u. a. statt in Jugendzentren, Jugendfreizeitheimen, Jugendclubs und -heimen, Kinder- und Jugendferienstätten, Jugendbildungsstätten, Jugendkunstschulen und kulturpädagogischen Projekten sowie auf pädagogisch betreuten Spielplätzen. Definitorische Bemühungen sehen sich darüber hinaus konfrontiert mit zunehmenden Tendenzen einer Entgrenzung sozialpädagogischer Felder, für die auch die gegenwärtige Diskussion um Ganztagsbildung und die Frage nach einer entsprechenden institutionellen und personellen Kooperation zwischen Jugendhilfe und Schule ein exponiertes Beispiel darstellt.[2]

Der folgende Beitrag begreift Jugendarbeit als Bildungsinstanz und geht der Frage nach, wie der Bildungsauftrag und der Bildungsanspruch in Einrichtungen der Jugendarbeit methodisch-didaktisch umgesetzt werden kann. Hierzu skizzieren wir im ersten Teil zunächst das verfolgte Bildungsverständnis sowie Bildungsdimensionen und -thematiken im Kontext von Jugendarbeit, um im zweiten Teil einen Überblick über didaktisch-methodische Konzepte zu geben und exemplarisch die verschiedenen methodisch-didaktischen Handlungsmuster zu erläutern.

---

1 Trotz der gestiegenen Sensibilität für „Kindheit" als eigenständige Lebensphase verwenden wir im Folgenden die Kurzform „Jugendarbeit".

2 Die häufig in Definitionen zu findende Formulierung, Jugendarbeit sei situiert „außerhalb von Familie, Schule und Erwerbsarbeit" erweist sich als durchaus problematisch, da z. B. auf Familienerziehung bezogene Angebote oder Horte vermehrt zu einem integralen Bestandteil von Jugendhäusern werden (vgl. Thole 2000: 22-23) und eindeutige Grenzziehungen kaum mehr möglich sind. Vgl. zum soziologischen Diskurs um Entgrenzung die Beiträge in Beck/Lau (2004).

# 1 Bildung in der Jugendarbeit: Verständnis, Dimensionen und Thematiken

Für die Jugendarbeit geht es im Kontext ihres spezifischen Bildungsauftrags darum, professionelle Handlungsorientierungen und institutionelle Strukturen derart zu konstituieren, dass sie vielfältige Möglichkeiten zur Aneignung gesellschaftlicher Wirklichkeit und mithin auch Bedingungen und Gelegenheiten zur Ermöglichung von Bildungsprozessen von Kindern und Jugendlichen schafft. In der einschlägigen Fachdiskussion wird ein Bildungsverständnis geltend gemacht, das im Unterschied zu Schule und Unterricht über die Wissensvermittlung hinausgeht und sich an Konzepten einer „ganzheitlichen" Persönlichkeitsbildung orientiert. Begriffe wie „Aneignung von Welt", „Selbstreflexion", „Selbst- und Weltverhältnis", „Selbsttätigkeit", „Selbstbestimmung" und „Entfaltung der Persönlichkeit" spielen dabei eine zentrale Rolle, die als Anforderungen sowie normative Orientierungen im Kontext einer sich modernisierenden Gesellschaft thematisiert werden. Jugendarbeit geht nun nicht allein in der bewusst-reflexiven und mithin professionellen Gestaltung von Bildungsgelegenheiten auf (z. B. im Rahmen von Projekten und Workshops), sondern sie nimmt auch andere Aufgaben und Funktionen wahr, wie z. B. Freizeitmöglichkeiten für Kinder- und Jugendliche oder Orte und Treffpunkte für offene Begegnungen zu schaffen. Indem Professionelle – Sozialpädagog(inn)en, Sozialarbeiter(innen) und Erzieher(innen) – sowie ehrenamtlich Tätige zunächst strukturelle Voraussetzungen schaffen, d. h. Räume und Infrastruktur bereit stellen oder Kommunikationsstrukturen initiieren, ermöglichen sie gleichsam indirekt Bildungsprozesse von Kindern und Jugendlichen: Gerade indem jungen Menschen nicht institutionell vordefinierte Räume zur eigenen Verfügung angeboten werden, können sich hier auch Prozesse der Selbstbildung als „informelle Bildungsprozesse" vollziehen. Fachkräfte unterstützen Bildungsprozesse von Kindern und Jugendlichen direkt, sobald sie nicht-formelle Lernarrangements schaffen oder unterstützen, die an zentrale Entwicklungsaufgaben und subjektiv relevante Lebensthemen von Kindern und Jugendlichen anknüpfen. Dies setzt bestimmte Kompetenzen sowie Wissen um methodisch-didaktische Konzepte auf Seiten der Fachkräfte voraus. Überblickt man die mittlerweile sehr umfangreiche Fachliteratur, dann lassen sich vier Ebenen unterscheiden, die für die Reflexion sowie Konzeption und didaktische Gestaltung solcher nicht-formeller Lernarrangements bedeutsam sind (vgl. Abbildung 1).

Zur Erläuterung: Die Bildungsperspektive der Jugendarbeit findet in der Grunddimension Geselligkeit ihre klassische Begründung (vgl. Sting/Sturzenhecker 2005: 234). Schon die Gründung und rasche Ausbreitung von Jugendvereinigungen im Deutschen Reich war von dem Gedanken motiviert, dass die jugendspezifischen Gesellungsformen als „geheime Erzieher" wirken (vgl. Schultz 1903; Classen 1909; Uhlendorff 2003: 233-261). Der Aspekt der pädagogischen Bedeutung jugendspezifischer Geselligkeit steht im Mittelpunkt der theoretischen Fundierung der Jugendarbeit durch C. W. Müller und Klaus Mollenhauer (Müller u. a. 1964: 30, 104), die den Gedanken des „Stils" als Qualität der Kommunikation – im Sinne von bestimmten Umgangsformen, Alltagsritualen, ästhetischen Ausdrucksformen etc. – und mehr oder weniger existenzielle Lebensstilfragen, die mit Hilfe einer spezifischen Gruppenpädagogik thematisiert werden, als zentral begreifen. Neben einer gemeinschaftlichen Dimension umfasst Bildung auch den Aspekt der Selbstreflexivität des Individuums im Hinblick auf einen biografischen Selbstentwurf (Wer bin ich? Warum bin ich so geworden? Wo will ich hin?). Hier eröffnet sich eine zweite Grundfrage so-

*Abbildung 1: Relevante Reflexionsebenen bildungsorientierter Jugendarbeit*

| | |
|---|---|
| **I. Grunddimensionen/Bildungsperspektiven** | 1. Geselligkeit<br>2. Biografie<br>3. (Lebens-)Bewältigung<br>(vgl. Sting/Sturzenhecker 2005: 233-235) |
| **II. Subjektbezogene Bildungsdimensionen** | 1. Selbstkonzepte<br>2. Körperkonzepte<br>3. Zeitschemata<br>4. Normative Orientierungen<br>5. Interaktionsstrategien<br>(vgl. Mollenhauer/Uhlendorff 2000; Uhlendorff 2001) |
| **III. Basisbedingungen zur Ermöglichung von Bildungsprozessen** | 1. Anleitung zur Selbstbestimmung<br>2. Anerkennungsmuster Liebe, Recht, Solidarität<br>3. Ermöglichung von Cliquen- und Gruppenbildung<br>4. Gestaltung des Ortes<br>(vgl. Sting/Sturzenhecker 2005: 241-244) |
| **IV. Bildungsthematiken** | Beispiele: Geschlechterdifferenz, Interkulturalität, Umgang mit dem Körper (Gesundheit), Armut, Politik, soziale Benachteiligung, ästhetische Erfahrungen, Sozialraum (Familie, Schule, Jugendzentrum, Stadtteil)<br>(vgl. Mollenhauer 1996; Sting/Sturzenhecker 2005: 241-244) |

zialpädagogischer Reflexion: Wie kann professionelles Handeln biografische Selbstreflexionsprozesse junger Menschen fördern? Daran knüpft sich schließlich die dritte Bildungsdimension an: jene der (Lebens-)Bewältigung. Sie manifestiert sich beispielsweise in der Unterstützung von Heranwachsenden bei der Bewältigung von kinder- und jugendspezifischen Entwicklungsaufgaben (Havighurst 1953) wie der Ablösung vom Elternhaus, dem Eingehen intimer Partnerschaften oder der Entwicklung einer Berufsorientierung.

Die Trias Geselligkeit, Biografie und Bewältigung bilden das theoretische Grundgerüst einer bildungsorientierten Jugendarbeit. Damit ist aber keinesfalls die Frage beantwortet, wie Bildungsprozesse auf der Ebene des Subjekts, d. h. aus der Sicht von Kindern und Jugendlichen, beschreibbar sind. Eine Möglichkeit der Identifikation von individuellen Bildungsprozessen ist die empirische Rekonstruktion von Selbstdeutungsmustern der Kinder und Jugendlichen. Eine zweite Reflexionsebene bezieht sich mithin auf subjektbezogene Bildungsdimensionen, wobei fünf Kategorien für die Beschreibung von Bildungsprozessen aus der lebensweltlichen Perspektive für junge Menschen selbst zentral sind: Kinder und Jugendliche entwickeln und verändern in ihren *Peergroup*-Kontexten Selbstkonzepte, in denen Vorstellungen von sozialen Stärken und Schwächen, von Charaktereigenschaften, Differenzen von Selbst- und Fremdwahrnehmung sowie Vorstellungen von Weiblichkeit und Männlichkeit enthalten sind. Die Bildungsdimension „Körperkonzepte" umfasst Selbstdeutungsmuster von körperlichen Stärken und Empfindlichkeiten sowie der Sorge um das körperliche Wohlbefinden, den Kleidungsstil und die körperlichen Ausdrucksformen. Im Hinblick auf Zeitschemata geht es für junge Menschen um die Entwicklung von Planungskompetenzen, Vorstellungen einer Zukunft und von Deutungen der gemeinsam mit anderen erlebten Zeit, im Kontext von normativen Orientierungen um Vorstellungen über moralische und ethische Prinzipien. Interaktionsstrategien von Kindern und Jugendlichen sind z. B. getragen von Vorstellungen, wie Konflikte entstehen und wie man sie lösen kann.

Damit die Reflexion und Entwicklung von Selbstdeutungsmustern und die lebensweltlichen Relevanzen von Kindern und Jugendlichen in der pädagogischen Arbeit tatsächlich zum Tragen kommen können, müssen – und damit ist die dritte Reflexionsebene angesprochen – bestimmte Basisbedingungen vorhanden sein. Die Anleitung zur Selbstbestimmung, die auf die Ermöglichung von Bildungsprozessen zielt, vollzieht sich immer in einer paradoxen Konfiguration: Selbstbestimmung ist im Grunde nur als Selbsttätigkeit von Kindern und Jugendlichen vorstellbar und verliert durch pädagogische Eingriffe, durch Anleitung, ihren autonomen Charakter. Eine didaktische Rahmung ist lediglich auf Basis der kontrafaktischen Unterstellung einer entwicklungs- und rollenbedingt noch nicht vorhandenen Fähigkeit zu selbstbestimmtem Handeln junger Menschen möglich – mit dem Ziel der Herstellung von Autonomie. Um Selbstbestimmung und Subjektivität entwickeln und entfalten zu können, müssen Kinder und Jugendliche emotionale und soziale Anerkennung erfahren. Professionelle Beziehungsarbeit, die Gewährleistung von Mitbestimmungs- und Mitgestaltungsrechten sowie die Akzeptanz von Selbstäußerungen und Selbstinszenierungen bilden die Grundlage, auf der sich Selbstvertrauen und Selbstachtung junger Menschen entwickeln können. Das Anknüpfen an die informelle Geselligkeitspraxis von Gruppen und Cliquen, an Ritualisierungen und Inszenierungen von Kollektivität und ggf. deren Konfrontation mit neuen Erfahrungsperspektiven ist für eine bildungsorientierte Jugendarbeit unverzichtbar. Schließlich müssen der pädagogische Ort, der Raum und die Räumlichkeiten der Jugendarbeit selbst Gegenstand von Gestaltungsmöglichkeiten und eigen-sinniger Raumaneignung der Kinder und Jugendlichen sein bis hin zum Einbezug der sozialräumlichen Umwelt im Sinne einer Öffnung von sozialpädagogischen Institutionen auch nach außen hin (vgl. Sting/Sturzenhecker 2005: 237-241).

Im Hinblick auf die inhaltliche Ausrichtung von nicht-formellen Lernarrangements stellt sich schließlich auf einer vierten und letzten Reflexionsebene die Frage nach bildungsrelevanten Thematiken von Kindern und Jugendlichen. Unabhängig davon, ob man bestimmte Thematiken als grundlegend für die Kinder- und Jugendhilfe bestimmt, wie z. B. Generation, Normalitätsbalance, Armut und Interkulturalität (vgl. Mollenhauer 1996: 876), oder dafür votiert, Bildungsthematiken aus der geselligen und selbstbestimmten Praxis der Kinder und Jugendlichen selbst aufzugreifen und in Aneignungs-*Settings* zu transformieren (Sting/Sturzenecker 2005: 242), ist für eine bildungsorientierte Jugendarbeit relevant, dass die aufgenommenen Inhalte und Fragen im Sinne einer Schnittstelle und einer Differenz zwischen individuellen Entwicklungsanforderungen und gesellschaftlichen Konfliktlagen begriffen und thematisiert werden. Denn in ihnen spiegelt sich das „Welt-Selbst-Verhältnis“ von Kindern und Jugendlichen bzw. die „Konstitution der eigenen Subjektivität in der Auseinandersetzung mit der Welt“ (Winkler 2001: 179) wider – sei dies im Kontext sozialer Benachteiligung, der Ethnizität oder ästhetischer Erfahrungen. Zwar berücksichtigen die in der Fachliteratur im Wesentlichen diskutierten theoretisch begründeten Konzepte der Jugendarbeit mehr oder weniger die hier genannten Reflexionsebenen, immer jedoch liegt eine Besonderheit des jeweils verfolgten Bildungsverständnisses auf der Betonung des Momentes der „Emanzipation“, d. h. dass Bildung auf einer kritischen Distanzierung gegenüber bereits vollzogenen Aneignungsprozessen des Subjekts gründet und darauf abzielt, „sich seiner selbst inne zu werden“, oder anders formuliert, es geht „nicht nur um Aneignung und Objektivierung, sondern stets auch um *Distanzierung*" (Winkler 2001: 179).

## 2 Methodische Grundformen, Konzeptionen und didaktisch-methodische Handlungsmuster

Repräsentative wissenschaftliche Studien zur tatsächlichen Arbeitsweise und konzeptionellen Ausrichtung der Jugendarbeit in Deutschland liegen bisher noch nicht vor. Anzunehmen ist, dass sich die in der Fachliteratur diskutierten theoretisch fundierten Konzepte[3] in „Reinform" kaum wieder finden lassen, sondern sich – dies bestätigen auch die vorliegenden Praxisberichte und Publikationen über Modellprojekte – in der Praxis eher synkretistische Ansätze ausgebildet haben.

Ohne Anspruch auf Vollständigkeit erheben zu können, soll im Folgenden der Versuch einer Klassifikation anhand von drei Ebenen unternommen werden (vgl. Abbildung 2). Zunächst lassen sich die Ansätze der bildungsorientierten Jugendarbeit grob nach den methodischen Grundformen Einzelarbeit, Gruppenarbeit und Gemeinwesenarbeit klassifizieren. Sozialpädagog(inn)en arbeiten klient(inn)enbezogen immer in einer dieser Formen, wobei Differenzen in den unterschiedlichen Orientierungen oder Foki der Arbeit liegen: auf den Einzelnen gerichtet, auf die Gruppe und ihre Dynamik oder auf einen sozialen Raum.[4] Mit dieser Dreiteilung werden Sozialformen oder pädagogische *Settings* unterschieden, in denen die „beteiligten Personen aufeinander bezogen sind" (Klafki u. a. 1970: 143) und in denen Aneignungsprozesse von Jugendlichen und Kinder stattfinden; diese sind: die Erzieher(in)-Jugendlichen-Dyade, die Gleichaltrigengruppe als übersichtliches Netz von Beziehungen oder das Gemeinwesen(-projekt) als Auseinandersetzung von Kindern und Jugendlichen mit der sie umgebenden materialen, symbolischen und inszenierten Umwelt als soziale Räume. Eine zweite Ebene bilden die methodischen Konzeptionen oder Ansätze im engeren Sinne, als konzeptionelle Ausprägung oder Ausdifferenzierung der methodischen Grundformen: Gruppenarbeit kann z. B. in Form von Mädchenarbeit oder multikultureller Jugendarbeit stattfinden. Auf einer dritten Ebene lassen sich didaktisch-methodische Handlungsmuster unterscheiden, in denen die methodischen Grundformen in der Praxis konkret umgesetzt werden. Handlungsmuster sind von Pädagog(inn)en und von Kindern bzw. Jugendlichen mehr oder weniger verinnerlichte Formen der Aneignung, die zielgerichtet sind, die Handlungssituationen in der Praxis strukturieren und die einen Anfang und ein Ende haben (vgl. Meyer 2003: 127).

Im Folgenden soll auf die drei methodischen Grundformen und ihre konzeptionellen und didaktisch-methodischen Ausprägungen näher eingegangen werden: Die Einzelarbeit findet in der Jugendarbeit in unterschiedlichen konzeptionellen Ausprägungen statt. Viele Träger bieten eine Jugendberatung an, die darauf abzielt, Jugendliche bei der Bewältigung

3 Die wichtigsten Theoriekonzepte sind die „Emanzipatorische Jugendarbeit" (Hermann Giesecke) und die „Bedürfnisorientierte Jugendarbeit" (Diethelm Damm), die „Lebensweltorientierte Jugendarbeit" (Hans Thiersch), die „Raumorientierte Jugendarbeit" (Lothar Böhnisch/Richard Münchmeier) sowie die „Subjektorientierte Jugendarbeit" (Albert Scherr) und der Kulturorientierte Ansatz (Rainer Treptow).

4 Die Methoden der Einzelfallhilfe, der Gruppenarbeit und der Gemeinwesenarbeit markieren gleichermaßen die „klassische Methodentrias" Sozialer Arbeit. Es handelt sich um historisch gewachsene Arbeitsansätze, wobei Grenzen zwischen den Methoden in neueren Konzepten zunehmend aufgeweicht und verschiedene Elemente kombiniert und integriert werden (vgl. Galuske 2007).

*Abbildung 2: Methodische Grundformen, Konzeptionen und didaktisch-methodische Handlungsmuster im Überblick*

| **Methodische Grundform** | **Methodische Konzeptionen** | **Didaktisch-methodische Handlungsmuster (Beispiele)** |
|---|---|---|
| Einzelarbeit | Jugendberatung, Fallarbeit | Informieren, Ratgeben, Biografiearbeit, problemzentrierte Gespräche (psychosoziale Beratung) |
| Gruppenarbeit | Geschlechtsbezogene Ansätze (Mädchen und Jungenarbeit), Kultur- und Medienarbeit, Multikulturelle Jugendarbeit, Spielpädagogische Ansätze, Politische Bildung, Erlebnispädagogik | Informieren, Themenzentriertes Gespräch, Projektarbeit, Gruppen-Diskussion, Debatte, Symbol-, Rollen-, Regel- und Planspiel, Biografiearbeit |
| Gemeinwesenarbeit; Sozialraumarbeit | Stadtteilorientierte Jugendarbeit, Mobile Jugendarbeit/ Straßensozialarbeit, Cliquenorientierte Jugendarbeit | (Strukturierte) Stadtteilbegehung, Stadtteilerkundung, Befragung von Institutionen, Subjektive Landkarten erstellen (soziale Kartierung), Cliquenraster, Zeittabellen, Nadelmethode, Autofotografie, Fremdbilderkundung, Gruppengespräche, Lebensweltbezogene Beratung |

von Konflikten in der Familie, in der Schule und der Ausbildung zu unterstützen. Sie findet oft kontextuell statt, ist wenig formalisiert und eingebunden in die Gelegenheits- und Kommunikationsstrukturen der Offenen Arbeit, z. B. in Jugendzentren. Daneben haben sich spezialisierte Angebote der Jugendberatung entwickelt, die sich auch als Jugendberatungsstellen titulieren. Die didaktisch-methodischen Handlungsmuster sind vielseitig und werden je nach Sach- und Problemlage angewendet (vgl. Schumann 2005: 288-289): Jugendberatung kann z. B. in Form von Informieren erfolgen, im Sinne von Auskunft geben über Sachverhalte, die Kinder und Jugendliche nicht kennen, oder in Form von persönlichen Ratschlägen, wenn es um die Bewältigung von Alltagsproblemen geht. Jugendberatung kann auch methodisch als psychosoziale Beratung, im Sinne von problemzentrierten Gesprächen, erfolgen. Im Mittelpunkt steht hierbei die Lösung von Schwierigkeiten, Belastungen und Konflikten, die sich aus einer schwierigen sozialen oder biografischen Situation ergeben. Eine weitere potenzielle Methode ist die Biografiearbeit, bei der Reflexionsprozesse anhand der Rekonstruktion der eigenen Lebensgeschichte unterstützt werden (vgl. Lattschar/Wiemann 2007). Die Übergänge von der Beratung zur Fallarbeit, bei der es sich im Vergleich zur Beratung um zeitlich längerfristigere und intensivere Angebote einer sozialpädagogischen Unterstützungsarbeit handelt, sind fließend. Fallarbeit kommt insbesondere bei sozialen Randgruppen, bei Jugendlichen mit besonderen Gefährdungen und Schwierigkeiten zur Anwendung, wie z. B. bei Drogen konsumierenden, straffälligen oder obdachlosen Jugendlichen.

Die Konzepte der Gruppenarbeit sind im Vergleich zur Einzelarbeit vielseitiger: Zu nennen sind hier insbesondere die geschlechtsbezogenen Ansätze der Jungen- und Mädchenarbeit. Die historisch ältere Form ist die Mädchengruppe: Die Mädchenarbeit zielte ursprünglich darauf ab, weiblichen Jugendlichen einen Freiraum zu bieten, in dem sie traditionelle Frauenmuster erkennen und alternative Lebensentwürfe entwickeln können – aber auch Freizeittätigkeiten und lockere Formen der Geselligkeit zu ermöglichen. Auch die sich parallel entwickelnden Ansätze der Jungenarbeit zielen auf die Sensibilität gegenüber Geschlechterrollen und die Reflexion geschlechtsbezogener Selbst- und Fremdbilder. Spezifische Formen der Kultur- und Medienarbeit sowie der politischen Bildung wurden insbesondere von Jugendbildungsstätten entwickelt. Als weitere methodische Konzepte, die auf gruppenpädagogische *Settings* zurückgreifen, sind multikulturelle (vgl. Scherr 2005) sowie spielpädagogische (vgl. Kapfer-Weixlbaumer u. a. 2005: 66-111) und erlebnispädagogische Ansätze (vgl. Braun 2005: 114) zu nennen. Bei den letzten beiden Ansätzen geht es um Formen der Aufgabenbewältigung, bei der körperliche Spürenserfahrungen und körperorientierte Interaktionen im Mittelpunkt stehen. Im Unterschied zur Schuldidaktik geht die Planung pädagogisch-didaktischer Gruppen-*Settings* in der Jugendarbeit stärker von Alltagssituationen von Kindern und Jugendlichen aus. Anhand von spezifischen Situationen werden Bildungsthematiken aufgegriffen und situativ didaktisch umsetzt.

Aus der Gemeinwesenarbeit als einer dritten methodischen Grundform der Sozialen Arbeit haben sich im Handlungsfeld der Jugendarbeit unterschiedliche methodische Konzeptionen entwickelt: Die stadtteil- oder sozialraumorientierte Jugendarbeit setzt sich zum Ziel, Kinder und Jugendliche zu unterstützen, ihren Stadtteil oder sonstigen Sozialraum im Hinblick auf ihre eigenen Bedürfnisse zu erschließen und mit zu gestalten (z. B. durch Errichtung von Abenteuerspielplätzen oder der Gestaltung von Freiflächen). Die didaktisch-methodischen Handlungskonzepte, die dabei zur Anwendung kommen, stammen z. T. aus der Sozialraum- und Jugendhilfeplanung.[5] Im Unterschied zu der stadtteilorientierten Jugendarbeit konzentriert sich die Mobile Jugendarbeit bzw. Straßensozialarbeit auf bestimmte Randgruppen und Cliquen, die von herkömmlichen Angeboten nicht erreicht werden, wie z. B. rechtsradikale Jugendcliquen, Straßenkinder, drogenabhängige Jugendliche, Stricher und minderjährige Prostituierte.

# 3 Schlussbemerkungen

Entwicklungsaufgaben, Identitätsfindungen und deren erfolgreiche Bewältigung durch junge Menschen verkomplizieren sich unter den heute gegebenen gesellschaftlichen Bedingungen z. B. aufgrund struktureller Problematiken der Arbeitsmärkte. Die Rahmung der Jugendphase als „Moratorium“[6] wird biografisch, zeitlich und sozial zunehmend aufgebrochen. Vor diesem Hintergrund gewinnen Arrangements (auch) der Jugendarbeit eine neue und besondere Bedeutung, die junge Menschen bei der Aneignung von spezifischen Kompetenzen, Alltags- und Überlebensstrategien zur gelingenden Bewältigung und Reflexion ihrer vielfältigen Lebenskontexte unterstützen. Interkulturalität und Geschlecht können dabei zwar als spezifische Fokussierungen in Erscheinung treten, sind heute jedoch gleichsam als Querschnittsthematiken zu begreifen und im Kontext der gesellschaftlichen Dynamik von Selbst- und Fremdbildern zu thematisieren (vgl. Holzbrecher 2004). Neben der Tatsache, dass viele Angebote der Jugendarbeit explizit einen Bildungsanspruch verfolgen

5 Zu den Methoden einer sozialraumorientierten Jugendarbeit vgl. Krisch/Pruner (2005).

6 Kindheit und Jugend galten traditionell als „Schonraum“, als „psychosoziales Moratorium“, in dem „die nachwachsende Generation von der Bürde des Erwachsenseins, von Erwerbsarbeit, von Aufgaben und Verantwortung selbstständiger Entscheidungen usw. freigestellt und sich allein den Aufgaben des Lernens, der Qualifikation und Herausbildung einer stabilen persönlichen Identität widmen sollte“ (Münchmeier 2001: 25). Zur Entgrenzung der Jugendphase vgl. auch Böhnisch u. a. (2005: 141-149).

(wie z. B. interkulturelle Projekte oder Medienprojekte) und bildungstheoretische Reflexionen sowie die Reklamation eines eigenen Bildungsauftrags die Jugendarbeit bereits seit ihrem Entstehen, insbesondere aber seit den 1960er Jahren begleiten,[7] sind es insbesondere die spezifischen Bedingungen wie z. B. die „Doppelte Freiwilligkeit"[8] oder der weltanschauliche Pluralismus, die es der Jugendarbeit als Bildungsinstanz in besonderer Weise erlauben, die je individuellen Thematiken junger Menschen im Kontext von subjektbezogenen Bildungsdimensionen aufzunehmen und didaktisch umzusetzen. Die Jugendarbeit ist gegenüber der Schule weniger formalisiert und standardisiert, sie agiert in offenen, strukturell auf das Individuum und seine Bewältigungsleistung bezogenen Situationen. Da Bildungs- und Entwicklungsprozesse nicht mit Zuweisungen (wie bei formalen Bildungsabschlüssen) gekoppelt sind, ermöglichen die didaktischen Arrangements der Jugendarbeit ein intensiveres Eingehen auf die Bedürfnisse von jungen Menschen.

## *Literatur*


Beck, Ulrich/Lau, Christoph (Hg.) (2004): Entgrenzung und Entscheidung. Was ist neu an der Theorie reflexiver Modernisierung? Frankfurt a. M.: Suhrkamp.

Böhnisch, Lothar (1998): Milieubildung und Netzwerkorientierung. In: Peters, Friedhelm/Trede, Wolfgang/Winkler, Michael (Hg.): Integrierte Erziehungshilfen. Qualifizierung der Jugendhilfe durch Flexibilisierung und Integration? Frankfurt a. M.: IGfH: 11-23.

Böhnisch, Lothar/Schröer, Wolfgang/Thiersch, Hans (2005): Sozialpädagogisches Denken. Wege zu einer Neubestimmung. Weinheim: Juventa.

Braun, Karl-Heinz (2005): Erlebnispädagogik. In: Braun, Karl-Heinz/Wetzel, Konstanze/Dobesberger, Bernd/Fraundorfer, Andrea (Hg.): Handbuch Methoden der Kinder- und Jugendarbeit. Wien: Lit: 113-195.

Classen, Walter (1909): Vom Lehrjungen zum Staatsbürger. Hamburg: Gutenberg.

Deinet, Ulrich/Sturzenhecker, Benedikt (Hg.) (2005): Handbuch Offene Kinder- und Jugendarbeit. Wiesbaden: VS Verlag für Sozialwissenschaften.

Galuske, Michael (2007): Methoden der sozialen Arbeit: Eine Einführung. Weinheim: Juventa.

Havighurst, Robert J. (1953): Developmental Tasks and Education. New York: Longman.

Holzbrecher, Alfred (2004): Interkulturelle Pädagogik. Berlin: Cornelsen.

Kapfer-Weixlbaumer, Anna/Pruner, Daniela/Wetzel, Konstanze (2005): Spielpädagogik. In: Braun, Karl-Heinz/Wetzel, Konstanze/Dobesberger, Bernd/Fraundorfer, Andrea (Hg.): Handbuch Methoden der Kinder- und Jugendarbeit. Wien: Lit: 61-111.

Klafki, Wolfgang u. a. (1970): Funk-Kolleg Erziehungswissenschaft. Eine Einführung. Bd. 2. Frankfurt a. M.: Fischer.

Krisch, Richard/Pruner, Daniela (2005): Sozialraumaneignung. In: Braun, Karl-Heinz/Wetzel, Konstanze/Dobesberger, Bernd/Fraundorfer, Andrea (Hg.): Handbuch Methoden der Kinder- und Jugendarbeit. Wien: Lit: 335-381.

Lattschar, Birgit/Wiemann, Irmela (2007): Mädchen und Jungen entdecken ihre Geschichte. Grundlagen und Praxis der Biografiearbeit. Weinheim: Juventa.

Lenz, Karl/Schefold, Werner/Schröer, Wolfgang (2004): Entgrenzte Lebensbewältigung. Jugend-Geschlecht-Jugendhilfe. Weinheim: Juventa.

Meyer, Hilbert (2003): Unterrichtsmethoden (Bd. 2: Praxisband). Berlin: Cornelsen.

Mollenhauer, Klaus (1996): Kinder- und Jugendhilfe. Theorie der Sozialpädagogik – ein thematisch-kritischer Grundriß. In: ZfPäd H. 6/1996: 869-886.

Mollenhauer, Klaus/Uhlendorff, Uwe (2000): Sozialpädagogische Diagnosen II – Selbstdeutungen verhaltensschwieriger Jugendlicher als empirische Grundlage für Erziehungspläne. Weinheim: Juventa.

Müller, Carl Wolfgang/Kentler, Helmut/Mollenhauer, Klaus/Giesecke, Hermann (1964): Was ist Jugendarbeit? Vier Versuche zu einer Theorie. München: Juventa.


7 Vgl. Müller u. a. (1964); Thole (2000); Uhlendorff (2003: 233-261).

8 Jugendarbeit „konstituiert ... ein freiwilliges Angebot im doppelten Sinne: Weder können Kinder und Jugendliche zu einer Teilnahme verpflichtet werden, noch können sie andererseits ihre Teilnahme einklagen" (Thole 2000: 23).

Münchmeier, Richard (2001): Lebens- und Problemlagen als Bedingung für Hilfen zur Erziehung. In: Birtsch, Vera/Münstermann, Klaus/Trede, Wolfgang (Hg.): Handbuch Erziehungshilfen. Münster: Votum: 22-45.
Otto, Hans-Uwe/Thiersch, Hans (Hg.) (2001): Handbuch Sozialarbeit/Sozialpädagogik. Neuwied: Luchterhand.
Scherr, Albert (2005): Das multikulturelle Muster in der Kinder- und Jugendarbeit mit MigrantInnen. In: Deinet/Sturzenhecker (Hg.): 180-189.
Schultz, Clemens (1903): Die Vereinigung St. Paulianer Lehrlinge in Hamburg-St. Pauli. In: Jugendklubs. Schriften der Centralstelle für Arbeiter-Wohlfahrtseinrichtungen H. 23/1903. Hamburg: 1-18.
Schumann, Michael (2005): Konzepte und Methoden in der Offenen Jugendarbeit: Einzel-, Gruppen- und Gemeinwesenarbeit. In: Deinet/Sturzenhecker (Hg.): 286-305.
Sting, Stephan/Sturzenhecker, Benedikt (2005): Bildung und Offene Kinder- und Jugendarbeit. In: Deinet/Sturzenhecker (Hg.): 230-247.
Thole, Werner (2000): Kinder- und Jugendarbeit. Eine Einführung. Weinheim: Juventa.
Uhlendorff, Uwe (2001): Sozialpädagogische Diagnosen III – Ein sozialpädagogisch-hermeneutisches Diagnoseverfahren für die Hilfeplanung. Weinheim: Juventa.
Uhlendorff, Uwe (2003): Geschichte des Jugendamtes – Entwicklungslinien öffentlicher Jugendhilfe 1871 bis 1929. Weinheim: Beltz, Votum.
Winkler, Michael (2001): Bildung und Erziehung. In: Otto/Thiersch (Hg.): 169-182.

# Hilfen zur Erziehung

*Gertrud Oelerich*

Der Bereich der „Hilfen zur Erziehung" (HzE) gehört neben der Jugendarbeit und der Förderung in Kindertageseinrichtungen zu den drei großen Aufgabenfeldern des vielfältigen Angebotsspektrums Sozialer Arbeit für junge Menschen (= Kinder- und Jugendhilfe). Dass es für diesen Teilbereich ebenso sinnvoll wie notwendig ist, nach den Bezügen zur Schule und zur Bildung von Kindern und Jugendlichen zu fragen, erscheint zunächst weniger offensichtlich. Im Folgenden soll es insofern darum gehen, die HzE in ihren Bezügen zur Schule, zur Ganztagsschule und zur Ganztagsbildung näher zu beleuchten. Hierzu werden vorab zwei Eingrenzungen vorgenommen:

Zum ersten fokussiert der Blick nur diejenigen erzieherischen Hilfen, die im Rahmen des Kinder- und Jugendhilfegesetzes in §§ 27-35 bestimmt sind. Ausgeklammert bleiben damit vor allem die schulischen Erziehungshilfen, die als flexible oder integrierte Hilfen im Rahmen von Sonder- bzw. Förderschulen bzw. Förderzentren angeboten werden (vgl. z. B. Mutzek u. a. 2004), ebenso der Bereich der Heimerziehung mit angegliederten allgemein bildenden (Förder-)Schulen. Zum zweiten begrenzen sich die Überlegungen auf den (ganztags-)schulischen Bereich; insofern werden Fragen nach den Bezügen zwischen HzE und generellen Aspekten von „Bildung" nur randständig mit einbezogen.

Im Folgenden wird zunächst der Gegenstand der HzE im oben eingegrenzten Sinne kurz skizziert. Auf dieser Grundlage werden Hinweise auf mögliche Begründungen von Bezugnahmen und Kooperationen zwischen HzE und Schulen gegeben sowie auf Anlässe und Bereiche der Kooperationen zwischen beiden Institutionen. Hinweise darauf, welche möglichen Besonderheiten sich durch eine ganztägige Schulform in Bezug auf die HzE ergeben (können), schließen sich hier an. Im letzten Punkt sollen die zentralen Aspekte noch einmal schlaglichtartig zusammengefasst werden.

## 1 Systematisches und Historisches

Der Begriff „Hilfen zur Erziehung" (HzE) bezeichnet weniger ein eindeutig abgrenzbares und festgelegtes *Set* spezifischer Hilfeformen als vielmehr unterschiedliche sozialpädagogische Angebote und Leistungen für Minderjährige und ihre Familien, die ihre organisatorische Form durch den rechtlichen Rahmen des Kinder- und Jugendhilfegesetzes (§§ 27-35 SGB VIII) erhalten und entsprechend den vorgesehenen Rahmenbedingungen und Verfahrensweisen (Genehmigungsverfahren, Hilfeplanung, Leistungsvereinbarung etc.) von verschiedenen Trägern der Jugendhilfe erbracht werden.[1] Voraussetzung ist, dass eine dem

1 Als kurzer aber dennoch vielschichtiger Überblick über die HzE vgl. z. B. Trede (2001) und Finkel/Thiersch (2001), mit Blick auf aktuelle Entwicklungen in der Heimerziehung vgl. Gabriel/Winkler (2003) sowie zu Entwicklungen im Bereich der ambulanten Hilfen Peters/Koch (2004).

Wohl des Kindes oder des Jugendlichen entsprechende Erziehung nicht gewährleistet ist und die Hilfe für seine bzw. ihre Entwicklung geeignet und notwendig ist (§ 27, Abs. 1 SBG VIII). Auf die Leistungen der HzE besteht für die Erziehungsberechtigten ein Rechtsanspruch.

Wie die Angebote im Konkreten ausgestaltet werden, hat sich über die gesetzlichen Rahmenvorgaben hinaus mittlerweile deutlich ausdifferenziert. In einer generellen Unterscheidung lassen sich die Angebote gliedern in:

- familienunterstützende Hilfen, bspw. Erziehungsberatung oder ambulante Hilfen für Eltern und/oder Kinder
- familienergänzende Hilfen, bspw. soziale Gruppenarbeit oder Hilfen in Tagesgruppen, bei denen die Kinder einen Teil des Tages außerhalb der eigenen Familie leben
- familienersetzende Hilfen, bei denen die Kinder bzw. Jugendlichen an einem anderen Ort außerhalb der eigenen Familie leben und betreut werden, bspw. Heimerziehung oder Pflegefamilien.[2]

Die HzE werden, von wenigen Ausnahmen abgesehen (z. B. im Rahmen eines Sorgerechtsentzugs oder als Auflage in Jugendgerichts- bzw. Familiengerichtsverfahren), von den Eltern bzw. Kindern freiwillig in Anspruch genommen, wobei sicherlich nicht zu übersehen ist, dass bisweilen hinter „freiwilligen“ Inanspruchnahmen durchaus – ausgesprochen wie unangesprochen – Androhungen von Zwangsmaßnahmen stehen können. Dennoch: Die freiwillige Inanspruchnahme steht heute deutlich im Vordergrund und hat in zunehmendem Maße prägenden Einfluss auf die Ausgestaltung der Hilfen erhalten.[3]

Historisch betrachtet dominierte in diesem Feld lange Zeit der Charakter einer repressiven Erziehungsfürsorge, der sich erst nach massiver Kritik der späten 1960er Jahre (Heimrevolte) langsam änderte. Zum gleichen Zeitpunkt begann der Ausbau der ambulanten Hilfen, der mit der Einführung des Kinder- und Jugendhilfegesetzes im Jahr 1990 noch einmal einen erheblichen Schub erfahren hat. Die Zahl der ambulanten Hilfen übertreffen mittlerweile die der stationären. Nimmt man die Beratungsangebote (z. B. Erziehungsberatung) hinzu, die laut Kinder- und Jugendhilfegesetz ebenfalls zu den erzieherischen Hilfen zu zählen sind, dann übertreffen die ambulanten Angebote die stationären um ein Mehrfaches. Erbracht werden die HzE von zumeist Freien Trägern, häufig von Trägern aus dem Kreis der großen Wohlfahrtsverbände, zunehmend aber auch von kleineren, regional agierenden Trägern. Die Öffentlichen Träger der Jugendhilfe, die Jugendämter, spielen als Leistungsanbieter eine untergeordnete Rolle, sind für den hier verfolgten Zusammenhang aber dennoch von zentraler Bedeutung. Das Jugendamt bzw. seine Mitarbei-

2 Eine Sonderstellung nehmen Angebote ein, die als „Eingliederungshilfen für seelisch behinderte Kinder und Jugendliche“ nach § 35a SGB VIII vorgesehen sind. Sie werden als eigenständige Hilfen gewährt, stehen aber nicht selten im Zusammenhang mit HzE. Als „Hilfen zu einer angemessenen Schulbildung“ bei Teilleistungsstörungen oder Lern- und Leistungsstörungen gibt es hier deutlich Überschneidungen (vgl. Münder u. a. 1998: 320).

3 Wenngleich eine valide quantitative Bestimmung von HzE aus verschiedenen Gründen nach wie vor schwierig ist, so kann man dennoch als Anhaltspunkt davon ausgehen, dass am Jahresende 2005 etwa 110 000 Kinder und Jugendliche außerhalb ihrer eigenen Familie in Heimen oder Pflegefamilien (§§ 33 und 34 SGB VIII) untergebracht waren sowie ca. 430 000 Kinder, Jugendliche bzw. deren Eltern/Familien andere, nicht-stationäre HzE erhielten, hiervon allerdings allein ca. 300 000 Erziehungsberatung (Dortmunder Arbeitsstelle Kinder- und Jugendhilfestatistik 2007). Über die präventiv ausgerichteten Angebote liegen keinen Angaben vor. Es kann somit davon ausgegangen werden, dass die tatsächliche Anzahl von Kindern, Jugendlichen und Familien, die ambulante und stationäre HzE erhalten, insofern nicht unerheblich über den hier genannten Zahlen liegen.

ter(innen) in den Allgemeinen Sozialen Diensten (ASD) bzw. Bezirkssozialdiensten (BSD) sind maßgeblich an der Entscheidung, Einrichtung und Organisierung der erzieherischen Hilfen inklusive der Hilfeplanung beteiligt. Sie sind bei allen Problemlagen von und mit Kindern und/oder Familien die unmittelbaren Ansprechpartner für die institutionelle – somit auch schulische – wie private Öffentlichkeit, die letztverantwortliche Instanz für alle Aspekte, die die Hilfen selbst betreffen, und schließlich in besonderem Maße für die Gewährleistung des Wohls der Kinder und Jugendlichen und für förderliche Lebensbedingungen jedes einzelnen jungen Menschen zuständig („staatliches Wächteramt": § 1 SGB VIII).

Für beide Bereiche gilt, dass die erzieherischen Angebote und Herangehensweisen dadurch gekennzeichnet sind, dass sie zwar nach wie vor vornehmlich auf einzelne Kinder und Jugendlichen, deren Familien bzw. deren Lebenssituationen und Problemlagen ausgerichtet sind, gleichwohl fallübergreifende und -unspezifische, sozialräumliche und infrastrukturbezogene Angebote zunehmend an Bedeutung erlangt haben. Zudem hat sich seit den 1990er Jahren eine Tendenz entwickelt, die jeweiligen Angebote jenseits methodisch und konzeptionell vorab festgelegter Vorgehensweisen flexibel auf die jeweilige einzelne Situation bzw. Problemlage abgestimmt zu organisieren (vgl. Peters/Koch 2004). Inwiefern diese Ansätze flächendeckend umgesetzt sind, sei dahingestellt; diese Orientierungen (ambulante fallspezifische und fallübergreifende sowie situativ abgestimmte Vorgehensweisen) bilden aber aktuell nicht unwesentliche Voraussetzungen, anhand derer auch Bezugnahmen zur Schule verstärkte Beachtung wie Realisierung erfahren können.

## 2 Begründungen

Es stellt sich nun die Frage, warum und wie ein solch spezialisierter Bereich Sozialer Arbeit in den Kontext von (Ganztags-)Schule/Ganztagsbildung zu stellen ist. Das Verbindende der folgenden Begründungen sind die beteiligten Kinder und Jugendlichen bzw. Schüler(innen). Denn es sind die gleichen Kinder und Jugendlichen, die in der Schule Schüler(innen) sind, und im Kontext der Sozialen Arbeit Adressat(inn)en oder Nutzer(innen) der Jugendhilfeangebote. Sie nehmen in den verschiedenen institutionellen Kontexten zwar unterschiedliche Rollen wahr, unabhängig davon sind ihre alltäglichen Lebenszusammenhänge aber dadurch bestimmt, dass sie – zumindest im Alter zwischen 6 und 16 Jahren – die Schule besuchen (müssen), dass sie Schüler(innen) sind („Lebenslage Schülersein": vgl. Böhnisch 1982; Oelerich 1998).

Freilich stehen der schulische und der außerschulische Lebensbereich von Kindern und Jugendlichen bzw. Schüler(innen) keineswegs konsequenzenlos nebeneinander. Die außerschulischen Lebensbedingungen wirken vielmehr nachhaltig auf die schulische Situation zurück, wie auch umgekehrt die schulische Situation auf das außerschulische Leben der Adressat(inn)en. Ein eindrückliches Beispiel dieser Interdependenz zwischen den unterschiedlichen Lebensbereichen der jungen Menschen bieten nicht zuletzt die nach wie vor sozial ungleich verteilten Bildungschancen: Die schulischen Erwartungen und Anforderungen richten sich an alle Kinder und Jugendlichen in ihrer „Rolle als Schüler(innen)" in gleichem Maße. Die einzelnen Kinder und Jugendlichen müssen diese gleichen Rollenanforderungen aber in ihrem konkreten schulischen Alltag – in ihrem „Schülersein" – unter Rückgriff auf die jeweils unterschiedlichen Kompetenzen, Ressourcen und Voraussetzungen individuell ausgestalten und tagtäglich zu einem halbwegs konsistenten Lebensentwurf verbinden: Sie haben eine Vermittlung von „Schülerrolle und Schülersein" zu leisten.

Dies impliziert freilich keineswegs, dass die Schule alle Lebensbereiche von Kindern und Jugendlichen schlichtweg dominiert. Aber trotz aller ausdifferenzierten Lebenszusammenhänge und Medienwelten bestimmt der institutionelle wie soziale Kontext Schule nach wie vor einen größeren Teil des Alltagslebens von Kindern und Jugendlichen – zweifelsohne unabhängig davon, ob sie im Kontext der HzE leben bzw. entsprechende Angebote wahrnehmen oder nicht. Will sich die Jugendhilfe, und damit auch das Handlungsfeld der HzE, an der Lebenslage ihrer Adressat(inn)en orientieren, wie sie es sich mit dem Prinzip der Lebensweltorientierung (BMJFFG 1990) explizit auf ihre Fahnen geschrieben hat, dann kann sie deren Schülersein nicht ausblenden. Vielmehr müssen die Jugendhilfeangebote die schulischen Lebensbereiche der Kinder und Jugendlichen in ihre Handlungsperspektiven und -weisen mit einbeziehen, ebenso wie ein abgestimmtes Vorgehen mit den Mitarbeiter(inne)n der (Ganztags-)Schulen, den Lehrer(inne)n wie ggf. auch mit den weiteren pädagogischen Fachkräften.

Darüber hinaus spielen Schulprobleme im Alltag vieler Adressat(inn)en der HzE eine zentrale Rolle (vgl. Oelerich 1998, 2000; Baur 1998), so dass auch auf diesem Wege Schule als sozialer – z. T. auch konfliktbelasteter – Lebenszusammenhang wie schulische Lern- und Bildungsprozesse – z. T. auch als scheiternde Lern- und Bildungsprozesse – der Kinder und Jugendlichen im Kontext der HzE zum Thema werden. Trotz berechtigter Schulkritik kann Jugendhilfe weder den wichtigen Stellenwert schulischer Bildung und von Bildungsabschlüssen für den Lebenslauf und den Alltag von Kindern und Jugendlichen ignorieren, noch die sozialen Folgen wie möglicherweise soziale Ausgrenzung durch die oder die Chance auf soziale Anerkennung in der Gleichaltrigengruppe, die für Kinder und Jugendliche mit ihrer Einbindung in eine Schule bzw. Schulklasse verbunden sein können.

Schließlich ist es die originäre Aufgabe der Jugendhilfe wie der HzE im Besonderen, für Kinder und Jugendliche die notwendigen Grundvoraussetzungen eines gelingenden Alltags zu sichern, der wiederum eine positive Entwicklung überhaupt erst ermöglichen kann (§ 1 SGB VIII). Dies schließt die Voraussetzungen zur Ermöglichung förderlicher schulischer wie außerschulischer, formeller wie informeller Bildungsprozesse ausdrücklich mit ein. HzE bewegen sich damit „im Vor- und Umfeld von Bildung, indem sie damit befasst sind, Individuen psychisch und sozial überhaupt erst in die Lage zu versetzen, sich auf Selbstbildungsprozesse sowie organisiertes Lernen" (Scherr 2002: 95) im Kontext der Schule ebenso wie in non-formalen und informellen Zusammenhängen einzulassen.

Wird schließlich ein subjektbezogener Bildungsbegriff zugrunde gelegt, der neben Aneignung von Wissen und Kenntnissen auch Persönlichkeitsentwicklung, soziale Kompetenzen und Wertorientierungen einschließt (ebd.: 100), dann ist es fragwürdig, die HzE lediglich auf das Vorfeld und die Ermöglichung von Bildungsprozessen, die anschließend an anderer Stelle stattfinden sollen, zu reduzieren (siehe hierzu Treptow 2004). Vielmehr gehören in einer dementsprechend erweiterten Bildungsperspektive die zentralen Aufgabenstellungen und Leistungen der HzE bzw. der Jugendhilfe, Kinder und Jugendliche in ihrer sozialen Entwicklung zu unterstützen und ihnen solche Kompetenzen zu vermitteln, die ein eigenständiges Leben in sozialer Gemeinschaft und die Wahrnehmung gesellschaftlicher Teilnahme bzw. Teilhabe ermöglichen können, zu den bedeutsamen Bestandteilen einer so verstandenen Bildung.

Damit sollen gleichwohl keineswegs in naiver Weise die sozialintegrativen, erziehenden und disziplinierenden Anteile der Erziehungshilfen verkannt, unterschätzt oder einem allumfassenden und damit nur noch wenig aussagekräftigen Bildungsbegriff untergeordnet werden. Legt man einen subjektorientierten Bildungsbegriff zugrunde, dann gilt – neben den anderen genannten Anteilen – jenen Anteilen der HzE, die die Voraussetzungen für Bildungsprozesse sichern können, wie den unmittelbaren Subjektbildungsprozessen selbst, die sich in und durch die HzE ergeben können, im hier verfolgten Zusammenhang besondere Aufmerksamkeit. Sie lassen die HzE zu einem Bestandteil einer weiter gefassten Bildungslandschaft – vorsichtig formuliert: zu möglichen Teilen von Ganztagsbildung – für die beteiligten Kinder und Jugendlichen werden.

## 3 Anlässe von Kontakten und Kooperationen

Welche konkreten Situationen und Anlässe führen dazu, dass sich HzE und Schule aufeinander beziehen bzw. miteinander kooperieren? Hierzu haben die vorangegangenen Überlegungen bereits Ansatzpunkte geliefert: Zum ersten entstehen Kontakte und Kooperationen zwischen Fachkräften der HzE bzw. des Jugendamtes und den Mitarbeiter(inne)n bzw. Lehrer(inne)n von (Ganztags-)Schulen dort, wo es um problematische Situationen mit und von Kindern und Jugendlichen geht, die sowohl innerhalb der Schule entstanden sein können als auch außerhalb, z. B. Situationen, in denen Jugendliche seit längerem nicht mehr die Schule besuchen und ihnen die Rückkehr in die Schule ermöglicht werden soll, oder Situationen, in denen Jugendliche in stark belasteten familialen/sozialen Zusammenhängen leben und sie seitens der Jugendhilfe – wie auch seitens der Schule – Unterstützung oder Entlastung erfahren sollen. Ziel der Kontakte kann dann der Austausch von Informationen sein, ebenso Abstimmungsprozesse zwischen den verschiedenen Fachkräften oder ein gemeinsames Vorgehen im Einzelfall.

Die Initiative für Kontakte und Kooperationen kann in den unterschiedlichen Fällen durchaus von beiden Seiten ausgehen, z. B. wenn es um Belange des Kinderschutzes geht. Im Falle vermuteter oder wahrgenommener Gefährdungslagen von Kindern werden in der jüngeren Vergangenheit in stärkerem Maße als zuvor üblich Vorgehensweisen zwischen Schulen und Jugendämtern entwickelt, die nicht nur einen optimierten Informationsfluss zwischen beiden Institutionen sichern wollen, sondern auch der Abstimmung zwischen Schule und Jugendamt bei der Sicherung und Unterstützung der betroffenen Kinder (vgl. z. B. Bathke u. a. 2007). Dass entsprechende offizielle Regelungen zunehmend Eingang in die Schul- wie Jugendhilfegesetzgebung gefunden haben, kann als deutliches Anzeichen für eine Intensivierung, Akzeptanz wie auch für eine gewisse Normalisierung der Bezugnahmen zwischen dem hier in Rede stehenden Teilbereich der Jugendhilfe und Schulen verstanden werden.

Kontakte zwischen den HzE und Schulen beziehen sich auch auf fallübergreifende Projekte, etwa Angebote für Schulverweigerer, auf unterschiedliche Schwerpunktthemen (gewalttätiges Verhalten unter Jugendlichen, Drogengebrauch etc.) oder auch auf einzelfallunspezifische Beratungen zwischen Lehrer(inne)n und Jugendhilfevertreter(inne)n etc. Darüber hinaus werden teilweise Erziehungshilfeangebote unmittelbar in den Rahmen der Schule verlagert, z. B. Angebote für Eltern bzw. Elterngruppen oder Angebote sozialer Gruppenarbeit, die Kinder in der Gruppe von Gleichaltrigen gezielt intensiv fördern wollen. Solcher Art Erziehungshilfeangebote sind vielfach dem Übergangsbereich zwischen präventiven Angeboten und formellen Erziehungshilfen zuzuordnen. Lässt man die eher pragmatischen Begründungen wie die Nutzung der Räumlichkeiten der Schule und die

Tatsache der Anwesenheit der Schüler(innen) einmal außer Acht, geht es hierbei darum, an der Schule als einem Lebensort der Kinder und Jugendlichen anzusetzen und die erzieherischen Hilfen unmittelbar im sozialräumlichen Umfeld der Kinder/Jugendlichen bzw. deren Familien anzusiedeln. Die oben angesprochene Entwicklung, insbesondere die ambulanten und teilstationären HzE verstärkt flexibel und sozialräumlich gestalten zu wollen, hat auf Seiten der Jugendhilfe erweiterte Spielräume und gestiegenes Interesse auch an der Kooperation mit (Ganztags-)Schulen entstehen lassen, die in Zukunft sicherlich noch weiter ausgedehnt werden.

## 4 Ganztagsschule und „Hilfen zur Erziehung"

Sowohl die vorgetragenen Begründungen als auch die angesprochenen Anlässe richteten sich bislang auf Bezugnahmen und Kooperationen zwischen HzE und Schule, unabhängig davon, ob es sich um Ganztagsschulen bzw. Schulen mit einem ganztägigen Angebot handelt oder um Halbtagsschulen. Die Organisationsform der Schule spielt hier keine bzw. eine untergeordnete Rolle und gilt insofern selbstredend auch für Ganztagsschulen. Dennoch drängt sich im hier verfolgten Kontext die Frage auf, ob gerade Ganztagsschulen in spezifischer Weise mit Angeboten der Erziehungshilfe in Beziehung stehen. Drei Ansatzpunkte können hierbei bedeutsam sein: Die besondere (schul- wie sozial-)pädagogische und organisatorische Öffnung von Ganztagsschulen, die in Ganztagsschulen erweiterte Mitarbeiterschaft sowie nicht zuletzt das Faktum der verlängerten Zeit, die Kinder und Jugendliche in der Ganztagsschule verbringen.

Zum ersten: Ganztagsschulen – seien sie nun neu eingerichtet oder seit längerem bestehend – bedeuten gegenüber einem bislang für Deutschland als typisch zu bezeichnenden Verständnis von Schule als Halbtagschule eine mehrfache Öffnung: Das Schulgeschehen einer Ganztagsschule kann sinnvoller Weise noch weniger als es bisher möglich war auf den Unterricht und kognitive Bildung bzw. Wissensvermittlung begrenzt bleiben. Vielmehr werden soziale, kommunikative oder kinder- bzw. jugendkulturelle Anteile von Schule, vermittelt über die außerunterrichtlichen Anteile von Ganztagsangeboten inklusive der Mittagsverpflegung und den von den Kindern frei gestaltbaren Zeiträumen, als ein explizit im schulischen Kontext zu gestaltender Zuständigkeitsbereich zunehmend anerkannt. Erziehung als Aufgabe von Schule – mit Blick auf die sozialintegrativen Funktionen von Schule immer schon von zentraler Bedeutung – gelangt gerade auch als soziale Erziehung in der Gleichaltrigengruppe durch eine ganztägige Organisierung verstärkt in die pädagogische Gestaltung der Schule. Während Schüler(innen) in der Schule üblicherweise im Wesentlichen als Gruppe bzw. Klassenverband wahrgenommen werden, schafft die Forderung nach individueller Förderung im Ganztagsbereich verstärkt auch für Einzelne und individuell zu Fördernde die Aufmerksamkeit.

In dieselbe Richtung weist die im Anschluss an die Diskussionen um die bundesdeutschen PISA-Ergebnisse erhobene bildungspolitische Forderung, vermittelt über ganztägige Schulangebote einen Ausgleich sozialer Benachteiligungen für Schüler(innen) zu schaffen. Schließlich sind an der Gestaltung der Ganztagsangebote in aller Regel außerschulische Institutionen und Träger maßgeblich beteiligt, häufig auch Träger der Jugendhilfe. Damit findet neben den zuvor genannten eher mit Blick auf das pädagogische Vorgehen von Schule relevanten Aspekte auch auf dieser organisatorischen Ebene eine Öffnung der Ganztagsschule – potenziell in Richtung Jugendhilfe – statt. Die individuelle Förderung einzelner Kinder und Jugendlicher, die verstärkte Wahrnehmung von Erziehungsaufgaben, die ganztagsschulische Zielsetzung, in verstärktem Maße zum Ausgleich sozialer Benachteiligung von Schüler(inne)n beizutragen und schließlich die Beteiligung außerschulischer Träger am Schulgeschehen, diese Aspekte beschreiben Ansätze organisatorischer wie pädagogischer Öffnung von Schulen und formulieren damit zugleich gemeinsame Aufgabenstellungen wie auch unmittelbare Anknüpfungspunkte, die eine Bezugnahme und Kooperation zwischen HzE und Ganztagsschulen in besonderem Maße nahe legen bzw. ermöglichen. Für die Freien Träger der HzE ebenso wie für die Jugendämter entstehen damit im Kontext von Ganztagsschulen deutlich größere Spielräume und konkretere Anknüpfungspunkte als sie in typischen Halbtagsschulen zumeist gegeben sind bzw. waren.

Dazu trägt auch – zum zweiten – die Tatsache bei, dass Ganztagsschulen, anders als viele Halbtagsschulen, regelmäßig neben den Lehrer(inne)n weiteres pädagogisches Personal beschäftigen. Auch wenn dies teilweise nur bedingt einschlägig bzw. nicht ausgebildete Mitarbeiter(innen) oder Ehrenamtliche sind und es sich gerade im Bereich der Sekundarstufe I keineswegs nur um sozialpädagogische Fachkräfte handelt (vgl. Holtappels u. a. 2007), stehen in Ganztagsschulen in jedem Fall – zumindest potenziell – Mitarbeiter(innen) der Schule als mögliche Ansprech- und Kooperationspartner(innen) für die Jugendhilfe zur Verfügung, die in besonderem Maße für die außerunterrichtlichen, sozialen Belange der Ganztagsschüler(innen) zuständig sind. Darin ist sicherlich eine größere Chance zu sehen, mit HzE in Bezug zu kommen.

Zum dritten: Dass Ganztagsschüler(innen) einen nicht unerheblichen Zeitraum ihres Alltags in der Schule verbringen, ist ebenso selbstredend wie für die hier verfolgte Thematik relevant. Denn sie halten sich nicht selten eben zu den Zeiten, zu denen die ambulanten Angebote der HzE stattfinden sollen – z. B. Tagesgruppen oder Soziale Gruppenarbeit, in der Schule auf. Eine Abstimmung zwischen den beiden unterschiedlichen Angeboten wird damit unmittelbar notwendig. Sollen die Erziehungshilfeangebote nicht nur zu den Eckzeiten des Tages oder am Wochenende stattfinden, müssen die Kinder bzw. Jugendlichen entweder für diesen Zeitraum vom Nachmittagsangebot der Ganztagsschule freigestellt werden – was wohl kaum der Intention von Ganztagsschulen entsprechen kann – oder die Angebote der Erziehungshilfen müssen, sofern angemessen und realisierbar, in das Ganztagsangebot der Schule integriert werden. Hierzu liegen erste vereinzelte Erfahrungen vor, die zeigen, dass Leistungen wie z. B. soziale Gruppenarbeit oder Angebote von Tagesgruppen tatsächlich zunehmend in das schulische Nachmittagsangebot eingebunden werden (vgl. Merchel 2005: 199-200). Teilweise finden diese HzE auch als integrative Gruppenangebote statt, die sowohl Kinder einbeziehen, für die von Seiten des Jugendamtes ein erzieherischer Hilfebedarf festgestellt wurde, als auch Kinder, die mit den erzieherischen Hilfen nicht in Kontakt stehen. So konzipierte Angebote bieten eine Chance, die Separierung und Stigmatisierung einzelner Kinder zu reduzieren und die Integration von Gleichaltrigen zu verstärken. Inwieweit sich auf diesem Wege eine gelungene Einbindung von Leistungsbereichen der HzE in ganztagsschulische Zusammenhänge entwickeln kann, die weder eine faktische Reduzierung des Erziehungshilfeangebotes bedeutet noch die unterstützenden, sozialpädagogischen Möglichkeiten der schulischen Ganztagsangebote überschätzt, muss sich in der Zukunft erweisen. Jedenfalls scheinen die beiden Bereiche Schule und HzE über die erweiterten Möglichkeiten und Intentionen von Ganztagsschulen/-angeboten potenziell wie auch in der Realität näher aneinander zu rücken.

Diese Kooperationsnähe gilt – allerdings keineswegs erst neuerdings – in besonderem Maße für Förderschulen bzw. für Schüler(innen), für die ein besonderer schulischer Förderbedarf festgestellt wurde und die im Rahmen von Regelschulen betreut werden. Für die Unterstützung dieser Jugendlichen wird z. B. die unmittelbare Abstimmung der individuellen schulischen Förderpläne und der Hilfepläne der Erziehungshilfeangebote im Rahmen eines konkreten Zusammenwirkens von Jugendhilfe und Schule gefordert (vgl. KMK/JMK 2004: 9). Für den hier verfolgten Kontext kann man davon ausgehen, dass die Bezugnahmen und Kooperationen zwischen den HzE und den Förderschulen in besonderer Weise intensiv gestaltet sind. Welchen Anteil hieran allerdings die Tatsache hat, dass ein größerer Teil der Förderschulen bereits seit langem ganztätig organisiert ist, muss der Spekulation überlassen bleiben.

# 5 Resümee

Ganztagsschule und „Hilfen zur Erziehung" in eine Beziehung zueinander zu stellen, hat sowohl Allgemeines wie Besonderes deutlich werden lassen. Allgemeines insofern, als Ganztagsschule zunächst unabhängig von ihrer ganztägigen Organisationsform mit den erzieherischen Hilfen in Bezug tritt und insofern hier allgemeine Begründungen, Anlässe wie Möglichkeiten und Begrenzungen der Bezugnahmen und Kooperationen vorzufinden sind. Für diejenigen Kinder und Jugendlichen, die im Kontext der HzE aufwachsen bzw. entsprechende Leistungen erhalten, können und sollen diese sozialpädagogischen Angebote zunächst die notwendigen Voraussetzungen für eine gelingende Lebensführung sichern, die wiederum Grundlage gelingender Bildungsprozesse sind, seien diese nun formell oder informell und unabhängig von der ganz- oder halbtägigen Organisationsform der besuchten Schule. Interessant für den hier verfolgten Zusammenhang sind freilich die Besonderheiten, die Ganztagsschule bzw. Ganztagsbildung in spezifischer Weise mit den HzE in Beziehung setzen bzw. setzen kann. Hier zeigt sich, dass die verstärkt individuelle Perspektive auf Schüler(innen), die jedenfalls in den Ganztagsangeboten – aber nicht nur dort – eingenommen wird, die pädagogische und konzeptionelle Öffnung von Ganztagsschulen, inklusive der Öffnung für Fachkräfte, die keine Lehrer(innen) sind, die Beteiligung von nicht-schulischen Trägern sowie nicht zuletzt die faktisch deutlich verlängerte Anwesenheit der Kinder und Jugendlichen in der Schule für die Bezugnahmen und Kontakte zwischen HzE und Ganztagsschule eine besondere Rolle spielen. Tatsächlich wird derzeit recht deutlich, dass sich die Ganztagsschulen – wie in Teilbereichen die Schule insgesamt – verstärkt mit den HzE in Kooperation begeben und zunehmend entsprechende strukturelle Voraussetzungen geschaffen werden (vgl. Maykus 2007).

Folgt man den Prämissen eines subjektorientierten Bildungsbegriffs, dann erweitert sich indes auch die Bildungsperspektive auf die HzE. Die Angebote und Leistungen der erzieherischen Hilfen erhalten dann nicht nur Relevanz als Möglichkeit zur Sicherung der grundlegenden Voraussetzungen von Bildungsprozessen, sondern können darüber hinaus selbst als Möglichkeit verstanden werden, Selbstbildungsprozesse der beteiligten Kinder und Jugendlichen zu unterstützen bzw. zu befördern, ohne dabei einem allzu weiten und damit tendenziell konturlosen Begriff von Bildung das Wort zu reden.

Werden diese Überlegungen schließlich in einer erweiterten Perspektive darauf bezogen, was unter dem Begriff „Ganztagsbildung" diskutiert wird (vgl. Otto/Coelen 2004), dann können auch die Angebote und Leistungen der HzE für diejenigen Kinder- und Jugendlichen, die daran beteiligt sind, zumindest in Teilbereichen als Ermöglichung von „Ganztagsbildung" verstanden werden, ohne freilich in gesellschaftspolitisch naiver Weise die anderen – insbesondere helfende und disziplinierende – Funktionen und Aufgaben der HzE aus dem Auge zu verlieren. Das gemeinsame Moment der Bildung junger Menschen kann kritischer Ansporn sowohl für die Ausgestaltung der Jugendhilfe selbst wie der Bezüge und Kooperationen mit der (Ganztags-)Schule sein.

## *Literatur*


BMJFFG (1990) – Bundesministerium für Jugend, Familie, Frauen und Gesundheit (Hg.): Achter Jugendbericht. Bericht über die Bestrebungen und Leistungen der Jugendhilfe. Bonn.

Bathke, Sigrid A./Reichel, Norbert/Sack, Jochen/Kimmel-Groß, Johannes/Güldenhöven, Thomas/Jonas, Martin (2007): Kinderschutz macht Schule. Handlungsoptionen, Prozessgestaltungen und Praxisbeispiele zum Umgang mit Kindeswohlgefährdungen in der offenen Ganztagsschule. Der GanzTag in NRW. Beiträge zur Qualitätsentwicklung H. 5. Münster: Institut für soziale Arbeit e. V.

Baur, Dieter/Finkel, Margarete; Hamberger/Matthias/Kühn, Axel D./Thiersch, Hans (Forschungsprojekt Jule) (1998): Leistungen und Grenzen von Heimerziehung. Ergebnisse einer Evaluationsstudie stationärer und teilstationärer Erziehungshilfen (im Auftrag des Ev. Erzieherverbandes e. V. (EREV) Hannover; Schriftenreihe des Bundesministeriums für Familie, Senioren, Frauen und Jugend). Stuttgart: Kohlhammer.

Beher, Karin/Haenisch, Hans/Hermens, Claudia/Nordt, Gabriele/Prein, Gerald/Schulz, Uwe (2007): Die offene Ganztagsschule in der Entwicklung. Empirische Befunde zum Primarbereich in Nordrhein-Westfalen. Weinheim: Juventa.

Böhnisch, Lothar (1982): Der Sozialstaat und seine Pädagogik. Neuwied: Luchterhand.

Dortmunder Arbeitsstelle Kinder- und Jugendhilfestatistik (2007): Hilfen zur Erziehung außerhalb des Elternhauses nach § 33-34 SGB VIII. Quelle: Statistisches Bundesamt. In: 129.217.205.15/akj/tabellen/standardtabellen/fremdub8.pdf (Download am 13.12.2007).

Finkel, Margarete/Thiersch, Hans (2001): Erziehungshilfen. In: Otto, Hans-Uwe/Thiersch, Hans (Hg.): Handbuch Sozialarbeit/Sozialpädagogik. Neuwied: Luchterhand: 448-462.

Gabriel, Thomas/Winkler, Michael (Hg.) (2003): Heimerziehung. Kontext und Perspektiven. München: Reinhardt.

Holtappels, Heinz Günter/Klieme, Eckhard/Rauschenbach, Thomas/Stecher, Ludwig (Hg.) (2007): Ganztagsschule in Deutschland. Ergebnisse der Ausgangserhebung der „Studie zur Entwicklung von Ganztagsschulen" (StEG). Weinheim: Juventa.

KMK/JMK (2004) – Sekretariat der Ständigen Konferenz der Kultusminister der Länder in der Bundesrepublik Deutschland: Zusammenarbeit von Jugendhilfe und Schule zur Stärkung und Weiterentwicklung von Bildung, Erziehung und Betreuung. Beschluss der Jugendministerkonferenz vom 13./14.5.2004 und der Kultusministerkonferenz vom 3./4.6.2004. In: www.kmk.org/aktuell/Zusammenarbeit%20von%20Schule%20und%20Jugendhilfe_BS_ JMK_KMK.pdf (Download am 13.12.2007).

Maykus, Stephan (2007): Hilfen zur Erziehung im schul- und bildungsbezogenen Kontext. Zur Aktualität von Kooperation zwischen Schule und Jugendhilfe. In: Forum Erziehungshilfe (12. Jg.) H. 2/2007: 68-75.

Merchel, Joachim (2005): Strukturveränderungen in der Kinder- und Jugendhilfe durch die Ausweitung von Ganztagsangeboten für Schulkinder. In: Sachverständigenkommission Zwölfter Kinder- und Jugendbericht (Hg.) (2005): Kooperation zwischen Jugendhilfe und Schule. Bd. 4. München: Eigenverlag DJI: 169-236.

Münder, Johannes/Baltz, Jochen/Kreft, Dieter (1998): Frankfurter Lehr- und Praxis-Kommentar zum KJHG/SBG VIII. Münster: Votum.

Mutzek, Wolfgang/Pallasch, Waldemar/Popp, Kerstin (Hg.) (2004): Erziehungshilfe konkret. Prävention, Integration und Rehabilitation bei Schülern mit besonderem Förderbedarf im emotionalen und sozialen Erleben und Handeln. Weinheim: Beltz.

Oelerich, Gertrud (1998): Zum Verhältnis der Jugendhilfe zur Schule. Systematische Restrukturierung und empirische Analyse inter-institutioneller Beziehungen. Dissertation an der Fakultät für Sozial- und Verhaltenswissenschaften der Universität Heidelberg.

Oelerich, Gertrud (2000): Jugendhilfe in schulischer Gesellschaft. In: Warzecha, Birgit (Hg.): Institutionelle und soziale Desintegrationsprozesse bei schulpflichtigen Heranwachsenden. Eine Herausforderung an Netzwerke der Kooperation. Münster: Lit: 101-118.

Oelerich, Gertrud (2008): Grundschule – Kindheit – Soziale Arbeit. In: Sünker, Heinz/Swiderek, Thomas (Hg.) (2008): Lebensalter und Soziale Arbeit: Kindheit. Basiswissen Soziale Arbeit. Baltmannsweiler: Schneider-Hohengehren (i. Dr.).

Otto, Hans-Uwe/Coelen, Thomas (2004): Grundbegriffe der Ganztagsbildung. Beiträge zu einem neuen Bildungsverständnis in der Wissensgesellschaft. Wiesbaden: VS Verlag für Sozialwissenschaften.

Peters, Friedhelm/Koch, Josef (Hg.) (2004): Integrierte erzieherische Hilfen. Flexibilität, Integration und Sozialraumbezug in der Jugendhilfe. München: Juventa.

Pothmann, Jens (2007): „Bildungsverlierer" – eine Herausforderung für die Heimerziehung. Schulbesuch von 12- bis 17-Jährigen in Heimen und betreuten Wohnformen. In: Forum Erziehungshilfen (13. Jg.) H. 3/ 2007: 179-188.

Scherr, Albert (2002): Der Bildungsauftrag der Jugendarbeit. Aufgaben und Selbstverständnis im Spannungsfeld von sozialpolitischer Indienstnahme und aktueller Bildungsdebatte. In: Münchmeier, Richard/Otto, Hans-Uwe/Rabe-Kleberg, Ursula (Hg.): Bildung und Lebenskompetenz. Kinder und Jugendhilfe vor neuen Aufgaben. Opladen: Leske + Budrich: 93-106.

Trede, Wolfgang (2001): Hilfen zur Erziehung. In: Otto, Hans-Uwe/Thiersch, Hans (Hg.): Handbuch Sozialarbeit/Sozialpädagogik. Neuwied: Luchterhand: 787-803.

Treptow, Rainer (2004): Bildung und Soziale Arbeit. In: Otto, Hans-Uwe/Coelen, Thomas (Hg.): Grundbegriffe der Ganztagsbildung. Beiträge zu einem neuen Bildungsverständnis in der Wissensgesellschaft. Wiesbaden: VS Verlag für Sozialwissenschaften: 111-130.

# Betreuung

*Hans Günther Homfeldt / Marie Schneider*

Seit der Veröffentlichung der PISA- und der IGLU-Studie, dem Zwölften Kinder- und Jugendbericht sowie Folgeuntersuchungen zur Bildungs-, Betreuungs- und Erziehungssituation ist Betreuung als (sozial-)pädagogisch relevante Kategorie um eine weitere gesellschaftlich bedeutsame Funktion ergänzt worden. Mit Blick auf die Diskussion um ganztägige Betreuungskonzepte werden Erziehung, Betreuung und Bildung als drei miteinander verwobene, für das Funktionieren von Gesellschaften unabdingbare Ansprüche formuliert, durch deren theoretische wie professionelle Verbindung nicht nur unzureichenden Bildungsproblematiken, sondern auch bei bislang nicht gelösten Erziehungsproblemen Abhilfe geschaffen werden soll. Gemeinsam ist den theoretischen wie professionellen Auseinandersetzungen über Ganztagsbildung, dass sie mit einem implizit klaren, dennoch karg definierten Betreuungsbegriff hantieren. Dieser zeichnet sich bei genauerer Betrachtung überdies durch einen inflationären und diffusen Gebrauch aus. Daher ist zu fragen, was der Begriff Betreuung beschreibt:

- Welche theoretischen und professionellen Implikationen liegen ihm zugrunde?
- Welcher theoretische Rahmen gibt dem Betreuungsbegriff eine Kontur?
- Welches Akteursbild bzw. welche Vorstellung von akteursspezifischer Realität verbindet Betreuung als (sozial-)pädagogische Aufgabe mit gesellschaftlichen Ansprüchen?

Ohne die Klärung dieser Fragen bleiben Ganztagskonzepte hinter ihrem Anspruch zurück, einen Beitrag zur umfassenden Kompetenzbildung heranwachsender junger Menschen leisten zu wollen. Betreuung verbleibt als beliebige Größe hinter den bereits vielfältig ausdefinierten Bildungs- und Erziehungsvorstellungen und nimmt eine lückenschließende Funktion ein. Durch eine begriffliche und inhaltliche Präzisierung des Begriffs Betreuung können ganztägige Konzepte angemessener an Bildungsorte und soziale Lernwelten angelegt werden.

Im Folgenden findet im ersten Abschnitt eine erste konzeptionelle Annäherung an den Begriff „Betreuung" statt. Anschließend wird die für ganztägige Konzepte zentrale Trias Erziehung-Betreuung-Bildung eingehender betrachtet. Ziel ist die Herstellung einer systematisierenden Verbindung zwischen diesen drei rahmenden gesellschaftlichen Ansprüchen. Im Anschluss wird die Bedeutung des Betreuungsbegriffs für die Rolle Sozialer Arbeit in Ganztagskonzepten betrachtet. Im Mittelpunkt steht hier die Frage nach betreuungsrelevanten Zieldefinitionen sozialpädagogischen Handelns. Abschließend werden ein Ausblick und Verweise auf Desiderata gegeben und offene Fragen gestellt.

# 1 Betreuung – eine begriffliche und konzeptionelle Annäherung

Die Erosion des traditionellen männlichen Ernährermodells durch die Zunahme weiblicher Erwerbsarbeit, das unzufriedenstellende Abschneiden deutscher Schüler(innen) in Leistungstests sowie die steigenden Probleme vieler Eltern, die Betreuung und Erziehung ihrer Kinder als innerfamiliales Geschehen zu bewältigen, haben zu einer Veränderung des Nachdenkens über Betreuung, Erziehung und Bildung geführt (vgl. Olk 2005: 41-43; vgl. Deutsches PISA-Konsortium 2001).

> „Wenn man diese Entwicklungen in der Summe bilanziert, liegt der Schluss nahe: Deutschland hat ein Bildungs-, Betreuungs- und Erziehungsproblem. Es kann nicht länger hoffen, dass sich alles lebensweltlich in der Alltagspraxis von alleine regelt; vor allem, dass Familien bei erheblich veränderten Rahmenbedingungen immer noch so funktionieren wie vor 30, 50 oder 100 Jahren" (BMFSFJ 2005: 46).

Der Beginn institutioneller Betreuung von Kindern und Jugendlichen durch gesellschaftliche Institutionen ist eine Entwicklung, die, so Tietze (2002), vor etwa 200 Jahren begonnen hat, und in den letzten Jahrzehnten aufgrund rapider gesellschaftlicher Transformationsprozesse sich sowohl zeitlich als auch räumlich ausdifferenziert. Betreuung ist zum einen eine innerfamiliär und informell stattfindende Praxis, zum anderen ist sie aber auch eine gesellschaftlich organisierte Institution mit definierten Funktionsansprüchen, die formell zur Gesellschaftsgestaltung beiträgt. Hierzu gehören ganztägige Konzepte, die durch die systematische Verbindung von Bildung, Betreuung und Erziehung nicht nur ehemals familiale Betreuungsaufgaben übernehmen, sondern auch eine umfassende Kompetenzbildung Heranwachsender anstreben. Die Zunahme der Nachfrage von Betreuung in Kindergärten oder Jugendzentren verweist auf gesellschaftliche Versorgungsbedarfe und wird zum Teil zu einer öffentlich verantworteten Aufgabe, deren erfolgreiche Bearbeitung als Kooperationsbeziehung zwischen unterschiedlichen Akteuren in differenten *Settings* und in sich verändernden gesamtgesellschaftlichen Bedingungen stattfindet (vgl. Tietze 2002: 498-499). Studien wie die des DJI zum Thema „Wer betreut Deutschlands Kinder?" zeigen die Notwendigkeit auf, sich mit Betreuung als gesellschaftlicher Aufgabe auseinanderzusetzen, wobei der Akteurskreis auch junge Erwachsene einschließt (vgl. Bien u. a. 2006).

Was aber wird unter Betreuung verstanden? Etymologisch fügt sich der Begriff in zwei aneinander anschließende Verständnisse. Zum einen umschreibt er eine Situation, in der eine Person „vorübergehend (jemanden) in seiner Obhut" hat, bzw. für „jemanden" oder „etwas sorg(t)" (Augst 1998: 1506). Zum anderen bedeutet Betreuung, dass „ein Sachgebiet fortlaufend" bearbeitet wird bzw. jemand „die Verantwortung für den Ablauf von etwas" (ebd.) hat. Es wird deutlich, dass die Erklärung des Wortstammes eindeutig mit originär sozialpädagogischen Vokabeln wie Obhut, Sorge und Verantwortung beschrieben wird.

Die Suche nach einer konzeptionellen Antwort gestaltet sich schwieriger als vermutet, da vielen Beiträgen zur ganztägigen Bildung, Erziehung und Betreuung meist kein ausdefinierter Betreuungsbegriff zugrunde gelegt wird. Dies legt den Verdacht einer implizit unterstellten Annahme nahe, der aufmerksame Leser wisse schon, was Betreuung sei. Die Konsequenzen für eine nicht explizierte Begriffsverwendung sind vielfältig – sie lassen die Betreuungssituation beliebig erscheinen und erschweren eine Konturgebung. Grundlegungen, Intentionen aber auch Folgen betreuenden Handelns werden in ihrer Gesamtheit weder theoretisch noch methodisch fassbar. Ein Hinweis auf die unscharfe begriffliche Fassung gibt der 2004 erschienene OECD Länderbericht zur Politik der frühkindlichen Betreuung, Bildung und Erziehung in der Bundesrepublik Deutschland. So heißt es dort, „der Begriff ‚Betreuung' erscheint im Text jeweils in Anführungszeichen" (OECD 2004: 9). Damit soll der „Leser auf die eingeschränkte Bedeutung des Begriffs aufmerksam (gemacht werden), der vor allem eine Erwerbstätigkeit im Sinne einer für Kinder erbrachten Dienstleistung zum Ausdruck bringt, nicht aber die Lern- und Entwicklungsziele beinhaltet, die zugleich Zweck dieser Dienstleistung sind" (ebd.). Eine solche Umschreibung wird der angestrebten Trias aus Bildung, Betreuung und Erziehung, die als Grundlage Konzepte der Ganztagsbildung rahmt, nur wenig gerecht, da hier ausdrücklich das Kompetenz fördernde Kontinuum von Lernwelten und Bildungsorten beschworen wird (vgl. BMFSFJ 2005: 47). Eine begriffliche Präzisierung ist daher zur Absicherung und konzeptionellen Grundlegung sozialpädagogischen Handelns notwendig.

Im Zuge des Zwölften Kinder- und Jugendberichts und seiner Folgeuntersuchungen wird Betreuung gleichsam als Versorgung, Hilfe, Fürsorge, soziale Unterstützung und/ oder Sorge *(care)* definiert (vgl. Barthelmes 2005: 25; vgl. Jurczyk u. a. 2004: 15). Jeder dieser Begriffe hat in der Entwicklungs- und Ideengeschichte Sozialer Arbeit eine mehr oder weniger lange, spannungsreiche Tradition. Während Versorgung sich vorwiegend auf die Sicherstellung grundlegender Bedürfnisse richtet, wie beispielsweise durch die Formulierung der Grundbedürfnispyramiden geschehen (vgl. Stewart 1985), impliziert der Hilfebegriff, inhaltlich fixiert im SGB VIII, die Wahrnehmung einer gesellschaftlich formulierten Unterstützungspflicht (vgl. Wiesner u. a. 2006). Versorgung und Hilfe zielen somit auf die Bearbeitung akteursspezifischer Notlagen in schwer zu bewältigenden Situationsgefügen ab. Der Fürsorgebegriff hat für Soziale Arbeit wohl die längste Tradition, verweist er doch auf ihre Anfänge im ausgehenden 19. Jahrhundert (vgl. Hering/Münchmeier 2000). Der Begriff der „Socialen Fürsorge" „diente nicht mehr der schlichten Beseitigung materieller Bedürftigkeit, sondern deren Prävention durch ‚richtige' Gesundheitspflege und ‚richtige' Erziehung zu mehr oder weniger bürgerlichen Vorstellungen entsprechenden Normalverhalten" (Hammerschmidt/Tennstedt 2002: 66). Die Bedeutung sozialer Unterstützung durch soziale Netzwerke ist ein weiterer Aspekt, der für die Betreuung von Kindern und Jugendlichen von besonderer Relevanz ist. Nestmann/Hurrelmann (1994) machen auf zwei soziale Unterstützungsfunktionen – Sozialisationsbedeutungen und protektive Funktionen – aufmerksam, die den Prozess des Heranwachsens in Kindheit und Jugend zentral strukturieren und Grundlage für Erziehung und Bildung sind (vgl. ebd.: 3). Im Zwölften Kinder- und Jugendbericht sowie in einigen Untersuchungen zu ganztägigen Betreuungskonzepten wird Betreuung um eine Facette erweitert, denn „bis heute ist in Deutschland eine starke Tradition der Familialisierung und Feminisierung von ‚Care' – im Sinne einer umfassenden Betreuung und Versorgung, Erziehung und Bildung – insbesondere für kleine Kinder wirksam, deren Wurzeln bis ins 18. Jahrhundert zurückreichen" (Jurczyk u. a. 2004: 15).

Im Anschluss an Brückner lässt sich *care* als aktive, ressourcenorientierte und emotionale Wahrnehmung gesellschaftlicher Betreuungs- und Unterstützungstätigkeiten begründen (vgl. Brückner 2003: 162-163). Hieraus ergeben sich vielfältige Möglichkeiten für Soziale Arbeit, ihre traditionellen Reflexionsrahmen von Hilfe und Kontrolle sowie gesellschaftlichen Normalitätsansprüchen zu überdenken. Insofern steht *care* „für eine interaktive Praxis im privaten und öffentlichen Raum mit strukturellen Voraussetzungen wie materielle und zeitliche Ressourcen und inhaltliche, beziehungsfördernde Ermächtigungen" (Brückner/Thiersch 2005: 138). Damit umfasst *care* „den gesamten Bereich der Fürsorge und

Pflege, d. h. familialer und institutionalisierter Aufgaben der Gesundheitsversorgung, der Erziehung und Betreuung im Lebenszyklus (...) sowie der personenbezogenen Hilfe in besonderen Lebenslagen (...) und wird zum Gegenstand moralphilosophischer und demokratietheoretischer Diskurse“ (Brückner/Thiersch 2005: 138).

Kritisch, so Rauschenbach, sei aber nach wie vor die Frage, „ob dieses Selbstverständnis von Betreuung jedoch schon zur Grundausstattung der Ganztagesschulkonzepte“ gehöre (Rauschenbach 2005: 96). Brückner und Thiersch verorten care als Teil des alltäglichen lebensweltlichen Miteinanders, das bedeutet, die Sorge um andere als menschliches Grundbedürfnis, und hier im Besonderen im (Klein-)Kindes- und Jugendalter, stellt den Rahmen für Bildungs- und Erziehungsprozesse. Die Orientierung an der Lebenswelt erkennt gleichermaßen an, dass Akteure nicht losgelöst von ihrer sozialen Welt zu denken sind (vgl. Grunwald/Thiersch 2004).

Betreuung als Vermittlungsaufgabe zwischen Erziehung und Bildung begründet strukturell den Zusammenhang im Horizont der Sorge. Die hier vorgestellte Verwendung des Sorgebegriffes beinhaltet Versorgung, Hilfe, Fürsorge und soziale Unterstützung ebenso wie einen Brückenschlag zwischen professionellen und innerfamilialen Betreuungsaufgaben. Der durch die Sorge erfahrene, informelle Beziehungs- und Bindungsraum – die Lebenswelt bietet die Grundlage für Prozesse gezielter Einflussnahme wie Erziehung und Bildung. Betreuung im hier dargestellten Sinne (vgl. Homfeldt 1999: 5; vgl. Homfeldt/Ritter 2005) bedeutet dann immer auch Beachtung des Leiblichen, u. a. auch in Bezug auf Essen, Trinken und Bewegen. Daher ist zu klären, wie sich das Verhältnis zwischen Betreuung, Bildung und Erziehung gestaltet und welche Folgerungen dadurch für die Weiterentwicklung ganztägiger Konzepte entstehen.

## 2 Erziehung, Betreuung und Bildung – ein anschlussfähiges Verhältnis?

Die diffuse Verwendung des Betreuungsbegriffs macht vor allem im Rekurs auf ganztägige Konzepte auf ein zentrales Problem aufmerksam. Ein nicht hinreichend reflektiertes Zusammenspiel zwischen Bildung, Betreuung und Erziehung birgt die Gefahr, dass Bildungs- und Erziehungserfolge hinter ihrer erhofften Realität zurückbleiben, wie der Anstieg sozialer Problemdiagnosen über Kinder und Jugendliche belegt (vgl. Becker/Lauterbach 2007; vgl. Helsper/Böhme 2002: 583ff.; vgl. Grewe 2005; vgl. Steinhausen 2006). Die Diskussion um Bildung, Erziehung und Betreuung zeigt ebenso eindeutig, dass die Organisation Ganztagsschule nicht unkritisch aufgenommen wird (vgl. Wunder 2005: 158-161). Auch der Zwölfte Kinder- und Jugendbericht macht auf diese problematische Entwicklung aufmerksam, denn „es hat geradezu den Anschein, als würde in Deutschland bislang Betreuung, Erziehung und Bildung doch eher im Nacheinander als eine aufsteigende Abfolge im kindlichen Lebenslauf konzipiert und organisiert“ (BMFSFJ 2005: 48).

Die aufgezeigte Festschreibung von Relevanzrangfolgen bei Betreuung, Erziehung und Bildung ist jedoch zugunsten eines konsequenten Ineinandergreifens abzulösen. Insofern Betreuung der erste zentrale Türöffner für Erziehung und Bildung ist, sind Erziehung und Bildung ohne Betreuung weder formell noch informell denkbar. Daher ist die Trias nur als gleichberechtigtes Kontinuum zu verwirklichen. Die Klärung des Verhältnisses zwischen Bildung, Betreuung und Erziehung für ganztägige Konzepte bedarf der Betrachtung der jeweils zugrunde liegenden theoretischen wie professionellen Implikationen. Die Herstellung begrifflicher und inhaltlicher Trennschärfe ermöglicht weiterhin, mögliche Ansatzpunkte in der Kooperation zwischen Eltern, Schule und sozialpädagogischen Einrichtungen genauer herauszuarbeiten.

Bildung wird in Deutschland traditionell primär mit schulischem Lernen gleichgesetzt, wobei damit die Frage nach dem *Wie* der Bildung nicht beantwortet ist (vgl. Tenorth 2003; vgl. Sting 2002: 378). Dieses formalistisch geprägte Bildungsverständnis erhielt seine Plausibilität bislang durch die Annahme eines (potenziell ohne Brüche) verlaufenden *Normalarbeits*lebenslaufs. Die ganzheitliche Inbezugsetzung von Bildung, Betreuung und Erziehung ermöglicht das brüchig gewordene traditionelle Bildungsverständnis durch die Anpassung an die gegebenen Umstände zu modifizieren. Insofern ist Rekus' Verständnis von Bildung als ganzheitlichem Geschehen zu folgen:

> „Bildung ist eine unabschließbare Aufgabe des Menschen. Sie realisiert sich im *Wissen*, das der Mensch fortwährend erwirbt, in den *Urteilen*, die er kontinuierlich erneuern, und im *Handeln*, über das er nach Maßgabe seines Wissens und Urteilens immer wieder neu entscheiden muss. Diese drei Aspekte der Bildungsaufgabe sind weder räumlich noch zeitlich zu begrenzen. Sie finden so nicht nur im Lernen in der Schule, sondern auch im ‚Leben' außerhalb der Schule statt. Schule ist nicht exklusiv für Bildung zuständig" (Rekus 2005: 285, Herv. i. Orig.).

Der Konsens dieses Aspekts, der informelle mit formellen (Bildungs-)Prozessen und formale Bildungsorte mit informalen Lernwelten verbindet, ist Ganztagsbildung (vgl. Otto/Coelen 2004: 8). Diese ist daher nicht als „Ausweitung von Schule als Unterricht und auch nicht durch eine angehängte Betreuung, sondern nur durch die Integration von formellem und nicht-formellem Lernen, also vor allem durch eine neue institutionalisierte Zusammenarbeit von Schule und Jugendhilfe unter Einbeziehung von Eltern und Familien" (ebd.) denkbar (vgl. auch Nörber 2005: 49). Dadurch erhält Bildung per Definition eine soziale Komponente, die, so Sting (2004: 79-82), eine soziokulturelle, eine sozialstrukturelle und eine interaktive Perspektive aufweist.

Erziehung ist neben Bildung „der Kernbegriff der Pädagogik" (Oelkers 2004: 303) und meint die „moralische Kommunikation zwischen Personen und Institutionen sowie mit und über Medien (...), soweit sie auf dauerhafte Einwirkungen abzielt und ein Gefälle voraussetzt" (ebd.). Der Erziehungsauftrag bezieht sich zunächst auf das gegenseitige Wirkungsverhältnis zwischen Eltern und Kindern. In der Folge gesellschaftlicher Differenzierungsprozesse, in deren Verlauf es zur Herausbildung eines eigenen Berufszweiges kam, zuständig für die Erziehung der heranwachsenden Generation, zeigt sich, dass Erziehung kein Primat der Familie mehr ist. Insofern sind nicht mehr allein Eltern, sondern darüber hinaus auch Erzieher(innen), Sozialarbeiter(innen) und Sozialpädagog(inn)en für die Erziehung verantwortlich. Dennoch weist auch dieses aneinander anschließende und aufeinander verweisende Verhältnis Brüche auf (vgl. Winkler 2000: 601). Erziehung als wechselseitiges Verhältnis findet dennoch potenziell immer und überall statt, ist also wie Bildung auch eine ganztägige Aufgabe mit Ziel der Vorbereitung auf und Ermächtigung von Mündigkeit.

Ebenso wie Bildung und Erziehung ist Betreuung eine Aufgabe, die den gesamten Lebenslauf prägt, auch wenn sich ihre Formen verändern. Wenn Bildung formelle und informelle Aneignungsprozesse mit formalen Kompetenzen für anschließende gesellschaftliche Funktionsübernahmen meint und Erziehung die moralische und wertgebundene Ausstattung mit gesellschaftlich funktionsfähigen Verhaltensregeln, dann ist Betreuung das zwischenmenschliche Beziehungsgefüge, das eine Vermittlerposition zwischen Erziehung und Bildung einnimmt. Bildung, Betreuung und Erziehung gehen somit ein hybrides Verhältnis zueinander ein, das über ihre Abgrenzung voneinander sichtbar wird. Die Vermittlung von Sicherheit, Bindung und Geborgenheit (Betreuung), durch erzieherische Einflussnahme, gepaart mit dem Erleben von gegenseitiger Verantwortlichkeit (Erziehung), bildet die Voraussetzung für gesellschaftliche Wirk- und Lernprozesse (Bildung).

Betreuung ist nicht mehr allein Aufgabe der Familie, sondern stellt sich entsprechend der sozialen Verwobenheit des Menschen immer mehr als gesellschaftlicher Anspruch. Dabei stellen Selbstständigkeit, Flexibilität und Verantwortungsbewusstsein nur drei ausgewählte Kompetenzen dar, die jeder Erwachsene aufweisen sollte, um als Mitglied der Gesellschaft sozialen Anschluss zu finden. Dass sich diese Kompetenzen entwickeln, bedarf der gezielten Unterstützung durch Soziale Arbeit.

## 3 Die Rolle Sozialer Arbeit in ganztägigen Betreuungskonzepten – eine Perspektive

Die Rolle Sozialer Arbeit in ganztägigen Konzepten definiert sich zum einen aus ihrem gesellschaftlichen Auftrag, zum anderen besitzt sie eine Verpflichtung gegenüber dem einzelnen Akteur. Hinzu kommt der den Konzepten zur Ganztagsbildung zugrunde liegende Konsens, dass die Trias Bildung, Betreuung und Erziehung einzig durch Kooperation zwischen unterschiedlichen Professionen zu verwirklichen ist. Das Hauptproblem Sozialer Arbeit ist nach wie vor, dass sie eine gesellschaftliche Nothelferfunktion einnimmt, die ihr eher Reparaturarbeiten als aktivierende Förderung und Unterstützung zuschreibt. Der Konflikt zwischen gesellschaftlichen und individuellen Ansprüchen führt Soziale Arbeit in eine Position, zwischen allen Stühlen agieren zu müssen (vgl. Coelen 2002: 58-63). Dabei gerät sie aber in die Gefahr, sich auf eine der beiden Seiten zu schlagen. Eine mögliche Lösung ergibt sich aus der Beantwortung der Frage: Was soll Betreuung, zusammen mit Bildung und Erziehung, leisten? Das zentrale Ziel der Trias ist die Herstellung von Mündigkeit: Der einzelne Akteur soll zu einem aktiven Mitglied der Gesellschaft heranwachsen. Damit verbunden ist eine sich aus unterschiedlichen biographischen Ursprüngen entwickelnde Identität, die auf Bildern von sich selbst aufbauend, dem Einzelnen die Ausbildung von Techniken zur Problembewältigung, zur Integration in die Gesellschaft und zum sozialen Miteinander garantiert (vgl. Hartnuß/Maykus 2006: 113). Wie kann betreuende Soziale Arbeit innerhalb der Trias Bildung, Betreuung und Erziehung ihre Vermittlerrolle so ausdefinieren, dass gleichzeitig sowohl Gesellschafts- als auch Individualansprüche bearbeitet werden können?

Eine Möglichkeit liefert der *Capability approach* an. Er lenkt die Aufmerksamkeit von der Leistungskonzentration und -zentrierung auf die Förderung von Fähigkeiten. Sen stellt als allgemeines Ziel des Fähigkeitenansatzes die Ausstattung und Förderung von akteursspezifischen Fähigkeiten zur Lebensbewältigung heraus (vgl. Sen 1993: 30; vgl. Nussbaum 1999). Die Annahme, dass Akteure nicht als passive, hilflose Opfer ihrer sozialen Umstände wahrzunehmen sind, wird gestützt durch die Annahme, dass Menschen zur Übernahme von Verantwortung sowie zum aktiven Handeln und damit zur selbst definierten Veränderung ihrer sozialen Lage fähig sind (vgl. Sen 2002). Zentrales Anliegen von Bildung, Betreuung und Erziehung ist die Herstellung von Handlungsmächtigkeit, nicht nur für das eigene Leben, sondern auch, um als Teil der Gesellschaft bestimmte Funktionen durch Erwerbstätigkeit oder Familiengründung zu übernehmen.

Betreuung ist als gesellschaftlicher Ort der Förderung von menschlichen Fähigkeiten zu definieren, die nicht allein (schulische) Bildung, aber auch nicht allein Erziehung sind. Vielmehr geht es darum, die Zwischentöne menschlicher Entwicklungspotenziale zu hören und nachhaltig (Selbst-)Verantwortung zu fördern. Dabei haben an der Lebenswelt orientierte Interventionen sich an den spezifischen Themen der Akteure zu orientieren. Der sozialen Arbeit kommt die Aufgabe zu, über die Gestalt und Dimensionen von Betreuung konzeptionelle Weiterentwicklungen anzustreben, die immer auch ein Kooperationsergebnis beteiligter Institutionen wie Familie, Kindergarten, Schule und Jugendhilfe sind (vgl. Maykus 2006: 161-167; Deinet/Icking 2005: 10-11). Daher hat sich Betreuung als lebensweltliche Orientierung im komplexen, Leib einbeziehenden, Sinne an Akteuren zu realisieren.

# 4 Ausblick

Perspektiven für die deutschen Konzepte zur Ganztagsbildung ergeben sich auch aus der angloamerikanischen Debatte um care und caring-practices. Diese bezieht sich stärker als in Deutschland auf den Gesundheitssektor. Die Verwobenheit des einzelnen Akteurs in seine soziale Umwelt wird als Ausgangspunkt für Reflexionen und Interventionen definiert. Insofern stellt Taylor (1994: 181) fest: „We must redefine what human life is about. We must fight for a view of human life that does not derive from the single principle of disengaged reason and one that holds the values of efficacy, fairness, rights, and freedom exclusively". Die Änderung hergebrachter Reflexionsmuster birgt neue Möglichkeiten des Nachdenkens über lebensweltlich verortete professionelle Soziale Arbeit. Demokratische Werte, Gerechtigkeit, Moral- und Wertvorstellungen auf der Grundlage ressourcenorientierter Wahrnehmungsschemata rücken in den Mittelpunkt. Bildung, Betreuung und Erziehung als drei ineinander laufende, voneinander abhängige Verwirklichungschancen sind nicht allein vom Markt oder der Politik her zu denken, sondern vor allem an den spezifischen Bedürfnissen ihrer Akteure zu orientieren. Das zentrale Motiv aller (sozial-)politisch initiierten Vorlagen, Konzepte und/oder Modellversuche sollten die Bedürfnisse von Kindern und Jugendlichen sein. Kinder und Jugendliche brauchen Perspektiven, die jenseits von Beschäftigungstherapien, Praktika oder ABM-Maßnahmen liegen. Das Erleben von Erfolg in der Schule und im Arbeitsleben, von Zufriedenheit in der Familie und im unmittelbaren Nahraum fängt mit einer lebensweltorientierten Betreuung an, die sich am Akteur orientiert.

## *Literatur*


Augst, Gerhard (Hg.) (1998): Wortfamilienwörterbuch der deutschen Gegenwartssprache. Tübingen: Niemeyer: 1506-1507.

Barthelmes, Jürgen (2005): Bildung, Betreuung und Erziehung vor und neben der Schule – Der Zwölfte Kinder- und Jugendbericht. In: Theorie und Praxis der Sozialen Arbeit H. 6/2005: 25-33.

Becker, Rolf/Lauterbach, Wolfgang (2007): Bildung als Privileg. Erklärungen und Befunde zu den Ursachen der Bildungsungleichheit. Wiesbaden: VS Verlag für Sozialwissenschaften.

Bien, Walter/Rauschenbach, Thomas/Riedel, Birgit (Hg.) (2006): Wer betreut Deutschlands Kinder? DJI Betreuungsstudie. Weinheim: Cornelsen.

BMFSFJ (2005) – Bundesministerium für Familie, Senioren, Frauen und Jugend: Zwölfter Kinder- und Jugendbericht. Bericht über die Lebenssituation junger Menschen und die Leistungen der Kinder- und Jugendhilfe in Deutschland. Berlin.

Brückner, Margit (2003): Care. Der gesellschaftliche Umgang mit zwischenmenschlicher Abhängigkeit und Sorgetätigkeiten. In: neue praxis H. 2/2003: 162-171.

Brückner, Margit/Thiersch, Hans (2005): Care und Lebensweltorientierung. In: Thole, Werner/Cloos, Peter/Ortmann, Friedrich/Struwolf, Volkhardt (Hg.): Soziale Arbeit im öffentlichen Raum. Soziale Gerechtigkeit in der Gestaltung des Sozialen. Wiesbaden: VS Verlag für Sozialwissenschaften: 137-149.

Coelen, Thomas (2002): „Ganztagsbildung" – Ausbildung und Identitätsbildung von Kindern und Jugendlichen durch die Zusammenarbeit von Schulen und Jugendeinrichtungen. In: neue praxis 1/2002: 53-66.

Deinet, Ulrich/Icking, Maria (2005): Schule in Kooperation – mit der Jugendhilfe und mit weiteren Partnern im Sozialraum. In: Appel, Stefan/Ludwig, Harald/Rother, Ulrich/Rutz, Georg. (Hg.): Jahrbuch Ganztagsschule 2006. Schulkooperationen. Schwalbach/Ts.: Wochenschau: 9-20.

Deutsches PISA-Konsortium (Hg.) (2001): Basiskompetenzen von Schülerinnen und Schülern im internationalen Vergleich. Opladen: Leske + Budrich.

Grewe, Norbert (Hg.) (2005): Absenteeism in European Schools. Münster: Lit.

Grunwald, Klaus/Thiersch, Hans (Hg.) (2004): Praxis lebensweltorientierter sozialer Arbeit. Handlungszugänge und Methoden in unterschiedlichen Arbeitsfeldern. Weinheim: Juventa.

Hammerschmidt, Peter/Tennstedt, Florian (2002): Der Weg zur Sozialarbeit: Von der Armenfürsorge bis zur Konstituierung des Wohlfahrtsstaates in der Weimarer Republik. In: Thole, Werner (Hg.): Grundriss Soziale Arbeit. Ein einführendes Handbuch. Wiesbaden: VS Verlag für Sozialwissenschaften: 63-76.

Hartnuß, Birger/Maykus, Stephan (2006): Eigene Verantwortung einbringen – Verantwortung übernehmen – Anerkennung erhalten. In: Knauer, Sabine/Durdel, Anja (Hg.): Die neue Ganztagsschule. Gute Lernbedingungen gestalten. Weinheim: Beltz: 107-123.

Helsper, Werner/Böhme, Jeanette (2002): Jugend und Schule. In: Krüger, Heinz-Hermann/Grunert, Cathleen (Hg.): Handbuch Kindheits- und Jugendforschung. Wiesbaden: VS Verlag für Sozialwissenschaften: 567-596.

Hering, Sabine/Münchmeier, Richard (2000): Geschichte der Sozialen Arbeit. Eine Einführung. Weinheim: Juventa.

Homfeldt, Hans Günther (1999): No body is perfect – ein Wort vornweg. In: Homfeldt, Hans Günther (Hg.): „Sozialer Brennpunkt" Körper. Körpertheoretische und -praktische Grundlagen für die Soziale Arbeit. Balmannsweiler: Schneider: 1-6.

Homfeldt, Hans Günther/Ritter, Annette (2005): Das dicke Kind. Herausforderungen für die Soziale Arbeit. Baltmannsweiler: Schneider.

Jurczyk, Karin/Rauschenbach, Thomas/Tietze, Wolfgang u. a. (2004): Impulse für eine zukunftsorientierte Tagespflege. In: Jurczyk, Karin (Hg.): Von der Tagespflege zur Familientagesbetreuung. Weinheim: Beltz: 11-52.

Maykus, Stephan (2006): Kooperation von Jugendhilfe und Schule. Grenzen, Potenziale, Herausforderungen sozialräumlicher Netzwerke der Bildung. In: Knauer, Sabine/Durdel, Anja (Hg.): Die neue Ganztagsschule. Gute Lernbedingungen gestalten. Weinheim: Beltz: 154-170.

Nestmann, Frank/Hurrelmann, Klaus (1994): Child and Adolescent Research as a Challenge and Opportunity for Social Support Theory, Measurement, and Intervention: And Vice Versa. In: Nestmann, Frank/Hurrelmann, Klaus (Eds.): Social Networks and Social Support in Childhood and Adolescence. Berlin: de Gruyter: 1-20.

Nussbaum, Martha (1999): Gerechtigkeit oder Das gute Leben. Frankfurt a. M.: Suhrkamp.

OECD (2004): Die Politik der frühkindlichen Betreuung, Bildung und Erziehung in der Bundesrepublik Deutschland.

Oelkers, Jürgen (2004): Erziehung. In: Benner, Dietrich/Oelkers, Jürgen (Hg.): Historisches Wörterbuch der Pädagogik. Weinheim: Beltz: 303-340.

Olk, Thomas (2005): Lebenssituation von Kindern und Familien – Herausforderungen für Politik und Gesellschaft. In: Esch, Karin/Mezger, Erika/Ströbe-Blossey, Sybille (Hg.): Kinderbetreuung – Dienstleistung für Kinder. Handlungsfelder und Perspektiven. Wiesbaden: VS Verlag für Sozialwissenschaften: 39-72.

Otto, Hans-Uwe/Coelen, Thomas (2004): Auf dem Weg zu einem neuen Bildungsverständnis. In: Otto, Hans-Uwe/Coelen, Thomas (Hg.): Grundbegriffe der Ganztagsbildung. Wiesbaden: VS Verlag für Sozialwissenschaften: 7-16.

Rauschenbach, Thomas (2005): Konturen einer neuen sozialen Bildungspraxis? Bildung, Erziehung und Betreuung in der offenen Ganztagsschule. In: Opielka, Michael (Hg.): Bildungsreform als Sozialreform. Wiesbaden: VS Verlag für Sozialwissenschaften: 89-111.

Rekus, Jürgen (2005): Theorie der Ganztagsschule – praktische Orientierungen. In: Ladenthin, Volker/Rekus, Jürgen (Hg.): Die Ganztagsschule. Alltags, Reform, Geschichte, Theorie. Weinheim: Juventa: 279-297.

Sen, Amartya (1993): Capability and Well-Being. In: Nussbaum, Martha/Sen, Amartya (Hg.): The Quality of Life. Oxford: Clarendon Press: 30-53.

Sen, Amartya (2002): Ökonomie für den Menschen. Wege zu Gerechtigkeit und Solidarität in der Marktwirtschaft. München: dtv.

Steinhausen, Hans-Christoph (Hg.) (2006): Schule und psychische Störungen. Stuttgart: Kohlhammer.

Stewart, Frances (1985): Basic Needs in Developing Countries. Baltimore: The Johns Hopkins University Press.

Sting, Stephan (2002): Bildung. In: Schröer, Wolfgang (Hg.): Handbuch Kinder- und Jugendhilfe. Weinheim: Juventa: 377-392.

Sting, Stephan (2004): Soziale Bildung. In: Otto, Hans-Uwe/Coelen, Thomas (Hg.): Grundbegriffe der Ganztagsbildung. Wiesbaden: VS Verlag für Sozialwissenschaften: 77-83.

Taylor, Charles (1994): Philosophical Reflections on Caring Practices. In: Philips, Susan/Benner, Patricia (Eds.): The Crisis of Care. Affirming and Restoring Caring Practices in the Helping Professions. Washington: Georgetown University Press: 174-187.

Tenorth, Heinz-Elmar (2003): „Wie ist Bildung möglich?“. Einige Antworten und die Perspektive der Erziehungswissenschaft. In: ZfPäd H. 3/2003: 422-431.

Tietze, Wolfgang (2002): Institutionelle Betreuung von Kindern. In: Krüger, Heinz-Hermann/Grunert, Cathleen (Hg.): Handbuch Kindheits- und Jugendforschung. Wiesbaden: VS Verlag für Sozialwissenschaften: 497-517.

Wiesner, Reinhard (Hg.) (2006): SGB VIII. Kinder- und Jugendhilfe. München: Beck.

Winkler, Michael (2000): Bildung und Erziehung in der Jugendhilfe. Vorsichtige Bemerkungen eines notorischen Skeptikers. In: Müller, Siegfried/Sünker, Heinz/Olk, Thomas/Böllert, Karin (Hg.): Soziale Arbeit. Gesellschaftliche Bedingungen und professionelle Perspektiven. Neuwied: Luchterhand: 595-619.

Wunder, Dieter (2005): Die Ausbreitung der Ganztagsschule in Deutschland beruht auf unsicheren Grundlagen. In: Appel, Stefan/Ludwig, Harald/Rother, Ulrich/Rutz, Georg. (Hg.): Jahrbuch Ganztagsschule 2006. Schulkooperationen. Schwalbach/Ts.: Wochenschau: 156-169.

# Organisationsentwicklung der schulbezogenen Jugendhilfe

*Stephan Maykus*

Der zentrale Referenzrahmen für die Überlegungen zur „Ganztagsbildung", wie sie in diesem Handbuch entfaltet werden, ist ein erweitertes Bildungsverständnis. Dieses erweiterte Bildungsverständnis integriert die unterschiedlichen Lernorte und Akteure der Bildungsförderung zu einer gemeinsamen Perspektive: Junge Menschen lernen immer und überall, an unterschiedlichen Orten und in einem Zusammenspiel von formellen, informellen sowie non-formalen Bildungsqualitäten. Ein derart erweitertes Bildungsverständnis, die Maxime einer „Lebensbildung", wurde vor allem von der Kommission des Zwölften Kinder- und Jugendhilfeberichtes begründet (vgl. BMFSFJ 2005). Dabei wird der Kinder- und Jugendhilfe die Bedeutung eines Schlüsselfaktors für die Gestaltung eines abgestimmten Systems von Bildung, Betreuung und Erziehung zuerkannt. Eine neue Qualität der Kooperation von Jugendhilfe und Schule soll entstehen, eine Neujustierung beider Systeme, die weit über Fragen der Entwicklung von Kooperationspraxis in einzelnen Schulen hinausgeht und nachhaltige, strukturelle Verzahnungen anstrebt. Der Kommune kommt dabei die Rolle des Hauptakteurs zu, um lokale Bildungslandschaften zu gestalten (vgl. Maykus 2007b).

## 1 Ganztagsbildung und Organisationsentwicklung – eine Verhältnisbestimmung

Die Kinder- und Jugendhilfe ist schon seit Jahrzehnten ein wichtiger Partner für Schulen, jedoch eröffnen aktuelle schul- und bildungspolitische Entwicklungen neue Chancen für eine Intensivierung schulbezogener Jugendhilfe. Die bundesweit vermehrt eingeführten Ganztagsschulen bzw. Ganztagsangebote (vgl. Oelerich 2007) bieten ein neues Dach für die weithin geteilte Ambition, eine neue Lehr- und Lernkultur in Verantwortung unterschiedlicher Professionen an Schulen zu realisieren. Ganztagsschulentwicklungen wirken sich in zweifacher Weise auf die Kinder- und Jugendhilfe aus: Die Ganztagsschule wird verstärkt zum Handlungsfeld der Kinder- und Jugendhilfe, und ihre Handlungsfelder verändern sich infolge ganztägig organisierter Schulen (vgl. Maykus 2006). So ist denn auch eine intensive Debatte um die Bildungsleistungen der Kinder- und Jugendhilfe zu beobachten, die eine Profilsuche, Akzeptanzsehnsucht und einen Legitimationsdruck erkennen lassen.

Rauschenbach (2005) fordert von der Kinder- und Jugendhilfe eine konsequente Selbstanalyse, der Autor möchte ihre Leistungsbereiche auf den Prüfstand gestellt wissen, um die Fragen zu beantworten: Was sind die Bildungsaufgaben der Kinder- und Jugendhilfe?

Welchen Anteil hat sie an der Unterstützung von Bildungsbiografien junger Menschen? Die Kinder- und Jugendhilfe zeigt einen spezifischen professionellen Blick auf Bildung, die durch „integrierte Konzepte“ (vgl. Rauschenbach/Otto 2004), als Klammer für unterschiedliche schul- und bildungsbezogene Aktivitäten begrifflich gefasst werden soll. Jugendhilfe als „Ort flexibler Bildung“ bzw. als Repräsentant eines „Netzwerkes Bildung“ (vgl. Bock/Otto 2007; Bock u. a. 2006) drückt diesen Blickwinkel programmatisch aus.

In diesem Kontext erhält der Ansatz der „Ganztagsbildung“ seine grundlegende Bedeutung, denn Ganztagsbildung verkörpert einen Perspektivenwechsel: Sie betont, dass es eine reflexive Auseinandersetzung mit den Bildungsanforderungen in der Wissensgesellschaft geben solle sowie eine bildungstheoretisch fundierte Kritik an den aktuellen Ganztagsschulentwicklungen, die immer noch eine eher institutionszentrierte, denn eine biografieorientierte Perspektive erkennen lassen (ausgedrückt in Ganztagsschule statt einer Ganztagsbildung, die auf subjektive Bildungsprozesse und -modalitäten abstellt; vgl. Otto/Coelen 2004). Ganztagsbildung bezieht sich auf Institutionalisierungsformen, die formelle und nicht-formelle Bildung auf der Basis eines Prozesses der Vernetzung integrieren und unter subjekttheoretischen Überlegungen zusammenführen will. Dabei wird die These vertreten, dass es gegenwärtig ein unzureichendes Passungsverhältnis zwischen den Ganztagsschulkonzepten in der Praxis und bildungstheoretischen Überlegungen gibt. Vielmehr soll Ganztagsbildung eine theoretisch-konzeptionelle Basis für die Organisation von Bildung bzw. deren Institutionalisierung sein und formuliert damit implizit Konsequenzen für die Gestaltung von Bildungsförderung in der pädagogischen Praxis. Otto/Coelen versuchen dies bildhaft mit einem „multi-aktiven Bildungszentrum“ zu umreißen (vgl. ebd.: 8), das vor allem in der Kooperation von Jugendhilfe und Schule gestaltet werden soll, als ein kommunales Kooperationsfeld bzw. Schnittstellenaktivitäten. In diesem Zusammenhang entwirft Coelen (2004) das Modell einer „Kommunalen Jugendbildung“, das die Differenz zwischen den Systemen Schule und Jugendhilfe nicht einzuebnen, sondern konstruktiv in vereinbarte Kooperationskontexte einzubinden versucht.

Ganztagsbildung hat damit mehrere direkte Bezüge zu Fragen der Organisationsentwicklung: Diese meint grundsätzlich die Veränderung und Weiterentwicklung von Organisation bzw. ihren Mitgliedern (vgl. z. B. Graf-Götz/Glatz 2003). Das Ziel ist es, die Flexibilität und Umweltsensibilität von Organisationen zu erhöhen, ferner ihre Lern- und Entwicklungsfähigkeit zu befördern und eine Kultur der kontinuierlichen Selbstevaluation sowie Qualitätsentwicklung zu etablieren. Unter Organisationen werden weithin soziale Gebilde mit definierten Aufgaben verstanden, mit zugehörigen Mitgliedern, einer Binnenstruktur und Aufgabenspezifik, Arbeitsteilung sowie einem geplanten und zielorientierten Handeln. Das Idealbild einer Organisation, die sich dynamisch entwickelnden Bedarfen ihrer Adressat(inn)en, lebensweltlichen Problemstellungen sowie fachlichen (fachpolitischen) Anforderungen immer wieder strategisch, konzeptionell und methodisch anpasst, wird mit dem Begriff der „lernenden Organisation“ symbolisiert. Lernende Organisationen schaffen strukturelle Voraussetzungen für die Entwicklungsfähigkeit und Kommunikation in Teamstrukturen als wichtige Faktoren flexibler Aufgaben- und Ablauforganisation (vgl. grundlegend bezüglich Sozialer Arbeit: Merchel 2006). Eine selbstevaluative Durchdringung der pädagogischen Arbeit sowie kontinuierliche Qualitätsentwicklungsprozesse sind hierfür hilfreiche initiierende Methodiken.

Als theoretische Hauptreferenz wird in Fragen der Organisationsentwicklung eine systemische Sichtweise bemüht. Nach Nikles (vgl. 2006: 13-15) kann sie hilfreich sein, um die Komplexität zu systematisieren und in ein Verhältnis zu bringen, gleichzeitig jedoch Reduktionen und zu enge Blickwinkel zu vermeiden. Und vor allem vergegenwärtigt sie die grundsätzlichen Funktionen und Merkmale von Systemen, die es ihnen ermöglichen, ihre Existenz zu sichern, Eigenlogiken zu wahren und sich im Austausch mit der Umwelt entsprechend weiterzuentwickeln. Der systemische Blickwinkel betont demnach, dass jedes System nach vier Merkmalen hin untersucht werden kann: Systeme weisen Leistungen auf und erfüllen sie im Austausch mit der Umwelt, sie folgen einer spezifischen Orientierung (einer so genannten Programmierung), sie generieren eine systemspezifische Kultur, und Systeme strukturieren sich über Regeln, Abläufe und Organisation, durch eine je spezifische Steuerung (vgl. ebd.: 14).

Führt man die konzeptionellen Konturen einer Ganztagsbildung sowie die Grundannahmen von Organisationsentwicklung zusammen, zeigen sich (mindestens vier) Bezüge zur „schulbezogenen Jugendhilfe" (Prüß 1997).

- Ganztagsbildung und die Orientierung an einem erweiterten Bildungsverständnis verlangt konzeptionelle, methodische und strukturelle Flexibilität von Organisationen und ihrer Mitglieder. Komplexität, Kooperationsorientierung und bildungsbezogener Biografiebezug verlangen entsprechende Strategien der Personal- und Angebotsentwicklung.
- Ganztagsbildung ist in ihrer Umsetzung auf eine bildungstheoretisch fundierte Haltung der pädagogisch Tätigen in Feldern der schulbezogenen Jugendhilfe angewiesen. Professionelle Selbstverständnisse und Handlungsmuster sind hinsichtlich der Fragen zu reflektieren: Wie fördere ich als Sozialpädagoge/-in Bildungsprozesse junger Menschen? Welches Bild vom Kind und seiner Entwicklung prägt mein Handeln? Was sind Anknüpfungspunkte zwischen den Bildungsverständnissen von Lehrkräften und Sozialpädagog(inn)en? Hier sind Fragen der Konzeptentwicklung und der Qualifizierung der Mitarbeiter(innen) angesprochen.
- Ganztagsbildung als konzeptionell-theoretische Orientierung verlangt eine Passung mit der Struktur und Organisation pädagogischer Angebote, die sich vor allem am Ziel der Integriertheit orientiert (vgl. ausführlich Maykus/Hartnuß 2004).
- Ganztagsbildung steht für die Entwicklung und Stabilisierung von Koppelungsstrukturen zwischen Organisationen, die gestaltet und mit den organisationsinternen Programmen, Kulturen und Steuerungslogiken in Einklang gebracht werden müssen.

## 2 Schulbezogene Jugendhilfe als Gegenstand von Organisationsentwicklung

Ist dieses Anforderungsgefüge, dieser spezifische Gegenstand schulbezogener Jugendhilfe im Kontext der Ganztagsbildung mit dem Terminus Organisationsentwicklung angemessen abbildbar? Bei dieser Frage tritt eine Grundproblematik zutage: Schulbezogene Jugendhilfe ist kein klar konturiertes Praxisfeld, sondern Klammer für unterschiedlichste sozialpädagogische Aktivitäten in und im Umfeld von Schule: Ganztagsangebote, schulbezogene Jugendarbeit und Jugendsozialarbeit, Schulsozialarbeit, Erziehungshilfen in der Schule, Kooperation von Kindergarten und Grundschule, sind nur einige Felder schulbezogener Jugendhilfe (vgl. den Überblick bei Deinet 2003). Und: Schulbezogene Jugendhilfe bildet in ihren Aktivitäten keine Organisation im oben genannten Sinne. Man muss hier vielmehr unterschiedliche Ebenen der Kooperation von Schule und Jugendhilfe analytisch voneinander trennen und ihre Wechselwirkung beschreiben. Schulbezogene Jugendhilfe bedeutet eine Multiperspektivität und -kontextualität von Organisationsentwicklung (vgl. Maykus/Hartnuß 2004). Jugendhilfe und Schule sind im Horizont der Ganztagsbildung Anbieter und Räume einer komplexen und mehrdimensionalen Angebotsstruktur, in der Elemente von Bildung, Betreuung und Erziehung vereint werden sollen. Dabei richtet sich diese Angebotsstruktur an alle jungen Menschen; sie soll normalisierte Lern- und Erfahrungsräume bieten. Diese Perspektive wird insbesondere durch die Zusammenarbeit von Lehrer(inne)n und Sozialpädagog(inn)en getragen, durch ein Zusammenwirken, das durch eine Annäherung der Professionen und ihrer Rollen sowie einer Kopplung ihrer Reflexionsmuster zustande kommt.

Nach dieser Grundlegung stellt sich nun die Frage nach den Konsequenzen für die organisatorischen Absicherungen und Verankerungen einer Kooperation von Jugendhilfe und Schule sowie nach ihrer Institutionalisierung. Hierbei sind zwei Blickwinkel einzunehmen: Einerseits soll die Verschränkung von Jugendhilfe und Schule erzielt werden, die die Entwicklung eines schulbezogenen und schulisch integrierten Arbeitsfeldes der Jugendhilfe fördert. Andererseits weist die Beschäftigung mit der Verschränkung beider Seiten auf ihre Verankerung und Standortbestimmung im Sozialraum hin; es geht im zweiten Schritt um die Bestimmung organisatorischer und institutioneller Konsequenzen für die Gestaltung eines sozialen Bildungsraums unter Beteiligung und Zusammenwirken von Jugendhilfe und Schule (vgl. zum Folgenden Maykus/Hartnuß 2004).

In diesem Beitrag soll eine Strukturbildung in der Kooperation von Jugendhilfe und Schule zur Schaffung eines schulbezogenen bzw. schulisch integrierten Handlungsfeldes betrachtet werden. Das meint die Frage, was zu einem Vereinbarungs- und Regelsystem als Basis des Handelns führt, mit welchen Mitteln dies zu erreichen ist und inwiefern dadurch auch eine Kulturbildung (Haltungen, Einstellungen, fachliche Maximen) im Zusammenwirken befördert wird. Damit wird auch ein Bildungsprozess der Professionen selbst initiiert, der Ergebnis und Teil von Organisations- und Personalentwicklungsprozessen ist sowie organisatorischen Verankerungen im Rahmen von

- Jugendhilfeentwicklung,
- Schulentwicklung und
- Kooperations-/Schnittstellenentwicklung zwischen beidem.

Eine Institutionalisierung wäre demnach erzielt, wenn ein gemeinsames (kollektives) Handlungs- und Zielbewusstsein bezüglich der Kooperationsperspektive und der Gestaltung von Bildungsbedingungen und Hilfe zur Lebensbewältigung entsteht und verkörpert wird, entsprechende Leitideen handlungsleitend sowie Rollenzusammenhänge geklärt sind. Vor diesem Hintergrund zeigt sich nunmehr die doppelte Ebene der Kooperation zwischen Jugendhilfe und Schule (abgeleitet aus der allgemeinen Darstellung zu Kooperation bei Santen/Seckinger 2003: 424-428), die es bei der Entwicklung von Schnittstellenbereichen zu beachten gilt: Es müssen die individuellen Voraussetzungen für Kooperation hergestellt und stabilisiert werden, wie etwa

- Bereitschaft und Offenheit für Kooperation, Kommunikationsorientierung und -kompetenz
- Personalentwicklung (Kommunikationstraining, Schulleitungsberatungen, Supervision, Fort- und Weiterbildung u. a.)

- Grundkenntnisse und Grundqualifikationen bezüglich des Kooperationsbereiches
- das Einbringen von Wissen und Informationen aus der jeweiligen Institution in die Kooperation sowie
- das Wissen über Handlungsweisen und -logiken, interne Organisations- und Ablaufstrukturen und Grundlagen des Handelns des Kooperationspartners.

Um diese Voraussetzungen zu schaffen, müssen Schule und Jugendhilfe zunächst eine eigene und aus ihrem institutionellen Zusammenhang entwickelte Kooperationsstrategie als Basis des Zusammenwirkens entwickeln. Solche jeweils institutionellen Voraussetzungen für Kooperation ermöglichen letztendlich, dass es nicht nur individuelle Kooperationskontexte, sondern auch institutionelle (zwischen den Organisationen) gibt, mithin eine Kompatibilität zwischen ihnen hergestellt wird. Als wichtig erweisen sich daher

- jeweils Klärungs- und Abstimmungsprozesse von Schule und Jugendhilfe (intrainstitutionell) als Basis für die Herstellung einer Zielkongruenz,
- jeweils interne institutionelle Verankerung von Kooperationsaktivitäten, Konzeptentwicklung,
- Klärung von Zuständigkeiten, Teamzusammensetzungen und -arbeitsweisen sowie Möglichkeiten interner Verankerung der Kooperationstätigkeit sichern und konzeptionell festhalten,
- Schulprogramme als zentrale Instrumente, Schulkulturveränderung, Teamentwicklung, Schulmanagement, Steuergruppe, Schnittstellen für Kooperation, Selbstevaluationsformen und Verfahren der Qualitätsentwicklung u. a.),
- Unterrichtsentwicklung (Schüler(innen)orientierung, Öffnung von Unterricht, Lernkultur gestalten u. a.).

Die jeweils institutionsinternen Entwicklungs- und Klärungsprozesse sind unabdingbare Voraussetzung dafür, dass ein Rückkoppelungsprozess stattfindet zwischen dem Kooperationsbereich (etwa in Form der Schulsozialarbeit oder schulbezogener Angebote der Jugendhilfe mit integrierter und normalisierter Angebotsstruktur bzw. Ganztagskonzepten), den Kooperationspersonen (Lehrer(inne)n und Sozialpädagog(inn)en) sowie den beteiligten Institutionen (Schule und Jugendhilfeeinrichtungen). Eine schnittstellenbezogene Strukturbildung, zeigt sich demnach in einer Institutionalisierung der Zusammenarbeit durch ein kooperationsorientiertes gemeinsames Handlungs- und Zielbewusstsein (Zielkongruenz) sowie entsprechender Rollenzusammenhänge in organisatorischer Verankerung im schulischen Kontext, getragen durch vorausgehende und parallele, je institutionsinterne Klärungs- und Entwicklungsprozesse zur Herstellung einer Kooperationsstrategie. Für eine solche doppelte Ebene der Strukturbildung (intern und kooperationsbezogen, individuell und institutionsbezogen; siehe Abbildung 1) müssen Schule und Jugendhilfe ihren Anteil einbringen und Kompatibilitätsperspektiven bestimmen.

Für Organisationsentwicklung in der schulbezogenen Kinder- und Jugendhilfe sind daher strukturelle Spezifika zu berücksichtigen, die verdeutlichen, dass dieser Gegenstand mit Überlegungen der Organisationsentwicklung nur eingeschränkt erfasst werden kann:

1. Organisationsentwicklung muss im Kontext der schulbezogenen Jugendhilfe bezüglich dreier Ebenen differenziert werden. Von Organisation kann nur bei der Ebene 1 der Herkunftsorganisationen Schule und Jugendhilfe (Kooperationsinstitutionen) gesprochen werden. Daher sind auch nur auf dieser Ebene Grundsätze der Organisationsent-

*Abbildung 1: Ebenen der Entwicklung von Kooperationsstrukturen einer schulbezogenen Jugendhilfe*

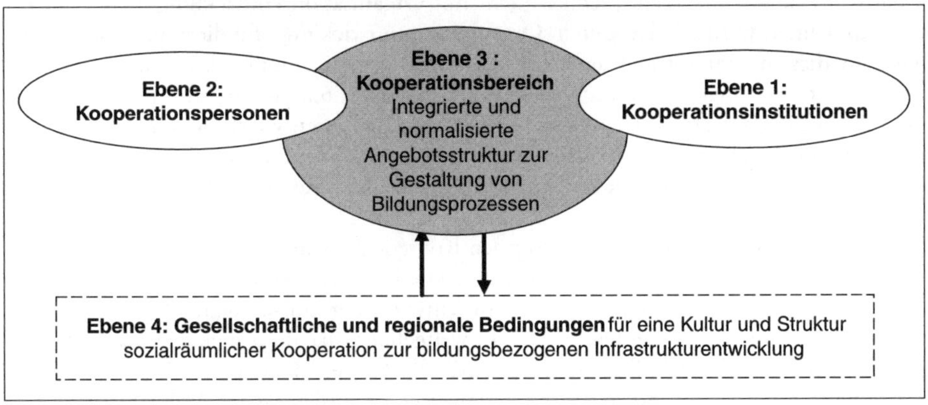


*Quelle:* Hartnuß/Maykus (2004), übertragen von Santen/Seckinger (2003)

wicklung anwendbar. Der Kooperationskontext (Ebene 3) selbst weist nur schwache Züge einer Organisation auf und konstituiert sich multiperspektivisch.

2. Die Aufgabendefinition des Kooperationskontextes schulbezogener Jugendhilfe ist eher diffus und nicht von einer, sondern von mindestens zwei (Herkunfts-)Organisationen beeinflusst.
3. Die Organisation Schule definiert sich nicht vorrangig durch Kooperation mit der Jugendhilfe, sondern unterliegt weiteren Umweltanreizen und system- bzw. organisationsinternen Definitionsmustern. Daran sind auch die Organisationsmitglieder (Ebene 2: Kooperationspersonen) wesentlich in ihren Handlungsprozessen orientiert.
4. Kultur, Steuerung, Programm und Leistung beider Herkunftsorganisationen unterscheiden sich durchaus und erfahren in Kooperationskontexten je nach Qualität des Zusammenwirkens Modifizierungen, bilden jedoch keine eigenständigen Organisationslogiken hierfür aus. Schulbezogene Jugendhilfe als Kooperationskontext erfüllt nur eingeschränkt eigenständige System- und Organisationsaufgaben.
5. Arbeitsteilung und Zusammenführung der Mitglieder des Kooperationskontextes schulbezogener Jugendhilfe ist nicht immer den jeweils organisationsspezifischen Zielsetzungen vollends entsprechend, sondern muss einen eigenen Referenzrahmen konstituieren.

Kurz: Im engeren Sinne gesehen ist eine „Organisation schulbezogener Jugendhilfe" nicht gegeben, sondern ein Handlungskontext, der institutionalisierte Züge aufweisen kann, auf Kooperation und Vernetzung basiert, Mitglieder enthält, die sich durch ihre Herkunftsorganisationen definieren und mittels Integrationsbemühungen eine innere und äußere Stimmigkeit zu diesen aufbauen müssen: Kultur, Programm, Steuerung und Leistung schulbezogener Jugendhilfe definieren sich aus zwei Organisationen und erhalten im Kooperationskontext lediglich einen virtuellen organisatorischen Rahmen von relativer symbolischer Eigenständigkeit. Rückkopplungen des Kooperationskontextes haben ferner Einfluss auf die Organisationslogiken der Herkunftsorganisationen und führen zu einem eigenen Umweltanreiz. Es liegt die Schlussfolgerung nahe: Fragen der Organisationsentwicklung können sich, erstens, lediglich auf die Herkunftsorganisationen Schule und Jugendhilfe beziehen. Der Kooperationskontext schulbezogene Jugendhilfe kann, zweitens, hinsichtlich des Prozesses einer Kooperationsentwicklung – der Struktur- und Kulturbildung von Kooperation meint, jedoch nicht mit Organisationsentwicklung identisch ist – gekennzeichnet werden, der durch Organisationsentwicklung fundiert und qualifiziert wird. In diesem Sinne wären auch organisationsbezogene Impulse der Ganztagsbildung untermauert und angemessen differenziert: Neue Institutionalisierungsformen der Kooperation verweisen auf die Notwendigkeit einer Organisationsentwicklung in Schule und Jugendhilfe im Sinne eines Modernisierungs- und Innovationsprozesses; die Integration von Bildungsorten sowie die Orientierung am Differenzansatz rekurriert hingegen auf Fragen der Kooperationsentwicklung.

Beide Facetten der organisationsbezogenen Konsequenz von Ganztagsbildung stehen dabei in einem konstitutiven Wechselverhältnis. Die im ersten Abschnitt genannten Bezüge zwischen Ganztagsbildung und Organisationsentwicklung müssen daher zukünftig in dieser Hinsicht differenziert werden. Dies steht weitgehend aus, da es eine feldspezifische Organisationstheorie der schulbezogenen Jugendhilfe bislang nicht gibt. Organisationsentwicklung wird entsprechend der formulierten gegenstandsbezogenen Problematik nur in Teilaspekten beleuchtet, wie auch die Fachdebatte und Forschungspraxis zeigt. Diese soll hier aus Platzgründen nicht ausführlich erläutert, sondern in ihren Kernthemen umrissen werden. Das Thema Organisationsentwicklung in der schulbezogenen Jugendhilfe ist in den Diskursen und Forschungen nicht explizit analysiert, stattdessen als Referenzrahmen anzutreffen in Darstellungen bezüglich

- einer arbeitsfeldbezogenen Erforschung von Kooperationsbedingungen und -prozessen, von Ge- und Misslingensbedingungen und einer Bestandsanalyse (schwerpunktmäßig bezogen auf die Felder Schulsozialarbeit sowie Jugendarbeit und Jugendamt als Kooperationspartner von Schulen oder zunehmend auf Ganztagsangebote; vgl. die Bilanz des Forschungsstandes bei Bolay 2004).
- der Ermittlung von Qualitätsdimensionen und -kriterien für eine gelingende Kooperation (z. B. Knauer 2006; Speck/Olk 2004; Floerecke/Holtappels 2004),
- der Reflexion von Kooperationsbeziehungen in unterschiedlicher theoretischer Sicht (z. B. figurationssoziologisch Maykus 2003; systemisch Olk u. a. 2000; kooperationstheoretisch Thimm 2004; Maykus/Hartnuß 2004; Santen/Seckinger 2003), in Ergänzung zu empirischen Bestandsaufnahmen hierzu,
- einer sozialpädagogisch inspirierten und lebensweltorientierten Schulentwicklung (vgl. Mack u. a. 2003) sowie als Einfluss- und Innovationsfaktor für den Ausbaugrad von Ganztagsschulen (vgl. Holtappels u. a. 2007),
- der organisationsrelevanten Reaktionen der Kinder- und Jugendhilfe im Kontext der Ganztagsschulentwicklung (z. B. Merchel 2005; Maykus 2007a).

## 3 Fazit

Die bisherigen Darstellungen zeigen im Wesentlichen zwei Desiderata von Fragen der Organisationsentwicklung im Kontext der schulbezogenen Jugendhilfe auf: Zum einen fehlt bislang eine empirisch fundierte Erkenntnis über das Zusammenspiel der organisationsrelevanten Aspekte Struktur, Steuerung, Kultur und Leistung in Kooperationskontexten der schulbezogenen Jugendhilfe. Zum anderen steht eine Organisationstheorie aus, bzw. die

*Abbildung 2: Exemplarische Maßnahmen und Faktoren mit Relevanz für Strukturbildung auf den Kooperationsebenen schulbezogener Jugendhilfe*

| **Kooperationspersonen Sozialpädagog(inn)en und Lehrkräfte** | **Kooperationsbereich z. B. Schulsozialarbeit, Ganztagsangebote** | **Kooperationsinstitutionen Herkunftsorganisationen Schule und Jugendhilfe** |
|---|---|---|
| Fortbildung (z. B. Klärung von Bildungsverständnissen, Haltungen/Erfahrungen mit Kooperation) | Fortbildung (z. B. zu Gelingens-/ Misslingensbedingungen von Kooperation, Wissen über Kooperationspartner und ihre Methoden) | Träger- und Schulqualität entwickeln als Referenz für Kooperationsbereiche Konzept- und Strategieentwicklung |
| Zielentwicklungen und -vereinbarungen (intern und gemeinsam) | Bedarfsanalyse und Konzeptentwicklung | Organisationsinterne Klärung von Zielen, Erwartungen, Möglichkeiten für Kooperation |
| Begegnungswerkstätten und Rollenklärung | Qualitätsentwicklungsinstrumente in kooperativer Anwendung | Organisations- und aufgabenspezifische Qualitätsentwicklung |
| Supervision und kollegiale Beratung | Dokumentation von (gemeinsamen) Arbeitsprozessen | Träger- und Schulleitbild/ -programme |
| Teamentwicklung | Zeit, Struktur, Vereinbarungen und Verantwortlichkeiten in Kooperationskontexten | Personal- und Angebots-/ Unterrichtsentwicklung |

Entwicklung alternativer theoretischer Zugänge, die die Kontextualität schulbezogener Jugendhilfe, ihre strukturelle Beschaffenheit dreier Ebenen von Kooperation, angemessen abbildet.

In der Praxis schulbezogener Jugendhilfe gibt es eine Reihe von qualifizierten Entwicklungsprozessen, die Teilaspekte von Organisationsentwicklung betreffen. Dies sind vor allem Teamentwicklung und der Aufbau von vereinbarten Kooperationsstrukturen sowie von Qualitätsentwicklungsmaßnahmen. Diese Aktivitäten gilt es zukünftig, in einen systematischen Rahmen der Qualifizierung und des Praxistransfers einzubinden (vgl. Maykus/ Schulz 2007), der den Akteur(inn)en eine Prozessbegleitung, kommunale Fortbildungsmöglichkeiten (in multiprofessioneller Zusammensetzung) sowie Anregungen zu Beteiligungs- und Aktivierungsmöglichkeiten der Mitarbeiter(inn)en hin zu Mitgliedern lernender Organisationen vermittelt. Voraussetzung hierfür ist die Entwicklung und der Transfer von Maßnahmen mit Organisationsentwicklungsrelevanz, die nach den Ebenen der Kooperation schulbezogener Jugendhilfe systematisiert betrachtet werden. Es wären gleichsam wichtige Grundlagen für die Schaffung professioneller Bedingungen einer praktizierten Ganztagsbildung (siehe Abbildung 2). Insbesondere die Kinder- und Jugendhilfe ist in diesem Zusammenhang gefordert, eine schul- und bildungsbezogene Strategieentwicklung zu realisieren (vgl. Maykus 2008), die ihre Entwicklungschancen, -ziele und -grenzen, einem möglichen partiellen Wandel ihrer Aufgaben und deren Organisation sowie ihrer Konzepte markiert.

## Literatur


Bock, Karin/Andresen, Sabine/Otto, Hans-Uwe (2006): Netzwerk Bildung. In: Otto, Hans-Uwe/Oelkers, Jürgen (Hg.): Zeitgemäße Bildung. München: Reinhardt: 332-347.

Bock, Karin/Otto, Hans-Uwe (2007): Die Kinder- und Jugendhilfe als Ort flexibler Bildung. In: Harring, Marius/Rohlfs, Carsten/Palenthien, Christian (Hg.): Perspektiven der Bildung. Wiesbaden: VS Verlag für Sozialwissenschaften: 203-217.

Bolay, Eberhard (2004): Kooperation von Jugendhilfe und Schule. Forschungsstand und Forschungsbedarf. In: Archiv für Wissenschaft und Praxis der Sozialen Arbeit, H. 2/2004: 18-39.

BMFSFJ (2005) – Bundesministerium für Familien, Senioren, Frauen und Jugend: Zwölfter Kinder- und Jugendbericht. Berlin.

Coelen, Thomas (2004): „Ganztagsbildung" – Integration von Aus- und Identitätsbildung durch die Kooperation zwischen Schulen und Jugendhilfeeinrichtungen. In: Otto, Hans-Uwe/Coelen, Thomas (Hg.): Grundbegriffe der Ganztagsbildung. Beiträge zu einem neuen Bildungsverständnis in der Wissensgesellschaft. Wiesbaden: VS Verlag für Sozialwissenschaften: 247-267.

Deinet, Ulrich (2003): Ganztagsangebote durch Kooperation von Schule und Jugendhilfe. In: Appel, Stefan/Ludwig, Harald/Rother, Ulrich/Rutz, Georg (Hg.): Jahrbuch Ganztagsschule. Neue Chancen für die Bildung. Schwalbach/Ts.: Wochenschau: 141-163.

Floerecke, Peter/Holtappels, Heinz Günther (2004): Qualitätsentwicklung in der Kooperation von Jugendhilfe und Schule. In: Hartnuß, Birger/Maykus, Stephan (Hg.): Handbuch Kooperation von Jugendhilfe und Schule. Frankfurt a. M.: Eigenverlag DV: 897-922.

Graf-Götz, Friedrich/Glatz, Hans (2003): Organisation gestalten. Neue Wege und Konzepte für Organisationsentwicklung und Selbstmanagement. Weinheim: Beltz.

Holtappels, Heinz Günter/Klieme, Eckhard/Rauschenbach, Thomas/Stecher, Ludwig (Hg.) (2007): Ganztagsschule in Deutschland. Weinheim: Juventa.

Knauer, Raingard (2006): Kooperation von Jugendhilfe und Schule im Spannungsfeld unterschiedlicher Anforderungen. In: Deinet, Ulrich/Icking, Maria (Hg.): Jugendhilfe und Schule. Analysen und Konzepte für die kommunale Kooperation. Opladen: Budrich: 35-53.

Mack, Wolfgang/Raab, Erich/Rademacker, Hermann (2003): Schule, Stadtteil, Lebenswelt. Eine empirische Untersuchung. München: Eigenverlag DJI.

Maykus, Stephan (2003): Macht und Gegenmacht? Eine Analyse der Kooperationsbeziehung von Lehrern und Sozialpädagogen aus machttheoretischer Sicht. In: sozialmagazin H. 5/2003: 31-42.

Maykus, Stephan (2006): Bildung und Kooperation konsequent gedacht: Kinder- und Jugendhilfe steht vor einem tief greifenden Wandel. In: Arbeiterwohlfahrt Bundesverband (Hg.): Sozialbericht 2006. Chancengerechtigkeit durch Bildung – Chancengerechtigkeit in der Bildung. Essen: Klartext: 160-178.

Maykus, Stephan (2007a): Hilfe zur Erziehung im schul- und bildungsbezogenen Kontext – zur Aktualität der Kooperation von Jugendhilfe und Schule. In: Forum Erziehungshilfen H. 2/2007: 68-75.

Maykus, Stephan (2007b): Lokale Bildungslandschaften – Entwicklungs- und Umsetzungsfragen eines (noch) offenen Projektes. In: Zeitschrift für Kindschaftsrecht und Jugendhilfe 2007 H. 7-8/2007: 295-303.

Maykus, Stephan (2007c): Mythos oder Mehrwert? Zum Nutzen multiprofessioneller Kooperation für die Akteure in Feldern der schulbezogenen Jugendhilfe. In: Landschaftsverband Rheinland (Hg.): Netze der Kooperation. Lehrkräfte und sozialpädagogische Fachkräfte stärken. Eigenverlag LVR: Köln.

Maykus, Stephan (2008): Lern- und Lebensorte kooperativ gestalten – was kommt auf die Kinder- und Jugendhilfe zu? In: Archiv für Wissenschaft und Praxis der Sozialen Arbeit H. 3/2008

Maykus, Stephan/Hartnuß, Birger (2004): Kooperation von Jugendhilfe und Schule: „Integriertheit" als Referenzrahmen für die Passung von Konzeptualisierung und Institutionalisierung. In: Hartnuß, Birger/Maykus, Stephan (Hg.): Handbuch Kooperation von Jugendhilfe und Schule. Frankfurt a. M.: Eigenverlag DV: 1089-1124.

Maykus, Stephan/Schulz, Uwe (2007): Transferprozesse: Von der Ganztagsschulforschung zur Ganztagsschulentwicklung. In: Bettmer, Franz/Maykus, Stephan/Prüß, Franz/Richter, André (Hg.): Ganztagsschule als Forschungsfeld. Theoretische Klärungen, Forschungsdesigns und Konsequenzen für die Praxisentwicklung. Wiesbaden: VS Verlag für Sozialwissenschaften: 239-271.

Merchel, Joachim (2005): Strukturveränderungen in der Kinder- und Jugendhilfe durch die Ausweitung von Ganztagsangeboten für Schulkinder. In: Sachverständigenkommission Zwölfter Kinder- und Jugendbericht (Hg.): Kooperationen zwischen Jugendhilfe und Schule. München: Eigenverlag DJI: 169-238.

Merchel, Joachim (2006): Sozialmanagement. Eine Einführung in Hintergründe, Anforderungen und Gestaltungsperspektiven des Managements in Einrichtungen der Sozialen Arbeit. Weinheim: Juventa.

Nikles, Bruno (2006): Netze bilden, Kontexte schaffen – zur Kooperation von Jugendhilfe und Schule. In: Landschaftsverband Rheinland (Hg.): Die Kooperation von Jugendhilfe und Schule strukturell verankern. Köln: LVR: 9-19.

Oelerich, Gertrud (2007): Ganztagsschulen und Ganztagsangebote in Deutschland – Schwerpunkte, Entwicklungen und Diskurse. In: Bettmer, Franz/Maykus, Stephan/Prüß, Franz/Richter, André (Hg.): Ganztagsschule als Forschungsfeld. Theoretische Klärungen, Forschungsdesigns und Konsequenzen für die Praxisentwicklung. Wiesbaden: VS Verlag für Sozialwissenschaften: 13-42.

Olk, Thomas/Bathke, Gustav/Hartnuß, Birger (2000) : Jugendhilfe und Schule. Theoretische Reflexionen und empirische Befunde zur Schulsozialarbeit. Weinheim: Juventa.

Otto, Hans-Uwe/Coelen, Thomas (2004): Auf dem Weg zu einem neuen Bildungsverständnis: Ganztagsschule oder Ganztagsbildung? In: Dies. (Hg.): Grundbegriffe der Ganztagsbildung. Beiträge zu einem neuen Bildungsverständnis in der Wissensgesellschaft. Wiesbaden: VS Verlag für Sozialwissenschaften: 7-16.

Prüß, Franz (Hg.) (1997): Schulbezogene Jugendhilfe. „Öffnung der Schulen" in der Hansestadt Greifswald. Dokumentation zur wissenschaftlichen Projektbegleitung. Greifswald.

Prüß, Franz/Bettmer, Franz/Hartnuß, Birger/Maykus, Stephan (2000): Entwicklung der Kooperation von Jugendhilfe und Schule in Mecklenburg-Vorpommern. Greifswald (Forschungsbericht).

Rauschenbach, Thomas (2005): Gemeinsame Gestaltung von Lern- und Lebenswelten. Bildung in Jugendhilfe und Schule. In: Forum Jugendhilfe H. 4/2005: 64-69.

Rauschenbach, Thomas/Otto, Hans-Uwe (2004): Die neuen Bildungsdebatte – Chance oder Risiko für die Kinder- und Jugendhilfe? In: Dies. (Hg.): Die andere Seite der Bildung. Zum Verhältnis von formellen und informellen Bildungsprozessen. Wiesbaden: VS Verlag für Sozialwissenschaften: 9-29.

Santen, Eric v./Seckinger, Mike (2003): Kooperation – Mythos und Realität einer Praxis. München: Eigenverlag DJI.

Schönig, Wolfgang (2002): Organisationskultur der Schule als Schlüsselkonzept der Schulentwicklung. In: ZfPäd H. 6/2002: 815-833.

Speck, Karsten/Olk, Thomas (2004): Qualitätsstandards, Qualitätsentwicklung und Selbstevaluation in der Forschung und im Arbeitsfeld Schulsozialarbeit. In: Hartnuß, Birger/Maykus, Stephan (Hg.): Handbuch Kooperation von Jugendhilfe und Schule. Frankfurt a. M.: Eigenverlag DV: 923-953.

Thimm, Karlheinz (2004): Chancen und Schwierigkeiten der Kooperation zwischen Jugendhilfe und Schule. In: Jugendhilfe H. 6/2004: 292-306.

# 3.2.2

# Schulen

# Geschichte der modernen Ganztagsschule

*Harald Ludwig*

Diskurse um die moderne Ganztagsschule sind in Deutschland nicht neu, sondern haben eine lange zurückliegende Geschichte. So entwarf z. B. im Jahr 1963 der Erziehungswissenschaftler Carl Ludwig Furck, ein Schüler Herman Nohls, einen Schulplan für das Jahr 2000. Darin lesen wir u. a.:

> „Die Schule im Jahr 2000 wird eine ‚Tagesheimschule' von 8.00 bis 16.30 Uhr sein. Das bedeutet keineswegs, daß die Zahl der Unterrichtsstunden einfach vermehrt wird, sondern man wird Erfahrungen der Jugendpflege und der Gruppenpädagogik weitgehend berücksichtigen. Dazu gehört auch all das, was in der schwedischen und zum Teil auch der angelsächsischen Schule selbstverständlich ist: das gemeinsame Mittagessen, die Mittagsruhe, Sport und Spiel. Die neue Schule bietet individuelle Studienmöglichkeiten in Werkstatt, Labor oder Bibliothek. Sie ist offen für die Initiative der Schüler und ein Ort jugendgemäßen Lebens und Arbeitens" (Furck 1963: 384).

Furck stand mit seiner Ansicht nicht allein. Viele Erziehungswissenschaftler(innen) und Bildungspolitiker(innen) in der Bundesrepublik Deutschland wie Ballauff, Pöggeler, Becker, Schultze u. a. erblickten in den 1960er Jahren trotz aller Unterschiedlichkeit ihrer Denkansätze und Ausgangspunkte in der Tagesheim- bzw. Ganztagsschule die „Schule der Zukunft". Auch in der damaligen DDR wurde 1962 von Drewelow ein Buch über die Tagesheimschule unter diesem Titel veröffentlicht.

Inzwischen sind mehr als vier Jahrzehnte vergangen. Das Jahr 2000 ist überschritten. In der Bundesrepublik Deutschland ist die Zahl der Ganztagsschulen zwar seit Mitte der 1960er Jahre, als es kaum mehr als 50 Ganztagsschulen verschiedener Art gab, erheblich angestiegen. Aber noch im Schuljahr 1988/89 besuchten mit etwas mehr als 315 000 Jungen und Mädchen nur etwa 5,4 % der Gesamtschülerschaft der Bundesrepublik (ohne Sonderschüler) ganztägig geführte Schulen unterschiedlicher Struktur (Bargel/Kuthe 1991). Heute sind es mit ca. 8 bis 9 % (je nach Statistik) nur wenig mehr. Damit bleibt das Schulwesen in Deutschland noch weit von der Projektion Furcks für das Jahr 2000 entfernt.

Indessen haben Formen ganztägiger Schulerziehung seit Ende der 1980er Jahre und dann wieder im Rahmen der durch die PISA-Studie ausgelösten Bildungsdiskussion erneut zunehmendes Interesse gefunden. Die Forderung nach mehr Ganztagsschulen bewegt sich in einer Art Wellenbewegung. Unterschiedlichste gesellschaftliche Gruppen erheben heute die Forderung nach einer Ausweitung und Verbesserung des öffentlichen Angebots an Ganztagserziehung. So stellt sich im Hinblick auf die Schule abermals die Frage, ob und in welcher Form die Ganztagsschule eine Schule der Zukunft ist oder sein kann.

## 1 Traditionelle und moderne Ganztagsschule

Wenn der Begriff „moderne Ganztagsschule“ verwendet wird, so bedarf dies zunächst einer Erläuterung. Damit ist eine Form der Ganztagsschule gemeint, wie sie sich erst seit dem Ende des 19. Jahrhunderts entwickelt hat in Überwindung jener Form ganztägiger Schulorganisation, die bis dahin in Deutschland und in anderen Ländern üblich war. Diese „traditionelle Ganztagsschule“ verteilte den Unterricht auf den Vor- und Nachmittag, etwa von 8 bis 12 Uhr und 14 bis 16 Uhr. Während der zweistündigen Mittagspause gingen die Schüler nach Hause, um dort im Kreise der Familie das Mittagessen einzunehmen, eine Ruhepause einzulegen und dann zum Nachmittagsunterricht in die Schule zurückzukehren. Lohmann (1965) hat in seiner Würzburger Dissertation im Einzelnen aufgezeigt, wie sich aus dieser „Schule mit geteiltem Unterricht“, wie man sie zutreffend bezeichnete, in Deutschland die heute geläufige halbtägige Unterrichtsschule entwickelte, während in den angelsächsischen Ländern die Schule zwar einen ganztägigen Organisationsrahmen beibehielt, aber zugleich neue Strukturelemente in sich aufnahm und ihre Aufgabenstellung erweiterte, damit zur „modernen Ganztagsschule“ wurde. Eine Leitfunktion hatte dabei die amerikanische Ganztagsschule. Schultheoretisch abgesichert wurde die neue Konzeption vor allem durch den amerikanischen Reformpädagogen Dewey (1859-1952).

## 2 Ganztagsschuldiskussionen in Deutschland erst nach 1945?

In Deutschland hingegen wurden die neuen, durch die gesellschaftliche und politische Entwicklung bedingten, sozialen und pädagogischen Aufgaben als eine Angelegenheit der Familie und der Jugendpflege betrachtet. Zu einer Neukonzeption einer ganztägig geführten Schule sei es daher – so Lohmann (1965) – dort nicht gekommen. Auch die deutsche Reformpädagogik sei ohne Einfluss auf die Ausbildung und Realisierung moderner Ganztagsschulen in Deutschland geblieben. Vielmehr sei dort erst nach 1945 eine entsprechende Diskussion entstanden, angestoßen vor allem durch Beiträge von Mayer-Kulenkampff (1947) und Nohl (1947). Diese hätten unter dem Eindruck der katastrophalen Notlage der Nachkriegszeit die Einführung von „Tagesheimschulen“ zur Behebung der sozialen Not von Kindern und Jugendlichen gefordert. Damit habe die ganztägige Schule in Deutschland zunächst den Charakter einer sozialen Sonderschule erhalten und sei in diesem Sinne auch seit Mitte der 1950er Jahre in einzelnen Schulen erstmals verwirklicht worden. Erst später habe man – seit Ende der 1950er Jahre – diese fürsorgerische Engführung ganztägiger Schulerziehung zu überwinden begonnen und unter Rückgriff auf die Gestaltung des Schulwesens in anderen Ländern die Ganztagsschule als moderne Schule für alle konzipiert und zu realisieren gesucht.

Diese durch Joachim Lohmann eingeführte Sicht der Entwicklung der modernen Ganztagsschule in Deutschland konnte lange Zeit als herrschende Meinung der Erziehungswissenschaft gelten. Dennoch war sie so nicht haltbar und bedurfte dringend der Korrektur. Bereits Ende der 50er Jahre hatte der Pädagoge und Kulturpolitiker Wenke, Schüler Sprangers, die Ganztagsschule für alle gefordert und sie aus der „Lebensordnung unserer Zeit“ begründet (Wenke 1958a und b). Dabei betonte er die Priorität einer pädagogischen Legitimierung der Ganztagsschule. Denn „die Ganztagsschule sehe ich nicht als Notbehelf an, zu dem uns eine unbequeme Ordnung des sozialen Lebens zwingt, sondern als das Ziel einer Entwicklung, in der unser deutsches Bildungswesen seit Beginn dieses Jahrhunderts und für alle deutlich seit dem Ende des ersten Weltkriegs steht“ (Wenke 1958a: 129-130). Wenke denkt bei dieser nicht näher explizierten These offenbar an den im Rahmen der Reformpädagogik vollzogenen Wandel des Verständnisses von Schule als bloßer Unterrichtsanstalt zur umfassenderen Erziehungs- und Lebensstätte des jungen Menschen (vgl. 1958b: 9), als dessen Konsequenz ihm die Neuorganisation der Schule als Ganztagschule erscheint.

## 3 Ganztagsschulen in der frühen Reformpädagogik

Nun lässt sich indessen zeigen, dass diese Konsequenz nicht erst nach 1945 gezogen wurde, sondern schon zu Beginn unseres Jahrhunderts. Seit der Frühzeit der Reformpädagogik sind auch in Deutschland immer wieder Entwürfe der modernen Ganztagsschule vorgelegt und teilweise auch realisiert worden (siehe Ludwig 1993).

### *3.1 Das Halbinternat des Reformpädagogen Ernst Kapff (1906)*

So veröffentlicht der süddeutsche Pädagoge Kapff im Jahre 1906 eine Schrift unter dem Titel „Die Erziehungsschule“. Darin entwickelt er detailliert den Plan einer ganztägig geführten Tagesschule, für die er die Bezeichnung „Halbinternat“ verwendet. Den entscheidenden Grund für die Neukonzeption der Schule erblickt Kapff in dem gesellschaftlichen Wandel, der sich im Zuge der Entwicklung zur Industriegesellschaft vollzogen hat und noch vollzieht. Kapff wertet diese Entwicklungen nicht negativ, sondern sieht sie insgesamt als Fortschritt an, fordert aber, dass das Erziehungs- und Bildungswesen ihnen Rechnung tragen müsse. Sein Konzept eines Halbinternats soll ein Beitrag dazu sein.

Vorbild für seinen Entwurf sind die Landerziehungsheime von Lietz und Einrichtungen des englischen Bildungswesens, insbesondere die *Public Schools*. An den Landerziehungsheimen kritisiert er die Flucht vor der modernen Welt in eine ländliche Idylle, an den *Public Schools* deren Überbetonung ethisch-moralischer Erziehung zu Ungunsten der intellektuellen Bildung. Beide Einrichtungen haben als Internate den Mangel, dass sie das Elternhaus, „den zweiten Hauptfaktor der Jugenderziehung“ (Kapf 1906: 63), nicht in dem notwendigen Maße in die Erziehungs- und Bildungsbemühungen der Schule einbeziehen können. Mit dem Halbinternat – gewissermaßen einem Landerziehungsheim in Tagesform in unmittelbarem Kontakt mit den sozialen, industriellen, aber auch kulturellen Gegebenheiten der Stadt – hofft Kapff diese Nachteile vermeiden zu können.

### *3.2 Weitere Ganztagsschulpläne der frühen Reformpädagogik*

Im Jahre 1910 veröffentlicht Wyneken, der Gründer der Freien Schulgemeinde Wickersdorf, im Wickersdorfer Jahrbuch für das Jahr 1909 einen Plan für ein Halbinternat am Rande der Stadt, der in manchen Zügen dem Entwurf von Kapff gleicht, insgesamt aber eine Übertragung der Internatserziehung von Wickersdorf auf die Bedingungen einer ganztägig geführten Tagesschule darstellt (Wyneken/Halm 1910).

Wenig später legt der Kieler Pädagoge Edert (1914) eine kleine Schrift vor mit dem Titel: „Die Tagesschule – die Schule der Großstadt – Der Plan ihrer Ausführung in Kiel". Dieses Projekt entspricht in den Grundzügen dem, was auch Kapff und Wyneken in ihren Entwürfen entwickeln. Aber Edert bezieht sich nicht direkt auf sie, sondern auf das Vorbild der 1910 gegründeten höheren „Waldschule" Charlottenburg.

### *3.3 Die Wald- oder Freiluftschule (1904 und 1910)*

Im Konzept der „Waldschule", die bereits 1881 von dem Berliner Arzt Baginsky gefordert wurde, versuchte man eine Synthese gesundheitsfürsorgerischer, sozialpädagogischer sowie pädagogisch-didaktischer Zielsetzungen und Maßnahmen. Als erste Schule dieser Art wurde 1904 durch den Stadtschulrat Neufert und den Medizinalrat Bendix die Waldschule Charlottenburg gegründet (Neufert 1906/1926; König 1910). Es handelte sich um eine Schule in einem Kiefernwald am Rande der Stadt, in der kränkliche, gesundheitlich gefährdete Großstadtkinder aus verschiedenen Charlottenburger Volksschulen ganztägig betreut sowie gesundheitlich und pädagogisch gefördert wurden. Zunächst war diese Waldschule nur während des Sommerhalbjahrs geöffnet, später wurde sie ganzjährig betrieben. Man kann diese Einrichtung als eine erste Realisierung moderner Ganztagsschulerziehung in Deutschland bezeichnen. In den folgenden Jahren kam es im Rahmen der sich entfaltenden Wald- bzw. Freiluftschulbewegung rasch zu weiteren Gründungen dieser Art, nicht nur in Deutschland, sondern auch im Ausland (vgl. König 1910). Dazu gehörte auch die bereits erwähnte Gründung einer höheren Waldschule in Charlottenburg, die zunächst auf die unteren Klassen des Gymnasiums beschränkt blieb.

Edert versuchte nun in seinem Projekt von 1914, das Konzept vom Charakter einer sozialen Sonderschule zu befreien und als Reformmodell für die Gestaltung der Großstadtschule überhaupt auszubauen. Wegen des Ausbruchs des 1. Weltkriegs konnte der Kieler Pädagoge sein schon weit gediehenes Vorhaben nicht realisieren. Auch die Waldschulbewegung erlitt einen Rückschlag.

## 4 Ganztagsschulmodelle zur Zeit der Weimarer Republik

Indessen wurden entsprechende Bemühungen nach 1918 wieder aufgenommen und weitergeführt. Im Jahr 1923 erreichte Krause, der Leiter der höheren Waldschule in Berlin-Charlottenburg, dass die Schule als selbständige, ganzjährig geöffnete Tagesschule ohne Beschränkung auf erholungsbedürftige Kinder genehmigt und in den folgenden Jahren zu einer vollständigen bis zum Abitur führenden Einrichtung ausgebaut wurde (Krause 1929; Richter 1960). In den 1920er Jahren kam es zu einer verstärkten internationalen Organisation der Freiluftschulbewegung. Sie beeinflusste auch erste Ansätze zu ganztägiger Schulerziehung in Österreich (Timp 1935).

Weitere Ansätze gab es vor allem bei Oestreich und anderen Pädagogen aus dem Kreis des von ihm gegründeten und geleiteten Bundes entschiedener Schulreformer. So stand Karsens Modell einer Gesamtschule in Ganztagsform in Neukölln Ende der 1920er Jahre kurz vor der Verwirklichung (Karsen/Taut 1928). Auch Hahn (1958) bemühte sich um die Realisierung seines Konzeptes einer „Stadtrandschule". In Leipzig kam es 1932 zur

Gründung einer höheren Waldschule als Ganztagsschule in Freier Trägerschaft (Merker 1987).

## 5 Strukturelemente von reformpädagogischen Ganztagsschulen

Versucht man aus den hier beschriebenen reformpädagogischen Ganztagsschulentwürfen zentrale Strukturelemente einer modernen Ganztagsschule zusammenzustellen, so ergeben sich vor allem die folgenden: Mittagsmahlzeit und Freizeitangebote; Arbeitsgemeinschaften und Neigungsgruppen; Förderunterricht; Integration der Hausaufgaben in die Schule; neue Unterrichtsformen („Offene" Unterrichtsgestaltung, Gruppenarbeit; Projekte); flexible Stundenplangestaltung und Rhythmisierung; enge Kooperation mit Eltern; Intensivierung des Schullebens; Ausgestaltung als Lebensraum; Öffnung der Schule zum „Leben"; Ausbau des schulischen Beratungswesens; mehr Gelegenheit für Schüleraktivitäten; Wandlungen der Lehrerrolle. Es sind dies im Wesentlichen die Elemente, die auch heute noch für eine Ganztagsschule als wichtig angesehen werden müssen.

## 6 Ganztagsschulrelevante Entwicklungen zur Zeit des Nationalsozialismus

Unter dem Nationalsozialismus wurde die Entfaltung reformpädagogischer Schulreformbestrebungen unmöglich gemacht. Das Schul- und Bildungswesen wurde im Sinne der Ideologie des Regimes formiert. Gleichwohl kann man nicht von einem völligen Abbruch reformpädagogischer Bemühungen sprechen:

Zunächst ist hier auf Weiterführungen der Reformpädagogik im Exil zu verweisen (Feidel-Mertz 1983). So hat etwa Kurt Hahn seine Vorstellungen in England weiterentwickelt und sie nach dem Zweiten Weltkrieg erneut in die damalige Diskussion um eine ganztägig organisierte Schule eingebracht (Hahn 1958). Entsprechendes gilt auch von Specht, die in den 1920er Jahren zusammen mit dem Philosophen Nelson das Landerziehungsheim Walkemühle gegründet hatte und nach 1933 reformpädagogische Ansätze ganztägiger Schulerziehung in Exilschulen in Dänemark und England erprobte. Bemerkenswert im Hinblick auf heutige Bestrebungen sind insbesondere die Versuche, die Specht, Heckmann und andere Pädagogen aus dem Umkreis Nelsons im Hinblick auf eine Öffnung der Schule und der Nutzung der Schulumgebung als Lernfeld unternommen haben (Ludwig 1993, Bd. 1: 187-195). Hingewiesen sei auch auf die Mitarbeit Minna Spechts an einem Ganztagsschulkonzept, das in Anlehnung an das Modell Oestreichs von einer sozialistisch orientierten Emigrantengruppe in den 1930er Jahren in Paris entworfen wurde. Noch bedeutsamer waren die Schulpläne der in England gegründeten britisch-deutschen Gruppe *German Educational Reconstruction* (G.E.R.), die nach Kriegsende bis weit in die 1950er Jahre hinein im westlichen Deutschland wirkte und viele deutsche Pädagogen im Rahmen von Austauschprogrammen mit dem englischen Schulwesen bekannt machte. Specht übernahm nach dem Zweiten Weltkrieg für einige Jahre die Leitung der von Geheeb 1910 gegründeten Odenwaldschule und gab der Diskussion um die Ganztagsschule in den 1950er Jahren wichtige Impulse (Specht 1956; 1957).

Aber auch innerhalb Deutschlands konnten in verschiedener Form während der ersten Jahre der nationalsozialistischen Herrschaft für die Ganztagsschulentwicklung wichtige reformpädagogische Ansätze noch bewahrt oder sogar weiterentwickelt werden. So wurden etwa in jüdischen Erziehungs- und Schuleinrichtungen, in welche die antisemitische NS-Politik die jüdischen Deutschen zunächst aussonderte (wie der Theodor-Herzl-Schule in Berlin oder den Landschulheimen Caputh bei Potsdam und Herrlingen bei Ulm) reformpädagogische Ansätze beibehalten. Reichweins Schulmodell in Tiefensee brachte sogar wichtige neue Impulse (Ludwig 1993, Bd. 1: 328-339). Schließlich konnte auch Petersen seine Jena-Plan-Pädagogik fortsetzen – allerdings um den Preis mancher fragwürdiger Anpassungen an das NS-Regime – und 1936 einen Plan für den Ausbau seiner Universitätsschule als Ganztagsschule vorlegen, der allerdings nicht verwirklicht wurde. Erst gegen Ende des Zweiten Weltkriegs realisierte Petersen kurzzeitig eine Tagesheimschule (ebd.: 305-309).

## 7 Die Wiederaufnahme der Bemühungen um moderne Ganztagsschulen nach dem Zweiten Weltkrieg

Schon bald nach Ende des Zweiten Weltkriegs und der Beseitigung des NS-Regimes wurden Bestrebungen zur Errichtung moderner Ganztagsschulen wieder aufgenommen: Besonders bekannt geworden sind die Konzepte, welche Mayer-Kulenkampff und Nohl 1947 vorgelegt haben. Sie erwuchsen aus dem Geist der Reformpädagogik. Insbesondere der Entwurf Nohls ist keineswegs, wie dies in der Regel verstanden wird, ein Neben- und Zufallsprodukt seines pädagogischen Denkens im Hinblick auf die speziellen Nöte der Zeit nach dem Zweiten Weltkrieg. Man kann vielmehr zeigen, dass diese Schulkonzeption das Endprodukt eines anspruchsvollen schultheoretischen Denkens im Schnittpunkt und Spannungsfeld bildungstheoretischer und sozialpädagogischer Überlegungen ist. Dieses Denken hat seine Wurzeln bereits in den 1920er und 1930er Jahren und lässt sich nur aus Nohls Gesamtwerk rekonstruieren. Versucht man dies, so ergibt sich ein Schulmodell, das zwar in mancher Hinsicht nur skizzenhaft ausgeführt wird, insgesamt aber ein differenziertes Konzept einer reformpädagogisch geprägten, modernen Ganztagsschule darstellt (Ludwig 1993, Bd. 2: 370-414).

Weitere reformpädagogisch orientierte Entwürfe für ganztägige Schulerziehung kamen hinzu. (ebd.: 415-436). Seit Mitte der 1950er Jahre erfolgten erste Verwirklichungen dieser neuen Pläne, nicht zuletzt dank der Bemühungen des 1955 von Reformpädagogen gegründeten „Gemeinnützige Gesellschaft Tagesheimschule" GGT e. V. (www.ganztags schulverband.de), der sich auch heute noch um die Verbreitung, Weiterentwicklung und Realisierung ganztägiger Schulerziehung bemüht. Man kann sagen, dass in diesen von reformpädagogischen Denken geprägten Bestrebungen zwischen 1945 und 1965 alle wichtigen Formen ganztägiger Schulerziehung konzipiert und realisiert wurden, die auch in der heutigen Diskussion eine Rolle spielen. Das Für und Wider der Ganztagsschule wurde vor allem in der zweiten Hälfte der 1950er Jahre auch öffentlich intensiv erörtert. Erstmals wurden in dem Jahrzehnt zwischen 1955 und 1965 auch empirische Forschungsergebnisse größeren Umfangs zu Fragen ganztägiger Schulerziehung vorgelegt. Am Ende dieser, zwei Jahrzehnte umfassenden, Entwicklungsphase ist die moderne Ganztagsschule, wenn auch in geringer Zahl, ein fester Bestandteil des deutschen Schulwesens geworden und bildungspolitisch als Versuch und Angebot weithin akzeptiert.

## 8 Die Ganztagsschule in der Periode sozialwissenschaftlich geprägter Bildungsreform

Es ist bedauerlich, dass diese Entwicklungsarbeit im Bereich ganztägiger Schulerziehung in der nun folgenden Phase sozialwissenschaftlich und sozialpolitisch orientierter Bildungsreform zwischen 1965 und 1975 für die Gestaltung von Ganztagsschulen nicht angemessen aufgenommen wurde. Allerdings erhielt die Ganztagsschulentwicklung insbesondere durch die Empfehlungen des Deutschen Bildungsrats von 1968 und 1969 erheblichen Auftrieb. Nun stand die bereits in Konzeptionen der 1920er und 1950er Jahre enthaltene Verknüpfung von Ganztagsschule und Gesamtschule eindeutig im Vordergrund der bildungspolitischen und erziehungswissenschaftlichen Bemühungen.

Trotz der Kontinuität in der äußeren Entwicklung – die Zahl der Ganztagsschulen nimmt in diesem Jahrzehnt erheblich zu – ergeben sich für die innere Entwicklung beachtliche Diskontinuitäten. Sie bestehen einerseits darin, dass die traditionellen Motive der Begabungsförderung und Verbesserung der Chancengleichheit durch ganztägige Schulerziehung nun eine so beherrschende Bedeutung erhalten, dass das reiche Spektrum der übrigen Zielsetzungen nicht mehr angemessen zur Geltung kommt; andererseits zeigen sie sich in der sozialwissenschaftlichen Umschrift des die moderne Ganztagsschule fundierenden Begründungszusammenhangs.

Vor dem Hintergrund eines behavioristisch akzentuierten Lernbegriffs wird Schule als bestmögliche Organisation von Lernprozessen verstanden und die Ganztagsschulorganisation vornehmlich funktional als Optimierungsmittel für dieses Zentralverständnis von Schule gesehen. Auch die neuen Ganztagsgesamtschulen sind zunächst von dieser Auffassung geprägt, die in mancher Hinsicht an eine Wiederbelebung der traditionellen „Lernschule" auf neuem Niveau erinnert und damit der – gerade eben von der Kritik an deren intellektuellen Einseitigkeit bestimmten -modernen Ganztagsschule reformpädagogischer Prägung widerspricht. Im weiteren Verlauf hat die Gesamtschule der Ganztagsschulentwicklung wichtige neue Impulse gegeben (Ludwig 1987b). Indessen werden neben diesen neuartigen Denkformen auch traditionelle Ansätze pädagogisch-anthropologischer Ausrichtung, wenngleich weniger beachtet, weitergeführt – etwa wenn Probleme der Rhythmisierung des Unterrichts bzw. des Tagesablaufs in der Ganztagsschule, Fragen der Belastbarkeit von Schülern und Möglichkeiten der Gesundheitsförderung diskutiert werden. Es ist wohl als ein Verdienst der GGT e. V. anzusehen, dass bei aller Offenheit für die neuen Ansätze doch auch die innere Kontinuität zur bisherigen Entwicklung ganztägiger Schulerziehung gewahrt wurde.

# 9 Rückbesinnung auf Ansätze der Reformpädagogik und neue Impulse

Noch stärker kommt der Rückgriff auf reformpädagogisches Denken in der Phase der Ganztagsschulentwicklung in Deutschland zum Ausdruck, welche im Zusammenhang mit der bildungspolitischen Ernüchterung und der kritischen Überprüfung der sozialwissenschaftlich geprägten Bildungsreform etwa ab 1975 anzusetzen ist. Bei aller Kritik, die von den verschiedensten Standpunkten her geübt wird, versucht man doch überwiegend den durch den „Modernisierungsschub" erreichten Fortschritt in der Entwicklung des Schulwesens zu erhalten. Für die Ganztagsschulentwicklung ergeben sich neue Anstöße für die innere Ausgestaltung von Seiten der Sozial-, der Freizeit- sowie der Ausländerpädagogik (Hoyer/Kennedy 1978; Ludwig 1987c; Raab 1987). Aber auch die Schulpädagogik besinnt sich wieder stärker auf freiere, an den Bedürfnissen von Kindern und Jugendlichen orientierte Lernformen und entdeckt die Konzeption des „Schullebens" neu, wie überhaupt reformpädagogische Unterrichts- und Schulmodelle abermals auf großes Interesse stoßen und auch für Formen ganztägiger Schulerziehung fruchtbar gemacht werden. Schließlich ist hervorzuheben, dass in dieser Phase eine Fülle von Ergebnissen empirischer Forschung zu Fragen der Ganztagsschule vorgelegt wird, die jedoch viele Fragen unbeantwortet lassen (Ludwig 1993, Bd. 2: 578-582).

Seit Ende der 1980er Jahre erfolgte eine Neubelebung der Bemühungen um ganztägige Schulerziehung, wie sie sich etwa in der auf das Schuljahr 1988/89 bezogenen empirischen Erhebung zu Angebot und Nachfrage hinsichtlich ganztägiger Schulerziehung von Bargel/Kuthe (1991) dokumentiert. Die seitdem andauernden Bemühungen werden erheblich durch die im Zusammenhang mit der Wiedervereinigung Deutschlands entstandene Knappheit öffentlicher Ressourcen behindert und führen u. a. zur Entwicklung zahlreicher Zwischenstufen auf dem Weg zu einer modernen Ganztagsschule (Appel 1991; Burk 1990).

Enttäuschende Ergebnisse deutscher Schüler(innen) bei internationalen Untersuchungen zu Schülerleistungen (TIMSS, PISA u. a.), der wachsende gesellschaftliche Druck zur Schaffung von mehr schulischen Betreuungsmöglichkeiten angesichts von Berufstätigkeit beider Eltern und einer wachsenden Zahl alleinerziehender Mütter und Väter, der Geburtenrückgang sowie andere Faktoren haben zwar zu einer Neubelebung der Diskussion um die Ganztagsschule geführt und bundesweit einen neuen Schub der Realisierung von Formen ganztägiger Schulerziehung ausgelöst. Die empirische Forschung zur Ganztagsschule hat zwar einen beachtlichen Aufschwung zu verzeichnen (Höhmann u. a. 2005). Regelmäßig dokumentiert werden diese aktuellen Entwicklungen im „Jahrbuch Ganztagsschule" (Appel u. a. 2003; 2004; 2005; 2006). Es ist auch zu einem boomartigen Anwachsen der Literatur zur Ganztagsschule gekommen, welche den Problemkreis aus unterschiedlichen Perspektiven behandelt (Rekus 2003; Otto/Coelen 2004; Appel/Rutz 2004; Spies/Stecklina 2005; Ladenthin/Rekus 2005; Hansel 2005; Höhmann/Holtappels 2006; Burk/Deckert-Peaceman 2006). Aber an der Grundstruktur der Entwicklung hat sich auch in den letzten Jahren nicht viel verändert:

Eher hat sich aufgrund des verschärften gesellschaftlichen Bedarfs an ganztägigen Betreuungsmöglichkeiten einerseits und angesichts knapper ökonomischer Ressourcen andererseits die Gefahr verstärkt, dass im Rahmen dieser Entwicklung die im Laufe der Ganztagsschulgeschichte erarbeiteten und erprobten pädagogisch-didaktischen und sozialpädagogischen Standards für ganztägige Bildung nicht eingehalten werden. Das Einbringen dieser inzwischen einhundertjährigen Geschichte in den aktuellen Diskurs erscheint daher nach wie vor dringlich. Denn die Gründe, die seit Anfang des 20. Jahrhunderts zur Forderung nach modernen Ganztagsschule, zum Entwurf entsprechender Konzeptionen und zur Realisierung erster Modellschulen geführt haben, sind nach wie vor relevant und haben – auch durch die internationale Entwicklung in Europa und weltweit – zusätzliche Dimensionen erhalten.

## *Literatur*


Appel, Stefan (1991): Formen und Bildungsmöglichkeiten ganztägig geführter Schulen in Deutschland. In: Die Ganztagsschule Sonderheft 1991: 3-20.

Appel, Stefan (in Zusammenarbeit mit Georg Rutz) (2004): Handbuch Ganztagsschule. Schwalbach/Ts.: Wochenschau.

Appel, Stefan/Ludwig, Harald/Rother, Ulrich/Rutz, Georg (Hg.) (2003): Jahrbuch Ganztagsschule 2004: Neue Chancen für die Bildung. Schwalbach/Ts.: Wochenschau.

Appel, Stefan/Ludwig, Harald/Rother, Ulrich/Rutz, Georg (Hg.) (2004): Jahrbuch Ganztagsschule 2005: Investitionen in die Zukunft. Schwalbach/Ts.: Wochenschau.

Appel, Stefan/Ludwig, Harald/Rother, Ulrich/Rutz, Georg (Hg.) (2005): Jahrbuch Ganztagsschule 2006: Schulkooperationen. Schwalbach/Ts.: Wochenschau.

Appel, Stefan/Ludwig, Harald/Rother, Ulrich/Rutz, Georg (Hg.) (2006): Jahrbuch Ganztagsschule 2007: Ganztagsschule gestalten. Schwalbach/Ts.: Wochenschau.

Bargel, Tino/Kuthe, Manfred (1991): Ganztagsschule – Untersuchungen zu Angebot und Nachfrage, Versorgung und Bedarf. Bonn.

Burk, Karlheinz (Hg.) (1990): Die ganze Halbtagsschule. Frankfurt a. M.: Brandes & Apsel.

Burk, Karlheinz/Deckert-Peaceman, Heike (Hg.) (2006): Auf dem Weg zur Ganztagsgrundschule. Beiträge zur Reform der Grundschule Bd. 122. Hg. vom Grundschulverband. Frankfurt a. M.

Edert, Eduard (1914): Die Tagesschule – die Schule der Großstadt. Der Plan ihrer Ausführung in Kiel. Leipzig/Berlin.

Feidel-Mertz, Hildegard (Hg.) (1983): Schule im Exil. Reinbek: Rowohlt.

Furck, Carl-Ludwig (1963): Schule für das Jahr 2000 – Ein utopischer Plan. In: Neue Sammlung 3/1963: 501-508.

Hahn, Kurt (1958): Erziehung zur Verantwortung. Stuttgart: Klett.

Hansel, Toni (Hg.) (2005): Ganztagsschule – Halbe Sache – Großer Wurf? – Schulpädagogische Betrachtung eines bildungspolitischen Investitionsprogramms. Schulpädagogik Bd. 7. Herbolzheim: Centaurus.

Höhmann, Katrin/Holtappels, Heinz Günter (2006): Ganztagsschule gestalten – Konzeption, Praxis, Impulse. Seelze: Kallmeyer.

Höhmann, Katrin/Holtappels, Heinz Günter/Kamski, Ilse/Schnetzer, Thomas (2005): Entwicklung und Organisation von Ganztagsschulen – Anregungen, Konzepte, Praxisbeispiele. Institut für Schulentwicklungsforschung (IFS) der Universität Dortmund. Dortmund: IFS.

Hoyer, Klaus/Kennedy, Margit (Hg.) (1978): Freizeit und Schule. Braunschweig: Westermann.

Kapff, Ernst (1906): Die Erziehungsschule. Stuttgart: Hoffmann.

Karsen, Fritz (1927/1928): Die geplante Gesamtschule in Neukölln. In: Die Scholle 4 (1927/28): 805-811.

Karsen, Fritz/Taut, Bruno (1928): Die Dammwegschule Neukölln. Berlin: Comenius.

König, Karl (1910): Die Waldschule. In: Enzyklopädisches Handbuch der Pädagogik. Hg. von Wilhelm Rein. Bd. 10. Langensalza: Beyer: 63-111.

Krause, Wilhelm (1928): Die Höhere Waldschule. In: Nydahl, Jens (Hg.): Das Berliner Schulwesen. Berlin: Wiegandt & Grieben: 316-326.

Krause, Wilhelm (1929): Die Höhere Waldschule Berlin-Charlottenburg. Berlin: Wiegandt & Grieben.

Ladenthin, Volker/Rekus, Jürgen (Hg.) (2005): Die Ganztagsschule – Alltag, Reform, Geschichte, Theorie. Weinheim: Juventa.

Lohmann, Joachim (1965): Das Problem der Ganztagsschule. Ratingen: Henn.

Ludwig, Harald (1987a): Die Schulkonzeption Paul Oestreichs und des Bundes Entschiedener Schulreformer. In: Gesamtschul-Informationen (18. Jg.) H. 3-4/1987: 191-219.

Ludwig, Harald (1987b): Gesamtschule und Ganztagsschule. In: Gesamtschul-Informationen (18. Jg.) H. 3/4: 125-154.

Ludwig, Harald (1987c): Ganztagsschule und Ausländerkinder. In: Bildung und Erziehung H. 40/1987: 305-319.

Ludwig, Harald (1993): Entstehung und Entwicklung der modernen Ganztagsschule in Deutschland. Studien und Dokumentationen zur deutschen Bildungsgeschichte. hg. vom Deutschen Institut für Internationale Pädagogische Forschung. Bd. 51. Köln: Böhlau.

Mayer-Kulenkampff, Lina (1947): Gedanken zur Schule heute. In: Die Schule 2 (1947) H. 8/1974: 1-6

Merker, Friedrich (1987): Die Waldschule Leipzig 1932-1939 – Eine Ganztagsschule. In: Pädagogische Rundschau H. 41/1987: 445-462.

Neufert, Hans (1906/1926): Die Waldschule. In: Porger, Gustav (Hg.): Pädagogische Zeit- und Streitfragen. Bielefeld/Leipzig 1926: 130-136 (erstmals 1906).

Nohl, Herman (1947): Die pädagogische Aufgabe der Gegenwart. In: Die Sammlung 2. (1947): 694-701.

Oestreich, Paul (1923): Die elastische Einheitschule – Lebens- und Produktionsschule. Berlin: Schwetschke.

Otto, Hans-Uwe/Coelen, Thomas (2004): Grundbegriffe der Ganztagsbildung. Wiesbaden: VS Verlag für Sozialwissenschaften.

Raab, Erich/Rademacher, Hermann/Winzen, Gerda (1987): Handbuch Schulsozialarbeit. München: Eigenverlag DJI.

Radde, Gerd (1973): Fritz Karsen – Ein Berliner Schulreformer der Weimarer Zeit. Berlin: Colloquium.

Richter, Ilse (1960): Aus dem Leben der Waldschule. in: Festschrift zum 50jährigen Bestehen der Wald-Oberschule Berlin-Charlottenburg. Berlin: 13-24.

Rekus, Jürgen (Hg.) (2003): Ganztagsschule in pädagogischer Verantwortung. Münstersche Gespräche zur Pädagogik. Bd. 20. Münster: Aschendorff.

Schede, Franz/Bergelt, Arnold (1931): Neugestaltung der höheren Schule im Sinn der Freiluftschule. In: Triebold, Karl (Hg.): Die Freiluftschulbewegung, Berlin: Schoetz: 139-142.

Specht, Minna (1956): Stadtrandschule und Landerziehungsheime. In: Die Sammlung 11/1956: 192-195.

Specht, Minna (1957): Erfahrungen mit der Ganztagsschule – Bericht über eine Studienfahrt nach England. In: Die Sammlung 12/1957: 262-265.

Spies, Anke/Stecklina, Gerd (Hg.) (2005): Die Ganztagsschule – Herausforderungen an Schule und Jugendhilfe. Bd. 1: Dimensionen und Reichweiten des Entwicklungsbedarfs. Bd. 2: Keine Chancen ohne Kooperationen – Handlungsformen und institutionelle Bedingungen. Bad Heilbrunn: Klinkhardt.

Timp, Otto (1935): Das Halbinternat als geschlossene Erziehungsanstalt für Mittelschüler – Versuch einer praktischen Lösung. Diss. Universität Wien.

Triebold, Karl (1931): Gegenwärtiger Stand der deutschen Freiluftschulbewegung. In: Triebold, Karl (Hg.): Die Freiluftschulbewegung. Berlin: Schoetz: 58-77.

Wenke, Hans (1958a): Für und wider die Fünftagewoche. In: Bamberger, Richard u. a. (1958): Das Kind in unserer Zeit. Stuttgart: Kröner: 121-134.

Wenke, Hans (1958b): Die Ganztagsschule in der Lebensordnung unserer Zeit. In: Gemeinnützige Gesellschaft Tagesheimschule (Hg.): Theorie und Praxis der Tagesheimschule. Frankfurt a. M.: Diesterweg: 7-18.

Wyneken, Gustav/Halm, August (Hg.) (1910): Wickersdorfer Jahrbuch 1909-1910. Jena: Diederichs.

# Grundschulen in ganztägiger Form

*Jutta Standop*

Als gemeinsame Elementarschule für alle schulpflichtigen Kinder hat die Grundschule den Auftrag, grundlegende Schulbildung zu vermitteln, um hierdurch jedem Schulkind prinzipiell jede Form weiterführender Bildung zu eröffnen. Der ganzheitliche Bildungsanspruch der Grundschule umfasst dabei die Pflege spielerischer, kreativer und sozialer Aktivitäten, einen auf Schülerselbsttätigkeit basierenden Wissenserwerb und den Grundsatz der Anschauung, der Lebensnähe sowie der Entwicklungsgemäßheit genügende Unterrichtsverfahren. Vor dem Hintergrund der Entwicklung zur Ganztagsschule stellt sich für die Grundschule daher neben allen organisatorischen Fragen insbesondere die nach der Verwirklichung dieser Bildungs- und Erziehungsansprüche.

## 1 Grundschule als Institution

Eine prinzipielle Aufgabe der Grundschule besteht in der sinnvollen Verbindung der Gewährleistung anschlussfähiger Bildungsprozesse – d. h. eines soliden Fundaments für das Lernen an weiterführenden Schulen – einerseits und der grundsätzlichen Vorbereitung auf Schule andererseits. Denn mit dem Grundschuleintritt beginnt für die Kinder erstmals „die organisierte Zusammenfassung und verpflichtende Kollektivierung Gleichaltriger zum Zwecke gemeinsamen, systematischen und zielführenden Lernens" (Schorch 2007: 37).

### *1.1 Der Bildungsauftrag der Grundschule*

Auch wenn grundlegende Bildung nicht am „Nullpunkt" beginnt, geht es im Anfangsunterricht in vielen Bereichen um Einführung, um solide Fundierung, um einen „guten Start". So können sich negative oder traumatische Erfahrungen zu Beginn auf die weitere Schullaufbahn als negative Entwicklungen und kumulative Prozesse niederschlagen. Die Pflege der Ermöglichung eines „guten Anfangs" betrifft aber nicht nur die klassischen Lernbereiche. Auch Lernstrategien, Arbeitshaltungen, Lernmotivation und Interessenentwicklung bedürfen der Unterstützung ebenso wie die Förderung eines günstigen Selbstkonzepts und eines positiven Selbstwertgefühls.

Neben der Stärkung der Persönlichkeit hängt diese grundlegende Aufgabe mit der Wechselwirkung von Selbstkonzeptentwicklung (Moschner/Dickhäuser 2006) einerseits und Leistungsentwicklung (Sacher 2004) andererseits zusammen. Grundlegende Bildung darf somit nicht in zu enger Perspektive als kognitives Lernen im Wissens- und Fähigkeitsbereich gesehen werden, sondern bezieht sich auch auf motivationale Komponenten der Persönlichkeitsentwicklung.

### *1.2 „Schulleben" in der Grundschule*

Mit dem Begriff „Schule" verbindet sich die Vorstellung eines systematischen, d. h. rational-didaktischen und methodisch planvollen Unterrichts, der über die wissenschaftlich orientierte und abstrakte Form der Lehre Distanz zum Leben, seiner Unmittelbarkeit, Naturwüchsigkeit und Spontaneität erzeugt und zu eigenen institutionsbedingten Lebensformen und -ritualen führt. Andererseits gehört es zur Aufgabe der Schule, dass ihr Unterricht und ihre Lebensferne auf das „wirkliche Leben" gerichtet und auf Lebensnähe und Lebenswirklichkeit gegründet sind, d. h. es geht um die Anbindung der Institution Schule an die „nähesten Verhältnisse", um das „Leben zu lehren" (Pestalozzi, zit. n. Roth 1985: 32). Das Bestimmungswort „Leben" wiederum weist auf die Grundforderung aller Schulformen hin, Schule als eigenständige Lebenswelt im schulischen Miteinander zu gestalten und ihre Lehre auf lebenswichtige Grundlagen und in den Lehranforderungen der Schulfächer zu begründen. Durch selbstorganisierende Formen des Lernens und Zusammenlebens, durch Maßnahmen der „Ent-Schulung", wird so eine Veränderung des gegebenen Lebenserfahrungsraumes angestrebt (vgl. Keck 2005: 237). Schulleben stellt sich vor diesem Hintergrund dar als

- eine Atmosphäre der personalen Nähe der Lehrenden gegenüber ganzheitlich wahrgenommenen Schülerbedürfnissen, gekennzeichnet durch Schülergemäßheit, Natürlichkeit und Angstfreiheit
- die Anbahnung von gemeinschaftlichen und identitätsstiftenden Lebensformen über Unterricht und systematische Lehre hinaus durch das Finden von Regeln des Zusammenlebens in der Schule als Lebensgemeinschaft, durch Feste und Feiern der Schulgemeinde in Kooperation mit dem Elternhaus
- schülergemäßer Arbeits- und Erfahrungsraum, als curriculare Stätte selbstbestimmten und selbstorganisierenden Lehrens und Lernens in einem Verbund von Lernorten.

Mit Hilfe von Handlungsorientierung, Praxisnähe, Alltagsorientierung, Ganzheitlichkeit, Solidarität und Partizipation, Selbstbestimmung und Öffnung soll die kognitive Enge schulischen „Unlebens" (ebd.) überwunden werden. Grundlegend hierfür ist die Einheit von Erziehung und Unterricht, in die Wertbindungen und Verhaltensnormen der schulischen Umwelt, der elterlichen Mitwelt sowie Formen von Schultraditionen eingehen. In einer als lebensweltlich gebundene Gemeinschaft gestalteten Schule kann ein auf die Ganzheit des Lebens gerichtetes Erfahrungslernen stattfinden, das Schule als Lernort in einem Netz von Lernorten und in Kontinuität mit der Schulgemeinde, mit der Elternschaft und dem Lebensort, der Stadt/Gemeinde und ihren weiteren Institutionen begreift. Diese beschriebenen Implikationen rufen explizite Ansprüche an mögliche Formen des Ganztagsbetriebs in der Grundschule hervor.

## 2 Grundbedingungen des Aufwachsens von Grundschulkindern

Für das Heranwachsen von Kindern und Jugendlichen lassen sich wesentliche gesellschaftliche, anthropologische und psychologische Voraussetzungen konstatieren. Diese können die kindliche Entwicklung in verschiedenster Weise beeinflussen.

## *2.1 Erwerbsbiographie, Familienstruktur und Geschlechterrollen*

Die durch gestiegene Erwerbsquoten, andere Familienformen und veränderter familialer Arbeitsteilung gewandelten Erwerbs- und Familienstrukturen begründen neben anhaltend hohen Anteilen an Alleinerziehenden einen höheren Bedarf an erzieherischer Betreuung insbesondere im Grundschulalter. In Deutschland haben derzeit 54 % (West 52 %, Ost 66 %) der Kinder unter 18 Jahren beiderseits erwerbstätige Eltern oder ein erwerbstätiges alleinerziehendes Elternteil. Bei ca. drei Vierteln dieser Kinder sind beide Eltern oder das allein stehende Elternteil wöchentlich mehr als 20 Stunden erwerbstätig (vgl. Bellenberg 2001: 31). Anzunehmen ist, dass die Frauenerwerbsquote weiter steigen wird, da junge Frauen sich heute scheinbar stärker als früher für eine Berufstätigkeit – möglichst ohne zeitlich lange Unterbrechungen – entscheiden und ältere in höherem Maße um einen beruflichen Wiedereinstieg bemüht sind. Für die Ermöglichung der Vereinbarkeit von Familie und Beruf benötigen Väter und Mütter daher zeitlich geregelte Betreuungsformen.

Von der Schule wird erwartet, dass sie hierzu einen gesellschaftlichen Beitrag leistet, denn der gegenwärtige Versorgungsgrad an verlässlichen Betreuungsmöglichkeiten für Schulkinder entspricht bei weitem nicht den veränderten Erwerbs- und Familienstrukturen und den daraus entstehenden Notwendigkeiten. Gravierend wird dieses Betreuungsproblem bei Ein-Eltern-Familien mit eingeschränkten Verwandtschaftsbeziehungen und Sozialkontakten, denn hier haben Kinder oft nur eine Bezugsperson. Das Dilemma alleinerziehender Elternteile zeigt sich darin, einerseits die Versorgung und Erziehung ihrer Kinder überwiegend allein organisieren, andererseits aufgrund ökonomischer Zwänge erwerbstätig sein zu müssen. In Konsequenz ergeben sich beträchtliche Abstriche hinsichtlich von Lebensstandard und zur Verfügung stehender gemeinsamer Zeit. Der Anteil der Kinder in Ein-Eltern-Familien beträgt gegenwärtig 17,1 % aller Kinder unter 18 Jahren, mehr als acht von neun Alleinerziehenden sind Frauen (ebd.). Eine kontinuierliche Erziehung und Betreuung wird auch aus dem Grund zunehmend schwieriger zu verwirklichen, da immer weniger Familien mit mehr als zwei Generationen in einem Haus leben (vgl. Klemm 1989). Als Folge verbringt ein beträchtlicher Teil der Kinder von Erwerbstätigen bzw. Alleinerziehenden häufig große Zeitspannen bei Betreuungspersonen, in betreuenden Einrichtungen oder alleine Zuhause. Die Alltagsgestaltung dieser Kinder ist somit in beachtlichem Maße durch die vorgegebenen Zeitabläufe der Erwachsenen determiniert.

Die Zeitströmung der Individualisierung der Lebensverhältnisse und der Pluralisierung von Wertorientierungen, Normen und Lebensstilen (vgl. Standop 2005) führt u. a. zu gesellschaftlichen Ausdifferenzierungen, in deren Zuge soziale Orientierungen verloren gehen, die Heterogenität und Komplexität von Rollenerwartungen hingegen steigt (vgl. Tippelt 1990: 194). Die moderne Identität soll reflexiv, differenziert, offen und individuiert sein und immer neuen Informationen, Erfahrungen und Erwartungen ein zunehmend höheres Maß an eigener Entscheidungsfähigkeit sowie Erwartungsantizipation entgegensetzen (ebd.: 283). Damit verbunden ist eine hochgradig ausgeprägte sozial-kognitive Rollenübernahme und Empathie, ebenso wie Frustrations- und Ambiguitätstoleranz.

## *2.2 Veränderungen im Freizeitbereich*

Regionale Wohnumfelder zeichnen sich aus durch Divergenzen in der Dichte und der Qualität ihrer soziokulturellen Infrastruktur an Spiel-, Freizeit- und Kulturangeboten. Vor dem Hintergrund der Anregungspotenziale, Lern- und Erfahrungsgelegenheiten und der sozialen Kontaktchancen für Kinder führt dies zu disparaten Bildungs- und Entwicklungsmöglichkeiten. Veränderungen im räumlichen und sozialen Umfeld der Familien erschweren einem großen Teil der Kinder, in ihrer unmittelbaren Wohnumgebung vielfältige Beziehungen zu Gleichaltrigen aufzubauen. Spiel-, Treff- und Erfahrungsräume sind vielfach verschwunden, die Ausdehnung von Medien und Freizeitkommerz in Verbindung mit der Abnahme der Nachbarschaftsbeziehungen haben eine Verringerung sozialer Kontaktmöglichkeiten und gemeinsam geteilter sozialer Erfahrungen in der Wohnumwelt zur Folge. Das Fehlen dieser Straßensozialisation und der „nachbarschaftlichen Kinderöffentlichkeiten" (vgl. Zeiher 1989: 80-81) führt zu Individualisierungstendenzen und nicht selten zu sozialer Separation. Zur Kompensation werden zunehmend häufiger Sozialkontakte und Aktivitäten von den Eltern angebahnt, geplant und verabredet. Immer mehr gewinnen zugleich Organisationsstrukturen an Bedeutung, in denen stabile soziale Kontakte angebahnt und Integration befördert, soziales und interkulturelles Lernen unterstützt und Lern- und Freizeitangebote zur Verfügung gestellt werden. Mit den beschriebenen Auflösungstendenzen bzw. Umorientierungen in Familie und Nachbarschaft oftmals verbunden sind darüber hinaus multikulturelle Ausdifferenzierungen und Separierungen, denen die Gefahr gegenwärtiger Formen sozialer Diskriminierung innewohnt.

## *2.3 Anthropologische und entwicklungspsychologische Voraussetzungen*

Kindheit ist primär kein biologisches, sondern ein gesellschaftliches Faktum, d. h. von der Gesellschaft konstruiert. Die gesellschaftlichen Bedingungen, unter denen Kinder aufwachsen, beeinflussen daher ihre Persönlichkeit. Allerdings verarbeiten sowohl Eltern als auch Kinder die vorgefundenen gesellschaftlichen Voraussetzungen und ihre „innere" Realität individuell, denn Kindheit ist eine von den Kindern selbst mit gestaltete Lebensphase (vgl. Knörzer u. a. 2007).

Zwar hat die Grundschule einen gesellschaftlichen Auftrag, dennoch ist sie kein „zweckorientiertes Mittel zum Erreichen gesellschaftlichen Nutzens, sondern ein Raum für kindliches Lernen, in dessen Beanspruchungen der Weg des Kindes in das Erwachsenwerden pädagogisch angelegt werden kann" (Duncker 2005: 27; Langeveld 1968: 52). Im Laufe der Entwicklung im Grundschulalter werden kognitive, affektive und psychomotorische Determinanten nachhaltig beeinflusst. In Konsequenz bemüht sich die Grundschule um ein Ausbalancieren zwischen Anforderung und Beschützen, zwischen Aufgabenstellung und freier Selbsttätigkeit, zwischen dem Zeigen der Welt und dem Handeln in ihr. Auf diese Weise soll eine schöpferische Verbindung der „Fragen nach dem Sinn von Bildung und Erziehung mit den Sinnfragen, die das Kind an die Welt stellt" (ebd.), herbeigeführt werden. Zur gleichen Zeit muss die Grundschule aus ihrer demokratisch-politischen Verpflichtung heraus, eine Schule für alle zu sein, Möglichkeiten für ihre Schüler(innen) finden, auf eine pädagogische, nachvollziehbare Weise den Wechsel in die weiterführenden Bildungsgänge zu vollbringen.

Jedes Lebensalter hat spezifische Entwicklungsaufgaben. Im Grundschulalter stehen motorische Fertigkeiten sowie die Grundlegung kognitiver und sozialer Kompetenzen im Vordergrund. Lern- und entwicklungspsychologische Forschungen (z. B. Bloom, Roth, Bruner, Gagé) unterstützen die These, das Grundschulalter sei „die bildsamste Phase im menschlichen Leben" (Schorch 2007: 18), eine Phase, die durch größte Plastizität und

Weltoffenheit gekennzeichnet ist. Neben dem Erwerb der so genannten „Kulturtechniken" gewinnen die Gestaltung von sozialen Beziehungen zu Gleichaltrigen und die Entwicklung der Identität, insbesondere bereichspezifischer Selbstkonzepte an Bedeutung. Im Zusammenhang mit der sozialkognitiven Entwicklung nimmt das Verständnis für Regeln und moralische Normen sowie das bewusste Erleben von Emotionen und deren Regulation zu. Verhaltensstrategien werden differenzierter, sie weisen einen höheren Grad an personbezogener Perspektivität und situativer Adaptivität auf (Dreher 2005). Diese zeitlich ausgedehnte Spiel- und Lernzeit des Menschen gilt es nahe liegender Weise durch gezielte Bildungsangebote optimal zu nutzen. Entsprechende pädagogische Initiativen und Forderungen müssen sich daher an der entwicklungsbedingten Verschmelzung von Spielen und Lernen orientieren, insbesondere durch eine entsprechend pädagogisch gestaltete, zugleich den biologischen Tagesrhythmus der Kinder berücksichtigende Lernumwelt.

## *2.4 Die Ganztagsgrundschule als Umsetzung ganzheitlicher Unterstützung*

Die angeführten Befunde machen deutlich, dass die Ganztagsschule einen bedeutsamen Beitrag zu einer ganzheitlichen, altersgemäßen Entwicklungsförderung, dem konsequenten Erleben eines schulischen Miteinanders sowie einer besseren Vereinbarkeit von Familie und Beruf leisten kann. Darüber hinaus besteht gegenüber ganztägigen Erziehungseinrichtungen die Erwartung, die kindbezogenen Bedürfnisse nach Eigentätigkeit, Gestaltungsmöglichkeiten, Bewegungsdrang und Sozialkontakten kompensatorisch bzw. ergänzend abzudecken. Darüber hinaus wohnt einem zeitlich erweiterten und strukturell veränderten Schulleben ein Sozialisationspotenzial inne, das soziale Integration ermöglichen, Lernzusammenhänge konsolidieren und ein Lernen in Gruppen unterstützen kann. Ein derart entwickeltes Schulleben ist in der Lage, die Übernahme von Urteilsfähigkeit, sozialer Verantwortung und demokratischer Handlungskompetenz trainieren, wie auch festigen zu helfen. Zugleich werden hier über die notwendigen sozial-kommunikativen Kontakträume kulturelle Orientierungen sowie Übungsmöglichkeiten für Rollenlernen bereitgestellt. Die erweiterten Angebotsformen ganztägiger Schulen können dabei helfen, infrastrukturelle Defizite zu verringern und zu regional angeglichenen Lebensverhältnissen sowie entsprechenden sozialen Bildungsvoraussetzungen beizutragen und hierdurch den schulischen Auftrag des Chancenausgleichs unterstützen (vgl. Holtappels 2006).

Aufgrund der gesellschaftlichen Veränderungen in der Lebenswelt von Kindern werden heute von der Grundschule auch Betreuung und Fürsorge als sozialpädagogische Funktion erwartet. Grundschule als Lern- und Lebensraum (Schwarz 1994) soll neben dem Unterricht nicht nur ein reichhaltiges Angebot für das Schulleben wie Feste, Projekte, Erkundungen, Klassenreisen usw. bereitstellen, sondern zugleich eine verlässliche Betreuung der Kinder über den kurzen Stundenvormittag hinaus gewährleisten. Dabei stellt sich als grundlegendes Problem die pädagogisch sinnvolle Vernetzung und Gestaltung der Betreuungs- und Unterrichtsphasen, die Rhythmisierung des Schulvormittags und die Entwicklung eines sich zum Umfeld öffnenden Lern- und Lebensortes.

Wenn Kinder somit in der Grundschule die sie prägende Lebenszeit verbringen, muss Grundschule auch als Lebenszusammenhang mit eigener Konzeption definiert werden. Dafür sind die traditionellen, klassischen Ordnungsstrukturen aus der Administration und Verwaltung nicht geeignet (z. B. Zeittaktung, ständiger Fächerwechsel). Die sich an diese

Herausforderung anschließenden Fragen müssen grundschulpädagogisch und nicht vorwiegend organisatorisch (z. B. Welche Betreuungsdienste gibt es?) gestellt werden:

- Ist für die Kinder an diesem Lebensort erkennbar, was den Vormittag zusammenhält?
- Wie kann die Dreiteilung: hier Unterricht, dort Betreuung und dort Schulleben aufgehoben werden (vgl. Drews u. a. 2000: 106)?

Ganztägige Schulen wären vor diesem Hintergrund ein gesellschaftlicher Beitrag zur Sicherstellung und Qualitätssteigerung der soziokulturellen Infrastruktur. Dass dies möglich ist, macht die lange Tradition der Ganztagsschulen in anderen Ländern deutlich, die häufig keinen Begriff für Ganztagsschule kennen. „Dort ist es so selbstverständlich, dass Schule über den Vormittag hinausgeht, dass es dafür kein gesondertes Wort gibt" (Veil 2002: 29, zit. n. Tillmann 2006: 34).

# 3 Formen des Ganztagsbetriebs in der Grundschule

Ganztagsschulen können nach dem Grad der Verbindlichkeit, dem Grad der Öffnung, der zeitlichen Dauer und des Maßes an Integration verschiedener Lehr- und Lernformen unterschieden werden. Für die Grundschule sind insbesondere die folgenden drei Formen ganztägiger Schule und Betreuung relevant (vgl. Appel 2004): Offene und Gebundene Ganztagsschulen sowie Tagesheimschulen.

## *3.1 Offene Ganztagsschule*

Das Angebot umfasst in der Regel den Zeitraum von ca. 8.00 bis 16.30 Uhr; ein Mittagessen wird angeboten. Die Anmeldung für das ganztätige Angebot ist freiwillig, dann jedoch für ein halbes oder ein Schuljahr verpflichtend. Im Allgemeinen existiert eine Hausaufgabenbetreuung, gelegentlich werden spezielle Förderangebote für begabte oder schwächere Schüler(innen) gemacht. Organisation und Finanzierung der Offenen Ganztagsschule sind relativ problemlos. Da die Unterrichtszeit nicht ausgeweitet wird, müssen in der Regel keine weiteren Lehrer(innen) eingesetzt werden. Diese Aufgaben können beispielsweise von Erzieher(inne)n, sozialpädagogischem Personal und Honorarkräften übernommen werden. Die Konzeption und Koordination von Mittagessenausgabe und Nachmittagsgestaltung liegt üblicherweise bei Freien Trägern, häufig werden örtliche Ressourcen der Gemeinden an Sport, Spiel- und Freizeitangeboten eingebunden (vgl. Beher u. a. 2005; Holtappels u. a. 2007).

Je nach Kooperationspartner im außerschulischen Bereich oder dem Engagement einzelner Lehrer(innen) bzw. Eltern ist es möglich, am Nachmittag ein spezielles Schulprofil weiter auszubauen (z. B. Sport, Musik, Kreativangebote, Kindermitbestimmung u. a.). Hauptsächlicher Zweck der Betreuung in der Offenen Ganztagsgrundschule aber ist der Schutz vor dem Unbetreutsein. Betrachtet man die Nachmittagsgestaltung, bestehen Funktion und Intention vor allem in der Fürsorge als nachmittägliche Beaufsichtigung und weniger in der Gewährleistung von Bildungsprozessen. Das Interesse liegt also nicht (positiv) auf der (schulischen) Bildung der Kinder, sondern (negativ) auf der Abwendung möglicher Gefährdungen und Schäden.

Vormittägliches Lernen und nachmittägliche Gestaltung finden additiv statt und entsprechen einander nur gelegentlich, meist auf der Ebene der Hausaufgabenbetreuung. In Konsequenz findet die vertiefende bildende Auseinandersetzung mit dem Gelernten, Anregungen zu seiner Beurteilung und Reflexion in lebensbedeutsamen Handlungskontexten eher ausnahmsweise und zufällig statt. Da nur ein Teil der Schüler(innen) anwesend ist, kann die Nachmittagszeit nur bedingt für die Vertiefung unterrichtlicher Vorhaben nutzbar gemacht werden. Die grundlegenden Bildungsaspekte „Wissen, Urteilen, Handeln" werden im offenen Organisationskonzept in keinen systematischen Zusammenhang gebracht. Durch die Trennung von Unterricht am Vormittag und Betreuungs- und Freizeitangeboten am Nachmittag ist eine Rhythmisierung im Sinne der Anpassung an individuelle Rhythmen zur Steigerung der Lernleistungsfähigkeit der Kinder nicht möglich. Aufgrund der Abwesenheit einer konzeptionellen Verzahnung mit dem Vormittagsunterricht sind für einen Neuentwurf von Ganztagsbildung wenige Impulse zu erwarten.

## *3.2 Tagesheimschule*

Gemeinsam verbringen alle Kinder den Tag verbindlich von ca. 8.00 Uhr bis 16.15 Uhr. Die Tagesgestaltung umfasst z. B. eine dem Bio-Rhythmus gemäße Kombination von Unterricht und Freizeitangeboten einschließlich Mittagessen. Häufig ist das Schulleben durch besondere Weltanschauungen, reformpädagogische Konzepte u. Ä. geprägt. Die Ganztagsschule als Tagesheimschule betont die Integration von „Leben" und „Lernen". Gerade im Grundschulbereich wird sie häufig als die einzig „richtige" Ganztagsschule verstanden. Entsprechend den reformpädagogischen Idealen sollen die Bedürfnisse der Kinder im Mittelpunkt stehen und der Tagesverlauf ihrem naturgegebenen Rhythmus von Lernen und Spielen, Arbeit und Erholung, Interesse und Neigung folgen. Im Gegensatz zur kritisierten „Paukschule" strebt die Tagesheimschule eine besondere Lebensnähe an, die Rhythmisierung entspricht einer bestimmten Auffassung von „rechter Lebensführung". Dabei wird versucht, die außerschulische, eher auf die Familie bezogene Bildung in das Schulleben einzubeziehen. Im Vordergrund stehen somit nicht Angebote für die nachmittägliche Zeitgestaltung, vielmehr soll mit den Kindern eine „Lebensgemeinschaft" gebildet werden, in der alle Lebensvollzüge den ihnen angemessenen Platz haben.

## *3.3 Gebundene Ganztagsschule*

Für alle Kinder einer Schule besteht eine verbindliche Betreuungszeit von ca. 8.00 bis 16.30 Uhr. Unterrichtsinhalte werden am Vor- und Nachmittag erlernt, der zeitliche Rahmen ermöglicht die verschiedensten ganzheitlichen Formen des Lernens, z. B. projektorientiertes, soziales, handlungsorientiertes, kooperatives Lernen. Der Tagesablauf kann den lernpsychologischen und biophysischen Bedürfnissen der Kinder angemessen zeitlich rhythmisiert werden. Freizeit- und Bildungsangebote wechseln mit Betreuung und Mittagessen ab, neben Hausaufgabenbetreuung existieren verschiedene Förderangebote. Eine variable integrative Konzeption von Unterricht und Schulleben ist möglich, enge Kooperationen mit außerschulischen Personen und Einrichtungen sind auf vielfältige unkomplizierte Weise realisierbar.

Teil- und Vollgebundene Ganztagsschule unterscheiden sich dadurch, dass in ersterer lediglich bestimmte Klassen(züge) ganztägig sind, während im zweiten Modell alle Klassen/Schüler(innen) beteiligt sind. Nach Appel (2004) stellt lediglich das integrierte Modell in Gebundener Form eine „echte" Ganztagsschule dar, deren notwendige pädagogische und organisatorische Strukturmerkmale der Ganztagsschulverband GGT e. V. beschreibt: Eine „echte" Ganztagschule besteht dann, wenn (vgl. Burow/Pauli 2006: 71-72):

- allen Schüler(innen) ein durchgehend strukturiertes Angebot in der Schule an mindestens vier Wochentagen und mindestens sieben Zeitstunden angeboten wird
- die Aktivitäten der Schüler(innen) am Vormittag und am Nachmittags in einem konzeptionellen Zusammenhang stehen
- erweiterte Lernangebote, individuelle Fördermaßnahmen und Hausaufgaben/Schulaufgaben in die Konzeption eingebunden sind
- die gemeinsame und individuelle Freizeitgestaltung der Schüler(innen) als pädagogische Aufgabe im Konzept enthalten ist
- ihre Angebote altersgerechte Interessen und Bedürfnisse von Kindern und Jugendlichen fördernd aufgreifen
- alternative Unterrichtsformen wie z. B. Projektarbeit ermöglicht werden
- das soziale Lernen begünstigt wird
- die Schule den Schüler(inne)n an allen Schultagen ein warmes Mittagessen anbietet
- eine ausreichende Ausstattung mit zusätzlichem pädagogischen Personal, mit einem erweiterten Raumangebot und mit zusätzlichen Lehr- und Lernmitteln vorhanden ist
- die Organisation aller Angebote unter der Aufsicht und Verantwortung der Schule steht.

Der schrittweise Ausbau ganztägiger Schulen sollte für die Schüler(innen) mindestens 30 Stunden vorrangig von den Lehrer(inne)n gestaltet und betreut vorsehen, die Inhalte „Unterricht, Förderung, Wahlangebote, Mittagspause und Arbeitsgemeinschaften" umfassend. Zwar besteht die Befürchtung, dass überwiegend aus finanziellen Gründen weiteres Personal an den Schulen eingesetzt und so möglicherweise die pädagogische Qualität verringert wird. Dennoch kann es vorteilhaft und für die gesamte schulische Arbeit „befruchtend" sein, wenn auch Nicht-Pädagog(inn)en, wie z. B. Künstler(innen), Sportler(innen), Personen mit besonderen Fähigkeiten etc. am ganztägigen Schulleben teilhaben und auf diese – ihre – Weise die pädagogische Arbeit ergänzen. Zwei Nachmittage in der Woche sollte durch eine entsprechende zeitliche Verteilung des Unterrichts der Schultag rhythmisiert und in diesem Zusammenhang auch die 45-Minuten-Unterrichtseinheiten aufgehoben werden. An den anderen Nachmittagen sind freiwillige (offene) Angebote vorzuhalten, so dass außerschulische Angebote das Schulangebot erweitern und ergänzen. Die Verbindung mit Institutionen in Freier Trägerschaft, insbesondere der Jugendhilfe, zur gemeinsamen Hilfe und Unterstützung bei sozialpädagogischen Bedarfslagen der Schüler(innen) als Aufgabenfeld in enger Kooperation mit der Schule, ist eine sinnvolle und anzustrebende Ergänzung des schulischen Lebensbereichs mit zunehmender Bedeutung.

Gegenwärtig bietet ca. ein Drittel der Kooperationspartner an Grundschulen Sportangebote an, ca. ein Fünftel Hausaufgabenhilfe/Lernzeit (Arnoldt 2007: 94). Die handwerklichen bzw. hauswirtschaftlichen Angebote und Mittagsmahlzeiten bzw. die Mittagsbetreuung werden zu jeweils ca. 18 % von außerschulischen Partnern organisiert, die Beaufsichtigung von Schüler(inne)n in der Freizeit von 15 %. Hausaufgaben- und Mittagsbetreuung sowie Beaufsichtigung der Freizeitaktivitäten werden zumeist täglich durchgeführt, sportliche und handwerkliche/hauswirtschaftliche Aktivitäten meist ein- bis dreimal pro

Woche angeboten. Bezogen auf die Anzahl der Wochenstunden werden an Grundschulen insbesondere Erzieher(innen) eingesetzt, gefolgt von sonstigem Personal ohne Hochschulabschluss mit einem höchstens halb so großen Wochenstundenumfang. Aufgrund der höheren Wochenstunden dieser Beschäftigten an Grundschulen – Kooperationspartner führen dort mehr und häufiger Angebote durch – findet hier insgesamt ein geringerer Personalwechsel statt als in der Sekundarstufe I. Gerade die Hausaufgaben- und Mittagsbetreuung spielen an Grundschulen eine größere Rolle als an weiterführenden Schulen.

Im Zusammenhang mit den neuen Bildungskonzepten zur Ganztagsschule darf eine organisationsstrukturelle und didaktische Neukonzipierung der Arbeitszeit von Lehrer(inne)n kein Tabu sein. So ist das traditionelle, an der 45-Minuten-Stunde und einer 28-Stunden-Woche orientierte Stundendeputat unter den veränderten Bedingungen anachronistisch und zugleich ein grundlegendes Handicap bei der Rhythmisierung des Schulalltags und der Konzipierung neuer Lernangebote, die nicht in das übliche Stundenschema passen. Jede Schule sollte auf diese Weise ein für sie optimal adäquates Konzept entwickeln. Allerdings braucht die Ganztagsgrundschule als eine Bildungsinstitution, in der es um die Verbindung „vormittäglichen" Lernens und „nachmittäglichen" lebensweltlichen Handlungsbezugs gehen soll, eine spezifisch pädagogische Theorie. Nicht jedes an der Grundschule stattfindende Nachmittagsprogramm ist bereits ein Beitrag zur pädagogischen Ganztagsschule. Erst die ganzheitliche, richtungweisende Abstimmung lebensbedeutsamem Lernens und lernbedeutsamem (Schul-)Lebens aufeinander unterstreicht den schulischen Anspruch, eine *Bildungs*institution zu sein. Hier böten beispielsweise neu zu entwickelnde Konzeptionen zur Verbindung von Schul-, Sozial- und Erlebnispädagogik (vgl. Lausberg 2007) ideenreiche Perspektiven.

## 4 Fazit, Konsequenzen und Ausblick

Vor allem aufgrund der von Bund und Ländern zusätzlich zur Verfügung gestellten Mittel haben sich in den vergangenen Jahren zunehmend mehr Grundschulen dazu entschlossen, ihr Angebot auf den „ganzen" Tag zu erweitern. Allerdings bleibt die Konzeption überwiegend auf das Modell der Offenen Ganztagsschule beschränkt, was mit der Mittelvergabe der öffentlichen Hand, aber auch mit der vergleichsweise leichteren (organisatorischen) Umsetzung zusammenhängt.

Die Entwicklung zukunftsfähiger Ganztagsschulen ist zunächst ein Such- und Gestaltungsprozess, den die einzelne Schule als elementare Handlungseinheit in eigener Verantwortung selbst gestalten muss. Soll die Ganztagsschule ein erfolgreiches Modell werden, das einige der in der PISA-Studie beklagten Mängel öffentlicher Schulbildung in Deutschland beseitigt, das angezeigte Betreuungsproblem zu lösen hilft und zu einem zeitgemäßen Bildungsverständnis für die Wissensgesellschaft beiträgt, muss die jeweilige Einzelschule selbst einen fundamentalen Lernkulturwandel vollziehen: weg von der traditionellen Unterrichtsanstalt hin zu einer lernenden Organisation. Sie muss die Lern- und Lebensprobleme ihrer Schüler(innen) stärker berücksichtigen und sich ihrem sozialen und kulturellen Umfeld gegenüber öffnen. Als Ort gemeinsamen Forschens und Lernens muss nach derjenigen Konzeption gesucht werden, die unter Beachtung des charakteristischen Profils des jeweiligen Kollegiums sowohl nationale Besonderheiten als auch die besondere Situation in der Region einbezieht und die spezifisch zusammengesetzte Schülerschaft berücksichtigt. Personal- und Schul- bzw. Organisationsentwicklung sollten gemeinsam zu diesem langfristigen Umwandlungsprozess von einer verregelten Verwaltungsschule zur „Öffnung von Schule“ beitragen. Notwendig hierfür ist ein in Eigenverantwortung auszufüllender offener Gestaltungsraum, der von Politik und Verwaltung unterstützt und gefördert wird. Selbstreflexion, Teamentwicklung, Profilbildung, Partizipation, eine neue Führungskultur und Öffnung zum Gemeinwesen sind die wesentlichen Kennzeichen dieses grundlegenden Wandels. Schule als lernende Organisation benötigt Lehrer(innen), Schüler(innen), Eltern und eine Schulverwaltung, die sich selbst als Lernende, als *learning community* verstehen.

## *Literatur*


Appel, Stefan (2004): Handbuch Ganztagsschule. Praxis – Konzepte – Handreichungen. Schwalbach/Ts.: Wochenschau.

Arnoldt, Bettina (2007): Öffnung von Ganztagsschule. In: Holtappels/Klieme/Rauschenbach/Stecher (Hg.): Ganztagsschule in Deutschland. Weinheim: Juventa: 86-105.

Beher, Karin/Haenisch, Hans/Hermens, Claudia/Liebig, Reinhard/Nordt, Gabriele/Schulz, Uwe (2005): Offene Ganztagsschule im Primarbereich. Weinheim: Juventa.

Bellenberg, Gabriele (2001): Wie Kinder aufwachsen. In: Böttcher, Wolfgang/Klemm Klaus/Rauschenbach, Thomas (Hg.): Bildung und Soziales in Zahlen. Weinheim: Juventa: 21-38.

Burow, Axel-Olaf/Pauli, Bettina (2006): Ganztagsschule entwickeln. Von der Unterrichtsanstalt zur Kreativwerkstatt. Schwalbach/Ts.: Wochenschau.

Dreher, Eva (2005): Entwicklungspsychologie des Kindes. In: Einsiedler, Wolfgang/Götz, Margarete/Hacker, Hartmut/Kahlert, Joachim/Keck, Rudolf W./Sandfuchs, Uwe (Hg.): Handbuch Grundschulpädagogik und Grundschuldidaktik. Bad Heilbrunn: Klinkhardt: 146-154.

Drews, Ursula/Schneider, Gerhard/Wallrabenstein, Wulf (2000): Einführung in die Grundschulpädagogik. Weinheim: Beltz.

Duncker, Ludwig (2005): Professionalität des Zeigens. In: Duncker, Ludwig/Sander, Wolfgang/Surkamp, Carola (Hg.) (2005): Perspektivenvielfalt im Unterricht. Stuttgart: Kohlhammer: 9-20.

Holtappels, Heinz Günter (2006): Ganztagsschule – ein Beitrag zur Förderung und Chancengleichheit? In: Höhmann, Karin/Holtappels, Heinz Günter (Hg.): Ganztagsschule gestalten. Seelze: Kallmeyer: 10-33.

Holtappels, Heinz-Günter/Klieme, Eckhard/Rauschenbach, Thomas/Stecher, Ludwig (Hg.) (2007): Ganztagsschule in Deutschland. Ergebnisse der Ausgangserhebung der „Studie zur Entwicklung von Ganztagsschulen“ (STEG). Weinheim: Juventa.

Keck, Rudolf W. (2005): Schulleben. In: Einsiedler, Wolfgang/Götz, Margarete/Hacker, Hartmut/Kahlert, Joachim/Keck Rudolf W./Sandfuchs, Uwe (Hg.): Handbuch Grundschulpädagogik und Grundschuldidaktik. Bad Heilbrunn: Klinkhardt: 236-244.

Klemm, Klaus (1989): Schulische und außerschulische Ganztagsangebote. In: Gewerkschaft Erziehung und Wissenschaft Baden-Württemberg (Hg.): Ganztagsangebote für Schülerinnen und Schüler. Stuttgart: GEW Landesverband Baden-Württemberg: 7-9.

Knörzer, Wolfgang/Grass, Karl/Schumacher, Eva (2007): Den Anfang der Schulzeit pädagogisch gestalten. Weinheim: Beltz.

Langeveld, Martin J. (1968): Die Schule als Weg des Kindes. Braunschweig: Westermann.

Lausberg, Michael (2007): Kinder sollen sich selbst entdecken. Die Erlebnispädagogik Kurt Hahns. Marburg: Tectum.

Moschner, Barbara/Dickhäuser, Oliver (2006): Selbstkonzept. In: Rost, Detlef H. (Hg.): Handwörterbuch pädagogische Psychologie. Weinheim: Beltz: 685-692.

Roth, Heinrich (1985): Johann Heinrich Pestalozzi. Sämtliche Werke und Briefe, kritische Ausgabe. Zürich: Orell Füssli.

Sacher, Werner (2004): Leistungen entwickeln, überprüfen und beurteilen. Bad Heilbrunn: Klinkhardt.

Schorch, Günther (2007): Studienbuch Grundschulpädagogik. Bad Heilbrunn: Klinkhardt.

Schwarz, Hermann (1994): Lebens- und Lernort Grundschule: Prinzipien und Formen der Grundschularbeit. Frankfurt a. M.: Cornelsen Scriptor.

Standop, Jutta (2005): Werte-Erziehung. Einführung in die wichtigsten Konzepte der Werterziehung. Weinheim: Beltz.

Tillmann, Klaus-Jürgen (2006): Ganztagsschulen: die schulpädagogische Perspektive. In: Höhmann/Holtappels (Hg.): 34-39.

Tippelt, Rudolf (1990): Bildung und sozialer Wandel. Weinheim: Deutscher Studien Verlag.

Veil, Mechthild (2002): Ganztagsschule mit Tradition: Frankreich. In: Aus Politik und Zeitgeschehen. Beilage zur Wochenzeitung Das Parlament H. 41/2002, 29-37.
Zeiher, Helga (1989): Modernisierungen in den sozialen Formen von Gleichaltrigenkontakten. In: Geulen, Dieter (Hg.): Kindheit. Weinheim: Deutscher Studien-Verlag: 68-85.

# Didaktische Konzepte von Ganztagsschulen

*Franz Prüß*

Die Aufgaben der heutigen Schule können nur mit veränderten Konzepten realisiert werden. Sie stellen graduierte Anforderungen an die Entwicklung von Unterricht und Schulleben gleichermaßen und damit auch an die Verfügbarkeit schul- und sozialpädagogischer Kompetenzen am Ort Schule. Die Entwicklung einer neuen Kultur des Aufwachsens (vgl. BMFSFJ 1998) muss mit der Neujustierung des Verhältnisses der Erziehungsinstitutionen zueinander und damit mit der Vernetzung der Bildungsorte und Lebenswelten von Kindern und Jugendlichen verbunden werden (vgl. BMFSFJ 2005: 121). Es ist unerlässlich, eine größere öffentliche Verantwortung für das Aufwachsen junger Menschen zu übernehmen (vgl. BMFSFJ 2002) und eine Kooperationskultur aller Beteiligten zu entwickeln.

Von der Schule wird erwartet, dass sie den Schüler(inne)n ein hohes Wissen und Können vermittelt (vgl. Prüß 2003: 45) und gleichzeitig wichtige Verhaltensweisen ausbildet (vgl. MBWK 2006: §§ 2-3). Die Entwicklung der Sozial- und Selbstkompetenz gepaart mit einer qualitätsvollen Entwicklung der Fach- und Methodenkompetenz ergibt erst die gute Schule. Dieser Idealtypus von Schule braucht auch mehr Zeit und Raum, neue Inhalte, entsprechende Personalstrukturen und neue Unterrichtskonzepte. Die Gebundene Ganztagsschule kann solche Optionen bieten.

## 1 Chancen der Ganztagsschule

An die neue Schule ist der Anspruch gestellt, ein Ort des Erkennens (bzw. der Entwicklung kognitiver Fähigkeiten), ein Ort des Einübens (bzw. der Entwicklung demokratischer Verhaltensweisen) und ein Ort des Schutzes (bzw. der Sicherung von Unterstützung und der Abwehr von Gefährdungen) sein zu können. Dieses alles kann die herkömmliche Schule unter den sich im Laufe der Zeit veränderten familialen, schulischen, strukturellen und gesellschaftlichen Bedingungen nicht oder nicht mehr erfüllen. Somit ist offensichtlich, dass die Bildungsinstitutionen eine Bildungs-, Erziehungs- und Betreuungsdimension realisieren müssen. Dazu benötigen sie jedoch entsprechende Handlungsspielräume und Realisierungsmöglichkeiten. Das geschieht in den einzelnen Ganztagsschulformen auf unterschiedliche Weise: Während in der Offenen Ganztagsschule kaum eine neue Rhythmisierung des Unterrichts erfolgen und vormittägliche Unterrichtsarbeit nur in geringem Maße mit nachmittäglichen Angeboten inhaltlich und damit konzeptionell verbunden werden kann, ermöglichen die Gebundenen Ganztagsschulen eine neue pädagogisch-didaktische Herangehensweise, die in der konzeptionellen Verknüpfung des Vor- und des Nachmittags einerseits und in der gezielten individuellen Nutzung durch alle Schüler(innen) andererseits besteht. Als potenzielle Faktoren der Arbeit an Ganztagsschulen für die Entwicklung der Schüler(innen) zeigen sich

- die Förderung der individuellen Interessen, Neigungen und Begabungen in gezielten außerunterrichtlichen Angeboten
- in der Erweiterung eines bestimmten Angebotskanons individueller Förderung über die übliche Hausaufgabenhilfe und Hausaufgabenbetreuung hinaus
- in der Gestaltung eines fächerübergreifenden und Fächer verbindenden Unterrichts
- in der erweiterten Projektarbeit und der Verbindung von systematischem Unterricht mit Projektvorhaben
- in der Erweiterung von Lern- und Erfahrungsfeldern durch die Verbindung mit dem Leben und der gesellschaftlichen Realität
- im Erwerb von Persönlichkeitseigenschaften und Kompetenzen, die sich für die Lebensbewältigung und Sozialintegration in die moderne Gesellschaft als erforderlich erweisen (z. B. Förderung von Selbstbewusstsein, Verantwortungsübernahme, Eigeninitiative, soziale und Selbstkompetenzen u. a.)
- in Mitbestimmungs- und Partizipationsmöglichkeiten in der Schule und im Unterricht (vgl. Holtappels u. a. 2007: 354-381; Lipski 2007: 21).

Für die pädagogisch-didaktische Arbeit in der Ganztagsschule gilt: von jedem/r Schüler(in) ausgehen und dann auf jede/n Schüler(in) eingehen! Das impliziert, dass auf der Grundlage solider diagnostischer Tätigkeit der Lehrenden in den Lernprozessen die individuellen Voraussetzungen der einzelnen Schüler(innen) konstatiert und von daher die nächsten Lernschritte festgelegt und das individuelle Forderungsniveau und die personenbezogenen Fördermöglichkeiten bestimmt werden.

## 2 Individuelle Förderung

Die Förderung von Kindern und Jugendlichen lässt sich nach verschiedenen Kriterien ordnen. Zum einen sollten die schulischen Angebote auf die Vielseitigkeit der Persönlichkeitsentwicklung ausgerichtet sein, d. h. jeder(e) Schüler(in) findet Angebote vor, die durch die individuelle Auswahl die vielseitige Entwicklung ermöglichen. Zum anderen sollten die schulischen Angebote darauf ausgerichtet sein, dass sie jedem seinem Entwicklungsniveau entsprechend Angebote unterbreiten und dadurch Unter- und Überforderungen vermeiden. Will man dieses realisieren, sind verschiedene Adressatengruppen ins Auge zu fassen. Dazu gehört erstens die Förderung leistungsstarker und besonders begabter Schüler(innen), zweitens die Förderung leistungsschwacher bzw. demotivierter Schüler(innen) und drittens die täglich zu realisierende Förderung jedes Einzelnen als „Normalaufgabe".

Diese Förderung kann und muss nun auch an verschiedenen Lernorten stattfinden. Dazu gehören die unterrichtliche binnendifferenzierte Arbeit, die unterrichtliche äußere differenzierte Arbeit, die außerunterrichtliche Förderung nach dem Leistungsprinzip und die außerunterrichtliche Förderung nach den Interessen und Neigungen. Eine weitere Einteilung der Förderung lässt sich nach der Förderagentur vornehmen: So kann die Förderung durch schul-, sozial- und sonderpädagogische Fachkräfte sowie durch nicht-pädagogische Experten erfolgen. Diese wiederum können die Kooperation hinsichtlich der Förderung des Einzelnen mit den Eltern, außerschulischen Einrichtungen, Institutionen, Vereinen/Verbänden u. a. abstimmen und gezielte Maßnahmen einleiten. Förderung und

Forderung von Schüler(inne)n bedeutet somit die Nutzung aller unterrichtlichen und außerunterrichtlichen Möglichkeiten genauso wie die Öffnung der Schule nach innen und außen und muss den organisatorischen wie den inhaltlichen Aspekt gleichermaßen berücksichtigen.

Einen besonderen Anspruch bei der Förderung von Kindern und Jugendlichen stellt die didaktische Gestaltung des Unterrichts dar, vor allem in der fachlichen Verknüpfung von Unterrichtselementen mit projektartigen Bildungsangeboten und der kooperativen Zusammenarbeit von Lehrkräften einerseits und der Zusammenarbeit von Lehrkräften und anderen Fachkräften in außerunterrichtlichen Bildungsfeldern andererseits. Die Gebundene Ganztagsschule kann diese Entwicklungsoptionen durch neue pädagogische Konzepte bieten. Die Schule wird zum umfassenden sozialen Ort, an dem die Beteiligten anders arbeiten und zusammenarbeiten müssen als bisher. Kooperation wird zur fundamentalen Voraussetzung auf verschiedenen Ebenen: Klassen-, Jahrgangs-, Schul- und Sozialraumebene. In diesem Kontext ist die Stellung der Schule eine andere, nämlich Ort der Entwicklung des Einzelnen und damit mehr als Unterrichtung. Das setzt dann eine stärkere theoriegeleitete Realisierung von Ganztagsschule voraus, die Rahmenbedingungen sichert, so dass

- Unterricht als Entwicklung von Individuen betrachtet wird
- Schule als Chance der Entwicklung gruppaler Subjekte (positive Meinungsbildung von Klassen) gesehen wird
- neue Anregungs- und damit Lernmilieus geschaffen werden können.

## *2.1 Förderung durch Rhythmisierung*

Das Zeitraster für die Tagesgestaltung bzw. die Rhythmisierung des Tagesablaufs bildet die Grundlage für die Spezifik der pädagogisch-didaktischen Arbeit und geht von zwei Grundvorgängen aus: der Intensität und den Wechselbeziehungen der Angebote. Die Intensität bezieht sich auf die kognitiven Anforderungen bzw. auf den Grad der jeweiligen Beanspruchung der Lernenden, während die Wechselbeziehungen sich auf die gegenseitige Bedingtheit bzw. auf die Verknüpfung von Angeboten im Tagesablauf beziehen und einer inhaltlichen Konzeption folgen sollen. Die Rhythmisierung richtet die Aufmerksamkeit auf die Gestaltung von Wochenzeitplänen und auf den Tagesablauf. Während in den Wochenzeitplänen der Fächerkanon laut amtlicher Stundentafel berücksichtigt und im Zusammenhang mit allen anderen Intentionen der Ganztagsschule (ergänzende lernorientierte und freizeitorientierte Angebote, Fördermaßnahmen, so genannte Hausaufgabenhilfe u. a.) umgesetzt werden muss, schafft die rhythmisierte Tagesgestaltung einen vor allem nach physiologischen, psychologischen, sozialen und pädagogischen Erkenntnissen gestalteten Tagesablauf. Der Wert der Rhythmisierung besteht in der Schaffung von Zeiträumen bzw. -blöcken für bestimmte Tätigkeiten und in ihrer sinnvollen Verknüpfung genauso wie in der Verbindung von obligatorischer Zeitnutzung und der individuellen Verwendung frei verfügbarer Zeit. Diese Rhythmisierung schafft Verbindlichkeit und Verlässlichkeit für alle einerseits und genügend Flexibilität für die individuelle Lern- und (Schul-) Tagesgestaltung der teilnehmenden Schüler(innen) andererseits. Als zweckmäßig haben sich solche Tagesgliederungen erwiesen, die

- einen offenen Beginn aufweisen
- Blockbildungen vornehmen (90 Min. Unterricht neben einstündigen Veranstaltungen)
- eine Frühstückspause genauso wie eine längere Mittagspause vorsehen
- drei bzw. vier Lernzeitblöcke (zwei davon am Vormittag) geplant haben
- einen Zeitblock für die gebundene und ungebundene Freizeit verfügbar machen
- einen Zeitblock für Fördermaßnahmen, lernorientierte Arbeitsgemeinschaften, neue Unterrichtsfächer und Hausaufgabenhilfe/-betreuung zur Verfügung stellen
- mehrstündige Projektvorhaben an Einzeltagen vorsehen (vgl. Appel/Rutz 2005: 140-165; Holtappels u. a. 2007: 186-206; MBWK 2007: 76, 97, 102).

## *2.2 Förderung durch Unterrichtsgestaltung*

Für die Unterrichtsgestaltung ergeben sich an der Ganztagsschule neue Chancen in mehrfacher Hinsicht. Zum einen besteht durch die Verfügbarkeit eines größeren Zeitfonds die Aufnahme neuer Lerninhalte in das Angebot, die auf der Basis wahlobligatorischer und fakultativer Kurse oder Fächer realisiert werden können; zum anderen kann das fachbezogene systematische Lernen mit dem situierten Lernen in Form von Projekten zweckmäßig verbunden werden. Und zum Dritten können Lernprozesse so angelegt werden, dass dem/r Einzelnen Zeiträume zur individuellen Nutzung zur Nacharbeit, Kompensation, Ergänzung oder Erweiterung der Wissens- und Könnensbestände zur Verfügung stehen (so genannte Hausaufgabenhilfe/-betreuung).

Der größere verfügbare Zeitfonds an der Ganztagsschule sollte nicht allein dadurch genutzt werden, dass zusätzliche Angebote im nachmittäglichen Bereich unterbreitet werden, ohne den traditionellen Unterricht zu verändern. Vielmehr ergeben sich für die Unterrichtsgestaltung schon selbst neue Möglichkeiten. Sie liegen in einer Fächer verbindenden und übergreifenden pädagogischen Arbeit. Durch gezielte Themenwahl können einzelne Unterrichtsfächer zeitweilig zusammenarbeiten und durch die Nutzung des jeweiligen Fachwissens Synergieeffekte erzeugt werden. Durch Blockung des Unterrichts (Nutzung der fachspezifischen Unterrichtsstunden) und die Bildung von Lehrerteams (auf Fächerebene oder Jahrgangsstufenebene) kann eine inhaltsbezogene Fachkooperation entstehen und zeiteffektiver gearbeitet werden. Diese Zusammenarbeit ermöglicht auch noch eine weitere Dimension: die fächerübergreifende Unterrichtsarbeit. Lehrer(innen) verschiedener Fächer – und in der Regel nach Jahrgangsstufen – verabreden Unterrichtseinheiten, die der Entwicklung der Methodenkompetenz der Schüler(innen) dienen. Sie erwerben in systematischen Lehrgängen eine derartige Kompetenz, dass sie über ein bestimmtes Methodenrepertoire verfügen und dieses in mehreren Fächern nutzen können. Diese Art der Arbeit ist nicht neu und ganztagsschulspezifisch, aber sie lässt sich unter den Bedingungen der Ganztagsschule in günstiger Weise realisieren und fördert die Zusammenarbeit der Lehrkräfte in geeigneter Weise.

In das pädagogische Konzept der Ganztagsschule gehören auch neue Lerninhalte. So können in den Fächerkanon neben den Pflicht- und Wahlpflichtfächern im fakultativen Bereich auch neue Fächer aufgenommen werden, die ein halbes Jahr oder auch einjährig geführt werden. Abhängig vom Alter der Schüler(innen), ihren Interessen und Neigungen und evtl. auch bestimmten Erfordernissen aus der Schul- und Lebenssituation sind „Fächerbildungen" möglich, die auf eine große Resonanz bei den Schülern stoßen und deshalb als solche geführt werden. So können Fragen der Gesundheit, der Ernährung, der Lebensführung, der Berufswahl und Lebensperspektive, der Erziehung u. v. a. m. eine besondere Bedeutung haben. Eine weitere wichtige Chance pädagogisch-didaktischer Arbeit in der Ganztagsschule ist die individuelle Förderung des Einzelnen, die sich bei aller Differenzierung des deutschen Schulsystems in heterogenen Gruppen vollzieht.

Bestimmte Bedingungen, wie beispielsweise die Möglichkeit der didaktischen Differenzierung, des individuellen Eingehens auf den Einzelnen und das Klassenklima, beeinflussen den Prozess und nicht die Tatsache, wie homogen oder heterogen die Schülerschaft zusammengesetzt ist. Als zwei besondere Einflussfaktoren zur erfolgreichen Arbeit in heterogenen Klassen wurden die Einstellung der Lehrkräfte und die innere Differenzierung/Individualisierung diagnostiziert (vgl. Bräu/Schwerdt 2005). Es gibt z. Zt. noch keine Untersuchungen, die differenzierte Aussagen zur Bewältigung der Heterogenität in den Klassen durch die Lehrkräfte erlauben, in welchem Umfang diese von der Bereitschaft zur Umsetzung (Wollen) bzw. von ihrer tatsächlichen Befähigung dazu (Können) abhängt und inwieweit die Notwendigkeit unterrichtsmethodischer Vielfalt nicht nur als Erkenntnis gewonnen wurde, sondern auch tatsächlich im Unterricht umgesetzt und gemeistert wird. Zwischen dem, was als richtig, zweckmäßig, wichtig erkannt wurde, und dem, was wirklich im Unterricht umgesetzt wird, kann eine große Diskrepanz bestehen (vgl. Tillmann/Wischer 2006: 46-47).

Individuelle Förderung setzt Differenzierung und ein kluges didaktisch-methodisches Vorgehen mit der ganzen Klasse voraus. So stellte Holtappels bereits (1994: 17) fest, dass scheinbar in den meisten Schulen nur eine geringe didaktisch-methodische Ausdifferenzierung des Unterrichts erfolgt. Auch neuere Analysen belegen, dass es auf diesem Gebiet kaum Veränderungen gegeben hat (vgl. Helmke/Jäger 2002: 204; Kunter u. a. 2005: 516-518). Die Schüler(innen) dort abzuholen, wo sie sind, ist von jeher eine didaktische Grundforderung. Viele ahnen zunächst nicht, wie weit sie dazu gehen müssen und welche Schritte sie dann brauchen, um wieder vorwärts zu kommen. Deshalb ist die Aufmerksamkeit darauf zu richten, wie die individuelle Förderung der Einzelnen so gestaltet werden kann, dass

- vom individuellen Entwicklungsstand ausgehend
- ein bestimmtes Vorwissen entwicklungsgerecht erzeugt
- in heterogenen Gruppen ein bestimmtes Ausgangsniveau zu bestimmten Zeiten gesichert werden kann.

Die Universalisierung von gleichen Lerngelegenheiten für alle Schüler(innen) hat sich historisch als großer Erfolg erwiesen, aber auch die Grenzen im unteren Leistungsbereich erkennen lassen (vgl. Baumert 2006: 46). Für die Ganztagsschule ergeben sich besondere Chancen im Umgang mit dem Zeitfaktor und in der Schaffung stärker individualisierter Lerngelegenheiten.

## 2.3 *Förderung durch Lerngelegenheiten*

Die Lerngelegenheiten betreffen die Zugänge der einzelnen Schüler(innen) zur Wissensaneignung und Könnensentwicklung sowie die entwicklungsgerechte Gestaltung der Lernprozesse. Der Zeitfaktor bezieht sich auf das Lerntempo und die Übungszeiten. Die Ganztagsschule kann schülerbezogen – zumindest aus theoretischer Sicht – diesen beiden Faktoren besser Rechnung tragen als die Halbtagsschule. Hierzu sind jedoch weitere Überlegungen notwendig, die einerseits die Lernzeiten in ihrer Abfolge betreffen und andererseits die Lernprozessgestaltung. Den unterschiedlichen Bedürfnissen der Schüler(innen) hinsichtlich der Aneignung von Wissen und der Entwicklung des Könnens kann durch bereitzustellende differenzierte Lern- und Übungszeiten und durch spezielle, auf bestimmte Schülergruppen abgestimmte Lernangebote im Ganztag entsprochen werden.

So können innerhalb des Unterrichts unterschiedliche Lerner(innen) Aufgaben verschiedener Schwierigkeitsgrade genauso lösen wie in der verfügbaren Arbeitszeit variieren. Für die individuelle außerunterrichtliche Lern- und Übungszeit gilt dann auch, dass die verschiedenen Lerner-Gruppen die zur Verfügung stehende Zeit (z. B. in der Hausaufgabenhilfe/-betreuung) in unterschiedlicher Weise nutzen. Ausgangspunkt der Überlegungen sollte deshalb sein, wie der individuellen Förderung der Schüler(innen) am zweckmäßigsten entsprochen werden kann und welche Organisationsmodelle sich daraus für die Schule ergeben. Der zweite Aspekt ist die günstigere Lernprozessgestaltung im Sinne des didaktisch-methodischen Vorgehens im Lernprozess selbst. Baumert (2006: 40) verweist auf das Lernen „in der Auseinandersetzung mit speziell zum Zwecke des Lernens pädagogisch aufbereiteten Sachverhalten" und betont: „Durch die Bereitstellung stabiler Lernwelten kann *langfristig, systematisch und kumulativ* gelernt werden" (ebd., Herv. i. Orig.).

## *2.4 Förderung durch Lernprozessgestaltung*

Erkenntnisse zum erfolgreichen Lernen in der Halbtagsschule gelten auch für die Ganztagsschule. Sie muss vorstrukturierte Lernumgebungen schaffen und den Schüler(inne)n die Möglichkeit geben, Konstruktionsprozesse in vorgeplanten Abläufen vollziehen und ihre Fähigkeiten gezielt entwickeln zu können. Allgemeine geistige Leistungsfähigkeit lässt sich nicht einfach trainieren.

Heute ist bekannt, dass auch bei intelligenten Lerner(inne)n die Fähigkeit zum Transfer lange Zeit überschätzt wurde. Die neueren Erkenntnisse zum Lehr-Lern-Prozess vermitteln uns tiefere Einsichten in den Zusammenhang von metastrategischem Wissen und Inhaltswissen. Allgemeine Vorgehensweisen, z. B. zum Lösen von Problemen, lassen sich auch unabhängig vom Inhaltswissen erlernen. Deshalb ist ein Methodenkurs (z. B. Vorgehen beim Erörtern etc.) schon sinnvoll, doch „kann gut organisiertes Metawissen nur in Kombination mit Inhaltswissen zum vollen Einsatz kommen" (Stern 2006: 46). Für die Gestaltung von Lehr-Lern-Prozessen gilt, dass metastrategisches Wissen in sehr unterschiedlichen Lernkontexten erworben werden kann und es effizienter ist, es implizit zu erwerben, anstatt „die direkte Instruktion von Lern- und Denkstrategien an nicht authentischem Material" (ebd.: 47) zu vollziehen. Es gilt in der Lehr-Lern-Forschung der Satz: „Lern- und Denkstrategien sind lernbar, aber nicht direkt lehrbar" (ebd.). Bei der Gestaltung von Unterricht sollte dem Erarbeiten dann didaktisch auch das Üben folgen (um zu automatisieren) oder das Anwenden (um unter Nutzung erworbener Kenntnisse in neuen Zusammenhängen nach einer Lösung zu suchen). Deshalb ist in besonderer Weise im Unterricht darauf zu achten, dass Lernprozesse didaktisch-methodisch zweckmäßig geführt, klare Begriffsstrukturen aufgebaut und sinnstiftendes Lernen realisiert werden.

Dazu bietet die Ganztagsschule besondere Möglichkeiten, Aufgaben zu entwickeln, bei deren Bewältigung auch besondere Schwierigkeiten zu überwinden sind, die einen Neuheits-Charakter tragen, jedoch unter Anstrengung mit dem bereits erworbenen Wissen gelöst werden können, um jede Kleinschrittigkeit in den Übungen zu vermeiden. So können erarbeitende Phasen und systematische Kenntnisvermittlung und Könnensentwicklung direkt mit Projekten für längere Zeiträume verbunden werden. Diese Chance einer solchen didaktischen Verknüpfung von „Lerneinheiten" bietet der Ganztag. Vor allem sind dazu auch verschiedene Formen von Feedback möglich. Die Ganztagsschule eröffnet eine neue Schulkultur und bietet günstige Bedingungen für optimal gestaltete Lernprozesse.

Für den Unterricht ergibt sich die Kernfrage: Wie müssen die Lernprozesse gestaltet werden, damit eine optimale individuelle Förderung des Einzelnen bei gleichzeitiger Entwicklung des Gemeinsinns erfolgen kann? Diese Frage stellt sich vor allem dann noch im Besonderen, wenn die Einführung von Bildungsstandards erfolgt (vgl. KMK 2003; Klieme 2003; Schlömerkemper 2006: 264-269).

Es müssen solche Lernarrangements entwickelt werden, die das systematische Lernen (vertikaler Lerntransfer) mit dem situierten Lernen (horizontaler Lerntransfer) verbinden und zu Schlüsselqualifikationen (lateraler Lerntransfer) und zu einer verantwortlichen Kompetenznutzung (reflexiver Lerntransfer) führen (vgl. Weinert 1998: 115-120; Helmke 2005; Lersch 2006: 37). Erst diese Vollständigkeit sichert den komplexen Lernprozess und definiert eine neue Lernkultur.

In der Ganztagsschule besteht die hervorragende Möglichkeit der Verbindung des Fachunterrichts (systematisches Lernen und vertikaler Lerntransfer) mit der Projektarbeit (situiertes Lernen und horizontaler Lerntransfer), so dass fachspezifisch erworbenes Wissen und Können in lebensweltlichen Zusammenhängen angewendet, erprobt und damit auch in seiner Bedeutung für den/die Schüler/in erlebt werden kann. Das setzt aber voraus, dass vormittäglicher Unterricht didaktisch mit neuen Lernformen verbunden wird. Um das Leistungspotenzial der Schüler(innen) zu stärken und ihre kognitive Entwicklung zu fördern, müssen Unterricht und außerunterrichtliche Lernformen bzw. Angebote eine konzeptionelle Einheit bilden und einer Bildungsphilosophie des Vormittags und des Nachmittags entsprechen.

Ziel der pädagogischen Arbeit ist die bestmögliche Entwicklung des Einzelnen, d. h. die Entwicklung seiner individuellen Voraussetzungen und seiner Individualität. Das schließt gleichzeitig die Entwicklung von Gemeinsinn und damit von Gemeinschaftsfähigkeit und solidarischem Verhalten ein (vgl. Prüß 2000: 122-128; MBWK 2006: §§ 2-3).

## *2.5 Förderung durch „Hausaufgaben"-Gestaltung*

Die Gestaltung der individuellen und der klassenbezogenen Lernbedingungen sowie der professionelle Umgang mit den Lernenden haben maßgeblichen Einfluss auf das Leistungsniveau der Schüler(innen). Gegenwärtig wird im Rahmen der Gestaltung von Ganztagsschulen – ganz gleich welchen Typs – immer wieder von der Hausaufgabenhilfe oder -betreuung o. Ä. gesprochen. „Haus-Aufgabe" definiert sich eigentlich als eine verbindliche, vom Lehrer gestellte und außerhalb von Schule zu erfüllende Aufgabenstellung durch den Schüler (oder eine Schülergruppe), die zur Kontrolle in der Schule vorgelegt werden muss. In Vollgebundenen Ganztagsschulen verringert sich jedoch die potenzielle häusliche Lernzeit gleichermaßen für alle Schüler(innen).

Auswirkungen hat dieses zunächst für diejenigen, die in der bisher halbtägig geführten Schule zu Hause viel bzw. auch umfassend gelernt haben. Denjenigen, die bisher außerhalb des Unterrichts kaum oder gar nicht den schulischen Lernstoff vertieft und gezielt erweitert haben, werden in der Ganztagsschule bei entsprechenden Angeboten und hoher

Lernbereitschaft neue Entwicklungschancen eröffnet werden können. Vorauszusetzen ist dazu ein differenziertes Angebot und die Wahlfreiheit. Wenn die häuslichen Lern- und Unterstützungssysteme am Nachmittag nicht mehr wirksam werden können, ist eine Kompensation in Form traditioneller Hausaufgabenbetreuung kaum noch sinnvoll. Entsprechend dem Leistungsstand der Schüler(innen) sind gestufte Angebote und dementsprechende professionelle pädagogische Betreuungsformen erforderlich, die jede/n Schüler/in dort abholen, wo er/sie sich befindet. Aus pädagogisch-didaktischer Sicht werden Angebote für solche Schüler(innen) unterbreitet werden müssen,

- die Lernschwierigkeiten und einen hohen Übungsbedarf haben
- die einzelne Wissenslücken haben und sichtbare Schwächen kompensieren möchten
- die den Stoff beherrschen und ihn weiter festigen und Handlungsabläufe automatisieren wollen
- die ihr Wissen zielgerichtet erweitern und ihr Können systematisch weiterentwickeln möchten.

Damit wird auch der Begriff „Hausaufgabe" fragwürdig. Das unterrichtliche Lernen sollte durch außerunterrichtliche Lernformen vertieft, ergänzt und/oder erweitert werden. Eine formale Aufgabe für alle hat die Folge, dass sie für einen Teil der Schüler(innen) angemessen ist, einige überfordert sind und deshalb viel Zeit benötigen, einige unterfordert sind und deshalb die Aufgabe lapidar behandeln und keinen „Lerngewinn" erzielen. Insofern ist darüber nachzudenken, wie die individuelle Förderung nach Schülergruppen durch außerunterrichtliche Lernformen ergänzt werden kann. Dieses sollte in einem individuell gestaltbaren Zeitrahmen erfolgen, in dem sie selbst die Art der Vertiefung oder Ergänzung oder Erweiterung bestimmen und auf professionelle Unterstützung oder Beratung zurückgreifen können. Damit wachsen auch die Bedeutung individueller Bildungspläne und die Abstimmung mit einem gemeinsamen Arbeitsprogramm der Gruppe (vgl. Schlömerkemper 2006: 268). Für Lehrer(innen) stellt sich die Frage nach den Bedingungen solcher Gruppenbildungen, nach didaktisch-methodischen Arbeitsformen und der inhaltlichen Gestaltung von individual- und gruppenbezogenen Bildungsplänen. Alle Schüler(innen) sollten so gefördert werden, dass die Leistungsspreizung derart gemindert werden kann, dass die Risikogruppe (vgl. Baumert u. a. 2001; Prenzel u. a. 2004) reduziert und dennoch die Leistungsspitze gehalten und das obere Viertel gestärkt werden.

## 3 Verbindung verschiedener Lernformen

Der Kern von Schule ist und bleibt Unterricht. Er wurde aber „(...) durch die bisherige Form der Kooperation mit außerschulischen Akteuren kaum tangiert, und der Paradigmenwechsel vom lehrplangesteuerten zu einem eher kontextgesteuerten Lernen blieb bislang aus. Ein in praktische Zusammenhänge eingebettetes Lernen (‚situiertes Lernen'), das das seit PISA geforderte anwendbare Wissen auch im Unterricht fördert, ist noch nicht eingelöst" (Lipski 2007: 71). Die pädagogischen Konzepte der Gebundenen Ganztagsschule sollten daher aus den bisher gewonnenen Erkenntnissen mehrere Linien verfolgen und diese auch miteinander verbinden:

- das fachbezogene Lernen und die Sicherung eines systematischen Wissens und Könnens
- das fächerübergreifende Lernen durch die Verknüpfung von Inhalten verschiedener Fächer
- die individuelle Förderung des Einzelnen durch leistungsniveaubezogene Anforderungen und bildungsorientierte Angebote
- die fachspezifische Förderung auch durch Angebote außerschulischer Partner
- den umfangreichen Bereich der interessenbezogenen und neigungsdifferenzierten Angebote schulischer und außerschulischer Partner hinsichtlich der Entwicklung vielseitiger und gemeinschaftsfähiger Persönlichkeiten.

Für die Gestaltung der Lernprozesse aller Art in der Ganztagsschule gelten Absprache, Abstimmung und Kooperation als Voraussetzung. Das pädagogische Konzept der einzelnen Lehrkraft ist auf Einbettung in ein klassen-, stufen- und schulbezogenes Vorhaben und Vorgehen angewiesen. Somit wird von daher auch der Erfolg der Einzel-Vorhaben mitbestimmt sowie eine Positionsveränderung der Lehrenden hinsichtlich ihrer Zeitstrukturierung und der inhaltlichen Bestimmung ihrer Tätigkeit erforderlich sowie die Sicherung bestimmter Rahmenbedingungen notwendig. Als solche sind bedeutsam:

- die Abstimmung zwischen den Lehrkräften
- die Ausrichtung der unterrichtlichen Arbeit auf eigene und auf kooperative Vorhaben
- die Verbindung von vertikalem und horizontalem Lerntransfer
- die verstärkte Ausrichtung der Arbeitszeiten der Lehrkräfte auch auf außerunterrichtliche Prozesse im Sinne der Projektkoordination und fachlichen Zusammenarbeit
- die Entwicklung einer institutionalisierten Kommunikation zwischen der Schule und außerschulischen Partnern in Bezug auf die Angebote
- ein schülerbezogenes Feedback erbrachter Leistungen bzw. auf gezeigtes Engagement
- die Kontinuität und Stabilität in der Finanzierung und der personellen Absicherung der Angebote
- die Sicherung von fachlicher und pädagogischer Qualität der Angebote.

## *Literatur*

Appel, Stefan/Rutz, Georg (2005): Handbuch Ganztagsschule. Praxis – Konzepte – Handreichungen. Schwalbach/Ts.: Wochenschau.

Baumert, Jürgen (2006): Was wissen wir über die Entwicklung von Schulleistungen? In: ZfPäd (58. Jg.) H. 4/2006: 40-46.

Baumert, Jürgen/Klieme, Eckhard/Neubrand, Michael/Prenzel, Manfred/Schiefele, Ulrich/Schneider, Wolfgang/Stanat, Petra/Tillmann, Klaus-Jürgen/Weiß, Manfred (Hg.) (2001): PISA 2000. Basiskompetenzen von Schülern im internationalen Vergleich. Opladen: Leske + Budrich.

BMFSFJ (1998) – Bundesministerium für Familie, Senioren, Frauen und Jugend (Hg.): Zehnter Kinder- und Jugendbericht über die Lebenssituation von Kindern und die Leistungen der Kinderhilfen in Deutschland. Bonn.

BMFSFJ (2002) – Bundesministerium für Familie, Senioren, Frauen und Jugend (Hg.): Elfter Kinder- und Jugendbericht über die Lebenssituation junger Menschen und die Leistungen der Kinder- und Jugendhilfe in Deutschland.

BMFSFJ (2005) – Bundesministerium für Familie, Senioren, Frauen und Jugend (Hg.): Zwölfter Kinder- und Jugendbericht über die Lebenssituation junger Menschen und Leistungen der Kinder- und Jugendhilfe in Deutschland. Berlin.

Bräu, Klaus/Schwerdt, Ulrich (Hg.) (2005): Heterogenität als Chance. Vom produktiven Umgang mit Gleichheit und Differenz in der Schule. Münster: Lit.

Helmke, Andreas (2005): Unterrichtsqualität: Erfassen, bewerten, verbessern. Seelze: Kallmeyer.

Helmke, Andreas/Jäger, Reinhold (Hg.) (2002): Mathematik-Gesamterhebung Rheinland-Pfalz: Kompetenzen, Unterrichtsmerkmale, Schulkontext. Landau: VEP.

Helsper, Werner (2001): Rekonstruktion zur Schulkultur. Opladen: Leske + Budrich.

Holtappels, Heinz Günter (1994): Ganztagsschule und Schulöffnung. Perspektiven für die Schulentwicklung. Weinheim: Juventa.

Holtappels, Heinz Günter/Klieme, Eckhard/Rauschenbach, Thomas/Stecher, Ludwig (Hg.) (2007): Ganztagsschule in Deutschland. Ergebnisse der Ausgangserhebung der „Studie zur Entwicklung von Ganztagsschulen" (StEG). Weinheim: Juventa.

Klieme, Eckhard (2003): Bildungsstandards. Ihr Beitrag zur Qualitätsentwicklung im Schulsystem. In: Die Deutsche Schule (95. Jg.) H. 1/2003: 10-17.

KMK (2003): Entwicklung von Bildungsstandards (299. Plenarsitzung der Kultusministerkonferenz). In: Pädagogische Führung (14. Jg.) H. 1/2003: 48-49.

Kunter, Mareike/Brunner, Martin/Baumert, Jürgen (2005): Der Mathematikunterricht der PISA-Schülerinnen und Schüler: Schulformunterschiede in der Unterrichtsqualität. In: ZfE H. 4/2005: 502-521.

Lersch, Rainer (2006): Unterricht zwischen Standardisierung und individueller Förderung. In: Die Deutsche Schule (98. Jg.) H. 1/2006: 28-40.

Lipski, Jens (2007): Keine halben Sachen mit der Ganztagsschule. In: DJI Bulletin 78 Ganztagsschule 1/2007: 21.

MBWK (2006) – Ministerium für Bildung, Wissenschaft und Kultur M-V (Hg.) (2005): Schulgesetz für das Land M-V. Schwerin: MBWK.

MBWK (2007) – Ministerium für Bildung, Wissenschaft und Kultur M-V (Hg.) (2007): Erfahrungen aus dem Modellvorhaben. Schwerin: MBWK

Prenzel, Manfred/Baumert, Jürgen/Blum, Werner/Lehmann, Rainer/Leutner, Detlev/Neubrand, Michael/Pekrun, Reinhard/Rost, Jürgen/Schiefele, Ulrich (Hg.) (2004): PISA 2003. Der Bildungstand der Jugendlichen in Deutschland. Münster: Waxmann.

Prüß, Franz (2000): Individuum und Gemeinschaft – Gegensatz oder Bedingung? In: Müller, Siegfried/Sünker, Heinz/Olk, Thomas/Böllert, Karin (Hg.): Soziale Arbeit. Neuwied: Luchterhand: 119-135.

Prüß, Franz (2003): Schulsozialarbeit zwischen Sozialpädagogik und schulischem Auftrag. In: Verband Bildung und Erziehung (Hg.): Schwierige Schüler, mehr Erziehung – Brauchen wir Schulsozialarbeit? Berlin: Verband Bildung und Erziehung e. V.: 42-65.

Schlömerkemper, Jörg (2006): Wie kultiviere ich die Bildung bei dem Standard? In: Die Deutsche Schule (98. Jg.) H. 3/2006: 264-269.

Stern, Elsbeth (2006): Lernen – Was wissen wir über erfolgreiches Lernen in der Schule? In: ZfPäd (58. Jg.) H. 1/2006: 45-49.

Tillmann, Klaus-Jürgen/Wischer, Bernd (2006): Heterogenität in der Schule – Forschungsstand und Konsequenzen. In: ZfPäd (58. Jg.) H. 3/2006: 44-48.

Weinert, Franz Emanuel (1998): Neue Unterrichtskonzepte zwischen gesellschaftlichen Notwendigkeiten, pädagogischen Visionen und psychologischen Möglichkeiten. In: Bayrisches Staatsministerium für Unterricht, Kultur, Wissenschaft und Kunst (Hg.): Wissen und Werte für die Welt von morgen. München: 101-125.

# Rhythmisierung

*Kerstin Rabenstein*

Die gegenwärtige und historische Diskussion um Ganztagsschulen in Deutschland ist von der Vorstellung geprägt, die Ganztagsschule habe eine gegenüber der Halbtagsschule bessere Schule zu sein, die die Bedürfnisse des Kindes stärker berücksichtigen und eine Verbindung zwischen „Schule" und „Leben" ermöglichen könne. Der Zusammenhang zwischen dem richtigen „Rhythmus" ganztägiger Lernangebote und der Verwirklichung einer am Kind und seinem Eigensinn orientierten „Lebensschule" wird seit den Versuchsschulen der 1920er Jahre immer wieder aufs Neue hergestellt. Die Ergebnisse empirischer Untersuchungen zur gegenwärtigen Ganztagsschulentwicklung in Deutschland zeigen allerdings, dass von einer gegenüber der Halbtagsschule veränderten zeitlichen Tagesstrukturierung, die ein erweitertes Angebot unterstützt bzw. ermöglicht, an den meisten Ganztagsschulen in Deutschland derzeit nicht die Rede sein kann (vgl. Dieckmann u. a. 2007). Der zentralen Bedeutung, die der „Rhythmisierung" in diesem Diskurs zugewiesen wird, stehen also relativ unveränderte Zeitstrukturen an den Ganztagsschulen gegenüber, und zwar weil – so lautet die im Folgenden zu entwickelnde These – die pädagogisch-didaktischen Profile der Ganztagschulen noch nicht ausreichend ausgereift sind, um eine andere Art der Zeitstrukturierung zwingend notwendig zu machen.

Auf Grundlage einer gemeinsam mit Sabine Reh und Fritz-Ulrich Kolbe erstellten Expertise (vgl. Kolbe u. a. 2006) wird im Folgenden der Frage der Zeitstrukturierung ganztägigen Lernens in drei Schritten nachgegangen: Im ersten Teil wird anhand eines Einblicks in den gegenwärtigen, historischen und internationalen Diskurs über die Thematik vorgeschlagen, statt von Rhythmisierung von Zeitstrukturierungsmodellen zu sprechen, um sich des ideologischen und biologistischen Ballastes des Begriffs Rhythmisierung zu entledigen. Der zweite Teil beinhaltet ein Plädoyer dafür, die Entwicklung von Zeitstrukturierungsmodellen als eine im Kern einzelschulspezifische Entwicklungsaufgabe zu begreifen, die nicht mit Hilfe von standardisierten Modellen der Tagesgestaltung gelöst werden kann; die Frage nach der „richtigen" Zeitstruktur wird vielmehr als eine nur im Zusammenhang mit dem seitens der Schule präferierten pädagogisch-didaktischen Konzept zu bearbeitende Aufgabe betrachtet. Im dritten Teil sind anhand der wenigen vorliegenden explorativ-empirischen Forschungsergebnisse zur Gestaltung von Zeit und zum Umgang mit Zeit an Ganztagsschulen erste Anhaltspunkte für eine aus Lehrer- und Schülersicht sinnvolle Gestaltung des Schultages zusammengestellt.

## 1 Der Begriff „Rhythmisierung" im pädagogischen Diskurs

In der Analyse des gegenwärtigen und historischen Diskurses über die Frage der zeitlichen Tagesgestaltung von Ganztagsschule in Deutschland wird deutlich, dass der Begriff des „Rhythmus" bzw. der „Rhythmisierung" gewissermaßen als Metapher für den reformpädagogischen Kerngedanken einer kindgemäßen „Lebensschule" steht. Damit einher geht die Vorstellung eines für alle Menschen als gleich unterstellten „natürlichen", kind- und lerngerechten Rhythmus, den es bei der Gestaltung von Schule zu beachten gelte. In der internationalen Diskussion finden sich solche Bezüge hingegen nicht.

Der Begriff des „Rhythmus" oder der „Rhythmisierung" taucht in der gegenwärtigen Diskussion um Ganztagsschule an vielen Stellen auf. So geht es beispielsweise in der fünften Auflage des Handbuchs Ganztagsschule (vgl. Appel 2005) unter der Überschrift „Tagesplanung in ganztägigen Schulen" um „Rhythmisierung" und „zeitliche Planung von Ganztagsschulen". Auch in Veröffentlichungen des Programms „Ideen für mehr! Ganztägig lernen" der Deutschen Kinder- und Jugendstiftung ist dieses Thema aufgenommen, allerdings von der Formulierung her etwas sachlicher als „Zeitstrukturmodelle" (Burk 2005: 66), die andernorts jedoch unter dem Titel „Mehr Zeit in der Schule – der Rhythmus macht's" (Burk 2006: 92) erscheinen. Gemeinsam ist allen die Vorstellung, dass man sich bei der zeitlichen Gestaltung von Ganztagsschule an einem natürlich vorgegebenen „Rhythmus" zu orientieren habe, um auf diese Weise eine im reformpädagogischen Sinne kindgerechte und lebensnahe Schule zu schaffen. Diese These wird im Folgenden exemplarisch belegt.

Appel (2005: 142) bezieht sich auf Rhythmus im Sinne seines griechischen Ursprungs als einer „harmonische(n) Bewegung", eines „periodischen Wechsels(s) natürlicher Vorgänge", die in der „Art einer Wellenbewegung" zwischen Gegensätzlichkeiten („Wachstum und Vergehen, Wachsein und Schlafen") verstanden werden können. Unter „Rhythmisierung" versteht Appel einen „wohl proportionierten Klangteppich des modifizierten Arrangements, auf dem das schulische Leben mit allen Vorhaben im unterrichtlichen wie außerunterrichtlichen Bereich harmonisch abläuft" (ebd.: 144). Dabei strebt Appel die an entwicklungsphysiologischen Einsichten orientierte Lebensschule ganzheitlicher Art an, in der die herkömmlichen Prinzipien der Wissensvermittlung aufgelöst werden und in der ein „spürbarer Rhythmus" genau dieses zu verwirklichen hilft (ebd.: 142). Er verpflichtet Ganztagsschulen, eine „gemeinschaftsverbindende Lern- und Lebensstätte" (ebd.: 140) zu sein, in der sich die Kinder wohl fühlen, weil ihre Bedürfnisse berücksichtigt werden und „adäquate" (ebd.: 140) Lehr- und Lernverfahren vorherrschen.

In dieser Version von „Rhythmisierung" herrscht das Bild einer für alle Menschen, Kinder und Jugendlichen weitgehend gleichen physiologischen Leistungskurve vor, die immer schon vorgebe, wie der Tag in der Ganztagsschule zu gestalten sei. Mit seinen Begrifflichkeiten gibt Appel dabei als Natur bzw. natürlich aus, was er gleichzeitig als Norm pädagogischen Handelns erst unterstellt bzw. was es als Ziel pädagogischen Handelns erst noch zu entwickeln gilt.

Etwas anders, weniger reformpädagogisch konnotiert, ist die Begründung von Burk, warum eine rhythmisierte Zeitstruktur „kindgerechter" sei, wenn er konstatiert, „Rhythmisierung" entspreche dem zyklischen Zeitverständnis bei Kindern (vgl. Burk 2005: 66-70). „Rhythmus" versteht Burk – ähnlich wie Appel – als eine „gleichmäßige Bewegung", die fließt und regelmäßig wiederkehrt (ebd.: 94). Die Rhythmisierung innerhalb eines schuleinheitlich festgelegten zeitlichen Rahmens, den Burk „Takt" nennt, ist dann auch das, was flexibel gestaltet werden soll: zum einen als „äußere Rhythmisierung" durch die Vorgaben der Lehrerin, zum anderen als „innere Rhythmisierung" durch das Kind selbst (ebd.: 68). Der Takt – das, was sonst oft mit „Rhythmisierung" bezeichnet wird – sagt also noch nichts darüber aus, wie das Lernen der Schüler(innen), z. B. im Wechsel von Sozialformen, zeitlich strukturiert ist.

Burks Argumentation ist auch an der Vorstellung von einem physiologisch für alle Menschen in gleicher Weise gültigen, natürlichen Rhythmus orientiert, wie etwa der von Anspannung und Erholung, dessen Beachtung zum Erhalt der Gesundheit notwendig sei. Das zeigt sich für ihn darin, dass „Abschied von der Fiktion ausschließlich von außen zugeschnittener Konzentrationsphasen" genommen werden solle und nun auch Pausen und Ermüdungsphasen als Bestandteil der Lernprozesse begriffen werden müssten (ebd.: 67). Im Kern fordert er die Ganztagsschule dazu auf, ein gegenüber der Halbtagsschule anderes, kindgerecht-zyklisches, weniger rational-modernes Verhältnis z. Zt. zuzulassen, ohne jedoch die Konsequenzen einer möglicherweise damit verbundenen anti-modernistischen Orientierung von Schule zu diskutieren.

Auch da, wo der Stand der empirischen Forschung referiert wird, finden sich, wie bei Holtappels (2005), ideologische Setzungen oder Unterstellungen. Angenommen wird, es gebe einen (typischen) Lebens- und Lernrhythmus von Kindern, und dieser – wenn er Grundlage für schulische „Rhythmisierung" werde – sei als ein kind- und lerngerechter Zeitrhythmus pädagogisch förderlich. Bei der Gestaltung von Ganztagsschulen sollten sich Lehrer(innen) orientieren an den physiologischen Belastungsgrenzen, am Lerntempo der Kinder und den didaktisch-methodischen Anforderungen der Lernprozesse. Im Rahmen einer „sinnvollen Rhythmisierung", eines Wechsels von Entspannung und Spannung, Konzentrations- und Zerstreuungsphasen, zwischen Bewegung und Ruhe, zwischen Lernarbeit und Spiel würden „offenere" Lernarrangements möglich, seien fächer- und jahrgangsübergreifende, ganzheitliche Orientierung umsetzbar.

Historisch betrachtet lässt sich der Gedanke einer „Rhythmisierung" der Schule mit dem Ziel einer kindgemäßen Lebensschule bis zu den Versuchsschulen der 1920er Jahre zurückverfolgen (vgl. Ludwig 1993: 592-593; vgl. auch Heck 1986; Sandfuchs 1988). Metaphern wie „die Verkopfung des Morgens", die „Entzerrung des Schultages" oder des „rhythmischen Wechsels von Anspannung und Entspannung" tauchen im Diskurs immer wieder auf. Während zunächst ausgehend vom Bild einer harmonisch-zyklischen Natur stark naturalistisch argumentiert wird, gibt die sich in den 1950er Jahren intensivierende Debatte, in die in den 1970er Jahren auch Mediziner einbezogen wurden, vor allem Anstöße zur empirischen Erforschung physiologischer Fragen nach der Belastung von Schüler(innen) (vgl. im Einzelnen Kolbe u. a. 2006). Wenngleich sich herausstellt, dass der Verlauf der Leistungskurve des Einzelnen von weit mehr Faktoren abhängt als bisher angenommen, wird im pädagogischen Diskurs nicht Abschied genommen von der Idee der „Rhythmisierung" und der durch sie zu ermöglichenden besseren, lebensnäheren Schule (vgl. z. B. Messner 1991).

Eine Diskussion über „Rhythmisierung" wie in Deutschland bzw. später in der Bundesrepublik ist in dieser Form in anderen Ländern kaum zu finden. Historisch haben sich die Schulsysteme unterschiedlich entwickelt und unterschiedliche Traditionen des Umganges mit Schulzeit herausgebildet, was einen internationalen Vergleich erschwert. Die in der deutschen Debatte um die „Rhythmisierung" des Schultages laut werdende Kritik an einer bloßen zeitlichen Ausdehnung des Schultages fände in der Organisation des Ganztagsschulbetriebes anderer Länder hinreichend Nahrung. Keinesfalls haben die Schulen anderer Länder, deren Schulsysteme durch einen ganztätigen Schulbetrieb gekennzeichnet sind, eine immer im reformpädagogisch verstandenen Sinne abwechslungsreich „rhythmisierte" Tagesstruktur entwickelt (vgl. Otto/Coelen 2005 sowie zu Beispielen aus den Niederlanden, England, Spanien und Frankreich Kolbe u. a. 2006: 8-10).

Die Umfang und Gestaltung der Schulzeit wird in anderen Ländern dann auch unter je spezifischen Fragestellungen und Problemen diskutiert. So geht es z. B. in der Diskussion um die *rhythmes scolaires* in Frankreich um die Länge der Schulferien und die Abschaffung oder Beibehaltung der freien Nachmittage in der Woche (mittwochs und samstags), aber nicht um die Frage der Tagesorganisation (vgl. Otto/Coelen 2005).

Ziel der gegenwärtigen Ganztagsschulentwicklung kann es nicht sein – wie im reformpädagogischen Diskurs in Deutschland üblicherweise unterstellt wird –, den Schultag in einer am „natürlichen" Rhythmus des Kindes orientierten Art und Weise zu gestalten und dadurch eine gegenüber der Halbtagsschule bessere Verbindung von „Schule" und „Leben" zu schaffen. Nicht etwa ein vermeintlich verallgemeinerbarer Rhythmus von „Anspannung" und „Entspannung" liegt der Entscheidung für eine bestimmte Strukturierung des Schultages zugrunde, sondern die Frage, wie das Lernen von Schüler(innen) erfolgreich ermöglicht werden kann. Deswegen lautet mein Vorschlag, nicht von „Rhythmisierung", sondern von Zeitstrukturierung des Ganztags zu sprechen.

## 2 Modelle der Zeitstrukturierung

Wenn in der Literatur zur „Rhythmisierung" auf Zeitmodelle rekurriert wird, sind es meistens die vier von Appel (2005) beschriebenen, stark vom Einzelfall abstrahierten Modelle. Welches pädagogisch-didaktische Profil eine Schule jedoch mit welcher Zeitstruktur realisieren kann, wird in diesen standardisierten Modellen nicht sichtbar. Am Beispiel zweier Modelle, die eine veränderte Zeitstruktur nicht nur des Tages und der Woche vornehmen, sondern Modelle „rhythmisierten" Lernens an verschiedenen Orten und in unterschiedlichen zeitlichen Intervallen vornehmen, lässt sich hingegen zeigen, dass der Entscheidung für eine bestimmte Zeitstruktur immer die didaktische Entscheidung für bestimmte Formen des Lernens vorausgeht, die dann auch eine bestimmte Form der Lernorganisation (z. B. Auflösung des 45-Minuten-Takts und Schaffung längerer Lernphasen) notwendig machen. Die Entscheidung für und die Organisation von unterschiedlichen Lernangeboten und Lernumgebungen ist also die zentral zu lösende Aufgabe für die Schulen. Da eine systematische Auswertung von Beispielen unter diesem Gesichtspunkt in der Forschung noch gänzlich fehlt, wird im Folgenden auf gut dokumentierte Beispiele von Reformschulen zurückgegriffen (siehe auch Höhmann/Kummer 2006).

In der Helene-Lange-Schule in Wiesbaden (vgl. Becker 1997) wird das Lernen der Schüler(innen) durch im Wesentlichen zwei Planungsinstrumente – den Jahresarbeitsplan und den Wochenplan – strukturiert. Beide Instrumente geben ein zeitliches Raster vor, die gleichwohl eine flexible Arbeits- und Zeitgestaltung für die Jahrgangsteams bzw. den/die einzelne(n) Schüler(in) ermöglichen. Blickt man auf einen solchen Plan, wird schnell sichtbar, dass die Frage der Zeitstruktur des Tages, der Woche und des Jahres eng verbunden ist mit der Frage der inhaltlichen Strukturierung des Lernens. Inhaltlich und zeitlich müssen parallel zu bearbeitende Themen der Fächer, größere fächerübergreifende oder projektorientierte Vorhaben und damit verbundene Arbeiten der Schüler(innen) innerhalb eines Jahrgangs und in der ganzen Schule koordiniert werden.

In der Neuen Max-Brauer Schule in Hamburg haben die Lehrer(innen) die Struktur und die Arbeitsformen des Unterrichts vollständig verändert (vgl. Max-Brauer-Schule Hamburg 2006; Riekmann 2005). Das Ziel des Konzepts ist, das Lernen konsequent und durchgängig zu individualisieren. Eingerichtet wurden dafür vier unterschiedliche Lernorganisations-Bereiche – Lernbüros, Projekte, Werkstätten und außerschulische Lernorte –, die die alte Fächerstruktur ersetzen und in denen das gesamte Lernen organisiert wird. Ziel der in der Max-Brauer-Schule dafür eingeführten Tagesstrukturierung ist es nicht nur, eine Balance zwischen unterschiedlichen Aktivitäten bzw. Formen der Arbeit und Anstrengung zu ermöglichen, sondern vor allem größere zeitliche Einheiten für Lernaktivitäten in und außerhalb der Schule zu schaffen. Dafür beginnt der Schultag mit einem offenen Anfang von 8 bis 9 Uhr. Am Vormittag arbeiten die Schüler(innen) dann in Zeiteinheiten von mindestens anderthalb Zeitstunden in den Lernbüros, Werkstätten oder in Projekten. Unterbrochen wird diese Arbeit durch eine Frühstückspause. Mittags umfasst die Pause eine Stunde, in der die Schüler(innen) essen und verschiedene Offene Angebote wahrnehmen können (wie Vorlesen, Lesen oder Stöbern in der Schulbibliothek, Entspannungsgymnastik, Ausruhen etc.). An vier Wochentagen folgen nach der Mittagspause bis zum Schulschluss danach nochmals zwei Einheiten von anderthalb Zeitstunden, in denen die Schüler(innen) wiederum in den Lernbüros, Werkstätten oder Projekten arbeiten. In einem Wochenabschluss am Freitag präsentieren Schüler(innen) Arbeitsergebnisse, führen Chor- oder Orchesterstücke auf etc.

In den hier vorgestellten Zeitstrukturierungsmodellen zweier Reformschulen ist die Strukturierung des Tagesablaufs verbunden mit weitgehenden didaktischen Entscheidungen für spezifische Formen der Lernorganisation, die mittel- und langfristige – auch curriculare – Planungen des Schuljahres notwendig machen. Aus den didaktischen Entscheidungen, die hier für unterschiedliche Formen der Lernorganisation getroffen wurden, ergibt sich dann fast zwangsläufig die Abkehr von einem 45-Minuten-Takt des Fachunterrichts hin zu größeren Arbeitseinheiten am Tag, die von kleineren und größeren Pausen unterbrochen werden. Gleichwohl bleiben die Schultage Lerntage, und im Mittelpunkt der bisher schon umfänglichen Arbeit zur Entwicklung der vorgestellten Zeitstrukturierung in den Schulen steht die Organisation unterschiedlicher Lernangebote oder unterschiedlicher Lernumgebungen und nicht etwa die Entscheidung für einen Zeitrhythmus (etwa der Gruppierung von Anspannung und Entspannung oder ähnlichem). Die Zeitgestaltung und der Tagesablauf sollen bestimmte Formen des Lernens und Arbeitens ermöglichen.

Allerdings ist vor dem Hintergrund eines reform- und entwicklungserprobten Pädago-g(inn)en-Kollegiums an beiden Schulen ein hohes Maß an kooperativer Entwicklungsarbeit vorausgesetzt. An diesen Schulen wurden insgesamt organisatorische Fragen – auch solche des Einsatzes des pädagogischen Personals – im zweiten Schritt und ausgehend vom didaktisch Notwendigen getroffen (teilweise dieses dann auch einschränkend). Ein solches Vorgehen und ein solches hohes Maß an Engagement der Lehrer(innen) ist bei der Mehrheit der Schulen, die sich aus verschiedenen Gründen entschlossen haben, Ganztagsschule zu werden, kaum vorauszusetzen.

Die Ergebnisse der ersten wissenschaftlichen Begleitforschung von Ganztagsschulen in Rheinland-Pfalz (vgl. Kolbe u. a. 2006: 19-24) und der Schulleiterbefragung im Rahmen von StEG (vgl. Dieckmann u. a. 2007) weisen vielmehr daraufhin, dass bislang nur ein geringer Teil der Schulen die Möglichkeiten einer veränderten Zeitstruktur nutzt. Die Schulen, die mit der Umstellung auf den Ganztagsbetrieb eine Veränderung der Zeitstruktur vorgenommen haben, geben vorrangig an, solche Gestaltungselemente eingeführt zu haben, die auch zunehmend an Halbtagsschulen zu finden sind, wie z. B. ein offener Anfang und ein offener Schluss, jahrgangsübergreifendes Lernen oder größere Zeitblöcke (vgl. ebd.: 170). In Rheinland-Pfalz sind einige Schulen, die im Zuge der Umstellung auf eine mindestens einzügige Teilgebundene Ganztagsschule, mit veränderten Zeitblöcken gearbeitet haben, nach zwei bis drei Jahren zum additiven Modell und zum Unterricht nach Stundentafel zurückgekehrt. Die mit der zeitlichen Umorganisation des Tages verbundenen Entwicklungen haben sie offensichtlich nicht bewältigen können, was u. a. damit erklärt werden kann, dass die Umstellung der Zeitstruktur wesentlich mehr erfordert als die Entwickler(innen) erwarteten (vgl. Kolbe u. a. 2006: 19-24). Dies sind Anhaltspunkte dafür, dass die Umstellung zur Ganztagsschule ein jahrelanger Prozess ist, der Veränderungen auf allen Ebenen der Schule notwendig macht, was jedoch von den Kollegien teilweise erst nach und nach realisiert wird. Zunächst versuchen nämlich viele Kollegien – das zeigt die Untersuchung in Rheinland-Pfalz – sowohl mit Fragen der Zeitstrukturierung als auch mit organisatorischen Fragen oder dem Aufbau von Kooperationsstrukturen tendenziell genauso wie in der Halbtagsschule umzugehen.

Die Entwicklung einer Zeitstruktur für den Ganztag ist daher eine zentrale einzelschulspezifische Entwicklungsaufgabe. Die Veränderung von Zeitstrukturen hängt dabei mit anderen schulspezifischen Bedingungen – vor allem im Hinblick auf das vorhandene Raumangebot und das Personal – eng zusammen. Es gilt daher die Empfehlung: Jede einzelne Schule hat mit den an ihr Beteiligten angemessene Lösungen zu entwickeln, in denen allerdings sinnvoller Weise unterschiedliche Voraussetzungen und schulspezifische Bedingungen zu beachten sind. Zu bedenken gilt allerdings auch, dass die oben formulierte Anforderung, zuerst über didaktische Konzeptionen des Lernangebots der Schule nachzudenken und erst im zweiten Schritt die passende zeitliche Tagesstrukturierung zu entwickeln, sich für die Schulen auch als Hemmnis bei der Lösung der Frage der Zeitstrukturierung erweisen kann, wenn sie vorab und pauschal formuliert wird. Auf welche spezifischen Probleme die Schulen bzw. die Kollegien stoßen, die eine veränderte Zeitstrukturierung einführen, muss im Einzelnen noch viel genauer erforscht werden. Erste Anhaltspunkte für eine aus Schüler(innen)- und Lehrer(innen)sicht sinnvolle zeitliche Tagesgestaltung sind im folgenden Abschnitte zusammengetragen.

## 3 Forschungen: Zeitstrukturierung aus der Sicht von Schüler(inne)n und Lehrer(inne)n

Eng verknüpft mit dem zeitlichen Tagesablauf von Schulen sind Fragen der Wahrnehmung und Nutzung von Zeit auf Seiten von Lehrer(inne)n und Schüler(inne)n. Auf der Basis einer explorativen Untersuchung, die auf der Erhebung und Auswertung von fünf Gruppendiskussionen mit Schüler(inne)n einerseits und Lehrer(inne)n andererseits an einer Gebundenen Ganztagsgrundschule und einer Oberschule mit verpflichtendem Ganztagsbetrieb basiert, lassen sich zwar keine Zeitstrukturierungsmodelle entwickeln, aber erste Anhaltspunkte skizzieren, die aus Akteurssicht bei der Veränderung der Zeitstruktur von Schule zu bedenken wären (vgl. Kolbe u. a. 2006: 25-41).

Lehrer(innen) an Halbtagsschulen in Deutschland sind es bislang gewöhnt, über einen großen Teil ihrer Arbeitszeit autonom verfügen zu können. Von daher bedeutet die Umstellung auf den Ganztagsbetrieb und einer möglicherweise damit einhergehenden verbindlich festgelegten Präsenzzeit an der Schule (vgl. Hesener 2006) zunächst u. U. große Einbußen in ihrer professionellen Autonomie. Insbesondere mit der Umstellung der eigenen Arbeitsorganisation können hohe Belastungen einhergehen. Befragungen von Lehrer(inne)n geben Hinweise darauf, dass die Frage der Zeitnutzung und der entstehenden Belastung durch „den Ganztag" eng mit der Frage der Räume zum Arbeiten einerseits und zum Rückzug andererseits zusammenhängt (vgl. Hesener 2006: 251; Kolbe u. a. 2006: 33-37). Dabei kann der zeitlichen Mehrbelastung eine größere Zufriedenheit mit der eigenen Arbeit gegenüber stehen, die insbesondere dadurch entsteht, dass Lehrer(innen) mehr Zeit für Kommunikation mit Schüler(inne)n und mit Kolleg(inn)en haben, die es erlauben, pädagogische Probleme zeitnah und vor Ort zu lösen. Erlebbar müsste mittelfristig für die Lehrer(innen) werden, dass professionelle Autonomie, wenngleich nicht mehr Zeitautonomie, dann aber Autonomie im Hinblick auf in Teams entwickelte, eigenständige pädagogische Entscheidungen heißen kann und dass die „verlorene" Vor- und Nachbereitungszeit für den Unterricht ersetzt wird durch neue zeitliche Ressourcen für die kommunikative „Randarbeit" des Unterrichts.

Die Befragung der Schüler(innen) unterschiedlichen Alters zu ihrer Zeitwahrnehmung und -nutzung machte zunächst deutlich, dass sich das Zeitempfinden von Grundschulschülern und Zehntklässlern erheblich unterscheidet (vgl. Kolbe u. a. 2006: 25-41). Während die Schüler(innen) der ersten bis dritten Klassen Fragen des zeitlichen Ablaufs im Wesentlichen nach den unterschiedlichen Räumen und den darin je möglichen Aktivitäten strukturieren, reden die jugendlichen Schüler(innen) zumindest auf den ersten Blick bereits sehr viel nüchterner und präziser über messbare Zeit in der Schule. Die Älteren unterscheiden außerdem weniger zwischen Zeit in der Schule und Zeit nach der Schule als zwischen der Zeit, in der sie selber frei entscheiden können, was sie tun (die sie dann „Freizeit" nennen) und Pflichtveranstaltungen. Die Jüngeren thematisieren stärker den Aspekt, dass sie sich zu Hause wohler fühlen als in der Schule.

Auffällig ist darüber hinaus, dass insbesondere die Jugendlichen freie Zeit in der Schule teilweise als „Leerlauf" empfinden, als Zeit, die es „totzuschlagen" gilt. Spätestens in der 10. Klasse stehen die Schüler(innen) der Freizeit in der Schule (in der sie nicht frei entscheiden können, wo sie sich aufhalten und was sie tun und die sie dann – wie oben dargestellt – nicht als ihre freie Zeit erleben) eher skeptisch gegenüber. Obwohl die befragten Schüler(innen) ihren Schultag auch im Vergleich zu Halbtagsschüler(inne)n nicht als übermäßig lang empfinden, sagen sie, dass sie lieber weniger freie Zeit in der Schule und dafür früher Schluss oder aber Unterricht hätten, wobei diese Kritik vor allem das Offene Angebot am Mittag betrifft. Zugleich sind sie aber auch der Meinung, dass es nicht mehr immer Angebote sein sollen, die die Zeit füllen; vielmehr müsse die Chance bestehen, die Zeit selber füllen zu können, z. B. sich mit Freunden zu treffen oder kurz irgendwohin (außerhalb des Schulgeländes) zu gehen. Deutlich wird, dass die befragten Schüler(innen) die Zeit, in der sie in der Schule lernen sollen, nicht so effektiv bzw. sinnvoll wie zuhause nutzen können, weil es für bestimmte Arbeiten zu laut ist. Sie erledigen die Hausaufgaben deswegen nur teilweise in der Schule. Die Hausaufgaben, bei denen man sich stark konzentrieren muss (wie z. B. Auswendiglernen) machen sie nach der Schule zuhause; die Wochenaufgaben am Wochenende. In der Summe wird also ein Problem nicht-sinnvoll genutzter Lernzeit in der Schule deutlich.

Aus den Befragungen der Schüler(innen) können außerdem Hinweise gewonnen werden, dass die Frage der Zeitnutzung auch aus ihrer Sicht eng mit der Frage der Räume für entsprechende Aktivitäten verbunden ist. Für ältere Schüler(innen) ist das Gefühl der Zeitautonomie wichtig, nämlich frei über An- oder Abwesenheit bei bestimmten Aktivitäten nach dem Pflichtprogramm des Tages entscheiden zu können, so dass ihr Schultag nicht künstlich durch Pausen verlängert werden sollte. In Ganztagsschulen müssten in diesem Sinne Möglichkeiten des – auch unkontrollierten Rückzugs – für einzelne Schüler(innen) und Gruppen mindestens der Sekundarstufe eröffnet werden. Neben diesem wichtigen Hinweis der Jugendlichen auf ihr Bedürfnis nach Freizeit jenseits von pädagogisch-institutionalisierten Räumen und Möglichkeiten, kommt in den Aussagen der Schüler(innen) auch ein instrumentelles Verhältnis zur Schule zum Tragen, in der die Schüler(innen) ihren „Job" machen (vgl. Breidenstein 2006) und dann nachhause gehen wollen. In diesem Sinne wäre allerdings auch darauf zu achten, dass die Lernzeit in der Schule sinnvoll genutzt werden kann, indem entsprechende Räume, Materialien und Beratungsmöglichkeiten etc. zur Verfügung stehen.

Dies sind erste Anhaltspunkte, die empirisch weiter erforscht werden müssten, um eine aus Sicht von Schüler(innen) und Lehrer(innen) sinnvolle zeitliche Strukturierung des Ganztags zu entwickeln, die jenseits eines für alle gleichermaßen aus der Biologie abzuleitenden Rhythmus zwischen An- und Entspannung liegt. Neben der Frage des pädagogisch-didaktischen Profils und der einzelschulspezifischen Bedingungen von Personal, Räumen und Ressourcen könnten sie im Nachdenken über und Gestalten der zeitlichen Strukturierung des Ganztags eine weitere Orientierung bieten.

## *Literatur*


Appel, Stefan (2005): Handbuch Ganztagsschule. Praxis – Konzepte – Handreichungen (in Zusammenarbeit mit Georg Rutz). Schwalbach/Ts.: Wochenschau.

Becker, Gerold (1997): Das andere Lernen. Entwurf und Wirklichkeit. Die Helene-Lange-Schule Wiesbaden. Hamburg: Bergmann und Helbig.

Breidenstein, Georg (2006): Teilnahme am Unterricht. Ethnografische Studien zum Schülerjob. Wiesbaden: VS Verlag für Sozialwissenschaften.

Burk, Karlheinz (2005): Zeitstrukturmodelle. In: Höhmann, Katrin/Holtappels, Heinz-Günter/Kamski, Ilse/Schnetzer, Thomas (Hg.): Entwicklung und Organisation von Ganztagsschulen. Anregungen, Konzepte, Praxisbeispiele. Dortmund: IFS: 66-71.

Burk, Karlheinz (2006): Mehr Zeit in der Schule – der Rhythmus macht's. In: Höhmann, Katrin/Holtappels, Heinz Günter (Hg.): Ganztagsschule gestalten. Konzeptionen – Praxis – Impulse. Seelze-Velbert: Kallmeyer: 92-104.

Max Brauer Schule Hamburg (2006): Die Neue MBS. Von Hamburg nach Pisa und zurück. In: www.maxbrauerschule.de/downloads/neue_mbs_v2.pdf (Download am 20.10.2007).

Diekmann, Katja/Höhmann, Katrin/Tillmann, Katja (2007): Schulorganisation, Organisationskultur und Schulklima an ganztägigen Schulen. In: Holtappels, Heinz-Günter/Klieme, Eckhard/Rauschenbach, Thomas/Stecher, Ludwig (Hg.): Ganztagsschule in Deutschland. Ergebnisse der Ausgangserhebung der „Studie zur Entwicklung von Ganztagsschulen" (StEG). Weinheim: Juventa: 164-185.

Heck, Hartmut (1986): Organisationsformen des Lernens an Ganztagsschulen – Status quo und Perspektiven auf ganzheitliches Lernen. In: Die Ganztagsschule H. 4/1986: 3-35

Hesener, Christine (2006): Lehrerarbeitszeit und Schulentwicklung. Formen und Wirkungen des neuen Arbeitszeitmodells in Bremer Ganztagsgrundschulen. In: Appel, Stefan u. a. (Hg.): Jahrbuch Ganztagsschule 2007. Schwalbach/Ts.: Wochenschau: 245-254.

Höhmann, Katrin/Kummer, Nicole (2006): Vom veränderten Takt zu einem neuen Rhythmus. Auswirkungen einer neuen Zeitstruktur auf die Ganztagsschulorganisation. In: Appel, Stefan u. a. (Hg.): Jahrbuch Ganztagsschule 2007. Schwalbach/Ts.: Wochenschau: 264-275.

Holtappels, Heinz Günter (2005): Ganztagsschulen entwickeln und gestalten – Zielorientierungen und Gestaltungsansätze. In: Höhmann, Katrin/Holtappels, Heinz-Günter/Kamski, Ilse/Schnetzer, Thomas (Hg.): Entwicklung und Organisation von Ganztagsschulen. Anregungen, Konzepte, Praxisbeispiele. Dortmund: IFS: 7-44.

Kolbe, Fritz-Ulrich/Rabenstein, Kerstin/Reh, Sabine (2006): Expertise „Rhythmisierung". Hinweise für die Planung von Fortbildungsmodulen für Moderatoren. In: www.lernkultur-ganztagsschule.de/html/publik_voll.html (Download am 31.8.2007).

Ludwig, Harald (1993): Entstehung und Entwicklung der modernen Ganztagsschule in Deutschland. 2 Bde. Köln: Böhlau.

Messner, Rudolf. (1991): Die Rhythmisierung des Schultages. Erfahrungen und pädagogische Überlegungen zu einem dringlich gewordenen Problem. In: Kubina, Christian/Lambrich, Hans-Jürgen (Hg.): Die Ganztagsschule. Bestandsaufnahme – Grundlegung – Perspektiven. H. 15, Hessisches Institut für Bildungsplanung und Schulentwicklung. Wiesbaden: 54-66.

Otto, Hans-Uwe/Coelen, Thomas (Hg.) (2005): Ganztägige Bildungssysteme. Innovation durch Vergleich. Münster: Waxmann.

Riekmann, Barbara (2005): Jedes Lernen braucht seine Zeit. Die Neue Max-Brauer-Schule. In: Pädagogik (57. Jg.) H. 12/2005: 4-9.

Sandfuchs, Uwe (1988): Schulreformerische Ideen der zwanziger Jahre in der modernen Ganztagsschule. In: Die Ganztagsschule H. 2/1988: 51-74.

# Unterricht

*Josef Keuffer / Matthias Trautmann*

Mehr als 15 % aller Schüler(innen) an deutschen Schulen der Primar- und Sekundarstufe I besuchen gegenwärtig eine Ganztagsschule – mit weiter steigender Tendenz: Bald wird jede dritte Schule in Deutschland ein Ganztagsangebot realisieren können, was allerdings nicht bedeutet, dass alle Schüler(innen) diese Angebote auch nutzen werden. Als bisherige Schwerpunkte der in diesem Zusammenhang geführten Debatten lassen sich, neben der Vereinbarkeit von Kindererziehung und Beruf, Themenbereiche wie Mittagessen, Hausaufgabenbetreuung und Förderung sowie Freizeit- und Nachmittagsgestaltung identifizieren. Dies betrifft sowohl die öffentliche Wahrnehmung wie auch konzeptuelle Überlegungen zur Ausgestaltung der Ganztagsschule (vgl. Ladenthin/Rekus 2005; Radisch/Klieme 2003: 13).

Unterricht als besondere Organisationsform des Lehrens und Lernens (Helsper/Keuffer 2006) und das konkrete Unterrichten in Ganztagsschulen standen dagegen bis vor kurzem nicht im Zentrum der bildungs- und sozialpolitischen wie auch der bildungswissenschaftlich-empirischen Aufmerksamkeit. Mit den Debatten über die Bedeutung der deutschen PISA-Ergebnisse und nachfolgend über die Weiterentwicklung der Unterrichtsqualität ist der Diskurs über die Etablierung einer neuen Lernkultur gerade an Ganztagsschulen in den letzten Jahren jedoch stärker geworden.

Die normativen Erwartungen an eine derartige neue Lernkultur in Ganztagsschulen werden im Folgenden zunächst überblicksartig beschrieben. Anschließend geht es um die Frage, welche empirischen Erkenntnisse zur Unterrichtsgestaltung und zur Entwicklung von Unterricht an Ganztagsschulen vorliegen. Zum Schluss werden anstehende Entwicklungsherauforderungen benannt.

## 1 Der Diskurs um eine „neue Lernkultur" an Ganztagsschulen

In der Diskussion um die Ausgestaltung von Ganztagsschulen treffen zwei unterschiedliche Traditionen und Sprachen aufeinander: der schulpädagogische und der sozialpädagogische Diskurs. Dementsprechend unterscheiden sich auch Begrifflichkeiten, mit denen Aufgaben und Erwartungen an Ganztagsschule bestimmt werden. Im schulpädagogischen Diskurs wird Ganztagsschule als eine mögliche Reaktion auf reformpädagogische Intentionen interpretiert, wie sie sei den 1920er Jahren des letzten Jahrhunderts diskutiert wurden. In der sozialpädagogischen Tradition wird Lernen häufig unterschieden in formelles, nicht-formelles und informelles Lernen. Diese Differenzierung ist bislang in der Schulpädagogik wenig verwendet worden: Informelles Lernen ist ein Lernen, das im Alltag, am Arbeitsplatz, im Familienkreis oder in der Freizeit stattfindet. Es ergibt sich beiläufig aus Situationen oder erwächst aus Problemen, es findet sich außerhalb der strukturierten Lehrangebote von Bildungseinrichtungen jeder Art und macht anteilsmäßig den Großteil aller

Lernprozesse im menschlichen Leben aus. Nicht-Formelles Lernen bezieht sich auf Arrangements, „die unter Abwesenheit von berechtigenden Zertifikaten freiwillig institutionalisiert oder fakultativ wählbar sind und deren Inhalte und Methoden systematisch einer relativ großen Gestaltbarkeit seitens der Teilnehmenden unterliegen" (Coelen 2006: 132). Der schulische Unterricht wird dagegen als formelles Lernen verstanden: Es handelt sich dabei um ein Lernen, das in Bezug auf Programm, Lernziele und Lernzeit strukturiert ist und zu Zertifizierungen führt. Lehrpläne, Lehrziele, Anwesenheitspflicht und pädagogische Aufbereitung des „Stoffes" sowie die mit den jeweiligen Schulformen und Schulstufen verbundenen Abschlüsse und Berechtigungen gelten als charakteristische Merkmale dieser Lernform.

Es kennzeichnet den sozialpädagogischen Diskurs aus unserer – schulpädagogischen – Perspektive, dass informelle und non-formelle Lernprozesse im Mittelpunkt der Reflexionen stehen. Dabei wird von der Prämisse ausgegangen, dass die je spezifischen Leistungen dieser Lernformen für Bildung und Kompetenzentwicklung von Kindern und Jugendlichen bisher noch nicht genügend erforscht und gewürdigt werden (vgl. z. B. Dohmen 2001; Rauschenbach u. a. 2006). Formelles Lernen gibt dagegen meist (nur) beiläufig eine Kontrastfolie zur Bestimmung der anderen Lernformen ab und wird eher mit ökonomischen als mit pädagogischen Zwecken in Verbindung gebracht: Unterricht wird dementsprechend tendenziell als zweckorientiertes und auf Qualifikation ausgerichtetes Lernen fernab von Identitätsbildung bestimmt (vgl. Coelen 2006: 132). Aussagen über den Stellenwert des formellen Lernens in Ganztagsschulen aus sozialpädagogischer Sicht lassen darüber hinaus zwei unterschiedliche Positionen erkennen: Eine Argumentationslinie befürwortet die Funktionsteilung bzw. komplementäre Ergänzung des formellen Lernens durch Lernprozesse anderer Art. Die Notwendigkeit formellen Lernens wird dabei eingeräumt, weitere Überlegungen zu dessen Gestalt und Entwicklung jedoch nicht unternommen (vgl. ebd.). Es ist zu vermuten, dass es auch in einem „multi-aktiven Bildungszentrum" (Otto/Coelen 2004: 8) nach wie vor eine wichtige, wenngleich weniger dominante Rolle einnehmen soll.

Eine andere Linie plädiert für die Informalisierung des formellen Lernens, d. h. befürwortet ausgehend von gesellschaftlichen Veränderungen auch eine deutliche Veränderung des Unterrichts: „Die gewachsene Autonomie der Subjekte macht Selbstbildung im Sinne selbstgesteuerter, situativer, kontextbezogener Wissensaneignung unabdingbar" (Tully 1994: 79; Stolz 2006).

Diese Überlegungen lassen sich nahtlos an den schulpädagogischen Diskurs anschließen: Darin steht die Veränderung des formellen Lernens in seiner derzeit bestehenden Spezifik im Mittelpunkt. Das Lernen im traditionellen Unterricht, insbesondere in der Variante des fragend-entwickelnden Unterrichtsgesprächs, wird dabei seit PISA verstärkt als defizitär beschrieben (vgl. Wischer 2007). Allerdings gehört die Forderung nach einer neuen Lernkultur seit längerem zum schulpädagogischen Diskurs, der eine Kritik an Unterrichtsmethoden und Lehrstilen der Normalschule kennt und tradiert (vgl. Diederich/Tenorth 1997). Im Ganztagsschul-Diskurs werden Plädoyers für eine andere Art des Lernens mit Forderungen zur Einrichtung von Ganztagsschulen gekoppelt: Die Halbtagsschule sei eine „Unterrichtsschule" mit traditioneller Lernkultur, sie benachteilige Kinder und Jugendliche mit bildungsfernem Hintergrund, sie ermögliche soziales Lernen nur in unzureichendem Maße und sie gewähre nicht genügend Unterstützung im fachlichen Lernen (vgl. Ludwig 1993; Tillmann 2004; Radisch/Klieme 2003). Vor dem Krisenszenario der PISA-

Diskussion erscheint die Ganztagsschule dann – zumeist in ihrer Vollgebundenen Form – als Lösungsversprechen für so gut wie alle Probleme des deutschen Bildungswesens:

> „Von einem deutlichen Ausbau ganztägiger Betreuungsangebote, besonders der ‚echten' Ganztagsschule mit rhythmisiertem Unterricht, wird erwartet, dass sie auf all diese Probleme besser reagieren kann als die in Deutschland übliche Halbtagsschule" (Radisch/Klieme 2003: 15).

Der Ganztagsschul-Diskurs ist neben derartigen umfassenden Erwartungen an Effekte schulischen Lebens und Lernens zugleich gekoppelt an normative Vorstellungen über die Aufgaben und Ziele von Schule sowie an Überlegungen zum Aufbau einer erstrebenswerten Zivilgesellschaft. Dies betrifft im Einzelnen (vgl. Popp 2006; Holtappels 1993 und 2006):

- ein besseres soziales Klima und höhere Leistungen der Schüler(innen), bedingt nicht zuletzt durch verbesserte Fördermöglichkeiten
- eine stärkere Entkoppelung von sozialer Herkunft und Leistung und eine bessere Integration benachteiligter gesellschaftlicher Gruppen
- eine bessere Wahrnehmung der Erziehungsaufgaben durch engeren Kontakt der schulischen Akteure sowie durch intensivierte Gemeinschaftserlebnisse der Schüler(innen)
- eine Verstärkung der Lernmöglichkeiten auch in der Freizeit im Sinne selbstbestimmter Wahlen und Anregungen zur Selbstentwicklung der Kinder und Jugendlichen
- die Verstärkung von Möglichkeiten und Gelegenheiten des Demokratielernens

Diese Erwartungen und Hoffnungen lassen sich zusammenfassend als eine Neuauflage reformpädagogischer Überlegungen und als Forderung nach einer umfassenden „inneren Schulreform" beschreiben. Die Liste der vermuteten Vorteile der Ganztagsschule ist beeindruckend; allein es handelt sich zunächst einmal um engagierte Rhetorik und um Schützenhilfe für „den Ganztag" und nicht um realistische Aufgabenbeschreibungen. Wunder (2004: 220) merkt dazu ironisch an: „Die Ganztagsschule ist eine phantastische Schule, weil sie eine Vielzahl von Zwecken erreichen kann". Er warnt vor der „Illusion der Überforderung", die ähnlich auch schon am Beginn der Gesamtschulbewegung zu beobachten gewesen sei (vgl. auch Radisch/Klieme 2003: 17). Zu bedenken ist auch: Was von reformerisch gestimmten Pädagog(inn)en als Schwäche des Unterrichts angesehen wird, firmiert in analytischen Beschreibungen der „Strukturmerkmale schulisch verfasster Lernprozesse" (Herrlitz 1994: 28) moderner Gesellschaften auch als dessen Stärke und Spezifikum (vgl. Baumert 2002):

- die raum-zeitliche Verselbständigung des Lernens (Trennung der Schule vom Leben und der Alltagserfahrung, Verlagerung des Anwendungsbezugs des Lernens von der Gegenwart in die Zukunft)
- die symbolische Vermittlung des Lernens über „stellvertretende Erfahrungen"
- die professionelle Anleitung des Lernens als einem systematischen, langfristigen, arbeitsteiligen und kumulativen Prozess
- die formelle Organisation des Lernens in Schülergruppen und festgelegten Lernzeiten und -räumen
- schließlich auch die öffentlich-rechtliche Verpflichtung durch Teilnahmezwang.

Forderungen nach einer neuen Lernkultur in (Ganztags-)Schulen erscheinen in dieser Perspektive als kontinuierliche und notwendige Begleitung des modernen Schulsystems (Diederich/Tenorth 1997). Dabei werden Antworten auf dauerhafte Entfremdungsprobleme und negative Folgen formellen Lernens gesucht, ohne dass doch zugleich die Vorteile dieser spezifischen Lehr-Lern-Form im Spannungsfeld reformpädagogischer Ziele einerseits und gesellschaftlicher und ökonomischer Erfordernisse andererseits aus dem Blick geraten dürfen.

Wirkungserwartungen lassen sich nach der Reichweite ihrer Forderungen unterscheiden, wobei die Übergänge fließend sind: In additiven Varianten der Ganztagsschule geht es vor allem um die Gestaltung des nachunterrichtlichen Nachmittags mit Fördermöglichkeiten, Freizeitangeboten, Hilfe und Aufsicht bei Hausaufgaben sowie in Kooperation mit außerschulischen Partnern und Kommunen. Angestrebt wird dadurch eine bessere Integration von verschiedenen Unterstützungs- und Betreuungssystemen. Demgegenüber zielen „integrierte" Varianten auf eine Veränderung des Herzstücks von Schule: auf den Unterricht. Angestrebt wird dabei – analog zu den Überlegungen von Ivan Illich und Hartmut Hentig – eine „Entschulung", die man auch als eine „Ent-unterrichtlichung des Unterrichts" bezeichnen kann (vgl. Holtappels 1993). Eingefordert werden dabei (meist radikale) Veränderungen der Lern- oder Unterrichtskultur:

- Im Mittelpunkt der Überlegungen steht eine neue Zeitgestaltung durch eine andere Rhythmisierung des Schultages. Nicht mehr die Abfolge von 45-minütigen Unterrichtsstunden und anschließenden Kurzpausen sollen den Vormittag bestimmen, vielmehr soll der gesamte Tag auf die biologischen Bedürfnisse der Schüler(innen) abgestimmt sein. Plädiert wird für einen Wechsel von Arbeits- und Ruhephasen am Vormittag sowie am Nachmittag.
- Ein weiterer Kernpunkt einer veränderten Lernkultur betrifft didaktische und methodische Überlegungen. Der traditionelle (Frontal-)Unterricht soll modifiziert und an den individuellen Lernbedürfnissen der Schüler(innen) ausgerichtet werden. Darüber hinaus sollen verstärkt andere, reformpädagogische Methoden und Formen des Lernens eingesetzt werden: Projekt- und Freiarbeit, Wochenplanarbeit, fächerübergreifendes und entdeckendes Lernen, Schule als Lebens- und Erfahrungsraum, Individualisierung des Lernens, Öffnung des Unterrichts nach außen, Handlungs-, Schüler- und Problemorientierung, situiertes Lernen usw.
- Schließlich geht es auch um die Hinwendung zur individuellen Förderung und um die Stärkung der Lehrer(innen)kooperation. Lehrpersonen sollen durch die Erweiterung des Zeitrahmens in der Ganztagsschule intensiver auf Schüler(innen) eingehen sowie in der Zusammenarbeit mit weiterem professionellem Personal für Verbesserungen im Hinblick auf Leistungen und soziale Kompetenzen Sorge tragen.

Die im zweiten Punkt angesprochenen Reformen des Unterrichts unterscheiden sich nicht grundsätzlich von den allgemeinen Forderungen bezüglich der Unterrichtsentwicklung an deutschen Schulen, wie sie beispielsweise im aktuellen Heterogenitätsdiskurs zu finden sind (vgl. Boller u. a. 2007; Trautmann/Wischer 2008). „Innovative Lernformen" sind Thema auch in nicht-ganztägigen Bildungseinrichtungen: Lehrkräfte sollen differenzierende Lernarrangements anbieten, bei denen durch den variablen Einsatz von Methoden, Sozialformen und Materialien die Lernwege der Einzelnen so gestaltet werden, dass eine optimale Passung zu deren individuellen Bedürfnissen erreicht wird. Als begriffliche Formeln für dieses Erfordernis fungieren Konzepte der Individualisierung und „inneren Differenzierung", deren mangelnde Verbreitung und Umsetzung – so wird unterstellt – wesentlich für die Defizite des deutschen Bildungssystems verantwortlich sind. Befürworter der Ganztagsschule mutmaßen, dass die Rahmenbedingungen des Ganztags (Anwesenheit der Lehrenden über die reine Unterrichtszeit hinaus; stärkerer Einbezug außerschulischer Partner; reformfreudiges Klima, bessere Fördermöglichkeiten) auch die Unterrichtsentwicklung begünstigen (vgl. Holtappels 2006).

Es ist empirisch allerdings immer noch unklar, welche pädagogischen Wirkungen ganztägig verfasste Schulen auf die Entwicklung der Schüler(innen) haben (Radisch/Klieme 2003: 39), zumal innovative Lernformen kein Spezifikum von Ganztagsschulen darstellen und die Forschung zu den Wirkungen unterschiedlicher didaktischer Arrangements als widersprüchlich und komplex bezeichnet werden muss (Terhart 2005; Wellenreuther 2005). Geht man davon aus, dass in der modernen Schule der Unterricht bildet und primär die Organisation erzieht (Baumert 2002: 106), so lassen Veränderungen der Schulorganisation Effekte erwarten, die insbesondere im erzieherischen Bereich liegen. Mit der Frage, welche Erkenntnisse zur Entwicklung und Veränderung des Unterrichts im Rahmen eines Ganztagsschulbetriebs vorliegen, befassen wir uns im nächsten Abschnitt.

## 2 Empirische Forschungen zum Unterricht an Ganztagsschulen

Die empirische Forschung zu Wirkungen von Ganztagsschulen beginnt in einem umfassenderen Sinne erst nach 2003, denn bis dahin galt:

> „Der derzeit forcierte Ausbau von Schulen mit ganztägigen Angeboten vollzieht sich bislang weitestgehend ohne empirisch abgesicherte Erkenntnisse über die spezifischen Vorteile, aber auch über die evtl. Schwierigkeiten und Probleme von ganztägigen Schulmodellen" (Radisch/Klieme 2003: 40).

Verschiedene Projekte haben seit dieser Zeit damit begonnen, einen Überblick über Anzahl, Situation und Maßnahmen an Ganztagsschulen zu erheben (vgl. Bettmer u. a. 2007).

Im Kontext von Schulleistungsstudien (hier: PISA) wurde nicht nach den Auswirkungen eines Ganztagsbetriebs gefragt; entsprechend lässt sich nicht ermessen, ob die Einführung eines Ganztagsangebots an Schulen auch zu Veränderungen im Bereich fachlicher Leistungen führt. Eine Kausalität kann folglich nicht beobachtet werden. Positive Veränderungen im Bereich der sozialen Integration und des Schulklimas sind empirisch festzustellen, nicht jedoch Effekte im Rahmen von Leistung (Radisch/Klieme 2003: 33). In einer Sekundäranalyse von IGLU-Daten einschließlich einer Schulleiterbefragung konnten „positive Wirkungen ganztägiger Angebote auf schulische Leistungen, wie sie in der pädagogischen und bildungspolitischen Diskussion häufig postuliert werden, (...) für die deutschen Grundschulen des Schuljahres 2000/2001 demnach nicht nachgewiesen werden" (Radisch u. a. 2006: 48). Eine Studie zur Offenen Ganztagsschule im Primarbereich (Beher u. a. 2005) hat positive Effekte auf den Unterricht durch die regelmäßige Hausaufgabenbetreuung festgestellt. Der Unterricht sei dadurch entspannter und entkrampfter geworden. Bereichert werde der Unterricht durch Rückkopplungseffekte vom Vormittag auf den Nachmittag und umgekehrt.

Die „Studie zur Entwicklung von Ganztagsschulen" (StEG) untersucht im Längsschnitt und mit quantitativ-standardisierten Befragungen (in den Jahren 2005, 2007, 2009) Veränderungsprozesse in den Schulen und in der Persönlichkeitsentwicklung von Schüler(inne)n, die innerhalb dieser Schulen an Ganztagsangeboten teilnehmen. Mit dieser Studie wird der Ausbau von Ganztagsschulen, wie er seit 2003 mit dem „Investitionsprogramm

Zukunft Bildung und Betreuung" mit erheblichen finanziellen Mitteln vorangetrieben wird, empirisch begleitet. StEG arbeitet nicht mit Schulleistungstests; Veränderungen im Leistungsbereich werden über Schulnoten und Selbsteinschätzungen erhoben. Erste Ergebnisse dieser Untersuchung (Holtappels u. a. 2007) beziehen sich insbesondere auf deskriptive Befunde und die Dokumentation der Bedingungen von Ganztagsschulen. Die empirischen Befunde zum Unterricht lassen sich in Hinblick auf Folgewirkungen für die Lehr-Lern-Kultur im Unterricht und die Kompetenzentwicklung folgendermaßen zusammenfassen:

- Eine stärkere Verbindung zwischen Unterricht und Angebot hat als prozessbezogene Rahmenbedingung Einfluss auf die Wahrnehmung eines gleichberechtigten Verhältnisses zwischen Lehrer(inne)n einerseits und Partnern aus Jugendhilfe und freien oder gewerblichen Anbietern andererseits (Holtappels u. a. 2007: 136).
- Bei der Verbindung von Unterricht und (Nachmittags-)Angeboten besteht Verbesserungsbedarf. Die Hälfte der befragten Schulleitungen gibt an, Unterricht und Angebote seien bislang nur wenig verbunden (ebd.: 364).
- Wirksam wird die Kooperation nach Einschätzung von Schulleitungen besonders dann, wenn gemeinsame Fortbildungsveranstaltungen zwischen Lehrkräften und weiterem pädagogisch tätigen Personal stattfinden (ebd.: 150) und wenn es zu einer Zusammenarbeit in der Begleitung und Förderung einzelner Schüler oder Schüler(gruppen) kommt.
- Die Lernkultur der Schulen wurde insgesamt durch den Ganztagsbetrieb erkennbar bereichert. Es gibt erhebliche Zuwächse in der Breite der Angebote und in der Angebotsstruktur (vgl. ebd.: 194-196).
- In den Grundschulen und in der Sekundarstufe I sind die höchsten Zuwächse in der Hausaufgabenbetreuung zu verzeichnen (ebd.).
- Aus der Schülerbefragung geht hervor, dass die sozialen Beziehungen zu den Betreuer(inne)n von den Schüler(inne)n im Durchschnitt deutlich besser eingeschätzt werden als dies für die Beziehungen zu den Lehrpersonen zutrifft.

Die Auswertung der Eingangserhebung von StEG ist allerdings nicht dazu geeignet, Wirkungen des Unterrichts bzw. der außerunterrichtlichen Angebote zu diagnostizieren und auf bestimmte Ursachen zurückzuführen. Dies wird erst bei der Auswertung der nachfolgenden Erhebungswellen möglich sein. Deutlich wird an den vorliegenden Untersuchungsergebnissen jedoch, dass Ganztagsschulkonzepte und deren Umsetzung noch zu selten vom Vormittag her gedacht und geplant werden (Tillmann/Rollett 2007: 42). Zu wenige Schulen nutzen die Möglichkeiten einer veränderten Rhythmisierung und bleiben stattdessen beim 45-Minuten-Takt. Insgesamt wird auch klar: Die Ganztagsschule bietet Potenziale für eine Veränderung und Verbesserung von Unterricht; wie sie genutzt werden, darüber werden die Auswertungen der nächsten Jahre Aufschluss geben.

Im Forschungsprojekt „Lernkultur- und Unterrichtsentwicklung in Ganztagsschulen" (LUGS) werden Unterrichts- und Angebotsentwicklung in Ganztagsschulen untersucht. In dieser Studie zur Transformation schulischen Lehrens und Lernens werden mit Hilfe qualitativer Methoden und in einer mehrperspektivischen Verbindung rekonstruktionslogischer Erhebungs- und Auswertungsmethoden jeweils vier Schulen unterschiedlicher Schulformen in drei Bundesländern in den Blick genommen. Im Zeitraum von 2005 bis 2008 werden vor allem die interaktive soziale Konstruktion der unterrichtlichen Praxis durch Lehrpersonen und Schüler(innen) angesichts veränderter Organisationsmuster und Lernarrangements analysiert. Die Studie versteht sich als eine Ergänzung zu StEG und rekonstruiert Prozessverläufe und die Weiterentwicklung von Ganztagsschulen. Erste Ergebnisse (Kolbe u. a. 2007) deuten daraufhin, dass symbolische Konstruktionen von Ganztagsschulen auch nah an Vorstellungen heranführen, Familie ersetzen zu wollen. Dies wird von den Autor(inn)en ebenso problematisiert wie die Verschiebung von Grenzen zwischen Unterricht und Freizeit; wenn Unterricht freizeitähnlicher gestaltet und dafür die Freizeit zunehmend didaktisiert wird, dann trage dies nicht zur Klärung der Funktionen und Ziele von Unterricht und Freizeit bei.

## 3 Fazit und Ausblick

Der bisherige Stand der Forschung zur Ganztagsschule lässt erkennen, dass es in den verschiedenen Formen der Ganztagsbildung insbesondere darum geht, das Thema „Freiheit und Zwang“, wie es Kant als das größte Problem der Erziehung gekennzeichnet hat, neu zu balancieren. Die Schulpflicht ist eine zivilisatorische Errungenschaft, die Zwang und Grundlage individueller Verwirklichungschancen zugleich bedeutet; sie kann allerdings nicht ohne erhebliche Folgewirkungen auf Schulen und Einrichtungen der Kinder- und Jugendhilfe auf den ganzen Tag ausgeweitet werden. Das strukturelle Problem der Zweigleisigkeit von schulischer und außerschulischer Bildung wird bei der Zunahme von Ganztagsschulen auch Auswirkungen auf die didaktische Großform Unterricht haben. Inwieweit und in welcher Richtung sich Unterricht dabei verändert, darüber liegen empirisch noch zu wenige Aussagen vor, um ein abschließendes Fazit zu ziehen. Deutlich ist jedoch, dass es sich bei der Veränderung von Unterricht in der Ganztagsschule um ein reformerisch-pädagogisch besetztes und breites Diskussionsfeld handelt. Hierbei treffen vielfältige pädagogische Hoffnungen und programmatische Entwürfe aufeinander.

Unbestreitbar wird „informelles Lernen als Teil eines umfassenden Bildungskonzepts“ (Rauschenbach 2008: 21) zunehmend wichtiger. Dabei wird der Zusammenhang von Bildung, Betreuung und Erziehung gerade in der Gestaltung von Ganztagsschulen besonders wahrnehmbar (Krüger/Rauschenbach 2006). Dies gilt auch für den intelligenten Umgang mit Heterogenität, der eine strukturelle Herausforderung auf allen Ebenen des Schulsystems bedeutet. Empirische Daten zum Umgang mit Heterogenität im Unterricht der Ganztagsschule liegen – jenseits vielfältiger praktischer Erfahrungen und Berichte, die sich jedoch nicht auf einen Nenner bringen lassen – bislang noch nicht in hinreichendem Maße vor, um detaillierte Zusammenhänge und Wirkungen beschreiben zu können; hier besteht eine erste Forschungs- und Entwicklungsaufgabe, um Erwartungen und Möglichkeiten von Ganztagsschule und Ganztagsbildung auszubalancieren und Fragen nach Nebenwirkungen oder neu entstehenden Konfliktfeldern im Ganztagsschulbetrieb zu untersuchen. Eine zweite Schulentwicklungsaufgabe besteht in der Untersuchung konkreter Ganztagsschularrangements in ihren Auswirkungen auf Lehr-Lern-Strategien und auf die Entwicklung fachlicher wie überfachlicher Leistungen der Schüler(innen): Additive Formen bieten hier vermutlich weniger Chancen, auf Unterricht einzuwirken als Gebundene Ganztagsschulen, die nicht gehalten sind, Unterricht in Kernzeiten bis zum Mittag zu platzieren (vgl. Holtappels 2006: 7). Dazu sind aber weitere Forschungsarbeiten notwendig, die auch im Kontext der Untersuchung zur Gestaltung von Lehr-Lernprozessen durch das „Rahmenprogramm zur Förderung der empirischen Bildungsforschung“ (BMBF 2007) erfolgen können.

Es erscheint plausibel, dass eine neue Mischung aus Unterricht und Angebot Chancen auch für die Unterrichtsentwicklung enthält, die bislang noch zu wenig genutzt werden. Allerdings darf von einem Ganztagsbetrieb nicht erwartet werden, „dass er automatisch die Schulqualität auf allen Ebenen zu steigern vermag und direkt bessere Lernleistungen und Sozialverhaltensweisen hervor bringt" (Holtappels 2006: 26). Es hängt vielmehr von der pädagogischen Programmatik einer Schule ab, ob sich die Unterrichtskultur in den Schulfächern, im fächerübergreifenden Unterricht, in der Projektarbeit und in den Nachmittagsangeboten so weiterentwickeln kann, dass positive Wirkungen auch im Leistungs- und Sozialbereich zu erwarten sind. Eine wirksame Veränderung von Unterricht in der Ganztagsschule ist insbesondere dann zu erwarten, wenn

- ein stimmiges Zeitkonzept vorliegt (weitgehender Verzicht auf 45-Minuten-Takt)
- das Raumkonzept die Faktoren Unterricht, Angebot und gesunde Ernährung berücksichtigt
- ein spezifisches Profil für Förderangebote unter Berücksichtigung des sozialen Umfeldes einer Schule erarbeitet wird
- die Zusammenarbeit von Schule und außerschulischen Bildungsträgern sich auf gegenseitige Anerkennung gründet
- die Kooperationen mit Eltern und der Kommune stark genug sind, die Veränderungen im Aufwachsen von Kindern und Jugendlichen zu begleiten und zu stützen.

Dies wäre gegenüber der Lehrgangsschule des 19. Jahrhunderts eine deutliche Veränderung; zudem ließen sich in einer solchen Schule vielleicht auch neue Freiräume zwischen Kulturindustrie und Bildungstechnokratie erobern. Unterricht an Ganztagsschulen sollte dabei die Chance nutzen, Lernentwicklung, Interessenentfaltung und Persönlichkeitsbildung miteinander zu verbinden. Wenn die Kooperation von Schule, außerschulischer Bildung und Bildungsforschung dabei hilfreich sein kann, umso besser.

## *Literatur*


Baumert, Jürgen (2002): Deutschland im internationalen Bildungsvergleich. In: Killius, Nelson/Kluge, Jürgen/Reisch, Linda (Hg.) (2002): Die Zukunft der Bildung. Frankfurt a. M.: Suhrkamp: 100-150.

Beher, Karin/Haenisch, Hans/Hermens, Claudia/Liebig, Reinhard/Nordt, Gabriele/Schulz, Uwe (2005): Offene Ganztagsschule im Primarbereich. Begleitstudie zu Einführung, Zielsetzung und Umsetzungsprozessen in Nordrhein-Westfalen. Weinheim: Juventa.

Bettmer, Franz/Maykus, Stephan/Prüß, Franz/Richter, André (Hg.) (2007): Ganztagsschule als Forschungsfeld. Theoretische Klärungen, Forschungsdesigns und Konsequenzen für die Praxisentwicklung. Wiesbaden: VS Verlag für Sozialwissenschaften.

Boller, Sebastian/Rosowski, Elke/Stroot, Thea (Hg.) (2007): Heterogenität. Handlungsansätze zum pädagogischen Umgang mit Vielfalt. Weinheim: Beltz.

BMBF (2007) – Bundesministerium für Bildung und Forschung: Rahmenprogramm zur Förderung der empirischen Bildungsforschung. Berlin. In: www.bmbf.de/pub/foerderung_der_empirischen_Bildungsforschung.pdf (Download am 16.11.2007).

Coelen, Thomas (2006): Ausbildung und Identitätsbildung. Theoretische Überlegungen zu ganztägigen Bildungseinrichtungen in konzeptioneller Absicht. In: Otto, Hans-Uwe/Oelkers, Jürgen (Hg.) (2006): Zeitgemäße Bildung. Herausforderungen für Erziehungswissenschaft und Bildungspolitik. München: Reinhardt: 131-148.

Diederich, Jürgen/Tenorth, Heinz-Elmar (1997): Theorie der Schule: Ein Studienbuch zu Geschichte, Funktionen und Gestaltung. Berlin: Cornelsen.

Dohmen, Günter (2001): Das informelle Lernen. Die internationale Erschließung einer bisher vernachlässigten Grundform menschlichen Lebens für das lebenslange Lernen. Bonn: BMBF.

Helsper, Werner/Keuffer, Josef (2006): Unterricht. In: Krüger, Heinz-Hermann/Helsper, Werner (Hg.) (2006): Einführung in Grundbegriffe und Grundfragen der Erziehungswissenschaft. Opladen: UTB: 91-101.

Herrlitz, Hans-Georg (1994): Lob der Institution. In: Gropengießer, Ilka/Tillmann, Klaus-Jürgen/Otto, Gunter (Hg.) (1994): Schule. Zwischen Routine und Reform (Friedrich Jahresheft XII). Seelze: Velber: 28-30.

Holtappels, Heinz Günter (1993): Chancen für eine andere Lernkultur. Ganztagsschule als reformiertes Schulmodell. In: Pädagogik Extra (21. Jg.) H. 6/1993: 4-9.

Holtappels, Heinz Günter (2006): Stichwort: Ganztagsschule. In: ZfE (9. Jg.) H. 1/2006: 5-29.

Holtappels, Heinz Günter/Klieme, Eckhard/Rauschenbach, Thomas/Stecher, Ludwig (Hg.) (2007): Ganztagsschule in Deutschland: Ergebnisse der Ausgangserhebung der „Studie zur Entwicklung von Ganztagsschulen" (StEG). Weinheim: Juventa.

Kolbe, Fritz-Ulrich/Reh, Sabine/Fritzsche, Bettina/Idel, Till-Sebastian/Rabenstein, Kerstin (2007): Ganztagsschule als Schule entwickeln. Eine Studie zu Lernkultur und Unterrichtsentwicklung an Ganztagsschulen. In: ZfPäd (59. Jg.) H. 5/2007: 36-40.

Krüger, Heinz-Hermann/Rauschenbach, Thomas (2006): Bildung im Schulalter. Ganztagsbildung als neue Perspektive. In: Krüger, Heinz-Hermann/Rauschenbach, Thomas/Sander, Uwe (Hg.) (2006): Bildungs- und Sozialberichterstattung. Beiheft zur ZfE (9. Jg.) Sonderheft 6/2006. Wiesbaden: 97-108.

Ladenthin, Volker/Rekus, Jürgen (Hg.) (2005): Die Ganztagsschule. Alltag, Reform, Geschichte, Theorie. Weinheim: Juventa.

Ludwig, Harald (1993): Entstehung und Entwicklung der modernen Ganztagsschule in Deutschland. Studien und Dokumentationen zur deutschen Bildungsgeschichte. 2 Bände. Köln: Böhlau.

Otto, Hans-Uwe/Coelen, Thomas (2004): Auf dem Weg zu einem neuen Bildungsverständnis: Ganztagsschule oder Ganztagsbildung? In: Otto, Hans-Uwe/Coelen, Thomas (Hg.) (2004): Grundbegriffe der Ganztagsbildung. Beiträge zu einem neuen Bildungsverständnis in der Wissensgesellschaft. Wiesbaden: VS Verlag für Sozialwissenschaften: 7-18.

Popp, Ulrike (2006): Argumente für eine zeitgemäße Ganztagsschule aus schulpädagogischer Sicht. In: Otto, Hans-Uwe/Oelkers, Jürgen (Hg.) (2006): Zeitgemäße Bildung. Herausforderungen für Erziehungswissenschaft und Bildungspolitik. München: Reinhardt: 178-190.

Radisch, Falk/Klieme, Eckhard (2003): Wirkung ganztägiger Schulorganisation. Bilanzierung der Forschungslage. Frankfurt am Main: DIPF. In: bildungplus.forum-bildung.de/files/wirkung_gts.pdf (Download am 20.7. 2007).

Radisch, Falk/Klieme, Eckhard/Bos, Wilfried (2006): Gestaltungsmerkmale und Effekte ganztägiger Angebote im Grundschulbereich. Eine Sekundäranalyse zu Daten der IGLU-Studie. In: ZfE (9. Jg.) H. 1/2006: 30-50.

Rauschenbach, Thomas (2008): Bildung im Kindes- und Jugendalter. Über Zusammenhänge zwischen formellen und informellen Bildungsprozessen. In: Grunert, Cathleen/Wensierski, Hans-Jürgen (Hg.) (2008): Jugend und Bildung. Modernisierungsprozesse und Strukturwandel von Erziehung und Bildung am Beginn des 21. Jahrhunderts. Opladen: Budrich: 17-34.

Rauschenbach, Thomas/Düx, Wiebken/Sass, Erich (Hg.) (2006): Informelles Lernen im Jugendalter. Vernachlässigte Dimensionen der Bildungsdebatte. Weinheim: Juventa.

Stolz, Heinz-Jürgen (2006): Dezentrierte Ganztagsbildung. Diskurskritische Anmerkungen zu einer aktuellen Debatte. In: Otto, Hans-Uwe/Oelkers, Jürgen (Hg.) (2006): Zeitgemäße Bildung. Herausforderungen für Erziehungswissenschaft und Bildungspolitik. München: Reinhardt: 114-130.

Terhart, Ewald (2005): Lehr-Lern-Methoden. Eine Einführung in Probleme der methodischen Organisation von Lehren und Lernen. Weinheim: Juventa.

Tillmann, Katja/Rollett, Wolfram (2007): Ganztagsschule als Chance für die Entwicklung des Unterrichts. In: ZfPäd (59. Jg.) H. 4/2007: 42-47.

Tillmann, Klaus-Jürgen (2004): Schulpädagogik und Ganztagsschule. In: Otto, Hans-Uwe/Coelen, Thomas (Hg.) (2004): Grundbegriffe der Ganztagsbildung. Beiträge zu einem neuen Bildungsverständnis in der Wissensgesellschaft. Wiesbaden: VS Verlag für Sozialwissenschaften: 193-198.

Trautmann, Matthias/Wischer, Beate (2008): Das Konzept der „Inneren Differenzierung" als Beispiel allgemeindidaktischer Reformsemantik – Eine vergleichende Analyse der Diskussion der 1970er Jahre mit dem aktuellen Heterogenitätsdiskurs. In: Meyer, Meinert/Hellekamps, Stefanie/Prenzel, Manfred (Hg.): Weiterentwicklung der Allgemeinen Didaktik. Sonderheft der ZfE (i. E.).

Tully, Claus (1994): Lernen in der Informationsgesellschaft. Informelle Bildung durch Computer und Medien. Opladen: Westdeutscher Verlag.

Wellenreuther, Martin (2005): Lehren und Lernen – aber wie? Empirisch-experimentelle Forschungen zum Lehren und Lernen im Unterricht. Baltmannsweiler: Schneider.

Wischer, Beate (2007): Umgang mit Heterogenität in der Schule – Zwischen Veränderungsnotwendigkeiten und Veränderungsmöglichkeiten. In: Behindertenpädagogik H. 1/2007: 19-32.

Wunder, Dieter (2004): Die Ausbreitung der Ganztagsschule in Deutschland beruht auf unsicheren Grundlagen. In: Popp, Ulrike/Reh, Sabine (Hg.) (2004): Schule forschend entwickeln. Schul- und Unterrichtsentwicklung zwischen Systemzwängen und Reformansprüchen. Weinheim: Juventa: 217-230.

# Mittagsessen und Schulhof

*Ilse Kamski*

Ganztagsschulen bergen die Gefahr, die Schüler(innen) in „Bildungskinder" und in „Betreuungskinder" aufzuteilen. Dem wird durch eine mangelnde Auseinandersetzung und Kommunikation der einzelnen Berufsgruppen (aber auch innerhalb der Berufsgruppen) sowie durch eine ungenügende Beschäftigung mit den Zielen und dem Leitbild der Schule zugearbeitet. Die zunehmende Implementation von Offenen bzw. Teilgebundenen Ganztagsschulen und die damit verbundene Teilnahme lediglich einzelner Schülergruppen am Ganztagsgeschehen, fördert und zementiert die gedankliche Trennung in Bildungs- und Betreuungskinder.

Durch die Vermittlung von reinem Fachwissen und die daraus resultierende fehlende Zeit für eine angeleitete Verknüpfung mit „der Welt" ist der Anspruch des Humboldt'schen Bildungsbegriffs nur in Ansätzen zu verwirklichen: Humboldt betonte in seinem Bildungsbegriff die Verknüpfung des Ich mit der Welt; das reine Wissen bleibe unnütz, wenn nicht Einstellungen, Betrachtungsweisen und Denkarten mit in die Vermittlung aufgenommen würden. Der Mensch brauche einen Gegenstand, an dem er sich üben könne: eine Welt außer sich (vgl. Tenorth 1986: 34). Diesem Anspruch kann m. E. nachgekommen werden, wenn der gesamte Schultag – also Vor- und Nachmittag – durch eine einheitliche pädagogische und organisatorische Umsetzung verschränkt wird.

Somit stellen das Konzept der Mittagspause und der Schulhofnutzung elementare Bestandteile ganztägiger Schulen dar. Jene zwei Bereiche, die nicht vordergründig mit der Vermittlung von Lehrinhalten verbunden sind, stellen die tragenden Säulen eines „Ganztages" im Hinblick auf eine Verknüpfung von Erziehung, Betreuung und Bildung dar. Denn eine reine Nahrungsaufnahme ohne intendierte pädagogische Komponenten oder Pausen, die lediglich als Unterbrechung eines 45-Minutentakts positioniert sind (mit dem Ziel einen Klassenwechsel bzw. Lehrerwechsel zu vollziehen oder auf einem asphaltierten Schulhof zu verbringen) erscheinen als ungeeignete Maßnahmen, Schüler(inne)n den Ganztag attraktiv, erlebenswert oder im Hinblick auf eine bessere Aufnahmefähigkeit der Wissensvermittlung zu gestalten. Hingegen werden Kinder und Jugendliche durch eine überlegte und sinnvolle Ausgestaltung der Elemente Mittagessen und Schulhof auf eine gelingende „Verknüpfung ihres Ich mit der Welt" (Humboldt) vorbereitet.

Im Folgenden soll zum einen aufgezeigt werden, welche gemeinschaftsbildenden, gesundheitlichen und organisatorischen Aspekte bei der Konzeption und deren Umsetzung für das Mittagessen Berücksichtigung finden sollten. Zum anderen soll dargestellt werden, welche architektonischen, pädagogischen und organisatorischen Perspektiven im Hinblick auf die Schulhofgestaltung und -nutzung bedacht und einbezogen werden sollten.

# 1 Mittagessen

Das Mittagessen, eingebettet in die Mittagspause, stellt neben dem Schwerpunkt der Lernkultur das Herzstück der Ganztagsschule dar. Das Wissen um eine gesunde Ernährung und den eigenen Körper gehört zu den Kernkompetenzen in einer modernen Gesellschaft. Fällt die Familie als verlässliche Quelle der Weitergabe und damit verbundener Kulturtechniken aus, so wird die Vermittlung dieser Aufgaben – im Hinblick auf Prävention für die evtl. im Erwachsenenalter daraus resultierenden Schäden – zur öffentlichen Aufgabe. Die Kenntnisse und die Zusammenhänge um

- die Wichtigkeit sozialer Kommunikation und Kulturtechniken im Kontext von Mahlzeiten (gemeinschaftsbildende Aspekte)
- das Kennenlernen ausgewogener Speisenpläne, den Jugendgeschmack und die religiösen kulinarische Vorgaben (gesundheitliche Aspekte)
- die Vielfalt von Verpflegungssystemen und Anbietern, die Ausgabenmöglichkeiten der Mahlzeiten, die Möglichkeiten der Speisenauswahl und Abrechnungsmodi für Schüler(innen), die zeitliche Einteilung der Essensteilnahme (organisatorische Aspekte)
- die Ausstattung und Hygienevorschriften von Küchen, die Ausstattung und Dekoration von Mensen (architektonische Aspekte)
- Schüler-, Eltern- und Personalbefragungen (evaluatorische Aspekte)

stellen das unerlässliche Wissen für die Konzeption, Organisation und Umsetzung einer Ganztagsschule dar.[1]

## *1.1 Gemeinschaftsbildende Aspekte*

Die gemeinsame Mittagsmahlzeit bietet mehr als eine reine Nahrungsaufnahme: In Gesellschaft mit anderen besteht die Möglichkeit, zu kommunizieren, sich gegenseitig näher kennen zu lernen, nach gemeinsam vereinbarten Regeln zuzuhören und gehört zu werden, Kulturtechniken wie den Umgang mit Messer und Gabel zu praktizieren, Rücksichtnahme im Umgang miteinander bei Tisch zu üben sowie eine wechselnde Abfolge von Speiseplänen kennen zu lernen, die den Grundstock für ein Essverhalten im Erwachsenenalter legen kann. Kinder und Jugendliche, die dies erleben, können es als Erwachsene auch an die nächste Generation weitergeben. Lernen durch Nachahmung kommt in diesem Kontext zum Tragen. Für die Lehrkräfte bietet eine gemeinsame Mittagsmahlzeit mit ihren Schüler(inne)n die Möglichkeit, sie unter Freizeitbedingungen kennen zu lernen und mehr von ihnen zu erfahren. Die Kinder und Jugendlichen können je nach Konzept der Schule mit Lehrkräften, dem weiterem pädagogisch tätigen Personal (WPTP), den Eltern, Ehrenamtlichen oder älteren, jüngeren und gleichaltrigen Schüler(inne)n zu Mittag essen und dadurch Situationen erfahren, die ihnen ihre häusliche Umgebung evtl. nicht bieten kann.

Ältere Schüler(innen) bevorzugen in der Regel eher homogene Tischgemeinschaften in ihrer Altersklasse (vgl. Höhmann u. a. 2004: 136). Um möglichst viele Schüler(innen) mit der Mittagessensversorgung zu erreichen, sind altersgerechte Konzepte auch im Hinblick

1 Hartmut v. Hentig betrachtet eine Küche für Schüler(innen) und Lehrkräfte als folgenreichste Voraussetzung für eine gelingende Ganztagsschule. Dafür bedarf es jedoch wesentlicher pädagogischer und organisatorischer Überlegungen.

auf Mehrarbeit bei der Konzeption zu favorisieren. Neben den oben angeführten Vorteilen einer gemeinsamen Mittagsmahlzeit können die Kindern und Jugendlichen zudem durch eine geregelte und geklärte Form der Essenszubereitung, -verteilung und -ausgabe (Tischdienst, AGs etc.) mit in das aktive Geschehen um das Mittagessen einbezogen werden und so Verantwortung, den Umgang mit Speisen und Dienstleistungsdenken lernen. Mensen mit Bahnhofscharakter, die Schüler(inne)n nach Beliebigkeitsprinzip ohne Teilnahme von Lehrkräfte und weiteren Erwachsenen das Mittagessen ermöglichen, erscheinen nicht als geeignete Maßnahmen, die Persönlichkeitsentwicklung von Kindern und Jugendlichen in Ganztagsschulen zu fördern.

## *1.2 Gesundheitliche Aspekte*

Viele Schulen schreiben sich eine gesunde Ernährung auf ihre Fahnen und bevorzugen Biokost. Die finanziellen und räumlichen Gegebenheiten schränken solche Bestrebungen jedoch oftmals ein und zwingen Schulen, nach Alternativen und Mischformen zu suchen. Im Wesentlichen lassen sich vier Systeme in der Gemeinschaftsverpflegung unterscheiden (vgl. Appel 2004: 265-272):

1. Frischkostsysteme: Die Mahlzeiten werden in der schuleigenen Küche mit frischer Ware gekocht.
2. Relaisküchensysteme: Vorbereitete Speisen aus benachbarten Großküchen werden in Warmhaltegefäßen in die Schule gebracht und anschließend ergänzt und angerichtet.
3. Verteilerküchensystem: Die Speisen werden in ihrer Gesamtheit in einer Küche außerhalb der Schule zubereitet und in Warmhaltebehältern in die Schule gebracht.
4. Mischküchensysteme: Tiefgekühlte Fertiggerichte oder Teilportionen von Kühlkost werden in einer Küche erhitz und in Kombination mit frischen Beilagen angerichtet.

In der Regel sind es die technischen, räumlichen und personellen Gegebenheiten, die über die Auswahl eines der Systeme der Verpflegung entscheiden und somit die Realisierung einer relativ gesunden Ernährung gewährleisten. So verfügen beispielsweise 87 % der Ganztagsschulen über eine Mensa oder einen Essraum, aber 93 % über eine Küche (vgl. Höhmann u. a. 2007: 73).

Bei allen vier Systemen ist unbedingt auf die Einhaltung hygienischer Vorschriften zu achten. Personalhygiene und die damit verbundene Überwachung der Lebensmittel sind im Umgang in Gemeinschaftsküchen bedeutende Faktoren. Gesundheitliche Aspekte der Mittagsmahlzeit beziehen sich jedoch nicht nur auf eine ausgewogene Ernährung. Eine Atmosphäre des Wohlbefindens, die sich auf gesundheitliche Befindlichkeiten auswirkt, wird unterstützt durch einen akzeptablen Geräuschpegel, die Sauberkeit und Schaffung einer angenehmen Stimmung durch dekorative Elemente wie Grünpflanzen und Ähnliches in den Räumlichkeiten sowie durch klare Vorgaben und Strukturen während des Aufenthalts in der Mensa.

## *1.3 Organisatorische Aspekte*

Ein erheblicher Teil gelingender Konzeptentwicklung für die Mittagessensversorgung hängt von den organisatorischen Belangen und deren Umsetzung ab. Je nach Schul- und

Mensagröße gibt es unterschiedliche zeitliche Regelungen für die Teilnahme am Mittagessen. Manche Schulen bieten für ihre Schüler(innen) verschiedene Schichten zum Essen an. Andere halten die Mensa für einen längeren Zeitraum geöffnet, so dass zu unterschiedlichen Zeiten flexibel und entsprechend dem jeweiligen Unterrichtsende gegessen werden kann (vgl. Höhmann 2004 u. a.: 91). Bei der Zeitorganisation sind für die Schulleitung zwei Komponenten zu berücksichtigen: Zum einen muss das System der Gemeinschaftsverpflegung der personellen und zeitlichen Verfügbarkeit von Essenszubereitung und Ausgabe entsprechen, zum anderen muss das Unterrichtsende der einzelnen Klassenverbände sowie die pädagogische Konzeption des Nachmittags mit ihren Angeboten berücksichtigt werden. Gebundene Ganztagsschulen haben in der Regel einen höheren Organisationsaufwand, da die Teilnahmequote im Verhältnis zur Schulgröße wesentlich höher liegt als in Offenen bzw. Teilgebundenen Ganztagsschulen.

Je nach Gemeinschaftsverpflegungssystem, organisatorischer Absprache und pädagogischem Hintergrund, besteht die Möglichkeit für die Schüler(innen), ihre Mittagsmahlzeit im Vorhinein zu wählen oder das Konzept der Schule sieht festgesetzte Mahlzeiten ohne Wahlmöglichkeit vor. Die Vielfältigkeit der Anbieter spiegelt die Möglichkeiten der Auswahlverfahren, die teilweise mit der Bezahlung des Mittagessens gekoppelt sind. Es gibt Schulen, da bieten die Essensanbieter den Schüler(inne)n die Möglichkeit, das Essen *online* in einem bestimmten Zeitrahmen zu bestellen und bei Abwesenheit zu stornieren. Diese Meldungen sind mit deren Buchhaltung gekoppelt und können so betriebswirtschaftlich in der Abrechnung realisiert werden. Andere Anbieter geben Wochenessenspläne aus die über die Klassenlehrkräfte verteilt und eingesammelt werden. In vielen Fällen ist die Wahlmöglichkeit eingeschränkt bzw. ausgeschlossen. Der Abrechnungsmodus für die Begleichung des Mittagessens kann sich vielfältig darstellen: Beispielsweise wird der fällige Betrag durch eine Bankvollmacht vom Essenslieferanten eingezogen, die Eltern überweisen selbst, für sozial schwache Familien übernimmt die Stadt die Begleichung der Kosten, die Klassenlehrkraft sammelt die fälligen Beträge aller ein, es gibt ein Markensystem (pro Mahlzeit eine Marke) das durch periodische Bezahlung der Eltern an die Schule von den Lehrkräften organisatorisch umgesetzt wird (meist bei Grundschulkindern). Der organisatorische Aufwand und die damit verbundenen notwendigen Zeitressourcen stellen keine unerhebliche Belastung für Schulen dar.

Die Essensausgabe kann je nach Absprache, Größe der Schule, personelle Ressource und pädagogische Überlegung beispielsweise durch Personal des Essenslieferanten, eine angestellte Küchenkraft, durch Eltern, Schüler(innen) oder Ehrenamtliche erfolgen. Das Gleiche gilt für die Säuberung des Schmutzgeschirrs, das in der Regel in der Schulküche erfolgt oder in manchen Fällen vom externen Essensanbieter wieder mitgenommen wird.

Die Form der Verteilung der Speisen hängt überwiegend von der pädagogischen Konzeption aber auch den materiellen Gegebenheiten ab. Zur Wahl steht das Essen als Tellergericht von den einzelnen Schüler(innen) an den Tisch mitzunehmen oder die Speisen in Schüsseln auf den Einzeltischen zu platzieren. Es gibt Schulen, in denen werden die Tische vom Personal der Essensausgabe mit den Schüsseln versorgt. In anderen Schulen haben Schüler(innen) die Aufgabe, ihren eigenen Tisch zu versorgen (Essensdienst/Tischdienst) oder es gibt einen Schüleressensdienst, der wie eine AG oder Schülerfirma organisiert und für die gesamte Mensa zuständig ist. So vielfältig sich die Schulen zeigen, so vielfältig sind die Möglichkeiten der pädagogischen Überlegungen. Wichtig ist vor allem, eine klare Struktur für alle, verbunden mit geregelten einheitlichen Reglungen, z. B. die Vorgabe, dass in einzelnen Essensschichten alle gemeinsam beginnen und auch gemeinsam die

Mahlzeit beenden und aufstehen. Je näher die Situation der Mittagsmahlzeit einem familiär strukturierten Essen kommt, desto eher erfüllt das Mittagessenskonzept, das einer persönlichkeitsentwickelnden und -unterstützenden Maßnahme.

## 1.4 Sonstige Aspekte

Abschließend soll noch auf die Wichtigkeit von Evaluationen hingewiesen werden: Die Mensa stellt häufig die „Achillesferse" der Ganztagsschule dar (Otto 2006: 190). Schwankende oder sinkende Teilnehmerzahlen sind oft ein Indikator für Mängel und zu wenig Schülerorientierung in Konzeption und Ausführung. Dem kann nur durch eine Überprüfung der Befindlichkeiten und Wünsche von Schüler(inne)n und des Ganztagspersonals entgegengewirkt werden. Dies kann durch schriftliche oder mündliche Befragungen geschehen oder mittels Durchführung einer Zukunftskonferenz. Die Miteinbeziehung von Eltern in einen aktiven Essensausschuss verspricht in der Regel eine optimale Voraussetzung für eine erfolgreiche Konzeption und Umsetzung der Mittagsmahlzeit, da diese nah am Kind und Jugendlichen sind. Die nachstehende Tabelle 1 zeigt auf, welche Aspekte bei einer pädagogisch und organisatorisch begründeten Umsetzung des Mittagessens Berücksichtigung finden sollten:

*Tabelle 1: Mittagessen*

| MITTAGESSEN | | | |
|---|---|---|---|
| 1 | Gemeinschaftsbildende Aspekte | Teilnahme von LK, WPTP, Eltern, (ältere) Schüler(innen), | • feste (oder flexible) Gruppentische |
| | | Keine Teilnahme Erwachsener | • feste (oder flexible) Gruppentische |
| | | Soziale Kommunikation | • Sprechen, Zuhören, Regeln, Rücksichtnahme |
| | | Kulturtechniken | • Esskultur<br>• Umgangsformen |
| | | Speisenzusammenstellung | • Lernen durch Nachahmung |
| | | Dienstleistungsdenken | • Essenszubereitung durch Schüler(innen)<br>• Essensausgabe durch Schüler(innen)<br>• Essensverteilung durch Schüler(innen) |
| 2 | Gesundheitliche Aspekte | Verpflegungssysteme | • Frischkostsystem oder Zubereitungsküchen<br>• Relaisküchensystem<br>• Verteilerküchensystem<br>• Mischküchensystem |
| | | Hygiene | • Lebensmittelüberwachung, Kühlung, Personalhygiene |
| | | Wohlbefinden | • Geräuschpegel<br>• Sauberkeit<br>• Dekoration<br>• Strukturelle Vorgaben für den Ablauf und das Verhalten |

| MITTAGESSEN | | | |
|---|---|---|---|
| 3 | Organisatorische Aspekte | Zeitliche Einteilung der Essensteilnahme | • Schichtbetrieb, alle essen gemeinsam, jede/r kommt nach Belieben bzw. nach Unterrichtsende |
| | | Auswahl der Speisen/Menüplan für Schüler(innen) | • Möglichkeit der Menüwahl<br>• Festgesetzte Mahlzeiten |
| | | Finanzielle Abrechnungsmodi für Schüler(innen) | |
| | | Ausgabe des Mittagessens | • Durch Personal<br>• Durch Eltern, Ehrenamtliche<br>• Durch Schüler(innen) |
| | | Versorgung des Schmutzgeschirrs | |
| | | Verteilung der Speisen | • Plattenservice: durch die Schüler(innen) des Tisches, durch dafür abgestellte Schüler(innen), durch eine teilnehmende erwachsene Person, durch Personal, durch Eltern, Ehrenamtliche, durch andere<br>• Tellerservice: Selbstbedienung, Bedienung durch andere |
| 4 | Sonstige Aspekte | Evaluation | • |

# 2 Schulhof

Die Pausen und der Schulhof sind zwei Elemente ganztägiger Betreuung, die einander bedingen und schwer getrennt voneinander betrachtet werden können. Die Gestaltung des Schulhofes und seine architektonische Umsetzung kann nicht allein nach ästhetischen oder baugesetzlichen Grundsätzen realisiert werden; sie ist sowohl von pädagogischen als auch organisatorischen Überlegungen der Pausengestaltung und geplanten Schulhofnutzung abhängig. Die Beschäftigung mit dem Thema „Schulhof" beinhaltet somit unweigerlich Komponenten des pädagogischen Konzeptes einer Schule, die organisatorische Umsetzung der Nutzung des Schulhofes sowie architektonische Vorgaben und Ziele. Kinder und Jugendliche in Ganztagsschulen benötigen auf ihren Schulhöfen Orte für Naturerfahrung, Spiel- und Freiräume, Ruhe und Regenrationsbereiche, aber auch Unterrichtsorte.[2]

## *2.1 Architektonische Aspekte*

Die architektonische Planung eines Schulhofs unter pädagogischen Gesichtspunkten muss sechs Punkte berücksichtigen:

1. Eine Wiese, um Entspannung unterstützende Elemente wie Bänke, Sitzgruppen und Liegestühle zu platzieren und die Möglichkeit zur Anlegung eines Gartens, eines Biotops oder eines Teichs zu haben.

2 Hartmut v. Hentig betont drei elementare und für Kinde wichtige Dinge: 1. Feuer, das sie beherrschen lernen. 2. Tiere, deren Umgang ihnen vertraut wird. 3. Wasser, um eine Überschwemmung zu produzieren. Diese Aspekte können als Richtschnur für eine pädagogisch fundierte Schulhofgestaltung gelten.

2. Eine Fläche mit Asphaltbelag zum Aufstellen eines Klettergerüsts, zum Anlegen einer Feuerstelle (z. B. in Metalltonnen) und der Möglichkeit, auf einem ebenen Fahrweg mit Skateboards, Inlinern, Fahrrädern oder Einrädern zu fahren. Der Asphalt bietet zudem die Möglichkeit, darauf zu malen sowie Unterrichtsinhalte visuell großflächig darzustellen.
3. Eine Wasserstelle bzw. ein Wasserspielplatz, der z. B. an einem erforderlichen Überlauf eines Regenwasserspeichers geplant werden kann.
4. Ein Kleinsportplatz, der die Möglichkeit bietet, Sportunterricht im Freien zu veranstalten, aber auch von den Schüler(inne)n tagsüber genutzt werden kann. Elemente davon können eine Weitsprunggrube, ein Kleinspielfeld mit Ballfangeinrichtungen und eine Laufbahn sein.
5. Um Kindern und Jugendlichen die Möglichkeit zu geben, Aufführungen im Freien zu veranstalten sowie für die jüngeren Kinder Freispielmöglichkeiten in abwechslungsreichem Gelände zu bieten, ist das Planen und Anlegen eines Hügels wichtig.
6. Zudem sollte darauf geachtet werden, dass die Außengrenzen des Schulhofes zum umliegenden Gelände eindeutig für Schüler(innen) erkennbar sind.

Schulhofarchitektur darf jedoch nicht ausschließlich unter pädagogischen Gesichtspunkten realisiert werden. Da Schulen häufig aus zwei oder mehreren Gebäuden bestehen, ist ein Laubengang oder ähnliches, ein bedeutsames Element bei der Schulhofgestaltung, um beispielsweise einen geschützten Wechsel zwischen den Gebäuden vornehmen zu können. Die geographische Lage Deutschlands erfordert zudem bei der Planung an eine Winter- und Sommernutzung zu denken. Im Endeffekt sind jedoch oftmals bestehende Schulbaurichtlinien ausschlaggebend für die Realisierung einer Schulhofgestaltung.

## 2.2 *Pädagogische Aspekte*

In den pädagogischen Überlegungen zur Schulhofgestaltung müssen kommunikative Elemente, Bewegungsangebote, sportliche Aktivitäten, der Umweltbezug und eine altersgerechte Planung und Aufteilung des Schulhofs Berücksichtigung finden. Um die Kommunikation zwischen den Schüler(inne)n zu fördern, bieten Angebote wie ein Hügel für Aufführungen oder Geländespiele, Schlenderwege, Malwände und Freilicht-Schach- bzw. -Mühlespiele, aber auch Bänke, Sitzgruppen und Liegestühle geeignete Anlässe und Raum. Der immer stärker um sich greifenden Bewegungsarmut unter Kindern und Jugendlichen kann durch Bewegungsangebote entgegen gewirkt werden. Geeignete Angebote sind hier Freispielflächen, Klettergerüste, Hüpfspielfelder, Torwände sowie die Möglichkeit Fahrräder, Einräder, Skateboards, Inliner oder ähnliches zu nutzen bzw. auszuleihen. Um in den Pausenzeiten sportlichen Aktivitäten nachgehen zu können und den altersgemäßen Bewegungsdrang auszuleben, sollten Schulen ihre Kleinfeldsportplätze auch in den Pausenzeiten öffnen. Allerdings sind dafür klare Strukturen und Vorgaben notwendig, so dass den Schüler(innen) die zeitliche und inhaltliche Nutzung durch gemeinsame Regeln klar sind.

Viele Schulen bieten für ihre Kinder Spiel- und Sportartikel (Bälle, Tischtennisschläger, Einräder, Schachfiguren etc.) zum Ausleihen in den Pausen an. Je nach Schule gibt es unterschiedliche Systeme. Manche regeln das Ausleihen über die Zuständigkeit und Verantwortlichkeit einzelner Schüler(innen) in der Position des Verwalters, andere Schulen organisieren dies über die Lehrkräfte. Die Herstellung des Umweltbezugs für die Kinder und

Jugendlichen kann durch das Anlegen von Schulgärten, Biotopen, Bauspielplätzen oder einem Werkhof erfüllt werden. Wichtig erscheint vor allem, die altersgerechte Planung sowie Nutzung des Schulhofs. So gibt es Schulen (vor allem mit Sekundarbereich), die verschiedene Bereiche des Schulhofes für bestimmte Altersklassen reservieren.

## *2.3 Organisatorische Aspekte*

Als eines der heikelsten Themen stellt sich die Aufsichtsfrage auf Schulhöfen dar: Je nach Altersstruktur der Schüler(innen) ergeben sich unterschiedliche Notwendigkeiten. Pausen im Vormittagsbereich werden in der Regel von den unterrichtenden Lehrkräften im Rahmen ihrer Stundenkontingente abgegolten. Eine Bereitschaft seitens der Lehrkräfte, in der Mittagszeit die Aufsicht auf dem Schulhof zu führen wird von lediglich 18 % genannt, da ihnen dadurch ein besserer Schülerkontakt ermöglicht werde (vgl. Höhmann u. a. 2004: 135). Eine generelle Bereitschaft ist jedoch abhängig von einer Anrechnung dieser Tätigkeit auf die Arbeitszeit. Die Aufsichtspflicht im Nachmittagsbereich wird für jüngere Kinder oftmals vom weiteren pädagogisch tätigen Personal (WPTP) übernommen. Andere Möglichkeiten bestehen darin, Eltern, Ehrenamtliche oder ältere Schüler(innen) einzubeziehen.

Häufig werden Schulhöfe ausschließlich von Schüler(inne)n während der Schulzeit genutzt. Im Sinne der Öffnung zum Stadtteil *(The School as a Social Center-Movement)*[3] und einer Nutzungsauslastung für nicht genutzten Raum (an Wochenenden, in Ferienzeiten) öffnen einige Schulen ihre Höfe für spezielle Anlässe und Personengruppen. So gibt es Schulen, die für Familienfeiern, Kindergeburtstage o. Ä. die Erlaubnis der Benutzung geben, oder ihre Kleinsportplätze für sportliche Aktivitäten öffnen. Wichtig erscheinen klare Regeln und Vorgaben von Seiten der Schule zu sein, die für eine zufrieden stellende externe Nutzung sorgen.

Bei der Schulhofgestaltung ist außerdem der „Erschließungsraum“ zu berücksichtigen (vgl. Wüstenrot Stiftung 2007: 152). Parkplätze, z. B. für (Klein-)Busse für den Transport von Kindern, spielen in allen Schulen eine wichtige Rolle und sind oft Teil des Schulhofs. Außerdem werden (überdachte) Abstellmöglichkeiten für Fahrräder benötigt sowie abschließbare Unterstellmöglichkeiten für die Spiel- und Sportgeräte zum Ausleihen. Dies können extra dafür aufgebaute Gartenhäuser oder ein vom Schulhof direkt erreichbarer Raum sein.

Mit der Weiterentwicklung der Schulform Ganztagsschule wird sich die Verweildauer von immer mehr Schüler(inne)n und auch Lehrkräften in den Schulen erhöhen. Der Einfluss der Freianlagen auf das Gesamtkonzept Ganztagsschule und somit auf das Bildungsangebot aber auch das soziale Verhalten und individuelle Wohlempfinden der Kinder und Jugendlichen erfährt dadurch eine nicht zu unterschätzende Rolle.

Die nachstehende Tabelle 2 zeigt beispielhaft auf, welche Überlegungen im Kontext von Schulhofgestaltung berücksichtigt werden sollten:

3 Diese Bewegung versuchte in den USA zu Beginn des 20. Jahrhunderts die Schulen zu kulturellen Zentren der Nachbarschaft zu machen. Durch die Forderung, dass die Schulen durch die Doppelnutzung der Gebäude für die Erwachsenenbildung geöffnet werden und gleichzeitig Erwachsene und Schüler(innen) gemeinsam Freizeitaktivitäten nachgehen können, verfolgte die Bewegung sowohl sozialintegrative als auch sozialerzieherische Maßnahmen (vgl. Radisch/Klieme 2004: 163-169).

*Tabelle 2: Schulhof*

| SCHULHOF | | | |
|---|---|---|---|
| 1 | Architektonische Aspekte | Wiese | • Entspannung, Garten, Biotop |
| | | Wasserstelle | • Wasserspielplatz |
| | | Bitumen | • Klettergerüst |
| | | Asphalt | • Feuerstelle, Malflächen, Skateboard, Inliner etc. |
| | | Kleinsportplatz | • Ballfangeinrichtungen, Weitsprunggrube, 60m-Laufbahn |
| | | Freilichtbühne | • Hügel |
| | | Laubengang | • Geschützter Wechsel zwischen verschiedenen Gebäuden |
| | | Klimatische Verhältnisse | • Winternutzung<br>• Sommernutzung |
| 2 | Pädagogische Aspekte | Feuer | • Feuerplatz: Grillplatz, Metalltonnen |
| | | Wasser | • Wasserstelle: Wasserhahn, Wasserschlauch, Wassertrog, Überlauf eines Regenwasserspeichers etc. |
| | | Tiere | • Tierhof (Hasen, Hühner, Fische, Vögel etc.)<br>• Auslauf für Kaninchen, Meerschweinchen etc.<br>• Aquarien |
| | | Kommunikation | • Hügel (für Aufführungen, zum Rutschen etc.)<br>• Bänke, Sitzgruppen, Liegestühle<br>• Schlenderweg, Laubengang<br>• Malwände<br>• Freilicht-Schachspiel bzw. Mühle |
| | | Bewegungsangebot | • Freispielflächen, Klettergerüst, Kletterbäume<br>• Hüpfspielfelder<br>• Torwand<br>• Fahrräder, Einräder |
| | | Sportliche Aktivitäten | • Laufflächen<br>• Kleinfeldsportplatz<br>• Sport- und Spielartikel (Ausleihe)<br>• Tischtennis |
| | | Umweltbezug | • Schulgarten<br>• Schulteich, Biotop<br>• Werkhof, Bauspielplatz |
| | | Orientierung am Alter der Schüler(innen) | • Altersgerechte Planung des Schulhofs<br>• Altersgerechte Aufteilung des Schulhofs<br>• Altersübergreifende Bereiche |
| 3 | Organisatorische Aspekte | Aufsicht | • Lehrkräfte<br>• Weiteres pädagogisch tätiges Personal<br>• Schüler(innen): gleichaltrige (Gelbe Engel) oder ältere |
| | | Schulhofnutzung | • Durch Schüler(innen): klassenstufengemischt, klassenstufengetrennt<br>• Durch Personen aus dem Stadtteil bzw. Umfeld |
| | | Erschließungsraum | • Parkplätze<br>• Fahrradständer<br>• Unterstellmöglichkeiten für Spiele, Sportartikel etc. |

# 3 Fazit

Die Darstellungen der Bereiche Mittagessen und Schulhof haben gezeigt, dass ohne eine dezidierte Teilkonzeptplanung die Realisierung umfassender Ganztagsschulkonzepte kaum gelingen kann (vgl. Kamski/Schnetzer 2007: 45). Die pädagogischen Überlegungen und ihre Ausrichtung stellen die Basis für den Umgang mit den Einzelelementen dar. Neben der Entwicklung eines schlüssigen Organisationskonzepts ist die Entwicklung von Teamarbeit eines der Kernelemente ganztägiger Schulen: Pädagogische, architektonische und organisatorische Elemente müssen unter Einbeziehung von Lehrkräften, dem weiteren pädagogisch tätigem Personal, Eltern und Schüler(inne)n durchdacht, aufgearbeitet, an die eigene Situation adaptiert und in funktionsfähige Konzepte überführt werden. Derzeit wird allerdings noch wenig auf die Möglichkeit zurückgegriffen, Kinder und Jugendliche an diesen Prozessen zu beteiligen. Nur wenn es gelingt, sie mit einzubeziehen und auf deren Wünsche und Bedürfnisse einzugehen, werden sich die Beteiligungszahlen an der Mittagsmahlzeit erhöhen und Schulhöfe aktive Orte der Begegnung und Erholung werden. Die damit verbundenen sozialen und gesundheitlichen Vorteile für zukünftige Schülergenerationen sowie für die Zeit, in der sie ins Arbeitsleben eintreten und selber Kinder haben werden, rechtfertigen und verlangen die intensive Auseinandersetzung mit allen Aspekten der Thematik. Das Mittagessen und der Schulhof stellen somit das Herz der Ganztagsschule dar.

## *Literatur*


Appel, Stefan (2004): Handbuch Ganztagsschule. Praxis, Konzepte, Handreichungen (in Zusammenarbeit mit Georg Rutz). Schwalbach/Ts.: Wochenschau.

Höhmann, Katrin/Grewe, Martin/Strietholt, Rolf (2007): Gründung und Ausstattung. In: Holtappels, Heinz Günter/Klieme, Eckhard/Rauschenbach, Thomas/Stecher, Ludwig (Hg.): Ganztagsschule in Deutschland. Ergebnisse der Ausgangserhebung der „Studie zur Entwicklung von Ganztagsschulen" (StEG). Weinheim: Juventa. 70-76.

Höhmann, Katrin/Hesener, Christine/Rischkopf, Henning/Roos, Carina/Seefeldt, Jan (2004): Ein Mittagsangebot als Fokus für Schulentwicklung. In: Appel, Stefan/Ludwig, Harald/Rother, Ulrich/Rutz, Georg (Hg): Jahrbuch Ganztagsschule 2005. Investitionen in die Zukunft. Schwalbach/Ts.: Wochenschau. 132-137.

Kamski, Ilse/Schnetzer, Thomas (2007): Innovation durch Ganztagsschulen. Strukturveränderungen und Innovationsprozesse. In: ZfPäd (59. Jg.) H. 1/2007: 44-48.

Otto, Ralf-Rainer (2006): Denn wovon lebt der Mensch – die Mensa bietet mehr als nur Essen. In: Höhmann, Katrin/Holtappels, Heinz Günter (Hg): Ganztagsschule gestalten. Konzeption. Praxis. Impulse. Seelze-Velber: Kallmeyer. 182-195.

Radisch, Falk/Klieme, Eckhard (2004): Wirkungen ganztägiger Schulorganisation. Bilanz und Perspektiven. In: Die Deutsche Schule (96. Jg.) H. 2/2004: 153-169.

Tenorth, Heinz-Elmar (Hg.) (1986): Allgemeine Bildung: Analysen zu ihrer Wirklichkeit. Versuche über ihre Zukunft. Weinheim: Juventa.

Wüstenrot Stiftung (Hg.) (2007): Schule bauen – Bauen schult! Wissenschaftliche Begleitforschung zu einem Modellprogramm des Landes Rheinland-Pfalz. Ludwigsburg. Wüstenrot Stiftung.

# Hausaufgaben

*Katrin Höhmann / Saskia Schaper*

Für Ganztagsschulen ist das Thema „Hausaufgaben" und deren Organisation sowie all dem, was an Funktionen und Erwartungen mit ihnen verbunden wird, von zentraler Bedeutung. Deshalb wird im Folgenden zunächst näher beschrieben, wie Hausaufgaben definiert werden, um dann den Bereich Elterninteressen und Ganztagsschule unter dem Fokus Hausaufgaben zu betrachten sowie sich im Anschluss daran der „Institution Hausaufgaben" aus ganztagsorganisatorischer Sicht und dem „Instrument Hausaufgaben" aus der Sicht ganztägiger schulischer Bildung zu widmen.

In der aktuell geführten Diskussion um Ganztagsschule, geht es um eine Entlastung der Familie von der Hausaufgabenbetreuung und um die Frage der Vereinbarkeit von Familie und Beruf. Mit dem Thema Hausaufgaben verknüpfen sich also im Kleinen jene sozialpolitischen Interessen und Absichten, die im Großen mit dem Thema Ganztagsschule verknüpft sind. In den 1980er und 1990er Jahren geben die familien- und beschäftigungspolitischen Diskussionen die Anstöße zur Ganztagsschuldebatte (vgl. Bargel/Kuthe 1991). Während Ganztagsschulen aus familienpolitischen Gründen auch früher schon gefordert wurden, begründeten Bundesländer wie Bayern und Baden-Württemberg ihre Ablehnung des Ausbaus von Ganztagsschulen (und der Schulsozialarbeit) ebenfalls mit familienpolitischen Argumenten (vgl. Raab u. a. 1987: 40). Diese Haltung spiegelt sich in der Gleichsetzung von Elterninteressen am Bildungserfolg ihrer Kinder mit der Forderung, die Hausaufgaben der Kinder zu betreuen. Die ehemalige Bundeselternratsvorsitzende bezeichnet Hausaufgaben deshalb als „Hausfriedensbruch" (vgl. Hendricks 2006).

Indem Ganztagsschule sich dem Thema Hausaufgaben annimmt, verändert dies zwangsläufig auch die Rollenverteilung zwischen Schule und Elternhaus und verlagert letztendlich die mit den Hausaufgaben verbundenen Aufgaben von Übungs-, Wiederholungs- und unterrichtlichen Nachbereitungsphasen in die Schule selbst.

## 1 Definitionsansätze

Sucht man in der Fachliteratur nach dem Begriff Hausaufgaben, so wird sehr häufig zunächst die Definition von Eigler/Krumm genannt (1972):

> „Mit den Begriffen ‚Hausaufgaben' oder ‚Schularbeiten' werden jene Tätigkeiten bezeichnet, welche den Schülern von der Schule zur Erledigung außerhalb der Unterrichtszeit übertragen werden" (Eigler/Krumm 1972: 46).

Es wird darauf verwiesen, dass die Definition vom Eigler/Krumm zwar einen betont engen Bedeutungshorizont des Begriffs Hausaufgaben umfasst (vgl. Nilshon 1999: 9), aber durchaus internationale Anerkennung beanspruchen kann (vgl. Rademacker 2005: 7).

Schon Michael (1961: 373) verwies in seinem Beitrag auf das Problem, Hausaufgaben eindeutig zu definieren. Pakulla schreibt:

> „Unter ‚Hausaufgaben' werden alle Aufgaben verstanden, die sich für den Schüler aus den didaktischen Zielsetzungen des Unterrichts (...) ergeben und außerhalb der Unterrichtsstunde gelöst werden" (Pakulla 1967: 9).

Im Jahre 1978 stellen Kieslich/Klages eine vermeintlich neue Definition des Begriffes auf, die sich aber nicht deutlich von den bereits vorgestellten unterscheidet:

> „Wenn wir von ‚Hausaufgaben' sprechen, meinen wir gemeinhin in der Schulsprache jenen Ausschnitt des schulischen Unterrichts- und Erziehungsauftrages, der auf die unterrichtsfreie Zeit sich erstreckt (...)" (Kieslich/Klages 1978: 28).

Nur ein Jahr später beschreibt Dersachu (1979) sein sehr weites Verständnis von Hausaufgaben. Sie umfassen nach seiner Definition alle Aktivitäten, die mit den im Unterricht bearbeiteten oder auch noch zu bearbeitenden Inhalten in sinnvoller Beziehung stehen, durch sie angeregt werden, oder für sie wichtig werden können. Hausaufgaben sind damit nicht nur von Lehrer(inne)n aufgrund ihrer Fachkompetenz didaktisch und methodisch mehr oder weniger sinnvoll gestellte Aufgaben, die zu Hause bearbeitet werden, sondern jedes mit der Schule verbundene Lernen außerhalb des Unterrichts (ebd.: 15-16). Hausaufgaben sind also auch jedes bewusste und zielorientierte Lernen der Schüler(innen) für die Schule außerhalb des Unterrichts. Dieses Lernen muss mit der Zielsetzung des Unterrichts im Zusammenhang stehen. Hausaufgaben sind grundsätzlich Bestandteil der schulischen Bildungsarbeit (vgl. Derschau 1979).

Wudke (1985: 333) nimmt noch einen weiteren Aspekt in seine Definition auf: Für ihn ist der Schulerfolg jeder/s einzelnen Schülerin/s abhängig von ihrer/seiner Bereitschaft, die Hausaufgaben ordentlich und gewissenhaft auszuführen. Das Lernergebnis der Schüler(innen) wird in Form von schriftlichen und mündlichen Tests in der Schule überprüft und auch benotet. Somit bekommen Hausaufgaben einen großen Stellenwert bezüglich des Schulerfolges von Schüler(inne)n. Unter Hausaufgaben werden also alle von der Schule direkt und indirekt eingeforderten Lern- und Übungstätigkeiten der Schüler(innen) in der Familie, im Hort oder in Silentien verstanden, die auf den fortlaufenden Unterricht und die andauernden Test- und Prüfungssituationen bezogen sind. In diese Definition sind alle nachbereitende und vorbereitende Aufgaben eingeschlossen.

Für Kohler (1996: 251) sind Hausaufgaben, „in der Schule gestellte Aufgaben, die von den Schülern in der Regel zu Hause bearbeitet werden müssen". Diese Aufgaben sind in mehrfacher Weise problematisch, wie die Autorin herausarbeitet. Nilshon spricht von der „Institution Hausaufgaben", hierbei handelt es sich um die „historische, kulturelle, juristische, schulorganisatorische und pädagogische Verankerung der Hausaufgaben im deutschen Schulsystem" (Nilshon 1995: 18). Und sie spricht vom „Instrument Hausaufgaben", hiermit sind Hausaufgaben als „Mittel" neben anderen gemeint, „die Lehrende zur Organisation des Lehr- Lern- Prozesses einsetzen" (ebd.: 18). Insgesamt zeigen die Definitionen: Hausaufgaben haben u. a. eine

- Informationsfunktion gegenüber den Eltern
- Disziplinierungsfunktion auf das Verhalten von Schüler(inne)n
- Förderfunktion für die Lernentwicklung der Schüler(innen)
- Bewertungs- und Überprüfungsfunktion für Lehrer(innen)

Die unterschiedlichen Facetten, die die diversen Definitionen umfassen, machen sichtbar, vor welchem komplexen Hintergrund, Ganztagsschulkonzepte sich dem Thema Hausaufgaben widmen müssen.

## 2 Elterninteressen und Ganztagsschulen

Hausaufgaben werden zwar von der Mehrheit der Eltern und Schüler(innen) als Belastung empfunden, und z. B. 80 % der Schüler(innen) geben an, sie würden lieber zur Schule gehen, wenn es keine Hausaufgaben gäbe; dennoch sind zugleich 85 % der Überzeugung, Hausaufgabe erhöhten den Lernerfolg und würden dabei helfen „den vom Lehrer vermittelten Stoff zu behalten" (ebd.: 18). Hausaufgaben sind ein zentrales Thema im Selbstverständnis der Einzelschule, ein wichtiger Faktor in der Interaktion zwischen Elternhaus und Schule und sie sind ein Faktor, der erklären könnte, wieso in Deutschland soziale Herkunft und Schulerfolg so fatal aneinandergekoppelt sind. Aus dieser Gemengelage rund um die Hausaufgabensituation speist sich das vitale Interesse vieler Eltern an der Ganztagsschule. Wenn Eltern befragt werden, welche Vorteile Ganztagsschulen gegenüber Halbtagsschulen aus ihrer Sicht bieten, ist die Entlastung von Hausaufgaben seit jeher eines der wichtigsten Argumente. Über 60 % der Eltern von Halbtagsschüler(inne)n haben in einer Untersuchung von Bargel/Kuthe (1991: 48) angegeben, dass dies für sie das entscheidende Argument für die Ganztagsschule sei. Die POLIS-Untersuchung aus Rheinland-Pfalz und die wissenschaftliche Begleitung zur Offenen Ganztagsschule in Nordrhein-Westfalen – beide Studien betrachten sehr genau, was Eltern von Ganztagsschule erwarten – bestätigen diese Tendenz. Es ist der Wunsch, die Verschulung und Belastung der Familien (vgl. Kohler 2007) zu vermeiden, und das familiäre Leben frei zu halten von der Belastung, Hausaufgaben betreuen zu müssen.

Daneben gibt es auch das Argument der Förderung: Gerade in bildungsfernen Schichten und in problembeladenen Familien erfahren viele Kinder und Jugendliche eine unzureichende Unterstützung beim Erledigen der Hausaufgaben. Es wäre falsch zu denken, dass Eltern aus bildungsfernen Schichten nicht die Hausaufgaben ihrer Kinder betreuen. Sie betreuen sie aber weniger prozess- als ergebnisorientiert (vgl. Niggli u. a. 2007).

Eltern versprechen sich also Effekte in zwei Richtungen: a) eine Entlastung des Familienlebens von Hausaufgaben und b) eine bessere Förderung ihrer Kinder. In der Studie zur Entwicklung der Ganztagsschule (StEG) geben 49 % der Eltern an, die an der Befragung teilgenommen habe, dass die Beaufsichtigung und Unterstützung bei Hausaufgaben ein „sehr wichtiger" Grund gewesen sei, ihr Kind an einer Ganztagsschule anzumelden. Für 28 % war es „sehr wichtig". 59 % der Eltern geben an, dass es sehr wichtig und 31 % dass es eher wichtig sei, dass die bessere individuelle Förderungsmöglichkeit des eigenen Kindes ein Anmeldungsgrund gewesen sei (Dieckmann u. a. 2007: 167). Es ist entsprechend dieser Zahlen nur folgerichtig, wenn die Mitwirkungsintensität der Eltern bezüglich der „Mitarbeit bei der Hausaufgabenbetreuung" am geringsten von allen abgefragten Bereichen ist. 74 % der Schulleiter(innen) geben an, dass Eltern in diesem Feld gar nicht mitarbeiten. Bei Kursen, AGs, Projekten sind es hingegen nur 23 % die angeben, dass Eltern sich diesbezüglich nicht engagieren (Züchner 2007: 328).

# 3 Hausaufgaben und Organisationsformen von Ganztagsschulen

Wenn sich Schulen in Ganztagsschulen umwandeln, stellt sich die Frage, wie die Hausaufgabenzeiten organisiert werden und ob es gelingt, dass die Hausaufgaben zu Schulaufgaben werden. Dabei geht es zunächst nicht um ein anderes Verständnis von Lernen oder einen anderen Bildungsbegriff, sondern schlicht und ergreifend um das Übernehmen jener Funktion, die die Schule sonst dem Elternhaus zuweist: die außerunterrichtliche Hausaufgabenzeit. Falls diese nicht schon existiert, ist es einer der ersten Angebote, die Schulen nach der Umwandlung in Ganztagsschulen organisieren. Die Hausaufgabenzeiten können unter folgenden Aspekten betrachtet werden:

1. Organisationsform
2. Räumliche Gestaltung
3. Zeitliche Gestaltung
4. Personelle Ausstattung
5. Schülerzusammensetzung

## *3.1 Organisationsformen der Hausaufgabenzeit*

Wo und wie im Ganztagsbereich die Hausaufgaben gemacht werden, hängt von der Organisationsform der Ganztagsschule ab. Gebundene Ganztagsschulen haben organisatorisch andere Möglichkeiten als Offene Ganztagsschulen. Gebundene Ganztagsschulen können die Hausaufgabenzeit als Lernzeit in den Stundenplan einer Klasse oder eines Jahrgangs integrieren; Teilgebundene Ganztagsschulen haben diese Möglichkeit ebenfalls. Offene Ganztagsschulen hingegen müssen über Hausaufgabenzeiten als Angebot nachdenken.

Ausgewiesene Hausaufgabenzeiten als obligatorisches, also verpflichtendes Angebot, gibt es laut der StEG-Studie an 58 % der Offenen, 47 % der Teilgebundenen und 52 % der Gebundenen Ganztagsschulen (Dieckmann u. a. 2007: 177). Von 92 % der Offenen, 84 % der Teilgebundenen und 60 % der Gebundenen Ganztagsschulen wurde bei der Schulleiterbefragung 2004 angegeben, dass sie ein zeitlich ausgewiesenes Hausaufgabenangebot vorhalten (Höhmann u. a. 2005: 183).

## *3.2 Räumliche Gestaltung der Hausaufgabenzeit*

Lernmöglichkeiten haben viel mit der Lernatmosphäre zu tun:

> „Der Anspruch auf eine störungsfreie Umgebung ist dabei ebenso wichtig wie eine ansprechende, von der üblichen Farbgebung und Möblierung abweichende Raumausstattung, die die atmosphärischen Eindrücke der Nüchternheit und Kühle ebenso vermissen lässt wie die Irritation oder Ablenkung" (Appel 2003: 133).

Ideal wären Räume, die speziell für die Hausaufgabenbetreuung zur Verfügung gestellt werden (vgl. Schafmeister 2001: 98). Andere fordern zwei Räume für die Hausaufgabenbetreuung: ein Hausaufgaben-Arbeitsraum und ein angrenzender Gruppenraum als „Angebotsraum" (ifb 2002: 31). Ebenfalls beeinflussend auf die Qualität der Hausaufgabenbetreuung ist die Ausstattung der Räume z. B. mit Lexika bzw. der Zugang zur Bibliothek. Die Möglichkeiten und der Ideenreichtum der Schulen differieren deutlich (vgl. Höhmann/Rademacker 2006: 141).

### 3.3 Zeitliche Gestaltung der Hausaufgaben

Zeit ist unter mehreren Gesichtspunkten zu betrachten, wenn es um Hausaufgaben an Ganztagsschulen geht, nämlich unter den Blickwinkeln

- der Belastung für Kinder
- der Verortung in der Schulorganisation
- der Position im Stundenplan von Schüler(inne)n

In einer Befragung von Schüler(inne)n im Rahmen eines BLK-Modellversuchs zur Kooperation von Schule und Kommune in Ratingen-West, stimmten über zwei Drittel völlig oder eher der Aussage zu: „Unterricht plus Hausaufgaben nehmen so viel Zeit in Anspruch, dass ich kaum noch Zeit für die Dinge habe, die ich gerne machen möchte" (Mauthe/Schwamen 2000: 106). Es gibt einige Untersuchungen, die vermuten lassen, dass die Mehrheit der Lehrer(innen) den zeitlichen Aufwand für Hausaufgaben zu niedrig ansetzen (vgl. Wagner/Spiel 1999). Hausaufgaben führen bei leistungsschwächeren Schüler(inne)n zu einer großen zeitlichen Belastung. Dies trifft für Ganztagsschulen ebenfalls zu, wenn Schüler(innen) darauf verpflichtet werden, Hausaufgaben, die sie nicht in der Hausaufgabenbetreuung geschafft haben, zu Hause zu Ende zu machen.

Während die Gebundenen Ganztagsschulen theoretisch flexibel sind in der zeitlichen Platzierung der Hausaufgabenzeit (auch wenn viele sie dennoch auf den Nachmittag legen) sind Offene Ganztagsschulen weitgehend gezwungen, diese in den Nachmittag zu legen. Hier gibt es ein breites Spektrum von Möglichkeiten, wie sie platziert werden können. So gibt es Schulen, die ein so genanntes Hausaufgabenband nach dem Mittagessen legen, für andere Schulen ist das Hausaufgabenangebot ein Angebot neben anderen. Nur wenige Schulen denken über völlig andere zeitliche Organisationsformen für die Hausaufgabenzeit nach: so z. B. eine Hausaufgabenzeit an den Anfang eines Tages zu legen (vgl. Höhmann/Holtappels 2006: 85-88).

Wenn Ganztagsschulen angeben, dass es bei ihnen jeden Tag ein Ganztagsangebot gibt, dann heißt dies noch nicht, dass die Schüler(innen) jeden Tag die Möglichkeit haben, die Hausaufgabenbetreuung zu besuchen. Durchführungshäufigkeit und die Nutzungshäufigkeit können deutlich differieren. Es finden sich alle Varianten, von täglichen Angeboten für alle Schüler(innen) oder bestimmte Schülergruppen bis hin zu Hausaufgabenangebote, die von Schüler(inne)n nur einmal die Woche genutzt werden können. Dies erklärt, warum einerseits nur 24 % der Sek. I-Schüler(innen) und 51 % der Grundschüler(innen) in der StEG-Untersuchung angeben, dass sie an der „Hausaufgabenhilfe/-betreuung" teilnehmen (Holtappels 2007b: 202), zugleich aber 98 % der Grundschulen und 95 % der Schulen der Sek. I laut Schulleitungsbefragung eine Hausaufgabenhilfe/-betreuung haben (Holtappels 2007b: 192).

### *3.4 Personelle Ausstattung für Hausaufgabenhilfen*

Hausaufgaben gehören laut StEG-Studie zu den fünf Angeboten, in denen am intensivsten Kooperationspartner eingesetzt werden (vgl. Arnoldt 2007: 93). Eine vertiefte Analyse der Daten in Hinblick auf die personelle Ausstattung zeigt, dass es diesbezüglich jedoch große Unterschiede zwischen Grundschule und der Sekundarstufe I gibt. In 72 % der Grundschulen, aber nur in 27 % der Sek. I-Schulen wird die Hausaufgabenhilfe/Lernzeit ausschließlich und überwiegend von pädagogischem Personal durchgeführt. Ausschließlich und überwiegend durch Lehrkräfte wird die Hausaufgabenhilfe an 5,5 % der Grundschulen und an 64 % der Schulen der Sek. I durchgeführt (Dieckmann u. a. 2007: 177). Dies bestätigt die durch das IFS durchgeführte Schulleiter(innen)befragung von 2004 (vgl. Höhmann u. a. 2004). Es spricht viel für die Annahme, dass mit der großen Zunahme der Offenen Ganztagsschulen und den veränderten Finanzierungsmodellen verstärkt Kooperationskräfte auch im Bereich der Hausaufgabenbetreuung arbeiten, also einem Bereich, der bei den Ganztagsschulen alter Prägung in den Aufgabenbereich von Lehrer(inne)n fiel. Arnold führt anhand der StEG Daten weiter aus, dass ein sehr großer Anteil dieser Kooperationskräfte keine akademische Ausbildung hat (ebd.: 97-98).

Vielleicht ist dies einer der Gründe, warum die Schülerbefragung in StEG gezeigt hat, dass die Schüler(innen) keineswegs mit der Hausaufgabenbetreuung zufrieden sind. 53 % der Schüler(innen) stimmen gar nicht dem Item zu, dass ihnen die Hausaufgabenbetreuung sehr hilft (Rollet 2007: 292).

### *3.5 Gruppenzusammensetzung*

Alle Ganztagsschulen, gleichgültig welche Form sie haben, müssen Entscheidungen über die Gruppenzusammensetzung und für den Anmeldemodus und -zeitraum treffen, wenn die Hausaufgabenzeit keine gemeinsame Lernzeit im Klassenverband ist. Die Gruppenzusammensetzung orientiert sich an folgenden Aspekten: Die Schüler(innen) können aus einem Jahrgang kommen, aus nahe beieinander liegenden Jahrgängen (z. B. 5 und 6) oder aus einer größeren Spanne von Jahrgängen (z. B. Sek. I). Die Gruppen können nach fachlichen Schwerpunkten gebildet werden. Die Teilnahme kann nach Bedarf oder festgelegt für einen bestimmten Zeitraum (für zwei Monate, ein viertel Jahr, ein halbes Jahr) stattfinden. Auch die Frage, wer auf wessen Empfehlung an der Hausaufgabenbetreuung teilnimmt, wird unterschiedlich gelöst. An manchen Schulen legen die Lehrer(innen) dies fest, an anderen entscheiden die Eltern oder die Schüler(innen) und an wieder anderen gibt es Mischmodelle (vgl. Höhmann u. a. 2005: 183).

## 4 Hausaufgaben und Förderung

Die Initiative für die Ausweitung von Ganztagsschulangeboten ist eng verbunden mit Überlegungen, wie mit den Ergebnissen der internationalen Schulleistungsstudien (TIMSS, PISA 2000 und 2003 sowie IGLU) und mit den für Deutschland enttäuschenden Ergebnissen umgegangen werden sollte. Dadurch entstand eine erhöhte Anforderung an die Qualität der Hausaufgabenbetreuung. Die Hausaufgabenbetreuung sollte mehr sein als die bereits bestehenden Modelle, bei denen viele Schulen unterschiedlichster Schulformen, unabhängig davon ob sie Ganztagsschule waren oder nicht, ein solches Angebot gemacht haben oder vergleichbare im Hort oder in anderen durch die Jugendhilfe eingerichteten Maßnahmen angeboten wurden. An die Hausaufgabenbetreuung wird nun stärker der Anspruch der Förderung gerichtet. Dies wird auch bei Befragungen von Eltern deutlich, die – so zeigen es u. a. die Ergebnisse der Studie zur Offenen Ganztagsschule in NRW (vgl. Beher u. a. 2005) – eine ganz enge Verbindung zwischen Hausaufgaben und Förderunterricht sehen. Es ist notwendig, dass Ganztagsschulen über die Einbindung der Hausaufgabenzeit in ein Gesamtkonzept zu Bildung, Lernen und Fördern an der Schule nachdenken. Hausaufgabenzeiten sind Lernzeiten, die mit anderen Bildungsangeboten verzahnt werden müssen.

> „Sinnvoll erscheint es natürlich, wenn Ganztagsschulen ihre Möglichkeiten gemeinsamen nachmittäglichen Lernens auch kreativ nutzen und verschiedene Formen gegenseitigen Helfens bzw. gemeinsamen Arbeitens schon durch die jeweilige Aufgabenstellung anregen bzw. verlangen" (Kohler 2007: 20-21).

Soweit hierzu Daten vorliegen, sind diese nicht ermutigend: Das fängt bei den wenig ausgeprägten Kooperationsstrukturen zwischen Lehrer(inne)n und Hausaufgabenbetreuungskräften an (vgl. Höhmann u. a. 2004: 276-277) und betrifft u. a. Schulprogramme und Jahresplanung sowie die Vereinbarungen in den Fachkonferenzen und in Klassen- bzw. Jahrgangsteams. Hausaufgaben müssen zu Schulaufgaben werden, damit sie als schulische Herausforderung und als Chance für die Fördermöglichkeiten und Bildungsprozesse von Schüler(inne)n wirksam werden können.

# 5 Hausaufgaben und Ganztagsschulentwicklung

Die Verlagerung der Hausaufgaben vom Elternhaus erfordert von Lehrer(inne)n ein Umdenken auf vielen Ebenen. Es wird für andere Kolleg(inn)en oder pädagogische Mitarbeiter(innen) sichtbar, was im Unterricht gemacht wird. Das Prinzipien der Abschottung und die Sicherheit, dass sich niemand einmischt, geraten ins Wanken. Das Verlagern der Hausaufgabenzeiten in die Schule erfordert stärkere Kooperationsbereitschaft. Laut StEG bestätigen in der Schulleiterbefragung 54 %, dass der Unterricht und sonstige Angebote wenig verbunden seien (Holtappels 2007a: 150); zu den sonstigen Angeboten zählen auch die Hausaufgaben. Fragt man nach konzeptionellen Verankerungen, verschlechtert sich das Bild weiter. Nur 34 % der Schulleiter(innen) sagen aus, dass „inhaltlich-curriculare Profile und Schwerpunkte für die Verbindung von Unterricht und Ganztagsangeboten" entwickelt wurden (ebd.). Die bestätigt das Bild, das Kooperation vor allem eine Frage individuellen Engagements, aber nicht institutioneller Strukturen ist. Die Frage nach der Organisation der Hausaufgaben bietet also nach wie vor große Entwicklungspotenziale und ist für Schulen, die Lernprozesse und -möglichkeiten anders gestalten möchten, ein wichtiger Innovationsimpuls.

## *Literatur*


Appel, Stefan (2003): Handbuch Ganztagsschule. Konzeption, Einrichtung, Organisation (unter Mitarbeit von Georg Rutz). Schwalbach/Ts.: Wochenschau.

Arnoldt, Bettina (2007): Öffnung von Schule. In: Holtappels u. a.: 86-105.

Bargel, Tino/Kuthe, Manfred (1991): Ganztagsschule. Untersuchungen zu Angebot und Nachfrage, Versorgung und Bedarf (hrsg. v. Bundesminister für Bildung und Wissenschaft). Bonn.

Beher, Karin/Haenisch, Hans/Hermens, Claudia/Liebig, Reinhard/Nordt, Gabriele/Schulz, Uwe (2005): Offene Ganztagsschule im Primarbereich. Begleitstudie zu Einführung, Zielsetzungen und Umsetzungsprozessen in NRW. Weinheim: Juventa.

Derschau, Dietrich v. (1979): Hausaufgaben – eine Lernchance? In: Ders. (Hg.): Hausaufgabe als Lernchance. Zur Verknüpfung schulischen und außerschulischen Lernens. München: Urban und Schwarzenberg: 13-20.

Dieckmann, Katja/Höhmann, Katrin/Tillmann, Katja (2007): Schulorganisation, Organisationskultur und Schulklima an ganztägigen Schulen. In: Holtappels/Klieme/Rauschenbach/Stecher (Hg.): 164-185.

Eigler, Gunther/Krumm, Volker (1972): Zur Problematik der Hausaufgaben. Über die Mitarbeit der Eltern bei Hausaufgaben. Ergebnisse einer Befragung von Eltern von Gymnasiasten der Klassen 5-8 und einer Befragung von Gymnasialdirektoren. Weinheim: Beltz.

Haenisch, Hans (2003): Evaluation der schulischen Ganztagsangebote in Nordrhein-Westfalen. Ergebnisse der qualitativen und quantitativen Befragungen. Soest: Landesinstitut für Schule.

Hendricks, Renate (2006): Schicksal Schule. Eine Elternstreitschrift im Interesse der Kinder. Seelze-Velber: Kallmeyer.

Höhmann, Katrin/Holtappels, Heinz Günter (Hg.) (2006): Ganztagsschule gestalten. Konzeption, Praxis, Impulse. Seelze-Velber: Kallmeyer.

Höhmann, Katrin/Holtappels, Heinz Günter/Schnetzer, Thomas (2004): Ganztagsschule, Konzeptionen, Forschungsbefunde, aktuelle Entwicklungen. In: Holtappels, Heinz Günter/Klemm, Klaus/Pfeiffer, Hermann/Rollf, Hans-Günter/Schulz-Zander, Renate (Hg.): Jahrbuch Schulentwicklung Bd. 13. Daten, Beispiele und Perspektive. Weinheim: Juventa: 253-289.

Höhmann, Katrin/Holtappels, Heinz Günter/Schnetzer, Thomas (2005): Ganztagsschule in verschiedenen Organisationsformen – Forschungsergebnisse einer bundesweiten Schulleitungsbefragung. In: Appel, Stefan/Ludwig, Harald/Rother, Ulrich/Rutz, Georg (Hg.): Jahrbuch Ganztagsschule 2006. Schulkooperationen. Schwalbach/Ts.: Wochenschau: 169-186.

Höhmann, Katrin/Rademacker, Hermann (2006): Hausaufgaben und die Frage nach dem Sinn. In: Höhmann/Holtappels (Hg.): 132-144.

Holtappels, Heinz Günter (1997): Ganztagsschule und Schulöffnung. Perspektiven für die Schulentwicklung. Weinheim: Juventa.

Holtappels, Heinz Günter (2007a): Ziele, Konzepte, Entwicklungsprozesse. In: Holtappels u. a. (Hg.): 139-163.

Holtappels, Heinz Günter (2007b): Angebotsstruktur, Schülerteilnahme und Ausbaugrad ganztägiger Schulen. In Holtappels/Klieme/Rauschenbach/Stecher (Hg.): 186-206.

Holtappels, Heinz Günter/Klieme, Eckhard/Rauschenbach, Thomas/Stecher, Ludwig (Hg.) (2007): Ganztagsschule in Deutschland. Ergebnisse der Ausgangserhebung der „Studie zur Entwicklung von Ganztagsschulen" (StEG). Weinheim: Juventa.

Ifb – Institut für schulische Fortbildung und schulpsychologische Beratung des Landes Rheinland Pfalz (Hg.) (2002): Unterwegs zur Ganztagsschule. Speyer.

Kieslich, Rudolf/Klages, Hans (1978): Hausaufgaben, empirisch untersucht; Ergebnisse aus dem Schulversuch Ganztagsschule Hannover. Schroedel.

Kohler, Britta (1996): Hausaufgaben – Zu ihrer Problematik. In: Haarmann, Dieter (Hg.): Handbuch Grundschule. Weinheim: Beltz: 251-267.

Kohler, Britta (2007): Hausaufgaben und Ganztagsschule. In: Höhmann, Katrin/Kohler, Britta/Mergenthaler, Ziva/Wego, Claudia (2007): Hausaufgaben an der Ganztagsschule. Schwalbach/Ts.: Wochenschau: 9-36.

Lipowsky, Frank (2004): Dauerbrenner Hausaufgaben. Befunde der Forschung und Konsequenzen für den Unterricht. In: Pädagogik (56. Jg.) H. 12/2004: 40-44.

Mauthe, Anne/Schwamen, Heiner von (2000): Kooperation von Schule und Kommune. Ein Modellversuch zur Schul- und Stadtteilentwicklung in Ratingen West. Dortmund: IFS.

Michael, Berthold (1961): Die Hausaufgabe als pädagogisches Problem. In: Westermanns pädagogische Beiträge – Eine Zeitschrift für dic Volksschule. (13. Jg.): 85 – 104.

Niggli, Alois/Trautwein, Ulrich/Schnyder, Inge (2007): Elterliche Unterstützung kann hilfreich sein, aber Einmischung schadet: Familiärer Hintergrund, elterliches Hausaufgabenengagement und Leistungsentwicklung. In: Psychologie in Erziehung und Unterricht (54. Jg.) H. 1/2007: 1-14.

Nilshon, Ilse (1999): Hausaufgaben und selbstständiges Lernen. In: DJI Projektheft 1. München: Eigenverlag DJI.
Pakulla, Rudolf (1967): Hausaufgaben – Empfehlungen für Lehrer und Erzieher. Berlin-Ost: Volk und Wissen.
Raab, Erich/Rademacker, Hermann/Winzen, Gerda (1987): Handbuch Schulsozialarbeit. Konzeption und Praxis sozialpädagogische Förderung von Schülern. München: Eigenverlag DJI.
Rademacker, Hermann (2005): Hausaufgaben im Spannungsfeld von Schule – Eltern – Betreuung. Expertise für das Landesinstitut für Schule in Soest.
Rollett, Wolfram (2007): Schulzufriedenheit und Zufriedenheit mit dem Ganztagsbetrieb und deren Bedingungen. In: Holtappels/Klieme/Rauschenbach/Stecher (Hg.): 283-313.
Schafmeister, Bruno (2001): Ganztagsschule – Was ist das? Fragen und Antworten. Landau: VEP.
Trautwein, Ulrich/Köller, Olaf (2003): Was lange währt, wird nicht immer gut. In: Zeitschrift für Pädagogische Psychologie H. 3-4/2003: 199-209.
Wagner, Christiane/Spiel, Petra (1999): Arbeitszeit für die Schule – zu Variabilität und Determinanten. In: Empirische Pädagogik (13. Jg.) H. 2/1999: 123-150.
Wahler, Peter/Preiß, Christine/Schaub, Günther (2005): Ganztagsangebote an der Schule. Erfahrungen – Probleme – Perspektiven. München: Eigenverlag DJI.
Wudke, Hubert (1985): Hausaufgaben. In: Hemmer, Klaus Peter/Wudke, Hubert (Hg.): Enzyklopädie Erziehungswissenschaft. Bd. 7. Erziehung im Primarschulalter. Stuttgart: Klett-Cotta: 333-337.
Züchner, Ivo (2007): Ganztagsschule und Familie. In: Holtappels/Klieme/Rauschenbach/Stecher (Hg.): 314-332.

# Rechtsfragen der Ganztagsschule

*Ingo Richter*

Es geht in diesem juristischen Beitrag ausschließlich um Rechtsfragen der Ganztagsschule, nicht um Fragen der Ganztagsbildung. Bildungsfragen außerhalb der Schule gehören in das Persönlichkeitsrecht (Selbstbildung), das Familienrecht (Recht der elterlichen Sorge), das Sozialrecht (Kinder- und Jugendhilferecht), das Recht der Weiterbildung u. a. m.; sie können hier nicht behandelt werden. Die Ganztagsschule wird in diesem Zusammenhang als Schule im Sinne des Schulrechts definiert, d. h. als eine „organisierte, auf eine Mindestdauer angelegte Einrichtung, in der unabhängig vom Wechsel der Lehrer und der Schüler durch planmäßiges gemeinsames Lernen in mehreren Fächern bestimmte Bildungs- und Erziehungsziele verfolgt werden" (Avenarius/Heckel 2000: 5). Es geht dagegen nicht um Bildungsangebote, die in Ergänzung der Schule im Rahmen der Kinder- und Jugendhilfe erbracht werden (Richter 2005). Zugrunde gelegt werden die Begriffe des Beschlusses der Kultusministerkonferenz vom 2.1.2004.

## 1 Verfassungsrechtliche Fragen

Die Einführung der Ganztagsschule könnte gegen das Grundgesetz verstoßen; sie könnte aber auch durch das Grundgesetz geboten sein.

### *1.1 Ist die Ganztagsschule verfassungsrechtlich zulässig?*

Die flächendeckende Einführung der Ganztagsschule ist in ihrer Vollgebundenen Form ein Eingriff in das Elternrecht nach Art. 6 II GG und in das Kindesrecht nach Art. 2 I GG, der verfassungsrechtlich nur zulässig ist, wenn es für diesen Eingriff eine verfassungsrechtliche Rechtfertigung gibt und wenn der Eingriff verhältnismäßig ist (zu den Rechtfragen einer schrittweisen Einführung siehe unten). Das verfassungsrechtliche Elternrecht gewährleistet die Betreuung, Erziehung und Bildung der Kinder durch die Eltern. Das Recht auf die freie Entfaltung der Persönlichkeit umfasst das Recht auf Erziehung und Bildung. Die staatliche Schulaufsicht nach Art. 7 I GG umfasst nach der herrschenden Auslegung nicht nur die „Gesamtheit der staatlichen Befugnisse zur Organisation, Planung, Leitung und Beaufsichtigung des Schulwesens" (BVerwGE 6, 101, 104; BVerfGE 26, 228, 238), sondern auch die Betreuung, Erziehung und Bildung in der Schule (BVerfGE 34, 165, 183; 47, 46, 71-72). Nachdem sich in der verfassungsrechtlichen Diskussion Auffassungen, die der einen oder der anderen Seite mehr Gewicht einräumen wollten, nicht durchgesetzt haben, besitzen Eltern-/Kindesrecht und Staatsrecht gleichen Rang; es geht vielmehr um die Frage, ob verfassungsrechtlich eher eine Funktionsmischung oder eine Funktionstrennung geboten ist (Richter 2001).

Das Grundgesetz gibt zwar keinen verfassungsrechtlichen Maßstab für die Beurteilung von Schulsystemen her (BVerfGE 34, 165) – insofern kann die Ganztagsschule als solche gar nicht verfassungswidrig oder verfassungsgemäß sein –, wohl aber handelt es sich um eine Verschiebung im Verhältnis zwischen dem Eltern- und Kindesrecht einerseits und dem staatlichen Recht andererseits. Diese Verschiebung besteht zum einen in der zeitlichen Dimension durch die Ausdehnung der täglichen und wöchentlichen Schulzeit und zum anderen in der Verstärkung der betreuenden und erziehenden Aufgaben der Schule zu Lasten der Eltern. Auch wenn man nicht der Auffassung ist, dass es sich bei der Ersetzung der Halbtagsschule durch die Ganztagsschule um einen Wechsel der „Ordnungsvorstellung" handelt (Bumke 2005) oder dass sich der Staat durch die Einführung der Ganztagsschule nicht mehr im Bereich der Schule, sondern im Bereich der Jugendhilfe bewegt (Broosch 2007), bedarf doch auch eine wesentliche, d. h. mehr als nur marginale Verschiebung zwischen den Sphären der elterlichen und der schulischen Betreuung, Bildung und Erziehung einer verfassungsrechtlichen Rechtfertigung.

Das Verfassungsrecht – und zwar weder das Elternrecht noch das Kindesrecht – gibt nun allerdings keinen Maßstab für die Beurteilung der zeitlichen Ausdehnung der Schule und die Verteilung der Schulzeit auf den Tag und die Woche her, solange es sich nicht um eine unverhältnismäßige zeitliche Zurückdrängung der elterlichen Sphäre handelt (BVerfGE 34, 167, 187). Die Rechtsprechung hat sogar die Einführung der Fünf-Tage-Woche in den Schulen für verfassungsgemäß und nicht einmal für gesetzlich regelungsbedürftig gehalten (BVerwGE 47, 201). Die bloße zeitliche Ausdehnung der Schulzeit an drei Wochentagen auf sieben Zeitstunden, wie sie der KMK-Beschluss als Mindestnorm vorsieht, ist deshalb für sich noch kein unzulässiger Eingriff in die Eltern- und Kindesrechte. Verfassungsrechtlich problematisch könnte jedoch eine Regelung werden, die über die „normale Arbeitszeit" der Eltern hinausgeht. Es gibt eine verfassungsrechtliche Grenze einer über die Mindestzeiten des KMK-Beschlusses hinausgehenden Gestaltung. Die z. Zt. praktizierte „Ganztagsschule bis 16 Uhr", die den Freitag nicht einbezieht, ist verfassungsrechtlich insoweit unproblematisch. Die Anforderungen des Verhältnismäßigkeitsprinzips sind gewahrt (Guckelberger 2006 mit weiteren Nachweisen).

Verfassungsrechtlich unzulässig könnte die Ganztagsschule jedoch werden, wenn ihre Angebote unzulässige Gegenstandbereiche umfassen, d. h. Elemente, die nicht Gegenstand des schulischen Auftrages sind. Das ist nun jedoch nicht der Fall (Guckelberger 2006, andere Auffassung Broosch 2007). Die konzeptionellen Überlegungen und die empirischen Analysen des StEG-Projektes haben gezeigt, dass die Ganztagsschulen Tätigkeitsbereiche umfassen, die auch legitime Gegenstände der Halbtagsschule sind oder doch sein können (zu den konzeptionellen Überlegungen Edelstein 2006; zu den empirischen Analysen Holtappels 2007: 192): Hausaufgabenhilfe und -betreuung, Förderunterricht für Fachleistungen, Sport, Musik und Kunst, Handwerk und Hauswirtschaft, Technik und neue Medien, Freizeitangebote (freiwillig), Freizeitbeaufsichtigung, Projekte, Mittagsmahlzeiten, um nur die Angebote zu nennen, die in mehr als der Hälfte aller Ganztagsschulen vorhanden sind. Allenfalls bei der Freizeitbeaufsichtigung und bei obligatorischen Freizeitbeschäftigungen könnte man Zweifel haben, weil sie nicht Teil des Schulcurriculums sind (vgl. Guckelberger 2006).

Dass es bei diesen Angeboten weniger um Wissensvermittlung und Unterricht, sondern mehr um Betreuung und Erziehung geht, macht die Angebote nicht unzulässig, denn auch die herkömmliche Halbtagsschule hat einen Erziehungs- und Betreuungsauftrag. Angesichts der Bedeutung, die die non-formale und die informelle Bildung in der neueren bildungspolitischen Diskussion gewonnen hat (BMFSFJ 2005), erfüllt die Ganztagsschule den schulischen Bildungsauftrag sogar in besonderem Maße. Die Frage der verfassungsrechtlichen Zulässigkeit der nicht-unterrichtlichen Angebote in der Ganztagsschule ist nicht eine Frage nach dem „Mehr oder Weniger" an schulischer Betreuung und Erziehung, sondern nach der verfassungsrechtlichen Zulässigkeit von Betreuung, Erziehung und Bildung in der Schule überhaupt – und die steht außer Frage.

Da die flächendeckende Gebundene Ganztagsschule nach dem z. Zt. definierten Konzept keinen verfassungsrechtlichen Bedenken begegnet, gilt für die Offene Ganztagsschule dies erst recht, und zwar sowohl für den Fall der Trennung des vormittäglichen Unterrichts von den ergänzenden Angeboten des Nachmittags (so genannte additive Offene Ganztagsschule), wie auch für den Fall einer Durchmischung nach der Definition der KMK (so genannte integrative Offene Ganztagsschule). Da der Besuch freiwillig ist, liegt weder ein Eingriff in das Elternrecht noch in das Kindesrecht vor (Guckelberger 2006). Verfassungsrechtliche Probleme können allerdings durch das Nebeneinander von Halbtags- und Ganztagsorganisation entstehen.

## *1.2 Gibt es ein Grundrecht auf die Ganztagsschule?*

Das Elternrecht des Art. 6 II GG und das Recht auf die freie Entfaltung der Persönlichkeit nach Art. 2 I GG beziehen sich nicht nur auf die Familie, sondern auch auf die Schule (BVerfGE 34, 165, 183). Der Staat muss bei der Gestaltung des Schulwesens auf der Grundlage der Schulaufsicht nach Art. 7 I GG (Organisation, Planung, Leitung, Beaufsichtigung) den Eltern- und Kindeswillen angemessen berücksichtigen; dennoch verbleibt dem Staat ein weiter Bereich der Gestaltungsfreiheit im Schulwesen (Richter 2001). Ein kollektives Elternrecht, aufgrund dessen z. B. die Einführung der Ganztagsschule von einem Mehrheitsvotum der Elternschaft oder gar der Schülerschaft abhängig gemacht werden könnte, existiert verfassungsrechtlich nicht (BVerfGE 46, 47, 76), denn das Elternrecht und das Persönlichkeitsrecht sind Individualrechte.

Kraft des Elternrechts soll nach einer Grundentscheidung des Bundesverfassungsgerichts der Staat „in der Schule die Verantwortung der Eltern für den Gesamtplan der Erziehung ihrer Kinder achten und für die Vielfalt der Anschauungen in Erziehungsfragen soweit offen sein, als es sich mit einem geordneten staatlichen Schulsystem verträgt" (BVerfGE 34, 165, 183). Es geht dabei also um den „Gesamtplan" der einzelnen Eltern, nicht um einen „Gesamtplan" der Elternschaft. Es versteht sich, dass die Erziehungspläne einzelner Eltern niemals die Gestaltung des Schulsystems als Ganzes bestimmen können, sondern dass das Schulsystem stets so offen gestaltet sein muss, dass es mit den „Gesamterziehungsplänen" der einzelnen Eltern verträglich ist. Deshalb können weder die Eltern noch die Kinder kraft des Eltern- bzw. des Kindesrechts die Einrichtung von Ganztagsschulen verlangen, und zwar weder individual- noch kollektivrechtlich.

Wenn es also ein „Grundrecht auf die Ganztagsschule" nicht gibt, so kommt doch dem verfassungsrechtlichen Gebot der Offenheit und Vielfalt in den Grenzen der Schulorganisationshoheit des Staates Bedeutung zu, und zwar insbesondere bei der Einführung der Ganztagsschule und bei der Entscheidung zwischen den verschiedenen Gestaltungsmöglichkeiten der Ganztagsschule.

## *1.3 Die Koexistenz von Halbtags- und Ganztagsschule*

Eine flächendeckende Einführung der Ganztagsschule nach der z. Zt. vorherrschenden Konzeption widerspricht weder in der Gebundenen noch in der Offenen Form den Verfassungsrechten der Kinder und Eltern; die Kinder und Eltern haben allerdings auch keinen verfassungsrechtlichen Anspruch auf die Einführung einer solchen Ganztagsschule. Eine flächendeckende Einführung der Ganztagsschule gibt es nun allerdings z. Zt. nur in wenigen Ländern für wenige Schularten: Berlin, Sachsen und Thüringen haben die Ganztagsgrundschule flächendeckend eingeführt, während sie in Baden-Württemberg und Niedersachsen nur vereinzelt vorkommt; im Sekundarschulbereich ist die Varianz ebenfalls außerordentlich groß; im Durchschnitt der Bundesländer liegt der Ganztagsschulanteil zwischen einem Fünftel und einem Drittel (Quellenberg 2007: 19). Das Investitionsprogramm des Bundes „Zukunft Bildung und Betreuung" von 2003 (IZBB) strebte den Ausbau jeder achten allgemein bildenden Schule zur Ganztagsschule an (Jung 2006). Man kann deshalb davon ausgehen, dass auf absehbare Zeit Halbtagsschulen und Ganztagsschulen nebeneinander bestehen werden. Neben den organisations- und verfahrensrechtlichen Fragen stellen sich zwei verfassungsrechtliche Fragen, nämlich erstens die Frage, ob Kinder und Eltern im Falle einer Einführung der Gebundenen Ganztagsschule ein Recht auf den Besuch einer Halbtagsschule haben, und zweitens die Frage, ob Kinder und Eltern ein Recht auf den Besuch einer Ganztagsschule haben, wenn diese in ihrem Schuleinzugsbereich nicht eingeführt ist.

Die erste Frage stellt sich zunächst einmal vor allem bei den Grundschulen in den Ländern, die verpflichtende Grundschuleinzugsbereiche haben (so genannte „Sprengelpflicht"). Das Recht der freien Schulwahl, d. h. das Recht aus dem Schulangebot eine Schule auszuwählen, ist der Kern des Eltern- und auch des Kindesrechts (BVerfGE 34, 165). Ob die „Sprengelpflicht" mit diesem Recht überhaupt vereinbar ist, mag hier dahin stehen (Richter 1976). Wenn aber der Staat sowohl Halbtags- wie Ganztagsgrundschulen schafft, so steht den Eltern kraft ihres Elternrechts die Schulwahl zu, und kraft ihres Elternrechts können sie auch das entsprechende Recht auf Bildung des Kindes in demselben Sinne ausüben. Bei einer partiellen Einführung der Ganztagsgrundschule ist also die Aufrechterhaltung der „Sprengelpflicht" verfassungswidrig. Die Eltern können deshalb ihr Kind bei einer Halbtagsgrundschule außerhalb ihres Schuleinzugsbereichs anmelden.[1] Diese Feststellung mag unerwünschte bildungspolitische Konsequenzen haben, denn sie wirkt möglicherweise sozial selektiv, weil Oberschicht- und Unterschichteltern möglicherweise überproportional von dieser Möglichkeit Gebrauch machen; eine solche Wirkung kann jedoch nur durch die (zulässige) flächendeckende Einführung vermieden werden.

Wie verhält es sich aber, wenn bei einer partiellen Einführung der Gebundenen Ganztagsgrundschule die Verweisung auf eine Halbtagsgrundschule aus Gründen der Länge des Schulweges nicht zumutbar ist? Dies wird bei Grundschulen auf dem Lande die Regel sein und auch in städtischen Siedlungsräumen häufig vorkommen, wobei bei der Frage der Zumutbarkeit von Schulwegen von einer gewissen Bandbreite auszugehen ist. Können Eltern in einem solchen Falle die Umwandlung der vollständig Gebundenen Ganztagsgrundschule in eine Teilgebundene Ganztagsgrundschule verlangen? Hierbei ist zunächst daran zu erinnern, dass es weder ein Recht auf eine Ganztagsgrundschule noch auf eine Halbtags-

1 Zur Wahl der vierklassigen Grundschule außerhalb des Schuleinzugsbereichs oder einer entsprechenden Privatschule bei der Einführung der obligatorischen Förderstufe siehe BVerfGE 34, 165.

grundschule gibt, d. h. die Eltern können auf das vorhandene Angebot verwiesen werden. Des Weiteren ist zu berücksichtigen, dass eine Teilgebundene Ganztagsgrundschule nur in der additiven Form organisierbar ist, denn es ist nicht vorstellbar, dass die unterrichtlichen Anteile an der Ganztagsschule auf den ganzen Schultag verteilt und nur von den Schüler(inne)n wahrgenommen werden, deren Eltern sich für die Halbtagsgrundschule entschieden haben. Die Schulorganisationshoheit liegt aber beim Staat, d. h. die Eltern, die die Halbtagsgrundschule bevorzugen, können vom Staat nicht verlangen, dass Teilgebundene Ganztagsgrundschulen nur in der additiven Form organisiert werden. Dies würde der Konzeption, auf die sich die Kultusminister geeinigt haben, vollständig entgegenlaufen. Das Ergebnis lautet also insofern, dass die Eltern, die sich für die Halbtagsgrundschule entscheiden wollen, die Aufnahme ihres Kindes in eine Teilgebundene Ganztagsgrundschule verlangen können, wenn diese als additive Teilgebundene Ganztagsgrundschule organisiert ist und eine Halbtagsgrundschule in zumutbarer Reichweite nicht besteht. Ein Verfassungsrecht auf eine Teilgebundene additive Ganztagsgrundschule gibt es jedoch nicht, auch wenn in zumutbarer Reichweite für die Schüler(innen) nur Vollgebundene oder Teilgebundene integrierte Ganztagsgrundschulangebote bestehen.

Sieht man von der Frage der „Sprengelpflicht", die es für Sekundarschulen nicht gibt, einmal ab, so ist die Frage nach den Folgen der Koexistenz von Ganztags- und Halbtagsschulen bei den Sekundarschulen ebenso wie bei den Grundschulen zu beantworten. Wünschen die Eltern eine Halbtagsschule und wird am Wohnort der Schüler(innen) eine Halbtagsschule der gewählten Schulart nicht angeboten, so können die Schüler(innen) eine additive Teilgebundene Halbtagsschule ihrer Wahl besuchen, wenn eine solche besteht. Die Eltern können aber nicht verlangen, dass ihnen eine Halbtagsschule oder eine Teilgebundene Ganztagsschule an ihrem Wohnort oder in zumutbarer Reichweite angeboten wird. Besteht ein solches Angebot nicht, so sind sie auf den Besuch der Vollgebundenen oder einer Teilgebundenen integrierten Ganztagsschule angewiesen.

Der Gesetzgeber kann Kriterien festlegen, nach denen die Schulen bei der Anmeldung der Schüler(innen) verfahren, z. B. kann er den Stellenwert des Elternwunsches nach einer Ganztags- oder Halbtagsschule prioritär bestimmen. Er kann diese Entscheidung aber auch gänzlich den Schulen überlassen. Bei dieser Entscheidung werden insbesondere soziale Gesichtspunkte zu berücksichtigen sein, z. B. die Berufstätigkeit beider Eltern.

## 2 Organisations- und personalrechtliche Fragen

Durch die Umwandlung einer Schule in eine Ganztagsschule ändert sich die Schulträgerschaft nicht, d. h. normalerweise sind die Kommunen die Schulträger der Ganztagschulen. Das heißt aber auch, dass die Kommunen über die Einrichtung einer Ganztagsschule entscheiden; sie kann aber von der Genehmigung der Schulaufsichtsbehörde abhängig gemacht werden (siehe z. B. § 9 I Schulgesetz NRW). Sie kann die nähere Ausgestaltung der Ganztagsschule regeln und zur Genehmigungsbedingung machen; sie kann aber auch auf eine Feinsteuerung der Einrichtung der Ganztagsschulen verzichten und diese den Kommunen überlassen, wie dies z. B. in Rheinland-Pfalz geschehen ist (Wunder 2006).

Der Gesetzgeber kann vorsehen, dass die Einrichtung einer Ganztagsschule der Zustimmung eines repräsentativen Organs der Schule, also normalerweise einer Schulkonferenz bedarf (z. B. § 9 III Schulgesetz NRW). Er kann aber die Entscheidung auch in die Hände der Schulaufsicht legen und die Schulen daran in geeigneter Weise beteiligen, wie dies

z. B. in Berlin vorgesehen ist, wo die Schule auf der Grundlage eines Mehrheitsbeschlusses der Schulkonferenz einen entsprechenden Antrag stellen kann, während die Schulkonferenz bei der Einrichtung durch die Schulbehörde nur ein Anhörungsrecht hat (§ 76, II Nr. 3 und III Nr. 3 Schulgesetz). Da die Einrichtung einer Ganztagsschule die Interessen der Schüler(innen) sowie die der Eltern wesentlich berührt, ist es empfehlenswert, dass der Gesetzgeber eine Beteiligung der Schulkonferenz vorsieht; aus verfassungsrechtlichen Gründen ist eine solche Beteiligung jedoch nicht zwingend. Eine Zustimmung der Lehrerkonferenz ist nicht erforderlich und auch nicht vorgesehen, obwohl die Interessen der Lehrer(innen) stark berührt werden. Gleichwohl ist für die Einrichtung einer Ganztagsschule die Beteiligung des Personalrates nicht vorgesehen; es handelt sich nämlich um eine organisatorische und nicht um eine personelle oder soziale Maßnahme.

Da Ganztagsschulen den Unterricht mit Angeboten verbinden, die die „kulturelle, soziale, sportliche, praktische, sprachliche und kognitive Entwicklung der Schülerinnen und Schüler fördern" (§ 19 I Berliner Schulgesetz), werden die außerunterrichtlichen Angebote von Kooperationspartnern erbracht (z. B. § 19 V Berliner Schulgesetz). Es handelt sich dabei um öffentliche Anbieter (z. B. das Jugendamt), um Freie Träger (z. B. Sportvereine, Wohlfahrtsverbände, Kirchen) oder um kommerzielle Träger (z. B. Betriebe, Musik-, Sport- oder Sprachenschulen); zwei Drittel der Angebote werden von den Freien Trägern erbracht (Arnoldt 2007a: 89). Nach der in der Verwaltungsvereinbarung zwischen Bund und Ländern vorgesehenen Konzeption werden die außerschulischen Anbieter durch Kooperationsverträge an die Schule gebunden und der Aufsicht und Verantwortung der Schulleitung unterstellt (Arnoldt 2007b); es hat sich also die schulrechtliche und nicht die sozialrechtliche Gestaltung der Ganztagsschule durchgesetzt (Richter 2005).[2]

Die Kooperationsverträge, die die außerschulischen Anbieter mit den Schulen abschließen, sind öffentlich-rechtliche Verträge, und zwar unabhängig davon, ob der außerschulische Anbieter selber ein Träger öffentlicher Gewalt ist, denn es handelt sich um die Erbringung öffentlicher Leistungen. Die Träger werden durch den Abschluss des Kooperationsvertrages so genannte „beliehene Unternehmer", d. h. sie üben im Rahmen ihrer Angebote in den Ganztagsschulen öffentliche Gewalt aus. Sie werden sozusagen in die staatliche Schule einbezogen.[3] Dies hat zur Folge, dass das Verwaltungsverfahrensrecht und das Verwaltungsprozessrecht auf ihr Handeln Anwendung finden, dass aber auch der Staat für ihr Handeln haftet. Die staatliche Schulaufsicht könnte deshalb auch die staatlichen Lehrpläne auf sie erstrecken und das Personal der außerschulischen Anbieter der Weisungsgebundenheit unterwerfen. Angesichts der Grundrechtsträgerschaft der freien und der kommerziellen Anbieter ist dies jedoch problematisch und untunlich.

Bei der Grundrechtsträgerschaft ist nun jedoch zu unterscheiden: Die kommerziellen Anbieter können sich gegenüber der Schulaufsichtsbehörde und dem Schulträger zwar auf die Berufsausübungsfreiheit des Art. 12 GG berufen; binden sie sich jedoch durch Kooperationsverträge an die Schulaufsicht und die Schulträgerschaft, so begeben sie sich insoweit ihrer Grundrechte, können ihre Angebote nur nach Maßgabe des Kooperationsvertrages ausgestalten und unterwerfen sich letztlich freiwillig der Schulaufsicht. Auf die Privatschulfreiheit des Art. 7 IV GG können sie sich nicht berufen, da sie nicht Träger von Privatschulen sind. Den Freien Trägern stehen dagegen stärkere Grundrechte zur Seite, insbesondere den Kirchen nach Art. 4 GG und den Gewerkschaften nach Art. 9 III GG, aber

2 Die Ganztagsschule ist deshalb keine Einrichtung, die dem SGB VIII untersteht.

3 Man könnte sie etwa mit dem TÜV vergleichen, der ein privater Verein ist, aber bei der Prüfung hoheitliche Gewalt ausübt, wenn er die Plakette verleiht.

auch den sonstigen Anbietern im Rahmen der Vereinsfreiheit des Art. 9 I GG. Zwar werden auch sie durch Kooperationsverträge in das öffentliche Schulwesen einbezogen, aber die Grundrechte begrenzen die staatliche und kommunale Gestaltungsmacht. Die Kooperationsverträge müssen deshalb diesen außerschulischen Anbietern einen eigenen Gestaltungsraum belassen und ihr Personal von Weisungen freistellen. Die Schulbehörden sind auch gut beraten, den außerschulischen Anbietern einen solchen Freiraum zu belassen, denn die Kooperation soll doch gerade die Entfaltung der eigenen Kräfte dieser Anbieter zum Ziel haben.

Die Lehrer(innen), die an Ganztagsschulen unterrichten, können nicht verlangen, dass sie nur am Vormittag eingesetzt werden, obwohl dies den Interessen vieler (Teilzeit-)Lehrer(innen) entspricht. Die Verteilung ihrer Arbeitszeit erfolgt durch die Schulbehörde, die konkrete Verteilung der Unterrichtsstunden am Tag durch den Schulleiter im Rahmen der Stundenplangestaltung. Wenn also im Falle der integrativen Ganztagsschule Unterricht auch am Nachmittag zu erteilen ist, wie dies die Vereinbarung zwischen Bund und Ländern vorsieht, so kann und muss der/die Schulleiter(in) Lehrer(innen) auch für den Nachmittagsunterricht einteilen. Der Stundenplan ist nicht mitbestimmungspflichtig, und zwar weder im Rahmen der Schulverfassung noch der Personalvertretung. Schulleiter(innen) sind jedoch gut beraten, wenn sie aus Gründen des Schulklimas familienfreundliche Gestaltungsformen für den Stundenplan wählen.

## 3 Finanzierungsfragen

Da es um die Ganztagsschule als Grund- und als Sekundarschule geht, und da in Deutschland Schulgeld an allgemein bildenden Schulen nicht erhoben wird, ist die Ganztagsschule grundsätzlich beitragsfrei. Die Kosten tragen vielmehr die Kommunen als Schulträger und die Länder. Soweit die Länder den Eltern die Kosten für die Lernmittel (teilweise) auferlegen, gilt dies auch für die Lernmittelkosten im Rahmen der Ganztagsschule. Dasselbe gilt erst recht für die Schülerbeförderung.

Es stellt sich jedoch die Frage, ob die Eltern an der Kostentragung beteiligt werden können, soweit es sich um die nicht-unterrichtlichen Angebote, und zwar insbesondere um die Angebote der außerschulischen Träger handelt. Werden solche Angebote von kommerziellen Trägern außerhalb der Schule erbracht, so sind sie selbstverständlich entgeltlich, und viele Eltern wenden beträchtliche Beträge in diesem Zusammenhang auf. Das gilt insbesondere für den Nachhilfeunterricht und die Hausaufgabenhilfe. Das gilt aber auch für die Angebote der Jugendhilfe, denn nach § 90 I, Nr. 1 SGB VIII können im Rahmen der Jugendarbeit nach § 11 SGB VIII – und darum wird es sich zumeist bei den außerschulischen Angeboten der Kinder- und Jugendhilfe im Rahmen der Ganztagsschule handeln – Teilnahmebeiträge erhoben werden. Warum also nicht in der Ganztagsschule?

Bei der Vollgebundenen Ganztagsschule scheidet eine Kostenbeteiligung der Eltern an den außerunterrichtlichen Angeboten aus, denn die Teilnahme ist ebenso verpflichtend wie der Schulbesuch im Übrigen. Eine Kostenbeteiligung würde dem Sinn dieser Organisationsform zuwider laufen. Bei der Teilgebundenen Ganztagsschule gilt dasselbe für die gebundenen Schüler(innen), und bei den anderen stellt sich die Frage gar nicht. Eine Kostenbeteiligung der Eltern kommt überhaupt nur bei der Offenen Ganztagsschule infrage, bei der die Nachmittagsangebote von den außerschulischen Trägern erbracht werden, die hierfür eine Kostenerstattung durch den Staat oder die Gemeinde erhalten. Diese Kosten werden (teilweise) auf die Eltern umgelegt. So sieht z. B. das nordrhein-westfälische Schulgesetz in § 9 III Elternbeiträge nach Maßgabe des Landesausführungsgesetzes zum SGB VIII vor, während das Berliner Schulrecht eine solche Kostenbeteiligung nicht kennt.

Abgabenrechtlich handelt es sich um kommunalrechtliche Beiträge, die aufgrund von kommunalem Abgabenrecht erhoben werden können, wenn den Beiträgen eine adäquate Gegenleistung gegenübersteht. Da man von einer solchen Gegenleistung ausgehen kann, sind die Elternbeiträge insoweit abgabenrechtlich unbedenklich. Dennoch liegt ein Systemwiderspruch vor: Wenn die Ganztagsschule eine Schule mit einem staatlichen Bildungsauftrag sein soll und wenn – auch bei der Offenen Ganztagsschule – auch die außerunterrichtlichen Angebote Teil der Schule sind, dann umfasst der staatliche Bildungsauftrag und die daraus folgende Schulgeldfreiheit auch die außerunterrichtlichen Angebote. Der Hinweis auf die Kosten der kommerziellen und der freien Angebote außerhalb der Schule verfängt nicht, weil es sich eben nicht um schulische Angebote handelt. Wenn der Gesetzgeber nicht die schulrechtliche, sondern eine sozialrechtliche Lösung wählt (Richter 2005), dann sind auch Kostenbeiträge der Nutzer denkbar.

Die Aufteilung der Kosten zwischen dem Land und den Kommunen richtet sich nach dem kommunalen Finanzverfassungsrecht des jeweiligen Landes. Nach der „Faustformel" trägt die Kommune die Kosten für die Errichtung und Unterhaltung der Schulen (einschließlich der Lernmittelkosten und der Beförderungskosten) und das Land die Kosten für das lehrende Personal. Das gilt im Prinzip auch für die Ganztagsschule einschließlich ihrer außer-unterrichtlichen Angebote. Angesichts der Mehrkosten, die durch die Ganztagsschulen auf die Kommunen zukommen, haben die Länder den Kommunen außerhalb des kommunalen Finanzausgleichs zusätzlich Zuwendungen zukommen lassen.[4]

Da die Bundesregierung in den Jahren 2003-2007 die Einrichtung von Ganztagsschulen besonders vorantreiben wollte, hatte sie das IZBB aufgelegt und 4 Mrd. EURO für den Ausbau der Ganztagsschulen bereitgestellt. Obwohl der Bund nach dem Konnexitätsprinzip des Art. 104a I GG grundsätzlich solche Ausgaben der Länder und Kommunen gar nicht finanzieren darf, hat die Bundesregierung diese Ausgaben als Finanzhilfen des Bundes zur Konjunkturförderung nach Art. 194 a IV a. F. GG erklärt (Verwaltungsvereinbarung vom 1.1.2003 Art. 1 I). Die verfassungsrechtlichen Voraussetzungen für die Tätigung dieser Ausgaben lagen nun allerdings nicht vor. Die Länder haben sich gegen diese Überschreitung der Bundeskompetenzen jedoch nicht gewehrt, sondern das Bundesgeld im Rahmen der Verwaltungsvereinbarung unter sich aufgeteilt, und inzwischen ist die Beendigung des Programms beschlossen worden.

## 4 Gesetzesvorbehalt

Die Einführung der Ganztagsschule bedarf einer gesetzlichen Regelung (Richter 2005; Bumke 2005; Guckelberger 2006; Broosch 2007). Nach der so genannten „Wesentlichkeitstheorie" des Bundesverfassungsgerichts muss der Gesetzgeber schulische Regelungen, die in die Grundrechte der Eltern und Schüler(innen) eingreifen, durch ein Parlamentsgesetz selber regeln oder die Regierung bzw. den zuständigen Minister(innen) zum Erlass einer entsprechenden Rechtsverordnung ermächtigen (BVerfGE 34, 165; 41, 251; 45, 400;

4 Siehe z. B. die Richtlinien über Zuwendungen für die Betreuung von Schülerinnen und Schülern vor und nach dem Unterricht des Landes NRW (vom 19.2.2001).

47, 46; 58 257 und seither in ständiger Rechtsprechung). Dabei müssen die wichtigsten Regelungen im Parlamentsgesetz selber stehen, während die übrigen Bestimmungen dem Verordnungsgeber überlassen bleiben können. Eine Regelung durch Verwaltungsverordnungen oder Erlasse des Ministeriums genügt den Anforderungen des so genannten Gesetzesvorbehalts dagegen nicht.

Deshalb ist die Rechtslage in Baden-Württemberg und Bayern verfassungswidrig, solange die Ganztagsschule nur durch Verwaltungsverordnungen geregelt ist, und zwar auch wenn die Ganztagsschule nur in der Offenen Form eingeführt ist. Da die übrigen Länder eine gesetzliche Regelung geschaffen haben, ist den Anforderungen des Gesetzesvorbehalts zwar an sich genüge getan; dennoch handeln diejenigen Länder verfassungswidrig, die für die Regelung des Zugangs – und zwar insbesondere im Falle der Koexistenz von Halbtags- und Ganztagsschulen – keine Rechtsverordnungsermächtigung und die entsprechenden Rechtsverordnungen vorgesehen haben, wie z. B. Berlin und Nordrhein-Westfalen. Diese Regelungen greifen in die Grundrechte der Eltern und Schüler(innen) ein und unterliegen deshalb dem Gesetzesvorbehalt.

## *Literatur*


Arnoldt, Bettina (2007a): Öffnung von Ganztagsschule. In: Holtappels, Heinz Günter/Klieme, Eckhard/Rauschenbach, Thomas/Stecher, Ludwig (Hg.): Ganztagsschule in Deutschland. Weinheim: Juventa: 86-105.

Arnoldt, Bettina (2007b): Kooperationsformen – Bedingungen für gelingende Zusammenarbeit? In: Holtappels, Heinz-Günter/Klieme, Eckhard/Rauschenbach, Thomas/Stecher, Ludwig (Hg.): Ganztagsschule in Deutschland. Weinheim: Juventa: 123-136.

Avenarius, Hermann/Heckel, Hans (2000): Schulrechtskunde. Neuwied: Luchterhand.

Broosch, Malaika (2007): Ganztagsschule und Grundgesetz. Frankfurt: Lang.

Bumke, Christian (2005): Die Ganztagsschule. In: Neue Zeitschrift für Verwaltungsrecht (25. Jg.) H. 5/2005: 519-523.

BMBF (2004) – Bundesministerium für Bildung und Forschung: Konzeptionelle Grundlagen für einen Nationalen Bildungsbericht. Non-formale und informelle Bildung im Kindes- und Jugendalter. Berlin.

BMFSFJ (2005) – Bundesministerium für Familie, Senioren, Frauen und Jugend: Bildung, Betreuung und Erziehung vor und neben der Schule. Zwölfter Kinder- und Jugendbericht.

Coelen, Thomas (2002): „Ganztagsbildung" – Ausbildung und Identitätsbildung von Kindern und Jugendlichen durch die Zusammenarbeit von Schulen und Jugendeinrichtungen. In: neue praxis H. 1/2002: 53-66.

Edelstein, Wolfgang (2006): Zur Förderung der individuellen und sozialen Entwicklung in Ganztagsschulen. In: Recht der Jugend und des Bildungswesens (54. Jg) H. 1/2006: 3-10.

Guckelberger, Annette (2006): Ganztagsschule und elterliches Erziehungsrecht. In: Recht der Jugend und des Bildungswesens (54. Jg) H. 1/2006: 11-28.

Holtappels, Heinz-Günter (2007): Ziele, Konzepte, Entwicklungsprozesse. In: Holtappels, Heinz Günter/Klieme, Eckhard/Rauschenbach, Thomas/Stecher, Ludwig (Hg.) (2007): Ganztagsschule in Deutschland. Weinheim: Juventa: 139-163.

Jung, Petra Maria (2006): Die aktuelle Entwicklung der Ganztagsschule in Deutschland. In: Recht der Jugend und des Bildungswesens (54. Jg) H. 1/2006: 29-35.

Quellenberg, Holger (2007): Ganztagsschule im Spiegel der Statistik. In: Holtappels, Heinz Günter/Klieme, Eckhard/Rauschenbach, Thomas/Stecher, Ludwig (Hg.): Ganztagsschule in Deutschland. Weinheim: Juventa: 14-36.

Richter, Ingo (1976): Nach welchen Grundsätzen sind das öffentliche Schulwesen und die Stellung der an ihm Beteiligten zu regeln? 51. Deutscher Juristentag.

Richter, Ingo (2001): Art. 6. In: Denninger, Ekkehart u. a. (Hg.) (2001): Kommentar zum Grundgesetz. Neuwied: Luchterhand.

Richter, Ingo (2005): Die Ganztagsschule zwischen Schulrecht und Kinder- und Jugendrecht. In: Spies, Anke/Stecklina, Gerd (Hg.) (2005): Die Ganztagsschule Bd. 1. Bad Heilbrunn: Klinkhardt: 194-204.

Wunder, Dieter (2006): Die Einführung der Ganztagsschule als Organisation und Verfahren im Bundesland Rheinland-Pfalz. In: Recht der Jugend und des Bildungswesens (54. Jg.) H. 1/2006: 36-49.

# Schulautonomie

*Klaus-Jürgen Tillmann*

Im Folgenden wird zunächst nach den Chancen, aber auch nach den Ambivalenzen gefragt, die mit der größeren Selbständigkeit der Einzelschule verbunden sind. Sodann wird die jüngere Ganztagsschulentwicklung betrachtet – und zwar mit einem schulpädagogisch-kritischen Blick. Und abschließend wird gefragt, welche Chancen, aber auch welche Probleme sich aus der Zusammenführung beider Perspektiven ergeben können.

## 1 Größere Selbständigkeit der Einzelschulen

Was ist gemeint, wenn in der schulpolitischen Diskussion von der „größeren Selbständigkeit" der Einzelschule die Rede ist? Gelegentlich wird hier auch der Begriff der Autonomie verwandt. Doch dieser Begriff ist wörtlich genommen irreführend, denn eine Schule – zumal im staatlichen Schulsystem – kann nicht „autonom" werden. Aber ihre Abhängigkeit von staatlichen Vorgaben und von zentralen Regelungsmechanismen kann erheblich reduziert werden. Genau darum geht es in dieser Diskussion, die seit Anfang der 1990er Jahre geführt wird.

### *1.1 Die Autonomie-Diskussion seit den 1990er Jahren*

Eine größere Gestaltungsfreiheit der einzelnen Schule wird vor allem in drei Bereichen angestrebt:

- Die einzelne Schule soll in noch höherem Maße als bisher über ihre pädagogische Arbeit selbst entscheiden und auf diese Weise ein unverwechselbares Profil gewinnen. Zentrale Vorgaben z. B. Lehrpläne, Stundentafeln sind entsprechend zurückzufahren.
- Die einzelne Schule soll einen Einfluss bei der Auswahl des pädagogischen Personals erhalten. Statt von zentralen Zuweisungsverfahren abhängig zu sein, sollen Schulen Stellen ausschreiben und selber besetzen können.
- Die einzelne Schule soll die zugewiesenen Finanzmittel selber verwalten können. Diese Selbstbewirtschaftung soll die bisher übliche zentrale Fremdbewirtschaftung (beim Schulträger, beim Land) ablösen.

Die Protagonisten dieses Konzepts gehen davon aus, dass die größere Kompetenz zur Lösung von Problemen nicht in der ministeriellen Zentrale, auch nicht bei der regionalen Schulaufsicht, sondern bei den Beteiligten „vor Ort" liegt. Und sie erwarten, dass durch eine solche Kompetenzverlagerung die Entscheidungen in den Schulen „passgenauer" werden, dass die Motivation der Beteiligten steigt, dass auf diese Weise ein erheblicher Beitrag zur pädagogischen Qualitätsverbesserung geleistet wird.

Diese Annahmen sind nicht unumstritten. Insbesondere die Lehrerverbände befürchten hier einen Rückzug des Staates aus seiner Verantwortung für die Schule (vgl. Böttcher 1994). Mit einem solchen Konzept der „teilautonomen" Schule wird auch die bisherige Rolle der Schulaufsicht massiv infrage gestellt, und zwar bis hin zu Überlegungen zu ihrer weitgehenden Auflösung (vgl. Hoffmann 1995). Qualitätssicherung – bisher als Aufgabe einer kontrollierenden Schulaufsicht verstanden – soll künftig institutionell ganz anders verankert werden: Die einzelne Schule soll in systematischer Weise die Qualität ihrer pädagogischen Arbeit selber beobachten (Selbstevaluation) und sich in gewissen Zeitabständen der Analyse und Bewertung externer Experten im Zuge einer Fremdevaluation stellen (Landesinstitut für Schule und Weiterbildung NRW 1996). Mit dieser Betonung der Einzelschulentwicklung, der Selbst- und Fremdevaluation werden auch die Aufgaben neu definiert: Dass in den letzten Jahren in etlichen Bundesländern die schulischen Landesinstitute zu „Qualitätsagenturen" umgewandelt wurden, ist Teil dieses Prozesses.

Über eine höhere Selbständigkeit, über „Autonomie" wird im deutschen Schulsystem seit etwa 15 Jahren diskutiert. Dabei verliefen die Fronten vorwiegend zwischen „autonomiefreundlichen" Akteuren aus den Ministerialbürokratien und den Hochschulen auf der einen Seite und „autonomieskeptischen" Akteuren aus den Lehrerverbänden auf der anderen Seite. Besonders sorgfältig begründet wurde das Konzept der „teilautonomen Schule" in der Denkschrift der Bildungskommission NRW (1995). Von dieser Denkschrift gingen zwei Signale mit erheblicher Langfristwirkung aus:

- Mit reformpädagogischen Argumenten wird ein zu enger Lern- und Leistungsbegriff der gegenwärtigen Schule kritisiert, an seine Stelle wird das Bild eines „Haus des Lernens" entworfen (ebd.: 77-101).
- Mit management-theoretischen Argumenten wird das gegenwärtige bürokratische Steuerungsmodell des Schulwesens kritisiert, an seine Stelle wird das Konzept einer „teilautonomen" Schule entworfen (ebd.: 151-169).

Das Besondere dieser Argumentation besteht nun darin, beide Stränge zusammenzuführen: Das pädagogisch wünschenswerte „Haus des Lernens" – so die These – sei nur zu erhalten, wenn die einzelne Schule in eine „Teilautonomie" entlassen werde. Wir haben es hiermit mit dem ungewöhnlichen Sachverhalt zu tun, dass reformpädagogische und ökonomische Argumente miteinander verknüpft, gelegentlich auch unentwirrbar ineinander verknotet werden. Dies führt nicht selten dazu, dass in der Diskussion wechselseitige Verdächtigungen über unlautere Motive das Verständnis erheblich erschweren: So wird einem Kultusminister, der vor allem mit pädagogischen Argumenten für eine höhere Selbständigkeit der Schule eintritt, sehr schnell unterstellt, er wolle lediglich eine höhere Sparrate erbringen. Und umgekehrt kann den Vertretern der Lehrergewerkschaft, die sich gegenüber Autonomiekonzepten eher ablehnend verhalten, unterstellt werden, die wohlfeilen Ziele der Organisation wie „mehr Demokratie" und „bessere Schule" würden sofort hintangestellt, wenn die Arbeitszeitinteressen der Mitglieder berührt werden.

Die Diskussion ist nicht ohne Folgen geblieben: In vielen Bundesländern haben seit Mitte der 1990er Jahre Entwicklungen eingesetzt, durch die einzelne Elemente einer „Teilautonomie" realisiert wurden. Dies geschah in einigen Bundesländern schneller, in anderen eher zögerlich. Folgende Tendenzen lassen sich ausmachen:

- Inzwischen werden in fast allen Bundesländern Schulprogramme erstellt.

- Ein Teil der Entscheidungskompetenzen über die Auswahl und die Einstellung von Lehrkräften ist in vielen Ländern auf die Schulen verlagert worden.
- An veränderten Formen der Finanzverwaltung z. B. Globalzuweisungen für Schulen wird gearbeitet. Hierzu gibt es in etlichen Ländern Modellversuche, in die auch die kommunalen Schulträger einbezogen werden.
- Etliche Rahmenbedingungen der Unterrichtsgestaltung (z. B. Stundentafeln) wurden flexibilisiert.
- In etlichen Bundesländern wurden Reform- und Förderkonzepte, verbunden mit Finanzzuweisungen, ausgeschrieben. Schulen haben die Möglichkeiten, sich darum zu bewerben. Dieses Verfahren spielt bei der jüngeren Ganztagsschulentwicklung eine erhebliche Rolle.

## *1.2 Selbstständigkeit und Fremdevaluation*

Die Größe Selbständigkeit der Einzelschule ist Teil eines geänderten Steuerungskonzepts, der so genannten Kontextsteuerung. Die Schulen werden in ihren Handlungsmöglichkeiten freigesetzt, zugleich werden sie aber an ihren Ergebnissen am *output* gemessen. Wie die Schulen ihre Ziele erreichen, dürfen sie zunehmend stärker selbst entscheiden. Aber ob sie ihre Ziele erreichen, wird kontinuierlich durch externe Evaluation überprüft. Anders formuliert: Der Preis der Freiheit sind kontinuierliche Leistungstests.

Hier hat PISA den entscheidenden Einbruch erzielt, seitdem haben die Kultusminister der 16 Bundesländer einvernehmlich das Instrument der externen Leistungsevaluation konsequent ausgebaut: Standards für die Fächer, Kernlehrpläne, regelmäßige Lernstanderhebungen in einigen Ländern mit *Rankings*, zentrale Abschlussprüfungen etc. (vgl. Tillmann 2006). Als Beispiel hierfür sei die Entwicklung skizziert, die in Nordrhein-Westfalen noch von der früheren rot-grünen Regierung (bis April 2005) eingeleitet und durchgesetzt wurde.

- Erste Leistungsprüfungen in der 3. Klasse: Parallelarbeiten in Deutsch und Mathematik vor dem Hintergrund definierter Leistungserwartungen
- Zentrale Lernstandserhebungen im 4. Schuljahr in den gleichen Fächern vor dem Hintergrund von Bildungsstandards der Kultusministerkonferenz (KMK)
- Im 7. Schuljahr werden verpflichtend Parallelarbeiten in Deutsch, Mathematik und der 1. Fremdsprache geschrieben.
- Im 9. Schuljahr erfolgt die zentrale Lernstandserhebung in Deutsch, Mathematik und der ersten Fremdsprache.
- Erstmals 2007 erfolgt am Ende des 10. Schuljahrs die teilzentrale Abschlussprüfung – mit zentralen Aufgaben in Deutsch, Mathematik und der 1. Fremdsprache. Sie bezieht sich – genauso wie die vorangegangenen Lernstandserhebungen – auf die KMK-Bildungsstandards des 10. Jahrgangs.
- Und schließlich: Erstmals 2007 steht am Ende des 12. Schuljahrs das Zentralabitur, das sich an den EPAs orientiert.

In zwölf Schuljahren gibt es somit in NRW jetzt fünf verpflichtende und eine empfohlene Maßnahme zur vergleichenden Leistungsüberprüfung. Dies sind die Begleiterscheinungen – oder die Kehrseite – der größeren Selbständigkeit von Einzelschulen.

## *1.3 Sicht der Lehrer(innen)*

Bisher war überwiegend von institutionellen Regelungen und Maßnahmen die Rede, die von Lehrkräften umzusetzen sind. Wie aber sehen Lehrer(innen) diese ganze Entwicklung? Aufgrund vielfältiger Gespräche in ganz unterschiedlichen Lehrerkollegien lässt sich meine Einschätzung formulieren: Im Mittelpunkt der Lehrer(innen)arbeit steht nach wie vor Unterricht in der eigenen Klasse. Ob „mehr Autonomie“ von Lehrer(inne)n als sinnvoll erachtet wird, dürfte von ihnen überwiegend aus dieser Perspektive entschieden werden. „Verbessert es den Unterricht, nützt es der Vorbereitung, entlastet es mich in der alltäglichen Arbeit?“ Dabei haben Lehrkräfte eine eindeutige Blickrichtung auf die eigene Unterrichtsarbeit: „Ich und meine Klasse“ oder auch „Ich und mein Fach“ lautet die Perspektive. „Wir und unsere Schule“ ist im Bewusstsein der meisten Lehrkräfte eine sehr fern liegende Betrachtungsweise. Daran wird deutlich, dass Lehrer(innen)arbeit nach wie vor individuell gestaltete Einzelarbeit ist – und in dieser Einzelarbeit sind Lehrkräfte sehr selbständig. In aller Regel müssen sie ihren Unterricht weder mit ihren Kolleg(inn)en absprechen noch gegenüber Vorgesetzten legitimieren. Sie arbeiten gewissermaßen in „Einsamkeit und Freiheit“. Anders formuliert: Die faktische Autonomie der einzelnen Lehrperson in der verwalteten Schule ist beachtlich hoch (vgl. Rolff 1994: 43). Wenn nun aber die einzelne Schule einen größeren pädagogischen Handlungsspielraum erhält, werden wesentlich mehr Entscheidungen auf der Schulebene getroffen. Das bedeutet, dass die einzelnen Lehrer(innen) weit stärker als bisher miteinander diskutieren und kooperieren müssen. Der frühere hessische Kultusminister Holzapfel hat sehr deutlich formuliert: Weil die „pädagogische Freiheit kein Individualrecht des Lehrers“ sei, wird die einzelne Schule von ihren Lehrer(inne)n „erwarten dürfen, dass sie sich an ein bestimmtes pädagogisches Konzept halten, auf das man sich gemeinsam verständigt hat“ (Holzapfel 1994: 17).

Angesichts dieser Situation ist es überhaupt nicht verwunderlich, dass Lehrer(innen) skeptisch sind gegenüber einer Autonomiepolitik, die „sie zwingen will, Ziele mit Kollegen zu vereinbaren, ein gemeinsames Schulprogramm (auch noch mit Eltern) zu entwickeln, über die interne Verteilung des Schuletats zu verhandeln oder gar noch eine Selbstevaluation (...) zu veranstalten“ (Rolff 1995: 39). Diese Skepsis wächst in dem Maße, in dem durch weitere Sparmaßnahmen die Belastung der Lehrkräfte wächst. Seit einiger Zeit ist nun auch noch das zunehmend engere Netz von zentralen Leistungsvergleichen hinzugekommen. Dies wird von vielen Lehrkräften als Widerspruch erlebt: Sie werden aufgerufen, durch pädagogische Schwerpunkte ihre eigene Schule zu gestalten – aber am Ende werden sie alle mit dem gleichen Leistungstest gemessen, dessen Ergebnisse in Massenmedien veröffentlicht werden.

## *1.4 Die Ambivalenz von „Autonomie“*

Größere Selbständigkeit der Einzelschule ist als Konzept einer geänderten Steuerungsstrategie der „Zentrale“ gegenüber den Einzelschulen zu begreifen. Es wurde und wird vor allem von Bildungspolitik und Schuladministration propagiert – es ist nur sehr in Grenzen ein Konzept, nach dem die Lehrer(innen) gerufen haben. Und das hat seinen Grund: Das Konzept der Schulautonomie erfordert, dass viele Regelungen und Entscheidungen auf der Ebene der Schule getroffen werden müssen (etwa beim Schulprogramm und seiner Realisierung). Das heißt zugleich: Der individuelle Entscheidungsspielraum des einzelnen Lehrers wird durch Schulautonomie nicht größer, sondern kleiner: Die Lehrkräfte stehen jetzt unter Koordinationszwang. Es kommt hinzu, dass mit höherer Autonomie kontinuierliche Maßnahmen der externen Leistungsevaluation verbunden sind – von Vergleichsarbeiten bis zu zentralen Prüfungen. Dies wird von Lehrkräften als externer Eingriff und als zentrale Kontrolle erlebt – und damit als das Gegenteil von Autonomie.

Insgesamt zeigt sich damit: Die größere Selbständigkeit der Einzelschulen gibt den Schulen mehr Möglichkeiten, ihre Arbeit auf die örtliche Situation einzustellen. Dies eröffnet weit mehr Gestaltungschancen vor Ort und ist damit eine günstige Bedingung für lokale Schulentwicklung. Wenn eine Schule z. B. ein ganztägiges Angebot ausbauen will, sind die Handlungsmöglichkeiten, die die größere Selbständigkeit gibt (etwa bei den Finanzen, bei der Personalrekrutierung) von erheblicher Bedeutung. Doch darf man hier das große Aber nicht übersehen: Insgesamt führt die geschilderte ministeriellen Autonomiepolitik eben nicht dazu, dass die Reformbereitschaft und das Reformengagement der Lehrer(innen) an der Basis durchgängig gestärkt wird.

## 2 Ganztagsschulen: Debatten und Entwicklungslinien

Welche Parallelen, welche Unterschiede zwischen Autonomie-Diskussion und Ganztagsschulentwicklung lassen sich feststellen?

### *2.1 Die Diskussion seit den 1990er Jahren*

Während in den 1990er Jahren die Diskussion um Schulautonomie immer mehr Fahrt aufnahm und dazu auch die ersten Modellversuche unternommen wurden, war die Ganztagsschule in dieser Zeit kein Thema der öffentlichen Diskussion. Deshalb gab es bis 2001 auch kaum Überlegungen, wie man die größere Selbständigkeit durch Ausbau eines ganztägigen Angebots nutzen könnte.

Die neue Ganztagsschul-Diskussion und die kräftige Ganztagsschul-Entwicklung der letzten Jahre ist ganz eindeutig durch ein Ereignis angestoßen worden: durch die PISA-Ergebnisse 2000. In Reaktion darauf formulierten die Kultusminister der Länder im Dezember 2001 einen Handlungskatalog, der sieben Handlungsfelder vorsah – eines davon lautete: „Maßnahmen zum Ausbau von schulischen und außerschulischen Ganztagsangeboten mit dem Ziel erweiterter Bildungs- und Fördermöglichkeiten, insbesondere für Schülerinnen und Schüler mit Bildungsdefiziten und besonderen Begabungen" (KMK 2001).

Dass Ganztagsschule erst sei diesem Zeitpunkt ein öffentliches Thema wurde, haben wir in einem Bielefelder Forschungsprojekt (vgl. Dedering u. a. 2003) durch eine Presseanalyse nachgewiesen: In der überregionalen Presse – analysiert wurden Die Zeit, Spiegel, Focus und Süddeutsche Zeitung – erschienen zwischen Juli 2001 und November 2001 (also vor der Veröffentlichung der PISA-Ergebnisse) insgesamt acht Artikel, in denen „Ganztagsschule" erwähnt wurde; zwischen Dezember 2001 und Juni 2002 – also die ersten sechs Monate nach PISA – waren es 89.

Eine weitere Verstärkung der Selbständigkeit der Einzelschulen steht übrigens nicht auf dem KMK-Handlungskatalog, darauf haben sich CDU- und SPD-Minister nicht verständigen können. Aber als zentraler Punkt wird genannt: Verstärkung der Leistungsvergleiche und der externen Evaluation. Diese „Rückseite" der Autonomie ist in Folge von PISA massiv verstärkt worden. So gesehen kann man Ganztagsschule und externe Evaluation als die beiden zentralen Konsequenzen der deutschen Schulminister auf die PISA-Misere ansehen. Sie sind beide in je spezifischer Weise in den Bund-Länder-Konflikt zur Bildungszuständigkeit geraten.

- Bildungsstandards, Leistungsvergleiche und externe Evaluation hat die KMK in einem Tempo und einer Effektivität wie noch nie zuvor etabliert. Sie hat damit demonstriert, dass sie auch ohne jede Bundeszuständigkeit handlungsfähig ist.
- Der Bund hat im Juni 2002 sein Investitionsprogramm Bildung und Betreuung (4 Milliarden Euro) aufgelegt (vgl. BMBF 2004). Er hat damit die Länder unter Zugzwang gesetzt, um zugleich die mangelnde Effektivität des Bildungsföderalismus zu demonstrieren.

### *2.2 Ganztagsschule – eine Antwort auf PISA?*

Mit beiden Maßnahmeprogrammen Ganztagsschule wie externe Evaluation wird vorgegeben in angemessener Weise auf die durch PISA festgestellten Defizite zu reagieren: auf die mangelnde fachliche Kompetenz der deutschen Schüler(inne)n und auf das extrem hohe Maß sozialer Selektivität. Die oben genannte Presseanalyse zeigt, dass dies auf hohe öffentliche Glaubwürdigkeit stößt: Sowohl „mehr Ganztagsschulen“ als auch „mehr Tests“ werden in der veröffentlichten Meinung – von der taz bis zum FOCUS – als sinnvolle und wirksame Maßnahme auf die PISA-Defizite angesehen. Dennoch ist es erlaubt, hier deutliche Zweifel anzumelden.

- Ob der systematische Einsatz von Leistungstests zu einer Verbesserung des Lernens, gar zur Reduzierung sozialer Ungleichheit führt, ist hoch strittig. Es gibt hinreichend viel ausländische Erfahrung, die in die Gegenrichtung zeigen. Und dass „mehr Autonomie“ die Qualität der Schulen verbessert, klingt plausibel, ist aber empirisch bisher nirgendwo nachgewiesen.
- Dass die Ganztagsschule – auch die Form der Offenen Ganztagsschule – zu erheblichen Fortschritten in der Betreuung von Kindern führt, ist unstrittig. Ob damit jedoch die fachlichen Defizite in Lesen und Mathematik ausgeglichen werden, ob gerade bei einer Offenen Ganztagsschule soziale Ungleichheiten abgebaut werden, ist zweifelhaft.

Das bedeutet: Sowohl die externe Evaluation wie der Ausbau der Ganztagsschulen leben gegenwärtig noch – was die Bearbeitung der durch PISA aufgedeckten Probleme angeht – vom Prinzip Hoffnung. Ob die jetzt umfangreich anlaufende Ganztagsforschung hier die erhofften Belege bringt, bleibt abzuwarten.

## 3 Ganztagsschule und Schulautonomie – ein vorläufiges Fazit

Es ist unübersehbar, dass seit 2002 das Ganztagsschulangebot massiv ausgebaut werden konnte: Bundesweit finden wir zwischen 2002 und 2005 einen Zuwachs von etwa 3 000 Schulen (vgl. Quellenberg 2007: 16). Allerdings: Fast alle dieser neuen Ganztagsschulen werden in der Variante der Offenen Ganztagsschule geführt, an deren Nachmittagsangeboten nur ein Teil der Schüler(innen) teilnimmt – und dies ist zumeist mit einer Kostenbeteiligung der Eltern verbunden.

Zwischen dem Konzept Schulautonomie und dem Ausbau der Ganztagsschulen besteht eine spezifische Passung: Die Weiterentwicklung von Halbtags- zu Ganztagsschulen erfolgte in fast allen Bundesländern nach dem Muster der Kontextsteuerung: Schulen und Schulträger konnten sich um eine Teilnahme (und um die dazu erforderlichen Mittel) bewerben. Dies setzt voraus, dass in den Schulen selbst ein Diskussionsprozess stattfindet, dass die Schulen den eigenen Ganztagsschulcharakter als Teil des Schulprogramms ausweisen, dass pädagogische Konzepte für den Ganztag entwickelt werden. Hier erhielt die größere Selbständigkeit der Einzelschule ein Betätigungs- und Umsetzungsfeld.

Idealtypisch lässt sich damit sagen: Die größere Selbständigkeit erhöht die Chance, dass eine Schule sich auf dem Weg zur Ganztagsschule macht. Und im Umsetzungsprozess ist es äußerst hilfreich, wenn die Schule selbst über ein großes Entscheidungsfeld, eben über mehr Autonomie, verfügt. Soweit die idealtypische Vorstellung, die allerdings in der Realität vielfach gebrochen wird:

- Die größere Selbständigkeit der Einzelschulen hat nicht zu einem Reform- und Motivationsschub bei Lehrer(inne)n geführt. Im Gegenteil: Viele sehen vor allem zusätzliche Belastungen, Absprachedruck und Mehrarbeit.
- Die in den Ländern bestehenden Möglichkeiten, Halbtags- zu Ganztagsschulen auszubauen, werden gut angenommen. Sehr oft sind jedoch vor allem die Schulträger, Schulleitungen und Eltern die Protagonisten dieser Entwicklung – die Lehrkräfte sehen dies oft skeptisch.
- Der Erfolg der Offenen Ganztagsschule – im Unterschied zum Gebundenen Modell – ist auch vor diesem Hintergrund zu erklären: Dieses Konzept erzwingt eine klare Trennung zwischen Vormittags-Unterricht und nachmittäglichen Zusatzangeboten; deshalb kommt es am Nachmittag weitgehend ohne Lehrer(innen) aus. Dieses Modell lässt den klassischen Lehrer-Vormittag am ehesten unangetastet – und ist wohl auch deshalb für Lehrkräfte am ehesten akzeptabel.

Es zeigt sich somit: Die idealtypische Verknüpfung von größerer Selbständigkeit und Ganztagsschulentwicklung ist die eine Sache, die Widersprüche und Widerständigkeiten in der Realität sind die andere – diese dürfen bei einer Analyse jedoch keinesfalls übersehen werden.

## *Literatur*

Bildungskommission NRW (1995): Zukunft der Bildung – Schule der Zukunft (Denkschrift). Neuwied: Luchterhand.

Böttcher, Wolfgang (1994): Schule darf nicht autonom werden. In: Erziehung und Wissenschaft H. 1/1994: 14-15.

BMBF (2004) – Bundesministerium für Bildung und Forschung) Investitionsprogramm „Zukunft Bildung und Betreuung“ der Bundesregierung. In: www.ganztagsschule.org/_downloads/IZBB-Präesentaion.pdf (Download am 24.1.2005).

Dedering, Kathrin/Kneuper, Daniel/Tillmann, Klaus-Jürgen (2003): Was fangen „Steuerleute“ in Schulministerien mit Leistungsvergleichsstudien an? Eine empirische Annäherung. In: ZfPäd 47. Beiheft („Recht – Erziehung – Staat“): 156-175.

Hoffmann, Reinhard (1995): Autonomie und Systementwicklung. Erfahrungen aus Bremen, in: Daschner, Peter/Rolff, Hans-Günter/Stryck, Tom (Hg.): Schulautonomie – Chancen und Grenzen. Weinheim: Juventa: 227-252.

Holtappels, Heinz Günter (1997): Grundschule bis mittags. Innovationsstudie über Zeitgestaltung und Lernkultur. Weinheim: Juventa.

Holzapfel, Hartmut (1994): Autonomie verändert Schule schneller als erwartet. In: Pädagogik H. 9/1994: 42-45.

KMK (2001) – Kultusministerkonferenz: Presseerklärung Handlungskatalog PISA 2000. 05.12.2001.

Landesinstitut für Schule und Weiterbildung NRW (Hg.) (1996): Evaluation und Schulentwicklung. Soest: Kettler.

Quellenberg, Holger (2007): Ganztagsschule im Spiegel der Statistik. In: Holtappels, Heinz Günter/Klieme, Eckhard/Rauschenbach, Thomas (Hg.): Ganztagschule in Deutschland. Weinheim: Juventa: 14-36.

Rolff, Hans-Günter (1994): Gestaltungs-Autonomie verwirklichen – Lehrerinnen und Lehrer als Träger der Entwicklung. In: Pädagogik H. 4/1994: 40-44.

Rolff, Hans-Günter (1995): Autonomie als Gestaltungsaufgabe. Organisationspädagogische Perspektiven. In: Daschner, Peter/Rolff, Hans-Günter/Stryck, Tom (Hg.): Schulautonomie – Chancen und Grenzen, Weinheim: Juventa: 31-54.

Tillmann, Klaus-Jürgen (2006): Die Qualitätsdefizite des deutschen Schulsystems und die Hoffnung auf Standards und Evaluation. In: Ludwig, Heidrun/Beutel, Silvia Iris/Kleinespel, Karin (Hg.): Entwickeln – Forschen – Beraten. Reform für Schule und Lehrerbildung, Weinheim: Beltz: 199-213.

# Schulentwicklung

*Olaf-Axel Burow / Christoph Plümpe / Stefan Bornemann*

Schulentwicklung ist ein Oberbegriff für Verfahren, die es ermöglichen, die Qualität und die Qualitätssicherung von Schulen systematisch zu optimieren. Ansatzpunkte der Schulentwicklung sind in erster Linie drei Bereiche: Personalentwicklung, Unterrichtsentwicklung und Organisationsentwicklung.

Voraussetzung für wirksame Schulentwicklungsmaßnahmen ist die Klärung der nach wie vor kontrovers diskutierten Frage, was unter Schulqualität bzw. Qualitätsverbesserung verstanden wird. Während im öffentlichen Diskurs politisch-ideologische Vorstellungen verschiedener gesellschaftlicher Interessengruppen dominieren, zieht eine wissenschaftsbasierte Schulentwicklung die Ergebnisse der Schuleffektivitätsforschung zu Rate, die eine Reihe von Untersuchungen zur Beantwortung der Frage vorgelegt hat, was eine „gute Schule" ausmacht. Diese Forschungsrichtung geht davon aus, dass eine gute Schule eine effektive Schule ist. Effektivität wird, wie Rolff (2007) ausführt, in schulpolitischer Perspektive durch den Referenzrahmen der Schulinspektion definiert: dem Qualitätstableau. Allgemein geht es um den *Output*, zunächst verstanden als die Zahl der qualifizierten Abschlüsse, aber auch um die Überprüfung des erworbenen Kompetenzniveaus der Absolvent(inn)en sowie die Analyse einer Reihe von Schlüsselfaktoren, die Aussagen über die messbare Qualität der jeweiligen Schule erlauben.

Zahlreiche Untersuchungen haben gezeigt, dass Schulen unter gleichen oder ähnlichen Rahmenbedingungen eine sehr unterschiedliche *performance* aufweisen (Scheerens 2000). Strittig bleibt – angesichts widersprüchlicher Interpretationen der neueren Vergleichsuntersuchungen (PISA, TIMMS, DESI, IGLU etc.) – welchen Anteil spezifische personelle, unterrichtsmethodische und organisationsstrukturelle Ausprägungen der Einzelschulen bzw. kompletter Schulsysteme sowie kultureller Umfelder, an den unterschiedlichen Leistungsergebnissen haben. Angesichts der widersprüchlichen Interpretationsmöglichkeiten von Ergebnissen empirischer Bildungsforschung im Allgemeinen und Schuleffektivitätsforschung im Besonderen sowie der internationalen Vergleichsuntersuchungen erscheint es zumindest problematisch, ausgewählte Ergebnisse als alleinige Grundlage von Schulentwicklungsmaßnahmen zu nehmen. Die Schwierigkeit besteht nicht nur in der Bewertung der Erkenntnisse, ihrer Einordnung in einen Gesamtzusammenhang, sondern auch in der Beantwortung der Frage, welche Handlungsoptionen sich aus ihnen ableiten. Darüber hinaus geht es auch darum, sich klarzumachen, welches implizite Menschenbild und welche Werte hinter den Versuchen der Qualitätsverbesserung stehen. Beachtet man diese kritischen Einwände, dann kann das Modell von Scheerens (2000), welches empirisch belegbare Faktoren der Schuleffektivität zusammenfasst, eine erste Orientierung für Interventionen zur Qualitätsverbesserung im Rahmen von Schulentwicklungsprozessen liefern. Demnach geht es um die Beachtung folgender Faktoren:

1. Analyse der Kontextbedingungen: kulturelle Kontexte, Anregungsfaktoren, Schulgröße, Schülerzusammensetzung, Schulart, Stadt-/Landschule

2. *Input:* Erfahrung/Qualität der Lehrer(innen), Investitionen pro Schüler(in), Elternunterstützung
3. Prozessebene der Schule: Niveau der erfolgsorientierten Politik, *educational leadership*, Qualität des Schulcurriculums, gutes Schulklima, regelmäßige Evaluation
4. Prozessebene der Klasse: Lernzeit (inklusive Hausarbeit), strukturierter Unterricht, Lerngelegenheiten, hohe Erwartungen an den Lernfortschritt der Schüler(innen), Qualität der Evaluierung und Überwachung des Schülerfortschritts, Verstärkung
5. *Output:* Erfolg der Schüler(innen)

Aus diesem Modell leiten sich Rolff (2007a) zufolge drei Möglichkeiten der Schulentwicklung ab: An einzelnen „Stellschrauben" drehen (a), öffentlichen Druck erzeugen (b), Programme zur Weiterentwicklung des Fachunterrichts implementieren (c).

a) Mit der Orientierung an Ergebnissen der Schuleffektivitätsforschung ist die Hoffnung verbunden, unterstützt auch durch Mehrebenenanalysen, diejenigen Variablen zu erfassen, deren Beeinflussung die größte Chance auf Qualitätsverbesserung eröffnet. Diese Hoffnung scheitert jedoch häufig, da es zum einen schwierig ist, die entscheidenden Faktoren eindeutig zu identifizieren; zum anderen die einzelne Schule selbst entscheidet, was sie aus der jeweiligen Intervention macht.

b) Die Veröffentlichung von Leistungsuntersuchungen, *Benchmarkings* oder gar *Rankings* kann das Gegenteil bewirken: Druck erzeugt Gegendruck. Wie Argyris (1997) gezeigt hat, werden häufig lediglich die „institutionellen Abwehrroutinen" gestärkt.

c) Sicherlich können gewisse Verbesserungen des Unterrichts erreicht werden. Sie bleiben jedoch auf Einzelbereiche beschränkt und führen nicht zu einer umfassenden Unterrichtsentwicklung.

Insgesamt zeigt sich: Aus den Erkenntnissen der Schuleffektivitätsforschung lassen sich nur bedingt Schulentwicklungsmaßnahmen ableiten, da die zu beeinflussenden Faktoren zu komplex sind und Organisationen einer Eigenlogik unterliegen. Im Gegensatz zur – in manchen Kultusbehörden noch anzutreffenden Steuerungsillusion – kann Schulentwicklung deshalb nur als offener, partizipativer Entwicklungsprozess angelegt werden. Wie die Schulforschung schon in den 1980er Jahren gezeigt hat (z. B. Dalin 1999), müssen Veränderungsprozesse von der Einzelschule als Gestaltungseinheit ausgehen, aber – wie wir heute wissen – sollte die Systemperspektive immer mitgedacht werden. Damit Schulentwicklung überhaupt eine Chance hat, wirksam zu werden, muss sie unter Berücksichtigung der jeweiligen Systembedingungen Vorgehensweisen entwickeln, die die drei Bereiche Personal-, Unterrichts- und Organisationsentwicklung gleichermaßen berücksichtigen. Hierzu sind eine Reihe von Ansätzen entwickelt worden, die unterschiedliche Schwerpunkte setzen.

## 2 Ansätze der Schulentwicklung

Die Ergebnisse der Schuleffektivitäts- und Schulentwicklungsforschung werden unterschiedlich interpretiert: Je nachdem, auf welchen Faktor man – in Abhängigkeit von den jeweils gegebenen Bedingungen vor Ort und der eigenen theoretischen Orientierung – fokussiert, setzen Schulentwickler(innen) an unterschiedlichen Stellschrauben an. Folgt man

z. B. dem Fünf Faktoren-Modell, das Purkey/Smith (1983) aus einer Metaanalyse gewonnen haben, dann ergeben sich folgende Interventionsebenen:

Faktor 1: *Strong educational leadership*
Zentraler Ansatzpunkt der Schulentwicklung ist aus dieser Perspektive die Förderung von *Leadership*, verstanden als eine spezifische Befähigung zu umfassender pädagogischer Führung. Ein Beispiel dafür ist die von Schley/Schratz (2006) in Österreich gegründete *Leadership-Academy*, an der mehrere hundert Schulleiter(innen) mehrmals im Jahr zusammenkommen, um Grundlagen effektiver Leitung zu erarbeiten und – auch mit Hilfe kollegialer *Peer*-Superversion – gemeinsam Schulentwicklungsprojekte für ihre Schulen zu konzipieren, zu evaluieren und sich gegenseitig zu beraten.

Faktor 2: *Emphasis on the acquiring of basis skills*
Ansatz der Schulentwicklung ist hier das Training grundlegender Arbeits- und Lerntechniken, meist im Rahmen von Unterrichtsentwicklung. Bekanntestes Beispiel hierfür ist Klipperts (2006) „pädagogische Schulentwicklung", die mit ihren Methodentrainings (etwa zur Förderung eigenverantwortlichen Arbeitens) auf große Resonanz bei Schulkollegien gestoßen ist. Die Schulung von Multiplikatoren aus verschiedenen Einzelschulen, soll für eine rasche Verbreitung sorgen.

Faktor 3: *An orderly and secure environment*
Ansatzpunkt ist hier die Analyse und Optimierung der Schulkultur in ganzheitlicher Perspektive: Schulprogrammarbeit, Leitbildentwicklung, Teamentwicklung, Elternarbeit, Schulsozialarbeit etc. sind wesentliche Interventionsebenen.

Faktor 4: *High expectation of pupil attainment*
Ansatzpunkt ist hier der Aufbau einer Anreizstruktur für Schüler(innen) und Eltern, durch die Formulierung hoher Schul- und Unterrichtsziele sowie die Organisation von Trainingsangeboten und Wettbewerben.

Faktor 5: *Frequent assessment of pupil progress*
Ansatzpunkt ist hier die Entwicklung eines Systems von regelmäßigen Lernstandserhebungen und personalisierten Förderprogrammen. Rolffs Ansatz der „Dateninduzierten Schulentwicklung" (2006), der sich allerdings auf die Schule als Ganzes bezieht, geht in diese Richtung.

Als wichtigstes Problem bei der Konzipierung von Schulentwicklungsmaßnahmen hat sich die Berücksichtigung von und der Umgang mit Komplexität herausgestellt. Viele Schulentwicklungsprojekte scheitern, weil sie nach wie vor linearem Steuerungsdenken verhaftet sind. Fullan (2007) weist daraufhin, das sich Schulentwickler(innen) von der Illusion verabschieden müssten, ihr Plan sei bruchlos umsetzbar: Schulleitung und Kollegien konstruieren ihre eigenen Bedeutungen. Konflikt und Widerspruch gehören dazu. Druck ist nötig, kann aber das Gegenteil bewirken. Schulentwicklung benötigt deshalb viel Zeit. All dies zeigt, dass sie scheitert, wenn man sich auf die Implementation von Einzelmaßnahmen konzentriert. Schulentwicklung muss vielmehr als Prozess umfassenden Wandels der Kultur einer Institution gedacht werden. Wenn man Schulentwicklung in diesem Sinne versteht, also als umfassenden Kulturwandel, dann wird auch klar, warum viele Verfahren, die auf Einzelmaßnahmen setzen, nur begrenzte Wirkungen erzielen:

Die Verbesserung von Lehren und Lernen, von *Leadership*, die Entwicklung einer positiven Schulkultur, der Aufbau von professionellen Lerngemeinschaften oder gar einer „Lernenden Organisation" (Senge 1996) – dies alles setzt eine kontinuierliche professionelle Entwicklung von Schulleitung und Lehrer(inne)n, aber auch den Einbezug von Schüler(inne)n, Eltern und sogar der Schlüsselpersonen des jeweiligen lokalen Umfeldes voraus. Im Zentrum sollten der gemeinsame, kontinuierliche Klärungsprozess von Zielen und Werten sowie der Aufbau einer Evaluationskultur stehen. Dazu bedarf es externer Unterstützung und zusätzlicher Ressourcen, etwa in Form eines „kritischen Freundes" (Schratz u. a. 2003), d. h. einem/r professionellen Schulentwickler(in), der/die durch seine Rückmeldungen zum schrittweisen Aufbau eines Systems der Selbstevaluation beiträgt.

Ein Beispiel für den Aufbau professioneller Lerngemeinschaften stellt das Netzwerk für Schulentwicklung dar, das 1995 am Dortmunder Institut für Schulentwicklungsforschung (IFS) um Hans-Günther Rolff gegründet wurde. Seine Mitglieder haben in einer Reihe von Veröffentlichungen und Tagungen über Ansätze der Schulentwicklung informiert, unterschiedliche Theorieansätze diskutiert, sich mit Forschungsansätzen auseinandergesetzt und Praxisbeispiele sowie Fallstudien publiziert. Obwohl sich dieses Netzwerk für die systematische Qualitätsentwicklung große Verdienste erworben hat, fällt die Bilanz der Schulentwicklungsarbeit, wie sie anlässlich des zehnjährigen Bestehens im Journal für Schulentwicklung (Heft 1 2006) gezogen wurde, ambivalent aus: Die Wirkungen aufwändiger Schulentwicklungsmaßnahmen sind häufig begrenzter als erhofft. Von daher wird es in der Weiterentwicklung darum gehen, bewährte Ansätze auszubauen, übersehene Faktoren zu identifizieren und neue Perspektiven zu entwickeln.

## 3 Perspektiven der Schulentwicklung

Bei der Suche nach übersehenen Faktoren zeichnen sich insbesondere zwei Bereiche ab: Zum einen wurde bislang die Bedeutung der Lehrkräfte für erfolgreiches Lernen unterschätzt und zum anderen ist die Dimension des gesellschaftlichen Wandels nur unzureichend erfasst worden. Der britische Zweig des Unternehmensberaters McKinsey hat in einer weltweiten Vergleichsstudie (2007) die Frage untersucht, warum Schüler(innen) in Finnland, Japan, Singapur und Südkorea bessere Leistungen als in Deutschland erzielt haben (Barber/Mourshed 2007). Die Antwort, die gefunden wurde, überrascht *Insider* nicht: Der Schlüssel zu besseren Leistungen hängt demnach in hohem Maß von der Qualität der Lehrer(innen) ab. So erhalten in den Erfolgsländern nur die besten Absolventen Zugang zum Lehramt, was allerdings die Frage aufwirft, nach welchen Kriterien man Lehreregnung beurteilen kann. Der unbestrittene PISA-Spitzenreiter Finnland jedenfalls setzt in seiner Bestenauslese weniger auf fachliche als stärker auf pädagogische Kriterien. Es zeigt sich: Die Überwindung des bislang undifferenzierten Systems der Lehrerrekrutierung und eine stärker pädagogisch ausgerichtete Lehrerbildung bieten Ansatzpunkte wirksamer Schulentwicklung.

Der andere Faktor betrifft den gesellschaftlichen Rahmen. So darf wirksame Schulentwicklung ihren Fokus nicht auf Schuleffektivitäts-, Unterrichts- und Schulentwicklungsforschung beschränken, sondern muss auch die aktuellen und absehbaren Trends des Gesellschaftswandels mit einbeziehen. Hier können nur die wichtigsten Aspekte benannt werden. Mit Globalisierung und dem rasanten Wachstum des Internets zeichnet sich ein Wandel ab: weg von der Industriegesellschaft alten Typs, hin zu einer vielfältig vernetzten Wissensgesellschaft und zu sich selbst organisierenden Gemeinschaften. Hier spielen die Medien eine entscheidende Rolle: Der Begründer des Bürgerjournalismus (Gillmor 2004) weist darauf hin, dass es für zukünftige Generationen keine unüberbrückbare Trennung zwischen Produzenten und Konsumenten von Medieninhalten mehr geben wird: Laut einer amerikanischen Studie hat die Hälfte aller 12- bis 17-Jährigen einen *Weblog* oder eine *Homepage*, eigene Kunstwerke oder Fotos, Geschichten oder Videos im Internet veröffentlicht oder solche von anderen weiterverarbeitet: so genannte *Content Creators* (ebd.). Was früher z. B. eine Vorlesung war, bewegt sich immer mehr in Richtung einer Konversation; wer nicht Teil dieser Konversation ist, wird nicht gehört werden.

Chronisten dieses Wandels, wie z. B. Friedman (2006), sehen ihn nicht auf die Medienkommunikation beschränkt, sondern gehen davon aus, dass die Welt „flach" wird, in dem Sinne, dass nationale Grenzen verschwinden, und Informationen, Wissen, Kompetenzen und Werkzeuge zu sinkenden Kosten fast überall verfügbar sein werden. In „Wikinomics" rufen Tapscott/Williams (2007) gar ein „Jahrhundert der Partizipation" aus, womit sie meinen, dass die alten Trennungen zwischen Konsument(inn)en und Produzent(inn)en in fast allen Bereichen immer mehr verschwinden. Das Betriebssystem Linux, aber auch die Internet-Enzyklopädie Wikipedia haben vorgeführt, in welch rasantem Tempo die Ausbildung von neuen Formen kollektiver Intelligenz vonstatten geht: Wenn ein passender Rahmen gegeben ist, dann erfolgt immer öfter die Weiterentwicklung des jeweiligen Produktes nicht mehr durch hierarchische Steuerung, sondern in Selbstorganisation durch so genannte „Prosumenten".

Die Organisation der Schule erscheint gegenüber diesen rasanten Wandlungsprozessen antiquiert. Da die veränderten Wirtschafts- und Kommunikationsweisen Kompetenzen für Selbstorganisiertes Lernen (SOL) erfordern, müssen sich auch Bildungseinrichtungen für neue Formen des Lehrens und Lernens öffnen. Der Abschied von der verwalteten Unterrichtsschule hin zu einer sich selbst regulierenden Lernenden Organisation eröffnet die Möglichkeit, die verbreitete Ausbildung „trägen Wissens" (Gruber u. a. 1999) zu überwinden und durch persönlich bedeutsames „Orientierungswissen" zu ersetzen. Wie wichtig dieser Abschied von der Unterrichtsschule alten Typs ist, zeigt die Untersuchung Floridas (2002), der in seinem Buch „The Rise of the Creative Class" (2002) davon ausgeht, dass schon in wenigen Jahren, die Kreative Klasse die neue Führungsschicht bilden wird. Wie Burow/Pauli (2006) gezeigt haben, geht es um den Wandel von der Unterrichtsanstalt zum „Kreativen Feld". Eine zentrale Frage besteht vor diesem Hintergrund darin, wie man die von Surowiecki (2005) untersuchte „Weisheit der Vielen" auch im Schulbereich freisetzen und für den Wandel nutzen kann.

Einen ersten Versuch in dieser Richtung haben Burow/Hinz (2005) mit der „Evolutionären Personal- und Organisationsentwicklung" (EPOS) vorgelegt. Ausgehend von der These, dass schulischer Wandel nur begrenzt planbar und in erster Linie von den Mitgliedern der jeweiligen Schule vorangetrieben werden kann, haben sie ein Programm entwickelt, das auf drei Elementen beruht:

1. Workshops zum biographischen Lernen mit Lehrer(inne)n und Schüler(inne)n: Personalentwicklung
2. Trainingsprogramm zum Selbstorganisierten Lernen: Unterrichtsentwicklung
3. Synergieforen mit Vorträgen und Workshops von Expert(inn)en aus den Bereichen Schul- und Unterrichts- sowie Organisationsentwicklung: System- bzw. Organisationsentwicklung

Die grundlegende Idee besteht darin, durch eine Aufarbeitung der Lernbiographien der Lehrer(inne)n und Schüler(inne)n, der Herausarbeitung von gelungenen Lehr-/Lernsituationen *(best practices)*, der Erweiterung des Methodenrepertoires durch Trainings zum Selbstorganisierten Lernen sowie die Erweiterung des Horizonts durch theoriebezogene Inputs die Varianz zu erhöhen und zur Ausbildung eines Kreativen Feldes gegenseitiger Anregung beizutragen. Da die Teilnahme an allen Veranstaltungen freiwillig ist, entscheidet sich evolutionär, welche Elemente Eingang in den Schulalltag finden. Die Mitglieder selbst finden heraus, was funktioniert. Engagierte Lehrer(innen), Schüler(innen) und Eltern werden auf diese Weise zu Motoren der Schulentwicklung. Der Verzicht auf eine zentrale Steuerung soll die Selbstorganisationsfähigkeiten aktivieren.

Von besonderer Bedeutung ist hier der „Wertschätzende Ansatz", in dem davon ausgegangen wird, dass große Teile des für den Wandel nötigen Wissens im jeweiligen Feld bereits vorhanden sind. Deshalb kommt es bei partizipativer Schulentwicklung vor allem darauf an, offene Räume *(open spaces)* zu schaffen, in denen sich dieses oftmals verborgene Wissen ausdrücken kann. Großgruppenverfahren wie Zukunftskonferenz, Zukunftswerkstatt, *Open Space, Appreciative Inquiry* etc. (vgl. Burow 2000) ermöglichen es, dass die gesamte Schulgemeinde in den Entwicklungsprozess einbezogen werden kann. Eine bislang ungelöste Herausforderung besteht dabei in der Nutzung der Partizipationschancen, die sich durch einen intelligenten Einbezug der neuen Medien eröffnen.

Neben der Aufarbeitung persönlicher Lehr-/Lernerfahrungen und der Auseinandersetzung mit neuen Modellen steht die Freisetzung der eigenen Energie und Leidenschaft im Zentrum. Die Hirnforschung (Pöppel 2006; Hüther 2004) hat gezeigt, dass explizites Wissen oft träge bleibt und Handlungsmotive durch unsere inneren Bilder *(pictorial knowledge)* gesteuert werden. Schulentwicklung kann in dieser Perspektive nur gelingen, wenn sie nicht nur durch äußerliche Anreizsystem oder gar Druck, sondern vor allem durch eigene Wünsche und Bedürfnisse getragen wird. Mittlerweile gibt es eine Reihe von Verfahren (z. B. *Art-Coaching*), die geeignet sind, solche inneren Leitbilder zu erschließen und für Teambildung und gemeinsame Zielfindung nutzbar zu machen. Nur wenn Lehrer(innen) und Schüler(innen) entdecken, was ihnen wirklich wichtig ist, sind sie auch in der Lage, ein gemeinsam geteiltes Bild der erwünschten Zukunft ihrer Schule zu entwickeln. Solche Leitbilder haben sich als wichtige Entwicklungstreiber erwiesen. Häufig sind es besonders engagierte Pädagog(inn)en, die zum Kristallisationspunkt im schulischen Feld werden und dazu beitragen, dass sich die Schule allmählich von der Unterrichtsanstalt zum Kreativen Feld wandelt.

Scharmer (2005) hat in einer weltweiten Studie zur Wirksamkeit von Führungskräften nachgewiesen, dass sich deren Überzeugungskraft nicht aus spezifischen Techniken, Methoden oder Tricks ableiten lässt, sondern Ausdruck ihrer inneren Haltung ist. Sie sind in Kontakt mit ihren Leitvorstellungen und können sie im Sinne von *Leadership* überzeugend kommunizieren. Evolutionäre bzw. wertschätzende Schulentwicklung geht in diesem Sinne davon aus, dass die Abarbeitung der aus der Forschung gewonnenen Kriterien allein nicht genügt, um Schulen voranzubringen. Zum einen sind die Daten und Modelle oft so komplex, dass sie die Verarbeitungsfähigkeit von Kollegien überfordern; zum anderen sind die Handlungserfordernisse, die sich aus ihnen ergeben, oft zu unklar und zu wenig auf die jeweilige Situation übertragbar. Wie unsere Erfahrungen zeigen, entstehen Kohärenz und wirksames Handeln leichter durch gemeinsam erarbeitete, verdichtete Leitbilder.

Wer die Alltagswirklichkeit von Kollegien im Gefolge der Qualitäts- und Evaluierungseuphorie kennt, der weiß, dass durch die vorrangige Orientierung an empirischen Daten und Steuerungsmodellen, nicht selten die emotionale Dimension vernachlässigt und so oft das Gegenteil, nämlich Überforderungsgefühle und Demotivation erzeugt werden. Will

Schulentwicklung breitenwirksam werden, muss sie sich also stärker auf die Perspektiven und Bedürfnisse der handelnden Personen beziehen und Räume schaffen, in denen synergetische Begegnungen das selbstorganisierte Entstehen Kreativer Felder ermöglichen. Allerdings ist ein solches Vorgehen, wie Rolff (2007a) zu Recht kritisch einwendet, aufgrund seiner Offenheit kaum wissenschaftlich abbildbar.

## 4 Konsequenzen für die Ganztagsschulentwicklung

Der Ausbau von Ganztagsschulen in Deutschland bietet – auch wenn er vorwiegend ökonomischen Motiven geschuldet ist – vielfältige Chancen einer Pädagogik, die den Wandel von der traditionellen Unterrichtsschule zu einem Kreativen Feld bewältigt. Vorrausetzung ist allerdings, dass der erweiterte Zeitrahmen nicht für eine Fortschreibung von Formen fremdgesteuerten Frontalunterrichts vergeudet, sondern für die Entwicklung schülerzentrierter, rhythmisierter Lern- und Erfahrungsräume genutzt wird. Dies impliziert einen Wandel der Lehrer(innen)rolle vom Stundenhalter zum Lernberater und Coach. Der erweiterte Zeitrahmen bedeutet, dass Schule Lebens- und Erfahrungsraum wird, was auch eine veränderte Raumgestaltung erfordert. Die drei grundlegenden Bereiche der Schulentwicklung erhalten bei der Ganztagsschulentwicklung eine besondere Akzentuierung:

### *4.1 Personalentwicklung*

Zentrale Ansatzpunkte sind hier die Herausarbeitung spezifischer Kompetenzen von Lehrer(inne)n, Sozialpädagog(inn)en und anderen Dienstkräften mit dem Ziel fachübergreifende, funktionsfähige Entwicklungsteams zu bilden, die sich gegenseitig stützen und ergänzen. Ganztagsschulen sollten zudem die Chance nutzen, im außerunterrichtlichen Bereich, auch Personen ohne Lehrerausbildung mit spezifischen Kompetenzen wie z. B. Handwerker, Künstler(in), besonders engagierte Personen etc. einzusetzen, um ein breiteres Spektrum an Kompetenzen einzubeziehen, eine Vernetzung zum sozialen und kulturellen Umfeld anzubahnen und so die Schulkultur anzureichern. Legitimes Ziel ist hier die Arbeitserleichterung durch Kooperation.

### *4.2 Unterrichtsentwicklung*

Gemäß Meyers Unterscheidung (2006) ist vordringliches Ziel, die weiterhin bestehende Dominanz des Frontalunterrichts zurückzudrängen, zugunsten einer Drittelparität zwischen den drei wesentlichen Typen des Unterrichts: Lehrgangsmäßiger (Fach-)Unterricht, Individualisierender Unterricht (Freiarbeit, Werkstattarbeit, Anfertigen von Facharbeiten), Projektförmige Arbeiten (Meyer 2006).

Darüber hinaus zeigen neuere Untersuchungen, dass die Einrichtung von neuartigen Lehr-/Lerndesigns wie Lern-*Camps*, Selbstlernsemester (weitgehend selbstorganisiertes Lernen im Lern-Team, wobei die Lehrkraft als Beraterfungiert), Theatergruppen, Projekte im *Service Learning* (Übernahme echter Aufgaben in der Gemeinde) große Chancen für die Förderung kreativer Potenziale bieten und zu Lernleistungen führen, die dem normalen

Unterricht weit überlegen sind. Ebenso sind die Chancen, die sich aus der Nutzung neuer Medien, der Entwicklung *social communities*, Wikis etc. ergeben, in das Ganztagskonzept mit einzubeziehen. Schüler(innen) können hier von Lern-Konsumenten zu Lern-Prosumenten werden, indem sie selbst entsprechende Angebote entwickeln. Insgesamt gesehen, bietet der Ganztagsbetrieb bislang ungenutzte Chancen für eine Individualisierung und Rhythmisierung des Lernens und die Berücksichtigung individueller Talente und Neigungen sowie Fragen aus der Lebenswelt der Jugendlichen.

## *4.3 Organisationsentwicklung*

Der Ganztagsbetrieb erfordert die Entwicklung neuer Steuerungsformen, wie die Delegation vielfältiger Aufgaben in selbstgesteuerten Fach-, Jahrgangs-, Projekt-Teams etc. Eine wichtige Herausforderung besteht in der Einbeziehung von Lehrer(inne)n, Sozialpädagog(inn)en, sonstigen Dienstkräften, Schüler(inne)n, Eltern sowie aller tangierten Personen und Gruppierungen (Vereine etc.) bei Entwicklung von gemeinsamen Leitbildern. Von zentraler Bedeutung sind hier die Konzepte der „gesunden" bzw. „bewegten" Schule. Ganztagsschulentwicklung kann zur Ausbildung eines Kreativen Feldes in der Gemeinde beitragen, wenn Schule sich öffnet und zu einem zentralen Lebens- und Erfahrungsraum wird, ja zu einem Anlaufpunkt und Kristallisationskern für vielfältige Initiativen. Voraussetzung ist allerdings, dass Räume für vielfältige Formen der Selbstorganisation eröffnet werden.

Über all diesen Entwicklungsperspektiven, die sowohl als faszinierend wie auch als überfordernd empfunden werden können, darf die Systemperspektive nicht vergessen werden: Ganztagsschulentwicklung bedarf professioneller Unterstützungssysteme wie auch einer besseren Ausstattung mit Mitteln. Schulentwicklung kann ungenügende politische Vorgaben nicht aus sich selbst heraus überwinden. Viele der Probleme, die wir aus pädagogischer Perspektive betrachten, bedürfen veränderter Rahmenbedingungen. So wissen wir z. B. aus den internationalen Vergleichsuntersuchungen, dass Gesamtschulen innerhalb mehrgliedriger Schulsysteme benachteiligt sind und trotz großer Anstrengungen nur begrenzt funktionieren. Insbesondere die negativen Folgen der zu frühen Schulwahlentscheidung nach der vierten Klasse in Deutschland kann Schulentwicklung nicht ausgleichen. Hier ist politischer Gestaltungswille gefordert.

## *Literatur*

Argyris, Chris (1997): Wissen in Aktion. Eine Fallstudie zur Lernenden Organisation. Stuttgart: Klett-Cotta.

Barber, Michael/Mourshed, Mona (2007): How the world's best-performing school systems come out on top. In: www.mckinsey.com/clientservice/socialsector/resources/pdf/worlds_School_Systems_Final.pdf (Download am 01.02.2008).

Burow, Olaf-Axel (2000): Ich bin gut, wir sind besser – Erfolgsmodelle kreativer Gruppen. Stuttgart: Klett-Cotta.

Burow, Olaf-Axel (2007): Energie und Leidenschaft. Vergessene Dimensionen der Schulentwicklung. In: Zeitschrift für Gestaltpädagogik H. 1/2007: 9-20.

Burow, Olaf-Axel/Hinz, Heinz (Hg.) (2005): Die Organisation als Kreatives Feld. Evolutionäre Personal- und Organisationsentwicklung (EPOS). Kassel: University Press.

Burow, Olaf-Axel/Pauli, Bettina (2006): Ganztagsschule entwickeln: Von der Unterrichtsanstalt zum Kreativen Feld. Schwalbach/Ts.: Wochenschau.

Dalin, Per (1999): Theorie und Praxis der Schulentwicklung. Neuwied: Luchterhand.

Florida, Richard (2002): The rise of the creative class. New York: Basis books.
Friedman, Thomas L. (2006): Die Welt ist flach. Eine kurze Geschichte des 21. Jahrhunderts. Frankfurt a. M.: Suhrkamp.
Fullan, Michael (2007): The new meaning of educational change. New York: Teachers College Press.
Gillmor, David (2004): We the media. O'Reilly.
Gruber, Hans/Mandl, Heinz/Renkl, Alexander (1999): Was lernen wir in Schule und Hochschule: Träges Wissen? (Forschungsbericht Nr. 101). München: Ludwig-Maximilians-Universität, Lehrstuhl für Empirische Pädagogik und Pädagogische Psychologie.
Hüther, Gerald (2004): Die Macht der inneren Bilder. Göttingen: Vandenhoek & Ruprecht.
Klippert, Heinz (2006): Methoden-Training. Übungsbausteine für den Unterricht. Weinheim: Beltz.
Meyer, Hilbert (2006): Merkmale guten Unterrichts – Empirische Befunde und didaktische Ratschläge. In: forum Bildung (hrsg. v. VdS Bildungsmedien e.V). Frankfurt a. M.: 23-29.
Netzwerk Schulentwicklung (2008): Werkzeugkasten. In: www.netzwerk-schulentwicklung.de (Download am 04.02.2008).
Pauli, Bettina (2005): Kooperation von Jugendarbeit und Schule. Schwierigkeiten und Chancen. Schwalbach/ Ts.: Wochenschau.
Pöppel, Ernst (2006): Der Rahmen. Ein Blick des Gehirns auf unser Ich. München: Hanser.
Purkey, Stewart/Smith, Marshall (1983): Effective Schools. A review. In: Elementary School Journal. No. 83: 427-452 .
Rolff, Hans-Günter (2006): Dateninduzierte Schulentwicklung. In: Journal für Schulentwicklung H. 1/2006: 34-45.
Rolff, Hans-Günter (2007a): Gelingensbedingungen einer „Guten Schule" – aus Sicht der Schulforschung. Vortrag auf dem Multiplikatorenseminar des „Deutschen Schulpreises". Dortmund: DAPF.
Rolff, Hans-Günter (2007b): Studien zu einer Theorie der Schulentwicklung. Weinheim: Beltz.
Scharmer, C. Otto (2005): Theorie U: Von der Zukunft her führen. Presencing als soziale Technik der Freiheit. MIT. In: www.ottoscharmer.com (Download am 27.09.2005).
Scheerens, Jaap (2000): Improving School Effectiveness. In: UNESCO (Ed.): Fundamentals of Educational Planning. Paris.
Schley, Wilfried/Schratz, Michael (2006): Leadership – eine vernachlässigte Dimension der Führungsdebatte. In: Journal für Schulentwicklung H. 1/2006: 86-97.
Schratz, Michael/Jakobsen, Lars B./MacBeath, John (2003): Serena, oder: Wie Menschen ihre Schule verändern. Schulentwicklung und Selbstevaluation in Europa. Innsbruck: Studien Verlag.
Senge, Peter (1996): Die fünfte Disziplin. Stuttgart: Klett-Cotta.
Surowiecki, James (2005): Die Weisheit der Vielen – Warum Gruppen klüger sind als Einzelne und wie wir das kollektive Wissen für unser wirtschaftliches, soziales und politisches Handeln nutzen können. München: Bertelsmann.
Tapscott, Dan/Williams, Anthony D. (2007): Wikinomics. Die Revolution im Netz. München: Hanser.

# 3.2.3

# Vernetzungen und Kooperationen

# Kooperation von Bildungsorten

*Anatoli Rakhkochkine*

In der aktuellen Diskussion über Ganztagsbildung ist die Frage nach der Kooperation zwischen Schule und anderen Bildungsorten mittlerweile zu einer Schlüsselfrage geworden (Appel 2006; Spies/Stecklina 2005; Coelen 2006). Sie wurde schon vor Jahren aufgeworfen, gleichwohl zeichnet sich die aktuelle Fragestellung durch zwei wesentliche neue Aspekte aus: eine Erweiterung des Bildungsbegriffs durch eine dezidierte Verbindung von formellen und informellen Bildungsprozessen (Rauschenbach/Otto 2004) und eine stärkere Subjektorientierung anstatt der Institutionsperspektive bei der kooperativen Gestaltung von Bildungsprozessen (BMFSFJ 2005: 338). Die Ganztagsbildung ist in diesem Kontext ein Produkt des Zusammenspiels unterschiedlicher Bildungsorte und Lernwelten, in denen Kompetenzerwerb stattfindet. Daher ist es für das Verstehen dieses Zusammenspiels und für eine gezielte Gestaltung ganztägiger Bildungsprozesse notwendig, die Kooperation unterschiedlicher Bildungsorte vor dem Hintergrund der sozialwissenschaftlichen Kooperationsforschung zu reflektieren und bestehende Kooperationen im Bildungsbereich in Bezug auf ihren Beitrag zur Sicherung der Kontinuität der Bildungsprozesse und im Hinblick auf ihre Orientierung an den Interessen der Akteure zu hinterfragen.

## 1 Das Phänomen der Kooperation

Mit der Kooperation verbinden sich zahlreiche Erwartungen an arbeitsteilige Leistungen unterschiedlicher Organisationseinheiten und Organisationen: Steigerung der Effektivität, Optimierung des Ressourceneinsatzes, Verbesserung der Qualität der Leistungen sowie Aufrechterhaltung der Solidarität. Santen/Seckinger (2003) definieren „Kooperation" als ein Verfahren, „bei dem im Hinblick auf geteilte oder sich überschneidende Zielsetzungen durch Abstimmung der Beteiligten eine Optimierung von Handlungsabläufen oder eine Erhöhung der Handlungsfähigkeit bzw. Problemlösekompetenz angestrebt wird" (ebd.: 29). Das Phänomen der Zusammenarbeit wird mit weiteren Begriffen, z. B. Koordination oder Vernetzung beschrieben. Koordination stellt eine besondere Form der Kooperation dar, bei der eine Optimierung von Verfahren und Organisationsabläufen im Vordergrund steht. Vernetzung ist die Herausbildung, Aufrechterhaltung und Unterstützung einer Struktur, der die Förderung von kooperativen Arrangements unterschiedlicher Personen oder Institutionen dienlich ist.

In den interinstitutionellen Beziehungen nimmt Kooperation eine Zwischenposition zwischen Marktregulierung (Wettbewerb) und Regulierung durch Hierarchie ein (Rössl 1994). Kooperation wird in diesem Zusammenhang durch Gemeinsamkeit der Aufgabenerfüllung, Selbständigkeit der Kooperationspartner, Freiwilligkeit der Zusammenarbeit, gemeinsame Kooperationsziele, Koordination und Verhandlung/Abmachung und entsprechende Motivation bestimmt (ebd.: 42). Der spieltheoretische Ansatz zeigt, dass unter den

Bedingungen der Transparenz und der gegenseitigen Abhängigkeit in der Zukunft die Kooperation dauerhaft die günstigste Handlungsstrategie ist und Entscheidungen der Kooperationspartner entsprechend beeinflusst (Axelrod 1988).

## 2 Lern- bzw. Bildungsorte – Bildungs- und Lernwelten

Jede Kooperation setzt mindestens zwei Kooperationspartner voraus. Die räumlichen und sozialen Kontexte von Bildungsprozessen deuten auf das Vorhandensein unterschiedlicher Kooperationspartner hin, die in der pädagogischen Diskussion als außerschulische Partner, Lernorte, Bildungsorte, Lernwelten, Bildungs-*Settings* etc. bezeichnet werden. Im Zusammenhang mit der Definition und der Einordnung dieser Begriffe ist zu bedenken, dass hinter jeder dieser Bezeichnungen eine pädagogische und organisatorische Konzeption und eine bestimmte Sicht auf Kooperation stehen.

„Außerschulischer Partner" ist eine sehr allgemeine Beschreibung für Institutionen, Organisationen oder Personen, die vielfältige Verbindungen zur Schule als dem obligatorischen und offensichtlich dominierenden Kooperationspartner eingehen (vgl. Behr-Heintze/Lipski 2005: 9, 15-19). Das Spektrum dieser Partner umfasst vorschulische Einrichtungen, Nebenschulen, Einrichtungen der Jugendhilfe, psychologische und soziale Dienste, Behörden, kulturelle Einrichtungen, Kirchen, Sportvereine, Betriebe, Hilfsorganisationen, Eltern, ehrenamtlich Tätige etc. Als Kooperationspartner sind sie vorerst nur durch ihre organisatorische Verfasstheit bzw. physische Präsenz und Fähigkeit zur Herstellung von Kontakten und zu gemeinsamen Aktivitäten im Bildungsbereich definiert.

Seit den 1970er Jahren hat in Deutschland der Begriff Lernort eine große Verbreitung gefunden (vgl. Seitter 2001). Nach Münch (1985) finden sich in hoch entwickelten und differenzierten soziokulturellen und technoökonomischen Systemen unterschiedliche Arten von Lernorten: zum einen besondere Institutionen (Schule, Lehrwerkstatt), die ausdrücklich für Lernzwecke eingerichtet wurden und intentionales Lernen mit bestimmten Zielen und Mitteln ermöglichen (primäre Lernorte), und zum anderen – als sekundäre Lernorte bezeichnet – Ausschnitte der Lebenswirklichkeit, „(...) die originär außerpädagogischen Zwecken dienen, denen wir aber ausdrücklich eine pädagogische Funktion zuweisen bzw. die wir absichtlich als Stätten des Lernens nutzen" (Münch 1985: 23). Das Wesen des Lernortes ist demnach durch seine pädagogische Intentionalität definiert, wobei unterschiedliche Lernorte unterschiedliche Funktionen erfüllen können. Ein Lernort ist nicht mit einem räumlich-konkreten Gebilde gleichzusetzen, sondern als Verbindung von materialen, personalen, curricularen und rechtlich-institutionellen Gegebenheiten zu verstehen (ebd.: 24). Durch die Unterscheidung zwischen primären und sekundären Lernorten bzw. zwischen integralen und komplementären Lernorten (integrale Lernorte bedürften keiner Ergänzung durch andere, komplementäre Lernorte bestehen nur in Ergänzung zu anderen – vgl. ebd.: 26) wird eine Lernorthierarchie hergestellt und die Position in einer Kooperationsbeziehung vorgegeben, wobei die Schule immer als zentraler Kooperationspartner angesehen wird.

Im Kontext der Debatte über die Integration formeller und informeller Bildungsprozesse in der Ganztagsbildung wird unterschieden zwischen Bildungsorten als lokalisierbaren, abgrenzbaren und einigermaßen stabilen Angebotsstrukturen mit einem expliziten oder zumindest impliziten Bildungsauftrag und Lernwelten, die nicht an einen geographischen Ort gebunden, zeit-räumlich nicht eingrenzbar sind, einen deutlich geringeren Grad an

Standardisierung aufweisen und auch keinen Bildungsauftrag haben (BMFSFJ 2005: 91). Schule, Kindergarten und Jugendarbeit werden als Bildungsorte, die Medien und *Peergroups* als Lernwelten, die Familie – mit einer Sonderstellung – als Bildungswelt bezeichnet (ebd.: 92).

Es zeichnen sich Parallelitäten in der Verwendung der Begriffe Lernort und Bildungsort ab. In bestimmten Kontexten ist der Unterschied zwischen den beiden Begriffen gering und sie können synonym verwendet werden. Mit dem Begriff des Bildungsortes wird der umfassende Bildungsauftrag im gesellschaftlichen und pädagogischen Kontext betont (nicht nur Förderung der kognitiven Entwicklung, sondern z. B. Erziehung zur Demokratie). Eine zumindest definitorische Gleichberechtigung von Schule, Kindergarten und Jugendhilfe und weiteren Bildungsorten wird somit erreicht. Damit werden wichtige Voraussetzungen für die erfolgreiche Kooperation erfüllt: Die Selbstständigkeit und die Gleichberechtigung der potenziellen Kooperationspartner sowie ihr spezifischer Beitrag zur Bildung der Subjekts werden anerkannt.

## 3 Die Herstellung eines Zusammenhangs zwischen Bildungsorten durch Kooperation

Für den Umgang mit der Vielfalt von Lern- bzw. Bildungsorten identifiziert Seitter (2001) drei Strategien, von denen zwei besonders wichtig im Kontext dieses Artikels erscheinen. Die organisationsbezogene Kooperations- und Verbundstrategie stellt den Versuch dar, einzelne Lern- oder Bildungsorte inhaltlich-organisatorisch zu verbinden. Die Formen dieser Verbindung sind Kombination (der gegenseitige Bezug unterschiedlicher Lernorte innerhalb derselben Einrichtung), Koordination (Abstimmung unterschiedlicher Lernorte als organisatorische Einheiten) und Kooperation (die Zusammenarbeit der Lehrpersonen unterschiedlicher Lernorte im Lehr- und Lernprozess). Als eine Variante dieser Strategie werden Verbundsysteme, Netzwerke und Supportsysteme aufgebaut (vgl. Seitter 2001: 233). Die semantisch-normative Überhöhungsstrategie ist eine Tendenz, Lernen und Leben als Einheit zu denken. Durch die biographische, organisationelle, territoriale und gesamtgesellschaftliche Verknüpfung der Lernorte wird das Lernen „zu einem umfassenden, allgegenwärtigen und unhintergehbaren Bezugspunkt sozialen Lernens“ aufgewertet (ebd.: 234). Die beiden Strategien leisten einen theoretischen und praktischen Beitrag zur Konzeption von unterschiedlichen Formen der kooperativen Ganztagsangebote (additiv, inkorporativ, integrativ), zur Gestaltung der innerschulischen Kooperation für die Entwicklung ganztägiger Angebote (insbesondere unter Beteiligung mehrerer Organisationseinheiten), zum Aufbau von kommunalen Netzwerken und Agenturen zur Vermittlung von Kooperationspartnern und zeigen darüber hinaus deutlich die Klammerfunktion des Begriffs „Ganztagsbildung“ für Kooperationskonzepte.

Aus der Forschung über bestehende Kooperationen im Bildungsbereich ergibt sich hierfür eine Reihe von relevanten Fragestellungen und Erkenntnissen. Die Konzepte der Community Education, Stadtteilschule, Öffnung von Schule, bzw. Gemeinwesenarbeit und der „Kommunalen Jugendbildung“ (Coelen 2002) beschreiben die theoretische und praktische Verbindung von unterschiedlichen Bildungsorten durch Kooperation und die Realisierung der Prinzipien der Gemeinwesenorientierung, der Lebensweltorientierung, der Sozialraumorientierung und der institutionellen Öffnung. Die Eigenständigkeit der außerschulischen Bildungsorte in Kooperationen wird durch die Begründung eines Differenzverhältnisses zur Institution Schule untermauert. Zugleich wird aus der jeweiligen institutionellen und disziplinären Perspektive die Notwendigkeit der Zusammenarbeit erläutert (Bönsch 2004; Maykus 2004a). Der Bildungsprozess der Kinder und Jugendlichen ist nicht immer der ummittelbare Anlass und Gegenstand der Kooperation; Optimierung des Ressourceneinsatzes, Traditionen, professionelle oder persönliche Interessen gehören ebenfalls zu Motiven der Kooperation (Rakhkochkine 2006). Das professionelle Selbstverständnis und gegenseitige Abgrenzungen spielen in der Kooperation eine wichtige Rolle; entstehende Probleme können durch eine spezielle Förderung der Kooperationsstruktur und -kultur abgebaut werden (Maykus 2004b). Gesetzliche Rahmenbedingungen, die sich je nach Bundesland unterscheiden, schreiben konzeptionelle Überlegung zur Kooperation und entsprechende bildungspolitische Interessen fest, sind aber zuweilen praxisfern und nicht immer für Innovationen offen (Teuber 2004). Inter- und überinstitutionelle Koordination der Kooperation durch unterschiedliche Instanzen und Netzwerke (Bildungslandschaften, Koordinationsstellen) ermöglichen die Einbeziehung von mehreren Bildungsorten in die Kooperation, führen jedoch mittelfristig zur Formalisierung und Bürokratisierung (Furman/Merz 1996: 340). Bei der Frage nach Qualität kann die Kooperation in Bezug auf die Strukturqualität, die Prozessqualität und die Ergebnisqualität bewertet werden (Floerecke/Holtappels 2004). Für die Optimierung der Kooperation werden Verständigung über Ziele, regelmäßige Überprüfung der Zielerreichung, Verbindlichkeit der Kooperationsabsprachen, klare Zuständigkeiten in der Kooperation, strukturelle Vorgaben für den Verständigungsprozess, Transparenz und Informationsaustausch sowie Koordination und Steuerung der Kooperation durch institutionsübergreifende Gremien und gemeinwesenorientierte Rahmenkonzepte und Vernetzungsinitiativen empfohlen (Floerecke/Holtappels 2004: 917-919; vgl. auch Zachow 2005: 15-18; Santen/Seckinger 2003: 424-428).

Die Klärung der Voraussetzungen und Rahmenbedingungen für die Kooperation, die Auswahl der Kooperationspartner, Einigung über die Ziele, Inhalte und Handlungsfelder der Kooperation, Entwicklung einer Kooperationsstruktur und -kultur unter Berücksichtigung der professionellen und semiprofessionellen Positionen, Analyse von Barrieren und begünstigenden Faktoren und Entwicklung von Qualitätskriterien gehören somit zu den wichtigsten Aspekten der Kooperation zwischen Bildungsorten. Allerdings gibt es z. Zt. nur wenige erfolgreiche Versuche, auf dieser Grundlage theoretische Kooperationsmodelle zu entwerfen. Maykus/Hartnuß (2004) schlagen ein Modell für die Kooperation zwischen Schule und Jugendhilfe vor, das Integriertheit von Interventionszielen sowie Angebotssegmenten (konzeptionelle Ebene), Integriertheit der Zielgruppenorientierung (Ebene der Adressaten), Integriertheit schul- und sozialpädagogischer Wissenselemente (Ebene der Professionalisierung), Integriertheit auf der institutionellen und organisationsbezogenen Ebene (Relationierungsprinzip in der Verschränkung von Schule und Jugendhilfe) und schließlich Integriertheit von Trägern und Anbietern entwicklungs- und bildungsbezogener Angebote (Ebene der Kooperationsstruktur im kommunalen Raum) beinhaltet. Dieses Modell führt die konzeptionelle (disziplinäre bzw. institutionelle) Perspektive mit den prozeduralen Aspekten der Kooperation zusammen und unternimmt sogar den Versuch, die Adressatenebene in das Modell einzubeziehen. Als Ergebnis soll eine „adressatenorientierte Normalisierungsstruktur" (Maykus/Hartnuß 2004: 1105) entstehen, die eine gegenseitige Ergänzung der Angebote der Schule und der Jugendhilfe beinhaltet und durch die gegenseitige lebensweltliche Öffnung und soziale Sensibilität beider Seiten ermöglicht wird.

# 4 Berücksichtigung der Lebenswelt von Kindern und Jugendlichen bei der Kooperation von Bildungsorten

Da das Ziel der Ganztagsbildung eine optimale Förderung jedes einzelnen Kindes und Jugendlichen unter Berücksichtigung ihrer tatsächlichen Lernwelten und Bildungsorte über den ganzen Tag ist, ist die Herstellung des individuellen Zusammenhangs zwischen unterschiedlichen Bildungsorten eine zentrale Herausforderung für Kooperationen. Es geht dabei nicht nur um die programmatisch-konzeptionelle Einigung über einen erweiterten Bildungsbegriff oder um die jeweiligen institutionellen und professionellen Perspektiven oder um die prozedurale Organisation der Zusammenarbeit, sondern auch um die Berücksichtigung der Perspektive jedes einzelnen Kindes und um eine Zusammenführung der konkreten Bildungsinhalte der jeweiligen Bildungsorte und Lernwelten.

Für die Begründung und praktische Gestaltung der Kooperation unterschiedlicher Bildungsorte aus der Perspektive der Biographie eines Kindes oder eines Jugendlichen ist der sozialökologische/ökosystemische Ansatz von Bronfenbrenner (1981) fruchtbar. Er befasst sich zwar nicht explizit mit der Frage der Kooperation, liefert jedoch wichtige Hinweise auf das Zusammenwirken unterschiedlicher Lebensbereiche. Die Wechselbeziehungen zwischen zwei oder mehreren Lebensbereichen bezeichnet Bronfenbrenner als „Mesosystem" und schlägt vier allgemeine Formen der Verbindungen zwischen den einzelnen Lebensbereichen vor:

1. primäre Verbindung, wenn die sich entwickelnde Person selbst beteiligt ist
2. ergänzende Verbindung, wenn andere Personen aus dem jeweiligen Mikrosystem (Eltern, Lehrer, Geschwister etc.) beteiligt sind
3. indirekte Verbindung (keine persönliche Beteiligung, sondern eine vermittelnde Verbindung durch einen Dritten)
4. Kommunikation zwischen den Bereichen; Kenntnisse über andere Bereiche.

Mit Bezug auf zahlreiche empirische Studien entwickelt Bronfenbrenner Hypothesen darüber, wie das entwicklungsfördernde Potenzial der Wechselbeziehungen zwischen einzelnen Lebensbereichen gesteigert werden kann. So unterstreicht er die Bedeutung einer Begleitung des Übergangs zwischen den Lebensbereichen, damit die Person die Unterschiede zwischen ihnen nicht allein überwinden muss. Mit der Anzahl von unterstützenden Verbindungen zu anderen Lebensbereichen steige das Entwicklungspotenzial eines Lebensbereiches, insbesondere wenn diese Verbindungen durch Personen herstellt werden, zu denen bereits eine Beziehung besteht (Bronfenbrenner 1981: 201, 205). Zwei weitere Hypothesen besagen, dass die Anzahl strukturell verschiedener Lebensbereiche, an denen die sich entwickelnde Person beteiligt ist, sowie ethnische, soziale, religiöse und Altersheterogenität der Lebensbereiche positive Entwicklungseffekte haben (ebd.: 202-203). Eine Reihe von Hypothesen betrifft die Intensität und die Qualität der indirekten Verbindungen zwischen den Lebensbereichen und eine besondere Bedeutung der Zugänglichkeit von Informationen über den jeweils anderen Lebensbereich (ebd.: 207-208). Der Ansatz von Bronfenbrenner schärft den Blick für die Übergänge zwischen den einzelnen Lebensbereichen, die nicht nur in großen Zeitabständen (etwa der Übergang vom Kingergarten in die Grundschule), sondern auch im Laufe eines Tages zwischen differenten Bildungsorten und Lernwelten stattfinden, und liefert eine sozialisationstheoretische Begründung für eine an der Lebenswelt der Kinder orientierte Kooperation zwischen Bildungsorten als Beitrag zur Gestaltung der Ganztagsbildung.

Die Herausforderung bei der Gestaltung individuell abgestimmter kooperativer Ganztagsbildungsangebote besteht darin, dass Kinder und Jugendliche, abhängig von sozialer Lage, regionalem Angebot, Alter, Geschlecht, Herkunft und kulturellen Orientierungen Bildungsorte und Lernwelten unterschiedlich nutzen und die bestehenden Kooperationen unterschiedlicher Bildungsorte und Lernwelten nicht unbedingt die Nutzungsmuster der Kinder und Jugendlichen wiedergeben. Die Forderung, „(...) Bildungsangebote so zu gestalten und zu organisieren, dass sie für alle zugänglich sind und dass das Zusammenwirken unterschiedlicher bildungsrelevanter Institutionen zur bestmöglichen individuellen Förderung von Kindern und Jugendlichen beiträgt" (BMFSFJ 2005: 333) ist daher durch eine offene Gestaltung der Bildungsangebote sowie durch eine stärkere Berücksichtigung der bestehenden Nutzung der Bildungsangebote und eine entsprechende Auswahl der Kooperationspartner zu erfüllen (vgl. Rakhkochkine 2006).

Die Analyse zahlreicher Kooperationsbeispiele zeigt weitere mögliche Strategien für die Berücksichtigung der bestehenden Kontakte von Kindern und Jugendlichen zu unterschiedlichen Bildungsorten bei der Auswahl der Kooperationspartner und der Gestaltung von Kooperationen. Als eine wichtige Strategie ist der Informationsaustausch über die Kontakte der Kinder und Jugendlichen zu unterschiedlichen Bildungsorten zu nennen. Aus der Sicht der außerschulischen Kooperationspartner bilden gegenseitige Beratung und Informationsaustausch den wichtigsten Inhalt (Lipski/Behr 2003: 9). Auf dieser Grundlage können Bildungsangebote in Kooperation mit anderen Bildungsorten unter Berücksichtigung der Erfahrungen der Schüler und ihrer Interessen entwickelt werden. Aus schulpädagogischer und didaktischer Sicht ist das Wissen über bestehende Kontakte und Erfahrungen der Schüler(innen) im außerschulischen Bereich schon lange ein wesentlicher Ausgangspunkt etwa bei der Unterrichtsvorbereitung oder im Bereich der pädagogischen Diagnostik und der individuellen Förderung. In organisatorischer Hinsicht geht es vorrangig um Berücksichtung des Zeitfaktors und Koordination der Termine. Konsequenzen eines unzureichenden Informationsaustausches zeigen sich z. B. in einer Studie zur Vereinbarkeit des Engagements im Hochleistungsport mit der Schule (Belz 2000).

Eine weitere Strategie zur Berücksichtigung der bestehenden Kontakte von Kindern und Jugendlichen zu Bildungsorten ist die unterrichts- bzw. projektbezogene Zusammenarbeit, bei der zumindest einige Schüler(innen) einer Klasse bereits Kontakt zum jeweiligen Kooperationspartner haben. Eine solche Form ist selbst bei einer größeren Anzahl von Partnern denkbar und realisierbar, zumal unterrichtsbezogene Aktionen die häufigste Kooperationsform zwischen Schule und außerschulischen Einrichtungen sind (Lipski/Kellermann 2002: 9) und unterschiedliche Fächer die inhaltliche Anschlussfähigkeit zu den vielfältigen Lernprozessen außerhalb der Schule ermöglichen. Diese Strategie sichert eine stärkere Schüler(innen)partizipation und mildert das Ungleichgewicht zwischen unterschiedlichen Interessen bei der Auswahl von Kooperationspartnern.

Viel versprechend ist die Entwicklung von regionalen Bildungslandschaften, in denen Bildungsangebote systematisch zusammengeführt und hiermit die meisten bestehenden Kontakte der Schüler(innen) erfasst werden sollen. Dem Konzept, wie es etwa in der Stadt Herford (Gurländer/Engelking 2004) realisiert wird, liegt die Idee einer vertikalen und horizontalen Vernetzung der Bildungsangebote zwecks Verbesserung der Bildungschancen für Kinder und Jugendliche zugrunde. Da die Gefahr einer bürokratischen Koordination von oben besteht, wird ausdrücklich das Entwicklungsprinzip gegenüber dem Planungsprinzip betont (ebd.: 61). Die Anerkennung informell erworbener Kompetenzen trägt ebenfalls zu einer offenen Gestaltung der Bildungsangebote in Kooperation unterschiedlicher Bildungsorte bei.

# 5 Probleme und Forschungsperspektiven

Für die Kooperation der Bildungsorte werden die konzeptionelle Einigung über einen erweiterten Bildungsbegriff, Anpassung der rechtlichen Rahmenbedingungen für Kooperationen, gesellschaftliche und professionelle Akzeptanz der Gleichberechtigung der Kooperationspartner, Optimierung der Kooperationsstrukturen und -verfahren unter Berücksichtigung der Ergebnisse der sozialwissenschaftliche Kooperationsforschung und der Best-Practice-Beispiele wohl auch in der nächsten Zukunft wichtige Handlungs- und Forschungsfelder bleiben. Ferner sind angesichts der Forschungsdefizite über Effekte außerschulischer Bildungsorte (vgl. BMFSFJ 2005: 251) repräsentative empirische Wirkungsstudien notwendig, die über Nutzungsdaten und Fallanalysen hinausgehen. Im Zusammenhang mit der Untersuchung der tatsächlichen Wirkung unterschiedlicher Bildungsorte und Lernwelten sind die Fragen zu beantworten, ob eine pauschale Aufwertung der außerschulischen Bildungsorte sinnvoll ist und wie die Bewertung und ggf. der Ausschluss von Kooperationspartnern erfolgt. Empirische Untersuchungen zeigen, dass Netzwerke und lokale Bildungslandschaften durch eine an den Problemlagen der Schüler(innen) orientierte Zusammensetzung der Kooperationspartner eine Eigendynamik entwickeln und zu einer Verfestigung der sozialen Disparitäten in den Bildungsangeboten führen können (Zymek 2006: 254). Auch angesichts der geschlechts-, herkunfts- oder alterspezifisch unterschiedlichen Nutzungsmuster und der Freiwilligkeit bzw. Wahlfreiheit in Bezug auf außerschulische Bildungsangebote stellt sich die Frage nach der Chancengleichheit und Diskriminierung bei Kooperationen. Auf der praktischen Ebene und unter dem Gesichtspunkt der Inklusion ist über ein modernes System zum Informationsaustausch nachzudenken (vgl. Atkinson 2006), allerdings ist dies wegen der Bürokratisierung und aus datenschutzrechtlichen Gründen nicht unbedenklich. Aus didaktischer Sicht wird die Frage wichtig, wie durch die Kooperation die konkreten Bildungsinhalte einzelner Bildungsorte unterhalb der programmatisch-konzeptionellen Ebene und der Ebene der institutionellen bzw. organisatorischen Kooperation methodisch integriert und den Kindern und Jugendlichen zugänglich gemacht werden können.

## *Literatur*

Appel, Stefan (Hg.) (2006): Schulkooperationen. Schwalbach/Ts.: Wochenschau.

Atkinson, Mary (2006): Multi-Agency working across education child care and health. Research and development in the UK. In: Bildung und Erziehung, (59. Jg.) H. 3/2006: 285-301.

Axelrod, Robert (1988): Die Evolution der Kooperation. München: Oldenbourg.

Lipski, Jens/Behr, Andrea (2003): Schule und soziale Netzwerke. Erste Ergebnisse der Befragung von Kooperationspartnern allgemein bildender Schulen. Zwischenbericht. München: Eigenverlag DJI. In: www.dji.de/bibs/147_1462_BerichtKooperationspartner.pdf (Download am 20.03.2006).

Behr-Heintze, Andrea/Lipski, Jens (2005): Schulkooperationen. Stand und Perspektiven der Zusammenarbeit zwischen Schulen und ihren Partnern. Ein Forschungsbericht des DJI. Schwalbach/Ts.: Wochenschau.

Belz, Michael (2000): Leistungssport und Schulkarriere? In: Sportunterricht (49. Jg.) H. 5/2000: 139-145.

Bönsch, Manfred (2004): Kooperation von Jugendhilfe und Schule aus schulpädagogischer Sicht. Warum sollte sich die Schule (auch) zur Jugendhilfe hin öffnen. In: Hartnuß/Maykus (Hg.): 126-139.

Bronfenbrenner, Urie (1981): Die Ökologie der menschlichen Entwicklung. Stuttgart: Klett-Cotta.

BMFSFJ (2005) – Bundesministerium für Familie, Senioren, Frauen und Jugend: Zwölfter Kinder- und Jugendbericht. Berlin.

Curländer, Lieselore/Engelking, Gerhard (2004): Regionale Bildungslandschaft Kreis Herford. Die Stärkung von Schulen im kommunalen und regionalen Umfeld – oder was ist eigentlich „Schule & Co"? In: Götte/Engelking/Lohre (Hg.): 62-79.

Coelen, Thomas (2002): Kommunale Jugendbildung. Raumbezogene Identitätsbildung zwischen Schule und Jugendarbeit, Frankfurt a. M.: Lang.

Coelen, Thomas (2006): Ganztagsbildung durch Kooperation von Schulen und Jugendeinrichtungen. In: Bildung und Erziehung (59. Jg.) H. 3/2006: 269-284.

Floerecke, Peter/Holtappels, Heinz Günther (2004): Qualitätsentwicklung in der Kooperation von Jugendhilfe und Schule. In: Hartnuß/Maykus (Hg.): 897-922.

Furman, Gail Chase/Merz, Carol (1996): Schools and Community Connections: Applying a Sociological Framwork. In: Cibulka, James G./Kritek, William J. (1996) (Eds.): Coordination among schools, families, and communities: prospects for educational reform. Albany: State University of New York Press: 323-347.

Götte, Zita/Engelking, Gerhard/Lohre, Wilfried (Hg.) (2004): Regionale Bildungslandschaften. Grundlagen einer staatlich-kommunalen Verantwortungsgemeinschaft. Troisdorf: Bildungsverlag EINS.

Hartnuß, Birger/Maykus, Stephan (Hg.) (2004): Handbuch Kooperation von Jugendhilfe und Schule. Ein Leitfaden für Praxisreflexionen, theoretische Verortungen und Forschungsfragen. Berlin: Eigenverlag des Dt. Vereins für öffentliche und private Fürsorge.

Hartnuß, Birger/Maykus, Stephan (2004): Kooperation von Schule und Jugendhilfe – „Integriertheit" als Referenzrahmen für die Passung von Konzeptualisierungs- und Institutionalisierungsperspektiven. In: Hartnuß/Maykus (Hg.): 1089-1124.

Kritek, William J.: Introduction. In: Cibulka, James G./Kritek, William J. (1996) (Eds.): Coordination among schools, families, and communities: prospects for educational reform. Albany: State University of New York Press: ix-xxv.

Lipski, Jens/Kellermann, Doris (2002): Schule und soziale Netzwerke. Erste Ergebnisse der Befragung von Schulleitern zur Zusammenarbeit allgemein bildender Schulen mit anderen Einrichtungen und Personen. München: Deutsches Jugendinstitut. In: www.dji.de/bibs/147_1067_Zwischenbericht2.pdf (Download am 20.03.2006).

Maykus, Stephan (2004a): Kooperation von Jugendhilfe und Schule aus sozialpädagogischer Sicht: sozialintegrative Optionen von Sozialpädagogik im Kontext der Schule. In: Hartnuß/Maykus (Hg.): 164-190.

Maykus, Stephan (2004b): Kooperation von Lehrern und Sozialarbeitern – regulierte Machtverhältnisse als Voraussetzung und Ergebnis einer funktionalen Kooperationsstruktur und -kultur. In: Hartnuß/Maykus (Hg.): 349-370.

Münch, Joachim (Hg.) (1985): Lernorte und Lernort-Kombination im internationalen Vergleich. Luxemburg: Amt für amtliche Veröffentlichungen der Europ. Gemeinschaften.

Münch, Joachim (1985): Lernorte und Lernort-Kombination – begriffliche und theoretische Vorklärungen. In: Münch (1985): 23-35.

Rakhkochkine, Anatoli (2006): Nicht am Schüler vorbei kooperieren! Berücksichtigung der bestehenden Kontakte der Schüler zu Einrichtungen und Personen im außerschulischen Bereich bei der Auswahl von Kooperationspartnern der Schule. In: Bildung und Erziehung (59. Jg.) H. 3/2006: 323-336.

Rauschenbach, Thomas/Otto, Hans-Uwe (2004): Die neue Bildungsdebatte. Chance oder Risiko für die Kinder- und Jugendhilfe? In: Dies. (Hg.): Die andere Seite der Bildung: zum Verhältnis von formellen und informellen Bildungsprozessen. Wiesbaden: VS Verlag für Sozialwissenschaften: 9-29.

Rössl, Dietmar (1994): Gestaltung komplexer Austauschbeziehungen: Analyse zwischenbetrieblicher Kooperation. Wiesbaden: Gabler.

Santen, Eric v./Seckinger, Mike (2003): Kooperation: Mythos und Realität in der Praxis. München: Eigenverlag DJI.

Seitter, Wolfgang (2001): Zwischen Proliferation und Klassifikation. Lernorte und Lernortkontexte in pädagogischen Feldern. In: ZfE (4. Jg.) H. 2/2001: 225-238.

Spies, Anke/Stecklina, Gerd (Hg.) (2005): Die Ganztagesschule. Herausforderungen an Entwicklungsfähigkeit von Schule und Jugendhilfe. Bd. 2. Keine Chance ohne Kooperation – Handlungsformen und institutionelle Bedingungen. Bad Heilbrunn: Klinkhardt.

Teuber, Reinhard (2004): Gesetzliche Grundlagen der Kooperation allgemein bildender Schulen mit anderen Einrichtungen und Personen. München: Eigenverlag DJI. In: cgi.dji.de/bibs/147_3788_Teuber_Gutachten.pdf (Download am 01.11.2006).

Zachow, Ernst (2005): Kooperationen zwischen Schulen und außerschulischen Partnern. Baltmannsweiler: Schneider.

Zymek, Bernd (2006): Zwei Seiten der Internationalisierung. Profilbildung und Kooperation von Schulen in regionalen Bildungslandschaften. In: Bildung und Erziehung (59. Jg.) H. 3/2006: 251-268.

# Organisationsformen ganztägiger Bildungseinrichtungen

*Franz Prüß*

Aus den Erkenntnissen „Bildung ist mehr als Schule“ und „Schule ist mehr als Unterricht“ (Bundesjugendkuratorium 2002: 1; BMFSFJ 2005: 49) hat sich eine breite Diskussion über die ganztägige Bildung und ihre Organisationsstruktur entfaltet. Ganztagsangebote sollen einerseits bessere Rahmenbedingungen für schulisches Lernen bieten und andererseits aus sozial- und arbeitsmarktpolitischen Gründen zur Verbesserung der Vereinbarkeit von Beruf und Familie führen (vgl. Sekretariat der Ständigen Konferenz 2007: 4). Dabei wird oft in unzulässiger Weise ganztägige Bildung mit Ganztagsschule gleichgesetzt und angenommen, dass durch die Verlängerung des Schultages bei Beibehaltung des vormittäglichen Unterrichts und der Ergänzung durch nachmittägliche Betreuungs- und Freizeitgestaltung die Schulleistungen steigen würden (vgl. Tillmann 2005: 47; Jürgens 2006: 10). Nach allgemeiner Erkenntnis sind ganztägige Angebote sinnvoll und zweckmäßig, jedoch über die Formen wird unterschiedlich argumentiert und gestritten, zumal dazu bisher noch wenige wissenschaftlich gesicherte Erkenntnisse aus repräsentativen Vergleichsuntersuchungen vorliegen (vgl. Holtappels u. a. 2007: 139, 206, 365-367).

An der Notwendigkeit ganztägiger Bildung gibt es keinen Zweifel mehr, offen sind jedoch der Weg und die Gestaltung. In der Bundesrepublik zeigt sich die ganztägige Bildung in zwei Grundformen mit jeweils differenzierten Realisierungsmöglichkeiten:

## 1 Ganztägige Bildung

Die ganztägige Bildung ist durch zwei grundlegende Formen umsetzbar, einerseits durch die Zusammenarbeit von Institutionen im Sozialraum und andererseits durch die Zusammenarbeit dieser mit der Schule am Ort Schule.

### *1.1 Ganztägige Bildung als Zusammenarbeit von Schulen mit außerschulischen Partnern im Sozialraum*

Diese Kooperation ist ein rein additives Modell in zwei Varianten: Zum einen gestaltet sie sich als Zusammenarbeit mit anderen von der Schule unabhängigen Verantwortungsträgern zur indirekten Unterstützung der Schule in Form von Hort, Hausaufgabenhilfe u. a. Zum anderen existieren Formen der Zusammenarbeit mit Vereinen/Verbänden, Einrichtungen, Institutionen, Organisationen u. a. mit dem Ziel, informelles Lernen zu verstärken (BMFSFJ 2005: 127) und um eigene Bildungsziele zu verfolgen, die völlig unabhängig von der Schule sind und in eigener Verantwortung umgesetzt werden. Dabei können diese außerschulischen Angebote – müssen aber nicht – von den Kindern und Jugendlichen am Nachmittag angenommen werden. Wer dabei erreicht wird und solche Angebote nutzt, liegt in der Entscheidung der Eltern und – je nach Alter, Interesse oder Neigung – auch bei den Kindern und Jugendlichen selbst. Dies wird als „Ganztagsbildung" bezeichnet (Coelen 2002).

### *1.2 Ganztägige Bildung als Zusammenarbeit mit außerschulischen Partnern am Ort Schule*

Neben dem vormittäglichen Unterricht werden nachmittägliche Angebote unter der Aufsicht und Verantwortung der Schulleitung organisiert. Dieses sind Formen der Ganztagsschule, die generell „den Gesichtspunkt der ganztägigen Beschulung als auch den der Betreuung" beinhalten (Sekretariat der Ständigen Konferenz 2007: 4). Dieser zweite Weg ganztägiger Bildung wird unter der Gesamtverantwortung der Schulleitung in drei Varianten realisiert. Gemeinsam ist ihnen, dass diese Schulen im Primar- und Sekundarbereich I:

- an mindestens drei Tagen in der Woche ein ganztägiges Angebot von täglich mindestens sieben Zeitstunden für die Schüler(innen) bereitstellen
- den teilnehmenden Schüler(inne)n an allen Tagen des Ganztagsschulbetriebes ein Mittagessen anbieten und
- die nachmittäglichen Angebote in einem konzeptionellen Zusammenhang mit dem vormittäglichen Unterricht stehen und unter der Verantwortung der Schulleitung organisiert und in enger Kooperation mit ihr realisiert werden müssen (vgl. ebd.).

## 2 Formen der Ganztagsschule

Entsprechend der KMK-Definition können drei Formen mit einem unterschiedlichen Verbindlichkeitsgrad der Teilnahme und Nutzung durch die Schüler(innen) umgesetzt werden (vgl. ebd.: 5). Dabei erweisen die Ganztagsschulen sich nicht als schulartspezifische Einrichtungen; sie sind eine neue Schulkultur und können an jedem Schultyp verwirklicht werden. Zu den Ganztagsschulformen gehören die Offene, die Teilgebundene und die Vollgebundene Ganztagsschule.

Die Offene Ganztagsschule bietet den Schüler(inne)n einen mit einem Bildungs- und Betreuungsangebot in der Schule verbundenen Aufenthalt an mindestens drei Wochentagen im Umfang von täglich mindestens sieben Zeitstunden. Die Teilnahme an den Ganztagsangeboten wird von dem/der einzelnen Schüler/in bzw. deren Erziehungsberechtigten entschieden, wobei die getroffene Entscheidung eine Verbindlichkeit von mindestens einem Schulhalbjahr hat. Durch die individuelle Teilnahmemöglichkeit wird der Klassenverband am Nachmittag aufgehoben, und die Angebote werden von neu zusammengesetzten Gruppen genutzt. Diese Form von Ganztagsangeboten ist grundsätzlich von solchen zu unterscheiden, die stärker den Aspekt der Betreuung statt der Beschulung betonen und weder in der Verantwortung der Schulleitung liegen noch in der Kooperation mit ihr realisiert werden. Sie gehören dann zur erstgenannten Grundform der ganztägigen Bildung.

Die Teilgebundene Ganztagsschule garantiert den Schüler(inne)n einen durchgehend strukturierten Aufenthalt an mindestens drei Wochentagen mit mindestens sieben Zeitstunden in der Schule. Die Teilnahme an den ganztägigen Angeboten ist jedoch für einen Teil der Schüler(innen) verpflichtend, d. h. alle Schüler(innen) bestimmter Klassen bzw. Jahrgangsstufen nehmen daran teil. In der Schulpraxis nehmen in der Regel die Klassenstufen 5 und 6 die Ganztagsangebote voll wahr und Schüler(innen) der höheren Klassen teilweise. Wenn das als fortlaufender Prozess gestaltet werden kann und der volle Ganztagsbetrieb in den nächsten Schuljahren von unten nach oben fortgesetzt wird, kann sich aus der Teilgebundenen Ganztagsschule eine Vollgebundene Ganztagsschule entwickeln.

Die Vollgebundene Ganztagsschule sichert einen durchgehend strukturierten Aufenthalt in der Schule an mindestens drei Wochentagen mit mindestens sieben Zeitstunden. Deren Angebote sind für alle Schüler(innen) verpflichtend, wobei diese aus einem Spektrum unterschiedlicher Angebote auswählen können. Die Verpflichtung bezieht sich auf den zeitlichen Umfang, nicht auf die inhaltliche Gestaltung, die erst durch die Differenzierung ihren besonderen Reiz für die Schüler(innen) bekommt.

Die Erwartungen an die Ganztagsschule sind hoch und richten sich gleichermaßen auf alle drei Formen. Es wird mehr Bildung – nicht „Schule" – erwartet, die sichert, dass

- eine Verbesserung des Leistungsniveaus aller Schüler(innen) eintritt
- eine gezielte individuelle Förderung möglich wird und dabei vorhandene Kompetenzdefizite genauso abgebaut wie Leistungsstärken ausgebaut werden (dieses gilt besonders für die Förderung von Kindern aus bildungsfernen Schichten)
- eine bessere soziale Integration von sozial benachteiligten Kindern und besonders denjenigen mit Migrationshintergrund ermöglicht wird
- die Trias von Bildung, Erziehung und Betreuung bewusst im Sinne einer ganzheitlichen Persönlichkeitsentwicklung umgesetzt und dem Bedarf nach Vereinbarkeit von Beruf und Familie entsprochen werden kann
- neue Bildungsinhalte und weitere Lernformen genutzt und dadurch zweckmäßige und auch schülerattraktive thematische Ergänzungen im Gegensatz zur Halbtagsschule aufgenommen werden können.

Die Ganztagsschulformen reagieren darauf in unterschiedlicher Weise und können aufgrund der Organisationsstrukturen diese Erwartungen nicht in gleichem Maße erfüllen. Deshalb sind noch über Chancen und Grenzen der einzelnen Formen Aussagen zu treffen und Entwicklungstrends zu kennzeichnen.

## 3 Ausbau der Ganztagsschulen und ihre Inanspruchnahme

Zunächst zum Stand des Ausbaus der Ganztagsschule bzw. der Ganztagsschulformen und ihrer Inanspruchnahme: In den 16 Bundesländern werden Wert und Perspektiven der Ganztagsschule sehr unterschiedlich eingeschätzt und die Bedeutung der einzelnen Ganztagsschulformen ganz verschieden beurteilt und entsprechend auch gefördert. Sehr unterschiedlich sind in den Bundesländern die Auffassungen zur Ganztagsschule, zumal nur zeitliche und keine inhaltlichen Vorgaben durch die KMK gemacht worden sind und der Interpretationsspielraum sehr groß ist. Während im Grundschulbereich der Aspekt der Betreuung dominiert und in einigen Bundesländern so vor allem die Potenziale und Kapazitäten der Horte mit einbezogen werden, ergeben sich für die weiterführenden Schulen im

Sekundarbereich andere Herausforderungen, die konzeptioneller Art sind und unter dem Aspekt der individuellen Förderung, der unterschiedlichen Lebenslagen der Kinder und Jugendlichen, des biografischen Entwicklungsanspruchs und nicht zuletzt unter dem Aspekt des Ausgleichs sozialer Ungleichheiten gesehen werden müssen. Der Begriff Ganztagsschule wird noch sehr heterogen gefasst und bedarf der weiteren Präzisierung. So spiegeln sich auch die unterschiedlichen Auffassungen der Bundesländer im Stand der Kennzeichnung der Schulen als Ganztagsschulen wider.

*Abbildung 1: Länderspezifische Verteilung des Ganztagsschulbetriebs*

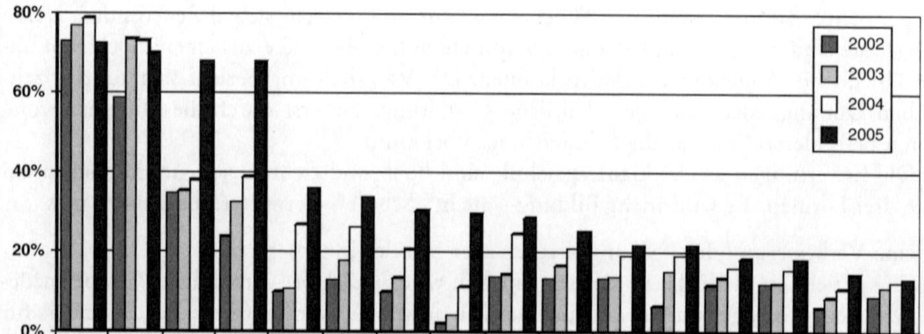


| | SN | TH | BE | SL | HH | MV | NW | SH | BB | RP | ST | HB | BY | HE | NI | BW |
|---|---|---|---|---|---|---|---|---|---|---|---|---|---|---|---|---|
| 2002 | 72,8% | 58,7% | 34,7% | 23,9% | 10,1% | 13,0% | 10,0% | 2,0% | 13,9% | 13,3% | 13,3% | 6,6% | 11,7% | 12,0% | 6,1% | 9,0% |
| 2003 | 76,8% | 73,5% | 35,4% | 32,4% | 10,6% | 17,8% | 13,6% | 4,0% | 14,5% | 16,8% | 13,8% | 15,2% | 13,6% | 12,0% | 8,8% | 11,2% |
| 2004 | 78,8% | 73,1% | 38,0% | 39,0% | 27,0% | 26,3% | 20,6% | 11,4% | 24,7% | 21,0% | 19,2% | 19,1% | 16,0% | 15,5% | 11,0% | 12,4% |
| 2005 | 72,4% | 70,0% | 68,0% | 67,8% | 36,0% | 33,8% | 30,5% | 29,5% | 28,7% | 25,4% | 21,9% | 21,7% | 18,5% | 18,3% | 14,4% | 13,4% |

*Quelle:* Sekretariat der Ständigen Konferenz der Kultusminister (2007: 7), eigene Bearbeitung

Seit dem Schuljahr 2002/03 hat es einen starken Anstieg der Anzahl von Ganztagsschulen in der Bundesrepublik gegeben: Während die Entwicklung der Ganztagsschulen in Sachsen (72,4 %), Thüringen (70,0 %), Berlin (68,0 %) und im Saarland (67,8 %) weit vorangeschritten ist und über die Hälfte aller schulischen Verwaltungseinheiten ein Ganztagsangebot haben, ist in den letzten Jahren das Ganztagsangebot in Baden-Württemberg (13,4 %), Niedersachsen (14,4 %), Hessen (18,3 %) und Bayern (18,5 %) zwar gestiegen, aber dennoch zahlenmäßig auf einem weit geringeren Niveau.

Von 2002/03 bis 2005/06 hat es einen kontinuierlichen Anstieg von schulischen Verwaltungseinheiten mit Ganztagsschulbetrieb gegeben (2002/03: 4.951; 2005/06: 8.226 Ganztagsschulen), so dass z. Zt. ca. 28 % aller schulischen Verwaltungseinheiten sich als Ganztagsschulen bezeichnen. Anders verhält es sich mit der Zahl der teilnehmenden Schüler(innen): Obwohl z. B. im Saarland 67,8 % der Schulen ein Ganztagsangebot unterbreiten, nehmen nur 7,0 % der Schüler(innen) dieses an. Ähnliche Disproportionen bestehen auch in vielen anderen Bundesländern. Annähernd bzw. ausgeglichen ist das Verhältnis zwischen institutionellem Angebot und Inanspruchnahme durch Schüler(innen) nur in Hessen und Niedersachsen.

*Abbildung 2: Anteil der Verwaltungseinheiten mit Ganztagsschulbetrieb und Anteil der am Ganztagsschulbetrieb teilnehmenden Schüler(innen) in den Bundesländern 2005/2006*

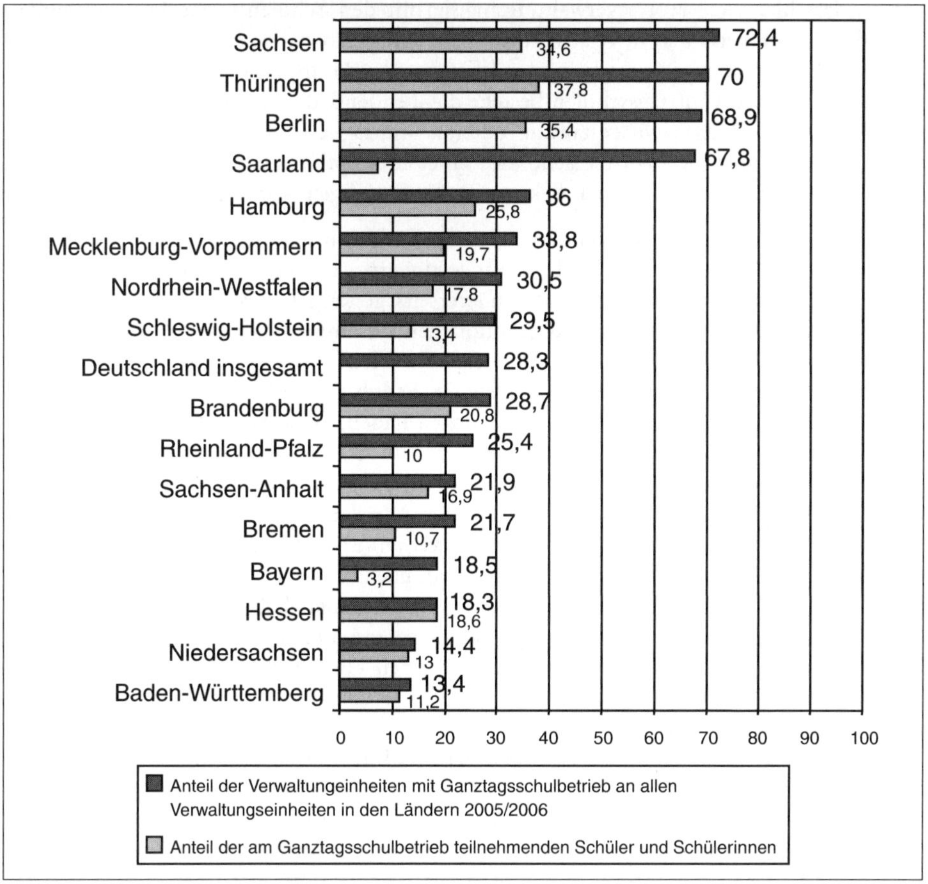


*Quelle:* Sekretariat der Ständigen Konferenz der Kultusminister (2007: Tab. 1.1., S. 1* u. S. 30), eigene Bearbeitung

Aus dieser Entwicklung wird ersichtlich:

- Es gibt eine große Diskrepanz zwischen den schulischen Ganztagsangeboten und der individuellen Inanspruchnahme dieser durch die Schüler(innen) (Bundesdurchschnitt: Schulen 28 %; Nutzung 15 %).
- Die Unterschiede in den Anteilen der Verwaltungseinheiten am Ganztagsschulbetrieb sind in den Bundesländern extrem hoch (Sachsen 72 %; Baden-Württemberg 13 %). Das trifft auch auf die individuelle Inanspruchnahme des Angebotes zu (Thüringen 38 %; Bayern 3 %).
- Extreme Unterschiede bestehen auch innerhalb einzelner Bundesländer hinsichtlich der vorhandenen Ganztagsangebote und ihrer tatsächlichen Nutzung durch die Schüler(innen) (Saarland 68 % zu 7 %; Bayern 19 % zu 3 %).

– Alle Neuen Bundesländer liegen sowohl bei der Entwicklung der Ganztagsschulen nach Verwaltungseinheiten als auch in der individuellen Inanspruchnahme der Angebote durch die Schüler(innen) über dem Bundesdurchschnitt. Das ergibt sich vor allem daraus, dass hier viele Horte verwaltungsmäßig mit den Schulen – wieder – verbunden werden konnten und so in relativ kurzer Zeit eine Ganztagsversorgung in der Grundschule ohne besondere Investitionen realisiert werden konnte. Bei der Umwandlung der Grundschulen in Ganztagsschulen besteht die Tendenz, dass verstärkt additive Formen vormittäglicher Unterrichtsgestaltung und nachmittäglicher Hortbetreuung geschaffen werden, die nicht die Ganztagsschulidee einer konzeptionellen Verzahnung von Vor- und Nachmittag realisieren (vgl. Sekretariat der Ständigen Konferenz 2007: 4).

Aufgabe wird es in den Bundesländern sein, die Diskrepanz zwischen der Nachfrage und dem Angebot ganztägiger Bildung derart zu verringern, dass die Nachfragewerte einerseits erhöht und die Qualität der Angebote andererseits gesteigert werden. Dabei gilt es aber auch, bei allen Entwicklungen den konzeptionellen Zusammenhang von nachmittäglichen Angeboten und vormittäglichem Unterricht herzustellen.

Betrachtet man den Anteil der verschiedenen Schultypen, die einen Ganztagsschulbetrieb bis zum gegenwärtigen Zeitpunkt entwickelt haben, fallen besonders die Integrierten Gesamtschulen (73 %), die Sonderschulen (45 %), die schulartunabhängige Orientierungsstufe (36,7 %) und Schularten mit mehreren Bildungsgängen (35 %) auf. Dass die Grundschulen mit ca. 4 000 Schulen den größten Anteil an den Verwaltungseinheiten mit Ganztagsschulbetrieb von allen Schultypen ausweisen, ist nicht verwunderlich, denn diese müssen alle Schüler(innen) durchlaufen, die dann nach Klasse 4 bzw. 6 auf die verschiedenen Schultypen aufgeteilt werden. 23 % der Grundschulen haben nur einen Ganztagsschulbetrieb. Einen besonderen Zuwachs an Ganztagsschulen haben wir in den letzten Jahren bei den Gymnasien (ca. + 88 %) und bei den Hauptschulen (ca. + 87 %) zu verzeichnen, die jetzt einen Anteil von 23 % bzw. 23 % von der Gesamtzahl ihres Schultyps mit Ganztagsbetrieb einnehmen.

Angebots- und Nachfragewerte stimmen bei den Integrierten Gesamtschulen (73 % zu 73 %) ziemlich und bei den Sonderschulen (45 % zu 36 %) in hohem Maße überein. Das ist durch die relativ lange Tradition ganztägiger Bildungsstruktur in diesen Schultypen begründet und gehört hier fast zum Selbstverständnis der Einrichtungen. Während größere Anteile der Hauptschüler (16 %) und der Gymnasiasten (10 %) z. Zt. schon die Ganztagsangebote nutzen, bleiben die Nutzungspräferenzen bei Realschülern (7 %) und Grundschülern (10 %) recht gering (vgl. Abbildung 3).

Die Implementierung der verschiedenen Ganztagsschulformen ist unterschiedlich vorangeschritten und auch innerhalb der Schultypen sehr unterschiedlich realisiert.

Zunächst ist festzustellen, dass in der Umsetzung des Ganztagsschulgedankens die Offene Ganztagsschule (63 %) überwiegt und dann die teilweise (15 %) und die Vollgebundene Ganztagsschule (22 %) folgen. Innerhalb der verschiedenen Schultypen wird bei den Integrierten Gesamtschulen (67 %) und den Sonderschulen (58 %) die Vollgebundene Ganztagsschule favorisiert, auch bei den Hauptschulen (23 %) und den Gymnasien (18 %) ist eine Zunahme dieser Ganztagsschulform zu verzeichnen. Bei den Hauptschulen und Realschulen (je 37 %) sowie bei den Gymnasien (21 %) und bei den Schularten mit mehreren Bildungsgängen (19 %) ist die Teilgebundene Ganztagsschule stärker vertreten als bei allen anderen Schultypen. Die Offene Ganztagsschule nimmt jedoch bei fast allen Schultypen (außer Integrierter Gesamtschule und Sonderschule) den größten Teil ein. So sind vor allem Grundschulen (90 %), Schularten mit mehreren Bildungsgängen (75 %)

*Abbildung 3: Anteil der Schulen mit Ganztagsschulbetrieb von allen Schulen sowie Anteil der am Ganztagschulbetrieb teilnehmenden Schüler(innen) 2005/06 nach Schultyp*

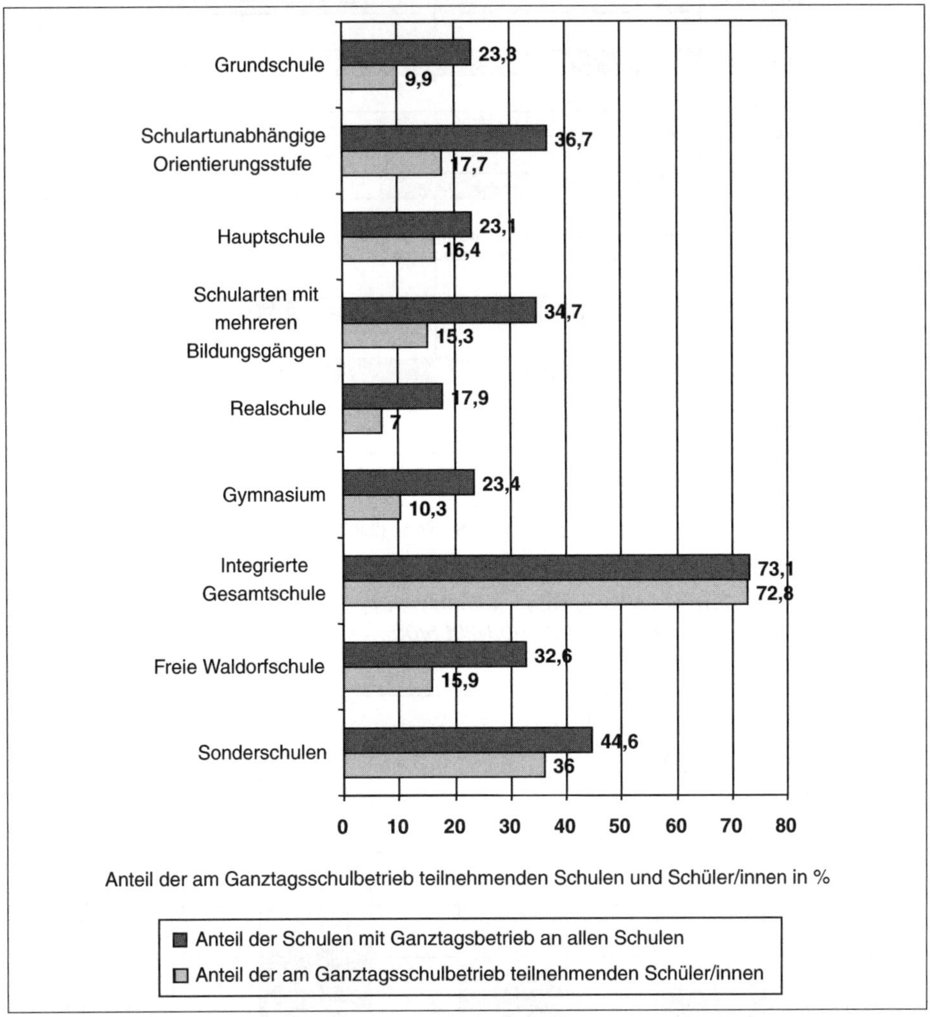


*Quelle:* Sekretariat der Ständigen Konferenz der Kultusminister (2007: 8, 11), eigene Bearbeitung

und Gymnasien (62 %) diejenigen Schultypen, die den umfangreichsten Anteil an Offenen Ganztagsschulen haben (vgl. Abbildung 4).

Obwohl der Anteil der Offenen Ganztagsschule von allen Angebotsformen am höchsten ist, werden die Gebundenen Formen von mehr Schüler(inne)n besucht. Auch die Erhöhung der Nutzerzahlen in der Offenen Ganztagsschule (ca. 540 000 Schüler) hat in den letzten Jahren nicht dazu geführt, die Anzahl der Nutzer(innen) von Gebundenen Ganztagsschulen (763 000) zu überholen (vgl. Abbildung 5).

*Abbildung 4: Ganztagsschulen nach der Form des Angebots 2005/06*

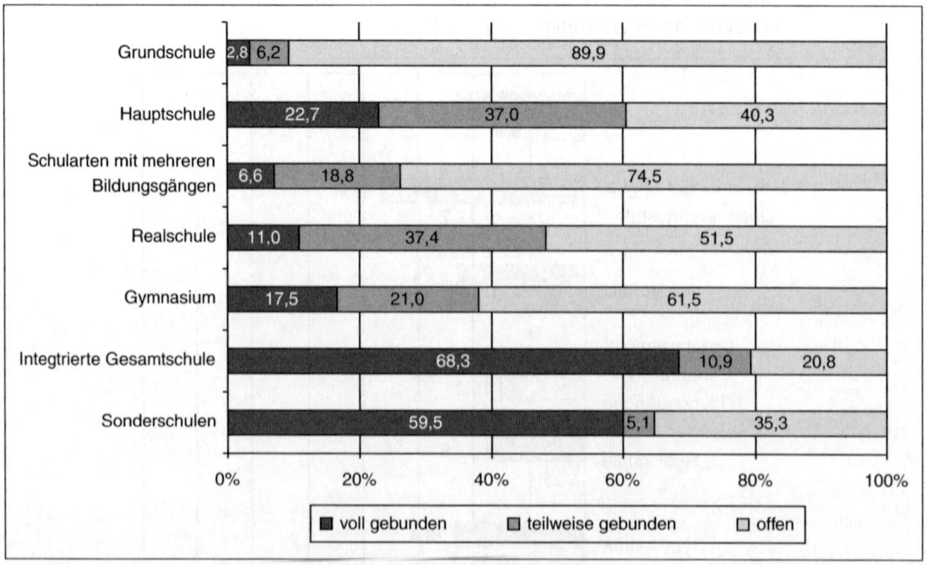


*Quelle:* Sekretariat der Ständigen Konferenz der Kultusminister (2007: 10)

*Abbildung 5: Am Ganztagsschulbetrieb teilnehmende Schüler(innen) nach Ganztagsschulform 2002/03-2005/06*

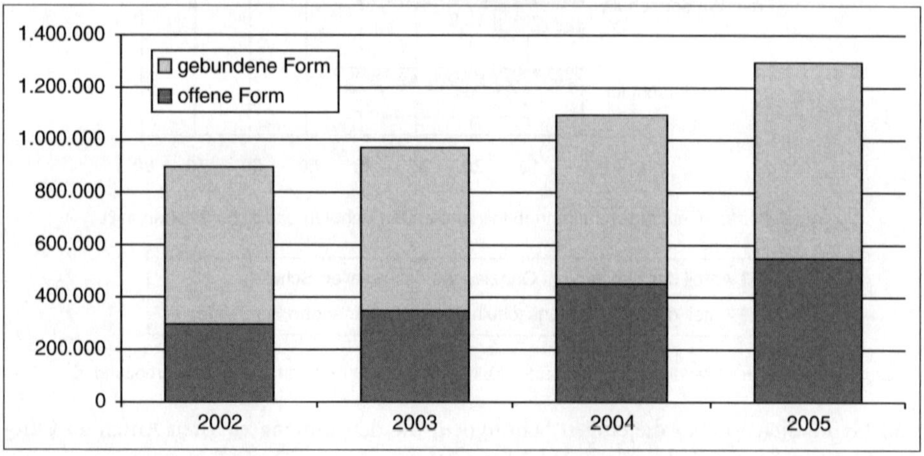


*Quelle:* Sekretariat der Ständigen Konferenz der Kultusminister (2007: 14)

Das gegenwärtige Problem besteht einerseits in der Diskrepanz zwischen Ausdehnung der Ganztagsschulangebote und der nicht proportional gestiegenen Inanspruchnahme dieser und andererseits in der stark gestiegenen Anzahl der Offenen Ganztagsschulen bei starker Präferierung der Gebundenen Ganztagsschule durch die Schüler(innen).

# 4 Perspektiven der Ganztagsschule

Die Leistungen additiver Formen bestehen vor allem darin, den Heranwachsenden zur Schule ergänzende Bildungsangebote bereitzustellen, die nach eigenem Ermessen genutzt werden können. Dabei bleibt die Schule bei ihrem Bildungsangebot genauso wie bei der bisherigen Unterrichts- und Schulorganisation. In den additiv-dualen Varianten ganztägiger Bildung bleibt die vormittägliche Unterrichtsgestaltung erhalten und wird auch vom traditionellen Lehrpersonal realisiert (universitär ausgebildete Fachkräfte für Fächer und Klassenstufen). Die Schüler(innen) erhalten nun jedoch ergänzend dazu ein nachmittägliches Angebot in Form der organisierten Hausaufgabenhilfe, des Hortes oder Angeboten von Vereinen/Verbänden, Organisationen oder Institutionen mit eigenen Inhalten, Zeitvorgaben und personellen Ressourcen. Diese verfolgen jedoch eigene Ziele, die in der Regel nicht mit der Schule abgestimmt sind. Sie richten ihr Angebot nach der Nachfrage und dem allgemeinen Bedarf, so dass ihren Intentionen (noch) keine inhaltlich-pädagogische Abstimmung mit der Schule zugrunde liegt. Deshalb werden diese Angebote auch nur von bestimmten Schüler(inne)n in Anspruch genommen, also von denen, die diesen Bedarf haben oder wo ein öffentliches Interesse zu ihrer Nutzung vorliegt.

Der Vorzug besteht darin, dass eine Angebotsstruktur nach dem Bedarf entwickelt und gestaltet wird. Dieses geschieht jedoch weniger aus Bildungsgesichtspunkten, vielmehr unter dem Aspekt der Betreuung. Außerdem gibt es dadurch nur Angebote für bestimmte Schüler(innen)gruppen, aber noch keine Angebote für alle differenzierten Interessenlagen und diejenigen, die nicht aus eigenem Antrieb oder dem Interesse der Eltern solche Angebote in Anspruch nehmen. Auch die ganztägigen Angebote am Ort Schule besitzen hinsichtlich der Bildung aller Schüler(innen) unterschiedliche Reichweiten. Die Offene und die Teilgebundene Ganztagsschule haben zwar einen bestimmten Grad an Verbindlichkeit der Teilnahme derjenigen Schüler(innen), die sich zu Beginn des Schuljahres für bestimmte Angebote entschieden haben, aber in der Regel bleibt die Unterrichts- und Schulkultur unverändert. Solche Angebote setzen nicht zwingend eine andere Rhythmisierung des Unterrichts und eine Abstimmung der Bildungsinhalte voraus. Auch hier werden – zumindest bei der Offenen Ganztagsschule – vormittäglicher Unterricht, gestaltet durch Lehrer(innen), und nachmittägliche Lern- und Freizeitangebote, gestaltet durch „Nicht-Lehrer“, additiv aneinander gefügt, so dass sie noch kein neues pädagogisches Gesamtkonzept ergeben. Diese Form der ganztägigen Bildung kann als eine erweiterte und viele Schüler(innen) erreichende Variante eingeschätzt werden: Sie finden Angebote dort vor, wo sie sich aufhalten und haben dadurch einen leichteren Zugang und oft eine bessere Anschlussfähigkeit aufgrund der Zeitplanung. Aber auch hier ist vollkommen offen, wer die Angebote in Anspruch nimmt. Eine Verbindlichkeit gibt es nur für diejenigen, die sich in der Offenen Ganztagsschule für die Teilnahme entschieden haben. Schüler(innen) mit weniger oder keinem Interesse sowie Kinder und Jugendliche aus bildungsfernen Milieus werden so kaum Angebote in Anspruch nehmen, wenn sie auf der Basis der Freiwilligkeit realisiert werden und in der Schule noch keine neue Lern- und Schulkultur entwickelt worden ist.

So erweist sich die Entwicklung der ganztägigen Bildung auch als ein langfristiger, vielschichtiger und komplexer Entwicklungsprozess, der nicht nur von Angeboten abhängig ist, sondern von einer Vielzahl wirkender Faktoren beeinflusst wird. Dementsprechend bedarf die Realisierung ganztägiger Bildung – welcher Variante auch immer – eines pädagogischen Gesamtkonzepts. Der Nachteil additiver Formen ganztägiger Bildung besteht z. Zt. darin, dass nicht alle Schüler(innen) in den Genuss der Nutzung solcher Angebote kommen, die ihrer individuellen Entwicklung besonders förderlich wären. Hinzu kommt, dass Entwicklungskonzepte für den Einzelnen in der Regel nicht vorliegen und es dadurch im Ermessen der Schüler(innen) selbst liegt, ob sie etwas und wenn, was sie davon nutzen. Dies zu betonen, beinhaltet keinen pädagogischen Perfektionismus, aber die Verantwortung der Erwachsenen gegenüber dem einzelnen Kind und das Recht auf Bildung und Erziehung (Grundgesetz, Schulgesetze der Bundesländer) sowie auf Förderung und Unterstützung (§ 1 KJHG). Die pädagogische Frage bleibt nämlich, wie es gelingen kann, jedem eine optimale Lebensperspektive geben zu können. Der Vorzug der additiven Varianten liegt in der freien individuellen Auswahl der Angebote durch die Schüler(innen) und in der Nutzung regionaler oder lokaler Raum- und Personalressourcen.

Eine Form der ganztägigen Bildung ist die Gestaltung von Ganztagsschulen in unterschiedlichen Varianten. Ihre konsequenteste Form ist die Vollgebundene Ganztagsschule; die Teilgebundene Ganztagsschule ist diejenige Option, die zumindest ganze Klassenstufen erfasst und ein solches Angebot im Kontext der Schule unterbreitet, sodass alle Schüler(innen) einbezogen werden können. Dadurch ist idealtypisch ganztägige Bildung so angelegt, dass

- alle Schüler(innen) ihr Angebot bekommen können
- einer Vielzahl von Schüler(inne)n ein sehr breites Angebot ermöglicht wird
- Unterricht und außerunterrichtliche Angebote nicht als Blöcke am Vormittag und am Nachmittag ablaufen müssen, sondern verzahnt, kombiniert bzw. im Wechsel gestaltet werden können
- neben kognitiven Lernprozessen vor allem auch soziales Lernen ermöglicht werden kann
- alternative Lernformen umgesetzt und didaktisch-methodisch neue Varianten der Unterrichtsgestaltung angewendet werden können
- alle Schüler(innen) einbezogen werden können
- unterrichtliche und außerunterrichtliche Bildungsprozesse vernetzt und damit auch aufeinander bezogen gestaltet werden können
- die Bildungsverantwortung für den Einzelnen primär beim Klassenlehrer liegt und er eine Steuerungsfunktion übernimmt, ohne dass die Schüler(innen) eingeengt werden bzw. sich eingeengt und bevormundet fühlen
- die Schülerpartizipation in allen Bereichen realisiert werden kann und sie zu Mitgestaltern des gesamten Tagesablaufs werden
- statt „programmorientiert" (Lehrplan, Curriculum) „schülerbezogen" gearbeitet werden kann und die Entwicklung der Persönlichkeit des Einzelnen im Auge behalten wird.

Diese Art der ganztägigen Bildung setzt bestimmte Rahmenbedingungen voraus, auf die hier jedoch nicht weiter eingegangen werden kann. Die Vollgebundene Ganztagsschule ist m. E. die Variante, die optimale Bedingungen für die Entwicklung jedes Schülers und jeder Schülerin schaffen kann. Nun soll hiermit nicht der Eindruck erweckt werden, die ideale Schule sei die Vollgebundene Ganztagsschule für alle und deshalb sei nur dieser Typ anzustreben. Erfahrungen in Berlin zeigen, dass in einem Stadtteil die Ganztagsschule die ideale Variante darstellt, weil die Schülerschaft sich aus bildungsfernen und Migrantenmilieus zusammensetzt und in der Form eine kompensatorische und ergänzende Bildungsvariante gesehen wird, und in einem anderen Stadtteil Schüler(innen) und Eltern gern bei der Halbtagsschule bleiben und selbst ergänzende Angebote suchen und im Stadtteil in Anspruch nehmen und die Vielfalt außerschulischer Angebote nach eigenem Ermessen schülerbezogen auswählen. Zur Sicherung der Bildungsgerechtigkeit sollte generell ein

Ganztagsangebot vorgehalten werden. Der größte Teil der Kinder kommt aus bildungsinteressierten Elternhäusern und nutzt die Vielfalt der außerschulischen Angebote, so dass schon aus Eigeninteresse Bildungsentscheidungen getroffen werden und jede/r Schüler/in auch in ganztägige Bildungsprozesse einbezogen ist. Pädagogisch entscheidend ist die Frage, ob jede/r Schüler/in Angebote außerhalb des Unterrichts erhält und diese auch nutzen kann. Insofern ist für die ganztägige Bildung primär nicht der Typ der ganztägigen Bildung entscheidend, sondern der Umstand, dass jede/r Schüler/in ein ganztägiges Angebot nutzen kann und dieses dann auch tatsächlich nutzt. In erster Linie handelt es sich um ein Organisations- und Steuerungsproblem. Diese Steuerungsverantwortung muss bewusst von Klassenlehrer(inne)n übernommen und ausgefüllt werden und setzt die Zusammenarbeit mit allen anderen Erziehungspartnern voraus. Erst in Kenntnis dessen, was andere Erziehungspartner wollen und tun sowie in vertrauensvoller Zusammenarbeit mit den einzelnen Schüler(inne)n kann eine erfolgreiche Entwicklungsstrategie durch und für den Einzelnen verfolgt werden (vgl. Rolett 2007).

Die Grenzen der Vollgebundenen Ganztagsschule liegen darin, dass alle Schüler(innen) an die ganztägige Schulgestaltung gebunden sind und dadurch die Angebote auch nutzen müssen. Das erweckt den Eindruck des Zwangs, beinhaltet tatsächlich aber die Denkrichtung, dass jede/r Schüler/in zu jeder Zeit lernt und deshalb auch in der Vollgebundenen Ganztagsschule sein Angebot finden sollte. Die neue Schulkultur – realisierbar in der Ganztagsschule – bietet theoretisch neben obligatorischen und wahlobligatorischen auch fakultative Veranstaltungen an und bereitet die Schüler(innen) durch die Nutzung frei verfügbarer Zeit, die individuell zu verplanen und zu gestalten ist, auf die selbstständige und eigenverantwortliche Lebensgestaltung vor (vgl. Appel/Rutz 2005: 114-139; Züchner 2007: 351). Damit stellt die Vollgebundene Ganztagsschule mit ihren Angeboten und unter aktiver Einbeziehung von Schüler(inne)n und Eltern ein Optionsgefüge dar, das individuell genutzt werden kann.

Erste Untersuchungen über den Einfluss der Organisationsform des Ganztagsbetriebes liegen vor und stellen fest (vgl. Holtappels u. a. 2007: 304), dass im Urteil der Schüler(innen), der Lehrer(innen), des weiteren pädagogisch tätigen Personals und der Schulleitung zwischen den Organisationsformen der Ganztagsschule keine inhaltlich bedeutsamen Unterschiede in der Zufriedenheit bestehen, jedoch die Eltern die Vollgebundene Ganztagsschule, hinsichtlich der Zufriedenheit mit den verschiedenen Aspekten des Ganztagschulbetriebes, etwas besser bewerten.

Die Tagesrhythmisierung, unter der man die Verflechtung von Unterricht und Angeboten versteht, ist an der Offenen Ganztagsschule kaum möglich, da die Teilnahme an den Ganztagsangeboten freiwillig ist und der Klassenverband am Nachmittag aufgelöst wird, so dass der Unterricht nicht verlagert werden kann. An den teilweise und Vollgebundenen Ganztagsschulen ergibt sich für die Rhythmisierung eine andere Situation. Unterrichtsstunden und außerunterrichtliche Elemente können versetzt stattfinden, auch strukturell miteinander verbunden oder vernetzt werden. Diese Art der Tagesgestaltung eröffnet vollkommen neue Optionen der Gestaltung von Lehr-Lern-Prozessen und die konzeptionelle Verbindung von unterrichtlichem und außerunterrichtlichem Lernen. Den Schüler(inne)n werden auf diese Weise erweiterte Bildungs- und Freizeitmöglichkeiten zur Verfügung gestellt. Die mit der Ganztagsschule verbundenen Hoffnungen sind auf die Verbesserung des Leistungsniveaus der Schüler(innen), ihre gezielte individuelle Förderung und auf eine bessere Integration der Kinder mit einem Migrationshintergrund und der Kinder aus bildungsfernen Schichten gerichtet. Die Schüler(innen) sollen vor allem erweiterte Bildungserfahrungen ermöglicht bekommen und die Chance der individuellen Förderung erhalten. Insofern muss ein erweitertes inhaltliches Bildungsprofil an den Schulen entwickelt werden, das auch bestimmten Zielgruppen entspricht und vor allem den differenzierten Bedarfen der Schüler(innen) Rechnung trägt. In den Gebundenen Ganztagsschulen als Organisationsform ganztägiger Bildung scheinen dafür die günstigsten Voraussetzungen geschaffen werden zu können.

## *Literatur*

Appel, Stefan/Rutz, Georg (2005): Handbuch Ganztagsschule. Praxis-Konzepte-Handreichungen. Schwalbach/Ts.: Wochenschau.

Bundesjugendkuratorium/Sachverständigenkommission für den Elften Kinder- und Jugendbericht/Arbeitsgemeinschaft für Jugendhilfe (2002): Bildung ist mehr als Schule – Leipziger Thesen zur bildungspolitischen Debatte. Bonn/Berlin/Leipzig.

BMFSFJ (2005) – Bundesministerium für Familie, Senioren, Frauen und Jugend: Zwölfter Kinder- und Jugendbericht über die Lebenssituation junger Menschen und Leistungen der Kinder- und Jugendhilfe in Deutschland. Berlin.

Coelen, Thomas (2002): „Ganztagsbildung" – Ausbildung und Identitätsbildung von Kindern und Jugendlichen durch die Zusammenarbeit von Schulen und Jugendeinrichtungen. In: neue praxis H. 1/2002: 53-66.

Holtappels, Heinz Günter/Klieme, Eckhard/Rauschenbach, Thomas/Stecher, Ludwig (2007): Ganztagsschule in Deutschland – Ergebnisse der Ausgangserhebung der „Studie zur Entwicklung von Ganztagsschulen" (StEG). Weinheim: Juventa.

Jürgens, Eiko (2006): Ganztagsschule in Zeiten der „Standardisierung" schulischer Bildung. In: Loseblattsammlung Schulleitung Neue Länder Nr. 38. Neuwied: Luchterhand: 1-17.

Rolett, Wolfram (2007): Schulzufriedenheit und Zufriedenheit mit dem Ganztagsbetrieb und deren Bedingungen. In: Holtappels/Klieme/Rauschenbach/Stecher (Hg.): 283-312.

Sekretariat der Ständigen Konferenz der Kultusminister der Länder in der Bundesrepublik Deutschland (2007): Allgemein bildende Schulen in Ganztagsform in den Ländern in der Bundesrepublik Deutschland – Statistik 2002-2005. Bonn.

Tillmann, Klaus-Jürgen (2005): Ganztagsschule: die richtige Antwort auf PISA? In: Höhmann, Katrin/Holtappels, Heinz Günter/Kamski, Ilse/Schnetzer, Thomas (Hg.): Entwicklung und Organisation von Ganztagsschulen. Dortmund: IFS: 45-58.

Züchner, Ivo (2007): Ganztagsschule im sozialen Kontext. In: Holtappels/Klieme/Rauschenbach/Stecher (Hg.): 313-352.

# Kooperationsbeziehungen an Ganztagsschulen

*Bettina Arnoldt / Ivo Züchner*

Die Einrichtung von Ganztagsschulen erzeugt nicht *per se* ein Panorama aufeinander abgestimmter ganztägiger Bildung, denn Bildung ist nicht an bestimmte Orte und Zeiten gebunden. Jedoch erweitern fast alle Ganztagsschulen ihr Angebots- und damit auch Bildungsspektrum, indem sie mit Kooperationspartnern zusammenarbeiten. Auf diesem Wege werden neue Kompetenzen und Methoden in die Schule geholt, die die Chance bieten, das primär unterrichtszentrierte Lernen zu erweitern und eine umfassendere Bildung von Kindern und Jugendlichen zu ermöglichen. Dabei kooperieren die Schulen mit einer Vielzahl von Akteuren: z. B. mit Sportvereinen, mit Organisationen der Jugendhilfe,[1] mit Betrieben, öffentlichen Stellen und vielen weiteren Partnern (vgl. Arnoldt 2007; Beher u. a. 2005; Behr-Heintze/Lipski 2005). So unterschiedlich wie diese Organisationen, sind auch die Beweggründe und Ziele, mit denen Schulen und Kooperationspartner ihre Zusammenarbeit eingehen, wodurch sich jede Kooperationsbeziehung anders gestalten kann. Auch die Rahmenbedingungen und rechtlichen Vorgaben beeinflussen die Art des Verhältnisses beider Partner sowie den Umfang des Angebots, das erbracht wird. Daher ist nicht nur das Spektrum an Kooperationsformen groß, sie unterscheiden sich auch darin, wie viel davon bewusste Entscheidung oder unfreiwilliges Arrangement ist. Auf den Landesebenen gibt es mittlerweile eine Vielzahl von Kooperationsrahmenvereinbarungen mit Landesverbänden, z. B. im Bereich der musischen und kulturellen Bildung oder des Sports.

Setzt man sich das Ziel, ein Konzept gesteuerter Ganztagsbildung zu realisieren, so wäre – dem Argumentationsgang des Zwölfte Kinder- und Jugendberichts folgend – eine konzeptionelle und strukturelle Verbindung verschiedener Bildungsorte notwendig (vgl. BMFSFJ 2005: 94-95); dies würde deutlich über das hinausgehen, was „ganztägige Schule" ist. Jedoch findet an Ganztagsschulen eine Menge mehr statt als die Vermittlung von klassischer Schulbildung: Durch die Öffnung von Schule hin zum Sozialraum und durch die Kooperation mit außerschulischen Partnern versuchen Ganztagsschulen ihr Bildungsprogramm über den Lehrplan hinaus zu erweitern und auch Aspekte der Lebenswelt von Kindern und Jugendlichen in der Schule aufzugreifen. Wichtig erscheint, dass die Angebote der Kooperationspartner nicht als Lückenfüller für Betreuungszeiten am Nachmittag fungieren, sondern dass in ihnen eine eigene inhaltliche Bedeutung und eigenständige Bildungsgelegenheiten angelegt sind, die wiederum im Ganztagskonzept verankert und mit dem Unterricht abgestimmt sind. So betont der genannte Jugendbericht ferner, dass auch unter der Verantwortung der Ganztagsschule die verschiedenen Bildungszugänge und Per-

1 Obgleich Sportvereine oft Träger der Jugendhilfe sind, wird im Folgenden zwischen diesen beiden Kategorien analytisch unterschieden, auch weil sich die von Sportvereinen angebotenen Inhalte von der verbandlichen Gruppenarbeit bis hin zum Leistungssport erstrecken.

spektiven von Schule und außerschulischen Partnern so weit wie möglich aufrecht zu erhalten sind, um deren Erträge für das Ganztagskonzept nutzbar zu machen und die verschiedenen Facetten einer umfassenden Bildungsidee in einer Ganztagsbildung zum Tragen kommen zu lassen (vgl. ebd.: 330).

In diesem Beitrag wird im Folgenden zunächst versucht, dem Stand und den Motiven der Zusammenarbeit zwischen außerschulischen Kooperationspartnern und Ganztagsschulen empirisch nachzugehen und in einem zweiten Schritt erste Hinweise zu berichten, die es zur inhaltlichen Qualität dieser Kooperationen im Blick auf Ganztagsbildung mit Deutschlands Ganztagsschulen gibt.

## 1 Datenbasis

Im vorliegenden Artikel werden Kooperationen zwischen Ganztagsschulen und externen Partnern auf Grundlage der Daten der ersten Erhebungswelle der „Studie zur Entwicklung von Ganztagsschulen" (StEG: Holtappels u. a. 2007) betrachtet. StEG ist ein Konsortialprojekt des DIPF in Frankfurt, des DJI in München und des IfS an der Universität Dortmund, das vom BMBF und dem Europäischen Sozialfonds gefördert wird. In einer Längsschnittstudie, deren erste Erhebung im Frühjahr 2005 stattfand, wurden mit standardisierten Fragebögen Daten von 373 Schulen, ihren Lehrkräften und weiterem pädagogisch tätigen Personal, je zwei Schulklassen der 3., 5., 7. und 9. Jahrgangsstufe und den zugehörigen Eltern sowie 676 Kooperationspartnern[2] in 14 Bundesländern erhoben.

In der Stichprobe sind 151 Grundschulen und 222 weiterführende Schulen enthalten. 59 % organisieren den Ganztagsbetrieb in offener, 18 % in Teilgebundener und 23 % in Vollgebundener Form. Die im Folgenden präsentierten Daten basieren auf den Angaben der Schulleitungen, der Verantwortlichen der Kooperationspartner und des Personals der Kooperationspartner, das an den Schulen arbeitet.

## 2 Kooperationspartner und -gründe

Bevor Kooperationsstrukturen und Qualität von Kooperationen näher betrachtet werden, soll zunächst einmal ein Überblick über die verschiedenen Kooperationspartner und deren Gründe, eine Kooperation mit Ganztagsschulen einzugehen, gegeben werden.

### *2.1 Kooperationspartner der Schulen*

Die Ergebnisse der StEG-Ausgangserhebung haben gezeigt, dass Ganztagsschulen mit einer Vielzahl von Akteuren und Einrichtungen kooperieren. In der Anzahl sind die Sportvereine die bedeutendsten Kooperationspartner von Ganztagsschulen, die verschiedenen Träger der Jugendhilfe sind im Umfang des Angebots und in der Intensität der Zusammenarbeit die wichtigsten Partner (vgl. Arnoldt 2007: 103-104).

2 Die Stichprobe der Kooperationspartner wurde über eine Abfrage bei den Schulleitungen ermittelt, die alle für den Ganztagsbetrieb ihrer Schule bedeutenden außerschulischen Partner nennen sollten.

*Tabelle 1: Durchführung von Angeboten durch Kooperationspartner an Ganztagsschulen nach Schulstufen*

| Insgesamt | an % der Schulen | Primarstufe | an % der Schulen | Sekundarstufe I | an % der Schulen |
|---|---|---|---|---|---|
| Organisationen der Jugendhilfe | 70,2 | Sportvereine | 79,5 | Arbeitsagenturen/ Berufsberatung | 75,1 |
| Sportvereine | 68,8 | Organisationen der Jugendhilfe | 74,2 | Organisationen der Jugendhilfe | 69,9 |
| Polizei | 49,1 | Kirchengemeinden | 44,9 | Sportvereine | 64,5 |
| Arbeitsagentur | 45,7 | Musikschulen | 39,6 | Polizei | 61,3 |
| Bibliotheken | 44,9 | Bibliotheken | 35,7 | Betriebe/ Unternehmen | 58,6 |
| Kirchengemeinden | 43,0 | Künstler(innen) als Einzelpersonen | 34,6 | Bibliotheken | 52,1 |
| Betriebe/ Unternehmen | 35,5 | Museen | 32,0 | Kirchengemeinden | 43,2 |
| n = | 363 | | 143 | | 220 |

*Quelle:* StEG (2005), Schulleitungbefragung

Etwa 70 % aller Ganztagschulen benennen diese beiden Gruppen als ihre Kooperationspartner. Außerdem sind Musikschulen, Bibliotheken, Betriebe, Arbeitsagenturen, Kirchen, Polizei und viele andere Partner an der Angebotsgestaltung an Ganztagsschulen beteiligt (vgl. ausführlich Arnoldt 2007; Arnoldt u. a. 2007), wobei die Bedeutung der einzelnen Partner je nach Schulstufe und Schulart variiert. Auch sagt die Benennung der Kooperationspartner durch die Schulleitungen zunächst noch nichts über die Intensität der Zusammenarbeit aus.

Die Vielfalt der Träger führt zur Notwendigkeit der Gruppierung, weshalb in StEG vor allem zwei Unterscheidungen eingeführt wurden: Zum einen wird zwischen öffentlichen, frei-gemeinnützigen und gewerblichen Kooperationspartnern unterschieden, wobei die frei-gemeinnützigen Anbieter mit 64 % die größte Gruppe ausmachen, gefolgt von den öffentlichen (21 %) und den gewerblichen (15 %) Anbietern (vgl. Arnoldt 2007: 88). Die freien Anbieter bestehen zum Hauptteil aus Vereinen; dabei bilden die Sportvereine die größte Gruppe. In der Gruppe der öffentlichen Einrichtungen machen Jugendämter und Bibliotheken den größten Anteil aus. Schulen kooperieren hierbei vor allem mit den örtlichen Trägern. Bei den gewerblichen Anbietern dominieren Dienstleistungsunternehmen, wobei die Gruppe der kommerziellen Sport- und Musikschulen überwiegt. Mit der Industrie kooperieren die Schulen fast gar nicht. Zum anderen wurde unterteilt nach Organisationen und inhaltlicher Ausrichtung, auch wenn es hier in einigen Fällen zu Überschneidungen kommt. In der Zahl überwiegen hier die Sportvereine (27 %) und die Träger der Jugendhilfe (23 %), gefolgt von Kultureinrichtungen (z. B. Kunstschulen) mit 8 %, Bildungseinrichtungen wie z. B. Bibliotheken mit 7 %, gemeindenahe Institutionen (7 %), Anbieter im Bereich Musik (z. B. Musikschulen) mit 6 % und Betriebe mit 4 %.[3]

3 Betrachtet man vor dem Hintergrund dieser beiden Unterscheidungen speziell die Träger der Jugendhilfe, so können 22,4 % der Träger der Kinder- und Jugendhilfe zugeordnet werden, wobei sich davon rund ein Drittel in öffentlicher und rund zwei Drittel in Freier Trägerschaft befinden.

## 2.2 Gründe für Kooperation

Jeder externe Partner geht mit anderen Beweggründen in die Kooperation, wobei diese bereits einen Gradmesser für die unterschiedlichen Vorraussetzungen und Ziele der Kooperationspartner darstellen, mit dem verdeutlicht werden kann, dass nicht bei jeder Kooperation die Gleichberechtigung das höchste Ziel darstellt.

Die in StEG abgefragten Motive lassen sich in nutzer-, anbieter- sowie kooperationsorientierte Beweggründe aufteilen: Den „nutzerorientierten" Beweggründen werden beispielsweise das Ermöglichen besserer Freizeitangebote für Kinder und Jugendliche, die Vermittlung von Kompetenzen, die an der Schule zu kurz kommen sowie die bessere Förderung Bildungsbenachteiligter zugeordnet. „Anbieterorientierte" Motive können finanzielle Erwägungen sein, die bessere Auslastung der eigenen Mitarbeiter(innen) sowie das Erschließen neuer Zielgruppen. „Kooperationsorientierte" Beweggründe umfassen Gründe, die eine verbesserte Kooperationskultur anstreben, z. B. das Entwickeln gemeinsamer Handlungsansätze mit Schulen oder den Ausbau der Vernetzung in der Kommune. Außerschulische Partner, denen diese Ziele wichtig sind, streben wahrscheinlich auch eher nach einer Kooperation „auf Augenhöhe".

Die Auswertungen haben ergeben, dass für freie Anbieter nutzerorientierte Gründe signifikant wichtiger sind als für öffentliche oder gewerbliche Kooperationspartner. Gewerbliche Anbieter nennen anbieterorientierte Beweggründe signifikant häufiger als andere Kooperationspartner. Öffentlichen Anbietern sind Motive für eine verbesserte Kooperations-

*Abbildung 1: Beweggründe für die Aufnahme einer Kooperation nach Anbietertyp*

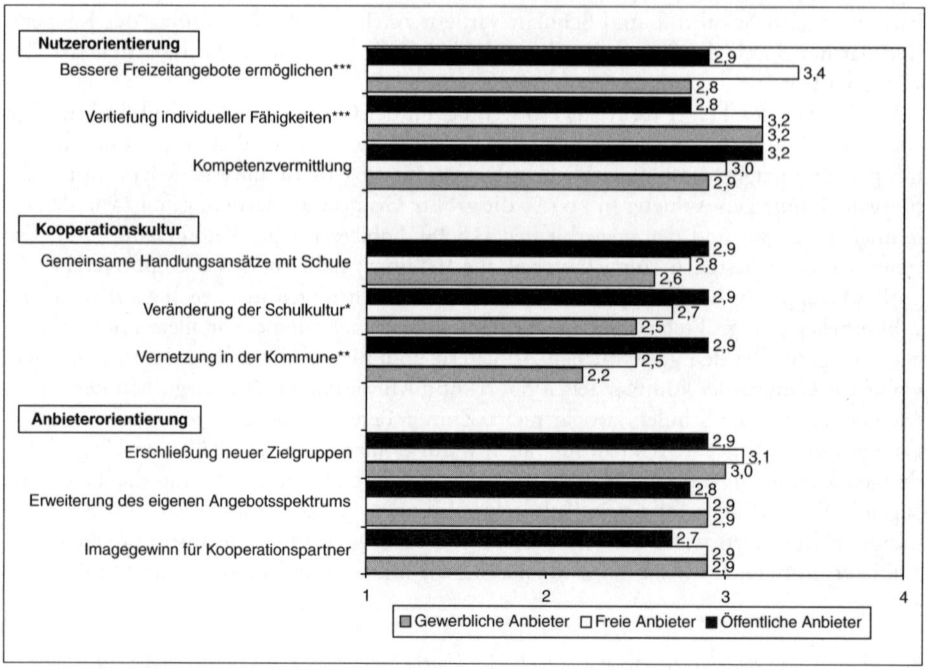


Skala: 1 „Trifft nicht zu" bis 4 „Trifft voll zu"

*Quelle:* StEG (2005), Kooperationspartnerbefragung, n = 600

kultur am wichtigsten. Die verschiedenen Träger der Jugendhilfe nennen ebenso als Motivbündel kooperationsorientierte Beweggründe signifikant häufiger und betonen als einzelne Gründe deutlich stärker die bessere Förderung benachteiligter Schüler(innen), die Entwicklung von gemeinsamen Handlungsansätzen mit der Schule sowie den Ausbau der Vernetzung in der Kommune.

Differenziert man die Befunde zusätzlich nach exemplarisch ausgewählten Kooperationspartnern, werden weitere Unterschiede deutlich: So ist Talentsichtung, der insgesamt wenig Bedeutung zugemessen wird, für Sportvereine der wichtigste Beweggrund. Bei Betrieben stehen eher als bei andern Partnern finanzielle Erwägungen im Vordergrund sowie die bessere Auslastung der eigenen Mitarbeiter(innen).

## 3 Inhalte und Qualität von Kooperationen

Kommt man zurück auf die Frage nach der Art der Zusammenarbeit von Ganztagsschulen mit außerschulischen Partnern, so sind verschiedene Modelle denkbar, die vom Dienstleister bis hin zum gleichberechtigten Kooperationspartner reichen. Auch wenn „gleichberechtigte Kooperation" bzw. Kooperation „auf Augenhöhe" gerade in der Jugendhilfe zu einer Grundsatzfrage geworden ist, können auch abgestufte Kooperationen auf gegenseitigem Interesse basieren: Möglicherweise hat ein Sportverein gar keine Ambitionen, Schule mitzugestalten, dennoch kann er evtl. dezidiert sein Profil in die Kooperation einbringen und können dennoch beide Partner in Bezug auf Sportangebote Gewinn aus einer Zusammenarbeit ziehen. Problematisch wird es dann, wenn beispielsweise die Jugendarbeit aufgrund ministerieller Vorgaben zum Dienstleister für Betreuungsaufgaben wird (vgl. Nörber 2004: 443), die den eigenen Prinzipien ihrer Arbeit (z. B. Niedrigschwelligkeit der Angebote, Freiwilligkeit der Teilnahme, Partizipation) entgegenlaufen (vgl. Mack 2006: 60).

Bei aller Vorsicht kann man davon ausgehen, dass basierend auf ihrem gesetzlichen Auftrag, den räumlichen Voraussetzungen und dem Hausrecht, den pädagogischen Zielvorgaben, dem Zeitvolumen und ihrer bloßen Größe die Schule in den meisten Fällen strukturell der „Seniorpartner" einer solchen Kooperation ist. Dies heißt nicht, dass nicht auf vielen Ebenen konstruktiv – und vielleicht auch gleichberechtigt – kooperiert werden kann, die Schule dürfte aber in den meisten Fällen zunächst das größere Gewicht in die Waage werfen. Damit bleibt es wiederum den handelnden Akteuren überlassen, die Möglichkeiten von Kooperationen auszuhandeln bzw. auszuschöpfen.

Untersucht werden soll im Weiteren, wo sich die Kooperationen zwischen Schule und externen Partnern zwischen den Extrempolen „Auftragnehmer für ein Angebot" und „gemeinsame Entwicklung eines Ganztagsangebots für Kinder und Jugendliche" ansiedeln. Je nachdem wie stark die außerschulischen Partner Faktoren der genannten Ebenen erfüllen, können sie auf einem Kontinuum zwischen den Extrempolen „Dienstleister – eingebundener Partner" eingeordnet werden. Dabei können anhand von StEG-Daten folgende Kriterien herangezogen, um dieses Spannungsfeld näher beschreiben:

1. Haben Schule und Kooperationspartner ein gemeinsames Konzept entwickelt?
2. Übernehmen Kooperationspartner auch Bildungsangebote?
3. Sind Unterricht und Angebote miteinander verzahnt?
4. Kooperieren Lehrkräfte und weitere Professionen miteinander?
5. Sind Kommunikationsabläufe institutionalisiert?

## *3.1 Gemeinsame Konzeptentwicklung*

Für eine ganztägige Bildung, die von Schule und Kooperationspartner gemeinsam getragen wird, ist es notwendig, dass beide Seiten die eigenen Kompetenzen einbringen und sich auf ein gemeinsames Ziel verständigen. Dieses wird in einem Konzept festgehalten, das häufig in die Kooperationsvereinbarung integriert ist. Diese Form ist ein sehr verbindliches Instrument und ist als starker Indikator für eine verbindliche Kooperation zu werten. Aus Sicht der außerschulischen Partner liegt ein solches Konzept in 16 % der Fälle vor, Schulleitungen berichten doppelt so häufig davon. Diese Differenz erklärt sich aber aus der jeweils verschiedenen Perspektive: Für eine positive Antwort der Schule reicht es aus, wenn sie mit einem Partner ein Konzept beschließt, auch wenn sie mit vielen weiteren kooperiert. Interessiert einen also die Bewertung der bilateralen Beziehung, so sind die Angaben der Kooperationspartner heranzuziehen. Aggregiert man die Daten der Kooperationspartner auf Schulebene, dann sind es ebenso 38 % der Schulen, an denen Kooperationsvereinbarungen mit mindestens einem Partner abgeschlossen wurden; die Größenordnungen der Angaben beider Seiten stimmen demnach überein.

Ist der außerschulische Partner ein Träger der Kinder- und Jugendhilfe oder eine andere Bildungseinrichtung, so wird signifikant häufiger eine gemeinsame pädagogische Konzeption im Vertrag festgehalten. Bei Betrieben, gemeindenahen Institutionen und Partnern aus dem Bereich Musik kommt dies tendenziell seltener vor. Sportvereine unterscheiden sich in dieser Hinsicht nicht von anderen Partnern. Für die konzeptionelle Weiterentwicklung des Ganztagsbetriebs richten manche Schulen Arbeitskreise ein. Auch hierbei ist es wichtig, dass dies unter Einbeziehung der Kooperationspartner geschieht. Dies ist an einem Viertel der Schulen der Fall. An Offenen Ganztagsschulen kommt dies signifikant häufiger vor (31 %) als an Gebundenen (10 %).

## *3.2 Bildung und Betreuung*

In der Kooperation mit externen Kooperationspartnern liegt eine Chance, das Angebots- und damit auch das Bildungsspektrum von Schule über den Unterricht hinaus zu erweitern. Kooperationen können dabei mit ganz unterschiedlichen Inhalten eingegangen werden, nicht jede Kooperation muss einen umfassenden Anspruch haben. So können Kooperationen auch primär für Betreuungsaufgaben eingegangen werden. Anhand der StEG-Daten kann man ansatzweise unterscheiden, welche Inhalte die Kooperationspartner mit ihren Angeboten bedienen, inwieweit die verschiedenen Kooperationspartner stärker Freizeit- bzw. Förder- und Fachangebote durchführen. In der Mehrheit führen die Kooperationspartner eher freizeit- und fachbezogene Angebote durch (36 % bzw. 35 %), wobei Sportangebote unter den fachbezogenen Angeboten eingeordnet wurden. Unterscheidet man zunächst nach öffentlichen, frei-gemeinnützigen und gewerblichen Kooperationspartnern, so finden sich zwischen diesen keine wesentlichen Unterschiede. Der Blick auf die Trägergruppen zeigt jedoch einige Schwerpunktsetzungen (vgl. Tabelle 2).

Die beiden größten Gruppen, die Kooperationspartner aus dem Bereich des Sports und die Kooperationspartner aus der Jugendhilfe, unterscheiden sich dabei deutlich: Sind die Sportvereine fast ausschließlich Anbieter in den Bereichen Sport (fachbezogene Lernangebote) und Freizeitangebote tätig, so erstreckt sich das Angebotsspektrum der Träger der Jugendhilfe relativ breit über alle Bereiche. So ist die Jugendhilfe von allen benannten Trä-

*Tabelle 2: Art der Angebote zusammengefasst nach Kooperationspartnern (Mehrfachnennungen möglich)*

| | Fördergruppen/ Förder-unterricht in % | Fachbezo-gene Lern-angebote in % | Fächerüber-greifende Angebote in % | Freizeit-angebote in % | Gesamt n |
|---|---|---|---|---|---|
| Jugendhilfe | 14,1 | 30,9 | 50,3 | 51,7 | 149 |
| Gemeindenahe Institutionen | 6,7 | 6,7 | 20,0 | 15,6 | 45 |
| Kultureinrichtungen | 7,3 | 27,3 | 18,2 | 30,9 | 55 |
| Bildungseinrichtungen | 10,9 | 19,6 | 43,5 | 19,6 | 46 |
| Sport | 5,7 | 64,8 | 4,5 | 33,5 | 176 |
| Musik | 5,6 | 5,6 | 2,8 | 25,0 | 36 |
| Betriebe | 10,3 | 17,2 | 31,0 | 20,7 | 29 |
| Sonstiges | 19,7 | 32,8 | 37,7 | 36,9 | 122 |
| Gesamt | 10,9 | 35,6 | 27,1 | 34,8 | 658 |

Fachbezogene Angebote: u. a. mathematische, naturwissenschaftliche Angebote, Deutsch/Literatur, Fremdsprachenangebote, Sportangebote

Fächerübergreifende Angebote: u. a. handwerkliche/hauswirtschaftliche Angebote, technische Angebote/Neue Medien, Formen sozialen Lernens (z. B. Streitschlichtungskurse), Formen interkulturellen Lernens

*Quelle:* StEG (2005), Kooperationspartnerbefragung

gergruppen am stärksten an Fördergruppen/Förderunterricht beteiligt, obwohl insgesamt fachübergreifende Angebote und Freizeitangebote ihre größten Angebotsbereiche bilden. Dabei sind als besondere Einzelangebote der Jugendhilfe Angebote sozialen und interkulturellen Lernens herauszuheben. Die Kultureinrichtungen sind im Bereich der Angebote um Literatur/Deutsch sowie im Bereich Technik/Neue Medien stärker vertreten, die Bildungseinrichtungen bieten vermehrt naturwissenschaftliche, handwerkliche/hauswirtschaftliche sowie technische Angebote/Angebote mit Neuen Medien an. Differenziert nach Organisationsform der Schulen fällt zudem auf, dass insbesondere an Gebundenen Ganztagsschulen Kooperationspartner tendenziell ein etwas weniger umfassendes inhaltliches Angebot machen und wenn, dann stärker im Freizeitbereich eingesetzt sind. Hier spricht einiges dafür, dass ein erweitertes Angebot an Gebundenen Ganztagsschulen eher von der Schule selbst organisiert wird bzw. dass sie durch einen nicht-täglichen Ganztagsbetrieb weniger Angebote bereitstellen. In der Frage nach der Erweiterung des Bildungsspektrums durch Freie Träger lässt sich damit konstatieren, dass – trotz einer gewissen Schwerpunktsetzung bei Freizeit und Betreuungsangeboten – mit den Kooperationen gezielte Bildungsangebote über das Unterrichtsangebot hinaus geschaffen werden und eine inhaltliche Erweiterung des Schulalltags stattfindet.

## *3.3 Verzahnung von Angebot und Unterricht*

Neben der Ergänzung von Inhalten des Ganztagsbetriebs lässt sich anhand der StEG-Daten auch nachvollziehen, inwieweit die Angebote der Kooperationspartner mit dem Unterricht verzahnt sind oder inwieweit in den Ganztagsschulen streng zwischen Unterricht und anderen Angeboten zeitlich und inhaltlich unterschieden wird. Nach Auskunft der Kooperationspartner findet dabei bei etwas über 50 % keinerlei Verknüpfung statt, 18 % der Kooperationspartner berichten, dass ihre Angebote mit dem Regelunterricht verknüpft sind. Gerade die Angebote der frei-gemeinnützigen Träger sind weniger stark auf den Unterricht bezogen. Nach Trägergruppen unterschieden berichten insbesondere Kooperationspartner im Bereich des Sports und der Musik (klassische Unterrichtsfächer), dass es keine Verknüpfung der Angebote mit dem Unterricht gebe (vgl. Tabelle 3).

*Tabelle 3: Verbindung von Unterricht und Angeboten der Kooperationspartner nach Partnergruppen (Mehrfachnennungen möglich)*

| | Die Angebote sind Bestandteil des Regelunterrichts | | Die Angebote werden im Unterricht vor- und nachbereitet | | Die Inhalte der Angebote sind thematisch mit dem Unterricht abgestimmt | | Es gibt keinerlei Verknüpfung der Angebote mit dem Unterricht | |
|---|---|---|---|---|---|---|---|---|
| | in % | n | in % | n | in % | n | in % | n |
| Jugendhilfe | 14,4 | 104 | 16,2 | 105 | 34,0 | 106 | 56,0 | 100 |
| Gemeindenahe Institutionen | 17,4 | 23 | 45,8 | 24 | 31,8 | 22 | 50,0 | 24 |
| Kultureinrichtungen | 15,6 | 32 | 46,9 | 32 | 50,0 | 34 | 46,9 | 32 |
| Bildungseinrichtungen | 31,4 | 35 | 28,1 | 32 | 40,0 | 35 | 34,5 | 29 |
| Sport | 18,0 | 111 | 5,0 | 100 | 19,2 | 104 | 64,8 | 125 |
| Musik | 14,3 | 28 | 3,8 | 26 | 19,2 | 26 | 69,2 | 26 |
| Betriebe | 11,1 | 18 | 33,3 | 18 | 22,2 | 18 | 41,2 | 17 |
| Sonstige | 21,3 | 75 | 26,8 | 71 | 40,5 | 74 | 40,8 | 76 |
| Gesamt | 18,1 | 426 | 20,3 | 408 | 31,7 | 419 | 53,6 | 429 |

*Quelle:* STEG (2005), Kooperationspartnerbefragung

Auch die Träger der Jugendhilfe machen ihre Angebote mehrheitlich ohne schulische Verknüpfung. Hingegen sind gerade Bildungseinrichtungen (also z. B. Bildungswerke oder andere Schulen) zu fast einem Drittel mit ihren Angeboten auch Bestandteil des Regelunterrichts, was insgesamt nur 18 % der Kooperationspartner berichten. Allerdings werden 20 % der Angebote im Unterricht vor- und nachbereitet und in 30 % der Fälle sind sie mit dem Unterricht zumindest abgestimmt. Hohe Werte erreichen hier die Angebote der Kultureinrichtungen (wie z. B. Kunstschule, Bibliothek, Landesmedienzentrum, Theater) als auch der gemeindenahen Institutionen (wie Volkshochschule, Kirchengemeinde, Polizei). Bezogen auf die Differenzierung nach Offenen, Teilgebundenen und Vollgebundenen Ganztagschulen zeigt sich, dass insbesondere an Gebundenen Schulen die Angebote der Kooperationspartner auch systematisch Bestandteil des Unterrichts sind bzw. intensiver in den Unterricht aufgenommen werden.

## *3.4 Zusammenarbeit von verschiedenen Professionen*

Da für eine ganztägige Bildung im idealen Fall das Angebot arbeitsteilig zu erbringen ist, müssten über eine konzeptionelle Abstimmung hinaus in der Praxis Lehrkräfte und pädagogisches Personal miteinander kooperieren. Nur auf diese Weise können die verschiedenen Kompetenzen beider Partner zusammengebracht werden und Abstimmungen erfolgen: 35 % der Lehrkräfte sind nach Selbstauskunft „teilweise“ oder „sehr“ in die Kooperation mit dem weiteren pädagogisch tätigen Personal eingebunden. Von den weiteren pädagogisch tätigen Personen, die bei externen Trägern angestellt sind, stehen 84 % in Austausch mit der Schulleitung oder den Lehrkräften. Diese Zahl sagt aber noch nichts über die Intensität des Austauschs aus. Es sind zwar nur 12 %, die keine Absprachen mit der

Schulleitung über die Art ihres Angebots treffen, eine wöchentliche oder monatliche Abstimmung der Inhalte ihrer Ganztagselemente mit Lehrkräften führen aber nur 35 % des pädagogischen Personals durch. Eine gemeinsame Durchführung von Projekten oder Arbeitsgemeinschaften findet auch nur in 25 % der Fälle wöchentlich/monatlich statt. Immerhin ein gutes Fünftel berichtet von einem wöchentlichen Austausch mit Lehrkräften über Hausaufgaben (Abbildung 2).

*Abbildung 2: Häufigkeit des Austauschs mit Lehrkräften (Lk) bzw. Schulleitung (SL)*

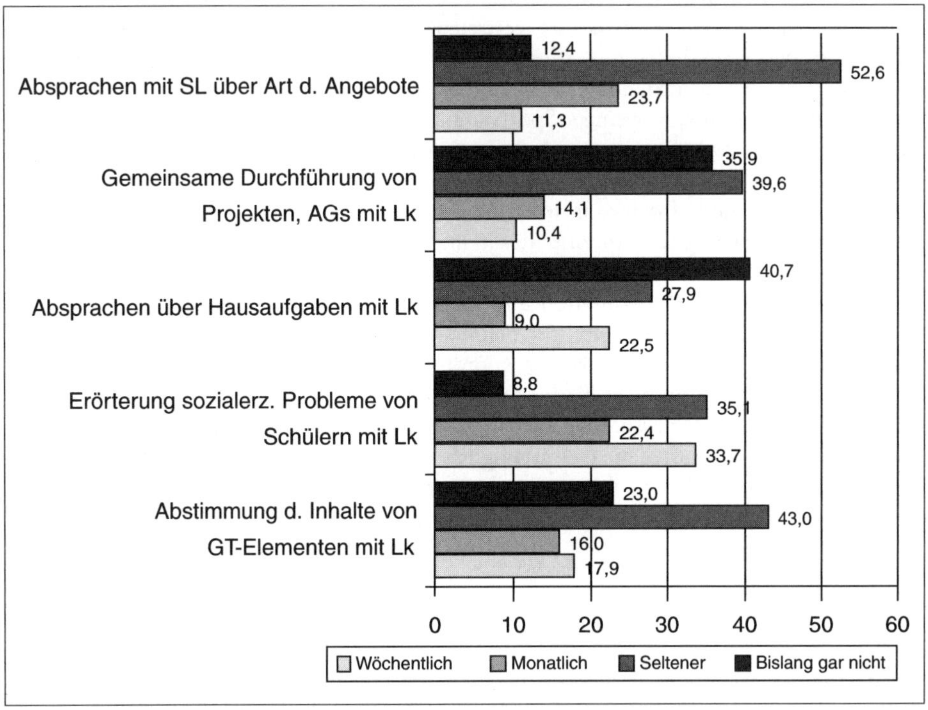


*Quelle:* StEG (2005), Befragung des weiteren, pädagogisch tätigen Personals; nur Personal, das bei externen Trägern angestellt ist, n = 423

Ist der Anstellungsträger einer pädagogisch tätigen Person die Jugendhilfe, so steht diese signifikant eher im Austausch mit der Schulleitung oder Lehrkräften und tauscht sich häufiger mit Lehrkräften über sozialerzieherische Probleme einzelner Schüler(innen) aus. Die Kooperationsbeziehung wird jedoch kritischer bewertet, als in Fällen, in denen ein anderer externer Partner der Arbeitgeber ist. Diese kritischere Bewertung kann durch einen höheren Anspruch der Angestellten der Jugendhilfe an die Kooperation entstehen, oder aber die höhere Intensität der Kooperation bringt Probleme erst zum Vorschein.

### *3.5 Institutionalisierte Kommunikationsabläufe*

Nur über institutionalisierte Kommunikationsabläufe ist ein Austausch zwischen Schule und Kooperationspartner gewährleistet, der über den alltäglichen, zufälligen Informationsfluss hinausgeht. Es ist dafür ein Rahmen notwendig, in dem z. B. auch Probleme besprochen werden können. Möglichkeiten hierfür sind einerseits die Teilnahme des Kooperationspartners an schulischen Gremien und andererseits die Bildung von Ganztagsschul- bzw. Kooperations-Gremien, in denen beide Partner beteiligt sind.

In den regulären Schulgremien, wie Schul- oder Lehrerkonferenz, sind mit rund 12 % nur wenige der Kooperationspartner vertreten. Handelt es sich beim außerschulischen Partner um die Jugendhilfe, ist er mit jeweils rund 20 % signifikant eher in den Gremien vertreten. Ebenso sind gemeindenahe Institutionen häufiger bei Schulkonferenzen beteiligt. Es nehmen signifikant weniger Sportvereine in der Schulkonferenz teil; Betriebe, Kultureinrichtungen sowie Partner aus dem Bereich Musik sind hingegen bedeutend seltener in der Lehrerkonferenz beteiligt.

Da diese Form der Mitwirkung nicht in allen Bundesländern vorgesehen ist, lohnt es sich, zusätzlich ganztagsschulspezifische Gremien einzubeziehen. Aber auch hier sind die Zahlen entsprechend niedrig: Nicht einmal 10 % der Schulen geben an, dass es ein spezielles Gremium für die Organisation und Koordination des Ganztagsbetriebs gibt. Etwas häufiger, nämlich an einem Viertel der Schulen, gibt es einen Arbeitskreis aus Schule und außerschulischen Trägern/Partnern zur Koordinierung bzw. Durchführung von Ganztagsangeboten. Dieses Gremium ist häufiger an Grundschulen (36 %) und Offenen Ganztagsschulen (32 %) zu finden. Aber generell ist auch hier die eher geringe Teilnahme der Kooperationspartner festzustellen. Denn lediglich rund 12 % des weiteren pädagogisch tätigen Personals gibt an, Mitglied einer Steuergruppe für den Ganztagsbetrieb zu sein, gleich ob sie bei der Schule oder bei einem externen Träger angestellt sind.

## 4 Fazit

Kooperationen mit außerschulischen Partnern sind heute ein wichtiger Bestandteil im Aufbau der Ganztagsschulen in Deutschland. Dabei sind die Auswahl und die Einbeziehung von Kooperationspartnern jeweils schulspezifisch, dennoch erweisen sich die Organisationen der Jugendhilfe und die Sportvereine als die am häufigsten vertretenen Kooperationspartner. Auch zeigt sich eine gewisse Bandbreite in den Motiven für die Kooperation auf Partnerseite, die immer auch mit den Zielen der eigenen Organisation verknüpft sind. Die Zusammenschau der verschiedenen Aspekte bezüglich der Intensität und Qualität der Einbindung von Kooperationspartnern ergeben fünf zentrale Befunde:

- Die schulischen Rahmenbedingungen weisen auf eine nur bedingte strukturelle Einbindung der Kooperationspartner hin, denn nur ein geringer Anteil von Schulen hat Gremien zur Organisation des Ganztagsbetriebs unter Beteiligung externer Partner eingerichtet. Auch schränken die rechtlichen Regelungen einiger Bundesländer die Mitwirkung des Personals außerschulischer Partner in schulischen Gremien ein.
- Ein gemeinsames pädagogisches Konzept haben 38 % der Schulen mit Kooperationspartnern abgeschlossen, also weniger als die Hälfte aller Ganztagsschulen. Dabei sind al-

lerdings nicht alle Partner einbezogen, denn nur 16 % der Partner haben ein solches Konzept mit der Schule beschlossen. Die Jugendhilfe ist hierbei bevorzugter Partner.

- Freizeit- und Sportangebote sowie Betreuungsleistungen sind die am häufigsten genannten Inhalte von Kooperationen. Daneben findet sich aber auch – trägerspezifisch – ein vielfältiges inhaltlich geprägtes Angebot, dass über unterrichtsbezogene Inhalte hinausgeht. Hier werden erste Erweiterungen des Bildungsangebots deutlich, insbesondere Offene Ganztagsschulen holen sich hierfür Kooperationspartner „ins Boot".
- In der Verschränkung von Unterricht und Angeboten wird deutlich, dass etwa die Hälfte der Angebote von Kooperationspartnern nicht in Beziehung zum Unterricht der Schule steht. Wenn dieses jedoch erfolgt, scheinen gerade Gebundene Ganztagsschulen stärkere Bezüge zwischen den verschiedenen Bildungsangeboten herzustellen.
- Unabhängig davon, welche Profession die Kooperation bewertet, wird sie von den Beteiligten an Gebundenen Ganztagsschulen höher eingeschätzt. Obwohl an Offenen Ganztagsschulen stärker mit Kooperationspartnern zusammengearbeitet wird und die Kooperationsbeziehungen dort formal eher abgesichert sind, ist die direkte Kooperation und Abstimmung zwischen den Personalgruppen an Gebundenen Ganztagsschulen höher. Im Umkehrschluss heißt dieses, dass die Kooperationspartner an Offenen Schulen den Ganztagsbetrieb am Nachmittag relativ eigenständig verantworten und gestalten, während Kooperationen an Gebundenen Schulen stärker auf das Zusammenwirken der Inhalte und Personen von Schule und Kooperationspartnern setzen.

Insgesamt zeigt sich, dass nicht nur Merkmale der außerschulischen Partner die Stärke der Einbindung in die Schule beeinflussen, sondern auch Schulmerkmale und Ländervorgaben. Schulen müssen durch Einrichtung von Gremien sowie der Ermöglichung der Teilnahme externer Partner die Beteiligung der Kooperationspartner zulassen. Dies geschieht bisher stärker an Gebundenen Ganztagsschulen.

Innerhalb der Kooperationspartner haben die Organisationen der Jugendhilfe eine besondere Bedeutung: Sie erarbeiten eher ein gemeinsames Konzept mit den Schulen, sind häufiger in schulischen Gremien vertreten, inhaltlich breiter eingebunden und kooperieren stärker mit den Lehrkräften. Sie scheinen am ehesten „Partner" der Schulen zu sein, die Beweggründe der Jugendhilfe zur Aufnahme der Kooperation spiegeln sich in der Stellung an der Schule wider. Gewerbliche Anbieter oder Partner aus dem Bereich Musik spielen in der Kooperationsbeziehung mit Ganztagsschule eine ganz andere Rolle: eher eines Dienstleisters. Sie haben tendenziell weniger ein gemeinsames pädagogisches Konzept beschlossen und sind signifikant seltener in Schulgremien vertreten. Auch dieser Befund überrascht nicht vor dem Hintergrund, dass gewerbliche Partner sowie Partner aus dem Bereich Musik als Beweggrund für die Aufnahme einer Kooperation eher selten eine verbesserte Kooperationskultur angeben, und stattdessen vor allem Motive genannt haben, die der eigenen Organisation Nutzen bringen.

Bilanziert man die verschiedenen Ergebnisse, so zeigt sich, dass sich im Prozess der Ganztagsschulentwicklung auch die Kooperationsbeziehungen noch in Entwicklung befinden, deren Strukturen und Inhalte häufig noch relativ offen und unverbunden mit Unterricht und Schule sind. Berücksichtigt man, dass in der Phase der Erstbefragung viele Ganztagsschulen noch am Anfang ihrer Entwicklung standen und sich auch die Zusammenarbeit strukturell ungleicher Partner möglicherweise erst einspielen muss, sind diese Kooperationen dabei, den Alltag an den Schulen grundlegend zu verändern.

## Literatur


Arnoldt, Bettina (2007): Öffnung von Ganztagsschule. In: Holtappels, Heinz Günter/Klieme, Eckhard/Rauschenbach, Thomas/Stecher, Ludwig (Hg.): Ganztagsschulen in Deutschland. Weinheim: Juventa: 86-105.

Arnoldt, Bettina/Quellenberg, Holger/Züchner, Ivo (2007): Entwicklung der Ganztagsschulen in Deutschland. In: DJI Bulletin 78 H. 1/2007: 9-14.

Beher, Karin/Haenisch, Hans/Hermens, Claudia/Liebig, Reinhard/Nord, Gabriele/Schulz, Uwe (2005): Offene Ganztagsschule im Primarbereich. Weinheim: Juventa.

Behr-Heintze, Andrea/Lipski, Jens (2005): Schulkooperationen. Schwalbach/Ts.: Wochenschau.

BMFSFJ (2005) – Bundesministerium für Familie, Senioren, Frauen und Jugend: Zwölfter Kinder- und Jugendbericht. Berlin.

Holtappels, Heinz Günter/Klieme, Eckhard/Rauschenbach, Thomas/Stecher, Ludwig (Hg.) (2007): Ganztagsschulen in Deutschland. Weinheim: Juventa.

Mack, Wolfgang (2006): Ganztagsschule zusammen mit der Jugendhilfe entwickeln und gestalten. In: Höhmann, Katrin/Holtappels, Heinz Günter (Hg.): Ganztagschule gestalten. Seelze-Velber: Kallmeyer: 56-69.

Nörber, Martin (2004): Kooperation von Jugendhilfe und Schule – ein ungeklärtes Verhältnis zwischen Dienstleistung und Partnerschaft. In: Hartnuß, Birger/Maykus, Stefan (Hg.): Handbuch Kooperation von Jugendhilfe und Schule. Berlin: Eigenverlag DV: 349-370.

Stolz, Heinz-Jürgen/Arnoldt, Bettina (2007): Ansätze zur empirischen Rekonstruktion von Bildungsprozessen im Zusammenwirken von Schule und Jugendhilfe. In: Bettmer, Franz/Maykus, Stephan/Prüß, Franz/Richter, André (Hg.): Ganztagsschule als Forschungsfeld. Wiesbaden: VS Verlag für Sozialwissenschaften: 213-235.

# Agenturen für Ganztagsbildung

*Christiane Specht-Schäfer*

Mit der Umsetzung der aus PISA gezogenen Konsequenzen wurde in Politik und Praxis bereits seit 2002 begonnen. Sehr stark fiel der Blick dabei auf das Zusammenführen unterschiedlicher Kompetenzen am Ort der Schule. Jugendhilfe mit ihrer besonderen sozialpädagogischen Kompetenz und ihren prozessbezogenen Ansätzen sowie kulturelle Projekte und auch sportliche Aktivitäten sollten die klassische Schule ergänzen und neue Ansätze der Förderung von Kindern in den Bildungsprozess einbringen. In einigen Ländern, zunächst insbesondere in Nordrhein-Westfalen und Rheinland-Pfalz, setzte man dabei vor allem auf Offene Ganztagsschulen im Primarbereich (OGS). Ab dem Schuljahr 2003/2004 begann man in Nordrhein-Westfalen die Grundschulen zu Angebotsschulen des Offenen Ganztags weiterzuentwickeln. Heute sind insgesamt rd. 2 900 von insgesamt rd. 3 500 Grund- und Förderschulen im Programm und organisieren den Ganztag für rd. 175 000 Schüler(innen). Wenngleich sich die Konzepte zwischen den Ländern durchaus unterscheiden, so war (und ist) der Grundgedanke nicht nur die Betreuung am Nachmittag zu organisieren und primär die Vereinbarkeit von Familie und Beruf zu sichern, sondern am Ort der Grundschule eine Struktur zu schaffen, die ein ganzheitliches Verständnis von individueller Förderung ermöglicht. Die Trias „Bildung, Erziehung und Betreuung" soll die Bildungsprozesse stärker bestimmen und inhaltlich füllen.

## 1 Offene Ganztagsschulen als Orte für ganzheitliche Erziehung, Betreuung und Bildung?

Zahlreiche außerschulische Partner sind heute am Ort der OGS tätig und dokumentieren die wachsende Einsicht, dass Erziehung, Betreuung und Bildung eine gesamtgesellschaftliche Aufgabe sind, die im Sinne einer „öffentlichen Verantwortung für das Aufwachsen von Kindern und Jugendlichen" (BMFSFJ 2002) wahrgenommen werden muss. Die Praxis zeigt, der Weg ist richtig und eröffnet neue Chancen für Kinder und Jugendliche. Sie zeigt aber auch, dass in der Qualität der individuellen Bildungsförderung noch deutlich nachgebessert werden muss. So überwiegt (noch) im Verständnis der Eltern, aber auch bei pädagogischen Fachkräften häufig eher ein Grundverständnis von verlässlicher Betreuung nach dem Unterricht. Eine Verbindung zwischen schulischer und außerschulischer Bildung, ein enges Zusammenwirken bei der Förderung und auch ein Abstimmen zwischen den Lehrkräften und dem Träger des Offenen Ganztags werden zwar zunehmend als wichtig erkannt, sind aber nicht selbstverständlich. Dies zeigt, dass sich der Weg zu einem erweiterten Bildungsverständnis noch in einer Übergangsphase befindet und es weiterer Impulse und Strukturen bedarf, um zu einem integrierten Gesamtsystem individueller (Bildungs-)Förderung zu kommen, in dem alle Bildungspartner ihren Platz haben.

## 2 Bildungsagenturen als Bindeglied zwischen Bildungspartnern

Dies geht nicht von selbst, sondern es macht strukturelle Voraussetzungen sowie eine kontinuierliche Reflexion begonnener Schritte zwischen allen Beteiligten notwendig. Ein wichtiger Aspekt dabei ist die Organisation eines verbindlichen Rahmens, denn ein solcher könnte mehr Stabilität in die Beziehung zwischen den Schulen und den außerschulischen Partnern bringen. Potenzielle Partner zueinander zu bringen, eine auf den Stadtteil bzw. den Sozialraum bezogene Partnerschaft zu ermöglichen und so etwas wie eine strukturelle Festigkeit und Kontinuität zu erreichen, wäre eine wichtige Gelingensbedingung.

Eine auf kommunaler Ebene angesiedelte „Agentur für Ganztagsbildung" könnte einen solchen Rahmen bieten. Wenn von „Agentur" die Rede ist, verbindet man damit allgemein eine zentrale Stelle die es sich zur Aufgabe gemacht oder die als Aufgabe übertragen bekommen hat, bestimmte Produkte oder Dienstleistungen aufzugreifen, systematisch zu sammeln, zu strukturieren und dann Dritten zur Verwendung anzubieten. Eine Agentur kann in diesem Sinne also auch ein Ort oder eine Institution sein, die Partner mit Bildungskompetenz sucht, unterschiedliche Bildungsprozesse und Bildungsorte zusammenführt und etwas Verbindendes zwischen den Beteiligten herstellt. Sie wäre ein Instrument auf kommunaler Ebene (aber auch in kleinräumigen sozialen Strukturen, z. B. Stadtteil), der Organisation und Gestaltung eines neuen inhaltlichen und strukturellen Verständnisses von Bildung zum Durchbruch zu verhelfen. Gerade weil es um ein integriertes, auf individuelle Förderung von Kindern und Jugendlichen ausgerichtetes Bildungsverständnis geht, wäre sie zugleich ein fachliches Bindeglied zwischen den Beteiligten.

Angesichts der aktuellen Diskussion über die Notwendigkeit eines erweiterten Bildungsverständnisses und damit verbundener Ganzheitlichkeit des Bildungsprozesses in der Phase des Aufwachsens von Kindern und Jugendlichen (vor allem BKJ 2002; Otto/Rauschenbach 2004) käme einem solchen Instrument eine herausragende inhaltliche und strukturelle Bedeutung zu. Es wäre – je nach Konstruktion – am ehesten in der Lage, die unterschiedlichen Partner zusammenzuführen, weitere Partner zu gewinnen und zu vermitteln, an schulübergreifenden Konzeptionen mitzuwirken und den Erfahrungsaustausch zu organisieren und zu fördern. Vor dem Hintergrund des immer noch vorherrschenden öffentlichen Bewusstseins, dass Schule für die Bildung junger Menschen einen gewissen Alleinanspruch hat und der eher geringeren Wertschätzung der Leistungen außerschulischer, vorrangig sozialpädagogisch ausgerichteter Angebote, wäre dies ein wichtiger Schritt, in der Entwicklung des Offenen Ganztags an allen Schulen nach vorne zu kommen. Bildungspartner zusammenzubringen bedeutet aber zugleich, Abschied zu nehmen von einer Ganztagsschule, die ausschließlich eine Lehrer(innen) -Schule wäre. Überlegungen insbesondere im außerschulischen Trägerbereich, der Politik und der Verwaltung (hier vor allem der spezifischen Fachämter bzw. Fachressorts) zur Schaffung kommunaler Bildungslandschaften (AGJ 2006; DV 2007; BMFSFJ 2005) entsprechen einem solchen Verständnis. Sie verbinden damit das bildungspolitisch höchste Ziel, endlich mit der Realität zu brechen, dass Kinder aus sozial benachteiligten Lebenslagen in ihren Bildungserfolgen deutlich schlechter abschneiden als Kinder aus dem so genannten Bildungsbürgertum. Die Praxis an den Offenen Ganztagsschulen bestätigt die Richtigkeit dieser Perspektive, denn die Schulen werden dieses Ziel mit ihrem engen Bildungsverständnis und ihren begrenzten Möglichkeiten allein nicht erreichen.

# 3 Verfestigung von Kooperationsstrukturen

Die im Bildungsbericht 2006 (Konsortium Bildungsberichterstattung 2006) dargestellte Entwicklung von Ganztagsschulen zeigt ein gewachsenes Problembewusstsein in den Ländern, denn die Schaffung von Ganztagsschulen nimmt zu und zunehmend werden außerschulische Partner wichtige Garanten für die Öffnung von Schule und die Herausbildung erweiterter Bildungskonzepte. Dabei setzen die Länder vor allem bei den Grundschulen an (was der Biographie des Bildungsverlaufs entspricht) und es überwiegt die Offene Form, die auf eine Kooperation und ein Einbeziehen außerschulischer Träger und ein Zusammenwirken unterschiedlicher Professionen setzt (Konsortium Bildungsberichterstattung 2006: 58; Fachhochschule Köln/BMBF 2006).

Inzwischen besteht ein breit gefächertes und vielfältiges System des Zusammenwirkens unterschiedlicher Professionen (Deinet 2003; BMFSFJ 2005). In allen Bundesländern und auf kommunaler Ebene sind Konzepte und Modelle entwickelt und umgesetzt worden. Kooperationsstrukturen wie z. B. Arbeitsgemeinschaften, Runde Tische „Ganztag" u. a., sind solche Beispiele. Sie spiegeln auch Anfänge eines neuen Denkens im strukturellen, pädagogischen wie baulichen und räumlichen Denken wider. In zahlreichen Arbeitsfeldern gehört Kooperation heute regelhaft zur Ausgestaltung eines verbindenden Ansatzes von Bildung, Erziehung und Betreuung. In Nordrhein-Westfalen sind inzwischen die Träger der Kinder- und Jugendhilfe (vor allem Wohlfahrtsverbände) als Kooperationspartner mit 49 % aller Offenen Ganztagsschulen die zentralen Partner. Es folgen Eltern- und Fördervereine mit 20 %, kommunale Träger ebenfalls mit 20 % und andere Träger mit 11 % (Beher/Haenisch u. a. 2007: 28) In den anderen Bundesländern gibt es ähnliche Tendenzen. Das Spektrum der Kooperationspartner ist entsprechend vielfältig bis hin zu gewerblichen Trägern. (Holtappels u. a. 2007: 87-89)

Die Anlässe für das Zusammenwirken sind nicht nur durch Lernleistungen bestimmt, es sind zahlreiche sozialpädagogische Ansätze dabei. Denn neben mehr Bildung kommt es auch darauf an, die individuellen Voraussetzungen dafür zu schaffen und z. B. Beeinträchtigungen abzubauen. So ist bekannt, dass Armut bei Kindern häufig so negativ wirkt, dass Bildung darunter leidet und Chancen erst gar nicht entstehen bzw. genutzt werden können. Auch die Erziehungsfähigkeit der Eltern bedarf immer öfter einer Unterstützung, die die außerschulischen Partner besser leisten. Genau darin liegen die Chancen einer Praxis, die Erziehung und Betreuung ihren Platz gibt. Die damit verbundenen Absichten erreichen eine sinnvolle gegenseitige Bereicherung schul- wie sozialpädagogischen Handelns. Der Blick auf das Kind wird breiter und intensiver, die verschiedenen Professionen entdecken so auch Stärken der Kinder in Feldern, die bisher der Schule eher fremd waren.

Dieser Paradigmenwechsel, der durch die OGS entstanden ist, und der das Gemeinsame und nicht das Trennende der Partner betonen soll, hat das Verhältnis von Schule und Jugendhilfe deutlich verbessert und sachbezogener gestaltet: Nicht nur Schulleiter(innen) und die Lehrkräfte, auch Eltern erfahren den Nutzen der ganztägigen Förderung. Kinder lernen von den festen Sozialkontakten außerhalb des Unterrichts, erfahren mehr Gemeinsamkeiten mit anderen Kindern, sehen, dass der Ort Schule offener und vielseitiger und auch attraktiver wird. Die Fachkräfte sehen einen Profit in den gegenseitigen Kontakten und begreifen die Rolle des(r) Anderen eher.

Allerdings werden sie auch neu herausgefordert, z. B. einerseits durch mangelnde Ressourcen für ein sinnvolles und ergiebiges Zusammenwirken und andererseits, durch persönliche Einschätzungen und Haltungen von Fachkräften auf beiden Seiten der Kooperаtion. Beide Aspekte beeinflussen das Kooperationsklima und die Kooperationsbereitschaft, meistens eher negativ. Kooperationsverträge können helfen, die Partner mehr zueinander zu bringen und fördern das Selbstverständnis und die Fähigkeit zu fachlicher Souveränität. Es ist inzwischen eine Binsenweisheit, dass eine verbindliche Grundlage geeignet ist, die gemeinsame Verantwortung zu stärken und klare Rahmenbedingungen zu schaffen. Grenzen treten auch dann auf, wenn eine Mitverantwortung von Jugendhilfe für die Gestaltung des Schulalltags reklamiert wird. Abgesehen davon, dass eine gemeinsame Verantwortung für die OGS (auf gleicher Augenhöhe) derzeit bedauerlicherweise formal nicht durchsetzbar und für Teile der Schulseite auch völlig unverständlich wäre, müsste daran insgesamt noch viel gearbeitet werden. Es fehlen nicht nur die rechtlichen Voraussetzungen, es fehlt auch oft an der Bereitschaft seitens der Schule, eine solche gemeinsame Verantwortungspartnerschaft auch eingehen zu wollen. Außerschulische Partner und Schulleitungen müssen insgesamt ein offenes Verhältnis zueinander haben, denn beide Seiten haben es im Alltag der OGS immer auch mit unterschiedlichen Ansprechpartnern zu tun und müssen Konflikte zwischen den Fachkräften der Schule und des Offenen Ganztags klären.

## 4 Suche von Kooperationspartnern

Eine wichtige Voraussetzung für diesen Prozess ist die Konstruktion der OGS. Wenn auch die Offene Form überwiegt und damit die größten Chancen für Gemeinsamkeiten gibt, so zeigen die Konzepte der Offenen Ganztagsschulen im Kern drei unterschiedliche Wege und Strukturen:

1. Der Ganztag findet ausschließlich in Verantwortung der Schule und überwiegend mit Lehrer(inne)n statt.
2. Die Schule „kauft" sich außerschulische Partner ein; das Konzept konzentriert sich aber stark auf die Zeit nach dem Unterricht ohne einen Gesamtträger des Angebots.
3. Schule und Jugendhilfe (aber auch andere Partner) gehen auf der Grundlage eines Vertrages eine gemeinsam getragene „Verantwortungspartnerschaft" ein.

Die drei Konzepte von Ganztagsschulen verraten daher viel über die bis heute noch in den Anfängen steckende Entwicklung zu einer „strukturellen Selbstverständlichkeit" des Zusammenwirkens der unterschiedlichen Partner und deren rechtliche und organisatorische Einordnung. Alle drei Formen haben unterschiedliche Rahmenbedingungen und damit auch unterschiedliche Zugänge zu den außerschulischen Feldern der Bildung.

Was die Offene Ganztagsgrundschule in Nordrhein-Westfalen angeht, so ist die Grundentscheidung eindeutig gefallen. Nicht die Schule „kauft" sich einen Träger oder Fachkräfte ein oder organisiert Projekte in eigener Verantwortung, sondern über den Schulträger wird – gemeinsam mit anderen Ämtern – auf Jugendhilfeträger zugegangen. Dabei ist das Bild von der Jugendhilfe im schulischen Raum (immer noch) unscharf, ebenso ihr Agieren im Kontext bildungspraktischen Handelns und vor allem die Ergebnisse ihres pädagogischen Handelns. So zeigt sich im Alltag der Ganztagsschulen immer häufiger, dass das Verständnis über das Handeln des jeweiligen anderen Partners bei beiden Professionen besser ausgeprägt sein könnte.

## *4.1 Ein Schritt aus der Zufälligkeit heraus*

Die Partnersuche verläuft eher zufällig. Zumeist sind es die Schulen, die auf die ihnen aus früheren Formen der Zusammenarbeit bekannten Träger zugehen. Sie setzen auf einen gewissen Erfahrungsschatz über die Kompetenz und die pädagogische Qualität des Trägers. Freie Träger der Kinder- und Jugendhilfe haben von sich aus ihre Trägerschaft angeboten, z. B. auf einem „Markt der Möglichkeiten" oder direkt bei den Schulen. Wo Fördervereine Träger des Offenen Ganztags sind, basiert dies darauf, dass sie bereits Träger von Über-Mittag-Betreuung an Schulen waren und das Engagement gerne fortführen wollen. Wo Kommunen bzw. kommunale Einrichtungen Träger sind, zeigt die Begleitstudie zur Offenen Ganztagsschule, dass ihre Beteiligung an der inhaltlichen Ausgestaltung eher geringer ist als die der Freien Träger. Diese legen einen besonderen Wert darauf, inhaltliche Gestaltungsverantwortung zu übernehmen (Beher/Haenisch u. a. 2007: 29-30).

Kooperation im Ganztag kennt aber nicht nur einen Partner bzw. Träger. Weitere Träger werden für besondere Aufgaben und Angebote hinzugezogen. Dies sind insbesondere Sportvereine, Kultureinrichtungen, örtliche Büchereien, Träger aus dem Umweltbereich, Musikschulen, Jugendkunstschulen, LAG Musik u. a. m. Beispiele hierfür sind Projekte wie z. B. „Tanz in der Schule" vom Landesbüro Tanz NRW, „Musik und Bewegung", ein gemeinsames Projekt der LAG Musik NRW, der Musikhochschule und der Sporthochschule Köln, Leseprojekte und anderes mehr, auch Projekte interkultureller Arbeit. Die Liste der Beteiligten ist groß und lässt sich am ehesten durch die auf Landesebene abgeschlossenen Kooperationsvereinbarungen erkennen.

## *4.2 Agenturen für Ganztagsbildung als neue Chance*

Die Vielfältigkeit in der Gestaltung und Formung der OGS und damit auch die ganz unterschiedlichen Wege zu einer Ganztagsbildung beinhalten viele Chancen. Dies bereichert den Alltag neuer Bildungswege, erfordert aber auch neue strukturelle Ausgangsbedingungen und flexible, kreative Handlungsmuster. So müssen die Partner stimmen und sie müssen intensiver beraten und zusammengebracht werden. Sie müssen sich mehr austauschen und gegenseitig informieren, müssen neue Impulse erfahren und gegenseitig voneinander lernen und müssen auch bereit sein, sich in den Gesamtprozess im Sozialraum einzulassen. Auch müssen Wechsel in den Partnerschaften möglich sein. Um dies verlässlich zu organisieren ist eine entsprechende systematische und strukturell verankerte Unterstützung erforderlich. Erfahrungen in der Praxis belegen die besondere Bedeutung einer solchen Stelle.

„Agenturen für Ganztagsbildung" können eine neue Chance sein, die richtigen Akteure zusammenzubringen, Ort der Information und Beratung zu sein, Initiativen zur Schaffung von Bildungslandschaften zu ergreifen, Hilfen bei der Wahrnehmung des Sozialraumbezugs zu geben sowie Ort der fachlichen und strukturellen Reflexion sein, auch im Sinne von Vermittler und Schlichter bei drohendem Auseinanderbrechen von Kooperationen.

Dass eine „Agentur für Ganztagsbildung" durchaus Bedeutung haben kann, lässt sich von den bestehenden Bedingungen und Erfahrungen zur Gestaltung von Ganztagsschulen ableiten. Sie kann offener agieren, auf die jeweiligen Einzelinteressen Rücksicht nehmen und auch abseits politischer Auseinandersetzungen Vorschläge entwickeln. Sie ist damit eine wichtige Ergänzung zum Handeln der Administration. Offene Fragen gibt es immer wieder, z. B.

- Wie können die Aktivitäten der Bildungsträger im Stadtteil oder in der Gemeinde gebündelt werden?
- Wie kann wer zusammenkommen und sich in den Prozess einbringen?
- Wie können Bildungsaktivitäten mit anderen Angeboten der Kommune verknüpft werden und welche Verbindung besteht zu anderen Diensten (Gesundheitsdienste, Familienberatung etc.)?
- Welche Schulen können miteinander kooperieren und wie kann man lokale Bildungslandschaften bilden?
- Wie kann der fachliche Austausch und die Fortbildung gestaltet werden und welche Bezüge gibt es zu den Ausbildungsstätten vor Ort bzw. im regionalen Bereich?

„Agenturen für Ganzheitsbildung“ müssen nicht immer neue Institutionen sein. Sie können sich auch aus bestehenden Stellen zusammensetzen. Sie sind aber als eine Form zu verstehen, die auf bestehende Strukturen basieren und selbstverständlich alle Akteure der Bildungslandschaft in der Region oder vor Ort einbeziehen. Sie eröffnen die Chance zur Sicherung der Bildungsvielfalt in den unterschiedlichen Alltagsräumen junger Menschen. Während in den großstädtischen Ballungsräumen eine solche Vielfalt schnell organisierbar ist, kann dies im ländlichen Raum häufig nur mit großen Anstrengungen und Kosten geleistet werden. Die Partner sind häufig räumlich sehr weit auseinander; bilaterale Kontakte zwischen zwei Partnern greifen dabei häufig zu kurz.

### *4.3 Familie als Partner in der Ganztagsbildung*

Ein wesentlicher Aspekt bei der Konstruktion neuer Konzepte von Ganztagsbildung ist das Verhältnis zu Familien. Diese sind bisher nur wenig in den Prozess der Gestaltung der OGS einbezogen Wenngleich sich ihr Bedarf eher noch an einem verlässlichen Betreuungsangebot orientiert, so stoßen mehr und mehr die Bildungsmöglichkeiten auf Interesse (Beher/Haenisch u. a. 2007: 147) Es ist aber gerade die Familie, die sich auf neue Herausforderungen einstellen muss. So wird sich z. B. ihre Zeit als Bildungsort reduzieren, alle Familienmitglieder werden sich an ein anderes Zeitbudget mit ihren Kindern gewöhnen und daraufhin familiäre Alltagsprozesse anpassen müssen. Sie wird aber auch an den Ergebnissen partizipieren und es (vielleicht) leichter haben, ihre Kinder in ihren Bildungschancen zu unterstützen. So legen Eltern z. B. einen besonders großen Wert darauf, dass die Erledigung der Hausaufgaben fachlich kompetent begleitet wird. Zugleich stellt sich die Frage nach ihrem Einfluss auf die öffentlich verantworteten Bildungsprozesse. Dies gilt besonders dann, wenn Eltern bisher bei der Unterbringung ihrer Kinder in ein Betreuungsangebot eine eindeutige Wertentscheidung zu Gunsten eines bestimmten Trägers getroffen haben. Dieses Prinzip der Pluralität, was Schule nicht in dem Maße kennt wie die Kinder- und Jugendhilfe, ist ein zentraler Aspekt. Es kann nicht durch ein verstaatlichtes System von Bildung, Erziehung und Betreuung abgelöst werden. Ein Mehr an Bildung und vor allem ein Einlassen auf ein umfassendes Verständnis von Bildung im Sinne von Ganztagsbildung erfordert deutlich mehr Verständnis und Sicherheit der Eltern im Umgang mit dem Ganztag und auch ihren stärkeren Einbezug. Auch das macht es erforderlich, Eltern einen besseren Überblick über die bestehenden Angebote zu geben und sie in ihren Wahlmöglichkeiten zu unterstützen. Auch hierfür benötigt man vor Ort Informations- und Vermittlungsmöglichkeiten.

# 5 Ausblick

Die Chancen, die Partner der Ganztagsbildung näher zu bringen, sind groß. Agenturen können an sehr konkrete Ansätze in der Praxis anknüpfen. Schulen bewegen sich und werden offener für sozialpädagogische Konzepte. So zeigt die Praxis, dass einerseits außerschulische Lernorte zunehmend von Schulen als Orte des Lernens und der Bildung wahrgenommen werden, andererseits auch die Einbindung von Schulen in sozialraumbezogene Kontexte wächst. Das zeigt, Schulen – jedenfalls ein wachsender Teil von ihnen – sehen Orte ihrer außerschulischen Partner als sinnvolle und auch pädagogisch wertvolle Ergänzung für die Bildungsförderung. Die Offenen Ganztagsschulen haben an diesem Prozess einen wesentlichen Anteil. Sie haben beiden Seiten neue Chancen und Möglichkeiten eröffnet, miteinander wertvoller umzugehen und – im Interesse der Kinder und Jugendlichen – die Palette der Bildungsförderung zu erweitern. Die Partner in diesem Prozess wollen eine nachhaltige Wirkung ihrer pädagogischen Arbeit. Dazu brauchen sie aber verbindliche und verlässliche Rahmenbedingungen. Eine systematische Vermittlung und Beratung gehört dazu. Sie ist ein wichtiger Garant für das Gelingen dieses neuen Weges der Bildungsförderung.

## *Literatur*

AGJ – Arbeitsgemeinschaft für Jugendhilfe (2006): Handlungsempfehlungen zur Kooperation von Jugendhilfe und Schule. Berlin. Beschluss des Vorstandes: Eigenverlag DJI.

Beher, Karin/Haenisch, Hans/Hermens, Claudia/Nordt, Gabriele/Preins, Gerald/Schulz, Uwe (2007): Die offenen Ganztagsschule in der Entwicklung empirische Befunde zum Primarbereich in Nordrhein-Westfalen. Weinheim: Juventa.

BKJ – Bundesjugendkuratorium/Sachverständigenkommission für den elften Kinder- und Jugendbericht/Arbeitsgemeinschaft für Kinder- und Jugendhilfe (AGJ) (2002): Bildung ist mehr als Schule. Leipziger Thesen zur aktuellen politischen Debatte. Eigenverlag BKJ.

BMFSFJ (2002) – Bundesministerium für Familie, Senioren, Frauen und Jugend: Elfter Kinder- und Jugendbericht. Bericht über die Lebenssituation junger Menschen und Leistungen der Kinder- und Jugendhilfe. Berlin.

BMFSFJ (2005) – Bundesministerium für Familie, Senioren, Frauen und Jugend: Zwölfter Kinder- und Jugendbericht. Berlin.

Deinet, Ulrich (2003): Ganztagsangebote durch Kooperation von Schule und Jugendhilfe. In: Appel, Stefan/ Ludwig, Harald (Hg.): Jahrbuch Ganztagsschule 2004. Schwalbach/Ts.: Wochenschau: 141-163.

DV (2007) – Deutscher Verein für öffentliche und private Fürsorge: Kommunale Bildungslandschaften. Fachliche Stellungnahme des Vorstandes. Eigenverlag DV.

Fachhochschule Köln/Bundesministerium für Bildung und Forschung (2006): Partner machen Schule – Bildung gemeinsam gestalten.

Holtappels, Heinz Günter/Klieme, Eckhard/Rauschenbach, Thomas/Stecher, Ludwig (Hg.) 2007: Ganztagsschule in Deutschland – Ergebnisse der Ausgangserhebung der „Studie zur Entwicklung von Ganztagsschulen" (StEG). Weinheim: Juventa.

Konsortium Bildungsberichterstattung (Hg.) (2006): Bildung in Deutschland. Ein indikatorengestützter Bericht mit einer Analyse zur Bildung und Migration. Im Auftrag der Ständigen Konferenz der Kultusminister der Länder der Bundesrepublik Deutschland und des Bundesministeriums für Bildung und Forschung.

Otto, Hans-Uwe/Rauschenbach, Thomas (2004) (Hg.): Die andere Seite der Bildung. Zum Verhältnis von formellen und informellen Bildungsprozessen. Wiesbaden: VS Verlag für Sozialwissenschaften.

# Lokale und regionale Netzwerke

*Wolfgang Zacharias*

Der kommunale (lokale oder regionale) Rahmen als lebensweltliche und politische Ebene mit Verwaltungs- und Institutionszuständigkeiten ist eine entscheidende Schnittstelle und eröffnet die Chance zu aktivierenden und zivilgesellschaftlich öffnenden Strukturen und Handlungslogiken. Dies gilt es einerseits im Horizont der Bildungsreformdiskussion mit den Aspekten „Öffnung von Schule" bzw. Sozialraumorientierung der Jugendarbeit zu begründen. Andererseits gilt es, dafür Organisations- und Handlungskonzepte experimentell zu entwerfen sowie pragmatisch zu entwickeln. Dies ist dann auch theoretisch explizierbar und objektivierbar, entsprechend der engen Verwobenheit und der Notwendigkeit von permanent miteinander korrespondierenden Wechselwirkungen zwischen Theorie und Praxis: Dies ist ein der Pädagogik und den Erziehungswissenschaften traditionsreich inhärentes Diskursmotiv und Handlungsprinzip, z. B. als „pädagogisches Experiment" (Benner 1978: 319-337).

## 1 Das Netzwerkparadigma: Bildungsallianzen und -partnerschaften

Die Fokussierung auf die kommunale Ebene, verbunden mit dem Bedarf an Kooperation und Komplementarität für vielerlei gesellschaftliche Kontexte (von Ökonomie bis Ökologie), auf das aktuell propagierte Paradigma „Netzwerk" substantiiert und pragmatisiert die Forderung nach „Bildungsnetzen".

> „Eine konkretisierte zeitgemäße Bildung mit Zukunftsaussichten für die nachwachsende Generation benötigt Zeit und Raum, um überhaupt intersubjektive Prozesse der Welterfahrungen und -reflexion in Gang setzen zu können. Diese notwendigen Zeit- und Raumerfahrungen kann ein gesellschaftlich und institutionell kooperierendes ‚Netzwerk Bildung' für die nachwachsenden Generationen bereitstellen" (Bock u. a. 2006: 335).

Aus kommunaler, regionaler bzw. lokaler Sicht macht es dabei allerdings wenig Sinn, dieses Netzwerkpostulat im Kontext Bildung politikfeldspezifisch oder nur einrichtungs- bzw. institutionsbezogen oder entsprechend gesetzlicher und berufs- bzw. bildungsbezogener Vorgaben einzugrenzen und formal zu verengen, z. B. auf je soziale, kulturelle, schulartspezifische, ökonomische und ökologische Kontexte, entsprechend des Konsens: „Erfahrungs-, Lern-, und Bildungsprozesse von Kindern und Jugendlichen finden in der Alltagswelt statt" (ebd.: 339).

Die Alltagswelt gehört weder der Familie noch der Schule, den Medien, den *Peers,* der materiellen Umwelt oder Wahrnehmungswelt alleine, auch nicht den je unterschiedlich verfassten Kontexten von Jugendhilfe (darin der der Kinder- und Jugendkulturarbeit) oder der Kunstvermittlung in öffentlicher Verantwortung und der schulischen Bildung. Die

Perspektive „Bildungslandschaft" besteht im Prinzip aus allen Orten und Ereignissen, Angeboten und Programmen, die in konkreten situativen Ausformungen bildende Absichten und/oder Wirkungen haben sowie erreichbar und erfahrungsaktiv bzw. lernaktivierend sind. Diesem Anspruch müsste idealiter etwa ein kommunales Netzwerkkonzept im Horizont „Bildung" gerecht werden. Dessen entgrenzende Qualität ist den herrschenden Segmentierungen entgegengesetzt; es entspricht auch z. B. der weltweiten Bewegung *Educating Cities* bzw. dem angelsächsischen Ansatz der *Community education.*

Die pragmatische Frage im Horizont eines weiten Bildungsbegriffs lautet: „Wie lässt sich schulische und nichtschulische Bildung zusammen denken und organisieren" (Otto/Oelkers 2006: 10)? Es geht also um die im Paradigma „Netzwerk" fokussierte flexible Programmatik:

> „Der Konnex von Bildung, Subjektivierung und Emanzipation ist obsolet. An seine Stelle treten komplexe Konfigurationen von Lernprozessen und vernetzten Lernorten, die in der rahmenplanerischen Gestaltung regionaler Bildungslandschaften in gewisser Weise auch durchaus sozialtechnologisch verfügbar gemacht werden können. Aus der Erkenntnis, dass Bildung immer ein Ko-Produktionsprozess von Lehrenden und Lernenden ist, folgt nämlich lediglich deren Nichtprogrammierbarkeit. Die Bereitstellung anregender Lern- und Lebensumgebungen für alle Kinder und Jugendlichen bleibt hingegen ein legitimer, primär auf kommunaler Ebene umzusetzender bildungsplanerischer Gestaltungsauftrag" (Stolz 2006: 124).

Bezogen auf die gestaltbare kommunale und regionale Ebene empfiehlt es sich deshalb, nicht nur von „Ganztagsschule", sondern erweitert von „Ganztagsbildung" zu sprechen und diese auch zur konzeptionellen Grundlage kommunalpolitischen Handelns zu machen. Ziel dabei ist die Chance, der Vielfalt möglicher Lern- und Bildungsformen gerecht zu werden.

> „In Abgrenzung zur Ganztagsschule, wie auch zur Ganztagsbetreuung sind unter ‚Ganztagsbildung' Institutionalisierungsformen zu verstehen, die formelle Bildung (Unterricht) und nicht-formelle Bildung (Jugendarbeit und andere außerschulische Bereiche) auf der Basis eines transversalen Prozesses verbinden und unter subjekttheoretischen Überlegungen zusammenführen" (Otto/Coelen 2004: 8).

Der seit 2004 als Präsident des Deutschen Städtetags amtierende Münchner Oberbürgermeister formuliert die kommunalpolitische Perspektive des Netzwerkparadigmas (soweit es die föderalen Rahmenbedingungen, vor allem der Vorgaben für die Schulorganisation zulassen) so:

> „Gerade Künste, Kultur und Medien sind mögliche gemeinsame Schnittmengen im Focus Bildung von Kultur-, Schul- und Jugendpolitik. Wissen ist vermittelbar, Partizipation bietet sich an, Handlungsorientierung ist möglich und auch inhaltlich geboten. Das ist die Chance kultureller Bildung mit der Perspektive neuer Lernkulturen und einer ganzheitlich-ganztägig anregungsreichen ‚Kultur des Aufwachsens'. Dies geschieht vor Ort, in den Städten und Stadtteilen. Für neue, innovative und kreative regionale Bildungsnetzwerke im Zusammenspiel von Kunst, Kultur, Jugendarbeit und Schule sowie von Lehrkräften, Kunst- und Kulturvermittlern, Künstlern und Eltern bietet sich die kommunale Ebenen als die entscheidende Kooperationsplattform an. Insbesondere im Rahmen kommunaler Entwicklungen zugunsten von Synergien und vielfältig anregungsreichen Bildungsnetzen verstehe ich das Netzwerk ‚Bildung' als einen Beitrag zu einer kinder- und familienfreundlichen Stadt. Leitbild dabei ist die Verwirklichung des ‚Rechts auf Bildung' für alle Kinder und Jugendlichen

in angemessenen Formen, wie es auch die UN-Kinderrechtskonvention definiert" (Ude 2005: 4).

Auch die Kultusministerkonferenz (KMK) hat in ihrer Empfehlung zur kulturellen Kinder- und Jugendbildung (Beschluss vom 1.2.2007) das Netzwerkparadigma auf lokaler Ebene deutlich betont. Die Akzente von Vernetzung als Produktionsform für Bildung hat, zumindest konzeptionell, die deutsche Bildungspolitik auf der entscheidenden, der föderalen Gestaltungsebene erreicht:

> „Bei allen Formen der Kooperation sind freiwillige, hierarchiefreie lokale Netzwerke geeignet, die Projekte im sozialen Umfeld zu positionieren und ihre Wahrnehmbarkeit zu erhöhen. Ihre Wirksamkeit ist umso größer, je längerfristiger und nachhaltiger die Projekte angelegt und politisch abgesichert sind. Im Rahmen der kommunalen Jugendhilfeplanung sollen diese lokalen Netzwerke auch die Kooperation mit sozialpädagogischen Angeboten der Kinder- und Jugendförderung, den Schulen und den klassischen kulturellen Bereichen ausbauen" (KMK 2007: 4).

Für die kommunale Jugend-, Kultur- und Bildungspolitik ist hier ein Legitimationsrahmen angegeben, der das zeit-räumliche Netzwerkparadigma konsensual rahmt, auch über den schulischen Bildungsreformbedarf hinaus.

## 2 Netzwerk als Form und die Kunst des Netzwerkens

Es gibt keine Technologie des Netzwerkens, z. B. mit einer planbaren Linearität entsprechend Start/Ziel-Logik. Netzwerken ist immer ein offener Prozess, durchaus analog zu den Verfahren und dem Selbstverständnis von Kultur, Bildung und Erziehung allgemein. Allerdings gibt es zur Netzwerkpraxis empirische Erfahrungen, beschreibbare Qualitäten und wünschenswerte Ziele, auch wenn deren präzisierende und verallgemeinerbare Ausdifferenzierung derzeit insofern nur sehr begrenzt ist, weil kommunale Bildungsnetzwerke sich erst da und dort im Versuchsstadium befinden.

Castells (2001) etikettiert das „Informationszeitalter" insgesamt als „Netzwerkgesellschaft" entsprechend der expansiven und technologisch basierten Dynamik von Digitalisierung und weltweiten kulturellen, ökonomischen, sozialen Netzwerkprozessen, die zunehmend unseren Alltag definieren.

> „Mit der Netzwerkmetapher lassen sich also zum einen soziale, technische, biologische etc. Strukturen beschreiben, d. h. die Begriffe ‚Netz' und ‚Netzwerk' werden in diesem Kontext ganz allgemein als Leitmetaphern für Vorstellung von dezentrierten Strukturen verwendet, die sich durch heterarchische Verknüpfungen auszeichnen" (Gendolla/Schäfer 2005: 12).

Netzwerke sind also offenen Strukturen und flexible, situative Konstruktionen für operative Modelle, Baupläne für dann auch materielle, formale und institutionelle, durchaus auch kreative Problemlösungen. Die Netzwerkmetapher steht vor allem im kulturellen, sozialen und politischem Raum für eine absichtsvolle, aber nicht direktive Veränderungsdynamik.

Netzwerke werden auch vor dem Horizont des 21. Jahrhunderts als „Kulturtechnik der Moderne" bezeichnet (vgl. Barkhoff u. a. 2004). Netzwerke verheißen Lösungen, gleich, ob in Sachen globalen Wissensmanagements, digital vernetzt oder lokal personalisiert, themenzentriert und zivilgesellschaftlich motiviert. Insbesondere Computernetzwerke stellen nicht nur technische Verbindungen her, „sondern sie verändern auch die Verbindung zwischen Nutzern in allen sozialen Bereichen" (Gendolla/Schäffer 2004: 21). In den institutionellen und politischen Alltagswelten, z. B. der kommunalen und lokalen Ebenen und ihrer Zuständigkeit für „Daseinsvorsorge" bzw. „Grundversorgung" gibt es allerdings ein Problem, auf das sich das Netzwerkparadigma generell bezieht, entsprechend gesellschaftskritischer Zeitdiagnose.

> „Die institutionelle Verknüpfung entspricht nicht dem Grad an digitalen, intellektuellen oder neuronalen Verknüpfungen. Hier werden zunehmend hoch-effizienten und differenzierte Netzwerke sichtbar, die auch in die gesellschaftliche Debatte über soziale und kommunikative ‚Vernetzungen' eingehen. Institutionelle Strukturen sind vielfach nicht funktional im Sinne der erforderlichen Flexibilität, die einen oszillierenden Kommunikationsfluss fördern und nach pragmatischen Lösungswegen Ausschau halten. Vielmehr stehen institutionelle und bürokratische Strukturen für Beharrungsvermögen und Quer-Denkverbote, und sie sind ein Nährboden für pessimistische Bedenkenträger" (Große-Loheide 2004: 236).

Bei professioneller Netzwerkarbeit lokal und regional vor Ort und in den Kontexten von Jugend- und Kulturarbeit sowie Schule mit dem Focus „Ganztagsbildung" geht es um „organisierte Kooperationen" im Verbund von Ideen und Ressourcen z. B. zugunsten der „Kultur des Aufwachsens" und dem entsprechenden Bedarf an kulturellen und bildenden Netzwerken dafür. Die Beiträge einzelner Akteure verbinden sich dabei zu einem szenischen und episodischen Muster und verschiedene Projekte und Initiativen zu einem Netzwerk dessen, was sich als Jugend- und Kulturarbeit, als Stadtteilkultur und als Bildungslandschaft realisiert.

Netzwerke sind besondere Allianzen, Kommunikations- und Aktionsbündnisse mit gemeinsamen Zielen und flexiblen, je situativ angemessenen Strategien. In dieser Hinsicht ist „Netzwerkdenken und -handeln" durchaus kunstnah als eine kulturelle Kreativtechnik für die lokale, kommunale, regionale „Landschaftsgestaltung" des ganztägigen Lernens und Bilden: Dies ist ein potenziell pädagogischer Mehrwert auch für das Konzept Ganztagsbildung mit weiten Zielorientierungen wie z. B.:

> „Während schulisches Lernen häufig in relativ abstrakter und vom Kontext gelöster Form stattfindet, ist informelles Lernen zumeist in viel stärkerem Maße situiert. Die Grundidee des Ansatzes ist die, dass Lerner in einer Art informeller Lehre im Kontakt mit Experten oder einfach von solchen Menschen lernen, die einen Wissensvorsprung haben. Wobei zugunsten von Handlungsdimensionen zu ergänzen wäre: einen Wissens- und Könnensvorsprung oder einfach einen Kompetenzvorsprung" (Overwien 2004: 53).

Kommunale Netzwerke sind eine Chance, die Pluralität von Lern- und Bildungsformen auch pragmatisch und bildungspolitisch zu realisieren entsprechend der zeit-räumlichen Koordinaten „Ganztag" und „Landschaft".

## 3 Das kommunale Bildungsnetz im Dreieck Jugend – Kultur – Schule

Im Kontext „Umwelt als Lernraum" z. B. auch in einem dörflichen oder urbanen *Setting* ist an das afrikanische Sprichwort *It needs a village to raise a child* zu erinnern, zitiert von Hentig bis Clinton. Analoges meint Hentigs Ansatz, *polis* (altgriechisch: Stadt/Bürgerschaft) als Vorbild für Schulleben und Schulkultur zu nutzen. Kommunale Bildungsnetze, offen und weit verstanden, versuchen diese Dimensionalität zumindest anteilig und entsprechend zeit-räumlicher Flexibilisierung und Qualifizierung von Bildungsimpulsen und (Selbst-)Lernchancen wiederzugewinnen bzw. zu rekonstruieren und neu zu beleben unter den Bedingungen der eben auch neuen digital signierten „Netzwerkgesellschaft".

Die Potenzialität des Netzwerkparadigmas ist die der Netzwerkgestaltung innewohnende Kraft, die Realitäten des Notwendigen in die Räume und Zukünfte des Möglichen zu imaginieren und entsprechend dieser Spannung zu handeln. Insofern macht es für Bildungsnetze im Konzept „Ganztagsbildung" dann auch entsprechend allgemeiner Netzwerklogik keinen Sinn, sich im Bildungskontext sozusagen freiwillig und per definitionem, nur auf gegenwartsfixiertes und bilaterales Netzwerkagieren zu beschränken – z. B. auf Jugendhilfe und Schule oder Kultur und Schule. Gerade die kommunale Zuständigkeit und Perspektive verbietet diese Verengung entsprechend der Logik „Daseinsfürsorge" für alle und im Querschnitt, mit Synergien entsprechend kommunaler Verfasstheit. Die kommunale Ebene ist Schnittstelle zwischen föderalen, nationalen und internationalen Rahmenbedingungen und Entwicklungen einerseits und den phänomenologischen, den örtlichen und situativen Ausformungen der je erreichbaren und bildungsmächtigen Lebenswelten, z. B. von Kindern und Jugendlichen.

Überall wird Kooperation und Vernetzung empfohlen, gefordert bzw. geradezu gebetsmühlenartig beschworen – oft aber nur, vor allem im Rahmen Sozialer Arbeit, Schulsozialarbeit und Jugendhilfe/Jugendarbeit eher bilateral-zuarbeitend begrenzt bezogen auf das Makrosystem Schule. Dies zeigt sich bereits jetzt als Schwäche, das die kooperativ-synergetischen Bildungssubstanzen, trotz aller Beschwörungen von „gleicher Augenhöhe" der Sozialen Arbeit mit dem Kerngeschäft, bzw. der gesellschaftlichen Auftragslage des real existierenden und gesetzlich geregelten Schulwesens, in der Praxis zu einer Art Dienstleistungsverhältnis (Mittagstisch, Hausaufgabenbetreuung, Einzelfallhilfe, Freizeitbetreuung, sozialpädagogische Unterstützungsarbeit und freiwillige Angebote) führt bzw. sich entsprechend degradiert. Der anteilig von der Jugendhilfe, anteilig kulturpolitisch geförderte Kooperationsbereich der Kinder- und Jugendkulturarbeit/Kulturelle Bildung tut sich hier eher leichter, entsprechend seiner systematischen Bezüge zu auch schulischen und unterrichtsrelevanten Inhalten und Vermittlungsgegenständen (wie Bildnerisches, Kunst, Musik, Theater, Tanz, Bewegungskünste).

Als Plädoyer für den im Diskurs um Ganztagsbildung eher vernachlässigten Bildungspartner „Kunst und Kultur" und mit Akzentuierung des lokalen und kommunalen Netzwerkparadigmas ein jugendpolitischer Hinweis auf die Bildungspotenziale des Kulturellen:

> „Die kulturelle Dimension von ‚Bildung' schließt auch den konkreten gelebten Alltag mit ein – ‚Bildung' nimmt ihren Ausgang in den konkreten Lebenslagen. Insofern sucht ‚Bildung' nach Formen gelungener Bewältigung. ‚Bewältigung' als Kultivierung eines ‚gelingenderen Alltags' eröffnet einen anderen kulturellen Horizont, wenn das Alltägliche transzendiert wird in der verfremdenden Kontrastierung mit andern kulturellen Mustern und Erfahrungen. Insofern ist ‚Bewältigung' auf Bildung angelegt" (Mack 2006: 332).

Ausführliche Konzepte und Analysen zur kommunalen Kooperation von Jugendhilfe und Schule sind enthalten in der Veröffentlichung von Ulrich Deinet und Maria Icking (2006) sowie in AGJ (2006). Analog lässt sich dies natürlich für kulturraumbezogene Sichtweisen formulieren (vgl. Kelb 2007). Erst beides zusammen, die sozial- und kulturräumliche Synergie mit Bezug auf die „Öffnung von Schule" ergibt eine stimmige Konzeption und Entwicklungsperspektive zugunsten Ganztagsbildung in kommunalpolitischer Sicht und begründet das Netzwerkparadigma.

Der kommunale Bildungsauftrag ist entsprechend der Segmente Jugendhilfe, Kunst und Kultur sowie Schule und Ausbildung unterschiedlich, bzw. entsprechend föderalen und bundesweiten Rahmenbedingungen mehr oder weniger politisch frei entscheidbar bezogen auf Akzentuierung und Förderung: Eben das macht systematisch-institutionelle, auch weil z. T. konkurrierend, Vernetzung und Kooperation oft schwierig, zumal dann noch bei entsprechend unterschiedlichen kommunalen parteipolitischen Konstellationen und Positionierungen. Hier haben Netzwerke ihre unverzichtbare, z. T. sogar moderierende, vor allem aber Impuls gebende Funktion jenseits hierarchischer, parteilich-weltanschaulicher Fixierungen und Interessenlagen. „Das keineswegs überall vorhandene Selbstverständnis der Kommunen als gleichwertiger Bildungsträger neben dem Staat zielt auf eine ganzheitliche Verantwortung der Städte für ihre eigenen Angelegenheiten und damit auch für die Bildung der Menschen, die in der Stadt leben" (Rossmeissl/Przybilla 2006: 102).

## 4 Vernetzungsinitiativen und Strukturmodelle für Kooperation

Für Kooperation und Vernetzung angemessene Konzepte, Strukturen und Arbeitsformen zur finden und organisatorisch zu erproben sowie politisch und haushalterisch abzusichern, ist sozusagen die handwerkliche Seite der „Kunst des Netzwerkens". Dies geschieht an vielen Orten und auf unterschiedlichen Ebenen. Die folgenden Modelle dienen dazu als Anregung und Illustration, es sind sozusagen Momentaufnahmen. Man könnte diese Ansätze auch „Laboratorien für experimentelle Netzwerkpraxis" nennen.

### *4.1 Beispiel München: Der Kultur- und Schulservice KS:MUC*

Kooperation, Koordination und Vernetzung ist in der Entwicklung der Münchner Kinder- und Jugendkulturarbeit nichts Neues und wurde auch schon früh bundesweit als beispielhaft zur Kenntnis genommen (vgl. Fuchs 1994: 150). 1990 hatten die Kultur-, Schul- und Jugendwohlfahrtsausschüsse des Münchner Stadtrats auf einer gemeinsamen Sitzung ein zusammen erarbeitetes „Gesamtkonzept Kinder und Jugendkulturarbeit" einstimmig beschlossen. Dies wurde, erneut bestätigt durch eine kommunale Beschlusslage, 1999 aktualisierend fortgeschrieben (vgl. Stadtjugendamt/Sozialreferat München 1999). Dieses Konzept beschreibt Kinder- und Jugend-(Kultur-)arbeit als gemeinsame kommunale Aufgabe von Jugend-, Kultur- und Schulpolitik, getragen von einen Koordinationsforum (KoFo) der zuständigen Verwaltungen und von Einrichtungen und Freien Trägern aller drei Politikfelder.

Themenzentrierte Arbeitskreistreffen, Tagungen, Fortbildungen, Internetauftritt, Daten, Info-Mailings, Veröffentlichungen, Gremienpräsenz, überregionale Kontaktpflege, Schulberatung, Künstlervermittlung und vieles mehr waren und sind die selbst formulierten, perspektivischen Arbeitsweisen, z. T. allerdings nicht immer effizient und professionell leistbar mangels systematischer Finanzierbarkeit (vgl. Marx/Zacharias 2006).

## *4.2 Beispiel Hamburg: Ein Rahmenkonzept als kulturpolitischer Impuls*

Hamburg hat als Stadtstaat kommunale und föderale Aufgaben sozusagen in der eigenen Hand entsprechend doppelter Zuständigkeit. Das ist ein deutlicher Gestaltungsvorteil, wenn er aktiv genutzt wird zugunsten kommunaler Vernetzung. In Hamburg kommt der Impuls dazu aus der Kulturbehörde, die mit Senatsbeschluss vom 27.7.2004 ein „Rahmenkonzept Kinder- und Jugendkulturarbeit in Hamburg" vorgelegt hat. Als Ziele und Maßnahmen werden u. a. benannt:

- Kräfte bündeln, Synergien schaffen
- Vernetzung der Arbeitsfelder Kultur, Schule und Jugendhilfe
- Erhöhung der Angebotstransparenz
- Ganztagsschulkooperation stärken und fördern
- Vielfalt der Angebote und Träger pflegen
- Qualität sichern

Diesen kulturpolitischen Impuls beschreibt die zuständige Kultursenatorin so:

> „Ausgehend von der Erkenntnis, dass es zu einer lebenswerten ‚wachsenden Stadt' gehört, den Standort gerade auch für Familien mit Kindern besonders attraktiv auszugestalten, wurde die Kulturbehörde im Jahr 2003 beauftragt, in Zusammenarbeit mit der Behörde für Bildung und Sport und der Behörde für Wissenschaft und Gesundheit das vorliegende Rahmenkonzept zu erarbeiten" (Freie und Hansestadt Hamburg 2004: 1).

Kommunale Gesamt- oder Rahmenkonzepte für Bildung im weiten Verständnis, also unter Einbeziehung von Kultur- und Jugendpolitik haben derzeit Konjunktur. Es gilt, sie flächendeckend und zunehmend erfahrungsgesichert zu etablieren.

## *4.3 Beispiel Nordrhein-Westfalen: Mit Kooperation in die Fläche kommen*

NRW nennt sich seit 2006 auch „Modell-Land Kulturelle Bildung". Der kulturpolitische Impuls „Kultur und Schule" kommt direkt aus der Staatskanzlei NRW, engagiert angestoßen vom dortigen Staatssekretär Hans-Heinrich Große-Brockhoff. Das landesweite Projekt ist auch vergleichsweise sehr gut finanziert. Es ist ein gemeinsames Projekt von Staatskanzlei (Kultur), Schul- und Jugendministerium.

Von besonderem Interesse ist die Ausschreibung (2007/2008) eines Wettbewerbs für die besten kommunalen Kooperationskonzepte: Kommunen, die zielorientiert an der Qualität kultureller Bildungsprozesse arbeiten, werden ausgezeichnet und auf ihrem Weg ermutigt. Als Vorraussetzung für „Kommunale Gesamtkonzepte" wird benannt:

- Stärkung der kulturellen Bildung im kommunalen Leitbild/Profil
- Schaffung von Vernetzungsstrukturen für Akteure, Politik und Verwaltung aller angesprochenen Handlungsfelder
- Öffnung der Kultureinrichtungen für die Interessen von Kindern und Jugendlichen
- Entwicklung von Projekten für die künstlerisch-kulturellen Bildung im Vorschulalter
- Kooperation von Künstlern, Kultureinrichtungen/-initiativen mit Kindergärten, Schulen, Weiterbildungseinrichtungen
- Aktivierung von Impulsen zur Kulturellen Bildung im Alltag der Heranwachsenden

- Einbeziehung von Eltern, ehrenamtlich engagierten Bürger(innen) und der lokalen Wirtschaft
- Erarbeitung lokaler Angebote zur Qualifizierung der Beteiligten
- Festlegung/Einrichtung einer Koordinierungs-/Kontaktstelle für die kulturelle Bildungsentwicklung in der Kommune (vgl. Staatskanzlei NRW: 18).

Dieses Anforderungsprofil an kommunale Konzepte mit Kooperationsagenturen und Servicediensten, hier fokussiert auf Kulturelle Bildung im Dreieck von Kulturarbeit, Jugendhilfe und Schule ist verallgemeinerbar. Analog kann man diese Profilierung auch aus der Sicht von Jugendhilfe/Sozialer Arbeit formulieren, aber idealiter eben unter Einbeziehung aller drei Politikfelder (Jugend/Soziales, Kunst/Kultur, Schule/Ausbildung), prinzipiell ergänzbar durch Stadtentwicklung und Raumordnung.

### *4.4 Das BKJ-Projekt „Kultur macht Schule“: Netzwerke für Kooperation*

„Kultur macht Schule“ hieß bereits 1997 eine Initiative der Bundesvereinigung Kulturelle Kinder- und Jugendbildung (BKJ). Diese fand aber danach eher wenig Gehör und zeigte kaum Wirkung (vgl. BKJ 1997), obwohl sie mehr oder weniger bereits all das enthielt, was nun nach 2003/2004 konzeptionell, pragmatisch und als Antwort auf den Pisa-Schock im „Netzwerkparadigma“ und der „Ganztagsperspektive“ prominent, aktuell wurde und allseits gefordert wird.

Der Vorsitzende der Bundesvereinigung kulturelle Kinder- und Jugendbildung (einer im Rahmen der Bundesjugendplans geförderten Dachorganisation) schreibt in dem das Modellprojekt 2004-2007 abschließenden Bericht: „Im BKJ-Modellprojekt geht es um die neue Rolle der Kulturellen Bildung im Kontext der Bildungspartnerschaften mit (Ganztages-)Schulen.“ Es geht also darum, Wege aufzuzeigen, „die perspektivisch beschritten werden müssen, um all den entstandenen, innovativen Bildungsallianzen langfristige und nachhaltige Qualitäts- und Struktursicherung zu gewähren“ (Fuchs 2007: 8).

## 5 Felder kommunaler Netzwerkpraxis und örtlicher Bildungspartnerschaften

Die einen nennen es „Gelingensbedingungen“, andere wie z. B. die Arbeitsgemeinschaft der Jugendhilfe (AGJ) „Ermöglichungsstrukturen“ oder „Kriterien für Qualität/Qualitätsstandards“ wie die Bundesvereinigung für kulturelle Kinder- und Jugendbildung. Es geht tendenziell immer um das Gleiche: einigermaßen verlässliche, funktionale und konsensuale Leitplanken und Objektivierungen für Kooperation und Vernetzung Richtung gleichberechtigter Partnerschaften auch zugunsten lokaler, kommunaler Bildungslandschaften mit der Perspektive Ganztagsbildung (einschließlich des Segments Schule/Ganztagsschule) zu erarbeiten, zu erproben und dann auch Verbindlichkeit – fachlich, finanziell wie politisch – herzustellen, soweit möglich. Dies gilt es als eine Art konzeptuellen Konsens (kommunal, föderal, bundesweit sowie kompatibel, anschlussfähig zu internationalen Entwicklungen) aktiv und mit allen an der „Kultur des Aufwachsens“ beteiligten Akteuren zu gestalten, z. B. durch Netzwerke horizontaler und vertikaler Art.

Einigkeit besteht im Großen und Ganzen, dass verbindliche und allgemein anerkannte Vereinbarungen, Verträge, „Kontrakte“ nötig sind, insbesondere bei Schulkooperationen zwischen den Kooperations- und Bildungspartnern vor Ort, eben auch auf der Basis eines gemeinsamen Ziel- und Qualitätsverständnisses etwa zwischen Jugendhilfe/Kultur/Schule. Felder gelingender kommunaler und lokaler Netzwerkarbeit entsprechend bisherigen Erfahrungen bzw. Modellprojekten sind (vgl. Marx/Zacharias 2006: 13):

- Arbeitsstrukturen und Abläufe
- Information, Kommunikation und Öffentlichkeit
- Vermittlung und Qualifizierung
- Praxis und Projekte
- Inhaltliche Akzente und Initiativen

Diese Übersicht von Feldern kommunaler Vernetzung Jugend/Kultur/Schule im Fokus „Bildung“ und mit dem Ziel eines kommunalpolitischen Konzepts, auch mit anzustrebender kommunaler Beschlusslage, entspricht dem aktuellen Diskussionsstand, ist aber durchaus entwicklungs- und erweiterungsfähig. Es geht dabei um die Elemente eines systematisch zu denkenden und zu gestaltenden Beziehungsgeflechts unterschiedlicher Aktionsformen, Akteure, Professionen und Strategieansätze, die also erst in der synergetischen Summe ihre Effizienz entfalten, sozusagen als „Dauerbaustelle“ und als „lernende Organisation“. Bezogen auf die realpolitische und auch operativ-organisatorische Verwirklichung kommunaler Netzwerkagenturen sind zwei Perspektiven leitend, derzeit noch sozusagen systematische Desiderate. Es braucht:

- ein Kompetenzzentrum für Kooperation, zwar im öffentlichen Auftrag, aber nicht als integrierter und z. B. dienstrechtlicher, fachlich eingepasster Teil eines Verwaltungsteilbereichs: Das ist die kommunalpolitische Auftragslage. Diese Servicedienst- bzw. Agenturlösungen können auch an Freie Träger o. Ä. delegiert werden.
- Kooperations- und Vernetzungskompetenz als personalisiertes professionelles Wissen und Können, verbunden mit besonderer Kommunikationskompetenz zwischen unterschiedlichen Akteuren bzw. „Betriebssystemen“ eines erweiterten Verständnisses von Bildung mit entsprechend aktivierenden Motivationswirkungen. Das ist die Auftragslage auch für Aus- und Weiterbildung aller z. B. in der Ganztagesbildung professionell Tätigen mit entsprechend unterschiedlichen Berufshintergründen.
- Die Professionellen gestalten bildungsorientierte Netzwerke, z. B. im organisatorischen Verbund von Jugend-/Sozialarbeit, Früherziehung/Betreuung, Schule und Ausbildung, Kunst, Kulturvermittlung, Medien. Die Akteure lernen selbst dabei neue Felder und Arbeitsweisen, andere Professionen, Bildungsangebote kennen: im aktiven gestaltendem Umgang miteinander, im praxisorientierten Interesse von Kooperation und der Entwicklung von Projekten für gemeinsame Bildungslandschaften. Netzwerken ist eine kreative Lernform für alle Berufe und Handlungsfelder im Focus Bildung. Netzwerken bedeutet auch Chancen für Partizipation, Teilhabe und Mitbestimmung.

Als „eine Kulturtechnik der Moderne“ bezeichnen Kulturwissenschaftler das Netzwerken: Böhme (2004: 18) stellt spekulativ den Spannungsbogen der Netzwerkmetapher als eine Signatur des 21. Jahrhunderts und als Handlungspostulat in vielerlei Kontexten klar: „Nur was vernetzt ist, ist überlebensfähig und produktiv, in Natur wie in Gesellschaft, vom Einzeller bis zum Computer.“

## *Literatur*

AGJ – Arbeitsgemeinschaft der Jugendhilfe (Hg.) (2006): Zukunftsprojekt: Gemeinsame Gestaltung von Lern- und Lebenswelten. Berlin: Eigenverlag.

Benner, Dietrich (1978): Hauptströmungen der Erziehungswissenschaft. München: List.

BKJ (Bundesvereinigung Kulturelle Jugendbildung) (Hg.) (1997): Kultur Macht Schule. (BKJ Bd. 40) Remscheid: Eigenverlag BKJ.

Barkhoff, Jürgen/Böhme, Hartmut/Riou, Jeanne (Hg.) (2004): Netzwerke: Eine Kulturtechnik der Moderne. Köln: Böhlau.

Bock, Karin/Andresen, Sabine/Otto, Hans-Uwe (2006): Zeitgemäße Bildungstheorie und zukunftsfähige Bildungspolitik. Ein „Netzwerk Bildung" als Antwort der Kinder- und Jugendhilfe. In: Otto/Oelkers (Hg): 332-347.

Böhme, Hartmut (2004): Netzwerke. Zur Theorie und Geschichte einer Konstruktion. In: Barkhoff/Böhme/Riou (Hg.): 17-36.

Castells, Manuel (2001): Das Informationszeitalter 1: Der Aufstieg der Netzwerkgesellschaft. Opladen: Leske + Budrich.

Freie und Hansestadt Hamburg (2004): Rahmenkonzept Kinder- und Jugendkulturarbeit in Hamburg. Hamburg: Eigenverlag.

Fuchs, Max (1994): Kultur lernen – Eine Einführung in die Allgemeine Kulturpädagogik (BKJ). Remscheid: Eigenverlag BKJ.

Fuchs, Max (2007): Einführung. In: Kelb, Viola (Hg.): 7-9.

Gendolla, Peter/Schäfer, Jürgen (Hg.) (2005): Wissensprozesse in der Netzwerkgesellschaft. Bielefeld: Transcript.

Große-Loheide, Mike (2004): 7 Thesen zu Netzwerkenfür die Informationsgesellschaft. In: Große-Loheide, Mike/Hasenbrink, Uwe (Hg.): Netzwerke für die Informationsgesellschaft. Bielefeld (GMK Schriften zur Medienpädagogik 36): Eigenverlag.

Kelb, Viola (Hg.) (2007): Kultur macht Schule. München: Kopäd.

KMK (2007) – Kultusministerkonferenz: Empfehlungen zur kulturellen Kinder- und Jugendbildung. Beschluss vom 01.02.2007. In: www.kmk.org/doc/beschl/070425-kulturelle-kinder-jugend.pdf (Download am 01.10. 2007).

Liebich, Haimo/Marx, Julia/Zacharias, Wolfgang (2005): Spielen in der Stadt. München: Eigenverlag.

Mack, Wolfgang (2006): Hatte keinen Nerv zum Lernen. Mein Stiefvater spinnt wieder. In: Otto/Oelkers (Hg.): 223-237.

Marx, Julia/Zacharias, Wolfgang (2006): Netzwerke bilden. München: Eigenverlag.

Otto, Hans-Uwe/Coelen, Thomas (Hg.) (2004): Grundbegriffe der Ganztagsbildung. Wiesbaden: VS Verlag für Sozialwissenschaften.

Otto, Hans-Uwe/Oelkers, Jürgen (Hg.) (2006): Zeitgemäße Bildung. München: Reinhardt.

Overwien, Bernd (2004): Internationale Sichtweise auf ‚informelles Lernen' am Übergang zum 21. Jahrhundert. In: Otto/Coelen (Hg.): 51-76.

Rossmeissl, Dieter/Przybilla, Andrea (2006): Schulsozialpädagogik. Bad Heilbrunn: Klinkhardt.

Staatskanzlei NRW (Hg.) (2007): Magazin Kultur und Schule (2-07/3-07) Düsseldorf.

Stadtjugendamt/Sozialreferat München (Hg.) (1999): Gesamtkonzept kommunale Kinder- und Jugendkulturarbeit. München: Eigenverlag.

Stolz, Hans-Jürgen (2006): Dezentrierte Ganztagsbildung: Diskurskritische Anmerkungen zu einer aktuellen Debatte. In: Otto/Oelkers (Hg.): 114-130.

Ude, Christian (2005): Bildung in der Stadt. In: Liebich/Marx/Zacharias (Hg.): 4.

# 3.3

# Verbindende Perspektiven

# Reformpädagogische Diskurse über die Ganztagsschule

*Fritz-Ulrich Kolbe / Sabine Reh*

Fast scheint es so, als würde Anfang des 21. Jahrhunderts eine im internationalen Vergleich beobachtbare Besonderheit des deutschen Schulsystems – der Halbtagsschulbetrieb (vgl. Hagemann/Gottschall 2002; Hagemann 2006) – ihr Ende findet. Seit einigen Jahren entstehen in einem nennenswerten Umfang Ganztagsschulen, die ein für die Schüler(innen) verpflichtendes oder „offenes" Nachmittagsangebot bereitstellen – seit 2002 in Rheinland-Pfalz und verstärkt seit Auflage des Investitionsprogramms „Zukunft Bildung und Betreuung" (IZBB) durch die Bundesregierung 2003 in der gesamten Bundesrepublik (vgl. Quellenberg 2007).

Vor dem Hintergrund der Tradition einer halbtägigen Beschulung in Deutschland muss man sich nicht nur fragen, wie die Halbtagsschul-Tradition zu erklären ist, sondern auch wie es zu der gegenwärtigen Veränderung kommt oder was diese begünstigt. Viel spricht dafür, das diskursive Zusammenspiel unterschiedlicher Faktoren – politische, ökonomische, soziale, rechtliche und kulturelle – im Rahmen einer starken „Pfadabhängigkeit" dafür verantwortlich zu machen. Ein Wirkfaktor in diesem Rahmen ist sicherlich der deutschsprachige (reform)pädagogische Diskurs, in dem nicht nur die Schule als Institution eine eher negative Wertung erfährt, sondern auch die Familie und die mütterliche Sorge eine, im Gegensatz zur institutionalisierten Erziehung, eher positive.

Im Folgenden soll gezeigt werden, wie in Deutschland in spezifischer Weise der pädagogische Diskurs um die Einführung einer ganztägigen Beschulung mit den Diskursen einer reformpädagogischen Schulkritik und entsprechender Reformvorstellungen verknüpft ist. Wir werden zunächst in drei Schritten darstellen, in welchen Figuren die Bildungspolitik gegenwärtig den Ausbau von Ganztagsschulen begründet, mit welchen symbolischen Konstruktionen schulische Akteure die Entwicklung zu einer Ganztagsschule legitimieren und wie der schulpädagogische Diskurs der letzten zehn bis fünfzehn Jahre die Ganztagsschule in den Blick genommen hat. Die hier analysierten Argumentationsfiguren werden dann gespiegelt in der Darstellung der reformpädagogischen Schulkritik und ihrer Programmatik. Abschließend wird mit schultheoretischer Begründung aufgezeigt, wie die aufgewiesenen Verknüpfungen des reformpädagogischen Diskurses mit dem Ganztagsschul-Diskurs als Hypothek und Entwicklungschance in der Gegenwart wirken.

## 1 Die Ganztagsschule – Bilder und Figuren der Legitimation

Insgesamt beziehen sich die gegenwärtigen bildungspolitischen Initiativen und die schulischen Akteure von Schulentwicklungsprozessen wenn auch in unterschiedlicher Art und in unterschiedlichem Umfange – in Konzeptualisierung und ihren Begründungen auf eine reformpädagogische Programmatik, indem sie „geöffnete" Lernangebote oder eine kind- bzw. bedürfnisgerechte Gestaltung des Nachmittags durch eine pädagogisch verantwortete Betreuung und Freizeit anstreben. Während der schon 2002 erfolgende rheinland-pfälzische Vorstoß zur Etablierung von mehr Ganztagsschulen als ein singulärer Reformversuch gesehen werden kann, geben sich die sehr heterogenen Ausbaubestrebungen in den anderen Bundesländern nach Veröffentlichung der ersten PISA-Ergebnisse als Versuche einer Optimierung des *outcome* im deutschen Bildungswesen, einer Steigerung der Leistungen deutscher Schüler(innen) zu erkennen. Aber auch wenn so auf den ersten Blick scheinbar klassisch reformpädagogische Argumentationsfiguren in der gegenwärtigen bildungspolitischen Programmatik an Bedeutung verlieren, finden sie sich bei einem genaueren Hinsehen bis heute sowohl in den Konzeptualisierungen und Legitimationen der schulischen wie auch der bildungspolitischen Akteure wieder. Der schulpädagogische Diskurs im Jahrzehnt vor dieser Offensive hatte eine solche Bezugnahme vorbereitet.

## *1.1 Eine bildungspolitische Offensive: Leistungssteigerung durch Selbsttätigkeit und individuelle Förderung*

Die rheinland-pfälzische Reform verband das sozialpolitische Anliegen, Familie und Beruf leichter vereinbar zu gestalten, mit dem Programm, Kinder und Jugendliche nicht nur zu verwahren. Das erweiterte Schulangebot sollte fundiert pädagogisch gestaltet sein, damit Schule insgesamt sich verändere, damit sie auf schülerorientierte Weise mehr fördere und mehr Lernmöglichkeiten für bessere Leistungen eröffne (vgl. Kolbe u. a. 2005 und 2006).

Unausgesprochen werden Ganztagsangebote mit den hinzukommenden neuartigen pädagogischen Elementen gleichgesetzt und deren Verhältnis zum Halbtagsprogramm zugleich als eine Spannung interpretiert, die durch weitere Reformen gelöst werden könne. Deren pädagogischer Kern wiederum bestehe in „anderen" Unterrichtsmethoden, welche – der Programmatik entsprechend – einen ganzheitlichen Aneignungsprozess „mit allen Sinnen" ermöglichen sollen. Entscheidend dafür seien Verfahren, die stark auf der Eigenaktivität Lernender, „schüleraktivierende Methoden", aufbauen und die Lernarrangements dafür öffnen (vgl. MBFJ 2001, Anlage 2). Dies setzt freilich voraus, dass die Inhalte der pädagogischen Angebote eine die Aktivität der Schüler(innen) hervorlockende Qualität besitzen, dass sie „schülerorientiert" mit Bezug auf deren Lebenswelt bestimmt werden. Mit „anderem" Lernen sind hier also Vorstellungen einer „Öffnung" schulischen Lernens und der unterrichtlichen Methoden und eine den Bedürfnissen der Lernenden gerecht werdende Nachmittagsgestaltung gemeint. Das schließt eine besondere (individuelle) Förderung und „pädagogisch wertvolle" Freizeit ein. Damit scheint die bildungspolitischen Rahmenvorgabe distanzierend auf eine traditionelle Schulpraxis als Institutionalisierung einer „Lern- und Buchschule", auf Instruktion und auf Passivität erzeugende Unterordnung der Schüler(innen) zu reagieren und diese auch zu unterstellen. Über eine im engeren Sinne sozialpolitische Zielsetzung hinausgehend wird mit dem rheinland-pfälzischen Programm zur Etablierung von Ganztagsschulen also eine bildungspolitische Zielsetzung zugunsten einer im Ganzen erneuerten „schülerorientierten" und auf „Eigenaktivitäten" der Schüler(innen) setzende Lehr- und Lernkultur an den Schulen verfolgt.

## *1.2 Symbolische Konstruktionen schulischer Akteure: Familiarität und das ganze, wirkliche Leben*

Während auf der Bundesebene – ähnlich wie in Rheinland-Pfalz – programmatisch mit der Ganztagsschule reformpädagogische Ideen verbunden sind, entstanden die bildungspolitischen Rahmenvorgaben für die Einrichtung der Ganztagsschulen ganz heterogen durch einzelne Bundesländer. Umso mehr Gewicht kommt den Deutungen der schulischen Akteure in den einzelnen Schulen zu. Sie führen an den Schulen einen ausgeprägten Legitimationsdiskurs, in dem die Ganztagsschule gegenüber der Halbtagsschule zur „anderen" Schule wird (vgl. Kolbe u. a. 2007a, 2007b und 2008).[1]

Vor allem in den Grund- und Förderschulen, teilweise aber auch in den weiterführenden Schulen, reichen die symbolischen Konstruktionen nah an die Vorstellung heran, Ganztagsschulen könnten die Familie ersetzen, oder zumindest in umfassender Weise Erziehungsdefizite von Familien kompensieren. Einher damit gehen weitgehende Abwertungen der Familien: Von emotionaler Vernachlässigung und mangelnder Erziehung ist die Rede, es herrschen Vorstellungen über eine anregungsarme und leer bleibende Freizeitgestaltung. Zur Kompensation dieser Defizite in den Familien soll die Ganztagsschule in zweierlei Hinsicht dienen: Sie wird entweder als eine sorgende und Halt gebende „Gegenwelt" entworfen, in der die Kinder sich wohl fühlen und emotionale Zuwendung erhalten können. Oder aber man konstruiert Ganztagsschule als ein pädagogisch gestaltetes und sinnvolles Freizeitangebot, das den Kindern ermöglicht, auch nachmittags etwas zu lernen und Defizite eines anregungsarmen familiären Bildungsmilieus auszugleichen.

Eine etwas anders gelagerte Konstruktion konnte sowohl an Grundschulen als auch an weiterführenden Schulen entdeckt werden. Hier dient die Vorstellung von Ganztagsschule als diejenige einer Überwindung der Trennung von Schule und Leben und als Verbindung von informellen und formellen Lernprozessen. Ein Mangel der bestehenden Halbtagsschulen, der hier vorausgesetzt wird, bestehe darin, eben nur „künstliche" Schule und nicht ein „wirkliches", ein erfahrungsunmittelbares Leben zu sein. Es wird hier eine Vorstellung von Unterricht entwickelt, die dessen Ansprüche bis in die Freizeitangebote hineinwirken lässt. Nachmittägliche Angebote und Projekte, die gleichzeitig als Freizeitgestaltung deklariert und an Unterrichtsthemen orientiert werden sollen, überlagern so das, was mit einer der abstrakten Arbeit entgegen gesetzten Idee von Freizeit gemeint war, und zwar durch den Anspruch, dass nun hier auch etwas „Nützliches" gelernt werden solle.

Schultheoretisch – vor dem Hintergrund einer Theorie gesellschaftlicher Entwicklung als funktionaler Differenzierung (vgl. Luhmann 2002) – betrachtet, werden in den beiden unterschiedlichen Legitimationsfiguren einer ganztägigen Beschulung die Aufgaben der Schule gegenüber einem bestehenden Verständnis der Aufgaben der Halbtagsschule ausgeweitet; es finden in diesen Vorstellungen also Grenzverschiebungen des Schulischen statt (vgl. Kolbe u. a. 2007a und 2008). So werden Vorstellungen über Wirkungsfelder von Familie und Schule im Sozialisations- oder im Subjektivierungsprozess diffus. Auch die zweite Konstruktion, die zwar die Institution als eine fokussiert, die organisierte Bildungsangebote bereitstellt, führt zu Grenzverschiebungen: nämlich auf der Oberfläche zwischen Un-

1 Dieser Legitimationsdiskurs und die in ihm gebrauchten Metaphern und Bilder wurde in Vorbereitung zur Untersuchung der Lernkulturentwicklung in zwölf Schulen dreier Bundesländern anhand von Interviews, Gruppendiskussionen und von Protokollen „natürlicher" Gespräche im vom BMBF gefördert Forschungsprojekt „Lernkultur- und Unterrichtsentwicklung in Ganztags-Schulen" (LUGS) empirisch rekonstruiert (siehe www.lernkultur-ganztagsschule.de).

terricht und Freizeit und d. h. zwischen Arten des Lernens, die auch als informelle noch zu organisieren seien.

Der Bezug auf familiäre Defizite und auf einen Mangel modernen, schulischen Lebens – die fehlende Erfahrungsunmittelbarkeit – produziert spezifische Schwierigkeiten für die Entwicklung von Ganztagsschulen. Vor dem Hintergrund der dargestellten symbolischen Konstruktionen wird die Ganztagsschulentwicklung nicht von der Spezifik des zentralen Bestimmungsstückes der Schule – also vom systematisierten bzw. organisierten Lernen, vom Unterricht – aus gedacht werden können, da die Schule familiäre Aufgaben ersetzen oder das „ganze unmittelbare Leben" werden soll, und das obwohl mit diesen Vorstellungen kompensatorische Ansprüche verbunden sind.

### 1.3 *Der schulpädagogische Diskurs: Die moderne Ganztagsschule als Antwort auf Veränderungen der Kindheit*

Die neuen, oben genannten GTS-Konzeptionen schließen z. T. direkt an Ideen und Gestaltungsprinzipien an, welche im pädagogischen Diskurs bis zum Ende der 1990er Jahre vertreten wurden: 1993 erschien die bis heute umfangreichste Studie zur „Entstehung und Entwicklung der modernen Ganztagsschule in Deutschland" (Ludwig 1993). In Kritik an Lohmann (1965: 88), der noch behauptet hatte, die Reformpädagogik sei ohne nennenswerten Einfluss auf die „moderne Form der Ganztagserziehung" gewesen, ist Ludwigs Studie der Versuch, den Gedanken der „modernen Ganztagsschule" aus der Reformpädagogik und unter Bezugnahme auf reformpädagogische Schulversuche zu begründen, wie schon von Ipfling (1988) und Sandfuchs (1988) angedeutet. Charakteristisch für eine „moderne Ganztagsschule", wie sie sich als Idee in der Zeit um 1900 herausbildet und an die immer wieder in verschiedenen Phasen der Diskussion um und des Ausbaus von Ganztagsschulen angeknüpft wird, sei die „erzieherische Ausweitung schulischer Aufgaben" (Ludwig 1993: 17). Als gewissermaßen bildungspolitischen Ausgangspunkt der 1990er Jahre beginnt Ludwig seine Studie mit einer konstatierten Veränderung der Bedingungen kindlichen Aufwachsens, mit Veränderungen der „familialen Lebenssituation" (ebd.: 3) und geringer werdenden „unmittelbaren Erfahrungs- und Betätigungsmöglichkeiten" der Kinder (ebd.: 4), die ein Bedürfnis – staatlicher Bildungspolitik oder von Eltern – nach einer ganztägigen Ausweitung schulischer Angebote entstehen lasse.

Auch hier wird der Gedanke verfolgt, dass eine Schule mehr leisten muss, als ihr in der vorhandenen Form leisten zu können unterstellt wird; sie muss etwas ersetzen, was Familien nicht mehr leisten und sie muss eine „Unmittelbarkeit von Erfahrungen" bereit stellen, wie sie das medienvermittelte moderne Leben den Kindern nicht biete, und es wird skizziert, wie dieses Programm schon in frühen reformpädagogischen Entwürfen verfolgt wurde. Die Darstellung der Tradition von Ideen einer Ausweitung der täglichen Schulzeit (über Nohl und Mayer-Kuhlenkampff in den 1950er und 40er Jahren hinaus, zurück etwa zu Hahn, Specht, Petersen und Oestreich, schließlich zu den Waldschulen, zu Ideen Wynekens, zu anderen Internatsschulen und Lietz' Landerziehungsheimen) bindet die Ganztagsschulidee an diejenige einer Überwindung der „Lernschule", der Trennung von Schule und Leben und der Idee einer „ganzheitlichen Menschenbildung" in der Schule zurück (ebd.: 584). So wird der Ganztagsschulgedanke nicht nur mit der Konstruktion einer verderblichen Gegenwart, einer Kulturkritik der Moderne und mit einer Abwertung bestimmter sozialer Milieus verknüpft, sondern auch an den der Kompensation familiärer Defizite gebunden (vgl. Reh 2008).

Das an Praktiker gerichtete „Handbuch Ganztagsschule" (vgl. Appel/Rutz 1999) entfaltet von der Kultur- und Zivilisationskritik der Aufwachsensbedingungen bis hin zu den praktischen Prinzipien einer „Pädagogik vom Kinde aus" alle Argumente und Vorschläge reformpädagogischer Tradition als Gestaltungsprinzipien ganztägiger Angebote. Für den Diskurs der Schulreform und Schulentwicklungstheorie lässt sich der mit hohem programmatischem Anspruch auftretende Band „Ganztagsschule und Schulöffnung" von Holtappels (1995) stellvertretend hervorheben. Hier wird die These entwickelt, dass als einzige Antwort auf den Wandel der Aufwachsensbedingungen heute in Frage käme, Schule nach einem „erneuerten Bildungs- und Lernverständnis" umzugestalten; dieses gelinge allein durch die Kombination von ganztägiger Organisation mit so genannter „Öffnung" von Schule und Unterricht (vgl. Benner/Ramseger 1981; Ramseger 1991). Nachdem sich schon die Darstellung des „sozialen Wandels der Erziehungsbedingungen" wie eine Fortschreibung früher, reformpädagogischer Schulkritik seit der vorletzten Jahrhundertwende lesen lässt, verwundert es nicht, auf drei Lernprinzipien und Konzepte der Reformpädagogik und ihrer Rezeption zu stoßen: Das Prinzip projektorientierten Lernens als eines Lernens in Zusammenhängen – gegen einen zergliedernden Fachunterricht gewendet – wird übernommen. Das Prinzip handlungsorientierten Lernens als „praktische Eigentätigkeit", um „authentische Erfahrungen" zu sammeln, schließt an das Prinzip der Selbsttätigkeit an. Kooperatives und soziales Lernen wird im Sinne des Lernens in und für eine Gemeinschaft Lernender verstanden und dem gleichen Traditionszusammenhang entnommen.

Allein die organisatorische Struktur ganztägiger Angebote scheint solcherart Lernen zu ermöglichen, weil nur sie eine „Öffnung" von Schule und Unterricht trage. Öffnung wird dabei in dreifacher Weise als substanzielle Erweiterung schulischen Lernens verstanden. In ihrem Rahmen, nämlich durch lerngerechte Rhythmisierung und zeitliche Flexibilisierung, durch differenzierte Lernorganisation, ein nicht hauptsächlich an der Stundentafel orientiertes Fächer verbindendes und übergreifendes Lernen, durch Gestaltung des Schullebens und neue Organisation der Schul-Räume sollen eine methodische und eine inhaltlich-thematische Öffnung des Lernens und schließlich eine institutionelle Öffnung hin zu Lernprozessen für und mit der Schulumwelt hervorgebracht werden. Gemeinsam sollen sie so einer Pädagogik „vom Schüler aus" dienen, die die Lernmöglichkeiten individuell angemessener ausfallen lassen (vgl. Holtappels 1995).

## 2 Reformpädagogische Schulkritik und Schulprogrammatik

Die Reform-Formel der „Schülerorientierung" in der gegenwärtigen Ganztagsschul-Programmatik wird in einer spezifischen Rezeption reformpädagogischer Prinzipien der „Orientierung am Kind" als „Öffnung" von Schule und Unterricht zum „Leben", das zumeist allerdings in einer kultur- und d. h. immer auch medienkritischen Reorganisation unmittelbare Erfahrungen verspricht, also durch Ausweitung und Grenzverschiebung des Schulischen gefasst. Diese Anleihen im reformpädagogischen Diskurs zwischen 1900 und etwa 1930 werden im Folgenden dargestellt:

Auch wenn es – worauf Tenorth (1994) ausdrücklich hinweist – schwierig scheint zu sagen, was die Reformpädagogik sei, weil nicht hinreichend zwischen der retrospektiven und interessierten Einheitsunterstellung der Disziplin – beginnend mit Nohls Darstellung „Die pädagogische Bewegung in Deutschland und ihre Theorie" (Nohl 1949) – und einer sozialhistorisch rekonstruierbaren Schulreformbewegung unterschieden wird, lassen sich doch mit Rücksicht auf jüngere Zusammenfassungen und Darstellungen (Benner/Kemper 2003; Oelkers 1996 und 2004) einige Prinzipien der schon selbst auf Traditionen zurückgreifenden Schulkritik um die vorletzte Jahrhundertwende (vgl. Oelkers 1994; Benner/Kemper 2003: 35-56) und Versuche der Schulreform, wie sie in der Weimarer Republik zu beobachten waren, formulieren.

Gewissermaßen nach Durchsetzung eines staatlichen Schulsystems, also etwa mit der faktischen Durchsetzung eines Schulbesuchs aller Kinder um 1900 war in Deutschland die Schulkritik als Kritik an den etablierten Organisationsformen der institutionalisierten Erziehung nicht mehr zu übersehen, also etwa an der Dominanz des Fachunterricht und den Formen einer „frontalen", kleinschrittigen Belehrung, der Einteilung der Schüler(innen) in Jahrgangsklassen und dem Prinzip der Versetzung, der Durchsetzung eines generalisierten Berechtigungswesens (vgl. Oelkers 2004: 787-789). Vor dem Hintergrund einer generalisierten Schule und eines generalisierten Bildes vom Kind entstanden – vor allem in der Zeit nach dem Ersten Weltkrieg – verschiedene Reformschulen, deren Prinzipien die Orientierung am Kind, d. h. die Orientierung auch institutionalisierter Erziehung an Wachstum und „natürlicher" Entwicklung des Kindes in Gemeinschaft durch den weitgehenden Verzicht auf eine Fremdbestimmung durch „Kultur" oder „Politik" – also etwa durch ein Curriculum – war (vgl. Oelkers 2004).

Ullrich (2002) unterscheidet für den reformpädagogischen Denktypus fünf Aspekte, die sich einem solchen generalisierten Bild vom Kind, der romantischen Vorstellung vom schöpferischen Genius der Kinder, ihrer Rolle als quasi innerweltliche Erlöser für in ihrer Erkenntnis entfremdete Erwachsene, ihrer sozialen Orientierung auf Gemeinschaft hin, und vor allem dem Prinzip der Zurückhaltung der Erzieher und des Wachsenlassens des Kindes nach seinem eigenen Plan verdanken:

1. Kinder und Jugendliche werden als nicht entfremdete, uneingeschränkt entwicklungsfähige Wesen gedacht.
2. Erziehung muss deshalb vom Verstehen der jungen Menschen ausgehen und diesen auf gleicher Augenhöhe im Dialog begegnen und sie anerkennen.
3. Für Unterricht und Lernen ergibt sich daraus eine negative Erziehung und Lehrmethode, die auf Selbsttätigkeit und Freigabe des Kommunizierens und des Ausdrucks zielt. Deshalb ist damit inhaltlich auch der Anspruch verknüpft, sich an der Logik der Aneignung (nicht der Fachwissenssystematik) zu orientieren.
4. Schule ist deshalb dann als umfassender Lebensraum und nicht nur als Unterrichtsraum einzurichten, in der vor allem Beziehungen auch einer diffus-spezifischen Art eher familienartig in Gestalt einer „Gemeinschaft" das Zusammenleben prägen.
5. Schließlich sind Lerninhalte deshalb neu zu bestimmen, als es für die selbsttätige und eigenlogische Entwicklung jedes Individuums relevanter, eigener „authentischer" Erfahrungen bedarf: Inhalte sind gemeinsam festzulegen und in offenen, also individualisierenden Lernformen und gesamtunterrichtlich bzw. projektartig zu bearbeiten.

Selbstverständlich – so zeigen die Praxis reformpädagogisch orientierter Schulen aufarbeitende sozial- bzw. bildungshistorische Studien (vgl. z. B. Amlung u. a. 1993) – werden diese Prinzipien in durchaus unterschiedliche Schulprogramme und pädagogische Praktiken umgesetzt, die im Einzelnen auch bedeutsame Unterschiede – etwa in der Art der Konstituierung familialer oder kameradschaftlich-autoritärer Gemeinschaft – produzieren.

Benner/Kemper (2003) zeigen, wie teilweise in den Hamburger Gemeinschaftsschulen im Versuch, das Lernen der Kinder auf ihre Interessen zu gründen, eine Festlegung inhaltlicher Zielorientierung des Unterrichts abgelehnt und mit dieser „Inthronisation des Lebens zum Prinzip seiner selbst" (ebd.: 148) entgegen der Intention die Qualität des Schul- und Unterrichtslebens der privaten Willkür des Lehrers, anders formuliert der „pädagogischen Persönlichkeit" und seiner Autorität überantwortet wurde (vgl. ebd.: 136-164). Dagegen wurde etwa – so Benner/Kemper (2003) und Ullrich (2002) – im Programm Berthold Ottos ebenfalls auf den Lehrplan verzichtend das Lernen auf die Interessen der Kinder gegründet, indem der Gesamtunterricht als ein gemeinsam forschender Prozess zwischen Lehrer(innen) und Schüler(innen) methodisiert wurde, in welchem sich die Kinder selbsttätig bis zum Wissensstand der heutigen Kultur vorarbeiten (können).

Sicherlich wurde die Vorstellung von der Ursprungsnähe der Kinder und ihrer Erlöser-Rolle für eine entfremdete Gesellschaft seither ebenso säkularisiert wie die Vorstellung von der schöpferischen Phantasie, dem Genius des Kindes, entmystifiziert. Schulpädagogisch-historisch nicht bearbeitet scheinen dagegen die möglichen Implikationen der Anleihen bei reformpädagogischen Prinzipien wie demjenigen des Lernens allein auf der Basis der Interessen der Kinder. Auch für die suggestive Vorstellung von Gesamtunterricht als gemeinsamem Forschungsprozess oder für die Vorstellung, dass allein die Selbsttätigkeit als Motivation ausreiche, sich vorzuarbeiten, scheint dies fraglich.

Besonders interessant ist bei der gegenwärtigen Programmatik der Ganztagsschule die Frage nach einer anhaltenden Mystifizierung der Eigentätigkeit bzw. des Prinzips negativer Erziehung als Basis einer freien Subjektentfaltung und der Vorstellung von Lernprozessen als Vervollkommnung des sich selbst durchschauenden, über sich und die Bedingungen seines Selbst verfügenden, autonomen Subjekts. Wird das religiös suggestive Moment abgeschattet, das diesen Prinzipien ihre Gültigkeit verleiht (vgl. Baader 2005), so scheint auch die Ambivalenz pädagogischer Praktiken ausgeblendet, die „Selbsttätigkeit" im Sinne eigenverantwortlichen Lernens als Selbstbestimmung und intrinsische Motivation erforderlich machen: zugleich Unterwerfung und Ermächtigung zu sein (vgl. Rabenstein 2007). Die poststrukturalistische Kritik der Pädagogik dekonstruiert gerade die Freisetzungsforderungen selbständig-selbstverantwortlichen Lernens als historisch sich profilierende Subjektivierungspraxis mit einem Moment der Selbst-Zurichtung (vgl. Pongratz 2004).[2]

## 3 Fazit

Die Konstruktion der Ganztagsschule als Schule der Reformpädagogik im bildungspolitischen und schulpädagogischen Diskurs war lange Zeit Hypothek für den weiteren Ausbau einer ganztägigen Beschulung, weil diese Konstruktion eine positive Bezugnahme auf Schule als organisiertem Lernen erschwert und die Ganztagsschule immer in die Nähe zur kompensatorischen Einrichtung familiärer Defizite gebracht hat. Heute dagegen führt die Verbindung von Elementen eines reformpädagogischen Denkens mit neoliberalen Führungs-Strategien und Regierungspraktiken im Bereich der Bildungspolitik (vgl. Bellmann/Waldow 2006) zu neuen Chancen einer Verwirklichung der Ganztagsschule.

Die Ganztagsschule erwies sich als besonders geeignet, im Zuge eines entstehenden politischen Handlungsdrucks nach PISA zu einer Antwort auf die deutlich gewordenen Pro-

2 Vgl. zum kritischen Verständnis von „Sozialisation" als „Subjektivierung" Schäfer (2000).

bleme des deutschen Bildungswesens zu werden (vgl. Tillmann/Kuhlmann 2008). Das reformpädagogisch orientierte Ganztagsschulprogramm einer Förderung von Selbständigkeit und Eigenaktivität versprach vor dem Hintergrund der konstruktivistischen Lerntheorie, durch Herkunft und Migration entstandene Bildungsbenachteiligung auszugleichen. Und obwohl eine solche Wirksamkeit der Ganztagsschule empirisch nicht nachgewiesen wurde, reüssierten die – gewissermaßen in den Schubladen einiger Bildungsverwaltungen lagernden – Konzepte zum Ausbau von Ganztagsschulen, weile diese gleichzeitig Maßnahme einer neoliberalen Politik wurden: ein Baustein zur Herstellung von Bedingungen, die die Menschen zu einem veränderten Reproduktionsverhalten bewegen soll (vgl. Coelen 2006; Reh 2006). Die unter anderem mit der Ganztagsschule angestrebte Modernisierung von Familien- und Schulpolitik (vgl. Bertram 2006) und generell neue *time policies* Kinderpflege und Erziehung (vgl. Hagemann 2006) können als „Biopolitik" bezeichnet werden, als eine Politik, deren Objekt die Bevölkerung und deren Thema das Leben und die Bildung des Humankapitals sind (vgl. Foucault 1983: 161-173 und 2004).

## *Literatur*


Amlung, Ullrich/Haubfleisch, Dietmar/Link, Jörg W./Schmitt, Hanno (Hg.) (1993): „Die alte Schule überwinden". Reformpädagogische Versuchsschulen zwischen Kaiserreich und Nationalsozialismus. Frankfurt a. M.: dipa.

Appel, Stefan/Rutz, Georg (1999): Handbuch Ganztagsschule. Schwalbach/Ts.: Wochenschau.

Baader, Meike S. (2005): Erziehung als Erlösung. Transformationen des Religiösen in der Reformpädagogik. Weinheim: Juventa.

Baader, Meike S. (2006): Der heilige Kosmos der Reformpädagogik. Der Lehrer als Priester, das heilige Kind, der Jüngling als Novize, der Unterricht als Weiheveranstaltung. In: Hofmann, Michèle/Jacottet, Denise/Osterwalder, Fritz (Hg.): Pädagogische Modernisierung. Bern: Haupt: 75-97.

Bellmann, Johannes/Waldow, Florian (2006): Die merkwürdige Ehe zwischen technokratischer Bildungsreform und emphatischer Reformpädagogik. Berlin (Ms.).

Benner, Dietrich/Kemper, Herwart (2003): Theorie und Geschichte der Reformpädagogik. Teil 2: Die Pädagogische Bewegung von der Jahrhundertwende bis zum Ende der Weimarer Republik. Weinheim: Beltz.

Benner, Dietrich/Ramseger, Jörg (1981): Wenn die Schule sich öffnet. Erfahrungen aus dem Grundschulprojekt Gievenbeck. München: Juventa.

Bertram, Hans (2006): Modernity Forgotten: The Family Today. Vortrag auf der Konferenz „Welfare State Regimes, Public Education and Child Care", 1.-3.4.2006 in Potsdam (Ms).

Coelen, Thomas (2006): Jugend(-hilfe) im demographischen Wandel. Antrittsvorlesung an der Fakultät für Pädagogik der Universität Bielefeld (Ms.).

Foucault, Michel (1983): Der Wille zum Wissen. Sexualität und Wahrheit 1. Frankfurt a. M.: Suhrkamp.

Foucault, Michel (2004): Geschichte der Gouvernementalität II. Die Geburt der Biopolitik. Vorlesungen am Collège de France 1978-1979. Frankfurt a. M.: Suhrkamp.

Hagemann, Karen (2006): Between Ideology and Economy: The ‚Time Politics' of Child Care and Public Education in the Two Germanys. In: Social Politics (Vol. 13) No. 1/2006: 217-260.

Hagemann, Karen/Gottschall, Karin (2002): Die Halbtagsschule in Deutschland – ein Sonderfall in Europa? In: Aus Politik und Zeitgeschichte H. 41/2002: 12-22.

Holtappels, Heinz Günter (1995): Ganztagsschule und Schulöffnung. Perspektiven für die Schulentwicklung. Weinheim: Juventa.

Ipfling, Heinz-Jürgen (1988): Zur Entwicklung der Ganztagsschule in der Bundesrepublik Deutschland – Konzepte und Erfahrungen. In: Forum E (41. Jg.) H. 9/1988: 8-13.

Kolbe, Fritz-Ulrich/Kunze, Katharina/Idel, Till-Sebastian (2005): Wissenschaftliche Begleitung der Ganztagsschule in neuer Form in Rheinland-Pfalz. In: Radisch, Falk/Klieme, Eckhard (Hg.): Ganztagsangebote in der Schule. Internationale Erfahrungen und empirische Forschungen. Ergebnisse einer Fachtagung 2003. Bonn: BMBF: 124-137.

Kolbe, Fritz-Ulrich/Kunze, Katharina/Idel, Till-Sebastian (2006): Ergebnisse der wissenschaftlichen Begleitung der Einführung Ganztagsschule in neuer Form. In: Dies. (Hg.): Einführung Ganztagsschule in neuer Form. Empirische, konzeptionelle und bildungspolitische Perspektiven. Dokumentation einer Fachtagung in Zusammenarbeit mit dem MBFJ Mainz. Mainz: 5-48.

Kolbe, Fritz-Ulrich/Reh, Sabine/Fritzsche, Bettina/Idel, Till-Sebatian/Rabenstein, Kerstin (2007a): Ganztagsschule als Schule entwickeln. Eine Studie zu Lernkultur und Unterrichtsentwicklung an Ganztagsschulen. In: ZfPäd H. 5/2007: 36-41.

Kolbe, Fritz-Ulrich/Reh, Sabine/Fritzsche, Bettina/Idel, Till-Sebatian/Rabenstein, Kerstin (Hg.) (2008): Ganztagsschule als symbolische Konstruktion. Fallanalysen zu Legitimationsdiskursen in schultheoretischer Perspektive. Wiesbaden: VS Verlag für Sozialwissenschaften (i. Dr.).

Kolbe, Fritz-Ulrich/Reh, Sabine/Idel, Till-Sebastian/Rabenstein, Kerstin/Weide, Doreen (2007b): Lernkultur- und Unterrichtsentwicklung in Ganztagsschulen. In: Appel, Stefan u. a. (Hg.): Jahrbuch Ganztagsschule 2008. Leitthema Lernkultur. Schwalbach/Ts.: Wochenschau: 30-41.

Kunze, Katharina/Kolbe, Fritz-Ulrich (2006): Reflexive Schulentwicklung als professionelle Entwicklungsaufgabe. Ausgewählte Ergebnisse der wiss. Begleitstudie zur Entwicklung der Ganztagsschule in Angebotsform in Rheinland-Pfalz. In: Appel, Stefan/Ludwig, Harald/Rother, Ulrich/Rutz, Georg (Hg.): Jahrbuch Ganztagsschule 2006. Schwalbach/Ts.: Wochenschau: 255-263.

Lohmann, Joachim (1965): Das Problem der Ganztagsschule. Ratingen: Henn.

Ludwig, Harald (1993): Entstehung und Entwicklung der modernen Ganztagsschule in Deutschland (2 Bde). Köln: Böhlau.

Luhmann, Niklas (2002): Das Erziehungssystem der Gesellschaft. Frankfurt a. M.: Suhrkamp.

MBFJ – Ministerium für Bildung, Frauen und Jugend (2001): Anlage zum Errichtungsbeschluss für „Ganztagsschulen in neuer Form". Mainz.

Nohl, Herman (1949): Die pädagogische Bewegung in Deutschland und ihre Theorie. Frankfurt a. M.: Schulte-Bulmke.

Oelkers, Jürgen (1994): Bruch und Kontinuität. Zum Modernisierungseffekt der Reformpädagogik. In: ZfPäd (40. Jg.) H. 4/1994: 565-583.

Oelkers, Jürgen (1996): Die Reformpädagogik. Eine kritische Dogmengeschichte. Weinheim: Juventa.

Oelkers, Jürgen (2004): Reformpädagogik. In: Benner, Dietrich/Oelkers, Jürgen (Hg.): Historisches Wörterbuch der Pädagogik. Weinheim: Beltz: 783-806.

Pongratz, Ludwig A. (2004): Freiwillige Selbstkontrolle. Schule zwischen Disziplinar- und Kontrollgesellschaft. In: Ricken, Norbert/Rieger-Ladich, Markus (Hg.): Michel Foucault: Pädagogische Lektüren. Wiesbaden: VS Verlag für Sozialwissenschaften: 243-260.

Quellenberg, Holger (2007): Ganztagsschule im Spiegel der Statistik. In: Holtappels, Heinz Günter/Klieme, Eckhard/Rauschenbach, Thomas/Stecher, Ludwig (Hg.): Ganztagsschule in Deutschland. Ergebnisse der Ausgangserhebung der „Studie zur Entwicklung von Ganztagsschulen" (StEG). Weinheim: Juventa: 14-36.

Rabenstein, Kerstin (2007): Das Leitbild des selbständigen Schülers. Machtpraktiken und Subjektivierungsweisen in der pädagogischen Reformsemantik. In: Rabenstein, Kerstin/Reh, Sabine (Hg.): Kooperatives und selbständiges Arbeiten von Schülern. Zur Qualitätsentwicklung von Unterricht. Wiesbaden: VS Verlag für Sozialwissenschaften: 39-60.

Ramseger, Jörg (1991): Was heißt „durch Unterricht erziehen"? Erziehender Unterricht und Schulreform. Weinheim: Beltz.

Reh, Sabine (2006): Commentary to Hans Bertram: Modernity Forgotten. Vortrag auf der Konferenz „Welfare State Regimes, Public Education and Child Care", 1.-3.4. 2006 in Potsdam (Ms.).

Reh, Sabine (2008): „Der aufmerksame Beobachter des modernen großstädtischen Lebens wird zugeben, dass die Familie heute leider nicht mehr den erziehlichen Wert früherer Tage besitzt". Defizitdiagnosen zur Familie als wiederkehrendes Motiv in deutschen reformpädagogischen Schulentwürfen und Schulreformdiskursen im ersten Drittel des 20. Jahrhunderts. In: Ecarius, Jutta/Groppe, Carola/Malmede, Hans (Hg.): Familie und öffentliche Erziehung. Theoretische Konzeptionen, historische und aktuelle Analysen. Wiesbaden: VS Verlag für Sozialwissenschaften (i. Dr.).

Schäfer, Alfred (2000): Vermittlung und Alterität. Zur Problematik von Sozialisationstheorien. Opladen: Leske + Budrich.

Sandfuchs, Uwe (1988): Schulreformerische Ideen der zwanziger Jahre in der modernen Ganztagsschule. In: Die Ganztagsschule (28. Jg.) H. 2/1988: 51-74.

Tenorth, Heinz-Elmar (1994): „Reformpädagogik" – ein erneuter Versuch, ein erstaunliches Phänomen zu verstehen. In: ZfPäd (40. Jg.) H. 4/1994: 585-604.

Tillmann, Klaus-Jürgen/Kuhlmann, Christian (2008): Der öffentliche Diskurs in Deutschland nach PISA – Ganztagsschule ohne Alternative. In: Kolbe/Reh/Fritzsche/Idel/Rabenstein (Hg.) (i. Dr.).

Ullrich, Heiner (2002): Reformpädagogisches Denken „vom Kinde aus". Betrachtungen über das romantische Kindheitsbild und seine Wirkungen auf den pädagogischen Diskurs der Moderne. In: Schmitt, Hanno/Siebrecht, Silke (Hg.): Eine Oase des Glücks. Der romantische Blick auf Kinder. Berlin: Henschel: 41-55.

# Zeitstrukturen (vor-)schulischer Bildung in Europa

*Cristina Allemann-Ghionda*

Bei der Behandlung der Fragestellung, ob der Zeitplan der Schulung von Kindern bis zum Ende der Schulpflicht bzw. bis zum Abschluss der Sekundarstufe II einem Halbtags- oder einem Ganztagsmodell folgt, ist es zunächst notwendig, zwischen vorschulischen Einrichtungen und Schulen zu unterscheiden.

## 1 Ganztags- vs. Halbtagsmodell in der (vor-)schulischen Bildung in OECD-Ländern

Die vorschulische Erziehung hat im europäischen Vergleich je nach Land historisch verschiedene soziale und pädagogische Ursprünge; sie wird traditionell verschiedenen Ministerien und Behörden – der Bildungsbehörde oder der Wohlfahrtsbehörde – zugeordnet; sie wird ursprünglich in manchen Ländern eher als „Bewahranstalt", in anderen eher als „Schulvorbereitung" definiert (Tietze 1993), wobei der schulvorbereitende Charakter in der Gegenwart in allen Ländern die Oberhand gewinnt.

### *1.1 Historische Entwicklung in ausgewählten Ländern*

Die Volksschule für die Massen bildete sich in den meisten Ländern im Verlauf des 19. Jahrhunderts als Institution heraus, die schrittweise immer mehr vom Staat oder unter staatlicher Aufsicht geführt wurde. In einzelnen Ländern (z. B. in den Vereinigten Staaten) begann dieser Prozess bereits früher: im 17. Jahrhundert; Preußen war in Europa in mancher Hinsicht ein Vorreiter, zum einen weil die Schulpflicht früher als in anderen europäischen Staaten eingeführt wurde, zum anderen weil die gesamte Organisation den im Aufbau begriffenen Nationalstaaten, die noch keine strukturierten öffentlichen Bildungssysteme hatten, vorbildlich erschien (vgl. Boli/Ramírez 1992).

Bildungssysteme setzen unterschiedliche Altersgrenzen für den Beginn der Primarschulbildung, wobei der Schulbeginn tendenziell immer früher angesetzt wird. In manchen Bildungssystemen ist die Grenze zwischen vorschulischer und schulischer Bildung fließend, wobei die vorschulische und die schulische Bildung im selben Gebäude untergebracht sein können und über eine Neustrukturierung der Zyklen diskutiert wird (Basisschule für 4- bis 8-Jährige). Aus dieser Sicht müssen vorschulische und schulische Angebote zusammen betrachtet werden. In der Diskussion finden sich denn analoge Entstehungsgeschichten und Begründungsmuster, wenn es darum geht zu erklären, weshalb das Ganztags- oder das

Halbtagsmodell vorzuziehen ist – gleichgültig, ob es sich um vorschulische oder schulische Bildung handelt. Exemplarisch sollen hier die Entwicklungen in einigen ausgewählten europäischen Ländern (Frankreich – England — Italien – Schweden – Russland sowie allgemein in Osteuropa) kurz skizziert werden:

In Frankreich begann die Ganztagsschule mit der Einrichtung einer öffentlichen, laizistischen, obligatorischen Grundschule durch Minister Jules Ferry im Jahre 1880. Die Begründung für das ganztägige Modell war zunächst politisch: Es ging darum, den Einfluss der katholischen Kirche auf die Inhalte der Schulbildung einzudämmen. Als Kompromiss wurde der Mittwoch schulfrei gehalten, damit an diesem Tag der Religionsunterricht erteilt werden konnte. Seither kehrt die Diskussion über den *rythme scolaire* (Verteilung der Stunden in organisatorischer und inhaltlicher Hinsicht) periodisch wieder, doch das Ganztagsmodell wird nicht in Frage gestellt. Die vorschulische Erziehung (teilweise ab 2 Jahre, für alle ab 3 Jahre möglich und verfügbar) ist institutioneller Bestandteil des Bildungssystems, ebenfalls ganztägig und kostenlos. Die meisten 3-Jährigen besuchen eine vorschulische Einrichtung (Hörner 2005).

In England wurde die allgemeine Schulpflicht im Jahre 1870 mit dem *Forster Act* eingeführt: Die flächendeckende Schulpflicht sollte u. a. dazu dienen, die Kindererwerbstätigkeit auf dem Lande und in Fabriken zu bekämpfen. Ab 1920 war in England der ganztägige Unterricht Pflicht. Mittagessen und Schulmilch (letztere wurde während der Thatcher Amtszeit gestrichen) waren erhältlich. Auch die vorschulische Erziehung, die Bestandteil des Bildungssystems ist, wird ganztägig angeboten und von den meisten Eltern bzw. Kindern in Anspruch genommen. Modelle des gleitenden Übergangs vom Kindergarten in die Primarschule (Beginn in der Regel mit 5 Jahren) sind üblich. Eine Reduktion auf ein Halbtagsmodell steht nicht zur Diskussion – eine solche Entwicklung würde als Rückschritt bewertet werden. Vielmehr werden Anstrengungen unternommen, um eine möglichst gute Betreuung und vorschulische wie schulische Bildung zu gewährleisten (vgl. Tomlinson 2008).

In Italien wurde das öffentliche Bildungssystem mit dem Gesetz Casati von 1859 eingerichtet. Die Alternative Ganztags- vs. Halbtagsmodell wurde erst zum bildungspolitischen und pädagogischen Thema, als in den 1960er und 1970 Jahren grundlegende Reformen propagiert und auch durchgeführt wurden. Die Verfechter der Ganztagsschule kamen aus verschiedenen Lagern von der katholischen Pädagogik im Umfeld des Zweiten Vatikanischen Konzils bis zu sozialistisch und kommunistisch orientierten Erziehungswissenschaftler(inne)n. Gemeinsame Ziele waren eine *scuola della piena educazione* (sinngemäß: Schule der umfassenden Bildung) und die pädagogische Kompensation sozialer Ungleichheit. Bis in die Gegenwart hinein existieren Ganztagsschulen mit umfassendem Betreuungsangebot einschließlich Mittagessen und Halbtagsschulen mit freiwilligen ergänzenden Angeboten, die unter den Begriff *tempo prolungato* (verlängerte Zeit) subsumiert werden (Allemann-Ghionda 2005; Baur 2005). Die vorschulische Erziehung wird als Ganztagseinrichtung angeboten, wobei allerdings regionale Unterschiede (Nord-Süd, Stadt-Land) dazu führen, dass das Angebot bis heute nicht flächendeckend eingeführt werden konnte.

Das schwedische Schulsystem (einschließlich der vorschulischen Erziehung) ist stark von den Ideen des Wohlfahrtstaates geprägt, worunter die möglichst weitgehende und umfassende Betreuung und schulische Bildung aller Kinder unter bewusster Inklusion der sozialen Unterschiede verstanden wird. Seit etwa einem Jahrhundert steht das Thema der Zeitstrukturierung auf der politischen Agenda: In den 1920er Jahren haben konservative politische Gruppen vehement gegen Ganztagsbildung gekämpft. In den 1970er Jahren wurde der Frage nachgegangen, wie die Freizeit der Schüler(innen) in einen integrierten Schultag einbezogen werden könnte, was von Nicht-Sozialdemokraten als Versuch gewertet wurde, Eltern ihrer Verantwortung zu berauben. In den frühen 2000er Jahren wurde ein Modellversuch gestartet, wonach die national geregelte Zeitstrukturierung zugunsten der Schulautonomie aufgegeben wurde. Eine Reduktion auf ein Halbtagsmodell steht nicht zur Diskussion (vgl. Lundahl 2008).

In der ehemaligen Sowjetunion, namentlich im gegenwärtigen Russland, kann nicht von einem Ganztagsbildungssystem im französischen, englischen oder schwedischen Sinne die Rede sein. Eher ist es so, dass seit Beginn des 20. Jahrhunderts versucht wurde, die staatliche Schule mit Angeboten der außerschulischen Bildung, insbesondere mit bildungsorientierter Freizeitgestaltung zu kombinieren. In diesen Prozess, der viele verschiedene Formen angenommen hat, fließen Ideen aus heterogenen Quellen hinein und zusammen: russische reformpädagogische Ideen, Konzepte der außerschulischen Erziehung in Jugendorganisationen, Konzepte der Ganztagsschule und Ganztagsgruppe aus der sowjetischen Zeit, westliche Ansätze der *Community education* sowie in jüngster Zeit auch marktorientierte Angebote, die nach dem Prinzip der freien Wahl den Kindern und Jugendlichen zahlreiche Entfaltungsmöglichkeiten bieten sollen (Rakhkochkine 2005). Vorschulische Erziehung ist seit der Sowjetzeit Bestandteil öffentlicher Bildungssysteme – kongruent mit dem damaligen Imperativ der allgemeinen Erwerbstätigkeit von Müttern.

Der Ost-West-Vergleich in Europa zeigt: Bis Ende des Staatssozialismus dominieren in Osteuropa ganztagsähnliche Organisationsformen, wobei Grundsätze des Sozialismus eine Rolle gespielt haben: Mütter haben produktiv – also erwerbstätig – zu sein, weshalb staatliche Tageseinrichtungen notwendig sind. Letztere sichern die staatstreue Erziehung und Bildung der Bürger(innen) – oder streben diese zumindest an. Nach der Wende beginnt sich das Bild zunehmend zu diversifizieren. Ideen, die im Westen als konservativ bezeichnet werden (Kindererziehung sei Sache der Mütter; der Staat solle sich nicht allzu stark in die Erziehung einmischen), halten in die Politik Einzug und tragen dazu bei, dass familienorientierte Betreuungsangebote für Kleinkinder zunehmend mit staatlichen Einrichtungen wetteifern. Der Übergang zur freien Marktwirtschaft bringt, neben vielen anderen Phänomenen, auch Frauenarbeitslosigkeit mit sich. Mütter bleiben nach der Geburt des ersten Kindes eher länger zu Hause – sei es, weil sie erwerbslos sind, sei es, weil sie das Leben als Hausfrau und Mutter als Reaktion auf die unter Sowjetherrschaft aufoktroyierte Erwerbstätigkeit als erstrebenswert empfinden. Der Neoliberalismus gewinnt in osteuropäischen Ländern an Boden und Akzeptanz und trägt zu einer Fragmentierung der Betreuungs- und Schulungsangebote bei, so dass nicht von einer Dominanz des Ganztags- oder des Halbtagssystems als staatlich vorgegebene Norm gesprochen werden kann. Staatliche und private Formen der institutionellen Betreuung, Schulung und Freizeitgestaltung wetteifern mit einem teilweisen Übergang zur familieninternen Betreuung.

## *1.2 Ist-Zustand in der Europäischen Union und in ausgewählten OECD-Ländern*

Zusammenstellungen der Europäischen Kommission zeigen, dass in der Europäischen Union das Ganztagsmodell in Schulen die mehrheitlich angewandte Zeitstrukturierung ist (Tabelle 1).

Weder die Synopse von Eurydice (1994) noch neuere Beschreibungen der Bildungssysteme der Europäischen Union gehen systematisch auf den Aspekt Ganztags-/Halbtagsstruktur ein (Griese u. a. 2005; Döbert u. a. 2004), weshalb die Variable „ganztags" mühsam rekonstruiert werden muss und einige Elemente (z. B.: Was wird an den Nachmittagen genau gemacht? Ist in der Schule ein kostenloses oder kostenpflichtiges Mittagessen verfügbar oder nicht?) nur für manche Bildungssysteme angegeben werden können und ein systematischer Vergleich erschwert wird. Im Thesaurus Europäischer Bildungssysteme (TESE 2006) wird als Zeitindikator lediglich „Schulwoche" genannt, nicht jedoch „Ganztagsmodell" oder ein ähnlicher Begriff.

Die Gestaltung der frühkindlichen Betreuung, Bildung und Erziehung (im Alter von 0 bis 6 oder 7 Jahren) bildet den Schwerpunkt des OECD-Forschungsprogramms „Starting Strong". Mit dieser Forschungsinitiative, die zugleich eine politische Offensive darstellt, wird die gesellschaftliche und pädagogische Notwendigkeit eines früh beginnenden, qualitativ hochstehenden lebenslangen Lernens hervorgehoben. Generell wird zwischen familienergänzender Betreuung und schulvorbereitender Erziehung und Bildung unterschieden. Die einschlägigen Einrichtungen der OECD-Länder sind nach unterschiedlichen Zeitmustern organisiert. In einigen Bildungssystemen erfolgt die Einschulung bereits mit 4 oder 5 Jahren, weshalb der Begriff frühkindliche Betreuung, Bildung und Erziehung für die OECD stufenübergreifend ist. In umfangreichen tabellarischen Zusammenstellungen nimmt das Kriterium „Tageslänge" (ganztags oder Teilzeit) eine zentrale Stellung ein. Der internationale Vergleich innerhalb der OECD zeigt, dass die Zeitstrukturierung der frühkindlichen Einrichtungen durchmischt ist. Abhängig vom Alter sowie von der Bezeichnung und Bestimmung der Einrichtung (eher Betreuung oder eher Schulvorbereitung, eher der Sozial-, eher der Schulbehörde zugeordnet), die wiederum auf verschiedene pädagogische Traditionen und familienpolitische Rahmenbedingungen der nationalen Regierungen verweisen, sind öffentliche Angebote der frühkindlichen Betreuung, Bildung und Erziehung je nach Land als ganztags- oder als Teilzeitmodell verfügbar (OECD 2006a: 76-81). Die OECD definiert „ganztags" als eine Zeitstruktur von mindestens 30 Wochenstunden und richtet sich dabei nach Rostgård/Fridberg (1998).

Zum Thema der Zeitstrukturierung gehören auch die Aspekte der Anzahl von Unterrichtsstunden pro Jahr bzw. pro Schulstufe sowie die Verteilung der Schulferien über das gesamte Schul- bzw. Kalenderjahr (OECD 2006b: 391-404). Im Hinblick auf die ganztägige Bildung sind diese beiden Aspekte insofern von Bedeutung, als während der schulfreien Perioden Familien, in denen beide Eltern erwerbstätig sind, sowie alleinerziehende Mütter oder Väter auf Familienangehörige, Freunde oder Einrichtungen für die Tagesbetreuung, Freizeitgestaltung u. Ä. angewiesen sind. Die Anzahl und Verteilung der Unterrichtsstunden hat auch einen Einfluss darauf, ob die Hausaufgaben unter schulischer oder elterlicher Aufsicht gemacht werden bzw. werden sollen.

## 2 Argumente für eine institutionelle Ganztagsbildung: empirisch gestützt, multiperspektivisch und transnational

Der internationale Vergleich lässt bereits bei einer exemplarischen Auswahl verschiedene Kategorien von Argumenten erkennen, die in der Politik und in der Pädagogik herangezogen werden, um die Notwendigkeit einer ganztägigen schulischen Bildung und außerschu-

*Tabelle 1: Die Ganztagsschule in Europa (Länderauswahl)*

| | **Vor- *und* Nachmittags-unterricht** | **Anmerkungen** |
|---|---|---|
| Belgien | ja | Betreuung außerhalb des Unterrichts vorhanden, wird von Eltern initiiert und finanziert |
| Dänemark | ja | Unregelmäßiger Unterrichtsschluss, insbesondere in den ersten Schuljahren um die Mittagszeit. Durch Betreuung der Kinder auch nachmittags unter Beteiligung der Einrichtung der Jugendhilfe. |
| Spanien | ja | In den Sommermonaten oft nur Vormittagsunterricht; durchgehende Betreuung teilweise. In der Regel kein Mittagessen |
| Frankreich | ja | Vorgeschriebener Unterrichtsumfang; Mittwoch oder Donnerstag unterrichtsfrei. Kaum außerunterrichtliche Schulaktivitäten |
| Vereinigtes Königreich | ja | Bestandteil eines Programms der Rundumbetreuung; kostenloses Mittagessen.<br>Vor- und Nachmittagsunterricht gesetzlich vorgeschrieben, Ausnahme: Schottland. Bei der zeitlichen und inhaltlichen Gestaltung haben die Schulen weit reichende Autonomie. Dadurch eine Fülle außerunterrichtlicher Schulaktivitäten. |
| Irland | ja | ohne Mittagessen |
| Niederlande | ja | staatliche Rahmenvorgaben lassen seit den 80er Jahren vielfältige Lösungen zu; die traditionelle Ganztagsschule wurde fast überall in irgendeiner Form beibehalten |
| Finnland | teilweise | „Dreiviertel-Schule", Modellprojekt „integrierter Schultag" |
| Schweden | ja | Durchgehende Betreuung der Kinder auch nachmittags unter Beteiligung der Einrichtungen der Jugendhilfe |
| Norwegen | ja | Durchgehende Betreuung der Kinder auch nachmittags unter Beteiligung der Einrichtungen der Jugendhilfe |
| Italien | fakultativ | Das Gesetz ermöglicht Ganz- oder Halbtagsschulen mit vielfältigen Varianten. Ganztagsschulen sind „Offene Ganztagsschulen": Die Teilnahme an zusätzlichen Angeboten (nachmittags) steht den Kindern frei: „verlängerte Zeit" |
| Portugal | fakultativ | Halb- und Ganztagsschulen nebeneinander. Wegen Raumnot kann der Unterricht oftmals allerdings nicht vor- und nachmittags erteilt werden, sondern im Wechsel der Schulklassen schichtweise |
| Griechenland | fakultativ | Halbtagsschule im Schichtwechsel; seit 1997 vermehrt Ganztagsbetrieb, jedoch fakultativ |
| Österreich | fakultativ | Verschiedene Modelle; Verpflegung kostenpflichtig |
| Deutschland | fakultativ | Im Zusammenhang der Frauenerwerbstätigkeit zunehmende außerunterrichtliche Betreuungsangebote; Reformbestrebungen pro Ganztagsschule sind im Gange |
| Russische Föderation | fakultativ | Gemischtes Modell (öffentlich und privat): schulische und „ergänzende" Bildung |

*Quelle:* Ursprüngliche Tabelle aus Eurydice (1994); aktualisiert und ergänzt mit Daten aus: Döbert u. a. (2004), Baur (2005), Pulkkinen/Pirttimaa (2005), Obergrießnig/Popp (2005), Rakhkochkine (2005)

lischen Betreuung bzw. ergänzenden Bildung zu begründen und eine bestimmte Zeitstruktur, ggf. eine staatlich gesteuerte Zeitpolitik durchzusetzen.

Wie bereits festgestellt, sind die historischen Gründe für die Einführung der staatlichen Ganztags(grund)schule teilweise pädagogisch-ökonomisch (England: Kinder vor der Erwerbstätigkeit bewahren), teilweise ideologisch-politisch (Frankreich: Einfluss der Kirche eingrenzen). In der italienischen Diskussion werden die Aspekte der umfassenden Bildung und der sozialen Chancengleichheit in den Mittelpunkt gerückt. Hingegen wird selten erwähnt, dass die Erwerbstätigkeit der Eltern in der Landwirtschaft und in Fabriken historisch maßgeblich zur Zeitstruktur beigetragen hat. Zum Beispiel mussten Kinder im späten 19. Jahrhundert in Frankreich im Sommer auf dem Feld mithelfen, weshalb lange Sommerferien für die Eltern eine Notwendigkeit darstellten. Damit das jährliche Stundenpensum absolviert werden konnte, musste der Unterricht ganztags organisiert werden, was wiederum der zeitlichen Struktur der elterlichen Erwerbstätigkeit entsprach (Hörner 2005). Im Falle Frankreichs sind also wirtschaftliche Faktoren mit den ideologisch-politischen verflochten. In Frankreich spielt genauso wie in England, Italien und Schweden, der Gedanke des pädagogischen Ausgleichs von sozioökonomischen und somit auch kulturellen Unterschieden in der Argumentation, vor allem seit den 1960er Jahren, eine bedeutende Rolle. Medizinische Gründe (Belastbarkeit der Kinder) wurden im 19. Jahrhundert in Deutschland genannt, um den nachmittäglichen Unterricht am Gymnasium zu rechtfertigen; zugleich wurde von exzessivem Schulunterricht abgeraten, weil die Wehrtüchtigkeit der Jungen dadurch beeinträchtigt werden könnte (Der Minister der Geistlichen-, Unterrichts- und Medicinalangelegenheiten 1837/1993).

In der Gegenwart tragen folgende Faktoren zur Gestaltung der Zeitstruktur des schulischen (und vorschulischen) Angebotes bei (vgl. Lundahl 2008):

- Demographische und geographische Bedingungen
- Angebot und Nachfrage auf dem Arbeitsmarkt
- Rollenverteilung in der Familie, Frauenbewegung
- Aufgaben der institutionellen Bildung nach Ansicht der Professionen
- Aufgabe des Staates.

In Zeiten wirtschaftlicher Hochkonjunktur werden sich alle Parteien (ob progressiv oder konservativ) eher dafür aussprechen, dass Mütter erwerbstätig sein sollen und dürfen; Ganztagseinrichtungen werden befürwortet. Sinkt die Geburtenrate, werden Frauen ermutigt, Kinder zu bekommen und durch vermehrte Tagesbetreuung oder Ganztagsschulen darin unterstützt. In Zeiten der Wirtschaftskrise werden Mütter eher ermutigt, zu Hause zu bleiben. Je nach Opportunität werden dabei in der Bildungspolitik auch pädagogische Argumente (z. B. Wohl des Kindes) verstärkend herangezogen und – nicht immer empirisch gestützt – an die jeweilige Lage angepasst.

Pädagogische Argumente (die teilweise auch in der bildungspolitischen Rhetorik verwendet werden) sind seit Beginn des 20. Jahrhunderts, als die Ideen der internationalen Bewegung der Reformpädagogik den Schwerpunkt hin zu den Interessen des Kindes verschoben haben, auch aufgrund neuer theoretischer Entwicklungen und empirischer Ergebnisse vielfältiger und differenzierter geworden. So finden sich in der Literatur (ohne Anspruch auf Vollständigkeit) folgende Begründungen für eine Bildung im Ganztagsmodell unter staatlicher Aufsicht:

- Bessere Bildung und Erziehung unter Berücksichtigung kognitiver, emotionaler und sozialer Aspekte im Hinblick auf eine optimale Entwicklung des Kindes und auf besseren Schulerfolg (Andersson 1992)
- Ideale Bedingungen für strukturierte pädagogische Aktivitäten – sei es im Sinne der Schulung, sei es als Freizeitgestaltung
- Prävention von Drogenmissbrauch, Kriminalität und Depression (Richardson 1993)
- Familienergänzende Erziehung und Bildung, auch im Sinne einer Entlastung von Eltern
- Institutionell stark ausgeprägte Zeitstruktur, um sozialen Benachteiligungen entgegenzuwirken, wozu nicht zuletzt eine ausgewogene Ernährung sowie sportliche Betätigung unter staatlicher Aufsicht gehören
- Mehr Zeit und personelle Ressourcen, um Schüler(innen) mit Migrationshintergrund zu fördern und deren Integration zu unterstützen.

Die beiden letztgenannten Argumente sind charakteristisch für die Länder, deren Bildungssysteme eine frühe Selektion betreiben und zwei- oder mehrgliedrig aufgebaut sind – weniger also für Frankreich, England und Schweden, deren Schulsysteme keine Mehrgliedrigkeit aufweisen, soziale Integration anstreben und nur ganztägigen Betrieb kennen.

Die Qualität von Ganztagsbildung (und somit auch die Glaubwürdigkeit und Akzeptanz in der Bevölkerung) ist untrennbar an die berufliche Qualifikation des Personals gebunden. Im internationalen Vergleich haben Erzieher(innen) bzw. Lehrer(innen) für die vorschulische Erziehung sehr unterschiedliche Qualifikationsniveaus. Der europäische Standard einer akademischen Bildung (mindestens *Bachelor*) wird noch nicht in allen Bildungssystemen erfüllt. Die schulischen Ganztagsangebote sind im internationalen Vergleich sehr unterschiedlich, was ihre inhaltlichen Schwerpunkte angeht: eher Unterricht oder eher organisierte Freizeit. Das generiert wiederum Modelle, bei denen Lehrpersonen von qualifiziertem Personal wie Psycholog(inn)en, Sozialpädagog(inn)en u. Ä. unterstützt und ergänzt werden, oder aber weniger anspruchsvolle Modelle, bei denen die ergänzenden Angebote wenig geschultem Personal anvertraut werden.

Seit dem frühen 20. Jahrhundert sind die objektiven Anlässe sowie die pädagogischen Argumente für Ganztagsbildung immer weniger länderspezifisch geworden. Auch der Kontrast zwischen progressiven und konservativen Stellungnahmen in der Politik hat sich zunehmend verflüchtigt. Gerade in Gesellschaften, die vom neoliberalen Denken und zugleich von pluralen Lebensformen bei durchaus ähnlichen Problemen geprägt sind, die Kinder und Familien beschäftigen, tauchen ähnliche pädagogische und politische Argumente für Ganztagsbildung auf. Gleichzeitig zeichnet sich in vielen Ländern die Tendenz ab, das Ganztagsmodell nicht als einziges und einheitliches Modell zu befürworten, sondern für flexible Formen der Zeitstrukturierung bei unterschiedlicher Beteiligung von Staat und Familie zu argumentieren. Nicht zuletzt aus finanziellen Gründen (insbesondere in Bezug auf das Personal) werden von Entscheidungsträgern flexible Formen der Zeitstrukturierung propagiert.

## 3 Perspektiven des Vergleichs

Das Thema der Zeitstrukturen und der Zeitpolitik darf nicht auf Zahlen und Organisationsschemata oder auf bildungspolitische „Sachzwänge" reduziert werden. Im internationalen Vergleich zeigt sich zunehmend das Bestreben, die Auswirkungen der institutionellen Kinderbetreuung (oft im Ganztagsmodell) sowie der Ganztagsschule auf das kindliche Wohlbefinden und auf den Bildungserfolg sowie dessen Nachhaltigkeit empirisch zu untersuchen (NICHD 2005; Rossbach 2005). Solche Forschungsschwerpunkte sollten verstärkt werden, nachdem bisher ökonomische und normativ pädagogische sowie ideologische Ansätze über empirische Evidenz bezüglich der Vor- und Nachteile für Kinder und Jugendliche in der Diskussion überwogen haben.

Qualitative Fallstudien (Otto/Coelen 2005; Allemann-Ghionda 2005) und allgemeine Beschreibungen der Schulsysteme (Döbert u. a. 2004) legen nahe, dass die Argumente pro oder contra Ganztagsbildung je nach Land, historischer Periode und politischer Konstellation unterschiedliches Gewicht haben und dass neue Argumente hinzukommen können – z. B. die Sorge um korrekte Ernährung und Bewegung; Vorstellungen der Eltern über den eigenen Anteil an der Erziehung; Geldmangel in Bildungsinstitutionen; kulturelle und religiöse Spezifitäten. Im internationalen Vergleich muss vertiefend untersucht werden, wie die Faktoren der Zeitstruktur miteinander interagieren und von der Bildungspolitik gewertet sowie gesteuert werden.

Gerade der internationale Vergleich zeigt, dass die Diskussion um Ganztagsbildung (im Gegensatz zum in deutschsprachigen Ländern und Regionen vorherrschenden und von der Politik favorisierten Halbtagsmodell) nicht nur eine kindzentrierte pädagogische Diskussion sein kann, sondern vielmehr in hohem Maße von Wertvorstellungen der einzelnen Menschen (Kultur, Moral), von Ideologien, von der Orientierung einer jeweiligen Regierung (die wiederum zu der einen oder anderen Familienpolitik führen kann), von der wirtschaftlichen Situation und der damit einhergehenden Erwerbsquote von Männern und Frauen abhängig ist. Die verfügbaren Ressourcen, die demographische Entwicklung sowie die Eigenschaften des Territoriums (Stadt-Land, Klima usw.) kommen hinzu.

Daraus folgt, dass international vergleichende Untersuchungen viele Ebenen zu erfassen haben und dass mehrere sozialwissenschaftliche Disziplinen mit ähnlichen methodologischen Problemen und Ansätzen daran beteiligt sein müssen (Schriewer 2006). Systematisch vergleichende qualitative Fallstudien sind notwendig, weil die Indikatoren der offiziellen Beschreibungen von Bildungssystemen (OECD, Europäische Kommission) nur oberflächlich über die Zeitstruktur des Tages Auskunft geben (vgl. Eurydice 2007).

Nach der Wende zeichnet sich ab, dass die Unterschiede zwischen Ost und West entlang der Differenzlinie sozialistisch/kapitalistisch auch im Bereich der Ganztagsbildung geringer werden. Die Osterweiterung akzentuiert diesen Homogenisierungsprozess. Aber auch die Unterschiede zwischen den westlichen Ländern werden weniger gravierend. In Frankreich und England erscheint das Vorherrschen des Ganztagsmodells nach zentralen staatlichen Vorgaben stabil, aber in anderen Ländern – sogar im von Wohlfahrtsmodell geprägten Schweden – zeichnet sich eine relative Deregulierung ab, indem die einzelnen Schulen autonom über die zeitliche Gestaltung entscheiden, ohne jedoch vom Ganztagsvolumen abzugehen, da dieser der selbstverständlichen Erwerbstätigkeit der Mütter und dem üblichen Tagesablauf im Erwerbsleben (kurze oder keine Mittagspause) entspricht. Privatisierung und Flexibilisierung sind vielerorts auch im Bildungsbereich im Vormarsch. Im Osten wie im Westen entwickeln sich in vielen Ländern Mischformen der ganztägigen Bildung und Betreuung, teils weil der Staat sich zurückzieht, teils weil die Pluralität der Lebensstile solchen Mischformen entgegenzukommen scheint. Wichtiger als Unterschiede zwischen Ost und West und innerhalb der westlichen Länder erscheint das noch wenig untersuchte globale, in manchen Fällen durchaus auch das nationale Gefälle zwischen Nord und Süd. In extrem armen Ländern ist eine Diskussion über Vor- und Nachteile des

Ganztagsmodells inexistent, weil nicht einmal die flächendeckende Grundversorgung im Vorschul- und Pflichtschulalter wenigstens halbtags gesichert ist. Noch weniger untersucht wurden bisher Unterschiede zwischen den Bildungssystemen, die der christlich/jüdischen sowie der laizistischen Tradition zuzuordnen sind, und denjenigen, die in völlig anderen kulturellen und religiösen Zusammenhängen angesiedelt sind. Auch der Islam, andere Religionen in der post-kolonialen Welt – insbesondere in asiatischen und afrikanischen Ländern – bestimmen Vorstellungen über Bildung und Erziehung sowie die Rolle der Familie, vor allem der Mutter, und somit auch Zeitstrukturen (Griffin 2006). In diesem Sinne kann gesagt werden: das Thema der Ganztagsbildung ist gegenwärtig sehr stark westlich und europäisch besetzt und müsste vermehrt in globaler Perspektive untersucht werden.

## *Literatur*

Allemann-Ghionda, Cristina (2005): Ganztagsschule im internationalen Vergleich – von der Opposition zur Arbeitsteilung zwischen Staat und Familie? In: Hansel, Toni (Hg.): Ganztagsschule. Halbe Sache – großer Wurf? Schulpädagogische Betrachtung eines bildungspolitischen Investitionsprogramms. Herbolzheim: Centaurus: 199-223.

Andersson, Bengt-Erik (1992): Effects of Day-Care on Cognitive and socio-emotional competence of Thirteen-year-old Swedish schoolchildren. In: Child Development (Vol. 63): 20-36.

Baur, Siegfried (2005): Verlängerte Unterrichtszeit in Italien. In: Otto, Hans-Uwe/Coelen, Thomas (Hg.): Ganztägige Bildungssysteme: Innovation durch Vergleich. Münster: Waxmann: 73-80.

Boli, John/Ramírez, Francisco O. (1992): Compulsory Schooling in the Western Cultural Context. In: Arnove, Robert F./Altbach, Philip G./Kelly, Gail P. (Hg.): Emergent Issues in Education: Comparative Perspectives. Albany: State University of New York Press: 25-38.

Der Minister der Geistlichen-, Unterrichts- und Medicinalangelegenheiten (1837/1993): Curricularrescript betreffend die für den Unterricht und die Zucht auf den Gymnasien getroffenen Anordnungen. Gymnasiallehrplan von Johannes Schulze. In: Michael, Berthold/Schepp, Heinz-Hermann (Hg.): Die Schule in Staat und Gesellschaft. Dokumente zur deutschen Schulgeschichte im 19. und 20. Jahrhundert. Göttingen: Muster-Schmidt: 124-132.

Döbert, Hans/Hörner, Wolfgang/von Kopp, Botho/Mitter, Wolfgang (Hg.) (2004): Die Schulsysteme Europas. Hohengehren: Schneider.

Eurydice (1994): Die Bildung im Elementar- und Primarbereich in der EU. Brüssel: Europäische Informationsstelle von Eurydice.

Eurydice (2007): Organisation of School Time in Europe. Primary and General Secondary Education – 2007/08 School Year. Brussels, in: http://www.eurydice.org/portal/page/portal/Eurydice/PubContents?pubid=087EN&country=null (26.03.2008).

Gries, Jürgen/Lindenau, Mathias/Maaz, Kai/Waleschkowski, Uta (2005): Bildungssysteme in Europa. Kurzdarstellungen. Berlin: Institut für Sozialforschung, Informatik und Soziale Arbeit.

Griffin, Rosarii (Hg.) (2006): Education in the Muslim World: Different Perspectives. Oxford: Symposium.

Hörner, Wolfgang (2005): Ganztagsschule in Frankreich. In: Otto, Hans-Uwe/Coelen, Thomas (Hg.): Ganztägige Bildungssysteme: Innovation durch Vergleich. Münster: Waxmann: 63-70.

Lundahl, Lisbeth (2008): The Scandinavian Model: The Time Policy of School Education in Sweden since World War II. In: Hagemann, Karen/Jarausch, Konrad H./Allemann-Ghionda Cristina (Hg.): Time Policies: Child Care and Primary Education in Post-War Europe. New York: Berghahn (i. Dr.).

NICHD (2005) – Early Child Care Research Network: Child Care and Child Development: Results from the NICHD Study of Early Child Care and Youth Development. New York: Guilford.

OECD (2006a): Starting Strong II: Early Childhood, Education and Care. Paris: Organisation for Economic Co-Operation and Development.

OECD (2006b): Bildung auf einen Blick: Indikatoren. Paris: Organisation für wirtschaftliche Zusammenarbeit und Entwicklung.

Obergrießnig, Andrea/Popp, Ulrike (2005): Ganztagsschule zwischen bildungspolitischer Vision und sozialen Akzeptanzproblemen. Ergebnisse einer europäischen Untersuchung mit Eltern aus Kärnten. In: Erziehung und Unterricht H. 7-8/2005: 635-647.

Otto, Hans-Uwe/Coelen, Thomas (Hg.) (2005): Ganztägige Bildungssysteme: Innovation durch Vergleich. Münster: Waxmann.

Pulkkinen, Lea/Pirttimaa, Raija (2005): Der ‚integrierte Schultag' in Finnland. In: Otto/Coelen (Hg.): 81-90.

Rakhkochkine, Anatoli (2005): Schulische und ‚ergänzende' Bildung in Russland. In: Otto/Coelen (Hg.): 105-119.

Richardson, Jean L. u. a. (1993): Relationship between schoolcare of adolescents and substance use, risk taking, depressed mood, and academic achievement. In: Pediatrics No. 92/1993: 32-38.

Roßbach, Hans-Günther (2005): Effekte qualitativ guter Betreuung, Bildung und Erziehung im frühen Kindesalter auf Kinder und ihre Familien. In: Ahnert, Lieselotte/Roßbach, Hans-Günther/Neumann, Ursula/Heinrich, Joachim/Koletzko, Berthold (Hg.): Bildung, Betreuung und Erziehung von Kindern unter sechs Jahren. Materialien der Sachverständigenkommission. Zwölfter Kinder- und Jugendbericht. München: Deutsches Jugendinstitut: 55-174.

Rostgård, Tine/Fridberg, Torben (1998): Caring for Children and Older People: A Comparison of European Policies and Practices. Copenhagen: The Danish National Institute of Social Research.

Schriewer, Jürgen (2006): Comparative Social Science: characteristic problems and changing problem solutions. In: Comparative Education (Vol. 42) No. 3/2006: 299-336.

TESE (2006): Thesaurus Europäischer Bildungssysteme. Brüssel: Europäische Kommission: Generaldirektion Bildung und Kultur.

Tietze, Wolfgang (1993): Vorschulische Erziehung in den Ländern der EG. In: Schleicher, Klaus (Hg.): Zukunft der Bildung in Europa. Nationale Vielfalt und europäische Einheit. Darmstadt: WBG: 217-241.

Tomlinson, Sally (2008): Education Policy, Gender and the Labor Market: The Time Policy of British Education since 1945. In: Hagemann, Karen/Jarausch, Konrad H./Allemann-Ghionda, Cristina (Eds.): Time Policies: Child Care and Primary Education in Post-War Europe. New York/Oxford: Berghahn. (i. Dr.).

# Jugendbildungsarbeit in Europa

*Franz Hamburger*

Der Begriff Jugendbildungsarbeit ist typisch deutsch und nur deutsch. Der Bildungsbegriff hat auch ein breites Bedeutungsspektrum und wird bei Übersetzungsversuchen noch assoziationsreicher. Auch für den Begriff Jugendarbeit gibt es in Europa viele Synonyme und hinter dem Begriff stehen höchst unterschiedliche Konzepte. Weil es bei der gemeinten Praxis um einen Teil der Kultur geht, ist es angezeigt, die jeweiligen nationalen/regionalen Verständnisse und Begriffe zu verwenden und zu explizieren, was hier mit groben Zuordnungen verbunden sein muss.

Es gibt aber auch eine Komplikation in der Sache: Während andere institutionalisierte Dienstleistungen durch eine gewisse funktionale Spezifizität charakterisiert sind, ist Jugend(bildungs)arbeit in sich ein offenes, schwach gerahmtes und im Wandel befindliches Übergangssystem zwischen Bildungs- und Beschäftigungssystem und eng mit der Dynamik des Jugendalters – individuell, als Kohorte und als Generation – verbunden. Auch diese Lagerung der Jugendarbeit bedingt ihre begriffliche Variabilität und funktionale Breite. Je nachdem, an welchem Ort und in welchem kommunalen Kontext, in welcher Konkurrenz mit anderen Freizeitangeboten und von welchem Träger, für welche Altersgruppe und in welchem *Peer*-Zusammenhang sowie – und vor allem – von welchem Pädagog(inn)en-Team etwas angeboten wird, ist ein breites Spektrum von Praktiken zu beobachten. Die Schule ist anders strukturiert.

Trotz der begrifflichen Probleme des internationalen Vergleichs und der lockeren Rahmung des Feldes können funktionale Systematisierungen vorgenommen werden, die sich als Strukturmerkmale moderner Gesellschaften in der Reaktion auf die Tatsache des Jugendalters beschreiben lassen. Die Besonderheiten einzelner Länder können damit kontrastierend herausgearbeitet werden. Die Besonderheit der europäischen Perspektive muss darin zum Ausdruck kommen, dass neben der Ebene des Nationalstaates die europäische Politikebene eigene Relevanz erhalten hat und auch die Jugendarbeit im europäischen Mehrebenenmodell zu betrachten ist. Der steten Veränderung in der Jugendarbeit soll schließlich Rechnung getragen werden, indem – mit der gebotenen Vorsicht – Entwicklungstendenzen herausgearbeitet werden.

## 1 Systematisierungen

Jugendarbeit wird konstituiert durch gesellschaftliche Initiativen, die in sozialen Situationen und z. T. Problemlagen von Jugendlichen begründet sind. Mit dem Begriff „Jugendbewegung“ wird dieser Entwicklungspfad charakterisiert und ist mit dem emphatischen Begriff von Zivilgesellschaft assoziiert. Jugendarbeit wird aber auch staatlich-politisch konstituiert und wird direkt oder indirekt politisch-staatlich gesteuert. Während mit dem Ende der Diktaturen in Westeuropa (Griechenland, Spanien, Portugal) die staatlichen Jugendorganisationen verschwunden sind, ist dies in Mittel- und Osteuropa mit dem Systemwechsel am Ende der 1980er Jahre eingetreten.

Durch Finanzierungsregeln und gesetzliche Vorgaben steuern die Staaten Jugendarbeit weiterhin; sie gehören deshalb zu einem Segment relativer Zivilgesellschaftlichkeit. Politisch wird Jugendarbeit in das Blickfeld der Bildungspolitik gerückt unter Qualifikationsgesichtspunkten, in das der Sozialpolitik unter dem Gesichtspunkt der Arbeitsmarktintegration, und loyalitätsbezogen ist die politische Sozialisation von Jugendlichen und die Rekrutierung von Organisationseliten von Bedeutung.

In sozialpolitischer Perspektive kann Jugendarbeit in die Ordnung der Wohlfahrtsregime eingeordnet werden. Dabei zeigt sich, dass die verschiedenen Modelle vor allem Einfluss auf die Art der Jugendsozialarbeit haben. Auf der Grundlage der Wohlfahrtsregime entwickeln Pohl/Walther (2003) eine Typologie der Jugendarbeitsregime in Europa mit der Einteilung:

- universalistisch/paternalistisch: Nordeuropa, mit kommunaler Dominanz bei den Trägern;
- liberal/gemeinwesenbezogen: Irland/Großbritannien mit einer Mischung aus kommunalen und Freien Trägern;
- konservativ/korporatistisch: Mitteleuropa mit einer Dominanz Freier Träger;
- südeuropäisch/unterinstitutionalisiert: Südeuropa mit primär kommunaler Trägerschaft.

Während die institutionellen Variationen deutlich erkennbar sind, werden die Themen der Jugendarbeit eher von sozialen Problemen her definiert und die Ausbildung des Personals befindet sich nur in Südeuropa noch in starker Aufwärtsbewegung.

Wenn man die Jugendarbeit in einer etwas engeren Perspektive betrachtet, dann kann man die folgende Struktur in Europa herausstellen: In Nordeuropa ist eine relativ umfassende jugendkulturelle Infrastruktur institutionalisiert. In Südeuropa lassen sich deutlich stärker (nur) einzelne Programme und Maßnahmen beobachten (Buldioski 2004: 87-88). In Osteuropa steht vor allem der Umbau von der Staatsjugendarbeit zur zivilgesellschaftlichen Organisation der Jugendarbeit im Vordergrund. Im „real existierenden Sozialismus" hatte die politische Jugendarbeit einen hohen Stellenwert, denn die ideologische Integration der Jugend war immer fragil. Im Übergang, der in unterschiedlicher Weise in den Ländern des früheren Ostblocks noch anhält, gibt es jedoch keine Kohärenz der Transformation, weil gleichzeitig vor- und nach- und realsozialistische Elemente nebeneinander existieren. Auf jeden Fall dominiert die Gegenbewegung zum „rituellen Kollektivismus" (Jasiukaityte/Reiter 2004: 187) des Staatssozialismus. Im früheren Jugoslawien steht darüber hinaus die Versöhnungsarbeit im Vordergrund, die von vielen europäischen Initiativen, Freiwilligendiensten und Stiftungen getragen wird. In den Ländern der früheren Sowjetunion sind europäische und amerikanische Stiftungen, teilweise mit eigenwilligem Sendungsbewusstsein, am Werke. Nationalistischer und zivilgesellschaftlicher Patriotismus ist nicht selten gerade bei Jugendlichen und ihren Organisationen zu beobachten.

Neben dem Einfluss der großen Sozialräume und der sozialpolitischen Ordnungen ist Jugendarbeit dimensional strukturiert. In der Regel hat Jugendarbeit einen beruflichen Bezug, ist also direkt oder indirekt auf berufliche Integration vorbereitend. Darüber hinaus ist Jugendarbeit immer genuin politisch, weil sie dem jugendlichen Bedürfnis nach transfamilialer Zugehörigkeit zu einem größeren System Identifikationsangebote macht. Angesichts der Lebensweltferne der Politik und hoher politischer Apathie werden fast überall Angebote der (politischen) Partizipation entwickelt. Jugendarbeit hat auch eine soziale Dimension, die die Zugehörigkeitskonflikte im Jugendalter bearbeitet und heute sich häufig als interkulturelle pädagogische Arbeit begreift. Schließlich ist Jugendarbeit nicht selten – und oft mit besonderen Angeboten, Methoden und Trägern der Jugendsozialarbeit – kompensatorisch orientiert und soll Benachteiligungen ausgleichen (Buldioski 2004: 90).

Jugendarbeit kann auch unterschieden werden nach den funktionalen Leistungen, die sie für Jugendliche erbringt. Im Vordergrund stehen dabei die Bereitstellung eines Freiraums und die Anregungen zur Freizeitgestaltung, zweitens gibt es viele Formen der Jugendinformation über alle gesellschaftlichen Teilbereiche. Einen besonderen Stellenwert haben dann Angebote zur Einübung kultureller Praktiken, sowohl des Konsums wie der Produktion. Jugendarbeit ist viertens – in welcher Weise auch immer – auf Geschlechterverhältnisse bezogen, in Beziehungen einsozialisierend und Identität erarbeitend. Jugendarbeit kann bezogen sein auf Gesundheit und Fragen der Lebensführung, auf das Schulsystem und auf das Lernen im Generationenverhältnis. Schließlich wird sie präventiv und intervenierend bei sozialer Ausgrenzung, Benachteiligung und Exklusionsgefährdung eingesetzt (vgl. Pohl/Walther 2003).

Wenn man Jugendarbeit als Sozialisationsfeld neben den kindlichen/jugendlichen Zugehörigkeiten zur Familie, zur Schule/Berufsausbildung und zur Gruppe der Altersgleichen – mit der sie sich überschneidet – platziert, dann wird sie als vierte Sozialisationsagentur bezeichnet. Ihr Funktionsspektrum reicht dabei, wenn das Kriterium der Intensität in der jugendlichen Lebenswelt berücksichtigt wird, von der punktuellen Information über die Animation in der Freizeit und die Kulturarbeit bis hin zur Jugendsozialarbeit und schließlich der „gebundenen" Lebensform in Jugendverbänden.

In den organisatorischen und institutionellen Differenzierungen spiegelt sich in der Jugendarbeit die Struktur der Erwachsenengesellschaft (Sportverbände, Religionsgemeinschaften, Fachverbände usw.). Zweitens wird die Art der kommunalpolitischen Steuerung im Hinblick auf die soziale Integration wirksam. Hier zeigen sich deutliche Unterschiede, denn die Relevanz des Kommunalen im jeweiligen politischen System ist sehr unterschiedlich ausgeprägt. Drittens macht sich ein zeittypischer Problembezug bemerkbar, beispielsweise in der Jugendarbeitslosigkeit, in Kriegsfolgen, in Umweltproblemen. Und schließlich ist die jeweilige Ausprägung von jugendkulturellen Strömungen, mehr noch: von Einflüssen der Jugendbewegungen von Bedeutung. Generell hat die erste Jugendbewegung am Anfang des 20. Jahrhunderts in den Jugendverbänden ihre Spuren hinterlassen, und sie war – wie die Reformpädagogik – international orientiert (z. B. Weltpfadfinderverband). Die zweite Jugendbewegung in den 1970er Jahren hat vor allem die Offene Jugendarbeit im kommunalen Raum hervorgebracht.

## 2 Ausgewählte Länder

Die in den Systematisierungen verwendeten Kriterien und die berücksichtigten empirischen Sachverhalte sind nicht überall in Europa zu beobachten, im Gegenteil: Manche dominieren in einigen Ländern, in anderen Ländern fehlen sie vollständig. Die Breite der Kombinationen der einzelnen Merkmale ist groß. Einige Beispiele können diese These illustrieren:

## 2.1 *Belgien*

Die Jugendarbeit in Belgien gehört in das Ressort der flämischen und der wallonischen Regierung. Die Trennung dieser beiden Regionen ist so stark, dass es keine übergreifende Darstellung gibt.[1] In Flandern wird ein relativ hoher Anteil der organisierten Jugendarbeit vermerkt (Termont 2005). Jugendliche organisieren sich in den „versäulten" Segmenten der Erwachsenengesellschaft, beispielsweise der Kirchen. Fast die Hälfte der 12- bis 16-Jährigen ist in Sportvereinen, ein weiteres Viertel in Jugendorganisationen aktiv. Die Gemeinden sind der zentrale jugendpolitische Akteur, die Partizipation der Jugendlichen und ihrer Organisationen wird durch den Jugendrat in jeder Gemeinde sichergestellt. Auch die offenen Jugendarbeitsformen werden gepflegt – von der Jugendkulturarbeit bis hin zu Beratungsstellen für Jugendliche, *Streetwork* und Jugendclubs. In Bewegung ist die zielgruppenspezifische Arbeit, weil mit ihr auch segregative Effekte verbunden sind.

## 2.2 *Niederlande*

Auch in den Niederlanden werden die 1960er und 1970er Jahre als „Hochkonjunktur" jugendbewegter Gründerzeit betrachtet (Noorda/Veenbaas 2005). In der Gegenwart wird Jugendarbeit als „soziokulturelle" bezeichnet, die sich im Sozialraum der Jugendlichen abspielt und dort unterschiedlich zentriert sein kann. Die „Freiwillige Jugendarbeit" wird von Kirchen und anderen Organisationen („identitätsgebundene" Jugendarbeit) sowie „Interessenorganisationen" betrieben. Sie gruppiert sich auch um Spielplätze oder – in den Städten – um Organisationen von Migrant(inn)en. Hinzu kommen *Streetcorner-Work* und sportliche Aktivierung. Die Vernetzung der Jugendarbeit mit der kommunalen Jugendpolitik und der Jugendsozialarbeit, die Professionalisierung der Jugendarbeiter(innen) und Qualitätssicherung im gesamten Handlungsfeld werden als Aufgabe der weiteren Entwicklung beschrieben.

## 2.3 *Schweiz*

In der Schweiz spiegeln sich drei europäische Traditionen der Jugendarbeit. Während im italienischen Teil beispielsweise die Offene Jugendarbeit praktisch unbekannt ist und die privaten Organisationen (Kirchen beispielsweise) sich um Jugendliche kümmern, wird in der frankophonen Schweiz das Konzept der soziokulturellen Animation im Freizeitzentrum realisiert und in der deutschsprachigen Schweiz hat sich – wie in Deutschland – die Offene Jugendarbeit ausdifferenziert. Frühere Initiativen wurden kommunalisiert, die Trägerlandschaft ist breit, die Vernetzung mit anderen Akteuren vielfältig, die Adressat(inn)en sind spezifiziert. Im Hinblick auf die konzeptionellen Ausrichtungen finden sich alle relevanten Leitbegriffe wie: Freizeitgestaltung, Prävention, Freiraum, Emanzipation, Partizipa-

1 Belgien mit dieser starken regionalistischen De-Nationalisierung ist nur ein Beispiel für die allgemeine Tendenz der Partikularisierung, wie sie auch in der deutschen Kulturpolitik, dem regionalistischen Verständnis in Provinzen wie dem niederländischen Friesland, insbesondere den *Comunidades*/Ländern Spaniens und vielen anderen Regionen zu beobachten ist; man kann von einer Universalisierung des Partikularismus sprechen, der über traditionelle separatistische Bewegungen hinaus geht.

tion, Sozialraum, Arbeit mit Marginalisierten, geschlechtersensible und aufsuchende Arbeit, Jugendkulturarbeit (Wettstein 2005). Nach einer Phase des jugendbewegten Aufstiegs und der aktiven Selbstorganisation werden heute Probleme der Finanzierung, der Nachfrage und der Partizipation sowie Folgen der Professionalisierung in den Vordergrund gestellt.

### *2.4 Schweden*

Jugendarbeit in Schweden ist vor allem Arbeit in Verbänden und Vereinen. Die Mitgliedschaft von Jugendlichen ist hoch; je nach Altersgruppe nimmt die Hälfte bis drei Viertel der Jugendlichen an den Angeboten teil. Im Vordergrund steht (mit 60 %) die Mitgliedschaft in Sportvereinen; auch die kirchliche Jugendarbeit ist bedeutsam. Die Beteiligung von Jugendlichen mit Migrationshintergrund an der Jugendverbandsarbeit ist sehr hoch, besonders im Sport. Auch gibt es einige Organisationen dieser Jugendlichen selbst. Die Jugendsozialarbeit wird kommunal organisiert und gesteuert. Die Jugendzentren haben sich 1988 zu einem nationalen Verband zusammengeschlossen.[2] Es zeigt sich: Schweden ist ein Land mit hohem Organisationsgrad in vielen Bereichen (Gewerkschaften, Kirche, Jugendarbeit). Die Art der Jugendarbeit und ihre Schwerpunkte folgen generellen Prinzipien der Organisation des Sozialen. Die Jugendzentrumsbewegung hat jedoch auch hier Veränderungen bewirkt.

### *2.5 Litauen*

Die Jugendlichen sind in Litauen vergleichsweise gering in Verbänden organisiert. Diese sind häufig sehr klein und auf den städtischen Raum konzentriert. Pfadfinder und kirchliche Jugendgruppen gehören auch hier zu den landesweit tätigen Organisationen. Jugendsport ist vor allem eine schulische Veranstaltung. Die Kinder- und Jugendarbeit der katholischen Diözesen ist gut durchstrukturiert und hat ihre Basis in der Gemeindearbeit; die diözesanen Zentren organisieren auch die Ausbildung der Jugendgruppenleiter. Jugendsozialarbeit wird vor allem von kirchlichen Organisationen angeboten, daneben gibt es auch kommunale Betreuungseinrichtungen.[3]

## 3 Die europäische Ebene

Jeder europäische Staat hat also seine eigene Tradition der Jugendarbeit, wenngleich diese mit den transnationalen Bewegungen und Verbänden (Pfadfinder, kirchliche Jugendarbeit) verknüpft sind. Auch haben die nationalen Verbände der Jugendarbeit und ihre Praxis sich immer auf internationale Kontexte im Sinne der Völkerverständigung und des Austausches bezogen.

2 Siehe die Datenbank für internationale Jugendarbeit (www.dija.de), Länderinfo Schweden (Download am 9.9.2007).

3 Siehe www.dija.de: Länderinfo Litauen (Download am 9.9.2007).

Mit der Gründung des Europarats und der Europäischen Wirtschaftsgemeinschaft, vor allem mit deren Transformation in die Europäische Union, sind transnationale Institutionen entstanden, die solche Bemühungen verstärken und dann eigene Interessen im Hinblick auf die Jugend entwickeln. Der Europarat (Direktorat Jugend und Sport) fördert insbesondere politische und kulturelle Aktivitäten, die der Menschenrechtserziehung, dem interkulturellen Lernen und der partizipatorischen Demokratie dienen (Buldioski 2004). Seine Aktivitätsschwerpunkte verlagern sich dabei aus dem EU-Bereich hinaus und zielen auf den Aufbau von zivilgesellschaftlichen Strukturen auch im Jugendbereich Osteuropas ab (Europäische Jugendwerke in Straßburg und Budapest, *European Youth Foundation, Steering Commitee for Youth).*

Die europäischen Netzwerke der Jugendorganisationen spielen schon länger eine Rolle, deren Relevanz schwer einzuschätzen ist, denn sie ist in den verschiedenen Verbänden recht unterschiedlich (ebd.: 92). So waren die Pfadfinder schon immer international organisiert – trotz starker nationaler Ausdifferenzierung mit unterschiedlichen (z. B. konfessionellen) Richtungen. Die eher traditionell von unten aufgebauten Netzwerke lassen sich unterscheiden von Netzwerken und „Foren", die die Europäische Kommission mit aufgebaut hat.

Das *European Youth Forum* (www.youthforum.org) beansprucht, der repräsentative Zusammenschluss der organisierten Jugendarbeit in Europa zu sein. 90 Nationale Zusammenschlüsse (z. B. das Deutsche Nationalkomitee für internationale Jugendarbeit – DNK) und internationale Jugendorganisationen und -netzwerke sind in ihm zusammengeschlossen. Das Jugendforum will die Interessen der Jugendlichen vertreten und im Sinn internationaler Verständigung in die Jugendverbände hinein aktivierend wirken. Die internationalen „jugendlichen" Nicht-Regierungsorganisationen decken thematisch und ideologisch das Spektrum ab, das in Deutschland in den Jugendringen vertreten ist. Im *European Children's Network* (www.europeanchildrensnetwork.org) arbeitet die *National Coalition* für Kinderrechte mit, im Netzwerk *eurochild* (www.eurochild.org) ist die Arbeitsgemeinschaft für Jugendhilfe Mitglied. Der Sektor der politisch induzierten und auf die Identifikation der Jugend mit Europa zielenden europäischen Infrastruktur hat erheblich zugenommen. Die EU selbst hat differenzierte Strategien entwickelt, die beispielsweise die regionale Ebene mit bestimmten Problemschwerpunkten direkt mit der transnationalen Ebene verbindet (beispielsweise SALTO – *Support for Advanced Learning and Training Opportunities*; vgl. Hoskins 2004: 120).

Die Europäische Union war als EWG noch ganz auf die Entwicklung eines Binnenmarktes konzentriert und hatte im EWG-Vertrag lediglich die mit der Marktintegration unmittelbar verbundenen Themen im Blick. Mit der Vertiefung der Integration hat die Berufsbildung eine höhere europäische Relevanz gewonnen, ebenso die Allgemeine Bildung und – im Kontext der Arbeitslosigkeit von Jugendlichen – deren Arbeitsmarktintegration. Die Legitimationskrisen der europäischen Integration haben dann die politische Bildung, schließlich die gesamte Sozialisation der Jugend in den europäischen Wahrnehmungshorizont gerückt (Hamburger 2006).

Das erste Aktionsprogramm „Jugend für Europa" (1988) steht ganz in diesem Zusammenhang. Das zweite Aktionsprogramm „Europäischer Freiwilligendienst" (1996) hat diese Aktionsrichtung vertieft und zugleich die zivilgesellschaftliche Komponente – das zur dominanten Marktideologie komplementäre gesellschaftspolitische Strukturmodell – verstärkt (Wicke 2004). Das Weißbuch „Neuer Schwung für die Jugend Europas" von 2001, von den Jugendministern 1999 beschlossen, hat dann die bisherigen Aktivitäten systematisiert und vier Schwerpunkte gesetzt:

- Europäischer Freiwilligendienst
- Jugendaustausch
- Initiativen von Jugendgruppen
- Unterstützende Maßnahmen.

In der Auseinandersetzung mit dem Weißbuch sind dann vertiefende und erweiternde Anregungen und Beschlüsse durch Parlament und Jugendministerkonferenz zu verzeichnen. Die Einführung der „offenen Methode der Koordinierung" hat integrative Akzente gesetzt und im Entwurf für die Europäische Verfassung haben Jugendfragen einen beachtlichen Stellenwert erhalten (Wicke 2004).

Während die EU-Programme im Rahmen der kontinentalen Integration eher unter politischen Gesichtspunkten zu betrachten sind, haben andere Institutionen eher austausch- und begegnungspädagogische Akzente gesetzt. So fördert das Deutsch-Französische Jugendwerk seit 1963 Begegnungsaktivitäten zwischen beiden Ländern (Kaehlbrandt 1994), das Deutsch-Polnische Jugendwerk seit 1993 (Lingenthal 1994). Das Koordinierungszentrum Deutsch-Tschechischer Jugendaustausch – Tandem kommt hinzu (www.tandem-org.de/start.php), ebenso die Stiftung Deutsch-Russischer Jugendaustausch Gemeinnützige GmbH. Sie wurde im Februar 2006 in öffentlich-privater Partnerschaft gegründet (www.dr-jugendaustausch.de).

Das Europäische Jugendwerk des Europarats und das Europäische Jugendzentrum unterstützen seit 1972 mit dem Schwerpunkt Partizipation, Demokratie und interkulturelles Lernen den internationalen Jugendaustausch (Taylor 1994). Das gesammelte Wissen wird im European *Knowledge Centre for Youth Policy* (www.youth.knowledge.net) verfügbar gemacht.

Insgesamt werden mit den europäischen Initiativen nur einige Prozent der Jugendlichen in Europa selbst erreicht und unmittelbar gefördert. Aber ein besonderer Wert liegt in der Beeinflussung von Multiplikatoren und „Meinungsführer(inne)n" der organisierten Jugend und in der öffentlichen Legitimationsbeschaffung für die „Idee Europa". Man kann die Phase der letzten Jahrzehnte einer Mobilisierung der „Jugend für Europa" – eingeschränkt – mit der Phase der Herausbildung der Nationalstaaten vergleichen, insofern mit „jugendlichem Eifer" die Kleinstaaterei und der Händel der Staaten untereinander im Namen eines übergreifenden Patriotismus überwunden werden soll.

## 4 Tendenzen

Durch die EU-Integration werden einheitliche Entwicklungen im Sinne von „Modernisierung" vorangetrieben, die die ökonomische und rechtliche, aber auch die soziale und kulturelle Sphäre betreffen. Sie werden aber in einem eigensinnigen national-kulturellen Zusammenhang aufgegriffen, verstärkt oder abgewehrt. Mit der Festlegung auf den kapitalistischen Markt hat die Europäische Union eine gewisse Pfadabhängigkeit, die auf die Pfadabhängigkeit der jeweiligen Staaten und „Gemeinschaften" (um den in Belgien oder Spanien gebräuchlichen Begriff zu verwenden) treffen. Dabei ergeben sich Wahrscheinlichkeiten und Unwägbarkeiten. Deshalb lassen sich kaum sichere Prognosen ableiten, jedoch einige laufende Entwicklungstendenzen beschreiben:

1. Jugendarbeit ist eine Reaktion auf Jugendbewegung. Sowohl die Jugendbewegung am Anfang wie auch in der zweiten Hälfte des 20. Jahrhunderts hat die Institutionalisierung von Jugendarbeit nach sich gezogen. Ein zentrales Thema der Jugendbewegungen ist „Selbstbestimmung". In den Jugendverbänden wie auch in selbst verwalteten Jugendzentren ist diese emanzipatorische und demokratische Tradition lebendig. So sind auch in vielen Ländern Europas in den letzten Jahren Umweltgruppen entstanden, die Teil der „grünen" Bewegung sind.
2. Jugendarbeit ist ebenfalls eine Reaktion auf soziale Probleme. Wenn die Integration von Jugendlichen in die Gesellschaft bedroht ist (durch Arbeitslosigkeit, Drogenkonsum, politische Apathie oder politischer Extremismus, Delinquenz usw.), dann richtet der Staat Jugendarbeit ein. Formen des Nationalismus zeichnen sich gegenwärtig generell in allen europäischen Staaten ab, so dass hier besondere Aktivitäten zu verzeichnen sind, bis hin zur europäischen Jugendpolitik.
3. Die Ausrichtung der Jugendarbeit auf je aktuelle politische Probleme ist ein durchgehender Zug, weil die jeweilige Jugendgeneration an diesen Problemen politisch sozialisiert wird. So steht die Menschenrechtserziehung gegenwärtig in Südosteuropa auf der Tagesordnung (Gomes 2004), im Westen Europas geht es immer noch um die Jugendarbeitslosigkeit. Interkulturelle Pädagogik hat sich in ganz Europa ausgebreitet, mit jeweils lokalen Akzentuierungen einer Begegnungspädagogik oder einer sozialen Integrationsaufgabe. Partizipation, Erziehung zu bürgerschaftlichem Engagement und bewusste *citizenship* sind Themen, die auf europäischer Ebene eine besondere Rolle spielen und in Mitteleuropa in den zivilgesellschaftlichen Programmkontext gestellt werden (Chisholm 2004; Hoskins 2004; Jasiukaityte/Reiter 2004). Mit diesen Themen organisieren sich auch Jugendliche selbst und klagen Partizipation ein.
4. Eine starke Tendenz ist das Bestreben, das Lernen, das durch Teilhabe an der Jugendarbeit möglich ist, genauer wahrzunehmen, systematischer zu erfassen und auch zu standardisieren (Otten 2004; Pohl/Walther 2003; Europäische Kommission 1996). Dies wird als Instrumentalisierung und Vermarktlichung der Jugendarbeit bezeichnet, aber auch als Aufwertung und Anerkennung. Im Rahmen der Bildungsreform gerät das non-formale Lernen in den Mittelpunkt der Aufmerksamkeit und soll durch Evaluationsprozesse erfasst und strukturiert werden. Diese Entwicklung wird besonders durch die Vorgaben der EU-Politik forciert (vgl. beispielsweise www.jugendpolitikineuropa.de oder www.salto-youth.net/youthpass/).
5. Neben einer Tendenz zur Privatisierung der Trägerschaft der Jugendarbeit (vgl. Buldioski 2004: 88) gibt es Tendenzen zur Verberuflichung und, durch Akademisierung der Ausbildung, zur Professionalisierung (Wettstein 2005; Noorda/Veenbaas 2005; Pohl/Walther 2003). Diese Tendenz ist auch dort zu beobachten, wo die Ausbildung der Jugendarbeiter bisher kurz und praxisnah gewesen ist. Teilweise hängt eine Auflösung der früher starken Trennung von verbandlich organisierter und Offener Jugendarbeit (Termont 2005) damit zusammen, dass die pädagogischen Fachkräfte in jeder Form „Angebote" entwickeln und über die „Vereinsgrenzen" hinaus bereitstellen.
6. Die europäischen Programme von EU und Europarat sowie die Vernetzungen der Verbände im Rahmen der Europäischen Integration haben dem Mehrebenensystem von lokaler, regionaler und nationaler Jugendarbeit noch eine weitere Ebene hinzugefügt. Die EU-Politik zielt dabei darauf ab, von der europäischen Ebene direkt auf lokale und regionale Handlungszusammenhänge einzuwirken. Die Agenturen des Programms „JUGEND für Europa" versuchen dabei besonders, auch bisher „nicht-organisierte"

Jugendliche zu erreichen (vgl. beispielsweise für Deutschland www.machwasdraus.de). Pädagogische Aktivierung und politische Mobilisierung gehen hier Hand in Hand.

7. In der wissenschaftlichen Wahrnehmung der Jugendarbeit wird der Umstand vernachlässigt, dass die christlichen Kirchen nach wie vor eine große Rolle als Träger der Jugendarbeit spielen. Diese Rolle differenziert sich nach Altersstufen, ist in Stadt und Land ungleich verteilt und nimmt im Kontext von Säkularisierung/Modernisierung an Bedeutung ab. Dennoch ist von einer – teilweise latenten – christlichen Sozialisation von Kindern und Jugendlichen auszugehen. Dies differiert in den Ländern erheblich. Wenn sich heute die Aufmerksamkeit wieder stärker religiösen Phänomenen unter Jugendlichen zuwendet, dann ist dies auf eine Verschiebung der (sozial)wissenschaftlichen Aufmerksamkeit, nicht einer Veränderung im Gegenstandsbereich der Wissenschaften zuzuschreiben. Religion war unter Jugendlichen nicht ausgestorben.

# 5 Jugendbildungsarbeit und Ganztagsschule

Auffällig ist – und damit wird der Bezug zum Anlass dieses Bandes punktuell, aber in entscheidender Weise hergestellt –, dass bei Reflexionen über Jugend(bildungs)arbeit in keinem Land die Ganztagsschule irgend eine Rolle spielt: Ganztagsschule und Jugendarbeit haben in der Tradition des jeweiligen Landes einen *modus vivendi* entwickelt, der Konflikte zu vermeiden scheint. Inwieweit die Jugendarbeit dabei in den Schulen stattfindet bzw. mit ihnen kooperiert, das dürfte sich in Privatschulen (z. B. in kirchlicher Trägerschaft) anders darstellen, als in den staatlichen Schulen. Hier ist eher Schulsozialarbeit zu vermuten, die professionell angeboten wird und Teil der staatlichen Versorgung ist. Noch wird in Deutschland eine mögliche Einschränkung der Jugendarbeit durch die Ganztagsschule diskutiert – wir haben es bei diesem Phänomen mit einem typischen Problem der Transformation zu tun –, auch in Deutschland wird die Frage hoffentlich bald der Geschichte angehören.

## *Literatur*

Buldioski, Goran (2004): Europa verstehen und die Möglichkeiten des europäischen Raums nutzen: Wie können nicht-formale Bildung und Ausbildung Zugänge schaffen? In: Otten, Hendrik/Lauritzen, Peter (Hg.): Jugendarbeit und Jugendpolitik in Europa. Bd. 6. Wiesbaden: VS Verlag für Sozialwissenschaften: 85-100.

Chisholm, Lynne (2004): Die Förderung bürgerschaftlichen Engagements in Europa: politische Bildung im Spagat zwischen Wünschen und Wirklichkeit. In: Otten, Hendrik/Lauritzen, Peter (Hg.): Jugendarbeit und Jugendpolitik in Europa. Bd. 6. Wiesbaden: VS Verlag für Sozialwissenschaften: 75-84.

Europäische Kommission (1994): Weißbuch „Lehren und Lernen. Auf dem Weg zur kognitiven Gesellschaft“. Luxemburg.

Europäische Kommission (1996): Weißbuch zur allgemeinen und beruflichen Bildung. Lehren und Lernen. Auf dem Weg zur kognitiven Gesellschaft. Luxemburg.

Gomes, Rui (2004): Möglichkeiten und Herausforderungen der Menschenrechtserziehung in der Jugendarbeit – die Erfahrungen des Europarates. In: Otten, Hendrik/Lauritzen, Peter (Hg.): Jugendarbeit und Jugendpolitik in Europa. Bd. 6. Wiesbaden: VS Verlag für Sozialwissenschaften: 101-113.

Hamburger, Franz (2006): Perspektiven der Jugendhilfe zwischen europäischer Öffnung und sozialpolitischer Schließung. In: Knuth, Nicole/Koch, Josef/Nüsken, Dirk/Wolff, Mechthild (Hg.): Hinter'm Horizont geht's weiter... Perspektiven der Kinder- und Jugendhilfe. Frankfurt a. M.: IGfH: 23-48.

Hoskins, Bryony (2004): Die Jugend- und Bildungsprogramme der Europäischen Union – Möglichkeiten für die Förderung einer europäischen Zivilgesellschaft in einer erweiterten EU? In: Otten, Hendrik/Lauritzen, Peter (Hg.): Jugendarbeit und Jugendpolitik in Europa. Bd. 6. Wiesbaden: VS Verlag für Sozialwissenschaften: 115-127.

Jasiukaityte, Vaida/Reiter, Herwig (2004): Jugendpolitik in Ländern des Übergangs – welchen Beitrag kann sie zur Zivilgesellschaft in Europa leisten? In: Otten, Hendrik/Lauritzen, Peter (Hg.): Jugendarbeit und Jugendpolitik in Europa. Bd. 6. Wiesbaden: VS Verlag für Sozialwissenschaften: 181-193.

Kaehlbrandt, Roland (1994): Deutsch-Französisches Jugendwerk. In: Otten, Hendrik/Treuheit, Werner (Hg.): Interkulturelles Lernen in Theorie und Praxis. Ein Handbuch für Jugendarbeit und Weiterbildung. Bonn: Leske + Budrich: 247-251.

Lingenthal, Michael (1994): Deutsch-Polnisches Jugendwerk (DPJW). In: Otten, Hendrik/Treuheit, Werner (Hg.): Interkulturelles Lernen in Theorie und Praxis. Ein Handbuch für Jugendarbeit und Weiterbildung. Bonn: Leske + Budrich: 151-254.

Noorda, Jaap/Veenbaas, Radbad (2005): Die Jugendarbeit in den Niederlanden. In: Deinet, Ulrich/Sturzenhecker, Benedikt (Hg.): Handbuch Offene Kinder- und Jugendarbeit. Wiesbaden: VS Verlag für Sozialwissenschaften: 476-482.

Otten, Hendrik (2004): Nicht-formale Bildung als ein Schlüsselelement zur Entwicklung aktiver europäischer Staatsbürgerschaft – Anmerkungen zur notwendigen Qualifizierung und Professionalisierung von Jugendarbeit auf europäischer Ebene und Möglichkeiten ihrer Validierung. In: Otten, Hendrik/Lauritzen, Peter (Hg.): Jugendarbeit und Jugendpolitik in Europa. Bd. 6. Wiesbaden: VS Verlag für Sozialwissenschaften: 129-148.

Pohl, Axel/Walther, Andreas (2003): Bildungsprozesse in der Jugendarbeit im europäischen Kontext. Expertise im Rahmen der „Konzeption Bildungsbericht: vor- und außerschulische Bildung" am Deutschen Jugendinstitut München, erstellt am Institut für regionale Innovations- und Sozialforschung, Tübingen. In: www.iris-egris.de (Download am 05.09.2007).

Taylor, Verena (1994): Das Europäische Jugendwerk. In: Otten, Hendrik/Treuheit, Werner (Hg.): Interkulturelles Lernen in Theorie und Praxis. Ein Handbuch für Jugendarbeit und Weiterbildung. Bonn: Leske + Budrich: 155-264.

Termont, Luc (2005): Die Offene Kinder- und Jugendarbeit in Flandern. In: Deinet, Ulrich/Sturzenhecker, Benedikt (Hg.): Handbuch Offene Kinder- und Jugendarbeit. Wiesbaden: VS Verlag für Sozialwissenschaften: 482-487.

Wettstein, Heinz (2005): Offene Jugendarbeit in der Schweiz. In: Deinet, Ulrich/Sturzenhecker, Benedikt (Hg.): Handbuch Offene Kinder- und Jugendarbeit. Wiesbaden: VS Verlag für Sozialwissenschaften: 469-476.

Wicke, Hans-Georg (2004): Mehr Jugendpolitik in Europa! Der Weißbuch-Prozess und seine langfristigen Wirkungen. In: Otten, Hendrik/Lauritzen, Peter (Hg.): Jugendarbeit und Jugendpolitik in Europa. Bd. 6. Wiesbaden: VS Verlag für Sozialwissenschaften: 195-212.

# Demokratiepädagogik in der Schule

*Anne Sliwka*

Demokratie, darin stimmen Erziehungswissenschaftler(innen) (Edelstein/Fauser 2002), pädagogische Psycholog(inn)en (Gage/Berliner 1996: 433) und Politikdidaktiker(innen) (z. B. Hepp/Schneider 1999; Sander 2001; Breit/Schiele 2004) überein, muss gelernt werden. Es gibt heute einen breiten Konsens, dass Demokratie kein zivilisatorisches Niveau ist, das – einmal erreicht – für immer stabilisiert und gesichert wäre. Die Geschichte, angefangen in der antiken Demokratie, zeigt viele Gegenbeispiele: Kulturen, die von einem bereits erreichten demokratischen Entwicklungsniveau wieder in den Zustand der Diktatur und der Barbarei zurückgefallen sind. Besonders die deutsche Geschichte des 20. Jahrhunderts zeigt, dass eine „Demokratie ohne Demokraten" – also eine formale Staats- und Regierungsform ohne demokratische Haltungen und demokratisches Handeln der Bürger(innen) – gegen totalitäre Versuchungen nicht geschützt ist (Dahl 1998).

## 1 Bedeutung der Demokratiepädagogik in der Ganztagsschule

International hat sich daher die Sichtweise durchgesetzt, dass demokratische Bürgerbildung ein Auftrag vor allem der staatlichen Schule sei und entsprechende pädagogische Schulentwicklungsprozesse erforderlich mache. Bisher ließ die deutsche Halbtagsschule allerdings aufgrund des hohen curricularen Drucks kaum Handlungsspielräume für soziales und demokratisches Lernen. Zudem trennt die frühe Selektion im deutschen Schulsystem Kinder unterschiedlicher sozialer Herkunft, Fähigkeiten und Interessen voneinander, was den in Schulen erlebten gesellschaftlichen Pluralismus einschränkt und dem Begreifen der Schule als Übungsraum für die pluralistische Gesellschaft entgegenwirkt. Während die IEA *Civic Education*-Studie Deutschland im unteren Mittelfeld beim demokratischen Engagement Jugendlicher sah, attestierten die beiden letzten Shell-Jugendstudien der Jahre 2002 und 2006 den in Deutschland lebenden Jugendlichen durchweg eine pragmatische Grundeinstellung: Jugendliche zeigen dann eine große Bereitschaft zu persönlichem Engagement und Problem lösendem Handeln, wenn sie als kompetent Handelnde ernst genommen werden, ihre Persönlichkeit entwickeln können, ihr Einsatz Spaß macht und in einem überschaubaren zeitlichen Rahmen konkrete Ergebnisse zeigt: Im selbst gewählten Engagement, meist in Form von Projekten mit konkreten Arbeitsergebnissen, sehen Jugendliche dann die Chance, ernst genommen und erwachsen zu werden. Wenn Schulen dieses Potenzial ihrer Schüler(innen) nutzen, können sie zu Motoren der Demokratieentwicklung werden.

Die Ganztagsschule bietet dabei neue und erweiterte Möglichkeiten zur Entwicklung von Lern-*Settings*, in denen möglichst viele Schüler(innen) durch eigenes Handeln positive Erfahrungen mit der Demokratie machen und dabei demokratische Handlungskompetenz entwickeln können. Als demokratische Polis im Kleinen (vgl. Dewey 1916) kann die

Schule potenziell mehr als andere gesellschaftliche Institutionen positive Erfahrungen mit Demokratie ermöglichen. Dazu muss sie sich allerdings zu einem Erfahrungsraum entwickeln, der dem Prozess des gemeinsamen Handelns, Erlebens und der Reflexion von Erfahrungen verstärkt Bedeutung einräumt.[1]

Eine umfassende Bildungskonzeption zur Entwicklung von „Bürgerkompetenz" durch demokratische Handlungserfahrungen in der Schule ist im deutschen Kulturraum bisher nicht entstanden (vgl. Buchstein 2002: 303; Sliwka 2008). Hingegen hat in den Schulen Großbritanniens, der USA, Kanadas, Australiens und Neuseelands die Entwicklung von *active citizenship,* also der Kompetenz, als Bürger(in) demokratisch zu handeln, eine deutlich längere Tradition. Kinder und Jugendliche sollen durch Erfahrungen mit demokratischen Prozessen im schulischen Bildungsraum diejenigen Kompetenzen erwerben, die sie in die Lage versetzen, als Bürger(in) im Gemeinwesen aus eigenem Antrieb aktiv zu handeln. *Citizenship Education* wurde z. B. im Jahre 2002 zu einem verbindlichen Bestandteil des schulischen Bildungsauftrags englischer Schulen, das auch in den von der Schulaufsicht überprüften Teil des nationalen Curriculum Englands aufgenommen wurde.

## 2 Theoretischer Hintergrund

Eine Erziehung zur Demokratie baut immer auf mehr oder weniger explizit formulierten normativen Prämissen auf (Kirschenbaum 1976: 122). Vertreter der liberal-individualistischen Schule der Demokratiepädagogik sehen es als die Aufgabe der Schule an, moralisches Reflektieren, das Treffen von Wahlentscheidungen und den fairen und toleranten Umgang mit anderen Meinungsbildern zu vermitteln, ohne Kindern und Jugendlichen dabei bestimmte, stark normativ ausformulierte Konzeptionen des „guten Lebens" nahe zu bringen. Der mit dieser Grundphilosophie einhergehende Ansatz der Moralerziehung kann als neukantianisch beschrieben werden und erklärt die Fähigkeiten zu kritischer Reflexion und autonomer Wahl als vorrangige Bildungsziele. Vertreter(innen) eines stärker republikanisch bzw. kommunitaristisch orientierten Modells der Bürgerbildung (Barber 1984) gehen darüber insofern hinaus, als sie nicht im engeren Sinne nur die Einübung einer demokratischen Kommunikationspraxis, sondern vielmehr die „geübte Zivilität" in der Gestaltung der gemeinsamen Lebenswelt als zentrale Aufgabe schulischer Bürgerbildung ansehen. Für sie entwickelt der demokratisch verfasste Staat in seiner Toleranz gegenüber unterschiedlichen Lebensformen eine eigene Vorstellung des Guten, die sich in seinen Schulen widerspiegeln sollte. Schulen sollten demnach zivile Tugenden vermitteln. Diese

1 Zur Demokratiepädagogik sind auch in der Bundesrepublik Deutschland viele pädagogische Ansätze entwickelt worden, so z. B. das soziale Lernen (z. B. Fölling-Albers 2005), die Pädagogik der Vielfalt (Prengel 1995), Antirassismus-Programme (z. B. Schule ohne Rassismus: www.aktioncourage.org), Programme zur Toleranzerziehung (z. B. Betzavta: www.betzavta.de), Peer Leader Trainings (BAG der RAA/RAA Berlin 2004), Programme zur Menschenrechtsbildung (Lenhart 2003; Lohrenscheit 2004), Zivilcourage-Trainings (Frey/Schäfer/Neumann 1999; Frohloff 2001); Debattierwettbewerbe für Schüler(innen) (www.jugend-debattiert.ghst.de), Dilemmadiskussionen (Lind 2003; Standop 2005), Praxisprogramme zu Kohlbergs Konzept der „Schule als gerechte Gemeinschaft" (Oser/Althoff 2001, Standop 2005) und nicht zuletzt die sehr weit verbreiteten Programme zu Streitschlichtung und Peer Mediation (z. B. Jefferys-Duden 1999). Einen guten Überblick über sämtliche Programme der schulischen Gewaltprävention an deutschen Schulen bieten Melzer/Schubarth/Ehninger (2004). Auch an deutschen Schulen vielfach eingesetzte didaktische Ansätze, wie der offene Unterricht und Freiarbeit (z. B. Wallrabenstein 1991) sowie das Projektlernen (Hänsel 1999; Frey 2002; Wiechmann 2002) werden häufig explizit mit dem Bildungsziel des Demokratielernens in Verbindung gebracht.

Grundphilosophie ist neo-aristotelisch ausgerichtet und erklärt gemeinwohlorientiertes Handeln und Tugendhaftigkeit zu bedeutenden Bildungszielen.

In den 1990er Jahren erhielten die Protagonisten einer aktivierenden Demokratiepädagogik in den USA substanzielle Unterstützung aus der empirischen Entwicklungspsychologie (vgl. Lerner u. a. 2002), die unter dem Oberbegriff *positive youth development* die Notwendigkeit einer neuen Sichtweise auf das Jugendalter und seine entwicklungstypischen Herausforderungen postulierten: Verantwortungsbereitschaft und Bürgersinn könne am besten durch Programme, die die individuellen Stärken von Jugendlichen in den Dienst des Gemeinwohls stellen, entwickelt werden.

# 3 Aktivierende Demokratiepädagogik

In der aktivierenden Demokratiepädagogik (Sliwka 2008) wird die Wissensvermittlung in komplexe Lernarrangements integriert, in denen Schüler(innen) selbst handelnd tätig werden. Beispiele solcher Lernarrangements sind Simulationen sowie Forschungs- und Service-Projekte von Schüler(innen) für ihre Schule oder Gemeinde. Lernziele sind dabei – über den Wissenserwerb hinaus – vor allem die Entwicklung von praktischen Fertigkeiten, Werten und Einstellungen. Durch verständnis- und erfahrungsintensives Lernen und Handeln innerhalb und außerhalb des Klassenzimmers sollen Schüler(innen) in authentischen Lernsituationen demokratische Handlungskompetenz entwickeln.

## *3.1 Lernziel Verständigung – Demokratisches Sprechen*

Aufbauend auf Dewey (1916) haben viele Autor(inn)en argumentiert, dass die Fähigkeit zum Austausch individueller Wissensbestände und Wahrnehmungen eine der wichtigsten Ressourcen für die Entwicklung einer demokratischen Kultur sei. Um sich über Vorstellungen zur Gestaltung der Lebenswelt auszutauschen, benötigen Menschen deliberative Kompetenzen, wie z. B. sich gegenseitig Fragen zu stellen, sich bewusst zuzuhören und sich ausreden zu lassen, etwas erzählen zu können, im Gespräch gemeinsam Ideen entwickeln und diese argumentativ abwägen, aktiv nach Kompromissen oder sogar einem Konsens suchen. Diese sozialen Fertigkeiten entwickeln Schüler(innen) in der Regel nur unzureichend in der familiären Sozialisation, weil nur wenige Milieus Begegnungsmöglichkeiten mit Menschen unterschiedlicher sozioökonomischer, ethnischer oder religiöser Herkunft bieten. Schulen können die Entwicklung eines demokratischen Habitus bei Schüler(innen) fördern, wenn sie Formen demokratischen Sprechens zu verbindlichen Elementen von Schulkultur machen. Konsistenz in Struktur und Abfolge verschiedener didaktischer *Settings* im Laufe einer Schülerbiographie ermöglicht eine schrittweise Entwicklung von demokratischer Kompetenz.

### *3.1.1 Kooperatives Lernen*

Ziel des in Nordamerika (Slavin 1983; Johnson u. a. 1986; Kagan 1997) entwickelten kooperativen Lernens ist, kognitives und affektives Lernen produktiv miteinander zu verbinden. In zeitlich und strukturell klar geregelten Gruppenarbeitsprozessen (z. B. Placemat-

Methode, Gruppenpuzzle) arbeiten Schüler(innen) in heterogenen Gruppen zielorientiert zusammen. Kooperatives Lernen dient auch der Steuerung von sozialen Interaktionsprozessen im Klassenzimmer und ist damit ein demokratiepädagogischer Ansatz (Bennett/Smilanich 1994; Bennett u. a. 1991). Weil Schüler(innen) in Pausen und außerhalb der Schule vor allem mit Menschen ihrer eigenen Herkunftsgruppe kommunizieren und interagieren, wird dem Unterricht für die demokratische Integration unterschiedlicher sozialer Gruppen besondere Bedeutung beigemessen. Es ist also der Anspruch der Schule, *bonding*, das sich Umgeben mit seinesgleichen, zugunsten von *bridging* zu überwinden (Putnam 1993) und junge Menschen zu Bürger(inne)n einer Demokratie zu machen, denn: „If we cannot bond as citizens, we will probably bond in the name of race or ethnic origin or gender“ (Barber 1992: 245).

### *3.1.2 Klassenrat*

Als Forum, in dem Schüler(innen) ihre gemeinsamen Angelegenheiten besprechen und regeln – und dabei eigene Normen entwickeln, reflektieren und ggf. revidieren können, ist der Klassenrat der Nukleus schulischer Demokratie. Als Form der Selbstorganisation geht er grundsätzlich über die Mitbestimmungsmöglichkeiten der repräsentativen Schülermitverwaltungen hinaus, da er alle Schüler(innen) einer Klasse in verantwortliche Aufgaben einbindet. (Kiper 1997 und 1998; Purmann 2001; Heinzel 2003 und 2004). In der wöchentlichen Klassenratssitzung wird systematisch Verantwortung von der Lehrperson auf die Schüler(innen) übertragen, so dass Schüler(innen) im Klassenrat demokratische Handlungskompetenz entwickeln, in dem sie gemeinsame Regeln entwickeln, Aufgaben und Verantwortlichkeiten in der Klasse vergeben, Unterrichtsprojekte planen, Anerkennung oder Kritik zum Ausdruck bringen, Konflikte besprechen und Lösungsansätze entwickeln, Entscheidungen treffen und aktuelle politische Fragen und ethische Dilemmata diskutieren.

### *3.1.3 Diskussion, Debatte, akademische Kontroverse*

Diskussion über kontroverse Themen erleben Schüler(innen) aufgrund der Dominanz weniger Schüler(innen) häufig als unbefriedigend. Das im Großbritannien des 19. Jahrhunderts an Schulen und Universitäten entwickelte *debating* unterscheidet sich von ungeregelten Diskussionen durch seine starke Regelorientierung. Diskutiert wird über eine These, die aufgrund ihres kontroversen Inhaltes sowohl befürwortet als auch abgelehnt werden kann. Die Debatte wird von einem/einer Schülerpräsidenten/in geleitet, während ein(e) Sekretär(in) auf die Einhaltung der vorher festgelegten Redezeit achtet. Befürworter(innen) und Gegner(innen) der These sitzen sich ähnlich wie die *frontbenchers* im englischen Parlament gegenüber. In der Debatte selbst wechseln sich im Rahmen fester Redezeiten Befürworter(innen) und Gegner(innen) der These ab. Für die Zuhörer(innen) eines Debattenbeitrages besteht im Rahmen fester Spielregeln die Möglichkeit zur Intervention. Am Ende einer Debatte steht eine Abstimmung, in der jede(r) Anwesende aufgefordert wird, ein unabhängiges Urteil zu treffen. Inzwischen existieren eine Reihe regionaler, nationaler und sogar internationaler Schülerwettbewerbe, in denen Debattier-Teams aus unterschiedlichen Schulen spielerisch gegeneinander antreten. In Schulen fördert *Debating* eine Kultur, die Konflikte zwischen unterschiedlichen Vorstellungen des „guten Lebens“

(Rawls 1971) in einer Demokratie als gegeben ansieht und sie durch einen fairen Wettstreit um die besseren Argumente zu lösen versucht.

In der akademischen Kontroverse (Johnson/Johnson 1995) schließt sich an die Phase der Konfrontation zweier unterschiedlicher Meinungen eine Phase des Perspektivenwechsels und eine Phase der Synthesefindung an. Der inhärente Perspektivwechsel erfordert ein aktives Eindenken der Schüler(innen) in die Argumentationslogik der jeweiligen Gegenseite. Dieser Prozess stärkt die Fähigkeit zum Perspektivwechsel. Dabei geht es nicht um eine Beliebigkeit individueller Standpunkte, sondern vielmehr um ein tief greifendes Verstehen von Argumenten, die für einen bestimmten Standpunkt sprechen. Das empathische Nachvollziehen anderer Meinungen und deren Begründungsrationalität stellt die Vorbedingung für eine sach- und konsensorientierte Lösungsfindung dar. In einer dritten Phase der akademischen Kontroverse geht es darum, gemeinsam ein Konsenspapier zu entwickeln, in dem die besten Ideen und Argumente beider Seiten aufgenommen und zu einer Synthese zusammengeführt werden, also einer Position, auf die sich das Viererteam verständigen kann. In der schulischen Demokratiepädagogik stärkt die akademische Kontroverse die kognitive Dimension des Lernens: Von der eigenen, oft emotional vorgetragenen Position einen Schritt zurückzutreten, um sich kognitiv auf alle Facetten einer kontroversen Frage einzulassen, ist die Vorbedingung dafür, sich mit anderen gemeinsam auf die Suche nach einer vernünftigen Lösung zu begeben.

### *3.1.4 Deliberation und Deliberationsforen*

Stabilität und Qualität einer Demokratie hängen entscheidend von kommunikativen Kompetenzen der Bürger(innen) ab. Demnach gehört zu den zentralen Kompetenzen zur Aufrechterhaltung und Entwicklung der Demokratie vor allem die Fähigkeit zur demokratischen Deliberation (lat. *libra*: die Waage), d. h. zur Argumentation, zur Abwägung und schließlich zur vernunftorientierten kollektiven Entscheidung über alternative Problemlösungen (Bohman/Rehg 1997; Gutmann/Thompson 2004; Gastil/Levine 2005). Deliberation bedeutet vernunftgeleitetes, abwägendes Sprechen mit dem Ziel einer schrittweisen Verständigung über eine kontroverse Frage angesichts unterschiedlicher Meinungen. Beim Erwerb der Kompetenz zur Deliberation kommt dem Bildungssystem, so argumentieren Gutmann/Thomson (1996: 359), eine Schlüsselrolle zu. Schulen sollten bei ihren Schüler(innen) die Kompetenz entwickeln, unterschiedliche Perspektiven zu verstehen, ihre Sichtweisen anderen verständlich zu machen und sich am Geben und Nehmen moralischer Auseinandersetzungen mit dem Ziel zu beteiligen, wechselseitig akzeptable Lösungen zu finden.

Ein verständnisintensives Lernen demokratischer Prozesse lässt sich durch pädagogische *Settings* erreichen, die die Komplexität demokratischer Entscheidungsprozesse in Meinungsbildung wie auch Entscheidungsfindung spiegeln. Beispiele für solche *Settings* sind das politische Themenforum (National Issues Forum: www.nifi.org) und das Deliberationsforum (Sliwka u. a. 2007). Bei den bisher an Schulen auf diese Weise durchgeführten Deliberationforen kam es sowohl zu Verschiebungen in Meinungsbildern als auch zu einem signifikanten Wissenszuwachs der Schüler(innen). Das Deliberationsforum lässt einen „Mikrokosmos" entstehen, in dem Schüler(innen) durch persönliche Erfahrung ein Verständnis für demokratische Kommunikations- und Entscheidungsprozesse entwickeln und dabei unterschiedliche praktische Kompetenzen des politischen Handelns entwickeln können.

## *3.2 Bildungsziel Verantwortung – Lernen durch Engagement*

In einer „starken Demokratie" (Barber 1992) sind Bürger(innen) in der Lage, Aufgaben und Probleme in ihrer Lebenswelt zu erkennen, Lösungsansätze zu entwickeln und diese einzeln oder in Gruppen durch aktives Tun umzusetzen. Auf diese Weise bildet sich soziales Kapital, der „Kitt" (Putnam 1993), der die zivilgesellschaftliche Demokratie zusammenhält. Durch gemeinwohlorientiertes Lernen und Handeln im Rahmen schulischer Bildung können Schulen zur Entwicklung sozialen Kapitals beitragen. Sinnvollerweise finden Schüler(innen) in der Schule, abgestimmt auf ihren Entwicklungsstand, in Klasse, Schule und Gemeinde Gelegenheitsstrukturen vor, die es ihnen ermöglichen, Verantwortung für das Lösen von Problemen und die Gestaltung ihrer Lebenswelt zu übernehmen. Während jüngere Schüler(innen) Verantwortung vor allem durch die Übernahme von verantwortlichen Aufgaben im überschaubaren Raum von Klasse und Schule lernen, wachsen ältere Schüler(innen) vor allem an der Übernahme an Verantwortung in authentischen Aufgaben außerhalb der Schule.

Im Englischen werden die Begriffe *Community Service* und *Service Learning* unterschieden. *Community Service* bezeichnet eine ehrenamtliche Tätigkeit, einen freiwilligen Dienst in der Gemeinde, der auch von der Schule organisiert und zertifiziert werden kann, aber nicht mit dem Unterricht verknüpft ist. *Service Learning* bezeichnet dagegen Lernprojekte und Dienste in und für Schule oder Gemeinde, die gezielt mit Bildungszielen, Lerninhalten und Lernprozessen in der Schule verknüpft ist. Service-Learning-Projekte reagieren auf tatsächlich vorhandene Probleme oder Herausforderungen in Schule oder Gemeinde. Die Projekte werden in enger Zusammenarbeit zwischen der Schule und ihren Partnern in der Gemeinde koordiniert und durchgeführt. *Service Learning* umfasst einen Dreiklang, der erstens dem Planen und Handeln, zweitens der Verbindung des Handelns mit kognitivem Wissens- und Kompetenzaufbau und drittens der bewussten meta-kognitiven Reflexion gleichermaßen wichtige Stellenwerte beimisst.

Service-Learning-Projekte beginnen mit einer Phase der Recherche in der eigenen Gemeinde. Schüler(innen) und Lehrer(innen) erforschen ihr Umfeld und identifizieren die wichtigsten Herausforderungen und Probleme. Während der Recherchephase lernen Schüler(innen), ihr Umfeld wahrzunehmen, sich in andere Menschen einzufühlen und auf deren Bedürfnisse einzugehen. Für die Phase der Recherche haben Praktiker(innen) in den USA eine Reihe von methodischen Arbeitsbausteinen entwickelt (z. B. die Forschungsmethodik „Schüler als Gemeindedetektive" von Silcox; vgl. dazu auch Sliwka/Frank 2004).

In einer zweiten Phase entwickeln die Schüler(innen) in Teams Ideen zur Lösung eines dieser Probleme. Dabei arbeiten sie eng mit Partnern in der Gemeinde – staatlichen und zivilgesellschaftlichen Organisationen – zusammen. In der Planung ihres Arbeitsprozesses wenden die Akteure professionelle Instrumente des Projektmanagements an. Im Unterricht erlernen sie Wissen und Kompetenzen, die zur Umsetzung des Projekts notwendig sind und wenden dieses Wissen im konkreten Kontext an. Fachliche Inhalte werden so direkt in einem authentischen Problemkontext eingesetzt, ausprobiert und auf ihre Anwendbarkeit überprüft. Den Schüler(inne)n erschließt sich der soziale Sinn erlernten Fachwissens.

In regelmäßigen Abständen reflektieren die Schüler im Unterricht systematisch ihre Erfahrungen und ihren Lernprozess: Was ist getan worden und was wurde erreicht? Wie haben die Schüler(innen) dies erlebt, und wie interpretieren sie ihre Erfahrungen? Was haben sie über sich selbst, die anderen, die Inhalte gelernt? Haben sie erreicht, was sie erreichen wollten? Wenn nein, warum? Wo könnten sie die neu erworbenen Kenntnisse und Fähigkeiten sonst noch anwenden? Was sollten sie als nächstes tun? Reflexionen dieser Art machen Schüler(inne)n ihren Lernprozess bewusst und lassen sie eigene Fähigkeiten, Stärken und Schwächen erkennen. Unterstützt wird dieser Prozess durch formatives Feedback, das sie von ihren Mitschüler(inne)n, Lehrer(inne)n, den externen Partnerorganisationen und den Menschen erhalten, für die sie arbeiten. So können sie ihr Selbstbild konkretisieren, lernen sich selbst einzuschätzen und erlangen dadurch Handlungsfähigkeit.

Über die Wirkung von „Lernen durch Engagement" ist eine Vielzahl von wissenschaftlichen Untersuchungen durchgeführt worden. Die stärkste und beständigste Wirkung hat *Service Learning* auf die persönlichen Eigenschaften und sozialen Kompetenzen von Schüler(innen). Service-Projekte bieten Gelegenheit zur Übernahme von Verantwortung in realen Problemkontexten. Die entwicklungspsychologische Forschung zeigt, dass solche Selbstwirksamkeitserfahrungen sowohl die intellektuelle wie auch die sozio-moralische Entwicklung beteiligter Jugendlicher positiv beeinflussen (Scales u. a. 2000). Eine Reihe von Studien (z. B. Boyle-Baise 2001; Eyler/Giles 1999; Myers-Lipton 1996; Ostrow 1995) hat inzwischen nachgewiesen, dass Service-Learning zu einem Abbau von Vorurteilen und zu einer positiveren Wahrnehmung zwischen sozialen oder ethnischen Gruppen führt, die ansonsten nicht zusammenarbeiten oder kommunizieren. Das gemeinsame Ziel und der gemeinsame Arbeitsprozess lässt aus Fremden Partner werden. Es findet *bridging*, also Kommunikation und Kooperation zwischen unterschiedlichen sozialen, ethnischen und religiösen Gruppen statt, wie es Putnam (Putnam/Goss 2001) als zentrale Form der Entwicklung sozialen Kapitals beschrieben hat. Mehrere Studien sehen einen Zusammenhang zwischen der Teilnahme an *Service Learning* und einem ausgeprägten Bewusstsein über moralische und ethische Fragen (Conrad/Hedin 1982), einer gesteigerten Sensibilität für Probleme in ihrer Gemeinde (Yates/Youniss 1997), einem deutlichen sozialen Verantwortungsbewusstsein (Furco 2002a; Melchior/Bailis 2002), häufigerer Partizipation an gesellschaftspolitischen Aktivitäten (Melchior/Bailis 2002) und eine ausgeprägten politische Identität (Yates/Youniss 1997).

„Lernen durch Engagement" kann zudem ein wichtiger Stimulus zur Entwicklung von Gemeinden sein: Schulen, die Service-Learning-Projekte im sozialen, kulturellen oder ökologischen Bereich durchführen, sind zusätzliche Ressourcen im Prozess der sozialen und infrastrukturellen Entwicklung einer Stadt. Schüler(innen)teams und Lehrer(innen) übernehmen Aufgaben in der Analyse und der Lösung lokaler Probleme. Die Übernahme von Verantwortung für Projekte in der Gemeinde stärkt die positive Identifikation von Schüler(innen) mit ihrer Gemeinde und macht aus passiven Nutzern von Angeboten aktive Bürger(innen). Empirische Studien aus den USA zeigen, dass Vandalismus durch Schüler(innen) mit dem Grad ihres Engagements im und für den öffentlichen Raum abnimmt (Massachusetts Department of Education 1986). Wo „Lernen durch Engagement" institutionalisiert ist und sich eine Kultur der Kooperation zwischen Schulen, Gemeinden und Partnerorganisationen entwickelt hat, lässt sich *Service Learning* in Abwandlung des spieltheoretischen Begriffs „Zweigewinnerspiel" als „Mehrgewinnerspiel" beschrieben: also als ein systemischer Ansatz, von dem alle profitieren.

# Fazit

Durch ihre stärker entwickelte pädagogische Programmatik und die veränderte zeitliche Rhythmisierung bieten Ganztagsschulen erstmals auch in Deutschland die Möglichkeit, Demokratiepädagogik als Entwicklungsaufgabe der ganzen Schule zu begreifen. Damit Schüler(innen) einen demokratischen Habitus entwickeln können, sollten Lehrer(innen) über Fächergrenzen hinweg in der Gestaltung demokratiepädagogischer Lern-*Settings* zusammenarbeiten und ihre Schulen nach außen, zur Gemeinde hin, öffnen. Im Rahmen der Ganztagsbildung profitiert dieser Prozess von innovativen Kooperationsformen zwischen Schule, Jugendhilfe und anderen außerschulischen Partnerorganisationen. Demokratiepädagogik kann so als wirkungsvoller Hebel transformative Schulentwicklungsprozesse in Ganztagsschulen auslösen. Merkmal einer demokratischen Schulkultur ist dabei immer auch die Bereitschaft zur öffentlichen Anerkennung für besonderes Engagement von Schüler(innen) und Lehrer(innen).

## *Literatur*


Advisory Group on Citizenship (1998): Education for Citizenship and the Teaching of Democracy in Schools: The Crick Report. London: Qualifications and Curriculum Authority.

Barber, Benjamin (1984): Strong Democracy. Berkeley, Cal.: University of California Press.

Barber, Benjamin (1992): An Aristocracy of everyone: The politics of education and the future of America. New York: Ballantine.

Bennett, Barry/Rolheiser, Carol/Stevahn, Laurie (1991): Cooperative Learning: Where Heart Meets Mind. Toronto: Educational Connections.

Bennett, Barry/Smilanich, Peter (1994): Classroom Management: A Thinking and Caring Approach. Toronto: Bookation.

Bohman, James/Rehg, William (Eds.) (1997): Deliberative Democracy: Essays on Reason and Politics. Cambridge, Mass.: MIT Press.

Boyle-Baise, Marylinn (2001): Multicultural service learning: Educating teachers in diverse communities. New York: Teachers College Press.

Breit, Gotthart/Schiele, Siegried (Hg.) (2002): Demokratie-Lernen als Aufgabe der politischen Bildung. Schwalbach/Ts.: Wochenschau.

Buchstein, Hubertus (2002): Die Bürgergesellschaft – Eine Ressource der Demokratie. In: Breit/Schiele (Hg.): 198-222.

Conrad, Dan/Hedin, Diane (Eds.) (1982): Youth Participation and Experiential Education. New York: Haworth Press.

Crick, Bernhard (1998): Education for Citizenship and the Teaching of Democracy in Schools: Final Report of the Advisory Group on Citizenship. London: QCA.

Dahl, Robert (1998): On Democracy. New Haven: Yale University Press.

Dewey, John (1916): Democracy and Education. An Introduction to the Philosophy of Education. New York.

Edelstein, Wolfgang/Fauser, Peter (2002): Demokratie lernen und leben. Gutachten für ein Modellversuchsprogramm der BLK. Materialien zur Bildungsplanung und zur Forschungsförderung 96. Bonn: Bund-Länder-Kommission für Bildungsplanung und Forschungsförderung. In: www.blk-bonn.de/papers/heft96.pdf (Download am 15.07.2005).

Eyler, Janet/Giles, Dwight (1999): Where's the Learning in Service-learning? San Francisco: Jossey-Bass.

Fölling-Albers, Maria (2005): Soziales Lernen in der Grundschule. In: www.familienhandbuch.de/cmain/f_Aktuelles/a_Schule/s_300.html (Download am 6.8.2005).

Frey, Dieter/Schäfer, Mechtild/Neumann, Renate (1999): Zivilcourage und aktives Handeln bei Gewalt: Wann werden Menschen aktiv? In: Schäfer, Mechtild/Frey, Dieter (Hg.): Aggression und Gewalt unter Kindern und Jugendlichen. Göttingen: Hogrefe: 265-281.

Frey, Karl (2002): Die Projektmethode. Weinheim: Beltz.

Furco, Andy (2002a): Is service-learning really better than community service? A study of high school service program outcomes. In: Furco, Andy/Billig, Shelley H. (Eds.): Service-Learning: The Essence of the Pedagogy. Greenwich, CT: Information Age Publishing: 23-50.

Gage, Nathaniel L./Berliner, David C. (1996): Pädagogische Psychologie. Weinheim: Psychologie Verlags Union.
Gastil, John/Levine, Peter (Hg.) (2005): The Deliberative Democracy Handbook. San Francisco: Jossey-Bass.
Gutmann, Amy/Thompson Dennis (1996): Democracy and Disagreement. Cambridge: Harvard University Press.
Gutmann, Amy/Thompson Dennis (2004): Why Deliberative Democracy? Princeton: Princeton University Press.
Hänsel, Dagmar (Hg.) (1999): Projektunterricht. Weinheim: Beltz.
Heinzel, Friederike (2003): Zwischen Kindheit und Schule – Kreisgespräche als Zwischenraum. In: Zeitschrift für Qualitative Bildungs-, Beratungs- und Sozialforschung H. 1/2003: 105-122.
Heinzel, Friederike (2004): Kreisgespräche – Versammlungen, die herausfordern. In: Bosse, Dorit (Hg.): Unterricht, der herausfordert. Bad Heilbrunn: Klinkhardt: 101-121.
Hepp, Gerd/Schneider, Herbert (Hg.) (1999): Schule in der Bürgergesellschaft. Demokratisches Lernen im Lebens- und Erfahrungsraum der Schule. Schwalbach/Ts.: Wochenschau.
Jefferys-Duden, Karin (1999): Das Streitschlichter-Programm. Weinheim: Beltz.
Johnson, David W./Johnson, Roger T./Holubec, Edythe Johnson (1986): Circles of Learning: Cooperation in the Classroom. Edina, Minn.: Interaction.
Johnson, David/Johnson, Richard (1995): Creative Controversy: Intellectual Challenge in the Classroom. Edina, Minn.: Interaction.
Kagan, Spencer (1997): Cooperative Learning, San Clemente, Cal.: Kagan Cooperative Learning.
Kiper, Hanna (1997): Selbst- und Mitbestimmung in der Schule. Das Beispiel Klassenrat. Hohengehren: Schneider.
Kiper, Hanna (1998): Der Klassenrat. Partizipationschance für Schülerinnen und Schüler oder Ordnungsinstrument der Schule? In: Breit, Gotthard/Schiele, Siegfried (Hg.): Handlungsorientierung im Politikunterricht. Didaktische Reihe der Landeszentrale für Politische Bildung Baden-Württemberg 20. Schwalbach/Ts.: Wochenschau: 288-301.
Kirschenbaum, Howard (1976): Clarifying Values Clarification: Some Theoretical Issues. In: Purpel, David/ Ryan, Kevin (Eds.): Moral Education. Berkeley: McCutchan: 116-125.
Lenhart, Volker (2003): Pädagogik der Menschenrechte. Opladen: Leske + Budrich.
Lerner, Richard et al. (2002): Positive Youth Development: Thriving as the Basis of Personhood and Civil Society. New Directions for Youth Development (Vol. 95) No. 2/2002: 11-33.
Lind, Georg (2003): Moral ist lehrbar. Ein Handbuch zur moralischen und demokratischen Bildung. München: Oldenbourg.
Lohrenscheit, Claudia (2004): Das Recht auf Menschenrechtsbildung – Grundlagen und Ansätze einer Pädagogik der Menschenrechte. Frankfurt: IKO.
Massachusetts Department of Education (1986): Promising Practices in Community Education: Schools and Communities Working together to Enrich K-12 Education. Quincy, Mass.: Office of Community Education.
Melchior, Alan/Bailis, Larry (2002): Impact of service-learning on civic attitudes and behaviors of middle and high school youth. In: Furco, Andy/Billig, Shelley H. (Eds.): Service-Learning: The Essence of the Pedagogy. Greenwich, Conn.: Information Age Publishing: 201-222.
Melzer, Wolfgang/Schubarth, Wilfried/Ehninger, Frank (2004): Gewaltprävention und Schulentwicklung – Analysen und Handlungskonzepte: Bad Heilbrunn: Klinkhardt.
Myers-Lipton, Scott J. (1996): Effect of a comprehensive service-learning program on college students' level of modern racism. In: Michigan Journal of Community Service Learning 3: 44-54.
Oser, Fritz K./Althof, Wolfgang (2001): Die Gerechte Schulgemeinschaft: Lernen durch Gestaltung des Schullebens. In: Edelstein, Wolfgang/Oser, Fritz/Schuster, Peter (Hg.): Moralische Erziehung in der Schule. Entwicklungspsychologie und pädagogische Praxis. Weinheim: Beltz: 233-268.
Ostrow, James (1995): Self-consciousness and social position: On college students changing their minds about the homeless. In: Qualitative Sociology (Vol. 18) No. 3/1995: 357-375.
Prengel, Annedore (1995): Pädagogik der Vielfalt. Opladen: Leske + Budrich.
Purmann, Ernst (2001): Morgenkreis und Schulanfang. Kassel: Kassel University Press.
Putnam, Robert D./Goss, Kristin A. (2001): Einleitung. In: Putnam, Robert D. (Hg.): Gesellschaft und Gemeinsinn. Sozialkapital im internationalen Vergleich. Gütersloh: Bertelsmann: 15-43.
Putnam, Robert D./Leonardi, Robert/Nanetti, Raffaella Y. (1993): Making Democracy Work: Civic Traditions in Modern Italy. Princeton: Princeton University Press.
Rawls, John (1971): A Theory of Justice. Cambridge, Mass: Harvard University Press.
Sander, Wolfgang (2001): Politik entdecken – Freiheit leben. Neue Lernkulturen in der politischen Bildung. Schwalbach/Ts.: Wochenschau.

Scales, Peter/Blyth, Dale/Berkas, Thomas/Kielsmeier, James (2000): The Effects of Service-learning on Middle School Students' Social Responsibility and Academic Success. Journal of Early Adolescence (Vol. 20) No. 3: 332-358.

Slavin, Robert (1983): Cooperative Learning. New York: Longman.

Sliwka, Anne (2008): Bürgerbildung: Demokratie beginnt in der Schule. Weinheim: Beltz.

Sliwka, Anne/Frank, Susanne (2004): Service-Learning – Verantwortung Lernen in der Schule. Ein Arbeitsbuch. Weinheim: Beltz.

Sliwka, Anne/Lauble, Silvia/Frank, Susanne (2007): Das Deliberationsforum als neue Lernform – Wissens-, Meinungs- und Konsensfindung zu gesellschaftspolitischen Themen verstehen und gestalten. Berlin: BLK-Programm Demokratie lernen und leben. In: www.blk-demokratie.de/materialien/weitere-materialien/handreichung-das-deliberationsforum-als-neue-lernform-wissens-meinungs-und-konsensfindung-zu-gesellschaftspolitischen-themen-verstehen-und-gestalten-baden-wuerttemberg.html (Download am 30.10.2007).

Standop, Jutta (2005): Werteerziehung. Weinheim: Beltz.

Torney-Purta, Judith/Lehmann, Rainer/Oswald, Hans/Schulz, Wolfram (2001): Demokratie und Bildung in 28 Ländern. Politisches Verstehen und Engagement bei Vierzehnjährigen (IEA Civic Education Study). Deutscher Kurzbericht. Amsterdam: The International Association for the Evaluation of Educational Achievement.

Wallrabenstein, Wulf. (1991): Offene Schule – offener Unterricht. Reinbek: Rowohlt.

Wiechmann, Jürgen (2002), Zwölf Unterrichtsmethoden, Weinheim: Beltz.

Yates, Miranda/Youniss, James (1997): A developmental perspective on community service in adolescence. In: Social Development No. 5/1997: 85-111.

# Demokratiebildung in der Jugendarbeit

*Benedikt Sturzenhecker*

Demokratiebildung ist ein gesetzlicher Auftrag und ein deutliches Potenzial der institutionellen Strukturcharakteristika von Jugendarbeit.[1] Trotzdem hat die Theoriedebatte der Jugendarbeit diesen zentralen Aspekt kaum ausgearbeitet, und in der Praxis der Jugendarbeit bleibt Demokratiebildung ein unzureichend umgesetzter Anspruch. Im Folgenden wird einerseits entwickelt, wie Jugendarbeit ihre Möglichkeiten von Demokratiebildung stärker realisieren könnte und andererseits wird geprüft, ob und wie diese auch eine Grundorientierung für die gemeinsame Gestaltung von Ganztagsbildung zwischen Jugendarbeit und Schule sein könnte.

## 1 Demokratie und Bildung

Unter Demokratie wird hier (als zentraler Aspekt) ein gleich-berechtigtes, freies Diskutieren und Aushandeln von gemeinsamen Entscheidungen der Bürger(innen) in Öffentlichkeiten und direkten wie repräsentativen Verfahren und Gremien verstanden. Es wird hier also ein partizipatives (Schmidt 2000) bzw. prozedurales Demokratiemodell vorausgesetzt (vgl. Habermas: „Deliberative Demokratie" 1992, oder Barber: „Starke Demokratie" 1994), in dem Verfahren und Diskurse gesellschaftlicher Öffentlichkeiten rationale gemeinsame Entscheidungen und damit auch deren Legitimität ermöglichen sollen.

Demokratie wird nicht nur als Herrschaftsform, sondern auch als Gesellschafts- und Lebensform (Himmelmann 2007) verstanden. Der Aspekt der Herrschaftsform beinhaltet die Prinzipien von Volkssouveränität und Rechtsstaat, Machtkontrolle und Gewaltenteilung, Repräsentation und parlamentarische Verfahrensformen, das Mehrheitsprinzip und den Minderheitenschutz sowie die Gewähr der Menschen- und Bürgerrechte. Die aktuelle Demokratietheorie geht davon aus, dass zu einer Demokratie als Gesellschaftsform u. a. folgende zentrale Elemente gehören:

- gesellschaftlicher Pluralismus (der sich auch zeigt durch Verbände und Vereine, die Bürger(inne)n mit unterschiedlichen Interessen organisieren)
- ein System gesellschaftlicher (d. h. nicht staatlich dominierter) Konfliktregelung (wie z. B. Regeln der Tarifaushandlung)
- eine freie und vielfältige Öffentlichkeit
- ein zivilgesellschaftliches Engagement der Bürger(innen).

1 Im Folgenden werden die beiden großen Felder, die Offene Kinder- und Jugendarbeit und die Jugendverbandsarbeit unter dem allgemeinen Begriff Jugendarbeit (besser: Kinder- und Jugendarbeit) zusammengefasst, und es werden, wo nötig, Differenzierungen vorgenommen. Andere Felder der Jugendarbeit (wie Jugendbildung, internationale Arbeit) werden ausgespart.

Der Aspekt von Demokratie als Lebensform meint, dass Prinzipien von Demokratie auch den alltäglichen Umgang der Bürger(innen) orientieren sollten. Dazu gehören

- gegenseitige Anerkennung
- Gewaltverzicht
- Fairness
- soziale Kooperation zu gemeinsamen Zwecken
- Ermöglichung von Solidarität und Selbstverwirklichung im sozialen Kontext.

Die Beteiligungsrechte (also der Status der Bürgerin, des Bürgers) werden hier prinzipiell auch für Kinder und Jugendliche in Staat, Gesellschaft und pädagogischen Institutionen in Anspruch genommen. Denn Demokratie verlangt keine besondere Leistung oder Qualifikation ihrer Mitglieder als Voraussetzung zur Teilnahme. Sie unterstellt die Mündigkeit ihrer Bürger(innen). Unterschiede der Beteiligten oder mögliche Einschränkungen und Benachteiligungen, die die Möglichkeiten der gleichberechtigten Teilhabe an Aushandlungsverfahren behindern könnten, sollen möglichst berücksichtigt und ausgeglichen werden (das geschieht ganz allgemein z. B. durch die sozialen Schutzrechte, durch das Angebot des Erwerbs von Allgemeinbildung in der Schule/Volkshochschule etc.). Indem Demokratie keine besonderen Voraussetzungen für die Beteiligung verlangt, wird implizit davon ausgegangen, dass sich die Teilnehmer(innen) die Kompetenzen für demokratisches Handeln im Vollzug der Demokratie aneignen. Man lernt Demokratie durch ihre aktive Praxis.

In der Debatte um einen eigenständigen Bildungsbegriff der Jugendhilfe und in ihr der Kinder- und Jugendarbeit wurde häufig die aktuelle zusammenfassende Bestimmung durch das Bundesjugendkuratorium (2001) herangezogen:

> „Bildung heißt immer: ‚Sich bilden'. Bildung ist stets ein Prozess des sich bildenden Subjekts, zielt immer auf Selbstbildung ab. Sie ist zu verstehen als Befähigung zu eigenbestimmter Lebensführung, als Empowerment, als Aneignung von Selbstbildungsmöglichkeiten. (...) Bildung kann nicht erzeugt oder gar erzwungen, sondern nur angeregt und ermöglicht werden, als Entfaltung der Persönlichkeit: Es geht um einen Prozess, bei dem eigene Potenziale entwickelt werden und sich Individualität herausbildet. Bildung ist ein Entfaltungsprozess des Subjekts in Auseinandersetzung mit inneren und äußeren Anregungen und die Befreiung von inneren und äußeren Zwängen" (Bundesjugendkuratorium 2001: 22-23).

Dieses Bildungskonzept unterscheidet sich von einem schulischen Bildungsbegriff, der sich als Aus-Bildung, also durch Unterricht geleistete Vermittlung von Wissen und Können als Allgemeinbildung und Qualifizierung zusammenfassen lässt. Der Bildungsbegriff der Jugendarbeit hat sich seit den 1960er Jahren gerade auch in Abgrenzung dazu genau als nicht-schulische oder außerschulische Bildung entwickelt: Der Klassiker der Jugendarbeitstheorie, die „vier Versuche" zur Frage „Was ist Jugendarbeit?" (Müller u. a. 1964), stellt in Differenz zur Schule den jugendlichen Autonomieanspruch als Kern jugendarbeiterischer Bildung dar. Seit den 1990er Jahren wurden die bildungstheoretischen Grundbestimmungen von Jugendarbeit immer wieder aufgegriffen und für eine veränderte gesellschaftliche Situation und für eine gewandelte Lebensphase Jugend aktualisiert (vgl. z. B. Scherr 1990/1997; Müller 1996; Brenner 1999; Sturzenhecker 2002; Lindner u. a. 2003).

Hier lässt sich ein Zusammenhang von Demokratie und jugendarbeiterischem Bildungskonzept erkennen: Beide setzten auf die Mündigkeitspotenziale des Subjekts. Demokratie wie Bildungskonzept gehen von der selbsttätigen Aneignung aus, die auf die Entfaltung von Selbstbestimmung im Rahmen gesellschaftlicher Mitverantwortung/Mitgestaltung zielt. Autonomieentwicklung wird also immer in Bezug zu und Abhängigkeit von anderen unter spezifischen gesellschaftlichen Bedingungen/Begrenzungen gedacht.

Demokratiebildung in der Jugendarbeit müsste daher einerseits die Aspekte von Demokratie als Herrschafts- sowie Gesellschafts- und Lebensform in Strukturen und Handlungspraxis umsetzen und diese andererseits gleichzeitig bildungsorientiert als selbsttätige Aneignungserfahrung ermöglichen. Jugendarbeit benötigte damit in ihren Organisationen sowohl eine demokratische Verfassung, als Kodifizierung der Beteiligungsrechte und Strukturen, als auch eine demokratische Verfasstheit alltäglichen Umgangs miteinander.[2] Eine ebenso wiederum demokratisch zu erstellende Verfassung eines Jugendverbandes oder einer Offenen Jugendeinrichtung würden analog zur allgemeinen staatlichen Demokratieform u. a. enthalten: Klärung der Grundrechte; Institutionen und Verfahren zu: Mitgliedschaft, Wahlen, Entscheidungsgremien und Gruppenparitäten, Orte der Konfliktklärung, Verantwortung der Umsetzung von Entscheidungen; Verfahren der Erstellung von „Gesetzen" und deren Revision (Hausordnung, Regeln etc.) sowie Verfahren der Machtkontrolle und des Minderheitenschutzes. Eine demokratische Verfasstheit der Alltagspraxis in der Jugendarbeit würde beinhalten:

- die Ermöglichung gegenseitiger Anerkennung, Solidarität und gemeinschaftlichen Handelns
- einen dialogischen und symmetrischen Umgang und Dialog zwischen Erwachsenen und Jugendlichen
- Assistenz bei der Entwicklung von Interessen und Themen durch Individuen und Gruppierungen
- Medien und Unterstützung der Artikulation von Interessen in der „Öffentlichkeit" der Organisation (inklusive eines *Empowerment* von Benachteiligten und Schwachen)
- Bereitstellung von öffentlichen Foren des Austausches und Räumen der Aushandlung
- Verfahren des Übergangs von informellen, öffentlichen Diskursen zu formalen Entscheidungen in repräsentativen Gremien
- Formen des Übergangs zur demokratischen Beteiligung und Entscheidung in der Umwelt, besonders im Verhältnis zum Träger und zur Kommune.

## 2 Demokratiebildung als gesetzlicher Auftrag und das strukturell demokratische Potenzial von Jugendarbeit

In § 11, Abs. 1 SGB VIII (Kinder- und Jugendhilfegesetz) sind der Jugendarbeit Ziele und Strukturprinzipien vorgegeben:

> „Jungen Menschen sind die zur Förderung ihrer Entwicklung erforderlichen Angebote der Jugendarbeit zur Verfügung zu stellen. Sie sollen an den Interessen junger Menschen anknüpfen und von ihnen mitbestimmt und mitgestaltet werden, sie zur Selbstbestimmung befähigen und zur gesellschaftlichen Mitverantwortung und zu sozialem Engagement anregen und hinführen."

2 Zur Verwendung der Begriffe Verfassung und Verfasstheit in demokratiebildender Sozialpädagogik siehe Müller (2005).

Das Gesetzt entwirft mit den Wirkungszielbegriffen der „Selbstbestimmung, gesellschaftlichen Mitverantwortung und des sozialen Engagements" ein mündiges und engagiertes Subjekt in einer demokratischen Zivilgesellschaft, dass die eigene Autonomie im Rahmen gesellschaftlicher Mitbestimmung, Mitgestaltung und Mitverantwortung realisiert. Dieses Ziel der Bildung einer demokratischen Bürgerin/eines demokratischen Bürgers wird konkretisiert durch die demokratische Strukturierung der jugendarbeiterischen Bildungsbedingungen: Jugendarbeit soll bei den Interessen der Kinder und Jugendlichen ansetzten und von ihnen mitgestaltet und mitbestimmt werden. Damit wird der Prozess von Jugendarbeit als demokratischer entworfen: Die Beteiligten artikulieren Interessen und bestimmen und gestalten gemeinsam ihre Umsetzung mit. Demokratie soll also durch ihre Praxis angeeignet werden. Demokratie wird zugemutet und die Fähigkeiten der Selbst- und Mitbestimmung entstehen im Prozess ihrer Aus-Übung. Solche entwicklungsförderlichen Erfahrungen sollen als „Angebote" zur Verfügung gestellt werden. Jugendarbeit ist damit gekennzeichnet durch Freiwilligkeit: ihre Potenziale von Demokratiebildung können sich nur frei und nicht unter Zwang entfalten. Es wird eine freie Assoziation der Kinder und Jugendlichen ermöglicht. Sie können sich in der Jugendarbeit frei gesellen und bestimmen, was und wie sie etwas zusammen tun möchten.[3]

Damit wird zum einen Demokratie als Ziel und zum anderen Bildung als Form von Jugendarbeit bestimmt: Es ist die selbsttätige Aneignung und Verwirklichung von Selbstbestimmung und gesellschaftlicher Mitverantwortung – kurz: Demokratiebildung –, die in Jugendarbeit möglich werden soll. Selbstbestimmung und Mitverantwortung können nicht unter Zwang gelehrt werden, sondern müssen als freies Aneignungsangebot, also unter Bedingungen von Bildung, zur Verfügung gestellt werden.

Der Frei-Raum der Jugendarbeit kann auch mit dem Charakteristikum der Offenheit beschrieben werden. Offenheit besteht in Bezug auf die Entwicklung von Teilzielen einzelner Organisationen. Diese können mit den sich wandelnden Teilnehmer(inne)n und mit ihrem Entwicklungsprozess immer wieder demokratisch verändert werden. Offenheit besteht auch in Bezug auf die Inhalte und Methoden von Jugendarbeit. Sie sind nicht festgelegt, sondern können jeweils in Aushandlungsprozessen von Teilnehmer(inne)n, pädagogischem Personal, Träger und spezifischen Arbeitsbedingungen bestimmt werden. Das Strukturcharakteristikum der Offenheit qualifiziert also das Handlungsfeld für Demokratiebildung: weil es keine curricular vorgeschriebenen Inhalte und methodische Vorgaben gibt, können die Beteiligten in der Jugendarbeit zusammen aushandeln, mit welchen Inhalten, Regeln und Arbeitsweisen sie die Offenheit füllen wollen.

Mit dem Charakteristikum des Frei-Raums verbunden ist das nahezu völlige Fehlen formaler, institutioneller Machtmittel. Jugendarbeit hat nicht die Möglichkeit, durch institutionelle Mittel Macht über ihre freiwilligen Teilnehmer(innen) auszuüben, sie kann z. B. nicht (wie die Schule) biografisch relevante Zertifikate verteilen.

Die Freiwilligkeit der Teilnahme und die Machtarmut der Institution bedingen ihren Charakter von Diskursivität. Angesichts der vergleichsweise geringen institutionellen Vorgaben, müssen die jugendlichen Teilnehmenden und ihre Pädagog(inn)en immer wieder neu miteinander aushandeln, was, mit wem, wie, wozu, wann, wo geschehen soll. Nur wenn man in solchen Aushandlungsprozessen eine gemeinsame Handlungsplattform entwickelt, kann Jugendarbeit zustande kommen. Wenn institutionell gesetzte Bedingungen

3 Hier kann nur auf die Differenzierung im Blick auf den für Demokratiepraxis wichtigen Status des Mitglieds im Jugendverband bzw. den des Teilnehmenden in der Offenen Jugendarbeit verwiesen werden.

den Interessen und Wünschen der Teilnehmer(innen) nicht entsprechen, können sie diese Vorgaben sofort durch *exit* torpedieren. Die Diskursivität schafft, ja erzwingt die Basis für demokratische Aushandlungsprozesse und Entscheidungsverfahren. Mit diesen Aufgaben und den zu ihrer Realisierung geeigneten Strukturbedingungen ist – so die These – das Potenzial der Jugendarbeit zur Demokratiebildung größer als das aller anderen erzieherischen Institutionen.

Die gesetzlichen Formulierungen (s. o.) der „Mitbestimmung und Mitgestaltung" verweisen darauf, dass die Kinder und Jugendlichen nicht allein die Jugendarbeit bestimmen, sondern dies mit Pädagog(inn)en und im Bezug auf die Rahmensetzungen von Trägern und Kommunen tun müssen. Jugendarbeit ist keine rein informelle Aktivität von Jugendcliquen, sondern ein staatlich und kommunal, auch durch Freie Träger angebotenes pädagogisches non-formales *Setting*. Wenn man so will, ist sie ein Bildungsangebot des Erziehungssystems, eine Bereitstellung von Rahmenbedingung und Assistenz für Demokratiebildung. Insofern ist sie auch eine erzieherische Vermittlung von gesellschaftlichen Normen und Werten und eine Qualifizierung für kompetentes gesellschaftliches Handeln. Allerdings steht dabei die Aneignung von Verfahren und Kompetenzen demokratischen Handelns im Vordergrund, die wiederum nur durch die gemeinsame Praxis von Demokratie erreicht werden kann. Anders als in der staatlich-gesellschaftlichen Zumutung von Demokratie an die Bürger(innen), besteht in sozialpädagogischen Einrichtungen stärker die Möglichkeit, die Aneignungsprozesse von Demokratie durch die Kinder und Jugendlichen pädagogisch unterstützend zu begleiten.

## 3 Zur unzureichenden Umsetzung des Anspruchs von Demokratiebildung in der Jugendarbeit

Demokratiebildung ist in der theoretischen Debatte der Jugendarbeit bisher eher am Rande thematisiert worden. Die unterschiedlichen aktuellen und historischen theoretischen Ansätze nehmen Demokratie nicht an prominenter Stelle in ihre Selbstbezeichnungen auf. Es wird sich selten zentral mit der Ausarbeitung der Begründung und Umsetzung von Demokratiebildung beschäftigt, selbst nicht nach der Einführung des – wie hier gezeigt – deutlich Demokratiebildung nahe legenden SGB VIII im Jahre 1990. Dennoch kann die These aufgestellt werden, dass Demokratiebildung ein implizites Essential der konzeptionellen Ansätze von Jugendarbeit darstellt und dort zumindest gelegentlich „aufblitzt".[4] Stellvertretend dafür sei hier verwiesen auf Scherrs (1997) einflussreichen Ansatz der „Subjektorientierung". Demnach hat Jugendarbeit auch die Aufgabe, Jugendlichen „eine partizipativ-demokratische Gestaltung ihres Alltagslebens" zu eröffnen (ebd.: 58). Die Jugendverbände hingegen haben sich in ihren Selbstverständniserklärungen schon lange explizit als „Werkstätten der Demokratie" deklariert (vgl. DBJR 2004). Das ist nachvollziehbar, denn Jugendverbände zeichnen sich mit ihrer Vereinsstruktur durch eine demokratische

4 Der Begriff „Demokratie" fand allerdings vielfach Verwendung als Bezeichnung einer Präventionsperspektive gegen (jugendlichen) Rechtsextremismus. Es mutet seltsam an, dass Demokratie hier nicht positiv als grundsätzliches Recht auch von Kindern und Jugendlichen thematisiert wird, sondern negativ entdeckt wird: als Konzept der Verteidigung gegen Demokratiefeindschaft. Es ließe sich die These aufstellen, dass diese Verwendung von „Demokratie" hier eher konzipiert wird als Einpassung in ein gesellschaftliches System von Regierung, denn als selbsttätige Aneignung des Rechts auf Teilnahme.

Verfassung aus: Kinder und Jugendliche sind hier strukturell gleichberechtigte und freie Mitglieder, die in demokratischer Selbstorganisation interne Öffentlichkeiten (die auch zu lokalen externen Öffentlichkeiten in Bezug stehen) sowie direkte und repräsentative demokratische Strukturen und Gremien zur Selbstbestimmung ihres Verbandes nutzen können (siehe Richter 2000).

Seit Mitte der 1990er Jahre ist zudem eine verstärkte Thematisierung von Partizipation auch in der wissenschaftlichen Debatte der Jugendarbeit zu verzeichnen (vgl. Leif 1998; Sturzenhecker 1998/2005; Burdewick 2003; Griese 2005; Zinser 2005). Dabei wird häufig der Begriff der Partizipation als Beteiligung, Mitbestimmung oder Teilhabe verstanden oder gar mit Demokratie synonym verwendet (so z. B. Knauer/Sturzenhecker 2005). Im Folgenden soll jedoch präziser von Partizipation gesprochen werden, wenn Kindern und Jugendlichen durch Fachkräfte, Erwachsene und Organisationen begrenzte Möglichkeiten von Mitsprache, Mitwirkung, und Mitbestimmung eingeräumt werden; von Demokratie soll gesprochen werden, wenn Mitbestimmung von Kindern und Jugendlichen als Recht kodifiziert und durch (interne und externe) Öffentlichkeit sowie über direkte und repräsentative Entscheidungsgremien gewährleistet wird. Partizipation ist damit – eine allerdings sehr wichtige – Vorstufe, während Demokratie eine volle Beteiligungs- und Entscheidungsberechtigung bietet.

In der Praxis der Jugendarbeit werden die Chancen weitgehender Demokratie oft zu wenig genutzt. Selbst in der Jugendverbandsarbeit, die mit ihren demokratischen Verfassungen bzw. Satzungen ihren Mitgliedern paritätisch geregelte Entscheidungsrechte einräumt, sind die Verfahren von Wahlen und Gremien häufig von der alltäglichen Praxis der Kinder und Jugendlichen entfremdet und in Funktionärswesen, bürokratischer Abwicklung und Basisdistanz erstarrt. Das Konzept der „Werkstätten der Demokratie" verkommt dann zu einem nur noch legitimatorischen Sprachspiel. Diese Prozesse sind ja auch aus der staatlichen Demokratie bekannt: Hier wie im Jugendverband ließe sich „mehr Demokratie wagen". In Jugendverbänden wie in der Offenen Kinder- und Jugendarbeit steht jedoch oft ein pädagogisierendes Selbstmissverständnis der Fachkräfte einer weitgehenden Demokratisierung im Wege. Darin werden die Kinder und Jugendlichen als defizitär und damit unmündig konstruiert und so zu Objekten von Erziehung gemacht, statt sie als Subjekte von (mindestens organisationsinterner) Demokratie anzuerkennen. Solche Konzepte von Jugendarbeit favorisieren Betreuung, Prävention, Training sozialer Kompetenzen und Hilfen zur Persönlichkeitsentwicklung anstelle einer Zumutung von Demokratie (vgl. Sturzenhecker 2004). Partizipation und Demokratie für Kinder und Jugendliche werden als Luxus wahrgenommen, der erst möglich wird, wenn andere Zwänge und Notwendigkeiten (im Moment besonders die Sicherung von Einrichtungen und Stellen) abgearbeitet worden sind. Partizipation wird als Gnade gewährt, wenn Fachkräfte und Erwachsene einzelne „Mitbestimmungsspielwiesen" für Kinder und Jugendliche einrichten oder paternalistisch-wohlmeinend zwar Wünsche und Interessen abfragen, deren Umsetzung aber in ihrer Macht behalten, somit sich Kinder und Jugendliche nicht als gleichberechtigte Subjekte demokratischer Entscheidungsprozesse erfahren können (vgl. Sturzenhecker 2006).

# 4 Zur Wahrnehmung des Demokratiepotenzials von Jugendarbeit durch ihre Nutzer(innen)

Aktuelle empirische Untersuchungen können zeigen, dass Kinder und Jugendliche sich nicht unbedingt als Subjekte einen weit gehenden und verfassten Demokratiepraxis in der Jugendarbeit sehen, aber die demokratiehaltigen Strukturbedingungen schätzen und für Bildungsprozesse nutzen. Man kann damit die These begründen, dass trotz der mangelnden Bereitstellung demokratischer Öffentlichkeiten und Entscheidungsstrukturen in den Einrichtungen und Organisationen der Jugendarbeit schon allein die Strukturbedingungen eine partizipatorische Praxis und Aneignung grundsätzlich demokratischer Kompetenzen der Nutzer(innen) von Jugendarbeit fördern.

Eine Untersuchung von Fatke/Schneider (2005) zeigt, dass Heranwachsende besonders die Jugendarbeit (und die Familie) als Bereich schätzen, in dem sie ernsthaft partizipieren können, im Gegensatz zu Schule und Kommune, wo sie ihre Beteiligungschancen geringer einschätzen. Erwachsene – so zeigt die Befragung – bewerten jeweils die Beteiligungsmöglichkeiten der Kinder und Jugendlichen wesentlich höher als die Betroffenen selber. Scherr/Delmas (2005) befragten Besucher(innen) Offener Jugendarbeit nach ihren dort gemachten Bildungserfahrungen: Diese stellen reflektierend fest, dass sie Konflikte in den Einrichtungen als Anlass für eine Aneignung eigenverantwortlicher und gewaltfreier Konfliktregelung nutzen und ihnen vielfältige Lernpotenziale aus der Begegnung zwischen älteren und jüngeren Jugendlichen, Einheimischen und Migrant(inn)en sowie zwischen Jungen und Mädchen erwachsen. Zudem eignen sie sich Verantwortlichkeit an: durch die Übernahme von Aufgaben, Organisation von Angeboten, Veranstaltungen usw. Daraus kann geschlossen werden, dass in diesen *Settings* grundsätzliche demokratische Kompetenzen wie Anerkennung von Differenz, diskursive Konfliktaushandlung und Übernahme von Verantwortung, realisiert werden können. Zu ähnlichen Ergebnissen gelangte die Untersuchung von Müller u. a. (2005) über Bildungspotenziale Offener Jugendarbeit. Eine großes repräsentatives Forschungsprojekt (Fauser u. a. 2006), das die Perspektiven der jugendlichen Nutzer(innen) auf die evangelische Jugendverbandsarbeit untersuchte, fand heraus, dass aus Sicht der Kinder und Jugendlichen Jugendarbeit ihnen Gemeinschaft in vertrauten Freundesgruppen bietet und dass sie hier einen Ort finden, wo sie selber etwas machen und aktiv sein können (ähnlich die Studie zur Jugendfeuerwehr in der Großstadt, Richter u. a. 2007). Sie nutzen Jugendarbeit, um „etwas für sich selber zu tun", „an sich wachsen zu können" und um „etwas Sinnvolles für andere" zu tun. Hier können sie mitentscheiden, was, wie, mit wem gemacht wird. Sie erleben Jugendverbandsarbeit als Ort selbstbestimmter Gesellung, Bildung und Mitbestimmung.

# 5 Jugendarbeiterische Demokratiebildung im Ganztag?

Dem im vorliegenden Handbuch verwendeten Konzept von Ganztagsbildung liegen zwei (möglicherweise divergierende) Ideen zu Grunde: Zum einen sollen die beteiligten Institutionen (hier Jugendarbeit und Schule) in der Kooperation ihre Eigenart und Strukturbedingungen bewahren, zum anderen sollen sie doch gemeinsam etwas Drittes und Neues erzeugen (vgl. Coelen 2002). Unter dem Anspruch, das „Dritte" der Ganztagsbildung (auch) als Demokratiebildung zu gestalten, fragt sich, welche Aufgaben und Strukturbedingungen der beteiligten Institutionen im Neuen aufgehen müssten, um Demokratiebildung möglich zu machen.

Oelkers (2000) argumentiert dazu einerseits, dass die Frage nach Demokratie in der Schule theoretisch vernachlässigt sei, andererseits sieht er doch für die Forderung einer völligen Demokratisierung von Schule Grenzen gesetzt, die sich aus der schulischen Aufgabe der unterrichtlichen Vermittlung von Wissen als Allgemeinbildung ergebe. Folge man dem Anspruch einer Verwandlung von Schule in eine demokratisch strukturierte Schule, hätte dies – so Oelkers – folgende Konsequenzen:

> „1. Angebot, Organisation und Entwicklung von öffentlichen Schulen müssten fortlaufend zwischen allen Beteiligten hierarchiefrei beraten und abgestimmt werden. 2. Dafür müssten Verfahren entwickelt werden, die Gleichheit sicherstellen und Ungleichheit ausschließen können. 3. Gleichheit entsteht durch Mitgliedschaft, unabhängig von Kompetenz, Alter oder Interesse. 4. Interne und externe – schulische und gesellschaftliche – Demokratie müssten angepasst werden, damit nicht die ‚kleine' und die ‚große' Welt einander gegenüberstehen. 5. Die Umwelt muss einbezogen werden, Partizipation endet nicht mit der Mitgliedschaft" (Oelkers 2000: 10).

Der Autor argumentiert weiter: Wenn die schulische Aufgabe der Allgemeinbildung als *public good* verstanden werden solle, könne dies nicht von der demokratischen Entscheidung zufällig Beteiligter abhängig gemacht werden. „Schüler haben aus naheliegenden Gründen immer die Mehrheit, also können sie sich leicht *gegen* ein schulisches Angebot entscheiden, während sie erst *nach* einer Bildungserfahrung urteilsfähig sind. Eine sehr weitgehende Demokratisierung würde daher Entscheide *vor* der Herausbildung von Kompetenz zulassen" (ebd., Herv. i. Orig.).

Während also Schule – zumindest nach dieser Argumentation – an ihre Grenzen von Demokratisierbarkeit stößt, wird hieran auch deutlich, dass die angeführten Kriterien für Jugendarbeit kein Problem darstellen, sondern genau den Anspruch von Demokratiebildung formulieren, der auf Basis der Aufgabe und Struktureigenschaften von Jugendarbeit realisierbar ist. Würde Ganztagsbildung also demokratisch strukturiert, würde sie eher den Prinzipien von Jugendarbeit folgen und mit denen von Schule kollidieren.

Oelkers sieht jedoch einerseits in der Vermittlung schulischer Allgemeinbildung eine Chance für die Qualifizierung demokratischer Bürger(innen) und andererseits Möglichkeiten der Ausweitung von Partizipation in Schule. Würde also Ganztagsbildung in Kooperation mit Jugendarbeit eher an den schulischen Prinzipien pflichtgebundener unterrichtlicher Wissensvermittlung und Ausbildung orientiert, gewönne das neue Dritte höchstens die Qualität von Partizipation, also der partiell gewährten Mitsprache und Mitbestimmung. Jugendarbeit hingegen würde ihr viel weitergehendes Demokratiepotenzial – zumindest im Ganztag – einbüßen.

Will man also für Jugendarbeit ihre einzigartige Aufgabe und Chance der Demokratiebildung erhalten, kann sie kaum ein Partner für die Herstellung von Ganztagsbildung als einem neuen demokratiebildenden „Dritten" sein. Jedoch bleibt die Möglichkeit zu prüfen, wieweit sie denn trotzdem in Wahrung der Eigenständigkeit ihrer Aufgaben und Strukturbedingungen im Ganztag kooperieren könnte. Dies könnte zum einen geschehen, indem sie im Rahmen „Kommunaler Bildungslandschaften" genau im wichtigen Übergang zwischen interner und externer Demokratie mindestens partizipative Mitsprache *(voice)*, besser noch demokratisch berechtigte Mitentscheidung (*say* als „etwas zu sagen haben") von Kindern und Jugendlichen in der Ausgestaltung kommunaler Bildung möglich machen würde (z. B. im Rahmen eines Trägervereins des Ganztagsangebots, vgl. Coelen

2002: 61). Zum anderen kann sie Angebote im Ganztag wahrnehmen, wenn ihre eigenen demokratischen Entscheidungsprozesse dies bestimmen. Die möglichen Aktivitäten von Jugendarbeit im Ganztag hängen also von den Entscheidungen auf Grund der Interessen und Themen ihrer freiwilligen und demokratisch mitbestimmenden Teilnehmer(innen) ab. Jugendarbeiterische Projekte der Beteiligung an Ganztagsbildung müssten daher ihre Adressat(inn)en befragen und entscheiden lassen, ob, wozu und wie diese ihre Jugendarbeit im Ganztag haben wollen. Diese starke Rolle als Selbstbestimmer der Jugendarbeitsangebote auch im Ganztag hätte auch Folgen für die Stärkung der Partizipation der Kinder und Jugendlichen in schulischen Bereich von Ganztagsbildung.

## *Literatur*


Barber, Benjamin (1994): Starke Demokratie (Strong Democracy, Berkeley 1984). Hamburg: Rotbuch.

Brenner, Gerd (1999): Jugendarbeit in einer neuen Bildungslandschaft. In: deutsche jugend H. 6/1999: 249-257.

Bundesjugendkuratorium (2001): Zukunftsfähigkeit sichern! Für ein neues Verhältnis von Bildung und Jugendhilfe. Eine Streitschrift des Bundesjugendkuratoriums. Bonn.

Burdewick, Ingrid (2003): Moralentwicklung und politische Urteilsfähigkeit im Kindes und Jugendalter. Entwicklungspsychologische Aspekte der Debatte um die politische Partizipation der jungen Generation. In: deutsche jugend H. 6/2003: 265-273.

Coelen, Thomas (2002): „Ganztagsbildung". Ausbildung und Identitätsbildung von Kindern und Jugendlichen durch die Zusammenarbeit von Schulen und Jugendeinrichtungen. In: neue praxis H. 1/2002: 53-66.

DBJR (2004) – Deutscher Bundesjugendring: Jugendpolitisches Eckpunktepapier: Jugend braucht Gestaltungsmacht. 77. Vollversammlung, 03./04.12.2004 in Bremen. In: www.dbjr.de/index.php?m=58&id0238&art_id=149& (Download am 15.11.2007).

Fatke, Reinhard/Schneider, Helmut (2005): Kinder- und Jugendpartizipation in Deutschland. Daten, Fakten, Perspektiven. Gütersloh: Bertelsmann.

Fauser, Katrin/Fischer, Arthur/Münchmeier, Richard (2006): Jugendliche als Akteure im Verband – Ergebnisse einer empirischen Untersuchung der Evangelischen Jugend (Teil 1). Opladen: Budrich.

Griese, Hartmut M. (2005): Partizipation in Jugendzentren. Ergebnisse und offene Fragen eines sozialpädagogischen Praxisprojektes. In: deutsche jugend H. 10/2005: 417-422.

Habermas, Jürgen (1992): Faktizität und Geltung. Beiträge zur Diskurstheorie des Rechts und des demokratischen Rechtsstaats. Frankfurt a. M.: Suhrkamp.

Himmelmann, Gerhard (2007): Demokratie Lernen als Lebens-, Gesellschafts- und Herrschaftsform. Schwalbach/Ts.: Wochenschau.

Knauer, Raingard/Brandt, Petra (1998): Kinder können mitentscheiden. Beteiligung von Kindern und Jugendlichen in Kindergarten, Schule und Jugendarbeit. Neuwied: Luchterhand.

Knauer, Raingard/Sturzenhecker, Benedikt (2005): Partizipation im Jugendalter. In: Hafeneger, Benno/Jansen, Mechthild M./Niebling, Torsten (Hg.): Kinder- und Jugendpartizipation im Spannungsfeld von Akteuren und Interessen. Opladen: Budrich: 63-94.

Leif, Thomas (1998): Jugendverbände – Werkstätten der Demokratie. Kritischer Rückblick und Perspektiven. In: deutsche jugend H. 12/1998: 537-540.

Lindner, Werner/Thole, Werner/Weber, Jochen (Hg.) (2003): Kinder- und Jugendarbeit als Bildungsprojekt. Wiesbaden: VS Verlag für Sozialwissenschaften.

Müller, Burkhard (1996): Bildungsansprüche der Jugendarbeit. In: Brenner, Gerd/Hafeneger, Benno (Hg.): Pädagogik mit Jugendlichen. Bildungsansprüche, Wertevermittlung und Individualisierung. Weinheim: Juventa: 89-96.

Müller, Burckhard/Schmidt, Sabine/Schulz, Marc (2005): Wahrnehmen können. Jugendarbeit und informelle Bildung. Freiburg i. Br.: Lambertus.

Müller, Carl Wolfgang/Kentler, Helmut/Mollenhauer, Klaus/Gieseke, Hermann (1964): Was ist Jugendarbeit? Vier Versuche zu einer Theorie. München: Juventa.

Müller, Carsten (2005): Sozialpädagogik als Erziehung zur Demokratie – ein problemgeschichtlicher Theorieentwurf. Bad Heilbrunn: Klinkhardt.

Oelkers, Jürgen (2000): Schulentwicklung, Demokratie und Bildung. Vortrag auf dem 31. Bildungspolitischen Forum „Bildung in der Wissensgesellschaft" der Bundes Freiheit der Wissenschaft am 20. Oktober 2000 in Berlin. In: www.paed.unizh.ch/ap/downloads/oelkers/Vortraege/016_demokratie.pdf (Download am 07.08.2007).

Richter, Helmut (2000): Vereinspädagogik. Zur Institutionalisierung der Pädagogik des Sozialen. In: Müller, Siegfried/Sünker, Heinz/Olk, Thomas/Böllert, Karin (Hg.): Soziale Arbeit. Gesellschaftliche Bedingungen und professionelle Perspektiven. Neuwied: Luchterhand: 154-164.

Richter, Helmut/Riekmann, Wibke/Jung, Michael (2007): Demokratische Bildung in der Jugendverbandsarbeit. Zur Integration unterrepräsentierter Gruppen in der Jugendfeuerwehr Hamburg. In: deutsche jugend H. 1/2007: 30-37.

Scherr, Albert (1990): Subjektivität und Ohnmachtserfahrungen. Überlegungen zur Wiedergewinnung einer emanzipatorischen Perspektive der Jugendarbeit. In: deutsche jugend H. 5/1990: 205-213.

Scherr, Albert (1997): Subjektorientierte Jugendarbeit. Eine Einführung in die Grundlagen emanzipatorischer Jugendpädagogik. Weinheim: Juventa.

Scherr, Albert/Delmas, Nanine (2005): Bildungspotenziale der Jugendarbeit. Ergebnisse einer explorativen empirischen Studie. In: deutsche jugend (53. Jg.) H. 3/2005: 105-109.

Schmidt, Manfred G. (2000): Demokratietheorien. Eine Einführung. Opladen: Leske + Budrich.

Sturzenhecker, Benedikt (1993): Demokratie zumuten – Moralerziehung in der offenen Jugendarbeit. In: deutsche jugend H. 3/1993: 111-119.

Sturzenhecker, Benedikt (1998): Qualitätsfragen an Jugendpartizipation. In: deutsche jugend H. 5/1998: 210-218.

Sturzenhecker, Benedikt (2002): Bildung – Wiederentdeckung einer Grundkategorie der Kinder- und Jugendarbeit. In: Rauschenbach, Thomas/Düx, Wiebken/Züchner, Ivo (Hg.): Jugendarbeit im Aufbruch – Selbstvergewisserungen, Impulse, Perspektiven. Münster: Votum: 19-59.

Sturzenhecker, Benedikt (2004): Zum Bildungsanspruch von Jugendarbeit. In: Otto, Hans-Uwe/Rauschenbach, Thomas (Hg.): Die andere Seite der Bildung. Zum Verhältnis von formellen und informellen Bildungsprozessen. Wiesbaden: VS Verlag für Sozialwissenschaften: 147-165.

Sturzenhecker, Benedikt (2005): Partizipation als Recht von Jugendlichen. In: deutsche jugend H. 6/2005: 255-262.

Sturzenhecker, Benedikt (2006): Luxus Partizipation? Beteiligung von Kindern und Jugendlichen in der evangelischen Jugend- und Gemeindearbeit. In: Lernort Gemeinde – Zeitschrift für theologische Praxis H. 3/2006: 32-35.

Zinser, Claudia (2005): Partizipation erproben und Lebenswelten gestalten, In: Deinet, Ulrich/Sturzenhecker, Benedikt (Hg.): Handbuch Offene Kinder- und Jugendarbeit. Wiesbaden: VS Verlag für Sozialwissenschaften: 157-166.

# Architektur von Bildungseinrichtungen

*Christian Rittelmeyer*

Zur Auswirkung verschiedener Schulbauformen auf Schüler(innen) wurde in den Jahren 1989-1995 an der Universität Göttingen ein umfangreiches Forschungsprojekt durchgeführt (Rittelmeyer 1994), u. a. wurden Kinder und Jugendliche nach ihrem Erleben bestimmter Innenraum- und Fassadenansichten befragt, und zwar im Hinblick sowohl auf reale Gebäude als auch auf gezeigte Schulbau-Abbildungen. So zeigten wir z. B. das Bild einer als monoton erlebten Fassadenansicht, vor der ein gepflasterter großer Schulhof zu sehen ist. Um dessen Eintönigkeit zu entschärfen, hatte der Architekt Aufwölbungen der Hofpflasterung vorgenommen (Abbildung 1).

## 1 Problemstellung

Welche Empfindungen stellten sich hier besonders häufig ein? In der Regel gab es skeptische Gesichter, auch Lachen. Erlebt wurde vor allem eine unbeholfene, ja lächerliche Baurhetorik: Erkennbar sollte die monotone Schullandschaft „aufgelockert" werden – aber die Rhetorik dieser Auflockerung verstärkte den Eindruck der (offenbar ja auch bei den Erbauern durchschauten) anregungsarmen Schulbau-Gestaltung. Der Versuch ihrer Vertuschung wurde erlebt als naives Unternehmen der Irreführung, als Geste der Unwahrhaftigkeit. Die so genannten *Breakouts* auf dem Schulhof stellen, wie es ein Schüler ausdrückte, eine „architektonische Lüge" dar. Welcher „Geist" dabei vorherrschend war, zeigt eine auf dem Schulhof angebrachte Tafel mit der folgenden Erklärung des Architekten:

> „Diese konstruierten Deformationen der Pflasterflächen im Pausenhof stellen vermeintliche Geo-Kräfte dar, die eine Art Natur-Rache gegen den unaufhörlichen Überpflasterungstrieb der Menschen symbolisieren sollen. Durch ihre Wirkung als unerwartete Natur-Phänomene weisen sie auch auf die Beziehung dieser Schule zur Natur für werdende Naturwissenschaftler hin. Die Breakouts sind nicht als Spielgerät gedacht und es wird gebeten, sie nicht zu betreten oder zu besteigen" (Zentralstelle für Normungsfragen Berlin 1985: 49).

Ein wichtiger Befund unserer Schulbau-Forschungen bestand in dem Nachweis, dass Schulbauten gestisch bzw. gebärdenhaft erlebt werden – sie erscheinen beschwingt, traurig, brutal, geschwätzig, lebendig, erstarrt, verspielt, gewalttätig, gesichts- und charakterlos, fragil, zudringlich, freilassend, im Fall der gezeigten Abbildung trostlos. In einem gewissen Sinn begegnen die verschiedenen Raumgestalten in Schulen, die Fassaden, Farbgebungen, Geländegestaltungen usw. den Kindern als „Interaktionspartner", als z. B. bedrängende oder freilassende, düstere oder heitere Umgebungsfiguren.

Häufig kann man bei Befragungen das Erleben gegensätzlicher Schulbau-Prototypen entdecken – wobei bisher selten geschlechtsspezifische Unterschiede aufgetreten sind. Wir haben z. B. 14- bis 16-jährige Schüler(innen) gebeten, bestimmte Schulbau-Ansichten

*Abbildung 1: Schulhof*

(Fachräume, Klassenzimmer oder Fassaden) auf semantischen Differenzialen einzustufen. Bei diesem Verfahren werden aus allen Urteilen die Mittelwerte gebildet, in die Differenziale eingetragen und durch Linien verbunden, so dass man ein so genanntes Polaritätenprofil erhält. Abbildung 2 zeigt beispielhaft die Beurteilung von zwei Schulfassaden. Die eine Schulansicht erhielt ein eindeutig negatives, die andere ein eindeutig positives Beurteilungs-Profil. Beide Bautypen stellen also aus Schüler(innen)sicht gegensätzliche Prototypen dar. Die eine Fassadenansicht wirkt eher hart, abstoßend, unbelebt, bedrängend, starr, feindlich und düster. Die andere wirkt dagegen eher leicht, abwechslungsreich, anziehend, belebt, freilassend und freundlich (Rittelmeyer 1987: 174).

In der pädagogischen Fachliteratur, aber auch in bildungspolitischen Verlautbarungen wird neuerdings häufig über das didaktische Arrangement von „Lernlandschaften" gesprochen. Damit ist nicht nur gemeint, dass „Schulen der Zukunft" vielfältige regionale Kooperationsprojekte z. B. mit Museen, Institutionen der (kulturellen) Jugendbildung, Handwerks- und Industriebetrieben, Sportvereinen, Forstverwaltungen, wissenschaftlichen

*Abbildung 2: Beurteilung von zwei Schulfassaden durch 14- bis 16-Jährige*

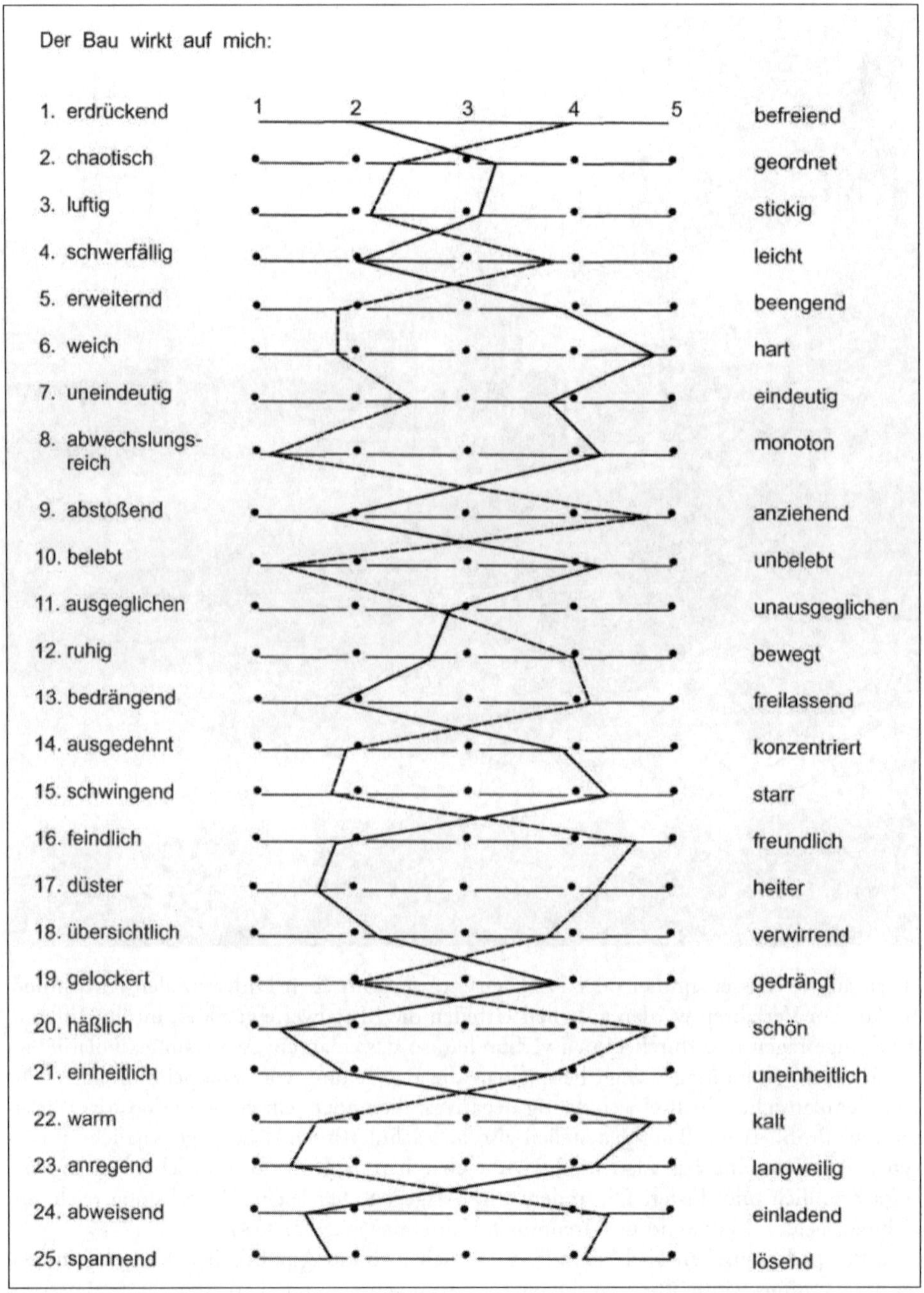


*Quelle:* Rittelmeyer (1987: 174)

Instituten usw. aufbauen und produktiv nutzen sollen, sondern auch, dass in der unmittelbaren gegenständlichen Umgebung vielfältige didaktische Gesichtspunkte berücksichtigt werden (z. B. Rückzugsecken für Lerngruppen, Flexibilität der Raumgestaltungen oder Nutzbarmachung landschaftlicher Umgebungen für den Biologieunterricht). Dass aber solche Lernlandschaften durch ihre jeweilige „Physiognomie" unter Umständen ständig Botschaften vermitteln, die dem Sinn humaner Bildungsbestrebungen entsprechen oder aber widersprechen, wird in der Diskussion kaum bedacht. Es ist daher auch in dieser Hinsicht sinnvoll, über eine mimetische Lernkultur, also über die Vorbildfunktion einer Rhetorik derartiger Lernlandschaften genauer nachzudenken. Wenn Kinder z. B. einerseits hören, wie sehr man sich um eine kinderfreundliche Pädagogik bemüht, in Schulbauten aber Ausdrucksformen der Brutalität, Kälte und Charakterlosigkeit wahrnehmen, dann wird ihnen nicht nur eine in sich inkonsistente Botschaft vermittelt, sondern ebenso die architektonische Mitteilung, dass es mit der kinderfreundlichen Pädagogik nicht ganz so ernst gemeint ist. Hier sind also tief greifende Wahrheitsprobleme impliziert. Ebenso sind ethische Probleme im Baumilieu inszeniert, wenn dem Anregungs-, Freiheits- und Zuwendungsbedürfnis von Kindern mit architektonischen Gesten der Monotonie, Aggressivität und Kälte geantwortet wird (vgl. dazu auch Rittelmeyer 1996 und 2004).

Diese erlebten Botschaften der Schularchitektur werden wie die von Lehrer(inne)n bewertet – in der Regel geschieht das allerdings unbewusst und macht sich in bestimmten (positiven oder negativen) Grundeinstellungen der Kinder zur Schule, im atmosphärischen Empfinden der Baugestalt bemerkbar. So führen z. B. brutal, gesichtslos, abstoßend, hektisch oder arrogant wirkende Bau- und Farbelemente zu antipathischen Grundstimmungen. Obgleich mir keine Untersuchungen dieser Art für außerschulische Institutionen (z. B. im Hinblick auf die räumliche Gestaltung von Kindergärten oder Einrichtungen der Jugendarbeit/Jugendbildung) bekannt sind, dürfte diese Tatsache sozialer Botschaften des architektonischen Milieus auch dort von erheblicher Bedeutung sein. Je länger junge Menschen – beispielsweise in Institutionen der Ganztagsbildung – diesem Milieu ausgesetzt sind, umso nachhaltiger werden diese Botschaften sich in positiver oder negativer Hinsicht auswirken. Denn die internationale Schulbauforschung hat deutlich gemacht, dass negative architektonische Botschaften etwa der Aggression, der Unwahrhaftigkeit, der Zudringlichkeit, Kälte oder Asozialität von Kindern nicht nur – meist unbewusst, aber antipathisch – wahrgenommen werden, sondern auch manifeste negative Wirkungen ausüben.

## 2 Forschungsergebnisse zur Wirkung der Schularchitektur

Ein Forschungsüberblick des *Design-Council London* hat gezeigt, dass die erlebte Qualität des Schulbau-Milieus erhebliche Auswirkungen auf die Stimmungen und auf das Wohlbefinden der Schüler hat (Higgins u. a. 2005). Empirische Studien in Deutschland haben aufweisen können, dass positiv erlebte Schulumgebungen (Architektur, Farbgebung, Schulhofgestaltung, Dekor usw.) mit geringeren vandalistischen Aktivitäten der Schüler(innen) korrelieren (Klockhaus/Habermann-Morbey 1986). Einige Forschungsarbeiten zeigen, dass positiv erlebte Schulbau-Umgebungen (z. B. mit Fenstern versehene statt fensterlose Klassenzimmer oder „warme" Beleuchtung statt Neonlicht) die Krankheitsrate der Schüler(innen) senken; analoge Untersuchungen aus Krankenhäusern zeigen ähnliche Effekte (z. B. Kuller/Lindsten 1992; Ulrich 1984; Blum u. a. 2002; Ulrich 2004). Meine eigenen Untersuchungen haben deutlich gemacht, dass die Schularchitektur ausgeprägte körperliche Auswirkungen hat: Je nach vorherrschenden Formen und Farben werden Spannungs- und Entspannungsgefühle, Gefäßdurchblutung, Blickbewegungen und andere körperliche Prozesse in einer besonderen Weise provoziert; diese leibliche Komponente der Architekturwirkung macht erst verständlich, warum z. B. Schulvandalismus, Krankheitsanfälligkeit oder Antipathien durch bestimmte Schulbauformen hervorgerufen bzw. vermindert werden (Rittelmeyer 1994, 2002).

Untersuchungen in den USA von Earthman (1999) haben gezeigt, dass die Schulleistungen in fast allen Fächern verbessert werden können durch ein architektonisches Umfeld, das Kindern und Jugendlichen sympathisch ist; werden Schulgebäude antipathisch erlebt, verschlechtern sich im statistischen Schnitt auch die Schulleistungen (vgl. auch Tanner/ Langford 2003). Zu ähnlichen Ergebnissen kommt ein Forschungsüberblick des gleichen Autors, der auf dieser Grundlage Empfehlungen für die Gestaltung von Schulbauten entwickelt (Earthman 2004; ferner auch Tanner/Lackney 2006). Auch eine Untersuchung an New Yorker Schulen machte Auswirkungen dieser Art deutlich (Simon u. a. 2007).

Es kann demnach kein Zweifel daran bestehen, dass die Schularchitektur Botschaften an Kinder und Jugendliche vermittelt, die manifeste positive oder negative Wirkungen ausüben. Die räumliche Gestaltung der Bildungsstätten berührt in signifikantem Ausmaß auch die Bildungschancen Heranwachsender. Es wäre interessant, im Rahmen der PISA-Untersuchungen auch diesem Aspekt Aufmerksamkeit zu widmen. Das ist bisher in Deutschland nicht geschehen; eine angelsächsische OECD-Studie hat leider den Nachteil, dass der entsprechende Zusatzfragebogen nur an Schulleiter(innen) ausgeteilt und zudem auf die technische Ausstattung (Belüftung, Beleuchtung usw.) statt auf die eigentlich wichtige ästhetische und rhetorische Gestaltung einer Schulanlage konzentriert war (Ahlefeld 2007).

## 3 Gesichtspunkte für die Analyse der Architektur von Bildungseinrichtungen

Gerade im Zusammenhang einer Neukonzeption der Ganztagsbildung (und hier insbesondere der Ganztagsschulen) fällt mir immer wieder die Neigung von Pädagog(inn)en auf, etwa in Tagungszusammenhängen mit Begeisterung (vermeintliche) didaktische Innovationen zu entwerfen und diese dann sogleich „umsetzen“ zu wollen auch in Pläne zur räumlichen Gestaltung der Bildungsinstitutionen. Vor einem solchen Spontanaktivismus muss jedoch gewarnt werden, nicht zuletzt mit Blick auf die Geschichte solcher Umsetzungsversuche. Erinnert sei hier nur an die auf vielen Treppenhaus- und Hallenwänden verbreitete grelle Illusionsmalerei. Bilder dieser Art wurden insbesondere von Kunstlehrer(inne)n gemeinsam mit den „Kids“ zur „Verschönerung“ trostloser Betonwände in Schulen aus den 1970er Jahren geschaffen. Statt Weite und Transparenz, also das für Schülerinnen wie Schüler wichtige Qualitätskriterium einer freilassenden Baugestalt zu signalisieren, scheinen diese jedoch aggressiv in den Bau hereinzubrechen. Solche Beispiele sind inzwischen Legion, so dass an Stelle eines vorschnellen Aktionismus eine Art Alphabetisierung, eine Sensibilisierung im Hinblick auf die einleitend beschriebenen Botschaften der jeweiligen Bau-, Farb- und Dekorcharakteristik zu fordern ist. Die Gestaltung des architektonischen Milieus ist ein komplexes Geschehen, das differenzierte Planungen und Reflexionen voraussetzt. Worauf ist dabei zu achten?

Die Beantwortung dieser Frage setzt voraus, dass man verschiedene Aspekte der architektonischen Wirkung unterscheidet, die im realen Bauerleben immer zusammenwirken, in der Regel allerdings nicht bewusst werden. Denkt man genauer über die Anmutungsqualität von architektonischen Gebilden nach, wird man mindestens die folgenden fünf Aspekte unterscheiden können, die den Gesamteindruck eines Gebäudes – und damit auch die darauf bezogenen Bewertungskriterien – wesentlich bestimmen: Ich möchte sie als anthropologische, historische/kulturkritische, soziale, widmungsbezogene und regionale Aspekte der Architektur unterscheiden. Erst die Beachtung ihres Zusammenwirkens im konkreten Baueindruck macht es möglich, die Frage nach einer menschengemäßen Architektur bzw. Raumgestaltung in Bildungsstätten qualifiziert zu diskutieren.

*Der anthropologische Aspekt:* Jede Wahrnehmung gebauter und gestalteter Räume erfolgt über verschiedene Sinne, also über das Zusammenwirken z. B. des Hör- Seh- und Gleichgewichtssinns. Dabei verbindet sich die Wahrnehmung über so genannte außengerichtete Sinne (z. B. Seh- oder Hörsinn) mit der gleichzeitigen Wahrnehmung des eigenen Körpers über so genannte innengerichtete Sinne (z. B. Eigenbewegungssinn, Gefühl von Anspannung bzw. Entspannung oder Temperaturempfindung durch Veränderung der Gefäßdurchblutung in verschiedenen Raumarrangements[1]). Die Architekturwahrnehmung ist daher von der gesamten Leiblichkeit des Menschen her zu interpretieren, insbesondere bedarf es einer genaueren Analyse des Zusammenspiels verschiedener Sinnesqualitäten (so genannter Synästhesien), über die architektonische Gebilde (überwiegend unbewusst) erschlossen werden. Wir konnten in unseren architekturpsychologischen Untersuchungen im Hinblick auf Schulen z. B. feststellen, dass einige Jugendliche in einer Umgebung mit „warm“ wirkenden Farben (wie gelborange) in der Brustregion mit einer leichten Erhöhung ihrer Hauttemperatur reagierten, bei kühleren Farben (z. B. weißblau) reagierten sie mit einer leichten Absenkung der Temperatur. Offenbar führt die Registrierung der Farbe im Gehirn zu einem Impuls in die Peripherie (Brustregion), wo die Gefäßdurchblutung angeregt oder herabgesetzt wird. Die dabei entstehende Temperaturveränderung wird über Thermorezeptoren dann wieder ins Gehirn zurückgemeldet und verbindet sich hier mit dem optischen Objekteindruck. „Äußerer“ (visueller) und „innerer“ (thermischer) Eindruck verbinden sich also zur synästhetischen Anmutungsqualität des Bauwerks. Erst dieses Zusammenspiel nach innen und nach außen gerichteter Sinne führt zu seiner sympathischen oder antipathischen Einstufung der gesehenen Architektur („Das Blaugrau ist mir zu kühl“; „Die Farbe wirkt zu warm – bedrängt mich“ usw.). Unsere Untersuchungen legen nun nahe, dass die Farbgebung im Baumilieu eine mittlere Temperierung aufweisen muss, um angenehm und einladend zu wirken. Bildungsstätten sollten daher weder zu kalt noch zu warm wirken. Da zugleich der Anregungsreichtum ein wichtiges Kriterium der Architekturbewertung ist, darf darunter aber nicht eine durchgehende, gleichartige mittlere Farbgebung verstanden werden – kühlere Passagen können durchaus mit wärmer wirkenden abwechseln, um den Gesamteindruck einer mittleren, aber gleichwohl anregungsreichen Architektur bzw. Farbgebung hervorzurufen. Es ist eine wesentliche Aufgabe der Innenraum-Gestaltung z. B. in Schulen und Kindergärten, solche Verhältnisse im architektonischen Gesamtensemble, mit künstlerischem Blick und sensibilisiertem Körpergefühl, als in sich stimmige Gesamtkonzeption des Gebäudes zu verwirklichen.

1 Vgl. dazu ausführlich das Kapitel 2 in Rittelmeyer (2002).

*Der historische und kulturkritische Aspekt:* Die Architektur von Bildungsstätten ist im positiven oder negativen Sinn immer auch Zeugnis ihrer Zeit, sie folgt – wie jede Architektur – historischen und regionalen Trends oder auch nur Moden (man vergleiche z. B. den Bildband von Testa 1975 oder die Überlegungen von Perlick 1969 mit Beispielen aus unserer Gegenwart, wie sie in den Bänden von Kroner 1994 oder der Wüstenrot-Stiftung 2004 dokumentiert wurden). So waren beispielsweise in den 1970er Jahren in der deutschen Pädagogik zwar Soziales Lernen und Demokratisierung angesagt, zugleich entstanden jedoch die „Betonkästen" und „Schulfabriken", die diesem Prinzip durch ihre Kälte und Brutalität widersprachen und damit zwar typisch für den verbreiteten technokratischen Zeitgeist waren, in Wahrheit aber weder den wirklichen historischen Bedürfnissen Heranwachsender noch der damaligen Leitdevise des „sozialen Lernens" entsprachen. Schüler(innen) wünschten sich schon damaligen Untersuchungen zufolge vielmehr Gemütlichkeit, Überschaubarkeit, Abwechslungsreichtum, Wärme und freilassende Formen in ihren Schulen (Institut für Schulbau der Universität Stuttgart 1977; Gollnow/Petersen 1976; kritisch dazu auch Kükelhaus 1983). Jede Analyse, aber auch jede Planung von öffentlichen Bauten muss also auch kritisch mit der Frage verknüpft werden, welche Bauformen fortschrittliche historische Signaturen zum Ausdruck bringen und welche diesen opponieren. Ich sehe deshalb die Notwendigkeit, bei der Analyse von Bauwerken historische und kulturkritische Perspektiven zu verbinden. Zu welchen Stilblüten eine unkritische Zeitgeist-Orientierung von Architekten und Bauplanern führen kann, zeigt exemplarisch die Rechtfertigung fensterloser Schulräume in Bauten der 1970er Jahre mit dem Argument, hier werde Demokratisierung und Chancengleichheit in die Bauform umgesetzt: Jeder Schülerplatz wird durch künstliche Beleuchtung mit der gleichen Lux-Stärke ausgeleuchtet, keiner wird etwa durch einen Sitzplatz an der Fensterfront in seiner Lichtausbeute bevorzugt oder an der Wandseite benachteiligt (vgl. Steuerwald 1975: 201, 205). Tatsächlich zeigte sich jedoch, dass der Schulvandalismus sich in derartigen fensterlosen Gebäuden und Räumen besonders häufig artikulierte. Solchen historischen Spuren genauer nachzugehen, kann daher eine wesentliche aufklärende Funktion auch im Hinblick auf die Planung von Einrichtungen der Ganztagsbildung in der Gegenwart haben. Es ist erfreulich, dass in den letzten Jahren verschiedene – vorrangig phänomenologisch und kasuistisch orientierte – Studien auch zur Geschichte des Schulbaus erschienen sind (z. B. Göhlich 1994; Freyer 1998; Jelich/Kemnitz 2003).

*Der soziale Aspekt:* Bereits im Einleitungsbeispiel wurde die Rhetorik des Baumilieus und seine gestisch-gebärdenhafte Anmutungsqualität veranschaulicht. In der Gestaltung von Lernräumen werden soziale Gesten objektiviert. Sie können den pädagogischen Intentionen ent- oder widersprechen. Eine wesentliche Aufgabe für die Planung solcher Bauten (aber auch für mit der Renovierung vorhandener Bauten betrauter Personen) ist daher die Schulung einer hinreichenden Lektürefähigkeit für derartige Botschaften. So kann man beispielsweise häufig eine Rhetorik der Gewalttätigkeit in Schulbauten identifizieren, die von Kindern bei genauerer Betrachtung gelegentlich bewusst wahrgenommen, in jedem Fall aber unbewusst und antipathisch registriert wird. Ein Schulgebäude mit großem Zentralbau, der von zwei Seitentrakten eingefasst ist, erscheint befragten Kindern z. B. wie ein „Mensch, der drohend auf die davor spielenden Kinder zukommt, mit hoch erhobenen Armen";[2] ein Versorgungstrakt auf dem Dach wird als „viel zu schwer, erdrückend" erlebt oder veranlasst ein Vorschulkind zu der Bemerkung: „Der hat so einen Druck auf dem

2 Dieses und die folgenden Zitate sind unveröffentlichten Projektunterlagen entnommen.

Kopf". Unseren Untersuchungen zufolge sind der Abwechslungs- und Anregungsreichtum, die freilassende Baugestalt und Farbgebung sowie die Wärme und Weichheit der Formen und Farben die grundlegenden Sympathie-Kriterien bei der Bewertung von Schulbauten. Verletzt wird in dem genannten Fall vor allem das Kriterium einer freilassenden, nicht beengenden und nicht bedrängenden Baugestalt.

*Der Aspekt der Raumwidmung:* Dieser Gesichtspunkt betrifft die Frage, ob die architektonische und farbliche Gestaltung einer Bildungseinrichtung auch in Details auf ihre Aufgaben und Zielsetzungen abgestimmt ist. Um ein Beispiel aus dem Schulbereich zu nennen: In den von uns untersuchten Schulgebäuden wurde z. B. eine kühle Raumanmutung sehr unterschiedlich bewertet, je nachdem, ob sie z. B. einen Klassenraum kennzeichnete und hier insbesondere durch jüngere Kinder abgelehnt wurde, oder ob sie einen Physik- und Chemieraum auszeichnete, in dem sie kühleren, rationaleren Denkprozessen einen passenden atmosphärischen Rahmen zu geben schien. Sowohl das Alter der Kinder als auch die Zwecksetzung des einzelnen Raumes gilt es in diesem Fall etwa bei der Farbtemperierung zu bedenken. Hat man einen Raum mit musikalischer Widmung zu planen, dann werden geschwungene, „atmende" Formen sicher ein passenderes Ambiente für diesen Zweck bieten als eine starre und serielle Architektur.[3]

*Der regionale Aspekt:* Dieser Aspekt betrifft die grundsätzliche Frage, ob ein bestimmtes Gebäude in seine Umgebung passt. Umgebung ist sowohl das unmittelbare bauliche oder landschaftliche Umfeld als auch der weitere kulturelle Zusammenhang, in dem das Gebäude steht bzw. situiert ist. Nicht selten werden Bildungseinrichtungen und insbesondere Schulen als „brutal in die Landschaft gesetzte", sich „aggressiv gegen ihr Umfeld richtende" oder aber auch als „harmonisch in das vorhandene Bauensemble eingefügte" Gebäude beurteilt (vgl. dazu Rittelmeyer 1994: 69-73). Auch die Frage, ob man einem eher internationalistischen oder einem regionalen Baustil folgt, ist in diesem Zusammenhang von Bedeutung und wird in Fachkreisen heftig diskutiert. Man findet neben den überall auf der Welt gebauten, häufig kasernenartigen „Rasterschulen" und ebensolchen Kindergärten interessante Transformationen regionaler und traditioneller Bauformen in moderne Schulgebäude, gewissermaßen als zukunftorientierte Vergewisserung des Reichtums eigener Traditionen. So werden in japanischen Stadtschulen oder in Landschulen Koreas tradierte Formen der Dachgestaltung oder des Fassadenschmucks aufgegriffen, eine Waldorfschul-Fassade in Norwegen zitiert die traditionelle Stabkirchen-Architektur des Landes, in südafrikanischen Landschulen werden traditionelle Holz-, Lehm- und Rundbauformen aufgegriffen und auf die spezifischen Unterrichtsinteressen abgestimmt. In diesem Zusammenhang entstehen kritische Fragen, wie sie mit Blick auf den historischen Aspekt schon angedeutet wurden: Welchen Sinn hat dieses Aufgreifen regionaler und historischer Vorbilder, welche Botschaften gehen von ihnen aus, wie wirken sie auf Heranwachsende?

Die aufmerksame Beachtung dieser fünf Aspekte kann deutlich machen, dass die Frage nach einer für Lern- und Bildungsprozesse förderlichen Raumgestaltung sehr komplex beantwortet werden muss. Die so genannte „Umsetzung" pädagogischer Ideen in das jeweili-

3 Im Zusammenhang mit der Etablierung so genannter „Bildungslandschaften" werden neuartige Gestaltungsaufgaben entstehen, die bisher kaum diskutiert wurden. So hat beispielsweise das Frankfurter „Museum der Weltkulturen" 2006 eine Tagung veranstaltet, in deren Rahmen nach Möglichkeiten gesucht wurde, interkulturelle Verständigung gleichsam symbolisch auch im architektonischen Milieu eines Museumsneubaus zum Ausdruck zu bringen – etwa in Gestalt eines „Dialogs der architektonischen Elemente". Das ist ausdrücklich mit der Perspektive geschehen, in Zukunft verstärkt mit (Ganztags-)Schulen zu kooperieren.

ge architektonische Milieu ist nicht nur auf eine gründliche Reflexion dieser Aspekte angewiesen, sondern auch auf eine fundierte Kenntnis der Forschungsergebnisse und vor allem auf eine gut entwickelte Sensibilität für die „Sprache der Architektur". Wie kann man in dieser Hinsicht Kompetenzen erwerben?

## 4 Praktische Perspektiven

Es gibt inzwischen einige praxisorientierte Bücher, die mit Gestaltungsmöglichkeiten insbesondere von Kindergärten und Schulen befasst sind; Forschungen und praxisnahe Überlegungen im Hinblick z. B. auf Einrichtungen der außerschulischen Jugendbildung sind nach meiner Kenntnis bisher nicht systematisch durchgeführt bzw. zusammengestellt worden. Aber die im Hinblick auf Schulen und Kindergärten publizierten Arbeiten sind sicher hilfreich, um fundierte Überlegungen auch im Hinblick auf Bildungseinrichtungen anderer Art anstellen zu können (vgl. z. B. Cuadra 1996; Dreier u. a. 1999; Kroner 1994; Mahlke/Schwarte 1989; Noack 1996; Rittelmeyer 1994; Walden/Borrelbach 2002; Walden/Schmitz 1999; Watschinger/Kühlbacher 2007). Man sollte, wenn z. B. die Renovierung einer Bildungseinrichtung zu planen ist, mit Hilfe der Bildbände (Kroner 1994; Wüstenrot Stiftung 2004; Watschinger/Kühlbacher 2007) die verschiedenen möglichen Farb-, Material- und Formgebungen der Treppenhäuser, Klassenräume, Gruppenräume, Fassaden, Essräume, Flure usw. systematisch vergleichen, um auf mögliche Fehler der eingangs erwähnten Art rechtzeitig aufmerksam zu werden, aber auch mit dem Ziel, verschiedene Möglichkeiten einer positiven Raumgestaltung kennen zu lernen.

Die zahlreichen Irrwege des bisherigen Schulbaus lassen es geboten erscheinen, dass die Architektur von Bildungseinrichtungen in Zukunft durch eine intensivere Zusammenarbeit der Behörden und Bauplaner mit den Betroffenen, d. h. dem pädagogischen Personal sowie den Kindern und Jugendlichen geplant und realisiert wird – viel versprechende Ansätze dazu gibt es (siehe Pfeffer 1994, vor allem aber Hübner 2005; Jones 2007). Die Einarbeitung in die zuvor genannten Forschungsergebnisse und Urteilsgesichtspunkte ist dafür allerdings eine für alle Beteiligten unerlässliche Voraussetzung.

### *Literatur*

Ahlefeld, Hannah v. (2007): What the OECD PISA study reveals about the physical learning environment. In: Knapp, Eberhard/Noschis, Kaj/Pasalar, Celen (Eds.): School Building Design and Learning Performance with a Focus on Schools in Developing Countries. Lausanne: Comportements: 35-40.

Blum, Robert W./McNeely, Clea A./Rinehart, Peggy M. (2002): Improving the odds. Forschungsbericht, Center of Adolescent Health and Development. University of Minnesota.

Cuadra, Manuel (1996): Der Kindergarten. Seine Architektur in Geschichte und Gegenwart. Berlin: Ernst & Sohn.

Dreier, Annette/Kucharz, Diemut/Ramseger, Jörg/Sörensen, Bernd (1999): Grundschulen planen, bauen, neu gestalten. Empfehlungen für kindgerechte Lernumwelten. Frankfurt a. M.: Grundschulverband – Arbeitskreis Grundschule.

Earthman, Glenn I. (1999): The Quality of School Buildings, Student Achievement, and Student Behavior. In: Bildung und Erziehung (52. Jg.) H. 3/1999: 353-372.

Earthman, Glenn I. (2004): Prioritization of 31 Criteria for School Building Adequacy. American Civil Liberties Union Foundation of Maryland, Baltimore, MD 21212.

Freyer, Michael (1998): Das Schulhaus. Entwicklungsetappen im Rahmen der Geschichte des Bauern- und Bürgerhauses sowie der Schulhygiene. Passau: Rothe.

Göhlich, Michael (1994): Die pädagogische Umgebung. Eine Geschichte des Schulraums seit dem Mittelalter. Weinheim: Beltz

Gollnow, Barbara/Petersen, Volker (1976): Neue Schulbauten. Architektonische Qualitäten und Nutzung an zehn Schulen. Eine empirische Untersuchung. Schulbauinstitut der Länder, Berlin.

Higgins, Steve/Hall, Elaine/Wall, Kate/Woolner, Pam/McCaughey, Caroline (2005): The Impact of School Environments: A Literature Review. University of Newcastle (hrsg. v. Design Council, Großbritannien).

Hübner, Peter (2005): Kinder bauen ihre Schule. Stuttgart: Karl Krämer.

Institut für Schulbau der Universität Stuttgart (Hg.) (1977): Untersuchungen zur Qualität gebauter Schulumwelt. Villingen.

Jelich, Franz-Josef/Kemnitz, Heidemarie (Hg.) (2003): Die pädagogische Gestaltung des Raums. Bad Heilbrunn: Klinkhardt.

Jones, Peter Blundell (2007): Peter Hübner. Bauen als sozialer Prozess. Building as a social process. Neuschwanstein: Edition Axel Menges.

Klockhaus, Ruth/Habermann-Morbey, Brigitte (1986): Psychologie des Schulvandalismus. Göttingen: Verlag für Psychologie.

Kroner, Walter (1994): Architektur für Kinder. Stuttgart: Karl Krämer.

Kükelhaus, Hugo (1983): Unmenschliche Architektur. Von der Tierfabrik zur Lernanstalt. Köln: Gaia.

Kuller, Rikard/Lindsten, Carin (1992): Health and behavior of children in classrooms with and without windows. In: Journal of Environmental Psychology (Vol. 12) No. 4/1992: 305-317.

Mahlke, Wolfgang/Schwarte, Norbert (1989): Raum für Kinder. Ein Arbeitsbuch zur Raumgestaltung in Kindergärten. Weinheim: Beltz.

Noack, Marleen (1996): Der Schulraum als Pädagogikum. Weinheim: Deutscher Studien Verlag.

Perlick, Peter (1969): Architektur im Dienst der Pädagogik. Ratingen: Henn.

Pfeffer, Martin (1994): Schulgemeindliche Planung eines Grundschulgebäudes. In: Bildung und Erziehung (47. Jg.) H. 1/1994: 37-56.

Rittelmeyer, Christian (1987): Bedeutungsfelder der Schularchitektur. In: Psychologie in Erziehung und Unterricht (34. Jg.) H. 4/1987: 171-177.

Rittelmeyer, Christian (1994): Schulbauten positiv gestalten. Wie Schüler Farben und Formen erleben. Wiesbaden: Bauverlag.

Rittelmeyer, Christian (1996): Soziale Muster im Schulbau-Milieu. In: Bohnsack, Fritz/Leber, Stefan (Hg.): Sozial-Erziehung im Sozial-Verfall. Weinheim: Beltz: 307-319.

Rittelmeyer, Christian (2002): Pädagogische Anthropologie des Leibes. Biologische Voraussetzungen der Erziehung und Bildung. Weinheim: Juventa.

Rittelmeyer, Christian (2004): Zur Rhetorik von Schulbauten. In: Die Deutsche Schule (96 Jg.) H. 2/2004: 201-208.

Simon, Nicole S./Evans, Gary W. (2007): Building Quality, Academic Achievement and Self-Competency in New York City Public Schools. In: Knapp, Eberhard/Noschis, Kaj/Pasalar, Celen (Eds.): School Building Design and Learning Performance with a Focus on Schools in Developing Countries. Lausanne: Comportements: 41-50.

Tanner, C. Kenneth/Lackney, Jeffery (2006): Educational Facilities Planning, Leadership, Architecture, and Management. Boston: Allyn and Bacon.

Tanner, C. Kenneth/Langford, Ann (2003): The Impact of Interior Design Elements as They Relate to Student Outcomes. Dalton: Carpet and Rug Institute.

Testa, Carlo (1975): Neue Erziehungsräume. Zürich: Verlag für Architektur.

Ulrich, Robert S. (1984): View through a window influences recovery from surgery. In: Science (224. Jg.) H. 4647/1984: 420-421.

Ulrich, Roger/Quan, Xiaobo/Zimring, Craig/Joseph, Anjali/Choudhary, Ruchi (2004): The Role of the Physical Environment in the Hospital of the 21st Century. Center for Health Design, for the Robert Wood Johnson Foundation. In: www.healthdesign.org/research/reports.

Walden, Rotraut/Borrelbach, Susanne (2002): Schulen der Zukunft. Heidelberg: Asanger.

Walden, Rotraut/Schmitz, Inka (1999): KinderRäume. Kindertagesstätten aus architekturpsychologischer Sicht. Freiburg i. Br.: Lambertus.

Watschinger, Josef/Kühlbacher, Josef (Hg.) (2007): Schularchitektur und neue Lernkultur. Bern: h.e.p.

Wüstenrot Stiftung (Hg.) (2004): Schulen in Deutschland. Neubau und Revitalisierung. Stuttgart: Krämer.

Zentralstelle für Normungsfragen Berlin (Hg.) (1985): Kunst in, um, an Schulen. Zusammengestellt von Wilma Hulsch-Eisbrüggen. Berlin.

# Sozialraumorientierung und Raumaneignung

*Ulrich Deinet*

Im ersten Teil des Beitrags wird Sozialraumorientierung in Jugendhilfe und Schule aus der Perspektive der Organisationen dargestellt: Zunächst geht es um die Sozialraumorientierung in der Jugendhilfe als Hinwendung zu den Lebenswelten der Menschen, aber auch als Prinzip einer Neuorganisation sozialer Einrichtungen. Anschließend wird die Sozialraumorientierung in der Schule insbesondere unter dem Aspekt der Öffnung von Schule, aber auch weitergehend bis hin zur Stadtteilschule diskutiert. Der zweite Teil thematisiert das Phänomen der Raumaneignung von Kindern und Jugendlichen, also die sozialräumliche Orientierung in der subjektorientierten Perspektive. Mit Hilfe des Aneignungskonzeptes lassen sich Bildungsprozesse in den Lebenswelten von Kindern und Jugendlichen weiter fassen als unter einem engen institutionellen Blick; mit dem Aneignungskonzept kann Schule als Sozial- und Aneignungsraum interpretiert werden; Sozialräume und Lebenswelten von Kindern und Jugendlichen können für Jugendhilfe und Schule einen gemeinsamen Hintergrund bilden, vor dem gemeinsame Projekte entwickelt und Ganztagsbildung über die institutionellen Grenzen hinaus entfaltet werden kann. Im vierten Teil wird deshalb beispielhaft das Projekt einer gemeinsamen Lebensweltanalyse als sozialräumliche Kooperation zwischen Schule und Jugendarbeit beschrieben. Bei der Durchführung von Methoden wie der Stadtteilbegehungen mit Kindern und Jugendlichen werden diese als Expert(inn)en ihrer Lebenswelten aktiv mit einbezogen. Solche Projekte führen auch zu Themen und Feldern, die – außerhalb der institutionellen Sichtweisen – sozialräumliche Gegebenheiten, etwa informelle Treffs oder Angsträume von Kindern und Jugendlichen, zum Thema von Ganztagsbildung machen.

## 1 Sozialraumorientierung in Jugendhilfe und Schule als Perspektive der Organisationen

Die Sozialraumorientierung ist zu einem der wichtigsten Paradigmen der Jugendhilfe und der Sozialen Arbeit insgesamt geworden. Darunter versteht man die konzeptionelle Ausrichtung von Angeboten und Einrichtungen an Bedürfnissen und Lebenslagen von Menschen in ihren jeweiligen Sozialräumen, z. B. Stadteilen und Wohnquartieren. Sozialraumorientierung wird auch als Prinzip einer Neuorganisation sozialer Einrichtungen und Dienste verstanden: Diese werden dezentralisiert und regionalisiert, um Leistungen näher an Bürger(innen) heranzubringen. Es werden z. B. im Bereich Hilfen zur Erziehung Sozialraum-Teams gebildet, um die in Großstädten, aber auch in Landkreisen vorhandene zentralistische Struktur zugunsten einer Orientierung an den unterschiedlichen Bedarfen in verschiedenen Sozialräumen zu verändern. Dazu dienen Maßnahmen der Organisationsentwicklung ebenso wie die Dezentralisierung von Diensten bis hin zur Erprobung so genannter Sozialraum-Budgets, in denen die finanziellen Ressourcen an die Sozialstrukturen bestimmter Sozialräume gebunden werden.

Auch im schulischen Bereich ist so etwas wie eine Sozialraumorientierung zu verzeichnen, auch wenn der Begriff dort kaum verwendet wird: Programme und Stichworte wie „Kommunalisierung von Schule“, „selbstständige Schule“, „Öffnung von Schule“ bezeichnen Prozesse, in denen sich einzelne Schule u. a. stärker an ihrem sozialen Umfeld orientieren. Dahinter steht auch die Einsicht, dass sich soziale Strukturen, Lebensräume von Kindern und Jugendlichen, familiäre Strukturen etc. auf die jeweilige Schule auswirken und berücksichtigt werden müssen. Auch die in Nordrhein-Westfalen begonnene Schulprogrammentwicklung zeigt die Tendenz, die Konzeption der Einzelschule stärker als bisher zu betonen. Dafür kann die gemeinsame Orientierung an den sozialräumlichen Bedingungen und die Kooperation zwischen Jugendhilfe und Schule eine gute Grundlage schaffen.

Der Begriff der Sozialraumorientierung wird allerdings sehr unterschiedlich gebraucht und verstanden: Schon die zwischen Jugendhilfe und Schule differierende Definition von Sozialräumen als Planungsräumen ist problematisch, auch für die Zusammenarbeit von Einrichtungen der Jugendhilfe und Schulen: Wenn Schulbezirke anders zugeschnitten sind als die Planungsräume der Jugendhilfe wird eine gemeinsame Orientierung erschwert.

Mack u. a. unterscheiden in ihrer vergleichenden Untersuchung in sechs Untersuchungsregionen verschiedene Formen der sozialräumlichen Öffnung von Schulen: „Die Schule mit stadtteilorientiertem Schulprogramm, die gemeinwesenorientierte (offene) Schule und die Stadtteilschule“ (Mack u. a. 2003: 214-215): Die „Schule mit stadtteilorientiertem Schulprogramm“ ist eine teilweise geöffnete Schule, die sich zunehmend auch an außerschulischen, im Sozialraum liegenden Themen, Problemen, Institutionen orientiert und in ihrem Schulprogramm entsprechend berücksichtigt. Im Vordergrund des Interesses von Schule stehen hier Institutionen die (am Schulstandort) als Kooperationspartner Hilfestellung etc. übernehmen können. Der Sozialraum und seine Institutionen werden im Wesentlichen (noch) mit dem Fokus wahrgenommen: „Welche Institutionen, Initiativen etc. können im schulischen Leben eine Rolle spielen und als Kooperationspartner genutzt werden?“. Die „gemeinwesenorientierte (offene) Schule“ versteht sich selbst als Bestandteil des Sozialraumes und bietet Initiativen, Gruppierungen, Institutionen Platz, auch Themen in die Schule hineinzutragen, die sich nicht nur auf Unterricht und Schulleben direkt beziehen. Eine gemeinwesenorientierte Schule ist nicht nur institutionell vernetzt, sondern ist selbst Ressource des Sozialraums, d. h. es gibt einen Transfer von Nutzungen und Funktionen (z. B. Schule als Ort von Stadtteilkonferenzen), die nur zum Teil mit dem klassischen Schulalltag in Verbindung zu bringen sind. Als Spielräume geöffnete Schulhöfe, die Nutzung von Räumen durch Initiativen etc. am Nachmittag und am Abend sind typische Anzeichen und Formen gemeinwesenorientierter Öffnung von Schule.

Die „Stadtteilschule“, so wie sie u. a. von Grimm (2006) als Zukunftsschule im Wohnquartier beschrieben wird, ist mehr als Schule und beherbergt stadtteilorientierte Institutionen. Gemeint sind damit Bildungseinrichtungen im Sozialraum, die weit mehr leisten als die heutige Schule und die auch andere Institutionen integrieren, die bis heute getrennt arbeiten. Unter der Überschrift „Von der Kooperation zur Integration von Schule und Jugendhilfe“ (ebd.: 249) entwickelt Grimm ein Bild einer integrierten Sozial- und Bildungseinrichtung mit veränderter Personalstruktur sowie innovativen Finanzierungs- und Betriebsmodellen mit verschiedenen Modulen von der Kindertagesstätte und der Grundschule, zur Offenen Kinder- und Jugendarbeit sowie Familienbildung, Erziehungsberatung, Fort- und Weiterbildung im Bereich Beschäftigung und Qualifizierung bis hin zur Seniorenarbeit, interkultureller Arbeit, Kunst, Kultur und Sport – alles unter dem Dach der Zukunftsschule als Stadtteil- und Begegnungszentrum.

Eine geöffnete sozialräumlich orientierte Schule hat nicht nur viele Kooperationspartner im Sozialraum, sondern ist selbst Motor sozialräumlicher Vernetzung, d. h. begreift sich als Plattform, Initiator, Ort sehr unterschiedlicher und nur zum Teil direkt auf Schule bezogener Aktivitäten im Sozialraum. Viele Schulen erweitern ebenfalls ihren Erziehungs- und Bildungsauftrag und versuchen über die Unterrichtsgestaltung hinaus ihr Schulleben so zu verändern, dass sie zu Lebensorten für Kinder und Jugendliche werden können. Dies bedeutet auch eine stärkere Verzahnung zwischen Schulen und den jeweiligen Sozialräumen, in denen sie liegen.

Vor diesem sozialräumlichen Hintergrund kann sich eine Brücke zwischen Jugendhilfe und Schule entwickeln: Schulen gehören zu den wichtigsten Sozialräumen von Kindern und Jugendlichen. Neben ihrer Funktion als formelle Bildungsinstitutionen sind Schulen auch soziale Orte, d. h. Treffpunkte, an denen auch informelle Bildungsprozesse stattfinden. Die Ergebnisse sozialräumlicher Analysen (s. u.) sind für Schule interessant unter dem Aspekt der Öffnung von Schule und der Erweiterung der Schulkonzeption im Schulprogramm, und sie können eine Grundlage für gemeinsames Handeln im Sozialraum bilden. Allerdings fehlt in der Diskussion oft der Blick der Akteure, etwa von Kindern und Jugendlichen, die Sozialräume und Stadtteile als Aneignungsräume sehen und spezifische Nutzungen suchen. Es geht im Folgenden darum, diese subjektive, qualitative Sichtweise des Sozialraums stärker in die Kooperation von Schule und Jugendhilfe einzubeziehen.

## 2 Sozialraumorientierung als Perspektive von Kindern und Jugendlichen

Sozialraumorientierung bedeutet auch, die subjektiven Lebenswelten einzelner Menschen bzw. Gruppen in den Blick zu nehmen, wobei sich diese zum Teil deutlich von den jeweiligen geographischen Sozialräumen unterscheiden bzw. darüber hinausgehen. So werden etwa mit dem Stichwort „Verinselung" (Zeiher 1983) Lebensräume von Kindern und Jugendlichen in einer nicht (mehr) homogenen Struktur als segmentierte Rauminseln in einem unüberschaubaren Gesamtraum beschrieben. Gemeint sind nicht nur eingegrenzte Wohnquartiere, sondern ein Geflecht bzw. Netzwerk einzelner, nicht-zusammenhängender Orte (Wohnung, Schule etc.). Der Besuch einer weiterführenden Schule in einer anderen Stadt führt z. B. zu einer Erweiterung der Lebenswelt eines Kindes oder eines Jugendlichen, die mit dem Inselmodell beschrieben werden kann.

Sowohl im schulischen Kontext und in anderen Institutionen, z. B. Einrichtungen der Kinder- und Jugendhilfe, insbesondere aber auch im öffentlichen Raum zeigen Kinder und Jugendliche oft sehr eigentümliche Raumwahrnehmungen, geben Orten ihre eigenen Bedeutungen, widmen sie um, entwickeln eigene Nutzungsformen etc. Dies ist Ausdruck eigentätiger Formen der Raumaneignung, welche eine zentrale Entwicklungsaufgabe Jugendlicher darstellt: über die alters-, geschlechts- und lebenslagenspezifisch tätige Auseinandersetzung mit der räumlich vermittelten Umwelt setzen sich Heranwachsende mit gesellschaftlichen Werten und Normen auseinander, entwickeln Kompetenzen und Handlungsfähigkeiten und entfalten Identität. Dies ist als Bildungsprozess zu sehen, der in engem Zusammenhang mit anderen Formen des kognitiven oder emotionalen Lernens steht.

Während Kinder sich „Gegenstandsbedeutungen" (vgl. Deinet 2005) aneignen, deren Bedeutungen zu verallgemeinern erlernen und sich schrittweise den ökologischen Nahraum erschließen, stellt bei jüngeren Jugendlichen die Erweiterung von Handlungsräumen eine typische Tätigkeit dieser Altersgruppe dar. Die Konfrontation mit ungewohnten Situationen und Gelegenheiten eröffnet neue Orientierungszusammenhänge und Handlungsoptionen und führt zur Erweiterung der Handlungskompetenzen.

> „Bei älteren Jugendlichen steht nicht mehr so sehr die Entwicklungsperspektive der Aneignung im Vordergrund, vielmehr kommt Räumen eine zentrale Bedeutung zur Konstituierung ihrer Gleichaltrigenkultur und als sozialräumlich vermittelte Ressource der Lebensbewältigung zu" (Krisch 2006: 196).

Das Aneignungskonzept (vgl. ausführlich Reutlinger 2003; Deinet 2005; Krisch 2006) ist ein Schlüssel zum Verständnis der Bedeutung von Orten und Räumen für Kinder und Jugendliche und deren Verhalten. Damit wird auch der Begriff des Sozialraums als Synonym für Stadtteil, Quartier, geographischen Raum im Sinne subjektiver Aneignungsräume von Kindern und Jugendlichen wesentlich erweitert. Dabei wird versucht, die Qualitäten von Räumen und deren Erschließung als Aneignungsqualitäten zu fassen. Aneignung ist:

- eigentätige Auseinandersetzung mit der Umwelt
- (kreative) Gestaltung von Räumen mit Symbolen etc.
- Inszenierung, Verortung im öffentlichen Raum (Ecken, Bühnen) und in Institutionen
- Erweiterung des Handlungsraumes (Nutzung der neuen Möglichkeiten, die in erweiterten Räumen liegen)
- Veränderung vorgegebener Situationen und Arrangements
- Erweiterung motorischer, gegenständlicher, kreativer und medialer Kompetenz
- Erprobung des erweiterten Verhaltensrepertoires in neuen Situationen
- Entwicklung situationsübergreifender Kompetenzen.

Betrachtet man Sozialisationsprozesse als Entwicklung des Subjekts durch aktive Aneignung von Welt, dann ergeben sich daraus keine grundsätzlichen Differenzen zwischen Aneignungsprozessen in der alltäglichen Lebenspraxis und Aneignungsprozessen in institutionalisierten Bildungsräumen (vgl. auf Erwachsenenbildung bezogen, Kade 1993). Dies heißt also, Kinder und Jugendliche lernen nicht nur in der Institution Schule, sondern auch in ihren jeweiligen Lebenswelten, Nahräumen, Dörfern, Stadtteilen, vor allem auch im öffentlichen Raum. Die Aneignung der jeweiligen Lebenswelt ist ein Prozess der eigentätigen Auseinandersetzung mit der gegenständlichen und symbolischen Kultur der Gestaltung und Veränderung von Räumen und Situationen und damit Bildung des Subjektes im Raum, aber sie wird wesentlich beeinflusst, gefördert oder eingeschränkt durch die sozial-strukturellen Bedingungen von Dörfern, Wohnquartieren, Stadtteilen, Regionen. Dennoch sind diese Bereiche Orte des informellen Lernens. Über die Erfahrungen in wechselnden Gruppen oder im Umgang mit fremden Menschen in neuen Situationen werden soziale Kompetenzen entwickelt. Die Erweiterung des Handlungsraumes steigert Handlungskompetenz und personale Kompetenzen wie Risikoabschätzung, Neugier und Offenheit. Die Chancen, solche Kompetenzen zu entwickeln, werden wesentlich geprägt durch die Struktur der jeweiligen Lebenswelten und die Möglichkeiten des Individuums, sich seine Lebenswelt anzueignen.

## 3 Schule als Sozialraum und als Aneignungsraum

Auch die Schule ist ein Sozialraum, in dem Aneignungsprozesse möglich sind. Allerdings ist hier die Vermittlung von Wissen über die Welt zumindest aus gesellschaftlicher Sicht die zentrale Funktion. Aber auch dieses Wissen muss selbsttätig von den Kindern und Jugendlichen angeeignet werden, wobei nicht zuletzt die durch Aneignungsprozesse in der Lebenswelt erworbenen sozialen und personellen Kompetenzen als grundlegende Schlüsselkompetenzen von Bedeutung sind.

Mit einem aneignungsorientierten Blick auf die Lebenswelt kann auch Schule als Teil des Sozialraums gesehen werden, der sich den Kindern und Jugendlichen durch Aneignungsprozesse erschließt. Aus dieser Perspektive geht die Bedeutung der Schule weit über den bloßen Unterricht hinaus. Schulen sind z. B. auch Treffpunkte von Cliquen, Austragungsorte von Konflikten (z. B. zwischen Kindern bzw. Jugendlichen und Erwachsenen), Orte, an denen Freizeitaktivitäten „geplant" werden etc., d. h. sie sind auch Orte des informellen Lernens und der Raumaneignung. Die institutionellen Rahmenbedingungen bestimmen hier allerdings entscheidend, in welchem Umfang und in welche Richtung diese informellen Bildungsprozesse möglich sind. Das Zustandekommen und Treffen von Cliquen kann z. B. als wesentliche Bewältigungsstrategie von Jugendlichen gesehen und entsprechend unterstützt werden, oder aber als non-konforme und tendenziell abweichende Verhaltensform misstrauisch bis ablehnend betrachtet werden.

Es geht darum, für die Öffnung von Schule und die Kooperation mit außerschulischen Partnern solche Prozesse besser verstehen zu können, um in die zu entwickelnden Konzepte die Raumwahrnehmung von Kindern und Jugendlichen und die damit verbundenen Aneignungsprozesse adäquat einbeziehen zu können. Meist fehlt der Blick der Akteure, d. h. von Kindern und Jugendlichen, die Sozialräume und Stadtteile als Aneignungsräume sehen und spezifische Nutzungen suchen, die zum Teil Erwachsenen völlig verschlossen bleiben. So lassen sich unter diesem Blickwinkel z. B. das oft kritisierte „Herumhängen" als jugendtypische Form der Gesellung, des Austausches, der Orientierung begreifen, die territoriale Inbesitznahme von Räumen als typische Form der Konstituierung einer Clique oder auch die Gestaltung von Graffiti als künstlerische Form der Aneignung von ausdruckslosen, asphaltierten Räumen betrachten.

Mack u. a. (2003) kommen deshalb zu der Einschätzung: „Schule kann außerschulisch erworbene Kompetenzen nicht mehr ignorieren" (ebd.: 215). Aus einer sozialräumlich orientierten Perspektive folgern sie, „dass auch die Aneignungsqualität des schulischen Raums betrachtet werden und danach gefragt werden muss, ob und in welcher Form schulische Räume selbstbestimmtes Aneignungshandeln von Kindern und Jugendlichen zulassen" (ebd.).

Schule ist selbst auch öffentlicher Aneignungsraum. Aneignung erscheint als subjektive Seite der informellen Bildung, die auch am Ort der Schule stattfindet. Insofern müssen beide Funktionen: die Vermittlungs- und die Aneignungsfunktion, zusammen gesehen werden. Die Vermittlung als gesellschaftliche Funktionszuschreibung von Schule und anderen Institutionen steht der Aneignungsfunktion gegenüber, in der Schule Teil der subjektiven Lebenswelt und Sozialraum ist. Diese beiden Prozesse können didaktisch verknüpft werden, und diese Verbindung kann auch Eingang in die Gestaltung gemeinsamer Prozesse von Ganztagsbildung finden.

Mit einem aneignungsorientierten Blick auf die Lebenswelten von Kindern und Jugendlichen kann der Lebensort Schule anders gesehen werden. In dieser Perspektive werden auch Schul-Räume als Teile sozialer Lebenswelten verstanden, die sich durch die individuellen Aneignungsprozesse von Kindern und Jugendlichen erschließen. Schulen sind dabei wesentliche Bestandteile öffentlicher Räume und ihre Bedeutung geht weit über den Unterricht hinaus. Schulen sind Treffpunkte von Cliquen, Orte des informellen Lernens. Der Ort Schule bestimmt durch seine architektonischen und strukturellen Gegebenheiten, in welchem Umfang informelle Bildungsprozesse und Aneignungsprozesse möglich sind.

Mack u. a. betonen ebenfalls die soziale Funktion der Schule und konstatieren, „dass Schule auch über den Unterricht hinaus als Aufenthalts-, Arbeits- und Lebensraum von Schülerinnen und Schülern nachgefragt ist" (ebd.: 224). Auf der Grundlage dieser Einschätzung empfehlen die Autoren eine viel stärkere Nutzung der Räume.

## 4 Sozialräumliche Lebensweltanalyse als Projekt von Ganztagsbildung

Auf der Grundlage der skizzierten sozialräumlichen Orientierungen in Schule und Jugendhilfe können sich zwischen Schulen und Einrichtungen der Jugendarbeit (aber auch der gesamten Jugendhilfe) im sozialräumlichen Rahmen, z. B. eines Stadtteils, zahlreiche Themen und gemeinsame Aufgaben ergeben, die nicht so sehr aus der jeweiligen institutionellen Sicht bestimmt sind, sondern aus den Anforderungen, Problemen, Themen des Sozialraums und der Lebenswelten einzelner Zielgruppen. Auf einem subjektorientierten Verständnis aufbauend, versucht eine sozialräumliche Lebensweltanalyse Einblicke in die unterschiedlichen Lebenswelten und Sozialräume von Kindern, Jugendlichen, Mädchen/Jungen, verschiedenen Cliquen usw. zu erhalten und Aneignungsmöglichkeiten und -einschränkungen zu analysieren. Qualitative Methoden einer Lebensweltanalyse ermöglichen die erforderlichen differenzierten Einblicke (vgl. Deinet/Krisch 2006):

- Stadtteilbegehung
- Nadelmethode
- Cliquenraster
- Strukturierte Stadtteilbegehung
- Autofotografie
- Subjektive Landkarten
- Zeitbudgets

Neben der Verwendung von statistischem Material zur Bevölkerungsstruktur und anderer relevanter Daten des jeweiligen Sozialraums werden in einer Lebensweltanalyse qualitative Methoden aus dem Reservoir der empirischen Sozialforschung im Rahmen einer kleinen Feldforschung eingesetzt. Teilweise können auch Methoden der Jugendhilfeplanung oder Aktionsformen der Jugendarbeit selbst eingesetzt werden (z. B. Videostreifzüge). Die Anwendung solcher Methoden soll helfen, Lebenswelten von Kindern und Jugendlichen besser zu verstehen. Diese Methoden lehnen sich zum Teil an ethnografische oder biografische Forschungsmethoden an und versuchen, diese für die Praxis der Jugendarbeit anwendbar zu machen auch mit starkem Bezug auf das oben skizzierte Aneignungskonzept.

Die Übertragung dieser Methoden auf schulische Anwendungsformen eröffnet neue Perspektiven und Zugänge: Die Schüler(innen) werden als Expert(inn)en ihrer Lebenswelt angesprochen, und in dieser Rolle wird ihre Partizipation erwünscht und vorausgesetzt. Auch in der Entwicklung und Durchführung der Projekte wird ihre Beteiligung ermöglicht. Diese Initiativen können auch Kooperationen – speziell mit der Jugendarbeit – und Vernetzungen im Stadtteil oder der Region bewirken und damit Institutionen und Jugendliche miteinander in Verbindung setzen. Vor allem aber rückt Schule als Teil der Lebenswelt Jugendlicher in den Vordergrund und damit die Frage, welche Bedeutung Schule hat und wie sehr sich Schule thematisch öffnen kann. Von diesen Bestimmungen ausgehend können Überlegungen zur Gestaltung von Schule als Ort informeller Bildung und als Aneignungsraum angestellt werden.

Sozialräumliche Methoden wie auch partizipative Ansätze eröffnen vielschichtige Zugänge zu alltagsweltlichen Themen und Problemstellungen von Schüler(inne)n bzw. Kindern und Jugendlichen, welche die Chance der Auseinandersetzung und das Einbringen von Bildungsinhalten eröffnen. Alltags- und lebensweltliche, sozialraumbezogene Themen können gemeinsam erkannt und benannt werden und als Ausgangspunkt für entsprechende Projektarbeit gemacht werden.

Gerade wenn Inhalte aufgegriffen werden, die Heranwachsende betreffen, eröffnen sich Möglichkeiten der Aktivierung und der Verbindung mit anderen schulisch vermittelten Wissensbeständen und Kompetenzen.

> „Das Spektrum möglicher Themen reicht von der Jugendkulturarbeit, der Förderung von musisch-ästhetischen Ausdrucksformen, der Unterstützung handwerklicher und gestalterischer Tätigkeiten, berufs- und arbeitsweltbezogenen Themen, der Frage der Ausgestaltung von eigenen Lebensentwürfen genauso wie die Beteiligung an Planungs-, Renovierungs-, Neugestaltungs- und stadtplanerischen Vorhaben, politische Bildung, die sich auf alltagsweltliche Zusammenhänge bezieht (vgl. Krisch/Scherr 2004), bis hin zu Beschäftigungen und Betätigungen im sozialräumlichen Kontext der Jugendlichen, die von ihnen als sinnstiftend erachtet werden" (Oehme u. a. 2007: 121).

Aus der sozialräumlichen Aneignungsperspektive ist es wichtig, dass in Kooperation zwischen Jugendarbeit und Schule sozialraumorientierte Projekte zusammen entworfen, durchgeführt und die jeweiligen Ressourcen gegenseitig nutzbar gemacht werden. Dabei geht es aber nicht einfach um die Kooperation zwischen einer Schule und dem benachbarten Jugendzentrum, sondern um deren gemeinsame Initiative im gesamten Sozialraum. Gemeinsame Projekte sollen sich eher sozialräumlich öffnen und damit verschiedene Teile der Sozialräume verbinden, etwa indem verschiedene Akteure (Vereine, Kirchen, Bibliotheken, Schwimmbäder usw.) eingebunden werden. Hier kann Jugendarbeit zum einen ihre Erfahrungen bezüglich Schlüsselthemen wie Berufsorientierung, Arbeitsmarktintegration, Auseinandersetzung mit neuen Medien, geschlechtsspezifische Arbeitsansätze etc. einbringen und zum anderen ihr methodisches Wissen über die Ausgestaltung entsprechender (Bildungs-)Angebote in einem sozialräumlichen Kontext.

Generell ist bei der Kooperation zwischen Schule und Jugendarbeit zu beachten, dass die Förderung sozialräumlicher Aneignung nicht meint, den Sozialraum in die institutionelle Bildungsperspektive einzubeziehen und ihn als Ressource für formelle Bildung anzusehen. Es geht heute umgekehrt darum, formelle Bildungsprozesse neu in einen sozialräumlichen Kontext zu stellen. In diesem Sinn muss sich Schule wie Jugendarbeit als Teil des Sozialraums begreifen. Aber darüber hinaus gilt es, von diesen beiden Bildungsorten aus die Aneignungsperspektive in den Sozialraum einzubringen und diesen so zu gestalten, dass Kindern und Jugendlichen verstärkt Aneignungsprozesse ermöglicht werden.

Der Stadtteil bzw. der Sozialraum ist sowohl für Schule als auch Jugendarbeit die wesentliche Klammer, aber in der Regel verfügen die Jugendarbeiter(innen) eher als die Lehrer(innen) über detaillierte Einblicke in die Lebenswelten von Kindern und Jugendlichen. Diese Kompetenz als Experten(innen) für den Sozialraum basiert auf einer wesentlichen Veränderung der Konzeptionierung der Kinder- und Jugendarbeit: weg von der Einrichtungszentriertheit hin zu einer Orientierung potenziell an alle Kinder und Jugendlichen im Sozialraum und einer herausreichenden, die Grenzen der Einrichtung überschreitenden Arbeit im Stadtteil.

Auf dieser Grundlage ist eine sehr viel breitere Kooperation zwischen Schulen und Einrichtungen der Jugendarbeit möglich: Eine sozialräumlich orientierte Offene Kinder- und Jugendarbeit versteht sich als Bindeglied zwischen dem Lebensort Schule und den Lebenswelten von Kindern und Jugendlichen. Eine solche Kooperation ist deshalb nicht nur fixiert auf die am Ort der Schule und durch die Institution Schule verursachten Themen und Probleme von Kindern und Jugendlichen. Der Blick auf die Lebenswelten macht es auch möglich, Themen und Aufgaben zu entwickeln, die nicht aus einer rein institutionellen Sicht bestimmt werden, sondern sich aus den Anforderungen, Problemen und Themen des Sozialraums, Stadtteils etc. ergeben.

## *Literatur*


Deinet, Ulrich/Icking, Maria (Hg.) (2006): Jugendhilfe und Schule, Analysen und Konzepte für die kommunale Kooperation. Opladen: Budrich.

Deinet, Ulrich/Krisch, Richard (2006): Der sozialräumliche Blick der Jugendarbeit. Methoden und Bausteine zur Konzeptentwicklung und Qualifizierung. Wiesbaden: VS Verlag für Sozialwissenschaften.

Grimm, Gaby (2006): Zukunftsschulen im Wohnquartier. In: Deinet, Ulrich/Icking, Maria (Hg.): 249-258.

Kade, Jochen (1993): Aneignungsverhältnisse diesseits und jenseits der Erwachsenenbildung. In: ZfPäd (39. Jg.) H. 3/1993: 392-408.

Krisch, Richard (2008): Sozialraumorientierung als Methodologie der Jugendarbeit. Weinheim: Juventa (i. E.).

Krisch, Richard/Scherr, Albert (2004): Politische Bildungspraxis in der offenen Jugendarbeit. Ideen, Konzepte und Erfahrungen. In: Sturzenhecker, Benedikt/Lindner, Werner (Hg.): Vom Bildungsanspruch zur Bildungspraxis in der Kinder- und Jugendarbeit. Weinheim: Juventa: 149-166.

Mack, Wolfgang/Raab, Erich/Rademacker, Hermann (2003): Schule, Stadtteil, Lebenswelt. Eine empirische Untersuchung. Opladen: Leske + Budrich.

Oehme, Andreas/Beran, Christina M./Krisch, Richard (2007): Neue Wege in der Bildungs- und Beschäftigungsförderung. Wissenschaftliche Reihe des Vereins Wiener Jugendzentren. Bd. 4. Wien.

Reutlinger, Christian (2003): Jugend, Stadt und Raum. Sozialgeographische Grundlagen einer Sozialpädagogik des Jugendalters. Opladen: Leske + Budrich.

Zeiher, Helga (1983): Die vielen Räume der Kinder. Zum Wandel räumlicher Lebensbedingungen seit 1945. In: Preuss-Lausitz, Ulf u. a. (Hg.): Kriegskinder, Konsumkinder, Krisenkinder. Weinheim: Beltz: 176-193.

# Kommunale Jugendbildung

*Thomas Coelen*

Wie kann „ganztägige Bildung"[1] von Kindern und Jugendlichen konzeptionell begründet und ggf. institutionell-praktisch ausgestaltet werden? Im Konzept der „Kommunalen Jugendbildung" (Coelen 2002a) wird als Antwort auf diese Frage vorgeschlagen, dafür das Verhältnis von schulischer und außerschulischer Pädagogik auf eine differenzorientierte Grundlage zu stellen, welche sich sowohl einen gemeinsamen Sozialraum und eine daran gebundene Identität bezieht, als auch an deren Entwicklungen mitwirkt. In der Bezeichnung „Kommunale Jugendbildung" werden somit der schulische Bildungsauftrag als auch der Bereich der Außerschulischen Jugendbildung aufgenommen und beide unter einem lokalen Bezug verbunden. Als Kurzform dieses Ansatzes ist dann das Wort „Ganztagsbildung" (Coelen 2002b) in die Debatte eingeflossen.

## 1 Horizont: Raumbezogene Identitätsbildung in einer kommunalen Öffentlichkeit

Die Problemstellung ist, inwiefern die u. a. raumbezogene Identitätsbildung von Kindern und Jugendlichen durch eine institutionell ausdifferenzierte, stadtteil- oder gemeindeorientierte Pädagogik aufgenommen und befördert werden könnte, sodass u. a. Schule und Jugendarbeit gleichwertig nebeneinander – möglicherweise miteinander – in einer kommunalen Öffentlichkeit bestehen können. Die Hintergrundthese dieses Ansatzes lautet: Die Bildung dessen, wovon man in der (politischen) Öffentlichkeit ausgeht und ausgehen muss, nämlich vom mündigen und entscheidungsfähigen („gebildeten") Bürger, findet vor allem auf kommunaler Grundlage und mit der Perspektive einer kommunalen Öffentlichkeit statt (Greverus 1987; Honneth 1993; Löw 2001; Richter 2001). Der Gedankengang des Konzepts nimmt seinen Ausgangspunkt in den bestehenden Institutionen schulischer und außerschulischer Pädagogik sowie den sie betreffenden Debatten und verläuft dann zu den lebensweltlichen Grundfragen nach dem Zusammenhang von (raumbezogener) Identitätsbildung und (kommunaler) Öffentlichkeit unter den Bedingungen eines demokratischen Rechtsstaats mit kapitalistischer Wirtschaftsweise. Die praxisbezogene Perspektive ist eine Kommunale Jugendbildung in arbeitsteiliger oder vereinsrechtlicher Trägerschaft.[2]

Wenn aber eine „Jugendbildung" in Kooperation von Schulen und Jugendeinrichtungen entworfen werden soll, muss zunächst auf die lange und wirkmächtige Tradition der wech-

---

1 Solche und ähnliche Formulierungen können meiner Ansicht nach nur halbironisch in Anführungszeichen gesetzt werden, weil weder ein Vormittag und ein Nachmittag einen ganzen Tag ausmachen, noch Bildung um 15, 16 oder auch um 18 Uhr beendet ist, denn die – neben Schule und Jugendhilfe – bildenden Institutionen wie Familie, *Peergroups* und Medien können nicht ignoriert werden.

2 Zu Vorschlägen der praktischen Umsetzung siehe Coelen (2002b: 61-64).

selseitigen Abwertung dieser Erziehungs- und Bildungsinstitutionen eingegangen werden, um dann im zweiten Schritt anhand einiger – z. T. impliziter – Analogien nach Elementen für eine gemeinsame Grundlegung zu suchen.

## 2 Hemmnisse der Kooperation von Jugendarbeit und Schule

Die Analyse des historisch gewachsenen wie aktuellen Verhältnisses von schulischer und außerschulischer Pädagogik lässt nur wenige Versuche einer gemeinsamen Fundierung erkennen. Vielmehr definieren sich die beiden Bereiche in mehr oder weniger deutlicher Abgrenzung voneinander. Selbst die in den letzten zwanzig Jahren häufiger zu beobachtenden Ansätze zur Kooperation bleiben oft pragmatisch und funktional bis instrumentell geprägt (z. B. namentlich zur Lösung einer „Betreuungsfrage"; siehe Deinet 1996). Ganz selten (z. B. bei Braun/Wetzel 2006) sind bildungs-, identitäts- und gesellschaftstheoretische Grundlegungen für eine Arbeitsteilung oder für die vielfältigen praktischen Kooperationen zu finden.

Indem die beiden Bereiche kaum positive Argumente für eine Zusammenarbeit anführen, sondern in der Regel defizitorientierte Begründungen, übernehmen die allermeisten Kooperationsprojekte das Dilemma der Sozialpädagogik, (auch) für Problemfälle zuständig zu sein und aufgrund dessen allzu oft (allein) für diese zuständig gemacht zu werden. Auf diese Weise wird eine dreifache Defizitzuschreibung reproduziert, und zwar in Bezug auf die Lebenssituation und das Verhalten von Heranwachsenden (Jugend als problematische/problemverursachende Lebensphase), die Aufgabenbereiche der Sozialpädagogik (Nothilfe/Jugendhilfe) und die mangelnde soziale Leistungsfähigkeit der Schule (Lernanstalt/Aufenthaltsort). Hingegen fanden sich bis vor kurzem (vgl. BMBF 2004) kaum Begründungen aus der Systematik eines komplementären Verhältnisses, z. B. von kognitivem und sozialem Lernen oder von Ausbildung und Identitätsbildung. Vielmehr schien ein großer Teil der Sozialpädagogik sein Selbstbewusstsein allein aus der kritischen Abgrenzung von der Schule und weniger aus eigenen Qualitäten zu beziehen, währenddessen – nicht minder problematisch – die Schuldiskussion allein um sich selber kreiste. Tendenzen zu einem schulischen Monopolanspruch auf öffentliche Erziehung und Bildung – basierend auf Art. 7 GG – einerseits und zu einem sozialpädagogischen Gesamtanspruch auf Verbesserung der Lebensverhältnisse – basierend auf § 1 KJHG – andererseits erschweren nach wie vor die Einsicht in die Notwendigkeit und Sinnhaftigkeit eines arbeitsteiligen Verhältnisses. Diese Verhärtungen sind erst in jüngster Zeit mit der Debatte um die Einführung von ganztägigen Bildungseinrichtungen und um ein „Gesamtsystem von Erziehung, Betreuung und Bildung" (ebd.: 24, 339) aufgeweicht worden.

## 3 Ansatzpunkte für eine Kommunale Jugendbildung

Im Gegensatz zum gängigen Defizitansatz wird in der Kommunalen Jugendbildung ein „Differenzansatz" (Richter 1998: 17-19) vertreten, der die komplementären Bildungsqualitäten von Schule und Jugendarbeit zugrunde legt:

*Tabelle 1: Unterscheidung von Schule und Jugendarbeit nach einem Differenzansatz*

| Schule | Jugendarbeit |
|---|---|
| differenzierte pädagogische Fähigkeiten bezüglich der Verschränkung von Zielen, Inhalten, Sozialformen und Medien des pädagogischen Handelns | vielschichtiges Wissen über soziale Deklassierungsprozesse: objektive Bedingungen und subjektive Entwicklung verweisen aufeinander |
| große erzieherische Möglichkeiten | vielfältige Chancen der Öffnung |
| bildungspolitische und öffentliche Anerkennung als wichtige pädagogische Institution | Basisnähe durch lokale Bezüge |
| Vertrauensvorschuss bei Eltern hinsichtlich Betreuung, auch über die Unterrichtszeit hinaus | flexibel, plural, wenig verrechtlicht und bürokratisiert |
| kognitives Lernen | Handlungsorientierung und ganzheitliches Erleben |
| Zielorientierung | Prozessorientierung |
| abschluss- und leistungsbezogene Bildung | freizeit- und bedürfnisorientierte Bildung |
| Lehrpläne bzw. Bildungs- und Rahmenpläne | Selbstorganisation und Selbstbestimmung |
| Weltanschauliche Neutralität | Wertorientierungen (ggf. Verbandsautonomie) |

Auf der Basis dieses Differenzansatzes wird der Versuch unternommen, das Verhältnis zwischen Jugendarbeit und Schule auf eine positive Grundlage zu stellen. Für eine solche gemeinsame Grundlegung kann vor allem an eine Analogie aus den jeweils internen Fachdiskussionen von Schul- und Sozialpädagogik angeknüpft werden: Auf der einen Seite zieht sich ein historischer Dissens bis heute durch die gesamte Schulreformdebatte: Soll die Schule lediglich ein „Teil des Lebens" sein (vgl. Giesecke 1996) oder soll sie das Leben in seiner Totalität „hereinlassen" (vgl. Hentig 1991; Gudjons 1996)? Auf der anderen Seite lässt sich in der Sozialpädagogik ein analoger Disput verfolgen: Ist sie der außerschulische „Ausschnitt" (vgl. Bäumer 1929) oder eine kritische „Betrachtungsweise" (vgl. Hornstein 1971; Mollenhauer 1997) aller pädagogisch relevanten Institutionen?

Über die genannte Analogie hinaus können Schulen und Jugendeinrichtungen auf einige, z. T. implizite fachliche Gemeinsamkeiten zurückgreifen: So erweisen sich die Gedanken zu einer „Öffnung der Schule" (vgl. Reinhardt 1992) und zu einer „Sozialräumlichen Jugendarbeit" (vgl. Deinet 1997) als die besten Anknüpfungspunkte für den Weg zu einer neuen Arbeitsteilung zwischen Schul- und Sozialpädagogik. Allerdings wird aus solchen pädagogischen Beiträgen, wenn sie räumliche Kategorien verwenden, kaum deutlich, welche identitäre Bedeutung die lokale Ebene neben ihren pragmatischen und organisatorischen Vorzügen hat und haben könnte. Aufbauend auf diese implizite Gemeinsamkeit in den zumeist getrennten Fachdiskussionen von Schul- und Sozialpädagogik lässt sich aus den unterschiedlichen Formen gemeinwesenbezogener Pädagogik und Bildungsarbeit herausarbeiten, dass die Ansätze der *Community education* bzw. der Gemeinwesenarbeit deutliche Präferenzen für eine enge Verbindung zwischen Leben und Lernen zeigen. Es wurde aber auch deutlich, dass einerseits *Community education* in Deutschland eher schulpädagogisch verkürzt wird (vgl. Reinhardt 1992) und dass andererseits in der Gemeinwesenarbeit Unklarheiten darüber bestehen, ob und wie in Theorie und Praxis eine Trennungslinie zwischen Politik und Pädagogik gezogen werden sollte (Müller u. a. 1981).

Im Unterschied zu diesen schulfixierten bzw. politikorientierten Entwürfen begreift das Konzept der „Kommunalpädagogik" (Richter 2001) Erziehung und Bildung als einen kulturorientierten Ausschnitt von (kommunaler) Politik in einem demokratischen Rechtsstaat. Mit Hilfe dieses Ansatzes lässt sich der Kontrast und zugleich der konstitutive Bezug zwischen Politik und Pädagogik als Differenz von „Handlungszwang" und „Handlungspause" begreifen (Richter 1991: 145-146). Damit wird auch der mögliche Ort von Bildungsprozessen deutlich: Sie entfalten ihre Wirkung in den Interaktionen zwischen den Mitgliedern von Bildungseinrichtungen während der – institutionell abgesicherten und ggf. pädagogisch angeleiteten – „Handlungspause".

Vor diesem Hintergrund kann nun das Verhältnis zwischen Jugendarbeit und Schule anhand einer Gegenüberstellung verdeutlicht werden (wobei die aufgezählten Stichworte einige Schwerpunkte der jeweiligen pädagogischen Arbeit symbolisieren und keinesfalls als Ausschließlichkeiten zu verstehen sind):

*Tabelle 2: Unterscheidung von Jugendarbeit und Schule anhand gesellschafts- und bildungstheoretischer Kategorien*

| Kategorie | Schule | Jugendarbeit |
|---|---|---|
| Prinzipien | Verpflichtung<br>Standardisierung | Freiwilligkeit<br>Pluralität |
| Ziele | Chancengleichheit<br>Herstellung von Bestimmtheit | Ausgleich von Ungerechtigkeiten<br>Ermöglichung von Unbestimmtheit |
| Bindungen | Stabilität<br>Konstanz | Flexibilität<br>Spontaneität |
| Sozialformen | Kollektive Ansprache<br>Gerechte Einzelbewertung | Individueller Bezug<br>Gemeinschaftliche Erlebnisse |
| Interaktionen | Zweckrationalität<br>Disziplin | Wertrationalität<br>Konsens |
| Raum | Universalistischer Blick<br>Ortsgebundener Unterricht | Lokaler Bezug<br>Mobile Aktivitäten |
| Zeit | Zukunftsperspektive<br>Ergebnisorientierung | Gegenwartsbezug<br>Prozessorientierung |

Aus der Schnittmenge der aufgelisteten Stichworte ergeben sich mindestens folgende Anforderungen an eine gesellschafts- und bildungstheoretische Grundlegung:

- Hinsichtlich der Interaktionen muss geprüft werden, inwieweit zweckrationale Handlungsorientierungen in Bereiche der Lebenswelt (insbesondere der Schule) eingreifen und welchen Beitrag pädagogische Institutionen zur Formierung einer gegensteuernden „kommunikativen Macht" (Habermas 1995) leisten können.
- Hinsichtlich der Raumdimension muss erörtert werden, was exakter Weise unter Sozialraum/*community*/Gemeinwesen/Kommune empirisch zu verstehen ist und von welchen Formen raumbezogener Identität sinnvoller Weise zu sprechen ist. In diesem Zusammenhang muss auch herausgearbeitet werden, welchen Beitrag Jugendeinrichtungen und Schulen für eine raumbezogene Identitätsbildung leisten könnten.

# 4 Gesellschaftstheoretische Grundlegung

In Bezug auf den erstgenannten Aspekt der Interaktionen war nicht zuletzt im Zuge der Debatten um „Gemeinschaft und Gerechtigkeit" (vgl. Brumlik/Brunkhorst 1993) – namentlich um den Kommunitarismus, die „Asymmetrische Gesellschaft" (vgl. Coleman 1986) und Verrechtlichung der Lebenswelt (vgl. Habermas 1995) – erneut die Frage aufgebrochen, ob Pädagogik eher für eine Stärkung der Lebenswelt oder eher für eine Integration in die Subsysteme Wirtschaft und Verwaltung zuständig sei. Eine Antwort darauf konnte und kann ebenso wenig eindeutig sein, wie das pädagogische Feld einheitlich ist; es erschien aber angebracht, die Jugendarbeit schematisch einer Gemeinschaftsorientierung in der symbolischen Reproduktion der Lebenswelt zuzuordnen und die Schule einer Gerechtigkeitsorientierung im Übergang zur materiellen Reproduktion im System. Die Chance auf Vermittlung zwischen diesen beiden Vergesellschaftungsprinzipien liegt in Verfahren der „prozeduralistischen Rechtsetzung" (Habermas), nicht zuletzt durch Partizipationsverfahren innerhalb pädagogischer Institutionen sowie zwischen ihnen.[3]

In Bezug auf den zweiten Aspekt ließen die o. g. Debatten, trotz zahlreicher theoretischer Klärungen (vgl. Honneth 1993), jedoch einen erheblichen Empiriemangel offenbar werden, der besonders gravierend in Bezug auf die räumlichen Effekte von Individualisierung und Gemeinsinn ausfällt. So müsste – nach wie vor – dringend erörtert werden, von welchen Formen raumbezogener Identität die theoretischen Konstrukte des Kommunitarismus und die daran geknüpften Konzepte ausgehen können. In diesem Zusammenhang gelte es auch herauszuarbeiten, welchen Beitrag Jugendeinrichtungen und Schulen zu einer, wie auch immer gearteten raumbezogenen Identitätsbildung leisten könnten.

## *4.1 Identitätsentwicklung im Sozialraum*

Zur Erörterung des Zusammenhangs von Raum und Identität[4] erweist sich ein „relationaler Raumbegriff" (vgl. Löw 2001) angemessen: Demnach ist der „Lebensraum" das, was als stoffliche Anordnung begangen, wahrgenommen und umgestaltet wird (vgl. Muchow/Muchow 1935/1998). Trotz aller Metaphorik und subjektiven Wahrnehmung umfasst der Raum immer auch eine objektive Grundlage, auf die der Mensch notwendigerweise seine kulturellen Leistungen bezieht bzw. die er mit seinen kulturellen Leistungen schafft (Dualität aus Handeln und Struktur), ohne dass damit Räumlichkeit auf natürliche oder architektonische Phänomene zu reduzieren wäre: Vorstellungen, Beziehungen und Interaktionen gehören zum Raum dazu, bringen ihn hervor und formen ihn; soziale Prozesse entziehen sich einer vollständigen Kartierung. Zudem wird im Rahmen der Kommunalen Jugendbildung für einen pädagogischen Raumbegriff die Hereinnahme eines Identitätskonzepts und die Verknüpfung mit demokratietheoretischen Überlegungen als unabdingbar angesehen.[5]

3 Aus der sozialintegrativen Funktion der Rechtsetzung begründet sich die herausgehobene Bedeutung des Vereins in Demokratie (Zimmer 1996) und Pädagogik (Richter 1998: 220-226).

4 Siehe die Diskussion der umfangreichen Literatur bei Coelen (2002: 144-201).

5 Das umfangreiche und verdienstvolle „Handbuch Sozialraum" (Maurer u. a. 2005) gibt leider über diese, im engeren Sinne pädagogischen Fragen wenige Auskünfte.

Als Konsequenz aus diesen Vorüberlegungen ergibt sich, dass die entscheidende Raumdimension für Identitätsbildungsprozesse in der alltagsweltlichen (nicht in der administrativen) Kommune gesehen wird (der in Großstädten auf der Ebene von Stadtteilen zu verorten ist) und innerhalb dessen in den kleineren Sozialräumen. Als Sozialraum wird demnach der unmittelbare, alltägliche Aktionsradius eines Menschen bzw. einer Gruppe betrachtet, der durch seine materielle Anordnung ein Geflecht von Interaktionen, Institutionen und Normen enthält und ermöglicht bzw. verhindert und diesen dadurch wieder reproduziert. In Aneignungen von Sozialräumen können sich (sub-)kulturelle Gruppenzugehörigkeiten und Abgrenzungen ausdrücken und umgekehrt.

## *4.2 Identitätsbildung in der kommunalen Öffentlichkeit*

Von diesen Begriffsdefinitionen ausgehend lässt sich dreierlei festhalten:

1. Hinsichtlich des Zusammenhangs von Raum und Identität wird deutlich, dass der Bezug zum Raum von ebenso fundamentaler Bedeutung für den Menschen ist, wie seine Zeitlichkeit sowie seine unhintergehbare Zugehörigkeit bzw. Zuschreibung zu Generation, *Gender*, Ethnie/Religion und Klasse/Schicht. Gleich diesen Einbindungen ist auch der Raumbezug individuell und gesellschaftlich-politisch gestaltbar und somit pädagogisch motivierbar.
2. Hinsichtlich des Zusammenhangs von Identität und Öffentlichkeit war die Pädagogik bereits durch die Kommunitarismus-Debatte aufgefordert worden, sich mit dem Ziel einer Akzentuierung lokaler Identitäten und einer (Re-)Animierung der kommunalen Öffentlichkeit praktisch zu beteiligen. Hinzu kommt nun – angesichts der Spannungen zwischen (z. T. globalen) Handlungen in sozialen (z. B. beruflichen) Rollen und der lokal verbundenen (sub-)kulturellen Rolle (vgl. Greverus 1987) – die beständige Aufgabe einer Integration der Persönlichkeit zu einer „(inter)kulturellen Identität" (Richter 1998: 126). Zudem führt die Erkenntnis, dass das lokale Zugehörigkeitsgefühl stark vom Grad der Beteiligung an örtlichen Aktivitäten beeinflusst wird, zum genuinen Ansatzpunkt für Pädagogik: der Bildung und Motivierung verschiedener Formen von Öffentlichkeit auf kommunaler Basis.
3. Hinsichtlich des Zusammenhangs von Raum und Öffentlichkeit kann die kommunale Ebene als gemeinsames, sowohl räumliches als auch soziales Forum avisiert werden, denn nur sie birgt Auswege aus den instrumentalisierenden Tendenzen einer etwaigen nationalen oder ethnischen Raumpolitik einerseits und den gemeinschaftszersetzenden Tendenzen von geographischer Mobilität und Individualisierung andererseits. Dabei zeigt nicht zuletzt der Blick auf die Funktion der Raumforschung im Nationalsozialismus (vgl. Gutberger 1996), dass auch die Sozialwissenschaften ihren Beitrag zur Bildung der (kommunalen) Öffentlichkeit leisten müssen, wenn sie nicht allein verobjektivierend wirken wollen.[6]

6 In diesem Zusammenhang könnte in methodologischer Hinsicht diskutiert werden, wie soziale Zusammenhänge mit Methoden der Bildungs- und Sozialforschung nicht nur abgebildet, sondern auch gebildet werden können. Zur Überwindung der meta-theoretischen Trennung von Theorie und Praxis in der empirischen Erziehungswissenschaft, macht das Konzept der „Handlungspausenforschung" einen Vorschlag (Richter u. a. 2003).

Aus diesen Festlegungen ergeben sich für die weitere Forschung und Theoriebildung sowie die Bildungspolitik und pädagogische Praxis einige Aspekte, die nun z. T. kurz als Fragen aufgeworfen, z. T. ausführlicher umrissen werden:

- In empirischer Hinsicht ist eine Grundlagenforschung zu Pädagogik und Raum angezeigt, die insbesondere die raumbezogene Identitätsbildung von Kindern und Jugendlichen vergleichend untersucht.
- In theoretischer Hinsicht müsste geklärt werden, wie sich „Zeitgemäße Bildung" (Oelkers/Otto 2006) lokal und zugleich global in Kooperation der verschiedenen pädagogischen Institutionen und Beteiligten in einer kommunalen Öffentlichkeit fassen ließe.
- In konzeptioneller Hinsicht müsste – ausgehend von den Segmenten „Sozialräumliche Jugendarbeit" und „Öffnung der Schule" – der Ansatz der Kommunalen Jugendbildung so weiterentwickelt werden, dass sie Schule und Jugendarbeit als gleichwertige Bildungs- und Sozialisationsinstanzen zu integrieren vermag.
- In organisatorischer Hinsicht geht es um die Frage, wie sich eine kommunale Öffentlichkeit institutionalisieren lässt, die stark genug ist, um Schule und Jugendarbeit zu tragen.
- In praktischer Hinsicht müsste ein Modell ausgearbeitet werden, das die Faktizität und Sinnhaftigkeit der Bildung von Kindern und Jugendlichen in verschiedenen *Settings* berücksichtigt und der Schul- und Jugendpolitik nachvollziehbarer erscheint als der Ausbau von Ganztagsschulen.

Wenn also die Kommunale Jugendbildung als gemeinsame Basis und Aufgabe von Schule und Jugendarbeit projektiert wird, muss dieser Vorschlag anhand eines Begriffs von „Bildung" fokussiert werden: Der bekannte Schulreformer Hartmut v. Hentig beklagt zu Recht die vorherrschende Verengung des Bildungsbegriffs auf die kognitive und die praktische Dimension und die damit einhergehende Vernachlässigung des identitären Aspekts:

> „Unter den drei Verben, mit denen man das Wort Bildung assoziieren kann: etwas haben bzw. wissen, etwas können bzw. tun, etwas sein bzw. sich einer Sache bewusst sein, verwenden wir noch immer die größte Anstrengung auf das erste und fast keine auf das letzte, auf das es in unserer Zeit am meisten ankäme" (Hentig 1991: 447).

Anders als es Hentig vorschlägt, wird in der Kommunalen Jugendbildung jedoch die Ansicht vertreten, dass die Einheit der Bildungsdimensionen nicht in einer einzelnen Institution gesucht werde könne. Das Konzept berücksichtigt vielmehr, dass Bildung von Kindern und Jugendlichen auch außerhalb der Schule ihren Ort hat und haben muss, weil die wertrationale „kulturelle Rolle" (Greverus 1987) als Grundierung für die verschiedenen, z. T. zweckrationalen „sozialen Rollen" (ebd.) – von denen die Schülerrolle das Kindes- und Jugendalter beherrscht – für eine gelingende Identitätsbildung vonnöten ist. Die Schule sei eben nur ein Teil des Lebens, und zwar der, der zu einem „kategorial erschlossenen Weltverständnis" (Giesecke 1996: 144) führen sollte. Deshalb habe die Schule ihre Schwerpunkte – nicht Ausschließlichkeiten – im ersten und zweiten der von Hentig genannten Verben („etwas wissen" und „etwas können"), während die Kinder- und Jugendarbeit ihre Schwerpunkte im zweiten und dritten der Verben habe („etwas können" und „etwas sein").

Umgekehrt erscheint in der Perspektive der Kommunalen Jugendbildung eine (erneute) Besinnung der Schule auf die Kernaufgabe des Unterrichtens, wie sie z. B. Giesecke vorschlägt (ebd.), nur dann sinnvoll, wenn sie im Rahmen einer institutionalisierten Arbeitsteilung mit Einrichtungen der Kinder- und Jugendarbeit vollzogen würde. Auf diese Weise wäre dann auch die Sozialpädagogik begrifflich soweit „ausgestaltet, durchgebildet und abgerundet“, wie es Gertrud Bäumer (1929: 4) avisiert und erhofft hatte, nämlich so, dass sie mit der Schule „von neuem in einer Synthese zusammenwachsen“ kann (ebd.). Im Anschluss an Giesecke und in Umkehrung des Wortes von Bäumer wäre somit Schule alles, was Bildung, aber nicht Familie und nicht Jugendarbeit ist.[7]

Jedoch bleibt auch diese Begriffsbestimmung zunächst noch abstrakt. Konkret wird sie, wenn die Zusammenarbeit von Schule und Jugendarbeit nicht als Zuschieben von Einzelfällen oder Betreuungszeiten bzw. als destruktives Kritisieren von schulischen Strukturen gestaltet, sondern als kommunale Aufgabe der Kinder- und Jugendbildung in arbeitsteiliger oder gemeinsamer vereinsrechtlicher Trägerschaft (vgl. Coelen 2006).

## *Literatur*


Bäumer, Gertrud (1929/1966): Die historischen und sozialen Voraussetzungen der Sozialpädagogik und die Entwicklung ihrer Theorie. In: Nohl, Herman/Pallat, Ludwig (Hg.): Handbuch der Pädagogik. Bd. 5, Weinheim: Juventa: 3-26.

BMBF (2004) – Bundesministerium für Bildung und Forschung: Konzeptionelle Grundlagen für einen Nationalen Bildungsbericht – Non-formale und informelle Bildung im Kindes- und Jugendalter (Bildungsreform Bd. 6). Berlin.

Braun, Karl-Heinz/Wetzel, Konstanze (2006): Soziale Arbeit in der Schule. München: Reinhardt.

Brumlik, Micha/Brunkhorst, Hauke (Hg.) (1993): Gemeinschaft und Gerechtigkeit. Frankfurt a. M.: Fischer.

Coelen, Thomas (2002a): Kommunale Jugendbildung. Raumbezogene Identitätsbildung zwischen Schule und Jugendarbeit. Frankfurt a. M.: Lang.

Coelen, Thomas (2002b): „Ganztagsbildung“ – Ausbildung und Identitätsbildung von Kindern und Jugendlichen durch die Zusammenarbeit von Schulen und Jugendeinrichtungen. In: neue praxis H. 1/2002: 53-66.

Coelen, Thomas (2006): Ausbildung und Identitätsbildung. Theoretische Überlegungen zu ganztägigen Bildungseinrichtungen in konzeptioneller Absicht. In: Oelkers/Otto (Hg.): Zeitgemäße Bildung. Herausforderungen für Erziehungswissenschaft und Bildungspolitik. München/Basel: Reinhardt: 131-148.

Coleman, James S. (1986): Die asymmetrische Gesellschaft. Vom Aufwachsen mit unpersönlichen Systemen. Weinheim und Basel: Beltz.

Deinet, Ulrich (Hg.) (1996): Schule aus – Jugendhaus? Praxishandbuch. Ganztagskonzepte und Kooperationsmodelle in Jugendhilfe und Schule. Münster: Votum.

Deinet, Ulrich (1997): Sozialräumliche Jugendarbeit. Eine praxisbezogene Anleitung zur Konzeptentwicklung in der Offenen Kinder- und Jugendarbeit. Opladen: Leske + Budrich.

Giesecke, Hermann (1996): Das Ende der Erziehung. Neue Chancen für Familie und Schule. Stuttgart: Klett-Cotta.

Greverus, Ina-Maria (1987): Kultur und Alltagswelt. Eine Einführung in die Kulturanthropologie. Frankfurt a. M.: Beck.

Gudjons, Herbert (1996): „Das Leben in die Schule holen“ – oder ist es schon da? Unterricht – Schulleben – Schulöffnung. In: Pädagogik H. 2/1996: 4-9.

Gutberger, Jörg (1996): Volk, Raum und Sozialstruktur: Sozialstruktur- und Sozialraumforschung im „Dritten Reich“, Münster: Lit.

Habermas, Jürgen (1981/1995): Theorie des kommunikativen Handelns, 2 Bde., Frankfurt a. M.: Suhrkamp.

Hentig, Hartmut v. (1991): Die Schule neu denken. Anmerkungen zum Schicksal der Bildungsreform. In: Neue Sammlung H. 3/1991: 436-448.


7 Allerdings zeigt sich aus heutiger Sicht erstens, dass die Sozialpädagogik auch trotz des 1991 in Kraft getretenen KJHG zu keiner „Einheit“ gefunden hat und zu bezweifeln ist, ob sie aufgrund ihrer vielgestaltigen Ausgangspunkte, Aufgaben und Leistungen und ohne Formgebende und verengende Institution überhaupt zu dieser Abrundung kommen kann. Es zeigt sich zweitens, dass von einer Einheit der Schule angesichts der Vielgliedrigkeit des Schulsystems ebenfalls nicht mehr gesprochen werden kann. Drittens ist in vielen schulischen Praxisentwürfen eine deutliche Lockerung der Verengung auf die Lehraufgabe zu beobachten – wie es Bäumer als Voraussetzung für eine Synthese gefordert hatte –, ohne dass sich eine abgestimmte Arbeitsteilung zwischen Jugendhilfe und Schule andeuten würde.

Honneth, Axel (Hg.) (1993): Kommunitarismus: eine Debatte über die moralischen Grundlagen moderner Gesellschaften. Frankfurt a. M.: Campus.
Hornstein, Walter (1971): Bildungsplanung ohne sozialpädagogische Perspektiven. In: ZfPäd (17. Jg.) H. 3/ 1971: 285-314.
Löw, Martina (2001): Raumsoziologie. Frankfurt a. M.: Suhrkamp.
Maurer, Susanne/Reutlinger, Christian/Kessl, Fabian/Frey, Oliver (2005): Handbuch Sozialraum. Wiesbaden: VS Verlag für Sozialwissenschaften.
Mollenhauer, Klaus (1997): Nachdenken über Erziehung – Schwierigkeiten mit der Moderne. In: Grossenbacher, Silvia/Herzog, Walter/Hochstrasser, Franz/Rüegsegger, Ruedi (Hg.) (1997): Schule und Soziale Arbeit in gefährdeter Gesellschaft. Bern/Stuttgart/Wien: Haupt: 15-39.
Muchow, Martha/Muchow, Hans Heinrich (1935/1998): Der Lebensraum des Großstadtkindes (hrsg. v. Jürgen Zinnecker). Weinheim/München: Juventa.
Müller, Siegfried/Olk, Thomas/Otto, Hans-Uwe (1981): Sozialarbeit als soziale Kommunalpolitik. Ansätze zur aktiven Gestaltung lokaler Lebensbedingungen. In: neue praxis, Sonderheft 6.
Oelkers, Jürgen/Otto, Hans-Uwe (Hg.) (2006): Zeitgemäße Bildung. Herausforderungen für Erziehungswissenschaft und Bildungspolitik. München/Basel: Reinhardt.
Reinhardt, Klaus (1992): Öffnung der Schule. Community Education als Konzept für die Schule der Zukunft? (Studien zur Schulpädagogik und Didaktik, Bd. 6). Weinheim: Beltz.
Richter, Helmut (1991): Der pädagogische Diskurs. Versuch über den pädagogischen Grundgedankengang. In: Peukert, Helmut/Scheuerl, Hans (Hg.): Wilhelm Flitner und die Frage nach einer allgemeinen Erziehungswissenschaft im 20. Jahrhundert. In: ZfPäd 26. Beih. Weinheim/Basel: Beltz. 141-153.
Richter, Helmut (1998): Sozialpädagogik – Pädagogik des Sozialen. Grundlegungen – Institutionen – Perspektiven der Jugendbildung. Frankfurt a. M. u. a.: Lang.
Richter, Helmut (2001): Kommunalpädagogik. Studien zur interkulturellen Bildung. Frankfurt a. M. u. a.: Lang.
Richter, Helmut/Coelen, Thomas/Mohr, Elisabeth/Peters, Lutz (2003): Handlungspausenforschung – Sozialforschung als Bildungsprozess. Aus der Not der Reflexivität eine Tugend machen. In: Oelerich, Gertrud/Otto, Hans-Uwe/Micheel, Heinz-Günter (Hg.): Empirische Forschung und Soziale Arbeit. Ein Lehr- und Arbeitsbuch. Weinheim: Luchterhand: 45-62.
Zimmer, Annette (1996): Vereine – Basiselement der Demokratie. Eine Analyse aus der Dritte-Sektor-Perspektive. Opladen: Leske + Budrich.

# Bildungslandschaften

*Wolfgang Mack*

Der Begriff „Bildungslandschaften" fokussiert Bildung und Bildungspolitik in einer sozialräumlichen Perspektive. In Bildungsforschung und -politik erhält der Begriff seit ein paar Jahren eine erstaunliche Aufmerksamkeit, er avanciert zu einem neuen Leitbegriff für bildungstheoretische und -politische Diskussionen. Ungeachtet dessen wird der Begriff zum Teil sehr unterschiedlich gebraucht, eine einheitliche Definition scheint aufgrund der theoretischen und konzeptionellen Offenheit vorerst zumindest auch nicht möglich. In dieser Offenheit liegt jedoch auch die Stärke des Begriffs, da mit ihm unterschiedliche Problemdefinitionen und Handlungsstrategien in der Bildungspolitik aufgenommen werden können und Bezüge auf unterschiedliche Diskurse in der Bildungstheorie und Bildungsforschung möglich sind.

Der Begriff Bildungslandschaften markiert eine Wendung in politischen Strategien und in der sozialwissenschaftlichen Theoriebildung, die als „Regionalisierung" bezeichnet werden kann. Konzept und Programm der Regionalisierung von sozialen und gesellschaftspolitischen Fragen, Herausforderungen und Politiken (Kessl/Otto 2007) beziehen sich vielfach auf neuere soziologische Forschungen und Theorien zum Verhältnis von Raum und sozialer Welt und konzeptualisieren Raum als relationalen Begriff, um das Verhältnis von sozialer Struktur der Gesellschaft und der Beschaffenheit von physisch-materiellen Räumen in einer Weise fassen zu können, der zufolge physisch-materielle Räume Abbild sozialer Strukturen und Produkt der Handlungen von sozialen Akteuren sind, die Räume als konkretes Substrat von sozialen Bedingungen und Verhältnissen konstituieren (Bourdieu 1991; Löw 2001).

Der Bedeutungsgehalt des Begriffs Bildungslandschaften umfasst über diesen Aspekt der Regionalisierung hinaus weitere Bedeutungsebenen. Begriff und Konzept der Bildungslandschaften markieren eine bildungstheoretische und bildungspolitische Position, in der formale und informelle Bildungsprozesse gleichermaßen in den Blick genommen werden. Das bedeutet, Bildung nicht länger als eine monokulturelle Veranstaltung von speziellen Bildungsinstitutionen zu verstehen, sondern von einer Vielfalt an Bildungsorten und -angeboten auszugehen und sie als Gestaltungsaufgaben zu begreifen. Neben diesen Implikationen reflektiert der Begriff Bildungslandschaften konzeptionell eine Fort- und Weiterentwicklung der Kooperation von Jugendhilfe und Schule. Begriff und Konzept der Bildungslandschaften markieren somit einen raumbezogenen Zugang zu Bildung und Bildungspolitik. Als geographische Räume werden dabei je nach Kontext unterschiedliche Gebietseinheiten in den Blick genommen, sie können eine gesamte Region umfassen oder auf einen einzelnen Stadtteil bezogen werden. Dies spiegelt sich in der unterschiedlichen Verwendung der Begriffe regionale, lokale und kommunale Bildungslandschaften.

Mit dem Begriff Bildungslandschaften werden Ansätze und Strategien regionaler oder kommunaler Jugend- und Schulpolitik bezeichnet, mit denen versucht wird, in einer Region oder Kommune Bedingungen für das Aufwachsen von Kindern und Jugendlichen auf eine neue Weise zu gestalten. Vielfältige Gelegenheiten und Angebote für Bildung an vielen Orten im regionalen oder kommunalen Raum sollen Bildung als einen umfassenden Prozess der Entwicklung der Persönlichkeit besser fördern und insbesondere Bildungsbenachteiligungen von Kindern und Jugendlichen in benachteiligten Lebenslagen und schwierigen Lebensverhältnissen abbauen.

Bildungslandschaften entstehen und basieren auf der Kooperation von Institutionen und Initiativen aus den Bereichen Bildung, Jugend, Soziales, Wirtschaft, Kultur, Gesundheit, Sport, unter Einbezug gesellschaftlicher Gruppen und Verbände, Gewerkschaften, Kirchen und Vereine; sie alle sind am Aufbau und an der Gestaltung von Bildungslandschaften zu beteiligen. Schule und Jugendhilfe repräsentieren zentrale öffentliche Institutionen der Jugend- und Schulpolitik im Projekt „Bildungslandschaften". Ohne eine gestaltende und steuernde kommunale Politik und Verwaltung bleiben Kooperationen von Jugendhilfe und Schule allerdings in situativer, bilateraler Zusammenarbeit, in stadtteilbezogenen oder in thematischen Arbeitskreisen verhaftet. Deshalb stellen kommunale Verwaltung und Politik einen zentralen und unverzichtbaren Akteur in einem Projekt Bildungslandschaften dar. Ohne einen Einbezug und eine Beteiligung der Bürger(innen) kann kaum von einem Projekt Bildungslandschaften gesprochen werden. Öffentliche demokratische Prozesse der Planung und Entscheidung sowie partizipative Verfahren in allen Handlungsbereichen sind ein unverzichtbares Merkmal von Bildungslandschaften, wenn sie mehr sein sollen als nur eine neue Variante der administrativen Kontrolle und politischen Steuerung im sozialen Nahraum der Kommune.

## 1 Bildungsorte und Bildungsprozesse

Bildung als ein umfassender Prozess der Entwicklung der Persönlichkeit erfolgt im Zusammenspiel von formalen und informellen Bildungsprozessen. Im Unterschied zur internationalen Entwicklung richtete sich in Deutschland das politische und wissenschaftliche Interesse an Bildung lange Zeit nahezu ausschließlich auf den Bereich der formalen Bildung, erst seit einigen Jahren sind im bildungstheoretischen Diskurs und in der Bildungsforschung verstärkt Ansätze erkennbar, informellen Bildungsprozessen eine größere Aufmerksamkeit zu schenken und Bildung im Lebenslauf im Zusammenspiel von formalen und informellen Bildungsprozessen zu verstehen (Büchner/Brake 2006; Rauschenbach u. a. 2006).

Damit werden auch Fragen relevant, welche Bedeutung vielfältige Bildungsorte und -gelegenheiten im Lebenslauf erfahren und wie Bildungsprozesse im Kindes- und Jugendalter gefördert und unterstützt werden können, so dass institutionelle und lebensweltliche Bedingungen und Strukturen, das Wechselspiel unterschiedlicher Orte und Gelegenheiten sich förderlich für die Bildung von Kindern und Jugendlichen erweisen. Der Zwölfte Kinder- und Jugendbericht plädiert deshalb für ein neues Verständnis des Zusammenspiels unterschiedlicher Bildungsorte und -gelegenheiten:

> „In bildungsbiografischer Perspektive bildet sich das Subjekt in einem Wechsel von formalen und informellen Bildungsprozessen. Dieser subjektbezogene Blick auf Bildungsprozesse im Lebenslauf relativiert die Bedeutung formaler Bildungsinstitutionen und öffnet ihn für neue und andere Lernorte und Bildungsgelegenheiten. Bildung von Kindern und Jugendlichen hat deshalb keinen exklusiven Ort, es kommt vielmehr zu einer Entgrenzung von Bildungsorten und -gelegenheiten" (Deutscher Bundestag 2005: 333).

Bildung des Subjekts erfolgt somit in einem Wechselspiel von formaler und informeller Bildung. Schule ist dann ein zentraler, keineswegs jedoch ausschließlicher Ort für Bildung, auch andere Orte und Gelegenheiten sind bedeutsam für die Bildung von Kindern und Jugendlichen. Der Blick öffnet sich von einzelnen speziellen Bildungsinstitutionen für das gesamte Bildungsangebot im kommunalen Raum; notwendig wird eine neue Form der Gestaltung eines Angebots von unterschiedlichen Bildungsinstitutionen und Bildungsgelegenheiten im kommunalen Raum (Coelen 2002). Damit geht es auch um die Frage nach der Stadt als Bildungsraum.

Als Bildungsräume werden in einem analytischen Sinne – mit Bezug auf einen sozialwissenschaftlichen Raumbegriff, demzufolge Räume von sozialen Akteuren durch ihr konkretes Handeln konstituiert werden – räumlich organisierte Gelegenheitsstrukturen für die Bildung von Kindern, Jugendlichen und Erwachsenen bezeichnet, die einerseits durch institutionelle Vorgaben und Arrangements, andererseits durch die soziale Struktur und ihre räumliche Manifestation geprägt sind. Sie sind Ergebnis gesellschaftlicher Machtverhältnisse und politischer Entscheidungen. Der Begriff Bildungslandschaften bezieht sich demgegenüber auf bildungspolitisch gestaltete Arrangements von Bildungsangeboten und -institutionen in konkreten physisch-materiellen räumlichen Gebilden (vgl. Mack/Schroeder 2005: 339).

## 2 Bildungsraum Stadt

Raum ist eine zentrale Kategorie pädagogisches Denkens und Handelns. Räume bestimmen das Aufwachsen von Kindern und Jugendlichen in zentraler Weise: private Räume der Familie, für pädagogische Zwecke eingerichtete Räume wie Schulen und Einrichtungen der Jugendhilfe sowie der öffentliche Raum. Dabei ist insbesondere die Stadt ein wichtiger Raum, sie bietet Anlässe und Gelegenheiten für die Bildung von Kindern und Jugendlichen, Treffpunkte und Orte für Begegnung. Städtische Räume werden trotz dieses Wissens um die Bedeutung für das Aufwachsen von Kindern und Jugendlichen im pädagogischen Alltagsgeschäft in Schule und Jugendhilfe immer noch zu wenig als Ressource genutzt.[1]

„Kinder brauchen Stadt", so lautet der programmatische Titel der „Tübinger Erklärung" für eine kinder- und jugendfreundliche Stadtentwicklung (Feldtkeller 2001). Städte sind mehr als eine Kulisse für das Aufwachsen von Kindern und Jugendlichen, städtische Räume können anregend sein, sie können aber auch belastend und einengend sein. Kinder und Jugendliche brauchen Städte, die förderlich für sie sind, kinder- und jugendfreundliche Städte, die nicht nur von Erwachsenen für Erwachsene geplant und gestaltet werden, sondern auch dem Eigensinn und den Interessen von Kindern und Jugendlichen gerecht werden.

1 Der Fokus wird hier auf städtische Räume gerichtet. Auch ländliche Räume bieten vielfältige Anlässe und Gelegenheiten für Bildung im Kindes- und Jugendalter. In ländlichen Regionen gibt es im Vergleich zu städtischen Gebieten allerdings auch spezifische Konflikt- und Problemlagen. Aufgrund der Verlagerung von öffentlichen Angeboten und sozial-kultureller Infrastruktur in städtische Zentren hat der ländliche Raum einerseits an Ressourcen eingebüßt, andererseits erfährt der ländliche Raum durch politische Strategien der Aufwertung eine neue Attraktivität und kann dadurch auch im Vergleich mit der Stadt wichtige Gelegenheiten für Aneignungsprozesse im Kindes- und Jugendalter bieten (Funk 2005).

Städtische Räume eröffnen vielfältige Gelegenheiten für Lernen, für Kommunikation mit anderen und für die Erprobung von Lebensstilen und -entwürfen. Sie sind wichtige Voraussetzungen für die Entwicklung im Kindes- und Jugendalter. Kinder und Jugendliche finden in den Städten anregende und bereichernde Umwelten, Räume, in denen sie sich aufhalten und mit Gleichaltrigen treffen können, die sie subjektiv bedeutsam nutzen und in denen sie persönlich wichtige Erfahrungen machen können, die sie sich also „aneignen" können. Mit dieser Sicht sind Ansprüche und Erwartungen an die Gestaltung der Städte verbunden. Nicht alle städtischen Räume stellen günstige Bedingungen für Aneignungsprozesse von Kindern und Jugendlichen dar. Insbesondere in benachteiligten Stadtteilen, in denen die Folgen von sozialer Spaltung und sozialräumlicher Segregation handgreiflich sind, finden Kinder und Jugendliche weniger geeignete Bedingungen. In diesen benachteiligten und belasteten Stadtteilen verlaufen deshalb auch die Aneignungsprozesse junger Menschen überlagert und geprägt von ausgrenzenden Erfahrungen (Bruhns/Mack 2001; Reutlinger 2003).

Wenn Städte dennoch wichtige Orte und Gelegenheiten für die Bildung von Kindern und Jugendlichen sein sollen, reicht es nicht aus, spezielle Räume, in denen sie sich bilden können in ansonsten zweckentfremdeten Städten bereitzustellen (so unverzichtbar und nötig dies auch ist). Die pädagogisch inszenierten Räume brauchen einen Bezug zur Stadt und sie müssen in ein Konzept der Entwicklung der Stadt eingebunden sein, die auch für die Bildung von Kindern und Jugendlichen förderlich ist.

Versteht man Stadt auch als Ort der Bildung für Kinder und Jugendliche, ist nach der Struktur städtischer Räume zu fragen und nach den Möglichkeiten, wie Stadt als Bildungsraum gestaltet werden kann. Der Bildungsraum Stadt wird geprägt von den sozialräumlichen Verhältnissen und von den institutionellen Bildungsangeboten. Im städtischen Raum spiegelt sich die soziale Struktur der Gesellschaft, bilden sich Macht- und Herrschaftsverhältnisse ab. Inklusion- und Exklusionsprozesse sind physisch-materiell greifbar. Die Gestalt des städtischen Raums, wer sich wo zeitweilig oder dauerhaft aufhält, wer worauf welche Ansprüche hat und welche Einflüsse ausübt, ist somit ein Ergebnis von Verteilungs- und Machtkämpfen in der Gesellschaft. Das Dazugehören oder Ausgeschlossen-Sein von Gruppen ist im städtischen Raum sichtbar, am deutlichsten in den Wohnvierteln der Reichen und den Quartieren der Armen, „Klub-Effekt" und „Ghetto-Effekt" bezeichnet Bourdieu (1991) diese Mechanismen der Platzierung und Lokalisierung.

Fasst man Stadt als Bildungsraum, ist zunächst ein Bewusstsein für diesen Zusammenhang von sozialer Struktur, gesellschaftlichen Prozessen der Inklusion und Exklusion sowie der physisch-materiellen Beschaffenheit städtischer Räume notwendig. Der städtische Raum kann durch seine Beschaffenheit (Qualität der Wohnviertel, Attraktivität der Plätze, Vorhandensein von sozialen Dienstleistungen und kulturellen Angeboten) Bildungschancen eröffnen oder entziehen. Die Struktur des städtischen Raumes stellt somit einen Ausgangspunkt für die Gestaltung der Stadt als Bildungsraum dar.

Einen wesentlichen Beitrag zur Qualität der Stadt als Bildungsraum leisten Schule und Jugendhilfe. Sie stellen institutionalisierte Bildungsangebote zur Verfügung, die auch dazu beitragen können, die Qualität des Bildungsraums Stadt insgesamt zu verbessern und ungleichen Bedingungen und Voraussetzungen, die in der sozialräumlichen Struktur gegeben sind, durch ein attraktives und kompensatorisches Angebot entgegenzuwirken. Dazu ist es allerdings auch erforderlich, dass sich Schule und Jugendhilfe als Institutionen zum städtischen Gemeinwesen öffnen, sich auf den sozialräumlichen Kontext beziehen und mit ihren Angeboten und Leistungen auch im öffentlichen Raum präsent sind. In diesem Sinne wird die Gestaltung der Stadt als Bildungsraum für Kinder und Jugendliche zu einer gemeinsamen Aufgabe von Stadtentwicklung, Jugendhilfe und Schule.

## 3 Sozialraumorientierung in der Jugendhilfe

Mit sozialräumlichen Ansätzen wird in der Jugendhilfe versucht, Unterschiede in den lebensweltlichen Bedingungen des Aufwachsens von Kindern und Jugendlichen und deren physisch-materiellem Substrat in den Verhältnissen vor Ort zu berücksichtigen (Hinte/Treeß 2007; Merten 2002; Projekt „Netzwerke im Stadtteil“ 2005; Sozialpädagogisches Institut im SOS-Kinderdorf e. V. 2001). Sozialräumlichkeit bedeutet dabei zunächst, die konkreten Verhältnisse eines Ortes, an dem Kinder und Jugendliche leben und aufwachsen, bei der Planung und Realisierung sozialpädagogischer Angebote und Maßnahmen zu berücksichtigen. Ob eine Maßnahme sinnvoll oder ein Angebot geeignet ist, kann nur vor Ort, unter den gegebenen sozialräumlichen Bedingungen, entschieden werden. Sozialräumliche Ansätze und Strategien beziehen sich also einerseits auf Orte, an denen Kinder und Jugendliche leben und aufwachsen, und andererseits auf die an diesen Orten sich spiegelnden und manifestierenden sozialen Verhältnisse und ihre Wirkungen auf die Bewohner(innen) und Nutzer(innen) dieser Orte.

Mit sozialraumorientierten Konzepten sollen Angebote und Maßnahmen besser auf Bedürfnisse der Adressat(inn)en abgestimmt werden. An den Bedürfnissen der Kinder und Jugendlichen orientierte Leistungen können nicht den Zuständigkeiten und Rationalitäten getrennter Ressorts, der Jugendhilfe, des Gesundheitswesens, der Arbeitsverwaltung oder der Wohnungsämter, folgen. Sozialräumlichkeit als Planungs- und Handlungsprinzip der Jugendhilfe macht deshalb kleinräumige, quartiersbezogene Sozialstrukturanalysen erforderlich. Auf dieser Grundlage kann dann der Bedarf an Leistungen und Angeboten der Jugendhilfe bis hin zur infrastrukturellen Ausstattung mit Spielplätzen, Kindertagesstätten, Jugendhäusern etc. ermittelt werden. Dennoch muss auch bei kleinräumigen Verfahren von einer großen Pluralität der Lebensverhältnisse, der Erfahrungen und Problemlagen von Kindern und Jugendlichen ausgegangen werden. Sozialräumlich orientierte Jugendhilfe muss bei der Planung ihrer Leistungen diese Pluralität berücksichtigen und versuchen, heterogene Erwartungen und Ansprüche in einem Bezirk oder Quartier so in einen Ausgleich zu bringen, dass alle Kinder, Jugendlichen und ihre Familien adäquate Angebote und Leistungen erhalten. Dazu ist es erforderlich, die Betroffenen an den Planungen zu beteiligen. In diesem Sinne nehmen sozialräumliche Ansätze der Jugendhilfe den in der alltags- und lebensweltorientierten Sozialpädagogik formulierten Anspruch auf. Dessen Maximen wie Adressatenorientierung, Partizipation, Prävention und Integration sowie Dezentralisierung und Regionalisierung der Angebote scheinen am ehesten mittels sozialräumlicher Ansätze realisierbar (vgl. Thiersch 1992).

Sozialraumorientierung in der Kinder- und Jugendhilfe bedeutet, dass ihre Angebote und Maßnahmen auf den Stadtteil oder das Quartier bezogen werden. Dazu gehört auch Kooperation und Vernetzung der Jugendhilfe mit anderen Institutionen, u. a. der Schule. In diesem Sinne kann Sozialraumorientierung als Regionalisierung bezeichnet werden, mit einem klaren Stadtteil- oder Quartiersbezug des institutionellen Handelns.

# 4 Schule und Schulentwicklung in sozialräumlicher Perspektive

In einer sozialräumlichen Perspektive kann Schulentwicklung nicht weiter als binnenschulische Angelegenheit aufgefasst werden; sie erfolgt in Bezügen zum sozialräumlichen Umfeld und, in einem weiteren Sinne, zum lokalen Bildungsraum. Dabei stellt sich vor dem Hintergrund von Prozessen sozialräumlicher Segregation, in deren Folge sich Armutsviertel in den Städten herausbilden, die bildungspolitische und pädagogische Frage, wie Schulentwicklung im „geteilten Raum" (Schroeder 2002) so geplant und konzeptualisiert werden kann, dass diese Ungleichheiten und Ausgrenzungen durch Schulen nicht verstärkt werden, sondern dass die Schule im Gegenteil einen Beitrag dazu leistet, Ungleichheiten abzumildern und Zugänge zu Bildung zu eröffnen. Schulentwicklung, als Beitrag zur Stadtentwicklung, muss deshalb daran gemessen werden, ob sie beansprucht, aus dem „sozialen Abseits" (ebd.: 332) zu führen, in die Prozesse der sozialen Polarisierung und damit einhergehende der sozialräumlichen Spaltung in den Städten mit benachteiligten städtischen Quartieren, geführt haben.

In dieser sozialräumlichen Perspektive steht nicht mehr die Entwicklung der Schule und des Schulsystems vor Ort im Fokus des Interesses, sondern die Entwicklung einer lokalen Bildungslandschaft (vgl. Mack/Schroeder 2005). Es geht dabei um die Frage, wie der städtische Bildungsraum der Stadt insgesamt im Sinne eines Abbaus von Bildungsbarrieren und der Öffnung von Zugängen auch für sozial benachteiligte Gruppen in den Blick genommen und gestaltet werden kann. Schulen und ihre Entwicklung erscheinen dann als Bestandteile einer lokalen Bildungslandschaft, zu der auch viele andere Institutionen gehören wie Einrichtungen und Angebote der Jugendhilfe, Kultureinrichtungen, Institutionen im Bereich der Gesundheitsförderung, des Sports oder der Ausbildungs- und Arbeitsförderung.

Diese Perspektive befindet sich in Deutschland noch in ersten Anfängen. Weiterführende Entwicklungsmöglichkeiten stellen ein kommunales Bildungs-Monitoring und eine integrierte Bildungsplanung dar, mittels derer sozialräumlichen Ungleichheiten in Bezug auf Bildungschancen begegnet werden kann.

# 5 Jugendhilfe und Schule

Das Verhältnis von Schule und Jugendhilfe war und ist in Deutschland nicht ohne Spannungen und Probleme. Mit der Herausbildung des Systems der Jugendwohlfahrt in der Weimarer Republik kommt es zu folgenreichen und lange wirksamen Abgrenzungen und Abschottungen zwischen diesen beiden öffentlichen pädagogischen Institutionen (vgl. Homfeldt 2004; Olk 2005). Mit den Bildungsreformen in den 1970er Jahren in der Bundesrepublik wird das Verhältnis von Schul- und Sozialpädagogik in Bezug auf die neuen Gesamtschulen und Ganztagsschulen vehement diskutiert. Doch auch dabei kommt es zu keiner fruchtbaren Perspektive der Kooperation, im Gegenteil: Schule versucht, Sozialpädagogik in den Dienst zu nehmen und als einen „Reparaturbetrieb" in der Schule zu etablieren, der Schule von störenden oder unliebsamen Schüler(inne)n fern hält (vgl. Iben 1976). Demgegenüber gerät Schule in die Kritik der Sozialpädagogik; im Modell einer sozialpädagogischen Schule (vgl. Tillmann 1976; Homfeldt u. a. 1977) wird eine Alternative zur hergebrachten Schule entworfen. In den 1980er und 90er Jahren kommt es dann zu pragmatischeren Formen der Kooperation, vor allem durch den quantitativen Ausbau von Schulsozialarbeit, im Westen vor allem an Hauptschulen und Gesamtschulen, in den Neuen Bundesländern durch flächendeckende Landesprogramme. Allerdings sind durch diese Formen keine institutionalisierten Formen der Kooperationen geschaffen worden, die über projekt- und programmbezogene Finanzierungen hinausgehen und eine selbstverständliche Regelpraxis darstellen. So kommen viele neue Ansätze und Versuche über einen Projektstatus nicht hinaus und stellen damit viele Bemühungen um Kooperation aufgrund ungesicherter finanzieller und rechtlicher Verhältnisse immer wieder in Frage.

Mit der neuen Bildungsdiskussion eröffnen sich jedoch auch neue Perspektiven der Kooperation von Jugendhilfe und Schule. Jugendhilfe wird als Bildungsort diskutiert und konzipiert; in ihrem Verständnis von Bildung und mit ihren Zugängen zu Bildungsprozessen von Kindern und Jugendlichen unterscheidet sie sich deutlich von der Schule und dem schulischen Verständnis von Bildung und setzt auf diese Weise Akzente für eine Kooperation, in der unterschiedliche Perspektiven zum Tragen kommen können. Mit diesem Bezug auf Bildung eröffnen sich somit neue Perspektiven der Kooperation. Dies wird insbesondere am Ausbau von Ganztagsschulen sichtbar, der in den meisten Fällen in Kooperation von Schulen, Einrichtungen und Trägern der Kinder- und Jugendhilfe und anderen außerschulischen Institutionen erfolgt.

## 6 Ganztagsschulen

Das bildungspolitische Reformprojekt Ganztagsschule basiert zu großen Teilen auf der Kooperation von Schule und Jugendhilfe und anderen Institutionen. Ganztagsschulen bzw. ganztägige Bildungsangebote für Kinder und Jugendliche werden in den meisten Bundesländern in der Kooperation von Jugendhilfe und Schule gestaltet. Der Ausbau von Ganztagsschulen macht es erforderlich, dass Jugendhilfe und Schule kooperieren. Häufig spielen pragmatische und ökonomische Gründe eine Rolle, Kooperationen von Jugendhilfe und Schule können jedoch dazu beitragen, eine neue pädagogische Kultur zu entwickeln. Dadurch werden weiterführende Perspektiven in Bezug auf eine Stärkung des Lebensweltbezugs von Schulen eröffnet. Durch die Kooperation mit der Jugendhilfe kann die Schule stärker an die Lebenswelten von Kindern, Jugendlichen und Familien rückgebunden werden. Die Schule findet in der Jugendhilfe einen Partner, der sie darin unterstützen kann, ein der Pluralität der Lebenslagen adäquates Angebot und ergänzende Leistungen für Kinder und Jugendliche aus benachteiligten und bildungsfernen Milieus zu entwickeln. Hier bestehen gemeinsame Aufgaben und Herausforderungen für Jugendhilfe und Schule.

Das Projekt Ganztagsschule umfasst also weit mehr als einen quantitativen Ausbau von Ganztagsplätzen an Schulen, es erfordert ein grundlegend neues pädagogisches Verständnis der Schule und eine Neubestimmung des Verhältnisses von Schule und Familie, Schule und Jugend sowie Schule und Jugendhilfe (vgl. Deutscher Bundestag 2005). Dazu bedarf es auch einer Öffnung der Schule zum Sozialraum. Schule kann keine Insel sein, die sich von ihrer Umgebung abschottet, sie muss sich auf die sozialräumlichen Verhältnisse des Aufwachsens von Kindern und Jugendlichen beziehen und sich gemeinsam mit vielen Institutionen in den Bereichen Bildung und Soziale Arbeit um eine Gestaltung der sozialräumlichen Verhältnisse bemühen.

Kooperation von Schule und Jugendhilfe kann dazu beitragen, Schulen als Bestandteil einer sozialen und pädagogischen Infrastruktur in den Kommunen zu entwickeln. Angesichts knapper finanzieller Mittel einerseits sowie der in den Schulen und Einrichtungen der Jugendhilfe vorhandenen sächlichen und räumlichen Ressourcen und der in beiden Institutionen repräsentierten Kompetenzen andererseits erscheint eine Kooperation von Schule und Jugendhilfe in Bezug auf das Gemeinwesen und auf die Gestaltung und Entwicklung von Schule als Teil der sozialen und pädagogischen Infrastruktur in der Kommune dringend geboten. Mit dem Ausbau von Schulen zu Ganztagsschulen können und müssen Kommunen verstärkt an der Planung und Gestaltung von ganztägigen Angeboten an Schulen beteiligt werden: Schulträgerschaft kann sich nicht mehr nur auf die Planung von Schulstandorten, den Schulbau und eine Sachaufwandsträgerschaft beschränken. Mit der Einrichtung von Ganztagsschulen entsteht ein verstärkter Bedarf an einer aufeinander abgestimmten Schul- und Jugendhilfeplanung. In der Kooperation von Schule und Jugendhilfe liegt deshalb auch eine Chance für eine Stärkung der Rolle der Kommunen bei der inhaltlichen Gestaltung der Schule.

## 7 Bildungslandschaften in internationaler Perspektive

Im internationalen Vergleich befinden sich Aufbau und Entwicklung von kommunalen Bildungslandschaften noch in den Anfängen. In vielen Ländern sind die Kommunen wichtige bildungspolitische Akteure, sei es aufgrund einer stärkeren Kommunalisierung des Schul- und Bildungssystems oder aufgrund der kommunalen Gestaltung von Bildungslandschaften als Gefüge von vielerlei Institutionen und Initiativen:

In Schweden ist mit den bildungspolitischen Reformen in der zweiten Hälfte des 20. Jahrhunderts ein kommunales Schul- und Bildungssystem aufgebaut worden, im Zuge dieser Reformen ist die frühere staatliche Zuständigkeit weitgehend an die Kommunen verlagert worden. Staatliche Zuständigkeit beschränkt sich vor allem auf steuernde Funktionen und auf die Aufgabe, allgemeine Rahmenbedingungen in Bezug auf Finanzierung und Schulqualität zu sichern, die Kommunen sind als Schulträger u. a. Anstellungsträger des Personals an den Schulen und für die inhaltliche Gestaltung der Bildungspläne zuständig. In diesem kommunalen Schul- und Bildungssystem sind auch fachliche Kompetenzen der Sozialen Arbeit integriert: in den kommunalen pädagogischen Diensten und in den einzelnen Schulen.

In Italien sind viele Städte der *Associazione Internazionale delle Città Educative* beigetreten und haben sich verpflichtet, an der Verwirklichung der Ziele dieser internationalen Vereinigung zu arbeiten. Projekt und Programm *Città Educativa* (Guerra 1997) legen einen starken Akzent auf Verbindungen von formalen und informellen Bildungsinstitutionen, auf die Demokratisierung von Bildung und den Abbau von Bildungsbenachteiligungen im Sinne einer bürgerschaftlichen Bildungssolidarität. Mit dem Programm der erziehenden und bildenden Stadt wird somit dem Umstand Rechnung getragen, dass Schule in der modernen Gesellschaft nur noch ein Bildungsakteur neben vielen anderen ist. Deshalb bedarf es einer gestaltenden Funktion der kommunalen Ebene, um auch andere Bildungsinstitutionen zugänglich und nutzbar zu machen und um Ungerechtigkeiten in der Wahrnehmung und Nutzung aufgrund unterschiedlicher sozialer und kultureller Ressourcen ausgleichen zu können.

## *Literatur*

Bourdieu, Pierre (1991): Physischer, sozialer und angeeigneter physischer Raum. In: Wentz, Martin (Hg.): Stadt-Räume. Frankfurt a. M.: Campus: 25-34.

Bruhns, Kirsten/Mack, Wolfgang (Hg.) (2001): Aufwachsen und Lernen in der Sozialen Stadt. Kinder und Jugendliche in schwierigen Lebensräumen. Opladen: Leske + Budrich.

Büchner, Peter/Brake, Anna (Hg.) (2006): Bildungsort Familie. Transmission von Bildung und Kultur im Alltag von Mehrgenerationenfamilien. Wiesbaden: VS Verlag für Sozialwissenschaften.

Coelen, Thomas (2002): Kommunale Jugendbildung. Raumbezogene Identitätsbildung zwischen Jugendarbeit und Schule. Frankfurt a. M.: Lang.

Deutscher Bundestag (Hg.) (2005): Bericht über die Lebenssituation junger Menschen und die Leistungen der Kinder- und Jugendhilfe in Deutschland. Zwölfter Kinder- und Jugendbericht – und Stellungnahme der Bundesregierung. Drucksache 15/6014. Berlin.

Feldtkeller, Andreas (2001): Stadtentwicklung und Soziale Arbeit. Aufgaben der kommunalen Planung. In: Bruhns, Kirsten/Mack, Wolfgang. (Hg.): Aufwachsen und Lernen in der Sozialen Stadt. Kinder und Jugendliche in schwierigen Lebensräumen. Opladen: Leske + Budrich: 73-88.

Funk, Heide (2005): Regionalität. In: Otto, Hans-Uwe/Thiersch, Hans (Hg.): Handbuch Sozialarbeit/Sozialpädagogik. München: Reinhardt: 1474-1480.

Guerra, Luigi (1997): Die erziehende Stadt. In: Becker, Gerold/Bilstein, Johannes/Liebau, Eckart (Hg.): Räume bilden. Studien zur pädagogischen Topologie und Topographie. Seelze-Velber: Kallmeyer: 221-232.

Hinte, Wolfgang/Treeß, Helga (2007): Sozialraumorientierung in der Jugendhilfe. Theoretische Grundlagen, Handlungsprinzipien und Praxisbeispiele einer kooperativ-integrativen Pädagogik. Weinheim: Juventa.

Homfeldt, Hans-Günther (2004): Historische Aspekte zum Verhältnis von Jugendhilfe und Schule. In: Hartnuß, Birger/Maykus, Stephan (Hg.): Handbuch Kooperation von Jugendhilfe und Schule. Wiesbaden: VS Verlag für Sozialwissenschaften: 41-68.

Homfeldt, Hans-Günther/Lauff, Werner/Maxeiner, Jürgen (1977): Für eine sozialpädagogische Schule. Grundlagen, Probleme, Perspektiven. München: Juventa.

Iben, Gerd (1976): Das Verhältnis von Schule und Sozialpädagogik. Eine historische Betrachtung. In: Tillmann, Klaus-Jürgen (Hg.): Sozialpädagogik in der Schule. Neue Ansätze und Modelle. München: Juventa: 16-26.

Kessl, Fabian/Otto, Hans-Uwe (Hg.) (2007): Territorialisierung des Sozialen. Regieren über soziale Nahräume. Opladen: Budrich.

Löw, Martina (2001): Raumsoziologie. Frankfurt a. M.: Suhrkamp.

Mack, Wolfgang/Schroeder, Joachim (2005): Schule und lokale Bildungspolitik. In: Kessl, Fabian/Reutlinger, Christian/Maurer, Susanne/Frey, Oliver (Hg.): Handbuch Sozialraum. Wiesbaden: VS Verlag für Sozialwissenschaften: 337-353.

Merten, Roland (Hg.) (2002): Sozialraumorientierung. Zwischen fachlicher Innovation und rechtlicher Machbarkeit. Weinheim: Juventa.

Olk, Thomas (2005): Kooperation zwischen Jugendhilfe und Schule. In: Sachverständigenkommission Zwölfter Kinder- und Jugendbericht (Hg.): Materialien zum Zwölften Kinder- und Jugendbericht. Bd. 4: Kooperationen zwischen Jugendhilfe und Schule. München: Deutsches Jugendinstitut: 9-100.

Projekt „Netzwerke im Stadtteil“ (Hg.) (2005): Grenzen des Sozialraums. Kritik eines Konzepts – Perspektiven für Soziale Arbeit. Wiesbaden: VS Verlag für Sozialwissenschaften.

Rauschenbach, Thomas/Düx, Wiebken/Sass, Erich (Hg.) (2006): Informelles Lernen im Jugendalter. Vernachlässigte Dimensionen der Bildungsdebatte. Weinheim: Juventa.

Reutlinger, Christian (2003): Jugend, Stadt und Raum. Sozialgeographische Grundlagen einer Sozialpädagogik des Jugendalters. Opladen: Leske + Budrich.

Schroeder, Joachim (2002): Bildung im geteilten Raum. Schulentwicklung unter Bedingungen von Einwanderung und Verarmung. Münster: Waxmann.

Sozialpädagogisches Institut im SOS-Kinderdorf e. V. (Hg.) (2001): Sozialraumorientierung auf dem Prüfstand. Rechtliche und sozialpädagogische Bewertungen zu einem Reformprojekt in der Jugendhilfe. München: Eigenverlag.

Thiersch, Hans (1992): Lebensweltorientierte Soziale Arbeit. Aufgaben der Praxis im sozialen Wandel. Weinheim: Juventa.

Tillmann, Klaus-Jürgen (Hg.) (1976): Sozialpädagogik in der Schule. Neue Ansätze und Modelle. München: Juventa.

# 4

# Personal, Professionen und Teams

# 4.1

# Pädagogisches Personal

# Erzieherinnen

*Anke König*

Im Rahmen der aktuellen internationalen Reformbewegungen der vorschulischen Erziehung und Bildung sowie der Hochschuldebatte im Zuge des Bologna-Abkommens mit der Möglichkeit, neue Bachelor- und Master-Studiengänge zu etablieren, scheint es, als zeichne sich eine neue Entwicklung ab, die sich in der aktuellen Beschreibung des Berufsbildes der „Frühpädagog(inn)en" manifestiert. Die gegenwärtige Diskussion um eine Reform der Ausbildung von Erzieher(innen) wird insbesondere vor dem Hintergrund der historischen Entwicklungen dieses Berufes verständlich.

## 1 Historische Entwicklungen

Historisch betrachtet ist die Ausbildung von Erzieher(innen) mit der Emanzipationsbewegung der bürgerlichen Frauen im 19. Jahrhundert eng verbunden. Als Handlungskompetenz für den Erzieher(innen)beruf galt das von Schrader-Breymann als „geistige Mütterlichkeit" beschriebene Konstrukt. Es lehnte sich an das bürgerliche Denken der Zeit an, welches von geschlechtsspezifischen Attributen ausging, die sowohl eine spezifische Berufsrolle als auch die Arbeitsteilung im Haushalt bestimmte. Von diesen Annahmen ist der Beruf der Erzieherin bzw. des Erziehers bis heute stark beeinflusst. Ebert (2006; vgl. auch Rabe-Kleberg 1997) spricht davon, dass es im Laufe der Zeit nicht gelungen sei, eine tatsächliche Professionalisierung des Berufes außerhalb der „geistigen Mütterlichkeit" voranzutreiben. Dieses Konzept spiegelt sich auch in der gegenwärtigen Breitbandausbildung wider, welche von einer allumfassenden Kompetenz ausgeht, jedoch kein spezifisches Profil eines Berufsbildes beschreibt.

### *1.1 Kleinkinderbetreuungseinrichtungen im 19. Jahrhundert*

Erste Überlegungen zu einer öffentlichen Kleinkindererziehung finden sich bereits bei Comenius. Eine tatsächliche Umsetzung dieser Gedanken in Form einer öffentlichen Erziehung für Kinder im Vorschulalter geschieht aber erst im Laufe des 19. Jahrhunderts mit dem Aufkommen der Kleinkinderbewahranstalten, die sich im Zuge der Industrialisierung seit ca. 1834 in den größeren Städten in Deutschland ausbreiteten (vgl. Ebert 2006). Die Kinderbewahranstalten wurden über Spenden und Mittel der Armenfürsorge finanziert. Ziel der Einrichtungen war es, die Kinder zur Bescheidenheit zu erziehen. Diese Einrichtungsform wurde als Notbehelf betrachtet. Sie sollten dazu dienen, die Kinder des Proletariats und Kleinbürgertums in der ersten Phase der Industrialisierung zu betreuen, während die Eltern versuchten, durch ihre Arbeit das Auskommen der Familien zu sichern. Die Kinderbewahranstalten waren demnach schichtenspezifisch ausgerichtet.

Neben dieser Betreuungsform gab es die von Fliedner um 1835 gegründeten Kleinkinderschulen. Diese orientierten sich an den englischen oder französischen Modellen. Hier stand nicht das Erlernen der Kulturtechniken (wie Schreiben und Lesen) im Vordergrund, sondern die religiöse Erziehung. Anders als in England und Frankreich waren die Kleinkinderschulen in Deutschland jedoch der Armenfürsorge unterstellt und galten nicht als Teil des Schulwesens.

Diesen Betreuungskonzepten stellte Fröbel ein eigenständiges Bildungsprogramm für Kinder im Vorschulalter gegenüber. Fröbels Kindergarten galt als eine öffentliche Bildungseinrichtung für alle Kinder, unabhängig von ihrer sozialen Herkunft. Mit seinem Bildungskonzept distanziert sich Fröbel von dem Erbsündemodell der christlichen Kinderbewahranstalten und stellt diesem eine auf subjektive Entfaltung ausgerichtete Bildungstheorie gegenüber. Der Fröbelsche Kindergarten unterscheidet sich somit bedeutend von den Kleinkinderbewahranstalten und -schulen. In seinem pädagogischen Konzept vereinigt Fröbel die Gedanken von Fichte und Pestalozzi (vgl. Allen 1989). Das spiegelt sich zum einen in der Bedeutung wider, die Fröbel einem öffentlichen Erziehungssystem zuschreibt, zum anderen in dem Pestalozzi-Attribut der so genannten „Wohnstubenkraft“.[1] Fröbel plante den Kindergarten als Teil des Schulsystems. Dieses Vorhaben wurde auf der Nationalversammlung 1848 vorgetragen und scheiterte vor allem an den demokratischen Gedanken (vgl. Metzinger 1993), welche sich u. a. in den modernen Ansätzen der Bildungstheorie zeigt, die eine kindgemäße Erziehung für alle Kinder forderte.

## *1.2 Ausbildungssysteme im 19. Jahrhundert*

Von Anfang an beschäftigten sich die Verfechter(innen) der Kinderbewahranstalten auch mit der Frage, wie die Kinderwärterinnen für die Kinderbewahranstalten ausgebildet werden sollten. Auch wenn es zu dieser Zeit noch nicht möglich war, ein Ausbildungssystem zu institutionalisieren, war unbestritten, dass der Erfolg der Einrichtungen von der Ausbildung abhängig war. Als erster entscheidender Schritt, um eine Ausbildung in dem Bereich der vorschulischen Erziehung zu etablieren, gilt das Ausbildungskonzept von Fliedner für Kleinkinderlehrerinnen[2], welches an Diakonissenanstalten angeschlossen war. Kleinkinderlehrerinnen unterstanden im Gegensatz zu den „Aufseherinnen“ bzw. „Wärterinnen“ in den Kinderbewahranstalten nicht mehr einer männlichen Autorität, sondern wurden darin ausgebildet, eine Kleinkinderschule selbständig zu leiten. Für den Beruf der Kinderwärterin legte Fliedner bestimmte Attribute zugrunde, die bei den Frauen als „natürlich“ vorausgesetzt wurden. Dazu zählte eine große, unerschöpfliche Liebe zu den Kindern, eine fröhliche, heitere Gemütsstimmung und körperliche Gesundheit. Kritik an dem Ausbildungssystem von Fliedner wurde vor allem an der einseitigen Ausrichtung der Ausbildung

1 Dieser Begriff bringt die Anschauung zum Ausdruck, Frauen seien im Besonderen in der Lage, eine harmonische Atmosphäre in der Familie zu bewirken. Diese vertraute Atmosphäre setzte Pestalozzi als optimale Entwicklungsbedingung für das Kind voraus.

2 Im Gegensatz zu dem englischen Modell der Kleinkinderschullehrer, welches Männer mit der Leitung der Kleinkinderschulen betraute, war Fliedner der Ansicht, dass der Beruf nur von Frauen ausgeübt werden könne (vgl. Metzinger 1993).

an christlichen Werten geübt, wodurch pädagogische Grundkenntnisse zu kurz kamen (vgl. Metzinger 1993).

Das Ausbildungskonzept von Fröbel unterscheidet sich von den Ausbildungsgedanken in den Kinderbewahranstalten vor allem durch seine inhaltliche Ausrichtung: Fröbel sprach von der Kindergärtnerin in erster Linie als „Kindermutter" und setzt damit – wie auch Fliedner – auf bestimmte Persönlichkeitsmerkmale. Fröbel orientiert sich dabei an dem aufkommenden bürgerlichen Familienideal der „mütterlichen Liebe". Das Ausbildungsangebot richtete sich demnach vor allem an Frauen aus dem Bürgertum, bei denen solche Persönlichkeitsstrukturen vorausgesetzt wurden. Neben den Persönlichkeitsattributen legte Fröbel besonderen Wert auf eine pädagogische Ausbildung bzw. eine Einführung in seine Bildungsphilosophie und den gezielten Umgang mit den von ihm entwickelten Spielgaben. Dieser Ausbildungskonzeption legt Fröbel ein differenziertes Konzept zugrunde, welches sich (bereits damals) daran orientiert, wie Erziehungs- und Bildungsprozesse im Kindergarten von den Pädagoginnen unterstützt werden können. Die Ausbildungszeit belief sich im 19. Jahrhundert ungefähr auf ein halbes Jahr (vgl. Ebert 2006). Diese Ausbildung sollte an speziellen Instituten durchgeführt werden, die an die Fröbelschen Kindergärten angeschlossen waren. Die Ausbildungsstruktur zeichnet sich von Anfang an durch die Verknüpfung von theoretischen sowie praktischen Teilen aus und weist damit bereits auf ein duales Ausbildungssystem hin, das bis heute von Bedeutung ist. Mit der Ausbildung zur Kindergärtnerin wurde eine erste professionelle Ausbildung für Frauen in Deutschland etabliert, welches es den bürgerlichen Frauen ermöglichte, im öffentlichen Raum zu wirken.

Nach dem Kindergartenverbot von 1851 kam vor allem den bürgerlichen Frauen das Verdienst zu, die Kindergartenidee auch in anderen Ländern publik zu machen und Kindergärtnerinnen-Seminare zu gründen. Eine der bedeutendsten Vertreterinnen ist Henriette Schrader-Breymann, die Nichte Friedrich Fröbels. Sie nahm auf die Kindergärtnerinnen-Ausbildung großen Einfluss. Die Professionsgeschichte der heutigen Erzieher(innen)ausbildung geht auf das von Schrader-Breymann beschriebene Konstrukt der „geistigen Mütterlichkeit" zurück, wonach an die Geschlechter unterschiedliche soziale Rollen gebunden waren. Mit „geistiger Mütterlichkeit" assoziiert sie Attribute, die der Frau im privaten Raum der bürgerlichen Familie im 19. Jahrhundert zugeschrieben wurden, und nutzt diese für ihr Professionalisierungskonzept der Kindergärtnerinnen. Schrader-Breymann beeinflusst nachhaltig die Umsetzung, die Kindergartenerziehung stärker an dem Familienleben zu orientieren als an der Schule (vgl. Erning 1976: 146-152). Wesentlich ist an dem Konzept der „geistigen Mütterlichkeit", dass dieses darauf ausgerichtet ist, die Frauen auch auf ihre zukünftige Rolle in der Familie vorzubereiten. Mit diesem Bezug wird deutlich, welchen Einfluss das Konzept auf die Mädchen- und Frauenbildung nimmt.

Bis zum Ende des 19. Jahrhundert verliert der Gedanke der „geistigen Mütterlichkeit" seinen Professionsanspruch. Die Vorbereitung auf das „Muttersein" steht im Vordergrund des Ausbildungssystems. Während der Beruf der Kindergärtnerin für die bürgerlichen Frauen gedacht war, wurde 1890 das Berufsbild der Kinderpflegerinnen etabliert, welches auch den Frauen aus unteren Schichten erlaubte, sich auf die Mutterrolle vorzubereiten (vgl. Ebert 2006).

Prinzipiell kann für das 19. Jahrhundert gesagt werden, dass die Ausbildungsstruktur für Kindergärtnerinnen in Deutschland sehr uneinheitlich war. Dies betraf sowohl die inhaltlichen Schwerpunkte der Ausbildung als auch ihre Dauer; beides wurde von den jeweiligen

Instituten eigenverantwortlich festgelegt. 1895 wurde vom „Deutschen Fröbel-Verband" und dem „Allgemeinen Kindergärtnerinnen-Verein" ein Entwurf für eine einheitliche Regelung der Ausbildung vorgelegt. Dieser Entwurf diente als Grundlage für die staatliche Regelung der Ausbildung durch die preußische Regierung im Jahr 1911 (vgl. Metzinger 1993; Ebert 2006).

## 1.3 Ausbildungssysteme zu Beginn des 20. Jahrhunderts

Durch anhaltende schlechte Lebensverhältnisse für den Großteil der Bevölkerung sahen sich vor allem wohltätige Organisationen gezwungen, den Ausbau der Kinderbetreuung weiter voranzutreiben und den Kindern damit zumindest eine minimale Betreuung zukommen zu lassen. Anna v. Gierke steht als Vertreterin einer professionellen Kindergartenerziehung. Sie orientierte sich bei ihrer Arbeit an den Gedanken von Ellen Key, d. h. sie war bemüht den Kindern einen Lebensraum zur Verfügung zu stellen, welcher in erster Linie an ihren Bedürfnissen ausgerichtet war und damit gute Entwicklungsbedingungen für die Kinder bereithalten sollte. Pädagogik und Politik waren für sie unmittelbar miteinander verbunden. Die durch Gierke angebotenen „Hilfen" hatten präventiven Charakter und eine sozialpädagogische Ausrichtung. Mit der Gründung der Kindertagesstätten, die sich in der Zeit aus Kinderkrippen, Kindergarten und Horten zusammensetzten, wurde auch das Ausbildungssystem der Kindergärtnerinnen beeinflusst. Ab 1911 wurden am „Sozialpädagogischen Seminar" in Charlottenburg drei Ausbildungsgänge angeboten, jeweils einer für Kindergärtnerinnen, Hortnerinnen und Jugendleiterinnen. Sowohl das „Sozialpädagogische Seminar" in Charlottenburg, welches von Gierke geleitet wurde, als auch das von Gertrud Pappenheim geleitete erste staatliche Kindergärtnerinnenseminar Preußens zeichneten sich zu Beginn des 20. Jahrhunderts dadurch aus, dass hier versucht wurde, die Kindergartenpädagogik auf wissenschaftliche Erkenntnisse aus Psychologie und Medizin zu stützen und damit der Ausbildung zu mehr Professionalität zu verhelfen. Dieser Trend, der nicht zuletzt auf die Einflüsse der Montessori-Pädagogik bzw. der Reformpädagogik im Allgemeinen zurückgeht, muss als isolierte Strömung gesehen werden; bedeutend stärkeren Einfluss hatten konservative Verbände auf die Ausprägung des Berufsprofils.

Mit der einheitlichen Regelung der Kindergärtnerinnenausbildung von 1911 zeigt sich bereits das Berufsprofil, welches sich im Laufe der Zeit in den unterschiedlichen Einrichtungsformen (Kindergärten, Kinderbewahranstalten, Kleinkinderschulen etc.) herausgebildet hat. Mit der Ausbildung konnte durch diese Regelung eine staatliche Anerkennung erworben werden, sofern die einzelnen Institute ihre Ausbildung an diesen Richtlinien orientierten. Das Professionsprofil war mehr an der „Mütterlichkeit" ausgerichtet als daran, wie Kinder gut in ihren Lern- und Entwicklungsprozessen unterstützt werden können. Das zeigt sich auch in der Berufsbeschreibung. Die Kindergärtnerin bleibt Helferin der Mutter, wenn sie in der Familie arbeitet bzw. der Leiterin im Kindergarten (vgl. Ebert 2006).

In den 1920er Jahren kommt es zu einem Ausbau eines modernen Berufschulwesens. Als bedeutender Reformer dieser Bewegung zählt Georg Kerschensteiner. Trotz der modernen Gedanken und einer Ausdifferenzierung des Schulsystems wird jedoch weiterhin an der Annahme geschlechtsspezifischer Begabungen festgehalten: Den Mädchen wurde demzufolge eine Berufsbildung angeboten, die am „natürlichen Beruf der Frau" orientiert war (vgl. Ebert 2006). Darauf ist es auch zurückzuführen, dass bis Ende der 1960er Jahre in der Bundesrepublik Deutschland der Besuch einer „Hauswirtschaftlichen Schule" als Voraussetzung galt, eine Ausbildung zur Kindergärtnerin bzw. Hortnerin zu machen.

1928 wurde vom preußischen Kultusministerium eine Vereinigung der Ausbildungsgänge zur Kindergärtnerin und zur Hortnerin vorgenommen. Die Ausbildungszeit wurde auf zwei Jahre ausgedehnt. Zugangsvoraussetzung bildete der mittlere Schulabschluss. Ausgebildet wurde für Tätigkeiten in Familien, Kindergärten, Horten und Kinderheimen. Im Lehrplan von 1928 nahmen, im Vergleich zur theoretischen Ausbildung, die technischen Fächer und die praktische Arbeit den Großteil der zur Verfügung stehenden Ausbildungsstunden in Anspruch. Die Persönlichkeitsbildung der Kindergärtnerin spielt auch in diesem Ausbildungsgang eine bedeutende Rolle (vgl. Metzinger 1993). Mehr Fachlichkeit wurde in das Berufskonzept der Jugendleiterin investiert: Dieser Aufbaubildungsgang schließt sich an die Ausbildung zur Kindergärtnerin an und war vor allem für unverheiratete Frauen gedacht. Dieses Berufsprofil bereitete auf die Leitung der Kindergärten bzw. auf die Arbeit in Jugendämtern oder sozialpädagogischen Ausbildungsstätten vor.

An dem Beschluss der Reichsschulkonferenz von 1920 lassen sich die konservativen Interessen der Gesellschaft ablesen: Mit diesem Beschluss wird die Institution Kindergarten eindeutig als Einrichtung der Jugendwohlfahrt ausgewiesen (Erning 1976: 160-166). Damit wurde der Vorschlag der Kommunistischen Partei, des Bundes der Schulreformer und des Allgemeinen Deutschen Lehrerinnenvereins abgelehnt, den Kindergarten als Teil des Schulsystems in staatliche bzw. kommunale Trägerschaft zu überführen. Das Recht auf und die Pflicht zur Erziehung der Kinder im Vorschulalter wurde in den Familien verankert. Der Kindergarten gilt jedoch nach dem Beschluss auch als familienergänzende Einrichtung.

Das Reichsjugendwohlfahrtsgesetz, das 1924 in Kraft trat und die Forderungen der Reichsschulkonferenz integrierte, prägte das Berufsbild der Kindergärtnerin mehr als der Bildungs- und Erziehungsgedanke, welcher von Fröbel für die Kinder im Vorschulalter herausgestellt wurde. Der sozialfürsorgerische Aspekt, der dem Kindergarten nach dem Reichsjugendwohlfahrtsgesetz zukommt, und die Vorbereitung auf die Mutterrolle, nehmen wesentlichen Einfluss auf das Selbstverständnis des Berufsbildes der Kindergärtnerin. Dieser Trend wird von der konservativen Frauenbewegung unterstützt. Lili Doerscher ebenso wie Gertrud Bäumer und Helene Lange stehen für ein Berufsbild der Kindergärtnerin, das sich stark an der Geschlechterpolarisation orientiert. Sie sehen im Gegensatz zu Fröbel den Kindergarten als Notbehelf. Die Kindergärtnerin bleibt unter diesen Annahmen nur ein Muttersatz. Diese Vorstellung verhindert eine professionelle Entwicklung des Berufs. Denn nur wenn der Kindergarten als tatsächlich familienergänzende Einrichtung gesehen wird, der einen eigenständigen Bildungs- und Erziehungsauftrag erfüllt, kann sich an diesem Auftrag eine eigene pädagogische Professionalität entwickeln.

## *1.4 Ausbildungssysteme im Nationalsozialismus*

Das Ausbildungssystem der Erzieherinnen wurde während des Faschismus in Deutschland vor allem durch die nationalsozialistische Rassenlehre beeinflusst. Die Erziehung im Kindergarten war auf die heroische Verehrung Hitlers ausgerichtet (Benzing 1941, zit. n. Erning 1976: 185). Das Berufsbild der Erzieherin orientierte sich an der „Deutschen Mutter" und schloss so an die konservative Haltung der Weimarer Republik an, die durch die völkische Ideologie radikalisiert wurde. Liberale Gedanken im Sinne der Emanzipationsbewegung der Frauen und der reformpädagogischen Einflüsse wurden unterbunden (vgl. Metzinger 1993; Ebert 2006). Die Aufgabe der Frau war es, Hausfrau und Mutter zu sein. Die Gedanken Fröbels wurden im Nationalsozialismus vielfach überformt und für die Durchsetzung nationalsozialistischer Ziele einseitig interpretiert (vgl. Heiland 1999). Das „sphärische Gesetz" von Fröbel[3] wurde im Sinne der „völkischen Erziehung", wie folgt ausgelegt: „zum Dienst und Opfer des Einzelnen an und gegenüber dem Ganzen, dem Volk" (ebd.: 35). Die Vorbereitung auf die Wehrtüchtigkeit war bereits im Kindergarten oberstes Erziehungsziel. Jungen wurden zum „Kämpfer des Volkes" erzogen, Mädchen auf ihre Mutterrolle vorbereitet (vgl. Metzinger 2006).

## *1.5 Ausbildungssysteme nach 1945*

Im Folgenden wird die Entwicklung der Ausbildung zur Erzieherin in der DDR und der BRD beschrieben. Der Kindergarten entwickelte sich in der BRD bis in die 1990er Jahren zu einer Einrichtung, die sich vor allem an den Bedürfnissen der Familien orientierte. In der DDR stand die sozialistische Erziehung im Vordergrund der Erziehungsarbeit. In beiden deutschen Staaten wurde die Professionsentwicklung der Kindergärtnerinnen nicht zuletzt durch die Zeit des Nationalsozialismus nachhaltig beeinflusst und bestimmte in der Nachkriegszeit den Anspruch, der an eine außerfamiliäre Erziehung gestellt wurde (vgl. Ebert 2006).

### *1.5.1 Entwicklungen in der BRD*

Nach 1945 wurde versucht, an die Ausbildungsstruktur der Weimarer Republik anzuschließen. Der Kindergarten war dem Jugendwohlfahrtsgesetz zugeordnet. Bis in die 1970 Jahre war der Kindergarten eine Einrichtung, welche hauptsächlich von den Kindern besucht wurde, deren Eltern arbeiten mussten. Im Ersten (1965) und im Dritten (1972) Jugendbericht wird der Kindergarten noch als Notbehelf bezeichnet (vgl. Elschenbroich 1999). Zu einer Neuordnung der Erzieher(innen)ausbildung kam es 1962 zuerst in Hamburg (Metzinger 2006; Ebert 2006). Der nachfolgende Beschluss der KMK von 1967 schließt sich dieser Reform an und fordert die Vereinigung der Kindergärtnerinnen- mit der Hortnerinnenausbildung. Die Ausbildungszeit wurde auf drei Jahre festgelegt, gegliedert in einen zweijährigen Theorieteil und ein einjähriges Praktikum. Die Ausbildungsstätten wurden länderübergreifend als Fachschulen für Sozialpädagogik geführt, das neue Berufbild bundesweit unter dem Begriff „Erzieher/-in" eingeführt. Mit dem Strukturplan von 1970 wird der Kindergarten zur ersten Stufe des Bildungswesens in der Bundesrepublik erhoben und eine Ausbildung für Erzieher(innen) an Fachhochschulen gefordert. Die Ausbildung sollte nach dem Strukturplan differenziertes Wissen in den Bereichen der Entwicklungspsychologie, Lernpsychologie, Curriculumstheorie etc. vermitteln. Trotz dieser Empfehlungen blieben Struktur und Inhalt der Ausbildung davon wenig beeinflusst.

3 Fröbels Philosophie basiert auf der „Einheit in der Mannigfaltigkeit", was sich insbesondere in der Didaktik seiner Spielgaben zeigt. Diese, als „sphärisches Gesetz" bezeichnete Grundanschauung, entwickelt Fröbel in Anschluss an Schellings Naturphilosophie, wonach alles in Gegensätzen existiert. Für Fröbel manifestiert sich die „Einheit in der Mannigfaltigkeit" im Mittelpunkt einer göttlichen harmonischen Einheit.

### *1.5.2 Entwicklungen in der DDR*

Der Kindergarten wurde in der DDR seit 1949 als schulvorbereitende Einrichtung gesehen und 1965 auch formell in das Bildungssystem eingegliedert. Während der Kindergarten zum Schulsystem gehörte und pädagogisch ausgerichtet war, unterstanden die Krippen dem Volksgesundheitswesen; der Hort war wiederum in das Schulsystem integriert. Hortner(innen) und Unterstufenlehrer(innen) wurden gemeinsam ausgebildet. In der Krippe waren Kinderkrankenschwestern oder Erzieher(innen) tätig, die eine medizinische Fachschule besucht hatten. Die Ausbildung für Erzieher(innen) in Kindergärten wurde an sozialpädagogischen Fachschulen innerhalb von drei Jahren erworben. Zugangsvoraussetzung war der Besuch der zehnklassigen Polytechnischen Oberschule. Der Kindergarten war in der breiten Bevölkerungsschicht in der DDR als eigenständige pädagogische Institution mit gesellschaftlichem Auftrag anerkannt (vgl. Rabe-Kleberg 2006).

## 2 Beginn des Reformdiskurses ab 1990

Mit Inkrafttreten des Achten Sozialgesetzbuches 1990 wird der Bildungsauftrag der Tageseinrichtungen in § 22, Abs. 2 zum ersten Mal explizit ausgewiesen. Die Förderung soll entwicklungsorientiert sein und die Entwicklung des Kindes zu einer „eigenverantwortlichen und gemeinschaftsfähigen Persönlichkeit“ (§ 1 SGB VIII) unterstützen. Die Aufgaben der Erzieher(innen) sind sowohl im Bereich der Betreuung und Erziehung als auch im Bereich der Bildung anzusiedeln. Kindertagesstätten werden demnach in der Gesellschaft nicht mehr nur als Betreuungseinrichtungen gesehen, sondern es wird an die Einrichtung die Erwartung geknüpft, auch einen Bildungsauftrag zu erfüllen. Mit dem Beschluss der Kultusministerkonferenz von 2000 wird die Ausbildung der Erzieher(innen) an das Achte Sozialgesetzbuch angepasst.

„Ziel der Ausbildung ist die Befähigung, Erziehungs-, Bildungs- und Betreuungsaufgaben zu übernehmen und in allen sozialpädagogischen Bereichen als Erzieher oder Erzieherin selbständig und eigenverantwortlich tätig zu sein“ (Kultusministerkonferenz 2000: 2). Die inhaltliche Struktur der Ausbildung soll durch folgende Bildungsbereiche bestimmt werden (vgl. ebd.):

– Kommunikation und Gesellschaft
– Sozialpädagogische Theorie und Praxis
– Musisch-kreative Gestaltung
– Ökologie und Gesundheit
– Organisation, Recht und Verwaltung
– Religion/Ethik nach dem Recht der Länder.

Eine Reform der inhaltlichen Ausbildung bzw. des Ausbildungsprofils (Breitbandausbildung) zeichnet sich hier noch nicht ab, besonderer Wert wird allerdings auf die didaktische Gestaltung der Ausbildung gelegt. In der Studie von Beher u. a. (1999) wird auf die Bedeutung einer stärker am Tätigkeitsfeld ausgerichteten Ausbildung hingewiesen. Angestrebt wird, die Erzieher(innen) zu einer sozialpädagogischen Handlungskompetenz zu führen, die Fach-, Methoden- und Sozialkompetenz umfassen soll. Dadurch wird einer sehr praxisnahen Ausbildungsstruktur Vorschub geleistet. Theorie soll im Hinblick auf die Anforderungen im Berufsalltag vermittelt werden. Als didaktisches Konzept setzt sich in der Berufsausbildung generell das Lernfeldkonzept durch, das sich durch die Auflösung der Fächerstruktur auszeichnet und sich an so genannten Handlungsfeldern orientiert, an die bestimmte Problemstellungen geknüpft sind, die in der Praxis den Alltag bestimmen. Im Unterricht werden die Handlungsfelder prozesshaft bearbeitet, dabei fließt Wissen aus unterschiedlichen Disziplinen in die Bearbeitung mit ein, jedoch nicht mehr isoliert in einzelnen Fächern, sondern in praxisbezogener Erarbeitung.

## *2.1 Internationale Vergleiche*

Ernsthafte Reformüberlegungen werden insbesondere durch die internationale Diskussion um die Verbesserung der elementarpädagogischen Bildung und durch die Frage nach der europäischen Anerkennung der Profession ausgelöst: In der OECD-Studie „Starting Strong" (2004) wird herausgestellt, dass die frühkindliche Betreuung und Bildung in den europäischen Ländern zunehmend als eine öffentliche Aufgabe verstanden wird. Motiviert wird diese Haltung durch zwei Aspekte: zum einen durch das Anstreben einer hohen Quote der Frauenerwerbstätigkeit, d. h. es wird davon ausgegangen, dass eine hohe Beschäftigungsquote den Wohlstand einer Gesellschaft bestimmt; zum anderen wird der Ausbau der öffentlichen Erziehungs- und Betreuungseinrichtungen in den Zusammenhang mit der Migration gesetzt und demnach als Chance einer frühen Integration in das Gesellschaftssystem gesehen. Durch diese Studie wird ersichtlich, dass das Ausbildungssystem der Erzieher(innen) in Deutschland hinter internationalen Standards zurückbleibt, eine Anhebung wird seither breitflächig diskutiert. Im Zusammenhang mit der Qualitätsdiskussion wurde international gezeigt, dass vorschulische Einrichtungen die Entwicklungsmöglichkeiten von Kindern gezielt unterstützen können (Siraj-Blatchford 2002; Tietze 1998). In der Studie von Sylva u. a. (2003) wurde zudem nachgewiesen, dass Pädagog(inn)en mit Hochschulausbildung die Kinder in ihren Entwicklungsprozessen sensibler zu unterstützen vermögen, als Pädagog(inn)en mit einer weniger qualifizierten Ausbildung.

Insbesondere durch die Einführung der Bildungspläne (seit 2003) im Elementarbereich in Deutschland kristallisiert sich zunehmend ein Berufsprofil heraus, welches sich neben bildungstheoretischen Schwerpunkten durch eine diagnostische Kompetenz (Beobachten, Dokumentieren; Assessment- und Screeningverfahren) auszeichnet. Durch die Bildungspläne gleichen sich gegenwärtig die elementarpädagogischen Einrichtungen den internationalen Standards an. In den europäischen Nachbarländern wurde großteils seit den 1970er Jahren kontinuierlich an einer Reformierung der Erzieher(innen)ausbildung gearbeitet (Oberhuemer 2006). Haben auch einige Länder das Ausbildungsniveau für den elementarpädagogischen Bereich dem der Primarpädagogik angepasst, so muss doch kritisch angemerkt werden, dass die Vergütung der in der Elementarpädagogik tätigen Pädagog(inn)en auch in diesen Ländern hinter der Vergütung der Schulpädagog(inn)en zurückbleibt (ebd.: 371).

## *2.2 Gegenwärtige Entwicklungen*

Für die Weiterentwicklung der Erzieher(innen)ausbildung wird die Akademisierung als zentral angesehen; als Motor wird die PISA-Debatte betrachtet: zum einen bezogen auf die Bildungsreform im Elementarbereich, zum anderen bezogen auf die Hochschulreform

(Bologna-Prozess), d. h. die Einführung neuer Bachelor-Studiengänge (Rauschenbach 2006), mit denen es möglich wird, einen Studiengang mit dem Berufsprofil der Frühpädagog(inn)en an den Hochschulen zu etablieren. Inwiefern sich eine akademische Qualifizierung in der Elementarpädagogik durchsetzen kann, wird letztlich auch von der Vergütungsgruppe der Berufe abhängig sein: Derzeit finden sich in Gruppenleitungen nur 2,6 % Akademiker(innen) (vgl. Kinder- und Jugendhilfestatistik 2007: 11). Immerhin wird aber inzwischen jede fünfte Einrichtung von einer Fachkraft mit Hochschulabschuss geleitet. In Bezug auf die gegenwärtige Diskussion ist der Anstieg akademischer Leitungskräfte von 15,3 % (2002) auf 19,6 % (2006) folgerichtig (vgl. ebd.).[4]

Offen ist, ob in Zukunft nur ein Kompetenzprofil für die Arbeit in der Elementarpädagogik qualifiziert oder ob unterschiedliche Kompetenzprofile die pädagogische Qualität der Einrichtungen gemeinsam bestimmen werden, d. h. z. B., dass neben den Erzieher(innen) in Zukunft auch die Frühpädagog(inn)en und Sozialmanager(innen) ihren Platz finden werden.

## 3 Ausblick

Die gegenwärtige Diskussion lässt derzeit noch offen, in welche Richtung die Reform der Erzieher(innen)ausbildung führt. Insbesondere gilt es abzuwägen, inwiefern die bisherige Breitbandausbildung noch als zeitgemäß gilt bzw. welche Vorteile an einem Festhalten dieses Ausbildungssystems stecken könnten. In Anbetracht der derzeitigen Diskussionslage scheint es allerdings fraglich, ob es in Zukunft gelingen kann, mit der Bereitbandausbildung den neuen Erwartungen gerecht zu werden. Denn bemängelt wird vor allem das Ausbildungssystem mit Blick auf die unter 3-Jährigen (Tietze/Viernickel 2002), auf die diagnostischen Kompetenzen der Erzieher(innen) (Fried 2002) und im Hinblick auf die Anschlussfähigkeit von Elementarpädagogik und Primarbereich (vgl. Rauschenbach 2006).

Die derzeitigen Bemühungen der Robert-Bosch-Stiftung, zusammen mit Erziehungswissenschaftler(inne)n und Pädagog(inn)en aus der Frühpädagogik einen nationalen Rahmen für ein Qualifikationsprofil der „Frühpädagog(inn)en" zu entwerfen, gilt als Offensive, mit der auf die erhöhten Anforderungen an die frühkindliche Erziehung und Bildung reagiert wird. Mit diesem Bestreben kann es gelingen, ein Professionsprofil herauszuprägen, das sich von dem Ausgangspunkt einer „natürlichen" Veranlagung bzw. der „geistigen Mütterlichkeit" für den Beruf trennt (vgl. Rabe-Kleberg 2006) und stattdessen fachlichen Kompetenzen Vorrang gewährt, um die Lern- und Entwicklungsprozesse der Kinder bestmöglich zu unterstützen.

4 Vom nicht-unterrichtenden Personal in Ganztagsschulen stellen die Erzieher(innen) mit 23 % das größte Kontingent (zum Vergleich: 10 % sind Sozialpädagogen/-arbeiter).

## Literatur


Allen, Ann Taylor (1989): Kommt, lasst uns mit unsern Kindern leben! Kindergartenbewegungen in Deutschland und den Vereinigten Staaten, 1840-1914. In: ZfPäd H. 1/1989: 65-84.

Beher, Karin/Hoffmann, Hilmar/Rauschenbach, Thomas (1999): Das Berufsbild der ErzieherInnen. Vom fächerorientierten zum tätigkeitsorientierten Ausbildungskonzept. Neuwied: Luchterhand.

Ebert, Sigrid (2006): Erzieherin – ein Beruf im Spannungsfeld von Gesellschaft und Politik. Freiburg i. Br.: Herder.

Elschenbroich, Donata (1999): Qualität beginnt mit Erwartung an Qualität – Zur Diskussion über die Erneuerung und inhaltliche Verbesserung von Erziehung in Kindergärten. In: Auernheimer (Hg.): Erzieherinnen für die Zukunft. Berufsprofil im Wandel. Hohengehren: Schneider. 133-140.

Erning, Günter (Hg.) (1976): Quellen zur Geschichte der öffentlichen Kleinkindererziehung. Saarbrücken: Universitäts- und Schulbuchverlag.

Fried, Lilian (2002): Qualität von Kindergärten aus der Perspektive von Erzieherinnen: einen Pilotuntersuchung. In: Empirische Pädagogik (16. Jg.) H. 2/2002: 109-191.

Heiland, Helmut (1999): Fröbels Kindergartenpädagogik und das Berufsbild der Erzieherin. In: Friedrich-Fröbel-Museum Bad Blankenburg (Hg.): Anfänge des Kindergartens. Rudolstadt: Thüringer Landesmuseum Heidecksburg: 71-83.

KMK (2000) – Kultusministerkonferenz: Rahmenvereinbarung zur Ausbildung und Prüfung von Erziehern/Erzieherinnen. Bonn.

Metzinger, Adalbert (1993): Zur Geschichte der Erzieherausbildung. Frankfurt: Peter Lang.

Metzinger, Adalbert (2006): Geschichte der Erzieherinnenausbildung als Frauenberuf. In: Fried, Lilian/Roux, Susanna (Hg.): Pädagogik der Kindheit. Weinheim: Beltz: 348-358.

Oberhuemer, Pamela (2006): Zur Reform der Erzieherinnen- und Erzieher(aus)bildung im internationalen Vergleich. In: Fried, Lilian/Roux, Susanna (Hg.): Pädagogik der Kindheit. Weinheim: Beltz: 367-379.

OECD (2004): Early Childhood Policy Review: 2002-2004 Hintergrundbericht. München: Eigenverlag DJI

Rabe-Kleberg, Ursula (1997): Frauen in sozialen Berufen – (k)eine Chance auf Professionalisierung? In: Friebertshäuser, Barbara/Jakob, Gisela/Klees-Möller, Renate (Hg.): Sozialpädagogik im Blick der Frauenforschung. Weinheim: Deutscher Studien Verlag: 59-69.

Rabe-Kleberg, Ursula (2006): Mütterlichkeit und Profession – oder: Mütterlichkeit, eine Achillesferse der Fachlichkeit? In: Diller, Angelika/Rauschenbach, Thomas (Hg.): Reform oder Ende der Erzieherinnenausbildung? Beiträge zu einer kontroversen Fachdebatte. München: Eigenverlag DJI: 95-109.

Rauschenbach, Thomas (2006): ErzieherInnen in neuer Höhenlage. Unbeabsichtigte Nebenwirkungen einer beabsichtigten Ausbildungsreform. In: Erziehungswissenschaft H. 16/31: 18-35.

Rauschenbach, Thomas (2007): Kinder- und Jugendhilfestatistik: Themenheft zur Kindertagesbetreuung. In: KOMDAT Jugendhilfe H. 1/2007: 11.

Siraj-Blatchford, Iram/Sylva, Kathy/Muttock, Stella/Gilden, Rose/Bell, Danny (2002): Research Effective Pedagogy in Early Years. Research Report No. 356.

Sylva, Kathy/Meluhish, Edward/Sammson, Pam/Siraj-Blatchford, Iram/Taggert, Brenda/Elliot, Karen (2003): The Effective Provision of Pre-school Education Project. London: Institute of Education. University London.

Tietze, Wolfgang (1998): Wie gut sind unsere Kindergärten? Neuwied: Luchterhand.

Tietze, Wolfgang/Viernickel, Susanne (2002): Ein Nationaler Kriterienkatalog. Weinheim: Beltz.

# Lehrerbildung

*Christian Kraler*

Die vielfältige Verwendung des Wortes „Ganztagsbildung“ bewirkt, dass dieser von etablierten Institutionen aus dem je eigenen Kontext heraus interpretiert wird. Insofern darf es nicht verwundern, dass der Terminus Ganztagsbildung aus Sicht schulischer Bildung und aller damit unmittelbar befassten Institutionen und Personen häufig mit dem Begriff Ganztagsschule gleichgesetzt wird. Dahinter steckt wohl das Begründungsmuster, Bildung mit Schulbildung gleichzusetzen: eine unzulässige inhaltliche und institutionelle Verkürzung (Oelkers 2003: 59). Unabhängig davon subsumiert die Bezeichnung „Lehrer(innen)bildung“ die beiden Bereiche Lehrerausbildung und -weiterbildung. Sie umfasst alle professionsspezifischen Bildungsangebote für den Lehrerberuf, bei gleichzeitiger Betonung des Prozesscharakters im Sinn lebenslangen Lernens.

Zwei facheinschlägige Referenzwerke zeigen den Stand der Lehrerbildungsdiskussion zum Thema Ganztagsbildung auf: Im Handbuch Lehrerbildung (Blömeke 2004) wird der Begriff nie, der der Ganztagsschule zweimal im Zusammenhang mit der Lehrer(innen)belastung und Ausbildungsinhalten erwähnt.[1] Im Handbuch der Schulforschung (Helsper/Böhme 2004) wird das Thema direkt nicht besprochen, indirekt angedeutet allenfalls über die Schulformendebatte (Gesamtschule vs. gegliedertes Schulsystem) bzw. über das Thema Schule und Familie. Selbst in sensibilisierten Publikationen (Burow/Pauli 2004) verschwimmt die Trennschärfe bei der konkreten Verwendung beider Begriffe.

Vor diesem Hintergrund ist das Ziel des Beitrags, eine Einführung in grundlegende Aspekte zur Lehrer(innen)bildung zu geben und auf mögliche Zusammenhänge mit einem erweiterten, d. h. über das System Schule hinaus gedachten Konzept von Ganztagsbildung (Otto/Coelen 2004: 7-16) einzugehen.

## 1 Grundlagen der Lehrer(innen)bildung

Im ersten Abschnitt werden überblicksartig ausgewählte Aspekte der Leher(innen)bildung behandelt, die implizit oder explizit Struktur und Inhalt der gegenwärtigen Aus- und Weiterbildungsprogramme besonders beeinflussen.

1 Der Bildungsbegriff wird in dem Handbuch theoretisch und im Hinblick auf praktische Aspekte behandelt. Ganztagsbildung, auch dem Sinn nach, ist jedoch kein Thema. Mit dem Erscheinungsjahr 2004 mag zwar die fehlende Behandlung des Konzepts teilweise begründet werden, was jedoch nichts an der fehlenden Rezeption im Standardreferenzwerk ändert.

## 1.1 Gesellschaftspolitische Aktualität der Lehrer(innen)bildung

Rund um das Jahr 2001 führten mehrere Faktoren dazu, dass die Lehrer(innen)bildung wieder vermehrt ins Zentrum gesellschaftlichen und bildungspolitischen Interesses rückte: Bei allen Verbesserungen wurden die Defizite der seit den 1980er-Jahren vollzogenen Verwissenschaftlichung der Ausbildung sichtbar, gerade hinsichtlich der Bewältigung praktisch-pädagogischer Probleme des Schulalltags. Abiturient(inn)en drängten vermehrt in Lehramtsstudiengänge (Terhart 2001: 165-166). Im Gefolge bescheidener Ergebnisse bei internationalen Schulleistungsvergleichsstudien (TIMSS-Schock und PISA-Katastrophe) kam es in der Bildungspolitik zu einer empirischen Wende (Helmke 2003: 11):

> „Entscheidend und in gewisser Weise tatsächlich revolutionär für den Schulbereich ist es, sich bei der Steuerung nicht länger nur am Prinzip einer immer detaillierteren Vorgabe von Inputs (Gesetze, Lehrpläne, Erlasse, Stundentafeln, Ordnungen), sondern verstärkt an den Outputs bzw. Outcomes, also tatsächlich erreichten Effekten und Wirkungen, zu orientieren – und diese mit Standards zu vergleichen. (...) es geht um tatsächlich zustande kommende Wirkungen, und zwar Wirkungen auf der Seite der Schüler, denn die Schule ist letztendlich für die Schüler da" (Terhart 2002: 104).

Bildungspolitik und Wissenschaft reagierten mit Initiativen insbesondere zur Verbesserung der Lehrer(innen)ausbildung. Nahezu zeitgleich startete die EU im Anschluss an die Lissabon-Strategie die Initiative „Allgemeine und berufliche Bildung 2010" mit einer eigenen Arbeitsgruppe zur Lehrer(innen)bildung (EU 2007).[2] Geblieben ist ein bis heute anhaltendes verstärktes Interesse der Bildungspolitik und Öffentlichkeit nicht nur an der Schule, sondern zum ersten Mal in der Geschichte auch an der Lehrer(innen)bildung, verbunden mit einer gestiegenen Erwartungshaltung und einem vermehrten Druck auf Aus- und Weiterbildungsinstitutionen.

## 1.2 Geschichte der Lehrer(innen)bildung

Die Geschichte der Schule im heutigen Sinn (aus dem familiären Rahmen herausführende Lehrer(innen)- und Schüler(innen)rollen, regelhafter Schulalltag, Unterrichtsmaterial, Lerngruppen) lässt sich bis zur Wende vom 3. zum 2. Jahrtausend v. Chr. zurückverfolgen (Adick 2004: 951). Die Geschichte der Lehrer(innen)bildung im Sinn einer Ausbildung für eine eigenständige Profession ist kürzer. Lehrer(innen) gibt es seit der schulartigen Organisation von Lernen. Bis zum ausgehenden Mittelalter dominierten Kloster-, Dom-, Stifts- und Pfarrschulen, an denen Geistliche unterschiedlichen Standes ohne professionsspezifische Ausbildung unterrichteten.

Im 13./14. Jahrhundert entwickelte sich die Zunft der Schulmeister (Enzelberger 2001: 18-20); die notwendigen Basisqualifikationen vorausgesetzt (Lesen, Schreiben, Rechnen) konnte man über eine Lehre vom Schulgehilfen oder Schulgesellen selbst zum Schulmeister aufsteigen. Neuzeitliche Dorfschullehrer(innen) hatten in der Regel keine Ausbildung. Die nachahmende Meisterlehre war nicht wissenschaftlich begründet und dominierte bis ins 18. Jahrhundert. Im 17./18. Jahrhundert wurde die Schule zu einem machtpolitischen Instrument des modernen Staates. Die Einführung der Schulpflicht und Erlässe zur inhalt-

2 Vgl. http://ec.europa.eu/education/policies/2010/et_2010_de.html

lichen Gestaltung von Unterricht wurden erstmals vorgegeben. Über die Erweiterung des Schultypenangebots (Elementarschule, Gelehrtenschule, Realschule und Bürgerschule) differenzierten sich auch die Lehrerstände weiter aus. Neben der weiter bestehenden Meisterlehre (Elementarschulen) wurden Gymnasiallehrkräfte (rein fachliche) an Universitäten sowie Lehrer(innen) für Real- und Bürgerschulen zunehmend an eigenen Seminaren ausgebildet. Zu Beginn des 19. Jahrhunderts wurden auch pädagogische Ausbildungselemente in die Seminar- und Universitätscurricula integriert.

Die heutige „Feminisierung" des Lehrer(innen)berufs (Enzelberger 2001: 81-133) hat ihren Ursprung in der zweiten Hälfte des 19. und im Beginn des 20. Jahrhunderts. Über Frauenrechtsbewegungen erlangten Frauen höhere Bildung und erkämpften sich die Erweiterung eigener Erwerbsmöglichkeiten im Bildungsbereich.

Lehrer(innen)bildung war nie und ist auch heute nur zum Teil eine Frage, in der pädagogisch bzw. wissenschaftlich argumentiert wird, sie ist in hohem Maß von bildungs-, gesellschafts- und machtpolitischen bzw. ökonomischen Interessen geprägt (Zymek 2004: 216-217).

## *1.3 Funktionen der Lehrer(innen)bildung*

Die Aus- und Weiterbildung von Lehrer(inne)n erfolgt nicht aus Selbstzweck. Primärziel der Schule ist auf den ersten Blick die qualitativ hochwertige Ausbildung von Schüler(inne)n. Dafür braucht es entsprechend qualifizierte Fachkräfte. Als Funktionen der Schule werden genannt (vgl. Fend 2006:49-55):

- Qualifikation: Vermittlung von Schlüsselqualifikationen für das Beschäftigungssystem
- Selektion/Allokation: Auslese/Zuweisung sozialer Positionen und Berechtigungen über die Schullaufbahn
- Integration/Legitimation: durch Vermittlung von Normen und Werten
- Kustodiale Funktion: Aufbewahrung der Heranwachsenden (in der Zeit elterlicher Berufstätigkeit u. Ä.)
- Kulturtradierung: Sicherung und Weitergabe des kulturellen Erbes an die nachfolgende Generation

Diese Funktionen verweisen auf die folgenden Funktionen der Lehrer(innen)bildung aus gesellschaftlicher Sicht:

- Selektion: Zulassung zu Studium und/oder Beruf
- Allokation: Wahl/Zuweisung der adäquaten schulformspezifischen Ausbildung
- Legitimation: Berechtigung zur Berufsausübung
- Professionalisierung: professionsspezifisches Verständnis der Berufsgruppe und berufsbiographische Entwicklung des Individuums
- (Bildungspolitische) Systemsteuerung

Vor dem Hintergrund aktueller Befunde ist die Selektion ein hochschul- und bildungspolitisch brisantes Thema: Barber/Mourshed (2007) zufolge liefern jene Bildungssysteme die besten Ergebnisse, die nur die besten Anwärter(innen) zum Lehramtsstudium zulassen.[3]

3 Barber/Mourshed (2007: 17) zufolge sind folgende Faktoren für die Selektion von Lehramtsanwärter(inne)n entscheidend: Sprach- und Rechen- bzw. Strukturkompetenz, hohe interpersonale und Kommunikationskompetenzen, Lernbereitschaft und eine hohe Lehrmotivation.

Für den deutschsprachigen Raum liegen Untersuchungen vor (Spinath u. a. 2005), die nahe legen, dass Lehramtsstudierende eine negative Auswahl aus der Gesamtgruppe der studierwilligen Schulabsovent(inn)en seien.

Im Rahmen klassischer Theorien zur Lehrerpersönlichkeit wird gerne auf das Konzept von Caselmann (1949) zurückgegriffen. Darin unterscheidet man zwischen dem „paidotropen" und dem „logotropen" Typ: Paidotrope Lehrer(innen) unterrichten primär aus einem pädagogischen Impuls heraus. Für logotrope Lehrer(innen) ist der Initialimpuls das Interesse am Fach und der Spaß am Weitergeben von Wissen. Vorrangiges Ziel der Allokation ist die Schultypenentscheidung, welcher Lehramtstyp dem/der jeweiligen Studierenden aufgrund der individuellen Interessen und Kompetenzen am besten entspricht.

Die Berechtigung zur Berufsausübung ist in deutschsprachigen Ländern stark reglementiert. Nachzuweisen sind akademische Qualifizierungen (Studienabschluss) und wahlweise staatliche Zertifizierungen (Staatsprüfung, Referendariat). Weiterbildungsangebote werden häufig selektiv angeboten und entscheiden über Berufskarrieren (Schulleitungsposten u. Ä.). Generell gilt: Je höher die Position, umso eher ist die Ernennung über die berufliche Qualifikation (Weiterbildung) hinaus mit politischen Überlegungen verbunden.

Der Professionalisierungsbegriff wurde 1970 in die deutschsprachige Diskussion um den Lehrer(innen)beruf eingeführt (Terhart 1998: 578). Die Professionalisierung umfasst auf personaler Ebene die Aus- und Weiterbbildung eines professionsspezifischen Habitus. Gegenwärtig hat sich in der Lehrer(innen)bildung eine Mischung aus einem soziologischen Zugang (Rollentheorie, Konzept der Profession) und einem psychologischen etabliert (Lehrer als Experte, vgl. Bromme 1992). Ziel der Aus- und Weiterbildung und vertiefenden Professionalisierung auf Individuumsebene ist eine wissenschaftlich orientierte inhaltliche Berufsvor- und Weiterbildung (fachlich wie pädagogisch) mit hohem Handlungsanteil, verbunden mit einer stetigen (metakognitiven) Reflexion beider Faktoren.

Der Lehrer(innen)beruf selbst war und ist Mittel bildungspolitischer Steuerabsichten. Spezifische Zulassungsbedingungen zum Studium haben einen erheblichen Einfluss auf den Erfolg nationaler Schulsysteme (Barber/Mourshed 2007: 16). Im Zeitalter der Bildungsökonomie als staatlicher Steuerungsform unterliegt der Lehrer(innen)stand immer wieder der Gefahr, zum Spielball parteipolitischer Interessen zu werden.

## *1.4 Kerngeschäft Unterricht oder Kerngeschäft Lernen?*

Helmke (2003: 11) ortet eine „Rückbesinnung auf den Unterricht als dem wesentlichen Faktor der Schule". Als Maxime wird ein qualitativ hochwertiger Unterricht angesehen. Das zu erreichen ist dann primärer Aus- und Weiterbildungszweck der Lehrer(innen)bildung. Neben Hilbert Meyers zehn Faktoren guten Unterrichts (Meyer 2004) hat Helmke (2003) den Forschungsstand zum Thema Unterrichtsqualität umfassend dargestellt.

Lehrer(innen) sollten folglich Expert(inn)en für Unterricht sein. Problematisch erscheint diese Konnotation, da sie das klassische Bild von unterrichtlichem Lernen zementiert: Eine Lehrperson erarbeitet mit der Klasse mit didaktischen Methoden Inhalte. Aufgabe der Lehrer(innen)ausbildung wäre somit, primär Kompetenzen im Vorbereiten, Durchführen und Nachbereiten/Evaluieren von Unterricht zu vermitteln, inklusive dafür nötiger Fertigkeiten (Diagnose- und Beurteilungskompetenzen). Die Empirie untermauert die traditionelle Sicht vom gegenwärtigen Unterrichtsalltag. Dieser wird gegen alle Erkenntnisse der Lehr-Lernforschung immer noch zu etwa 90 % über Belehrung und fragend erörternde Unterrichtsgespräche bestritten (Burow/Pauli 2004: 4). Dieses klassische Unterrichtskonzept macht es für die Aus- und Weiterbildung schwer, auf die vielfältigen aktuellen Probleme, Anforderungen und gesellschaftlichen Veränderungen adäquat zu reagieren.

Parallel dazu vollzieht sich auch in der Schulpädagogik ein langsamer paradigmatischer Wandel vom Lehren zum Lernen (Barr/Tagg 1995). Dabei stehen nicht mehr die Instruktion bzw. das Lehren, sondern das Lernen im Mittelpunkt. Eine Schule wird nicht mehr als Ort des Unterrichts betrachtet, sondern als Ort des Lernens.

Vor diesem Hintergrund ist das Kerngeschäft der Lehrer(innen) nicht mehr das Unterrichten. Vielmehr müssen sie Expert(inn)en für Lernen sein. Entsprechend sollten auch in der Lehrer(innen)bildung inhaltliche Akzente gesetzt werden. Eine zentrale Erkenntnis aus konstruktivistischen Lerntheorien ist, dass Lernen von Lehrenden nicht direkt, sondern indirekt über das Schaffen starker Lernräume (Kraler/Schratz 2006: 57-62) unterstützt und angeregt werden kann. Lehrer(innen) erleben sich damit verstärkt im Spannungsfeld Instruktion (klassischer Unterricht) und Konstruktion (Experten für Lernprozesse), was in der Ausbildung zu berücksichtigen ist.

## 2 Erforschung der Lehrer(innen)bildung

Die Lehrer(innen)bildung ist im deutschsprachigen Raum akademisch verankert. Als „Bildung durch Wissenschaft“ (Altrichter/Mayr 2004: 165) wird sie im universitären Kontext als Prozess wieder selbst in die Lehrer(innen)bildung hereingenommen (Curriculumsentwicklung, bildungs- und hochschulpolitische Beratung). Der Reformdruck der letzten Jahre hat auch die Forschung im Bereich der Lehrer(innen)bildung vermehrt ins Zentrum bildungs- und gesellschaftspolitischen Interesses gerückt (Kraler 2008: 151-153) und selbiger insbesondere im Hinblick auf empirische Untersuchungen zu einem Entwicklungsschub verholfen.

### *2.1 Meinungsbasierte und evidenzbasierte Systemsteuerung*

Die Relevanz der Lehrerbildungsforschung erschöpft sich nicht in akademischem Eigeninteresse. Auf internationaler Ebene wurde erkannt, dass in der schulischen Ausbildung auf zunehmende Globalisierungs- bzw. Internationalisierungstendenzen, die Ökonomisierung, die Diversifizierung und steigende Komplexität des Alltags reagiert werden muss. Entsprechend stellt sich die Frage, wie die Lehrer(innen)bildung inhaltlich gestaltet werden kann, damit Absolvent(inn)en in Schulstrukturen von gestern Schüler(innen) von heute für einen nicht mehr in dem Maße vorhersagbaren Alltag von morgen ausbilden können.

Ein zentrales Ziel der Lehrerbildungsforschung muss eine vermehrte Präsenz in der bildungspolitischen Debatte sein, um von einer subjektiven, meinungsbasierten Debatte zu einer evidenzbasierten Argumentation zu gelangen.

In Abbildung 1 ist dieses Spannungsverhältnis wiedergegeben. Wünschenswert wäre eine evidenzbasierte Systemsteuerung. Reformvorschläge sollten unter Berücksichtigung vorhandener Ergebnisse der empirischen Lehrerbildungsforschung diskutiert werden. Der Grad an Übereinstimmung, respektive der Diskurs, um Kompromisse zwischen den ver-

*Abbildung 1: Meinungs- und evidenzbasierte Steuerung*

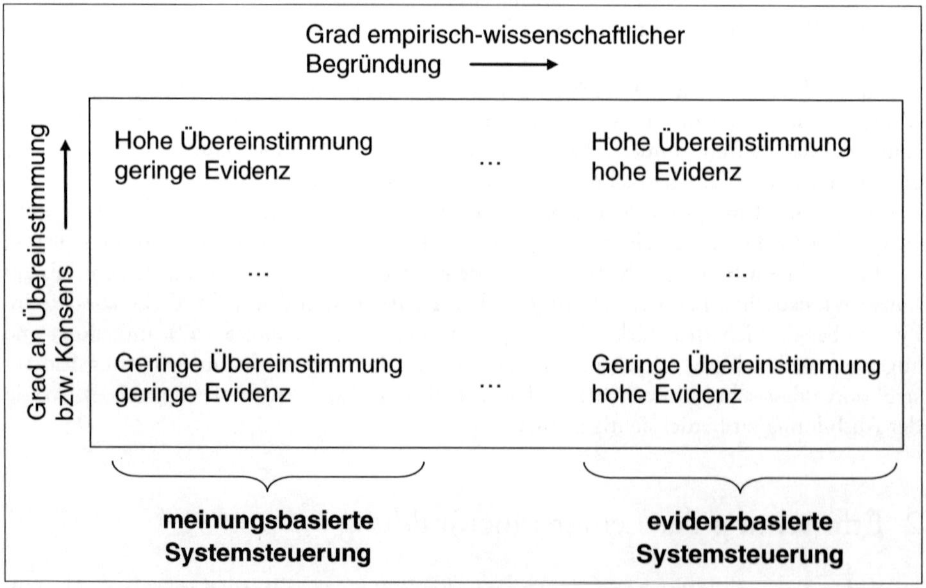


schiedenen Interessensträgern aushandeln zu können, sollte idealerweise mit fortlaufender Verständigung steigen.

Auf Universitäten bezogen kann die aktuelle Situation folgendermaßen beschrieben werden: An der Lehrer(innen)ausbildung sind Fächer, Fachdidaktiken, die Pädagogik und Organisationseinheiten für die schulpraktischen Ausbildungsmodule beteiligt. Diese verfolgen je eigene Ziele. Die markante Trennlinie verläuft zwischen Fach/Fachdidaktik auf der einen und Pädagogik/Schulpraxis auf der anderen Seite. Argumentiert wird evidenzbasiert, der Grad an Übereinstimmung ist in der Regel jedoch gering. Hauptstreitpunkt ist die Zuteilung von Stundenkontingenten. Parteipolitische Diskussionen sind im Kontrast dazu ideologiegeprägt, wenig evidenzbasiert. Zwischen den Parteien herrscht geringe Übereinstimmung.

Ziel der Lehrerbildungsforschung muss daher sein, die Diskussion möglichst von den beiden linken Quadranten in die rechten Quadranten zu verlagern. Das Einbringen eigener Ergebnisse ist hierbei als Bringschuld zu verstehen. Forschungsergebnisse gehören entsprechend aufbereitet und allgemeinverständlich vermittelt.

## *2.2 Zum Stand der Lehrerbildungsforschung*

Im Unterschied zum hohen Qualitätsstandard der (empirischen) Unterrichtsforschung weist die empirische Lehrerbildungsforschung noch erhebliche Defizite auf (Kolbe/Combe 2004: 856). Blömeke (2007: 191-194) hat zehn Standards als Maßstab zur qualitativen Weiterentwicklung angegeben. Sie kritisiert die derzeit starke Regionalisierung, verbunden mit der Verwendung lokal entworfener Methoden, die die nationale wie internationale Vergleichbarkeit erheblich erschweren. Fehlende Interdisziplinarität, ungenügende bildungstheoretische Basierung, die ungenügende Einbindung bereits vorhandener Ergebnisse und ad hoc-Strategien in der Wahl der Forschungsfragen erschweren die Anschlussfähigkeit.

Diese Punkte weisen auf einen zentralen Schwachpunkt hin: die ungenügende Vernetzung der Forschenden. Jedoch zeigt ein Blick auf die deutschsprachige Tagungslandschaft bzw. Herausgeberbände, dass sich diesbezüglich insbesondere seit 2005 einiges bewegt. Frei zur Verfügung stehende Datenbasen, wie der zur PISA-Studie oder die Eurydice-Schlüsselzahlen zu europäischen bildungsspezifischen Themen, erleichtern das Arbeiten bzw. die Einbettung wissenschaftlicher Ergebnisse inzwischen.[4]

Ungelöst ist eine der Kernfragen der Forschung: das Problem der Wirksamkeit der Lehrer(innen)bildung (Blömeke 2007). Derzeit gibt es unterschiedliche Strategien, der Frage zu begegnen: auf Ebene der Kognitionen der Lehrer(innen), bei ihrer Performanz (dem Handeln) oder bei den Schülerleistungen. Problematisch ist, dass aufgrund der Komplexität häufig Selbstauskünfte vorrangige Datenbasis für Analysen sind. Zudem ist nicht geklärt, inwieweit überhaupt von einer kausalen Wirkungskette von der Lehrerbildung über die Lehrer(innen), die Schüler(innen) hin zu Schülerleistungen gesprochen werden kann (vgl. Kraler 2008). Um Ergebnisse besser vergleichbar zu machen, bedürfte es in diesem Bereich einer weiteren Standardisierung der Lehrer(innen)bildung.

Große Studien beinhalten zunehmend auch videobasiertes Datenmaterial. Darüber hinaus gründen insbesondere die Lehrerbiographieforschung (Messner/Reusser 2000) und Studien zur Belastbarkeit von Lehrpersonen (Schaarschmidt/Kieschke 2007) auch auf umfangreichen qualitativ erhobenen Daten. Gerade die beiden letztgenannten Bereiche beinhalten ein erhebliches Potenzial für die Weiterbildung von Lehrkräften.

Die derzeitige Empirie-Euphorie darf jedoch nicht über die (methodologischen) Grenzen dieses Zugangs hinwegtäuschen. Erforscht werden kann immer nur ein kleiner Ausschnitt der komplexen, multifaktoriellen Wirklichkeit. Die Bildungspolitik tendiert dazu, aus Ergebnissen vorschnell generalisierende Schlüsse zu ziehen. Dies erscheint umso fragwürdiger, als Kausalaussagen im Sinn einer Ursache-Wirkungsbeziehung nur in den seltensten Fällen gemacht werden können und auch die Konsequenzen (teilweise) forschungsbasierter Interventionen auf bildungspolitischer Ebene kaum vorhersagbar sind. Kritische Stimmen gehen in der derzeitigen Euphorie häufig unter (Hopmann u. a. 2007).

## 3 Praxis der Lehrer(innen)bildung

Bei der (universitären) Lehrergrundausbildung ist der äußere Aufbau von der inneren Struktur zu unterscheiden. Deutschland, Österreich und die Schweiz weisen in Bezug auf den Aufbau erhebliche Unterschiede auf. Details können etwa in Blömeke u. a. (2004) nachgelesen werden. Lehramtsausbildung beinhaltet fachwissenschaftliche und schulbezogene Anteile (Fachdidaktik, Pädagogik und Schulpraxis). In der Praxis haben sich drei Modelle international etabliert: Das grundständige Modell zeichnet sich durch eine von Studienbeginn an enge Verzahnung der fachlichen und fachdidaktisch-pädagogischen Anteile aus. In gestuften Modellen (konsekutiv oder dereguliert) folgt die schulbezogene auf

4 Die PISA-Datensätze sind unter www.pisa.oecd.org/, jene von EURYDICE unter www.eurydice.org/portal/page/portal/Eurydice abrufbar.

eine ausschließlich fachliche Ausbildung. Derzeit kann aus Sicht der Wirksamkeitsforschung keines der drei Modelle favorisiert werden (vgl. ebd.: 62-63).

In Bezug auf die innere Struktur wird im deutschsprachigen Raum überwiegend schulartspezifisch (Grund-, Haupt-, Real-, Sonderschule und Gymnasium) bzw. stufenspezifisch (Grundstufe, Sekundarstufen I und II) ausgebildet. EU-weit bestehen über den Bologna-Prozess Bestrebungen, die staatenspezifischen Lehramtsstudien einander anzugleichen. Dem stehen derzeit länderspezifische Interessen entgegen.

Zwei Grundprobleme kennzeichnen die deutschsprachige Lehrer(innen)bildung: Der Großteil der Lehrer(innen) hat das Bildungssystem nie verlassen (Schule – Universität – Schule). Ein zweites Problem sind die antizyklischen Schwankungen zwischen Überangebot und Mangel an ausgebildeten Lehrer(innen).

In Bezug auf die Ausbildungsinhalte ist etwa seit der Jahrtausendwende eine konzeptuelle Umorientierung zu beobachtet. Die Lehrer(innen)bildung wurde kompetenzorientiert und standardbasiert (Allemann-Ghionda/Terhart 2006; Kraler 2008). Beide Begriffe werden in der wissenschaftlichen Diskussion teilweise unterschiedlich definiert. Kompetenzen behandeln die Frage, wie sich professionelles Handeln bei Lehrpersonen zeigt (Performanz). Standards sollen beantworten, was eine Lehrperson wissen und können muss. Derzeit gibt es im Detail keinen Konsens darüber, welche Standards für die Lehrer(innen)bildung relevant sein könnten.

Bezüglich der Weiterbildung ist das Angebot hochgradig heterogen und bei weitem nicht in dem Maß staatlich geregelt, wie dies bei der Grundbildung der Fall ist. Weiterbildungsveranstaltungen werden sowohl von staatlichen als auch privaten Institutionen angeboten. Inhaltlich spannt sich der Bogen von aktuellen Themen über Erziehungsfragen, fachspezifische Angebote bis hin zu Kursen mit zertifizierender Zusatzqualifikation. Bei aller Vielfalt schein jedoch ein gemeinsamer Trend zu sein, dass sich die Besucher(innen) von Fortbildungen einen möglichst praxisnahen, schulisch unmittelbar verwertbaren Zugang wünschen.

## 4 Lehrer(innen)bildung und Ganztagsbildung

Ganztagsbildung als Ganztagsschule, als Schule mit Mittagstisch und nachmittäglicher Betreuung (Hausaufgabenbetreuung, Wahlpflichtprogramme) zu interpretieren, wäre nicht nur eine unzulässige Verkürzung, sondern würde auch den Rahmen des Möglichen – insbesondere auch die Grenzen des Machbaren in der Arbeit von Lehrer(inne)n – überschreiten. Ausgehend von der Prämisse, dass im Rahmen eines Ganztagsbildungskonzeptes schulische und nicht-schulische Einrichtungen unter Wahrung ihrer institutionellen Eigenheiten im Hinblick auf ganzheitliche Bildungsprozesse zusammenarbeiten, ergeben sich Implikationen für die Lehrer(innen)bildung.

Bei genauerer Betrachtung des gegenwärtigen Schulalltags und der Situation von Lehrpersonen müsste es im ureigensten Interesse des Berufsstandes sein, diesbezügliche Entwicklungen zu unterstützen. Das Burnout-Syndrom als schwerwiegendste Belastungsfolge, Frühpensionierungen und häufige Krankenstände zeigen die Gesundheitsrisiken auf. Die Ursachen dafür sind vielfältig (erhöhte psychosozialer Beanspruchung, fehlende räumlich-zeitliche Abgrenzung von Beruf und Privatsphäre, Wohnort ist auch Arbeitsort über Vor- und Nachbereitung, fehlende Erholungsmöglichkeiten am Arbeitsort). Die Probleme des Berufs reichen in alle Lebenssituationen hinein. Die täglich höhere Arbeitsbelastung wird zwar rechnerisch durch Ferienzeiten ausgeglichen, kann Belastungseffekte jedoch nicht kompensieren. Übrig bleibt in vielen Fällen ein erlebtes andauerndes Ungleichgewicht von Geben und Empfangen (Schaarschmidt/Kieschke 2007: 34-39). In der Ausbildung werden Lehramtsstudierende primär zu fachlichen und didaktischen Wissensexperten herangebildet. Auf die geschilderten beruflichen Anforderungen werden sie nicht vorbereitet.

Studierenden sollte bereits in der Ausbildung vermittelt werden, dass sie primär Expert(inn)en für (schulisches) Lernen, eine Form formellen Lernens, sind und natürlich im schulischen Kontext auch pädagogische Erziehungsaufgaben wahrnehmen. Letzteres kann jedoch nicht ihre primäre Kernaufgabe sein, solange unser Schulsystem basierend auf Beurteilungen und Benotungen selektiert. Lehrer(innen) agieren im ständigen Spannungsfeld zwischen beraten/begleiten und benoten/beurteilen. Die Beschäftigung mit informellen Lernprozessen ist per Definition nicht Aufgabe schulischer Bildung, obwohl solches Lernen auch am Lernort Schule stattfindet. Auch eine optimierte Ausbildung kann die faktische Überbelastung nicht kompensieren. Lehrer(innen)bildung muss verstärkt vermitteln, was Kernaufgaben des Berufs sind. Die Breite der Ausbildung impliziert vielfach, „für alles zuständig" zu sein (Lernstörungen, Gewalt, psychische Probleme, Stützung bei familiären Krisensituationen etc.). Unterricht findet im deutschsprachigen Regelschulsystem überwiegend im Lehrperson-Klasse-*Setting* statt. Das impliziert den Anspruch, Probleme alleine zu lösen. Eine Fehlerkultur ist im Berufsalltag nicht ausgeprägt. Fehler müssen jedoch nahezu zwangsläufig passieren, da weder Aus- noch Weiterbildung Lehrer(innen) zu multifunktionalen Expert(inn)en machen kann. Die derzeitige eindimensionale Pädagogisierung unter dem Primat von Lehrpersonen ist problematisch. Lehrer(innen) benötigen die klassischen *soft skills* zwingend, sind deshalb jedoch noch keine Sozialpädagog(inn)en oder Psycholog(inn)en.

Ein Blick über die Grenzen zeigt Alternativen auf. „Die finnische Schule etwa versteht sich nicht als Unterrichtsschule, sondern als umfassender Lern- und Arbeitsraum", so Burow/Pauli (2004: 195). Gearbeitet wird in einem Team von Expert(inn)en (Lehrkräfte, Schulkrankenschwester, Sozialpädagogen, Psychologen, Speziallehrer, Unterrichtsassistenten). Lehrkräfte sind in diesem System primär für Lernprozesse im Unterricht zuständig, können bei Problemen ständig auf Expert(inn)en zugreifen, die auch im Klassenzimmer präsent sind. „Die multiprofessionellen Teams an den Schulen stellen eine Entlastung der LehrerInnen dar, sowohl bei spezifischen Problemlagen als auch Binnendifferenzierung im Unterricht" (ebd.: 192). In Finnland wird diese Kultur innerschulisch gelebt; gleichwohl hat Finnland – entgegen allen Mythen – keine Ganztagsschule (vgl. Pulkkinnen/Pirttimaa 2005).

Das deutschsprachige Schulsystem befindet sich auf dem Weg der Öffnung an einem anderen Punkt. Besonders seit Mitte der 1990er Jahre wurde auch hier ein langsamer Umdenkprozess auf breiterer Ebene begonnen. Über Schulentwicklungsprozesse etabliert sich ein Bewusstsein: weg vom „Ich und meine Klasse" hin zum „wir und unsere Schule". Allerdings funktioniert die 1:1-Übernahme eines anderen Systems nicht; das (Änderungs-) Potenzial der eigenen Strukturen muss genutzt werden. Die systematische Umsetzung eines Ganztagsbildungskonzepts wäre hier eine Chance. In unserer Schulkultur eröffnet Ganztagsbildung die Option einer Zusammenarbeit. Entlastung und Konzentration auf die Kernaufgaben der Profession wären der unmittelbare Zugewinn. Die zentrale Forderung an die Lehrer(innen)bildung ist daher: vorrangig zu informieren, Verständnis für Zusammenhänge zu schaffen, das Potenzial der Ganztagsbildung aufzuzeigen. Insbesondere muss der Unterschied zu klassischen lehrerzentrierten Ganztagsschulkonzepten aufgezeigt werden. Die Rhythmisierung von Angeboten und Schaffung von Freiräumen und Angeboten zur Selbstgestaltung von Schüler(inne)n, unter Bereitstellung von „Abrufexperten" (Burow/Pauli 2004: 186) ist etwas anderes als „unterrichtliches" Nachmittagsangebot.

Lehrer(innen)bildung ist in diesem Zusammenhang besonders gefordert. Die nötigen Rahmenbedingungen zu schaffen, bedarf politischen Willens; getragen werden muss ein solches Konzept jedoch von den Personen vor Ort. Die Offenheit der Lehrerschaft ist aufgrund ihrer problematischen gesellschaftlichen Stellung begrenzt. Überfordert auch von schulischen Reformen der letzten Jahre ist mit Abwehrreaktionen zu rechnen, da Ganztagsbildungsansätze als Eindringen in den eigenen Kompetenzbereich missverstanden werden können. Lehrer(innen)bildung muss hier über die adäquate Behandlung entsprechender Themen sensibilisieren, ohne damit den nicht einzulösenden Anspruch zu vermitteln, Lehrer(innen) in diesen zusätzlichen Bereichen gleichsam nebenbei als Expert(inn)en ausbilden zu wollen. Die Breite der Ausbildung ist wichtig, um einen qualifizierten Eindruck von der ganzheitlichen Bedingtheit schulischer Aufgaben zu erhalten. Das Konzept der Ganztagsbildung kann hier unterstützen, die erworbenen Kompetenzen richtig einzuordnen und Grenzen zu erkennen.

## *Literatur*

Allemann-Ghionda, Cristina/Terhart, Ewald (Hg.) (2006): Kompetenzen und Kompetenzentwicklung von Lehrerinnen und Lehrern: Ausbildung und Beruf. In: ZfPäd H. 51/2006: 7-14.

Altrichter, Herbert/Mayr, Johannes (2004): Forschung in der Lehrerbildung. In: Blömeke/Reinhold/Tulodziecki/Wildt (Hg.): 164-184.

Adick, Christel (2004): Forschung zur Universalisierung von Schule. In: Helsper/Böhme (Hg.) (2004): 943-964.

Barber, Michael/Mourshed, Mona (2007): How the world's best-performing school systems come out on top. In: www.mckinsey.com/locations/ukireland/publications/pdf/Education_report.pdf (Download am 09.12. 2007).

Barr, Robert/Tagg, John (1995): From Teaching to Learning. In: Change (Vol. 27) No. 6/1995: 12-25.

Blömeke, Sigrid (2004): Empirische Befunde zur Wirksamkeit der Lehrerbildung. In Blömeke/Reinhold/Tulodziecki/Wildt (Hg.): 59-91.

Blömeke, Sigrid (2007): Messung der professionellen Kompetenz zukünftiger Lehrpersonen. In: Kraler, Christian/Schratz, Michael (Hg.): Ausbildungsqualität und Kompetenz im Lehrerberuf. Wien: Lit: 191-208.

Blömeke, Sigrid/Reinhold, Peter/Tulodziecki, Gerhard/Wildt, Johannes (Hg.) (2004): Handbuch Lehrerbildung. Bad Heilbrunn: Klinkhardt.

Bromme, Rainer (1992): Der Lehrer als Experte. Bern: Huber.

Bromme, Rainer/Haag, Ludwig (2004): Forschung zur Lehrerpersönlichkeit. In: Helsper/Böhme (Hg.): 777-793.

Burow, Olaf-Axel/Pauli, Bettina (2004): Ganztagsbildung. Von der Unterrichtsanstalt zum Kreativen Feld. Literaturanalyse im Auftrag der Stadt Frankfurt – Schulamt. Kassel.

Caselmann, Christian (1949): Wesensformen des Lehrers. Versuch einer Typenlehre. Stuttgart: Klett.

Enzelberger, Sabina (2001): Sozialgeschichte des Lehrerberufs. Weinheim: Juventa.

Fend, Helmut (2006): Neue Theorie der Schule. Wiesbaden: VS Verlag für Sozialwissenschaften.

EU (2007): Verbesserung der Qualität der Lehrerbildung. In: ec.europa.eu/education/com392_de.pdf (Download am 09.12.2007).

Helmke, Andreas (2003): Unterrichtsqualität erfassen, bewerten, verbessern. Seelze: Kallmeyer.

Helsper, Werner/Böhme, Jeanette (Hg.) (2004): Handbuch der Schulforschung. Wiesbaden: VS Verlag für Sozialwissenschaften.

Hopmann, Stefan/Brinek, Gertrude/Retzl, Martin (Hg) (2007): PISA zufolge PISA. Hält PISA, was es verspricht? Wien: Lit.

Kolbe, Fritz-Ulrich/Combe, Arno (2004): Lehrerbildung. In: Helsper/Böhme (Hg.): 853-877.

Kraler, Christian (2008): Kompetenzorientierte Lehrerbildung und ihre Wirkung. Überlegungen zur Nachhaltigkeit in Forschung und Praxis. In: Kraler, Christian/Schratz, Michael (Hg.): Wissen erwerben, Kompetenzen entwickeln. Modelle zur kompetenzorientierten Lehrerbildung. Münster: Waxmann: 151-180.

Kraler, Christian/Schratz, Michael (2006): Neue Lernkulturen: Von allwissenden Lehrmeistern zu starken Lernräumen. In: Chisholm, Lynne/Möller, Heidi/Schratz, Michael (Hg.): Bildung schafft Zukunft. Innsbruck: iup: 46-65.

Messner, Helmut/Reusser, Kurt (2000): Die berufliche Entwicklung von Lehrpersonen als lebenslanger Prozess. In: Beiträge zur Lehrerbildung (18. Jg.) H. 2/2000: 157-171.

Meyer, Hilbert (2004): Was ist guter Unterricht? Berlin: Cornelsen.

Oelkers, Jürgen (2003): Wie man Schule entwickelt. Eine bildungspolitische Analyse nach Pisa. Weinheim: Beltz.

Otto, Hans-Uwe/Coelen, Thomas (Hg.) (2004): Grundbegriffe der Ganztagsbildung. Beiträge zu einem neuen Bildungsverständnis in der Wissensgesellschaft. Wiesbaden: VS Verlag für Sozialwissenschaften.

Pulkkinnen, Lea/Pirttimaa, Raija (2005): Der „integrierte Schultag“ in Finnland. In: Otto/Coelen (Hg.): Ganztägige Bildungssysteme. Innovation durch Vergleich. Münster: Waxmann: 81-90.

Schaarschmidt, Uwe/Kieschke, Ulf (Hg.) (2007): Gerüstet für den Schulalltag. Weinheim: Beltz.

Spinath, Birgit/van Ophuysen, Stefanie/Heise, Elke (2005): Individuelle Voraussetzungen von Studierenden zu Studienbeginn: Sind Lehramtsstudierende so schlecht wie ihr Ruf? In: Psychologie in Erziehung und Unterricht (52. Jg.) H. 3/2005: 186-197.

Terhart, Ewald (1998): Lehrerberuf: Arbeitsplatz, Biographie, Profession. In: Altrichter, Herbert/Schley, Wilfried/Schratz, Michael (Hg.): Handbuch zur Schulentwicklung. Innsbruck: Studienverlag: 560-585.

Terhart, Ewald (2001): Lehrerberuf und Lehrerbildung. Forschungsbefunde, Problemanalysen, Reformkonzepte. Weinheim: Beltz.

Terhart, Ewald (2002): Nach PISA. Hamburg: Europäische Verlagsanstalt.

Zymek, Bernd (2004): Geschichte des Schulwesens und des Lehrerberufs. In: Helsper/Böhme (Hg.): 205-240.

# Diplom-Pädagogen und Sozialpädagogen

*Werner Thole / Jens Pothmann*

Qualität und Quantität erworbener Bildung in einem lebenslangen Lernprozess kann ebenso wenig wie das Professionalisierungsniveau von pädagogischen Akteur(inn)en ausschließlich nach den erworbenen Zertifikaten bewertet werden (vgl. u. a. Combe/Helsper 1996; Thole/Cloos 2000; Dohmen 2001; Overwien 2005; Klieme/Leutner 2006). Diese schlichte, aber im Kern komplexe und folgenreiche Feststellung kommuniziert den allgemeinen Rahmen der nachfolgenden Ausführungen.

Der Beitrag basiert auf der Annahme, dass sich der Erwerb von Kompetenzen nicht auf das Feld formaler Bildungsinstitutionen reduziert, sondern auch in non-formalen und informellen Bildungspraxen realisiert (vgl. BMFSFJ 2005). Die Familien, Vereine und Verbände, *Non-Profit*-Organisationen, die Medienlandschaft und die Netzwerke von Freundschaften und Gleichaltrigengruppen, die Praxen in den Kindertageseinrichtungen und in den Projekten der Hilfen zur Erziehung, in den soziokulturellen Zentren, Musik- und Kunstschulen, Jugendverbänden, die sozialpädagogischen Handlungsfelder der Jugendsozialarbeit sowie der Kinder- und Jugendarbeit mit ihren kulturellen, sportbezogenen, ökologischen und politischen Bildungsangeboten sind sicherlich nicht zuletzt als gesellschaftlich relevante Felder des Erwerbs von Bildung zu identifizieren. Wenn also heute von Ganztagsbildung gesprochen wird, sind die Möglichkeiten des Erwerbs von Bildung in den genannten und weiteren gesellschaftlichen Handlungsfeldern adressatenspezifisch mit zu reflektieren. Dies gilt in besonderer Weise auch für den hier gesetzten Fokus auf das pädagogische Personal. Resümiert wird im Folgenden der tatsächliche, aber angesichts der vorliegenden empirischen Befunde auch der mögliche Beitrag pädagogischer Fachkräfte im Allgemeinen sowie des akademisch qualifizierten Personals – und zwar vor allem Diplom-Pädagog(inn)en und Sozialpädagog(inn)en – im Besonderen zur Organisation und Gestaltung von Bildungserwerbspraxen in den formalen und non-formalen Institutionen, also den Orten, wo pädagogische Akteure Prozesse des Kompetenzerwerbs unterstützen.

Die Aufarbeitung der Forschungsdesiderate sieht sich mit der Tatsache konfrontiert, dass ausgewiesene Daten in Bezug auf die jeweils von beruflich Engagierten angeregten Bildungsleistungen in den einzelnen Handlungsfeldern nicht systematisch und damit zwischen einzelnen Handlungsfeldern vergleichbar vorliegen. Keineswegs durchgängig können die vorliegenden Befunde mit den jeweils anzutreffenden pädagogischen Praxen, dem Stand der Professionalisierung und bezogen auf Diplom-Pädagog(inn)en und Sozialpädagog(inn)en konkretisiert werden.

Das Resümee zu einem tatsächlichen und möglichen Beitrag pädagogischer Professionalität zum Gelingen des „Projekts Ganztagsbildung" wird unter Beachtung der offen gelegten Schwierigkeiten nachfolgend in einem ersten Schritt der Feldaufschließung die quantitativen Dimensionen der Professionalisierung des Personals im Kontext der existierenden Angebote der Ganztagsbildung referieren. Hinter den vorgestellten Befunden verbirgt sich ein indikatorengestütztes Professionalisierungskonzept. Der jeweils real anzutreffende Professionalisierungsgrad kann über diese, sich auf die formalen beruflichen Zertifikate konzentrierende Perspektive nur sehr oberflächlich und formal erfasst werden. Faktisch orientiert sich diese heuristische Beobachtung an berufsständischen, kategorien- und indikatorengestützten Professionalisierungskonzeptionen (vgl. u. a. Combe/Helsper 1996; Daheim 1992; Lundgreen 1999). In einem zweiten thematischen Zugriff wird diese Perspektive mit Blick auf einige empirische Befunde zu dem Professionalisierungsniveau in ausgewählten, nicht-schulischen Handlungsfeldern problematisiert. Die referierten Befunde provozieren eine Diskussion darüber, welche erwerbsmäßig vollzogenen gesellschaftlichen Praxen als professionelle und welche als nur „reine berufstätige" Praxen anzusehen sind (vgl. u. a. Schütze 1994; Oevermann 1996).

## 1 Pädagogisches Personal an Schulen jenseits des Unterrichts – Fachkräfte in außerschulischen Handlungsfeldern

Den nachfolgenden Betrachtungen liegt zunächst ein sehr enger Blick auf die Ganztagsbildung an Schulen zugrunde. Referiert werden erstens Teilergebnisse der „Studie zur Entwicklung von Ganztagsschulen" (StEG). In einem zweiten Schritt wird der Blick geweitet auf die vorliegenden Daten zum Personal im Kontext von *Settings* der Ganztagsbildung jenseits von Schule. Diesem ebenfalls sekundäranalytischen Zugriff liegen Daten der amtlichen Kinder- und Jugendhilfestatistik zugrunde. Die Datengrundlage dokumentiert u. a. die personale Situation der auf die Altersphasen Kindheit, Jugend und Adoleszenz bezogenen, nicht-schulischen Handlungsfelder.

### *1.1 Pädagogen mit primär außerunterrichtlichen Tätigkeitsprofilen an Ganztagsschulen*

Die hier beschriebenen Befunde beziehen sich auf die ersten Ergebnisse der StEG (vgl. Holtappels u. a. 2007). Im Kontext der Studie wurden 2005 repräsentativ Schulleitungen, Kooperationspartner von Schulen, Schüler(innen), Eltern, aber auch Lehrer(innen) und außerunterrichtliche, pädagogische Fachkräfte aus 14 Bundesländern befragt (Quellenberg u. a. 2007: 52). Die Gruppe des außerunterrichtlich engagierten, pädagogisch tätigen Personals an Ganztagsschulen weist sowohl Mitarbeiter(innen), die über einen akademischen Hochschulabschluss verfügen, als auch Mitarbeiter(innen), die über einen solchen nicht verfügen, aus. 39 % der Beschäftigten können auf einen Hochschulabschluss verweisen, 49 % können dies hingegen nicht. Knapp 9 % der Mitarbeiter(innen) verfügen über keine abgeschlossene Ausbildung oder sind Praktikant(inn)en (vgl. Tabelle 1).

Werden die 49 % der Beschäftigten ohne eine akademische Ausbildung nochmals differenzierter betrachtet, so stellen darunter die Erzieher(innen) die größte berufliche Gruppe dar. Anzunehmen ist, dass diese vornehmlich im Grundschulsektor engagiert sind. Diese Vermutung korrespondiert mit Befunden der wissenschaftlichen Begleitung der Offenen Ganztagsschulen in Nordrhein-Westfalen. In diesem Bundesland sind an 85 % der untersuchten Ganztagsschulen Erzieher(innen) beschäftigt. An 38 % der Schulen sind Diplom-Sozialpädagog(inn)en engagiert (vgl. Beher u. a. 2007) – der Anteil der Ganztagsschulen, die einschlägig pädagogisch qualifizierte Personen mit einem akademischen Abschluss be-

*Tabelle 1: Qualifikation der außerunterrichtlichen pädagogischen Fachkräfte an Ganztagsschulen (n = 1 750)*

| Berufsgruppe | Anteil in % | Berufsgruppe | Anteil in % |
|---|---|---|---|
| Erzieher(in) | 22,9 | Musikpädagoge(in) | 3,1 |
| Sozialpädagoge(in) Sozialarbeiter(in) (FH) | 10,4 | Sonstige Ausbildung | 22,8 |
| Künstlerische Ausbildung | 7,2 | Sonstiger Hochschulabschluss | 12,8 |
| Pädagoge(in) (Diplom, M.A.) Psychologe(in) (Diplom) | 6,3 | Keine abgeschlossene Ausbildung/Praktikantenstatus | 8,8 |
| Sportpädagoge(in) | 3,1 | / | / |

Quelle: Holtappels u. a. (2007: 83)

schäftigen, wird hingegen nicht gesondert notiert. Der über StEG ausgewiesene hohe Anteil von 22,8 % an der Mitarbeiterschaft, die in der Rubrik „sonstige Ausbildung" notiert sind, weist auf das breite Spektrum und die Unterschiedlichkeit der Personalstruktur für die Ganztagsschulen hin (vgl. Tabelle 1). Sozialpädagog(inn)en und Sozialarbeiter(inn)en, Personen mit künstlerischer Ausbildung, Pädagog(inn)en mit einem erziehungswissenschaftlichen Hauptfachstudiumsabschluss und Diplom-Psycholog(inn)en, Sportpädagog(inn)en, Musikpädagog(inn)en, Sonderpädagog(inn)en und Personen mit anderweitigen Hochschulabschlüssen bilden die Gruppe derjenigen, die im weitesten Sinne als fachlich einschlägig, akademisch Qualifizierte an Ganztagsschulen beschäftigt sind.

Eine Differenzierung der Angaben zu den außerunterrichtlichen pädagogischen Fachkräften zeigt sich im Rahmen der StEG-Ergebnisse hinsichtlich der Verteilung zwischen Beschäftigten mit und ohne Hochschulabschluss, der Verteilung auf die unterschiedlichen Schulstufen sowie der Organisationsformen von Ganztagsschulen. Hierüber werden deutliche Unterschiede sichtbar. Der Anteil der Akademiker(innen) ist an Ganztagsschulen der Sekundarstufe I höher als an Grundschulen sowie an Vollgebundenen Ganztagsschulen höher als an Offenen und Teilgebundenen Ganztagsschulen. Zudem ist hervorhebenswert, dass ein nicht unbeträchtlicher Teil derjenigen, die sich primär außerunterrichtlich an Ganztagsschulen engagieren, ehrenamtlich tätig sind – die Zahlen liegen zwischen knapp 8 % an den Grundschulen und 17 % an den Teilgebundenen Ganztagsschulen (vgl. Höhmann u. a. 2007: 84).

## *1.2 Personal im nicht direkt schulbezogenen, primär non-formalen Bildungs- und Sozialsystem*

Der erste Blick konzentrierte sich auf die Personalsituation im direkten Umfeld von Ganztagsschulen. Ein zweiter Fokus wird im Folgenden auf das personale Berufstableau des nicht primär unterrichtsbezogenen Personals im Bildungs- und Sozialsystem der Bundesrepublik Deutschland gesetzt (vgl. Schilling 2003). Die hierfür herangezogenen Daten der amtlichen Kinder- und Jugendhilfestatistik rekurrieren auf den Erhebungsstichtag zum 31.12.2002. Für diesen Zeitpunkt werden 573.802 Personen in den Arbeitsfeldern der Kinder- und Jugendhilfe, also insbesondere in Kindertageseinrichtungen, in den Handlungsfeldern der Hilfen zur Erziehung, der Kinder- und Jugendarbeit, der Jugendsozialarbeit, der Arbeit mit behinderten jungen Menschen, aber auch allgemein der Beratung und Förderung junger Menschen und deren Familien, ausgewiesen. Auf der Grundlage der ausgewiesenen Arbeitsbereiche, also der überwiegend ausgeübten Tätigkeiten, können für die Kinder- und Jugendhilfe insbesondere drei Beschäftigungsfelder unterschieden werden:

- die Bildungs-, Betreuungs-, Erziehungsarbeit mit jungen Menschen und deren Familien: 2002 waren hier 467.548 Frauen und Männer tätig (82 %)
- die Planung, Qualifizierung und vor allem Leitung der Strukturen und Leistungen der Kinder- und Jugendhilfe: 2002 waren 32.609 auf entsprechenden Stellen (6 %)
- die Verwaltung und der hauswirtschaftlich-technische Bereich: auf dieses Segment entfielen 2002 73.645 tätige Personen (13 %).

Auf der Grundlage der Personaldaten der amtlichen Kinder- und Jugendhilfestatistik werden dem Beschäftigungsfeld Bildung, Betreuung und Erziehung in der Kinder- und Jugendhilfe die sechs Arbeits- und Handlungsfelder „Kindertageseinrichtungen", „Hilfen zur Erziehung", „Kinder- und Jugendarbeit", „Jugendsozialarbeit", „Betreuung behinderter junger Menschen" und die „Förderung und Beratung in Erziehungsfragen" zugeordnet. Aufgrund der Datenlage ist es jedoch nicht möglich, diese Arbeits- und Handlungsfelder entlang der Trias von Bildung, Betreuung und Erziehung weiter zu differenzieren. Folgt man dem Zwölften Kinder- und Jugendbericht, so ist vielmehr gerade das Zusammenspiel von Bildung, Betreuung und Erziehung konstitutiv für die Arbeits- und Handlungsfelder der Kinder- und Jugendhilfe (vgl. BMFSFJ 2005).

Gleichwohl ist je nach Arbeits- oder Handlungsfeld von einer unterschiedlichen Gewichtung im Rahmen des Zusammenspiels von Bildung, Betreuung und Erziehung auszugehen. Unabhängig von dieser Einschränkung der Datenauswertung ist der Anteil der Akademiker(innen) in den genannten Beschäftigungsfeldern keineswegs einheitlich. Am – vielleicht sogar erwartungsgemäß – niedrigsten ist der Anteil im Bereich Hauswirtschaft und Verwaltung (3,6 %), für den Bereich Planung, Qualifizierung und Leitung liegt dieser Wert hingegen bei 37,2 %. Für die Bildungs-, Betreuungs- und Erziehungsarbeit ergibt sich hierüber ein Akademiker(innen)anteil von 14,7 %.

Der nicht ganz 468 000 Fachkräfte umfassende Kern der Kinder- und Jugendhilfe, also das Beschäftigungsfeld Bildung, Betreuung und Erziehung, setzt sich aus den Arbeits- und Handlungsfeldern Kindertagesbetreuung, Hilfen zur Erziehung, Kinder- und Jugendarbeit, der Arbeit mit behinderten jungen Menschen, der Jugendsozialarbeit sowie der weiteren Sozialen Dienste zusammen. Werden die Daten für die Kinder- und Jugendhilfe spezifiziert, dann zeigt sich ein relativ unterschiedliches Bild bezüglich der Präsenz von Akademiker(inne)n in den einzelnen Handlungsfeldern (vgl. Tabelle 2). Auffällig sind schon bei einem flüchtigen Blick die Differenzen zwischen den einzelnen Handlungsfeldern und die hohe Spannweite zwischen „Kindertageseinrichtungen", die einen Akademiker(innen)anteil von nicht einmal 3 % ausweisen – bei den Gruppenleiter(inne)n allerdings immerhin von 16 % – und dem Feld der Förderung und Beratung in Erziehungsfragen mit einem Akademiker(innen)anteil von knapp 84 %.

Betrachten wir die Befunde weiter und differenzieren die Gruppe der Akademiker(innen) in eine Teilgruppe, die über einen fachlich einschlägigen Hochschulabschluss verfügen (pädagogischer, nicht-schulbezogener oder sozialpädagogischer Hochschulabschluss) und denjenigen, die einen solchen nicht vorweisen können, dann verdichtet sich das Bild weiter. In der Kinder- und Jugendhilfe weisen im Beschäftigungsfeld Bildung, Betreuung und Erziehung von allen Akademiker(inne)n knapp 82 % einen fachlich einschlägigen

*Tabelle 2:* *Verteilung der Beschäftigten im Rahmen von Bildung, Betreuung und Erziehung in ausgewählten Arbeits- und Handlungsfelder der Kinder- und Jugendhilfe unter besonderer Berücksichtigung der Akademiker(innen) in Deutschland 2002*[1]

| | Angaben absolut | | | | Angaben in % bezogen auf die Zahl der Beschäftigten insgesamt | | |
|---|---|---|---|---|---|---|---|
| | Insgesamt | Akademiker (innen) insgesamt | Akademiker (innen) mit einschlägigem Abschluss[2] | Sonstige Akademiker (innen) | Akademiker (innen) insgesamt | Akademiker (innen) mit einschlägigem Abschluss[2] | Sonstige Akademiker (innen) |
| Kindertageseinrichtungen insgesamt | 326 840 | 8 455 | 6 755 | 1 700 | 2,6 | 2,1 | 0,5 |
| Hilfen zur Erziehung[3] | 63 479 | 26 473 | 21 300 | 5 173 | 41,7 | 33,6 | 8,1 |
| Kinder- und Jugendarbeit | 39 137 | 16 474 | 13 009 | 3 465 | 42,1 | 33,2 | 8,9 |
| Betreuung behinderter junger Menschen | 14 270 | 1 934 | 1 400 | 534 | 13,6 | 9,8 | 3,7 |
| Förderung und Beratung in Erziehungsfragen | 10 222 | 8 548 | 7 706 | 842 | 83,6 | 75,4 | 8,2 |
| Jugendsozialarbeit | 5 957 | 2 951 | 2 347 | 604 | 49,5 | 39,4 | 10,1 |

1 Ohne Leitungspersonal sowie tätige Personen in der Verwaltung oder im hauswirtschaftlich-technischen Bereich. Neuere Daten liegen lediglich für die Kindertagesbetreuung vor (vgl. DJI 2008).

2 Zusammengefasst sind in dieser Kategorie die Diplom-Sozialpädagogen(innen) und Diplom-Sozialarbeiter(innen) sowie die Diplom-Pädagogen(innen) und Diplom-Heilpädagogen(innen).

3 Einschließlich der Angaben für das Personal im Handlungsfeld der Inobhutnahme.

*Quelle:* Statistisches Bundesamt: Statistiken der Kinder- und Jugendhilfe – Einrichtungen und tätige Personen am 31.12.2002; zusammengestellt und berechnet von der Arbeitsstelle Kinder- und Jugendhilfestatistik.

Hochschulabschluss nach. Für die einzelnen Arbeits- und Handlungsfelder schwankt dieser Wert bundesweit zwischen gut 72 % für die Betreuung behinderter junger Menschen und über 90 % für die Sozialen Dienste.

Statistisch ausgewiesen ist weiterhin, dass beratungsbezogene Angebotsfelder, wie beispielsweise die Erziehungsberatung und die Jugendberatung mit jeweils einem Akademiker(innen)anteil von über 80 %, ambulante Angebots- und Interventionsfelder, wie beispielsweise die Erziehungsbeistandschaften oder die – im Kern unterstützungsorientierte – Sozialpädagogische Familienhilfe mit einer entsprechenden Quote von über 69 %, und auch eindeutig und primär bildungsorientierte Arbeitsbereiche, wie z. B. die außerschulische Jugendbildung mit einem Anteil von weit über 60 % sowie die schulbezogene Soziale Arbeit mit einem Anteil von über 90 % akademisch Qualifizierten, einen gegenüber anderen, tendenziell eher hilfeorientierten Handlungsfeldern deutlich höheren Anteil an akademisch qualifizierten Beschäftigen vorweisen.

*Tabelle 3: Qualifikationskennzahlen für Beschäftigte im Rahmen von Bildung, Betreuung und Erziehung in ausgewählten Arbeitsfeldern der Kinder- und Jugendhilfe in Deutschland am 31.12.2002*[1]

| | **Insgesamt (N)** | **Verberuflichung (in %)** | **Akademisierung (in %)** | **Verfachlichung (in %)** | **Professionalisierung (in %)** |
|---|---|---|---|---|---|
| Kindertageseinrichtungen insgesamt | 326 840 | 91,7 | 2,6 | 88,3 | 2,1 |
| Hilfen zur Erziehung[2] | 63 479 | 92,8 | 42,0 | 78,2 | 33,6 |
| Kinder- und Jugendarbeit | 39 137 | 85,5 | 42,7 | 53,2 | 33,2 |
| Betreuung behinderter junger Menschen | 14 270 | 82,7 | 13,8 | 62,5 | 9,8 |
| Förderung und Beratung in Erziehungsfragen | 10 222 | 97,7 | 84,8 | 82,3 | 75,4 |
| Jugendsozialarbeit | 5 957 | 93,5 | 49,9 | 58,8 | 39,4 |

1 Ohne Leitungspersonal sowie Personen in der Verwaltung oder im hauswirtschaftlich-technischen Bereich

2 Einschließlich der Angaben für das Personal im Handlungsfeld der Inobhutnahme

*Quelle:* Statistisches Bundesamt: Statistiken der Kinder- und Jugendhilfe – Einrichtungen und tätige Personen am 31.12.2002; zusammengestellt und berechnet von der Arbeitsstelle Kinder- und Jugendhilfestatistik

Eine weitere Ausfächerung der Daten ist hinsichtlich der Kategorien der Verberuflichung, Verfachlichung, Akademisierung und der Professionalisierung möglich. Verberuflichung benennt dabei den Prozess von der „ehrenamtlichen Mütterlichkeit" hin zum pädagogischen Berufsfeld, Verfachlichung den Anteil des Personals mit einer mehr oder weniger einschlägigen pädagogischen Qualifikation und Akademisierung den Anteil des Personals mit einer akademischen Qualifikation. Im Kontrast zur Akademisierung misst die Kategorie Professionalisierung nur die Personen mit einem einschlägigen akademischen Abschluss, umfasst also nur diejenigen, die auf ein einschlägiges pädagogisches oder sozialpädagogisches Studium verweisen können (vgl. u. a. Rauschenbach u. a. 1996; Beher/Gragert 2004: 102-104).

Entlang dieser Kategorien ist festzuhalten, dass der Grad der Verberuflichung in den hier näher beleuchteten sechs Arbeitsfeldern der Kinder- und Jugendhilfe zwischen knapp 83 % und knapp 98 % schwankt. Weitaus gravierender stellen sich die Unterschiede bei der Akademisierungsrate dar. Die Statistik weist für die Arbeitsfelder Werte von 2,6 % für die Kindertageseinrichtungen bis zu über 84 % für den Bereich der Beratung in Erziehungsfragen aus. Beginnend mit den 1980er-Jahren können über die Verwendung dieser aus der Einrichtungs- und Personalstatistik gebildeten Indikatoren für einen Zeitraum von mittlerweile 30 Jahren Hinweise auf das Qualifikationsniveau in den Feldern der Kinder- und Jugendhilfe herausgelesen werden. Obgleich – wie bereits eingangs konstatiert – die formale Qualifikation sicherlich alleine kein Indiz dafür ist, ob jemand für ein bestimmtes Arbeitsfeld der Kinder- und Jugendhilfe hinreichend qualifiziert und geeignet ist, können diese Eckwerte oder auch Kennzahlen als ein kontinuierlich messender Seismograph hinsichtlich des formalen Ausbildungs- und Qualifizierungsniveaus in der Kinder- und Jugendhilfe betrachtet werden (vgl. Pothmann 2004: 175-176).

Ein äußerst disparates Bild dokumentieren die Daten in Bezug auf die einzelnen Arbeitsbereiche auch in den beiden anderen Kategorien. So beträgt der Anteil der fachlich einschlägig Qualifizierten in den Projekten der Kinder- und Jugendarbeit lediglich gut 53 %, in den Kindertageseinrichtungen, trotz des ausgewiesenen geringen Akademisierungsgrades, jedoch immerhin gut 88 %. Abgesehen vom Grad der Professionalisierung im Feld der Förderung und Beratung in Erziehungsfragen, in diesem Handlungsfeld können immerhin gut 75 % der Beschäftigten auf ein einschlägiges Hochschulstudium zurück blicken, ist der Anteil derjenigen, die im Hinblick auf ihr berufliches Engagement auf ein hierfür auch qualifizierendes Studium verweisen können, unbefriedigend.

Unabhängig von der Diskussion, ob ein fachlich ausgewiesenes Studium auch generell das in den Handlungsfeldern jeweils benötigte Wissen und Können vermittelt, kommunizieren die Daten den schlichten Befund, dass in den einzelnen Arbeits- und Handlungsfeldern der Kinder- und Jugendhilfe zwischen gut 97 % und knapp 25 % der Beschäftigten auf kein fachlich einschlägig ausgewiesenes Studium verweisen können (vgl. Tabelle 3). Auch wenn über diesen Befund keineswegs das Feld der betreuenden, erzieherischen und bildungsorientierten Kinder- und Jugendhilfe als nicht oder nur gering „professionalisiert" zu klassifizieren ist, wird doch mitgeteilt, dass der Anteil der Beschäftigten in diesem gesellschaftlichen Feld noch nicht in einem ausreichenden Maße über ein Studium verfügt, das auch für eine Beschäftigung in sämtlichen dieser Felder fachlich einschlägig in der Form qualifiziert, dass Potenziale non-formaler Bildungs-*Settings* mehr als bisher gestaltet und von jungen Menschen und deren Familien genutzt werden können.

## 2 Personale Professionalität in nicht-unterrichtsbezogenen, pädagogischen Handlungsfeldern und Szenarien

Unbeantwortet und weitgehend undiskutiert blieb bislang die entscheidende Frage, in welcher Form und mit welchem inhaltlichen Profil sich die Professionalität des nicht unterrichtsbezogenen, pädagogischen Personals in den Handlungsfeldern der Ganztagsbildung dokumentiert. Die diesbezüglich vorliegenden Befunde sind relativ bescheiden und keineswegs als ausreichend zu beurteilen, zumal sie sich nur marginal auf die hier interessierende Fragestellung und keineswegs ausschließlich auf die Berufgruppen der Diplom-Pädagog(inn)en und Diplom-Sozialpädagog(inn)en beziehungsweise Diplom-Sozialarbeiter(innen) beziehen.

Im Zentrum der Professionalisierungsdiskurse steht das Problem des Transfers von wissenschaftlichem in praxisbezogenes Wissen. In der Literatur wird zum einem vermutet, es sei durch einfache und steuerbare, didaktische Modulationen zu bewältigen (vgl. Thole/Cloos 2000). Zum anderen wird ein mehr oder weniger ausbalanciertes Wechselverhältnis der gegenseitigen Bereicherung von Wissenschafts- und Praxiswissen konzipiert. Wiederum andere Professionalisierungsmodelle gehen davon aus, Wissenschaftswissen sowie handlungsbezogenes Praxiswissen seien zwei strukturell unterschiedliche Wissensformen. Hierbei wird vorausgesetzt, dass „Praxis nicht als ein verdorrtes Feld aufzufassen ist, das von der Wissenschaft zu bewässern wäre" (Dewe u. a. 1992: 74). Zusätzlich wird in diesem Kontext hervorgehoben, dass der Transformationsvorgang der Anwender(innen) von Wissen seitens der Wissenschaft nicht zu steuern und zu kontrollieren ist. Der Umgang mit den wissenschaftlichen Angeboten folge dabei den „jeweils spezifischen, situativ-pragmatischen Regeln" (ebd.: 77) der Handlungspraxis. Dieser Bestimmung zufolge stellt professionelles Wissen eine Form dar, die sich „als ein eigenständiger Bereich zwischen praktischem Handlungswissen, mit dem es den permanenten Entscheidungsdruck teilt, und dem systematischen Wissenschaftswissen, mit dem es einem gesteigerten Begründungsdruck unterliegt" (ebd.: 81; vgl. auch Beck/Bonß 1989). Insbesondere die Ergebnisse der sozialwissenschaftlichen Verwendungsforschung untermauern diese Perspektive und erinnern daran, dass Transfer- und Transformationsprozesse von Wissensbeständen in die Praxis keineswegs durchgängig gelingen (vgl. Heiner 2007).

Undeutlich ist bis heute, wie die hier eingeklagte Professionalisierung realisiert werden kann, ob die sukzessive Realisierung der Akademisierung von pädagogischen Berufstätigen und die sich darüber gesteuerten Professionalisierungsanregungen sowie die Qualifizierung der erziehungswissenschaftlichen Forschungslandschaft in der Tat eine Qualifizierung pädagogischer Handlungsfelder befördern, die Überführung von Theorie in Praxis respektive Wissen in Können, pädagogisches Handeln und Tun stützen und sich die damit verbundenen Transformationsprozesse und Übergänge reibungsloser gestalten sowie das Dilemma von Theorie und Praxis zu „harmonisieren" vermögen. Aber selbst diese erste, sicherlich noch holzschnittartige theoretische Lokalisierung von Professionalität wartet auf eine umfängliche empirische Fundierung, auch wenn sie sich auf einige, empirisch gewonnene Befunde durchaus beziehen kann (vgl. Ludewigt/Otto-Schindler 1992; Klatetzki 1993; Heinemeier 1994; Nagel 1997; Ackermann/Seeck 1999; Cloos 2007).

Eine spezifizierte und konkrete Fokussierung der Befunde auf die genuin bildungsorientiert Engagierten ist aufgrund der Datenlage jedoch nicht möglich. Ausgehend von der Annahme, dass sich diese Gruppe der pädagogisch Handelnden nicht wesentlich von der unterscheidet, die möglicherweise weniger deutlich, aber zumindest nicht zuvorderst oder ausschließlich einen Bildungsauftrag zu erfüllen haben, ist festzuhalten, dass trotz erheblicher Kontraste und Diskrepanzen die erwähnten Studien verdeutlichen, mit welchem Wissen und Können die in sozialpädagogischen Handlungsfeldern Tätigen ihren beruflichen Alltag abstützen. Folgen wir den vorliegenden Ergebnissen, dann kann Fachlichkeit und Professionalität zumindest aus biographischer Perspektive als eine Figur begriffen werden, die sich nicht erst während der Ausbildung und dem Studium konstituiert und in der anschließenden beruflichen Tätigkeit dann vollends ausbuchstabiert. Vielmehr signalisieren die vorliegenden Studien, dass „die in der Kindheit und Jugend gesammelten Erfahrungen einen vorberuflichen Ressourcen-Pool bereitstellen, auf den bei der Ausgestaltung des beruflichen Alltags zurückgegriffen werden kann" (Thole/Küster-Schapfl 1997: 42).

Berufliche Professionalität – auch dies deuten die unterschiedlichen Befunde an – stellt keine im Feld der Sozialen Arbeit genuin und kontingent eingelagerte Kategorie dar: eine Erkenntnis, die den Befund stützt, dass die Soziale Arbeit eine „bescheidende Profession" darstellt, die „sich in einem Zirkel von fehlender professioneller Identität, missglückten Inszenierungen und begrenzter Autonomie verfangen hat" (Nadai u. a. 2005: 189). Die fachlichen Wissens- und sozialen Erfahrungsressourcen – der berufliche Habitus – finden sich vorrangig über lebensweltliche, biographisch angehäufte und alltagspraktische Kompetenzen abgestützt (vgl. Ackermann/Seeck 1999: 205; Müller 2007). Nach den vorliegenden Studien ist „davon auszugehen, dass die Praxis ein eigenes, mit dem in der akademischen Fachhochschul- und Universitätsausbildung gelehrtes Wissen nicht vollends, häufig nicht einmal ansatzweise kompatibles Erfahrungs- und Wissensnetz herausbildet" (Thole/Küster-Schapfl 1997: 218; vgl. auch Thole/Cloos 2000; Cloos 2007). Für die Professionellen – mit jeweils unterschiedlicher Ausprägung in den verschiedenen Arbeitsfeldern Sozialer Arbeit – scheint die Nutzung von z. B. psychologisch-therapeutischen Methoden und Techniken, der Verweis auf rechtliche und verwaltungstechnische Rahmenbedingungen oder die über Fortbildungen geschulten Kompetenzen in Gesprächsführung die Möglichkeit bereitzuhalten, das Dilemma des geringen professionellen Rückgriffs auf Wissensressourcen erziehungs- und sozialwissenschaftlicher Provenienz zumindest in der Weise zu lösen, als dass das eigene Handeln an Figur gewinnt (vgl. Klatetzki 1993). Fassen wir die vorliegenden Befunde zusammen (vgl. Thoe/Cloos 2000), dann reproduzieren und habitualisieren die Professionellen ihren beruflichen Alltag wahlweise über

- ein Netzwerk ethischer Normierungen, also über weltanschauliche Deutungsmuster und Interpretationen wie dem der „sozialen Gerechtigkeit", christliche oder karitative Orientierungen der „allgemeinen Nächstenliebe"
- nicht genuin fachliche psychologische, soziologische und juristische Wissenskontexte, also über disziplinäre Bezüge, die anderen Wissenschaften entnommen sind
- technizistische Methodisierungen der Praxis bis hin zu therapeutischen Methodendesigns, im Kern häufig Mithilfe einer über Zusatzausbildungen ausbuchstabierte Psychologisierung und Therapeutisierung der Praxis Sozialer Arbeit
- betriebswirtschaftliche, kundenorientierte Produktdefinitionen, also durch die Implementierung eines Kontraktes, der die potenzielle Reziprozität sozialer Hilfe durch die Rationalität ökonomischer Gesetzmäßigkeiten ersetzt
- mehr oder weniger sozialpädagogisch abgesicherte, fachlich begründete Handlungen
- alltagspragmatische, intuitive Handlungsroutinen und nur marginal fachsemantisch unterlegte Deutungsmuster oder über eine fallorientierte, erfahrungsbasierte Praxis.

Diplom-Pädagog(inn)en und Sozialpädagog(inn)en – aber auch die anderen pädagogischen Mitarbeiter(innen) in den Handlungsfeldern der Sozialen Arbeit und in den nichtunterrichtsbezogenen, pädagogischen Handlungskontexten des Bildungs- und Sozialsystems stehen so in ihrer beruflichen Praxis vor der Bewältigung eines sich kontinuierlich reaktivierenden Problems. Im Gegensatz zu anderen klassischen Professionen können sie das „Praktisch-Werden" ihrer berufsorientierten Kompetenzen über nur schwach normierte oder ritualisierte Schablonen abstützen, weil keine berufsspezifische Professionalisierungstypik vorliegt, die erstens die beruflichen Integrationsprozesse steuert, zweitens in der beruflichen Praxis eine strukturell verankerte, habituelle Sicherheit bereitstellt und darüber hinaus drittens wissenschaftliches Wissen berufsorientiert kodifiziert. Ihnen liegen weder anerkannte, kollektive, generalisierte disziplinäre Wissensressourcen noch ethisch-normative Zeichen- und Bewertungssysteme und keine Netzwerke von vorstrukturierten Handlungsfolien und institutionell gebundenen Regeln abrufbar vor, die ihre beruflichen Handlungen und subjektiven Habitualisierungen steuern und berufstypisch kanalisieren.

Jüngere, ethnographische Studien (Cloos 2007; Cloos u. a. 2007) stellen die referierten Ergebnisse zwar nicht grundsätzlich in Frage, versuchen aber ein etwas differenzierteres Bild beruflich-habitueller Orientierungen in der Sozialen Arbeit nachzuzeichnen. Hier zeigt sich, dass die akademisch qualifizierten Professionellen im Kontrast zu denjenigen, die ohne erziehungswissenschaftliches oder ein genuin sozialpädagogisches Studium in der Praxis Sozialer Arbeit agieren, weitaus mehr wissen und können, als sie in Interviews vorgeben. Das unterschiedliche Aufgabenspektrum geht einher mit einer größeren Eigenständigkeit bei der Ausformung eines eigenen beruflich-habituellen Profils im Gegensatz zu beruflich-habituellen Profilen, bei denen Nachmachen und Abgucken eine bedeutende Rolle spielen. Gestützt werden diese Befunde durch die Tatsache, dass ein höherer sozialpädagogischer Ausbildungsabschluss verbunden ist mit einer ausgeprägteren Reflexionsverpflichtung, komplexeren Deutungen des beruflichen Alltags, einem höhersymbolischen Sprachstil und einer höheren Komplexität der Wissensdomänen, die sich durch eine größere Nähe zu fachlichen und wissenschaftlichen Diskursen artikuliert.

Der Forschungsbedarf hinsichtlich einer noch zu leistenden Kartografisierung sozialpädagogischer Professionalität sowie der spezifischen Modulation des Verhältnisses von Wissen, Können und Tun pädagogischer Berufstätigkeiten und insbesondere bezüglich der professionellen Praxen in außerschulischen Handlungsfeldern ist evident (für die Schule: Baumert/Kunter 2006). Mit Blick auf das Projekt der weiteren Professionalisierung der nicht ausschließlich unterrichtsbezogenen Pädagogik mit Kindern und Jugendlichen sind empirische Aufklärungen wünschenswert (vgl. Breidenstein/Prengel 2005; Coelen 2007) und insbesondere Forschungen notwendig:

- zu dem allgemein pädagogischen, aber auch zu dem methodischen, themen- und sachbezogenen Wissen, Können und Tun
- zu den Umgangsformen mit bildungstheoretischen Rahmungen der beruflichen Praxis
- zu den vorgehaltenen subjektiven Theorien, Deutungs- und Handlungsmustern
- zu den Inszenierungsformen pädagogischer Alltage und Übergänge
- zu den Formen und Praktiken der Herstellung von pädagogischen Arbeitsbeziehungen
- zu den verwendeten Praxen des Beobachtens, des Verstehen, Diagnostizierens und Wahrnehmens
- zu den Selbstdeutungs- sowie zu den internen und externen Präsentationspraxen
- zu den Kompetenzen, organisatorische und institutionelle *Settings* zu gestalten
- zu den Praxen der Dokumentation und Evaluation
- zu Praxen der Formulierung, Reflexion und Bewertung von Zielen im Rahmen von Bildungs- und Hilfeprozessen.

## *Literatur*

Ackermann, Friedhelm/Seeck, Dietmar (1999): Der steinige Weg zur Fachlichkeit. Hildesheim: Olms.

Baumert, Jürgen/Kunter, Mareike (2006): Stichwort: Professionelle Kompetenz von Lehrkräften. In: ZfE (9. Jg.) H. 4/2006: 469-520.

Beck, Ulrich/Bonß, Wolfgang (Hg.) (1989): Weder Sozialtechnologie noch Aufklärung. Frankfurt a. M.: Suhrkamp.

Beher, Karin/Gragert, Nicole (2004): Aufgabenprofile und Qualifikationsanforderungen in den Arbeitsfeldern der Kinder- und Jugendhilfe. Dortmund: Eigenverlag DJI.

Beher, Karin/Haenisch, Hans/Hermens, Claudia/Nordt, Gabriele/Prein, Gerald/Schulz, Uwe (2007): Die offene Ganztagsschule in der Entwicklung. Empirische Befunde zum Primarbereich in Nordrhein-Westfalen. Weinheim: Juventa.

Breidenstein, Georg/Prengel, Annedore (Hg.) (2005): Schulforschung und Kindheitsforschung – ein Gegensatz? Wiesbaden: VS Verlag für Sozialwissenschaften.

BMFSFJ (2005) – Bundesministerium für Familie, Senioren, Frauen und Jugend: Zwölfter Kinder- und Jugendbericht. Berlin.

Cloos, Peter (2007): Die Inszenierung von Gemeinsamkeit. Eine vergleichende Studie zu Biografie, Organisationskultur und beruflichem Habitus von Teams in der Kinder- und Jugendhilfe. Weinheim: Juventa.

Cloos, Peter/Köngeter, Stefan/Müller, Wolfgang/Thole, Werner (2007): Die Pädagogik der Kinder- und Jugendarbeit. Wiesbaden: VS Verlag für Sozialwissenschaften.

Coelen, Thomas (2007): Dimensionen der empirischen Ganztagsforschung aus sozialpädagogischer Sicht. In: Bettmer/Maykus/Prüß/Richter (Hg.): Ganztagsschule als Forschungsfeld. Theoretische Klärungen, Forschungsdesigns und Konsequenzen für die Praxisentwicklung. Wiesbaden: VS Verlag für Sozialwissenschaften: 43-72.

Combe, Arno/Helsper, Werner (1996): Einleitung: Pädagogische Professionalität. Historische Hypotheken und aktuelle Entwicklungstendenzen. In: Dies. (Hg.): Pädagogische Professionalität. Untersuchungen zum Typus pädagogischen Handelns. Frankfurt a. M.: Suhrkamp: 9-48.

Daheim, Hansjürgen (1992): Zum Stand der Professionssoziologie. In: Dewe/Ferchhoff/Radtke (Hg.): 21-34.

Dewe, Bernd/Ferchhoff, Wilfried/Radtke, Frank O. (Hg.) (1992): Erziehen als Profession. Opladen: Leske + Budrich.

DJI (2008) – Deutsches Jugendinstitut: Zahlenspiegel 2007 – Kindertagesbetreuung im Spiegel der Statistik. München: DJI-Verlag.

Dohmen, Günther (2001): Das informelle Lernen. Die internationale Erschließung einer bisher vernachlässigten Grundform menschlichen Lernens für das lebenslange Lernen aller. Bonn: BMBF.

Heinemeier, Siegfried (1994): Sozialarbeit: Notnagel oder Sinnquelle? Zwischenergebnisse einer biographischen Studie zur Bedeutung von Studium und Berufsperspektive. In: Schatteburg, Uta (Hg.): Aushandeln, Entscheiden, Gestalten. Soziale Arbeit, die Wissenschaft. Ev. Fachhochschule Hannover: Eigenverlag: 173-216.

Heiner, Maja (2007): Soziale Arbeit als Beruf. München: Reinhardt.

Höhmann, Katrin/Bergmann, Katrin/Gebauer, Miriam (2007): Das Personal. In: Holtappels/Klieme/Rauschenbach/Stecher (Hg.): 77-85.

Holtappels, Heinz Günter/Klieme, Eckhard/Rauschenbach, Thomas/Stecher, Ludwig (Hg.) (2007): Ganztagsschule in Deutschland. Ergebnisse der Ausgangserhebung der Studie zur Entwicklung von Ganztagsschulen (StEG). Weinheim: Juventa.

Klieme, Eckhard/Leutner, Detlev (2006): Kompetenzmodelle zur Erfassung individueller Lernergebnisse und zur Bilanzierung von Bildungsergebnissen. Beschreibung eines neu einrichteten Schwerpunktprogramms der DFG. In: ZfPäd (52. Jg.) H. 6/2006: 876-903.

Klatetzki, Thomas (1993): Wissen, was man tut. Professionalität als organisationsstrukturelles System. Eine ethnographische Interpretation. Bielefeld: Votum.

Ludewigt, Irmgard/Otto-Schindler, Martina (1992): „... und irgendwann wühlt man sich wieder ans Tageslicht". Ansprüche und Formen sozialpädagogischen Handelns von Heimerzieherinnen und Heimerziehern. Niedersächsische Beiträge zur Sozialpädagogik und Sozialarbeit. Bd. 8. Frankfurt a. M.: Lang.

Lundgreen, Peter (1999): Berufskonstruktion und Professionalisierung in historischer Perspektive. In: Apel, Hans Jürgen/Horn, Klaus-Peter/Lundgreen, Peter/Sandfuchs, Uwe (Hg.): Professionalisierung pädagogischer Berufe im historischen Prozess. Bad Heilbrunn: Klinkhardt: 19-34.

Müller, Jürgen (2007): Deutungsmuster und beruflicher Habitus im Erziehungsheim. In: neue praxis (37. Jg.) H. 4/2007: 357-388.

Nadai, Eva/Sommerfeld, Peter/Bühlmann, Felix/Krattiger, Barbara (2005): Fürsorgliche Verstrickung. Wiesbaden: VS Verlag für Sozialwissenschaften.

Nagel, Ulrike (1997): Engagierte Rollendistanz. Opladen: Leske + Budrich.

Oevermann, Ulrich (1996): Theoretische Skizze einer revidierten Theorie professionalisierten Handelns. In: Combe/Helsper (Hg.): 70-181.

Overwien, Bernd (2005): Stichwort: Informelles Lernen. In: ZfE (8. Jg.) H. 3/2005: 339-355.

Pothmann, Jens (2004): Kennzahlen in der Kinder- und Jugendhilfe. Zur Bedeutung und Verwendung eines Messinstrumentes für Soziale Dienste. Dortmund. In: eldorado.uni-dortmund.de/handle/2003/2910 (Download am 30.11.2007).

Quellenberg, Holger/Carstens, Ralph/Stecher, Ludwig: Hintergrund, Design und Stichprobe. In: Holtappels u. a. (Hg.): 51-68.

Rauschenbach, Thomas/Beher, Karin/Knauer, Detlef (1996): Die Erzieherin. Ausbildung und Arbeitsmarkt. Weinheim: Juventa.

Schilling, Matthias (2003): Die amtliche Kinder- und Jugendhilfestatistik. Dissertation am Fachbereich 12 der Universität Dortmund. In: deposit.ddb.de/cgi-bin/dokserv?idn=966542657 (Download am 30.11.2007).

Schütze, Fritz (1994): Ethnographische und sozialwissenschaftliche Methoden der Feldforschung. Eine mögliche Orientierung in der Ausbildung und Praxis der Sozialen Arbeit. In: Groddeck, Norbert/Schumann, Michael (Hg.): Modernisierung Sozialer Arbeit durch Methodenentwicklung und -reflexion. Freiburg i. Br.: Lambertus: 189-297.

Thole, Werner/Cloos, Peter (2000): Nimbus und Habitus. Überlegungen zum sozialpädagogischen Professionalisierungsprojekt. In: Homfeldt, Hans Günther/Schulze-Krüdener, Jörgen (Hg.): Wissen und Nichtwissen. Weinheim: Juventa: 277-297.

Thole, Werner/Küster-Schapfl, Ernst-Uwe (1997): Sozialpädagogische Profis. Beruflicher Habitus, Wissen und Können von PädagogInnen in der außerschulischen Kinder- und Jugendarbeit. Opladen: Leske + Budrich.

# Ehrenamtliche und Honorarkräfte

*Wibke Riekmann*

Ehrenamtliche unterscheiden sich zunächst einmal dadurch von den bisher vorgestellten Personalgruppen, dass sie nicht aufgrund ihrer Ausbildung in pädagogischen Arbeitsfeldern tätig sind oder weil sie dort ihren Lebensunterhalt verdienen müssen, sondern auf einer freiwilligen Grundlage. Bei den Honorarkräften ist dies nicht so eindeutig, verdienen sie doch zumindest einen Teil ihres Lebensunterhaltes durch diese Tätigkeit.

Da das Ehrenamt in den letzten Jahren vermehrt diskutiert wurde, ist die Literaturlage breit gefächert – aber auch zunehmend unübersichtlich –, während sie zum Themenbereich Honorarkräfte wenig hergibt. Honorarkräfte und Ehrenamtliche haben in Bezug auf die beteiligten Institutionen in der Ganztagsbildung aber eine grundsätzliche Gemeinsamkeit: Sie sind z. Zt. fast ausschließlich in der Jugendhilfe tätig; an der Schule sind sie eher die Ausnahme. Deshalb wird im Folgenden auch der Jugendhilfebereich fokussiert und hier spezieller die Jugendarbeit. Die Jugendarbeit[1] – vor allem die Jugendverbandsarbeit – ist konzeptionell auf Ehrenamtlichkeit aufgebaut, weswegen sie in Bezug auf die Zusammenarbeit mit Schule genauer betrachtet werden muss.

Zunächst wird definiert, welche Personengruppen unter Ehrenamtlichen und Honorarkräften zu fassen sind. Anschließend steht die Forschungslage über Ehrenamtliche im Zentrum, und abschließend die Frage aufgeworfen, ob Ehrenamtlichkeit und Ganztagsbildung eigentlich zusammengedacht werden können sowie welche Rolle die Honorarkräfte in diesem Zusammenhang spielen.

## 1 Definitionen

Ein Ehrenamt ist ein Amt, für das man gewählt oder ernannt wird und das regelmäßig und dauerhaft im Rahmen einer auf Mitgliedschaft basierenden Organisation ausgeübt wird. Es wird im Allgemeinen nicht vergütet, es kann aber eine Aufwandsentschädigung gezahlt werden.

Honorarkräfte, die auch als nebenamtliche Mitarbeiter(innen) bezeichnet werden, sind mit weniger als der Hälfte der tarifrechtlich geregelten wöchentlichen Arbeitszeit gegen Entgelt tätig (vgl. Thole/Pothmann 2005: 19). Sie sind weder gewählt noch ernannt und müssen auch nicht Mitglied in der Organisation sein, in der sie arbeiten. Da die Gefahr besteht, die Definition von Honorarkräften zu weit zu fassen und unzulässigerweise alle Teilzeitbeschäftigten als Honorarkräfte zu bezeichnen, kann man sich an dem Zeitaufwand orientieren, der als Höchstzeit für eine Nebentätigkeit angesehen wird: Dieser sollte bei Erwachsenen deutlich unter einem Drittel der üblichen Arbeitszeit einer Vollzeitkraft

1 Korrekterweise muss immer von Kinder- und Jugendarbeit gesprochen werden. So ist die Verwendung des Wortes Jugendarbeit in diesem Text auch gemeint.

liegen, das bedeutet, monatlich die Marke von etwa 50 Stunden nicht überschreiten. Gleiches kann für die Ehrenamtlichen angenommen werden, weil es sonst schnell zu Überlastung und Unersetzbarkeit der Person kommt (vgl. Richter 2002). Als Honorarkräfte gelten also alle Personen, die mit bis zu ca. 10 bis 12 Stunden die Woche in Institutionen der Ganztagsbildung beschäftigt, stundenweise bezahlt und nicht tarifrechtlich angestellt sind. Für die Kinder- und Jugendarbeit werden von Thole/Pothmann ca. 15 % (2005: 22) der Beschäftigten in Nebentätigkeit angegeben.

# 2 Ehrenamtlichkeit in der Diskussion

Es mag verwundern, dass sich die Herausgeber des vorliegenden Handbuchs für den Begriff des Ehrenamtes entschieden haben, böte sich ihnen doch inzwischen eine sehr viel größere Auswahl an: Freiwilliges Engagement, Freiwilligenarbeit, bürgerschaftliches Engagement, gesellschaftliche Aktivität oder Bürgerarbeit. Alle diese Begriffe sollen ein Phänomen, aber häufig eben nicht das Gleiche beschreiben, nämlich das Engagement von Menschen unterschiedlichen Alters ohne Zwang oder Vertrag, das außerhalb ihrer hauptsächlichen Tätigkeit in Schule, Ausbildung, Studium, Beruf oder Hausarbeit liegt.

Der Ehrenamtsbegriff hat demgegenüber in den letzten Jahren einen deutlichen Abstieg erfahren müssen. Nachdem die Forschung eine „Krise des Ehrenamtes" konstatierte, die von den Befürchtungen über einen „Werteverfall" in einer zunehmend individualisierten Gesellschaft begleitet wurde, und hinzu Klagen aus Vereinen und Verbänden um Nachwuchsprobleme kamen sowie Berichte von der Politikverdrossenheit der Jugend die Runde machten (vgl. Gensicke 2005: 41), war die Prognose des „Bowling alone" in einer individualisierten Gesellschaft (Putnam 2000) folgerichtig und führte zu vermehrten Forschungstätigkeiten in diesem Bereich. Dabei deutete sich schon früh ein Perspektivenwechsel an, der den Blick von den traditionellen Institutionen, wie Vereinen und Verbänden, auf beispielsweise Selbsthilfegruppen und Initiativen ausweitete. Dieser Perspektivenwechsel führte sowohl zur Einsetzung der Enquete-Kommission „Zukunft des Bürgerschaftlichen Engagements" wie auch zur Konzeption des Freiwilligensurveys.[2] Unter dem Oberbegriff des „freiwilligen Engagements" waren nun sowohl Aktivitäten im sozialen und politischen Bereich gemeint – in Ämtern und Funktionen – als auch Tätigkeiten in Selbsthilfegruppen, selbstorganisierten Initiativen und Projekten. Im Zuge dieser Schwerpunktverschiebung wandelten sich nicht nur die Begriffe, sondern auch die empirischen Ergebnisse und die Einschätzung von Art und Umfang des untersuchten Engagements. Eine kurze Zusammenfassung dieser Ergebnisse wird hier vorgestellt, da daraus deutlich wird, warum es immer uneindeutiger wird, über das Ehrenamt zu reden.

2 Der Freiwilligensurvey wurde im Auftrag des Bundesministeriums für Familie, Senioren, Frauen und Jugend durchgeführt und liegt mittlerweile als Auswertung der zweiten Erhebungswelle vor. Grundlage der Untersuchung sind repräsentative telefonische Befragungen, die als Grundgesamtheit die Wohnbevölkerung Deutschlands ab 14 Jahren umfassen.

# 3 Umfänge des freiwilligen Engagements/Ehrenamtes in der Bevölkerung

Begründet durch den unterschiedlichen Zugriff von Studien auf das Thema freiwilliges Engagement/Ehrenamt sind bis heute nur wenige gesicherte Daten über das Engagement in der Bevölkerung verfügbar. Zu jeder Studie müsste die Fragestellung angeführt werden, um eine entsprechende Interpretation der Daten gewährleisten zu können. Es ist also nicht verwunderlich, dass Beher, Liebig und Rauschenbach in ihrer 1998 erschienenen sekundäranalytischen Studie Bandbreiten für das ehrenamtliche Engagement zwischen 16 % und 41 % in Westdeutschland und 9 % und 37 % in Ostdeutschland gefunden haben (ähnlich auch Rosenbladt 1999). Gerade das Engagement von Jugendlichen wird als ein Gradmesser für die zukünftige Integration der nachwachsenden Generationen gesehen, da immer wieder die Befürchtung besteht, dass „die heutigen Jugendlichen" die geltenden Stabilisierungsmechanismen der bestehenden Gesellschaft nicht mehr mittragen wollen. Picot drückt dies im Freiwilligensurvey 2004 folgendermaßen aus:

> „Der Frage nach dem freiwilligen Engagement Jugendlicher, ebenso Bestandteil wie Ausdruck ihrer gesellschaftlichen Sozialisation, gilt im Diskurs um die Funktionsfähigkeit der Zivilgesellschaft besondere Aufmerksamkeit. Tatsächlich wäre geringe oder schwindende Beteiligung Heranwachsender an gemeinschaftlichen Aufgaben ein bedenkliches Signal für die Zivilgesellschaft, für die bürgerschaftliches Engagement konstitutiv ist. (...) Der Jugend wächst als kommendem Leistungsträger der Gesellschaft also besondere Bedeutung zu. Selten war die Gesellschaft so angewiesen auf die Tatkraft und Motivation der Jüngeren, und selten ruhten die Erwartungen auf so wenigen Schultern. Gleichzeitig sieht sich die heranwachsende Generation auf dem Arbeitsmarkt mit Lehrstellenmangel und Jugendarbeitslosigkeit konfrontiert. In diesem Kontext gesehen wird die oft artikulierte Sorge, ob die Jugend bereit sei, ihren Part in der Gesellschaft zu spielen und auch gemeinnützige Aufgaben zu übernehmen, sicherlich noch verständlicher, der dahinter stehende Anspruch allerdings auch problematischer" (Picot 2005: 202-203).

Nachdem in den 1990er Jahren, gemäß (der Verbreitung) der These einer zunehmenden Individualisierung in der Gesellschaft, den Jugendlichen aufgrund eines statistischen Fehlers in der Shell-Studie eine sehr geringe Bereitschaft unterstellt worden war, ein Ehrenamt zu übernehmen (vgl. Richter 1998: 137-138), wurde dieser Fehler in der Shell-Jugendstudie 2000 korrigiert. Die Folgestudien liefern dann eine ganz andere Einschätzung des jugendlichen Engagements. Unter dem Begriff „gesellschaftliche Aktivität" werden in der Shell-Studie 2002 auch beispielsweise individuelle Tätigkeiten in der Familie und im Freundeskreis einbezogen (vgl. Gensicke 2002: 194). Mit dieser weiten Definition von Engagement kommt der Autor zu dem Ergebnis, dass „76 % der Jugendlichen (...) in dieser Weise wenigstens gelegentlich gesellschaftlich aktiv" sind (ebd.: 195). Und auch beide Erhebungswellen des Freiwilligensurveys 1999 und 2004 tragen eine sehr positive Konnotation des Engagements von Jugendlichen in sich, „die Gruppe der Jugendlichen zwischen 14 und 24 Jahren (ist) eine der öffentlich aktivsten Gruppen der Bevölkerung" (Gensicke 2005: 18). Nicht zuletzt im Bericht der Enquete-Kommission ist auf einmal von sehr engagierten Jugendlichen zu lesen:

> „Die vorliegenden empirischen Ergebnisse bestätigen die populäre These von allgemeinen gesellschaftlichen Auflösungserscheinungen und der Jugend als Gruppe von ‚Ego-Triplern' nicht. Jugendliche sind in erheblichem Umfang, in vielfältigen Feldern und mit beachtli-

> cher Intensität am bürgerschaftlichen Engagement beteiligt" (Enquete-Kommission 2002: 207).

Wie gezeigt wurde, ist es nicht so, dass Jugendliche sich in dieser kurzen Zeit vom „Egotripler" zum „sozialen Allrounder" gewandelt haben. Es haben sich weniger die Einstellungen und Verhaltensweisen der Jugendlichen verändert, wohl aber die Begriffe und Nachfragetechniken in den Studien.

Insgesamt kann also festgehalten werden, dass sich die empirische Forschung über das Ehrenamt in den letzten Jahren stark gewandelt und dabei an Präzision verloren hat. In der gesamten Diskussion fehlt es an einer klaren Unterscheidung von Ehrenamt und freiwilligem Engagement, was vor allem darin begründet ist, dass „die Diskussion im Allgemeinen völlig losgelöst davon geführt wird, in welchem institutionellen Rahmen sie zu verorten ist" (Richter 2002: 13). Das bedeutet, ein Engagement kann auch „alleine" oder als „persönliche Aktivität" (Schneekloth 2006: 126) abgeleistet werden, wie die folgende Tabelle dies noch einmal deutlich macht. Als Beispiele für Vereine werden hier Sport- und Musikvereine angeführt und durch die anderen Kategorien suggeriert, dass diese Institutionen keine Vereine seien. Jedoch haben die weitaus meisten Jugendorganisationen, die Jugendorganisationen von Rettungsdienst und Feuerwehr sowie Umwelt oder Menschenrechtsorganisationen, Projekte oder Initiativen die Institutionalisierungsform „Verein".

*Tabelle 1: Wie bzw. wo man (oft oder gelegentlich) gesellschaftlich aktiv ist; Jugendliche im Alter von 12 bis 25 Jahren (in %)*

| | 2002 | 2006 |
|---|---|---|
| Verein (z. B. Sport- oder Musikverein) | 40 | 40 |
| Schule/Hochschule | * | 23 |
| Kirchengemeinde, -gruppe | 15 | 15 |
| Selbstorganisiertes Projekt | 11 | 13 |
| Jugendorganisation | 19 | 12 |
| Rettungsdienst, Feuerwehr | 7 | 7 |
| Greenpeace, Amnesty Int., Hilfsorganisation | 4 | 4 |
| Gewerkschaft | 2 | 2 |
| Partei | 2 | 2 |
| Bürgerinitiative | 3 | 3 |
| allein/persönliche Aktivität | 35 | 37 |

* Item wurde 2002 anders abgefragt.

*Quelle:* Schneekloth (2006: 126)

Eine Präzisierung der institutionellen Einbindung des Engagements ist dann notwendig, wenn es nicht nur um die Frage geht, ob Jugendliche sich in irgendeiner Weise in die Gesellschaft einbringen, sondern ob das Engagement zu einem demokratischen Zusammenhalt der Gesellschaft beiträgt. Dies geschieht leider häufig vorschnell –, denn dass nicht jedes Engagement auch Demokratie fördert, liegt auf der Hand. Ein Engagement kann auch ausgrenzende und antidemokratische Tendenzen in der Gesellschaft fördern. Ein demokratisches Ehrenamt hingegen muss auch unter ebensolchen Rahmenbedingungen stattfinden und den anfangs genannten Kriterien genügen. Für die Forschung ergibt sich die Aufgabe, den Zusammenhang zwischen Engagement und Demokratie theoretisch herauszuarbeiten und an der Praxis der Vereine kritisch zu überprüfen (vgl. Riekmann 2003).

Wenn im Folgenden sowohl freiwillige als auch ehrenamtliche Tätigkeiten gemeint sind, wird allgemein von Engagement gesprochen, obwohl gerade bei der Frage nach der

Motivation zu vermuten ist, dass Ehrenamtliche eine andere Motivationslage aufweisen als freiwillig tätige Personen. Diese Unterscheidung ist jedoch aufgrund der unklaren Forschungslage nicht zu treffen.

# 4 Motivationen Jugendlicher zum Engagement

Warum sind Jugendliche trotz des oben von Picot herausgestellten zunehmenden Leistungsdrucks immer noch bereit, ein Engagement auszuüben? Welche Motivationen sowie soziokulturellen und -demographischen Merkmale liegen diesem zu Grunde?

- *Bildung:* Formale Bildung ist das wichtigste strukturelle Element, wenn man vorhersagen will, ob sich Personen freiwillig engagieren. Nur 22 % aller befragten Jugendlichen mit niedrigem Bildungsstatus sind gegenüber 43 % der Jugendlichen mit hohem Abschluss engagiert. Umgekehrt sind nur 18 % der Jugendlichen mit hohem Bildungsstatus in keinerlei gemeinschaftliche Aktivität involviert, aber mehr als ein Drittel aller Jugendlichen mit niedrigem Status (vgl. Picot 2005: 225).
- *Alter:* Im Freiwilligensurvey 2004 wird festgestellt, dass das Alter über alle Bevölkerungsgruppen seine Vorhersagekraft für ein Engagement verloren hat; dies läge am gestiegenen Engagement der älteren Bevölkerung (Gensicke 2005: 89). Innerhalb der Gruppe der Jugendlichen aber sind es zunehmend die Jüngeren, die sich verstärkt engagieren (Picot 2005: 233).
- *Geschlecht:* Dem Engagement Jugendlicher geht in den meisten Fällen eine Mitgliedschaft in einer Organisation voraus. Noch immer sind weibliche Jugendliche seltener Mitglied in einem Verein als männliche Jugendliche. Die Shell-Studie 2000 stellt eine Mitgliedschaft von 48,5 % der männlichen und 34,7 % der weiblichen Jugend fest (vgl. Deutsche Shell 2000: 275). Beim Engagement variiert die Verteilung der Geschlechter je nach Bereich: Mädchen und junge Frauen holen in klassisch geprägten männlichen Bereichen auf, wie in Rettungsdiensten oder bei den Feuerwehren. Im Sport sind nach wie vor vermehrt männliche Jugendliche aktiv, und die Kirche weist erhöhte weibliche Beteiligung auf, ebenso der Bereich Kultur und Musik. Weiterhin bleibt auch die Tendenz bestehen, dass weibliche Jugendliche seltener in gewählten Ämtern und Vorstandspositionen tätig sind als männliche Jugendliche (vgl. Picot 2005: 241-242).

Warum sich jemand engagiert, ist aber nicht nur aus den soziokulturellen und -demographischen Merkmalen zu erklären, sondern hat auch individuelle Gründe. Früher wurden vor allem altruistisch-orientierte Motive als Motivation für die Übernahme eines Amtes angenommen. Dies drückte sich in Werten wie Aufopferungsbereitschaft, Selbstlosigkeit und Mitgefühl aus. Heute spielen für Jugendliche nach Meinung vieler Autor(inn)en persönliche Motive wie Selbstfindung, Suche nach Anerkennung, Bestätigung der Person und Spaß ebenfalls eine große Rolle, wenn es um die Bereitschaft zum Engagement geht. Ob diese Motive allerdings wirklich so neu sind oder ob ihnen nur früher nicht entsprechende Beachtung geschenkt wurde, bzw. ob andere Motive nicht im Vordergrund stehen „durften", kann hier nicht abschließend geklärt werden. Jedenfalls zeigen die neueren Forschungen eine „individuelle Motivationsmixtur" (Corsa 1998: 325).

In Bezug auf den Themenbereich Ehrenamtlichkeit und Ganztagsbildung ist nun die Frage zu stellen, ob es Jugendlichen weiterhin möglich ist, in einer veränderten schulischen Zeitstruktur ihr Engagement auszuüben und damit sowohl ihre Interessen zu befriedigen als auch etwas zur politischen und sozialen Gestaltung der Gesellschaft beizutragen; oder ob es nicht vielmehr zu einem folgenreichen Rückgang des Ehrenamts kommen wird.

## 5 Ehrenamt – Demokratie – Ganztagsbildung

Was passiert mit dem jugendlichen Engagement, wenn es zu einer Zusammenarbeit zwischen Schule und Jugendarbeit kommt? Nach dem Verständnis der Herausgeber des vorliegenden Handbuchs fasst „Ganztagsbildung" die Bildung von Kindern und Jugendlichen unter verschiedensten institutionellen Kontexten zusammen. Vor diesem Horizont ist auch m. E. eine Erhaltung der Institution Jugendarbeit und ihrer Strukturbedingungen unentbehrlich, wenn es – präziser gefasst – um demokratische Bildung gehen soll. Denn wenn wir von Demokratie sprechen, ist es z. Zt. die Jugendarbeit bzw. die – erziehungswissenschaftlich vernachlässigte – Institution Verein (vgl. Richter 2001: 205-220), die durch freiwillige Mitgliedschaft und Ehrenamt einem demokratischen Bildungsanspruch sowohl kognitiv wie interaktiv gerecht zu werden vermag.

*Tabelle 2: Erwartungen an die freiwillige Tätigkeit; Freiwillig Engagierte ab 14 Jahren in Bezug auf die erste Tätigkeit*

| | 14-24 Jahre | | 25 Jahre und älter | |
|---|---|---|---|---|
| | 1999 | 2004 | 1999 | 2004 |
| Dass die Tätigkeit Spaß macht | 4,6 | 4,5 | 4,4 | 4,3 |
| Dass man mit sympathischen Menschen zusammenkommt | 4,3 | 4,2 | 4,2 | 4,0 |
| Dass man die eigenen Kenntnisse und Erfahrungen erweitern kann | 4,0 | 4,0 | 3,9 | 3,8 |
| Dass man anderen Menschen helfen kann | 4,0 | 4,0 | 4,2 | 4,1 |
| Dass man etwas für das Gemeinwohl tun kann | 3,9 | 3,9 | 4,1 | 4,1 |
| Dass man eigene Verantwortung und Entscheidungsmöglichkeiten hat | 3,7 | 3,8 | 3,5 | 3,4 |
| Dass man für die Tätigkeit auch Anerkennung findet | 3,5 | 3,4 | 3,3 | 3,2 |
| Dass man damit berechtigte eigene Interessen vertreten kann | 3,1 | 3,2 | 2,7 | 2,7 |
| Dass man damit auch eigene Probleme in die Hand nehmen und lösen kann | 2,8 | 2,8 | 2,6 | 2,6 |
| Dass die Tätigkeit auch für die beruflichen Möglichkeiten etwas nützt | 2,7 | 2,9 | 2,1 | 2,1 |

Durchschnittswerte einer 5er-Skala von 1 (unwichtig) bis 5 (sehr wichtig)
*Quelle:* Picot (2005: 245)

Da als mögliche Kooperationspartner auch gerade Vereine und Verbände in Frage kommen, ist ihre Sorge berechtigt, dass sie weniger Jugendliche für ein ehrenamtliches Engagement gewinnen könnten, wenn diese auch nachmittags in der Schule sind. „Keine Zeit" ist nämlich bereits jetzt die am häufigsten angegebene Begründung, warum kein Engagement aufgenommen wird. Dabei geht es nicht unbedingt um die objektiv messbare Zeit, die für ein Engagement zur Verfügung steht, sondern vielmehr um die subjektiv wahrgenommene Zeit, die wiederum objektiv durch den Ganztagsbetrieb beschnitten wird. Zu prüfen wäre also, ob Jugendliche ihre Erwartungen an freiwillige und ehrenamtliche Tätigkeiten auch in und neben einer Ganztagsschule verwirklichen können. Wie oben aus Tabelle 2 ersichtlich, engagieren sich Jugendliche vor allem deshalb, weil sie die Partizipationsmöglichkeiten schätzen und hier neue und vielfältige Erfahrungsbereiche aufbauen können. Dies bestätigen auch die empirischen Jugendverbandsstudien der letzten Jahre (vgl. Fauser u. a. 2006 sowie Richter u. a. 2006). Unter der Perspektive von Ganztagsbildung würde dies bedeuten, dass die Institutionen Schule und Jugendarbeit kooperieren und nicht nur einzelne Honorarkräfte für den Nachmittagsbetrieb an die Schule geholt werden. Eine Form der Kooperationen, die diesem Gedanken Rechnung trägt ist das Modell einer „kommunale(n) Jugendbildung in arbeitsteiliger Trägerschaft" (Coelen 2002: 280). In einem gemeinsam zu gründenden Trägerverein könnten alle Beteiligten und Betroffenen der Ganztagsbildung Mitglied sein und so die Basis legen für eine Ehrenamtlichkeit auf der Grundlage gegenseitiger Verpflichtung. Dann könnte sich auch zeigen, ob unter den Bedingungen von Ganztagsbildung vermehrt auch z. B. sozial benachteiligte Jugendliche Interesse an einem Engagement zeigen.

Wie steht es in dieser Hinsicht um die derzeitige Praxis an den Ganztagsschulen? Die Ergebnisse von Holtappels u. a. zeigen, dass Ehrenamtliche[3] bei derzeit stattfindenden Kooperationen vor allem von freien Anbietern eingesetzt werden, die zu einem größten Teil aus Sportvereinen stammen: Etwa ein Drittel der Beschäftigten der Freien Träger sind ehrenamtlich im Ganztagsbetrieb tätig (vgl. Arnoldt 2007: 99). Insgesamt arbeiteten 14 % der pädagogisch tätigen Personen – ohne Lehrkräfte – ehrenamtlich an der Schule. In Grundschulen ist die Zahl der Ehrenamtlichen wesentlich geringer als an Sek. I-Schulen (vgl. Höhmann u. a. 2007: 83-84).

Die Frage, die sich aufgrund der vorherigen Ausführungen aufdrängt, ist, ob jenseits der Angebote, die die Ehrenamtlichen anbieten, die Vereine und Verbände, aus denen sie kommen, gestärkt werden oder ob die Ehrenamtlichen ihr Engagement an den Schulen als eine Dienstleistung wahrnehmen, die mit ihrem Verein wenig gemein hat. An dieser Stelle wäre noch Forschungsbedarf, denn wie sich die Ganztagsschule auf die Vereinslandschaft insgesamt auswirkt, dazu gibt die StEG-Studie nur sehr vage Auskunft. Sie rekurriert allein auf den erreichten Anteil von Kindern und Jugendlichen und stellt fest, dass in dieser Hinsicht die beteiligten Vereine von der Beteiligung als Kooperationspartner profitieren. Gleichzeitig wird erwähnt, dass „zugleich etwa 20-25 % der Ganztagsschüler(innen), die vorher an Angeboten außerhalb der Schule teilgenommen haben, im Zuge des Ganztagsbesuchs von diesen abgemeldet wurden" (Holtappels u. a. 2007: 370). So sei also zu vermuten „dass im Gegenzug andere, nicht in den Ganztagsbetrieb einbezogene Anbieter leichte Rückgänge in den Teilnahmezahlen zu verzeichnen haben. Insoweit wären die am Ganztagsangebot beteiligten Vereine die Gewinner dieser Entwicklung" (ebd.). Die genauere Auswertung der Befragung wurde leider nur auf die Mitgliedschaft bezogen – ehrenamtliches Engagement wurde nicht abgefragt. Die hier als „Gewinner" bezeichneten Vereine sind vor allem die großen Sportvereine, die genügend Ressourcen haben, um eine solche Kooperation zu gewährleisten. Und genau an dieser Stelle kommen die Honorarkräfte ins Spiel.

3 In dieser Studie wird die Bezeichnung Ehrenamt im Sinne von „unentgeltlich" verwendet.

# 6 Honorarkräfte

Das neben den Lehrkräften an den Ganztagsschulen beschäftigte pädagogische Personal besteht zu 48 % (Sek. I-Schulen) bzw. 35 % (Grundschulen) aus stundenweise Beschäftigten (vgl. Höhmann u. a. 2007: 81). Die stundenweise Beschäftigten können hier im Sinne der oben genannten Definition als Honorarkräfte bezeichnet werden. Zu einem großen Teil kommen die Honorarkräfte von den freien Anbietern – also den Jugendverbänden –, vor allem den Sportvereinen. Die Auswertung der Qualifikationsstruktur zeigt, dass der größte Anteil des pädagogisch tätigen Personal neben den Lehrkräften der Schule über keinen akademischen Abschluss verfügt (in Grundschulen stärker ausgeprägt als an Sek. I-Schulen). Als Fazit hält die Studie fest, dass aufgrund des unterschiedlichen Ausbildungsstandes und den verschiedenen Arbeitsbedingungen „Schwierigkeiten bei der Kooperation zwischen den Professionen auftreten" (ebd.: 85).

Wenn im Ganztagsbetrieb von Vereinen vor allem Honorarkräfte eingesetzt werden, die sonst evtl. als Ehrenamtliche in den Vereinen tätig waren, fördert dies die seit Mitte der 1990er Jahre fortschreitende Dienstleistungsorientierung der Vereine, die unter Demokratieaspekten kritisch betrachtet werden muss, denn es besteht die Gefahr einer vermehrten Verberuflichung der Vereine, wodurch es zu einer Verdrängung der wertorientierten Ehrenamtlichkeit von Mitgliedern für Mitglieder kommen könnte. Der Einsatz von Honorarkräften im Ganztag ist eine solche reine Dienstleistung. Die Vereine müssen sich die Frage stellen, wie dieser Arbeitsbereich in den Vereinsalltag einbezogen wird und vor allem kommunikativ an die Mitglieder rückgebunden werden kann.

# 7 Fazit

Um Ehrenamtlichkeit als konstituierendes Element der Demokratie zu erhalten und auszuweiten, bedarf es Institutionen, die zumindest strukturell das Potenzial zu demokratischer Bildung in sich tragen. Eine solche Institution ist der Verein, der die vielfach nicht beachtete Basis der Jugendarbeit bildet. Vereine stehen nicht nur vor der Herausforderung, die Ganztagsbildung mitzugestalten, sondern gleichzeitig ihre demokratische Struktur zu bewahren und sich nicht zunehmend zu Dienstleistern zu wandeln. Um eine solche Entwicklung nicht durch den Ganztagsbetrieb zu fördern, bedarf es einer strukturellen Erhaltung der Institution Jugendarbeit – auch und gerade in den Kooperationen mit der Schule. Grundlage einer solchen Kooperation wäre aber auch auf Seite der Jugendarbeit ein demokratisches Selbstverständnis und eine bewusste Auseinandersetzung mit den eigenen Strukturen sowie eine empirische Sozialforschung, die nicht länger allgemein soziale Aktivitäten und freiwilliges Engagement mit dem demokratischen Ehrenamt „in einen Topf wirft". Auf dieser Grundlage könnten dann auch Honorarkräfte an der Ganztagsbildung beteiligt sein, die aber vor diesem Hintergrund immer nur eine ergänzende und nicht eine ersetzende Funktion von Ehrenamtlichen oder Hauptamtlichen einnehmen sollten.

## Literatur


Arnoldt, Bettina (2007): Öffnung von Ganztagsschule. In: Holtappels/Klieme/Rauschenbach/Stecher (Hg.): 86-105.

Beher, Karin/Liebig, Reinhard/Rauschenbach, Thomas (1998): Das Ehrenamt in empirischen Studien. Ein sekundäranalytischer Vergleich. Stuttgart: Kohlhammer.

Coelen, Thomas (2002): Kommunale Jugendbildung. Raumbezogene Identitätsbildung zwischen Schule und Jugendarbeit. Frankfurt a. M.: Lang.

Corsa, Mike (1998): Jugendliche, das Ehrenamt und die gesellschaftspolitische Dimension. In: Recht der Jugend und des Bildungswesens H. 3/1998: 322-334.

Deutsche Shell (Hg.) (2000): Jugend 2000. Opladen: Leske + Budrich.

Enquete-Kommission „Zukunft des Bürgerschaftlichen Engagements" Deutscher Bundestag (Hg.) (2002): Bericht. Bürgerschaftliches Engagement: Auf dem Weg in eine zukunftsfähige Bürgergesellschaft. Bd. 4. Opladen: Leske + Budrich.

Fauser, Katrin/Fischer, Arthur/Münchmeier, Richard (2006): Jugendliche als Akteure im Verband. Ergebnisse einer empirischen Untersuchung der Evangelischen Jugend. Opladen & Farmington Hills: Budrich.

Gensicke, Thomas (2002): Individualität und Sicherheit in neuer Synthese? Wertorientierungen und gesellschaftliche Aktivität. In: Deutsche Shell (Hg.): Jugend 2002. Zwischen pragmatischem Idealismus und robustem Materialismus. Frankfurt a. M.: Fischer.

Gensicke, Thomas (2005): Zivilgesellschaft, bürgerschaftliches Engagement und Freiwilligensurvey. In: Gensicke, Thomas/Picot, Sibylle/Geiss, Sabine (Hg.): Freiwilliges Engagement in Deutschland 1999-2004. Ergebnisse der repräsentativen Trenderhebung zu Ehrenamt, Freiwilligenarbeit und bürgerschaftlichem Engagement. Bundesministerium für Familie, Senioren, Frauen und Jugend. In: www.bmfsfj.de/Kategorien/Publikationen/Publikationen,did=73430.html (Download am 22.08.2006).

Höhmann, Katrin/Bergmann, Katrin/Gebauer, Miriam (2007): Das Personal. In: Holtappels/Klieme/Rauschenbach/Stecher (Hg.): 77-85.

Holtappels, Heinz Günter/Klieme, Eckhard/Rauschenbach, Thomas (Hg.) (2007): Ganztagsschule in Deutschland. Ergebnisse der Ausgangserhebung der Studie zur Entwicklung von Ganztagsschulen (StEG). Weinheim: Juventa.

Klieme, Eckhard/Holtappels, Heinz Günter/Rauschenbach, Thomas/Stecher, Ludwig (2007): Ganztagsschule in Deutschland. Bilanz und Perspektiven. In: Holtappels u. a. (Hg.): 354-381.

Picot, Sibylle (2005): Freiwilliges Engagement Jugendlicher im Zeitvergleich 1999-2004. In: Gensicke, Thomas/Picot, Sibylle/Geiss, Sabine: Freiwilliges Engagement in Deutschland 1999-2004. Ergebnisse der repräsentativen Trenderhebung zu Ehrenamt, Freiwilligenarbeit und bürgerschaftlichem Engagement. Bundesministerium für Familie, Senioren, Frauen und Jugend. In: www.bmfsfj.de/Kategorien/Publikationen/Publikationen,did=73430.html (Download am 22.08.2006).

Putnam, Robert D. (2000): Bowling alone. The Collapse and Revival of American Community. New York NY: Simon & Schuster.

Richter, Helmut (1998): Sozialpädagogik – Pädagogik des Sozialen. Grundlegungen – Institutionen – Perspektiven der Jugendbildung. Frankfurt a. M.: Lang.

Richter, Helmut (2001): Kommunalpädagogik. Studien zur interkulturellen Bildung. Frankfurt a. M.: Lang.

Richter, Helmut (2002): „Bowling alone" in der individualisierten Gesellschaft? Wir können gesellschaftliche Exklusionsprozesse verhindert werden? In: Solidarität im 21. Jahrhundert. Die Familie – Soziales Kapital einer menschenwürdigen Gesellschaft. Dokumentation einer Konferenz der Friedrich-Ebert-Stiftung. Bonn: 11-31.

Richter, Helmut/Jung, Michael/Riekmann, Wibke (2006): Jugendverbandsarbeit in der Großstadt. Perspektiven für Mitgliedschaft und Ehrenamt am Beispiel der Jugendfeuerwehr Hamburg. Kurzfassung. Hamburg.

Riekmann, Wibke (2003): Das demokratische Ehrenamt. Ausgangspunkt und Bildungsziel kommunaler Pädagogik. In: Peters, Lutz/Coelen, Thomas/Mohr, Elisabeth (Hg.): Kommune heute. Lokale Perspektiven der Pädagogik. Festschrift zum 60. Geburtstag von Helmut Richter. Frankfurt a. M.: Lang: 171-181.

Rosenbladt, Bernhard v. (1999): Zur Messung des ehrenamtlichen Engagements in Deutschland – Konfusion oder Konsensbildung? In: Kistler, Ernst/Noll, Heinz-Herbert/Priller, Eckhard (Hg.): Perspektiven gesellschaftlichen Zusammenhalts. Empirische Befunde, Praxiserfahrungen, Meßkonzepte. Berlin: edition sigma: 399-410.

Schneekloth, Ulrich (2006): Politik und Gesellschaft: Einstellungen, Engagement, Bewältigungsprobleme. In: Shell Deutschland Holding (Hg.): Jugend 2006. Eine pragmatische Generation unter Druck. Frankfurt a. M.: Fischer: 103-144.

Thole, Werner/Pothmann, Jens (2005): MitarbeiterInnen und pädagogisches Handeln. In: Deinet, Ulrich/Sturzenhecker, Benedikt (Hg.): Handbuch offene Kinder- und Jugendarbeit. Wiesbaden: VS Verlag für Sozialwissenschaften: 19-37.

# 4.2

# Multiprofessionelle Teams

# Kooperation unter Pädagogen

*Fritz-Ulrich Kolbe / Sabine Reh*

Der Diskurs über Schulreform stellt im letzten Jahrzehnt als entscheidende Voraussetzung für Reformen eine Steigerung der Professionalität von Lehrer(inne)n heraus (vgl. Bastian u. a. 2002; Reh 2004; Combe/Kolbe 2005). Eine Intensivierung ihrer Kooperation gilt dabei als wesentliches strategisches Moment: Selbst sonst sehr heterogene Positionen in Ratgeber- und Forschungsliteratur treffen sich in der Annahme, dass Kooperation, besonders in so genannten „Teams", Entlastung und Unterstützung für die Bewältigung der Arbeitsanforderungen biete; in Kooperationen stattfindende intensive Kommunikationsprozesse stellen ein wesentliches Medium des Erwerbes von mehr Selbstreflexionsfähigkeit und der Weiterqualifizierung dar (vgl. z. B. Rolff u. a. 1998; Schley 1998; Arnold u. a. 2000; Grunder 2002; Gehrmann 2003; Ostermeier 2004). Ausgeprägten Kommunikationsstrukturen und vor allem institutionalisierten Kooperationsformen in den Kollegien kommt deshalb nach der vorherrschenden Sichtweise eine zentrale Rolle für die Entwicklung der Schulen zu.

Nun müsste gerade bei den Entwicklung ganztägiger Angebote mit eigenem Bildungsanspruch die Kooperation – wenn sie das ihr gemeinhin zugeschriebene Potenzial hätte – von ganz besonderer Bedeutung sein, geht es doch dem Anspruch nach häufig um eine grundlegende Veränderung des gesamten Angebotes, zumindest aber um dessen konzeptionelle Ergänzung. Hinzu kommen als Herausforderung für die Schulorganisation die programmatische institutionelle Öffnung und die angestrebte bzw. notwendige Kooperation mit außerschulischen Partnern. Deshalb soll im Folgenden zuerst der aktuelle Diskussionsstand zur Kooperation von pädagogischen Professionellen allgemein skizziert werden, bevor anschließend erste Befunde zur Form und Bedeutung von Kooperation bei der Entwicklung ganztägiger Bildungsangebote dargestellt werden.

## 1 Kooperation unter Pädagog(inn)en an Halbtagsschulen

Beim Überblick über die Forschungsliteratur zur Kooperation unter Lehrer(inne)n irritieren die scheinbar widersprüchlichen und disparaten Befunde. Diese und die damit verbundenen divergenten Interpretationen werden wir im ersten Schritt darstellen, um sie dann mit Hilfe der Skizzierung einer weit reichenden theoretischen Konzeption des Verhältnisses von Organisation und Profession zu klären. Forschungen zur besonderen Konstellation einer Kooperation zwischen Lehrer(inne)n und anderen pädagogisch Professionellen stellen wir anschließend in einem dritten Absatz vor.

## 1.1 Empirische Forschungen zur Lehrerkooperation

Studien zur Schul- und Unterrichtsqualität weisen deutlich Korrelationen zwischen gemessener Qualität und dem Umfang bzw. der Intensität der Kooperation aus (vgl. Terhart/Klieme 2006). Erkennbar ist aber gleichzeitig, dass Kooperation faktisch keine sehr große Rolle spielt (vgl. Ulich 1996; Terhart 2001), und anspruchsvoll bewertete Formen lassen sich vielfach in der Praxis kaum nachweisen. Auch die jüngst vorgelegten Studien aus Deutschland (vgl. Bonsen/Rolff 2006; Steinert u. a. 2006; Gräsel u. a. 2006) bestätigen einen solchen Befund. Traditionell wird dieser Umstand darauf zurückgeführt, dass die besondere organisatorische Struktur der Schule ein Nebeneinander-Arbeiten begünstige und die Tätigkeitsstruktur des Unterrichtens mit ihrer risikoreichen Anforderungsstruktur an die Professionellen eher deren Abschottung nahe lege.

Aber die genannten neueren Studien machen deutlich, dass Kooperation unzureichend bestimmt ist: Über eine Kategorisierung – „Niveaustufen" der Lehrerkooperation (Steinert u. a. 2006) oder unterschiedliche „Kooperationsformen" (vgl. Gräsel u. a. 2006) – und die Untersuchung ihrer Häufigkeit hinaus liegt keine Konzeptualisierung dafür vor, was genau die Qualität der Interaktion in der Kooperation mit Kolleg(inn)en auszeichne und daran vorteilhaft sei. Auch die Sichtung der internationalen Literatur führt dem entsprechend zu dem Ergebnis, dass einfache Behauptungen über die Vorteile der Kooperation nicht begründet seien und die Mikropolitik der einzelnen Schulen für die Qualität der tatsächlichen Zusammenarbeit von größter Bedeutung ist (vgl. zum Überblick: Kelchtermanns 2006). Ungeklärt ist also die Frage, unter welchen Konstellationen und mit welchen Merkmalen organisatorischer, sachlicher, interaktionsbezogener Art Lehrkräfte tatsächlich kooperieren.

Der scheinbar widersprüchliche Befund ist also ungeklärten Vorannahmen geschuldet: Die Korrelationen lassen vermuten, dass Kooperation als Faktor innerhalb eines größeren Gefüges einer dann allerdings immer schulspezifisch ausgeprägten Organisationskultur komplex vermittelt ihre Wirkung entfaltet und nicht die alleinige Determinante ist. Die normativ-bewertenden Zuschreibungen zu Kooperation sind noch zu undifferenziert, solange sie die Unterscheidung zwischen der Sphäre der Organisation und Entscheidung einerseits und der professionellen Interaktionspraxis und ihrer Basis an Praktiken und Deutungen andererseits nicht respektieren und beides analytisch amalgamieren. Die geringe Entfaltung von Kooperation spricht jedoch nicht dagegen, dass Kooperation als Moment des Organisierens nicht weiter entwickelt werden könnte. Organisations- und professionstheoretisch näher einzugrenzen wäre aber, mit welchen Ansprüchen dieses geschieht, was welche Form von Organisation an Möglichkeitsräumen bereit stellt und wie eine entwickelte Kooperation zu konzeptualisieren sei.

Detailbefunde bieten dazu einen Ausgangspunkt: Empirisch belegt sind unterschiedliche Ausformungen von Kooperation in Gestalt einer mehr oder weniger formalen Organisationstätigkeit. Den Forschungen zur Arbeit von Gesamtschulen und integrativ arbeitenden Schulen sind Hinweise auf eine Zunahme von Kooperationsstrukturen aufgrund schulorganisatorischer Voraussetzungen und Maßnahmen zu entnehmen (vgl. Dröger 1992). So wie in Gesamtschulen Kooperation etwa angesichts der Möglichkeiten, Kurse wechseln zu können, größer wird, ist dieses auch bei der Durchführung von Integrationsmaßnahmen und der hier notwendigen Zusammenarbeit von Sonderschullehrkräften und Grundschullehrkräften notwendig (vgl. Schöler 1997).

Die Beobachtung, dass Kooperation seltener und schwieriger – aber nach Einschätzung der Lehrkräfte auch wertvoller – wird, je „näher" man dem Unterricht als ihrem Kerngeschäft komme, verweist auf die notwendige Unterscheidung zwischen organisatorischem Entscheidungshandeln und pädagogischer Interaktion als Fokus.

Die in der neueren Literatur als höchste Form der Kooperation bewertete Zusammenarbeit findet in Teams statt (vgl. Schley 1998), die als Grundlage „lernender Organisationen" bezeichnet werden. Als Merkmale von *professional learning communities*, von „professionellen Lerngemeinschaften" (in der deutschsprachigen Literatur oft mit der Abkürzung PLG bezeichnet; vgl. Bonsen/Rolff 2006), gelten ein reflektierender Dialog, die De-Privatisierung der Unterrichtspraxis, der Fokus auf Lernen statt auf Lehrern, Zusammenarbeit und gemeinsame, handlungsleitende Ziele (vgl. Bonsen/Rolff 2006: 179).

Erste empirisch-rekonstruktive Arbeiten (vgl. Brinkmann-Hein/Reh 2005; Reh 2008) über die Interaktionspraxis von Teams zeigen nun, dass diese Kooperationsformen eine Ausdifferenzierung der Organisationsprozesse an der Schule darstellt. Teams werden als neue Orte des Hervorbringens von Entscheidungen wichtig, nicht als Versuch der Beeinflussung und Veränderung der interaktionsbezogenen Handlungsressourcen oder Unterrichtsinteraktionsroutinen der einzelnen Lehrkräfte im engeren Sinn.

Insgesamt ist dasjenige, was oft als Vorteil der Teamarbeit bezeichnet wird (nämlich einen Mangel zu beheben und für die Verstärkung der Reflexion der eigenen pädagogischen Tätigkeit durch die Professionellen zu sorgen), nur ganz vereinzelt auszumachen. Mit der Einführung von Teams, die verantwortlich für den gesamten Unterricht einer Lerngruppe sind, kann dieser nicht mehr hierarchisch organisiert werden, sondern Entscheidungen darüber, wann welche Lehrkraft in welcher Klasse Fachunterricht hält, werden auf eine horizontale Ebene verlagert. Wann welche Themen bearbeitet werden, wie die Ressourcen eingesetzt werden, wann sich eine Lehrkraft speziell um welche Schüler(innen) kümmert, das wird von den unterrichtsnahen Teams entschieden. Das setzt die Beobachtung einzelner Schüler(innen) im Unterricht voraus und lässt sich – kommuniziert – als eine Form der Reflexivität begreifen. Vermutlich entlasten die Teams höhere Ebenen der Organisation und vergrößern die Chance, über Entscheidungsprämissen unterrichtsnah zu entscheiden. Diese Unterrichtsnähe des Entscheidungsprozesses schafft eine Perspektive für die didaktische Organisation und Gestaltung des Unterrichts, und erhöht in diesem Sinn die didaktische Reflexivität der Organisation. Die Einführung solcher Teams stellt deshalb kein Zurückdrängen von Organisation, sondern ihre Ausdifferenzierung dar.

Auch die Erfahrungen mit diesen Teams sprechen deshalb dafür, bei der Betrachtung von Kooperation zwischen den Ebenen „Organisation" und „Unterrichtsinteraktion" zu unterscheiden und Kooperation als Mittel zu verstehen, um Entscheidungen über organisatorische Grundlagen der Unterrichtsinteraktion hervorzubringen. Kooperation sollte aber sowohl von „Kollegialität" unterschieden werden, die ein auf die Bewältigung von Interaktions-Anforderungen bezogenes Moment der Beziehung unter Professionellen darstellt, als auch von Selbstreflexion in kollegialer Kommunikation.

## *1.2 Theoretische Klärungen*

Vor dem Hintergrund des inzwischen entwickelten Verständnisses von Organisation und Profession im Erziehungssystem (vgl. Luhmann 2002: 142-167; Kuper 2001) ist das Gesamtergebnis dieses Überblicks nicht erstaunlich. Die Profession ist in dieser Perspektive im ausdifferenzierten Erziehungssystem auf Organisation angewiesen. Diese stellt überhaupt erst die Bedingung für Unterricht, für Interaktion und für das dar, was das professionelle Kommunizieren und Handeln im Klassenraum genannt wird. Organisation stellt nicht einfach den Widerpart pädagogischer Handlungen und ihrer Intentionen dar, sondern macht professionelles Handeln im Unterricht möglich, auch wenn sie zugleich immer als eine begrenzende Bedingung angesehen werden kann.

Gleichzeitig sollten deshalb aber organisatorisches Handeln und professionelle Unterrichtsinteraktion nicht vermischt werden. Die nachgezeichneten Eigenschaften der Teams stellen eine Ausdifferenzierung von Organisation dar, und nichts, was beanspruchen könnte, professionell konstituierte und verantwortete Interaktionsgestaltung und ihre individuellen Voraussetzungen zu ersetzen oder zu verändern. Das geringe Maß dieser weit reichenden Kooperationsform könnte deshalb damit erklärt werden, dass sie sehr voraussetzungsreich hinsichtlich der angrenzenden organisatorischen Strukturen ist, zugleich in ihrer Reichweite begrenzt bleibt und nicht verspricht, schon allein die individuellen Probleme professioneller Lehr-Gestaltung wesentlich zu verändern. Weiterreichende Ansprüche an Team-Arbeit scheinen außerdem unplausibel, weil eine – ihr zuwiderlaufende – Kollegialität, die den Druck hierarchischer Verwaltungsrationalität durch informelle Kommunikationskanäle herabsetzt (vgl. Wellendorf 1967), den Einzelnen vor inkompetenter Einflussnahme schützt und die individuelle Verantwortung für den Unterricht und die einzelnen Schüler(innen) unangetastet lässt. Kollegialität in diesem Sinn widerspricht den oben genannten normativen Ansprüchen an Teams. Sie ist, so betrachtet, Ausdruck von Profession im Sinne von Autonomiegewinn innerhalb der Organisation und stellt die Bedingungen dafür sicher, professionelles, fallspezifisches Handeln im Umgang mit Ungewissheit und widersprüchlichen Handlungsanforderungen innerhalb der Organisation hervorzubringen und die Zuschreibung von Erfolg und Misserfolg gelassen und entlastet vornehmen zu können.

Nimmt man die weiter entwickelte Theorie pädagogischer Organisationen hinzu, etwa das Konzept so genannter „loser Kopplung“ (vgl. Weick 1976) oder das Konzept von pädagogischen Organisationen als Kultur (vgl. Kuper 2001), lässt sich die Bedeutung von Kooperation und ihre Beschränkung auf den Bereich des Organisierens differenziert begründen. Mit Organisationen verbindet man eine gesteigerte Erwartung an Kontrollierbarkeit und Steuerbarkeit von Handlungsprozessen der Praxis. Organisation stellt Entscheidungen über die Durchführung von Praxis und deren Voraussetzungen bereit. Organisationen benötigen deshalb „Mechanismen der Steuerung und der Versorgung der Organisation mit Entscheidungsgründen“ (Kuper 2001: 102). Kooperation dient unter diesen Prämissen betrachtet dazu, die konstitutiven Elemente der Organisation hervorzubringen: Beim organisatorischen Strukturaufbau Bestandsvoraussetzungen in der Umwelt zu beachten, eine Ressourceneinwerbung und Verteilung vorzunehmen, Verwaltungsvorgänge zu leisten und schließlich Fragen der programmatischen Ausrichtung durch Kommunikationsprozesse im Rahmen einer Organisationskultur zu bearbeiten, weil eine Organisation die „Komplexität der Umwelt kognitiv nie annähernd repräsentieren kann“ (Kuper 2001: 103). Mangels Technologisierbarkeit pädagogischen Handelns wird ein „Orientierungsdefizit“ über die Unterstellung von pädagogischen Motiven, eine Kultur oder eine Prozeduralisierung von Entscheidungen kompensiert. Kooperation dient deshalb auch der Aushandlung der Umweltrelationen der Organisation, der Selbstbeschreibung und der internen Bestimmung der programmatischen Ausrichtung, verbindlicher pädagogischer Orientierungen, der Schülerpartizipation, des Leistungsverständnisses und der Kooperationsstrukturen.

Im Sinn der Programmatik einer „lernenden Organisation“ (und im Kontrast zu manchen Erwartungen an Team-Kooperation) kann in Kooperationen aber keine „Aushandlung“ der je eigenen Interaktionsbeiträge geleistet werden. Eine gemeinsame Planung ist deshalb nur als Rahmenplanung oder Vor-Organisation der Ressourcen der konkreten Unterrichtsvorbereitung denkbar, beobachtbar etwa als Arbeitsteilung zwischen Kolleg(inn)en, als Zuweisung verschiedener Rollen in gemeinsam zu verantwortendem Unterricht und als organisatorisches Zuarbeiten. Ferner lassen sich durch Kommunikationsprozesse in der Kooperation die Praxis problematisieren und Krisen reflektieren – das alles ist Voraussetzung der Angebotsentwicklung und Verständigung über Entscheidungen zum curricularen Programm und zu pädagogischen Orientierungen. Kooperation führt aber nicht selbstverständlich zu mehr Professionalität; Kooperation ist anders als Supervision auch nicht direkt ein Rahmen für die Erhöhung von Selbstreflexivität.

## *1.3 Empirische Forschungen zur Kooperation unter Angehörigen verschiedener pädagogischer Professionen*

Sind nun Angehörige verschiedener pädagogischer Akteursgruppen an einer Organisation beteiligt, gestaltet sich der organisatorische Strukturaufbau komplexer. Außerdem erfordert die Bewältigung von Steuerungsfragen im Rahmen der programmatischen Ausrichtung der Organisation intensivierte Kommunikationsprozesse. Eine Kooperation, die solches leistet, bereitet nach dem wenigen, was an Befunden vorliegt, eigene Probleme. Die Befunde weisen auf bestimmte Problemkreise dieser Kooperation hin: Dazu gehört das erforderliche Wissen um die jeweiligen Qualifikationen, um die Arbeitsbereiche und das Selbstverständnis der Kooperationspartner, auch im Vergleich mit den jeweils eigenen Bedingungen (Penne 1995: 278). Darüber hinaus aber sind die Kooperationsverhältnisse neben Schwierigkeiten auf der Sach- und Organisationsebene vor allem durch Probleme auf der Beziehungsebene zu kennzeichnen. Als besonders schwierig für die Kooperation zwischen Angehörigen verschiedener Professionen wird allgemein die gemeinsame Entwicklung von Angeboten, beispielsweise Förderplänen, bezeichnet (Reuß/Thomé 1992). Probleme bei der Zusammenarbeit treten danach dann auf, wenn kein Ort für den Beziehungsaufbau der beiden Gruppen besteht, es an gegenseitiger Anerkennung fehlt und Schuldzuweisungen und Belehrungen vorkommen. Statuskämpfe und die Auseinandersetzung um typische Aufgaben erschweren die Kooperation. Vorschläge für mögliche Verbesserungen werden in Team-Arbeit, gemeinsamer Formulierung von Zielen sowie darin gesehen, Transparenz der jeweiligen Handlungsmöglichkeiten und -grenzen deutlich zu machen (ebd.: 111).

Insgesamt stellt die Forschung also Schwierigkeiten für die Kooperation zwischen Angehörigen verschiedener Berufsgruppen (insbesondere durch unterschiedlichen Status und durch ungeklärten Funktions- und Aufgabenbereichen) heraus. Von besonderer Bedeutung sind hier inkompatible, teilweise sich wechselseitig ausschließende Deutungen der Klientel, ihrer Bedürfnisse und der damit verbundenen pädagogischen Herausforderung, wie sie seit Mitte der 1980er Jahre beispielsweise für das Verhältnis von Lehrer(inne)n und Sozialpädagog(inn)en in der Debatte um Jugendhilfe und Schule herausgearbeitet wurden (vgl. im Überblick Oelerich 2007).

# 2 Personale Kooperation an Ganztagsschulen

Ein ganztägiges Angebot zu errichten, kann die Praxis beträchtlich erweitern. Deshalb sind schon beim erforderlichen organisatorischen Strukturaufbau dafür in neuer Weise Bestandsvoraussetzungen der Organisation in der Umwelt zu beachten. Wie die Debatte um erweiterte pädagogische Zuständigkeiten zeigt, sind außerdem Steuerungsfragen durch Kommunikationsprozesse zu beantworten. Auch durch Kooperation hervorzubringende programmatische Ausrichtungen der pädagogischen Organisation und ihrer Schul- und Lernkultur könnten zur Debatte stehen. Dennoch erstaunt es wenig, dass sich die Ergebnisse zur Kooperation zwischen Lehrkräften allgemein auch im besonderen Fall der Entwicklung ganztägiger Angebote in ihrer Tendenz bestätigen (vgl. Dieckmann u. a. 2007).

Die Auswertung der Selbstauskünfte der Lehrer(innen) dokumentiert danach, dass eine Zusammenarbeit im Durchschnitt „seltener als vierteljährlich stattfindet" (ebd.: 181). Zwar liegen hier keine Aussagen zur Qualität vor, aber erste Angaben zu den Kooperationsinhalten verdeutlichen, dass unterrichtsorganisationsbezogen immerhin noch gelegentlich solche Absprachen stattfinden, während „die Teamarbeit im Unterricht eine wesentlich geringere Intensität" (ebd.) aufweist. Es lässt sich also auch für den Bereich der Ganztagsschulen feststellen, dass bislang „die Kooperation der Lehrerinnen und Lehrer unabhängig von Alter und Organisationsform der Schulen insgesamt nur wenig entwickelt" ist (ebd.).

Hinsichtlich der für die Entwicklung neuer ganztägiger Angebote wesentlichen Einbindung der Lehrkräfte in die Konzeption dieser verweisen die Selbstauskünfte darauf, dass immerhin – wenn auch nicht deutlich, wie intensiv – etwa durchschnittlich ein Drittel des Kollegiums daran beteiligt ist. Die Daten lassen darüber hinaus erkennen, dass die Lehrkräfte gerade an Schulen mit schon länger eingerichteten Ganztagsangeboten stärker in die konzeptionelle Entwicklung eingebunden sind, und dieses Engagement zeigt sich noch stärker an Schulen mit gebundener Angebotsform. Nähere Analysen müssten deshalb dem Umstand nachgehen, dass möglicherweise in Reaktion auf die Erfahrungen der Angebotsdurchführung und das gerade bei solchen Angeboten, die deutliche Veränderungen des Gesamtprogramms nach sich ziehen, für die Lehrkräfte die Beteiligung an der kooperativen Entwicklungsarbeit wichtiger wird.

## *2.1 Kooperation unter Lehrkräften bei der Angebotsentwicklung: Entwicklungsteams*

Inzwischen liegen zu dieser Kernaufgabe währen der lokalen Entwicklung ganztägiger Angebote erste Rekonstruktionsbefunde zum Kooperationsprozess vor, die es erlauben, mehr über Gegenstand und Qualität dieser Kooperation zu erfahren und die damit verbundenen Probleme und Gelingensbedingungen näher zu charakterisieren (vgl. Kunze/Kolbe 2006; Kolbe u. a. 2007).

Empirisch zeigt sich, dass eine diskursive Entwicklungsarbeit bei der Konzeptentwicklung und Organisationstätigkeit und eine kollegiale Reflexion des Durchführungsprozesses eine Grundbedingung für die Entstehung von neuen pädagogischen Formen darstellen. Wenn es nicht gelingt, Strukturen für eine kollegiale Zusammenarbeit auf der Ebene der Schulorganisation wie auf der Ebene der Angebotsdurchführung zu institutionalisieren, kann zum einen das Potenzial kollektiver Entwicklungs- und Problemlösungskapazitäten nicht ausgeschöpft werden. Zum anderen geraten inhaltliche Planung und faktische Durchführung der Angebotsbestandteile zum individuellen Problem der jeweiligen Pädagog(inn)en. In dieser Situation, mit der konkreten inhaltlich-pädagogische Konzeption und Ausführung auf sich allein gestellt zu sein, ist es wenig verwunderlich, wenn betroffene Kolleg(inn)en weniger Neues entwickeln als vielmehr Erfahrungsstereotype verwenden. Dies trifft vor allem bei den mit der besonderen Verlaufslogik von Projektarbeit einhergehenden Handlungsproblemen oder bei der Gestaltung der Lehrer-Schüler-Beziehungen unter den veränderten Bedingungen einer „freiwilligen Nachmittagsschule" zu.

Strukturell stellt auch die Partizipation der Kolleg(inn)en an den Entscheidungsprozessen eine wichtige Einflussgröße dar. Die Herstellung von Transparenz der Entscheidungsgründe und die Beteiligung an der Entscheidungsfindung sind die Voraussetzung dafür, dass organisatorischen Regelungen Legitimität zukommt. Ein Problem ganz eigener Art stellt dabei die Partizipation der Schüler(innen) und der Eltern dar.

Bezogen auf kollegiale Partizipationsverhältnisse zeigt sich, dass eine zu wenig in das Kollegium integrierte Position des Planungsteams ein stark entwicklungshemmendes Potenzial entfalten und langfristig zu Schieflagen führen kann, die die Ausdehnung des Entwicklungsprojektes auf die gesamte Organisation und damit dessen langfristige Implementierung belasten. Als wichtige Schaltstellen im Prozessverlauf erweisen sich zum einen die Entscheidungsfindung, ob die Schule ganztägige Angebote entwickeln will oder nicht und zum anderen die Frage, ob es gelingt, die „Entwicklergruppe" später als Organisationsgruppe zu implementieren, die seitens des Kollegiums mit einem repräsentationsfähigen Mandat ausgestattet ist.

Auch für die Schulleiter(innen) stellt sich die Herausforderung, reflexiv mit den teilweise widersprüchlichen Anforderungen umzugehen. Insbesondere wenn sich die Schulleitung in der Planungsgruppe engagiert, ist ihre notwendigerweise hervorgehobene Position zu berücksichtigen: Sie verfügt über ein spezifisches Schulleiterwissen. Dieses besitzt, wenn es in den Entwicklungsprozess eingebracht wird, stark vorstrukturierenden Charakter. Einerseits kann diese Sachautorität der Schulleitung die Arbeitsökonomie verbessern. Andererseits ist ihre Beteiligung ambivalent: Ein angemessenes inhaltliches Mitwirken der Schulleitung, das in pädagogischen Fragen den „zwanglosen Zwang des besseren Arguments" gelten lässt und Diskussion anregt, ist schwer einzulösen, da in sich teilweise widersprüchliche Anforderungen an die Professionalität der Schulleitung wie der Kolleg(inn)en entstehen.

## *2.2 Kooperation unter Angehörigen verschiedener pädagogischer Professionen bei der Entwicklung ganztägiger Angebote*

Die Problemkreise, die allgemein für die Kooperation verschiedener Professionen angenommen werden, finden sich erwartbar auch in Ganztagsschulen: Krieger (2005) zeigt für die Kooperation bei der Einführung der „Ganztagsschulen in neuer Form" in Rheinland-Pfalz zwei wesentliche Aspekte auf, die für Kooperationsprozesse entscheidend seien: divergente wechselseitige Erwartungen der kooperierenden schulischen und außerschulischen Partner aneinander sowie die Eigenart der neuen Aufgaben, die sich den Schulen bei der Aufnahme von Kooperationsbeziehungen mit außerschulischen Akteuren stellten.

Krieger arbeitet die Bedeutung der seit der Debatte um das Verhältnis von Jugendhilfe und Schule bekannten Differenzen im pädagogischen Selbstverständnis zwischen Lehrkräften einerseits und weiteren pädagogischen Akteuren andererseits – gewissermaßen professionstypische Rollenbilder – für die Konstellation bei der Errichtung ganztägiger Angebote differenziert heraus. Mit den entsprechenden Deutungen der Akteure korrespondieren wechselseitige Erwartungen aneinander, die nicht erfüllt werden: Während Lehrkräfte mit neuen Handlungsstilen eine Destabilisierung der Schulroutinen assoziieren, erwarten außerschulische Akteure umgekehrt eine von ihnen erwünschte „Lern- und Anpassungsbereitschaft" (ebd.: 73) gleichermaßen von den Lehrkräften und fordern Kommunikation, Kooperation und die Beteiligung an organisatorischen Entscheidungen. Ähnlich unterschiedliche Erwartungen an eine Zusammenarbeit finden sich auch in den Grundschulen bei Lehrer(inne)n und Erzieher(inne)n (vgl. Fels/Krieg 1995), wobei sich letztere bei der Betreuung von Lerngruppen im Team häufiger den Lehrer(inne)n anpassen (vgl. auch Breuer/Reh 2007). Notwendig scheinen hier der Abgleich und spezifizierende Veränderungen von Aufgabenbereichen.

In Kriegers Längsschnittuntersuchung lassen sich neben neuen Aufgaben der Organisation (wie der Vertragsgestaltung mit Partnern und dem Wahlverfahren für Angebote außerschulischer Partner) vor allem Aufgaben herausarbeiten, die eine Ausdifferenzierung neuer Organisationselemente betreffen und nur gemeinsam zu bewältigen sind. Bewährt habe sich, z. B. bei der Betreuung von Hausaufgabengruppen, eine feste Kooperation zwischen einer Lehrkraft und einem/r Mitarbeiter/in des außerschulischen Partners.

## 3 Fazit

Die empirische Forschung zur Kooperation von Angehörigen unterschiedlicher pädagogischer Professionen verweist einmal mehr auf das mit der Tätigkeit des Professionellen konstitutiv zusammenhängende Autonomie-Problem und gleichzeitig auf die Frage der Ausdifferenzierung pädagogischer Tätigkeiten, der in pädagogischer Semantik mit dem Hinweis auf notwendige „Ganzheitlichkeit" begegnet wird. Mit der Autonomieproblematik ist das Verhältnis von Profession und Organisation angesprochen: Organisation stellt die Voraussetzungen professionellen Handelns im Unterricht sicher, und gleichzeitig sind Professionelle damit darauf angewiesen, auch deren Imperative als eingrenzende Bedingung ihres Handelns zu berücksichtigen. Kooperation ist dann als Medium der Entscheidungsfindung zu verstehen und als interne Bestimmung und Selbstbeschreibung der programmatischen Ausrichtung: der verbindlichen pädagogischen Orientierungen, der Schülerpartizipation, des Leistungsverständnisses. Viel spricht gegenwärtig dafür, die Erweiterung des Schulangebotes als weitere Ausdifferenzierung von Strukturen zu verstehen. Kooperation der Professionellen im oben beschriebenen Sinn, das Verhältnis der Organisation zur Umwelt auszuhandeln und die interne Selbstbeschreibung der pädagogisch-programmatischen Ausrichtung hervorzubringen, stellt eine entsprechende Ausdifferenzierung der Reflexion der Organisation dar.

## *Literatur*

Arnold, Eva/Bastian, Johannes/Combe, Arno/Reh, Sabine/Schelle, Carla (2000): Schulentwicklung und Wandel der pädagogischen Arbeit. Hamburg: Bergmann und Helbig.

Bastian, Johannes/Combe, Arno/Reh, Sabine (2002): Professionalisierung und Schulentwicklung. In: ZfE H. 5/ 2002: 417-435.

Bonsen, Martin/Rolff, Hans-Günter (2006): Professionelle Lerngemeinschaften von Lehrerinnen und Lehrern. In: ZfPäd (52. Jg.) H. 2/2006: 167-184.

Breuer, Anne/Reh, Sabine (2008): Kooperationsstrukturen – die Zusammenarbeit von Erzieherinnen und Lehrerinnen beim Aufbau ganztägiger Schulangebote. In: Lüders, Manfred/Wissinger, Jochen (Hg.): Schulentwicklung und Professionalisierung. Bad Heilbrunn: Klinkhardt (i. E).

Brinkmann-Hein, Dirk/Reh, Sabine (2005): Der Arbeitsplatz von Lehrerinnen: Welche Rolle spielen Kooperation und professionelle Reflexion? In: journal für schulentwicklung (9. Jg.) H. 2/2005: 30-36.

Combe, Arno/Kolbe, Fritz-Ulrich (2005): Lehrerprofessionalität: Wissen, Können, Handeln. In: Helsper, Werner/Böhme, Jeanette (Hg.): Handbuch der Schulforschung. Wiesbaden: VS Verlag für Sozialwissenschaften: 833-851.

Fels, Sabine/Krieg, Elsbeth (1995): Kooperation von Lehrkräften und sozialpädagogischen Fachkräften in der ganztägigen Grundschule. In: Holtappels, Heinz Günter (Hg.): Entwicklung von Schulkultur. Ansätze und Wege schulischer Erneuerung. Neuwied: Luchterhand: 73-88.

Dröger, Ursula (1992): Projekt Lehrerkooperation. Eine pädagogische Konzeption zur Weiterentwicklung von Gesamtschulen. Weinheim: Juventa.

Gehrmann, Axel (2003): Der professionelle Lehrer. Muster der Begründung – Empirische Rekonstruktion. Opladen: Leske + Budrich.

Gräsel, Cornelia/Fußangel, Katharin/Pröbstel, Christian (2006): Lehrkräfte zur Kooperation anregen – eine Aufgabe für Sisyphos? In: ZfPäd (52. Jg.) H. 2/2006: 205-237.

Grunder, Hans-Ulrich (2002): Schulentwicklung durch Kooperation und Vernetzung. Schule verändern. Bad Heilbrunn: Klinkhardt.

Dieckmann, Katja/Höhmann, Katrin/Tillmann, Katja (2007): Schulorganisation, Organisationskultur und Schulklima. In: Holtappels, Heinz Günter/Klieme, Eckhard/Rauschenbach, Thomas/Stecher, Ludwig (Hg.) (2007): Ganztagsschule in Deutschland. Ergebnisse der Ausgangserhebung der „Studie zur Entwicklung von Ganztagsschulen" (StEG). Weinheim: Juventa: 164-185.

Kelchtermanns, Geert (2006): Teacher collaboration and collegiality as workplace conditions. A review. In: ZfPäd (52. Jg.) H. 2/2006: 220-237.

Kolbe, Fritz-Ulrich (2008): Rekonstruktion des Kooperationsprozesses von Teammitgliedern bei der Entwicklung von Ganztagsschulen. In: Lüders, Manfred/Wissinger, Jochen (Hg.): Schulentwicklung und Professionalisierung. Bad Heilbrunn: Klinkhardt (i. E.).

Kolbe, Fritz-Ulrich/Badawia, Tarek/Graf, Katharina/Idel, Till-Sebastian/Kamp, Martin/Kunze, Katharina/ Münch, Maria-Theresia (2007): Die Entwicklung der Ganztagsschulkonzeption und ihre Umsetzung an der einzelnen Schule. Endbericht der wissenschaftlichen Begleitung. MBFJ Mainz (i. E.).

Kunze, Katharina/Kolbe, Fritz-Ulrich (2006): Reflexive Schulentwicklung als professionelle Entwicklungsaufgabe. Ausgewählte Ergebnisse der wissenschaftlichen Begleitstudie zur Entwicklung der Ganztagsschule in Angebotsform in Rheinland-Pfalz. In: Appel, Stefan/Ludwig, Harald/Rother, Ulrich/Rutz, Georg (Hg.): Jahrbuch Ganztagsschule 2006. Schwalbach/Ts.: Wochenschau: 255-263.

Krieger, Wolfgang (2005): Ganztagsschulen in Kooperation mit außerschulischen Partnern. In: Kolbe, Fritz-Ulrich/Kunze, Katharina/Idel, Till-Sebastian (Hg.): Ganztagsschule in Entwicklung. Empirische, konzeptionelle und bildungspolitische Perspektiven. MBFJ Mainz: 65-87.

Kuper, Harm (2001): Organisationen im Erziehungssystem. In: ZfE (4. Jg.) H. 1/2001: 83-106.

Luhmann, Niklas (2002): Das Erziehungssystem der Gesellschaft. Frankfurt a. M.: Suhrkamp.

Oelerich, Gertrud (2007): Ganztagsschulen und Ganztagsangebote in Deutschland – Schwerpunkte, Entwicklungen und Diskurse. In: Bettmer, Franz/Maykus, Stefan/Prüß, Franz/Richter, Anne (Hg.): Ganztagsschule als Forschungsfeld. Theoretische Klärungen, Forschungsdesigns und Konsequenzen für die Praxisentwicklung. Wiesbaden: VS Verlag für Sozialwissenschaften: 13-42.

Ostermeier, Christian (2004): Kooperative Qualitätsentwicklung in Schulnetzwerken. Eine empirische Studie am Beispiel des BLK-Programms „Steigerung der Effizienz des mathematisch-naturwissenschaftlichen Unterrichts" (SINUS). Münster: Waxmann.

Penne, Klaus-Jürgen (1995): Kooperation im Kontext der Professionalisierung. In: Zeitschrift für Heilpädagogik (46. Jg.) H. 6/1995: 273-281.

Reh, Sabine (2004): Abschied von Profession, von Professionalität oder vom Professionellen. In: ZfPäd (50. Jg.) H. 3/2004: 358-372.

Reh, Sabine (2008): „Reflexivität der Organisation“ und Bekenntnis. Perspektiven der Lehrerkooperation. In: Helsper, Werner/Busse, Susann/Hummrich, Merle/Kramer, Rolf-Torsten (Hg.): Pädagogische Professionalität in Organisationen. Wiesbaden: VS Verlag für Sozialwissenschaften: 163-183.

Reuß, Walter/Thomé, Karin (1992): Kooperation zweier Berufsgruppen in Sonderschulen. In: Pädagogische Führung (3. Jg.) H. 3/1992: 106-107.

Rolff, Hans-Günter/Buhren, Claus G./Lindau-Bank, Detlef/Müller, Sabine (1998): Manual Schulentwicklung. Handlungskonzept zur pädagogischen Schulentwicklungsberatung (SchuB). Weinheim: Juventa.

Schley, Wilfried (1998): Teamkooperation und Teamentwicklung in der Schule. In: Altrichter, Herbert/Schley, Wilfried/Schratz, Michael (Hg.): Handbuch zur Schulentwicklung. Innsbruck: Studienverlag: 111-159.

Schöler, Jutta (1997): Leitfaden zur Kooperation von Lehrerinnen und Lehrern – nicht nur in Integrationsklassen. Heinsberg: Dieck.

Steinert, Brigitte/Klieme, Eckard/Maag Merki, Katharina/Döbrich, Peter/Halbheer, Ueli/Kunz, André (2006): Lehrerkooperation in der Schule: Konzeption, Erfassung, Ergebnisse. In: ZfPäd (52. Jg.) H. 2/2006: 185-204.

Terhart, Ewald (2001): Lehrerberuf und Lehrerbildung: Forschungsbefunde, Problemanalysen, Reformkonzepte. Weinheim: Juventa.

Terhart, Ewald/Klieme, Eckard (2006): Kooperation im Lehrerberuf – Forschungsproblem und Gestaltungsaufgabe. Zur Einführung in den Thementeil. In: ZfPäd (52. Jg.) H. 2/2006: 163-166.

Ulich, Klaus (1996): Beruf: Lehrer/in. Arbeitsbelastung, Beziehungskonflikte, Zufriedenheit. Weinheim: Beltz.

Weick, Karl E. (1976): Educational Organizations as Loosely Coupled Systems. In: Administrative Science Quarterly (Vol. 21): 1-19.

Wellendorf, Franz (1967): Teamarbeit in der Schule. In: Die Deutsche Schule (59. Jg.) H. 9/1967: 518-528.

# Personelle Kooperation und Fortbildung

*Karlheinz Thimm*

Der Diskurs um „Ganztagsbildung" trifft programmatisch günstig auf Entwicklungen von „Kommunalen Bildungslandschaften". Lokale Bildungsnetze mit Schulen und Jugendhilfepartnern als zentralen Bildungsträger sollen dabei zu abgestimmten Angeboten führen. Evident ist, dass für solch eine Verzahnung diverse administrative, rechtliche und fachlich-inhaltliche Ebenen zu unterscheiden sind, die je eigene Regelungsbedarfe mit sich bringen. Zuständigkeiten sind zu klären, Geldmittel müssen umgelenkt werden, Konzepte sind zu entwickeln. Steuerungsprozesse basieren auf der Ausformung von Aktivierungs-, Beteiligungs- Informations-, Kommunikations-, Planungs-, Koordinations-, Entscheidungs-, Evaluations- und Berichtsstrukturen. Zusammenlegung von Ressorts und Haushaltstiteln, gemeinsame Bestandsaufnahmen und Leitbildentwicklung, integrierte Bildungsberichte, soziale Bildungsforen, Bildungsbüros, vertraglich vereinbarte Lernortnetze u. a. sind Ermöglichungsstrukturen für erweiterte Konzepte von Bildung in kommunalen Kontexten, die sich partiell schon im Probelauf befinden.

In einem solchen Kontext der Ganztagsbildung ist die Vor-Ort-Kooperation zwischen Personen nur ein Element, das bis *dato* weder theoretisch vermessen noch empirisch untersucht wurde. Erhebliche Hoffnungen, Konzepte und Angebotsunterbreitung zu qualifizieren, werden in das Format der gemeinsamen, die Berufsgruppen verbindenden Fortbildung als intermediäre Instanz gesetzt. Die Bandbreite der Lernorte und Lerngelegenheiten, die mit einem sozialräumlichen Blick unterlegt werden kann, klingt in der folgenden Zusammenfassung an:

> „Als Teil eines lokalen soziokulturellen Unterstützungsnetzes gibt die geöffnete Ganztagsschule einen Rahmen für die Intensivierung der sozialen Beziehungen der Schulmitglieder, für politisch-soziale Grunderfahrungen über Partizipationsprozesse, für die Herstellung nachbarschaftlicher Kinder- und Jugendöffentlichkeiten und die Entwicklung von sozialen Kontakten, für die Förderung des sozialen und kulturellen Austausches mit der Schulnachbarschaft der Region, für altersübergreifende Lern- und Erfahrungsprozesse zwischen Kindern, Jugendlichen und Erwachsenen. Schule und regionales Umfeld übernehmen füreinander Versorgungsfunktionen im Hinblick auf bildungsspezifische, erzieherische und kulturelle Angebote, auf pädagogische und fachliche Ressourcen und auf die räumlich-materielle Infrastruktur" (Holtappels 2005: 80-81).

Eine solche Institutionalisierung von Ganztagsbildung

- greift die je besonderen Voraussetzungen, Bedürfnisse und Interessen der Kinder und Jugendlichen durch individualisierte Lern- und Entfaltungsangebote auf
- entwickelt eine Vielfalt von Bildungsangeboten und methodischen Arrangements (Die bisher stark kognitive Ausrichtung wird um lebensweltliche und handlungsbetonte sportliche, spielerische, künstlerische, jugendpolitische, gebrauchswerthaltige Angebote erweitert, um den unterschiedlichen Fähigkeiten, Lebensbewältigungsnotwendigkeiten

und Entwicklungsaufgaben der Mädchen und Jungen gerecht zu werden und ihre Erfahrungsräume zu erweitern)
- stellt Räume für vielfältige Begegnungen, für interkulturelles und soziales Lernen bereit und öffnet die Schule zum sozialen Umfeld
- bezieht Kooperationspartner verschiedenster Professionen partnerschaftlich in die Erziehungs- und Bildungsarbeit ein und entwickelt neue Formen der Zusammenarbeit mit Erziehungsberechtigten

Vor allem mit dem letztgenannten Element befasst sich der vorliegende Artikel.

## 1 Kooperationstheoretische Systematisierung

Kooperation gilt als eine problembezogene, zeitlich und sachlich begrenzte Form der gleichberechtigten, arbeitsteilig organisierten Zusammenarbeit in einem Aushandlungsprozess mit Zielen (vgl. Santen/Seckinger 2003). Ergänzend verstehen die Autoren Kooperation als ein Verfahren, durch das auf dem Weg der Abstimmung geteilte Zielsetzungen durch Optimierung von (Organisations-)Abläufen erreicht werden, mit der Folge, dass sich Handlungs- und Problemlösefähigkeiten erhöhen. Gemein ist den gängigen Kooperationsdefinitionen, dass mindestens zwei Partner sich absichtsvoll, geplant und zielgerichtet zueinander verhalten. Im Rahmen der Erbringungsstruktur Kooperation verbindet erstens ein gemeinsamer Gegenstand die Partner (z. B. ein Thema, eine Zielgruppe), zweitens finden dialogische Austauschprozesse statt und drittens entstehen Arbeitsergebnisse. Verhältnisse und Bezüge zwischen Kooperationspartnern können in einem Kontinuum verortet werden – zwischen loseren, eher arbeitsteiligen, und engeren, stärker verknüpften, Verständnissen:

- Ein additives Verhältnis der wechselseitigen Information und Transparenzschaffung bei prinzipiellem Wohlwollen in einem geregelten Nebeneinander (einfache Koordination). Jeder kann sein professionelles Skript für sich behalten: Es muss keine aufwändige Überbrückung stattfinden.
- Ein arbeitsteiliges Vorgehen mit erhöhter Absprache auf der Basis geteilter Adressat(innen) und sich nicht ausschließender Ziele in einer akzeptierenden Partnerschaft mit abgestimmten Zuständigkeiten (komplexe Koordination): Hier ist eine Skript-Schnittmenge oder mindestens eine wechselseitige Skript-Übersetzung notwendig.
- Die punktuelle Ressourcenbündelung, gemeinsame Durchführung von Aktivitäten und Vernetzungen in institutionalisierten Bezügen mit relativ hoher Kontaktfrequenz (Kooperation): Dabei ist ein größeres Maß an Skript-Empathie und -gemeinsamkeit notwendig.
- Die strukturell-konzeptionelle Verbindung mit einem hohen Maß an gemeinsamen und arbeitsteilig abgestimmten Aktivitäten, ggf. sogar mit der Tendenz zur Verwischung, Vermischung und somit zur Verähnlichung (Affinität zu Integration und Ko-Evolution): Jedenfalls müssen die Professionen hier ein gemeinsames Arbeitsergebnis phantasieren, wobei Einzelanteile nicht mehr zu separieren und eindeutig zuzurechnen sind.

Unterscheidungsmerkmale sind: Kontaktdichte, Grad der Gemeinsamkeit der Zielentwicklung, Grad der Gemeinsamkeit in der Durchführung von Vorhaben, sozial-kommunikative und emotionale Prozessqualität (vgl. Thimm 2000). Kooperation kann also in einem Kontinuum abgebildet werden, von Nicht-Kooperation (Fehlen jeder Form von Kommunikation) über Koordination der Aktivitäten bis hin zur vollständigen Integration von Prinzipien, Zielen und Verfahrenschritten.

Einen erweiternden Aufschluss für unterschiedliche Anlagen und Verläufe von Zusammenarbeit soll eine Typologie dreier Kooperationsverständnisse geben: Im formalen Kooperationsverständnis erfolgt kooperatives Handeln auf äußere Veranlassung hin, z. B. weil eine Rechtsvorschrift dies besagt oder weil „man traditionell einmal im Jahr zusammensitzt" oder weil man den anderen auf Grund einer „Aneinanderkettung" beteiligen muss. Im nützlichkeitsorientierten Kooperationsverständnis ergeben sich Aktivitäten, weil man hofft, damit Probleme sachgerechter bearbeiten zu können. Die Hauptwährung, in der gerechnet wird, ist Entlastung nach der Devise „Gibst du mir, so gebe ich dir!". Das empathische, einsichtsgestützte Kooperationsverständnis geht von der möglichst optimalen Förderung aller jungen Menschen aus. Es ist u. a. gegründet in der Bereitschaft und im alltäglichen Vollzug von wechselseitiger Perspektivenübernahme.

Kooperationsanstöße entspringen in der pädagogischen Praxis oft aus folgenden interessegeleiteten Aufmerksamkeitsrichtungen: Effizienzerwartungen; dem Anspruch, Fehl- und Doppelversorgung zu vermeiden; Zuwachs im Leistungsniveau (Qualitätssteigerung); Erhöhung des Zielerreichungsgrades. Eine vorherrschende, durch einen oberflächlichen Wunsch-*Bias* gezeichnete Kooperationsrhetorik verkennt allerdings, dass Kooperation nicht im kontextfreien Raum stattfindet. Institutionelle, fachliche, politische Abläufe sind verfestigt. Gewachsene und zweckgeprägte Unterschiede zwischen Schule und Jugendhilfe lassen sich nicht nebenbei auf einen gemeinsamen Nenner bringen. Zuwenig beachtet wird in Politik und pädagogischer Praxis, dass Kooperation eben nur ein Verfahren ist und sich nicht selbst genügt. Bewertungen, ob Kooperation eine angemessene Problemlösungsstrategie ist, sind nur entlang von Gegenstand, Interessen, Zielen möglich. Kooperation könnte auch Irrwege verfestigen und zu abträglichen Ergebnissen führen. Nicht konsequent genug beachtet wird auch, dass die Kooperationsmotive variieren. Dazu einige exemplarische Verweise:

Zunächst kann als Bewegkraft gelten, einer politischen bzw. gesetzlichen Verpflichtung nachzukommen. Hier entstehen verstärkt Gefahren der Pseudo-Kooperation. Im Sinne von strategischer Motivation kann Kooperation dazu dienen, die „andere Seite" zu kontrollieren und eigene Chancen „am Markt" zu verbessern (Einfluss auf Ressourcenverteilung, Schärfung des eigenen Profils, Erhöhung des Bekanntheitsgrades etc.). In der Negativvariante kann Kooperation dabei z. B. als Verschleierung von Zuständigkeit bzw. als Konkurrenz um Nicht-Zuständigkeit konstruiert werden, um überfordernde Aufgaben und suboptimale Effekte zu kollektivieren oder gar zu delegieren. Die fachlichen Motivbündel können mit individuellen Interessen wie Qualifizierung und institutionellen Aspirationen wie Steigerung der Bedarfsgerechtigkeit der Angebote korrespondieren. Subjektbezogene Motive schließlich mögen in Wünschen nach Entlastung, bereichernden persönlichen Beziehungen, Steigerung des Wirksamkeits- und Sinnerlebens gründen (vgl. Santen/Seckinger 2003). Einige, mehr oder weniger hinreichend belegte, Charakteristika von Kooperation scheinen zu sein:

- In Kooperationsvollzügen werden ich- und aufgabenbezogene Ziele synchron verfolgt, wobei ichbezogene Ziele häufig nicht benannt werden.
- Auf der Ebene der unmittelbar mit der Klientel verbundenen Fachkräfte dominieren eher personale und fachliche Ziele, auf Leitungsebene eher institutionspolitische Ziele.
- Personen neigen eher in kleineren als in größeren Gruppen zu kooperativem Verhalten.

- Jede Kooperation entwickelt eine eigene Geschichte; gemachte Erfahrungen entscheiden darüber, ob kooperative oder nicht-kooperative Strategien gewählt werden.
- Kosten-Nutzen-Analysen erfolgen oft intuitiv.
- Wenn sich in der Praxis erwünschte Ergebnisse zeigen, so ist häufig nicht leicht auszumachen, welchen Anteil das Kooperationselement daran hatte.
- Kooperation geht immer mit Autonomieeinbußen einher und fordert Kompromisse.

In Auswertung der Wettbewerbsbeiträge im Kontext des Programms „Ganztägig lernen" und einer wettbewerbsübergreifenden Metaanalyse der Evaluation von schulbezogenen Kooperationsprojekten (vgl. Thimm 2006) lassen sich folgende Gelingensbedingungen für Kooperationen zwischen Schulen und ihren Partnern sichern:

- Kooperation benötigt einen (konsensträchtigen und damit später teilbaren) Grund. Die Kooperationspartner müssen die Grenzen des eigenen Fachgebietes und der eigenen Kompetenzen wahrnehmen.
- Kooperation basiert darauf, dass zwei eigenständige Partner (zunächst für sich und dann miteinander) klären, was sie können, was sie wollen, was sie brauchen und was sie einbringen können.
- Nur mit dem Wissen darüber, was die andere Seite leisten kann, ist es möglich, ein Miteinander zu erwägen und sich zueinander koordiniert zu verhalten. Je dürftiger das Wissen und das reale Erleben, je mehr verfestigen sich Vorurteile. Deshalb ist die Herstellung von Begegnungsmöglichkeiten eine erste notwendige Bedingung dafür, dass Interesse an den Angeboten und Leistungen der anderen Seite entstehen kann.
- Kooperation braucht gemeinsame Erfahrungsräume. Erst die Probe aufs Exempel ermöglicht zu überprüfen, ob Zeitverschwendung und vermehrte Belastungen mit Kooperation einhergehen, oder ob günstige Erfahrungen gemacht werden und Ergebnisse entstehen, die alleine nicht möglich gewesen wären.
- Kooperation beginnt an der Seite der Unterschiede, denn sonst würde man das „Geschäft" des Partners selbst (freundlich oder feindlich) übernehmen. Sie wird aber nur Bestand haben, wenn Gemeinsamkeiten zwischen den Partnern entdeckt werden. Dies sind in der Regel geteilte Ziele und gemeinsame Aufgaben (das Verständigung stiftende Dritte). Ein Minimum gemeinsamer Überzeugungen ist schon zu Beginn unerlässlich.
- Gemeinsame Orte und gemeinsame Zeiten sichern die Zusammenarbeit. Ohne Kommunikation gibt es keine Kooperation. Räume sind zu schaffen: für Begegnungen, um Vorbehalte offen zu legen, um verbindende Interessen herauszufiltern, um dann miteinander zu lernen.
- Kooperation wird nur dann mit Kraft vollzogen und wiederholt, wenn die sozial-emotionalen Erfahrungen positiv waren und sind, d. h. wenn Menschen sich miteinander wohl fühlen.
- In gelingenden Kooperationen wird eine Win-Win-Situation herausgebildet: Alle gewinnen mehr als sie verlieren. Mindestens vier Variablen müssen unter dem Aspekt des Gewinns berücksichtigt werden: das Ich der Akteure, die Aufgabe (mit dem entscheidenden Kriterium der Wirkungen für die Mädchen und Jungen), die Institution und der Kooperationszusammenhang (das Projekt, die gemeinsame Fortbildung, die Steuergruppe, das Bildungsbüro).

## 2 Personalebene von Zusammenarbeit

Lehrer(innen), Sozialpädagog(inn)en und Erzieher(innen) als Berufsgruppen verfügen über je eigene Perspektiven auf Kinder, über spezifische Selbst- und Fremdbilder, Haltungen und Kompetenzprofile. Damit das Aufeinanderprallen der Berufskulturen nicht zu Verlusten und Verlierern führt, sondern Synergien entstehen, muss mit Mehrebenenkonzepten (Schule, Kommune, Ressorts etc.) gearbeitet und flankierende Unterstützung vorgehalten werden. Unterscheidbar sind folgende Ebenen und Bewegungsfaktoren:

- Strukturelle Ebene: Landesprogramme, Konzepte für Schnittstellengestaltung, verbindende Gelegenheiten, verlässliche Gremien mit Mandat
- Institutionskontext: Einsicht in fachliche Beschränkungen, Ressourcendruck, Ergebnisverantwortung, keine Bedrohung durch Kooperation, Aussichten auf Profite (Qualität; Ressourcen; Reputation; Bestandserhaltung)
- Personenebene: Erleben von eigener Begrenztheit (bei weiter reichenden Zielen), kindzentrierter Fokus, ressortübergreifender Panoramablick, Neugier, Respekt und Wertschätzung für Fremdes, Risikobereitschaft, Fähigkeit zum Teilen, Kontrolle von konkurrierenden Impulsen etc.

Wirksamkeitsaffine Kooperationsziele müssen sowohl mit Zielen der Institution vereinbar als auch an individuelle und fachliche Ziele der Personen anschlussfähig sein. Das Dreieck der Bedingungen gelingender Kooperation umfasst gleichgewichtig die Seiten: Verfahrensstützung, Beziehungs- und Kulturpflege sowie Prozessgestaltung aufgrund von Aushandlung in der unverwechselbaren Situation.

Eine der wenigen empirischen Untersuchungen (N = 20 kooperationsinteressierte Lehrer von vier Hauptschulen sowie ein jugendamtlicher Fachdienst „Schulbezogene Jugendsozialarbeit" mit Präsenz am Ort Schule, N = 7) brachte Aufschlüsse, die dem vorherrschenden programmatischen „Denken ohne Geländer" mit Blick auf Ganztagsbildung Erdung verschaffen (vgl. zum Folgenden Szczyrba 2003):

Kooperationskonzept: Lehrer(innen) verbinden mit dem Vorhandensein von Jugendhilfe Entlastung, wenn es um außerschulisch bedingte Probleme geht. Sie wollen „den Fall" an jene abgeben, die dafür ausgebildet sind und die dafür hauptberuflich in ihrem originären Kerngeschäft Zeit zu erübrigen haben. Der eigene Mitteleinsatz wird als limitiert angesehen. Er kann sich erstrecken von der Akzeptanz von Sozialpädagog(inn)en im Unterricht über den Informationsaustausch und die damit zusammenhängende Zeitinvestition für Gespräche bis zum Anhören und Annehmen von Ratschlägen. Kooperation ist für Lehrkräfte im Vergleich zum Unterrichten eher randständig und ein zusätzliches Anhängsel, das in der inneren Ressourcenplanung nicht ausdrücklich vorgesehen ist. Das vorherrschende Konzept ist benennbar als Weitergabe nach dem Staffelstab-Prinzip. Hingegen ist für Sozialpädagog(inn)en Kooperation zentraler Teil von Selbstverständnis und Kernaufgabe. Kooperation wird als ineinander greifendes Handeln gesehen, mit den Elementen Zielaushandlung, Wegabstimmung, Ausgeglichenheit im Mitteleinsatz (Geben und Nehmen), gemeinsames (als durch gemeinsame Anstrengungen zustande gekommenes) Ergebnis. Kommunikative Dichte und zeitliche Anforderungen sind so betrachtet höher, auch wenn es letztlich zu einem arbeitsteiligen Wirken kommt. Das Kooperationskonzept zielt eher auf ein Verhältnis unter Partnern, die ihre Fähigkeiten flexibel gemäß Situation und je nach Bedarf einsetzen und verzahnen.

*Nutzen und Funktion von Kooperation:* Die befragten Lehrer(innen) benennen als Funktion und Nutzen von Kooperation mit Sozialpädagog(inn)en die Wiederherstellung der Möglichkeiten zur unterrichtlichen Wissensvermittlung im jeweiligen Fach, ihrer Kernaufgabe also. Die Sozialpädagog(inn)en betonen, ohne hier einen Dissens aufzumachen, ergänzend erweiterte Möglichkeiten, u. a. Lehrerberatung (zum Umgang mit Gruppendynamik, Verstehen von störendem Verhalten). Dabei erweist sich die (im Interesse von Vertrauensschutz zu dosierende) Schilderung von außerschulischen Belastungsfaktoren, denen junge Menschen ausgesetzt sind, seitens der Jugendhilfe als nützlich zur Erweiterung der Lehrerwahrnehmung des Jugendlich-Seins.

Förderliche und hinderliche Bedingungen: Hinsichtlich der förderlichen Bedingungen existieren unter Lehrer(innen) geteilte Meinungen, ob auf Freiwilligkeit zu setzen sei oder ob die Schulleitung Kooperation verpflichtend machen sollte. Einig sind sich alle Beteiligten, dass Kooperation nicht immer wieder von neuem beginnen kann. Institutionalisierte Formen werden allseitig begrüßt. Als kooperationsförderlich werden Situationen angesehen, in denen die Schule unter großem Problemdruck steht. Sozialpädagog(inn)en akzentuieren, dass ihre Anwesenheit im Schulalltag neue Einwirkungsmöglichkeiten eröffnet. Dadurch sind „maßgeschneiderte" Unterstützungen von Lehrkräften möglich, die den Schüler(innen) zugutekommen. Gerade weil sich nicht unbedingt schnelle Kooperationseffekte in der Breite einstellen, setzen sie auf die langfristige Perspektive. Darin geht die Erfahrung ein, dass man sich an Kooperation „gewöhnen" muss. Gemeinsame Fortbildung und Kooperationstrainings werden von beiden Berufsgruppen begrüßt. Ziele sind, das Wissen über die Möglichkeiten und Grenzen der Nachbarprofession zu erweitern und auf realistischen Boden zu stellen, also auch Unwissen zu beseitigen und Vorurteile zu bereinigen. Zudem kann so der *Team*-Gedanke an Schulen Einzug halten. Und auch Innovationen wie Stärkung der Beziehungsarbeit und schülerzentrierte Unterrichtskonzepte werden mit Qualifizierung und entlasteter Reflexion verbunden – von beiden Seiten. Kooperationshindernisse liegen gemäß der Untersuchung u. a. in: der Einzelarbeiter-Rolle von Lehrkräften, in den Zeitstrukturen von Schule, im unbefriedigenden Informationsfluss mit der Jugendhilfe, in der (Lehrer-)Erwartung schneller Effekte. Ein erheblicher Teil der Lehrer(innen) verbindet mit Kooperationen keine Verbesserung ihrer als schwierig erlebten Situation. Für die Sozialpädagog(inn)en stellt der Selektionscharakter von Schule ein erhebliches Hemmnis dar. Alle Interviewten monieren die „Praxisferne" und die pädagogischen Leerstellen in den Ausbildungen.

Professionsbilder: Lehrer(innen) erleben im phantasierten Rollenwechsel vor allem positive Aspekte: Hilfemotive, Orientierung am Einzelnen, Beziehungschancen, geringerer Ergebnisdruck, größere Freiräume und Flexibilität für das eigene Handeln. Sozialpädagog(inn)en sehen aus der probehalber eingenommenen Lehrerperspektive als positiv die hohe Bedeutung des Ortes Schule und die Verbindungsmöglichkeiten von kognitiv-fachlichem und sozialem Lernen. Die institutionellen Üblichkeiten (Gruppenprinzip, Notwendigkeit von Regeln, Zeittakte etc.) mit ihrem großen Maß an Einschränkungen werden als negativ beurteilt.

Was erschwert Kooperation? Drei Spielarten von Konkurrenz behindern oft Kooperation: Konkurrenz um Zuständigkeiten (um die Definitionen der Probleme; um Rekrutierung der einfachen und um Abwehr der lästigen Probleme), fachliche Konkurrenz (Welche Institution und welche Profession können die passendsten Konzepte bereitstellen?), Konkurrenz der Träger- und Institutionsinteressen. Woran kann Kooperation auf der interpersonellen Ebene scheitern (vgl. Jungmann 2003)?

- Schwache Profitunterstellung und damit Motivationsmangel: Kooperation scheitert manchmal daran, dass die Mühen einer zeitaufwändigen Zusammenarbeit nicht mit Nutzen wie vor allem gesteigerten Effekten bei Auflösung von Überlastung verbunden werden. Ohne Einsicht in die Notwendigkeit und Willen zur Kooperation wird ein Zusammenspiel keine Kraft entfalten.
- Ungeklärte bzw. unüberbrückbar unterschiedliche Erwartungen: Unterschwellige Erwartungen, wie der andere Partner sein möge, können den fachlichen Kontakt engführen; miteinander unvereinbare Erwartungen der Kooperationspartner werden Prozesse der Zusammenarbeit behindern.
- Konfrontation mit vollendeten Tatsachen: Frühzeitige und umfassende Beteiligung wird bisweilen nicht ernst genug genommen, so dass der Kooperationspartner nur noch zwecks Umsetzung beschlossener Maßnahmen gefragt ist. Schwierig wird es auch, wenn Mitglieder eines Kooperationsnetzes bei neuen Weichenstellungen nicht eingebunden werden. Interessen der Partner gelten gegenüber den eigenen als zweitrangig und Manövriermasse.
- Ergebnisse werden nicht als Kooperationswirkung wahrgenommen: Besonders fatal ist es, wenn positive Wirkungen von einer Seite als eigener Erfolg reklamiert werden und negative Effekte den Partnern zugeschrieben werden.
- Geringe Beachtung der fachlichen Autonomie: Schwierig ist auch, wenn gemeinsame und getrennte Arbeitsfelder nicht genügend markiert sind. In der Steigerung regiert eine Profession in die Zuständigkeitsgebiete des Nachbarn hinein.
- Unverbindlichkeit: Die Gefahr der Unverbindlichkeit erhöht sich, wenn Entscheidungen für vernetzte Arbeitsweisen nicht von der Leitungsebene der kooperierenden Institutionen getroffen werden. Ein Fehlen von schriftlichen Kooperationsvereinbarungen erweist sich als ungünstig.
- Unterschiedspräsentation: Demonstrative Abgrenzungen verhindern tendenziell die Entwicklung von verzahnten Leistungserbringungen.
- Unreflektierte Vorurteile, Nicht-Wissen, ungenügende Kenntnisse: Kooperation wird dadurch beeinträchtigt, dass Zuständigkeiten, Entscheidungsgrundlagen und Kontextzwänge dem jeweils anderen nicht hinreichend bekannt sind.
- Konkurrenz: Gerade bei Überschneidungen der Aufgabenbereiche können Konkurrenzängste und -inszenierungen hinderlich wirken.

Die Kooperationsforschung steht noch Anfang. Auch im Zuge der Ganztagsangebote wurden Kooperationsformen und -muster bis *dato* nicht hinsichtlich von Deutungsmustern und Handlungsorientierungen der Akteure in Kooperationszusammenhängen beschrieben und erklärt. Aus den durch den Verfasser mit dem Verfahren der Dokumentenanalyse untersuchten Kooperationen in schulischen Ganztagsvorhaben – ein Praxisforschungsprojekt für die Deutsche Kinder- und Jugendstiftung (vgl. Thimm 2006) – kann gewissermaßen ein „idealer Kooperationsverlauf" aus Sicht der Beteiligten rekonstruiert werden:

Am Anfang werden Lücken wahrgenommen, die man nicht selbst füllen kann: Man kennt oder sucht Partner. Der Wille zur Zusammenarbeit überwiegt die etwaigen Bedenken. Beide Partner verfügen über ein Bewusstsein von ihren Leistungsmöglichkeiten, Stärken, Grenzen; jeder weiß, was er bieten kann und was nicht. Wenn man ins Gespräch miteinander kommt, sind Unterschiede erlaubt. Diese hindern nicht daran, Verbindendes zu suchen. Eine gemeinsame Planung beginnt früh und lässt allen Gestaltungschancen. Erste Ziele des Kooperationsvorhabens werden verabredet. Die Zumutungen an den anderen bleiben verkraftbar. Von Anfang an darf auch der Partner „gut aussehen". Alle Seiten arbeiten mit den jeweiligen Stärken und haben ein Gespür für den realistischen Rahmen des Möglichen. Die jeweiligen Teilleistungen sind für das Gesamtergebnis entscheidend. Man erlebt die Beiträge als verknüpft für die gemeinsame Sache. Hemmnisse werden auch auf die einschränkenden Umstände rückbezogen, statt personalisiert. Autonomieeinbußen und Kompromisse werden in Kauf genommen, weil der Nutzwert überzeugt. Schließlich werden längerfristige Perspektiven und Zeitaufwände akzeptiert.

Als besonders günstig erweist sich, wenn nicht nur Einzelpersonen zufällig etwas tun, sondern Kooperationen Bestandteile institutionellen Handelns sind. Personen werden unterstützt, indem ihre Aktivitäten Gewicht erhalten – durch Aufträge, Berichtspflichten und Anerkennung im „kollegialen Hinterland". Als förderlich gelten auch festlegende Verfahren, die stützen: besprochene, gar errungene Ziele, Konzepte, definierte Zuständigkeiten, Kooperationsvereinbarungen, Netzwerke. An der Beziehungsseite verläuft Kooperation im besten Falle erfreulich: offen, großzügig, fair. Dann werden auch Fehlschläge, Rivalitäten, Ängste besprechbar. In Praxisvorhaben als besonders relevant erlebte Ermöglichungsbedingungen für Kooperation sind:

- Persönliches Kennenlernen der Komplementärpartner (Aufbau von Vertrauen durch Kommunikation), Wissenssteigerung, Informationsgewinne z. B. zu Arbeitsstrukturen, Aufgabenverständnissen und Angebotsprofilen der Einrichtungen (durch Fachtage, verbindende Fortbildung, institutionalisierte Gremien etc.).
- Einnahme eines Systemblicks, wodurch Handlungszwänge und Grenzen der Komplementärpartner durchschaubar werden. Wechselseitige Fehleinschätzungen und Überforderungen durch „unmögliche Erwartungen" können gemindert werden. So entstehen günstige Grundlagen für die Wahrnehmung und ggf. auch Anerkennung der Leistungen im anderen System.
- Langfristige Perspektiven

## 3 Fortbildung als Kooperationsmedium

Die Förderung von Zusammenarbeit wurde beispielsweise im Land Brandenburg in den vergangenen Jahren durch verschiedene Veranstaltungsformate entlang der Themen Soziales Lernen, Schuldistanz, Kindertagesbetreuung und Schule, Jugendarbeit und Schule, Schulsozialarbeit sowie Integrierte Ganztagskonzepte realisiert. Dazu gehörten: berufsgruppengemischte Fortbildungen in Kursform (bis 20 Tage) für Tandems aus Schule und Jugendhilfe, sozialraumbezogene Ein- und Zweitagesveranstaltungen für ein ganzes Kollegium und für Umfeldpartner (vor allem aus der Jugendhilfe), Zukunftswerkstätten für Steuerungskräfte, Leitbildentwicklungskonferenzen, *Good-practice*-Begegnungswerkstätten, Berufsgruppen verbindende Tagungen.

Ein Beispiel: Durch die Fortbildungsreihe „Integrierter Ganztag" des Landes Brandenburg sollten Lehrkräfte und Beschäftigten in der Jugendhilfe Zugänge der Partner aus Schule und Hort zum Ganztag kennen lernen, Ganztagsangebote aus der Perspektive von Kindern und Jugendlichen wahrnehmen, Ideen für Projekte und Vorhaben im Rahmen von Ganztagsangeboten entwickeln, Kompetenzen für kooperative Konzepterstellung erwerben, Hemmnisse und Ermöglichungsfaktoren für Kooperation erfahren, konkrete Projekte ersinnen. Das Angebot richtete sich insbesondere an Lehrkräfte der Primarstufe und Erzieher(innen) in Horten, die entweder schon kooperierten oder die eine institutionelle Kooperation anstrebten. Angesprochen waren auch Praxisberater(innen) für Kindertagesstätten und schulische Fachberater(innen) für Ganztagspädagogik. Eine Anmeldung war nur im Tandem von Lehrer(in) und Jugendhilfe-Mitarbeiter(in) möglich. Inhalte der Reihen waren: Aufgaben, Arbeitsansätze, Methoden, Grenzen von Schule und von Hortpädagogik, Bedürfnisse und Entwicklungsbedarfe von Kindern und Jugendlichen, pädagogische Leitbilder für eine Schule als Lern- und Erfahrungsort, Gute Praxis (Ganztagsangebote in anderen Bundesländern, Organisationsstrukturen und Qualitätsmerkmale für Kooperation im Alltag, Stolpersteine und gelingende Kooperation), von der Idee zur Durchführung (Schritte für die Umsetzung von Kooperationsvorhaben und die Projektentwicklung). Im Rahmen jeder Einheit gab es für einen oder zwei Standorte ca. zweistündig die Möglichkeit, Probleme und Herausforderungen kollegial zu reflektieren. Jeder Standort erhielt zudem das Angebot von Vor-Ort-*Coaching*.

Qualifizierungen in Brandenburg (durch die Landeskooperationsstelle Schule-Jugendhilfe in Potsdam), aber auch in Niedersachsen (Institut für Berufliche Bildung und Weiterbildung, Göttingen, zur Verknüpfung von Schulsozialarbeit und dem Fach Arbeitslehre) wurden durchgängig positiv sowohl auf der Zufriedenheitsebene mit der Lernkultur in den Veranstaltungen als auch hinsichtlich ihres Wirkungsgrades für praktische Implementierung intern und extern evaluiert (vgl. Kohlmeyer/Mauruszat 2006).

Zwar kann davon ausgegangen werden, dass die Wissensvertiefung über den institutionellen Partner ein erwartbarer Minimaleffekt ist. Inwiefern aber den punktuellen Fortbildungsveranstaltungen eine systematische (etwa institutionelle bzw. kommunale) Planungsstruktur zu Grunde liegt, ob nachhaltige Umsetzungseffekte zu verzeichnen sind und ob gar verzahnte Erziehungs- und Bildungsphilosophien entstehen, liegt bisher weitgehend im Dunkeln. Zudem bleibt, so zeigen informelle Befragungen, der Kreis der kooperationsinteressierten Fachkräfte für „freiwillige Vernetzungsqualifizierung" über die Jahre stabil und überschaubar, so dass nur geringe Ausbreitungseffekte erzielt werden dürften. Eine höhere Qualität lässt sich für neue Vorhaben antizipieren, die als standortinterne sowie standortübergreifende Fachtagskultur etwa zwischen Horten und Grundschulen angelegt sind. Besonders aussichtsreich erscheinen diese Initiativen dann, wenn Leitziele und Qualitätskriterien formuliert und Planungs- und Amtsleitungsebenen integriert wurden.

## 4 Fazit

Durch verbesserte Kooperationsstrukturen und gemeinsame zielgruppengerechte Angebote sollen Kinder und Jugendliche profitieren. Neben einer zukunftsfähigen Bildung geht es in Ganztagsvorhaben auch um informelle Beziehungspflege (*Peer*-Kultur) und sozial-kommunikative Erfahrungen, um bildungshaltige und jugendkulturell attraktive Freizeitgestaltung und um Hilfen zur Lebensbewältigung für Kinder und Jugendliche in erschwerten sozialen Lagen. Mädchen und Jungen lassen sich in ihren Bildungsbemühungen nicht auf den Lernort Schule eingrenzen. Benötigt werden Konzepte, die Schulen mit anderen Lernorten programmatisch vernetzen: etwa mit Werkstätten, Laboren, Internet-Cafés, mit generationenverbindenden Bildungs-, Sorge- und Unterstützungsaktivitäten. Dies wären neue Modelle, die jenseits der etablierten Bahnen und Kreise von Schule und Jugendhilfe liegen.

Um die bildungspolitische Bedeutung und die Wirkung von Fortbildung für pädagogisches Personal zu erhöhen, sollte Qualifizierung berufsbegleitend und projektgenerierend angelegt sein. Das Innovationspotenzial von Fachtagen und Fortbildungen hängt in starkem Maß von der Einbindung der Leitungsebenen ab. Eine Koppelung von Fortbildung mit Projektberatung erscheint besonders aussichtsreich. Zur Sicherung der Nachhaltigkeit der Qualifizierungsgewinne sind Transferstrategien zur Verbreitung und Umsetzung zu entwickeln (vgl. Kohlmeyer/Mauruszat 2006).

Das Verfahren der Kooperation zwischen Fachkräften der Jugendhilfe und Lehrer(innen) wird sich unterschiedlich entwickeln, je nach dem, ob Kooperation freiwillig oder angeordnet, ob sie strukturiert (d. h. geplant, gesteuert, moderiert, ausgewertet) oder unstrukturiert verläuft, ob sie beauftragt durch Politik und Institution oder aus persönlicher Initiative entstand. Kooperation ist ein voraussetzungsvolles Verfahren zur Bearbeitung komplexer Aufgaben. Gelingen bzw. Misslingen entscheiden sich auf den Ebenen Individuum, Herkunftsinstitution, Kooperationszusammenhang, kommunaler bzw. politischer Kontext. Die Aussicht auf Ergebniserwartungen dürfte erhöhte Deckung erfahren, wenn:

- Kooperationsziele mit Zielen der Organisation und ihrer Bezugskontexte (politisch, fachlich etc.) vereinbar sind
- Kooperation als struktureller Bestandteil der Organisation gilt
- Kooperation mit den individuellen und fachlichen Zielen von Personen günstig zusammenspielt
- Kooperationsprozesse zielgerichtet, lernhaltig und Effekt überprüfend angelegt werden (Aktionsplan, Kommunikationspolitik, Ergebnissicherung und -transfer etc.).

## *Literatur*

Holtappels, Heinz Günter (2005): Ganztagsbildung in ganztägigen Schulen – Ziele, pädagogische Konzeption, Forschungsbefunde. In: Fitzner, Thilo/Schlag, Thomas/Lallinger, Manfred (Hg.): Ganztagsschule – Ganztagsbildung. Politik – Pädagogik – Kooperationen. Bad Boll: Edition Evangelische Akademie.

Jungmann, Joachim (2003): Kooperation zwischen Jugendhilfe und Kinder- und Jugendpsychiatrie und Psychotherapie. In: EREV (Hg.): Schwierig – schwieriger – am schwierigsten. Hannover 3/2003.

Kohlmeyer, Klaus/Mauruszat, Regine (2006): Kooperation von Schule und Jugendhilfe. Abschlussbericht der wissenschaftlichen Begleitung zum Modellprojekt. Göttingen: Institut für Berufliche Bildung und Weiterbildung (ibbw) e. V.

Santen, Eric v./Seckinger, Mike (2003): Kooperation: Mythos und Realität einer Praxis. München: Eigenverlag DJI.

Schweitzer, Jochen (1998): Gelingende Kooperation. Weinheim: Juventa.

Szczyrba, Birgit (2003): Rollenkonstellationen in der pädagogischen Beziehungsarbeit. Bad Heilbrunn: Klinkhardt.

Thimm, Karlheinz (2000): Schulverweigerung. Münster: Votum.

Thimm, Karlheinz (2006): Ganztagsschule gemeinsam gestalten. Berlin: Deutsche Kinder- und Jugendstiftung.

# 5

# Theorien, Evaluationen und Planungen

# 5.1

# Theoretische Rahmungen

# Wissensgesellschaft

*Thomas Höhne*

Die Veränderungen von Bildungsprozessen, sowie neuen Formen von Lernen und Sozialisation werden oft mit den grundlegenden Transformationen von Institutionen und Wissensbeständen in Zusammenhang gebracht. Der Terminus der Wissensgesellschaft bietet sich an, die Rahmenbedingungen für verändernde Bildungsprozesse, auch mit Blick auf die Ganztagsbildung, zu thematisieren.

## 1 Diskurse über die „Wissensgesellschaft"

Der Begriff „Wissensgesellschaft" stellt eine populäre Zeitdiagnose dar, um jüngere gesellschaftliche Entwicklungen bzw. Veränderungen zu beschreiben (Hubig 2000; Pongs 1999; 2000; Webster 1995). Es handelt sich um kein konsistentes Konzept, sondern um eine „heterogene Einheit" von Diskursen, deren Aspekt die Rolle des Wissens und der damit verbundenen Veränderungen thematisiert. Auch für die Pädagogik[1] lässt sich eine zunehmende Bedeutung der Wissensgesellschaft als theoretischen Bezugspunkt feststellen, worauf Titel wie „Bildung in der Wissensgesellschaft" (Rosenbladt 1999), „Wissen und Nichtwissen. Herausforderungen für Soziale Arbeit in der Wissensgesellschaft" (Homfeldt/ Schulze-Krüdener 2000), „Pädagogik der Wissensgesellschaft" (Höhne 2003) oder „Erwachsenenbildung in der Wissensgesellschaft" (Nolda 1996) hinweisen. Mit dem Bezug auf die Kategorie der Wissensgesellschaft werden in doppelter Weise konzeptionell und strukturell grundlegende Veränderungen bzw. Innovationen assoziiert. So wird etwa hervorgehoben, dass „das Konzept der Wissensgesellschaft allgemein von der wachsenden Bedeutung des Wissens als Ressource und Basis sozialen Handelns ausgehe. Arbeit sei seit den 70er Jahren wesentlich durch ihren kognitiven Wert, also Wissen gekennzeichnet" (Nolda 2001: 117).

Auf der strukturellen Ebene deutet der Wissensgesellschaftsbegriff vor allem die Verschiebung von Kapital und Arbeit zu Wissen als entscheidender Produktivkraft an (z. B. Stehr 1994). Damit verbunden ist das Konzept der Wissensarbeit. Arbeit habe sich zu einer neuen Form der primär symbolisch ausgerichteten „Wissensarbeit" gewandelt (These der Tertiarisierung der Arbeit) und die neue Elite der „Wissensarbeiter" hervorgebracht (Steinbicker 2001: 38-39; Willke 2002: 214; Stehr 1994; Bell 1973/1976). Andere Begriffe in diesem Zusammenhang lauten Flexibilisierung, Deregulierung, Risikogesellschaft, Neoliberalisierung, Autonomisierung usw. Der konstatierte Bruch in der gesellschaftlichen Entwicklung wird entweder als bereits vollzogen betrachtet (Nolda 2001: 100), oder es

1 „Pädagogik" wird im Folgenden nicht trennscharf von Erziehungswissenschaft unterschieden, sondern bezieht sich begrifflich sowohl auf die wissenschaftliche(n) (Sub)Disziplin(en) als auch auf die unterschiedlichen Praxisfelder und Wissensformen, die damit einhergehen.

wird auf eine in der Entstehung befindliche Wissensgesellschaft (Kuwan/Waschbüsch 1999: 20) rekurriert. So wird auch hervorgehoben, dass „Wissensgesellschaft“ nur einen Ansatz im „Dickicht der Interpretationen“ darstelle (Dewe/Ferchoff 2001: 135). Für die Pädagogik ist Wissensgesellschaft eine zentrale Referenzkategorie,

> „(...), weil hier von bildungspolitischer Seite wohl erstmalig eine Zeitdiagnose prominent gemacht wird, die mit dem Begriff des Wissens zugleich ins Zentrum erziehungswissenschaftlicher Forschung und Reflexion trifft: Mit der ‚Wissensgesellschaft‘ adressiert sich die Bildungspolitik an die Schule als primäre Instanz von Wissensvermittlung“ (Stroß 2001: 84).

Diese Diagnose ist aber deshalb einseitig, da die Pluralisierung der Instanzen der Wissensvermittlung und Aneignungsformen ein entscheidendes Signum der Wissensgesellschaft ausmacht (Seitter 2003: 17; Nolda 2001: 117). Hierdurch relativiert sich das einstmalige Wissensvermittlungsmonopol der Schule, da Medien oder weitere Lernorte in direkte „Konkurrenz“ – oder auch in Komplementarität (Coelen 2004: 253) – zur Schule treten.

Die frühen soziologischen Ansätze zur Wissensgesellschaft der 1960/70er Jahre waren vor allem durch technokratische Vorstellungen der rationalen Systemsteuerung geprägt. So stellte etwa Bell (1973) die zentrale Bedeutung diesen Wissens für die gesellschaftliche Entwicklung heraus und erklärte wissenschaftlich-technisches Wissen zum „axialen Prinzip“ der postindustriellen Wissensgesellschaft. Die neuen „intellektuellen Technologien“ wie Computer und wissenschaftlich-technologisches Wissen böten nun historisch die Möglichkeit, große Systeme und respektive die „Massengesellschaft“ rational zu steuern und unorganisierte Komplexität in organisierte zu verwandeln (vgl. ebd.: 46-48).

In der gegenwärtigen Diskussion um Wissensgesellschaft werden dagegen Elemente wie Risiko, Kontingenz oder Pluralität von Wissen hervorgehoben. Durch die erwähnten sozialen, kommunikativen und raumzeitlichen Entkopplungen und Entbettungen von Wissen komme es auf der Handlungsebene zu erhöhter Kontingenz und gesteigerter Unsicherheit in dem Maße, in dem sich Handlungs- und Entscheidungsoptionen erhöhen (Hargreaves 2003). Dies wird als strukturelles Problem erachtet, dem auch mit Konzepten von „richtigem Wissen“ oder „komplettem Wissen“ nicht bei zu kommen sei. Diese Sichtweise geht nicht nur mit einem veränderten Steuerungsverständnis einher, was Wissen, seinen Umgang, sein „Management“ und auch die Prozesse seines Erwerbs sowie seiner Vermittlung betrifft, sondern es wird – sozusagen als „neue Steuerungsebene“ – die Bedeutung der Wie-Dimension von Wissensvermittlung und -erwerb in den Vordergrund gerückt. Dieser Ebenenwechsel mit der Fokussierung auf Reflexion und Selbstorganisation wird als zentrale Kompetenz für einen adäquaten Umgang mit Risiko und Unsicherheit in der Wissensgesellschaft erachtet (z. B. Haan/Poltermann 2002).

## *1.1 Wandel des Bildungswissens*

Was die Bildungsinhalte bzw. das in Curricula kanonisierte Vermittlungswissen betrifft, ist eine doppelte Transformation im Rahmen der Wissensgesellschaft zu beobachten: Zum einen pluralisieren sich Werte, Normen und Lebensstile mit dem Effekt, dass die curriculare Einheit eines Bildungswissens zunehmend schwieriger zu legitimieren ist. Wissen, in der Unterschiedlichkeit seiner Formen, seiner Vermittlung und Aneignung kann als plural, beobachterrelativ und nebeneinander-heterarchisch geordnet (im Unterschied zu „übergeordnet-hierarchisch") eingestuft werden (vgl. Höhne 2008). Aufgrund dieser sozialen und institutionellen Pluralisierung wird dem individuellen Anteil an Lernprozessen mehr Bedeutung zugesprochen. Diese würden sich, so eine oft geäußerte Ansicht, im Kontext der Wissensgesellschaft individualisieren, was die zweite grundlegende Transformation darstellt. Fähigkeiten wie das „Lernen des Lernens" stellten hierbei die Grundlage eines reflexiven Umgangs mit Wissen und Nicht-Wissen dar (vgl. Wehling 2001). Doch Nicht-Wissen bildet hierbei nicht den Gegensatz zu Wissen oder eine „leere Menge", sondern es werden verschiedene Modi des Nicht-Wissens unterschieden. Hierzu gehören „Irrelevance", „Error", „Uncertainty" oder „Probability", und diese Differenzierungen erforderten, so die These, „a complete sociology of knowledge requires a sociology of ignorance" (Smithson 1985: 151) – und, wie man pädagogisch hinzufügen könnte, eine pädagogisch-didaktische Theorie des Nicht-Wissens (vgl. Treml 1994).

Basil Bernstein hat bereits in den 1970er Jahren auf die veränderte Struktur und die Effekte des Wandels von Bildungswissen in der Moderne hingewiesen: Moderne Gesellschaften würden im Unterschied zu vormodernen Gemeinschaften weniger über einen Kanon einheitlicher Werte zusammengehalten, über den rigide gewacht wird, sondern stützen sich eher „auf die Anerkennung von Unterschieden zwischen den Individuen" (Bernstein 1977: 106). Dies ließe sich auch an der Struktur und der gesellschaftlichen Organisation von Bildungsprozessen ablesen: Weder die Klasse als einheitliche Größe (feste Klassenlehrer-Schüler-Beziehung) noch ein fixes Bildungswissen, das dogmatisch vermittelt würde, stünden in einer modernen, offenen Schule noch im Vordergrund. Schulwissen als vielmehr etwa um die interdisziplinäre Behandlung von Themen gehen (ebd.). Es Vielmehr würden im Unterricht nun „die Mittel, durch die Wissen erzeugt wird" und damit der „Akt des Lernens selbst" (ebd.: 107) relevant werden. Sowohl auf der Ebene der Interaktion zwischen Schülern und Lehrern wie auch auf der Vermittlungsebene bezüglich der Wissensstruktur kommt es zu grundlegenden Veränderungen. So kann es nach Bernstein nicht mehr um die „curriculare Einheit" von Schulwissen gehen, sondern vielmehr um die interdisziplinäre Behandlung von Themen (ebd.) Es werden also mit Blick auf die Veränderungen von Lehr- und Lernprozessen mehrere Verschiebungen deutlich: a) Traditionelle und eng definierte Rollenbilder wandeln und erweitern sich, und ausdrücklich wird neben der klassischen Vermittlerrolle die zunehmende sozialpädagogische Funktion von Lehrern hervorgehoben (ebd.); b) der steigende Stellenwert von Differenzen wirkt sich pluralisierend und individualisierend auf Identität aus; c) Bildungswissen pluralisiert sich und die Methoden und Formen des Umgangs mit Wissen werden bedeutungsvoller.

Eine andere Variante, mit der Pluralisierung von Wissen – und Lernen, so kann man hinzufügen – umzugehen, stellt die funktionale Umdeutung von Allgemeinwissen dar, das nur noch als Erwerb von Kompetenzen Bedeutung habe (Haan/Poltermann 2002). Spezialwissen als qualifizierter Abschluss wird als notwendige, aber nicht mehr hinreichende Bedingung für eine „Arbeitsfähigkeit" *(employability)* erachtet. Zu beobachten ist ein Paradigmenwechsel von der fremdbestimmten und von außen vorgegebenen fixen Qualifikation zum Prinzip der Selbstorganisation(sfähigkeit), das sich historisch bis in die 1970er Jahre durch die Einführung des Konzepts der „Schlüsselqualifikation" durch Dieter Mertens zurückverfolgen lässt. Aufgrund der Strukturveränderungen des Arbeitsmarktes könnten die Anforderungen nicht mehr durch den klassischen Qualifikationsbegriff abgedeckt werden. Notwendig seien „übergeordnete Bildungsziele und Bildungselemente", die im Rahmen der Schlüsselqualifikationen als ein Set übergreifender „Kenntnisse, Fähigkeiten und Fertigkeiten" begriffen werden (Mertens, zit. n. Gapski 2001: 98). Mit diesem diskursiven *take off* von der Fremdorganisation zur Selbstorganisation wird zumeist eine Individualisierung von Lernen und Wissenserwerb assoziiert, bei dem „Kompetenz(en)" als bereichsübergreifendes Dispositionswissen bzw. -können das zentrale Konzept darstellen. Die angesprochene Individualisierung von Wissen ist aber nicht nur die Folge einer institutionellen Transformation (Arbeitsmarkt, Bildungsinstitutionen), sondern führt auch normativ zu einer bemerkenswerten Verschiebung: Von einer ursprünglich sozialen und institutionell ausgerichteten Integration qua Allgemeinwissen hin zu einer (postulierten) Selbstinklusion der Subjekte durch ihr Potenzial an Kompetenzen. Dies hat, so wird kritisch angemerkt, als Effekt eine Individualisierung von Verantwortung für den eigenen Bildungs(miss)erfolg zur Folge (vgl. Doherty 2006).

## *1.2 Kritik am Konzept der Wissensgesellschaft*

Das Konzept der Wissensgesellschaft wurde auch entschiedener Kritik unterzogen, auf die hier nur hingewiesen werden kann: Kritisiert werden u. a. die mangelnde Trennung von Diagnose und Prognose, die funktionalistische Sichtweise vieler Konzepte, die Unklarheit und normative Eliteausrichtung des Begriffs vom (männlichen!) „Wissensarbeiter" sowie die Indifferenz gegenüber Formen neuer sozialer Ungleichheit und dem Problem der Veränderungen von Machtformen (Webster 2004; 1995; Holland-Cunz 2005; Höhne 2003). Doch ist es gerade für pädagogische Analysen mit Rückgriff auf das Konzept der Wissensgesellschaft wichtig, die „Schattenseiten" von Individualisierung zu reflektieren. Denn es lässt sich ein tiefgreifender Wandel der Subjektivierungsformen bzw. Subjektvorstellungen in der Wissensgesellschaft feststellen, wofür Begriffe wie „Ich-AG", „Arbeitskraftunternehmer" oder „Selbstunternehmer" stehen (vgl. Moldaschl 2002: 32). Diese Etikettierungen weisen in Richtung neuer Formen der „Rationalisierung des Selbst" bzw. zur „Ökonomisierung der Subjekte" (ebd.). Hierbei steht die erwähnte Selbstorganisation(sfähigkeit) auf allen denkbaren Ebenen (Individuen, Gruppen, Institutionen/Organisationen) als eine eigene Stufe der Rationalisierung im Vordergrund, durch die es diskursiv zu einer allgemeinen Subjektivierung transsubjektiver Einheiten wie etwa Organisationen kommt – etwa in der Übertragung von „Lernen" auf Organisationen durch das empirisch kaum ausgewiesene Konzept der „Lernenden Organisation". Die damit verbundene Metaphorisierung des Systembegriffs hat eine wichtige Funktion im Wissensgesellschaftsdiskurs – etwa auch, wenn „Systemkompetenz" als zentrales Ziel festgeschrieben wird (Senge 1998; vgl. auch Willke 1998: 47-49).

Bei der theoretischen Bestimmung der Kompetenzen zeigt sich zum einen, dass von den sozialen Bedingungen des Kompetenzerwerbs weitestgehend unberücksichtigt bleiben (Höhne 2003: 83-85). Zum anderen stellt sich der Kompetenzbegriff ambivalent dar, weil zwar größere Möglichkeitsräume für qualifizierte, gebildete und kompetente Personen, nämlich die so genannten Wissensarbeiter(innen) entstehen, aber eine weitaus höhere Zahl an geringer qualifizierten und ausgebildeten Menschen weniger Chancen auf dem Arbeitsmarkt haben wird, was aber im Diskurs kaum thematisiert wird. Daher ist es von entscheidender Bedeutung, die „sozialen Lerngrenzen" (Overwien 2004: 69) bzw. die „sozialen Milieus" (Bremer 2004) als *conditio sine qua non* von Lernen bzw. einer „sozialen Bildung" (Sting 2004) zu begreifen.

Dieser notwendig kritische Blick auf den Wissensgesellschaftsdiskurs ist die Voraussetzung für einen reflektierten Umgang mit dem Konzept, seinen „Blindflecken" und analytischen Schwachstellen. Denn nur mit einem kritischen Begriff der Wissensgesellschaft (vgl. Bittlingmayer/Bauer 2006) können dann auch analytisch wichtige soziale und ökonomische Transformationen wie die Veränderung der Qualifikationsstruktur, der Arbeitsprozesse, der Vermittlungs- und Aneignungsformen von Wissen usw. erfasst werden.

### *1.3 Veränderungen von Bildungsprozessen in der Wissensgesellschaft*

Die Effekte der Individualisierung sind sowohl der Pluralisierung von Normen und Lebensstilen, den Veränderungen von Arbeit als auch den institutionellen Veränderungen (wie etwa der Deregulierung staatlicher Bildungsinstitutionen) geschuldet. Dies hat wesentlich mit der Globalisierung und der Neukonfiguration politischer und privater Akteure zu tun: Organisationen bilden in vielerlei Weise nämlich die neuen Akteure einer global(isiert)en Wissensgesellschaft, die die Hauptakteure neuer transnationaler Formen der Steuerung und *Governance* darstellen (Lipietz 1992). OECD, Weltbank oder UNESCO nehmen über internationale Bildungsvergleichsstudien direkten Einfluss auf nationale Bildungspolitiken und definieren etwa Standards für Grundbildung – so in der PISA-Studie – und insofern für nationale Curricula mit (Fuchs 2003). Staatliche, halbstaatliche, zivilgesellschaftliche und private Akteure bilden hierbei Netzwerke eines transnationalen Korporatismus (Lipietz 1992: 199), durch den ein paradigmatischer Regimewechsel von einer Programm-orientierten Input-Steuerung zu einer Performance-orientierten Outputsteuerung induziert wird (Radtke 2003). Mit dieser Entwicklung geht der grundlegende Widerspruch von (postulierter) Autonomie bzw. Individualisierung auf der einen Seite und heteronomer Re-Standardisierung (Standardisierung von Bildungsabschlüssen, Evaluation und Einführung betriebswirtschaftlicher Steuerungsmittel zur Ermittlung von Bildungsqualität) auf der anderen Seite einher.

## 2 Folgen für (Ganztags-)Bildung in der Wissensgesellschaft

Aus den beschriebenen Veränderungen von Wissen, Institutionen und Lernen lassen sich einige mögliche Konsequenzen und Probleme für Bildungsprozesse in der Wissensgesellschaft formulieren. Die Frage, die sich hierbei zuerst stellt, lautet: Welche Effekte sind angesichts der Transformationen für die Gestaltung von Lehr- und Lernprozessen innerhalb und außerhalb von Schule und im Kontext von Ganztagsbildung zu erwarten? Für die Schule könnte dies bedeuten, das sie nur noch eine Art kulturelle Grundversorgung bzw. Grundbildung durch den Erwerb von Kulturtechniken, Grundwissen und bestimmten Kompetenzen sicherzustellen hat, während weiteres Wissen und zusätzliche Kompetenzen durch eine Art *on-the-job-training* erworben und somit einem *just-in-time-Prinzip* unterworfen werden. Für die Sicherung von Kernwissen und Kernkompetenzen stellt das Kerncurriculum ein wichtiges Konzept dar, denn dadurch soll Grundbildung qua Vermittlung von Kulturtechniken, von Grundwissen und bestimmten Basiskompetenzen gewährleistet werden (Böttcher/Kalb 2002). Kerncurricula folgen hierbei einer grundlegend anderen Bildungslogik als die in den internationalen Bildungsstudien wie TIMSS und PISA zugrunde gelegten Kriterien einer vor allem funktional ausgerichteten Kompetenz- und Outputorientierung. Sie sind eher demokratisch legitimiert als Bildungsstandards, die transnational *top-down* vorgegeben werden, sie bewegen sich im nationalen Rahmen und sind daher stärker nationalen und kulturellen Besonderheiten angepasst, sie wirken sozial ausgleichend, d. h. haben einen egalisierenden Effekt, was den Wissens- und Kompetenzerwerb von Schüler(inne)n betrifft, sie orientieren sich an Inhalten und einem altersgemäßen Erwerb von Wissen und Können.

Mit der Pluralisierung von (möglichen) Lernorten wird auch auf die zunehmende Bedeutung von lebenslangem und auch „informellen Lernens" hingewiesen (Overwien 2004). Es zeigt sich somit eine doppelte, d. h. zeitlich-räumliche Entgrenzung von Lernen. Die damit verbundene „Entgrenzung von Arbeit und Leben" (ebd.: 51) hat eine Expansion von Lernen in Bereiche wie „Arbeitsplatz", „soziale Bewegungen", „neue Medien", „Freizeit" zur Folge. Diese Tendenz zur Entgrenzung würde „durch die Schwierigkeit verstärkt, die sich erweiternde Vielfalt von Lerngegenständen innerhalb der ‚Wissensgesellschaft' noch curricular zu erfassen" (ebd.). Ein wichtiges theoretisches Problem stellt sich also in der geeigneten Bestimmung des Verhältnisses von Schule als zentraler sozialer, institutioneller Vermittlungsinstanz für Wissen und Kompetenz und der außerschulischen Lernfelder.

Als Konsequenz aus den beschriebenen Entgrenzungsprozessen wären integrative Konzept zu entwickeln, welche der Vielzahl unterschiedlicher Lerngelegenheiten und Lernorte sowie den unterschiedlichen Lernformen (*Blended learning, online*-Lernen usw.) Rechnung tragen. Lernen ist, wie oben betont, zunehmend zeitlich und räumlich entkoppelt. Eine alternative Form der Kopplung – und gegenläufig zur institutionellen Entdifferenzierung – stellt die Vernetzung von Schule und außerschulischen Institutionen dar, die bei der Gestaltung von Lernen miteinander zielgruppen- und kohortenspezifisch kooperieren müsste (vgl. Coelen 2004). Dabei könnte das Ziel sein, die Individualisierungstendenz von Bildungsprozessen sozial durch neue Kooperations- und Vernetzungsformen zu stützen und gegen Risiken der Exklusion abzufedern. Denn erfolgreiche Bildungsbiographien, dies haben bildungssoziologische Forschungen gezeigt, werden vor allem sozial(strukturell) und politisch reguliert und sind nicht lediglich das Resultat individueller Anstrengungen oder Fähigkeiten, wie die Befunde zur „Bildungsarmut" in Deutschland zeigen (Allmendinger/Leibfried 2003). Abstrakte und von allen sozialen Kontexten absehende Forderungen nach Kreativtechniken, Fähigkeiten zur Selektion von Information, Handlungskompetenz, Selbstmanagement, Reflexionsfähigkeit, Teamfähigkeit, Moderation, Selbstdarstellung (z. B. Haan/Poltermann 2002: 330) nützen in diesem Zusammenhang wenig. Denn diese normativen Bestimmungen von Kompetenz(en) blenden die Widersprüche, Probleme, sozialen Restriktionen und „Dysfunktionalitäten" aus, die biographisch in jedem Subjekt und strukturell in jedem sozialen Lern- und Wissenserwerbsprozess bestehen. Die Konzepte von „Deinstitutionalisierung", „Individualisierung" und „Entgrenzung" zeigen einen anderen Modus der sozialen Regulation von Lernen an, doch implizieren sie nicht, dass Lernen nur „individuell" und damit vor-sozial stattfindet. Zurecht ist darauf hingewiesen worden, dass „Bildung ein umkämpftes, von Herrschaftsstrukturen durchdrungenes Feld" sei (Bremer 2004, 269). Mit einer einseitigen Betonung des Erwerb individueller Kompetenzen wird ein pädagogisches Leitbild nach den Bildungsvorstellungen eines mittel- und oberklassenspezifischen Habitus kreiert, bei dem die freie Selbstentfaltung durch Bildung „Ausdruck eines Privilegs oben stehender, nach Distinktion strebender Milieus" ist (Bremer 2004: 269). Eine solche Trennung von Lernen und sozialen Regulierungsformen ist analytisch wie normativ nicht angebracht.

Vielmehr muss daran erinnert werden, dass Wissen und Bildung in der Wissensgesellschaft ein entscheidendes kulturelles Kapital darstellen. Es kann nach Form, Verteilung und Position des Inhabers im sozialen Raum in soziales, kulturelles oder ökonomisches Kapital konvertiert werden (Bourdieu 1983/1997). Denn es ist das Wissen das in der Wissensgesellschaft „selbst zur Grundlage sozialer Ungleichheit", da es „relativ unmittelbar soziale Vorteile bzw. Nachteile in der Form von Einfluß, Ansehen, Macht und Herrschaft mit sich bringt" (Stehr 1994: 185).

Innerhalb von Pädagogik, Politik und Wirtschaft wird mit neuen Subjektvorstellungen bzw. Menschenbildern operiert, die in Begriffen wie „flexibles Subjekt" zum Ausdruck kommen. Um keiner Pädagogisierung sozialer und ökonomischer Probleme Vorschub zu leisten, ist es notwendig, pädagogische Konzepte wie Lebenslanges Lernen und Kompetenz genauer und kritischer als bisher zu beleuchten und sie mit soziologischen Analysen und Befunden zu verknüpfen. Im Anschluss an bildungstheoretische Perspektiven muss erforscht werden, welches Wissen, welche Kompetenzen und welches Vermögen sich Subjekte im Kontext der Wissensgesellschaft aneignen (sollen), in welchem Verhältnis Wissen und Kompetenz stehen, welche Subjektvorstellungen damit korrelieren und welche Brüche und Widersprüche damit verbunden sind.

Es ist zu untersuchen, ob und inwiefern sich schulisches Wissen in Zukunft auf die Vermittlung elementarer Fertigkeiten und Basiswissen – Stichworte „Kerncurriculum", „Kernkompetenzen" – beschränken wird bzw. welche Selektionskriterien angesichts der Krise des repräsentativen Wissens noch zur Verfügung stehen, die traditionell seine curriculare Einheit verbürgten. Der Abbau staatlich garantierter Bildung und die zunehmende „Verantwortung" des Einzelnen für seine Aus-, Fort- und Weiterbildung stellen sich ergänzende Prozesse dar, wobei sich die sozialen Anforderungen an die individuelle Gestaltung von Bildungsverläufen signifikant erhöht haben. In einer solchen Forschungsperspektive müssen die Entstrukturierung bzw. Deregulierung von Bildungsinstitutionen, ihre Effekte auf individuelle Bildungsverläufe und die Transformation des Vermittlungswissens untersucht werden. Der Individualisierung von Risiken und Deinstitutionalisierung von Bildungsbiographien kann von Seiten der Erziehungswissenschaft und der Bildungspolitik nicht einzig mit dem Konzept inhaltsunspezifischer Kompetenzen begegnet werden. Hier sind neue und institutionenübergreifende transitorische Bereiche und Felder durch Vernetzung verschiedener Akteure zu schaffen und sozial, d. h. institutionell zu gestalten, um Übergänge und Veränderungen zu ermöglichen. Auch in der Wissensgesellschaft werden Subjekte nicht einfach freigesetzt, sind dann autonom und von allen sozialen Möglichkeiten und Restriktionen entbunden, die vorher nur eingeschränkt hätten. Wenn die Deregulierung staatlicher Bildungsinstitution nicht die Form einer begriffslosen Destruktion annehmen soll, so gilt es, Veränderung durch eine sachgemäße, sachte und soziale Dekonstruktion des Alten und Unzeitgemäßen politisch zu gestalten. Dazu kann das Konzept einer institutionenübergreifenden Ganztagsbildung beitragen, um den Möglichkeiten und Herausforderungen genauso wie den Ungewissheiten und Risiken der Wissensgesellschaft für den Einzelnen konzeptionell zu begegnen.

## *Literatur*

Allmendinger, Jutta/Leibfried, Stephan (2003): Bildungsarmut. In: Aus Politik und Zeitgeschichte H. 21-22/ 2003: 6-11.

Arnold, Rolf/Nolda, Sigrid/Nuissl, Ekkehard (2001) (Hg.): Wörterbuch Erwachsenenpädagogik. Bad Heilbrunn: Klinkhardt.

Bell, Daniel (1973): Die nachindustrielle Gesellschaft. Frankfurt a. M./New York: Campus.

Bernstein, Basil (1977): Beiträge zu einer Theorie des pädagogischen Prozesses. Frankfurt a. M.

Bittlingmayer, Uwe H./Bauer, Ullrich (2006) (Hg.): Die „Wissensgesellschaft". Mythos, Ideologie oder Realität. Wiesbaden: VS Verlag für Sozialwissenschaften.
Bourdieu, Pierre (1983/1997) (Hg.): Ökonomisches Kapital – Kulturelles Kapital – Soziales Kapital. In: Die verborgenen Mechanismen der Macht. Hamburg: VSA: 49-80.
Böttcher, Wolfgang/Kalb, Peter E. (2002): Kerncurriculum. Was Kinder in der Grundschule lernen sollen. Eine Streitschrift. Weinheim: Beltz.
Bremer, Helmut (2004): Milieus, Habitus, soziale Praxis und Lernen. In: Faulstich, Peter/Ludwig, Joachim (Hg.): Expansives Lernen. Baltmannsweiler: Schneider: 263-274.
Coelen, Thomas (2004): ‚Ganztagsbildung' – Integration von Aus- und Identitätsbildung durch die Kooperation zwischen Schule und Jugendeinrichtungen. In: Otto/Coelen (Hg.): 247-268.
Dewe, Bernd/Ferchoff, Wilfried (2001): Wissensgesellschaft. In: Arnold, Rolf/Nolda, Sigrid/Nuissl, Ekkehard (Hg.): Wörterbuch Erwachsenenpädagogik. Darmstadt: Klinkhardt.
Doherty, Robert A. (2006): Towards a Governementality Analysis of Education Policy. In: Maurer/Weber (Hg.): Gouvernementalität und Erziehungswissenschaft. Wiesbaden: VS Verlag für Sozialwissenschaften: 51-62.
Fuchs, Hans-Werner (2003): Auf dem Weg zu einem Weltcurriculum. Zum Grundbildungskonzept von PISA und der Aufgabenzuweisung an die Schule. In: ZfPäd (49. Jg.) H. 2: 161-179.
Gapski, Harald (2001): Medienkompetenz. Opladen: Leske + Budrich.
Haan, Gerhard de/Poltermann, Andreas (2002): Bildung in der Wissensgesellschaft. In: Heinrich Böll Stiftung (Hg.): Gut zu wissen. Links zur Wissensgesellschaft. Münster: Westfälisches Dampfboot 310-341.
Hargreaves, Andy (2003): Teaching in a Knowledge Society: Education in the Age of Unsecurity. New York: Teachers College Press.
Höhne, Thomas (2003): Pädagogik der Wissensgesellschaft. Bielefeld.
Höhne, Thomas (2008): Wissen: Konzepte der Wissensgesellschaft, Produktion und Reproduktion von Wissen, Probleme der Didaktik. In: Oelkers u. a. (Hg.): Handwörterbuch Erziehungswissenschaften. Weinheim (i. E.).
Holland-Cunz, Barbara (2005): Die Regierung des Wissens. Opladen: Leske + Budrich.
Homfeldt, Hans Günther/Schulze-Krüdener, Jörgen (2000) (Hg.): Wissen und Nichtwissen. Herausforderungen für Soziale Arbeit in der Wissensgesellschaft. Weinheim: Juventa.
Hubig, Christoph (Hg.) (2000): Unterwegs zur Wissensgesellschaft: Grundlagen – Trends – Probleme. Berlin: edition sigma.
Kuwan, Helmut/Waschbüsch, Eva (1999): Wissensgesellschaft und Bildungssystem – Ergebnisse aus dem „Bildungs-Delphi". In: Rosenbladt: 19-36.
Lipietz, Alain (1992): Allgemeine und konjunkturelle Merkmale der ökonomischen Staatsintervention. In: Demirovic, Alex u. a. (Hg.): Hegemonie und Staat. Kapitalistische Regulation als Projekt und Prozeß. Münster: Westfälisches Dampfboot: 182-203.
Moldaschl, Manfred (2002): Ökonomien des Selbst. Subjektivität in der Unternehmergesellschaft. In: Klages/Timpf (2002): Facetten der Cyberwelt. Subjektivität, Eliten, Netzwerke, Arbeit, Ökonomie, Hamburg: VSA: 29-62.
Nolda, Siegrid (Hg.) (1996): Erwachsenenbildung in der Wissensgesellschaft. Bad Heilbrunn: Klinkhardt.
Nolda, Siegrid (2001): Vom Verschwinden des Wissens in der Erwachsenenbildung. In: ZfPäd (47. Jg.) H. 1/2001: 101-120.
Overwien, Bernd (2004): Internationale Sichtweisen auf ‚Informelles Lernen'. In: Otto, Hans-Uwe/Coelen, Thomas (Hg.): Grundbegriffe der Ganztagsbildung. Beiträge zu einem neuen Bildungsverständnis in der Wissensgesellschaft. Wiesbaden: VS Verlag für Sozialwissenschaften: 51-76.
Pongs, Armin (Hg.) (1999): In welcher Gesellschaft leben wir eigentlich? (Gesellschaft X Bd. 1). München: Dilemma.
Pongs, Armin (Hg.) (2000): In welcher Gesellschaft leben wir eigentlich? (Gesellschaft X Bd. 2). München: Dilemma.
Radtke, Frank-Olaf (2003): Die Erziehungswissenschaft der OECD. Aussichten auf die neue Performanzkultur. In: Nittel, Dieter/Seitter, Wolfgang (Hg.): Die Bildung des Erwachsenen. Bielefeld: Bertelsmann: 277-304.
Rosenbladt, Bernhard v. (Hg.) (1999): Bildung in der Wissensgesellschaft. Münster: Waxmann.
Seitter, Wolfgang (2003): Aneignung: Entwicklung und Ausdifferenzierung eines Konzepts. In: Nittel, Dieter/Seitter, Wolfgang (Hg.): Die Bildung des Erwachsenen. Bielefeld: Bertelsmann: -24.
Senge, Peter (1996): Die Fünfte Disziplin. Stuttgart: Klett-Cotta.
Smithson, Michael (1985): Toward a Social Theory of Ignorance (1985). Journal for the Theory of Social Behaviour (Vol. 15) No. 2/1985: 151-172.
Stehr, Nico (1994): Arbeit, Eigentum und Wissen: zur Theorie von Wissensgesellschaften. Frankfurt a. M.: Suhrkamp.
Steinbicker, Jochen (2001): Zur Theorie der Informationsgesellschaft. Opladen: Leske + Budrich.

Sting, Stephan (2004): Soziale Bildung. In: Otto, Hans-Uwe/Coelen, Thomas (Hg.): Grundbegriffe der Ganztagsbildung. Beiträge zu einem neuen Bildungsverständnis in der Wissensgesellschaft. Wiesbaden: VS Verlag für Sozialwissenschaften: 77-84.
Stroß, Anette Miriam (2001): Die „Wissensgesellschaft" als bildungspolitische Norm? In: Sozialwissenschaftliche Literatur Rundschau (42. Jg.) H. 1/2001: 84-100.
Treml, Alfred K. (1994): Über Unwissenheit. In: ZfPäd (40. Jg.) H. 4/1994: 529-537.
Webster, Frank (1995): Theories of the information Society. London/New York: Routledge.
Webster, Frank (2004): The Information Society Reader. London/New York: Routledge.
Wehling, Peter (2001): Jenseits des Wissens? Wissenschaftliches Nicht-Wissen aus soziologischer Perspektive. In: Zeitschrift für Soziologie (30 Jg.) H. 6/2001: 465-484.
Willke, Helmut (1998): Systemisches Wissensmanagement. Stuttgart: UTB.
Willke, Helmut (1999): Die Wissensgesellschaft. In: Pongs (Hg.): 259-280.
Willke, Helmut (2002): Dystopia. Studien zur Krisis des Wissens in der modernen Gesellschaft. Franfurt a. M.: Suhrkamp.

# Entgrenzung

*Susann Fegter / Sabine Andresen*

Der Begriff der Entgrenzung wird in der öffentlichen und wissenschaftlichen Diskussion zur Charakterisierung zeitgenössischer Transformationsprozesse im Bereich von Bildung Erziehung und Betreuung verwendet. Er stammt aus der Industrie- und Arbeitssoziologie und wurde dort im Zusammenhang der Diagnose einer gegenwärtigen „Entgrenzung von Arbeit und Arbeitskraft" (Voß 1998: 2) geprägt. Mittlerweile ist er in den erziehungswissenschaftlichen und sozialpädagogischen bzw. sozialarbeiterischen Diskurs eingegangen. Auch hier wird das „Entgrenzungsparadigma" vom Pluralisierungsbegriff abgegrenzt:

> „Während Pluralisierungsprozesse in einem weiter bestehenden Rahmen ablaufen, wird bei der Entgrenzung dieser Rahmen gesprengt. (...) Die Veränderungen entspringen zwar der Logik der historischen Entwicklungs- und Krisendynamik, weisen aber eine andere Logik auf als die, nach der das bisherige gesellschaftliche System reguliert wurde und wird" (Böhnisch u. a. 2005: 97).

Zum Aspekt der neuen Logiken und der Neuordnung des gesellschaftlichen Systems kommt der Aspekt der Neuschneidung von Grenzen hinzu:

> „Der Begriff (der Entgrenzung, d. V.) schließt Merkmale von Entstrukturierungen und Entstandardisierungen ein, geht aber zugleich über sie hinaus, indem er die Ausweitung bzw. die Öffnung des jeweiligen Bereichs und die Durchdringung mit jeweils anderen Bereichen signalisiert. (...) Zugleich bringen die Entgrenzungen auch selbst wieder Grenzen hervor und lassen Kernbereiche des Ausgangssystems bestehen" (Kirchhöfer 2004: 24).

In diesem Sinne ist auch Ganztagsbildung als Entgrenzungsphänomen zu sehen.

Obwohl Entgrenzung mit dem Präfix „Ent-" eine Auflösung und einen Wegfall von Grenzen suggeriert, kann festgehalten werden, dass es sich um Prozesse der Verschiebung, der Neuordnung, der Neuschneidung von Grenzen handelt, die mit neuen Begrenzungen einhergehen (vgl. auch Kirchhöfer 2005). Es geht zudem immer um eine Neuordnung von Relationen, in diesem Fall im Kontext von Bildung, Erziehung und Betreuung sowie in den Lebenswelten von Kindern und Jugendlichen. Solche Prozesse der Neuordnung im gesellschaftlichen Gefüge sind als komplexe und machtvolle Prozesse zu verstehen. Sie verweisen auf „tief greifende strukturelle Veränderungen (...), die nicht ohne Risiko sind" (Minssen 2000: 14).

Zudem handelt es sich um historische Phänomene: Schon früher haben solche Grenzverschiebungen im Verhältnis von Bildung, Erziehung und Betreuung stattgefunden. Es stellt sich immer auch die Frage nach den historisch spezifischen Rahmenbedingungen solcher Transformationsprozesse und ihrer zeitgenössischen Relevanz für gesellschaftliche Ordnungen und Sozialstrukturen. Deshalb halten wir folgende Fragen für zentral:

- Welche Entgrenzungsphänomene werden im Kontext von Bildung, Erziehung und Betreuung diskutiert und sind für das Konzept der Ganztagsbildung relevant?

– Welche Grenzen verschieben sich dabei? Welche Relationen werden neu geordnet? Welche neuen Begrenzungen entstehen?
– Welche Forschungsfragen stellen sich im Zusammenhang dieser Phänomene?

Der vorliegende Artikel verfolgt im Anschluss an die erste Frage das Ziel, eine Systematisierung der entsprechenden Entgrenzungsphänomene vorzunehmen. Drei Ebenen werden hierbei unterschieden: 1. Die gesamtgesellschaftliche Ebene, 2. Die Ebene der Bildungs-, Erziehungs-, und Betreuungsinstitutionen im Verhältnis zueinander, 3. Die Ebene der Bildungs- und Lernprozesse. Anschließend an die Frage nach den neuen Grenzen und Relationen werden Aspekte der Verschiebung hervorgehoben und Risiken der Verstärkung sozialer Ungleichheit aufgezeigt. Der Artikel schließt mit Forschungsfragen.

# 1 Die gesamtgesellschaftliche Ebene

Entgrenzungen werden diskutiert mit Blick auf die gesamtgesellschaftlichen Verhältnisse, in denen Kinder und Jugendliche aufwachsen. Hierbei spielt die Entgrenzung von „Arbeit" und „Leben" eine wichtige Rolle: Dies meint die Auflösung der traditionellen strukturfunktionalistisch gedeuteten Funktionen von Erwerbsarbeit und Privatleben/Familie und das Ineinandergreifen dieser ehemals getrennten Lebensbereiche (Voss 1998). Dies äußert sich zum einen darin, dass Wertesysteme und Organisationsprinzipien aus dem ökonomisch-betrieblichen Bereich in den Privatbereich hineinragen: „Externe Härten wie Erfolgs- und Leistungsdruck, monetäre Steuerungsmechanismen, Sach- und Rationalitätslogiken (...) durchdringen den Privatraum der Familie" (Meyer 2002: 218).

Zum anderen gehen umgekehrt Tätigkeiten, Beziehungsformen und Umgangsweisen, die zuvor dem reproduktiven Bereich zugeordnet waren, in die produktive Sphäre über. Diese Seite des Wandels wird auch als „Feminisierung" diskutiert: Damit ist dann nicht die Ausweitung der Anzahl weiblicher Arbeitskräfte gemeint, sondern die Ausweitung der „Dispositive der Unterwerfung, die in historischer Perspektive vor allem Frauen betreffen" (Revel 2004, zit. n. Forster 2007: 72).

Die Familie als zentraler Akteur im Kontext von Bildung, Erziehung und Betreuung ist von diesen Veränderungen unmittelbar betroffen. Der Alltag in privaten Lebensformen ändert sich und dies hat Auswirkungen für das Aufwachsen von Kinder und Jugendlichen (vgl. Jürgens 2005). So erzeugt z. B. die Flexibilisierung von Arbeitszeiten und Arbeitsorten einen veränderten Betreuungsbedarf von Kindern (aber auch von alten Angehörigen). Dadurch verschieben sich im Gefolge der Entgrenzung von Arbeit und Leben auch die Relationen im Bereich von Erziehung, Betreuung und Bildung: Die Gleichung Familie = Betreuung geht (schon lange) nicht mehr auf. Hier spielt auch die Ablösung vom männlichen Alleinverdienermodell eine zentrale Rolle (vgl. Lange 2006).

## *1.1 Die Entgrenzung des Sozialstaats*

Liegt im arbeitssoziologischen Diskurs der Fokus auf der Arbeitsgesellschaft als sich transformierender Größe, überträgt der Diskurs der Sozialen Arbeit die Perspektive der Entgrenzung auf den Sozialstaat. Im Zusammenhang mit dem Strukturwandel der Arbeitsgesellschaft wird eine dortige Krise diagnostiziert.

> „Diesen gesellschaftlichen Umbruchprozess in seinen Konsequenzen für sozialpädagogisches Denken und Handeln versuchen wir mit dem Begriff der Entgrenzung reflexiv ‚einzufangen'. Damit ist die teilweise Erosion oder gänzliche Auflösung bestehender regulativer Begrenzungen (und eben auch Zuständigkeiten) des Sozialen und Politischen, aber auch von Strukturen des Alltags gemeint" (Böhnisch u. a. 2005: 96).

In diesen Zusammenhang gehören der „aktivierende Sozialstaat" sowie der Umbau wohlfahrtstaatlicher Systeme, mit denen sich die Situation für Kinder und deren Eltern verändert (vgl. Lange 2006). Entgrenzung meint hier die Auflösung und Veränderung der traditionellen Zuständigkeiten und institutionellen Ordnungen im Sozialstaat, im Besonderen auch die Veränderung der Aufgabenbereiche von Sozialarbeit und Sozialpolitik.

### *1.2 Die Entgrenzung des Pädagogischen*

Aus gouvernementalitätstheoretischer Perspektive (Foucault) kennzeichnen die gegenwärtigen Transformationsprozesse der Arbeitsgesellschaft und des Sozialstaats eine veränderte Form des Zugriffs auf die Subjekte: Neoliberale „Regierung"als „Führung der Subjekte" ruft deren Selbstführung an; die Anforderungen werden direkt am Individuum angesetzt und in dessen Eigenverantwortung verlagert. Als gute(r) Bürger(in) eignet man sich heute flexibel und selbstgesteuert sein Leben lang das jeweils nötige Wissen an, um „fit" für den Arbeitsmarkt zu bleiben und die eigenen Humanressourcen optimal zu entfalten. Kennzeichnend ist, dass diese Diskurse mit der pädagogischen Idee der Lern-, Entwicklungs- und Fördermöglichkeit des Einzelnen operieren und sie in Bereiche der (Sozial-)Politik, des Strafvollzugs etc. transferieren. Deshalb wird die gegenwärtige Transformation der Subjektivierungsweisen auch als „Entgrenzung des Pädagogischen" diskutiert (Höhne 2000). Relevanz für den Bereich der Ganztagsbildung entwickelt diese Form der Subjektivierung z. B. in Form der gestiegenen Bedeutung des informellen Lernens (vgl. Tully 2006a) sowie des Konzepts des lebenslangen Lernens (vgl. Pongratz 2006).

### *1.3 Die Entgrenzung von Kindheit und Jugend*

Die gesellschaftlichen Lebensphasen Kindheit und Jugend haben sich unter dem Einfluss oben skizzierter Transformationsprozesse verändert. Sie selbst scheinen dem Prozess einer widersprüchlich forcierten Entgrenzung zu unterliegen (vgl. Jurczyk u. a. 2005; Böhnisch u. a. 2005). Dabei sind verschiedene Dimensionen von Entgrenzung in den Argumentationen und Analysen zu unterscheiden:

Erstens wird Entgrenzung auf einen veränderten gesellschaftlichen Zugriff auf Kinder und Jugendliche bezogen, der die Konzepte „Kindheit als Schonraum" bzw. „Jugend als Moratorium" unterläuft: Die Wiederentdeckung der Kindheit als Bildungsphase, die im Zwölften Kinder- und Jugendbericht (im Folgenden mit „12. KJB" abgekürzt) ihren Ausdruck in dem Slogan „Bildung von Anfang an!" findet, wird in diesem Sinne kritisch im Kontext einer „Ökonomisierung des Bildungsdiskurses" verortet (vgl. Lange 2006) und als Entgrenzung von Kindheit diskutiert: Wurde Kindheit einmal dezidiert gegen die Arbeits-Erwachsenenwelt abgegrenzt, adressieren aktuelle bildungspolitische Debatten das Kind heute primär als Träger künftigen Arbeitspotenzials, das möglichst schnell und effektiv dem Arbeitsmarkt zugeführt werden soll (vgl. Bernhard 2005). Diese Durchdringung pädagogischer Diskurse mit einer ökonomischen Semantik stellt die Soziale Arbeit vor besondere Herausforderungen. Ähnlich sieht es in Bezug auf das jugendpädagogische Moratoriumsmodell aus: Galt Jugend in den 1970er Jahren als besondere Phase sozialen und politischen Lernens, wird heute eine Entkoppelung von Jugend und gesellschaftlicher Erneuerung konstatiert und als „Entgrenzung von Jugend" gefasst (vgl. Schröer 2004; Böhnisch u. a. 2005): Technische Innovationen und der Strukturwandel der Arbeitswelt geben die Bedingungen vor, unter den sich Jugendliche in die Erwachsenenwelt eingliedern müssen. Sie stehen frühzeitig in einer Generationenkonkurrenz und sind sozialen Risiken ausgesetzt, auf die sie nicht vorbereitet sind. Die Moratoriumsphase ist damit sozial und zeitlich-biographisch aufgebrochen (vgl. Böhnisch u. a. 2005).

Zweitens wird Entgrenzung von Kindheit und Jugend auf eine Entstandardisierung (im zeitlichen Verlauf) von Bildungsbiographien und Lebensverläufen bezogen: Der 12. KJB thematisiert dies als „zeitlich-biographische Entgrenzung von Bildung Erziehung und Betreuung" (BMFSFJ 2005: 73): Gemeint ist die Auflösung klarer Übergänge, fester zeitlicher Abläufe und Zeitpunkte: So gehört es heute zur Normalität, dass Schulabschlüsse später nachgeholt werden, Rentner(innen) studieren und Kinder schon Universitäten besuchen. Wann zudem die einzelnen Abschnitte und Etappen der Bildungsbiographien beginnen und enden, ist uneinheitlich geworden. Statt früher geordneter Statusübergänge ins Erwachsenalter sind heute unüberschaubare Übergänge kennzeichnend. Sie gehen in der Lebenszeit der „jungen Erwachsenen" ineinander über (vgl. Schröer/Böhnisch 2006).

Zu dieser Auflösung klarer Grenzen zwischen den Generationen trägt bei, dass manche jüngere Menschen (meist unabhängig von schulischem Einfluss) durch außerschulische Kurse und nicht-formalisierte Lerngelegenheiten – wie z. B. die Nutzung computergestützter Lernprogramme in der Freizeit – zu Expert(inn)en auf Gebieten werden, zu denen manche Erwachsenen nur schwer Zugang haben (vgl. Fölling-Albers 2000). Die Rede von der Entgrenzung von Kindheit und Jugend markiert somit die veränderten Lebenswelten von Kindern und Jugendlichen unter der Perspektive einer Entstandardisierung und Öffnung gegenüber der Erwachsenenwelt. Das Bildungssystem und seine Institutionen sind gefordert, auf diese Transformationen angemessen zu reagieren. Das Konzept Ganztagsbildung ist als eine solche Antwort zu verstehen.

## 2 Die Ebenen der Bildung-, Betreuungs- und Erziehungsinstitutionen

Betrachten wir Entgrenzung auf der Ebene der Bildungs-, Betreuungs- und Erziehungsinstitutionen, so ist zu konstatieren, dass unter diesem Stichwort die Auflösung der festen Grenzen zwischen den verschiedenen Institutionen thematisiert wird. Thiersch spricht von einer „Entgrenzung der Zuständigkeiten" (Thiersch 2006: 29) im Bildungswesen: Die gewachsenen Zuständigkeiten (verlieren) an strukturierender Kraft, ihre Grenzen werden durchlässig und verwischen sich.

Abgelöst bzw. verschoben wird das Modell aus der frühen Bundesrepublik einer „voneinander abgegrenzten privat-familialen, öffentlich-schulischen und sozial-fürsorgerischen Organisation des Aufwachsens" (BMBFSFJ 2005: 51). Das System der DDR kennzeichnete sich demgegenüber durch eine engere Verzahnung dieser Bereiche.

In Bezug auf Schule werden in dieser Perspektive der Zuständigkeiten zwei Phänomene als Entgrenzungen thematisiert: zum einen die „Entscholarisierung von Schule" bzw. die „Sozialpädagogisierung von Schule", zum anderen der Verlust des Monopols auf die Vergabe von Bildungsabschlüssen („institutionelle Entgrenzung").

Zum ersten Aspekt: Seit ca. 25 Jahren ist eine Tendenz zur „Entscholarisierung von Schule" in dem Sinne zu verzeichnen, dass Selbstverständnis und Praxis der Schule von deren traditioneller Konzeption abweichen. So übernehmen Lehrer(innen) sozialpädagogische Aufgaben, Lerngegenstände beziehen sich auf Alltagswelten, außerschulische Lernorte gewinnen an Bedeutung (vgl. Fölling-Albers 2000). Diese Expansion manifestiert sich in Konzepten wie „Haus des Lernens" oder der *Community School* (vgl. Thiersch 2006). Die gegenwärtige schulpolitische und pädagogische Öffentlichkeit diskutiert die Entgrenzung von Schule im Sinne einer Öffnung für ehemals nicht-schulische Aufgaben kontrovers: Manche befürworten eine „Re-Scholarisierung von Schule" mit festem Kanon, einer Reduktion der Wahlmöglichkeiten in der gymnasialen Oberstufe sowie einer Intensivierung von Leitungsvergleichen (vgl. Fölling-Albers 2000: 128). Andere wiederum sprechen sich für eine Weiterentwicklung von Schule als Lebensraum aus (vgl. Fauser 1996).

Der zweite Aspekt der Entgrenzung von Zuständigkeiten in Bezug auf Schule konzentriert sich auf eine „institutionelle Entgrenzung" (BMBFSJ 2005: 73) im Bildungsbereich: Die Zunahme privater und staatlicher Angebote (Nachhilfeinstitute, private und gemeinnützige Bildungseinrichtungen) hat Lernorte und Lerngelegenheiten vervielfältigt. Mit der Vergabe schuläquivalenter Abschlüsse ist ein ehemals schulisches Monopol gefallen. Diese institutionelle Entgrenzung verändert das Freizeitverhalten von Kinder- und Jugendlichen: Sie besuchen immer häufiger Kurse und Einrichtungen, deren Formen und Inhalte mit schulischen Lernangeboten vergleichbar sind: Fremdsprachenkurse, Computerkurse, Musikschulen etc. Dies kann als „Scholarisierung von Freizeit" (Fölling-Albers 2000) verstanden werden und verschiebt z. B. das quantitative Verhältnis reiner Freizeit zu Lernphasen im Lebensalltag von Kindern und Jugendlichen (hierzu auch Göppel 2007: 69-84).

Diese Veränderungen und die damit verbundene Privatisierung des Lernens bergen die Gefahr, soziale Ungleichheiten zu verstärken. Nicht alle Kinder und Jugendlichen nehmen an diesen Angeboten teil, vielmehr sind die finanziellen Möglichkeiten der Eltern sowie deren Bildungsambitionen ausschlaggebend. Es kommt zu einer Ausweitung der Entwicklungsschere bei Kindern und Jugendlichen: Kinder aus einkommensschwachen und bildungsfernen Schichten bleiben ausschließlich auf die Schule angewiesen, diejenigen, die Zugang zu den nicht-schulischen Bildungsanbietern haben erlangen Vorteile.

Auch in der Sozialen Arbeit hat in den vergangenen Jahren eine Entgrenzung der Zuständigkeiten im Sinne einer Ausweitung auf vormals nicht im engeren Sinne sozialarbeiterische bzw. -pädagogische Aspekte stattgefunden. Hierzu gehört beispielsweise die Öffnung in Richtung curricularer Vermittlung von Wissen als auch in Richtung des nichtpädagogisch strukturierten informellen Lernens (vgl. Thiersch 2006). Des Weiteren ist die Öffnung (insbesondere der Jugendarbeit) gegenüber Schulen im Kontext der Ganztagsentwicklung zu nennen sowie Diskussionen um die Ausweitung der Erzieher(innen)ausbildung. Bildungstheoretische Reflexionen haben im sozialpädagogischen Diskurs zugenommen. Kritische Stimmen warnen jedoch vor einem Verlust des Einflusses in der Jugendpolitik durch diese insgesamt zu verzeichnende Verlagerung des Schwerpunktes in Richtung Bildung (vgl. Hornstein 2004).

Die Situation der Familie wiederum hat sich unter dem Einfluss der Veränderung der Frauenerwerbstätigkeit und der Erosion des Alleinverdienermodells so stark verändert, dass die ihr ehemals zugedachte Funktion der Betreuung schon seit längerem von familienergänzender öffentlicher Betreuung und Erziehung flankiert wird. Die Familie kann daher in einer Tradition der Begrenzung gesehen werden. Misstrauen in die Erziehungsfähigkeit der Familie hat in pädagogischen und sozialwissenschaftlichen Reflexionen eine lange Tradition: von Rousseau über Bernfeld bis hin zu den Studien zur autoritären Familie von Horkheimer und Adorno (vgl. Böhnisch u. a. 2005). Aktuelle Diagnosen sehen Familie im Zeichen einer „Reprivatisierung" bei gleichzeitig zunehmender öffentlicher Inanspruchnahme (vgl. Jurczyk 2001).

Zusammenfassend kann gelten, dass unter dem Stichwort „Entgrenzung" bereits stattgefundene bzw. stattfindende Auflösungen von klaren Zuständigkeiten der Institutionen Familie, Schule, Jugendhilfe thematisiert werden. An die Feststellung entsprechender Entgrenzungen schließen sich programmatische Forderungen nach einer weitergehenden systematischen Neuvermessung des Bildungssystems (vgl. Thiersch 2006) an: Auch der zwölfte KJB fordert die Entwicklung eines „konsistenten Gesamtsystems für Bildung, Betreuung und Erziehung" im kommunalen Raum, das die Begrenzungen der Teilsysteme Kinder- und Jugendhilfe auf der einen und der Schule auf der anderen Seite überwindet. Die entsprechenden Konzepte von Ganztagschulen sind als Reaktionen und Steuerungsversuche der bereits stattgefundenen Transformationsprozesse zu verstehen. Einerseits begrenzen sie gezielt bestimmte Entgrenzungsprozesse: So wird das Konzept Ganztagschule als „Gegenbewegung zum säkularen Trend der Entgrenzung von Lern- und Lebenswelten" verstanden (Stolz 2006: 120). Andererseits tragen sie auf der Ebene der Institutionen zu einer Entgrenzung der Zuständigkeiten bei.

In der konkreten Umsetzung wird dieses Entgrenzungspotenzial nicht immer ausgeschöpft. Dies betrifft z. B. additive Ganztagskonzepte, bei denen es zu keiner systematischen Veränderung der Unterrichtsgestaltung kommt und außerschulische Partner lediglich zusätzliche betreuende oder sozialpädagogische Aufgaben übernehmen. Eine solche Verkürzung von ganztägiger Bildung auf das Problem einer „inter-institutionellen Schnittstellenbestimmung" (Stolz 2006) basiert auf den traditionellen institutionellen Identitäten und stützt diese ab.

Dies verweist darauf, dass mit der Neuordnung des öffentlichen Systems von Bildung, Erziehung und Betreuung historisch gewachsene gesellschaftliche Kräfteverhältnisse zur Disposition stehen. Die Aufgaben werden nicht einfach neu verteilt, vielmehr fordert der Zwölfte Kinder- und Jugendbericht eine Nivellierung der zwischen den Begriffen Bildung, Erziehung und Betreuung bestehenden Hierarchien, die sich gegenwärtig noch in ungleichen tariflichen Eingruppierungen der betreffenden Professionellen niederschlagen. Diese unterschiedliche gesellschaftliche und monetäre Anerkennung von Erzieher(inne)n, Sozialpädagog(inn)en und Lehrer(inne)n resultiert wiederum historisch aus der traditionellen hierarchischen Geschlechterordnung (Gildemeister/Robert 2000). Die Neuordnung der angestrebten Reform des öffentlichen Systems von Bildung, Betreuung und Erziehung greift somit in historisch gewachsene Kulturen unterschiedlicher Anerkennung der beteiligten Professionen ein.

Die ungleiche gesellschaftliche Positionierung ist ein präsentes Thema: Sozialpädagogische Zugänge im Gefüge des Bildungssystems zu behaupten, gilt in der gegebenen Bildungslandschaft als schwer, da sie aus historischen Zusammenhängen heraus dem schulisch organisierten Lernen nachgeordnet sind (vgl. Thiersch 2006). Vor diesem Hintergrund wird die Bedeutung gleichwertiger institutionalisierter Zusammenarbeit stark betont (vgl. Wunder 2005). Die Soziale Arbeit verwendet diskursive Energie darauf, ihren traditionellen Bildungsanspruch und -beitrag herauszustellen, sich ihrer Kompetenzen zu vergewissern sowie eigene Konzepte zu etablieren. Konzepte wie das der Ganztagsbildung werden deshalb von manchen als professions- und disziplinpolitische Strategien gedeutet (z. B. Wunder 2005). Diese Diskussionen zeigen, dass es sich bei der Umstrukturierung des Systems von Bildung, Erziehung und Betreuung um sowohl chancenreiche als auch riskante Neuverortungen handelt.

## 3 Die Ebene der Bildungs- und Lernprozesse

Bildungs- und Lernprozesse werden oftmals verkürzt als formale (schulische) Bildung gedacht. Dem entgegen betont die aktuelle Bildungsforschung die besondere (bildungs-)biographische Bedeutung nonformalen Lernens, z. B. in Vereinen, sowie informellen Lernens bzw. informeller Bildung, z. B. in Familien, *Peergroups* und durch Medien (vgl. Meder 2002; Stolz 2006). Man lernt und bildet sich an vielen Orten und nicht nur in der Schule (vgl. Tully 2006a). Diese Erkenntnis sowie ihre gestiegene Relevanz im gegenwärtigen gesellschaftlichen Kontext werden als „Entgrenzung von Lernen" (Kirchhöfer 2005), „Entgrenzung von Lern- und Lebenswelten" (Stolz 2006) bzw. „Entgrenzung von Bildungsorten" (Böhnisch u. a. 2005) diskutiert.

Neu ist die Idee des Lernens und Sich-Bildens außerhalb der klassischen schulischen Organisation nicht: Viele reformpädagogisch Konzepte weisen weit über das formale Lernen hinaus (zur Reformpädagogik vgl. Oelkers 2005). Zudem steht nicht nur Schule, sondern auch Soziale Arbeit historisch in der Tradition ausgewiesener bildungstheoretischer Begründungszusammenhänge (vgl. Andresen 2003). Aktuell erfährt das Thema jedoch sowohl in den internationalen Diskussionen um lebenslanges Lernen als auch in der Diskussion um informelle Bildung (vgl. Otto/Rauschenbach 2004) wieder besondere Beachtung.

Hinzuweisen ist an dieser Stelle auf die Gefahr der Verstärkung sozialer Ungleichheit im Zusammenhang der gestiegenen Bedeutung informeller Lernprozesse. Nicht alle können informelle Lerngelegenheiten in gleicher Weise nutzen; vielmehr besteht z. B. ein unmittelbarer Zusammenhang zwischen dem formalen Bildungsniveau und der Fähigkeit, informell zu lernen. Auch Selbstlernen muss gelernt werden (vgl. Bartz/Tippelt 2004). Eine „scheinbare Egalisierung" – jeder ist in seiner Eigenverantwortung angesprochen, sich informell zu bilden – verkehrt sich damit in ihr Gegenteil: Mit dem Einzelnen kommt es auf dessen soziale Einbettung, seine sozialen und ökonomischen Ressourcen an (vgl. Tully 2006a). Ganztagskonzepte, die darauf zielen, verschiedene Lernkontexte und Lernmodi systematisch nutzbar zu machen, können dann als Versuche gesehen werden, der Verstärkung sozialer Ungleichheit entgegenzuwirken, die in der Entgrenzung von Lernorten und Lernmodi und der Privatisierung des Lernens angelegt sind.

## 4 Forschungsfragen

Entgrenzungsphänomene stellen sich zusammengefasst als grundlegende Prozesse der Neuordnung des Sozialen dar, die es kritisch zu beobachten gilt: Chancen aber auch mögliche Ausschlussmechanismen sind empirisch zu überprüfen, um auf institutioneller, diskursiver und akteursbezogener Ebene unterstützen bzw. entgegenwirken zu können. Daran anschließend besitzen folgende Fragen Relevanz:

1. Zum Kontext: welche Kräfteverhältnisse artikulieren sich in den gegenwärtigen Transformationsprozessen im Bereich von Bildung, Erziehung und Betreuung? Wer profitiert von diesen Prozessen? In welchem Verhältnis stehen sie zu anderen gegenwärtigen Neuordnungen (Globalisierung, demographischer Wandel etc.)?
2. Zum Ort der Erziehungswissenschaft: Wie ist die Erziehungswissenschaft mit ihren Diskursen und Konzepten (wie Ganztagsbildung, informelles Lernen etc.) in diese Transformationsprozesse involviert und gestaltet sie mit? Welche affirmativen, welche kritischen Positionen lassen sich unterscheiden?
3. Zu den neue Grenzen und Ausschlüssen: Wohin verschieben sich die Grenzen? Welche neuen Begrenzungen entstehen? Welche Rolle spielen hierbei die Kategorien Geschlecht/Sexualität, Ethnizität, Klasse/Schicht, Generation etc.?

Darüber hinaus wissen wir noch viel zu wenig über die Auswirkungen der Grenzverschiebungen im Kontext von Bildung, Erziehung und Betreuung aus der Perspektive der Kinder und Jugendlichen. Erste Studien zeigen, dass manche Schüler(innen) die Ganztagsschule als „unangemessene Beschneidung ihrer Lebenswelt empfinden, weil sie ihre familialen und *Peer*-Kontakte limitiert" (Kolbe u. a. 2005: 24). Dies bestätigen Ergebnisse der Studie zur Entwicklung von Ganztagsschulen (StEG): Außerschulische nicht-organisierte Treffen mit Freund(inn)en nehmen durch den Ganztagsschulbesuch ab. Andererseits konnten mehr sozial benachteiligte Schüler(innen) durch Vereine und Verbände erreicht werden (vgl. Züchner 2007). Diese Dimension besitzt auch für die Inklusion ethnischer Minderheiten Relevanz (vgl. Diehm 2004). Hier besteht weiterer Forschungsbedarf.

## *Literatur*

Andresen, Sabine (2003): Marie Baum und die Bildung des Sozialen. In: Beinzger, Dagmar/Diehm, Isabell (Hg.): Frühe Kindheit und Geschlechterverhältnisse. Konjunkturen in der Sozialpädagogik. Frankfurt a. M.: Goethe-Universität.: 37-53.

Bartz, Heiner/Tippelt, Rudolf (Hg.) (2004): Weiterbildung und soziale Milieus in Deutschland. Bielefeld: Bertelsmann.

Bernhard, Armin (2005): Bildung als Bearbeitung von Humanressourcen. In: Heid, Helmut/Harteis, Christian (Hg.): Verwertbarkeit. Ein Qualitätskriterium (erziehungs-) wissenschaftlichen Wissens? Wiesbaden: VS Verlag für Sozialwissenschaften: 231-246.

Böhnisch, Lothar/Schröer, Wolfgang/Thiersch, Hans (2005): Sozialpädagogisches Denken. Wege zu einer Neubestimmung. Weinheim: Juventa.

BMFSFJ (2005) – Bundesministerium für Familie, Senioren, Frauen, Jugend: Der Zwölfte Kinder- und Jugendbericht. Bericht über die Lebenssituation junger Menschen und die Leistungen der Kinder- und Jugendhilfe in Deutschland. Berlin.

Coelen, Thomas (2006): Ausbildung und Identitätsbildung. Theoretische Überlegungen zu ganztägigen Bildungseinrichtungen in konzeptioneller Absicht. In: Otto, Hans-Uwe/Oelkers, Jürgen (Hg.): 131-148.

Diehm, Isabell (2004): Ganztagsbildung als Inklusionshilfe für ethnische Minderheiten. In: Coelen, Thomas/Otto, Hans-Uwe (Hg.): Grundbegriffe der Ganztagsbildung. Beiträge zu einem neuen Bildungsverständnis in der Wissensgesellschaft. Wiesbaden: VS Verlag für Sozialwissenschaften: 181-191.

Fauser, Peter (Hg.) (1996): Wozu die Schule da ist. Eine Streitschrift der Zeitschrift Neue Sammlung. Seelze-Velber: Kallmeyer: 5-16.

Fölling-Albers, Maria (2000): Entscholarisierung von Schule und Scholarisierung von Freizeit? Überlegungen zu Formen der Entgrenzung von Schule und Freizeit. In: Zeitschrift für Soziologie der Erziehung und Sozialisation (20. Jg.) H. 2/2000: 118-131.

Forster, Edgar (2007): Feminisierung und Geschlechterdifferenz. In: Borst, Eva/Casale, Rita (Hg.): Ökonomien der Geschlechter. Opladen: Budrich: 61-76.

Gildemeister, Regine/Robert, Günther (2000): Teilung der Arbeit und Teilung der Geschlechter. In: Müller, Siegfried/Sünker, Heinz/Olk, Thomas/Böllert, Karin (Hg.): Soziale Arbeit. Gesellschaftliche Bedingungen und professionelle Perspektiven. Neuwied: Luchterhand: 315-336.

Göppel, Rolf (2007): Aufwachsen heute: Veränderungen der Kindheit – Probleme des Jugendalters. Stuttgart: Kohlhammer.

Hentig, Hartmut von (1996): Bildung: ein Essay. München: Hanser.

Höhne, Thomas (2000): Pädagogisierung sozialer Machtverhältnisse. In: Dörfler, Thomas/Globisch, Claudia (Hg.): Postmodern Practices. Beiträge zu einer vergehenden Epoche. Münster: Lit: 115-130.

Hornstein, Walter (2004): Jugendpolitik – wider ihren Ruf verteidigt. Walter Hornstein im Gespräch mit Werner Schefold und Wolfgang Schröer. In: DISKURS (14. Jg.) H. 2/2004: 45-55.

Jurczyk, Karin (2001): Individualisierung und Zusammenhalt. Neuformierung von Geschlechterverhältnissen in Erwerbsarbeit und Familie. In: Brückner, Margrit/Böhnisch, Lothar (Hg.): Geschlechterverhältnisse: gesellschaftliche Konstruktionen und Perspektiven ihrer Veränderung. Weinheim: Juventa: 11-38.

Jurczyk, Karin/Lange, Andreas/Szymenderski, Peggy (2005): Zwiespältige Entgrenzungen: Chancen und Risiken neuer Konstellationen zwischen Familien- und Erwerbstätigkeit. In: Mischau, Anina/Oechsle, Mechtild (Hg.): Arbeitszeit – Familienzeit – Lebenszeit: Verlieren wir die Balance? Wiesbaden: VS Verlag für Sozialwissenschaften: 13-33.

Jürgens, Kerstin (2005): Die neue Unvereinbarkeit? Familienleben und flexibilisierte Arbeitszeiten. In: Seifert, Hartmut (Hg.): Flexible Zeiten in der Arbeitswelt. Frankfurt a. M.: Campus: 169-190.

Kirchhöfer, Dieter (2004): Lernkultur Kompetenzentwicklung – Begriffliche Grundlagen. Berlin: Arbeitsgemeinschaft Betriebliche Weiterbildungsforschung.

Kirchhöfer, Dieter (2005): Grenzen der Entgrenzung. Lernkultur in der Veränderung. Frankfurt a. M.: Lang.

Kolbe, Fritz-Ulrich/Kunze, Katharina/Idel, Till-Sebastian (Hg.): Ganztagschule in Entwicklung. In: www.ganztagsschule.rlp.de/files/Tagungsband_Ganztagsschule_in_Entwicklung.pdf (Download am 11.09.2007).

Lange, Andreas (2006): Kinder und ihre Kindheiten heute: Ambivalenzen der forcierten Entgrenzung. In: Sozial (11. Jg.) H. 1/2006: 8-13.

Lenzen, Dieter (2000): Das Jahrhundert der Mütter. Zur Feminisierung der Pädagogik im zwanzigsten Jahrhundert. In: Baader, Meike Sophia (Hg.): Ellen Keys reformpädagogische Vision. „Das Jahrhundert des Kindes" und seine Wirkung. Weinheim: Beltz: 125-147.

Meder, Norbert (2002): Nicht informelles Lernen, sondern informelle Bildung ist das gesellschaftliche Problem. In: Spektrum Freizeit (24. Jg.) Heft 1: 8-17.

Meyer, Thomas (2002): Das „Ende der Familie": Szenarien zwischen Mythos und Wirklichkeit. In: Volkmann, Ute/Schimank, Uwe (Hg.): Soziologische Gegenwartsdiagnosen II. Vergleichende Sekundäranalysen. Opladen: Leske + Budrich: 199-224.

Minssen, Heiner (Hg.) (2000): Begrenzte Entgrenzungen. Wandlungen von Organisation und Arbeit. Berlin: Edition Sigma.

Oelkers, Jürgen (2005): Reformpädagogik: Eine kritische Dogmengeschichte. Weinheim: Juventa.

Otto, Hans-Uwe/Oelkers, Jürgen (Hg.) (2006): Zeitgemäße Bildung. Herausforderung für Erziehungswissenschaft und Bildungspolitik. München: Reinhardt.

Otto, Hans-Uwe/Rauschenbach, Thomas (Hg.) (2004): Die andere Seite der Bildung. Zum Verhältnis von formellen und informellen Bildungsprozessen. Wiesbaden: VS Verlag für Sozialwissenschaften.

Pongratz, Ludwig (2006): Stichwort: Lebenslanges Lernen. In: Dzierzbicka, Agnieszka/Schirlbauer, Alfred (Hg.): Pädagogisches Glossar der Gegenwart. Wien: Löcker: 162-171.

Schröer, Wolfgang (2004): Befreiung aus dem Moratorium? Zur Entgrenzung von Jugend. In: Lenz, Karl/Schefold, Werner/Schröer, Wolfgang (Hg.): Entgrenzte Lebensbewältigung. Jugend, Geschlecht und Jugendhilfe. Weinheim: Juventa: 19-74.

Schröer, Wolfgang/Böhnisch, Lothar (2006): Die Entgrenzung der Jugend und die sozialbiografische Bedeutung des Jungen-Erwachsenen-Alters. In: Tully, Claus J. (Hg.) (2006b): 41-57.

Stolz, Heinz-Jürgen (2006): Dezentrierte Ganztagsbildung. Diskurskritische Anmerkungen zu einer aktuellen Debatte. In: Otto/Oelkers (Hg.): 114-130.

Thiersch, Hans (2006): Leben lernen, Bildungskonzepte und sozialpädagogische Aufgaben. In: Otto/Oelkers (Hg.): 21-36.

Tully, Claus J. (2006a): Informelles Lernen: eine Folge dynamisierter sozialer Differenzierung. In: Otto/Oelkers (Hg.): 72-89.

Tully, Claus J. (Hg.) (2006b): Lernen in flexibilisierten Welten. Weinheim: Juventa.

Voß, Günter G. (1998): Die Entgrenzung von Arbeit und Arbeitskraft. In: Mitteilungen aus der Arbeitsmarkt- und Berufsforschung (31. Jg.) H. 3/1998: 473-487.

Wunder, Dieter (2005): Ganztagsschule oder Ganztagsbildung? In: Die Deutsche Schule (97. Jg.) H. 3/2005: 294-301.

Züchner, Ivo (2007): Ganztagsschule und die Freizeit von Kindern und Jugendlichen. In: Holtappels, Heinz Günter/Klieme, Eckhard/Rauschenbach, Thomas/Stecher, Ludwig (Hg.): Ganztagsschule in Deutschland. Weinheim: Juventa: 333-352.

# Bildungspolitik als Sozialpolitik

*Michael Opielka*

In einer Wissens- oder Informationsgesellschaft wird Bildung zu einer zentralen Ressource sozialer Teilhabe und damit zugleich zu einer entscheidenden Variable sozialer Ungleichheit.[1] Versteht man unter Sozialpolitik den Versuch, allen Bürger(inne)n die Inklusion in alle gesellschaftlichen Funktionssysteme dauerhaft offen zu halten, dann muss der Zugang zu Bildung als eine ihrer wesentlichen Aufgabenstellungen gelten. Die Garantie von Inklusion (bzw. Teilhabe) erfordert immer wieder Veränderungen der vorhandenen Institutionen und Prozeduren. Hier treffen sich Bildungsreform und Sozialreform.

Nach Vorbemerkungen zum Verhältnis von Bildungs- und Sozialpolitik und einer Skizze zur Verortung der Bildungspolitik in Deutschland wird in einem ersten Schritt der mit dem „PISA-Schock" erneut in das öffentliche Bewusstsein gehobene Zusammenhang von Bildungserfolg und sozialer Ungleichheit analysiert. Im zweiten Schritt werden die Strukturen der Bildungsfinanzierung untersucht, die vielfältige sozialpolitische Implikationen haben und Angebote der Ganztagsbildung in Deutschland bislang eher behinderten.

Anders als im angloamerikanischen Raum (Baldock u. a. 2003: 362-386) wird in Deutschland die Bildungspolitik bislang nicht zur Sozialpolitik gerechnet. Das irritiert, weil einerseits die Institutionen des Bildungswesens in einer auf Leistung und – scheinbar – nicht auf Herkunft setzenden marktwirtschaftlichen Sozialordnung zu den wichtigsten Kanälen des Lebenslaufs wurden, die über (Un-)Gleichheit von Chancen entscheiden.[2] Andererseits wird den angloamerikanischen Ländern eine Geringschätzung von sozialpolitischen Gleichheitszielen nachgesagt. Die Begründung dieser eigentümlichen Konstellation dürfte eine zweiseitige sein: Zum einen lässt sich zeigen, dass in Großbritannien und in den USA ein bedeutender Wohlfahrtsstaatsimpuls existiert *(Beveridge, New Deal),* der eine schlichte Zuordnung dieser Länder zum „liberalen Wohlfahrtsregime" (Esping-Andersen) problematisiert (Opielka 2004: 52-54). Dabei konzentriert sich das Gleichheitsinteresse – besonders in den USA – auf Chancen- und Startgleichheit, auf die politische oder bürgerrechtliche Seite sozialpolitischer Interventionen und weniger auf Ergebnisgleichheit.[3] Letzteres ist eher ein Charakteristikum sozialistisch-sozialdemokratischer Wohlfahrtsregime. Die zweite Begründung liegt in der politischen Mittellage Deutschlands. Nicht nur, dass „soziale Gleichheit" in der sozialpolitischen Rhetorik der Bundesrepublik bis 1989 nachgeordnet blieb. Die Kulturhoheit der früheren Gliedstaaten des Deutschen Reiches – die für die heutigen Bundesländer fortbesteht – hatte zwar schon vor der Aufklärung zu einem verbreiteten und differenzierten Schul- und Hochschulwesen geführt, doch

1 Vgl. zum Folgenden auch Opielka (2004: 201-210; und 2005).

2 Vgl. Allmendinger (1999), Allmendinger/Leibfried (2005), Böttcher (2005).

3 Dass auch das US-amerikanische Bildungssystem das Ziel der Chancengleichheit verfehlt, wird unterdessen an einer Reihe von Indikatoren diskutiert. So machen nur 8,6 % der Schüler(innen) aus einem armen Viertel ihren College-Abschluss, Schüler(innen) aus dem obersten Einkommensviertels zu 74,9 % (vgl. Brooks 2005).

litt der weitere Ausbau des Bildungswesens im 19. Jahrhundert stets unter Finanzierungsengpässen. Im Deutschen Reich herrschte ein dreigliedriges Schulsystem, wobei nur das Gymnasium für 1 bis 2 % der Schülerjahrgänge einen Hochschulzugang vermittelte. Nach dem Zweiten Weltkrieg blieb eine umfassende Bildungsreform (wie in Schweden oder Großbritannien) aus, in der Bundesrepublik wurden die Verhältnisse vor der NS-Herrschaft restauriert; die DDR orientierte sich überwiegend am in der Sowjetunion üblichen System der Einheitsschule, die auch in Großbritannien und Schweden erfolgreich war. In Westdeutschland wurde sie nur in einigen sozialdemokratisch regierten Bundesländern versucht.[4]

In den 1960er Jahren diagnostizierte Picht (1964) in Westdeutschland aufgrund fehlender Bildungsinvestitionen der Länder eine „Bildungskatastrophe“. Die zunächst große und dann sozial-liberale Koalition unter Brandt führte zu einer Reform des Grundgesetzes, mit der bildungspolitische Aktivitäten des Bundes erst möglich wurden. Kaum geändert wurde jedoch: das gegliederte Schulsystem, die Orientierung der Berufsbildung am „dualen System“ aus betrieblicher Lehre und Berufsschule, die geringe Bedeutung der meist in kommunaler („Volkshochschulen“) oder in Freier Trägerschaft organisierten Erwachsenenbildung, der (in Westdeutschland nach wie vor geringe) Ausbau von öffentlichen Einrichtungen für Kleinkinder und generell das weitgehende Fehlen von Ganztagsschulen. Allein das deutsche Hochschulwesen erfuhr seit den 1960er Jahren einen gewissen Ausbau, allerdings nicht stärker als in Vergleichsländern. Unter dem Gesichtspunkt der Ganztagsbildung bestehen insoweit sehr unterschiedliche Tendenzen in Ost- und Westdeutschland, die sich nach den, vor 1990 jeweils vorherrschenden Wohlfahrtsregime sortieren: Im „konservativen Regime“ der Bundesrepublik wurde der Familie und insbesondere den Müttern die nachmittägliche Betreuung von Kindern und Jugendlichen zugewiesen, während im „sozialistischen Regime“ der DDR die Ganztagsbetreuung in Institutionen dominierte.

## 1 Bildungserfolg und soziale Ungleichheit

Die „bildungspolitischen Konjunkturen“ in Deutschland – bis 1989 im Westen – (Cortina u. a. 2003: 136-138) zeichneten sich dadurch aus, dass sie zwischen jener bürgerrechtlich-liberalen Seite des amerikanischen Denkens (z. B. „Bildung als Bürgerrecht“) und der von konservativer Seite als „sozialistische Gleichmacherei“ missverstandenen Einheitsschulprogrammatik (Gesamtschule) weitgehend lahm gelegt wurden (Allmendinger 1999). Das Ergebnis ist zu Anfang des 21. Jahrhunderts wenig ermutigend. Als Neuauflage der „Bildungskatastrophe“ der 1960er Jahre konnten die Ergebnisse der PISA-Studie der OECD wirken, die im Jahr 2001 die Öffentlichkeit nicht nur damit überraschten, dass die deutschen Schüler(innen) in fast allen Leistungsbereichen vergleichsweise wenig erfolgreich waren, was für „das Land der Dichter und Denker“ ernüchternd ausfiel (Baumert u. a. 2001). Aus sozialpolitischer Sicht bedrückt am meisten, dass das deutsche Bildungswesen international nur eine einzige Spitzenposition einnahm: in der sozialhierarchischen Schichtung des Bildungserfolgs. In Deutschland hatte im Vergleich mit allen anderen OECD-Staaten die soziale Lage der Herkunftsfamilie den stärksten Effekt auf die gegen

4 Zur Geschichte des Bildungswesens in Deutschland siehe Berg u. a. (1987-2005), in vergleichender Perspektive Postlethwaite (1995). Zur aktuellen Situation vor allem Cortina u. a. (2003), Avenarius u. a. (2003), Konsortium Bildungsberichterstattung (2006).

Ende der Vollzeitschulpflicht erreichte Lesekompetenz. Dieser „konservative“, die sozialen Status-Ungleichheiten verlängernde Zug des deutschen Schulwesens bestätigt die entsprechende Einordnung des deutschen Wohlfahrtsregimes.

Seit der Veröffentlichung der ersten PISA-Ergebnisse setzte in Deutschland eine intensive Debatte ein, die beispielsweise bei den PISA-Folgetests in 2006 (Schwerpunkt Naturwissenschaften) zu „besseren“ Ergebnissen der deutschen Schüler(innen) insgesamt, aber kaum zu einer Reduzierung der Ungleichheitseffekte führte. Noch immer werden migrationsbedingte Benachteiligungen in Deutschland am schlechtesten durch das Schulsystem kompensiert (Prenzel u. a. 2007).

Bei der Beurteilung der deutschen Bildungspolitik im internationalen Vergleich verschränken sich somit zwei Achsen: die erreichte Bildungsleistung und die soziale Ungleichheit. Da Bildung zunehmend als Wettbewerbsfaktor im internationalen Standortwettbewerb gilt (kritisch jedoch Wolf 2002), wird nicht nur die Gleichheitsfrage, sondern auch die Leistungsfrage zum Problem einer „produktiven“ oder „investiven“ Sozialpolitik. Die Resonanz auf PISA war in Deutschland erheblich. Dass das deutsche Bildungswesen seit Jahrzehnten unter strukturellen Mängeln, aber auch unter Unterfinanzierung litt, war seit jener „Bildungskatastrophe“ bekannt und wird durch zahlreiche Vergleichsstudien bestätigt, die meist von der *International Association for the Evaluation of Educational Achievement* (IEA) und der OECD unterstützt werden. So sorgte unter Fachleuten die Trends in *International Mathematics und Science Study* (TIMSS) (1995, 1999, 2003) für Aufsehen und die *Civic Education Study* (1999/2000) lieferte beunruhigende Ergebnisse zur politischen Bildung und zum sozialen Engagement deutscher Jugendlicher. Nach der „Internationalen Grundschul-Lese-Untersuchung“ (IGLU) erreichen am Ende der Grundschule die Kinder in Deutschland „im internationalen Vergleich im Leseverständnis ein Kompetenzniveau, das einem Vergleich mit europäischen Nachbarländern durchaus standhalten kann“ (Bos u. a. 2003: 11), was wenig Trost gibt, da die mittlere Leistung des deutschen Bildungswesens nach der Grundschule nachlässt.

Die Interpretation vergleichender Studien ist nie einfach. Man kann kritisieren, dass die Leistungsbeurteilung nationaler Bildungsprogramme nach dem Muster einer Bundesligatabelle zu suggestiv ist (so Winkler 2005). Sicherlich spiegelt sich in dem seit den 1990er Jahren auf allen Politikgebieten reüssierenden Zug zu Methoden des *Benchmarking* zweierlei: der Wegfall der Ost-West-Systemkonkurrenz, wodurch neue Vergleichsmaßstäbe erforderlich wurden, aber auch die Dominanz eines US-amerikanischen Wissenschafts- und Sozialverständnisses – praktisch alle vergleichenden Bildungsstudien werden in den USA koordiniert –, das dem am Marktmodell orientierten Vergleich als Koordinationsprinzip zuneigt. Wie aber Markt, Leistung und Meritokratie (Herrschaft der Besten) mit den anderen Steuerungs- und Gerechtigkeitsprinzipien (Staat, Moral, Ethik) zusammenhängen, ist in Forschung und politischer Praxis umstritten (Opielka 2006). Ein kritisch-reflexiver Realismus gegenüber der *Benchmarking*- und *Ranking*-Euphorie ist damit aus empirischen und theoretischen Gründen ratsam. Die zugleich makrosoziologisch wie kulturalistisch orientierte „neo-institutionalistische“ Theorie der Forschergruppe um John W. Meyer argumentiert, dass das Bildungssystem als zentrales Element einer „Weltkultur“ wirkt. In ihr „entwickelt sich die moderne Bildung fast aus sich heraus zu einem globalen Unternehmen mit universellen und universalistischen Ansprüchen und in gewissem Maß auch Ergebnissen“ (Meyer/Ramirez 2005: 216).

In diesem Sinn können die vergleichenden Bildungserfolgsstudien auf die gravierenden Strukturmängel des deutschen Bildungswesens verweisen. Dies wird in der deutschen Bildungsforschung erkannt (Cortina u. a. 2003; Konsortium Bildungsberichterstattung 2006). Die „kompensative" Funktion der Sozial- und Bildungspolitik wird in Deutschland möglicherweise noch schlechter erfüllt als die „investive". Erst in jüngerer Zeit kommt dieser Zusammenhang von Sozial- und Bildungspolitik in den Blick, z. B. im Konzept der „Bildungsarmut" (Allmendinger 1999; Allmendinger/Leibfried 2005). Anfang der 1990er Jahre wurde in der deutschen Soziologie das Phänomen der Bildungsungleichheit wieder entdeckt (Shavit/Blossfeld 1993; Böttcher 2005). Mittlerweile werden hauptsächlich zwei Fragen diskutiert (Allmendinger/Aisenbrey 2002): Hat die Bildungsexpansion zum Abbau der Bildungsungleichheit geführt? Und wie kann die Dauerhaftigkeit der sozialen Ungleichheit von Bildungschancen erklärt werden? Die Tatsache, dass die Bildungsexpansion seit den 1960er Jahren in Deutschland geringer ausfiel als beispielsweise in Nordamerika oder Skandinavien, dürfte einen Teil der deutschen Bildungsungleichheit erklären. Die Dauerhaftigkeit von Ungleichheit wiederum ist auch die Folge einer eben nicht leistungsorientierten Selektivität.

Bemerkenswert ist die Praxis intergenerationaler Ungleichheit, wie sie anhand von Daten des sozioökonomischen Panels (SOEP) sichtbar wird: Zwar lassen sich die Einflüsse der verschiedenen Indikatoren auf die Bildungslaufbahn der Schüler(innen) nur schwer abschätzen, da die gemessenen Indikatoren untereinander stark korrelieren. Unter dem Gesichtspunkt der Bildungsvererbung ist dies gleichwohl aussagekräftig. Ein hervorstehendes Ergebnis besteht darin, dass fehlendes ökonomisches Kapital, vor allem in Form von Einkommensarmut, einen eigenständigen Effekt auf die Bildungskarriere der Kinder hat: „Unabhängig von dem elterlichen Bildungsniveau und der beruflichen Bildung übt das familiäre Einkommen einen signifikanten Effekt auf den Schulbesuch in der Sekundarstufe aus" (Hacket u. a. 2001: 107). Da aber das Bildungs- und Ausbildungsniveau der Eltern wiederum deren Stellung auf dem Arbeitsmarkt beeinflusst – für die Bevölkerungsmehrheit die wichtigste Verteilungsinstanz für ökonomisches Kapital –, wird die Beobachtung sozialer – nicht genetischer – „Bildungsvererbung" bekräftigt.

Gottschall (2003: 890) hat unter der Signatur „Von Picht zu PISA" die Bildungsstaatlichkeit im deutschen Sozialmodell als „ständisch und erziehungsfern" etikettiert und dafür eine spezifische Relation des Bildungswesens mit der Familie einerseits, dem Ausbildungssystem und Arbeitsmarkt andererseits verantwortlich gemacht. Damit gelangt der „konservative" Charakter des deutschen Sozialstaats nicht nur in Bezug auf seine (berufs-)ständische Orientierung in den Blick. Wirkungskräftig ist auch die patriarchalische Einbettung des Bildungswesens, dessen Elementar- und Primarbereich zumindest im Westen Deutschlands – ähnlich wie in Österreich und der Schweiz – auf der Verfügbarkeit der Mutter als Hausfrau und einem Normalarbeitsverhältnis des *male breadwinner* aufruht. Der unter der rot-grünen Bundesregierung (1998-2005) initiierte Ausbau von Ganztagsangeboten in der Schule (Radisch/Klieme 2003) und die so genannte „Krippenoffensive" der großen Koalition (seit 2005), die bis zum Jahr 2013 750 000 neue Betreuungsplätze für Kinder unter 3 Jahren vor allem in Westdeutschland schaffen soll, bilden vor diesem Hintergrund einen Paradigmenwechsel in der deutschen Bildungs- und Familienpolitik.

Der Beitrag des Bildungswesens bei der Vererbung sozialer Ungleichheit ist unübersehbar. Bildungsabschlüsse entscheiden über die Position in der Einkommenshierarchie und die Risiken am Arbeitsmarkt. Dies gilt für alle Industriestaaten, wie Daten der OECD verdeutlichen (OECD 2006: Table A 9.1a). Personen mit höchstem Bildungsabschluss unter der Sekundarstufe stehen am unteren Ende, Personen mit Hochschulabschluss (tertiäre Ausbildung) am oberen. Dies gilt auch hinsichtlich der Arbeitslosenquoten: Sie waren

Mitte der 1990er Jahre beispielsweise in Deutschland für Männer mit einem Abschluss unter der Sekundarstufe mehr als dreimal so hoch wie für Personen mit Hochschulabschluss, in den USA (für Männer wie Frauen) mehr als fünfmal so hoch (Wolf 2002: 19-20). Im Jahr 2004 lag die Arbeitslosenquote in Deutschland für Personen ohne Berufsabschluss mit knapp 25 % sogar mehr als sechsmal so hoch wie für diejenigen mit Hochschulabschluss (4 %) (Reinberg/Hummel 2005: 5).

In einer meritokratischen Marktgesellschaft wird das Bildungswesen zur Agentur von Ungleichheit. In ihrer eindrücklichen Studie widerlegt Wolf (2002) den Mythos eines unmittelbaren Zusammenhangs von Bildung und – vor allem künftigem – Wirtschaftswachstum: Ende der 1990er Jahre gingen weltweit über 1,1 Mrd. Kinder und Jugendliche zur Schule, etwa 88 Mio. Student(inn)en besuchten Hochschulen, 60 Mio. mehr als noch 30 Jahre zuvor (ebd.: 2-3). Der dramatische Ausbau des Bildungswesens folgt dem Wohlstand der Nationen, nicht umgekehrt. Es sei eine naive Annahme, dass Regierungen durch einen Ausbau von Bildungsangeboten die wirtschaftliche Entwicklung maßgenau beeinflussen könnten. Indem jedoch das Bildungssystem immer mehr mit dem „Mithaltenkönnen" in einem globalen ökonomischen Wettbewerb begründet wird, fallen die kulturellen Gehalte von Bildung, die Entwicklung von persönlicher und bürgerschaftlicher Identität unter den Tisch (ebd.: 250). Zugleich wird verwischt, dass vor allem die Hochschulbildung in den meisten Marktgesellschaften den Mittel- und Oberschichten vorbehalten ist und so Ungleichheit verstetigt wird. Anstatt, so Wolf, die Hochschulbildung immer weiter auszubauen, wären im Interesse von Chancengleichheit weitaus mehr Investitionen in den Primar- und Sekundarbereich nötig. Für die Konzentration auf den Vorschul-, Primar- und Sekundarbereich sprechen auch die Befunde der Migrationsforschung, die im Grunde alle darauf hinauslaufen, dass es „zur strukturellen Assimilation der Migranten, speziell im Bildungssystem (...) keine sinnvolle Alternative" gibt (Esser 2004: 44-45). Das Argument von Wolf sollte aber in Deutschland nur zurückhaltend aufgenommen werden. Wie weiter unten anhand von vergleichenden Daten zu Bildungsausgaben belegt wird, liegt Deutschland selbst bei der tertiären, der Hochschulbildung, nicht in Führung.

Der Zusammenhang von Bildung und sozialer Ungleichheit ist offensichtlich. Das Bildungssystem muss damit als ein Bereich der Sozialpolitik betrachtet werden. Bildungspolitische Entscheidungen definieren mit der Rahmung von Lebensläufen und Chancen Zusammenhänge, die als soziale Ungleichheit von sozialpolitischer Bedeutung sind. Wie auch in anderen Bereichen des Wohlfahrtsstaats stellen an Privatisierung und Vermarktlichung orientierte Akteure die bisherigen Aufgaben- und Finanzierungsverantwortungen in Frage. So wird diskutiert, ob die Bildungsausgaben als Zukunftsinvestitionen erhöht werden sollen, zugleich aber, ob diese Ausgaben nicht in stärkerem Umfang von den privaten Haushalten getragen werden sollen, z. B. in Form von Studiengebühren. Regimetheoretisch wird in der Diskussion um die Bildungsfinanzierung problematisiert, ob Bildung ein öffentliches, sozialpolitisch zu gestaltendes Gut ist, ob ein hoher Bildungsstand zum Sozial- bzw. Kulturkapital einer Gesellschaft zählt oder ob Bildung eher als ein privates Gut, als eine den familiären Gemeinschaften zu überlassende Investition in das (individuelle) Humankapital gilt.

## 2 Bildungsfinanzierung als sozialpolitisches Problem

Üblicherweise finanziert die öffentliche Hand das Bildungswesen. In der EU trägt sie (Stand 2002) durchschnittlich 89 % der gesamten Bildungsausgaben, den Rest übernehmen private Haushalte und Arbeitgeber (Eurostat 2005: 6). Hinsichtlich der Vergesellschaftung der Kosten gehört das Bildungswesen damit zu den Kernbereichen des Wohlfahrtsstaats. Erst in jüngster Zeit wird versucht, auch die privaten Bildungsausgaben präziser zu bestimmen. In einer Studie für das Bundesministerium für Bildung und Forschung errechnen Dohmen/Hoi (2004) für das Jahr 2000 eine Netto-Finanzierung des deutschen Bildungswesens zu 66 % durch öffentliche und zu 34 % durch private Ausgaben, während das offizielle Bildungsbudget auf einen Staatsanteil von 74 % kommt (ebd.: 62). Der höhere Privatanteil geht vor allem darauf zurück, dass die Autoren den Lebensunterhalt nicht mehr vollzeitschulpflichtiger Schüler(innen) und Student(inn)en als „bildungsbedingte ‚Lebenshaltungs-Opportunitätsausgaben'" (ebd.: 14) in die Bildungskosten einrechnen. Im Vergleich mit anderen Ländern gilt der Privatanteil in Deutschland aufgrund der Dualen Berufsausbildung ohnedies als etwas höher, da sich die Unternehmen an den Bildungskosten beteiligen. Allerdings übernehmen die Unternehmen beispielsweise in Japan oder den USA aufgrund eines ausgeprägten *In-Job-Trainings* gleichfalls – statistisch bislang kaum ausgewiesene – Ausbildungskosten (Schmidt 2005).

Mit den genannten Einschränkungen der Datengrundlagen geben die öffentlichen Ausgaben für Bildung als Anteil des Bruttoinlandsprodukts (BIP) im europäischen Vergleich Auskunft über recht unterschiedliche Prioritätensetzungen hinsichtlich der absoluten Ausgaben wie auch im Verhältnis von Sachausgaben (direkte Ausgaben für Bildungseinrichtungen) und Transfers an private Haushalte, z. B. für Stipendien und Studentendarlehen, sowie an Unternehmen, die ausbilden und hierfür Beihilfen erhalten. Deutschland investiert mit 4,8 % einen vergleichsweise niedrigen Anteil des BIP in Bildung. Die teils deutlich höheren Anteile in Österreich (5,7 %), Frankreich (5,8 %) und den skandinavischen Ländern (z. B. 8,5 % in Dänemark) gehen vor allem auf das Konto der Investitionen in den Primarbereich und in den Sekundarbereich, insbesondere für Ganztagsschulen (Eurostat 2005). Die deutsche Kombination von Halbtagsschule und dreigegliedertem Schulsystem ist ein Sonderfall in Europa, der zwar die Bildungskosten für die öffentliche Hand senkt, dafür jedoch für die Bildungsdefizite vor allem bei sozial schwächeren Schüler(inne)n verantwortlich gemacht wird (Gottschall/Hagemann 2002).

Die Ausgaben pro Studierenden im tertiären Bereich waren im Durchschnitt doppelt so hoch wie im Primarbereich. Die Schwankungen zwischen den EU-Mitgliedsstaaten sind beträchtlich, sowohl in der Höhe der Ausgaben pro Schüler(in)/Studierenden als auch über alle Bildungsstufen hinweg. So reichen die Ausgaben pro Studierenden von 4 084 EUR-KKS (d. h. nach Kaufkraft bereinigten Euro) in Griechenland über 9 496 EUR-KKS in Deutschland bis 13 568 EUR-KKS in Schweden (Eurostat 2005). Diese Differenzen lassen sich nur mit sozial- und bildungspolitischen Prioritäten und Traditionen erklären, wobei die unterschiedlichen Wohlfahrtsregime (konservativ, liberal, sozialdemokratisch) nicht immer unmittelbar mit den Bildungsausgaben korrelieren.

International vergleichende Daten sind für den Vorschulbereich nur rudimentär verfügbar (vgl. auch Schmidt 2005). Seitens der OECD wird nur zweierlei ausgewiesen (Stand 2000): Zum einen die relativen Ausgaben für die Vorschulerziehung von Kindern (ab 3 Jahren), die innerhalb der Gruppe der OECD-Länder, gewichtet nach dem Pro-Kopf-Einkommen laut BIP, um den Faktor drei schwanken. Am niedrigsten sind sie in der Schweiz und Irland, etwa doppelt so hoch in Deutschland oder Österreich und dreimal so hoch in Norwegen (OECD 2003: Table B 1.2). Präziser sind zum anderen die Angaben für das Verhältnis von privaten und öffentlichen Aufwendungen in diesem Bereich. Hier zeichnet sich Deutschland durch einen vergleichsweise hohen Privatfinanzierungsanteil von 36,9 % aus (ebd.: Table B 3.2). In den meisten anderen Ländern liegt der privat finanzierte Anteil unter 10 % (in den USA beispielsweise 8,8 %). Diese Daten unterstützen die Annahme, dass sozialpolitisch in Deutschland der Vorschulbereich eher als Aufgabe des Familiensystems betrachtet wird (Gottschall 2003).

In Deutschland ist die Verteilung der privaten Bildungsausgaben ohnedies ungewöhnlich: Während im Vorschulbereich der Privatfinanzierungsanteil (36,9 %) mehr als doppelt so hoch ist wie im OECD-Durchschnitt (17,3 %), liegt er im Tertiärbereich, also bei der Hochschulbildung, mit 8,2 % deutlich unter dem Durchschnitt (21,4 %). Hier besteht allerdings gleichfalls eine erhebliche Abweichung zwischen den Ländern. So liegt die private Beteiligung an der Hochschule in einigen Ländern noch deutlich niedriger, beispielsweise in Österreich (3,3 %) oder Finnland (2,8 %). In vielen Ländern müssen die Studierenden und ihre Eltern allerdings mit deutlich höheren Eigenbeteiligungen rechnen, so in den USA (66,1 %) oder den Niederlanden (22,6 %). Die Tatsache, dass in mehr als der Hälfte der OECD-Staaten die privaten Ausgaben für den Tertiärbereich zwischen 1995 und 2000 in absoluten Zahlen um mehr als 30 % gestiegen sind (zumeist allerdings ohne Verringerung des öffentlichen Ausgabenanteils), deutet auf einen Trend in der Bildungsfinanzierung, der für die Zukunft erhebliche sozialpolitische Bedeutung gewinnt.

Vor allem in den Ländern, in denen der Privatfinanzierungsanteil der Hochschulausbildung vergleichsweise niedrig ist, wird über dessen Ausweitung diskutiert, insbesondere durch die Einführung oder deutliche Erhöhung von Studiengebühren. Als Beleg für die Leistungsfähigkeit oder zumindest Unschädlichkeit von Studiengebühren wird auf Länder wie USA, Kanada, Japan oder Korea mit zugleich hohen Studierenden- bzw. Absolvent(inn)enzahlen verwiesen. Tatsächlich haben sich, wie OECD-Daten im Vergleich 1991 zu 2001 nahe legen, in jenen Ländern diese Zahlen stürmischer entwickelt als in denjenigen, in denen ein kostenfreies Studium möglich ist: So erhöhte sich der Anteil der Bevölkerung im Alter von 25-34 Jahren mit Hochschulausbildung in diesem Zeitraum z. B. in den USA von 29 auf 36 % bei den Männern und von 31 auf 42 % bei den Frauen, oder in Kanada gar von 30 auf 45 % bzw. von 33 auf 56 % (OECD 2003: Table A 2.4). Das schließt nicht aus, dass bestimmte Modelle wie Bildungsgutscheine oder Bildungskonten für die Hochschulpolitik und möglicherweise auch für andere Bereiche des Bildungswesens, wie den Schul- und Vorschulbereich, sinnvoll sein können. Die entscheidende Kontroverse dürfte eher um die Frage kreisen, ob und inwieweit Bildung als ein öffentliches Gut gilt oder ob man sie nur als privates Gut, als je persönliche Humankapitalinvestition betrachtet.

In diese Richtung zielt auch die Analyse von Schmidt (2005), die den Fragen nachgeht, warum in den meisten OECD-Staaten im Vergleich zu Deutschland ein größerer Sozialproduktanteil in die öffentlichen Bildungsausgaben investiert wird und ein kleinerer in die privaten, und warum die öffentlichen Bildungsausgaben in Deutschland relativ niedrig und die privaten vergleichsweise hoch sind. Insgesamt, so sein Resümee, hat die „Bildungspolitik in Deutschland ungünstige Finanzierungsbedingungen gegen sich. Die hochgradige Politikverflechtung verwehrt den Ländern, den Hauptfinanciers der Bildungssysteme, eine autonome Einnahmen- und Ausgabenpolitik“ (ebd.: 116). Vor allem aber verengen die hohen Sozialbeiträge den Spielraum für steuerfinanzierte Leistungen nachhaltig.

Wenn man sich vor Augen hält, dass die öffentlichen Investitionen in Bildungsinstitutionen, also ohne private Ausgaben und öffentliche Zuwendung an private Haushalte und Unternehmen, in Deutschland mit 4,4 % erst an 20. Stelle unter den 28 OECD-Staaten liegen (OECD 2005: Table B 2.1a, Stand 2002), die Spitzengruppe teils bis zu 50 % des Volkseinkommens mehr aufwendet und selbst der Gesamtanteil öffentlicher und privater Investitionen in Deutschland mit 5,3 % unter dem OECD-Mittel (5,8 %) liegt, während die USA (7,2 %) oder Dänemark und Korea (je 7,1 %) deutlich mehr aufwenden, dann wird klar, dass Investitionen in die Bildungspolitik tief greifende Strukturreformen der Finanzierung des deutschen Sozialstaats erfordern. Das gilt gerade dann, wenn Deutschland „aufholen" möchte. So sind im OECD-Raum die öffentlichen und privaten Ausgaben für Bildungseinrichtungen im Zeitraum 1995-2002 netto um 21 % (Primär-/Sekundärsektor) bzw. um 30 % im Tertiärsektor gewachsen, in Deutschland jedoch nur um jeweils 8 bzw. 10 % (ebd.: Tabelle B 2.2).

Eine Option zur Steigerung der Bildungsinvestitionen besteht in einer drastischen Ausweitung des privaten Finanzierungsanteils. Sie geht allerdings mit erheblicher Ungleichheit einher. Wenn man dies nicht will, bleibt allein die Alternative, die Finanzierung des deutschen Sozialstaats über lohnbezogene Abgaben zu reduzieren und diese entweder über indirekte Steuern, in weit effektiverer Form aber über die Einführung umfassender Bürgerversicherungen zu organisieren. Ein Modell wäre die Einführung einer „Grundeinkommensversicherung", finanziert über Sozialsteuern auf alle Einkommensarten ohne Bemessungsgrenze, und ergänzend eine Bürgerversicherung in der Gesundheitspolitik (dazu Opielka 2004). Damit würden die öffentlichen Haushalte den Spielraum gewinnen, der für die Investition in die Zukunft unserer Gesellschaft unerlässlich ist.

Die Ausweitung der Bildungsinvestitionen als öffentliches Gut und damit auch aus öffentlichen Mitteln wäre zugleich zentraler Bestandteil einer großformatigen Investition in soziale Dienstleistungen (Bahle 2007). Diese vom *Mainstream* der Sozialpolitikwissenschaften heute geforderte Transformation der Sozialpolitik würde öffentliche Mittel aus den Geldleistungsprogrammen in die Dienstleistungsprogramme umsteuern (Allmendinger/Leibfried 2005). Dies gefährdet aber die Dienstleistungsziele – Bildungsinvestitionen für alle Bildungswilligen – nur dann nicht, wenn die Geldleistungssysteme selbst auch systematisch umstrukturiert werden, mit dem Fokus auf Teilhabe und Garantien („Garantismus") und nicht mehr auf Lebensstandardsicherung.

Der Zusammenhang von Bildungspolitik und Sozialpolitik lässt sich schließlich unter dem Gesichtspunkt der Regierung der Gesellschaft untersuchen. In der neueren bildungswissenschaftlichen Diskussion wird die Bildungspolitik zum einen im Anschluss an die angloamerikanische Konzeption der Steuerung *(policy)* von Sektorpolitiken *(politics)* im Rahmen einer politischen Ordnung *(polity)* als „Educational Governance" (Altrichter u. a. 2007) verstanden. Dieser Forschungsansatz verzeichnet gravierende Umbauten institutioneller Regelungsstrukturen: So werden in den Schulen im Kontext von PISA schulische Gestaltungsräume erhöht, Bildungsstandards und externe Evaluations- und Beobachtungsverfahren eingeführt. Diese Veränderungen der Steuerungs- und Koordinations-Praxis werden analytisch mit dem *Governance*-Begriff erfasst. Er beansprucht, die institutionellen Umbauten nachzuvollziehen, ihre vielfältigen Wirkungen zu erfassen und Orientierungswissen zu bieten. Ein zweiter, eher kulturwissenschaftlicher und kulturkritischer Ansatz aktualisiert Michel Foucaults in den 1980er Jahren entstandene Studien zur Geschichte der Gouvernementalität für aktuelle Probleme der Erziehungswissenschaft und der Bildungspolitik (vgl. Maurer/Weber 2006). Diese Perspektive macht auf die Verschiebung von Deutungsmustern aufmerksam, die mit dem neuen, reflexiven Regierungsmodus einhergehen, sehr markant in den Veränderungen der Universitätslandschaft:

> „Gesellschaftliches Leitbild ist eine unternehmerische Rationalität, die der Universität als kollektivem Subjekt ebenso nahe gelegt wird wie den einzelnen Hochschulangehörigen. Handele effizient, zeige Selbstverantwortung und gebrauche die neue Freiheit kreativ, lautet die Botschaft" (Liesner 2008: 148).

Beide Perspektiven, die steuerungstheoretische Governance-Perspektive und die kulturtheoretische Gouvernementalisierungs-Perspektive, werden in den neo-institutionalistischen Ansätzen der Forschergruppe um Meyer/Ramirez (2005) kombiniert. Dabei wird deutlich, wie sehr im modernen Wohlfahrtsstaat bildungs- und sozialpolitische Strukturen mit komplexen Kulturideen verwoben sind. Normative wie Gleichheit, Gerechtigkeit, Freiheit oder Solidarität werden dann zu Macht- und Gestaltungsfaktoren, wenn politische Akteure diese durch geeignete Steuerungsmedien (z. B. Gebühren/Gebührenbefreiung) in das Institutionengefüge einführen können. Wissenschaftliche Studien zum Verhältnis von Bildungspolitik und Sozialpolitik sind noch rar. Es ist zu erwarten, dass sich dies ändern wird.

## *Literatur*

Allmendinger, Jutta (1999): Bildungsarmut: Zur Verschränkung von Bildungs- und Sozialpolitik. In: Soziale Welt (50. Jg.) H. 1/1999: 35-50.

Allmendinger, Jutta/Aisenbrey, Silke (2002): Soziologische Bildungsforschung. In: Tippelt, Rudolf (Hg.) (2002): Handbuch Bildungsforschung. Opladen: Leske + Budrich: 41-60.

Allmendinger, Jutta/Leibfried, Stephan (2005): Bildungsarmut: Zum Zusammenhang von Sozialpolitik und Bildung. In: Opielka, Michael (Hg.): Bildungsreform als Sozialreform. Zum Zusammenhang von Bildungs- und Sozialpolitik. Wiesbaden: VS Verlag für Sozialwissenschaften: 45-60.

Altrichter, Herbert/Brüsemeister, Thomas/Wissinger, Jochen (Hg.) (2007): Educational Goverance. Handlungskoordination und Steuerung im Bildungssystem. Wiesbaden: VS Verlag für Sozialwissenschaften.

Avenarius, Hermann/Ditton, Hartmut/Döbert, Hans/Klemm, Klaus/Klieme, Eckart/Rürup, Matthias/Tenorth, Heinz-Elmar/Weishaupt, Horst/Weiß, Manfred (2003): Bildungsbericht für Deutschland. Erste Befunde. Opladen: Leske + Budrich.

Bahle, Thomas (2007): Wege zum Dienstleistungsstaat. Wiesbaden: VS Verlag für Sozialwissenschaften.

Baldock, John/Manning, Nick/Vickerstaff, Sarah (Eds.) (2003): Social Policy. Oxford: Oxford University Press.

Baumert, Jürgen u. a. (Deutsches PISA-Konsortium) (2001): PISA 2000. Basiskompetenzen von Schülerinnen und Schülern im internationalen Vergleich. Opladen: Leske + Budrich.

Berg, Christa u. a. (Hg.) (1987-2005): Handbuch der deutschen Bildungsgeschichte. 6 Bde. München: Beck.

Böttcher, Wolfgang (2005): Soziale Benachteiligung im Bildungswesen: Die Reduktion von Ungleichheit als pädagogischer Auftrag. In: Opielka, Michael (Hg.): Bildungsreform als Sozialreform. Zum Zusammenhang von Bildungs- und Sozialpolitik. Wiesbaden: VS Verlag für Sozialwissenschaften: 61-76.

Bos, Wilfried/Lankes, Eva-Maria/Prenzel, Manfred/Schwippert, Knut/Walther, Gerd/Valtin, Renate (2003): Erste Ergebnisse aus IGLU. Schülerleistungen am Ende der vierten Jahrgangsstufe im internationalen Vergleich. Münster: Waxmann.

Brint, Steven (2005): Creating the Future: 'New Directions' in American Research Universities. In: Minerva (Vol. 43) No. 4/2005: 23-50.

Brooks, David (2005): The Education Gap. In: The New York Times 25.9.2005.

Cortina, Kai S./Baumert, Jürgen/Leschinsky, Achim/Mayer, Karl Ulrich/Trommer, Luitgard (Hg.) (2003): Das Bildungswesen in der Bundesrepublik Deutschland. Strukturen und Entwicklungen im Überblick. Reinbek: Rowohlt.

Dohmen, Dieter (2004): Finanzierung lebenslangen Lernens von der Kita bis zur Weiterbildung. FiBS-Forum Nr. 22. Köln: FiBS.

Dohmen, Dieter/Hoi, Michael (2004): Bildungsausgaben in Deutschland – eine erweiterte Konzeption des Bildungsbudgets. FiBS-Forum Nr. 20. Köln: FiBS.

Esser, Hartmut (2004): Welche Alternativen zur ‚Assimilation' gibt es eigentlich? In: Bade, Klaus J./Bommes, Michael (Hg.): Migration – Integration – Bildung. Grundfragen und Problembereiche. IMIS-Beiträge Heft 23. Osnabrück: IMIS: 41-59.

Eurostat (2005): Bildung in Europa. Schlüsselzahlen 2002-2003. Statistik kurz gefasst 10/2005. Luxemburg: Eurostat.

Gottschall, Karin (2003): Von Picht zu PISA. Zur Dynamik von Bildungsstaatlichkeit, Individualisierung und Vermarktlichung in der Bundesrepublik. In: Allmendinger, Jutta (Hg.): Entstaatlichung und soziale Sicherheit. Opladen: Leske + Budrich: 888-901.

Gottschall, Karin/Hagemann, Karen (2002): Die Halbtagsschule in Deutschland: Ein Sonderfall in Europa? In: Aus Politik und Zeitgeschichte H. 41/2002: 12-22.

Hacket, Anne/Preißler, Josef/Ludwig-Mayerhofer, Wolfgang (2001): Am unteren Ende der Bildungsgesellschaft. In: Barlösius, Eva/Ludwig-Mayerhofer, Wolfgang (Hg.): Die Armut der Gesellschaft. Opladen: Leske + Budrich: 97-130.

Konsortium Bildungsberichterstattung (2006): Bildung in Deutschland. Bielefeld: Bertelsmann.

Liesner, Andrea (2008): Freiheit und Regierungskunst. Anmerkungen zur Gouvernementalisierung der Universität. In: Forschung & Lehre, 3: 148-150.

Maurer, Susanne/Weber, Susanne (Hg.) (2006): Gouvernementalität und Erziehungswissenschaft. Wissen – Macht – Transformation. Wiesbaden: VS Verlag für Sozialwissenschaften.

Meyer, John W./Ramirez, Francisco O. (2005): Die globale Institutionalisierung der Bildung. In: Meyer, John W. (Hg.): Weltkultur. Wie die westlichen Prinzipien die Welt durchdringen. Frankfurt a. M.: Suhrkamp: 212-235.

OECD (2003): Education at a Glance 2003. Paris: OECD.

OECD (2005): Education at a Glance 2005. Paris: OECD.

OECD (2006): Education at a Glance 2006. Paris: OECD.

Opielka, Michael (2004): Sozialpolitik. Grundlagen und vergleichende Perspektiven. Reinbek: Rowohlt.

Opielka, Michael (2005): Bildungsreform als Sozialreform. Zum Zusammenhang von Bildungs- und Sozialpolitik. Wiesbaden: VS Verlag für Sozialwissenschaften.

Opielka, Michael (2006): Gemeinschaft in Gesellschaft. Soziologie nach Hegel und Parsons. Wiesbaden: VS Verlag für Sozialwissenschaften.

Picht, Georg (1964): Die deutsche Bildungskatastrophe. Olten: Walter.

Postlethwaite, T. Neville (Ed.) (1995): International encyclopedia of national systems of education. Oxford: Pergamon.

Prenzel, Manfred/Artelt, Cordula/Baumert, Jürgen/Blum, Werner/Hammann, Marcus/Klieme, Eckhard/Pekrun, Reinhard (PISA-Konsortium Deutschland) (2007): PISA 2006. Die Ergebnisse der dritten internationalen Vergleichsstudie. Münster: Waxmann.

Radisch, Falk/Klieme, Eckhard (Hg.) (2003): Ganztagsangebote in der Schule. Internationale Erfahrungen und empirische Forschungen. Bonn: BMBF.

Reinberg, Alexander/Hummel, Markus (2005): Höhere Bildung schützt auch in der Krise vor Arbeitslosigkeit. IAB-Kurzbericht Nr. 9. Nürnberg: IAB.

Schmidt, Manfred G. (2005): Warum die öffentlichen Bildungsausgaben in Deutschland relativ niedrig sind und die privaten vergleichsweise hoch – Befunde des OECD-Länder-Vergleichs. In: Engel, Uwe (Hg.): Bildung und soziale Ungleichheit. Methodologische und strukturelle Analysen. Bonn: Informationszentrum Sozialwissenschaften: 105-120.

Shavit, Yossi/Blossfeld, Hans-Peter (Eds.) (1993): Persistent Inequality. Changing Educational Attainment in Thirteen Countries. Boulder: Westview.

Wagner, Gert W. (2005): Hochschul- und Arbeitsmarktpolitik – Komplexe (In)Kompatibilitäten. In: Opielka, Michael (Hg.): Bildungsreform als Sozialreform. Zum Zusammenhang von Bildungs- und Sozialpolitik. Wiesbaden: VS Verlag für Sozialwissenschaften: 113-126.

Winkler, Michael (2005): Bildungspolitik nach Pisa. In: Opielka, Michael (Hg.): Bildungsreform als Sozialreform. Zum Zusammenhang von Bildungs- und Sozialpolitik. Wiesbaden: VS Verlag für Sozialwissenschaften: 23-44.

Wolf, Alison (2002): Does Education Matter? Myths about Education and Economic Growth. London: Penguin.

# Chancengleicheit im deutschen Bildungswesen

*Jürgen Oelkers*

Zwei Elemente in der bildungspolitischen Reaktion auf PISA sind die Forderungen nach Ganztagsschulen und nationalen Bildungsstandards, also mehr Zeit und striktere Anforderungen unter der Voraussetzung, dass mehr vom Gleichen die beste Lösung sein wird. Das zentrale Thema der kommenden Bildungsreform jedoch, die Verteilung der Chancen und die Bearbeitung von Benachteiligung, stößt in Deutschland offenbar auf wenig Interesse. Dabei zeigen alle internationalen Leistungsvergleiche, dass in der Bearbeitung der Chancen das zentrale Systemproblem zu sehen ist. Die anderen Maßnahmen ergeben Sinn und Zusammenhang nur vor dem Hintergrund des Problems, das in Deutschland „Chancengleichheit" oder neuerdings auch „Chancengerechtigkeit" genannt wird.

Schulqualität entsteht in einem bestimmten System; wenn die Qualität als ungenügend angesehen wird, müssen die Ursachen im System gesucht werden. Der internationale Vergleich macht deutlich, dass alle Systeme, die in etwa vergleichbar sind mit dem deutschen und bessere Resultate erzielt haben, über qualitativ klar bestimmbare Merkmale verfügen: Es handelt sich um Gesamtschulen mit einem Tagesangebot, die über einen hohen Betreuungsaufwand verfügen, gezielt Förderungen anbieten, die nicht selektiv sind und gleichwohl hohe Leistungen erzielen. Kurz gesagt: Nicht-selektive Systeme erreichen im Durchschnitt eine höhere Qualität als selektive. Damit stellt sich die Systemfrage. Aber die wird entweder nicht gerne gehört oder einseitig positioniert, nicht als wirkliches und zentrales Problem der Schulentwicklung. Eigentlich wäre die deutsche Bildungspolitik dafür zuständig, aber die weicht der Systemfrage aus und will die Effizienz des bestehenden Systems verbessern – was immer dann gesagt wird, wenn etwas unangetastet bleiben soll. Warum aber wird das Problem politisch nicht zentral?

Eine mögliche Erklärung dafür könnte sein, dass auch hier sich nach dem Zerfall sozialstaatlicher Illusionen neo-liberale Theorien durchgesetzt haben, und dies nicht aufgrund einer Verschwörung, sondern weil sie einleuchtende Argumente vertreten. Es ist oft übersehen worden, dass „neo-liberale" Autoren (von Friedrich August Hayek über Michael Polanyi bis Fritz Machlup) ausgefeilte Theorien über Erziehung und Bildung vorgelegt haben (vgl. Osterwalder 2003). Dabei kommen Themen wie die gesellschaftliche Produktion und der ökonomische Wert des Wissens vor oder auch das stillschweigend Vorausgesetzte (*tacit knowledge*) in Bildungsprozessen, die von der Pädagogik nie behandelt wurden, obwohl sie von zentraler Bedeutung für ihren Gegenstand sind. Bei der neo-liberalen Theorie der Erziehung handelt es sich also um mehr und anderes, als das Feindbild zulässt.

Die *pièce de résistance* zum Thema Chancengleichheit hat Friedrich August Hayek verfasst. In der 1971 veröffentlichten deutschen Fassung von „The Constitution of Liberty"[1] diskutiert er die damalige sozialdemokratische Bildungspolitik, die mehr Chancengleichheit herstellen wollte. Das Mittel war vor allem die Öffnung der Höheren Bildung für begabte Kinder aus unteren Schichten, die allein wegen ihrer Herkunft vom Besuch des Gymnasiums ausgeschlossen waren. Die Politik der Chancengleichheit bezog sich de facto auf die Anhebung der Abiturientenquote. Damit verbunden war folgende Ratio: Je mehr Kinder aus unteren Schichten zum Abitur geführt würden, desto mehr könne von Chancengleichheit gesprochen werden.

Aber Chancengleichheit ist keine Frage des Mehr oder Weniger. Abgesehen von den Schwierigkeiten der Berechnung setzt die Vorstellung des Mehr oder Weniger eine Sättigungsgrenze voraus, eine imaginäre Linie, *ab* der genügend und *vor* der zu wenig Chancen zur Verfügung stehen. Diese Linie kann nicht gezogen werden, sie ist die Folge einer unklaren Theorie, die als politisches Postulat Karriere gemacht hat, ohne sonderlich entwickelt zu werden. Es ist erstaunlich, welche symbolische Kraft mit einem Postulat verbunden ist, das seit der sozialdemokratischen Einheitsschule vor 1914 nie theoretisch expliziert und argumentativ getestet werden musste, sondern einfach die Moral auf seiner Seite wusste.

Aber was genau ist mit Chancengleichheit gemeint? Chancen im Bildungssystem sind nicht einfach vorhanden und können dann mengenmäßig verteilt werden. Die Währung dafür sind Abschlüsse und Berechtigungen, also staatliche Regelungen, auf die hin das System eingestellt ist. Genauer: Die Differenz der Abschlüsse definiert Dynamik und Qualität des Systems. Die Macht hat der Staat, nicht der Bürger. Über das deutsche Schulsystem ist nie demokratisch abgestimmt worden, nicht der Souverän hat darüber entschieden, sondern etatistische Festlegungen in einem feudalen System vor mehr als hundertfünfzig Jahren. Diese Abschlüsse können auf einem schulischen Parcours erreicht oder nicht erreicht werden, was sich als kontinuierliche Befolgung von ungleich zugänglichen Chancen verstehen lässt. Es geht also weder nur um Chancen des Eintritts in einen Bildungsgang noch um Chancen, ihn formal abzuschließen. Das schulische Problem betrifft die Chancen, im Vergleich mit anderen auf faire Weise lernen zu können, also nicht von vorne herein benachteiligt zu sein und diesen Nachteil nie aufholen zu können. Dieser Begriff von Chancengleichheit soll stark gemacht werden, nicht nur weil er einen pragmatischen Umgang mit dem Problem erlaubt, sondern auch, weil er Gewinn bringt gegenüber der neoliberalen Kritik.

Die neoliberale Kritik hat mit dem politischen Postulat Chancengleichheit leichtes Spiel. Lernen, folgen wir Hayek, ist individuell bedingt und so letztlich zufällig, wenn nicht eine biologische oder soziologische Determination angenommen werden soll, also die Festlegung der Lernfähigkeit durch Natur oder Gesellschaft. Dieser Schluss ist gerade in pädagogischen Theorien des Lernens, die ganz auf das Subjekt setzen, immer bestritten worden. Aber wenn eine Determiniertheit durch Größen wie Natur oder Gesellschaft abgelehnt wird, ist Individualität die Folge, was dann jede Form von psychischer oder sozialer Gleichheit ausschließt. Es ist eine Illusion, so Hayek, dass alle „mit denselben Aussichten beginnen" könnten (1971: 472). Das aber würde Chancengleichheit im Kern meinen, die Gleichheit der Chancen zu Beginn des Parcours. Diese Gleichheit müsste künstlich

1 „The Constitution of Liberty" erschien im amerikanischen Original 1960. Die deutsche Fassung elf Jahre später ist eine Anpassung, nicht einfach eine Übersetzung.

festgelegt werden, was unmöglich ist und gleichbedeutend wäre mit der Ausschaltung des Zufalls im Zustandekommen der je individuellen Lernfähigkeit. Es gibt zwei schlechte Möglichkeiten, das Problem zu lösen, einerseits die staatliche Reglementierung der Chancen, andererseits die Testierung der Leistungen.

Staatliche Reglementierung, etwa mit Quoten oder Schikanen, würde bedeuten, dass manchen Möglichkeiten genommen werden, die nicht allen geboten werden können. Es kann daher schon aus logischen Gründen keine Gleichheit der Chancen für alle geben, denn jeder Eingriff des Staates befördert die Chancen bestimmter Gruppen und beeinträchtigt die anderer. Anders wäre der Staat der Meta-Akteur der Gerechtigkeit. Aber das Problem ist auch nicht durch standardisierte Leistungskontrollen lösbar. Wer auf diesem Wege Chancengleichheit herstellen will, muss alle in Frage kommenden Personen einem Test unterziehen, der seinerseits nicht *die* Leistung misst, sondern nur eine bestimmte Sichtweise von Leistung zum Ausdruck bringt. Die Festlegung ist arbiträr, und sie führt nur zur Egalität des Maßstabs. Die Zuteilung der Chancen für Ausbildungen nach Quoten oder aufgrund der Überwindung von Schikanen ist genauso ungerecht wie die Zuteilung nach getesteten Fähigkeiten. Quoten und Schikanen sind beliebig, die Beschreibung von Fähigkeiten verschiedener Personen verlangt einen Vergleich und führt im Ergebnis dazu, eine Einstufung von oben nach unten vorzunehmen, die mit Etikettierungen erkauft wird. Der Test eignet sich dazu, aufgrund der im Test gezeigten Leistungen für eine Rangierung zu sorgen, also alle Personen innerhalb einer Gruppe auf einer bestimmten Skala einzureihen. Damit wäre ein Selektionsproblem bearbeitet, nicht für Chancengleichheit gesorgt; der Test ist für alle gleich, die Chancen, die sich mit dem Test verbinden, sind ungleich, ebenso wie die Voraussetzungen ungleich waren, den Test bestehen zu können. Auf diesem Wege ist eine Sortierung möglich, die die Schule von Objektivitätsproblemen entlastet, während jeder Test nichts weiter ist als eine Setzung.

## 1 Wettbewerb statt proklamierter Chancengleichheit

Die Frage der Chancengleichheit wird seit dem 19. Jahrhundert zugespitzt auf die Frage, wer zur höheren Bildung zugelassen wird und wer nicht. Darüber, so Hayek, entscheidet ein staatliches Monopol, das keine Konkurrenz zulässt, und so muss der Grundanspruch sozialer Gerechtigkeit nicht auf einem Markt ausgetragen werden.

> „Wo die ausschließliche Stützung auf ein staatliches Erziehungssystem ‚sozialer Gerechtigkeit' dienen soll, wird über die Frage, worin eine höhere Ausbildung besteht – und daher auch, welche Fähigkeiten dazu berechtigen –, eine einzige Ansicht allgemein maßgebend sein, und die Tatsache, dass jemand eine höhere Ausbildung genossen hat, wird als Beweis angesehen, dass er sie ‚verdient' hat" (Hayek 1971: 473).

Wer Abitur macht, bestätigt damit seine Eignung für die Höhere Bildung, während aufgrund des staatlichen Monopols eine echte Auswahl gar nicht gegeben war. Man ist nicht geeignet und erhält eine Zulassung aufgrund der persönlichen Fähigkeiten, wie z. B. in privaten Musikschulen, vielmehr macht der Staat ein Angebot, das mangels Wahlmöglichkeiten wahrgenommen werden muss. Gesteigert wird damit der bürokratische Aufwand, nicht die soziale Gerechtigkeit. Die Kritik Hayeks am Postulat der Chancengleichheit ist überzeugend, seine Alternative freilich nicht, weil er das pädagogisch Entscheidende übersieht (Oelkers 2000: 146-148). Hayek schlägt vor, die staatliche Reglementierung der Bildung durch einen persönlich verantworteten Wettbewerb zu ersetzen, in dem die Risiken und Chancen von Ausbildungen ohne bürokratische Zuweisungen individuell ausgetragen werden. Der Erfolg muss selbst gesucht werden, jedes System kennt Gewinner und Verlier, und man muss vorher wissen, auf welche Risiken man sich einlässt. Versprochen wird *nicht*, dass niemand verliert, während jeder die Regeln des Spiels lernen und sich darauf einlassen kann – auf eigenes Risiko.

Tatsächlich ist Chancengleichheit in der wohlfahrtsstaatlichen Variante immer so verstanden worden, dass es möglichst keine Verlierer geben soll. Was damit ausgeschaltet werden sollte, war aber nicht der Zufall, sondern die soziale Selektion, die Hayek als Problem ignoriert. Traditionell haben in Deutschland die höheren Schichten Zugang zur Höheren Bildung. Weil sich mit den Abschlüssen der Höheren Bildung die besten Chancen für Beruf und Leben verbinden, ist die soziale Ungleichverteilung der Zugänge ungerecht, und zwar umso mehr, je weniger dabei die persönliche Leistung und je mehr die soziale Herkunft eine Rolle spielt. Viele erhalten aufgrund ihrer Herkunft keine Chance für das Erreichen der besten Plätze, respektive die besten Plätze können gar nicht erreicht werden, weil sie sozial besetzt sind, noch bevor irgendeine Leistung abverlangt wird. Eine radikale Marktlösung würde daher angesichts der sozialen Verhältnisse dieses Problem verschlimmern, nicht etwa lösen.

Wie aber lässt sich die Situation ändern, wenn Hayek mit seiner Kritik an der wohlfahrtsstaatlichen Reglementierung Recht hat? Selektive Leistungstests spiegeln die soziale Herkunft und befördern das „Matthäus-Prinzip", rigide Testprogramme können die Ungleichheit verstärken und die ohnehin gegebene Benachteiligung bestimmter Gruppen erhöhen (vgl. Orfield/Kornhaber 2001). Die Kompetenzen der Schüler(innen) in den entscheidenden Leistungsfächern liegen bereits bei Schuleintritt weit auseinander (vgl. Stamm u. a. 2004), und jede Klasse entwickelt eine Leistungshierarchie, deren Rangverteilung auch beim Wechsel der Lehrkraft mit hoher Wahrscheinlichkeit erhalten bleibt. Zwischen der dritten und der sechsten Schulklasse, also mit Zuwachs der fachlichen Anforderungen des Unterrichts, entstehen offenbar die großen Diskrepanzen und Unterschiede, die auch von PISA beschrieben worden sind (vgl. Moser/Rhyn 2000; Moser u. a. 2002).

Es hilft wenig oder besser gar nichts, auf diese Situation mit Appellen nach sozialer Gerechtigkeit zu reagieren. Auch lässt sich dieser Appell nicht in Politik umsetzen, ohne die Risiken zu vergrößern oder lediglich anders zu verteilen. Der Staat ist tatsächlich nur Monopolist, kein Meta-Akteur für Gerechtigkeit, wie in der Bismarck-fixierten deutschen Bildungspolitik oft angenommen wurde. Wie erfolglos Bildungspolitik sein kann, lässt sich an der deutschen Schulentwicklung nach der Öffnung des Gymnasiums gut zeigen. Bedient wurde die erweiterte Mittelschicht, nicht die bildungsfernen, einkommensschwachen und sozial benachteiligten Gruppen. Diese wurden doppelt bestraft: Nicht nur war und ist der Zugang zur höheren Bildung versperrt, auch wurde die „eigene" Institution, die Hauptschule, zusehends entwertet.

## 2 Lösung durch Minimierung der sozialen Benachteiligung

Wenn nun in Deutschland eine Gesamtschule wie in Skandinavien nicht kommen wird, die Einführung einer High School nach amerikanischem Vorbild 1946 verpasst wurde und eine französische Abitursquote keine Chancen hat, was ist zu tun? Im Sinne der Kritik von Hayek kann es nicht darum gehen, Chancengleichheit künstlich herzustellen, sondern nur darum, soziale Benachteiligungen zu minimieren. Die Ungerechtigkeit besteht darin, dass bestimmte Kinder und Jugendliche aufgrund ihrer Herkunft nicht imstande sind, schulischen Anforderungen nachzukommen. Entweder beherrschen sie nicht, was der Unterricht voraussetzt, etwa die Sprache oder die Lernkultur, oder sie verlieren den Anschluss, weil sie nicht genügend Unterstützung erhalten. In diesem Sinne kann von einer strukturellen Benachteiligung die Rede ein, die sich auf die Leistungen auswirkt und die nicht individuell ausgeglichen werden kann. Bei Hayek gab es nur individuelle Fähigkeiten, keine Benachteiligungen; aber was uns erzieht, sind nicht allein Zufälle, sondern Vor- und Nachteile im Blick auf Aufgaben und Leistungen.

So gewendet, handelt es sich beim Thema Chancengleichheit nicht einfach um ein gesellschaftliches, sondern um ein schulisch bearbeitbares Problem. Es kann nicht darum gehen, die soziale Stratifikation zu beseitigen, sondern nur darum, Benachteiligungen im Blick auf Lernanforderungen der Schule so gut es geht zu bearbeiten – im Kern also leistungsschwache Schüler zu fördern. Denn im öffentlichen Schulwesen kann nicht der umgekehrte Weg beschritten werden, etwa der Einbau von Schikanen für die Leistungsstarken, damit die Leistungsschwachen nicht zurückbleiben. Auch lässt sich die soziale Herkunft nicht mit einem Bonus-Malus-System bearbeiten, etwa derart, dass gute Leistungen mit einem Sozialindex ab- und schlechte Leistungen aufgewertet würden. Schließlich verbieten sich auch Quotierungen, etwa nach Ethnie, Geschlecht oder Religionszugehörigkeit. Die Grundidee der öffentlichen Bildung geht dahin, dass jedes Kind unabhängig von seiner Herkunft oder Zugehörigkeit schulische Bildungsgüter erwerben kann. Das setzt voraus, dass jedes Kind in der Lage ist, Leistungsanforderungen zu erfüllen, ohne durch außerschulische Faktoren behindert zu sein. Alle Versuche, die Chancen bestimmter Gruppen zu verbessern, müssen dann auch die Voraussetzungen dafür schaffen, dass individuelle Leistung zustande kommt.

Wie lässt sich die versteckte soziale Quotierung bearbeiten? Die Antwort lautet: durch entschiedene schulische Förderung von Anfang an und möglichst früh. Die deutsche Schule ist eine Lektionenschule und verfügt über keine institutionelle Förderkultur. Dabei spielt nicht nur die Diagnosefähigkeit der Lehrkräfte eine Rolle, vielmehr fehlen Förderprogramme und die vorhandenen Maßnahmen sind entweder ausgelagert oder so vereinzelt, dass sie wenig Wirkung erzielen. Die Einführung von Ganztagsschulen wird die Entwicklung von Förderprogrammen erleichtern, aber damit ist durchaus mehr verbunden als die Verlängerung des Schultages, nämlich die Veränderung der Schulkultur. Frühe Förderung heißt vor allem domänenspezifische, kognitive Lernunterstützung.

Dabei muss auch der Fatalismus überwunden werden, dass die Schule nicht bearbeiten könne, was die Gesellschaft verursacht. Der Satz ist nur abstrakt, auf der Ebene einer pauschalen Kausalität, zutreffend. Konkret wird sich die Schule fragen müssen, ob sie die richtigen Instrumente hat, mit Folgen der sozialen Herkunft umzugehen. Der Fatalismus entsteht auch, weil die instrumentelle Seite der Schule nie weiterentwickelt wurde und von der deutschen Erziehungswissenschaft geradezu lustvoll unter einen allgemeinen Technologieverdacht gestellt worden ist. Aber vieles spricht dafür, dass mit besseren Tools der Schule die soziale Quotierung aufgefangen oder minimiert werden kann. Das lässt sich an schulischen Förderprogrammen zeigen. Sie sind mit Aussicht auf Erfolg nur dann zu implementieren,

– wenn echte Ziele vorhanden sind
– früh nicht-selektive Tests eingesetzt werden
– flexible Lektionenpools zur Verfügung stehen

– eine kompetente Schulleitung für Abstimmung und Prioritätenbildung sorgen kann
– verbindliche Standards vorhanden sind
– Lehrkräfte auf Standarderreichung hin geschult werden und
– die Qualität der Schulen sich am Ergebnis bemisst.

Davon sind die deutschen Schulen weit entfernt. Der oft larmoyante Fatalismus kann also auch durch einen Entwicklungsrückstand bedingt sein. Wer Jahrzehnte lang keinen Fortschritt sieht, glaubt an die Wiederholung des Immergleichen. Wenn man sich nicht zutraut, Probleme der sozialen Herkunft und so der schulischen Gerechtigkeit zu bearbeiten, dann, weil man nicht genau weiß *wie* und nicht, weil das Problem zu groß ist. Das problemangemessene *Know-how* muss entwickelt werden, und das verlangt eine Forschung, die sich auf das *working knowledge* der Institution (Davenport/Prusak 1998) wirklich einlässt und neue Lösungen bereitstellt. Die deutsche Erziehungswissenschaft ist davon weit entfernt.

Zu lösen ist aber auch ein Systemproblem: Chancengleichheit ist nicht dann erreicht, wenn möglichst viele Schüler(innen) die Abiturspfrüfung bestehen. Die Vergrößerung der Abiturienten-Quote hat insgesamt wenig dazu beigetragen, das Kernproblem der Benachteiligung zu bearbeiten. Das ergibt sich auch aus der Anlage des Systems: Die definitive Selektion erfolgt zu früh, die Einschulung aber zu spät. Die frühe Selektion der Leistungsstarken mindert die Chancen der Schwächeren und drückt den Leistungsdurchschnitt, die späte Einschulung versäumt frühe Fördermöglichkeiten bei allen. Individuelle Lernpotenziale – Hayeks Problem – werden nicht genutzt, weil die einzige gemeinsame Schulzeit, die Grundschule, dazu nötigt, für frühe Sortierungen zu sorgen.

Aus diesem Befund würde für die Systementwicklung folgen, die Einschulung vorzuverlegen und die Selektion zu verschieben. Europäisch üblich sind curricularisierte Vorschulen oder Basisstufen, die mit dem vierten Lebensjahr beginnen und die auf unterschiedliche Tempi der Entwicklung eingestellt sind. Die meisten kontinentaleuropäischen Bildungssysteme sind gestuft, d. h. führen nach der Vorschule eine sechsjährige Primarschule, an deren Ende die Übertritte in zumeist zweizügige Sekundarschulen erfolgen.

Die Einführung einer echten Gesamtschule in Deutschland würde bedeuten, alle Kinder und Jugendlichen von der Vorschule bis zum Abschluss der Sekundarstufe I, also zwischen 4 und 16 Jahren, im Wesentlichen gleich zu beschulen. Die Einführung einer echten Gesamtschule hätte zur Folge, dass im Primar- und Sekundarbereich nicht nur die heutigen Schultypen, sondern auch die Lehrerkategorien verschwinden würden. Die Gymnasien hätten nur noch vier Jahre Schulzeit zur Verfügung, sie würden zu dem, was in der Schweiz „Kurzzeitgymnasium“ heißt, das logisch wie symbolisch auf der gleichen Stufe steht wie die Berufsschulen. Das würde bedeuten, auf mehr als die Hälfte der heutigen Stellen im Gymnasialbereich zu verzichten, die frei werdenden Mittel könnten anders investiert werden, aber das wäre längst nicht alles. Es müssten größte Anstrengungen für einen kompletten Systemumbau unternommen werden, der derzeit nicht annähernd absehbar ist. Dies nicht nur wegen der finanziellen Möglichkeiten, sondern mehr noch aufgrund der historischen Mentalitäten, denn auch sie müssen entwickelt werden, der Umbau ist wesentlich ein Umdenken.

Die gesamte Infrastruktur und Organisation des Schulsystems müsste grundlegend verändert werden, die Ausbildung der Lehrkräfte müsste einen kompletten Wandel erfahren, das vorhandene Personal müsste gegen seinen Willen umgeschult werden, die Lehrpläne müssten völlig neu geschrieben werden, die Ministerialbürokratie müsste quer zu den bisherigen Laufbahnen neue Aufgaben übernehmen, die Mentalität der Lehrkräfte müsste sich entgegen jahrzehntelanger Statuspflege radikal umstellen, die Öffentlichkeit müsste auf grundlegend neue Konzepte der Erziehung und Bildung eingestellt werden – und dann hätte man immer noch nicht die Voraussetzungen für die Qualität, die in Finnland oder im besten aller Systeme, der kanadischen Provinz Alberta, erzielt werden.

## 3 Von der Unterrichtsschule zur Förderschule

Von ihrer Struktur her ist die deutsche Schule eine typische Unterrichtsschule. Das Hauptaugenmerk liegt darauf, dass der Stundenplan erfüllt wird und nicht darauf, möglichst hohe Qualität zu erzeugen. PISA war deswegen ein so großer Schock, weil die gute Qualität vorausgesetzt, nie jedoch ernsthaft geprüft wurde. Deutsche Lehrkräfte sind Einzelkämpfer, die für ihren Unterricht zuständig sind, nicht jedoch dafür, Qualität zu erreichen, ausgenommen eben durch Unterricht. Der zentrale Wandel ist der von der Unterrichtsschule zur Angebots- und Förderschule, die mehr bietet als nur Schulstunden.

Das klingt befremdlich, denn was sollen Lehrkräfte anderes tun, als zu unterrichten? Unterricht ist, wie man heute so schön sagt, das „Kerngeschäft" der Schule, aber Schule ist mehr als Unterricht (Oelkers 2003), nämlich ein umfassendes Lern- und Erfahrungsfeld, das nicht allein durch die Stundentafel bestimmt sein kann und auch nicht bestimmt ist. Das Problem ist zu einem guten Teil hausgemacht, denn die Schule ist auf gezielte Förderung durch und neben Unterricht kaum eingestellt. Vielleicht das alarmierendste Resultat der PISA-Studie ist, dass die diagnostischen Fähigkeiten der Lehrkräfte oft nicht ausreichen, z. B. um Leseschwächen zu erkennen und dann gezielt zu fördern. Zudem ist nicht geregelt, was genau „gezieltes Fördern" heißt. Standards dafür gibt es nicht, jede Lehrkraft handelt nach eigenem Dafürhalten. Ein schulischer Leistungsservice für schwache oder überhaupt für Schüler mit besonderen Anliegen ist nicht oder nur sehr rudimentär vorhanden. Die besten PISA-Systeme erreichen ihre Qualität mit einem hohen Aufwand an zusätzlichen Unterstützungen, was sie also vor allem unterscheidet, ist der Support und nicht einfach nur die Verfassung als Ganztagsschule.

Was man Chancengleichheit nennt, wird nicht einfach zugeteilt, sondern muss von der Schule gestaltet werden. Es handelt sich um eine Handlungsaufgabe, die konkret bestimmt werden muss. Skandinavische oder auch angelsächsische Bildungssysteme verwenden Förderprogramme, stellen Lehrpläne auf Standards um, setzen Leistungstests zur Qualitätsentwicklung ein,[2] integrieren sozialpädagogische Dienste und versuchen, mit diversen weiteren Maßnahmen, die Milieuunterschiede zu minimieren. Das alles ließe sich in deutschen Schulen sofort realisieren, und zwar auch dann, wenn keine Gesamtschule eingeführt wird (was politisch wie gesellschaftlich zu erwarten ist). Dies soll abschließend an drei Vorschlägen aufgezeigt werden. Der erste Vorschlag betrifft die Struktur der Verschulung, der zweite die Verantwortung und der dritte den Erziehungsauftrag.

1. Die Verlängerung der Grundschule auf sechs Jahre in Kombination mit einer Vorschule, die den Kindergarten ersetzt, ergäbe eine sieben- bis achtjährige Gesamtschule, die das bisherige System nicht völlig auf den Kopf stellte, aber frühe Förderung mit besserer Beachtung des Gebotes der Chancengleichheit verbinden könnte.

2 Dabei ist freilich ein „*teaching for testing*" wie in den USA zu verhindern (vgl. Orfield/Kornhaber 2001).

2. Die Entwicklung von kompetenten und weisungsbefugten Schulleitungen würde es ermöglichen, dass Ganztagsschulen oder Bildungsstandards durchgesetzt werden könnten, denn die gezielte Förderung der Leistungsschwachen verlangt eine hohe innere Koordination und ist nicht einfach im bloßen Vertrauen auf Kollegialität zu haben. Ein solches Ziel muss notfalls auch gegen Widerstände durchgesetzt werden können, kontinuierlich angestrebt werden und ist daher ein vorrangiges Entwicklungsziel der Schule, dem die Schulleitung Priorität verleiht. Die Schule muss konkret verantwortet werden, sonst ist es auch nicht möglich, ihren Erziehungsauftrag zu realisieren. Es braucht Klarheit und Kompetenz genau in der Hinsicht, wer die Verantwortung trägt und wer zuständig ist. Die Verbesserung der durchschnittlichen Bildungsqualität der Schüler(innen) kann nicht der Zustimmung oder Ablehnung einzelner Lehrkräfte überlassen bleiben, sondern verweist auf hohen Steuerungsbedarf und auf anspruchsvolle Lehrerfort- und Weiterbildungen.
3. Charakteristisch ist, dass ein doch höchst vage formulierter Erziehungsauftrag gar kein Ende hat, er wird immer nur wiederholt – was möglich ist, weil jeder leicht an Postulate glauben kann, aber unklar ist, was die Praxis ausmachen soll. Es gibt die Macht der Worte, aber auch hier keine Standards.

Für solch tief greifende Veränderungen ist eine demokratische Theorie der Erziehung nötig, die zu einer öffentlichen Überzeugung wird. Die Pädagogik hätte hier eine lohnende Aufgabe – statt immer wieder auf die pädagogische Autonomie zurückzukommen, die letztlich nur das Gegenüber der staatlichen Gesamtversorgung ist. In der Spur des 19. Jahrhunderts ist diese Versorgung immer noch eine ungerechte Verteilung, die den Schulerfolg abhängig macht von der Herkunft. Angriffige Theorien demokratischer Erziehung, die diese Verhältnisse gut begründet herausfordern, sind in der deutschen Pädagogik zu wenig vorhanden, weil die Grundrelation von Individuum und Gemeinschaft seit dem 19. Jahrhundert nie verändert worden ist. Aber Erziehung ist nicht einfach Einführung in die Gemeinschaft, sondern Vorbereitung auf Demokratie und Gesellschaft. Begründet wird diese Vorbereitung seit Condorcet mit einem Konzept öffentlicher Bildung, das allen Kindern als den zukünftigen Bürger(inne)n offen steht.

## *Literatur*


Davenport, Thomas H./Prusak, Laurence (1998): Working Knowledge. How Organisations Manage What They Know. Boston: Harvard Business School Press.

Hayek, Friedrich A. v. (1971): Die Verfassung der Freiheit. Tübingen: Mohr Siebeck.

Moser, Urs/Keller, Florian/Tresch, Sarah (2002): Evaluation der 3. Primarschulklassen. Schlussbericht zuhanden der Bildungsdirektion des Kantons Zürich. Ms. Zürich.

Moser, Urs/Rhyn, Heinz (2000): Lernerfolg in der Primarschule. Eine Evaluation der Leistungen am Ende der Primarschule. Aarau: Sauerländer.

Oelkers, Jürgen (2000): Schulreform und Schulkritik. Würzburg: Ergon.

Orfield, Gary/Kornhaber, Mindy L. (Eds.) (2001): Raising Standards or Raising Barriers? Inequality and High-Stakes Testing in Public Education. New York: The Century Foundation Press.

Osterwalder, Fritz (2003): Milton Friedmans „truly free-market educational system" im Kontext des Neoliberalismus. In: Mangold, Max/Oelkers Jürgen (Hg.): Demokratie, Bildung und Markt. Bern: Lang: 45-70.

Stamm, Margit/Moser, Urs/Hollenweger, Judith (2004): Lernstandserhebung in den 1. Klassen des Kantons Zürich. Schlussbericht zuhanden der Bildungsdirektion des Kantons Zürich. Ms. Zürich.

# Kinderrechte und radikaldemokratische Bildungspolitik

*Heinz Sünker*

Eine Vermittlung zwischen Kindheitsforschung und Bildungsforschung, in die Fragen der Konzeptualisierung von Kinderpolitik und Bildungspolitik eingelassen sind, steht spätestens mit den anhebenden Diskursen über differente Semantiken von „Ganztagsbildung" auf der Tagesordnung. Hat es hier doch um zweierlei zu gehen: zum einen um eine Kritik des herrschenden Bildungswesens, in dem Schule (mehrheitlich) keine Bildungsinstitution darstellt, und zum anderen um die Demokratisierung unserer Gesellschaft. Mit beidem wird die Bedeutung von Urteilskraft, Reflexivität, Handlungsfähigkeit und politischem Bewusstsein der nachwachsenden Generationen für eine qualifizierte Zukunftsfähigkeit herausgestellt, in die Individuelles und gesellschaftlich Allgemeines miteinander einhergehen. Zu bedenken ist dabei, dass zwar allen „ein gleiches Recht auf persönliche Meinung zuerkannt wird, aber nicht allen die Mittel an die Hand gegeben werden, dieses formal universelle Recht auch wahrzunehmen" (Bourdieu 2001: 89).

In Frage steht mithin, was als Voraussetzung für Demokratie und Zukunftsfähigkeit gemeinhin als normal vorausgesetzt wird, die Beteiligung der Mitglieder der bürgerlich-kapitalistischen Gesellschaft an politischen Belangen, deren Basis in der Doppelsozialisation von Bourgeois und Citoyen besteht. In Frage steht auch, was in der sozialwissenschaftlich orientierten Kindheitsforschung in der Folge der Ablösung vom Sozialisationsparadigma (vgl. Bühler-Niederberger/Sünker 2006) gesetzt wird: die Modellierung des Kindes zum relativ autonomen, kompetenten Akteur, damit die Ablösung naturalistischer Vorstellungen und Bilder vom „Kind"; dies einhergehend mit einer Verteidigung der Lebensphase „Kindheit" gegen dessen Degradierung zur bloß transitorischen Phase (vgl. James/Prout 1997).[1]

Der neue Blick auf Kindheit und Kind (vgl. Lange 1995; Honig 1999) sollte in Verbindung mit Konzeptualisierungen von Kinderpolitik sowie dem Kinderrechtsdiskurs auf der Seite der nachwachsenden Generationen zumindest entscheidende Voraussetzungen für eine Änderung dieser mangelhaften zivilisatorischen Entwicklungen in vielfältigen Kontexten lokaler wie globaler Art bereitstellen (vgl. Güthoff/Sünker 2001; Sünker/Swiderek 2003) und dabei mit einer starken Schulkritik vermittelt werden.

1 Gesellschaftsanalytisch relevant – weil auf spezifische Macht- und Herrschaftsverhältnisse verweisend – ist im Kontext dieses Ansatzes die Rede von „generationaler Ordnung" und „generationalem Kapital" (Bühler-Niederberger/Sünker 2006).

# 1 Kindheitspolitik

Einen entscheidenden Ausgangspunkt kann diese Debatte mit der Interpretation wesentlicher Artikel der UN- Konvention für die Rechte des Kindes[2] nehmen, ohne dabei die notwendigen Differenzierungen zwischen den Besonderungen in den Lebenslagen und Lebensweisen von Kindern zu negieren. Diese Differenzierungen sind wesentlich und notwendig, sie folgen Bestimmungen von class, race, gender. Auf den Punkt gebracht lautet das analytische Problem: „Aus reichen Kindern werden reiche Eltern" (Esping-Andersen 2003). Allein, gegen diese notwendigen Differenzierungen, die ihr Zentrum in der Reproduktion sozialer Ungleichheit haben – und dies in wesentlicher Weise durch das Bildungssystem – gilt es, die Herausforderungen der UN-Konvention aufzunehmen und für eine Diskussion zu nutzen, mit der sich Kinderpolitik und Bildungspolitik verknüpfen lassen.

Im Ausgang geht es um das „Wohl des Kindes" (Art. 3), dessen Vorrang vor allen anderen Gesichtpunkten; eine Bestimmung, die mit jener unmittelbar zusammenhängt, dass „das Überleben und die Entwicklung des Kindes", so wird ausdrücklich formuliert, „in größtmöglichem Umfang" zu gewährleisten sei (Art. 6). Bilden somit die Wohlfahrt, das Wohlergehen des Kindes die Grundlegung einer Debatte um Entwicklungsmöglichkeiten und ein qualifiziertes Leben wie Überleben, in das auch die Frage des „Lebensstandards" (Art. 27) eingelassen ist, so beziehen sich weitere Bestimmungen ganz konkret auf Schutzrechte – vor allem Schutz vor Gewalt, Misshandlung und Vernachlässigung (Art. 19). Verbunden mit der Freiheit, sich Informationen zu beschaffen und seine Meinung zu äußern (Art. 13), gilt die Bestimmung, den Kindeswillen im Kontext seiner Lebenswelt zu achten (Art. 12). Dementsprechend wird dem Kind auch ein Recht auf Bildung, auf Berufsausbildung zugesprochen, wobei dies mit konkreten Bildungszielen verknüpft wird, die eine gelungene Persönlichkeitsentwicklung wie Gesellschaftsfähigkeit in den Vordergrund stellen (Art. 28-29).

Insgesamt lässt sich der Gehalt der Konvention durch die drei Dimensionen Schutz, Versorgung und Partizipation bestimmen wie strukturieren, so dass sich in der Relationierung dieser Dimensionen das ergibt, was sich als herausfordernder Charakter der Konvention benennen lässt und konzeptuell jeweils historisch konkret zu entwickeln ist:

- Schutz: Auch wenn die Semantik von Schutz dem Umfeld eines traditionalen Zugangs zum Kindheitsthema zuzurechnen ist, sich dies mit der Ideologie der Kinder-Rettung und deren Widersprüchen[3] verbindet, besteht heute die Aufgabe, jenseits paternalistischer, damit bevormundender oder direkt auf Sozialkontrolle ausgerichteter Modelle, neue Vorstellungen zu entwickeln, um das Thema „Generation und Gewalt" nicht aus den Augen zu verlieren. Es geht um die Weiterentwicklung einer Debatte um die besondere Schutzbedürftigkeit von Kindern und anderen Menschen.
- Versorgung: Auch hier handelt es sich auf den ersten Blick um eine traditionsgeleitete Herangehensweise, die aber mit Bezug auf die „westlichen" Gesellschaften unter der Überschrift „Sozialstaat und Sozialpolitik" zunächst einmal Armut und Sozialhilfeabhängigkeit von Kindern zu skandalisieren hat. Weiter handelt es sich um das Thema

2 Hier kann auch das Kinder- und Jugendhilfegesetz (vor allem § 1) einbezogen werden.

3 Zu diskutieren ist hier vor dem Hintergrund der historischen Erfahrungen mit „guten Absichten", d. h. der Pädagogisierung gesellschaftlich verursachter Probleme, was sich daraus an Konsequenzen für den Umgang mit als nicht-konform definierten Kindern und Jugendlichen ergibt; zu kontroversen Interpretationen siehe van Krieken (1991) und Dekker (2001).

„private und öffentliche Erziehung/Bildung", damit um die Kontextualisierung von Bildungs- und Jugendhilfepolitik, die gleichfalls in ihren gesellschaftspolitischen Dimensionen aufzuschlüsseln ist.
- Partizipation: Mit dieser Kategorie verbinden sich einerseits demokratietheoretisch und demokratiepraktisch interessierte Positionen, die in unterschiedlichen Formen die Förderung von demokratischer politischer Kultur vertreten (vgl. Swiderek 2003; Sünker u. a. 2005). Es handelt sich andererseits um Positionen, die sich eine Verbesserung der Lebenssituationen von Kindern nur noch durch eine aktive Beteiligung dieser selbst vorstellen können und die darin eingeschlossen – gegen die Erwachsenenzentrierung – auch die Frage nach dem Verhältnis von Abhängigkeit und Autonomie in Lebensweisen und Lebensstilen insgesamt auflösen möchten. Überwunden werden kann damit auch ein restriktives Kompetenz/Inkompetenzmodell, das nur an „Alter" orientiert ist (vgl. Hutchby/Moran-Ellis 1998); an die Stelle derartiger Modellierung tritt das, was mit Bezug auf die Debatten um die *civil society* an der Zeit ist, die Orientierung an Bürgerrechten, dies auch in Gestalt der Rede vom Kind als „Rechtssubjekt".

Dem Paternalismus und – häufig – klassenbasierten *bias* üblicher Familien-, Schutz- und Unreife-Ideologien widersprechen Formulierungen vieler Artikel der UN- Konvention, wenn von der Beteiligung der Kinder an sie betreffenden Angelegenheiten – und sie betrifft alles – die Rede ist: Die bedeutet, dass offiziell anerkannt wird, dass Kinder an Entscheidungen über Bestimmungsgrößen und Bedingungsfaktoren ihrer Lebensverhältnisse real zu beteiligen sind, über diese mitzuentscheiden haben. Die Positionierungen der Konvention sind damit insgesamt betrachtet anschlussfähig für wesentliche Fragen sowohl der Kindheitstheorie: mit dem Zentrum „kindliche Subjektivität", als auch der Kinderpolitik: mit der Priorität von Partizipation statt Stellvertretung.

Vor dem Hintergrund dieser kindheitstheoretischen und kinderpolitischen Position ist es ganz entscheidend, auf implizite wie explizite Verknüpfungen mit Bildungstheorie und Bildungspolitik zu achten; denn alle Fortschritte in den Diskursen von Kindheitstheorie und Kinderpolitik wie Kinderrechten erweisen sich als reiner Schein, wenn deren bildungsprozessuale wie -politische Grundlegung übersehen bzw. verkannt wird.

## 2 Bildungsforschung

Es geht heute, wie Heydorn, der inspirierendste Bildungsanalytiker des 20. Jahrhunderts, es genannt hat, um die Konzeptualisierung eines Begriffes von Bildung, der der Gegenwart angemessen ist, der demzufolge Gerechtigkeit und Demokratie ermöglicht. Anders als – zumindest mehrheitlich – in hegemonialen Auseinandersetzungen betrieben, verbindet sich dies mit der gesellschaftstheoretisch wie gesellschaftspolitisch begründeten Einschätzung, dass angesichts der Erfahrungen mit dem katastrophalen 20. und der Frage nach humanen Perspektiven für das 21. Jahrhundert nicht ökonomisch ausgerichtete, sondern gesellschaftlich-politische Problemstellungen die entscheidenden Grundlagen für eine Debatte um Ansprüche an Bildung und Bildungspolitik sowie an Bedingungen des Aufwachsens und Kinderpolitik darstellen.

Beinhaltet dies die Abgrenzung von bildungsökonomischen Positionen, die im Humankapitalansatz enden, der Verwertungslogik des Kapitals folgend, so folgt daraus auch, die Bildungsfrage mit der Frage nach der Urteilskraft und Kompetenz von Menschen, ihre gesellschaftlichen Beziehungen bewusst zu regulieren, Gesellschaft zu gestalten, zu verknüpfen. Dies führt zu der entscheidenden Erkenntnis, dass Bildungspolitik Gesellschaftspolitik ist – in vielerlei Hinsichten. Am wichtigsten ist dabei die Vermittlung zur Demokratie-Problematik. Demokratie beruht auf Bewusstsein wie Fähigkeiten gebildeter Bürger(innen), die die öffentlichen Angelegenheiten als ihre eigenen anerkennen und darum darin eingreifen. Die Basis hierfür besteht in der Bildung aller.

Der entscheidende Skandal in unserer real existierenden bürgerlich-kapitalistischen Gesellschaft besteht daher darin, dass gesellschaftliche Ungleichheiten, also Klassenverhältnisse, durch Bildung nicht nur nicht überwunden, sondern mehr und mehr reproduziert werden, weil „Bildung" für Lebensläufe immer entscheidender geworden ist. Dementsprechend lautet auch der skandalöseste Satz in der Deutschen PISA-Studie, mit dem die Folgen scharfer sozialer Selektivität herausgestellt werden: „Kulturelles Engagement und kulturelle Entfaltung, Wertorientierungen und politische Partizipation kovariieren über die gesamte Lebensspanne systematisch mit dem erreichten Bildungsniveau" (Deutsches PISA-Konsortium 2001: 32). Im Klartext heißt das: Denjenigen, denen in ihrer Kindheit die Möglichkeit der Bildung genommen wird – und das hat eben unmittelbar mit ihrer Klassenlage zu tun –, wird lebensgeschichtlich übergreifend auch vieles andere genommen, von Kultur bis zu politischem Bewusstsein, Interessen und Handlungsmöglichkeiten. Konsequenzen hat dies also für Lebenslage, Lebensweise und Lebensqualität, damit für Chancen der Selbstverwirklichung und Selbstbestimmung, aber immer auch für „Typen der Bildungsorientierung" (Vester 2003: 9-10).

Verweist das PISA-Ergebnis auf eine permanente grundlegende Verletzung von Prinzipien der Demokratie und einer Bildungsidee, die der Aufklärungstradition und dem Bezug auf die Mündigkeit aller Menschen entspricht, so fordert es dazu heraus, sich genauer mit Fragen nach gesellschaftlichen Grundlagen von und hegemonialen Auseinandersetzungen um Bildung zu beschäftigen. Gefolgt wird dem durch Überlegungen zum Verhältnis von demokratischer Bildung und der Bildung von Demokratie, um abschließend sich dem Problem gesellschaftlich-politischer Perspektiven, die den Zusammenhang von Bildung und sozialer Gerechtigkeit aufnehmen, zu widmen.

## 3 Bildung und Gesellschaft

Im Rahmen eines Bündnisses von Aufklärern und Modernisierern, wie Ludwig von Friedeburg (1994) es genannt hat, kam es vor vierzig Jahren in der Bundesrepublik zu Auseinandersetzungen um bildungspolitische Veränderungen. Begonnen hatte diese Debatte mit Pichts Aufschrei über die „deutsche Bildungskatastrophe" (1964), mit dem dieser den „Bildungsnotstand" erklärte; ausgelöst durch den „Sputnikschock" und eine damit einhergehend vermutete „technologische Lücke" kam der Ruf nach „Ausschöpfung der Begabungsreserven" auf. Im Zentrum stand bei Picht zunächst – und dies sollte ein gültiges Leitmotiv bis heute werden – die Vorstellung einer Verknüpfung von nationalem Bildungsniveau, d. h. Qualifikationsniveau der Ware Arbeitskraft, mit ökonomischer Wettbewerbsfähigkeit. Er malte dazu ein Bild, demzufolge „der durchschnittliche Bildungsstandard und die durchschnittliche Leistungsqualifikation der großen Mehrheit der Bevölkerung für lange Zeit unter dem Durchschnitt jener Länder liegen werden, mit denen wir wirtschaftlich und politisch konkurrieren müssen" (Picht 1964: 24; 66). Zugleich – und dies wird meistens überlesen – benannte er unter der Überschrift „Schulpolitik: die Sozialpolitik von heute" (ebd.: 30-32) nachdrücklich „die Ungerechtigkeiten, die mit der Sozialauslese durch die Schulen verbunden sind" (ebd.: 32), eben infolge des dreigliedrigen Schulsystems und eines entsprechenden Berechtigungswesens.

Auf demokratietheoretisch wie -praktisch orientierte Perspektiven verwies auch Dahrendorf (1966) mit seiner Aussage „Bildung ist Bürgerrecht". Er warb für ein Verständnis von Bildungspolitik als Mittel „Menschen die Teilnahme am Leben der Gesellschaft überhaupt erst zu ermöglichen" (ebd.: 25); damit verband sich die Forderung „mehr Bildung für Menschen" (ebd.: 28) – und dies im Rahmen einer „aktiven Bildungspolitik".

Wenn man zudem berücksichtigt, dass mit dem Bildungsniveau auch die Lebensqualität – intellektuell, sozial, finanziell, gesundheitlich – steigt, dann stellt sich die Frage, die mit dem Verhältnis von Bildungspolitik, sozialer Gerechtigkeit und Demokratie zu tun hat, wie denn hierzulande verhindert werden konnte, dass die permanente Verletzung von Gerechtigkeit im Bildungsbereich einer Gesellschaft mit demokratischen Ansprüchen, also die permanente Benachteiligung von Kindern aus der Arbeiterklasse bei permanenter Privilegierung vor allem der Kinder aus Bildungsbürgertum und Oberklasse, sich fast unwidersprochen hat durchsetzen lassen.

Eine knappe wie präzise Antwort gibt Bourdieu (1973) aus bildungssoziologischer Sicht, wenn er davon spricht, dass „unter all den Lösungen, die im Laufe der Geschichte für das Problem der Übermittlung der Macht und der Privilegien" gefunden wurden, keine besser „verschleiert" sei als die mit dem „Unterrichtssystem" verbundene, die „hinter dem Mantel der Neutralität" diese Reproduktionsfunktion verberge (ebd.: 93). Den gesellschaftlichen Kontext bildet für ihn die Vermittlung von ökonomischem, sozialem und kulturellem Kapital, d. h. es geht um die Realisierung des Matthäus-Prinzips „Wer hat, dem wird gegeben" (NT Mt. 13, 12).

Bildungshistorisch wie systematisch fragt Heydorn nach Zusammenhängen von „Gesellschaftsverfassung und Bildungsinstitution" und kommt zu dem Schluss, dass Bildung stets „Ideologie und Macht einer bestehenden Gesellschaft absichern" soll (Heydorn 1994/95: I, 285). Mit Bezug auf die Gegenwart – so formuliert er z. Zt. der „Bildungsreform" – geht es um eine Bildung, „die die maximale Effizienz des Menschen in einer technologischen Gesellschaft sicherstellt, einer Gesellschaft, die auf Anpassung, Wechsel und Mobilität in weithin determinierten sozialen Grenzen beruht" (ebd.: 284).

Die ideologischen Reden von „Chancengleichheit" oder – noch übler – „Chancengerechtigkeit" verschleiern diese Wirklichkeit mehr oder weniger bewusst; wird hiermit doch Gesellschaftsanalyse ersetzt durch individuelle Zuschreibungen oder Verdacht gegenüber Haltungen – nach dem Motto: „Du bist schuld, weil ...". Entscheidend ist daher die Erkenntnis, dass insbesondere im Bildungsbereich ein gesellschaftlich vermittelter Mechanismus wirkt, der diesen Prozess steuert und in das bürgerlich-kapitalistische System von Beginn an quasi „eingebaut" ist: Es handelt sich um jene Ideologie, die Adolf Muschg an der Literatur des bedeutendsten Vertreters des „bürgerlichen Realismus", Gottfried Kellers, entziffert, wonach dem Tüchtigen die Welt offen stehe, damit er sein Glück in ihr mache.

Eben dies verspricht „das liberale Credo, das den freien Wettbewerb an die Stelle von Gottesurteil und Gnadenwahl gesetzt, in der Praxis also: menschlichen Wert abhängig gemacht hat von ökonomischer Bewährung. Tritt jenes Glück nicht ein, so darf der Verstoßene die Ursache nicht mehr außerhalb seiner suchen. Das Unglück wird, je tiefer er sich die ökonomisch-moralische Prämisse zu Eigen gemacht hat, desto tiefer zur Frage seiner persönlichen Schuld" (Muschg 1977: 153-154).

Aus diesem Blickwinkel betrachtet, „funktioniert" Schule hierzulande bestens; denn die Benachteiligten und Betrogenen schreiben sich (zumindest mehrheitlich) ihre Misserfolge selber zu – „Zeugnisse" sollen ja bekanntlich Zeugnis von individueller Leistungsfähigkeit, -bereitschaft und -willen ablegen.

In diesem Kontext ist die Frage nach dem Verhältnis von Bildung und sozialem Wandel zu stellen. Um das politische Projekt der „Aufhebung aller Bildungsrestriktion" (Heydorn 1994/95: IV, 138) konkret wie realistisch zu gestalten, ist daran festzuhalten, dass a) Bildung kein „selbständiges revolutionäres Movens" ist, sie dies „nur in Verbindung mit der gesamten geschichtlichen Bewegung" sein kann; dass es aber b) wesentlich darum geht zu erkennen, wie Bildung „einen eigenen verändernden Beitrag" leistet, „der unauswechselbar ist" (ebd.: IV, 141).[4]

## 4 Bildung und Demokratie

Nicht nur vor dem Hintergrund des katastrophalen 20. Jahrhunderts, angesichts der mörderischen Zeiten von Faschismus und Stalinismus, sondern auch mit Bezug auf die Gegenwart, gilt es, den Bezug auf Bildung in einer übergreifenden individuellen wie gesellschaftlichen Bedeutung herauszustellen. Wenn, wie kritische Gesellschaftsanalytiker immer wieder bis heute betont haben, eine gewaltige Lücke zwischen technologischer Überentwicklung und gesellschaftlicher Unterentwicklung existiert, so führt das zu entscheidenden Herausforderungen für Bildung und Bildungspolitik. So kommt Castells (1998) in seiner Analyse des gegenwärtigen Kapitalismus angesichts alter wie neuer Gefahren für Demokratie wie Überleben zu dem Schluss, dass es zur Sicherung einer weltweit humanen Zukunft nicht allein verantwortlicher Regierungen bedürfe, sondern einer „verantwortlichen, gebildeten Gesellschaft" (ebd.: 353). Gebildet werden kann diese Gesellschaft aber nur aus gebildeten Bürger(inne)n, die sich durch Urteilskraft und Handlungskompetenz auszeichnen.

Dies kennzeichnet den Zusammenhang zwischen demokratischer Bildung und der Bildung von Demokratie (Sünker 2003: Kap. X). Denn um zu verhindern, dass Menschen „der blinden Unterwerfung unter eine Staatsleitung, eine Partei oder einen Führer" sich befleißigen, wie Anna Siemsen dies 1948 in ihrer Zeitdiagnose aufschlussreich beschrieben hat, bedarf es demokratischer Verhältnisse im Bildungswesen, um entscheidende Voraussetzungen für eine Demokratisierung von Gesellschaft – basierend auf realer Partizipation und Solidarität – zu schaffen.

Angesichts der gesellschaftskritisch zu untersuchenden Prozesse des Verfalls von Öffentlichkeit und Politik kann die These Adornos von der Bedeutung der Erfahrung von Demokratie für das Leben von und in Demokratie gar nicht stark genug betont werden: Es geht darum, dass die Menschen „sich selbst als Subjekte der politischen Prozesse wissen" (Adorno 1977: 559). Denk- wie Handlungsfähigkeit stehen nicht nur allen Menschen zu, sondern sind in der Vermittlung von Intellektualität und Sinnlichkeit auch im Interesse aller zu bilden. Der in dieser Perspektive eingelassenen „Repolitisierung von Politik wie Bildung" entspricht das, was Heine in seiner Lesart vom „Verständnis der Gegenwart" auf

4 Gegen jeden Fatalismus betont deshalb Bourdieu, dass Schule auch eine „Chance zum Durchbrechen" des Kreislaufs darstellen kann, „eben weil sie ihre eigene, relativ autonome Logik hat" (Schwibs 1985: 378).

anschauliche wie realitätsgerechte Weise, Gesellschafts- wie Bildungsproblematik übergreifend, formuliert hat:

> „Wenn wir es dahin bringen, dass die große Menge die Gegenwart versteht, so lassen die Völker sich nicht mehr von den Lohnschreibern der Aristokratie zu Hass und Krieg verhetzen, das große Völkerbündnis, die Heilige Allianz der Nationen, kommt zustande, wir brauchen aus wechselseitigem Misstrauen keine stehenden Heere von vielen hunderttausend Mördern mehr zu füttern, wir benutzen zum Pflug ihre Schwerte und Rosse, und wir erlangen Friede und Wohlstand und Freiheit" (Heine 1972b: 368-369).

## 5 Kindheitspolitik und Bildungspolitik

Ist die Bildung aller somit in einem allgemeinen Interesse, weil grundlegend für ein demokratisches Zusammenleben und individuelle Lebensqualität, so bleibt die Frage, weshalb die „Verallgemeinerung von Bildung" (Heydorn 1994/95 IV: 293) noch immer auf sich warten lässt; warum statt dessen noch immer ein ungerechtes System sich erhalten lässt, dessen Bedeutung für die Reproduktion sozialer Ungleichheit sich ideologisch wie materiell nicht hoch genug einschätzen lässt.

Das „Einfallstor" – und damit die zentrale Herausforderung für den Umgang mit dem Thema „soziale Gerechtigkeit" – für den Erhalt des herrschenden dreigliederigen Schulsystems, dessen Überwindung allein die real existierende Klassenstruktur noch nicht erledigte, stellt eine Begabungsideologie dar, die zwar wissenschaftlich überholt, nichts desto weniger immer noch wirksam ist.[5] Mit dieser Ideologie, die wesentlich die herrschende Gestalt des Gymnasiums absichert, legitimieren primär Bildungsbürgertum (Bollenbeck 1999) und Oberschicht im Kampf um knappe Güter (d. h. gesellschaftlich privilegierte Positionen, Einkünfte etc.) ihre Wettbewerbsvorteile und betreiben eine klare Schließungspolitik zugunsten ihrer Kinder. Damit handelt es sich um die schulisch vermittelte Absicherung von Statuszuweisungen durch Zuschreibungen, mit denen – wie bildungssoziologische Analysen zur sozialen Selektivität seit langem aufweisen – über Lebenschancen und Lebensqualitäten in Deutschland bereits in einem sehr frühen Alter entschieden wird.[6]

An dieser Situation ändert die Einführung einer Ganztagsschule nichts, bedeutet sie doch de facto nur eine Verdopplung des schlechten *status quo*, beinhaltet sie damit doch eine bloße Symptomkuriererei, endet somit in einer Sackgasse, ähnlich den Entwicklungen der so genannten „Bildungsreform" vor 40 Jahren.[7] Alternativen ließen sich allein im Rahmen einer radikalen Strukturveränderung, der Einführung der „Einheitsschule", denken.

Vor diesem Hintergrund wird eine Grundlegung in der Gerechtigkeitsproblematik wichtig, wie Steinvorth (1999) in einer für unsere bildungspraktische wie bildungspoliti-

5 Gegen die Naturalisierung von „Begabung" ist auf die Potenzialität des Menschen zu setzen: „Es sind soziale Verhältnisse", sagt Bourdieu, „die verhindern, dass alle den teleologischen Weg bis zum Ende gehen, den die Modelle Piagets, die seiner Nachfolger oder analoge postulieren. Die an Wunder grenzenden historischen Errungenschaften, die – als Produkte der kollektiven Arbeit der Menschheit – allen zugänglich sein sollten, werden faktisch von einigen wenigen monopolisiert, eben weil es so viele gibt, die ihre menschlichen Potentialitäten nicht entfalten können" (Bourdieu, zit. n. Schwibs 1985: 388; siehe auch Sünker 2003: 21-22).

6 In diesem Kontext zeigt sich die Bedeutung der Forderung nach einer Demokratisierung von Institutionen besonders eindringlich, vgl. dazu Bowles/Gintis (1987: 204).

7 Von „Ganztagsbildung" kann deshalb nur die Rede sein in Verbindung mit Ideen der *Community education* bzw. Kommunalen Jugendbildung/Kommunalpädagogik (vgl. Fabricant/Burghardt 1998; Coelen 2002).

sche Konstellation faszinierenden Weise, unmittelbar anschlussfähig an die PISA-Debatte, vorstellt: Gesellschaftlich zu verantworten und einzufordern, damit der sozialen Gerechtigkeit förderlich, ist das, was „jedem die Fähigkeit zur politischen Mitbestimmung sichert; denn ohne diese Fähigkeit bleibt der Mensch von allen Entscheidungen ausgeschlossen, die ihn selbst betreffen und den Rahmen seiner Selbstbestimmung bilden; sodann die Fähigkeit zur Teilnahme am Produktionsprozess, in dem er sich die materiellen Bedingungen seiner Existenz verschaffen kann" (ebd.: 277).

Diese nicht besonders radikale Position macht 40 Jahre nach Dahrendorfs Vorschlag, Bildungspolitik als Mittel zu verstehen, „Menschen die Teilnahme am Leben der Gesellschaft überhaupt erst zu ermöglichen" (Dahrendorf 1966: 25), weil es darum gehe, „durch Ausbreitung effektiver Bürgerrechte den Grund für eine moderne Gesellschaft in der Verfassung der Freiheit zu legen" (ebd.: 28), deutlich, wie weit wir es inzwischen gebracht haben. Offensichtlich kommt es erneut darauf an, das – nur auf den ersten Blick bescheidene – Ziel einer Bildung aller im Interesse aller zu fordern; nur dies kann eine Demokratisierung unserer Gesellschaft, die an Gestaltungsfähigkeit wie Partizipation aller Bürger(innen) von „Kindesbeinen an" gebunden ist, realistisch erscheinen lassen. Die real existierende Bildungspolitik, die ein System der Bildungsapartheid produziert, unterhöhlt alle Versuche einer die Demokratie befördernden Kinderpolitik und muss daher überwunden werden.[8] Eine kritische Sozialwissenschaft kann zu einer qualitativen Änderung des Bildungssystems beitragen, indem sie „ihrer Bestimmung nachkommend, die geschichtlichen und gesellschaftlichen Determinanten der Hierarchisierungs- und Evaluierungsprinzipien aufdeckt, die ihre symbolische Wirksamkeit, wie sie insbesondere am Schicksalseffekt der Schule wahrnehmbar wird, dem Umstand verdanken, dass sie als absolut, universell und ewig durchgesetzt und erfahren werden" (Bourdieu 2004: 19).

## *Literatur*

Adorno, Theodor W. (1977): Was bedeutet: Aufarbeitung der Vergangenheit? In: Ders. (Hg.): Gesammelte Schriften. Bd. 10.2. Frankfurt a. M.: Suhrkamp.

Bollenbeck, Georg (1999): Tradition, Reaktion, Avantgarde. Deutsche Kontroversen um die kulturelle Moderne 1880-1945. Frankfurt a. M.: Fischer.

Bourdieu, Pierre (2001): Meditationen. Zur Kritik der scholastischen Vernunft. Frankfurt a. M.: Suhrkamp.

Bourdieu, Pierre (2004): Der Staatsadel. Frankfurt a. M.: Suhrkamp.

Bowles, Samuel/Gintis, Herbert (1987): Democracy and Capitalism. New York: Basic Books.

Bühler-Niederberger, Doris/Sünker, Heinz (2006): Der Blick auf das Kind. Sozialisationsforschung, Kindheitssoziologie und die Frage nach der gesellschaftlich-generationalen Ordnung. In: Andresen, Sabine/Diehm, Isabell (Hg.): Kinder, Kindheiten, Konstruktionen. Wiesbaden: VS Verlag für Sozialwissenschaften: 25-52.

Castells, Manuel (1998): The Information Age. Vol. III: End of Millennium. Malden/Oxford: Blackwell.

Coelen, Thomas (2002): „Ganztagsbildung" – Ausbildung und Identitätsbildung von Kindern und Jugendlichen durch die Zusammenarbeit von Schulen und Jugendeinrichtungen. In: neue praxis H 32/2002: 53-66.

Dahrendorf, Ralf (1966): Bildung ist Bürgerrecht. Osnabrück: Nannen.

8 Es ist wohl auch hier an der Zeit, sich einer Idee Heines, die dieser ebenfalls in einer restaurativen Epoche formulierte, zu erinnern: „Die brütende Stimmung unzufriedener Großen ist ansteckend, und die Luft wird schwül. Das Prinzip der Goetheschen Zeit, die Kunstidee, entweicht, eine neue Zeit mit einem neuen Prinzipe steigt auf, ... Vielleicht fühlt Goethe selbst, dass die schöne objektive Welt, die er durch Wort und Beispiel gestiftet hat, notwendigerweise zusammensinkt, so wie die Kunstidee allmählich ihre Herrschaft verliert, und dass neue, frische Geister von der neuen Idee der neuen Zeit hervorgetrieben werden und gleich nordischen Barbaren, die in den Süden einbrechen, das zivilisierte Goethentum über den Haufen werfen und an dessen Stelle das Reich der wildesten Subjektivität begründen" (1972a: 246-247); vgl. dazu weiter die Verteidigung menschlicher Subjektivität bei Marx (o. J.: 387).

Dekker, Jeroen (2001): The Will to Change the Child. Re-education Homes for Children at Risk in Nineteenth Century Western Europe. Frankfurt a. M.: Lang.
Deutsches PISA-Konsortium (Hg.) (2001): PISA 2000. Opladen: Lesek und Budrich.
Esping-Andersen, Gösta (2003): Aus reichen Kindern werden reiche Eltern. In: Frankfurter Rundschau H. 297/ 2003: 7.
Fabricant, Michael B./Burghardt, Steve (1998): Bedingungen für die Entwicklung einer gemeinwesenorientierten Praxis der Sozialen Arbeit. In: Widersprüche (18. Jg.) H. 69/1998: 7-17.
Friedeburg, Ludwig von (1994): Bildung und Gesellschaft. In: Sozialwissenschaftliche Literatur Rundschau (17. Jg.) H. 29/1994: 7-13.
Güthoff, Friedhelm/Sünker, Heinz (Hg.) (2001): Handbuch Kinderrechte. Partizipation, Kinderpolitik, Kinderkultur. Münster: Votum.
Heine, Heinrich (1972a): Die Deutsche Literatur. In: Ders.: Werke und Briefe. Bd. 4 (hrsg. v. Hans Kaufmann). Berlin/Weimar: Aufbau: 235-250.
Heine, Heinrich (1972b): Französische Zustände. In: Ders.: Werke und Briefe. Bd. 4 (hrsg. v. Hans Kaufmann). Berlin/Weimar: Aufbau: 363-581.
Heydorn, Hans-Joachim (1994/95): Werke Bd. I-IV. Bildungstheoretische und pädagogische Schriften 1949-1994. (hrsg. v. I. Heydorn u. a.). Vaduz.
Honig, Michael-Sebastian (1999): Entwurf zu einer Theorie der Kindheit. Frankfurt a. M.: Suhrkamp.
Hutchby, Ian/Moran-Ellis, Jo (Eds.) (1998): Children and Social Competence. Arenas of Action. London/ Washington: Falmer Press.
James, Allison/Prout, Alan (Hg.) (1997): Constructing and Reconstructing Childhood. London/Washington.
Krieken, Robert van (1991): Children and the state. Social control and the formation of Australian child welfare. North Sydney: Allen & Unwin.
Lange, Andreas (1995): Eckpfeiler der sozialwissenschaftlichen Analyse von Kindheit heute. in: Sozialwissenschaftliche Literatur Rundschau (18. Jg.) H. 30/1995: 55-68.
Marx, Karl (o. J.): Grundrisse der Kritik der politischen Ökonomie. Frankfurt a. M.: EVA.
Muschg, Adolf (1977): Gottfried Keller. München: Kindler.
Picht, Georg (1964): Die deutsche Bildungskatastrophe. Olten: Walter.
Schwibs, Bernd (1985): Gespräch mit Pierre Bourdieu. Vernunft ist eine historische Errungenschaft, wie die Sozialversicherung. In: Neue Sammlung (25. Jg.): 376-394.
Siemsen, Anna (1948): Die gesellschaftlichen Grundlagen der Erziehung. Hamburg: Oetinger.
Steinvorth, Ulrich (1999): Gleiche Freiheit. Politische Philosophie und Verteilungsgerechtigkeit. Berlin: Akademie.
Sünker, Heinz (2003): Politik, Bildung und soziale Gerechtigkeit. Perspektiven für eine demokratische Gesellschaft. Frankfurt a. M.: Lang.
Sünker, Heinz/Swiderek, Thomas (2003): Kinderrechte und Kinderpolitik in der Kommune – von der UN Konvention zur Praxis „vor Ort". In: Peters, Lutz/Coelen, Thomas/Mohr, Elisabeth (Hg.): Kommune Heute. Lokale Perspektiven der Pädagogik. Festschrift zum 60. Geburtstag von Helmut Richter. Frankfurt a. M.: Lang: 151-170.
Sünker, Heinz/Swiderek, Thomas/Richter, Erika (2005): Der Beitrag partizipativer Handlungsansätze in der pädagogischen Arbeit mit Kindern und Jugendlichen zur Bildung und Erziehung. Expertise zum 8. Kinder- und Jugendbericht der Landesregierung NRW. Düsseldorf: MSJK.
Swiderek, Thomas (2003): Kinderpolitik und Partizipation von Kindern. Frankfurt a. M.: Lang.
Vester, Michael (2003): Bildungsmodernisierung und soziale Ungleichheit. In: Vorgänge (42. Jg.) H. 3/2003: 4-14.

# Kommunalpädagogik

*Helmut Richter*

Über Kommunalpädagogik und damit aus pädagogischer Sicht über den Raum der Kommune zu reden, heißt zunächst einmal, daran zu erinnern, dass Pädagogik eine lange Tradition der Orientierung am Raum hat: in der Antike z. B. an der Polis, im Mittelalter am „ganzen Haus", seit der Einführung der Schulpflicht in Preußen-Deutschland an der Nation. Nationalpädagogik zu sein, war dann im 19. und 20. Jahrhundert ein zumindest implizit vorherrschendes Selbstverständnis der Pädagogik. In der gegenwärtigen Diskussion um Globalisierung und virtuelle Welten, in der schon ein nationaler Raumbezug als veraltet erscheint, könnte eine kommunale Raumorientierung allemal als antiquiert und provinziell wahrgenommen werden, wenn da nicht immer wieder die Tatsache der Raumgebundenheit pädagogischer Institutionen hervortreten würde: Familie, Schule und die *Peergroups* etwa konstituieren sich unhintergehbar räumlich und werfen, zumal auch unter dem Stichwort Ganztagsbildung, die Frage nach ihrem territorialen Zusammenhang auf.[1]

Nun gibt es in der Erziehungswissenschaft schon seit langem Vorschläge, diese Frage zu beantworten. Beispielhaft zu nennen ist hier aus schulpädagogischer Sicht Deweys Verständnis vom Schulleben als „embryonic community life" (Dewey 1925: 29) oder aus sozialpädagogischer Sicht Böhnischs Konzept der Milieu- und Netzwerkbildung (Böhnisch 1994). Deweys lebensweltlich-kommunikativ angelegtes Kommune-Verständnis – das in der Debatte um die Ganztagsbildung wieder rezipiert wird (Oelkers 2004; Coelen 2004) – lässt sich allerdings nicht problemlos für eine Einübung in die moderne Gesellschaft verwenden, weil seine Perspektive einer harmonischen Demokratie die Dimension von Gesellschaft als kommunikationsresistentem System ausblendet. Böhnischs Koppelung von Milieu und Netzwerk hingegen wird der Moderne zwar empirisch gerecht, führt dadurch aber zu einer beliebigen Entgrenzung des Raumbezugs. Ausgehend von der Annahme, dass die Identitätsbildung den Kernbereich pädagogischen Handelns ausmacht, möchte die Kommunalpädagogik demgegenüber einen Vorschlag machen, der die Empirie bildend transzendiert, aber eben dadurch den Raumbezug historisch angemessen zurückgewinnt (vgl. ausführlich Richter 1998: 200-206).

## 1 Identität, Arbeit und Interaktion

Identitätsbildung sollte trotz aller berechtigten Kritik an einem stabilen national-kulturellen Identitätsbegriff nicht vorschnell in das andere Extrem verfallen und sich postmodernistisch von der Vorstellung einer gleichsam „fröhlich"-situativen Identität (Helsper 1991)

1 Auf der Kommunalpädagogik basiert der Theorieentwurf „Kommunale Jugendbildung" (Coelen 2002) und in der Folge das Konzept der „Ganztagsbildung" (Coelen 2004).

leiten lassen. Vielmehr bedarf sie für die Identitätsbestimmung einer grundlegenden Voraussetzung, wie sie von Guggenberger/Offe in die Worte gefasst worden ist:

> „Die Voraussetzung für politisches Handeln ist ein tragfähiger vorpolitischer Konsens, die Teilhabe aller an einer über die formelle Rechtsgemeinschaft hinausweisenden politisch-kulturellen Identität“ (Guggenberger/Offe 1984: 11).

Was die Momente eines solchen vorpolitischen Identitäts-Konsenses angeht, so müssen sie kategorial über das hinausweisen, was Menschen in Stammesbindungen geeint, auf der Ebene einer nationalen Identität jedoch ebenso auf die Stufe der Barbarei zurückgeworfen hat, nämlich die Zweiheit von Blut und Boden. Zugleich müssen sie in der Lage sein, diese Dualität bewahrend aufzuheben, indem sie zwei Gewissheiten Rechnung tragen:

Zum einen der Gewissheit des deutschen Sozialpsychologen Lewin, der 1933 in die USA emigrieren musste und im Verlaufe seiner Antisemitismus-Studien erkannte, dass die Menschen zwar nicht einen bestimmten Boden von einer bestimmten Größe brauchen, aber eben doch an ihrer Bodenständigkeit nicht vorbeikönnen, denn: „Was der Mensch auch immer tut oder zu tun wünscht, er muß etwas ‚Boden‘ unter den Füßen haben“ (Lewin 1953: 205).

Zum anderen der Einsicht des Romanisten Vossler, der nach dem Zweiten Weltkrieg seine Vorträge über „Die romanischen Kulturen und der deutsche Geist“ mit den Worten einleitete:

> „Seinem strengen Sinne nach sollte man das Wort Kultur nur in der Einzahl gebrauchen. Denn alles, was der menschliche Geist schaffend und arbeitend hervorbringt, hat darin, daß es menschliches Geisteswerk, d. h. Kultur, ist, seine Einheit“ (Vossler 1948: 11).

Diese beiden Gewissheiten bringen die unaufhebbare Einheit von Boden und Arbeit – im Sinne des bodenständigen Tuns – sowie Kultur und Sprache bzw. Interaktion zum Ausdruck und machen es so möglich, die Momente des vorpolitischen Konsenses in den Kategorien von Arbeit und Interaktion zu fassen, die Habermas (1968) schon in den Schriften des frühen Hegel als die wesentlichen Momente der Identitätsbildung nachgezeichnet hat.

Damit werden zugleich „quasi anthropologische“ (Habermas) Bestimmungen formuliert, die nun genauer zu entfalten sind. Für die Kategorie der Arbeit ist auf das von Marx entdeckte Wertgesetz zu verweisen, das den unhistorisch-anthropologischen Zusammenhang zwischen der gesellschaftlich notwendigen Arbeit und der gleichwertigen Verteilung der erzeugten Produkte beinhaltet und in der Form der kapitalistischen Produktionsweise von ihm analysiert worden ist. Für die Kategorie der Interaktion hat Habermas in seiner „Theorie des kommunikativen Handelns“ die unhistorisch-universalen, „anthropologisch tiefsitzenden Strukturen“ jeder Verständigung rekonstruiert (1981, Bd. 2: 561). Insbesondere gehören hierzu die unhintergehbaren Geltungsansprüche jeder menschlichen Rede auf Verständlichkeit, Wahrheit, Wahrhaftigkeit und Richtigkeit.

Die Mitte dieser beiden Momente von Arbeit und Interaktion finden wir ebenfalls beim frühen Hegel im Begriff der Gemeinde (Scheit 1973: 25). Zur Verdeutlichung der germanisch-romanischen Sprachverwandtschaft wird hierfür im Kontext der Kommunalpädagogik von der Kommune gesprochen. Damit konkretisiert sich zugleich die Bestimmung der Identität im Begriff der kommunalen Identität.

Schon etymologisch kommt in dem Wort Kommune ein Doppeltes zum Einklang: Territorium als räumlich umgrenzter Arbeits- und Reproduktionszusammenhang und interaktive Gemeinschaftlichkeit der Teilhabenden am Reproduktionsprozess. Hinzu kommt schon frühzeitig – wie Weber hervorgehoben hat – das Verständnis des Christentums, diese beiden Momente aus ihren traditionellen Stammesbindungen an Blut und Boden zu lösen und auf kommunaler Ebene zu integrieren: Christ sein kann jede/r. Konkret wird dies in der Teilhabe am Gemeindeleben und an der Kulthandlung des Abendmahls.

Was sich derart etymologisch unmittelbar einholen lässt, hat bis in die Gegenwart hinein nichts an Bedeutung verloren, denn die gegenwärtigen kulturanthropologischen Befunde zur Regionalisierung, Dezentralisierung und Gemeindeorientierung (vgl. Greverus 1978; Welz/Lenz 2005) bestätigen den Befund von der Kommune als „quasi anthropologischer" Vermittlung zwischen Arbeit und Interaktion,[2] sodass die Kommune als eine „globale Gesellschaft vom Typus einer lokalen Einheit" (König 1958: 28) hervortritt, die – trotz aller die je konkrete Gemeinde relativierenden Weltoffenheit der Menschen – „mit der Totalität des Lebens schlechterdings identisch" gesetzt werden kann (ebd.: 10). Für den Gemeindeforscher König heißt das:

> „In diesem Sinne wird auch die Gemeinde zur ‚Heimat' im strengen Sinne, indem sich in ihr nicht nur die Grund- und Durchschnittsformen aller sozialen Aktivitäten und Werte beschließen, sondern darüber hinaus noch ein Stück Natur mit in sie eingeht, so wahr jede Gemeinde immer auch ein Stück sozial und kulturell gestalteter Landschaft ist" (König 1958: 10).

Von einem solchen Verständnis ausgehend, hat die Kommune für viele, die der Nation, Massenkultur und Individualisierungsdynamik skeptisch gegenüberstehen, die Stellvertreter-Rolle eines Hoffnungsträgers eingenommen. Dies gilt im angelsächsichen Sprachraum z. B. für den Universalhistoriker Toynbee (1970: 245) und seine Vision der Megapolis. Es gilt nicht minder für die amerikanische Debatte um den Kommunitarismus. Es gilt im deutschen Sprachraum ebenso für den Soziologen Beck (1986: 138) und seine Analysen der Implikationen der Risikogesellschaft. Und es gilt auch für den Philosophen Theunissen, der die Suchbewegung der Menschen nach einer Alternative zum Staat mit dem Hinweis begleitet:

> „Suchen die Menschen auch bloß nach einem Unbekannten, so können wir doch die Richtung bestimmen, in die sie sich dabei wenden. Worauf richtet sich ihre Suche? Fragen wir etwa die sogenannten Aussteiger, was sie suchen, so werden die meisten von ihnen antworten: ein Leben in der Gemeinsamkeit. Dieses, wie ich es nennen möchte, kommunale Leben scheint das heute Gesuchte spezifisch zu definieren" (Theunissen 1981: 42).

## 2 Identitätsbildung und Öffentlichkeit

Die begriffliche Entfaltung der Einheit von Kommune und kommunaler Identität diente dem Ziel, aus der Unverbindlichkeit der Raumorientierung in der Erziehungswissenschaft herauszutreten und dieser Einheit ein „quasi anthropologisches" Fundament zu geben. Bevor wir uns im Weiteren mit den empirischen Dimensionen des Kommuneprinzips und der Kommunalpädagogik beschäftigen, ist vorher noch die Frage nach dem systematischen Zusammenhang mit der Identitätsbildung zu klären. Dieser Zusammenhang wird in der Kommunalpädagogik unter Rückgriff auf eine Institution der altbürgerlichen Gesellschaft konkretisiert: die Öffentlichkeit. Ein solcher Rückgriff rechtfertigt sich aus zwei Gründen:

2 Vgl. auch Winkler (1988: 283), der die „‚ontische' Qualität" des sozialen Ortes als handlungstheoretischer Grundbestimmung der Sozialpädagogik (neben dem Subjekt) hervorhebt, die Perspektive der Kommune jedoch nur andeutet (ebd.: 302-303).

Zum Ersten, weil es nicht einfach irgendein Begriff von Öffentlichkeit ist, über den sich politische Beteiligung verwirklichen lässt, sondern weil es ursprünglich ein bestimmter Begriff gewesen ist, in dessen Raumbezug die bürgerliche Gesellschaft zu sich selber fand: die kommunale Öffentlichkeit des räsonierenden Publikums. Entsprechend heißt es bei Habermas:

> „Öffentlichkeit verlor mit ihrer kommunalen Basis ihren Ort; sie verlor ihre klare Abgrenzung gegen die Privatsphäre auf der einen, gegen ‚Weltöffentlichkeit' auf der anderen Seite; sie verlor ihre Durchsichtigkeit und Überschaubarkeit" (Habermas 1962/1990: 303).

Zum Zweiten rechtfertigt sich dieser Rückgriff, weil die politische Beteiligung, um die es bei der Teilnahme des Publikums an der kommunalen Öffentlichkeit geht, schon eine Ausdifferenzierung des Politischen voraussetzt, die der Pädagogik als Identitätsbildung im Rahmen des Politischen ihren genuinen, kulturorientierten Platz zuweist. Pädagogik ist danach der vom Handlungszwang entlastete Diskurs eines kommunalen Publikums unter Anleitung von Expert(inn)en oder Kritiker(inne)n, die aber selber von dem immer auch schon mündigen Publikum durch bessere Argumente gebildet werden können. In diesem Sinne schreibt Habermas:

> „Das Publikum kennt (daher), wenn schon keine Privilegierten, so doch Experten. Sie dürfen und sie sollen das Publikum erziehen, aber nur soweit sie durch Argumente überzeugen, und nicht durch bessere Argumente selbst belehrt werden können" (Habermas 1962/1990: 103-104, Anm. 32).

Erst im Ergebnis dieses kommunalen Bildungsprozesses kann sich das Bedürfnis- und Forderungsprofil je subkulturell vergesellschafteter autonomer Subjekte entwickeln, das dann unter selbstbestimmtem politischem Handlungszwang in strategischer Kommunikation mit den Systemaktoren seine kommunikative Macht und Kompromissfähigkeit zu erweisen hat.

## 3 Öffentlichkeit und Verein

Vor diesem Hintergrund gilt es nun, die Kommune empirisch zu verorten und die Sphäre einer kommunalen Öffentlichkeit institutionell zu konkretisieren, um so die formellen und informellen Voraussetzungen für kommunale Identitätsbildungsprozesse vor Augen zu haben. Dabei ist zu beachten, dass solche Konkretisierungen immer nur erste Schritte auf dem Wege der Bildung autonomer Subjekte sein können. Sie müssen aber trotz aller Unbestimmtheit eben deshalb gegangen werden, weil der in modernen Gesellschaften zu beobachtende „verstetigte Dissens" (Habermas) sich in Perspektive einer radikaldemokratisch konzipierten Gesellschaft nur dann abbauen lässt, wenn die Adressat(inn)en sich zugleich als Urheber(innen) von Rechtsnormen und politischen Entscheidungen verstehen. Und das heißt, wenn sie zum einen davon ausgehen können, „daß tatsächlich nichts anderes als die numerische Mehrheit der politischen Aktivbürger zum Konstituens der jeweils amtierenden politischen Eliten und ihres Herrschaftsrechts wird" (Guggenberger/Offe 1984: 9) und also nicht die tatsächliche Macht gesellschaftlicher Minderheiten die Herrschaftsausübung bestimmt; und zum anderen davon, „daß die Bindungskräfte einer historischen nationalen Gemeinschaft faktisch stark genug sind, um jedem Mitglied den Gehorsam gegenüber Mehrheitsentscheidungen abzunötigen" (ebd.: 10).

Nun gibt es z. Zt. allerdings weder im angelsächsischen noch im deutschen Sprachraum einen theoretischen Konsens darüber, was unter einer Kommune oder einer kommunalen Öffentlichkeit empirisch zu verstehen ist. Unter Berücksichtigung der Ergebnisse der Gemeindestatistik und in Anlehnung an stadtsoziologische Untersuchungen (Froessler u. a. 1994) dürfte es aber angemessen sein, die Kommune auf der Ebene der Interaktion z. B. in Großstädten im Stadtteil zu verorten und sie mit einer Bevölkerungszahl von 5 000 bis 10 000 Einwohner(inne)n zu verbinden.[3]

Hinsichtlich der Institutionen einer kommunalen Öffentlichkeit ist von Habermas' Ergebnis seiner Analyse im „Strukturwandel der bürgerlichen Öffentlichkeit" auszugehen, wonach eine kritische Publizität „nur auf dem Wege der Teilnahme der Privatleute an einem über die organisationsinternen Öffentlichkeiten geleiteten Prozess der formellen Kommunikation möglich" (1962/1990: 357) ist. Solche segmentierten Öffentlichkeiten nur auf die Presse, das Parlament und die Parteien zu reduzieren, würde den historischen Gegebenheiten jedoch nicht gerecht (vgl. Richter 2001: 207-208). Zumindest für den deutschen Sprachraum ist es geboten, an eine Institution und ein Prinzip anzuknüpfen, deren Bedeutung zwar insbesondere in der Erziehungswissenschaft aus dem Blick geraten, nicht zuletzt im „Strukturwandel der Öffentlichkeit" aber in ausgezeichneter Weise hervorgehoben worden ist: den Verein und das Vereinsprinzip. In seinem Vorwort zur Neuauflage dieser Untersuchung führt Habermas hierzu aus:

> „Anerkannt ist inzwischen auch die Relevanz des in der deutschen Spätaufklärung entstehenden Vereinswesens; es erhielt eine zukunftweisende Bedeutung eher durch seine Organisationsformen als durch seine manifesten Funktionen. Die Aufklärungsgesellschaften, Bildungsvereinigungen, freimaurerischen Geheimbünde und Illuminatenorden waren Assoziationen, die sich durch die freien, d. h. privaten Entscheidungen ihrer Gründungsmitglieder konstituierten, aus freiwilligen Mitgliedern rekrutierten und im Innern egalitäre Verkehrsformen, Diskussionsfreiheit, Majoritätsentscheidungen usw. praktizierten. In diesen gewiß noch bürgerlich exklusiv zusammengesetzten Sozietäten konnten die politischen Gleichheitsnormen einer künftigen Gesellschaft eingeübt werden" (Habermas 1990: 13-14).

Das in diesen Worten zum Ausdruck kommende Vereinsprinzip[4] lässt sich folgendermaßen systematisieren:

> „Der Verein ist also eine soziale Gruppe (bzw. Organisation), die sich anhand der freiwilligen, formalen, nicht ausschließenden Mitgliedschaft abgrenzt, ein gemeinsames Vereinsziel und Mitgliederhandeln aufweist, sich lokal begrenzt und dauerhaft angelegt sein soll (...) und (die) über ein gewisses Maß an ‚Öffentlichkeit' verfügt" (Bühler u. a. 1978: 43 und Anm. 2).

Schließt man aus der Zielbestimmung Vereine aus, die „primär wirtschaftlichen, berufsständischen, religiösen oder überlokal politischen Zielen" dienen (ebd.: 44), so können gegenwärtig folgende „Freizeitvereine" (ebd.) über dieses Vereinsprinzip erfasst werden:

3 Diese Größenordnung entspricht der Vision von der ausdifferenzierten Megapolis, die Toynbee (1970: 246) unter Verweis auf das Weimar der Goethe-Zeit vor Augen stand. Die Gemeindestatistik über die USA und Deutschland belegt, dass die weitaus größte Zahl der Gemeinden aus unter 5 000 Einwohnern besteht, vgl. Richter (2001: 214). Zu Begriff und Empirie des Sozialraums (insbesondere von Kindern und Jugendlichen) siehe Richter/Coelen (2007).

4 Mit der Hervorhebung des Vereinsprinzips soll die Betonung auf die Organisationsprinzipien und nicht auf die manifesten Funktionen bzw. die durch das BGB festgeschriebene Rechtsform gelegt werden.

- Sportvereine
- Soziale Vereine (z. B. DRK, Caritas)
- Weltanschauliche Vereine (z. B. Amnesty International)
- Kulturelle Vereine (z. B. Theaterring)
- Traditionsvereine (z. B. Schützenverein, Heimatverein)
- Musik- und Gesangsvereine
- Hobbyvereine

An solchen lokalen und damit kommunalen Vereinen statt an den klassischen Institutionen bürgerlicher Öffentlichkeit (Parlament, Parteien, Presse/Massenmedien) anzuknüpfen, hat den Vorzug, dass der Verein nicht von vornherein unter dem Verdacht von systemischen Herrschaftsinteressen steht. Zudem weist er durch die freiwillige Mitgliedschaft über regressiv-provinzielle, an Schicksalsgemeinschaften sich anklammernde Milieubildungen hinaus. Nicht zufällig – wenn auch wohl nicht immer bewusst – verwenden daher die anti-kommunitaristischen Vertreter(innen) einer autonomen Subjektbildung für ihre Gesellschaftsutopie gerne den Begriff der „freien Assoziation freier Individuen" (Scherr 1997), und ebenfalls nicht zufällig hat schon Marx seine Zukunftsgesellschaft in die Worte gefasst: „Verein freier Menschen, die sich wechselseitig erziehen" (MEW 1: 95; vgl. MEW 23: 92).

# 4 Mitgliedschaft und Ökonomie

Das hier entfaltete Vereinsprinzip akzentuiert auf der Ebene der Interaktion ein wesentliches Element von Demokratie, das z. B. in der Jugendarbeit in Vergessenheit zu geraten droht: die Mitgliedschaft.[5] Stattdessen herrscht ein Alltagsverständnis vor, wonach es eben erst dann demokratisch zugehe, wenn jede/r machen könne, was er/sie wolle, nicht aber dann, wenn Mehrheitsentscheidungen von Mitgliedern den Willen „freier Individuen" bestimmen. Dieses Vergessen dürfte nicht zuletzt mit dem politischen Bedeutungsverlust der Kommune jenseits ihrer empirischen Relevanz zu tun haben.

Es war die demokratische Verfassung von Weimar, die dem in deutschen Ländern verbreiteten Streben nach einer bürgerschaftlich-kommunalen Selbstverwaltung gegenüber einem absolutistischen Territorialstaat scheinbar die Legitimation entzog, weil nunmehr alle Macht vom Volke und nicht mehr vom Staat ausgehe (vgl. Richter 2003). In der Konsequenz beseitigte die Erzbergersche Finanzreform aus dem Jahre 1919 schließlich auch die Finanzautonomie der Gemeinden. Gegen den damit verbundenen Verlust jeglicher kommunalen Gestaltungsmöglichkeiten wandten sich schon in der Weimarer Zeit insbesondere konservative Verwaltungsrechtler. Köttgen (1931/1968: 9-13) etwa argumentierte, der Kapitalismus habe den Nationalstaat und eine zentralistische Beamtenverwaltung befördert, sodass die „Raumgemeinschaft" der Bürgergemeinde und ihr Prinzip einer demokratisch zu konzipierenden Selbstverwaltung in einen unaufhebbaren Antagonismus mit der Einwohnergemeinde und den zentralstaatlich ausgerichteten Parteien getreten sei. Nun ist zwar der Gedanke vom Wesen der Gemeinde als eigenständiger sozialer Einheit im Grundgesetz der Bundesrepublik erhalten geblieben, und er sichert den Kommunen in

5 In der aktuellen großen empirischen Untersuchung über die Evangelische Jugendarbeit wird z. B. unterschieden zwischen der Reichweite der Angebote und der Teilnahme an Angeboten. Dabei wird die zentrale Rolle der Gemeinschaft betont, die Mitgliedschaft jedoch nicht angesprochen (Fauser u. a. 2006: 16-28).

Art. 28 Abs. 2 GG das Recht zu, „alle Angelegenheiten der örtlichen Gemeinschaft im Rahmen der Gesetze in eigener Verantwortung zu regeln", aber die fortbestehende unzureichende Finanzausstattung in Verbindung mit der formalisierten Einwohner(innen)-Meldepflicht entzieht der örtlichen Gemeinschaft die Handlungsmöglichkeiten und das Bewusstsein der freiwilligen Mitgliedschaft in einer Bürgergemeinde.

Darüber hinaus ist ein weiterer Grund für das Vergessen von Mitgliedschaft und Kommune der empirische Verlust des identitätsstiftenden Momentes der Arbeit, d. h. des ökonomischen Zusammenhangs der Vergesellschaftung. Verband sich zumindest ideologisch der Nationalstaat noch bruchlos mit der Nationalökonomie, so erscheint es angesichts der mit dem Mobilitätskredo einhergehenden Globalisierung müßig oder eben provinziell, sich noch kleinräumige ökonomische Gedanken zu machen. Hierauf zu verzichten, hieße jedoch, die vorherrschende Volkswirtschaftlehre mit ihrem mechanistischen Wachstumsdogma unter Nichtachtung der Knappheit natürlicher Ressourcen grundsätzlich zu akzeptieren. Eine Alternative bietet demgegenüber die Gleichgewichtsökonomie des alternativen Nobelpreisträgers Daly (vgl. Richter 1998: 206-216), die der Ideologie des Freihandels eine auf Sonnenenergie basierende relativ autarke Kommune-Ökonomie entgegenstellt. Sie ermöglicht schon einer Kommune von 5 000 bis 10 000 Einwohner(inne)n eine nachhaltige Bedürfnisbefriedigung für alle Mitglieder auf einem höchst wirtschaftlichen und effizienten Niveau. Die Gleichgewichtsökonomie liefert damit zumindest eine Perspektive, die Kommune – etwa in Form der Gemeinwesenökonomie (Lindenberg/Peters 2004) – auch vom Moment der Arbeit her identitär zu begreifen, sodass sich sogar der Bereich des Ökonomischen entsprechend dem Vereinsprinzip in der Form von Genossenschaften (vgl. Kunstreich 2003) und eine demokratische Weltgesellschaft in der Gestalt von Kommunen in Kommunen konzipieren lässt.

## 5 Kommune, Schul- und Vereinspädagogik

Der politische Bedeutungsverlust der Kommune findet seine konsequente Entsprechung in der systematischen Ausblendung des Vereins in der Erziehungswissenschaft. Historisch ist dabei eine gegenläufige Entwicklung von Bedeutung, die dazu geführt hat, dass die von Weber (1910/1924) herausgearbeiteten Vereinsmomente der Sachorientierung und Geselligkeit in zwei Extreme auseinandergetreten sind (vgl. Richter 2001: 215-220). Schon mit Johann Hinrich Wichern setzte sich ein Vereinsverständnis durch, das die situative Hilfe des barmherzigen Samariters für fremde Menschen in die Form einer dauerhaften Selbst-Organisation der zunehmend verberuflichten und professionalisierten Helfenden für eine Klientel von Nicht-Mitgliedern gebracht hat. Ihre Gemeinsamkeit beruhte auf der zunehmend brüchiger werdenden Unterstellung geteilter religiöser Gewissheiten – mit der Folge eines wachsenden Verlustes an der für cin Vereinsleben konstitutiven wertorientierten Ehrenamtlichkeit von Mitgliedern für Mitglieder und der Umwandlung dieser persönlichen Beziehung in ein Dienstleistungs-Kundschafts-Verhältnis: Der Verein wird zum Betrieb (vgl. Rauschenbach u. a. 1995). Auf der anderen Seite erleben wir etwa am Beispiel der aus der Jugendbewegung hervorgegangenen Jugendbünde eine Refeudalisierung in Form einer führerorientiert-machtvollen und gleichzeitig politisch passiven „Vereinsmeierei", wie sie auch schon Weber wahrgenommen hatte: Der Verein wird zur Ersatz-Familie.

Hinter dieser Dialektik verbirgt sich aus pädagogischer Sicht eine zunehmend eindimensionale Identitätsbildung in der Moderne: weg von der Bildung des totalen gesellschaftlichen Individuums, dem es möglich ist, „heute dies, morgen jenes zu tun, morgens zu jagen, nachmittags zu fischen, abends Viehzucht zu treiben, nach dem Essen zu kritisieren, (...) ohne je Jäger, Fischer, Hirt oder Kritiker zu werden" (MEW 3: 33), hin zur Bildung mobiler Arbeitsmenschen ohne Arbeit und flexibler Freizeitmenschen ohne Muße. Sie basiert auf einer vereinseitigten Berufsbildung ohne Allgemeinbildung in der Schule (Heydorn 1980: 289) und einer auf die Transformation von Nicht-Lohnarbeiter(inne)n in Lohnarbeiter(innen) reduzierten Sozialpädagogik und Sozialarbeit (Lenhardt/Offe 1977; Galuske 1993).

Um dieser Kolonialisierung der Lebenswelt begegnen zu können, bedarf es einer Neubestimmung der gesellschaftlich notwendigen Arbeit, die sie aus ihrer Verengung auf Erwerbsarbeit und ihrer Koppelung an den Markt entbindet und eine Teilnahme aller Gesellschaftsmitglieder ermöglicht (Richter 2004). Darüber hinaus bedarf es im Rahmen einer „Pädagogik des Sozialen" der lebensweltlichen Kooperation von Schule und Verein, sodass sich die Pflicht-Schulpädagogik in ihrem Kernbereich als Arbeitspädagogik und die auf freiwilliger Interaktion basierende Sozialpädagogik als Vereinspädagogik entfalten kann.[6]

Gemeinsam dem didaktischen Ziel einer kommunalen Identitätsbildung verpflichtet, wäre es für eine so verstandene Vereinspädagogik zunächst einmal erforderlich, das Prinzip der Einheit von Erziehung und Beziehung durch eine – grundsätzlich auch beitragspflichtige – gemeinsame freiwillige Mitgliedschaft und wechselseitige Verpflichtung im Verein zu begründen. Dies gilt perspektivisch ebenso für die Offene Jugendarbeit.

Auf der Grundlage des bewusst vor Augen geführten Hintergrundwissens der im Verein verkörperten konkreten Elemente des Interkulturellen: des Geschlechts, der Generation, des Ethnischen bzw. Religiösen sowie der Schichtzugehörigkeit, und des Kommunalen (z. B. des Stadtteilbezugs in Großstädten), wäre es dann die Aufgabe von Kommunalpädagog(inn)en, die jugendlichen Mitglieder derart in die Vereinsaktivitäten einzubinden, dass ihren Erwartungen für ein Engagement Rechnung getragen wird. So finden es z. B. 95 % der heutigen Jugendlichen wichtig bis sehr wichtig, dass ihr Engagement Spaß macht; zwei Drittel halten es für wichtig bis sehr wichtig, dass Freunde dabei mitmachen; Geld spielt demgegenüber nur eine vergleichsweise geringe Rolle, sodass fast 50 % es für weniger wichtig ansehen. Darüber hinaus ist zu berücksichtigen, dass es für fast 90 % der Jugendlichen wichtig bis sehr wichtig ist, jederzeit aussteigen zu können; für einen ebenso großen Prozentsatz ist nicht weniger wichtig, dass sie mitbestimmen können, was sie genau zu tun haben, und nur knapp 50 % halten es für wichtig bis sehr wichtig, einzig mit Gleichaltrigen zusammenzuarbeiten (vgl. Richter 2003).

Das aber heißt, jederzeit aussteigen zu können, muss nicht als ein Beleg für die z. Zt. beklagte mangelnde Bereitschaft zu Vereins-Verpflichtung und -Organisation und zudem für eine „Kontaktsperre" gegenüber der älteren Generation gewertet werden, sondern ist eher als Rückversicherung für den Fall aufzufassen, dass die anderen Erwartungen nicht erfüllt werden. Und was diese anderen Erwartungen angeht, so fällt auf, dass die Jugendlichen in

6 Auf den Momenten der Identitätsbildung aufruhend, ist diese Ausdifferenzierung zunächst einmal orientiert an der institutionellen Entfaltung des staatlichen Schulwesens einerseits und des freien Vereinswesens andererseits, entspricht aber zugleich auch einer analytischen Unterscheidung der notwendigen Vermittlung von Zwang und Freiheit im Bildungswesen (vgl. Negt 1997: 418), wie sie auch für freie, d. h. vereinsmäßig organisierte Ganztagsschulen oder z. B. für die Glocksee-Schule gilt, bei der sich „gegenüber der Anfangszeit die Betonung von ‚Schule als Lebensraum' zu ‚Schule als Lernort' verschoben hat" (Krammling-Jöhrens 1997: 414). Zur Ausdifferenzierung eines kooperativen Verhältnisses von Schule und Jugendarbeit vgl. Coelen (2006).

erster Linie darüber mitbestimmen wollen, was sie genau zu tun haben. Ist dies gewährleistet, dann sind sie auch durchaus bereit, mit Erwachsenen gemeinsam etwas zu tun (vgl. Richter u. a. 2006).

Wenn nun die Verwirklichung dieser Erwartungen gewährleistet und ein derart motiviertes ehrenamtliches Engagement als Ausweis für politische Beteiligung gewertet und nicht erst davon abhängig gemacht wird, dass es – wie bei den politischen Verbänden – um einen eher umfassend machtpolitischen Anspruch gehen müsse, wäre die gegenwärtige Abwendung von der Mitglieder- und die Hinwendung zur Kunden- und Dienstleistungsorientierung nicht als Reaktion auf fehlendes Engagement, sondern durchaus als Nichtachtung von vorhandenen Demokratiepotenzialen zu begreifen. Entsprechend wäre der immer noch hohe Organisationsgrad Jugendlicher in Sportvereinen in Verbindung mit ihren recht hohen ehrenamtlichen Aktivitäten als ermutigende Zeichen für den Zusammenhang von Vereinszugehörigkeit und demokratischer Disposition einzuschätzen – wenn es gelingt, diese Vereinsaktivitäten über segmentierte Öffentlichkeiten zu vermitteln.

## *Literatur*


Beck, Ulrich (1986): Risikogesellschaft. Auf dem Weg in eine andere Moderne. Frankfurt a. M.: Suhrkamp.

Böhnisch, Lothar (1994): Gespaltene Normalität. Lebensbewältigung und Sozialpädagogik an den Grenzen der Wohlfahrtsgesellschaft. Weinheim: Juventa.

Bühler, Walter/Kanitz, Horst/Siewert, Hans-Jörg (1978): Lokale Freizeitvereine. Entwicklung, Aufgaben, Tendenzen. St. Augustin: Institut für Kommunalwissenschaften der Konrad-Adenauer-Stiftung.

Coelen, Thomas (2002): Kommunale Jugendbildung. Raumbezogene Identitätsbildung zwischen Schule und Jugendarbeit. Frankfurt a. M. u. a.: Lang.

Coelen, Thomas (2004): „Ganztagsbildung" – Integration von Aus- und Identitätsbildung durch die Kooperation von Schulen und Jugendeinrichtungen. In: Otto, Hans-Uwe/Coelen, Thomas (Hg.): Grundbegriffe der Ganztagsbildung. Beiträge zu einem neuen Bildungsverständnis in der Wissensgesellschaft. Wiesbaden: VS Verlag für Sozialwissenschaften: 247-267.

Dewey, John (1925): The school and society. Chicago: University Press.

Fauser, Katrin/Fischer, Arthur/Münchmeier, Richard (2006): Jugendliche als Akteure im Verband. Ergebnisse einer empirischen Untersuchung der Evangelischen Jugend (Jugend im Verband, Bd. 1). Opladen: Budrich.

Froessler, Rolf/Lang, Markus/Selle, Klaus/Staubach, Reiner (Hg.) (1994): Lokale Partnerschaften. Die Erneuerung benachteiligter Quartiere in europäischen Städten. Basel: Birkhäuser.

Galuske, Michael (1993): Das Orientierungsdilemma. Jugendberufshilfe, sozialpädagogische Selbstvergewisserung und die modernisierte Arbeitsgesellschaft. Bielefeld: Böllert KT.

Greverus, Ina-Maria (1978): Kultur und Alltagswelt. Eine Einführung in Fragen der Kulturanthropologie. München: Beck.

Guggenberger, Bernd/Offe, Claus (1984): Politik als Basis – Herausforderung der parlamentarischen Mehrheitsdemokratie. In: Guggenberger, Bernd/Offe, Claus (Hg.): An den Grenzen der Mehrheitsdemokratie. Politik und Soziologie der Mehrheitsregel. Opladen: Westdeutscher Verlag: 8-19.

Habermas, Jürgen (1968): Arbeit und Interaktion. Bemerkungen zu Hegels Jenenser ‚Philosophie des Geistes'. In: Habermas, Jürgen (Hg.): Technik und Wissenschaft als ‚Ideologie'. Frankfurt a. M.: Suhrkamp: 9-47.

Habermas, Jürgen (1981): Theorie des kommunikativen Handelns. 2 Bde. Frankfurt a. M.: Suhrkamp.

Habermas, Jürgen (1962/1990): Strukturwandel der Öffentlichkeit. Untersuchungen zu einer Kategorie der bürgerlichen Gesellschaft. Frankfurt a. M.: Suhrkamp.

Helsper, Werner (1991): Jugend zwischen Moderne und Postmoderne. Opladen: Leske + Budrich.

Heydorn, Heinz-Joachim (1980): Ungleichheit für alle. Zur Neufassung des Bildungsbegriffs. Frankfurt a. M.: Syndikat.

König, René (1958): Grundformen der Gesellschaft: die Gemeinde. Hamburg: Rowohlt.

Köttgen, Arnold (1968): Die Krise der kommunalen Selbstverwaltung (1931). In: Köttgen, Arnold (Hg.) (1968): Kommunale Selbstverwaltung zwischen Krise und Reform. Ausgewählte Schriften. Stuttgart: Kohlhammer: 1-36.

Krammling-Jöhrens, Doris (1997): Glocksee-Schule heute: Ein Blick in die Praxis. In: Negt, Oskar (Hg.): Kindheit und Schule in einer Welt der Umbrüche. Göttingen: Steidl: 395-415.

Kunstreich, Timm (2003): Gleich, frei und anders. Zugänge zur Pädagogik des Sozialen. In: Peters, Lutz/Coelen, Thomas/Mohr, Elisabeth (Hg.): Kommune heute. Lokale Perspektiven der Pädagogik. Frankfurt a. M.: Lang: 81-89.
Lenhardt, Gero/Offe, Claus (1977): Staatstheorie und Sozialpolitik. Politisch-soziologische Erklärungsansätze für Funktionen und Innovationsprozesse der Sozialpolitik. In: Ferber, Christian von (Hg.): Soziologie und Sozialpolitik. Opladen: Westdeutscher Verlag (Kölner Zeitschrift für Soziologie und Sozialpsychologie. Sonderheft 19): 98-127.
Lewin, Kurt (1953): Die Lösung sozialer Konflikte. Ausgewählte Abhandlung über Gruppendynamik. Resolving social conflicts. Bad Nauheim: Christian.
Lindenberg, Michael/Peters, Lutz (Hg.) (2004): Die gelebte Hoffnung der Gemeinwesenökonomie. Bielefeld: Kleine.
MEW – Marx, Karl/Engels, Friedrich (Hg.) (1969): Werke. Bd. 1, 3 und 23. Berlin: Dietz.
Oelkers, Jürgen (2004): Gesamtschule und Ganztagsschule – Politische Dimensionen des deutschen Bildungswesens. In: Otto, Hans-Uwe/Coelen, Thomas (Hg.): Grundbegriffe der Ganztagsbildung. Beiträge zu einem neuen Bildungsverständnis in der Wissensgesellschaft. Wiesbaden: VS Verlag für Sozialwissenschaften: 221-246.
Rauschenbach, Thomas/Sachße, Christoph/Olk, Thomas (Hg.) (1995): Von der Wertgemeinschaft zum Dienstleistungsunternehmen. Jugend- und Wohlfahrtsverbände im Umbruch. Frankfurt a. M.: Suhrkamp.
Richter, Elisabeth (2004): Jugendarbeitslosigkeit und Identitätsbildung. Sozialpädagogik zwischen Arbeitserziehung und Vereinspädagogik. Frankfurt a. M.: Lang.
Richter, Helmut (1998): Sozialpädagogik – Pädagogik des Sozialen. Grundlegungen – Institutionen – Perspektiven der Jugendbildung. Frankfurt a. M.: Lang.
Richter, Helmut (2001): Kommunalpädagogik. Studien zur interkulturellen Bildung. Frankfurt a. M.: Lang.
Richter, Helmut (2003): Jugendliches Engagement in der Spaßkultur – Was (längerfristige/geregelte) Freiwilligendienste für Jugendliche attraktiv macht. In: Schlag, Thomas (Hg.): Neue Spielräume und Gestaltungsmöglichkeiten von Freiwilligendienst für junge Menschen. Perspektiven der Gesetzesnovelle zum Freiwilligen Sozialen und Freiwilligen Ökologischen Jahr (FSJ/FÖI). Bad Boll: Evangelische Akademie: 64-82.
Richter, Helmut/Coelen, Thomas (2007): Kommunale Identitätsbildung. Von der (Re-)Sozialisierung des Territorialen. In: Kessl, Fabian/Otto, Hans-Uwe (Hg.): Territorialisierung des Sozialen. Regieren über soziale Nahräume. Opladen: Budrich: 215-231.
Richter, Helmut/Jung, Michael/Riekmann, Wibke (2006): Jugendverbandsarbeit in der Großstadt. Perspektiven für Mitgliedschaft und Ehrenamt am Beispiel der Jugendfeuerwehr Hamburg. Hamburg.
Scheit, Herbert (1973): Geist und Gemeinde. Zum Verhältnis von Religion und Politik bei Hegel. München: Pustet.
Scherr, Albert (1997): Individuen, Ethnien und die Sehnsucht nach solidarischer Gemeinschaft. In: Müller, Siegfried/Reinl, Heidi (Hg.): Soziale Arbeit in der Konkurrenzgesellschaft. Beiträge zur Neugestaltung des Sozialen. Neuwied: Luchterhand: 281-288.
Theunissen, Michael (1981): Selbstverwirklichung und Allgemeinheit. Zur Kritik des gegenwärtigen Bewusstseins. Berlin: de Gruyter.
Toynbee, Arnold Joseph (1970): Cities on the move. London: Oxford University Press.
Vossler, Karl (1948): Die romanischen Kulturen und der deutsche Geist. Stuttgart: Klett.
Weber, Max (1910/1924): Rede auf dem ersten deutschen Soziologentag in Frankfurt 1910. In: Weber, Max (Hg.): Gesammelte Aufsätze zur Soziologie und Sozialpolitik. Tübingen: Mohr: 431-449.
Welz, Gisela/Lenz, Ramona (2005): Von Alltagswelt bis Zwischenraum. Eine kleine kulturanthropologische Enzyklopädie. Münster: Lit.
Winkler, Michael (1988): Eine Theorie der Sozialpädagogik. Stuttgart: Klett-Cotta.

# Diskursanalyse zu „Ganztagsbildung"

*Agnieszka Dzierzbicka / Wolfgang Horvath*

Das Interesse gilt im Folgenden dem wissenschaftlichen und politischen Diskursrahmen für die Etablierung des im Begriff der Ganztagsbildung formulierten Bildungsverständnisses. Diesen kann man am spezifischen Verhältnis von erziehungswissenschaftlichen Argumentationslinien – vertreten in einem als repräsentativ geltendem Fachjournal (Zeitschrift für Pädagogik) – und ausgewählten bildungspolitischen Statements markieren. Die Kenntnis um dieses spezifische Verhältnis von Erziehungswissenschaft und Bildungspolitik scheint für weitere theoretische Ausformulierungen sowie für Strategien zur Lancierung des Begriffs „Ganztagsbildung" fundamental.

Der Untersuchungszeitraum umfasst die Jahre 2004 bis 2007. Diese Fixierung ist dem Erscheinungsdatum des von Otto/Coelen (2004) herausgegebenen Sammelbandes „Grundbegriffe der Ganztagsbildung" geschuldet, da dieser Band eine erste vorläufige theoretische Systematisierung unternahm.[1] Erziehungswissenschaftler(innen) unterschiedlicher theoretischer Provenienz finden sich darin versammelt, um einen Beitrag zu einem „gesellschaftlich erweiterten Bildungsbegriff" (ebd.: 8) zu leisten.

Um es gleich vorwegzunehmen: Die Ergebnisse sind ernüchternd und führen zu der Schlussfolgerung: Während der Ganztagsbildungsbegriff in der Konzeption auf einen strukturellen Wandel abzielt, bleibt seine bildungspolitische wie wissenschaftliche Rezeption einem funktionalen, auf kurzfristige Erfolge abzielenden, Reformdiskurs verhaftet.

## 1 Einem neuen Bildungsverständnis auf der Spur

Der erwähnte Versuch einer systematischen Annährung an den Begriff der Ganztagsbildung als einem neuen Bildungsverständnis wurde im Jahr 2004 mit zwei einschneidenden Entwicklungen legitimiert: dem Einfluss von PISA-Studien auf die Neuorientierungen im Schulwesen und die besonderen Herausforderungen, die sich angesichts einer zur Wissensgesellschaft stilisierten Gesellschaft für das Bildungswesen ergeben. Neue Impulse sollte der Ganztagsbildungsansatz geben, indem dieser für die Verknüpfung von unterschiedlichen Lernorten, wie etwa Schule und Hort, stand und eine Erweiterung des Bildungsbegriffs betonte, die im Wesentlichen auf die Stärkung der Persönlichkeit (Identitätsbildung und Lebenskompetenz) abzielte (vgl. Otto/Coelen 2004: 7-8). Prominente Stellung fand in diesem Zusammenhang die Unterscheidung der Lernformen in formelles, informelles

1 2006 folgte der von Wetzel herausgegebene Band „Ganztagsbildung – eine europäische Debatte. Impulse für die Bildungsreform in Österreich" diesem Muster. Der Begriff ist freilich schon etwas älter und wird erstmals Anfang 2002 von Coelen in der sozialpädagogischen Zeitschrift neue praxis als Kurztitel für seinen Ansatz der „Kommunalen Jugendbildung" verwendet. Siehe auch die kleine Rezeptionsgeschichte in der Einleitung des vorliegenden Handbuchs.

und nicht-formelles Lernen, die Förderung der Kooperation zwischen Schule und Jugendhilfe sowie die Einmahnung der gesellschaftlichen Verantwortung für die Zukunftsfähigkeit der nachwachsenden Generation.

Keine Frage: Auch bildungspolitische Statements in der Zeit zwischen 2004 und 2007 sind im deutschsprachigen Raum von der Suche nach einem neuen Bildungsverständnis geprägt. Freilich differieren manche Auffassungen abhängig vom politischen Couleur und institutionellen Verortungen, aber der gesamte Zeitraum scheint für grundlegende Reformen, auf den ersten Blick jedenfalls, viel versprechend. An dieser Stelle sei hervorgehoben, dass uns weniger relevant erschien, wie oft und wer sich zu Bildungsfragen äußerte, sondern welche Argumente, die in der Grundlegung der Ganztagsbildung geltend gemacht wurden, auch in der politischen Diskussion auftauchten.

## *1.1 Über Standortfragen, Leistung und bildungspolitische Verantwortung*

Auch wenn die politischen Statements und Debatten jener Zeit sich nicht explizit auf den Ganztagsbildungsbegriff beriefen, so lassen sich doch ähnliche Anliegen ausmachen. In Deutschland wie in Österreich verlief die Debatte ähnlich, bis heute. Federführend sind Argumentationen, die Bildung an die Standortfrage und die wirtschaftliche Leistungsfähigkeit einer Gesellschaft koppeln: Mit Rückgriff auf eine entsprechend weit gefasste Ganztagsbetreuung meint man ein geeignetes Instrumentarium in den Händen zu haben, um die bestehende Situation zu verbessern. So werden bildungs- und beschäftigungspolitische Argumente vorgebracht, die den Ausbau der Nachmittagsbetreuung rechtfertigen. Ob in Österreich die der Sozialdemokratischen Partei nahe stehende Arbeiterkammer oder die damalige bürgerliche Bildungsministerin Gehrer, in Deutschland wiederum Ex-Bundeskanzler Schröder und der Grüne Fischer: Sie alle plädieren für eine leistungsorientierte und auf Freiwilligkeit basierende Ganztags- bzw. Nachmittagsbetreuung (vgl. APA 2004-02-17; 2004-06-03; 2004-07-11). Neben „Mittagessen“ soll es Möglichkeiten von Lernbetreuung, Freizeit- und Sport geben, garantiert durch den Einsatz von Lehrer(inne)n und Freizeitpädagog(inn)en. Am gleichen Strang ziehen soll in diesem Zusammenhang aber nicht nur die Bildungs- und Beschäftigungspolitik, sondern auch die Familienpolitik. Schließlich geht es um die Frage der Vereinbarkeit von Beruf und Familie, ganz nebenbei verspricht man sich auch noch höhere Geburtenraten, also eine „positive demographische Entwicklung“ (vgl. APA 2004-02-17; 2004-07-11).

Das Jahr 2005 war von vergleichbaren Aussendungen zu diesem Thema geprägt. Erneut fand sich kein direkter Bezug auf den Begriff der Ganztagsbildung, aber die Argumentationslinien des Vorjahres zum Thema Ganztagsbetreuung und ihrer neuen Ausrichtung im Sinne einer Steigerung von Leistung und Beschäftigung sowie der Vereinbarungsfrage Beruf und Familie wurden aufgegriffen. Das Jahr steht also im Zeichen der Reaktionen. Hier kristallisieren sich vor allem zwei Themen heraus: Die Frage der Finanzierung und die über Parteien hinausgehende Bejahung eines „Paradigmenwechsels“ im Bildungswesen. Während die Finanzierungsfrage sich letztlich im Zuständigkeitsdickicht der Gremien verliert (APA 2005-01-26; 2005-01-28; 2005-05-31) wird die Notwendigkeit eines Paradigmenwechsels in der Tagesbetreuung von politischen Parteien (APA 2005-01-25; 2005-02-14; 2005-05-24; 2005-05-30; 2005-06-07; 2005-11-18) wie konfessionellen Organisationen und Familienverbänden (APA 2005-01-31) betont. Ein weiteres interessantes Detail ist die vermehrte Forderung nach Bedarfserhebungsstudien zum Thema Betreuung in und/oder außerhalb der Schule, d. h. konkrete Bezugnahme auf Expert(inn)enwissen und Bedürfnisse von Eltern (APA 2005-02-14; 2005-08-31). Neben der Finanzierungsfrage erfährt im Jahr 2006 die außerschulische Förderung und Integration eine erhöhte Aufmerksamkeit in der sonst von politischem Hickhack dominierten bildungspolitischen Debatte (vgl. APA 2006-06-13; 2006-11-15). Eine neue Komponente erhält die beschäftigungspolitische Argumentationslinie, arbeitslose Lehrer(innen) könnten in der außerschulischen Betreuung ihre Fähigkeiten zu Gunsten von Schüler(inne)n einsetzen (APA 2006-11-15). Zunehmende Thematisierung findet auch die Diskrepanz zwischen urbanen Zentren und ländlichen Gebieten, insbesondere in der Vereinbarkeitsdebatte von Beruf und Familie für Frauen. Im Jahr 2007 widmet man sich vor allem der Mitbestimmung. Die Nachmittagsbetreuung solle es dort geben, wo sie gebraucht werde und ihre Gestaltung solle den Bedürfnissen von Betroffenen entsprechen (APA 2007-02-16). Einmal mehr steht die Frage der Finanzierung an. Wiederholt wird auf die Bekenntnisse von allen beteiligten Akteur(inn)en verwiesen, allein, es fehle an diesbezüglichen Budgetentscheidungen (APA 2007-03-29). Anderseits werden Investitionen in Bildung als Garanten für wirtschaftspolitische Erfolge hervorgehoben (APA 2007-07-09; 2007-07-16).

Schlussfolgernd lassen sich die vorgestellten Argumentationslinien unter der Bezeichnung „ökonomischer Diskurs" subsumieren. Kennzeichnend für diesen Diskurs ist die allgemeine, im Sinne von über Partei- und Institutionsgrenzen hinausgehende, Akzeptanz und Favorisierung. Demnach wird eine optimale Tagesbetreuung als „zentrale Komponente für die Schaffung zukunftsträchtiger Wirtschaftsstandorte" (APA 2006-05-31) betrachtet. Optimierung wird in diesem Fall einhellig über bildende Maßnahmen erreicht, wobei der Bildungsbegriff inhaltlich leer, also formal bleibt.

## *1.2 Über Erziehung, Integration und Chancen*

Der untersuchte Zeitraum weist neben dem herausgearbeiteten ökonomischen Diskursstrang, der sich mit zunehmenden Daten aus „PISA und Co" verdichtete, noch einen zweiten auf, den wir den „moralisch-ethischen Diskurs" nennen wollen. Quer zur Standort- und Leistungsfrage werden auch erzieherische Formeln und sozialpolitische Ziele beschworen. Auffällig an diesem zweiten Diskurs ist, dass er in seiner Aussagefähigkeit, ähnlich dem Bildungsbegriff, formal und damit vage bleibt, vor allem aber punktuell auftritt: Da finden sich in Zusammenhang mit optimaler Ganztagsbetreuung die Reden von der Gefahr einer „Wegdelegierung von Erziehung", wenn etwa Ganztagsbetreuung ausschließlich den Schulen überlassen werde (APA 2005-11-18), die der „Erhöhung von Qualität vorschulischer Erziehung" (APA 2005-02-02) oder die der Anerkennung von Erziehungsarbeit als „wertvolle Arbeit", egal ob sie inner- oder außerschulisch stattfindet (2004-03-18) und egal von vom sie geleistet werde, ob von Männern oder Frauen (APA 2007-01-14), selbstverständlich spielt Reduktion von Gewalt und Alkoholexzessen ebenso eine Rolle.

Zielorientierter scheint der Begriff der Integration, hier wird neben der Integration von „behinderten" Kindern vor allem die Integration von „Migrantenkindern" thematisiert (APA 2004-10-12; 2006-03-06; dpa 4542). Im Vordergrund steht die Frage der sprachlichen Integration, die in der Schule kaum geleistet werden könne. Auffällig ist in diesem Zusammenhang die Betonung des Handlungsbedarfs, dessen Ausmaß je nach örtlichen Voraussetzungen – also ob urbane Ballungszentren und ländlichen Strukturen – unterschiedlich bewertet wird (APA 2006-05-31). Besondere Herausforderungen stellen dabei offenbar die Städte dar. Die Diskussion selbst bleibt auf die Frage eines sinnvollen Einsatzes von Lehrer(inne)n, z. B. auch außerhalb der regulären Schulzeiten, und der Finanzierung konzentriert. Vertreter(innen) der Jugendhilfe finden auffälligerweise diesbezüglich keine Erwähnung. Was auf den ersten Blick als zielorientierte Diskussion wirkt, entpuppt sich auch nach der Untersuchung der Statements als von Floskeln dominierter Forderungskatalog zum Thema erfolgreiche Integration: Während Migrantenkinder Deutsch lernen sollen, bleibt die Finanzierung ungeklärt (APA 2005-08-31; 2005-09-23; 2006-05-31; 2006-05-30; 2007-07-11). Floskelhaft bleibt auch die heiße Debatte um Chancengleichheit, die immer wieder in den ökonomischen Diskurs rutscht. So gewähre Chancengleichheit die Vereinbarkeit von Beruf und Familie, Wachstum des Staates und höhere Berufschancen (APA 2005-05-24; 2005-05-24; 2007-08-17). Aber auch die Mitbestimmungsfrage findet sich am Thema der Chancengleichheit aufgehängt. Demnach würde die Freiwilligkeit von Bildungsangeboten außerhalb der Schule eine Voraussetzung für Chancengleichheit sein (vgl. APA 2005-04-15). In diesem Zusammenhang ist jedoch festzuhalten, dass sich die Frage der Freiwilligkeit aus dem Konflikt „Mehr Familie *versus* mehr institutionelle Betreuung“ speist.

Schlussfolgernd lässt sich hervorheben, dass der moralisch-ethische Diskurs dem politischen Hickhack unterliegt und je nach tagespolitischem Anlassfall, in der Regel resultierend aus disziplinären Fallbeispielen, bemüht wird. Ob fragwürdige Computerspiele, sich ins Koma trinkende Jugendliche, ausrastende Schulkinder oder eben die unzureichenden Kenntnisse von Migrantenkindern: Eine erzieherische und bildende Nachmittagsbetreuung soll Abhilfe leisten. Besondere Erwähnung sollte u. E. der Umstand finden, dass trotz des politischen Hickhacks im Gegenzug zum ökonomischen Diskurs hier weder die politische Zuständigkeitsfrage thematisiert wird, noch sich hier Aufträge für einschlägige Expertisen und Untersuchungen ausmachen lassen. Für jene Bildungselemente, die Erziehungs- und Gerechtigkeitsvorstellungen betreffen, ist offenbar weder die Bildungspolitik, noch die Wirtschafts- oder Familienpolitik zuständig, was bleibt, sind Forderungen nach schnellen, funktionalen Lösungen – bloß an den Adressat(inn)en fehlt es.

## 2 Fachdebatte unter politischem Druck

Auch die Fachdiskussion scheint angesichts der bildungspolitischen Debatten unter Druck geraten zu sein. Wie schon angedeutet: Die ernüchternden Ergebnisse der PISA-Studie wirkten als Katalysator in den Diskussionen um eine Bildung, die in der Lage wäre, die Situation zu verbessern. Ein Mehr an Effizienz und Effektivität, gemessen z. B. an den von Schüler(innen) tatsächlich erbrachten Lernleistungen, blieb im Kern bis heute die Forderung an das Schulsystem nach PISA, begleitet von einer de facto ausgesparten finanziellen Rahmung. Von der Erziehungswissenschaft wurden unter dem Druck internationaler Schulleistungsstudien Reformpläne gefordert, die vor allem rasche Umsetzung ermöglichen sollten (vgl. u. a. BMBF 2005 und bm:bwk 2002). Die Fachdisziplin Erziehungswissenschaft reagierte darauf einerseits mit entsprechend operationalisierbaren Modellen, die nicht geradewegs in unlösbare Grundlagendiskussionen führen sollten. „Praktisch handlungsfähig zu sein“ wurde so zum Paradigma, an dessen Güte erziehungswissenschaftliche Forschung zu messen sei (vgl. Klieme u. a. 2003: 60). Anderseits wurde eine Debatte der Kritik losgetreten, die vor dem Boom der Bildungsforschung und einfachen Lösungen der

Standardisierung warnte (vgl. u. a. ZfPäd 2/2005; Frankfurter Positionspapier 2005; Pongratz u. a. 2007). Dem „schrillen Theoriegezerre“ (Oser 2005: 266) um Standardisierung im Bildungsbereich folgte also eine grundlegende Auseinandersetzung. So finden sich in der Zeitschrift für Pädagogik (ZfPäd) der Jahre 2004-2007 weiterführende Beiträge, die sich verstärkt einer pädagogisch-psychologisch fundierten, grundlagenorientierten Auseinandersetzung widmen: Im Vordergrund steht die Entwicklung geeigneter Kompetenzmodelle und valider und reliabler Messinstrumente auf der Basis psychometrischer Modelle.

Ähnlich wie im Falle der politischen Debatten fehlt es zwar an direkten Bezügen auf den Begriff der Ganztagsbildung, dennoch sind ausgewählte Artikel und die darin vorgebrachten Argumente eindeutig von der Suche nach einem „neuen Bildungsverständnis“ gekennzeichnet, wie es von den Autor(inn)en der Ganztagsbildung gefordert wird. Dabei lassen sich thematisch vor allem die Beiträge zu Standardisierung, Kompetenz und Chancengleichheit anführen, die u. E. wiederum in einem bestimmten Verhältnis zu den von uns bereits vorgestellten „ökonomischen“ und „moralisch-ethischen“ Diskurssträngen stehen.

## *2.1 Standardisierung – Potenzial für die Ganztagsbildung?*

Das Projekt der Bildungsstandards sollte nach Maßgabe der für die Entwicklung und Implementierung wesentlichen Studie „Zur Entwicklung nationaler Bildungsstandards“ (Klieme u. a. 2003) ein Instrument sein, das die Bildungsqualität verbessere, indem es „allgemein verbindliche Maßstäbe zur Bewertung von Schul- und Unterrichtsqualität, von Lehrerbildung und -kompetenz und von Leistungsergebnissen der Schülerinnen und Schüler zu entwickeln“ ermögliche (Fürstenau 2007: 16). Legitimiert wird dieses ehrgeizige Projekt nicht nur von der OECD und nationaler Bildungspolitik, sondern auch von Vertreter(inne)n der Bildungsforschung mit ökonomischen Argumenten. Der Tenor lautet, Bildung sei eng gekoppelt an wirtschaftliche und gesellschaftliche Prosperität:

> „Gesellschaftlicher Wohlstand, soziale Kohäsion und Entwicklungschancen einer Gesellschaft hängen in entscheidendem Maße vom Bildungsstand ihrer Mitglieder ab. Die Fachdiskussion in der Bildungsforschung (...) macht deutlich, dass man den Stand der Humanressourcen nicht allein nach Zertifikaten bewerten kann, die in Institutionen der formalen Bildung erworben werden. Die ‚Produkte‘ der Bildungs- und Ausbildungsprozesse selbst, d. h. das erworbene Wissen, die ausgebildeten Fähigkeiten, Fertigkeiten, Einstellungen und Bereitschaften und die verfügbaren Qualifikationen, sind daher unmittelbar in den Blick geraten“ (Klieme/Leutner 2006: 876).

In der Output-Steuerung scheint ein Weg der Erschließung dieser „Produkte“ gefunden worden zu sein. Die als Paradigmenwechsel bezeichnete Systemsteuerungsreform generiert Messinstrumente, die den Stand der „Humanressourcen“ über standardisierte Test(items) erhebt, um damit Aussagen über die Qualität der in Schulen geleisteten Lehr- und Lernarbeit zu treffen. Interessant für die Lancierung des Ganztagsbildungsansatzes ist an dieser Entwicklung, dass hier auf einen erweiterten Begriff von dem, worauf Schulleistungen beruhen, zurückgegriffen wird und zwar, wie aus obigem Zitat hervorgeht, jenseits eines auf curriculare Vorgaben beruhenden Schulwissens. Zentral für den Diskurs und für die (empirische) erziehungswissenschaftliche Forschung wird daher der Kompetenzbegriff (vgl. Klieme/Leutner 2006: 879).

Die Umstellung des Schulwesens auf eine output-orientierte Steuerung wurde auch in Zusammenhang mit Standortfragen behandelt. So könne der Blick zu angelsächsischen

Ländern aufzeigen, wie etwa Bernd Zymek (2007) argumentiert, dass eine Outputsteuerung des Schulsystems einer Übertragung von Zuständigkeit für Schulentwicklung auf die einzelne Schule und die Region Vorschub leisten könne (ebd.: 279). Gerade die Standortfrage wird für viele Schulen – bedingt durch eine sich verschärfende Wettbewerbssituation der Schulen untereinander bei zum Teil problematischen demographischen Entwicklungen in bestimmten ländlichen Gebieten (vgl. Sikorski 2007: 296) – zu einer überlebenswichtigen Frage. Der wettbewerbsbedingte Druck etabliert eine strukturelle Aufforderung an Schulen, in Kontakt mit der lokalen und regionalen Schülerklientel zu treten (vgl. Zymek/Richter 2007: 342). Dabei handelt es sich zwar nicht um die vom Ganztagsbildungsansatz favorisierte Lernortverknüpfung, jedenfalls aber um eine Öffnung der Institution Schule in Richtung Sozialraumorientierung, eine „Andockmöglichkeit“ an außerschulische pädagogische Kontexte. Standardisierung spiele laut Klieme/Leutner (2006) in diesem Ringen um Klientel eine nicht zu unterschätzende Rolle, weil sie als Vergleichsmöglichkeit über bessere und schlechtere Anbieter marktregulierende Funktion erhalte. Ebenso komme ihr auf individueller Ebene regulierende Funktion hinsichtlich der Förderung von Lernprozessen zu. Schließlich gehe es auch um die „Nutzung kompetenzbezogener Messinstrumente in unterschiedlichen pädagogischen Entscheidungskontexten“ (ebd.: 879). Gemeint sind damit Entscheidungen über Einzelpersonen hinsichtlich ihrer „Zuordnung zu einem bestimmten Bildungsgang“ bzw. die „Vergabe eines bestimmten Bildungsabschlusses“ (ebd.: 881): Selektionsgrundlagen eben, nur valide, reliabel, objektiv und sowohl auf Individuen wie Schulen anwendbar. Dass die Entwicklung von Bildungsstandards und Kompetenzmodellen aber nicht nur den Schulen zu einer Reflexion über Standortfragen verhelfe, sondern der Bildungsforschung einen Standortvorteil verschaffe, wird ebenfalls angemerkt und neben anderen Effekten (wie der der Präzision und Validität pädagogischer Entscheidungen) lobend als Mehrwert herausgestellt (ebd.: 889).

Abschließend lassen sich also Bezüge der Kompetenz- und Standardisierungsdebatte, wie sie dem Fachdiskurs fast aufgezwungen scheinen, zu jenem bildungspolitischen Diskurs herstellen, den wir den ökonomischen nannten: Standortfrage, Wettbewerb und wirtschaftliches Wachstum scheinen hier der Motor für Reform-Paper wie auch für kritische Schriften.

## *2.2 Chancengleichheit und Bildungsgerechtigkeit*

Ein zweiter, ebenfalls im Ganztagsbildungsansatz bedeutender, wie in Pädagogik und Bildungspolitik traditionsreicher Diskussionsstrang behandelt die Frage der Gerechtigkeit des Bildungswesens. In der ZfPäd wird das Gerechtigkeitsthema an der Auseinandersetzung um Chancengleichheit/-ungleichheit deutlich. Diese werden vor allem vor der Folie von Heterogenität und Homogenität diskutiert:

> „Gleichheit aller Menschen widerspricht nicht der tatsächlichen, ungleichen Teilhabe an gesellschaftlichen Möglichkeiten. (...) Erst die Idee der Gleichstellung und damit potenziell gleicher Voraussetzungen lässt z. B. heterogenisierende Wirkungen des Bildungswesens akzeptabel erscheinen (...)“ (Wenning 2004: 568).

Ungerecht sei das Bildungssystem dadurch, dass es aber nicht allein Unterschiede leistungsspezifischer Art zulasse, sondern schichtspezifische Ungleichheiten aufrechterhalte und somit der Chancengleichheit, die auf dem Prinzip der Homogenität beruhe, widerspreche. Besonders benachteiligt würden Personen mit Migrationshintergrund, wobei aber Staatsangehörigkeit, Migrationserfahrung oder ethnische Zuschreibungen nicht direkt den geringen Schulerfolg bewirken würden, „es ist z. B. der, vor allem sozialschichtspezifische, andere Umgang mit (deutscher) Sprache im Unterricht" (ebd.: 571). Um aus dem Kreislauf der institutionalisierten und reproduzierten Ungleichheit auszubrechen, wird ein Mal mehr ausschließlich die schulische Bildung ins Visier genommen, konkret die interkulturelle Bildung. Die Akzeptanz von Differenz wird vorgeschlagen, am Besten umzusetzen in gesamtschulartigen Strukturen mit starker Binnendifferenzierung (ebd.: 579). Andererseits wird, vor allem unter Verweis auf die besondere Aufgabe der Integration von Kindern mit Migrationshintergrund, die hohe Verantwortung und Herausforderung herausgestellt. Als mögliche Konsequenzen werden dabei die „erhebliche Erhöhung der Lernzeiten" für den Erwerb der Schulsprache bei gleichzeitiger Reduzierung curricularer Anforderungen angeführt, „umfangreicher Zusatzunterricht (nachmittags, samstags, in Ferienkursen)" sowie ein „hoch differenziertes Lernangebot" (vgl. Hopf 2005: 246-247). Angesichts solcher Engführungen betont Allemann-Ghionda (2004: 800) die „Anerkennung der kulturellen Spezifität und Verschiedenheit" als ein ebenso leitendes Prinzip wie das Prinzip der Gleichheit.

Die Chancengleichheitsdebatte entkommt also nicht dem Dilemma, Heterogenität anzuerkennen, aber Homogenität vorauszusetzen und anzustreben. Ökonomisch motivierte Vorschläge für strukturelle Bildungsreformen (Stichwort „Paradigmenwechsel") verbleiben dergestalt auf der schulfunktionalen Ebene: Zum einen wird das gegliederte Schulsystem in Frage gestellt, zum anderen wird auch die halbtägige Schulform kritisiert. Die favorisierte Lösung scheint gegenwärtig jedenfalls die ganztägige Schulform zu sein. Die Ausweitung der Schulzeit scheint eine Antwort auf das Homogenitätsdilemma zu liefern, denn sie ermöglicht den „Unsicherheitsfaktor" Elternhaus in den Griff zu bekommen. So konstatiert Fuchs (2006), dass staatliche Interventionen im Bereich Bildung, Familie und Gesellschaft, ein gegenüber der Elternschaft zum Ausdruck gebrachtes Misstrauen darstellen, „den Bildungs- und Erziehungsbedürfnissen ihrer Kinder in der modernen Gesellschaft in ausreichendem Maße selbst Rechnung tragen zu können" (ebd.: 674). Dieses Misstrauen begünstigt ein bestimmtes Bild; demnach gelinge es Eltern immer weniger, in komplex organisierten, postmodernen Wissensgesellschaften den Überblick in Bezug auf Bildungsangelegenheiten zu wahren. Dies wiederum führe zu Bildungsaspirationen von Eltern, die an traditionelle Muster anknüpfen und dergestalt den Einflussfaktor „soziales Milieu", „soziale Herkunft", „Klasse", jedenfalls relativ leistungsunabhängige Faktoren, begünstigen, also der Chancenungleichheit Vorschub leisten. Wenig überraschend wird daher als Ziel formuliert, das es forschend auszuloten und politisch umzusetzen gilt, ein auf Chancengleichheit basierendes Bildungssystem zu errichten, welches dadurch gerecht erscheint,[2] dass es der Ermöglichung vergleichbarer Entwicklungschancen unabhängig von sozialer, ethnisch-kultureller und regionaler Herkunft dient (vgl. Maaz u. a. 2007: 444).

Die Einigkeit, die in Bezug auf das Gleichheitsparadigma zu Tage tritt, findet sich allerdings nicht, wenn es um Fragen der Gestaltung zwecks Erreichung desselben geht, also die konkrete Gestaltung der ganztägigen „Bildung". Kritisiert wird nämlich einerseits die Vorstellung ganztägiger Schulformen, die herkömmlichen Unterricht lediglich auf den Nach-

2 Dass „Chancengleichheit" nicht gleichzusetzen ist mit „Chancengerechtigkeit" und was darunter zu verstehen sei, bzw. welche Fragen gestellt werden müssten, um darüber Aufschluss zu erhalten, hielt jüngst Giesinger fest (2007: 362-381).

mittag ausweiten oder dem am Vormittag stattfindenden Unterrichtsblock eine nachmittägliche Betreuung im Sinne einer „Aufbewahrung“ folgen lassen. Vorgeschlagen werden, um eine solcherart missratene Ganztagsschulidee abzuwehren, Neudeutungen des Begriffs „Schule“ und der Zielsetzungen derselben. Auf einen weiteren problematischen Punkt weist Palentien (2005) hin, um nämlich institutionalisierte Benachteiligungen nicht mit zu transportieren, müsse sich Schule ganz allgemein ihres Charakters als Markteintrittschance stärker bewusst werden (ebd.: 163). Sie könne nicht nur Wissen vermittelnd tätig sein, sondern müsse „zu einem sozial-ausgleichenden Forum“ werden und zwar in „curricularer als auch in interaktiver Hinsicht“ (ebd.). Mit letzterer ist Kompetenzerwerb und -stärkung im Bereich des Sozialen und des Kommunikativen gemeint, wobei eine Ganztagsschule, die Auswirkung in beiden Bereichen zeige, einer Orientierung an pädagogischen Konzeptionen (und nicht bloß einer an Leistung) bedürfe (ebd.: 164). Prägnant und allgemein formuliert fordert Wustmann (2005) eine Schule, „deren Ethos nicht nur in der reinen Wissensvermittlung liegt, sondern die sich als ‚caring community‘ konstituiert“ (ebd.: 199).

## 3 Diskursstränge und Unerwähntes

Unser Interesse galt der Markierung des theoretischen und politischen Diskursrahmens, innerhalb dessen die Etablierung des im Begriff der Ganztagsbildung formulierten Bildungsverständnisses stattfindet. Dabei scheinen uns mehrere Aspekte aufschlussreich: Sowohl in der wissenschaftlichen wie in der bildungspolitischen Debatte lassen sich zwei Argumentationsstränge festhalten: ein ökonomischer und moralisch-ethischer Strang. Zwischen beiden oszillierend finden sich auf Systemfunktionalität abzielende Reformanliegen, die sich wechselseitig bedingen und bereichern. Obgleich ein *Gros* der in der Ganztagsbildungsdebatte stark gemachten Anliegen eine Erwähnung findet, ist der Begriff „Ganztagsbildung“ in den hier ausgewerteten Quellen nicht existent. Hierfür gibt es unserer Ansicht nach zwei mögliche Erklärungen: Die eine ist eine banale: Der Anspruch, diesen Begriff zu etablieren, scheitert aufgrund von fehlendem Interesse der zuständigen Akteure. Die zweite scheint uns jedoch plausibler: Die Etablierung scheitert an der prinzipiellen Ausrichtung des Ganztagsbildungsbegriffs, weil dieser grundsätzliche strukturelle Veränderungen des Bildungssystems nach sich ziehen würde. Insofern gilt es, so meinen wir, künftig theoretisch wie bildungspolitisch an diesem Punkt anzusetzen und zu provozieren.

### *Literatur*

Allemann-Ghionda, Cristina (2004): Interkulturalität und Internationalität im Curriculum – vom theoretischen Postulat zur Institutionalisierung? Einführung in den Thementeil. In: ZfPäd (50. Jg.) H. 6/2004: 798-802.

APA (Austria Presse Agentur): www.ots.at.

bm:bwk (2002): Nationale PISA-Studie an Nahtstellen. Presseaussendung des Bundesministeriums für Bildung Wissenschaft und Kunst. In: www.bmbwk.gv.at/schulen/unterricht/ba/bildungsstandards.xml (Download am 24.10.2002).

BMBF (2005) – Bundesministerium für Bildung und Forschung: Bildungsstandards und deren Evaluation. In: www.bmbf.de/de/1154.php (Download am 30.08.2007).

Coelen, Thomas (2002): „Ganztagsbildung“. Ausbildung und Identitätsbildung von Kindern und Jugendlichen durch die Zusammenarbeit von Schulen und Jugendeinrichtungen. In: neue praxis (32. Jg.) H. 1/2002: 53-66.

dpa (Deutsche Presse Agentur): www.dpa.de.

Frankfurter Positionspapier (2005): DAS BILDUNGSWESEN IST KEIN WIRTSCHAFTS-BETRIEB! Fünf Einsprüche gegen die technokratische Umsteuerung des Bildungswesens verfasst von: Andreas Gruschka (Frankfurt/M.), Ulrich Herrmann (Tübingen), Frank-Olaf Radtke (Frankfurt/M.), Udo Rauin (Schwäb. Gmünd), Jörg Ruhloff (Wuppertal), Horst Rumpf (Frankfurt/M.), Michael Winkler (Jena). Frankfurt am Main. In: www.uni-frankfurt.de/fb/fb04/download/Thesen10.pdf (Download am 03.09.2007).

Fuchs, Hans-Werner (2006): Staatliche Eingriffe in den Zusammenhang von Bildungssystem, Familie und Gesellschaft in der Phase der Bildungsreform (1960er-/1970er-Jahre) und ihre Wirkung. In: ZfPäd (52. Jg.) H. 5/2006: 671-681.

Fürstenau, Sara (2007): Bildungsstandards im Kontext ethnischer Heterogenität. Erfahrungen aus England und Perspektiven in Deutschland. In: ZfPäd (53. Jg.) H. 1/2007: 16-33.

Giesinger, Johannes (2007): Was heißt Bildungsgerechtigkeit? In: ZfPäd (53. Jg.) H. 3/2007: 362-381.

Hopf, Diether (2005): Zweisprachigkeit und Schulleistung bei Migrantenkindern. In: ZfPäd (51. Jg.) H. 2/2005: 237-252.

Klieme, Eckhard u. a. (2003): Zur Entwicklung nationaler Bildungsstandards. In: www.bmbf.de/pub/zur_entwicklung_nationaler_bildungsstandards.pdf (Download am 30.8.2007).

Klieme, Eckhard/Leutner, Detlev (2006): Kompetenzmodelle zur Erfassung individueller Lernergebnisse und zur Bilanzierung von Bildungsprozessen. In: ZfPäd (52. Jg.) H. 6/2006: 876-903.

Maaz, Kai/Watermann, Rainer/Baumert, Jürgen (2007): Familiärer Hintergrund, Kompetenzentwicklung und Selektionsentscheidungen in gegliederten Schulsystemen im internationalen Vergleich. Eine vertiefende Analyse von PISA-Daten. In: ZfPäd (53. Jg.) H. 4/2007: 444-461.

Oser, Fritz (2005): Schrilles Theoriegezerre, oder warum Standards gewollt sein sollen. Eine Replik auf Walter Herzog. In: ZfPäd (51. Jg.) H. 2/2005: 267-275.

Otto, Hans-Uwe/Coelen, Thomas (2004): Auf dem Weg zu einem neuen Bildungsverständnis: Ganztagsschule oder Ganztagsbildung. In: Dies. (Hg.): 7-16.

Otto, Hans-Uwe/Coelen, Thomas (Hg.) (2004): Grundbegriffe der Ganztagsbildung. Beiträge zu einem neuen Bildungsverständnis in der Wissensgesellschaft. Wiesbaden: VS Verlag für Sozialwissenschaften.

Palentien, Christian (2005): Aufwachsen in Armut – Aufwachsen in Bildungsarmut. Über den Zusammenhang von Armut und Schulerfolg. In: ZfPäd (51. Jg.) H. 2/2005: 154-169.

Pongratz, Ludwig A./Reichenbach, Roland/Wimmer, Michael (Hg.) (2007): Wissen – Bildung – Kompetenz. Bielefeld: Janus Presse.

Sikorski, Sandra (2007): Differenzierungsprozesse in städtischen Schullandschaften: Das Beispiel der Hauptschulen. In: ZfPäd (53. Jg.) H. 3/2007: 284-298.

Wenning, Norbert (2004): Heterogenität als neue Leitidee der Erziehungswissenschaft. Zur Berücksichtigung von Gleichheit und Verschiedenheit. In: ZfPäd (50. Jg.) H. 4/2004: 565-582.

Wetzel, Konstanze (Hg.) (2006): Ganztagsbildung – eine europäische Debatte. Impulse für die Bildungsreform in Österreich. Wien: Lit.

Wustmann, Corina (2005): Die Blickrichtung der neuen Resilienzforschung. Wie Kinder Lebensbelastungen bewältigen. In: ZfPäd (51. Jg.) H. 2/2005: 192-207.

Zymek, Bernd (2007): Einführung in den Thementeil. Die Aktualität der regionalen Schulentwicklung als Gegenstand der empirischen Bildungsforschung. In: ZfPäd (53. Jg.) H. 3/2007: 279-283.

Zymek, Bernd/Richter, Julia (2007): International-vergleichende Analyse regionaler Schulentwicklung: Yorkshire und Westfalen. In: ZfPäd (53. Jg.) H. 3/2007: 326-350.

# 5.2

# Evaluation und Berichterstattung

# Evaluation

*Wolfgang Böttcher*

Unter Evaluation versteht man die systematische Bewertung eines Produktes oder einer Leistung. Womöglich ist diese Minimaldefinition dem bezeichneten Gegenstand deshalb angemessen, weil sie genügend Raum lässt, seine Komplexität zu entwickeln und gleichzeitig präzise seinen „harten Kern" beschreibt. Evaluation ist die wissenschaftliche Version von im Alltag zigfach stattfindenden Bewertungen. Wertungen, welche die Grundlage für Entscheidungen liefern, erfolgen im Alltag freilich in aller Regel wenig systematisch und beruhen auf unsicherer und unvollständiger Wissensgrundlage. Evaluation hingegen erfolgt systematisch und beansprucht, Entscheidungswissen zu liefern.

## 1 Die Hochkonjunktur der Evaluation in der Pädagogik

Seit einigen Jahren hat Evaluation (nicht nur) im Bildungs- und Sozialwesen Hochkonjunktur. Die Publikationen, die sich allgemein (z. B. in Form einer Einführung) oder speziell (bezogen auf bestimmte Evaluationsgegenstände oder Problembereiche) diesem Thema widmen, sind kaum mehr überschaubar (vgl. z. B. Risse 1998; Müller-Kohlenberg/ Münstermann 2000; Deutsche Gesellschaft für Evaluation e. V. 2001; Böttcher 2002; Reischmann 2003; Stamm 2003; Holtappels 2003; Stockmann 2004; Kempfert/Rolff 2005; Kuper 2005; Böttcher u. a. 2006). Eine Vielzahl von Gründen hat diese Entwicklung befeuert:

Grundlegend dürfte die Neuorientierung des Steuerungskonzeptes im Bildungs- und Sozialwesen sein, das in Anlehnung an als erfolgreich erachtete Modelle aus der Ökonomie die Kompetenz der das Gesamtsystem kompilierenden Einheiten stärkt, gleichzeitig aber erhöhte Rechenschaftserwartungen formuliert. Diese Strategie der Dezentralisierung ist auf Ergebnisse fokussiert und firmiert insofern zu Recht als *output*-orientierte Steuerung (vgl. Böttcher 2005). Gestützt durch Verweise auf knappe öffentliche Ressourcen und leistungskritische – und zunächst in *Profit*-Organisationen intensiv geführte – Qualitätsdiskussionen, gewann die Frage an Wichtigkeit, ob pädagogische bzw. soziale Interventionen oder pädagogische bzw. soziale Systeme ihre Ziele erreichen (Effektivität) und wie hoch der hierfür erforderliche Ressourceneinsatz ist oder sein sollte (Effizienz). Negative Einschätzungen betreffend die Leistungsfähigkeit der Systeme und die zunehmende Selbstständigkeit der Einrichtungen des Bildungs- und Sozialwesens begründen also eine Pflicht, Evidenzen dafür beizubringen, dass die pädagogische „Produktion" erfolgreich ist (vgl. Böttcher 2002). Bedingung hierfür ist natürlich auch, dass Klarheit darüber herrscht, was Erfolg bedeutet bzw. noch grundlegender, welche genauen Ziele ein pädagogisches oder soziales Programm eigentlich erreichen will. Evaluation ist somit, in einem erweiterten Kontext betrachtet, ein Instrument, das der politischen Steuerung dazu dienen kann, Ressourcen zielorientiert besser zu platzieren. Evaluation kann insofern als eine Qualitätsprüfung pädagogischer bzw. sozialer Maßnahmen und Systeme verstanden werden.

Insofern ist Evaluation – anders als Grundlagenforschung – unmittelbar anwendungsorientierte Wissenschaft, die als Element eines Managementprozesses begriffen werden kann (vgl. Royse u. a. 2006: 11): Sie hilft, administrative Entscheidungen über soziale oder pädagogische Programme oder Interventionen abzusichern. Dabei bedient sie sich der Methoden empirischer Sozialforschung. Evaluator(inn)en verpflichten sich darauf, die Gütekriterien der empirischen Sozialforschung, wie etwa Objektivität, Transparenz der Dokumentation, Gültigkeit (Validität) und Zuverlässigkeit der Befunde (Reliabilität) zu gewährleisten. Aber Evaluation muss nicht unbedingt einem – verkürzt gesagt – positivistischen Wissenschaftsverständnis folgen, das seine Ideale aus den Naturwissenschaften bezieht. Konstruktivistische oder transformative Evaluationsansätze zielen im Gegenteil darauf ab, Akteure nicht nur einzubeziehen und sie als aktive Partner in der Evaluation zu verstehen, sie wollen Akteure stärken und ihnen Kompetenzen vermitteln, ihre Probleme selbst zu lösen (vgl. Mertens 2005: 12-31).

Aus verschiedenen Definitionen lässt sich eine etwas komplexere Beschreibung von Evaluation zusammentragen (vgl. Böttcher u. a. 2006), Evaluation meint:

- ein systematisches Vorgehen in einem zuvor bestimmten Gegenstandsbereich
- die Formulierung von Kriterien und darauf bezogenen Standards, an denen Resultate pädagogischer bzw. sozialer Programme zu messen sind
- eine systematische Datensammlung mittels intersubjektiver und gültiger Messverfahren
- eine Bewertung auf der Grundlage von Analyse und Diagnose
- die Ermittlung von Planungs- und Entscheidungshilfen zur Verbesserung oder Optimierung des untersuchten Gegenstandsbereichs.

## 2 Funktionen der Evaluation

Evaluation ist funktional vielfältig. Einschlägige Differenzierungen schreiben ihr eine Kontrollfunktion genauso zu, wie sie potenziell Entwicklungsfunktion haben soll, indem sie sowohl das Lernen beteiligter (vor allem auch das der evaluierten) Akteure als auch das Lernen ganzer Organisationen bewirken könne. Evaluationen dienen auch der Legitimation von Entscheidungen. Geißler u. a. (2002: 161) unterscheiden am Beispiel der Weiterbildung folgende Funktionen:

- Entscheidungsfunktion: Vorbereitung der Entscheidungen über den personellen, finanziellen und organisatorischen Aufwand für Weiterbildungsmaßnahmen
- Steuerungs- und Optimierungsfunktion: Möglichkeit zum Aufdecken und Beseitigen von Schwachstellen in der Umsetzung betrieblicher Weiterbildungsmaßnahmen
- Weiterbildungsfunktion: Systematische Überprüfung der Lernerfolge einzelner Seminarteilnehmer durch speziell entwickelte Evaluationsinstrumente zur Entwicklung individueller Mitarbeiter-Fördermaßnahmen
- Motivationsfördernde Funktion: Steigerung der Arbeitsmotivation des einzelnen Mitarbeiters durch Aufzeigen seines Lernerfolges
- Integrierende und kommunikationsfördernde Funktion: Beteiligung möglichst vieler Betroffener an der Planung, Durchführung und Auswertung der Evaluation.

Hier wird – wenigstens intuitiv – der Unterschied zwischen empirischer Forschung und Evaluation deutlich, obwohl auch letztere sich empirischer Forschungsinstrumente bedient. Bei Evaluation geht es nicht nur um Tatsachenbeschreibungen und Erklärungen von sozialem Handeln oder der Testung von Hypothesen, sondern um eine „wertende Interpretation und, darauf gestützt, die Optimierung von Entscheidungen" (Wottawa 2001: 152). Oder allgemein gesagt: „Evaluation hat etwas mit dem systematischen Bewerten von Handlungsalternativen zu tun" (Krapp/Weidenmann 2001: 650).

## 3 Formen der Evaluation

Auch gibt es unterschiedliche Typisierungen von Evaluation. Grundsätzlich können zwei Typen unterschieden werden: die summative und die formative Evaluation. Summative Evaluationen beziehen sich auf Effekte, im Prinzip also auf die Frage, was ein Programm bewirkt hat. In einer schlichten, aber keineswegs der einfachsten Form der Wirkungsevaluation werden bestimmte Merkmale eines Evaluationsgegenstandes zu Beginn und zum Abschluss einer Intervention bzw. in einem bestimmten Abstand nach Beendigung der Intervention erhoben und miteinander verglichen. Der/die Evaluator/in befasst sich – idealtypisch gesprochen – nicht mit dem Prozessverlauf der Intervention, sondern mit ihren intendierten, aber auch mit nicht-intendierten Wirkungen. Die Prozesse und die Wirkungsmechanismen bleiben unerforscht (*Black-Box*-Modell). Die Analyse steht demnach am Ende des Programms – oder erfolgt noch später, wenn es z. B. darum geht, die Nachhaltigkeit von Interventionen zu erforschen.

Formativ ist eine Evaluation hingegen, wenn während der Durchführung einer Intervention (häufig nicht nur punktuell, sondern zu verschiedenen Zeitpunkten oder phasenweise) geforscht wird, wenn also der Prozess evaluiert wird: Wie weit ist das Programm fortgeschritten? Sind Zwischenziele erreicht worden? Wie zufrieden sind die Adressat(inn)en während der Intervention? Wird der Prozess wie geplant durchgeführt? Die Antworten auf solche – und ähnliche – Fragen werden häufig den Programmbeteiligten (und/oder den Auftraggebern einer Evaluation) noch während der Programmdurchführung mitgeteilt, so dass positiv in den weiteren Verlauf des Programms eingegriffen werden kann.

Während bei der summativen Evaluation der/die Evaluator/in leicht eine distanzierte Haltung einnehmen kann (und dies häufig auch bewusst tut), ist dieses bei formativen Evaluationen nicht nur schwierig, es ist gar nicht beabsichtigt, neutral zu bleiben. Man dürfte erkennen, dass eine Vermischung beider Evaluationsformen – wiewohl praktisch sehr häufig – erhebliche Probleme erzeugen kann: Es ist nicht mehr genau erkennbar, ob ein(e) Evaluator(in) sauber eine Intervention, oder ob er seine eigene Prozessgestaltung an der Intervention analysiert.

Systematische Evaluation muss sich aber nicht nur auf Wirkungen und Effekte oder Prozesse beziehen, sie kann auch Inputs (z. B. Zeitkontingente für Programme oder ihre finanzielle Ausstattung) oder Kontexte (z. B. Interessen von Adressat(inn)en oder Merkmale des regionalen Arbeitsmarktes) in den Blick nehmen. Eine umfassende Evaluation lässt sich mit der Formel CIPP *(context, input, process, product)* kennzeichnen. Ein solcher Ansatz will möglichst viele Aspekte eines Programms oder einer Organisation systematisch berücksichtigen. Er erinnert auch daran, dass eine an Qualitätsentwicklung interessierte *Output*-Steuerung zu kurz greift, wenn sie nicht auch die Angemessenheit von Programmressourcen in den Blick nimmt.

Ein weiteres wesentliches Merkmal zur Charakterisierung von Evaluationstypen ist die Unterscheidung zwischen interner und externer Evaluation. Erstere dient der Selbstreflexion und Selbstvergewisserung pädagogischen Handelns, sie wird als Verfahren zur Beteiligung von Organisationsmitgliedern, als Instrument der Entwicklung und zur internen Qualitätssicherung angewandt. Der Schwerpunkt liegt auf der Lernfunktion, weil die Organisationsmitglieder ganz erheblich aus der Entwicklung von Kriterien und Indikatoren, der Analyse der Daten und der gemeinsamen Diagnose für ihr pädagogisches Feld lernen und zudem eine gemeinsame Konstruktion von Wirklichkeit entwerfen. Interne Evaluation kann als Selbstevaluation oder als Fremdevaluation durchgeführt werden.

Externe Evaluation ist stets Fremdevaluation: In der Regel wird in einem Kommunikationsprozess zwischen externem Evaluator und Evaluant Einvernehmen über Gegenstände, Methoden und Funktionen angestrebt. Externe Evaluationen verfügen über verschiedene Vorteile. Sie ermöglichen es, externe Maßstäbe zu erzeugen, mit denen Vergleichbarkeit von Leistungen gesichert oder an denen Arbeitsweise und Qualität einer einzelnen Organisation an vergleichbaren oder am Gesamtsystem gespiegelt werden kann. Externe Evaluation übernimmt somit vornehmlich die Aufgabe, pädagogische oder soziale Programme oder Einrichtungen mit alternativen Konzepten und kritischer Beobachtung zu konfrontieren sowie ein *Feedback* auf der Basis professioneller Außensicht zu geben.

Für Bildungs- und soziale Einrichtungen hat sich mittlerweile offensichtlich die Erkenntnis durchgesetzt, dass interne und externe Evaluationen wichtige – und positiv besetzte – Funktionen erfüllen. Insbesondere aber die Verbindung von interner und externer Evaluation dürfte für eine wirkungsvolle Qualitätssicherung und -entwicklung entscheidend sein (vgl. z. B. Holtappels 2003; Stockmann 2006), sofern beide gegenseitig ihre Schwächen zu kompensieren versuchen.

# 4 Evaluation von Personen, Programmen, Systemen

Evaluationen können sich auf unterschiedliche Konstellationen beziehen. Um nur einige zu nennen: Individuen (z. B. Lernleistungen von Schüler(inne)n), Gruppen (z. B. die Kooperation von Pädagog(inn)en in einem bestimmten *Setting*), ganze Organisationen (z. B. die Arbeitsweise eines Jugendamtes), Arbeitsbereiche innerhalb von Organisationen (z. B. die Personalabteilung im Familienministerium) oder Unterrichtsmethoden (z. B. Frontalunterricht) können Gegenstand von Evaluation sein. Grob lassen sich Personenevaluationen (z. B. Personalbeurteilungen), Systemevaluationen (z. B. Organisationsanalysen) und Programmevaluationen (z. B. Bewertung eines *e-learning*-Konzeptes für Jugendliche ohne Schulabschluss) unterscheiden.

Im pädagogischen und sozialen Feld stehen Programmevaluationen im Mittelpunkt. Pädagogische und soziale Programme sind Interventionen, also organisierte, geplante, in der Regel auf gewisse Dauer angelegte Aktivitäten, die das Ziel haben, pädagogische oder soziale Kontexte zu verändern und Menschen oder Gruppen helfen wollen, ihre soziale Lage zu verbessern oder Lerngewinne zu erzielen. Auch wenn Programmevaluationen häufig individuelle Messdaten generieren, so sind sie doch systematisch und grundsätzlich von Personenbeurteilungen zu unterscheiden.

Für Evaluationen von Maßnahmen oder Maßnahmenpakten im pädagogischen oder sozialen Bereich haben Rossi u. a. (2004) fünf stimmige Fragenbereiche identifiziert, die das

Vorgehen, die Ergebnisse und die Nutzung einer Evaluation determinieren. Solche allgemeinen Fragen bei Programmevaluationen lassen sich wie folgt ordnen:

- Die Bedarfsbewertung *(needs assessment)* beantwortet Fragen hinsichtlich der Art der Probleme, auf die z. B. ein pädagogisches Programm einwirken soll und klärt, ob und inwieweit eine Intervention überhaupt benötigt wird. Allgemein gesprochen dient diese Evaluation dazu, Bedarfe zu identifizieren und innerhalb eines Handlungsfeldes (z. B. Bildung) oder zwischen Handlungsfeldern (z. B. Bildungs- vs. Gesundheitspolitik) Maßnahmen zu priorisieren. Eine adäquate Diagnose des (vermeintlichen) pädagogischen Problems und die Identifikation der Zielgruppe sind Voraussetzungen eines angemessenen Programmdesigns und seiner Umsetzung. Weil pädagogische Probleme soziale Konstruktionen seien, könnten Evaluator(inn)en den Entscheidern helfen, das jeweilige Ziel eines Programms genauer zu definieren. Nicht immer muss zu diesem Zweck Primärforschung betrieben werden. Oftmals liegen genügend Erkenntnisse vor, die eine *at-desk-Research* erlauben.
- Die Bewertung der Programmtheorie *(assessment of program theory)* ist unerlässlich, weil eine Intervention, die auf schlechter oder falscher theoretischer Modellierung basiert, kaum die intendierten Ziele erreichen dürfte. Hierzu gehört die Frage, ob sich ein Programm überhaupt evaluieren lässt und wenn ja, ob es evaluiert werden sollte. Grundlegend ist, ein Programm klar und nachprüfbar in Bezug auf seine Ziele und die Wirkungsmechanismen im intendierten Sinn zu beschreiben. Ein Problem bzw. eine pädagogisch zu bearbeitende Aufgabe zu erkennen, heißt (noch) nicht, dass ein wahrscheinlich erfolgreicher Lösungsweg vorliegt.
- Die Bewertung des Programmprozesses *(assessment of program process)* ist ein Evaluationsansatz, bei dem es um die tatsächlichen operativen Prozesse geht. Sie untersucht, in welchem Maße das Programm mit der Programmtheorie übereinstimmt. Die angemessene Durchführung eines Programms wird möglicherweise beeinträchtigt durch externe Einmischung, falsche Methodenwahl oder durch mangelnde Kooperationsbereitschaft von Akteuren. Einem/r Evaluationsforscher(in) ist es dabei durchaus aufgegeben, auf die Prozesse einzuwirken. Er/sie ist in diesem Sinne kein/e kontemplative/r Betrachter/in, sondern handelnde/r Akteur/in.
- Die Wirkungsmessung *(impact assessment)* oder Ergebnisevaluation legt offen, in welchem Maße ein Programm die erwünschten Effekte erzeugt. Diese Forschung untersucht z. B., inwieweit eine pädagogische Zielgruppe bestimmte Fähigkeiten erworben hat, die angestrebt waren. Eine der vielen Schwierigkeiten ist, dass die erwarteten Ergebnisse durch externe Faktoren beeinflusst werden (Veränderungen in der Umgebung, besondere Ereignisse, „natürliche" Veränderungen der Zielgruppe) und somit Effekte nicht unmittelbar durch bestimmte Aktivitäten erklärbar sind. Konstitutiv für pädagogische Prozesse ist auch, dass die Adressat(inn)en mitverantwortlich für Ergebnisse sind. Diese Ko-Produktion kann in einem *Setting* völlig anders ausfallen als in einem anderen, obwohl sich beide nicht erkennbar unterscheiden. Schwierig ist eine Wirkungsevaluation auch deshalb, weil sie nicht beabsichtigte Nebenwirkungen aufspüren muss. Ihr Methodenrepertoire ist komplex: Es müssen Informationen verschiedener Akteure bzw. Akteursgruppen erhoben, Dokumente ausgewertet, vorliegende einschlägige Forschungen begutachtet und Messungen sinnvoll verglichen werden. *Outcome*-Evaluation dient ausdrücklich einem *Monitoring*, das den pädagogischen Programmplanern oder -durchführenden nützlich bei der Justierung von Maßnahmen sein soll.

- Die wohl anspruchvollste Evaluation bezieht sich auf die Bewertung der Programmeffizienz *(efficiency assessment)*. Es geht um das Verhältnis von Aufwand und Nutzen. Solche Bewertungen können zu jeder Phase einer Programmgestaltung nützlich sein. Einige ihrer Schwierigkeiten resultieren daraus, dass Nutzen für unterschiedliche Akteure etwas jeweils anderes bedeutet, dass für die Messung des Aufwandes eine von allen geteilte Maßeinheit zugrunde gelegt werden und dass versteckter Aufwand (z. B. notwendig werdende Transaktionskosten) aufgespürt werden muss.

Sicher spielen nicht alle o. g. Aspekte bei jeder Evaluation eine gleichwertige Rolle. Abhängig ist die Gewichtung u. a. von der Wahl der Evaluationsform, der interessierenden Inhalte oder der einsetzbaren Methoden. Tatsächlich beschränken sich in der Praxis Evaluation nicht nur auf einzelne Dimensionen, sondern häufig auch auf Aspekte innerhalb der Dimensionen.

## 5 Methodologische Fragen zur Wirkungsmessung

Im Kontext des oben skizzierten ergebnisorientierten Steuerungsmodells spielt die Wirkungsevaluation seit einigen Jahren eine zentrale Rolle innerhalb der Evaluationsforschung. Die „hohe Schule" der Ergebnisevaluation – der *gold standard* – ist das randomisierte Experiment, das im Labor oder im Feld durchgeführt werden kann. Ziel ist es, eine kausale Beziehung zwischen Maßnahme und Wirkung zu ermitteln. Durch die zufällige Zuordnung von Personen zu einer Interventionsgruppe (diese Gruppe erhält eine bestimmte „Behandlung"), einer Vergleichsgruppe (diese Gruppe erhält eine alternative Behandlung) oder einer Kontrollgruppe (diese Gruppe erfährt keine Behandlung) werden alle externen Variablen kontrolliert, denn die Logik der Zufallsauswahl besagt, dass sich die Gruppen durch nichts unterscheiden als durch die Behandlung, die sie durchlaufen oder eben nicht durchlaufen. Dieses Design ermöglicht es durch Vorher-Nachher-Messung, den „Netto-Gewinn" eines Programms zu ermitteln. Allerdings ist eine Anzahl von in pädagogischen Handlungszusammenhängen kaum zu verwirklichenden Bedingungen erforderlich, insbesondere die Sicherung der Zufälligkeit der Auswahl ist selten herstellbar. Neben methodischen Problemen ergeben sich auch häufig solche ethischer Art (vgl. Rossi u. a. 2004: 259-260, 406-412). Schließlich wird angenommen, dass ein Programm positive Effekte erzeugt, die ohne Intervention nicht eintreten.

Quasi-experimentelle Verfahren sind für die Erziehungswissenschaft eher praktikabel (ebd.: 238, 266-275). Dieses Design folgt der Logik des Experiments, indem zwar z. B. Vergleichsmessungen vorgenommen werden, eine zufällige Gruppenzuordnung aber nicht erfolgt ist. Solche Designs sind in den Augen vieler Evaluationsforscher(innen) den Zufalls-Designs nicht prinzipiell unterlegen (vgl. z. B. Ross 2007). Schließlich können theoriegeleitete Auswahlen sinnvoll sein. Auch lassen sich mit statistischen Verfahren mögliche Verzerrungen der Stichproben justieren.

Problematischer jedoch dürfte ein Design sein, das Prä- und Post-Messungen lediglich an einer Gruppe vornimmt. Der Nettoeffekt eines Programms ist auf diese Weise allenfalls zu schätzen. Allerdings kann ein solches Design an Stärke gewinnen, wenn es den Blick auf das Programm selbst, seine Implementierung und seine Kontexte lenkt und damit Licht in die *Black-Box* bringt, in die ein Experiment gar nicht schaut (vgl. Ross 2007: 94-95). Es geht diesem Design darum, Wirkungsmechanismen zu identifizieren. Ein solches

„realistisches" Design (Pawson/Tilly 1997) könnte der „Wirklichkeit" von Programmen näher kommen als eine experimentelle Evaluation. Es dürfte auch in der Lage sein, besser zwischen statistischer Signifikanz und der praktischen Relevanz von Wirkungen zu unterscheiden (vgl. Rossi u. a. 2004: 328).

Gelegentlich wird auch versucht, Wirkungen von Programm-Teilnehmer(inne)n abschätzen zu lassen. Sicherlich ist dies die schwächste Methode der Wirkungsanalyse, womöglich ist sie gar nicht zur Wirkungsanalyse geeignet. Im Wirtschaftsleben allerdings sind solche konsumentenbezogenen Analysen selbstverständlich. Aber man sollte dieser Methode nicht das Gütesiegel „Evaluation" verleihen, sondern genauer sagen, was sie ist: Meinungsumfrage, Erkundung von Teilnehmerzufriedenheit oder *Feedback*.

Pädagogische und soziale Programme arbeiten unter schwierigen Bedingungen: Sie stehen in historischen Kontexten, sie sind abhängig von einer kaum überblickbaren Vielzahl interagierender Variablen, sie wirken in Koproduktion mit den Adressat(inn)en, sie tangieren Persönlichkeitsrechte (vgl. Berliner 2002; Polutta 2006; Böttcher 2007; Otto 2007). Diese spezifische Situation dürfte nicht nur die vermeintliche Überlegenheit naturwissenschaftlicher Methoden relativieren, zudem kritisiert dieser Tatbestand auch die Hegemonie quantitativer Methoden, die zu einer Reduktion der Möglichkeiten empirischer Forschung führt. In der Evaluationsforschung wiederholt sich die alte Debatte um die Angemessenheit naturwissenschaftlicher Methoden und die Notwendigkeit eines spezifisch sozialwissenschaftlichen Instrumentariums. Auch hier dürfte manches Mal die Lösung in der Kombination qualitativer und quantitativer Verfahren liegen.

Will ein Evaluationsprojekt nützliche Daten (z. B. für Qualitätsentwicklung) generieren, wird eine reine Wirkungsevaluation nicht immer ausreichen. So wichtig die Frage nach den Leistungen eines Programms auch ist, man kann und sollte mehr als nur diese eine Frage an pädagogische Aktivitäten und Programme stellen. Ohne ein Wissen über Prozesse und Ressourcen bleibt eine Evaluation unvollständig. Werden prozessbezogene und wirkungsorientierte Evaluation aber verknüpft, entsteht freilich ein neues Problem. Eine Evaluation, die Prozesse beeinflusst, könnte nicht nur ihre Unabhängigkeit verlieren, durch eine zu starke Operationalisierung und Umsetzung ihrer Empfehlungen läuft sie Gefahr, „ihre ‚eigenen' Konzepte zu evaluieren" (Heckl/Sheikh 2005: 61).

Weitere methodische Komplikationen, die Grundlagenforschung nicht oder nur eingeschränkt hat, liegen darin begründet, dass Programm-Macher(innen) im pädagogischen und sozialen Bereich die Programmziele häufig nicht präzise genug definieren. Für die Evaluation bedeutet dies häufig, mit den Auftraggebern Diskussionen führen zu müssen, die eigentlich Bestandteil der Programmentwicklung hätten sein müssen.

Damit ist auch schon ein weiteres Problem angesprochen, nämlich der mögliche Konflikt zwischen Evaluator(in) und Auftraggeber (vgl. Royse 2006: 14). Während Letzterer Belege erwartet, dass sein Programm der Klientel hilft, fragt die Evaluation, ob den Klienten geholfen wird. Wenn der Auftraggeber erwartet: „Zeigen Sie, dass unser Programm soziale Probleme reduziert!", fragt die Evaluation: „Welche Wirkung hat das Programm?".

Nicht nur Konflikte mit Auftraggebern gehören zum erwartbaren Problemkomplex einer Evaluation. Auch mit den jeweiligen Programm-Mitarbeiter(inne)n sind Konflikte nicht nur möglich, sondern auch wahrscheinlich. Schließlich empfinden viele – und dies nicht immer zu Unrecht – den kontrollierenden Aspekt der Evaluation als zu dominant oder sie unterstellen – auch dies nicht immer zu Unrecht –, dass eine Evaluation von Ihnen zusätzlichen Arbeitsaufwand erfordert. Und welche/r Mitarbeiter/in lässt sich schon gerne sagen, was er hätte effizienter machen können, während er doch – überarbeitet – auf die Einstellung neuer Kolleg(inn)en hofft? Aus dieser Sicht betrachtet ist Evaluation ein „kommunikative Veranstaltung". Standards der Evaluation gehen deshalb nicht nur auf die Einhaltung wissenschaftlicher Gütekriterien ein, sondern auch auf diesen Aspekt.

# 6 Standards der Evaluation

In den USA wurden vom *Joint Committee on Standards for Educational Evaluation* Standards für Evaluationen erarbeitet, die – von wenigen Anpassungen abgesehen – auch von der Deutschen Gesellschaft für Evaluation (DeGEval) übernommen wurden (vgl. Joint Committee/Sanders 2006). Solche Standards leiten nicht nur das Verfahren der Evaluation, sie bieten auch Evaluierten oder Auftraggebern von Evaluationen Orientierung und Sicherheit. Die Standards sind in vier Hauptkategorien gegliedert:

1. Nützlichkeitsstandards *(Utility):* Die Ergebnisse von Evaluationen sollen den Adressat(inn)en Informationen liefern, die diese zur Bewertung und ggf. Verbesserung des in Frage kommenden Gegenstandes auch nutzen können. Sie sind also an den „Evaluationsbedürfnissen der vorgesehenen Evaluationsnutzer" ausgerichtet (ebd.: 51). Dazu gehört es u. a., die an der Evaluation beteiligten oder von ihr betroffenen Personen *(Stakeholder)* zu identifizieren, damit sie eingebunden werden können, oder dass Evaluationsberichte die wesentlichen Informationen in leicht verständlicher Weise zur Verfügung stellen.
2. Durchführbarkeitsstandards *(Feasibility):* Evaluationsstudien müssen an die realen Gegebenheiten angepasst werden. Es geht darum, die Begrenztheit von Evaluationsstudien – insbesondere in komplexen Kontexten – zu beschreiben und pragmatische Lösungen zu entwickeln: Eine Evaluation soll „realistisch, gut durchdacht, diplomatisch und kostenbewusst ausgeführt" werden (ebd.: 91). Hierzu gehört es u. a., Störungen zu minimieren und zu sichern, dass die ermittelten Informationen die in die Evaluation investierten Mittel rechtfertigen.
3. Korrektheitsstandards *(Propriety):* Evaluationen garantieren den Schutz der Persönlichkeitsrechte. Sie sind „rechtlich und ethisch korrekt", der Datenschutz und „das Wohlergehen" der Teilnehmer(innen) einer Evaluation sind zu sichern. So soll z. B. Evaluation „Stärken und Schwächen des evaluierten Programms vollständig und fair" überprüfen und darstellen, „Interessenkonflikte sollten offen und aufrichtig behandelt werden" (ebd.: 112).
4. Genauigkeitsstandards *(Accuracy):* Eine Evaluation soll genaue und gut gesicherte Informationen liefern. Diese Standards sollen die fachliche Angemessenheit garantieren. Die Regeln wissenschaftlichen Arbeitens sind einzuhalten. Hier ist u. a. vorgesehen, dass der Evaluationsgegenstand „klar und genau beschrieben und dokumentiert wird", dass der Kontext „ausreichend detailliert untersucht" wird und die aus der Evaluation gezogenen Folgerungen „ausdrücklich begründet werden" (ebd.: 160).

Bereits diese knappe Zusammenfassung dürfte die Komplexität der Standards verdeutlichen und lässt erahnen, dass die Standards untereinander nicht völlig widerspruchsfrei sind. Deshalb macht eine einschränkende Kommentierung Sinn: „Die Standards sind Leitprinzipien, keine mechanischen Regeln" (ebd.: 35).

# 7 Evaluation und ganztägige Bildung

„Ganztägige Bildung" steht seit dem Programm zum Ausbau von Ganztagsschulen als ein Synonym für die Reformbereitschaft im deutschen Bildungssystem. Bemerkenswert ist auch der hiermit verbundene Aufwand für Evaluation. So wurde z. B. die Einführung der Offenen Ganztagsschule in Nordrhein-Westfalen begleitet (Beher u. a. 2005), die Studie zur Entwicklung von Ganztagsschulen (StEG) produziert im Längsschnitt „erstmals verlässliche Informationen zur Realität von Ganztagsschulen in Deutschland und kann damit solide Aussagen über die Auswirkungen machen, die ganztägige Betreuung auf die teilnehmenden Kinder und Jugendlichen, aber auch ihre nicht am Ganztagsangebot teilnehmenden Mitschüler/innen, die Eltern und Familien, die Lehrkräfte und das soziale Umfeld der Schule haben" (Holtappels u. a. 2007: 12). Die Evaluation ganztägiger schulischer Angebote ist aus einer Vielzahl von Gründen reizvoll:

- Es gibt unterschiedliche Konzepte, die vergleichend bewertet werden können
- Bei einem Projekt solcher Größenordnung lassen sich randomisierte Stichproben ziehen und Kontrollgruppen bilden
- Es sind unterschiedliche Personengruppen involviert
- Das Programm ermöglicht einen substanziellen Wandel der schulischen Bildung und lässt damit große Effekte erwarten
- Da hier Schul- und Sozialpädagogik miteinander konfrontiert sind, eröffnen sich Chancen, die Probleme und Perspektiven von pädagogischer Kooperation zu evaluieren
- Innerhalb der Modelle werden unterschiedliche pädagogische Unterprogramme angeboten, die verglichen werden können
- Die im Projekt vorgesehenen Forschungsmittel erlauben es, qualitative und quantitative Verfahren zum Einsatz zu bringen.

Im Hintergrund reizt die den Erwartungen an die Ganztagsschule widersprechende Erkenntnis, die einige Studien nahe legen, dass nämlich „pädagogische Wirkungen von Ganztagsschulen für weite Felder, vor allem für Fachleistungen, bislang nicht nachgewiesen sind" (ebd.: 43). Ferner ist zu bedenken, dass „ganztägige Bildung" nicht auf Schulbildung reduzierbar ist. Im Feld der Sozialen Arbeit sind ganztägige professionelle Kontakte mit der jeweiligen Zielgruppe – z. B. in der Heimerziehung – üblich. In diesem Themenfeld liegt mit der Jugendhilfe-Effekte-Studie (JES) (vgl. BMFSFJ 2002) ein paradigmatisches Beispiel vor, mit dem sich zukünftige Evaluationen im Themenfeld ganztägiger Bildung auseinandersetzen müssen. Auch in anderen Feldern der Kinder- und Jugendhilfe liegen Studien vor, die Bezugspunkt zukünftiger Evaluationen sein müssen. Beispielhaft können hier die Bereiche der frühen Bildung (vgl. z. B. Tietze 1996; Honig/Liegle 2006) und der Jugendarbeit angeführt werden (vgl. Lindner 2008).

## *Literatur*

Beher, Karin/Haenisch, Hans/Hermens, Claudia/Liebig, Reinhard/Nordt, Gabriele/Schulz, Uwe (2005): Offene Ganztagsschule im Primarbereich. Weinheim: Juventa.

Berliner, David C. (2002): Educational Research: The Hardest Science of All. In: Educational Researcher (Vol. 31) No. 8/2002: 18-20.

BMFSFJ (2002) – Bundesministerium für Familie, Senioren, Frauen und Jugend: Effekte erzieherischer Hilfen und ihre Hintergründe (Schriftenreihe Bd. 219). Stuttgart.

Böttcher, Wolfgang (2002): Kann eine ökonomische Schule auch eine pädagogische sein? Weinheim: Juventa.

Böttcher, Wolfgang (2005): Outputsteuerung im Bildungswesen: Vorgaben und Ergebnissicherung. In: Brägger, Gerold/Bucher, Beat/Landwehr, Norbert (Hg.): Schlüsselfragen zur externen Schulevaluation. Bern: hep: 111-125.

Böttcher, Wolfgang (2007): Empirische Erziehungswissenschaft: Kritiker, Verteidiger, Herausforderungen. In: Kolb, Michael (Hg.): Empirische Schulsportforschung. Jahrbuch Bewegungs- und Sportpädagogik in Theorie und Forschung 5. Baltmannsweiler: Schneider: 12-24.

Böttcher, Wolfgang/Holtappels, Heinz Günther/Brohm, Michaela (Hg.) (2006): Evaluation im Bildungswesen. Weinheim: Juventa.

Chambers, Jay/Levin, Jesse/DeLancey, Danielle (2006): Efficiency and Adequacy in California School Finance: A Professional Judgement Approach. Palo Alto: American Institutes for Research.

Deutsche Gesellschaft für Evaluation e. V. (Hg.) (2001): Evaluation. Reformmotor oder Reformbremse? Köln: DeGEval.

Geißler, Karlheinz A./Laske, Stephan/Orthey, Astrid (Hg.) (2002): Handbuch Personalentwicklung. Beraten, Trainieren, Qualifizieren. Köln: Fachverlag Deutscher Wirtschaftsdienst.

Heckl, Eva/Sheikh, Sonja (2005): Die Nutzung von Evaluierungsergebnissen für die Programmoptimierung – Das Beispiel der begleitenden Evaluierung von EQUAL Österreich. In: Zeitschrift für Evaluation H. 1/2005: 49-61.

Holtappels, Heinz Günter (2003): Schulqualität durch Schulentwicklung und Evaluation. Konzepte, Forschungsbefunde, Instrumente. Weinheim: Juventa.

Holtappels, Heinz Günter/Klieme, Eckhard/Rauschenbach, Thomas/Stecher, Ludwig (Hg.) (2007): Ganztagsschule in Deutschland. Weinheim: Juventa.

Honig, Michael-Sebastian/Liegle, Ludwig (2006): Erziehung in früher Kindheit und lebenslange Bildungsprozesse – Internationale Perspektiven der frühpädagogischen Forschung. In: Fatke, Reinhard (Hg.): Bildung über die Lebenszeit. Wiesbaden: VS Verlag für Sozialwissenschaften: 189-195.

Joint Committee on Standards for Educational Evaluation/Sanders, James R. (Hg.) (2006): Handbuch der Evaluationsstandards. Wiesbaden: VS Verlag für Sozialwissenschaften.

Kempfert, Guy/Rolff, Hans-Günter (2005): Qualität und Evaluation. Ein Leitfaden für pädagogisches Qualitätsmanagement. Weinheim: Beltz.

Krapp, Andreas/Weidenmann, Bernd (2001): Lehrbuch der Pädagogischen Psychologie. Weinheim: Beltz.

Kuper, Harm (2005): Evaluation im Bildungssystem. Stuttgart: Kohlhammer.

Lindner, Werner (Hg.) (2008): Kinder- und Jugendarbeit wirkt. Aktuelle und ausgewählte Evaluationsergebnisse der Kinder- und Jugendarbeit. Wiesbaden: VS Verlag für Sozialwissenschaften.

Mertens, Donna M. (2005): Research and Evaluation in Education and Psychology. Thousand Oaks CA: Sage.

Müller-Kohlenberg, Hildegard/Münstermann, Klaus (Hg.) (2000): Qualität von Humandienstleistungen. Opladen: Leske + Budrich.

Otto, Hans-Uwe (2007): What Works? Zum aktuellen Diskurs um Ergebnisse und Wirkungen im Feld der Sozialpädagogik und Sozialarbeit. Berlin: AGJ.

Pawson, Ray/Tilly, Nick (1997): Realistic Evaluation. London: Sage.

Polutta, Andreas (2006): Der Blick auf pädagogische Effekte und wissenschaftliche Evidenz. Wirkungsorientierung in Jugendhilfepraxis und Jugendhilfeforschung. In: Forum Erziehungshilfen (12. Jg.) H. 5/2006: 267-272.

Reischmann, Jost (2003): Weiterbildungs-Evaluation. Lernerfolge messbar machen. Neuwied: Luchterhand.

Risse, Erika (Hg.) (1998): Schulprogramm. Entwicklung und Evaluation. Neuwied: Luchterhand.

Ross, Steven M. (2007): Achievements, Challenges, and Potential Advancements in Reviewing Educational Evidence for Consumers. In: Journal of Education for Students Placed at Risk (Vol. 12) No. 1/2007: 91-100.

Rossi, Peter H./Lipsey, Mark W./Freeman, Howard E. (2004): Evaluation. A Systematic Approach. Thousand Oaks: Sage.

Royse, David/Thyer, Bruce A./Padgett, Deborah K./Logan TK. (2006): Program Evaluation. Belmont CA: Thomson.

Stamm, Margit (2003): Evaluation und ihre Folgen für die Bildung. Münster: Waxmann.

Stockmann, Reinhard (Hg.) (2004): Evaluationsforschung. Grundlagen und ausgewählte Forschungsfelder. Opladen: Leske + Budrich.

Stockmann, Reinhard (2006): Evaluation und Qualitätsentwicklung. Münster: Waxmann.

Tietze, Wolfgang (Hg.) (1996): Früherziehung. Trends, internationale Forschungsergebnisse, Praxisorientierungen. Neuwied: Luchterhand.

Wottawa, Heinrich (2001): Qualitätsmanagement durch Zielvereinbarungen. In: Spiel, Christiane (Hg.): Evaluation universitärer Lehre – zwischen Qualitätsmanagement und Selbstzweck. Münster: Waxmann: 151-164.

# Anspruch und Wirklichkeit von Ganztagsschulen

*Wolfram Rollett / Heinz Günter Holtappels / Katrin Bergmann*

Die schultheoretische Bestimmung der Ganztagsschule (GTS) erfordert pädagogisch-konzeptionelle Begründungen und Zielorientierungen ganztägiger Bildungskonzeptionen. Aus dieser Perspektive werden notwendigerweise normative Standards und Qualitätskriterien inhaltlich-pädagogischer Art zu formulieren sein. Orientierungen stellen hier bildungsspezifische und erzieherische Zielsetzungen dar, die sich an den lernbezogenen und sozialisatorischen Bedürfnissen von Kindern und Jugendlichen und den pädagogischen Bildungsanforderungen ausrichten. Bereits der Deutsche Bildungsrat hatte (1969) in seinen Empfehlungen erziehungswissenschaftliche Begründungen formuliert, die sich in ihren Schwerpunkten auf Aspekte veränderter Bildungsaufgaben bezüglich komplexer Lebensvorbereitung, Arbeitstechniken und sozialen Lernens, auf Förderung zur Verbesserung der Chancengleichheit, kulturelle Anregungen, Lernmotivation und Lernhilfen und auf eine zeitlich-organisatorische Erneuerung der Schule konzentrieren. Diese Ziele haben auch aktuell weiter Bestand, sind aber durch Erkenntnisse erziehungs- und sozialwissenschaftlicher Gegenwartsanalysen und Befunde zum gesellschaftlichen Wandel (vgl. Klemm u. a. 1985; Tippelt 1990; Holtappels 1994) anzureichern und im Wesentlichen auf folgende schul- und bildungstheoretische Begründungen zu fokussieren (vgl. Holtappels 2006: 9-12).

## 1 Ganztagsschule als Reformmodell: Der erziehungswissenschaftliche Anspruch des Bildungskonzeptes

Mit veränderten Erwerbs- und Familienstrukturen durch angestiegene Erwerbsquoten, gewandelte Familienformen und veränderte familiale Arbeitsteilungen sowie hohe Anteile an Alleinerziehenden wird ein höherer Bedarf an erzieherischer Versorgung begründet. Zugleich bestehen in den regionalen Wohnumfeldern Divergenzen in der Dichte und Qualität der soziokulturellen Infrastruktur an Spiel-, Freizeit- und Kulturangeboten, was hinsichtlich der Anregungspotenziale, der Lern- und Erfahrungsgelegenheiten und der sozialen Kontaktchancen für Kinder und Jugendliche disparate Bildungs- und Entwicklungsmöglichkeiten mit sich bringt. Im Hinblick auf die Vereinbarkeit von Familie und Beruf und der Versorgung mit Lern- und Freizeitmöglichkeiten stellen ganztägige Schulen einen gesellschaftlichen Beitrag zur Sicherstellung und zur Qualitätssteigerung der soziokulturellen Infrastruktur dar. GTS tragen damit zur Sicherung der sozioökonomischen Basis, zu regional gleichen Lebensverhältnissen und somit zur Verbesserung der gesellschaftlichen Teilhabechancen von Familien und ihren Kindern bei.

Gewandelte außerschulische Sozialisationsbedingungen, erhöhte Anforderungen an Familien in der Arbeitswelt, wechselnde Familienkonstellationen und problematische Erziehungsformen von Eltern erfordern eine Stärkung der Erziehungsaufgabe der Schule als familienergänzende und -unterstützende Leistung. Zugleich ist für die letzten Jahrzehnte ein Verlust an Spiel-, Treff- und Erfahrungsräumen in Wohnumfeldern, der Rückgang an nachbarschaftlicher Begegnung und die Ausbreitung elektronischer Medien zu konstatieren. Mit diesen Entwicklungen gehen eine Ausdünnung sozialer Kontaktchancen, Probleme der Integration und oft ein Mangel an Eigentätigkeit und Bewegung einher. Angesichts des Bedarfs an sozialen Kontakten und sozialer Integration erfüllen GTS in einem zeitlich erweiterten Schulleben Sozialisationsleistungen, womit zugleich die für den Unterricht erforderlichen Lernvoraussetzungen bei den Schüler(inne)n geschaffen werden.

Ganz abgesehen davon, dass für den Berufseinstieg zunehmend formal höhere Qualifikationen verlangt werden und Jugendliche deshalb zu höheren Bildungsabschlüssen zu führen sind, haben sich auch die inhaltlichen Bildungsanforderungen verändert: Für Berufstätigkeit und Lebensgestaltung müssen Schlüsselqualifikationen und meta-kognitive Kompetenzen quer zu den Fachgebieten erworben werden. Außerdem gewinnen Eigentätigkeit, erfahrungsbezogenes Lernen sowie aufklärende Bildung und Lernen über komplexe Zusammenhänge an Bedeutung (vgl. Rolff 1988), wenn authentische Erfahrungsmöglichkeiten im Wohnumfeld schwinden und nicht alle Kinder und Jugendlichen sich außerschulisch Bildungswissen selbst aneignen. Zudem sind in Bildungsinhalten zunehmend zentrale Lebensfragen und „epochaltypische Schlüsselprobleme“ (Klafki 1993: 56-59) zu berücksichtigen (z. B. Umwelt-, Gesundheitserziehung, Dauerarbeitslosigkeit). Entsprechende Lernprozesse erfordern aber andere Zeitkontingente, Methoden, Lerngelegenheiten und Erfahrungsmöglichkeiten als es die halbtägige Schule ermöglicht.

Das Schulsystem offenbart hinsichtlich der Kompetenzentwicklung und des Bildungserfolgs von Schüler(inne)n erhebliche Probleme und Chancenungleichheiten. In internationalen Leistungsvergleichsstudien zeigen sich bei den Lernenden hierzulande besonders in der Sekundarstufe I große Risikogruppen angesichts schwacher Kompetenzen in den erfassten Domänen (vgl. Bos u. a. 2003; Deutsches PISA-Konsortium 2001; PISA-Konsortium Deutschland 2003). Ein beträchtlicher Teil der Schüler(innen) wird offensichtlich mit der bislang entwickelten Lernkultur und Unterrichtsgestaltung nicht ausreichend wirksam erreicht und nur unzureichend gefördert. Schüler(innen) aus unteren sozialen Schichten sowie Lernende mit Migrationshintergrund haben erheblich mehr Probleme, bei der Kompetenzentwicklung mitzuhalten und gehören überproportional zu den Risikogruppen. Bei der Übergangs- und Verlaufsauslese verdeutlicht sich eine hohe soziale Chancenungleichheit und eine unzureichende Begabungsausschöpfung durch soziale und nichtleistungsgerechte Selektion. Zudem sind beträchtliche Anteile der Schülerschaft hierzulande in der Schullaufbahn von Verzögerungen und Versagenserlebnissen betroffen: Rund ein Viertel der 15-Jährigen haben in ihrer Schullaufbahn schon einmal eine Klasse wiederholt (Tillmann/Meier 2001: 472). Unter den Schulabgänger(inne)n beenden seit 1980 im Bundesdurchschnitt relativ konstant 8-10 % der Jugendlichen eines Altersjahrgangs die Schule ohne Bildungsabschluss; seit Erhebung der gesamtdeutschen Daten stieg diese Quote von 7,6 % (1992) auf 9,0 % (2003) an (vgl. BMBF 2005: 400-404). An die GTS wird die Erwartung gestellt, Schulversagen präventiv durch Förderung und Ausgleich von Benachteiligungen zu vermeiden und über differenzierte Lernzugänge und -gelegenheiten alle Schüler(innen) zu erreichen, um ihre Kompetenzentwicklung zu verbessern.

# 2 Daten zur Angebotsstruktur und zur Teilnahme an Ganztagsschulen sowie zur Elternsicht

Länder und Bund investieren derzeit intensiv in eine erweiterte Ganztags-Infrastruktur und stoßen damit die Entwicklung und Erprobung innovativer pädagogischer Konzepte an. Jedoch fehlt es bisher an systematischem Wissen darüber, wie solche ganztägigen Bildungsangebote am besten konzipiert und implementiert werden, welche Ge- und Misslingensbedingungen für die Einführung und den Ausbau von GTS bestehen und schließlich welche Konsequenzen die Neugestaltung von Schule für die Betroffenen hat. Damit verbunden ist nicht zuletzt die Frage, wie zukünftig die finanziellen Mittel, die für die Gestaltung von GTA zur Verfügung stehen, in möglichst effizienter Weise eingesetzt werden können.

Um diese und ähnliche Fragen auf einer empirischen Grundlage zu beantworten, wird vom BMBF und vom Europäischen Sozialfonds (ESF) die „Studie zur Entwicklung von Ganztagsschulen" (StEG: siehe Holtappels u. a. 2007) gefördert. Im StEG-Projekt werden in zweijährigem Abstand zu drei Messzeitpunkten bundesweit insgesamt 373 Schulen aus 14 Bundesländern in ihrer Entwicklung während der Einführung bzw. des Ausbaus von GTA untersucht. Dazu werden alle am Ganztagsbetrieb beteiligten bzw. vom Ganztagsbetrieb betroffenen Personengruppen befragt: Schüler(innen), Eltern, Lehrkräfte, weiteres pädagogisch tätiges Personal, außerschulische Kooperationspartner und Schulleitungen.

Im Folgenden sollen ausgewählte Ergebnisse der ersten Erhebungswelle der Studie berichtet werden. Auf diese Weise wird ein kurzer aber durchaus aussagekräftiger Einblick in die empirische Realität des aktuell in der deutschen GTS-Landschaft erreichten Entwicklungsstandes gegeben. Anschließend wird zu diskutieren sein, ob die Befunde eher dafür sprechen, dass die GTS den Ansprüchen und Anforderungen genügt oder ob sich Entwicklungsbedarfe andeuten.

## *2.1 Zeitlicher Umfang des Ganztagsbetriebs*

Durch die Definition der Kultusministerkonferenz (KMK 2004: 5) wurden die Vorgaben zur Organisation von GTS relativ weit gefasst. Bezüglich der Zeitorganisation wird lediglich ein zeitlicher Umfang von drei Wochentagen mit je sieben Zeitstunden vorgeschrieben. Im Folgenden wird ein Überblick darüber gegeben, in welchem zeitlichen Umfang der Ganztagsbetrieb in den untersuchten Schulen realisiert wird. Abbildung 1 gibt eine Übersicht darüber, wie sich die Anteile der Ganztagsschulen mit GTS in mindestens einer Jahrgangsstufe hinsichtlich des zeitlichen Umfangs verteilen.

Der überwiegende Teil (drei Viertel) der untersuchten Schulen bietet an vier bis fünf Schultagen ganztägige Betreuung an. Lediglich 4 % machen nur an ein bis zwei Tagen ein GTA. Bei der Gegenüberstellung von Primar- und Sekundarstufe zeigt sich, dass der Ganztagsbetrieb bezüglich des zeitlichen Umfangs im Grundschulbereich in nahezu optimaler Weise umgesetzt wird. Fast alle Grundschulen bieten in den Klassenstufen 1 bis 4 an vier bis fünf Schultagen durchgängig eine Ganztagsbetreuung an. Die Quote derer, die nur an drei Tagen ein GTA vorsehen, ist mit weniger als 2 % sehr gering.

Demgegenüber zeigt sich in der Sekundarstufe I ein weniger einhelliges Bild. Zwar überwiegen auch hier Schulen, die an vier oder mehr Tagen Ganztagsbetreuung anbieten, aller-

*Abbildung 1: Zeitlicher Umfang des Ganztagsbetriebs in mindestens einem Schülerjahrgang – Gesamtergebnisse, Angaben differenziert nach Schulsegmenten und Organisationsform des Ganztagsbetriebes (n: GS = 96, Sek. 1 = 261)*

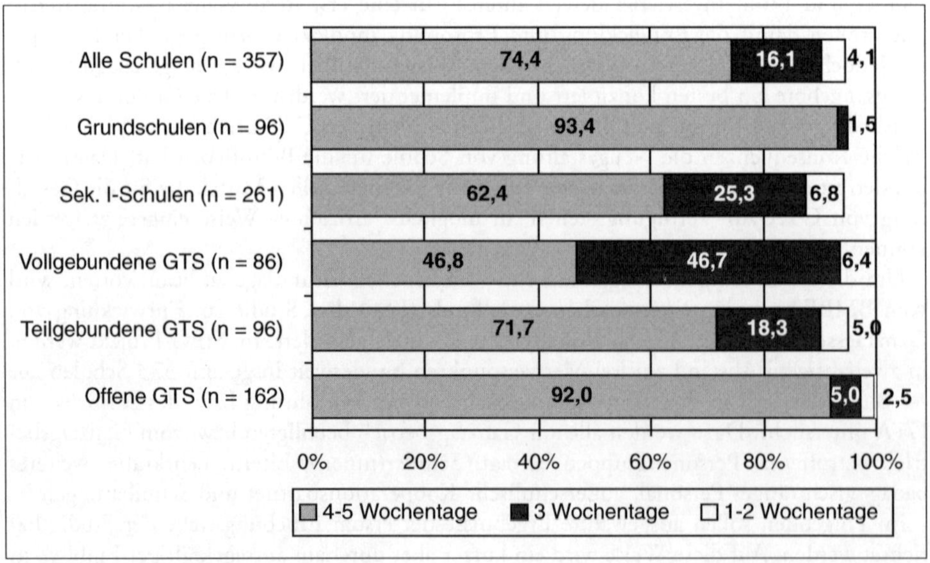


*Quelle:* StEG (2005), Schulleitungsbefragung

dings erreichen nur knapp zwei Drittel in ihrem Angebot diesen Zeitumfang. Etwa ein Viertel der Sekundarschulen macht an drei Wochentagen ein Angebot. Vertiefende Analysen zeigen zudem, dass die Anzahl der Tage mit GTA von der 5. zur 7. und 9. Jahrgangsstufe sukzessive abnimmt. Dies lässt sich zum einen darauf zurückführen, dass der Betreuungsbedarf bei älteren Schüler(inne)n fällt, zum anderen befindet sich ein Teil der untersuchten Schulen noch im Aufbau des Ganztagsbetriebs, der nicht selten schrittweise, beginnend mit den jüngsten Jahrgängen, eingeführt wird (vgl. Holtappels 2007: 189).

In Abbildung 1 werden die untersuchten Schulen auch in Bezug auf den Bindungsgrad, mit dem sie ihren Ganztagsbetrieb organisieren, gegenübergestellt. Es zeigt sich, dass offene GTS ihren Schüler(inne)n viel häufiger an vier bis fünf Tagen ein GTA offerieren (92 %) als teil- oder vollgebunden organisierte GTS (72 bzw. 47 %).[1] Bei der Bewertung dieser Befundlage ist zu berücksichtigen, dass die allermeisten Grundschulen ihren „Ganztag" offen organisieren und dabei an vier bis fünf Wochentagen GTA machen. Bei einer gesonderten Betrachtung der Sekundarschulen verringert sich daher der Prozentsatz offen organisierter Schulen mit Ganztagsbetrieb an vier bis fünf Tagen auf 85 %. Die vergleichsweise unvorteilhaften Daten der anderen beiden Organisationsformen ändern sich durch isolierte Betrachtung des Sekundarbereichs aber kaum (Teilgebunden: 70 %, Vollgebunden: 41 %). Offen geführte GTS scheinen in Bezug auf die Anzahl der Tage, in denen sie im Ganztagsbetrieb operieren, derzeit besser positioniert zu sein. Insgesamt zeigt sich, dass fast alle in StEG untersuchten Schulen an mindestens drei Schultagen Ganztagsbetreuung

1 Gerade „ältere" vollgebundene GTS müssen sich häufig aufgrund fehlender Ressourcen auf drei Tage beschränken.

anbieten. Demnach wird die KMK-Vorgabe in diesem Punkt von einem Großteil der Schulen bereits erfüllt.

## *2.2 Angebotsstruktur*

Mit der Einführung des Ganztagsbetriebs soll Schule als Lern-, Lebens- und Erfahrungsort einer ganztägigen Bildung gestaltet werden. Durch die neuen zeit- und räumlichen Möglichkeiten können unter der Beteiligung verschiedener, bisher im Schulalltag kaum vertretener Professionen formelle und informelle Lernarrangements miteinander verbunden werden. Die veränderten Zeitstrukturen an GTS schaffen dazu Möglichkeiten, die in regulären Halbtagsschulen nicht in vergleichbarem Maße bestehen. Zu den Gestaltungsmerkmalen bzw. Angebotsformen, mit denen die Ziele von GTS umzusetzen sind, zählen erweiterte Lerngelegenheiten und Neigungsangebote, Spiel- und Freizeitangebote, Förderansätze, Lernhilfen und Hausaufgabenbetreuung, spezielle Lernarrangements für soziales und interkulturelles Lernen, Partizipation und Demokratie (vgl. Holtappels 2007: 186).

Bei der Erfassung der von den Schulen implementierten Angebotsstruktur wurden in StEG die GTA in sechs Teilbereiche kategorisiert: Hausaufgabenhilfe/-betreuung, Fördergruppen/Förderunterricht, fachbezogene Angebote, fachübergreifende Angebote/AGs/Kurse/Projekte, projektspezifische Angebotselemente und Freizeitangebote. Die nachfolgende Tabelle zeigt, wie häufig Angebote, die in die sechs hier unterschiedenen Typen von Angebotsformen fallen, an Primar- und Sekundarschulen vorhanden sind (vgl. Abbildung 2).

Sowohl im Primar- als auch im Sekundarbereich zählen Hausaufgabenbetreuung, Sport und musisch-künstlerische Angebote zu den am häufigsten Angeboten. Auch Projekttage und -wochen sind häufig genutzte Gestaltungsmerkmale. Ein für GTS charakteristisches Merkmal ist die warme Mittagsverpflegung. Der Befund, dass diese an 12 % der Schulen im Sekundarbereich noch nicht eingeführt wurde, liefert Hinweise darauf, dass sich ein Teil der Schulen zum Zeitpunkt der Erhebung noch im Aufbau des Ganztagsbetriebs befindet. Betrachtet man die weiteren Angebotsformen, dann wird deutlich, dass Schulen der Sekundarstufe I stärker den Bereich der fachübergreifenden Angebote fokussieren. Durchaus kritisch zu beurteilen ist, dass in fast einem Drittel der Grundschulen kein Förderunterricht für Fachleistungen stattfindet und, dass in mehr als der Hälfte der Primarschulen keine spezifischen Fördermaßnahmen existieren. Diesbezüglich sind die Sekundarschulen insgesamt besser aufgestellt, allerdings überrascht auch hier, dass an fast jeder siebten Sekundarschule keinerlei Förderunterricht bzw. an jeder dritten keine spezifischen Förderangebote bestehen. Ein weiterer Unterschied, der sich im Angebotsportfolio zwischen Grund- und Sekundarschulen ergibt, besteht in der Häufigkeit, mit der Maßnahmen zum sozialen und interkulturellen Lernen gestaltet werden. In diesen Bereichen engagieren sich die Sekundarschulen in ihrem GTA deutlich stärker.

Zusammenfassend lässt sich feststellen, dass die Schulen der Sekundarstufe I insbesondere bei fachbezogenen und fachübergreifenden Angeboten eine breiter ausgebaute Palette vorweisen können. Dies ist vermutlich zum einen auf die altersbedingt weiter ausdifferenzierten Interessen der Schüler(innen) zurückzuführen, zum anderen wohl auch auf die im Sekundarbereich oft höheren Schüler(innen)zahlen und die dadurch bestehenden größeren Gestaltungsmöglichkeiten.

*Abbildung 2: Die Angebotsstruktur der Grund- und Sekundarschulen im Vergleich (n: GS = 96, Sek. 1 = 261)*

| | Grundschulen Angebot vorhanden | Schulen der Sek. I Angebot vorhanden |
|---|---|---|
| **Hausaufgabenhilfe/-betreuung** | | |
| Hausaufgabenhilfe/-betreuung | 97,6 | 94,5 |
| **Fördergruppen/Förderunterricht** | | |
| Förderunterricht für Fachleistungen | 70,6 | 86,8 |
| Spezifische Fördermaßnahmen | 47,3 | 67,9 |
| **Fachbezogene Angebote** | | |
| Mathematische Angebote | 21,4 | 46,5 |
| Naturwissenschaftliche Angebote | 48,5 | 58,2 |
| Deutsch/Literatur | 49,1 | 55,1 |
| Fremdsprachenangebote | 21,8 | 57,2 |
| Sportliche Angebote | 94,6 | 89,9 |
| Musisch-künstlerische Angebote | 96,3 | 85,8 |
| **Fachübergreifende Angebote/AGs/Kurse/Projekte** | | |
| Handwerkliche/hauswirtschaftliche Angebote | 61,7 | 78,0 |
| Technische Angebote/neue Medien | 58,0 | 89,6 |
| Gemeinschaftaufgaben und Schülermitbestimmung | 32,1 | 57,4 |
| Formen sozialen Lernens | 30,3 | 72,7 |
| Formen interkulturellen Lernens | 10,1 | 54,2 |
| **Projektspezifische Angebotselemente** | | |
| Projekttage/-wochen | 89,1 | 93,4 |
| Dauerprojekte | 66,9 | 82,0 |
| **Gebundene/ungebundene Freizeitangebote** | | |
| Freizeitangebote (obligator. Form) | 38,5 | 44,5 |
| Freiwillig zu nutzende Freizeitangebote | 75,4 | 72,7 |
| Freizeitbeaufsichtigung von Schülern | 67,5 | 67,4 |
| **Sonstiges** | | |
| Warme Mittagsmahlzeiten | 95,4 | 88,3 |

*Quelle:* StEG (2005), Schulleitungsbefragung. Maßnahmen, die von mehr als drei Vierteln der Schulen realisiert werden, sind grau unterlegt.

## *2.3 Teilnahme an den Ganztagsangeboten*

Neben der inhaltlichen und zeitlich-organisatorischen Gestaltung des Ganztagsbetriebs an den in StEG untersuchten Schulen, besteht ein weiterer interessanter, den Entwicklungsstand kennzeichnender Aspekt darin, in welchem Maße die Angebote von den Schüler(inne)n tatsächlich in Anspruch genommen werden: In Grundschulen besuchen drei

Fünftel der Schüler(innen) an allen fünf Schultagen GTA (61 %). Jeweils etwa ein Fünftel nimmt an drei oder vier Tagen (19 %) bzw. an weniger als drei Tagen (20 %) am Ganztag teil. In der Sekundarstufe I wird der Ganztagsbetrieb von insgesamt 9 % der Ganztagsschüler(innen) in vollem Umfang besucht. Weitere 8 % nutzen ihn an vier, 19 % an drei Tagen. Jedoch geben 23 % an, nur an zwei Tagen und 42 %, nur an einem Schultag am GTA teilzunehmen. Insbesondere die letzten beiden Werte geben zu denken: Ein erheblicher Teil der Schüler(innen), die am Ganztagsbetrieb teilnehmen, tut dies nicht in einem Umfang, der erwarten lässt, dass die positiven Effekte, die man sich von der Einführung bzw. dem Ausbau des GTA erhofft, erreicht werden.

Die Schüler(innen) wurden auch dazu befragt, welche Ganztagselemente von ihnen tatsächlich besucht werden. In Grundschulen werden Arbeitsgemeinschaften und freie Spielphasen am häufigsten (72 % bzw. 73 %) von den Kindern genutzt. Regelmäßige Gruppen wie Themenangebote und Projekte werden von etwa einem Drittel besucht (35 %). Die Teilnahmequote an fachbezogenen Angeboten liegt mit 29 % noch etwas darunter. Gut die Hälfte der Grundschüler(innen) (51 %) nimmt im Rahmen des GTA an der Hausaufgabenbetreuung teil.

In der Sekundarstufe I stellt sich die Teilnahmestruktur deutlich anders dar: Hier werden Hausaufgabenhilfe bzw. -betreuung und gebundene bzw. ungebundene Freizeitaktivitäten von einem weitaus kleineren Teil der Schülerschaft wahrgenommen (24 % bzw. 28 %). 25 % bzw. 28 % nehmen an Fördergruppen/-unterricht bzw. fachbezogenen Angeboten teil. Fächerübergreifende Angebote liegen mit fast zwei Dritteln (64 %) an der Spitze. Es folgen mit 48 % – ebenfalls fächerübergreifend orientierte – Projektangebote, die sich teils aus kontinuierlichen Schulprojekten (z. B. Chor, Schülerzeitung) und teils aus eher seltener praktizierten Projekttagen und -wochen zusammensetzen. Demnach scheint der Ganztagsbetrieb die an Sekundarschulen sonst eher fachlich orientierte Lernkultur in Richtung fachübergreifenden Lernens zu verändern und zu bereichern.

## *2.4 Gründe der Eltern für die Anmeldung ihres Kindes an einer Ganztagsschule*

Welche Wichtigkeit Eltern von Ganztagsschüler(inne)n verschiedenen Gründen bei der Entscheidung für eine Teilnahme ihrer Kinder am Ganztag zusprechen, gibt Abbildung 6 wieder.[2] Es zeigt sich, dass die Gründe für Eltern, ihr Kind an einer GTS anzumelden, durchaus vielfältig sind. Der überwiegende Teil der Eltern hat sich u. a. aufgrund der Hoffnung auf bessere Förderungsmöglichkeiten für eine Teilnahme am Ganztag entschieden. So nennen 59 % eine bessere individuelle Förderung, 57 % bessere schulische Leistungen und 49 % die Beaufsichtigung und Unterstützung bei den Hausaufgaben als für sie sehr wichtige Anmeldegründe. Dass die Eltern dabei durchaus nicht nur die fachlichen Leistungen im Auge haben, zeigt, dass 52 % die Förderung der Selbstständigkeit ihres Kindes und 49 % die Interessantheit der zusätzlichen GTA als sehr wichtig für die Entscheidung zur Teilnahme angeben. Offensichtlich haben die Eltern aber auch die soziale Entwicklung ihrer Kinder im Blick: So billigen 51 % der Eltern dem besseren sozialen Kontakt ihres Kindes zu den Gleichaltrigen und dem besseren schulischen Miteinander eine hohe Bedeutung als Grund für die Anmeldung zu.

2 Siehe dazu auch die Darstellung von Dieckmann/Höhmann/Tillmann (2007: 166).

Die Art und Weise, in der die Eltern ihre Anmeldeentscheidung begründen, verdeutlicht, dass sie den Besuch der GTS ganz offensichtlich stark mit dem Begriff der Förderung verbinden. Die Empfehlung der Lehrenden sowie der Wunsch des Kindes fallen deutlich geringer ins Gewicht. Diese werden von knapp einem Viertel der Elternschaft als „sehr wichtig" bewertet. Die Möglichkeit der Aufnahme bzw. Ausweitung einer beruflichen Tätigkeit ist für 32 % der Eltern ein sehr wichtiger Anmeldegrund.

*Abbildung 3: Gründe der Eltern, ihr Kind an einer Ganztagsschule anzumelden (n = 9 148; Elternbefragung)*

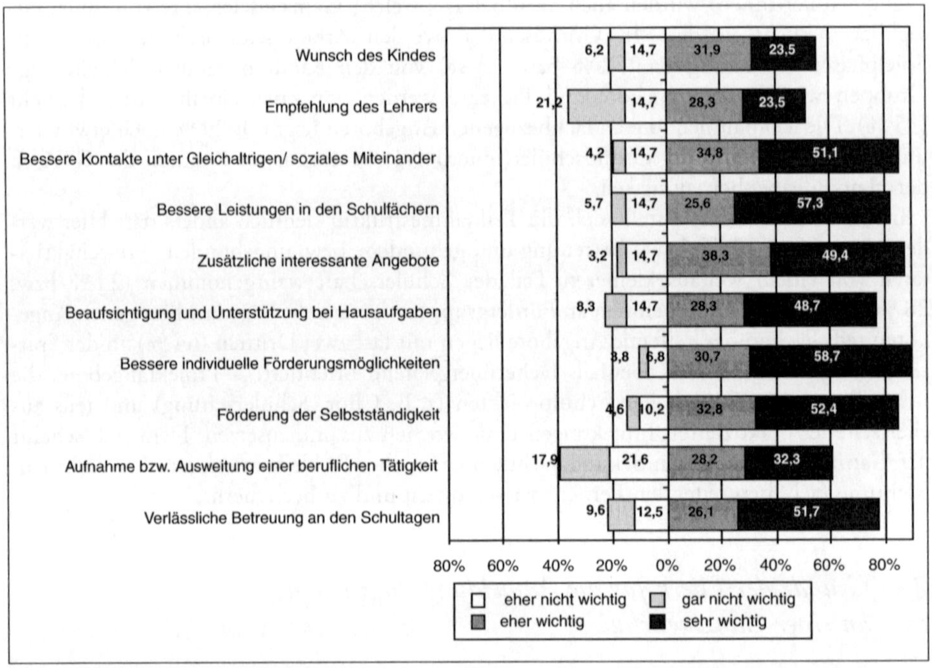


*Quelle:* StEG (2005), Elternbefragung

## 2.5 *Die Zufriedenheit der Eltern mit der Ganztagsschule*

Wie die Darstellung der Anmeldegründe zeigt, gilt es im Ganztagsbetrieb auch den Ansprüchen der Elternschaft gerecht zu werden. In der öffentlichen Diskussion um die GTS wird diesbezüglich eine Reihe von Erwartungshaltungen geweckt. Dies betrifft insbesondere die Verlässlichkeit von Betreuungszeiten, eine auf das Kind abgestimmte individuelle Förderung sowie das Angebot einer qualifizierten Hausaufgabenbetreuung. In StEG wurden daher die Eltern, deren Kinder das GTA ihrer Schule wahrnehmen, zu ihrer Zufriedenheit mit verschiedenen Aspekten des Ganztagsbetriebs befragt (Abbildung 7).[3] In allen genannten Aspekten äußert sich die Majorität der Eltern „eher zufrieden" bzw. „voll und

3 Siehe dazu auch die Darstellung in Rollett (2007: 293-296).

ganz zufrieden". Der mit jeweils über 80 % höchste Anteil positiver Äußerungen wird hinsichtlich der zeitlichen Organisation der Schulwoche, dem zeitlichen Rhythmus des Schultages, der Verlässlichkeit der Betreuungszeiten (jeweils ca. 84 %), der Organisationsform des Ganztages (83 %) und dem schulischen Angebot an Arbeitsgemeinschaften und Projekten (82 %) erreicht. Es gibt aber Ganztagsschulelemente, die von den Eltern vergleichsweise häufig kritisch bewertet werden: Den höchsten Anteil negativer Äußerungen („eher nicht zufrieden" bzw. „gar nicht zufrieden") verzeichnen die Aspekte Lernfördermaßnahmen (34 %), Beaufsichtigung der Hausaufgaben (33 %), gezielte Hilfen für die Hausaufgaben (41 %), Mittagessen (37 %), Information von der Schule über den Ganztagsbetrieb (31 %) und der Kontakt zu den Mitarbeiter(inne)n des Ganztagsbetriebes (39 %).

*Abbildung 4: Die Zufriedenheit der Eltern mit verschiedenen Gestaltungsbereichen des Ganztagsbetriebes, Angaben in Prozent (n = 8 553)*

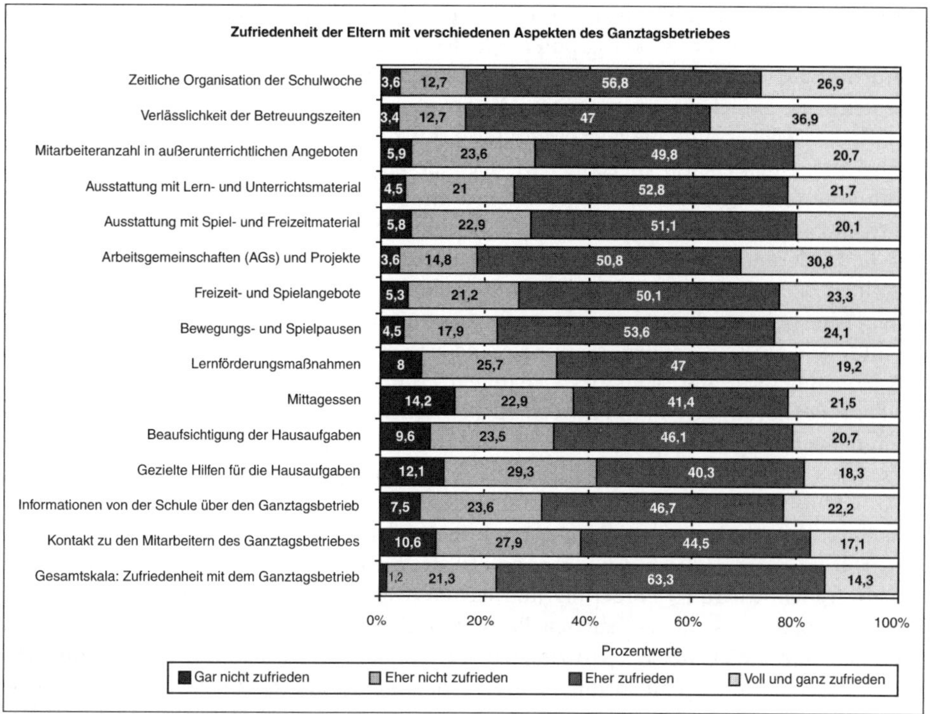


*Quelle:* StEG (2005), Elternbefragung

Die berichteten Befunde zeigen, dass die Organisation des Ganztagsbetriebes insgesamt von den Eltern relativ positiv bewertet wird. Allerdings werden bei einem nicht unerheblichen Teil der Elternschaft die Erwartungen, die hinsichtlich individualisierter Förderung und Unterstützung bei den Hausaufgaben bestehen, noch nicht erfüllt. Dies gilt auch für das schon aus ernährungspädagogischen Gründen nicht zu vernachlässigende Mittagessen an den Schulen. Ein Bereich, der sich aus Sicht vieler Eltern ebenfalls verbessern ließe, ist der Informationsfluss von der Schule. Offensichtlich besteht hier auf Seiten der Eltern ein Wissensbedarf zum Ganztag, der von den Schulen noch nicht voll abgedeckt wird. Dies ist ein wertvoller Hinweis für die Informationspolitik der Schulen. Da auch der Kontakt zu den Mitarbeiter(inne)n von den Eltern relativ häufig als noch nicht voll zufriedenstellend wahrgenommen wird, bietet es sich an, das im „Ganztag" tätige Personal stärker in den Aufbau entsprechender Informationsangebote einzubeziehen.

# 3 Zwischenbilanz

Vor dem Hintergrund der berichteten empirischen Befunde der ersten StEG-Erhebungswelle lässt sich eine erste Zwischenbilanz für den Entwicklungsstand der GTS-Landschaft in Deutschland ziehen: Ein Großteil der untersuchten Schulen übertrifft bereits den von der KMK geforderten Mindeststandard von drei Tagen/Woche im Ganztagsbetrieb. Insoweit zumindest wird eine verlässliche Betreuung, die sich mit dem Ausbau des Ganztags verbindet, erfüllt. In Abhängigkeit von Schulform bzw. Bindungsgrad der Schulen werden aber durchaus noch Entwicklungspotenziale deutlich.

Auch bezüglich des in GTS entwickelten Bildungsangebotes ist das Bild insgesamt betrachtet in wesentlichen Teilen positiv. Die Schulen bieten vielfältige Angebote, die durch ihre Breite geeignet sind, die hochgesteckten Erwartungen zu erfüllen: Fachnahe Lerngelegenheiten werden ebenso angeboten wie fachübergreifende. Die Hausaufgabenbetreuung gehört im Ganztagsschulbereich geradezu zum Standardrepertoire. Dies gilt auch für sportliche und musische Angebotsformen. Darüber hinaus werden Angebote, die speziell auf die Förderung setzen, von den meisten Schulen vorgehalten. Insofern leisten die Schulen einen Beitrag zur soziokulturellen Infrastruktur von Lern-, Kultur- und Freizeitangeboten. Eine genauere Betrachtung lässt allerdings problematische Defizite in der Angebotsstruktur erkennen. Besonders schwerwiegend ist, dass Förderunterricht bzw. spezifische Fördermaßnahmen angesichts des vielfältigen Förderbedarfs (z. B. Sprachprobleme oder Teilleistungsstörungen), in GTS noch nicht flächendeckend präsent sind. Auch fächerübergreifende Angebotsformen, Projekte und soziales wie interkulturelles Lernen könnten (besonders in Grundschulen) noch eine größere Verbreitung finden.

Aufschlussreich sind in diesem Zusammenhang die Angaben der Schüler(innen) bezüglich ihrer Teilnahme an den Angeboten. Insbesondere in der Sekundarstufe I zeigt sich, dass z. B. nur ein vergleichsweise kleiner Teil der Schülerschaft (jeweils rund ein Viertel) Hausaufgabenbetreuung, Förderung und fachbezogene Angebote annimmt. Dabei ist daran zu erinnern, dass die berichteten Prozentsätze sich auf jene Schüler(innen) beziehen, die überhaupt am „Ganztag" partizipieren – das sind z. B. bezogen auf die Gesamtstichprobe unter Sekundarschüler(inne)n nur 56 %. Zudem überrascht die relativ schwache Angebotsteilnahme der Schüler(innen) an fächerübergreifenden Angeboten in Grundschulen, die hierfür eigentlich pädagogisch und organisatorisch beste Voraussetzungen haben (wenige Fächer, Lehrerkonzentration in Klassen).

Vor diesem Bild der Fakten stellt sich durchaus die Frage, inwieweit das hinsichtlich Umfang und inhaltlicher Breite bereits sehr ansehnliche Angebot, das die GTS machen, jene Wirkung auf die Gesamtheit der Schülerpopulation entfalten kann, die man sich gesamtgesellschaftlich und bildungspolitisch von ihm erhofft. Die Umsetzung der Zielorientierungen in beiden schulpädagogischen Begründungslinien für GTS (Vermittlung von Schlüsselkompetenzen, Lern- und Begabungsförderung und die Anreicherung und Differenzierung der Lernkultur) wird in einem Teil der Schulen nur schwerlich gelingen. Eine Verbesserung in diesem Bereich lässt sich nur durch entsprechende schulorganisatorische

Maßnahmen und eine weitere Optimierung des schulischen Bildungsangebotes erzielen. Eine entscheidende Grundlage dafür ist eine angemessene Ausstattung des schulischen Ganztags mit gut ausgebildeten Fachkräften.

Insgesamt erfreulich ist, dass sich relativ viele Eltern von Ganztagsschüler(inne)n eher zufrieden über die verschiedenen Aspekte des Ganztags äußern. Hier scheint das schulische Angebot auf gutem Wege zu sein, Anspruch und Wirklichkeit einander anzunähern. Der Anteil der unzufriedenen Äußerungen sollte allerdings als Hinweis für bestehende Entwicklungsbedarfe verstanden werden. In einigen Bereichen erfüllen die Schulen die Erwartungen der Elternschaft offensichtlich schon relativ gut (z. B. Verlässlichkeit der Betreuungszeiten), in anderen sieht ein nicht unerheblicher Anteil der Eltern dagegen Defizite (z. B. gezielte Hilfen bei den Hausaufgaben).

Die geschilderten Befunde vermitteln den Eindruck, dass die Schulen in ihrer Entwicklungsarbeit bezüglich des GTA ein gutes Stück zurückgelegt haben. Den sehr hohen Erwartungen bzw. Hoffnungen, die die bildungspolitische Diskussion kennzeichnet, kann ein beträchtlicher Teil der Schulen aber derzeit offensichtlich noch nicht voll gerecht werden.

## *Literatur*

BMBF (2005) – Bundesministerium für Bildung und Forschung: Grund- und Strukturdaten 2005. Bonn.

Bos, Wilfried/Lankes, Eva-Maria/Prenzel, Manfred/Schwippert, Knut/Walther, Gerd/Valtin, Renate (Hg.) (2003): Erste Ergebnisse aus IGLU. Schülerleistungen am Ende der vierten Jahrgangsstufe im internationalen Vergleich. Münster: Waxmann.

Deutscher Bildungsrat (Hg.) (1969): Empfehlungen der Bildungskommission. Einrichtung von Schulversuchen mit Ganztagsschulen. Stuttgart: Klett.

Deutsches PISA-Konsortium (Hg.) (2001): PISA 2000. Basiskompetenzen von Schülerinnen und Schülern im internationalen Vergleich. Opladen: Leske + Budrich.

Dieckmann, Katja/Höhmann, Katrin/Tillmann, Katja (2007): Schulorganisation, Organisationskultur und Schulklima an ganztägigen Schulen. In: Holtappels u. a. (Hg.): 164-185.

Holtappels, Heinz Günter (1994): Ganztagsschule und Schulöffnung. Perspektiven für die Schulentwicklung. Weinheim: Juventa.

Holtappels, Heinz Günter (2006): Stichwort Ganztagsschule. In: ZfE (9. Jg.) H. 1/2006: 5-29.

Holtappels, Heinz Günter (2007): Angebotsstruktur, Schülerteilnahme und Ausbaugrad ganztägiger Schulen. In: Holtappels/Klieme/Rauschenbach/Stecher (Hg.): 186-206.

Holtappels, Heinz Günter/Klieme, Eckhard/Rauschenbach, Thomas/Stecher, Ludwig (Hg.) (2007): Ganztagsschule in Deutschland. Ergebnisse der Ausgangserhebung der „Studie zur Entwicklung von Ganztagsschulen" (StEG). Weinheim: Juventa.

Klafki, Wolfgang (1993): Neue Studien zur Bildungstheorie und Didaktik. Zeitgemäße Allgemeinbildung und kritisch-konstruktive Didaktik. Weinheim: Beltz: 56-69

Klemm, Klaus/Rolff, Hans-Günter/Tillmann, Klaus-Jürgen (1985): Bildung für das Jahr 2000. Reinbek: Rowohlt.

KMK (2004) – Kultusministerkonferenz: Bericht über die allgemein bildenden Schulen in Ganztagsform in den Ländern in der Bundesrepublik Deutschland – Schuljahr 2002/03. Bonn.

PISA-Konsortium Deutschland (2003): Der Bildungsstand der Jugendlichen in Deutschland – Ergebnisse des zweiten internationalen Vergleichs. Münster: Waxmann.

Rolff, Hans-Günter (1988): Bildungsexpansion und Weiterbildung. In: Rolff, Hans-Günter/Klemm, Klaus/Pfeiffer, Hermann/Rösner, Ernst (Hg.): Jahrbuch der Schulentwicklung Bd. 5. Weinheim: Juventa: 131-156.

Rollett, Wolfram (2007): Schulzufriedenheit und Zufriedenheit mit dem Ganztagsbetrieb und deren Bedingungen. In: Holtappels u. a. (Hg.): 283-312.

Tillmann, Klaus-Jürgen/Meier, Ulrich (2001): Schule, Familie und Freunde – Erfahrungen von Schülerinnen und Schülern in Deutschland. In: Deutsches PISA-Konsortium (Hg.): PISA 2000. Basiskompetenzen von Schülerinnen und Schülern im internationalen Vergleich. Opladen: Leske + Budrich: 468-509.

Tippelt, Rudolf (1990): Bildung und sozialer Wandel. Eine Untersuchung von Modernisierungsprozessen am Beispiel der Bundesrepublik Deutschland seit 1950. Weinheim: Juventa.

# Qualität von unterrichtsnahen Angeboten an Ganztagsschulen

*Falk Radisch / Natalie Fischer / Ludwig Stecher / Eckhard Klieme*

In der Forschung zu schulischen Bildungsprozessen – insbesondere in der Schul- und Unterrichtseffektivitätsforschung – spielt der Begriff der Unterrichtsqualität eine wichtige Rolle. In diesem Zusammenhang wird vornehmlich untersucht, welche Prozessmerkmale des Unterrichtsgeschehens die individuelle Lern- und Leistungsentwicklung der Schüler(innen) beeinflussen. Neben leistungsbezogenen Wirkungen werden auch zunehmend nicht-kognitive und erzieherische Wirkungen der Schule in den Blick genommen (vgl. Fend 2006; Creemers/Kyriakides 2006; Luyten u. a. 2005; Leonard u. a. 2004; Ditton 2000; Scheerens/Bosker 1997). In Ganztagsschulen tritt eine weitere Frage hinzu, die bislang in der empirischen Bildungsforschung kaum thematisiert wurde (vgl. Radisch u. a. 2007): Was ist ein gutes außerunterrichtliches Angebot?

Gerade von den außerunterrichtlichen Angeboten im Rahmen der Ganztagsschule werden positive Effekte auf die Leistungs- und Persönlichkeitsentwicklung der Schüler(innen) erwartet (vgl. Ottweiler 2003). Die einzelnen außerunterrichtlichen Angebote und der Ganztagsbetrieb (als Gesamtheit der außerunterrichtlichen Angebote) sind – anders als der Unterricht, der fachliche Kompetenzentwicklung in den Vordergrund stellt – häufig auf den erzieherischen Bereich ausgerichtet. Bestimmte lern- und unterrichtsbezogene Angebote zielen aber auch auf kognitives Lernen und Leistung (z. B. die Hausaufgabenbetreuung oder fachbezogene Förderangebote, die zum Standardprogramm fast jeder Ganztagsbetreuung gehören, vgl. Holtappels 2007).

Im Folgenden wird die Frage diskutiert, inwiefern Dimensionen und Merkmale der Unterrichts- und Angebotsqualität parallel betrachtet werden können und wo es Unterschiede in der Messung der Qualität geben muss. Gewertet werden dabei erste querschnittliche Ergebnisse der Eingangserhebung der „Studie zur Entwicklung von Ganztagsschulen" (StEG, vgl. Holtappels u. a. 2007).

## 1 Grunddimensionen der Unterrichtsqualität und deren Übertragbarkeit auf Ganztagsangebote

In empirischen Studien zur Unterrichtsqualität wurde zunächst meist auf wenige, quantitativ leicht erfassbare Merkmale fokussiert (für Übersichten vgl. Wang u. a. 1993; Einsiedler 1996; Helmke 2003). Unterrichtsqualität wurde eher indirekt und formal definiert – z. B. wenn bei Carroll (1963) die Qualität von Unterricht daran gemessen wurde, wie viel Unterrichtszeit bis zur Erreichung eines Lernziels benötig wird. Inzwischen hat sich die Erkenntnis durchgesetzt, dass es im Gegensatz zu leicht quantifizierbaren Unterrichtsmerkmalen vielmehr auf die zielgerichtete „Tiefenstruktur" der pädagogischen Handlungsmuster ankommt (Klieme 2006).

Diese Sicht basiert auf der Erkenntnis, dass die Wirkung einer Lernumgebung zum großen Teil davon abhängt, wie sie von den Lernenden wahrgenommen und in eigene Lernaktivitäten umgesetzt wird. Neuere Erklärungs- und Zusammenhangsmodelle betrachten daher systematisch das Zusammenwirken von Angebot und Nutzung im Unterrichtsprozess (vgl. Helmke 2003; Klieme 2006; Pauli/Reusser 2006). Daraus ergibt sich eine zunehmende Ausdifferenzierung des Konzeptes der Unterrichtsqualität. Klieme u. a. (2006) verbinden Ergebnisse der empirischen Unterrichtsforschung mit schulpädagogischen Konzepten (vgl. Diederich/Tenorth 1997) und identifizieren so drei Grunddimensionen guten Unterrichts:

- strukturierte, klare und störungspräventive Unterrichtsführung; hierunter fallen z. B. die Strukturierung von Unterrichtsinhalten durch die Lehrkraft, Disziplinierung und effiziente Zeitnutzung im Unterricht.
- schülerorientiertes, unterstützendes Sozialklima; diese Dimension beinhaltet Aspekte der Schüler-Lehrer-Beziehung, aber auch das Klassenklima und das Unterstützungsverhalten der Lehrkraft
- kognitive Aktivierung, zu der – je nach fachlichem Kontext – z. B. die Qualität der Nutzung von Experimenten im Physikunterricht bzw. herausfordernde, offene Aufgaben in der Mathematik bzw. die durchgängige Verwendung der Fremdsprache im Englischunterricht und generell ein diskursiver Umgang mit Fehlern gehören.

Für den außerunterrichtlichen Bereich liegen vergleichbare Erkenntnisse zu Qualität und Wirkung pädagogischer Angebote bislang nicht vor. Dies hängt sicherlich damit zusammen, dass im Bereich der Schulforschung kaum Konzeptionen und auch (besonders für quantitative Erhebungen) keine etablierten Instrumente zur Messung der spezifischen Qualität von Ganztagsangeboten verfügbar sind.[1] Befunde aus der US-amerikanischen Literatur zu *organized extracurricular activities*, die sich als Ansätze für eine Theorie der Wirkung und der Qualität außerunterrichtlicher Angebote im deutschen Kontext nutzen lassen, legen indes nahe, dass die grundlegenden Faktoren von Angebotsqualität mit den Konstrukten der Unterrichtsforschung vergleichbar sind. Die von Mahoney u. a. (2005) formulierten Qualitätskriterien für außerschulische Aktivitäten sind durchaus mit den beschriebenen Grunddimensionen guten Unterrichts zu vergleichen und lassen sich in etwa so zusammenfassen:

- Verlässlichkeit, Sicherheit und Strukturiertheit der (Lern-)Umgebung
- akzeptierende und respektvolle Beziehungen zu anderen Kindern und Jugendlichen und zu Erwachsenen
- Herausforderungen und Gelegenheiten zur Entfaltung der körperlichen, intellektuellen, emotionalen und sozialen Fähigkeiten

Es gibt also tragfähige Hinweise dafür, dass die Forschung zur pädagogischen Qualität von Ganztagsangeboten an vorliegende entwicklungspsychologische und schulpädagogische Theorien und Befunde anschließen kann. Qualitätsmerkmale aus der Unterrichtsforschung können für eine differenzierte Betrachtung von unterrichtlichen und außerunterrichtlichen (auch außerschulischen und familiären) Lernumgebungen adaptiert werden.

1 Für standardisierte Beobachtungen existieren mittlerweile Instrumente (vgl. Tietze u. a. 2005).

Ein erster Schritt in diese Richtung wurde im Rahmen der ersten Erhebungswelle der Studie zur Entwicklung von Ganztagsschulen unternommen. Hier wurde versucht, die Qualität von Angeboten zunächst auf der Basis von etablierten Konzepten und Instrumenten aus der Unterrichtsforschung zu untersuchen (Radisch u. a. 2007). Ziel war es, durch (partielle) Parallelität der Instrumente einen Vergleich zwischen der Qualität des Unterrichts und der Qualität der Angebote vorzunehmen. Dem voraus ging die Prüfung, inwieweit die Instrumente aus der Unterrichtsforschung (messtheoretisch) tatsächlich auf die Beschreibung der Angebote übertragen werden können. Die Ergebnisse dieser Analysen werden im Folgenden beschrieben.

Die Unterrichtsforschung nimmt bei der Messung von Unterrichtsqualität mittlerweile einzelne Fächer (und eigentlich sogar einzelne Unterrichtssequenzen) getrennt voneinander in den Blick (vgl. Gruehn 2000; Klieme 2006). Analog sollte dies grundsätzlich auch für die einzelnen Angebotsarten bzw. Angebote gelten. Die Angebotsarten bzw. die einzelnen Angebote bilden allerdings in Inhalt und Struktur kein einheitliches Gebilde. So finden sich einerseits relativ unterrichtsnahe bzw. lernbezogene Angebote wie die Hausaufgabenbetreuung, Förderangebote sowie fachbezogene Angebote, andererseits vergleichsweise unterrichtsferne bzw. freizeitorientierte Angebote wie musische Aktivitäten, Projektgruppen und fächerübergreifende Angebote. Hinzu kommt, dass während der Unterricht in einem bestimmten Fach etwa durch curriculare Rahmenvorgaben und Bildungsstandards geregelt ist, es kaum Regelungen oder Vorgaben gibt, die eine Vergleichbarkeit von einzelnen Angeboten etwa hinsichtlich Inhalt oder Zielsetzung sicherstellen.[2] Schon innerhalb einer Schule können Zielsetzung und pädagogische Umsetzung zweier Angebote stark differieren, selbst wenn sie den gleichen Namen tragen. Eine vergleichende Betrachtung als Äquivalent zur Betrachtung einzelner Unterrichtsfächer ist damit auf quantitativ-standardisierter Ebene nur begrenzt möglich.

Es gibt zahlreiche empirische Hinweise dafür, dass sich Lehrkräfte, Schüler(innen) und unabhängige Beobachter(innen) in ihren Einschätzungen der Unterrichtsqualität von einander unterscheiden. Dies gilt in unterschiedlicher Art und Weise für unterschiedliche Unterrichtsdimensionen (vgl. Clausen 2002: 139). Schüler(innen) scheinen insgesamt eher globale Urteile zur Zufriedenheit mit dem Unterricht abzugeben, während beispielsweise geschulte Beobachter(innen) die oben genannten Grunddimensionen ausdifferenzierter wahrnehmen und beurteilen.

Für die Messung der drei eingangs beschriebenen Grunddimensionen der Unterrichtsqualität (Strukturiertheit, Schülerorientierung, kognitive Aktivierung) haben sich in der Forschung zahlreiche Instrumente etabliert. Entsprechend konnte besonders mit Blick auf die Parallelität der Erfassung (und einen so ermöglichten Vergleich) von einzelnen Aspekten der Unterrichts- und Angebotsqualität auf etablierte Instrumente zurückgegriffen werden, die sich mehr oder weniger leicht adaptieren lassen.

Mit Blick auf die Heterogenität der Angebote musste im Rahmen von StEG ein Kompromiss eingegangen werden. So war es einerseits notwendig, die Komplexität der Angebote (und ihrer Qualität) durch angebotsübergreifende Einschätzungen zu reduzieren. Andererseits sollte aber auch die beschriebene notwendige Differenzierung soweit möglich be-

2 Das Fehlen solcher Vorgaben ist dabei nicht grundsätzlich negativ zu bewerten. Hier könnte sich andeuten, dass sich die Schulen bei Planung und Umsetzung der außerunterrichtlichen Angebote an den lokalen und regionalen Bedingungen bzw. Bedarfen usw. vor Ort orientieren. Folgt man dem Ansatz der „Schoolgoodness“ von Lightfoot (1983), kann man sogar so weit gehen, zu sagen, dass dies an sich Voraussetzung oder auch schon Merkmal einer hohen Schulqualität ist.

rücksichtigt werden. Die globale angebotsübergreifende Einschätzung aus der Perspektive der Schüler(innen) lässt sich als Maß der pädagogischen Qualität des gesamten außerunterrichtlichen Bereiches einer Ganztagsschule interpretieren.[3] Die Erfassung der Qualität eines ganz spezifischen Angebots war nur zur Hausaufgabenbetreuung möglich. Anders als die meisten anderen Ganztagsangebote, findet sich eine Art der Hausaufgabenbetreuung an nahezu allen Schulen (vgl. Holtappels 2007: 190-194), und auf der Basis schulpraktischer Erfahrung kann man davon ausgehen, dass darunter schul- und länderübergreifend (zumindest was die pädagogische Zielsetzung anbelangt) weitgehend das Gleiche verstanden wird – was für andere Angebotsarten nicht zutreffend ist.

Anhand konfirmatorischer Skalenanalysen kann geprüft werden, inwiefern die erhobenen Aspekte „Schülerorientierung" und „soziale Beziehungen" geeignet sind, die Qualität des Ganztagsbetriebes zu spiegeln. Dabei werden die sozialen Beziehungen der Schüler(innen) zu den Betreuer(inne)n mit denen zu den Lehrkräften kontrastiert. In Bezug auf die Hausaufgabenbetreuung als spezifisches außerunterrichtliches Angebot wird außerdem der Frage nachgegangen, ob die bekannten Konstrukte aus der Unterrichtsforschung effiziente Zeitnutzung und Unterstützungsverhalten der Lehrkraft/Betreuer(in) auch für die Betrachtung und Untersuchung der Qualität von außerunterrichtlichen Angeboten verwendbar sind.

Alle im Folgenden dargestellten Skalen verfügen über ein vierstufiges Antwortformat (von 1 = stimmt gar nicht, bis 4 = stimmt genau). Der Skalenwert einer Person wird berechnet aus der Summe der gegebenen Antworten, dividiert durch die Zahl der gültig beantworteten Fragen. Durch dieses Verfahren bewegt sich der Skalenwert jeweils zwischen 1 und 4 und ist im Rahmen der Pole des ursprünglichen Antwortformats der Einzelitems interpretierbar. Höhere Skalenwerte bedeuten eine höhere Ausprägung des jeweils abgefragten Konstrukts.

## 2 Schülerorientierung in den Angeboten

Aus der unterrichtsbezogenen Motivationsforschung ist bekannt, dass Veranstaltungen, in denen es gelingt, die Teilnehmer(innen) in ihren Lernbemühungen zu unterstützen und in denen sie über die Inhalte der Veranstaltung mitentscheiden dürfen (Partizipation), positive Lernerfahrungen in sozialer und motivationaler Hinsicht ermöglichen – dies gilt auch für den außerunterrichtlichen Bereich (vgl. Mahoney u. a. 2005). Da im Rahmen von StEG die Dimension Schülerorientierung nur für die Angebote, nicht aber parallel für den Unterricht abgefragt wurde, werden hier die Ergebnisse der Analysen ausschließlich für die Angebote (in globaler Perspektive) aus der Sicht der Schüler(innen) dargestellt:

Die Schülerorientierung stellt ein weit reichendes Konzept dar, für das in der Unterrichtsforschung verschiedene (Sub-)Dimensionen beschrieben werden. Auch in StEG wurde die Erhebung einer möglichst großen Vielfalt unterschiedlicher Aspekte angestrebt und dabei auf Instrumente zurückgegriffen, die in anderen Studien bereits eingesetzt wurden (Tillmann u. a. 1999). Für eine Adaptation auf die Situation in außerunterrichtlichen Angeboten wurden dabei die Konstrukte „Schüleraktive Aufgabenorientierung des Unterrichts", „Motivierung im Unterricht", „Lebensweltbezug des Unterrichts" und „Partizipa-

3 Die Schülerinnen und Schüler wurden (in der Regel) gebeten, ihre Einschätzungen zu den Angeboten (und zum Unterricht) auf alle pädagogisch tätigen Fachkräfte (bzw. Lehrkräfte) an ihrer Schule zu beziehen.

tion" ausgewählt (vgl. Holtappels/Simon 2002). Bei der Auswahl musste sich die Projektgruppe auf spezifische (Anker-)Items beschränken, da es nicht möglich war, die Instrumente zu den ausgewählten Dimensionen in vollem Umfang zu übernehmen (vgl. Radisch u. a. 2007: 235).

Um zunächst die dimensionale Struktur des Instruments zu überprüfen, wurden im ersten Schritt explorative Faktorenanalysen und Reliabilitätsanalysen durchgeführt. Die Ergebnisse legten nahe, dass die in StEG abgefragten Items nicht die postulierten Subdimensionen, sondern einen umfassenden Generalfaktor zur Schülerorientierung in den außerunterrichtlichen Angeboten abbilden. Dies spiegelt die oben erläuterte Erfahrung aus der Schulforschung wider, dass Schülerwahrnehmungen oftmals eine wenig ausdifferenzierte Struktur aufweisen. Anschließend durchgeführte konfirmatorische Faktorenanalysen unter Berücksichtigung der Mehrebenenstruktur der Daten zeigten akzeptable Anpassungsindizes für das einfaktorielle Modell. Damit ist von einer eindimensionalen Gesamtstruktur des Konstruktes auszugehen.

Innerhalb der ersten Erhebungswelle von StEG betrug der Mittelwert für die Schülerorientierung 2,73. Dies heißt zunächst, dass die durchschnittliche Bewertung der Angebote etwas oberhalb der theoretischen Mitte der Skala von 2,5 liegt. Obwohl damit die positiven Urteile leicht überwiegen, ist aus pädagogischer Sicht sicherlich zu diskutieren, ob damit ein wünschenswertes Zielniveau bereits erreicht ist.

## 3 Soziale Beziehungen zu Lehrkräften und zum weiteren pädagogisch tätigen Personal

Innerhalb der drei Grunddimensionen guten Unterrichts (siehe oben) schließt der Faktor „schülerorientiertes, unterstützendes Sozialklima" neben dem schülerorientierten Vorgehen auch Aspekte der sozialen Beziehungen zwischen den Schüler(inne)n und ihren Lehrkräften ein (vgl. Fend 1997: 64). Zahlreiche Studien konnten nachweisen, dass die schulischen Lehr-Lern-Prozesse günstiger verlaufen, wenn die Beziehungen zwischen den Schüler(inne)n und ihren Lehrkräften positiv eingeschätzt werden (für einen Überblick vgl. Gruehn 2000: 79-92). Dies sollte in ähnlicher Weise auch für die außerunterrichtlichen Angebote und die sozialen Beziehungen zum weiteren pädagogisch tätigen Personal gelten. Als Aspekt der Angebotsqualität wurde daher in StEG die Schüler-Betreuer-Beziehung parallel zur Schüler-Lehrer-Beziehung im Unterricht erfasst. Die Skalen zur Qualität der sozialen Beziehungen, die von den Schüler(inne)n bearbeitet wurden, bestehen aus jeweils fünf Items (vgl. Radisch u. a. 2007: 243), die für die Schüler-Lehrer-Beziehung aus PISA 2000 (vgl. Kunter u. a. 2002) übernommen wurden.

Beide Skalen wurden mit einer konfirmatorischen Faktorenanalyse untersucht. Dabei wurden für die Unterrichtseinschätzung und dic Angebotseinschätzung separate, aber identische Modelle berechnet (vgl. Radisch u. a. 2007: 244). Die Ergebnisse der Analysen zeigen, dass die Struktur der beiden Beziehungen parallel abgebildet werden kann.[4] Die

4 Da die im Anschluss an diese Analysen gebildeten Indizes (Skalenwerte) für den Unterricht und das Angebot als ungewichtete Summenindizes berechnet wurden, wurden bei der konfirmatorischen Faktorenanalyse nicht gleichzeitig auch die Faktorenladungen der unterrichtsbezogenen und der entsprechenden angebotsbezogenen Variablen als identisch vorausgesetzt. Allerdings ist von vollständiger Struktur-Äquivalenz nur unter solchen Bedingungen zu sprechen (vgl. Trautwein u. a. 2006).

beiden Skalen weisen einen mittleren korrelativen Zusammenhang auf (r = .53). Dies bedeutet, dass Schüler(innen), die die Beziehungen zu ihren Lehrer(inne)n eher positiv beurteilen, vergleichsweise auch die Beziehungen zu den Betreuer(inne)n eher positiv beurteilen, oder umgekehrt, dass beide Beziehungen tendenziell eher negativ beurteilt werden. Bei diesem Ergebnis ist allerdings zu berücksichtigen, dass für diese Analysen nicht in Rechnung gestellt werden konnte, wer das außerunterrichtliche Angebot bestreitet. Dadurch, dass in einigen Schulen (bzw. Ländern) die außerunterrichtlichen Angebote auch von Lehrkräften durchgeführt werden, kann nicht ausgeschlossen werden, dass sich das Urteil der Schüler(innen) zum Unterricht und zum Angebot partiell auf dieselben Personen bezieht, und die Korrelation deshalb etwas überschätzt wird.

Vergleicht man die Schülerurteile zu den sozialen Beziehungen zu Betreuern und Lehrkräften, so zeigt sich, dass der Kontakt mit den Betreuer(inne)n mit einem Gesamtmittelwert von 3,10 durchschnittlich positiver beschrieben wird als die Beziehung zu den Lehrkräften (Gesamtmittelwert 2,81). Es ist anzunehmen, dass sich in diesem Umstand strukturelle Unterschiede zwischen Angebot und Unterricht niederschlagen. Diese würden sich bei einer Differenzierung nach Rahmenbedingungen der außerunterrichtlichen Angebote (Verpflichtungsgrad der Teilnahme, Leistungscharakter, Unterrichtsnähe usw.) möglicherweise noch stärker zeigen.

Die Autor(inn)en haben deshalb überprüft, ob die Tatsache, welche Angebotselemente von den Schüler(inne)n besucht werden, Einfluss auf das Urteil der Schüler(innen) zur Beziehung zum weiteren pädagogischen Personal hat. Es zeigten sich hierbei jedoch keine nennenswerten Unterschiede. Das heißt, die Qualität der Sozialbeziehungen wird in lernbezogenen Angeboten nicht besser oder schlechter eingeschätzt als in den freizeitbezogenen AGs und fachübergreifenden Angeboten – was mit Blick auf die größere Unterrichtsnähe der lernbezogenen Angebote durchaus positiv zu deuten ist.

## 4 Hausaufgabenbetreuung und Fachunterricht (Deutsch/Mathematik) im Vergleich

Ergänzend zu den Analysen, die sich auf das gesamte Ganztagsangebot der Schulen konzentrieren, werden in diesem Abschnitt speziell die Angebote zur Hausaufgabenbetreuung[5] in den Blick genommen, u. a. deshalb, weil die Hausaufgabenbetreuung an nahezu allen Ganztagsschulen zu finden ist. Die Qualität von Unterricht und Hausaufgabenbetreuung wurde in StEG mit Instrumenten zur effektiven Zeitnutzung und zum wahrgenommenen Unterstützungsverhalten untersucht – beides Konstrukte, die in der Unterrichtsqualitätsforschung eine hohe Bedeutung haben (vgl. Helmke 2003). Für die Einschätzung der Unterrichtsqualität wurde in StEG – wie in der Unterrichtsforschung mittlerweile üblich (vgl. Klieme 2006) – zwischen einzelnen Unterrichtsfächern unterschieden. Ein entsprechendes fachbezogenes Vorgehen konnte allerdings für die Hausaufgabenbetreuung nicht vorgenommen werden. Es ist anzunehmen, dass Hausaufgabenbetreuung in den allermeisten Fällen fachunspezifisch erteilt wird, weshalb eine Differenzierung äquivalent zur Herangehensweise im Unterricht kaum möglich ist.

5 Im Folgenden verwenden wir durchgängig den Begriff der Hausaufgabenbetreuung. Dieser ist in einem umfassenden Sinn gemeint und soll alle Formen der Unterstützung bei den Hausaufgaben im Rahmen des Ganztagsbetriebs einschließen.

Die Ergebnisse der konfirmatorischen Faktorenanalysen legen nahe, dass auch die beiden Konstrukte „effektive Zeitnutzung" und „Unterstützung" in adaptierter Form für die Einschätzung der Hausaufgabenbetreuung verwendet werden können.

Mittelwertsvergleiche zeigen, dass die Schüler(innen) in der Hausaufgabenbetreuung im Vergleich zu den beiden Fächern Deutsch und Mathematik durchschnittlich in etwa die gleiche Unterstützung in der Hausaufgabenbetreuung wahrnehmen. Hinsichtlich der effektiven Zeitnutzung unterscheidet sich die Hausaufgabenbetreuung zwar signifikant von den beiden Unterrichtsfächern (die Werte fallen für die Hausaufgabenbetreuung etwas geringer aus), allerdings sind die Unterschiede sehr gering. Dies bedeutet, dass sich die Hausaufgabenbetreuung in Bezug auf beide Qualitätsdimensionen strukturell kaum vom Fachunterricht unterscheidet.

# 5 Fazit

Die vorgestellten Auswertungen zeigen, dass zumindest die genannten Dimensionen der Qualität der Angebote grundsätzlich parallel zur Unterrichtsforschung zu erfassen sind. Allerdings können diese Analysen nur als vorläufige Ergebnisse angesehen werden. So bleibt beispielsweise abzuwarten, ob sich die gefundenen Dimensionen im Rahmen weiterer Arbeiten und in den längsschnittlichen Analysen der StEG-Studie bestätigen lassen. Auch von theoretischer Seite müssen die Konzepte, die aus der Unterrichtsforschung übernommen wurden, überarbeitet und ausdifferenziert werden. Die vorgestellten Ergebnisse der ersten Erhebungswelle von StEG leisten aber einen wertvollen Beitrag und stellen einen guten Ausgangspunkt für weitere Analysen und Arbeiten dar.

Wünschenswert ist mit Blick auf die konzeptionelle Erweiterung der Angebotsqualität beispielsweise die Einbeziehung erlebnispädagogischer Perspektiven. Es wird davon ausgegangen, dass die Teilnahme an solchen Angeboten die Möglichkeit neuer Erfahrungen der Gemeinschaftlichkeit bietet und damit vor allem im Bereich des sozialen Lernens wirksam wird. Empirisch fundierte Qualitäts- und Wirkungsstudien fehlen dazu jedoch bislang (vgl. Züchner 2007). Im Rahmen der Betrachtung von nicht-unterrichtsnahen Ganztagsangeboten wird sich die Ganztagsschulforschung mit diesen Aspekten in Zukunft vermehrt empirisch auseinander setzen müssen.

## *Literatur*

Carroll, John B. (1963): A model of school learning. In: Teachers College Record (Vol. 64) No. 8/1963: 723-733.

Clausen, Marten (2002): Unterrichtsqualität: Eine Frage der Perspektive? Münster: Waxmann.

Creemers, Bert P. M./Kyriakides, Leonidas (2006): Critical Analysis of the Current Approaches to Modelling Educational Effectiveness. The importance of Establishing a dynamic model. In: School Effectiveness and School Improvement (Vol. 17) No. 3/2006: 347-366.

Diederich, Jürgen/Tenorth, Heinz-Elmar (Hg.) (1997): Theorie der Schule. Ein Studienbuch zu Geschichte, Funktionen und Gestaltung. Berlin: Cornelsen.

Ditton, Hartmut (2000): Qualitätskontrolle und Qualitätssicherung in Schule und Unterricht. Ein Überblick zum Stand der empirischen Forschung. In: ZfPäd (41. Jg.) H. 41/2000: 73-92.

Einsiedler, Wolfgang (1996): Unterrichtsqualität und Schulleistung in der Grundschule. Nürnberg: Institut für Grundschulforschung der Universität Nürnberg.

Fend, Helmut (1997): Der Umgang mit Schule in der Adoleszenz. Aufbau und Verlust von Lernmotivation, Selbstachtung und Empathie. Bern: Huber.

Fend, Helmut (2006): Neue Theorie der Schule. Einführung in das Verstehen von Bildungssystemen. Wiesbaden: VS Verlag für Sozialwissenschaften.
Gruehn, Sabine (2000): Unterricht und schulisches Lernen. Münster: Waxmann.
Helmke, Andreas (2003): Unterrichtsqualität erfassen, bewerten, verbessern. Seelze: Kallmeyer.
Holtappels, Heinz Günter (2007): Angebotsstruktur, Schülerteilnahme und Ausbaugrad ganztägiger Schulen. In: Holtappels/Klieme/Rauschenbach/Stecher (Hg.): 186-206.
Holtappels, Heinz Günter/Klieme, Eckhard/Rauschenbach, Thomas/Stecher, Ludwig (2007) (Hg.): Ganztagsschule in Deutschland. Ergebnisse der Ausgangserhebung der „Studie zur Entwicklung von Ganztagsschulen" (StEG). Weinheim: Juventa.
Holtappels, Heinz Günter/Simon, Frank (2002): Projekt „Schulqualität und Schulentwicklung in Niedersachsen". Dokumentation der Schüler-Skalen. Dortmund: Institut für Schulentwicklungsforschung.
Klieme, Eckhard (2006): Empirische Unterrichtsforschung: aktuelle Entwicklungen, theoretische Grundlagen und fachspezifische Befunde. Einführung in den Thementeil. In: ZfPäd (52. Jg.) H. 6/2006: 765-773.
Klieme, Eckhard/Lipowsky, Frank/Rakoczy, Katrin/Ratzka, Nadja (2006): Qualitätsdimensionen und Wirksamkeit von Mathematikunterricht. Theoretische Grundlagen und ausgewählte Ergebnisse des Projekts „Pythagoras". In: Prenzel, Manfred/Allolio-Näcke, Lars (Hg.): Untersuchungen zur Bildungsqualität von Schule. Abschlussbericht des DFG-Schwerpunktprogramms. Münster: Waxmann: 127-146.
Kunter, Mareike/Schümer, Gundel/Artelt, Cordula/Baumert, Jürgen/Klieme, Eckhard/Neubrand, Michael/ Prenzel, Manfred/Schiefele, Ulrich/Schneider, Wolfgang/Stanat, Petra/Tillmann, Klaus-Jürgen/Weiß, Manfred (Hg.) (2002): PISA 2000: Dokumentation der Erhebungsinstrumente (Materialien aus der Bildungsforschung Nr. 72). Berlin: Max-Planck-Institut für Bildungsforschung.
Leonard, Carl/Bourke, Sid/Schofield, Neville (2004). Affecting the affective. Affective outcomes in the context of school effectiveness, school improvement and quality schools. In: Issues in Educational Research (Vol. 14) No. 1/2004: 1-28.
Lightfoot, Sara L. (1983): The good High School. Portraits of character and culture. New York: Basic Books.
Luyten, Hans/Visscher, Adrie/Witziers, Bob (2005): School Effectiveness Research. From a review of the criticism to recommendations for further development. In: School Effectiveness and School Improvement (Vol. 16) No. 3/2005: 249-279.
Mahoney, Joseph L./Larson, Reed W./Eccles, Jacquelynne S./Lord, Heather (Eds.) (2005): Organized Activities as Contexts of Development. Extracurricular Activities, After-School and Community Programs. Mahwah: Erlbaum.
Ottweiler, Ottwilm (2003): Aktuelle Forderungen nach Ganztagsschulen: Ansprüche – Gründe – Ziele. In: Rekus, Jürgen (Hg.) (2003): Ganztagsschule in pädagogischer Verantwortung. Münster: Aschendorff: 4-27.
Pauli, Christine/Reusser, Kurt (2006): Von international vergleichenden Video Surveys zur videobasierten Unterrichtsforschung und -entwicklung. In: ZfPäd (52. Jg.) H. 6/2006: 774-798.
Quellenberg, Holger/Stecher, Ludwig/Carstens, Ralph (2007): Hintergrund, Design und Stichprobe. In: Holtappels/Klieme/Rauschenbach/Stecher (Hg.): 51-68.
Radisch, Falk/Klieme, Eckhard (2004): Wirkungen ganztägiger Schulorganisation. Bilanz und Perspektiven der Forschung. In: Die Deutsche Schule (96. Jg.) H. 2/2004: 153-169.
Radisch, Falk/Stecher, Ludwig/Klieme, Eckhard/Kühnbach, Olga (2007): Unterrichts- und Angebotsqualität aus Schülersicht. In: Holtappels/Klieme/Rauschenbach/Stecher (Hg.): 227-260.
Scheerens, Jaap/Bosker, Roel J. (1997): The Foundations of Educational Effectiveness. Oxford: Pergamon Press.
Tietze, Wolfgang/Roßbach, Hans-Günther/Stendel, Martina/Wellner, Beate (2005): Hort- und Ganztagsangebote-Skala (HUGS). Feststellung und Unterstützung pädagogischer Qualität in Horten und Außerunterrichtlichen Angeboten. Deutsche Fassung der School-Age Care Envronment Rating Scale von Thelma Harms, Ellen Vineberg Jacobs, Donna Romano. Weinheim: Beltz.
Tillmann, Klaus-Jürgen/Holler-Nowitzki, Birgit/Holtappels, Heinz Günter/Meier, Ulrich/Popp, Ulrike (1999): Schülergewalt als Schulproblem. Verursachende Bedingungen, Erscheinungsformen und pädagogische Handlungsperspektiven. Weinheim: Juventa.
Trautwein, Ullrich/Lüdtke, Oliver/Köller, Olaf/Baumert, Jürgen (2006): Self-Esteem, Academic Self-Concept, and Achievement: How the Learning Environment Moderates the Dynamics of Self-Concept. In: Journal of Personality and Social Psychology (Vol. 90.) No. 2/2006: 334-349.
Wang, Margaret C./Haertel, Geneva D./Walberg, Herbert J. (1993): Toward a knowledge base for school learning. In: Review of Educational Research (Vol. 63) No. 3/1993: 249-294.
Züchner, Ivo (2007): Bildungsqualität in der Kinder- und Jugendhilfe. In: Zeitschrift für Soziologie der Erziehung und Sozialisation (27. Jg.) H. 4/2007: 385-401.

# Wirkungen von Jugendarbeit in Kooperation mit Schulen

*Thomas Coelen*

Seit Beginn der vermehrten Einführung von Ganztagsschulen wird die Jugendarbeit generell in Frage gestellt – was mittels eines Zitats dreier bekannter Ganztagsschulforscher(innen) illustriert sein mag:

> „Ganztägige Schulen stellen zunächst einen gesellschaftlichen Beitrag zur Sicherstellung und zur Qualitätssteigerung der soziokulturellen Infrastruktur (z. B. Jugendarbeit) dar" (Höhmann/Holtappels/Schnetzer 2005: 170).

Neben Steigerungen der Lernleistungen sowie der Vereinbarkeit von Familie und Beruf sichere und verbessere die Ganztagsschule auch die bedeutendste Institution der (bisherig) außerschulischen Jugendbildung, so lautet die provokante These.

Aus sozialpädagogischen Kreisen wird dieser These zumeist spontan und empört widersprochen. Hingegen ist die selbstbewusste Position, die auf dem Wissen basiert, dass es ohne Sozialpädagogik in Deutschland kaum eine einzige Ganztagsschule gäbe (auch international nicht; siehe dazu Otto/Coelen 2004), selten anzutreffen: Das, was die neue Organisationsform überhaupt „ganz"tägig macht, ist bisher zum größten Teil außerschulisch gewesen und daher konstitutiv u. a. auf Jugendarbeit angewiesen. Allerdings – und insofern ist der spontane Widerspruch verständlich – geschieht dies oft in Form einer Funktionalisierung oder Inkorporation außerunterrichtlicher Pädagogik. Diese sieht sich dann mancherorts mit der Frage konfrontiert, was sie denn eigentlich bewirke: im Verhältnis zur Schule oder eigenständig und überhaupt. Sie könne eben nur noch gesichert und dann auch gleich verbessert werden, wenn sie sich mit Schulen zusammentäte, so lautet das ambivalente „Angebot" aus Kommunal- und Landespolitik bzw. (wie oben zitiert) der Schulpädagogik.

Für Kooperationen zwischen Jugendarbeit und Schule gibt es freilich eine nahezu unendliche Vielfalt an Beispielen aus Vergangenheit und Gegenwart. Aus diesem Spektrum sind hier aktuelle Bundesländerprogramme ausgewählt, denn auf dieser Ebene werden gegenwärtig die einflussreichsten schul- und sozialpolitischen Entscheidungen getroffen.

## 1 Evaluationsbeispiele

Zunächst wird ein Präventions- und Integrationsprogramm des Landes Niedersachsen vorgestellt, anschließend in Kurzform zwei ähnliche Programme anderer Bundesländer (Baden-Württemberg und Bayern) und schließlich einen bundesweiten Wettbewerb (der Deutschen Kinder- und Jugendstiftung) zu diesem Thema. Auf Basis dieser Beispiele werden dann die verschiedenen Ebenen der Wirkung von Jugendarbeit im Kontext mit Schule destilliert und erläutert. Abschließend werden die praktischen Beispiele und theoretischen Ebenen in den Forschungsstand zur sozialpädagogischen Ganztagsschulforschung eingeordnet.

## *1.1 Niedersachsen: Präventions- und Integrationsprogramm (PRINT)*

Auf Grundlage eines Landtagsbeschlusses im Jahr 1998 wurde in Niedersachsen das komplexe und viel beachtete Präventions- und Integrationsprogramm (PRINT) aufgelegt. Das gemeinsam vom Ministerium für Soziales, Frauen, Familie und Gesundheit und dem Kultusministerium verantwortete Programm zielte auf eine Verbesserung der Zusammenarbeit von Jugendhilfe und Schule sowie die Integration von zugewanderten Kindern und Jugendlichen. Mit insgesamt 77 geförderten Einzelprojekten wurde der Aufbau eines in diese Zielrichtungen wirkenden Präventionsnetzwerkes angestrebt. PRINT trat Ende 2000 mit einer Laufzeit bis Ende 2006 mit der Bewilligung von „Grundbausteinen“ in Kraft. Die Vergabe von „Schwerpunktbausteinen“ erfolgte ab Mitte 2002:

47 so genannte „Grundbausteine“ wurden in ausgewählten Sozialräumen bewilligt, um Koordinierungsfunktionen bei der Entwicklung lokaler Präventions- und Integrationskonzepte zu übernehmen. Diese Projekte bildeten auf örtlicher Ebene die zentralen Knotenpunkte, aus denen ein immer komplexer werdendes Netzwerk institutioneller Zusammenarbeit erwachsen sollte. Eine weitere Aufgabenstellung bestand darin, an den beteiligten Schulen Nachmittagsangebote für die Schüler(innen) unter Beteiligung von Jugendhilfe einzurichten. 30 so genannte „Schwerpunktbausteine“ wurden in die Förderung mit der Zielsetzung aufgenommen, neue Handlungsansätze für gezielte Integrationsstrategien in Vereinen, beim Übergang von der Schule in den Beruf und zur gesellschaftlichen Teilhabe/Partizipation zu entwickeln.

Für die im PRINT-Programm tätigen Sozialarbeiter(innen) bzw. Sozialpädagog(inn)en entwickelte und finanzierte das Land Niedersachsen eine Berufsbegleitende Weiterbildungsmaßnahme zur „Präventionsfachkraft“. Die Durchführung erfolgte im Tandemmodell (je eine Fachkraft der Kinder- und Jugendhilfe und eine Lehrkraft). In Zusammenarbeit mit dem Präventionsprojekt NetzwerG der Universität Lüneburg wurden im Zeitraum 2001 bis 2006 insgesamt neun Tandemkurse ausgeschrieben und durchgeführt. Mit dieser sehr praxisorientierten Weiterbildungsmaßnahme konnten zusätzlich zu den PRINT-Fachkräften weitere etwa 225 Personen in Niedersachsen zur Präventionsfachkraft ausgebildet werden.

Unter Berücksichtigung der zugrunde gelegten Förderrichtlinie ergaben sich folgende konkrete Zielsetzungen für das PRINT-Programm:

- Verbesserung der Entwicklungsmöglichkeiten aller junger Menschen
- Abbau von Benachteiligung und Schaffung positiver Lebensbedingungen
- Wirken gegen abweichendes Verhalten, Schulversagen und Absentismus
- Förderung der Persönlichkeitsentwicklung
- Förderung der Integrations-, Ausbildungs- und Beschäftigungsfähigkeit
- Beitrag zur besseren Vereinbarkeit von Familie und Beruf
- Partizipation junger Menschen an der Planung und Durchführung von Angeboten
- Berücksichtigung der Lebenslagen beider Geschlechter

Ende des Jahres 2002 wurde die Gesellschaft für Innovationsforschung und Beratung mbh (GIB) mit der wissenschaftlichen Begleitung des Landesprogramms beauftragt. Es wurde eine formative Evaluation gewählt, die zum Programmende zunehmend Elemente einer summativen Evaluation beinhaltete. Im Zeitraum 2003-2006 führte die GIB verschiedene Erhebungen durch (u. a. von Prozessdaten; dreifache Befragung aller PRINT-Fachkräfte, verschiedene Befragungen von kooperierenden Institutionen, mehrere Befragungen von Schulleitungen, weitere Analysen von Projektunterlagen). Auf Grundlage des letzten Zwischenberichtes (GIB 2006) werden hier einige der zentralen Evaluationsergebnisse zusammengefasst. Bei folgenden Aspekten wurden positive Entwicklungsschritte festgestellt:

- stärkeres Engagement in Freizeit- und Nachmittagsangeboten (ca. 3 375 Jugendliche)
- Erhöhung der sozialen Kompetenzen (ca. 3 300 Jugendliche)
- aktivere Lebensgestaltung (ca. 2 500 Jugendliche)
- Erhöhung der schulischen Kompetenzen (ca. 1 990 Jugendliche)
- erhöhtes Interesse an Schule oder Ausbildung (ca. 1 740 Jugendliche)
- Bewältigung von individuellen Problemlagen (ca. 1 290 Jugendliche)
- 1 500 zusätzliche Multiplikator(inn)en
- Öffnung von weiteren Institutionen für die Zielgruppe
- Knapp zwei Drittel der Fachkräfte der Grundbausteine haben sich stark bzw. sehr stark an der Diskussion und am Prozess zur Ganztagsschule eingebracht.
- Durch Förderung des Niedersächsischen Landwirtschaftsministeriums konnten zusätzliche Projekte zur Ernährungsaufklärung umgesetzt werden.
- Im Vergleich zu Schulen aus einer Kontrollgruppe konnten an den beteiligten Schulen Rückgänge bei Sachbeschädigungen und Schulverweigerungen verzeichnet werden.

In Bezug auf die Wirkungen der Jugendarbeit kann aus der fachlichen Begleitung resümiert werden, dass bei zahlreichen Projekten wertvolle Zugänge zu einem erweiterten Kreis von Kindern und Jugendlichen erschlossen werden konnten, eine erweiterte Kontaktaufnahme zu ihren Eltern geebnet werden konnte und auch eine Profilbildung in Bezug auf die Zusammenarbeit von Jugendhilfe und Schule hergestellt werden konnte.

Aufgrund der positiven Gesamtbewertung des Programms wurde ab 01.01.2007 ein Folgeprogramm „NiKo“ (Niedersächsische Kooperations- und Bildungsprojekte) aufgelegt. Dieses Landesprogramm beinhaltet weiterhin eine Förderung von insgesamt 77 Projekten an schulischen Standorten und zielt auf die Stärkung von Bildungs-, Erziehungs- und Gesundheitskompetenzen in Kooperation zwischen Jugendhilfe, Schule und Familien in sozialen Brennpunkten.

Im Folgenden wird anhand weiterer Programme zur Kooperationen zwischen Jugendarbeit und Schulen vorgestellt, inwiefern diese Zusammenarbeit auf die Beteiligten – Schüler(innen), Lehrer(innen) und Schulleiter(innen), Fachkräfte der Jugendarbeit – sowie deren Institutionen wirken. Dabei wird in Stichworten ein erster Einblick in verschiedenste Ebenen von Wirkungen gegeben, die an späterer Stelle vertieft dargestellt werden.

## *1.2 Baden-Württemberg: „Hier wird gebildet!"*

Laufzeit: 1999 – 2003
Projekt: „Hier wird gebildet! – Rahmenbedingungen, Wirkungen und Perspektiven einer erfolgreichen Kooperation von Jugendarbeit und Schule"
Quelle: http://www.ljrbw.de/ljr/service/publikationen/arbeitshilfen.php (auch als Publikation beziehbar oder abrufbar unter http://www.ljrbw.de/ljr/service/publikationen/pubilkationen_download/handbuecher/kooperationjuaschule.pdf)
Träger: Landesjugendring Baden-Württemberg in Zusammenarbeit mit dem Ministerium für Kultus, Jugend und Sport Baden-Württemberg

Beschreibung: Das Projekt fasst die Evaluation des Förderprogramms „Kooperation Jugendarbeit und Schule" zusammen und stellt Bedeutungen und Wirkungen einer Zusammenarbeit von Jugendarbeit und Schule dar, die von den beteiligten Schüler(inne)n, Lehrkräften und Jugendarbeiter(inne)n positiv geschildert werden. Zudem werden Rahmenbedingungen und Perspektiven zur Weiterentwicklung von Kooperationen aufgezeigt, die für eine erfolgreiche Zusammenarbeit erforderlich sind.

Ziele: Im Projekt wurden Effizienz und Effektivität des Förderprogramms überprüft. Rahmenbedingungen der Kooperation werden hinsichtlich förderlicher und hemmender Bedingungen beleuchtet. Des Weiteren werden Wirkungen der Zusammenarbeit in der Praxis sowie Lernprozesse bei den beteiligten Kindern und Jugendlichen aufgezeigt. Zudem werden Veränderungen im Hinblick auf Strukturprinzipien und Arbeitsmethoden der Jugendarbeit dargestellt und Perspektiven zur Weiterentwicklung aufgezeigt.

Wirkungen: Bezüglich der Wirkungen auf die Kinder und Jugendlichen selbst konnte mittels qualitativer Interviews aufgezeigt werden, dass die Kooperation von Jugendarbeit und Schule Entwicklungsfördernde Impulse freisetzt. Mädchen und Jungen wurden angstfreier, selbstbewusster und selbständiger im Umgang mit alltäglichen Arbeiten. Ebenso wurde der Zugewinn an Kritikfähigkeit und Offenheit geschildert sowie die Veränderung des Lehrer-Schüler-Verhältnisses betont. Angebotene Projekte wurden als Abwechslung zum Schulalltag gesehen. Es entstanden größere Freiräume, weniger Druck und eine freiere und lockere Atmosphäre in den Angeboten. Lernen im Projekt wurde als unbewusster Prozess wahrgenommen, Lernerfahrungen im sozialen Miteinander wurden gemacht, die Meinungsbildung gefördert. Neben dem Gewinn von Wissen (z. B. politische Bildung) wurde auch die Klassengemeinschaft gestärkt. Es eröffneten sich neue Erfahrungsräume. Auch wurden neue Chancen und Möglichkeiten erkannt, Erfahrungen im Umgang mit Neuem oder Fremdem zu machen.

Bezüglich der Einrichtungen konnten Praktiker(innen) durch die Kooperation mit Schulen eine größere Aufmerksamkeit in der Öffentlichkeit beobachten. Zudem wurden verbesserte Einbindungen ihrer Einrichtungen in die Sozialräume sowie eine größere Akzeptanz bei den Zielgruppen festgestellt.

Im Hinblick auf die eigene Berufspraxis beobachteten die Fachkräfte, dass ihre Entwicklung von Toleranz und Verständnis für die Kooperationspartnerin Schule zunahm. So konnten Inhalte und Methoden der Zusammenarbeit bedarfsgerecht zugeschnitten und eigene Konzepte und Arbeitsansätze gezielt weiterentwickelt und professionalisiert werden.

Seitens der Fachkräfte der Jugendhilfe wurde wahrgenommen, dass Strukturprinzipien der Jugendarbeit in Kooperation mit Schulen nicht vollständig übergangen oder außer

Kraft gesetzt wurden: So konnten Grundsätze wie Freiwilligkeit, Offenheit und Partizipation in der Kooperationspraxis zwar nicht immer in der gleichen Weise wie in der Offenen Jugendarbeit umgesetzt werden, jedoch gab es auch im Rahmen der Zusammenarbeit mit Schulen genügend Spielräume, diese angemessen zu gestalten.

Zusammenfassend kann gesagt werden, dass die Strukturprinzipien der Jugendarbeit in Kooperationen mit Schulen keinesfalls ignoriert wurden, sondern z. T. eine besondere Qualität der Zusammenarbeit darstellten und als solche von allen Beteiligten geschätzt und respektiert wurden. So dienten Angebote der Jugendarbeit in Schulen dazu, ein Kontrastprogramm zum Unterricht zu bieten, fachliche sowie pädagogische Unterstützung zu bieten, durch ihre Vielfalt zu bereichern und Jugendliche ganzheitlich anzusprechen.

### *1.3 Bayern: „Jugendarbeit macht Bildung und Schule besser" (j.a.m.b.u.s)*

Laufzeit: 2003 – 2006
Projekt: Modellprojekt „j.a.m.b.u.s. – Jugendarbeit macht Bildung und Schule besser"
Quelle: http://www.jambus.bjr.de
Träger: Bayerischer Jugendring

Beschreibung: Im Modellprojekt werden die Qualität von Bildungskonzepten und Kooperationsformen zwischen Jugendarbeit und Schule untersucht. Zudem werden interessierte Träger, die bereits mit Schulen zusammenarbeiten oder eine Zusammenarbeit anstreben, beraten und unterstützt.

Ziele: Das Modellprojekt j.a.m.b.u.s. hat sich zum Ziel gesetzt, Beiträge für eine Weiterentwicklung und Aktualisierung des Bildungsbegriffs der Jugendarbeit zu leisten und die Zusammenarbeit von Jugendarbeit und Schule in Bayern zu unterstützen. So sollen neue Formen der Kooperation erprobt und bereits bestehende Projekte weiterentwickelt und abgesichert werden. j.a.m.b.u.s. richtet sich an Jugendverbände und Jugendringe, weitere im Bereich der Jugendarbeit tätige freie und öffentliche Träger und Fachkräfte der Jugendarbeit sowie Schulen, Schulträger und politisch Verantwortliche.

Wirkungen: In der Veröffentlichung „Gemeinsam für Bildung. Praxismodelle aus dem Projekt j.a.m.b.u.s. – Jugendarbeit macht Bildung und Schule ... besser" (April 2005) wird beispielsweise vom Praxismodell des Stadtjugendrings Augsburg von positiven Erfahrungen berichtet, die seitens der Kinder und Jugendlichen zu verzeichnen seien. So wurden beteiligte Schüler(innen) von Lehrkräften als interessierter und aufgeschlossener im Unterricht beschrieben und die Atmosphäre des Schulalltags als entspannter bezeichnet. Kinder und Jugendliche zeigten sich zuverlässig und kooperativ. Insgesamt wurde die Kooperation seitens der Klassenlehrer(innen) als spürbare Belebung des Alltags benannt.

### *1.4 „Ideen für mehr! Ganztägig lernen."*

Laufzeit: Schulhalbjahr 2005/2006
Projekt: „Zeigt her Eure Schule – Kooperation mit außerschulischen Partnern" (Praxisbericht zum zweiten Ganztagsschulwettbewerb)

Quelle: http://www.ganztaegig-lernen.org/media/web/download/AH-05-WEB.pdf (auch als Publikation beziehbar); siehe auch http://www.ganztaegig-lernen.org/www/web523.aspx.
Träger: Deutsche Kinder- und Jugendstiftung in Zusammenarbeit mit dem Bundesministerium für Bildung und Forschung

Beschreibung: An Ganztagsschulen und deren Kooperationspartner wurde appelliert, ihre Erfahrungen in einem Wettbewerb zu dokumentieren. Im Bericht wird die thematische und methodische Vielfalt der Zusammenarbeit aus Sicht der beteiligten Lehrkräfte, Partner und Schüler(innen) dargestellt. Die 25 besten Beispiele werden aufgeführt. In Kapitel 4 und 5 der Publikation werden die Kooperationswirkungen aus Sicht der Partner, Schüler(innen), Eltern und Lehrern vorgestellt.

Ziele: Darstellung verschiedenster Kooperationsbeispiele von Ganztagsschulen sowie deren Wirkungen auf alle an der Zusammenarbeit Beteiligten.

Wirkungen: Die Selbstbeschreibungen der Institutionen geben an, dass beteiligte Kinder und Jugendliche viel Spaß und Freude in der Freizeit und in Arbeitsgemeinschaften entwickelten. Ihre Lernfreude führe zu vermehrtem Nachdenken. Mit Erwachsenen werde Beziehung und Identifikation erlebt. In außerschulischen Experten sahen Kinder Vorbilder. Die Schüler(innen) übernahmen Verantwortung für die Beschäftigung mit lebensnahen Themen, dies zeigte sich auch im Erfahrungslernen. Lernen wurde ganzheitlicher, bedürfnisgerechter und gebrauchsfähiger. Kinder und Jugendliche fühlten sich in ihren Bedürfnissen wahrgenommen. Gerade bei außen stehenden Personen fanden sie Hilfe zur Lebensbewältigung. So wird betont, dass außerschulische Partner besonders geeignet sind, Kindern die Möglichkeit zu geben, Bedürfnisse nach Beratung, Vertrauen und Unterstützung zu befriedigen.

Aus Sicht der Lehrkräfte wurde in Bezug auf die Kooperation beobachtet, dass sich das Schulklima positiv entwickelte. Reichhaltige Angebote führten zu mehr Möglichkeiten. Schule selbst wurde nicht mehr nur als Ort des Lehrens und Lernens betrachtet, sondern bedeutend mehr als Verantwortungs-, Identifikations- und Erfahrungsraum gesehen. Auch der positive Auftritt der Schule in der Öffentlichkeit wurde betont. Aus Sicht der Lehrer(innen) steigerte die Zusammenarbeit von Jugendarbeit und Schule Motivation und Lerninteresse, da gerade auch Bedürfnisse und Interessen der Schüler(innen) berücksichtigt wurden. Unterschiedliche Arten der Förderung von Benachteiligung wurden positiv vermerkt. Zudem stärke die Kooperation die Persönlichkeitsentwicklung und Sozialerziehung von Schüler(innen). Für die Lehrer(innen) selbst bot die Zusammenarbeit einige Innovationen durch neue Lernformen und Qualifizierungseffekte. Auch erlebten sie eine Rollenveränderung und konnten notwendige Aufgaben delegieren.

Auch Fachkräfte der Jugendarbeit als Kooperationspartner stellten fest, dass die Zusammenarbeit die enorme Vielfalt der Angebote aus ihrem Bereich betont, so dass ihre Einrichtungen durch wachsende Präsenz in der Öffentlichkeit an Ansehen gewinnen und in ein besonders positives Licht gerückt werden. Jugendarbeiter(innen) brächten durch ihre Qualifikation zudem zusätzliche Kompetenzen mit, die den Alltag der Lehrkräfte bereicherten. Aus ihrer Sicht führte die Zusammenarbeit auch Erfahrungen im sozialen Lernen mit sich. So stellten sie fest, dass ihnen die Arbeit mit Kindern und Jugendlichen an Schulen besondere Freude bereitete. Zudem wurde seitens der Fachkräfte betont, dass Eigennutz ihrer Institutionen in der Zusammenarbeit mit Schulen nicht anrüchig sei: Durch

Mitarbeit im Ganztagsschulbetrieb war es ihnen möglich, mit Schüler(innen) schneller und leichter in Kontakt zu kommen, anstatt darauf zu warten, dass diese den Schritt in ihre Einrichtung machen. Auf die Jugendarbeit wirkt die Zusammenarbeit mit Ganztagsschulen somit zukunftsichernd. Gewinne wurden daher aus Sicht der Jugendarbeiter nicht nur in den Schulen gemacht, sondern eben auch im außerschulischen Bereich (z. B. durch Mitgliederzuwachs). Betont wurde somit der beidseitige Nutzen der Jugendarbeit: Fachkräfte an Schulen tun nicht nur etwas für die Schüler(innen), sie können auch gleichzeitig Werbung für ihre Angebote machen.

## 2 Ebenen der Wirkung

Aus den kurz vorgestellten Praxisbeispielen werden nun verschiedene Ebenen der Wirkung von Jugendarbeit im Kontext mit Schule destilliert und erläutert. Vorweg ist festzuhalten, dass die Zielsetzungen der Programme weitgehend den (währenddessen oder hinterher) festgestellten Wirkungen entsprechen: ein Umstand, der nicht zuletzt darauf zurückzuführen sein dürfte, dass es sich in diesem Feld selten um (freie) Forschung handelt, sondern zu allermeist um (beauftragte) Evaluationen, die nicht zuletzt legitimatorische Funktionen zu erfüllen haben. Zudem wird kaum auf Einzelheiten eingegangen, stattdessen überwiegen generelle Aussagen.

Laut Projektdarstellungen, -evaluationen und -wettbewerben wirkt Jugendarbeit in Kooperation mit Schulen auf alle Beteiligte, nämlich:

- die Kinder und Jugendlichen, weil die Zusammenarbeit Entwicklungsfördernde Impulse in sämtlichen Bereichen freisetze; indem die Schüler(innen) ihre Lehrer(innen) außerhalb des Unterrichtes kennen lernen und so ihre Beziehungen stärken würden; weil sie sich durch die (freiwillige) Wahl von Angeboten in verschiedensten Bereichen nicht gezwungen fühlten, sondern sich nach eigenem Belieben und Interesse an Aktivitäten beteiligen könnten; weil Lernen über den Schulunterricht hinaus als unbewusster Prozess geschehe (informell) und nicht als Pflicht angesehen werde;
- die Eltern, weil sich Familie und Beruf durch längere Betreuungs- und Beschäftigungsmöglichkeiten (Mittagessen, Hausaufgabenbetreuung, Aktivitäten am Nachmittag) besser vereinbaren ließen (mehr Zeit für gemeinsame Unternehmungen);
- die Institution Schule, weil sie durch ihre Auswahl an Angeboten nach Unterrichtsende Interesse wecke und Ansehen in der Öffentlichkeit gewinne; weil die Lernkultur erweitert werde; weil sie in belebender Konkurrenz zu anderen Schulformen ohne Ganztags- oder sonstige Nachmittagsangebote stehe;
- die Einrichtungen der Jugendarbeit bzw. ihre Träger, weil sie durch Angebote Zeichen setzen und Werbung machen könnten;
- die Lehrer(innen), Schulleiter(innen), weil sie Kinder und Jugendliche außerhalb des Unterrichts entspannter und stressfreier wahrnähmen; weil sich das Verhältnis zwischen Lehrer(inne)n und Schüler(inne)n positiv verändere, wenn man nicht der gewohnten Situation im Klassenraum ausgesetzt sei; weil Angebote der Jugendarbeit den Schulalltag belebten;
- die Fachkräfte der Jugendarbeit und sonstiges pädagogisches Personal, weil sie für Kinder weder Eltern noch Lehrer seien und so anders wahrgenommen würden; weil sie differenzierter mit Schüler(inne)n arbeiten könnten als Lehrkräfte; weil Toleranz und Ver-

ständnis für den Kooperationspartner Schule zunehme, sodass eigene Konzepte und Arbeitsansätze ausgebaut und professionalisiert würden;
- die Arbeitsprinzipien und -ansätze, weil Grundsätze wie Freiwilligkeit, Offenheit und Partizipation auch in der Schule genügend Gestaltungsspielraum hätten, Anwendung fänden und so die besondere Qualität der Zusammenarbeit darstellten.

Zusammengefasst werden – ausschließlich positive – Wirkungen berichtet auf drei von vier Dimension der Jugendhilfeforschung: Adressaten, Organisationen, Personal; es fehlen Angaben über Wirkungen in Bezug auf die vierte Dimension: Disziplin/Theorie – jedoch ist das vorliegende Handbuch dafür ein guter Beleg. Es fehlen allerdings auch Berichte über negative, unerwünschte oder kontraproduktive Wirkungen. Dies könnte ein Effekt sowohl der grassierenden Projektfinanzierung (anstelle von Regelangeboten) sein,[1] als auch der prinzipiellen Grenzen vieler Evaluationen. Deshalb soll abschließend der Forschungsstand ins Auge gefasst werden, um das hier Zusammengestellte einordnen zu können.

## 3 Einordnung in den Forschungsstand und Ausblick

Abschließend werden nun die praktischen Beispiele und die theoretisch destillierten Ebenen in den Forschungsstand zur sozialpädagogischen Ganztagsschulforschung eingeordnet:[2] Für die ganztagsschulbezogene Forschung ist aus dem Spektrum der Sozialen Arbeit fast ausschließlich das Handlungsfeld der Kinder- und Jugendhilfe relevant. Aus diesem Grund liegt es nahe, die fünf Ebenen der Jugendhilfeforschung (vgl. Flößer u. a. 1998: 229) als Struktur für einen Überblick zu nutzen:[3]

1. Handlungsfelder
2. Organisationen/Institutionen
3. Professionen/Personal
4. (direkte/indirekte) Adressaten
5. Disziplinen/Theorien

Diese fünf Ebenen müssen differenziert und vielfältig gefüllt werden:

1. Von den Handlungsfeldern der Jugendhilfe sind die Kindertagesbetreuung zum Teil, die Jugendarbeit in großem Umfang (und auch in geringem Maße die HzE) involviert; interessant wäre ein Überblick über gemeinsame Anlässe und Inhalte der Handlungsfelder; hinzu kommen müsste eine Betrachtung unterschiedlicher *Settings* (wie Unterricht, Gruppenarbeit, Projekte, Pausen, Jugendarbeit, Freizeit etc.) in ihrer ggf. vorhandenen Verschränkung sowie die darin vertretenen Bildungsmodalitäten (formell, nicht-formell, informell).

1 Problematisch sind hier die kurzen Laufzeiten, die – zumal oft ohne externe Evaluation – wenig Aufschluss über Wirkungen zulassen. Die bundesweit unübersichtliche Anzahl von Initiativen ohne übergreifende Sekundäranalyse lässt weiterhin offen, welchen Stellenwert die Jugendarbeit (trotz evtl. Professionalisierungschancen) im Kontext von Ganztagsarrangements einnimmt.

2 Siehe dazu ausführlich Coelen (2007).

3 Hingegen deckt die Schulentwicklungsforschung nicht alle, aus sozialpädagogischer Sicht relevanten Themen der Ganztagsschulforschung ab: Während ihr exklusiver Beitrag das Segment der Unterrichtsforschung bzw. der Lernleistungen ist, werden von ihr nur Teilaspekte der Ebenen Organisation und Personal berücksichtigt.

2. Unter organisatorischen Gesichtspunkten sind vor allem die Kooperationsformen, ihre Trägerschaft und Finanzierung, die Steuerungsstrukturen, die Verzahnung von unterrichtlichen und außerunterrichtlichen *Settings* (Lernkultur, Rhythmisierung) sowie die schul- bzw. unterrichtsbezogenen Funktionen der nicht-formellen Arrangements sowie spezifische Programme/Profile/Konzepte relevant.
3. Im Hinblick auf das die Ganztägigkeit gewährleistende Personal sind ihre formalen Ausbildungsgänge und inhaltlichen Ausbildungsrichtungen, ihre Beschäftigungsverhältnisse und Fortbildungen sowie das gesellschaftliche Ansehen der Tätigkeiten (u. a. ausgedrückt in Löhnen/Gehältern) von Belang.
4. Aus Sicht der Kinder und Jugendlichen als unmittelbaren Adressaten wie auch ihrer Eltern (als indirekten Adressaten) der Bildungs- und Betreuungsarrangements sind vor allem die pädagogisch-institutionell verbrachten Zeitbudgets, die Rechtsgrundlagen für den Besuch der Einrichtungen, die ggf. zu entrichtenden Beiträge, die Partizipationsmöglichkeiten und die fördernden Wirkungen der institutionellen Arrangements von Interesse.[4]
5. Unter einem disziplinär-theoretischen Blickwinkel sind u. a. die verbreiteten – ggf. gemeinsamen – Leitbegriffe und der Grad der akademischen Vernetzung relevant sowie Herausforderungen an die Forschungsmethodik.

Die untenstehende Übersicht gibt auf diesen fünf Untersuchungsebenen, aus sozialpädagogischer Sicht wichtige Dimensionen für die empirische Ganztagsschulforschung an:

*Tabelle 1: Ebenen und Dimensionen für die Empirie ganztägiger Bildungsarrangements*

| **Ebenen** | **Handlungsfelder** | **Institutionen Organisationen** | **Personal Professionen** | **Adressaten** | **Disziplin Theorie** |
|---|---|---|---|---|---|
| **Dimensionen** | Kindertagesbetreuung<br>Jugendarbeit<br>Hilfen zur Erziehung<br>Schulformen<br>Anlässe und Inhalte<br>*Settings*<br>Bildungsmodalitäten | Familie, *Peergroup,* Medien<br>Kooperation<br>Träger und Finanzierung<br>Rhythmisierung und Funktionen nicht-formeller *Settings*<br>Steuerungsstrukturen<br>Programme/Profile und Konzepte | Formalstatus der Studien- bzw. Ausbildungsgänge<br>Ausbildungsrichtungen<br>Beschäftigungsverhältnisse<br>Schulklima<br>Fortbildungen<br>gesellschaftliches Ansehen<br>Studium<br>Arbeitsmarkt | Zeitbudgets<br>Rechtsgrundlagen<br>Vereinbarkeit<br>Akzeptanz<br>Wirkungen<br>soziale Herkunft<br>finanzielle Beiträge<br>Förderung<br>Partizipation | Leitbegriffe<br>akademische Vernetzung<br>Forschungsmethodik |

Als kontrastierende Variablen für die empirische Forschung über Ganztagsarrangements sind zusätzlich Rahmendaten über die außerschulische Pädagogik vonnöten: Besucher- bzw. Mitgliederzahlen, Nutzungszeiten und Inhalte etc.[5] Der praktische Grund für die

4 Dieser Ebene dürfte das meiste Interesse der (Fach-)Öffentlichkeit gelten. Hier müssten m. E. dringend Indikatoren gebildet werden, um Wirkungen festzustellen. Allerdings nicht nach dem Vorbild von schulischen Lernleistungsindikatoren, sondern bezogen auf das partizipative Strukturprinzip der Jugendarbeit: Inwiefern wirkt Jugendarbeit demokratiebildend?

5 Zu den Rahmendaten der Jugendarbeit in Deutschland siehe Rauschenbach u. a. (2002) und die entsprechenden Abschnitte in Rauschenbach/Schilling (2005).

Berücksichtigung dieser Variablen ist das aufkommende „doppelte Konkurrenzproblem" (Rauschenbach/Otto 2004: 28): Wenn Kinder und Jugendliche zunehmend Zeit im Rahmen der schulischen Organisation verbringen und dort auch vermehrt sozialpädagogische Inhalte und Methoden nutzen können, dürfte es für die außerschulische Pädagogik schwerer als bisher werden, Heranwachsende für ihre Angebote zu begeistern. Und in theoretischer Hinsicht können die Daten zu ganztägigen Einrichtungen nur mithilfe solcher kontrastierender Variablen in den Rahmen der Gesamtlandschaft von Sozialisationsinstanzen eingeordnet werden.

Ganztagsbetreuung ist – neben dem Übergang vom Kindergarten in die Grundschule – mittlerweile das größte Kooperationsfeld zwischen Jugendhilfeeinrichtungen und Schulen:[6] Kindertageseinrichtungen sind die am stärksten beteiligten Jugendhilfeeinrichtungen; Jugendarbeit/Schulsozialarbeit liegen an zweiter bzw. dritter Stelle.[7] Jedoch gibt es offenbar zu den verschiedenen Bereichen der Jugendarbeit im Kontext der Ganztagsschule bisher keine größere empirische Studie. Das ist angesichts der vielen theoretischen und konzeptionellen Vorarbeiten nicht nur erstaunlich, sondern besonders bedauerlich, weil dieses Handlungsfeld am intensivsten an der Ganztagsbildung der 10- bis 16-Jährigen beteiligt ist. Auch zur vieldiskutierten Schulsozialarbeit und zur Jugendberufshilfe unter den veränderten Bedingungen gibt es bisher offensichtlich keine Forschung.[8]

## *Literatur*

Arnoldt, Bettina/Quellenberg, Holger/Züchner, Ivo (2007): Ganztagsschulen verändern die Bildungslandschaft. In: DJI Bulletin 78: 9-14.

Coelen, Thomas (2002): „Ganztagsbildung" – Ausbildung und Identitätsbildung von Kindern und Jugendlichen durch die Zusammenarbeit von Schulen und Jugendeinrichtungen. In: neue praxis (32. Jg.), H. 1: 53-66.

Coelen, Thomas (2007): Dimensionen empirischer Ganztagsschulforschung aus sozialpädagogischer Sicht. In: Bettmer, Franz/Maykus, Stephan/Prüß, Franz/Richter, André (Hg.): Ganztagsschule als Forschungsfeld. Theoretische Klärungen, Forschungsdesigns und Konsequenzen für die Praxisentwicklung. Wiesbaden: VS Verlag für Sozialwissenschaften: 43-72.

Deinet, Ulrich/Icking, Manuela (2005): Schule in Kooperation – mit der Jugendhilfe und mit weiteren Partnern im Sozialraum. In: Appel, Stephan/Ludwig, Harald/Rother, Ulrich/Rutz, Georg (Hg.): Jahrbuch Ganztagsschule 2006. Schulkooperationen. Schwalbach: 9-20.

Flößer, Gaby/Otto, Hans-Uwe/Rauschenbach, Thomas/Thole, Werner (1998): Jugendhilfeforschung. Beobachtungen zu einer wenig beachteten Forschungslandschaft. In: Rauschenbach, Thomas/Thole, Werner (Hg.): Sozialpädagogische Forschung. Gegenstand und Funktionen, Bereiche und Methoden. Weinheim/München: 225-261.

GIB – Gesellschaft für Innovationsforschung und Beratung mbH (Carsten Becker, Jörn Sommer, Stefan Ekert) (2006): Evaluation des Niedersächsischen Landesprogramms PRINT: Präventions- und Integrationsprojekte an schulischen Standorten. Im Auftrag des Niedersächsischen Landesjugendamtes. Berlin.

Höhmann, Katrin/Holtappels, Heinz Günter/Schnetzer, Thomas (2005): Ganztagsschule: Konzeptionen, Forschungsbefunde, aktuelle Entwicklungen. In: Holtappels/Klemm/Pfeifer/Rolff/Schulz-Zander (Hg.): Jahrbuch der Schulentwicklung, Bd. 13. Weinheim: 253-289.

6 Vgl. zum Folgenden die Ergebnisse einer Befragung von Jugendämtern in NRW bei Deinet/Icking (2005).

7 Uneinheitlich ist die Wahrnehmung über die Beteiligung der Hilfen zur Erziehung: Während Landkreise für dieses Handlungsfeld eine große Aktivität angeben, nennen es kleine Kommunen ohne Jugendamt nur selten. Inwiefern z. B. Erziehungsberatung, Soziale Gruppenarbeit oder Betreute Wohnformen von der ganztägigen Beschulung tangiert werden, ist unbekannt.

8 Im Auftrag der Hans-Böckler-Stiftung und der Max-Traeger-Stiftung führte OBIS e. V. derzeit eine Untersuchung durch, um die Angebote und Konzepte der Schulsozialarbeit in Ganztagsschulen in Berlin und Bayern zu vergleichen (Leitung: Herbert Bassarak).

Holtappels, Heinz Günter/Klieme, Eckhard/Rauschenbach, Thomas/Stecher, Ludwig (2007) (Hg.): Ganztagsschule in Deutschland. Ergebnisse der Ausgangserhebung der „Studie zur Entwicklung von Ganztagsschulen (StEG). Weinheim/München: Juventa.

Otto, Hans-Uwe/Coelen, Thomas (2004) (Hg.): Ganztägige Bildungssysteme. Innovation und Vergleich. Münster: Waxmann.

Rauschenbach, Thomas/Düx, Wibken/Züchner, Ivo (2002): Jugendarbeit im Aufbruch. Selbstvergewisserungen, Impulse, Perspektiven. Münster: Votum.

Rauschenbach, Thomas/Otto, Hans-Uwe (2004): Die neue Bildungsdebatte – Chance oder Risiko für die Kinder- und Jugendhilfe?, in: Otto, Hans-Uwe/Rauschenbach, Thomas (Hg.): Die andere Seite der Bildung. Zum Verhältnis von formellen und informellen Bildungsprozessen, Wiesbaden: VS Verlag für Sozialwissenschaften: 9-29.

Rauschenbach, Thomas/Schilling, Matthias (2005) (Hg.): Kinder- und Jugendhilfe-Report 2. Analysen, Befunde und Perspektiven, Weinheim: Juventa.

# Wirkungen außerunterrichtlicher Angebote an Ganztagsschulen

*Falk Radisch / Ludwig Stecher / Natalie Fischer / Eckhard Klieme*

Ganztägige schulische Angebote spielen in den bildungspolitischen Debatten bereits seit den 1960er-Jahren immer wieder eine wichtige Rolle. Bereits seit der Einführung der Halbtagsschule sind sie entweder zentraler Bestandteil oder notwendiger Rahmen für reformpädagogische Entwürfe (vgl. Ludwig 1993a und b). Bei der Diskussion, die verstärkt seit Bekanntwerden der Ergebnisse der ersten PISA-Studie geführt wird, werden – wenngleich nicht ausschließlich – unter dem Stichwort der Ganztagsschule pädagogische Konzepte in den Vordergrund gestellt, die eine Veränderung von Schule bewirken sollen. So sollen in Ganztagsschulen beispielsweise veränderte Lernformen und die Verbindung von unterrichtlichen und außerunterrichtlichen Angeboten und Lerngelegenheiten starke Berücksichtigung finden. Mit diesen innovativen pädagogischen Konzepten verbinden sich auf politisch-pragmatischer Ebene vielfältige Erwartungen unterschiedlichster Art (zur Klassifizierung solcher Erwartungen vgl. etwa Ottweiler 2003 und Radisch/Klieme 2004). Allerdings existieren nach wie vor nur wenige Arbeiten, die diesen Erwartungen theoretisch oder empirisch/evidenzbasiert nachgehen.[1]

Die bislang geringe theoretische Aufarbeitung lässt sich teilweise auffangen, indem man davon ausgeht, dass die programmatischen Vorschläge und Konzeptionen für ganztägiges Lernen sehr eng an Vorstellungen angelehnt sind, die sich seit vielen Jahren in der Reformpädagogik einerseits und in der Schulqualitäts- und Schuleffektivitätsforschung andererseits finden lassen. Entsprechend lässt sich auch argumentieren, dass die Merkmale, die eine gute Ganztagsschule ausmachen, kaum anders gelagert sind als in Halbtagsschulen. Auch die Wirkungsketten, über die Lernen und Persönlichkeitsentwicklung unterstützt werden, sind in Ganztagsschulen nicht prinzipiell anders als in Halbtagsschulen, und die Faktoren, die ganz allgemein für das Lernen im Schullalltag bzw. in institutionalisierten Kontexten wichtig sind, dürften auch in Ganztagsschulen relevant sein. In diesem Beitrag wollen wir der Frage nachgehen, inwieweit die außerunterrichtlichen Bestandteile einer ganztägigen Schulorganisation Wirkungen auf die individuelle Entwicklung der Schüler(innen) haben. Dazu wird zunächst ein theoretisches Rahmenmodell vorgestellt bevor anschließend vorhandene Ergebnisse aus empirischen Studien zusammengefasst werden.

---

1 Ausnahmen bilden hier vor allem neuere Arbeiten, etwa zu einer spezifischen Theorie der Ganztagsschule von Rekus (2003, 2005) bzw. der Ganztagsbildung (vgl. Coelen 2002, 2003, 2006; Otto/Coelen 2004) sowie auf empirischer Seite die Ergebnisse der ersten Erhebungswelle der „Studie zur Entwicklung von Ganztagsschulen (StEG) (vgl. Holtappels u. a. 2007), eine Sekundäranalyse zu Daten der IGLU-Studie (vgl. Radisch u. a. 2006) sowie Ergebnisse der Evaluation des nordrhein-westfälischen Ganztagsschulprogramms (vgl. Beher u. a. 2005).

# 1 Bildungsqualität und Wirkung außerunterrichtlicher Angebote – ein Modell

Im Rahmen der Studie zur Entwicklung von Ganztagsschulen (StEG) wird z. Zt. am Deutschen Institut für Internationale Pädagogische Forschung (DIPF) ein Rahmenmodell zur Bildungsqualität außerunterrichtlicher Angebote als Teil der Ganztagsschule und zur Wirkung auf die individuelle Entwicklung der Schüler(innen) entworfen. Das Modell stützt sich im Wesentlichen auf das Wirkungsmodell außerschulischer und extracurricularer Programme von Miller (2003), worin die Autorin zum einen die umfangreichen Forschungsergebnisse zur pädagogischen Qualität und der entwicklungsfördernden Wirkung von *organized activities* zusammenfasst.[2] Zum anderen greift Miller auf die einschlägigen Modelle der Schuleffektivitätsforschung (vgl. Scheerens/Bosker 1997) zurück. Diese erfassen die Qualität der pädagogischen Interaktionen in der Schule als ein Ergebnis komplexer institutioneller Struktur- und Prozessbeziehungen (Kontext- und Inputmerkmale). In Millers Modell werden diese Modellbeziehungen auf außerschulische Aktivitäten und Programme adaptiert.

*Abbildung 1: Modell der Bildungsqualität außerunterrichtlicher Angebote in der Ganztagsschule nach Miller (2003), in Erweiterung durch Klieme (2007)*

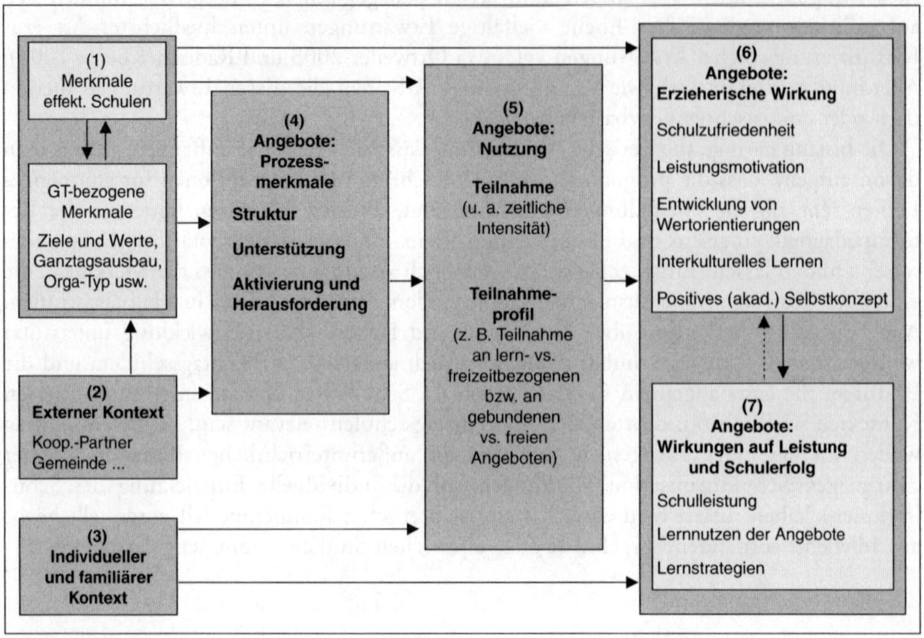


2 Insbesondere in den USA sind in diesem Bereich in den letzten Jahren ausgedehnte Forschungsbemühungen unternommen worden, siehe für Überblicke: Miller (2003), Mahoney u. a. (2005), Feldman/Matjasko (2005), Goerlich Zief u. a. (2006), Lauer u. a. (2006), Scott-Little u. a. (2002).

Das Modell unterscheidet, wie in der Schul- und Unterrichtsforschung üblich (vgl. Scheerens/Bosker 1997: 46), zwischen Wirkungsebene (Felder 6 und 7), Prozessebene (Felder 4 und 5) und Kontext-/Input-Ebene (Felder 1-3). Auf der Wirkungsebene wird die Bildungsqualität der außerunterrichtlichen Angebote danach bewertet, ob durch die Angebote die mit der Ganztagsschule verbundenen Erwartungen erfüllt werden können. Die Ganztagsschule soll, so die Hoffnung, ein Konzept von Bildung und Erziehung einlösen, dessen Ziel die umfassende Entwicklung der Persönlichkeit der Heranwachsenden ist (vgl. Ottweiler 2005), u. a. sind soziales und interkulturelles Lernen wesentliche Bestandteile solcher Lernprozesse. Zu den erwünschten Wirkungen der Angebote zählt in diesem Zusammenhang auch die Reduzierung von problematischen Verhaltensweisen (z. B. Delinquenz, Schulabsentismus etc.).

Im Modell wird davon ausgegangen, dass zwischen den erzieherischen Wirkungen der Angebote und der Leistungsentwicklung der Schüler(innen) ein wechselseitiger Zusammenhang besteht. Belege dafür zeigen sich etwa im Zusammenhang zwischen Lernmotivation und Schulfreude einerseits und Schulleistungen andererseits (vgl. Weinert u. a. 1975; Wendland/Rheinberg 2004; Heinze/Reiss 2004; Köller u. a. 2000; Köller u. a. 2006; Garbe u. a. 1981).

Den zentralen Teil des Modells bilden diejenigen Merkmale, die charakterisieren, wie die Angebote gestaltet bzw. strukturiert sind (Prozessmerkmale). Gleichzeitig stellt dies aber auch den Bereich dar, der etwa aufgrund der hohen Heterogenität der konkreten Angebote (vgl. Holtappels 2007) im Rahmen standardisierter quantitativer Datenerhebungen sehr schwierig zu fassen ist und für den bislang kaum empirisches Material vorhanden ist.

Radisch u. a. (2007) gehen davon aus, dass sich die Konstrukte, die aus der Forschung zur Qualität von Unterrichtsprozessen bekannt sind (vgl. etwa Klieme 2006), auch zur Beschreibung der Qualität von außerunterrichtlichen (Lern-)Angeboten nutzen lassen. Wenngleich in der Unterrichtsforschung eine einheitliche Konzeptualisierung bei weitem nicht vorhanden ist, so können die drei Konstrukte, die sich in entsprechenden Arbeiten immer wieder finden, für eine Adaption verwendet werden:

- Verlässlichkeit, Sicherheit und Strukturiertheit der Lernumgebung, ablesbar u. a. an angemessenen und konsistenten Regeln und an klarer, altersangemessener Führung durch Erwachsene (Strukturdimension);
- akzeptierende und respektvolle Beziehungen zu anderen Kindern und Jugendlichen und zu Erwachsenen, die ein Gefühl der Zugehörigkeit geben, positive soziale Normen vermitteln und persönliches Wachstum unterstützen (Unterstützungs- und Orientierungsdimension);
- Herausforderungen und Gelegenheiten zur Entfaltung der körperlichen, intellektuellen, emotionalen und sozialen Fähigkeiten (Herausforderungs- und Aktivierungsdimension).

Als Ausgangspunkt für die Übertragbarkeit dient den Autor(inn)en dabei die Annahme, dass es sich sowohl beim Unterricht als auch bei außerunterrichtlichen (Lern-)Angeboten um pädagogisch gestaltete Lernumgebungen handelt. Gemeinsames Strukturmerkmal ist darüber hinaus, dass sie beide unter der Aufsicht und Verantwortung der Schule stattfinden und auf bestimmbare – wenn auch weit gefasste und durchaus divergierende – Lernziele ausgerichtet sind. Entsprechend müssten die Konstrukte sowohl für Unterricht als auch für Angebote einsetzbar sein. Betrachtet man die acht von Mahoney u. a. (2005) und Miller (2003) vorgeschlagenen Merkmale effektiver außerunterrichtlicher Angebote, so können diese mit den drei genannten Konstrukten der Unterrichtsforschung (vgl. Klieme 2006) zusammengeführt werden:

*Tabelle 1: Zusammenführung der „Features of Effective Programs“*

| **Acht Dimensionen effektiver außerunterrichtlicher Angebote (nach Mahoney u. a. 2005)** | **Die Grunddimensionen guten Unterrichts (nach Klieme 2006)** |
|---|---|
| physical and psychological safety | Verlässlichkeit, Sicherheit und Strukturiertheit der Lernumgebung |
| appropriate structure | |
| supportive relationships | akzeptierende und respektvolle Beziehungen zu anderen Kindern und Jugendlichen und zu Erwachsenen |
| opportunities for belonging | |
| positive social norms | |
| support for efficacy and mattering | Herausforderungen und Gelegenheiten zur Entfaltung der körperlichen, intellektuellen, emotionalen und sozialen Fähigkeiten |
| opportunity for skill building | |
| integration for family, school, and community efforts | |

Radisch u. a. (2007) haben deshalb versucht, für die Konstrukte „Schülerorientierung“, „Schüler-Lehrer/Betreuer-Beziehung“, „effektive Zeitnutzung“ und „Unterstützung“ eine Adaptierung zur Beschreibung der Angebotsqualität vorzunehmen und zeigen in ihrer Untersuchung, dass dieses Vorgehen – zumindest für die genannten Konstrukte und die gewählten Operationalisierungen – in weiten Teilen gerechtfertigt ist. Insbesondere für die Betrachtung von lernbezogenen außerunterrichtlichen Angeboten scheint die Adaptierung der bekannten Konstrukte aus der Unterrichtsforschung zielführend zu sein.

Dennoch bleiben nach wie vor viele Fragen offen: Es bleibt etwa bislang unklar, ob sich mit Hilfe von Konstrukten der Unterrichtsqualität die Qualität von Angeboten tatsächlich erschöpfend beschreiben lässt oder ob die Engführung des Blickes auf eine Vergleichbarkeit mit dem Unterricht nicht dazu führt, dass spezifische Qualitätsdimensionen außerunterrichtlicher Angebote ausgeblendet wurden. Auch stellt sich die Frage, ob sich für unterschiedliche Arten von Angeboten (etwa explizit fachbezogen fördernde vs. freizeitorientierte Angebote), die gleichen Qualitätsdimensionen finden und beschreiben lassen.

Der zweite zentrale Aspekt des Modells – und eine entscheidende Erweiterung gegenüber dem Ansatz von Miller (2003) – ist, dass neben der Prozessqualität der Angebote und deren Wirkung auch die (tatsächliche) Nutzung der Angebote durch die Schüler(innen) einbezogen wird. Mit Fiester u. a. (2005) lassen sich vier Merkmale der Teilnahme (*attendance*) unterscheiden: *absolute attendance* – damit ist die Teilnahme an sich gemeint. Bezieht man z. B. mit ein, an wie vielen Tagen die Woche ein/e Schüler/in am Ganztagsbetrieb teilnimmt, so wäre dies *attendance intensity*. Hinzu kommen *duration*, das heißt die Zeitdauer (in Jahren), die ein Angebot genutzt wird, und schließlich die Breite *(breadth)* der besuchten Angebote, die sich auf die inhaltliche Spannweite der jeweils besuchten Aktivitäten bezieht.

Verlässliche Daten zu diesem Bereich liegen bislang kaum vor. Die „Studie zur Entwicklung von Ganztagsschulen“ (StEG) liefert hier erstmals Daten, die zu wichtigen Aspekten Auskunft geben und entsprechende Lücken schließen: So zeigen Züchner u. a. (2007: 108) für die *absolute attendance* erhebliche Unterschiede etwa zwischen Schüler(inne)n unterschiedlicher Klassenstufen. Holtappels (2007: 200) kann mit den Daten von StEG außerdem zeigen, dass auch die Intensität der wöchentlichen Angebotsnutzung *(attendance intensity)* stark unterschiedlich ist. In der Grundschule nehmen 61 % der Schüler(innen), die überhaupt Ganztagsangebote besuchen, diese an allen fünf Wochentagen in Anspruch, 11 % nur an einem einzigen Wochentag. In der Sekundarstufe hingegen besucht nur eine Minderheit von 9 % der Teilnehmer(innen) die Ganztagsangebote an allen fünf Wochentagen. 42 % besuchen die Ganztagsangebote nur an einem einzigen Wochentag.

Prozess- und Produktqualität von Angeboten sowie die Frage der Nutzung können nur in Abhängigkeit von externen Faktoren realistisch eingeschätzt werden. Im Modell der Bildungsqualität und Wirkung von außerunterrichtlichen Angeboten sind deshalb auch Faktoren von schulischer Wirksamkeit bzw. Effektivität zu berücksichtigen. Aus der Schuleffektivitäts/Schulqualitätsforschung liegen hierzu zahlreiche Konzepte vor (Fend 2006; Scheerens/Bosker 1997; Doll/Prenzel 2002; Teddlie/Reynolds 2000). Viele dieser Arbeiten konnten Merkmale identifizieren, die eine effektive Schule kennzeichnen – zunächst unabhängig davon, ob es eine Ganztags- oder eine Halbtagsschule ist.

Gegenüber den Schuleffektivitätsmodellen, die sich in der Regel unabhängig von der Organisationsform auf alle Schulen beziehen lassen oder implizit für Halbtagsschulen bzw. unterrichtliche Zusammenhänge konzipiert wurden, sind für die Ganztagsschule spezifische Erweiterungen notwendig, die sich auf ganztagsspezifische Schulmerkmale beziehen – etwa die Verbindlichkeit der Teilnahme an den außerunterrichtlichen Angeboten, die Zielsetzung des Ganztagsbetriebes, die konzeptionelle Verankerung, die Erfahrung mit dem Ganztagsbetrieb usw. Zu den weiteren Besonderheiten der Ganztagsschule gehört, dass hier neben den Lehrkräften in der Regel weiteres (pädagogisches) Personal tätig ist. Die Durchführung und die Wirkung der Angebote sind wesentlich von der Ausbildung dieses Personals abhängig. Zu den Qualitätskriterien von Ganztagsschulen gehört in diesem Zusammenhang auch die inhaltliche Verzahnung von außerunterrichtlichen Angeboten und Unterricht. Dazu ist es notwendig, dass die Lehrkräfte und das weitere pädagogisch tätige Personal erfolgreich zusammenarbeiten. Die für die Schulqualität hinlänglich bekannte Bedeutung der Lehrerkooperation (vgl. Steinert u. a. 2006) ist in der Ganztagsschule somit zu erweitern. Darüber hinaus ist die Ganztagsschule hinsichtlich der Zusammenarbeit mit außerschulischen Kooperationspartnern auf das Vorhandensein geeigneter Partner im kommunalen Umfeld angewiesen. Die Angebotsstruktur des Sozialraums ist damit ein wichtiger externer Faktor für die Gestaltungsmöglichkeiten der einzelnen Schule.

## 2 Untersuchungen zu Wirkungen von Ganztagsschulen

Radisch/Klieme (2004) und Klieme u. a. (2005) kommen aufgrund einer unfangreichen Literatursichtung zu dem Schluss, dass im deutschsprachigen und auch im angloamerikanischen Raum nur wenige Studien existieren, mit denen sich evidenzbasierte Aussagen über Wirkungen und Wirkmechanismen in ganztägig arbeitenden Schulen treffen lassen. Die gefundenen Ergebnisse helfen aber, auf der Basis des vorgestellten Modells begründete Hypothesen zu formulieren und zu konkretisieren, in welchen Bereichen Wirkungen von einer ganztägigen Schulorganisation erwartbar sind und auf welchen Wegen diese zustande kommen: Eine wichtige Erkenntnis, die sich aus den vorliegenden Studien ergibt, ist etwa, dass der erweiterte Zeitrahmen allein nur geringe Wirkungen hervorzurufen vermag. Die Ergebnisse waren hier widersprüchlich und zeigten in der Regel nur kleine Effekte.

Die in den Literaturberichten präsentierten Ergebnisse weisen ebenfalls darauf hin, dass die Forschung zur Effektivität und Wirkung ganztägiger Schulmodelle auf ein komplexes Bedingungsgefüge stößt. So finden sich oftmals differenzielle Effekte nicht nur für unterschiedliche Arten besuchter Angebote, sondern auch für die Schulformen in der Sekundarstufe I oder auch für Kinder mit unterschiedlichem sozioökonomischem Hintergrund (vgl. Ipfling 1981; Lehmann 2002; Steinert u. a. 2003). Wenngleich die Forschungslage nicht eindeutig ist, so weisen die Befunde doch darauf hin, dass Vorteile vor allem für Schüler(innen) mit Förderbedarf und mit einem ungünstigen sozioökonomischen Hintergrund zu erwarten sind. Dieser Befund stützt die Zielsetzung der besseren individuellen Förderung und Unterstützung von Schüler(inne)n mit Bildungsdefiziten, die vor allem von der Bildungspolitik formuliert wird (vgl. KMK 2002; BMBF 2003).

In jüngster Zeit konnten Radisch u. a. (2006) mit Hilfe einer Nacherhebung die Daten der IGLU-Studie sekundäranalytisch auswerten. Dabei zeigte sich zunächst, dass zum Zeitpunkt der Erhebung im Jahr 2001 in knapp einem Viertel der Grundschulen ganztägige Angebote vorgehalten wurden. Allerdings fiel auf, dass dies nur in 10 % der Grundschulen an drei oder mehr Wochentagen der Fall war. Darüber hinaus verbanden lediglich 4 % der Grundschulen ein solches „Vollangebot“ auch mit einem schriftlichen Konzept, das Nachmittag und Vormittag systematisch verknüpft.

Zur Wirkung ganztägiger Angebote auf das Leseverständnis und die Chancengleichheit im Schulsystem (operationalisiert als Stärke des Zusammenhangs zwischen Migrations- und sozialem Hintergrund der Schüler einerseits, ihrem Leseverständnis andererseits) kann Folgendes festgehalten werden: Schulen mit ganztägigen Angeboten unterschieden sich hinsichtlich des durchschnittlichen Niveaus des Leseverständnisses der Grundschüler(innen) nicht von Schulen ohne solche Angebote. Der Zusammenhang zwischen sozialem Status und Migrationshintergrund einerseits und Leseverständnis andererseits war in Schulen mit und ohne ganztägige Angebote gleich stark. Positive oder negative Effekte ganztägiger Angebote auf schulische Leistungen, wie sie in der pädagogischen und bildungspolitischen Diskussion häufig angenommen werden, können für die deutschen Grundschulen des Schuljahres 2000/2001 mit den Daten der IGLU-Studie nicht nachgewiesen werden.

Die Autor(inn)en vermuten aber angesichts der großen inhaltlichen Variabilität und individuellen Ausgestaltung der Ganztagsangebote an den einzelnen Schulen, dass sich Effekte zeigen, wenn man qualitative und inhaltliche Merkmale der Ganztagsangebote – und vor allem die individuelle Teilnahme an entsprechenden Angeboten – in die Analysen einbezieht. Sie konnten etwa feststellen, dass sich Grundschulen, die eine ganztägige Schulorganisation aufweisen, hinsichtlich des inhaltlichen Spektrums ihrer pädagogischen Angebote von halbtägig geführten Schulen deutlich abheben. Insbesondere wenn „Vollangebote“ (an mindestens drei Tagen pro Woche) unterbreitet werden und wenn diese konzeptionell mit dem Vormittagsunterricht verbunden werden, lässt sich eine breitere und stärker auf kognitive Förderung ausgerichtete Angebotspalette feststellen.

Im Rahmen der StEG-Studie wurden ebenfalls Analysen zur Wirkung von ganztägigen Schulangeboten auf die individuelle Entwicklung von Schüler(inne)n durchgeführt. Dabei konzentriert sich die Forschergruppe weniger auf Maße der schulischen Lernergebnisse, sondern eher auf solche Zielvariablen, die den nicht-kognitiven Wirkungen zuzurechnen sind. Im Rahmen erster Analysen, die mit den Daten der Ausgangserhebung durchgeführt wurden, versuchen Radisch u. a. (2007: 230-231) zunächst Grunddimensionen der Unterrichtsqualität auf die Qualität von Angeboten zu übertragen und entsprechende Konstrukte und Instrumente zu adaptieren. Neben der Überprüfung, inwieweit diese Qualitätsdimensionen des Prozesses mit organisatorischen Merkmalen des Ganztagsbetriebes in Verbindung stehen, wurden durch die Autor(inn)en auch Analysen durchgeführt, bei denen die Ergebnisperspektive in den Blick genommen wird. Der mit der Ausgangserhebung vorliegende querschnittliche Datensatz erlaubt zwar noch „keine eindeutige Zuschreibung von Ursachen zu Wirkungen, aber es lässt sich doch aufklären, welchen (subjektiven) Nutzen die Kinder und Jugendlichen je nach individueller und schulischer Ausgangslage aus dem Besuch der Angebote für sich ziehen" können (ebd.: 251). Dabei unterscheiden die Autor(inn)en zwischen zwei Dimensionen des individuell empfundenen Nutzens für Schüler(innen): Lernförderlichkeit und sozialer Nutzen. Lernförderlichkeit meit dabei, inwieweit die Schüler(innen) davon überzeugt sind, dass ihnen der Besuch von außerunterrichtlichen Angeboten beim Lernen im Unterricht hilft. Der soziale Nutzen umfasst Kontaktmöglichkeiten (zur Erfassung vgl. ebd.: 252-254). In die Analysen wurden auf individueller Ebene neben der hier interessierenden Variablen der Angebotsbreite das Geschlecht, die Klassenstufe, der Notendurchschnitt, der soziale Hintergrund und der Migrationshintergrund aufgenommen. Auf der Ebene der Schule wurden neben dem Alter der Ganztagsschule, dem konzeptionellen Ausbaugrad und der Organisationsform die soziale Komposition, der Migrantenanteil und die Schulform in den Analysen berücksichtigt. Mit Blick auf die ganztagsschulrelevanten Variablen[3] lässt sich festhalten, dass auf individueller Ebene eine intensive Teilnahme am Ganztagsbetrieb einen signifikanten positiven Effekt auf den Lernnutzen hat. Schüler(innen), die an mindestens vier Tagen in der Woche am Ganztagsbetrieb teilnehmen, empfinden mehr Lernnutzen als ihre Mitschüler(innen), die an weniger Tagen den Ganztagsbetrieb besuchen; für den sozialen Nutzen lässt sich allerdings kein Effekt der Teilnahmeintensität feststellen.

Auf der Schulebene konnten die Autor(inn)en ebenfalls signifikante Effekte für ganztagsschul-bezogene Merkmale feststellen. So zeigte sich, dass die Schüler(innen) in Offenen Ganztagsschulen den sozialen Nutzen der Angebote kritischer einschätzen, gleichzeitig beurteilen sie den Lernnutzen etwas besser als dies Schüler(innen) in Gebundenen Ganztagsschulen tun. Die Autor(inn)en erweitern diese Analysen, indem sie einige der im Beitrag explizierten Dimensionen der Prozessqualität in die Analysen aufnehmen. Dabei werden die Schüler-Betreuer-Beziehung und die Schülerorientierung in den Angeboten, jeweils auf der individuellen und auf der Schulebene, in das Modell aufgenommen. Durch diese Erweiterungen verschieben sich teilweise die Effekte der ganztagsschulbezogenen Variablen. Auf individueller Ebene wird der Zusammenhang zwischen einer intensiven Teilnahme und dem empfundenen Lernnutzen stärker und es zeigt sich ein – wenngleich deutlich geringerer – positiver Zusammenhang mit dem empfundenen sozialen Nutzen. Für die Schulebene bleibt der Vorteil offener Ganztagsschulen in etwa der gleichen Stärke erhalten, während der negative Zusammenhang mit dem sozialen Nutzen nicht mehr signifikant wird. Stabil bleibt ebenfalls der Befund, dass sich für den konzeptionellen Ausbaugrad keine Zusammenhänge mit sozialem Nutzen oder Lernförderlichkeit der Angebote nachweisen lassen.

Die Ergebnisse der ersten Analysen zu Wirkungen im Rahmen von StEG legen also den Schluss nahe, dass entsprechende Effekte – sowohl individueller als auch institutioneller

---

3 Weitere interessante Effekte, die von den Autoren identifiziert werden konnten – etwa für den individuellen Migrationshintergrund und den Migrantenanteil auf Schulebene – werden im Folgenden nicht näher beschrieben (vgl. dazu ebd.: 254-259).

Art – tatsächlich stark von Merkmalen der individuellen Teilnahme und von Qualitätsmerkmalen der Angebote abhängen. Es bleibt allerdings abzuwarten, ob sich die gefundenen Zusammenhänge in weitergehenden Analysen bestätigen lassen. Von besonderem Interesse werden dabei die Berücksichtigung weiterer Wirkungs-Bereiche (Schulfreude, prosoziale Einstellungen etc.) und vor allem auch die Modellierung entsprechender Zusammenhänge mit Hilfe von Längsschnitt-Daten sein.

## *Literatur*

Beher, Karin/Haenisch, Hans/Hermens, Claudia/Liebig, Reinhard/Nordt, Gabriele/Schulz, Uwe (2005): Offene Ganztagsgrundschule im Primarbereich. Begleitstudie zu Einführung, Zielsetzungen und Umsetzungsprozessen in Nordrhein-Westfalen. Weinheim: Juventa.

BMBF (2003): Ganztagsschulen. Zeit für mehr. Investitionsprogramm „Zukunft Bildung und Betreuung". Bonn.

Coelen, Thomas (2002): „Ganztagsbildung" – Ausbildung und Identitätsbildung von Kindern und Jugendlichen durch die Zusammenarbeit von Schulen und Jugendeinrichtungen. In: neue praxis (32. Jg.) H. 1/2002: 53-66.

Coelen, Thomas (2003): Ganztagsbildung in der Wissensgesellschaft – Bildung zwischen Schule und Jugendhilfe. In: Appel, Stefan/Ludwig, Harald/Rother, Ulrich/Rutz, Georg (Hg.) (2003): Jahrbuch Ganztagsschule. Neue Chancen für die Bildung. Schwalbach/Ts.: Wochenschau: 217-226.

Coelen, Thomas (2006): Ganztagsbildung durch Kooperation von Schulen und Jugendeinrichtungen. In: Bildung und Erziehung (59. Jg.) H. 3/2006: 269-284.

Doll, Jörg/Prenzel, Manfred (Hg.) (2004): Bildungsqualität von Schule: Lehrerprofessionalisierung, Unterrichtsentwicklung und Schülerförderung als Strategien der Qualitätsverbesserung. Münster: Waxmann.

Feldman, Amy F./Matjasko, Jennifer L. (2005): The role of school-based extracurricular activities in adolescent development: A comprehensive review and future directions. Review of Educational Research (Vol. 75) No. 2/2005: 159-210.

Fend, Helmut (2006): Neue Theorie der Schule. Einführung in das Verstehen von Bildungssystemen. Wiesbaden: VS Verlag für Sozialwissenschaften.

Fiester, Leila M./Simpkins, Sandra D./Bouffard, Suzanne M. (2005): Present and accounted for. Measuring attendance in out-of-school-time programs. In: New Directions for Youth Development (Vol. 105) No. 1/ 2005: 91-107.

Garbe, Ute/Lukesch, Helmut/Strasser, Eva-Maria (1981): Die Beziehung zwischen Schulnoten, leistungsbezogenen Merkmalen der Schülerpersönlichkeit und mütterlichen Erziehungsmaßnahmen am Ende der Grundschulzeit. Psychologie in Erziehung und Unterricht H. 28/1981: 65-71.

Goerlich Zief, Susan/Lauver, Sherri/Maynard, Rebecca A. (2006): Impacts of After-School Programs on Student Outcomes. A Systematic Review for the Campbell Collaboration. In: www.campbellcollaboration.org/docpdf/zief_afterschool_review.pdf (Download am 17.01.2008).

Heinze, Aiso/Reiss, Kristina (2004): Mathematikleistung und Mathematikinteressen in differentieller Perspektive. In: Doll, Jörg (Hg.): Bildungsqualität von Schule. Münster: Waxmann: 234-249.

Holtappels, Heinz Günter (2007): Angebotsstruktur, Schülerteilnahme und Ausbaugrad ganztägiger Schulen. In: Holtappels/Klieme/Rauschenbach/Stecher (Hg.): 186-206.

Holtappels, Heinz Günter/Klieme, Eckhard/Rauschenbach, Thomas/Stecher, Ludwig (Hg.) (2007): Ganztagsschule in Deutschland. Ergebnisse der Ausgangserhebung der „Studie zur Entwicklung von Ganztagsschulen" (StEG). Weinheim: Juventa.

Ipfling, Heinz-Jürgen (Hg.) (1981): Modellversuche mit Ganztagsschulen und anderen Formen ganztägiger Förderung. Bonn-Oedekoven: Köllen.

Klieme, Eckhard (2006): Empirische Unterrichtsforschung: aktuelle Entwicklungen, theoretische Grundlagen und fachspezifische Befunde. Einführung in den Thementeil. In: ZfPäd (52. Jg.) H. 6/2006: 765-773.

Klieme, Eckhard (2007): Die Studie zur Entwicklung von Ganztagsschulen (StEG) und ihr theoretisches Rahmenkonzept (Vortrag auf der 4. Tagung der Sektion „Empirische Bildungsforschung" der Deutschen Gesellschaft für Erziehungswissenschaft am 20. März 2007 in Wuppertal).

Klieme, Eckhard/Kühnbach, Olga/Radisch, Falk/Stecher, Ludwig (2005): All-Day Learning. Conditions for Fostering Cognitive, Emotional and Social Development. An Expert Report on the Conceptual Foundations and Outcomes of Extended Schools. Gutachten für die Jacobs-Foundation. Frankfurt a. M.: DIPF.

KMK (2002): PISA 2000 – Zentrale Handlungsfelder- Zusammenfassende Darstellung der laufenden und geplanten Maßnahmen in den Ländern. In: www.kmk.org/schul/pisa/massnahmen.pdf. (Download am 15.01. 2007).

Köller, Olaf/Baumert, Jürgen/Schnabel, Kai (2000): Zum Zusammenspiel von schulischem Interesse und Lernen im Fach Mathematik. Längsschnittanalysen in den Sekundarstufen I und II. In: Schiefele, Ulrich/Wild, Klaus-Peter (Hg.): Interesse und Lernmotivation. Untersuchungen zu Entwicklung, Förderung und Wirkung. Münster: Waxmann: 163-181.

Köller, Olaf/Trautwein, Ulrich/Lüdtke, Oliver/Baumert, Jürgen (2006): Zum Zusammenspiel von schulischer Leistung, Selbstkonzept und Interesse in der gymnasialen Oberstufe. In: Zeitschrift für Pädagogische Psychologie (20. Jg.) H. 1-2/2006: 27-39.

Lauer, Patricia A./Akiba, Motoko/Wilkerson, Stephanie B./Apthorp, Helen S./Snow, David/Martin-Glenn, Mya L. (2006): Out of School Programs. A Meta Analysis of Effects for At-Risk-Students. Review of Educational Research (Vol. 76) No. 2/2006: 275-313.

Lehmann, Rainer H. (2002): Kurze Stellungnahme zur Lernentwicklung an den Ganztagsschulen vom 25.02. 2002. Berlin: Humboldt-Universität (Ms.).

Ludwig, Harald (1993a und b): Entstehung und Entwicklung der modernen Ganztagsschule in Deutschland. 2 Bde. Köln: Böhlau.

Mahoney, Joseph L./Larson, Reed W./Eccles, Jacquelynne S./Lord, Heather (Hg.) (2005): Organized Activities as Contexts of Development. Extracurricular Activities, After-School and Community Programs. Mahwah, NJ: Lawrence Erlbaum Ass.

Miller, Beth M. (2003): Critical Hours. Afterschool programs and educational success. In: www.nmefdn.org/uploads/Critical_Hours.pdf. (Download am 10.10.2006).

Otto, Hans-Uwe/Coelen, Thomas (Hg.) (2004): Grundbegriffe der Ganztagsbildung. Beiträge zu einem neuen Bildungsverständnis in der Wissensgesellschaft. Wiesbaden: VS Verlag für Sozialwissenschaften.

Ottweiler, Ottwilm (2003): Aktuelle Forderungen nach Ganztagsschulen: Ansprüche – Gründe – Ziele. In: Rekus, Jürgen (Hg.): Ganztagsschule in pädagogischer Verantwortung. Münster: Aschendorff: 4-27.

Ottweiler, Ottwilm (2005): Die Positionen von Parteien, Verbänden und Kirchen zur Ganztagsschule. In: Ladenthin, Volker (Hg.): Die Ganztagsschule. Weinheim: Juventa: 177-198.

Radisch, Falk/Klieme, Eckhard (2004): Wirkungen ganztägiger Schulorganisation. Bilanz und Perspektiven der Forschung. In: Die Deutsche Schule (96. Jg.) H. 2/2004: 153-169.

Radisch, Falk/Klieme, Eckhard/Bos, Wilfried (2006): Merkmale und Effekte von Ganztagsschulen. Empirische Forschungsperspektiven und erste Ergebnisse anhand der Internationalen Grundschul-Lese-Untersuchung. In: ZfE H. 1/2006: 30-50.

Radisch, Falk/Stecher, Ludwig/Klieme, Eckhard/Kühnbach, Olga (2007): Unterrichts- und Angebotsqualität aus Schülersicht. In: Holtappels/Klieme/Rauschenbach/Stecher (Hg.): 227-260.

Rekus, Jürgen (2003): Braucht die Ganztagsschule eine spezifische Schultheorie? In: Ders. (Hg.): Ganztagsschule in pädagogischer Verantwortung. Münster: Aschendorff: 86-100.

Rekus, Jürgen (2005): Theorie der Ganztagsschule – praktische Orientierungen. In: Ladenthin, Volker/Rekus, Jürgen (Hg.): Die Ganztagsschule. Alltag, Reform, Geschichte, Theorie. Weinheim: Juventa: 279-298.

Scheerens, Jaap/Bosker, Roel J. (1997): The Foundations of Educational Effectiveness. Oxford: Pergamon Press.

Scott-Little, Catherine/Hamann, Mary S./Jurs, Stephen G. (2002): Evaluations of after school programs. A meta-evaluation of methodologies and narrative synthesis of findings. American Journal of Evaluation (Vol. 23.) No. 4/2002: 387-419.

Stecher, Ludwig/Radisch, Falk/Fischer, Natalie/Klieme, Eckhard (2007): Bildungsqualität außerunterrichtlicher Angebote in der Ganztagsschule. Zeitschrift für Soziologie der Erziehung und Sozialisation (27. Jg.) H. 4/2007: 346-366.

Steinert, Brigitte/Klieme, Eckhard/Maag Merki, Katharina/Döbrich, Peter/Halbheer, Ueli/Kunz, André (2006): Lehrerkooperation in der Schule. Konzeption, Erfassung, Ergebnisse. ZfPäd (52. Jg.) H. 2/2006: 185-203.

Steinert, Brigitte/Schweizer, Karl/Klieme, Eckhard (2003): Ganztagsbetreuung und Schulqualität aus der Sicht von Lehrkräften. In: Brunner, Ewald J./Noack, Peter/Scholz, Günther/Scholl, Ivonne (Hg.): Diagnose und Intervention in schulischen Handlungsfeldern. Münster: Waxmann: 73-87.

Teddlie, Charles/Reynolds, David (Hg.) (2000): The International Handbook of School Effectiveness Research. London: Falmer Press.

Weinert, Franz Emanuel/Simons, Helen/Ahrens, Hans Joachim (1975): Der direkte Einfluss kognitiver und motivationaler Bedingungen auf Schulleistungen. In: Tack, Werner H. (Hg.): Bericht über den 29. Kongress der Deutschen Gesellschaft für Psychologie. Göttingen: Hogrefe: 215-219.

Wendland, Mirko/Rheinberg, Falko (2004): Welche Motivationsfaktoren beeinflussen die Mathematikleistung? Eine Längsschnittanalyse. In: Doll, Jörg (Hg.): Bildungsqualität von Schule. Münster: Waxmann: 309-328.

Züchner, Ivo/Arnoldt, Bettina/Vossler, Andreas (2007): Kinder und Jugendliche in Ganztagsangeboten. In: Holtappels/Klieme/Rauschenbach/Stecher (Hg.): 106-122.

# Bildungsberichterstattung

*Thomas Rauschenbach / Hans Döbert*

Ziel einer regelmäßigen und aussagefähigen Bildungsberichterstattung ist die Dauerbeobachtung des Bildungssystems einer Nation, eines Landes oder einer Region auf der Grundlage zuverlässiger Daten, die es gestatten, aktuelle Zustände aus der Systemperspektive zu beurteilen sowie Entwicklungen im Zeitverlauf aufzuzeigen und empirisch zu beschreiben. Bildungsberichterstattung soll – ganz allgemein – das Bildungsgeschehen eines ausgewählten Territoriums transparent machen und damit eine Grundlage für öffentliche Diskussionen um Bildungsziele und bildungspolitische Entscheidungen schaffen. Sie ist ein wesentliches und im internationalen Rahmen weit verbreitetes Instrument zur kontinuierlichen, datengestützten Information der bildungspolitisch interessierten Öffentlichkeit über Voraussetzungen, Verlaufsmerkmale, Ergebnisse und Erträge von Bildungsprozessen.

## 1 Merkmale von Bildungsberichterstattung

Im Zentrum einer Bildungsberichterstattung steht die Arbeit der Institutionen des Bildungswesens, von der frühkindlichen Bildung, Betreuung und Erziehung bis zu den verschiedenen Formen der Weiterbildung im Erwachsenenalter. Über alle Bildungsstufen hinweg werden im Rahmen der Bildungsberichterstattung Umfang und Qualität der institutionellen Angebote, aber auch deren Nutzung und Wirkung *(output und outcome)* innerhalb der Bildungsbiographie dargestellt. Hauptergebnisse einer Berichterstattung sind in regelmäßigen Abständen veröffentlichte Bildungsberichte sowie in aller Regel eine öffentlich zugängliche Homepage. Die Bildungsberichterstattung lässt sich ganz allgemein durch drei grundlegende Merkmale charakterisieren:

- Bildungsberichterstattung muss sich an den Zielen von Bildung orientieren, die in einer Gesellschaft oder in einer Region als relativ verbindlich gelten. Dabei ist zu bedenken, dass Bildung in erster Linie auf individuelle Entfaltung, Persönlichkeitsentwicklung, Aneignung und Mitgestaltung von Kultur usw. zielt. Bildung wird daher überwiegend aus der Perspektive des Individuums betrachtet. Die Ziele von Bildung, auf die sich eine Bildungsberichterstattung stützen muss, sind jedoch vom Bildungssystem her und seiner beabsichtigten Weiterentwicklung zu denken. Das entspricht dem Zweck einer Bildungsberichterstattung, die auch Aussagen vor allem über institutionalisierte Rahmenbedingungen für Bildung machen soll.
- Bildungsberichterstattung kann ihrer Aufgabe nur gerecht werden, wenn es sich um eine auf ein Konzept gestützte, systemische Berichterstattung handelt, also um eine zusammenhängende und nicht nur additive Berichterstattung, in der statistische oder sonstige empirische Teilaussagen und -informationen zusammengestellt werden. Bildungsbe-

richterstattung soll aktuelle sowie langfristig bedeutsame Probleme des Bildungswesens thematisieren, die von hoher Relevanz für bildungspolitische Steuerung sind.
- Und schließlich erfolgt eine Bildungsberichterstattung über wesentliche oder alle relevanten Bildungsbereiche hinweg in daten- bzw. indikatorengestützter Form.

## 2 Internationale Erfahrungen

Bildungsberichte werden als fester Bestandteil eines Bildungs-*Monitoring* inzwischen in fast allen wichtigen Industriestaaten der Welt erstellt. In den wenigen Staaten, die bisher keinen Bildungsbericht vorgelegt haben, gibt es zumindest entsprechende Überlegungen bzw. konzeptionelle Vorbereitungen. Trotz aller Unterschiede der nationalen Bildungsberichte weisen sie folgende gemeinsame Charakteristika auf:

- sie erscheinen als Publikationen bzw. Internetpräsentationen in periodischen Abständen (von jährlichem bis fünfjährlichem Abstand)
- sie richten sich in staatlichem Auftrag an eine breite Öffentlichkeit
- sie berichten im Sinne einer evaluativen Gesamtschau über alle bzw. wesentliche Aspekte des jeweiligen Bildungswesens
- sie stellen in der Regel eine politisch begründete Auswahl von steuerungsrelevanten Informationen über Input, Prozesse und Wirkungen in einem Bildungswesen auf der Basis von statistischen Daten und Befunden der empirischen Forschung dar.

Internationale Berichte (vor allem der OECD, der Europäischen Kommission und der UNESCO) sind als Orientierungspunkte, Basis-*Pool* und systematischer internationaler Vergleichsrahmen ein wichtiger Maßstab für die jeweilige nationale Bildungsberichterstattung. Vor allem die jährlichen Publikationen der OECD „Education at a Glance" (vgl. OECD 2007) und „Education Policy Analysis" (vgl. OECD 2006) sowie die von der EU-Kommission veröffentlichten „Key Data on Education in Europe" (vgl. EU-Kommission 2007) stellen in ihrer Kombination von Indikatoren in Zeitreihen und wechselnden thematisch vertiefenden Analysen einen *benchmark* für nationale Bildungsberichterstattung dar. Eine Analyse ausgewählter nationaler und internationaler Bildungsberichte zeigt:

- Es besteht international offenbar eine weitgehende Einigkeit über die Notwendigkeit eines daten- bzw. indikatorengestützten Bildungsberichts.
- Ausgestaltung und Institutionalisierung des jeweiligen nationalen Bildungsberichts sind hingegen recht unterschiedlich. Grundsätzlich gibt es drei Typen: a) eher bildungsstatistisch fundierte und entsprechend verfasste Berichte (z. B. Kanada, Frankreich, Japan), b) eher inspektionsbasierte Berichte (z. B. Niederlande, England, Schweden) und c) überwiegend von Wissenschaftlern verfasste Bildungsberichte auf der Grundlage kommentierter Daten und Forschungsbefunde (z. B. Schweiz, Deutschland, z. T. USA).
- In den Berichten werden einzelne Bildungsbereiche unterschiedlich stark berücksichtigt, wobei der Schwerpunkt überwiegend auf dem Schulwesen liegt; auch das Ausmaß der regionalen Differenzierungen ist verschieden.
- Durchgängig zeigt sich eine Orientierung an einem Schema von „Kontext – Input – Prozess – Wirkung", wenngleich dies nicht immer direkt ablesbar ist.

- Nicht alle Länder präsentieren – wie der nationale Bildungsbericht in Deutschland – eine „Gesamtschau" von Steuerungsinformationen zum Bildungswesen, sondern haben z. T. sehr differenzierte Berichte zu einzelnen Aspekten des Bildungswesens.
- Als Ergänzung der herangezogenen Datenbasis ist die Einbeziehung aktueller Forschungsergebnisse und internationaler Vergleichsstudien relativ weit verbreitet, wobei der Trend offenbar in Richtung einer zielgerichteten Kooperation von Statistik und Wissenschaft geht.
- Die Darstellung der Indikatoren erfolgt zumeist in getrennten Berichtsabschnitten, die sich oft an den Bildungsbereichen ausrichten; Verknüpfungen der Abschnitte oder von Indikatoren im Sinne von Wirkungszusammenhängen sind nicht auszumachen.

Es fällt auf, dass außerschulische und ganztägige Bildung im internationalen Vergleich in unterschiedlichem Maße in die vorliegenden Berichte einbezogen ist. Dies liegt überwiegend an den dafür weniger umfangreich vorhandenen Daten. Der politische Wille, eine gesamtsystemische bzw. lebenszeitliche Perspektive einzunehmen, ist erklärtermaßen in der Mehrheit der Staaten vorhanden und wird als zukünftig zu realisieren dargestellt.

## 3 Historische Entwicklung von Bildungsberichterstattung in Deutschland

Im Unterschied zu anderen gesellschaftlichen Bereichen, für die regelmäßig umfassende Situations- und Entwicklungsanalysen vorgelegt werden z. B. Jahresgutachten 2007/2008 des Sachverständigenrates zur Begutachtung der gesamtwirtschaftlichen Entwicklung 2007, Zwölfter Kinder- und Jugendbericht (BMFSFJ 2005), Siebter Familienbericht (vgl. BMFSFJ 2005a), neuerdings auch der Bericht über „Lebenslagen in Deutschland" (vgl. BMAS 2005), fehlten bis vor kurzem entsprechende Gesamtberichte für den Bildungsbereich. Dieses Defizit konnte bisher auch durch den Rückgriff auf internationale und supranationale Berichtssysteme nicht kompensiert werden.

Allerdings hat es in der Vergangenheit auch in Deutschland sehr wohl Vorläufer und Bestandteile einer umfassenderen Berichterstattung im Bildungsbereich gegeben: So legte der Deutsche Bildungsrat 1975 einen Bericht über Entwicklungen im Bildungswesen vor. Darüber hinaus ist die vom Bundesministerium für Bildung und Wissenschaft herausgegebene „Bildungspolitische Zwischenbilanz" (vgl. BMBW 1976) ebenso zu erwähnen wie der „Bericht der Bundesregierung über die strukturellen Probleme des föderativen Bildungswesens" (Deutscher Bundestag 1978); beide wurden jedoch nicht fortgesetzt.

Stärker analytisch ausgerichtete Bestandsaufnahmen wurden seitens der Forschung vorgelegt, so z. B. der von einer Arbeitsgruppe des Max-Planck-Instituts für Bildungsforschung seit 1979 unregelmäßig veröffentlichte Bericht „Das Bildungswesen in der Bundesrepublik Deutschland – Strukturen und Entwicklungen im Überblick" (zuletzt Cortina u. a. 2003), der vom Deutschen Institut für Internationale Pädagogische Forschung publizierte Band „Perspektiven des Bildungswesens der Bundesrepublik Deutschland" (Weishaupt u. a. 1988), ferner die seit 1980 vom Dortmunder Institut für Schulentwicklung im Zweijahresrhythmus herausgegebenen „Jahrbücher der Schulentwicklung" (Bos u. a. 2006) sowie der zum zweiten Mal in erweiterter Form erschienene Band „Bildung und Soziales in Zahlen" (Böttcher u. a. 2001). Einen analytischen Bezug hat auch das „Gutachten für Bildung in Deutschland" (vgl. Weißhuhn 2001) sowie die Studie „Bildung und Lebenslagen – Auswertungen und Analysen für den zweiten Armuts- und Reichtumsbericht der Bundesregierung“ (Weißhuhn/Große Rövekamp 2004). Zu nennen sind im Übrigen historische Analysen der Bildungsentwicklung in Deutschland seit 1945 (insbesondere Führ 1996 und Führ/Furck 1998).

Eine relativ umfassende und differenzierte Darstellung der gegenwärtigen Situation der Erhebung und Bereitstellung statistischen Datenmaterials, verbunden mit der Ableitung entsprechender Empfehlungen sowie der Benennung notwendiger Untersuchungen findet sich in dem von der Bund-Länder-Kommission für Bildungsplanung und Forschungsförderung herausgegebenen Bericht „Vergleichende internationale Bildungsstatistik. Sachstand und Vorschläge zur Verbesserung“ (BLK 2002). Einen aktuellen Überblick über wichtige Teilaspekte des Bildungsbereichs gibt auch der Band „Im Blickpunkt: Bildung in Deutschland“ des Statistischen Bundesamtes (2003).

Eine qualitativ neue Phase der Arbeiten an einer Bildungsberichterstattung begann 2002 mit dem im Auftrag der KMK vorgelegten Bildungsbericht (vgl. Avenarius u. a. 2003) sowie mit den im Auftrag des BMBF erstellten Konzepten zur Bildungsberichterstattung im Rahmen der Expertisen zur non-formalen und informellen Bildung im Kindes- und Jugendalter (Rauschenbach u. a. 2004) bzw. zur beruflichen Bildung und zur Weiterbildung bzw. zum Lebenslangen Lernen (vgl. Baethge u. a. 2003). Damit lagen Anfang 2004 erstmals in Deutschland drei von unterschiedlichen Expertengruppen mit dem Fokus auf verschiedene Bildungsbereiche verfasste konzeptionelle Angebote zur Bildungsberichterstattung vor. Weitgehend übereinstimmend werden in den drei Darstellungen übergreifende Desiderata sichtbar gemacht. Dazu gehört vor allem, dass

- derzeit kein systematisch begründetes Indikatorenmodell für eine lebenslauforientierte Berichterstattung über das Bildungswesen vorliegt, gleichwohl aber an Erfahrungen mit Versuchen zur Indikatorisierung in den drei Berichten angeknüpft werden kann
- es eine Fülle von – häufig nicht kompatiblen – Strukturdaten gibt und zugleich ein enormer Mangel an Verlaufsdaten herrscht, die belastbare Auskünfte über die Effekte von Bildung im Lebensverlauf zulassen. Eine künftige Bildungsberichterstattung muss daher von einem anderen Blickwinkel ausgehen: Es reicht nicht mehr aus, verfügbare Daten und Befunde zusammenzutragen und zu referieren, sondern es ist zugleich eine Strategie erforderlich, die klärt, welche Daten künftig für eine angemessene Form der Berichterstattung notwendig sind (vgl. Konsortium Bildungsberichterstattung 2005)
- ein Teil der Daten- und Forschungsdefizite so grundlegend ist, dass ihr Ausgleich erst durch neue Forschungsaktivitäten möglich erscheint.

## 4 Konzeptionelle Basis der Bildungsberichterstattung in Deutschland

Mit der Veröffentlichung des ersten, gemeinsam von Bund und Ländern in Auftrag gegebenen nationalen Berichts „Bildung in Deutschland“ im Jahr 2006 wurde der Grundstein für eine dauerhafte Berichterstattung als Gemeinschaftsaufgabe von Bund und Ländern gelegt (vgl. Konsortium Bildungsberichterstattung 2006). Mit dem Report wurde zugleich erstmals von einem institutionell zusammengesetzten Konsortium eine umfassende empirische Bestandsaufnahme des deutschen Bildungswesens als Ganzes vorgelegt. Die vorgenannten datenstrategischen Defizite haben sich dabei nicht nur bestätigt, sondern auch unmittelbare Auswirkungen auf den Aussagewert der Indikatoren gehabt. Die konzeptionelle Basis der mit dem ersten Bildungsbericht 2006 vorgelegten nationalen Bildungsberichterstattung in Deutschland ist durch drei wesentliche Grundzüge geprägt:

1. Durch ein Verständnis von Bildung als individuelle und gesellschaftliche Aufgabe: Die nationale Bildungsberichterstattung geht davon aus, dass sich die Ziele von Bildung in den drei Dimensionen „individuelle Regulationsfähigkeit", „gesellschaftliche Teilhabe und Chancengleichheit" sowie „Humanressourcen" niederschlagen. Sie bilden den Bezugspunkt der konzeptionellen Rahmung von Bildung.
2. Durch die Orientierung am Leitgedanken „Bildung im Lebenslauf": Der Auftrag an die Bildungsberichterstattung betont, dass es sich um eine systemische Berichterstattung, nicht um die Addition von Teilberichten über einzelne Bildungsstufen, -bereiche oder -institutionen handeln soll. Die Bildungsberichterstattung strebt daher an, das gesamte Spektrum der Bildungsstufen und -bereiche zu umfassen. Das Problem einer stringent an diesem Leitgedanken ausgerichteten Darstellung der Indikatoren sind bislang jedoch fehlende Daten mit Individualbezug. Da sich die Datenlage in dieser Hinsicht absehbar nicht wesentlich ändern wird, kann dem Leitgedanken daher nur approximativ entsprochen werden.
3. Durch einen stringenten Indikatorenansatz: Internationale Erfahrungen (OECD, Frankreich, Kanada, USA u. a.) zeigen, dass eine problemorientierte Analyse auf der Grundlage fortschreibbarer Indikatoren die am besten geeignete Form der Erfassung des Zustands und der Entwicklung eines Bildungswesens ist. Bildungsberichterstattung hat daher die zu erörternden Probleme jeweils unter Rückgriff auf wenige zentrale Indikatoren zu analysieren und darzustellen. Auswahl und Darlegung der indikatorengestützten Berichtsinhalte haben dabei drei Kriterien zu genügen.

Die Indikatoren müssen empirisch belastbare Informationen über relevante Ausschnitte des Bildungswesens enthalten, sich auf fortschreibbare Datensätze stützen und bundesweite sowie länderspezifisch bzw. – soweit realisierbar und sinnvoll – auch tiefer regionalisierte Vergleiche ermöglichen.

Die Indikatoren sollen möglichst nach folgenden Differenzierungsaspekten dargestellt werden: (a) soziökonomischer Hintergrund, Geschlecht, Migration, (b) Bundesländer, Regionen, (c) internationaler Vergleich und (d) Zeitreihe. Dabei sollen und können nicht alle Aspekte gleichwertig bei jedem Indikator dargestellt werden.

Der Vorteil einer solchen Vorgehensweise besteht darin, dass bereits in einem Bericht dargestellte Indikatoren in den nächsten Berichten in Zeitreihe weitergeführt werden können und so systematisch über die Entwicklung des Bildungswesens insgesamt und seiner einzelnen Bereiche Aufschluss geben. Das gilt auch dann, wenn bei der Darstellung der Indikatoren wechselnde Perspektiven eingenommen werden (z. B. Aufgliederung nach Region und nach soziodemographischen Merkmalen, Zeitreihen und internationale Vergleiche), um den Berichten jeweils auch einen Neuigkeitswert zu geben.

Mit einer solchen, überwiegend auf Indikatoren beruhenden Darstellung, wird in der öffentlichen Wahrnehmung oft der Nachteil verbunden, dass nicht aktuell genug auf bewegende bildungspolitische Fragen reagiert werden könne. So aktuell und interessant bestimmte Themen für eine breite Öffentlichkeit auch sein mögen: Nicht immer lassen sie sich empirisch erfassen und nach den Kriterien der Bildungsberichterstattung auf der Basis wiederholbarer, repräsentativer und mindestens auf Länderebene differenzierender Daten als Indikatoren definieren und berechnen.

Eine wiederholt zu vernehmende Kritik am Bildungsbericht 2006 war die angeblich geringe Aktualität der Aussagen. Der Konflikt zwischen Kontinuität und Aktualität der Darstellung ist ein Grundproblem einer indikatorengestützten Bildungsberichterstattung. Aus diesem Dilemma kann sich diese nicht gänzlich befreien. Es relativiert sich aber schon dadurch, dass bildungspolitisch aktuelle Fragen bis zum Zeitpunkt ihrer empirischen Erfassung – ob in Statistiken, Surveys oder andern wiederholbaren repräsentativen Untersuchungen – meist wenig an Aktualität verloren haben. Gleichwohl soll die Aktualität der Bildungsberichte künftig weiter erhöht werden. Um sowohl aktuelle Entwicklungen zu erfassen als auch zugleich ergänzendes und differenzierteres Datenmaterial bereitzustellen, soll insbesondere die Darstellung auf der Homepage der Bildungsberichterstattung weiterentwickelt werden (www.bildungsbericht.de). So können dort ergänzende Befunde in Form zusätzlicher Tabellen und Abbildungen aufgenommen werden.

## 5 Die Perspektive non-formaler und informeller Lernwelten

In der öffentlichen Wahrnehmung wird Bildung bis heute vielfach auf den Ausschnitt formalisierter Lernprozesse in Institutionen des Schulwesens zugespitzt. Demgegenüber hat das dargestellte Konzept der Bildungsberichterstattung für Deutschland von Anfang an der Tatsache Rechnung zu tragen versucht, dass in der nationalen und internationalen Diskussion in steigendem Maße inzwischen auch auf zahlreiche andere *Settings*, Bildungsorte und Lernformen verwiesen wird, die sowohl einen wichtigen Beitrag zur Entwicklung gesellschaftlich relevanter Kompetenzen leisten, als auch oft Grundlage für Erfolge formalisierter Lernprozesse sind (vgl. Bundesjugendkuratorium 2002; Baethge/Baethge-Kinsky 2004). Im Zuge dieser Diskussion haben sich in den letzten Jahren jedoch deutlicher unterschiedliche Dimensionen dieser non-formalen und informellen Lernwelten herausgebildet, die bislang eher miteinander vermengt wurden:

- Lern- und Bildungsorte: Lernprozesse finden innerhalb und außerhalb der dafür vorgesehenen Institutionen des Bildungswesens statt. Im Kontext der nicht-institutionalisierten Bereiche von Bildung kommt der Familie eine herausragende Bedeutung zu.
- Lernformen: Neben den formalisierten und curricular gestalteten Lernprozessen prägen vielfältige Formen der Alltagsbildung und des erfahrungsbasierten Lernens die realen Prozesse der Bildung im Lebenslauf.
- Lerndimensionen: Lernprozesse beziehen sich nicht nur auf kognitive Aspekte und die curricular vorgegebenen Themen und Unterrichtsfächer etwa der Schule. Neben der Vermittlung kognitiver Kompetenzen stellen z. B. auch soziale oder personale Kompetenzen eine wesentliche Herausforderung der Bildung im Lebenslauf dar.

Bisher ist es der Bildungsforschung allerdings weder hinreichend gelungen, den je spezifischen Stellenwert einzelner Bildungsorte, Lernformen und Lerndimensionen für die Herausbildung individueller Kompetenzprofile herauszuarbeiten, noch eine überzeugende, empirisch gestützte Systematik für unterschiedliche Arten des Lernens in informellen *Settings* und den inneren Zusammenhang von formalisierten und nicht-formalisierten Lernprozessen vorzulegen. Es besteht in der wissenschaftlichen Debatte jedoch Einvernehmen über zwei Sachverhalte: zum einen darüber, dass informelle und non-formale Lern-*Settings* auf allen Stufen der individuellen Bildungsbiographie eine wichtige Rolle spielen; zum anderen darüber, dass informelle Lernaktivitäten nicht allein – vielleicht nicht einmal in erster Linie – eine Sache der persönlichen Lernmotivation und -fähigkeit, sondern auch von Gelegenheitsstrukturen sind, die Menschen zur Verfügung stehen bzw. von ihnen aktiviert werden können.

Vor diesem Hintergrund werden informelle und non-formale Lernwelten im Bildungsbericht 2008 exemplarisch im Schulalter, im Weiterbildungsbereich sowie bei der übergreifenden Bilanzierung der Wirkungen und Erträgen von Bildung in den Blick genommen. Schwerpunktmäßig sollen dabei die ganztägigen Bildungs- und Betreuungsangebote, das freiwillige Engagement sowie die Entwicklung sozialer und demokratischer Handlungskompetenzen im Schulalter untersucht werden.

## 6 Berücksichtigung von ganztägiger Bildung und Betreuung im Schulalter

Der Auf- und Ausbau schulischer Ganztagsangebote bildet ein zentrales Kernstück der Bildungsreformen der letzten Jahre. Mit entsprechenden Indikatoren soll ein systematischer Überblick über diese Lernarrangements im Sinne schulergänzender ganztägiger Bildung und Betreuung gegeben werden. Der Schwerpunkt der Darstellung liegt dabei auf generellen strukturellen, organisatorischen und finanziellen Informationen zu Angebot und Nutzung im Ganztagsbereich. Darüber hinaus werden auch Differenzierungen, wie die Darstellung der Beteiligung an Ganztagsangeboten nach sozioökonomischem und Migrationshintergrund der Kinder sowie Informationen über pädagogische Programme und Konzepte und deren Erträge angestrebt.

Die Entwicklung des Ganztagsangebots wird nach Schularten in Zeitreihen dargestellt. In diesem Zusammenhang wird neben der institutionellen Entwicklung (Anteil der Ganztagsschulen an allen Schulen; Anteil an privaten und öffentlichen Schulen, nach Verwaltungseinheiten sowie nach Modellen des Ganztagsangebots) auch die Entwicklung der Schüler(innen)zahlen, unterschieden nach Ganztagsmodellen, dargestellt.

Neben der Entwicklung der Teilnehmer(innen)zahlen soll regelmäßig berichtet werden, wie sich die durchschnittliche Nutzungsdauer der Offenen Ganztagsschule in den einzelnen Schulen im Zeitablauf entwickelt. Soweit möglich sollen Teilnehmer(innen)zahl und Nutzungsdauer dabei nicht unverbunden nebeneinander beschrieben, sondern integriert als Nutzungsdichte ausgewiesen werden. Unter Steuerungsgesichtspunkten stellt sich das Problem einer aussagekräftigeren statistischen Erfassung der tatsächlichen zeitlichen Nutzung von Ganztagsangeboten.

Nicht jedes für den Ganztag angemeldete und statistisch erfasste Kind nutzt dieses Angebot auch im vollen von der Schule angebotenen Umfang. Von besonderem Interesse ist in diesem Zusammenhang die Frage, inwieweit es gelingt, mit den Ganztagsangeboten vor allem jene Kinder und Jugendlichen zu erreichen, die in bildungsfernen Elternhäusern oder in Familien mit Migrationshintergrund aufwachsen, um ihnen – unabhängig vom Elternhaus – Entwicklungsmöglichkeiten durch attraktive Angebote zu eröffnen.

Dargestellt wird darüber hinaus die Inanspruchnahme von Angeboten ganztägiger Bildung und Betreuung nach Jahrgangsstufen, Alter, Migrationshintergrund, sozioökonomischem Hintergrund der Schüler(innen) sowie nach Erwerbstatus der Eltern. Da diese Differenzierungen auf Basis der amtlichen Statistiken nicht möglich sind, müssen dazu vor allem regionalspezifische Zugänge genutzt werden.

Auch wenn die Datenbasis insgesamt nicht zufrieden stellend ist, lassen sich wesentliche der beschriebenen Sachverhalte zum Thema ganztägiger Bildung und Betreuung im Schulalter auf der Basis folgender Datenquellen darstellen: amtliche Schulstatistik und KMK-Ganztagsschulstatistik, Kinder- und Jugendhilfestatistik, ausgewählte Ergebnisse aus TIMSS-Primarstufe 2007, IGLU/PIRLS 2007 sowie der StEG-Erhebung.

# 7 Ausblick

Insgesamt hat sich die nationale Bildungsberichterstattung in Deutschland innerhalb weniger Jahre etabliert. Die nächsten anstehenden Berichte sind für 2008 und 2010 geplant. Als indikatorengestütztes Berichtskonzept wird es jedoch noch einige Zeit dauern, bis die Datenlage so weit vorangeschritten ist, dass diese sowohl in den einzelnen Themenbereichen als auch mit Blick auf den Gesamthorizont von Bildung im Lebenslauf die wichtigsten Bildungsprozesse umfassend und im Zeitverlauf abbildet. Trotzdem kann eine gute Berichterstattung die Transparenz innerhalb des Bildungssystems und die Zusammenhänge und Übergänge zwischen den einzelnen Bereichen erhöhen. Der Themenschwerpunkt für den Bildungsbericht 2008 „Übergänge" dürfte diesen Akzent noch unterstreichen.

## *Literatur*


Ackeren, Isabell van/Hovestadt, Gertrud (2003): Indikatorisierung der Empfehlungen des Forum Bildung. Bildungsreform. Bd. 4. Berlin: Bundesministerium für Bildung und Forschung.

Avenarius Hermann/Ditton, Hartmut/Döbert, Hans/Klemm, Klaus/Klieme, Eckhard/Rürup, Matthias (2003): Bildungsbericht für Deutschland. Erste Befunde. Opladen: Leske + Budrich.

Baethge, Martin/Baethge-Kinsky, Volker (2004): Der ungleiche Kampf um das lebenslange Lernen. Münster: Waxmann.

Baethge, Martin/Buss, Klaus-Peter/Lanfer, Carmen (2003): Konzeptionelle Grundlagen für einen Nationalen Bildungsbericht – Berufliche Bildung und Weiterbildung/Lebenslanges Lernen. Reihe Bildungsreform. Bd. 7. Bonn: Bundesministerium für Bildung und Forschung.

Bos, Wilfried/Holtappels, Heinz-Günter/Pfeiffer, Hermann/Rolff, Hans-Günter/Schulz-Zander, Renate (Hg.) (2006): Jahrbuch der Schulentwicklung Bd. 14. Daten, Beispiele und Perspektiven. Weinheim: Juventa.

Böttcher, Wolfgang/Klemm, Klaus/Rauschenbach, Thomas (Hg.) (2001): Bildung und Soziales in Zahlen. Statistisches Handbuch zu Daten und Zahlen im Bildungsbereich. München: Juventa.

Bundesjugendkuratorium (BJK) (Hg.) (2002): Zukunftsfähigkeit sichern! Für ein neues Verhältnis von Bildung und Jugendhilfe. Berlin.

BMAS (2005) – Bundesministerium für Arbeit und Soziales: Lebenslagen in Deutschland. 2. Armut- und Reichtumsbericht der Bundesregierung. Bonn.

BMBF (2006) – Bundesministerium für Bildung und Forschung: Berichtssystem Weiterbildung IX. Integrierter Gesamtbericht zur Weiterbildungssituation in Deutschland. Bonn.

BMBF (2007) – Bundesministerium für Bildung und Forschung: Berufsbildungsbericht 2007. Berlin: BMBF.

BMBW (1976) – Bundesministerium für Bildung und Wissenschaft: Bildungspolitische Zwischenbilanz. Bonn: Universitätsdruckerei.

BMFSFJ (2005) – Bundesministerium für Familie, Senioren, Frauen und Jugend: Bericht über die Lebenssituation junger Menschen und die Leistungen der Kinder- und Jugendhilfe in Deutschland. Zwölfter Kinder- und Jugendbericht. Bildung, Betreuung und Erziehung vor und neben der Schule. Berlin.

BMFSFJ (2005a) – Bundesministerium für Familie, Senioren, Frauen und Jugend: Familie zwischen Flexibilität und Verlässlichkeit. Perspektiven für eine lebenslaufbezogene Familienpolitik. Siebter Familienbericht. Berlin.

BLK (2002) – Bund-Länder-Kommission für Bildungsplanung und Forschungsförderung: Vergleichende internationale Bildungsstatistik. Sachstand und Vorschläge zur Verbesserung. In: Materialien zur Bildungsplanung und Forschungsförderung, H. 103.

BLK (2006) – Bund-Länder-Kommission für Bildungsplanung und Forschungsförderung: Heft 137-I. BLK-Bildungsfinanzbericht 2004/2005. Die aktuelle Entwicklung. Materialien zur Bildungsplanung und zur Forschungsförderung. Bonn.
Cortina, Kai S./Baumert, Jürgen/Leschinsky, Achim/Mayer, Karl-Ulrich (Hg.) (2003): Das Bildungswesen in der Bundesrepublik Deutschland: Strukturen und Entwicklungen im Überblick. Reinbek: Rowohlt.
Deutscher Bildungsrat (Hg.) (1975): Bericht '75. Entwicklungen im Bildungswesen. Stuttgart: Klett.
Deutscher Bundestag (Hg.) (1978): Bericht der Bundesregierung über die strukturellen Probleme des föderativen Bildungssystems. Bundestagsdrucksache 8/1551. Bonn.
Deutsches Jugendinstitut (Hg.) (2003): Zahlenspiegel. Daten zu Tageseinrichtungen für Kinder. München: Eigenverlag DJI.
Döbert, Hans/Hörner, Wolfgang/Kopp, Botho von/Mitter, Wolfgang (Hg.) (2004): Die Schulsysteme Europas. Hohengehren: Schneider.
Egeln, Jürgen/Eckert, Thomas/Heine, Christoph/Kerst, Christian/Weitz, Birgitta (2003): Indikatoren zur Ausbildung im Hochschulbereich. Studie zum Innovationssystem Deutschlands Nr. 10-2003. ZEW Dokumentation 03-03. Indikatoren zur Ausbildung im Hochschulbereich?.
EU-Kommission (2007): Key data on higher education in Europe – 2007 Edition. Brüssel: Eurydice.
Europäische Kommission (Hg.) (2000): Memorandum über lebenslanges Lernen. Luxemburg: Office for Official Publications of the European Communities.
Fitz-Gibbon, Carol Taylor (1996): Monitoring Education. Indicators, Quality and Effectiveness. London: Cassell.
Führ, Christoph (1996): Deutsches Bildungswesen seit 1945. Neuwied: Luchterhand.
Führ, Christoph/Furck, Carl-Ludwig (1998): Handbuch der deutschen Bildungsgeschichte. Bd. VI/1 u. VI/2. München: Beck.
Holtappels, Heinz Günter/Klieme, Eckhard/Rauschenbach, Thomas/Stecher, Ludwig (2007): Ganztagsschule in Deutschland. Ergebnisse der Ausgangserhebung der „Studie zur Entwicklung von Ganztagsschulen". Weinheim: Juventa.
KMK (2002) – Wichtige Beschlüsse der Kultusministerkonferenz „Qualitätssicherung in Schulen im Rahmen von nationalen und internationalen Leistungsvergleichen – Entwicklung Bildungsstandards? Beschluss vom 17./18.10.2002.
Konsortium Bildungsberichterstattung (2005): Gesamtkonzeption der Bildungsberichterstattung. In: bildungsbericht.de/daten/gesamtkonzeption.pdf (Download am 27.11.2007).
Konsortium Bildungsberichterstattung (Hg.) (2006): Bildung in Deutschland. Ein indikatorengestützter Bericht mit einer Analyse zu Bildung und Migration. Bielefeld: Bertelsmann.
Mullis, Ina V. S./Martin, Michael O./Ruddock, Graham J./Kerst, Christian/Weitz, Birgitta (2005): TIMSS 2007. Assessment Frameworks. Chestnut Hill: Lynch School of Education, Boston College.
Oakes, Jeannie (1986): Educational Indicators: A Guide for Policymakers. Santa Monica, CA: RAND.
OECD (2006): Education Policy Analysis. Focus on Higher Education. 2005-2006 Edition. Paris: OECD.
OECD (2007): Education at a Glance 2007. OECD Indicators. Paris: OECD.
Ogawa, Rodney/Collom, Ed (1998): Educational Indicators: What are they? Riverside, CA: ERIC.
Rauschenbach, Thomas/Leu, Hans-Rudolf/Lingenauber, Sabine/Mack, Wolfgang/Schilling, Matthias/Schneider, Kornelia/Züchner, Ivo (2004): Konzeptionelle Grundlagen für einen Nationalen Bildungsbericht – Non-formale und informelle Bildung im Kindes- und Jugendalter. Reihe Bildungsreform. Bd. 6. Bonn.
Sachverständigenrat zur Begutachtung der gesamtwirtschaftlichen Entwicklung (2007): Jahresgutachten: 2007/2008. Das Erreichte nicht verspielen. Stuttgart: Metzler-Poeschel.
Scheerens, Jan (2004). The Conceptual Basis of Indicator Systems. Frankfurt a. M.: Lang.
Statistisches Bundesamt (2003): Im Blickpunkt: Bildung in Deutschland. Wiesbaden: Statistisches Bundesamt.
Tietze, Wolfgang (1998): Wie gut sind unsere Kindergärten? Eine Untersuchung zur pädagogischen Qualität in deutschen Kindergärten. Neuwied: Luchterhand.
Weishaupt, Horst/Weiss, Manfred/Recum, Hasso von/Haug, Rüdiger (1988): Perspektiven des Bildungswesens der Bundesrepublik Deutschland. Rahmenbedingungen, Problemlagen, Lösungsstrategien. Baden-Baden: Nomos.
Weißhuhn, Gernot (2001): Gutachten zur Bildung in Deutschland. Bonn: Bundesministerium für Bildung und Forschung.
Weißhuhn, Gernot/Große Rövekamp, Jörn (2004): Bildung und Lebenslagen – Auswertungen und Analysen für den zweiten Armuts- und Reichtumsbericht der Bundesregierung. Berlin: Bundesministerium für Bildung und Forschung.
Wissenschaftsrat (2002): Eckdaten und Kennzahlen zur Lage der Hochschulen von 1980 bis 2000. Köln: Wissenschaftsrat.

# 5.3

# Planung und Politik

# Kommunale Bildungsplanung

*Thomas Olk*

Der (Selbst-)Anspruch an die kommunalen Gebietskörperschaften, also vor allem an Städte und Landkreise, ein System und Instrumentarium kommunaler Bildungsplanung zu entwickeln, ist relativ neuen Datums. Er ist sowohl das Ergebnis fachlich-konzeptioneller Überlegungen und Einsichten, wie sie sich etwa mit dem ganzheitlichen Bildungsbegriff des Zwölften Kinder- und Jugendberichts verbinden (vgl. BMFSFJ 2005), als auch ein Resultat der offensichtlichen Defizite des deutschen Bildungssystems. Angesichts des schlechten Abschneidens des deutschen Schulsystems bei internationalen Leistungsvergleichsstudien (TIMSS, PISA etc.) und der hohen Abhängigkeit des Lernerfolgs der Schüler(innen) von ihrer sozialen Herkunft wird die Reformbedürftigkeit des deutschen Schulsystems deutlich. Bildungsforschung und -politik gehen übereinstimmend davon aus, dass sich die Lernleistungen der in Deutschland zur Schule gehenden Schüler(innen) nur durch eine grundsätzliche Reform bzw. Weiterentwicklung des Schulsystems verbessern lassen. Hierbei spielen Konzepte der Qualitätsentwicklung von Schule durch die Verbesserung des Unterrichts ebenso eine Rolle wie der Einbezug weiterer inner- und außerschulischer Partner in den kooperativen Prozess eines umfassenden Bildungsgeschehens. Darüber hinaus werden aus der Sicht der Kinder- und Jugendhilfe neue fachliche Konzepte betont, die die Angebote und Leistungen der kommunalen Kinder- und Jugendhilfe als einen zentralen Bestandteil eines neuen Systems von Bildung, Betreuung und Erziehung auffassen (vgl. etwa Otto/Oelkers 2006).

## 1 Problemstellung

Die wachsende Bereitschaft von Schule und Kinder- und Jugendhilfe, an der Entwicklung einer abgestimmten kommunalen Bildungsinfrastruktur mitzuwirken, wird konzeptionell durch Leitbilder und Forderungen der kommunalen Spitzenverbände befördert, die bereits seit einigen Jahren aus Eigeninteresse bestrebt sind, regionale bzw. lokale Bildungslandschaften unter Einbezug von Schule, Jugendhilfe, Volkshochschule, Akteuren der kulturellen und musischen Bildung sowie örtlicher Unternehmen zu entwickeln (vgl. Deutscher Landkreistag 2006; Deutscher Städtetag 2005 und 2007). Insgesamt lässt sich bei den einschlägigen Akteuren ein Konsens im Hinblick auf die Wünschbarkeit einer kommunalen Bildungslandschaft feststellen, „die getragen wird von Leistungen und Einrichtungen der Schule, der Kinder- und Jugendhilfe, von kulturellen Einrichtungen, Verbänden und Vereinen, Institutionen der Gesundheitsförderung sowie privaten und gewerblichen Akteuren vor Ort“ (BMFSFJ 2005: 351). Um aber eine solche kommunale Bildungslandschaft als eine integrierte kommunale Bildungsinfrastruktur zu entwickeln, bedarf es einer kommunalen Bildungsplanung als einer integrierten Fachplanung:

> „Erforderlich ist eine kommunale Bildungsplanung, die (...) ein konsistentes Gesamtsystem für Bildung, Betreuung und Erziehung im kommunalen Raum zu entwickeln (in der Lage ist). Dazu sind kommunale Jugendhilfeplanung und Schulentwicklungsplanung zu integrieren sowie mit der Sozialplanung und der Stadtentwicklungsplanung abzustimmen. Zentraler Akteur einer solchen Bildungsplanung muss die Kommune sein" (BMFSFJ 2005: 351).

Im Folgenden sollen die Voraussetzungen, möglichen Ziele, institutionellen Rahmenbedingungen, Instrumente sowie Vorgehensweisen einer solchen kommunalen Bildungsplanung erörtert werden. Folgende hiermit verbundene Fragen sollen diskutiert werden: Was sind die Triebkräfte und Anknüpfungspunkte für ein solches neu zu entwickelndes System und Instrumentarium einer kommunalen Bildungsplanung? Welche Ziele und welchen Gegenstand hat eine solche kommunale Bildungsplanung und welche Organisationsformen, Planungsinstrumente und Vorgehensweisen lassen sich als voraussichtlich zielführend identifizieren? Da der hier zu diskutierende Gegenstand als solcher erst in Entstehung begriffen ist und damit auch der Forschungsstand noch nicht weit entwickelt ist, können hier nur erste Ansatzpunkte und Perspektiven benannt und die sich abzeichnenden Erfolgs- bzw. Misserfolgsfaktoren herausgearbeitet werden.

## 2 Beweggründe und Anknüpfungspunkte für eine bereichsübergreifende kommunale Bildungsplanung

In der Forderung nach einer integrierten, bereichsübergreifenden kommunalen Bildungsplanung fließen unterschiedliche Debatten und Entwicklungsstränge zusammen. Sie kommen sowohl aus dem schulischen Bereich im engeren Sinne als auch aus dem Bereich der Kinder- und Jugendhilfe; sie sind zum Teil in handfesten Interessenlagen bzw. wahrgenommenen Reformbedarfen zu finden wie in übergreifenden konzeptionell-theoretischen Debatten. Folgende Anstöße und Katalysatoren für kommunale Bildungsplanung lassen sich benennen:

1. Das relativ schlechte Abschneiden des deutschen Bildungssystems bei Schulleistungsstudien hat zu intensiven Bestrebungen geführt, die Qualität schulischen Lernens zu verbessern. Qualitätsentwicklungskonzepte im schulischen Bereich setzen dabei auf der einzelschulischen Ebene an und sind bestrebt, über eine qualitätsorientierte Selbststeuerung von Schulen die Qualität des Unterrichts und damit die Lernleistungen der Schüler(innen) zu verbessern. Dabei wird nicht nur auf eine größere schulische Selbstständigkeit und Selbststeuerung (Schule als lernende Organisation) gesetzt, sondern vor allem auch auf den Einbezug von inner- und außerschulischen Partnern (pädagogische Mitarbeiter(innen), Angebote und Einrichtungen der Kinder- und Jugendhilfe, lokale Wirtschaft etc.). Die Öffnung der Schule für die Mitwirkung anderer Partner am schulischen Bildungsauftrag erzeugt einen steigenden kommunalen Planungs- und Koordinierungsaufwand.
2. Die Ausweitung ganztagsschulischer Angebote soll in Deutschland zu großen Teilen als ein Kooperationsprojekt von Schule und außerschulischen Partnern (Einrichtungen und Diensten der Kinder- und Jugendhilfe, Akteuren aus dem Sport- und Kulturbereich, lokaler Wirtschaft etc.) erreicht werden, so die entsprechenden Durchführungsbestimmungen der meisten Bundesländer. In der Folge werden Schule und Jugendhil-

fe, aber auch weitere außerschulische Partner, immer stärker miteinander verschränkt. Dies macht übergeordnete kommunale Planungsvorhaben erforderlich.

3. Im Rahmen der Propagierung eines ganzheitlichen Bildungsverständnisses, bei dem neben formalen auch non-formale und informelle Bildungsprozesse in ihrer Bedeutung anerkannt werden, wird betont, dass sich das biographische Bildungsgeschehen nicht auf einen Bildungsort (Schule) allein konzentrieren darf, sondern als Zusammenspiel unterschiedlicher Orte und Gelegenheiten verstanden werden muss. Die Umsetzung eines solchen Bildungsverständnisses erfordert die systematische Abstimmung und Verschränkung der bislang isoliert voneinander gesehenen und gesteuerten Bildungsorte in einem integrierten Planungskonzept.
4. Ausgehend von dem Sachverhalt, dass Kinder und Jugendliche im Verlaufe ihrer Bildungsbiographie neben- und nacheinander unterschiedliche Bildungsinstitutionen durchlaufen (frühkindliche Bildungsangebote, Schulen, außerschulische Bildungs- und Betreuungsangebote, berufliche Ausbildungen etc.), wird plausibel, dass die Aktivitäten und Bildungsbeiträge der relevanten Bildungsakteure untereinander abgestimmt werden müssten.
5. Sowohl im Bereich der Schule als auch im Bereich Kinder- und Jugendhilfe wächst die Bedeutung von Konzepten, die auf eine sozialräumliche Einbettung der Institution Schule bzw. der Angebote und Einrichtungen der Kinder- und Jugendhilfe hinauslaufen (vgl. Floerecke 2005; Coelen 2002). So zielen Konzepte der Schulöffnung auf der einen Seite darauf ab, zumindest bestimmte Schulformen gegenüber ihrem Umfeld zu öffnen und sie zu einem Gemeinde- bzw. Stadtteilzentrum weiterzuentwickeln (gemeindeorientierte Schule, Schule im Stadtteil etc.). Auf der anderen Seite geht es im Bereich der Kinder- und Jugendhilfe gemäß der Konzeption der Sozialraumorientierung darum, die „Versäulung" institutioneller Strukturen und die hiermit zusammenhängenden Zuständigkeitsabgrenzungen zugunsten einer Öffnung von Einrichtungen und Diensten gegenüber den sozialräumlichen Bedingungen des Aufwachsens von Kindern und Jugendlichen und den Besonderheiten des sozialen Umfeldes zu überwinden und das professionelle Handeln an den sozialräumlichen Lebensbedingungen und Ressourcen zu orientieren. Aus solchen Konzepten der sozialräumlichen Öffnung institutioneller Strukturen ergeben sich Erfordernisse einer intensiveren Kooperation und Vernetzung der Institutionen und Leistungen von Schule, Jugendhilfe und weiteren Bildungsakteuren.
6. Kommunen und kommunale Spitzenverbände haben ein ureigenes Interesse an der Stärkung ihrer bildungsbezogenen Gestaltungsspielräume, da gerade die kommunale Ebene für die negativen Folgen gescheiterter Bildungsbiographien in Form von sozialen Folgekosten aufkommen müssen sowie vor allem deshalb, weil ein quantitativ ausreichendes Angebot an qualifizierten Arbeitskräften in der Region angesichts des demographischen Wandels und des hiermit zusammenhängenden Rückgangs der Anzahl jüngerer Menschen ein wichtiger Standortfaktor im interkommunalen Wettbewerb darstellt. Schon aus diesen Gründen sind die Kommunen an einer hohen Qualität der Bildungsinstitutionen ihrer Region sowie an deren Koordinierung und Vernetzung interessiert.
7. Nach anfänglich zähem Beginn hat sich inzwischen eine weit verbreitete und sich in unterschiedlichen Formen konkretisierende Praxis der Zusammenarbeit von Schule und Jugendhilfe herausgebildet, die weit über klassische Angebote der Schulsozialarbeit hinausgeht. Dies betrifft neben der Schulsozialarbeit als der intensivsten Form der Ko-

operation von Jugendhilfe und Schule (nach § 13 SGB VIII) unterschiedliche Formen der Kooperation zwischen Einzelschulen und Trägern bzw. Einrichtungen der örtlichen Jugendhilfe (wie dem Allgemeinen Sozialdienst, den Hilfen zu Erziehung etc.) sowie vor allem die Zusammenarbeit zwischen Schule und Einrichtungen und Trägern der Jugendarbeit, etwa in den Angebotsformen der „Über-Mittag"-Betreuung, freizeitpädagogischer Angebote oder der Beteiligung von Jugendarbeit an der Gestaltung „des Ganztags". Wenn vermieden werden soll, dass diese Formen der Kooperation auf zufällige Absprachen zwischen Einzelschulen und einzelnen Trägern der Kinder- und Jugendhilfe hinauslaufen, Doppelangebote und Überlappungen entstehen sowie bestimmte Akteure Schwierigkeiten haben, geeignete Kooperationspartner zu finden, dann muss auch diese wachsende Praxis in integrierte, bereichsübergreifende Planungsprozesse auf kommunaler Ebene einbezogen werden.

Die Auflistung von Anknüpfungspunkten und Auslösern einer integrierten Fachplanung auf kommunaler Ebene im Bildungsbereich macht deutlich, dass überkommene Zuständigkeitsabgrenzungen und konzeptionelle Selbstverständnisse längst durch örtliche Entwicklungen der Praxis überholt worden sind. Projekte und Prozesse der Kooperation und der wechselseitigen Öffnung nehmen zu, womit der Planungs- und Koordinierungsaufwand bereits auf dieser Ebene wächst. Die Anstöße für solche kooperativen Orientierungen gehen sowohl von der Schule als auch von außerschulischen Bildungspartnern aus (vor allem der Kinder- und Jugendhilfe) und werden nicht zuletzt durch die Kommune als politischem Akteur eingefordert und unterstützt. Leitbilder und Konzepte wie „integrierte kommunale Bildungsinfrastruktur", „kommunale Bildungslandschaften" sowie „abgestimmtes System von Bildung, Erziehung und Betreuung" geben diesen Entwicklungen einen theoretisch-konzeptionellen Rahmen und damit eine fachliche Begründung. Allerdings sind damit die Umrisse einer kommunalen Bildungsplanung noch keineswegs geklärt. Bislang überwiegt die ressortspezifische Planung, etwa im Bereich der Schulentwicklungs- und der Jugendhilfeplanung. Dabei sind die Hürden und Widerstände gegen eine Überwindung der Ressortgrenzen und die Entwicklung eines integrierten Planungssystems durchaus erheblich. Im Folgenden sollen die Ausgangspunkte für eine integrierte kommunale Bildungsplanung geklärt werden.

## 3 Schulentwicklungs- und Jugendhilfeplanung – zwei Systeme auf dem Weg zu einem Planungsverbund

Ein erster Blick auf die Ziele, institutionellen Rahmenbedingungen und Instrumente von Schulentwicklungs- und Jugendhilfeplanung verweist zunächst einmal auf weit reichende Differenzen. Während die Zuständigkeit für die Jugendhilfeplanung auf der kommunalen Ebene angesiedelt ist, bringt die Trennung in „innere" und „äußere" Schulangelegenheiten eine Aufteilung der Planungsverantwortung im Schulbereich zwischen Ländern und Kommunen mit sich (zu einem Vergleich beider Planungssysteme vgl. Merchel 2004). So haben die Kommunen als Schulträger lediglich die Verantwortung für die so genannten äußeren Schulangelegenheiten wie schulbauliche und materielle Ausstattungen (vgl. Rösner 1999; Mauthe 1996). Sieht man einmal von länderspezifischen Unterschieden in den schulrechtlichen Regelungen bezüglich der Schulentwicklungsplanung ab, dann lassen sich folgende Merkmale dieses Planungsbereichs benennen: Kommunale Schulentwicklungspläne sind im Wesentlichen Standort- und Versorgungspläne, die gewährleisten sollen, dass die Strukturierung des kommunalen Angebotes an Schulen nach Schulform und Schulgröße der quantitativen Nachfrage auf Grund von demographischen Entwicklungen Schulwahlentscheidungen der Eltern etc. entsprechen. Damit erweist sich herkömmliche Schulentwicklungsplanung als eine im Wesentlichen technisch-quantitative Planung der regionalen Versorgung mit Schulplätzen, differenziert nach Schulform, Standort und Anzahl, während das Land durch bestimmte Grundsatzentscheidungen die Struktur des Bildungssystems und damit den Rahmen für die kommunale Schulentwicklungsplanung vorgibt. Im Vordergrund stehen quantitative Prognosen von Angebot und Bedarf, die sich auf das Schulwahlverhalten sowie Zu- und Abwanderungen in Gemeinden und Stadtteilen einerseits und auf die dementsprechend benötigten Schulplätze und den Schulraumbedarf andererseits konzentrieren. Solange es in der kommunalen Schulentwicklungsplanung nur um die Versorgung eines regionalen Einzugsbereichs mit einer bedarfsgerechten Anzahl von vordefinierten Schulplätzen in festliegenden Schulformen handelte, trug diese Art von Planung überwiegend einen technischen Charakter, war nicht beteiligungsorientiert und hatte kaum Auswirkungen auf die innere Organisationsentwicklung der Einzelschulen.

Demgegenüber ist Jugendhilfeplanung – zumindest dem konzeptionellen Anspruch gemäß – von vornherein sowohl durch quantitative als auch qualitativ-fachliche Dimensionen geprägt, ist beteiligungsorientiert und enthält neben technisch-quantitativen vor allem auch kommunikative Anteile der Aushandlung von Problemdefinitionen und Prioritätensetzungen. Während in den 1980er Jahren die kommunale Jugendhilfeplanung kaum eine Rolle spielte, wurde sie mit der Einführung des Kinder- und Jugendhilfegesetzes von 1990 als Verpflichtung auf der kommunalen Ebene verankert (§§ 79-80 SGB VIII). Diese Verpflichtung bezieht sich nicht nur auf alle Arbeitsfelder der Jugendhilfe sondern auch auf die Kooperationsbereiche mit anderen Institutionen, die für Kinder und Jugendliche relevant sind. So sind die Träger der öffentlichen Jugendhilfe nach § 80, Abs. 4 dazu verpflichtet, die Jugendhilfeplanung mit anderen örtlichen und überörtlichen Planungen abzustimmen und bei der Planung insgesamt den Bedürfnissen und Interessen der jungen Menschen und ihrer Familien Rechnung zu tragen. Damit legt der § 80 SGB VIII bereits den rechtlichen Grundstein für eine integrierte, fachübergreifende kommunale Planung im Interesse der Kinder und Jugendlichen.

Da die Kommune allein zuständig ist für kommunale Jugendhilfeplanung, geht es nicht nur um eine quantitative Standortplanung (welche Angebote sind in welchem Umfang bereitzustellen) sondern auch um qualitative Dimensionen, die Fragen nach „erforderlichen" und im fachlichen Sinne „geeigneten" Angeboten der Jugendhilfe einbeziehen (nach § 79, Abs. 2 SGB VIII). Vor diesem Hintergrund wird Jugendhilfeplanung in der fachlichen Debatte als ein prozessartig auszugestaltendes Vorgehen verstanden, in dem es nicht lediglich darum geht, ein prognostisches Planungsdokument für die Weiterbehandlung durch politische Gremien zu erstellen, sondern das vielmehr auch fachliche Bewertungen, Reflexionsprozesse und die Auswertung von Daten unter Hinzuziehung theoretischer und fachlicher Erkenntnisse einschließt. Zugleich ist Jugendhilfeplanung immer beteiligungsorientiert. Beteiligt werden sollen die Mitarbeiter(innen) aus Einrichtungen und Diensten der Jugendhilfe, die Träger sowie nicht zuletzt die Adressat(inn)en der Jugendhilfe, also die Kinder und Jugendlichen sowie ihre Personensorgeberechtigten. Da sich kommunale Jugendhilfeplanung nicht nur auf quantitative Parameter bezieht, sondern auch fachliche Handlungsansätze von Trägern und Einrichtungen in einen evaluativen Prozess einbezieht, handelt es sich hierbei immer auch um einen (fach-)politischen Prozess, bei dem

Problemdefinitionen, Handlungskonzepte, Organisationsentwicklungsprozesse und kommunalpolitische Prioritäten verhandelt werden (vgl. Bolay/Herrmann 1995). In die kommunalpolitische Festlegung von Prioritäten und Finanzzuweisungen gehen daher die unterschiedlichen Interessen und Konzepte von Trägern, Einrichtungen und Diensten sowie der kommunalpolitischen Parteien und Entscheidungsträger mit ein. Da es dabei nicht nur um die Verteilung knapper finanzieller Ressourcen, sondern auch um die Bewertung von fachlichen Leitbildern und Konzepten auf der Ebene von Einrichtungen und Diensten geht, spielen hier sowohl Kontroversen und Auseinandersetzungen fachpolitischer Art als auch kommunalpolitische Konflikte und Interessenauseinandersetzungen eine konstitutive Rolle.

Entscheidend für die Qualität kommunaler Jugendhilfeplanung ist also nicht allein die Güte der Datenbasis, sondern darüber hinaus die fachliche und kommunalpolitische Qualität des Diskurses über Konzepte, Ziele und Organisationsformen der kommunalen Jugendhilfeinfrastruktur. Für den Planungsprozess bedeutet dies, dass er nicht nur auf die Arbeit des kommunalen Jugendhilfeplaners bzw. seine Abteilung beschränkt bleibt, sondern als übergreifender Prozess zu verstehen ist, der in unterschiedlichen Fachgremien und Beteiligungsrunden stattfindet (wie etwa die kommunalen Arbeitsgemeinschaften nach § 78 SGB VIII, die Kinder- und Jugendhilfeausschüsse, offene Planungsrunden mit betroffenen Bürger(inne)n bzw. Adressat(inn)en der Jugendhilfe sowie nicht zuletzt dem Gemeinde- bzw. Stadtrat).

Angesichts der benannten Anlässe und Anknüpfungspunkte für eine stärker integrativ orientierte kommunale Bildungsplanung kann es künftig nicht darum gehen, die traditionell gewachsenen Differenzen und Unvereinbarkeiten zu betonen, sondern vielmehr die Voraussetzungen dafür zu verbessern, dass eine konzeptionelle und organisatorische Verschränkung beider Planungsverfahren möglich wird. In diesem Zusammenhang bieten die rechtlichen Regelungen sowohl im Jugendhilfe- als auch im Schulbereich zunehmend günstiger werdende Rahmenbedingungen. So ist bereits erwähnt worden, dass das SGB VIII in § 80, Abs. 4 eine Kooperationsverpflichtung enthält, die den öffentlichen Trägern der Jugendhilfe zur Aufgabe macht, die Jugendhilfeplanung mit anderen örtlichen und überörtlichen Planungen (also sowohl mit der Bauleitplanung als auch mit der Schulentwicklungsplanung etc.) abzustimmen. In § 81 SGB VIII ist direkt die Zusammenarbeit mit „Schulen und Stellen der Schulverwaltung" als Verpflichtung benannt. Umgekehrt sind die Planungsverpflichtungen im Schulbereich zwar in den Schulgesetzen der Länder nicht durchgehend in vergleichbarer Weise verpflichtend ausformuliert, allerdings haben einige Bundesländer im Zusammenhang mit der Ausweitung von Ganztagsschulen und ganztagsschulischen Angeboten auch die Verpflichtung der Schulträger zur Zusammenarbeit mit der Kinder- und Jugendhilfe normiert. So enthält etwa das Landesausführungsgesetz zum SGB VIII in Nordrhein-Westfalen die Anforderung einer abgestimmten Planung. Dementsprechend wird die Kooperation von Jugendhilfe und Schule in § 7 des KJFöG NRW für den Bereich der Kinder- und Jugendförderung verbindlich gemacht und in Abs. 3 die Initiative des öffentlichen Träger gefordert, „im Rahmen einer integrierten Jugendhilfe- und Schulentwicklungsplanung ein zwischen allen Beteiligten abgestimmtes Konzept über Schwerpunkte und Bereiche des Zusammenwirkens und über Umsetzungsschritte (...)" zu entwickeln (vgl. auch Maykus 2006: 265). Abgesehen davon enthalten die Erlasse zur Einführung von Ganztagsschulen bzw. ganztagsschulischen Angeboten in den einzelnen Bundesländern Vorschriften zu einem Zusammenwirken von Schule, Schulträger und Trägern der Jugendhilfe, womit sich – allerdings in unterschiedlicher Klarheit und

Verbindlichkeit – die rechtlichen Grundlagen für eine Verschränkung von Schulentwicklungsplanung und Jugendhilfeplanung durchaus verbessert haben.

Auch die kommunalen Spitzenverbände fordern vor dem Hintergrund von Entwicklungen wie der Ausweitung ganztagsschulischer Angebote, der Übernahme neuer Bildungsaufgaben durch die Schulen etwa in Konzepten der „verlässlichen Grundschule" bzw. „Grundschule mit festen Öffnungszeiten" und des vermehrten Einbezugs der Vermittlung von Schlüsselqualifikationen und Medienkompetenzen auch in die schulische Bildung eine Erweiterung der kommunalen Organisations- und Gestaltungsrechte unter dem Schlagwort einer „erweiterten Schulträgerschaft" (vgl. Hebborn 2004). Die Verschränkung und Verzahnung von im engeren Sinne schulischen Bildungsaufgaben mit außerschulischen Aufgaben wie z. B. ganztägige Betreuung, der quantitativ ansteigende Einsatz von Fachkräften am Ort der Schule, die nicht Lehrer(innen) sind (pädagogische Mitarbeiter, Schulassistenten, Schulsozialarbeiter) sowie vor allem die inhaltliche Profilierung der einzelnen Schulen durch Schulprogramme, Schulprofile und Prozesse der Verselbstständigung haben längst dazu geführt, dass innere und äußere Schulangelegenheiten und damit Zuständigkeiten der Schulaufsicht und des Schulträgers immer schwieriger voneinander zu trennen sind. Kommunen und kommunale Spitzenverbände fordern daher, die Zuständigkeiten und Finanzierungsregelungen im Verhältnis zwischen Länder- und kommunaler Ebene neu zu justieren, in dem sich die staatliche Steuerung der Schulen auf Rahmenvorgaben zur Sicherung und Evaluation von Bildungsstandards konzentriert und die Aufgaben- und Finanzverantwortung der örtlichen Ebene gestärkt wird. Dies soll sowohl durch den Ausbau schulischer Selbstständigkeit als auch durch die Stärkung der Planungs- und Organisationskompetenz der Schulträger erfolgen (vgl. ebd.: 212-213). Hiermit wäre auch eine Reform der Schulfinanzierung im Sinne einer Neuverteilung der Kosten und Lasten zwischen diesen beiden Ebenen verbunden.

Solche Ideen und Konzepte können die Rahmenbedingungen für eine intensivere Verschränkung von Schulentwicklungs- und Jugendhilfeplanung im Kontext einer ressortübergreifenden Bildungsplanung verbessern. Denn Voraussetzung für eine solche integrierte Bildungsplanung ist die Anpassung der jeweiligen Planungsverständnisse, die entsprechende Veränderung rechtlicher und organisatorischer Rahmenbedingungen und die Stärkung von Konzepten der Regionalisierung und Sozialraumorientierung sowohl im Schul- als auch im Kinder- und Jugendhilfebereich.

## 4 Organisatorische Rahmenbedingungen und integrierte Planungsprozesse

Wenn es zutrifft, dass der Gegenstand einer integrierten kommunalen Bildungsplanung das gesamte System von Bildung, Erziehung und Betreuung darstellt und dass das Ziel dieser Planung darin besteht, die unterschiedlichen Bildungsorte und -akteure unter dem Blickwinkel der regional bestimmten Bedürfnisse und Interessen von Kindern, Jugendlichen und ihren Eltern, der Bildungsbiographien und ihrer sozialräumlichen Einbettung zu konzipieren, dann liegt auf der Hand, dass herkömmliche Ressortabgrenzungen und Zuständigkeiten überwunden und die Zusammenführung der Zuständigkeiten in einer Organisationseinheit erforderlich ist. Die Zusammenführung der kommunalen Ressorts für Schule und Jugendhilfe in einem Fachbereich und die Bildung gemeinsamer Planungsgruppen unter Beteiligung der Planungsfachkräfte aus beiden Bereichen stellen wichtige organisatorische Rahmenbedingungen für integrierte Planungsprozesse dar. Auch die Verknüpfung bzw. Zusammenführung kommunaler Gremien, wie etwa dem kommunalen Kinder- und Jugendhilfeausschuss und dem Schulausschuss, können hier hilfreich sein, wenn und insoweit die Besonderheit des kommunalen Jugendhilfeausschusses in diesen Konstruktionen erhalten bleibt. Dies kann geschehen, indem etwa der bestehende Kinder- und Jugendhilfeausschuss durch weitere Mitglieder aus dem Schulbereich ergänzt wird. Da solche Organisationsreformen nicht in jedem Falle sofort realisierbar sein werden, bestehen Zwischenschritte auf dem Weg dorthin in der zumindest partiellen Verknüpfung der Planungsprozesse im Schul- und Kinder- und Jugendhilfebereich und in der Bildung gemeinsamer Arbeitsgruppen. Gemeinsamer konzeptioneller Bezugspunkt wäre hier die bewusste Gestaltung der kommunalen Bildungsbedingungen für junge Menschen in der jeweiligen Kommune durch die Planung eines integrierten Angebots unterschiedlicher Bildungsleistungen durch vielfältige Akteure.

Eine solche fachlich-konzeptionelle Verschränkung von Planungsprozessen sowohl im Schul- als auch im Kinder- und Jugendhilfebereich setzt eine Neukonfiguration der Datengrundlage voraus. Vor dem Hintergrund des gemeinsam entwickelten integrierten Planungskonzepts gelte es zu bestimmen, welche Daten aus welchen Bereichen erhoben und in ein integriertes Berichtssystem einbezogen werden müssen. Hier spielen sozialraumbezogene Daten wie demographische Entwicklungen unterschiedlicher Bevölkerungsgruppen, Einkommen, Familienstrukturen, Wohnverhältnisse, Betroffenheit von sozialen Problemen (wie etwa Arbeitslosigkeit, Armut etc.), soziale Netzwerke ebenso eine Rolle wie schul- und bildungsbezogene Daten (wie Prognosen hinsichtlich der Schülerzahlen, der Bildungsnachfrage, der Bedürfnisse nach Ganztagsbetreuung, gruppenspezifischen Förderungen etc.) sowie nicht zuletzt jugendhilfebezogene Daten (wie etwa prognostische Daten zur Entwicklung von Angeboten und Leistungen unterschiedlicher Einrichtungen und Dienste der Kinder- und Jugendhilfe sowie ihrer inhaltlich konzeptionellen Ausrichtung). In diesem Abgleichungsprozess wäre insbesondere die fachlich-qualitative Datenbasis im schulbezogenen Bereich gegenüber bisherigen Traditionen zu verstärken sowie umgekehrt die quantitativen Datensätze im jugendhilfebezogenen Bereiche auszuweiten. Im Bereich sozialstruktureller Daten geht es in der Regel darum, die bisherige großräumige Beschreibung auf Sozialräume herunter zu brechen, die sowohl für den Schul- als auch für den Jugendhilfebereich als relevant definiert worden sind.

Es versteht sich von selbst, dass die konkreten Merkmale der Organisation von Planung und Kooperation sowie die jeweiligen konzeptionellen Grundlagen für die Datenerhebung entsprechend den konkreten Bedingungen in den einzelnen Kommunen ausgestaltet werden müssen. Hier sind auch kommunalpolitische Prioritätensetzungen und unterschiedliche verwaltungsbezogene Rahmenbedingungen zu berücksichtigen. Wichtig ist lediglich, dass es einen klaren politischen Auftrag (durch Gemeinde- bzw. Ratsbeschluss) auf kommunaler Ebene gibt und dass entsprechende Steuerungsinstitutionen und -instrumente für die Entwicklung kommunaler Bildungslandschaften geschaffen werden. Berücksichtigt man, dass es bei der integrierten kommunalen Bildungsplanung nicht nur um die Planung von schulischen Angeboten sowie von Angeboten und Leistungen der Kinder- und Jugendhilfe in der Region geht, sondern vielmehr darüber hinaus auch um die Bildungsbeiträge von Betrieben, Volkshochschulen, Bibliotheken, Fort- und Weiterbildungseinrichtungen, Museen, Musikschulen etc. dann wird deutlich, dass auch die Integration der bisherigen Schul- und Jugendhilferessorts in einem einzigen Fachbereich auf lange Sicht übergreifende Steuerungsstrukturen keineswegs überflüssig macht. In dieser Hinsicht sind in verschiedenen Modellprojekten „regionale Steuergruppen" sowie „regionale Bildungsbüros" (vgl. z. B. Lohre 2007) erprobt worden. Soweit es zur Ausbildung solcher integrativen Steuerungsgremien und -institutionen kommt, muss die übergreifende kommunale Bildungsplanung eng mit solchen neuen Strukturbildungen verknüpft werden. Nur auf diese Weise kann sichergestellt werden, dass es bei dem Projekt der kommunalen Bildungslandschaften und der kommunalen Bildungsplanung weniger um einzelne Bildungsinstitutionen, sondern vielmehr um die Lernprozesse und Bildungsbiographien von jungen Menschen in der Region geht. Kommunale – und damit ämterübergreifende – Planungsstrukturen und -prozesse benötigen ein übergreifendes Planungsverständnis sowie ein kommunales Leitbild, das den einzelnen konkreten Planungsprozessen ein fachliches Ziel vorgibt und integrierte Planungsprozesse vorschreibt. Eine solche ressortübergreifende Planung bedarf natürlich einer entsprechenden Personal- und Sachausstattung und ihrer Etablierung als Daueraufgabe. Abgesehen davon hängt der Erfolg einer solchen kommunalen Bildungsplanung von der Bereitschaft in den einzelnen Ressorts und Planungsbereichen ab, sich gegenüber den jeweils anderen Bereichen zu öffnen und in einen Aushandlungsprozess auf Augenhöhe hinsichtlich übergreifender Planungsziele, integrativer Instrumente und technisch-operativer Planungsprozesse einzutreten.

## *Literatur*


Bolay, Eberhard/Herrmann, Franz (Hg.) (1995): Jugendhilfeplanung als politischer Prozess. Beiträge zu einer Theorie sozialer Planung im kommunalen Raum. Neuwied: Luchterhand.

BMFSFJ (2005) – Bundesministerium für Familie, Senioren, Frauen und Jugend: Zwölfter Kinder- und Jugendbericht. Bericht über die Lebenssituation junger Menschen und die Leistungen der Kinder- und Jugendhilfe in Deutschland. Berlin.

Coelen, Thomas (2002): Kommunale Jugendbildung. Raumbezogene Identitätsbildung zwischen Schule und Jugendarbeit. Frankfurt a. M.: Lang.

Deutscher Landkreistag (2006): Diskussionsbeitrag: Kommunale Verantwortung für Schulen. Berlin. In: www.kreise.de/landkreistag/dlt-aktuell/dlt-positionen/pos-060912a.pdf (Download am 11.02.2008).

Deutscher Städtetag (2005): Die Zukunft liegt in den Städten. 33. ordentliche Hauptversammlung des Deutschen Städtetages in Berlin. Berlin. In: www.staedtetag.de/imperia/md/content/schwerpunkte/hv2005/12.pdf (Download am 11.02.2008).

Deutscher Städtetag (2007): Aachener Erklärung anlässlich des Kongresses „Bildung in der Stadt" am 22./23. November 2007. In: www.deutscherstaedtetag.de/imperia/md/content/veranstalt/2007/58.pdf (Download am 27.01.2008).

Floerecke, Peter (2005): Quartiersbezogene Angebote der Kinder- und Jugendhilfe für die Ganztagsschule. In: Spies, Anke/Stecklina, Gerd (Hg.): Die Ganztagsschule. Bd. 2: Keine Chance ohne Kooperation – Handlungsformen und institutionelle Bedingungen. Bad Heilbrunn: Klinkhardt: 150-167.

Hebborn, Klaus (2004): Die Kommunen und ihre Schulen. Ein Plädoyer für eine aktiv-gestaltende Schulträgerschaft. In: Die Deutsche Schule (96. Jg.) H. 2/2004: 209-217.

Lohre, Wilfried (2007): Über das Netzwerk hinaus. Entwicklung und Steuerung regionaler Bildungslandschaften. In: Solzbacher, Claudia/Minderop, Dorothea (Hg.): Bildungsnetzwerke und Regionale Bildungslandschaften. München: Luchterhand: 43-50.

Mauthe, Anne (1996): Schulentwicklungsplanung als dialogischer Prozess. Dortmund: IFS.

Maykus, Stephan (2006): Kommunale Bildungsplanung – Konturen einer neu justierten Planungspraxis. Eine Analyse aus der Sicht der Jugendhilfe(-planung). In: NDV (86. Jg.) H. 5/2006: 263-271.

Merchel, Joachim (2004): Kooperation auf der Planungsebene: Jugendhilfeplanung und Schulentwicklungsplanung. In: Hartnuß, Birger/Maykus, Stephan (Hg.): Handbuch Kooperation von Jugendhilfe und Schule Berlin. Eigenverlag DV: 593-610.

Otto, Hans-Uwe/Oelkers, Jürgen (Hg.) (2006): Zeitgemäße Bildung. Herausforderung für Erziehungswissenschaft und Bildungspolitik. München: Reinhardt.

Rösner, Ernst (1999): Schulentwicklungsplanung am Ende des 20. Jahrhunderts. In: Recht der Jugend und des Bildungswesens (47. Jg.) H. 4/1999: 452-463.

# Städtische Bildungspolitik

*Klaus Hebborn*

Seit der Veröffentlichung der ersten PISA-Studie findet auf allen politischen Ebenen und in der breiten Öffentlichkeit eine Diskussion über die Weiterentwicklung des Schul- und Bildungswesens in Deutschland statt. Gleichzeitig sind unter familienpolitischen Aspekten auf der Bundesebene Maßnahmen eingeleitet worden mit dem Ziel, die Rahmenbedingungen für eine quantitative Ausweitung des Kinderbetreuungsangebots zu schaffen und die Betreuungs- und Erziehungsleistungen institutionalisierter Kinderbetreuung qualitativ zu verbessern.

Vorschläge und Maßnahmen zur Bildungsreform werden auch im kommunalen Bereich intensiv diskutiert. Dies geschieht in dem Bewusstsein, dass einer zeitgemäßen Infrastruktur im Bereich von Bildung und Betreuung im Zusammenhang mit dem vielerorts notwendigen Strukturwandel und der Standortdiskussion eine entscheidende Bedeutung für die Konkurrenzfähigkeit und Entwicklungsmöglichkeiten einer Region zukommt. Die Städte sehen sich in diesem Sinne nicht nur als Betroffene, sondern sind vielmehr daran interessiert, sich aktiv an der Umsetzung von Reformmaßnahmen zu beteiligen.

Seit den 1990er Jahren wird die Aufgabe der kommunalen Schulträgerschaft zunehmend in Richtung einer kommunalen Bildungspolitik weiterentwickelt. Diese ist vor allem darauf gerichtet, die unterschiedlichen Bildungsbereiche und -institutionen zu einem Gesamtsystem zu vernetzen. Dabei handelt es sich um einen dynamischen Prozess, der regional unterschiedlich verläuft und ausgeprägt ist. Der nachfolgende Beitrag gibt eine Übersicht über Grundlagen und Ziele der Bildungsreformdiskussion in den Städten.

## 1 Bildung im Wandel

Vor dem Hintergrund der Qualitätsdiskussion sowie veränderter gesellschaftspolitischer und wirtschaftlicher Anforderungen befindet sich das Bildungswesen insgesamt in einem tief greifenden Wandel. Dieser betrifft, wenn auch in unterschiedlichem Umfang und mit unterschiedlichen Schwerpunkten, alle Bildungsbereiche. Auch die öffentliche Wahrnehmung und Wertschätzung von Bildung hat sich geändert. Bildung wird zunehmend als entscheidender Ansatzpunkt für individuelle Zukunftsfähigkeit und Lebensperspektiven wie auch für die Lösung gesellschaftspolitischer Aufgaben wie beispielsweise Integration angesehen.

## *1.1 Frühkindliche Bildung*

Erziehung, Bildung und Betreuung sind bereits seit jeher Gegenstand des gesetzlichen Auftrages des Kindergartens. Im Zuge der Reformdiskussion wird vielfach eine Neubestimmung und Akzentuierung der vorschulischen Bildung gefordert. Dabei kann es einerseits nicht um eine „Verschulung" des Kindergartens im Sinne ergebnis- und leistungsorientierten Lernens in schulischen Kategorien gehen. Andererseits darf der Bildungsauftrag nicht in das Belieben der Einrichtungen gestellt werden, sondern die Qualität der Bildung muss zielgenau definiert, umgesetzt und überprüfbar werden. Die Profilierung des Bildungsauftrages muss mittelfristig Konsequenzen im Sinne einer höherwertigen Ausbildung und Qualifikation des in den Kindertageseinrichtungen tätigen pädagogischen Personals haben. Die Freien Träger der Kinder- und Jugendhilfe sind ebenfalls aufgefordert, ihr Engagement in der Kindertagesbetreuung nicht zurückzunehmen, sondern vielmehr den gesellschaftlichen Anforderungen anzupassen.

Es wird angestrebt, Bildungsziele und Maßstäbe im Sinne eines offenen Bildungscurriculums zu entwickeln. Der steigende Anteil der Kinder aus Familien mit Migrationshintergrund und aus bildungsfernen Schichten führt zu einer zunehmenden Bedeutung der sprachlichen Förderung. In vielen Kommunen werden bereits seit längerem Konzepte entwickelt und erprobt, die auch die Eltern der Kinder in die Sprachförderung einbeziehen. Familien mit Migrationshintergrund müssen neben der Überwindung sprachlicher Barrieren auch die Schwierigkeiten der sozialen und kulturellen Integration bewältigen. Die Förderung interkultureller Kompetenzen bei Erzieher(inne)n wie bei den Kindern ist deshalb Voraussetzung gelingender Integration.

Die Entwicklung kindgerechter und entwicklungsgemäßer Konzepte für die Bildung im vorschulischen Bereich erfordert die Kooperation von Kindergarten und Grundschulen im Hinblick auf eine optimale Vorbereitung auf den Schuleintritt und die Gestaltung des Übergangs vom Kindergarten zur Grundschule. Konkret ist eine frühzeitige Information und Einbindung der Eltern während der Kindergartenzeit, die Abstimmung pädagogischer Konzepte und Bildungsinhalte zwischen Grundschulen und Kindergärten, die Durchführung von Einschulungskonferenzen sowie die Durchführung gemeinsamer Fortbildungen und Konferenzen sinnvoll und notwendig. Auch in den Ausbildungsgängen sind die Anforderungen zu berücksichtigen, die eine zeitgemäße kulturelle und interkulturelle Bildung an Lehr- und Erziehungskräfte stellt.

## *1.2 Selbständigkeit und Öffnung der Schulen*

Die Schule befindet sich in einem grundlegenden Umstrukturierungsprozess, der derzeit noch nicht abgeschlossen ist. Vom mehr oder weniger ausschließlichen Lernort entwickelt sie sich zunehmend zu einer Einrichtung, die über die Vermittlung von Wissen, Kenntnissen und Qualifikationen hinaus vielfältige Bildungs- und Erziehungsaufgaben wahrnimmt bzw. wahrzunehmen hat. Schule von heute ist zunehmend Lebensraum von Kindern und Jugendlichen, in dem sich vielfältige soziale Probleme und gesellschaftliche Entwicklungen manifestieren. Sie ist ebenso Lernort wie Integrations- und Sozialisationsinstanz. Kinder und Jugendliche mit ihrer gesamten Lebensrealität, ihren Lebenssituationen und Problemen, sind konstituierende Bedingungen für die Institution und ihren Auftrag. Dieser

Wandel von Schule wird sich in den nächsten Jahren weiter fortsetzen. In diesem Zusammenhang ergeben sich für die Schulen insbesondere folgende Anforderungen:

- Steigende Bedeutung von Qualitätsentwicklung und -sicherung vor dem Hintergrund internationaler Vergleichsstudien
- Verstärkte Vermittlung von Schlüsselqualifikationen sowie Entwicklung neuer Lehr- und Lernformen
- Ausbau der Schulen zu Einrichtungen mit Ganztagsbetrieb inklusive Mittagsverpflegung, Förder- und Freizeitangeboten sowie Betreuung in den Ferien
- Verstärkung der sozialräumlichen Orientierung von Schule („Öffnung von Schule"), d. h. Vernetzung im Stadtteil, Kooperation mit außerschulischen Partnern und Einrichtungen u. a. m.
- Verstärkung interkultureller Erziehung
- Ausbau schulischer Selbständigkeit insbesondere im personellen, finanziellen und organisatorischen Bereich.

Um ihren erweiterten Bildungs- und Erziehungsauftrag erfüllen zu können, braucht die Schule neben ausreichend qualifizierten Lehrer(inne)n weitere personelle und sächliche Ressourcen. Professionelles Personal ist beispielsweise notwendig im sozialpädagogischen Bereich, für Betreuungsmaßnahmen, im Zusammenhang mit der Integration behinderter Kinder und Jugendlicher in die Regelschule oder bei der Sicherstellung von Systembetreuung der Neuen Medien. Der Bildungs- und Erziehungsauftrag macht darüber hinaus auch veränderte bauliche Gestaltungen und räumliche Ausstattungen notwendig. Dies gilt sowohl für die soziale Funktion von Schule als auch für den Unterricht selbst.

## *1.3 Weiterbildung und bildungsnahe Kultureinrichtungen*

In der Weiterbildung haben sich angesichts der veränderten Qualifikationsanforderungen, der Weiterentwicklung der modernen Technologien sowie der demografischen Entwicklung erhebliche Veränderungen im Bereich der Angebote, der Formen des Lernens und der besonderen Berücksichtigung bestimmter Zielgruppen ergeben. Die Volkshochschulen als die wichtigsten kommunalen Weiterbildungseinrichtungen haben darauf in vielfältiger Weise reagiert und ihr Programmspektrum profiliert und weiterentwickelt.

Auch die bildungsaffinen kommunalen Kultureinrichtungen stellen den Bildungsauftrag zunehmend in den Mittelpunkt ihrer Angebote. So gehen beispielsweise viele Musikschulen Kooperationen mit Ganztagsschulen im Bereich musisch-kultureller Bildung ein (z. B. im Rahmen des Programms „Kultur und Schule" in NRW). Andere Beispiele sind medienpädagogische Angebote an öffentlichen Bibliotheken oder kulturpädagogische Projekte von Theatern und Museen.

## *1.4 Ganztagsbildung*

Nach einer viele Jahre vorrangig gesellschaftspolitisch bestimmten Diskussion ist das Thema Ganztagsbildung verstärkt Gegenstand der Bildungspolitik. Im Schulbereich hat der Ausbau von Ganztagsschulen durch das „Investitionsprogramm Zukunft Bildung und Betreuung" (IZBB) der Bundesregierung einen nachhaltigen Impuls erhalten. Über die Notwendigkeit von Ganztagsangeboten an Kindertageseinrichtungen und Schulen besteht – wenn auch mit Abstufungen – weitgehender Konsens. Dieser mit Blick auf das jahrzehntelang vorgetragene Für und Wider der Ganztagsbetreuung überraschende Bewusstseinswandel wirft die Frage nach den Begründungszusammenhängen auf. Zusammenfassend können drei Begründungszusammenhänge identifiziert werden:

1. Die gesellschaftspolitische Begründung für den Ausbau von Ganztagsangeboten an Schulen ist die Verbesserung der Vereinbarkeit von Familie und Beruf. Dieser Begründungszusammenhang war der Ausgangspunkt der wieder verstärkt seit Beginn der 1990er Jahren geführten Diskussion. Tatsächlich besteht in Deutschland im Vergleich zu anderen europäischen Ländern, wie z. B. Frankreich, England oder den skandinavischen Staaten ein erheblicher Nachholbedarf im Bereich der Ganztagsbetreuung von Kindern. Während in Folge des Rechtsanspruches auf einen Kindergartenplatz für die 3-bis 6-jährigen Kinder eine nahezu flächendeckende Versorgung bei der Bereitstellung von Halbtagsplätzen erreicht ist, bestehen Defizite insbesondere bei den unter 3-Jährigen, bei der Ganztagsbetreuung im Kindergarten sowie bei Ganztagsschulen bzw. entsprechenden Betreuungsangeboten von Kindern im schulpflichtigen Alter. Zusätzliche Bedeutung erhält das Thema Vereinbarkeit durch die demografische Entwicklung bzw. die im europäischen Vergleich niedrige Geburtenrate in Deutschland von durchschnittlich 1,3 Kindern pro Frau. Auf der Bundesebene und in den weiteren Bundesländern sind Maßnahmen eingeleitet worden, das Ganztagsangebot in allen Bereichen in den nächsten Jahren wirksam zu erhöhen.
2. Seit den PISA-Studien und den aus deutscher Sicht unbefriedigenden Ergebnissen im internationalen Vergleich wird der Ausbau von Ganztagsschulen auch im Kontext der notwendigen Qualitätsverbesserung der Schulen diskutiert. Dabei geht es nicht um die Ausweitung von Unterricht. Vielmehr soll durch die in Folge des Ganztagsbetriebes zur Verfügung stehende zusätzliche Zeit und die sinnvolle Kombination von Unterricht, Förderung sowie weiterer Aktivitäten im Sinne einer „Rhythmisierung" des Schulalltags eine Qualitätsverbesserung der Schulen erreicht werden. Vorbild sind dabei vor allem die bei den PISA-Studien erfolgreichen skandinavischen Länder, wie z. B. Schweden. Ganztagsschulen in diesem Sinne können zu einer Verbesserung individueller Förderung und zu mehr Chancengleichheit bzw. dem Abbau von Bildungsbenachteiligung beitragen.
3. Auch in den Städten und Gemeinden sind Ganztagsangebote ein kommunalpolitisches Thema. Unter dem Aspekt der Gewinnung junger Familien sowie mit Blick auf eine bedarfsgerechte und leistungsfähige Bildungsinfrastruktur vor Ort kann eine ausgebaute und qualitativ hochwertige Ganztagsinfrastruktur einen wichtigen Beitrag zur Standortqualität einer Kommune leisten. Unter Slogans wie „Kinderfreundliche Stadt" werden Ganztagsschulen und -angebote in diesem Sinne zunehmend ein Aspekt des kommunalen Standort-Marketings.

## 2 Kommunale Verantwortung in der Bildung

Bildung und Erziehung von Kindern und Jugendlichen sind zentrale Gestaltungsaufgaben zukunftsorientierter Kommunalpolitik. Nirgendwo sonst als in der Stadt oder Gemeinde, im Stadtteil, im unmittelbaren Wohnumfeld können Probleme besser identifiziert und zielgenauer gelöst werden. Es wäre vermessen und eine Überforderung, den Kommunen, ihnen die entscheidende Rolle bei der Bildung für die Zukunft zuzuerkennen. Fest steht jedoch, dass der Kommune als bildungspolitischem Akteur vor dem Hintergrund der gewandelten Aufgaben der Schulen künftig erheblich größere Bedeutung zukommen wird.

Wenn von Bildung die Rede ist, stehen in der Öffentlichkeit in der Regel die Länder im Fokus der Diskussion. Kaum oder wenig wahrgenommen werden hingegen Zuständigkeiten und Aufgaben der Kommunen im Bildungswesen. Dabei haben die Städte wichtige Kompetenzen in den verschiedensten Bildungsbereichen:

- Als örtliche Träger der Jugendhilfe sind die Städte und Kreise für die Förderung von Kindern in Tageseinrichtungen bzw. Kindergärten im Rahmen der kommunalen Selbstverwaltung zuständig. Die Gesetzesregelung sieht dabei auch ausdrücklich einen eigenständigen Bildungsauftrag vor (§ 22, Abs. 3 SGB VIII); die außerschulische Jugendbildung ist Bestandteil der Jugendarbeit gemäß § 11 SGB VIII.
- Im Schulbereich sind die Kommunen Träger der allgemeinen und beruflichen Schulen: Etwa 94 % der etwa 42 000 Schulen in Deutschland befinden sich in kommunaler Trägerschaft.
- Im Bereich der Weiterbildung gehört die Volkshochschule zum Regelangebot der Kommunen. Die ca. 1 000 Volkshochschulen in Deutschland befinden sich teils in direkter kommunaler Trägerschaft oder werden im Rahmen anderer Rechtsformen (z. B. e. V.) durch die Kommunen maßgeblich finanziert.
- Schließlich gehört eine Reihe weiterer Bildungseinrichtungen bzw. bildungsnaher Einrichtungen zur kommunalen Bildungsinfrastruktur, wie z. B. öffentliche Bibliotheken, Musikschulen, Jugendkunstschulen, Beratungsdienste in der Weiterbildung, Schulpsychologische Dienste u. a. m.

Bildung und Erziehung von Kindern und Jugendlichen sind somit zentrale Gestaltungsaufgaben kommunaler Selbstverwaltung. Wenngleich der kommunale Gestaltungsspielraum in der Jugendhilfe aufgrund deren Rechtscharakter als Selbstverwaltungsaufgabe größer ist als im Schulbereich, ist auch die Schulentwicklung – inhaltlich wie organisatorisch – zunehmend Gegenstand des kommunalen Engagements in der Bildung.

## *2.1 Paradigmenwechsel in den Städten*

Im Zuge der Verwaltungsmodernisierung in den Städten mit ihren Zielen nach mehr Effizienz, Bürgernähe und Qualitätsverbesserung ist seit Beginn der 1990er Jahre vielfach eine Veränderung des kommunalen Rollenverständnisses in der Bildung festzustellen. Ausgehend vom Schulbereich hat sich in vielen Städten ein Perspektivwechsel vollzogen: Durch die verstärkte Einbeziehung des Umfelds und von Kooperationspartnern in die schulische Arbeit sowie durch die mit der Selbständigkeit der Schulen verbundene Dezentralisierung der Steuerung wird der Schulträger stark in die innere Schulentwicklung involviert. An die Stelle vorrangiger Sachaufwandsträgerschaft ist das Bestreben getreten, auf eine zukunftsfähige Schulentwicklung vor Ort und die Qualität der Schulen hinzuwirken. Hierfür hat sich der Begriff der „erweiterten Schulträgerschaft" etabliert. Die Orientierung an den Interessen und Bedürfnissen der Bürger(innen) steht dabei im Mittelpunkt. Kommunale Schulträgerschaft im herkömmlichen Sinne wandelt sich somit zunehmend zu einer ganzheitlichen Sichtweise von Schul- und Bildungspolitik. Diese Entwicklung ist durch die PISA-Ergebnisse zusätzlich verstärkt worden.

Der Wechsel des kommunalen Aufgabenverständnisses in der Bildung erfolgt nicht nur aus der Aufgabe der Daseinsvorsorge, sondern zum einen aus der Erkenntnis, dass ein modernes und funktionierendes Bildungswesen sowie entsprechend qualifizierten Bürger(inne)n für die örtliche Struktur- und Wirtschaftsentwicklung zentrale Bedeutung zukommt. Zum anderen ist die kommunale Ebene Ausgangspunkt für Bildungsprozesse in den verschiedenen Lebensphasen: Hier entscheidet sich Erfolg oder Misserfolg von Bildung, werden die Grundlagen für berufliche Perspektiven, gesellschaftliche Teilhabe und gleichzeitig die Zukunftsfähigkeit einer Region gelegt. Die Städte sind daher gut beraten, Bildung als zentrales Feld der Daseinsvorsorge noch stärker zu erkennen und ihre Gestaltungsmöglichkeiten zu nutzen. Sie sind von Fehlentwicklungen in der Bildung ebenso betroffen, wie sie von den Erfolgen profitieren. Ein weiterer Aspekt ist schließlich, dass eine neue Form der Zusammenarbeit von Ländern und Kommunen insbesondere auf der örtlichen Ebene notwendig ist, um Aufgaben und Anforderungen in der Bildung zukunftsorientiert bewältigen zu können. Vor diesem Hintergrund haben viele Städte ihr Engagement im Bildungswesen insgesamt neu definiert. Der Gestaltungsauftrag und Vernetzungsgedanke stehen dabei im Mittelpunkt.

## *2.2 Leitbild „Kommunale Bildungslandschaft"*

Die Ergebnisse internationaler Studien haben neben Qualitätsmängeln auch eine hohe Selektionswirkung des deutschen Schulsystems offen gelegt. Die Bildungschancen in Deutschland sind in hohem Maße abhängig von der Herkunft und der ökonomischen Situation von Kindern und Jugendlichen. Beide Befunde – Qualitätsmängel und Selektion – sind für Deutschland mit seinem Anspruch auf demokratische Teilhabe und Chancengleichheit sowie mit seiner leistungsfähigen Wirtschaft nicht hinnehmbar.

Die in den Ländern eingeleiteten Reformen in Schule und Bildung gehen aus Sicht der Kommunen in die richtige Richtung. Bundesweite Bildungsstandards, Lernstandserhebungen und zentrale Prüfungen sichern Vergleichbarkeit und Qualität, ermöglichen Wettbewerb und die notwendige Mobilität. Gleichwohl darf ein ganzheitliches Bildungsverständnis als Grundlage aller Reformbemühungen nicht aus dem Blick geraten: Bildung ist mehr als Schule. Kognitives, soziales und emotionales Lernen müssen miteinander verbunden und in verbindliche Vernetzungsstrukturen einbezogen werden. Die kulturelle Bildung, die kognitives Lernen ergänzt, Kreativität fördert und Integration unterstützt, ist in ein Gesamtkonzept umfassender Bildung zu integrieren.

Leitbild des Engagements der Städte ist die „Kommunale Bildungslandschaft" im Sinne eines vernetzten Systems von Erziehung, Bildung und Betreuung. Hauptmerkmale der kommunalen Bildungslandschaft sind:

- Als Ausgangspunkt für die Organisation von Bildungs- und Lernprozessen werden individuelle Potenziale des Individuums und deren Förderung in der Lebensperspektive angesehen: Kein Kind, kein(e) Jugendliche(r) darf verloren gehen.
- Die für Bildung zuständigen Akteure arbeiten auf der Basis verbindlicher Strukturen zusammen: Familie, Kinder- und Jugendhilfe, Schule, Kultur, Sport, Wirtschaft etc.
- Eltern bzw. Familien werden als zentrale Bildungspartner einbezogen.

- Übergänge werden nach dem Prinzip „Anschlüsse statt Ausschlüsse“ ermöglicht und gestaltet.
- Die kulturelle Bildung wird als wichtiger Teil ganzheitlicher Bildung einbezogen.

Den Städten kommt in der kommunalen Bildungslandschaft eine zentrale Rolle bei der Steuerung und Moderation der zielorientierten Zusammenarbeit zu. Als Grundlage für regionale Steuerung und Qualitätssicherung sollte ein umfassendes Bildungs-Monitoring als integriertes Berichtswesen von Bildungsverläufen vor Ort gemeinsam von Kommunen und Ländern entwickelt werden.

# 3 Kommunale Handlungsansätze in der Bildung

Die Umsetzung des Leitbildes der „Kommunalen Bildungslandschaft“ in der konkreten Praxis erfordert, Schul- und Bildungspolitik auch im kommunalen Bereich als Querschnittsaufgabe und übergreifenden Reformansatz zu begreifen, der unter Beteiligung aller gesellschaftlichen Akteure diskutiert und mit den notwendigen inhaltlichen und finanziellen Entscheidungen versehen wird. Zu beachten sind dabei die unterschiedlichen Zuständigkeiten, insbesondere im Jugendhilfe- und Schulbereich. Generell sind die kommunalen Gestaltungsmöglichkeiten in der Jugendhilfe aufgrund der einheitlichen Aufgabenwahrnehmung durch die Städte größer als in dem zwischen Ländern und Kommunen gesplitterten Schulbereich. Gleichwohl bestehen auch dort ebenso wie in der kulturellen Bildung oder der Weiterbildung nicht unerhebliche kommunale Gestaltungsmöglichkeiten.

## *3.1 Entwicklung von Leitbildern*

Eine Reihe von Städten (z. B. Essen, Mannheim) hat bildungspolitische Leitlinien als Gestaltungsrahmen für das kommunale bildungspolitische Engagement entwickelt und verabschiedet. Darin werden die grundlegenden Zielvorstellungen und darauf aufbauend konkrete Handlungsmöglichkeiten und -spielräume formuliert. In einigen Städten sind weitergehend Bildungsindikatoren entwickelt worden, anhand derer die kommunale Schul- und Bildungspolitik gesteuert und der Grad der Zielerreichung gemessen werden kann. Einige Städte sind dazu übergegangen bzw. planen, regelmäßig kommunale Bildungsberichte zu veröffentlichen (z. B. München, Dortmund).

Nahezu ebenso wichtig ist die Initiierung eines öffentlichen und fortlaufenden Diskussionsprozesses vor Ort, in dem sich die Stadt – d. h. Kommunalpolitik und Verwaltung – und die bildungspolitisch relevanten Akteure vor Ort über die zukünftige Gestaltung der Bildungsinfrastruktur und -schwerpunkte gemeinsam verständigen. In diesem Kontext ist es auch möglich, bürgerschaftliches Engagement für die Bildung vor Ort zu mobilisieren.

## *3.2 Aufbau von Kooperations- und Vernetzungsstrukturen*

Die Umsetzung des Leitbildes der „Kommunalen Bildungslandschaft“ als vernetztes Gesamtsystem von Bildung erfordert tragfähige und institutionalisierte Formen der Kooperation aller beteiligten Akteure. Um dieses Ziel zu erreichen und entsprechende Prozesse voranzutreiben, muss eine Kooperationskultur mit verbindlichen Vereinbarungen der beteiligten Institutionen und Organisationen entwickelt werden. Den Städten kommt in diesem Zusammenhang eine wichtige Moderations- und Koordinationsfunktion zu. Ziel ist die Schaffung einer tragfähigen Struktur, die die Abstimmung aller Prozesse der Erziehung, Bildung und Betreuung auf der kommunalen Ebene ermöglicht.

In vielen Städten ist damit begonnen worden, die bestehenden Kooperationen im Sinne einer Vernetzung zu einem kommunalen Gesamtkonzept weiterzuentwickeln. Vielfach sind Lenkungsgremien oder lokale Bildungskommissionen zur (bildungs-)politischen Steuerung sowie regionale Bildungsbüros zur Organisation, Beratung und Koordination der Zusammenarbeit geschaffen worden. In einigen Städten sind auf der Verwaltungsebene die kommunalen Fachbereiche organisatorisch zusammengeführt worden. Dies gilt insbesondere für die kommunale Schul- und Jugendverwaltung, aber auch für die Konzentration der Zuständigkeiten in einem gemeinsamen kommunalen Fachausschuss. In diesem Zusammenhang ebenfalls zu nennen sind vernetzte Formen der Zusammenarbeit im Kontext sozialräumlicher Konzepte.

## *3.3 Integrierte Berichterstattung und Planung*

Die verschiedenen bildungsbezogenen Planungsebenen und -bereiche in den Kommunen sind vielfach noch immer weitgehend getrennt. Eine Abstimmung findet, wenn überhaupt, nur sporadisch statt. Dies gilt insbesondere für die Schulentwicklungsplanung und die Jugendhilfeplanung. In der kommunalen Bildungslandschaft müssen beide Planungsbereiche systematisch integriert und mit weiteren Planungen (Soziales, Kultur, Weiterbildung) sowie der Stadtentwicklungsplanung abgestimmt werden. Dies erscheint nicht nur mit Blick auf die qualitative Weiterentwicklung der Bildung, sondern auch im Hinblick auf Effizienz und Ressourceneinsatz der knappen öffentlichen Mittel notwendig.

Als Grundlage von Planungen sowie von Struktur- und Finanzentscheidungen sollte mittelfristig eine kontinuierliche und kleinräumig orientierte Bildungsberichterstattung als eine spezifische Datenbasis etabliert werden. Auf dieser Basis könnten dann gemeinsame Ziele und Verabredungen im Rahmen des bildungspolitischen Gesamtkonzeptes zwischen den Akteuren entwickelt werden.

## *3.4 Förderung von Kooperationen und Unterstützung von Bildungseinrichtungen*

Die konkrete Zusammenarbeit der verschiedenen Akteure vor Ort ist ein zentrales Element bei der Realisierung der kommunalen Bildungslandschaft. Sie bildet gleichsam das „Gerüst" des gesamten Systems. Die Städte können Kooperationen initiieren, fördern und systematisieren. Dabei bietet sich an, sich zunächst auf die in kommunaler Zuständigkeit befindlichen Einrichtungen zu konzentrieren. So fördern viele Städte beispielsweise den Ausbau der Zusammenarbeit von Kindergärten und Grundschulen, insbesondere durch die gemeinsame Entwicklung von Bildungsplänen, die Entwicklung von individuellen Entwicklungsdokumentationen oder durch die Zusammenfassung von Ressourcen für gemeinsame Maßnahmen, wie z. B. frühkindliche Sprachdiagnostik und -förderung.

Ein weiteres Feld der Zusammenarbeit von Jugendhilfe und Schulen ist die Unterstützung von Kindern und Jugendlichen mit Lernproblemen und sozialer Benachteiligung, insbesondere durch Kombination von Hilfsmaßnahmen und Ressourcen bei den Hilfen zur Erziehung, durch Sozialarbeit an Schulen oder durch die gemeinsame Gestaltung des Übergangs zwischen Schule und Beruf. Weitere Beispiele sind die organisatorische und konzeptionelle Zusammenarbeit von Schulen und freien Trägern beim Auf- bzw. Ausbau des Ganztagsbetriebes oder die Zusammenarbeit der Schulen mit Kultureinrichtungen, Bibliotheken und Theatern.

Eine wichtige Aufgabe der Städte besteht schließlich in der Unterstützung und Förderung der Bildungseinrichtungen vor Ort im Sinne von Qualitätsentwicklung und Innovation.[1]

## 4 Stärkung der Kommunen als bildungspolitische Akteure durch die Länder

Ein Blick in die Städte zeigt, dass das kommunale Engagement in der Bildung deutlich zugenommen hat. In den vergangenen Jahren hat sich zunehmend die Erkenntnis durchgesetzt, dass durch ein strukturiertes Zusammenwirken aller Beteiligten auf der Grundlage eines bildungspolitischen Gesamtkonzeptes eine qualitative Weiterentwicklung des Bildungswesens möglich ist. Allerdings stößt das kommunale Engagement, insbesondere angesichts des Dualismus der Zuständigkeiten im Schulbereich zwischen Kommunen und Ländern, an seine Grenzen. Insbesondere die Trennung in so genannten „innere" und „äußere" Schulangelegenheiten führt in der Praxis seit langem zu erheblichen Problemen und erschwert den konsequenten Aufbau eines bildungspolitischen Gesamtkonzeptes. Von Seiten der Kommunalpolitik wird daher zunehmend kritisch festegestellt, dass die Kommunen zwar erhebliche Leistungen für die Schulen erbringen, diesen Leistungen jedoch nur ein unzureichender Einfluss auf die Entwicklung und die Qualität gegenübersteht. Entsprechend werden von einzelnen Städten und Gemeinden und von den kommunalen Spitzenverbänden seit Jahren Forderungen nach einer Stärkung der Stellung des Schulträgers erhoben.

Entsprechend den bei der Verwaltungsmodernisierung verfolgten Grundsätzen sind auch im Schulbereich mehr Dezentralisierung und die Abkehr von der bisherigen zentralen Steuerung des Schulwesens notwendig. Dies gilt nicht nur für den Ausbau der Selbständigkeit der Schulen, sondern auch für die Ebene zwischen Ländern und Kommunen. Hier sollten den Schulträgern mehr Kompetenzen bei der Steuerung des Schulwesens vor Ort und Mitwirkungsmöglichkeiten eingeräumt werden. Insbesondere gilt es, die Schulträgerrechte bei der Organisation und der Gestaltung des Schulwesens vor Ort zu erweitern. Konkret geht es um flexible Handlungsmöglichkeiten bei der Bildung von Verbundschulen, bei Kooperationsprojekten zwischen Schulen und Jugendhilfeeinrichtungen, Kultur oder Sport sowie um eine verbesserte Mitwirkung bei der Besetzung von Leitungsstellen an Schulen. Angesichts enger Finanzspielräume auf allen staatlichen Ebenen sind erweiterte Kompetenzen der Städte in diesen Bereichen notwendig, um ein leistungsfähi-

1 Hinsichtlich der konkreten Unterstützungsleistung und Strukturen, insbesondere für die Schulen, siehe das ausführliche Papier des Deutschen Städtetages (2007) zum Thema „Schule als kommunale Gestaltungsaufgabe" (Bezug über den Verfasser).

ges, bedarfsgerechtes und wohnungsnahes Schulangebot vor Ort langfristig zu erhalten und im Rahmen der kommunalen Bildungslandschaft weiterzuentwickeln.

Das bestehende Schulfinanzierungssystem bedarf ebenfalls einer grundlegenden Überarbeitung und Neujustierung entsprechend den veränderten Anforderungen der Schulen. Dies gilt insbesondere für den Bereich des pädagogisch tätigen Personals an der Schnittstelle zwischen lehrendem und verwaltendem Personal (z. B. Sozialpädagog(inn)en, Erzieher(innen), Betreuungsfachkräfte, Pflegepersonal bei integrativem Unterricht etc.). Hinsichtlich der Kostenträgerschaft dieses Personals gibt es in den meisten Bundesländern keine klaren Regelungen. Vielfach werden Entscheidungen über die Zuständigkeit durch die obersten Gerichte getroffen. Für die Schulen und die betroffenen Eltern sind die ungeklärten Zuständigkeiten bzw. die entsprechende Auseinandersetzungen zwischen Ländern und Kommunen unzumutbar. Insgesamt geht es somit darum, die Rahmenbedingungen für ein erweitertes kommunales Engagement in der Bildung zu schaffen und die kommunale Verantwortung insgesamt auszubauen.

## 5 Ausblick

Die Ausführungen zur kommunalen Bildungspolitik sollen nicht missverstanden werden: Von einer flächendeckenden kommunalen Bildungspolitik in den Städten und Gemeinden kann noch keine Rede sein. Klar erkennbar ist aber vielerorts eine Tendenz, sich kommunal stärker im Bildungswesen zu engagieren und es vor Ort zu gestalten. Dieser Prozess ist in den Städten unterschiedlich weit fortgeschritten und mit unterschiedlichen Schwerpunktsetzungen versehen. Vielfach sind die großen Städte Vorreiter dieser Entwicklung; aber auch in einigen kleineren und mittleren Städten sind entsprechende Entwicklungen in Gang gekommen. Dabei geht es vorrangig – über den Aspekt der Daseinsvorsorge hinaus – um Bildungsentwicklung, Qualitätsverbesserung, Verbesserung der Chancengleichheit und standortpolitische Überlegungen.

Der Mehrwert des kommunalen Engagements besteht vor allem darin, Einrichtungen und Akteure vor Ort im Sinne eines Gesamtsystems zu vernetzen, die Zusammenarbeit der handelnden Akteure zu fördern, Übergänge und Anschlüsse zu ermöglichen und dadurch einen Beitrag zu mehr Bildungschancen für alle zu eröffnen. Ein solches vernetztes Konzept ist nur auf der örtlichen Ebene zu realisieren. In diesem Sinne geht es nicht darum, Bildungspolitik und entsprechende Zuständigkeiten zu kommunalisieren, sondern vielmehr um die Zusammenarbeit zwischen Ländern, Kommunen und bildungspolitisch relevanten Akteuren auf der örtlichen Ebene.

### *Literatur*

Deutscher Städtetag (2007): Aachener Erklärung anlässlich des Kongresses „Bildung in der Stadt“ am 22./23. November 2007. (www.deutscherstaedtetag.de/imperia/md/content/veranstalt/2007/58.pdf, Download am 27.01.2008).

Hebborn, Klaus (2003): Kooperation statt Abgrenzung – Perspektiven der Weiterentwicklung der Zusammenarbeit von Ländern und Kommunen im Schulwesen. In: Recht der Jugend und des Bildungswesens (51. Jg.) H. 4/2003: 419-428.

Lohre, Wilfried (1999): Schule in der Stadt. Bertelsmann-Stiftung.

# Bezüge zwischen Politik, Verwaltung und Wissenschaft

*Klaus Schäfer*

Seit längerer Zeit ist die Bildungsförderung von Kindern und Jugendlichen wieder Gegenstand kritischer bildungs- und gesellschaftspolitischer Diskurse geworden. Die jüngsten Ergebnisse Internationaler Vergleichsstudien, so die Internationale Grundschul-Lese-Untersuchung (IGLU) und das *Programme for International Student Assessment* (PISA), zeigen dass – trotz einiger Erfolge – weitere Aufgaben in der Bildungsförderung und der Bildungsstruktur angegangen und bewältigt werden müssen, um den internationalen Anschluss an Bildungsstandards und Bildungserfolge zu erreichen. Sie zeigen auch, dass die Diskussion über die Schlussfolgerungen, die sich in struktureller und inhaltlicher Hinsicht aus dem schlechten Abschneiden von Schüler(inne)n aus Deutschland für die Gestaltung der individuellen Bildungsförderung ergeben, weitergeführt und auch umgesetzt werden müssen.

## 1 Bildung gestalten ist eine gesellschaftspolitische Aufgabe

Geführt wird die Diskussion nicht nur von Bildungspolitiker(inne)n: Die Wirtschaft, die Gewerkschaften, Interessenverbände, Stiftungen, außerschulische Träger von Bildungs- und Erziehungsleistungen, Träger der Kinder und Jugendhilfe, des Sports, der Kultur u. v. a. m. mischen sich ein und streiten um den erforderlichen Reformbedarf im Bildungssystem. Wenngleich die Motive der Akteure unterschiedlich sind, so besteht Einigkeit darüber, dass mehr und vor allem früher in die individuelle Bildungsförderung investiert werden muss.

Die Debatte um die Bildungsstandards wird zuweilen recht heftig geführt. Dies erklärt sich daraus, dass es bei dieser Debatte um eine grundlegende gesellschaftspolitische Perspektive geht, um die Frage nach der sozialen Gerechtigkeit und letztlich damit um die Frage nach der Zukunft des bestehenden Bildungssystems sowie um die volkswirtschaftliche Notwendigkeit, mehr in Bildung zu investieren. Bei der Frage, wie mehr Bildungsgerechtigkeit erreicht werden soll und wie unser Bildungssystem in Zukunft aussehen soll, scheiden sich weiterhin die Geister, und grundlegende Unterschiede werden erkennbar. Denn die Auffassungen darüber, ob das dreigliedrige Schulsystem noch geeignet ist, die derzeitigen Herausforderungen meistern und die Probleme lösen zu können, oder ob es andere Strukturen geben sollte, gehen weit auseinander. Das zeigen die aktuell geführten Debatten um die Einrichtung von Gemeinschaftsschulen in Nordrhein-Westfalen, aber auch die Auseinandersetzungen um die Zukunft der Hauptschule.

Dass aber in der Bildung etwas geschehen muss und z. T. bereits angegangen wurde, steht ohne jeden Zweifel fest, denn „die Bilanz der Bildungsreform der 70er und 80er Jahre, deren wichtige Ziele die Verwirklichung von Chancengleichheit ausdrücklich einbezogen hatten, stellt sich rückblickend in mancher Hinsicht als relativ bescheiden heraus" (Münchmeier u. a. 2002: 16).

## 2 Politik und Wissenschaft greifen die Debatte um mehr und frühere Bildungsförderung auf

Praxis und Wissenschaft haben längst begonnen, Bildung neu zu entdecken und durchzubuchstabieren (Münchmeier u. a. 2002: 16). So sind z. B. die Konzepte der Offenen Ganztagsgrundschule in Nordrhein-Westfalen und Rheinland Pfalz – trotz anfänglicher erheblicher Gegenwehr – Beispiele dafür, das neue Formen der Bildung, Erziehung und Betreuung zu entwickeln und eine Anbindung an die Schule machbar sind. Auch in der Wissenschaft zeigen sich erhebliche Anstrengungen, fundierte und möglichst empirisch gesicherte Erkenntnisse über die Chancen und Vorteile eines umfassenden Bildungsverständnisses zu erhalten. Erste Ergebnisse der Evaluation von Ganztagsschulen (Holtappels u. a. 2007; Beher u. a. 2007) sind wichtige Schritte hin zu mehr Wissen über die Akzeptanz, die Motive, die Ergebnisse aber auch die Probleme und Strukturschwächen von Ganztagsschulen. Für die (Jugend-)Politik ist zudem das Thema Bildung vor allem in außerschulischen Kontexten bedeutsam. Der Zwölfte Kinder- und Jugendbericht (BMFSFJ 2005) weist neue Wege der Bildung im außerschulischen Sektor und durch eine engere Kooperation der Jugendhilfe mit der Schule auf.

Eine wichtige Rolle in dieser Debatte spielen die Länder und die Kommunen. Sie sind Gewährleistungsträger – je nach ihrer Zuständigkeit – für die individuelle Bildungsförderung und haben im Kern die inhaltliche Verantwortung bei der Gestaltung neuer Bildungsschwerpunkte, wie z. B. Einführung von Ganztagsschulen und einem stärkeren Zusammenwirken von Schule mit außerschulischen Partnern. Sie haben auch die Finanzverantwortung und die Planungsverantwortung.

In allen Bundesländern werden Initiativen zum Ausbau „des Ganztags" an Schulen und der Verbesserung der Kooperation von Schule und Jugendhilfe unternommen. Trotz Unterschieden im Ansatz zeigt sich, dass es im Kern vor allem um die Einführung einer veränderten Lernkultur geht, in der nicht allein die Schule sondern unterschiedliche Bildungspartner gemeinsam Kinder und Jugendliche fördern und dabei von einem erweiterten Bildungsverständnis ausgehen. Die derzeit zwar beteiligten aber in der Regel noch getrennt agierenden Partner sollen mehr zusammenwirken und dabei auch strukturelle Bedingungen haben, die eine neue Steuerung und eine höhere Verbindlichkeit möglich machen. Kooperationsvereinbarungen in den Ländern, die häufig die Basis für das Zusammenspiel der beteiligten Akteure sind, haben daher auch die gemeinsamen Ziele aufgegriffen. Geprägt sind sie von den jeweiligen bildungspolitischen Zielen, die jeweils die Länder verfolgen, vor allem

- die individuelle Förderung und ganzheitliches Lernen durch eine inhaltliche Verzahnung von Unterricht, unterrichtsergänzenden und außerunterrichtlichen Angeboten;
- Rhythmisierung des Ganztags, Auflösen des 45-MinutenTaktes, bewusster Wechsel zwischen „Anspannung und Entspannung" und fachlichem und außerfachlichem Lernen;
- Chancengleichheit und Abbau von Benachteiligung;

– persönliches und soziales Lernen der Kinder und Jugendlichen;
– musische, sportliche, gestalterische, handwerkliche und experimentelle Bildung (FHSS 2006: 24).

## 3 Das Zusammenspiel von Politik, Verwaltung und Wissenschaft

In keinem anderen Bereich, der das Aufwachsen junger Menschen tangiert, werden die Rahmenbedingungen und die Inhalte so eindeutig von den politischen Entscheidungsträgern auf der Landesebene bestimmt, wie in der Gestaltung von Schule und der Bildungspolitik. Dabei fällt den Bundesländern die Hoheit für diese Gestaltung zu, denn Bildungsangelegenheiten sind – erst jüngst noch durch die Föderalismusreform bestätigt und abgesichert – Ländersache. Andere Felder der Bildung, wie z. B. die außerschulische Bildung und die frühe Bildung in Kindertageseinrichtungen, obliegt mehr der Gestaltungshoheit der kommunalen Ebene und den sozialen, kulturellen und jugendpolitischen Trägern.

Die aktuelle Debatte über die Einführung neuer Schulformen, wie z. B. die Gemeinschaftsschule, zeigen aber, wie schwierig ein Prozess zu mehr Gemeinsamkeit ist. Jedoch ist die Frage nach Chancengerechtigkeit für alle Kinder und Jugendlichen durch Bildung nicht allein durch mehr Lehrkräfte oder durch eine andere Methodik beantwortbar. Vielmehr dürften neben der Schulstruktur auch andere, außerschulische Faktoren, wie z. B. besondere Förderung durch sozialpädagogische Angebote, sozialräumliche Bildungsansätze, soziokulturelle und sozioökonomische Bedingungen, von wachsender Bedeutung sein. Chancengerechtigkeit ist nämlich nicht einfach durch Schule allein erreichbar. Sie setzt gesellschaftspolitische Gestaltungsprozesse voraus, die weit über Schule hinausgehen.

Um dies in einem Modell neuer Bildungsstrukturen zu erreichen und den Prozess sinnvoll und effizient zu gestalten, ist ein Einbeziehen der Wissenschaft in die Gestaltung zwingend. Denn neben rein organisatorischen Maßnahmen bedarf es vor allem auch Kenntnisse über Planungsdaten, wissenschaftlichen Grundlagen, Qualitätsstandards, Kostenperspektiven, Steuerungselemente etc. Erfahrungen in der Praxis zeigen, wie entscheidend eine umfassende und differenzierte Kenntnis des Feldes sein können.

Ein Umsetzen neuer Bildungsstrategien kann daher nur in einem gemeinsamen Zusammenspiel von Politik, Verwaltung und Wissenschaft (natürlich unter Einbezug der Praxisakteure) erreicht werden. Denn soll ein erweitertes Bildungsverständnis auch in Strukturen umgesetzt werden, ist dies nicht allein ein formaler Organisationsprozess. Erforderlich ist auch ein verändertes, offeneres Grundverständnis aller Beteiligten. Dabei sind vor allem Kenntnisse über die jeweiligen Besonderheiten und Spezifika der Partner erforderlich. Denn die Um-Steuerung bei den Rahmenbedingungen erfolgt in einem System, dass von gewachsenen und relativ verfestigten Strukturen, wie wir sie bei der Schule und auch bei Jugendhilfe vorfinden, geprägt ist. Es geht aber nicht um das Verwalten einer Bildungsförderung, sondern um ein aktives auf Veränderungen abzielendes Gestalten lokaler Bildungssysteme. Dieses hat aber nur dann eine Chance wenn Ressort-Denken überwunden und Veränderungen zugelassen werden. Gleichwohl sind die Rollen der Akteure im Bildungssektor unterschiedliche:

– Die Wissenschaft, die die Grundlagen für politische Entscheidungen und bildungspolitischen Initiativen schafft;

- die Politik, die Impulse und Grundlagen insbesondere für den strukturellen Rahmen, für die finanzielle Ausstattung der Bildungsbereiche und für Regelungsinstrumente (Gesetze, Verordnungen etc.) setzt;
- die Verwaltung, die bildungspolitische Strategien gestaltet und Form sowie die Rahmenbedingungen von Bildungsprozessen beeinflusst.

In diesem Dreiecks-Verhältnis entscheidet sich, ob eine veränderte Steuerung von Landesinitiativen auf dem Gebiet der schulischen Bildung und kommunalen Strategien zur Einbeziehung außerschulischer Bildungsakteure und Bildungsinhalte gelingt. Aktuell gibt es zahlreiche gute Beispiele des Gelingens, aber es sind immer wieder auch Reibungsverluste erkennbar, die Fragen an die wirksame Nutzung vorhandener Kompetenzen für die Initiierung neuer Bildungsprozesse aufwerfen.

Befunde aus der Praxis der Umsetzung wirksamer Strategien für mehr individuelle Bildungsförderung zeigen, dass es in allen Bereichen Hemmnisse gibt und zudem strukturelle Barrieren oftmals den Weg für die Realisierung neuer Bildungsimpulse, versperren. Die Gründe hierfür sind vielfältig und auch sehr vielschichtig. Sie sind nicht allein auf persönliche Einschätzungen der handelnden Verantwortlichen zurückzuführen. Sie sind z. T. auch in der spezifischen Geschichte des deutschen Bildungssystems – das sehr konzentriert auf die Schule ist – und immer wieder aufkommender ideologisch geprägter Differenzen begründet. Dahinter verbergen sich soziale und kulturelle Einstellungen und auch Werthaltungen. Denn Bildung ist ein Feld, in dem immer auch Haltungen und Einschätzungen darüber einfließen „was die Gesellschaft zusammenhält und welche Werte für die Gesellschaft leitend sind" (BMFSFJ 2005: 31). Diese können aber sehr verschieden sein, was einen gesellschaftlichen Konsens darüber erschwert, wie Bildung organisiert und strukturiert sein sollte. Von diesen wertenden Haltungen und Einschätzung werden selbstverständlich auch das Verhältnis und der Aktionsradius aller Beteiligten im Bildungsprozess geprägt.

In der Praxis zeigt sich aber auch, dass durchaus ein enges Zusammenspiel dieser Bereiche möglich ist und zu bemerkenswerten Anstößen und Veränderungen führen kann. So setzt sich mehr und mehr die Erkenntnis durch, dass Schule allein die bildungs- und gesellschaftspolitischen Voraussetzungen nicht meistern kann und es zumindest flankierender Formen der individuellen Bildungsförderung bedarf (vgl. BMFSFJ 2001). Sich daraus ergebene Schlussfolgerungen aber werden eher zögerlich umgesetzt. Dennoch gibt es Erfolge. So gehen politische Entscheidungen in einigen Ländern schon weit über Fragen der Unterrichtsgestaltung und der inhaltlichen Schwerpunkte hinaus. In vielen Ländern wird – in jüngster Zeit verstärkt – über die Möglichkeiten und Chancen einer auf ganzheitlichen Strategien fußenden Bildungspolitik beraten und es werden entsprechende Ansätze umgesetzt. Ein Überblick über die Einrichtung von Ganztagsschulen bzw. von Ganztagsangeboten an Schulen bzw. in Zusammenarbeit von außerschulischen Organisationen und Schulen zeigt, dass diese Ansätze Früchte tragen. Sichtbar wird dies z. B. an der Entwicklung des Konzepts der Offenen Ganztagsgrundschule, der verbreiteten Kooperation im Bereich der Schulsozialarbeit vor allem an Hauptschulen, aber auch an Konzepten zum Einbezug der Bereiche Medien und Kultur in die Bildungsförderung.

Politische Entscheidungen in jüngster Zeit sind Indizien für eine neue Offenheit seitens der Politik und der Bildungsadministration gegenüber einem umfassenderen Verständnis von Bildung:

- Deutlich qualifiziert wird der Bereich der frühen Bildung in den Tageseinrichtungen für Kinder. Hierzu gehört auch der Ausbau der Plätze für unter 3-jährige Kinder. Wurde noch der Rechtsanspruch auf einen Kindergartenplatz 1995 vorrangig dem familienpolitischen Ziel der Verbesserung der Vereinbarkeit von Familie und Beruf gewidmet, so ist heute jedenfalls der Aspekt der Bildungsförderung gleichbedeutend geworden. Alle Bundesländer haben entsprechende Initiativen zur Einführung von Bildungsplanungen unternommen und ihre „Bildungspläne" oder – wie in Nordrhein-Westfalen „Bildungsvereinbarungen" – vorgelegt.
- Die Diskussion um den Ausbau der Ganztagsgrundschule, vor allem befördert durch das 4 Mrd. umfassende Investitionsprogramm des Bundes (von 2003 bis 2007, verlängert bis 2009), hat sowohl dem Gedanken der Ganztagsschulen wie der Kooperation von Schule und Jugendhilfe und anderen Akteuren, wie z. B. Kultur und Sport, neue Impulse gegeben. Seitdem hat die Zahl der Ganztagsgrundschulen (in allen drei Formen: Gebunden, Teil-Gebunden und Offene) deutlich zugenommen. Der Bildungsbericht 2006 weist zwischen 2002 und 2004 eine Steigerung von ca. 38 % bei den schulischen Verwaltungseinheiten mit Ganztagsbetrieb aus. Damit beträgt ihr Gesamtanteil ca. 23 % an allen schulischen Verwaltungseinheiten (Konsortium Bildungsberichterstattung 2006: 57). Dementsprechend ist auch die Zahl der Ganztagsschüler(innen) gestiegen (Holtappels u. a. 2007: 21).
- Die Beachtung der unterschiedlichen Bildungsorte außerhalb von Schule schärft den Blick auf die verschiedenen Sozialisationsinstanzen, wie z. B. die Familie, die Medien, die *Peergroups*, die Kinder- und Jugendhilfe, die Kultur und den Sport. Die dort bestehenden informellen Bildungsprozesse finden Eingang in Lösungskonzepten und bildungspolitischen Strategien, dies allerdings eher noch zögernd und nicht umfassend und systematisch genug. Erste Schritte zeigen aber durchaus neue Chancen für diese Bildungsorte. Allerdings fehlt es an Forschungsergebnisse über die in diesen Bereichen vermittelten oder durch Selbstbildungsprozesse angeeignete Kompetenzen und Kenntnisse.

Die Entwicklung lässt hoffen, dass der Prozess des Wandels in der Bildung alle Bereiche der Politik und der Verwaltung erreicht. Da stehen wir aber erst am Anfang, weitere Schritte müssen angegangen und vollzogen werden.

## 4 Über den Tellerrand hinaus – Überlegungen zur verbesserten Kooperation

Eine zentrale Anforderung an die kommunale Bildungspolitik ist die Herstellung von Vernetzungskulturen. Denn die Realisierung bildungspolitischer Offensiven wird nur dann positiv befördert, wenn sich die verschiedenen verantwortlichen und handelnden Akteure mit ihren jeweils spezifischen „Zuständigkeiten" miteinander vernetzen. Eine Verbindung zwischen den verschiedenen Ebenen eröffnet den Blick aller über ihren jeweiligen „Tellerrand" hinaus, stärkt den bildungspolitischen Diskurs und kann neue Chancen für eine modernere Organisation von Schule und ganzheitlicher Bildung möglich machen. Denn es bedarf einer viel offeneren und selbstkritischeren kommunalen Debatte über Bildungserfolge, Bildungshemmnisse und Bildungsstrukturen und den erforderlichen Rahmenbedingungen. Dazu gehört auch die Diskussion über ein stärkeres Miteinander der unterschiedlichen Sozialisationsfelder sowie der Gestaltung von Schule einschließlich ihrer Verantwortungsstruktur. Dies konkretisiert sich besonders in dem Zusammenspiel zwischen Landes- und kommunaler Ebene.

Politische Entscheidungen bei der Entwicklung einer umfassenderen Bildungspolitik bedürfen dieses Zusammenspiels. Nur wenn ein abgestimmtes Handlungskonzept vorliegt, kann es gelingen, abseits bloßer Zuständigkeitsfragen auch neue Wege der Kooperation und gemeinsamen Verantwortung zu finden. Unter dem Aspekt der Ganztagsbildung, also der systematischen Einbindung und Nutzung der Bildungsleistungen unterschiedlichster Bildungsorte, kommt der kommunalen Ebene eine herausragende Bedeutung zu: Im lokalen Raum stoßen die bestehenden Bildungsorte aneinander und müssen mehr in Beziehung zueinander gestellt werden.

Aufgabe der Wissenschaft wird es dabei sein, einerseits die erforderlichen Erkenntnisse für die Neugestaltung der Bildungslandschaft zu gewinnen und in den Prozess einzubringen. Andererseits muss sie aber auch immer wieder darauf drängen, das „richtige" Lösungen gefunden und die Wirksamkeitsprüfung der Konzepte eingefordert werden. Ohne eine Evaluation, die am ehesten von externen Partnern vorgenommen werden sollte, kann es kaum gelingen, die notwendigen Erkenntnisse über Praxismodelle zu gewinnen und sie bei anderen Schulen oder Einrichtungen der Bildung, Erziehung und Betreuung anzuwenden.

Aufgabe der Politik wird es auf dieser Ebene sein, die Akteure in den Feldern zueinander zubringen und vor allem die Rahmenbedingungen (Strukturen, Finanzierung; Förderinstrumente etc.) zu schaffen, die erforderlich sind, um z. B. ein System „kommunaler Bildungslandschaften" (DV 2007) realisieren zu können.

Aufgabe der Verwaltung muss es sein, die entsprechenden Organisationsstrukturen und Steuerungselemente zu entwickeln und bereit zu stellen. Sie ist zudem von ihrer Funktion her prädestiniert, die Prozesse zu moderieren und – im Sinne eines gemeinsamen Verantwortungspools – die unterschiedlichen Akteure einzubeziehen. Das bedeutet zugleich, dass sich vor Ort auch die entsprechenden verantwortlichen Verwaltungsbereiche enger miteinander verzahnen müssen. Das ist nicht immer einfach, denn die Ämter haben ihre jeweils eigenen und spezifischen Aktionsrahmen und ihre besondere Fachsprache. In der kommunalen Praxis ist dabei vor allem auf ein engeres Miteinander der Jugendämter mit den Ämtern der Schulverwaltung und der Schulaufsicht abzustellen. Sie sind die „Schlüsselämter" vor Ort, die Prozesse befördern können.

Steuerung vor Ort kann aber ohne die politischen Entscheidungsträger nicht erfolgen: Sie setzen den Rahmen in inhaltlicher und finanzieller Hinsicht. Sie entscheiden über die Grundstrukturen der Planung, die Realisierung von Bedarfen, die Zusammenführung von Jugendhilfeplanung und Schulentwicklungsplanung, die Standortsuche u. v. a. m. Politisch begleitet werden diese Prozesse häufig durch Unterausschüsse des Jugendhilfeausschusses und des Schulausschusses in den Gemeinderäten bzw. im Stadtrat und im Kreistag.

## 5 Ausblick

Die Kultusministerkonferenz und die Jugendministerkonferenz haben bereits 2004 ein gemeinsames Papier verabschiedet, dass es bei der Bestimmung eines neuen Bildungsverständnisses auch um die Kompetenzen der in den Strukturen tätigen Fachkräfte geht. Denn letztendlich gestalten diese die individuelle Bildungsförderung und arbeiten mit den Kindern und Jugendlichen. Daher sehen beide Ministerkonferenzen auch die Ausbildung als einen wichtigen Akteur, wenn es darum geht, „Grundlagen für ein ganzheitliches Umgehen mit Kindern und Jugendlichen mit Lernproblemen und sozialen Benachteiligungen zu entwickeln“. Sie sind sich einig, dass „dem Verständnis und der Akzeptanz sowohl des formellen Lernens und der schulischen Leistung als auch der Befähigung zum Bewältigen von Alltagsproblemen eine größere Bedeutung zugemessen werden“ (Jugendministerkonferenz 13.-14.05.2004/Kultusministerkonferenz 03.04. 2004). Das zu erreichen, ist nicht nur eine Frage der Kenntnisse von Inhalten und Methoden. Es setzt die entsprechende Handlungsstruktur in der Praxis voraus.

Es wird daher Zeit, für eine Neugestaltung des Verhältnisses im Dreiecksverhältnis „Politik – Verwaltung – Wissenschaft“ zu werben, denn es würde zahlreiche Chancen für den Diskurs über „Zeitgemäße Bildung“ (Otto/Oelkers 2006) im Sinne für die Organisation umfassender Bildungsprozesse eröffnen. Die Zeit dafür ist reif.

## *Literatur*

Beher, Karin/Haenisch, Hans/Hermens, Claudia/Nordt, Gabriele/Prein, Gerald/Schulz, Uwe (2007): Die offene Ganztagsschule in der Entwicklung – Empirische Befunde zum Primarbereich in Nordrhein-Westfalen. Weinheim: Juventa.

Bundesministerium für Familie, Senioren, Frauen und Jugend (Hg.) (2001): Zukunftsfähigkeit sichern! Für ein neues Verhältnis von Bildung und Jugendhilfe. Eine Streitschrift des Bundesjugendkuratoriums. Bonn.

BMFSFJ (2005) – Bundesministerium für Familie, Senioren, Frauen und Jugend: Zwölfter Kinder- und Jugendbericht – Bericht über die Lebenssituation junger Menschen und die Leistungen der Kinder- und Jugendhilfe in Deutschland. Berlin.

DV (2007) – Deutscher Verein für öffentliche und private Fürsorge: Diskussionspapier zum Aufbau Kommunaler Bildungslandschaften (Beschluss des Vorstandes Juni 2007). In: www.deutscher-verein.de/05-empfehlun gen/empfehlungen2007/pdf/Diskussionspapier_des_Deutschen_Vereins_zum_Aufbau_Kommunaler_Bildungslandschaften.pdf (Download am 30.12.2007).

FHSS – Sozialpädagogisches Institut NRW, Fachhochschule Köln (Hg.) (2006): Partner machen Schule – Bildung gemeinsam gestalten. Köln.

Holtappels, Heinz Günter/Klieme, Eckhard/Rauschenbach, Thomas/Stecher, Ludwig (Hg.) (2007): Ganztagsschule in Deutschland. Ergebnisse der Ausgangserhebung der „Studie zur Entwicklung von Ganztagsschulen“ (StEG). Weinheim: Juventa.

Jugendministerkonferenz 13.-14.05.2004/Kultusministerkonferenz 03.04.2004: Gemeinsamer Beschluss „Zusammenarbeit von Schule und Jugendhilfe zur Stärkung und Weiterentwicklung des Gesamtzusammenhangs von Bildung, Erziehung und Betreuung. In: www.mbjs.brandenburg.de/media/lbm1.a.1222.de/beschl_052004.pdf (Download 30.12.2007).

Konsortium Bildungsberichterstattung (2006): Bildung in Deutschland – Ein Indikatorenbericht mit einer Analyse zu Bildung und Migration. Bielefeld: Bertelsmann.

Münchmeier, Reinhard/Otto, Hans-Uwe/Rabe-Kleberg, Ursula (Hg.) (2002): Bildung und Lebenskompetenz – Kinder- und Jugendhilfe vor neuen Aufgaben. Opladen: Leske + Budrich.

Otto, Hans-Uwe/Oelkers, Jürgen (Hg.) (2006): Zeitgemäße Bildung – Herausforderung für Erziehungswissenschaft und Bildungspolitik. München: Reinhardt.

# Epilog

# Bildung als Projekt der Moderne

*Hans Thiersch*

Bildung meint die Aneignung von Welt, die Auseinandersetzung mit ihr, um die eigene Lebenslinie und Lebensgestalt zu finden. Bildung, so allgemein gesellschaftlich-anthropologisch verstanden, ist konstitutives Moment allen menschlichen Lebens. Bildung realisiert sich je in konkreten gesellschaftlichen Verhältnissen: in unserer ausgebauten Lern- und Sozialgesellschaft im Zusammenspiel unterschiedlicher Bildungsprozesse, also in Familien, Freundschaftsgruppen, in vor- und außerschulischen, in schulischen und beruflichen Arrangements, in der Öffentlichkeit des Sozialraums und der Politik, in den Medien. Diese Vielfältigkeit der Zugänge wird in der neueren Diskussion im Zusammenhang eines lebenslangen Bildungsprozesses und in der Einheitlichkeit einer Bildungsszene verstanden; in ihr werden die nicht ausdrücklich pädagogisch inszenierten (beabsichtigten) informellen Bildungsprozesse von den pädagogisch inszenierten formalisierten und non-formalisierten Bildungszugängen unterschieden.[1]

Die These der folgenden Skizze ist, dass Möglichkeiten, Spannungen, Probleme und Defizite unserer heutigen Bildungsszene transparent gemacht und als Entwicklungsaufgabe pointiert werden können, wenn sie mit dem Projekt Bildung – altmodisch geredet: mit dem Bildungsideal – konfrontiert werden, wie es sich als charakteristisches Moment der sich demokratisierenden industriekapitalistischen Moderne ausgebildet hat und wie es für die Gegenwart einer Zweiten Moderne im Horizont von Entgrenzung fortgeschrieben werden muss und kann.

## 1 Das Projekt „Bildung"

Das Grundmuster einer Bildung im Lebenslauf greift das Projekt „Bildung" auf und profiliert es normativ: Bildung ist Selbstzweck, ist Sinn des Lebens. Bildung ist Selbsttätigkeit in der Aneignung von Lebensverhältnissen, in der Auseinandersetzung mit Welt. Bildung zielt auf die Ausprägung von Individualität und ebenso ganzheitlich auf die Ausbildung aller reichen menschlichen Möglichkeiten und Kompetenzen, auf die Ausbildung von Kopf, Herz und Hand und das Verhältnis zum Leib; dem entspricht die Auseinandersetzung mit dem Bild einer in ihren vielfältigen Aspekten vergegenwärtigten und transparenten Wirklichkeit. Bildung hat eine Doppelgestalt, sie soll Menschen befähigen – mit Schleiermacher geredet – einzutreten in die gegebenen Verhältnisse und tauglich zu sein für ihre Ver-

1 Im Folgenden habe ich Überlegungen zusammengefasst und pointierend weitergeführt aus meinen Aufsätzen „Bildung als Zukunftsprojekt der Sozialen Arbeit", in: Bütow, Birgit/Chassé, Karl August v./Hirt, Rainer (Hg.) (2008): Soziale Arbeit nach dem sozialpädagogischen Jahrhundert. Opladen: 107-125, und aus „Lebenlernen, Bildungskonzepte und sozialpädagogische Aufgaben", in: Otto, Hans-Uwe/Oelkers, Jürgen (unter Mitarbeit von Petra Bollweg) (Hg.) (2006): Zeitgemäße Bildung. Herausforderung für Erziehungswissenschaft und Bildungspolitik. München: Reinhardt: 21-36.

besserungen, sie soll Menschen ebenso lebenstauglich machen, wie – „als Werk ihrer selbst“ (Pestalozzi) – stark zu Kritik und Widerstand gegen die „selbst verschuldete Unmündigkeit“ (Kant) oder die Vermarktung zur „bloßen Dienstform“ (Pestalozzi). Bildung ist Bildung für alle, allgemeine Bildung. Sie steht gegen gesellschaftliche Macht und Ungleichheitsstrukturen; Bildung ist allgemeines Menschenrecht.

Dieses Projekt ist in den letzten 200 Jahren unterschiedlich und vor allem in gesellschaftlich bedingten Verengungen und Entstellungen realisiert worden. Im Zeichen einer Sicherung von (bürgerlichen) Positionen und Rekrutierung von Eliten, im Zeichen der idealisierenden, ästhetisierenden Realitätsferne und schließlich einer planen Verkürzung auf Inhalte und Stoffe. Jenseits dieser Verkürzungen aber sind die Strukturen des Projekts Bildung auch in den Konstellationen der Zweiten Moderne der Entgrenzung gültig.

## 2 Bildung in der Zweiten Moderne der Entgrenzung

Alte Ungleichheiten verbinden sich mit neuen Exklusionen; Macht und Ansprüche von Produktion, Verwaltung und Konsum geben dem Projekt Bildung neues Gewicht als Abwehr von Fremdbestimmung und Mut zum eigenen Leben um seiner selbst willen. Die Unübersichtlichkeiten und Notwendigkeiten, in denen Menschen ihren eigenen Lebensweg finden und behaupten müssen, machen Selbstbildung als Eigentätigkeit und die Ausprägung einer individuellen Lebensgestalt zur zentralen Lebensaufgabe; Bildung als „Risiko ins Offene hinein“ wird zum Abenteuer.

In der arbeits- und bereichsspezifischen Segmentierung von Lebensbereichen und -formen, zwischen denen sich im Zeichen der Entgrenzung Überlappungen und Undeutlichkeiten ergeben, bedeutet die Verbindung zwischen unterschiedlichen Kompetenzen und Aufgaben eine heikle, besonderen Aufwand verlangende Gestaltungsaufgabe. Gegenüber den neokapitalistisch-neoliberalen Erwartungen an Menschen, sich als Unternehmer ihrer eigenen Arbeitskraft, als „Humankapital“ zu qualifizieren, muss Bildung offensiv im Anspruch der sich demokratisierenden Gesellschaft ausgelegt werden: als Solidarität und im Horizont von Zugangsgerechtigkeit, die das Menschenrecht Bildung gerade auch da realisiert, wo die gesellschaftlichen – und in sie hinein verwoben: die individuellen – Strukturen sie blockieren, ja verhindern.

## 3 Bildungszugänge

Dieses Projekt Bildung muss auf die heutige Bildungsszene und die Unterschiedlichkeit ihrer Zugänge bezogen werden. Um die hier liegenden Probleme zu verstehen, bietet sich zunächst eine historische Rekonstruktion der allmählichen Ausweitung der Bildungszugänge von der Schule über die Sozialpädagogik hin zur neu sich ausbauenden Familienbildung und zur Medienbildung an. Dieser Weg wird hier aber nicht weiter verfolgt und stattdessen versucht, einige Fragen eher in systematisierender Perspektive zu skizzieren; dabei werden zunächst die in der Struktur der Bildungszugänge liegenden Möglichkeiten herausgestellt, um sie dann in einem zweiten Durchgang mit den Problemen der Realisierung in unserer Gesellschaft zu konfrontieren.

## *3.1 Bildung im Alltag des informellen Lernens*

Bildung ist zunächst Bildung im Leben, also informelles Lernen. In den Bewältigungsaufgaben des Alltags, in den individuellen, sozialen, praktischen und kulturell-symbolischen Bewältigungsaufgaben lernen Menschen sich im Spiel von Routinen und offener Pragmatik so zu behaupten, dass ihnen im Horizont von Anerkennung ein gelingender Alltag möglich wird. Diese informellen Lernerfahrungen sind für Menschen zentral, dies bestätigen immer neu ebenso biographische Darstellungen wie Forschungen über den Anteil und die prägende Kraft der hier vermittelten Bildungsprozesse.

Dieser Alltag des informellen Lernens aber ist in sich ambivalent: Zum einen ist Alltag die Bühne, auf der in der Unmittelbarkeit der zu bewältigenden Aufgaben gesellschaftliche Verhältnisse im Konkreten gestaltet werden. Alltag ist als Raum der unmittelbaren direkten Erfahrung gleichsam geladen mit Dringlichkeit und Vitalität. Die in der heutigen entgrenzten Gesellschaft gewachsenen Zumutungen der Wahl stärken die Alltags-Selbstzuständigkeit und ein ihr entsprechende Selbstbewusstsein, auch in den Ansprüchen an Hilfe und Unterstützung. Dem entspricht das gerade in den letzten Jahrzehnten so gewachsene reiche Hilfs- und Beratungsangebot ebenso wie der Raum, den diese Themen in den Medien einnehmen. Zum anderen aber ist Alltag in unserer Gesellschaft geprägt durch Ungleichheiten und Unübersichtlichkeit. Lernmöglichkeiten und Bildungsprozesse sind bestimmt durch unzulängliche Ressourcen, sie sind belastet durch Verelendung und Perspektivlosigkeit. Die Verunsicherungen heutiger Lebensverhältnisse werden als zynische Zumutung und Überforderung erfahren. Es ist Aufgabe der Politik im Horizont des Projekts „Bildung" Bildungsprozesse im Alltag zu stützen und zu fördern, also im Alltag Bedingungen zu schaffen, die förderliche Bildungsprozesse möglich machen. Dem dienen Maßnahmen der Familienpolitik und der sie stützenden Geschlechter-, Arbeitsmarkt- und Wohnungspolitik, ebenso wie Maßnahmen der Jugend- und Arbeitsmarktpolitik.

In den Alltag und seine informellen Bildungsprozesse gleichsam eingelagert sind die Arrangements der inszenierten pädagogisch geplanten Bildung, also die Institutionen von Schule und außerschulischer Bildung. In ihrem Bezug auf den Alltag des informellen Lernens stehen sie in der Spannung einer eigensinnigen Anerkennung seiner Bedeutung und Vitalität und der Intention, seine Einschränkungen und Belastungen mit den Möglichkeiten von Organisation und Professionalität, von inszenierten Institutionen und Programmen zu korrigieren, ja zu überwinden.

## *3.2 Schulische Bildung*

Bildung realisiert sich in Schule. Der Anspruch sozialer Gerechtigkeit realisiert sich im Konzept einer allgemeinen Bildung ebenso wie im Muster einer Leistungsförderung, die die Heranwachsenden unabhängig von Herkunft und Geschlecht zu ihren individuellen Fähigkeiten so begabt, dass sie sich an allgemeinen Normen beweisen und damit einen, in ihrer Individualität begründeten Anspruch auf gesellschaftliche Positionen wahrnehmen können. Die Lern- und Leistungsforderungen werden curricular strukturiert, also jenseits der Zufälligkeit und Situationsabhängigkeit des informellen Lernens im Anspruch eines vielgestaltig reichen und gegliederten Weltbildes systematisch begründet und verfolgt.

Dieses Programm wird in spezifischer Form realisiert; die Konzentration auf Weltwissen und kognitive Kompetenzen – und auf von daher bestimmte Verhaltensmuster – entspricht den Anforderungen unserer Wissens- und Informationsgesellschaft. In der überbordenden, expandierenden Unübersichtlichkeit von Wissen und Information und in der zunehmenden Bedeutung des Abstrakten ist Wissen für die Aufgaben der Lebensbewältigung in der Arbeit, in der politischen und öffentlichen Szene, ebenso wie in der Gestaltung des Lebensplans elementare Voraussetzung: „Wissen macht frei!" war die Losung der Arbeiterbewegung. Den gewachsenen Ansprüchen entsprechen Ausbau und Differenzierung des Schulwesens. Sie dienen auch dazu, um im Zug der Demokratisierung den durch Ungleichheit bestimmten Klassen- und Milieuschranken entgegenzuwirken, ja sie vielleicht zu unterlaufen.

In unseren entgrenzten Lebensverhältnisse aber wird auch deutlich, wie Weltwissen und kognitive Fähigkeiten eingelagert sind in soziale und emotionale Bezüge; das Lernprogramm von Schulen erweist sich als unzulänglich, als gleichsam nur halbierte Einlösung des ganzheitlichen Anspruchs des Bildungsprojekts. Das Lernprogramm von Schulen erweitert sich, sie institutionalisiert sich als „Ort des Lebens" oder als Ganztagsschule; breit gefasste Kompetenzen und Aufgaben (z. B. des Rollenverständnisses, des Konfliktverhaltens, des Umgangs mit Gefühlen und lebenspraktischen Aufgaben) können angegangen werden. Vor allem aber öffnet sich das schulische Lernprogramm – im Zeichen der Anerkennung der Eigensinnigkeit von Alltag – zu den im Alltag gegebenen und in der entgrenzten Gesellschaft zunehmend so wichtig gewordenen Erfahrungen des informellen Lernens. Sie werden z. B. im Konzept des exemplarischen Lernens aufgenommen; Kooperationen mit Bildungsangeboten im Gemeinwesen und Elternarbeit – im Zeichen einer geteilten gemeinsamen Erziehungsverantwortung – beginnen sich durchzusetzen. In diesen Öffnungen greift die Schule auf Erfahrungen zurück, die in anderen Bildungssegmenten (der Sozialpädagogik, aber auch der Erwachsenenbildung) entwickelt worden sind; Projekte der Schulsozialarbeit und – weiter gefasst – der Kooperation zwischen Schule und Jugendhilfe etablieren sich.

### *3.3 Sozialpädagogische Bildung*

Bildung realisiert sich in nicht-curricular strukturierten, non-formalisierten Bildungsprozessen, z. B. in der Sozialpädagogik (aber ebenso in der Erwachsenenbildung). Dieses Bildungsprozesse sind – begründet in ihrer der Schule gegenüber nachgehenden Institutionalisierung im vorigen Jahrhundert – weithin nicht unter dem Begriff von „Bildung" gefasst worden; dies war ein Missverständnis ihrer Bedeutung. Indem sie in der neueren Diskussion als spezifische Form von Bildung gefasst werden, werden sie eingegliedert in die Bildungsszene als Medium des lebenslangen Lernens.

Provoziert durch die besonderen Belastungen von Armut war sie von Anfang an (bei Pestalozzi besonders eindringlich) orientiert an der Stiftung eines Lebensarrangements, das Bildung möglich macht, an ihrer Ganzheitlichkeit und an ihrem allgemeinen Anspruch als Bildung des Menschen zum „Werk seiner selbst". Dieses Doppelspiel – mit Natorp verstanden als Frage nach den bildenden Verhältnissen und den bildenden Möglichkeiten – als Konstitutionsprinzip von Bildungszugängen hat sich in den Verwerfungen und Brechungen der Ungleichheiten der Moderne und in den neuen Exklusionen und Verunsicherungen der entgrenzten Moderne ausgeweitet zu einem Bildungsangebot, das als Unterstützung in der Gestaltung eines gelingenden Lebens in den gegebenen Brüchen und

Unsicherheiten des Lebens ein zweiter, großer und ausgebauter Bereich der Bildungsszene neben der Schule wird.

Sozialpädagogik rückt somit – neben ihrem Engagement in den verschärften Aufgaben durch neue Exklusionen – in die Mitte der Gesellschaft. Sie bietet ein Repertoire vielfältig offener Formen, in denen im Medium einer gemeinsamen Aushandlung, die Passung zwischen Lebensschwierigkeiten und offenen, flexiblen und integrierten Hilfsarrangements gesucht wird. In Konzepten z. B. des Subjektbezugs, der personenbezogenen Dienstleistung und der Lebensweltorientierung ist die Rückbindung der institutionellen Arrangements an die vorgängigen Erfahrungen des informellen Lebens im Alltags konstitutiv; Sozialpädagogik agiert mit ihren institutionell-professionellen Ressourcen im Alltag, um in ihm und seinen Gemengelagen von Problemen, Schwierigkeiten und Hoffnungen Optionen für ein stärker selbstbestimmtes Leben zu ermöglichen. Sie praktiziert Arbeit in den Familien, Elternarbeit und Arbeit mit den Ressourcen des Sozialraums.

Nachdem lange allgemeine soziale Kompetenzen im Vordergrund standen, erweitert Sozialpädagogik neuerdings ihr Handlungsrepertoire zunehmend auch auf traditionell der Schule zugeordnete kognitive Kompetenzen; sie aber bleiben eingebunden in die Ganzheitlichkeit eines situativen, ganzheitlich bestimmten Arbeitens; die Diskussionen um die Gestaltung der vorschulischen Einrichtungen im Spannungsfeld von informellem Lernen und curricularen Elementen und die Aufwertung der Jugendarbeit als spezifischer Raum von Bildung sind hierfür der Beleg ebenso wie die Gestaltung soziokultureller Projekte.

## 4 Neustrukturierungen in der Bildungsszene

Wenn bis hierher strukturelle Möglichkeiten der inszenierten Bildung in den Strängen der schulischen und der nicht-schulischen Bildung verfolgt wurden, entspricht dies der deutschen, historisch gewachsenen Szene; eine solche Betrachtung gibt auch die Möglichkeiten, die gewachsenen Konkurrenzverhältnisse und hierarchischen Zu- und Unterordnungen zu benennen und anzugehen. Schule besetzt die Bildungsdiskussion, sie steht im Mittelpunkt auch der derzeitigen politischen Diskussionen; Sozialpädagogik ist ihr nach- und nebengeordnet und steht – gerade auch im Zusammenhang von Reformkonzepten – in der Gefahr, als Hilfsinstitution der Schule zugeordnet und darin ihrer spezifischen Arbeitslogik untergeordnet zu werden. Dagegen gilt es, Gleichgewichtigkeit durchzusetzen und zu praktizieren, wie sie dem Konzept der einheitlichen Bildungsszene im Horizont eines lebenslangen Lernens entspricht.

Diese Auseinandersetzungen zwischen Zugängen aber dürfen nicht überbetont werden; jenseits nämlich der gegebenen Entwicklung und im Horizont von Neuansätzen – inspiriert vor allem durch Erfahrungen aus Reformprojekten und aus anderen Ländern – werden sich in nächster Zeit neue institutionelle und organisatorische Zuordnungen ergeben, in denen sich die bisherige Koppelung von Institutionen und Zugängen öffnet und erweitert. Das Bild einer Bildungsszene, in der die unterschiedlichen Zugänge nicht nur neben- und gegeneinander stehen, sondern wechselseitig transparent und ausdrücklich in ihren Unterschiedlichkeiten aufeinander bezogen und genutzt werden, zeichnet sich ab. In solchen Entwicklungen aber scheint es mir wichtig, dass jenseits neuer institutionell-organisatorischer Ordnungen die Eigensinnigkeit der spezifischen Arbeitszugänge und Traditionen gewahrt und in je eigener Verantwortung praktiziert wird.

## 4.1 Gesellschaftliche und institutionelle Grenzen der Bildung

Die strukturellen Möglichkeiten von Bildungszugängen sind nur eine Seite, sie stehen in Spannung zu ihren gesellschaftlich konzedierten Realisierungen; sie sind begleitet – und oft gleichsam verschlungen – im Schatten der Macht gesellschaftlicher Realität. Die Bildungsressourcen im Alltag unserer in Ungleichheiten strukturierten Gesellschaft bleiben mächtig und bestimmend in der Realität, aber ebenso in der Definitionsmacht der sie bestärkenden Vorurteile. Die Intentionen auf soziale Gerechtigkeit in der Schule bremsen sich – trotz der zweifelsohne erschlossenen egalisierenden Effekte – ebenso an der Selektions- und Ausgrenzungsfunktion von Leistungsbemessungen wie an der die Ungleichheiten stützenden und reproduzierenden Struktur eines mehrgliedrigen Schulwesens.

Die Tradition eines den Bewältigungsaufgaben im Leben gegenüber oft abstinenten, ja aversen Lerncurriculums, die Macht seiner Selbstreferentialität und gleichsam „verbildenden" Wirkung verdrängt immer wieder die Eigensinnigkeit von Lebenserfahrungen und Lebensaufgaben. Die Sozialpädagogik hat sich nur mühsam aus den Zwängen der stigmatisierenden Disziplinierung herausgearbeitet, die in weiten Bereichen aber nach wie vor die Praxis bestimmen. Zudem werden alte Formen der Stigmatisierung abgelöst durch neue Formen einer professionell-institutionell begründeten Verhärtung und einer professionell begründeten Kolonialisierung der Lebenserfahrungen und Lebensprobleme der Adressat(inn)en. Die Arbeitsmaximen von Verhandlung und Individualisierung und die Öffnung neuer, weiterführender Optionen verfangen sich im Gestrüpp gegebener Praxis.

Die Bildungsszene löst die Ansprüche des Projekts „Bildung" nur bedingt ein. Hier gibt es Entwicklungsaufgaben und -möglichkeiten, wie Konzepte, Modellprojekte und vor allem Entwicklungen in den Bildungsszenen anderer Länder zeigen. Die Möglichkeiten und Spielräume in der inszenierten Bildung sind – jenseits aller neuerdings so blühenden Rhetorik – mitnichten ausgereizt. Hier gilt es, insistierend Konzepte und Forderungen zu verfolgen.

## 4.2 Bildung im Gegenwind des Neoliberalismus

Dies ist umso notwendiger als sich im Zug der gesellschaftlichen Entwicklung – also der im Zeichen der Entgrenzung vorherrschenden Tendenzen des Neoliberalismus und Neokonservativismus – ein Verständnis von Bildung breitflächig durchsetzt, das den Intentionen des Projekts „Bildung" – Bildung als Sinn des Lebens, als Selbstgestaltung im Zeichen sozialer Gerechtigkeit – zuwiderläuft. Bildung als soziale Gerechtigkeit bricht sich an einer Interpretation von Gerechtigkeit, in der Ungleichheit und die darin begründeten Konkurrenzverhältnisse als Motor gesellschaftlicher Entwicklung gesehen werden und deshalb nur in ihren gröbsten Folgen abgefedert und nicht in den Anspruch des Bildungsprojekts einbezogen werden. Die mit dieser De-Thematisierung sozialer Probleme und der Privatisierung belastender Bewältigungsaufgaben einhergehenden Intentionen werden vielfältig gestützt durch technologisch begründete Strukturierungen der Bildungsprozesse und Institutionen, die die für die Auseinandersetzung mit Welt und die Ausbildung einer eigenen Lebenslinie notwendigen Gestaltungs- und Freiräume aufzehren und in den Dienst einer Funktionalisierung von Bildung als „Humankapital" stellen. In diesem Kontext werden gerade die Bildungsziele der Selbstzuständigkeit und Eigentätigkeit ihres sperrigen Kerns beraubt und gleichsam enteignet zur Aktivität und oft Selbstausbeutung im Dienst vorgegebener Produktions- und Konsuminteressen.

Gegen solche, die schulische und sozialpädagogische Praxis entleerende und enteignende Intentionen gilt es, die widerständige Kraft des Projekts „Bildung" festzuhalten und in immer neuen – wenn oft auch nur bedingten – Realisierungen festzuhalten. Dass sie in der Macht der gegebenen gesellschaftlichen Verhältnisse begrenzt bleiben, ist evident; die damit aufgeworfenen und zu verhandelnden Fragen aber können hier nicht weiter verfolgt werden.

# Verzeichnis der Autorinnen und Autoren

Allemann-Ghionda, Cristina, Dr.; Jg. 1949; Prof. für Vergleichende Erziehungswissenschaft an der Universität zu Köln; Interkulturelle Bildung, Mehrsprachigkeit, globale Bildungsreformen.

Andresen, Sabine, Dr.; Jg. 1966; Prof. für Allgemeine Pädagogik an der Universität Bielefeld; Kindheits- und Jugendforschung, Theorie und Geschichte der Pädagogik, Internationale Reformpädagogik, Geschlechterforschung, Familienforschung.

Arnoldt, Bettina, Dipl.-Päd., Jg. 1972; Wiss. Mitarbeiterin am Deutschen Jugendinstitut; Kooperation Schule-außerschulische Partner, Personal an Ganztagsschulen.

Baer, Ulrich, Dipl.-Päd., Jg. 1945; Studienleiter für musische Bildung und Medienerziehung an der Akademie Remscheid; Kulturpädagogik, Fortbildungsdidaktik, Digitalfotografie, Projektarbeit.

Bauer, Ullrich, Dr.; Jg. 1971; Jun.-Prof. an der Fakultät für Gesundheitswissenschaften der Universität Bielefeld; Empirische Sozialisations-, Bildungs-, Ungleichheits- und Gesundheitsforschung; Gesellschaftstheorie und Zeitdiagnose.

Bettmer, Franz, Dr.; Jg. 1952; Vertretung der Professur für Sozialpädagogik des Kindes- und Jugendalters an der Universität Kassel; Soziale Arbeit und soziale Kontrolle, Jugendhilfe und Schule, Weiterbildung, Neues Ehrenamt.

Bergmann, Katrin, Dipl.-Päd.; Jg. 1981; Wiss. Mitarbeiterin am Institut für Schulentwicklungsforschung an der Technischen Universität Dortmund; Entwicklung von Ganztagsschulen, innerschulische Kooperation.

Bittlingmayer, Uwe H., Dr.; Jg. 1970; Wiss. Mitarbeiter an der Fakultät für Gesundheitswissenschaften der Universität Bielefeld; Empirische Sozialisations-, Bildungs-, Ungleichheits- und Gesundheitsforschung, Gesellschaftstheorie und Zeitdiagnose.

Bock, Karin, Dr.; Jg. 1970; Prof. für Erziehungswissenschaft mit dem Schwerpunkt Sozialpädagogik an der Westfälischen Wilhelms-Universität Münster; Generationen-, Familien-, Kindheits- und Jugendhilfeforschung, Theorien zu Erziehungs- und Bildungsprozessen, Theorie Sozialer Arbeit.

Böllert, Karin, Dr.; Jg. 1958; Prof. für Erziehungswissenschaft mit dem Schwerpunkt Sozialpädagogik an der Westfälischen Wilhelms-Universität Münster; Theorie der Sozialpädagogik, Kinder- und Jugendhilfe, Jugendberichterstattung.

Bornemann, Stefan, M. A.; Jg. 1968; Wiss. Mitarbeiter am Fachbereich Erziehungswissenschaften/ Humanwissenschaften der Universität Kassel; Medien und Schulentwicklung, didaktische Entwicklung integrativer Lehr-/Lern-Szenarien.

Böttcher, Wolfgang, Dr.; Jg. 1953; Prof. für Erziehungswissenschaft mit den Schwerpunkten Qualitätsentwicklung und Evaluation in Einrichtungen des Bildungs- und Sozialwesens an der Westfälischen Wilhelms-Universität Münster; Bildungsmarketing und -management, Mikroökonomie des Bildungswesens, empirische Wirkungsforschung.

Bracker, Rosa, Dipl.-Päd.; Jg. 1980; Bildungsreferentin der ‚Sozialistischen Jugend Deutschlands – Die Falken' in Hamburg, Vorsitzende des Landesjugendring Hamburg; Kritische (Bildungs-) Theorie, Jugendarbeit, informelles Lernen und non-formale Bildung.

Braun, Karl-Heinz, Dr.; Jg. 1948; Prof. für Sozialpädagogik/Erziehungswissenschaft an der Hochschule Magdeburg-Stendal; Pädagogische Subjekttheorie, Theorie und Praxis der Schulreform, Kinder- und Jugendarbeit, soziale (Des-)Integrationsprozesse.

Burow, Olaf-Axel, Dr.; Jg. 1951; Prof. für Allgemeine Pädagogik an der Universität Kassel; Theorien und Methoden der Erziehungswissenschaft sowie der Kreativitätsförderung.

Christe, Gerhard, Dr.; Jg. 1946; Prof. am Institut für Berufs- und Wirtschaftspädagogik der Universität Hamburg, Leiter des Instituts für Arbeitsmarktforschung und Jugendberufshilfe Oldenburg; Berufliche Bildung Benachteiligter, Integration Geringqualifizierter, Arbeitsmarktpolitik.

Coelen, Hendrik, Jg. 1976; Wiss. Mitarbeiter am Fachbereich Erziehungswissenschaft – Psychologie der Universität Siegen; Grundschulpädagogik, empirische Bildungs- und Sozialisationsforschung, Lehr-Lern-Forschung.

Coelen, Thomas; PD Dr.; Jg. 1966; Vertretung einer erziehungswissenschaftlichen Professur an der Universität Siegen; Ganztagsbildung (im internationalen Vergleich), Sozialraum- und Identitätstheorien, Demokratiebildung, pädagogische Sozialforschung.

Deinet, Ulrich, Dr.; Jg. 1955; Professur für Didaktik/Methoden und Verwaltung/Organisation der Sozialpädagogik an der Fachhochschule Düsseldorf; Kooperation Jugendhilfe-Schule, Sozialräumliche Jugendarbeit, Sozialraumorientierung, Konzept- und Qualitätsentwicklung.

Diehm, Isabell, Dr.; Jg. 1957; Prof. für Erziehungswissenschaft an der Universität Bielefeld; Erziehung und Migration, Kindheitsforschung, Pädagogik der Frühen Kindheit, Geschlechterforschung.

Döbert, Hans, Dr.; Jg. 1947; Honorarprofessor für Erziehungswissenschaft an der Universität Erfurt, Projektleiter am Deutschen Institut für Internationale Pädagogische Forschung; International vergleichende Bildungsforschung, Bildungsmanagement, Indikatorenforschung, empirische Schulforschung.

Dzierzbicka, Agnieszka, Dr.; Jg. 1972; Universitätsassistentin am Institut für Bildungswissenschaft der Universität Wien; Vertrags- und Vereinbarungskultur, pädagogische Soziologie und Gouvernementalität.

Fegter, Susann, Lehrerin (1. Staatsex.); Jg. 1973; Wiss. Mitarbeiterin in der Fakultät für Erziehungswissenschaft der Universität Bielefeld; Geschlechterforschung, Kindheitsforschung, Dikursanalyse, Dekonstruktive Pädagogik.

Fischer, Natalie, Dr.; Jg. 1971; Wiss. Mitarbeiterin in der Arbeitseinheit Bildungsqualität und Evaluation am Deutschen Institut für Internationale Pädagogische Forschung; Lehr-Lernforschung, Evaluationsforschung.

Grunert, Cathleen, Dr.; Jg. 1972; Wiss. Assistentin am Lehrstuhl für Allgemeine Erziehungswissenschaft an der Martin-Luther-Universität Halle/Wittenberg; Kindheits- und Jugendforschung, Hochschul- und Arbeitsmarktforschung, Methoden der Erziehungswissenschaft.

Hafeneger, Benno, Dr.; Jg. 1948; Prof. für außerschulische Jugendbildung an der Philipps-Universität Marburg; Außerschulische Jugendbildung, Jugendarbeit, Medien-/Kulturarbeit.

Hamburger, Franz, Dr.; Jg. 1946; Prof. für Sozialpädagogik an der Universität Mainz; Migration, Jugendhilfe, internationaler Vergleich, Europa.

Hebborn, Klaus, Jg. 1956; Beigeordneter, Leiter des Dezernates Bildung, Kultur und Sport des Deutschen Städtetages; Kommunale Kultur- und Bildungspolitik, Schulträgerschaft und Schulorganistation, Ganztagsschulen, Weiterbildung/Erwachsenenbildung.

Helsper, Werner, Dr.; Jg. 1953; Professor für Schulforschung/Allgemeine Didaktik an der Martin-Luther-Universität Halle/Wittenberg; Schulforschung, Lehrerprofessionalität, Schultheorie, Jugendforschung.

Höhmann, Katrin, Dr.; Jg. 1961; Prof. für Schulpädagogik (Sek. I) an der Pädagogischen Hochschule Ludwigsburg; Unterrichtsforschung und Unterrichtsentwicklung.

Höhne, Thomas; Dr.; Jg. 1962; Prof. für Allgemeine Pädagogik an der Pädagogischen Hochschule Freiburg, Pädagogische Wissensforschung, Schulbuchtheorie, Bildungspolitik und Bildungsökonomie, Didaktik.

Holtappels, Heinz Günter, Dr.; Jg. 1954; Professor für Erziehungswissenschaften an der Technischen Universität Dortmund; Sozialisations- und Schultheorie, Bildungs- und Schulentwicklungsforschung, Bildungsmanagement und Evaluation.

Homfeldt, Hans Günther, Dr.; Jg. 1942; bis 2007 Prof. für Sozialpädagogik an der Universität Trier, Kollegiale Leitung des Zentrums für regionale sozialpädagogische Forschung und des *Network of Transnational Social Research;* Gesundheit(-sförderung) und Prävention, Altenhilfe/Altenbildung, Weiterbildung, internationale Soziale Arbeit.

Horvath, Wolfgang, Jg. 1972; Mag.; Assistent (in Ausbildung) am Institut für Bildungswissenschaft der Universität Wien; Unterrichtstheorien, Bildungsstandards, Lehrerbildung und Professionalisierungsforschung.

Hummrich, Merle, Dr.; Jg. 1970; Wiss. Mitarbeiterin im Institut für Schulpädagogik und Grundschuldidaktik an der Martin-Luther-Universität Halle/Wittenberg; Schulforschung, qualitative Forschungsmethoden, Migrationsforschung.

Hunner-Kreisel, Christine, Dr.; 1972; Assistentin an der Fakultät für Erziehungswissenschaft der Universität Bielfeld; Vergleichende Kindheits- und Jugendforschung, Islam als Thema in der Pädagogik, qualitative Forschung.

Jürgens, Eiko, Dr.; Jg. 1949; Prof. für Theorie der Schule und des Unterrichts an der Universität Bielefeld; Schul- und Unterrichtsforschung, Allgemeine Didaktik und Unterrichtstheorie, Pädagogische Diagnostik und Beratung, Lehrerbildung und Professionsforschung.

Kamski, Ilse, Dipl.-Päd.; Jg. 1962; Wiss. Mitarbeiterin am Institut für Schulentwicklungsforschung an der Technischen Universität Dortmund; Organisations- und Personalentwicklung, Lehrerfortbildung, Beratung von Ganztagsschulen.

Keuffer, Josef, Dr.; Jg. 1958; Prof. für Schulpädagogik an der Universität Bielefeld, Wissenschaftlicher Leiter des Oberstufen-Kollegs Bielefeld; Schul- und Unterrichtsforschung, Allgemeine Didaktik, Gymnasiale Oberstufe, Lehrerbildung, Bildungsgangforschung.

Klieme, Eckhard, Dr.; Jg. 1954; Prof. für Erziehungswissenschaften an der Goethe-Universität Frankfurt a. M., Direktor des Deutschen Instituts für Internationale Pädagogische Forschung; Schul- und Unterrichtsqualität, Kompetenzdiagnostik, Evaluation im Bildungswesen.

Kluczniok, Katharina, Dipl.-Päd.; Jg. 1981; Wiss. Mitarbeiterin in der DFG-Forschergruppe „Bildungsprozesse, Kompetenzentwicklung und Selektionsentscheidungen im Vor- und Grundschulalter" an der Universität Bamberg; Übergang Kindergarten-Grundschule, Einschulungsentscheidung, Anregungsqualität in Kindergarten und Familie.

König, Anke, Dr.; Jg. 1969; Jun.-Prof. für Frühpädagogik an der Hochschule Vechta; Pädagogik der Frühen Kindheit.

Kolbe, Fritz-Ulrich, Dr.; Jg. 1955; Prof. für Erziehungswissenschaft mit dem Schwerpunkt Schulpädagogik an der Johannes-Gutenberg-Universität Mainz; Schultheorie, Schulische Sozialisation, Schulentwicklungsforschung, Professionalisierungstheorie.

Kraler, Christian, Dr.; Jg. 1972; Leiter des Forschungsbereichs Lehrerbildung am Institut für Lehrerbildung und Schulforschung der Universität Innsbruck; Bildungsgang- und Lernforschung, sinnstiftende Aspekte im Unterricht, Integration qualitativer und quantitativer Methoden.

Krüger, Heinz-Hermann, Dr.; Jg. 1947; Prof. für Allgemeine Erziehungswissenschaft an der Martin-Luther-Universität Halle/Wittenberg; Bildungs- und Schulforschung, Kindheits- und Jugendforschung, Theorien und Methoden der Erziehungswissenschaft.

Kutscher, Nadia, Dr.; Jg. 1972; Prof. für Soziale Arbeit an der Katholischen Fachhochschule Nordrhein-Westfalen; Soziale Ungleichheit und Bildung, Jugend und Internet-Nutzung, Jugendhilfeforschung, Bildung im Kindesalter.

Laging, Ralf, Dr.; Jg. 1953; Prof. für Sportwissenschaft im Fachbereich Erziehungswissenschaft an der Philipps-Universität Marburg; Bewegungserziehung, Bewegte Schule, Bildungstheoretische Grundlagen, Vermittlungskonzepte, Turndidaktik.

Ludwig, Harald, Dr.; Jg. 1940; bis 2005 Prof. für Erziehungswissenschaft an der Westfälischen Wilhelms-Universität Münster; Reformpädagogik, Schultheorie/Schulforschung, Gesamtschule, Ganztagsschule, Allgemeine Didaktik, Interkulturelle Pädagogik.

Mack, Wolfgang, Dr.; Jg. 1960; Jun.-Prof. für Sonderpädagogische Erwachsenen- und Berufsbildung an der Pädagogischen Hochschule Ludwigsburg/Reutlingen; Bildung und Lebensbewältigung, Benachteiligtenförderung, Kooperation Schule-Jugendhilfe.

Marotzki, Winfried, Dr.; Jg. 1950; Prof. für Allgemeine Pädagogik an der Otto-von-Guericke-Universität Magdeburg; Lern- und Bildungstheorie, Anthropologie, qualitative Forschungsmethoden, Video- und Filmtheorie, *Internet Research*.

Maschke, Sabine, Dr.; Jg. 1963; Wiss. Mitarbeiterin am Fachbereich Erziehungswissenschaft – Psychologie der Universität Siegen; Biografische Bildungsforschung, Kindheits- und Jugendforschung, qualitative Methoden der Sozialforschung.

Maykus, Stephan, Dr.; Jg. 1971; Wiss. Angestellter im Institut für Soziale Arbeit e.V., Münster; Kooperation Jugendhilfe-Schule, kommunale Jugendhilfe- und Bildungsplanung, Hilfen zur Erziehung, Qualitätsmanagement.

Melzer, Wolfgang, Dr.; Jg. 1948; Prof. für Schulpädagogik an der Technischen Universität Dresden; Schul- und Sozialisationsforschung, Gewalt- und Gesundheitsforschung.

Merten, Roland, Dr.; Jg. 1960; Prof. für Sozialpädagogik und außerschulische Bildung an der Friedrich-Schiller-Universität Jena; Kinder- und Jugendhilfe, sozialpolitische Bedingungen der Sozialarbeit/Sozialpädagogik, Kooperation Schule-Jugendhilfe, vorschulische Bildung.

Michelsen, Gerd, Dr. Dr.; Jg. 1948; Professur für Ökologie mit Schwerpunkt Umwelt- und Nachhaltigkeitskommunikation an der Universität Lüneburg; Mitbegründer des Öko-Instituts Freiburg i. Br., Leiter des Instituts für Umweltkommunikation, UNESCO-Chair *Higher Education for Sustainable Development.*

Müncher, Vera, Dipl.-Päd.; Jg. 1975; Wiss. Mitarbeiterin in der Fakultät für Erziehungswissenschaft der Universität Bielefeld; Frühkindliche Bildung und Betreuung, Familien- und Elternbildung, Soziale Ungleichheit.

Nieke, Wolfgang, Dr.; Jg. 1948; Prof. für Allgemeine Pädagogik an der Universität Rostock; Bildungsphilosophie und -theorie, Theorie pädagogischen Handelns, Interkulturelle Pädagogik.

Oelerich, Gertrud, Dr.; Jg. 1958; Lehrbeauftragte am Institut für Sozialpädagogik und Erwachsenenbildung an der Johann-Wolfgang-Goethe Universität Frankfurt a. M.; Jugendhilfe und (Ganztags-)Schule, empirische Nutzerforschung in der Sozialen Arbeit, Hilfen zur Erziehung.

Oelkers, Jürgen, Dr.; Jg. 1947, Prof. für Allgemeine Pädagogik an der Universität Zürich; Historische Bildungsforschung, Reformpädagogik im internationalen Vergleich, Analytische Erziehungsphilosophie, Inhaltsanalysen öffentlicher Bildung, Bildungspolitik.

Olk, Thomas, Dr.; Jg. 1951; Prof. für Sozialpädagogik und Sozialpolitik an der Martin-Luther-Universität Halle-Wittenberg; Jugendhilfeforschung, Kindheits- und Jugendforschung, Kooperation von Jugendhilfe und Schule.

Opaschowski, Horst W., Dr.; Jg. 1941; bis 2004 Prof. für Erziehungswissenschaft an der Universität Hamburg, Wissenschaftlicher Leiter und Kuratoriumsvorsitzender der BAT-Stiftung für Zukunftsfragen.

Opielka, Michael, Dr.; Jg. 1956; Prof. für Sozialpädagogik an der Fachhochschule Jena, Privatdozent am Department Sozialwissenschaften der Universität Hamburg; Sozialpolitik, Religions- und Kultursoziologie, Familienforschung, soziologische Theorie, Soziale Arbeit.

Otto, Hans-Uwe, Dr. Dr. h. c. mult.; Jg. 1940; *Senior Research Professor* an der Fakultät für Erziehungswissenschaft an der Universität Bielefeld, Sprecher der NRW-Forschungsgruppe „Education and Capabilities“ und des *Bielefeld Center for Education and Capability Research;* Professions- und Jugendhilfetheorie, Soziale Dienste, Bildungsforschung, Kommunale Bildungslandschaften.

Overwien, Bernd, Dr.; Jg. 1953; Prof. für Didaktik der politischen Bildung an der Universität Kassel; Globalisierung und politische Bildung, Informelles Lernen.

Plewig, Hans-Joachim, Dr.; Jg. 1948; Prof. für Devianzpädagogik an der Universität Lüneburg; Jugendhilfe und Justiz, Statuspassage Schule-Arbeitswelt, Veränderungs- und Konfliktmanagement in Unternehmen.

Plümpe, Christoph, Jg. 1977; Wiss. Mitarbeiter am Fachbereich Erziehungswissenschaften/Humanwissenschaften an der Universität Kassel; partizipative Verfahren in der Schul-/Organisationsentwicklung, und Hochschullehre, Demokratiepädagogik.

Pothmann, Jens, Dr.; Jg. 1971; Wiss. Mitarbeiter im Forschungsverbund Deutsches Jugendinstitut/ Technische Universität Dortmund – Arbeitsstelle Kinder- und Jugendhilfestatistik; Theorie, Empirie und Praxis der Kinder- und Jugendhilfe, Ökonomie der Sozialen Arbeit, Sozialstatistiken.

Pries, Michael, Dr.; Jg. 1972; Pädagogischer Leiter der Autostadt Wolfsburg.

Prüß, Franz, Dr.; Jg. 1945; Prof. für Schulpädagogik und schulbezogene Bereiche der Sozialpädagogik an der Ernst-Moritz-Arndt-Universität Greifswald; Schulentwicklung, Ganztagsschule, Kooperation Schule-Jugendhilfe, Jugendprobleme in Osteuropa.

Rabenstein, Kerstin, Dr.; Jg. 1967; Wiss. Hochschulassistentin am Institut für Erziehungswissenschaft an der Technischen Universität Berlin; Schul- und Unterrichtsentwicklungsforschung, Methodologie qualitativer Sozialforschung.

Rademacker, Hermann, Jg. 1939; bis 2001 Wiss. Referent am Deutschen Jugendinstitut; Schulsozialarbeit, Jugendhilfe und Schule, Übergang Schule-Beruf, Schulabsentismus, Ganztagsschule.

Radisch, Falk, Dipl.-Päd.; Jg. 1977; Wiss. Mitarbeiter in der Arbeitseinheit Bildungsqualität und Evaluation im Deutschen Institut für Internationale Pädagogische Forschung; Ganztagsschule, Bildungsqualität, Effektivität und Effizienz im Bildungswesen, Evaluationsforschung.

Rakhkochkine, Anatoli, Dr.; Jg. 1975; Jun.-Prof. für Schulpädagogik an der Universität Hildesheim; Schul- und Bildungsentwicklung unter besonderer Berücksichtigung der Schülerheterogenität, individuelle Förderung, Kooperationen und Integrationen, internationale und interkulturelle Vergleiche im Bildungsbereich.

Rauschenbach, Thomas, Dr.; Jg. 1952; Vorstand und Direktor des Deutschen Jugendinstituts, Prof. für Sozialpädagogik an der Technischen Universität Dortmund; Bildung im Kindes- und Jugendalter, Jugendarbeit, Ausbildung und Arbeitsmarkt für soziale Berufe, Ehrenamt, Verbändeforschung.

Reh, Sabine, Dr.; Jg. 1958; Prof. für Allgemeine und Historische Erziehungswissenschaft an der Technischen Universität Berlin; Schulentwicklungs- und Professionsforschung, Geschichte und Theorie pädagogischer Institutionen und Professionen, Methodologie rekonstruktiver Sozialforschung.

Richter, André, Dr.; Jg. 1965; Dozent an der Ev. Schule für Sozialwesen in Bad Lausick; Entwicklung von Schule und Jugendhilfe, Religion und Soziale Arbeit, Elementarpädagogik.

Richter, Helmut, Dr.; Jg. 1943; Prof. für Erziehungswissenschaft unter besonderer Berücksichtigung der außerschulischen Jugendbildung an der Universität Hamburg; Theorie und Geschichte der Sozialpädagogik, Kommunal- und Vereinspädagogik.

Richter, Ingo, Dr.; Jg. 1938; bis 2002 Direktor des Deutschen Jugendinstituts und Prof. für Öffentliches Recht an der Universität Hamburg, Honorarprofessor an der Universität Tübingen; Verfassungs- und Verwaltungsrecht, Recht des Bildungswesens, Bildungspolitik.

Richter, Martina, Dipl.-Päd.; Jg. 1973; Wiss. Mitarbeiterin in der Fakultät für Erziehungswissenschaft der Universität Bielefeld; Theorien Sozialer Arbeit, Familienforschung, Jugendhilfeforschung, ganztägige Bildungs-*Settings*.

Riekmann, Wibke, Dipl-Päd.; Jg. 1973; Wiss. Mitarbeiterin am Fachbereich Erziehungswissenschaft der Universität Hamburg; Kinder- und Jugendarbeit, Partizipation, Ehrenamt und freiwilliges Engagement, demokratische Bildung.

Rittelmeyer, Christian, Dr.; Jg. 1940; bis 2003 Prof. für Erziehungswissenschaft an der Universität Göttingen; Pädagogische Psychologie, Theorie und Geschichte der Erziehung, Pädagogische Anthropologie, Forschungsmethoden.

Rollett, Wolfram, Dr.; Jg. 1967; Projektkoordinator der Studie zur Entwicklung von Ganztagsschulen an der Technischen Universität Dortmund; Ganztagsschulentwicklung, Qualität von Ganztagsangeboten, Zufriedenheit mit dem Ganztagsschulbetrieb.

Rosenbauer, Nicole, Dr. phil.; Jg. 1975; Wiss. Mitarbeiterin am Lehrstuhl Theorie und Empirie der Sozialpädagogik der Technischen Universität Dortmund; Modernisierungstheorie, Kinder- und Jugendhilfeforschung, Organisationen Sozialer Arbeit.

Roßbach, Hans-Günther, Dr.; Jg. 1951; Prof. für Elementar- und Familienpädagogik an der Universität Bamberg; Bildung in der Frühen Kindheit, Modellversuche, Längsschnittforschung.

Schäfer, Klaus, Dipl.-Päd.; Jg. 1945; Abteilungsleiter im Ministerium für Generationen, Familie, Frauen und Integration des Landes Nordrhein-Westfalen, Honorarprofessor an der Fakultät für Erziehungswissenschaft der Universität Bielefeld; Kinder und Jugendhilfe; Ganztagsschulen, frühe Bildung, Kinderschutz.

Schaper, Saskia, Dipl.-Päd.; Jg. 1981; bis 2007 stud. Hilfskraft am Institut für Schulentwicklungsforschung an der Technischen Universität Dortmund, seitdem in Familienzeit; Ganztagsschule, Hausaufgaben.

Scherr, Albert, Dr.; Jg. 1958; Prof. für Sozialwissenschaften an der Pädagogischen Hochschule Freiburg; Soziologische Theorie, Theorien Sozialer Arbeit, Migration, Rassismus, Rechtsextremismus, Bildungsforschung und außerschulische Bildung.

Schneider, Marie, Dipl.-Päd.; Jg. 1978; *Assistante du corps intermédiaire* an der Universität Luxemburg; internationale Soziale Arbeit, Transmigration und Soziale Arbeit, transnationale Organisationen, Alter und Alterungsprozesse.

Schroeder, Joachim, Dr.; Jg. 1961; Prof. für Lernbehindertenpädagogik an der Universität Frankfurt a. M.; Lernen unter Bedingungen von Armut und Migration, sozialraumorientierte Schulentwicklung, berufliche Eingliederung benachteiligter Jugendlicher.

Schubarth, Wilfried, Dr.; Jg. 1955; Prof. für Erziehungs- und Sozialisationstheorie an der Universität Potsdam; Jugend- und Schulforschung, Prävention und Evaluation.

Schweitzer, Friedrich, Dr.; Jg. 1954; Prof. für Praktische Theologie/Religionspädagogik an der Universität Tübingen; religiöse und ethische Bildung, interreligiöse Bildung im Elementarbereich, schulischer Religionsunterricht und Konfirmandenarbeit.

Siewert, Jörg, Studienrat; Jg. 1966; abgeordnet an den Fachbereich Erziehungswissenschaft – Psychologie der Universität Siegen; Schulpädagogik, empirische Bildungs- und Sozialisationsforschung, Lehr-Lern-Forschung.

Sliwka, Anne, Dr.; Jg. 1969; Prof. für Bildungswissenschaften an der Universität Trier; Demokratiepädagogik/*Citizenship Education*, Schulkultur, Schulentwicklung, Lehrerbildung.

Specht-Schäfer, Christiane, Dipl.-Sozialarbeiterin; Jg. 1952; Koordinatorin in vier Offenen Ganztagsgrundschulen, Leiterin von „PROfile.bildung und betreuung"; Gestaltung offener Ganztagsgrundschulen.

Speck, Karsten, Dr.; Jg. 1973; Wiss. Mitarbeiter im Institut für Erziehungswissenschaft der Universität Potsdam; Kooperation Jugendhilfe-Schule, schulische Sozialisation, Jugendforschung, Evaluation, Bürgerschaftliches Engagement.

Spies, Anke, Dr.; Jg. 1965; Jun.-Prof. im Institut für Pädagogik der Carl von Ossietzky-Universität Oldenburg; Schulsozialarbeit, Kooperation Schule-Jugendhilfe, Benachteiligtenförderung, biografische Übergänge, Kinderschutz.

Standop, Jutta, Dr.; Jg. 1964; Wiss. Assistentin an der Fakultät für Erziehungswissenschaft der Universität Bielefeld; Schul- und Unterrichtsforschung, Lehr-Lern-Forschung, Allgemeine Didaktik und Schulpädagogik, Theorie und Praxis der Werteerziehung.

Stecher, Ludwig, PD Dr.; Jg. 1961; Projektkoordinator der Studie zur Entwicklung von Ganztagsschulen am Deutschen Institut für Internationale Pädagogische Forschung in Frankfurt a. M.; Empirische Bildungsforschung, Ganztagsschulforschung, Kindheits- und Jugendforschung.

Stecklina, Gerd, Dr.; Jg. 1962; Vertretung einer Professur für Theorie und Geschichte der Sozialen Arbeit an der Universität Kassel; Hilfen zur Erziehung, Geschichte der Sozialen Arbeit, Jüdische Sozialarbeit, Geschlechtersozialisation.

Sting, Stephan, Dr.; Jg. 1958; Prof. für Sozial- und Integrationspädagogik an der Alpen-Adria-Universität Klagenfurt; Sozialpädagogik und Bildung, Soziale Arbeit und Gesundheit, Suchtprävention, Theorie der Sozialpädagogik.

Sturzenhecker, Benedikt, Dr.; Jg. 1958; Prof. für Sozialpädagogik/Außerschulische Jugendbildung an der Universität Hamburg; Offene und verbandliche Kinder- und Jugendarbeit, Partizipation und Bildung, Kooperation Schule-Jugendhilfe, ästhetische Bildung, Jungenarbeit.

Sünker, Heinz, Dr.; Jg. 1948; Prof. für Sozialpädagogik/Sozialpolitik an der Bergischen Universität Wuppertal; Theorie und Geschichte von Sozialpädagogik, Gesellschaftstheorie und -politik, Bildungsforschung und -theorie, Kinderforschung, -politik und -rechte, internationale Vergleiche in Bildung und Sozialer Arbeit.

Thiersch, Hans, Dr. Dres. h. c.; Jg. 1935; bis 2002 Prof. für Sozialpädagogik an der Universität Tübingen; Theorie der Sozialen Arbeit, Sozialethik, Alltags- und Lebensweltorientierung, Fragen der Handlungskompetenz und der Institutionalisierung.

Thimm, Karlheinz, Dr.; Jg. 1954; Prof. für Soziale Arbeit an der Evangelischen Alice-Salomon-Fachhochschule Berlin; Methoden der Sozialen Arbeit, Übergang Schule-Beruf, Kooperation Jugendhilfe-Schule

Thole, Werner, Dr.; Jg. 1955; Prof. für Sozialpädagogik an der Universität Kassel; Theoretische und professionsbezogene Fragen der Sozialpädagogik, Theorie und Praxis der Kinder- und Jugendhilfe, Kindheits- und Jugendforschung.

Tillmann, Klaus-Jürgen, Dr.; Jg. 1944; Prof. für Schulpädagogik an der Universität Bielefeld, Wissenschaftlicher Leiter der Laborschule; empirische Schulforschung, Schulentwicklung im Sekundarbereich, Schul- und Unterrichtstheorie, Sozialisationsforschung.

Trautmann, Matthias, Dr.; Jg. 1968; Wiss. Mitarbeiter an der Fakultät für Erziehungswissenschaft der Universität Bielefeld; Unterrichtsentwicklung, Englischunterricht, Bildungsgangforschung.

Treptow, Rainer, Dr.; Jg. 1954; Prof. für Erziehungswissenschaft mit dem Schwerpunkt Sozialpädagogik an der Universität Tübingen; Theorie und Geschichte der Sozialen Arbeit, Kulturelle Bildung, Internationalität und Vergleich.

Uhlendorff, Uwe, Dr.; Jg. 1961; Prof. für Didaktik der Sozialpädagogik an der Technischen Universität Dortmund; Fachdidaktik der Sozialpädagogik, Theorie und Geschichte der Sozialpädagogik, Diagnostik.

Vogel, Peter, Dr.; Jg. 1947; Prof. für Allgemeine Pädagogik an der Technischen Universität Dortmund; Differenz und Zusammenhang pädagogischer Wissensformen, Wissenschaftsgeschichte der Erziehungswissenschaft, Entstehung der wissenschaftlichen Pädagogik in der Moderne.

Wiezorek, Christine, Dr.; Jg. 1969; Vertretung der Professur für Forschungsmethoden in pädagogischen Handlungsfeldern an der Friedrich Schiller-Universität Jena; Jugendforschung, Bildung und Ungleichheit, Kooperation Schule und Jugendhilfe, qualitative Forschungsmethoden.

Winkler, Michael, Dr.; Jg. 1953; Prof. für Allgemeine Pädagogik und Theorie der Sozialpädagogik an der Friedrich Schiller-Universität Jena; Pädagogische Theorien der Neuzeit, Geschichte der Pädagogik, Sozialpädagogik und Jugendhilfe, Familienerziehung.

Zacharias, Wolfgang, Dr; Jg. 1941; Honorarprofessur an der Hochschule Merseburg; Kulturrat a. D. Kulturreferat der Landeshauptstadt München, Projektleiter Pädagogische Aktion/Spielkultur e.V. und Netzwerk Kultur- und Schulservice München; Vorstandsmitglied der Bundesvereinigung Kulturelle Kinder- und Jugendarbeit.

Züchner, Ivo, Dr.; Jg. 1971; Vertretung einer Professur am Fachbereich Erziehungswissenschaften der Johann-Wolfgang-Goethe Universität Frankfurt a. M.; Soziale Arbeit im internationalen Vergleich, soziale Berufe, Ganztagsschule, Bildung im Kindes- und Jugendalter.

# Sachregister